LOSCHWITZ
Illustrierte Ortsgeschichte
1315 – 2015

LOSCHWITZ
Illustrierte Ortsgeschichte

1315 – 2015

Autorenkollektiv

Herausgegeben vom Ortsverein Loschwitz-Wachwitz e. V.
FRIEBEL Werbeagentur und Verlag · 2015

Gustav Meyer-Buchwald, Loschwitzer Mädchen, 1907 *Städtische Galerie Dresden*

Inhaltsverzeichnis

Die »Galerie im Buch«:
Die schönsten Werke des ehemaligen Ortsmuseums Loschwitz

Dank an die Förderer, Sponsoren und Spender

Prof. Dr. Christian Starke · Ilse-Bähnert-Stiftung · Dr. Barbara und Holger Friebel · Otto-R. Wenzel · Herzzentrum Dresden GmbH · Dr. Uwe Neumann · Dres. Petra und Lars Thomaschewski · VON ARDENNE GmbH · Elbhangfest e.V. · SPOT Elektroanlagen · Bäckerei Wippler GmbH · Verkehrsmuseum Dresden gGmbH

Jutta Hoffmann · Frank Wiese · Kai Kochan · Dr. Hermann Schulz · Martin Steude (Künstlerhäuser GbR) · Thomas von Ardenne · Gesellschaft zur Förderung der Künste im Künstlerhaus Dresden e.V. · Hubald Bedachungen · Carsten Otto und Christian Müller (O+M ARCHITEKTEN) · Autoservice Alf Häse · Dres. Thomas und Eckart Pilling · Pius Unger · Annelie Wiltner (Informations- und Kommunikationsdienstleistungen) · Alexander von Ardenne · Dr. Ottmar Schott · Dirk Brandes · Therese und Siegfried Jäger · Elke und Peter Ressel · Dres. Sabine und Thorsten Jacobi · Körnergarten GmbH · Dres. Anke und Thoralf Porst · Christiane und Helmut Seidel · Ursula Wessel · Monika Reichmann · Dr. Jörg Mehner · Anne und Berthold Fuhrmann · Hubert Richter · Anette Winkler-Rückriem · Dr. Jan Wildbrett · Bäckerei Siemank OHG · Birgit und Uwe Bandowski · Haarpflege e.G. · Dres. Katharina und Tobias Pollack · Christine Fischer (Sommer & Fischer GmbH) · Dres. Ursula und Dietrich Sauerzapfe · Dres. Beate und Frank Schmidt · Peter Musil · Steuerberater Lars Hönicke · Andreas Wünsche (W.O.K. Gastronomie & Catering GmbH & Co. KG) · Christina und Jochen Leonhardt · Rainer Friedrichs (Handelsvertretung Schleiftechnik) · Prof. Dr. Michael Kinze · Nicola Kownatzki-Loos · Rechtsanwalt Andreas Hahnewald · Marianne Maaß · Sabine Bürger · Felicitas Loos · OPhR Dieter Werner · Barbara und Dr. Axel Bauer · Mathias Müller · Ulf Leisner · Renate von Fircks · Claudia Schimmel · Anwaltskanzlei Jürgen Schille & Coll. · Dr. Wilfried Zill · Michael Belafi · Holger Dressler · Volker Kaufmann · Hilmar Dressler · Sven Seifert · Christa Kossatz · Stefan Balzer · Dr. Heinrich Heffter · Beatrice und Heinz Döhler · Cornelia Rostig · Annegret und Rainer Claußnitzer · Vera und Ulrich Wagner · Barbara Dölz · Jakob Griebel · Heike Rutke · Günter Hänsch · Regina und Kurt Kaluscha · Christine Karla und Jürgen Schröder · Ramona und Udo Gildemeister · Giesela und Bernhard Lange · Konrad Hirsch · Tom Pauls · Kerstin Kochan · Mechthild Dominiak · Dr. Anne Sauerzapfe · Dr. Catrin Palm · Karin Reichert · Eva und Dr. Thomas Gramatté · Klaus Arnold · Siegrid und Heiner Friebel · Ute Häse · Familie Dr. Markus Schütz · Fritz Lieberwirth · Gert Henning · Monika und Dipl.-Ing. Architekt Roland Lietzow · Jeannine Klotz (Logopädie) · Lan Nguyen Reinhardt (Obstgalerie am Körnerplatz) · Ines und Jan Schulze · Wolfgang Kurth · Dr. Wolfgang Tunger · Dr. Karl und Michael Unger (Architekten) · Norbert Richter · Andreas Dehnert · Frank Kühne (Kunsthandlung Kühne) · Ulrich Deike · Klaus Hofmann · Andrea Franke · Frank Nestler · Dr. Jürgen Jüchser · Elke und Rolf Waitz · Simone Kleinschmidt · Marianne Denninger · Julia Schultz (Landhaus Lindenschänke) · Jorg Dinter · Egon Schubert · Dr. Claus Renschen (OPTO consulting) · Hans-Joachim Dallmann · Monika Luehmann · Prof. Dr.-Ing. Jochen Trinckauf · Andreas Lötzsch · Barbara und Joachim Kessler · Roland Kluge · Heidrun und Petro Reim · Dr. Avid Bergander · Horst Milde · Jochen Zschaler · Iris Körösi-Kolbow und Rainer Körösi · Angelika Ebschner · Annette Lunze · Rita und Andreas Fischer · Gerda und Klaus Guder · Susanne und Volker Berthold · Hildegard Thalheim · Elke und Thomas Kurth · Dr. Jens-Michael Margull · Gisela Schmidt · Dr. Renate Vicent · Jutta Schroeter · Anita und Christian Decker · Kathrin Schmeißer · Dieter Fischer · Cornelia und Dr. Michael Böttger · Renate und Bernd Garten · Dr. Michael Dünnebier · Hella und Klaus Ulrich · Maria und Johannes Dose · Karin und Peter Kurtze · Regina und Ulfried Walter · Hannelore und Wolf Dieter Schneider · Sven Beyer · Johannes Ulbrich · Familie Fabian Feindura · Silke und Silvio Bärends · Gisela und Georg Damaske · Frank Damaske · Uwe Halm · Dr. Stefanie und Reinhard Müller · Christine Eger · Eberhardt Grohmann · Sabine und Ekard Schammler · Rosmarie Voigt · Barbara und Dietrich Buschbeck · Mandy Mitter · Monika und Pedro Karsch · Margot Mattheus · Erika Bleil · Astrid und Stephan Bubner · Bettina Gräfin von und Alfred Graf von Keyserlingk · Christian Monnard · Günther Zeibig · Sonja und Dr. Olaf Bernstengel (fundus-MARIONETTEN-dresden) · Rudolf Kurth · Martina Feindura · Brigitte und Hermann Müller · Jutta und Peter Sandig · Sabine Kiok · Marianne und Wolfgang Raquet · Annett und Michael Thiel · Helga und Rolf Bergmann · Matthias Wagner · Franziska Hantzsch · Ursula Steinborn · Gottfried Wachs · Hermann Gildemeister · Ingrid und Klaus Götz · Elfriede und Dietmar Gündel · Lieselotte Möhn · Brunhild und Otto Zierold · Wolf Dietrich Engel · Andreas Oelsner · Angelika Martin

Gefördert vom Kulturamt der Landeshauptstadt Dresden

Mit freundlicher Unterstützung
der Museen der Stadt Dresden,
des Dresdner Stadtarchivs,
des Archivs der DVB AG,
der Städtischen Kunstsammlung Freital
der Staatlichen Kunstsammlungen Dresden, Kupferstichkabinett, Josef-Hegenbarth-Archiv,
und der Sächsischen Landesbibliothek – Staats- und Universitätsbibliothek Dresden, Deutsche Fotothek.

Das Manuskript von Dieter Hoffman wurde zur Verfügung gestellt vom Leonhardi-Museum.

Blick auf Dresden und das Elbtal von den Loschwitzer Höhen *Nenke & Ostermaier Dresden, Slg. Christian Mögel*

Dank an die ehrenamtlichen Autoren und Fotografen

Schlussredaktion
Wenzel, Otto-R.
Griebel, Matthias
Redaktion
Friebel, Holger
Friebel, Rolf
Dorschner, Helmut
Griebel, Matthias
Häse, Ute
Dr. Jannasch, Achim
Mallwitz, Peter
Schatz, Mario
Wenzel, Otto-R.
Autoren
Einführung:
Lühr, Hans-Peter
Essay:
Hoffmann, Dieter
Stichworte:
Bauer, Ingo
Beier, Juliane
Dr. Bernstengel, Olaf
Bernstengel, Sonja
Bochmann, Patrick
Dr. Böttger, Michael
Buder, Manfred
Buschbeck, Dietrich
Büsing-Kolbe, Andrea
Claußnitzer, Annegret
Dagen, Susanne
Decker, Christian
Deuter, Christoph
Dorschner, Helmut
Einike, Ingrid
Flämig, Christoph
Fleckl, Markus
Dr. Friebel, Barbara
Friebel, Holger
Friebel, Rolf
Frohse, Jürgen
Dr. Funke, Ulf-Norbert
Gäbler, Kristin
Gärtner, Georgia
Gildemeister, Hermann
Glodschei, Heinz
Gramm, Jürgen
Griebel, Matthias
Günther, Daniela
Günther, Rolf
Häse, Ute
Hausmann, Ulrike
Dr. Helfricht, Jürgen
Hirsch, Johannes
Hirsch, Ernst
Dr. Hoch, Hans-Christian
Hoch, Isolde
Hoffmann, Dieter
Hörig, Tobias
Irmler, Ekkehard
Jäger, Therese
Dr. Jannasch, Achim
Kaps, Christiane
Karohl, Linda
Kempe, Frank
Klatte, Gernot
Dr. Kleine-Natrop, Georg
Klinkewitz, Frenk
Krüger, Anka
Kunze, Claus
Kuschinski, Norbert
Dr. Lademann, Jördis
Dr. Lenk, Peter
Lichtenberger, Nikolaus
Linke, Hans
Lühr, Hans-Peter
Mallwitz, Peter
Dr. Meisel, Eckhard
Miller, Wolfram
Mögel, Christian
Moller, Ingrid
Moser, Eva
Dr. Mühne, Christian
Müller, Lucas
Munzinger-Brandt, Cornelia
Münzner, Eberhard
Oelker, Helga
Oelsner, Norbert
Petrasch, Frank
Dr. Pfannkuchen, Rainer
Dr. Philippe, Benoît
Pistorius, Christoph
Dr. Porstmann, Gisbert
Prskawetz, Kurt-Dieter
Resik, Cornelia
Rieprich, Bernd
Rudat, Gisela
Schäfer, Bärbel
Schatz, Mario
Schnitzer, Claudia
Dr. Schölzel, Christoph
Dr. Schrader, Claudia
Schröder, Christine Karla
Schröder, Jürgen
Schweiger, Detlef
Schweizer, Hubert Michael
Selunka, Dietmar
Dr. Sieg, Stefan
Dr. Siewert, Ulrike
Spehr, Reinhard
Dr. Streitenberger, Sybille
Thielemann, Thomas
Thümmler, Karlheinz
Tuch, Tino
Ulrich, Hella
Vierheilig, Jochen
Weidenhagen, Peter
Weiß, Frank
Dr. Weißbach, Angelika
Wendlandt, Volker
Wenzel, Otto-R.
Werner, Winfried
Weser, Gabriele
Wessel, Ursula
Wille, Manfred
Wolfram, Uwe
Woschni, Markus
Dr. Wozel, Heidrun
Zahn, Ingolf
Zatzkowski, Dieter (†)
Zeller, Johannes
Zimmermann, Saskia
Fotografie
Großmann, Siegfried
Häßler, Ulrich
Hirsch, Ernst
Frohse, Jürgen
Mallwitz, Peter
Lektorat
Deike, Ulrich
Gramm, Jürgen
Dr. Gründler, Wilfried
Dr. Lademann, Jördis
Dr. Mazurek, Peter
Resik, Cornelia
Dr. Siegemund, Walter
Thielemann, Thomas
Inhaltliche Zuarbeiten
Beyer, Bernd
Hirsch, Johannes
Milde, Horst
Münzner, Eberhard
Personenregister
Dr. Friebel, Barbara
Friebel, Holger
Sach- und Adressregister
Resik, Cornelia
Projektleitung
Friebel, Holger
Friebel, Rolf

Carl Wilhelm Müller, In Loschwitz b. Dresden, 1863, Federzeichnung, mit Tusche laviert *Stadtmuseum Dresden*

Loschwitzer Schätze

Liebe Leser,
wir möchten Ihnen mit diesem Buch anlässlich des Jubiläums »700 Jahre Loschwitz« etwas sehr Wertvolles in die Hände legen: Eine illustrierte Ortsgeschichte – Loschwitz in Wort und Bild. Die große Sammlung historischer Fakten und persönlicher Geschichten, illustriert durch alte Fotografien, moderne Digitalfotografie und die ganz besondere Sicht der Künstler – mit Reproduktionen zahlreicher Kunstwerke aus 700 Jahren Loschwitz.
In dieses Werk sind die Forschungsergebnisse und Erinnerungen vieler privater Sammler eingegangen, häufig erstmals publiziert – allen voran von Matthias Griebel und Otto-R. Wenzel, ebenso aus der Sammlung des Ortsvereins Loschwitz-Wachwitz e.V. und von Eberhard Münzner. Jahrzehntelange private Sammlungstätigkeit wird damit erstmalig öffentlich nutzbar. Der Elbhang-Kurier-Verlag stellte sein gesamtes digitales Archiv für das Buch zur Verfügung.

Zur Einstimmung lädt Sie Hans-Peter Lühr zu einem Spaziergang durch Loschwitz ein. Anschließend blickt Dieter Hoffmann in seinem Essay »Loschwitz als Kunst- und Künstlerort« liebevoll und kenntnisreich auf den Wohn- und Schaffensort vieler bekannter Künstler.
Loschwitz ist von weitaus größerer Ausdehnung, als allgemein bekannt: In einem weiteren Teil des Buches stellen wir Ihnen die wichtigsten Ortsteile und Verbindungswege vor, beginnend bei der Dorfmitte über die »Loschwitzer Wege« mit den wichtigsten Straßen zu den Ortsteilen »Schöne Aussicht«, »Oberloschwitz«, »Auf der Platte« und »Simmigscher Ortsteil«, der an Neustadt und Heide grenzt.

Der folgende Hauptteil des Werkes, »Lolex«, stellt in alphabetischer Form die Informationen nach Stichworten geordnet vor – gut lesbar und reich illustriert. Ergänzende Kästen enthalten Zitate oder Anekdoten mit ortsgeschichtlichem Flair. Auch ausgewählte ortsprägende Künstlerpersönlichkeiten werden mit Leben und Werk vorgestellt, auf alle in den beiden Bänden »Künstler am Dresdner Elbhang« enthaltenen wird verwiesen. Zwischen »A« wie »Abendzeitung« und »Z« wie »Zwintscher, Oskar« begegnen Ihnen rund 500 teilweise sehr umfangreiche Stichwort-Artikel. Darunter sind – um nur jeweils ein Beispiel zu jedem Buchstaben des Alphabets zu nennen: »Baumeister und Architekten«, »Calberla«, »Denkmale«, »Elbschlösser«, »Feste«, »Gaststätten«, »Handel, Handwerk und Gewerbe«, »Industrie«, »Kirche und Kirchgemeinde«, »Leonhardi, Eduard«, »Mühlen«, »Natur«, »Originale«, »Polizei und Gendarmerie«, »Quellen«, »Richter, Ludwig«, »Schulen«, »Töchterheim«, »Ulrich, Pauline«, »Vereine«, »Wanderwege« und »Zwanziger«.

Das Buch enthält darüberhinaus eine editorische Novität: Die »Galerie im Buch«, die die wichtigsten Werke aus dem ehemaligen Ortsmuseum Loschwitz erstmals seit 60 Jahren wieder der Öffentlichkeit präsentiert. Mit Exponaten aus der Sammlungstätigkeit seit seiner Gründung 1882 hatte der Ortsverein Loschwitz 1934 das »Loschwitzer Ortsmuseum« im Erdgeschoss des Hauses Pillnitzer Landstraße 8 eröffnet. Dieses wurde um 1945 geschlossen, den Bestand übernahmen Stadtmuseum und Stadtarchiv Dresden. Ein Teil des Bestandes an Kunstwerken, der Eigentum der Kirchgemeinde war, wurde in den 80er Jahren an diese zurückgegeben. Die zumeist nicht öffentlich zugänglichen und kaum bekannten Werke werden Ihnen nun in Buchform aufbereitet in hoher Bildqualität zugänglich gemacht. Darunter sind bisher weitgehend unbekannte Kunstwerke bedeutender Künstler, unter anderem Arbeiten von Ludwig Richter und Eduard Leonhardi.

Am Ende des Buches erleichtern Ihnen im Anhang Sachwort- und Adress- sowie Personenregister das schnelle Auffinden des Gesuchten.

So viel Geschichte hat Gewicht, das wir nun in Ihre Hände legen. Nur durch die siebenjährige ehrenamtliche Arbeit der rund 50 Mitwirkenden, die umfangreiche Unterstützung des Verlages und mit Hilfe zahlreicher Spender und Sponsoren ist dieses Werk Wirklichkeit geworden. Es bietet viele Möglichkeiten, auf Entdeckungsreise und Schatzsuche durch das Dorf, später den Villenvorort Loschwitz, seit 1921 Stadtteil von Dresden, zu gehen. Im Namen des Herausgebers und des Verlages laden wir Sie herzlich dazu ein.

Matthias Griebel
Direktor Stadtmuseum
Dresden a. D.

Otto-R. Wenzel
Vorsitzender Ortsverein
Loschwitz-Wachwitz e.V. a. D.

Holger Friebel
FRIEBEL Werbeagentur
und Verlag GmbH
(Elbhang-Kurier-Verlag)

Jürgen Frohse
Vorsitzender Ortsverein
Loschwitz-Wachwitz e.V.

1899
Otto Schneider.

Loschwitz

ELBEGARTEN
Körnergarten

Die Blaskapelle der Freiwilligen Feuerwehr Loschwitz, um 1930 — *Foto: Slg. M. Luft*
Linke Seite: Blick von der Brücke »Blaues Wunder« auf den Ortskern von Loschwitz, 2014 — *Foto: Siegfried Großmann*

Loschwitz – eine Einladung

Dies, lieber Leser, ist ein Ziegelstein von einem Buch. 1.056 Seiten Loschwitz – ist das nicht sanft übertrieben und vielleicht etwas einschüchternd? Akribie und Enthusiasmus vieler kenntnisreicher Bewohner – Heimatforscher ist dafür nicht das rechte Wort – haben in langen Jahren umfangreicher Recherchen eine beeindruckende Faktenfülle zusammengetragen, diese geschichtliche Herkunft mit Fachberatung aufgeschrieben und präsentieren sie nun nicht ohne Stolz zum Loschwitz-Jubiläum ihrem Publikum: »Selbst gemacht« – wo gibt es sonst so etwas noch? Der Leser ist dabei selbstverständlich als ein ebensolcher Liebhaber der Landschaft gedacht.

Und als Sympathisant darf man sich ihm mit diesen Vorbemerkungen auch ganz unbefangen an die Seite stellen und zu einem Spaziergang einladen durch heimische Fluren: Einführung in eine schöne und erstaunlich geschichtsträchtige Landschaft, wo allenthalben die Spuren der Vergangenheit sichtbar geblieben und für uns lesbar sind. Aber das haben auch andere Landschaften an sich – also: Loschwitz als Beispiel.

Elbdörfern nähert man sich am besten von der Elbe. Was wir vor uns haben, ist die Schokoladenseite des Ortes. Loschwitz zu Fuß beginnt auf dem alten Treidelpfad am Wasser. Die grauen Sandsteinquader, stabil gefügt seit 150 Jahren, erinnern mit ihren verschliffenen Liebes-Meißeleien an vergessene Geschichten der Bewohnerschaft. Kann man sich vorstellen, wie es hier z. B. um 1860 – da war die Einfassung der Elbe gerade im Gange – ausgesehen hat? Es gibt aus dieser Zeit die ersten Fotografien: Blick auf das Fischerdorf mit Segelbooten und Dampfschiffen, mit einem Rudel typischer Fachwerkhäuser vor Weinbergen, schon mit Kirche, aber noch ohne Brücke. Heute dominiert das 1893 gebaute »Blaue Wunder«, eine der ersten wagemutigen stählernen Brücken-

Loschwitzer Dampfer-Anlegestelle, um 1930 — *Foto: Slg. Matthias Griebel*

Hans Anton Williard (1832–1867), Panorama von Loschwitz, um 1858, handkolorierte Lithografie *Slg. Otto-R. Wenzel*

konstruktionen Deutschlands, die Ortsansicht. Die Häuser sind inzwischen städtisch geworden und der Hang komplett bebaut mit einer Fülle origineller Villen zwischen pittoresker Gründerzeit und neusachlicher Schlichtheit, geteilt durch zwei Straßenzüge und zwei Bergbahnen, die zur Bauzeit 1895 bzw. 1901 als ebensolches Wunder galten wie die Brücke in Blau. Ein reizvolles Panorama breitet sich dergestalt aus – seit langem, zumal in schönen Jahreszeiten, touristenumlagert.

Wir stehen noch am Fluss, der hier alles Leben bestimmte. 1315 wurde der Ort als »Loscuicz« im Besitzverzeichnis des Dresdner Maternihospitals erstmals urkundlich erwähnt: ein Dorf für Weinbauern und Fischer und noch weitab von der befestigten Stadt. Um 1550 entstand die Loschwitzer Amtsgemeinde, und um 1700 sind erstmalig Pfarrer und Schulmeister für immerhin 32 Familien vermerkt. Dort, wo am Ende des Dreißigjährigen Krieges mit Kanonen noch quer über den Fluss Schießübungen stattgefunden haben, entstanden neue Weingüter. Ein Fährgut gab es schon längst.

Die augusteische Zeit belebte dann den Ort ebenso wie das Land: An den Elbhängen besaß die Familie des wohlhabenden Dresdner Hofjuweliers Johann Melchior Dinglinger ein Weingut, und Ratszimmermeister George Bähr errichtete bis 1708 gemeinsam mit Johann Fehre seine wohlproportionierte protestantische Kirche. Beides waren Dominanten für den Ort, der, an der Straße (auch der Wasserstraße) zum Pillnitzer Lustschloss gelegen, seit den 1720er Jahren nun auch diverse Handwerkerleistungen für den Hof bereitzuhalten hatte. Loschwitz prosperierte. Mitte des 19. Jahrhunderts treibt das Flüsschen Trille neun Mühlen an, mehrere Wirtshäuser sind entstanden – wie auf dem Weg zum Hochland Richtung Lausitz auf der Grenze zur Loschwitzer Flur das »Gasthaus zur Eule« – und der Ort zählt nun schon 190 Einwohner in ca. 100 Häusern.

Blick über die Elbe zum Körnerweg, 1919, Ansichtskarte *Slg. Bernd Beyer*

Diese Jahrhundertmitte brachte mehrere Zäsuren. Seitdem der Dampfer »Königin Maria« 1837 erstmals seinen Qualm in den sächsischen Himmel geblasen hatte, befuhren vermehrt Dampfboote den Fluss, was den Handel belebte und Loschwitz näher an Dresden heran brachte: Die Industrialisierung griff sichtbar ins Umland. 1845 gründete August Leonhardi in der Grundstraße seine »Chemische Fabrik«, deren bekanntestes Produkt Tinte wurde. An der Elbe entstanden Anlegestellen und Werften wie 1858 gegenüber von Loschwitz auf dem Gelände des Naumannschen Gutes für die »Sächsisch-Böhmische Dampfschifffahrtsgesellschaft« die Schiffswerft Blasewitz.

Und es gab eine große Flut. Am 31. März 1845 erreichte der Pegel der Elbe eine bis dato unbekannte Höchstmarke und halb Loschwitz lag in den Fluten. Eine Heimsuchung, die zur Legende wurde, zu einem Mythos »aus grauer Vorzeit« – bis zu jenen Augusttagen des Jahres 2002, als nach tagelangen sintflutartigen Regenfällen das nie für möglich Gehaltene geschah: Die alte Flutmarke der Elbe wurde nach eineinhalb Jahrhunderten erneut erreicht – ein Zivilisationsschock, der eine landesweite Solidaritätswelle auslöste, wie sie zuvor ebenso wenig denkbar war, und eine Langzeitirritation, die seit der nächsten »Jahrhundertflut« elf Jahre später endgültig auch im Unterbewusstsein der Alleskönner festsitzt.

Verlassen wir das unsichere Gelände und laufen über die Trille in den Loschwitzer Ortskern hinein, vorbei am alten Gasthaus Körnergarten, das mit dem Dichter nichts zu tun hat, in dem aber seit seinen Gründungszeiten

Carl Wilhelm Müller (1839–1904), Schneidemühle im Loschwitzgrund, um 1875, Aquarell
Archiv Kirchgemeinde Loschwitz

Winterhochwasser im März 1940, Laufsteg auf der Friedrich-Wieck-Straße *Foto: Archiv Kirchgemeinde Loschwitz*

von Eduard Leonhardi bis Matz Griebel legendäre Stammtische vor Anker gegangen sind. Ludwig Richter verkehrte nebenan im Bauernstüb'l. Das heutige Ortsbild ist ein typisches Mischwesen aus Resten alter, inzwischen sorgsam restaurierter Fachwerkbebauung (vom Fährgut bis zum Häuslerhaus) und einer recht radikalen Großstadtarchitektur im Zuge des Brückenbaus von 1893. Der Körnerplatz – der ist nun allerdings benannt nach dem Dichter – ist ein Ufo aus der sächsischen Metropole, an das sich die Bewohnerschaft ebenso gewöhnt hat wie sie die eiserne Brücke innig liebt. 100 Jahre lang hat sich hier, trotz der Eingemeindung von 1921, wenig geändert. Dann hat ab 1992 das so genannte »Sanierungsgebiet Loschwitz« für das Viertel einen differenzierten städtebaulichen Rahmenplan vorgegeben, der Rekonstruktion, überfällige Sanierung und Neubau erfolgreich aufeinander abgestimmt hat. Die alte Mischnutzung des Platzes jedenfalls hat sich langfristig gegen die Kapitalisierungswünsche der 1990er Jahre ebenso wie gegen den Verkehr halbwegs durchgesetzt – diverse Läden, Galerien und Cafés verlebendigen den Knotenpunkt, in den sieben Straßen münden.

In eine laufen wir nun hinein: Vom Körnerplatz in den Körnerweg in Richtung Körnerhaus (körnern Sie mir folgen…?). Auch hier geht es vorbei an Mischbebauung von Alt und Neu, opulenten Villen in Weinhängen vis à vis der schönen ungepflegten Streuobstwiesen und vorbei am alten Loschwitzer Hafen. Dieser wurde 1864/65 von der »Sächsischen Dampfschiffahrtsgesellschaft« aus einem älteren Parallelwerk als Winterhafen für ihre auf 17 Schiffe angewachsene Flotte errichtet. 1872 erweitert, bot er mit seinen 1,4 ha Wasserfläche ein Jahrhundert lang Schutz für 20 Seitenraddampfer und 50 Landebrücken. Heute siedeln hier sächsische Segler.

Schließlich folgt rechts das alte Fachwerkhaus des Namensgebers dieses elbnahen Weges. Der wohlhabende Appellationsrat Christian Gottfried Körner, Vater des Freiheitsdichters, erwarb das alte Weingut nach seiner Übersiedlung nach Dresden 1785 als Landsitz. In seinem aufgeschlossenen bürgerlichen Hause verkehrte bald ein illustrer Kreis von Geistesgrößen: Goethe und Kleist, Anton Graff und Adrian Zingg, Novalis und der Komponist frühromantischer Innerlichkeit, Johann Gottlieb Naumann, für den Körner Freund und Förderer wurde. Erster und wichtigster Loschwitzer Gast wurde freilich Friedrich Schiller.

Im September 1785 war der von Sorgen bedrängte genialische junge Dichter der »Räuber« seinem großen Verehrer nach Dresden gefolgt

Ältestes erhaltenes Fachwerkhaus, Friedrich-Wieck-Straße 7, 2014 *Foto: Siegfried Großmann*

und konnte hier für zwei Jahre eine dringend nötige, freundschaftlich abgesicherte Ruhepause einlegen. In Körners Obhut beendete er – ganz im Geist der intellektuellen Unruhe vor der nahenden Grande Révolution – die Ode »An die Freude« und schrieb in Körners Weinberg den »Don Karlos«. Mit ein paar giftigen Sprüchen über »die Wüste der Geister« verabschiedete sich der zu Kräften gekommene hellwache Dramatiker im Juli 1787 von der ihm allzu bukolisch erscheinenden Idylle in Richtung Weimar.

Aber die Landschaft kann nichts dafür, wenn Schönheit träge macht. – Kurz nach dem Körnerhaus wird die Straße tatsachlich zum Weg. Auf dicht gefügten Sandsteinquadern betritt man die reizvollste Wanderstrecke in die Innenstadt, die Dresden zu bieten hat (Radfahrer haben es am Anfang schwer). In weitem Bogen fließt die Elbe durch eine großzügige, von allen Bauten freigehaltene Auenlandschaft – ein absolutes Novum für eine Großstadt. Dieses besondere Charisma hat zur heftigsten bürger-

Körnerhaus, 2010 *Foto: Holger Friebel*

schaftlichen Auseinandersetzungen der Nachwendezeit geführt: zum Brückenstreit um die Errichtung der Waldschlößchenbrücke und dem Verlust des erst fünf Jahre zuvor verliehenen UNESCO-Welterbetitels 2009. Als Symbol des Sieges der Automobilistik über die Urbanistik schneidet die Brücke heute pragmatisch die Landschaft.

Nicht hingucken, sagen die Dichter: Die Weinberge beginnen. Der von Dinglinger ist doppelt berühmt – wegen seiner glänzenden Goldschmiede-Geschichte aus augusteischer Zeit ebenso wie durch einen üblen Immobilienkampf Ende der 1990er Jahre. Heute ist nicht nur dieser Berg nach 150 Jahren Winterschlaf wieder »aufgerebt«. Dann kommen die Loschwitzer Elbschlösser, die so genannten Albrechtsschlösser und »Eckberg« in den Blick – eine weitere landschaftliche Zäsur aus der Mitte des 19. Jahrhunderts. Die schlossartige Sommervilla, die sich der aus Preußen exilierte Hohenzollernprinz Albrecht 1850–1854 von dem Berliner Architekten Adolph Lohse mit großem Aufwand erbauen ließ, repräsentiert einen in Dresden eher unüblichen »romantischen Klassizismus« und gemahnt aus der Ferne an Schinkel. Terrassen und Balustraden, Umgänge und Wasserbecken fügen sich zu einem idealisch gestalteten Gartenreich – ein kleines Loschwitzer Sanssouci. 1925 erwarb die Stadt diese Anlage und machte sie öffentlich zugänglich; nach Kriegsende nutzte sie die SMAD (Sowjetische Militäradministration für Deutschland) fünf Jahre lang als Gästehaus, dann übernahmen sie mit der paradoxen

Dinglingers Weinberg, 2014 *Foto: Siegfried Großmann*

Namensgebung »Pionierpalast Walter Ulbricht« für vier Jahrzehnte Dresdner Kinder als Spiel- und Bildungsstätte. In den späten 1980ern ließen vergnügungssüchtige Architekten mit ihren Freundeskreisen an (und in!) den Wasserbecken legendäre alternative Sommerfeste steigen – Vorschein künftiger Freiheiten. Konzerte und noble Feste beleben heute das Schloss.

Das nebenan liegende sogenannte Lingnerschloss wurde – ebenfalls von Adolph Lohse – als Villa »Stockhausen« für den Kammerherrn des Prinzen Albrecht erbaut. 1891 übernahm es der Unternehmer Bruno Naumann (Nähmaschinenfabrik Seidel & Naumann), 1906 der Odol-Fabrikant Karl August Lingner als repräsentativen Wohnort. Nach seinem Tod 1916 wurde Lingner in einem von Hans Poelzig errichteten Mausoleum am Fuße der Weinhänge bestattet; sein Schloss vermachte er zu gemeinnützigen Zwecken der Stadt. In den Nachkriegsjahren wurde es nach einer kurzen Phase als Studen-

Die drei Elbschlösser, 1872 *Foto (Ausschnitt): August Kotzsch*
»Ortsgeschichtliche Sammlung Blasewitz und Umgegend« von Karl Emil Scherz, Landesamt für Denkmalpflege Sachsen, Plansammlung

tenwohnheim 1956 unter der Leitung von Manfred von Ardenne zum sogenannten »Club der Intelligenz«, der in ungewöhnlicher Selbstständigkeit zu einer Art Refugium für das alte wie für das heranwachsende neue Dresdner Bildungsbürgertum mutierte. Hier konnte freier gedacht und geredet werden als anderswo in der diktatorischen DDR. Ganz diesem liberalen Erkenntnishunger verpflichtet, hat sich seit 2002 der von den Ardenne-Erben inspirierte »Förderverein Lingnerschloss e. V.« der aufwändigen Sanierung des Schlosses mit einer umfangreichen öffentlichen Nutzung verschrieben.

Geist neben Ungeist – wenige hundert Meter stadtwärts liegt, noch auf Loschwitzer Flur, im alten Simmigschen Ortsteil das Gelände des ehemaligen MfS, der Dresdner Stasi-Zentrale, die hier in alten NKWD-Gebäuden seit den fünfziger Jahren residierte. »U-Haft am Elbhang« war in der Nachwendezeit eine Aufklärungsschrift über die unheilvolle Geschichte dieses Ortes der Repression hintersinnig betitelt. Am 5. Dezember 1989 machte die Bürgerbewegung mit ihrem Dresdner Stasi-Sturm dem Spuk ein Ende.

Drittes der drei Elbschlösser (zu Fuß für uns das erste) ist Schloss Eckberg. 1859 bis 1861 ließ es sich der englische Großkaufmann John Daniel Souchay im durchgängig neugotischen Stil von Christian Friedrich Arnold errichten. Nach mehrfachem Besitzerwechsel bewohnten es in den 1920er Jahren der Sänger Tino Pattiera und der Besitzer der Leo-Werke Heinsius von Mayenburg. 1985 wurde es Hotel. Auch dieses Schloss mit idealer Aussicht liegt, zum Vergnügen für alle Flaneure, in einer weiträumigen Parklandschaft.

Villa »Orlando«, 2014 *Foto: Siegfried Großmann*

Vom Schloss Eckberg kommt man auf Trampelpfaden Richtung Elbe und über den steil ansteigenden Heilstättenweg entlang des Stechgrundbaches wieder bergauf zum äußersten Zipfel der Loschwitzer Hangbebauung an der Schevenstraße. Von wenigen alten Nobelvillen aus der Kaiserzeit abgesehen, hat sich hier im abgelegenen ruhigen Grün solide Zwanziger-Jahre-Architektur angesiedelt. Wuchtig wird es erst wieder am Eingang zur Schillerstraße, wo die Stasi in den 1980er Jahren ein legendenumwobenes weiträumiges Gebäudeensemble zur Erholung ihrer überforderten Mitarbeiter errichten ließ. Ministerpräsident Kurt Biedenkopf nutzte es in den 1990ern als vorübergehende Residenz und bot auch etlichen seiner Minister zeitweise hier Unterkunft, was schnell zum doppeldeutigen Witz von »Ingrids Küchenkabinett« führte. Ein Stück abwärts stehen sich ein bescheidenes Weinbergshaus auf dem Körnerschen Grund, »Schillerhäuschen« genannt, und ein in die steilen Sandsteinmauern der tief eingeschnittenen Schillerstraße eingelassenes repräsentatives Halbprofil-Denkmal des Dramatikers gegenüber – und markieren solcherart den eminenten Bedeutungsgewinn des Klassikers für das deutschen Bildungsbürgertum.

Gehen wir wieder ein Stück nach oben und biegen in die Leonhardistraße ein. Zwei eindrucksvolle Villen aus der Frühzeit der städtischen Vorortbesiedlung liegen hier: gleich zu Beginn (Leonhardistraße 3) ein repräsentativer Landsitz im Sieneser Stil des 17. Jahrhunderts von 1852; weiter hinten, im Verborgenen und nur von der Plattleite her zu sehen, die neogotische Villa des in sächsischen Diensten stehenden italienischen Grafen Orlando, von Hugo Erhard zeitgleich errichtet. Beides sind Beispiele einer heftig historisierenden Architektur, die in der Nachfolge Gottfried Sempers in Dresden Mode wurde und in lockerer Verteilung auch den Elbhang bestimmt. Erst mit der Jahrhundertwende setzte sich eine neue, sezessionistische Reformarchitektur im Villenbau durch, die in Loschwitz besonders durch Architekten wie Oswin Hempel, Rudolf Kolbe und Wilhelm Kreis repräsentiert wird und eine ganz eigene Betrachtung verdiente.

»Psychotherapie für Staatsbeamte«, Slogan an der Mauer der Bezirksverwaltung des Ministeriums für Staatssicherheit, Bautzner Straße, um 1992 *Foto: Michael Beleites*

Aber ein Architekturrundgang ist an dieser Stelle nicht zu machen. Parallel zur Standseilbahn erklimmen wir nun über die Plattleite jenen Teil von Oberloschwitz, der gemeinhin schon als »Weißer Hirsch« gilt, wiewohl die Flurkarte es besser weiß. Wir sind nun in den Gefilden des »Turms«, jenes alle Auflagenrekorde brechenden Dresden-Bestsellers von Uwe Tellkamp von 2010, der im Milieu eines alten Nobelviertels die januskopfige Situation des Dresdner Bildungsbürgertums inmitten des Verfalls der späten DDR sinnlich aufgeladen auf fast 1.000 Seiten detailgenau und aufschlussreich schildert – ein »vor Ort« allerdings umstrittenes Buch. Plattleite und Zeppelinstraße sind darin wichtige Handlungsorte: Hier entstand seit seiner Rückkehr aus der Sowjetunion ab 1956 für Manfred von Ardenne, der den Sowjets bei der für das Wettrüsten entscheidenden Plutoniumanreicherung geholfen hatte und daher unter deren Schutz stand, das einzige private Forschungsinstitut der DDR – ein gesellschaftspolitisches Unikum mit Jahrzehnte währender Nachwirkung. Ardenne gründete auch den »Dresdner Club der Intelligenz« und verteidigte ihn gegen alle Nivellierungsabsichten der SED. Sein Institut blieb ein Denklabor erster Ordnung, ein Wirtschaftsfaktor, ein Mythos für die raunende Bevölkerung: »Der Ardenne hat ja ein Schloss... und eine eigene Sternwarte... und ein Automatiktor am Institut, das ferngesteuert werden kann...« So entstehen Legenden. Ein ganz anderer von den Russen geschützter seltsamer Gast lebte seit 1953 vier Jahre lang bis zu seinem Tode in einem abgelegenen Zipfel nahe dem »Weißen Adler«: der Verlierer der welthistorischen Schlacht von Stalingrad und späterer Zeuge der Anklage in den Nürnberger Prozessen: Generalfeldmarschall Friedrich Paulus.

Talwärts laufend kommen wir zum Luisenhof, der alten Berggaststätte mit dem traumhaften Blick, zum »Balkon von Dresden« – heute mit unsicherer Perspektive. Hier war es ganz und gar zu Hause: das sogenannte »Refugiumsbürgertum« der DDR. Hier gab es bis in die 1960er Jahre Caféhausmusik mit Stehgeiger und obligater Schlagsahne. Der Schreiber erinnert sich an noble alte Damen, die den Schleier am Hütchen lüften mussten für die Eierschecke (»Gräfin Hoppelpoppel« kommentierte das leise mein Großpapa), und hier spielte auch eine der charmantesten Szenen eines erfolgreichen, weil heiteren frühen DEFA-Films: »Geliebte weiße Maus« – was Rolf Herricht, den tapferen Verkehrspolizisten auf dem tiefer liegenden Körnerplatz meinte. Dresden also zu unseren Füßen: Und wem gehören die Villen ringsum?

Tanztee auf dem »Luisenhof«, Anfang der 1930er Jahre *Foto: Walter Hahn*

Wie nun weiter mit den Gedanken? Nutzen wir die Standseilbahn? Oder gehen wir den Stufenweg zu Fuß herunter zum Körnerplatz? Am Anfang der Grundstraße jedenfalls stehen wir vor dem Leonhardi-Museum, das das Wohnhaus der alten Hentzschelmühle mit dem Atelier Eduard Leonhardis verbindet, welches sich der »Maler des deutschen Waldes« und Sohn des vermögenden Tintenfabrikanten 1879 als Refugium errichten ließ. Hier traf er sich mit seinen Freunden und mit seinem Lehrer Ludwig Richter; hier sind noch heute ein halbes Dutzend seiner mächtigen Ölmalereien zu bestaunen. In den 1970er und -80er Jahren erlangte die »Rote Amsel«, wie das Haus auch genannt wurde, als Ausstellungsort für eine junge, unangepasste Dresdner Künstlerschaft eine Art Kultstatus. Auf der damals eher ungewöhnlichen Basis von Selbstverwaltung entwickelte sich hier um den Maler Max Uhlig und den Kunstwissenschaftler Diether Schmidt eine sanft anarchistische Gegenwelt zum verordneten sozialistischen Realismus mit den legendären Höhepunkten »Türen-Ausstellung« (1979) und »Frühstück im Freien« (1982). Das ist inzwischen Kunstgeschichte. Heute betreibt die Landeshauptstadt das Museum als qualitätsbewusste Begegnungsstätte vielgestaltiger Gegenwartskunst.

Die »Rote Amsel«, heute Leonhardi-Museum, 2014 *Foto: Siegfried Großmann*

Zum Künstlerort war Loschwitz aber schon vor 200 Jahren geworden. Der aus der Schweiz stammende Dresdner Akademieprofessor Adrian Zingg hat als erster die Schönheiten der rechtselbischen Hanglandschaft entdeckt und geschildert. Nach ihm kamen Caspar David Friedrich, der sich z. B. 1803 einen Sommer lang in Loschwitz einmietete, und dessen Freund Gerhard von Kügelgen. In den 1820er Jahren entdeckten Carus und Dahl die Pillnitz-Hosterwitzer Landschaft für sich und seit Mitte des Jahrhunderts verbrachte Woldemar Hottenroth die Sommermonate regelmäßig im benachbarten Wachwitz. Mit Abstand aber war Ludwig Richter der populärste unter den »Elbhang-Romantikern« (Hans-Joachim Neidhardt). Fast drei Jahrzehnte hat er seit 1852 in den Weinbergen von Loschwitz verbracht und in einer Fülle von Zeichnungen und Bildern das Landleben überliefert. Hier entstanden wichtige Radierzyklen wie die Illustrationen zu Ludwig Bechsteins berühmtem Märchenbuch, und auch seine Schüler an der Akademie holte Ludwig Richter zu Naturstudien zu sich aufs Land.

Ludwig Richter auf dem Wandgemälde von Georg Schwenk in der Schiller-Schule Foto: Slg. M. Griebel

Unter den sechs verschiedenen Wohnorten Richters in Loschwitz war auch das so genannte Kotzsch-Haus am Rochwitzer Busch. August, der Sohn der Familie, hatte sich in das gerade erfundene neue Medium der Lichtbildnerei verliebt, lernte aber zugleich vom prominenten Sommergast den Blick für das künstlerische Maß. Zwischen 1860 und 1905 hat sich August Kotzsch mit überlieferten gut 800 Fotos ein für die Frühzeit der Fotografie außerordentliches Œvre erarbeitet. Freilichtfotografie war technisch ein anstrengendes Gewerbe – der kräftige Kotzsch zog noch mit schwerem Entwicklerwagen und Chemikalien durch die Gegend. Seine fotografischen Studienblätter wurden auf Weltausstellungen prämiert und gingen als Künstlervorlagen bis in die USA; seine Loschwitz-Dokumentation gilt heute nicht nur künstlerisch als eine der ausdrucksstärksten Schilderungen einer Ortsverwandlung vom ländlichen zum städtischen Leben.

Diese Stadtwerdung der Loschwitzer Höhen vollzog sich nach dem Ende des Weinbaus sukzessive und forciert von Bauspekulationen seit den 1880er Jahren. Sommerhäuser und Villen entstanden längs des Veilchenwegs, eine bis heute bevorzugte Wohnlage, die sich über Calberlastraße und alten Wachwitzer Kirchweg auf halber Höhe bis Wachwitz erwandern lässt. In den 1990er Jahren gab es hier manche problematische Restitution und heftige Auseinandersetzungen über geplante Baukörper-Kubaturen (z. B. beim Projekt Veilchenweg 50) und beim Elbhangfest wurde aus gegebenem Anlass Immobilienhaifischflossensuppe gereicht. Der friedliche Wanderer aber gelangt über den Josef-Hegenbarth-Weg durch dichten Buchenwald schließlich an das östliche Ende von Loschwitz, wo an der Pillnitzer Landstraße das imposante Künstlerhaus wie ein gebautes Ausrufezeichen für den »Künstlerort« zeugt. Baumeister Martin Pietzsch hat es in monumentalem Reformbaustil mit italienisierenden Dekorationen 1897/98 errichtet – ein in seinem Inneren höchst originell verschachtelter Atelierbau. Generationen von Künstlern sind seither durch das Haus gegangen – die Festschrift zum 100-jährigen Jubiläum verzeichnet reichlich 100 Maler, Grafiker und Bildhauer, darunter viele für die Dresdner Kunstgeschichte bedeutsame Namen von Sascha Schneider bis Hermann Glöckner. Nicht wenige von Ihnen finden sich wieder vis à vis auf den Grabsteinen des Loschwitzer Friedhofs.

Der letzten großen Bauphase, die Loschwitz seit Mitte der 1990er Jahre erlebt hat, begegnen wir auf dem Rückweg zum Körnerplatz. Lin-

Blick über das Körnerhaus auf die Elbe, um 1885 Foto: August Kotzsch, Stadtmuseum Dresden

Künstlerhaus während des Elbhangfestes 2008, Lichtinstallation von Detlef Schweiger *Foto: Lars Beetz*

kerhand, auf einer alten Obstplantage, hat sich mit Augustuspark, Alter Kirschplantage und den Loschwitz-Arkaden moderner Wohnungsbau ausgebreitet – letztere mit einer sinnvoll dimensionierten Laden- und Marktansiedlung. Die Umstrukturierung hat zugleich verschwundene Geschäfte am alten Körnerplatz ersetzt, sodass über die Jahre ein neues organisches Gefüge entstanden ist. Auch in diesem jüngsten Quartier von Loschwitz lässt sich gut leben.

Noch zweihundert Meter und wir sind fast am Ausgangspunkt unserer Wanderung angekommen. Links liegt die große Schillerschule, 1907 für die wachsende Kinderschar der Gemeinde erbaut und bis heute immer noch lärmend »ausgebucht«. Rechts das neben dem Blauen Wunder zweite Wahrzeichen des Ortes, die Loschwitzer Kirche von George Bähr. Im Februar 1945 hatte sie einer der Loschwitzer Bombentreffer des zu Ende gehenden Zweiten Weltkrieges in Brand gesetzt, sie war als leere Steinhülle stehen geblieben.

Grabanlage Geißler von Friedrich Brodauf, Loschwitzer Friedhof, 2014 *Foto: Siegfried Großmann*

1991 begann mit einer symbolischen Grundsteinlegung ihr lange vorbereiteter Wiederaufbau. Von einem beachtlichen Spendenaufkommen unterstützt, konnte die bauliche Rekonstruktion unter Leitung des Architekten Rainer Ehlich bis 1994 abgeschlossen werden. Mit dem Einbau des eindrucksvollen Renaissance-Altars von Nosseni, der aus der zerstörten Sophienkirche stammt, neuen Emporen und der farbigen Fassung des Innenraumes war 2006 die endgültige Wiederherstellung gelungen. Hier, auf dem Platz vor der Loschwitzer Kirche, wird alljährlich am letzten Juni-Wochenende das Elbhangfest eröffnet. Seit verblüffenden 25 Jahren.

Wie hat es begonnen, das Unternehmen Elbhangfest im großen Frühling des Gesellschaftsumbruches von 1990, der auch von örtlichen Bürgerinitiativen aktiv und phantasievoll mitgestaltet wurde? Die Befreiung von Mief und Repression einer ausgelaugten DDR hat viele Energien freigesetzt – Kulturhunger war nicht die schlechteste davon. Bewegungslust und Feierlaune folgten auf dem Fuße, dem Spielbein gewissermaßen. Es kulminierte zuerst vor der verfallenen Pillnitzer Weinbergskirche, deren Wiederaufbauakteure im Sommer 1990 die große Fest-Idee unters Volk brachten, bis sie sich übers Jahr organisierte und im Juni 1991 das Elbhangfest Nr. 1 mit einprägsamem Logo und lockerem Veranstaltungsangebot zwischen Loschwitz und Pillnitz gestartet wurde:

Loschwitzer Kirche, 1930er Jahre
Foto: Archiv Kirchgemeinde Loschwitz

Eröffnungskonzert zum Elbhangfest 2006 in der Loschwitzer Kirche
Foto: Johannes Dose

»Von Bähr zu Pöppelmann«. Die Namensgebung war Programm, denn einerseits hatte ein städtischer Wiederaufbau begonnen, für den die beiden Kirchen der Region Symbolwert erlangten, andererseits wartete die ganze Kulturlandschaft auf eine Neuentdeckung. Die entfaltete sich wie von selbst: Mit Theater und viel Musik, Kinderamüsement und ausgelassenen Tänzen, selbstgebackenem Kuchen, Bratwurst und Wein und Bier – die reine Lebenslust, auf Rädern und zu Fuß, von Jung und Alt, von Elektriker und Kunstprofessor, von Ost und West. So greifbar nahe ist manchmal ein Wochenende lang die Utopie!

Der schönen Neuerfindung vorausgegangen war seit den sechziger Jahren die »Loschwitzer Boheme«, ein lockerer Kreis von Künstlern und originellen Typen vielerlei Couleur, die subversive Aktionen und unkonventionelle Festivitäten inszenierten – legendär die beiden »Gully-Feste« um 1965 mit Jazz in den unterirdischen Gewölben der Trille. Tonangebend in vielem war dabei der »urloschwitzer« Backenbartträger Matz Griebel, Sohn des Malers Otto Griebel und späterer Stadtmuseumsdirektor.

Es ist klar, das Festefeiern bindet die Menschen an ihre Landschaft und stimulierte nach 1990 ein bürgerschaftliches Engagement mit beachtlicher Langstreckenenergie. Das kommt den Ortsvereinen zugute und der städtischen Selbstverwaltung, der konzertfreudigen Kirchgemeinde und einem charmanten Weihnachtsmarkt à la Ludwig Richter. Regionalbewusstsein ist zur Basis neuer, gelegentlich überbordender Selbstbestimmung geworden – ironische Bemerkungen aus anderen Stadtteilen bleiben folgerichtig nicht aus.

Inzwischen sind wir wieder am Körnerplatz, dem ausgreifenden Zentrum des Ortes. Mit dem »Sanierungsgebiet Loschwitz« hat Anfang der 1990er Jahre eine Revitalisierung begonnen, die – durch vielerlei Privatinitiative angetrieben – eine qualitätvolle bauliche Rekonstruktion mit solidem »Lückenschluss« in eine Balance gebracht hat. Das hat, wenn auch gelegentlich mit Reibungsverlusten, eine lebendige Mischnutzung stimuliert. Wie langlebig Selbstblockaden sein können, erweist sich an der hässlichen »Ewigkeitsbaustelle« Elbehotel; was dagegen bei guten Konzepten erreicht werden kann, belegen viele Beispiele von der Sanierung des alten Fährgutes bis zur Rekonstruktion der Friedrich-Wieck-Straße.

Wir sind am Ende unserer Wanderung. Sie war eine imaginäre und nur eine Variante von vielen möglichen Angeboten und insofern sind wir auch wieder am Anfang: Jeder Leser suche sich nun seine eigenen Touren heraus. Das 700-jährige Loschwitz bietet dafür genügend Auslauf – beim Blick in die vielgestaltige Geschichte ebenso wie beim Gang durch eine vitale Gegenwart. Dieses Buch lädt dazu herzlich ein. **Hans-Peter Lühr**

Blick auf Körnerplatz und Friedrich-Wieck-Straße, 2014 *Foto: Siegfried Großmann*

Auf der oberen Friedrich-Wieck-Straße, um 1915 *Foto: Archiv Kirchgemeinde Loschwitz*

Loschwitz als Kunst- und Künstlerort

»Der Strom windet sich in gleitendem Farbenspiel bis zu der Biegung, wo er in Büsche taucht; darüber stehen, braunviolett, die überzarten Höhen von Loschwitz, mit kleinen roten Dächern übertuscht.«

Mit diesen herrlichen Worten endigt eine kleine Skizze – eigentlich ein Gedicht in Prosa – des Dichters Ernst Wilhelm Lotz, das die Überschrift trägt »Dresden, ein Mittag«. Loschwitz war damals, 1914, noch nicht eingemeindet in die sächsische Haupt-und Residenzstadt Dresden, deren Kirchtürme und Brücken, der Zwinger und die Brühlsche Terrasse gerühmt werden, aber auch ihr »seidener Himmel« und »im Sonnendunst verschwimmende Häuserwände«. All diese Wort-und Bild-Pretiosen aufzuzählen, hieße besser, das Ganze abzudrucken, so schön und reich ist es. Doch sei zum wenigsten der Anfang hierher gesetzt: »Es ist ein Tag, auf Terrassen zu sitzen oder in grün überwehten Kaffeegärten. Die Luft geht weich und voll von Süden neben mir her; sie könnte aus Manet'schen Bildern wehen. Doch dieser Name ist klanglos in der Stadt, die zuviel von dem Willen ihrer barocken Meister in Linien, Farben und Atem der Plätze hat.«

Tatsächlich konnten die Dresdner in ihrer Gemäldegalerie einem Gemälde von Édouard Manet begegnen, der »Dame in Rosa« von 1879/81, aber erst seit 1921 – bekannt war es schon vorher aus der Sammlung Rothermundt. Die köstliche Schilderung von Loschwitz, die wir Ernst Wilhelm Lotz verdanken, ist, wiewohl der Dichter zu den berühmtesten deutschen Expressionisten gehört, impressionistisch. Das »Braunviolett«, die »überzarten Höhen... mit kleinen roten Dächern übertuscht« verraten auch die malerische Begabung des Dichters, darin ein wenig seinem Freund Ludwig Meidner verwandt. Mit Meidner, dem überaus einflussreichen Künstler, war Lotz, 1890 in Culm an der Weichsel geboren, Anfang 1914 nach Dresden gekommen, wohin der Mäzen Kochmann die Freunde aus Berlin gelockt hatte, mit der Idee, eine Kunst- und Literaturzeitschrift zu gründen. Beide wohnten damals in der Neustadt, nah dem Alberttheater und dem Artesischen Brunnen. Der apokalyptische Bohemien Meidner und der idealistische Leutnant mussten Dresden bald wieder verlassen.

Lotz wurde eines der ersten Opfer des Krieges, gefallen im Departement Aisne, erst 24 Jahre alt! 1913 hatte der Frühvollendete schon jungen Ruhm erfahren, mit den Gedichten »Und schöne Raubtierflecken...«. Ein Romanversuch blieb unveröffentlicht, und auch das Prosa-Gedicht, aus dem wir zitiert haben, ist lange Zeit ziemlich unbekannt geblieben; ein Grund mehr, es hier hervorzuheben. Meidner, der Maler-Dichter, fühlte sich wohl in den turbulenten Cafés der Altstadt, schilderte auch in hymnisch zerhackter Sprache gern die proletarische Alaunstraße, die vom Albertplatz abzweigt auf den Alaunplatz hin. Er schrieb, er dichtete »Im Nacken das Sternemeer« und »Septemberschrei«. In Loschwitz war er wohl nie... Eine schicksalhafte Fügung wollte es, dass die uralte Mutter von Lotz zwei Weltkriege überlebte, auch den Tod ihres Mannes und den ihrer Söhne. Sie wohnte bis zuletzt in der Dresdner Fischhausstraße, die von der Bautzner, auf den Weißen Hirsch führenden Straße geht. Dort lernte ich sie – der Leser möge mir verzeihen, dass ich jetzt pro domo spreche – durch den verschnorrten »Professor« Draws-Tychsen

Martin Raschke, um 1940 *Foto: Slg. EHK*

aus Pappenheim kennen; sie schrieb mir in ein schön gedrucktes Gedenkbuch, das Draws-Tychsen ihr im Westen ermöglicht hatte, eine unvergessen liebenswürdige Widmung: »Mit herzlichen Wünschen für Ihre Zukunft grüßt Sie Ihre Margarethe Lotz, Mutter von Ernst Wilhelm, Weihnachten 1955«. Wie verwundert es mich heute, selbst 80 Jahre alt, dass die alte Mutter eines im Ersten Weltkrieg Gefallenen mir einen Gruß schrieb! Welche Zeit hat sie, habe ich seither erlebt, da ein dritter Weltkrieg am Horizont droht...

Nun erschüttert es mich, dass ein anderer Dichter, Martin Raschke, Loschwitzer durch und durch, im Zweiten Weltkrieg, 1943, in Russland gefallen ist. Er war in der Altstadt geboren, zog aber auf die Schillerstraße zur Miete und 1937, sich verschuldend, auf den Veilchenweg, sein Tusculum. Noch bevor der NS-Staat zuschlagen konnte, war er mit A. Artur Kuhnert im Jess Verlag Herausgeber der »Kolonne«, einer epochemachenden Zeitschrift nicht nur der Naturlyrik, aber eben der auch, Poesie von Günter Eich, Elisabeth Langgässer, Peter Huchel und vielen anderen. Ich habe ihn nolens volens nicht mehr erleben können, aber als ich seine Dichtung »Jahr über der Stadt« gelesen hatte, war er für mich ein Dresdner Cicerone, vor allem des Elbtals. Raschke hat sich weder in seiner Zeitschrift noch in anderen Essays zur bildenden Kunst seiner Zeit geäußert. Freilich war er mit dem peniblen Maler von Blumen, doch

Curt Großpietsch, Blick auf die Elbe bei Loschwitz 1952, Aquarell Galerie Döbele

nicht nur von Blumen, sondern auch von Landschaften und exzentrischen Menschen, dem Kokoschka-Schüler Willy Kriegel, bekannt, der gewiss kein Nazi war, obwohl von den Nazis geschätzt, ein Künstler, den Otto Griebel einen »Gesinnungslumpen« nannte. Bekanntlich war auch Raschke kein »Nazi«, wiewohl im Krieg gegen Russland als PK-Mann eingesetzt – seine Kriegsberichte waren eher pazifistisch gestimmt, wie hätte ich sie sonst in mein Raschke-Buch aufgenommen, Texte, die Hermann Kasack, Präsident der Deutschen Akademie für Sprache und Dichtung, ausgesucht hatte, ein Mann, der selbst in der NS-Zeit gelitten hat. Bleibt noch anzumerken, dass Josef Hegenbarth ein kleines Tierbild von Kriegel besaß. Raschke war, zumal in Loschwitz, auf dem Veilchenweg, ein biedermeierlicher Charakter, wand seinen Töchterchen Blumen ins Haar...

Der mäzenatische Verleger Wolfgang Jess war in der Schillerstraße Raschkes Nachbar gewesen – ein Herr, und es ist nicht zu hoch gegriffen, ihn mit Anton Kippenberg, dem »Herrn der Insel« in Leipzig, und mit Jakob Hegner in Hellerau zu vergleichen. Auch die Ausstattung seiner Bücher war mustergültig. Das Verlagsgebäude von Jess in der Innenstadt wurde 1945 ein Raub der Flammen, vordem bereits hatte er es aufgeben müssen und die Geschäfte von seinem Loschwitzer Wohnhaus aus geleitet. Doch eher schon mochten Ideen und Pläne hier geboren sein. - Mit einem Wort: auch durch Wolfgang Jess und seine Kunstbücher ist Loschwitz der Künstlerort geworden, als der er im Bewußtsein Dresdens weiterlebt. Jess ist im Zweiten Weltkrieg geblieben, wie auch Martin Raschke. Der Verleger hinterließ ein geistiges Vermächtnis, das nicht zu überhören war. Seine Witwe hat nach 1945 sofort, unter schwierigen Bedingungen, begonnen, den Verlag weiterzuführen. Sie hatte als Lektor, mehr als Lektor, den Kunsthistoriker Hans Krey gewonnen. 1956 erschien bei Jess ein Wunder in diesen harten Zeiten – die nun ergänzte Auflage von Theodor Däublers Kampfschrift für die moderne Kunst »Der neue Standpunkt«, der in der DDR eine geradezu revolutionäre Aktualität zukam. Man darf es ein Phänomen nennen, dass ebenfalls im Jess Verlag 1956 in der Trümmerstadt Dresden in stark erweiterter Neuausgabe ein prächtiges Buch erscheinen konnte, wie es im westlichen Deutschland nicht besser möglich gewesen wäre: »Künstlerbriefe über Kunst – Bekenntnisse von Malern, Architekten und Bildhauern aus fünf Jahrhunderten«, herausgegeben von Hermann Uhde-Bernays, 952 Seiten! Beginnend mit Leon Battista Alberti an Filippo Brunellesco, Florenz 1436, und fortgeführt bis zu Kandinsky und anderen der Moderne. Gedruckt bei VEB Offizin Andersen Nexö, Leipzig, ausgestattet mit Lichtdrucken von Selbstbildnissen der Briefeschreiber, alles auf bestem Dünndruck-Papier, in feinem orangefarbenen Leinen mit Goldaufdruck. Es ist trotz seiner Fülle handlich schmal – ein Buch zum lustvollen Gebrauch des Lesens und Studierens – es war eines der Lieblingsbücher der Malerin Elisabeth Ahnert. Noch ein anderes großes Verlags-Objekt ist hervorzuheben: das »Jahrbuch zur Pflege der Künste«, deren erstes 1951 erschien; das Vorwort schrieb Hans Krey am 13. Februar 1950, dem denkwürdigen Datum. Darin heißt es: »...es will Ehrfurcht lehren vor den Taten der Genies in verklungenen Kunstepochen und will die Herzen aufschließen für die Leistungen der Künstler unserer Zeit.« Den ersten Aufsatz des ersten Buches lieferte der Dichter Gottfried Fischer-Gravelius, in Striesen zuhaus; sein Thema: »Die Seele Dresdens«, beginnend mit Heinrich von Kleist, der in Dresden »die erfülltesten Jahre seines Lebens« hatte, und dessen Freund Caspar David Friedrich, der »vierzig Jahre in der Elbestadt« lebte und »das Werk einer großen Naturreligion« schuf mit seinen Bildern, einer, der »am Elbhang 2 wohnt« und »die Tochter eines Elbfischers zur Frau nimmt«. In diesem beschwingten beglückt-beglückenden Ton geht es weiter mit Eberhard Hempels Aufsatz »Barockes

Lebensgefühl« und Hubert Georg Ermischs Aufsatz »Der Zwinger. Ein Denkmal über Zeiten«, um dann in den seither vielgenannten, vielzitierten Text lyrischer Prosa von Martin Raschke zu gelangen, »Der Zauber Dresdens«. Wolfgang Balzer, der erste Galeriedirektor Dresdens nach dem Krieg, schrieb über die von ihm provisorisch etablierte »Gemäldegalerie in Pillnitz«. Das Neue wird rühmend zusammengefasst in Fritz Löfflers »Dresdener Malergenerationen seit der Jahrhundertwende«, das Kernstück einer von ihm gedachten Geschichte der Dresdner Kunst. Der Aufsatz endigt erst einmal mit Hinweis auf den »jungen Helmut Schmidt-Kirstein« und dessen »überströmende Sinnlichkeit«; dreieinhalb Jahrzehnte später hielt Löffler auf ihn als »einen der wichtigsten Künstler der älteren Generation« die Grabrede. Löffler selbst wohnte nicht in Loschwitz, aber er liebte seine Loschwitzer Künstler. Wie oft hat er auf dem Loschwitzer Friedhof gestanden und den Künstlerfreunden das letzte Geleit gegeben.

Stürzende Vögel, Ölgemälde von Veit Hofmann im Loschwitzer Künstlerhaus Foto: Siegfried Großmann

Es würde Wolfgang Jess wohl glücklich gemacht haben, wenn er die Verleger-Tätigkeit in so guten Händen gewusst hätte, die sein Werk ungenannt fortsetzten; beide im Verlag der Kunst, der zwar nicht in Loschwitz, sondern in Dresden-Striesen ansässig war, aber zwei vorzügliche Verleger-Persönlichkeiten »besaß«, die längere Jahre in Loschwitz lebten, Rudolf Mayer auf der Robert-Diez-Straße und Erhard Frommhold auf ebenderselben, bis er, vom Hausbesitzer schikaniert, in einen hässlichen Plattenbau in Prohlis wechselte, um wenigstens zwei Zimmer für seine Bibliothek nutzen zu können. Mayer war für die Bildredaktion zuständig, initiierte fabelhaft gute Lichtdrucke, die in alle Welt gingen, vor allem begründete er innerhalb des Verlags der Kunst seine »eikon Grafik Presse«, mehr als 50 Mappen oder Kassetten, Originalgrafik von Glöckner, Körnig, Rudolph, Hassebrauk, Wittig... Kleine Auflagen, individuell gestaltet. Beide, Mayer wie Frommhold, waren auch äußerst fruchtbare Autoren, Mayer schrieb über den frühen HAP Grieshaber und ein Standardwerk »Gedruckte Kunst. Wesen, Wirkung, Wandel«; Frommhold über »Kunst im Widerstand«. Das letztgenannte Werk brachte ihn in Schwierigkeiten bei der Partei, weil der Autor den Widerstand gegen das NS-Regime nicht nur von den Kommunisten geleistet sah, sondern auch von kirchlich gebundenen Kräften. – Das »Dresdner Bilderbuch« von Hassebrauk mit dem Text von Fritz Löffler, 1968, führte schließlich zur Degradierung Frommholds als Cheflektor, weil das alte Dresden zu sehr im Vordergrund gestanden habe.

Frommhold ließ sich nicht entmutigen, wankte innerlich nicht im Glauben an einen gerechten Sozialismus, verlegte Fritz Löfflers Bücher über Otto Dix und Josef Hegenbarth. Das grundlegende Werk des Italieners Giuliano Brigantini »Der italienische Manierismus«, ein Buch, das für die Kunst vor allem in Leipzig Schule machte, auch die Biografie des Meister-Typographen Tschichold, von dem man heute nur noch träumen kann, erschien im Verlag der Kunst... Aus Radebeul ist 2005 Hanif Lehmann nach Loschwitz ins Künstlerhaus gezogen, ein vielseitiger Künstler: Maler, Holzschneider, Radierer, auch Dichter und Übersetzer, Herausgeber und Verleger. Er wirkt als »widukind presse dresden«, besucht regelmäßig die Frankfurter Buchmesse, liebt Stefan George, Charles Baudelaire, Friedrich Nietzsche, Oskar Loerke, Ezra Pound und sich selbst. In seiner Handpresse sind Anthologien erschienen zu Robert Schumann und zu den »Sieben Todsünden«... Eine Idee jagt die andere. In Loschwitz begann meine Liebe zum ›Malerbuch‹. Im Selbstverlag, mir zu DDR-Zeiten nicht anders möglich, brachte ich 1956 meinen zweiten Gedichtband heraus, »Mohnwahn«, mit vier Lithographien meines Freundes Schmidt-Kirstein, gedruckt von Roland Erhardt in kleiner Auflage. Die zweite Veröffentlichung, die hier das Zusammengehen von Kunst und Poesie belegt, war 2002 die der »Elbtal«-Gedichte, von Veit Hofmann in Holz geschnitten, auf einer fast zwei Meter langen Rolle – als wäre das die Elbe – gedruckt. – Als wir, meine Frau und Astrid von Friesen von Veit Hofmanns Künstlerhaus-Balkon aus einem Festzug des Elbhangfestes zusahen, der alte Handwerkskunst als »Lebende Bilder«, »Tableaux Vivants«, darstellte, begann ich einen kleinen Gedichtzyklus über dieses Fest. Wir hatten es, von manchen als lärmend abgelehnt, als ganz reizend empfunden.
Die Bände »Gedichte aus der Augustäischen DDR« und »Gedichte aus der DDR selig«, in namhaften Verlagen erschienen, enthalten mehrere

Gedichte auf Loschwitz; der Katalog »Dank an den Elbhang« 2009 wurde mit dem Faksimile eines Loschwitz-Gedichtes eröffnet. – Veit Hofmann ist bekennender Loschwitzer, trotz schönem Haus in Ungarn, Ausstellungs-Erfolgen in Brasilien und dreimaligem Besuch auf dem Berg Athos – angeregt durch die Erhart-Kästner-Lektüre.

Namentlich erinnert die kleine Heymelstraße, die auf die Schevenstraße führt, an »Heymel«, aber an den vermögenden Kaufherrn, den Adoptivvater von Alfred Walter Heymel, der in der schöngeistigen Geistesgeschichte einen bedeutenden Platz einnimmt. Die Heymel-Villa an der Schillerstraße, früher noch schlicht Stadtweg, ist eine strenge, fast abweisende Architektur, die zunächst dem mit Bildhauerarbeiten in St. Petersburg vermögend gewordenen Künstler Joseph Herrmann gehörte, einem Freund und Schüler von Bertel Thorvaldsen. Kopien nach Thorvaldsen, des größten dänischen Bildhauers, zumal der »Alexanderzug«, schmücken das Entree der Villa, mehr noch, Adolph Heymel hat pietätvoll den Namen »Villa Thorwald« übernommen, obgleich er sie eigentlich »Villa Dora« genannt hat; der Großkaufmann soll den Park mit exotischer Vegetation, das Haus mit bunten Vögeln und Springbrunnen angeblich parfümierten Wassers ausgestattet haben. Er starb früh und der kleine Adoptivsohn war zunächst vollends allein, bis er nach Bremen, Adolph Heymels eigentlicher Heimat, musste. Die zwölf ersten Lebensjahre nannte Alfred Walter Heymel seine »Loschwitzer Märchenjahre«. Bei seiner Volljährigkeit wurde ihm das elterliche Erbe ausbezahlt, man spricht von einem Vermögen von 7 Millionen Goldmark, was heute etwa 700 Millionen Euro entsprechen dürfte. Er reiste mit Diener, Köchin und zwei Hausmädchen, fast drehte er durch, lebte auf größtem Fuß, aber immer mit der Poesie und Kunst im erfüllten Herzen; baute Häuser und verließ sie wieder, wie sein Zeitgenosse Carl Sternheim; er hatte kein »Nest«, nicht in Bremen, nicht in München.

Alfred Walter Heymel – später geadelt – litt unter der Unkenntnis seiner Herkunft; Zeitgenossen vermuteten den spanischen König als Vater, mit dem er auffallende Ähnlichkeit hatte. Es ist hier nicht die Aufgabe, Heymels Biografie darzulegen, das hat aufs Exakteste ein vorzüglicher Bibliophile geleistet: Theo Neteler, 1995 in der edition Peperkorn, Göttingen: »Verleger und Herrenreiter. Das ruhelose Leben des Alfred Walter Heymel«. Ruhelos war Heymel auch als Kunstsammler, er besaß die umfassendste Sammlung Lithographien von Toulouse-Lautrec und eine weltweit bedeutende Sammlung japanischer Holzschnitte. Er kaufte dies alles und verkaufte es wieder, freilich ohne jede spekulative Absicht, einfach, um Kunst in Bewegung zu halten. Er starb jung und verbraucht 1914 an einer blutigen Tuberkulose, nach biblischer Zählung in der Hälfte des Lebens, wie Raffael, Mozart, Toulouse-Lautrec. In seiner letzten Stunde in Berlin war er umsorgt von Henry van de Velde, dem Erneuerer des Kunstgewerbes, eng verbunden als einem der Großen seiner Zeit. Tilla Durieux urteilte: »Walter von Heymel war mir besonders lieb, obgleich meine Liebe immer dann aufblühte, wenn er abwesend war, und abflaute, wenn ich mit ihm zusammen seine stundenlangen Narreteien mitmachen musste, die eigentlich nur in kleinen Dosen vertragen werden konnten.« Auf seinem Grabstein in Bremen kann man die Worte lesen: »Dem Meister der Freundschaft.« – Anton Kippenberg, manchmal ein Sturkopf, widmete Heymel einen Nachruf, in dem es heißt: »Durch die Begründung der ›Insel‹ und damit des Insel-Verlages und als warmherziger, opferwilliger Förderer alles dessen, in Literatur und Kunst, was er als echt und schön erkannt hatte, hat er seinem Namen über das Grab hinaus Dauer gegeben.« Wer die feinsten Spinnwebenfäden der Geschichte wahrzunehmen imstande ist, vermag vielleicht eine unausgesprochene Verwandtschaft vom Insel-Verlag zum Wolfgang Jess Verlag zu imaginieren. Um dies zu erkennen und auszusprechen, sind alle die Worte zur Villa Thorwald hier gerechtfertigt. Der

Brunnenfigur, Park der Villa »Thorwald« Foto: Ute Häse

Leipziger Insel-Verlag verdankt in der Hauptsache seinen Ruhm dem Dichter und den Dichtungen Rainer Maria Rilkes, aber der vermittelte auch das Verständnis für bildende Kunst; allein sein Buch über den Bildhauer Auguste Rodin ist Zeugnis eines absoluten Einsseins mit dem Anderen. Auch wenn es dem Giganten Rodin zu wenig war. Nicht bei Jess in Loschwitz, sondern bei der Insel in Leipzig wurde Friedrich Schnacks Jugendbuch (nicht nur »Jugendbuch«) »Klick aus dem Spielzeugladen« verlegt; es feiert zwar nicht die bildende Kunst, sondern die Landschaft; auch mussten es keine Villen sein, es genügte schon, in Loschwitz zu leben – so schreibt der Dichter vom Besitz eines pensionierten Seemanns: »Der Kapitän wohnte in einem hübschen Haus mit großen Fenstern in einem terrassenförmig abfallenden Garten. Von der Gartentür aus, auf der zu lesen stand: ›Kapitän Kasimir Schneider‹, sah Klick in die Tiefe des Elbtales auf den blitzenden Fluß.« Und im Garten ein selbstangelegter Teich, auf dem der Kapitän ein Spielzeugschiffchen navigieren ließ. Ganz oben, auf der Franz-Curti-Straße, lebte ein Dichter, den man als solchen nicht kannte, Fritz Gay, der auch als er 1969 starb, keinen Gedichtband hinterlassen konnte; immerhin aber hatte er die Genugtuung, bei Jess kleine Bücher über van Gogh und Ernst Barlach veröffentlicht zu sehen. Erfolgreich war er vor allem mit seinem Schattentheater, das auch in der Bundesrepublik gastierte und überall gute Kritiken erhielt. Seine Figuren hatte der Maler und spätere Kunsthändler Johannes Kühl gemacht. Gays Beziehung zur bildenden Kunst war anerkannt. Aber wer das Glück hat, Gays Gedichte aus dem Manuskript zu kennen, wird traurig über verlorene Möglichkeiten. Gedichte verlegte Jess nicht mehr.

Ein exorbitantes Beispiel für das Nebeneinander, Ineinander von Bildkunst und Wortkunst, von Wortkunst und Bildkunst in Dresden – in Loschwitz! – über Jahrzehnte seit 1912 und über seinen Tod 1962 hinaus ist Josef Hegenbarth. Der geniale Zeichner war auch ein begnadeter Kenner der Weltliteratur, der er – als ihr Illustrator – sein musste. Er arbeitete immer; auch bei seinen kleinen Spaziergängen um sein Haus in der Calberlastraße kritzelte er auf winzigen Blättchen, die ihm eine Idee bewahren halfen. Was später manchmal wie Skizzen aussah, war genau kalkuliert, gern in Diagonalen, in dramatischen Linien, abwechselnd dünnen und dicken Strichen. Er lud gleichsam die Dichter der Vergangenheit nach Loschwitz ein, lebte mit ihnen sozusagen unter einem Dach. Goethe mit »Faust I« und »Faust II«, Shakespeare und Swift, Dostojewski und Gogol, Grimmelshausen und Cervantes, Adalbert Stifter und Flaubert. Der Künstler ließ sich reizen vom Skurrilen, Gespenstischen bei E.T.A. Hoffmann, scheute auch das Grausige nicht: »Die Wallenstein'schen und Schweden vor Nürnberg« – Letzteres schon Malerei. Der souveräne Künstler war nicht einem Verlag verpflichtet, wollte frei sein. Auch Tiergeschichten von Paul Eipper verschmähte er nicht, auch nicht Karl May. Er liebte im Zirkus die artistischen Menschenpyramiden, die ein »abstraktes« Grundmuster hatten, nicht weniger abstrakt als Kandinsky. Seine bildhaften Illustrationen zu Märchen – ja Märchen – der Brüder Grimm und des Italieners Giambattista Basile zum »Pentameron« waren leuchtend bis grell, als wäre das Andy Warhol! So »modern« war er. Er reiste kaum, verharrte in stetem Glück steten Lesens und zeichnend verstehend und verständlich weitergebend. Er hat sich totgearbeitet, sah im Alter erschöpft aus, wie Mahatma Gandhi. Frau Hegenbarth war gerührt, als Schmidt-Kirstein beim Begräbnis ihres Mannes ihr eine einzelne Rose überreichte, was, wie sie sagte, ihr mehr bedeutete als manch großer Kranz. Wie würde Hegenbarth heute leiden. Er konnte, aus einem Meublement von altem Bauernschrank und Deutschen Werkstätten, auf ein Feld weißer Mohnblumen blicken, dann kam Bauschutt vors Haus, zuletzt Neubauten – er musste das nicht mehr erleben. Es sind noch unschätzbare Schätze zu heben – aus fast 15 000 Blättern! Zwei junge Kunsthistorikerinnen des Kupferstich-Kabinetts sind eigens damit beschäftigt, das Hegenbarth-Haus als Archiv zu erschließen, als Forschungsstelle zu nutzen und als Museum der Öffentlichkeit ins Bewusstsein zu bringen. Jüngst haben zwei feine Ausstellungen das Publikum begeistert; die eine galt der Liebe von Josef und Johanna Hegenbarth, die andere der Freundschaft des Künstlers mit dem Fotografen Pan Walther. Es gäbe viel noch zu tun: Hegenbarth und Böhmen; Hegenbarth und das Barock; Hegenbarths Karikaturen; Hegenbarth – Slevogt – Meid; Hegenbarth und die christliche Kunst...

Josef Hegenbarth: Tiere des Dorfes, Sich leckende Katze, 1940, Pinselzeichnung
Josef-Hegenbarth-Archiv, Kupferstich-Kabinett, Staatliche Kunstsammlungen Dresden

Museen für einen einzelnen Künstler sind in Deutschland – im Gegensatz zu Frankreich – selten. Dass Dresden das Hegenbarth-Haus besitzt, ist der Weitsicht von Frau Hanna zu danken, die als Erbin des Nachlasses die Staatlichen Kunstsammlungen in die Pflicht nahm. Theodor Rosenhauer hat etwas ähnliches gewünscht, ein eigenes Museum mit etwa 200 Gemälden, aber eine Erbin sperrt sich gegen die sinnvolle Stiftung. Das Hans-Körnig-Museum am Wallgäßchen, wo das Werkverzeichnis der etwa 1000 Aquatinta-Radierungen erarbeitet wird, ist der Öffentlichkeit zugewandt; ein Mäzen, Körnigs Tochter und eine Kunsthistorikerin sorgen dafür mit rege wechselnden Ausstellungen und Veranstaltungen. Das Museum in der Neustadt, unweit vom Kügelgenhaus, weist auf Körnigs Aufenthalt über mehrere Jahrzehnte an diesem Ort. Aber Körnig war beinahe auch ein Loschwitzer Künstler: Als seine nicht unbegüterten Eltern sich in Loschwitz, nah an der Grenze zu Wachwitz, zur Ruhe setzten, genoss das Kind die neue Umgebung. Noch bevor die Begabung zum Maler sich durchsetzte, nahm er Klavierunterricht bei einer älteren Dame auf dem Veilchenweg. Das hat ihm zumindest die zeichnenden Finger beweglich gehalten. Im reifen Alter schuf Körnig eine Radierung, wie eine Sehnsucht nach Dresden, nach Loschwitz und der Kindheit: den Blick auf die fernen Höhen und hinunter auf ein Schiff, das gerade die Brücke durchfährt, auf der er steht.

Auf der Grundstraße ist ein sehr lebendiges Museum zugange, das Leonhardi-Museum, äußerlich von alters her etwas lebkuchenhaft bemalt und mit Reimen bestückt, ist es im Inneren ein Ort der Moderne. Bestünde es nicht schon, müsste man es ersinnen. Es entlastet und vervollständigt mit seinen Ausstellungen die Galerie der Stadt Dresden im Zentrum und bildet einen unentbehrlichen Gegenpol zu mancherlei Absurditäten im Oktogon des Albertinums. Schon kann der Chef des Hauses, Bernd Heise, auf ein Resümee blicken, um das andere Städte ihn – und Loschwitz – beneiden. Er ist kein gebürtiger Dresdner, aber er ist durch die Dresdner Kunst einer geworden. Im Gespräch erklärt er, unter anderem: »Im Grunde geht es darum, in – zumeist – einzelnen Ausstellungen das Geflecht der Dresdner Kunst-Zusammenhänge des 20./21. Jahrhunderts deutlich werden zu lassen. Aufbauend auf dem Fundament von Hermann Glöckner, Albert Wigand, Carlfriedrich Claus, Ernst Schroeder über die Folgegeneration Eberhard Göschel, Max Uhlig, Stefan Plenkers, Peter Makolies, Peter Herrmann, Dieter Goltzsche, Harald Metzkes, Werner Stötzer bis zu jungen Talenten wie Traeder, Henker oder Brokof. Hinzu kommen unsere Bemühungen, zu Unrecht vergessene oder in der Öffentlichkeit nicht wahrgenommene Künstler vorzustellen, Egon Pukall, Elisabeth Ahnert und andere. Außerdem zeigen wir in Dresden kaum gezeigte Fotografen, Evelyn Richter, Sibylle Bergemann, Arno Fischer.«

Eduard Leonhardi
Skizzenbuch, 1867
Städtische
Galerie Dresden

Vordem schon, DDR-Zeiten zum Trotz, irrlichterten und leuchteten im Leonhardi-Museum erstaunliche Ausstellungen, Klassiker und Anarchen einträchtig gemischt. Das wirkte manchmal wie ein Staat im Staate »Dresden-Ost«. Diether Schmidt, nach 1991 Ulrike Haßler-Schobbert und manch andere setzten viel Enthusiasmus ein.

Das Leonhardi-Museum geht auf eine Schenkung des Spätromantikers Eduard Leonhardi zurück, geboren 1828 in Freiberg, gestorben 1905 in Loschwitz. Er war Schüler Ludwig Richters. Der Romantik-Forscher Hans Joachim Neidhardt bildet in seinem Buch »Die Malerei der Romantik in Dresden«, 1976, zwei Gemälde Leonhardis ab, eines sogar farbig, den »Blühenden Kirschbaum«, der heute in Chemnitz hängt, und »Waldeinsamkeit«, eine Wald-, Fels-und Wasserlandschaft, die ein Leipziger des 20. Jahrhunderts, Karl Krug, vielleicht als Anregung für seine Tümpel-Bilder gekannt hat. Der etwas kunst-bigotte Pfarrer Karl Josef Friedrich in Seifersdorf verlieh Leonhardi den Titel »Maler des deutschen Waldes«. Pietätvoll Gelegenheit zur verdienten Rückschau bietet das Leonhardi-Museum in einer seinem Begründer gewidmeten Enklave, einem ständigen Raum, der sich nicht vordrängt.

Ein ungeahnter Beitrag zur »Italianita« hat sich im Frühjahr 2015 für das Leonhardi-Museum ergeben, als es hier die reiche Folge »Italienische Capricci« zeigen konnte, die der Fotokünstler Ulrich Lindner mit fast surrealen Montagen und Tönungen in etwa fünfjähriger Arbeit schuf. Weit weg vom Hegenbarth-Haus, oben im Ortsteil »Schöne Aussicht«, residierte unnahbar Hans Theo Richter, der sich gern mit Hegenbarth in einem Atem nennen ließ. Er war im Gegensatz zu Hegenbarth strikt Nur-Zeichner, hatte sogar die Farbe nur selten genutzt, wiewohl kostbar durchaus. Er war ein Meister der Figur, oft dem Paar »Mutter und Kind« verbunden. Die schöne Landschaft von Loschwitz nutzte er nicht – wenn Landschaft, dann eine fremde. Er bedurfte keines Ateliers, arbeitete am liebsten unten in der Akademie, als verrichte er einen Dienst an der Kunst. Seit 1998 verleiht die Hildegard und Hans Theo Richter-Stiftung einen Hans Theo Richter-Preis, deren ersten Max Uhlig erhielt, und deren bisher letzten Claus Weidensdorfer. Eine Rückschau auf diesen begehrten Kunst-Preis gab 2014 das Leonhardi-Museum – eine passende Geste im Sinne auch des mäzenatischen Leonhardi.

Loschwitz – wo anfangen, wo aufhören? Naht man sich von Dresden her, wird das Auge angezogen von der Brücke »Blaues Wunder« und sättigt sich schon an den drei Elbschlössern, die des ersteren wegen, des »Albrechtsberg«, im Volksmund gleich alle die »Albrechtsschlösser« genannt werden. Der Bauherr von Albrechtsberg war der preußische Prinz Albrecht, Bruder von König Friedrich Wilhelm IV. Er wählte das »feindliche« Sachsen als Exil, weil einer nicht ganz standesgemäßen Ehe wegen am preußischen Hof geschmäht. Der Architekt Adolf Lohse arbeitete in der Nachfolge Schinkels. »Hellenistischer Spätklassizismus«, der Geist der Villa d'Este in Tivoli und der Villa Medici in Florenz werden ihm nachgerühmt. Die vielen Terrassen, die sich zur Elbe hintreppen sollten, sind nicht alle verwirklicht, aber das, was da ist, atmet hier genug von Potsdam. Für uns am meisten Würdigung heischend ist das Lingnerschloss, die Villa des bürgerlichen Odol-Erfinders, Odol-Fabrikanten August Lingner, der sich dem zeitgenössischen Amerika einiges abgeschaut hat: die Werbung, in die er mehr investierte als in die Produktion. Seine Odol-Flasche hat eine auffällige Form, wie auf andere Weise die Coca-Cola-Flasche. Sein Kunstfavorit war der Leipziger Max Klinger, dazu gehörte in Dresden kein Mut, der hatte hier seine Gemeinde. Mit Malerei hielt Lingner es weniger. Der Industrielle war wohltätig und mäzenatisch, so kompensierte er, dass ihm der Hof den Adelsstand versagte (wahrlich ein Versäumnis). Er veranstaltete 1911 die erste deutsche Hygiene-Ausstellung und plante danach mit Wilhelm Kreis den klinisch wirkenden Bau des Hygiene-Museums am Rande des Großen Gartens. Der Menschenfreund vermachte seine Schloß-Villa der Stadt Dresden, und es bekam sogar zu DDR-Zeiten einen Sinn, als der universale Erfinder Manfred von Ardenne (dessen Titel »Baron«, auf den er auch im Sozialismus Wert legte und der Lingner vielleicht neidisch gemacht haben würde) , den »Dresdner Club« gründete. Hier nun kam moderne Kunst an die Wände, darunter Bilder von Albert Wigand, und Hassebrauk zeichnete bei einem Rosenfest duftige Rosen in einer Suite von Pastellen. Das dritte Elbschloss ist das englisch-gotisierende Eckberg, das ein anderer Propagandist der Mund-Hygiene, Heinsius von Mayenburg, bezog. Was für Lingner das Mundwasser, war für Mayenburg die Zahnpasta, war Chlorodont. Ihm ging es weniger um Kunst, mehr um Natur: Er machte aus dem großen Parkgelände eine Art Botanischen Garten. Wie sind die drei Elbschlösser in die bildende Kunst eingegangen? Am frühesten, schon 1868, hat Franz Wilhelm Leuteritz »Die Albrechtsschlösser« gemalt, in einer Märchenlandschaft unter perlmuttfarbenem Himmel, der in der Elbe sich spiegelt. Damals waren jene Schlösser noch neu und »frisch«. Die Städtische Galerie in Dresden kann sich mit diesem Bilde schmücken. Der junge Otto Dix hat vor 1912 noch, von der Johannstädter Seite aus, von den Elbwiesen nahe dem Sachsenplatz und der Kunstgewerbe-Akademie, die »Albrechtsschlösser« in einem kleinen Bild gemalt, das sich heute in der Städtischen Kunstsammlung Freital befindet. Hermann Teuber, geboren in Dresden, gestorben in München, Freund von Hans Jüchser und Paul Wilhelm, hat 1921 eine »Dresdner Elblandschaft« radiert, 1922 eine »Elblandschaft mit Angler«, und 1923 ein »Palais Prinz Albrecht«. Max Uhlig hat den Schlössern 1969 in einer Tuschezeichnung nachgespürt, aber er hat sie unkenntlich gehalten, aufgehend in der Vegetation. Ernst Hassebrauk zeichnete nur eine einzelne Treppenstufe des Lingnerschlosses – war es, bevor er selber dort Einlass fand? Ein besonderes Rühmen verdient das Mausoleum von Lingner. Die Architektur leistete Hans Poelzig, der kurze Zeit, zu kurze Zeit, die Baugeschicke Dresdens in der Hand hatte. Er liebte den Rundbau, aber entschied sich für ein behutsames, nicht zu elegantes Oval. Poelzig lehnte den Historismus ab, aber ebenso den Modernismus. Seine Antwort war Zeitlosigkeit. Für ein Mausoleum angemessen. Leider hat der Auftraggeber das Ergebnis nicht mehr erlebt, umso dankenswerter sein Vertrauen in Poelzig und Kolbe. Georg Kolbe, der eigentlich Maler werden wollte, wurde einer der bekanntesten deutschen Plastiker. Er verwirklichte hier in hellgrauem Kalkstein das umlaufende Relief eines Reigens trauernder Frauen. Aber ihre Trauer ist eine selbstverständliche, ohne Pathos, ohne Klage. Das sind nicht mehr die javanischen Tänzerinnen, die Kolbe liebte, und das sind noch nicht die Sportlerinnen, die ihn später faszinierten. Soll man wünschen, dass dieses Kunstwerk mehr bekannt ist, mehr aufgesucht wird? Oder dass es in Ruhe gelassen wird? Es ist gewiss die beste öffentliche Plastik ihrer Zeit, die wir in Dresden haben.

Dresden war überhaupt eine denkmalwütige Stadt. Die Baensch-Stiftung allein hatte Abertausende für Denkmäler ausgegeben. Der Wiederaufbau nach 1945 aber hatte andere Sorgen als da viel zu rekonstruieren. »Die schönsten Brunnen hat für Dresden Robert Diez geschaffen. Der Gänsediebbrunnen auf dem Ferdinandplatz (1880) verschaffte dem Künstler Weltruf. Der fahrende Gesell, der eben als willkommene Beute zwei Gänse erhascht, ist mit so frischer Natürlichkeit dargestellt, dabei so vollendet in der künstlerischen Durchbildung, dass er den Erfolg des Tages überdauert hat. Denn der gesunde Wirklichkeitssinn musste im Jahre 1880, als der Klassizismus in Deutschland noch lange nicht über-

Franz Wilhelm Leuteritz, Blick auf die Albrechtsschlösser über der Elbe, 1868, Öl auf Leinwand Städtische Galerie Dresden

wunden, noch weit stärker wirken als jetzt.« So Paul Schumann 1922 in seinem Handbuch »Berühmte Kunststätten«, Band 46, Dresden. Und weiter: »Im Jahre 1893 wurden sodann die beiden großen monumentalen Brunnen auf dem Albertplatz in Dresden-Neustadt enthüllt, die Robert Diez in zehnjähriger Arbeit geschaffen hatte: Ruhiges Wasser und Stürmische Wogen.« Der gebürtige Thüringer, der sich vielfältig in Dresden etabliert hatte, lebte im Ortsteil »Schöne Aussicht«, wo eine Straße nach ihm benannt ist. Den Gänsedieb konnte man in der urbanen Umgebung eigentlich als deplaciert empfinden – mit den beiden Brunnen verhält es sich aber geradezu ideal.

Dorf und Villen-Vorstadt Klotzsche, nördlich von Dresden, war die Wahlheimat von Conrad Felixmüller, er hat sie so oft in Kunst verwandelt wie Hassebrauk Loschwitz. Doch es gibt ein berühmtes Gemälde aus dem Jahr 1928, das »Liebespaar vor Dresden«: Zu dieser Zeit bereits seit zehn Jahren mit Londa verheiratet, zeigt er sich selbst und präsentiert seine Frau. Im Hintergrund die Silhouette der Stadt mit ihren Türmen, so könnte man sie von Loschwitz aus sehen, würden dies die Flussmäander zulassen – und neben sich die Elbe, gerade so als stünden beide auf dem verheißungsvollen Körnerweg! Beider Ziel ist vielleicht das »Blaue Wunder«. Im Buchhandel gibt es zwei so üppige wie schöne Bücher, über »Das Blaue Wunder« und über »Villen in Dresden«. Wer sie einmal in der Hand hatte, möchte sie nicht so bald wieder weglegen. An beiden ist Volker Helas maßgeblich beteiligt. Im Villen-Band wird die bildende Kunst gestreift, im Brücken-Band nicht, umso mehr bleibt uns die Aufgabe, das »Blaue Wunder« als ein beliebtes Modell der Maler und Zeichner zu sehen. 1991, einhundert Jahre nach Errichtung des »Blauen Wunders«, nahm Ingrid Wenzkat in der Tageszeitung »DIE UNION« über eine ganze Seite hin einen Versuch aus meiner Feder auf: »Das Blaue Wunder – Weg und Brücke zur Kunst« mit dem kühnen Untertitel »Was für Paris der Eiffelturm, ist für Dresden das Blaue Wunder«. Auch jener Aufsatz war erst nur Fragment und ist es geblieben, als er im Jahr 2014 in meinen »Spaziergängen durch die Dresdner Kunst des 20. Jahrhunderts« auf Initiative der Dresdner Volksbank Raiffeisenbank unverändert wieder aufgenommen wurde. Darin abgebildet ist auch ein Gemälde von Otto Westphal, das den kleinen Loschwitzer Elbhafen zusammen mit dem etwas entrückten »Blauen Wunder« vor Augen bringt; es war mir 1991 nicht bekannt. Kaum ein Dresdner Künstler des 20. Jahrhunderts hat die Blasewitz-Loschwitzer Brücke unbeachtet gelassen. Eiserne Brücken waren Ende des 19. Jahrhunderts kein Tabu für die Kunst, wie schöne Beispiele – in Paris mit Caillebotte, in London mit Whistler beweisen. Die Brücke »Blaues Wunder« wurde ebenso bewundert, wie vordem in Prag die »Kaiser-Franzens-Kettenbrücke«, die seit 1845 als Lithographie weit verbreitet war. Es ist schade, dass in Dresden weder Ernst Ludwig Kirchner noch Otto Dix das »Blaue Wunder« gemalt oder gezeichnet haben, existiert doch von Kirchner in Frankfurt am Main, Max Beckmanns Domäne, »Der Eiserne Steg«, und von Otto Dix in Köln die Hohenzollernbrücke mit der Gürzenichstraße. Auch für Oskar Kokoschka, der in ein paar Gemälden von der Brühlschen Terrasse aus die Neustädter Elbseite geradezu feiert, bleibt das »Blaue Wunder« darstellungs-unwürdig, während er im Landschaftsbild »Augustusbrücke Dresden« sich der Anciennität gleichsam bekennend hingibt. (Was würde er später zum herzlosen Band der Carolabrücke gesagt haben oder heute zur neuen »Waldschlößchenbrücke«, deren schöner Name irreführt?) Ernst Hassebrauk, seines »Dresdner Bilderbuchs« wegen vom alten Kokoschka geschätzt, war bekanntlich ein moderner Liebhaber des Barock, selbst oft als eine »barocke Erscheinung« gesehen. Er zeichnete in zartem Pastell die Standseilbahn und nannte den Wachwitzer Fernsehturm einmal sogar einen »Pokal«, aber die trunkene Beschwingtheit des »Blauen Wunders« – er konnte es vom Garten seiner

Bernhard Kretzschmar, Loschwitzer Brücke, 1965/1972, Öl auf Leinwand
Städtische Galerie Dresden

Loschwitzer Wohnung aus sehen – war ihm viele Gemälde wert, im Frühling, im Sommer, im Herbst und im Winter, im Morgenrot und im Abendrot. Sogar der konstruktive (um nicht zu sagen »konstruktivistische«) Hermann Glöckner hat sich einmal, was eigentlich zu vermuten war, dem »Blauen Wunder« zugewandt. Er kam ja überhaupt von der Realität, in seinen »Faltungen« und in seinen »Schwüngen«. Was alles hat er den Dächerlandschaften von Wünschendorf zu verdanken! Selbst der gern schimpfende, sarkastische Bernhard Kretzschmar im fernen Gostritz hat sich dem »Blauen Wunder« einmal zugewandt, aber nicht in der Totalen, sondern von der Seite – eine Bizarrerie, die allerdings ihren Reiz hat. Bekannt geworden ist sein Verdikt: »Die Loschwitzer wohnen zu schön.« Basta. Ein kleines Juwel ist, als Josef Hegenbarth einmal in einer winzigen Radierung der Brücke »Blaues Wunder« gehuldigt hat, um 1920 entstanden, »Blick auf die Stadt« benannt – vielleicht als Liebeserklärung des »Alt-Österreichers« – wie er sich gern nannte – an seine Loschwitzerin.

Man kennt die so einfache wie logische Feststellung, dass »das Ganze« mehr sei als die Summe der einzelnen Teile. Wie sehr wird das auch am

Beispiel Loschwitz bewusst. Es wäre für »das Ganze« abträglich, e i n e n Künstler als den »Wichtigsten« für Loschwitz gleichsam zu »nominieren«. Sollte man Hegenbarth nennen, weil er hundert Werke der Literatur illustriert, oder Ernst Hassebrauk, weil er die meisten Loschwitz-Motive aufzuweisen hat, oder Hermann Glöckner, weil er eine konstruktive Kunst bis in unsere Zeit, über zwei Diktaturen hinweg hervorgebracht und bewahrt hat? Oder – aufgepasst! – Richard Müller wegen seines enormen Einflusses auf die exakte Zeichenkunst seiner Schule, ob man ihn mag oder nicht; oder – zurückgeblickt! Ludwig Richter, aber weniger seiner gewiss herzerwärmenden, doch inflationären Bildgeschichten, sondern einiger existenzieller Gemälde wegen. Spinnen wir gleich hier den Faden weiter und erproben eine »Rehabilitierung« Richters anhand seiner Malerei. Es wird angenommen, dass Richter seinen »Brautzug im Frühling« in den Höhen und Gründen von Loschwitz angesiedelt hat. Man sollte nicht glauben, dass dieses Bild etwas später gemalt wurde, 1847, als sein »Kleiner Teich im Riesengebirge«, 1839, und die »Überfahrt am Schreckenstein«, 1837. Um den kleinen Teich läuft beschwerlich ein Greis mit einem Knaben an der Hand, als wäre er verurteilt, immer im Kreise zu gehen; und der blinde Harfner, aufrecht im Kahn, kann nichts vom Ufer sehen. Musste sich Ludwig Richter mit dem »Brautzug« von den beiden sehr ernsten Themen erholen? In seinen »Lebenserinnerungen eines deutschen Malers« schildert er – ein Realist – die Spuren der Völkerschlacht von 1813; dort heißt es: »Auf einem Hügel, wo eine russische Batterie gestanden hatte, lagen ganze Haufen toter und zum Teil gräßlich verstümmelter Gestalten. Wir gingen nicht ganz in die Nähe; denn es schauderte uns das Gewimmer zu hören. ... Ein altes, krummes Mütterchen hatte sich uns angeschlossen. Sie hatte ein so trauriges Gesicht, sah wie Not und Jammer aus und trug in einem Handkorb einen großen Topf Wassersuppe mit einem Näpfchen nebst altem Blechlöffel, um den verschmachtenden Menschen eine Erquickung zu bieten, gewiß die einzige, die ihr möglich war.«

Johannes Beutner, Hilde lesend, 1948, Öl auf Leinwand *Privatbesitz*

Nicht zu verkennen ist Ludwig Richters freundschaftlicher Einfluß auf August Kotzsch und dessen Ehrfurcht vor dem Sein. In einem Kunstbuch von mehr als 300 Seiten, von Ernst Hirsch, Matthias Griebel, Volkmar Herre, wird seiner beispielhaft gedacht. Darin heißt es treffend: »Neben der Idylle und der romantischen Beschaulichkeit werden auch der meist dürftige harte Alltag der Dorfbewohner und gegen Ende des Jahrhunderts die Wandlungen der dörflichen Gemeinden in bevorzugte Villenvororte Dresdens sichtbar. Kotzschs Photographien – Landschafts-, Porträt-und Genreaufnahmen – können in ihrem historischen und ästhetischen Wert kaum überschätzt werden.« Es war keine Anklage in den Photographien auch der Mühe und Arbeit. Was er aufnahm im Bild, war Dokument und Kunst, war Kunst und Dokument, das meiste machte er wohl – darin ein wahrer Künstler – für sich selbst. Seine Pflanzenstudien waren so »modern« wie viel später die von Karl Bloßfeld, ein Kohlrabi oder ein Krautkopf, der Zweig einer Edelkastanie oder eine weiße Lilie. »Modern« war Kotzsch auch, indem er den Bau des »Blauen Wunders« im Lichtbild festhielt, noch ehe namhafte Maler und Zeichner diese Brücke für ihre Kunst entdeckten.

Ludwig Richter, dem »deutsches Wesen« nachgerühmt wird, hat sich in Italien geschult und dachte oft mit Wehmut an jene Jugendzeit. Martin Raschke war bezaubert vom Mädchennamen seiner schönen Frau, einer geborenen Lucchesi, Nachfahrin von eingewanderten Steinmetzen aus Lucca. Loschwitz ist mediterran! »Die Luft geht weich und voll von Süden« hatte Ernst Wilhelm Lotz geschrieben, und Martin Raschke später fühlte sich an Rom und Venedig erinnert. Wenn Johann Gottfried Herder Dresden ein »deutsches Florenz« nannte, dann der augustäischen Kunstschätze wegen – an die Landschaft hatte er gar nicht einmal gedacht, die ein Medici der Lößnitz und Seußlitz nachrühmte als »der schönsten der Toskana gleich«. Loschwitz ist mediterran! Auf halbem Wege zwischen der von Gaetano Chiaveri errichteten Katholischen Hofkirche und Pöppelmanns Pillnitzer Gondeltreppe. Viele Loschwitzer Villen des 19. Jahrhunderts sind von italianisierendem Stil. Das »italienischste« Gebäude in Loschwitz ist die Villa Orlando, einst für einen italienischen Diplomaten in sächsischen Diensten gebaut – ein Märchenschloss, Ludwigs II. würdig. Johannes Beutner erhielt 1931 den Rompreis, einen Aufenthalt für mehrere Monate in der Villa Massimo. Er konnte seine Freundin Hilde – oder Hilda, wie er sie nannte – mitnehmen; schön, sinnlich, saftig, man hätte sie für eine Italienerin halten können. Beutners Bildnisse und Figurenbilder sind begehrt. Er war Schüler von Otto Hettner und Ludwig von Hofmann, den Italien-Deutschen an der Dresdner Akademie – welches Glück! Helmut Schmidt-Kirstein, fast schon eine Generation später, erlebte Italien als Soldat – nach der Hölle von Stalingrad, in der er eingeschlossen war, wurde er mit dem italienischen Himmel belohnt. Schmidt-Kirstein hatte wie Elisabeth Ahnert und Theodor Rosenhauer noch das alte Italien kennengelernt und zehrte viele Nachkriegsjahre davon; die Frauen mit Spindeln in Händen, Krügen auf dem Kopf. Eine Lieblingsform war für ihn die Chiantiflasche, die er als weiblich empfinden konnte. Wenn Freunde aus dem Westen ihm Südfrüchte mitbrachten, Ananas oder Orangen, »schonte« er die, er wollte sie malen statt essen, zuletzt sogar mit der Patina der Vergänglichkeit. Der Künstler hatte bedeutende Sammler; Renate Glück und Hildegonda Rassmann erfreuten ihn und seine belesene Frau Ursula mit geistreichen Gesprächen. Karl Hofer bestand einmal darauf, dass in einer Ausstellung mit

Helmut Schmidt-Kirstein, Münchhausensches Palais, 1978, Farbkreide-Zeichnung Galerie Döbele

ihm, dem Berühmten, Schmidt-Kirstein gezeigt wurde. Für den Dresdner war das ein Ritterschlag. Werner Hofmann in den späten Zwanziger Jahren, nicht mehr jener der Motive des proletarisch-kleinbürgerlichen Lebens, malte in Süden-Sehnsucht den Pieschener Winkel wie die Lagune und auch die Elbe vor der Brühlschen Terrasse mit ausgedachten italienischen Segelschiffchen. Egon Pukall, der Jüngste der hier genannten, fand, aus Ostpreußen vertrieben, eine neue Heimat in Dresden, im Loschwitzer Künstlerhaus. Seine Italienbilder sind reine Erfindungen, gern in Grün getaucht und in Violett, der Farbe zwischen Lust und Schmerz. Erst im Alter durfte Pukall reisen, aber es hätte dessen gar nicht mehr bedurft. Der Dichter und Denker Kurt Leonhard, von Hause aus namhafter Kunsthistoriker, nannte Kunst »Einübung« ins Leben und »Ersatz« fürs Leben. Beides war den besten Künstlern von Loschwitz gegeben. Ernst Hassebrauk war nie in Paris, nie in Rom, erst im Alter einmal kurze Zeit in Venedig. Hans Joachim Neidhardt, eigentlich ein Mann der Romantik, hat über Hassebrauks Venedig-Reise des Jahres 1964 ein Buch herausgebracht. Aber vordem schon hat Hassebrauk, Verehrer schöner Frauen, Adaptionen der Dresdner Pastelle der Venezianerin Rosalba Carriera gemacht.

Die Villa San Remo – hier auch wie bei der Villa Orlando die öffentliche Betonung des Mediterranen – lebt durch eine literarische Anekdote fort. Erhart Kästner, in jungen Jahren Direktor der Handschriften-Abteilung der Sächsischen Landesbibliothek und Sekretär Gerhart Hauptmanns, hasste nicht nur die »widerwärtige Glaskuppel der Akademie, dies geschmacklose Ding aus dem vorigen Jahrhundert, das wir immer die Zitronenpresse nannten«. Er schrieb 1962 an Ernst Hassebrauk: »Wie merkwürdig, eine Stunde bevor Ihre Sendung kam, sprachen wir beim Frühstück von dem Vaterhaus meiner Frau (eben der Villa San Remo, d. Verf.), in dem sie ihre Kindheit verbracht hat, und bauten im Geist den riesigen hängenden Garten an und um. Und nun liegt es plötzlich vor uns, dieses Lohengrin-Schloß und Angsttraum neben dem Luisenhof und hat alle Stürme der Zeit überstanden, obgleich man doch gewiß nichts besseres machen könnte, als es glattweg abzureißen und etwas schönes Neues an diese hinreißende Stelle zu setzen.« Sechs Jahre später bezog Kästner in Staufen im Breisgau – eine Landschaft, die auch Hassebrauk auf der langen Reise 1937/38 schätzen gelernt hatte – sein eigenes Haus: einen klaren Bau mit viel Glas, in Hang und Garten geschmiegt. Vorher noch hatte er, nun Direktor der Herzog-August-Bibliothek in Wolfenbüttel, an der einst Lessing gewirkt, das Innere vor allem für die von ihm, Kästner, angelegte Sammlung von Malerbüchern, klar, hell und schön noch in einem späten Nachklang bester Fünfziger Jahre umbauen lassen – ein Eingriff, der für immer mit Erhart Kästners Namen verbunden sein wird. Freilich darf man sich als Dresdner, als Loschwitzer dankbar freuen, dass die Villa San Remo stehengeblieben ist wie sie war. Kästner aber würde es gefallen haben, wie der Dresdner Herz-Arzt Dr. Meisel einen gläsernen Kubus in die Landschaft von Loschwitz, ein Grundstück der Schevenstraße, setzte, das war von der Denkmalpflege sogar gewollt, weil vornehm unauffällig, entworfen von Kai von Doering, in keiner Weise historisierend, um die Nachbarschaft des Dinglingerhauses nicht zu beeinträchtigen. Ebenso vielleicht würde Kästner der geradezu durchsichtige Kristall imponiert haben, den der Architekt Langner von Hatzfeldt weiter stadtwärts, unterhalb der drei Elbschlösser hinsetzte. Nota bene: Eckhard Meisel ist ein passionierter Sammler Dresdner Kunst, vorzugsweise von Künstlern aus Loschwitz wie Hassebrauk und Beutner, aber auch bedeutender Künstler der Lößnitz wie Paul Wilhelm und Karl Kröner. Intensiv setzt er sich für Theodor Rosenhauer ein. Seine Sammlung hat beispielhaften musealen Charakter. Das gleiche gilt für den Patentanwalt Gottfried Klitzsch in Radebeul, für den Paul Wilhelm in der ersten Reihe steht, aber auch die Loschwitzer Schmidt-Kirstein und Glöckner gehören zu seinem Privatmuseum Dresdner Kunst.

Von allen, die über Ernst Hassebrauk geschrieben haben – und es haben viele geschrieben – hat wohl Joachim Menzhausen, einst Direktor des »Grünen Gewölbes«, in seinem Essay »Dresden links und rechts der Elbe« den schönsten Stil getroffen: »Hassebrauk wohnte auf den Loschwitzer Höhen. Gesehen aus dem Blickpunkt der Zeitlosigkeit, der er nun angehört, wären der Hofkapellmeister Heinrich Schütz, Wolf Caspar von Klengel, der Architekturlehrer Augusts des Starken, sein Nachbar gewesen, desgleichen Johann Melchior Dinglinger, erster Hofjuwelier des Königs... Das Haus, in dem er wohnte, war natürlich eine Villa, anderes gab es dort gar nicht... Der weite Wohnraum, zugleich Atelier, öffnet sich loggienartig zum Park am Elbhang, der früher ein Weinberg war. Dort sitzt man gut und schön und staunt über Hassebrauk.« Nicht weit entfernt, in der Collenbuschstraße, hatte die Stadt Dresden dem dänischen Schriftsteller Martin Andersen Nexö, seit früher Jugend ein Freund Deutschlands, einen bescheiden vergoldeten Käfig des Exils gewährt. Obgleich aus ärmsten sozialen Verhältnissen, hatte er im Alter ein überaus ehrwürdiges Äußeres; stattlich, beleibt, weiß wehendes Haar, wurde er oft mit Hassebrauk verwechselt. Den aber gelüstete es nicht, den Doppelgänger kennenzulernen – nicht nur, dass die politischen Ansichten beider grundverschieden waren, Andersen Nexö schrieb nicht mehr gern, sehnte sich, Blumen zu pflanzen, das wäre Hassebrauks Sache auch nicht gewesen – nur malen und zeichnen und eine gute Flasche Wein oder zwei. Anregung und Genuss waren ihm auch die gemeinsamen Autofahrten durch die Elblandschaft, zu denen sein Freund, der Loschwitzer Fotograf Walter Zorn, ihn einlud.

Das Loschwitzer Straßen-und Wegenetz ist reich gefüllt mit Namen von Malern und Bildhauern. Aber es gibt auch einen »Heilstättenweg«, der – für Loschwitz so bedeutsam wie die Kunst – auf die hier oben ansässigen Heilstätten und Sanatorien weist. Der friedliebende Nervenarzt Neuberger sorgte in Dr. Teuschers Sanatorium dafür, dass der kriegsfreiwillige, aber an zwei Fronten zerschossene, schon berühmte Maler Oskar Kokoschka vom weiteren Militärdienst freigestellt wurde. Damit hat der Arzt ein nicht zu ermessendes Stück Kunstgeschichte geleistet, der Dresdner Kunstgeschichte zumal, die in O. K.s Lebenserinnerungen und mehreren Gemälden festgehalten ist. Norbert Weiß fasst in seinem Handbuch »Der Weiße Hirsch in Dresden« zusammen: »Im Kriegswinter 1916/17 entstand neben anderen das Gemälde ‚Sächsische Landschaft', Kokoschkas erste Landschaft von Dresden, das damals als ‚Blick vom Weißen Hirsch' firmierte, und das berühmte große Gruppenporträt ‚Die Freunde' (1917/18) – der Maler selbst in Gesellschaft der Schauspielerin Käthe Richter, des Dramatikers und Dichters Walter Hasenclever, des befreundeten Arztes Dr. Fritz Neuberger sowie des stadtbekannten Originals und Bohemiens Ivar von Lücken und des Zimmermädchens Maria Ridrich...« Alles düster, alles gepfercht – am liebsten wich Kokoschka in die nahe Pension »Felsenburg«, doch auch die bevölkert von seinen Freunden in der überhitzten Atmosphäre ihrer Diskussionen. Was er anstrebte, war außer seiner Freiheit eine Professur an der königlichen Kunstakademie; er kannte sein Genie, seinen Wert, auch im Kunsthandel, aber der Titel Professor wog damals mehr als heute – den Titel »Rittmeister« hatte er schon. Als er Professor war und der Krieg zu Ende, gab er Dresden schmerzlos wieder auf und bereiste Europa und den Orient, blickte aus großen Hotels, gegen die der Loschwitzer Luxus ein Nichts war. Zunächst zog es ihn, statt irgendwo hier oben zu residieren, in eins der Kavalierhäuser des Großen Gartens, das der Museumsdirektor Posse, der ihn bevorzugt für die weltberühmte Galerie sammelte, gern mit ihm teilte.

Wilhelm von Kügelgen, Porträt Ludwig Richter, 1836
Städtische Galerie Dresden

Das Loschwitzer Körnerhaus auf dem stillen Körnerweg und das Dresdner Kügelgenhaus auf der kleinen, aber belebten Neustädter Hauptstraße zwischen Albertplatz und Goldenem Reiter stehen in geistiger Verbundenheit. Das Kügelgenhaus hat den Untertitel »Museum der Dresdner Romantik«. Einst Wohnhaus der Romantiker-Familie Gerhard und Wilhelm Kügelgen, einer alten Haus-Inschrift zufolge auch als »Haus Gottessegen« bekannt, trägt es vieles mit, was auch im Körnerhaus zu denken wäre, eine ganze Epoche. Das Körnerhaus, schön und museumswürdig an den Elbhang gelehnt, war nie ein Museum, es ist in bevorzugtem privaten Gebrauch, das Kügelgenhaus hingegen ist im Innern mit mehreren Räumen ausgestattet, welche Wohn-Atmosphäre vorstellen; ein Raum ist der Familie Körner eingerichtet. »Zum geselligen Zirkel« des hohen sächsischen Staatsbeamten Johann Christian Körner werden im hübschen kleinen Katalog aufgezählt: Mozart, Goethe, Wieland, Herder, Kleist, Novalis, Tieck, die beiden Humboldts und noch viele andere – berühmt aber wurde Körner durch seine enge Freundschaft mit Schiller, den er aus einer verzweifelten Situation rettete, als er ihn für fast zwei Jahre zu sich nach Dresden und Loschwitz einlud, schließlich die erste – zwölfbändige – Gesamtausgabe von Schillers Werken herausgab. Das »eigentliche« Körnerhaus in der Dresdner Neustadt ist 1945 den Bomben zum Opfer gefallen. Es stand an der Körnerstraße 7, als »Eigentum der Stadt Dresden seit 1886«. Chauvinistische Zeiten: »Das Museum ist dem Andenken Theodor Körners und der Befreiungskriege gewidmet«. Und »Am Hause Bildnismedaillons Körners und Schillers von Echtermeyer (aus französischer Geschützbronze gegossen)«; damals war Theodor Körner, der Freiheitskämpfer, Dichter der Sammlung »Leyer und Schwert« offenbar für bedeutender gehalten als der Vater, dieses Genie der Freundschaft. Vielleicht ist »Lützows wilde verwegene Jagd« das noch beste der jugendlichen Gedichte, die zu Recht vergessen sind. Ausgerechnet 1936/37 aber, in wiederum chauvinistischer Epoche, erhielt Fritz Löffler die Aufgabe, das Körner-Museum zu entstauben, er hat seine Aufgabe mit Bravour gemeistert. 1945 ist auch dieses neugestaltete Museum zerbombt, und nur noch das Kügelgenhaus zeugt von den Dichtern und Malern jener Zeit. Der Körnerweg aber, den Carl Rade in erlaubt poetischer Übertreibung den schönsten Weg Europas genannt hat, ist wirklich sehr schön – am freundlichen Winterhafen vorbei, den Blick auf Elbe und »Blaues Wunder«.

Ernst Hassebrauk,
Eisgang auf der Elbe,
Tusche auf Papier
Galerie Himmel

Der Freundschaft Körner-Schiller gedenkt der Körner-Schiller-Brunnen, auf der Schillerstraße dem Schillerhäuschen gegenüber, vom Architekten Martin Pietzsch ins steile Mauerwerk eingelassen.

Wilhelm von Kügelgens »Jugenderinnerungen eines alten Mannes« gehörten im alten Dresden zur beliebten, allen bekannten Hauslektüre. Nach vielem ruhig dahinfließend Idyllischen darin schreckt den Leser der jähe Einbruch des Grauens: der Raubmord an dem liebenswürdigen Vater des Verfassers, dem Maler Gerhard von Kügelgen, geschätzter Künstler, Freund Caspar David Friedrichs und Ludwig Richters. Ein gewaltsamer Tod, der das Glück von Loschwitz zu beflecken scheint. »Kügelgen hatte, wie er das sonst auch zu tun pflegte, am Nachmittag des verhängnisvollen Tages sein in Loschwitz gelegenes Landgut aufgesucht und hier einige notwendige Anordnungen getroffen. Gegen sieben Uhr trat er den Rückweg nach der Stadt an. Die sonst meist recht belebte Chaussee, die von Dresden nach Bautzen führt, lag jetzt fast menschenleer; der Mond schien hell und beleuchtete weithin die Gegend. Schon hatte Kügelgen den größten Teil des Weges hinter sich und war von dem Linckeschen Bade nur noch etwa hundert Schritte entfernt, als ihn von hinten ein Wegelagerer beschlich und dem Ahnungslosen mit einer Axt den Schädel zerschmetterte. Dann trug er sein Opfer einige hundert Schritte weit in ein abgelegenes Röhrenlager, wo er von der Straße aus nicht bemerkt werden konnte, und bemächtigte sich seiner Wertsachen und Kleidungsstücke...« Was war das für ein Mensch, der auf so abscheuliche primitive Art sich der Kleidung eines andern bemächtigt, mit einer Axt bewaffnet sich in Dresden und Umgebung aufhält? Das war 1820. War er durch die Napoleonischen Eroberungskriege verroht, war er so arm geboren? Er hatte einen Menschen umgebracht, hinterrücks, ohne ihn anzublicken, nach dem Mord das gütige Gesicht des Ermordeten in eine Ackerfurche drückend, den Körper nackt wie Abfall zurücklassend.

Ein anderer Moment der Erschütterung von Loschwitz datiert im Jahrhundert später: Der nun schon alte Gerhart Hauptmann hatte seine Trutzburg, den Wiesenstein in Schlesien, für kurze Zeit verlassen, um in Dresden, genauer in Wachwitz an der Grenze zu Loschwitz, das Weidner-Sanatorium aufzusuchen. Hier wurde der Dichter von der Nacht des 13. auf den 14. Februar des letzten Kriegsjahres 1945 überrascht. Wie so viele hatte er nicht geglaubt, nicht glauben können, dass Dresden, dieser »heitere Morgenstern der Kunst«, bombardiert würde. Mit Pathos als Schutz reagierte er, wer das Weinen verlernt habe, hier würde er es wieder lernen. Der Dichter hatte den Glauben, das Geschehen im Nachhinein mit Worten noch bannen zu können. Er sah Dresden brennen. Ob Hohenhaus in der Lößnitz, wo er sein erstes Glück erlebt – und verlassen – hatte, einbezogen war in den großen Brand, konnte er nicht erkennen, gedacht hat er sicher daran. Ob die Landesbibliothek im Japanischen Palais, wo er Erhart Kästner kennengelernt und für Monate abgeworben hatte für den Dienst am »Manuskriptenschrank« zuhause. Ob die Hochuferstraße am anderen Elbufer, wo er für seine geschiedene Frau eine Trost-Villa erbaut hatte. Ob sein Lieblings-Hotel, »Bellevue«, zwischen Elbe und Opernhaus... Die Ironie des Teufels hat es gewollt, dass eine der Fliegerbomben des Zweiten Weltkrieges, die über Loschwitz abgeworfen wurden, das Gotteshaus, das wie ein Enkelkindchen der gewaltigen Dresdner Frauenkirche George Bährs zierlich am Elbhang lehnt, traf. Doch: glückliches Loschwitz – viele Hände freiwilliger Helfer und Herzen freigebiger Spender haben das Kleinod in einigen Jahren wieder aufgebaut!

Mit Friedrich Schiller und seinem Jahrhundert, viel später mit Lotz und Raschke, heute mit Uwe Tellkamp, ist die Literatur in Loschwitz nicht ausgeschöpft; eine vorzügliche Novelle – »Mittagszauber« – des einst gefeierten, dann abgetanen Paul Heyse, des ersten deutschen Nobelpreisträgers, ist in Loschwitz angesiedelt, ohne dass es topographisch genau ausgesprochen ist. Heyse, 1830 in Berlin geboren, 1914 in München gestorben, war, soviel man weiß, nie in Dresden, aber ein Schriftsteller hat Phantasie. Heyses Vorliebe für psychologische Ausdeutung schwieriger Biografien und Situationen, Wahnhaftes gar, bestimmt auch die Geschichte der jungen Braut, die sich – nachdem der eben mit ihr verlobte Offizier in den napoleonischen Russlandfeldzug abkommandiert ist – in eines der Gartenhäuschen am Elbhang zurückzieht und fortan für Jahrzehnte die Wirklichkeit nicht mehr an sich herankommen lässt, bis zur erhofften Heimkehr ihres Verlobten, mit dem dann die Ehe zu vollziehen sie sich gedulden will; durch eine Unvorsichtigkeit des herrschaftlichen Personals gelangen einmal Blumen zu ihr, in ein Zeitungspapier eingewickelt, das vom Untergang der sächsischen Truppe bei der Flucht über die Beresina berichtet. In ihrer Verzweiflung geht die alt gewordene Braut in die eistreibende Elbe und ertränkt sich: sie wollte das gleiche Schicksal erleiden wie ihr Verlobter. Als habe Ernst Hassebrauk dieses Schicksal gekannt, hat er viel später, in unserer Zeit, eine große Tuschezeichnung gemacht: Eistreiben auf der Elbe mit Blick auf Loschwitz; ein Blatt, angesichts dessen man selber friert – am Himmel aber eine gleißende Sonne, winterlich stechend. Bernd Jentzsch, lange Jahre was man ungenau einen »DDR-Autor« nannte, Dichter und Herausgeber mit Gespür, verließ seine Ost-Berliner Heimat unter Protest wegen der Reglementierung seiner Kollegen. Dass er 1981 in der Schweiz, im Walter-Verlag, einen Band Novellen von Heyse herausbrachte, war eine Tat, ebenso mutig wie die Hinnahme seiner Ausbürgerung. – Heute gibt es den anspruchsvollen Walter-Verlag nicht mehr, auch Heyses »Wieder-Entdecker« scheint resigniert. Die Dresdner Gemäldegalerie Neue Meister besitzt ein »Bildnis des Dichters Paul Heyse«, 1896 von Lenbach gemalt, schon im folgenden Jahr aus der »Internationalen Kunstausstellung Dresden« erworben. – Man sollte es wieder einmal sehen.

Das 1969 im Frankfurter Societäts-Verlag erschienene Buch Erinnerungen an »Eine Kindheit in Dresden«, die ein Arzt, Gerhard Denecke, verfaßt hat, enthält auch einige Zeichnungen und Graphiken Dresdner Künstler, darunter von Hans Jüchser neben seinem »Fasanenschlößchen in Moritzburg« aus dem Jahr 1960 auch das »Wasserwerk Saloppe an der Elbe« aus dem Jahr 1937, eine ungewöhnliche Bleistiftzeichnung eines ungewöhnlichen Motivs. Jüchser war gewiß der Einzige, der diese Gründerzeit-Architektur als Motiv erkannt und gewürdigt hat, in einer Zeichnung so locker wie dicht, wenn dieses scheinbare Paradox erlaubt ist. Die zu städtische Architektur des Körnerplatzes – wie auch die des Schillerplatzes, wird gekrönt von einem Joseph-Herrmann-Denkmal genannten kleinen Rundbau, einer Art Mausoleum, im Innern von dem ersten Besitzer der Villa Thorwald, Sohn des Lebensretters Dominik Joseph Herrmann, mit einem weißen Marmorrelief ausgestattet, das er 1869 im fernen Rom geschaffen hat. Das Relief stellt die Tat des Retters zweier Ertrinkender dar. Der Rundbau im Volksmund pietätlos »Senfbüchse« genannt, ein unpassender Name, den Klaus Drechsler mit einer vorzüglichen farbigen Algraphie vergessen macht. Linkerhand hat sich die Galerie Hieronymus niedergelassen, gegründet von einer Frau, deren Mann ein geschätzter Bildhauer ist, Peter Makolies. Seit neuerer Zeit macht er aus Findlingen, die er halb natürlich belässt und halb bearbeitet, »Köpfe«, die etwas Ergreifendes haben. – Rechterhand ist das BuchHaus Loschwitz aktiv, das 2008 deutschlandweit als »Buchhandlung des Jahres« ausgezeichnet wurde. Hier finden Loschwitzer und Nicht-Loschwitzer alle Loschwitz-Literatur, die sie sich wünschen, aber auch viele Kunstbücher und das, was als Weltliteratur gesucht wird. Zum Anwesen von Susanne Dagen und Michael Bormann gehört das von ihnen mit dem »Verein Literarisches Dresden e. V.« betriebene höchst lebendige Haus für Lesungen und Veranstaltungen – Termin an Termin. Das BuchHaus Loschwitz hat seinen eigenen genius loci: Hier war vordem die Galerie von Hede Schönert ansässig. Hede Schönert gehörte zu jenen Kunsthändlern, die mit Künstlern ihrer Generation eng befreundet waren: mit Hans Jüchser, Elisabeth Ahnert und Anna Elisabeth Angermann, weder bei ihnen noch bei ihr ging es »ums Geschäft«. Benachbart dem BuchHaus ist das Friedrich-Wieck-Haus, das an den autoritären Vater von Clara Schumann erinnert, die – streng gesagt – psychisch missbraucht wurde: Die tragische Geschichte ist hinlänglich bekannt: Friedrich Wieck drillte die hochbegabte Clara zur gefeierten Pianistin und sperrte sich mit aller Macht gegen den Komponisten Robert Schumann, der Clara schließlich freibekam, aber später im Wahnsinn endete. Geübte feine und verliebte Ohren vermeinen in den Gärten von Loschwitz die romantischen Klänge von Schumann zu hören. Wahrlich, die Musik gehört zum Kunst-und Künstler-Ort wie Malerei und Poesie. Näher der Elbe zu liegt das Alte Fährgut aus dem 17. Jahrhundert, vielleicht das älteste Haus in Loschwitz, das sich erhalten hat. Hier lebte als junge Frau die Mutter des Loschwitzer Malers Werner Hofmann, gelernte Putzmacherin, auf ihre Weise selbst die Kunst liebend: Sie freute sich immer über jedes Hochwasser – und das gab es reichlich – das innen die Wände entfärbte, die sie dann, wenn es zurückgegangen war, wieder mit ihrer eigenen Blumenmalerei auszuschmücken Gelegenheit hatte. Im oberen Stockwerk gibt es ein »Böckstiegel-Zimmer«, an den Maler Peter August Böckstiegel erinnernd, des Expressionisten der Zweiten Generation, schwerblütigen Westfalen, Schwagers von Conrad Felixmüller. Hier im Alten Fährgut hat etliche Jahre Matthias Griebel, genannt Matz, Loschwitzer »Original« und Sohn des Malers Otto Griebel, gewohnt, ehe er sich auf der Malerstraße niederließ. Ernst Hassebrauk aber hat das kleine Fährhaus in zarten Farben des Aquarells, Wasserfarben also, gemalt, als gelte es, eine feine Porzellanmalerei zu probieren. Zu reden ist auch vom Elbhotel Demnitz, an die Verankerung des »Blauen Wunders« geschmiegt. Es stand, seit dem späten Biedermeier bis an das Ende der DDR-Zeit, gewiß nicht mehr in einstigem Glanz und Gloria, aber doch noch gern genutzt, verfiel erst nach der Wende und wird seit einigen Jahren mit Unterbrechungen wieder hergestellt – ein ehedem genauso beliebtes Etablissement wie oben der Luisenhof. Ulrike Dagen, Mutter von Susanne, gründete zusammen mit Gunter Ziller die »galerie am blauen wunder«, die seit einigen Jahren von Ziller allein in Regie ist. Man kann durch Fensterscheiben in die kleinen Räume blicken, wenn man vom Körnerplatz in die Pillnitzer Landstraße einbiegt. Es lohnt, einige Namen derer aufzuführen, deren Arbeiten hier ausgestellt wurden. Beginnen wir gleich mit dem ersten, 1991: Hans Christoph, und der dann mehrmals. Picken wir noch einige Namen aus etwa 150 heraus, Otto Dix, Erhard Hippold, Josef Hegenbarth, Hartmut Bonk, Hans Theo Richter, Herta Günther, Hermann Glöckner, Manfred Luther, Joachim Heuer, Peter Graf, Werner Wittig, Hans Kinder, Ernst Lewinger, Ernst Hassebrauk, Günther Hornig, Andrea Türke, Wilhelm Lachnit, Sibylle Leifer, Wilhelm Müller, Penck, Erich Gerlach, Ullrich Panndorf, Bernd Hahn, Willy Wolff... Mancher große Name darunter, aber es gab auch Chancen für weniger Bekannte. Im Jahr 2014 wieder Helga Knobloch, diesmal zu ihrem 90. Geburtstag, der einstigen Schülerin Hassebrauks und Hegenbarths.

Loschwitz ist nicht zu denken ohne das Künstlerhaus. Das 100-Jahr-Jubiläum konnte 1998 »in großem Stil gefeiert werden«. In einer Zeit der Nostalgie, der unseren, finden wir es faszinierend, in den fünfziger Jahren, Zeit eines Aufbruchs (und Abbruchs) galt es manchem als Monstrum und sein Architekt Martin Pietzsch als »Winkelpietzsch«. Die Innendekoration des Treppenhauses war hemmungslosem Vandalismus zum Opfer gefallen. Aber noch – oder schon – im Jahr 1942 konnte man ein Loblied in den »Dresdner Neuesten Nachrichten« lesen, verfasst

Ernst Hassebrauk,
Altes Fährhaus
in Loschwitz, um 1970,
Aquarell und Farbkreide
auf Papier
Privatbesitz
Foto: Galerie Himmel

von der Feuilletonistin Gertraud Enderlein. Weil Tageszeitungen schnell vergehen, alte kaum noch irgendwo aufbewahrt werden, lohnt es, auf einen Fund aufmerksam zu machen. Der Aufsatz hat seinen Wert auch durch Originalton Pietzsch und Zitat. » ‚Monte Pincio' erinnert sich der Architekt Martin Pietzsch, wenn man ihm im schmucken Nachbarhaus, dem ‚kleinen Künstlerhaus', gegenübersitzt. ‚Vor diesen Künstlerateliers in Rom kam ich zum erstenmal auf den Gedanken: so etwas müßte in Dresden vorhanden sein.' Er war ein sehr junger Architekt damals, 1894, ein Jahr nachdem auch in Dresden die große Zeit der Sezession angebrochen und damit zugleich ein ganz gewaltiger Mangel an Künstlerwerkstätten entstanden war. Er baute drüben in Blasewitz in einen seiner Neubauten drei Ateliers mit ein. Es war ein Notbehelf. Es war ein kleiner Anfang. Tu es im großen!, rieten die Freunde...« Die Autorin mischt Betulichkeit und Präzision: »Es fügte sich, daß der Vater des Malers Hans Unger sein schönes Obstgelände an den sonnigen Loschwitzer Südhängen, nahe Wachwitz, dem Friedhofseingang gegenüber, zu verkaufen gedachte. Martin Pietzsch griff zu – und baute in diese südliche Sonne hinein sein südlich prangendes Künstlerhaus: mit der reichen Architektur nach der Pillnitzer Landstraße heraus. Das war ein Aufsehen in der da noch selbständigen Dorfgemeinde, die Loschwitz trotz seiner Landhäuser eben doch war. Ein Aufsehen unter der Künstlerwelt. Ein ganzer Atelierflügel: sechzehn Ateliers, sechs für Bildhauer, zehn für Maler, mit großem, stehendem Fenster nach Nord und Nordwesten, Ateliers, die schon mit ihren Maßen allein – sechs davon 9 x 9 Quadratmeter breit und 5,50 m hoch – auch verwöhnte Wünsche erfüllten. Eine weite Plattform über dem Flügel gab erwünschte Gelegenheit, freie Lichtstudien dort malen zu können, gleichwie ein großer Kistenlagerraum wieder für die praktischen Bedürfnisse der Künstler eingerichtet war. Im Wohnhausflügel aber lagen, behaglich ins feste Mauerwerk gebettet, die Familienwohnungen. Und beide nun, die Atelier- und die Wohnhausflügel, werden wünschenswert verbunden und getrennt.« Dann kommt sie ins Schwärmen, kommt auf den Garten hinterm Haus: Und der »blühende, fruchtende Berghang hinter dem Haus...wie römische Gärten schön,...dieser Berggarten, der allen offen war...« Sie spricht gar von der »Stille eines Licht-und Luftbades«. Und »große Namen klingen auf, während wir lehnan schreiten. Die Wege sind ganz schmal, verhangen von Sommerblüten, überwölbt von fruchtschweren Aprikosenästen...«. Große Namen, gewiss, aber auch eine Menge kleiner und sehr kleiner. So ist es bis heute. Aber den Garten, in dem die Kinder der Künstler mit dem Pietzsch-Enkel spielten, gibt es schon lange nicht mehr, kaum einer erinnert sich noch an ihn. Schmidt-Kirstein in den fünfziger Jahren, der eine schmale dunkle Wohnung der Rückseite bewohnte, die ihn entschädigt haben würde, mit den Blumen und Bäumen vor seiner Zeit, hat eine Serie Aquarelle »Vergitterte Gärten« gemalt, in düsteren Farben, viel Schwarz. Die Querformate machen den Eindruck verlassener Aquarien. Vorbei seine Italianita! Von der Vorderseite, wo er sein Atelier unterhielt, hatte er einmal ein schönes, verklärendes Aquarell des Künstlerhauses gemacht – vielleicht der Einzige, dem das Künstlerhaus ein Motiv war. Auch das kleine »Münchhausensche Palais« rechts vom Künstlerhaus, hat Schmidt-Kirstein gemalt, ein zärtlich rosafarbenes Pastell. Jugendstil war das Künstlerhaus nicht mehr, man könnte es als einen verfrühten Beginn von Art-Déco-Architektur ansehen, und tatsächlich hat Pietzsch, zur Zeit der Neuen Sachlichkeit, einen Bau in reinem schlichten Art Déco errichtet, an der Königsbrücker Straße, Ecke Bischofsweg ein Kino, ein Filmtheater, dessen Name freilich das Trutzige des Künstlerhauses fortsetzt: »Schauburg«. Die Anfänge des

Künstlerhauses waren vielversprechend. Der erste Mieter war Hans Unger, Salonmaler mit wahrhaft malerischen Qualitäten. Er mietete sich hier demonstrativ ein, dem Haus, das auf seines Vaters Grund erbaut war, eine »Weihe« gebend. Unger war auch im Ausland überaus erfolgreich, befreundet mit dem »Via-Mala«-Autor John Knittel. Gerade 30, ließ er sich – von Pietzsch in Loschwitz – eine eigene Villa bauen. – Sascha Schneider konnte sich im Künstlerhaus auch als Bildhauer betätigen, wie überhaupt für Bildhauer die größten Chancen bestanden. Friedrich Offermann aus Hamburg, Richard Scheibe aus Chemnitz wären zu nennen. Bevor Josef Hegenbarth sein eigenes Haus, das der Schwiegereltern Aster, erwerben konnte, hatte er im Künstlerhaus Quartier – man wundert sich, dass ihn die vielen Kollegen nicht störten. – Ernst Hassebrauk, als er 1938 aus Leipzig zurück eine Wohnung suchte, dachte zunächst auch ans Künstlerhaus, aber dieser »Taubenschlag« würde ihn nervös gemacht haben. – Eine Blütezeit hatte das Künstlerhaus nach 1945, mit Glöckner, Schmidt-Kirstein und Hans Jüchser. Ausgerechnet das Gebäude von »Winkelpietzsch« barg nach 1945, als anderes nicht zu finden war, das Atelier von Hermann Glöckner, dessen konstruktiver Stil dem historistischen von Pietzsch ganz konträr war; ja mehr noch: dass Pietzsch dank Tochter Sibylle der Schwiegervater von Laszlo Moholy-Nagy wurde, mit dem sie nach Amerika auswanderte, wo beide in Chicago »The New Bauhaus« gründeten! Mit Glöckners Nachlass hätte das Künstlerhaus Furore machen können, wenn die Idee des einstigen Nachlassverwalters Rudolf Mayer umgesetzt worden wäre: das Atelier als Museumsraum so zu belassen, wie es zu Lebzeiten des Künstlers war – ähnlich dem Atelier Brancusi, das im Pariser Centre Pompidou ein bedeutender Fixpunkt geworden ist. Glöckner konnte gar nicht anders als überall alles, was er berührte, zu Kunst zu machen – man könnte an Beuys denken, dessen »Kunst durch Handauflegen«. Der Stapel von Briketts neben dem Ofen erschien geradezu als eine Plastik, das Bündel von Rahmen, an die Wand gehängt wie ein Phönix-Fittich (wenn man es mit Phantasie betrachtete). Vergangen diese Momente, sie waren für den Tag gedacht, als »carpe diem«. Aber Werner Lieberknecht hat vieles davon fotografiert, Fotos nun, die selbst Kunstwerke sind, arte sull arte. Glöckner hat seine Bilder »gebaut«. Vielleicht hatte er geheime »Ahnen« bei der ostasiatischen Kunst, seine berühmten Faltungen seit den dreißiger Jahren sind nicht ohne japanisches Origami zu denken, seine Schwünge der Spätzeit nicht ohne die ostasiatische Schreib-Kunst. Ein Studiendirektor aus Hessen, auch schriftstellerisch tätig, besuchte 1979 mit wissbegierigen Schülern gern Künstler im anderen Teil Deutschlands, darunter auch Künstler im Loschwitzer Künstlerhaus, Hermann Glöckner, Helmut Schmidt-Kirstein, Hans Jüchser, Max Uhlig. Das Künstlerhaus wurde langanhaltend repariert und war eine ständige Baustelle: »Wir balancierten auf einem Notsteg ins Haus. Kalt war es an diesem letzten Oktobertag, muffige Luft schlug uns entgegen...Bauschutt auch hier, feucht, naß, Pfützen... Mein Gott, dachten wir. Wer soll hier wohnen, arbeiten, sich gar wohlfühlen« so der erste Eindruck beim Uhlig-Besuch. Bei Schmidt-Kirstein: »Das Künstlerhaus an der Straße nach Pillnitz. Außen herum, zu einem hinteren Eingang, über Schuttberge. Blinde Fensterscheiben. Auch hier Gerüst. Feucht, feucht, kalt.« Hans Jüchser war »eigentlich« in Wachwitz ansässig, bewohnte dort ein schmales Haus, das am Bach wie ein kleines Schiff liegt; aber er nahm gern die Gelegenheit wahr, noch ein größeres Atelier im Künstlerhaus zu beziehen – beidem eng verbunden. – In Wachwitz kam Klaus Drechsler, der weiter oben im Wachwitzgrund wohnt, wo die Baumkronen einander berühren und nachts die Rehe an den Blumen naschen, oft zu Jüchser. Dessen klangreicher Kolorismus lebt heute bei Drechsler fort. Auch ein Leipziger, genauer aus Wurzen, nämlich der Künstler Hans-Peter Hund, verehrt den Altmeister der Dresdner Malkultur. Jüchser hat sowohl dem Wachwitzgrund als auch Loschwitz Bild-Motive zu danken. Unabhängig vom Ort verraten die Helga-Bilder eine Palette subtiler Erotik. Jüchsers Nachbar im Künstlerhaus war über mehrere Jahre Max Uhlig, dem es selbst in diesem großen Atelier zu eng wurde, er brauchte für seinen ausgreifenden Gestus die Landschaft unter freiem Himmel. Auch seine reiche Produktion verlangte mehr Platz, und so erwarb er schließlich im Helfenberger Grund ein geräumiges Anwesen, wo er uneingeschränkt zeichnet und malt. – Allzu bescheiden lebten im Künstlerhaus ein Maler wie Kurt Schütze, Meister zarter Aquarelle, der Holzschneider Rudolf Letzig und Max Lachnit, der Bildhauer, weniger bekannt als sein berühmter Bruder Wilhelm. Eine gute Fügung, dass für mehrere Jahre die Papier-Restauratorin Barbara Schinko und der Litho-Drucker Roland Erhardt im Künstlerhaus ihre Werkstätten hatten – ganz nah bei den Künstlern.

Klaus Drechsler, Weinbergshäuser, Algraphie, 1994

Als habe der Gründer des Loschwitzer Künstlerhauses weit vorausgedacht, als er es dem Friedhof gegenüber erbaute. Alle Dresdner Friedhöfe bergen Künstlergräber: in der Friedrichstadt der Neue Katholische Friedhof das von Ludwig Richter, der Alte Katholische Friedhof das Grab Gerhard von Kügelgens, der Trinitatisfriedhof in der Johannstadt das Grab von Caspar David Friedrich. Das Grab Friedrichs ist vom Loschwitzer Richard Müller meisterlich in einer Zeichnung überliefert. Der Eliasfriedhof war einst eine willkommene Örtlichkeit für die Schüler der Kunstgewerbe-Akademie vis-a-vis – sie konnten an den Formen der alten Grabsteine und ihrer Ornamentik lernen. Auch der Loschwitzer Friedhof hat die Lebenden zu Kunst bewogen, Otto Westphal hat kleine parkartige Einblicke wiedergegeben, wie später Egon Pukall in unserem Jahrhundert; Werner Hofmann und Curt Großpietsch haben die kleine Friedhofskapelle in Aquarellen festgehalten. Manches Grab ist ein Kunstwerk, manches von den Bildhauern Friedrich Press und Peter Makolies entworfen und ausgeführt. Sascha Schneider, der Maler, erweist sich auch als Bildhauer von Rang: die Knaben der Grabmäler für Oskar Zwintscher und für die Familie Unger sind schön wie Mädchen der Antike. Hermann Glöckner, Loschwitz treu, obzwar in Berlin gestorben, ließ sich in Loschwitz begraben – sein Grabstein ist eine vierkantige Stele mit einem großen »G«, was natürlich Glöckner bedeutet, aber auch insgeheim »Goethe« nachsinnend. Press, für sein »heidnisches Christentum« bekannt, wenn man so paradox sagen darf (seine Kirche in Göda verstärkt diesen Eindruck), hat sich sein eigenes Stein-Kreuz geschaffen: megalithisch, gedrängt, die Balken verkürzt. Das Grab Ernst und Charlotte Hassebrauks vermag Verehrer seiner Kunst zu irritieren: das modisch verspielte Mosaik ist von fremder Hand, und leider nicht als solches so gekennzeichnet. Einen Schauder jagt jedem Friedhofsgänger die Gruft einer Familie Würdig ein, keine Künstler, sondern vermögende Bürger – die schweren Eisenketten quälen alle andächtig Trauernden als ein makabres memento mori. – Von schlichter Vornehmheit trotz Monumentalität vor der selben Mauerwand sind die Grabstätten von Josef Hegenbarth mit seiner Frau Hanna und deren Eltern, daneben ebenfalls in nobel schlichtem Stil die Grabstätte von Karl Kröner – bemerkenswert, dass der Künstler aus Radebeul, der die Landschaft der Lößnitz als der von Loschwitz verwandt fühlte, mit Hegenbarth und Jüchser befreundet war, sich in Loschwitz begraben wissen wollte. Der Loschwitzer Friedhof, im Volksmund »Künstlerfriedhof« genannt, ist in Not, die Hochwasser der letzten Jahre in dichter Folge haben ihm zugesetzt, manche Gräber sind schon überwuchert von Vegetation. Dieser Friedhof verdient seinen Namen, Friedhof. Es ist nicht der Père Lachaise, der berühmte in der Künstlerstadt Paris, der allen Touristen ans Herz gelegt wird. Aber der Loschwitzer lädt zur Andacht ein, auch Fremde. Wie innig, wie rührend, dass Jutta Raschke den Namen ihres in Russland gefallenen Mannes als zu ihr gehörig mit auf den Grabstein setzen ließ. Wie schön, Erna Lincke und Hans Christoph in einem Grab im Tode vereint zu sehen, Wilhelm Lachnit und seinen Bruder Max mit dessen Frau Helene auch unter einem gemeinsamen Stein, Hans und Paula Jüchser, Annemarie Balden und Willy Wolff. Inge Thiess, die während ihrer letzten Jahre ein Atelier in der Alten Feuerwache hatte, hegte bizarre Ideen: so bestimmte sie, dass bei ihrem Begräbnis ein Becher Wein getrunken werde und wünschte sich hernach weder einen Grabstein noch ihren Namen unter einem Rhododendron. – Die folgende Anekdote kann nicht auf Wahrheit beruhen, und das hätte auch nicht zum Loschwitzer Friedhof gepasst: Fritz Hofmann-Juan, ein »Dandy im Esoland«, wollte sich hier begraben lassen, in einem Sarg, der aufrecht steht, mit einem Revolver und einer Packung Zigaretten als Grabbeigaben...

Loschwitz war ein Zentrum des Jugendstils. Oskar Zwintscher, einer der vornehmsten Vertreter dieser »Stilkunst«, war schon zehn Jahre tot, als auf der »Großen Aquarell Ausstellung Dresden 1926« sein herrliches Blatt »Partie aus meinem Garten in Loschwitz« gezeigt wurde. Der 1870 in Leipzig geborenen Maler hatte sich nach schönem Aufenthalt in Meißen bald in Dresden niedergelassen, in Loschwitz das eigene Haus gebaut. Das Garten-Aquarell verrät einen gewissen Stolz. In seinem zu kurzen Leben hat er sich einen hohen Ruf erworben, verkehrte mit anderen Loschwitzer Jugendstil-Großen, Hans Unger und Sascha Schneider – man könnte von einem weitausstrahlenden Dreigestirn sprechen. Die Gemäldegalerie Neue Meister besitzt mehrere Hauptwerke Zwintschers, darunter etliche aus dem Besitz von Maja Unger, der exaltierten Tochter des Freundes. In Worpswede hat Oskar Zwintscher den verehrten Rilke und dessen junge Frau porträtiert. Und das schönste Lob zollte ihm Paula Modersohn-Becker. Als sie einmal in ihre alte Dresdner Heimat fuhr, sah sie aus der Eisenbahn das »liebe Zwintscher-Blau« des Himmels.

Ob man von der Elbe begleitet, stromabwärts oder stromaufwärts Loschwitz kennenlernt – in jedem Fall sieht man es wie in einem Kaleidoskop, immer anders, immer neu – und so sind auch die einzelnen Teile dieses Aufsatzes: wie in einem Kaleidoskop, das man halten und besehen kann, ganz so wie man will.

Hermann Glöckner, Das Blaue Wunder mit Sonne, Tempera auf Velin, 1956 *Galerie Bassenge*

Epilog: Als meine Verlobte und ich mit dem weißen Schiffchen von Neapel aus eine Rundfahrt machten, sah ich zum ersten Mal in meinem Leben Sorrent und rief begeistert aus: »Das ist ja wie Loschwitz!« Ilka sah mich verwundert an. In Berlin geboren, in Oberbayern aufgewachsen, polyglott in England, Frankreich und Italien erfahren, aber dank der Großeltern in der Wiener Straße und dem Großen Garten mit dem alten Dresden vertraut, meinte sie, ich könnte doch nicht Sorrent mit Loschwitz vergleichen. Aber mir, dem gebürtigen Dresdner, der die Stadt 1957 hatte verlassen müssen, mithin auch Loschwitz, das ich liebte, nicht zuletzt Jüchsers, Schmidt-Kirsteins, Hassebrauks, Glöckners wegen liebte, hatte die Imagination viel bedeutet. Ich hatte Sorrent kennengelernt! Und durch Sorrent Loschwitz wiedergewonnen, das ich politischer Pressionen wegen endgültig verloren geglaubt hatte.

Gern habe ich die Maler des Elbhangs besucht, vor allem wenn ich von betörenden Erkundungen im Laubegaster Antiquariat Ulrich auf der anderen Seite der Elbe, hierher einkehrte, manchmal unschlüssig, ob ich für ein paar Mark ein Heft von Karl Foersters »Gartenschönheit« (nur der Poetik wegen) oder einen Band expressionistischer Gedichte von Georg Trakl oder Else Lasker-Schüler hätte kaufen sollen. Auf einem Elbkahn der Überfähre fing ich begierig schon zu lesen an, dann ging es mit der Straßenbahn noch ein Stückchen stadteinwärts bis Loschwitz! In den Ateliers durfte, sollte ich dann von meinen Funden schwärmen. Zu Jüchser und Schmidt-Kirstein konnte ich unangemeldet kommen, bei Hassebrauk und Hegenbarth war Anmeldung erforderlich, bei Glöckner war ich willkommen, wenn ich während des Besuches nicht rauchte – der Verzicht fiel mir angesichts der Kunsterlebnisse nicht schwer. Seit 1974 besuchte ich Loschwitz nun mit Ilka, der ich von Loschwitz angesichts von Sorrent vorgeschwärmt hatte. Die Freunde lebten zum Glück noch, nur Hegenbarth nicht mehr, aber Frau Hanna hielt die Verbindung ganz wunderbar, insbesondere mochte sie meine Frau. Als ich Loschwitz so hoch stellte, 1963, war ich nur wenige Jahre älter als seinerzeit der von mir verehrte Ernst Wilhelm Lotz, dieser hellstrahlende Dichter, der 1914 über den Loschwitzer Gärten einen Hauch von Paris, Malerei von Édouard Manet zu atmen glaubte. Noch heute sehe ich den Elbhang und den Golf von Neapel wie in einem sich vereinigenden Bild.

Dieter Hoffmann

Ersterwähnungsurkunde

In zwei nahezu identischen Urkunden von 1315 wird der Ort Loschwitz erstmals eindeutig erwähnt.

Eine Urkunde von 1071 hat sich als mittelalterliche Fälschung erwiesen. In einer weiteren Urkunde von 1227 ist bei den Historikern umstritten, ob es sich bei dem dort genannten »Luzewiz« tatsächlich um Loschwitz oder nicht vielmehr um Leutewitz handelt.

Urkunde 1 (→ *Bild*)
Sächsisches Staatsarchiv – Hauptstaatsarchiv Dresden, Ältere Urkunden 10001, Nr. 2042
Breite: ca. 23,5 cm, Höhe: ca. 17 cm, Plica (umgeschlagener Rand): ca. 2,5 cm; Besieglung: Wachssiegel von Friedrich Clemm, ausgestellt am 24. Juni 1315; »Loscuicz« (Loschwitz) in der Mitte der 6. Zeile

Urkunde 2:
Sächsisches Staatsarchiv – Hauptstaatsarchiv Dresden, Ältere Urkunden 10001, Nr. 2042
Breite: ca. 31,5 cm, Höhe: ca. 13 cm, Plica ca. 3 cm; Besieglung: Wachssiegel von Friedrich Clemm; ausgestellt am 24. Juni 1315 »Loscuicz« (Loschwitz) in der 5. Zeile rechts

Friedrich Clemm(e), genannt »der Kleine«, Wettin-Stammbaum von Römmler & Jonas Slg. M. Griebel

Aussteller der beiden Urkunden ist Friedrich Clemm(e) (1273 – 1316), Herr von Dresden. Dieser wird hier zwar als Markgraf von Dresden bezeichnet, allerdings gab es weder eine Markgrafschaft Dresden noch hatte Friedrich jemals die Würde eines Markgrafen inne. Am 24. Juni 1315 bestätigte er dem Klarissenkloster zu Seußlitz erneut das Patronatsrecht an der Dresdner Pfarrkirche (der Frauenkirche) sowie den Besitz des Maternihospitals bei Dresden. Beides hatte das Kloster schon von Markgraf Heinrich dem Erlauchten (1218 – 1288), Friedrichs Vater und Gründer des Seußlitzer Klosters, erhalten.

In beiden Urkunden sind einige Orte aus der Umgebung Dresdens zum ersten Mal urkundlich erwähnt, so Boskau, Dohma, Obergohlis, Poppitz, Serkowitz sowie auch Loschwitz. Beide Urkunden beschreiben denselben Sachverhalt. Trotzdem gibt es einige Abweichungen. Diese sind zumeist sprachlicher und in einem Fall auch inhaltlicher Natur: In der zweiten Ausfertigung fehlen die Einkünfte von zwei Weinbergen bei Kötzschenbroda in Höhe von 1½ Pfund.

Transkription

Fr.[iedrich] dei gracia marchio in Dresden omnibus Christi fidelibus presentes litteras inspecturis salutem in domino sempiternam felicis memorie illus[-]
tris principis domini H.[einrich] patris nostri dilecti, quondam Misnensis et Orientalis marchionis, super donacione nostris patronatus porrochialis ecclesie
in Dresden ac hospitale situm ante civitatem memoratam, cum omnibus possessionibus ac redditibus suis, videlicet vineis, ortis, pratis, pascuis,
iudiciis tam in villis quam in campis, terris cultis et incultis, aquis, aquarumque decursibus, villis, quarum nomina sunt Plawin, Ramalticz, Hermanns[-]
dorf cum silva, que quando dicitur Goluz superior et inferior, exceptis VII mansis, que ad dominas in Suzelicz pertinent, allodiis, videlicet sitis in
Proluz, in Koschwicz, in Zeracuicz, redditibus in Boscou I tal.[entum], in Loscuicz I tal.[entum], in Popuicz I tal.[entum], in Domýn V sol.[idos], in civitate
Dresden et ante civitatem in ortis et domunculis VI tal.[enta] et XII sol.[idos] et III d.[enarios], de II vineis iuxta Kotzhebrode sitis IJ talenta, de II molendi[-]
nis iuxta Dresden sitis IJ tal.[enta] et II sol.[idos] necnon cum omni utilitate ac proventibus, que scribi vel nominari possunt, et que de predictis bonis iam
in presenti proveniunt et provenire poterunt in futuro, facta reverende domine abbatisse et sororibus in Suzelicz ordinis sancte Clare perspex[-]
imus et perspici fecimus diligenter et invenimus illas in nulla sui parte viciosas, vero ipsius sigillo sigillatas pronunciamusque dominam abbatissam
et sorores predicti loci in prefatis ius plenum ac liberum optinere. Nos quoque predictam donacionem ac patris nostri piam intencionem
et voluntatem ultimam ubrior zelo confovere cupientes, easdem dominam abbatissam et sorores prefati monasterii earumque or[-]
dinem ampliori complectentes affectu omne ius, si qui nobis in predictis iure scilicet patronatus seu hospitali ceterorumque predictorum de
iure siue de facto competit vel competere potest, ob reverenciam omnipotentis dei et gloriose virginis matris eius, in remedium anime
nostre ac progenitorum nostrorum salutem ferimus ac transferimus plene et liberaliter in monasterium sororum videlicet Suzelicz ordinis
memorati propietatis titulo perpetuo possidenda, statuentes, ut nullus advocatorum nostrorum seu villicorum alique iudicium
in predictis bonis presumat exercere. Ceterum si ex industria vel sagatitate procuratorum vel rectorum hospitalis prefacti aliquit fortas-
sis aliquo animo ultra infirmorum et familie hospitalis indigenciam de proventibus ac bonis supercreverit, illud poterit predicta domina
abbatissa et conventus dicti monasterii de nostra bona voluntate suis usibus, si voluerint, licite applicare. Nos insuper futuros
eventus ac pericula providentes volumus, ut tempore necessitatis manifeste ante dicta domina abbatissa et conventus se ibidem recipi[-]
ant, ac eadem durante sustentacionem ibidem recipiant corporalem, ut apud dominum amplius commendemur ac uberiores fruc[-]
tus premiorum in eterna vita mereamus. Et ne super premissis possit in posterum aliquibus dubietas aliqua suboriri, presens scriptum
desuper in testimonium euidens dari fecimus nostri sigilli munimine roboratum. Huius rei testes sunt nobiles vi[-]
ri dominus H. comes de Swarzburk et dominus Albertus burkgravius de Aldinburk ac comites de Bergou, dominus Ot.[to] senior et junior
necnon dominus Cun.[radus] Hunrichi et dominus Ulmannus plebanus in Plawin et dominus Ot.[t] monachus, marchalcus et dominus Hermannus de Ta[-]
rando ac notorii, Th.[eoderich?], Johannes et iterum Johannes et plures alii fide digni. Datum Dresden anno domini M.
CCC. XV. in die beati Johanni baptiste.

Ulrike Siewert

Siegelumschrift: HStA DD, 10001
Ältere Urkunden, Nr. 2042 (1. Ausfertigung)
+ S[IGILLVM] FRIDERICI D[EI G]RACIA
MARCHIONIS DE DRESDEN
Erklärung:
»sigillum« wird meist mit »s« abgekürzt.
»...ei g...« bei »dei gracia« –
Siegel ist an der Stelle beschädigt.

Repro: Hauptstaatsarchiv Dresden

Übersetzung

Friedrich, von Gottes Gnaden Markgraf in Dresden, an alle an Christus Gläubigen, die die vorliegende Urkunde einsehen. Wir betrachten genau das im Herrn ewige Heil des angesehenen Fürsten, des Herrn Heinrich, unseres hochgeschätzten Vaters, einst Markgraf von Meißen und der Ostmark, seligen Angedenkens und machen, dass es sorgfältig betrachtet wird, [und zwar] bezüglich der Schenkung unseres Patronats bei der Pfarrkirche in Dresden und bei dem vor der genannten Stadt gelegenen Hospital – mit allen Besitzungen und seinen Einkünften, nämlich den Weinbergen, den Gärten, den Wiesen, den Weiden, den Gerichtsbarkeiten sowohl in den Dörfern [den Orten] als auch auf den Feldern, mit den bebauten und unbebauten Gebieten, den [stehenden] Gewässern, den Wasserläufen, den Orten, deren Namen Plauen, Ramwoltitz, Oberhermsdorf sind – mit dem Wald, der damals Ober- und Untergohlis genannt wurde, ausgenommen sind 7 Hufe, die den Herren [Nonnen] in Seußlitz gehören; mit den Alloden [Familienbesitztümer], nämlich den in Prohlis, in Coschütz, in Serkowitz gelegenen, den Einkünften in Boskau 1 Pfund, in Loschwitz 1 Pfund, in Poppitz 1 Pfund, in Dohma 5 Schilling, in der Stadt Dresden und auf Gärten und Häuschen vor der Stadt 6 Pfund, 12 Schilling und 3 Pfennig, von zwei in der Nähe von Kötzschenbroda gelegenen Weinbergen 1½ Pfund, von zwei bei Dresden gelegenen Mühlen 1½ Pfund und 2 Schilling und auch mit allen Nutzungen und Erträgen, welche beschrieben oder genannt werden können und welche von den vorgenannten Gütern bereits jetzt erbracht werden und in Zukunft erbracht werden können. Wir haben das für die ehrwürdige Frau Äbtissin und die Schwestern des Klarissenordens in Seußlitz festgelegte genau betrachtet und sorgten dafür, dass es gewissenhaft betrachtet wird, und wir finden die Urkunde in keinem Punkt als fehlerhaft, vielmehr mit dessen Siegel besiegelt und [deshalb] entscheiden wir, dass die Äbtissin und die Schwestern am genannten Ort in den vorgenannten Orten volles und freies Recht besitzen sollen. Wir wollen auch die genannte Schenkung und die fromme Absicht sowie den letzten Willen unseres Vaters reichlicher durch Eifer fördern, weshalb wir mit größerer Kraft dies [alles], die Äbtissin und die Schwestern des genannten Klosters [in Seußlitz] sowie deren Orden betreffend, schildern. Das ganze Recht, wenn es uns irgendwie in den vorgenannten [Orten] von Rechts wegen, nämlich durch das Patronatsrecht, oder dem Kloster bei den übrigen Orten von Rechts wegen und tatsächlich zusteht und zustehen konnte, bringen wir zur Verehrung des allmächtigen Gottes und der ruhmreichen Jungfrau, dessen Mutter, für unser Seelenheil und für das Heil unserer Vorgänger und übertragen es vollständig und freigebig an das Nonnenkloster, nämlich in Seußlitz, des besagten Ordens, das es als Eigentum [unter dem ewigen Titel des Eigentums] besitzen soll. Wir beschließen, dass keiner unserer Vögte oder Gutsverwalter irgendwie beanspruchen soll, die Gerichtsbarkeit in den genannten Orten auszuüben. Wenn außerdem durch Weisheit oder Klugheit der Verwalter oder Rektoren des genannten Hospitals oder durch irgendeine Seele vielleicht etwas das Bedürfnis der Kranken und der Hospitalangehörigen hinsichtlich der Erträge und der Güter übertrifft, könnten die besagte Äbtissin und der Konvent des genannten Klosters dies mit unserem guten Willen ihren Nutzungen hinzufügen, wenn sie möchten. Wir, die wir zukünftige Schicksale und Gefahren voraussehen, wollen, dass in der Zeit augenscheinlicher Notwendigkeit sich die vorgenannte Äbtissin und der Konvent dorthin zurückziehen und unterdessen dort die körperliche Erhaltung wiederbekommen, damit wir dem Herrn mehr anempfohlen werden und reichere Früchte der Belohnung im ewigen Leben verdienen. Damit in Zukunft über das Vorausgeschickte niemandem allmählich ein Zweifel entsteht, haben wir veranlasst, dass das vorliegende Schriftstück darüber zum offensichtlichen Zeugnis angefertigt und durch die Befestigung unseres Siegels bekräftigt wird. Zeugen dieser Angelegenheit sind die edlen Herren, Herr Heinrich Graf von Schwarzenberg, Herr Albrecht Burggraf von Altenburg, die Grafen von Berge, Herr Otto senior und junior und Herr Konrad Hunrich und Herr Ulmann, Pfarrer in Plauen, Herr Otto Mönch, Marschall, und Herr Hermann von Tharandt und die Notare Theoderich [oder Thomas?], Johannes und wiederum Johannes und mehrere andere Glaubwürdige. Gegeben in Dresden im Jahre des Herrn 1315 am Tag des heiligen Johannes des Täufers [24. Juni]. **Ulrike Siewert**

Quellen: 118, 119, 173, 194, 251, 595, 867, 883, 1002

So sah Adrian Zingg Loschwitz um 1800 und zeichnete es mit Sepiatusche. – Vor den fast unbebauten Hängen sind Fährgut und Kirche gut zu erkennen (Ausschnitt).
Städtische Galerie Dresden – Kunstsammlung, Museen der Stadt Dresden

Die Landgemeinde Loschwitz entstand aus drei Gemeinden

Sie erzählen 524 Jahre Dorfgeschichte von 1315 bis 1839. In den drei Loschwitzer Straßennamen Rats-, Amts- und Winzerstraße sind die früheren Gemeindezuordnungen heute noch erhalten und lebendig und in der Reihenfolge ihrer Entstehung angeordnet.

Eine Gemeinde hatte einen Ortsrichter (→ *Gerichtsbarkeit*) und einen oder zwei Gerichtsschöffen. Aber nur zwei der drei Loschwitzer Gemeinden besaßen diese Institutionen. Drei Gemeinden in einem Dörflein, das ist ungewöhnlich. Auch im großartigen »Historischen Ortsverzeichnis von Sachsen« sind damit verbundene Schwierigkeiten erkennbar, dort ist die »Verwaltungszugehörigkeit« zum Hospital (Ratsgemeinde) erst 1746 statt 1329 genannt.

Umstritten ist der Begriff Winzergemeinde, der sowohl von Kantor *Friedrich Wilhelm → Pohle* (1830 – 1892, → *K1*) als auch im »Historischen Häuserbuch für Loschwitz« erwähnt wird. Doch wie war es wirklich?

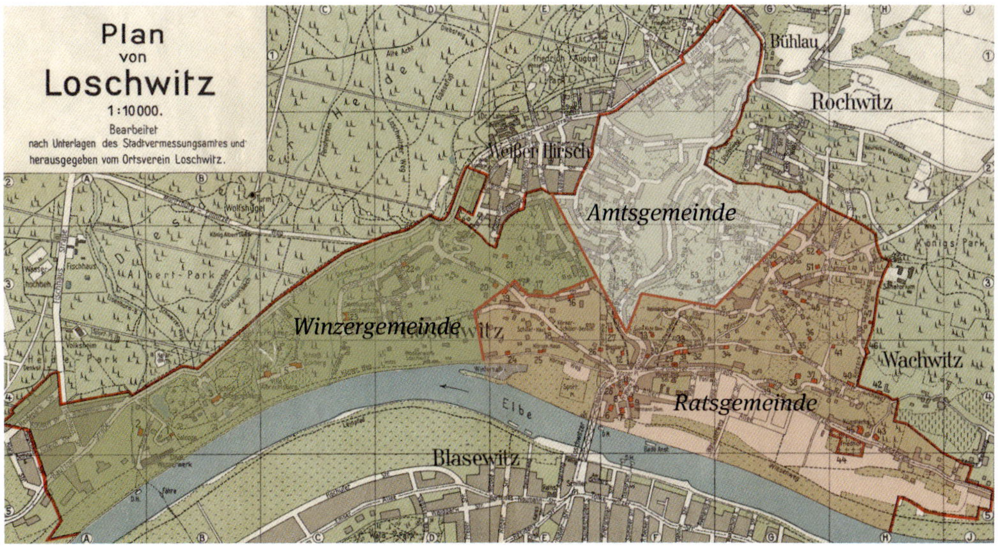

Die längste Zeit seiner Existenz – von etwa 1300 bis 1838 – war Loschwitz in drei Gemeinden aufgeteilt, die Amts-, die Rats- und die Winzergemeinde.

Die Ratsgemeinde

Das Maternihospital, das zur Ausstattung des Clarissenklosters zu Seußlitz gehörte, wurde vom Meißnischen Markgrafen Heinrich dem Erlauchten (1218 – 1288) um 1280 in Dresden gestiftet und mit Einkünften auch aus Loschwitz (Loscuicz) versehen. 1315 wurde das in einer Urkunde (→ *Ersterwähnungsurkunde*) bestätigt. Markgraf Friedrich II. der Ernsthafte (1310 – 1349) ordnete 1329 das »Dresdner Hospital« dem Rat der Stadt Dresden zu. Außer der Zins-/Steuerpflicht des Dorfes hatte das Hospital auch eigenen Besitz in Loschwitz: Weinberge und Wiesen, »eine Weinpresse mit Stube und Kammer und einem Brunnen davor, und ein Hütehaus mit Ofen«.[1]

1400 wurde ein Vorwerk (Wirtschaftshof) Loschwitz – mit zwei Hufen Land (1 Hufe: eine Vollbauernstelle, in Sachsen um 20 ha) – genannt, welches später in zwei → *Bauerngüter* aufgeteilt wurde. Auch dieses Vorwerk war direkter Besitz des Hospitals, was in einem »Zueignungsbrief« vom 11. September 1408 »auf Bitten des Spitalmeisters« durch die damaligen Landesherren bestätigt wurde. Ein einer Privatperson gehörender Anteil des Vorwerks wurde am 20. Mai 1435 auch an den Spitalmeister verkauft. Dieses Dorf war die spätere Ratsgemeinde, die um 1440 aus 21, 1705 aus etwa 100 und am Ende ihres Bestehens 1837/39 aus 172 Häusern bzw. Grundstücken bestand – im Volksmund auch »Vordergemeinde« genannt.

So gehörte zur Ratsgemeinde der gesamte heutige Ortskern ohne die sechs Grundstücke des Rittergutes Wachwitz/Niederpoyritz an der Elbfähre nach Blasewitz, ferner einige Weinbergsgrundstücke am Körnerweg, in der Grundstraße die Häuser links bis vor den Rietschelweg (Nr. 25/27, nicht mehr vorhanden) und rechts bis zur Nr. 46. Außerdem gehörten in der Grundstraße die → *Mühlen* Vettermühle (heute Nr. 60) und die Hänsel-Mehlmühle (heute Nr. 76/78), im Gebiet der Amtsgemeinde gelegen, noch zur Ratsgemeinde, da sie sicher vor Einrichtung der kurfürstlichen Amtsgemeinde 1547 (s. u.) schon zum Materniamt gehört hatten.

Die Amtsgemeinde

Der erste Pfarrer von Loschwitz, Magister Johann Arnold (1674 – 1732, → *Kirche, Chronisten*), zitiert den Dresden-Chronisten Anton Weck (1628 – 1680) zu den Verwaltungseinheiten in Loschwitz: »Denn Anno 1484. ist Loschewitz mit in das auffgerichtete Weichbild kommen.«[2] Rechtshistorisch bezeichnet Weichbild den vor den eigentlichen Stadtmauern gelegenen Bezirk, der der städtischen Gerichtsbarkeit unterworfen war.

1485 fand die dritte sächsische Landesteilung zwischen den Brüdern Kurfürst Ernst (1441 – 1486) und Herzog Albrecht dem Beherzten (1443 – 1500) von Sachsen statt. Nach der vorher üblichen Reisetätigkeit des Landesherrn zwischen verschiedenen Residenzen, wie z. B. Meißen, Freiberg, Altenburg, Torgau, Pretzsch, Wittenberg u. a., entwickelte sich Dresden nun zur Residenz des Herzog Albrecht – der späteren »Albertiner«.

1547, der protestantische Herzog Moritz (1521 – 1553) hatte gerade unter dem katholischen Kaiser Karl V. (1519 – 1556) die Kurwürde von seinen Verwandten, den Ernestinern, für die Albertiner erobert, wurde das Amt Dresden eingerichtet. Außerdem wurde 1547 das kursächsische Territorium in vier Kreise eingeteilt, nämlich in den Kurkreis, den Leipziger oder Osterländischen Kreis, den Meißnischen Kreis und den Thüringischen Kreis. Seit dieser Zeit wird sich in Loschwitz die Amtsgemeinde entwickelt haben, indem das dem städtischen Hospitalamt unterstehende Territorium nicht erweitert werden durfte. Die Landesobrigkeit hatte schließlich auch ständigen Bedarf, ihre Einkünfte zu erhöhen.

1700 veranlasste der König von Polen August II., zugleich Kurfürst Friedrich August I, der Starke, von Sachsen (1670 – 1733) eine »... Aufstellung der Hufen, Familien und Mannschafften in den Städten, Flecken und Dörffer jeden Orths in unsern Churfürstenthumb und incorporierten Landen ...«[3]. Hier wurde tabellarisch für Loschwitz folgendes erfasst: Hufen: keine, Familien: 32, Mannschafften: 96 (»Kinder, Knechte und Mägde auch Hausgenossen«). Diese Erfassung konnte sich nur auf die dem Amt Dresden zugeordneten Häuser (Familien) der Amtsgemeinde beziehen, denn es war z. B. kein Landbesitz (Hufen, wie in der Ratsgemeinde) erwähnt.

1706 wurde im Rahmen der Besoldung des Schulmeisters (vierteljährlich 6 Pfennig pro Haus) außer den genannten Gemeinden noch zusätzlich von »Häusern im Grunde und solchen die sich keiner Gemeine angeschlossen haben«[4] berichtet, die im Laufe der Zeit sicher auch der Amtsgemeinde zugeordnet wurden.

Die Amtsgemeinde begann linksseitig im Grund, heute Grundstraße, nach dem Rietschelweg mit der ehemaligen → *Gaststätte* »Zum Kamerad« (Nr. 29) und rechts mit der heutigen Hausnummer 48 am Karl-Schmidt-Weg/Ziegengrundweg. Sie erstreckte sich – wie auch heute noch die Gemarkung Loschwitz – bis zur Bühlauer und Niederrochwitzer Ortsgrenze im Loschwitzgrund, entlang der heutigen Neugersdofer Straße (daher früher Grenzweg), zur Bautzner Landstraße über den ehemaligen → *Gasthof* Weißer Adler zum Rißweg und zur Steglichstraße (früher Pferdeweg) sowie entlang der Wolfshügelstraße (Gemarkungsgrenze zum Weißen Hirsch). Oft wurde sie auch als »Hintergemeinde« bezeichnet.

Auf dem Gelände der Grundstraße 82 lag die einzige Brettmühle, in der Amtsgemeinde. Diese wurde 1839 bei der benachbarten Mehl-Mühle (beide im Besitz des Johann Gottlieb Merbitz) in der Ratsgemeinde mit eingetragen. An der Ortsgrenze im Grund rechts, vor der heutigen Tännichtstraße (Grundstraße 98, gibt es heute nicht mehr), lag die 1835 ohne Bauantrag von Carl Christoph Mittag »auf roher Wurzel« errichtete Ölmühle »7 Ellen« (ca. 4 m) neben seiner schon vorhandenen »Mahlmühle«, die später auch als Damm- oder Nudelmühle bezeichnet wurde (1936 abgerissen), an der von Bühlau kommenden »Triehle« (heute »Trille« genannt).

Loschwitz hatte zu dieser Zeit also sechs Mühlen und oberhalb der beiden Mühlen des Müllermeisters Mittag lagen auf Bühlauer bzw. Rochwitzer Flur noch drei Mühlen, die nach Helfenberg (im Ortsteil »Adelig-Bühlau« gelegen) gehörten. Insgesamt gab es an der Triehle (Trille) damals also neun Mühlen.

An der Ortsgrenze linksseitig stand das → *Armenhaus* von Loschwitz (Grundstraße 137). Die Grundstücke Grundstraße 86 bis 96 wie auch der → *Gasthof* »Zur Eule« (Nr. 100) gehörten (wie auch heute noch) zur Gemarkung Rochwitz. Bis 1829 war die Amtsgemeinde auf 190 Einwohner und 1837 auf 103 Gebäude/Grundstücke angewachsen.

Die Winzergemeinde

Die rechtselbischen Hänge zwischen Schotengrund an der → *Saloppe* und → *Mordgrund* (am → *Schloss Eckberg*) hatten bis 1660 der Sächsischen Armee als Zielgebiet für die Erprobung von Kanonen gedient, die von Blasewitz aus über die Elbe abgeschossen wurden. Dort war dazu extra eine Schneise in den Wald geschlagen. Die genannten Elbhänge (kurfürstliches Gebiet) wurden 1660 von Kurfürst Johann Georg II. (1613 – 1680) auf Wunsch von acht Hofbediensteten zur Anlegung von Weinbergen freigegeben. Diese Belehnung mit acht Grundstücken kann als Ursprung des heute noch gebräuchlichen Begriffes Loschwitzer Winzergemeinde angenommen werden (Brandkataster Nr. 1 bis 8).

Eine Bestätigung dieser Annahme war 50 Jahre später (1710) die Erwähnung der »17 Winzereyen von Dresden her«. Dieser Gruppe waren bis 1710 noch neun und bis 1837 noch weitere sieben Weinbergsgrundstücke durch das Hofamt zugeordnet worden. Die Winzer werden im Zusammenhang mit Rats- und Amtsgemeinde immer als eigene selbstständige Gruppe bezeichnet. Dafür gibt es zahlreiche Zeugnisse.

Zusammenfassend ergibt sich, dass Ratsgemeinde und Amtsgemeinde Ortsrichter und Schöffen hatten. Damit waren sie im damaligen Rechtsverständnis echte Gemeinden. Die Winzer, lokalisiert in »Weinbergen«, waren es dagegen nicht. Aber sie wurden als eigene Gruppe mit namentlich autorisierten Vertretern (die »Winzer allda«) genannt und unterschrieben so auch Verträge. Im Sprachgebrauch gab es deshalb eine Winzergemeinde.

Grenzstein des Findlaterschen Weinbergs
Foto: Siegfried Großmann

Rittergut Wachwitz / Niederpoyritz

Die direkt an der Fähre gegenüber dem Fährgut gelegenen Häuser waren »die auf Nieder-Poyritz gehörigen Häuser«. Diese sechs Häuser bzw. Grundstücke sind auf mittelalterlichen Besitz dieses Territoriums zurückzuführen.

Das Rittergut Wachwitz war schriftsässig, d. h. die Steuern dieser Bewohner wurden ohne Vermittlung des Amtes direkt der Kreissteuereinnahme (hier z. B. dem Meißnischen Kreis) zugeführt. Bei Heereszügen waren sie nicht dem Amtsaufgebot eingegliedert. Die Zentralregierung verkehrte mit den »Schriftsassen« ebenso direkt wie mit den Ämtern.

Bereits 1411 wurde eine Familie von Ziegler (Ratsherren, Münzmeister) als Besitzer in Loschwitz erwähnt. 1514 ist deren Belehnung auch mit dem Nachbardorf Wachwitz und anderen Gütern durch Herzog Georg den Bärtigen (1471 – 1539) belegt. Noch 1854 wurde vermerkt, dass diese sechs Häuser an der Brandkataster-Nummer den Zusatz »NP« für Niederpoyritz aufwiesen. Ganz in der Nähe, an der rechten Torsäule am Grundstück Friedrich-Wieck-Straße 14, ist das erste für die Ratsgemeinde mit »RG 107« bezeichnete Grundstück noch nachweisbar.

Territoriale Erfassung, Zuordnung

Die Entstehung des riesigen Territoriums der kleinen Landgemeinde Loschwitz mit nur zwei Hufen Landwirtschaft ist sicher im Wesentlichen den geomorphologischen Gegebenheiten (Lausitzer Überschiebung, Elbtal, Hanglagen, Schluchten, Täler) des Gebietes zu verdanken, die in unmittelbarer Nähe Neugründungen von eigenständigen Ansiedlungen verhinderten. So mündeten sowohl die sich im Grunde (heutige Grundstraße) und von dort hinauf bis zur heutigen Bautzner Landstraße als auch die seit 1660 »von Dresden her« entstandenen Anwesen nicht in neuen Dorfgemeinschaften. Die Anwesen der vier genannten Verwaltungseinheiten sind mit Zahlen erst ab 1784 durch Einführung der → *Brandkataster-Nummern* belegbar.

Durch Erlass der Generalverordnung vom 7. Januar 1835 wurden Gemarkungs- und Grundstücksgrenzen in Flurbücher eingetragen, so »daß die Grenzen derselben gehörig berichtigt und beraint und alle Grundstücke einzeln verzeichnet werden«. Ferner ist dort zu lesen: »Sämmtliche, in der Ortsflur gelegene, einzelne Grundstücke, ohne Ausnahme [...] sind nach einer fortlaufenden Nummer in Reihenfolge, wie sie nebeneinander liegen, aufzuzeichnen.«[5] Vor dieser Zeit wurden in Gerichtsbüchern (Kaufbücher, Steuerbücher ...) solche Grenzen mit Steinen, Bäumen, Zäunen, Rainen, Flussläufen oder auch mit Namensnennung der

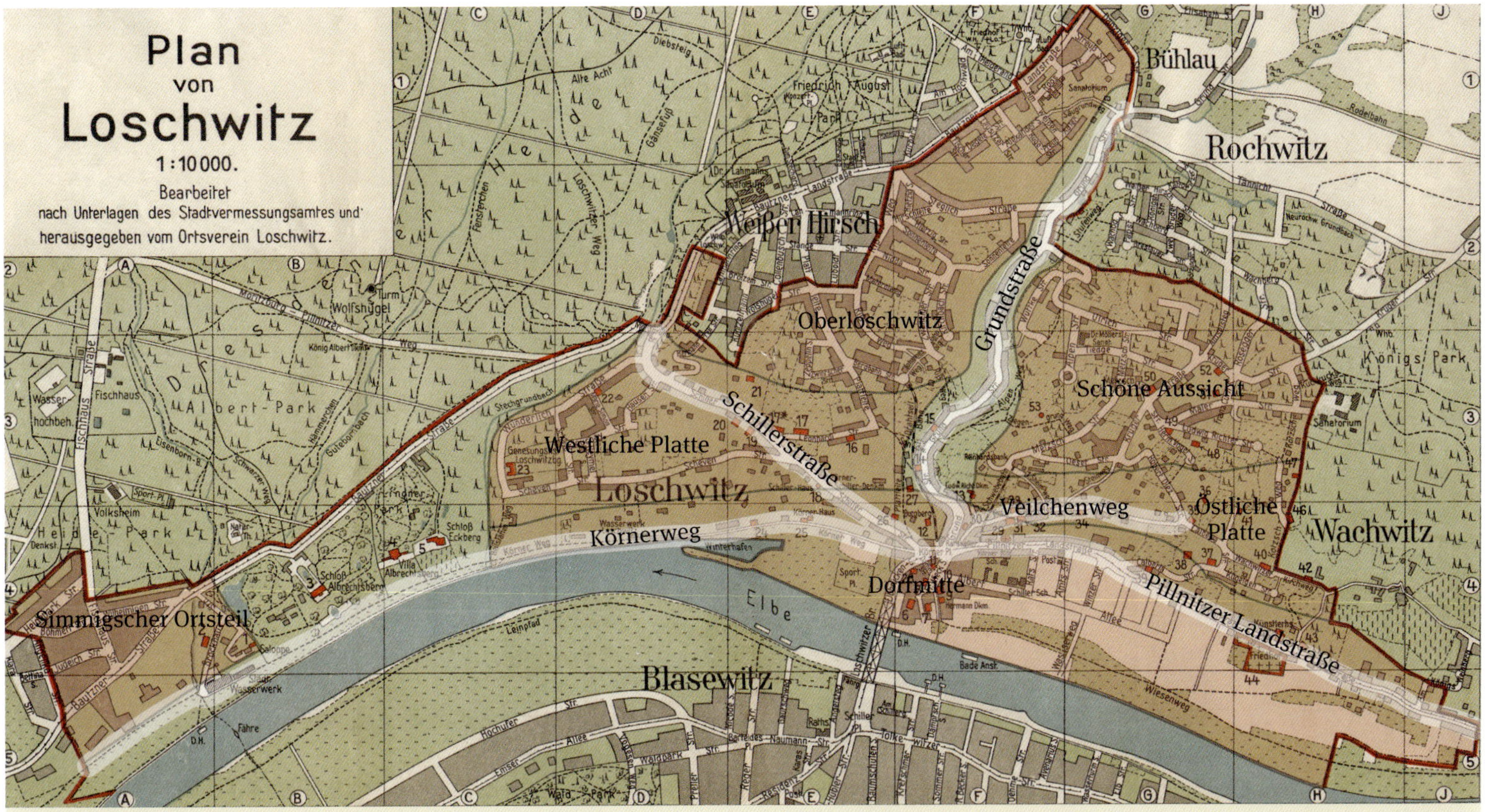

Seit 1839 gab es eine einheitliche Gemeinde Loschwitz, deren Gliederung dieses Buch im Einführungsteil folgt: Nach den vier Ortsteilen → Dorfmitte, → Oberloschwitz, → Schöne Aussicht und → Simmigscher Ortsteil werden weiterhin die Gebiete der östlichen und westlichen Platte beschrieben und schließlich die Entwicklung der fünf wesentlichen Wege bzw. Straßen – Körnerweg, Schillerstraße, Grundstraße, Veilchenweg und Pillnitzer Landstraße – dargestellt. Der als Grundlage genutzte Plan stammt von 1928. Plandruckerei u. Lichtpausanstalt v. P. Volkenandt, Dresden

Nachbarn beschrieben. Betrügereien wurden mit drastischen Strafen geahndet.

Für das Dorf Loschwitz wurden die Flurstücke von Dresden (-Neustadt) her nummeriert. Die Nummer 1 bekam ein Grundstück der Winzergemeinde, das mit Nr. 21 des Brandkatasters offensichtlich 1784 noch nicht in der Winzergemeinde existierte (heute noch Flurstück Nr. 1 der Gemarkung Dresden-Loschwitz, Bautzner Straße 122). Die Nr. 1 des Brandkatasters mit der heute noch gültigen Flurstücksnummer 4 bekam ein Gebäude auf dem heutigen Gelände von → *Schloss Albrechtsberg*.

Mit Hilfe dieser verschiedenen Nummerierungen kann ab dem Jahr ihrer Einführung die zeitliche Reihenfolge der Entstehung einzelner Anwesen gut abgeschätzt werden.

Erwähnt muss noch werden, dass das Grundstück mit der Brandkatasternummer 20 an der heutigen Schillerstraße 6 als einziges Anwesen von Loschwitz zum Religionsamt Dresden-Neustadt gehörte. Dieses Amt war 1541 in die ehemaligen Rechte von säkularisiertem, klerikalem Vermögen getreten.

Selbstständige Landgemeinde

Am 1. Mai 1839 trat die Sächsische Landgemeindeordnung in Kraft. Seitdem gab es in Loschwitz einen Gemeinderat. Dieser wählte den hauptamtlichen, fest angestellten Gemeindevorstand und als Vertreter zwei Gemeindeälteste (→ *Gemeindeamt*). Beibehalten wurde das ehrenamtliche Ortsrichteramt, dessen Inhaber einem Friedensrichter entsprach, wie das Amt später nach der Eingemeindung nach Dresden am 1. April 1921 dann auch hieß.

Die Brandkataster-Nummerierung wurde für die neue selbstständige Landgemeinde Loschwitz noch zweimal durchgängig verändert, sodass im Historischen Häuserbuch (→ *Chronisten*) jedes Anwesen drei verschiedene Brandkataster-Nummern, eine Flurbuch-Nummer und eine Grundbuch-Nummer hat. Anlass für die Einführung der Grundbuch-Nummer war das »Königlich Sächsische Gesetz, die Grund- und Hypothekenbücher und das Hypothekenwesen betreffend, vom 6. November 1843«. In Loschwitz beginnt die Grundbuch–Nummerierung mit 1 an der heutigen Friedrich-Wieck-Straße 18 (ehem. → *Gasthof* Demnitz). Als Letzte wurden die in Richtung Elbe daneben liegenden, ehemals zum Rittergut Wachwitz gehörenden sechs Grundstücke mit den Grundbuch-Nummern 514 bis 519 für die Gemarkung Loschwitz erfasst.

Mit dem Erlass der Sächsischen Landgemeindeordnung 1838 bekamen die sächsischen Gemeinden das Selbstverwaltungsrecht. In Loschwitz gab es dann nur noch eine Gemeinde. Sie bestand aus den vier Ortsteilen → *Dorfmitte*, → *Oberloschwitz* (heute oft auch als Weißer Hirsch bezeichnet), → *Schöne Aussicht* (heute oft als Oberloschwitz bezeichnet) und dem weitestgehend in Vergessenheit geratenen, an der heutigen Bautzner Straße/Fischhäuser Revier gelegenen → *Simmigschen* Ortsteil.

Helmut Dorschner,
Matthias Griebel

Zitate:
1 *Blaschke, Karlheinz; John, Uwe (Hrsg.); Geschichte der Stadt Dresden, Bd. 1; Stuttgart 2005*
2 *Arnold, Johann; Kurze doch gründliche Beschreibung der von grundauf Neu-erbauten Kirche zu Loschwitz; Handschrift 1710; Standort: SLUB*
3 *Sächsisches Hauptstaatsarchiv Dresden: Amt Dresden, Hufen, Familien und Mannschaften, 1700; Sign. 10047, Nr. 782*
4 *Archiv der Ev.-Luth. Kirchgemeinde Dresden-Loschwitz: Archiv I, Loc. III, Nr. 1 und 2*
5 *Stanislaw-Kemenah, Alexandra-Kathrin; Spitäler in Dresden; Leipziger Universitätsverlag 2008*

Quellen: 3, 39, 66, 118, 119, 170, 249, 251, 377, 463, 521, 522, 607, 639, 736, 755, 824, 856, 884, 957, 1002, 1035, 1081

Plan
von
Loschwitz
1697
Maßstab 1:15000
00 50 0 100 200 300 400 500 600 700 800 900 1000 m.
Herausgegeben vom Ortsverein
Loschwitz
Strassen u. Wege
Projektirte Strassen
Elektr. Strassenbahn
Öffentliche Gebäude
Angelegte Plätze
Stufen
Garten
Nadelholz
Laubholz
Wiese
Weinberg
D.L. Dampfschiff Landung
F. Fähre
Loschwitzerflurgrenze
1
2
3
5
A
Dresdner Heide
Albert Park
Wolfs Hügel
Loschwitzer Weg
Gänsefuss
Gänse fuss
Wirtschafts
Steiggrund
das rote Kreuz
Fensterchen
Fischhaus
Radeberger Landstrasse
Radeberger Str.
Eisenbornbach
Hämmerchen
Gutenbornbach
Promenaden Strasse
Bautzner Strasse
Fussweg
Wunderlich Strasse
Park Str.
Schiller Strasse
Eschebach Str.
Mordgrundbr.
Deutsche Heilstätte
Carola Strasse
Loschwitzer Wasserw.
Körner Weg
Winterhafen
Schloss Albrechtsberg
Villa Albrechtsberg
Villa Eckberg
Saloppe
Städt. Wasserwerk
Elbuferweg
Wilhelminen Str.
Elbe
Hochufer Strasse
Ring Str.
Albert
Bism
Dr. La
Blas
Lo

Dorfmitte, Wege und Ortsteile

Erinnerung an die Dorfmitte

August Reinhardt, Dammweg in Loschwitz, 1896, Aquarell *Foto: Slg. Matthias Griebel*

Als »Kern« des Dorfes kann man das Gebiet des heutigen Körnerplatzes, der Friedrich-Wieck-Straße und der Dammstraße bezeichnen. Hier an der Mündung der »Trille« (→ *Gewässer*) in die Elbe, am Fuße des → »*Burgberges*«, entstand die kleine Siedlung, die sich später zu einem der größten Vororte von Dresden entwickeln sollte. Über die Anfänge wissen wir sehr wenig. Zwei Scherbenfunde – in der Friedrich-Wieck-Straße 7 und der Pillnitzer Landstraße 8 – sind der Billendorfer Zeit (etwa 750 bis 500 v. Chr.) zuzuordnen. Deuten sie auf eine mögliche Besiedlung hin? Vom Ende des 5. bis Anfang des 8. Jahrhunderts siedelten Sorben in unserem Gebiet. Davon zeugt der Name »Loschwitz«, der auf eine hier siedelnde Familie »Losc« oder ähnliches hindeuten könnte. Im 13. Jahrhundert gab es hier wahrscheinlich bereits eine → *Fähre*. Sie ermöglichte eine schnelle Verbindung zwischen der Blasewitzer Gegend über den Loschwitzgrund zum Hochland mit Anschluss an die Straße von Dresden nach Bautzen.

Spätestens seit 1315 und bis 1838/39 gehörte fast der gesamte Dorfkern zur Ratsgemeinde und damit in die Zuständigkeit des Materni-hospitals (→ *S. 45*). Eine Ausnahme waren die Häuser der heutigen Friedrich-Wieck-Straße 20 bis 28 (gerade Nummern). Sie waren bis 1838 dem Rittergut Wachwitz-Niederpoyritz zugeordnet.

Schaut man sich die Namen der hier in der Dorfmitte zwischen dem 16. und 18. Jahrhundert ansässigen Familien an, so fällt auf, dass die meisten von ihnen sich immer wiederholen. Zu den immer wiederkehrenden, manchmal mit unterschiedlicher Schreibweise, zählen z. B. Baudisch, Gerhardt, Golde, Höhle, Huhle, John, Lauterbach, Naumann, Patzig, Reißig, Venus und Zeibig. Ihre Berufe reichen vom Fährmeister oder Schiffsmann über verschiedene Handwerker wie Zimmerleute und Maurer bis zum Jagdbedienten, Winzer und Ortsrichter.

Die sanierten Häuser und sensiblen Neubauten an der oberen Friedrich-Wieck-Straße machen dörfliches Loschwitzer Flair heute noch erlebbar. *Foto: Siegfried Großmann*

Sie alle wohnten bis ins 19. Jahrhundert in meist kleinen aus Fachwerk gebauten Häusern. Noch heute können wir an einigen von ihnen diese Bauweise sehen. Auch das → *Fährgut* mit dem Fährhäuschen gehört dazu. Hier im Dorfkern befanden sich auch die beiden einzigen Loschwitzer → *Bauerngüter* und es gab die Erbschänke (→ *Gaststätte »Demnitz«*), zu der sich später weitere Gaststätten und Weinstuben hinzugesellten. Ab 1851 gab es außer dem schon bestehenden Fähranleger noch eine Schiffsanlegestelle (→ *Schifffahrt*), die auch das Reisen nach Dresden wesentlich erleichterte. 1871 errichtete man anstelle des alten »Billetthauses«, das sich im Garten von Demnitz befand, etwas weiter westlich ein neues attraktives »Stationshaus«. In dieser Zeit gab es hier im Dorfkern außer den Gaststätten und zahlreichen Geschäften (→ *Handwerk und Gewerbe*) auch eine → *Kinderbewahranstalt*, eine → *Post* und bis 1892 auch die »Alte Pfarre«, die erste Loschwitzer → *Schule*, an der oberen Trille-Brücke.

Schon 1869 hatte der → *Architekt* Theodor Lehnert (1828–1910, → *K2*) neben der Trille auf dem »Dorfplatz« das Joseph-Herrmann-Denkmal (→ *Denkmale*) errichtet. 1878 kam weiter oben auf der Rasenfläche noch ein → *Denkmal* für die in den letzten beiden Kriegen gefallenen Loschwitzer Soldaten hinzu. Bis zum Beginn des Brückenbaus 1891 veränderte sich sonst an der Bausubstanz im Dorfkern nicht mehr viel. Das sollte sich mit der Fertig-

»Loschwitz mit der neuen Schwebebahn«, um 1900 (auf dem Foto ist sie noch im Bau), Ansichtskarte Slg. Götz

stellung des → *»Blauen Wunders«* im Jahr 1893 drastisch ändern. Als noch im gleichen Jahr die erste Straßenbahn (→ *Verkehrsmittel*) bis nach Loschwitz fuhr, hatten die ersten zum Stadtweg, zur Straße »Am Damm« und zur Grundstraße gehörenden alten Häuser diesem Projekt bereits weichen müssen. 1895 bekamen die Verkehrswege neue Namen: aus Am Damm wurde die Dammstraße, aus dem Stadtweg die Schillerstraße, aus dem untersten Teil des Stadtweges der Körnerplatz und aus dem untersten Teil der Grundstraße die Friedrich-Wieck-Straße. Weitere Häuser wurden abgerissen und bis 1899 durch Reihenhäuser im Stil der Gründerzeit ersetzt (→ *Baumeister und Architekten*). Diese Bebauung sollte fortgeführt werden. Ein Haus fiel dem Abriss zum Opfer, als 1899 die »G-Straße«, die heutige → *Fidelio-F.-Finke-Straße*, angelegt wurde. Sie sollte ausgebaut und als »Hochuferstraße« (→ *Projekte, nicht verwirklichte*) später bis Pillnitz weitergeführt werden. Auch für die Fortsetzung der Reihenhausbebauung gibt es Pläne, aus denen dies hervorgeht. Entlang der Fidelio-F.-Finke-Straße war das beiderseitig vorgesehen, linksseitig bis zur später erbauten → *Schillerschule*. Auf der Pillnitzer Landstraße sollte dies linksseitig bis zur Kirche geschehen. Dagegen gab es jedoch Widerstand, sodass es nicht realisiert werden konnte.

Es trat für die nun veränderte »Dorfmitte« wieder eine Ruhephase für die bauliche Entwicklung ein. Später wurde die Trille zwischen Pillnitzer Landstraße und Joseph-Herrmann-Denkmal abgedeckt. Der sich anschließende untere Abschnitt, auch »Fußweg zur Elbe« genannt, folgte nach 1920. Die Betonplatten eigneten sich gut zum Rollerfahren, weshalb das Straßenstück im Volksmund den Namen »Rollerbahn« bekam. Diese Betonplatten über der Trille waren bis in die 1990er Jahre sichtbar. Erst die Erneuerungsarbeiten im Zusammenhang mit dem 1992 bestätigten → *Sanierungsgebiet* ließen sie verschwinden. Nun begann für den zum Teil in der Bausubstanz beträchtlich geschädigten Bereich zwischen Körnerplatz und Wiesenweg eine Periode der Sanierung und des Neubaus mehrerer Häuser an der Friedrich-Wieck-Straße. **Otto-R. Wenzel**

Quellen: 243, 824, 1000

Vom Dorf zur Stadt: Die Gründerzeit-Architektur des Körnerplatzes steht im Kontrast zu dem auf mehrspurigem Asphalt lärmenden Durchgangsverkehr. Foto: Siegfried Großmann

Blick vom Kirchboden, 1872. Alte Dorfmitte von der heutigen Friedrich-Wieck-Straße bis zum Körnerplatz *Foto: August Kotzsch*

Bevor Brücke und Körnerplatz entstanden

Als Dorfmitte versteht sich das markierte Areal von der »Senfbüchse«, oben im Bild links zu sehen. Vorn im Bild die Alte Schule, Pillnitzer Landstraße 8, rechts die Straße von Pillnitz, quer an ihr die Alte Pfarre mit der Pfarrplumpe. Der schmale Weg rechts führte von der Bachbrücke und Grundstraße zu Körnerweg und Schillerstraße und lokalisiert die heutige Nordostseite des Körnerplatzes. Weitere Orientierungspunkte bilden links mit der Esse eine Bäckerei neben dem Wieck-Haus und dahinter das Bauerngut Eichler; über der Pfarre links mit drei Dachgiebeln das heutige Haus Dammstraße 8 und rechts oben der helle Giebel eines Geschäftshauses, heute »Zum goldnen Schiff« Körnerplatz 8.

Ein erster authentischer Plan von Loschwitz entstand 1859 durch den Dresdner Geometer Traugott Wilhelm Henker. Auf fünf Bögen ist die gesamte Ortsflur erfasst, in welche die Flurstücksnummern und -grenzen ebenso wie alle Gebäude eingezeichnet sind.

Nebenstehendes Detail aus Blatt 3 zeigt deutlich die Dorfform eines Rundweilers, der sich zur Elbe zu platzdorfähnlich erweitert. Diese Strukturen prägten die Loschwitzer Ortsmitte.

Traugott Wilhelm Henker, Urkarte, 1859 (Ausschnitt)

Blick vom Kirchboden, 1872. Alter Zustand mit Pfarre, Vorgängerbau von Veilchenweg 2 und Haus Körnerplatz 1 sowie dem alten Stadtweg durch das Dorf. Oben Restaurant »Zum Burgberg« — *Foto: August Kotzsch*

Dorfkern, aus Jentzsch's Berg, um 1880. Dicht gedrängt stehen die Häuser auf dem späteren Körnerplatzareal. In Bildmitte eine Bäckereiesse an der Friedrich-Wieck-Straße; darüber die Schiffswerft Blasewitz, rechts Schillergarten und spätere Brückenauffahrt. — *Foto: August Kotzsch*

Dorfmitte: Motive des alten Ortskerns

Plan von 1881 (überarbeiteter Ausschnitt) Dargestellt ist die ursprüngliche Ortsmitte vor dem Bau des Blauen Wunders und Anlage des Körnerplatzes. Der Karte wurden zur besseren Orientierung die Flurstücksnummer – (im Text in Klammern) – sowie jetzige Straßennamen hinzugefügt. Die nummerierten Pfeile weisen auf die Blickrichtung zu den Motiven und sind mit deren Bildnummern identisch. Dem Plan ist zu entnehmen, dass der Ort keinen eigentlichen Dorfplatz hatte. Daher diente gewöhnlich der Platz an den öffentlichen Dorfplumpen, die sich am WieckHaus, an der oberen Dammstraße und an der Alten Pfarre befanden, der alltäglichen Kommunikation.

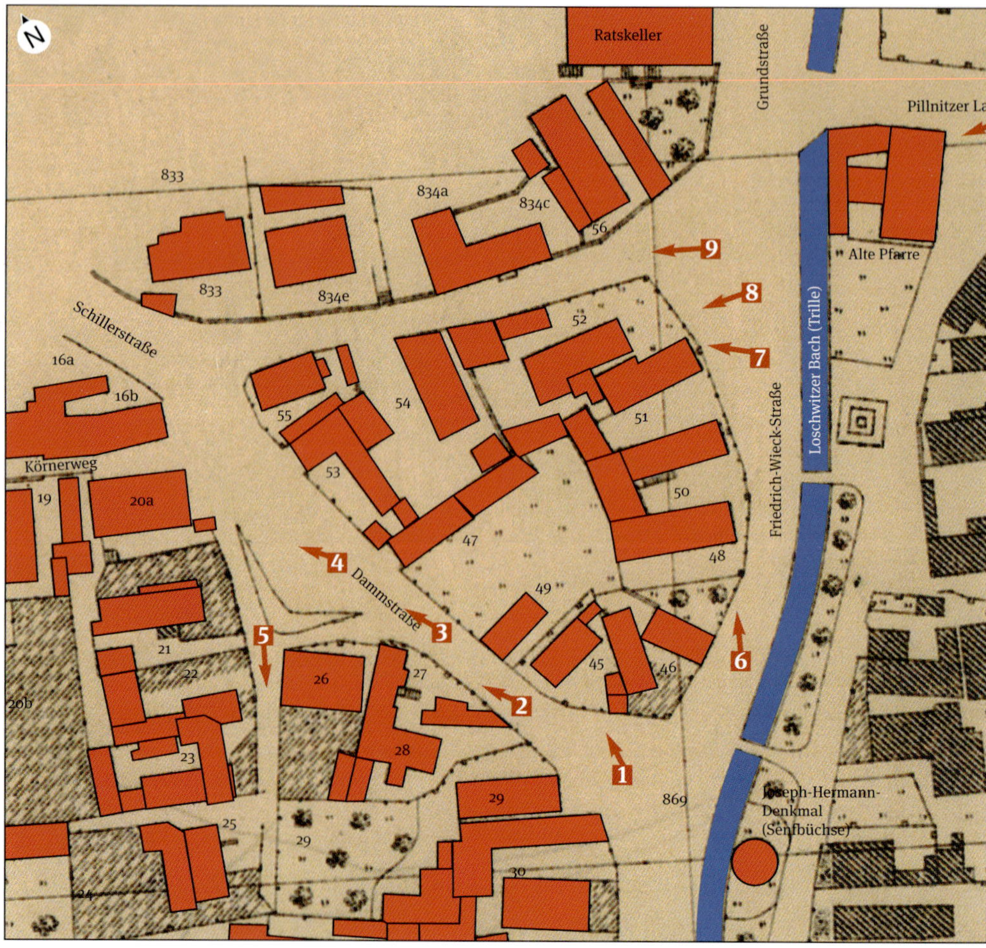

1 *Untere Dammstraße, 1862 Foto: H. Hatlé*
Links der Beginn der Dammstraße, ganz rechts wäre die Friedrich-Wieck-Straße. Abgebildet sind die rechtsseitigen Grundstücke in Richtung heutiger Körnerplatz. Im Fachwerkhaus der Butterhändlerin Medger (45) war auch ein Schuhmacher tätig. Es folgen die Anwesen des Stellmachers Däbritz (49) und danach die Schmiedewerkstatt von Rußig (47). Darüber die Villa »Herbstes Segen«, Plattleite 4, 1860 für einen Tanzlehrer als Sommersitz erbaut. Oben das Restaurant »Zum Burgberg« in seiner ersten Baugestalt. Das 1853 errichtete Gebäude wurde 1945 zerstört.

2 *Untere Dammstraße, Aquarell von A. Reinhardt* Im Bild die Häuser linksseitig der Dammstraße. Vorn angeschnitten eine Schuhmacherei (30), heute KulturHaus Loschwitz, Friedrich-Wieck-Straße 6. Danach Dammstraße 14 (29), die Eis- und Produktenhandlung Borsdorf. Die folgenden Häuser eines Tapezierermeisters (27) wurden später abgerissen. Oben links mit Markise das Geschäftshaus Möbius (20a), heute Haus »Zum goldnen Schiff« Körnerplatz 8, dahinter der Eingang in den Körnerweg.

3 *Obere Dammstraße, um 1880 Foto: W. Stirl*
Vor dem Haus Dammstraße 8 (26) entstand dieses Foto. Hier stand eine Dorfplumpe. Die eigentliche Straße ist rechts.
Der Weg, zu welchem die Stufen führen, ist der Dammstraßenzipfel, der als »Im Winkel« bezeichnet wurde. In den giebelständigen Häusern waren eine Seilerei (53) und das Büdchen von »Ecken-Medger«, dahinter der Verbindungsweg von der Alten Pfarre zu Körnerweg und Schillerstraße. Das hinten quer stehende Haus mit dem Ochsenauge (833) liegt schon jenseits des Weges und ist mit heute Körnerplatz 13 zu lokalisieren. Darüber das Restaurant »Zum Burgberg«.

4 *An der Plumpe, um 1880 Foto: Walter Stirl*
Die Wasserstellen waren, auch wegen der Nähe zu den Geschäftslokalen der Händler, für die Älteren wie die Jugend ein beliebter Treffpunkt. Dominant das Wohn- und Geschäftshaus von Kaufmann Möbius (20a), heute Körnerplatz 8 »Zum goldnen Schiff«. Dahinter der Eingang in den Körnerweg und das Haus des Bäckermeisters Garten (16b), heute Körnerplatz 10. Hier beginnt die Schillerstraße, von der rechts die Plattleite abzweigt.

5 *Im Winkel, um 1880 Foto: August Kotzsch?*
So wurde an der oberen Dammstraße der zurückführende Zipfel genannt, der noch heute existiert. Links Haus Dammstraße 8 (26) mit der Plumpe, hinten die strohgedeckte Scheune des Bauerngutes Friedrich-Wieck-Straße 14. Das Haus rechts (22), Dammstraße 2, gehörte dem Zimmermann Wagner, dessen Frau als ortsbekanntes Original die Loschwitzer Waschweiber anführte. Das Haus ist wie das nachfolgende Nr. 4 (23) heute noch vorhanden, während das letzte Haus (25) um 1900 einem Bauhof weichen musste, der noch heute existiert.

6 *Anwesen am Bach, 1872 Foto: A. Kotzsch*
Von Bild 1 ausgehend, folgten rechts Häuser an der noch schmalen Friedrich-Wieck-Straße. Vor ihnen fließt die Trille, die Bachbrücke markiert in etwa die Richtung zur späteren Fidelio-F.-Finke-Straße. Im Gebäude mit Spalier (46) eine Steingutwarenhandlung, das nachfolgende Haus (48) gehörte dem Arzt Dr. Peter Burk. Es ist lokalisierbar mit dem heutigen Haus Friedrich-Wieck-Straße 2 und stand noch als letztes altes Anwesen inmitten der Klinkerbauten der neuen Bebauung des Areals (s. Der neue Körnerplatz, S. 63, Bild 7).

7 *Fleischerei, um 1885 Foto: August Kotzsch*
Anschließend an Bild 6 befanden sich der Hof (50) eines Fuhrunternehmers (hier links angeschnitten) und die Fleischerei von August Wünscher (51). Typisch für den Fotografen August Kotzsch, wurden Meister, Meisterin und Belegschaft zum Fototermin gebeten; selbst das Pferd durfte nicht fehlen. Nebenan posiert vor ihrer »Frucht- u. Grünwaren-Halle« Frau Hesse, deren Mann aus seiner Tischlerwerkstatt extra herbeigeholt wurde. Heute steht an dieser Stelle Haus Körnerplatz 2, seit seiner Erbauung mit Konditorei und Café. Ganz rechts (52) »Haus Findeisen« (siehe Abb. 8).

8 *Haus Findeisen, 1862 Foto: August Kotzsch*
Im Vergleich mit dem vorherigen Bild 7 hat das strohgedeckte Haus noch seinen romantischen Fachwerkgiebel. August Kotzsch hat es auch dieserhalb mehrfach dokumentiert. Obwohl das Anwesen schon um 1580 genannt ist, dürfte es in dieser Gestalt im 17. Jahrhundert errichtet worden sein, nachdem die Schweden 1639 fast das ganze Dorf niedergebrannt hatten. Bei einer Instandsetzung um 1880 verlor das Haus sein pittoreskes Äußeres. Den Weg rechts zeigt Bild 9.

9 *Stadtweg, um 1890, Aquarell von A. Reinhardt* Diese schmale Straße zwischen der alten Bebauung war die Hauptverbindung durch das Dorf für den Verkehr aus Richtung Elbfähre, aus Pillnitz und dem Loschwitzgrund. Sie führte zur Schillerstraße und erreichte über diese Anschluss an die Landstraße Dresden-Bautzen. Daher wurde sie Stadtweg genannt. Links das indessen modernisierte Haus Findeisen, rechts mit verbrettertem Giebel ehemals Bormanns Weinschank (56). Das Haus danach (834a) wäre heute das Eckhaus am Standseilbahneingang, Körnerplatz 7.

10 *Alte Pfarre, um 1885 Foto: August Kotzsch*
Das Gebäude erhielt 1650 diese Gestalt. Es diente zuerst nur als Schulhaus und wurde mit Errichtung der Loschwitzer Kirche auch das Pfarrhaus der Parochie. Als die Gemeinde 1836 das jetzige Pfarrhaus neben der Kirche errichtete, wurde die Alte Pfarre verkauft und diente fortan Wohn- und Gewerbezwecken. 1892 erfolgte der Abriss. Vor dem Haus noch die Pfarrplumpe, einst ein legendärer Sammelpunkt im Alltag der Loschwitzerinnen. Der Mast weist auf die Telegrafenstation, die seit 1875 im Ort bestand. Hinten mit Ochsenauge der frühere Weinschank (56), jetzt das »Bräustübel« am Körnerplatz.

Abb. S. 56/57: Blick nach dem Damm – Geschenk von Ortsrichter Kegel, Foto: Archiv Kirchgemeinde Loschwitz

Mit der Brücke beginnt die Demolierung, 1893. Die Alte Pfarre ist beseitigt, das Häuserquartier zwischen Stadtweg, Damm- und Friedrich-Wieck-Straße ist im Abbruch begriffen. Vorn das Gemeindeamt mit »Ratskeller«. *Foto: August Kotzsch*

Der Körnerplatz entsteht, 1893. Haus Körnerplatz 11 im Bau, zwischen ihm und dem »Bräustübel« von 1892 werden Nr. 7 und 9 entstehen. Dahinter der »Ratskeller«. Das neue Haus Veilchenweg 2 ist von 1881. *Foto: Ernst Julius Sonntag, LfD Sachsen, Slg. K. E. Scherz*

Erster Neubau, 1893. Während »Blaues Wunder« und Brückenauffahrt fast fertiggestellt sind, nimmt der Abbruch der alten Dorfmitte seinen Fortgang. Als ersten Neubau lässt an der Nordostseite des zukünftigen Platzes ein Dresdner Zahnarzt das Haus Körnerplatz 11 errichten.
Im Bild das Haus gegenüber, Dammstraße 8, hinten das »Hotel Demnitz« sowie links die Esse einer Bäckerei in der Friedrich-Wieck-Straße. Am anderen Elbufer die Schiffswerft Blasewitz. *Foto: Ernst Julius Sonntag, LfD Sachsen, Slg. K. E. Scherz*

Erster Baukomplex, 1893. Körnerplatz 9 und 11 sind gebaut. Der Blick von der Brücke zeigt vorn das »Hotel Demnitz«, rechts von der Kirche die Körnerschule von 1887 und darüber die »Victoriahöhe«. *Foto: Slg. Matthias Griebel*

Dorfmitte: Das Alte weicht Neuem

Lageplan, Neumessung 28. 04. 1894 (überarb.)
Von der Brückenrampe her sind nun die Straßenbahngleise bis zum Körnerplatz geplant. Für diesen mussten die Flurstücke 51 bis 55 samt ihrer Bauten aufgegeben werden. Die entschädigten Besitzer verzogen innerhalb des Ortes. Auf Flur 47 entstanden zurückversetzt nach der Neubebauung die Häuser Körnerplatz 4 und 6. Auch die folgenden Flurstücke an Damm- und Friedrich-Wieck-Straße erhielten dann mehrstöckige Klinkerbauten.
Am Eingang zum Körnerweg entstanden später Körnerplatz 8 und 10. Die Neubauten Körnerplatz 9 und 11 – siehe Seite 63 – von 1893 sind im Plan bereits eingezeichnet.
Die Straßenbahn wurde zur Rückfahrt mitten auf dem Platz umrangiert, bevor sie ab 1903 über das ehemalige Pfarrterrain weitergeführt wurde.

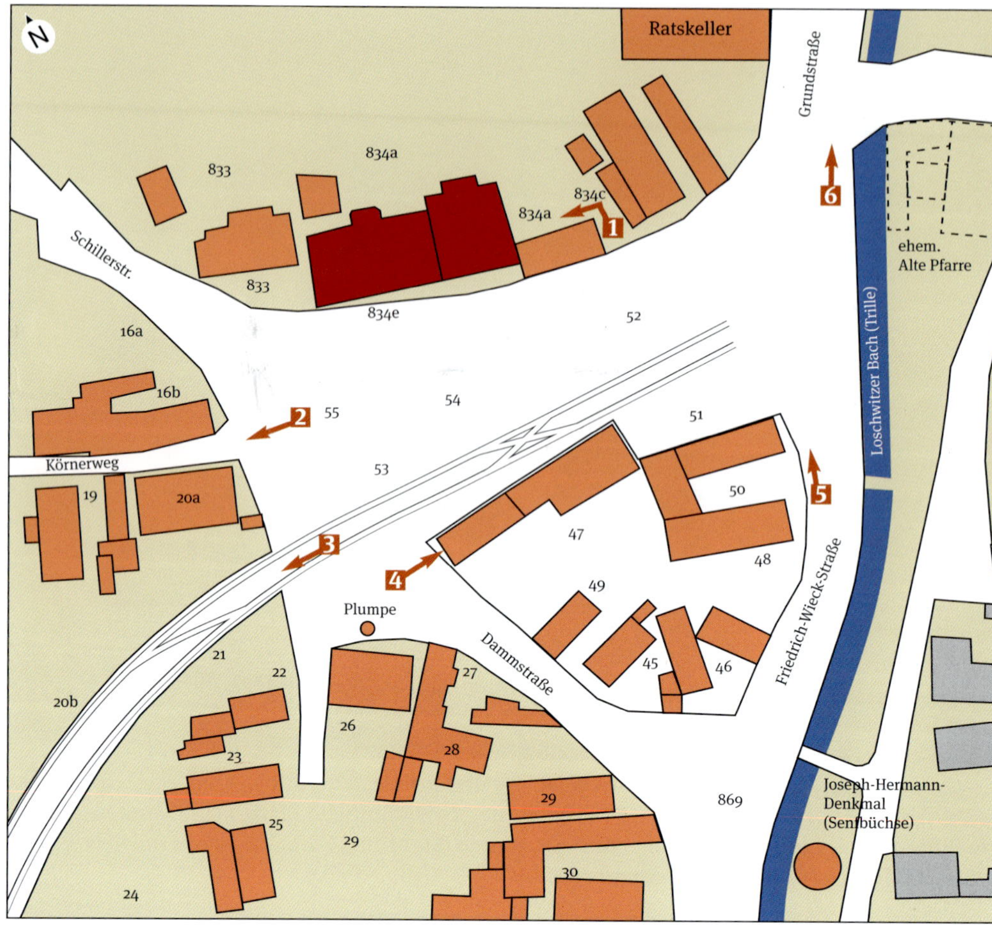

1 *Hofansicht, 1890* *Foto: August Kotzsch*
Am heutigen Eingang zur Standseilbahn lag der Hof der Familie Jentsch, die auch den angrenzenden Weinberg bewirtschaftete. Nach Abbruch des Anwesens 1893 erwarb den Baugrund der langjährige Wirt des »Schillergartens« Blasewitz, Louis Köhler, und errichtete darauf das Wohn- und Geschäftshaus Körnerplatz 7. Hier wohnte dann der Pensionär, während im Ladengeschoss ein Seifenhändler, eine Schokoladen- und eine Butterhandlung firmierten.

2 *Am Eingang Körnerweg, um 1895* *Foto: August Kotzsch*
Über den gepflasterten Körnerplatz führen die Straßenbahnschienen und erhebt sich ein Gaskandelaber. Anstelle seiner »Colonialwaaren-Handlung« errichtet ihr Besitzer 1898/99 das Haus »Zum goldnen Schiff«, Körnerplatz 8. Auch das Nachbarhaus – hier mit Fleischerladen – entsteht zu dieser Zeit als Körnerplatz 10. Rechts beginnt gerade die Demolierung eines Gebäudes, das als Haus Schillerstraße 1 ebenfalls im neuen Stil errichtet werden wird.

3 *Im Winkel, um 1880* *Foto: Walter Stirl*
Im oberen Dammstraßenzipfel blieb nur das kleine Haus links (22), heute Dammstraße 2, stehen. Das dazugehörige Wohnhaus dahinter mit Zimmermannswerkstatt wurde für die Brückenauffahrt ebenso abgerissen wie die benachbarte Tischlerei (21), deren Inhaber »Sarg-Medger« genannt wurde. Anders als am Körnerplatz verloren hier nur zwei Besitzer ihre Anwesen, führten ihre Werkstätten jedoch an anderer Stelle weiter.

4 *Geburtshaus F. A. Trenkler, um 1880* *Foto: Walter Stirl?*
An der oberen Dammstraße (47) lag bei einer Schmiedewerkstatt (mit großer Esse) jenes kleine Haus. In ihm wurde am 6. September 1836 dem »Chirurgus« Trenkler ein Sohn geboren. Dieser wurde später der Kapellmeister und Königliche Musikdirektor Friedrich August Trenkler, zu dessen fast zweihundert Kompositionen auch der seinerzeit populäre »Kaiser-Wilhelm-Marsch« von 1871 zählt.

5 *Oft als »Dorfplatz« bezeichnet, um 1880* *Foto: August Kotzsch*
Beide Restaurants »Zum Burgberg« gingen aus »Bormanns Weinschank« hervor, dessen kleines Haus mit verbrettertem Giebel indessen an Gewerbetreibende vermietet ist. An ihm vorbei führt der steile Aufstieg zum 1853 erbauten oberen Gasthaus. Das untere von 1859 wird 1883 von der Kommune für die Gemeindeverwaltung mit »Ratskeller« erworben werden. Am bis 1877 ausgebauten Bachbett der Trille ist noch immer der »Parkplatz« für den Fuhrunternehmer, der in dem Fachwerkhaus links (50) sein Domizil hat. Danach eine Fleischerei (51) und der Eingang in den schmalen »Stadtweg«, dem heutigen Körnerplatzareal. Als Staffage posieren dem Fotografen Loschwitzer Kinder, unter denen sich Sohn Franz (geb. 1870) stolz mit Strohhut präsentiert.

6 *Bachbrücke, um 1865* *Foto: August Kotzsch*
Die »große« Trillebrücke diente dem Verkehr aus dem Dorf in Richtung Pillnitz. Vielleicht nimmt diesen Weg gerade der Händler mit seinem Hundegespann. Über dem Ackerwagen am Bachbett das Waschhaus der Alten Pfarre, danach Haus Körnerplatz 1 und vor dem kahlen Weinhang ein Gebäude im Veilchenwegzipfel. Nach Abbruch der Alten Pfarre 1892 entstand im Zuge des Körnerplatzausbaues 1893 ein den neuen Verkehrserfordernissen entsprechender massiver Brückenbau, über den ab 1903 auch die Straßenbahn landwärts verkehrte.

Liegenschaftsplan, Ausschnitt bearbeitet: Eingefügt sind die gültigen Hausnummern der Körnerplatzbauten sowie der neuen Häuser an Damm- und Friedrich-Wieck-Straße (blau). Als Altbestand sind im Plan die Gebäude Körnerplatz 1 und Nr. 3 zu nennen. Das »Bräustübel« von 1892, Nr. 5, war der erste Neubau am Platz. Die Gesamtkonzeption für die Gründerzeithäuser an Körnerplatz, Damm- und Friedrich-Wieck-Straße schuf der königliche Baurat Karl Emil Scherz aus Blasewitz. Dabei konnte er auf Projektpläne des Architekten Richard Nicolaus für das Häuserdreieck Körnerplatz, Friedrich-Wieck- und Dammstraße zurückgreifen. Scherz war dann auch der ausführende Architekt für die Hausbauten Körnerplatz 4 (zusammen mit Richard Nicolaus) 1896/97, Nr. 7 1894, Nr. 8 1898/99, Nr. 9 1893, Nr. 10 1898/99, Nr. 11 1893 und Nr. 13 1898 sowie für Körnerplatz 6 1894–96. Das Haus Körnerplatz 2 von 1894/95 hatte der Architekt Paul Winkler entworfen. Dammstraße 1 sowie Friedrich-Wieck-Straße 2 und 4 projektierte und baute 1898 der Architekt Johannes Schütz nach 1894 gefertigten Vorlagen von Richard Nicolaus. 1899 konnten die Häuser bezogen werden. Auch die hier aufgeführten Gründerzeitbauten sind als Kulturdenkmale registriert.

1 *Baufortschritt am Körnerplatz, 1895* *Foto: Slg. Matthias Griebel*
Vorn eingerüstet Haus Nr. 2, dann eine Baulücke für Nr. 4 sowie das Eckhaus Nr. 6. Gegenüber die Körnerplatzhäuser 7, 9 und 11.

2 *Blick von der Brückenauffahrt*

3 *Kopfbauten am Körnerweg*

4 *Rangiermanöver auf dem Platz*

Der neue Körnerplatz auf historischen Ansichtskarten

Alle Bauten waren als Wohn- und Geschäftshäuser errichtet worden. Ebenerdig, unter den jeweils drei Wohnetagen, befanden sich durchgängig Ladeneinbauten für Händler und Gewerbetreibende. Adressbücher der Jahre um 1900 geben über das nunmehrige Geschäftszentrum Körnerplatz Auskunft. So gab es in den geraden Hausnummern:
Nr. 2: Konditorei und Café, Uhrmacher, Buchbinderei;
Nr. 4: Kürschner, Sattler, Tapezierer und Möbel, Schneiderei;
Nr. 6: Weinstuben und -handlung, Tabakwaren, Blumenbinderei;
Nr. 8: Kolonialwaren, Eisenwaren, Schuhmacher, Kunsthandlung, Elektroanstalt;
Nr. 10: Grünwaren, Glas- und Porzellan, Weiß- und Wollwaren.
Für die ungeraden Hausnummern sind genannt:
Nr. 5: Polizeihauptwache der Gemeinde mit Arrestlokal;
Nr. 7: Schokoladen und Kaffee, Milch-, Butter- und Käsehandlung, Seifengeschäft;
Nr. 9: Fleischerei, Drogerie;
Nr. 11: Konditorei mit Kaffeeschank, Tabakwaren, Friseur;
Nr. 13: Fleischerei, Obst und Südfrüchte, Wolle und Textilien.

6 *Eckhaus zur Dammstraße*

7 *Eingezwängt – das letzte kleine Haus*

8 *Blick in Richtung Brücke*

5 *Seit 1895 Eingang zur Standseilbahn*

9 *Kopfbau Friedrich-Wieck-Straße 4* *Fotos: Slg. Matthias Griebel*

Auch in den neuen Häusern an Damm- und Friedrich-Wieck-Straße waren diverse Geschäftseinbauten entstanden, deren Nutzung durch Händler in der Folgezeit allerdings einer häufigen Fluktuation unterlag.

Körnerplatz, 1912 Foto: SLUB Dresden/Deutsche Fotothek
Noch rangieren Straßenbahnen auf dem Platz. 1925 wird dann in der Grundstraße eine »Umsetz-Endstelle« eingerichtet, deren Funktion 1950 das Gleisdreieck an der Calberlastraße übernimmt.

Ansichtskarte, um 1910 Slg. Matthias Griebel
Körnerplatz 3, Gemeindeamt mit »Ratskeller« ist als Altbestand bei der Neubebauung erhalten geblieben. Ein Neubau 1913 wurde verworfen, der ruinöse Bau 1994 für das neue Ortsamtsgebäude abgerissen.

Ansichtskarte, 1903
Slg. Matthias Griebel
Auch das Haus Körnerplatz 1 von 1851 blieb erhalten. Bei einem Umbau 1913 erhielt es durch Architekt Rudolf Kolbe die jetzigen Ladenanbauten. An der Grundstraße eine »Bedürfnisanstalt«.

Körnerplatz, um 1970
Foto: Schumann
Noch ist die Verkehrsdichte auf dem von Richard Nicolaus geplanten Platz, in welchen sieben Straßen münden, erträglich. Im Januar 2009 waren es täglich über 39.000 Fahrzeuge.

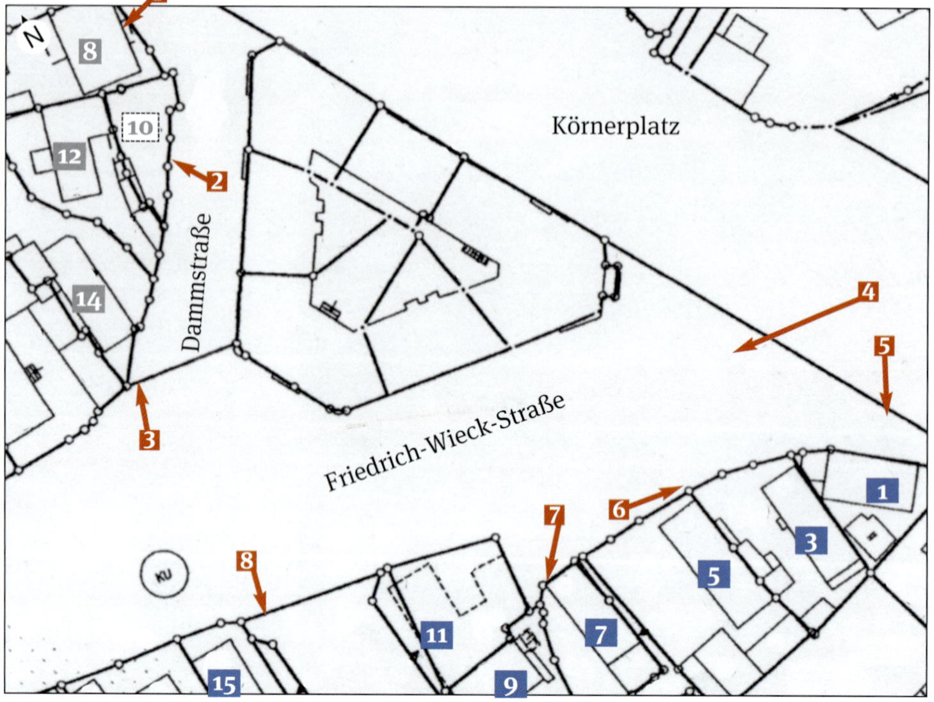

Liegenschaftskarte (Ausschnitt), 2009 mit eingefügten Hausnummern (blau)
Bei der Erneuerung der Dorfmitte blieb die periphere Bebauung an Damm- und Friedrich-Wieck-Straße erhalten. Die roten Pfeile geben die Blickrichtung auf die Motive an.

1 *Dammstraße 8 und (links) Nr. 10, um 1865*
Foto: August Kotzsch
Nr. 8 wurde 1892 in die heutige Form umgebaut.

2 *Dammstraße 10, nach 1920*
Das dreigeschossige Gebäude wurde um 1960 abgerissen, während die hinten angrenzende Nr. 12 bis heute erhalten blieb. Am Tor vermutlich der Bildhauer Curt Siegel.

3 *Borsdorf am Damm, um 1880* *Foto: August Kotzsch, Stadtmuseum Dresden*
Die florierende Handlung firmierte Dammstraße 14. Rechts dahinter Haus Nr. 12, dann eine Polsterwerkstatt zugehörig zu Nr. 10 ganz rechts, und darüber der Giebel von Dammstraße 8. Links neben dem Geschäft angeschnitten Friedrich-Wieck-Straße 6, heute KulturHaus Loschwitz.

4 *Die Häuser Friedrich-Wieck-Straße 3 bis 11, 1907* *Foto: James Aurig, Stadtmuseum Dresden*
Deren Standort ist jenseits der Trille am »Promenadenweg« mit dem Kriegerdenkmal. Das verdeckte vorletzte Haus ist Nr. 9.

5 *Friedrich-Wieck-Straße 1, um 1880* *Foto: August Kotzsch?*
Hier wohnte die Schlosserdynastie Schimron, betrieb im Hof ihre Werkstatt und führte im Ladengeschäft auch eine Strohhuthandlung.

6 *Am »Promenadenweg«, um 1870* *Foto: August Kotzsch*
Vorn Friedrich-Wieck-Straße 5, dann Nr. 3 und nach dem Schimronhaus Nr. 1 ein Blick über den Weg nach Pillnitz auf das alte Haus Veilchenweg 2.

7 *Klempnerei Ungewiß, um 1880* *Foto: August Kotzsch*
Vor seinem Haus Friedrich-Wieck-Straße 11 mit Werkstatt und Ladengeschäft posiert der Klempnermeister und seine Familie. Hinten das Haus Nr. 15 neben »Mutter Unger« und direkt am dahin führenden »Promenadenweg« ein Angebotsschaukasten mit Kotzsch-Fotos. Das abgebildete Haus Nr. 11 wurde 1993 für einen historisierenden Neubau abgebrochen.

8 *Anwesen Hebig, 1862* *Foto: August Kotzsch*
Während an Stelle des desolaten Gebäudes rechts das 1870 errichtete Haus Friedrich-Wieck-Straße 15 neben »Mutter Unger« entstand, fiel das weinbewachsene Haus links, Hausnummer 13, dem Durchbruch der jetzigen Fidelio-F.-Finke-Straße zum Opfer.

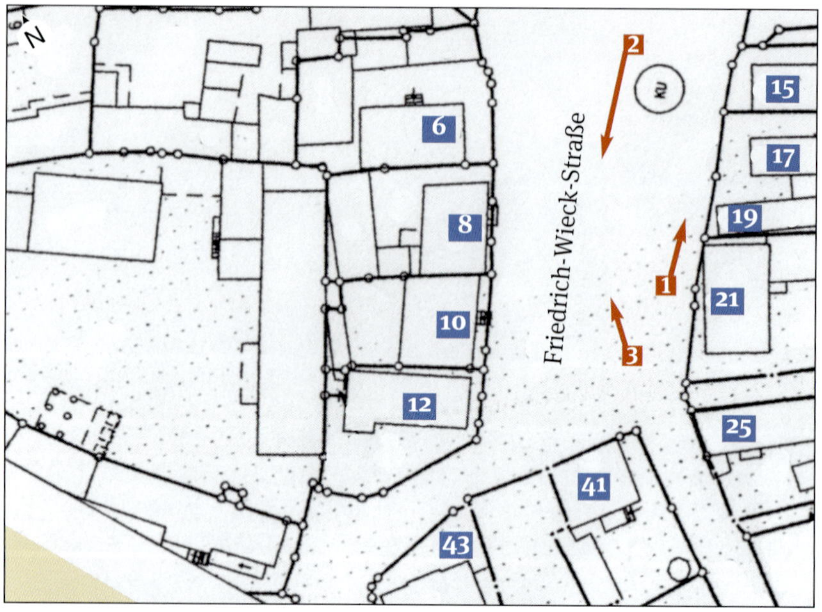

Liegenschaftskarte (Ausschnitt) 2009
Eingefügt sind die Hausnummern und die Blickrichtung auf die Motive.

1 *An »Mutter Ungers Weinstube«, 1941* *Foto: Siegel*
Ganz links Friedrich-Wieck-Straße 15, dann »Mutter Unger« Nr. 17 und 19, rechts angeschnitten Nr. 21 mit Fleischerladen. Beide Häuser des Weinrestaurants wurden um 1920 mit Fassadenmalereien versehen. Der Gastbetrieb endete 1970 mit der letzten Wirtin Anna Zöllner. Die Gebäude wurden 2011/12 zu Wohnungen ausgebaut.

2 *Am Joseph-Herrmann-Denkmal, um 1890, Foto: James Aurig, LfD Sachsen, Slg. K. E. Scherz* Links vom noch offenen Bachbett die Häuser Friedrich-Wieck-Straße 15 und »Mutter Unger« Nr. 17. Die vordere Bachbrücke befindet sich an der Stelle der späteren Einbindung der Fidelio-F.-Finke-Straße. Rechts die Anwesen mit den Hausnummern 8, 10 (Wieck-Haus) und 12. In Blickrichtung die Häuser Friedrich-Wieck-Straße 41 und 43.

Das einem Dorfanger ähnliche und von der Trille durchflossene Terrain nannte man früher »Communicationsweg zur Elbe«, »Weg nach der Fährgasse« und dann Grundstraße. Ab 1895 wurde einschließlich des »Promenadenweges« die amtliche Bezeichnung Friedrich-Wieck-Straße vergeben. Im Zuge der Festlegung des Sanierungsplans für Loschwitz 1992 bürgerte sich für diese Gefilde die inoffizielle Bezeichnung »Dorfplatz« ein, die seither allgemein gebräuchlich ist.

3 *Am jetzigen »Dorfplatz«, um 1885* *Foto: August Kotzsch, LfD Sachsen, Slg. K. E. Scherz*

Der Fotograf wählte das Motiv mit Blickrichtung zur Dorfmitte mit Dammstraße und dem hoch oben gelegenem Restaurant »Oberer Burgberg«. Solche detailgetreuen Dorfbilder sind für den Fotografen typisch und vermitteln uns Heutigen anschauliche Informationen zur Ortsgeschichte. Links das »Wieck-Haus« Nr. 10 noch mit dem Lampenladen von Klempnermeister August Ihle, wo der Musikpädagoge seine letzten Lebensjahre verbracht hatte. Davor steht die Plumpe, einer der drei öffentlichen Gemeindebrunnen. Dann folgt das Wohn-und Geschäftshaus Nr. 8 von Ernst Kotte, dessen Bäckerei eine hohe Esse im Hof und zur Straße auch ein Ladenfenster mit Verkaufsbrett aufweist. Zum hellen Hausgiebel danach, Friedrich-Wieck-Straße 6, gehört auch das weinbewachsene Nebengebäude. In ihm betreibt der Herren-und Damenschuhmacher Ernst Opitz sein Gewerbe. (Heute befinden sich in beiden Häusern das BuchHaus und das KulturHaus Loschwitz.) Dank zeitgenössischer Beschriftung der Aufnahme sieht man auch den »Cassierer« der »Senfbüchse« in Persona. Und der kleine verwachsene Mann an der Bachbrücke ist August Moritz Sperling, Hausbursche im Gasthaus »Zur Dampffähre«, dem späteren »Körnergarten«.

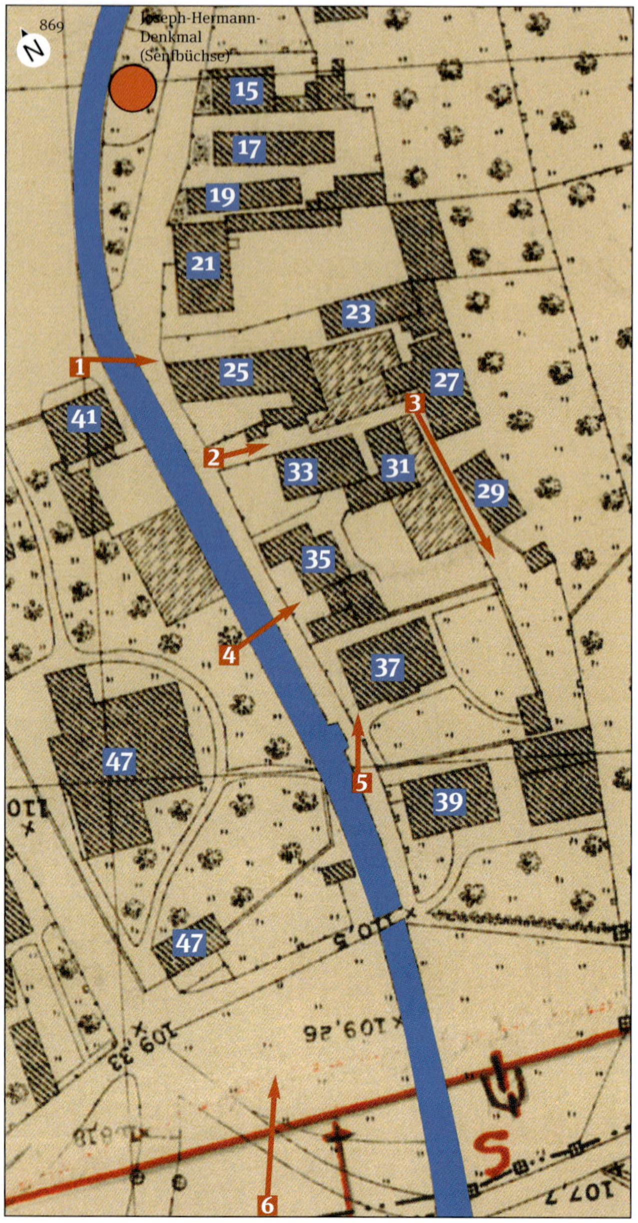

1 *Friedrich-Wieck-Straße 25, um 1865* *Foto: August Kotzsch*
Das Wohn- und Geschäftshaus verlor bei einer Modernisierung um 1895 sein Fachwerk. Es diente auch weiterhin als »Colonialwaren-, Spirituosen- und Cigarrenhandlung« unter den Kaufmannsfamilien Ernst Fischer und zuletzt Bruno Maul und seinen Erben bis etwa 1940. Eine Kindergruppe betrachtet interessiert einen Schaukasten mit Kotzsch-Aufnahmen, die im Geschäft feilgeboten wurden.

Plan von 1881 (Ausschnitt)
Eingetragen sind die Hausnummern sowie die Blickrichtung auf die Bildmotive. Das Bachbett des unteren Trillelaufes wurde erst um 1925 übertunnelt. Die ebene Asphaltdecke war den Kindern eine ideale Rollerbahn. Dieser Name blieb zur Unterscheidung von den anderen Wegstrecken der Friedrich-Wieck-Straße bis heute erhalten.

2 *Gasse zu den Häusern Nr. 27, 29 und 31, 1981* *Foto: Ernst Hirsch*

3 *Die hinteren Häuser Nr. 27 und 29, 1981* *Foto: Ernst Hirsch*

Zu den Abbildungen **2** *und* **3***:*
Von der Rollerbahn führte zwischen den Häusern Nr. 25 und Nr. 33 eine kleine Gasse zu den dahinter liegenden Grundstücken: dem Winkelhaus in Blickrichtung, Nr. 27, Haus Nr. 31 und Nr. 29. Während alle diese hinteren Häuser bis in die DDR-Zeit noch bewohnt waren, verfielen sie zunehmend und dienten als Lagerschuppen oder Datsche. Nach dem Hochwasser von 2002 wurden die Gemäuer ebenso abgebrochen wie die vorn liegenden Häuser Nr. 33 und 35. Auf dem Areal entstanden im Jahre 2012 ortsuntypische Neubauten mit den Hausnummern 31, 31a und 33.

4 *Friedrich-Wieck-Straße 35, um 1920*
Foto: Slg. Matthias Griebel
Zu dieser Zeit das Haus des Stellmachermeisters Eduard Glanze, dessen Werkstatt gegenüber am Fährgut lag. Hier im Haus betrieb er außerdem noch ein »Schuhwaren- und Konfektionsgeschäft für Herren und Knaben«. Noch ist das Bachbett offen, jedoch existiert bereits eine elektrische Straßenbeleuchtung.

5 *Höhles Anwesen am Bach, um 1870,*
Foto: August Kotzsch
Das alte Fachwerkhaus wurde 1873 abgebrochen und durch einen mehrstöckigen Neubau ersetzt, heute Friedrich-Wieck-Straße 37. Bauherr war Friedrich August Höhle, Fischermeister und 1876 Gründer des Elbebades Loschwitz. Hier steht er mit Frau und Kind am Hoftor des alten Hauses, vor welchem das wüste Bachbett der Trille zur Elbe verläuft.

6 *Ansicht von der Elbe, um 1895* *Foto: F. & O. Brockmann, Privatsammlung Kühne Dresden*
Hinter dem Wäscheplan an der Trille die untersten Häuser an der Rollerbahn: hinten das neue Haus Friedrich-Wieck-Straße 37, davor die 1865 erbaute Nr. 39. Zu dieser Zeit nutzten zehn anwohnende Lohnwäscherinnen die Wiesen als Bleich- und Trockenplatz.

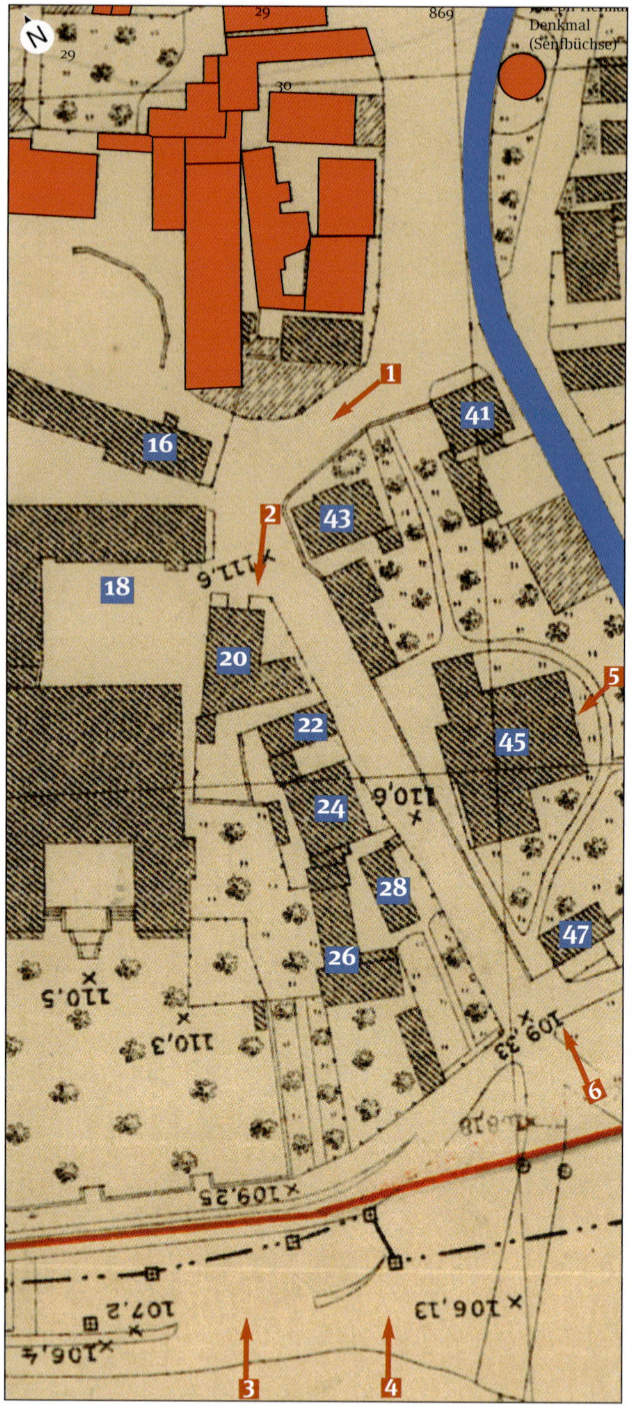

1 *Blick zum »Hotel Demnitz«, um 1925* *Foto: Slg. Matthias Griebel*
Vor dem Hotel das zugehörige »Alt-Demnitz« (Bauernstübl), beide Hausnummer 18, und Bauerngut Karisch Nr. 16. Links Wohnhaus Friedrich-Wieck-Straße 43.

2 *Bäckerei und Café Liebing, um 1870, Foto: James Aurig, LfD Sachsen, Slg. K. E. Scherz* Nach der »Weiss- und Butterbäckerei« Friedrich-Wieck-Straße 20, Haus Nr. 22 und danach das Anwesen Nr. 24, in welchem 1860 der Baumeister und Architekt Karl Emil Scherz geboren wurde; 1874 entstand an dieser Stelle ein mehrstöckiges Wohngebäude.

Plan von 1881 (Ausschnitt)
Hausnummern und Blickrichtung für die Motive sind hinzugefügt.

3 *Loschwitz-Panorama (Ausschnitt), um 1890* *Foto: August Kotzsch*
In Bildmitte die Dampferanlegestelle, »Hotel Demnitz« mit Schankgarten und am Ausgang der Friedrich-Wieck-Straße die Dampffähre, seit 1863 in Betrieb.

4 *Ansicht von der Elbe, um 1930, Ansichtskarte*
Am Elbufer reihen sich die Schank- und Kaffeegärten der an der Friedrich-Wieck-Straße befindlichen Gastwirtschaften aneinander: Vom »Hotel Demnitz«, dem »Café Pietsch« bis zum »Körnergarten«. Dieses noch heute existierende Restaurant ging 1877 aus einer ehemaligen Tischlerei hervor, erhielt dann den Namen »Zur Dampffähre«, bis 1897 der Wirt Albin Oswald Körner dem Gasthaus seinen Namen gab und damit geschickt an die Namensgebungen in der Dorfmitte anknüpfte. Auch die hoch gelegenen Etablissements »Luisenhof« und »Burgberg« dürfen auf der Ansicht nicht fehlen.

5 *Das Fährgut, um 1985*
Foto: Wolfgang Nützenadel
Der Blick von der Rollerbahn zeigt die Gartenseite des Gebäudes Friedrich-Wieck-Straße 45 mit dem 1922 und 1925 vorgenommenen Ausbau der Dachwohnung sowie der späteren Abstützung des Fachwerk-Obergeschosses. In den Jahren 2005/2006 wurde das Fährgut umfassend saniert und wird seither als Restaurant mit Fremdenzimmern genutzt.

6 *Untere Friedrich-Wieck-Straße, 1985/86,*
Foto: Reinhard Saczewski
Links der »Körnergarten«, dann die Nummern 28, 24, 22 und mit dem Fachwerkgiebel Nr. 16. Vorn das Fährhäuschen von etwa 1730, dahinter das Fährgut. Auf dieser ehemaligen Fährgasse kamen in früheren Zeiten Vieh, Gespanne und Materialtransporte sowie Personen über die Elbe in das Dorf Loschwitz. Sie war daher ein ebenso wichtiger Verkehrsweg wie andere in die Dorfmitte einmündende Straßen. **Matthias Griebel**

Quellen: 824, 1000

Fidelio-F.-Finke-Straße, 2015
Foto: Holger Friebel

Zigeuner mit einem Pferdewagen und Schaulustige auf der im Bau befindlichen König-Albert-Allee, 1906. Die Schillerschule existiert noch nicht, an der Turnhalle der Körnerschule elbseitig ein hölzerner Schlauchturm, da es auch die Feuerwache noch nicht gibt.
Foto: Stadtmuseum Dresden, Repro Ernst Hirsch, Slg. Matthias Griebel

Von der G-Straße zur Fidelio-F.-Finke-Straße

Dem Loschwitzer Gemeinderat wurde 1894 ein Bebauungsplan für eine neu zu errichtende Trasse, vom Dorfkern parallel zur Pillnitzer Landstraße verlaufend, vorgelegt. Der als »Hochuferstraße« geplante Verkehrsweg erhielt die amtliche Bezeichnung G-Straße. Mit ihrem Bau wurde um 1900 begonnen. Zur damaligen Pillnitzer Straße wurden von der neuen Trasse die späteren Rats-, Amts- und Winzerstraße geführt, was auch für die Baulanderschließung auf ehemaligen Gutsfeldern von Bedeutung war. 1906 erhielt die G-Straße den Namen König-Albert-Allee. An ihr entstanden 1907 bis 1909 die heutige → *Schillerschule*, 1909/10 die neue Feuerwache (→ *Feuerwehr*, → *Verein Alte Feuerwache*) sowie Zufahrten zu ansässigen Gewerbegrundstücken (→ Handwerk und Gewerbe) wie dem des Fuhrunternehmers Kunath in der Nr. 5. Eine ursprünglich geplante Weiterführung der König-Albert-Allee als Hochuferstraße bis Pillnitz blieb Vision (→ *Projekte, nicht ausgeführte*).

Die Straße erhielt 1971 ihren Namen nach dem Komponisten Fidelio Fritz Finke (1891–1968). Aus jüngerer Zeit sind an Bauten zu nennen: Der Tagungs- und Ausstellungspavillon

So genannter »Albertpark« an der Schillerschule, um 1910 *Foto: Adams Kunsthandlung/Slg. Matthias Griebel*

der Sächsischen Landesapothekerkammer in der Nr. 9, die Städtische → *Kindertagesstätte* in der Nr. 11 sowie zahlreiche Neubauten in den abgehenden Straßen. Nicht zuletzt durch den öffentlichen Parkplatz an der Alten Feuerwache und das nahe Geschäftszentrum »Loschwitz-Arkaden« (→ *Wohnparks*) ist die Fidelio-F.-Finke-Straße heute ein vielfach genutzter Verkehrsweg. **Matthias Griebel**

Quelle: 1000

Feuerwache mit Gerät der Feuerwehr um 1913
Foto: Slg. Eberhard Münzner

Rechts: Personal der Gemeinde Loschwitz im Hof der Feuerwache um 1920 (v. l. n. r.): Baurat Gustav Glaß, Ortsbauinspektor; Bautechniker Schneider; Oberrohrmeister Otto Weber; Straßenbaumeister Anton Moritz Peter und Maschinenmeister Carl Kaiser *Foto: Otto Kotzsch?, Slg. Matthias Griebel*

Büro des Elbhangfest e.V., Fidelio-F.-Finke-Straße 7
Foto: Holger Friebel

Wohnhaus der Schafzüchterin Erna Fruhtrunk (1896–1975, → Originale), Albertallee 16, 1939 *Foto: Gabriele Sonntag, Slg. Matthias Griebel*

Container am Pappelwäldchen, 1982
Foto: L. Kunzag, Slg. Matthias Griebel

Heinrich Friedrich Laurin (1756 – um 1830), Aquarell des Loschwitzhanges, 1789. Das königliche Küchenschiff (rechts) fährt zum Schloss Pillnitz. Am Körnerweg v. l. n. r. die Häuser Nr. 12, Nr. 8 und Nr. 6, das spätere Körnerhaus *LfD Sachsen, Slg. K. E. Scherz*

Körnerweg

Der Körnerweg, eine uralte Verbindung von Loschwitz nach Dresden-Neustadt, beginnt am Körnerplatz und verläuft in etwa 2,5 km Länge bis an die westliche Ortsgrenze. Gesäumt wird er von einer hohen Mauer, die den Hang abstützt, von Gärten, Wiesen und der Elbe. Bei Überflutung infolge von Hochwasser musste der Weg über den Berg genommen werden. Heute wird der Körnerweg besonders an Wochenenden von vielen Spaziergängern und Radfahrern genutzt.

Vor 1610 standen hier nur wenige Häuser, Nr. 1 fiel um 1897 der Bebauung des Körnerplatzes zum Opfer, das marode Haus Nr. 3 wurde 1989 niedergerissen und die Fläche liegt brach. Nr. 5 und 7 stehen noch heute. An der Hangseite liegen die ehemaligen Winzerhäuser von Nr. 6, 8 und 12. Die elbseitigen Flurstücke waren dem Ackerbau vorbehalten. Früher hieß der Weg Ledergasse. Vermutlich war Peter Lehder der Namensgeber, er wohnte von 1645 bis 1670 am Anfang des Weges in Nr. 5. Die hintere Wegstrecke wurde Verlängerte Ledergasse genannt. Die Umbenennung in Körnerweg, nach dem Juristen und Schriftsteller Christian Gottfried → *Körner* (1756 – 1831, → *K1*), erfolgte um 1882. Jedoch hieß der Weg von Juni 1926 bis Dezember 1927 »Am Körnergarten«, wobei sich diese Bezeichnung nicht durchgesetzt hat. Der Weinbau kam Ende des 19. Jahrhunderts zum Erliegen und es begann eine rege Bautätigkeit. 1928 wurde an dem kleinen Haus Nr. 7 westlich ein größerer Neubau angefügt. Auch der Weg sollte 1937 auf 7 m verbreitert werden. Das alte Häuschen Nr. 7 stand dem Vorhaben im Weg. Der vordere Teil des Hauses wurde aus diesem Grund abgetragen und an der Rückseite wieder angesetzt. Der weitere Ausbau des Weges fand aber keine Fortsetzung. Gegenwärtig stehen auf der Denkmalliste die Häuser Nr. 2b, 6, 8, 12, 16, 18 und 22.

1 *Der Körnerweg beginnt zwischen den Häusern Körnerplatz 8 und 10.*

2 *links Nr. 5, Ersterwähnung 1593 und rechts Nr. 7, am Dach erkennt man den Anbau von 1928. Fotos (2): Ute Häse*

Traugott Wilhelm Henker, Urkarte, 1859 (Ausschnitt)

Johann Gottfried Frenzel, Karl Gottfried Traugott Faber, Körners Weinberg in Loschwitz bei Dresden, 1822, Kupferstich. Vorn ist das Körnerhaus, noch mit Fachwerk, erkennbar. *Städtische Galerie Dresden – Kunstsammlung, Museen der Stadt Dresden*

3 *Körnerweg 5 mit Marie Burkhardt in der Tür, um 1940* *Foto: Slg. Ute Häse*

4 *Blick von der Brückenanfahrt, v. l. n. r.: Café ZAZA Schillerstraße 11, Körnerweg 2b (Teilansicht), in der Mitte Körnerweg 7 mit dem Anbau von 1928 am alten Häuschen, dahinter Körnerweg 2 von Architekt Martin Pietzsch 1900, rechts Schillerstraße 7* *Foto: Ute Häse*

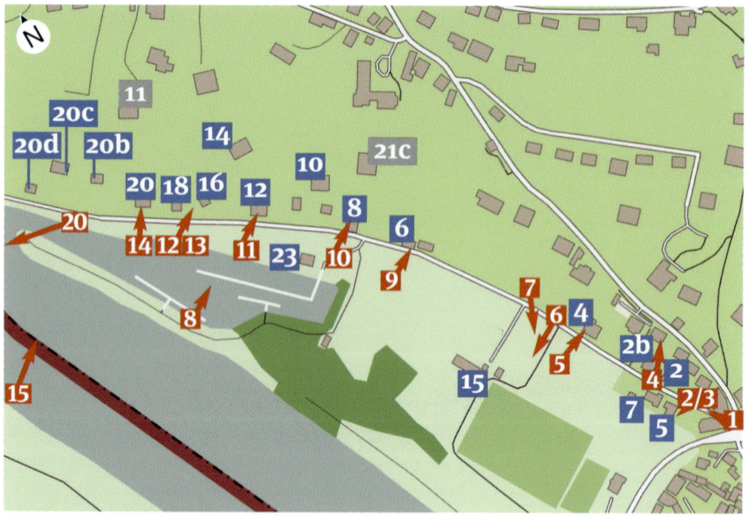

1. Abschnitt des Körnerweges vom Körnerplatz bis zum Ende der Hafenmole

7 Die ehemalige Gärtnerei von Schloss Eckberg befand sich elbseitig zwischen Haus Nr. 7 und Hafengelände Foto: Slg. Matthias Griebel

5 Nr. 4 »Landhaus Maria«, um 1930. Das Grundstück erwarb 1837 der Weinbergbesitzer Johann Samuel Rosig und errichtete darauf ein Haus mit einem Weinkeller von etwa 2,9 x 9,5 m. Seit 1992 wird es von den Eigentümern Renate-Maria und Rolf Schwanitz als Pension bewirtschaftet. Foto: Slg. Ute Häse

Auf der rechten Seite befindet sich seit 1900 das Haus Nr. 2, entworfen von → *Architekt Martin Pietzsch* (1866 – 1961, → *K1*). Den ehemaligen Weinberg von Nr. 2b kaufte der Gutsbesitzer Johann Samuel Rosig (1773 – 1866) und ließ 1837 hier ein Haus mit einem großen Weinkeller errichten, der im Zweiten Weltkrieg als Luftschutzkeller genutzt wurde. Bereits ein Umbau von 1882 veränderte das Haus in seiner Ansicht, das Ziegeldach wurde zum Flachdach, verziert mit einer umlaufenden Balustrade. 1907 bekam jedoch das Landhaus wieder ein Satteldach. Das nächste Grundstück gehört zur → *Schillerstraße 11*, Café ZAZA (→ *Gaststätten*). Es folgt die Pension Nr. 4. Die weiteren Flurstücke stammen von der Schillerstraße, die bis zum Körnerweg reichen. Danach kommt das → *Körnerhaus Nr. 6* und das Fachwerkhaus → *Nr. 8* mit der 1902 im Weinberg erbauten Jugendstilvilla »Alexa«.

8 Der → Hafen wurde 1865 als Winterliegeplatz für die Personenschifffahrt angelegt. Das Clubhaus des Motorwassersportclubs »MC Elbe« soll im Oktober 2015 um einen hochwassersicheren Neubau erweitert werden. Das Grundstück Nr. 10 gehörte vor 1855 mit zum Weinberg von Nr. 12.

6 Auf dem ehemaligen Gärtnereigelände von Schloss Eckberg und nachfolgend der Gärtnerei Zeibig biegt links der 2013 erbaute, zur Elbe führende Radweg »Loschwitzer Wiesenweg« ab. Mit Adresse Nr. 15 befindet sich hier der Verein »Integratives und Behindertengerechtes Reiten e. V. Fotos (4): Ute Häse

9 Im Körnerweg 6, dem → »Körnerhaus«, wohnte die Familie Körner von 1785 bis 1818.

10 ehem. → Winzerhaus Körnerweg 8, rechts Villa »Alexa«, früher Körnerweg 6b, seit 1999 Schillerstraße 21c, erbaut 1902 von → Baumeister Alwin → Würdig (1853 – 1930)

11 *Körnerweg 12: Das zur Sommervilla umgebaute Weingut bewohnte von 1876 bis 1916 die Hofschauspielerin Pauline → Ulrich (1835–1916, → K1). Foto: Ute Häse*

13 *Körnerweg 18: Die → Architekten → Schilling & Graebner aus Dresden entwarfen das 1890 errichtete Landhaus im Neorenaissance-Stil mit auffallendem Schnitzwerk für Emil Kegel. Rechts Nr. 16, Villa »Talfried«, Foto: Ute Häse*

14 *Körnerweg 20, 1987: 1918 kaufte die bereits seit fünf Jahren hier wohnende Marie Vieth von Golßenau (1862–?) die Villa »Jenny«. Sie führte das seit 1907 von Louise Müller geleitete »Erholungsheim für Damen und Kinder« weiter. Ihr Neffe, der Schriftsteller Ludwig Renn (1889–1979, → K2), besuchte sie hier, wovon er in seinem Buch »Adel im Untergang« erzählt. 1934 kaufte Studienrat Johannes Kretzschmar Grundstück und Villa und ließ an dieser links einen Anbau errichten. Er führte das Erholungsheim unter neuem Namen weiter. In den letzten Jahren der DDR war es bis zur nachfolgenden Privatisierung Ferien- und Schulungsheim des volkseigenen Obstgutes Borthen. 2002 musste das Haus einem Neubau weichen. Foto: U. Häse*

12 *Körnerweg 16, Villa »Talfried«, erbaut 1866 und 1878 umgebaut. Eigentümerin von 1985 bis 2001 war Arila Siegert (*1953, → K2), die Tänzerin und Choreografin wohnte von 1985 bis 1990 hier. 2001 ging das Haus im Restitutionsverfahren an die Alteigentümer zurück und wurde vermietet. Oben Nr. 14, Foto: August Kotzsch, nach 1880, Repro Ernst Hirsch*

Den Weinberg von Matthes Schütze, Nr. 12, übernahm 1593 dessen Sohn Benedix und bebaute das Grundstück. Von 1800 bis 1859 bewirtschaftete Familie Preißler das Weingut. Später, als Villa, bewohnte es die Schauspielerin Pauline Ulrich. Nach der Parzellierung des Anwesens nach 1855 wurde der Weinberg mit der Nr. 10 bebaut. 1864 und 1866 errichtete Baumeister Robert Fleischer mit gleichen Grundrissen die Landhäuser Nr. 14 und Nr. 16. Mit Türmchen im Villenstil präsentiert sich am Hang seit 1880 Nr. 18. Das Haus Nr. 20, am Hafenanfang gelegen, wurde schon vor 1865 errichtet, musste aber 2003 einem Neubau weichen. Die Flurstücke von Nr. 20b, 20c und 20d gehörten einst zum Gelände der → *Villa »Rosenhof«*, Schevenstraße 11.

15 *Von der Villa »Rosenhof« (oben links), Schevenstraße 11, besteht noch heute eine Treppenverbindung von 220 Stufen zum Körnerweg. Auf der Pforte steht ein kleines Weinberg- oder Teehäuschen, es soll über 200 Jahre alt sein. Zum ehemaligen Gelände der Villa gehörten vor 1935 die Grundstücke mit den Häusern 20d (unten links) 20c (rechts darüber) und 20b (weiter rechts). Rechts der Neubau Nr. 20, 2008, ein Nachfolgebau der Villa »Jenny« (Bild 14). Foto: S. Großmann*

16 Am Körnerweg bei erhöhtem Wasserstand. Der Blick zeigt links das Haus Nr. 22 und hinter den Bäumen Nr. 20d. In der Bildmitte liegt der Hafen mit Mole, hinten das »Blaue Wunder«.

17 Blick von der Mole: Rechts Nr. 22, vor 1870 »Thalheims Weinberg«, wurde 1871 mit einem Landhaus bebaut. Elbabwärts, Nr. 24 (ganz links), liegt das ehemalige Loschwitzer → Wasserwerk mit einem modernen Neubau.

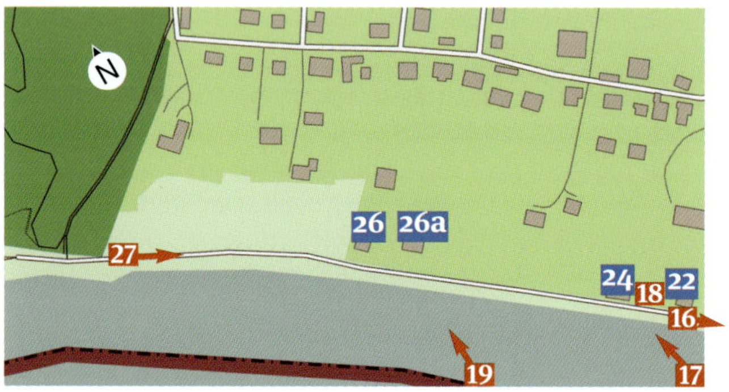

2. Abschnitt des Körnerweges vom Ende der Hafenmole bis zum Mordgrundbach

Nach dem »Wendeplatz« führt der Weg direkt an der Elbe entlang. Böschung, Weg und Mauer sind aus Sandsteinquadern gebaut, die bei fast jährlichem Hochwasser als Prallufer die Wassermassen der Elbe abhalten müssen. Noch bis Mitte des 19. Jh. nutzten die → *Bomätscher* den Leinpfad, um die Schiffe den Strom hinauf zu ziehen. Mit Beginn der Ketten- und Dampfschifffahrt erübrigte sich der Berufsstand. Bebaut wurde der Hang 1871 mit der Villa »New York«, Nr. 22, im Fachwerkstil für Christian Heinrich Schmidt. Aber im gleichen Jahr übernahm das Gebäude Bergdirektor Karl Friedrich Engler und wollte auf dem westlichen Teil seines Flurstückes eine Wasseranlage für die Gemeinde errichten, die auch zur Ausführung kam, das Loschwitzer → *Wasserwerk*. 1945 wurde der rechte Teil durch Bomben zerstört. Der Wiederaufbau begann 1995 in moderner Bauweise aus Glas und Stahl

18 Seit 2010 organisieren aller zwei Jahre Ute Häse und Romy Eisermann für die Anwohner ein Körnerwegfest, welches sehr gut angenommen wird, hier eine Aufnahme von 2012. Dieses findet im ehemaligen → Wasserwerk, Nr. 24, im Garten von Dr. Frank Zabel statt.

19 Das ehemalige Anwesen Nr. 26, bebaut 1875, besaß ab 1887 Ludwig Adolf Böhme (1839 – 1916) und errichtete 1890 östlich vom Haus ein Gärtnerhaus zur Überwinterung von Pflanzen. 1916 übernahm es als Erbe der »Verein für die ev. luth. Diakonissen-Anstalt zu Dresden«. Das Haus bekam nach dem ehemaligen Besitzer den Namen »Haus Böhme« (→ Kirchlich-diakonische Einrichtungen). 1995 wurde das Anwesen an privat verkauft. Nach der Teilung des Grundstücks im Jahr 2000 wurde das Gärtnerhaus, heute 26a, erheblich umgebaut und vergrößert und wird als Einfamilienhaus genutzt. Im Hintergrund sind Weinberg und Pavillon des ehemaligen → Weinbergs von → Dinglinger zu sehen. *Fotos: (4) Ute Häse*

3. Abschnitt des Körnerweges vom Mordgrundbach bis zur Brockhausstraße

20 *Blick vom Körnerweg über die Hafenmole zur Martin-Luther-Kirche in Dresden-Neustadt*

nach Plänen von → *Architekt Prof. Siegbert Langner von Hatzfeldt*. Die Nr. 26 ist die letzte Hausnummer am Körnerweg. Heute stehen auf dem Grundstück zwei Wohnhäuser (siehe Bildbeschreibung S. 82).

Der Weg führt nun am abbiegenden Heilstättenweg und am Wasserfall des Mordgrundbaches vorbei zu den Grundstücksgrenzen der drei → *Elbschlösser*: Schloß Eckberg (Bautzner Straße 134), Lingnerschloss (Nr. 132) und Schloss Albrechtsberg (Nr. 130). Diese Strecke kann seit 2005 auch auf einem externen Radweg befahren werden. An der Brockhausstraße 5 steht das von Stadtrat Theodor Friedrich (1829 – 1891) entworfene erste Dresdner → *Wasserwerk Saloppe*. Bernhard Salbach (1833 – 1894) übernahm die technische Ausführung. Das erste Trinkwasser lieferte das Werk 1875.

21 *Der Mordgrundbach, auch Stechgrundbach genannt, entspringt in der Dresdner Heide und mündet über einen Wasserfall am Körnerweg in die Elbe. Rechts davon führt der Heilstättenweg durch einen Mauerdurchgang steil hinauf zur Schevenstraße.* *Fotos (2): Ute Häse*

22 *Das Aquarell eines unbekannten Künstlers zeigt den Körnerweg mit den drei Schlössern im Hintergrund, auf der Elbe ist ein Lastkahn mit Segel unterwegs.*
Archiv Kirchgemeinde Loschwitz

23 *Das ehemalige Dresdner → Wasserwerk Saloppe, Brockhausstraße 5, Baubeginn 1871. Im Februar 1945 wurde es zum Teil zerstört. Nach dem Verkauf im Oktober 2013 begann 2014 der Wiederaufbau und Ausbau für Eigentumswohnungen.*
Foto: Siegfried Großmann

24 *Ehemaliges Gelände der Bezirksverwaltung Dresden des DDR-Ministeriums für Staatssicherheit*
Foto: Siegfried Großmann

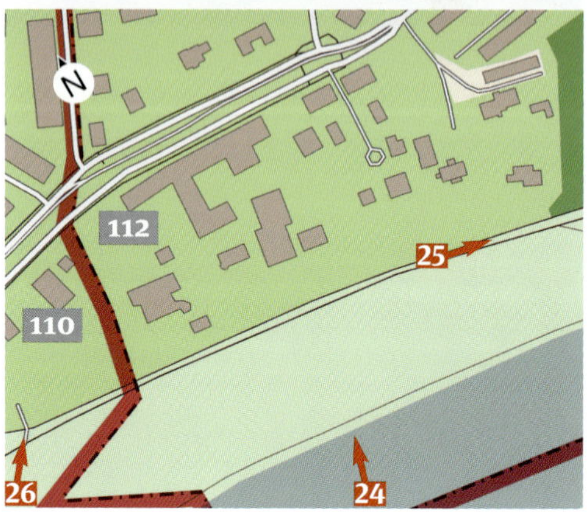

4. Abschnitt des Körnerweges von der Brockhausstraße bis zur Ortsgrenze

Unmittelbar neben der nach rechts abzweigenden Brockhausstraße befindet sich ein kleiner Wasserfall für den Eisenbornbach (→ *Gewässer*), er entspringt in der Heide und fließt von hier aus unterirdisch in die Elbe. Der Körnerweg verläuft nun gesäumt von den Grundstücken der Bautzner Straße und den Elbwiesen bis zum Ortsende in Höhe Angelikastraße. Die Gegend wird als → *Simmigscher Ortsteil* bezeichnet. Die Villen am Elbhang fielen zum Teil 1945 dem Bombenangriff zum Opfer. Die → *Staatssicherheit* der DDR annektierte diese Gegend und führte umfangreiche Baumaßnahmen durch. Bemerkenswert sind auch die bis 1990 an langen Drahtseilen laufenden, kläffenden Hunde zur Bewachung des Geländes. Unterhalb der Mauer befindet sich das → *Körnerdenkmal* mit einer Darstellung des Todes von Theodor → *Körner* (1791 – 1813) bei Gadebusch. **Ute Häse**

Quellen: 420, 530, 1000

25 *Der Körnerweg in Abendstimmung, westlich der »Saloppe«* *Foto: Ute Häse*

26 *Zwischen den beiden Bauten verläuft die Ortsgrenze von Loschwitz und der Radeberger Vorstadt. Links die Villa »Elysium« (Bautzner Straße 110) und rechts die Villa »Grumbt« (Bautzner Straße 112), hier vor ihrer Zerstörung 1945. Die Villa erbaute 1899 der → Architekt Carl Schümichen (1863 – 1933) für den Kaufmann und Millionär Ernst Grumbt (1840 – 1917).*
Foto: Slg. Ernst Hirsch

27 *Rechte Seite: Der Körnerweg mit seinem typischen Sandsteinpflaster, 2013* *Foto: Ute Häse*

Loschwitz, um 1828, Radierung von Carl Justus Ludwig Peschek (1803–1847), nach einem Gemälde von Curt Victor Clemens Grolig (1805–1863) (Ausschnitt)
Städtische Galerie Dresden – Kunstsammlung, Museen der Stadt Dresden

Schillerstraße

Die Schillerstraße verbindet die alte → *Dorfmitte*, zu der auch der heutige Körnerplatz gehört, mit der → *Mordgrundbrücke* an der von Dresden nach Bautzen führenden Straße (Bautzner Straße/Bautzner Landstraße). Damit durchschneidet die Schillerstraße die »westliche Platte« (→ *Auf der Platte*). Bis zum Bau der Loschwitzer → *Kirche* im ersten Jahrzehnt des 18. Jahrhunderts war sie Teil des »Kirchweges«, den die Loschwitzer zum Besuch der Frauenkirche nutzten. Seit 1694 nimmt sie auch im oberen Teil, zwischen Schevenstraße und Mordgrundbrücke, ihren heutigen Verlauf und wurde nach dem 1767 begonnenen Bau des Pillnitz-Moritzburger Weges, der die beiden Schlösser direkt verbinden sollte, Teil dieses Weges. Ab etwa 1875 hieß die Schillerstraße Stadtweg, da man bei Hochwasser nicht den Körnerweg nutzen konnte, um in die Stadt zu gelangen.

Nachdem 1893 das → *Blaue Wunder* fertiggestellt worden war, erhielt 1895 der Stadtweg auf Anregung des → *Ortsvereins Loschwitz* den Namen Schillerstraße. Noch im gleichen Jahr stellte der Verein einen Antrag, »die vielen Uebelstände im Verkehr auf der Schillerstraße durch deren Verbreiterung zu beseitigen.«[1] Es sollten noch Jahre vergehen, bevor dies in den ersten Jahren des 20. Jahrhunderts vor allem durch den Bau der Stützmauern am Grundstück Schillerstraße 4, unter wesentlicher Be-

Vor der Verbreiterung der Schillerstraße, um 1893 Foto: James Aurig/LfD Sachsen, Slg. K. E. Scherz

Verbreiterung der Schillerstraße durch Bau der östlichen Stützmauer in Höhe der Häuser Nr. 17 und 19, um 1902 Foto: August Kotzsch/ Archiv Kirchgemeinde Loschwitz

teiligung des Bauunternehmers und → *Baumeisters Karl Reichpietsch* (1859–1947, → *K2*), verwirklicht werden sollte. Im Jahr 1912 konnte das »Körner-Schiller-Denkmal« (→ *Denkmale*) gegenüber dem Schillerhäuschen (→ *Körnerhaus und Schillerhäuschen*) eingeweiht werden. Es sind in den letzten 100 Jahren keine größeren Arbeiten an der Straße erfolgt. Nur einzelne Stützmauern wurden gesichert, aber die oben erwähnten stehen auch heute noch unverändert. 2010 wurden die letzten noch vorhandenen Kleinpflasterflächen asphaltiert. Eine Geschwindigkeitsbegrenzung auf 30 km/h und eine Tonnage-Begrenzung auf 3,5 t sollen heute die Anwohner der Kreisstraße vor allzu großer Lärmbelästigung und die Stützmauern sowie die anliegenden Gebäude vor zu großer Erschütterung schützen.

Einweihung des Körner-Schiller-Denkmals 1912 mit König Friedrich August III. Foto: A. Grohs, Archiv OVLW

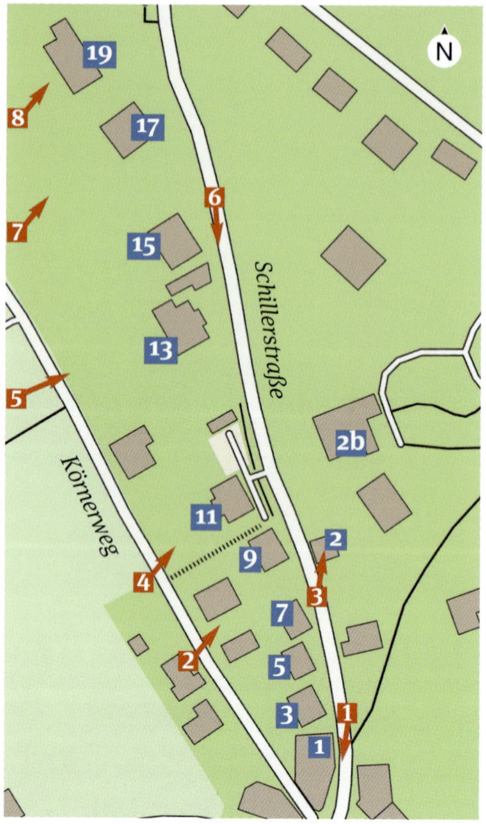

1. Abschnitt der Schillerstraße

Bis in die erste Hälfte des 19. Jahrhunderts erstreckten sich beiderseits der heutigen Schillerstraße Weinberge, die links im unteren Teil bis zum Körnerweg und rechts im oberen Teil bis nach Oberloschwitz reichten. Zu den ältesten Weinberghäusern gehörten um 1800 die Vorgängerbauten der heutigen Schillerstraße 4, 10, 16, 20, 29 und 39. In den folgenden Jahrzehnten kamen noch weitere hinzu, von denen die Nr. 18 noch sehr gut erhalten ist. Nach 1850 begann der Bau der Landhäuser und Villen, die noch heute das Bild dominieren. Das Wohn- und Geschäftshaus heutige Schillerstraße 1 wurde 1898/99 im Zusammenhang mit der Bebauung des Körnerplatzes (→ *Dorfmitte*) von → *Architekt* Emil Scherz (1860–1945, → *K1*) errichtet.

1 Schillerstraße 1, 2015

2 Schillerstraße 3 bis 9, 1920, Ansichtskarte. Die heutigen Häuser Schillerstraße 3 bis 9 entstanden in den Jahren vor 1859. In der Nr. 5 befand sich mit großer Wahrscheinlichkeit die erste Loschwitzer → Post, weshalb das Haus Ende des 19. Jahrhunderts auch »Alte Post« genannt wurde. Haus Nr. 9 wurde nach 1890 von → Architekt Emil Wägner (1853–1927) im Schweizerstil umgebaut. Hier wohnten von 1930 bis 1933 der Verlagsbuchhändler Wolfgang Jess (1885–1945; → K2) und danach bis 1937 der Schriftsteller Martin → Raschke (1905–1943, → K1). Von den großen Holzbalkonen, die damals noch das Haus zierten, ist heute nichts mehr erhalten. Slg. O.-R. Wenzel

3 Schillerstraße 2 und 2b, 2015
Vorn Schillerstraße 2 und rechts das früher zugehörige Wohnhaus (heute Plattleite 1b), in dem Oskar → Zwintscher (1870–1916, → K1) wohnte. In der Bildmitte oben die Villa »Montana«, Schillerstraße 2b.

4 Schillerstraße 11, 2015
Das Haus Schillerstraße 11 wurde nach 1860 errichtet. Um 1885/86 hatte es der Loschwitzer → Arzt Hugo Kahleyß (1851–1914) erworben, der hier mit seiner Familie wohnte und seine Praxis besaß. 1933 zog Wolfgang Jess aus dem Nachbarhaus mit seiner Familie ein und seine Ehefrau Marianne (1898–1996) führte hier ab 1947 den → Wolfgang Jess Verlag. Seit 2005 befindet sich in diesem Haus das Café-Restaurant »ZAZA« (→ Gaststätten).

5 Schillerstraße 13, 2015
Das Haus Schillerstraße 13 war ab 1881 im Besitz von Familie Düntz. Von ihr kaufte es 1916 der Dresdner Fabrikbesitzer Johannes Sprung (1868–1936), der es ab 1921 mit seiner Familie auch bewohnte. Später ging es in den Besitz seines Sohnes über, des → Arztes und Professors Hans Bernhard Sprung (1906–1963). Seine Ehefrau Margarete (gest. 2005) hatte ihr Vermögen, das auch aus dem Verkauf des Hauses stammte, noch zu ihren Lebzeiten der Stadt Dresden vererbt. Von 1930 bis zu seinem selbstgewählten Tod wohnte im Haus der Gesellschafter der Dresdner »Gläser-Karosserie GmbH« Georg Heuer (1886–1932). Auch seine beiden Brüder, die bis 1945 einige Jahre in Loschwitz wohnten, waren in der Firma tätig.
Fotos (4): Siegfried Großmann

Villen an der Schillerstraße um 1885 (v. r. n. l.): Schillerstraße 15, 17 und 19, dahinter Leonhardistraße 3, links am Bildrand Leonhardistraße 1 und darüber die Villa »Thorwald«, Schillerstraße 12. *Foto: LfD Sachsen, Slg. K. E. Scherz*

Das Haus Schillerstraße 15 war 1859/60 nach Plänen des → Baumeisters Theodor Lehnert (1828 – 1910, → K2) erbaut worden, der es nach Fertigstellung mit seiner Familie auch bewohnte. Durch Umbauten von → Architekt Paul Winkler (1864 – 1931, → K2) erhielt es 1918 sein heutiges Aussehen. Von 1947 bis zu seinem Tod wohnte hier mit seiner Familie der → Arzt Fritz Wagler (1904 – 1961).

Das vor 1859 erbaute Haus Schillerstraße 17 kaufte 1895 der aus Leipzig kommende Kaufmann Friedrich Oswald Pfitzmann (1848 – 1905) und ließ es vom → Architekturbüro Schilling & Graebner umbauen. Dadurch erhielt es sein heutiges Aussehen. Die → Fotografin Else Seifert (1879 – 1968, → K2) hatte ab 1937 im Haus Wohnung und Atelier.

6 *Schillerstraße 15, Straßen- und Elbseite, 2015*

7 *Schillerstraße 17, 2015, Ansicht von der Elbe*

8 *Schillerstraße 19, 2015, Ansicht von der Elbe*
Fotos (4): Siegfried Großmann

9 Schillerstraße 19: Schillerhäuschen, Künstlerpostkarte um 1900 Slg. Otto-R. Wenzel

Moritz Alfred Proelß (1825–1880) kaufte 1863 den oberen Teil des zum → Körnerhaus gehörenden Weinbergs mit dem → Schillerhäuschen und ließ danach das mit einem Turm ausgestattete Wohnhaus Schillerstraße 19 erbauen. 1919 erfolgte ein Umbau durch den → Architekten Paul Marcus (1872–1943, → K2). 1927 erwarb das Grundstück der Chemiker und Doktor der Philosophie Franz Herrschel (1874?–1945). Er war verheiratet mit Esther geb. Bienert (1894 bis nach 1963), einer Tochter des Mühlenbesitzers Theodor Bienert (1857–1935). Nach dessen Tod wurde Herrschel Teilhaber der Bienert-Mühlen und 1943 Mitglied im Aufsichtsrat der Felsenkeller-Brauerei. Als Mitglied der NSDAP wurde er

Einweihungsfeier des Körner-Schiller-Denkmals am 12. Mai 1912 Foto: A. Grohs, Archiv OVLW

Schillerstraße 19, Bauzeichnung von Paul Marcus, 1918 Stadtarchiv

10 Schillerstraße 19, Blick von der Schillerstraße, 2015 Foto: S. Großmann

Einweihung des Körner-Schiller-Denkmals am 12. Mai 1912 mit einem Kinderchor. Rechts oben König Friedrich August III. Foto: A. Grohs, Archiv OVLW

1945 verhaftet und verstarb auf einem Transport in die Sowjetunion.
In der Schillerstraße 19 wohnten von 1953 bis Mitte der 1980er Jahre der Dirigent Prof. Rudolf Neuhaus (1914–1990, → K2) und von 1956 bis 1978 dessen Sohn, der Kammervirtuos Michael Neuhaus (1956, → K2).*
1980 zog der von der Ingenieurhochschule Zwickau kommende Physiker Prof. Dr. Alfred Zehe (1939) mit seiner Familie in das Haus. Seit 1976 hatte er parallel eine Gastprofessur an der Autonomen Universität Puebla in Mexiko wahrgenommen. 1980 bis 1991 war er Professor für Experimentalphysik an der TU Dresden. Anlässlich seiner Teilnahme an einem wissenschaftlichen Kongress wurde er 1983 in Boston/USA verhaftet. Man warf ihm Spionagetätigkeit für das MfS vor und jetzt sollte er als CIA-Agent angeworben werden. Da er dazu nicht bereit war, verurteilte ihn ein US-Bundesgericht zu acht Jahren Haft. Nach zwei Jahren kam er in einem »Agentenaustausch« im Juni 1985 auf der Glienicker Brücke wieder in die DDR zurück und konnte seine Tätigkeit an der TU wieder wahrnehmen. Seit 2001 ist der Augenarzt Dr. med. Axel Zehe (* 1960) Eigentümer des Hauses. Seine Ehefrau, die → Rechtsanwältin Sabine Zehe geb. Schiffmann (* 1961), betreibt seit dieser Zeit im Haus eine Rechtsanwaltskanzlei.*

Die Schöpfer des Denkmals: Bildhauer Oskar Rassau (1843–1912, → K2) und rechts der → Architekt Martin Pietzsch (1866–1961, → K1) Foto: Sennecke & Gross, Archiv OVLW

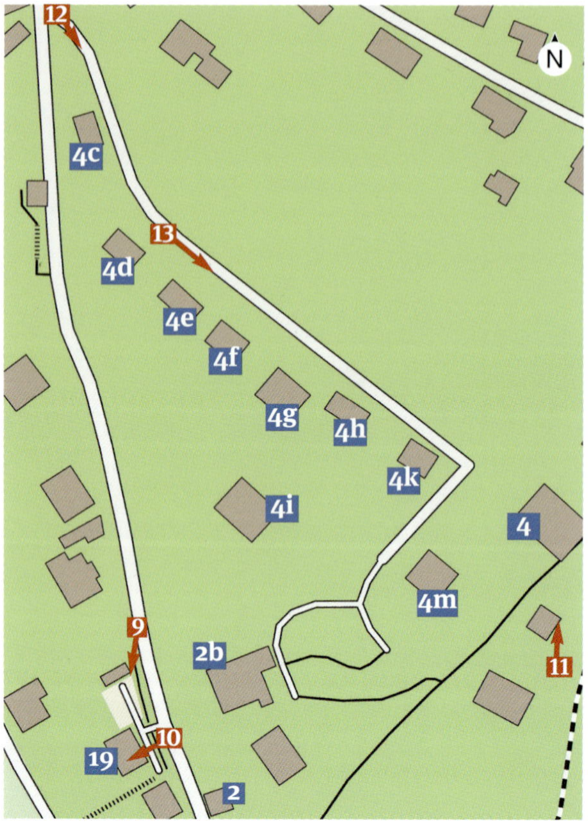

2. Abschnitt der Schillerstraße

11 *Schillerstraße 4, Villa »Orlando«, um 1880, dahinter der Weinberg an der heutigen Weinleite* *Foto: August Kotzsch, LfD Sachsen, Slg. K. E. Scherz*

In der Nacht vom 13. zum 14. Februar 1945 fielen an der Schillerstraße sechs Wohnhäuser den Bomben zum Opfer. Die Nr. 4b, 4c und 24 brannten aus. Nachdem die 4b und die 4c in veränderter Form wieder aufgebaut worden waren, folgten 1994 die Neubauten Schillerstraße 6 und 2011 bis 2013 Schillerstraße 8, 10 und 22. **Otto-R. Wenzel**

12 *Ehemaliges Eingangstor zur Villa »Orlando«, Schillerstraße 4 und weiteren neun Häusern, um 1940* *Archiv Kirchgemeinde Loschwitz*

13 *Blick auf die Häuser Schillerstraße 4d, 4e, 4f und 4g, im Hintergrund die Villa »Orlando«, 2015* *Foto: Siegfried Großmann*

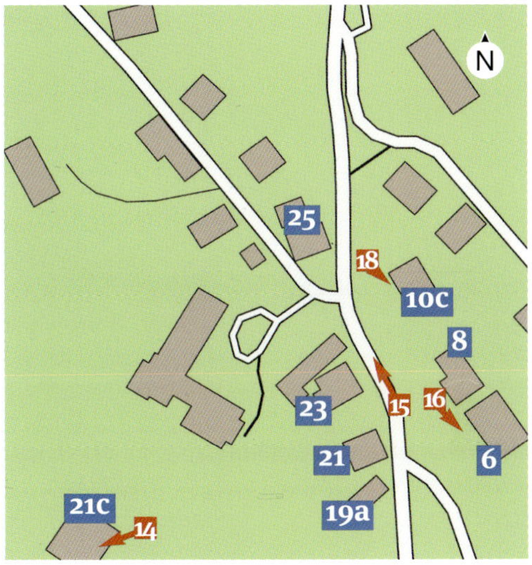

3. Abschnitt der Schillerstraße

15 *Die alte Weinpresse Schillerstraße 25/Ecke Schevenstraße. Das rechte Haus, Schillerstraße 6, wurde ein Opfer des Bombenangriffs vom 13. Februar 1945.*
Foto: LfD Sachsen, Nachlass Paul Wolff

14 *Schillerstraße 21c, Bauzeichnung von Alwin Würdig, 1900 Stadtarchiv Dresden*

Schillerstraße 21c und 23 (ohne Abb.)
Der »Stubenmaler« Friedrich Hilbert (1839–1909) beantragte 1884 auf der von ihm erworbenen Parzelle (heute Schillerstraße 21) den Bau eines Wohnhauses und eines Schuppens. Zu den häufig wechselnden Besitzern zählten der → Architekt Bruno Anders, der Dresdner Hotelier Emil Bernhard Weber, der → Zahnarzt Wilhelm Mohr, der → Fleischer Oswald Krebs und der Stadtbauinspektor Johannes Tunger. Die Jugendstil-Villa »Alexa« (Schillerstraße 21c, früher Körnerweg 6b) ließ 1901/02 der → Baumeister Alwin Würdig (1853–1930) im oberen Teil seines Grundstücks (Körnerweg 8) für sich und seine Familie bauen. Heute wartet die Villa auf den Abschluss der vor Jahren begonnenen Sanierung. Das älteste der drei Häuser ist Schillerstraße 23. Es wurde 1833 als kleines »Auszugshaus« errichtet und 1876/77 durch ein größeres Wohnhaus ersetzt. Nachdem es → Bäckermeister Karl Nerche 1908 gekauft hatte, bekam es durch den Architekten Paul Winkler seine heutige Gestalt. Von 2002 bis 2005 wohnte hier der Komponist, Professor und Philosoph Dr. Thomas Kupsch (1959, → K2).*

16 *Schillerstraße 6, 8 und 10*
Die Schillerstraße 6 war das einzige Loschwitzer Flurstück, das bis 1839 dem Dresdner Religionsamt (→ S. 45) unterstellt war. Es war bis zum beginnenden 19. Jahrhundert ein kleiner Weinberg mit einem Stück Feld und einer Scheune, alles im Besitz von Familie Golde. Unter dem letzten Besitzer aus der Familie, Johann Samuel Golde (1790–1853), wurde ein kleines Wohnhaus gebaut. Um 1860 kaufte das Grundstück der Papierfabrikant Friedrich Edmund Thode (1820–1879, → Villa Thode). Ebenso erwarb er den benachbarten Weinberg mit einem kleinen Haus (Schillerstraße 8). Beide Grundstücke blieben im Besitz der Nachkommen Thodes, bis sie 1928 die Stadt Dresden erwarb. Das älteste Haus war die spätere Schillerstraße 10, die bereits 1628 genannt wird. Das kleine Weinberggrundstück war lange Zeit im Besitz von verschiedenen Handwerkern, die es in ihrer Familie weitervererbten. 1908 kaufte es der → Architekt Theodor Richter (1867–?, → K2), der hier auch wohnte und sein Architekturbüro hatte. Alle drei vorgenannten Häuser wurden in der Nacht vom 13. zum 14. Februar 1945 durch Sprengbomben zerstört, wobei es in der Nr. 10 vier Tote gab. Auf neu parzelliertem Areal entstand 1994 der Neubau Schillerstraße 6, dem ab 2011 Schillerstraße 8 und 10 mit Unternummern folgten.

17 *Schillerstraße 25*
Der Kaufmann Friedrich Schmidt (1854–1929) erwarb 1883 das kleine Eckgrundstück mit dem darauf befindlichen Wohnhaus und ließ es umbauen, sodass er hier sein → Lebensmittelgeschäft eröffnen konnte. Nachdem er 1895 noch ein Hinterhaus errichten ließ, folgte 1913 ein weiterer Umbau nach Plänen des Architekten Theodor Richter. Die Vorderseite des Hauses schmückt heute ein Sgraffito, das an die hier befindliche »Einstmalige Weinpresse« erinnert.

16 *Schillerstraße 6, um 1940*
Foto: Otto Kotzsch, Slg. M. Griebel

18 *Schillerstraße 10c, 2015 Foto: S. Großmann*

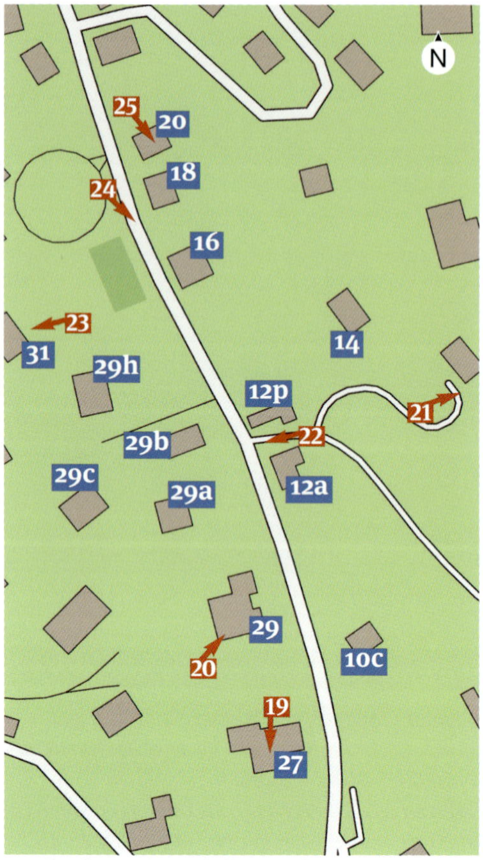

4. Abschnitt der Schillerstraße

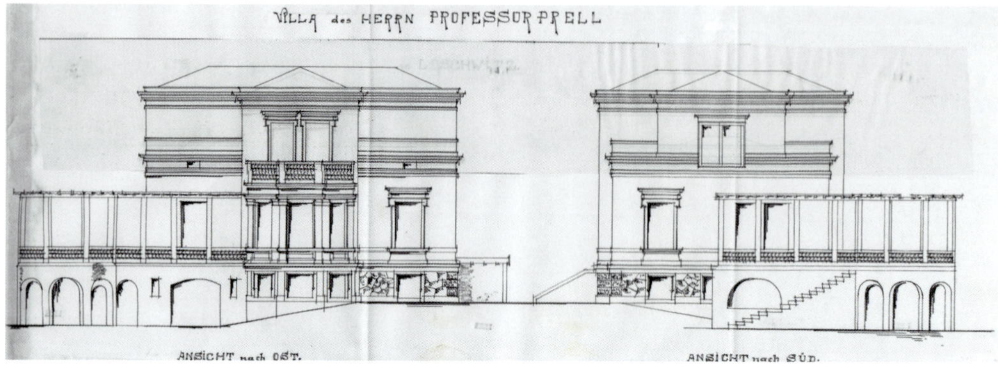

»Planung über den Umbau der Villa des Herrn Professor Prell« (Ausschnitt), Martin Pietzsch, 1901 Stadtarchiv Dresden

19 *Schillerstraße 27*

Der bereits seit 1897 hier wohnende Maler und Bildhauer Hermann Prell (1854 – 1922, → K1) kaufte 1901 für 60.000 Mark Grundstück und Haus Schillerstraße 27 und ließ nach Plänen des Architekten Martin Pietzsch Umbauten vornehmen. Nachdem Prell sein Atelier 1914 von der Pillnitzer Straße in Dresden ins Loschwitzer → Künstlerhaus verlegt hatte, ließ er 1915/16 durch Architekt Emil Wägner einen Atelieranbau an seinem Wohnhaus errichten, in dem er dann bis zu seinem Tod arbeiten konnte. Der in Leipzig geborene Hermann Prell studierte ab 1872 an der Akademie der bildenden Künste Dresden und ab 1876 zwei Jahre an der Kunstakademie Berlin. Danach ging er für zwei Jahre nach Italien zum Studium der Freskotechnik. Diese Technik sollte sein Werk künftig bestimmen. Zu seinen monumentalen Arbeiten zählten Wand- und Deckengestaltungen in Berlin, Worms, Hildesheim, Breslau und Dresden. Nachdem er bereits ab 1886 an der Berliner Kunstakademie lehrte, wurde er 1892 als Professor für Historienmalerei nach Dresden berufen. Bis 1917 war er dort tätig. Im Zweiten Weltkrieg wurde ein Großteil seiner Werke vernichtet. Sein in Kiel geborener Sohn Heinrich Prell (1888 – 1962) erbte nach dem Tod der Mutter die Schillerstraße 27. Er hatte in Freiburg, München und Marburg Naturwissenschaften und Medizin studiert. Nach seiner Promotion in Marburg war er als Dozent für Zoologie an der Universität Tübingen tätig, die ihn 1919 zum Professor ernannte. Seit 1923 als Professor an der Forstlichen HS Tharandt tätig, war er 1927 bis zu deren Anschluss an die TH Dresden 1929 deren Rektor. Bis 1957 blieb er hier als Leiter des Zoologischen Instituts an der Abt. Forstliche HS Tharandt der TH Dresden. Von etwa 1950 bis zu seinem Tod wohnte im einstigen Haus von Prell der Bildhauer Walter → Arnold (1909 – 1979, → K1).

Hermann Prell mit seiner Frau Sophie, 1887, Umrahmung von Sophie Prell, Tusche, weiß gehöht Städtische Galerie Dresden

Hermann Prell, Heldenberufung (Schwanenjungfrauen), 1904, Öl auf Leinwand Städtische Galerie Dresden

20 *Schillerstraße 29, 2015 Foto: S. Großmann*
Der ehemalige Weinberg wird bereits 1866 erwähnt. Spätestens in der zweiten Hälfte des 18. Jahrhunderts gab es hier ein Weinberghaus. Der Jurist Carl Christian Löser, der 1784 bis 1802 Besitzer war, vergrößerte den Weinberg durch Zukäufe noch beträchtlich. 1876 kaufte der Maler und Professor für Historienmalerei an der Kunstakademie Dresden Julius Hübner (1806 – 1882, → K1) den Weinberg mit dem unterdessen neu errichteten Wohnhaus. Er war seit 1871 auch Direktor der Dresdner Gemäldegalerie. 1896 kauften der Dresdner Geheimrat und Ministerialdirektor Carl Roscher (1846 – 1920) und seine Ehefrau Frieda geb. von Weidenbach das Grundstück und nutzten es als Sommerwohnung. Roscher war auch Förderer der Inneren Mission, stellvertretender Vorsitzender des »Verein zur Verbreitung christlicher Schriften im Königreich Sachsen« und Verfasser von Schriften über die Kunst. Das Grundstück blieb auch über seinen Tod hinaus noch Jahrzehnte im Familienbesitz.

21 *Schillerstraße 12: Blick zur Villa »Thorwald«. Im ehemaligen Parkgelände der → Villa »Thorwald« befinden sich heute mehrere später erbaute Gebäude.*

Villa »Thorwald« Foto: Ulrich Häßler

22 *Schillerstraße 12p, linkes Torhaus, 2011 Foto: Brücke-Osteuropa*

23 *Schillerstraße 31, 2015 Foto: S. Großmann*
Der Bankier und Konsul Wilhelm → Knoop (1836 – 1913) kaufte 1876 das ehemalige Weinberggrundstück und ließ darauf ein Wohnhaus errichten, das den Namen »Bimini« erhielt und von seiner Familie als Sommerwohnung genutzt wurde. Von 1956 bis 1967 wohnte hier im Haus der später diplomierte Grafik-Designer und Autor Michael Schwalbe (1943). In seinem ersten Buch »Die Bemme« erzählt er über seine Kindheit am Elbhang. Es folgten bisher zwei Bücher mit weiteren autobiografischen Erzählungen: »So feurig sind wir doch gar nicht – Vom Dresdner Elbhang in die Welt« und »Der geheime Nachbar – Vom Tal der Ahnungslosen in den Prenzlauer Berg«.*

24 *Schillerstraße 16 und 18*
Bereits 1628 wird das Weinberggrundstück heutige Schillerstraße 16 erwähnt. Das angrenzende Grundstück Schillerstraße 18 entstand 1805 durch Abtrennung von Nr. 20 und wurde danach mit einem kleinen Weinberghaus bebaut, das später erweitert wurde und bis heute seine Gestalt bewahrt hat. Zu dieser Zeit befanden sich auf dem Weinberg Schillerstraße 16 bereits ein weit größeres Haus und ein Stall für Großvieh. Nach Abtrennung des oberen Teils des Grundstücks entstand dort ein Einfamilienhaus, das 1959 von Kammersänger Theo → Adam (1926, → K1) und seiner Familie bezogen werden konnte.*

24 *Schillerstraße 18 und rechts Nr. 16, 2015 Foto: Siegfried Großmann*

25 *Schillerstraße 20, Ansichtskarte, um 1900. Auf dem 1628 erstmals erwähnten Weinberggrundstück der heutigen Schillerstraße 20 befand sich später die → Gaststätte »Zum Grünen Baum«. Slg. Otto-R. Wenzel*

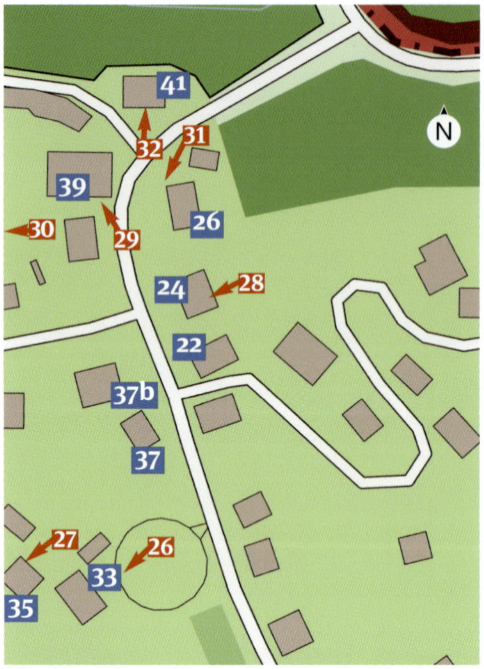

5. Abschnitt der Schillerstraße

Schillerstraße 33, 2015 Foto: S. Großmann

26 *Schillerstraße 33*
Den ehemaligen Weinberg mit dem um 1844 errichteten kleinen Haus kaufte um 1875 der Direktor des Loschwitzer → Wasserwerks Hugo Bartels (? – 1899). Nachdem 1919 die Stabsarztwitwe Elisabeth Roesch das Grundstück erworben hatte, ließ sie das Haus durch das Architektenbüro Lossow & Kühne umbauen, wodurch es sein heutiges Aussehen bekam.

27 *Schillerstraße 35, 37 und 37b*
In dem Mitte des 19. Jahrhunderts gebauten Haus Schillerstraße 37 wohnte von 1904 bis zu seinem Tod der Schriftsteller, Übersetzer und Schauspieler Johannes Kunde (1877 – 1943, → K2) mit seiner Ehefrau Anne-Marie geb. Schreiber (1871 – 1950, → K2), ebenfalls Schriftstellerin und Übersetzerin. In dem 1898/99 errichteten Haus der heutigen Schillerstraße 37b befand sich von 1900 bis 1921 eine → Bäckerei mit Café. Von 1902 bis zu seinem Tod wohnte hier der Humorist Oskar → Junghähnel jun. (1876 – 1941, → K2) und 1915 bis 1930 der Maler und Inhaber der Keramischen Kunstanstalt »Vam«, Alexander Schaaf, der 1938 für sein der »NS-Kunst« angepasstes Schaffen mit dem Kunstpreis der Stadt Dresden ausgezeichnet wurde.

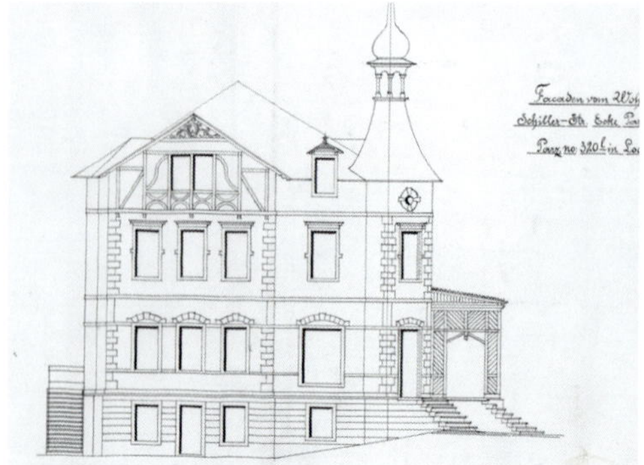

Schillerstraße 37b. Bauzeichnung von Clemens Lange, 1898 Stadtarchiv

28 *Schillerstraße 22 und 24*
Beide Grundstücke gehörten zu einem großen Weinberg, der sich bis hinauf zum → OT Oberloschwitz erstreckte. Nach 1845 wurde das Haus Nr. 22 erbaut, das danach mit dem Weinberg in den Besitz der Familie Erckel kam. Julius Erckel (1807 – 1881) hatte auf einer abgetrennten Parzelle 1857 das Landhaus Schillerstraße 24 im Schweizerstil erbauen lassen. 1882 erbten seine vier Töchter den Besitz. Eine von ihnen war die bereits verwitwete Antonie Martens (1846 – 1926), die später den Juristen Eduard Woldemar Starke heiratete. Sie, die Mutter von Kurt Martens (1870 – 1945, → K2), war 1876 mit ihrer Familie von Leipzig nach Dresden gezogen. Kurt hatte hier auch die Schule besucht und war gern zu Besuch in »Großvaters Sommervilla«. Nach dem Besuch der Gymnasien in Wurzen und Zwickau sowie des Pädagogiums in Putbus/Rügen studierte er 1889 bis 1894 Rechtswissenschaft, war danach Referendar und schließlich ab 1895 freier Schriftsteller in Leipzig, wo er noch im gleichen Jahr die »Literarische Gesellschaft« mitbegründete. Zu dieser Zeit waren bereits seine ersten Novellen (»Sinkende Schwimmer«) veröffentlicht. 1898 ging er nach München, wo sich auch sein Freund Max Wedekind (1864 – 1918) niedergelassen hatte und er seinen Jugendfreund Thomas Mann (1875 – 1955, → K2) wiedertraf. 1899 heiratete er hier Maria Fischer (1872 – 1947) und noch im gleichen Jahr, am 23. Dezember, wurde ihnen ihre Tochter Hertha (1899–1978, → K2) geboren. 1908 promovierte Martens in München zum Dr. phil. und wohnte danach mit seiner Familie zwei Jahre in Loschwitz (heutige Oeserstraße 1), bevor er wieder in München tätig wurde. Hier schrieb er auch seine Roman-Trilogie »Die alten Ideale« und sein zweibändiges biografisches Werk »Schonungslose Lebenschronik«. 1927 kehrte er endgültig nach Loschwitz zurück und wohnte Schillerstraße 24. Das Haus blieb bis zu seiner Zerstörung am 13./14. Februar 1945 im Familienbesitz. Nach dem Verlust seines gesamten Besitzes nahm sich Kurt Martens zwei Tage später, am 16. Februar, in Dresden-Bühlau das Leben. Die Tochter Hertha war Schauspielerin geworden und hatte 1931 an der TH Dresden ein Indologie-Studium begonnen, das sie später in Berlin fortsetzte. Sie übersetzte indische Literatur und wanderte 1947 nach Indien aus. Dort wohnte sie zuletzt in der Provinz Madras und starb am 7. Mai 1978 in Ootacamund (Udagamandalam). Das 1945 in Dresden-Loschwitz zerstörte Wohnhaus wurde später abgerissen und 2012/13 durch einen Neubau ersetzt.

28 *Schillerstraße 24, Ansichtskarte vor 1900 Slg. Otto-R. Wenzel*

Schillerstraße 39, 2015 Foto: S. Großmann

29 *Schillerstraße 39*
Die Schillerstraße 39 hat eine lange Geschichte. Das Grundstück wird erstmals 1710 erwähnt und besaß spätestens in der zweiten Hälfte des 18. Jahrhunderts ein Weinberghaus. 1831 erwarb Erbherr auf Sachsenfeld Carl Ludwig Leopold Freiherr von Müller das Anwesen und ließ ein neues großes Wohn- und Winzerhaus errichten, das auch einen Saal besaß. Dazu kamen noch eine Stallung und eine Wagenremise an der heutigen Wunderlichstraße. 1887 kaufte

Schillerstraße 39, Villa »Hohenlinden«, Ansichtskarte von 1914 *Slg. Bernd Beyer*

alles der Verlagsbuchhändler Erich Ehlermann (1857 – 1937, → Verlage). Er ließ verschiedene Umbauten am Hauptgebäude vornehmen und ein Gärtnerhaus errichten. 1905 verkaufte Ehlermann seinen Besitz für 135.000 M an den Hauptmann Gustav Hetzer. Nun bekamen das Haus und alle Wirtschaftsgebäude durch den → Architekten Georg Heinsius von Mayenburg (1870 – 1930, → K2) ihr heutiges Aussehen. Das Wohnhaus hieß fortan nicht mehr Villa »Schwanstein«, sondern »Hohenlinden«. Hinter dem im Park gelegenen Teich entstand nach seinen Plänen ein Gartenpavillon, der heute als Wohnhaus genutzt wird (Wunderlichstraße 1c). 1920 kaufte alles der Kirschauer Fabrikbesitzer Otto Engert, der ab 1939 hier auch wohnte. Am Ende des Zweiten Weltkriegs befand sich hier wahrscheinlich die von Günter Grass (1927 – 2015) in seinem Buch »Beim Häuten der Zwiebel« erwähnte Leitstelle der SS. Ab Mitte der 1950er Jahre war im Haus eine Sanitätsstelle der → Staatssicherheit, danach der Volkspolizei und schließlich auch bis 1990 die Bezirksverwaltung der SG Dynamo. Nicht zuletzt wegen einer Demonstration der → Bürgerbewegung erfolgte die Räumung, sodass 1992 hier das Stadtmissionsheim »Pniel« (→ Kirchl.-diak. Einrichtungen) einziehen konnte und bis 2002 blieb. 2006/07 erfolgte durch den neuen Eigentümer eine umfangreiche Sanierung, bei der der Verbindungsgang zum Nachbargebäude, in dem seit 1990 die Fachärzte Sieglinde und Paul Grabowski (→ Ärzte) ihre Praxen betreiben und sich seit 2007 auch eine → Physiotherapie befindet, abgerissen wurde.

29 Schillerstraße 39, Wirtschaftsgebäude *Stadtarchiv*

31 Schillerstraße 26 *Slg. Otto-R. Wenzel*
Das ehemalige »Haus Bethanien« (→ Kirchl.-diak. Einrichtungen), seit 1990 in Privatbesitz, besaß seit 1880 die Diakonissenanstalt Dresden.

32 Schillerstraße 41
Nachdem Anna → Wunderlich (1859 – 1923, → Schloss Eckberg) das am → Mordgrund gelegene Grundstück Schillerstraße 41 gekauft hatte, ließ sie darauf von Georg Heinsius von Mayenburg ein Landhaus errichten, das bis 1926 im Besitz der Familie Wunderlich blieb und danach in den der Familie Heinsius von Mayenburg überging. Gewohnt hat allerdings keiner von ihnen hier. Von 1990 bis 2002 wurde das Haus ebenfalls durch das Stadtmissionsheim »Pniel« genutzt. **Otto-R. Wenzel**

Zitat:
1 Leuschner, Th[eodor]; Festschrift zum 50jährigen Bestehen des Ortsvereins Loschwitz; Dresden 1932
Quellen: 39, 172, 363, 375, 389, 390, 639, 640, 661, 701, 725, 726, 805, 823, 980, 1000

30 Schillerstraße 39. ehemaliges Gartenhaus, jetzt Wunderlichstraße 1c *Slg. Otto-R. Wenzel*

32 Schillerstraße 41, 2015 *Foto: Siegfried Großmann*

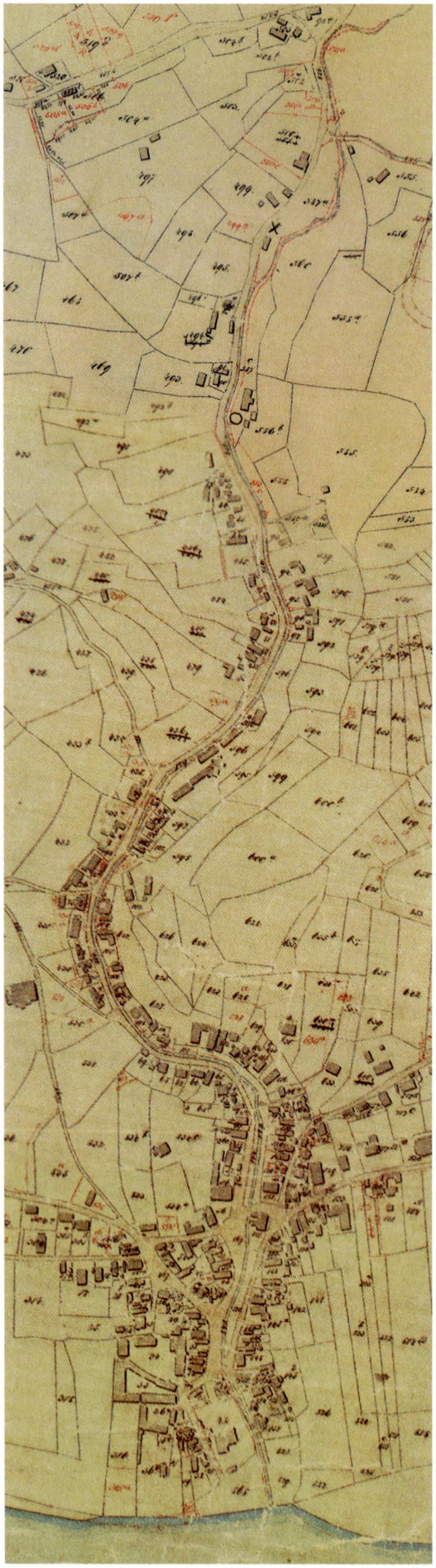

Traugott Wilhelm Henker. Urkarte, 1859 (Ausschnitt Grundstraße)

Carl Friedrich Franck, Loschwitzgrund, 1849, Öl auf Leinwand – Standort über dem Teich der Brettschneidemühle, die über der heutigen Tankstelle Grundstraße 99 lag. Städtische Galerie Dresden

Grundstraße

Die Grundstraße führt vom Körnerplatz durch das vom Loschwitzbach, der »Trille« (→ *Gewässer*), eingeschnittene Kerbtal »Loschwitzgrund« über Niederrochwitz bis nach Bühlau zur Bautzner Landstraße und überwindet dabei auf rund 2,8 Kilometer einen Höhenunterschied von 134 m. Ursprünglich diente sie der Erschließung der zahlreichen vom Loschwitzbach angetriebenen → *Mühlen*, die dort seit dem 16. Jahrhundert existierten.

Geht man vom Körnerplatz die Grundstraße aufwärts, fallen dem Betrachter der dörfliche Charakter der Häusleranwesen sowie die ehemaligen Gast- und Winzerhäuser ins Auge. Im unteren Teil der Straße stehen die kleinen Wohnhäuser meist mit dem Giebel zur Straße. Der Weinanbau mit Terrassierung erstreckte sich in früheren Jahrhunderten bis in die Kerbtäler hinein. So entstanden Weinberggrundstücke, oft mit pavillonartigen Weinberghäuschen.

Eine auffällige Ausnahme bildet das Wohn- und Geschäftshaus Nr. 17, das sich mit seiner großen Klinkerfassade von der umgebenden Siedlungsstruktur abhebt. Auf Loschwitzer Flur gab es an der Grundstraße viele → *Gast-*

1 *Grundstraße 1–7: Das 1995/96 errichtete Gebäude des Ortsamts Loschwitz (Nr. 3) und der Sparkasse (Nr. 1). Hier befanden sich früher das → Gemeindeamt mit dem Ratskeller (→ Gaststätten). Rechts neben dem Neubau das Wohn- und Gewerbehaus (→ Handw. u. Gew.) aus dem Jahr 1898 (Nr. 5) und anschließend, mit dem Giebel zur Straße, die Nr. 7. Foto: Siegfried Großmann*

Grundstraße um 1800 an der östlichen Ortsgrenze von Loschwitz mit der ehemalige Bärmühle, die sich schon auf Niederrochwitzer Flur befand. Farblithografie von Wizani (Ausschnitt) *Slg. Matthias Griebel*

Der Eingang in den Loschwitzgrund mit Spaziergängern, 1806, Stich von Christian Gottfried Hammer (Ausschnitt). Links der Vorgängerbau des späteren Bräustübels (→ Gaststätten), in der Bildmitte am Eingang zur Grundstraße das kleine Feuerwehrgebäude mit Leiterschuppen, rechts die Trille-Brücke, ganz rechts die Alte Pfarre (→ Dorfmitte). *Slg. Ernst Hirsch*

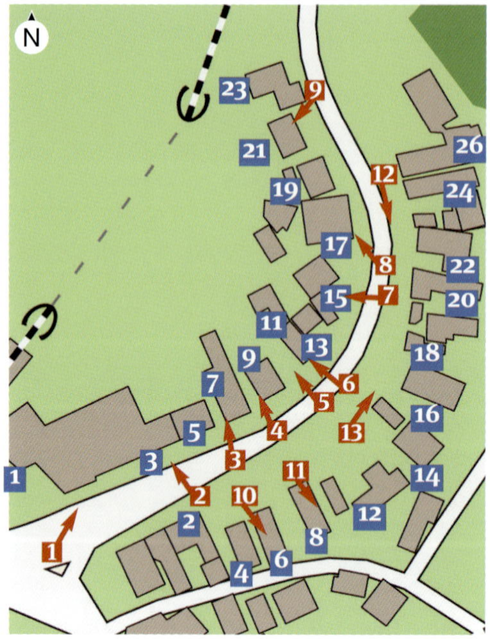

1. Abschnitt: Ortsamt bis Leonhardi-Museum

stätten wie das »Sängerheim« in Nr. 17, »Zum Kamerad« Nr. 29, die »Grundschänke« Nr. 37, »Amtsschänke« Nr. 58, »Forsthaus« Nr. 77 und den »Brauausschank« der Loschwitzer Brauerei in Nr. 78. Die im Laufe der Industrialisierung entstandenen Anlagen einer → *Tintenfabrik* und einer → *Brauerei* beeinträchtigten in starkem Maße das Landschaftsbild.

Die Straßenbezeichnung »Grundstraße« ist seit 1886 nachweisbar. Bis 1895 gehörte auch die heutige Friedrich-Wieck-Straße zur Grundstraße. Ab dem Zeitpunkt der Eingemeindung von Bühlau und Rochwitz am 1. April 1921 wurde auch der auf Bühlauer bzw. Rochwitzer Flur liegende Straßenabschnitt als Grundstraße benannt. Vorher wurde dieser Abschnitt

2 Grundstraße 3, um 1935 *Foto: Slg. Götz*

Endhaltestelle der Straßenbahnlinien 1 und 2 vor der Grundstraße 3, um 1940, vorn Roselotte Schlutter, die mit ihrer Familie damals im »Ratskeller« wohnte. *Foto: Slg. Götz*

3 Grundstraße 7, 2015. Weinberggrundstück seit 1680. Hier befand sich eine der ältesten Loschwitzer Schmieden (→ Handw. u. Gew.); ein Um- und Vergrößerungsbau erfolgte 1888. Die noch sichtbare Werbeschrift am Giebel erinnert an die ehemaligen Garagen des → »Hotel Burgberg« (→ Gaststätten). *Foto: Siegfried Großmann*

4 Grundstraße 9, 2014. Weinberggrundstück mit Satteldach und seitlicher »Schleppe«, 1631 erstmals genannt, später auch gewerblich genutzt. *Foto: Peter Mallwitz*

5 Grundstraße 11, 2015. Gebäude mit Krüppelwalmdach, 1716 erstmals erwähnt, bereits im 19. Jahrhundert war hier ein Milch- und Produktenhandel (→ Handw. u. Gew.). *Foto: Siegfried Großmann*

6 Grundstraße 13, 1982. Häusleranwesen ab 1724. Eigentümer waren u. a. ein Winzer, ein Dienstmann, Schiffer, Arbeiter, Handwerker und ein Laternenwächter; zuletzt bekannt durch den stets freundlichen »Opa« Erich Kühn mit seinen 63 Gartenzwergen. *Foto: Ute Häse*

7 Grundstraße 15, 2015. Erste Erwähnung als Weinberggrundstück 1609. Ab 1882 war die Zimmermanns- und Kaufmannsfamilie Holtsch bis 1911 Eigentümer. (→ Handw. u. Gew.)

10 Grundstraße 2 bis 6, 2015.
Nr. 2: Um 1873 Neubau als Wohn- und Geschäftshaus für Tischlermeister Carl Wagner; die beiden Läden werden gewerblich genutzt (→ Handw. u. Gew.).
Nr. 4: Ersterwähnung 1593 als »Baustatt« der Familien Metzner, ab 1782 Naumann und ab 1808 Zeibig.
Nr. 6: Ersterwähnung 1658 ebenfalls als »Baustatt« von Familie Metzner; die späteren Eigentümer waren zumeist Handwerker; nach einem Umbau des Wohnhauses erhielt das Haus 1870 eine Schlosserwerkstatt.

8 Grundstraße 17, 2015. Seine Klinkerfassade erhielt das Haus 1896/97 und erinnert damit an die Häuser am Körnerplatz. Schon in den 1870er Jahren befand sich hier eine → Gaststätte, das spätere »Sängerheim«. Nach dessen Schließung erwarb es 1912 der Elektroinstallateur Hermann Putzmann, der später hier auch sein Geschäft und die Werkstatt hatte. Heute befindet sich im sanierungsbedürftigen Gebäude das »Museanum« (→ Handw. u. Gew./Fotografen)

11 Grundstraße 8, 2015. Erstmals erwähnt wird das Grundstück, auf dem sich heute ein Haupt- und ein Nebengebäude in Fachwerkausführung befinden, schon 1668 mit Familie Metzner als Eigentümer. Eine Torsäule weist auf das Erbauungsjahr 1798 hin.
Fotos (4): Siegfried Großmann

9 Grundstraße 19 und 21, 2014.
Nr. 19: Auf dem 1635 erstmals im Besitz der Familie Frost erwähnten Grundstück befand sich wahrscheinlich bereits ab 1710 bis in die Mitte des 19. Jahrhunderts eine Schmiede (→ Handw. u. Gew.).
Nr. 21: Das Fachwerkhaus auf dem 1636 erstmals erwähnten Grundstück ließ der spätere Eigentümer und Maurer Carl Christian Adam errichten; davon kündet noch heute der Schlussstein über der Tür mit seiner Jahreszahl »1798«. Fotos (2): Peter Mallwitz

12 Grundstraße 26 (siehe Bild unten links). Die ehemalige Hentschelmühle stammt aus dem 16. Jahrhundert (→ Mühlen). Der Maler Eduard → Leonhardi (1828 – 1905, → K1) ließ es 1884 zum heutigen »Leonhardi-Museum« umbauen. Links vom Gebäude befindet sich das Ludwig-Richter-Denkmal (→ Denkmale). Neben dem Atelier-Neubau erhielt das Hauptgebäude eine ornamentale Bemalung mit zahlreichen Sprüchen (→ Hausinschriften).

Abb. S. 100/101: Grundstraße 16 bis 22 vor 1912
Foto: Alfred Gröẞel/Slg. Ute Häse

13 Bild rechts: Grundstraße 18 bis 26 (v. r. n. l.): Die Häuser bis Nr. 24 sind teilweise bis heute alte Wohn- und Geschäftshäuser, in denen z. B. Seifenhändler (Nr. 16), Papier- und Spielwarenwarenhändler (Nr. 18), Schuhwarenhändler (Nr. 20), Bäcker (Nr. 22) und Fleischer (Nr. 24) ihr → Handwerk und Gewerbe betrieben.
Ansichtskarten, Slg. Götz

Schuhwaren-Lager.
Schnell Schuh-Reparatur
Lederhandlung
Puppen u. Spielwaren

Lichte-&-Seifenfabrik-Niederlage.

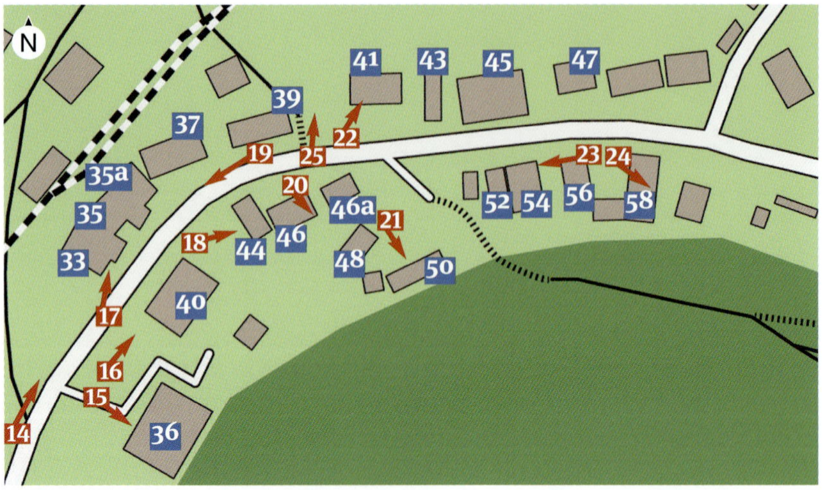

2. Abschnitt: Kirchgemeindehaus bis Rißweg

15 *Grundstraße 36, 2014: Das 1900/01 als → Kinderbewahranstalt erbaute Haus erwarb 1922 die → Kirchgemeinde und nutzt es seitdem in Teilen als Kirchgemeindehaus. 1999 gründete der spätere Schauspieler und Autor Johannes Gärtner (* 1979) hier das »ta:ltheater loschwitz«, das 2001 nach Zinnowitz umzog.* *Foto: Peter Mallwitz*

zwischenzeitlich auch als Grundweg und Loschwitzer Straße bezeichnet. Neben der Straße floss der Bach offen. Die rechtsseitig dahinter liegenden Grundstücke waren durch kleine Bachbrücken erschlossen. Diese Zugänge erübrigten sich durch die Kanalisierung des Loschwitzbaches, die in mehreren Abschnitten zwischen 1910 und 1936 erfolge.

Abzweigende Wege

Von der Grundstraße führen von Loschwitz folgende Fußwege hangaufwärts: Der Rietschelweg und der Sandweg zur Plattleite. Ein derzeit nicht begehbarer Weg mit Stufen führt hinauf zur Wuttkestraße. Der Karl-Schmidt-Weg endet an der Ulrichstraße. Der Rißweg führt, in Oberloschwitz als Straße ausgebaut, zur Bautzner Landstraße. Nach Neurochwitz verläuft auf Rochwitzer Flur der Stufenweg und zur Straße Am Weißen Adler führt der Säugrundweg.

Anwohner gestern und heute

Früher war die Grundstraße eine Gegend der einfachen Leute. Hier wohnten »Handarbeiter« und »Handarbeiterinnen«, Fabrikarbeiter, Händler, Markthelfer, Wäscherinnen, Färber, Straßenbahnschaffnerinnen u. a. Viele → *Handwerker und Gewerbe* arbeiteten entlang der Straße und betrieben teilweise Laden-

16 *Grundstraße 38 und 40: Das Gebäude Nr. 38 wurde, wie auch die Häuser Nr. 28 bis 34, um 1980 abgerissen. Nr. 40: Der Malermeister Ernst Heinrich Rentzsch (→ Handw. u. Gew.) erbte 1886 das Grundstück, ließ das alte Haus (s. S. 583) abreißen und 1897/98 durch diesen Neubau ersetzen. Im Haus wohnte auch der Bücherrevisor und → Fotograf Alfred Größel. Heute befindet sich hier die → Pension »Gästehaus Loschwitz«.* *Foto: Alfred Größel/Slg. Matthias Griebel*

14 *Grundstraße 29 (rechts): Wahrscheinlich um 1745 erbaut, befand sich hier ab etwa 1862 an der Ecke Rietschelweg eine Schankwirtschaft und ab 1875 die → Gaststätte »Zum Kamerad«. Der Loschwitzbach ist noch ein offener kanalisierter Wasserlauf, Bachbrücken erschließen die rechts liegenden Grundstücke. Der Abbruch der Gaststätte erfolgte 1965 aus Anlass der hier vorbeiführenden »Friedensfahrt«.* *Foto: Slg. Matthias Griebel*

17 *Grundstraße 33, 2014: Sanierungsbedürftiges altes Fachwerkhaus auf dem 1688 erstmals erwähnten Grundstück der damaligen Familie Baudisch.* *Foto: Peter Mallwitz*

19 *Richard → Miller (1905–1959), Grundstraße mit Standseilbahn, Öl, um 1953* *Archiv OVLW*
Rechts im Bild ist die ehemalige → Gaststätte »Grundschänke« (Nr. 37) erkennbar. 1874 wurde das Wohnhaus umgebaut und eine Schlachthausanlage errichtet und ein Jahr später die Gaststätte mit eigener Fleischerei. Nachdem die »Grundschänke« 1950 geschlossen wurde, befand sich später hier die Glaserei Kappelt (→ Handw. u. Gew.). Über der Standseilbahn ist das Haus des Schriftstellers Reinhold → Braun (1879–1959), Plattleite 8, erkennbar.

18 *Grundstraße 44, 2014: Das 1658 erstmals erwähnte Grundstück wurde wenig später mit einem Haus bebaut; heute steht hier das Wohnhaus mit Fachwerk im Ober- und Dachgeschoss.* *Foto: Peter Mallwitz*

20 *Die sanierten Häuser Grundstraße 46 (rechts) und das Nebengebäude Nr. 46a, 2015.* *Foto: Siegfried Großmann*

21 *Grundstraße 48 und 50 (hinten), mit Zugängen vom Karl-Schmidt-Weg aus, um 1880*
Nr. 48: Das Grundstück wurde 1688 vom Nachbargrundstück abgetrennt und danach bebaut. Heute befinden sich das früher unmittelbar am Mühlgraben gelegene zweigeschossige Gebäude mit Satteldach und eine langgezogene Werkstatt in unbewohnbarem Zustand.
Nr. 50: 1628 erstmals erwähnt, wurde das Fachwerkhaus 1880 umgebaut und 1897 durch einen Anbau erweitert. *Foto: Slg. Matthias Griebel*

22 *Grundstraße 41, 2014: Als Grundstück von Gregor Kluge 1628 erstmals erwähnt, ging es 1833 in den Besitz von Familie Bernstengel. 1878 erfolgte ein An- und 1911 ein Umbau. Seit 2014 läuft die denkmalpflegerische Instandsetzung. Inschriften an Eingangstor und Schlussstein: »VIVAT CRESCAT FLORAEAT« – »MAMUS MANUM LAVAT« – »Es lebe, blühe und gedeihe!« – »Eine Hand wäscht die andere.«* *Foto: Peter Mallwitz*

23 *Grundstraße 52, 54 und 56, 2015 (v. r. n. l.): Nr. 52: Erstmals 1741 erwähnt, als Johann Lauterbach das Grundstück an seinen Schwiegersohn verkaufte.*
Nr. 54: Anfang des 19. Jahrhunderts als »Auszüglerhaus« von Johann Ehregott Süß erwähnt.
Nr. 56: Erste Erwähnung des Grundstücks der Familie Ufer 1688. Das Fachwerkhaus mit Krüppelwalmdach wird gegenwärtig denkmalpflegerisch saniert. *Foto: Siegfried Großmann*

24 *Grundstraße 58, 2015: Das Haus auf dem 1628 erstmals erwähnten Grundstück wurde mehrmals umgebaut und das anschließende kleine Wohnhaus zum Schlachthaus umgebaut. Bis 1921 befand sich hier die → Gaststätte »Amtsschänke«, danach war es Kontor der → Tintenfabrik und ab 1929 wieder Wohnhaus. Seit 1959 ist hier der Sitz der Ofenbauer und Fliesenleger Dresden-Ost (→ Handw. u. Gew.).* *Foto: Siegfried Großmann*

25 *Käthe Wagener, Grundstraße Ecke Sandweg, um 1945, Grafit. Das Haus Sandweg 2 wurde im Februar 1945 durch eine Sprengbombe zerstört; rechts Grundstraße 41.* *Städtische Galerie Dresden*

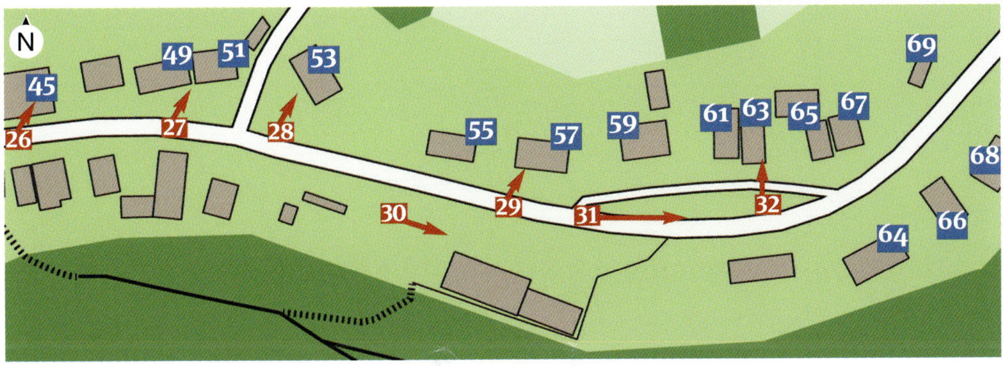

3. Abschnitt: Nr. 45 bis Nr. 69

geschäfte. Auch unter den Hauseigentümern waren Arbeiter sowie Gehilfen für Handwerk und Gewerbe. Auffällig ist in vielen Häusern der häufige Mieterwechsel, der sich mitunter jährlich vollzog.

Ausbauphasen

Mit Inbetriebnahme der Blasewitz-Loschwitzer Elbbrücke (→ *Blaues Wunder*) im Jahr 1893 und dem aus dem Umland in Richtung Bühlau strömenden Verkehr stieg die Bedeutung der Grundstraße. 1910 begann der Ausbau. Von 1929 bis 1936 erfolgte die Verbreiterung als Hauptverkehrsstraße mit weitgehender Kanalisierung des Loschwitzbaches auf rund zwei Kilometer Länge, um den gestiegenen Anforderungen des Verkehrs gerecht zu werden. Die Grundstraße erhielt nun auf der gesamten Länge eine Fahrbahndecke aus Granitkleinpflaster und teilweise befestigte Fußwege.

28 Grundstraße 53, 2014: Das Wohnhaus im Schweizerstil an der Einmündung des Rißweges wurde 1873/74 erbaut. Foto: Peter Mallwitz

27 Grundstraße 49, 2014. Foto: Peter Mallwitz

29 Grundstraße 57: Das Haus wurde 1874 für Friedrich Wilhelm Buchmann erbaut. Das Foto unten von August → Kotzsch zeigt die »Bachregulierung« 1874 und den Bau des Aufgangs zum Grundstück. 1911 veranlasste Apoline → Leonhardi bauliche Veränderungen. Bis 1929 blieb das Grundstück im Besitz von Familie Leonhardi.

26 Grundstraße 45, 2015: Das 1898/99 erbaute Wohn- und Geschäftshaus erwarb 1913 der → Konsumverein, der schon seit 1904 hier eine Verkaufsstelle betrieb. Foto: S. Großmann

27 Grundstraße 49. Gut erhaltenes Beispiel der unter Denkmalschutz stehenden ländlichen Fachwerkbebauung. Eine Gedenktafel des Ortsvereins erinnert an Richard → Wagners (1813 – 1883) Sommeraufenthalt im Jahre 1822. Foto: Peter Mallwitz

Der Bau in dem recht engen Tal wurde mit heutzutage sehr abenteuerlich anmutenden Hilfskonstruktionen und Baubehelfen vollzogen. Dem Bau der Straße fielen zwei auf Rochwitzer Flur gelegene Häuser in Höhe der Steglichstraße zum Opfer.

In dem zeitgenössischen Zeitungsartikel: »Umbau der Grundstraße – Jahrhunderte alte Idylle verschwindet – Das 300jährige Haus« von 1929 ist darüber zu lesen: »Wir stehen vor einem der dem Abbruch geweihten Häuschen, die der neugeplanten Straße und dem neuen Bett des Loschwitzbaches Platz machen müssen. Fast dreihundert Jahre ist es alt, das Häuschen mit seinem spitzen Giebel, den winzigen Fenstern und der alten Holzbank neben der Haustür. Ein Mütterchen mit weißem Haar und roten Wangen sitzt auf der Bank, den Strickstrumpf zwischen den arbeitsgewohnten Händen. Und sie erzählt alte Geschichten, die sie

30 *Ehemalige Tintenfabrik Grundstraße 60 und 62, um 1930* *Foto: Slg. Ute Häse*

30 *Grundstraße 60 und 62, um 1938: Parkanlage anstelle der abgerissenen Tintenfabrik mit dem Mädchen Lisbeth Ziesche (* 1936); im Hintergrund Grundstraße 58* *Foto: Slg. André Wähner*

30 *Grundstraße 60 und 62, 2015:*
Bereits vor 1562 gab es hier die Niedermühle, die ab 1823 nach ihrem neuen Besitzer Vettermühle hieß (→ Mühlen). Ab 1842 befand sich hier eine Glasfabrik und danach eine Gold- und Silberschmelze. Der Chemiker und Unternehmer Christian August Leonhardi (1805 – 1865) kaufte 1854 die ehemalige Mühle und errichtete eine chemische Fabrik. Seine »Tintenfabrik« (→ Industrie) wurde überregional bekannt und bestand hier in Loschwitz bis 1929. Schon im Jahr zuvor hatte die Stadt Dresden die Grundstücke erworben. Nach 1930 wurden die Produktionsanlagen abgebrochen.
Übrig blieb der »Tintenteich« in einer parkartigen Anlage mit Sitzbänken. Dazu gehörten eine Treppenanlage und Plastiken des Bildhauers Robert Diez (1844 – 1922).
Von der früheren Parkanlage ist fast nicht mehr übrig geblieben. Auch der Bau eines Luftschutzbunkers (→ Zweiter Weltkrieg] trug dazu bei. Heute stehen hier Lagergebäude der Ofenbauer-Fliesenleger Dresden-Ost GmbH.
Foto: Siegfried Großmann

30 *Grundstraße 60 und 62, 1937: Parkanlage mit dem »Tintenteich« und der Bronzeplastik »Gänsedieb« von Robert Diez* *Foto: Stadtpanungsamt, Bildstelle*

aus ihrer Großmutter und Mutter Mund vernahm, von Kriegen und Soldaten, von Friedrich Schiller, vom Bergsturz im Loschwitzgrund, bei dem das Haus einer Witwe vor fünfzig Jahren verschüttet wurde. Und von einer Unwetterkatastrophe. [...] Ganz genau weiß ich noch den Tag. Es war der 18. Juni 1875, der Hochzeitstag meiner Schwester. Unaufhörlich strömte das Wasser. Ein Wolkenbruch. Zentnerschwere Steine wurden vom Berg herab in das Bachbett geschwemmt. Außer der Feuerwehr waren seit Mittag die Pioniere da. Die umgefallene Esse der Schneidemühle lag an der Berglehne. Der eiserne Dampfkessel war 200 Schritte fortgeschwemmt und er war doch über 80 Zentner schwer, 1 ¾ Meter hoch und fünf Meter lang. Die Bäume, bei denen er vorbeitrieb, waren tief eingeschnitten. Endlich hielten drei starke Rüstern und eine querliegende dicke Weide das mächtige Stück Eisen auf. Bis einen Meter hoch lagen die angeschwemmten Sandmassen. Die Uferbauten und 21 Brücken waren zerstört.

Foto: Archiv Kirchgemeinde Loschwitz

31 *Grundstraße 59, 61, 63, 65 (links) und 66, 68, 70 (rechts), 2015* *Foto: Siegfried Großmann*

Erneuerung der Grundstraße, 1978; ähnlicher Blick wie oberes Bild *Foto: E. Hirsch, Slg. M. Griebel*

32 *Grundstraße 61, 63 und 65, 2015* *Foto: Peter Mallwitz*

Grundstraße 61: Als erster Besitzer wird 1688 George Lindner genannt. Das Haus könnte um 1735 erbaut worden sein. Ein Nachkomme Lindners verkaufte es um 1895 an den Maurer Hermann Woog; später ging es an dessen Erben. Das linke Nebengebäude ist ein Neubau im zeitgenössischen Stil.
Grundstraße 63: Ersterwähnung 1742 unter Johann Gottfried Baudisch. 1895 erfolgten bauliche Veränderungen am Haus.
Grundstraße 65: Das Grundstück wird 1688 erstmals erwähnt. 1907 erwarb es der Heizer und Kraftdroschkenbesitzer Richard Berndt; später ging es ebenfalls an dessen Erben.
Foto: Peter Mallwitz

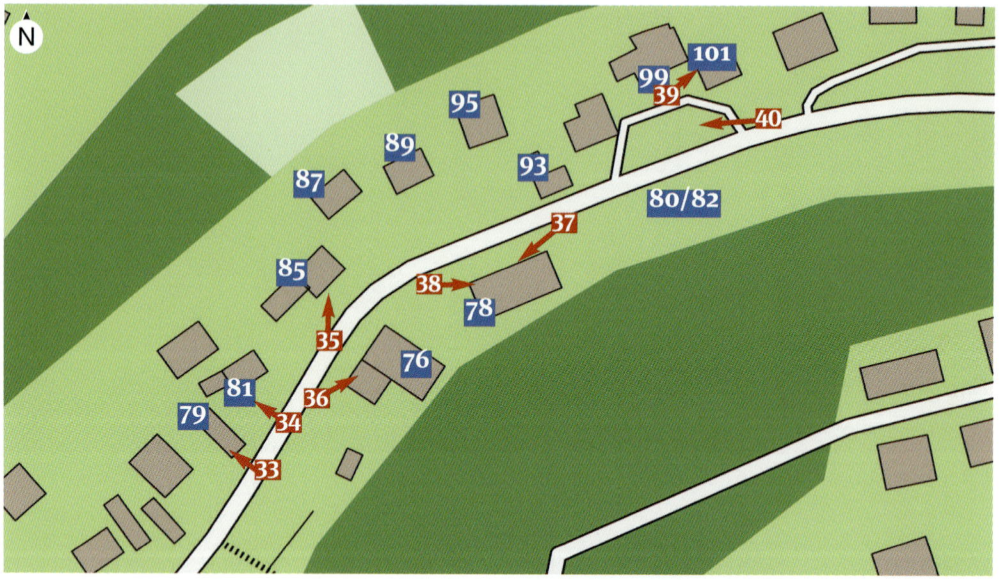

4. Abschnitt: Nr. 79 bis 101

35 Grundstraße 85: Das erste Haus wurde wahrscheinlich um 1700 auf dem 1688 erstmals erwähnten Weinberg errichtet. Als es 1903 der Malermeister Karl Herrmann (→ Handw. u. Gew.) kaufte, ließ er es durch den → Architekten Martin Pietzsch (1866 – 1961) umbauen und nach Nordosten mit einem Erweiterungsbau versehen. Foto: Siegfried Großmann

Unsere Kühe standen bis zum Kopf im Wasser, die Schweine und Hühner schwammen tot darin. Weit über ein Meter hoch stand es in der Stube, in der Küche, im Stall. Wir waren nach oben geflüchtet. Aber das Haus hielt stand. Schauen Sie die 60 Zentimeter dicken Mauern aus Bruchsteinen an. Jetzt will man's niederbrechen. Ein paar hundert Mal hat man's photographiert und gemalt.«[1]

Öffentlicher Personennahverkehr

Die Idee einer Straßenbahnverbindung vom Körnerplatz über die Grundstraße nach Bühlau, die vor dem Zweiten Weltkrieg bestand, wurde nicht umgesetzt. Lediglich im unteren Abschnitt gab es ein Gleisstück zum Rangieren. Stattdessen wurde die Straße in die Führung einer O-Bus-Linie, die die ehemalige Buslinie C ersetzen sollte, eingebunden. Bis zur endgültigen Einstellung des O-Busverkehrs in Dresden 1975 war die Grundstraße der letzte betriebene Abschnitt auf der inzwischen als Linie 61 bezeichneten Strecke. Die O-Busse wurden durch Gelenkbusse vom Typ Ikarus 180 ersetzt (→ *Verkehrsmittel*).

Zunehmender Verkehr und seine Folgen

Der ständig zunehmende Verkehr, einschließlich des schweren Bus- und Wirtschaftsverkehrs, führten zum Verschleiß der Straße. 1977/78 erfolgten umfangreiche Bauarbeiten, Kanal und Straße wurden teilweise erneuert. Im Ergebnis einer Hauptprüfung des Bachbauwerks im Jahre 1994 stellte sich die verbleibende Tragfähigkeit als so niedrig heraus, dass eine grundhafte Erneuerung der Straße einschließlich aller Medien sowie der Bach-

33 Grundstraße 79: Ersterwähnung 1688 unter dem Besitzer Thomas Höle. Der Fachwerkbau wurde vermutlich Anfang des 18. Jahrhunderts durch den Zimmermann Gottfried Lauterbach errichtet. Foto: Peter Mallwitz

34 Grundstraße 81: Erstmals 1688 unter dem Besitzer Hannß Frost erwähnt. Wahrscheinlich Anfang des 18. Jahrhunderts unter Matthäus Schubert erbaut, wurde es in der zweiten Hälfte des 19. Jahrhunderts durch ein Seitengebäude erweitert. Wie auch in den Nachbarhäusern waren die Mieter in der Regel Arbeiter, Handwerker und Wäscherinnen. Foto: Peter Mallwitz

36 Grundstraße 76, 2015 Foto: Siegfried Großmann

36 Grundstraße 76 und 78. Auf dem Gelände der heute zu Wohnungen umgebauten ehemaligen Brauerei befand sich früher eine Mehlmühle, die 1549 erstmals erwähnt wurde (→ Mühlen). Die nach dem späteren Müller Gustav Hänsel benannte → Hänselmühle stellte um 1870 den Betrieb ein. 1887 musste sie einem → Brauereineubau weichen. Nur wenige Jahre braute der Unternehmer Adolph Heydel sein Bier. 1894 kaufte Otto Borsdorf die Grundstücke, der hier einen Abfüllbetrieb für Flaschenbier externer Produzenten unterhielt (→ Handwerk und Gewerbe). In den letzten Jahren erfolgte eine grundhafte Sanierung und der teilweise Umbau zu Eigentumswohnungen. Foto: Peter Mallwitz

37 *Familie Borsdorf vor der Grundstraße 78, um 1900* *Foto: Archiv Kirchgemeinde Loschwitz*

38 *Grundstraße 78, 2015* *Foto: S. Großmann*

Schlussstein mit der Jahreszahl 1787 und den Initialen des Müllermeisters Christian Peißger, vor der Sanierung *Foto: Michael Damme*

39 *Links: Hans Meier, Grundstraße 99, 1948, Aquarell* *Repro: Ernst Hirsch*

40 *Grundstraße 99, 2015: Erstmals 1688 mit dem Besitzer Georg Scheibe erwähnt, wurde es danach mit einem Haus bebaut. Seit der zweiten Hälfte des 19. Jahrhunderts ist das Grundstück im Besitz von Familie Michel. 1920 errichtete Max Michel eine Shell-Zapfsäule, aus der sich die heutige → Tankstelle (→ Handw. u. Gew.) entwickelte.* *Foto: Siegfried Großmann*

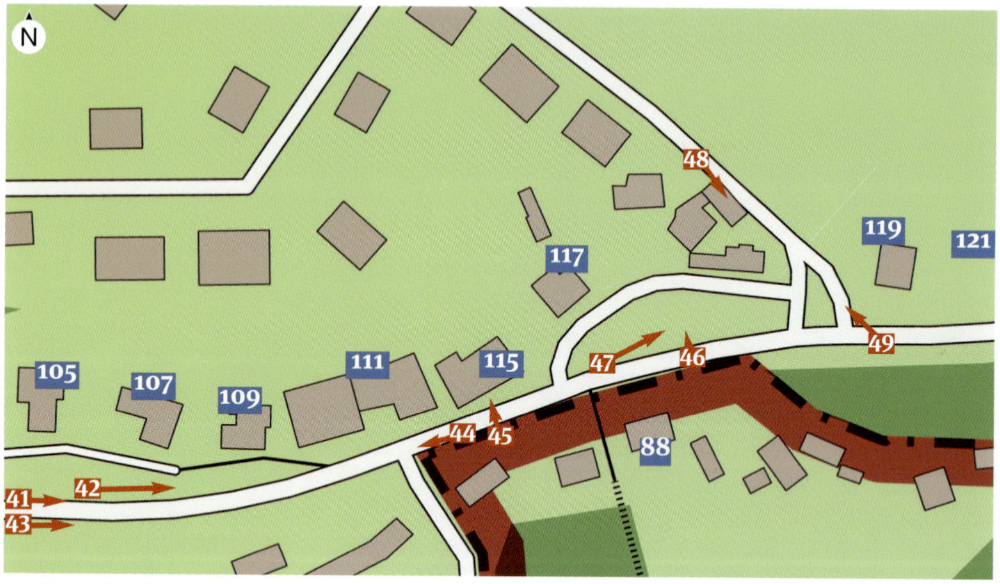

5. Abschnitt: Nr. 105 bis 121

41 *Grundstraße 101 – 105.*
Grundstraße 101: 1883 war der Steuermann der Sächsisch-Böhmischen Dampfschifffahrtsgesellschaft Peschke Besitzer des Anwesens. Schlegels Erben besaßen es bis 1944.
Nr. 101b/103: Ab Mitte der zwanziger Jahre bis 1944 Eigentum der Stadt Dresden.
Nr. 105: Hier wohnte der Eigentümer und Gürtler Melzer sowie der Schneidemühlenbesitzer Ernst Weigel. 1925 bis 1944 war Meta Tittel Besitzerin und Mieter ihr Ehemann Rudolf, kaufmännischer Angestellter.

verrohrung unumgänglich war. In geplanten acht Bauabschnitten sollte die Straße, ursprünglich beginnend ab August 1995, über einen Zeitraum von 8,5 Jahren erneuert werden. Das war für die Anlieger und die betroffenen Verkehrsteilnehmer eine unvorstellbare Zumutung. Durch eine Optimierung der Planung und zeitlich paralleles Bauen in mehreren Abschnitten konnte der Bau nach sechs Jahren im September 2001 beendet werden. Seit diesem Ausbau hat die Fahrbahn durchgängig eine Breite von sieben Metern und eine Asphaltdecke, die zu einer erheblichen Lärmminderung für die Anwohner führte. Die Gesamtkosten für Straße und Kanal betrugen ca. 22,5 Mio. DM (ca. 11,5 Mio. EUR). Die Umlegung eines Teils der Kosten für den außerhalb des Sanierungsgebietes Loschwitz liegenden Teil entsprechend Straßenausbaubeitragsgebührensatzung führte zu Protesten der betroffenen Anlieger (→ *Bürgerbewegung*).

Heute wird die Grundstraße als eine der Hauptverbindungen vom Umland (B 6) über das »Blaue Wunder« in die südöstlichen Stadtteile von Dresden genutzt. 2013 wurden täglich ca. 19.500 Kraftfahrzeuge insgesamt in beiden Richtungen gezählt. Der Schwerlastanteil ist mit etwa 3,8 % im Vergleich zu anderen Hauptstraßen relativ niedrig, da das »Blaue Wunder« für Kraftfahrzeuge über zehn Tonnen (außer Busse) gesperrt ist. Durch die Inbetriebnahme der Waldschlößchenbrücke hat sich die Belegung etwa um 3.000 KFZ/24 h verringert. **Peter Mallwitz**

Zitat:
1 Autor unbekannt; Umbau der Grundstraße – Jahrhunderte alte Idylle verschwindet – Das 300jährige Haus; in: Dresdner Neueste Nachrichten 28.07.1929

42 *Grundstraße 105, 107, 109 und der Neubau 111, 2015: Außer dem Neubau liegen die drei anderen Häuser an der »alten« Grundstraße, deren Verlauf noch gut erkennbar ist.* *Foto: S. Großmann*

43 *Straßenbau im August 1929; das Haus mit dem Giebel links ist die Nr. 105.* *Foto: Slg. Ute Häse*

44 Grundstraße 115 (im Bild rechts) mit der Einmündung der Ulrichstraße um 1925 – und 45 2015: Das Haus wurde 1864 für den »Produktenhändler« August Rentsch erbaut. Auch unter den nachfolgenden Besitzern blieb das → Lebensmittelgeschäft erhalten. Heute präsentiert sich hier der Fachhandel »Getränke & Weinhaus Neumann« (→ Handw. u. Gew.).
Fotos: Slg. Ute Häse, Siegfried Großmann

46 Höhe Grundstraße 117, 2015: Das Trafohäuschen erhielt 1949 zwei Sgraffiti und eine Inschrift (→ Denkmale), die an Mühlenbetrieb und Verhüttung im Loschwitzgrund erinnern. Die Sgraffiti schuf Hermann → Glöckner (1889 – 1987). Hinter dem Trafohaus ist noch die alte Grundstraße im Verlauf vor der Verbreiterung von 1936 erhalten.
Foto: Siegfried Großmann

47 Die »alte« Grundstraße (im Bild unten links) zwischen Grundstraße 115 und Steglichstraße, 2015. Hinter deren Einmündung in die Grundstraße liegen die beiden 1710 erstmals erwähnten Häuser Nr. 119, das seit der zweiten Hälfte des 19. Jahrhunderts im Besitz von Familie Pietsch war, und Nr. 121, das 1918 der Mechaniker Emil Palm kaufte.
Foto: Siegfried Großmann

48 **49** *Einmündung der Steglichstraße in die Grundstraße gestern und heute: Im linken Bild rechts das Fachwerkhaus Steglichstraße 1 und rechts oben der nach Rochwitz führende Stufenweg.* *Fotos: Slg. Eberhard Münzner, Peter Mallwitz*

50 *Die beiden bereits auf Rochwitzer Flur liegenden Häuser Grundstraße 90 mussten aufgrund der Straßenverbreiterung 1929 abgerissen werden.* *Foto: Forker, Slg. Matthias Griebel*

51 *Grundstraße 121 bis 125, 2015:*
Nr. 123 a: An Stelle einer alten Scheune ließ 1897 Louis Bluhm hier eine Mangelkammer mit Trockenboden bauen, aus dem später das zunächst als »Anbau« bezeichnete Wohnhaus wurde. Eine Inschrift über dem Portal lautet:
»Bauen ist eine Lust,
Hätt ich's gewußt, was es gekust,
Hätt ich allen was gebust.«
Nr. 123: Der Produktenhändler Louis Bluhm kaufte 1882 das Grundstück, zu dem auch die heutige Nr. 123 a gehörte.
Nr. 125: Erbaut 1892/93 unter dem Produktenhändler Heinrich Naumann.
Foto: Siegfried Großmann

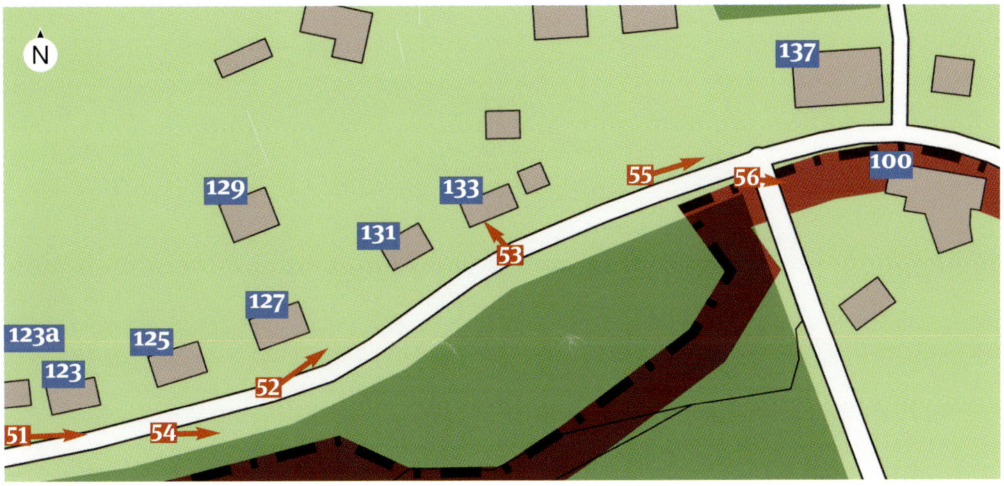

5. Abschnitt: Nr. 123 bis 137

53 *Grundstraße 133, 2015: Der Maurer Julius Robert Fehre ließ für seine Familie 1898 das Haus erbauen. Um 1932 erbaute dahinter der Steindrucker Oskar Fehre ein weiteres Wohnhaus.* *Foto: Siegfried Großmann*

52 *Grundstraße 127–131, 2015.*
Nr. 127: Erster Besitzer des Grundstücks war der Tischlermeister Johann Christian Süß (→ Handw. u. Gew.), der hier jedoch nicht wohnte.
Nr. 129: In »zweiter Reihe« 1875 unter dem Kutscher Theodor Rammer erbaut. 1912 erwarb es der Masseur Paul Krumbiegel.
Nr. 131: Auf dem bereits 1757 erwähnten Grundstück ist es das älteste Haus in dieser Reihe. Seit der zweiten Hälfte des 19. Jahrhunderts war es im Besitz der Familie Ebschner.
Foto: Siegfried Großmann

54 *Grundstraße 98, um 1900: Die einstige Dammmühle (→ Mühlen) stand gegenüber der Nr. 125. Auf dem Bild sieht man hinten den Schornstein der 1884 eingerichteten »Nudelfabrik« und am rechten Gebäudeflügel im Dach den Getreideaufzug. Die Mühle wurde 1936/37 abgebrochen.* *Foto: Slg. Matthias Griebel*

55 *Grundstraße 135 und 137:*
Nr. 135: Das alte Haus wurde 1988 abgerissen.
Nr. 137: Dieses für die Gegend eigentlich untypische Gebäude hatte einen Vorgängerbau vom Ende des 18. Jahrhunderts, der ab 1840 von der Gemeinde als → Armenhaus genutzt wurde. 1892 wurde es durch den heutigen Neubau, das »Schweizerhaus«, ersetzt. Ab 1921 gehörte das Haus der Stadt Dresden, die es kurz darauf nur noch als Wohnhaus nutzte. *Foto: Slg. Matthias Griebel*

56 *Grundstraße 100, 2014: Das historische Gasthaus »Zur Eule« (→ Gaststätten) liegt bereits in der Gemarkung Rochwitz und besteht vermutlich seit dem 16. Jahrhundert. Inschriften an der Fassade weisen humorvoll auf Höhen und Tiefen der Geschichte hin. Das Gebäude wird seit 2009 als Mietwirtschaft von der Firma »W.O.K. Gastronomie und Catering GmbH & Co. KG« (→ Handwerk und Gewerbe) genutzt.* *Foto: Peter Mallwitz*

Jürgen Gramm, Peter Mallwitz

Quellen: 399, 500, 621, 639, 682, 789, 1000, 1049

Loschwitz 1710, Aquarell (Ausschnitt) *Stadtmuseum Dresden*

Veilchenweg

Der heutige Veilchenweg ist aus einem Weinbergsteig im 17. Jahrhundert hervorgegangen. Von der Residenzstadt Dresden aus wurden die Spittelberge, die dem Maternihospital unterstanden, sowie das weitere Hochland erschlossen. In der Geschichte wechselte der Weinbergsteig anhand der Gegebenheiten mehrfach seinen Namen. So um 1850 »Blauveilchengasse« gemäß wahrgenommener Vegetation. Dann »Obere Bergstraße« und ab 1882 »Viktoriastraße«. Von hier aus konnte man von der »Victoriahöhe« (→ *Gaststätten*), dem »Schönsten Etablissement des Elbthals«, den Blick von den Weinbergen bis hin zu den Türmen der sächsischen Residenz schweifen lassen. 1926 erfolgte die Umbenennung der »Viktoriastraße« in »Veilchenweg«.

Mehrere → *Wanderwege* stehen mit dem Veilchenweg mehr oder weniger im Zusam-

1 *Eingang zum Veilchenweg um 1954 mit einer Schauvitrine des Händlers Albin Ungewiß (→ Handwerk und Gewerbe) und dem Musikhaus Bock (rechts) im Haus Veilchenweg 2. In der Bildmitte hinten das Haus Veilchenweg 1.*
Foto: Eberhard Münzner

2 *Veilchenweg um 1900: Gut einsehbar ist der Verlauf entlang der Bauten auf der rechten Bildhälfte. Auf der linken Seite in halber Höhe die neu erbauten Häuser Veilchenweg 5 bis 7. Im unteren Bereich die Bebauung Grundstraße 8 bis 16 (v. r. n. l.).* *Foto: August Kotzsch, Slg. Herre, Griebel*

menhang: Der Ludwig-Richter-Weg, benannt nach dem Maler und Grafiker, berührt den Veilchenweg nur indirekt, indem der Wanderer von der → *Schwebebahn* bergab Einblick in den unteren Abschnitt des Weges mit dem → *Winzerhaus* Veilchenweg 9 und dem ersten Sommerquartier von Ludwig → *Richter* (1803–1884), Veilchenweg 1, gewinnt.

Der Dichter-Musiker-Maler-Weg (DMM-Weg) durchquert nur teilweise den Veilchenweg. Beginnend vom Körnerplatz bis kurz vor der ehemaligen Victoriahöhe mündet er in den 2. Steinweg ein und führt über den → *Ortsteil Schöne Aussicht* weiter auf das Schönfelder Hochland. Insgesamt hat der DMM-Weg in fünf Etappen eine Länge von 91 km und führt bis zum Prebischtor in Böhmen.

In den historischen Ansichten des Veilchenweges sehen wir einen unbefestigten Weg. Erst ab 1904 begannen die Arbeiten zur Kanalisation, Stadtbeleuchtung und Straßenpflasterung. Das wachsende Verkehrsaufkommen führte zu einer Einbahnstraßenregelung. Die schwierige Parkplatzsituation wurde zu einem Problem für die Anwohner.

Federzeichnung der Blauveilchengasse von Gottlob Reintanz aus dem Jahr 1840. Das Gebäude oben rechts ist der Vorgängerbau von Veilchenweg 17, damals Wohnhaus mit Weinpresse der Familie Gerhardt. 1842 erfolgte der Umbau. *Slg. Matthias Griebel*

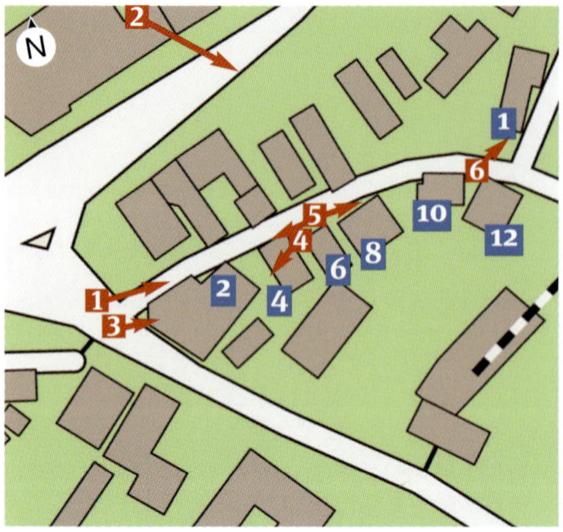

1. Abschnitt des Veilchenweges vom Körnerplatz bis Nr. 12

4 *Veilchenweg Nr. 4 , 2015*
Foto: Siegfried Großmann

5 *Heutige Eingangssituation des Veilchenwegs mit den auf der rechten Seite gelegenen Gebäuden Veilchenweg 6 bis 10.*
Foto: Siegfried Großmann

3 *Veilchenweg Nr. 2, 2014*
Der aus Buchholz bei Annaberg stammende Posamentenfabrikant Otto Ludwig Bach (1845 – 1922, → Handwerk und Gewerbe, Textilien), erwarb den Vorgängerbau und stellte 1880 den Antrag auf Abbruch des Gebäudes und Neubau eines Wohn- und Geschäftshauses durch den → Baumeister Theodor Lehnert (1828 – 1910). So eröffnete Bach Ende 1881 im Erdgeschoss das Gewerbe »Band-, Seiden und Modewaren« und ein »Fabriklager für Garn-, Schnitt, Woll- und Weißwaren«. Nach dem Verkauf des Hauses im Jahre 1898 war sein Geschäftsnachfolger ab 1899 Paul Rohr, dem später noch weitere folgten. 1933 eröffnete parallel als zweites Geschäft ein Kunstgewerbeladen, in den nach 1945 das → »Musikhaus Bock« einzog. 1985 kam es zur Anmietung der Gewerberäume des ehemaligen → HO Textil und VEB Herrenmode durch das Familienunternehmen → Fahrrad-Päperer (→ Handwerk und Gewerbe), der hier 1990 sein neues Ladengeschäft eröffnete. *Foto: Siegfried Großmann*

4 *Veilchenweg Nr. 4, 2015*
Um 1670 wird dieses Grundstück auf einem Weinberg von Michael Richter ausgewiesen. Für einen Hausbau erfolgte von Matthes Fehre um 1676 ein Zukauf. Der Besitz blieb bis 1820 in den Händen der Familie Richter-Häbig(t). Der Tischler- und Glasermeister Johann Theodor Süß richtete 1888 eine Werkstatt ein. Von 1924 bis 1978 betrieb die Familie Oskar Lissau eine Möbel- und Sargtischlerei. Seit 1990 führt Tischlermeister Peter Szittariu das Handwerk in seiner Bau- und Möbeltischlerei aus. → Süß, Lissau und Szittariu.

5 *Veilchenweg Nr. 6*
Ersterwähnung im Jahre 1675 unter Hanns Fehre und dessen Sohn Matthes Fehre. 1710 kam es in den Besitz des Winzers George Richter, dem weitere Eigentümer folgten. Schon vor 1800 stand hier ein Fachwerkhaus. Ab 1891 war Eigentümer der bei der Gemeinde Loschwitz angestellte Zimmermann Gustav Medger. Näherinnen, Wäscherinnen und Schneiderinnen wohnten hier früher zur Miete. 2000 nach altem Vorbild neu errichtet.

5 *Veilchenweg Nr. 8*
Ersterwähnung 1675 unter Hannß Baudisch. Bau eines neuen Wohnhauses unter Carl August Thieme im Jahre 1861. In den folgenden Jahren vermietet an die gleichen Berufsgruppen wie das Haus Veilchenweg 6. Eine Heimbürgin der Gemeinde war vor 1921 hier tätig. 1995/1997 nach altem Vorbild neu errichtet.

5 *Unterer Veilchenweg, um 1985*
Foto: W. Nützenadel/Slg. M. Griebel

5 *Unterer Veilchenweg, 2015*
Foto: Siegfried Großmann

6 *Veilchenweg Nr. 1, 2014*
Ersterwähnung als Weinberg von Christoph Lange und Langes Erben, die um 1720 ein Fachwerkhaus errichteten. Sie waren unter anderem kurfürstliche Jagdbediente oder Maurergesellen. Von Bedeutung ist das Haus, da sich hier der Maler Ludwig → Richter (1803 – 1884) in den Sommermonaten 1852 bis 1853 bei Johanna Christina Lange, der Witwe des Maurergesellen Carl Christoph Lange, einmietete. Dank des Engagements der Familie Udo Gildemeister konnte die Bausubstanz nach 1990 über dem Souterrain nach altem Vorbild neu errichtet werden. *Foto: Peter Mallwitz*

5 *Rechts: Ölgemälde von Richard → Miller (1905 – 1959) mit der Bergstation der → Schwebebahn und darunter die Villa Veilchenweg 7.*
Archiv Ortsverein Loschwitz-Wachwitz e.V.

5 *Veilchenweg 1952, Zeichnung von Richard Bernhardt (1900 – 1977), der als städtischer Angestellter in seiner Freizeit 130 Skizzenbücher mit 23.000 Zeichnungen anfertigte, welche nur durch Zufall dem Altpapier entgingen.*
Stadtarchiv

Anwohner-Kinderfest am unteren Veilchenweg, Mitte der 1950er Jahre. *Foto: Gerhard Münzner*

7 *Veilchenweg Nr. 3–7 (bis 1920 Privatweg), durch eine zwischen Nr. 1 und 9 parallel zur Grundstraße abzweigende Zufahrt zu erreichen. Eigentümer von Nr. 3 war seit 1883 der Gastechniker und Friedensrichter Georg Moritz Blochmann (1820–1894). Ab 1903 wurde der → Baumeister Gustav Adolf Rumpel (1844–1904) Eigentümer und Bewohner des Anwesens, nach seinem Tod erbten es dessen Frau und Kinder. 1913 entstand durch Flurabtrennung das Grundstück Veilchenweg 3b. Der Baumeister Albin Neubert baute sich hier sein Haus, das er 1914 beziehen konnte. 1918 erwarb es der Fabrikbesitzer Leopold Knauth, dessen Erben es 1939 an den Studienrat Friedrich Jehn verkauften.*
Veilchenweg 5 besaß und bewohnte die Familie des Tischlermeisters Theodor Süß, der in Nr. 4 eine Tischlerei und Glaserei betrieb. 1913 verkaufte er das Grundstück an den o. g. Albin Neubert.
Veilchenweg 7: 1882 erwarb das Grundstück der Berliner Privatier Otto Nitze, der das Haus nach einem Umbau als Sommerwohnung nutzte. Sein heutiges Aussehen erhielt es unter Ernst Haase, der es 1896 gekauft hatte. 1920 ging es an den Rechtsanwalt Dr. jur. Walter Wilhelm (1886– nach 1945), der auch sächsischer Landtagsabgeordneter und 1927 Wirtschaftsminister war. 1955 begann die Nutzung als städtischer → Kindergarten, für den die Räume nach 1990 nicht mehr den Vorschriften genügten. Durch die heutigen Besitzer behutsam saniert. *Foto: Holger Friebel*

8 *Veilchenweg Nr. 12, 1848 erbaut und seit 1921 im Besitz der Familie → Münzner (→ Villen und Weinbergshäuser).* *Foto: S. Großmann*

8 *Blick vom Veilchenweg zum Burgberg, um 1890* *Foto: Slg. Eberhard Münzner*

8 *Schwebebahn und Haus Veilchenweg 16 auf einer historischen Ansichtskarte von 1903. Die davorliegende Nr. 14 wurde zugunsten des Baus der Schwebebahn 1895 abgebrochen, die Nr. 16 folgte 2011.* *Kunstverlag Max Koehler, Slg. Elbhang-Photo-Galerie*

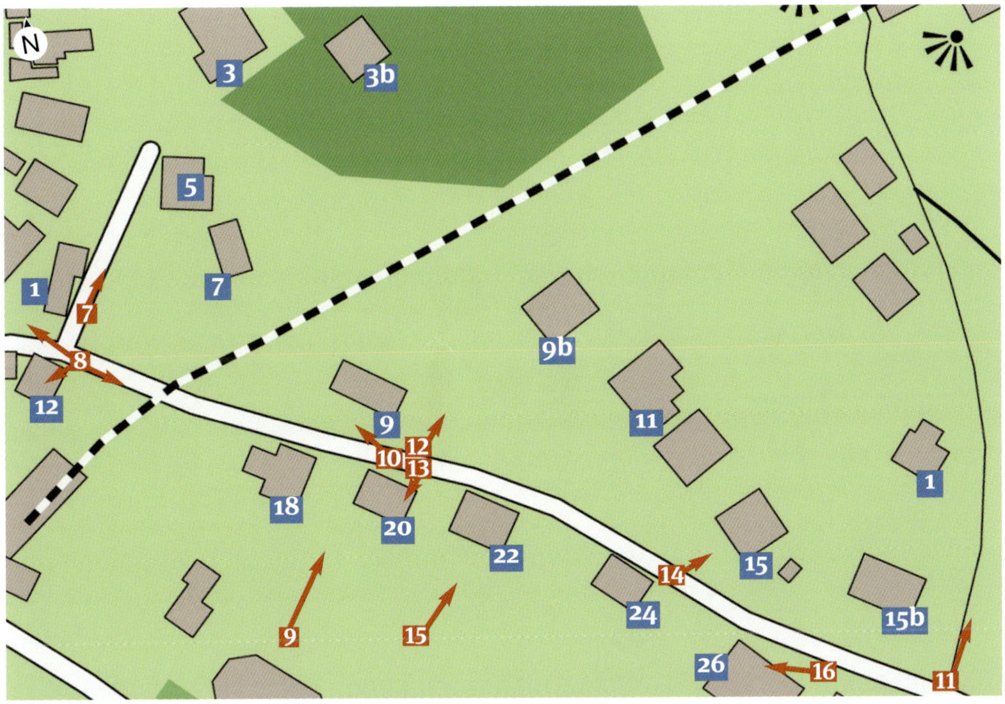

2. Abschnitt des Veilchenweges von der Schwebebahn bis zum 1. Steinweg

10 Veilchenweg Nr. 9, 2014, denkmalgeschütztes Grundstück mit Pforte, Winzerhaus (→ Villen und Weinberghäuser), Gartenpavillon, Winzersäule von 1674 (→ Denkmale), Ludwig-Richter-Stele und Weinpresse. Foto: P. Mallwitz

9 Veilchenweg Nr. 16 und 18, hinten Nr. 9
Veilchenweg 16: Hier erwarb der Maurergeselle Johann Traugott Zeibig 1800 »einen Platz zum Hausbau am Hospital-Weinberge neben der Straße nach Rochwitz von der Gemeinde«. Das »Arme-Leute-Haus« mit Holzanbauten überstand 1901 den Bau der Schwebebahn und gehörte zum Erscheinungsbild dieser Kulturlandschaft. Wegen Baumängeln erfolgte mit Zustimmung des Landesamtes für Denkmalpflege im Jahre 2011 »ein Abriss ohne Diskussion«, so ein Beitrag des Elbhang-Kuriers vom August 2011.
Veilchenweg 18: Nach einer Tagebuchaufzeichnung der Johanna von Seydewitz, geborene von Kyaw, erwarb ihr Vater 1860 ein Sommerhaus aus dem Jahre 1843. 1880 erfolgte die Erweiterung zu einem Wohnhaus. 1897 kaufte es der Baugewerke-Besitzer August Rosig (1844 – 1927) und nach dessen Tod Anna Gabriel, die mit ihrem Ehemann, dem Spitzenweber Alexander Gabriel, schon seit 1898 hier wohnte. Nach 1990 blieb dem denkmalgeschützten Grundstück eine überdimensionierte Bebauung erspart. Die Eigentümer beauftragten das Architekturbüro Weise & Treuner mit einem angepassten Neubau, in den ein Teil der vorhandenen Bausubstanz einbezogen wurde. Foto: Jürgen Frohse

11 Blick den 1. Steinweg hinauf, 2015
Foto: Holger Friebel

9 Durchblick auf Veilchenweg 9, noch mit Turmerker, um 1985
Foto: Wolfgang Nützenadel, Slg. M. Griebel

12 *Veilchenweg Nr. 9b, 2014, überdachtes Eingangsportal der Villa mit Tor in aufwändiger Kunstschmiedearbeit. Die Pforte führt zu der im Jahre 1898/99 gebauten Villa der Eigentümerin Magdalena Sy geb. von Hirsch. Ihr Sohn, der Maler Gerhard Sy (1886 – 1936), verkaufte 1911 das Grundstück an den Kaufmann Ernst Fischer (1848 – 1934). Schon 1912 erfolgte ein Umbau der Villa nach Plänen des → Architekten Rudolf Kolbe (1873 – 1947).*
Foto: Siegfried Großmann

13 *Veilchenweg Nr. 20, 2015*
Im Jahre 1843 erwarb der Maurergeselle Carl Gottfried Menzel das Weinberggrundstück und baute eine kleine Villa. Von 1852 bis 1874 war der Loschwitzer »Dorfpoet«, der Dichter Dr. Moritz → Heydrich (1820 – 1885), Eigentümer und Bewohner des Hauses. Der Portalbogen trägt sein Lebensmotto: »Immer heiter, Gott hilft weiter«. Zu Heydrichs Freunden zählten nicht nur Ludwig Richter, sondern auch viele andere Maler, Schriftsteller und Schauspieler. Der große Komponist und Pianist Franz Liszt (1811 – 1886) spielte hier Klavier. 1874 kaufte der Direktor des Hauptstaatsarchivs Dr. Karl von Weber (1806 – 1879) von Heydrich Haus und Grundstück, das bis 1938 im Besitz der Familie verblieb. In diesem Jahr kaufte es der Dichter und Schriftsteller Martin → Raschke (1905 – 1943) und bezog mit seiner Familie das Haus. *Foto: Siegfried Großmann*

14 *Veilchenweg Nr. 15, 2014*
Der Berliner Privatier Hermann Roeßler erwarb für einen Sommerwohnsitz das Grundstück um 1895 und ließ die Villa »Wilhelmshöhe« errichten, ein Landhaus im Schweizerstil mit Verandaanbau, von massiven Stützmauern auf dem steilen Hanggrundstück gesichert. Ins Grundstück führt eine Eingangspforte in Kunstschmiedearbeit. *Foto: Peter Mallwitz*

15 *Veilchenweg 22, »Villa in Dresden-Loschwitz«, Gemälde von Friedrich Moritz (1866 – 1947), einem deutsch-baltischen Maler in Berlin. Bis 1911 war das Grundstück mit dem Haus namens »Bagatelle« im Besitz der Familie von Weber, der auch das Nachbarhaus Nr. 20 gehörte. Von ihr kaufte es die in Blasewitz wohnende Alinda Braess. Sie ließ das Haus abreißen und durch → Baumeister Karl Reichpietsch (1859 – 1947) ein neues errichten. 1916 erwarb es der Fabrikant Hermann Weck (1867 – 1941), der es mehrmals umfassend umbauen und mit einer großen Veranda versehen ließ. Kurz vor seinem Tod verkaufte er die Villa an die in Vorarlberg/Österreich wohnende Kaethe Schwedler. Von 1947 bis zu seinem Tod lebte hier der Maler Hermann Zirkel (1900 – 1970) mit seiner Familie.* *Repro: Slg. Matthias Griebel*

16 *Veilchenweg 26, 2015. Die Villa »Gottes Segen« erbaute der Schneidemühlenbesitzer und → Baugewerkemeister Ernst Weigelt (1857 – 1916) für den Loschwitzer Gemeindevorsteher Ernst Näther (1862 – 1945, → Gemeindeamt). An der Fassade ein Sandstein-Medaillon des Bildhauers Peter → Makolies. Foto: S. Großmann*

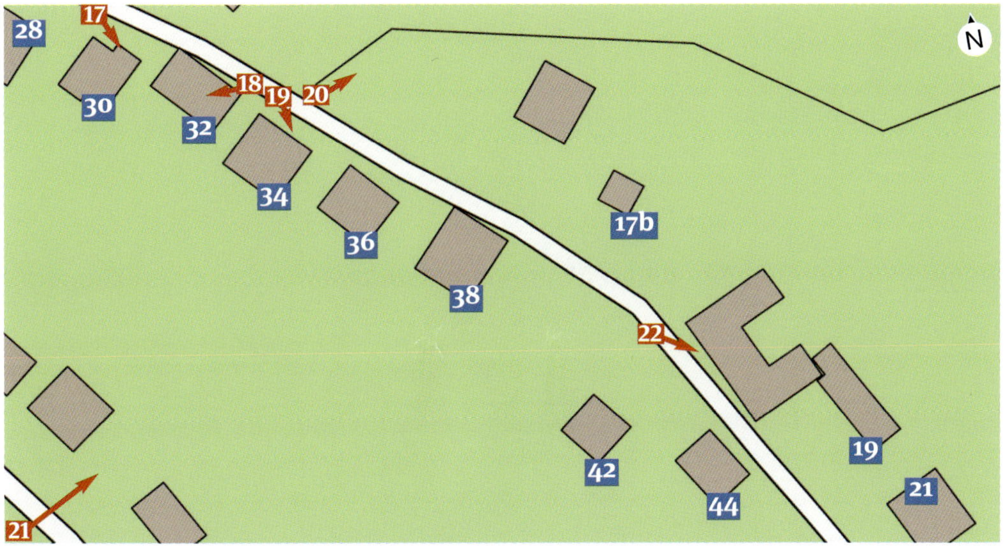

3. Abschnitt des Veilchenweges von Nr. 28 bis Nr. 44

17 Veilchenweg 30a und 30b, 2014: Die Kubatur dieses Neubaus schräg gegenüber der Einmündung des 1. Steinweges in Anlehnung an die Bauhausarchitektur, der 2007 rohbaufertig wurde, fügt sich gut in die Umgebungsbebauung ein. Foto: Siegfried Großmann

18 Veilchenweg Nr. 32, 2014
Die Villa »Bella Vista« entstand 1856 und erlaubt einen weiten Blick ins Elbtal. 1882 erwarb sie der Dresdner Kaufmann Emil Markert von der verwitweten Rosalba Hantzsch und nutzte sie fortan als Sommerwohnung. Hermann Becker, der sie 1897 gekauft hatte, ließ das Haus 1900 erweitern. Eigentümerin von 1922 bis 1929 war die Ehefrau des Korvettenkapitäns Hellmuth von Mücke (1881 – 1957), der mit ihr hier wohnte. Ab 1926 war er sächsischer Landtagsabgeordneter der NSDAP. 1929 machte er ein Bündnisangebot an die SPD und KPD, das diese jedoch ablehnten. Dies führte zum Streit mit seiner eigenen Partei und zum Austritt aus dieser. Ab 1933 erhielt er Schreib- und Redeverbot und kam zweimal in kurze KZ-Haft. Nach 1945 wurde er, mit Familie nun in Ahrensburg lebend, als Verfolgter des NS-Regimes anerkannt, erhielt aber keine Entschädigung. Ab 1952 verfasste er Streitschriften gegen die Wiederbewaffnung der BRD und handelte sich ein Disziplinarverfahren ein. Fünf Jahre später verstarb er. Nach dem Wegzug Mückes aus Loschwitz kaufte 1930 der → Arzt Dr. Arthur Franke (1879 – 1941) das Grundstück. Nach seinem Tod ging es in den Besitz von Familie Wiese über, die schon seit 1936 hier wohnte. Foto: Peter Mallwitz

19 Veilchenweg Nr. 34, 2014
Das Einfamilienhaus im Art-déco-Stil entstand 1928. Entwurfsverfasser und Eigentümer war der Architekt Franz Leukert. Er verkaufte das Haus an den Liebensteiner Fabrikanten Karl Havlik. 1934 ging es an den Pianisten und musikalischen Leiter der Palucca-Schule Adolf Havlik (1906 – 1955), der bis mindestens 1945 hier wohnte. Foto: Peter Mallwitz

20 Blick den 2. Steinweg hinauf, 2015
Foto: Holger Friebel

21 Blick zum Veilchenweg Foto: J. Dose

22 Veilchenweg Nr. 19, 2014. Das 1997/98 sanierte Wohnhaus war früher die → Gaststätte mit Hotel »Victoriahöhe«. 1901 wurde der westliche Teil des Grundstücks mit dem »Molchenteich« (→ Gewässer) abgetrennt und verkauft. 1908 kaufte es Margart von Lossow und ließ sich hier noch im gleichen Jahr von → Architekt Rudolf Kolbe (1873 – 1947) eine Jugendstil-Villa, 2. Steinweg 2, bauen. Auch die ehemalige Gartenterrasse der »Victoriahöhe« wurde später als eigenes Flurstück abgetrennt und 1931 mit einem kleinen Haus der Bauhaus-Tradition bebaut. Hier lebte mit seiner Ehefrau der blinde Reinhold Wildenhayn (1898 – 1980).
Foto: Peter Mallwitz

23 Veilchenweg Nr. 48, 2015
Das Grundstück gehörte bis 1899 zur → Gärtnerei von Arthur Flinsch in der heutigen Calberlastraße 1. Er beantragte 1899 hier am Veilchenweg den Bau einer »Einfamilien-Villa«. Einen Monat nach dem Bauantrag verkaufte er das Grundstück an Ernst Größler, der die Villa dann bauen ließ. Sie erhielt den Namen »Miyanoshita« nach dem gleichnamigen Ort mit sieben Thermalquellen bei der Stadt Hakone in Japan. Eine Besonderheit ist die Fassadengestaltung mit doppeltgebranntem farbigen Ziegelmauerwerk, viel Schmuckwerk und dem historisierend gegliederten Eckturm. *Foto: Holger Friebel*

Detail, 2015 *Foto: Siegfried Großmann*

24 Veilchenweg Nr. 25, Villa »Stolzenfels«
Paul Hoffmann, der Eigentümer der »Victoriahöhe«, hatte 1894 auf dem Grundstück ein kleines Luftbad bauen lassen. 1898 erwarb es Ludwig Ronnthaler (1841–1910, → Villa Ural). der es wiederum 1900 an den → Baumeister Paul Schenke (1851–1935) verkaufte. Dieser ließ Luftbad und Gewächshaus abreißen und erbaute für sich 1901/02 an dieser Stelle seine Villa. Dabei nahm er sich die Burg Stolzenfels am Rhein zum Vorbild. Am Turm erinnert ein Wappen mit der Inschrift »P S 1901« an ihn. In der ersten Etage wohnte von 1903 bis zu seinem Tod der Maler Emanuel → Hegenbarth (1868–1912).
Ansichtskarte, Slg. Matthias Griebel

25 Veilchenweg 27, 2015, dahinter der Turm von Nr. 25. *Mit dem Bau der Villa »Stolzenfels« erfolgte vermutlich auch die Abtrennung eines Flurstücks, das um 1902 der auf dem 2. Steinweg in Nr. 1 wohnende Königliche Kammermusiker Edmund Kayser (1852–1914) erwarb. Von seinen Erben kaufte es um 1925 Arnolda von Frege-Weltzien (1886–1957). Sie heiratete den Rechtsanwalt Dr. jur. Walter Fischer (1880–1960), beide ließen sich von Architekt Rudolf Kolbe die heutige Villa mit Terrassenanlage errichten.* *Foto: Holger Friebel*

Fassadenschmuck an der Villa Veilchenweg 27
Foto: Siegfried Großmann

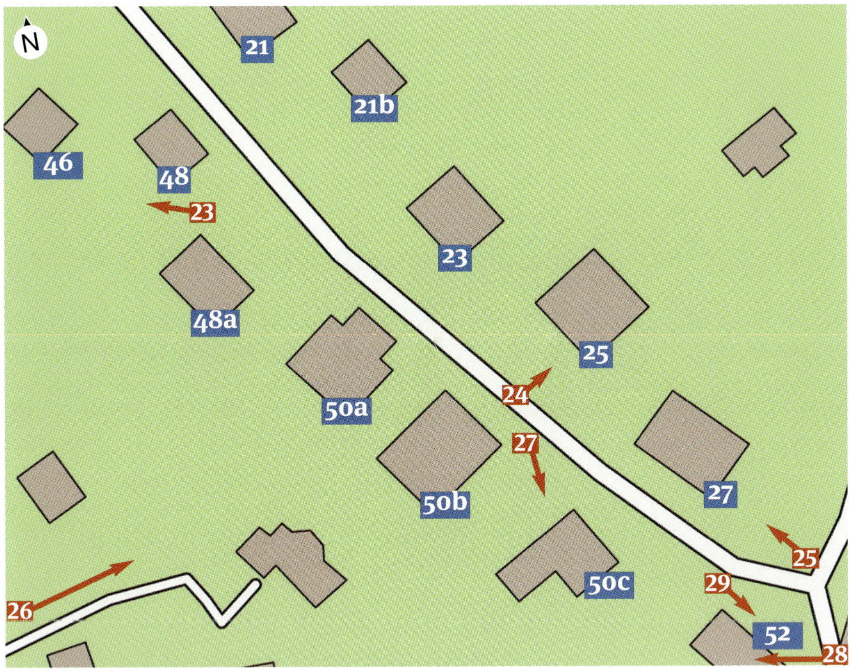

4. Abschnitt des Veilchenweges von Nr. 46 bis Nr. 52

28 *Blick von der Calberlastraße in das Grundstück Veilchenweg 52, gemalt 1829 von Curt Victor Clemens Grolig (1805–1863). Auf der anderen Elbseite Dorf Blasewitz und die Dresden-Silhouette.* *Slg. Matthias Griebel*

26 *Blick von der anderen Elbseite, 2014: In der vorderen Reihe Nr. 44, 46, 48, 48a, 50a, 50b und 50c; hinten Nr. 19, 21, 23, 25 und 27: Die Neubauten Veilchenweg 46 und 48a fügen sich in ihrer Kubatur gut in die alte Bebauung ein. Anstelle der beiden daran im Bild rechts anschließenden 1998/99 errichteten großen Neubauten Veilchenweg 50a und b sollte ursprünglich eine noch größere Wohnanlage mit einem die beiden Häuser verbindenden Wellness-Bad entstehen. Dagegen widersetzte sich eine → Bürgerbewegung.* *Foto: Peter Mallwitz*

27 *Veilchenweg Nr. 50c, 2014. Das 1997 von Weise & Treuner entworfene Wohnhaus in einer an die Vergangenheit angelehnten Architektursprache, unter Schonung der großen Bäume errichtet, bildet den gestalterischen Übergang zum historischen Winzerhaus Nr. 52.* *Foto: Siegfried Großmann*

29 *Winzerhaus Veilchenweg 52, 2014: 1625 wurde der Weinberg erstmals erwähnt mit dem Eigentümer Andreas Höhle. Spätere Besitzer waren u. a. 1751 bis 1791 Oberhofprediger Dr. Johann Gottfried Herrmann (1707–1791), von 1806 bis 1832 Hauptmann Hans Gottlieb von Kretzschmar (1768–1844) und ab etwa 1870 Finanzrat Rudolf von Sandersleben (1818–1905). Seiner Tochter Emmy (1847–1930) und ihrem Ehemann, dem Generalleutnant Carl Georg von Müller-Berneck (1840–1919), schenkte Sandersleben 1894 das Grundstück, das von ihnen zunächst nur als Sommerquartier genutzt wurde. Das Anwesen blieb bis nach 1945 im Besitz der Familie. Ab 1969 wohnte hier der Agrarwissenschaftler, Phytopathologe und Professor Claus Oertel (1936–2003), der zu den Vorreitern der ökologischen Landwirtschaft gehört.* *Foto: P. Mallwitz*

Peter Mallwitz

Quellen: 188, 296, 313, 332, 338, 345, 412, 444, 613, 629, 793, 1000, 1111, 1127

Blick um 1900 vom Veilchenweg über die Pillnitzer Landstraße und die Dorfmitte, Ansichtskarte Kunstverlag Alfred Hartmann/Slg. Eberhard Münzner

Blasewitz-Loschwitz

Hans Anton Williard (1832 – 1867), Ansicht vom Burgberge in Loschwitz, um 1855, Lithografie (Ausschnitt) Städtische Galerie Dresden Es dominiert die Loschwitzer Kirche am Rande einer dörflichen Bebauung. Die Elbauenlandschaft reicht an die Pillnitzer Landstraße heran: Eine besonders durch die topografischen Gegebenheiten aufgewertete Kulturlandschaft.

Pillnitzer Landstraße

Die Pillnitzer Landstraße in ihrem heutigen Verlauf und Ausbauzustand entwickelte sich aus der einstigen Verbindungsstraße zwischen den rechtselbischen Dörfern Loschwitz, Wachwitz, Niederpoyritz, Hosterwitz und Pillnitz, die an den Mündungen der der Elbe zufließenden Bäche liegen. Die Straße hatte bis zum Ende des 19. Jahrhunderts lange nicht die Bedeutung wie heute, da ihr die überörtliche Anbindung insbesondere in Richtung der Stadt Dresden fehlte. Der in dieser Relation maßgebliche Verkehr zwischen dem Hof in Dresden und dem Sommerschloss Pillnitz wurde auf der gegenüberliegenden Elbseite unter Einbeziehung der Fährstelle in Kleinzschachwitz abgewickelt. Allerdings hatte sie als Abschnitt des sogenannten Pillnitz-Moritzburger Wegs zwischen dem Lustschloss in Pillnitz und dem Jagdschloss in Moritzburg eine gewisse Bedeutung, da dieser eine direkte Verbindung zwischen diesen Einrichtungen des sächsischen Hofs darstellte. Die Bezeichnung der Straße war anfangs noch nicht einheitlich und wechselte mehrmals für verschiedene Abschnitte. Mit ihrem durchgängigen Ausbau nach 1883, insbesondere nach Eröffnung der Blasewitz-/Loschwitzer Elbbrücke, dem → *Blauen Wunder* im Jahre 1893, stieg die Attraktivität der anliegenden Grundstücke infolge der verkehrlichen Erschließung. Das weckte Begehrlichkeiten bezüglich des Baus zahlreicher Sommervillen in den ehemaligen Weinbergslagen, die seit dem Erliegen des Weinbaus wirtschaftlich nur wenig effektiv genutzt werden konnten.

Die Pillnitzer Landstraße beginnt am Körnerplatz in Loschwitz und endet an der Ortsteilgrenze zwischen Hosterwitz und Pillnitz.

Das Foto von August Kotzsch »Die Loschwitzer Kirche« um 1875 zeigt beeindruckend die Dimensionen des schmalen unbefestigten Verkehrsweges vor dem Bau der Loschwitzer Brücke. Der Eindruck wird verstärkt durch die Gegenüberstellung der barocken Kirche und dem Jungen im Vordergrund, der einen Wagen zieht. → Loschwitzer Kirche. *Slg. M. Griebel*

1 *Pillnitzer Landstraße 1. Das Gebäude geht vermutlich auf 1670 zurück. Bekannt durch die Geschichte des kleinen Jungen Peter Born (→ Kasten), die mit dem Haus in Verbindung steht. Eigentümer war von 1763 – 1768 Gregorius Zeibig jun., von Beruf Jagdbedienter – vielleicht ein Vorfahr von Max Zeibig? Bis 2003 befand sich hier die → »Galerie an der Schwebebahn«.* *Foto: Siegfried Großmann*

Frühe Bebauung: Urkarte, 1859, von Traugott Wilhelm Henker (Ausschnitt).

Kaiser Wilhelm II. mit König Albert 1888 in Loschwitz – auf der noch über freies Feld führenden Pillnitzer Landstraße, in Höhe der heutigen Wohnanlage Alte Kirschplantage. Aquarell von Moritz Nestler (1842–1904), 1898 *Archiv Kirchgemeinde Loschwitz*

Heinrich Max Zeibig erblickte am 2. April 1889 das Licht der Welt und wuchs auf dem Rißweg 56 in Oberloschwitz auf. Sein Vater war Kellner und seine Mutter ebenfalls im Gastgewerbe tätig. Seine Großmutter, die Wäscherin Amalie Clara Zeibig, blieb ledig. Sie verstarb 1900 in der Deutschen Heilstätte (Wunderlichstraße 17). Max Zeibig, der als Lehrer und Autor tätig war, ging in die Lausitz und publizierte über die Region. 1945 zog er nach Süddeutschland und verstarb am 18. Mai 1963 in Wasserburg am Bodensee. Seinem Geburtsort widmete Zeibig Geschichten über den Loschwitzer Jungen Peter Born, dessen Mutter Waschfrau war. Daraus sei zitiert:
»Da war ich ein dreijähriger Bube und saß auf dem Steinpfosten des kleinen Gartentores vor dem gebückten, von Wetter und Sorgen fast zusammengesunkenen Häuschen am Eingang der Pillnitzer Straße zu Loschwitz. Ich nahm kühn und selbstverständlich die Parade der Truppe ab. Wenn ein Offizier kam, grüßte ich militärisch.
›Das war der Prinz!‹ sagte Großmutter zu mir, als jetzt einer zu Pferde vorüberkam. Ich wollte staunen, besann mich aber, grüßte extra schneidig, und lachend dankte der Prinz. Die letzten Soldaten folgten. Eine Wolke von Staub wob hinter ihnen her. In der Ferne verklang das Lied, nur hatte es jetzt einen anderen Text: ›Ich heirat‹ nicht nach Geld und nicht nach Gut. Eine treue fromme Seele ich mir erwähle, wer's glauben tut, wer's glauben tut [...«][1]

So könnte Peter Born es gesehen haben: Eine Wäscherin mit Wagen auf der Pillnitzer Landstraße auf dem Weg Richtung »Plumpe« vor der alten Pfarre (Bildmitte). *Foto: A. Kotzsch*

In einer anderen Geschichte wird das Leben mit seinen vielen Entbehrungen im Abschnitt »Peter Borns fröhliches Weihnachtsfest« beschrieben: »Der kleine Peter Born wurde in Armut groß. Das gab ihm einen außerordentlich praktischen Sinn. Mit seinen blauen Augen guckte er scharf in die Welt, erfaßte die Dinge um sich ganz genau und prüfte sie sodann daraufhin, wie sie ihm nützen oder schaden könnten. Wer nun aber meinen würde, er wäre also mit seinen 13 Jahren ein nüchterner Bursche gewesen, der irrte sich gewaltig; denn Peter Born war auch ein Himmelhoch, der seine Umwelt und alles Geschehen in ihr mit großer Herzenskraft und sonnigen Sinn golden zu verklären wußte.
Sie war doch so schön, die Welt! Konnte es denn überhaupt noch einmal ein Dorf wie sein Loschwitz geben, wo die Häuser von den gartenreichen Hängen mit dem Bach hinabliefen bis zu dem herrlichen Elbestrom, und wo der Baumeister Bär eine Kirche inmitten gestellt hatte, wie man sie sich suchen sollte, wo auf der Höhe der stundenlange Wald begann, von der man auch das ganze große Dresden selig mit den Augen trinken konnte, daß das Herz vor Wonne jauchzte. Freilich, das Häusel, das schräg von dem wohlhabenden Kaufmann Melzer giebelwärts auf die Pillnitzer Straße ging, mochte reichen Leuten wohl etwas ärmlich erscheinen; aber ihm blieb es doch eine schöne Welt.«[2]

Peter Mallwitz

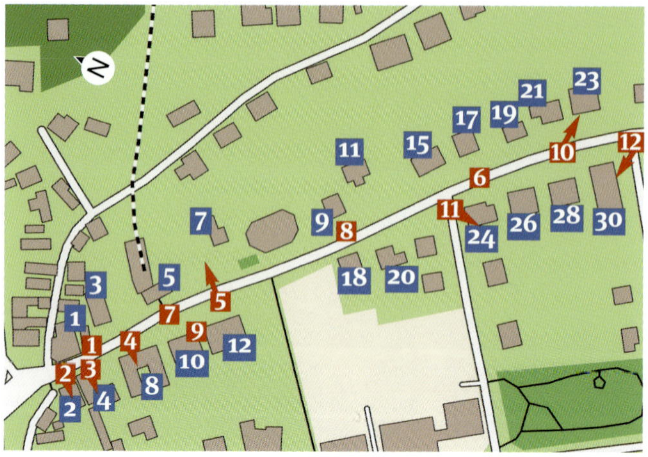

1. Abschnitt der Pillnitzer Landstraße bis zur Einmündung der Amtsstraße

6 *Pillnitzer Landstraße 17: Die Villa »Bismarck« wurde ab 1921 durch Umbauten des Eigentümers und → Architekten Friedrich Curt Reimer (1869 – 1938, → K2) strukturell verändert. Bemerkenswert ist allerdings ein Sandsteinrelief über dem Portal der straßenseitigen Stützmauer. Das Relief stellt einen Muschelwagen dar, der von einem kleinen Jungen gelenkt und einem Reh gezogen wird.*

Foto: Siegfried Großmann

Die Straße folgt im Wesentlichen der historischen Trasse und passt sich der Topografie der Elbtallandschaft am Rande der Weinberge mit ihren Kurven und Erhebungen an.

Heute ist die Pillnitzer Landstraße eine Staatsstraße (S. 167), die neben der verbindenden Funktion auch eine große Bedeutung für den überörtlichen und einströmenden Verkehr aus dem Umland hat. Dabei bestimmt der überörtlich ein- und ausströmende Verkehr das Geschehen zu etwa 50 %. Besondere Belastungen stellen der Berufs- und der Ausflugsverkehr dar.

2 *Pillnitzer Landstraße 2: Das wahrscheinlich um 1825 neu errichtete Wohnhaus erhielt um 1860 einen Ladeneinbau. Der erste Ladenbesitzer dürfte Adolf Melzer gewesen sein, gefolgt bis 1905 von Otto Melzer. Danach folgten ohne Unterbrechung weitere Händler (→ Handwerk und Gewerbe). Im rechts angebauten Pavillon eröffnete 1937 der → Friseursalon von Karl Degenhardt (1909 – 2002). im Hauptgebäude befindet sich seit 1991 die → »galerie am blauen wunder«.* *Foto: Siegfried Großmann*

3 *Pillnitzer Landstraße 4: Der heutige Baukörper der Pillnitzer Landstraße 4 geht auf 1878 zurück. Ein Vorgängerbau wird ab Mitte des 16. Jahrhunderts erwähnt. Etwa seit Mitte des 19. Jahrhunderts befand sich das Grundstück im Besitz der Familie Kunath, die hier ein Fuhrunternehmen unterhielten.* *Foto: S. Großmann*

4 *Pillnitzer Landstraße 8: Hier begegnet uns das zweite → Schulgebäude von Loschwitz, die »Alte Schule«. Seit 1709 ist es im Besitz der → Kirchgemeinde Loschwitz. 1869 erhielt das Haus seinen westlichen Seitenflügel. Nach Eröffnung der → Schillerschule wurden mehrere Wohnungen und ein Ladengeschäft in der 1. Etage eingebaut und das Haus konnte fortan mehr durch die Kirchgemeinde genutzt werden. 1934 eröffnete im Erdgeschoss das → Ortsmuseum. 1996/97 wurde das Haus umfassend saniert. Heute befinden sich hier neben Wohnungen die Pfarramts- und Friedhofskanzlei, Gemeinderäume und ein Naturkostladen (→ Handwerk und Gewerbe).*

Foto: Siegfried Großmann

5 *Pillnitzer Landstraße 7 – Nachdem 1834 der Maurermeister Carl Gottfried Ehlich (1810 – 1896, → Baumeister) den Weinberg erworben hatte, befanden sich hier »Ehlichs Weinstuben« (→ Gaststätten) Nach Abriss des alten Hauses 1869 entstand ein mehrmals vergrößerter Neubau, das → Hotel »Elbthal«. Im noch heute vorhandenen Nebengebäude wurde 1888 eine Badeanstalt (→ Bäder) eingerichtet. Das Hotel im Hauptgebäude wurde schon vor 1900 geschlossen und diente fortan als Wohnhaus. Es wurde am 13./14. Februar 1945 zerstört und später abgerissen. im Nebengebäude befindet sich seit 2011 die → Galerie »Felix«.*

Ansichtskarte, Slg. Eberhard Münzner

7 *Pillnitzer Landstraße 5. Die Talstation der → Schwebebahn wurde 1898 von → Architekt Friedrich Reuter (1861 – 1942) entworfen und konnte 1901 in Betrieb genommen werden.*
Foto: Siegfried Großmann

8 *Pillnitzer Landstraße 9. Die Kirchgemeinde Loschwitz erwarb von Stadtrat Friedrich Schmiedeberg 1836 auf der ehemaligen Weinbergparzelle des Maternihospitals Bauland zum Bau eines Pfarrhauses. Pfarrer und Hilfsgeistliche fanden hier ein neues Zuhause.*
Fotos (2): Peter Mallwitz

9 *Pillnitzer Landstraße 10. 1864 gründete Apotheker Eduard Gottlob Schwarz hier die spätere »Georgs-Apotheke«. Eine Veränderung erfolgte 1914 durch Architekt Paul Winkler (1864 – 1931). Die → Apotheke wurde 2000 geschlossen. Das Gebäude wird aber bis heute von der Landesapothekerkammer genutzt.*

Ausbauphasen
Entsprechend den sich ändernden Anforderungen und Möglichkeiten erfuhr die Straße mehrere Umbauten. 1886/87 wurde der auf Niederpoyritzer Flur liegende Teil der heutigen Pillnitzer Landstraße als Loschwitz-Lohmener bzw. Loschwitz-Pillnitzer Straße bezeichnet, verbreitert und zur Staatsstraße ausgebaut. Mit der Fertigstellung des »Blauen Wunders« bot sich die Straße als direkte Verbindung vom Stadtzentrum nach Pillnitz an. Dies kam sowohl den Anwohnern der rechtselbischen

Oldtimerpanne auf der Pillnitzer Landstraße beim 5. Elbhangfest. *Foto: Birgit Arnold*

10 *Pillnitzer Landstraße 23. Um 1876 kauften das Grundstück der Regierungsrat Moritz Wießner (1820 – 1899) und seine Ehefrau Marie geb. von Kaskel (1837 – 1910), die Tochter des Dresdner Bankiers Carl von Kaskel (1797 – 1874). Sie nutzen das Haus als Sommerwohnung. 1911 erwarb es der Architekt Franz Leukert, der durch Umbau dem Haus, das später nach 1990 umfassend saniert wurde, sein heutiges Aussehen gab.* *Foto: Peter Mallwitz*

11 *Pillnitzer Landstraße 24. Die Villa »Saxonia« erhielt 1880 einen Dachausbau durch den Eigentümer und Bauunternehmer Johann Gottlieb Holtsch. Der Landschaftsgärtner Ernst Rosig (1867 – 1916) kaufte 1900 das Grundstück, gründete eine → Gärtnerei und konnte ab 1901 im neu erbauten Verkaufspavillon an der Straße seine Waren anbieten. Das Grundstück blieb in Familienbesitz.*

12 *Pillnitzer Landstraße 30. Mietpostgebäude mit Nebengebäuden erbaut von Baumeister Max Ranft. Nach Fertigstellung konnte hier das → Postamt 1914 eröffnet werden, das bis 1991 bestand.* *Fotos (2): Siegfried Großmann*

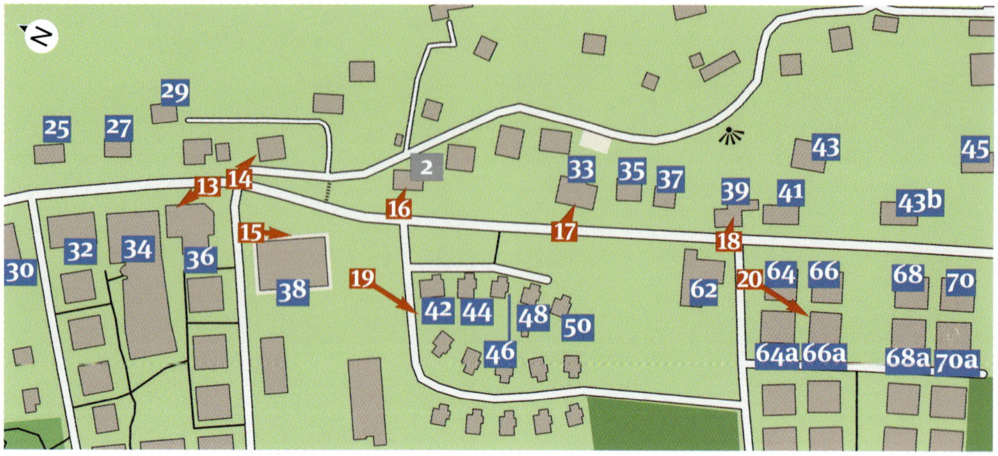

2. Abschnitt von der Einmündung der Amtsstraße bis Ende Augustuspark

14 *Pillnitzer Landstraße 29, 2015. Atelierhaus als Rest des → Bauchschen Hauses, auch »Drittes Künstlerhaus« genannt. Es entstand 1882, der Verbindungsbau 1919/20. Hier wirkte der Bildhauer Curt → Bauch (1887–1967). Das Haupthaus wurde 1988 abgerissen. Foto: H. Friebel*

Dörfer zugute, die zum großen Teil in Dresden ihre Beschäftigung hatten oder ihre Leistungen dort anboten und diese Verbindung schon lange gefordert hatten, wie auch dem Dresdner Hof für eine komfortable Verbindung zum Sommerschloss in Pillnitz, musste doch bis zu diesem Zeitpunkt der Umweg über die Fähre Kleinzschachwitz in Kauf genommen werden.

Der durchgängige Ausbau der Straße begann 1895. Stützmauern wurden errichtet und die Trasse nivelliert.

Gleichzeitig erwog man den Bau einer Straßenbahnstrecke (→*Verkehrsmittel*). Das hatte Auswirkungen auf die Ausbaubreite und die Höhenlage der Straße, da man den Bedingungen des Straßenbahnbetriebes gerecht werden musste.

Diesem Vorhaben fielen einige Gebäude, davon zwei in der Ortslage Wachwitz, zum Opfer. Andere Häuser (in Wachwitz und Niederpoyritz) wurden stark angeschüttet.

Die Straßen- und Brückenmeisterei des Straßen- und Tiefbauamtes der Stadt Dresden, Winzerstraße 1, um 1985. Das Gebäude wurde im Sommer 2008 abgerissen. Foto: Slg. Matthias Griebel

13 *Pillnitzer Landstraße 34–36. Die Wohnanlage und das Einkaufs- und Gewerbezentrum »Loschwitz-Arkaden« (→ Wohnparks) wurde 1996 fertiggestellt. Foto: Siegfried Großmann*

15 *Pillnitzer Landstraße 38. Nach dem Abbruch der Straßenmeisterei wurde auf diesem Grundstück die 62. Grundschule »Friedrich Schiller« errichtet (→ Schulen), die 2010 eröffnet werden konnte. Foto: Siegfried Großmann*

16 *Calberlastraße 2. In dem von Maurermeister Johann Daniel Baudisch (1803 – 1872) um 1840 erbauten Haus (Villa »Siegfried«) wohnte später Josef → Hegenbarth. Heute befindet sich hier das Josef-Hegenbarth-Archiv.*
Foto: Siegfried Großmann

17 *Pillnitzer Landstraße 35. Das Landhaus entstand 1891 nach einem Entwurf des Eigentümers, dem → Architekten Georg Aster (1849 – 1917). Er widmete es als Villa »Olga« seiner Frau. 1895 erfolgte der Anbau einer Veranda.*
Foto: Siegfried Großmann

18 *Pillnitzer Landstraße 39. Nach dem Abriss des alten Hauses entstand um 1845 der klassizistische Neubau der Villa »Elblust«. Rechts dahinter steht das mit dem Vordergebäude verbundene alte Winzerhaus.*
Foto: Peter Mallwitz

Auch die Natur veränderte die Straße, wie beim Hangrutsch im Juni 1875 infolge eines Durchbruchs des oberen Spittelteiches in Höhe der heutigen Kügelgenstraße. Die Folgen des Unwetters wurden von August Kotzsch von der Pillnitzer Landstraße aus bildlich festgehalten.

Die Straßenbahn fuhr ab 1893 nach Loschwitz, die Verlängerung bis Niederpoyritz konnte 1903 in Betrieb genommen werden. Heute verkehren Busse auf dieser Strecke.

Die Rekonstruktion nach dem Hochwasser 2002 beschränkte sich auf den Ausbau der Straße im Bestand. Das Hochwasser hatte die Pillnitzer Landstraße in fast ihrem gesamten Verlauf so geschädigt, dass eine Rekonstruktion unumgänglich war. Dabei konnte auf fertige Planungen zurückgegriffen werden, da der grundhafte Ausbau einschließlich des Rückbaus der schon seit 1985 nicht mehr

Der Student Rolf Friebel (1936) 1958 auf der heutigen Friedrich-Press-Straße; dahinter die Häuser Pillnitzer Landstraße 37, 62, 39 und 41. In Nr. 37 befindet sich heute der Sitz von → Friebel Werbeagentur und Verlag.*
Foto: Slg. Rolf Friebel

19 *Pillnitzer Landstraße 42 – 50 (links) und Hermann-Glöckner-Straße (Mitte und rechts): Der → Wohnpark »Alte Kirschplantage« mit 15 Einfamilienhäusern entstand zwischen 2007 und 2010.* *Fotos (2): Peter Mallwitz*

20 *Pillnitzer Landstraße 64 – 70a (linke zwei Reihen) und Anna-Angermann-Straße 2 – 8a (rechte zwei Reihen): Der → Wohnpark »Augustuspark« wurde auf der ehemaligen »Quittenplantage« 1996/97 erbaut.*

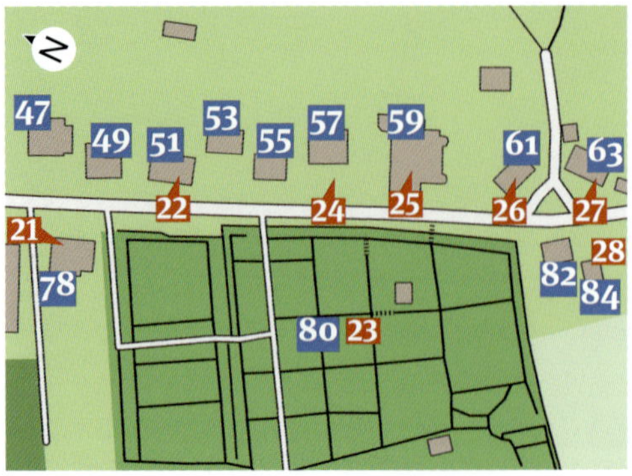

3. Abschnitt bis zum Grahlschen Haus

benötigten Straßenbahnanlagen ohnehin vorgesehen war. Die Bereitstellung der finanziellen Mittel zu ca. 90 % aus dem Fonds zur Hochwasserschadensbeseitigung beschleunigte das bereits 2001 begonnene Vorhaben. Im Rahmen des Straßenausbaus wurden auch sämtliche in der Straße liegenden Ver- und Entsorgungsleitungen wie Gas, Wasser, Stromversorgung, Telefon- und Informationskabel, öffentliche Straßenbeleuchtung sowie Abwasser durch die jeweiligen Unternehmen erneuert, soweit noch nicht erfolgt. Dies stellte wegen der beengten Platzverhältnisse und der auf großen

26 *Pillnitzer Landstraße 61 und Josef-Hegenbarth-Weg 1, 1925 Foto: Curt Siegel?*
Julia Elisabeth Grahl erwarb das gesamte Grundstück 1879 von Prinz Georg, dem späteren König Georg von Sachsen (1832/1902–1904). Neuer Eigentümer wurde 1912 der Bildhauer Curt Siegel (1881-1950, → K1). Für ihn baute der → Architekt Rudolf Kolbe (1873–1947, → K1) ein Ateliergebäude (Pillnitzer Landstraße 61), das Siegel 1913 beziehen konnte. Im Anschluss erbaute das → Architekturbüro Rumpel & Krutzsch ein Stück weiter oben für ihn das Wohnhaus (heute Josef-Hegenbarth-Weg 1). Der Treppenaufgang ist ausgestattet mit einer Skulptur. Im Gebäude sind die Innenräume noch original erhalten.
Foto: Siegfried Großmann

21 *Pillnitzer Landstraße 78. Das neben dem Loschwitzer Friedhof gelegene Bauwerk namens »Trudens Heim« entstand 1905.*
Der Dachausbau wird straßenseitig durch ein Fachwerk betont. Der Eigentümer, Blumenhändler und Handelsgärtner Paul Rosig, beauftragte Ernst Weigelt (1857–1916) mit der Ausführung des Baues. Mehrere Gewächshäuser kamen 1906 hinzu. Seit 1930 ist das Grundstück auch Arbeitsstätte von → Grabbildhauern.
Foto: Peter Mallwitz

22 *Pillnitzer Landstraße 51. Das Weinberghaus wurde in der Mitte des 19. Jahrhunderts erbaut. Als Einzeldenkmal »Winzerhaus mit Stützmauer und Einfriedung« ausgewiesen.*
Foto: Peter Mallwitz

23 *Pillnitzer Landstraße 80 (ohne Abb.). Die Anlage des Loschwitzer → Friedhofes begann 1704. Später erfolgten mehrmals Erweiterungen.*

27 *Pillnitzer Landstraße 63. Das → »Grahlsche Haus« erhielt durch Umbau 1867 seine heutige Gestalt. In den letzten Jahren wurde es außen und innen sorgfältig restauriert. Foto: S. Großmann*

Abb. S. 132/133: Nach der Vollendung des »Blauen Wunders« konnte das Straßenbahnnetz erweitert werden, zunächst vom Schillerplatz nach Loschwitz und dann bis Niederpoyritz. Dieses Bild mit Verantwortlichen des Ausbaues entstand an der heutigen »Alten Kirschplantage« vor der offiziellen Eröffnung der Strecke am 11. Juli 1903. In der Bildmitte Calberlastraße 2, die spätere Wirkungsstätte Joseph Hegenbarths. Foto: Archiv Kirchgemeinde

Pillnitzer Landstraße 59, Ungers Anwesen, der Vorgängerbau des Künstlerhauses, 1896 *Foto: Slg. Matthias Griebel*

24 *Pillnitzer Landstraße 57, auch als »Kleines Künstlerhaus« bezeichnet. Bau des Wohnhauses 1876 und Umbau und Erweiterung durch → Architekt Martin Pietzsch (1866–1961) im Jahre 1899.* *Foto: Peter Mallwitz*

25 *Pillnitzer Landstraße 59. 1835 entstand das ganz oben abgebildete Haus am Weinberg. 1897/98 baute der Eigentümer Martin Pietzsch dieses Atelier- und → Künstlerhaus.* *Foto: Siegfried Großmann*

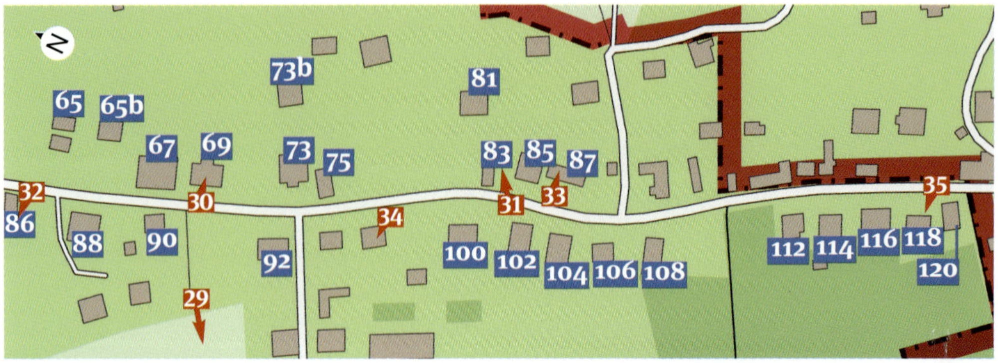

4. Abschnitt bis zur Ortsgrenze

Strecken fehlenden Umleitungsmöglichkeiten hohe Anforderungen an die Anlieger und die ausführenden Unternehmen, mussten die Leistungen doch unter Aufrechterhaltung der Ver- und Entsorgung sowie des Anliegerverkehrs und eingeschränkt des Durchgangsverkehrs erbracht werden. Bis Ende Dezember 2006 wurden allein für die Straßenrekonstruktion ca. 11 Mio. Euro investiert. Dazu kamen noch die Kosten für den Rückbau der Straßenbahnanlagen und die Erneuerung der Ver- und Entsorgungsleitungen.

Bemerkenswert ist noch, dass die Pillnitzer Landstraße alljährlich am letzten Wochenende im Juni für die Durchführung des → *Elbhangfestes* für den allgemeinen Straßenverkehr gesperrt wird. Dann verwandelt sich diese Straße in eine Festmeile, über die auch der Festumzug führt. **Jürgen Gramm, Peter Mallwitz**

Zitate:
1 Zeibig, Max; Ufer der Jugend; in: Uebern Gartenzaun, Dresden [um 1935]
2 Zeibig, Max; Peter Borns fröhliches Weihnachtsfest; in: Bunte Gassen, helle Straßen; Dresden 1923

28 *Pillnitzer Landstraße 84. Dieses ehemalige Gartenhaus am Weinberg, erbaut um 1826, steht unter Denkmalschutz. Eine denkmalpflegerische Instandsetzung erfolgte.* *Foto: Siegfried Großmann*

29 *Der Sportplatz der Verkehrsbetriebe liegt noch auf Loschwitzer Flur.* *Foto: S. Großmann*

30 *Pillnitzer Landstraße 69. Das stattliche Wohnhaus mit Verandaanbau wurde vom bauausführenden Zimmerermeister Ernst Weigelt 1894 zunächst als »Wirtschaftsgebäude« erbaut. Die Ausführung nach historischem Bild entstand vom gleichen Entwurfsverfasser 1911. Der straßenseitige hölzerne Veranda-Anbau präsentiert sich noch heute nahezu unverändert.* *Foto: Slg. Matthias Griebel*

Künstlerhaus, Blick von der anderen Elbseite, um 1930, Ansichtskarte *Slg. Bernd Beyer*

31 *Pillnitzer Landstraße 83. Das wahrscheinlich kurz vor 1800 erbaute Haus Pillnitzer Landstraße 83 kaufte um 1892 der Maurer Gustav Barthel, dessen Sohn Max Barthel (1893–1975, → K1), der spätere Schriftsteller, hier geboren wurde und seine Kindheit verbrachte. Sein Vater ließ das Grundstück teilen und stellte 1894 ein Gesuch zu einem Wohnhausbau. Danach erbaute er oberhalb seines Hauses die »Villa Bergfrieden«, heute Pillnitzer Landstraße 81.* *Foto: Siegfried Großmann*

Radierung von Johann Gottfried Boeck, um 1750. Johann Christian Pfeiffer besaß das damals allerdings viel größere Grundstück heutige Pillnitzer Landstraße 87. Ob es sich bei der Radierung um ein Loschwitzer Motiv handelt, ist allerdings nicht gesichert. *Städtische Galerie Dresden*

32 *Pillnitzer Landstraße 86 Foto: S. Großmann*

33 *Pillnitzer Landstraße 87 Foto: S. Großmann*

32 *Pillnitzer Landstraße 86. Das sanierte Weinberghaus wurde vermutlich um 1836 errichtet.*

33 *Pillnitzer Landstraße 87. Der Weinberg wird 1572 erstmals erwähnt. Wann hier das erste Winzerhaus stand, wissen wir nicht. Von 1730 bis 1753 war es im Besitz des Obersteuer-Kassierers Carl Christian Pfeiffer. 1839 kam das »Rote Haus« unter König Friedrich August II. (1797/1836–1854) zu seinem Wachwitzer Sommersitz hinzu. 1899 wurde es daraus ausgegliedert und an privat verkauft.*

34 *Pillnitzer Landstraße 98a. Neu erbautes Eigenheim in moderner Architektur.*

35 *Pillnitzer Landstraße 118. Die Villa »Carola« geht auf 1877 zurück und gehört zu den letzten Landhäusern an der östlichen Gemarkungsgrenze von Loschwitz.* **Peter Mallwitz**

Zitate:
1 Zeibig, Max; Ufer der Jugend; in: Uebern Gartenzaun, Dresden [um 1935]
2 Zeibig, Max; Peter Borns fröhliches Weihnachtsfest; in: Bunte Gassen, helle Straßen; Dresden 1923
Quellen: 132, 926, 1000, 1061, 1260, 1261

34 *Pillnitzer Landstraße 98a Foto: P. Mallwitz*

35 *Pillnitzer Landstraße 118 Foto: S. Großmann*

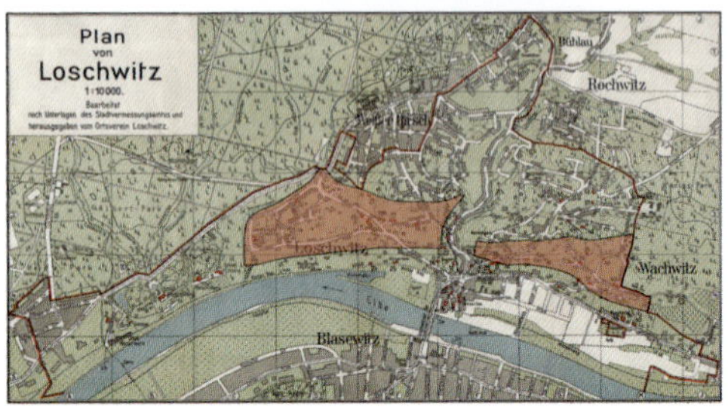

Auf der Platte

Mit »Platte« bezeichneten früher manche Loschwitzer das Gebiet in der Gegend der Schevenstraße. Etwa in halber Höhe des Elbhanges liegt die sogenannte »Heidesandterrasse« (→ *Naturraum*), die sich in Loschwitz über die Parks der → *Elbschlösser*, das Schevenstraßen-Gebiet bis zur Kügelgenstraße und weiter nach Wachwitz erstreckt. In Loschwitz wird sie durchbrochen durch den → *Mordgrund* und die heutige → *Grundstraße*. Im Folgenden sollen der westliche Teil zwischen Mordgrund und Grundstraße und der östliche Teil der »Platte« um das Gebiet der Kügelgenstraße nacheinander betrachtet werden.

Die »westliche Platte«

Sie wird begrenzt im Westen von der hinteren Wunderlichstraße, im Norden von der vorderen Wunderlichstraße, der unteren Hermann-Prell-Straße und der Leonhardistraße, im Osten von der unteren Plattleite und im Süden von der Schevenstraße. Durchschnitten wird das Gebiet von der gesondert betrachteten → *Schillerstraße*, die Körnerplatz und Bautzner Straße/Landstraße miteinander verbindet. Es gibt weitere kleinere Einschnitte, deren bedeutendster die nach → *Oberloschwitz* führende Plattleite ist. Weitere kleine Schluchten, durch die früher sogenannte »Kommunikationswege« (→ *Straßennamen*) führten, sind heute kaum noch erkennbar. Auffällig ist die Senke zwischen Schevenstraße und Tolstoistraße, die auf einen ehemaligen Teich hinzudeuten scheint.

Bis in die erste Hälfte des 19. Jahrhunderts dominierte im gesamten Bereich der Weinbau, der sich über den Hang sowohl nach Süden zum Körnerweg als auch nördlich der Leonhardistraße bis Oberloschwitz erstreckte. Zu den ältesten Weinbergen, die früher eine größere Ausdehnung als die der heutigen Grundstücke hatten, gehörte die heutige **Schevenstraße 59** (→ ***»Dinglingers Weinberg«***). Nördlich angrenzend und in etwa gleicher Größe sich über die »Platte« erstreckend, lag der zwischen Mordgrund und über die spätere Stürenburgstraße hinausreichende Weinberg, auf dem später die → ***»Deutsche Heilstätte«*** (**Wunderlichstraße 17**) errichtet wurde. Östlich schloss sich an die beiden vorgenannten der »Klengelsche Weinberg« an. An diesen schloss sich in Richtung Schillerstraße in ähnlicher Nord-Süd-Ausdehnung ein weiterer Weinberg mit seinem Zentrum heutige **Sche-**

Blick auf Dinglingers Weinberg, Schevenstraße 59, 2013, vom Blasewitzer Elbufer
Foto: Siegfried Großmann

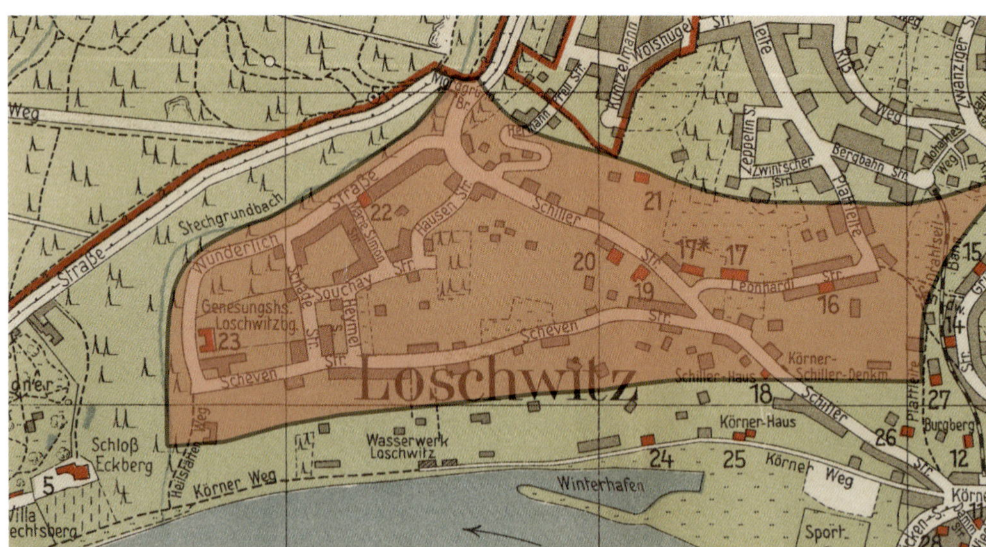

Gebiet der westlichen »Platte«

August Kotzschs fünfteiliges Panorama von 1872 zeigt den Blick von der Leonhardistraße auf die westliche Platte.
Archiv Ortsverein Loschwitz-Wachwitz, Slg. Georg Blume

venstraße 27 an. Diesem folgte im heutigen Gebiet zwischen Schevenstraße und der oberen Schillerstraße, die Knoopstraße einschließend, ein Weinberg mit einem Winzerhaus, spätere Schevenstraße 10. Gegenüber, zwischen Schevenstraße und Körnerweg, lag der alte Weinberg der späteren → ***Villa »Rosenhof«*** (**Schevenstraße 11**). Dann folgten elbseitig der Schevenstraße noch weitere und gegenüber ein kleinerer Weinberg (**Schevenstraße 6**), der lange im Besitz der Familie John war (→ *Baugewerke Karl John*). Durch Abtrennung von benachbarten Weinbergen entstanden in der ersten Hälfte des 19. Jahrhunderts entlang der Schevenstraße noch weitere kleinere, die sich dann zwischen den bereits genannten befanden. Auch an der Wunderlichstraße gab es noch zwei weitere Weinberge, die sich etwa im Areal der heutigen Häuser Nr. 4 und 5 befanden.

Östlich der Schillerstraße und bis an diese heranreichend lag der nach 1600 angelegte Weinberg, der sich von der heutigen Leonhardistraße 1 bis zur Schillerstraße 12 (→ *Villa »Thorwald«*) und hinauf bis Oberloschwitz erstreckte. Östlich anschließend war der sich ebenfalls bis Oberloschwitz erstreckende Weinberg der späteren → ***Villa »Thode«*** (**Leonhardistraße 3**), dem der in der zweiten Hälfte des 18. Jahrhunderts von Plattleite 5 abgetrennte des Winzers Christian Pahlitzsch (1729 – 1795) folgte (**Leonhardistraße 5**).

Das Areal von Plattleite 16 bis 20 und die heutige Weinleite gehörten zum ehemaligen Weinberg der *Familie → Dressler*. An der unteren Plattleite lagen noch zwei weitere – bereits zur Ratsgemeinde gehörende – Weinberge (**heute Plattleite 1 und 3**).

Bis zum Niedergang des Weinbaues in der Mitte des 19. Jahrhunderts gab es im ganzen Gebiet nur wenige Straßen. Es waren der Stadtweg (Schillerstraße), der Plattleithenweg (Plattleite) und der Mordgrundweg (Wunderlichstraße und Heilstättenweg), die vom Tal hinaufführten, sowie der Rakenweg (Leonhar-

Deutsche Heilstätte, Wunderlichstraße 17, 1872 *Slg. Matthias Griebel*

Portal Wunderlichstraße 17, 2013

Wunderlichstraße 17, 2013
Fotos (2): Siegfried Großmann

distraße) und die Obere Bergstraße (Schevenstraße), die bis zum Bau der Loschwitzer → *Kirche* auch Kirchweg genannt wurde, da sie der bei Hochwasser genutzte Fußweg zur Frauenkirche war. Beidseitig der Schillerstraße gab es hier bis in die erste Hälfte des 19. Jahrhunderts nur wenige Häuser. Zu ihnen gehörten die Bauten in Dinglingers Weinberg, das alte Weinberghaus, das später der Deutschen Heilstätte weichen musste (Wunderlichstraße 17), das Haus im ehemaligen Weinberg von Klengel – es lag etwa dort, wo die Schädestraße in die Schevenstraße mündet (heute Schädestraße 2) –, der Vorgängerbau der Villa »Rosenhof« (Schevenstraße 11) und noch einige weitere; dazu gab es Scheunen und mit großer Wahrscheinlichkeit auch Weinpressen. Östlich der Schillerstraße gab es damals das »Herrenhaus« (Leonhardistraße 1) und die spätere Villa »Thode« (Leonhardistraße 3).

Machen wir einen Rundgang über die »westliche Platte«, um uns einige Häuser genauer anzuschauen, und beginnen an der **Schevenstraße**. Eine bewegte Geschichte hat die **Nr. 1**. Spätestens seit dem 17. Jahrhundert war hier ein Weinberg mit zwei Gebäuden. Wie auf einer kolorierten Lithografie von Hans Anton Williard (1832 – 1867) zu sehen ist, muss die Villa spätestens 1859 erbaut worden sein. Später kamen noch ein Gärtnerhaus und ein Stallgebäude hinzu. Das Grundstück wechselte häufig den Besitzer. Als 1909 der Bankier Georg Alves das Areal als Sommersitz für 180.000 M kaufte, hatte er es über einen Verkaufsprospekt der Vorbesitzer gefunden (→ *Kasten*).

Im Verkaufsprospekt der Villa »Deines« (Schevenstraße 1) ist zu lesen:
Ein hochherrschaftliches Villengrundstück in Loschwitz bei Dresden [...] in feinster, außerordentlich gesunder, hoher, freier und besonders bevorzugter herrschaftlicher Wohnungslage, nach der Elbseite mit einer herrlichen entzückenden Fernsicht von der die Villa umgebenden Terrasse aus zu genießen, auf das Elbpanorama und die Berge nach der sächsischen Schweiz sowie auf Dresden und Umgegend [...]. Das Villengrundstück [...] hat einen schönen vorderen Ziergarten, in dessen Mitte sich eine breite Fontainen-Anlage erhebt, auf der Rückseite der Villa ist eine Parkanlage [...].[1]

Nachdem Ende der 1970er Jahre die letzten Bewohner ausgezogen waren, wurde nach einer Sanierung der Hauptvilla ein Gästehaus der Regierung eingerichtet, das wenige Jahre später von der → *Staatssicherheit* übernommen wurde. Diese riss 1985 das einstige Gärtnerhaus ab und errichtete danach an gleicher Stelle ein großes Gästehaus. 1990 kam es in die Verwaltung der Treuhand-Liegenschaftsgesellschaft Sachsen und wurde Wohnhaus von Ministerpräsident Kurt Biedenkopf (* 1930) und seiner Ehefrau Ingrid (* 1931) sowie einiger Minister. Von Biedenkopfs wurde es bis 2001 genutzt. Nachdem es 2002 zum Verkauf ausgeschrieben worden war, fand sich 2006 endlich ein Käufer, der es ab 2008 sanieren ließ. Die Gebäude wurden durch Peter Bauckhage (* 1943, → *Baumeister und Architekten*) saniert. Das einstige Stallgebäude ist noch heute fast im Originalzustand erhalten. Seit 2009 befinden sich in der Villa und im ehemaligen Gärtnerhaus und späteren Gästehaus elf Eigentumswohnungen.

Schevenstraße 3a, 2014 *Foto: S. Großmann*

Villa »Deines«, Schevenstraße 1 *Foto: Ortsamt*

Ministerpräsident Kurt Biedenkopf mit Ehefrau Ingrid in der Dienstvilla Schevenstraße 1, 1992 *Foto: Ulrich Häßler*

Panorama des Grundstücks Schevenstraße 1, 2015 *Foto: Siegfried Großmann*

Villa »Te Deum Laudamus«, Schevenstraße 2

Schevenstraße 5, 2014

Schevenstraße 11, Villa »Rosenhof«, 2014

Das benachbarte Grundstück (**Schevenstraße 3 und 3b**) war lange Zeit im Besitz der *Familie → Mühlberg*. Das gegenüberliegende Grundstück **Schevenstraße 2** kaufte 1884 der *→ Baugewerksmeister* Friedrich Hilbert (1839 – 1909) und baute sich nach Plänen des *→ Architekten* Bruno Anders seine Villa »Te Deum Laudamus«. 1911 ging es in den Besitz des Landgerichtsrats Dr. Alfred Minckwitz, wo es in der Familie mehrmals weitervererbt wurde. Im Haus wohnte 1936 bis 1945 die Malerin Rosalie Friedrich (1877 – 1953, *→ K2*).

Der *→ Architekt* Bruno Seitler (1851 – 1925) errichtete für Familie *→ Mühlberg* 1895/96 die **Schevenstraße 4**, in der 1925 bis 1945 der Maler Otto Schubert (1892 – 1970, *→ K1*) und von 1974 bis 1997 der Schauspieler Friedrich-Wilhelm Junge (* 1938, *→ K1*) wohnten.

Der einstige Weinberg **Schevenstraße 6** war bis 2012 im Besitz der Familie des Baugewerksmeisters Karl John (1905 – 1989). Der Lehrer und *→ Chronist* Theodor Leuschner (1872 – 1936) kaufte 1900 einen Teil dieses Grundstücks und ließ sich von den *→ Architekten* Oskar Menzel (1873 – 1958, *→ K2*) und Rudolf Kolbe (1873 – 1947, *→ K1*) das Haus **Schevenstraße 6b** bauen, das Leuschner 1901 beziehen konnte. Nach seinem Tod erwarb es der Mechaniker, Mathematiker und TH-Professor Dr. Erich Trefftz (1888 – 1937). Die Tochter Friederike Trefftz (1922 – 2011) wurde *→ Ärztin* und wohnte hier bis 2002. Auch die **Schevenstraße 8** gehörte bis 1895 zum Besitz der Johns. 1895 wurden hier das Wohnhaus und zwei Jahre später der an der Straße liegende Pferdestall mit Wagenremise errichtet. Im Haus wohnten 1953 – 1956 der Sänger Fritz Linke (1923 – 1995, *→ K2*) und nach ihm bis 1966/67 der Schauspieler und Sänger Horst Schulze (* 1921, *→ K2*) und seine Ehefrau, die Sängerin Anneliese Pillatzke (1920 – 1982, *→ K2*). In der ehemaligen Remise befand sich bis 2002 die *→ Galerie* Brigitte Utz.

Gegenüber lagen weitere sich vom Körnerweg herauf erstreckende Weinberge, auf denen später Villen gebaut wurden: 1900 von *→ Architekt* Paul Winkler (1864 – 1931, *→ K2*) die **Schevenstraße 5** und 1871 bis 1873, möglicherweise von *→ Baumeister* Friedrich Voigt (1830 – 1898), die **Nr. 7**. Hier wohnte ab 1927 der Maler Ferdinand Dorsch (1875 – 1938, *→ K2*), dessen Ehefrau das Grundstück 1935 erwarb und 1937 an den *→ Architekten* Rudolf Furkert (1904 – 1972) weiterverkaufte. Anschließend folgen **Schevenstraße 9** mit dem einstigen Weinberghaus, das 2002 durch einen Neubau des Architekten Thomas Hoffmann ersetzt wurde, und das **Areal der *→ Villa* »Rosenhof«** mit den Nummern der **11**.

Hinter der Einmündung der Knoopstraße liegt die **Schevenstraße 10**, wo früher das Winzerhaus des großen Weinbergs stand, der sich fast bis zur oberen Schillerstraße erstreckte. 1628 erstmals erwähnt, kaufte ihn um 1728 Gräfin Friederice Auguste von Werthern (1712 – 1748), die 1728 den Kammerherrn Carl Gottlob von Lüttichau (1698 – 1749) geheiratet hatte. Ihre Besitznachfolger wurden 1742 Johann Kegel und Christian Henzschel, die den Weinberg später teilten; Kegel bekam den östlichen Teil und Henzschel den westlichen mit der Nr. 12. Um 1753 erbaute Kegel an der Stelle der heutigen Schevenstraße 10 sein neues Winzerhaus. Ab 1882 war das Grundstück im Besitz der *Familie → Knoop*. Das Haus wurde am 13./14. Februar 1945 weitgehend zerstört und danach von Karl John wieder aufgebaut.

Es folgen die beiden Häuser **Schevenstraße 10b und 12**. Letzterem sieht man das einstige »Weinberghaus« noch heute an. Um 1745 vom benachbarten Weinberg (Nr. 10) abgetrennt, ließ Christian Henzschel um 1750 hier sein Winzerhaus bauen, das 1847 in den Besitz der Familie May und 1906 an Schlossermeister Gustav Schröter (1873 – 1917, *→ Schlosserei* Schröter)

Schevenstraße 4, 2014

Schevenstraße 6, 2014

Fotos (6): S. Großmann

Schevenstraße 8, 2014

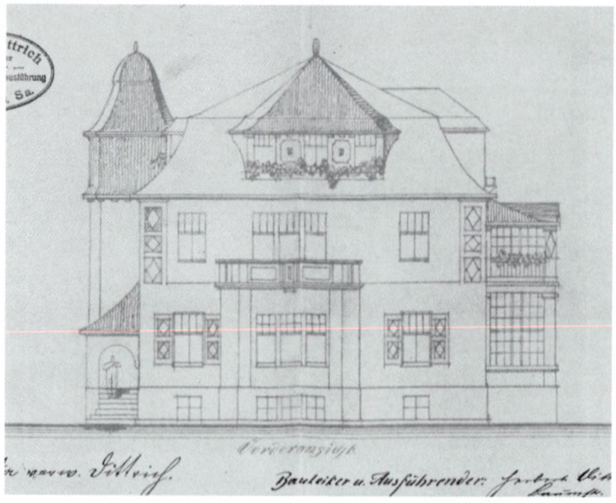

Schevenstraße 10b Stadtarchiv

Schevenstraße 12, 2011 Foto: S. Großmann

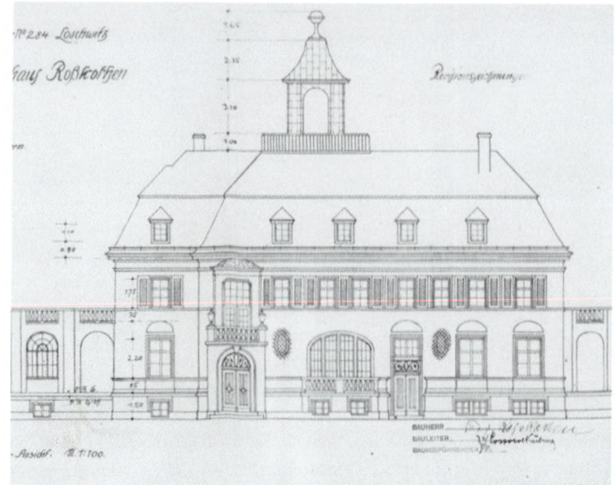

Schevenstraße 17 Stadtarchiv

ging und bis heute im Besitz der Familie verblieben ist. Nachdem der Schlossermeister August May 1882 das große Grundstück gekauft hatte und zunächst auch dort wohnte und arbeitete, ließ er sich dahinter 1901/02 von → *Architekt* Theodor Richter (1867 – ?) sein neues Wohnhaus bauen. Schon 1904 wurde vom Grundstück die Schevenstraße 10b abgetrennt und 1906/07 mit einem Wohnhaus bebaut, in dem später auch mehrere Künstler wohnten oder ihr Atelier hatten. Westlich anschließend (Schevenstraße 14) lag die → *Gärtnerei* Bock.

Bereits um 1930 war eine weitere Parzellierung der ehemaligen Weinberge erfolgt, in deren Folge die **Knoopstraße** angelegt und bebaut wurde. Die Häuser 6 und 10 baute 1934 der → *Architekt* Wilhelm Jost (1887 – 1948, → *K2*), der bis 1946 in der **Nr. 6** auch wohnte. Danach wohnte hier von 1953 bis zum Tod der Gebrauchsgrafiker Hans Hüpenthal (1912 – 1985, → *K2*), 1959 bis 1964 die Regisseure Katja (* 1928, → *K2*) und Klaus Georgi (* 1925, → *K2*) und von 1964 bis zum Tod der Komponist und Jazzmusiker *Prof. Günter* → *Hörig* (1927 – 2009, → K1). In der **Nr. 10** lebten von 1934 bis zum Tod der Mathematiker und TH-Professor Max Lagally (1881 – 1945), 1960 bis 1964 der Dirigent Otmar Suitner (1922 – 2010, → *K2*), 1964 bis 1983 die genannten Georgis und 1984 bis 1996 der Regisseur Horst Schönemann (1927 – 2002, → *K2*). In der anschließenden **Nr. 12** wohnte von 1935 bis zum Tod der → *Architekt und Stadtbaurat* Herbert Conert (1886 – 1946, → *K2*). Auch auf der anderen Straßenseite hatten Künstler ihr Zuhause gefunden: In der **Knoopstraße 9** von 1950 bis 1953 Generalmusikdirektor Karl Schubert (1906 – 2006, → *K2*) und 1972 bis zum Tode der Intendant des Staatsschauspiels Dresden, Hannes Fischer (1925 – 1989, → *K2*). Die **Nr. 7** war das Haus des Komponisten Richard Fricke (1877 – 1957, → *K2*), der 1919 bis 1946 Kantor der Dresdner Martin-Luther-Kirche war und ab 1936 hier wohnte.

Auf die **Schevenstraße** zurückgekehrt, folgen elbseitig nach dem »Rosenhof« die Häuser Nr. 15 und 17. Das Areal hatte 1909 (**Nr. 17**) und 1910 (**Nr. 15**) der Ingenieur und Kommerzienrat Ferdinand Roßkothen (1845 – 1923) gekauft. 1910 ließ er das etwas unterhalb der Straße liegende Wohnhaus (Nr. 17) durch die → *Architekten* Lossow & Kühne zu seinem »Herrenhaus« umbauen und 1911 anstelle des einst zum → *Wasserwerk* Loschwitz gehörenden Wasserturms von → *Baumeister* Karl Reichpietsch (1859 – 1947, → *K2*) sein »Pförtnerhaus« (Nr. 15) errichten. In diesem später »Gartenhaus« genannten Gebäude wohnte von 1920 bis etwa 1945 der Maskenbildner Johannes Kellig (1890 – 1949, → *K2*). Von den Erben Roßkothens kaufte und bezog 1940 der Besitzer der »Aurelia Zigarettenfabrik«, Karl Müller, die Villa mit dem Park. Im Mai 1945 ereignete sich hier ein gefährlicher Hangrutsch (→ *Naturkatastrophen*). Später wohnten hier von 1969 bis 1979 der Musiker und Intendant *Siegfried* → *Köhler* (1927 – 1984, → *K2*), von 1956 bis 1958 der Dirigent Lovro von Matačić (1899 – 1985, → *K2*) und 1957 bis 1959 der Dirigent Zeljko Straka (* 1919, → *K2*). Von 1986 bis 2003 befand sich in der Villa das »Dresdner Zentrum für zeitgenössische Musik«, gegründet 1986 von Prof. *Udo* → *Zimmermann* (* 1943, → *K1*). Auch das Grundstück des ehemaligen Weinbergs **Schevenstraße 19** mit dem um 1845 gebauten Haus hatte 1910 Ferdinand Roßkothen, der damalige Besitzer der Nr. 15 und 17, hinzugekauft.

Auf dem anschließenden einstigen Weinberg wurde 1877 als erstes Wohnhaus das an der Hangkante liegende der **Schevenstraße 21** gebaut. An dieses Areal westlich anschließend folgen die 1844 erbaute **Schevenstraße 25**, in der ab 1940 der → *Arzt* Dr. Hans Dörpinghaus (1911 – 1990) wohnte und praktizierte. Das elbseitig dahinter liegende Haus **Nr. 23** wurde etwas später erbaut. **Schevenstraße 27** gehörte bereits zum nächsten Weinberg, der erstmals 1628 erwähnt wird. Das heutige Wohnhaus wurde um 1870 errichtet. Ab 1927 wohnte hier der → *Arzt* Dr. Erich Aßmann (1892 – 1961), der das Grundstück 1934 auch erwarb und ab 1945

Knoopstraße 6, 2015

Schevenstraße 15, 2015

Schevenstraße 25, 2015 Fotos (3): S. Großmann

Schevenstraße 27, 2015

Schevenstraße 22, 2104 Fotos (2): S. Großmann

Tolstoistraße 6 *Stadtarchiv*

hier praktizierte. Nach Abtrennung eines Teils des Areals errichtete der → *Baumeister* Martin Axt (1884 – 1965) sein Haus **Schevenstraße 27b**, das er 1936 beziehen konnte. Die beiden folgenden Häuser **Nr. 29 und 31** sind in ihrem Grundriss und den Fassaden sehr ähnlich – nur wird das Letztere von einem später aufgesetzten Dachreiter gekrönt. Erbaut wurden sie wahrscheinlich in den 1870er Jahren. Haus Nr. 29 erwarb 1920 der Direktor der Dresdner »AG für Cartonnagenindustrie« Johann Kierdorf (1876 – 1961), der seitdem auch hier wohnte. Von 1949 bis zum Tod hatte hier auch der Maler *Ernst* → *Hassebrauk* (1905 – 1974, → *K1*) Wohnung und Atelier.

Auf der gegenüberliegenden Straßenseite begann der **»Klengelsche Weinberg«**, der sich etwa über das Gebiet zwischen Schevenstraße und der späteren Tolstoistraße sowie zwischen Heymelstraße und bis hinter die Schädestraße erstreckte. Um 1710 erwarben Caspar von Klengel, der Sohn des Oberlandbaumeisters Wolf Caspar von Klengel (1630 – 1891, → *K1*), und drei weitere Personen diesen Weinberg, den sie 1745 weiterverkauften. Wahrscheinlich gab es damals schon die beiden Winzerhäuser, die heute die fehlenden Häuser Nr. 16 und 20 der Schevenstraße wären. Die Nr. 16 musste um 1903 dem Bau der Heymelstraße weichen; geblieben ist davon nur das ehemalige Stallgebäude, heute **Schevenstraße 18**. Die Nr. 20 stand am Eingang der heutigen Schädestraße und wurde auch abgerissen. Der alte Weinberg scheint den Charakter einer Parkanlage gehabt zu haben, wobei die heutige Schädestraße etwa die Mittelachse bildete, die zu einem pavillonartigen Gebäude führte. Nach mehrfachem Besitzerwechsel erwarb ihn 1828 Johann Samuel Patzig (1786 – 1877). Der Schlussstein über dem Eingang Schevenstraße 35 (→ *Pniel*) trägt neben der Jahreszahl 1853 und einer Weintraube die Initialen JCP, die sich wahrscheinlich auf seine Ehefrau Johanne Christiane Patzig beziehen. Der Dresdner Schankwirt Albin Pfabe gen. Merkel kaufte 1897 die Fluren am Eingang der späteren Schädestraße. 1904 verkaufte er einen Teil an den Architekten Alwin Wenzel aus Saarbrücken. Nach dem Abriss des alten Hauses baute dieser die Villa **Schevenstraße 22**. Hier wohnten und arbeiteten von 1963 bis zu ihrem Tod die Textilgestalterin Gertraude Seidel (1924 – 2011, → *K1*) und ihr Ehemann, der Maler Jürgen Seidel (1924 – 2014, → *K1*). Von 1958 bis zu seinem Tod lebte hier auch der → *Arzt* und Professor Dr. Fritz Müller (1917 – 1969) sowie 1970 bis 1994 die → *Ärzte* Dr. Marion Marré (1935 – 2007) und ihr Ehemann Prof. Dr. Ernst Marré (1932 – 2004).

Fast das gesamte übrige Areal des einstigen Klengelschen Weinbergs erwarb Ende des 19. Jahrhunderts der → *Verlagsbuchhändler* Erich Ehlermann (1857 – 1937), der nach der Parzellierung die meisten Grundstücke weiterverkaufte. Das Projekt des → *Arztes* Siegfried Möller (1871 – 1943), hier ein Sanatorium zu bauen, scheiterte. Stattdessen errichtete das → *Architekturbüro* Stephan & Möbius 1912 die Villa **Tolstoistraße 6**, in der später von etwa 1960 bis zu seinem Tod der Maler Max Rosenlöcher (1908 – 1991, → *K2*) wohnte. Das gleiche Architekturbüro baute 1913 das Wohnhaus **Schädestraße 2** und im gleichen Jahr für den Buchdruckereibesitzer Alfred Hille, der ab 1915 hier auch wohnte, das etwa an der Stelle des einstigen Klengelschen Pavillons stehende Haus **Schädestraße 5**. Um 1923 kaufte der SPD-Abgeordnete und Ministerialrat Dr. Hans Maier (1888 – 1937) das Grundstück der heutigen **Tolstoistraße 9** und ließ sich ein Haus bauen, in dem er mit seiner Ehefrau Anna geb. Graetz (1890 – 1937) von 1924 bis 1933 wohnte. Schon im März 1933 erhielt er wegen seiner Parteizugehörigkeit und »jüdischen Herkunft« seine Entlassung und entging wegen Abwesenheit nur knapp seiner Verhaftung. Danach zog er mit Frau und Kindern nach Frankfurt/Main, wo seine Frau 1937 starb und er sich kurz da-

Schädestraße 2, 2011 Foto: Brücke-Osteuropa

Schädestraße 5, 2015 *Foto: S. Großmann*

Tolstoistraße 9, 2015 *Foto: S. Großmann*

Schädestraße 9, 2015 Fotos (6): S. Großmann

Wunderlichstraße 17, 2013

Stürenburgstraße 10, 2015

rauf das Leben nahm. Das Grundstück **Schädestraße 9** erwarb um 1934 zum Hausbau der Notar und seit 1919 beim Dresdner Oberlandesgericht tätige Rechtsanwalt Dr. Gerhard Freiesleben (1880 – 1940). Er konnte 1935 mit seiner Frau Hildegard geb. Poeschel (1883 – 1940) das Haus beziehen. »Die kinderlosen Eheleute haben ihrem Leben am 3. Mai 1940 in Dresden ein Ende gesetzt, nachdem Hildegard Freiesleben wegen einer abfälligen Bemerkung über Hitler von der Gestapo vorgeladen worden war.«[2]

Kehren wir zurück auf die Schevenstraße, so liegt gegenüber der Einmündung der Schädestraße ein weiterer alter Weinberg, dessen oberen Teil 1887 der Kaufmann Ernst Neumann (1848 – 1914) erwarb und hier für sich ein Haus (**Schevenstraße 33**) bauen ließ, das 1958 durch einen Neubau ersetzt wurde. An ihn schließt sich die einstige → *kirchlich-diakonische Einrichtung* »Pniel« (**Schevenstraße 35**) an. Damit sind wir an der einstigen Grenze zu → ***»Dinglingers Weinberg«*** angekommen. Nach der Parzellierung begann auf dem östlichen Teil 1936 die Bautätigkeit. Das zuletzt errichtete Gebäude, **Schevenstraße 45**, entstand 2008 durch den Architekten Kai von Döring. An der Hangkante gelegen, fügt es sich gut in die Landschaft ein. Zum Grundstück gehört der »Loschwitzer Weinberg« von Dr. Eckhard Meisel (*1955).

Rechts der Schevenstraße erstreckte sich, bis zum Mordgrundweg reichend, ein großer Weinberg mit einem erstmals 1688 erwähnten Winzerhaus am Ende der Schevenstraße (**heute Wunderlichstraße 17**). Der spätere Dresdner Bürgermeister Carl Samuel Freyberg (1696 – 1760) kaufte 1741 den Weinberg. Dessen Sohn, der Jurist und Hofrat Immanuel Gottlieb Freyberg (1732 – 1801), vergrößerte ihn durch Zukäufe noch beträchtlich, sodass er sich fast bis zur heutigen Schädestraße erstreckte. Er ließ anstelle des alten Winzerhauses ein herrschaftliches barockes Gebäude errichten, das mit der Jahreszahl 1776 sein Erbauungsjahr mitteilt. Von dessen Erben kaufte 1871 *Marie → Simon* (1824 – 1877) das Areal und konnte im folgenden Jahr im alten »Herrenhaus« ihre → *»Deutsche Heilstätte«* eröffnen. Das neue Gebäude (**Wunderlichstraße 16**) wurde 1920/21 errichtet. Im Jahr 2003 war eine aufwändige Sanierung abgeschlossen, die auch das 1776 erbaute Haus seitdem wieder in seiner alten Gestalt zeigt. Das Areal der ehemaligen Heilstätte wurde um 1930 nochmals parzelliert, danach die **Stürenburgstraße** angelegt und bebaut. Der → *Architekt* Karl Moritz (1880 – 1957, → *K2*) wohnte von 1935 bis zu seinem Tod in dem von ihm entworfenen Haus **Nr. 10**. Der Bildhauer Otto Winkler (1885 – 1960, → *K2*) hatte seine Wohnung nach 1945 bis zum Tod in der **Nr. 6**.

Setzen wir unseren Weg nach dem ehemaligen Gelände der Heilstätte auf der Wunderlichstraße fort, so erreichen wir in den 1870er Jahren erbaute Häuser: **Wunderlichstraße 7** und die früher zur Wunderlichstraße gehörenden Häuser **Schädestraße 12 und 14** sowie **Wunderlichstraße 5 und 4.** Hier waren früher mit Scheunen bebaute Weinberge, auf denen die Eigentümer, wahrscheinlich in der Mitte des 19. Jahrhunderts, erstmals Häuser errichteten. Wunderlichstraße 4, in dem von 1915 bis 1935 der Grafiker Ferdinand Steiniger (1882 – 1959, → *K2*) wohnte, wurde 1995 durch einen Neubau ersetzt.

Das Ende des 19. Jahrhunderts von Erich Ehlermann gekaufte Areal erreichen wir wieder mit der **Wunderlichstraße 3**. Von Ehlermann erwarb das Grundstück 1909 Richard Bausch (1870 – 1947), der sich hierauf von → *Architekt* Johannes Lehnert 1910/11 sein Haus bauen ließ. Bausch war von 1910 bis 1931 Generaldirektor der pharmazeutischen Werke Gehe & Co., trat danach in den Ruhestand und wohnte hier bis zu seinem Tod.

Marie Freifrau von Hausen geb. Salviati (1846 – 1922) kaufte 1905 von Ehlermann das Grundstück **Wunderlichstraße 2**. Architekt Johannes Lehnert baute noch im gleichen Jahr für sie und ihren Ehemann, den General Max Freiherr von Hausen (1853 – 1933), deren »Som-

Schevenstraße 33, 2015

Schevenstraße 35, Pniel, 2015

Wunderlichstraße 3, 2014

Wunderlichstraße 2, 2014

Marie-Simon-Straße 4, 2014

Dostojewskistraße 7, 2015

Fotos (7): Siegfried Großmann

mervilla«, in der sie 1914 bis 1919 dann auch ständig wohnten. Der Physiker Karl Warmbach erwarb 1907 das Grundstück **Wunderlichstraße 1b** und ließ nach eigenen Entwürfen sein »Wohn- und Ateliergebäude« bauen, das er noch im gleichen Jahr bezog und 1919 weiterverkaufte. Von 1907 bis 1912 wohnte hier auch der Maler Walther Illner (1874 – 1959, → *K2*).

Wir biegen in die **Marie-Simon-Straße** ein und stehen vor der **Nr. 4**, wo von 1910 bis 1931 *Mily* → *Bültmann* lebte. Danach kam es in den Besitz von Familie Reuther. In der 1912 erbauten Villa **Marie-Simon-Straße 6** wohnte von 1955 bis 1964 der Kernphysiker Heinz Barwich (1911 – 1966). Nach seinem 1929 begonnenen Studium promovierte er 1936 bei Gustav Hertz (1887 – 1975) und ging 1945 freiwillig in die Sowjetunion, wo er bis 1955 als Atomphysiker arbeitete. 1956 folgte seine Habilitation als Professor an der TU Dresden und die Einsetzung zum Gründungsdirektor des Zentralinstituts für Kernphysik in Rossendorf. Die Teilnahme an der 3. Genfer Atomkonferenz 1964 nutzte er zur Flucht, bekam Asyl in den USA und kehrte 1965 in die BRD zurück. Von 1967 bis zu seinem Tod lebte hier der Pianist Prof. Gerhard Berge (1926 – 2006, → *K2*). Johannes Lehnert errichtete 1909/10 für Oskar Derschow (1853 – 1926), Direktor der Mühlenbauanstalt und Maschinenfabrik vormals Gebrüder Seck in Großzschachwitz, die Villa **Tolstoistraße 2**.

Die hier beginnende Klengelstraße wurde Anfang der 1930er Jahre ausgebaut und danach einige Häuser errichtet. Der Bauingenieur Friedrich Wilhelm Neuffer (1882 – 1960) erwarb hier ein Stück Land und ließ sich darauf das Haus **Klengelstraße 4** errichten, das er ab 1937 bewohnte. Er war 1931 bis 1951 Professor an der TH Dresden und erhielt 1956 den Ehrendoktor von der TH Braunschweig. Nach ihm wohnte hier Walter Riedel (1910 – 2006) mit seiner Familie. Er übernahm 1945 als Geschäftsführer die »Oscar Heine KG« in Dresden-Reick, die 1972 verstaatlicht wurde. Riedel, der auch Volkskammerabgeordneter der CDU war, blieb weiter hier tätig, erreichte 1990/91 die Reprivatisierung und wurde Gesellschafter der »Heine Spezialwiderstände GmbH«, die seit 2003 unter dem Namen »Heine Resistors GmbH« läuft. Der als 90-jähriger noch tätige Walter Riedel fand seine letzte Ruhestätte auf dem Waldfriedhof Dresden-Weißer Hirsch.

Biegen wir nun in die Dostojewskistraße ein, so liegt rechts das von → *Architekt* Emil Wägner (1853 – 1927) für Magdalene Knoop, die Tochter des Konsuls *Wilhelm* → *Knoop* (1836 – 1913), erbaute Haus **Dostojewskistraße 7**. Sie wohnte hier mit ihrem Ehemann und Cousin Hermann Knoop (1853 – 1915) und verkaufte es 1920 weiter. Die beiden gegenüberliegenden Grundstücke **Nr. 8 und 10** erwarb 1900 der Architekt Theodor Richter und baute 1900/01 die beiden dortigen Landhäuser, die er 1908 weiterverkaufte. In der Nr. 8 hatte er bis dahin gewohnt. Von 1945 bis 1949 lebten hier der Musiker Wilhelm Hübner (1915 – 2004, → *K2*) und seine Ehefrau, die Kammersängerin Ruth Lange (1915 – 2008, → *K2*), die zuvor mit ihrem ersten Ehemann, dem Sänger Richard Capellmann (1904 – 1972, → *K2*), schon hier gewohnt hatte. Danach hatte hier bis 1959 Kammersänger *Theo* → *Adam* (* 1926, → *K1*) seine Wohnung. Die Villa »Vogelnestchen«, **Dostojewskistraße 6**,

Dostojewskistraße 10 (Portal von Nr. 10), 2015

Wunderlichstraße 1b, 2015

Tolstoistraße 2, 2014

Dostojewskistraße 8, 2015

entwarf 1898 der → *Architekt* Georg Aster (1849 – 1917, → *K1*).

Nun erreichen wir die → *Schillerstraße*, gehen diese ein Stück hinab und biegen links in die Leonhardistraße ein. An der **Leonhardistraße 1** stehen wir vor dem nach 1600 angelegten ehemaligen großen, damals bis zur Schillerstraße 12 (→ *Villa Thorwald*) und hinauf bis Oberloschwitz reichenden Weinberg, dessen Besitzer Ende des 17. Jahrhunderts der Theologe Johann Dornfeld (1640 – 1720) war. 1747 kaufte es der königliche Fußtrabant Johann Christoph Hornuff, der 1754 gemeinsam mit Heinrich Roos (gest. 1774) auch Besitzer des Gutes »Zum weißen Hirsch« wurde. Zu den späteren Besitzern gehörten der Kammerherr und Finanzrat Detlef Graf von Einsiedel (1773 – 1861), der es 1801 kaufte und von dem es 1811 der Dresdner Bürgermeister August Gottfried Clausnitzer (1751 – 1828) bekam. Nach mehrmaligem Besitzerwechsel besaß der Ökonomierat Otto Geyer (1795 – 1872, → *Frauenverein*) von 1850 bis 1872 das Areal. 1857 brannte das hier stehende »Herrenhaus« ab und Geyer ließ es in neuer Form unter Einbeziehung des erhalten gebliebenen Kellers wiedererrichten. Ab Ende des 19. Jahrhunderts war das Haus im Besitz der Familie Gläntzel, die es über viele Jahrzehnte immer weitervererbte. Von 1932 wohnte hier – mit Unterbrechung im Zweiten Weltkrieg – bis 1950 der Rechtsanwalt und spätere Präsident des Bundesamtes für Verfassungsschutz (1972 – 1975) Günther Nollau (1911 – 1991). Familie Klötzel bezog das Haus 1937. Der Sohn Hans Klötzel (* 1930) wohnte hier bis 1997. Er hatte 1948 bis 1953 an der HfBK Dresden Innenarchitektur studiert und danach zahlreiche Projekte in Dresden verwirklicht, zu denen der Dresdner Ratskeller (1954), zahlreiche Innenausstattungen von Geschäften auf der damaligen Ernst-Thälmann-Straße, das Gewandhaus (1967), das Blockhaus (1983) und vieles mehr gehörten. Das Wohnhaus Leonhardistraße 1 erhielt um 1965 eine Etagenaufstockung. 2004/05 wurde es umfassend saniert und trägt seitdem den Namen »Thorwald-Residenz«.

An dieses Grundstück schloss sich der alte Weinberg an, den 1819 die Familie Kügelgen erwarb. Ihr Weinberghaus wurde 1852 abgerissen und dafür die → *»Villa Thode«* erbaut. Auf dem Weinberg wurde 1928/29 das sich harmonisch einfügende Landhaus **Nr. 3b** errichtet, dem 1999 der zunächst viel größer geplante Neubau der **Nr. 3c** des → *Architekten* Helmut Trauzettel (1927 – 2003, → *K1*) folgte.

Das einstige Winzerhaus **Leonhardistraße 5** stand auf dem Ende des 18. Jahrhunderts von der Plattleite 5 abgetrennten Flurstück. Es hatte der Loschwitzer → *Bäcker* Johann Christian Richter gekauft, der wahrscheinlich hier das erste kleine Weinberghaus bauen ließ. 1823 kam es in den Besitz von Familie Hegewald

Leonhardistraße 3b, 2015

Leonhardistraße 5, 2014

Leonhardistraße 1, 2014

Erhaltener Hausbrunnen des Vorgängerbaus der Leonhardistraße 1, 2015

Sandsteinfiguren Leonhardistraße 1, 2015

Fotos (6): Siegfried Großmann

Leonhardistr. 9, 2012 Foto: Brücke-Osteuropa

Leonhardis Grundstück, um 1870 Foto: August Kotzsch, Archiv Kirchgemeinde Loschwitz

und danach 1893 der Familie Weber. Dieser ließ das Haus durch den → *Architekten* Carl Schümichen (1863–1933) umbauen, wodurch es sein heutiges Aussehen erhielt. Von etwa 1970 bis zum Tod wohnte hier der → *Arzt* Helmut Mauler (1936–2002). Auf einem abgetrennten Teil des alten Weinbergs baute 1905/06 der → *Architekt* Georg Heinsius von Mayenburg (1870–1930, → K2) das oben auf dem Berg liegende Landhaus **Leonhardistraße 9**.

Auf der elbseitigen Straßenseite wurde um 1842 das erste Haus auf dem Grundstück der heutigen **Leonhardistraße 18** errichtet, dem bis 1859 noch zwei weitere folgten. In diesem Jahr bezog der Maler Eduard → Leonhardi (1828–1905, → K1) mit seiner Ehefrau das damalige kleine Landhaus (heute **Nr. 16**), das ihm sein Vater gekauft hatte und das bald den Namen »Villa Leonhardi« erhielt, der später von hier zur Nr. 18 wanderte. In den folgenden Jahren kamen auch die benachbarten Grundstücke, die sich bis zu Schillerstraße 4 hinab erstreckten, in den Besitz der Familie. Die Nr. 18 wurde zu seinem Atelier umgebaut und mit einem Verbindungsbau zum Wohnhaus versehen. Nach dem Tod der Witwe Leonhardis erbte der Sohn August Leonhardi (1867–1931, → *K1*) beide Grundstücke und ließ die Nr. 18 im Jahr 1912 durch Georg Heinsius von Mayenburg zu einer Villa umbauen. Auch die Nr. 16 wurde ein Jahr später baulich verändert. Die Leonhardistraße 18 wurde am 13./14. Februar 1945 durch Brandbomben zerstört und später abgerissen. 1975/77 entstand an der Stelle das heutige Doppelhaus. Die Leonhardistraße 16 musste nach ihrem 2004 erfolgten Abriss einem modernen Neubau mit gläsernem Mitteltrakt zwischen zwei unterschiedlich gestalteten Würfelbauten des Architekten Dr. Eberhard Pfau weichen. Nach reichlich zweijähriger Bauzeit konnte er 2007 bezogen werden.

An den Besitz der Leonhardis schloss sich östlich der bereits an die Plattleite angrenzende Weinberg der heutigen **Leonhardistraße 20** an, auf dem 1846 ein Winzerhaus errichtet worden war, in dem etwa 1880 bis fast zu seinem Tod der Maler Alexander Flamant (1836–1897, → *K2*) seine Sommerwohnung hatte. Eduard Leonhardi kaufte das Grundstück 1890, das nach dessen Tod seine Tochter Elisabeth Hagen (1869–1946) erhielt. Sie ließ durch den → *Baumeister* Karl Reichpietsch das Haus umbauen, sodass es seine heutige Gestalt bekam. Sie war mit dem in Bremen geborenen Musiker Adolf Hagen (1851–1926, → *K2*) verheiratet. Sie nutzten das Haus nach Umbau zunächst als Sommerwohnung, gaben um 1906 ihre Dresdner Wohnung auf und wohnten danach ständig hier. 1883 war Adolf Hagen nach Dresden gekommen und hatte hier seine Tätigkeit als Königlicher Hofkapellmeister begonnen, die er bis zum Eintritt in den Ruhestand im Jahr 1913 ausübte. Parallel dazu war er auch Chorleiter an der Dresdner Katholischen Hofkirche. Sohn Hans (1902–2002, → *K2*), der später ebenfalls

Leonhardistraße 18, 2014

Leonhardistraße 16, 2014

Leonhardistraße 20, 2015 Fotos (3): S. Großmann

Plattleite Nr. 5, »Johns Weinbergswirtschaft« Das Haus steht nicht mehr. Es lag an der Ecke Plattleite/Leonhardistraße. Links sichtbar die Villa »Leonhardi«. Zu Johns Anwesen sagte man Johns Weinbergswirtschaft oder einfacher Johns Wirtschaft; sie hatten Weinberg, Garten, Feld, ja sogar Kühe.
Foto: August Kotzsch?, Slg. Matthias Griebel

Plattleite 18 und 20 auf einer Ansichtskarte, um 1900 *Foto: Slg. Matthias Griebel*

Musiker und Dirigent wurde, wohnte bis 1922 hier bei seinen Eltern.

Gegenüber (heute **Plattleite 3 a und 5**) lag ein bereits 1628 erwähnter Weinberg, den 1779 bis 1792 der Winzer Johann Christian Pahlitzsch besaß. Nach ihm war der verbliebene Teil im Besitz von Familie John. 1903 kaufte ihn Eduard Leonhardi. Noch im gleichen Jahr ließ er das alte Wohnhaus, das an der Ecke Plattleite/Leonhardistraße stand, abreißen. 1906 und 1909 kaufte die parzellierten Teile des alten Weinbergs der aus Blasewitz kommende Prokurist der Leonhardischen Tintenfabrik in Dresden-Neustadt Hans Reinhold (1853–1935). Er ließ sich 1909/10 durch den Architekten Franz Schirmer eine »herrschaftliche Villa« (Plattleite 5) erbauen, die er im Januar 1911 beziehen konnte und bis 1929 bewohnte. Von 1921 bis 1929 wohnte hier auch sein Sohn Dr. Peter Reinhold (1887–1955), Verleger und 1926 bis 1927 Reichsfinanzminister.

Auf der anderen Seite (heute Plattleite 16 bis 20 und Weinleite) lag der Weinberg der *Familie → Dressler*. Sie hatte 1864 die beiden vordem getrennten Weinberge **Plattleite 16** und 18 erworben. Der erste bekannte Besitzer des Weinbergs Plattleite 16 war von 1668 bis zu seinem Tod der Lehns- und Gerichtsherr von Zschochau (heute zu Ostrau) und Domherr zu Meißen und Wurzen Daniel Freiherr von Schweiske (1668–1676). Ihm folgten weitere sächsische Adelsgeschlechter, bevor ihn 1773 mit Heinrich Wendisch erstmals ein »Loschwitzer« bekam. 1859 erwarb ihn Heinrich Reichsgraf von Pückler (1835–1897), der ihn schließlich an Familie Dressler weiterverkaufte. Das damals bereits dort stehende Weinberghaus wurde wahrscheinlich Ende des 18. Jahrhunderts errichtet. Der benachbarte Weinberg **Plattleite 18** hat eine längere Geschichte mit einem Winzerhaus, das vermutlich noch älter war. Der bereits 1628 erwähnte Weinberg wechselte häufig den Besitzer, bevor ihn 1828 von Bierlings Erben der Dichter und Geheime Rat Gottlob Adolph Ernst von Nostitz-Jän(c)kendorf (1765–1836, *→ K2*) kaufte. Das heutige Haus **Plattleite 20**

Plattleite 5, 2014

Plattleite 16, 2015

Plattleite 18, 2015 *Fotos (3): S. Großmann*

Plattleite 20, 2015 *Foto: Holger Friebel*

Plattleite 14, ehemals Hofbuchhändler Warnatz, um 1910 *Foto: Slg. Matthias Griebel*

gehörte zu seinem Besitz und hatte damals bereits einen »Saal«. Es wurde 1898 aus dem Areal ausgegliedert. 1906 kaufte die Plattleite 20 Sidonie Weinhold geb. Römer, die mit ihrem Ehemann, dem Bildhauer Wilhelm Heinrich Weinhold (1844 – 1932, → *K2*), bis 1919 hier auch wohnte. In der seit 1935 **»Weinleite«** benannten Fortsetzung der Leonhardistraße wohnte im Haus **Nr. 2** *Familie* → *Munzinger*. Der → *Architekt* Maximilian Heinsius von Mayenburg (1910 – 1945) baute hier auf der Weinleite 1935/36 mehrere Häuser.

Gehen wir nun die Plattleite hinab zum Körnerplatz, so liegt rechts der ehemalige Weinberg von Maurermeister Johann Daniel Baudisch (1803 – 1872), auf dem 1843 das Haus **Plattleite 3** gebaut wurde. 1895 kam es in den Besitz des Steinsetzers Gustav Moritz Lehmann (1877 – 1900) und seiner Ehefrau Friederike (1851 – 1931), die dort bereits wohnten. Nach dem Tod des Vaters wurde der Sohn und spätere Baugewerksmeister Johann Lehmann (1843 – 1951) Miteigentümer. Nach Teilung des Grundstücks wurde 1933 für den Musterzeichner Alfred Lehmann (1880 – 1957) das Nachbarhaus **Plattleite 1d** gebaut.

Auf der gegenüberliegenden Seite lag ein Weinberg, der dem → *Baumeister Friedrich* → *Voigt* (1830 – 1898) gehörte. Der Hofbuchhändler Heinrich Warnatz (1847 – 1899) kaufte 1890 den nördlichen Teil und ließ hier das Haus **Plattleite 14** von dem → *Architekturbüro* Schilling & Graebner als Sommerhaus umbauen. Nach seinem Tod erbte es seine Witwe Helene geb. Göldner (1858 – 1945), die 1909 den Schriftsteller Georg Zimmermann (1855 – 1919, → *K2*) heiratete, der danach bis zu seinem Tod hier wohnte.

Gehen wir weiter die Plattleite hinab, vorbei an der zur Schillerstraße gehörenden → *Villa* »Orlando«, so stehen wir an der **Plattleite 8**, die 1925 der Schriftsteller *Reinhold* → *Braun* (1879 – 1959, → *K2*) kaufte und bewohnte. Sein Nachfolger wurde 1941 der promovierte Gymnasialprofessor Emil Lehmann (1880 – 1964). Zuletzt bis 1928 in Landskron (heute Lanškroun/Tschechien) tätig, beendete er dort aus politischen Gründen den Staatsdienst und ging

Weinleite 2, 2015 *Foto: Siegfried Großmann*

Weinleite 3, 2015 *Foto: Siegfried Großmann*

Ruine Plattleite 8, links neben der Villa »Orlando«, vor 1961 Foto: Slg. Horst Lehmann

Plattleite 6, 2015 Foto: Siegfried Großmann

nach Reichenberg (heute Liberec/Tschechien), wo er als Geschäftsführer die »Gesellschaft für deutsche Volksbildung« leitete, die sich ab 1932 »Goetheheim« nannte. Ab 1933 war er Mitglied der neugegründeten »Sudetendeutschen Heimatfront«. 1935 wurde er im Hochverratsprozess von Mährisch Ostrau (Moravská Ostrava/Tschechien) verurteilt und floh 1936 nach Dresden. Seitdem war er bis 1945 Dozent an der Dresdner HS für Lehrerbildung und Honorarprofessor für Volkskunde an der TH Dresden. Zu seinen zahlreichen Veröffentlichungen gehört die 1926 in Leipzig erschienene »Sudetendeutsche Volkskunde«. Sein Haus Plattleite 8 brannte am 13./14. Februar 1945 ab, es wurde später abgebrochen und durch einen Neubau ersetzt. Emil Lehmann wohnte nach der Zerstörung seines Hauses bis zu seinem Tod im Nachbarhaus Plattleite 6. Nach 1945 wirkte er vor allem in Vorträgen und leitete später die Dresdner Sektion für Kinder- und Jugendliteratur im 1950 gegründeten Schriftstellerverband. Nach seinem Tod 1964 wurde er auf dem Loschwitzer → *Friedhof* beigesetzt.

Plattleite 1, 2015 Foto: Siegfried Großmann

Der Maler *Hermann → Vogel* (1854–1921, → *K1*) kaufte 1886 von Baumeister Friedrich Voigt das Grundstück **Plattleite 6** mit dem im Jahr zuvor erbauten Haus. Nach Vogels Tod gehörte zu den Erben auch der Leipziger Verlagsdirektor Arwed Strauch (1862–1943), der ab 1925 hier wohnte. Gegenüber auf der rechten Seite erstreckte sich bis zur Schillerstraße ein alter Weinberg mit einem spätestens im 18. Jahrhundert erbauten Winzerhaus (**Plattleite 1**). Von 1644 bis 1777 war er im Besitz von Familie Golde. Um die Mitte des 19. Jahrhunderts erfolgte eine Grundstücksteilung, in deren Folge die Schillerstraße 2 gebaut wurde. Der Maler *Oskar → Zwintscher* (1870–1916, → *K1*) kaufte 1913 das Grundstück. Seitdem trägt das ehemalige Hauptgebäude die Bezeichnung **Plattleite 1b**.

Gegenüber liegt oben die Villa »Herbstes Segen«, **Plattleite 4**. Josef Anton Ludwig Sell ließ sie 1860 erbauen. Später wurde sie noch vergrößert. Von 1898 bis um 1935 war sie im Besitz von Familie Chemnitzer.

Plattleite 1b Foto: Siegfried Großmann

100-Jahr-Feier an der Plattleite 3 Foto: Slg. Horst Lehmann

Unbekannter Künstler, Loschwitz 1827, Grafit, weiß gehöht
Blick vom heutigen Grundstück Plattleite 8 auf Loschwitz und die Loschwitzer Kirche;
das links abgebildete Fachwerkhaus besteht nicht mehr
Heute bewahrt im Archiv der Kirchgemeinde Loschwitz

O M
Lo

Die »Galerie im Buch«

Robert-Diez-Straße 2 Villa »Fallnichtein«, 2015
Foto: Siegfried Großmann

Die »östliche Platte«

Über den → *Veilchenweg* erreichen wir die Fortsetzung der »Heidesandterrasse«, die sich für den Loschwitzer Teil etwa mit oberer Calberlastraße, Josef-Hegenbarth-Weg und Kügelgenstraße, wo sich früher der obere Spittelteich (→ *Gewässer*) befand, eingrenzen lässt. Auch hier lagen bis ins 19. Jahrhundert ausgedehnte Weinberge, die sich bis zur → *Pillnitzer Landstraße* hinabzogen.

Am Ende des Veilchenweges, wo links der 3. Steinweg, die heutige Robert-Diez-Straße, nach dem → *OT Schöne Aussicht* führt, liegt die alte »Villa Fallnichtein« (**Robert-Diez-Straße 2**). Als fünfter uns bekannter Besitzer kaufte den Weinberg 1614 der Theologe und Oberhofprediger Matthiä Hoë von Hoënegg (1580–1645), der auch Erbherr des Rittergutes Gönnsdorf war, als seinen ersten in Loschwitz. Der Weinberg blieb bis 1689 im Besitz der Familie. Vermutlich um 1800 wurde das kleine Haus erbaut, das wegen seines offenbar nicht immer stabilen Aussehens seinen »Villennamen« bekam. Es hat sich jedoch in seiner Grundform bis heute erstaunlich gut erhalten.

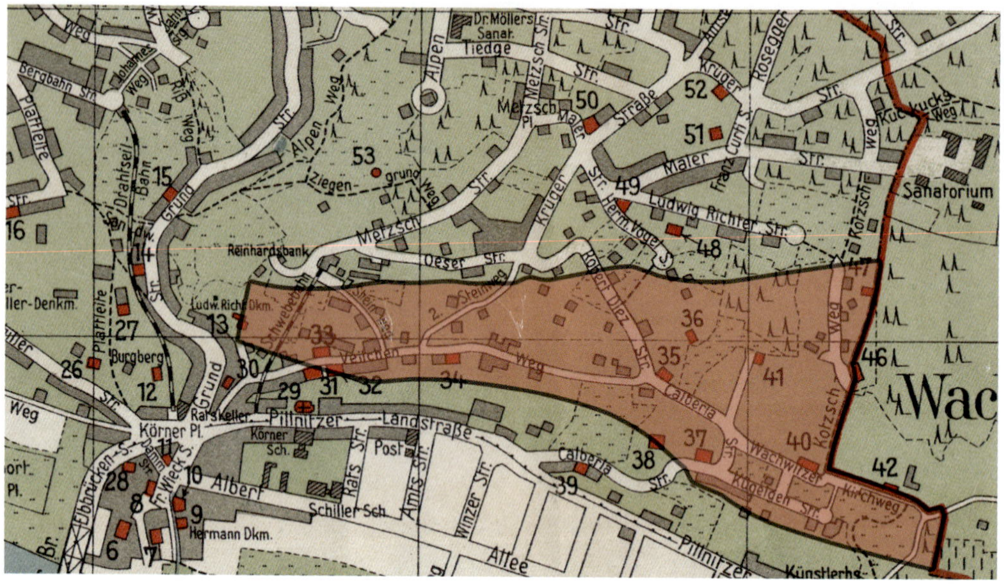

Gebiet der östlichen »Platte«

An diesen einstigen Weinberg schloss sich ein weiterer, der sich ebenfalls weit den Hang hinauf zog und dessen ungefähre Lage mit den heutigen Hausnummern der **Robert-Diez-Straße** 4 und 6 angegeben werden kann. Um 1720 erwarb den Weinberg Reichsgräfin Agnes Charlotte von Manteuffel (1690–1756), ebenfalls Besitzerin des Gutes Gönnsdorf und Ehefrau des sächsischen Ministers Ernst Christoph von Manteuffel (1676–1749). Einer der nachfolgenden Besitzer war von 1779 bis 1792 Landbaumeister Johann Friedrich Knöbel (1724–1792). Am Ende dieser Zeit waren bereits das auf dem Berg liegende Winzerhaus (später **Nr. 4**) mit sechs Zimmern, Gewölbe und Winzerstube sowie die am Weg liegende Scheune mit Stall (später **Nr. 6**) vorhanden. Der ehemals »Manteuffelsche Weinberg« bekam Ende des 19. Jahrhunderts nach dem Besitzer Maximilian Bruno Grimmer (1818–1905) die Bezeichnung »Grimmerscher Weinberg«. Er blieb bis etwa 1935 im Besitz seiner Erben. Danach wurden auf dem unterdessen parzellierten Grundstück bis 1937 die neuen Häuser **Robert-Diez-Straße 6 und 6b** gebaut. Im ersteren wohnte der Ober-

Käthe Krabbes, Villa Fallnichtein, aquarellierte Zeichnung Archiv Ortsverein Loschwitz-Wachwitz

Robert-Diez-Straße 2b, 2015
Foto: Siegfried Großmann

Diese kolorierte Lithografie eines unbekannten Künstlers (Blick auf Loschwitz bei Dresden, erste Hälfte 19. Jahrhundert) zeigt künstlerisch überhöht die Sandterrasse der östlichen Platte. *Städtische Galerie Dresden*

Blick hangabwärts in den oberen Teil der Calberlastraße, 2015 *Foto: Holger Friebel*

landmesser Erwin Ellinger (1892–1957), dem auch das Haus Nr. 4 gehörte. In der Nr. 6b hatte von 1937 bis zum Tod der Maler Paul Oberhoff (1884–1960, → *K1*) Wohnung und Atelier.

Der dritte, sich nördlich an den Grimmerschen Weinberg anschließende alte Weinberg war der Anfang des 19. Jahrhunderts mit einem kleinen Winzerhaus (später **Robert-Diez-Straße 8**) bebaute des Johann Samuel Baudisch (1818–1869). Um 1900 erfolgte eine Parzellierung des Grundstücks und nachfolgende Bebauung bis hinauf zur Hermann-Vogel-Straße. Nach mehrmaligem Umbau des alten Winzerhauses unter den späteren Besitzern kaufte 1907 die Robert-Diez-Straße 8 Marie Brod geb. Christ (1867–1945), die Ehefrau des Malers Ferdinand Brod (1869–1944, → *K1*), die danach hier wohnten. Am 13./14. Februar 1945 wurde das Haus durch Bomben zerstört und später abgebrochen. Ein gleiches Schicksal erlitten Haupt- und Nebengebäude der Robert-Diez-Straße 4, wo es zwei Tote gab. Das Hauptgebäude wurde später in veränderter Form wieder aufgebaut. Hinzu kamen auf diesem Areal in den letzten Jahrzehnten einige neue Häuser unterschiedlichster Bauart.

Von einem ehemaligen Weinberg am Veilchenweg abgetrennt, erwarb 1903 der Kaufmann Emil Richter das Grundstück **Robert-Diez-Straße 1**. Er stellte 1907 den Antrag für den Bau eines Sommerhauses und die Überbauung eines Brunnens unten an der Straße. Beides erbaute der → *Architekt Martin* → *Pietzsch* (1866–1961, → *K1*). Das Sommerhaus konnte 1910 bezogen werden. Nachdem es in den 1930er Jahren zu einem Wohnhaus umgebaut worden war, wohnte hier von 1954 bis zu seinem Tod der Bildhauer *Friedrich* → *Press* (1904–1990, → *K1*).

Biegen wir nun in die **Calberlastraße** ein, so erstreckten sich rechts – teilweise bis hinab zur Pillnitzer Landstraße – drei Weinberge. Das Haus **Nr. 7** ist der Nachfolgebau des dortigen ältesten Winzerhauses, das wahrscheinlich bereits um 1600 gebaut wurde. Einen der Weinberge erwarb 1610 der Dresdner Pfarrer Balthasar Meißner (1556–1623). Ab 1678 war der Weinberg im Besitz des Geheimen Rates Wolff Caspar Martini (1635–1694) und später bis 1725 des Hofrates und »Leibmedicus« Johann Christoph Troppaniger (um 1651–1729). Ein anderer Weinberg war im Besitz des Dresdner Goldschmiedes und Kupferstechers Daniel Kellerthaler (um 1574–um 1651). Dieser Weinberg wurde 1629 mit dem benachbarten vereinigt, den später bis 1707 der Loschwitzer Schulmeister und »Kirchendiener« (→ *Schule*) Johann Gottfried Klingner besaß. Ab 1731 waren alle drei Weinberge vereinigt und im Besitz der Familie Bußius. Ihr folgte 1774 der Oberhofprediger Johann Gottfried Herrmann (1707–1791). Ab 1833 begann eine allmähliche Zergliederung

Blick hangaufwärts in die Robert Dietz-Straße, 2015 *Foto: Holger Friebel*

Robert-Diez-Straße 1 *Zeichnung: Martin Pietzsch*

Calberlastraße 11, 2014 *Foto: Siegfried Großmann*

des Weinbergs und später baute man auf den heutigen Grundstücken **Calberlastraße 3 und 5** je ein Haus mit einem Nebengebäude. In den 1850er Jahren begann der Kaufmann Gustav *Moritz* → *Calberla* (1809–1906) alle Grundstücke in diesem Bereich und darüber hinaus zu kaufen, sodass er am Ende an der Calberlastraße die heutigen Grundstücke Nr. 2 bis 8 und 22 bis 16, auf der linken Seite Nr. 3 bis 15 und ferner Robert-Diez-Straße 2 und das *Poncetsche* → *Winzerhaus* besaß. Das Haus Calberlastraße 3 hatte er ab etwa 1858 zu seinem Sommersitz gewählt und trug fortan den Namen Villa »Calberla«. Ab 1875 wurde auf Veranlassung Calberlas der bisherige Reichelweg in drei Bauabschnitten zur Straße ausgebaut. Seine Tochter Luise (1852–1935) heiratete 1895 den Bildhauer und Professor an der Königlichen Akademie der bildenden Künste Robert Diez (1844–1922, → *K1*), der ab 1899 mit Familie im ehemaligen Winzerhaus Calberlastraße 7 wohnte. Er ließ sich von Architekt Ernst Kühn (1859–1943) ein eingeschossiges Nebengebäude entwerfen, das 1901 errichtet wurde und als Atelier genutzt werden konnte. Hier standen auch einige seiner bildhauerischen Arbeiten. Das Hauptgebäude erhielt am Westgiebel eine große Veranda mit Blick über die anderen Grundstücke und übers Elbtal nach Dresden. Nach dem Tod von Gustav Moritz Calberla gehörte Luise Diez zu seinen acht Erben, die nun Grundstücke und Häuser im Schätzwert von 615.000 M besaßen. Sie – wie auch ihr Ehemann Robert Diez – wohnten hier bis zu ihrem Tod.

Das zum Besitz der Erben Calberlas gehörende Haus Calberlastraße 5 kaufte 1937 der → *Architekt* Rudolf Bretschneider (1906–1945, → *K2*). Dort wohnte er fortan und nutzte das ehemalige Atelier von Diez als sein Büro. Nach dessen Tod wohnte von 1950 bis 1960 in der Nr. 5 ein Jahrzehnt der → *Architekt* Gert Kossatz (1929–2013, → *K2*) und in der Nr. 3 ab 1956 bis zum Tod der Physiker *Josef* → *Schintlmeister* (1908–1971).

Calberlastraße 3a, 2014 *Foto: Siegfried Großmann*

Von den nach 1950 auf dem ehemaligen großen Weinberg erbauten neuen Häusern seien drei genannt: Ende der 1950er Jahre errichtete der → Baumeister Karlheinz Walther (1907–1989) für Kammersänger *Peter* → *Schreier* (* 1935, → *K1*) das Haus **Calberlastraße 13**. Hervorragend mit seiner perfekten Architektur in die Landschaft integriert wurde das von → Architekt Siegbert Langner von Hatzfeldt entworfene flache Wohnhaus **Calberlastraße 3a**. Es konnte 2012 vom Bauherrn, dem Komponisten Prof. *Udo* → *Zimmermann* (* 1943), und dessen Ehefrau bezogen werden. Nur ein Jahr später war das von dem Chemnitzer Architekten Andreas Richter (* 1961) entworfene Haus **Calberlastraße 11** bezugsfertig. Im Garten vor dem Haus steht die Bronzeplastik »Mutter Himmel« von Thomas Reichstein (* 1960, → *K2*).

An der Calberlastraße – bereits unterhalb der »Platte« – hatte Gustav Moritz Calberla die ihm gehörenden Grundstücke Nr. 2 bis 8 eines ehemaligen Weinbergs an der → *Pillnitzer Landstraße* schon zu seinen Lebzeiten verkauft. Das um 1848 erbaute Haus **Calberlastraße 2** ist das einstige Wohnhaus von *Josef* → *Hegenbarth* (1884–1962, → *K1*), in dem sich heute das Hegenbarth-Archiv befindet. **Calberlastraße 4** kaufte 1894 der → *Baugewerksmeister* Karl August Hilbert (1845–1902), der hier zwei Jahre später nach einem Entwurf von → *Architekt Georg Aster* (1849–1917, → *K1*) ein Wohnhaus erbaute. Der Bildhauer Otto Päßler (1869–1946, → *K2*) kaufte es 1898, ließ sich ein Atelier anbauen und wohnte hier bis zu seinem Tod.

Das einst zum gleichen Weinberg gehörende Grundstück **Calberlastraße 6** kaufte 1883 der

Calberlastraße 2, 2015

Calberlastraße 4, 2015

Calberlastraße 6, 2015 *Fotos (3): H. Friebel*

Calberlastraße 1, um 1875 Foto: August Kotzsch, Slg. Matthias Griebel

Calberlastraße 1, 1883. Besitzer des Hauses hinten ist der »Wilde Rosig«; in ihm wohnt und praktiziert zu dieser Zeit Dr. med. Carl August Reichel → Ärzte. 1888 gehört Nr. 1 wie die benachbarte 1b Arthur Carl Heinrich Flinsch, einem Kaufmann aus Leipzig, der um 1895 die → »Gärtnerei Flinsch« begründet.
Links mit Zigarre Portier Zimmerling; auf dem Pferdewagen Schirrmeister Eichler; daneben in Uniform Hugo Emil Gössel; mit Haueisen Maurer Luther; hochstehend mit Mütze Gärtner Herrmann; davor mit Tropenhelm Maurer Mittag; bei den Röhren mit hartem Hut Maurerlehrling Neubert; darunter mit Pfeife Arbeiter Hahnel; vorn mit Bierflasche Maurer Carl Thieme; mit dem Rechen Gartenfrau Schindler; mit Tragbrett, Bein angewinkelt Arbeiter Hennig; darüber mit Hut Maurerlehrling Rehme; vorn am Fass mit Kelle Maurerlehrling Heine; ganz oben Maurerpolier Julius Rehme; daneben sitzend Arbeiter Kluge; unten rechts mit Tragebrett Arbeiter Schulze

Mitbesitzer der Chemischen Fabrik Helfenberg und Vorsitzende des → *Ortsvereins Loschwitz* Eduard Friedrich Schnorr von Carolsfeld (1838 – 1910). Er ließ sich hier von Architekt Emil Wägner sein Wohnhaus im Schweizerstil errichten, das er ein Jahr später beziehen konnte, jedoch bereits 1902 weiterverkaufte. Der → *Bäckermeister* Karl Fritzsche (1840 – 1909, → *Bäckerei* Tanner) hatte das anschließende Grundstück **Calberlastraße 8** erworben und sich 1883/84 darauf die Villa »Eintracht« bauen lassen, die er dann in seinem Ruhestand bewohnte. Über 100 Jahre danach, von 1996 bis 1997, erfolgten eine grundlegende Sanierung, der Bau des östlich anschließenden Parkdecks und nach Grundstücksteilung der Neubau des bereits zur Pillnitzer Landstraße (Nr. 33) gehörenden großen Wohnhauses mit Tiefgarage, nun »Residenzen Villa Eintracht« genannt. Oberhalb der Calberlastraße 8 befindet sich der **»Matz-Platz«** mit einer Pergola und schönem Blick auf das untere Loschwitz und über das Elbtal.

Wenn wir die Calberlastraße weiter hinauf gehen bis zur Einmündung des jetzigen Josef-Hegenbarth-Weges, stoßen wir auf das → *Pon-*

Figuren an der Fassade Calberlastraße 8, um 1875, 2015 *Fotos: Siegfried Großmann*

Calberlastraße 1c, 2015

Josef-Hegenbarth-Weg 18, 2015 *Fotos (2): Holger Friebel*

cetsche Herrenhaus (**heute Josef-Hegenbarth-Weg 18**), dessen ehemaliger Weinberg sich bis hinauf zum Ortsteil Schöne Aussicht, im Osten bis zum Kotzschweg und im Westen bis zum »Grimmerschen Weinberg« erstreckte. 1756 kaufte Charlotte Sophie von Poncet (1717–1795) noch einen Teil des Weinbergs von der heutigen Ludwig-Richter-Straße 14 mit einem kleinen Winzerhaus, dem »Begerhäuschen« (**später Calberlastraße 20**), hinzu. Wann es genau erbaut wurde und nach wem es seinen Namen bekam, wissen wir nicht. *Familie von → Kügelgen* war hier 1816 bis 1818 und erneut ab 1824 Sommergast. Das kleine zweistöckige Haus blieb bis 1831 im Besitz der Familie Poncet. Es diente auch darüber hinaus als Sommerhaus. Nachdem es der Dresdner Baumeister Max Zeh gekauft hatte, baute er das Haus 1898 um. In der Nacht vom 13. zum 14. Februar 1945 wurde es durch Bomben zerstört.

Gehen wir nun zum östlichsten Teil der Platte, der das Gebiet der Kügelgenstraße, Calberlastraße 10 und 12 einbeziehend, bis zur Flurgrenze nach Wachwitz umfasst. Zwischen heutiger Kügelgenstraße und Josef-Hegenbarth-Weg, dem früheren Wachwitzer Kirchweg, lag der obere Spittelteich, der beim Unwetter 1875 (→ *Naturkatastrophen*) zur Pillnitzer Landstraße durchbrach und damit einen Hangrutsch verursachte. Die »Spittelgasse« – so bezeichnete man einst den Weg, der später Reichelweg und heute Calberlastraße heißt – führte zu ihm herauf. Der Name dürfte entstanden sein, weil das gesamte Areal einst dem Maternihospital (siehe S. 45) gehörte und im Mittelhochdeutschen »Spittel« gleichbedeutend mit »Spital« war. Vom einstigen Spittelteich erstreckten sich über das gesamte genannte Gebiet mehrere Weinberge hinab bis zum nach Pillnitz führenden Fahrweg, z. B. bis zum → *Winzerhaus* Pillnitzer Landstraße 41.

Südwestlich des Poncetschen Winzerhauses lag neben dem einstigen Teich auf dem Areal der heutigen **Kügelgenstraße 3** ein schon 1571 erwähnter Weinberg mit einem spätestens um 1600 erbauten Haus, dessen einst über der Tür befindlicher Schlussstein wahrscheinlich mit einem der beiden Schlusssteine am heutigen Haus Pillnitzer Landstraße 41 identisch ist, denn er trägt noch die alte → *Brandkatasternummer* des Hauses, das einst hier oben stand. Das mit dem Giebel zur Elbe ausgerichtete Gebäude und die sich nach Osten anschließende Gartenanlage mussten gleich nach 1900 dem Bau der Kügelgenstraße und der »Straße J« (spätere Leuschkestraße) weichen, sodass nur das östliche Haus erhalten blieb.

Das heutige Grundstück **Kügelgenstraße 2** – wie auch die Nr. 3 und 4 früher zur Calberlastraße gehörend – wird 1659 erstmalig erwähnt.

Blick vom »Matz-Platz, 2015 *Foto: Holger Friebel*

Kügelgenstraße 2, 2014 *Foto: Siegfried Großmann*

Relief Kügelgenstraße 6, 2015

Das dortige Winzerhaus wurde bis ins 19. Jahrhundert meist als Sommerwohnung genutzt. Von 1919 bis zum Tod wohnten hier der Maler Fritz Hofmann-Juan (1873 – 1937, → *K1*), der Grundstück und Haus 1920 auch gekauft hatte, und seine Ehefrau, die Bildhauerin Liddy geb. Falke (1884 – 1935, → *K2*). Nach dem Tod ihres Mannes erwarb es von dessen Erben 1940 der Maler *Hubert → Rüther* (1886 – 1945, → *K1*), der mit seiner Ehefrau *Irena → Rüther-Rabinowicz* (1900 – 1979, → *K1*) bereits seit 1935 hier wohnte.

Die erste hier erbaute »Villa« ist die **Kügelgenstraße 4**, die 1872 der Maurer und Weinbergbesitzer Friedrich August Mißbach errichten ließ. Nach mehrmaligem Besitzerwechsel ging die Villa »Minna« mit dem an der Straße liegenden Stallgebäude 1895 in den Besitz der Familie Jumpelt, die die 1846 in Dresden gegründete »Parfümerie & Toilette-Seifen-Fabrik« besaßen. Die Villa, die nun Villa »Theodora« hieß, erhielt 1904/05 noch einen großen Verandaanbau.

In den Jahren 1902 bis 1903 wurden hier an der »Hangkante« drei weitere Landhäuser erbaut: **Kügelgenstraße 6** und 10 sowie Calberlastraße 12. Das Grundstück Kügelgenstraße 6 hatte 1902 der Maler *Hans → Unger* (1872 – 1936, → *K1*) erworben und ließ sich noch im gleichen Jahr nach dem Entwurf des Architekten Martin Pietzsch sein Wohnhaus bauen. Im gleichen Jahr entwarf der → *Architekt* Max Hans Kühne (1874 – 1942, → *K2*) das zweigeschossige, italienisch anmutende Landhaus **Kügelgenstraße 10** für den Dresdner Hoffotografen Ernst Müller (→ *Fotografen*). Auffällig sind die weit

Kügelgenstraße 6, 2015

auskragenden Walmdächer, die direkt darunter angeordneten kleinen Fenster, die straßenseitige Loggia und der an der Seite befindliche niedrige Turm. Ab 1924 wohnte hier bis zu seinem Tod der → *Arzt* und Professor Paul Geipel (1869 – 1956). Nach ihm bewohnte die Villa von 1972 bis 1989 der Architekt und Grafiker Peter Junghanß (* 1942, → *K2*) mit seiner Familie, der darin 1988 seine → *»Galerie am Berg«* mit einer Ausstellung prominenter Künstler öffnete. In den 1990er Jahren erfuhr die Villa durch den → *Architekten* Horst Witter (* 1937, → *K1*) eine Rekonstruktion. Ebenfalls 1902/03 ließ sich der Hoffotograf *Ernst → Römmler* (1841 – 1942, → *K1*) das Haus **Calberlastraße 12** von Architekt Theodor Richter bauen. Von 1945 bis zu ihrem Tod wohnte hier die Puppengestalterin Irmgard Bahmann (1895 – 1984, → *K1*, → *Künstlerpuppen und Puppenspiel*) und 1999 bis 2007 waren hier Wohnung und → *Verlag* des Journalisten Heinz Weise (1938 – 2007, → *K2*).

Am Ende der Kügelgenstraße kaufte 1912 der

Calberlastraße 12, 2014

Wirt der Dresdner Bärenschänke Karl Höhne (1868 – 1931) Land zum Bau eines Hauses. Noch im gleichen Jahr lieferte der Architekt und TH-Professor Oswin Hempel (1876 – 1965) die Pläne für seine Villa **Kügelgenstaße 12**. »Gestalterisch ist die aus mehreren Baukörpern bestehende Anlage singulär. Der eigenwilligen Baukörperkomposition des Hauptbaus tritt eine sehr individuelle Formgebung und Kombination vielfältiger baugeschichtlich inspirierter Gestaltungselemente an die Seite.«[3] Im Frühjahr 1914 konnte Familie Höhne das Haus beziehen, das 1931 seine Witwe Elisabeth geb. Eger (1876 – 1939) und deren Sohn, der Kaufmann Erwin Höhne (1896 – 1946), erbten. Von 1940 bis 1945 wohnte hier der aus Hamburg

Kügelgenstraße 4, 2014

Relief Kügelgenstraße 10, 2015
Foto: Holger Friebel

Kügelgenstraße 10, 2011
Fotos (5): Siegfried Großmann

Portal Kügelgenstraße 12, 1980er Jahre
Foto: Wolfgang Nützenadel, Slg. M. Griebel

Kügelgenstraße 12, 2014 *Foto: Siegfried Großmann*

kommende Rechtswissenschaftler Hans Nieland (1900 – 1976). Er hatte im März 1940 sein Amt als Dresdner Oberbürgermeister angetreten. Obwohl von der Ideologie des → *Nationalsozialismus* überzeugt, kam es schon 1942 zu Spannungen mit der NSDAP und vor allem dem Gauleiter und Reichsstatthalter Martin Mutschmann (1879 – 1947), die wenige Tage nach der Zerstörung Dresdens im Februar 1945 zu seiner Beurlaubung als Oberbürgermeister führten. Nach 1950 befand sich in der einstigen »Höhne-Villa« die Landesparteischule der DBD (→ *Schulen*) und ab Anfang der 1960er Jahre fast drei Jahrzehnte ein Schwesternwohnheim der Medizinischen Akademie. Nach darauf folgender umfassender Sanierung dient die Villa heute wieder Wohnzwecken.

Die beiden letzten Lücken an der Hangkante wurden kurz vor dem Zweiten Weltkrieg bebaut. **Calberlastraße 10** konnte 1938 von dem Landesgewerbearzt Dr. Arthur Brandt (1905 – 1989, → *Ärzte*) bezogen werden und **Kügelgenstraße 8** ließ der Ingenieur Johannes Jost für seine Familie bauen und bezog es 1939. Jost hatte 1924 den »Filmdienst Jost & Co. KG« gegründet, der schließlich ab 1937 als »Filmosto-Projektion Johannes Jost« firmierte. Als der Betrieb 1951 als »VEB Filmosto Dresden« in Volkseigentum ging, schied Jost aus dem Betrieb aus und gründete 1952 in Essen seine neue Firma. Sein einstiger Dresdner Betrieb war später das »Objekt 15« des »VEB Pentacon Dresden«. Nachdem Familie Jost nach Essen gegangen war, wohnten in dessen ehemaligen Haus nacheinander ab 1952 der Schauspieler Hans Finohr (1891 – 1966, → *K2*), der Regisseur Dieter Bülter-Marell (* 1929, → *K2*) und schließlich 1971 bis zum Tod der Sänger Günter Neef (1932 – 1994, → *K2*). Nachdem in der Zeit der DDR einige meist kleinere Wohnhäuser vor allem im Gebiet der oberen Calberlastraße entstanden, kamen nach der Wiedervereinigung 1990 noch weitere hinzu, von denen die beiden um 1995 erbauten modernen großen Wohnhäuser **Josef-Hegenbarth-Weg 15 und 17** hervorzuheben sind.

Otto-R. Wenzel

Zitate:
1 *Tube, F. E.; Zum Verkauf Villa Deines, Loschwitz, Prospekt [1908/09]*
2 *Freiesleben, Hartwig, maschinenschriftlich, 2014*
3 *Sterra, Bernhard; Katalog Dresdner Reformbauten; in: Symbol und Wahrhaftigkeit, Dresden 2005*

Quellen: 1, 39, 40, 53, 93, 127, 139, 167, 171, 193, 243, 291, 294, 300, 361, 471, 490, 506, 538, 545, 571, 600, 624, 633, 635, 639, 640, 725, 726, 762, 805, 824, 826, 869, 884, 885, 907, 1000, 1007, 1039, 1063, 1082, 1154, 1163, 1256

Kügelgenstraße 8, 2011
Foto: Siegfried Großmann

Josef-Hegenbarth-Weg 15 und 17, 2015
Foto: Holger Friebel

Der Kotzschweg bildet die Grenze zu Wachwitz, 2015 *Foto: Holger Friebel*

Otto Hettner, Traumeck am Kotzschweg, 1897, Öl auf Leinwand
Heute bewahrt in der Städtischen Galerie Dresden – Kunstsammlung, Museen der Stadt Dresden

Die »Galerie im Buch«

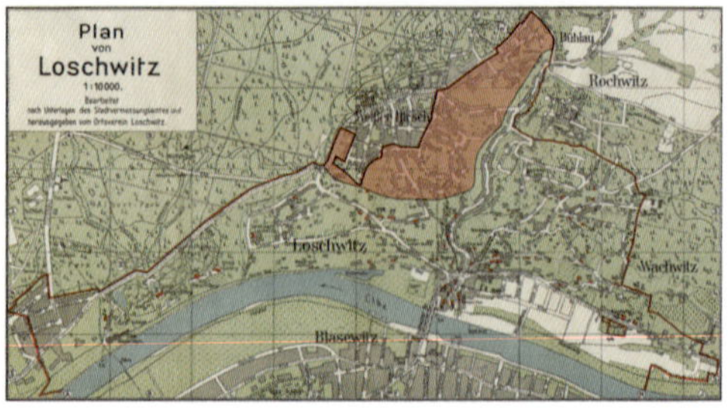

Ortsteil Oberloschwitz

Der Ortsteil Oberloschwitz wird heute meist fälschlicherweise dem daran anschließenden Weißen Hirsch zugerechnet, während der Name »Oberloschwitz« dem → *Ortsteil Schöne Aussicht* zugeschrieben wird. Der historische Ortsteil Oberloschwitz entspricht etwa dem Territorium, das Ende des Jahres 1934 von der → *Kirchgemeinde Dresden-Loschwitz* abgetrennt wurde und zur Kirchgemeinde Dresden-Weißer Hirsch kam. Außer den → *Elbschlössern* betraf dies das Gebiet der oberen Hermann-Prell-Straße, weiter etwa entlang der Hangkante einschließlich Rißweg, Sonnenleite und Steglichstraße bis zur Neugersdorfer Straße. Die Grenze zwischen Loschwitz und dem Weißen Hirsch läuft noch heute etwa entlang von Wolfshügelstraße, Rißweg und Bautzner Landstraße bis zur Grenze von Bühlau an der Neugersdorfer Straße.

Mit Ausnahme der Elbschlösser gehörte das gesamte Areal des Ortsteils bis 1839 zum Dresdner Justizamt, also der Amtsgemeinde (→ *s. S. 45*). Die damals fast 40 bestehenden Gebäude waren von Loschwitz aus erreichbar über die heutigen Verbindungen Plattleite, Rißweg mit Zwanzigerstraße, Steglichstraße und Säugrundweg sowie an der Grenze zu Bühlau die Neugersdorfer Straße; hinzu kamen sogenannte Kommunikationswege, die von der Schillerstraße heraufführten. Von den Hängen zogen sich an allen Seiten Weinberge herauf. Im Oberland, zu dem mehrere Täler mit Straßen und Wegen heraufführten, befand sich bis ins 17. Jahrhundert noch Wald. Zu den ersten errichteten Gebäuden gehörte die bereits Ende des 17. Jahrhunderts bestehende Lohschänke an der Straße von Dresden nach Bautzen, die 1733 den Namen »Weißer Adler« (→ *Gaststätten*) erhielt. Im 18. Jahrhundert

Blick über die Grundstraße nach Oberloschwitz zum Luisenhof und der Villa »San Remo« (rechts). Foto: James Aurig?, LfD Sachsen, Slg. K. E. Scherz

Plattleite vor 1910 mit Blick auf Haus Nr. 20 (→ Auf der Platte) Foto: Slg. Matthias Griebel

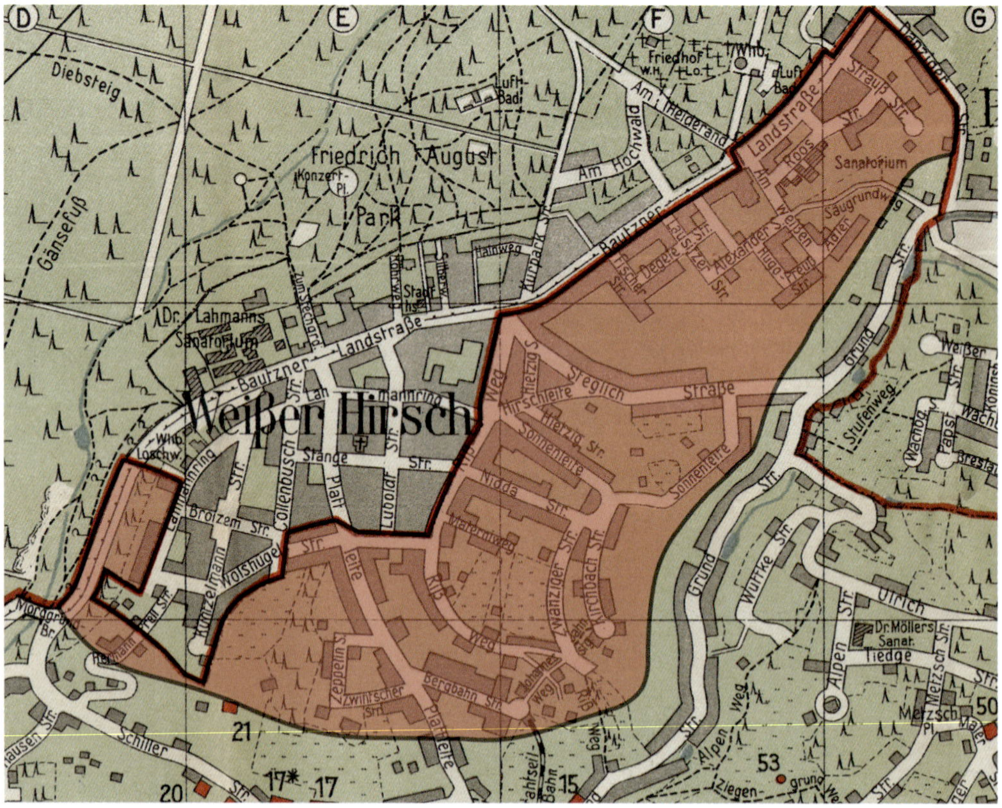

Gebiet des Ortsteils Oberloschwitz

Blick vom Karl-Schmidt-Weg zu Luisenhof und Villa »San Remo«, Ansichtskarte *Slg. E. Münzner*

Fachwerkhaus Rißweg 15, 2014
Foto: Siegfried Großmann

entstanden die ersten kleineren Wohnhäuser entlang des Rißweges und des Grenzweges (Neugersdorfer Straße) sowie je eins im Säugrund, an der Plattleite und in der Nähe des Weißen Adler. Ihnen folgten im 19. Jahrhundert weitere. Ebenso baute man auf dem »Lausehübel« zwischen der heutigen Steglichstraße und der Bautzner Landstraße.

Zu den ältesten heute noch in ihrer Grundsubstanz erhaltenen, in Fachwerk ausgeführten Häusern gehört das später durch Anbau erweiterte Haus **Rißweg 15**. Hier erwarb der Loschwitzer Amtsrichter Johann Gottfried Baudisch bereits 1763 »einen wüsten Sandfleck zum Hausbau«. Ein weiteres ist das vor 1823 erbaute Haus **Am Weißen Adler 3**, das seit 1831 weit über 100 Jahre im Besitz von Familie Voigt verblieb. Auf dem ehemaligen Grenzweg an der Flurgrenze zu Bühlau zählen zu den ältesten erhaltenen Häusern die **Neugersdorfer Straße 3 und 7**, am einstigen Pferdeweg die **Steglichstraße 1 und 16, Rißweg 28 und 52** sowie die **Zwanzigerstraße 11**.

Die erste große Bautätigkeit setzte in der zweiten Hälfte des 19. Jahrhunderts ein. 1865 erwarb der Dresdner Nutzholzhändler Adolph Hietzig (1824–1877, → *Kasten*) das 1861 von Friedrich Ehregott Hering auf der »Steinrücke« erbaute Haus mit einem Turm. Seinen Hauptzugang hatte es damals vom Pferdeweg (heute Steglichstraße 17). Für Hietzig war dieses Weinberghaus allerdings weniger Sommerhaus als vielmehr »Standquartier für die Vornahme von Gelände- und Bauspekulationen«.[1] Er kaufte ab 1865 große und zumeist unbebaute Grundstücksflächen im Gebiet zwischen Rißweg, Steglichstraße und heutiger Sonnenleite. Dies ermöglichte ihm zunächst den Bau einer geraden Straße von der Buttergasse (heute Hirschleite) bis nahe an sein erworbenes Turmhaus heran, das von ihm den Namen Villa »Felsenburg« bekam, von den Anwohnern jedoch bald **»Alte Felsenburg«** genannt wurde. Die neue Straße hatte nach ihrem Erbauer den Namen »Hietzigs Privatweg« erhalten; es ist das an der Hirschleite beginnende Stück der Hietzig-

Wilhelm Horn, Blick über den Loschwitzgrund zur »Alten Felsenburg«, 1872, Panoramagemälde (1,8 x 4,5 m), restauriert *Foto: Slg. Woschni*

Haus »Schöneichen«, früher Villa »Elisa«, Sonnenleite 4: Holzveranda-Anbau am Südost-Giebel von Schilling & Graebner (1893), 2014; Rechtes Bild: Farbige Details von 1893: Großer Giebel an der Nordwestseite, darüber verschiedene Dachfenstergiebel und unten Fries unter den Dachfenstern und Fensterladen; durch späteren Umbau heute nicht mehr vorhanden bzw. nicht mehr sichtbar

Fotos: Siegfried Großmann/Oswald Haenel, Einfache Villen und Landhäuser, Dresden 1902

straße, das damals allerdings fast die doppelte Länge hatte. Die »Alte Felsenburg«, die auch zu Fuß über eine lange Treppe von der Grundstraße erreichbar war, wurde um 1882 abgerissen. Heute steht auf diesem Grundstück das Wohnhaus **Sonnenleite 2b**.

Das erste neue Haus (heute **Sonnenleite 4**) ließ Adolph Hietzig 1868 rechts am Ende seiner Privatstraße errichten und benannte es nach seiner Tochter Villa »Elisa«. Seine Familie nutzte es als Sommerwohnung. Eine an der damaligen Hinterseite des Hauses stehende Kegelbahn wurde 1892 im Zusammenhang mit dem Straßenbau der heutigen oberen Sonnenleite in das Grundstück der ehemaligen »Alten Felsenburg« versetzt. In den letzten Jahren wurde sie liebevoll restauriert. 1893 erhielt die Villa »Elisa« durch das Architektenbüro Schilling & Graebner am Südostgiebel seinen großen Holzveranda-Anbau und an den anderen Seiten und den Dachgiebeln eine farbige Bemalung. Einen weiteren Um- und Anbau erfuhr das Haus, das jetzt den Namen »Schöneichen« trug, nach dem Tod der Witwe Adolph Hietzigs.

Villa »Rosalia«, Sonnenleite 6, nach An- und Umbau 2014 *Foto: Siegfried Großmann*

Ihr Sohn Bruno Hietzig (1861 – 1929) beauftragte damit den → *Architekten* Rudolf Kolbe (1873 – 1947, → *K1*). Bis 1945 war »Schöneichen« im Besitz von Familie Hietzig. 1869 ließ Adolph Hietzig das Haus **Sonnenleite 6** errichten, das er nach seiner Ehefrau »Villa Rosalia« benannte. Es diente ihr nach dem Tod ihres Mannes als Witwensitz. Nach ihrem Tod (1919) wurde es verkauft und erhielt durch den Umbau Rudolf Kolbes ein neues Aussehen.

1870 ließ Adolph Hietzig sein »Gesellschaftshaus«, das später den Namen »Glück im Winkel« (**Hietzigstraße 4**) erhielt, errichten. Bis 1917 blieb es im Familienbesitz. Von 1923 bis 1933 wohnte hier der Schauspieler Adolf Müller (1862 – 1945, → *K2*). Nach 1945 war es zeitweise eine Pension und danach ein Gästehaus.

Die letzten von Adolph Hietzig auf seinem Besitz erbauten Häuser waren 1871 die gegenüber liegende Villa »Martha« (**Hietzigstraße 3**), die 1891 verkauft wurde. Von 1932 bis 1934 wohnte hier der Schauspieler Eduard Wenck (1894 – 1954, → *K2*) und von 1934 bis 1936 folgte ihm der Inhaber des → *Verlages* Arthur Moewig, der hier auch seine Geschäftsräume hatte. Und ebenfalls 1871 ließ Hietzig die mit einem Turm versehene → *Gaststätte* »Felsenburg« (**Rißweg 68**) errichten. Ihr folgten dann noch weitere Wohnhäuser, zu denen die 1890 verkaufte Villa »Germania« (**Rißweg 66**) und die

Villa »Glück im Winkel«, Hietzigstraße 4, 2011 *Foto: Siegfried Großmann*

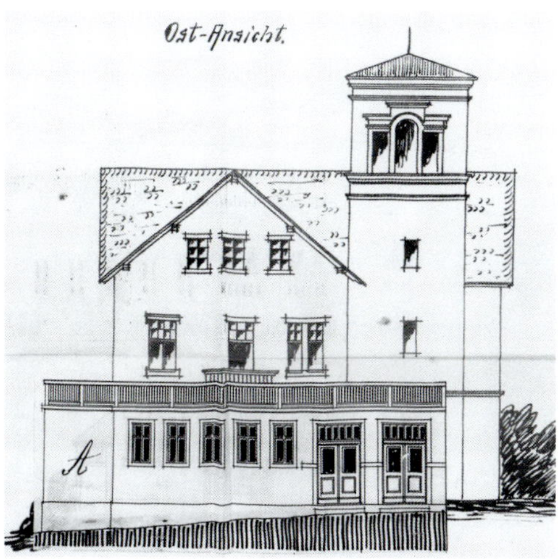

Die »Felsenburg«, Rißweg 68: Zeichnung der Ostseite mit Anbau von Heinrich Metzner
Stadtarchiv Dresden

1914 verkaufte Villa »Flora« (**Sonnenleite 10**) gehörten.

Erben nach Adolph Hietzigs Tod (1877) wurden seine Witwe und die drei Kinder. Sie verkauften das noch unbebaute Areal zwischen Hirschleite und Steglichstraße. Einen Teil kaufte der → *Baugewerksmeister* August Hilbert (1845–1902). Er musste zunächst den dortigen Gartenweg zur Straße ausbauen. Sie erhielt den Namen Augustusstraße und ist heute Teil der Hietzigstraße.

In unmittelbarer Nähe zu den Häusern Adolph Hietzigs gab es seit 1870 auf dem **Rißweg 60** einen → *Bäcker* und daneben in der **Nr. 62** seit 1875 einen → *Fleischer* und schließlich ebenfalls seit 1875 auf dem **Rißweg 58** das dritte Restaurant in Oberloschwitz – nach dem »Weißen Adler« und der »Felsenburg« – die → *Gaststätte* »Harmonie«. Hier war von 1946 bis 1964 auch der Firmensitz der 1930 von Charlotte Meentzen (1904–1940) gegründeten »Schule für natürliche Kosmetik« in Dresden. Nach ihrem Tod hatte ihre Schwester Gertrude Seltmann-Meentzen (1901–1985) das Unternehmen bis zur Zwangsenteignung 1972 weitergeführt.

Ehemalige Gaststätte »Harmonie«, Rißweg 58, 2014 *Foto: Siegfried Großmann*

Die Familie Hietzig

Carl Adolph Hietzig (1824–1877) wurde am 3. Dezember 1824 in Ortrand geboren. Seit September 1849 arbeitete er in Dresden und erhielt im März 1857 das Bürgerrecht der Stadt. Am 2. August 1857 heiratete er die Tochter des Haupt-Sportel-Rendanten am Königlichen Bezirksgericht Dresden, Antonie Rosalie Andrä (1835–1918). Ihr erster Sohn, Adolph Bruno Hietzig (1858–1929), wurde am 5. Mai 1858 geboren. Knapp zwei Jahre später folgte am 9. März 1860 Heinrich Max (1860–1915) als zweiter Sohn und schließlich am 30. Mai 1864 Tochter Antonie Elise als drittes Kind. Nachdem Adolph Hietzig im Mai 1862 die Genehmigung für das Tischlergewerbe erhalten hatte, bekam er im Juli 1864 noch die Genehmigung für ein Lackierergewerbe. Am 8. Februar 1877 starb er im Alter von nur 52 Jahren. Der Sohn Bruno war damals gerade einmal 19 Jahre alt. Als Nachlassverwalter wurde Maurermeister Strunz eingesetzt.

Am 16. Juli 1878 traten die Witwe und ihre drei Kinder das Erbe an, zu dem auch die Villa »Elisa« (heute »Schöneichen«) gehörte. Ab 1883 führte Bruno als ältester Sohn neben der Mutter die Holzhandlung des verstorbenen Vaters und kümmerte sich federführend um die Geschäfte der Erbengemeinschaft Hietzig. Am 9. Juni 1888 heiratete er Paula Seeger (1864–1942) in der Reformierten Kirche zu Dresden. Kurz zuvor hatte er zusammen mit Paul Jahn laut Gesellschaftsvertrag am 2. Juni 1888 die »Baumaterialienhandlung für Granitstein C. G. Kunath« mit dem Gelände des Demitzer (heute Demitz-Thumitz) Granitsteinbruchs gekauft. Die Firma beschäftigte damals bereits 90 Mitarbeiter. 1893 arbeiteten schon ca. 500 Beschäftigte bei einem Versand von 21.940 t im Jahr. Am 8. März 1889 wurde Bruno und Paula Hietzigs erstes Kind Arno geboren. Es gibt verschiedene Hinweise auf eine Erkrankung Arnos, sein Schicksal bleibt jedoch im Dunkeln. Am 27. Mai 1891 folgte die Geburt des zweiten Kindes, der Tochter Paula Elfriede, genannt Ina, und am 15. Oktober 1894 war der Geburtstag des dritten Kindes Adolph Bruno Walther, dem im Februar 1898 noch ein viertes folgte, das aber bereits nach drei Tagen verstarb. Im gleichen Jahr errichtete Hietzigs Betrieb die erste Bremsberganlage zum Transport von gebrochenen Steinen, eine Brecher-Anlage für die Herstellung von Schotter und Steinschleifereien. 1898 waren nunmehr 1.300 Arbeiter beschäftigt. 1898/99 unternahm Bruno Hietzig eine Studienreise nach Schottland. 1901 erwarb die Firma das Benutzungsrecht an den auf der Insel Bornholm er-

Bruno Hietzig mit zwei Hunden 1927 vor Haus »Schöneichen« (Sonnenleite 4);
Foto: Slg. Woschni

fundenen Steinspaltmaschinen mittels Friktionsfallhammer. Der von Unruh & Liebig in Leipzig-Plagwitz für Hietzigs Firma »C. G. Kunath« entworfene und erbaute Kabelkran diente zum Heben und Befördern von Granit-Blöcken aus der Steinbruchsohle zum Werkplatz oder zur Verladestelle. Das Werk arbeitete damals mit einer Dynamoanlage mit 250 PS, die Gleichstrom mit 500 Volt erzeugte. Hinzu kam schließlich ein Bohrwerk, das Kerne bis zu 600 mm aus Steinwalzen bis zu 1.500 mm Länge herausbohren konnte. Zum 50. Jubiläum der Firma im Jahre 1903 betrieb die Firma drei Dampfwinden, 3.000 m Feldbahngleis und 100 pferdebetriebene Fahrzeuge. Die erste Kleinpflaster-Probepflasterung in Bischofswerda auf der Bautzner Landstraße verlief mit exzellentem Erfolg. Für die Pflasterung der Reichsstraße 6 von Dresden nach Görlitz wurden 72 Millionen Kleinpflastersteine gebraucht. Sie alle, wie auch eine Vielzahl der großformatigen Gehwegplatten in Dresden, wurden durch die Firma gefertigt. 1910/11 schenkten Bruno Hietzig und Paul Jahn der Stadt Dresden den nach einem Entwurf von Georg Wrba (1872–1939, → *K1*) geschaffenen und heute noch existierenden Granitbrunnen an der Nordwestseite des Rathauses in Dresden. Ab 1912 durfte sich Bruno Hietzig Kommerzienrat nennen. Ein weiterer Granit-Brunnen, der Märchenbrunnen, steht im Hermann-Seidel-Park in Dresden-Striesen. Am 4. Februar 1918 starb die Mutter von Bruno Hietzig und er selbst am 13. Mai 1929. Ihm folgte am 25. Juni 1942 seine Ehefrau Paula. Die Familiengrabstätte befindet sich auf dem Dresdner Trinitatisfriedhof. Die Tochter Elfriede wurde im Januar 1943 Eigentümerin von »Schöneichen«. Sie und ihr Ehemann Walter Mayer bildeten mit ihren Kindern den letzten Zweig der Hietzigschen Familie, die bis 1955 im Familiensitz »Schöneichen« wohnten und ihn bis zum Verkauf im Jahre 1958 verwalteten. **Markus Woschni**

Hirschleite 1, 2015

Hirschleite 5, 2015

Steglichstraße 34, 2014 Fotos (3): S. Großmann

Machen wir nun einen Rundgang durch Oberloschwitz, beginnen an der ehemaligen »Harmonie« und wandern zunächst durch den »Mittelteil«, wo Hietzig seine Bautätigkeit begann, begeben uns danach in den westlichen Teil bis zur Hermann-Prell-Straße und am Ende schließlich in den Ostteil mit der Bautzner Landstraße.

An der neben der »Harmonie« in den Rißweg einmündenden damaligen Buttergasse hatte auf seinem 1901 erworbenen Grundstück der Kaufmann Victor Wünschek nach eigenem Entwurf 1910/11 im »ländlich idyllischen Schwarzwaldstil« sein Haus **Hirschleite 5** bauen lassen. Der Dresdner Architekt Martin Mitscherling entwarf 1913 für Bäckermeister Oswin Taubenheim (→ *Bäckerei* Walther) die Villa **Hirschleite 1**, die er 1914 beziehen konnte.

Den Rißweg entlang, vorbei am genannten Bäcker, Fleischer und der »Felsenburg«, stoßen wir auf das Eckhaus Rißweg/Steglichstraße (**Rißweg 70**). Die Gemeinde Loschwitz kaufte es 1910 und ließ im folgenden Jahr das alte, nach 1810 von Johann Gottlob Willkommen errichtete Haus abreißen. Der → *Architekt* Paul Winkler (1864–1931, → *K2*) baute 1911 an dieser Stelle ein durch den Straßenverlauf bedingtes, im Grundriss fast dreieckiges Wohn- und Geschäftshaus mit einem von Säulen getragenen Runderker über dem Geschäftseingang. Darüber, zwischen den Fenstern des Dachgeschosses, ziert seitdem ein Flachrelief mit dem Loschwitzer Wappen das Gebäude. Die 2. Bezirkspolizeiwache (→ *Polizei*) fand hier bis zur → *Eingemeindung* 1921 ihren Platz in den zum Rißweg gelegenen Erdgeschossräumen, unter denen sich zwei Arrestzellen befanden. Im Geschäftsladen befanden sich nacheinander das Damenkonfektionsgeschäft von Wilhelmine Henne, ab 1920 die »Handlung für Kraftwagen, Zubehörteile und elektrische Apparate« Karl Medgers und 1932 bis etwa 1955 das Friseurgeschäft von Kurt Kobisch. Heute ist hier der Sitz des Einrichtungshauses »Deco & Interieur« von Ralf Leuter.

Wir gehen nun die Steglichstraße hinab. An der Ecke Hietzigstraße errichtete der Baugewerksmeister August Hilbert 1891/92 das Haus Hietzigstraße 8, das 1903 der Schriftsteller und Redakteur Willy Doenges (1866–1932, → *K2*) erwarb.

Dem gegenüberliegenden Haus **Steglichstraße 34** sieht man es nach baulicher Veränderung und Sanierung heute nicht mehr an, dass es schon 1881 in seiner Grundform erbaut worden ist. Für 700 Mark hatte im Jahr zuvor der Bierhändler Heinrich Wilhelm Döring das Grundstück gekauft, das er 1883 für 21.500 Mark mit Haus wieder verkaufte und 1886 für fast den halben Preis in einer Zwangsversteigerung zurückerwarb. Nach häufigem Besitzerwechsel ging es schließlich um 1940 an den Staat. Danach befand sich hier eine Polizeiverwaltung und ab 1945 bis wahrscheinlich 1949 das 19. Polizeirevier der Schutzpolizei Dresden.

Mit einem steilen Treppenzugang und Pergola entwarf 1910/11 der → *Architekt* Max Herfurt (1872–1932, → *K2*) für den ehemaligen Butterhändler und Inhaber einer Lichtpausanstalt Max Medger (1862–1930) die hoch über der Straße liegende Villa »Bergnest« (**Steglichstraße 28b**). Das große Doppelhaus **Steglich-**

Eckhaus Rißweg 70, ehemalige Polizeibezirkswache, 2014 Foto: Siegfried Großmann

Vorgängerbau von Rißweg 70, dahinter die »Felsenburg«, um 1900 Foto: Stadtarchiv

Doppelhaus Steglichstraße 26 und 28, 2014

Villa »Goldregen«, Steglichstraße 9b, 2014

Villa »Anemone«, Sonnenleite 1, 2014

straße 26 und 28 errichtete 1912/13 der Architekt Paul Winkler nach Abriss der beiden alten, 1828 erbauten kleinen Häuser.

Weiter unten stoßen wir auf zwei walzenförmige Granitsäulen. Diese hatte 1913 Bruno Hietzig zu seinem 1898 von Richard Lauterbach erstandenen Haus **Steglichstraße 17**, das er als »Hofgärtnerei« nutzte, an dessen Zufahrtsweg an der Steglichstraße nach einem Entwurf von Rudolf Kolbe aufstellen lassen. Das bereits 1895 von den Erben Adolph Hietzigs von Friedrich August Henker gekaufte und an der gleichen Zufahrt liegende ehemalige Schrötersche Haus hatte Bruno Hietzig nach dem Kauf abreißen lassen, um dahinter eine als künstliche Ruine getarnte Orangerie zu errichten. Das erste → *Armenhaus* der Gemeinde Loschwitz, **Steglichstraße 13**, wurde 1902 abgerissen und vom neuen Besitzer Oskar Gräfe (1868 – 1940) durch Baugewerksmeister August Schwenke (1858 – 1923) ein neues Wohnhaus errichtet.

In der Nachfolge seines Vaters war auch sein Sohn Bruno Hietzig nicht untätig geblieben. Am Rande seines Parks ließ er zunächst seine drei »Blumenvillen« bauen. Den Anfang machte **Steglichstraße 11** mit der Villa »Margarita«, erbaut 1903 von Rudolf Kolbe. 1904/06 folgten vom gleichen Architekten die Villen »Goldregen« (**Steglichstraße 9b**) und schließlich 1905/06 die »Malve« (**Steglichstraße 9**). 1904 verkaufte Hietzig die Nr. 11 für 29.000 Mark und 1907 die Nr. 9 für 34.000 Mark, während die Nr. 9b bis 1940 im Besitz der Familie Hietzig verblieb.

Einem ständigen Besitzerwechsel unterlag anfangs das 1897/98 errichtete Haus Steglichstraße 7, in dem ein Jahr nach Fertigstellung eine → *Bäckerei* eröffnete, die unter verschiedenen Bäckermeistern bis 1970 bestand.

Hier biegen wir in die wieder zum Rißweg führende Sonnenleite ein. Nachdem Bruno Hietzig nach fast zehnjähriger Bauzeit unter schwierigen Baubedingungen den unteren Teil der Sonnenleite fertiggestellt hatte, begann er auch hier mit dem Bau weiterer Villen. Die Reihe der »Blumenvillen« wurde durch Rudolf Kolbe fortgesetzt mit der 1907 erbauten Villa »Anemone« (**Sonnenleite 1**), die 1918 für 58.000 Mark verkauft wurde. Der »Anemone« folgte 1908/09 Villa »Rosenhügel« (**Sonnenleite 3**), die im Jahr des Bezugs die Ehefrau von Dr. Ernst Düring (1858 – 1944, → *Ärzte*) für 35.000 Mark kaufte. Von 1910 bis 1914 hatte hier der später von den Nationalsozialisten verfolgte und 1938 ins Asyl nach Südrhodesien geflohene Bankdirektor Dr. Victor Klemperer (1876 – 1943) seine Sommerwohnung. Schließlich konnte 1910 die Villa »Iris« (**Sonnenleite 7**), ebenfalls von Kolbe erbaut, bezogen werden. 1918 wurde sie von Paula Hietzig für 90.000 Mark an den bereits dort wohnenden Leonhard Weigand, Plantagendirektor und Konsul der Niederlande, verkauft. Unmittelbar vor Beginn des Ersten Weltkriegs ließ sich 1913/14 der Fabrikbesitzer Richard Bernhardt (1868 – 1949) nach einem Entwurf von Max Klotzsche seine Villa Sonnenleite 5 erbauen.

Villa »Rosenhügel«, Sonnenleite 3, 2014

Villa »Margarita«, Steglichstraße 11, 2014

Villa »Malve«, Steglichstraße 9, 2014

Villa »Iris«, Sonnenleite 7, 2014

Fotos (7): Siegfried Großmann

Ehem. Villa »Bernhardt«, Sonnenleite 5, 2014

Das »Kreis-Haus«, Sonnenleite 9, 2014

»Fuchsbau«, An der Berglehne 18, 2014

Auf der gegenüberliegenden Straßenseite kaufte nach seiner 1921 erfolgten Rückkehr nach Deutschland der Maler Detlef Sammann (1857–1938, → *K2*) von Bruno Hietzig ein von dessen Besitz abgetrenntes Stück Land und ließ sich von Architekt Martin Pietzsch sein Landhaus **Sonnenleite 2** bauen, in dem er bis zu seinem Tode wohnte. Nach der Machtübernahme durch die Nationalsozialisten bezog 1935 der → *Architekt* Wilhelm Kreis (1873–1955, → *K1*) sein von ihm erbautes Haus **Sonnenleite 9**, das bis 1945 einer seiner Wohnsitze blieb. 1936 konnte der Wehrmachtsoberpfarrer und spätere Feldgeneralvikar Friedrich Münchmeyer (1901–1988) mit seiner Familie sein neu erbautes Haus **Sonnenleite 15** beziehen. 1946 wurde er Direktor des Zentralausschusses für die Innere Mission in Bethel/Bielefeld und 1965 Präsident des Diakonischen Werkes in der BRD.

Seit 1995 entstand hier der »Skulpturengarten Weißer Hirsch« von Barbara Bauer. In das einstige Weinberggelände ist zeitgenössische dreidimensionale Kunst eingefügt, die mit der sie umgebenden Umwelt in einen Dialog tritt. »Landschaft und Skulptur« ist somit das Thema des Gartens. Unter den über 30 Künstlern, deren Werke zu sehen sind, befinden sich auch Loschwitzer wie Karl-Heinz Adler (* 1927, → *K2*), Sebastian Hempel (* 1971, → *K2*) und *Peter* → *Makolies* (* 1936, → *K1*). Einbezogen in das Areal ist das heute als Gästehaus dienende »Rote Haus«, das auf eine Laubengang-Anlage des → Architekten *Rudolf* → *Kolbe* (1873–1947, → *K1*) von 1905 zurückgeht.

Wo die Straße An der Berglehne auf die Sonnenleite trifft, erreichen wir die frühere Heinrichstraße. Ab 1889 wurde das Gelände westlich der oberen Sonnenleite mit der heutigen An der Berglehne und der Oskar-Pletsch-Straße Baugebiet. Den größten Teil dieser ehemaligen Weinberge, die unterdessen mit Obstbäumen bewachsen waren, kaufte der → *Baugewerksmeister* Heinrich Metzner (1851–1926). Um das Areal zu erschließen, baute Metzner eine hufeisenförmige Straße, die den Namen Heinrichstraße erhielt. Der westliche Arm ist die heutige Oskar-Pletsch-Straße und der östliche, der etwa dem Verlauf der oberen alten Zwanzigerstraße folgt, ist die heutige obere Sonnenleite mit den bereits genannten Häusern der Familie Hietzig.

Bereits 1888 hatte Metzner das Grundstück mit dem kleinen Weinberghaus (**Sonnenleite 25**) auf dem ehemaligen Weinberg von Johann Schulze für 13.000 Mark gekauft. Metzner baute 1891/92 darauf ein neues Wohnhaus und verkaufte es im Jahr der Fertigstellung für 25.900 Mark weiter. Durch einen Umbau des Architekten Paul Winkler bekam es 1909 sein heutiges Aussehen. Das auf dem Weißen Hirsch ansässige → *Architektenbüro* Richard Schaeffer & Sohn errichtete 1893 die Villa auf der heutigen **Sonnenleite 33**. Sie bekam 1911 durch Ansetzen je eines sich über alle Stockwerke erstreckenden Erkers an der Straßen- und der Südseite sowie einen größeren Balkonanbau an der Gartenseite durch den → *Architekten* Max Herfurt ihr heutiges Aussehen. Die aus Berlin kommende Malerin und Schriftstellerin Rosalie Petzel (1831–1912, → *K2*) kaufte 1898 das Grundstück der heutigen **Sonnenleite 31** und ließ durch den → *Architekten* Kurt Diestel (1862–1946, → *K2*) die Villa »Sonnenschein« mit Elementen des Jugendstils bauen, die sie ein Jahr später mit ihren beiden Schwestern beziehen konnte. Nachdem auch Rosalie Petzels jüngere Schwester Marie (1835–1918) in Weimar verstorben war, kaufte 1919 der Dresdner Baumeister Max Klotzsche (1865–1932) das Haus. Er nahm kleine Umbauten vor und bewohnte es fortan mit seiner Familie.

Das Architektenbüro Richard Schaeffer & Sohn erbaute 1902/03 für den aus Chemnitz kommenden Emil Teichmann die Villa »Innsbruck« (**Sonnenleite 29**), die nach einem 1908/09 erfolgten Umbau durch Paul Winkler ihr heutiges Aussehen erhielt.

Nachdem wir in die obere Sonnenleite geblickt haben, schauen wir zunächst in die heutige Straße An der Berglehne. Links liegen die beiden 1892/93 von Heinrich Metzner erbauten Häuser »Fuchsbau« (**An der Berglehne 18**) und »Gut End« (**An der Berglehne 16**), die früher zur Heinrichstraße (heute Oskar-Pletsch-Straße) gehörten. Nach ihrer Fertigstellung wurden sie an verschiedene Eigentümer verkauft. Der Dresdner Bäckermeister Ferdinand Hanke (1857–1915), dessen Vater Ferdinand Friedrich Wilhelm Hanke (1816–1880) um 1844, von St. Petersburg kommend, das »Rus-

Villa »Lotte«, Sonnenleite 8, 2014

Villa »Sonnenschein«, Sonnenleite 31, Zeichnung von Max Klotzsche (1919) *Stadtarchiv*

An der Berglehne 4, einst Schulungszentrum der KPD, 2014 *Fotos (5): Siegfried Großmann*

Blick über die Grundstraße auf die Villen An der Berglehne 2 bis 8, 2014

sisch-Brot« in Dresden eingeführt hatte, kaufte 1893 von Heinrich Metzner die beiden direkt an der Hangkante liegenden Grundstücke An der Berglehne 2 und 4. Schon im folgenden Jahr konnte er seine von Paul Winkler hangseitig mit vier Stockwerken errichtete Villa **An der Berglehne 2** beziehen. 1919 erwarb sie von Hankes Witwe der Generalmajor Traugott Friedrich Anton Graf von Pfeil und Klein-Ellguth (1860–1920). Nach seinem Tod erbten es seine Witwe Johanna (1873–1956), die hier auch weiterhin wohnte, und die vier Kinder.

Das Nachbarhaus **An der Berglehne 4** wurde 1903/04 ebenfalls von Paul Winkler gebaut. Von 1926 bis 1931 befand sich hier ein Schulungszentrum der KPD (→ *Marxistische Arbeiterschule*). Auf einem seiner am schönsten gelegenen Grundstücke (**An der Berglehne 1**) hatte Heinrich Metzner schon 1896/97 für sich selbst ein Landhaus mit Blick weit übers Elbtal gebaut. Im gleichen Zeitraum wurde auch die Jahnstiege als fußläufige Verbindung zur Zwanzigerstraße errichtet. Obwohl Metzner sein Haus in einer Zwangsversteigerung 1904 an den Fabrikbesitzer Carl Dittrich (1853–1918) für 122.000 Mark verkaufen musste, wohnte er hier bis zu seinem Tod 1926. Es ist das Haus, in dem später der Komponist *Hans-Hendrik → Wehding* (1915–1975, → *K1*) lebte. Carl Dittrich wohnte mit seiner Familie im ebenfalls von Metzner erbauten Haus **An der Berglehne 11**, das dieser 1901 für 80.000 Mark an Carl Dittrich verkauft hatte. 1904 ersteigerte er noch für 49.000 Mark das ebenfalls von Metzner erbaute Haus **An der Berglehne 7**, das Dittrichs Vorbesitzer erst 1903 für 73.000 Mark von Metzner gekauft hatte. Carl Dittrich war der Eigentümer eines großen Textilunternehmens, das seit 1885 als »Hielle & Dittrich AG« arbeitete. Der Firmensitz war im böhmischen Schönlinde (Krásná Lipa/Tschechien) und weitere Werke gab es im polnischen Żyrardów sowie Dutzende Niederlassungen mit etwa 10.000 Beschäftigten.

Der Intendanturrat Otto Deutschbein erwarb 1909 für 30.000 Mark das Grundstück **An der Berglehne 6**. Er ließ sich von dem Dresdner Architekten Hans Sandig (?–1915) ein Landhaus errichten, das sich in seiner Architektur deutlich von den bisher errichteten Gebäuden, die häufig Anklänge an den Schweizerstil besitzen, unterscheidet. Unmittelbar nach dem Ende des Ersten Weltkriegs kaufte 1919 der Kommerzienrat und Kautabak-Fabrikant Hermann Hanewacker (1845–1922) aus Nordhausen das Grundstück **An der Berglehne 8** und ließ sich durch Arnold & Lahode die Villa »Glück auf« bauen. Eine Sandsteinmauer mit Rundbogentor und zwei Säulen schließt das Grundstück straßenseitig ab. Dahinter erhebt sich die symmetrische Villa mit einem zurückgesetzten Obergeschoss, das auf dem Dach mit einer kleinen Aussichtsterrasse und Türmchen bekrönt wird.

An der Berglehne 1: Straßenansicht, 2014

An der Berglehne 1: Blick vom Rißweg auf die Westfassade des Hauses mit dem neuen Aufzug, 2015

Villa »Glück auf«, An der Berglehne 8, 2014
Fotos (4): Siegfried Großmann

Bereits 1902 hatte der An der Berglehne 11 wohnende Fabrikbesitzer Carl Dittrich auch das benachbarte Grundstück, heutige **Oskar-Pletsch-Straße 1**, erworben. Hierauf ließ er 1912/13 von → *Architekt* Georg Heinsius von Mayenburg (1870 – 1930, → *K2*) ein Landhaus mit einem Verbindungsgang zu seinem Wohnhaus bauen. Dittrichs Gemäldesammlung fand Platz im erwähnten Verbindungsbau zwischen den beiden Häusern. Das Haus Oskar-Pletsch-Straße 1 ging um 1928 in den Firmenbesitz von Hielle & Dittrich AG, wo es bis zur Enteignung nach 1945 verblieb.

Otto Grieshammer, Direktor der Fabrik für Baubeschläge in Elsterwerda, kaufte 1910 das unbebaute Grundstück heutige **Oskar-Pletsch-Straße 3** für nur 7.000 Mark und ließ sich hier durch Max Herfurt ein Landhaus errichten. Der Loschwitzer → *Baumeister* Johannes Schütz erwarb 1899 das Grundstück heutige **Oskar-Pletsch-Straße 5** und erbaute darauf ein dreistöckiges Wohnhaus, das er bereits 1904 zwangsversteigern musste, es jedoch als Mieter bezog. Nach einer späteren Eigentümerin bekam das Haus seinen heutigen Namen Villa »Viola«.

Der aus Neurochwitz stammende Baugewerksmeister Julius Baudisch (1860 – 1916), der soeben erst in sein neu erbautes Haus der heutigen **Oskar-Pletsch-Straße 11b** gezogen war, kaufte 1898 von → *Architekt* Emil Scherz (1860 – 1945, → *K1*) das unbebaute Grundstück **Oskar-Pletsch-Straße 7**. Im April stellte er den Antrag für einen Hausbau, bekam im folgenden Monat die Baugenehmigung und konnte es nach nur acht Monaten Bauzeit bereits im Februar 1899 beziehen. Die gegenüberliegende heutige Villa »Marie« (**Oskar-Pletsch-Straße 8**) baute 1909 Max Herfurt für Vera Jauernik. Von Ferdinand Schaeffer (Richard Schaeffer & Sohn) stammt die 1906/07 erbaute Villa »Ulenburg« (**Oskar-Pletsch-Straße 9**), in der ab 1909 bis zu seinem Tod der Kunstwissenschaftler Georg Treu (1843 – 1921, → *K2*) wohnte. Seit 1997 ist die Villa ein Appartement-Hotel.

Der Kaufmann Oscar Mühl kaufte 1896 für 17 500 Mark von Heinrich Metzner das Grundstück heutige **Oskar-Pletsch-Straße 11**, der ihm darauf ein Landhaus errichtete. Hier verbrachte *Uwe → Tellkamp* (* 1968) einen Teil seiner Kindheit. Der Arbeiter Heinrich Hermann Luther (1861 – 1904) erwarb 1897 von Emil Scherz das unbebaute Grundstück heutige **Oskar-Pletsch-Straße 10**, auf dem ihm Heinrich Metzner ein Haus errichtete, das er bis zu seinem Tod bewohnte. Im Zweiten Weltkrieg befand sich darin kurzzeitig eine Niederlassung der Hotelsilber produzierenden Gebr. Hepp GmbH aus Pforzheim. Kammersängerin Elisa Stünzner (1889 – 1975, → *K1*) wohnte hier von

Oskar-Pletsch-Straße 1, 2014 *Fotos (4): Siegfried Großmann*

Villa »Ulenburg«, Oskar-Pletsch-Straße 9: Zeichnung der Straßenansicht von Schaeffer & Sohn, 1905 *Stadtarchiv*

Oskar-Pletsch-Straße 11, 2014

Oskar-Pletsch-Straße 10, 2014

Eckhaus Oskar-Pletsch-Straße 15, 2014

Blick vom Rißweg in die Oskar-Pletsch-Straße (früher Heinrichstraße), 1898; Rechts Nr. 15, zweites Haus links Villa »Stella« (Nr. 14), Ansichtskarte Slg: Otto-R. Wenzel

Sonnenleite 25 (früher Heinrichstraße 10) Foto: Stadtmuseum Dresden

1945 bis zu ihrem Tod. Das → *Architekturbüro* Arnold & Lahode baute 1902 für den späteren ärztlichen Direktor Georg Noack (→ *Ärzte*) und dessen Ehefrau das Wohnhaus **Oskar-Pletsch-Straße 12**, das 1918 Eigentum und Wohnhaus von Graf Carl von Hallwyl und dessen Familie wurde.

Zu den ersten von Heinrich Metzner noch vor dem Bau der → *Standseilbahn* auf dem von ihm erworbenen Gelände erbauten Häusern gehört das 1890/91 errichtete Haus **Oskar-Pletsch-Straße 14**, das er 1892 verkaufte. Zwei Jahre danach erwarb es Louise Lahmann (1868 – 1910), die Ehefrau des Arztes und Naturheilers Heinrich Lahmann (1860 – 1905), der 1888 sein Sanatorium auf dem Weißen Hirsch eröffnet hatte. Das Haus diente fortan als Wohnhaus für das Personal, zeitweise befanden sich hier auch das Büro und ein Laboratorium. 1933 wurde es weiterverkauft.

Nun sind wir wieder am Rißweg angekommen. In Richtung Weißer Hirsch liegt das Gebäude **Rißweg 54**, das eine lange Geschichte hat. 1890 kaufte das Grundstück mit einem 1754 von dem Maurer Johann Friedrich Knackfuß erbauten Weinberghaus ebenfalls Heinrich Metzner. 1894 baute dieser zunächst im hinteren Teil des Grundstücks ein langes zweigeschossiges Wohngebäude mit Flachdach und einer großen Werkstatt im Erdgeschoss. Das alte Weinberghaus riss Metzner später ab und baute dafür 1899/1900 ein Wohnhaus mit zwei – heute nicht mehr vorhandenen – Geschäften (→ *Handw. u. Gew.*). Ein Stück weiter, Rißweg 64, liegt das Haus, wo sich früher die → *Tischlerei Looch* (→ *Handw. u. Gew.*) befand.

Gehen wir den Rißweg nach unten, so erstreckt sich zwischen Rißweg 44 und 48 – parallel zu dem um 1900 angelegten Materniweg – ein langes schmales Flurstück, auf dem bis etwa 1890 eine alte Scheune stand. Nachdem Frida Klemich das Grundstück gekauft hatte, stellte sie 1897 den Antrag zur Errichtung einer »Radfahrbahn«. Nachdem diese bereits nach drei Jahren wieder geschlossen wurde, diente das Gelände bis 1919 als Wagenplatz oder Werkplatz für verschiedene → *Fuhrwerksunternehmer* und → *Baugewerke*. Danach war es der Ort für mehrere aufeinanderfolgende → *Kohlenhandlungen*. Unmittelbar an dieses Grundstück angrenzend liegt das bereits 1876 erbaute kleine Haus **Materniweg 1** (früher Rißweg 42), das dem Fuhrwerksbesitzer Karl August Müller gehörte. Neben einem Stallgebäude entstanden in den folgenden Jahren noch mehrere Schuppen, die sich – wenn auch in ruinösem Zustand – bis heute erhalten haben. Auch hier befand sich später eine Kohlenhandlung. Ebenfalls 1897 stellte auch Arthur Pekrun (1852 – 1940) den Antrag für eine »Radfahrbahn« mit einem aufwendig gestalteten hölzernen Fahrradschuppen für die Plattleite 32. Auch sie bestand nur etwa drei Jahre.

Das → *Architektenbüro* Lossow & Kühne errichtete 1912 für den Hofzahnarzt Johannes Falck (→ *Ärzte*) die Villa **Materniweg 4**. Hier wohnte ab 1919 mit einer dreijährigen Unterbrechung Ministerialdirektor Wolfgang Schettler (1880 – 1950) mit seiner Ehefrau Charlotte geb. Calberla, die das Haus geerbt hatte. Das Nachbargrundstück **Materniweg 6** kaufte 1910 der in Lahmanns Sanatorium tätige → *Arzt* Dr. Martin Reuter. Für ihn entwarf 1910 Max Herfurt eine Villa, die er im folgenden Jahr beziehen konnte. 1919 verkaufte er sie wieder. Ganz am Ende des Materniweges liegt das Haus Nr. 14, auf das wir noch zu sprechen kommen.

Ein kleines Stück den Rißweg weiter hinab, erreichen wir die Wolfshügelstraße mit einem großen Eckhaus. Die Produktenhändlerin Emilie Heine (→ *Hdw. u. Gew.*), die das Grundstück mit Haus, das sich bis dahin »Junggesellenheim« nannte und in dem sich auch ihr Verkaufsladen befand, 1902 von ihrem verstorbenen Ehemann geerbt hatte, beantragte 1908 den Bau eines neuen großen Wohnhauses. Die Gemeinde Weißer Hirsch erhob jedoch dagegen Einspruch und man einigte sich auf den Bau eines Doppelhauses für das von Heine beantragte (heute **Rißweg 27b**) und das benachbarte, zum Weißen Hirsch gehörende Haus (heute Wolfshügelstraße 15). Max Herfurt machte 1909 den Entwurf für den Neubau, in den er in der Erdgeschosszone des Eckhauses einen großen Verkaufsladen integrierte. Im folgenden Jahr brach man die alten Gebäude ab und Baugewerksmeister August Schwenke

Materniweg 6, 2014 Foto: Siegfried Großmann

Doppelhaus Rißweg 27b und Wolfshügelstraße 15, 2014

führte den Neubau aus. Noch im gleichen Jahr konnte das Haus bezogen werden und Emilie Heine ihr neues Geschäft eröffnen, das nach ihrem Ruhestand durch andere »Kolonialwarenhändler« weitergeführt wurde.

In rekordverdächtiger Zeit von nur fünf Monaten errichtete 1905 der → *Baumeister* Karl Reichpietsch (1859 – 1947, → *K2*) für den Zimmermann Max Holtsch (1879 – 1961) das Wohnhaus **Rißweg 17**.

Der Bildhauer *Friedrich* → *Brodauf* (1872 – 1939, → *K2*) kaufte 1900 von Hugo Feller das alte, bereits im 17. Jahrhundert erwähnte Weinberghaus **Rißweg 14**. Im oberen Teil des Grundstücks ließ er 1900/01 von dem → *Baugewerksmeister* und Mühlenbesitzer Ernst Weigelt (1857 – 1916) seine Villa »Glück auf« (heute **Materniweg 14**) bauen. 1903 brach im darunter gelegenen ehemaligen Weinberghaus Feuer aus, das den Dachstuhl vernichtete und auch auf die Wohnung übergriff. Aus diesem Anlass beantragte Brodauf einen Neubau des Hauses. Der Architekt Rudolf Kolbe lieferte den Entwurf, der vom Architektenbüro Richard Schaeffer & Sohn in leicht veränderter Form ausgeführt wurde und fortan wegen seiner Bauweise »Norwegisches Haus« genannt wurde. 1904 konnte das Haus bezogen werden, das

»Norwegisches Haus«, Rißweg 14, 2014

Brodauf im Jahr darauf an Clemens Borschdorf (1865 – 1936) verkaufte.

Hinter der Einmündung der Zwanzigerstraße liegt die Villa »Anna« (**Rißweg 4**), das erste hoch oben auf einem ehemaligen Weinberg oberhalb der Grundstraße errichtete Wohnhaus. 1888 mit einem kleinen quadratischen Turm gebaut, war es bis zum späteren Bau der heutigen Straße An der Berglehne nur vom Rißweg aus erreichbar. Im 1917 vom Dresdner Fischhändler Arno Ahnert erworbenen Haus wohnte ab 1936 der → *Buchhändler* Wilhelm Schweizer (1907 – 1970).

1894 kaufte Otto Winckler, Mitinhaber der Dresdner Elektrotechnischen Fabrik Winckler & Fischinger, von den genannten Vorbesitzern für nur 2.400 Mark ein etwa 2.500 m^2 großes

»Villa Anna«, Rißweg 4: Zeichnung der Westseite von 1906 *Stadtarchiv*

Stück am unteren Rißweg (**Johannesweg 5**). Die Genehmigung zum Bau eines vom Architektenbüro Reuter & Fischer entworfenen Landhauses im Schweizerstil mit einem kleinen Glockentürmchen auf dem Dach lag bereits vor. 1896 konnte die »Villa Alpenrose«, mit weitem Blick über das Elbtal, bezogen werden. Das gleichzeitig an der Grundstücksgrenze zum Rißweg errichtete kleine Wasch- und Brunnenhaus mit einem Krüppelwalmdach, nannten die Loschwitzer wegen seines Aussehens »Kapelle«. Als Mieter wohnten in der Villa von 1896 bis 1900 der Bildhauer Friedrich Brodauf und ab 1906 der Maler Gustav Meyer-Buchwald (1881 – 1918, → *K1*). Ab 1945 wohnte hier Helmut Aris (1908 – 1987) mit seiner Familie. Er wurde als Sohn jüdischer Eltern in Dresden geboren. Nach dem Besuch des Gymnasiums wurde er Textilkaufmann und heiratete 1933 Susanne Reinfeld (1911 – 1952). Ihr Sohn Heinz-Joachim wurde 1934 und Tochter Renate im

Villa »Glück auf«, Materniweg 14: Gartenseite, 2014

Blick von Südosten auf die »Villa Alpenrose«, Johannesweg 5, 2015 *Fotos (4): Siegfried Großmann*

Villa »Maria«, Bergbahnstraße 1, 2015
Fotos (2): Siegfried Großmann

Blick von der Plattleite auf die Villa »Gisela«, Bergbahnstraße 2, 2015

Jahr darauf geboren. 1938 folgte die Inhaftierung ihres Vaters und ab 1940 fünf Jahre Zwangsarbeit in Dresdner Betrieben. Der Vater von Helmut Aris starb 1940 und die Mutter wurde 1942 nach Riga deportiert und dort ermordet. Er selbst und seine beiden Kinder – die Mutter war keine Jüdin – waren für die Deportation am 16. Februar 1945 vorgesehen, die jedoch wegen der Bombenangriffe am 13. und 14. nicht erfolgen konnte. Es gelang unterzutauchen, unter falschem Namen weiterzuleben und hier auf dem Johannesweg ein neues Zuhause zu finden. Helmut Aris trat 1945 zunächst der SPD und ein Jahr später der SED bei. Er gehörte zu den Mitbegründern des Verbandes der Jüdischen Gemeinden in der DDR und wurde 1953 Vorsitzender der Jüdischen Gemeinde in Dresden und 1962 Präsident des Verbandes der Jüdischen Gemeinden in der DDR. Sein Sohn Heinz-Joachim, der später bis 2012 Geschäftsführer der Jüdischen Gemeinde zu Dresden, Vorsitzender des Landesverbandes Sachsen der Jüdischen Gemeinden und Präsidiumsmitglied des Zentralrats der Juden in Deutschland war, wohnte hier bis 1968, während sein Vater noch bis etwa 1975 auf dem Johannesweg blieb.

Das angrenzende Grundstück **Johannesweg 4** kaufte Otto Winckler 1899 ebenfalls. Er ließ darauf durch den Architekten Ferdinand Schaeffer ein Landhaus im Schweizerstil erbauen, das er 1901 für 40.000 Mark weiterverkaufte. Der → *Arzt* Dr. Fritz Frohwein erwarb 1912 für sich und seine Familie das Grundstück **Johannesweg 2** mit einem 1900 gebauten Wohnhaus, das er von Rudolf Kolbe noch im gleichen Jahr in Formen des Jugendstils modernisieren ließ. Ab 1952 wohnte hier der Musiker Werner Jaroslawski (1923 – 1997, → *K2*) mit seiner Familie (→ *K2*). Steigen wir nun den Johannesweg weiter hinauf, so erreichen wir die Bergbahnstraße. Die älteste Villa an der in den Jahren vor dem Bau der Standseilbahn angelegten heutigen Bergbahnstraße ist das 1890 mit einem Turm erbaute Landhaus **Bergbahnstraße 1**, das 1905 für 64.000 Mark die Rentnerin Maria Rink kaufte, nach der es seinen heutigen Namen Villa »Maria« erhielt. Nachdem es 1981 Gunther → *Emmerlich* (* 1944, → *K1*) erworben hatte, wurde es nach 1990 umfassend saniert.

Nach 1890 hatten der Prokurist Clemens Paetz, der → *Baumeister und Architekt Friedrich* → *Reuter* (1861 – 1942) und der Baugewerksmeister und Grundstücksmakler Ernst Friebel (1853 – 1924) große Teile des einstigen Weinbergs der Familie → *Dressler* aufgekauft, die sie wenige Jahre später gewinnbringend wieder verkaufen konnten. Eine Zäsur für die Entwicklung von Oberloschwitz war zweifellos der Bau

Oberer Bahnhof der Standseilbahn, Ansichtskarte, um 1905 (auf jeden Fall vor 1909). Links die Wartehalle mit Diensträumen, rechts der Entlüftungsturm des Maschinenhauses mit dem Auspuff der Dampfmaschinen, vorn die Ausfahrt für den Güterverkehr. *Foto: Slg. Mario Schatz*

der → *Standseilbahn*. Der 1893 genehmigte Bau wurde zwei Jahre später vollendet, sodass sie im Oktober 1895 in Betrieb genommen werden konnte.

1893 kaufte Anna Schuster von Clemens Paetz das Eckgrundstück zur Plattleite an der neu angelegten Prinzeß-Luisa-Straße (heute **Bergbahnstraße 2**) und ließ sich darauf vom Architektenbüro Reuter & Fischer ein Landhaus mit großer gartenseitiger Veranda mit Treppenanlage und darüber liegendem Altan sowie einem erkerartigen Ecktürmchen errichten. Das gleiche Architektenbüro erbaute 1893/94 auf der **Bergbahnstraße 7** die Villa »Siegfried«, 1894/95 die → *Gaststätte* Luisenhof und 1895/96 das Wohnhaus **Bergbahnstraße 11**. Hier befand sich bis 1899 das »Café Bismarckhöhe«, betrieben von Mathilde und Richard Gründer, das jedoch vermutlich wegen der Nähe zum »Luisenhof« keine Perspektive hatte.

1893 erwarb der aus Chemnitz kommende Baumeister und Architekt Oskar Ancke den Bauplatz **Bergbahnstraße 6**, wo er sich von → *Architekt* Theodor Richter (1867 – ?) die Villa »Eichenhof« bauen ließ. Nachdem die Villa 1907 der → *Arzt* Eugen Weidner (1861 – 1926) erworben hatte, wurde sie 1909 von → *Architekt* Martin Pietzsch (1866 – 1961, → *K1*) etwas verändert. 1919 verkaufte sie Weidner an den Fabrikbesitzer und späteren Konsul Herbert Pötzschke. Von etwa 1934 bis 1939 befand sich in der Villa auch das Konsulat der Dominikanischen Republik.

Für 6.000 Mark hatte Louise Paetz, die Ehefrau von Clemens Paetz, das steil abfallende Grundstück **Bergbahnstraße 12** gekauft. 1897/98 baute hier der Baumeister Franz Berghold (1872 – ?) aus Sandstein und weißen Klinkern im Stil des Eklektizismus die auf hohem Sandsteinsockel stehende, mit einem schlanken Turm ausgestattete und über eine große Treppe erreichbare Villa »San Remo«. Zwei Jahre nach Fertigstellung wechselte sie für 240.000 Mark den Besitzer. Auffällig ist der sehr häufige, mit Preisverfall einhergehende Besitzerwechsel in den Folgejahren. 1938 erwarb der in Deutschland als Karl Adolf Spanknöbel geborene und nun aus den USA zurückgekehrte Unternehmer Charles Noble (1892 – 1983) die Villa und zog mit seiner Familie hier ein. Er hatte im gleichen Jahr dem sogenannten »Halbjuden« Benno Thorsch, der in die USA emigrierte, die »Kamera-Werkstätten Guthe & Thorsch GmbH« in Dresden-Niedersedlitz abgekauft und sie in »Kamera-Werkstätten

»Bergrestaurant Luisenhof«, Bergbahnstraße 8, Ansichtskarte, um 1900 *Slg. Otto-R. Wenzel*

Bergbahnstraße 11, früher »Café Bismarckhöhe«, 2014 *Foto: Siegfried Großmann*

Blick auf die Villa »San Remo«, Bergbahnstraße 12, und über den Loschwitzgrund zum Ortsteil »Schöne Aussicht« *Foto: Schaarschuch, Archiv Ortsverein Loschwitz-Wachwitz*

Charles A. Noble« umbenannt. 1939 wurde hier die Kleinbild-Spiegelreflexkamera »Praktiflex« entwickelt. 1945 folgte die Enteignung, die sowjetische Geheimpolizei inhaftierte Charles und seinen Sohn John Noble (1923–2007). Der Vater wurde 1952 entlassen und kehrte in die USA zurück; sein Sohn, der zuletzt in einem sowjetischen Lager war, folgte ihm 1955. Eigentümer der Villa »San Remo« wurde nach 1945 die Stadt Dresden, die sie anfangs als Gästehaus nutzte; später war hier die HO-Rechenzentrale. Nach Versteigerung und umfangreicher Sanierung ist die Villa seit 2006 wieder bewohnt.

Nachdem → *Architekt* Walter Kaplan (* 1951, → *K1*) das um 1935 erbaute Haus **Bergbahnstraße 2b**, in dem auch der → *Architekt* Helmut Trauzettel (1927–2003, → *K1*), wohnte, gekauft hatte, wollte er das sanierungsbedürftige Gebäude zunächst umbauen, entschloss sich aber 1994 zu einem Neubau, der seit 1996 mit seiner Architektur beeindruckt. »Im warmen Terrakotta-Rot sticht besonders die Nordfront [...] dem Vorbeigehenden ins Auge. Kaum Fenster zur Straße, und als ob auf der Südseite alles nachgeholt werden soll, dort beinahe nur Glas und über die Hausdimension breite, maritim anmutende Balkons mit einem Blick auf Dresden.«[2]

Wir erreichen nun die Plattleite, wo am Beginn der hinab führenden Stufen die kurze Oskar-Zwintscher-Straße beginnt. Nachdem der Zimmermann Carl Schmidt 1899 das Areal **Oskar-Zwintscher-Straße 1** erworben hatte, baute Paul Winkler für ihn das mit einem Dachreiter versehene Landhaus. Ab 1934 wohnte hier der Schauspieler Rudolf Schröder (1885–1960, → *K2*), seit 1933 Direktor des Dresdner Staatstheaters. Zur gleichen Zeit errichtete das Architekturbüro Arnold & Lahode die benachbarte Villa **Oskar-Zwintscher-Straße 3**. Ab hier erstreckt sich nördlich das Gebiet des ehemaligen Forschungsinstituts von *Manfred von → Ardenne* (1907–1997), zu dem auch das Areal der Zeppelinstraße gehörte.

Bergbahnstraße 2b von Architekt Walter Kaplan, 2014 *Foto: Siegfried Großmann*

Zeppelinstraße 7, Elbseite, 2014 *Foto: Siegfried Großmann*

Das erste an der Zeppelinstraße erbaute Haus ließ der Dresdner Fabrikbesitzer Georg Meißner 1911/12 von Lossow & Kühne errichten. Meißner hatte 1911 das Grundstück **Zeppelinstraße 7** von den Erben Thodes (→ *Villa »Thode«*) gekauft. 1912/13 folgte vom gleichen Architektenbüro die ähnlich, jedoch ohne Dachreiter gestaltete Villa **Zeppelinstraße 10** für Julian Ewald Moes. Anfang 1916 war der Fabrikbesitzer Albert Naumann Eigentümer des gesamten Areals – mit Ausnahme des zuletzt genannten – an der Zeppelinstraße. Außer dem Wohnhaus **Zeppelinstraße 4**, in dem später nach ihrer Rückkehr nach Dresden von 1950 bis zu ihrem Tod die Schauspielerin Antonia Dietrich wohnte (1900–1975, → *K1*), ließ er auf seinem Besitz u. a. ein »Turn- und Fechtsaal-Gebäude«, eine Gewächshausanlage (→ *Gärtnereien*), einen Kinderspielplatz und einen Tennisplatz bauen. Um 1930 verkaufte Naumann seinen Besitz an der Zeppelinstraße. Ab 1955 ging fast der gesamte ehemalige Naumannsche Besitz an Manfred von Ardenne, der hier durch den → *Architekten* Gerhard Guder (1924–2013, → *K1*) verschiedene Umbauten und zwei Neubauten ausführen ließ. Um 1969 folgte der Abriss der Villa Zeppelinstraße 10 und der Bau der Sternwarte neben der etwas umgebauten Villa Zeppelinstraße 7.

Der → *Architekt* Paul Kayser (1850–1921, → *K2*) baute 1872 für seine Eltern das Haus **Plattleite 17**. Odila Plüddemann (1818–1895), die Witwe des Dresdner Malers Hermann Plüddemann (1809–1868), kaufte es 1878 und nutzte es als Sommerwohnung. Nach ihr erwarb es 1895 Paul Horn (1850–1917), der Besitzer der bereits 1797 von Ernst Rosenkranz (1773–1828) gegründeten Dresdner »Pianofortefabrik Ernst Rosenkranz«.

Der Kaufmann David Kornblum erwarb 1910

Oskar-Zwintscher-Straße 3 (früher Wasastraße 3), Ansichtskarte, um 1905 *Slg. Otto-R. Wenzel*

Plattleite 19 nach dem Umbau, 2014
Foto: Siegfried Großmann

Sternwarte des Manfred von Ardenne, Plattleite 27, 2014 *Foto: Siegfried Großmann*

Plattleite 29, 2014
Foto: Siegfried Großmann

von Karl Lamm das Grundstück **Plattleite 19**. Im Jahr darauf ließ er die alten Gebäude abreißen und sich für eine Villa Entwürfe von Architekt Max Müller, der auch 1912 auf dem Weißen Hirsch den »Chinesischen Pavillon« aufbaute, anfertigen. Nach einer im Sinne des Jugendstils überarbeiteten Fassung des Architekten Ernst Härtwig konnte die Villa 1912 bezogen werden. Die Villa, die Jahrzehnte in Familienbesitz blieb, gehörte ab Ende der 1950er Jahre zum Forschungsinstitut von Manfred von Ardenne.

Für seinen eigenen Bedarf erwarb der Bauunternehmer Ernst Friebel 1896 das Grundstück **Plattleite 25** und ließ sich hier ein Landhaus errichten, in dem er bis 1912 wohnte. Von 1950 bis zu ihrem Tod wohnte und arbeitete hier die → *Fotografin* Hildegard Jäckel (1903–1974, → *K1*).

Auf der gegenüberliegenden Straßenseite hatte Architekt Friedrich Reuter 1907 für den Dresdner Rechtsanwalt Karl Damm, der 1896 den ehemaligen Weinberg mit Haus **Plattleite 24** erworben hatte, nach dem Abriss des alten Gebäudes eine neue Sommervilla errichtet.

1928 baute Max Herfurt auf dem schon seit 1877 im Besitz von Familie Weidenmüller befindlichen Grundstück **Plattleite 27** für den Fabrikbesitzer Friedrich Weidenmüller die Villa »Selmas Ruhe« (**Plattleite 29**). 1952 erwarb Manfred von Ardenne die beiden Häuser und ließ hier 1956 eine kleine Sternwarte errichten.

Der Baugewerksmeister Ernst Weigelt baute 1894 für den Zimmermann Carl Schmidt die Villa **Plattleite 33**. 1898 kaufte sie Adele Fiedler geb. Hänel, die Ehefrau des Regierungsrats Moritz Fiedler. Auch deren Tochter, die Malerin Marianne Fiedler (1864–1904), die »neben Georg Lührig als die Begründerin einer neuen Epoche der Künstlerlithographie in Deutschland«[3] galt, wohnte hier bis 1899. Das Haus blieb viele Jahrzehnte in Familienbesitz.

Wir erreichen nun die Wolfshügelstraße, die Flurgrenze zum Weißen Hirsch. Der Plattleite 33 wohnende Carl Schmidt hatte 1896 auch das angrenzende unbebaute Grundstück **Wolfshügelstraße 18** bekommen. Hierauf baute Ernst Weigelt für ihn 1897/98 ein neues Wohnhaus, das Schmidt mit seiner Familie bezog.

Die Villa **Wolfshügelstraße 22** ging 1906 in den Besitz von Familie Soldan, nach der das Haus den Namen »Soldana« erhielt und die hier eine Pension einrichtete, die sie bis etwa 1941 betrieb. Von 1945 bis 1950 war hier eine sowjetische Militärkommandantur. Danach wurde ab etwa 1953 ein Klubhaus des Dresdner Bezirksvorstands der Lehrer und Erzieher eingerichtet, aus dem das »Haus des Lehrers« hervorging, das 1957 den Namen »Richard Schallock« (1896–1956) erhielt. Es diente sowohl der Weiterbildung als auch dem kulturellen Leben insgesamt. Es fanden Lesungen und kleine Ausstellungen, aber auch Veranstaltungen für Kinder statt. Das »Haus des Lehrers« war Ort verschiedener »Volkskunstzirkel« und von 1975 bis 1990, dem Jahr der Schließung des Hauses, Trägereinrichtung des »Knabenchores Dresden«. Heute befinden sich im einstigen »Haus des Lehrers« u. a. der Sächsische Landesbauernverband e. V. und seit 2011 das Büro »röder-doberenz-architekten« mit Annien Rücker geb. Röder (* 1975) und Falk Doberenz (* 1975).

Für den Klingenthaler Fabrikanten Theodor Meinhold errichtete 1896/97 der → *Architekt* Theodor Lehnert (1828–1910, → *K2*) die Villa

Wolfshügelstraße 12 *Foto: Slg. EHK*

Villa »Hohenzollern«, Wolfshügelstraße 7, Zeichnung von Architekt Kurt Miarka, 1903 *Stadtarchiv*

Friedensblick mit Obelisk und Pergola, 2015

Collenbuschstraße 4, frühere Martin-Andersen-Nexö-Gedenkstätte, 2014

Wolfshügelstraße 12, die 2014 durch die → *Architekten* Woschni saniert wurde.

Das Architektenbüro Richard Schaeffer & Sohn errichtete 1898/99 für Rudolph Schütz die Villa **Wolfshügelstraße 16** und 1899/1900 erbaute das Architektenbüro Arnold & Lahode die noch im Schweizerstil gehaltene Villa **Wolfshügelstraße 9**.

Der Kaufmann August Wilhelm Schönherr erwarb 1903 das Nachbargrundstück **Wolfshügelstraße 7**, auf dem ihm Architekt Kurt Miarka die Jugendstilvilla »Hohenzollern« baute, in der Schönherr 1904 seine Sommerwohnung beziehen konnte. Ab etwa 1925 wohnte hier Hedwig Simon, die im Haus ein Fremdenheim vorrangig für jüdische Bürger (→ *Nationalsozialismus*) betrieb. Bernhard Simon hatte im Haus – mit Eingang von der Collenbuschstraße – eine kleine koschere Gaststätte, in der vornehmlich jüdische Kurgäste aus Lahmanns Sanatorium speisen konnten. Nach 1945 wohnte hier bis zu seinem Tod der Opernsänger Hans Löbel (1906 – 1971, → *K1*).

Wir haben nun die **Collenbuschstraße** erreicht, die zwischen Wolfshügelstraße und Küntzelmannstraße auf Loschwitzer Flur erst Anfang der 1930er Jahre als Straße ausgebaut wurde. 1931 entstand neben dem dortigen Obelisken (→ *Denkmale*) eine Ringpergola und der heute **»Friedensblick«** genannte Aussichtsplatz erhielt damals den Namen »Blombergblick«, benannt nach dem Reichswehrminister Werner von Blomberg (1878 – 1946), der als Kurgast in Dresden-Weißer Hirsch die Anlage finanziert haben soll. Bis zum Beginn des Zweiten Weltkriegs entstanden an der neu gebauten Straße zehn Häuser. Zu ihnen gehörte das 1933 fertiggestellte Haus **Collenbuschstraße 7** des Architekten Willy Tröger, in dem von 1935 bis 1937 die Sängerin Marta Fuchs (1898 – 1974, → *K2*), später zeitweise der Dichter und Schriftsteller Max Zimmering (1909 – 1973, → *K1*) und 1960 bis 1970 der → *Arzt* Dr. Heinz Egon Kleine-Natrop (1917 – 1985) wohnten. Die für den Stadtrechtsrat Dr. Herbert Teuscher und dessen Ehefrau Ilse erbaute Villa **Collenbuschstraße 4** konnte 1934 von ihnen bezogen werden. Hier lebte von 1952 bis zu seinem Tod der Dichter und Schriftsteller Martin Andersen Nexö (1869 – 1954, → *K1*). 1958 wurde an dieser Stelle für ihn eine Gedenkstätte eingerichtet, die 1990 leider geschlossen werden musste. Wilhelm Kreis baute 1934/35 in traditioneller Architektur das Wohnhaus **Collenbuschstraße 10** für den Maschinenfabrikanten Emil Krieger und Architekt Reinhard Schumann errichtete für sich 1936/37 das Haus **Collenbuschstraße 1**.

Collenbuschstraße 1

Wolfshügelstraße 20, 2014

Villa »Stella«, Collenbuschstraße 14, 2014 *Fotos (5): Siegfried Großmann*

Villa »Schau ins Land«, Hermann-Prell-Straße 9, 2014 Foto: Siegfried Großmann

Ehemalige Villa »Messmacher« und spätere Klinik, Hermann-Prell-Straße 8, 2014 Foto: Siegfried Großmann

Ganz im Westen von Oberloschwitz, auf dem ehemals Erckelschen Weinberg an der heutigen Hermann-Prell-Straße, kaufte der Augenarzt Dr. Julius Christoph (→ *Ärzte*) ein Grundstück von dem Fabrikanten Carl Eschebach (1842–1905). Darauf ließ er von dem Architekten Theodor Richter (1867–?) 1902/03 die Villa »Schau ins Land« (**Hermann-Prell-Straße 9**) bauen, die 1911 die Eigentümerin des Nachbargrundstücks Clara Weichardt erwarb.

Ebenfalls von Carl Eschebach kauften 1904 der Architekt und Professor an der TH Dresden Karl Weichardt (1846–1906, → *K2*) und seine Ehefrau Clara geb. Voerster das zur Schillerstraße und Bautzner Landstraße abfallende Land an der heutigen **Hermann-Prell-Straße 5**. Nach eigenem Entwurf ließ er 1905 hier seine »trotz moderner Auffassung [im] festlich heiteren Glanz italienischer Villen«[4] erstrahlende Sommervilla »Waldwinkel« errichten. 1914 vergrößerte seine Witwe ihren Besitz durch Kauf des hinter dem Haus liegenden und nicht mehr benötigten Wasserwerkshochbehälters. Um 1938 erwarb die Villa die Töchterheim-Inhaberin Ottilie Neumann, nach 1945 waren hier vorübergehend Flüchtlinge untergebracht und nach 1973 dienten die Räume zu Schulungs- und Weiterbildungszwecken der Deutschen Reichsbahn, bevor nach 2000 unter dem neuen Besitzer eine umfangreiche Sanierung erfolgte. Er gab dem Haus auch den neuen Namen Villa »Tiberius«. Der Name erinnert an eine Veröffentlichung Carl Weichardts, in der die Villa »Jovis« (Capri) des römischen Kaisers Tiberius (42 v. Chr.–37), deren Ruine Weichardt besuchte, von ihm nachgezeichnet wurde. So-

Villa »Waldwinkel«, heute Villa »Tiberius«, Hermann-Prell-Straße 5, 2014 Foto: S. Großmann

Blick auf die beiden Villen Hermann-Prell-Straße 5 und 9, früher Eschebachstraße, um 1908, Ansichtskarte Slg. Otto-R. Wenzel

Villa »Eschebach«, Lahmannring 3, 2015

Villa »Silvana«, Bautzner Landstraße 36, 2014

wohl ihre Berglage als auch die von ihm nachempfundene Architektur der einstigen Villa Jovis weisen durchaus Ähnlichkeiten mit der Loschwitzer Villa auf. Die auf der anderen Straßenseite gelegene Villa »Messmacher«, **Hermann-Prell-Straße 8**, wurde 1907/08 gebaut (→ *Ärzte* → *Klinik*).

Die beiden heute zu Dresden-Weißer Hirsch zählenden Häuser Lahmannring 3 und 5 gehörten früher zur heutigen Bautzner Landstraße. Um 1885 erwarb der Dresdner Pianoforte-Fabrikant Hermann Rönisch (1855 – 1925) das Grundstück **Lahmannring 5** und ließ sich hier ein Sommerhaus bauen, in dem er dann von 1903 bis zu seinem Tod ständig wohnte. 1895 kaufte der Fabrikant Carl Eschebach das Nachbargrundstück heutiger **Lahmannring 3**, auf dem ihm der Dresdner Architekt Magnus Küchling ein Sommerhaus – heute »Villa Eschebach« genannt – und einen Pferdestall, beide im Schweizerstil, baute. 1905 erwarb das Ensemble der niederländische Konsul Willem Carel van Ameyden van Duym (1855 – 1917), der durch den Architekten Georg Heinsius von Mayenburg kleine Umbauten vornehmen ließ.

Wir setzen unseren Rundgang durch Oberloschwitz an der Einmündung der Steglichstraße in die Bautzner Landstraße fort. 1911 wurden nach Plänen von Max Herfurt das Wohn- und Geschäftshaus **Bautzner Landstraße 32** und – nach Abriss eines Vorgängerbaues – die benachbarte Villa »Klara« (**Nr. 34**) für den Schuhmachermeister Ernst Werner erbaut. Hier wohnte und arbeitete von 1926 bis 1934 die Fotografin Hildegard Jäckel und später befand sich hier von 1983 bis 1990 die »Paraffinbehandlung« der Poliklinik Weißer Hirsch. Im Eckhaus (Nr. 32) waren nacheinander verschiedene → *Bäckereien* mit einem Café, bevor 2007 die → *Gaststätte* »bean&beluga« eröffnete.

Der dem Loschwitzer Gemeinderat angehörende Otto Sarfert (1850 – 1884) erhielt 1881 die Baugenehmigung für das Wohnhaus heutige **Bautzner Landstraße 36**. Das nach 1805 erbaute alte musste abgerissen werden und Architekt der mit einem Eckturm versehenen neuen Villa »Silvana« war wahrscheinlich der in Weißer Hirsch ansässige Richard Schaeffer.

Der Bautzner Fabrikbesitzer Rudolf Weigang (1877 – 1960) kaufte 1915 Haus und Grundstück **Bautzner Landstraße 44**. Er ließ das um 1845 gebaute Haus 1916/18 durch die Dresdner Architekten Fritz Rumpel (1876 – 1945) und Arthur Krutzsch (1867 – 1919) mit Elementen des Jugendstils im Sinn der Reformbaukunst völlig umbauen. Durch spätere Änderungen erhielt es sein heutiges nüchternes Aussehen. Etwa 1946 bis 1952 befand sich hier ein Arbeits- und Wohnheim für Jugendliche.

Der Dresdner Arzt Dr. Hermann Knippenberg kaufte 1884 das Grundstück heutige **Bautzner Landstraße 46** und erhielt noch im gleichen Jahr die Genehmigung zum Bau einer Villa. Der spätere Besitzer August Herzog ließ es um 1892 nach Plänen des Architekturbüros Lossow &

Eckhaus Bautzner Landstraße 32 mit heutigem Restaurant »bean&beluga«, 2014

Villa »Klara«, Bautzner Landstraße 34, 2014

Bautzner Landstraße 46, 2015

Fotos (5): Siegfried Großmann

Vieweger umbauen. 1908 ging die Villa in den Besitz von Joseph Werminghoff (1848–1914) über, den Generaldirektor des Tagebaues und der Brikettfabrik in der nach seinem Tod nach ihm benannten Siedlung Werminghoff (heute Knappenrode). Durch einen von ihm erneut in Auftrag gegebenen Umbau durch die Architekten Max Rose (1862–1922) und Oskar Röhle (1870–?) erhielt die Villa ihr heutiges Gesicht mit dem Turm und bekam den Namen »Turmeck«. Werminghoffs Erben verkauften 1917 die Villa an den Kommerzienrat und Generaldirektor der Dresdner Gardinen- und Spitzenmanufaktur Georg Marwitz (1854–1923). Dessen letzte Erbin war Anne-Marie Striemer, die Ehefrau des nach Südamerika geflohenen jüdischen Konzertmeisters Leonid Striemer (1887–?). Seit 1933 wohnte im Haus Else Pniower, die hier ein Fremdenheim betrieb, in dem vor allem jüdische Bürger wohnten (→ *Nationalsozialismus*). Ab 1941 wohnte hier auch der in Berlin geborene und seit 1920 in Dresden lebende Professor und Rechtsanwalt Dr. Hermann Kastner (1886–1957). Er gehörte 1918 zu den Gründungsmitgliedern der Deutschen Demokratischen Partei (DDP) und vertrat diese später bis zu deren Auflösung 1933 im Sächsischen Landtag. 1945 war er einer der Mitbegründer der Liberal-Demokratischen Partei (LDPD), Vorsitzender des sächsischen Landesverbands der LDPD und 1946 bis 1948 sächsischer Justizminister. 1948 ging er nach Berlin, wo er ein Jahr später stellvertretender Ministerpräsident der DDR wurde. Die bald einsetzenden Spannungen führten 1956 zur Flucht in die BRD. Er verstarb ein Jahr später in München. Das Loschwitzer Haus, in das Kastner 1941 gezogen war, wurde 1943 von Anne-Marie Striemer an den Sänger Arno Schellenberg (1903–1983, → *K1*) verkauft, der es mit seiner Ehefrau, der Sängerin Renate Behrens (1912–1981) ab etwa 1945 auch bewohnte. Nach 1945 wohnten hier bis 1954 auch der Maler und Bühnenbildner Karl von Appen (1900–1981, → *K1*) und die Schauspielerin Manja Behrens (1914–2003, → *K1*), die von Appens Ehefrau wurde. Nach der Wiedervereinigung stand die Villa mehrere Jahre leer und drohte zu verfallen, bis sie 2010 einen neuen Besitzer bekam, der sie bis 2014 denkmalgerecht sanierte.

Degelestraße 3: Eingangssituation mit neobarockem Portal *Foto: Ortsamt Loschwitz*

Denkmal für Kammersänger Eugen Degele an der Degelestraße, 2014
Foto: Siegfried Großmann

Um 1870 ließ sich Kammersänger Eugen Degele (1834–1886, → *K1*) das Haus heutige **Bautzner Landstraße 50** bauen, das er anfangs nur als Sommerhaus nutzte. Im Garten des Hauses (heute an der Degelestraße) wurde 1887 ein → *Denkmal* zu seinen Ehren aufgestellt. Die Kirchgemeinde Dresden-Loschwitz erwarb das Haus 1926 von seinen Erben. Eugen Degele hatte festgelegt, dass hier der zuständige Pfarrer wohnen solle. Durch einen Innenumbau erhielt es einen Raum für Gemeindearbeit. Im Zuge der Eingliederung von Oberloschwitz in die Kirchgemeinde Dresden-Weißer Hirsch ging auch das »Pfarrhaus« 1933 in den Besitz dieser Kirchgemeinde über.

An der 1897 fertiggestellten Degelestraße lagen zunächst nur zwei bis dahin zur Bautzner Landstraße zählende und über die im gleichen Jahr ausgebaute Fischerstraße zu erreichende Häuser. 1889 hatte der an der Dresdner Annenschule tätige Professor und Oberlehrer Dr. Oscar Dolch (1835–1901) das Grundstück **Degelestraße 1** gekauft und die Baugenehmigung für ein Haus erhalten, das er zunächst als Sommerhaus nutzte. Seine Witwe verkaufte es 1911 an Elisabeth Freifrau von Brandenstein geb. Wrede (1868–1951), Ehefrau des späteren Ministerialrats Dr. Curt Freiherr von Brandenstein (1870–1939). Sie ließen das alte Haus abreißen und sich nach Plänen von Max Herfurt durch Ernst Weigelt eine große Villa, die 1913 bezugsfertig war, und ein Nebengebäude errichten. Das zweite etwa zur gleichen Zeit erbaute Haus **Degelestraße 2** erwarb 1898 für 85.000 Mark die in der Nr. 3 wohnhafte Margarethe Wolff. Sie ließ 1911 nach einem Entwurf von Schilling & Graebner eine dritte Etage mit einem Walmdach aufsetzen. Das Grundstück **Degelestraße 3** hatten 1896 Major Compe Wolff (1849–1901) und dessen Ehefrau Margarethe geb. Baeßler (1865–1940) gekauft. Sie ließen sich von Schilling & Graebner eine Villa mit asymmetrischem Mittelrisalit und neobarockem Sandsteinportal erbauen, die sie 1899 beziehen konnten. Später wohnte hier von 1942 bis 1945 der Generaloberst der Luftwaffe Bruno Loerzer (1891–1960). Die Villa wurde 2007/08 von Architekt Matthias-Maria Kolb denkmalgerecht saniert.

Über die Lausitzer Straße kehren wir zur Bautzner Landstraße zurück. Hier erwarb 1884 der Ingenieur und Röhrmeister August Voigt das Areal heutige **Bautzner Landstraße 58 und 60**.

Degelestraße 1 mit Haupt- und Nebengebäude, 2014 *Foto: Siegfried Großmann*

Bautzner Landstraße 64, 2014
Foto: Siegfried Großmann

Bautzner Landstraße 66, 2014
Foto: Siegfried Großmann

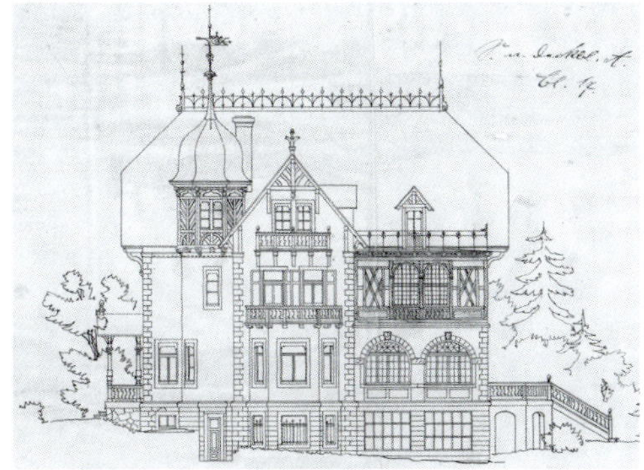

Villa »Graff«, Alexanderstraße 2: Zeichnung der Westseite von Luther & Scholz, 1905
Stadtarchiv Dresden

Er bekam 1888 die Genehmigung für den Bau eines Wohnhauses, das er im folgenden Jahr beziehen konnte. In den nächsten zwei Jahrzehnten gab es mehrere Um- und Anbauten sowie den Neubau eines Bürogebäudes und einer Ausstellungshalle zur Präsentation der vom dort ansässigen Ingenieurbüro der Gebrüder Voigt angebotenen Wasseranlagen. Alle Gebäude wurden unterdessen abgerissen und um 2000 durch zwei Neubauten ersetzt: Nr. 58 mit der »Pension Arcade« und Nr. 60 mit mehreren Geschäften und einer Station des Ambulanten Pflegedienstes »Vitalis«. An der **Bautzner Landstraße 62** treffen wir auf die ehemalige → *Gaststätte* »Weißer Adler«.

Das gegenüberliegende Eckhaus mit der → *Bäckerei* **Bautzner Landstraße 64** entstand 1903/04. Das Nachbarhaus **Bautzner Landstraße 66** entwarf der → *Architekt* Paul Luther für den Bauunternehmer Ferdinand Rupprich, der 1902/03 die dortige »Waldvilla« errichtete. 1905 erwarben diese die → *Ärzte* Paul Teuscher (1864–1927) und Heinrich Teuscher (1862–1946). Von 1931 bis zu seinem Tod lebte hier der Maler Maximilian Keller (1880–1959, → *K2*).

Gehen wir aber zunächst die Straße Am Weißen Adler hinunter und biegen rechts in die Alexanderstraße ein. Hier kaufte 1893 Emma Graff, die Ehefrau des Hofrats und Direktors der Dresdner Kunstgewerbeschule und des Kunstgewerbemuseums Carl Graff (1844–1906, → *K2*), das Grundstück **Alexanderstraße 2**. Der → *Architekt* Bruno Seitler (1851–1925) erhielt den Auftrag zum Bau einer Villa, die Familie Graff nach Fertigstellung als Sommerwohnung diente. Die mit einem Turm – dessen Spitze heute nicht mehr vorhanden ist – versehene Villa wurde in der Folge mehrmals leicht umgebaut. 1932 bis 1945 wohnte hier der Generalleutnant und Inspekteur der Wehrersatzinspektion Dresden Robert Praetorius (1882–1963), dessen Ehefrau Miterbin des Grundstücks war. Von 1998 bis zu seinem Tod lebte hier der Maler und Grafiker Gerhard Papstein (1923–2008, → *K2*). In der hier einmündenden Preußstraße (damals Lorenzstraße) hatten der Drogerie-Besitzer Ernst Much und der Hotelier der Gaststätte Luisenhof Georg Reck 1912 von Architekt Paul Winkler das Haus **Preußstraße 3** bauen lassen, in dem von 1920 bis 1926 Kapellmeister *Max → Feiereis* (1882–1960, → *K2*) wohnte. Bereits 1899 hatte das Architekturbüro Arnold & Lahode als erstes Haus an dieser Straße für den Bauunternehmer August Eibig die heutige **Preußstraße 5** gebaut.

Die mit Generalmajor Hans-Dedo Freiherr von Milkau (1858–1913) verheiratete Freifrau Sophie Marie ließ auf ihrem im gleichen Jahr gekauften Grundstück 1911 von → *Architekt* Emil Voigt (1868–1932) für sich das Landhaus **Preußstraße 8** bauen. Leider ist der Charakter der Fassade heute durch einen vorgesetzten gläsernen Turm mit einer Wendeltreppe entstellt. Das angrenzende Grundstück **Preußstraße 10** hatte 1912 Susanne Martin erworben. Sie und ihr Ehemann, der Rechtsanwalt Heinrich Martin, ließen sich darauf von Rudolf Kolbe eine »romantisch klassizistische« Villa, straßenseitig mit großem Balkon und von zwei Säulen gerahmten darunterliegendem Eingangsportal und gartenseitig mit unter einem Altan geschwungen hinab führenden Treppen errichten. 1934 zog in die Villa, die er kurze Zeit später auch kaufte, der Fabrikbesitzer Kurt Kirchbach (1891–1967). Er ließ 1937 »den parkartigen Terrassengarten ›Am Sonnenhang‹ [→ *Kammeyergarten*] durch den Gartenarchitekten Hans Felix Kammeyer und den Architekten Erwin Lindner anlegen.«[5] 1946 folgte die Enteignung des Grundstücks, es diente bis 1947 sowjetischen Offizieren als Wohnhaus. Danach ging es in Volkseigentum über und wurde 1948 bis 1950 Wohnsitz des sächsischen Minister-

Gaststätte »Weißer Adler«, Bautzner Landstraße 62, 1922 *Foto: Slg. Matthias Griebel*

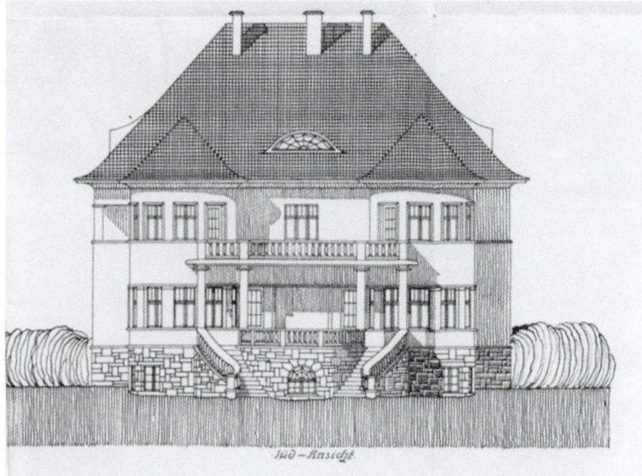

Preußstraße 10, Zeichnung der Südansicht von Rudolf Kolbe *Stadtarchiv*

Am Weißen Adler 14, 2009, früher Gaststätte »Winzerhaus« *Foto: Masky/Slg. M. Griebel*

präsidenten Max Seydewitz (1892 – 1987). Nach zehnjähriger sowjetischer Gefangenschaft kehrte der ehemalige Generalfeldmarschall Friedrich Paulus (1890 – 1957), der 1943 die 6. Armee in Stalingrad befehligte, zurück und wohnte von 1953 bis zu seinem Tod in dieser Villa. Danach diente sie bis 1990 als Gästehaus des Ministers für Nationale Verteidigung. Nach folgendem Leerstand wurde die Villa 1998 an einen privaten Investor verkauft und anschließend für Wohnzwecke umfassend saniert.

Wir haben wieder die Straße Am Weißen Adler erreicht und treffen hier auf die um 1882 erbaute kleine Villa **Am Weißen Adler 10**, die nach mehrmaligem Besitzerwechsel Elisabeth Hustig (1865 – 1945), die Ehefrau des Generalkonsuls und Mitinhabers der 1823 gegründeten Dresdner Schokoladenfabrik Jordan & Timäus Max Hustig (1852 – 1930), erwarb. Sie nutzten die Villa zunächst als Sommerwohnung und wohnten ab etwa 1922 ständig hier. Mit ihnen zog auch ihre Tochter, die Malerin und Kunstgewerblerin Ilse Hustig (1885 – 1962, → *Kunsthandwerk*) ins Loschwitzer Haus. Das zur gleichen Zeit erbaute Nachbarhaus **Am Weißen Adler 12** kaufte 1890 Arthur Ihle (1861 – 1924), der dann auch die → *Gaststätte* »Winzerhaus« erbauen ließ (**Am Weißen Adler 14**).

Auf dem Weg zurück zur Bautzner Landstraße kommen wir an dem um 1882 erbauten Landhaus **Am Weißen Adler 5** vorbei, das 1917 nach ebenfalls mehrmaligem Besitzerwechsel für 52.000 Mark der Theaterdirektor Emil Winter (1860 – 1926, → *K2*) erwarb, der 1910 das Dresdner »Thymians Thalia-Theater« gegründet hatte. Die kleine Villa, in der Winter bis zu seinem Tod lebte, erhielt nun den Namen Villa »Thalia«.

Wir biegen rechts in die Chopinstraße ein. Ab 1898 kauften die Ärzte Paul und Heinrich Teuscher an dieser Straße mehrere Grundstücksflächen für den Bau ihres → *Sanatoriums* (**Nr. 2 bis 8**) und ihrer späteren Wohnhäuser **Nr. 7 und 10** (→ *Sanatorium*). Das Kurhaus Chopinstraße 4 und die Sanatoriums-Gebäude der Nr. 2 wurden 1994 abgerissen.

Die beiden Villen **Chopinstraße 9 und 11** errichtete in den Jahren 1901 bis 1904 Hugo Illgen (1872 – 1953), der 1900 in Bühlau sein Baugeschäft gegründet hatte. Der Regierungsrat Ernst von Thielau (? – 1905), von 1890 bis 1897 Amtshauptmann von Dresden-Neustadt, ließ auf seinem 1895 gekauften Grundstück von Arnold & Lahode 1898/99 an der neuen und 1897 nach ihm benannten Thielaustraße das erste Haus, die heutige **Chopinstraße 12**, erbauen, das er bis zu seinem Tod bewohnte. An der zeitgleich zur Chopinstraße gebauten Straußstraße war das erste Haus die 1897/98 von Baumeister Richard Dachsel im Schweizerstil als Sommerhaus errichtete **Straußstraße 7**. Das Grundstück hatte 1896 der Generalleutnant und spätere General Hans Erwin von Minckwitz (1838 – 1920?) erworben und das neue Sommerdomizil nach seiner Ehefrau Therese von Minckwitz (1848 – 1927) »Landhaus Therese« benannt.

»Schweizerhaus« des einstigen Sanatoriums Dr. Teuscher, Chopinstraße 8, Gartenseite, 2014

Chopinstraße 10: Einstiges Wohnhaus von Dr. Paul Teuscher, 2014

Villa »Parva sed mea«, Chopinstraße 12, 2014
Fotos (3): Siegfried Großmann

Nach dem Tod von General von Minckwitz zogen Margarete und Helene Schellberg ins Haus, das sie nach dem Tod der Eigentümerin auch kauften, und betrieben hier von 1922 bis etwa 1932 ein »Töchterheim«.

Das am Wendeplatz liegende Haus **Straußstraße 6** ließ 1898/99 der auf der Bautzner Landstraße wohnende August Eibig bauen, um es nach Fertigstellung für 54.000 Mark zu verkaufen. Ab 1922 befand sich bis etwa 1925 im Haus der → *Verlag »Buchhaus für deutsches Schaffen GmbH«* des Helmuth M. Böttcher (1895 – 1979). Seine Ehefrau Maida kaufte zwar das Haus, aber beide zogen nach Eisenach. Der Architekt Paul Birkigt ließ 1927/28 auf seinem Grundstück **Straußstraße 5b** ein Wohnhaus mit Giebeldach bauen. Von etwa 1972 bis 1986 befand sich hier die Stomatologische Abteilung der Poliklinik Weißer Hirsch und danach bis 1990 die »Beratungsstelle für Alkohol- und Medikamentenabhängige des Stadtbezirks Ost«.

Architekt Paul Luther baute 1902/03 das »herrschaftliche Wohnhaus« **Straußstraße 2**, in dem von 1936 bis zu seinem Tod der Hofrat, Professor und Direktor des Naturhistorischen Museum Dresden Dr. Karl Heller (1864 – 1945) wohnte. Der in Weißer Hirsch ansässige Baugewerksmeister August Haase errichtete 1901/02 das Eckhaus **Straußstraße 1**, das nach mehrmaligem Besitzerwechsel 1912 Eduard Wels erwarb. Er betrieb hier eine Pension und eine »Kochlehranstalt für Damen«, die nach seinem Tod von dessen Witwe Klara weitergeführt wurde.

Nun haben wir wieder die Bautzner Landstraße erreicht. Zwischen dem »Weißen Adler« und der Grenze zu Bühlau entstanden um die Jahrhundertwende in kurzer Zeit ebenfalls mehrere Villen. Die erste war die 1896 von Architekt Paul Winkler entworfene und von Karl Reichpietsch gebaute Eckvilla mit → *Bäckerei* **Bautzner Landstraße 78**. Architekt Johannes Schütz baute 1901 die **Bautzner Landstraße 76** und der Blasewitzer Architekt Paul Luther die **Nr. 74**.

Straußstraße 5, 2014

»Heidehaus«, Bautzner Landstraße 72, 2014

Arnold & Lahode errichteten 1898/99 für Jean (Johann) Lemmen (1860 – 1900) das Eckhaus **Bautzner Landstraße 72** mit der → *Gaststätte* »Sachsenburg«. Als der Arzt Heinrich Teuscher 1916 das Haus kaufte, erhielt es durch Max Herfurt eine vollkommen neu gestaltete Dachgeschosszone und den Namen »Heidehaus«.

Die letzten Häuser vor der Flurgrenze zu Dresden-Bühlau sind die 1902 straßenseitig vollkommen in Sandstein ausgeführte Villa »Meteor« (**Bautzner Landstraße 80**) des Dresdner Architekten Wilhelm Seifert (1875 – 1933) und schließlich die **Nr. 82**, wo sich bereits seit der ersten Hälfte des 19. Jahrhunderts ein Wohnhaus befand und von 1897 bis 1904 das Büro für Architektur und Bauausführung Arnold & Lahode seinen Firmensitz hatte.

Aber auch nördlich der Bautzner Landstraße gehörte früher ein Stück Land zur Loschwitzer Flur. Ende des 19. Jahrhunderts kaufte die Gemeinde Loschwitz vom → *Fischhäuser Forstrevier* ein Stück Land zum Bau eines Wasserhochbehälters, der 1904 erweitert wurde. Nach der → *Eingemeindung* nach Dresden (1921) kam die Flur zu Dresden-Weißer Hirsch (heute **Heideflügel 5**). Die Kirchgemeinde Loschwitz erwarb 1918 an der Straße **Am Heiderand** Land für die Anlage des → *Friedhofs Oberloschwitz*. Er wurde im Zusammenhang mit der Ausgemeindung von Oberloschwitz nach der Kirchgemeinde Dresden-Weißer Hirsch 1933 mit dem benachbarten Friedhof dieser Kirchgemeinde vereinigt. Auch die 1928 erbauten Häuser Am Heiderand 2 bis 6 gehörten früher zur Flur Dresden-Loschwitz.

Otto-R. Wenzel

Zitate:

1 *Röhrborn, Paul; Rund um die Alte Felsenburg; maschinenschriftlich, 1985*

2 *Redlich, Peter; Die Balkone neben dem Balkon; in: SZ 18.09.1997*

3 *Sigismund, Ernst; Marianne Fiedler; in: Thieme, Ulrich; Becker, Felix (Hrsg.); Allgemeines Lexikon der bildenden Künstler von der Antike bis zur Gegenwart, unveränderter Nachdruck der Originalausgabe, 11. Bd.; Leipzig 1999*

4 *Böhm, Th.; Karl Weichardt; in: Deutsche Bauzeitung, Nr. 81; Berlin 1906*

5 *Büsing-Kolbe, Andrea; Büsing, Hermann; Der Architekt Rudolf Kolbe, Dresden 2010*

Quellen: 7, 39, 40, 123, 143, 145, 147, 149, 167, 186, 188, 215, 227, 361, 382, 393, 434, 440, 493, 497, 555, 639, 640, 678, 700, 722, 723, 725, 726, 737, 755, 805, 852, 876, 884, 937, 938, 940, 1000, 1007, 1020, 1036, 1084, 1144, 1176, 1179, 1195, 1196, 1202, 1207, 1209, 1215, 1226, 1230, 1234, 1269

Straußstraße 5b, 2011

Eckhaus Bautzner Landstraße 78, 2014

Waldfriedhof Weißer Hirsch: Kapelle und Stele für die Gefallenen im Ersten Weltkrieg, 2014

Fotos (6): Siegfried Großmann

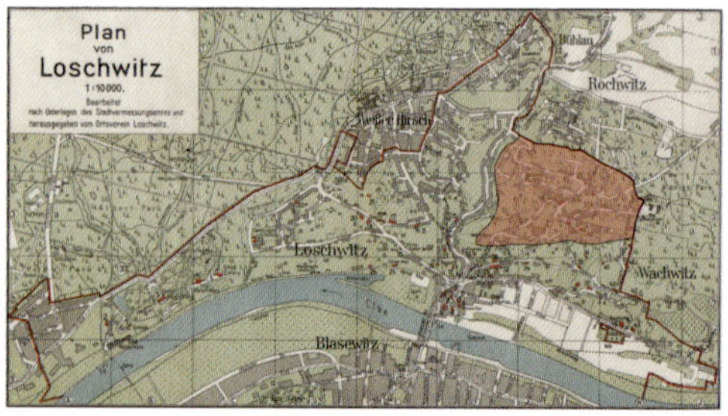

Blick auf den vorderen Bereich des Ortsteils »Schöne Aussicht« mit der Schwebebahn und der Gaststätte »Loschwitzhöhe« (1977 abgerissen). *Foto: Slg. Matthias Griebel*

Ortsteil Schöne Aussicht

Ob der Ortsteil seinen Namen von der → *Gaststätte* »Schöne Aussicht« oder dem davor liegenden Aussichtsplatz bekommen hat, muss offen bleiben. Begrenzt wird der Ortsteil heute etwa von den Hangkanten zum Elbtal, zur Grundstraße und zum Kotzschweg sowie im Nordosten von der Flurgrenze nach Rochwitz. Das gesamte Territorium gehörte bis 1839 zur Ratsgemeinde (→ *s. S. 45*). 1837 gab es auf dem ganzen Areal des Ortsteils nur sieben Häuser. Sie waren erreichbar über die drei vom heutigen Veilchenweg abgehenden »Steinwege« – den 1., den 2. und den 3. Steinweg (heutige Robert-Diez-Straße) – von der Grundstraße über den Ziegengrund, von Osten über den heutigen Kotzschweg und natürlich von Rochwitz aus. Über die Hänge herauf bis zum Plateau zogen sich zumeist Weinberge, hinter ihnen gab es Felder, an die sich in Richtung Rochwitz Wald anschloss.

Die ältesten Häuser am Weg nach Rochwitz (heutige Krügerstraße) waren die beiden Gebäude auf »Sperlings Weinberg«, heute **Ludwig-Richter-Straße 4 bis 8**, Christiane Hahnewalds Weinberghaus an der heutigen **Malerstraße 5**, August Reichelts Haus an der heutigen **Krügerstraße 14** und das Haus des Münzgraveurs *Reinhard* → *Krüger* (1794 – 1879, → *K1*), heutige **Krügerstraße 22**. David Felsners Weinberghaus auf dem ehemaligen Weinberg von Adam Friedrich Zürner (1679 – 1742, → *Weinberge und Winzer*), heutige **Ludwig-Richter-Straße 14**, lag schon fast am Kotzschweg und einem Wachwitzer Winzer gehörte das kleinste Haus mit nur etwa 20 m² Wohnfläche, die heutige **Krügerstraße 1**. Aus ihm sollte später die den Namen des Ortsteils tragende → *Gaststätte* werden.

Im ausgehenden 19. Jahrhundert besaßen wenige Personen fast das ganze Areal des Ortsteils: Zu ihnen gehörte Familie Reichelt, die seit 1836 im Besitz der Grundstücke um ihr Wohnhaus **Krügerstraße 14** bis hin zur Malerstraße war. Bis zu ihrem Tod gehörte es der Malerin Auguste Reichelt (1840 – 1907, → *K2*). Das Gebiet um die hintere Sierksstraße, Tiedgestraße bis zur Ulrichstraße und hinab über die Alpenstraße bis zum Karl-Schmidt-Weg besaß der Dresdner Kaufmann Oskar Reichenbach, der 1896 bis 1901 in der heutigen **Tiedgestraße 6** seine Sommerwohnung hatte. Sein Bebauungsplan für dieses Gebiet wurde 1901 genehmigt. Die Fluren oberhalb der → *Gaststätte* »Schweizerei«, links der heutigen Ulrichstraße sowie im Gebiet der Alpenstraße gehör-

Ludwig-Richter-Straße 4, 2015
Foto: Siegfried Großmann

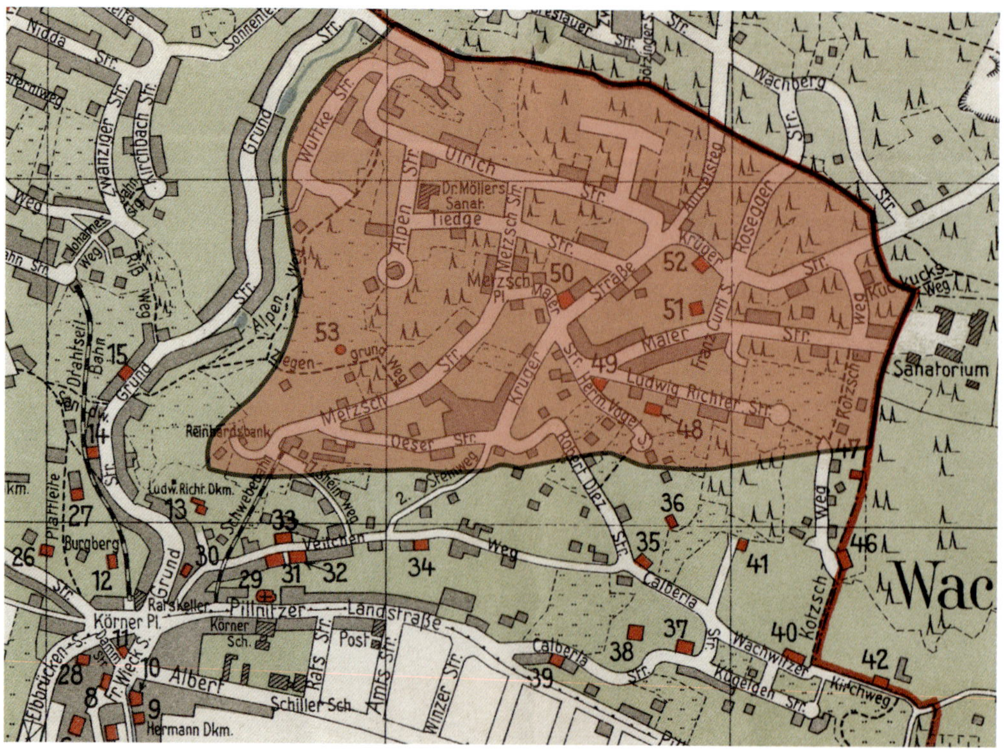

Gebiet des Loschwitzer Ortsteils »Schöne Aussicht: Ihn begrenzen Grundstraße, die Verlängerung der Ulrichstraße bis zum ehemaligen Weidners Sanatorium, Kotzschweg und Veilchenweg

Die »Schöne Aussicht« vor dem Umbau 1887 *Foto: August Kotzsch*
»Ortsgeschichtliche Sammlung Blasewitz und Umgegend« von Karl Emil Scherz im Landesamt für Denkmalpflege Sachsen, Plansammlung

Hermann-Vogel-Straße 2. Originalzeichnung von August Reinhardt in: »Ludwig Richter, Lebenserinnerungen« Hesse-Verlag Leipzig 1909 Slg. Matthias Griebel

Malerstraße 4, 2014 Foto: Siegfried Großmann

Wuttkestraße 1, 2014 Foto: Siegfried Großmann

ten dem Berliner Kaufmann Eugen Rosenstiel. Er ließ 1872/73 die Straße von der Grundstraße bis zum Gasthaus bauen und etwa zur gleichen Zeit den Alpenweg – heutiger Karl-Schmidt-Weg – anlegen. Die elbseitigen Fluren an der heutigen Oeserstraße schließlich waren im Besitz des Kaufmanns und ersten Gastwirts der → *»Loschwitzhöhe«* Adolf Barth. Die heutige Oeserstraße war in dieser Zeit die »Barth'sche Privatstraße«. Hofbuchhändler Heinrich Warnatz (1847 – 1899), Mitinhaber der Dresdner Hofbuchhandlung Lehmann & Warnatz, erwarb die Fluren südöstlich der heutigen Franz-Curti-Straße und Roseggerstraße entlang der Krügerstraße bis zu hinteren Malerstraße. Sein Bebauungsplan für das Gebiet erhielt 1900 die Genehmigung. Da hatte seine Witwe Helene bereits das Erbe angetreten. Sie verkaufte die meisten Fluren weiter.

Nachdem 1898 die Projektierungsarbeiten für die → *Schwebebahn* begonnen hatten, gab es noch einmal zwei große Flächenkäufe. Zum einen war es der Schneidemühlenbesitzer und → *Bauunternehmer* Ernst Weigelt (1857 – 1916), der zahlreiche Grundstücke im Gebiet der Ludwig-Richter-Straße erwarb und zum anderen kauften die beiden → *Baumeister und Architekten* Oskar Menzel (1873 – 1958, → *K2*) und Rudolf Kolbe (1873 – 1947, → *K1*) die zumeist noch unbebauten Grundstücke im Gebiet der Hermann-Vogel-Straße.

Der OT Schöne Aussicht war im 19. Jahrhundert ein beliebtes Domizil für Künstler, besonders für Maler. Die Straßennamen zeugen bis heute davon. Der Maler August Reinhardt (1831 – 1915, → *K1*) wohnte 1859 bis 1899 **Hermann-Vogel-Straße 2**, wo Ludwig → *Richter* von 1864 bis 1870 sein ständiger Sommergast war. 1900 erwarb das Haus der Maler *Richard → Müller* (1874 – 1954, → *K1*). Er ließ das Haus umbauen und wohnte hier bis zu seinem Tod.

Nachdem 1890 der Maler und Kunstschriftsteller Bruno Gensch (? – 1915) das Haus **Malerstraße 4** von Ernst Kneiß, bei dem Ludwig → *Richter* (1903 – 1984, → *K1*) ab 1871 im Sommer wohnte, gekauft hatte, ließ er es 1892 durch einen Atelieranbau erweitern und 1900/1901 durch den Bauunternehmer Karl Hanke aus Rochwitz umbauen. Nach Genschs Tod erwarb der Maler Ivo Hauptmann (1886 – 1973, → *K1*), ein Sohn Gerhart Hauptmanns, das Anwesen und wohnte hier bis zu seinem Umzug nach Hamburg im Jahr 1925. Danach kaufte und bewohnte es der Sänger Freiherr Cornelis van Humalda van Eysinga (1870 – 1938, → *K2*).

Auf dem 1889 erworbenen Grundstück der heutigen **Wuttkestraße 1** ließ Pauline Heydel, Ehefrau des Brauereibesitzers Adolph Heydel (→ *Brauerei*), durch den Blasewitzer Architekten Emil Wägner (1853 – 1927) ein Sommerhaus errichten. Heydel veräußerte es 1899 an den Maler Otto Kretschmar (1870 – 1922, → *K2*), der hier bis zu seinem Tod wohnte.

1892 verkaufte Eugen Rosenstiel Bauland an der Alpenstraße an die Generalmajors-Witwe Alexandrine von Baer-Huthorn (1841 – 1924) aus Blasewitz. Im Rondell der Wendeschleife (**Alpenstraße 7**) ließ sie durch den Dresdner Architekten Georg Ullrich eine Villa bauen. *Karl → Reichpietsch* (1859 – 1947, → *K2*) nahm 1900 und 1908 für die späteren Besitzer Veränderungen am Haus vor. 1920 kaufte es der Kunsthistoriker Karl Lilienfeld (1885 – 1966) und wohnte hier bis 1928. Von 1942 bis 1951 lebte hier der Dirigent Walter Stoschek (* 1920, → *K2*).

Ludwig-Richter- und Malerstraße, vor 1915, Ansichtskarte *Slg. Eberhard Münzner*

Alpenstraße 7, 2014 Foto: Siegfried Großmann

August Reinhardt, Geburtshaus der Familie August Reichelt »Schöne Aussicht Loschwitz«, 1893/1911
Heute bewahrt in der Städtischen Galerie Dresden – Kunstsammlung, Museen der Stadt Dresden

O M
Lo

Die »Galerie im Buch«

Ulrichstraße 12, 2015 Foto: S. Großmann

Dr. Möllers Sanatorium, Ansichtskarte, um 1910. Blick von Nordwesten: Rechts Dr. Möllers Sanatorium an der Alpenstraße 1, unten links Wuttkestraße 5 und 7, dahinter in der Mitte Ulrichstraße 10, 12 und 18 Slg. Otto-R. Wenzel

1894 kaufte Marie Schubert, Inhaberin einer Dresdner Blumenfabrik, von Eugen Rosenstiel das Grundstück **Ulrichstraße 12** und ließ sich von dem Dresdner Baumeister Max Berndt darauf ein Wohnhaus bauen, in dem sie bis 1903 wohnte. In diesem Jahr ging es durch Zwangsversteigerung für 39.000 Mark an Richard Saeltzer (1858–1927), den Mitinhaber ihrer einstigen Fabrik für »Blumenbestandteile«. Nach dessen Tod erwarb es der kaufmännische Direktor Wilhelm Victor, der es bis zu seinem Wegzug 1935 nach Bitterfeld auch bewohnte. Verwaltet wurde es jetzt von der Dresdner Ozeana-Kaffee-GmbH. Der dort tätige Kaufmann Albert Wilhelm (Viljam) Hagelin (1881–1946) wohnte 1935 bis 1939 hier. Über seine Biografie ist bisher wenig bekannt. Er soll Architektur studiert und sich auch als Opernsänger versucht haben. 1936 knüpfte er bei einem Norwegenbesuch Kontakte mit Vidkun Quisling (1887–1945), dem Gründer der faschistischen Partei Nasjonal Samling (Nationale Einheit) und späteren Ministerpräsidenten. Nach von Hagelin initiierten Dreiergesprächen mit Alfred Rosenberg (1892–1946) und danach mit Adolf Hitler (1889–1945) ging Hagelin mit seiner Frau im Dezember 1939 nach Oslo. Nach der deutschen Invasion in Norwegen im Frühjahr 1940 wurde er in der nationalsozialistischen Regierung Norwegens Innenminister und 1946 in der Festung Akershus in Oslo als Kriegsverbrecher hingerichtet. Nach Hagelin wohnte bis 1942 Georg Klein (1895–1966) in der Ulrichstraße 12; er war Oberregierungsrat, Oberst der Sicherheitspolizei und SS-Oberführer des Sicherheitsdienstes der SS.

1894/95 wurde die → *Villa »Artushof«* (**Malerstraße 18**) erbaut.

Auf seinem Besitz baute Ernst Weigelt 1898/99 auf der **Malerstraße 10** ein Wohnhaus, das er nach Fertigstellung für 30.000 Mark an Lina Marina Rückert verkaufte. 1902 veräußerte

Ortsteil Schöne Aussicht, Ansichtskarte, um 1925. Links Krügerstraße 15 und 17, rechts vorn das Wohnhaus Malerstraße 5 (1984 abgerissen für Neubau 1986) und dahinter Krügerstraße 12 (oben Handschrift von Otto Kotzsch) Slg. Otto-R. Wenzel

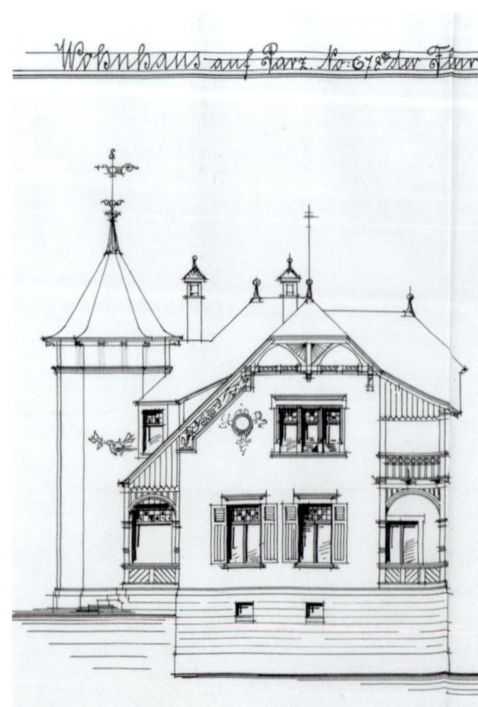

Malerstraße 10 Stadtarchiv

sie es wieder und 1912 erwarb es schließlich der Russische Staatsrat, Dirigent und Komponist Leopold von Auer (1845–1930, → *K2*), der hier kurzzeitig wohnte und das Haus danach noch einige Jahre als Sommerwohnung nutzte.

Schon 1897 hatte sich der »Verschönerungsverein Schöne Aussicht« konstituiert und sich zum Ziel gesetzt, den Bau der Schwebebahn zu befördern und den an den Ortsteil angrenzenden Rochwitzer Wald zum »Königspark« zu gestalten. Nach der Inbetriebnahme der Schwebebahn im Jahr 1901 begann im Ortsteil eine rege Bautätigkeit. Ab 1906 hatte Anna → *Fischer-Dückelmann* (→ *Ärzte*) im → *»Artushof«* (→ *Villen*) ihre naturheilkundliche Praxis. 1908 eröffnete das → ***Sanatorium Dr. Möller***, dem wenige Jahre später das bereits damals zum größten Teil auf Wachwitzer Flur gelegene → *Sanatorium »Am Königspark«* von Eugen Weidner folgte. 1913 zog die → *Denhardtsche Sprachheilanstalt* in das Haus Ulrichstraße 18.

Die beiden Architekten Oskar Menzel und Rudolf Kolbe hatten kurz vor Inbetriebnahme der Schwebebahn mehrere Flurstücke, meist ehemalige Weinberge, im Gebiet der Hermann-Vogel-Straße erworben. 1900 stellten sie den Antrag zum Bau des Hauses **Hermann-Vogel-Straße 4**. Im Jahr darauf konnte es durch Kolbe bezogen werden, der hier in den ersten Jahren auch sein Architekturbüro hatte und bis zu seinem Tod in der Villa wohnte.

Ebenfalls 1900 stellten Menzel und Kolbe den Antrag zum Bau des Hauses **Malerstraße 6**. Nach erteilter Baugenehmigung kaufte der Rechtsanwalt und spätere Justizrat Heinrich Ludolf Michaelsen das Grundstück. Er ließ 1904 kleine bauliche Veränderungen vornehmen und bewohnte es bis 1919. Der neue Eigentümer wurde der Kaufmann Max Küsel. Ab 1937 wohnte und praktizierte im Haus der → *Arzt Alfred Schöne* (1902–1966).

1900/01 entwarfen und bauten Menzel und Kolbe das Wohnhaus Malerstraße 8 für den Baurat Theodor Peters. Um 1924 kaufte es der jüdische Bankier Sally Friedheim (1876–1942, → *NS-Zeit*), der im Juni 1941 ins Dresdner »Judenhaus« musste. Noch im gleichen Jahr zog in Friedheims Loschwitzer Haus der Oberregierungsrat Dr. Wilhelm Uhlig (1891–?). Der SS-Hauptsturmführer im Oberabschnitt Elbe arbeitete ab 1933 beim sächsischen Ministerium des Inneren und ab 1937 bei der Dresdner Geheimen Staatspolizei und der Polizeiverwaltung. 1942 bekam er das Amt des Polizeipräsidenten in Plauen, das er schon ein Jahr zuvor vertretungsweise übernommen hatte. Nach dem Ende des NS-Staates setzte er sich wahrscheinlich nach Amerika ab.

1901/02 folgte für Pauline Trobisch die »Villa Bergfrieden« auf der **Hermann-Vogel-Straße 8**. Es war das letzte der gemeinsam von Menzel und Kolbe entworfenen Häuser des Ortsteils »Schöne Aussicht«. Fortan tragen die Bauzeichnungen nur noch den Namen Rudolf Kolbes.

Hermann-Vogel-Straße 4, 2014 *Foto: Siegfried Großmann*

Malerstraße 6, 2014 *Foto: Siegfried Großmann*

Hermann-Vogel-Straße 8 *Foto: Rudolf Kolbe, Slg. Gitte und Karl Heinz Unger*

Ulrichstraße 9,2014

Sierksstraße 33, 2014

Kotzschweg 30, 2014

Ludwig-Richter-Straße 12, 2014

Sierksstraße 31, 2014

Oskar Menzel, der bisher seinen Wohnsitz in Dresden hatte, baute auf seinem Loschwitzer Besitz 1903/04 für sich und seine Familie das Landhaus **Robert-Diez-Straße 10**, in dem er bis zu seinem Tode wohnte und arbeitete.

Noch vor Beginn des Ersten Weltkrieges erbaute Kolbe anstelle eines alten Hauses für den neuen Besitzer Dr. Felix Popper 1910/11 das langgestreckte eingeschossige Gebäude **Ulrichstraße 9**. Später wurde das Dachgeschoss ausgebaut und mit einem Dachhecht versehen. 1912 folgte schließlich für Georg Erich Robisch das Landhaus **Ludwig-Richter-Straße 12**. Es wurde im Februar 1945 durch Bomben beschädigt und danach vereinfacht wieder aufgebaut.

Bereits 1899 hatte der Dresdner Architekt Georg Walter das noch nicht an das Straßennetz angeschlossene Grundstück heutiger **1. Steinweg 17** für 10.000 Mark gekauft, um darauf ein neues Haus zu erbauen. Noch im gleichen Jahr stellte er dafür den Bauantrag, doch sollte es vier Jahre dauern, bevor die westlich neben der Bergstation der Schwebebahn den Elbhang dominierende Turmvilla 1904 in Gebrauch genommen werden konnte. Über einen Zwischenkäufer erwarb sie 1911 der Bautzener Fabrikbesitzer Eugen Münckner (? – 1915) als Sommerwohnung. Er zahlte für die Villa 80.000 Mark, davon allein 25.000 für die vorhandene Wohnungseinrichtung.

1902/03 errichtete Karl Hanke nach den Plänen Rudolf Kolbes die Villa **Sierksstraße 31**, mit einem großen Bleiglasfenster im bogenförmig abschließenden Mittelrisalit für den preußischen Generalmajor Kuno von Kameke (1847 – 1913).

1902 erwarb Jenny Heßling (1842 – 1908) von Oskar Reichenbach das Grundstück der heutigen **Sierksstraße 33** und ließ durch den Architekten Hermann Kickelhayn (1862 – 1935) eine Villa errichten, die Heßling im gleichen Jahr bezog. Bis zu ihrem Tod befand sich hier ein »Damenheim«. 1974 kaufte die Stadt Dresden das Grundstück, schloss den dort befindlichen → *Kindergarten* und machte aus der Villa eine Jugendherberge, die bis zum Jahr

Robert-Diez-Straße 10, 2014

1. Steinweg 17, 2014

Fotos (7): Siegfried Großmann

Malerstraße 32, 2014 *Foto: S. Großmann*

Robert-Diez-Straße, Ansichtskarte, um 1920 *Adams Kunstverlag, Slg. Bernd Beyer*

2000 bestand. Nach mehrjährigem Leerstand erwarb die V.V.K.-Unternehmensgruppe das Areal, sanierte 2006 die Villa und ließ auf dem Grundstück zwei weitere moderne Wohnhäuser bauen.

Der → *Architekt* Martin Pietzsch (1866 – 1961, → *K1*) baute außer der → *Gaststätte* **»Loschwitzhöhe«** (Umbau) in der Nähe der Gaststätte »Schöne Aussicht« 1902/03 die Villa Robert-Diez-Straße 11 und 1907/08 die Villa Robert-Diez-Straße 9, die heute Sitz der AES Immobilien Dresden GmbH ist. Ebenfalls 1907/08 baute Pietzsch für Elisabeth Thomas (1863 – 1933) die Villa **Kotzschweg 30**, die sie bis zu ihrem Tod bewohnte. 1914 ließ sie durch Karl Hanke an der Zufahrtsstraße ein »Pförtnerhaus mit Automobilschuppen« errichten, die heutige **Malerstraße 32**. Im Gartenhaus der Villa wohnte und arbeitete ab 1928 der Maler und Grafiker Kurt Scheibe (1891 – 1970, → *K2*).

1903 erwarb der Baumeister und Architekt Friedrich Wilhelm Hertzsch (1875 – 1944) die Villa »Adelaide« mit Grundstück an der damaligen Bergstraße. Er ließ das Haus abreißen und erbaute 1904/05 das ungleiche Doppelhaus **Oeserstraße 1 und 3**.

1903 kaufte der → *Zahnarzt* Freiherr Bernhard von Beust von Ernst Weigelt das Grundstück **Malerstraße 16** und ließ sich von Rudolf Kolbe ein Haus bauen, in dem er bis 1918 wohnte. In diesem Jahr erwarb und bewohnte es der Maler und Grafiker Carl Walther (1880 – 1956, → *K2*). Nahezu unverändert findet sich das 1904/05 ebenfalls durch Kolbe erbaute Haus **Ludwig-Richter-Straße 4**.

Auf der Krügerstraße, Ecke Malerstraße, errichtete 1903/04 Ernst Weigelt das Wohn- und Geschäftshaus **Krügerstraße 15**. Fortan befand

Oeserstraße 1/3, 2014 *Foto: S. Großmann*

Malerstraße 16, 2014
Foto: Siegfried Großmann

Krügerstraße 16, Hausbau. *Foto: Slg. Matthias Griebel*

Krügerstraße 15, 2014

Krügerstraße 17, 2014

Malerstraße 12, 2014

Malerstraße 21, 2014

sich hier eine → *Bäckerei*. Das Nachbarhaus **Krügerstraße 17** entwarf und baute ebenfalls Ernst Weigelt in den Jahren 1907/08. Hier befand sich ab 1908 ein Lebensmittelgeschäft (→ *Handw. u. Gew.*). Von 1912 bis 1967 wohnte in dem Haus Oberlehrer *Otto → Kotzsch* (1880 – 1967). Beide Häuser sind heute reine Wohnhäuser.

1903 baute Ernst Weigelt auf seinem Grundstück **Malerstraße 12** ein Wohnhaus nach Plänen des Dresdner → *Architekten* Fritz Reuter (1861 – 1942), der in diesen Jahren unter seinem zweiten Vornamen Paul Reuter agierte. Nach Fertigstellung verkaufte er das Haus im Januar 1904 und bereits im September erwarb es für 41.000 Mark der Fabrikbesitzer Otto Schmidt.

Heinrich Warnatz hatte 1893 neben anderen auch das Grundstück an der späteren **Malerstraße 21** erworben. Nach dessen Tod ließ seine Witwe Helene 1902/03 darauf durch Fritz Reuter ein Wohnhaus errichten. Nachdem 1908 gartenseitig durch ihn noch ein Atelieranbau errichtet worden war, bezog der Maler und Grafiker Otto Müller (1870 – 1947, → *K2*) das Haus und bewohnte es bis 1913. Von 1918 bis zu seinem Tod wohnte dann der Maler, Professor und spätere Prorektor der Akademie für Bildende Künste Hanns Hanner (1883 – 1966, → *K2*) mit seiner Ehefrau Hertha, die das Haus 1918 für 39.000 Mark gekauft hatte, hier. Heute bewohnt es der Bildhauer Peter Makolies (* 1936, → *K1*). Das Nachbargrundstück, **Malerstraße 23**, verkaufte Helene Warnatz 1904 an Bauunternehmer Ernst Weigelt, der 1904/05 nach Plänen von Fritz Reuter ein Wohnhaus baute. Josephine Wyszewska betrieb hierin bis 1913 eine Pension.

Ein Stück weiter östlich hatte 1909 Carl Witt (? – 1930), Direktor des Residenztheaters, von Helene Warnatz das Grundstück am heutigen **Kotzschweg 38** erworben und sich im gleichen Jahr darauf von Fritz Reuter ein Sommerhaus bauen lassen, das er bis etwa 1925 als solches nutzte. 1927 bis 1938 lebte hier der Bildhauer Karl Lüdecke (1896 – 1977, → *K2*).

Das Grundstück der heutigen **Sierksstraße 14**, auf dem früher »Jentschs Scheune« gestanden hatte, kaufte 1905 der Kaufmann *Peter → Dressler* (1852 – 1927). Er ließ sich von → *Architekt* Karl Emil Scherz (1860 – 1945, → *K1*) hier eine Villa bauen, die er im Jahr darauf mit seiner Familie bezog. 1936 bis 1943 wohnte nach dem Kauf des Hauses hier Gräfin Hedwig Schaffgotsch (1891 – 1943), die 1919 bis 1927 in zweiter Ehe mit dem Sänger Tino Pattiera (1890 – 1966, → *K1*) verheiratet gewesen war.

Das Grundstück **Sierksstraße 6** kaufte 1905 der aus Blasewitz kommende Dichter und Schriftsteller Otto R. Hübner (1860 – 1928, → *K2*) von Adolf Barth. Hübner ließ sich darauf das Haus Villa »Abendsonne« bauen, in das er 1906 einziehen konnte. Schon 1908 verkaufte er es an den Kammersänger Karl Burrian (1870 – 1924, → *K2*), der im gleichen Jahr auch das Eckgrundstück an der Oeserstraße von → *Baumeister* Alwin Würdig (1853 – 1930) erwarb. Auf diesem ließ Burrian einen »Automobilschuppen« und ohne Genehmigung eine

Malerstraße 23, 2014

Kotzschweg 38, 2014

Sierksstraße 14, 2014 *Fotos (7): S. Großmann*

Laube und einen Hühnerstall errichten. Aber auch Burrian wohnte nur gut zwei Jahre hier. Beide Grundstücke wurden 1912 zwangsversteigert; den Zuschlag erhielt der Vorbesitzer Hübner. Nur zwei Monate danach verkaufte er sie mit Profit weiter an Oswald Oehler (1858–1913). Dieser ließ noch im gleichen Jahr die Villa »Abendsonne« durch den → *Architekten* Paul Winkler (1864–1931, → *K2*) umbauen und vergrößern. Nach Oehlers Tod wohnte seine Witwe Minna Oehler noch bis 1918 hier. Dann verkaufte sie beide Grundstücke an den Kaufmann Emil Wolter. Von 1945 bis 1971 wohnte hier Kreuzkantor Rudolf → *Mauersberger* (1889–1971, → *K1*).

1911 baute Paul Winkler für Philippine Werner (1834–1922) ein Landhaus auf dem von ihr im gleichen Jahr gekauften Grundstück **Hermann-Vogel-Straße 14**. Ab 1935 wohnte hier bis zu seinem Tod der Bildhauer und Professor an der Akademie der Bildenden Künste August Schreitmüller (1871–1958, → *K1*). Das benachbarte Grundstück **Hermann-Vogel-Straße 16** erwarb 1913 Wilhelm Henkel (1862–1938). Im Jahr darauf konnte er die den Elbhang dominierende Jugendstil-Villa mit Turm beziehen. Erbaut hatte sie das Architekturbüro Rose & Röhle mit den beiden Architekten Max Rose (1862–1922) und Oskar Röhle. In der Villa wohnte 1922 bis 1930 Kammersänger Curt Taucher (1885–1954, → *K2*). Das gleiche Architekturbüro baute 1910/11 für den Fabrikanten Otto Busch ein Landhaus auf dem durch ihn von Oskar Reichenbach für 14.000 Mark gekauften Grundstück **Alpenstraße 14**. Um 1932 ging das Areal an Elisabeth Müting.

Haus Sierksstraße 16 mit Familie Wortmann, um 1907 *Foto: Slg. Matthias Griebel*

Der Kaufmann August Marquardt kaufte 1910 für 20.000 Mark das Grundstück **Ludwig-Richter-Straße 10** und ließ sich darauf von dem Dresdner Architekten Gustav Baumgärtel ein Landhaus mit einem großen Jugendstil-Fenster an der Fassade errichten, das er 1911 bezog.

1910 erwarb Karl Höhne, Gastwirt der Dresdner Bärenschänke, von Helene Warnatz das Grundstück der späteren **Malerstraße 28**. Der → *Architekt* Theodor Richter (1867–?, → *K2*) baute ihm ein Landhaus, das Höhne bis 1915 als Sommersitz nutzte. 1918 verkaufte er es an den Kaufmann Arthur Liebscher und dieser um 1930 an den → *Arzt* Richard Pforte (1877–1947), der es bis zu seinem Tod bewohnte.

Von Ernst Weigelt kaufte 1911 der Tabakfabrikant Horst Apfelstädt (1876–1953) das Grundstück **Malerstraße 12b** und ließ sich von Friedrich Wilhelm Hertzsch ein Haus bauen, das er ab 1912 bewohnte.

Von Oskar Reichenbach kaufte 1912 der Chemiker Dr. Emil Mitteis (1855–1945) das Grundstück der späteren **Tiedgestraße 4** und ließ sich von den in der Blasewitzer Architektengemeinschaft Luther & Scholz zusammenge-

Hermann-Vogel-Straße 14, 2014

Malerstraße 28, 2014

Alpenstraße 14, 2014

Ludwig-Richter-Straße 10, 2014

Tiedgestraße 4, 2014 *Fotos (5): S. Großmann*

Krügerstraße 30/32, 2014

Hermann-Vogel-Straße 10, 2014

Malerstraße 24, 2014 *Fotos (5): S. Großmann*

schlossenen Architekten Paul Luther und Hermann Scholz ein Haus errichten, das er ein Jahr darauf beziehen konnte.

Eines der letzten Häuser vor dem Ausbruch des Ersten Weltkriegs war das »Arbeitergruppenwohnhaus« **Krügerstraße 30/32**. Für nur 3.500 Mark verkaufte Anna Magdalene Eichler (1859 – 1929, → *Bauerngüter*) die beiden abgetrennten Grundstücke 1912 an die beiden Gemeindearbeiter Emil Ewald (1873 – 1947) und Hans Thies (1880 – 1964). Die Ausführung des Baues lag in den Händen von Karl Hanke. Zu Heiligabend des Jahres wurde die Ingebrauchnahme des Hauses gestattet.

Auch das Straßennetz wurde nach dem Bau der Schwebebahn ausgebaut, jedoch glücklicherweise nicht alles Geplante umgesetzt. So sollte die »Plan-Straße O« von der Sierksstraße zum Karl-Schmidt-Weg führen und in die Ulrichstraße münden. Für den 1. Steinweg war eine Verlängerung als »Ziegengrundstraße« bis kurz vor dem Ziegengrundweg geplant. 1913 entwarf der Rochwitzer → *Baumeister und Architekt* Paul Marcus (1872 – 1943, → *K2*) ein Brückenprojekt, das → *Oberloschwitz* und das zu Rochwitz gehörende »Kamerun« über die Grundstraße hinweg miteinander verbinden sollte (→ *Projekte, nicht verwirklichte*). Der Erste Weltkrieg ließ diese Projekte sterben.

Eines der ganz wenigen in Kriegsjahren erbauten Häuser im OT ist das von Martin Pietzsch für Richard Booch 1915 auf der **Malerstraße 7** erbaute Einfamilienhaus.

Erst um 1930 setzte erneut eine Bautätigkeit ein, die allerdings hinter der vor dem Ersten Weltkrieg zurückblieb. Auch der Baustil hatte sich geändert und war einer neuen Sachlichkeit gewichen. Bereits 1927 errichtete Rudolf Kolbe für den Chemiker Dr. Karl Graefe auf der **Hermann-Vogel-Straße 10** ein zweistöckiges Haus mit ausgewogenen Proportionen, das von Familie Graefe noch heute bewohnt wird. Der gleiche Architekt errichtete 1931 für den Kaufmann Robert Lötzbeier, ebenfalls in schlichten Formen, das Haus **Ludwig-Richter-Straße 16**. 1936 folgte von Kolbe das Haus **Robert-Diez-Straße 10b** für Oskar Kaiser, der es jedoch bereits während der Bauzeit an Egon Barocka weiterverkaufte. Genannt sei noch das Landhaus **Malerstraße 24**, das 1935 der Leipziger Architekt Alfred Liebig (1878 – 1952) für den Ingenieur Paul Causemann entwarf, der es noch im gleichen Jahr beziehen konnte.

Erwähnt sei noch das kleine, um 1938 als »Milchhalle« errichtete Gebäude des Pappritzer Milchhändlers Karl Brockelt auf der **Krügerstraße 12b**, das von seiner Ehefrau Hedwig bewirtschaftet wurde. Das kleine Gebäude dient heute als Wohnhaus. In dieser Zeit setzte sich zunehmend leider die Bezeichnung »Oberloschwitz« für den OT Schöne Aussicht durch, was vermutlich seine Ursache in der Eingemeindung des OT Oberloschwitz in die Ev.-Luth. Kirchgemeinde Weißer Hirsch hatte.

Ludwig-Richter-Straße 16, dahinter Kotzschweg 30, 2014

Robert-Diez-Straße 10b, 2014

Der Zweite Weltkrieg beendete die Bauphase. Nach den Bombardements im Februar 1945 mussten entstandene Schäden (→ *Kriegsereignisse*) beseitigt werden. 1957 beantragte der → *Baumeister und Architekt* Karlheinz Walther (1907 – 1989), auf dem Grundstück Sierksstraße 1 ein Eigenheim für sich bauen zu dürfen. Dies gestaltete sich jedoch sehr schwierig, da der Entwurf nicht behördlichen Vorgaben entsprach. Walther veränderte den Entwurf zu einem von außen nicht erkennbaren Doppelhaus. Als zweiten Bauherrn nahm er den Nahrungsmittelchemiker und Apotheker Dr. Otto Seiderer, der das unbebaute Grundstück 1. Steinweg 13 besaß, mit ins Boot. 1958 erfolgte die Genehmigung zum Bau des vom »Typenprojekt« abweichenden Zweifamilienhauses. Nach weiteren Schwierigkeiten erfolgte schließlich 1959 die Bauabnahme und das an exponierter Stelle des Elbhanges gelegene Haus konnte bezogen werden. Leider hatte das Landesamt für Denkmalpflege das Haus nicht unter Schutz gestellt, sodass es Ende 2008 abgerissen werden durfte. Dafür entstand ein sachlicher, jedoch überdimensionierter Neubau. Das westlich des Gebäudes liegende kleine Gartenhaus blieb glücklicherweise erhalten. Es war 1892/93 an der Stelle einer weiteren »Jentschs Scheune« von dem Wachwitzer Baumeister Karl Kühn (1820 – 1905) für den neuen Grundstücksbesitzer Johannes Kühn erbaut worden. Es wurde wegen seines kleinen Dachreiters auch »die Kirche« genannt.

Der → *Arzt* und Komponist Franz Curti (1854 – 1898, → *K1*) bekam 1890 von seinem Schwiegervater *Friedrich von* → *Boetticher*

(1826–1902) Grundstück und Haus **Franz-Curti-Straße 1**. 1907 kauften es die beiden Malerinnen Martha Endell (1855–1929, → *K2*) und Hedwig Endell (1859–1937, → *K2*). Nach dem Tod der Letzteren erwarb es 1937 Margarethe Nier (1908–1994), die Ehefrau des 1927 promovierten und seit 1931 freiberuflich tätigen Dr.-Ing. Martin Nier (1901–1971). Bis 1945 wurde es ausschließlich als Wohnhaus genutzt. Nach der Zerstörung der Dresdner Werkstatträume Niers durch Bomben im Februar 1945 boten die Kellerräume des Loschwitzer Wohnhauses Platz für die provisorische Unterbringung seines Labors. Martin Niers Idee »war die Vorstellung, im Innenraum von Verbrennungsmotoren Druckmessungen vornehmen zu können. Dazu bot sich die bis heute verwendete Piezomesstechnik an. Sie gestattet Aussagen über Druckverläufe in geschlossenen Räumen bei Explosions-Temperaturen.«[1] Aufgrund der Nachfrage nach dieser Technik reiften Pläne für einen Neubau auf dem schon vor 1945 gekauften Nachbargrundstück **Krügerstraße 22**. Deshalb wurde das ehemalige »Krügerhäuschen« 1956 abgerissen und nach Plänen des Architekten Heinz Poppe im Herbst mit einem Neubau begonnen. 1958 konnte das neue zweiflügelige Laborgebäude mit integrierter Einliegerwohnung von den etwa 15 Mitarbeitern bezogen werden. 1957 hatte es straßenseitig ein Sgraffito zur Erinnerung an den »Münzkrüger« erhalten. Nach einer Zeichnung Ludwig Richters schuf es der Maler und Grafiker Hans Peter Möller-Uetersen (1892–1977, → *K2*). Martin Nier war neben seiner unternehmerischen Tätigkeit 1957 bis 1966 außerordentlicher Professor für Elektrische Messtechnik an der TH, ab 1961 TU Dresden. Nach seinem Tod übernahm die Leitung des Labors sein Sohn Ekkehart Nier. 1980 bis 1982 entstand nach Plänen des Architekten Horst Witter auf dem Nachbargrundstück **Krügerstraße 20** das Wohnhaus für den Sohn Michael Nier. 1984 führten wirtschaftliche und politische Probleme zum Verkauf des Betriebes. In den folgenden Jahren verließen die hier noch wohnenden Niers nacheinander die DDR. Das Haus Krügerstraße 20 erhielt, ebenfalls projektiert von Horst Witter, 1988/89 noch einen Anbau für den Pianisten *Peter → Rösel* (* 1945, → *K1*). Nach Rückkehr und Rückübertragung des Hauses wohnt im Haus jetzt wieder Michael Nier mit seiner Familie. Als 1995 das »Fraunhofer-Institut für Zerstörungsfreie Prüfverfahren IZFP« in der Krügerstraße 22 seine Arbeit begann, erhielt das Haus noch einen mit dem ehemaligen Laborgebäude verbundenen Erweiterungsbau.

Der an der TU Dresden am Lehrstuhl für Entwerfen von Hochbauten und Gebäudelehre tätige Professor Rolf Göpfert (1903–1994, → *K2*), der als Architekt gleichzeitig Leiter des dortigen gleichnamigen Instituts war, baute für sich 1963 bis 1965 seinen »Alterswohnsitz« auf dem an der Grenze zu Rochwitz gelegenen und noch unbebauten Grundstück **Krügerstraße 39**. Die bis heute in seiner Grundstruktur erhaltene Gartengestaltung übernahm sein Kollege, der Landschaftsarchitekt Werner Bauch (1902–1983, → *K2*). Das 2002 unter Denkmalschutz gestellte Gebäude mit Gartenanlage kann zu den bedeutendsten Privatbauten aus dieser Zeit in der DDR gezählt werden. Heute soll der Garten »neben der privaten Nutzung in erster Linie ein Ateliergarten sein und durch die reduzierte Farbigkeit der Pflanzen und der Materialien einen Wirkungsraum für die farbenfrohen Kunstobjekte [des Popartkünstlers] Markus[s] Göpfert bilden.«[2]

Krügerstraße 39, 2011 *Foto: Brücke-Osteuropa*

Der Architekt Horst → *Witter* (* 1937, → *K1*) baute sich ab 1982 sein »Haus am Hang« **Oeserstraße 3a**, das er 1985 beziehen konnte. »An der Südseite, wo der Ausblick am schönsten ist, lassen große Fensterflächen das Naturschauspiel der Landschaft ins Innere des Hauses einwirken. Im Gegensatz dazu ist die Nordseite zum Straßenraum mit einer massiven Wandfläche abgeschlossen und nur durch wenige, schmale Fensteröffnungen durchbrochen.«[3] Das sich ebenfalls in den Naturraum einfügende Nachbarhaus **Oeserstraße 3b** projektierte der → *Architekt* Siegbert Langner von Hatzfeldt, es konnte 2008 bezogen werden.

Am **1. Steinweg 19** liegt auf einem etwa 10.000 m² großen Grundstück heute die Villa »Via Lapis« mit drei luxuriösen Appartements, Veranstaltungsraum, Poolhaus und Außenpool. Das gesamte Areal wurde nach 2002 neu errichtet. 1935/36 hatte sich hier der Baumeister und Architekt Paul Döhler (1876–1954) ein Landhaus erbaut. Nach seinem Tod diente es viele Jahre als Gästehaus der → *Staatssicherheit*. Die Treuhandliegenschaftsgesellschaft verkaufte es 2002 an einen privaten Investor.

Otto-R. Wenzel

Zitate:
1 *Nier, Michael; Brief an den Verfasser, 12. 03. 2014*
2 *Gläser, Nora; Ein Garten der 1960er Jahre in Dresden-Loschwitz; in: www.tud-architekturpreis.de*
3 *Witter, Horst; Architektur Bauten & Projekte, Dresden [2007]*
Quellen: 39, 188, 378, 407, 409, 448, 493, 497, 639, 640, 723, 725, 726, 805, 824, 884, 918, 1000, 107, 1121, 1155, 1246

Johann Friedrich Hoff?, Münzkrügers Haus *Archiv Kirchgemeinde Loschwitz*

Simmigscher Ortsteil, um 1933 *Foto: SLUB Dresden/Deutsche Fotothek, Walter Hahn*

Simmigscher Ortsteil

Das Areal des ehemaligen Simmigschen Ortsteils wird heute umgrenzt von der westlichen Gemarkungslinie zu Dresden-Neustadt mit den Grundstücken Bautzner Straße 112 und Angelikastraße 2 bis 14, im Norden der Heideparkstraße, Fischhausstraße 15 und Wilhelminenstraße, im Osten der Brockhausstraße und im Süden dem Körnerweg.

Der Ortsteil gliedert sich strukturell in drei Teilgebiete:

- das »Simmigsche Baugebiet« zwischen Bautzner Straße, Fischhausstraße und Wilhelminenstraße an der Dresdner Heide,
- das südlich der Bautzner Straße gelegene Villen- und Gewerbegebiet zwischen Bautzner Straße 112 und der Brockhausstraße,
- das Gebiet zwischen Angelikastraße und Fischhaustraße.

Das Simmigsche Baugebiet

Hervorgegangen ist das Grundstück als Flur 880 aus einem Waldstück des → *Fischhäuser Forstreviers*. Kern der Anlage waren ein um 1864 erbautes Wohnhaus und die im Jahr danach errichtete Schneide- und Knochenmühle. Eigentümer war der Bauherr, Dampfmühlenbesitzer und Holzhändler Karl Adolph Simmig (1829 – 1899). Sein Wohnhaus Bautzner Straße 183 ist noch heute fast original erhalten. Die **Dampfmühle** in der Wilhelminenstraße 9 wurde 1882 zu einem Wohnhaus umgebaut. Ab 1880 unterhielt Simmig außer seinem Wohnhaus ein sogenanntes »Absteigequartier« in der heutigen Bautzner Straße 48 in Dresden-Neustadt, dessen rückwärtiges Grundstück die Restauration »Zur Stillen Musik« auf der Holzhofgasse war.

Um den Kern der Simmigschen Anlage herum wurde eine Parzellierung zwecks Wohnbau, die mit dem Umbau der Schneidemühle für Wohnzwecke 1882 einherging, vorgenommen. Aus Dokumenten geht hervor, dass sich Simmig 1883 gegen die Zuordnung seiner Grundstücke in den Gemeindeverband Loschwitz zur Wehr setzte. Im Zeitraum von 1884 bis 1909 wurden jene Parzellen Simmigs verkauft und bebaut. Es begann mit dem Haus Wilhelminenstraße 2 und endete mit der Bautzner Straße 185.

In einem Gesuch an den Gemeinderat Loschwitz vom September 1893 stellte Simmig den Antrag, die neu errichtete und bereits ab Januar 1890 dem öffentlichen Verkehr übergebene Straße auf seinem Grundstück – wohl im Andenken an seine verstorbene Ehefrau Wilhelmine – »Wilhelminenstraße« nennen zu dürfen. Der Gemeinderat stimmte dem im November 1893 zu. Vom Simmigschen Baugebiet wurde bis etwa 1920 als Simmigscher Ortsteil gesprochen.

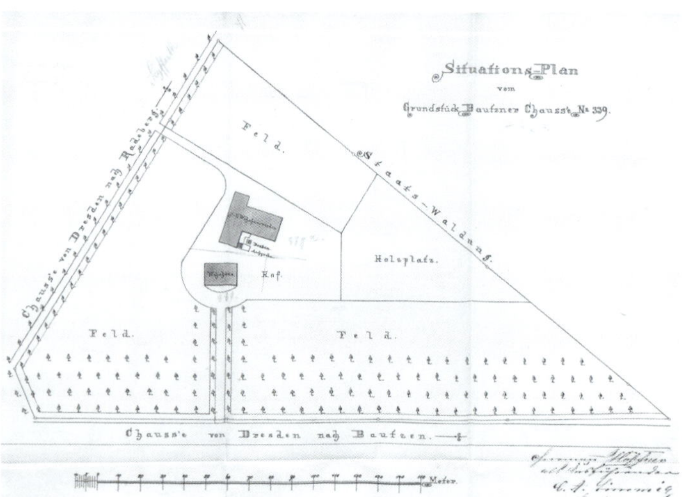

Wilhelminenstraße 9, Lageplan aus dem Bauantrag zum Umbau der Schneidemühle in ein Wohnhaus, 1882 *Stadtarchiv*

Carl August Richter/Ludwig Richter, »Vom Meisenberge an der Bauzner Straße nach der sächs. Schweiz« aus »30 Mahlerische An- und Aussichten von Dresden«, 1820, Radierung *Slg. Otto-R. Wenzel*

Wilhelminenstraße 8, 2011 Foto: S. Großmann

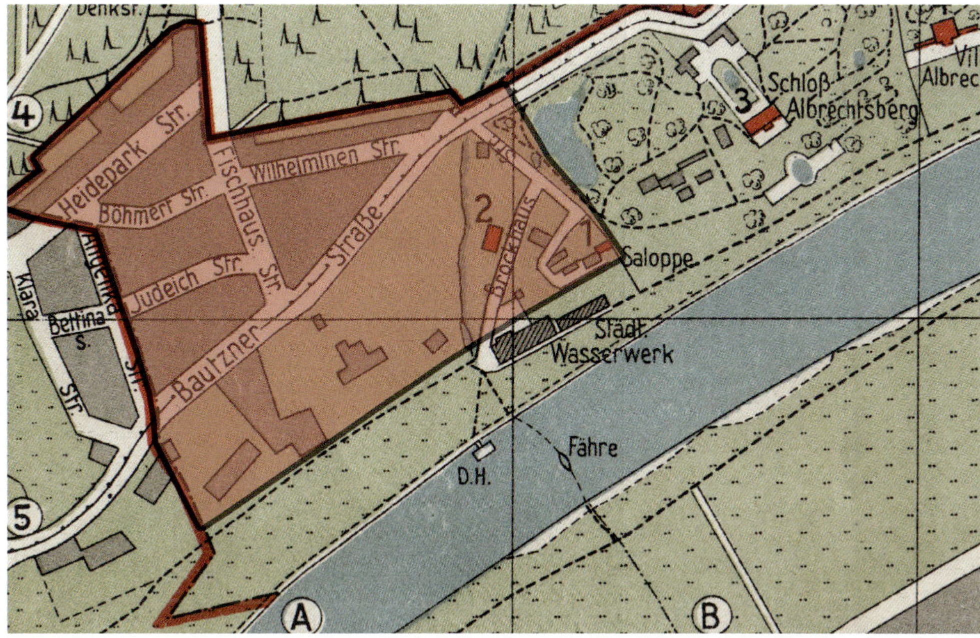

Gebiet des »Simmigschen Ortsteils«: Ihn begrenzen Angelikastraße, die Heideparkstraße, Wilhelminenstraße, Brockhausstraße und Körnerweg

Das südlich der Bautzner Straße gelegene Villen- und Gewerbegebiet

Das Gebiet zwischen Stadtgrenze und Brockhausstraße war um 1800 in drei Flurstücke untergliedert, die in der Folge mehrfach geändert und zusammengeführt wurden. Das östlichste ist das Grundstück der → *Villa Brockhaus*.

1805 erweiterte der sächsische Minister Graf Camillo Marcolini (1739 – 1814) seinen Besitz vom Marcolinischen Vorwerk ostwärts bis zu einem »Platz an der Bautzner Straße zwischen der Königlichen Heide und den Holzplantagen.«[1] In der Folge war Henriette von Jordan, die Ehefrau des Staatsministers, Geheimrats und späteren Gesandten des Königlich-Preußischen Hofes in Dresden Johann Ludwig von Jordan (1773 – 1848), ab 1833 Eigentümerin des westlichen Grundstücks **Bautzner Straße 112**, auf dem sich bereits ein Wohnhaus befand.

1848 kaufte Heinrich Gerstkamp (1802 – 1866), Besitzer des Hotels de Saxe am Dresdner Neumarkt, das Grundstück von Oberhofmarschall Carl von Reitzenstein, der es 1844 von Jordan erworben hatte. 1865 gab es auf dem Areal neben der Villa »Gerstkamp« zwei Gewächshäuser und drei kleinen Schuppen sowie eine große Parkanlage mit einem kleinen Teich an der Straße nach Bautzen. Nach Gerstkamps Tod ging der Besitz an den Geheimen Regierungsrat Theodor von Haugk, der die Villa um 1874 erneut umbauen ließ. Dessen Witwe und Kinder verkauften den Besitz 1881 an Jean Scherbel (1842 – 1894). Der jüdische Kaufmann stammte aus Polnisch-Lissa (Leszno) bei Posen (Poznań/Polen) und besaß in der Dresdner Serrestraße eine »Photographie-Rahmen und Album-Fabrik«. Bereits 1881 stellte er für sein neu erworbenes Grundstück einen Antrag zum Bau einer weiteren Fabrik. Schon ab Januar 1883 konnte die Produktion in der späteren → *Kartonagen-Fabrik* (→ *Industrie*) aufgenommen werden. Nach dem Tod Scherbels wurde das Grundstück parzelliert und der östliche Teil mit der Fabrik 1895 verkauft. Den verbliebenen westlichen Teil mit der Villa »Hedwig« verkaufte die Witwe Hedwig Scherbel (1852 – 1932) danach an Ernst Grumbt (1840 – 1917).

Ernst Grumbt war Kaufmann und besaß in Dresden eine Holz- und Sandsteinhandlung sowie ein Dampfsäge- und Hobelwerk. Weitere Dampfsägewerke hatte er in Schluckenau (Šluknov/Tschechien) und in Sohland an der Spree. Er war Besitzer mehrerer sächsischer Steinbrüche. Als Millionär gehörte er zu den reichsten Männern Sachsens. Von 1887 bis 1893 war Grumbt für die Freikonservative Partei (Deutsche Reichspartei) Mitglied des Deutschen Reichstages und danach für den Konservativen Landesverein Abgeordneter im Sächsischen Landtag. Er war Mitglied zahlreicher Vereine, Vorsitzender des Vereins Sächsischer Holzindustrieller und Aufsichtsrat der Dresdner Bank für Grundbesitz. 1889 gehörte er zu den Kapitalgebern bei der Gründung der AG »Deutsche Straßenbahn-Gesellschaft in Dresden«. 1888 ließ sich Grumbt am heutigen Alexander-Puschkin-Platz in Dresden eine Villa errichten, die er bis zum Umzug nach Loschwitz bewohnte. Diese Villa diente von 1949 bis 1989 als Kulturhaus der Deutsch-Sowjetischen Freundschaft und wurde bekannt als »Puschkinhaus«.

Blick vom anderen Elbufer auf die Villen Bautzner Straße 112 bis 122, um 1920
Foto: SLUB Dresden/Deutsche Fotothek

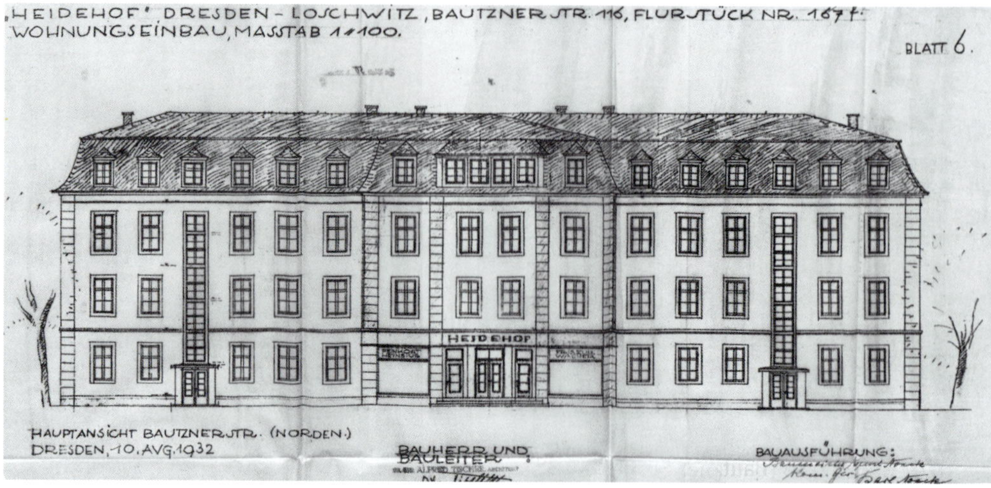

Bautzner Straße 116, »Heidehof«, 1932, Vorderansicht *Stadtarchiv*

Auf seinem in Loschwitz neu erworbenen Grundstück ließ Grumbt 1899 die Villa »Hedwig« durch den → *Baumeister und Architekten* Carl Schümichen (1863–1933) auf dem alten Grundriss mit einem über 40 m hohen Turm völlig neu errichten. Die repräsentative Villa »Grumbt« blieb bis 1923 in der Hand der Erben, die sie an den Fabrikanten Robert Burgmann verkauften. Nach dessen Tod wohnte hier von 1933 bis 1937 der gelernte Kaufmann Ernst Zörner (1895–1945). Er gehörte seit 1925 der NSDAP an und war von August 1933 bis zu seiner Beurlaubung im Juni 1937 Oberbürgermeister von Dresden. Bei den Luftangriffen am 13./14. Februar 1945 brannte die Villa vollständig aus.

Später war das Grundstück Teil der Bezirksverwaltung des Ministeriums für → *Staatssicherheit*. Nach deren Auflösung wurde der dort befindliche Plattenbau teilweise abgerissen und 2010/11 eine neue Wohnvilla errichtet.

Auf den nach der um 1895 erfolgten Teilung des Grundstücks abgetrennten Fluren stand die erwähnte Kartonagen-Fabrik **Bautzner Straße 116**, die 1932 zum Wohnhaus »Heidehof« umgebaut wurde. Die von Lossow & Kühne entworfene Villa **Bautzner Straße 114** (heute Ärztehaus) für den Fabrikanten Gerhard Madaus (→ *Ärzte*) kam 1934 zur Ausführung.

Das sich östlich der Bautzner Straße 112 bis 116 bis zur Grundstücksgrenze der → *Villa Brockhaus* anschließende Grundstück **(heute Bautzner Straße 118 bis 122)** kaufte 1802 der Oberjagdkommissar Christian August Michaelis, der hier eine Holzsaat- und Pflanzschule anlegen wollte. 1817 folgten der Kaufmann und Fährmann Friedrich Wilhelm Schaff und der Stadtrichter Friedrich Christian Tittmann als Eigentümer. 1827 erwarb es der Bankier George Heinrich Meusel, ein Schulfreund des späteren Nachbarn Heinrich Brockhaus (1804–1874), und vergrößerte es 1832 durch den Zukauf des »Wächterhauses vor dem Schwarzen Tor«. In dieser Zeit gab es auf dem Areal schon eine große Villa mit mehreren kleineren Nebengebäuden. Das Grundstück verblieb bis 1889 im Besitz der Familie Meusel. 1889 erwarben der Kaufmann Eduard Müller den östlichen Teil mit der **Villa »Meusel« (Bautzner Straße 122)**, der Fabrikbesitzer Paul Scheibe den mittleren Teil (Bautzner Straße 120) und 1890 der Fabrikbesitzer Friedrich Hermann Schäde den westlichen Teil (Bautzner Straße 118).

Die Villa Meusel (Bautzner Straße 122) ließ Eduard Müller aus Halle 1889 durch den → *Baumeister und Architekten* August Rönitz, assoziiert mit dem Büro Carl & A. Rönitz, verändern und an der Ostseite mit einem Turmerker versehen. Der nächste Besitzer war der Chemiker und Unternehmer Alwin Nieske (1853–1914), der es 1896 von den Erben Müllers erwarb. Er besaß in Dresden und Alt-Herzberg chemische Fabriken und gab seiner Loschwitzer Villa den Namen »Bella Vista«. Seine Witwe verkaufte diese 1824 an den Fabrikbesitzer Louis Bahner, der in Oberlungwitz die Strumpffabrik ELBEO gegründet hatte, die sich unter der Leitung seiner Söhne bis 1945 zur größten ihrer Art in Deutschland entwickelte. Er ließ die Loschwitzer Villa nochmals verändern und in das Nebengebäude Wohnungen einbauen. Nach 1945 gehörte die Villa ebenfalls zum Gelände der Staatssicherheit. Unter deren Regie entstanden in den 1970er Jahren nordöstlich, auf den zum Teil enteigneten Liegenschaften der Bautzner Straße 122 und Brockhausstraße 2, zwei versetzte Häuserzeilen in

Bautzner Straße 118, 2015

Bautzner Straße 122e, 2015

Bautzner Straße 120, 2015 *Fotos (3): Siegfried Großmann*

Bautzner Straße 114, 2015
Foto: Siegfried Großmann

»WBS 70«-Bauweise (Bautzner Straße 124 und 126). In den letzten Jahren wurde die unterdessen wieder privatisierte Villa denkmalgerecht saniert.

Einen vom ehemaligen Meuselschen Besitz abgetrennten Teil des Grundstücks kaufte 1889 der Fabrikbesitzer Paul Scheibe aus Gera **(Bautzner Straße 120)**. 1893 bis 1895 ließ er hier durch den Architekten Heinrich Schubert eine zweigeschossige Villa mit einem überkuppelten Mittelrisalit an der Elbseite sowie ein Wirtschaftsgebäude errichten. Seine Erben verkauften diesen Teil 1930 an den Dresdner Buchhändler Gustav Ewald Seidel. Auch dieses Grundstück gehörte später zum Areal der Staatssicherheit. Bevor es soweit war, bekamen der Eigentümer und dessen Familie nach überlieferten Informationen die Macht der Staatssicherheit zu spüren. Im Familienbesitz befanden sich Jagdwaffen. Nach dem Verbot von Waffen aller Art und der Präsenz von Wachposten an der westlichen Grundstücksgrenze hatte man versucht, die unterdessen im Park vergrabenen Jagdgewehre vor dem Zugriff des Ministeriums

Das ehemalige Chausseehaus, 1906, Ansichtskarte *Foto: Slg. Matthias Griebel*

Nachdem bereits 1785 an der Einmündung der Radeberger in die Bautzner Straße in Dresden-Neustadt ein Chaussee-Einnehmerhaus gebaut worden war, folgte 1810 ein weiteres an der »Budissiner Straße oberhalb des Meisenberges«. Mit dem Bau wollte Graf Marcolini, der seinen Besitz landwärts bis 1805 erheblich erweitern konnte und 1790 das »Waldschlößchen« bauen ließ, die Einnahmen für die Fahrstrecken nach Radeberg und Bautzen sichern. Der erste »Chausseewärter« war Gottlieb Menzel. Er war zuständig für die Strecke vom zwischen dem Waldschlößchen und seinem Einnehmerhaus liegenden Meisenberg und der → *Mordgrundbrücke*. Seine Aufgabe war es, die Straße in diesem Bereich zu warten und den durchfahrenden Fuhrleuten das dafür notwendige »Chausseegeld« – eine Art Straßenbenutzungsgebühr – abzunehmen. Nachdem Ende 1885 die Zahlungspflicht abgeschafft worden war, kaufte 1886 die Stadt Dresden das Grundstück mit dem Chausseehaus für 10.500 Mark. Als Wohnhaus bestand es noch weitere Jahre, bis es im November 1910 wegen einer Straßenverbreiterung abgebrochen wurde. Damit war ein Bauwerk verlorengegangen, das »sich bei aller Einfachheit als ein wirkungsvolles Beispiel der Kunstweise des beginnenden 19. Jahrhunderts [darstellte], welche mit den knappsten Mitteln einen Anklang antiker Schönheit erreicht.«[3]

Bautzner/Ecke Wilhelminenstraße, Ansichtskarte *Slg. Otto-R. Wenzel*

Gleisbau auf der Bautzner Straße: Begradigung zwischen Fischhaus- und Wilhelminenstraße, vermutlich um 1930. Archiv DVB AG

Gedenkstätte im ehemaligen Gebäude der Bezirksverwaltung Dresden des Ministeriums für Staatssicherheit, 2015 Foto: S. Großmann

für Staatssicherheit (MfS) verschwinden zu lassen. Offenbar wurde diese Aktion bemerkt und der Eigentümer daraufhin verhaftet. Er wurde zum ehemaligen Königlichen Militär-Festungsgefängnis auf der Königsbrücker Straße 125 verbracht, wo er dann verstarb. Hausherr dieser Liegenschaft war seit etwa 1950 das MfS. Nach 1990 erfolgte eine denkmalgerechte Sanierung der Villa. An der Bautzner Straße entstanden etwa zeitgleich zwei viergeschossige Wohn-Neubauten.

Den anderen abgetrennten Teil des Grundstücks, einen »Weinberg mit Park«, erwarb 1890 der Fabrikbesitzer Hermann Schäde (1831–1900) aus Zeitz. Er ließ sich durch den Berliner Regierungsbaumeister Carl Gérard (1848–1912) eine Villa bauen, die 1892 bezogen werden konnte. Drei Jahre nach Schädes Tod erhielt eine neue Straße in Loschwitz seinen Namen. Bereits 1901 hatte der Kaufmann Robert Eisenreich das Schädesche Grundstück gekauft. Noch im gleichen Jahr erfolgten kleinere Um- und Erweiterungsbauten an Villa und Nebengebäuden durch den → *Baumeister und Architekten* Bruno Seitler (1851–1925). Die Villa erhielt jetzt den Namen Villa »Margarethe«. Einen umfangreichen Umbau der Villa veranlasste der übernächste Besitzer, Fabrikdirektor Dr. Arthur R. Sadofsky (1891–1955), der das Grundstück 1928 gekauft hatte. Der Architekt Arthur Bohlig

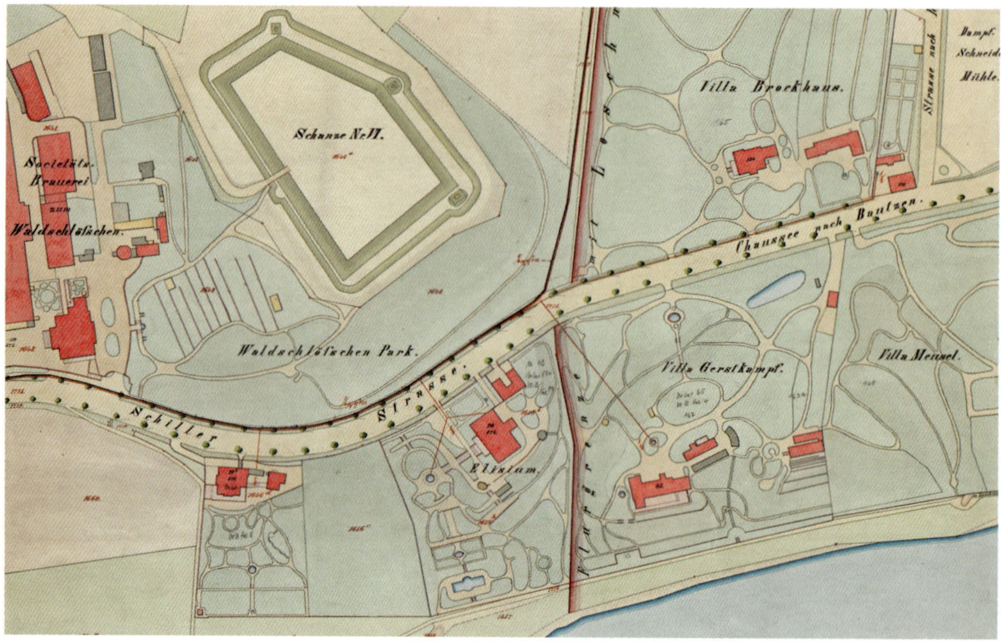

Messtischblatt der Stadt Dresden Neustadt/Loschwitz 1869, Blatt 107 Stadtarchiv

(1879–1975) führte den Umbau aus und entfernte auch die große Haube des Turmes. Ab 1932 wurde das Erdgeschoss gewerblich von der »Texages Handelsgesellschaft für Textilerzeugnisse mbH« genutzt. Sadofsky war 1923 in die Dresdner Gardinen-und Spitzenmanufaktur AG eingetreten. 1948 ging er nach dem Westen und gründete 1950 in Trier die Deutsche Bobinet GmbH, womit er erstmalig »die bis dahin nur im Osten vorhandene Tüllgardinenherstellung auf sogenannten Bobinetwebmaschinen und mit ihr die Tradition der großen Bobinetwebereien Mitteldeutschlands in den Westen«[2] brachte. Seine Loschwitzer Villa wurde später ebenfalls Teil des Areals der Staatssicherheit. Die Villa wartet bis jetzt auf ihre Sanierung.

Gebiet zwischen der Angelika- und Fischhausstraße

Die beiden ältesten Häuser auf dem Gebiet zwischen Angelikastraße und Fischhausstraße waren das Grundstück Judeich mit der **Villa »Brockhaus«** und links an der Einmündung der heutigen Fischhausstraße zur Bautzner Straße das **Chausseehaus**. Die nördlich am Rand der Dresdner Heide gelegenen Wasser-Hochbehälter und das Fischhaus (→ *Gaststätten*) liegen außerhalb des Simmigschen Ortsteils und gehörten zum → *Fischhäuser Forstrevier*.

Das zweitälteste Gebäude im vorgenannten späteren Baugebiet war die Villa »Brockhaus« – nicht zu verwechseln mit der → *Villa »Brockhaus«* auf der Brockhausstraße. Tatsache ist, dass Heinrich Brockhaus offenbar schon vor 1862 Eigentümer der Liegenschaft war. 1862 bekundete er, für seinen Schwiegersohn, den Kreissteuerrat Albert Judeich (1814–1864), ein Wohnhaus (heute **Bautzner Straße 175**) bauen zu wollen. Das Grundstück umfasste etwa das Areal zwischen heutiger Bautzner Straße, Fischhausstraße, Böhmertstraße und Angelikastraße. Eine Karte von 1865 zeigt im Grundstück auch

Villa »Brockhaus«, Bautzner Straße 175, Zeichnung von Lehmann und Stock Stadtarchiv

Fischhausstraße 7–11, Gesamtansicht von Stephan und Möbius Stadtarchiv

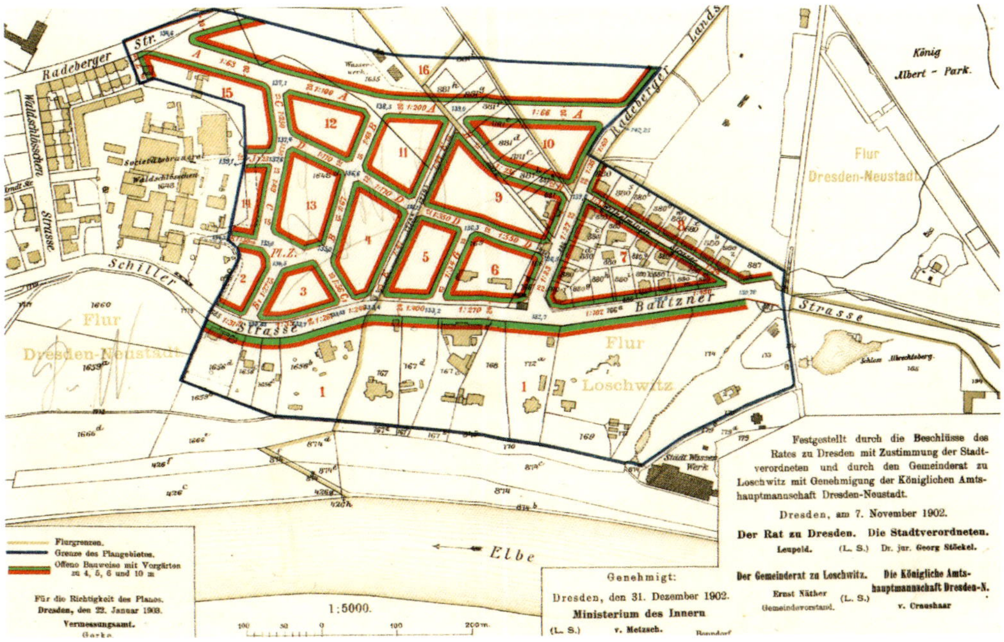

Bebauungsplan für die Fläche zwischen Waldschlößchen und König-Albert-Park, 1902 Stadtarchiv

Villa Judeichstraße 2, 2015
Foto: Siegfried Großmann

eine Parklandschaft, die auf die Anlage eines Englischen Gartens durch Marcolini zurückgehen könnte, sowie östlich des Wohnhauses ein größeres Nebengebäude (heute **Bautzner Straße 177**). Von 1862 bis etwa 1923 war Familie Judeich Eigentümer des Grundstücks.

Vor dem ersten großen Bauboom in diesem Gebiet gab es bereits zwei weitere Häuser. Das eine war das 1874 für den Straßenwärter Karl August Wendsche erbaute und heute nicht mehr vorhandene kleine Wohnhaus Fischhausstraße 3. Das andere war die 1878 fertiggestellte → *Gaststätte* »Haideschlößchen«, **Fischhausstraße 5**. Das nach Norden an die vorhandenen vier Häuser sich anschließende Gebiet im Bereich der heutigen Böhmertstraße und Heideparkstraße war bewaldet und gehörte zum → *Fischhäuser Forstrevier*.

Um 1890 begann der Ankauf der unterdessen in großen Teilen parzellierten Fläche. Der aus Menningen kommende und in Dresden wohnende Architekt Albert Kornmaul kaufte fast alle Grundstücke. Er hatte sich dabei aber wohl übernommen, denn durch Zwangsversteigerungen und Zwischenhändler erwarb sie schließlich ab 1910 der → *Baumeister und Architekt* Carl Ernst Stephan aus dem Büro Stephan & Möbius, der sie umgehend an unterschiedliche Interessenten weiterverkaufte. Das Büro Stephan & Möbius entwarf und baute für diese bis 1914 dann etwa 15 Wohnhäuser und Villen.

Bereits 1908 hatte die Zergliederung des Judeichschen Grundstücks begonnen. Bis 1914 wurden dort durch verschiedene → *Baumeister und Architekten*, unter ihnen Martin Pietzsch (1866–1961, → *K1*) und Conrad Materne, neun Villen errichtet. Durch diese Bautätigkeit bekamen 1911 die neu entstandenen Straßen **Angelikastraße und Böhmertstraße** ihre Namen. Die schon bestehende Charlottenstraße wurde im gleichen Jahr auf Loschwitzer Flur zur **Heideparkstraße** und die nun verlängerte Bettinastraße 1913 auf Loschwitzer Flur zur **Judeichstraße**.

Der Erste Weltkrieg stoppte die Bautätigkeit, die erst ab 1923 wieder begann und sich bis zum Ausbruch des Zweiten Weltkrieges fortsetzte. Wieder waren herausragende → *Baumeister und Architekten* wie Otto Wulle (1891–1963, → *K2*) und das Büro Schilling & Graebner beteiligt.

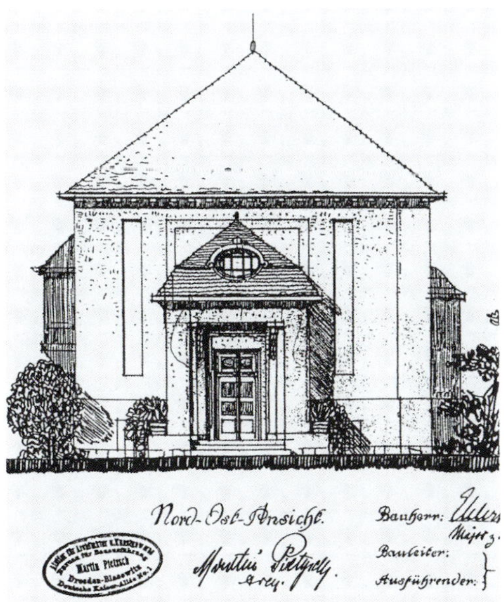

Bauzeichnung von Martin Pietzsch für die Villa Angelikastraße 4 *Stadtarchiv*

In der Zeit nach 1945 wurden einige Gebäude dieses Gebietes durch die Staatssicherheit genutzt, in anderen befanden sich öffentliche Einrichtungen wie die → *Schule* für Holztechnik, und viele dienten wie bisher weiterhin Wohnzwecken.

Der gesamte Simmigsche Ortsteil hat sich seit dem Versuch Adolph Simmigs im Jahr 1883, den Ortsteil aus der Verwaltung Loschwitz auszugliedern, immer wieder bemüht, Simmigs Anliegen zum Ziel zu führen. Im November 1902 gründete sich der »Ortsverein Loschwitz-Stadtgrenze«, um die Interessen der Bürger dieses Ortsteils wahrzunehmen. Er hatte etwa 50 Mitglieder, alles männliche Bewohner des Gebietes. Der erste Vorsitzende war der Lehrer Ernst Zeidler. Vereinslokal war die → *Gaststätte* »Haideschlößchen«. 1906 wiederholte der Verein einen schon vor seiner Gründung formulierten Wunsch, eine selbstständige Kirchgemeinde gründen zu dürfen, da die Entfernung zur Loschwitzer Kirche zu weit und die Martin-Luther-Kirche in Dresden-Neustadt mit 40.000 Gemeindegliedern schon jetzt zu groß sei. Auf dem Grundstück des Waisenhauses, Radeberger Straße 53, planten sie eine neue Kirche mit Pfarrhaus. Alle Versuche der Umsetzung scheiterten jedoch. Erst am 1. Oktober 1933 wurde die Umpfarrung des Ortsteils nach der Martin-Luther-Kirche vollzogen. Die Verwaltungszugehörigkeit zu Loschwitz endete bereits mit der Eingemeindung 1921 nach Dresden. So verläuft auch noch heute die Grenze des Loschwitzer Ortsamtsbereichs in Höhe der Brockhausstraße.

Peter Mallwitz, Otto-R. Wenzel

Zitate:
1 *Wehnert, Emil; Historisches Häuserbuch für Dresden-Loschwitz; maschinenschriftlich, Dresden 1968*
2 *www.lwl.org/LWL/Kultur/Aufbau_West/Migration/biografien/arsadofsky*
3 *Simmang, Karl; Das ehemalige Chausseehaus in Loschwitz; in: Mitteilungen Sächsischer Heimatschutz, Heft 3-4, 1911*
Quellen: 39, 493, 639, 640, 810, 884, 977, 1000, 1007, 1213, 1228

Das Luftschiff LZ 127 »Graf Zeppelin« über dem Blauen Wunder, vermutlich 1933. *Foto: Slg. Zeppelineum Roland Fuhrmann, Berlin*

Die Aufnahme zeigt das seinerzeit weltberühmte und bisher erfolgreichste Luftschiff überhaupt mit der Bezeichnung LZ 127 »Graf Zeppelin« (Baujahr 1928, abgewrackt 1940) über Loschwitz. Das Luftschiff eröffnete 1928 den transatlantischen Passagierluftverkehr nach Nordamerika, unternahm 1929 eine Weltrundfahrt, 1931 eine Polarfahrt und nahm ab 1930 auch Südamerika in seinen regelmäßigen Fahrplan mit auf. Sehr wahrscheinlich wurde das Foto bei der Deutschlandfahrt am 1. Mai 1933 aufgenommen, bei der das Schiff auch über Dresden zu sehen war. Der unbekannte Fotograf stand auf dem Dach des Körnerplatzdreiecks, denn neben dem Türmchen des Hauses Friedrich-Wieck-Straße 4 ist das Blaue Wunder zu sehen.
Auch die Loschwitzer waren von der allgemeinen Zeppelin-Euphorie der Kaiserzeit angesteckt. Bereits 1912 hatten sie eine Querstraße der Plattleite in »Zeppelinstraße« getauft und dem Ehrendoktor der Kgl. Technischen Hochschule zu Dresden, Ferdinand Graf von Zeppelin, in einem Brief mitgeteilt, »daß der Gemeinderat zu Loschwitz beschlossen hat, eine hier neu gebaute, schön gelegene Straße zu Ehren Ew. Exzellenz als den unermüdlichen und erfolgreichen Eroberer der Lüfte, und im Gedenken der Begeisterung, die das Erscheinen des Luftschiffes ›Viktoria Luise‹ in der nahen Stadt Dresden hervorgerufen hat, mit dem Namen Zeppelin-Straße zu belegen.«[1]

Roland Fuhrmann, Jürgen Frohse

Zitat:
1 die besondere photographie; in EHK 5/2015
Quelle: 352

A

Adam, Theo
Sänger (* 1926)

Theo Adam (→ *K1*) wurde am 1. August 1926 in Dresden geboren. Schon früh zeigte sich seine musikalische Begabung, angeregt und gefördert durch seinen als Dekorationsmaler tätigen Vater, der sowohl im Haus am Klavier als auch im Arbeiterchor »Dresdner Liederhalle« seine Musikalität einbrachte.

1937 erfolgte die Aufnahme in den von *Rudolf → Mauersberger* (1889–1971, → *K1*) geleiteten Dresdner Kreuzchor und somit auch in die Kreuzschule. 1941 wandelte sich seine Sopranstimme, sie wechselte langsam zum Bass. Bereits ein gutes Jahr später markierte er in den Chorproben die solistischen Bass-Partien, die zu einem späteren Zeitpunkt von den eigentlichen Solisten gesungen wurden.

Gleich nach dem Abitur 1944 ereilte ihn die Einberufung zum Kriegsdienst. Er kam in Gefangenschaft und arbeitete kurzzeitig als Landarbeiter im Rheinland, bevor er 1946 nach Dresden zurückkehrte. Obwohl sein Ziel, Sänger zu werden, feststand, brauchte Theo Adam zum Leben eine finanzielle Basis. Auf den Rat seines Vaters ließ er sich in einem Vier-Wochen-Lehrgang in Dresden-Wachwitz zum Neulehrer ausbilden. Noch im gleichen Jahr trat er in Dresden seine Lehrerstelle an, die er bis 1949 innehatte. Während dieser Jahre nahm der junge Lehrer in seiner freien Zeit Gesangsunterricht bei Rudolf Dittrich (1903–1990, → *K2*).

In der Schule lernte Adam eine Kollegin kennen, die er kurze Zeit später heiratete. Eleonore

Kammersänger Prof. Theo Adam mit seiner Frau Eleonore im Garten ihres Hauses, 2001
Foto: Ulrich Häßler

Adam (* 1928), die Frau an seiner Seite, sollte ihm nicht nur über seine Jahrzehnte währende Sängertätigkeit treue Lebensgefährtin, sondern auch eine unersetzbare »Managerin«, Chronistin und kritische Mitarbeiterin werden. 1950 kam das Zwillingspaar Mathias und Regine zur Welt. Der Sohn wurde später Fotograf und die Tochter heiratete nach ihrer Tätigkeit als Regie-Assistentin den Sänger Jürgen Hartfiel (* 1941, → *K2*).

Durch Joseph Keilberth (1908–1968, → *K2*) bekam Theo Adam 1949 sein erstes Engagement an der Staatsoper Dresden. Seine erste Rolle war der Tschernjakowski in »Boris Godunow« von Modest Mussorgski (1839–1881). Allein in der ersten Spielzeit 1949/50 sang er – ausschließlich in Dresden – zwölf Rollen in 107 Opernvorstellungen und Partien in 26 Konzerten. 1950 folgte das erste Gastspiel an der Deutschen Staatsoper Berlin mit der Rolle des Hermann Ortel in den »Meistersingern« von *Richard → Wagner* (1813–1883, → *K1*). Mit der gleichen Rolle hatte er 1952 sein Debüt bei den Bayreuther Festspielen. Bei diesen bot er bis 1980 alljährlich in den Sommermonaten, bereits längst zum Bayreuther Ensemble gehörend, zahlreiche Wagner-Partien.

Drei Jahre nach seinem ersten Gastspiel erhielt der Sänger 1953 ein Engagement an der Staatsoper Berlin und begann dieses mit dem Pogner in den »Meistersingern«. 1954 war er ferner ständiger Gast in Frankfurt am Main als Don Alfonso in Mozarts »Così fan tutte«, Leporello in Mozarts »Don Giovanni« und König Marke in Wagners »Tristan und Isolde« sowie in Wien mit dem Sarastro in Mozarts »Zauberflöte«. Im gleichen Jahr hatte er mit »Ein deutsches Requiem« von Johannes Brahms (1833–1897) die erste Schallplatteneinspielung, der zahlreiche weitere folgen sollten.

1955 eröffnete die wiederaufgebaute Lindenoper in Berlin mit Wagners »Meistersingern«, in der Adam in der Rolle des Pogner sang. Zu seinem 29. Geburtstag folgte die Ernennung zum Kammersänger. 1956 sang er erstmals den Figaro in Mozarts Oper »Die Hochzeit des Figaro« in Frankfurt am Main. In Paris sang er in Bachs h-Moll-Messe.

Unter der Leitung von Lovro von Matačić (1899–1985, → *K2*) übernahm er 1957 in Dresden erstmals den Wotan in Wagners »Rheingold«, dem 1963 der »Walküre«-Wotan in Berlin folgte.

Alle Opernrollen Theo Adams aufzuführen, würde den Rahmen des Artikels sprengen. Es waren bis zum Ende seiner Sängerlaufbahn weit über 100 Partien. Das Repertoire umfasste, neben den bereits genannten, alle großen Bass-Partien, wie den Ochs auf Lerchenau im »Rosenkavalier« von Richard Strauss (erstmals 1961 in Dresden) oder den Hans Sachs in den »Meistersingern« (erstmals 1968 in Berlin).

Neben seiner Opernarbeit, die ihn während der Spielzeiten zeitlich am meisten ausfüllte, waren seine weiteren Wirkungsgebiete das Lied und das Oratorium. Bereits geprägt durch seine Kreuzchorzeit, sang er in der Dresdner Kreuzkirche sowohl in Bachs »Weihnachtsoratorium« als auch in Bachs »Matthäus-Passion«. 1959 interpretierte er erstmals Schuberts »Winterreise« in Dresden und übernahm die Bass-Stimme in Beethovens »Missa Solemnis« in

Theo Adam als Amfortas in Wagners »Parsifal«, Buenos Aires, 1969 *Foto: Slg. Theo Adam*

Theo Adam in »Die Bassariden« von Hans Werner Henze, Semperoper, 1990er Jahre
Foto: Ulrich Häßler

Theo Adam 1992 während der Montage des Turmes vor der Kirche *Foto: Jürgen Frohse*

St. Gallen. Zahlreiche weitere Liederabende und Konzerte folgten die Jahre darauf. Dabei erstreckte sich sein Repertoire vom Barock über die Klassik und Romantik bis hin zur Moderne, wie den ihm persönlich gewidmeten »Hyperion-Fragmenten« von Siegfried Matthus (* 1934) oder der 1982 in Dresden uraufgeführten »Klopstock-Ode« von *Rainer → Kunad* (1936 – 1995, → *K1*).

Bis zum Jahr seines 30. Bühnenjubiläums 1979 hatten ihn zahlreiche Konzert- und Gastspielreisen mit renommierten Orchestern durch Europa, Japan und die USA geführt. 1979 erhielt er den Titel »Österreichischer Kammersänger« und 1980 folgte der »Bayerische Kammersänger«. In diesem Jahr begann mit der Titelpartie in der Zwölfton-Oper »Karl V.« von Ernst Krenek (1900 – 1991) seine »Salzburger Zeit«. 1981 folgte dort zu den Festspielen die Titelrolle in der Uraufführung des »Baal« von Friedrich Cerha (* 1926), 1982 der Pizarro in Beethovens »Fidelio«, 1987 der Moses in Arnold Schönbergs »Moses und Aaron« und vieles andere.

Theo Adams Veröffentlichungen:

- Seht, hier ist Tinte, Feder, Papier … Aus der Werkstatt eines Sängers, Berlin 1980
- Die hundertste Rolle oder »Ich mache einen neuen Adam«, Berlin 1986
- Lyrik unterwegs. Musestunden eines reisenden Sängers, Frankfurt am Main 1993
- Ein Sängerleben in Begegnungen und Verwandlungen, Berlin 1996
- Sprüche in der Oper. Erlebt und gesammelt während 50 Sängerjahren in aller Welt, Berlin 1999
- Vom »Sachs« zum »Ochs«, Berlin 2001

Zur Wiedereröffnung der Semperoper 1985 in Dresden sang Adam den Eremit im »Freischütz« von Carl Maria von Weber (1786 – 1826, → *K1*), der bereits 1949 zu seinen Debütrollen gehörte. 2006, nach seinem 80. Geburtstag, verabschiedete er sich mit dieser Rolle von seinem Dresdner Publikum.

Zu seiner Tätigkeit als Sänger und Schauspieler auf allen großen Konzertsälen und Bühnen der Welt inszenierte er neben »kleinen Werken großer Meister« auch Opern. Erstmalig führte er 1972 an der Deutschen Staatsoper Berlin Regie in Mozarts »Figaro«. Seine letzte Operninszenierung war schließlich 1988 der »Parsifal« von Richard Wagner für die Semperoper Dresden, der bis 2010 dort gespielt wurde.

Im In- und Ausland wurde Adam mit zahlreichen Auszeichnungen geehrt. 1979 erhielt er eine Professur an der Hochschule für Musik in Dresden, 1985 erfolgte die Berufung zum Präsidenten des Kuratoriums Semperoper Dresden und zuletzt wurde ihm 1995 das Bundesverdienstkreuz verliehen. Als charismatischer Sänger und Weltbürger, Kammersänger und Ehrenmitglied der Sächsischen Staatsoper gehört er zu den herausragenden deutschen Künstlern der zweiten Hälfte des 20. Jahrhunderts.

Neben seinem künstlerischen Wirken engagierte sich Adam auch bei kirchlichen und sozialen Projekten. Sein Einsatz für den Wiederaufbau der Loschwitzer → *Kirche* darf deshalb nicht unerwähnt bleiben. Bereits im März 1990 gründete er, gemeinsam mit *Peter → Schreier* (* 1935) und *Udo → Zimmermann* (* 1943), eine »Stiftung zum Wiederaufbau«. In den folgenden Jahren unterstützte er das Vorhaben durch zahlreiche Benefizkonzerte zwischen Bayern und Schleswig-Holstein. Seine Ehefrau Eleonore war bis zu dessen Auflösung Mitglied des Wiederaufbauausschusses der Kirchgemeinde Loschwitz.

Seit 1951 hat er seinen Wohnsitz in Dresden-Loschwitz. Zunächst wohnte er bis 1959 in der Dostojewskistraße 8, bevor er danach in sein Haus in der Schillerstraße einziehen konnte.

Otto-R. Wenzel

Quellen: 11, 12, 13, 14, 15, 16, 120, 141, 417, 586, 587, 588, 639, 640, 724, 726, 741, 742

Adler, Karl-Heinz; Maler und Grafiker (* 1927) → *K2*

Adressbuch

Ein erstes Adressbuch für Loschwitz erschien im Jahr 1883. Es gliederte sich in ein alphabetisches Einwohnerverzeichnis, ein Verzeichnis der Bewohner nach Brandkataster-Nummern, ein Verzeichnis der mit Namen benannten Villen sowie der Gewerbetreibenden.

Es enthielt noch keine Straßen- und Wegenamen oder heute übliche Hausnummern.

Die Publikation wurde in der Regel jährlich fortgesetzt, auch als »Adress- und Geschäftshandbuch« (1888/89) oder als spezieller Teil des »Adressbuch für Dresden und seiner Vororte« (ab 1897).

Auch Angaben über in Loschwitz vorhandene königliche und Gemeindebehörden, Verkehrsanstalten, Stiftungen, Vereine etc. wurden in den Adressbüchern ausgewiesen.

Nach dem alphabetischen Verzeichnis der Einwohnerschaft mit ihrem Stand oder Beruf folgten nach Nennung der jeweils gültigen Straßennamen und Hausnummern die Bewohner der einzelnen Häuser, wobei die jeweils zugehörigen Eigentümer hervorgehoben wurden. Diese Lesart findet sich dann auch nach der Eingemeindung in den amtlichen Adressbüchern der Stadt Dresden, deren letztes für die Jahre 1943/44 erschien. **Matthias Griebel**

Quelle: 18

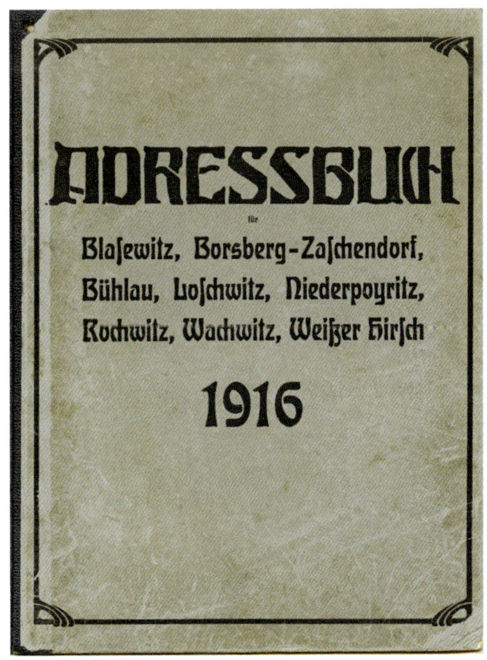

Titelseite des Adressbuches 1916 für Loschwitz und andere Gemeinden *Slg. Matthias Griebel*

Ahlersmeyer, Mathieu; Sänger (1896 – 1979) → *K1*

Angermann, Anna Elisabeth
Grafikerin und Malerin (1883 – 1985)

Anna Elisabeth Angermann (→ *K1*) wurde am 5. August 1883 in Bautzen geboren. Ihr Vater war Landgerichtsrat und verstarb in ihrem ersten Lebensjahr. Noch im gleichen Jahr (1884) verzog ihre Mutter mit den Kindern nach Dresden. Hier besuchte Anna bis 1899 die Schule. Nach ihrem Schulabschluss nahm sie privaten Zeichenunterricht bei Oskar Popp (1875 – ?), einem Meisterschüler von *Hermann → Prell* (1854 – 1922, → *K1*). Gleichzeitig begann sie eine Ausbildung als Zeichenlehrerin an der Fachschule des Frauenerwerbvereins in Dresden-Friedrichstadt. 1901 verließ sie die Fachschule und begab sich in das Schüleratelier des in Loschwitz ansässigen Malers Anton Joseph Pepino (1863 – 1921, → *K1*). Bei ihm genoss sie eine zweijährige Ausbildung. In dieser Zeit begegnete sie den beiden Malerinnen Hildegard von Mach (1872 – 1950, → *K2*), die wenige Jahre später ihr Atelier im Loschwitzer → *Künstlerhaus* einrichtete, und Emilie Pelikan-Mediz, die 1908 in Leubnitz bei Dresden verstarb.

1903 begann sie ein Studium an der Großherzoglichen Kunstschule Weimar, die im Gegensatz zu Dresden bereits Frauen zum Studium zuließ. Sie war Schülerin von Max Thedy (1858 – 1924), Hans Olde (1855 – 1917) und dem später ebenfalls in Loschwitz ansässigen *Alexander (Sascha) → Schneider* (1870 – 1927, → *K1*).

Anna Angermann, Obstpflückerin, 1921, Lithografie *Archiv Kirchgemeinde Loschwitz*

Anna Elisabeth Angermann in ihrem Atelier, 1971 *Foto: Slg. galerie drei Dresden*

1906 kehrte sie als freischaffende Künstlerin nach Dresden zurück. Die Meisterklasse blieb danach den Frauen auch in Weimar noch verschlossen. Um ihren Lebensunterhalt zu sichern, gestaltete sie anfangs Zigarettenschachteln. Noch im gleichen Jahr erhielt sie von Otto Gußmann (1869 – 1926) den Auftrag für ein Porträt seiner Tochter. Über ein Jahrzehnt sollte besonders die Porträtmalerei in unterschiedlichen Techniken ihre Arbeit bestimmen. 1908 zog sie nach Loschwitz in die Pillnitzer Landstraße 116, wo sie bis an ihre Lebensende, also 77 Jahre, leben sollte. Noch im gleichen Jahr beteiligte sie sich an der Großen Kunstausstellung in Dresden mit »Frauenkopf« in Tempera. 1913 bis 1915 besaß sie zudem ein Atelier im → *Künstlerhaus*. Ein Studienaufenthalt führte sie 1909 nach Süddeutschland. Ihre Porträts, teils angeregt durch den Jugendstil, gehen jedoch meist eigene Wege. Unverkennbar sind die Einflüsse der französischen Impressionisten, besonders der Pierre-Auguste Renoirs (1841 – 1919). 1912 begegnete sie während eines Aufenthaltes in Lohme auf der Insel Rügen dem Berliner Sezessionisten-Maler Karl Hagemann (1848 – 1933). Er und Otto Gussmann waren es wohl, die Anna Elisabeth Angermann zur »Grenzüberschreitung des Impressionismus« ermunterten. »Gestaltungswürdig wird ihr mehr das subjektive Erlebnis am Gegenstand als der Gegenstand selbst. Die inneren Erregungen des Schauens formen sich zu glutenden Bildern, die sich vor Überhitzen und Entflammen hüten. Stille und sanfte Bewegung, Verhaltenheit ist ihrer Kunst eigentümlich.«[1]

Zu ihrem engeren Loschwitzer Freundeskreis gehörten bereits in dieser Zeit Hildegard von Mach, Anna Plate (1871 – 1941, → *K2*) und Irm-

Anna Angermann, Frau im Obstgarten, 1936, Öl auf Leinwand *Archiv Kirchgemeinde Loschwitz*

gard Meinhold (1869 – ?, → *K2*), später auch vor allem *Hans → Jüchser* (1894 – 1977, → *K1*) und *Josef → Hegenbarth* (1884 – 1962, → *K1*). Sie alle arbeiteten im Loschwitzer Künstlerhaus und wohnten in Loschwitz oder Wachwitz. Hatte sich Anna Elisabeth Angermann zunächst besonders der Porträtmalerei verschrieben, so geriet nach dem Ersten Weltkrieg zunehmend die Landschaft in ihren Blick. Nur durch Reisen und Arbeitsaufenthalte, wie ab 1928 mehrmals in »Haus Mallinckrodt« in Herdecke an der Ruhr unterbrochen, entstand ihr Werk vornehmlich in Loschwitz. In der malerischen Umgebung von Dresden fand sie zahlreiche Motive. Hier entstanden ihre Ölbilder, Aquarelle, Temperas und Zeichnungen mit Kohle, Pastell und anderem. Ihre Liebe und Sensibilität für die Schöpfung spricht aus ihren Blumenmotiven in gleicher Weise wie aus den Landschaften.

Zwischen 1910 und 1922 beteiligte sie sich fast regelmäßig an Ausstellungen in Dresden, auf der Großen Aquarellausstellung 1911 sogar mit neun Bildern. 1928 stellte sie in Witten in Westfalen aus. 1930 war sie wieder auf der Ausstellung Dresdner Kunst präsent und ab 1934 nahezu wieder jährlich bis zur Großen Deutschen Kunstausstellung 1943. 1946 war sie mit zwei Ölbildern auf der Allgemeinen Deutschen Kunstausstellung in Dresden vertreten. Weitere Ausstellungen sollten folgen, doch ihre erste Personalausstellung hatte sie erst im hohen Alter in der Kunstausstellung Kühl in Dresden 1964.

»So ist das Werk der sensiblen Künstlerin gespannt zwischen Figürlichem und Landschaft, von dem einen empfing sie Anregung, von dem anderen Ruhe und Besinnung für das immer wache, beobachtende Auge. Durch ihre Willenskraft und ihre Geradlinigkeit wurde sie von vielen geachtet und geschätzt, auch über die künstlerische Arbeit hinaus.«[2]

Im hohen Alter von fast 102 Jahren starb Anna Elisabeth Angermann am 26. Februar 1985 in Dresden. Ihr Grab befindet sich auf dem Loschwitzer → *Friedhof*. Eine Straße im »Augustuspark« in Dresden-Loschwitz wurde 1997 nach ihr benannt und 2008 an ihrem ehemaligen Wohnhaus Pillnitzer Landstraße 116 eine Bronzetafel angebracht. **Otto-R. Wenzel**

Zitate:
1 Schmidt, Diether; Anna Elisabeth Angermann; Dresden 1982
2 Weißflog, Heinz; Den eigenen Weg gehen; in: DNN 21.01.1999
Quellen: 134, 568, 606, 639, 640, 925, 1000, 1036, 1065, 1098, 1099, 1107

Anschütz, Ulrich; Schauspieler (* 1945) → *K2*

Ansorg, Reinhold; Bildhauer (1890 – 1985) → *K2*

Antoinette, Malerin; (* 1956) → *K1*

Unbekannter Künstler, Porträt Eduard Gottlob Schwarz Foto: Slg. Matthias Griebel

Unbekannter Künstler, Porträt Karoline Amalie Schwarz Foto: Slg. Matthias Griebel

Apotheke

Pillnitzer Landstraße 10

Ehedem mussten alle Arzneien in Dresden besorgt werden. Nach vergeblichen Konzessionsbemühungen zweier dortiger Apotheker für Loschwitz errichtete im Jahre 1864 Eduard Gottlob Schwarz (1800 – 1871) – Apotheker aus Wildenfels und nachmaliger Badinspektor in Schandau – anstelle eines abgerissenen Fachwerkhauses neben der alten Loschwitzer → *Schule* ein Wohn- und Apothekengebäude. Altgrundstücksbesitzer *Friedrich → Voigt*, (1830 – 1898, → *Baumeister*), und *Theodor → Lehnert* (1828 – 1910, → *K2*) errichteten den Bau »solid und bequem« innerhalb eines halben Jahres. Im Erdgeschoss waren Offizin und Apothekerwohnung, im Keller eine Badeanstalt und der erste Stock wurde an Sommergäste vermietet. Hinter dem Haus erstreckten sich Feld und Garten mit 80 Obstbäumen bis ans Elbufer. Schwarz, ein »kleiner, kräftiger und stillvergnügter Mann«, liebte auch das Theater und hatte in Charakterrollen debütiert.

Es ist anzunehmen, dass er bereits den Fotografen *August → Kotzsch* (1836 – 1910, → *K1*) mit den benötigten Chemikalien belieferte.

1868 erfolgte die Umwandlung von Schwarz' Personalkonzession in eine Realkonzession, welche den Fortbestand der Apotheke auch unter seinen Nachfolgern sicherte. Nach siebenjähriger Tätigkeit starb Schwarz am 17. Januar 1871 und wurde auf dem Loschwitzer → *Friedhof* begraben, wohin ihm 1880 seine Frau Karoline Amalie folgte. Sein hinterlassenes Kassenbuch weist für das letzte Jahr immerhin einen Umsatz von über 1.800 Reichsmark bei rund 4.500 Rezepturen aus.

Nachfolgender Apotheker wurde Paul Friedrich Mündel (1845 – 1907). Bei ihm trat 1872 ein Lehrling ein: Alexander Tschirch (1856 – 1939), dem wir aus seinen Lebenserinnerungen köstliche Schilderungen über Alltag, pharmazeutische Spezifika und Umfeld einer Landapotheke in der damaligen Zeit verdanken. So berichtet er auch von einer drohenden Apothekengründung in Blasewitz, weshalb sein Chef den dortigen Kunden stets das Fährgeld ersetzte. Er charakterisiert treffend die Eigenheiten der ansässigen Ärzte und berichtet authentisch vom Wesen und der Arbeitsweise des Fotografen Kotzsch, der die Ingredenzien für seine Photopraktika aus der Apotheke bezog (s. S. 207).

Unklar bleibt in den 1880er Jahren das Wirken der überlieferten Apotheker Sasse und Pittark, wohl lediglich Aushilfen, denn das Adressbuch weist noch 1888 Mündel als Inhaber aus. Im Jahre 1891 wurde der Apotheker Alex Hermann Eberhardt neuer Besitzer, der das Gebäude modernisierte und eine Zugangsverbesserung von der Straße her vornahm. Zwei Jahre später wurde für Loschwitz der Name »Georg-Apotheke« vergeben (der »Drachentöter« St. Georg gilt auch als Nothelfer bei Krankheiten), der sich bis zum Ersten Weltkrieg nachweisen lässt.

Nach Eberhardts Tod um 1897 erbte seine Witwe die Apotheke. Pächter wurde kurzzeitig ein Ernst Grunert. Dann folgte als Besitzer Paul

Blick von Kirchboden, links die Apotheke, 1872 *Foto: August Kotzsch*

Der gleiche Blick, vor 1945 *Foto: Eberhard Seifert, Slg. Ute Häse*

Meißner, der zwei Gehilfen und einen Lehrling beschäftigte, jedoch schon im Jahre 1900 verstarb.

Ab 1902 war Adolf Braunspan Besitzer der »Georg-Apotheke für Loschwitz und Umgebung«, der Rezeptsammelkästen, wie beispielsweise am Armenhaus oder an der Bautzner Landstraße, anbrachte und diese täglich bediente.

Sein Nachfolger wurde um 1906 Eugen Schäffer, bei welchem im Zuge baulicher Veränderungen auch straßenseitig der moderne verglaste Vorbau mit neuer breiter Zugangstreppe entstand und im Inneren 1914 die Offizin mit einer Jugendstileinrichtung ausgestattet wurde.

1919 übernahm Apotheker Leonhard Loewenheim (1886–1967), ehemals Gehilfe des Vorgängers, die Loschwitzer Apotheke. Auch er modernisierte, ließ Zentralheizung einbauen, gestaltete den Garten mit Wasserbecken sowie zwei Putten des Loschwitzer Bildhauers Curt Georg Bauch (1887–1967, → *K1*), welche die beiden Loewenheim-Töchter darstellten. Bei ihm firmierte die Apotheke für »Loschwitz und Weißer Hirsch«. Loewenheim, als Jude mit den nationalsozialistischen Rassegesetzen konfrontiert, verpachtete die Apotheke 1937 an Hermann Schifner und ging nach Berlin, von wo aus er in die USA emigrierte.

So wurde der Pächter im Jahre 1940 Eigentümer der Apotheke, die 1945 unzerstört blieb. Schifner beendete seine Tätigkeit erst 1955 aus Altersgründen. Danach wurde die Apotheke, bedingt durch die »Apothekenreform« von 1949, verstaatlicht, und es wurden fürderhin Leiter eingesetzt.

Erster Chef wurde Karlhugo Merten (1908–1992), in dessen Leitertätigkeit der Anschluss der Filialapotheke Pillnitz (bisher zur Schiller-Apotheke Blasewitz gehörig) an Loschwitz im Jahre 1956 sowie 1967 die Übernahme des Loschwitzer Grundstückes in die Staatliche Apothekenverwaltung fielen. Pharmazierat Merten erreichte 1973 seinen Ruhestand. Nachfolger wurde Heinz Werner, der bis 1984 tätig war.

Indessen war im ersten Stock der Apotheke 1974 die Dokumentations- sowie Aus- und Weiterbildungsstätte des »Pharmazeutischen Zentrums der Stadt Dresden« untergebracht worden.

Im Jahre 1981 begann eine Gesamtrekonstruktion des Apothekengebäudes, die 1985 beendet war und bei welcher leider eine moderne Innenausstattung die historische Jugendstileinrichtung von 1914 ersetzte, die dann teilweise in einer Sonderausstellung des Deutschen Hygienemuseums »Pharmazie im Wandel der Zeit« gezeigt wurde.

Eines Tages verschwanden auch die beiden Gartenplastiken spurlos (→ *Bauchsches Haus*).

Indessen war 1984 die Fachapothekerin Christel Frommelt als Leiterin berufen worden, die 16 Jahre hier tätig war. 1989 wurde das 125-jährige Bestehen der Apotheke begangen.

GEORG-APOTHEKE

:: FÜR LOSCHWITZ UND UMGEBUNG ::

Medico-pharmac. Laboratorium · Allopatie und Homöopathie · Harnunterſuchungen · In- und ausländiſche Spezialitäten · Weine und Nährpräparate

FERNSPRECHER 986 :: :: PILLNITZER STRASSE 10

Anzeige, 1911 *Broschüre »Loschwitz«, OVLW*

Jugendstileinrichtung der Loschwitzer Apotheke *Foto: Jürgen Frohse*

Aus »Erlebtes und Erstrebtes«, Lebenserinnerungen von Alexander Tschirch

An der Gartenpforte erwartete die Ankömmlinge der Apotheker selbst, ein schlanker, fast schmächtiger Mann mit goldener Brille und kurz gestutztem Bart und bot ihnen ein freundlich Willkommen. [...] Einen Begriff von dem ruhelosen Dasein in der Apotheke bekam ich schon am ersten Abend. Denn gar oft ging die Klingel der Apothekentür nebenan, und immer sprang dann mein Vetter auf, um durch die Glastür in die Apotheke zu eilen die Kunden zu bedienen. Der erste Morgen, den ich in ihr zubrachte, war nicht gerade sehr interessant: Ich musste Düten kleben! Mein Vetter Paul Mündel hatte nämlich die sehr vernünftige Ansicht, dass ein Stift alles lernen und auch Arbeiten verrichten müsse, die eigentlich ein Stößer zu besorgen hat. Wie soll man einen Stößer anlernen, wenn man selbst nicht weiß, wie man Büchsen abwischt, Pulver stößt, Species schneidet oder Pflasterpfannen reinigt. Und so habe ich denn all' das besorgt und gelitten. Denn Coloquinten oder Lärchenschwamm zu stoßen – ich erinnere mich noch gut – ist kein Vergnügen und Wermut zu schneiden auch nicht, und eine Bleipflasterpfanne gut zu reinigen, ist gar nicht so leicht, besonders wenn man den Trick nicht kennt. Der muss einem eben mitgeteilt werden. Und so habe ich gar manchen Kessel gescheuert, manches Kraut geschnitten und manche Droge zu Pulver gestoßen oder auch Mandelöl gepresst und abends schon halb schlafend noch Anbindesignaturen geknifft, und mich auch nicht gescheut, beim Abladen der großen Mineralwasserkisten selbst mit Hand anzulegen, den Destillierapparat selbst zu heizen, den Tag an die hundert Mal die Kellertreppe hinab zuspringen, um selbst das Verlangte herauf zu holen, auch drunten in den Badezimmern das Wasser einlaufen zu lassen, wenn einmal die Bademaid nicht zur Hand war. Denn mit der Apotheke war eine Zeitlang, um den Einnahmen etwas aufzuhelfen, eine Badeanstalt für medizinische Bäder (Seesalz, Fichtennadelextrakt, Mutterlauge) verbunden. [...] Mündel hat aber damit kein gutes Geschäft gemacht. Die Unkosten waren zu groß. Düten habe ich im Laufe der nächsten Jahre freilich nicht mehr viel geklebt und auch Pulverkapseln nicht mehr viel gefaltet. Auch Wachspapier wurde bald nicht mehr selbst hergestellt; denn in unserer nächsten Nähe begann sich eine Fabrik zu entwickeln, die alles dies und noch manches andere viel schöner herstellte: die Papier- und chemische Fabrik in Helfenberg, deren prächtige, mit langen Bärten geschmückte Chefs: Eugen Dieterich, den pläne- und erfindungsreichen, und Schnorr von Carolsfeld, das Finanzgenie, ich bald in der Apotheke kennen lernen sollte. Eugen Dieterich wurde später ein guter Freund von mir und hat mir einen seiner Söhne zur Ausbildung nach Bern geschickt. Die Maschinen zur Herstellung von Wachs- und Paraffinpapier und zum Streichen von Pflastern in endloser Form für den Großbetrieb sowie die Falzkapselmaschine sind 1869 und 1870 zuerst in Helfenberg konstruiert worden. 1872 folgte dann die Maschine zum Pressen von Stangenpflastern. [...] Die gestrichenen Pflaster konnte man noch nicht kaufen – ich habe viele Kilometer gestrichen; Suppositorienformen waren noch unbekannt – ich habe viele tausend Düten dazu gedreht und unten mit Siegellack verschlossen. Mutterpflaster brauchten wir massenhaft – ich habe viele tausend Spanschachteln damit gefüllt (Blechdosen waren noch unbekannt), oder das in Tafeln ausgegossene in Wachspapier verpackt. Syrupus Rubi idaei war unsere Spezialität – zur Zeit der Himbeerreife habe ich den Saft zentnerweise gekocht, oft von morgens bis abends. Und gar wenn Weihnachten heranrückte, dann wurden gebrannte Mandeln, Pasta gummosa, und ganz besonders Morsellen der allerverschiedensten Sorten, in sehr erheblichen Mengen fabriziert, hauptsächlich für Geschenke. [...]

Besonders zwei Ärzte, äußerlich und innerlich die reinsten Gegensätze alimentierten die Loschwitzer Apotheke. Dr. Braun war rundlich von Gestalt und dementsprechend von ruhiger, würdiger Haltung und langsamen Ganges. Er war freundlich und wohlwollend und von konservativer Gesinnung. Er hatte eine große deutliche Handschrift und war beim Verschreiben zum metrischen System übergegangen, das ja damals (1872) noch nicht lange eingeführt war. Das Gegenstück zu ihm war der kleine schmächtige Dr. Reichel [→ *Ärzte]*.

Jenseits des Gartenzaunes aber lief die große Straße von Dresden nach Pillnitz, und auf der gab es immer etwas zu sehen. An den Markttagen eine lange Reihe von Wagen, dann die Post und Sonntags elegante Karossen mit schönen Pferden und noch schöneren Frauen. Dann und wann ritt auch der »Färscht« selber, der alte König Johann »unser guder Keenig«, wie ihn die Sachsen nannten, vorüber, meist in scharfem Trabe und nur von einem Reitknechte gefolgt, – ein interessanter alter Herr, mehr Gelehrter als König und gar nicht militärisch. Man erzählte, er habe die Pickelhaube mehrmals verkehrt auf den Kopf gesetzt. Überhaupt war sein »Goßdihm« oft recht mangelhaft. Im Dante war er besser zu Hause. Er hat unter dem Pseudonym Philalethes die Göttliche Komödie ins Deutsche übersetzt [...]

Ein sehr intelligenter Mann – er hieß Kotzsch – der ein Häuschen droben in den Bergen über Wachwitz besaß und der ursprünglich Bauer gewesen war, hatte sich mit der Zeit autodidaktisch in die Fotografie eingearbeitet. Er kam oft in die Apotheke, da er von uns seine Chemikalien bezog und zeigte uns seine Aufnahmen.

Seine Spezialität waren Landschafts- und Pflanzenaufnahmen, damals etwas ganz Neues. Denn da die Trockenplatten noch unbekannt waren und die Platte kurz vor der Aufnahme in einem Dunkelraum mit Silberkollodium übergossen und unmittelbar nach der Aufnahme wieder im Dunkeln entwickelt werden musste, blieb bei Aufnahmen im Freien nichts anderes übrig, als mit einer transportablen Dunkelkammer an Ort und Stelle zu fahren, den passenden Augenblick abzupassen, die Platte schnell im Dunkelraum zu gießen, zu exponieren und wieder in der Dunkelkammer zu entwickeln. Ich bin in Begleitung der auf zwei mächtigen Rädern ruhenden großen Dunkelkammer, die der hünenhafte Kotzsch selbst zu schieben pflegte, oft in der Gegend herumgezogen, habe bei den Aufnahmen geholfen und hatte schließlich im Plattengießen in dem außerordentlich engen Raume eine ziemliche Routine erlangt. Kotzsch besaß einen sehr guten Geschmack und fand rasch heraus, was malerisch wirkt und eine Bildwirkung gibt. Einige der von uns damals erzielten Bilder, bei denen ich aktiv mitgewirkt, habe ich 40 Jahre später in mein Handbuch der Pharmakognosie aufgenommen. Für diese Aufnahmen in freier Landschaft, die auch künstlerisch befriedigten, erhielt Kotzsch auf einer photographischen Ausstellung in Dresden, ganz mit Recht, eine hohe Auszeichnung: es waren wirklich Bilder, die guten Geschmack verrieten, auch photographisch vollendet. Sie werden von keiner modernen Aufnahme übertroffen.

Zitat: Tschirch, Alexander; Erlebtes und Erstrebtes, Bonn 1921

Die Loschwitzer Apotheke 1992
Foto: Slg. Matthias Griebel

Im Jahr 1998 lud die nunmehrige »Sächsische Landesapothekenkammer« für den 5. September zu einem »Kammertag« ein, an welchem die festliche Einweihung des im Grundstück neu errichteten Seminar- und Sitzungspavillons (Projekt Architekturbüro Dr. Köckeritz) erfolgte.

Da sich indessen durch massenhafte Neugründungen die Apothekenlandschaft Dresdens verdreifacht hatte, wurde die Loschwitzer Einrichtung aus wirtschaftlichen Erwägungen zum 1. Juli 2000 für immer geschlossen. Seither dient das Objekt lediglich noch Verwaltungszwecken.

Am 4. Oktober 2011 wurde im Geschäftskomplex Loschwitz-Arkaden Pillnitzer Landstraße 36 eine »Neue Apotheke Loschwitz« eröffnet. Diese ist eine Filiale der Schlossapotheke Dürrröhrsdorf-Dittersbach und wird von der Apothekerin Stephanie Berger geleitet.

Matthias Griebel

Quellen: 894, 1000, 1042

Neue Apotheke Loschwitz, 2015
Foto: Siegfried Großmann

Appelt, Karl-Heinz; Bildhauer (1940 – 2013) → *K1*
Appen, Karl von; Maler und Bühnenbildner (1900 – 1981) → *K1*
Architekten → *Baumeister und Architekten*

Manfred von Ardenne *Foto: privat*

Ardenne, Manfred von
Physiker (1907 – 1997)

Manfred Baron von Ardenne kam am 20. Januar 1907 in Hamburg als Sohn des Regierungsrates Egmont Baron von Ardenne und dessen Frau Adela in einer großbürgerlichen Offiziers- und Beamtenfamilie, die ehemals aus Lothringen über Belgien nach Deutschland gekommen war, zur Welt. Seine Großmutter Elisabeth Freifrau von Plotho war mit ihrem persönlichen Schicksal Vorbild für Fontanes »Effi Briest«. Aufgrund der Tätigkeit des Vaters im Kriegsministerium lebte die Familie zunächst in Berlin. Bereits als Schüler galt Manfreds Interesse den Naturwissenschaften, insbesondere der Elektrophysik. 1923 verließ er das Realgymnasium mit Primareife und beschäftigte sich mit der Radiotechnik. Im gleichen Jahr, also mit 16 Jahren, meldete er sein erstes Patent an: »Verfahren zur Erzielung einer Tonselektion, insbesondere für die Zwecke der drahtlosen Telegraphie«. Wenig später entwickelte er die sogenannte »3-fach- Elektronenröhre«, die gern als erster integrierter Schaltkreis der Welt bezeichnet wird.

1925 begann von Ardenne das Studium der Mathematik, Physik und Chemie an der Universität in Berlin. Nach vier Semestern brach er dieses aber ab und ging seinen eigenen Forschungen auf dem Gebiet der angewandten Physik nach, um an der Entwicklung der Rundfunktechnik teilzuhaben. 1928 gründete er das Forschungslaboratorium für Elektronenphysik in Berlin-Lichterfelde, das er auch bis 1945 leitete. Die Ergebnisse seiner Arbeit demonstrierte Manfred von Ardenne 1931 zur Funkausstellung in Berlin, indem er als Erster mittels vollelektronischer Bildzerlegung das moderne, bis heute angewandte Fernsehen vorführte. Das brachte den deutschen Wissenschaftler auf das Titelblatt der »New York Times«. Ein Vertrag mit dem Reichspostministerium sicherte Ardenne die wirtschaftliche Basis seiner Forschung. In seinem Institut in Berlin entstand 1937 das erste Raster-Elektronenmikroskop. Im Kriegsjahr 1940 schlug er Reichsmarschall Hermann Göring (1893 – 1946) vor, zur Ortung angreifender Flugzeuge aus weiter Entfernung die Radartechnologie einzusetzen. Göring lehnte ab und Ardennes britischer Kollege Robert Watson-Watt (1892 – 1973) wurde durch die mit dieser Technologie erzielten Erfolge der Alliierten während der Luftschlacht im Zweiten Weltkrieg als Vater des Radars weltberühmt. Ungeachtet dessen würdigte die Preußische Akademie der Wissenschaften von Ardennes Leistungen auf dem Gebiet der Elektronenmikroskopie, indem sie ihm 1941 die Silberne Leibniz-Medaille verlieh. Noch 1945 wurde er in den Reichsforschungsrat berufen.

Schwerpunkt seiner Tätigkeit waren die Funk- und Fernsehtechnik sowie die Elektronenmikroskopie, später auch die Kernphysik. Durch das letztgenannte Aufgabengebiet

Prof. Manfred von Ardenne 1992 in seinem Institut mit einem Teil der von ihm veröffentlichten Bücher *Foto: Ulrich Häßler*

wurde der Forscher nach dem Zweiten Weltkrieg für die sowjetische Besatzungsmacht interessant, die den Vorsprung der USA beim Bau der Atombombe aufzuholen suchte. Er setzte seine wissenschaftliche Tätigkeit in der Sowjetunion, in Suchumi in Georgien, fort. Seine Aufgabe bestand in der Untersuchung und Optimierung des magnetischen Isotopentrennverfahrens zur industriellen Gewinnung von Uran 235. Mit ergiebigen Forschungserkenntnissen und den entsprechenden Ehrungen (Staatspreis der UdSSR 1947, Stalin-Preis der UdSSR 1953 u. a.) kam von Ardenne im Frühjahr 1955 aus der Sowjetunion zurück.

Bereits 1952 hatte er in Oberloschwitz, in unmittelbarer Nähe zum Weißen Hirsch, die Grundstücke Plattleite 27 und 29 zur späteren Errichtung seines privaten Forschungsinstituts, erworben. 1955 konnte er hier mit Familie und Mitarbeitern einziehen. Zum Teil unmittelbar nach dem Einzug, zum Teil in den folgenden Jahren, erwarb er auch die angrenzenden Grundstücke Plattleite 19, 25a und 31 sowie Zeppelinstraße 1, 2, 7, 8 und 10 hinzu. Hier betrieb er mit Unterstützung der DDR-Regierung das nach ihm benannte Institut, das sich zunächst auf die Elektronen-, Ionen- und Kernphysik sowie die Übermikroskopie konzentrierte. Beispielsweise wurde ein Elektronenstrahl-Mehrkammerofen-Verfahren entwickelt. Später widmeten sich die Arbeiten neben der Physik auch der medizinischen Elektronik.

1955 wurde Manfred von Ardenne Mitglied der Sektion Physik an der Akademie der Wissenschaften der DDR, des wissenschaftlichen Rates für die friedliche Anwendung der Atomenergie und der Physikalischen Gesellschaft der DDR. Von 1956 an lehrte er als Honorarprofessor an der Elektrotechnischen Fakultät der Technischen Hochschule, der späteren Technischen Universität Dresden. Ab 1957 war er Mitglied des Forschungsrates der DDR. 1958 verlieh ihm die Mathematisch-Naturwissenschaftliche Fakultät der Universität Greifswald den Dr. rer. nat. h. c. Wenige Tage später wurde er mit dem Nationalpreis 1. Klasse ausgezeichnet. Von 1963 an war er Volkskammerabgeordneter der DDR. 1965 erfolgte die Wahl zum Mitglied der Internationalen Astronautischen Akademie in Paris.

Seit den 1960er Jahren wurden neuartige Behandlungsansätze erforscht und daraus Therapien entwickelt. Beispielsweise sollte die Sauerstoff-Mehrschritt-Therapie (SMT) zur anhaltenden Anhebung des Energiestatus im Organismus führen. Obwohl von vielen Medizinern angewandt, ist sie jedoch noch umstritten. Das gleiche gilt für die systemische Krebs-Mehrschritt-Therapie (sKMT), die sich mit einer Kombination aus Erhöhung von Körpertemperatur und Blutzucker sowie erhöhter Sauerstoffanreicherung des Blutes gegen Krebszellen wendet. Das »Institut Manfred von Ardenne« war die einzige in der damaligen DDR privat betriebene Forschungsinstitution mit ungefähr 500 Mitarbeitern und galt als größter privater Arbeitgeber in der DDR.

Von Ardenne wurde nicht Mitglied der SED, unterstützte aber den Aufbau der Wirtschaft

Prof. Manfred von Ardenne empfängt 1975 eine japanische Delegation. *Foto: Ulrich Häßler*

VON ARDENNE Vertriebszentrale in der Zeppelinstraße 1 *Foto: VON ARDENNE Corporate Archive*

der DDR. Noch 1989 stellte er der DDR-Volkskammer sieben Thesen zur Effizienzerhöhung der Wirtschaft vor, die er als »letzte Chance für einen menschlichen, würdigen und attraktiven Sozialismus« betrachtete, und äußerte sich andernorts betroffen »über den Zustand unserer Wirtschaft«. Nach dem Mauerfall entfielen die staatlichen Zuwendungen für die medizinische Forschung, sodass eine kritische Zeit überbrückt werden musste. Der physikalische Bereich wurde fortan bis heute als »VON ARDENNE GmbH« weitergeführt, der medizinische als »Von Ardenne Institut für Angewandte Medizinische Forschung« einschließlich einer privaten Klinik. Um die Finanzierung der Forschungsarbeiten weiterhin zu unterstützen, gründete von Ardenne eine gemeinnützige Forschungsförderungsgesellschaft. Bis ins hohe Alter aktiv, wurde er 1989 von der Stadt Dresden zum Ehrenbürger ernannt.

Manfred von Ardenne starb neunzigjährig am 26. Mai 1997 in Dresden. Sein Grab ist auf dem Waldfriedhof Weißer Hirsch zu finden. Ardenne hinterließ über sechshundert Patente, mehr als 32 wissenschaftliche Bücher und 700 weitere wissenschaftliche Publikationen in den Bereichen Funk- und Fernsehtechnik, Elektronenmikroskopie, Nuklear- und Plasmatechnik sowie Medizin und Medizintechnik.

Achim Jannasch

Quellen: 62, 63, 726

Foto: VON ARDENNE Corporate Archive

Auf dem Ardenneschen Anwesen gibt es zwei Sternwarten; neben der mit der weißen Kuppel auf dem Privatgrundstück des Forschers existiert noch die so genannte Volkssternwarte »Manfred von Ardenne« auf dem ehemaligen Institutsgelände. Diese wurde nach ihrer Rekonstruktion im Jahr 2007, zum 100. Geburtstag des Firmengründers und Institutsleiters, wieder eröffnet, um Schulklassen sowie interessierten Dresdnern und Besuchern der Stadt den Blick in den Himmel zu ermöglichen. »Die Betrachtung von Planeten, Kugelsternhaufen und der größeren Nebelflecken in Teleskopen dieser Abmessungen ist einer der besten Wege, um dem Menschen die gewaltigen Maßstäbe des Kosmos näherzubringen und ihn innere Bescheidenheit zu lehren.«, so der Hobby-Astronom Manfred von Ardenne.

Blick auf die Steglichstraße (ganz rechts) und die Sonnenleite, Ansichtskarte
Adams Kunstverlag, um 1922/Slg. Bernd Beyer

Armenhaus

Grundstraße 137 (»Schweizerhaus«)

Sogenannte Armenhäuser lassen sich seit dem 14. Jahrhundert nachweisen. Darin lebten vor allem ältere oder kranke Menschen, die nicht mehr selbst für ihren Lebensunterhalt sorgen konnten. Sie erhielten dort einen Wohnplatz, Verpflegung und im Bedarfsfall Krankenversorgung. Aufgenommen wurden nur verarmte Bewohner aus der eigenen Gemeinde. Die Einstufung der Bewohner erfolgte nach Körper- und Geistesbeschaffenheit in folgende Kategorien: »Blinde, Taube und Taubstumme, Lahme, sonstige Gebrechliche; Blödsinnige und Irrsinnige«[1].

In Sachsen hatte August der Starke ein »erneuertes und geschärftes Mandat wegen Versorgung derer Einheimischen Armen« erlassen, »[...] dass bei Strafe nur einheimische Arme versorgt werden durften, dass besonders gegen das Überhandnehmen fremder Bettler (deren Heymat über zwey Meilen entfernet) in den Ortschaften vorgegangen werden sollte.«[2]

1855 gab es im Bereich der Königlichen Amtshauptmannschaft Dresden vier Armenhäuser in Dresden und 136 auf dem Land.

Das erste Armenhaus von Loschwitz befand sich seit 1833 an der Steglichstraße 13 (früher Pferdeweg genannt). Seit 1840 stand es auf dem Grundstück an der Grundstraße 137 (heute Schweizerhaus) an der Ortsgrenze zu Bühlau (Ecke Säugrundweg). Johann Gottlieb Dohnig hatte 1837 dieses Grundstück mit Gebäude für 385 Taler an die Gemeinde Loschwitz verkauft, die dort das Armenhaus einrichtete.

Die Finanzierung des Armenhauses erfolgte aus der Armenkasse der Gemeinde, durch Stiftungsgelder und Spenden. In die Armenkasse wurden u. a. festgelegte Anteile der Kosten von kirchlichen Handlungen, »von Besitzveränderungen, öffentlichen Belustigungen und Schaustellungen, Jagd- und Angelkarten, Schenkungen und Vermächtnissen«[3] eingezahlt. Fehlbeträge wurden, wie auch für alle anderen Kassen, durch jährliche Steuern ausgeglichen. In den 1880er Jahren lagen die jährlichen, systematischen Einnahmen der Armenkasse in Loschwitz bei etwa 5.000 Mark und die Ausgaben bei etwa 10.000 Mark, sodass jedes Jahr ein Fehlbetrag von 5.000 Mark ausgeglichen werden musste.

1864 wurde an der Rückseite des Gebäudes der Anbau von Toiletten und eines Kohlenraumes beim Gerichtsamt Dresden beantragt.

1890 hatte das Grundstück mit einer Größe von 390 m² nur einen Zeitwert von 1.500 Mark. Das Gebäude kann also nicht gerade komfortabel gewesen sein. Es wurde im Bauantrag für den Neubau des heutigen Schweizerhauses als »Armenversorghaus« am 17. Mai 1892 vom Gemeindevorstand Oskar Albin Weigert als »in höchst baufälligem Zustand und infolgedessen sich kaum noch zum Bewohnen geeignet«[2] beschrieben.

Das neu errichtete Gebäude wurde vom Dresdner Architekten und Bauausführenden Johann Friedrich Mehlig bereits am 15. August rohbaufertig zur Abnahme und am 28. Dezember vom Gemeindevorstand Weigert als »völlig vollendet« an die Amtshauptmannschaft Dresden-Neustadt gemeldet. Laut Gedenktafel (rechts) konnte also noch vorher, am 25. Dezember 1892, das vom Wohltäter *Eduard → Leonhardi* (1828–1905, → *K1*) gestiftete Gebäude von der Gemeinde übernommen werden.

Das Haus hat Keller, Erd-, Ober- und Dachgeschoss. Außer im Keller befanden sich in allen Geschossen Wohnräume, insgesamt acht Stuben und 14 Kammern.

Im Erdgeschoss lagen die Wohnung der Aufsichtsperson, die Gemeinschaftsküche mit acht Kochherden, die Waschküche, fünf Wohnräume und die Aborte für Männer und Frauen. Im Obergeschoss mit dem schönen rundum laufenden Balkon waren vier Stuben, sechs Kammern und Aborte angeordnet. Stube und Kammer unterschieden sich nicht durch ihre Größe, sondern durch das Vorhandensein eines Ofens in der Stube.

Von 1903 bis 1921 befand sich im Erdgeschoss zusätzlich eine Freibank, also der Verkauf von minderwertigem, aber nicht gesundheitsschädlichem Fleisch.

Außerdem wurde das Haus noch als Gerätelager für den Straßenbau der Gemeinde genutzt. Nach der Eingemeindung von Loschwitz

Gedenktafel für den Stifter des Armenhauses
Foto: Helmut Dorschner

nach Dresden 1921 gibt es keine Hinweise mehr auf Nutzung zu Wohlfahrtszwecken.

1936 wurde die Immobilie Eigentum der Stadt Dresden, 1951 als Eigentum des Volkes und 1953 des Rates der Stadt Dresden (Rechtsträger: Kommunale Wohnungsverwaltung) in das Grundbuch eingetragen. Heute gehört das Haus wieder der Stadt Dresden.

Bewohner des Armenhauses

Über das Leben im Armenhaus 1855/1856 sollen Auszüge aus einem Bericht des Gemeindevorstands Carl Gottlob Kegel erzählen:

»Das Gemeindearmenhaus wird von folgenden Personen bewohnt:

- Johann Gottlieb L., 66 Jahre alt, Johanne Sophie L., 68 Jahre alt, als Geschwister beide an Geisteskräften schwach, und nach allgemeinem Ausdruck dumm, für dieselben wird von dem Hausbesitzer August Lehmann, allwo dieselben ihre Herberge haben ein Mietzins von jährlig 2 rs bezahlt.
- Frau Johanne Christiane verw. N., ist gebrechlich und überhaupt von Körper schwach, erhält aus der Armenkasse Unterstützung an Geld und Brod und ist 56. Jungfer Johanne Christiane N., taubstummes Mädchen ohngefähr 30 Jahre alt, nährt sich von Scheuern und Waschen bei fremden Leuten [...]
- Johann Gottfried P., Wittwer und Handarbeiter mit fünf in diesem Hause wohnenden Kindern, deren Alter 5, 6, 9, 11 und 19 Jahre, ...welcher auf dem Kammergut Döhlen als Wächter fungiert, [...] kommt selten nach Hause, und überlässt die Erziehung seiner kleinen Kinder der älteren Tochter, und da derselbe bei seinem Dienst frei Logis hat, so wäre es wünschenswerth, daß der Vater seine Familie bei sich habe, wozu derselbe

Personal eines Beerdigungsinstitutes vor dem Armenhaus *Foto: Slg. Matthias Griebel*

Armenhausordnung (Auszüge):
1. Die Aufsicht über das Armenhaus und die Durchführung der Armenhausordnung ist dem Gemeinderathe unter Beistand einer Diakonissin übertragen, welche sich zugleich ihrer Krankenpflege unterziehen wird. Nichtbeachtung dieser Armenhausordnung, den Anordnungen des Gemeinderathes und der Diakonissin sowie unehrbietiges Reden oder Benehmen gegen diese Vorgesetzten wird unnachsichtig mit Arrest nach Befinden bei Wasser und Brod sowie das Umhertreiben außerhalb des Armenhauses nach dessen Schließzeit mit körperlicher Züchtigung bestraft.
2. Jeder Armenhausbewohner, welcher sich noch in dem dienstfähigen Zustande befindet ist verpflichtet, sich seinen Lebensunterhalt durch seiner Hände Arbeit zu erwerben und ist von ihm, wenn der Verdienst ausreicht, ein billig mäßiger Zins für das ihm gewährte Unterkommen zu entrichten, welcher vom Gemeinderathe nach befinden des Landgerichts festgesetzt wird.
8. Das Zusammenkommen der Armenhausbewohner unter sich in der Stube des Einen oder des Anderen ist nur mit Kenntnissen und jedes Mal einzuhaltender Genehmigung des Gemeinderaths oder der Diakonissin gestattet.
11. Der Genuß geistiger Getränke ist dem Armenhausbewohner sowohl in als auch außerhalb des Hauses streng untersagt und nur solchen Personen welche vermöge körperlicher Anstrengung bei ihrer Tätigkeit dessen bedürfen, ist es gestattet, sich deren mit Mäßigkeit während ihrer Arbeit zu bedienen.
12. Das Besuchen der Schänke ihrerseits ist ebenso [...]
13. Das Spielen daselbst und im Armenhause verboten
14. Tabak zu rauchen ist nur denen gestattet, welche sich über den von ihnen gewährten Miethzins ihren Bedarf zu verdienen im Stande sind.
17. Das Armenhaus ist in Winterszeiten um 9 Uhr, in Sommerszeiten um 10 Uhr zu schließen, und muß jeder Bewohner um diese Zeit im Haus eingetroffen sein. Zu längerem notwendigen Außenbleiben [...] ist die Erlaubniß des Gemeindevorstandes einzuholen.
19. [Letzter Punkt] Etwaige Beschwerden [...] sind beim Landgericht anzubringen.[1]

Das Schweizerhaus, von 1892 bis um 1921 »Armenhaus«, um 1985
Foto: Wolfgang Nützenadel/Slg. Matthias Griebel

nochmals von mir ermahnt worden, aber stets fruchtlos geblieben ist. P. ist noch rüstig und ungefähr 51 Jahre alt, derselbe aber ist nicht zu bewegen gewesen, einen wenigen Miethzins zu bezahlen.

- Karl Gottfried Schr., Handarbeiter und 37 Jahre alt, ist verehelicht und hat vier Kinder, von denen eins 3, 6, 9 und 15 Jahre alt ist, dessen Ehefrau nährt sich von Hader- und Knochensammeln u.s.w., deren genannter Ehemann arbeitet nur theilweise und ist derselbe einige Zeit in der Gemeinde auf Arbeit gewesen, wo ihm während der Dauer derselben eine Wenigkeit des Lohnes für Miethzins abgezogen, sonst ist von demselben auf eine andere Art und Weise nichts zu erlangen.
- Heinrich H., Handarbeiter und 30 Jahre alt, ist verheiratet und hat zwei Kinder in dem Alter von 5 und 7 Jahren; derselbe arbeitet größtentheils in Dresden, kommt gewöhnlich Sonnabend als Lohntag betrunken nach Hause, wo oft der größte Theil des Lohns schon weg ist, und wenn ich denselben auffordere, allwöchentlich eine Wenigkeit für Miethzins abzuzahlen, so wird mir einfach geantwortet, die Zeiten seien schlecht [...]
- Heinrich Christian K., 59 Jahre alt und Handarbeiter, ist gesund und zum Arbeiten fähig, ist aber träge zur Arbeit, daher derselbe sich auch nicht um Arbeit kümmert und eher lieber fechten geht, wenn ich denselben zur Arbeit bestellt habe, kommt er nicht, weil er weis, es wird ihm vom Lohn Abzug gemacht. Derselbe ist zwar unverheirathet, lebt aber in wilder Ehe mit Johanne Auguste B., 40 Jahre alt und hat vier uneheliche Kinder, deren Alter 2, 4, 9 und 13 Jahre zählen, genannter K[...] welchen ich mit Kinderwarten bei der B[...]n angetroffen, habe ich in eine andere Stube verwiesen, wird aber von demselben nicht Folge geleistet, weshalb ich das geehrte Gericht bitte, denselben zu belangen, und wegen seines Ungehorsams zu verweisen«[1].

Bereits 1856 wurde auf Veranlassung »Ihro Majestät der Königin Maria [Maria Anna Leopoldine von Bayern, 1805–1877] sowie auf deren Kosten«[1] eine Diakonissin nach Loschwitz abgeordnet, um die Armenhausbewohner »zu überwachen« und die Kranken zu pflegen, »nicht minder die armen Kranken im Dorfe«[1].

Von etwa 1896 bis 1903 wohnte im Erdgeschoss der Schutzmann Louis Meißelbach (1842 –1903, → *Polizei*) und von 1904 bis 1936 der Schutzmann und spätere Polizei-Oberwachtmeister und Wohlfahrtspolizei-Kommissar i. R. Ernst Lässig (1868–1936). Heute befinden sich in dem Gebäude Wohnungen und ein Dentallabor. **Helmut Dorschner**

Zitate:
1 Sächsisches Hauptstaatsarchiv Dresden, Das Armenhaus in Loschwitz betr., Sig. 10 754, Nr. 2463
2 Mandat wegen der Versorgung der einheimischen Armen..., Dresden 1733
3 Sächsisches Hauptstaatsarchiv Dresden, Vermögen der Gemeinde Loschwitz Sig. 10 754, Nr. 2453
Quellen: 64, 420, 639, 884, 920, 1000

Arnold, Christian Friedrich; Architekt (1823–1890) → *K2*

Walter Arnold. *Foto: Archiv Arnold*

Plastiken im Atelier Schillerstraße 27 *Foto: Jürgen Frohse*

Arnold, Walter
Bildhauer, (1909 – 1979)

Als Sohn eines Steinmetzen am 27. August 1909 in Leipzig geboren, wurde Walter Arnold (→ *K1*) zunächst Holz- und Steinbildhauer. Nach Studien an der Leipziger Kunstgewerbeschule bzw. der Akademie für graphische Künste und Buchgewerbe freischaffend tätig, musste er im Zweiten Weltkrieg Militärdienst leisten und kam nach Bad Kreuznach in amerikanische Gefangenschaft. Mit der Holzskulptur »Das Grauen«, einer weiblichen Gewandfigur, hatte Arnold bereits 1934 den Charakter der aufkommenden NS-Herrschaft künstlerisch erfasst. Nach seiner Rückkehr aus dem Gefangenenlager schuf er 1946 mit der aus einer gespaltenen Bohle geschnitzten, angstvoll trauernden Mädchenfigur »Leid« ein ergreifendes Bild dieser Schreckenszeit.

Für ihn folgerichtig, wurde Arnold Mitglied der SED und baute die Staatliche Akademie für Grafik und Buchkunst Leipzig mit auf, wo er Figürliches Zeichnen und Anatomie lehrte. 1949 folgte er dem Ruf an die Hochschule für Bildende Künste Dresden, an der er bis 1970 eine Professur innehatte.

Als Kandidat und später Mitglied des Zentralkomitees der SED sowie in der Nachfolge Otto Nagels (1894 – 1967) als Vorsitzender des Verbandes Bildender Künstler der DDR, verband Arnold von 1958 bis 1964 politisches und künstlerisches Engagement und war in allen zentralen Kunstausstellungen der DDR vertreten. So wurde seine 1951 geschaffene Bronze-Statue einer Landarbeiterin, »Jugend – Baumeister der DDR«, zur Symbolfigur der neuen Gesellschaft. 1952, als ordentliches Mitglied der Deutschen Akademie der Künste, folgte er z. B. mit der »Traktoristin« entschieden den Forderungen der Partei, die neuen Wertvorstellungen in streng erscheinungsgetreuen Figuren zu preisen – also auch in plumpen Hosen und Stiefeln. Gleichwohl bezeugen viele feinfühlige plastische Arbeiten und Grafiken, vor allem seine weiblichen Aktfiguren, dass der Künstler in ihm nicht durch die Vorgaben des Sozialistischen Realismus erdrückt wurde.

Nach einer erneuten Professur an der Hochschule für Grafik und Buchkunst wurde Walter Arnold 1973 zum ordentlichen Professor für Plastik an der Hochschule für Bildende Künste in Dresden ernannt. Nach seiner Emeritierung 1974 betreute er noch eine Meisterklasse.

> Die zur sinnlichen Lebensfülle entspannten Aktfiguren und weiblichen Allegorien offenbaren in schöner Absichtslosigkeit ein lustvolles Empfinden für die eigene Körperlichkeit. Allen gemeinsam ist, dass über Glück und schlichte Daseinsfreude ein leichter Schleier von Melancholie gebreitet scheint, der aus dem Widerspruch zwischen Erwartung und Erfüllung erwächst.[1]

Zu seinen zahlreichen hohen staatlichen Auszeichnungen, wie dem Nationalpreis II. Klasse, der ihm 1952 und 1959 verliehen wurde, bekam er 1975 den Martin-Andersen-Nexö-Kunstpreis der Stadt Dresden.

An seinem langjährigen Loschwitzer Wohnsitz Schillerstraße 27, dem heutigen Arnold-Archiv, den er in den 1950er Jahren als vormalige Villa »Schaumberg« erwarb, wohnte bis an ihr Lebensende seine Ehefrau Maria geb. Koch (1915 – 2006), ebenfalls Grafikerin und Bildhauerin.

Walter Arnold starb am 11. Juli 1979 in Dresden. Sein Grab mit einer von ihm geschaffenen Plastik »Es gibt kein fremdes Leid« befindet sich auf dem Loschwitzer → *Friedhof*.

1999 wurde Walter Arnolds Œuvre in der Villa »Eschebach« am Dresdner Albertplatz in einer großen Ausstellung gewürdigt.

Jürgen Schröder

Zitat:
1 Raumschüssel, Martin; Lebensfülle entspannter Figuren im Spätwerk; in: EHK 8/2009
Quellen: 266, 848

Artes, Sigrid; Keramikerin und Restauratorin (* 1953) → *K2*

Ärzte

Verwendete Abkürzungen:
AOK = Allgemeine Orts-Krankenkasse
Dipl.-Med. = Diplom-Mediziner
Dr. med. = Doktor der Medizin
Dr. med. dent. = Doktor der Zahnmedizin
DRK = Deutsches Rotes Kreuz
FA = Facharzt/-ärztin
HNO = Hals-Nase-Ohren
KH = Krankenhaus
MAD = Medizinische Akademie Dresden
MR = Medizinalrat/-rätin
OA/OÄ = Oberarzt/Oberärzte
OMR = Obermedizinalrat/-rätin
SKH = Stadtkrankenhaus
SR = Sanitätsrat/-rätin

Ärzte, Medizinische Einrichtungen und Sanatorien

In alphabetischer Folge werden zunächst die Ärzte und danach die Zahnärzte genannt; beide sind jeweils wie folgt untergliedert:

- mit Wohnung und Praxis in Loschwitz
- in Loschwitz praktizierend, jedoch andernorts wohnend
- in Loschwitz wohnend, jedoch andernorts praktizierend.

Die hier aufgenommenen Ärzte und Zahnärzte erheben keinen Anspruch auf Vollzähligkeit. Bei der letzten Kategorie, den andernorts Praktizierenden, sind nur die bereits Verstorbenen aufgenommen. Am Ende sind die Tierärzte genannt.

Den Ärzten und Zahnärzten folgen weitere Heilberufe und schließlich in alphabetischer Folge die Medizinischen Einrichtungen und Sanatorien.

Ärzte mit Wohnung und Praxis in Loschwitz

Ardenne von, Dagmar, Dipl.-Med., FA für Allgemeinmedizin: Nach Studium und fünfjähriger FA-Ausbildung Praxis 1971 – 1985 → *Poliklinik* Pillnitzer Landstraße 12, danach bis 1991 Praxis im KH Dresden-Neustadt, Außenstelle Weißer Hirsch; 1992 – 2011 eigene Praxis Zeppelinstraße 8 in → *Oberloschwitz*, danach Ruhestand.

Aßmann, Erich (1892 – 1961), Dr. med., Homöopath: In Dresden geboren; Praxis bis 1945 Waisenhausstraße in Dresden, nach Kriegszerstörung Schevenstraße 27; er wohnte 1927 bis 1961 Schevenstraße 27.

Der Homöopath Dr. Erich Aßmann. Foto: Homéopathe International 2004

Außendorf, Felix (1886 – 1942), Dr. med., Praktischer Arzt: In Berlebeck (heute zu Detmold) geboren; Wohnung und Praxis 1912 – 1913 Pillnitzer Landstraße 23, danach wohnte er Amalienstraße in Dresden; 1918 – 1924 wohnte und praktizierte er erneut in Loschwitz, Pillnitzer Landstraße 12; mit seiner Familie wanderte er 1924 nach den USA aus.

Bergner, Hilda, Dr. med., FA für Allgemeinmedizin, SR: Sie hatte ihre Praxis etwa 1969 bis 1990 → *Poliklinik* Pillnitzer Landstraße 12; wohnt seit etwa 1980 auf der Heideparkstraße.

Bernhardt, Johannes, Dr. med., FA für Innere Krankheiten, OMR: Er arbeitete unter *Helmut* → *Born* bis 1963 am → *Krankenhaus Oberloschwitz* und danach in der Medizinischen Klinik Weißer Hirsch; 1967 – 1989 war er Chefarzt der Poliklinik Dresden-Blasewitz; er wohnt Schevenstraße.

Berthelen, Carl Andreas (1821 – 1906), Dr. med., Praktischer Arzt, Homöopath und Hydropath: Nach Studium der Medizin in Leipzig 1846 Promotion; er wohnte und praktizierte 1860 – 1880 in Zittau; ab etwa 1885 hatte er Wohnung und Praxis Pillnitzer Landstraße 26, parallel dazu gab er 1888 – 1890 auch Sprechstunden, zuletzt mit dem Magnetiseur Leopold Engel, in der Pirnaischen Vorstadt; als Mitglied des »Impfzwanggegnervereins« gründete Berthelen 1885 den Loschwitzer Impfzwang-Gegner-Verein, dessen Vorsitzender er wurde; ab 1886 war er zudem auch Hausarzt in der → *Viktoriahöhe* (→ *Gaststätten*); 1902 ging er in den Ruhestand und wohnte danach bis 1905 Augsburger Straße in Dresden-Striesen; er starb 1906 in Hameln.

Blankenburg, Constanze, Dr. med., FA für Allgemeinmedizin: 1980 – 1986 Studium der Medizin in Leipzig, danach FA-Ausbildung am KH Weißer Hirsch und Diakonissen-KH Dresden; 1992 – 2002 dort Praxis, 2002 – 2004 Praxis in Dresden, Bayreuther Straße und ab 2004 Praxis in der → *Ökumenischen Diakonie-Sozialstation BÜLOWH e.V.* (→ *Kirchlich-Diakonische Einrichtungen*), Pillnitzer Landstraße 12.

Born, Helmut (1914 – 2013), Dr. med., FA für Innere Medizin, OMR: Er wurde am 31. Dezember 1914 in Bautzen geboren. Nach dem Abitur studierte er Medizin in Rostock, Freiburg, München, Graz und Leipzig. Im Zweiten Weltkrieg versah er seinen Kriegsdienst als Arzt. 1948 begann er als Assistenzarzt an der Inneren Klinik auf der Wurzener Straße in Dresden-Pieschen, wo er 1953 OA wurde. 1956 erfolgte die Verlegung dieser Abteilung, die unterdessen dem SKH Dresden-Neustadt zugeordnet war, nach Loschwitz, → *OT Schöne Aussicht*, in das → *Krankenhaus Oberloschwitz*. Hier konnte Born seinen psychosomatischen Ansatz in der Behandlung der Patienten unter anderem durch die Einrichtung einer Station für Schlaftherapie vertiefen. 1963 wurde er Chefarzt der Inneren Abteilung der selbstständigen Medizinischen

OMR Dr. med. Helmut Born. Foto: privat

Klinik Weißer Hirsch im ehemaligen Nachtsanatorium der Wismut AG in Dresden-Weißer Hirsch, Heinrich-Cotta-Straße. 1967 konnte hier die erste psychotherapeutische Spezialstation im damaligen Bezirk Dresden gegründet werden, die drei Jahre bestand. Nachdem die Klinik 1972 dem KH Dresden-Neustadt angegliedert worden war, richtete Born hier 1974 auf der Außenstelle Weißer Hirsch wieder eine psychosomatische Station ein. 1980, im Jahr seines Eintritts in den Ruhestand, wurde er Ehrenmitglied der »Gesellschaft für Ärztliche Psychotherapie der DDR«. Born wohnte von etwa 1960 bis zu seinem Tod Alpenstraße 5. Er starb am 16. Dezember 2013 und wurde auf dem → *Friedhof* Dresden-Loschwitz bestattet.

Burk, Peter (1809–1882), Dr. med., Praktischer Arzt: Am 3. Oktober 1809 in Göda bei Bautzen geboren; kaufte spätestens 1848 das Grundstück heutige Friedrich-Wieck-Straße 2, wo er auch bis zu seinem Tod Wohnung und Praxis hatte; er war zeitweise zweiter Zugführer der Loschwitzer Kommunalgarde; nach Inkrafttreten des Reichsimpfgesetzes 1875 führte er bereits 1876 in Loschwitz die Impfung ein; er starb am 5. Juni 1882 und wurde auf dem → *Friedhof* Loschwitz bestattet.

Degener, Carl, Dr. med.: Nach dem Ausscheiden Paul → *Teuschers* aus dem → *Sanatorium Dr. Teuscher* hier als »2. Arzt« nach *Heinrich* → *Teuscher* bis 1919 tätig; er wohnte 1913–1915 im Sanatorium Chopinstraße 2, danach bis 1919 Chopinstraße 11.

Däumer, Doris, FA für Allgemeinmedizin: Kindheit in Dresden-Seidnitz, nach Studium der Medizin in Leipzig und Dresden 1962–1992 Praxis in der → *Poliklinik* Pillnitzer Landstraße 12; anschließend Ruhestand.

Dietzsch, Hans-Joachim (1920–2004), Prof. Dr. med., FA für Innere Medizin, FA für Pädiatrie: Hans-Joachim Dietzsch wurde am 18. Januar 1920 in Dresden geboren. Nach Abitur und Militärausbildung studierte er 1940 bis 1945 in Leipzig und Halle/Saale Medizin und promovierte 1945. Bis 1952 arbeitete er im Kreis-KH Merseburg. Nachdem er dort 1948 die Ausbildung zum FA für Innere Medizin abgeschlossen hatte, war er die folgenden Jahre in der Inneren Abteilung als OA tätig. 1952 kam er nach Dresden zurück, wo er im gleichen Jahr an der von *Marianne* → *Zwingenberger* geleiteten Kinderklinik des SKH Johannstadt (ab 1954 MAD) die Ausbildung zum FA für Kinderheilkunde begann. 1953 bis 1955 war er parallel zu seiner FA-Ausbildung als kommissarischer OA an der Kinderklinik im → *Krankenhaus Oberloschwitz* tätig. Nach Abschluss seiner zweiten FA-Ausbildung (1955) war er 1956 bis 1963 OA an der Kinderklinik der MAD. Nachdem er 1961 zum Dozenten für Kinderheilkunde ernannt worden war, ging er 1963 bis 1968 als Chefarzt an die Kinderklinik des KH Dresden-Neustadt. Am 1. September 1968 erfolgte seine Berufung zum Chefarzt der Kinderklinik der MAD und zum Prof. für Kinderheilkunde. 1985 folgte der Ruhestand. Seine Wohnung hatte er seit 1952 Oeserstraße 1 im → *OT Schöne Aussicht*. Hans-Joachim Dietzsch starb am 25. Januar 2004 und wurde auf dem → *Friedhof* Loschwitz bestattet.

Dr. med. Peter Burk mit Maler Johann Niemann, 1865 Foto: A. Kotzsch, LfD Sachsen, Slg. K. E. Scherz

Dilcher, Gottfried (1899–?), Dr. med.: Er übernahm nach dem Ruhestand von *Heinrich* → *Teuscher* 1938–1945 die Leitung des → *Sanatoriums Dr. Teuscher* und wohnte Bautzner Landstraße 66; ging nach 1945 nach Westdeutschland.

Dörffel, Hugo, (1865–1934), Dr. med., Praktischer Arzt, SR: Er wohnte und praktizierte 1897–1901 Körnerplatz 6, 1902–1906 Friedrich-Wieck-Straße 4 und 1907–1934 Körnerplatz 7.

Dörpinghaus, Hans (1911–1990), Dr. med., Praktischer Arzt: 1943 bis etwa 1958 Wohnung Schevenstraße 25, dort auch zunächst seine Praxis und ab etwa 1955 Veilchenweg 2; zusätzlich Betriebsarzt bei VEB Zigarettenfabrik Jasmatzi; nach 1958 verzogen nach der BRD mit Wohnung und Praxis bei Hannover, später wohnhaft in Kuppenheim in Baden-Württemberg.

Otto-R. Wenzel, Nikolaus Lichtenberger, Matthias Griebel

Fischer-Dückelmann, Anna (1856–1917), Dr. med., Ärztin für Naturheilkunde: Anna Clara Theresia Fischer-Dückelmann wurde am 7. Juli 1856 in Wadowice im damaligen Galizien (Polen) geboren. Der Heimatort der Familie befand sich in Tragwein in Österreich. In Wien heiratete sie 1876 den Philosophen Arnold Fischer. Das Ehepaar ging später getrennte Wege. Ab 1890 studierte sie in Zürich Medizin und promovierte 1896. Danach arbeitete sie für kurze Zeit als Assistenzärztin, selbst Vegetarierin und der Naturheilkunde nahe stehend, bei Eduard Bilz (1842–1922) in der Kuranstalt für naturgemäße Lebens- und Heilweise in Oberlößnitz (Radebeul) bei Dresden. Noch im Oktober 1896 eröffnete sie eine eigene Praxis auf der Rietschelstraße in Dresden. Von 1903 bis 1913 befand sich ihr neues Domizil in Loschwitz. Bis 1905 wohnte und praktizierte sie Wilhelminenstraße 10. 1906 kaufte sie den von dem Architekten Reinhold Schreyer (1861–?) 1894/95 erbauten »Artushof« (→ *Villen*) im → *OT Schöne Aussicht*, heute Malerstraße 18, und eröffnete eine naturheilkundliche Praxis für Frauen und Kinder. Anna Fischer-Dückelmann war eine der ersten Ärztinnen, die sich der Naturheilkunde zuwandten. Sie propagierte Diät, wollte den Menschen eine gesunde Ernährung nahebringen und befürwortete ein striktes Alkoholverbot. Im »Artushof« konnte sie ihre Ideen verwirklichen. 1913 erwarb sie ein weiteres Grundstück auf dem Monte Veritá bei Ascona in der Schweiz, bekannt als Zentrum für Naturheilkunde. 1914 siedelte sie dorthin um und stellte sich neuen Herausforderungen. Der »Artushof« in Loschwitz wurde erst nach ihrem Tod um 1920 von ihren Erben, dem Ehemann und den Kindern, verkauft. Berühmtheit erlangte Fischer-Dückelmann mit dem Volksaufklärungsbuch »Die Frau als Hausärztin. Ein ärztliches Nachschlagebuch der Gesundheits-

Anna Fischer Dückelmann, Porträt als Frontispiz und Titelseite ihres Werkes »Die Frau als Hausärztin«. Jubiläums-Ausgabe, Stuttgart, Süddeutsches Verlags-Institut, 1911

Anna Fischer-Dückelmann mit Patientinnen, wie sie morgens im taufrischen Gras waten. Im Hintergrund ist der → Artushof, Malerstraße 18, zu sehen. Illustration aus »Die Frau als Hausärztin«

Auswahl der Veröffentlichungen von Anna Fischer-Dückelmann:

- Über die Reform der weiblichen Kleidung, Berlin 1890
- Die heutigen Behandlungsmethoden der Frauenkrankheiten für Ärzte und Gebildete aller Stände, Berlin 1898
- Entstehung, Verhütung und Heilung der Frauenkrankheiten aller Altersstufen für Frauen und erwachsene Töchter, Berlin 1898
- Das Geschlechtsleben des Weibes. Eine physiologisch-soziale Studie mit ärztlichenRatschlägen, Berlin 1900
- Die Frau als Hausärztin, Stuttgart 1901
- Der Geburtenrückgang. Ursachen und Bekämpfung vom Standpunkt des Weibes, Stuttgart 1914
- Was lehrt uns der Krieg – Häusliche Krankenpflege in Kriegszeiten, Stuttgart 1916

Sonnen- und Luftbad, Farbtafel aus dem Buch »Die Frau als Hausärztin« *Slg. Holger Friebel*

pflege und Heilkunde in der Familie mit besonderer Berücksichtigung der Frauen und Kinderkrankheiten, Geburtshilfe und Kinderpflege«. Es erschien erstmals 1900 und umfasste 1.024 Seiten. Schon 1913 erreichte dieses Buch eine Millionenauflage. Fischer-Dückelmann war Mitglied im Zentralverband für Parität der Heilmethoden und im »Freien Deutschen Hochstift« für Kunst und höhere Bildung. Am 5. November 1917 verstarb Anna Fischer-Dückelmann im 61. Lebensjahr in Ascona an einem Schlaganfall.

Ute Häse, Patrick Bochmann

Flämig, Solveig, Dipl.-Med., FA für Allgemeinmedizin: Praxis 1987 – 1991 in der → *Poliklinik* Pillnitzer Landstraße 12; Juli 1991 bis 2004 eigene Praxis am gleichen Ort in der → *Ökumenischen Diakonie-Sozialstation BÜLOWH e.V.* (→ *Kirchlich-Diakonische Einrichtungen*), danach Ruhestand; 1997 zog sie von ihrer Wohnung Bautzner Landstraße 50 in → *Oberloschwitz* nach dem Augustuspark (→ *Wohnparks*).

Freymuth, Walther, Dr. med., Praktischer Arzt: wohnte und praktizierte als Hausarzt 1898 an der → *Deutschen Heilstätte*, Wunderlichstraße 17.

Grieshammer, Martin (1868 – 1933), Dr. med., Praktischer Arzt: 1896 – 1899 Hausarzt an der → *Deutschen Heilstätte*, Praxis und Wohnung 1898 Grundstraße 2, 1899 – 1912 Praxis und danach nur noch Wohnung Körnerplatz 2; er war mehrere Jahre Vorstandsvorsitzender des 1908 gegründeten »Tuberkulose-Fürsorge-Vereins Loschwitz-Weißer Hirsch e.V.«.

Grießdorf, Theodor, Dr. med., Praktischer Arzt und Geburtshelfer: 1919 – 1934 Wohnung und Praxis Bautzner Landstraße 76 in → *Oberloschwitz*; hier bis 1929 auch Leiter eines »Instituts für Elektrotherapie, Lichtbehandlung und Massage«.

Haenel-Dietrich, Dorothea geb. Dietrich (1880 – 1965), Dr. med., FA für Gynäkologie: Studium der Medizin in Leipzig, dort 1908 Promotion; 1909 – 1911 in Dresden tätig, hier zunächst Assistenzärztin an der Kinderheilanstalt, 1910 an der Staatlichen Frauenklinik und 1911 der Privatklinik Dr. Weißwange; 1911 – 1912 in Berlin und danach bis 1913 in Breslau (Wrocław/Polen); 1913 – 1916 wahrscheinlich erneut an der Privatklinik Dr. Weißwange in Dresden; 1917 – 1939 Wohnung und eigene Privatklinik Albrechtstraße; danach bis 1945 dort weiter Sprechstunden, aber Wohnung Klarastraße; sie wurde 1927 Vorsitzende der Ortsgruppe Dresden des »Bundes Deutscher Ärztinnen«; im August 1945 Mitunterzeichnerin des Gründungsaufrufs zur CDU in Sachsen; nach 1945 Wohnung Oskar-Pletsch-Straße 11 in → *Oberloschwitz*, wahrscheinlich zunächst Ärztin im Nachtsanatorium Dresden-Weißer Hirsch und danach Sprechstunden Oskar-Pletsch-Straße 11.

Haukohl, Friedrich, Dr. med., FA für Frauenheilkunde: Wohnung und Privatklinik 1933 – 1938 Heideparkstraße 10.

Härtel, Hans, Dr. med., FA für Chirurgie: Er wohnte 1932 – 1935 Wilhelminenstraße 8 und danach bis mindestens 1945 Heideparkstraße 12; seine Chirurgische Privatklinik hatte er 1931 bis 1945 Heideparkstraße 6.

Heeger, Ernst Robert, Dr. med., Praktischer Arzt: Er wohnte und praktizierte 1893 – 1894 Schillerstraße 3.

Heubner, Otto (1843–1926), Prof. Dr. med., FA für Kinderkrankheiten, MR: Johann Otto Leonhard Heubner wurde am 21. Januar 1843 als Sohn des Politikers und Dichters Otto Leonhard Heubner (1812–1893) in Mühltroff/Vogtland geboren. Nach Kindheit und Schule in Freiberg und Grimma studierte er 1861 bis 1866 Medizin an der Universität Leipzig. 1866 bis 1871 war er Assistenzarzt bei Reinhold Wunderlich (1815–1877) am Jacobshospital in Leipzig. 1867 promovierte er; im Jahr darauf folgte die Habilitation und 1873 die Professur für Innere Medizin an der Leipziger Universität. 1876 bis 1891 war er Leiter der Distriktspoliklinik in Leipzig. 1880 erhielt er eine außerordentliche Professur für Kinderheilkunde an der dortigen Universität. 1888 gründete er den »Verein zur Errichtung und Erhaltung eines Kinderkrankenhauses«. Ihm ist es zu verdanken, dass 1891 im Leipziger Vorort Reudnitz das erste Kinderkrankenhaus Deutschlands eröffnet werden konnte, dessen ärztlicher Direktor er wurde. 1894 wechselte der »Kaiserliche Kinderarzt« nach Berlin an die Charité und erhielt an der Berliner Universität das erste Ordinariat für Kinderheilkunde in Deutschland. Zu seinen wissenschaftlichen Veröffentlichungen gehört das 1903/06 erschienene, zweibändige »Lehrbuch der Kinderheilkunde«. Nach seiner Emeritierung 1913 zog er von Berlin nach Loschwitz, wo er bis zu seinem Tod Veilchenweg 36 wohnte und noch Sprechstunden anbot. Am 17. Oktober 1926 starb er in Loschwitz und wurde auf dem Urnenhain Dresden-Tolkewitz beigesetzt.

Hildebrandt, Paul, Dr. med.: Er wohnte und praktizierte 1914/15 in der → *Deutschen Heilstätte*, Wunderlichstraße 17.

Hofmann, Wilhelm, Dr. med.: Er wohnte und praktizierte als Assistenzarzt 1900 in der → *Deutschen Heilstätte*, Wunderlichstraße 17.

Hörmann, Jakob, Dr. med., FA für Nerven- und Gemütskrankheiten, Oberfeldarzt: Er hatte seine Praxis 1925–1929 Lausitzer Straße 2 in → *Oberloschwitz*; er wohnte hier 1925–1938 und danach Bautzner Straße in Dresden-Neustadt, wo er auch seit 1930 eine Praxis besaß.

Jacobi, Paul Emil (1835–1897), Dr. med., Generalchirurg: Er wohnte und praktizierte als OA um 1877 in der → *Deutschen Heilstätte, Wunderlichstraße 17*.

Jässing, Arthur Felix (?–1893), Dr. med., Praktischer Arzt, Operateur und Geburtshelfer: Praxis und Wohnung bis 1886 in der → *Deutschen Heilstätte*, Wunderlichstraße 17, 1887–1889 Schillerstraße 3 und 1890–1893 Plattleite 16; seit 1887 auch Distrikts-Impfarzt.

> Er [Dr. Jässing] besuchte seine Patienten zu Pferde oder fuhr mit dem Wagen. Er suchte den Tod in der Elbe.[1]

Kahleyß, Hugo (1851–1914), Dr. med., Praktischer Arzt und Geburtshelfer, Stabsarzt, SR: Etwa 1877–1878 Assistenzarzt in der → *Deutschen Heilstätte*, Wunderlichstraße 17; danach Praxis und Wohnung Grundstraße 3, ab etwa 1886 Schillerstraße 11 und ab 1912 in seinem Haus Schillerstraße 15; er wurde auf dem → *Friedhof* Loschwitz bestattet.

> Er [Kahleyß] hielt sich Pferd und Wagen und wurde von den Loschwitzern »Galopp« genannt, weil er seine Praxis rasend schnell erledigte: »Guten Tag – Wie geht's? – Adieu!«[1]

Kaufmann, Margarete, Dr. med., Praktische Ärztin: Sie wohnte etwa 1943–1953 Zeppelinstraße 7, wo sie nach 1945 auch ihre Praxis hatte.

Keydel, Carl, Dr. med., Praktischer Arzt: Wohnung und Praxis 1899 Bautzner Landstraße 36.

Klemm, Johannes Theodor, Dr. med.: Er wohnte und praktizierte als Hausarzt 1888–1890 an der → *Deutschen Heilstätte*, Wunderlichstraße 17.

Klemm, Richard (1866–1915), Dr. med., Praktischer Arzt: Geboren in Glauchau; 1913–1914 Praxis und Wohnung Pillnitzer Landstraße 23, danach Friedrich-Wieck-Straße 4; er wurde auf dem → *Friedhof* Loschwitz bestattet.

Otto-R. Wenzel, Nikolaus Lichtenberger, Matthias Griebel

Knoop, William (1889–1955), Dr. med., Praktischer Arzt, Kinderarzt: Charles William Knoop wurde am 27. Februar 1889 in der Grafschaft Chester in England geboren. Seine Familie übersiedelte 1898 mit ihren neun Kindern nach Loschwitz in das von seinem Großvater Konsul *Wilhelm* → *Knoop* (1836–1913) neu erbaute Haus »Magdala« Dostojewskistraße 7. In München studierte Knoop Medizin, promovierte und arbeitete anschließend als Kinderarzt bei München. Im Ersten Weltkrieg war er als Sanitätsarzt in Flandern eingesetzt. Danach kehrte er nach Dresden zurück und eröffnete 1924 in der Mosczinskystraße eine Praxis für Allgemeinmedizin. Seine Wohnung hatte er 1924 bis 1928 in der Villa seines Großvaters Schillerstraße 31 in Loschwitz, danach wohnte er in Dresden. In der Zeit des Nationalsozialismus versorgte er als Arzt illegal jüdische Familien, so auch Victor Klemperer (1881–1960), sowohl medizinisch als auch mit Lebensmitteln. Beim Bombenangriff auf Dresden verlor er 1945 Praxis und Wohnung. Ein neues Zuhause fand er erneut Schillerstraße 31. In seiner unmittelbaren Nachbarschaft, in der Knoopstraße, waren nach Kriegsende 1945 eine Sowjetische Kommandantur und eine Offiziersunterkunft. Um seine Familie vor Übergriffen der Besatzer zu schützen, hisste er, der noch einen englischen Pass besaß, die englische Flagge. Die sowjetischen Offiziere respektierten den Arzt und begaben sich in seine Behandlung. Ein großes Problem in dieser Zeit waren Geschlechtskrankheiten. Aus diesem Grund berief ihn die Stadt Dresden, eine Anlaufstelle zur Erfassung von

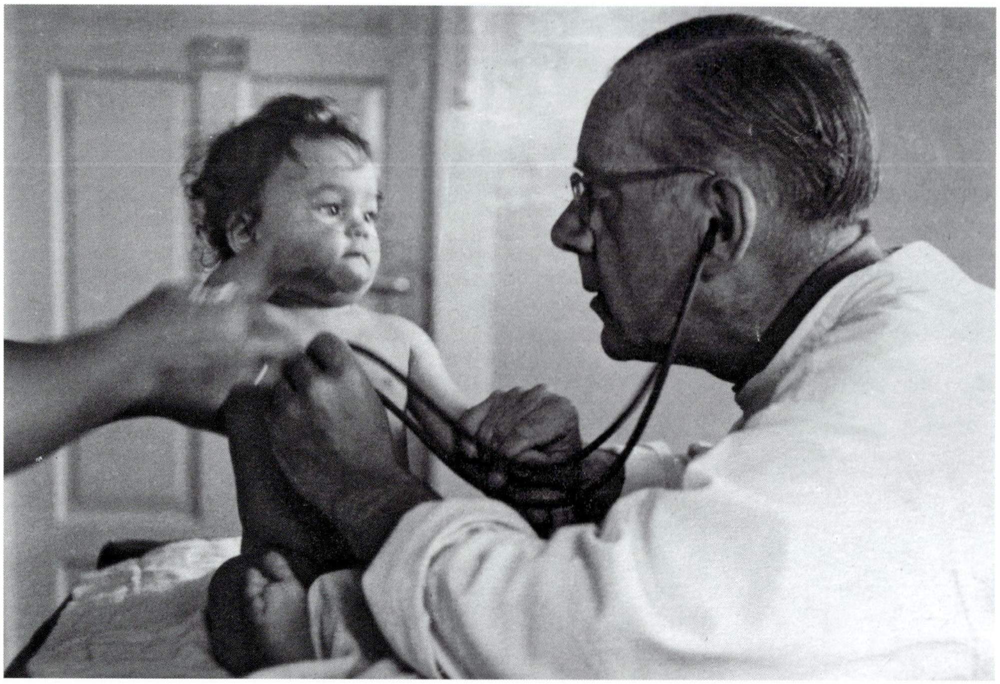

Dr. med. Charles William Knoop als Kinderarzt *Foto: Slg. Jutta-Christine Rißland*

Geschlechtskrankheiten auf der Bautzner Straße 125 in Dresden-Neustadt einzurichten. 1947 verließ die Familie Loschwitz und zog nach Dresden-Strehlen, wo er die Praxis eines verstorbenen Kollegen übernahm. Neben seiner Arztpraxis arbeitete er noch als Schularzt, betreute die Mütterberatung in Dresden-Strehlen und Dresden-Leubnitz-Neuostra und kümmerte sich um die Hygiene der Strehlener Gaststätten. William Knoop starb, noch voll im Berufsleben stehend, am 14. November 1955 in Dresden an einem Herzinfarkt. **Ute Häse**

Kraeger, Friedrich (1889 – ?), Dr. med.: Er betrieb 1922 – 1928 ein »Institut für Lichtbehandlung« in Dresden; 1929 zog er von Dresden in die Plattleite 19 und eröffnete Preußstraße 10 in → *Oberloschwitz* eine »Anstalt für Ernährungstherapie und Lichtbehandlung«, »Kurhaus am Sonnenhang« genannt; dieses kleine Sanatorium bestand nur etwa vier Jahre; 1933 verlegte er seine Wohnung in die Schillerstraße 12, wo er noch zwei Jahre Sprechstunden anbot; er wohnte hier bis mindestens 1945.
Krüger, Johannes (1876 – 1966), Dr. med., FA für Nervenkrankheiten, Oberstabsarzt, MR: Geboren in Pegau; 1911 OA beim Festungsgefängnis Albertstadt; danach Stabs- und Bataillonsarzt beim Schützenregiment 108; ab 1917 Wohnung Löbauer Straße, ab 1927 Arndtstraße in Dresden-Neustadt und Sprechstunden Mosczinskystraße in der Südvorstadt, ab 1932 Prager Straße in Dresden; ab etwa 1960 Wohnung und Praxis Tolstoistraße 5.
Lambrecht, Otto, Dr. med.: Er wohnte und praktizierte 1906 – 1910 Körnerplatz 8.
Lindemann, Arno, Dr. med.: Er war 1911 – 1912 als Assistenzarzt im → *Sanatorium Dr. Teuscher* tätig; in dieser Zeit wohnte er auch dort Chopinstraße 2.
Magerstädt, Kurt (1899 – 1964), Dr. med., Praktischer Arzt, Homöopath: Er kam 1930 von Jena nach Dresden; er war Schularzt an der Waldorfschule und hatte seine Praxis bis 1945 Antonstraße in Dresden, wo er bis 1932 auch wohnte; danach Wohnung Zwanzigerstraße 9 in → *Oberloschwitz*, wo er nach 1945 auch praktizierte; 1957 Übersiedlung nach der BRD.
Meißner, Bernhard, Dr. med., Praktischer Arzt: Um 1883 als Assistenzarzt in der → *Deutschen Heilstätte*, Wunderlichstraße 17.
Merkel, Curt (1887 – 1951), Dr. med., Praktischer Arzt: Geboren am 2. Dezember 1887 in Blasewitz; er wohnte 1917 – 1919 Friedrich-Wieck-Straße 4 und danach bis 1945 Pillnitzer Landstraße 14, wo er auch seine Praxis besaß; nach Zerstörung des Hauses beim Luftangriff im Februar 1945 ging er nach Oelsa (heute Ortsteil von Rabenau); er starb am 6. Dezember 1951 in Freital und wurde auf dem → *Friedhof* Dresden-Loschwitz beigesetzt.
Metzker, Gottfried, Dr. med., Praktischer Arzt: Er wohnte und praktizierte 1893 – 1894 Calberlastraße 1.

Dr. Siegfried Möller
Foto: Naturheilkundiges Dresden

Möller, Siegfried (1871 – 1943), Dr. med., Praktischer Arzt, Homöopath, Spezialist für physikalische diätische Therapie: Siegfried Friedrich Carl Felix Möller wurde am 4. Januar 1871 in Stoltenhagen in Vorpommern geboren. 1891 bis 1895 studierte er Medizin in München und Greifswald mit abschließender Promotion. Danach war er Arzt im SKH Dessau, in Görbersdorf (heute zu Oederan) und Ostafrika. Ab 1900 hatte er seine Wohnung und Praxis in Dresden.

Ausgewählte Veröffentlichungen von Siegfried Möller:

- Wege zur körperlichen und geistigen Wiedergeburt, Berlin 1903
- Das diätische Heilverfahren Schroths und seine große Wirksamkeit, Dresden 1907
- Das Fasten als Heil- und Verjüngungsmittel, Dresden 1918
- Die Kunst des Essens und ihr Einfluß auf Gesundheit, Kraft und langes Leben, Dresden 1924
- Durch Diätkuren in chronischen Krankheiten zur Gesundheit, Dresden 1936

Nachdem Möller vergeblich versucht hatte, auf der heutigen Tolstoistraße 8 ein Sanatorium zu bauen, mietete er 1904 das Villengrundstück Malerstraße 1, wo er bis 1908 wohnte und vier bis acht Kranke versorgte. Gleichzeitig besaß er eine weitere Praxis auf der Sedanstraße in Dresden. 1907 beantragte er die Errichtung eines Sanatoriums → im *OT Schöne Aussicht*, das spätere → *Sanatorium Dr. Möller* auf der Alpenstraße 1. Hier praktizierte und wohnte er bis zu seinem Tod. Siegfried Möller starb am 7. Januar 1943 in Dresden und wurde auf dem → *Friedhof* Dresden-Loschwitz beigesetzt.
Mucke, Günther (1924 – 1907), Dr. med., FA für Innere Krankheiten: Nach durch den Zweiten Weltkrieg unterbrochenem Medizinstudium 1945 – 1948 als Student bei Prof. Dr. Karl Linser (1895 – 1976) in der Hautklinik des KH Dresden-Friedrichstadt und gleichzeitig als Impfarzt bei Prof. Dr. Friedrich Winkler (1890 – 1972) an der Zentralstelle für Hygiene im Landesgesundheitsamt Sachsen; 1948 – 1951 Fortsetzung des Studiums der Medizin in Berlin mit Approbation; ab 1952 an der Inneren Klinik auf der Wurzener Straße in Dresden-Pieschen, ab 1956 unter *Helmut → Born* als OA am → *Krankenhaus Oberloschwitz* und mit ihm 1963 Wechsel in die Medizinische Klinik Weißer Hirsch, Heinrich-Cotta-Straße; 1968 Promotion an der MAD; 1984 bis zum Ruhestand 1988 an der Poliklinik Augsburger Straße in Dresden-Johannstadt; er wohnte 1958 – 1995 Knoopstraße 9 und danach Stauffenbergallee in Dresden-Neustadt; er wurde auf dem → *Friedhof* Dresden-Loschwitz bestattet.
Müller, Guido, Dr. med.: 1913 – 1914 als Assistenzarzt im → *Sanatorium Dr. Teuscher* tätig und hier Chopinstraße 2 auch wohnhaft.
Otto, Viktor, Dr. med., Praktischer Arzt: Ab 1906 Wohnung und Sprechstunden Plauenscher Platz, ab 1912 Ammonstraße und ab 1936 Falkenstraße in Dresden; etwa 1920 – 1934 auch Arzt am Schauspielhaus und ab etwa 1930 Oberbahnarzt; nach Kriegszerstörung seiner Wohnung und Praxis 1945 – 1957 Bautzner Landstraße 66 in → *Oberloschwitz* und danach Wetrower Straße in Dresden-Bühlau.
Reichel, Carl August (1811 – 1892), Dr. med., Praktischer Arzt: Er wurde am 2. Februar 1811 in Löbau geboren. Der Bildungsweg des Rittergutsbesitzersohnes ist nicht bekannt. Nachdem er später in Dresden praktiziert hatte, kam er 1852 nach Loschwitz, wo er das sogenannte »Poncetsche Anwesen« (→ *Villen*), ein Grundstück mit Weingut und »Begerhäuschen«, Calberlastraße/Josef-Hegenbarth-Weg 18, erwarb. Deshalb nannte man den dort hinauf führenden Bergweg damals »Reichelweg«. Zunächst wohnte und praktizierte er bis um 1860 hier,

Dr. med. Carl August Reichel
Foto: Slg. Matthias Griebel

dann ist er als Kunsthändler am Dresdner Neumarkt nachgewiesen. Die Kunsthandlung übernahm dann *Heinrich → Richter* (1830–1890, → *K2*), der Sohn *Ludwig → Richters* (1803–1884, → *K1*). Zehn Jahre später war Reichel wieder Arzt in Loschwitz, verkaufte 1870 das »Begerhäuschen« an eine Gräfin und 1873 das Weingut an *Moritz → Calberla* (1809–1906). Vermutlich verblieb er jedoch in seinem ehemaligen Besitz. 1883 wird er mit Praxis und Wohnung Calberlastraße 1 genannt. Spätestens ab 1886 wohnte und praktizierte er Calberlastraße 8. Er starb am 13. März 1892 in seinem 81. Lebensjahr in Loschwitz und wurde auf dem → *Friedhof* Loschwitz bestattet.

Roederer, Karl, Dr. med., Praktischer Arzt: Er wohnte und praktizierte 1915/16 Schillerstraße 7.

Schöne, Alfred, (1902–1966), Dr. med., Praktischer Arzt, FA für Innere Medizin: Geboren am 10. Juni 1902 in Dresden als Sohn des Hofkapellmeisters Paul Schöne (1868–1947, → *K2*); 1921–1927 Studium der Medizin in Rostock, Freiburg/Breisgau, München, Genf und Leipzig, 1928 Promotion in München; Assistenzarzt in Selb und 1930–1933 als Schiffsarzt nach Afrika, Südostasien und Südamerika, danach Chirurgischer Assistenzarzt am SKH Plauen/Vogtland und der Inneren Medizin am SKH Dresden-Johannstadt; 1935–1936 niedergelassener Arzt mit Wohnung Körnerplatz 7; bis 1937 Wissenschaftlicher Mitarbeiter in der Krebsforschung am Theresien-KH Nürnberg; 1937 Rückkehr nach Loschwitz mit Wohnung und Praxis Malerstraße 6; ab 1950 nebenamtlich in der Inneren Abteilung der Poliklinik Blasewitz; 1953 Schließung seiner Praxis und Assistenzarzt der Inneren Medizin im KH Dresden-Johannstadt; 1954–1956 FA-Ausbildung im Wismut-KH Erlabrunn/Erzgebirge, danach FA an der MAD und der Poliklinik Blasewitz; 1956 Flucht in die BRD; dort in verschiedenen Funktionen und Orten tätig, ab 1959 niedergelassener Internist in Friedberg/Hessen; dort am 26. Februar 1966 verstorben.

Die Entscheidung, Dresden zu verlassen, geschah nicht allein aus freien Stücken. Im Frühjahr 1956 sah Alfred Schöne für seine berufliche sowie familiäre Existenz keine Zukunft mehr in der DDR. In seiner Abschlussarbeit zum Facharzt für Innere Medizin mit Schwerpunkt Krebsforschung hatte er die ungeschützten Arbeitsbedingungen der Bergleute im Uranabbau im Erzgebirge (Wismut) in den ursächlichen Zusammenhang mit dem auffallend hohen Krebsaufkommen in der gesamten Region gebracht. Die vorher in Aussicht gestellte Leitung der Krebsstation in der MAD Dresden wurde ihm versagt, seine Praxis in → *Oberloschwitz* durfte er nicht wieder aufnehmen. Mit 54 Jahren wagte er einen Neuanfang in der Bundesrepublik Deutschland.[2]

Schrader, Heinrich (1886–1969), Dr. med., Praktischer Arzt und Geburtshelfer: Er hatte seine Praxis 1925 bis 1945 Pillnitzer Landstraße 12; das vom ihm 1933 erworbene Haus wurde 1945 zerstört; die Praxis war dann Pillnitzer Landstraße 15; 1948 baute er sein altes Haus in stark veränderter Form wieder auf und praktizierte dort wieder bis 1959.

Schubert, Max (1913–1983), Dr. med., FA für Allgemeinmedizin: Zunächst Wohnung und Praxis in Burgstädt; ab 1959 wohnte er Tolstoistraße 2 und hatte seine Praxis 1959 – etwa 1969 in der → *Poliklinik* Pillnitzer Landstraße 12; danach war er in Dresden im Betriebs-Gesundheitswesen tätig.

Villa »Eintracht«, Calberlastraße 8, um 1985. Hier wohnte und praktizierte Dr. med. Carl August Reichel ab 1886.
Foto: Wolfgang Nützenadel, Slg. Matthias Griebel

Ludwig Richter
Weidende Kühe
(Untermalung)
Aus d. Besitz von C. W. Müller

Steinkühler, Max (1875–1934), Dr. med., Augenarzt: Geboren in Kleinfastenrath (heute Ortsteil von Wipperfürth in Nordrhein-Westfalen); Studium der Medizin in Marburg, Bonn und München, 1902 Promotion; danach bis 1908 Augenarzt in Zittau und schließlich bis 1910 Leibarzt von Kaiser Menelik II. (1844–1913) in Abessinien (Äthiopien); 1912–1914 Praxis und Wohnung mit seiner Frau und den beiden Kindern Rißweg 70 in → *Oberloschwitz*; 1914 Eröffnung seines Sanatoriums Küntzelmannstraße 7 auf dem Weißen Hirsch, wo er fortan wohnte und tätig war.

Svoboda, Johannes, Dr. med.: Er arbeitete als Assistenzarzt im → *Sanatorium Dr. Teuscher* und wohnte 1907–1910 dort Chopinstraße 2 und danach bis 1912 Chopinstraße 11.

Teuscher, Heinrich (1862–1946), Dr. med., Nervenarzt, SR: Heinrich Martin Christian Teuscher wurde am 10. November 1862 in Brasilien geboren. Die Familie kehrte bald nach Jena zurück. Dort studierte er Medizin und promovierte 1890. Er erhielt 1897 die Konzession zur Errichtung einer Privatkrankenanstalt für das Grundstück Steglichstraße 38. Sie bestand nur kurzzeitig, denn bereits 1898 erwarb er, gemeinsam mit seinem Bruder Paul → *Teuscher*, die Grundstücke Chopinstraße 2 und 4. Hier und auf später hinzugekauften weiteren Grundstücken entstand ab 1899 das → *Sanatorium Dr. Teuscher*. Heinrich Teuscher wohnte bis 1902 in Dresden, wo er seit 1895 seine Praxis besaß. 1902 zog er mit seiner Frau Marie geb. Riecker und der 1901 geborenen Tochter Luise auf die Bautzner Landstraße 76. 1903 wurde seine zweite Tochter, die spätere Violinistin Marianne Teuscher (1903–2009, → *K2*) geboren, der 1909 noch Tochter Erika folgte. Schon 1903 hatte Heinrich Teuscher das Grundstück Chopinstraße 7 erworben. und ließ sich dort von Architekt Paul Winkler ein Haus bauen, das er 1904 bezog. Durch den Erwerb der Grundstücksanteile seines Bruders Paul war er ab 1910 alleiniger Besitzer des Sanatoriums. Hier wohnte er bis 1930, danach bis 1940 in dem von ihm einst erworbenen Haus Bautzner Landstraße 66, der »Waldvilla«, und schließlich bis zu seinem Tod auf der Radeberger Straße in Dresden. Heinrich Teuscher ging 1938 in den Ruhestand. Die ärztliche Leitung des Sanatoriums übernahm *Gottfried* → *Dilcher*, der mit dem Kaufmann Hans Schöpf das Sanatorium kaufte. Teuscher starb am 22. Januar 1946 und wurde auf dem Waldfriedhof Dresden-Weißer Hirsch bestattet.

Teuscher, Paul (1864–1927), Dr. med., Praktischer Arzt, Chirurg, Frauenarzt: Am 2. September 1864 in Brasilien geboren, kehrte die Familie bald nach Jena zurück. Dort studierte er wie sein Bruder → *Heinrich Teuscher* Medizin und promovierte 1890. Gemeinsam mit seinem Bruder erwarb er 1898 die Grundstücke Chopinstraße 2 und 4. Hier und auf später hinzugekauften weiteren Grundstücken entstand ab 1899 das → *Sanatorium Dr. Teuscher*. Ab 1900 wohnte er Chopinstraße 2 im Hintergebäude. 1904 erwarb er das Grundstück Chopinstraße 10 und ließ sich von dem Architekten Kurt Diestel (1862–1946) ein Landhaus bauen, das er bereits 1905 beziehen konnte. 1910 verkaufte er seinen Anteil am Grundbesitz des Sanatoriums an seinen Bruder Heinrich. 1912 beendete er wegen aufgetretener Differenzen seine Arzttätigkeit im Sanatorium. Bis 1919 wohnte er noch in seinem Haus auf der Chopinstraße und danach Wolfshügelstraße 1 in Dresden-Weißer Hirsch. Dort starb er am 11. November 1927; er wurde auf dem dortigen Friedhof beigesetzt.

Heinrich Teuscher
Foto: Naturheilkundiges Dresden

Tiling, Paul, Dr. med.: Er war 1931–1942 Arzt im → *Sanatorium Dr. Teuscher* und wohnte auch dort Chopinstraße 4.

Vietinghoff-Scheel, Eduard von, Dr. med.: Er praktizierte und wohnte 1922–1929 im → *Sanatorium Dr. Möller*, Alpenstraße 1.

Weidner, Eugen (1861–1926), Dr. med., Praktischer Arzt, Spezialarzt für Physiotherapie: Eugen August Weidner wurde am 21. Januar 1861 in Dombrowo/Provinz Posen (Poznań/Polen) geboren. Nach dem Medizinstudium heiratete er 1907 Berta Bohnenberger (1868–1956). Eugen Weidner war ab etwa 1903 Arzt in Lahmanns Sanatorium auf dem Weißen Hirsch und besaß auch eine Praxis in der Wolfshügelstraße 20. Er wohnte 1903 bis 1908 Plattleite 33 und danach bis 1916 Bergbahnstraße 6. 1913 erwarb er die Grundstücke Malerstraße 31, auf denen er sein → *Sanatorium »Am Königspark«* bauen ließ. Nach dessen Eröffnung 1916 wohnte er dort bis zu seinem Tod. Er starb am 27. August 1926 in Dresden-Wachwitz. Seine Urne wurde auf einer Stele in einem der Häuser des Sanatoriums aufgestellt. Er hinterließ seine Ehefrau und die beiden Adoptivsöhne Dr. med. Reinhard Weidner-Bohnenberger und den Kaufmann und Konsul Hans Bohnenberger. Die Urne wurde 1957 nach dem → *Friedhof* Dresden-Loschwitz überführt und im Grab seiner Frau beigesetzt.

Werner, Franz, Dr. med.: Er war 1901 Hausarzt und 1902–1912 OA an der → *Deutschen Heilstätte* und wohnte in dieser Zeit auch dort Wunderlichstraße 17.

Zwingenberger, Marianne (1896–1967), Dr. med., Kinderärztin: Marianne Zwingenberger wurde am 18. Januar 1896 in Hohenstein-Ernstthal geboren. Im Ersten Weltkrieg war sie in Chemnitz als Krankenpflegerin tätig. 1918 legte sie die Prüfung als Krankenpflegerin ab; 1920 folgte das Abitur. Danach studierte sie Medizin in Hamburg, München und Freiburg, wo sie 1925 promovierte. Es folgte eine FA-Ausbildung bei Arthur Schloßmann (1867–1932) in Düsseldorf. Ab 1929 betrieb sie eine eigene Kinderarzt-Praxis in Dresden-Neustadt. Gleichzeitig war sie bis zum Verbot dieser Tätigkeiten durch die Nationalsozialisten bis 1935 Mütterberatungs-, Schul- und Fürsorgeärztin. »Trotz der völligen Zerstörung ihrer Praxis beim Bombenangriff auf Dresden im Februar 1945 konnte Zwingenberger diese bereits im Mai 1945 wiedereröffnen.«[3] Im Mai 1947 übernahm sie die Leitung der Kinderklinik im → *Krankenhaus Oberloschwitz* und am 1. August 1947 die Gesamtleitung der Kinderklinik im SKH Dresden-Johannstadt (ab 7. September 1954 MAD). 1955 wechselte sie ans SKH Dresden-Neustadt, wo sie 1956 Chefärztin der neuen Kinderklinik wurde und dort bis 1963 arbeitete. Sie wohnte seit 1924 Bautzner Straße 177.

Ärzte in Loschwitz praktizierend, jedoch andernorts wohnend:

Die im ehemaligen → Sanatorium von Dr. Weidner und den dort folgenden Kliniken praktizierenden Ärzte sind hier nicht aufgeführt, da das Sanatorium in dieser Zeit bereits auf Wachwitzer Flur lag.

Beckert, Renate, Dr. med., FA für Kinderheilkunde: Sie hatte ihre Privatpraxis 1991–2003 im Ärztehaus Bautzner Straße 114.

Blum, Werner (1938–1993), Dr. med., FA für Innere Medizin und Psychotherapeut: Seit etwa 1968 praktizierend im KH Weißer Hirsch und wohnhaft Elisabethstraße in Dresden-Bühlau; 1973 bis zu seinem Tod Chefarzt der dortigen Fachabteilung für Psychotherapie in der → *Klinik* Hermann-Prell-Straße 8; Vorsitzender der

1979 gegründeten »Regionalgesellschaft für Ärztliche Psychotherapie« des Bezirkes Dresden und nach deren Ende Mitglied im 1990 gegründeten »Weiterbildungskreis für Psychotherapie, Psychoanalyse und Psychosomatische Medizin e.V.«

Ernst, Georg (1900–1990), Dr. med., FA für Röntgenologie und Innere Medizin: Er wurde am 24. April 1900 in Donauwörth geboren. Später studierte er in Würzburg und Freiburg/Breisgau Medizin. Nach seiner Promotion war er ein Jahr Assistenzarzt am Freiburger Diakonissenkrankenhaus und von 1927 bis 1931 Arzt an der Universitätsklinik in Münster. 1931 kam er nach Dresden und war als OA für Röntgenologie am »Institut für Röntgenologie, Radiumtherapie und Röntgendiagnostik Felix Nahmmacher« tätig. 1935 eröffnete er seine eigene Praxis in Dresden-Weißer Hirsch, Bautzner Landstraße 4. Hier wohnte er auch bis 1939, danach zog er in die Lehnertstraße 8. 1945 wurde ihm von der sowjetischen Kommandantur die Leitung des → *Krankenhauses Loschwitz* übertragen, die er bis 1946 innehatte. Danach arbeitete er im KH der Militäradministration im einstigen Lahmann-Sanatorium in Dresden-Weißer Hirsch. 1950 eröffnete er seine eigene Praxis auf der Collenbuschstraße 16. Nebenberuflich engagierte er sich in herausragender Weise für Heimatgeschichte, Denkmalpflege und Naturschutz. 1961 gründete er einen dafür zuständigen Arbeitskreis innerhalb des Kulturbundes, dem er bis 1965 als Leiter vorstand. Bereits 1960 entwickelte er einen Plan zur Schaffung eines »Friedensparks«, der sich vom Eisenbornbach an der Brockhausstraße über die Loschwitzer → *Elbschlösser* entlang des Elbhanges bis zum Luisenhof (→ *Gaststätten*) erstrecken sollte. 1963 erhielt er die Auszeichnung »Verdienter Arzt des Volkes«. Nachdem er seine umfangreiche heimatkundliche Sammlung dem Sächsischen Hauptstaatsarchiv übergeben hatte, verzog er 1966 nach Sasbachwalden im Schwarzwald, wo er noch weitere zehn Jahre als Chefarzt der »Kliniken Dr. Wagner« tätig war. Georg Ernst starb am 18. März 1990 in Rastatt.

Gollnick, Dorothee, Dipl.-Med., FA für Allgemeinmedizin: Sie hat ihre Praxis seit 2010 im Ärztehaus Bautzner Straße 114.

Grabowski, Paul, Dr. med., FA für Orthopädie: Nach vorangegangener Tätigkeit in der Klinik der Volkspolizei, Schillerstraße 39, hat er seit 1990 eine eigene Praxis im Nebengebäude des Hauses. Er wohnt in Dresden-Bühlau.

Grabowski, Sieglinde, Dipl.-Med., FA für Allgemeinmedizin: Sie hat ebenfalls seit 1990 eine eigene Praxis im Nebengebäude Schillerstraße 39. Sie wohnt in Dresden-Bühlau.

Hermann Klencke-Mannhart
Foto: Naturheilkundiges Dresden

Klencke-Mannhart, Hermann (1852–1904), Dr. med., Naturarzt: Er wohnte in Dresden, wo er auf der Serrestraße auch eine »Klinik für reformierte Medizin« besaß. 1892–1893 war er Leiter des Kurbades von *Klara* → *Muche* (→ *Gaststätte* Elbthal), Pillnitzer Landstraße 7. 1894 begann er mit seiner Arbeit in Wachwitz, wo er 1896 Grundstücke erwarb und den »Kurberg Wachwitz« ausbaute.

Lobeck, Gottfried, Dr. med., FA für Neurologie: 1960–1963 Studium der Medizin in Berlin und Dresden, 1967 Promotion; bis 1973 in der Klinik für Psychiatrie und Neurologie der MAD; 1973–1979 Neurologische Abteilung der Poliklinik Weißer Hirsch; 1979–1993 FA und zuletzt Chefarzt der Fachabteilung für Psychotherapie in der → *Klinik* Hermann-Prell-Straße 8; danach bis zum Ruhestand 2007 im Klinikum Weißer Hirsch des Städtischen KH Dresden-Neustadt; seit 1988 wohnhaft in (Dresden-) Langebrück.

Morgner, Joachim, Prof. Dr. med., FA für Psychiatrie und Neurologie/Psychotherapie: 1970–1975 Studium der Medizin in Berlin, anschließend FA-Ausbildung am Bezirks-KH Arnsdorf mit Promotion 1978 in Berlin; 1986 Habilitation und 1988 Hochschuldozent für Psychiatrie an der Universität Jena; ab 1990 Dozent an der MAD (ab 1. Oktober 1993 Universitätsklinikum) und Chefarzt der Klinik für Psychiatrie und Psychotherapie im → *Krankenhaus Oberloschwitz*; 1998 Berufung zum Prof. für Medizinische Psychologie an der Medizinischen Fakultät der TU Dresden; nach Umzug der Loschwitzer Klinik 2001 ins Klinikum Weißer Hirsch bis zum Ruhestand 2011 dort weiter als Chefarzt tätig.

Neuberger, Fritz (?–1918), Dr. med.: 1916–1918 Arzt im → *Sanatorium Dr. Teuscher*, wo er von Oskar Kokoschka (1886–1980, → *K1*) mehrfach porträtiert wurde.

Reinschke, Gertrud, Dr. med., FA für Allgemeinmedizin: Als Nachfolgerin von → *Doris Däumer* hatte sie ihre Praxis 1992–2006 in der → *Ökumenischen Diakonie-Sozialstation BÜLOWH e.V.* (→ *Kirchlich-Diakonische Einrichtungen*), Pillnitzer Landstraße 12; sie wohnt in Dresden-Wachwitz.

Richter, Marianne, Dr. med., FA für Allgemeinmedizin: Sie praktizierte 1990–2009 im Haus Bautzner Straße 114, zunächst in der dortigen → *Poliklinik* und ab 1991 in ihrer Privatpraxis im Ärztehaus.

Rupprecht, Stephan, Dr. med., FA für Kinderheilkunde: Er hat seine Praxis seit 2003 im Ärztehaus Bautzner Straße 114.

Schnabel, Helmut (1920–2003), Dr. med., FA für Innere Medizin: Nach Medizinstudium ab etwa 1950 bei Chefarzt Wilhelm Crecelius (1898–1979) an der Inneren Abteilung des KH Dresden-Johannstadt (ab 1954 MAD) und danach an der dortigen Radiologischen Klinik unter Chefarzt Heinrich Fritz (1909–1998) tätig; 1963 ging Schnabel als Nachfolger *Helmut* → *Borns* als Chefarzt an das → *Krankenhaus Oberloschwitz*, wo er bis zu seinem Ruhestand blieb; seine Wohnung hatte er zuletzt Comeniusstraße in Dresden; er wurde auf dem Waldfriedhof Weißer Hirsch bestattet.

Seiffert, Annegret geb. Reinschke, Dr. med., FA für Innere Medizin: Als Nachfolgerin ihrer Mutter *Gertrud* → *Reinschke* hat sie ihre Praxis seit 2006 in der → *Sozialstation BÜLOWH e.V.* (→ *Kirchlich- Diakonische Einrichtungen*), Pillnitzer Landstraße 12.

Ärzte in Loschwitz wohnend, aber andernorts praktizierend

Ancke, Leopold, Dr. med.: Der aus Chemnitz kommende Arzt kaufte 1908 das Haus Körnerweg 16 und wohnte dort bis 1923; er verkaufte sein Haus und lebte im Ruhestand bis 1932 in Dresden-Striesen.

Appel, Paul, Dr. med., Generalarzt: Er wohnte 1911 bis zu seinem Tod um 1928 Chopinstraße 11; ab etwa 1920/21 im Ruhestand.

Bach, Hugo, Dr. med., SR: Er wohnte 1931–1933 Bautzner Landstraße 74 in → *Oberloschwitz*.

Baumgartner, Viktoria (1902–2000), Dr. med., FA für Innere Medizin: Sie hatte 1934–1945 Wohnung und Praxis mit ihrem Ehemann, dem Zahnarzt *Hermann* → *Baumgartner*, Bautzner Straße in Dresden-Neustadt; nach Kriegszerstörung des Hauses ab 1945 Wohnung Schevenstraße 21; sie starb in Heilbronn.

Bergmann, Hans, Dr. med.: Er wohnte 1929–1930 An der Berglehne 16, danach Oskar-

Pletsch-Straße 14 und ab 1933 Plattleite 19; seine Praxis hatte er ab 1932 Silberweg 2 in Dresden-Weißer Hirsch.

Berlet, Otto, Dr. med., Arzt für chronische Beinkrankheiten: Geboren in Medingen, Studium der Medizin in Leipzig mit Promotion 1890; er wohnte 1915 bis zu seinem Tod um 1926 Körnerweg 14 und besaß ab 1919 eine Praxis auf der Prager Straße in Dresden.

Bernhardt, Joachim (1925–2012), Dr. med., FA für Chirurgie, FA für Orthopädie, MR: Joachim Bernhardt wurde am 1. Januar 1925 in Dresden geboren. Seine Schulzeit beendete er 1943 mit dem Abitur am Realgymnasium Dresden-Blasewitz. Nach Arbeitsdienst, Einsatz bei der Wehrmacht und Kriegsgefangenschaft kehrte er Ende 1945 nach Dresden zurück. 1946 arbeite er als Krankenpfleger im KH Dresden-Johannstadt. Noch im gleichen Jahr begann er das Medizin-Studium an der Universität Rostock, das er 1952 mit seiner Promotion abschloss. 1952 kehrte er als Assistent an das KH Dresden-Johannstadt (ab 1954 MAD) zurück und begann 1954 bei Johannes Büschelberger (1909–1984) seine Qualifizierung zum FA für Orthopädie, die er 1958 abschließen konnte. Für wenige Monate hatte er 1959 die Leitung der orthopädischen Abteilung am KH in Radebeul. Nach Rückkehr an die MAD qualifizierte er sich 1960–1961 bei *Hans Bernhard → Sprung* (1906–1963) zum FA für Chirurgie. 1962 wurde er OA an der Chirurgischen Klinik und Leiter der Unfallchirurgischen Abteilung der MAD, später der dortigen Traumatologischen Abteilung. Seine Leistungen wurden mit mehreren Urkunden und Medaillen gewürdigt. 1990 trat er in den Ruhestand. Er wohnte von 1969 bis zu seinem Tod Schevenstraße 49. Joachim Bernhardt starb am 15. Mai 2012 in Dresden und wurde auf dem Friedhof Dresden-Weißer Hirsch bestattet.

Beyer, Georg, Dr. med., SR: Er wohnte 1911–1912 Preußstraße 1 und danach bis mindestens 1945 Preußstraße 3.

Bickhardt, Justus, Dr. med., Stabsarzt: Er wohnte 1912–1913 Wilhelminenstraße 1.

Bode, Theodor, Dr. med., Oberstabsarzt a. D: Er wohnte im Ruhestand 1906–1913 Bergbahnstraße 11.

Brandt, Arthur (1905–1989), Prof. Dr. med., Praktischer Arzt: Artur Paul Oskar Brandt wurde am 4. Juli 1905 in Mühlhausen geboren. Ab 1924 Studium der Medizin und 1930 Promotion in Freiburg/Breisgau sowie Assistenzarzt am dortigen Pathologischen Institut. 1930 ging er nach Hamburg als Referent für Gewerbehygiene; hier qualifizierte er sich zum Gewerbeaufsichtsbeamten und baute das dortige Gewerbeaufsichtsamt auf. 1934 Wechsel zum

Arthur Brandt Aus: Zeitschrift für die gesamte Hygiene und ihre Grenzgebiete Juli 1980

Leipziger Gewerbeaufsichtsamt. 1935 kam er nach Dresden, wo er 1936 im sächsischen Ministerium für Wirtschaft und Arbeit Sächsischer Landesgewerbearzt wurde und ein Forschungsinstitut zur Arbeitshygiene gründete. Seit 1933 war er Mitglied der NSDAP und trat später dem NS-Ärztebund bei. Von 1945 bis 1954 war er Praktischer Arzt und nebenamtlich Polizeiarzt in Mühlhausen. 1954 Ernennung zum Direktor des Instituts für Arbeitshygiene an der Akademie für Sozialhygiene, Arbeitshygiene und Ärztliche Fortbildung der DDR in Berlin-Lichtenberg. 1958 kam er erneut nach Dresden, wo er als Hochschullehrer der MAD das »Institut für Arbeitshygiene« aufbaute und als »Verdienter Arzt des Volkes« ausgezeichnet wurde. 1959 ging er nach Halle/Saale als Direktor und Professor für Arbeitshygiene an der Martin-Luther-Universität Halle-Wittenberg. 1963 erhielt er einen Lehrstuhl an der Karl-Marx-Universität Leipzig; aus Anlass seiner Emeritierung bekam er 1970 die Ehrennadel der Universität. Seinen Hauptwohnsitz hatte er ab etwa 1964 Calberlastraße 10 in Loschwitz. Arthur Brandt starb am 8. März 1989 und wurde auf dem → *Friedhof* Loschwitz beigesetzt.

Christoph, Julius, Dr. med., Augenarzt, SR: Er wohnte 1904–1911 Hermann-Prell-Straße 9, danach zog er nach Dresden-Neustadt, wo er auch seine Praxis hatte.

Clausnitzer, Waltraut geb. Rühlow (1923–1994), Dr. med., Radiologin: OA an der Strahlenklinik der MAD Dresden; sie wohnte ab etwa 1957 bis zu ihrem Tod Malerstraße 26b und wurde auf dem → *Friedhof* Loschwitz bestattet.

Comberg, Paul, Dr. med., Oberstabsarzt, Polizei-MR: Er wohnte 1922–1925 Bautzner Straße 191 und danach bis zu seinem Tod um 1939 Sonnenleite 25.

Düring, Ernst von (1858–1944), Prof. Dr. med., Dermatologe: In Hamburg geboren, studierte er in Tübingen, Leipzig und Erlangen Medizin, 1881 Promotion; danach Assistenzarzt am Pathologischen Institut Erlangen und 1882–1884 an der dortigen Chirurgischen Klinik und danach Qualifizierung zum Hautarzt in Hamburg; 1889–1902 Professor für Dermato- und Syphilidologie an der Medizinschule in Konstantinopel (heute Medizinische Fakultät der Universität Istanbul) und Reformer des türkischen Heeressanitätswesens, 1898 Verleihung des Pascha-Titels; 1902–1906 Prof. für Dermatologie an der Universität in Kiel; 1907–1911 in der Nachfolge Heinrich Lahmanns (1860–1905) Chefarzt in Lahmanns Sanatorium auf dem Weißen Hirsch; er wohnte in dieser Zeit bis 1908 Chopinstraße 12 und danach im Haus seiner Frau Johanna geb. Wedel Sonnenleite 3; 1911 ging er als Arzt an eine Klinik in Tobelbad bei Graz/Österreich, später nach Baden-Baden, dann nach Friedeberg in Hessen; 1922 Professur für Heilpädagogik an der Universität Frankfurt/Main; gestorben in Heidelberg.

Einecker, Wilhelm, Dr. med., Stabsarzt: Er wohnte 1911–1912 Wilhelminenstraße 5.

Fickenwirth, Werner, Dr. med.: Er wohnte 1931–1932 Veilchenweg 34.

Fiedler, Konrad, Dr. med.: Er wohnte 1921 Plattleite 31.

Francke, Karl (1920–1990), Dr. med., FA für Chirurgie, OA: In Dresden geboren; nach Abitur 1938 an der Kreuzschule Arbeits- und Wehrdienst; 1939 Studienplatz in München, jedoch keine Entlassung aus der Wehrmacht; 1939–1944 Soldat in Polen, Frankreich und der Sowjetunion, mehrere Verwundungen, Genesungszeit wurde zum Studium genutzt, 1944–1946 Gefangenschaft in Italien mit Entlassung als Feldunterarzt; 1946–1949 Medizinstudium in München mit Staatsexamen; ab 1951 Assistenzarzt im KH Dresden-Friedrichstadt und FA-Ausbildung an der MAD; 1955 Umzug mit Familie von Dresden-Blasewitz nach Pillnitzer Landstraße 17; 1957 Promotion und ab 1958 FA für Chirurgie; 1960 kommissarische Leitung der Chirurgischen Klinik des KH Dresden-Neustadt und danach bis 1963 OA an der Chirurgischen Klinik der MAD; 1963 Aufbau der Chirurgischen Abteilung der Poliklinik Dresden-Neustadt, 1964–1985 dort tätig als OA; auch Betriebsarzt der Pädagogischen Hochschule und zuletzt Leiter der Ärzte-Beratungskommission; verstorben in Dresden-Loschwitz und auf dem → *Friedhof* Dresden-Loschwitz bestattet.

Der Chirurg Albert Fromme
Repro: Archiv OVLW

Franke, Arthur (1879 – 1941), Dr. med., Reg.-Medizinalrat: er wohnte 1931 – 1941 in seinem Haus Veilchenweg 32.

Fröhlich, Josef (1855 – 1923?), Dr. med., Militär- und Badearzt, Oberstabsarzt: 1875 – 1880 Medizinstudium in Greifswald und Leipzig, Promotion 1882; ab 1880 Militärarzt und ab 1895 Leiter der Wasserheilanstalt »Ostseebad Broesen« (Brzeźno) bei Danzig (Gdánsk/Polen); später in Dresden und im Ruhestand von 1913 bis zu seinem Tod um 1923 Wohnung Heideparkstraße 10; Verfasser mehrerer medizinisch-philosophischer Schriften.

Frohwein, Fritz, Dr. med.: Er wohnte 1909 – 1910 Plattleite 33, danach bis 1912 Sonnenleite 25 und von 1913 bis zu seinem Tod um 1925 in seinem Haus Johannesweg 2.

Fromme, Albert (1881 – 1966), Prof. Dr. med., FA für Chirurgie: Albert Bernhard Fromme wurde am 25. November 1881 in Gießen als zweitältestes von vier Kindern geboren. Seine Eltern waren die aus Göttingen stammende Henriette Fromme geb. Bandmann und Carl Fromme, Professor für Physik an der Universität Gießen. Der Sohn Albert studierte ab 1900 Medizin in Gießen und promovierte dort 1905. Er begann seine Tätigkeit auf bakteriologischem Gebiet am Göttinger Hygiene-Institut. Danach ging er nach Bonn, wo er bei Carl Garré (1857 – 1928) und August Bier (1861 – 1949) seine chirurgische Qualifikation erwarb. 1908 kehrte er als Assistenzarzt an die Universitätsklinik Göttingen zurück, wo er 1910 OA wurde und 1914 die kommissarische Leitung der Chirurgischen Abteilung für den zum Militärdienst eingezogenen Rudolf Stich (1875 – 1960) übernahm, mit dem ihn eine lebenslange Freundschaft verband. 1915 folgte die Ernennung zum Prof. 1921 kam Fromme nach Dresden und wurde Chef der chirurgischen Abteilung des SKH Dresden-Friedrichstadt, die unter seiner Leitung in den folgenden Jahren wesentlich ausgebaut werden konnte. 1943 wurde er auf dem 65. Kongress der »Deutschen Gesellschaft für Chirurgie« zum Vorsitzenden gewählt. Dieses Amt hatte er von 1944 bis zum ersten Nachkriegskongress 1949 inne. Bei den Luftangriffen im Februar 1945 verlor Fromme seine Wohnung mit Bibliothek und allen seinen wissenschaftlichen Aufzeichnungen auf der Altenzeller Straße und fand eine vorübergehende Unterkunft im nur teilweise zerstörten KH Dresden-Friedrichstadt. Da er nicht der NSDAP angehört hatte, konnte er weiter Chefarzt der Chirurgischen Klinik bleiben. Dazu kam später noch das Amt des Ärztlichen Direktors des SKH Dresden-Friedrichstadt. Im Zuge der 1953 beschlossenen Hochschulreform der DDR sollten auch drei Medizinische Akademien entstehen. Albert Fromme und Wilhelm Crecelius (1898 – 1979) setzten beim zuständigen Ministerium durch, dass Dresden einer der Standorte wurde. Fromme schlug vor, der Dresdner Akademie den Namen des Arztes und Malers Carl Gustav Carus (1789 – 1869, → *K1*) zu geben. Dies wurde akzeptiert und er wurde zum Rektor und Professor der am 7. September 1954 gegründeten MAD ernannt. Er war Mitglied der Sächsischen Akademie der Wissenschaften und der Deutschen Akademie der Naturforscher Leopoldina; 1955 folgte die Ernennung zum Ehrenmitglied der »Deutschen Gesellschaft für Chirurgie«. Aus Altersgründen legte er noch im gleichen Jahr sein Rektorat nieder. 1956 folgte die Emeritierung und die Abgabe der Leitung der Chirurgischen Klinik. Seine Wohnung hatte er von 1953 bis 1965 Collenbuschstraße 7 in → *Oberloschwitz*. Albert Fromme starb am 5. Mai 1966 in Holzminden.

Geipel, Paul (1869 – 1956), Prof. Dr. med., FA für Pathologie: Paul Rudolf Geipel wurde am 6. Februar 1869 als Sohn eines Praktischen Arztes in Zwickau geboren. Nach dem Abitur studierte er 1889 – 1895 in Leipzig Medizin und promovierte im folgenden Jahr. Nach kurzer Tätigkeit in Straßburg (Strasbourg) ging er 1897 als Assistent an das SKH Dresden-Friedrichstadt und arbeitete dort in der Pathologisch-Anatomischen Abteilung bei *Georg → Schmorl* (1861 – 1932). 1899 ging er an das Hygienisch-Bakteriologische Institut nach Hamburg und anschließend an das Pathologische Institut der Universität Gießen. 1901 kehrte er durch Vermittlung Georg Schmorls nach Dresden zurück und übernahm am soeben gegründeten SKH Dresden-Johannstadt die Leitung der Pathologischen Abteilung. Parallel zu dem Pathologen Ludwig Aschoff (1866 – 1942) beschrieb Geipel um 1905 die später nach beiden benannten »Aschoff-Geipelschen Knötchen« (eine krankhafte Veränderung der Herzkranzgefäße), die ihn weltbekannt machten. 1911 erfolgte seine Ernennung zum Prof. Hier blieb er als Chefarzt bis 1932. Nach der vorläufigen Schließung des SKH und dem Tod Georg Schmorls trat er 1932 in dessen Nachfolge als Chefarzt des Pathologischen Instituts des SKH Dresden-Friedrichstadt. 1939 kehrte er an das wiedereröffnete KH Dresden-Johannstadt, das jetzt den Namen »Rudolf-Heß-Krankenhaus« trug, zurück und leitete das dortige Pathologische Institut bis 1946. Danach war er bis kurz vor seinem Tod im Sächsischen Serumwerk Dresden als Leiter der Histologischen Abteilung tätig. 1924 zog er

Geipel begann mit etwa 30 Jahren zunächst Gemälde, dann Grafiken und Plastiken zu sammeln. Die Sammlerleidenschaft entsprach seinem Kunstbedürfnis und nicht spekulativen Wertanlagen. [...] Geipels Bestand an Kunstwerken erreichte gesellschaftliche Dimensionen und war nach Einschätzung von Kunstexperten von durchaus nationaler Bedeutung und die größte private Schenkung im Osten Deutschlands. Sie besteht heute aus der Stiftung im Museum Schloss Glauchau und der Geipel-Stiftung im Museum der bildenden Künste Leipzig.[4]

Prof. Dr. Paul Geipel am Piano
Foto: SLUB Dresden/Deutsche Fotothek

von der Neubertstraße in Dresden-Johannstadt in die Kügelgenstraße 10 in Loschwitz, wo er bis zu seinem Tode wohnte. Er starb am 14. Oktober 1956 in Dresden und wurde auf dem → *Friedhof* Dresden-Loschwitz beigesetzt.

Gmelin, Carl (1863 – 1941), Dr. med.: Er wohnte 1897 – 1898 Sonnenleite 33 in → *Oberloschwitz* und war Leiter des physiologisch-chemischen Laboratoriums im Sanatorium Dr. Lahmann auf dem Weißen Hirsch; er gründete 1898 das Nordsee-Sanatorium in Wyk auf der Insel Föhr.

Goedecke, Ilse geb. Brückner (1904 – 1995), Dr. med., FA für Allgemeinmedizin: Ilse Goedecke wurde am 20. Juni 1904 in Dresden geboren. Die Jugendjahre verlebte sie im Haus Körnerweg 12., das ihre Mutter Margarete Brückner mit dem Einverständnis ihres Mannes, dem Rechtsanwalt Paul Reinhold Brückner, 1918 von den Erben der Hofschauspielerin *Pauline* → *Ulrich* (1835 – 1916, → *K1*) gekauft hatte. Ilse Goedecke studierte in Tübingen, Freiburg und Berlin Medizin. Mit Approbation zur Allgemeinmedizinerin und der Dissertation 1931 in Berlin eröffnete sie eine Praxis in (Dresden-)Klotzsche, wo sich auch ab 1948 ihr Wohnsitz befand. Später arbeitete sie als Chefärztin im Landambulatorium in Weixdorf. Nach zehnjähriger Abwesenheit zog sie 1958 wieder mit ihrer Familie ins elterliche Haus am Körnerweg 12. Nach ihrer Pensionierung 1969 arbeitete sie in der Impfstelle und in der Mütterberatung der Poliklinik Blasewitz. 1984 verließ sie mit ihrer Familie die DDR und siedelte sich in Rosengarten bei Hamburg an. Dort verstarb Ilse Goedecke am 2. Dezember 1995.

Großmann, Horst (1919 – ?), Dr. med.: Er wohnte etwa 1953 bis 1958 Malerstraße 25 und verzog 1958 nach Karl-Marx-Stadt (Chemnitz).

Grube, Irmgard (1904 – 1982), Dr. med., Kinderärztin, MR: Sie war nach 1945 Amtsärztin beim Gesundheitsamt Dresden und Stadtbezirksärztin von Dresden-Mitte; sie wohnte ab etwa 1960 Knoopstraße 3 und wurde auf dem → *Friedhof* Dresden-Loschwitz bestattet.

Güttner, Horst-Günther (1912 – 1983), Prof. Dr. med., FA für Pathologie: Geboren am 4. März 1912 in Colmar (Chodzież/Polen); 1930 – 1935 Studium der Medizin und 1936 Promotion; Assistenzarzt in Landsberg (Gorzów Wielkopolski/Polen), Hamburg und 1938 am Pathologischen Institut der Universität Greifswald, hier 1943 Habilitation; 1946 Ernennung zum Direktor der Pathologischen Anatomie im KH Dresden-Johannstadt und 1954 zum Direktor des Instituts für Pathologie mit Professur an der MAD; 1956 – 1960 Rektor der MAD; 1961 – 1970 Arzt am Bezirks-KH »Heinrich Braun« in Zwickau und danach bis zum Ruhestand 1977 am »Heinrich-Scheffler-KH« in Aue; er wohnte nach 1945 bis zu seinem Tod Stürenburgstraße 9; er starb am 11. November 1983 in Frankfurt/ Main und wurde auf dem → *Friedhof* Dresden-Loschwitz beigesetzt.

Dr. Ilse Goedecke *Foto: Slg. Ute Häse*

Hamann, Hans (1917 – ?), Dr. med., FA für Augenheilkunde: Er wohnte 1950 – 1961 Leonhardistraße 5 und ging 1961 nach der BRD.

Hartenstein, Max, Dr. med., PA; Hauptwohnung und Praxis in Dresden, im Sommer wohnte er von etwa 1897 bis 1920 in seinem Haus Bautzner Landstraße 48 in → *Oberloschwitz.*

Heidelbach, Johann-Georg (1938 – 1997), Prof. Dr. med., FA für HNO: Geboren in Mühlhausen; 1956 – 1962 Studium der Medizin in Berlin und Erfurt, 1962 Promotion; 1962 – 1964 Assistenzarzt in Schmalkalden; danach Spezialgebiet Phoniatrie (Stimmheilung) und FA-Ausbildung an der HNO-Klinik der MAD, 1976 Habilitation und ab 1977 Leitung der Phoniatrischen Abteilung und OA der HNO-Klinik der MAD; parallel dazu Arbeit am Studio für Stimmforschung der Dresdner Musikhochschule und Beratung von Künstlern der Semperoper; 1993 bis zum Tod leitender FA an der Klinik Bavaria in Kreischa; er wohnte nach 1970 zunächst Calberlastraße 10 und danach bis zu seinem Tod Calberlastraße 1f; er wurde auf dem → *Friedhof* Dresden-Loschwitz beigesetzt.

Henneberg, Ludwig, Dr. med.: Er wohnte in seinem Ruhestand 1904 – 1906 Wilhelminenstraße 6.

Hertzsch, Julius, Dr. med., OMR: Er wohnte 1926 bis mindestens 1945 Plattleite 36.

Hoffmann, Heinrich, Dr. med., Stabsarzt a. D.: Er wohnte 1898 – 1904 An der Berglehne 2.

Hoffmann, Oskar, Dr. med., Stabsarzt, SR: Er wohnte 1913 – 1920 Bautzner Straße 191.

Hoffmann, Richard, Dr. med., Praktischer Arzt: Er hatte 1903 – 1904 seine Sommerwohnung Steglichstraße 34.

Hofmann, Johannes, Dr. med., SR: Er wohnte 1932 – 1937 Bautzner Straße 181.

Holtorff, Joachim (1918 – 2012), Prof. Dr. med., FA für Gynäkologie: 1937 – 1942 Studium der Medizin in Berlin, Innsbruck und Danzig (Gdánsk/Polen) und 1943 Promotion in Berlin; danach bis 1945 Sanitätsoffizier; 1945 – 1949 in sowjetischer Kriegsgefangenschaft als Lagerarzt; danach FA-Ausbildung und Assistenzarzt in Wiesenburg und 1951 – 1956 Stationsarzt an der Frauenklinik des KH Dresden-Friedrichstadt; ab 1956 OA und Lehrauftrag an der MAD; 1960 Habilitation und 1965 Professor für Gynäkologie und Geburtshilfe an der MAD; 1968 – 1974 Ärztlicher Direktor der MAD, 1972 – 1973 dort kommissarischer Direktor der Klinik für Frauenheilkunde; auch nach Emeritierung 1983 weiter bis 1990 an der MAD ehrenamtlich tätig; er wohnte etwa 1953 bis zu seinem Tod Wunderlichstraße 10.

Hübener, Heinrich, Dr. med., Augenarzt, MR: Er wohnte 1921 Fischhausstraße 4 und 1922 bis mindestens 1945 Wilhelminenstraße 7.

Hübler, Georg Heinrich, Dr. med., FA für Chirurgie: 1901 kaufte er die Grundstücke Pillnitzer Landstraße 41 und 43 und richtete im bereits bebauten Grundstück Pillnitzer Landstraße 41 kurz danach seine Sommerwohnung ein; Hauptwohnung, Praxis und Röntgeninstitut sowie später eine Privatklinik hatte er in Dresden; Institut und Klinik bestanden bis 1919 auf dem Zelleschen Weg; 1911 konnte er sein neu erbautes Haus Pillnitzer Landstraße 43 beziehen, in dem er bis 1920 wohnte.

Hueppe, Ferdinand (1852 – 1938), Prof. Dr. med., Dr. jur., FA für Chirurgie, Generalarzt, Österreichischer Hofrat: In Heddesdorf (heute zu Neuwied) geboren, studierte er Medizin am Friedrich-Wilhelm-Institut in Berlin, 1876 Promotion; danach Militärdienst und 1879 Rückkehr nach Berlin und bis 1884 Mitarbeiter von Robert Koch (1843 – 1910); 1889 bis 1912 Prof. für Hygiene an der Karlsuniversität in Prag; danach Wohnung in Dresden; im Ersten Weltkrieg bis zu seiner Verwundung Generalarzt; 1924 bis 1930 wohnte er Pillnitzer Landstraße 15, danach wieder in Dresden, wo er 1938 starb; sein aktives Engagement im Sport verquickte er in seinen wissenschaftlichen Schriften mit dem Sozialdarwinismus und wurde damit zu einem der Wegbereiter der nationalsozialistischen Ideologie.

Husadel, Paul, Dr. med., Praktischer Arzt: Er wohnte 1933–1940 Bautzner Straße 116.

Jagdhold, Herbert, Dr. med.: Er wohnte 1933 Oskar-Pletsch-Straße 14, wo sich eine Außenstelle des Sanatoriums Dr. Lahmann in Dresden-Weißer Hirsch befand.

Just, Johannes (1875–1961), Dr. med., FA für HNO: Geboren in Zwickau; 1903–1908 Wohnung und HNO-Praxis Christianstraße in Dresden; 1909–1945 Praxis Prager Straße und Wohnung bis 1912 Nürnberger Straße und danach bis 1945 Liebigstraße; nach 1945 wohnte er bis zu seinem Tod Robert-Diez-Straße 2.

Kadner, Paul (1850–1922), Dr. med., Praktischer Arzt: Er wurde am 21. Juni 1850 in Dresden geboren. Sein Vater war Arzt und Leiter der diätetischen Heilanstalt und Klinik in Dresden. Nach dem Besuch des Dresdner Kreuzgymnasiums studierte Paul Kadner in Leipzig Medizin und promovierte 1875. Er war zunächst Schiffsarzt. 1876 ging er nach Niederlößnitz (Radebeul) und eröffnete eine Praxis. 1883 gründete er dort das nach ihm benannte Sanatorium, eine Diätkuranstalt »für Kranke aller Art«. 1899 verkaufte er das Sanatorium und zog nach Dresden, wo er bis 1914 blieb. 1915 kam er nach Loschwitz und wohnte bis 1919 Pillnitzer Landstraße 14. Am 26. Februar 1922 verstarb er in Bad Reichenhall.

Kleffel, Hans, Dr. med.: Er praktizierte im Sanatorium Dr. Lahmann auf dem Weißen Hirsch und wohnte 1912–1919 Oskar-Pletsch-Straße 2.

Kleffel, Valeria von Westernhagen, Dr. med.: Sie praktizierte im Sanatorium Dr. Lahmann auf dem Weißen Hirsch und wohnte mit ihrem Ehemann *Hans → Kleffel* Oskar-Pletsch-Straße 2.

Otto-R. Wenzel, Nikolaus Lichtenberger, Matthias Griebel

Prof. Dr. Heinz-Egon Kleine-Natrop

Kleine-Natrop, Heinz Egon (1917–1985), Prof. Dr. med., Dr. med. dent., FA für Haut- und Geschlechtskrankheiten, OMR: Egon Maria Heinrich Kleine-Natrop wurde am 16. Dezember 1917 in Gladbeck/Westfalen als Sohn des späteren Reichsbankdirektors Dr. Heinrich und Agnes Maria Kleine-Natrop geboren. Ab 1925 besuchte der Sohn in Gladbeck zuerst die Grundschule und dann das Realgymnasium. Später wechselte er ans humanistische Gymnasium der Jesuiten in Bad Godesberg und legte 1937 am städtischen Gymnasium in Bottrop sein Abitur ab. Dem folgten sechs Monate Reichsarbeitsdienst in Forst-Keune in der Niederlausitz. Es schloss sich bis 1943 das Studium der Medizin in Münster, München, Königsberg/Ostpreußen (Kaliningrad/Russland) und Freiburg/Breisgau an. Als Nebenfächer belegte er Philosophie, Psychologie und Pädagogik. Mit dieser Ausbildung schuf er einen breitgefächerten und humanistisch geprägten Grundstock für sein späteres Leben. Neben dem Studium wurde er zum Sanitätsdienst der Kriegsmarine einberufen. Es folgten Praktika und Famulaturen in Marinelazaretten in Narvik/Norwegen, Salsomaggiore/Norditalien, Westerland auf Sylt und auf der Nordseeinsel Wangerooge. 1943 wurde ihm nach bestandenem Staatsexamen die Approbation als Arzt erteilt; die Promotion folgte im Dezember 1943 an der Medizinischen Fakultät der Albertus-Universität in Königsberg. Das folgende Jahr verbrachte er als bezahlter Volontär-Assistent am Medizingeschichtlichen Institut der Universität Freiburg/Breisgau, bevor er 1944 als Schiffsarzt/Sanitätsoffizier auf einem Zerstörer eingesetzt wurde. Von Mai bis November 1945 war Kleine-Natrop in britischer Kriegsgefangenschaft in Schleswig Holstein. Die Kriegserlebnisse hinterließen Erinnerungen voller Traurigkeit, welche er 1952 unter dem Pseudonym »Jan Biedewind« in dem Gedichtband »Die Backbordlaterne« verarbeitete. Nach dem Zweiten Weltkrieg war er zunächst als Assistenzarzt zur FA-Ausbildung in Freiburg/Breisgau, Marne/Holstein, Schleswig und Kiel tätig. 1948 wurde er an der Universitätshautklinik Kiel FA für Haut- und Geschlechtskrankheiten, habilitierte sich und wurde am 1. September 1949 zum OA ernannt. Konsequent erfolgte seine Integration als Privatdozent an der Universität Kiel. Von Februar bis September 1950 war er kommissarischer Leiter der Kieler Hautklinik. Ab 1953 wurde das Arbeitsverhältnis mit der Kieler Universität gelockert. Kleine-Natrop war zunächst Gastassistent in Mailand; dort durchlebte er eine kurze, aber sehr intensive und erfolgreiche Ausbildung an der berühmten Mailänder Plastisch-Kosmetischen Chirurgie. Im selben Jahr erhielt er die Approbation als Zahnarzt und ließ zwei Jahre später den Doktor der Zahnmedizin folgen. Von 1954 bis 1955 arbeitete Kleine-Natrop als freier wissenschaftlicher Mitarbeiter für die Dr. Carl Hahn KG in Eschweiler. Aufgabe war die Organisation, Durchführung und Auswertung von arbeitsmedizinischen Reihenuntersuchungen. Bis Ende 1956 war er als wissenschaftlicher Mitarbeiter bei der Chemie Grünenthal GmbH in Aachen unter Vertrag. Zu diesem Zeitpunkt

Familie Kleine-Natrop, 1968 *Fotos (3): Slg. Kleine-Natrop*

Besuch des Künstlers Lothar Sell mit Familie bei Kleine-Natrop, 1977

wurde auch das Arbeitsverhältnis in Kiel endgültig beendet. Im Januar 1957 folgte Kleine-Natrop einer Berufung als Dozent an die MAD in Dresden mit dem Auftrag, eine Hochschul-Hautklinik aufzubauen und den Lehrstuhl für Dermatovenerologie zu besetzen. Mit der Übernahme dieser Aufgabe wurde er zum Prof. ernannt. 1960 heiratete er seine Assistenzärztin Erika Strobel und wohnte fortan auf der Collenbuschstraße in → *Oberloschwitz*. 1963 und 1965 wurden die beiden Kinder geboren. Er wurde 1962 Prorektor für Forschung an der MAD und Obmann der Dermatologie an der Deutschen Akademie der Naturforscher Leopoldina in Halle/Saale. Kleine-Natrop war in wichtigen nationalen und internationalen Fachgremien vertreten. Für seine Verdienste erhielt er mehrfach staatliche Auszeichnungen. 1963 wurde er »Verdienter Arzt des Volkes« und erhielt 1969 die »Carus-Plakette«. 1965 erfolgte die Ernennung zum OMR. Er ist Mitbegründer der »Schriften der Medizinischen Akademie Dresden« und veröffentlichte über 300 wissenschaftliche Arbeiten, darunter mehrere Lehr- und Handbuchbeiträge. 1964 gab er das Buch »Das heilkundige Dresden« zur Dresdner Medizingeschichte heraus. Ab 1968 gab es unter seiner Regie an der MAD reguläre Vorlesungen über die Geschichte der Medizin und 1978 erhielt er den Auftrag zum Aufbau einer eigenständigen Abteilung Geschichte der Medizin. Seit 1970 war der Familienwohnsitz in Dresden-Loschwitz, Schillerstraße 4f. Im Sommer 1983 wurde er emeritiert und in Ehren von seinen Ämtern in Klinik und Hochschule entbunden. Heinz Egon Kleine-Natrop starb im Alter von 67 Jahren am 1. September 1985 in Dresden. Sein Grab befindet sich auf dem Waldfriedhof in Dresden-Weißer Hirsch.

Georg Kleine-Natrop

Klotz, Rudolf (1882 – ?), Dr. med., Frauenarzt und Geburtshelfer: Er hatte 1914 – 1945 Wohnung und Sprechstunden auf der Sidonienstraße in Dresden; praktizierte zunächst in der Privatklinik seines Vaters Dr. med. Carl Klotz in der Kaitzer Straße; die Klinik übernahm später der Sohn und leitete sie bis 1945; nach 1945 wohnte er Liebigstraße in Dresden und hatte seine Privatklinik in der Georgenstraße in Dresden-Neustadt; im Ruhestand wohnte er etwa 1959 – 1967 Schillerstraße 13.

Kneschke, Walter, Dr. med., FA für Säuglings- und Kinderkrankheiten: Er wohnte 1930 – 1938 Hermann-Prell-Straße 8 und danach in Dresden; seine Praxis hatte er dort in der Walpurgisstraße.

Kölle, William, Dr. med.: Er wohnte ab 1908 An der Berglehne 18 und 1909 – 1910 Preußstraße 1 in → *Oberloschwitz*.

Korff von, Brigitta (1903 – 1975), Dr. med., Internistin, Röntgenologin: Sie wohnte von etwa 1945 bis 1973 Pillnitzer Landstraße 63. 1948 wurde sie Chefärztin der neuen Poliklinik in Dresden-Blasewitz, wo sie zunächst bis 1952 tätig war. 1958 gelang es dem neuen Chefarzt *Renatus → Nickol*, die Ärztin zurückzuholen. Bis zu ihrer Pensionierung 1967 war sie hier tätig. Im März 1973 ging sie nach München, wo sie sich dem dortigen Orden der Templer anschloss. Im März 1975 verstarb sie in München.

Kraft, Heinrich (1867 – ?), Prof. Dr. med., FA für Innere Medizin: 1886 – 1891 Studium der Medizin mit Promotion; 1908 Ernennung zum Prof.; danach in Straßburg, dann Chefarzt des Sanatoriums in Göbersdorf/Schlesien (Sokołowsko); 1910 Kurarzt und 1911 – 1918 Chefarzt in Lahmanns Sanatorium auf dem Weißen Hirsch; er wohnte 1911 – 1912 Hermann-Prell-Straße 8 und danach bis 1919 Collenbuschstraße in Weißer Hirsch; danach ging er als Kurarzt nach Baden-Baden und später nach Rippoldsau/Schwarzwald; 1922 Rückkehr nach Dresden, wo er auch einige Jahre Leiter des Röntgeninstituts Dr. Weiser war; vor dem Ende des Zweiten Weltkrieges ging er nach Ulm, wo er kurz nach Kriegsende starb.

Kretschmar, Ursula (1914 – 2003), Dr. med., FA für Chirurgie, MR: Sie praktizierte in der Chirurgischen Abteilung der Poliklinik Blasewitz; zog um 1963 von Dresden-Blasewitz nach dem Veilchenweg 20 und wohnte zuletzt im Altersheim in Dresden-Rochwitz; sie wurde auf dem → *Friedhof* Dresden-Loschwitz beigesetzt.

Krug, Gottfried (1918 – 1992), Dr. med., Chirurg: Er wurde am 14. Oktober 1918 in Dresden geboren. 1937 bis 1943 studierte er hier Medizin. Danach war er bis 1945 als Stabsarzt tätig. Nach dem Zweiten Weltkrieg arbeitete er von 1945 bis 1959 als Assistenzarzt und später als OA in der Chirurgie im KH Dresden-Friedrichstadt. 1959 bis 1985 war er Chefarzt der Chirurgie im SKH Pirna und anschließend bis 1988 in der dortigen Sportambulanz tätig. Aus der 1944 mit Ursula Kossatz geschlossenen Ehe gingen später die drei Söhne Michael (* 1945), Stefan (* 1953) und Matthias (* 1954) hervor. Gottfried Krug wohnte nach 1945 bis zu seinem Tod Pillnitzer Landstraße 45. Er starb am 4. Mai 1992 in Pirna.

Kruse, Emil, Dr. med.: Er wohnte 1909 – 1911 An der Berglehne 1 in → *Oberloschwitz*.

Lang, Otto (1903 – 1945), Dr. med., FA für Orthopädie: Geboren in Minarken/Siebenbürgen (Monariu/Rumänien); er hatte seine Praxis 1933 – 1945 Annenstraße in Dresden, wo er zunächst auch wohnte; ab 1936 Wohnung Körnerweg 20c; er starb am 13./14. Februar 1945 beim Luftangriff auf Dresden.

Lange, Wilhelm (1875 – 1954), Prof. Dr. med., FA für HNO: Er war 1899/1900 Assistenzarzt im SKH Dresden-Johannstadt und wohnte Pillnitzer Landstraße 20.

Lehmann, Gerhard, Dr. med.: Er praktizierte in Lahmanns Sanatorium auf dem Weißen Hirsch und wohnte 1922 – 1924 Oskar-Pletsch-Straße 14 in → *Oberloschwitz*.

Lehmann, Theodor, Dr. med.: Er lebte in seinem Ruhestand 1908 bis 1910 Steglichstraße 9.

Löschcke, Christian (1917 – 2003), Dr. med.: Er wohnte etwa 1955 – 1960 Ludwig-Richter-Straße 8b; danach ging er in die BRD, wo er in Offenbach ansässig wurde; er starb in Offenbach.

Als Kleine-Natrop im Januar 1957 nach Dresden kam, war er ohne Familie und wohnte in einem Zimmer der Klinik. Die Abende verbrachte er des Öfteren im nahegelegenen und gerade umgebauten Waldpark-Hotel. In dessen Bar lernte er den ehemaligen Intendanten der Staatlichen Kunstsammlungen und Hobbymaler Hans Geller (1894 – 1962) kennen. Geller machte ihn mit Künstlern wie dem Bildhauer Gerd Jaeger (* 1927, → *K2*), dem Grafiker Gerhard Kettner (1928 – 1993) und dem Holzgestalter Lüder Baier (1920 – 2012) bekannt. Bald kam Wilhelm Lachnit (1899 – 1962, → *K1*) hinzu. Lachnit illustrierte Kleine-Natrops zweiten Gedichtband »Fisch auf dem Trockenen« von 1962, der das Anliegen der »Backbordlaterne« aufgriff. Durch ihn lernte er auch Otto Dix (1891 – 1969, → *K1*) kennen. Dessen Werk zeigte immer wieder deutliche Verbindungen zur Medizin. Deshalb unterstützte Kleine-Natrop 1964 sehr die Ernennung von Dix zum ersten Ehrenmitglied der Medizinischen Akademie Dresden. Eine besonders geschätzte Freundschaft entwickelte sich zum Kunsthistoriker Dr. Fritz Löffler (1899 – 1988). Durch sie entstand Kontakt zu vielen bekannten Malern der sogenannten »Dresdner Schule«. Hier sind Ernst Hassebrauk (1905 – 1974, → *K1*), Hans Theo Richter (1902 – 1969, → *K1*), Bernhard Kretzschmar (1889 – 1972), Josef Hegenbarth (1884 – 1962, → *K1*), Karl Kröner (1887 – 1972, → *K2*), Hans Jüchser (1894 – 1977, → *K1*) und Herrmann Naumann (* 1930, → *K1*) stellvertretend zu nennen. In den 70er Jahren kamen Künstler wie Lothar Sell (1939 – 2009) oder Christoph Wetzel (* 1947) hinzu. Durch diesen großen und kunstgeprägten Bekanntenkreis sowie innige Freundschaften mit Fritz Löffler, Karl Kröner und anderen entstand bei Kleine-Natrop schnell eine große und tiefgründige Verbundenheit zu Dresden und speziell zum Ortsteil Loschwitz. Er wurde Kunstfreund und Kunstsammler.[5]

Madaus, Gerhard (1890–1942), Dr. med., Fabrikant: Gerhard Gustav Madaus wurde am 25. Februar 1890 in Nestau im Landkreis Uelzen geboren. Nach Medizinstudium und Promotion gründete er mit seinen beiden Brüdern 1919 in Bonn das nach ihm benannte Pharma-Unternehmen. 1929 verlegte man den Standort nach Radebeul, wo er in den 1930er Jahren bedeutend ausgebaut wurde. 1934 kaufte Madaus ein Flurstück der ehemaligen AG Kartonagenindustrie und ließ dort noch im gleichen Jahr von Lossow & Kühne sein Wohnhaus Bautzner Straße 114 errichten. Ende des Jahres erfolgte der Umzug von Radeburg. 1938 erschien sein mehrbändiges Werk »Lehrbuch der biologischen Heilmittel«, das seitdem mehrere Auflagen erfuhr. Am 26. Februar 1942 starb Gerhard Madaus und wurde in Köln bestattet. Seine Familie wohnte noch bis 1945 Bautzner Straße 114. Nach der folgenden Enteignung des Radebeuler Werkes und des Loschwitzer Wohnhauses kehrte das Pharma-Unternehmen an den Gründungsort Bonn zurück.

Mann, Fritz, (1902–1973), Dr. med., FA für Neurologie: Er wohnte seit 1935 Sidonienstraße und ab 1943 Forststraße in Dresden; seine Praxis hatte er 1938–1945 auf der Hauptstraße in Dresden-Neustadt; nach Kriegszerstörung nach 1945 Wohnung der Familie Schevenstraße 41 und Praxis heutige Erna-Berger-Straße in Dresden-Neustadt.

Mann, Ilse (1907–1990), Dr. med., Praktische Ärztin: Sie wohnte nach 1945 mit Familie und Ehemann *Fritz → Mann* Schevenstraße 41.

Mangoldt von, Friedrich (?–1909), Dr. med., Hofrat: Der in Dresden wohnende Arzt kaufte 1894 mehrere Grundstücke auf der Ludwig-Richter-Straße und hatte seitdem bis zu seinem Tod seine Sommerwohnung Ludwig-Richter-Straße 4.

Mansky, Fritz, Dr. med., FA: Er wohnte 1933 bis mindestens 1945 Schillerstraße 4.

Marré, Ernst (1932–2004), Prof. Dr. med., FA für Augenheilkunde: Am 5. Oktober 1932 in Leipzig geboren; an dortiger Universität 1952 bis 1957 Studium der Medizin, 1958 Promotion; 1961 bis 1967 an der Augenklinik der Leipziger Universität und 1964 FA-Prüfung; 1965 Field-Work in Zentralbirma; 1967 Habilitation und OA an der Augenklinik der Medizinischen Akademie Magdeburg bis 1970; 1970–1992 Chefarzt der Klinik für Augenheilkunde der MAD Dresden und Professur; 1994 Niederlassung in Gemeinschaftspraxis mit Ehefrau → *Marion* und Sohn Marc Marré in Dresden-Cotta; er wohnte mit seiner Familie 1970 bis 1994 Schevenstraße 22 und starb am 22. Juni 2004 in Dresden.

Marré, Marion geb. Hummig (1935–2007), Prof. Dr. med., FA für Augenheilkunde: Sie wurde am 16. Februar 1935 in Dresden geboren; 1953 bis 1959 Medizinstudium in Greifswald und Leipzig, 1959 Promotion; 1960 Eheschließung mit → *Ernst Marré*; 1961–1964 FA-Ausbildung an der Universität Leipzig; 1965 mit Ehemann Field-Work in Zentralbirma; 1966–1969 OA an der Augenklinik der Medizinischen Akademie Magdeburg; 1970 Habilitation; 1970–1992 Klinik für Augenheilkunde der MAD Dresden und 1979 Professur; 1994 Niederlassung in Gemeinschaftspraxis mit Ehemann Ernst und Sohn Marc Marré in Dresden-Cotta; sie wohnte mit ihrer Familie 1970 bis 1994 Schevenstraße 22 und starb am 20. Dezember 2007 in Dresden.

Mauler, Helmut (1936–2002), Dr. med., FA für Gynäkologie; Seine Praxis hatte er zuletzt im Ärztehaus Naumannstraße in Dresden-Blasewitz; er wohnte ab etwa 1970 bis zu seinem Tod Leonhardistraße 5 und wurde auf dem → *Friedhof* Dresden-Loschwitz bestattet.

Mecklinger, Ludwig (1919–1994), Prof. Dr. med., Minister für Gesundheitswesen: Geboren in Buchdorf/Bayern; 1939–1945 Studium der Medizin in Leipzig, Hamburg und Berlin; 1945–1947 zuständig für Seuchenbekämpfung in Provinz Sachsen(-Anhalt), danach im Landesgesundheitsamt und 1948–1952 im Ministerium für Arbeit und Gesundheit im Land Sachsen-Anhalt; 1949–1954 Jura-Fernstudium; 1952–1955 stellv. Vorsitzender des Zentralausschusses des DRK in Dresden; 1955–1957 stellv. Leiter des Medizinischen Dienstes der KVP und NVA; 1957–1964 Leiter der Militärmedizinischen Sektion der Universität Greifswald; 1964 Professor mit Lehrauftrag; 1964–1971 stellv. Minister und ab 1969 auch Staatssekretär für Gesundheitswesen der DDR; 1971–1989 Minister für Gesundheitswesen der DDR; war dazu 1981–1990 Abgeordneter der Volkskammer und 1986–1989 Mitglied es ZK der SED; gestorben in Berlin. Er wohnte 1952–1957 Grundstraße 123a in Dresden-Loschwitz.

Milens, Paul (1890–1958), Dr. med.: Er praktizierte nach 1945 im KH Löbtauer Straße in Dresden und wohnte Pillnitzer Landstraße 29; er starb in Heidelberg.

Mühlich, Hans-Eberhard, Dr. med., FA für Innere Medizin, FA für Radiologie: Er wohnte etwa 1959–1984 Hermann-Prell-Straße 2.

Müller, Ernst, Dr. med., FA für Haut-, Herz- und Geschlechtskrankheiten: Er wohnte 1929 bis mindestens 1945 Bautzner Straße 175; seine Praxis hatte er in Dresden-Neustadt.

Müller, Fritz (1917–1969), Prof. Dr. med., FA für Augenheilkunde: Geboren am 12. Januar 1917 in Leipzig; nach Abitur, Arbeits- und Wehrdienst 1938–1942 Studium der Medizin in Leipzig und Wien sowie Promotion; danach Wehrmachtsarzt, sowjetische Kriegsgefangenschaft und bis 1948 dort Lagerarzt; 1948–1958 an der Augenklinik der Universität Leipzig, zunächst Volontärarzt, dann Assistenzarzt und zuletzt ab 1953 OA; 1954 Habilitation und Dozent für Augenheilkunde; 1958–1969 Professur und Direktor der Klinik für Augenheilkunde der MAD; er wohnte in dieser Zeit Schevenstraße 22; gestorben am 5. September 1969 in Berlin und auf dem → *Friedhof* Dresden-Loschwitz bestattet.

Müller, Gerhard, Dr. med.: Er wohnte etwa 1957–1972 Calberlastraße 1c und verzog 1972 nach der BRD.

Müller, Siegfried, Dr. med., Gerichts-OMR: Er wohnte 1938 Bautzner Straße 112.

Naumann, Hans-Joachim (1933–2013), Dr. med., FA für Innere Medizin, FA für Arbeitshygiene: Studium der Medizin in Leipzig; danach 1957/58 Assistenzarzt in der Lungenheilanstalt Coswig und anschließend FA-Ausbildung für Innere Medizin und dann FA im KH Weißer Hirsch; um 1962 Wechsel an die MAD, hier FA-Ausbildung für Arbeitshygiene; 1997 Eintritt in den Ruhestand; er wohnte bis 1980 Schevenstraße 8 und verzog dann nach Dresden-Seidnitz.

Neumann, Hellmuth (1896–1947), Dr. med., Praktischer Arzt: Er wohnte 1941 bis zu seinem Tod Wunderlichstraße und wurde auf dem → *Friedhof* Dresden-Loschwitz beigesetzt.

Nicklisch, Frank (1946–2005), Dr. med., FA für Urologie: Er praktizierte zuletzt in der Urologischen Gemeinschaftspraxis Friedrichstraße in Dresden-Friedrichstadt und wohnte 1. Steinweg 5; er wurde auf dem → *Friedhof* Dresden-Loschwitz bestattet.

Nickol, Renatus (1919–2008), Dr. med., FA für Innere Medizin, MR; Geboren in Dresden, studierte er 1938–1942 Medizin in München und Freiburg/Breisgau; danach Kriegseinsatz in Jugoslawien und der Sowjetunion; nach 1945 Assistenzarzt im KH Dresden-Friedrichstadt und Promotion als Internist; ab etwa 1955 Arzt und später OA und Chefarzt der Poliklinik Dresden-Blasewitz; 1969–1973 Arzt im Lazarett für Tuberkulose und Lungenkrankheiten im ehemaligen → *Sanatorium Dr. Weidner*; nach Berufsunfähigkeit infolge Erkrankung 1974–1990 Internist in Teilzeit an der Poliklinik Dresden-Weißer Hirsch; er wohnte nach 1945–1954 Collenbuschstraße 3 in → *Oberloschwitz*, danach in Dresden-Leubnitz; 1963 zog er mit Familie von dort in sein Haus Calberlastraße 24; in Dresden verstorben.

Noack, Georg, Dr. med., Geh. Hofrat: Ab etwa 1899 Arzt im Sanatorium Dr. Lahmann auf dem Weißen Hirsch und nach dem Tod Heinrich Lahmanns (1860–1905) dort zunächst ärztlicher Direktor und etwa 1913 – 1920 stellv. Chefarzt; er wohnte 1899 Plattleite 33 und danach bis 1917 Oskar-Pletsch-Straße 12 in → *Oberloschwitz*; dann verzog er auf die Lehnertstraße auf dem Weißer Hirsch.

Ossig, Herbert, Dr. med., Praktischer Arzt: Er wohnte 1910 Straußstraße 6.

Osterloh, Paul (1849 – 1920?), Dr. med., Frauenarzt, SR: In Leipzig geboren, studierte er ab 1866 Medizin an dortiger Universität; 1870/71 Militärarzt im Deutsch-Französischen Krieg, 1872 Promotion; bis 1876 Assistenzarzt bei Franz von Winckel (1837 – 1911) an der Königlichen Frauenklinik in Dresden-Friedrichstadt; nach Englandreise 1877 Niederlassung als Frauenarzt in Dresden mit zahlreichen Operationen in der Diakonissenanstalt; 1890 bis 1898 dort Chefarzt in der Abteilung für Frauenkrankheiten; 1898 bis zum Ruhestand 1910 Chefarzt an der neu eingerichteten Abteilung für Frauenkrankheiten am SKH Dresden-Friedrichstadt; er war verheiratet mit der Schriftstellerin Adele Osterloh (1857 – 1946), wohnte in der Dresdner Zeit auf der Wiener Straße und hatte ab 1911 bis zu seinem Tod eine Sommerwohnung Bautzner Landstraße 44 in → *Oberloschwitz*.

Paulus, Carl, Dr. med.: Er wohnte von 1909 bis zu seinem Tod um 1923 An der Berglehne 7.

Pforte, Richard (1877 – 1947), Dr. med., Praktischer Arzt: Geboren in Dessau; wohnte 1933 bis zu seinem Tod Malerstraße 28; er wurde auf dem → *Friedhof* Dresden-Loschwitz beigesetzt.

Reimann, Wolfgang (1920 – 2005), Prof. Dr. med., FA für Rechtsmedizin: Geboren in Atzenbrugg/Österreich; Studium der Medizin in Halle/Saale bis 1948; 1949 Promotion und Assistenzarzt am Institut für Gerichtsmedizin der dortigen Universität; ab 1953 OA in Greifswald, ab 1958 OA am Institut für Gerichtsmedizin an der Humboldt-Universität Berlin und 1962 Berufung zum Hochschuldozenten; 1964 – 1985 Chefarzt und Prof. mit Lehrauftrag (ab 1969 ordentlicher Prof.) am Institut für Gerichtsmedizin der MAD in Dresden; er wohnte ab etwa 1965 Collenbuschstraße 14a in → *Oberloschwitz*.

Reineck, Heinrich, Dr. med.: Er wohnte 1930 – 1931 Chopinstraße 9 in → *Oberloschwitz*.

Reuter, Martin, Dr. med., Praktischer Arzt: Er praktizierte im Sanatorium Dr. Lahmann auf dem Weißen Hirsch und wohnte in dieser Zeit 1906 – 1909 Sonnenleite 31, danach Oskar-Pletsch-Straße 9, 1911 – 1919 Materniweg 6 und schließlich bis 1923 Plattleite 25 in → *Oberloschwitz*.

Roitzsch, Richard, Dr. med., SR: Er hatte Wohnung und Praxis bis 1920 in Dresden; 1919 – 1920 Sommerwohnung Bautzner Landstraße 42 und im Ruhestand 1921 bis zu seinem Tod um 1936 Hauptwohnung Bautzner Landstraße 44 in → *Oberloschwitz*.

Scheid, Paul (1907 – 1991), Dr. med., FA für Pathologie: Franz Joseph Paul Scheid wurde am 20. April 1907 in Koblenz geboren und studierte 1927 – 1932 Medizin in Frankfurt/Main und Berlin. Bis 1935 arbeitete er als Assistenzarzt in Berlin und anschließend bis 1939 in Frankfurt/Main, wo er 1938 promovierte. 1939 kam er nach Dresden an das »Rudolf-Heß-Krankenhaus« in Dresden-Johannstadt, wechselte jedoch noch im gleichen Jahr ans SKH Dresden-Friedrichstadt. Nach einer Unterbrechung durch Militärdienst 1942 – 1944 war er 1949 – 1974 Chefarzt des Institutes für Pathologie des KH Dresden-Friedrichstadt. Er wohnte Kügelgenstraße 6. Paul Scheid starb am 29. Januar 1991 und wurde auf dem → *Friedhof* Dresden-Loschwitz bestattet.

Scheidemann, Theodor, Dr. med., MR, Generalarzt: Er wohnte in seinem Ruhestand 1902 – 1906 Pillnitzer Landstraße 22.

Schmaltz, Richard (1856 – 1935), Dr. med., Prof., Internist, MR: Er wurde am 6. Oktober 1856 in Dresden geboren; später Studium der Medizin in Leipzig mit Promotion 1880; danach Bildungsreisen nach Paris, Wien und London. 1881/82 war er Assistenzarzt an der Inneren Abteilung des KH Dresden-Friedrichstadt und besaß danach eine eigene Praxis in Dresden. 1893 – 1900 war er OA der Inneren Abteilung im Diakonissenkrankenhaus; dann kurzzeitig Leiter der Abteilung für Lungenkranke im KH Dresden-Friedrichstadt. 1901 wurde er leitender OA der Inneren Abteilung des SKH Dresden-Johannstadt. 1910 trat er in den Ruhestand und lebte in Dresden. 1916 – 1917 wohnte er Grundstraße 38 (Haus abgerissen). Er starb am 27. September 1935 in Dresden.

Schmidt, Alexander, Dr. med., SR: Er wohnte 1922 – 1931 Angelikastraße 4.

Schmidt, Bernhard, Dr. med.: Er wohnte 1902 – 1903 Steglichstraße 38.

Schmorl, Georg (1861 – 1932), Prof. Dr. med., FA für Pathologie, OMR: Georg Christian Schmorl wurde am 2. Mai 1861 in Mügeln/Sachsen geboren. Nach dem Besuch der Fürstenschule St. Afra in Meißen studierte er ein Jahr Mathematik in Freiburg/Breisgau und begann danach sein Medizinstudium an der Universität in Leipzig, das er 1887 mit seiner Promotion abschloss. Anschließend war er Assistenzarzt am dortigen Pathologischen Institut bei Felix Victor Birch-Hirschfeld (1843 – 1899). 1892 ging er nach Dresden und leitete von da bis zu seinem Tod das 1982 nach ihm benannte Pathologische Institut des späteren SKH Dresden-Friedrichstadt. Er gehört zu den Gründern der 1897 ins Leben gerufenen »Deutschen pathologischen Gesellschaft«. Im gleichen Jahr konnte durch seine Initiative die erste Röntgenabteilung des KH eröffnet werden. Neben seiner Forschungstätigkeit auf dem Gebiet der Pathologie legte er den Grundstein für eine noch heute bestehende umfangreiche Sammlung von Befunden und Fotodokumenten. 1903 erhielt er eine Professur. Obwohl in Dresden wohnend, besaß er von etwa 1905 bis 1908 eine Sommerwohnung in der Sonnenleite 25 in → *Oberloschwitz*, in der er mit seiner Familie die Sommermonate verlebte. Georg Schmorl starb am 14. August 1932 in Dresden an einer Blutvergiftung, die er sich bei einer Sektion zugezogen hatte. Er wurde auf dem Waldfriedhof Dresden-Weißer Hirsch bestattet.

Schneider, Rudolf (1912 – ?), Dr. med., Augenarzt: Er wohnte nach 1945 bis etwa 1951 Calberlastraße 1b; danach unbekannt verzogen.

Schulze, Martin (1936 – 1987), Dr. med.: Er wohnte zuletzt Tolstoistraße 1 und wurde auf dem → *Friedhof* Dresden-Loschwitz beigesetzt.

Schurtz, Carl Heinrich (1833 – 1900), Dr. med.; er wohnte ab 1890 Pillnitzer Landstraße 17.

Schwarz, Johanna, Dr. med., Praktische Ärztin: Sie hatte ihre Praxis, wahrscheinlich nur 1945 Körnerweg 12.

Schwendler sen., Hans, Dr. med., Praktischer Arzt und Geburtshelfer, SR: Er hatte 1898 – 1900 eine Sommerwohnung in seinem Haus Wilhelminenstraße 11, Hauptwohnung und Praxis waren in der Weißeritzstraße in Dresden.

Schwendler jun., Hans, Dr. med., Praktischer Arzt: Er wohnte bis 1936 im Haus seines Vaters *Hans → Schwendler sen.* in Dresden und von 1937 bis mindestens 1945 im eigenen Haus Wilhelminenstraße 14.

Seibt, Wilhelm (1912 – 1986), Dr. med., FA für Lungenkrankheiten: Er wohnte etwa 1975 – 1982 Malerstraße 30, danach Milkeler Straße in Dresden-Bühlau; zuletzt war er im Altenheim Dresden-Zschachwitz und wurde auf dem → *Friedhof* Dresden-Loschwitz beigesetzt.

Seifert, Paul, Dr. med., Praktischer Arzt, FA für Nervenkrankheiten, SR: Ab 1886 Wohnung und Praxis in der Struvestraße in Dresden, ab 1889 Christianstraße und ab 1910 Lüttichaustraße; 1898 erwarb er in → *Oberloschwitz* das Haus Oskar-Pletsch-Straße 2, wo er bis 1921 seine Sommerwohnung hatte; nach Aufgabe seiner Praxis wohnte er 1932 bis 1935 ständig hier.

Sieber, Friedrich (1922 – 1991), Dr. med., FA für Radiologie: Er wurde in Crostau geboren. Nach dem Militärdienst studierte er bis 1950 in Leipzig Medizin und schloss das Studium mit der Promotion ab. 1951 – 1957 erfuhr er seine Ausbildung zum Radiologen am SKH Dresden-Johannstadt (ab 1954 MAD) und war danach OA der Radiologischen Klinik und Leiter der Abteilung Strahlentherapie sowie Hochschuldozent. 1967 kam er als Chefarzt an die Radiologische Klinik des SKH Dresden-Friedrichstadt, wo er 1987 als Chefarzt verabschiedet wurde und noch für einige Zeit Leiter der Strahlentherapie blieb. Er wohnte ab etwa 1955 Malerstraße 25. Friedrich Sieber starb am 28. November 1991 in Dresden.

Sievert, Fritz (1877 – 1954), Dr. med., Neurologe, OMR, Oberstabsarzt: Er wohnte in seinem Ruhestand ab 1938 Hermann-Prell-Straße 6b.

Simon, Heinz (1922 – 1992), Prof. Dr. med., FA für Pathologie: Geboren in Gleiwitz (Glivice/Polen); nach Abitur 1940 Beginn des Studiums der Medizin in Breslau, unterbrochen durch Kriegsdienst, Fortsetzung nach 1945 in Greifswald, 1951 Promotion; danach Assistent an der Universität Greifswald und 1953 – 1956 Assistenzarzt und danach FA am Pathologischen Institut der Charité Berlin; 1958 Habilitation und Dozent für Pathologische Anatomie an der Humboldt-Universität Berlin; 1961 – 1977 Direktor des Instituts für Pathologie der MAD Dresden, 1963 Ernennung zum Prof. mit Lehrauftrag und 1964 zum Prof. mit Lehrstuhl; Rektor der MAD 1964 – 1968 und erneut 1974 – 1977; 1977 – 1987 Direktor des Pathologischen Instituts der Humboldt-Universität und Prof. für Pathologie; wechselte den Wohnsitz 1965 vom Barteldesplatz in Dresden-Blasewitz nach der Schillerstraße 13, wo er bis 1977 wohnte.

Sprung, Hans Bernhard (190 – 1963), Prof., Dr. med., FA für Chirurgie: Hans Bernhard Sprung wurde am 21. Oktober 1906 in Dresden als Sohn eines Fabrikbesitzers geboren. Im König-Georg-Gymnasium machte er sein Abitur und beschloss danach, Medizin zu studieren. Da das nicht dem Willen seines Vaters entsprach, ging er zunächst in die USA, um sich das nötige Geld für sein Studium zu verdienen. Nach Deutschland zurückgekehrt, studierte er 1930 – 1936 Medizin in Jena, Freiburg und Kiel. Dort erlangte er 1936 auch seine Promotion. Pflichtassistent war er in Würzburg und Hamburg. 1936 ging er an die Universität Kiel und begann dort unter Wilhelm Anschütz (1870 – 1954) und Hugo Puhl (1894 – 1943) seine Ausbildung zum Chirurgen. 1939 ging er mit Puhl nach Kassel und 1942 nach Greifswald. Nach seiner Habilitation 1944 leitete er als kommissarischer Direktor 1945 bis 1946 die dortige Chirurgische Universitätsklinik. 1946 kehrte er nach Dresden zurück und übernahm die Leitung der Chirurgischen Abteilung des KH Dresden-Johannstadt. 1951 folgte seine Ernennung zum Prof. und im Jahr darauf seine Mitgliedschaft an der Akademie der Wissenschaften der DDR. Als am 7. September 1954 das KH Dresden-Johannstadt Medizinische Akademie wurde, war er deren erster Chefarzt und gehörte zu den ersten Lehrstuhlinhabern. 1956 konnte er den Neubau der Chirurgischen Klinik der MAD seiner Bestimmung übergeben. Wegen einer schweren, in seiner beruflichen Tätigkeit erworbenen Hepatitis durfte er 1963 mit seiner Frau Margarete, die er 1939 geheiratet hatte, zur Behandlung in die BRD reisen. Dort starb Hans Bernhard Sprung am 12. April 1963 in Kassel. Er wohnte in seiner Dresdner Zeit in seinem Haus Schillerstraße 13. Seine Frau starb am 15. Mai 2005 in Osnabrück, nachdem sie ihr Vermögen, das auch aus dem Verkauf des Loschwitzer Hauses stammte, der Stadt Dresden vererbt hatte.

Sprung galt als guter Diagnostiker und Operateur und zeichnete sich durch originelle Forschungen aus. Er befasste sich mit der Sympathicuschirurgie und entwickelte gemeinsam mit Manfred von Ardenne einen verschluckbaren Intestinalsender.[6]

Prof. Dr. Hans Bernhard Sprung, Gemälde von Wilhelm Rudolph. *Foto: Slg. TU Dresden*

Steffens, Walter, Dr. med., Praktischer Arzt: Er wohnte 1912 – 1913 Sonnenleite 33 und danach bis 1921 An der Berglehne 2.

Steinbach, Robert, Dr. med.: Er wohnte 1929 – 1930 An der Berglehne 14 und praktizierte im Sanatorium Dr. Lahmann in Dresden-Weißer Hirsch.

Stock, Walter (1899 – ?), Dr. med., FA für HNO: Er wohnte 1926 bis 1929 Körnerweg 18, danach in Dresden-Striesen und ab 1937 wieder in Loschwitz, Stürenburgstraße 7; seine Praxis hatte er seit 1926 auf der Borsbergstraße in Dresden.

Stoltenhoff, Heinrich (1898 – 1979), Dr. med., FA für Nervenkrankheiten, Psychiater und Psychoanalytiker: Heinrich Stoltenhoff wurde am 5. Dezember 1898 in Kortau (Kortowo) bei Allenstein (Olsztyn/Polen) im damaligen Ostpreußen geboren. Sein Vater war Leiter der dortigen »Irrenanstalt Kortau«. 1918 – 1921 studierte Heinrich Medizin in Bonn, Köln und Königsberg/Ostpreußen (Kaliningrad), wo er auch promovierte. 1922 – 1923 war er als Assistenzarzt am Kurhaus Alberthöhe in Bad Schandau. Dem folgte 1923 – 1924 eine Ausbildung am Psychoanalytischen Institut in Berlin und in Wien bei Wilhelm Stekel (1868 – 1940). Ab 1925 arbeitete er als Psychotherapeut bei der AOK-Berlin und später in eigener Praxis; 1932 gründete er seine psychiatrische Privatklinik in Dresden-Strehlen, die er bis etwa 1949 leitete. 1950 wurde er Ärztlicher Direktor und Chefarzt der »Landesanstalt Arnsdorf« (ab 1952 »Bezirkskrankenhaus für Psychiatrie und Neurologie Arnsdorf«). 1952 – 1954 war Stoltenhoff Landespsychiater und danach bis 1964 Bezirkspsychiater. In diesem Jahr endete auch seine Tätigkeit als Chefarzt in Arnsdorf. Danach wohnte er bis etwa 1972 Kügelgenstraße 10, dann Angelikastraße 15 und zuletzt heutige Petersburger Straße in Dresden. Heinrich Stoltenhoff starb am 10. März 1979 in Dresden und wurde auf dem → *Friedhof* Dresden-Loschwitz bestattet.

Strasser, Paul, Dr. med.: Er wohnte 1905 – 1906 Oskar-Pletsch-Straße 10 und danach bis 1908 An der Berglehne 7.

Strauzenberg, Stanley Ernest (* 1914 – 2015), Prof. Dr. med., FA für Innere Medizin, OMR: Er wurde am 25. November 1914 in London geboren. Seine Kindheit und Jugend verbrachte er in Dresden. Die Schulzeit endete 1935 mit dem Abitur, an das sich die Wehrpflicht anschloss. 1937 begann er mit dem Medizinstudium in Halle/Saale, das er 1942 mit der Promotion abschloss. Darauf war er Arzt bei der Luftwaffe und übernahm 1945 die Leitung eines Lazaretts in Oberbärenburg. Danach blieb er dort zehn Jahre lang als Landarzt. 1955 kam er nach Dresden ans SKH Friedrichstadt, wo er die Anerkennung als FA für Innere Medizin erwarb. 1959 ging er an die Medizinische Klinik der MAD und wurde im folgenden Jahr dort OA, stellvertretender Ärztlicher Direktor und Leiter der Poliklinik. 1961 erfolgte seine Ernennung zum Hochschuldozenten und 1966 zum Prof. für Innere Medizin und zum Ärztlichen Direktor der Akademie. 1967 wurde er zudem zum Leiter des Lehrstuhls für Sportmedizin an der »Akademie für Ärztliche Fortbildung der DDR« in Berlin, den er bis 1983 innehatte, und zum Präsidenten der »Gesellschaft für Sportmedizin der DDR« ernannt. 1968 bis 1979 war er Direktor des »Zentralinstituts des Sportmedizinischen Dienstes« in Kreischa. Als einem Wegbereiter der Klinischen Sportmedizin in der DDR wurden ihm hohe Ehrungen zuteil; so erhielt er u. a. den Vaterländischen Verdienstorden, den Nationalpreis für Wissenschaft und Kunst, den Philip-Noel-Baker-Award der UNESCO, das Goldene Ehrenzeichen des Deutschen Sportärztebundes und den Ehrentitel »Verdienter Arzt des Volkes«. Zahlreiche in- und ausländische wissenschaftliche Gesellschaften ernannten ihn zum Ehrenmitglied. 1977 erschien sein Buch »Gesundheitstraining«. Er wohnte von 1955 bis 1972 Tolstoistraße 5 und danach in Kreischa, OT Saida. Stanley Ernest Strauzenberg konnte 2014 noch seinen 100-jährigen Geburtstag feiern, bevor er am 6. März 2015 in Kreischa starb, wo er auch beerdigt wurde.

Thiele, Peter (1919 – 1996), Prof. Dr. med., FA für Innere Medizin: Nach Arbeits- und Wehrdienst 1941 – 1944 Studium der Medizin in Leipzig; danach Kriegsdienst und sowjetische Gefangenschaft bis 1948; bis 1950 Fortsetzung des Studiums in Rostock und Halle/Saale mit Promotion 1951; danach Assistenzarzt in einem Betriebsambulatorium in Lauchhammer und ab 1952 an der Medizinischen Klinik des SKH Dresden-Johannstadt, ab 1953 hier als Stationsarzt, ab 1958 als FA für Innere Medizin der MAD und ab 1960 OA; 1964 Habilitation und ab dem folgenden Jahr hier Hochschuldozent; 1968 Übernahme der Leitung der Inneren Abteilung der Poliklinik der MAD; 1971 stellvertretender Direktor dieser Poliklinik und Ernennung zum Prof. für Innere Medizin; 1984 Emeritierung; er wohnte bis etwa 1965 in Dresden-Wachwitz und danach bis zu seinem Tod Schevenstraße 30; er wurde auf dem → *Friedhof* Dresden-Loschwitz beigesetzt.

Töpel, Alexander (? – 1965), Dr. med., FA für Haut- und Harnleiden: Er hatte seine Praxis 1908 – 1945 auf der Amalienstraße in Dresden; er wohnte 1909 – 1918 Veilchenweg 28 und danach bis 1939 Münchner Straße, dann Prellerstraße und zuletzt Mendelssohnallee in Dresden-Blasewitz; er wurde auf dem → *Friedhof* Dresden-Loschwitz beigesetzt.

Trefftz, Friederike (1922 – 2011), Dr. med., FA für Radiologie, OA: Fridericke Trefftz wurde am 16. Mai 1922 in Aachen geboren. Nach dem Tod ihres Vaters Erich Trefftz (1888 – 1937), Prof. an der TH in Dresden, erwarb ihre Mutter Frieda Trefftz das Haus Schevenstraße 6b, in dem der Lehrer und → *Chronist* Theodor Leuschner (1872 – 1936) gelebt hatte. Seitdem wohnte die Mutter mit ihren fünf Kindern hier. Nach ihrem Abitur 1940 studierte Friederike Medizin und arbeitete nach 1945 zunächst am KH Dresden-Friedrichstadt. In dieser Zeit erkrankte sie an Tuberkulose. Sie genas in einer Heilstätte, in der die auch musikalisch engagierte Patientin einen »Patientenchor halbe Lunge« gründete. Später ging sie an die von Hans Bernhard → *Sprung* (1906 – 1963) geleitete Chirurgische Klinik des KH Dresden-Johannstadt; dort war sie OA der Radiologie an der Chirurgischen Klinik der MAD. Bis 1987 war sie hier tätig. Sie wohnte bis 2002 Schevenstraße 6b, ihre letzten Jahre lebte sie in der Senioren-Wohnanlage »Schmetterlingshaus« am Diakonissenweg in Dresden-Neustadt. Dort starb Friederike Trefftz am 11. Januar 2011. Sie wurde bestattet im Familiengrab ihrer Eltern auf dem → *Friedhof* Dresden-Loschwitz.

Neben ihrer engagierten beruflichen Tätigkeit war sie von 1953 bis 1990 als Kirchvorsteherin in der → *Kirchgemeinde Loschwitz* tätig und setzte sich dort sehr für den Wiederaufbau der Kirche ein. Als Violinistin war sie Mitglied im Dresdner Mozartorchester und gehörte zum Kammermusikkreis der Loschwitzer Kantorei. »Als (betreute) Bewohnerin des ›Schmetterlingshauses‹ am Diakonissenweg besuchte sie noch regelmäßig mit der Violine ihre pflegebedürftigen Nachbarn im ›Schwanenhaus‹«.[7]

Wagler, Fritz (1904 – 1961), Dr. med., FA für Innere Medizin, FA für Arbeitshygiene, FA für Lungenkrankheiten: Er studierte in Freiburg/Breisgau, Kiel, Wien und München Medizin, 1930 hier Staatsexamen und 1931 Promotion; danach als Praktikant und Volontärassistent an dortiger Universitätsklinik; ab etwa 1935 Militärarzt, 1938 Versetzung ans Standortlazarett Dresden; im Zweiten Weltkrieg Einsatz in Osteuropa, zuletzt bis 1945 im Lazarett in Oberbärenburg; nach 1945 Arzt im Behelfs-KH Wurzener Straße in Dresden, anschließend FA für Innere Medizin im KH Dresden-Neustadt; von dort Wechsel zu Landesregierung Sachsen, ab 1952 Rat des Bezirkes Dresden; hier zuständig für Hygiene, Impfungen und Epidemie-Bekämpfung, beteiligt am Aufbau der Schulimpfungen und Volksröntgenreihenuntersuchungen; Wechsel in die 1956 gegründete Arbeitssanitätsinspektion und Fortbildung zum FA für Arbeitshygiene; zuletzt bis zu seinem Tod FA für Lungenkrankheiten und Leiter der Silikose-Erhebungsstelle in Dresden-Blasewitz; 1947 war er mit Familie von der Arndtstraße in Dresden-Neustadt in die Schillerstraße 15 gezogen, wo er bis zu seinem Tod wohnte; er wurde auf dem → *Friedhof* Dresden-Loschwitz beigesetzt.

Wagner, Sieghard (1928 – 2007), Dr. med., FA für Gynäkologie: Er wohnte ab etwa 1978 Hermann-Vogel-Straße 16 und zuletzt Veilchenweg 19.

Walther, Hans, Dr. med., Praktischer Arzt: Er wohnte 1911 bis zu seinem Tod um 1934 in seinem Haus Böhmertstraße 4.

Warnecke, Albrecht, Dr. med., FA für Nerven- und Gemütskranke: Er hatte seine Praxis in der Moritzstraße in Dresden und wohnte 1923 bis mindestens 1945 in seinem Haus Judeichstraße 3.

Werner, Karl, Dr. med., MR, Bezirksarzt: Er hatte 1922 – 1927 Praxis und Wohnung in Dresden-Johannstadt, danach Hüblerstraße in Dresden-Blasewitz; im Ruhestand wohnte er 1931 – 1932 Pillnitzer Landstraße 67 und danach wieder in Dresden.

Winkler, Hans (1918 – 1989), Dr. med., Chirurg, FA für HNO: Er war OA im KH Dresden-Johannstadt (ab 1954 MAD) und wohnte nach 1945 bis 1957 Veilchenweg 15b; danach verzog er nach der BRD und wurde zuletzt mit eigener Praxis in Bergisch-Gladbeck ansässig; er starb 1989 bei einem Besuch in Dresden.

Wolf, Georg, Dr. med., Generalarzt: Er wohnte 1931 im Ruhestand Wolfshügelstraße 28, danach in Dresden.

Ziegenbalg, Hans (1926 – 1971), Dr. med., FA für Dermatologie: Er war OA an der Hautklinik der MAD und wohnte ab etwa 1960 Malerstraße 25.

Zierach, Hans, Dr. med., OA: Er wohnte 1937 – 1938 Bautzner Straße 116.

Zimmermann, Wilhelm (1896 – 1958), Dr. med., FA für Nervenkrankheiten: 1934 – 1945 Wohnung und Praxis in Dresden, zuletzt Annenstraße; nach Ausbombung wohnte er in Dresden-Löbtau und praktizierte im KH Löbtauer Straße; ab etwa 1953 wohnhaft Kügelgenstraße 2.

Zobel, Peter, Dr. med., FA für Lungenkrankheiten, OA: Er wohnte 1926 – 1935 Goetheallee in Dresden-Blasewitz; seine Praxis hatte er zunächst Mosczinskystraße und ab 1932 ebenfalls Goetheallee; ab 1941 wohnte er Ulrichstraße 7.

Zotter, Stefan (1942 – 1989), Prof. Dr. med., FA für Pathologie: Nach Abitur 1961 – 1962 Hilfspfleger an der Universitäts-Kinderklinik in Leipzig; 1961 – 1968 Studium der Medizin in Leipzig und Jena mit Promotion; 1968 – 1973 FA-Ausbildung am Pathologischen Institut der MAD; 1975 Studienaufenthalt in Moskau; danach wieder am Pathologischen Institut, 1977 Habilitation, erneuter Studienaufenthalt in Moskau, und Ernennung zum OA; 1979 Ernennung zum Hochschuldozenten und 1985 zum

Prof. für Pathologische Anatomie an der MAD; er war verheiratet mit Dr. med. Rita Zotter geb. Jüttner (* 1941) und wohnte ab Ende der 1970er Jahre Friedrich-Wieck-Straße 25 und zuletzt Straußstraße 6 in → *Oberloschwitz*.

Zahnärzte und Dentisten mit Wohnung und Praxis in Loschwitz

Dentisten sind ebenfalls Zahnärzte. Das Wort ist vom lateinischen »dental« abgeleitet und bedeutet »den Zahn betreffend«. Dentist war in Deutschland eine Berufsbezeichnung für Personen, die auf Grund einer staatlichen Prüfung neben den akademisch ausgebildeten Zahnärzten zur Ausführung zahnmedizinischer Behandlungen berechtigt waren. In der DDR wurde der Beruf 1949 aufgehoben (in der BRD 1952) und die Dentisten wurden nach Absolvierung von Fachkursen an einer der Universitäten den Zahnärzten gleichgestellt.

Baumgartner, Hermann (1896 – 1972), Dr. med. dent., SR: Er wohnte bis 1933 Tittmannstraße in Dresden-Striesen; seine Praxis hatte er 1926 – 1930 Albertplatz, 1934 – 1945 Wohnung und Praxis mit seiner Ehefrau, der Ärztin *Viktoria → Baumgartner*, Bautzner Straße in Dresden-Neustadt, nach Kriegszerstörung ab 1945 Wohnung Schevenstraße 21 und Praxis bis 1967 Pillnitzer Landstraße 15. Er wurde auf dem → *Friedhof* Dresden-Loschwitz beigesetzt.

Bormann, Hermann, Dentist: Er hatte 1905 – 1911 seine Wohnung und seine »Zahnatelier« genannte Praxis Körnerplatz 8.

Groß, Georg (1890 – 1961), Dentist: Er hatte seine Praxis 1926 – 1959 Körnerplatz 10 und seine Wohnung Pfotenhauerstraße, ab 1931 Bärensteiner Straße in Dresden und ab 1939 ebenfalls Körnerplatz 10.

Kassner, Benno, Dentist: Wohnung und Praxis 1940 – 1945 in Dresden-Neustadt und nach 1945 bis etwa 1970 Straußstraße 5b in → *Oberloschwitz*.

Kissener, Nelly (1936 – 2006), Dr. med. dent.: Sie kam um 1974 von der Poliklinik Pillnitz an die Stomatologische Abteilung des Stadtambulatoriums Loschwitz der Poliklinik Weißer Hirsch (→ *Poliklinik Loschwitz*) Körnerplatz 7; um 1990 ging sie nach Neukirch/Lausitz, wo sie auch eine eigene Praxis hatte; sie wohnte ab etwa 1965 bis etwa 1990 Ludwig-Richter-Straße 11.

Kretzschmar, Annemarie, Dr. med. dent.: Sie wohnte Krügerstraße 6 und hatte dort nach 1945 bis 1952 auch ihre Praxis.

Leonhardi, Gertraut, Dr. med. dent. SR: Mit ihrem Ehemann *Rudolf → Leonhardi* hatte sie Praxis und Wohnung ab 1925 in Dresden, zuletzt 1930 – 1945 am Palaisplatz in Dresden-Neustadt; nach 1945 Wohnung An der Berglehne 4 und Praxis etwa 1953 – 1984 Oskar-Pletsch-Straße 8 in → *Oberloschwitz*.

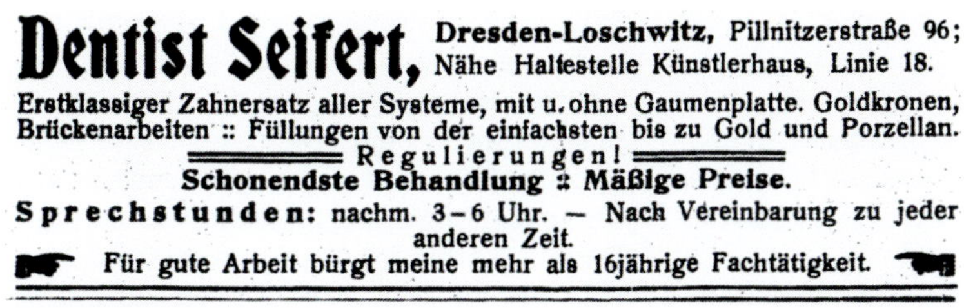

Anzeige, 1922 *Slg. Matthias Griebel*

Leonhardi, Rudolf, Dr. med. dent., SR: Mit seiner Ehefrau *Gertraut → Leonhardi* hatte er Praxis und Wohnung ab 1925 in Dresden, zuletzt 1930 – 1945 am Palaisplatz in Dresden-Neustadt; nach 1945 Wohnung und Praxis bis etwa 1980 An der Berglehne 4 in → *Oberloschwitz*.

Lutoschka, Gisela, Dr. med. dent.: Sie kam um 1968 an die Stomatologische Abteilung des Stadtambulatoriums Loschwitz der Poliklinik Weißer Hirsch (→ *Poliklinik Loschwitz*) Körnerplatz 7; Ende der siebziger Jahre ging sie an die Poliklinik Bühlau; sie wohnte seit ihrer Jugend Hermann-Prell-Straße 6b und zog in ihrem Ruhestand nach Dresden-Weißig.

Martens, Walter, Dr. med. dent.; 1920 – 1945 hatte er Wohnung und Praxis Prager Straße in Dresden, nach Kriegszerstörung 1945 bis etwa 1956 Praxis und Wohnung Schevenstraße 37.

Meyer, Kurt, Dr. med. dent., Königlich-Oldenburgischer Hofzahnarzt: Er wohnte und praktizierte ab 1910 in Dresden-Südvorstadt; nach Kriegszerstörung 1945 – etwa 1976 Wohnung und Praxis Dostojewskistraße 3.

Mohr, Wilhelm, Dr. med., Spezialist für Mundchirurgie: Er wohnte 1912 – 1916 Schillerstraße 21; später Wohnung Stephanienstraße in Dresden-Johannstadt, wo er auch bis 1921 eine Klinik für Orthodontie betrieb; 1919 – 1920 zusätzlich Sprechstunden Körnerplatz 4.

Moßolff, Walter, Dentist: Er hatte Praxis und Wohnung 1913 – 1920 Rißweg 56 in → *Oberloschwitz*.

Nollau, Peter (1910 – ?), Dr. med. dent.: Er wohnte 1934 Leonhardistraße 1 und hatte seine Praxis Körnerplatz 13; 1935 – 1937 wohnte er Körnerplatz 7, wo er anfangs noch seine Praxis betrieb; danach verzog er nach Malerstraße 16; 1945 Flucht nach dem Westen.

Rothe, Helmut (1915 – 1993), Dr. med. dent., SR: Helmut Rothe wurde am 5. Juni 1915 in Rauschwalde (jetzt zu Görlitz) geboren. Nach seinem Schulabschluss wurde er dort Zahntechniker. Im Zweiten Weltkrieg Kriegsdienst und anschließend Gefangenschaft. Danach Studium der Zahnmedizin in Dresden. Noch vor der 1954 erfolgten Gründung der MAD war er am KH Dresden-Johannstadt Leiter der Klinik für Prothetik und Dozent für Prothetik, Anatomie und Histologie. Parallel dazu eröffnete er 1953 eine eigene Praxis Krügerstraße 6, wo er fortan auch wohnte. 1957 folgte die Promotion in Leipzig. »Er war Mitglied im Prüfungsausschuss für zahnärztliche Helferinnen, langjähriger Beratungszahnarzt für Prothetik für die Stadt Dresden sowie Vorsitzender der Kreisgewerkschaftsgruppe Zahnärzte Dresden und Freital, der einzigen Standesorganisation der niedergelassenen Zahnärzte in der DDR.«[8] Er erhielt mehrere Auszeichnungen, darunter die Hufeland-Medaille und die Ehrenmedaille der Gesellschaft für Stomatologie der DDR. Als Hobby pflegte er seit seiner Kindheit das Malen, Schnitzen und Töpfern. Auf Ausstellungen freischaffender Volkskünstler in Dresden und Freital waren seine Arbeiten zu sehen. Er starb am 15. Juni 1993 und wurde auf dem → *Friedhof* Dresden-Loschwitz bestattet.

Salomon, Heinz, Dr. med., FA für Allgemeine Stomatologie: 1970 – 1971 Assistenzarzt in Löbau, danach nacheinander kurzzeitig tätig an der Stadtambulanz Bühlau der Poliklinik Weißer Hirsch, Stomatologische Abteilung Poliklinik Weißer Hirsch und Stomatologische Abteilung Pillnitz der Poliklinik Dresden-Blasewitz;

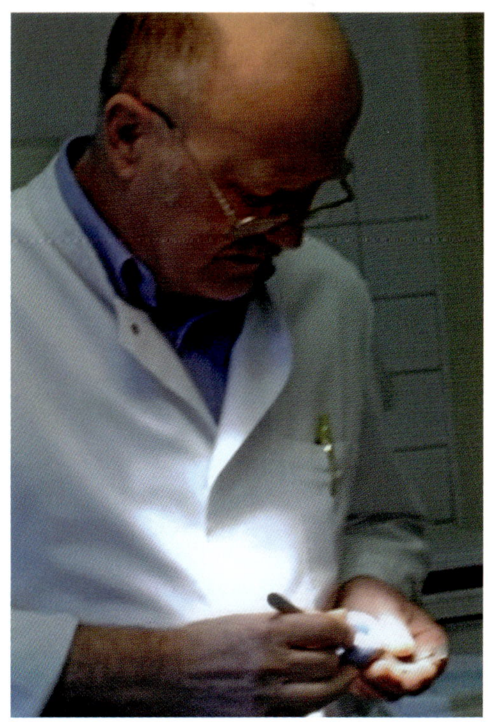

Dr. Heinz Salomon *Foto: privat*

1973–1991 in der Stomatologischen Abteilung Loschwitz Körnerplatz 7 (→ *Poliklinik*) und anschließend bis 2011 in eigener Praxis im Haus der → *Ökumenischen Diakonie-Sozialstation BÜLOWH e. V.* (→ *Kirchlich-Diakonische Einrichtungen*); er wohnte bis 1972 Schevenstraße 23.

Seifert, Franz, Dentist: Er wohnte und praktizierte 1922–1925 Pillnitzer Landstraße 96.

Spinner, Johannes (1882–1945), Dr. med. dent., FA für Allgemeine Stomatologie: Geboren in Niederlößnitz (heute zu Radebeul); Praxis 1910–1930 Prager Straße und Wohnung Bayreuther Straße in Dresden, 1931–1945 Wohnung, Praxis und anfangs auch ein »Laboratorium Ariadne« Pillnitzer Landstraße 15; er wurde auf dem → *Friedhof* Dresden-Loschwitz bestattet.

Walter, Fritz (1899–1966), Dr. med. dent.: 1926 Eröffnung seiner Praxis auf der Albertstraße in Dresden, wo sein Vater Georg Walter ebenfalls bis 1941 praktizierte, bis 1932 hier auch Wohnung wie seine Eltern, 1933–1945 dann St.-Privat-Platz in Dresden; nach Kriegszerstörung 1945–1966 Praxis Körnerplatz 7 und Wohnung Veilchenweg 44; er wurde auf dem → *Friedhof* Dresden-Loschwitz bestattet.

Weise, Rudolf, Dr. med. dent.: Er wohnte seit etwa 1935 Hegereiterstraße und seine Praxis war Bautzner Landstraße 110 in Dresden-Bühlau; 1940–etwa 1976 wohnte er Straußstraße 6 in → *Oberloschwitz*.

Werndl, Theodor, Dentist: 1913–1945 hatte er Wohnung und Praxis Grunaer Straße in Dresden; nach 1945–etwa 1962 An der Berglehne 4 in → *Oberloschwitz*; danach verzogen nach der Arndtstraße in Dresden-Neustadt.

Zann, Sophie, Dr. med. dent.: Sie wohnte und praktizierte 1924–1928 Bautzner Landstraße 32 in → *Oberloschwitz*.

Zahnärzte und Dentisten in Loschwitz praktizierend, jedoch andernorts wohnend

Bartels, Almut, Dipl.-Stomatologin: Nach vorheriger Tätigkeit in Pirna und ab 1989 in Dresden-Weißer Hirsch praktiziert sie seit 1991 in der Oskar-Pletsch-Straße 1 in Oberloschwitz. Sie wohnt in Dresden-Striesen.

Mohr, Wilhelm, Dentist: Er hatte neben seinem »Institut und Klinik für Orthodontie« in der Stephanienstraße in Dresden 1919–1920 Sprechstunden auch Körnerplatz 4.

Salomon, Hagen, Fachzahnarzt für Oralchirurgie: Praktiziert als Nachfolger seines Vaters *Heinz* → *Salomon* seit 2011 im Haus der → *Ökumenischen Diakonie-Sozialstation BÜLOWH e.V.* (→ *Kirchlich-Diakonische Einrichtungen*), Pillnitzer Landstraße 12.

Zahnärzte und Dentisten in Loschwitz wohnend, jedoch anderorts praktizierend

Adolph, Horst (1932–1989), Dr. med. dent.: Geboren in Breslau; Studium der Medizin in Leipzig mit Promotion 1956; Kieferchirurg und OA an der Stomatologischen Klinik und Poliklinik der MAD Dresden; er wohnte ab etwa 1959 bis zu seinem Tod Klengelstraße 5.

Beust, Bernhard Freiherr von, Dentist (Dipl. Surgeon Dentist): Studium der Zahnmedizin an der Universität Kentucky/USA; er kaufte 1903 das Grundstück Malerstraße 16 und ließ dort ein Haus bauen, das er von 1904 bis 1918 bewohnte; seine Praxis hatte er auf der Prager Straße in Dresden.

Boruvka, Claus (1931–2000), Dr. med. dent., OMR, Kreiszahnarzt: Er war ab etwa 1960 Chefarzt der Poliklinik am Sternplatz in Dresden; nach Auflösung der Poliklinik ab 1991 gemeinsame Praxis mit seiner Ehefrau Dr. Gerlinde Boruvka; er wohnte 1969–1994 Zwanziger-Straße 9.

Bothe, Hermann, Dentist: Er hatte seine Praxis 1889–1926/27 Prager Straße in Dresden; 1899 verlegte er seinen Wohnsitz von dort in die Calberlastraße 2, wo er bis etwa 1931 lebte.

Curti, Franz (1854–1898), dentiste suisse und Komponist: Jean Baptist Joseph Franz Henry Curti wurde am 16. November 1854 in Kassel geboren. Seine Eltern, der Hofopernsänger Anton Curti (1820–1887) und Marie Clementine geb. Gräbner (1827–1898), Tochter des Dresdner Instrumentenbauers Johann Gotthelf Gräbner (1786–1844), hatten 1847 Dresden verlassen. Die ersten Jahre seiner Kindheit verbrachte Franz mit seinen beiden Geschwistern Xaver und Sophie in Kassel. Hier empfing er im Opernhaus seine ersten Eindrücke von der Bühne. Im Alter von zehn Jahren kam Franz zu seinem Onkel, dem promovierten Sanitätsrat Alexander Curti (1807–1872), nach Rapperswil im Kanton St. Gallen in der Schweiz. Hier begann er bei Carl Attenhofer (1837–1914) eine fundierte Ausbildung im Klavier- und Violinspiel. Da Franz auch eine gute Stimme besaß, konnte er sich in der Kirche und der Schule an musikalischen Aufführungen beteiligen, wo er häufig eine Solopartie übernehmen durfte. Nach Abschluss der Primarstufe wechselte er als Dreizehnjähriger ans Gymnasium ins schweizerische Freiburg im Üechtland (Fribourg). Hier konnte er seine musikalische Bildung durch das Erlernen des Orgelspiels erweitern. Als 1871 in Freiburg Typhus ausbrach, flüchtete der Siebzehnjährige für kurze Zeit nach Dresden. 1872 starb sein Onkel in Rapperswil. Seine Eltern verließen Kassel und bezogen das nun leer stehende Haus in Rapperswil. Franz kehrte von Dresden nach der Schweiz zurück und schloss an der Kantonsschule in St. Gallen das Gymnasium ab. Dem Vorbild seines verstorbenen Onkels folgend,

Franz Curti mit Ehefrau Eugenie geb. von Boetticher und seinen vier Kindern um 1891/92 auf dem Malergäßchen (heute Malerstraße) in Loschwitz *Foto: Slg. Matthias Griebel*

Maler- und Ludwig-Richter-Straße (ganz links oben das Curti-Haus), Ansichtskarte *Slg. B. Beyer*

beabsichtigte Franz Curti, Augenheilkunde zu studieren. Er assistierte jedoch zunächst in St. Gallen in der Praxis eines Zahnarztes. Das führte dazu, dass er sich diesem Gebiet der Medizin zuwandte. Eine Lungenkrankheit zwang ihn aber schon bald, St. Gallen zu verlassen und sich zu einem Genesungsaufenthalt nach San Remo in Italien zu begeben. In dieser Zeit besuchte er in mehreren Städten Oberitaliens und Südfrankreichs zahlreiche Opernaufführungen. 1876 ging Franz Curti zum Medizinstudium an die Universität nach Berlin. Nach zwei Jahren beschloss er im Frühjahr 1878, seine bisher erworbenen Kenntnisse in Nordamerika zu vertiefen. Die Seereise endete allerdings wegen starker Seekrankheit schon in Le Havre in Frankreich. Über Paris kehrte er zu seinem Bruder Xaver nach Lausanne in der Schweiz zurück. Dort entstand sein erstes kompositorisches Werk, eine Rêverie (Träumerei). An der Universität in Genf beendete er sein in Berlin begonnenes Studium und schloss es 1880 mit dem Staatsexamen ab. Seine Eltern waren unterdessen von Rapperswil nach Dresden gezogen. Unmittelbar nach seinem Staatsexamen folgte ihnen der Sohn und eröffnete hier als Schweizer Zahnarzt (dentiste suisse) seine Praxis. Ort der Praxis und der Wohnung wechselten häufig. Keines der sechs Häuser seiner Tätigkeit in der Pirnaischen Vorstadt, der Altstadt und der Seevorstadt überlebte die Zerstörung Dresdens von 1945. Durch seine Praxis war er nun aller finanziellen Sorgen enthoben und konnte sich verstärkt seiner musikalischen Intention zuwenden. Am 21. September 1880 heiratete er Eugenie von Boetticher (1858 – 1946), die Tochter des Kunsthistorikers *Friedrich von → Boetticher* (1826 – 1902). Im folgenden Jahrzehnt wurden ihnen die Kinder Johanna (1881), Franz (1883), Hertha (1887) und Reinhard (1890) geboren. 1890/91 erwarb er im → *OT Schöne Aussicht* in Loschwitz die Villa »Friedau« am damaligen Malergäßchen. Das Haus, in dem vor ihm Friedrich von Boetticher gelebt hatte, nutzte die Familie Curti als Sommerwohnung. Der Erfolg des nach Versen seines Vaters vertonten Vokalquartetts »Wenn ich wär' der Mondenschein« veranlasste ihn zu musiktheoretischen Studien bei Edmund Kretschmer (1830 – 1908) und Heinrich Schulz-Beuthen (1838 – 1915). 1882 hatte Franz Curtis erstes größeres Werk Premiere. Es war die Kantate für Soli, Chor und Orchester »Die Gletscherjungfrau«. Das Libretto hatte Margarete Wittich (1859 – ?), eine Freundin seiner Frau, nach einer Schweizer Sage verfasst. Die Aufführung wurde ein großer Erfolg. Dies und die dramatischen Partien des Werkes bewogen Curti, hieraus eine szenische Aufführung als zweiaktige Oper zu machen. 1888 gelangte sie am Hoftheater Altenburg zur Aufführung, brachte aber nicht den erwünschten Erfolg. Bereits 1887 erlebte Curtis erste große Oper »Hertha« an der gleichen Bühne ihre Uraufführung. Der Text stammte ebenfalls aus der Feder Margarete Wittichs, seit ihrer Heirat 1886 Margarete Vollhardt-Wittich. Die Handlung der Oper ist am gleichnamigen See auf der Insel Rügen angesiedelt, wo auch ein Teil der Musik komponiert wurde. Die erfolgreiche Aufführung brachte für Franz Curti die von Herzog Ernst zu Sachsen-Altenburg (1826 – 1908) gestiftete »Goldene Verdienstmedaille für Kunst und Wissenschaft mit der Krone«. In den folgenden Jahren erlebte die Oper noch an anderen deutschen Bühnen Aufführungen. Aus Anlass von Schillers Geburtstag erklang am 10. November 1887, ebenfalls am Hoftheater Altenburg, erstmalig Curtis Schauspielmusik zu Friedrich Schillers (1759 – 1805, → *K1*) »Semele«. Nach dem Erfolg von »Hertha« und dem Misserfolg der Oper »Die Gletscherjungfrau« komponierte Curti nach einem Libretto seiner langjährigen Mitarbeiterin die Oper »Reinhard von Ufenau«. Handlungsort ist die schweizerische Heimat um Rapperswil und die benachbarte Insel Ufenau im Zürichsee. Aber die Premiere im Februar 1889 unter der Leitung von Lothar Kempter (1844 – 1918) im Züricher Stadttheater war nur in musikalischer Hinsicht erfolgreich. Das veranlasste Curti die Oper zurückzuziehen, sodass dies die einzige Aufführung blieb. In das Jahr 1890 fällt die Komposition der Musik zu Wolfgang Kirchbachs (1857 – 1906) Bühnenmärchen »Die letzten Menschen«. In dieser Zeit und den folgenden Jahren vertonte Curti zahlreiche Lieder, häufig für Singstimme mit Klavierbegleitung, vor allem aber für Männerchöre. »Seine Chöre wurden vermöge ihrer hohen Sangbarkeit und spontanen Wirkung auf das Auditorium immer häufiger von größeren Vereinen als Wettgesänge gewählt.«[9] 1894 kam das große Werk für Männerchor, Soli und Orchester zu Schillers »Schlacht« in Krefeld zur Uraufführung. 1895 erlebten die Oper »Erlöst« mit Text von Margarete Vollhardt-Wittich und die Schauspielmusik zu »Schneefrid« von Holger Drachmann (1846 – 1908) am Mannheimer Hoftheater ihre Premieren.

1896 hatte Franz Curti mit der Aufführung des Operneinakters »Lili-Tsee« – das Libretto schrieb Wolfgang Kirchbach nach einem japanischen Märchen – endlich den ersehnten Bühnenerfolg. Das Königlich-Sächsische Hoftheater Dresden brachte das Stück unter Leitung von Ernst Schuch (1846 – 1914) mit Erika Wedekind (1868 – 1944) als Lili-Tsee, Karl

Die größten Erfolge hatte Curti auf dem Gebiete der Chorkomposition. Hier wird er schon seit Jahren als einer der bedeutendsten Vertreter gefeiert. »Die Schlacht«, »Im Sturm«. »Hoch empor«, »Den Toten vom Iltis«, zahlreiche andere Männerchöre, teils a capella, teils mit Orchester und geistliche Gesänge sind die Erzeugnisse seiner fantasievollen und eigenartigen, immer nach erhabenen und edlen Zielen strebenden Schaffenskraft. Auf den großen Gesangswettstreiten am Rhein, in Westfalen und in der Schweiz, wo seine neuesten Chöre fast durchweg die ersten Preise errangen, war er eine der beliebtesten Persönlichkeiten.[10]

Scheidemantel (1859–1923) als Ming-Ming und Georg Anthes (1863–1922) als Kiki-Tsum zur Uraufführung. Aufführungen in Mannheim, Frankfurt am Main und New York folgten. Mit seiner Frau Eugenie reiste Franz Curti 1897 in die Schweiz, wo sie auch das Gebiet um den Säntis in der Ostschweiz besuchten. Intensiv arbeitete er jetzt an Musik und Text seiner neuen Oper »Rösli vom Säntis«. Nach der Rückkehr nach Dresden erkrankte er. Sein altes Lungenleiden brach wieder aus. Nur wenige Wochen später starb er hier am 6. Februar 1898. Am 10. Februar wurde er auf dem Johannisfriedhof in Tolkewitz (heute Dresden-Tolkewitz) beigesetzt. Der Dresdner Tonkünstler-Verein, der vor Jahren eine Aufnahme Curtis in den Verein mit der Begründung »Zahnärzte nehmen wir nicht auf!« abgelehnt hatte, war auch zu seiner Beerdigung nicht erschienen. Einen Tag nach seiner Beerdigung fand in Zürich unter der Leitung von Lothar Kempter mit großem Erfolg die Uraufführung seiner Oper »Rösli vom Säntis« statt. Ein Jahr nach Franz Curtis Beerdigung, am 12. Februar 1899, fand an seinem Grab eine kleine Feier statt. Es war ein Grabmal mit einem Medaillon seines Kopfes aufgestellt worden und es erklangen einige seiner Lieder, gesungen vom Dresdner Lehrergesangverein unter der Leitung seines Freundes Friedrich Brandes (1864–1940, → *K2*). Im Juli 1901 beschloss der Loschwitzer Gemeinderat auf Bitten von Eugenie Curti, der Witwe des Verstorbenen, der kurzen an ihrem Haus vorbeiführenden Straße zwischen Malerstraße und Krügerstraße den Namen ihres Mannes zu geben. So wurde aus der bisherigen Villa »Friedau«, Malerstraße 11, die Villa »Friedau« Franz-Curti-Straße 1. Bis 1907 wohnte Eugenie Curti noch hier, bevor sie nach der Schweiz verzog. Das Haus wurde 30 Jahre später umgebaut und erhielt den Namen »Sonnenhof«. Dieser wurde 1998 durch einen Neubau ersetzt. Sein Grab auf dem Johannisfriedhof Dresden-Tolkewitz ist heute leider schwer zu finden, da man in den Jahren nach 1980 den Grabstein entfernte.

Grabstein von Franz Curti Foto: Slg. M. Griebel

Falck, Johannes, Dr. med. dent., Hofzahnarzt: Er hatte seine Praxis ab 1895 Prager Straße in Dresden; seine Wohnung verlegte er 1913 von Dresden-Südvorstadt in sein neuerbautes Haus Materniweg 4 nach → *Oberloschwitz*; bereits ab 1916 wohnte er dann Berggartenstraße in Blasewitz; seine Dresdner Praxis betrieb er bis zu seinem Tod um 1929.

Jenkins, Newell Sill (1840–1919), Dr. med. dent., Hofrat: In Falmouth in Massachusetts/USA geboren, studierte er am Baltimore College of Dental Surgery; 1866 kam er nach Dresden und kaufte 1893 die später sogenannte → *Villa »Thorwald«*, Schillerstraße 12, wo er bis 1907 wohnte; seine Praxis war Walpurgisstraße in Dresden; zu seinen Patienten gehörten sowohl Fürstenfamilien als auch Künstler wie *Richard → Wagner* (1813–1883, → *K1*); Jenkins verbesserte entscheidend die Zusammensetzung der Porzellanmasse für Kronen- und Brückenarbeiten; 1908 ging er nach Paris, nutzte jedoch bis zu seinem Tod fast jährlich sein Loschwitzer Haus als Sommerwohnung.

Langsdorff, Heinrich, Dentist: Er wohnte 1914–1915 Körnerweg 4.

Metzner, Johannes, Dentist, SR: Er praktizierte 1930–1945 Prager Straße in Dresden, seine Wohnung war 1930 Pillnitzer Landstraße 29, danach bis 1949 Wolfshügelstraße 28 in → *Oberloschwitz* und anschließend bis etwa 1970 Collenbuschstraße 16 in Dresden-Weißer-Hirsch.

Nebesky, Johannes, Dr. med. dent.: Er hatte seine Praxis Prager Straße 30 in Dresden; seine Wohnung war 1920–1929 Plattleite 18, danach Wohnung im Haus der Dresdner Praxis.

Rudolph, Karl, Dentist: Er wohnte 1910–1912 Schillerstraße 13; er war Inhaber der Firma »Reform-Zahn-Praxis«.

Staegemann, Gerd (1927–1995), Prof. Dr. med. dent., FA für Stomatologie: Nach Kriegsdienst, 1946–1949 Studium der Zahnmedizin in Greifswald; danach dort Assistenzarzt, 1950 Promotion und ab 1957 OA; 1958 Ernennung zum Dozent für Zahn-, Mund- und Kieferheilkunde an der Universität Greifswald; 1961 Berufung zum Prof. mit Lehrauftrag für Zahnmedizin und Leiter der Prothetischen Abteilung der Stomatologischen Klinik der MAD; 1964–1992 Prof. mit Lehrstuhl, Ärztlicher Direktor der Klinik und Poliklinik für Stomatologie der MAD; 1967–1973 Präsident der Deutschen Gesellschaft der Stomatologie der DDR; 1967 Berufung zum Vorsitzenden der »Arbeitsgruppe Medizinischer Hochschulbau«; 1992 Emeritierung; er wohnte in seiner Dresdner Zeit zunächst Straußstraße 4 und ab etwa 1980 Materniweg 5b in → *Oberloschwitz*.

Dr. Günther Walter *Foto: privat*

Stroka, Alfred, Dentist: Er wohnte 1917 Schillerstraße 21.

Walter, Günther (1932–2009), Dr. med. dent., MR: Sohn des Zahnarztes *Fritz → Walter*; er wohnte 1945–1957 Veilchenweg 44; nach seinem Studium war er 1956–1996 Leiter der Stomatologischen Abteilung der Poliklinik Dresden-Neustadt; ab 1996 wohnhaft Fidelio-F.-Finke-Straße 25; sein Hobby war die Straßenbahn, er ließ sich auch zum Straßenbahnfahrer ausbilden und hatte später maßgeblichen Anteil an der Erhaltung der Kirnitzschtalbahn; er wurde auf dem → *Friedhof* Dresden-Loschwitz beigesetzt.

Westram, Erich, Dr. med. dent.: Er wohnte 1931–1934 Chopinstraße 7; seine Praxis hatte er auf der Reichsstraße in Dresden, wo er ab 1935 auch wohnte.

Wapler, Felix (1896–?), Dr. med. dent.: Er wohnte und praktizierte 1926–1945 in Dresden-Altstadt; nach Kriegszerstörung wohnte er nach 1945 mehrere Jahre Alpenstraße 1 im → *OT Schöne Aussicht*.

Wickede von, Friedrich (1889–1948), Dr. med. dent: Er wohnte und praktizierte 1922–1945 Gröbelstraße in Dresden; nach Kriegszerstörung wohnte er danach bis zu seinem Tod Schevenstraße 8c.

Wickede von, Loni geb. Rudolph (1916–1994), Dr. med. dent., SR: Sie praktizierte an der Stomatologischen Klinik der MAD und wohnte nach 1945 Schevenstraße 8c und danach auf der Mendelssohnallee in Dresden-Blasewitz.

Wirsing, Gustav (1869–1950), Dr. chir. dent.: Studium der Zahnmedizin in den USA; ab 1899 Wohnung und Praxis in Dresden, im Ruhestand 1939–1945 Wohnung Wormser Straße in Dresden-Striesen und danach Calberlastraße 22.

Weitere Heilberufe

Barbiere

Das Wort stammt aus dem Lateinischen und bedeutet »Bartscherer«. Es ist aus dem Französischen übernommen und die veraltete Bezeichnung für Herrenfriseur. Zu deren Aufgaben zählte nicht nur das Frisieren und Bartscheren, sondern auch das Aderlassen, Schröpfen, Entfernen von Hühneraugen und das Ziehen der Zähne. Sie sind jedoch nicht den Ärzten zuzuordnen. Sie waren vielmehr → *Handwerker*, nur dass deren Arbeitsbereich auch die genannten körperlichen Eingriffe mit einschloss. Die Bezeichnung »Barbier« gab es in Deutschland bis in die erste Hälfte des 20. Jahrhunderts.

Hebammen

Der Hebammen-Beruf gehört zu den ältesten Frauenberufen und ist schon in der Antike mehrfach bezeugt. Im Mittelalter und der frühen Neuzeit häufig angefeindet und mitunter sogar den »Hexen« zugeordnet, begann sich ihre Situation im 17. Jahrhundert langsam zu ändern. Die »Allgemeine Hebammen-Ordnung« des Königreiches Sachsen von 1818 regelte erstmalig für dieses Land deren Aufgaben und Pflichten. Nahezu alle Entbindungen fanden in dieser Zeit »im Hause« statt. Das änderte sich erst mit dem Entstehen größerer Krankenhäuser, in denen es Kinderkliniken gab.

In Loschwitz, wo in der Regel zwei freiberufliche Hebammen ihren Dienst versahen, sind die ersten schon in der Mitte des 19. Jahrhunderts namentlich bekannt. Zu ihren weiteren Aufgaben gehörte z. B. auch die Anmeldung der Neugeborenen zur Taufe. Es gab ein Statut, das später auch die Unterstützung im Ruhestand regelte. 1895 gingen zwei Hebammen in den Ruhestand, die aus dieser Kasse bezahlt wurden. Dies waren die in der Grundstraße 31 wohnende **Johanne Christiane Medger** (1819 – 1898) und **Therese Lange** (1831 – 1903) aus der Friedrich-Wieck-Straße 19, die 1863 beim Gemeindevorstand ein Gesuch zur Erlernung ihres Berufes gestellt hatte.

Zu den Nachfolgerinnen der beiden Genannten gehörten im 20. Jahrhundert u. a. **Anna Scheibner**, die bis 1901 Pillnitzer Landstraße 22 (heutige Ratsstraße 5) und danach bis 1910 ebenfalls Grundstraße 31 wohnte, und **Marie Krause** (1858 – 1944), bis 1912 Körnerplatz 6 und danach Körnerplatz 13, sowie schließlich **Flora Förster**, ab 1928 ebenfalls Körnerplatz 13. Sie war auch nach 1945 hier noch als Hebamme tätig, wechselte jedoch später in das von den Nazareth-Schwestern betriebene Entbindungsheim nach Dresden-Blasewitz.

Anzeige, 1911 *Broschüre »Loschwitz«, OVLW*

Logopäden

Das Wort kommt aus dem Griechischen und bedeutet »Sprecherzieher«:

Denhardt, Carl Friedrich (1850 – 1906) und Denhardt, Carl (1880 – 1920) → *Denhardtsche Sprachheilanstalt*

Klotz, Jeannine, Logopädin: Sie gründete 2010 ihre Praxis mit Sitz Pillnitzer Landstraße 34; sie behandelt Sprach-, Sprech-, Stimm-, Hör- und Schluckstörungen und begleitet logopädisch Patienten mit Lese- und Rechtschreibstörungen.

Müller, Käthe, Sprachheilspezialistin: Sie wohnte 1911 Pillnitzer Landstraße 49 und danach bis 1915 Nr. 12 und war Leiterin des dortigen »Sprachheilinstituts für Stotterer, Stammler usw.«.

Magnetopathen und Magnetiseure

Die Therapie der Magnetopathen besteht in der Auflegung der Hände auf Körperpartien.

Ahner, Hermann: Er wohnte 1911 – 1912 Rißweg 25, danach bis 1914 Lausitzer Straße 1 und erneut von 1918 – 1940 Steglichstraße 5; bis etwa 1925 hatte er dort auch seine Sprechstunden.

Tormin, Louis (1847 – 1935): Geboren in Stettin (Szczecin/Polen); er praktizierte 1906 – 1910 Wilhelminenstraße 1 und danach bis 1915 Wilhelminenstraße 7, seine Wohnung hatte er in Dresden; 1917 heiratete er die Gesangpädagogin Erna Löhnig (1880 – 1950, → *K2*) und zog in deren Wohnung Friedrich-Wieck-Straße 2, wo er fortan auch seine Praxis besaß; 1924 zogen sie in die Friedrich-Wieck-Straße 4.

Naturheilkundige

Unter Naturheilkundigen versteht man Personen, die gewerbsmäßig Menschen nach naturheilkundlichen Methoden und mit Naturmitteln behandeln. Dies können sowohl Homöopathen als auch Ärzte mit akademischer Ausbildung sein, die sich in ihrer Praxis oder in ihren Sanatorien auch dieser Heilmethoden bedienten. Nachfolgend sind hier nur gewerbsmäßige Naturärzte ohne akademische Ausbildung aufgeführt.

Müller, Ernst Friedrich, Naturheilkundiger: Er wohnte 1899 1. Steinweg 1.

Ripberger, Constanze (1868 – ?), Naturheilkundige: Die Tochter eines Apothekers wohnte 1902 – 1903 Schillerstraße 39, 1903 – 1907 Wohnung und Praxis mit Badestube Oskar-Zwintscher-Straße 3; sie meldete 1903 das Gewerbe »Naturheilkundige Anfertigung von ‚Ripberger Mundwasser' sowie kosmetische Haarwässer und Toiletten-Cream« an.

Scheinich, Julius Florentin, Spezialist für Haut- und Haarkrankheiten: Er wohnte bis 1883 Kügelgenstraße 2 und praktizierte in Dresden.

Physiotherapeuten

Man bezeichnete sie früher als Masseure bzw. Masseusen. Sie waren vor allem in Heilanstalten, → *Sanatorien und Bädern*, wie z. B. im → *»Elbthal«* (→ *Gaststätten*) tätig. In der → *Helios-Klinik* gehörte die Physiotherapie zum Leistungsangebot. Eine physiotherapeutische Abteilung befand sich auch in der Außenstelle der → *Poliklinik* im Haus Veilchenweg 2.

Zu den nach 1945 in Loschwitz tätigen Physiotherapeuten gehörte:

Krahmer, Johanna (1915 – 1993): Sie wohnte Veilchenweg 48 und verzog dann zum Körnerplatz 8, wo sie eine eigene Praxis mit Angestellten besaß. In den ersten Jahren nach dem Zweiten Weltkrieg war sie auch in der Loschwitzer → *Schule* tätig. Nach ihrem Tod wurde sie im Familiengrab auf dem Kirchhof Dresden-Hosterwitz beigesetzt.

Nach dem politischen Umbruch eröffneten mehrere physiotherapeutische Praxen. Von etwa 2002 bis 2008 gab es die Physiotherapie-Praxis von Christiane **Becker** in der Bautzner Landstraße 54 in → *Oberloschwitz*. Seit 1998 besteht die Praxis für Physiotherapie von Ronny **Weinhold-Bartsch** in der Pillnitzer Landstraße 32 in den »Loschwitz-Arkaden« (→ *Wohnparks*). 2007 eröffnete die Physiotherapie von Anne **Grabowski** in der Schillerstraße 39 und seit 2012 arbeitet der Physiotherapeut Thomas **Pfaff** mit einem vielfältigen Angebot in seiner Privatpraxis Bautzner Landstraße 36.

Psychotherapeuten

Behrend, Irma (1878 – 1945): Sie wohnte und praktizierte 1915 – 1934 als Psychotherapeutin, danach als »Heilpraktikerin« und ab 1942 als »Dolmetscherin« im → *Künstlerhaus* Pillnitzer Landstraße 59; sie war Schülerin des Pariser Arztes und Psychotherapeuten Edgar Bérillon (1859 – 1948); sie wurde auf dem → *Friedhof* Dresden-Loschwitz bestattet.

Nach 1990 entstanden in Loschwitz mehrere Praxen für Psychotherapie. Seit 2003 wohnt und praktiziert die Dipl.-Psych. Renate-Maria **Besier** in der Ludwig-Richter-Straße 4.

2004 eröffneten Dipl.-Psych. Christiane **Tzschacksch** ihre Praxis für Psychotherapie und Coaching in der Wolfshügelstraße 20 in → *Oberloschwitz* und Dipl.-Psych. Wera **Holzweißig** die ihre in der Pillnitzer Landstraße 68.

Seit 2009 arbeitet Dr. phil. Dipl.-Psych. Steffi **Zacharias** als Psychoanalytikerin in ihrer Psychotherapeutischen Praxis Körnerplatz 7. Neben ihrer Praxistätigkeit beschäftigt sie sich mit der Erforschung anderer Therapiekulturen, speziell der traditionellen mexikanischen Medizin. Hierzu forschte sie mehrere Jahre in Mexiko und promovierte dazu.

2010 eröffneten Dipl.-Psych. Katja **Pieper** ihre Praxis für Psychotherapie in der Pillnitzer Landstraße 4 und Dipl.-Psych. Dr. rer. medic. **Maud Amlang** ihre Psychotherapeutische Praxis für Kinder und Jugendliche Pillnitzer Landstraße 34.

Medizinische Einrichtungen und Sanatorien:

Denhardtsche Sprachheilanstalt

Am 1. April 1897 eröffnete Carl Friedrich Denhardt (1850 – 1906) in der Pillnitzer Landstraße 47 seine »Sprachheilanstalt für Stotterer, Stammler usw.« Er wurde am 16. August 1850 in Burgsteinfurt in Westfalen geboren und entstammte selbst einer Stotterer-Familie. Sein Vater Emil Denhardt (1806 – 1883) war Verleger und Herausgeber des »Steinfurter Wochenblatts«. 1862 gründete er, der später mit einem Orden Kaiser Wilhelms I. ausgezeichnet wurde, in Burgsteinfurt eine »Heilanstalt für Stotterer«, wo später auch seine Söhne Carl Friedrich und Rudolf Emil (1845 – 1908) als Lehrer tätig waren. Letzterer veröffentlichte 1878 in der Zeitschrift »Die Gartenlaube« den Beitrag »Das Wesen des Stotterns«, in dem er sowohl die angewandte Heilmethode als auch die bisherigen Erfolge der Arbeit beschreibt:

Anzeige, 1911 *Broschüre »Loschwitz«, OVLW*

Anzeige, um 1910

> Das die Grundursache eine psychische ist, alles Uebrige aber, vor allem die örtliche Functionsstörung der Muskelapparate, die zur Ausathmung und zur Laut- und Wortbildung beitragen, nur eine Folge jener psychischen Ursache ist, so treffen die diesen secundären Erscheinungen entgegenarbeitenden Uebungen die Wurzel des Uebels nicht. Sie dürfen zwar nicht fehlen ... aber vornehmlich kommt es auf die psychische Behandlung des Patienten seitens des Heilenden an.[11]

Sieben Jahre nach dem Tod des Vaters beschritten die beiden Söhne getrennte Wege. Rudolf ging mit seiner Frau Helene 1890 nach Eisenach und gründete dort die »Denhardtsche Sprachheilanstalt«. Noch im gleichen Jahr erschien in Leipzig sein wohl wichtigstes Buch: »Das Stottern – Eine Psychose«.

Sein fünf Jahre jüngerer Bruder Carl Friedrich verließ ebenfalls Burgsteinfurt, um 1890 seine Sprachheilanstalt in Blasewitz bei Dresden zu gründen, die er dann 1897 nach Loschwitz verlegte. 1904 wurde sein Sohn Carl Denhardt (1880 – 1920), geboren am 23. Juli 1880 in Burgsteinfurt, Mitinhaber dieser Sprachheilanstalt, die er nach dem Tod seines Vaters (1906) allein weiterführte. Der Aufenthalt der Patienten in der Anstalt betrug in der Regel einen Monat und die Kosten für Behandlung, Kost und Unterkunft etwa 200 Mark. Carl Denhardt gründete eine weitere Sprachheilanstalt in Stuttgart, die spätestens 1909 bereits bestand.

Zwischen Rudolf Denhardt in Eisenach und Carl Denhardt in Loschwitz muss es zu Spannungen gekommen sein. Obwohl Rudolf Denhardt 1896 mit dem Ehren-Professor ausgezeichnet worden war und die dortige Anstalt um 1900 beträchtlich vergrößert werden konnte, betonte Carl Denhardt, »daß ich seit dem Tode meines Vaters und meines Onkels der einzige Denhardt bin, der einer Sprachheilanstalt als Leiter vorsteht und als Lehrer darin tätig ist«.[12]

1908 verlegte der Sohn Carl Denhardt seine Sprachheilanstalt von der Pillnitzer Landstraße 47 nach der Krügerstraße 12 und 1911 in die Ulrichstraße 18. Dort eröffnete er im gleichen Jahr auch eine »Pension für Ausländer und Ausländerinnen zur Erlernung der deutschen Sprache und Vervollkommnung derselben«. Am 21. Dezember 1920 starb er und wurde auf dem → *Friedhof* in Loschwitz bestattet. Damit war das Ende der Loschwitzer Denhardtschen Sprachheilanstalt gekommen.

Deutsche Heilstätte:

Marie Simon (→ *Kasten*) kaufte nach ihrer Rückkehr aus Frankreich 1871 aus eigenen Mitteln am Hang des → *Mordgrunds* ein von Wald umgebenes Grundstück (heute Wunderlichstraße 17). Bereits 1872 konnte sie hier die »Deutsche Heilstätte für Invaliden und Kranke« eröffnen. Allein aus eigenen Mitteln war die Anstalt jedoch nicht auf Dauer finanzierbar. Unterstützung erhielt Marie Simon durch die Kronprinzessin und spätere Königin Carola (1833 – 1907), die 1853 Prinz Albert geheiratet hatte, der 1873 als König Albert (1828 – 1902) von Sachsen sein Amt antrat. Ziel war es, die Loschwitzer Heilstätte aus privater Hand in eine Stiftung des Roten Kreuzes zu überführen. Im März 1875 begann ein Komitee seine Tätigkeit, ein Jahr danach übernahm ein von Carola eingesetzter Vorstand die Verwaltung der Heilstätte und im März 1877 erfolgte die Bestätigung der Statuten der Stiftung. Diese legten den Zweck der Heilstätte fest.

Seit der Gründung der Heilstätte waren bisher 77 Schülerinnen aufgenommen worden, von denen 49 als »Albertinerinnen« in den 1867 gegründeten Albert-Verein eintraten. Nach dem Tod Marie Simons 1877 hatte die Leitung der Heilstätte Elisabeth Freifrau von Hausen übernommen. Einer der beiden OÄ war in diesem Jahr *Christian Paul Emil → Jacobi* und Assistenzarzt bis 1978 *Hugo Leopold Maximilian → Kahleyß*. Eigentümer wurde der »Landesverein zur Pflege (im Felde) verwundeter und erkrankter Krieger für das Königreich Sachsen«. Hausärzte waren u. a. *Johannes Theodor → Klemm, Martin → Grieshammer, Walther → Freymuth* und ab etwa 1901 *Franz → Werner*. Zu den hier weilenden Patienten gehörten 1874 die Dichter Friedrich Bodenstedt (1819 – 1892, → *K2*) und 1895 bis zu seinem Tod Richard von Meerheimb (1825 – 1896, → *K2*)

Der Friedenszweck der Heilstätte ist ein sechsfacher: 1) Aufnahme von Invaliden des deutschen Heeres; 2) Cur und Verpflegung kranker und verwundeter Soldaten; 3) Vor- und Ausbildung von Krankenpflegepersonal; 4) Aufnahme von Krankenpflegern und Pflegerinnen, welche in und durch Ausübung ihres schweren Berufes hülfsbedürftig geworden sind; 5) Aufnahme von Soldaten, welche in Militärhospitälern gewesen und in die Reconvalescenz eingetreten sind; 6) Aufnahme kranker oder alleinstehender Civilpersonen gegen Entgelt.[13]

Die Deutsche Heilstätte in Loschwitz, Ansichtskarte, um 1913 *Slg. OVLW*

Ab 1904 wurden in der Heilstätte keine Kranken und Invaliden mehr aufgenommen, sondern nur noch Erholungsbedürftige und Pensionäre. Der neue Eigentümer der Heilstätte war ab 1905 der »Landesverein vom Roten Kreuz im Königreich Sachsen«. Er führte die Einrichtung zunächst als Erholungsheim weiter. 1913 kaufte es die »Elisabeth von Pohland-Stiftung Dresden«, die es ab Sommer 1914 durch Belegung des Wirtschaftshauses als Städtisches Genesungsheim »Loschwitzberg« teilweise wieder betrieb. Bedingt durch den im gleichen Jahr beginnenden Ersten Weltkrieg diente es in den nächsten Jahren als »Reserve-Lazarett IV«. Als Arzt war *Paul → Hildebrandt* tätig. Einer der zahlreichen Patienten war der Dichter Erich Kästner (1899 – 1974), der 1918 mit schwerer Herzinsuffizienz hier eingeliefert wurde. 1920/21 entstand nördlich der bisherigen Anlagen ein neues Gebäude. Insgesamt gab es nach dessen Fertigstellung in der ehemaligen Heilstätte über 20 sogenannte Notwohnungen, die 1921 bezogen werden konnten. Wenn auch das Grundstück Eigentum der Pohland-Stiftung blieb, war damit leider das Ende der Deutschen Heilstätte gekommen.

Elektromedizinisches Heilstrahlen-Institut

Über das von 1927 bis 1929 in der Steglichstraße 25 in *→ Oberloschwitz* bestehende Institut ist leider nichts Näheres bekannt.

Haus Schevenstraße 3

Nach der 1949 erfolgten Enteignung der *→ Familie Mühlberg* ging ihr Besitz in Volkseigentum. Rechtsträger wurde die 1946 gegründete Sozialversicherungsanstalt Sachsen. Die einstige Sommervilla Mühlbergs (Schevenstraße 3b) und sein Landhaus (Schevenstraße 3) sollten zunächst zu einem Nachtsanatorium um-

Simon, Marie (1824 – 1877), Krankenpflegerin: Marie Salome Jannasch wurde am 26. August 1824 in Doberschau bei Bautzen geboren. Sie wuchs dort bei ihrer Mutter Anna Janašek (? – 1835) und ihrem Großvater, einem Schankwirt, auf. In der Familie wurde nur sorbisch gesprochen. Deutsch lernte sie erst in der Schule in Gnaschwitz (heute OT von Doberschau-Gaußig). Nach dem Tod ihrer Mutter und dem Ende der Schulzeit verbrachte Marie ihre Jugend meist im benachbarten Böhmen (heute Tschechien), das damals zu Österreich gehörte. Wahrscheinlich 1852 kam sie nach Dresden und schloss hier 1853 ihre zweite Ehe mit dem Kaufmann, Spitzen- und Weißwarenhändler Friedrich Anton Simon. 1854 wurde die Tochter Olga Eugenie (1854 – 1905) geboren.

Im Deutschen Krieg gegen Österreich, wo Sachsen auf Seiten Österreichs kämpfte, ging Marie Simon im Juli 1866 nach dem blutigen Sieg der Preußen an den Ort des Schreckens. Nördlich von Königgrätz (Hradek Králóvó/ Tschechien), bei den Dörfern Horenowes (Hořinéves) und Maslowed (Máslojedy), fand sie etwa 900 Verwundete ohne jegliche Hilfe. Sie holte aus Dresden Material zur Versorgung der Opfer und half bei deren Pflege. Die Kenntnisse hierfür hatte sie sich bereits autodidaktisch und durch Hospitationen in Krankeneinrichtungen angeeignet. 1867 berief in Dresden die spätere Königin Carola von Sachsen (1833 – 1907) Marie Simon ins Direktorium des soeben gegründeten Albert-Vereins, wo ihr die Leitung der Armenkrankenpflege und Aufsicht über die Krankenpflegerinnen-Ausbildung übertragen wurde. Die innerhalb des Vereins ausgebildeten Krankenpflegerinnen wurden als »Albertinerinnen« bekannt.

Frau Marie Simon, nach einem Lichtbild im Besitz des ehemaligen Militärvereins Loschwitz.
Foto: Archiv Ortsverein Loschwitz-Wachwitz

Im Auftrag des Albert-Vereins war Marie Simon im Deutsch-Französischen Krieg 1870/71 als Krankenpflegerin und Lazarett-Köchin tätig. Nach ihrer Rückkehr erhielt sie für ihren Einsatz die Große Medaille des Kongresses der Genfer Konvention, den sächsischen Sidonienorden, den österreichischen Franz-Joseph-Orden, das preußische Verdienstkreuz für Frauen und Jungfrauen sowie den württembergischen Olga-Orden. Ebenfalls 1871 kaufte sie das Loschwitzer Grundstück, auf dem bereits 1872 die *→ Deutsche Heilstätte* eröffnet werden konnte. Im gleichen Jahr veröffentlichte der Brockhaus-Verlag Leipzig ihr Buch »Meine Erfahrungen auf dem Gebiete der freiwilligen Krankenpflege im Deutsch-Französischen Kriege 1870 – 71. Briefe und Tagebuchblätter«, dem 1876 »Die Krankenpflege. Theoretische und praktische Anweisungen« folgte. Vom Albert-Verein unterstützt, baute sie in Dresden eine systematische Ausbildung für Krankenpflegerinnen auf, die auch in der Loschwitzer Heilstätte zum Einsatz kam. 1876 war sie Mitbegründerin der dem Roten Kreuz zugehörigen Schwesternschaft der Albertinerinnen.

Marie Simon starb am 20. August 1877 in Loschwitz und wurde auf dem Trinitatisfriedhof in Dresden-Johannstadt bestattet. 1907 benannte der Loschwitzer Gemeinderat eine neu angelegte Straße in unmittelbarer Nähe der Deutschen Heilstätte nach ihr.

gebaut werden. Noch während der Umbauarbeiten entschied man sich jedoch für ein Genesungsheim. Nach Fertigstellung befand sich hier ab 1950 ein »Heim für schwangere Frauen«, das dann den Namen »Paul-Gruner-Haus« trug. Um 1958 wurde es als »Erholungsheim für werdende Mütter« dem → *KH Loschwitz* und später dem KH Weißer Hirsch zugeordnet. Um 1960 kam die Urologische Klinik hinzu, die sich bis dahin auf der Ulrichstraße 31 befand. Beides wurde etwa 1966 geschlossen. Um 1970 eröffnete die Fachschule der Bezirksakademie für Gesundheits- und Sozialwesen Potsdam hier die Außenstelle Dresden. Angeboten wurden Weiterbildungen sowohl für Ärzte als auch für Krankenpflegepersonal. 1991 begann die Ausbildung zur Heilerziehungspflege. 1992 übernahm das DRK die Einrichtung und gründete hier im September das »DRK-Bildungswerk für soziale und pflegerische Berufe Sachsen e.V.« Im Jahr der Rückführung der Grundstücke an Familie Mühlberg zog 1993 die Heilerziehungspflege von hier nach der Goetheallee in Dresden-Blasewitz.

Das ehemalige Weidnersche Sanatorium als HUMAINE-Klinik *Foto: Slg. Matthias Griebel*

HUMAINE-Klinik und HELIOS-Klinik

Am 1. April 1991 übernahm die HUMAINE-Gesellschaft für Klinikmanagement mbH München das ehemalige → *Sanatorium Dr. Weidner*. Sie errichtete hier die »Onkologische Fachklinik im Tumorzentrum Dresden e.V.«. Erster Chefarzt war bis 1993 der seit vielen Jahren auf dem Gebiet der Onkologie tätige FA Prof. Dr. med. Christian Manegold. Bereits fünf Millionen DM hatte man in die Sanierung der unterdessen unter Denkmalschutz gestellten Gebäude investiert, als Dr. med. Manfred Strätz 1993 die Leitung übernahm. Im folgenden Jahr konnte der störende Schornstein der alten Heizungsanlage gesprengt werden, da ein umweltfreundliches Blockheizkraftwerk den Betrieb übernommen hatte. 1998 eröffnete eine Praxis für Strahlentherapie unter Dipl.-Med. Jörg Distler und Prof. Dr. med. Jürgen Eberhardt. Chefarzt der mit 150 Betten ausgestatteten Onkologischen Klink war unterdessen Dr. med. Bernd Brockmann. Im Oktober 2006 wechselte die HUMAINE-Klinik den Besitzer und kam zum HELIOS-Konzern.

Ab 5. Oktober trug sie den Namen »HELIOS Klinik Dresden-Wachwitz«. Zum Leistungsangebot gehörten Diagnostik, Therapie, Palliativmedizin, Seelsorge, Psychosozialer Dienst und Physiotherapie. Noch im gleichen Jahr eröffnete hier auch das »Zentrum für Traditionelle Chinesische Medizin« (TCM) eine Ambulanz. 2007 zog die Volkssolidarität mit eigener Praxis für ambulante Physiotherapie in das Gelände. 2008 wurden erneut große Summen in den weiteren Ausbau investiert und die bisherige Kurzzeit- in eine Vollzeitpflegestation erweitert. Die Öffnungszeiten des seit vielen Jahren bestehenden Cafés wurden auf das Wochenende erweitert. Mit dem Jahresende 2009 gab der HELIOS-Konzern die gesamte Klinik auf. Die Onkologische Klinik integrierte man in das städtische KH Friedrichstadt. Damit war das Ende auch der anderen hier vorhandenen Praxen wie Volkssolidarität und TCM gekommen. Auch die hier seit einigen Jahren bestehende Klinik für Psychotherapie und Psychosomatik des Universitätsklinikums schloss ihre Pforten. Seit 2010 suchte die Stadt Dresden nach einer neuen Nutzung der ehemaligen Klinik. 2013 erwarb die Münchner Immobiliengesellschaft ABG das gesamte Gelände, das sie jedoch im Jahr darauf an die Baywobau Baubetreuung GmbH weiterverkaufte. Geplant ist ein künftiger »Wohnpark« mit Sanierung der denkmalgeschützten Häuser sowie einem sehr großen Neubau und einer Tiefgarage.

Klinik Hermann-Prell-Straße 8

Die Villa wurde 1907/08 für die Witwe des Kaiserlich-Russischen Staatsrats, Architekten und Professors Maximilian von Messmacher (1842–1906), sehr wahrscheinlich nach seinen eigenen Entwürfen, von Karl Reichpietsch (1859–1947, → *Architekten*) unter der Bauleitung des Architekten Georg Schramm (1848–1925, → *Baumeister und Architekten*) erbaut. Sie diente bis 1945 als Wohnhaus. Nach 1945 befand sich hier ein Kinderheim und ab 1953 eine »Entbindungsheim« genannte Geburtsklinik. Diese war nacheinander dem KH Dresden-

Klinik Hermann-Prell-Straße 8, Ansichtskarte *Foto: Slg. Otto-R. Wenzel*

Johannstadt, dem KH Dresden-Neustadt, dem → *KH Oberloschwitz* und zuletzt dem KH Weißer Hirsch zugeordnet. 1969 folgte der Geburtsklinik ein dem KH Weißer Hirsch unterstelltes Schwesternwohnheim. 1970 verlegte man die 1967 von Helmut → *Born* im KH Weißer Hirsch gegründete Psychotherapeutische Spezialstation nach hier. Durch »die räumliche Trennung von der Medizinischen Klinik ..., gelang ein großer Schritt zu eigenständiger klinischer Psychotherapie.«[14] Schon 1969 konnte dafür *Johannes → Burkhardt* aus Berlin als Chefarzt gewonnen werden. »Gruppenpsychotherapie wurde das therapeutisch wirksame Mittel und die Therapeutische Gemeinschaft das Ordnungsprinzip«.[11] 1973 übernahm das KH Dresden-Neustadt die Klinik als selbstständige Fachabteilung für Psychotherapie. *Werner → Blum* wurde Chefarzt der Abteilung. 1979 konnte eine seit sechs Jahren freie Arztstelle mit *Gottfried → Lobeck* besetzt werden. Nach dem Tod Blums 1992 übernahm Lobeck die kommissarische Leitung. Die Klinik auf der Hermann-Prell-Straße beendete 1993 ihre Arbeit. Das Haus wurde später verkauft und dient seit 1997 nach vorangegangener Renovierung wieder als Wohnhaus.

Sanatorium Dr. Möller, Ansichtskarte, 1958 »Krankenhaus Oberloschwitz« *Slg. Matthias Griebel*

Krankenhaus Oberloschwitz

Wenige Tage nach Kriegsende, am 17. Mai 1945, erhielt der Arzt *Georg → Ernst* von der sowjetischen Kommandantur den Auftrag, im ehemaligen → *Sanatorium Dr. Möller* ein KH aufzubauen und dieses zu leiten. Bis Januar 1946 war er hier tätig. Danach unterstellte man es als »Krankenhaus Loschwitz« dem KH Dresden-Johannstadt. In seinen Räumen befand sich die Städtische Kinderklinik, in der anfangs wohl ausschließlich an Tuberkulose erkrankte Kinder gepflegt wurden. Im Mai 1947 übernahm *Marianne → Zwingenberger* die Kinderklinik, bevor ihr im August die Gesamtleitung der Kinderklinik des KH Dresden-Johannstadt übertragen wurde. 1953–1955 war *Hans-Joachim → Dietzsch* kommissarischer OA der Loschwitzer Kinderklinik.

Nach der 1955 erfolgten Schließung und Sanierung dieser Klinik ordnete man das Haus dem KH Dresden-Neustadt zu und eröffnete hier die »Medizinische Klinik Oberloschwitz«, die 1958 als »Krankenhaus Oberloschwitz« Teil des selbstständigen Klinikverbands Oberloschwitz wurde. Zu den hier tätigen Ärzten gehörte seit 1956 *Helmut → Born*, der im zur Klinik gehörenden Haus Ulrichstraße 27 (Birkenhaus) eine Station für Schlaftherapie einrichtete. In der Ulrichstraße 31 (Buchenheim), das ebenfalls zur Klinik zählte, befand sich zunächst die Urologische Abteilung, die um 1960 in das → *Haus Schevenstraße 3* umzog.

Nach der Übernahme des ehemaligen Nachtsanatoriums der Wismut AG in Dresden-Weißer-Hirsch auf der Heinrich-Cotta-Straße durch die Stadt und der dort 1963 erfolgten Eröffnung der selbstständigen Klinik Weißer Hirsch hörte der selbstständige Klinikverband Loschwitz auf zu bestehen und wurde dem Klinikverband Weißer Hirsch zugeordnet. Das bisherige KH Oberloschwitz führte jetzt die Bezeichnung »Krankenhaus Weißer Hirsch«. Die dortige Medizinische Klinik bestand weiterhin. Die Urologische Abteilung im Haus Schevenstraße 3 bestand noch bis 1966. Dafür kam 1970 mit der → *Klinik Hermann-Prell-Straße 8* eine »Neurosenklinik« hinzu.

1972 erfolgte die erneute Zuordnung zum KH Dresden-Neustadt (ab 1980 Bezirks-KH Dresden-Neustadt), nun als sogenannte IV. Medizinische Klinik. Chefarzt war jetzt, nachdem Born bereits 1963 an die Medizinische Klinik Weißer Hirsch gewechselt war, *Helmut → Schnabel*. Im Haus Ulrichstraße 31 befand sich bereits seit Ende 1988 eine Tagesklinik für Suchtkranke, besonders für Alkohol- und Medikamentenabhängige. Ab 1990 beherbergten die Häuser auf der Alpen- (Tiedge-) und Ulrichstraße die Klinik für Psychiatrie und Psychotherapie des KH Dresden-Neustadt. Chefarzt wurde *Joachim → Morgner*. 2001 zog die Klinik ins Klinikum Weißer Hirsch und die Loschwitzer Häuser standen leer. Nach einer 2003 abgeschlossenen Komplettsanierung des einstigen Sanatoriums entstanden dort moderne Wohnungen; ebenso dienen die beiden Häuser auf der Ulrichstraße heute Wohnzwecken.

Kurzzeitpflege Loschwitz

→ *Kirchlich-diakonische Einrichtungen*

Ökumenische Diakonie-Sozialstation BÜLOWH e.V.

→ *Kirchlich-diakonische Einrichtungen*

Poliklinik

Nach dem Ruhestand von *Heinrich → Schrader* eröffnete 1959 im gleichen Haus, Pillnitzer Landstraße 12, die erste Poliklinik in Loschwitz als Außenstelle der bereits 1948 gegründeten Poliklinik Blasewitz. Ab 1965 hatte in Loschwitz auch die Allgemeine Kinderabteilung ihren Sitz. Etwa 1968 wurde die bisherige Außenstelle Loschwitz der Poliklinik Weißer Hirsch als Stadtambulatorium Loschwitz mit den Abteilungen Allgemeine Medizin und Kinderabteilung zugeordnet. Später hatten hier auch die Mütterberatung und die Fürsorgerin ihr Domizil. Nach dem Beitritt der DDR zur BRD war das Ende der Polikliniken gekommen. 1991 wurde das Loschwitzer Haus als Poliklinik geschlossen. Die bisher hier tätigen Ärztinnen *Solveig → Flämig* und für kurze Zeit auch Doris → *Däumer* arbeiteten fortan selbstständig mit eigener Praxis weiter. Das Haus übernahm die Ökumenischen Diakonie-Sozialstation BÜLOWH e.V. (→ *Kirchlich-diakonische Einrichtungen*).

Die Stomatologische Abteilung des Stadtambulatoriums Loschwitz der Poliklinik Weißer Hirsch befand sich ab etwa 1968 im Haus Körnerplatz 7. Hier praktizierten die Zahnärzte *Gisela → Lutoschka*, *Nelly → Kissener* und *Heinz → Salomon*. Die Schließung der Abteilung erfolgte 1991. In den achtziger Jahren befand sich hier zeitweise auch eine Beratungsstelle für Säuglinge und Kleinkinder.

Eine weitere Stomatologische Abteilung, allerdings direkt der Poliklinik Weißer Hirsch zugeordnet, befand sich ab 1972/1974 Strauß-

Blick von der Kirchruine auf die Pillnitzer Landstraße, links die Poliklinik in Nr. 12, um 1985
Foto: Wolfgang Nützenadel

straße 5b in → *Oberloschwitz*, wo bisher *Benno → Kassner* seine Praxis hatte. Die Abteilung bestand bis Ende der achtziger Jahre. Danach eröffnete hier für einige Jahre eine »Beratungsstelle für Alkohol- und Medikamentenabhängige des Stadtbezirks Ost«.

Eine physiotherapeutische Abteilung der Außenstelle der Poliklinik Blasewitz befand sich seit deren Gründung bis etwa 1965/66 im Haus Veilchenweg 2 mit der Bezeichnung »Atem-Institut und Physikalische Therapie«.

Seit etwa 1984 gab es eine ebenfalls direkt der Poliklinik Weißer Hirsch zugeordnete Abteilung für Paraffinbehandlung in der Bautzner Landstraße 34 in → *Oberloschwitz*. Heute arbeitet dort die Praxisgemeinschaft »Zentrum für Systemisches Arbeiten«.

Schließlich bestand von 1990 bis 1991 eine Außenstelle der Poliklinik Dresden-Neustadt auf dem Gelände der ehemaligen Bezirksverwaltung der → *Staatssicherheit* in der Bautzner Straße 114. Seit 1991 ist hier das Ärztehaus mit den Privatpraxen zweier Ärzte und einer Physiotherapie.

Privatkliniken

Im → *Simmigschen Ortsteil* gab es von 1931 bis 1945 Heideparkstraße 6 die Chirurgische Privatklinik von *Hans → Härtel* und von 1933 bis 1938 Heideparkstraße 10 die Privatklinik von *Friedrich → Haukohl.*

Sanatorium Dr. Möller

Bereits 1905 hatte *Siegfried → Möller* das Grundstück Malerstraße 1 im → *OT Schöne Aussicht* gemietet, wohnte dort und besaß bis zu acht Betten für seine Patienten. Er erwarb 1907 ein in unmittelbarer Nähe gelegenes, etwa 40.000 m² großes Areal zum Bau eines Sanatoriums. Noch vor dem Kaufvertrag beauftragte Möller den Dresdner Architekten Friedrich Wilhelm Hertzsch (1875–1944) mit dem Entwurf und Bau des Sanatoriums, in das auch seine Wohnung integriert wurde. Bereits am 1. April 1908 konnte es auf der Alpenstraße 1, mit Eingang von der Tiedgestraße, eröffnet werden. Es verfügte über etwa 75 Betten, einen großen Speisesaal, ärztliche Untersuchungsräume, aber auch u. a. über ein Musikzimmer und ein Spielzimmer mit Billard. Möllers Heilverfahren beruhte auf drei Säulen: dem therapeutischen Fasten Edward H. Deweys (1837–1904), den Forschungen über Stoffwechselerkrankungen Arnaldo Cantanis (1837–1893), vor allem aber auf den Diät-»Trockenkuren« nach Johann Schroth (1798?–1856). »Als Kompromisslösung riet er zu einer Mischform aus der ›Schrothschen Trockenkur‹, dem ›Deweyfasten‹ und der

Anzeige, 1911 *Broschüre »Loschwitz«, OVLW*

›Cantanischen Fleischdiät‹«[15] Auch Wasser-, Wärme- und Lichttherapie fanden Anwendung. Für Letztere diente vor allem die 1914 fertiggestellte Liegehalle.

Etwa 1913 eröffnete Möller zwei Außenstationen seines Sanatoriums. Dafür erwarb er das Haus Ulrichstraße 27, das er später »Birkenhaus« nannte. In der Ulrichstraße 31 war er zunächst zur Miete, kaufte es jedoch sieben Jahre später und gab ihm den Namen »Buchenheim«. Die Patienten kamen mit sehr unterschiedlichen Leiden: Magen- und Darmkrankheiten, Leber- und Nieren-, Herz- und Kreislauferkrankungen, Diabetes, aber auch Haut- und HNO-Problemen und sogar mit »Neuralgien, Melancholie, Hysterie und [...] Neurasthenie«.[15] Zu den Patienten zählten auch die Schauspielerinnen Olga Tschechowa (1897–1980) und Toni van Eyck (1910–1988), die Schauspieler Heinrich George (1893–1946, → *K1*), Otto Gebühr (1877–1954) und Erich Ponto (1884–1957) sowie der Komponist und Kapellmeister Paul Lincke (18667–1946, → *K2*).

Von November 1940 bis April 1941 quartierte sich im Sanatorium ein Heeresgruppenkommando unter Leitung von Generalfeldmarschall Wilhelm von Leeb (1876–1956) ein. Der Operationsplan für den Angriff auf die Sowjetunion wurde hier hinter verschlossenen Türen erarbeitet. Im Frühjahr 1941 ernannte man Leeb zum Oberbefehlshaber der Heeresgruppe Nord und am 22. Juni marschierten deutsche Truppen in die Sowjetunion ein. Das Sanatorium bekam den Status einer GmbH und wurde von nun an bis zum Ende des Krieges 1945 ausschließlich als Lazarett für erkrankte Soldaten genutzt. Damit war das Ende von Dr. Möllers Sanatorium eingeleitet. Seine Auferstehung erlebte es als → *Krankenhaus* Oberloschwitz.

Die Anstalt dient dazu, mit Zuhilfenahme sämtlicher moderner physikalisch-diätischer Heilmethoden, soweit sie sich dem ärztlichen Leiter nach seiner Erfahrung als praktisch und nutzbringend erwiesen haben, den chronisch Kranken die naturgemäßen Reize in der Form zuzuführen, daß dadurch der krankhaft gestörte Stoffwechsel, der bei den meisten chronischen Leiden vorliegt, in normale Bahnen gelenkt wird. Es kommen also zur Anwendung: die verschiedenen Diätkuren (gemischte reizlose Diät, harnsäurefreie Kost, energetische Ernährung nach Bircher-Brenner, Kräuterkuren usw.); ferner die physikalischen Heilmethoden (Wasserprozeduren, Dampfbäder, Lichtbäder, kohlensaure Bäder, Sauerstoffbäder, elektrische Wechselstrombäder, Massage, Luft- und Sonnenbäder usw.).[16]

Damenzimmer in Möllers Sanatorium *Foto: SLUB Dresden/Deutsche Fotothek*

Sanatorium Dr. Teuscher

Nachdem *Heinrich → Teuscher* 1897 die Konzession für seine Privatkrankenklinik Steglichstraße 38 erhalten hatte, kaufte er, gemeinsam mit seinem Bruder *Paul → Teuscher*, bereits 1898 die Grundstücke Chopinstraße 2, 4, 6 und 8. Nur auf dem Grundstück Chopinstraße 2 befand sich bereits ein Wohnhaus, die 1874 erbaute »Turmvilla«, und ein ehemaliges Wirtschaftsgebäude, das schon 1897 vom Vorbesitzer mit sechs Bade-, zwei Dusch- und zwei Massageräumen ausgestattet worden war. 1899 konnte das »Sanatorium für Nervenleidende, Erholungsbedürftige und chronisch – ohne Tuberkulose – Kranke« in der Chopinstraße 2 seinen Betrieb aufnehmen. Hier befanden sich das Badehaus, ein Wohnhaus und das Bürogebäude. Auf der Chopinstraße 4 ent-

Ansichtskarte von Dr. Möllers Sanatorium mit Karikatur von E. Hübner-Simonis, 1919
Slg. Matthias Griebel

Dr. Heinrich Teuscher (1863–1946)

Dr. Teuschers Sanatorium, Schweizerhaus *Fotos (3): Slg. Teuscher*

Marie Teuscher (1876–1945)

stand das eigentliche Kurhaus. Die Um- und Neubauarbeiten erfolgten vorrangig durch Paul Winkler (→ *Architekten*). Das Bühlauer Büro für Architektur- und Bauausführung Arnold & Lahode baute Chopinstraße 8 ein Pensionshaus, das sogenannte »Schweizerhaus«. Zu den anderen zugekauften Grundstücken in unmittelbarer Nachbarschaft gehörten Bautzner Landstraße 46, wo sich in den ersten Jahren ein »Pensionat für Nervenkranke des Sanatoriums« befand, die »Waldvilla« Bautzner Landstraße 66 und die beiden Grundstücke für die Wohnhäuser von *Heinrich → Teuscher*: Chopinstraße 7 und *Paul → Teuscher*: Chopinstraße 10.

Im Sanatorium standen etwa 55 Betten zur Verfügung, deren Anzahl aber im Bedarfsfall auf das Doppelte erhöht werden konnte. »In die Kuranstalt aufgenommen wurden, vergleichbar den Nachbarsanatorien, vor allem Patienten mit neurologischen Leiden, Stoffwechselerkrankungen, internistischen Problemen und Erkrankungen der Atemwege.«[17] Wichtige Heilmethoden waren verschiedene Wasserheilverfahren, Massagen, unterschiedliche elektrische Behandlungen wie Lichtbäder und Höhensonne, Paraffinpackungen und nicht zuletzt Diätkuren, Trinkkuren, aber auch Hypnose- und Suggestionstherapie.

Zu den ersten Assistenzärzten des Sanatoriums gehörten von 1907 bis 1910 *Johannes → Svoboda*, 1911 bis 1912 *Arno → Lindemann* und 1913 bis 1914 *Guido → Müller*. Nachdem Paul Teuscher bereits 1910 seinen Anteil am Grundbesitz des Sanatoriums an seinen Bruder Heinrich verkauft hatte, beendete er 1912 wegen aufgetretener Differenzen seine Arzttätigkeit im Sanatorium. Sein Nachfolger als »2. Arzt« wurde *Carl → Degener*, der bis 1919 hier tätig war.

Im Ersten Weltkrieg wurde die Zahl der Betten auf etwa das Doppelte erhöht und es gab viele prominente Kurgäste. Einer von ihnen war der Maler Oskar Kokoschka (1886–1980, → *K1*), der nach einer Kriegsverletzung 1916 bis 1917 im »Schweizerhaus« wohnte. Er porträtierte mehrfach den dortigen Arzt *Fritz → Neuberger*. Etwa zur gleichen Zeit gastierte im Sanatorium auch der Dichter Walter Hasenclever (1890–1940, → *K2*). Er simulierte als Soldat

Anzeige, 1911 *Broschüre »Loschwitz«, OVLW*

Ein Mysterium in dem Ärztekreis ist Dr. Fritz Neuberger, dessen nachhaltiger Einfluss auf die Künstler in der Vielzahl von Darstellungen bei Kokoschka und den anderen anteilnehmenden Würdigungen bei seinem Tod 1918 in Berlin deutlich wird. [...] 1919 erschien der von ihm übersetzte Roman von Honoré de Balzac »Der Vetter Pons« im Kurt Wolff Verlag Leipzig: Außerdem war er Mitglied der Künstlergruppe »Kolonie der 5 %«. Walter Hasenclever überschreibt ein Gedicht »Der Wunderrabbi – Für Fritz Neuberger« – Als nicht dokumentierte, jedoch von Kokoschka berichtete Aktivität sei eingefügt, dass Fritz Neuberger daran beteiligt gewesen sein soll, Lenin aus dem Zürcher Exil durch Deutschland nach Schweden und Finnland zu schleusen, um die Revolution in St. Petersburg führen zu können.[18]

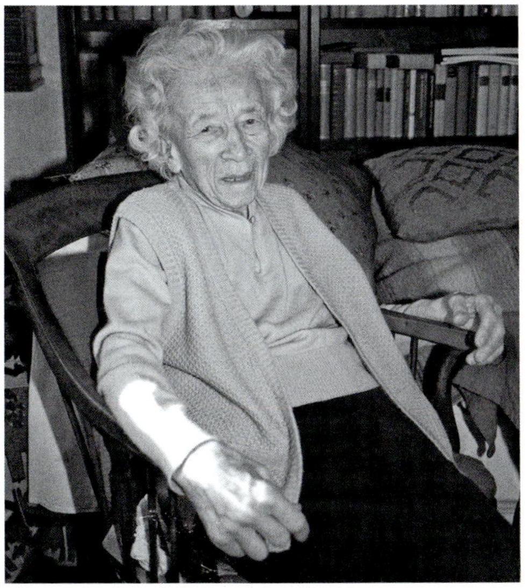

Marianne Teuscher, 2003 Foto: Roland Lorenz

ein psychisches Leiden, das ihn schließlich zu Teuschers führte.

Nach dem Eintritt in den Ruhestand von Heinrich Teuscher 1938 verkaufte er das Sanatorium an den Arzt *Gottfried → Dilcher*, der fortan die ärztliche Leitung übernahm, und den Kaufmann Hans Schöpf. Ab 1943 diente das Sanatorium bis zum Ende des Krieges als Lazarett. 1945 übernahm es die Sowjetarmee und nutzte es weiter als Lazarett. Um 1948 zog in die Chopinstraße 2 ein Arbeits- und Wohnheim für Jugendliche ein. Ab Mitte der fünfziger Jahre war es Verwaltungsgebäude der KWV. Auch die Nachbargebäude 4 und 8 unterlagen unterschiedlichen Nutzungen, etwa als Heim der Jugendhilfe und als Lehrlingswohnheim. 1959 wurde das Schweizerhaus, Chopinstraße 8, Wohnstätte der kommunalen Berufsausbildung des Rates der Stadt. Nach Schließung des Heims für Jugendhilfe unterzog man 1974 die Gebäude Chopinstraße 2 und 4 einer aufwändigen Sanierung. 1982 bis 1985 wohnten hier vornehmlich Libyer, die zum Studium oder zur Berufsausbildung in Dresden weilten. Staatschef Muammar al-Gaddafi (1942–2011) war hier zu einem Besuch. 1985 zog in die Chopinstraße 2 ein Kindergarten und in das einstige Kurhaus, Chopinstraße 4, ein Heim der Jugendhilfe des Stadtbezirks Ost.

Nach dem politischen Umbruch 1990 bekamen die Erben von *Gottfried → Dilcher* die Gebäude zurück. Damit war deren Ende besiegelt. Alle ehemaligen Sanatoriumsgebäude auf der Chopinstraße wurden 1994 abgerissen, nur das »Schweizerhaus«, Chopinstraße 8, blieb erhalten. Die geplanten Neubauten entstanden nicht und so ist das Gelände noch heute eine Brache.

Sanatorium Dr. Weidner am Königspark: Der als »Sanatorium Am Königspark« und später als »Dr. Eugen Weidners Sanatorium am Königspark« bezeichnete Komplex befand sich bis 2013 zu seinem größten Teil bereits auf Wachwitzer Flur. Lediglich das Pförtnerhaus, die Garagen und die Kegelbahn gehörten zu Loschwitz. Der Zugang zum Areal, Malerstraße 31, ist ebenfalls schon immer auf Loschwitzer Flur. 1913 erwarb *Eugen → Weidner* die beiden Wachwitzer Fluren und das Loschwitzer Flurstück, auf dem später die Garagen und die Kegelbahn entstehen sollten. Von 1914 bis 1916 entstand nach den Plänen des Münchner Architekten Carl Sattler (1877–1966), ausgeführt durch Architekt Wilhelm Schnitzer, die Sanatoriums-Anlage. »Auf die verführerische Lockung, die herrliche waldige Höhe mit einem einzigen Monumentalbau zu krönen, wurde verzichtet. Den Anforderungen der größeren inneren Zweckmäßigkeit entsprechend, wurde die Anstalt in drei Hauptgebäude zergliedert, das Kurmittelhaus, das große Wohnhaus und das Haupthaus mit seinen Gesellschaftsräumen und Speisesälen, die das Pförtnerhaus mit dem Autogelaß für vier Wagen und die Wäscherei als Nebengebäude ergänzen.«[19] Vom Pförtnerhaus führte ein 200 Meter langer, gedeckter Wandelgang zu den Häusern und verband diese ähnlich einem Kreuzgang miteinander. Zur Eröffnung des Sanatoriums »Am Königspark« im Herbst 1916 standen etwa 80 Betten und etwa 100 Frauen und Männer als Personal zur Verfügung. Ärztlicher Direktor war Eugen Weidner. Aufnahme fanden vorrangig Patienten mit Stoffwechselkrankheiten, Diabetes, Herz- und Kreislauf-, aber auch Suchterkrankungen, Erkrankungen des Nervensystems und der Atmungsorgane u. a. Die diätetische Behandlung der Patienten stand, wie auch in den anderen Sanatorien in Loschwitz und auf dem Weißen Hirsch, an erster Stelle. Hinzu kamen Behandlungsmethoden wie Sonnen- und Wasserbäder, Gymnastik, Massagen, Dampf- und Elektrotherapie.

»Zum Abendbrot erschien regelmäßig Professor Weidner auf unserer Veranda, ein großer, rotgesichtiger Mann mit weißem Haar und in weißem Kittel; er blieb eine Weile bei uns und hatte eine delikate Art, mir ein winziges Stückchen Butter auf jedes Radieschen zu legen und mich eigenhändig zu füttern. Am schönsten war das Frühstück, das zumeist ebenfalls auf der Veranda eingenommen wurde, manchmal aber auch vor unseren Fenstern im Park, wo sich viele Bekannte an einem großen Tisch unter Sonnenschirmen einfanden, vorsichtig trat ich auf den knirschenden Kies, die jungen Männer trugen Halstücher aus changierender Seide und Tennishosen, hell klang das Lachen meiner Mutter, [...] ich saß zwischen ihr und der Schauspielerin Pola Negri, deren pelzgefütterte Morgenschuhe ich bewunderte.«[21]

Dr. Eugen Weidner
Foto: Naturheilkundiges Dresden

Zehn Jahre nach Eröffnung des Sanatoriums starb Eugen Weidner 1926. Eigentümerin wurde seine Ehefrau Berta Weidner geb. Bohnenberger. Die ärztliche Leitung übernahmen später Dr. med. Karl Recknagel, FA für Innere Medizin, und Ende der dreißiger Jahre der Adoptivsohn Dr. med. Reinhard Weidner-Bohnenberger. Außer den Chefärzten standen immer zwei weitere Ärzte zur Verfügung. Genannt werden u. a. die OÄ Dr. med. Gerhard Lehmann

Sanatorium Dr. Weidner, Luftbild
Foto: Slg. Matthias Griebel

Ansichtskarte, 1943, nach Gemälde von Georg Richter-Lößnitz (Julius Georg Richter, 1891 – 1938) *Slg. Bernd Beyer*

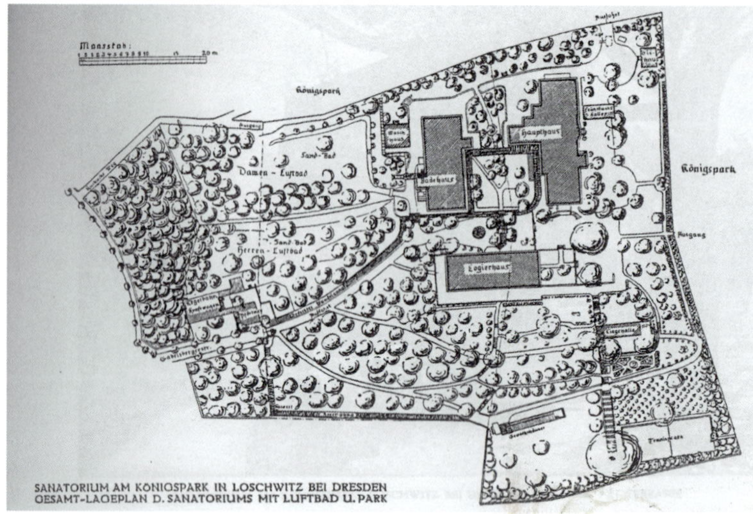

Gesamtlageplan des Weidnerschen Sanatoriums mit Luftbad und Park, um 1920 *Sonderdruck Innendekoration, Slg. Matthias Griebel*

und Dr. med. Erwin Kulcke. Bereits 1934/35 war das Sanatorium eine GmbH geworden.

Da das Sanatorium zu den exklusivsten der Region gehörte, weilten hier viele prominente Gäste. Zu ihnen gehörten die Schauspielerinnen Grethe Weiser (1903 – 1970, → *K2*), Pola Negri (1897 – 1987) und Magda Schneider (1909 – 1996), die Schauspieler Willy Fritsch (1901 – 1973), Heinz Rühmann (1902 – 1994) und Johannes Heesters (1903 – 2011). Der Schriftsteller Stephan Hermlin (1915 – 1997, → *K2*) war 1922 mit seiner Mutter hier. Gerhart Hauptmann (1862 – 1946, → *K1*) erlebte hier die Zerstörung Dresdens am 13./14. Februar 1945 und diktierte wenig später in Agnetendorf (Jagniątków) seine Totenklage über die Stadt, beginnend mit den Worten: »Wer das Weinen verlernt hat, der lernt es wieder beim Untergang Dresdens«.[20]

Im Mai 1945 übernahm die sowjetische Armee das Sanatorium als Armeelazarett. 1951 ging es als Tuberkulose-Lazarett an die KVP und nach Gründung der NVA wurde es 1956 Zentrales Lazarett für Tuberkulose und Lungenkrankheiten. 1956 bis 1975 hatte die Leitung OMR Dr. med. Hans Vogt. Zu seiner Zeit war das Lazarett 1973 Armeekrankenhaus mit mehreren Fachabteilungen geworden. Nach Hans Vogt kam als Chefarzt OMR Dr. med. Peter Fuchs, dem 1990

Garagen und Torhaus des ehemaligen Sanatoriums, 2003 *Foto: Manfred Lauffer*

Dr. med. Horst Feuer folgte, der noch bis 1993 hier tätig war. Im Oktober 1990 übernahm die Bundeswehr das Lazarett, betrieb es aber nur noch wenige Monate. Danach folgten die → *HUMAINE Klinik* und schließlich die → *HELIOS Klinik.*

Otto-R. Wenzel, Nikolaus Lichtenberger, Matthias Griebel

Zitate:

1 *Kotzsch, Otto, Ortsgeschichtliche Notizen, maschinenschriftl. 1951*
2 *Sunnus, Sabine*
3 *Henker, Jobst; Meyer, Kathrin; Chronik der Kinderklinik Dresden-Johannstadt/Universitätskinderklinik. 1930-2010, Senden 2010*
4 *Justus, Jakob, Professor Dr. med. Paul Geipel (1868 bis 1936); in: Ärzteblatt Sachsen 10/2007*
5 *Kleine-Natrop, Georg*
6 *Scholz, Albrecht; Heidel, Caris-Petra; Lienert, Marina (Hrsg.), Vom Stadtkrankenhaus zum Universitätsklinikum. 100 Jahre Krankengeschichte in Dresden, Köln, Weimar, Wien 2001*
7 *Buschbeck, Dietrich, Friederike Trefftz. Erinnerungen an eine außergewöhnliche Frau; in: Der Elbhang-Kurier 3/2011*
8 *Herrmann, Mechthild, Für »Mister Doctor« aus Amerika angereist. Zum 20. Todestag von Sanitätsrat Dr. Helmut Rothe; in: Der Elbhang-Kurier 5/2013*
9 *Jelmoli, Hans, Franz Curti; in: XCVII. Neujahrsblatt der Allgemeinen Musik-Gesellschaft in Zürich, Zürich 1909*
10 *Platzbecker, Heinrich, Franz Curti; in: Wochenschrift für Musik und bildende Kunst, Heft 20, 1898*
11 *Denhardt, Rudolf, Das Wesen des Stotterns; in: Die Gartenlaube, Leipzig 13/1878*
12 *Denhardt, Carl, Prospekt der Carl Denhardtschen Sprachheilanstalt, Dresden 1917*
13 *Criegern, Friedrich von, Caritas, Dresden 1878*
14 *Lobeck, Gottfried; Böttcher, Hermann F., Die eigenständige Abteilung für Psychotherapie am Krankenhaus Dresden-Neustadt von 1967 bis 1989; in: Geyer, Michael (Hrsg.), Psychotherapie in Ostdeutschland. Geschichte und Geschichten 1945 – 1995, Göttingen 2011*
15 *Merta, Sabine, Wege und Irrwege zum modernen Schlankheitskult, Stuttgart 2003*
16 *Möller, Siegfried, Dr. Möller's Sanatorium. Loschwitz bei Dresden [Prospekt], Dresden [um 1910]*
17 *Freitag, Elke, Naturheilkunde-Sanatorien in Dresden und Umgebung vom letzten Drittel des 19. Jahrhunderts bis 1945, Inauguraldissertation, maschinenschriftlich, Dresden 1999*
18 *Scholz, Albrecht, Ärzte und Patienten in Dresdner Naturheilsanatorien; in: medizin-bibliothek-information, Dresden 1/2004*
19 *Weidner, Eugen, Sanatorium am Königspark. Wachwitz bei Dresden [Prospekt], Dresden [um 1920]*
20 *Tank, Kurt Lothar, Gerhart Hauptmann, Hamburg 1993*
21 *Hermlin, Stephan, Abendlicht, Leipzig 1984*

Quellen: 24, 30, 33, 34, 39, 40, 46, 47, 58, 61, 68, 69, 90, 108, 126, 128, 129, 153, 163, 185, 197, 198, 204, 206, 207, 212, 218, 223, 249, 254, 290, 297, 298, 301, 372, 373, 383, 401, 437, 438, 445, 481, 488, 499, 503, 507, 514, 515, 517, 546, 556, 560, 578, 592, 593, 594, 614, 616, 625, 639, 640, 641, 642, 645, 665, 666, 668, 669, 677, 680, 692, 696, 715, 724, 725, 726, 727, 731, 747, 776, 785, 790, 791, 794, 797, 799, 800, 819, 824, 839, 843, 844, 850, 853, 857, 868, 871, 872, 878, 884, 902, 907, 943, 944, 955, 956, 958, 962, 1000, 1018, 1019, 1028, 1052, 1053, 1054, 1059, 1085, 1123, 1129, 1132, 1140, 1244, 1254, 1259

Tierärzte

Der erste namentlich bekannte Loschwitzer Tierarzt war Ludwig Jancke. Wahrscheinlich um 1880 begann er hier und wohnte zunächst Pillnitzer Landstraße 4 und ab etwa 1885 bis zu seinem Tod in der Schillerstraße 7. Ab 1888 arbeitete in Loschwitz auch der »approbierte« Tierarzt Eugen Bornemann, der zunächst Pillnitzer Landstraße 21 und ab 1889 Friedrich-Wieck-Straße 43 wohnte. Sein Nachfolger wurde ab 1900 der aus Mügeln kommende Dr. med. vet. Gustav Graumann (1866 – 1934). Ihm oblag nun nach dem Trichinen-Beschau-Gesetz von 1898 auch die »Fleischbeschau« (→ *Fleischer*). Seine Loschwitzer Wohnorte waren bis 1903 Friedrich-Wieck-Straße 2, danach bis 1908 Körnerplatz 1, dann bis 1914 Pillnitzer Landstraße 10 und schließlich bis zum Tod Pillnitzer Landstraße 23. Nach der 1921 erfolgten → *Eingemeindung* von Loschwitz nach Dresden endete auch bald die »Gemeindezuständigkeit«, sodass die folgenden in Dresden-Loschwitz wohnenden Veterinärmediziner hier keine Sprechstunden mehr anboten.

Otto-R. Wenzel

Quellen: 39, 40, 1000

Auer, Leopold von; Musiker, Dirigent und Komponist (1845 – 1930) → *K2*
Auerswald, Heinz; Maler und Grafiker (1891 – 1974) → *K2*
Aurig, James; Fotograf (1857 – 1935) → *K2*
Aust-Curling, Friederike; Malerin und Grafikerin (* 1976) → *K2*
Avenarius, Ferdinand; Dichter und Schriftsteller (1856 – 1923) → *K2*

B

Baade, Brunolf
Flugzeugkonstrukteur (1904 – 1969)

Carl Wilhelm Brunolf Baade kam als Sohn von Wilhelm und Martha Baade am 15. März 1904 in Rixdorf, dem heutigen Stadtteil Berlin-Neukölln, zur Welt. Der Vater war in einem Elektromontage-Unternehmen tätig, wo er eine Karriere im mittleren technischen Management machte. Die Mutter unterhielt einen kleinen Laden. Zur Familie gehörten weiterhin zwei kleinere Schwestern. Brunolf Baade besuchte ab 1910 das Gymnasium und schloss es 1922 mit dem Abitur ab. Seine Vorliebe galt den Fächern Mathematik, Physik, Chemie und Erdkunde. Im Anschluss an das Abitur widmete er sich dem Studium des Maschinenbaus an der TH Berlin, wo er 1926 das Vorexamen zum Diplom bestand. Weil er den Wunsch hegte, Schiffskonstrukteur zu werden, absolvierte er ein Praktikum bei der Werft Blohm & Voss in Hamburg. Dort war er beim Bau eines Schiffes eingesetzt, das zur Jungfernfahrt nach Südamerika reisen sollte. Die Sehnsucht des jungen Mannes nach fremden Ländern und Menschen ließ ihn anheuern, was ihm als Kohlentrimmer die Überfahrt kostengünstig ermöglichte. Am Ziel angekommen, nahm er sich mehrere Monate Zeit, den Kontinent kennenzulernen. Nach Berlin zurückgekehrt, widmete sich Brunolf Baade wieder seinem Studium. Allerdings lag sein Interessensschwerpunkt nunmehr bei der Fliegerei. Er beschäftigte sich mit dem Segelflugzeugbau, lernte selbst fliegen und nahm sogar an Segelflug-Wettkämpfen teil. 1927 wurde ihm auch die Motorfluglizenz erteilt. Baade war zu dieser Zeit an der Deutschen Versuchsanstalt für Luftfahrt (DVL) in Berlin tätig und beschäftigte sich mit statischen Belastungstests. Der weitere Weg führte ihn nach Bayern, wo er 1929 sein Diplom in München ablegte und außerdem als Volontär bei den Bayerischen Flugzeugwerken (BFW) in Augsburg beschäftig war. Seine anschließende Anstellung dort als Konstrukteur führte ihn mit Willy Messerschmitt (Wilhelm Emil Messerschmitt, 1898 – 1978) zusammen. Bald war er an der Entwicklung der Typen M18, M20 und M24 beteiligt.

Prof. Brunolf Baade zum 65. Geburtstag
Foto: Slg. Holger Lorenz

Die Weltwirtschaftskrise dieser Jahre beeinträchtigte auch die deutsche Flugzeugindustrie und ließ Brunolf Baade ab 1930 sein Glück als selbstständiger Vertreter in den USA wagen, wo er für die BFW Lizenzen verkaufte. In Amerika galten seinerzeit die Vorgaben des deutschen Flugzeugbaus als Maß der Dinge, was den jungen Mann den Einstig in dieses Geschäft erleichterte. Einige Zeit später beendete er das Arbeitsverhältnis mit den BFW und war in den USA für Eastern Aircraft, North American sowie eine Tochterfirma der niederländischen Firma Fokker tätig. 1932 ging er in die Dienste der Firma Goodyear und ließ sich in Akron im Bundesstaat Ohio nieder. Im selben Jahr heiratete er Anna Stierle, die ebenfalls aus Deutschland stammte. Aus dieser Ehe gingen später fünf Kinder hervor.

Trotz seiner erfolgreichen beruflichen Entwicklung in den USA bewarb sich Baade – das besagt verschiedener Schriftverkehr – weiterhin bei Firmen in Deutschland. 1936 wurde er fündig und arbeitete alsbald als Leiter einer Konstruktionsabteilung der Junkers Flugzeug- und Motorenwerke AG in Dessau, einem Zentrum der vom rüstungsbedingten Wirtschaftsaufschwung profitierenden Flugzeugbranche. Er selbst schrieb jedoch in seinem Lebenslauf, dass die Geheime Staatspolizei (Gestapo) ihn und seine Familie an einer Rückreise in die USA hinderte, indem die Pässe ungültig gemacht wurden. Ingenieure galten in der boomenden Wirtschaft des damaligen Deutschland als sehr gefragt. Mit seinen amerikanischen Erfahrungen bei der Serienproduktion war er bald ein geachtetes Mitglied der Führungsriege des Unternehmens, was ihm eine respektable gesellschaftliche Stellung und das entsprechende finanzielle Einkommen sicherte. Seine engagierte Mitarbeit galt der Entwicklung der Flugzeugtypen Ju 88, Ju 188, Ju 288, Ju 388 und Ju 287 und deren jeweiligen Modifikationen. 1938 wurde ihm, gemeinsam mit einem Kollegen, die konstruktive Gestaltung der Ju 88 übertragen. 1941 hatte er die Leitung der gesamten Typenreihe inne. Dabei konnte Baade seine Fähigkeiten, einem strategischen Ziel zu folgen

Die (Junkers) Ju 88 war ein zweimotoriges Kampfflugzeug, das von 1939 bis 1945 in den Junkers-Werken produziert wurde. Auf Basis der Konstruktion als Horizontal- und Sturzkampfbomber wurde die Maschine über die Jahre modifiziert als Fern- und Torpedobomber, als Zerstörer und Panzerjäger, als Minenleger sowie als Aufklärer. Mit fast 15.000 gebauten Flugzeugen war die Ju 88 eines der größten Rüstungsprogramme des Deutschen Reiches für den Zweiten Weltkrieg.

Die Ju 88 im Afrika-Einsatz *Bundesarchiv*
Bild 101I-417-1766-03A/Foto: Ellerbrock/Lizenz CC-BY-SA 3.0

Die 152 auf dem Rollfeld umrahmt von IL-14-Maschinen
Foto: Slg. Holger Lorenz

und dabei die mitarbeitenden Abteilungen und führenden Mitarbeiter integrativ zu gewinnen, ausspielen.

Mit dem Kriegsende kam auch für ihn die Kriegsgefangenschaft, nachdem er von den Alliierten im ausgelagerten Konstruktionsbüro in Raguhn festgenommen worden war. In dieser Zeit erlebte er, wie das Know-how der deutschen Flugzeugindustrie nach Amerika wanderte. Baade wandte sich an die andere, für Ostdeutschland zuständige Siegermacht und bekam von der sowjetischen Militäradministration die Genehmigung, die Werke in Dessau mit der Produktion von Dingen des täglichen Bedarfs zur Selbstversorgung der deutschen Bevölkerung wiederzubeleben. Neben der Produktion von Kochtöpfen und dergleichen konnte Baade die Besatzungsmacht davon begeistern, die Forschungsergebnisse des Flugzeugbaus der Junkerswerke postum, quasi aus dem Gedächtnis der maßgeblich Beteiligten, nachzuvollziehen und aufzuschreiben. Dies unterstützte, in Form der Fertigstellung des Strahlbomberprojekts Ju 287 als EF 131, letztlich die Reparationsleistungen Deutschlands. Nachdem die Junkerswerke in Dessau unter der Aufsicht der sowjetischen Besatzung in abgeschirmten Bereichen reanimiert werden konnten, wurde 1946 Baade samt Entwickler-Team nach Dubna bei Moskau übersiedelt, um die Entwicklung des Strahltriebwerkflugzeugbaus in der Sowjetunion voranzubringen.

Ende 1953 wurde dann die Rückkehr nach Deutschland vorbereitet. Ein Beschluss des Politbüros vom 19. Februar 1954 zum Aufbau des neuen Industriezweiges »Produktion von Flugzeug- und Geräteersatzteilen für die Sowjetunion« steht als die Grundlage und für den Beginn der Luftfahrtindustrie in der DDR. Bei den Standorten entschied man sich zunächst für Pirna-Sonnenstein und Dresden-Klotzsche. Als Leiter der Vereinigung Volkseigener Betriebe (VVB) Flugzeugbau mit ihrem Hauptsitz Flugzeugwerk Dresden wurde Brunolf Baade damit zum Chefkonstrukteur der DDR-Flugzeugindustrie. Neben der Produktion des bewährten sowjetischen Flugzeugmodells IL-14 war seine Hauptaufgabe, die Entwicklung des Strahlverkehrsflugzeuges 152, auch bezeichnet als B152, für den Zivilbedarf der Sowjetunion voranzutreiben. Die Finanzierung dieses kostspieligen Vorhabens wurde von der Regierung der DDR abgesichert, auch von Seiten der Sowjetunion kam die Zusage uneingeschränkter Hilfe, bspw. indem die IL-14 lizenzfrei gebaut werden durfte.

Cockpit der »152« *Foto: Slg. Holger Lorenz*

Gleichzeitig war Brunolf Baade von 1955 bis 1961 Lehrbeauftragter an der Fakultät für Luftfahrtwesen der damaligen TH Dresden und erhielt den Titel »Professor« verliehen. Eine solche berufliche Karriere in der aufstrebenden DDR erforderte von Baade natürlich politische Loyalität. Er wurde Kandidat des Zentralkomitees der SED.

In den Folgejahren arbeitete man angestrengt am Projekt 152. Jedoch stieß der Chefkonstrukteur mehr und mehr an die Grenzen der sozialistischen Plan- und Mangelwirtschaft. Ein Aufsehen erregendes Flugzeugunglück während eines Erprobungsfluges 1959 bei Ottendorf-Okrilla in der Nähe von Dresden, bei dem alle vier Besatzungsmitglieder ums Leben kamen, stellte die Fortführung der deutschen Flugzeugentwicklung in Frage. Im Zusammenhang mit den Überlegungen, in den Staaten des Ostblocks arbeitsteilige Volkswirtschaften zu errichten, kam 1961 schließlich das Aus für den Flugzeugbau in der DDR. Der Flugzeugbau in Ostdeutschland wurde anschließend vollkommen liquidiert. Brunolf Baade musste mit der Schmach und dem Privileg umgehen, aus den Resten der Branche und mit seinen besten Kollegen das sogenannte »Institut für Leichtbau und ökonomische Verwendung von Werkstoffen« (IfL) in Dresden-Klotzsche aufzubauen, dem er dann als Direktor vorstand.

Insgesamt erwarb sich Baade durch seine beruflichen Fähigkeiten sowie seine Arbeit in wissenschaftlich-technischen Ausschüssen und Kommissionen große Verdienste. Er erhielt seinen eigenen Angaben zufolge 1957 die Ernst-Moritz-Arndt-Medaille, 1959 den Vaterländischen Verdienstorden in Silber und 1969 den Orden »Banner der Arbeit«.

Im Pensionsalter angekommen, beendete er 1969 seine berufliche Laufbahn und schied aus dem IfL aus. Seine Gesundheit war stark angegriffen. Neben der Parkinson-Krankheit befiel ihn auch noch ein Krebsleiden. Nachdem die Familie von 1954 bis Sommer 1969 in der Villa auf der Loschwitzer Herrmann-Prell-Straße 6 gelebt hatte, endete Baades Leben in Berlin-Buch. Bereits ein halbes Jahr nach seiner Pensionierung starb Brunolf Baade am 5. November 1969. Sein Grab befindet sich auf dem Friedhof Eichwalde.

Baade gilt bis heute als der Vater der DDR-Luftfahrtindustrie. Ihm zu Ehren wurde eine Straße auf dem Gebiet des Flughafens Berlin-Brandenburg benannt. **Achim Jannasch**

Quellen: 744, 1173

Bach, Gustav; Bildhauer und Maler (1871 – 1954) → *K2*

Backhaus, Rudolf; Bildhauer (1879 – 1955) → *K2*

Ankunft des Rumpfes der »152« am Flughafen Dresden
Foto: Slg. Holger Lorenz

Blick in die ständige Luftfahrtausstellung des Verkehrsmuseums Dresden mit Fahrwerk und Triebwerk der»152« (links) *Foto: Verkehrsmuseum Dresden*

»Elbthal-Bad«, Pillnitzer Landstraße 7, Ansichtskarte, 1902 *Slg. Matthias Griebel*

Schwimm-Attest.

Unter heutigem Tage ist von

die **Schwimmprobe**, bestehend in vollkommen selbständigem Durchschwimmen der Elbe von oberhalb der alten Fährbuhne in Blasewitz bis zu meiner Bade-Anstalt, abgelegt worden, was hierdurch bescheinigt

Loschwitz, am 19

Max Höhle
Bade-Anstalts-Besitzer.

Schwimm-Attest von Max Höhle Slg. M. Griebel

Badeanstalten

Bäder

Erste konzessionierte Bäder existierten als medizinische Badeeinrichtungen wie in der → *Apotheke* seit 1865, in den → *Sanatorien* (Dr. Teuscher seit 1897, Dr. Möller seit 1908) sowie anderen Kur- oder Fremdenetablissements. Diese und andere wie die → *Deutsche Heilstätte* seit 1872, die → *Victoriahöhe* seit 1882 oder um 1882 das »Kurbad Loschwitz« in der → *Gaststätte* »Elbthal« in der Pillnitzer Landstraße 7 waren keine öffentlichen Bäder im eigentlichen Sinne.

Dem allgemeinen Publikum standen gegen Entgelt während einiger Jahre Wannenbäder zur Benutzung offen, so das des Kaufmanns Theodor Scheibel in der Schillerstraße 5 (genannt 1885: Badeanstalt) oder der Masseuse Helene Reichelt, Ulrichstraße 33 (genannt 1906: Seitengebäude-Badeanstalt). Dauerhafte und beliebteste Bademöglichkeit bot jedoch über sieben Jahrzehnte das → *Elbebad.*

Matthias Griebel

Quelle: 894

Badeanstalt Höhle 1910 *Foto: Slg. Elbhang-Photo-Galerie*

Badeanstalt Loschwitz, Sprungturm, 1920
Foto: Slg. Elbhang-Photo-Galerie

Anzeige, um 1888

Badeanstalt Loschwitz, inneres Becken, 1920 *Foto: Slg. Matthias Griebel*

Elbebad

Öffentliche Elbebäder sind seit dem Jahre 1826 in steigender Anzahl bis zu 30 Einrichtungen im heutigen Stadtgebiet von Dresden nachgewiesen. Sie wurden zumeist von Elbfischer-Dynastien als »zweites Standbein« betrieben.

Das Loschwitzer Elbebad wurde im Jahre 1876 von *Friedrich August → Höhle* (1840–1918) begründet und verblieb bis 1936 in Familienbesitz. 1922 jedoch, nach der Eingemeindung, wurden die Platz- und Betreiberverhältnisse durch einen Pachtvertrag mit der Stadt Dresden geregelt, welche dann 1936 das Bad käuflich erwarb und als städtisches Elbebad unter dem besoldeten Bademeister Willy Kurt Weser weiterführte.

Dabei entfiel die bisherige Unterscheidung von »Stadtbad Loschwitz« oberhalb der Elbbrücke und des außerhalb der Badeanlage gelegenen, jedoch bademeisterlich betreuten »Elbfreibades Loschwitz«. Der Liegeplatz des Bades war gewöhnlich oberhalb der Trille-Mündung, gelegentlich war es aber auch in Höhe Wasserweg verankert.

Mit einem vorgesetzten Flussrechen zum Abweisen von Treibgut, gedielten Badebecken, geschlossenen und offenen Kabinen, dem Sprungturm, mit innen wie an der Elbfront vorhandenen Liegeflächen sowie aufsichtsführendem Personal bot das geräumige Loschwitzer Elbebad für Jung und Alt eine naturnahe, ideale Bademöglichkeit.

Die Bademeister erteilten gegen Entgelt Schwimmunterricht, und nach einer Prüfung in der freien Elbe erhielten die Debütanten sogar ein Schwimm-Attest. Auch die sächsischen Prinzen sollen bei Höhles das Schwimmen erlernt haben.

Anzeige von Max Höhle
→ Handwerk und Gewerbe, Fischer

Basis der Badeanlage bildete ein starker Unterbau von Baumstämmen und Balken, die alljährlich aus Niedergrund (Dolni Žleb) herbeigeflößt wurden. Eigentümer dieses Tragwerks war die Holzfirma Lelansky in Mickten, die das begehrte, weil schädlingsresistente geflößte Holz am Saisonende gewinnbringend verkaufen konnte.

Alle Aufbauten jedoch waren Eigentum des Badbesitzers und wurden nach dem Abbau im Herbst für das kommende Jahr eingelagert und im Frühjahr gründlich überholt. Im Winterhalbjahr 1945 soll das Elbebad im Einlage-

Ansicht von Loschwitz mit Badeanstalt, 1904 *Foto: James Aurig*

rungsort demoliert worden sein. Jedoch konnte unter Herbeischaffung noch vorhandener Militärbadteile aus dem Pieschener Hafen der Badebetrieb in Loschwitz am 15. Juni 1947 wieder aufgenommen werden. Doch bereits im September des gleichen Jahres erfolgte die endgültige Abwrackung des Bades als letztem im Stadtgebiet von Dresden. Damit fand eine lange Tradition ihr Ende.

Eine Reminiszenz bildete dann für wenige Tage die zum Elbhangfest 1999 in Nähe der Niederpoyritzer »Schanze« errichtete Flußbadeanstalt in der Elbe. **Matthias Griebel**

Quelle: 631

Baehr, Georg; Architekt (1878 – 1957) → *K2*
Baehr, Lisbeth, Malerin und Holzschneiderin (1875 – 1948) → *K2*
Bahmann, Irmgard; Puppengestalterin (1895 – 1986) → *K1,* → *Puppenspieler*
Bähr, George; Architekt (1666 – 1738) → *K1* → *Loschwitzer Kirche*
Bär, Olaf; Sänger (* 1957) → *K1*
Baranowsky, Alexander; Maler und Bühnenbildner (1874 – 1941) → *K2*
Barta, Gabriele; Sängerin (1935 – 1998) → *K2*
Barthel, Max; Schriftsteller (1893 – 1975) → *K1*
Bartsch, Bruno; Kunstgewerbler und Maler (1898 – 1980) → *K2*

Basaltblock

Bei Baggerarbeiten zum Bau der Loschwitzer Brücke (→ *Blaues Wunder*) im Jahre 1892 wurde auf dem Grund der Elbe ein großer Stein gefunden. Es handelte sich um eine Basaltsäule aus dem Böhmischen Mittelgebirge. Wie spätere genauere Untersuchungen ergaben, konnte die Herkunft sogar auf das Gebiet der Basaltkegel bei Lovosiče (Lobositz) in Tschechien lokalisiert werden.

Wie der große Stein allerdings von Lovosiče bis hierher gelangt ist, bleibt nach wie vor ungeklärt. Vermutungen gehen dahin, dass er von einem Transportschiff auf der Elbe herabgestürzt ist. Aber warum und zu welchem Zweck er transportiert wurde, bleibt im Dunklen. Auf natürlichem Wege, d. h. durch die Transportkraft des Flusses, kann das nicht geschehen sein.

Der 1,85 Meter hohe Stein mit einem mittleren Durchmesser von 78 cm wurde noch im gleichen Jahr vom → *Ortsverein* Loschwitz erworben und durch *Georg* → *Aster* (1849 – 1917, → *K1,* → *Baumeister und Architekten*)

Basaltblock im Schulhof der Schillerschule
Foto: Siegfried Großmann

auf dem Fußweg vor dem gerade fertiggestellten Haus Körnerplatz 11 aufgestellt. Am 1. November 1893 erfolgte die feierliche Enthüllung, die von August Kotzsch (1836 – 1910, → *K1,* → *Handwerk und Gewerbe, Fotografen*) festgehalten wurde.

Am Stein war eine metallene Tafel mit folgendem Text angebracht: »Zur Erinnerung an den Elbbrückenbau 1891 – 1893 ist dieser in der Elbe gefundene Basaltblock aufgestellt worden durch den Ortsverein Loschwitz.«

1901 wurde der Stein von dieser Stelle wieder entfernt. Erst im März 1915 fand er seinen neuen Platz im Schulhof. Etwa 50 Jahre später, die Gedenktafel fehlte bereits, musste er noch einmal umziehen und fand seinen Platz an einer anderen Stelle des Schulhofes, wo er noch heute ein stiefmütterliches und fast vergessenes Dasein fristet.

Die vormaligen Direktoren des Museums für Geologie und Mineralogie Dresden, Dr. Hans Prescher (1926 – 1996) und Dr. Gerhard Mathé, ließen keine Gelegenheit aus, ihren Geologenkollegen bei Exkursionen im Dresdner Raum das interessante und bedeutende Fundstück zu zeigen. Ihr wiederholt geäußerter Wunsch, den Block als Naturdenkmal zu schützen und ihm somit zu einer höheren Wertschätzung zu verhelfen, scheiterte an formalen Fragen.

Der jetzige Zustand dieses historisch und naturkundlich wertvollen Stückes gibt zur Sorge Anlass. Seine Bedeutung könnte in naher Zukunft in Vergessenheit geraten, wenn nicht bald ein besserer, würdiger Aufstellungsort in Loschwitz gefunden wird.

Rainer Pfannkuchen

Quelle: 1000

Haus Körnerplatz 11 mit neu aufgestelltem Basaltblock, 1893
Foto: August Kotzsch, Sächsisches Hauptstaatsarchiv

Bauchsches Haus mit dreigeschossigem Hauptgebäude, Zwischenbau und Nebengebäude, 1987 *Foto: Wolfgang Nützenadel*

Zwischenbau und östliches Nebengebäude, 2007/08 saniert, 2015 *Foto: Holger Friebel*

Bauchsches Haus

Pillnitzer Landstraße 29

Das sogenannte Bauchsche Haus war ein mehrteiliges Wohn- und Atelierhaus an der Ecke Calberlastraße/Pillnitzer Landstraße. Das Haus auf dem Grundstück Pillnitzer Landstraße 29 bestand aus einem dreigeschossigen Haupthaus, einem Zwischenbau und einem sich im Osten anschließenden Atelierbau. Benannt ist es nach seinem einstigen Besitzer, dem Bildhauer Curt Bauch (1887 – 1967, → *K1*).

Ursprünglich befand sich auf dem Grundstück ein großes Weinberghaus. Seit dem ausgehenden 19. Jahrhundert wurde das Gebäude mehrfach umgebaut und mit den nun entstandenen Atelierräumen von Künstlern sowie kunstnahen Gewerken als Wohn- und Arbeitsort genutzt. Das stark baufällige Haupthaus wurde 1988 abgerissen, erhalten blieb allein der Zwischenbau sowie der östliche Gebäudeteil. 2007/08 saniert und umgebaut, wird dieser seitdem als Wohnhaus und Modedesign-Atelier genutzt (→ *Zieh mal an, Handw. u. Gew.*).

Die wechselnden Besitzer des Grundstückes können bis in das 16. Jahrhundert hinein nachgewiesen werden. Die Um- und Erweiterungsbauten einschließlich der Einrichtung von Atelierräumen fanden 1882 statt. Der Maler Hugo Törmer (1846 – 1902, → *K2*) lebte von 1872 an in der Pillnitzer Landstraße 29 und hatte das Grundstück vermutlich in den frühen 1880er Jahren erworben. Törmer war der Neffe des Malers Benno Friedrich Törmer (1804 – 1859), ein Schüler Karl Vogel von Vogelsteins (1788 – 1868, → *K1*). Bis zu seinem Tod war Hugo Törmer als Bildnismaler in Loschwitz ansässig. Er beauftragte den → *Architekten* Emil Wägner (1853 – 1927) aus Blasewitz mit dem Umbau, der im Sommer 1882 abgeschlossen war. Unter anderem wurde das Haus vergrößert, es entstanden der Säulenportikus, eine Balkonanlage und Atelierräume mit Mansarddach. 1893 ließ Hugo Törmer auf dem Grundstück einen neuen Brunnen bauen, wenige Monate vor seinem Tod erfolgte der Abwasseranschluss des Grundstückes an die Hauptschleuse.

Vermutlich in jenen Jahren nutzten auch der Bildhauer Oskar Rassau (1843 – 1912, → *K2*) sowie der Maler und Ludwig-Richter-Schüler Alfred Wagner (1848 – um 1916, → *K2*) dort Wohn- und Arbeitsräume.

1918 erwarb der 31-jährige Bildhauer Curt Bauch das Grundstück mit dem Haupthaus und dem östlich gelegenen Nebengebäude. Bauch ließ mehrfach Um- und Ausbauten vornehmen. Der Bildhauer blieb bis zu seinem Tod Besitzer des Grundstücks samt Haus, danach erbte es die Schwester Curt Bauchs. Das Anwesen war bis 2000 in Bauchschem Familienbesitz.

Nach Plänen des Meißner Baumeisters William Becker (1875 – 1956) entstand u.a. zwischen Haupt- und Nebengebäude 1919/20 ein Atelier mit Ausstellungsraum und einer Veranda, welches die beiden Gebäude nun zu

Im Grundstück Pillnitzer Landstraße 29, das dem Maler Hugo Törmer gehörte, der hier ebenso wohnte wie Wagner. Von links nach rechts: Heinrich Weinhold (1844 – 1932), Hugo Törmer (1846 – 1902), Fischer und Alfred Wagner (1846 – ca. 1916). *Foto: Slg. Matthias Griebel*

Bauch, Curt

Bildhauer (1887 – 1967)

Georg Curt Bauch wurde als Sohn des Porzellanmalers Friedrich Wilhelm Bauch am 11. Juli 1887 in Meißen geboren. Nach seiner Schulzeit besuchte er von 1903 bis 1906 die Königlich-Sächsische Kunstgewerbeschule Dresden bei Hugo Spieler (1854 – 1922). Hier erhielt er am Ende eine bronzene Preismedaille. Im Herbst 1906 wechselte er an die Königliche Kunstakademie Dresden, wo er bis 1908 in der Unterklasse und anschließend bis 1909 in der Modellierklasse bei Selmar Werner (1864 – 1953) studierte. Von Herbst 1909 bis Oktober 1913 studierte er im Atelier von Robert Diez (1844 – 1922, → *K1*). In dieser Zeit erhielt er zwei Auszeichnungen: 1911 eine kleine silberne und 1912 die große goldene Medaille.

Nachdem er 1914 einen Rom-Preis der Kunstakademie bekommen hatte, führten ihn Reisen nach Italien, Frankreich und Dänemark. 1917 erhielt er in einem deutschlandweiten Wettbewerb des 1914 gegründeten »Bundes deutscher Gelehrter und Künstler« den 3. Preis für Kriegs- und Kriegerdenkmäler. Seine erste uns bekannte Plastik ist der 1907 in Bronze gegossene, früher als »Gallaneger« bezeichnete Kopf eines Schwarzafrikaners. Schon 1910 erwarben ihn die damaligen Königlichen Sammlungen für Kunst und Wissenschaft in Dresden, die heutigen Staatlichen Kunstsammlungen. 1912 war Curt Bauch erstmals mit drei seiner Werke auf der Großen Kunstausstellung Dresden vertreten.

Zu seinen frühen bildhauerischen Arbeiten gehört auch das 1914 geschaffene große Erker-Relief »Siehe, ich bin bei euch alle Tage bis an der Welt Ende« für das Pfarrhaus der Frauenkirche in Meißen (An der Frauenkirche 11). Zu den frühen von Curt Bauch geschaffenen Grabmalen gehören das mit einer überlebensgroßen Christusfigur versehene für den Baumeister Karl Hugo Strobel (1861 – 1912) auf dem Neuen Johannisfriedhof in Meißen und das von zwei Löwen flankierte Grab für den Strohhutfabrikanten Leopold Lewy (1854 – 1916) auf dem Neuen Jüdischen Friedhof in Dresden.

Im Januar 1918 erwarb er in Loschwitz das Grundstück heutige Pillnitzer Landstraße 29. Hier wohnte er und richtete sich dazu ein Atelier sowie kurze Zeit später im Nebengebäude eine Kunstgießerei ein. Er bereiste mit seiner Frau Marie Susanne geb. Herrmann mehrere europäische Länder. Der Ehe entstammen drei Kinder; 1920 wurde Susanne, 1922 Curt Wilhelm und 1926 Jochen geboren.

Seine schon im Ersten Weltkrieg gute Auftragslage setzte sich in den zwanziger Jahren

Curt Bauch, Ölgemälde von C. Paeschke, 1963 (Auschnitt) Slg. Bernd Beyer

fort. Zahlreiche Plastiken entstanden. Es waren vor allem Büsten und Statuen, vornehmlich aus Bronze, aber auch aus Marmor, Gips, Keramik und anderen Materialien. Waren es in seiner Dresdner Zeit vorrangig Bildnisse und bewegte Figurenkompositionen, so fertigte er später vor allem Tierplastiken. Von seinen bildhauerischen Entwürfen seien hier ein Brunnen in Jöhstadt im Erzgebirge und der »Burggraf Jeschke« am Ratskeller in Dohna genannt.

Für den Loschwitzer Apotheker Leonhard Loewenheim (1886 – 1967) schuf er zwei bronzene Brunnenplastiken. Die beiden Plastiken wurden in den 1980er Jahren leider gestohlen. Zweitgüsse davon befinden sich in Dresdner Privatbesitz.

Zu den letzten Werken vor seinem ersten Schweiz-Aufenthalt gehört sein Entwurf für das große Bronze-Relief für das Denkmal vor der Dresdner Schützenkaserne. Die Einweihung der großen Gedächtnisstätte fand am 3. Juni 1928 statt. 1947 entfernte man die Bronzetafel und schmolz sie später ein.

Bereits seit 1912 war Curt Bauch auf zahlreichen deutschen Kunstausstellungen mit Arbeiten vertreten, zuletzt mit drei Tierplastiken 1943 auf der Großen Deutschen Kunstausstellung im Haus der Deutschen Kunst zu München. Er war zunächst Mitglied der Allgemeinen Deutschen Kunstgenossenschaft, später der Dresdner Kunstgenossenschaft und im Reichsverband bildender Künstler Deutschlands, der 1933 aufgelöst wurde. 1934 finden wir ihn auf der Sächsischen Kunstausstellung in Dresden unter den »unkorperierten« Künstlern.

Curt Bauch, Tänzerin, Bronze – eine frühe Arbeit. Slg. Bernd Beyer

Ritter Burggraf Jeschke, Entwurf von C. Bauch, 1934 Helmut Weiß (1909 – ?1962 → K2)

1929 ging er mit seiner Familie in die Schweiz und ließ sich in Minusio bei Locarno im Kanton Tessin nieder. Haus und Atelier in Dresden-Loschwitz behielt er jedoch weiter. Die dortige Kunstgießerei übernahmen Ernst Asche (1879 – 1948) und Emil Frenzel. Die deutsche Devisengesetzgebung zwang ihn 1936 zur Rückkehr nach Dresden-Loschwitz. Er lehnte es aber ab, Mitglied der Reichskammer der bildenden Künste, einer Abteilung der nationalsozialistischen Reichskulturkammer, zu werden. Wahrscheinlich 1937 fertigte er das Grabmal für den Juristen und Professor an der Technischen Hochschule Dresden James Breit (1872 – 1936).

1939 verließ er mit seiner Familie erneut Dresden und zog nach Lottstetten im Kreis Waldshut an der Schweizer Grenze. 1943 floh er von dort nach der Schweiz. An der Grenze schoss ihn ein deutscher Grenzposten an und verwundete ihn schwer. Dennoch gelang die Flucht. Er ließ sich mit Frau und Tochter in Brione sopra Minusio im Kanton Tessin nieder. Sein ältester Sohn kam als Soldat im Zweiten Weltkrieg um, sein jüngerer Sohn verunglückte. Seine große Schaffensperiode ging langsam zu Ende, denn sein Gesundheitszustand hinderte ihn an größeren Arbeiten. Nach dem Tod seiner Frau lebte er in Brione allein mit seiner Tochter. Zu seinen letzten Werken gehören Tänzerinnen und Porträts und schließlich seine letzte Arbeit »Zwei Tauben«, die er um 1965 schuf.

»Die Größe des Bildhauers Georg Curt Bauch liegt in seiner Liebe zu den hohen Kunstformen der Antike und Renaissance, die er in entzückenden Figuren – meist Tänzerinnen – ausdrückt, dabei aber die Antike und die Renaissance neuzeitlich lockernd und belebend, sodass man den Eindruck der Schwerelosigkeit hat. «[1]

Am 26. Dezember 1967 verstarb Curt Bauch nach langem Leiden in Muralto im Kanton Tessin in der Schweiz. Auf dem Friedhof in Brione sopra Minusio fand er seine letzte Ruhestätte.

Christian Mögel, Otto-R. Wenzel

Zitat:
1 C. P.; Georg Curt Bauch; in: Südschweiz 01.1968
Quellen: 39, 44, 58, 82, 86, 195, 240, 259, 569, 600, 639, 640, 651, 855, 915, 978, 982, 1065, 1131, 1162

Hugo Törmer, Großmutter am Fenster (Blick auf Loschwitz), 1900, Öl auf Leinwand Städtische Galerie Dresden

Plastik von Curt Bauch im Garten des Bauchschen Hauses, um 1985 Foto: Ernst Hirsch

einem dreiteiligen Gebäudekomplex verband. 1922 ließ Bauch wohl im östlichen Gebäudeteil einen Gießraum und 1923 zwei Tiegelgießöfen einbauen, um die Güsse seiner Kleinplastiken selbst herstellen zu können. Mit Hilfe des → *Architekten* Martin Pietzsch (1866 – 1961, → *K1*) wurde eine von Bauch selbst erdachte Gießkonstruktion für Wachsausgüsse umgesetzt.

Curt Bauch, »Knabe auf Seepferd reitend« und »Knabe auf Fisch reitend« auf der Springbrunnenanlage der Apotheke Loschwitz, Garten Pillnitzer Landstraße 10, 1984 Fotos: Eberhard Münzner

Als Curt Bauch zwischen 1929 und 1936 mit seiner Familie im Tessin lebte, wurden Gießerei, Wohn- und Atelierräume vermietet. Die Erzgießerei wurde 1929 von der Firma Ernst Asche & Emil Frenzel übernommen, die Atelierräume nutzte von 1930 an die Firma H. Rubin & Co, die vor allem Ansichtskarten produzierte und vertrieb. 1939 verließ Curt Bauch Dresden. Viele seiner Plastiken und die Gipsmodelle ließ er auf dem Grundstück zurück.

Die Wohnungen im Bauchschen Haus waren in den 1930er Jahren bis vermutlich zum Kriegsende an verschiedene Personen vermietet; u. a. hatte Jeanne Hettner, Witwe des Künstlers und Professors an der Dresdner Kunstakademie Otto Hettner (1875 – 1931), zwischen 1934 und 1939 Räume im Erdgeschoss bezogen.

Während der Bombardierungen Dresdens am 13./14. Februar 1945 bzw. in deren Folge wurde auch das Bauchsche Haus schwer beschädigt. 1946 und 1952 wurden ein paar der Wohnräume im Haus instandgesetzt. Curt Bauch setzte sich noch von der Schweiz aus für den Umbau und die Instandsetzung der Atelierräume ein, doch blieben seine Anträge ohne Erfolg.

Nach dem Krieg wurde das Obergeschoss von dem → *Fotografen* Pan Walther (1921 – 1987, → *K1*) und seiner Ehefrau Christine geb. Bellmann als Atelier genutzt. Neben anderen verkehrte auch Evelyn Richter (* 1930, → *K2*) als Mitarbeiterin des Ateliers in den Räumen. Nachdem Pan und Christine Walther 1950 in den Westen gegangen waren, mietete Jürgen Jüchser (* 1929, → *K2*), Sohn des Künstlers Hans Jüchser, gemeinsam mit seiner Ehefrau Maud von 1952 an die Räume. Jürgen Jüchser erinnert sich, dass die Atelierräume im Erdgeschoss auch auf Grund der großen zerstörten Fenster

Plastik von Curt Bauch auf der Gartenbauausstellung in Dresden am damaligen Stübelplatz, 1926, Ansichtskarte Foto: Pan Walther, Slg. Bernd Beyer

unbenutzbar waren. Die Gießerei wurde von dem Erzgießer Hoder betrieben, der hauptsächlich Möbelbeschläge anfertigte.

Jüchsers lebten bis Sommer 1955 in den Räumen Pillnitzer Landstraße 29. In den drei Jahren veranstalteten sie zwei Faschingsfeste – an eines erinnert noch ein Foto von Evelyn Richter, das den Dichter und Schriftsteller Dieter Hoffmann (* 1934) und Lukeria Lüdecke, Tochter des Bildhauers Karl Lüdecke (1896 – 1977, → *K2*), zeigt.

Ebenso wurden einige Räume des Bauchschen Hauses als Lagerräume genutzt. So hatte die Antiquitätenhändlerin Hedwig Schönert (1889 – 1975) hier einige Möbel zur Restaurierung untergestellt. Jürgen Jüchser erinnert sich,

Curt Bauch, »Hinterbliebene«, 2000. Die ca. 2 x 3 m große Terracotta-Kachelwand befand sich im Garten an der nordöstlichen Grundstücksgrenze. Sie wurde fachgerecht geborgen. Ein zweites Exemplar befindet sich auf dem Familiengrab in Meißen. Foto: Ulrich Häßler

Dieter Hoffmann und Lukeria Lüdecke 1952 beim »Künstlerfest« in Loschwitz zum Faschingsauftakt. Foto: Evelyn Richter

dass einmal Helene Weigel (1900 – 1971) hier vorbei kam, um ein antikes Möbelstück zu kaufen.

Von den 1960er Jahren bis zum Abriss des dreistöckigen Haupthauses 1988 und dem Verkauf des Grundstücks mit der verbliebenen Gießerei im Jahr 2000 nutzten Kunst- und Architekturstudenten, Maler, Grafiker, Bildhauer, Restauratoren und Metallgießer die Räumlichkeiten auf dem Grundstück Pillnitzer Landstraße 29.

Zwischen 1958 und 1961 hatte unter anderem Egon Pukall (1934 – 1989, → *K1*) dort ein Atelier.

Figuren an der Rückseite des Bauchschen Hauses, um 1985 *Foto: Ernst Hirsch*

Gipsplastiken im Keller des Bauchschen Hauses, 10. August 2000 *Foto: Ulrich Häßler*

Es war der erste eigene Arbeitsraum, den der junge Künstler im September 1958 zugewiesen bekommen hatte. Vermutlich zeigen zwei Gemälde aus jenen Jahren den Blick Egon Pukalls aus seinem Atelierfenster.

Der Bildhauer Wilhelm Landgraf (1913–1998,→ *K2*) und später der Metallgießmeister Thomas Varga lebten und arbeiteten über mehrere Jahre im Bauchschen Haus, Wilhelm Landgraf im ehemaligen Atelier von Curt Bauch von 1957 bis 1978 und Thomas Varga, der das Atelier für Metallguss und -verarbeitung an der Hochschule für bildende Künste geleitet hatte, von 1974 an. In den 1960er Jahren können noch der Kunststudent Manfred Neumann (* 1938), der zwischen 1959 und 1964 an der HfBK studiert hatte, oder Günter Binder (* 1938, → *K2*) namentlich genannt werden, der damals Animationsfilm studiert hatte und anschließend im DEFA-Studio für Trickfilme angestellt war. Manfred Neumann erinnert sich noch an die Bronzen von Curt Bauch im Garten des Grundstücks und an Gipsmodelle, die sich im Keller befanden.

Neben der Werkstatt für Kunstguss Asche & Frenzel, die bis Mitte der 1940er Jahre im Bauchschen Haus ihren Firmensitz hatte, und dem Gießer Hoder sind noch die Restauratoren Größner (Möbel), Günther Liebner (Metall) sowie Gottfried Wachs (Möbel) als Mieter der Räume Pillnitzer Landstraße 29 zu nennen.

Zwischen 1964 und 1971 wurden die Bronzeplastiken von Curt Bauch von dem Grundstück verbracht, ein Teil der Gipsmodelle wurde 1988 geborgen und in das städtische Lapidarium, ehemals Zionskirche, überführt. Nach dem Verkauf des Grundstücks 2000 wechselte 2007 erneut der Besitzer. Das Grundstück wurde geteilt und der erhaltene Gebäudeteil behutsam saniert und umgebaut. **Linda Karohl**

Quellen: 182, 639, 640, 724, 725, 907, 1000

Bauckhage, Peter; Architekt (* 1943) → *K2*

Figur im Bogengang des Hauses *Foto: M. Neumann*

Abriss des dreistöckigen Haupthauses, 1988 *Foto: Ernst Hirsch*

Wilhelm Eller, Loschwitzer Gutshöfe, 1873/1934, Aquarell, Bleistift
Heute bewahrt in der Städtischen Galerie Dresden – Kunstsammlung, Museen der Stadt Dresden

Bauerngüter

Ein vormals herrschaftliches Vorwerk, das bis etwa 1408 dem Dresdner Maternihospital zugeeignet war, wurde unter zwei Bauern aufgeteilt. So entstanden die beiden einzigen Loschwitzer Bauerngüter. Ihre Flurgröße betrug jeweils eine Hufe (etwa 17 Hektar) und nahm den Schwemmlandstreifen zwischen Elbufer und Hangfuß ein. Diese Gutshöfe siedelten sich in der heutigen Friedrich-Wieck-Straße Nr. 14 bis 18 an und waren in neuerer Zeit als die Bauernhöfe von Eichler (Nr. 14) und Karisch (Nr. 16) bekannt. Der Letztere bildete auch den Ursprung des späteren → *Gasthofes Demnitz* (Nr.18).

Der geschichtlich bedeutsamere Hof war »des Rates Erbgericht« Friedrich-Wieck-Straße 16. Der Rat zu Dresden war Patronatsherr des juristisch in Rats- und Amtsgemeinde (→ *Drei Gemeinden*) unterteilten Ortes. Wie in Sachsen üblich, hatte der Rat die Ortsrichterstelle erblich an diesen Bauernhof vergeben, zu dem auch eine Gutsschänke gehörte.

Dieses Loschwitzer Erbgericht (→ *Gerichtsbarkeit)* mit der Erbgerichtsschänke wird 1556 erstmals urkundlich erwähnt. Im gleichen Jahre wird mit Marcus Reysig auch ein Ortsrichter genannt.

Mit der Einführung der Landgemeindeordnung 1839 und dem Aufbau einer eigenen Loschwitzer Gemeindeverwaltung erlosch die juristische Ortsteilung und in der Folge auch das separate Ortsrichteramt.

Bei der Brandschatzung des Dorfes durch die Schweden am 25. Juli 1639 dürfte wie alle anderen Gebäude des Ortes das Gut ein Opfer der Flammen geworden sein. Laut einer Inschrift am Erbschänkgebäude wurden die Baulichkeiten im Jahre 1648 neu errichtet. Die Gebäude gruppierten sich um eine langgestreckte trapezförmige Hoffläche, deren schmale Seite mit der Ausfahrt an die Friedrich-Wieck-Straße grenzte. An der nördlichen Hofseite stand das Wohnstallhaus, dem elbseitig gegenüber das Schänkgebäude lag. Abgeschlossen wurde der Hof mit einer ehemals an der westlichen Hofschmalseite stehenden Scheune.

Auch die gewählte architektonische Ausformung der Gebäude weist auf die herausgehobene Bedeutung des Gutes hin. Der vordere Teil des heute noch existierenden, später mehrfach in Längsrichtung erweiterten Wohnstallhauses wurde in der Form des sächsischen Kragdachhauses mit Fachwerk über einem massiven Erdgeschoss ausgeführt und gehört mit zu den markantesten Vertretern dieser Bauart in Sachsen.

Das Schänkgebäude war noch aufwändiger gestaltet. Leider musste es 1995 wegen Einsturzgefahr abgebrochen werden. Das ansonsten massiv ausgeführte Erdgeschoss dieses längs-rechteckigen Gebäudes war am Ostgiebel ursprünglich als Blockstube mit Umgebinde ausgebildet. Vermutlich Anfang des 19. Jahrhunderts wurde die Blockstube gegen Mauerwerk ausgetauscht. Das Fachwerkobergeschoss war auf seinen Hauptschauseiten, Ostgiebel und Hofseite, mit zahlreichen Andreaskreuzen und Balkenverzierungen geschmückt worden. Die dem Hof abgewandten Seiten erhielten eine einfache Fachwerkgestaltung. Auf der Hofseite befand sich auch der ehemalige Gaststättenhaupteingang mit einem Sandsteinrundbogengewände.

Als 1688 zur Tilgung von Schulden Grund-

Bauernhof Karisch mit Bauer und Söhnen, Friedrich-Wieck-Straße 16, um 1880?
Foto: Slg. Matthias Griebel

Rosigs Bauernhof, Friedrich-Wieck-Straße 14, um 1870 *Foto: August Kotzsch*

Rosigs Bauernhof, Friedrich-Wieck-Straße 14, um 1880, in der Hofmitte das Göpelwerk
Foto: August Kotzsch; Repro: Helmuth Körner, Slg. Matthias Griebel

Eichlers Bauernhof Friedrich-Wieck-Straße 14, Hofansicht mit Magd, 1927 Foto: Slg. Susi Schramm

stücksteile mit den darauf befindlichen Bauwerken verkauft werden mussten, wurde der Gutshof entscheidend verändert. Das betraf »das Erbschenkgebäude mit anstoßendem steinernen Stall, das neue Häusgen im kleinen Hofe und ein Stück Garten einschließlich Inventar«[1]. Dieser Teil des Grundstücks sowie mit der dann in Bauernstüb'l (→ *Gaststätten*) umbenannten ehemaligen Erbschänke wurden die Keimzelle für den späteren Gasthof Demnitz. Dessen Geschichte wird deshalb hier nicht weiter verfolgt.

Das verbliebene Bauerngut wurde in der Folge ohne große Veränderungen weitergeführt, lediglich das Wohnstallhaus erfuhr 1800 und 1829 Erweiterungen. Auf den Ackerflächen wurde anfänglich nur Getreide angebaut. Ende des 18. Jahrhunderts kam jedoch noch der Anbau von Kartoffeln und Rüben hinzu. Die für deren Lagerung im Gut angelegten speziellen Keller sind noch vorhanden. Außerdem gab es noch größere Obstgärten mit einem reichhaltigen Sortiment. Wie uns Magister Johann Arnold (1674–1732) in seiner Handschrift 1710 berichtete, wurden hier Kirschen, Birnen, Äpfel, Pflaumen, Pfirsiche und Morellen angebaut. Von den Gärten hat sich nur noch ein spärlicher Streuobstwiesenrest auf der Fläche zwischen Elbehotel und Brücke erhalten. Von der Tierhaltung ist bekannt, dass Kühe, Schweine, Hühner und Gänse aufgezogen wurden, zu deren Ernährung unter anderem die zahlreich vorhandenen Wiesen dienten.

Am 1. März 1834 kaufte der Hosterwitzer Gutsbesitzer Johann Christoph Karisch († 1867) das Gut. Im Besitz dieser Familie blieb es bis 1952 und ist deshalb im Volksmund noch als »Karischs« bekannt.

Die zu diesem Gut gehörenden Ackerflächen lagen ortsnah an der Loschwitzer Bebauungsgrenze und wurden von der Pillnitzer Landstraße, der heutigen Friedrich-Press-Straße sowie vom Elbufer begrenzt.

In der zweiten Hälfte des 19. Jahrhunderts entwickelte sich die Struktur des Dorfes Loschwitz zunehmend zu einem Landhaus- und Villenvorort von Dresden. Der damalige Besitzer des Gutes Carl August Karisch (1832–1917) erkannte, dass auf Dauer eine bäuerliche Wirtschaft in Loschwitz keine Zukunft hat. Der Grundstücksverkauf war ertragreicher als die die schwere Bauernarbeit. Nachdem er schon von seinem Feld entlang der Pillnitzer Landstraße einige Parzellen für eine Bebauung unter anderem für den Schulneubau 1886/1887 verkauft hatte, ließ er für ein Feldgrundstück einen Bebauungsplan auflegen. Dieser Plan umfasste den Bereich etwa von der heutigen Friedrich-Press-Straße bis zur Ratsstraße und wurde von der jetzigen Fidelio-F.-Finke-Straße und der Pillnitzer Landstraße begrenzt.

In dem 1899 bestätigten Karischschen Bebauungsplan wird für dieses ehemalige Feldgrundstück eine kleinteilige Parzellierung mit nur villenartiger Bebauung und deren Erschließung durch neu anzulegende Straßen (die heutigen Fidelio-F.-Finke-Straße, Hermann-Glöckner-Straße, Rats-, Amts-, und Winzerstraße,

Gott segne Deine Arbeitsmüh,
Am Hause, Feld und auch am Vieh.
Wer fleißig schafft im Leben ist frisch,
Dem deckt der Herrgott stets den Tisch.
C. Karisch
Inschrift an der Vorlaube, um 1895

Alte Kirschplantage und Friedrich-Press-Straße) ausgewiesen. Eine angestrebte Straßenrandbebauung wie am Körnerplatz hatte das Königliche Innenministerium untersagt. Die Umsetzung des Planes erfolgte dann in modifizierter Form in mehreren Bauabschnitten von 1900 bis zum Jahre 2011.

August Karisch übergab das Gut an seinen Sohn Hugo (1870 – 1943) nach dessen Heirat mit Martha Häntzschel (1873 – 1952). Er selbst übersiedelte als Privatus mit seiner Familie nach Blasewitz in die Regerstraße 12.

Nach der Übernahme gab Hugo Karisch dem Gut nach dem Vornamen seiner Frau den Namen »Marthahof«. Am Ostgiebel des Wohnhauses wurde dieser neue Name angebracht. Möglicherweise von der im Umfeld vor allem durch Heinrich Lahmann (1860 – 1905) entstandenen Naturheilbewegung angeregt, ließ Hugo Karisch an die Elbseite der Vorlaube eine Milchhalle zum Verkauf und Ausschank von kuhwarmer Milch anbauen. Diese sogenannte »Milch-Kur-Anstalt« existierte bis etwa 1925.

Für den Unterhalt des Bauernhofes bewirtschaftete Hugo Karisch nur noch die verbliebenen Restflächen zwischen Elbufer und der Fidelio-F.-Finke-Straße. Dort baute er vor allem Getreide und Kartoffeln an. Vermutlich nach seinem Tode 1943 wurde die Feldwirtschaft des Bauerngutes nicht weitergeführt, denn 1951 musste die ungenutzte und baufällige Scheune am Brückendamm nach einer Verfügung des Baudezernates abgebrochen werden. Nach dem Tode Martha Karischs wurde 1952 die über Jahrhunderte währende landwirtschaftliche Nutzung des ehemaligen Erbgutes endgültig eingestellt.

Mitte der 1950er Jahre pflanzte ein Forstwirtschaftsbetrieb auf den ehemaligen Feldern von Karisch an der Fidelio-F.-Finke-Straße eine Baumschule mit verschiedenen Pappelsorten an, die als → *Pappelwäldchen* unter Naturschutz steht. Den ehemaligen Gutshof kaufte 1958 der Dachdeckermeister Rudolf Hubald als Domizil für seine Dachdeckerfirma, die sich noch heute dort befindet.

Nachdem man den besonderen baugeschichtlichen Wert des Wohnstall-Hauses erkannt hatte, wurde es 1972 als Kulturdenkmal erfasst und unter Denkmalschutz gestellt.

Von dem Jahrhunderthochwasser der Elbe im August 2002 wurde auch dieses Grundstück schwer in Mitleidenschaft gezogen. Die Überflutung bis Mitte Erdgeschoss ließ erhebliche Schäden zurück, sodass das Gebäude generalsaniert werden musste.

Der zweite Loschwitzer Bauernhof hatte sich dem ehemaligen Erbschänkgut benachbart dorfwärts in der Friedrich-Wieck-Straße 14

Erntefuhrwerk mit Bauer Willy Eichler (auf dem Wagen), um 1945 *Foto: Slg. Matthias Griebel*

angesiedelt. Die frühen Besitzer dieses Gutes lassen sich der seinerzeit umfangreichen Loschwitzer Familie Reysig zuordnen.

Ab 1736 wird als Gutsbesitzer eine Familie Rosig benannt. Als deren späterer Vertreter Friedrich Wilhelm Rosig (1849 – 1890) verstorben war, heiratete seine erst 41-jährige Gutsbesitzerswitwe Anna Magdalene (1859 – 1929) im Jahre 1893 ihren Schirrmeister Gustav Hermann Eichler (1859 – 1955), sodass der Bauernhof dann allgemein »Eichlers« genannt wurde.

Die Toreinfahrt weist an der rechten Säule noch heute die alte Bezeichnung der Ratsgemeinde und die Brandkatasternummer von 1784 »RG 107« auf. Links wird der Hof von der Rückseite des Nachbargutshauses (Nr.16) begrenzt, an der Brückenrampe von der großen Scheune und dorfseitig von einem durchgehenden Trakt an Wirtschafts-, Scheunen- und Stallgebäuden. Die in dessen Mitte in Fachwerk ausgeführte Scheune ist um 1870 am Ostgiebel vermutlich für einen Pferdestall verlängert worden. Dieser ist innen mit fünf »Preußischen Kappen« überwölbt. Der Bau erhielt bereits Ziegeldeckung, während das Scheunendach in Strohdeckung verblieb. Erst 1899 erhielt diese Scheune die heutige Gestalt mit ihrer Schiefereindeckung.

Das Wohnhaus ersetzte 1850 ein älteres baufälliges Gebäude und ist als Wohnstallhaus bis heute fast unverändert erhalten geblieben. Vor dessen Tür lag die ehemalige Miststelle und nahe bei dieser (!) die Wasserplumpe, die erst 1955 beseitigt wurde. In der Hofmitte befand sich ein Göpelwerk, das mit einem Zugtier betrieben wurde. Die Drehbewegung übertrug ein unterirdisches Gestänge auf die in der großen Scheune befindliche Transmission, welche die Dreschmaschine oder andere schwere Gerätschaften antreiben konnte. Erst im Jahre 1912 erfolgte ein Kraftstromanschluss.

Die aus den Jahren 1767 bis 1844 überlieferten Kaufverträge vermitteln einen guten Einblick in die wirtschaftlichen Verhältnisse des Hofes bezüglich Abgaben, Viehbestand und Inventar. So wird der Käufer von 1783 vom Patronatsherrn, dem Hospitalamtsverwalter und Bürgermeister Friedrich Glasewaldt beauflagt, »die baufällige Scheune nebst der Weinpresse wieder in baulichen Stand zu setzen, und einen Einquartierungsstall im Hofe neben der Weinpresse auf seine eigenen Kosten neu zu erbauen, sämtliche zu diesem Guthe gehörigen Gebäude in Dach und Fach gebührend zu erhalten.«[2] Der gleiche Kaufvertrag listet in 71 Positionen das gesamte Inventar des Gutshofes auf: Neben Wagen und Ackergerät sind vielerlei Arbeitsmittel (vier Dreschflegel) und Behältnisse (zwei Weinbotten) vorhanden; selbst »zwey zweymännige Gesinde-Betten« sind mit aufgeführt. Der Viehbestand beträgt »1 gutes junges Pferd, ein altes Pferd nebst brauchbaren Geschirr, Striegel und Cartetsche, 4 Kühe im Guthe, 2 Kühe zur Ausstattung, 1 Kalbe zweyjährig, 1 Kalbe einjährig, 2 Ziegen, 11 Hühner und 1 Hahn«[2] und ist insgesamt mit 94 Reichstalern taxiert. Noch 1798 ist die Anzahl der Tiere in etwa gleich geblieben; 1844 jedoch sind bereits elf Kühe im Bestand.

Breiten Raum nimmt in den Verträgen das Recht der Vorbesitzer ein, die nun auf dem Gutshof im Ausgedinge lebten. Solches ist bereits für 1767 bezeugt, soll hier aber der umständlichen Ausführlichkeit halber aus dem

Sohn Horst Eichler beim Pflügen, um 1945 *Foto: Slg. Matthias Griebel*

Jahre 1844 zitiert sein, als Johann Samuel Rosig (1773–1866) seinem Sohn Johann Gottlieb Rosig († 1869) das Bauerngut für 5.500 Taler verkaufte:

»Zum Auszuge behält Verkäufer nebst seinen Eheweibe, Lebenszeit seine Herberge in diesen Guthe, in Käufers Stube frey zu sein, bei Käufers Feuer frey zu waschen und zu backen, bey Krankheiten ein Bette in die Stube zu setzen, das Auszugsstübgen nebst Kammer, Küche und den darüber befindlichen Oberboden, ferner den Holzschuppen mit Oberboden hinter den Gewölbe zum alleinigen Gebrauch. Ferner behält sich Verkäufer vor, alljährlich zwey Klafter 6/4 Ell. gutes weiches Schnittholz, zwey Klaftern Stockholz und ein Schock weiches Reisholz, welches Käufer an Verkäufers Wohnung unentgeldlich anzufahren hat, desgleichen fünf Scheffel gutes Korn, einen Scheffel guten Waitzen, zwey Viertel Gerste, zwey Metzen gestampften Hirse, das ganze Obst, welches auf der Wiese an Mittelberge wächst, es habe den Namen wie es wolle, die Borsdorferäpfel, welche auf dem Baume wachsen, der auf der Pferdewiese steht, den fünften Theil von Sauer Kirschen, 28 Kannen gute Butter, ein halb Schock Eyer, von Übergabe an, wöchentlich 3 Kannen gute Milch wie sie die Kuh giebt und 2 Kannen Ram. Ferner ein Beete Kraut, ein Beete gute Erdbirnen, jedes Beete 120 Schritte lang, auch behält sich Verkäufer vor, eine Kuh von Käufers Vieh, unentgeldlich, und aus seiner eigenen Wahl zu nehmen und mit Käufers Viehe zu hüten, auch im ersten Stande im Kuhstall neben den Pferdestalle stehen zu haben; ferner noch ein Beete Kraut, ein Beete Rüben, ein Beete Klee von vorbeschriebener Länge, und die halbe Pferdewiese, an den Felde, zur Fütterung ihrer Kuh [...] Es behält sich auch Verkäufer vor, den vorbedungenen Auszug nach seiner eigenen Willkühr verzehren zu können, wo er will, so auch wenn Verkäufer mit seiner Ehefrau gesonnen sein, auf eines seiner Weinberghäuser zu ziehen, seiner im Guthe vorbehaltenen Herberge, ihnen unverändert bleiben soll [...]«[3]

Vertragsgegenstand von 1844 ist auch der vom Käufer zu leistende Beitrag in Talern, Neugroschen und Pfennigen für das Gemeinwohl: der Kirche zu Loschwitz 4 Thlr. 17 ngr. 5 Pf., denen Armen hiesiger Gemeinde 4 Thlr. 17 ngr. 5 Pf. und der Schulcasse allhier 2 Thlr, 8 ngr. 8 Pf.«[3]

Die finanzielle Situation der Wirtschaft muss von 1798 bis 1844 unter dem umsichtigen Gutsbesitzer Johann Samuel Rosig eine günstige gewesen sein. Bereits 1807 hatte er einen Weinberg am Körnerweg für 3.000 Taler »samt Gebäuden, Weinpreße, Weingefäße und allem Zubehör«[4] hinzugekauft. Auch rundete er seinen Weinbergsbesitz mit weiteren Zukäufen für 602 Taler im Jahre 1833 und 330 Taler im Jahre 1837 ab. Und als 1833 die an der Wachwitzer Flurgrenze gelegene sogenannte »Hospitalswiese« vakant geworden war, wurden auch diese 1/4 Hektar für 188 Taler zur Gutsflur hinzu erworben. Diese erstreckte sich elbaufwärts im Anschluss an die Flächen des Nachbargutes sowie elbabwärts im Bereich des Körnerweges. Um die Mitte des 19. Jahrhunderts weist eine diesbezügliche Urkunde 13,5 ha Feld, 2,5 ha Wiese und 1,2 ha Garten sowie in der Höhenlage zwei Parzellen »Kiefernhochwald« aus.

Anzeige der Holz- und Kohlenhandlung Rosig
Slg. Matthias Griebel

Wie beim Nachbargut, verringerten sich in der Folgezeit die landwirtschaftlich nutzbaren Flächen auch bei diesem Bauernhof. In diesem Zusammenhang sind u. a. die Erweiterung des Friedhofes 1872, der Bau der Brückenrampe 1891, eine Berainung am Körnerweg und die Anlage der dortigen Kleingartenanlage 1892, die Gründung der → *Gärtnerei* Rosig neben dem Friedhof um 1905 sowie die Einrichtung des Sportplatzes am Blauen Wunder zu nennen. Die Baulanderschließung auf einer Kiefernwald-Parzelle an der Krügerstraße erfolgte um 1905 und das andere Waldareal an der Roseggerstraße diente den örtlichen Baugewerken als Sandgrube.

Seit etwa 1910 hatte sich auf dem Gutshof die → *Kohlenhandlung* von Alwin Rosig (1880–1943) etabliert, die hier mehrere Jahrzehnte ansässig blieb.

Über ernährungswirtschaftliche Leistungen des Bauernhofes in den schwierigen Zeiten um die beiden Weltkriege fehlen leider gesicherte Informationen. Erst für 1960 ist dann bezeugt, dass der nunmehr letzte Bauer von Loschwitz, Willy Eichler (1897–1979), Mitglied der LPG Typ III »Neues Leben« Bühlau wurde. Auf der in die landwirtschaftliche Produktionsgenossenschaft eingebrachten Restfläche von nur noch knapp 3 Hektar entstand dann u. a. eine Quittenplantage.

Die Familie des nunmehrigen »Genossenschaftsbauern« bewohnte weiterhin ihr angestammtes Anwesen, das Sohn Horst Eichler (1930–2006) seit 1968 auch für seinen »Kommissionshandel für feste Brennstoffe« nutzte. Nach dem Auszug von dessen Familie befindet sich der ehemalige Gutshof im Eigentum der »Convert Dresden Vier Invest GmbH«. Im Jahre 2012 begannen umfassende Aus- und Erneuerungsbaumaßnahmen an den Gebäuden.

Eberhard Münzner, Matthias Griebel

Zitate:
1 Pohle, Friedrich Wilhelm , Chronik von Loschwitz, Dresden 1987
2 Kaufvertrag von 1788; Sammlung Matthias Griebel
3 Kaufvertrag von 1844; Sammlung Matthias Griebel
4 Kaufvertrag von 1833; Sammlung Matthias Griebel
Quellen: 39, 439, 684, 725, 726, 824, 907, 1000

Baumann, Michael; Bühnenbildner (1942–1987) → *K2*

Baumbach, Ferdinand; Musiker (1910–1961) → *K2*

Baumeister und Architekten

Architekten sind »Baumeister«, deren Aufgabe es ist, die bauliche Umwelt zu gestalten und ihr dabei unter den individuellen oder gesellschaftlichen Ansprüchen eine künstlerische Form zu geben. In Bezug auf Einzelbauten besteht ihre Tätigkeit in der Planung und Betreuung der Bauwerke. Erst im 19. Jahrhundert bildete sich der Beruf als eigene akademische Disziplin heraus. »Baumeister« hingegen war die Berufsbezeichnung für selbstständige Bauunternehmer oder → *Baugewerke und Bauhandwerker* mit einer in der Regel auf einer Baufachschule erworbenen Meisterprüfung. Die Berufsbezeichnung »Baumeister« kann seit der Aufhebung der Baumeister-Verordnung von 1981 in Deutschland nicht mehr erworben werden.

Der nachfolgende Beitrag nennt die wichtigsten in Loschwitz tätigen oder wohnhaften Baumeister und Architekten. Ab Seite 272 werden einige Einzelbiografien ausführlicher vorgestellt.

Anders, Bruno, Baumeister und Architekt: Er hatte Wohnung und Büro ab 1888 Veilchenweg 3, danach Pillnitzer Landstraße 25 und Oktober 1890 bis 1896 in dem von ihm gekauften Haus Schillerstraße 21. Für die Ausführung der Loschwitzer Straßenlaternen war er 1889 zuständig. 1890/91 errichtete er auf seinem Grundstück Ulrichstraße 18 ein Wohnhaus, das er 1892 an einen Hotelbesitzer verkaufte. Nach Plänen von *Georg → Aster* baute er dessen Haus Pillnitzer Landstraße 35; 1891/92 errichtete er im → *Simmigschen Ortsteil* für Adolph Simmig (1829 – 1899) das noch heute fast original erhaltene Wohnhaus Wilhelminenstraße 4.

Arnold, Christian Friedrich (1823 – 1890, → *K2*), Baumeister und Architekt: Erbauer der Villa Souchay, des späteren → *Schloss Eckberg*.

Arnold & Lahode, Büro für Architektur und Bauausführung von Heinrich Arnold und Georg Lahode: Die beiden Baumeister hatten von 1898 bis 1905 ihr Büro Bautzner Landstraße 82, wo Arnold anfangs auch wohnte. In Loschwitz bauten sie folgende Wohnhäuser: Chopinstraße 12 und Bautzner Landstraße 72 (1898/99), Preußstraße 5, Oskar-Zwintscher-Straße 3 und Wolfshügelstraße 9 (1899/1900), Chopinstraße 8 (1900/1901), Grundstraße 83 (1901), Oskar-Pletsch-Straße 12 und Bergbahnstraße 3 (1902) und An der Berglehne 8 (1919/20); hinzu kamen kleinere Bauten, wie die komfortable Gewächshausanlage der → *Gärtnerei Zeppelinstraße 1* und zahlreiche Umbauten.

Aster, Georg → *Einzelbeitrag*

Axt, Martin → *Einzelbeitrag*

Bähr, George (1666 – 1738, → *K1*), Ratszimmermeister und Baumeister: Miterbauer der Loschwitzer → *Kirche*.

Bergbahnstraße 4, 2014
Foto: Siegfried Großmann

Bärbig, Kurt (1889 – 1968, → *K1*), Architekt: Wohnhaft in Dresden-Niederpoyritz, schuf er die Pläne für das Wohnhaus Josef-Herrmann-Straße 2.

Bauckhage, Peter (* 1943, → *K2*), Architekt: Er hatte 2000 – 2001 sein Büro Oskar-Pletsch-Straße 7 in → *Oberloschwitz*. Dort baute er das Wohnhaus Bergbahnstraße 4. Hinzu kamen in Loschwitz zahlreiche Sanierungen von Villen.

Baumgärtel, Gustav, Baumeister: Auf seinem 1896 gekauften Grundstück 1. Steinweg 5 baute er 1899/1900 eine Villa; anfangs hatte der Dresdner hier seine Sommerwohnung und 1907 bis 1912 wohnte er ständig hier. Auf seinem Grundstück Sierksstraße 26 baute er 1902/03 das dortige Haus, in dem er jedoch nicht wohnte.

Behm, Hans (1898 – 1975, → *K2*), Architekt: Er wohnte 1945 bis zum Tod Ludwig-Richter-Straße 8b im → *OT Schöne Aussicht*.

Böhme, Matthias (* 1952, → *K2*), Architekt: Er wohnte 1979 – 1984 Veilchenweg 38.

Bollrich, Jan (* 1962, → *K2*), Architekt: In Dresden-Loschwitz, wo er ab 1992 auch wohnte, mit Normann Neu, *Klaus → Hofmann* und Dieter Gechter 1990 Gründung des Architekturbüros »NBHG-Architekten«, das sich heute in Dresden-Pieschen befindet. Sein Büro sanierte und modernisierte das → *Leonhardi-Museum*.

Braunwarth, Lothar (1929 – 1999, → *K2*), Architekt: Er wohnte 1945 – 1952 und 1992 bis zum Tod Krügerstraße 13, wo er ab 1992 auch sein Büro hatte.

Bretschneider, Rudolf (1906 – 1945, → *K2*), Architekt: Er wohnte ab 1937 in seinem Haus Calberlastraße 5, wo sich auch sein Büro befand. In Dresden-Loschwitz baute er das Haus Kotzschweg 9.

Conert, Herbert (1886 – 1946, → *K2*), Architekt und Stadtbaurat: Er wohnte 1932 – 1935 1. Steinweg 17 und danach Knoopstraße 12. Er war

1. Steinweg 5, 2015 *Foto: Siegfried Großmann*

nach 1933 maßgeblich an der Neugestaltung des Neustädter Königsufers beteiligt.

Deutscher, Claudia geb. Pohl (* 1969, → *Pohl K2*), Architektin: Mit ihrer Schwester *Konstanze* → *Pohl* war sie in der »pohl + pohl architekten GmbH« in Dresden-Weißer Hirsch tätig, das jetzt als »Bauatelier Deutscher« von ihr weitergeführt wird. Sie wohnte 1999 – 2014 Bergbahnstraße 8 in → *Oberloschwitz*.

Diestel, Kurt (1862 – 1946, → *K2*), Architekt: Nach seinen Plänen entstanden in Loschwitz 1899 die Villa Sonnenleite 31 und 1905 für den → *Arzt* Paul Teuscher (1864 – 1927) Chopinstraße 10, beide in → *Oberloschwitz*.

Dietrich, Volker (* 1943, → *K2*), Architekt: Er wohnte 1979 – 1997 Tiedgestraße 5.

Ehlich, Carl (1810 – 1896), Bau- und Maurermeister: Der aus Wachwitz stammende Maurermeister wohnte ab etwa 1835 in seinem neuen Haus Pillnitzer Landstraße 7, wo er auch einen → *Weinschank* betrieb (später → *Hotel »Elbthal«*), und zuletzt bis 1893 in seinem Haus Grundstraße 6, das er schon 1888 verkauft hatte. Er kann wohl in Bezug auf die »Alteinwohner« von Loschwitz als der im 19. Jahrhundert für Bauangelegenheiten zuständige »Loschwitzer Baumeister« bezeichnet werden. Er nahm zahlreiche An- und Umbauten an kleineren Häusern vor, baute Stützmauern und Grüfte; genannt werden soll hier der Umbau der → *Kinderbewahranstalt* von 1864. Von seinen Wohnhausbauten sind erhalten: Friedrich-Wieck-Straße 24 (1874), Grundstraße 51 (1875) und Pillnitzer Landstraße 53 (1877, später leicht umgebaut und mit Dachstuhl versehen).

Ehlich, Rainer (* 1948, → *K1*), Architekt: Er leitete den Wiederaufbau der Loschwitzer → *Kirche* und war Sanierungsbeauftragter für das → *Sanierungsgebiet* im Loschwitzer Dorfkern.

Ehrlich, Franz (1907 – 1984, → *K2*), Architekt und Designer: Er wohnte 1946 – 1950 Weinleite 6.

Landhaus Teuscher, Entwurf *Deutsche Bauzeitung, 1907/Slg. Otto-R. Wenzel*

Eßmann, Herbert (* 1941, → *K2*), Architekt: Er wohnte 1945 – 1970 Oeserstraße 1 und seit 2007 in der Nähe im eigenen Haus.

Fehre, Johann Christian (1649 – 1720, → *K1*), Ratsmaurermeister und Baumeister: Miterbauer der Loschwitzer → *Kirche*.

Felchner-Radig, Wieke (* 1970), Architektin: Die in Dresden-Loschwitz wohnende Tochter von Dirk → *Radig* entwarf den zweigeschossigen hellen und energiesparenden → *Kindergarten* Fidelio-F.-Finke-Straße 11, der 2004 bezogen werden konnte.

Fischer-Gurig, Adolf jun. (1892 – 1959, → *K2*), Architekt: Er wohnte 1936 – 1946 und erneut ab 1957 Dostojewskistraße 3.

Fleischmann, Rudolf (1906 – 1991, → *K2*), Architekt: Er wohnte ab 1938 im Wohnhaus der → *Gärtnerei Bock*, Schevenstraße 14 und ab 1958 Heymelstraße 4.

Friedrich, Theodor (1829 – 1891, → *K2*), Architekt und Stadtbaurat: Erbauer des → *Wasserwerks Saloppe*.

Fritschen, Walter von (1894 – 1967, → *K2*): Architekt und Bühnenbildner: Er wohnte während seiner Tätigkeit am Landesamt für Denkmalpflege 1951 – 1954 Pillnitzer Landstraße 57.

Furkert, Alf (* 1965, → *K2*), Architekt: Er wohnt – mit einer Unterbrechung von 1987 bis 1996 – Schevenstraße 7 und gründete 2005 mit Stephan Hänel (* 1959) das Büro »hänel furkert architekten«. Seit 2009 ist er Präsident der Architektenkammer Sachsen.

Furkert, Rudolf (1904 – 1972, → *K2*), Baumeister und Architekt: Er wohnte 1937 bis zum Tod Schevenstraße 7. In Loschwitz baute er u. a.

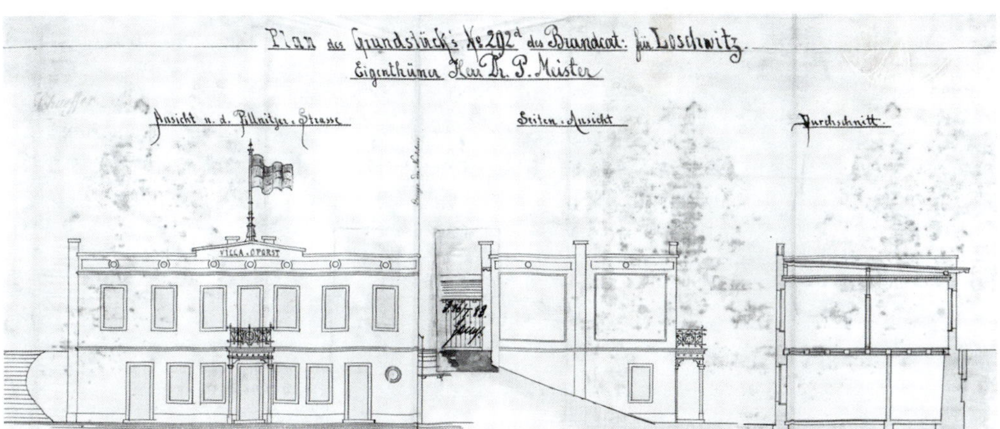

Carl Ehlich Umbau 1882 Pillnitzer Landstraße 53 Ansichten, Schnitt und Grundrisse
Stadtarchiv

Kindertagesstätte Fidelio-F.-Finke-Straße 11
Foto: Holger Friebel

1957 die 2014 abgerissene Turnhalle der → *Schillerschule*.

Glaschke, Wolfhard (* 1944, → *K2*) und Renate (* 1944, → *K2*), Architekten: Zahlreiche Sanierungen, z. B. Grundstraße 6 und im → *Sanierungsgebiet*. Sie wohnten 1985 – 2000 Veilchenweg 27 und zogen 2000 in das von ihnen entworfene Haus Robert-Diez-Straße 2a, in dem sie bis 2008 wohnten. Seitdem wohnen sie in Dresden-Bühlau.

Göpfert, Rolf (1903 – 1994, → *K2*), Prof. und Architekt: Er baute sich 1963/65 sein Wohnhaus Krügerstraße 39 im → *OT Schöne Aussicht*.

Guder, Gerhard (1924 – 2013, → *K1*), Prof. und Architekt: Zu seinen Tätigkeiten in Loschwitz gehören der Innenumbau des → *Lingnerschlosses* (1956/57) und danach die Entwürfe für die Neubauten Zeppelinstraße 8 und die später umgebaute Nr. 1, die Versuchshalle für das Forschungsinstitut Manfred von → *Ardenne* (1907 – 1997) Plattleite 19b und das Wohnhaus Plattleite 13. Er wohnte 1974 bis zu seinem Tod Plattleite 15.

Guder, Martina geb. Schwarze (* 1958, → *K2*), Architektin: Die Schwiegertochter → *Gerhard Guders* wohnt seit 1983 Plattleite 13 und hatte 2002 – 2012 dort auch ihr eigenes Büro.

Herfurt, Max (1872 – 1932, → *K2*), Architekt: Er schuf die Pläne für mehrere Wohnhäuser, deren Bauleiter er auch war; das sind in → *Oberloschwitz*: Oskar-Pletsch-Straße 8 (1909), Doppelhaus Rißweg 27b und Wolfshügelstraße 15 (1909/10), Materniweg 6 und Oskar-Pletsch-Straße 3 (1910), Steglichstraße 28b und Bautzner Landstraße 32 und 34 (1910/11), Degelestraße 1 (1912/13) und schließlich Plattleite 29 (1928). Zu den Neubauten kamen in Oberloschwitz zahlreiche Um- und Erweiterungsbauten.

Hertzsch, Friedrich Wilhelm (1875 – 1944), Architekt: Im → *OT Schöne Aussicht* entwarf und baute er das ungleiche Doppelhaus Oeserstraße 1 und 3 (1904/05), das → *Sanatorium Dr. Möller* (1907/08) und das Wohnhaus Malerstraße 12b (1911/12).

Heß, Friedrich (1887 – 1962, → *K2*), Architekt: Er wohnte 1913 – 1915 Schevenstraße 23.

Heubaum, Lutz (* 1951, → *K2*), Architekt: Er hatte ab 1995 Büro und Wohnung Schevenstraße 12c und seit 2004 Schillerstraße 25.

Hofmann, Klaus (* 1959, → *K2*), Architekt: Mit *Jan* → *Bollrich*, Normann Neu und Dieter Gechter 1990 Gründung des Architekturbüros »NBHG-Architekten«. Er kaufte und sanierte das 2000 eröffnete → *»Café Clara«* und war an der Sanierung des → *Leonhardi-Museums* beteiligt.

Jost, Wilhelm (1887 – 1948, → *K2*), Architekt und Regierungsbaumeister: Nachdem er 1928 als Professor an die TH Dresden gekommen war, erhielt er dort 1931 seine Ehrenpromotion. Er trat 1932 der NSDAP und 1933 der SA bei, in der er bald zum Hauptsturmführer ernannt wurde. 1932 zog er nach Oberloschwitz in den Materniweg 6. 1934 entstanden nach seinen Entwürfen die beiden Häuser Knoopstraße 6 und 10. Er zog mit seiner Ehefrau, der Malerin Lydia geb. Schäfer (1882 – 1965), in das Haus Nr. 6. In Loschwitz entstand nach seinen Plänen 1939 für Johannes Jost noch die Kügelgenstraße 8. Bereits 1937 erfolgte seine Berufung zum Rektor der TH Dresden. Als Architekt war er deutschlandweit tätig. 1940 entschied sich Adolf Hitler (1889 – 1945) für Josts Entwurf für die gigantische neue TH in Linz, deren Rektor er 1943 auch wurde – allerdings in alten Räumen mit maximal 40 Studierenden. 1945 legte er sein Amt als Rektor der Dresdner TH nieder, widmete sich jedoch dem Wiederaufbau der Stadt. In sein Loschwitzer Wohnhaus wurde ein sowjetischer Generalmajor einquartiert. Im Februar 1946 erfolgte Josts Verhaftung und Überstellung ins Internierungslager Mühlberg. Ein Jahr später brachte man ihn in die Sowjetunion, wo er 1948 in einem Speziallazarett verstarb.

Jüchser, Jürgen (* 1929, → *K2*), Architekt: Er wohnte 1952 – 1958 Pillnitzer Landstraße 29 und 27).

Junghanß, Peter (* 1942, → *K2*), Prof. und Architekt: Er wohnte 1972 – 1989 Kügelgenstraße 10, wo er 1988 die nur ein Jahr bestehende → *»Galerie am Berg«* eröffnete.

Kaplan, Walter (* 1951, → *K1*), Architekt: Er wohnte 1990 – 2002 in seinem Haus Bergbahnstraße 2b in → *Oberloschwitz*. 1995/1996 ersetzte er das alte Haus durch einen auf gleichem Grundriss erbauten Neubau. »Die von der Straße rechts zu betrachtende Seite – nach Nord ausgerichtet – besteht vollständig aus Beton und Stahl. Die dem grünen Hang zugewandte Hälfte ist im oberen Teil ein fast komplettes Holzhaus. Alles überspannt vom geteilten Dach – halb Tonne halb pultförmig.«[1] Der Bau ist eine architektonische Bereicherung für den Elbhang.

Kayser, Paul (1850 – 1921, → *K2*), Architekt: Er baute 1872 für seine Eltern das Wohnhaus Plattleite 17.

Klengel, Wolf Caspar von (1630 – 1691, → *K1*), Oberlandbaumeister: → *Denkmale*.

Knöbel, Johann Friedrich (1724 – 1792, → *K2*),

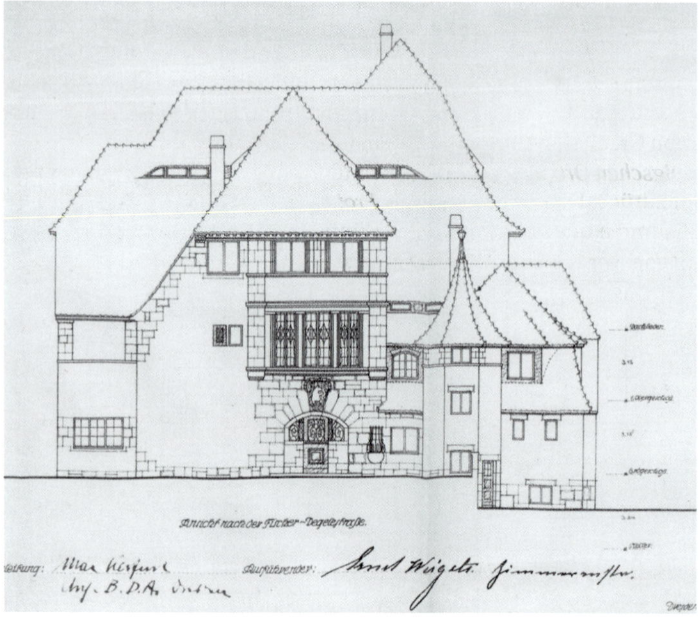

Degelestraße 1 (Herfurt) *Stadtarchiv*

Knoopstraße 6 (Jost) *Foto: Brücke-Osteuropa*

Körnerweg 24 (Altes Wasserwerk) mit Neubau der Architekten Langner von Hatzfeldt/Schönwälder, 2013 *Foto: Siegfried Großmann*

Lossow & Kühne Zeppelinstraße 10, Elbansicht *Stadtarchiv*

Landbaumeister: Er besaß ab etwa 1779 bis zum Tod einen Weinberg mit Haus, das sich an der heutigen Robert-Diez-Straße 4 befand.

Köckeritz, Walter (* 1943, → *K2*), Architekt: Für die Sächsische Landesapothekerkammer (→ *Apotheke*) entwarf er den 1998 fertiggestellten Tagungs- und Ausstellungspavillon Fidelio-F.-Finke-Straße 9; unter seiner Leitung erfolgte bis 2000 die Sanierung der → *Alten Feuerwache* und 2012 konnte das von ihm entworfene Wohnhaus Schillerstraße 24 bezogen werden.

Kolbe, Familie → *Einzelbeitrag*

Köpcke, Claus (1831–1911, → *K2*): Architekt: Erbauer des → *Blauen Wunders*.

Kopp, Christian (* 1949, → *K2*), Architekt: Er wohnte 1974–1993 Marie-Simon-Straße 6 und danach bis 1996 Josef-Herrmann-Straße 4.

Körner, Edmund (1874–1940, → *K2*), Architekt: Er wohnte 1899/1900 heutige Oskar-Pletsch-Straße 11 und nahm 1903/04 Veränderungen am Haus Plattleite 20 vor.

Kossatz, Gert (1929–2013, → *K2*), Prof. und Architekt: Er wohnte 1950–1960 Calberlastraße 5 und 1967–1971 Kotzschweg 9.

Kreis, Wilhelm → *Einzelbeitrag*

Krüger, Hermann (* 1935, → *K1*), Architekt und Stadtkonservator: Der in Dresden-Loschwitz wohnende und jetzt im Ruhestand befindliche Denkmalpfleger setzte sich mit großem Engagement für die Erhaltung sowohl einzelner Gebäude als auch der Gesamtstruktur unseres Stadtteils ein.

Kühne, Max Hans (1874–1942, → *K2*), Prof. und Architekt: Sein Schwiegervater Prof. William Lossow (1852–1914), der die Zusammenarbeit mit Hermann Vieweger (1846–1922) im Büro »Lossow & Vieweger« beendet hatte, gründete 1906 mit Kühne das Architektenbüro »Lossow & Kühne«. Für Loschwitz entwarf es 1910 die Villa Schevenstraße 17, in der sich später das »Zentrum für zeitgenössische Musik« (→ *Udo Zimmermann*) befand, sowie 1911 bis 1912 im → *OT Oberloschwitz* die Villen Materniweg 4, Zeppelinstraße 7 und 10, dem 1920 noch der Neubau Schillerstraße 33 folgte.

Langner von Hatzfeldt, Siegbert, Prof. und Architekt: Nach seinem Studium an der TU Dresden arbeitete er später »nach Feierabend« mit Architekt *Heinz* → *Schönwälder* an Entwürfen für kleinere Bauten und Anbauten. In Dresden-Loschwitz gehört hierzu das »Haus Pannasch« Zwanzigerstraße 5, das um 1975 begonnen, immer wieder erweitert und schließlich 1998 durch den Dachaufbau fertiggestellt werden konnte. Seit 1991 lebt und wohnt er in Dresden-Loschwitz und arbeitet hier in einer Werkgemeinschaft mit Heinz Schönwälder, seit 2001 im von ihm projektierten Haus Körnerweg 24. Weitere ausgeführte Wohnhausbauten in Loschwitz sind die 2006 bezogene Oeserstraße 3b, der 2008 fertiggestellte Rißweg 2a und die Ende 2010 durch den Komponisten *Udo* → *Zimmermann* (* 1943, → *K1*) und Ehefrau erstmals bezogene Calberlastraße 3a. Auch der Entwurf der Gesamtanlage des erweiterten Grundstücks Bautzner Straße 122 im → *Simmigschen Ortsteil* geht auf die Werkgemeinschaft zurück. Hierzu gehören die Sanierung der Villa und eines Nebengebäudes sowie der Neubau von vier Wohnhäusern in den letzten Jahren. Das gesamte Areal heißt heute »Brockhauspark«.

Lehnert, Johannes, Baumeister und Architekt: Bisher konnte nichts zur Biografie ermittelt werden. In Loschwitz wurden nach seinen Plänen gebaut: Wunderlichstraße 2 (1905), Hermann-Prell-Straße 1 (1908/09, 1945 zerstört), Tolstoistraße 2 und Marie-Simon-Straße 4 (1909/10) sowie Wunderlichstraße 3 (1910/11).

Lehnert, Theodor → *Einzelbeitrag*

Lietzow, Roland (* 1946, → *K2*), Architekt: Er wohnte 1970–1977 Körnerplatz 6.

Lohse, Adolph (1807–1867, → *K2*), Landbaumeister: Erbauer von → *Schloss Albrechtsberg* und der Villa Stockhausen, dem späteren → *Lingnerschloss*.

Lossow & Kühne → *Kühne, Max Hans*

Luther & Scholz: Paul Luther, Architekt und Baumeister in Blasewitz, baute 1902 in Oberloschwitz das Wohnhaus Bautzner Landstraße 74. Ab 1903 hatte er, gemeinsam mit Baumeister Hermann Scholz, in Blasewitz – später in Dresden – das Büro »Luther & Scholz«. Neben Um- und Erweiterungsbauten schuf es in Loschwitz die Häuser Straußstraße 2 (1902/03), Veilchenweg 42 (1912) und Tiedgestraße 4 (1912/13) sowie die steinerne Brücke über den Schumanngraben an der Josef-Herrmann-Straße (1912). Paul Luther wohnte kurzzeitig 1914/15 in Loschwitz in der Pillnitzer Landstraße 20.

Marcus, Paul (1872–1943, → *K2*), Architekt: Er besaß 1902 bis 1909 das Haus Ulrichstraße 18, wo er eine Sommerwohnung hatte. Sein 1913 gefertigter Entwurf für eine Brücke von Oberloschwitz nach Rochwitz und ein überdimensional geplantes Wohnhaus an der Ludwig-Richter-Straße (1919) wurden nicht realisiert (→ *Projekte, nicht verwirklichte*).

Matthes, Günter (1926–1984, → *K2*), Architekt: Er wohnte 1961 bis zum Tod Robert-Diez-Straße 5.

Mayenburg, Georg Heinsius von (1870–1930, → *K2*): Prof. und Architekt: In Loschwitz wurden nach seinen Plänen gebaut: Leonhardistraße 9 (1905/06), Schillerstraße 41 (1907) und in → *Oberloschwitz* die Oskar Pletsch-Straße 1. Ihr heutiges Gesicht bekam 1905 durch ihn die Schillerstraße 39. Hinzu kamen zahlreiche Umbauten wie z. B. Körnerweg 4 (1908), Schillerstraße 29 (1911), das → *Körnerhaus* Körnerweg 6 (1918) und die ehemalige → *Gaststätte* »Haideschlößchen«. Mit seinem Sohn → *Maximilian* nahm er 1926 eine Umgestaltung im → *Schloss Eckberg* vor.

Mayenburg, Maximilian Heinsius von (1910–1945), Architekt: Er machte die Pläne für mehrere 1935/36 erbaute Häuser an der Weinleite.

Menzel, Oskar → *Einzelbeitrag*

Meusel-Woschni, *Ulrike → Woschni*

Meyer-Doberenz, Walter (1903–1968, → *K2*), Baumeister und Architekt: Er wohnte ab 1941 Kotzschweg 28.

Moritz, Karl (1880–1957, → *K2*), Architekt: In dem nach seinen Plänen gebauten Haus Stürenburgstraße 10 wohnte und arbeitete er von 1936 bis zu seinem Tod.

Mühler, Ernst Alfred (1898–1968, → *K2*), Prof., Architekt, Bühnenbildner und Maler: Nach 1945 wohnte er auf der Sonnenleite und hatte sein Atelier Schevenstraße 10b.

Müller, Eduard, Architekt und Baumeister: Der Miterbauer der Festhalle für das 1. Deutsche Sängerbundfest 1865 wohnte 1913–1917 Bautzner Landstraße 32.

Nadler, Elke geb. Schunk (* 1943, → *K2*), Architektin: Mitarbeit an zahlreichen denkmalpflegerischen Objekten wie z. B. → *Schloss Albrechtsberg*. Sie wohnt seit 2006 in Dresden-Loschwitz.

Nadler, Hans → *Einzelbeitrag*

Otto, Carsten (* 1974, → *K2*), Architekt: Er wohnt seit 2005 in seinem von ihm entworfenen Haus Pillnitzer Landstraße 120a in Dresden-Wachwitz und arbeitet seit 2009 mit Christian Müller (* 1972) im Büro »O+M Architekten«, Körnerplatz 11.

Pietzsch, Martin → *Einzelbeitrag*

Poelzig, Hans (1869–1936, → *K2*), Architekt: Erbauer des Mausoleums (→ *Friedhöfe*) im Park des → *Lingnerschlosses*.

Pohl, Konstanze (* 1970), Architektin: Gemeinsam mit ihrer Schwester *Claudia → Deutscher* arbeitete sie im Büro »pohl + pohl architekten GmbH« in Dresden-Weißer Hirsch, das sich seit 2013 am Altmarkt befindet. Sie wohnte 1995–2009 in dem gemeinsam mit ihrer Schwester sanierten Haus Plattleite 6.

Radig, Dirk (* 1938, → *K1*), Prof. und Architekt: Er schuf mehrere bisher nicht realisierte Projekte für Neu- und Umbauten in Dresden-Loschwitz, so z. B. für Wohnbauten am Veilchenweg, für die → *Sozialstation* und für das 1988 abgerissene Haus Pillnitzer Landstraße 29. Auch die Beseitigung »kleiner«, das Gesamtbild störende Schandflecke, wie unpassender Garagen und Müllbehälter, sind ihm ein großes Anliegen.

Reichpietsch, Karl → *Einzelbeitrag*

Reimer, Curt (1869–1938, → *K2*), Baumeister und Architekt: Er wohnte 1921–1936 in seinem 1920 gekauften und danach umgebauten Haus Pillnitzer Landstraße 17; sein Büro war in Dresden. In Loschwitz begann er 1918 mit einem leichten Umbau der → *Villa Orlando*.

Reuter, Friedrich → *Einzelbeitrag*

Richter, Claudia geb. Ullrich (* 1959, → *K2*), Architektin: Sie wohnt mit ihrem Ehemann *Wolfram → Richter* seit 1998 Ulrichstraße 27. Seit 2009 hat sie die Geschäftsführung im Büro für Innenarchitektur »ehrlich+richter GmbH« in Dresden.

Richter, Martin (* 1964, → *K2*), Architekt: Er ist Partner der »woerner traxler richter architekten gbr« und geschäftsführender Gesellschafter der »woerner traxler richter planungsgesellschaft mbh« und wohnt seit 1997 Kügelgenstraße 2.

Richter, Theodor (1867–?, → *K2*), Architekt und Baumeister: Er kaufte 1900 die Grundstücke Dostojewskistraße 8 und 10 und baute darauf die beiden Villen, die 1901 bezugsfertig waren. Er wohnte bis zum Verkauf beider Häuser (1908) in der Nr. 8. Ab 1908 hatte er Büro und Wohnung in dem von ihm gekauften Haus Schillerstraße 10, das 1945 durch Bomben zerstört wurde. Weitere bedeutende Bauten in Loschwitz sind: Schevenstraße 12b (1901/02), Hermann-Prell-Straße 9 (1902/03), im gleichen Jahr für den → *Fotografen* Emil Römmler (1842–1941, → *K1*) Calberlastraße 12, dann Malerstraße 28 (1903/04) und 1913 gab er durch Umbau der Schillerstraße 25 ihr heutiges Gesicht.

Richter, Wolfram (* 1957, → *K2*), Architekt und Maler: Er wohnt mit seiner Ehefrau *Claudia → Richter* seit 1998 Ulrichstraße 27, wo sich auch sein Büros befindet.

Rumpel, Gustav Adolph (1844–1904, → *K2*): Baumeister und Baurat: Er wohnte 1901 bis zu seinem Tod Veilchenweg 3.

Sattler, Carlo, eigentlich Karl (1877–1966, → *K2*), Prof. und Architekt: Er wohnte 1885–1898 im elterlichen Haus Veilchenweg 9. Nach seinen Plänen wurde 1914–1916 das → *Sanatorium Dr. Weidner* gebaut.

Schaeffer & Sohn, Büro für Architektur und Bauausführung des Architekten Richard Schaeffer (1846–1902, → *K2*) und seines Sohnes Ferdinand Schaeffer, der das Büro nach dem Tod seines Vaters unter gleichem Namen

Schillerstraße 41 (Mayenburg) *Stadtarchiv*

Eduard Müller Festhalle Sängerbundfest 1865 *Repro: Manfred Lauffer*

in Dresden-Weißer Hirsch weiterführte. Für Loschwitz entstanden nach den Plänen Schaeffers: Wilhelminenstraße 2 (1884/85), Sonnenleite 33 und Bautzner Landstraße 54 (1892/93), Wolfshügelstraße 16 (1899/1900), Johannesweg 2 und 4 (1900, ersteres später umgebaut durch → *Rudolf Kolbe*), Materniweg 14 (1900/01), Sonnenleite 29 (1902/03) und Oskar-Pletsch-Straße 9 (1906/07); hinzu kamen mehrere kleinere Bauten und Umbauten.

Schaff, Josef-Georg (1908 – 1985, → *K2*): Architekt: Er wohnte etwa 1946 – 1956 Krügerstraße 2.

Schenke, Paul (1851 – 1935), Baumeister: Er kam aus Wittgensdorf (heute zu Chemnitz) und baute sich 1901/02 die »Villa Stolzenfels« (Veilchenweg 25), in der er bis zu seinem Tod lebte.

Scherke, Friedrich (* 1944, → *K2*), Architekt: Er wohnte 1984 – 1988 in seinem von ihm zuvor entworfenen und gebauten Haus Kotzschweg 14.

Scherz, Emil → *Einzelbeitrag*

Schilling & Graebner, seit 1889 gemeinsames Architekturbüro von Rudolf Schilling (1859 – 1933) und Julius Graebner (1858 – 1917, → *K2*): Von den zahlreichen Bauten in Dresden sei die Christuskirche in Dresden-Strehlen (1903/05) genannt. In Loschwitz entwarfen sie folgende Wohnhäuser: Körnerweg 18 (1889/90), Plattleite 14 (1890/91), → *Ratskeller* Körnerplatz 3 (1892/93) sowie Degelestraße 3 und Wilhelminenstraße 10 (1896/97); zu ihren Arbeiten zählen ferner in → *Oberloschwitz* der Anbau der großen Holzveranda Sonnenleite 4 (1893) und der Umbau Degelestraße 2 (1911). Als nach dem Tod des Vaters der Sohn Erwin Graebner (1895 – 1945) das Büro mit Schilling fortführte, entstanden die Pläne für die Angelikastraße 8 (1932). Er zog 1932 in die → *Villa Orlando* (Schillerstraße 4) und kaufte dort das gesamte Grundstücksareal. Es wurde parzelliert und in den folgenden Jahren baute er darauf mehrere

Oskar-Pletsch-Straße 9 (Schaeffer & Sohn) *Stadtarchiv*

Hermann-Prell-Straße 5 und 9, 2015 *Foto: Siegfried Großmann*

Einfamilienhäuser (Nr. 4c ff.) sowie das Wohnhaus Ludwig-Richter-Straße 11. Sein Büro Schilling & Graebner wurde im Februar 1945 in Dresden zerstört und befand sich danach offiziell noch zwei Jahre auf der Ulrichstraße.

Schmutzler, Peter (* 1932, → *K2*), Prof. und Architekt: Er wohnt seit 1965 Tolstoistraße 11.

Schölzel, Dieter (* 1936, → *K2*), Architekt: Er wohnte 1954 – 1997 Sonnenleite 21.

Schönwälder, Heinz (* 1939): Er studierte 1959 – 1965 Architektur an der TH/TU Dresden. Hier erhielt er auch seine künstlerische Ausbildung bei dem Maler Georg Nerlich (1892 – 1982, → *K1*), dem Bildhauer Helmut Heinze (* 1932, → *K1*) und Architekt *Helmut* → *Trauzettel* (1927 – 2003, → *K1*). Danach war er dort wissenschaftlicher Assistent am Lehrstuhl für Wohn- und Gesellschaftsbauten und 1969 – 1979 Architekt im Projektierungsbüro für Hoch- und Fachhochschulbauten. Bis 1990 war er als Architekt u. a. tätig für die Innere Mission und Caritas im Bistum Dresden-Meißen. Seit 1991 arbeitet er in einer Werkgemeinschaft mit Architekt *Siegbert* → *Langner von Hatzfeldt*. Die gemeinsam entstandenen Arbeiten fügen sich als moderne Architektur gut in Landschaft und städtebauliche Strukturen ein.

Schramm, Christian (1857 – 1922, → *K2*), Architekt: Er wohnte 1899 – 1910 in seinem Haus Veilchenweg 9 und baute in Dresden u. a. die Markuskirche, St. Pauli-Kirche und Thomaskirche.

Schramm, Georg (1848 – 1925), Prof., Architekt: Nach seinen Plänen wurden in Loschwitz 1907 – 1909 die spätere → *Schillerschule* und mit großer Wahrscheinlichkeit auch 1909/10 das Depot der → *Feuerwehr*, die heutige »Alte Feuerwache«, gebaut.

Schreyer, Reinhold (1861 – ?, → *K2*), Architekt: Er erbaute die → *Villa »Artushof«* (Malerstraße 18).

Schubert, Otto (1878 – 1968, → *K2*), Prof. und Architekt: In Loschwitz entwarf er die Pläne für das Haus Judeichstraße 6.

Schümichen, Carl (1863 – 1933), Baumeister und Architekt: Er errichtete 1899/1900 an der Stelle eines Vorgängerbaues die 1945 zerstörte »Villa Grumbt« mit allen Nebenbauten (Bautzner Straße 112) im → *Simmigschen OT*; dem alten Winzerhaus Leonhardistraße 5 gab er bereits 1894 sein heutiges Aussehen.

Schütz, Johannes, Architekt und Baumeister: Er kaufte 1898 je zu Hälfte die Grundstücke der heutigen Friedrich-Wieck-Straße 2 und 4 sowie Dammstraße 1. Vorlagen des Architekten Richard Nicolaus arbeitete er um und erbaute bis 1899 die genannten Wohn- und Geschäftshäuser. Im neuen Haus Friedrich-Wieck-Straße 2 hatte er bis 1901 seine Wohnung. 1899 erwarb er auch zur Hälfte das Grundstück der heutigen Oskar-Pletsch-Straße 5 und baute das Haus, in dem er nach dem Verkauf 1905 bis 1911 wohnte. In Loschwitz entwarf und baute er ferner 1901/02 auch die Bautzner Landstraße 76.

Schulze, Karl (* 1947, → *K2*), Architekt: Wohnung und Büro hat er seit 1998 in dem von ihm entworfenen Haus Am Weißen Adler 8a.

Schumann, Reinhard (1881 – 1962, → *K2*), Architekt: Er baute 1936/37 sein Haus Collenbuschstraße 1 in → *Oberloschwitz*.

Schumann, Wolfgang (1926 – 2002, → *K2*), Architekt: Er lebte 25 Jahre in Dresden-Loschwitz, zuletzt Pillnitzer Landstraße 18 und erstellte einen der ersten Entwürfe für den Wiederaufbau der Loschwitzer → *Kirche*.

Seitler, Bruno (1851 – 1925), Architekt: Von seinen für Loschwitz entworfenen Häusern sind heute nur noch drei erhalten: Alexanderstraße 2 (1893/94) in → *Oberloschwitz* sowie Schevenstraße 4 (1895/96) und 3b (1898/99); die → *Gaststätte* »Victoriahöhe« baute er 1882 im Schweizerstil um. Die anderen Loschwitzer Häuser wurden unterdessen durch andere ersetzt: Bautzner Straße 118 im → *Simmigschen OT* sowie Schevenstraße 3.

Siegel, Curt (1911 – 2004, → *K2*), Prof. und Architekt: 1912 – etwa 1938 wohnte er im elterlichen Haus Pillnitzer Landstraße 61, heute Josef-Hegenbarth-Weg 1.

Sprenger, Helmut (1942 – 2007, → *K2*), Architekt: Er wohnte 1969 – 1978 im zum → *Fährgut* gehörenden Fährhäuschen Friedrich-Wieck-Straße 45, das er zuvor denkmalgerecht saniert hatte.

Stephan & Möbius, gemeinsames Architekturbüro von Carl Ernst Stephan und Ernst Möbius in Dresden: Stephan kaufte Anfang des 19. Jahrhunderts große unbebaute Flächen im → *Simmigschen Ortsteil*, die danach bebaut und wieder verkauft wurden. Zwischen 1911 und 1914 baute hier das Architekturbüro, teilweise nach Entwürfen von Stephan, die Wohnhäuser Böhmertstraße 1, 3, 4 und 6, Fischhausstraße 7, 9, 11 und 15 sowie Heideparkstraße 1, 1a, 2, 8, 10, 12 und 14; hinzu kamen im gleichen Zeitraum noch Tolstoistraße 6 und Schädestraße 5.

Stolzenberg, Oliver (* 1963, → *K2*), Architekt: 2001 zog er mit Familie in sein Haus Kügelgenstraße 4, das bis 2002 saniert und umgebaut wurde und in dem sich seitdem auch sein Büro befindet; die Außen- und Gartenanlagen wurden von ihm 2011 neu angelegt. Nach seinen Plänen entstanden in Loschwitz die Häuser Rißweg 2 (2005/06) und Schevenstraße 19a (2008/09); in zwei Bauabschnitten (2004 und 2008) erfolgten Sanierung und Umbau Malerstraße 22.

Trauzettel, Helmut → *Einzelbeitrag*

Voigt, Friedrich und Emil → *Einzelbeitrag*

Wägner, Emil (1853 – 1927), Architekt, Baumeister und Baurat: Er baute in Loschwitz die Häuser Calberlastraße 6 (1883/84), Wuttkestraße 1 (1890/91), Ludwig-Richter- Straße 14 (1893, 1945 zerstört) und Dostojewskistraße 7 (1900/01), hinzu kamen Umbauten an drei Häusern und 1901 der Atelieranbau Schillerstraße 27.

Walther, Karlheinz (1907 – 1989), Architekt und Baumeister: Der auf dem Anzengruberweg in Dresden-Rochwitz wohnende Architekt hatte ab 1939 seine Geschäftsräume in der heutigen Fidelio-F.-Finke-Straße 3. 1958/59 entwarf und baute er sein eigenes Haus Sierksstraße 1 im → *OT Schöne Aussicht*, in dem er bis zu seinem Tod wohnte. Es wurde 2008 abgerissen und durch einen Neubau ersetzt. Neben vielen kleineren Arbeiten errichtete er, nahezu zeitgleich mit seinem eigenen, das Wohnhaus Calberlastraße 13 für *Peter* → *Schreier* (* 1935, → *K1*).

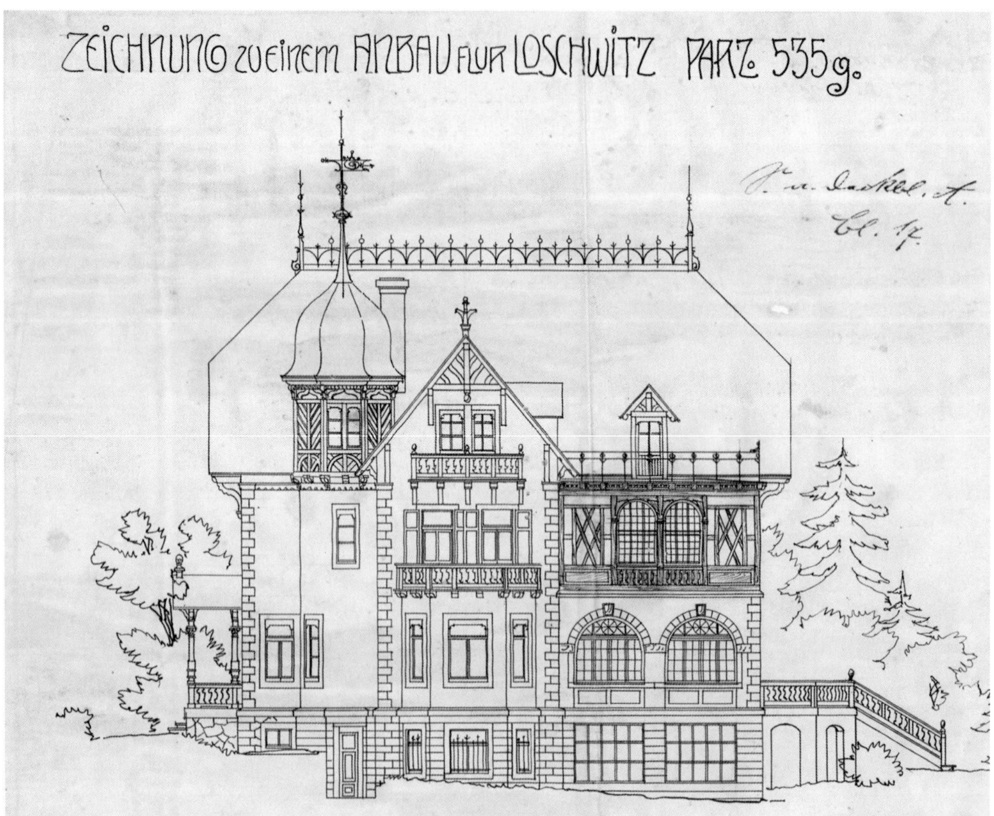

Alexanderstraße 2, Westseite (Seitler) *Stadtarchiv*

Wanka, Otto (1887 – 1964), Architekt und Baumeister: Er wohnte 1908 – 1917 Friedrich-Wieck-Straße 10, danach Pillnitzer Landstraße 51. 1920 kaufte er das Grundstück Karl-Schmidt-Weg 9 und ließ hier nach seinen Plänen durch Karl Reichpietsch (1859 – 1947, → *K2*) sein Haus errichten, in dem er nach Fertigstellung ab 1922 wohnte. Weitere Pläne für Loschwitzer Häuser sind von ihm nicht bekannt.

Weber, Ralf (* 1952, → *K2*), Prof. und Architekt: Nach dem 2002 erfolgten Kauf des Grundstücks Körnerweg 6 mit dem → *Körnerhaus* wurden die Gebäude denkmalgerecht saniert. Seit Fertigstellung dient es als Wohnhaus für ihn und seine Ehefrau Sharon Larner.

Weichardt, Karl (1846 – 1906, → *K2*), Architekt und Architekturmaler: Nach eigenem Entwurf ließ er 1905 seine Villa Hermann-Prell-Straße 5 in → *Oberloschwitz* bauen, die er in seinem letzten Lebensjahr noch bewohnen konnte.

Weise & Treuner, Büro der Architekten Andreas Weise (* 1957) und Kelf Treuner (* 1961): Es bestand 1992 – 2011, seitdem arbeiten beide Architekten getrennt. Sitz des Büros war 2004 – 2009 im → *Schloss Albrechtsberg*, wo u. a. beide Türme saniert und die Remisen zu Schulungsräumen umgebaut wurden; danach bis 2011 Sitz im Weißen Haus des → *Lingnerschlosses*; schon ab 2005 Entwicklung des Sanierungskonzepts für das Schloss, 2010 Ostflügel fertiggestellt und seit 2011 Sanierung des Hauptgebäudes. In Loschwitz wurden nach den Plänen des Büros ferner gebaut und fertiggestellt: Friedrich-Wieck-Straße 11 (1995), Veilchenweg 50c (1996) und Veilchenweg 18 (2005).

Wiel, Leopold (* 1916, → *K1*), Prof. und Architekt: Der in der Oskar-Pletsch-Straße in → *Oberloschwitz* wohnende Ehrendoktor widersetzte sich bis zu seiner Emeritierung 1981 einer städtebaulichen Zerstörung Dresdens. So verhinderte er in Dresden den Bau eines mit großem Turm geplanten Kulturpalastes, protestierte gegen den Abriss der Sophienkirche und setzte sich für die Rekonstruktion des Taschenberg-Palais und des → *Schloss Eckberg* ein.

Wimmer-Groß, Oskar (1909 – 1993, → *K2*), Architekt: Seine Wohnung war 1941 – 1945 Heideparkstraße 3.

Winkler, Paul (1864 – 1931, → *K2*), Architekt und Baumeister: Er baute 1894/95 für seinen Bruder, den → *Bäcker* Emil Winkler, das Haus

Körnerplatz 2. Nach Fertigstellung wohnte Paul Winkler bis zu seinem Tod in diesem Haus, hier arbeitete er auch die ersten zwei Jahre mit *Karl → Reichpietsch* im gemeinsamen »Büro für Architektur und Bauausführung«. Winkler nahm in Loschwitz zahlreiche Um- und Anbauten vor, zu denen u. a. die *→ Gaststätten* Luisenhof (1896), Schöne Aussicht (1899), Burgberg (1904) und Körnergarten (1921) gehörten.

Paul Winkler Körnerplatz 2 Ansichten und Schnitte 1894 *Stadtarchiv*

Witter, Horst (* 1937, *→ K1*), Architekt: Der durch seine zahlreichen Entwürfe, wie z. B. die Gestaltung der Turmkugel-Außenhaut des Berliner Fernsehturms, Bergrestaurant und später auch Hotel der »Bastei« und das Neue sowie das Historische Gewölbe im Dresdner Schloss bekannt gewordene Architekt wohnt seit 1984 in seinem »Haus am Hang« auf der Oeserstraße 3a im *→ OT Schöne Aussicht*. 1982 hatte er mit dem Bau des sich perfekt in die Landschaft einfügenden Hauses mit großer Terrasse begonnen. »Die Hanglage auf felsigem Grund galt als kaum bebaubar. [...] Die zweite Hürde, die es zu überspringen galt, war der Baumbestand. Witter baute sein Haus um die Bäume herum. Entsprechend plante er den Grundriss.«[2] Zu seinen weiteren Arbeiten in Loschwitz gehören das Wohnhaus Krügerstraße 20 im *→ OT Schöne Aussicht* (1980/82), das »Bettenhaus« in *→ Schloss Eckberg* (1985), das Wohnhaus Krügerstraße 25 (*→ Gaststätte* Beerenweinschänke), der Anbau an Krügerstraße 20 (1988/90) sowie in den 1990er Jahren die Rekonstruktion Kügelgenstraße 10 und die Sanierung Körnerplatz 2.

Wölk, Astrid (* 1954, *→ K2*), Architektin: Sie wohnt seit 1992 Schevenstraße 8, wo seit 1994 auch ihr Büro ist.

Woschni, Markus (* 1966, *→ K2*), Architekt, und seine Ehefrau Ulrike **Meusel-Woschni** (* 1968, *→ K2*), Architektin und Illustratorin: Seit 1997 haben sie ihr gemeinsames Architektenbüro in ihrem Wohnhaus Sonnenleite 4 im *→ OT Oberloschwitz*. Zu den Sanierungen in Dresden Loschwitz gehören die Gedenkstätte Bautzner Straße (*→ Staatssicherheit*) und 2014 die Villa Wolfshügelstraße 12.

Wulle, Otto (1891 – 1963, *→ K2*), Architekt: Er wohnte 1924 – 1947 und 1960 bis zum Tod in seinem von ihm entworfenen und 1924 erbauten Haus Heideparkstraße 16; sein Büro war 1923 – 1947 Heideparkstraße 18.

Würdig, Alwin *→ Einzelbeitrag*

Zacek, Rudolf (1893 – 1966, *→ K2*), Architekt: Er wohnte 1934 – 1939 Pillnitzer Landstraße 67.

Zumpe, Günter (* 1929, *→ K2*), Prof. und Bauingenieur: Auf seine Initiative wurde 2006 das George-Bähr Forum der TU Dresden gegründet. Sein Ziel ist es, Architekten, Bauingenieure und Kunsthistoriker zu gemeinsamer Arbeit zusammenzubringen. Bisher sind fünf Jahrbücher des Forums erschienen. Günter Zumpe wohnt mit seiner Ehefrau *→ Sigrid Zumpe* Knoopstraße 7.

Zumpe, Sigrid geb. Schuster (* 1939, *→ K2*), Architektin: Die Ehefrau von *→ Günter Zumpe* hat seit 1991 ihr Architektenbüro Knoopstraße 7. Bis 2015 hatte sie die Leitung der Stadtsanierung Nossen. **Otto-R. Wenzel**

Zitate:

1 Redlich, Peter, Die Balkone neben dem Balkon; in: SZ 18.09.1997

2 Bleier, Genia, Haus am felsigen Hang: Großzügig statt kuschelig; in: DNN, 08./09.01.2005

Quellen: 39, 40, 53, 125, 148, 215, 227, 361, 493, 497, 545, 639, 640, 707, 724, 726, 780, 805, 838, 852, 858, 907, 1000, 1007, 1015, 1046, 1121, 1138, 1157, 1178, 1250, 1251, 1272

Kavaliershaus (Bettenhaus) im Park Schloss Eckberg von Horst Witter

Heideparkstraße 16 von Otto Wulle

Fotos (2): Siegfried Großmann

Georg Aster *Foto: K1*

Aster, Georg
Architekt (1849 – 1917)

Alexander Georg Aster (→ *K1*) wurde am 23. April 1849 in Frauenstein im Erzgebirge geboren. Er war das zweite von sieben Kindern des Juristen und späteren Rechtsanwaltes Alexander Aster und seiner Frau Anna geb. Mertz. 1850 übersiedelte die Familie von Frauenstein nach Pirna. In Dresden-Neustadt besuchte Georg bis 1865 die Realschule, wo er sich bereits für seinen künftigen Beruf als Architekt entschied. In den folgenden vier Jahren erwarb er sich die theoretischen Kenntnisse in den Wintersemestern an der Dresdner Baugewerkeschule und ergänzte diese durch praktische Erfahrungen in den drei dazwischen liegenden Sommern auf verschiedenen Baustellen. Von 1869 bis 1870 absolvierte er ein praktisches Jahr, besuchte dabei Wien, Pest (seit 1872 Budapest) und Szegedin (Szeged), wo er als Bauleiter am Bau der Brücke über die Theiß sowie an Hoch- und Bahnbauten beteiligt war. 1870 kehrte er zurück und studierte vier Jahre an der Königlichen Kunstakademie in Dresden, vornehmlich bei Georg Hermann Nicolai, Professor für Baukunst (1811 – 1881).

Nach Abschluss des Studiums unternahm er 1874/75 eine Studienreise nach Italien. Nach Dresden zurückgekehrt, war er für ein Jahr als Mitarbeiter am Landbauamt mit der Bearbeitung der Pläne des neuen Landgerichtsgebäudes, entworfen von Oberlandbaumeister Carl Adolph Canzler (1818 – 1903), beschäftigt. 1876 machte er sich in Pirna als Architekt selbstständig. Hier führte er den Um- und Neubau des Rathauses sowie mehrere private Villen-

Wohnhaus Calberlastraße 4, Entwurf von Georg Aster

bauten aus. 1877 legte er die staatliche Baumeisterprüfung mit Auszeichnung ab. 1879 heiratete er in Döbeln Olga Schauer, die Tochter eines Fassfabrikanten. Das einzige Kind der Ehe war die Tochter Johanna (1897 – 1988), die 1936 den Maler *Josef → Hegenbarth* (1884 – 1962, → *K1*) heiratete.

Von 1881 bis 1891 hatte Aster in Gera sein Arbeitsfeld als Privatarchitekt und Bausachverständiger des dortigen Landratsamtes gefunden. Hier entwarf und baute er Wohnhäuser, Geschäftshäuser und Fabrikanlagen. 1891 kehrte er mit seiner Frau nach Sachsen zurück. Im April dieses Jahres beauftragte er, noch in Gera wohnend, den Loschwitzer → *Baumeister* Bruno Anders mit dem Bau der eigens für seine Familie entworfenen Villa »Olga« in Loschwitz auf der heutigen Pillnitzer Landstraße 35. Im November war der Bau fertiggestellt und konnte bezogen werden. Die hölzerne Veranda an der Straßenseite wurde, wie die Jahreszahl zu erkennen gibt, erst 1895 davorgesetzt. Hier in Loschwitz verfasste er seine reich illustrierten Werke über Häuserbau, Architektur und die Pirnaer Baudenkmäler. Von hier unternahm er auch Reisen nach Griechenland, Dalmatien, Paris, Brüssel und die Niederlande.

Villa »Olga«, Pillnitzer Landstraße 35
Foto: Siegfried Großmann

Aster war Mitglied der Dresdner Kunstgenossenschaft und des Dresdner Architektenvereins. Für seine kunsthistorischen Arbeiten über Gera erhielt er 1905 das Fürstlich Reußische Ehrenkreuz. Eine weitere Auszeichnung hatte er schon 1891 erhalten. Damals bekam er für die Rettung eines Menschen in Zingst/Ostsee die Preußische Rettungs-Medaille am Bande.

In unmittelbarer Nähe seines eigenen entstand nach seinem 1896 gefertigten Entwurf ein weiteres Wohnhaus (Calberlastraße 4). 1898 schuf er den Entwurf für die im gleichen Jahr erbaute Villa »Vogelnestchen« (→ *Hausinschriften*) in der heutigen Dostojewskistraße 6. Viele seiner zahlreichen Entwürfe – meist Ein- oder Mehrfamilienhäuser – wurden umgesetzt, von Loschwitz und Wachwitz über Sachsens Grenzen hinaus.

Das ideale Wohnen fand Aster im freistehenden Familienhaus, in dem er die Urform des Hauses sah: »Ein kleines eigenes Haus, und sei es noch so bescheiden und einfach, ringsum vom Garten umgeben, fernab von unmittelbarem Lärm und Getöse in freier gesunder Luft mit weithin reichendem Ausblick, darauf muss man sein Bestreben richten.«[1] Er liebte das Unsymmetrische, das er in den italienischen Villen fand. Er war ein Freund der überhängenden Dächer, die er bevorzugt bei Landhäusern verwirklichte. Das Satteldach zog er dem Walmdach vor, da es die Anlage von Giebelzimmern erleichtere. Dem Barock, insbesondere dem Rokoko, als »hässlichster Richtung der Architektur« sehr kritisch gegenüberstehend, bevorzugte er die Renaissance, ohne sich ihr in seinen Entwürfen verpflichtet zu fühlen. Er versuchte »die alte deutsche Baukunst wieder zur Geltung zu bringen«[1], doch finden sich in seinen Entwürfen nur selten Anklänge an die Fachwerkkunst – wenn diese denn damit gemeint sein sollte. Eher knüpfte Aster an die frühromantische Auffassung von der »Architektur als versteinerte Musik« an, wie sie in Variationen Friedrich Wilhelm Joseph Schelling (1775 – 1854) und Johann Wolfgang von Goethe (1749 – 1832, → *K2*) sahen. So setzte Aster eine edle Linienführung an einem Gebäude einer

Georg Aster, Loschwitz, »Als noch nicht war die Schwebebahn«, 1900.
Der Gemeinde Loschwitz gewidmet.
Heute bewahrt im Archiv der Kirchgemeinde Loschwitz

Die »Galerie im Buch«

einfachen schönen Melodie gleich. Auf einen bestimmten Baustil hat er sich nicht festgelegt, vielmehr nahm er sich die Freiheit, »einen Stil zu wählen, welcher uns gefällt und zusagt«[1]. Neben seinen in den Veröffentlichungen zu findenden Architekturzeichnungen aquarellierte Aster auch in Loschwitz nach der Natur.

Georg Aster starb am 20. August 1917 in Loschwitz und wurde drei Tage später auf dem Loschwitzer → *Friedhof* bestattet. Da er der Schwiegervater Josef Hegenbarths war, befindet sich seine Ruhestätte heute innerhalb des Erbbegräbnisses von Josef Hegenbarth.

Otto-R. Wenzel

Zitat:
1 Aster, Georg, Villen und kleine Familienhäuser, Leipzig 1894
Quellen: 39, 70, 71, 72, 201, 552, 639, 640, 679, 726, 1000, 1036

Axt, Martin
Baumeister (1884 – 1965)

Baurat Martin Axt vor 1928 Schevenstr 27b
Foto: Slg. Ute Häse

Martin William Axt (→ *K1*) kam am 23. August 1884 in Dresden als drittes Kind der Familie zur Welt. Sein Vater arbeitete am Gericht, seine Mutter unterrichtete am Konservatorium im Fach Klavier. Auch die eigenen Kinder, es waren insgesamt fünf, von denen ein Sohn kurz nach der Geburt verstarb, erhielten zu Hause Klavierunterricht von der Mutter. Sie lebten damals in einem der Bürgerhäuser auf der Hauptstraße in der Dresdner Neustadt. 1890 kam Martin in die Bürgerschule, die er nach der vierten Klasse verließ und ans Kreuzgymnasium wechselte. Er war bis zu seinem Abitur 1902 Mitglied des Kreuzchors. Bis 1906 besuchte er die Königliche Bauschule in Dresden – in DDR-Zeiten Ingenieurschule für Bauwesen, heute Sächsische Staatsbauschule Dresden. Während dieser Zeit absolvierte er bis 1905 eine Maurerlehre. 1909 legte er die Baumeisterprüfung ab. 1910 bis 1911 studierte er an der TH, der heutigen TU Dresden. 1912 wurde er als Dozent für Mathematik an die Königliche Bauschule berufen, die bis 1949 eine seiner Wirkungsstätten blieb. 1913 bis 1945 arbeitete er als Beamter im Sächsischen Ministerium des Inneren. Im Ersten Weltkrieg entstanden unter seiner Leitung Militärbauten. 1916 gründete er sein eigenes Büro für Hoch- und Tiefbau, welches er bis 1936 auf der Dresdner Pillnitzer Straße 82 im eigenen Haus betrieb. In diesem Haus wohnte er auch nach seiner Heirat mit Charlotte Petzhold am 9. April 1921. Zwei Töchter wurden dem Paar geboren, Eva-Maria am 23. Januar 1922 und Rosmarie am 22. Januar 1923.

1926 gründete er gemeinsam mit dem Architekten Otto Reinhardt die Wohnungsbaugenossenschaft für Handwerk, Handel und Gewerbe in Dresden und Umgebung eGmbH, als deren Vorstand er tätig wurde. 832 Wohnungen entstanden im Rahmen dieser Genossenschaft. Er übernahm unter Hans Erlwein (1872 – 1914 → *K1*) in Dresden die Bauausführung einschließlich der ingenieurtechnischen Durcharbeitung beim Bau der ehemaligen Löwenapotheke, bei der Erweiterung des Maternihospitals sowie beim Neubau des Italienischen Dörfchens. In gleicher Funktion arbeitete er für das → *Architekturbüro* Lossow & Kühne beim Bau des 25 m hohen Chlorodont-Turmes für die II. Internationale Hygieneausstellung in Dresden. Auch Fabrikbauten wie die Druckerei Enterlein in Dresden, verschiedene Hallenbauten für die MIAG (Mühlenbau und Industrie Aktiengesellschaft) in Dresden und Schmiedeberg sowie das Kraftwerk Hirschfelde hat er verantwortet. Unter seiner Bauleitung wurden das Gaswerk in Dresden-Reick erweitert und das Gläser-Karosseriewerk Dresden errichtet, unter Paul Wolf der Straßenbahnhof Waltherstraße in Dresden.

Im Rahmen der Büropartnerschaft Halvé und Axt wurde die Projektierung und Ausführung der Bachüberbrückung der Trille aus Eisenbeton vom Körnerplatz bis zur Roten Amsel in den Jahren von 1911 – 1913 realisiert. Des Weiteren wirkte Axt als Sachverständiger an vielen Gerichten in Sachsen, war als Baurat und später als Oberbaurat tätig.

Seinen Kindern ist er trotz aller Verpflichtungen als guter Familienvater in Erinnerung, der in den wirtschaftlich schwierigen Jahren handwerklich geschickt die nötigen Arbeiten zu Hause erledigte. So wurden von ihm beispielsweise auch Schuhe besohlt und Puppen repariert. 1936 bezog die Familie das nach seinen Entwürfen erbaute Haus auf der Schevenstraße 27b, in dessen Untergeschoss er sein Arbeitsbüro einrichtete. 1945 bis 1949 arbeitete er als Direktor der Ingenieurschule für Bauwesen in Dresden. Ab 1957 wirkte er wiederum als Bausachverständiger bei Industriebauten. Bis 1965 war er als Vorstand in der Genossenschaft tätig, die er 1926 mitgegründet hatte.

Am 12. Juni 1965 verstarb er in Dresden-Loschwitz. Sein Grab befindet sich auf dem Johannisfriedhof in Dresden-Tolkewitz. Die Loschwitzer → *Kirchgemeinde* erhielt von ihm für den Wiederaufbau ihrer Kirche nach seinem Tod laut Testament 80.000 MDN. Der monatliche Durchschnittsverdienst in der DDR lag damals bei 525 MDN (ungesichert).

Gisela Rudat

Quellen: 39, 884, 1000

Rudolf Kolbe *Repro: Slg. Otto-R. Wenzel*

Familie Kolbe

Familie Kolbe wohnte von 1900 bis 2007 in Loschwitz in der Hermann-Vogel-Straße 4. Der junge Architekt Rudolf Kolbe hatte das Haus für seine zukünftige Familie, seine Frau Helene geb. Pahlitzsch (1875 – 1955) und die drei Kinder Helga, Joachim und Wolfram gebaut.

Rudolf Kolbe (1873 – 1947, → *K1*) wurde am 2. Dezember 1873 in Waldheim/Sachsen als Sohn des Malermeisters Theodor Emil Kolbe und seiner Ehefrau Caroline Ernestine Krappes geboren. Der jüngere Bruder war der spätere Bildhauer Georg Kolbe (1877 – 1947). Nach der Schulzeit zog Rudolf 1888 nach Dresden und besuchte dort die städtische Gewerbeschule und anschließend die Königliche Baugewerkschule. Seine erste Anstellung hatte er 1893 bis 1895 bei dem Dresdner Architekturbüro Schilling & Gräbner. Danach studierte Kolbe Architektur an der Kunstakademie Dresden bei Paul

Loschwitz, Ortsteil Schöne Aussicht: Blick von der Hermann-Vogel-Straße auf die frühen Häuser: in der Mitte das Haus Kolbe, rechts das Ludwig-Richter-Haus, nach 1906
Fotos (3): aus: Harmonie von Bau und Landschaft – Der Architekt Rudolf Kolbe

Joachim Kolbe *Repro: Slg. Otto-R. Wenzel*

Wallot (1841 – 1912). Von 1891 bis 1901 war er im Königlichen Hofbauamt unter Gustav Frölich (1858 – 1933) u. a. mit dem Umbau des Dresdner Schlosses beschäftigt. In dieser Zeit hatte Kolbe, zusammen mit seinem Freund *Oskar → Menzel* (1873 – 1958, → *K1*), Teile der ehemaligen Weinberge im → *OT Schöne Aussicht* erworben. Dort bauten sich beide Architekten zuerst ihre eigenen Häuser und dann weitere in der nahen Umgebung. In dieser frühen Zeit betrieben sie ein gemeinsames Büro in der Stadt. Später hatte Rudolf Kolbe sein eigenes Büro in Loschwitz: zuerst in seinem Haus Hermann-Vogel-Straße 4, danach Körnerplatz 1, dann Pillnitzer Landstraße 14 und später bis zu seinem Tod 1947 wieder im eigenen Haus. Als selbstständiger Architekt mit nur wenigen Mitarbeitern entstand ein reichhaltiges architektonisches Lebenswerk, das folgende Gattungen umfasst: Einfamilienhäuser, Wohnhäuser, Umbauten an Häusern, Siedlungsbauten, kirchliche Bauten, Denkmäler, Kriegerehrungen, Grabmale, Ausstellungsgebäude, städtische Bauten und unausgeführte Entwürfe.

Rudolf Kolbe blieb immer Sachsen, aber vor allem Dresden und dem Elbhang verbunden. Längere Aufenthalte im Ausland gab es nur 1906 durch das Semper-Stipendium für eine Studienreise nach Italien und Ägypten. 1912 lehnte er ein Angebot für eine Lehrerstelle für Architektur an der Kunstgewerbeschule in Düsseldorf ab, weil er in Dresden bleiben wollte. Im Ersten Weltkrieg war er als »Sachverständiger der Friedhofskunst« in Frankreich, wo er zahlreiche Massengräber und Gedenkstätten entwerfen musste.

Sein architektonisches Werk konnte zum größten Teil rekonstruiert werden. Es wurden zwar nur wenige seiner Gebäude im Krieg zerstört, aber es gingen viele Unterlagen verloren. Von 1900 bis 1936 hat er durchschnittlich nur eine Villa pro Jahr gebaut, weil die Weltkriege, die Revolution und die Inflation das private Bauen erschwerten. Seine andere Haupttätigkeit lag auf dem Gebiet des Kirchenbaus. Er vollendete drei große Kirchen, unter ihnen 1908/09 die Kirche in Graupa und – 1914 begonnen und 1925 vollendet – die Heilandskirche in Dresden-Cotta. Dazu kamen viele Kirchenumbauten, unzählige Grab- und Ehrenmale und Friedhofsgestaltungen. Das brachte ihm die Hochschätzung als Sachverständiger für Kirchenbau ein sowie die Mitgliedschaft in verschiedenen Wettbewerbsgremien und des Vereins für Kirchliche Kunst.

Am 9. Mai 1947 verstarb Rudolf Kolbe nach kurzer Krankheit. Er wurde in dem von ihm noch selbst entworfenen Grab auf dem → *Friedhof* Dresden-Loschwitz bestattet.

Rudolf und Helene Kolbe mit ihren Kindern, ca. 1922

Entwurfszeichnung für das Kriegerdenkmal Loschwitz, 1924

Häuser von Rudolf Kolbe in Loschwitz
(Umbauten nicht genannt):
- Schevenstraße 6b (1900/01, gemeinsam mit Oskar Menzel

Im → *OT Schöne Aussicht*:
- Hermann-Vogel-Straße 4 (1900/01), gemeinsam mit Oskar Menzel
- Malerstraße 6 (1900/01), gemeinsam mit Oskar Menzel
- Malerstraße 8 (1901), gemeinsam mit Oskar Menzel
- Hermann-Vogel-Straße 8 (1902), gemeinsam mit Oskar Menzel
- Sierksstraße 31 (1902
- Malerstraße 16 (1903)
- Ludwig-Richter-Straße 4 (1904)
- Ulrichstraße 9 (1910/11)
- Ludwig-Richter-Straße 12 (1912)
- Hermann-Vogel-Straße 10 (1927)
- Ludwig-Richter-Straße 16 (1931)
- Robert-Diez-Straße 10b (1936)

Im → *OT Oberloschwitz*:
- Steglichstraße 11 (1903
- Steglichstraße 9b (1906/09)
- Steglichstraße 9 (1907)
- Sonnenleite 1 (1907)
- Sonnenleite 3 (1908/09)
- Sonnenleite 7 (1909/10)
- Sonnenleite 12 (1909/10)
- Preußstraße 10 (1912)

Im Gebiet → *Veilchenweg*:
- 2. Steinweg 2 (1908)
- Veilchenweg 27 (1926)

Frühestes Foto des eigenen Hauses von Rudolf Kolbe, ca. 1905/06 *Fotos (3): Slg. Büsing-Kolbe*

Der Architektenberuf setzte sich in seiner Familie fort: Sohn **Joachim Kolbe** (1904 – 1991, → *K2*) studierte ebenfalls an der Technischen Hochschule Dresden und arbeitete dann in Kiel und Dresden als Architekt, wenn auch nach dem Kriege den veränderten Umständen zufolge nicht mehr als Selbstständiger, sondern als Angestellter der Technischen Hochschule.

Die dritte Architektengeneration erwuchs in dem Sohn von Joachim: **Thomas Kolbe** (1942 – 2005, → *K2*). Auch er studierte an der Technischen Hochschule Dresden und arbeitete als staatlich angestellter Architekt zuerst in Thüringen und dann in Dresden.

Bei den beiden anderen Kindern von Rudolf Kolbe hat sich die musische Begabung der Familie durchgesetzt. **Helga Kolbe** (1901 – 1980, → *K2*) war Sängerin und Klavierpädagogin, **Wolfram Kolbe** (1912 – 2001) war Cellist; beide lebten bis zu ihrem Tode im Haus der Familie in Loschwitz. **Andrea Büsing-Kolbe**

Quellen: 188, 639, 640, 1000

Rudolf Kolbe mit seiner Enkelin Andrea

Dresden-Loschwitz, Sonnenleite 7, erbaut als Villa »Iris«, Straßenseite, 2010

Kreis, Wilhelm
Architekt (1873 – 1955)

Wilhelm Heinrich Kreis (→ *K1*) wurde am 17. März 1873 in Eltville am Rhein geboren. Sein Vater war Landmesser, die Vorfahren Winzer. Wilhelm besuchte das Realgymnasium und studierte danach von 1893 bis 1897 Architektur in München, Karlsruhe, Berlin-Charlottenburg und Braunschweig. Bereits 1896 gewann er in einem Wettbewerb mit seinem Entwurf, der jedoch nicht realisiert wurde, den 1. Preis für das Leipziger Völkerschlachtdenkmal. Nach seinem 1897 abgelegten Staatsexamen arbeitete er bis 1902 auch als Assistent bei Paul Wallot (1841 – 1912) in Dresden. In dieser Zeit heiratete der aus streng katholischer Familie stammende Wilhelm Kreis 1899 die evangelische Hedwig Hähn, die jüdischer Abstammung war. Im gleichen Jahr nahm er an einem Preisausschreiben für Bismarcktürme und -säulen teil. Von den in den folgenden Jahren deutschlandweit gebauten gehen 47 auf seine Entwürfe zurück.

1902 wurde Kreis zum Professor für Raumkunst an die Dresdner Kunstgewerbeschule berufen, dem 1908 die zum Direktor der Kunstgewerbeschule Düsseldorf folgte. Sein Direktorat unterbrach er 1915 durch den Eintritt als Kriegsfreiwilliger im Ersten Weltkrieg. Nach Auflösung der Kunstgewerbeschule 1919 war er Professor an der dortigen Kunstakademie. 1926 kehrte Kreis nach Dresden zurück, trat eine Stelle als Professor für Architektur an der Akademie für Bildende Künste an und wurde Präsident des Bundes Deutscher Architekten (BDA). In den folgenden Jahren machte er Entwürfe für zahlreiche weitere Dresdener Bauten (→ *Kasten*). Von 1930 bis 1932 war er auch Rektor der Akademie.

Prof. Wilhelm Kreis mit Frau Hedwig im neuen Haus Sonnenleite 9, 1935 *Foto: Slg. E. Münzner*

Bibliothek für Geheimrat Lingner in der Villa Stockhausen – nach einem Interieur-Entwurf von Wilhelm Kreis. (In einem Architekturjournal von 1910 heißt es dazu: »[...] der Bibliothekssaal in der soliden Pracht seiner dunkelbraunen Eichenvertäfelung [...]. Die Decke mit ihren schweren Stuckornamenten, ganz weiß, der grüne Lederbezug der wenigen Sitzmöbel, die gebrochenen Töne der Perserteppiche [...]«.)
Foto: Slg. Gert Hiltscher

Als 1933 die Zeit des → *Nationalsozialismus* begann, trat Kreis der NSDAP bei und wurde Ehrenpräsident des BDA. Er hatte schon immer die modernen Ideen des Bauhauses abgelehnt und sich stattdessen für Monumentalbauten eingesetzt. Deshalb knüpfte er Kontakte zu Albert Speer (1905 – 1981) und bekam auch bald von ihm seinen ersten Bauauftrag (→ *Kasten*). 1937 erhielt Kreis den Auftrag für ein »Gauforum der Stadt Dresden«, das 1939 begonnen, aber 1942 wegen des Krieges wieder eingestellt wurde. Geplant war ein Aufmarsch- und Versammlungsplatz für etwa 200.000 Menschen zwischen Hygiene-Museum und Großem Garten; glücklicherweise wurde er nicht verwirklicht. Mit der 1940 erfolgten Zusammenlegung der Kunstakademie mit der Akademie für Kunstgewerbe wurde Wilhelm Kreis der erste Rektor der nunmehrigen »Staatlichen Kunsthochschule Dresden«. 1941 trat er zurück, da Adolf Hitler (1889 – 1945) ihn in den Rang eines Generalmajors erhob und zum »Generalbaurat für die Gestaltung deutscher Kriegerfriedhöfe« ernannte. 1943 wurde er Präsident der Reichskammer der bildenden Künste in Berlin.

In Dresden-Loschwitz wohnte Wilhelm Kreis von 1929 bis 1933 in der → *Villa Thorwald*, Schillerstraße 12. Danach baute er sich in → *Oberloschwitz* das Haus Sonnenleite 9, in das er 1935 einziehen konnte.

Nachdem er bereits 1944 Berlin verlassen hatte, ging er zunächst an den Starnberger See, dann nach München und schließlich 1949 nach Bad Honnef, wo er wieder als Architekt arbeitete. Die politische Vergangenheit wurde mit seiner »Entnazifizierung« ausgeblendet. 1953 erschien eine Biografie, die die Zeit von 1933 bis 1945 vollkommen verschwieg; im gleichen Jahr wurde er mit dem Bundesverdienstkreuz ausgezeichnet. Am 13. August 1955 verstarb er in Bad Honnef.

Otto-R. Wenzel

Quellen: 28, 249, 257, 468, 639, 672, 809, 1000, 1033, 1229

Auswahl seiner Entwürfe zu Bauten in Dresden:

1901 – 1903: Landtagsgebäude (Ständehaus) am Schlossplatz: Als Mitarbeiter von Paul Wallot beteiligt an der Innengestaltung (Eingangshalle, Sitzungssaal)
1904 – 1906: Bismarckturm auf der Räcknitzhöhe
1905 – 1906: Villa »Hottenroth« in Dresden-Wachwitz, Am Steinberg 13
1906 – 1908: Innenraumumgestaltung des → *Lingnerschlosses*
1907 – 1908: Umbau der »Wollner-Villa« in Dresden-Wachwitz, Am Steinberg 14
1907 – 1910: Augustusbrücke: Nach Abbruch der alten Brücke von Daniel Pöppelmann (1662 – 1736, → *K1*), Neubau mit Hermann Klette (1847 – 1909, → *K1*)
1927 – 1930: Deutsches Hygiene-Museum
1934 – 1935: Sein Wohnhaus Sonnenleite 9 und Wohnhaus Collenbuschstraße 10 in → *Oberloschwitz*
1936 – 1938: Luftgaukommando in Dresden-Strehlen (1952 – 1990 Militärakademie)

Lehnert, Theodor

Baumeister und Architekt (1828 – 1910)

Carl Albert Theodor Lehnert (→ *K1*) wurde am 26. Juli 1828 in Dresden als Sohn des Finanzkanzlisten und königlich-sächsischen Zivilstaatsdieners Johann Carl Adolph Lehnert geboren. Ab 1843 besuchte Theodor die Technische Bildungsanstalt in Dresden, einen Vorläufer der heutigen Technischen Universität. Im April 1846 fand er Aufnahme in die Bauschule der Königlichen Akademie der bildenden Künste Dresden. Er wurde Mitglied der »löblichen Maurerinnung zu Dresden« und der »Communal-Garde«. Ab Herbst 1848 war er auch in der Atelierklasse von Gottfried Semper (1803 – 1879) und danach im Atelier von Hofbaumeister Bernhard Krüger. Im September 1850 beendete Theodor Lehnert sein Studium.

Anschließend arbeitete er für ein reichliches Jahr bei dem Architekten und Stadtbauinspektor Hermann Bothen (1814 – 1878). In dieser Zeit entstanden, wahrscheinlich unter Lehnerts Beteiligung, die Pläne Bothens zum Bau der später so genannten Villa »Thorwald« in der Schillerstraße 12 für den Bildhauer Joseph Herrmann (1800 – 1869, → *K1*), die bis 1852 umgesetzt wurden. Danach entstanden 1854 mit dem »Oberen → *Burgberg*« in Loschwitz (1945 zerstört) und 1854/55 der »Begerburg« in Dölzschen erste eigene Bauprojekte. Am 27. Juli 1855 legte Theodor Lehnert die Staatsprüfung für das Hoch- und Landbaufach ab und konnte das Diplom als geprüfter Baumeister und Architekt in den Händen halten.

Theodor Lehnert (rechts) mit Friedrich Wilhelm Voigt, 1862 Foto (Ausschnitt): August Kotzsch, LfD Sachsen, Slg. K. E. Scherz

Am 18. Mai 1855 heiratete er Marie Mathilde Voigt, die Schwester des in Loschwitz bekannten Baumeisters *Friedrich Wilhelm → Voigt*. Das Ehepaar kaufte 1856 das Grundstück auf der heutigen Schillerstraße 15, auf dem 1859/60 ein Haus für die Familie entstand. Zwei Söhne (Georg und Karl Maximilian) und eine Tochter (Charlotte Mathilda Frieda) wurden der Ehe beschert.

Mit Entwürfen, die der Schule Hermann Nicolais (1811 – 1881) und Gottfried Sempers verpflichtetet waren, erwarb sich Theodor Lehnert in den folgenden Jahren in Loschwitz, Blasewitz und auf dem Weißen Hirsch einen Namen als hervorragender Architekt. Für die Familie von Ehrenstein baute er 1856 in Nachbarschaft seines Hauses die Villa in der heutigen Schillerstraße 17. 1857 entstand das Haus Körnerplatz 1 und 1859 der »Untere Burgberg«, der spätere → *Ratskeller* (1993/1994 abgerissen). Das »Weiße Schloss« in Blasewitz am Königsheimplatz (1945 zerstört) wurde, wie auch das → *Café Pietzsch* (heutige Friedrich-Wieck-Straße 20), 1862 gebaut. Für Ferdinand Geneuß errichtete er 1863 den »Gasthof Weißer Hirsch«, den Vorgängerbau des Park-Hotels, und im gleichen Jahr für Arthur Willibald Königsheim (1816 – 1886) eine Villa an der Emser Allee (heute Goetheallee 4). Auch das neue Haus für seinen Schwager, Geschäftspartner und Freund Friedrich Wilhelm Voigt auf der Pillnitzer Landstraße 12 entwarf er. Zwischen 1866 und 1867 kaufte Lehnert vom Königlich-Sächsischen Staatsfiskus und von Zimmer- und Röhrmeister Carl August Voigt mehrere Grundstücke an der

Theodor Lehnert, »Neumessung eines Theiles des Dorfes Loschwitz 1875« *Städtische Galerie Dresden*

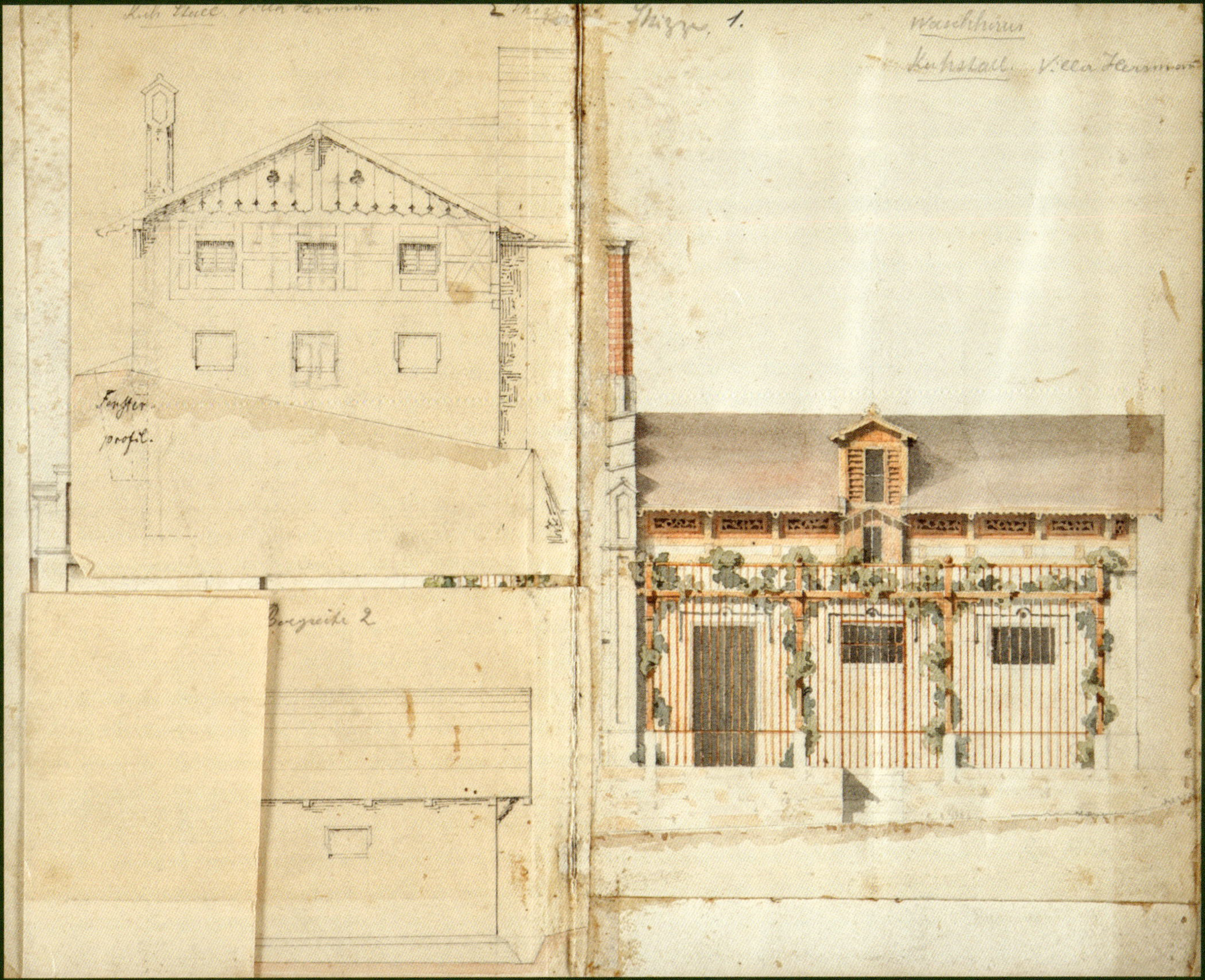

Theodor C. Lehnert, Bauzeichnung Villa Hermann, 1848/49
Heute bewahrt in der Städtischen Galerie Dresden – Kunstsammlung, Museen der Stadt Dresden

heutigen Bautzner Landstraße auf dem Weißen Hirsch und errichtete 1872 darauf einen Mittelbau mit halbkreisförmiger Wandelhalle und zwei Wohnhäusern an deren Enden. Er nannte das Anwesen nach seiner Tochter »Frieda-Bad« (später »Frida-Bad«), das 1887 Dr. Heinrich Lahmann (1860 – 1905) pachtete und später kaufte. Als »Lahmann-Sanatorium« wurde es weltbekannt. Theodor Lehnert war Mitglied des Loschwitzer Gemeinderates und zeitweise stellvertretender Vorsitzender. Der Brand des → *Gasthofs* »Weißer Adler« war für ihn Anlass, einen Antrag auf die Gründung einer Freiwilligen → *Feuerwehr* für Loschwitz und den Weißen Hirsch zu stellen. Nach der Zustimmung der Gemeinderäte gründete sich schon wenige Tage nach dem Brand des Gasthofs am 12. Juli 1873 die »Frw. Feuerwehr-Compagnie Loschwitz/Weißer Hirsch« und Theodor Lehnert wurde ihr Kommandant bis 1883. Nachdem am 17. Juni 1875 ein großer Wolkenbruch den Loschwitzgrund zerstörte, leitete der Architekt die Führung des »Wege- und Bachmauer-Baus in Folge der Wasserfluth«. Die Verdienste von Theodor Lehnert führten 1878 nach »mit besonderer Umsicht und Energie« geleiteten Löscharbeiten eines Brandes in einem Kammergut-Stallgebäude in Pillnitz auch zu öffentlichen Ehrungen. Am 11. Oktober 1878 wurde ihm »in Anerkennung seiner rühmlichen Tätigkeit im öffentlichen Leben« das Ritterkreuz zweiter Klasse des Albrechtsordens durch den König verliehen. Als eine öffentlich geachtete Persönlichkeit in Loschwitz und auf dem Weißen Hirsch ließ er sein Wohnhaus 1878 in eine neue, repräsentative Villa umbauen. 1879 berief ihn die königliche Amtshauptmannschaft als bautechnischen Sachverständigen. Lehnert hatte fortan alle dem Gemeinderat eingereichten Bauvorhaben zu beurteilen und vielfach dann auch die Bauabnahme durchzuführen. Trotz seines großen Einsatzes für die Gemeinden entstanden weitere Bauwerke: 1878 ein Erweiterungsbau der mit dem Architekten Heinrich Bothen 1851/52 errichteten »Villa Thorwald« in der Schillerstraße, die Häuser Pillnitzer Landstraße 4 und 6 sowie 1881 das Haus Veilchenweg 2. 1880/81 entwarf und baute er das → *»Hotel Demnitz«* (»Elbe-Hotel«), für das er bereits 1864 Pläne gezeichnet hatte, die aber dann nicht verwirklicht wurden. 1892 folgte das Portierhaus am → *Lingnerschloss* und 1896/97 schließlich für Theodor Meinhold die Villa Wolfshügelstraße 12 im → *OT Oberloschwitz*. 1892 erhielt Theodor Lehnert den Titel »Regierungsbaumeister« und 1895, im Jahr seines 40-jährigen Dienstjubiläums, wurde ihm Titel und Rang als »Baurath« verliehen. Schon 72-jährig entwarf er 1900 gemeinsam mit Georg Heinsius von Mayenburg (1870 – 1930, → *K2*) den Pavillon der Landwirtschaft für die Deutsche Bauausstellung in Dresden. Theodor Lehnert starb im Alter von 82 Jahren am 11. Juni 1910 in Loschwitz und wurde in einer Gruft auf dem Waldfriedhof Weißer Hirsch beigesetzt. In Dresden-Weißer Hirsch wurde ihm zu Ehren 1946 eine Straße benannt.

Jürgen Frohse

Quellen: 40, 493, 704, 887, 894, 907, 1000

»Bergschlößchen in Loschwitz bei Dresden (Westseite)« – Entwurf für den Burgberg von Theodor Lehnert
Architekturmuseum der TU Berlin, Inv. Nr. B 2897

Menzel, Oskar
Architekt, (1873 – 1958)

Oskar Hermann Arthur Menzel (→ *K2*) wurde am 1. Mai 1873 in Dresden geboren. Nach dem Besuch des Realgymnasiums, das er 1888 verließ, erlernte er den Beruf eines Zimmermanns und besuchte die Baugewerkeschule Dresden. Von 1891 bis 1896 war er als Bautechniker u. a. in Dresden, Pirna und im Rheinland tätig. Dem schloss sich ein einjähriges Gaststudium an der TH Dresden an, bevor er von 1897 bis 1899 an der Akademie der Bildenden Künste Dresden Meisterschüler bei Paul Wallot (1841 – 1912) wurde. 1897 erwarb er noch den Berufsabschluss als Bauhandwerker und damit die behördliche Berechtigung, Bauentwürfe einzureichen. So konnte er 1899 in Dresden, Ferdinandstraße 8, ein eigenes »Büro für Architektur« eröffnen.

An der Akademie war der spätere Loschwitzer → *Architekt* Rudolf Kolbe (1873 – 1947, → *K1*) sein Kommilitone, mit dem er lebenslang beruflich und freundschaftlich verbunden war. Sie erwarben gemeinsam ein aufgelassenes Weinberg- und Feldareal im Loschwitzer → *Ortsteil Schöne Aussicht*, im heutigen Bereich zwischen Robert-Diez-Straße, Krüger- und Malerstraße, das von ihnen – zugleich mit dem Bau der Hermann-Vogel-Straße – parzelliert und für eine exklusive Wohnbebauung erschlossen wurde. Dort errichtete Menzel 1903/1904 auch das Wohnhaus Robert-Diez-Straße 10, das er bis 1917 an namhafte Maler vermieten konnte: *Oskar* → *Zwintscher* (1870 – 1916, → *K1*), Otto Fischer (1870 – 1947, → *K2*), Ernst Sattler (1840 – 1923, → *K2*) und Carl Walter (1890 – 1956, → *K2*). 1917 bezog er mit seiner Ehefrau Charlotte geb. Mohrmann (1888 – 1950) und den Töchtern Charlotte Barbara, später verh. Müller (1906 – 2003) und Eva Ursula, später verh. Thiele (1911 – 2008), das Haus selbst und wohnte dort bis zu seinem Tod. In seinen späteren Lebensjahren unterhielt er u. a. auch enge Verbindung zu den Architekten Heinrich Tessenow (1876 – 1950), *Wilhelm* → *Kreis* (1873 – 1955, → *K1*), *Martin* → *Pietzsch* (1866 – 1961, → *K1*), zum Bildhauer und Nachbarn *Friedrich* → *Press* (1904 – 1990, → *K1*) und zum Blasewitzer Maler und Restaurator Max Helas (1875 – 1949). Menzels vielseitiger Bildungsgang, seine berufliche Kontaktpflege und seine geschäftlichen und verwandtschaftlichen Querverbindungen weit über Dresden hinaus verschafften ihm ein ausgedehntes Betätigungsfeld. Davon zeugen zahlreiche erhaltene Wohnhaus-, Geschäfts- und Villenbauten in Radebeul, eine Werk-Wohnsiedlung in Lößnitz/Erzgebirge, Aufträge für die Ausgestaltung

Oskar Menzel mit seiner Braut Charlotte Mohrmann, 1904 *Foto: August Adler Nachf.*

internationaler Ausstellungen (St. Petersburg 1908, Brüssel 1910, Dresden 1909/11) sowie Kirchen-, Grab- und Friedhofsgestaltungen. Besonders schätzte er seinen Entwurf für den 1912 bis 1915 errichteten Wasserturm in Hamburg-Winterhude, der heute als Planetarium genutzt wird.

In Loschwitz erbaute er, anfangs gemeinsam mit Rudolf Kolbe, außer seinem eigenen Haus u. a. auch die Häuser Schevenstraße 6b, Malerstraße 6 und 8 sowie Hermann-Vogel-Straße 4 und 8, in Blasewitz die Häuser Brucknerstraße 22 und Goetheallee 51. Letzteres deutet auf die Überwindung des Historismus im Werk Oskar Menzels und auf den Übergang zum Jugendstil hin. Bei der Gestaltung der Bauten in Laubegast – Österreicher Straße 27 und 29, Neuberinstraße 1 und Iglauer Straße 10 – trat der »Heimatstil« hervor, wie er auch vom Dresdner Stadtbaudirektor Hans Erlwein (1872–1914) vertreten wurde. Menzel erbaute auf dem Friedhof Königsbrück das standesherrschaftliche Mausoleum für die Familie des Fabrikanten Bruno Naumann, zeitweiliger Besitzer der Loschwitzer »Villa Stockhausen«, dem heutigen → *Lingnerschloss*.

Im Rahmen seiner akademischen Lehrtätigkeit nahm er von 1913 – seit 1914 mit dem Titel eines Professors – bis zu seiner Emeritierung 1938 an der Sächsischen Kunstgewerbeschule (später Staatliche Akademie für Kunst-

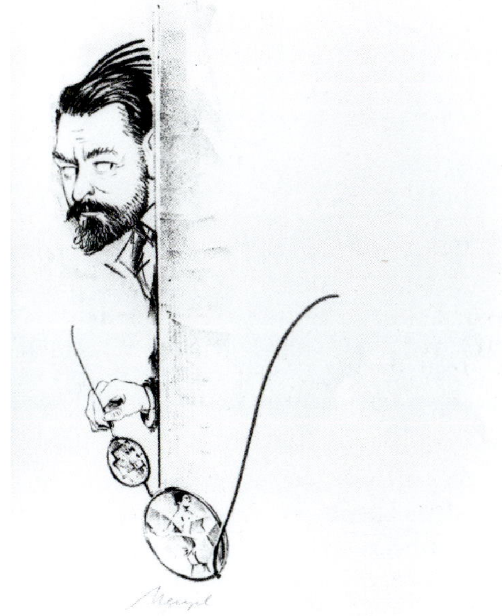

Georg Oskar Erler, Prof. Oskar Menzel, Lithografie *Slg. Klaus Müller*

gewerbe) Lehraufträge für architektonische Baukunst, Raumgestaltung und Architektur wahr. Zu seinen Meisterschülern gehörte auch Herbert Schneider (1903–1970), von 1954 bis 1962 Chefarchitekt der Stadt Dresden. Letzterer kannte noch den großzügigen Fassadenentwurf Oskar Menzels von 1940 für einen Um- und Erweiterungsbau des Kaufhauses Renner an der Südseite des Dresdner Altmarktes – eine visionäre Vorwegnahme der 50er Jahre?

Oskar Menzel war Mitglied der Künstlergemeinschaft »Die Zunft«, der Künstlervereinigung »Märzbund«, des Deutschen Werkbundes und des Bundes Deutscher Architekten. Die → *Kirchgemeinde* Loschwitz berief ihn 1926 in ihren Kirchenvorstand. Bereits 1919 hatte er den ersten Preis für die Gestaltung des → *Friedhofs* Oberloschwitz erhalten. 1946 war er Mitglied im ersten Ausschuss für den Wiederaufbau der Loschwitzer Kirche. Über Jahrzehnte war er für die künstlerische Gestaltung des Loschwitzer Friedhofs zuständig. Die Errichtung der drei Holzkreuze als Mahnmal für die Opfer des Zweiten Weltkrieges geht auf seine Anregung zurück.

Oskar Menzel starb am 7. Mai 1958 in Dresden-Loschwitz und wurde auf dem Loschwitzer Friedhof bestattet. Als Nachkommen leben heute vier Enkel, darunter zwei Bauingenieure, sechs Urenkel, darunter ein Architekt, und 14 Ururenkel. Oskar Menzels Tochter Eva Ursula Thiele war an der Aufbereitung des Nachlasses des Malers *Josef* → *Hegenbarth* (1884–1962, → *K1*) maßgeblich beteiligt.

Dietrich Buschbeck

Quellen: 3, 188, 496, 599, 639, 640, 726, 752, 936, 1000, 1007

Das von Oskar Menzel errichtete Wohnhaus Robert-Diez-Straße 10 *Foto: Slg. A. Schröder*

Hans Nadler in seinem Arbeitszimmer im Landesamt für Denkmalpflege, 1991 *Foto: Prof. Adolf Clemens*

Ehepaar Nadler sen. 1911 mit ihren Kindern Käte, Fritz und Hans *Foto: Hans Nadler sen.*

Nadler, Hans

Architekt und Denkmalpfleger (1910 – 2005)

Hans Heinrich Nadler (→ *K2*) kam am 1. Juli 1910 mit seinem eineiigen Zwillingsbruder Friedrich Wilhelm als drittes Kind des Kunstmalers Hans Nadler (1879 – 1958) und seiner Ehefrau Elfriede geb. Weise in Dresden zur Welt. Bis zum Schulbeginn lebte er bei seinen Eltern in Gröden bei Elsterwerda. Ostern 1917 zog er zusammen mit seinem Zwillingsbruder zur Großmutter nach Dresden, um die Schule zu besuchen. Die ersten vier Jahre gingen sie in die 52. Bürgerschule, 1921 kamen sie aufs Staatsgymnasium in Dresden-Neustadt. In dieser Zeit traten sie in den Pfadfinderbund ein, mit dem sie während der Ferien innerhalb Deutschlands, Europas und bis Kleinasien unterwegs waren. 1931 schloss er das Gymnasium mit dem Abitur ab. Nach einem obligatorischen sechsmonatigen Vollpraktikum in einem Baubetrieb, der am Dresdner Zwinger und der Sophienkirche tätig war, begann er mit dem Architekturstudium an der TH Dresden und arbeitete als Hilfskraft im Landesamt für Denkmalpflege Sachsen. 1935 nahm er an Ausgrabungen des Deutschen Archäologischen Institutes in Pompeji (Stabianer Thermen) teil. Im gleichen Jahr erfolgte die Aufnahme in die Koldewey-Gesellschaft (Vereinigung für baugeschichtliche Forschung). 1936 schloss er das Architekturstudium als Diplom-Ingenieur ab und begann sein Berufsleben als freischaffender Architekt im Architekturbüro Johannes Höra in Bad Elster. Er arbeitete aber auch mit dem Landesamt für Denkmalpflege zusammen. Seine Promotion erfolgte 1940. Sein Kriegsdienst begann Anfang September 1940 in Frankreich. Nach Kriegsende kehrte er im Juni 1945 nach Dresden zurück und nächtigte die erste Zeit im Keller der zerstörten Familienvilla am Striesener Platz.

In der Nacht zum 1. März 1946 erlitt er auf dem Heimweg von einer Dienstreise in Dresden einen Bauchschuss aus nächster Nähe durch einen Soldaten der sowjetischen Armee. Nach einem neunmonatigen Krankenhausaufenthalt mit sechs Operationen und anschließender Rehabilitation in Bad Elster konnte er im März 1947 seine Arbeit im Landesamt wieder aufnehmen. Bleibende gesundheitliche Schäden waren die Lähmung des rechten Beines sowie der Verlust einer Niere. Im Herbst 1947 begann seine Mitarbeit am baugeschichtlichen Seminar der Architekturabteilung der TH Dresden.

Hans Nadler bei einer Führung oberhalb des Barockgartens in Dinglingers Weinberg, 1984 *Foto: Ute Häse*

Aus der Rede von Oberbürgermeister Herbert Wagner aus Anlass des Ehrenbürgerrechts:
Sein Engagement galt dem Wiederaufbau von Zwinger und Katholischer Hofkirche, von Japanischem Palais und Semperoper. Johanneum, Sekundogenitur und Italienisches Dörfchen konnten dank seines Einsatzes gerettet werden. Hans Nadler wirkte unermüdlich für Erhalt und Sicherung der Ruinen von Schloss, Frauenkirche und Taschenbergpalais und setzte sich konsequent für deren Wiederaufbau ein.[1]

Im August 1948 heiratete er Käte Reinhold (1914–1987). Aus der Ehe gingen zwei Kinder hervor: 1949 wurde Tochter Gisela und 1951 Sohn Fritz geboren.

Am 1. Februar 1949 trat er die Nachfolge von Walter Bachmann (1883–1958) als Leiter des Landesamtes für Denkmalpflege Sachsen an. Im gleichen Jahr wurde er als Referent für Naturschutz in die sächsische Landesregierung berufen. 1950 wurde er Mitglied der Kommission sowie der Arbeitsgruppe Heimatforschung an der Deutschen Akademie der Wissenschaften. Gemeinsam mit Prof. Richard Vogel und Karl-Ewald Fritsch rief er eine heimatkundliche Bestandsaufnahme der DDR ins Leben, dokumentiert in der Herausgabe der Bände »Werte der deutschen Heimat«.

Bei der 1952 durchgeführten Verwaltungsreform mit dem Ziel einer Neugliederung der DDR in Bezirke anstelle der bestehenden Länderstrukturen ist es Hans Nadler zu verdanken, dass die Landesämter für Denkmalpflege als wissenschaftliche Einrichtungen unabhängig von den neu gebildeten behördlichen Strukturen als Institute für Denkmalpflege erhalten blieben und als Arbeitsstellen im Zentralinstitut in Berlin dem Ministerium für Kultur unterstellt wurden. Damit unterlagen sie keiner Weisungshoheit der örtlichen Verwaltungsbehörden. 1952 begann er im Herbstsemester seine Vorlesungstätigkeit im Fach Denkmalpflege an der TH Dresden.

1958 zog er mit seiner Familie als Mieter in einen Teilbereich des Dinglinger-Hauses auf der Schevenstraße 59 in Loschwitz. Seinem persönlichen Einsatz ist es zu verdanken, dass das → Dinglingersche Weinberganwesen in der Zeit der DDR nicht verfiel. 1962 erhielt er den Deutschen Nationalpreis III. Klasse für Kunst und Literatur. 1966 wurde er zum Mitglied des zentralen Arbeitskreises Städtebau und Siedlungsgeschichte der Deutschen Bauakademie berufen. 1967 wurde er zum Honorarprofessor an der TU Dresden ernannt, zum Domherren ins Domkapitel am Meißner Dom berufen, des Weiteren zum Mitglied des Nationalkomitees der DDR bei ICOMOS und zum korrespondierenden Ehrenmitglied der »Society for the Protection of Ancient Buildings« in England. 1977 wurde er zum stellvertretenden Vorsitzenden des Zentralvorstandes der Gesellschaft für Denkmalpflege im Kulturbund der DDR gewählt. 1978 erhielt er den Europapreis für Denkmalpflege in Wien. 1979 ernannte ihn »The National Geographic Society USA« zu ihrem Mitglied. 1980 bekam er den Kunstpreis der Stadt Görlitz und 1982 den Kunstpreis der Stadt Dresden. Im gleichen Jahr nahm er am internationalen Kolloquium »Wiederaufbau kriegszerstörter Denkmale« in Dresden teil und war Mitautor der »Erklärung von Dresden«.

Am 1. Juli 1982 trat er in den Ruhestand und gab seine Arbeit als Chefkonservator und Leiter der Arbeitsstelle Dresden des Institutes für Denkmalpflege auf. Seine Lehrtätigkeit an der TU setzte er mit Vorlesungen, Übungen und Exkursionen fort. 1984 war er an der Vorbereitung der VII. Generalversammlung von ICOMOS in Rostock und Dresden beteiligt und Mitautor der »Erklärung von Rostock und Dresden«. 1985 erhielt er mit dem Karl-Friedrich-Schinkel-Ring als erster Bürger der DDR den höchsten Preis für Denkmalschutz des Deutschen Nationalkomitees für Denkmalschutz der Bundesrepublik Deutschland. 1986 wurde er zum Ehrenvorsitzenden des Zentralvorstandes der Gesellschaft für Denkmalpflege im Kulturbund der DDR berufen. 1987 erhielt er die Sächsische St. Heinrichs-Nadel mit Krone des Hauses Wettin sowie die Ehrennadel des Kulturbundes der DDR in Gold.

1989 war er Mitautor des Schriftstückes »Ruf aus Dresden« für den Wiederaufbau der Dresdner Frauenkirche, das weltweit Resonanz fand.

Hans Nadler mit seiner Tochter Gisela (1949) im Garten seines letzten Wohnsitzes Malerstraße 32* *Foto: Ulrich Häßler*

Im Jahr 1995 ernannte ihn die »Stiftung Frauenkirche Dresden« zum Ehrenkurator. 1998 folgte die Ernennung zum außerordentlichen Domherren im Domkapitel Meißen. 1999 gehörte er zu den Stiftungsgründern der »Bürgerstiftung Dresden«.

Hans Nadler starb im Alter von 95 Jahren am 8. Oktober 2005 in Dresden, 22 Tage vor der Weihe der wieder aufgebauten Frauenkirche in Dresden, wofür er sich jahrzehntelang lang beharrlich eingesetzt hatte. Seine letzte Ruhestätte fand er auf dem Waldfriedhof Dresden-Weißer Hirsch. **Gisela Rudat**

Quellen: 726, 1067

Ehrenbürger der Städte:
1965: Bad Muskau
1989: Elsterwerda
1993: Rodewisch im Vogtland
1995: Görlitz
1996: Dresden
2001: Torgau

Auszeichnungen ab 1990:
1993: Bundesverdienstkreuz 1. Klasse
1997: Verdienstorden des Freistaates Sachsen
Erich-Kästner-Preis des Presseclubs Dresden e.V.
2002: Preis für Denkmalpflege des Landkreises Elbe-Elster

Ehrenmitgliedschaften ab 1990:
1990: Landesverein Sächsischer Heimatschutz e.V.
Koldewey-Gesellschaft
Interessengemeinschaft zur Rettung der Weinbergkirche Pillnitz e.V.
1991: Gesellschaft zur Förderung des Wiederaufbaus der Frauenkirche Dresden e.V.
1991: Deutsche Gesellschaft für Denkmalpflege, Ehrenpräsident
1992: Kuratorium der Altstadt Pirna e.V.
Dresdner Verein Brühlsche Terrasse e.V.
1994: Architektenkammer Sachsen
Torgauer Geschichtsverein e.V.
1996: Dresdner Tafelrunde der antisobrischen Gesellschaft e.V.
Elbhangfestverein e.V.
1997: Verein der Förderer des Bademuseums Bad Elster e.V.
1998: Gesellschaft zur Förderung einer Gedenkstätte für die Sophienkirche Dresden e.V.
Ortsverein Loschwitz-Wachwitz e.V.
2000: Förderverein Palais Großer Garten e.V.
2001: Sächsische Akademie der Künste
2003: Denkmalrat des Freistaates Sachsen

Pietzsch, Martin

Architekt und Baumeister (1866 – 1961)

Carl Richard Martin Pietzsch (→ *K2*) wurde am 16. Januar 1866 in Blasewitz bei Dresden als Sohn des Altphilologen und Lehrers Dr. Richard Pietzsch (1836 – 1876) und dessen Frau Agnes geb. Wagner geboren. Sein Vater leitete eine selbst gegründete private Bildungsanstalt für Knaben; seine Mutter, Tochter des Altenburger Hofkupferschmiedes und Innungsmeisters Ernst Wagner, brachte das künstlerisch-musische Element in die Familie. Der jüngere Bruder Arthur (1867 – 1900), Hauptmann beim königlich-sächsischen Artillerie-Regiment Nr.12, starb bereits 1900 in Riesa. Ein weiterer Bruder, Herbert (1869 – 1932), wanderte in die USA aus und war als Geschäftsmann sehr erfolgreich. Martins jüngster Bruder Richard Pietzsch (1872 – 1960) wurde Maler. Er begann sein Studium an der Dresdner Kunstakademie und wurde dort Schüler von Leon Pohle (1841 – 1908). Danach ging er als Schüler Franz von Stucks (1863 – 1928) nach München. 1913 folgte die Ernennung zum Professor für Malerei an der dortigen Akademie der Bildenden Künste.

Nach Schulbesuch und einer Zimmermannslehre besuchte Martin Pietzsch in Buxtehude bei Hamburg das Technikum, das er mit einem Abschluss als Baumeister beendete. Anschließend absolvierte er mehrere Praktika in Baubüros in Mainz und Dresden (Haenel und Dressler) sowie ab 1886 Vorkurse an der Dresdner Kunstakademie, so auch bei Friedrich Preller d. J. (1838 – 1901). Von 1888 bis 1891 studierte Pietzsch dort als Meisterschüler bei Constantin Lipsius (1832 – 1894). Das Architekturstudium schloss er, prämiert mit der »Großen Silbernen Medaille« und einem Teil des »Dorniamentipreises«, ab. Danach war er bei verschiedenen Architekturbüros in München tätig, u. a. bei der Firma Max Littmann (1862 – 1931). Von 1892 bis 1894 arbeitete Pietzsch im Budapester Architekturbüro von Arthur Meinig (1853 – 1904). Danach unternahm er eine mehrmonatige Italienreise, die ihn nach Venedig, Rom, Neapel, Capri, Siena und Florenz führte. Diese teilweise zu Fuß absolvierte Tour prägte Pietzsch tief. Insbesondere beeindruckte ihn die malerische Architektur Venetiens. In einem seiner Mutter Agnes gewidmeten Lang-Gedicht, zum Teil illustriert mit schwarz-weißen und kolorierten Skizzen, verarbeitete er die vielfältigen Eindrücke.

Nach Dresden zurückgekehrt, gründete er 1895 in Blasewitz ein Büro für Architektur und Bauausführung. Nach einigen Villenbauten in Blasewitz, deren Architektur noch ein Suchen nach einem eigenen Stil zeigte, konnte Pietzsch mit dem → *Künstlerhaus* in Loschwitz seinen ersten bedeutenden Bau verwirklichen. Im Jahr des Baubeginns (1897) heiratete Martin Pietzsch Fanny Clauß (1866 – 1945). Nach Fertigstellung des Künstlerhauses (1898) begann er – eher gezwungenermaßen – mit dem Bau des »Kleinen Künstlerhauses« im angrenzenden Grundstück Pillnitzer Landstraße 57. Der dortige Grundstücksbesitzer plante einen Hausbau, der die idealen Lichtverhältnisse der großen Ateliers des Künstlerhauses nachhaltig zum Negativen verändert hätte. Der nach einem zweiten Entwurf Pietzschs ausgeführte Bau ist ein villenartiges Wohnhaus mit drei Etagen und einem Maleratelier. Anfang 1900 konnte er mit seiner Familie einziehen. Er wohnte hier bis zu seinem Tod. Zu den Mietern der oberen Wohnung gehörten die Maler und Grafiker Anton Pepino (1863 – 1921, → *K1*); er war der erste Mieter im Atelier des neuen »Kleinen Künstlerhauses«, Walter Gräfenhahn (1877 – 1945, → *K2*) Otto Westphal (1878 – 1975, → *K1*), der hier bis zu seinem Tod über drei Jahrzehnte gelebt hatte, Klaus Dennhardt (* 1941, → *K1*) und bis heute Detlef Schweiger (* 1958, → *K1*).

Mit den Villen- und Wohnhausbauten im ersten Jahrzehnt des 20. Jahrhunderts verfolgte Pietzsch eine moderne stilistische Richtung mit einer eigenständigen, zurückhaltenden Dekoration der Baukörper wie auch der Innenraumgestaltung. Sie zeichnen sich durch Einpassung in die landschaftliche Umgebung, den Bedürfnissen der Bewohner individuell angepasste Grundrisse, Ablehnung üppiger Jugendstil-Dekorationen und eine dem neuesten Stand entsprechende technische Ausstattung mit Etagenheizung, elektrischem Licht und WC aus.

Beispiele für diesen Reformstil sind die im Waldschlößchenviertel gelegene, 1906/07 für Alfred Grumbt erbaute Villa Charlottenstraße 34, sowie die 1908/09 für den Major Oskar Ehlert errichtete landhausartige Villa Angelikastraße 4 im → *Simmigschen Ortsteil.*

Bildnis des Architekten Martin Pietzsch, 1916, Lithografie: Robert Hahn
Städtische Galerie Dresden

Fanny & Martin Pietzsch als Brautpaar 1897
Foto: Slg. Annegret Claußnitzer

Das Künstlerhaus um die Jahrhundertwende, im Vordergrund Fanny und Martin Pietzsch
Foto: Slg. W. Steude

Gemeindevorstand Friedrich Ernst Näther (links), Baumeister Alwin Würdig (2. v. l.) und Martin Pietzsch (5. v. l) bei der Einweihung der neuen elektrischen Stromabnahme der Straßenbahn, 1903 *Foto: Archiv Ortsverein Loschwitz-Wachwitz*

Weitere in Loschwitz von Pietzsch ausgeführte Bauten sind bis 1915 das 1900/01 für Caroline und Richard Oertel erbaute Einfamilienhaus Körnerweg 2, das Haus für den Maler *Hans → Unger* (1872–1936, → *K1*) Kügelgenstraße 6 und im → *Ortsteil Schöne Aussicht* die Villen Robert-Diez-Straße 9 und 11 sowie Kotzschweg 30 und Malerstraße 7, das → *Elektrizitätswerk* an der oberen Station der → *Standseilbahn* und der Neubau der → *Gaststätte »Loschwitzhöhe«* neben der oberen Station der → *Schwebebahn*. Für den Maler Hermann Prell (1854–1922, → *K1*) baute er etwa 1915/16 die Villa Schillerstraße 27 um, nachdem dieser pensioniert worden war. Für den Malermeister Karl Herrmann baute er 1903 das von ihm im gleichen Jahr gekaufte Haus Grundstraße 85 um und erweiterte es. Der Verzicht auf fast jegliche Ornamentik zeichnet diese Kombination aus Wohnhaus und Werkstatt aus. Mit diesen und ähnlichen Bauten schuf Pietzsch Werke, die sich stilistisch mit denen bekannter Dresdner Architekten wie Schilling & Gräbner, Lossow & Kühne, Rudolf Kolbe sowie Fritz Schumacher (1869–1947) vergleichen lassen.

Pietzsch beteiligte sich ab 1897 an zahlreichen Kunst- und Bauausstellungen. Auf der Weltausstellung 1904 in St. Louis und der Internationalen Bauausstellung 1913 in Leipzig wurde er mit jeweils einer Goldmedaille ausgezeichnet. Auch an Wettbewerben nahm Pietzsch teil. Er entwarf u. a. das Körner-Schiller-Denkmal in Loschwitz (→ *Denkmale*) und gestaltete Grabmale, so 1917 für die Bankiers-Familie Arnhold auf dem Jüdischen Friedhof in Dresden und für Familie Grumbt (→ *Simmigscher Ortsteil*) auf dem Friedhof Weißer Hirsch.

Martin Pietzsch baute bis 1936, hauptsächlich in Dresden-Loschwitz, Dresden-Blasewitz und Dresden-Neustadt, insgesamt 26 Villen und Wohnhäuser. Nach dem Ende des Ersten Weltkriegs waren das in Loschwitz 1919 für den Fabrikanten Herbert Pötzschke der Umbau des Hauses Bergbahnstraße 6 und 1922/23 für den Maler Detlef Sammann (1857–1938, → *K2*) das Einfamilienhaus Sonnenleite 2, beide im → *OT Oberloschwitz* gelegen. 1936 erbaute Pietzsch für Dr. Walter Hamisch das Wohnhaus Stürenburgstraße 6.

Martin Pietzsch war ein Vertreter der Reformarchitektur, der anfangs teilweise schwankend zwischen Jugendstilelementen, Monumentalformen, Sezessionsstil, Landhausstil, puristischen Zügen und selbst klassizistischen Motiven seinen Weg suchte. Seine Bedeutung liegt besonders in seinen großen Kinobauten, die eigenständig und modern konzipiert waren.

Martin Pietzsch war Mitglied im Verein bildender Künstler Dresdens (später Dresdner Kunstgenossenschaft) und des Bundes Deutscher Architekten (BDA), für den er in den 1920er und frühen 1930er Jahren auch Funktionsträger war (Mitglied im Landesvorstand, Ortsgruppenvorsitz Dresden). Außerdem war er im Loschwitzer Gemeinderat und im Loschwitzer → *Ortsverein* tätig. In den späten 1930er Jahren bildete sich um Martin Pietzsch ein privater Kreis befreundeter Kollegen, der auch nach dem Zweiten Weltkrieg fortbestand. Zum Pietzsch-Kreis gehörten u. a. Walter Bachmann (1883–1958), Kurt Bärbig (1889–1968, → *K1*), Oswin Hempel (1876–1965), Emil Högg

Kinoarchitektur
Bedeutsam ist Martin Pietzsch auch als Kinoarchitekt. 1913 eröffnete in Dresden das von ihm entworfene Union-Theater (»U. T.-Lichtspiele«). Nach dem Ersten Weltkrieg baute er dann in Dresden fünf weitere Kinos, wobei es sich z. T. um Umbauten handelte: das »Capitol« an der Prager Straße (1925), den »Gloria-Palast« an der Schandauer Straße (1926), das Filmtheater am Bischofsplatz (»TB«, 1926) und den »Faunpalast« an der Leipziger Straße. Die »Schauburg« (1927, Königsbrücker Straße 55, Fassaden später neugestaltet) ist das einzige noch heute erhaltene Kino von Martin Pietzsch. Auch außerhalb Dresdens war er auf diesem Gebiet in Görlitz, Zittau und Bad Liebenwerda tätig.

Martin Pietzsch als 91-Jähriger in seinem Arbeitszimmer. *Foto: Slg. Annegret Claußnitzer*

(1867–1954), Wilhelm Kreis (1873–1955, → *K1*), Oskar Pusch (1877–1970), Wolfgang Rauda (1907–1971), Heinrich Rettig (1900–1974), Otto Schubert (1878–1968, → *K2*) und Fritz Steudtner (1896–1986).

Pietzsch erlebte die Zerstörung Dresdens und damit auch die vieler seiner Bauten im Februar 1945. Nach dem Ende des Krieges war er als Gutachter und Berater, z. B. bei einem Hotelprojekt in Dresden-Neustadt, tätig. Im September 1945 starb seine Frau Fanny. In seinen letzten Lebensjahren zeichnete und malte Pietzsch – nur für sich – Landschaften und Bauten in Dresden, Loschwitz und an seinen Urlaubszielen Ostsee und Zittauer Gebirge. Er verfasste umfangreiche Lebenserinnerungen und vervollständigte die Skizzen zur Italienreise von 1894. Auch beratend wirkte er noch als Nestor der Dresdner Architektenschaft. Martin Pietzsch verstarb am 5. Februar 1961, wenige Wochen nach seinem 95. Geburtstag, im »Kleinen Künstlerhaus«. Sein Grab befindet sich gegenüber auf dem Loschwitzer → *Friedhof*.

Martin Pietzsch hatte mit seiner Frau Fanny vier Kinder: Sohn Claus und die drei Töchter Hertha, Eva und Sybille. Claus (1902–1942) starb als Soldat im Zweiten Weltkrieg. Hertha (1898–1980) heiratete Ernst Steude, lebte nach Berufsausbildung und Heirat zunächst in Plauen und seit der Trennung von ihrem Mann 1933 mit den Kindern Barbara (1928–1999) und Wolfram (1931–2006; → *K1*) wieder im »Kleinen Künstlerhaus«. Eva Pietzsch (1899–1981) war als Kuratorin im Verein »Freunde Junger Kunst« in München tätig. Sybille (1903–1971, → *K1*) arbeitete zunächst als Schauspielerin und als Autorin für die Tobis-Tonbild-Syndikat AG. Sie heiratete in zweiter Ehe den Bauhauskünstler László Moholy-Nagy (1895–1946). Mit ihm und Tochter Hattula (*1933) ging sie 1936 über London ins Exil nach Chicago/USA. Sie war nach seinem frühen Tod u. a. als Architekturhistorikerin 20 Jahre lang am Pratt Institute in New York tätig und veröffentlichte, neben Werken über ihren Mann, »Die Stadt als Schicksal, Geschichte der urbanen Welt« (1968), den frühen autobiografischen Roman »Children's Children« (1945) sowie zahlreiche Beiträge für die nationale und internationale Fachpresse.

Annegret Claußnitzer, Gernot Klatte

Quellen: 573, 639, 640, 726, 1000

Reichpietsch, Karl

Baumeister und Architekt, (1859–1947)

Karl Heinrich Reichpietsch (→ *K2*) wurde am 15. Juli 1859 in Waldau/Schlesien (heute Wykroty/Polen) geboren. Von 1895 bis zur Firmenübergabe 1935 an das → *»Bauunternehmen Karlheinz Walter«* war er 40 Jahre in Loschwitz tätig. 1942 führte Walter noch *»Früher Baumeister Karl Reichpietsch«* im Briefkopf mit. Seit 1896 wohnte er in Loschwitz, zunächst Friedrich-Wieck-Straße 39. Gemeinsam mit dem → *Architekten* Paul Winkler (1864–1931, → *K2*) gründete er das Büro »Winkler & Reichpietsch« für Architektur und Bauausführung, das sich Friedrich-Wieck-Straße 2 befand.

1898 zog Reichpietsch mit seinem eigenen Büro in die Friedrich-Wieck-Straße 3 und 1905 nach dem Veilchenweg 2. Von dieser Zeit an führte er auch die Berufsbezeichnung »Architekt«.

Von 1910 bis 1947 wohnte er auf seinem Firmengelände im Haus Fidelio-F.-Finke-Straße 3.

Schon 1895 war Reichpietsch bei Umbauarbeiten in der Flaschenbierhandlung (→ *Brauerei*) Grundstraße 76 und am Haus »Bethanien« Schillerstraße 26 tätig (→ *Kirchlich-diakonische Einrichtungen*). In den ersten Loschwitzer Jahren arbeite er eng mit Paul Winkler zusammen. Als Beispiele hierfür seien der 1896 erfolgte An- und Umbau der → *Gaststätte* Luisenhof und im Jahr danach der Neubau des Wohnhauses Bautzner Landstraße 78 genannt. Die → *Schillerschule* baute er 1909 nach Entwürfen des → *Architekten* Georg Schramm (1848–1925).

Nach eigenen Entwürfen führte er um 1898 den Umbau des Kurhauses Bühlau, 1899 das Wohnhaus Wolfshügelstraße 4 auf dem Weißen Hirsch, 1900/01 die → *Kinderbewahranstalt* (das heutige → *Kirchgemeindehaus*) in der Grundstraße 36, 1905 das Wohnhaus Leonhardistraße 20 und 1921 die neue Kegelbahn für die → *Gaststätte* Burgberg aus. An den Häusern ist bzw. war seine Handschrift unverwechselbar besonders an der Giebel- und Dachgestaltung zu erkennen.

Weiterhin baute er nach Entwürfen verschiedener anderer Architekten z. B. 1907/08 die Villa Hermann-Prell-Straße 8, 1911 das »Pförtnerhaus« Schevenstraße 15 (Architekturbüro Lossow & Kühne) und 1912/13 das Wohnhaus Tiedgestraße 5.

Reichpietschs umfangreiche Bautätigkeit beinhaltete auch Baureparaturen, verschiedene Anbauten, Schuppen, Beschleusungen und auch den in Hanglagen komplizierten Mauerbau. So baute er am Steilhang rechts der

»Reichpietsch«-eigener Firmen-Gusseisen-Grubendeckel im ehemaligen Reichpietsch-Grundstück, Fidelio-F.-Finke-Straße 3
Foto: Siegfried Großmann

Schillerstraße die großartigen Stützmauern und auch die Mauer am Loschwitzer → *Friedhof*.

Reichpietsch war Mitglied des Direktoriums der Loschwitzer → *Kinderbewahranstalt* und großzügiger Spender bei Sammelaktionen für Hilfswerke.

Im Alter von 76 Jahren vermietete er 1935 seine Firma an den → *Architekten* Karlheinz Walther (1907 – 1889) und den Baumeister Werner Kunze, der allerdings 1936 wieder aus dem Mietvertrag ausschied, sodass Walther »Nachfolger« Reichpietschs wurde.

Er starb am 8. März 1947 ohne Erben, sodass seine Grundstücke in Staatseigentum übergingen. **Helmut Dorschner**

Quellen: 420, 640, 1000, 1007

Reuter, Friedrich
Architekt (1861 – 1942)

Richard Paul Friedrich Reuter wurde am 6. Mai 1861 in Chemnitz geboren. Sein Architekturstudium absolvierte er in Dresden, wo er bei den Architekten Ernst Giese (1832 – 1903) und Paul Weidner (1843 – 1899) erste Berufserfahrungen sammelte. Von 1886 bis 1888 arbeitete er bei dem Leipziger Architekten Arwed Roßbach (1844 – 1902). Danach kehrte er nach Dresden zurück und wohnte Dresden-Altstadt, Radetzkystraße 5.

Gemeinsam mit dem bekannten Architekten Theodor Fischer (1862 – 1938) gründete er 1889 eine eigene Firma. Dieses Unternehmen führte unter anderem 1891 den Umbau der Dresdner Dreikönigskirche aus. Trotz ihrer Erfolge trennten sich die beiden Architekten 1893 in gutem Einvernehmen. Theodor Fischer ging nach München und Stuttgart, wo er als Professor an verschiedenen Hochschulen wirkte. Fritz Reuter unternahm mehrere Studienreisen nach Italien und beschäftigte sich fortan stärker mit Sakralarchitektur.

Zu seinen Kirchenbauten, die vorwiegend im sächsischen Raum zu finden sind, zählen die Johanniskirche im heute zu Zschorlau gehörenden Albernau (1896 / 97), die Christuskirche in Beierfeld (1897 / 98), die Kirche in Neundorf im Erzgebirgskreis (1899 / 1900) und die Hoffnungskirche in Freital-Hainsberg (1900 / 01). Die Kapelle auf dem → *Friedhof Loschwitz*, deren Giebel mit einer Kreuzigungsszene des Bildhauers Johannes Hartmann (1869 – 1952) geschmückt ist, konnte 1893 eingeweiht werden. 1901 schuf Reuter auch die Johanniskapelle auf dem Friedhof in Freital-Deuben. Vor allem projektierte er Pfarrhäuser, über deren Architektur er 1907 im Dresdner Verlag Gerhard Kühtmann das Buch »Das evangelische Pfarrhaus der Jetztzeit als Amts- und Einfamilienhaus« herausgab.

Er war aber nicht ausschließlich als Kirchenbaumeister tätig, sondern projektierte auch Villen, von denen mehrere in Dresden auf dem Weißen Hirsch und in Blasewitz zu finden sind, außerdem Landhäuser und Gesellschaftsbauten. Seine bekanntesten Dresdner Bauwerke sind der 1895 eröffnete Luisenhof (→ *Gaststätten*) in Oberloschwitz und die beiden Stationen der Loschwitzer → *Schwebebahn*. Von ihm stammt auch die Idee, die Bergstation als Turm auszubilden, um damit den für die Dampfmaschine unentbehrlichen Schornstein zu verbergen. Bei der Bad Schandauer Kirnitzschtalbahn hat sich Reuter spekulativ beteiligt. Er erwarb gemeinsam mit dem Hofbuchhändler Heinrich Gustav Warnatz und vermutlich Rechtsanwalt Dr. Bondi die Konzession zu Bau und Betrieb der Bahn und verkaufte diese an Schuckert & Co. oder deren Tochter, die Continentale Gesellschaft für elektrische Unternehmen in Nürnberg. Für großes Aufsehen sorgten die von ihm entworfenen Bauten des »Japanischen Gartens« auf der Internationalen Gartenbauausstellung 1907 in Dresden.

Mit alldem bewies der Architekt Reuter einen klaren Blick für die Bedürfnisse der Zukunft.

Als Sachverständiger wirkte Reuter auch in zahlreichen Gremien mit, so beispielsweise beim Verein für Kirchliche Kunst, beim Dresdner Baupolizeiausschuss und beim Landesverein Sächsischer Heimatschutz. Als 1. Vorsitzender des Dresdner Architektenvereins setzte er sich zielstrebig für den Zusammenschluss der verschiedenen Architekten-Vereine zum 1903 gegründeten »Bund Deutscher Architekten« (BDA) ein.

Zu den Protagonisten der Architektur seiner Zeit hat Friedrich Reuter eher nicht gehört. Zeitlebens dem Historismus verhaftet, hinterließen die vielfältigen Formen expressionistischer Architektur keine nennenswerte Spuren in seinem Schaffen. Dennoch können seine besten Werke einer kritischen Bewertung auch heute noch standhalten. Den neoromanischen Stil bevorzugend, sind sie solide und konservativ, doch von einer schönen Ausgewogenheit.

Friedrich Reuter starb nach langem und schwerem Leiden infolge eines Unglücks am 12. Mai 1942 in Dresden. Seine Urne wurde auf dem Johannisfriedhof in Dresden-Tolkewitz beigesetzt, wo sich noch heute sein Grab befindet. **Rolf Friebel**

Quellen: 42, 217, 234, 240, 310, 398, 429,431, 432, 638, 874, 884, 1000, 1065

Friedrich Reuter, Erinnerungsfoto an seinem Bauwerk, vermutlich 3. v. l., 1901

Foto: Slg. Matthias Griebel

Karl Emil Scherz um 1900 *Foto: James Aurig*

Scherz, Emil

Königlicher Baurat,
Architekt und Baumeister (1860 – 1945)

Blick auf Loschwitz, Blasewitz und Dresden, Ansichtskarte *Slg. Kurt-Dieter Prskawetz*

Karl Emil Scherz (→ *K1*) kam am 31. August 1860 in Loschwitz als Sohn des Maurergesellen Carl August Scherze (1832 – 1884) und dessen Frau Christiane Wilhelmine geb. Petzold (1835 – 1902), an der früheren sogenannten »Fährgasse«, (heutige Friedrich-Wieck-Straße 24) zur Welt. Laut Taufbuch hieß er noch Carl Emil Scherze. Als er zwei Jahre alt war, zogen seine Eltern nach Blasewitz. Seitdem wurde der Name Scherz geschrieben. Hier in Blasewitz kamen noch seine Schwester Marie Wilhelmine und danach sein Bruder Hans zur Welt.

Karl Emil besuchte von 1867 bis 1871 die Dorf- und Gemeindeschule »Naumannstift« in Blasewitz. Von 1871 bis 1875 erfuhr er in der privaten Knabenschule von Gustav Moritz Hoffahrt in Dresden u. a. eine Vorbereitung auf Bauberufe. Danach bekam er von 1875 bis 1877 Unterricht an der Dresdner Gewerbeschule bei Direktor Carl Wilhelm Clauß (1829 – 1894) an der Maxstraße, mit praktischer Ausbildung im damaligen Neubaugebiet Tatzberg (heute Dresden-Johannstadt). In den Jahren von 1877 bis 1881 wurde Scherz an der Königlich-Sächsischen Baugewerkeschule Zittau zum Zimmermann ausgebildet. Darauf folgten die Wanderjahre von 1881 bis 1883. Dabei bereiste er viele deutsche Städte mit bedeutenden Bauwerken. Von 1883 bis 1886 studierte er an der Königlichen Akademie der Bildenden Künste in Dresden bei Constantin Lipsius (1832 – 1894) und Ernst Herrmann (1846 – 1914) und auch beim Semperschüler Christian Friedrich Arnold (1823 – 1890). Das Studium schloss Scherz 1886 als Baumeister ab. Danach absolvierte er von 1886 bis 1889 ein Zusatzstudium an der Königlichen Technischen Hochschule Berlin-Charlottenburg, wo er insbesondere Vorlesungen über mittelalterliche Baukunst sowie landschaftliches Zeichnen bei Carl Schäfer (1844 – 1908), Johannes Vollmer (1845 – 1920) und Paul Graeb (1842 – 1892) besuchte. Von 1884 bis 1921 beteiligte er sich an mehr als 30 ausgeschriebenen Architekturwettbewerben und erhielt mehrere erste Preise.

Außer in seinen Lehr-, Wander- und Studienjahren wohnte Scherz im vom Vater 1875 errichteten Haus Sommerstraße 5 (heute Sebastian-Bach-Straße 17) in Blasewitz, das er 1912 für sich und seine Familie einer Renovierung unterzog. Im Jahre 1897, er war ein Jahr zuvor von einer für sein künftiges architektonisches Schaffen bedeutsamen Studienreise aus Paris zurückgekehrt, heiratete er Henriette Friederike Gertrud Schumann (1864 – 1939). Mit ihr hatte er zwei Töchter, Magdalene (1898 – 1981) und Emma Christine (1903 – 1989). Im Herbst 1889 hatte Scherz im Vaterhaus von 1872 nebenan sein eigenes »Büro für Architektur und Bauausführung« eröffnet. Schon seit 1886 waren über 130 Projekte unterschiedlichsten Charakters ausgeführt worden. Bei den wichtigsten übernahm er selbst die Bau- bzw. Oberbauleitung. Seine dem Historismus und Jugendstil verpflichteten Bauwerke in Blasewitz prägten das Straßenbild entscheidend mit.

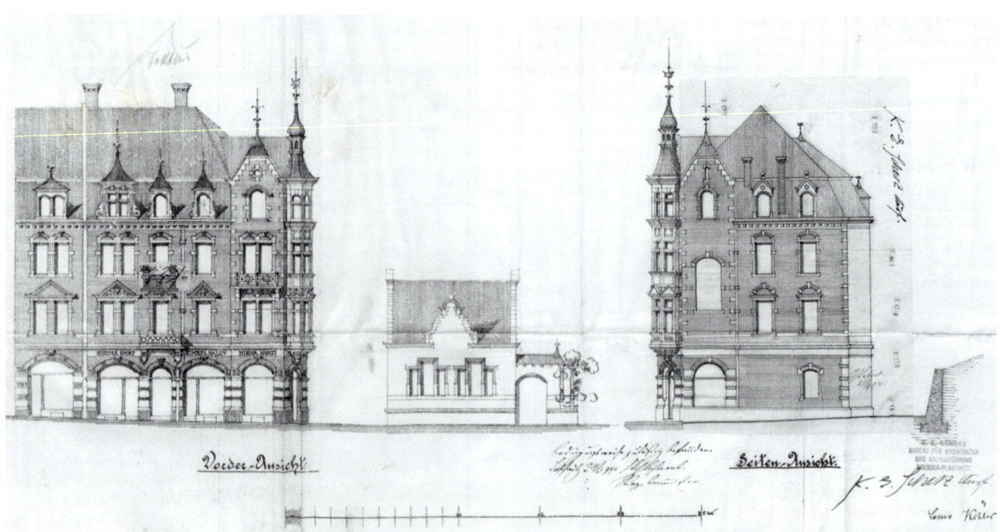

Bauzeichnung mit Scherz' Unterschrift für das Wohn- und Geschäftshaus Körnerplatz 7 *Stadtarchiv*

Der Körnerplatz 2014, links das Haus »Zum Goldnen Schiff« *Foto: Siegfried Großmann*

Einige gehören zu den städtebaulich bedeutsamen Objekten Dresdens. Deshalb wurde ihm am 25. Mai 1908, dem Geburtstag König Friedrich August III. von Sachsen (1865 – 1932), der Titel Königlicher Baurat verliehen.

Im Zusammenhang mit dem Bau der Elbbrücke von Blasewitz nach Loschwitz (→ *Blaues Wunder*) war Scherz von den beiden Gemeinden die erforderlich gewordene Neugestaltung der Dorfkerne Blasewitz und Loschwitz angetragen worden. Mit maßgeblich eigenarchitektonischer Leistung entstanden unter Mitwirkung weiterer Architekten am Schillerplatz von 1890 bis 1901 – am Körnerplatz von 1893 bis 1899 – großstädtisch anmutende, miteinander korrespondierende und auf die Brücke ausgerichtete Platzanlagen gleicher Formensprache. Das Neue: Obwohl für verschiedene Auftraggeber gebaut, hatte Scherz keine Einzelhäuser entworfen, sondern nach architektonischen Gestaltungsprinzipien aufeinander abgestimmte Architekturensembles, das »Körnerplatzdreieck« immanent eingeschlossen. Dabei waren die Elemente der Fassadengliederungen an den durchweg vierstöckigen Bebauungen sehr vielfältig. Durch den Stil des Historismus kamen Elemente der deutschen Renaissance und der Spätgotik sowie des zu jener Zeit im Dresdner Raum gerade aufkommenden Jugendstils zum Tragen, ebenso moderne Nutzungsanforderungen wie Loggien und Ladenfenster. Auf Scherz gehen am Körnerplatz bis auf die Häuser Körnerplatz 2 und Dammstraße 1 alle Bauentwürfe der Gründerzeithäuser zurück. Geradezu genial löste er die Aufgabe zwischen Körnerweg und Elbbrückenstraße mit dem Haus Körnerplatz 8, »Zum Goldnen Schiff« genannt.

Loschwitzer Villen von Scherz gibt es zwei. Eine war die Villa Dressler auf der heutigen Sierksstraße 14 von 1906. Die zweite gereichte ihm zur besonderen Ehre, indem ihn der frühere Oberstadtbaurat Hermann Klette (1847 – 1909, → *K1*) beauftragte, ein im »Schweizer Stil« errichtetes Haus zum Sommerhaus für Familie Klette umzubauen. Dieses befand sich auf dem einst zum königlichen Weinbergbesitz in Wachwitz gehörenden und an der Gemarkungsgrenze zu Loschwitz liegenden Grundstück Kotzschweg 2 (ab 1938 Nr. 12), welches Klette 1908 erworben hatte. Dabei wahrte Scherz besonders die gartenseitige Altbausubstanz.

Sakralbauten stellten einen weiteren wesentlichen Bestandteil im Schaffen des Architekten Scherz dar. Außer den zwei von ihm errichteten Kirchen in Blasewitz (1891 – 1893) und Leuben (1899 – 1901) gingen auch der Neubau der Ehrlichschen Gestiftskapelle in Dresden (1904 – 1907), die er selbst als sein reifstes Werk bezeichnete, sowie zwei Kirchenumgestaltungen auf ihn zurück. Noch vor der Umgestaltung der Loschwitzer Kirche erfolgte 1894/95 unter seiner Leitung eine gründliche Erneuerung der Dresdner Kreuzkirche. Die Übertragung eines für die Stadt so bedeutenden Projektes darf nicht zuletzt als ein Beweis der Anerkennung angesehen werden, die Scherz damals in Dresden genoss. Durch einen Schornsteindefekt war der Innenraum der Kreuzkirche am 15. Februar 1897 ein Raub der Flammen geworden.

In seinem Geburtsort Loschwitz schien nach zweihundert Jahren die Umgestaltung der barocken → *Kirche* von George Bähr (1666 – 1738, → *K1*) erforderlich. Während der Gesamtrenovierung 1898/99 passte Scherz das vor allem im dörflichen Flair gehaltene Kircheninnere – hier war er getauft worden – dem Zeitgeschmack der Gründerzeit, insbesondere dem prunkvollen Villenstil der Umgebung, an. Von den Restaurationsarbeiten an der Loschwitzer Kirche bewahrte Scherz ein Stück Eichenbrett bei sich zu Hause auf.

Die von Scherz erbaute Villa Dressler, Sierksstraße 14, 2014. *Foto: Siegfried Großmann*

Leider ist von den Innenraumgestaltungen der Kirchen in Blasewitz und Loschwitz durch Scherz nichts mehr erhalten geblieben. Die Heilig-Geist-Kirche in Blasewitz, sein erster Kirchenbau, wurde innen 1969 renoviert und seine von 1898/1899 vorgenommenen Umbauten der Loschwitzer Kirche fielen der Zerstörung 1945 zum Opfer.

Neben seinem architektonischen Lebenswerk hinterließ uns Scherz noch ein weiteres. Er gilt als der Ortschronist von Blasewitz. Lebenslang war er mit seiner engsten Heimat – so auch mit Loschwitz – innig verbunden geblieben. Der schönste Ausdruck seiner tiefen Heimatliebe war die aus eigenen Mitteln und hingebungsvoller Arbeit von ihm im Zeitverlauf von mehr als einem halben Jahrhundert zusammengetragene »Ortsgeschichtliche Sammlung Blasewitz und Umgegend«. In seinem Wohnhaus befand sich der Blasewitz betreffend lückenlose, mit äußerster Sorgfalt gestaltete Fundus von Zeugnissen aus vorgeschichtlicher Zeit, wertvollen alten Akten und Urkunden, kostbaren Gemälden und Stichen sowie einzigartigen Erinnerungen, darunter solche an berühmte Persönlichkeiten. Ein bleibendes Verdienst hatte Scherz damit erworben, dass er Alt-Blasewitz vor der großen Umwandlung um die Jahrhundertwende von einigen Künstlern wie Erwin Oehme (1831 – 1907, → *K2*) und Otto Ludwig Schneider (1858 – ?) vielfältig malen und zeichnen ließ. Zusammen mit den alten Fotografien, nahezu jede akribisch beschriftet, war eine ausgezeichnete Erinnerung an das Flair des früheren Blasewitz entstanden, gesammelt mit dem Kennerblick des Geschichtsfreundes, der in der Vergangenheit seiner Heimat bewandert war wie kein zweiter. Alles in allem hatte Scherz damit eine Stätte von musealem Wert geschaffen, die zu den besten und wertvollsten Dresdner Privatsammlungen gehörte. Wiederholt wurde die ortsgeschichtliche Sammlung zwecks Belebung der Liebe zur engeren Heimat für öffentliche Ausstellungen genutzt.

Karl Emil Scherz
Foto: Franz Gaudernack, Slg. K.-D. Prskawetz

Mehrere Publikationen wie Reisehandbücher und Ortsführer fußen auf der Sammlung. Vor allem ist Scherz als Mäzen das Zustandekommen der ersten vollständigen Blasewitzer Chronik »Blasewitz. Vergangenheit, Entwicklung und jetzige Einrichtungen einer Dorfgemeinde« von Otto Gruner zu danken, die 1905 erschien und noch heute zu den Standardwerken über die Ortsgeschichte gehört. Buch und Ausstellungen begründeten den Wunsch nach einem ortsgeschichtlichen Museum. Das lag auch im Interesse von Scherz. Es war sein letzter Wille, die Sammlung in ihrer Gesamtheit der Stadt Dresden zu übereignen. Dennoch kam es nie wieder zu einer größeren Präsentation. Seine Tochter Christine, welche die Sammlung mehr als vier Jahrzehnte sorgsam aufbewahrt hatte, entschloss sich erst wenige Jahre vor ihrem Tod, das Vermächtnis ihres Vaters zu erfüllen. Sie übergab die Sammlung im November 1986 dem damaligen Institut für Denkmalpflege, Arbeitsstelle Dresden (heute Landesamt für Denkmalpflege).

Zu Karl Emil Scherz‘ publizistischem Wirken zählten Vorträge und zahlreiche eigene Publikationen zur Heimatgeschichte. Jahrzehntelang war er Mitglied im Verein für Geschichte und Topographie Dresdens und seiner Umgebung, der ihm viele Hinweise auf die kulturelle und kunstgeschichtliche Vergangenheit Dresdens zu verdanken hatte. Beispielgebend soll seine Arbeit zur Klärung des seinerzeit wiederholt umstrittenen Todes des Architekten George Bähr erwähnt sein. Aus ihr geht hervor, wie Scherz seine 25 Jahre währende ehrenamtliche Tätigkeit im Friedhofsausschuss des Elias-, Trinitatis- und Johannisfriedhofs zu nutzen wusste. Weitere Ehrenämter in der Gemeinde Blasewitz, hauptsächlich im Blasewitzer Gemeinderat, Kirchen- und Schulvorstand sowie aktive Mitgliedschaft im Grundbesitzerverein, belegen ebenfalls seine tiefe, enge Verbundenheit mit dieser. So war Scherz für die bauliche Umgestaltung von Blasewitz und seiner näheren Umgebung mehrfach in Wort und Schrift mit wertvollen Anregungen und Vorschlägen hervorgetreten, auch solchen bis hin zur Veränderung des Gemeindesiegels. Im Zusammenhang mit den Eingemeindungsplänen Dresdens Blasewitz betreffend trat Scherz vielfach als Lokalpatriot auf. Als konsequenter Vertreter des Historismus beendete er mit Ende der Epoche und letztlich der Zwangseingemeindung von Blasewitz am 1. April 1921 sein architektonisches Schaffen.

Karl Emil Scherz starb fünfundachtzigjährig am 10. Oktober 1945 in seinem Haus in Dresden-Blasewitz. Sein Grab, das er für sich und seine Familie selbst projektiert hatte, befindet sich auf dem Johannisfriedhof in Dresden-Tolkewitz. **Kurt-Dieter Prskawetz**

Zitat:
1 Gebauer, Th.; in: Sächsische Dorfzeitung und Elbgaupresse 19.05.1912
Quellen: 28, 39, 49, 55, 191, 192, 242, 267, 279, 400, 415, 422, 672, 693, 697, 751, 832, 1007, 1110

In einem Zimmer seines Wohnhauses befanden sich große dunkelgrüne verglaste Schränke, darin einige kostbare Sammlungsstücke wie u. a. meist beim Grundgraben für Häuser gefundene Werkzeuge aus dem Neolithikum, Buckelurnen der Bronzezeit, Scherben vom Johannisfriedhof, die schon früher vorhandene Begräbnisstätten jener Epoche nachwiesen. Sorgfältig und liebevoll, mit kleinen Zettelchen beschriftet, hatte Scherz alles Stück für Stück zusammengetragen. Zwischen alledem lag ein altes Brett, das vom Türsockel der Loschwitzer Kirche stammte. Auf dem alten Eichenholz stand in altertümlicher, schwer entzifferbarer Schrift: »in Dresden Abril 12 1707. Gottlieb Matzke, wahren schlechte zeiten, mieh Tischler haben wenig lohn.«
Das Brett hatte der Tischler während der Umgestaltungsphase 1898/99 gefunden, als er die Tür einsetzte. Er wusste schon, Baumeister Scherz sammelte solche Raritäten.

Vom 16. bis 19. Mai 1912 stellte Karl Emil Scherz seine schon damals umfangreiche »Ortsgeschichtliche Sammlung Blasewitz und Umgegend« in der Turnhalle der Blasewitzer Bürgerschule vor. Etwa 4.000 Gäste waren in nur einer Woche als Besucher gekommen. Unter ihnen befand sich Hofrat Professor Oskar Seyffert (1862 – 1940), der im Folgejahr das Landesmuseum für Sächsische Volkskunst gründete und die Ausstellung mit großem Interesse besichtigt hatte. Die Sächsische Dorfzeitung und Elbgaupresse vom 19. Mai 1912 schrieb zur Loschwitz betreffenden Gestaltung: »Der Sammelfleiß des Herrn Baurat Scherz hat, wie sie sehen, auch der Einwohnerschaft von Loschwitz die gleiche Liebe zugewendet.«[1]

Der Hobby-Winzer in seinem »Paradies« *Foto: Jürgen Frohse*

Trauzettel, Helmut
Architekt (1927 – 2003)

Helmut Trauzettel (→ *K1*) wurde am 30. März 1927 in bürgerlich einfachen Verhältnissen in Leipzig geboren. Es waren seine vielseitigen Begabungen, die sein Leben prägten. Aus dem Zweiten Weltkrieg kommend, studierte er 1946 bis 1950 an der Hochschule für Baukunst und Bildende Künste in Weimar Architektur, ehe er 1951 an die TH/TU Dresden ging und hier über 40 Jahre bis 1992 als Hochschullehrer tätig war. 1958 erhielt er die Dozentur für Freihandzeichnen, wurde 1961 Professor für Elementares Gestalten und 1966 zum Professor mit vollem Lehrauftrag für Bauten der Wohngebiete ernannt. An der TU Dresden erfolgte dann auch 1969 die Berufung zum Ordentlichen Professor für Wohn- und Gesellschaftsbauten. Obwohl parteilos, war er von 1966 bis 1970 der erste Direktor der Sektion Architektur. Generationen von auszubildenden Architekten hat er mit seiner Vitalität, seinem reichen Wissen und Können, seiner Ausstrahlung und seiner Persönlichkeit für diesen Beruf begeistert. Davon zeugt auch die Betreuung von etwa 60 Doktoranden. Studienreisen und Gastprofessuren führten ihn vor allem nach Italien, Österreich, Jugoslawien, Georgien, Finnland, Irak und Syrien. Seine Erlebnisse und Erfahrungen schrieb er in fünf Büchern nieder.

Für seine eigene berufliche Laufbahn als Architekt wurden 1968 die Folgen der 2. Hochschulreform in der DDR von tragischer Bedeutung. Durch sie blieb ihm als Hochschullehrer ein eigenes Architekturbüro versagt. Erst 1991 konnte er das Büro freier Architekten ARCHITRAF gründen. Seit seiner Dissertation 1955 und der Habilitation 1961, die sich mit Bauten für Kinder befassten, genoss er auf diesem Gebiet hohe nationale und internationale Anerkennung. Helmut Trauzettel war berufenes Mitglied zahlreicher Gremien, wie z. B. dem Bund Deutscher Architekten, der UIA-Arbeitsgruppe Schul- und Kulturbauten, der Bauakademie, der Deutschen Akademie für Städtebau und Landesplanung, der Sächsischen Akademie der Künste. Für seine Arbeit wurde er mit vielen Auszeichnungen geehrt.

Helmut Trauzettel wohnte ab 1951 Bautzner Landstraße 54 in → *Oberloschwitz* und zog im November 1961 nach der Bergbahnstraße 2b, wo er – mit Unterbrechung während der Zeit des Neubaus des Hauses durch Architekt Walter Kaplan (* 1951, → *K1*) – bis zu seinem Tod blieb. Seit 1961 besaß er auch den benachbarten Weinberg (Plattleite 16c) unterhalb des Luisenhofes, den er aus seiner Verwilderung befreite, wieder aufrebte und dessen altes Gewächshaus zu seinem Atelier wurde. Der Weinberg war sein »Paradies«, Ort der Arbeit, aber auch vieler Feste und Spiel- und Tummelplatz seiner fünf Söhne in ihren Kindheitstagen.

1992 erfolgte seine Emeritierung. 1993 bis 1997 war Helmut Trauzettel Präsident der Architektenkammer Sachsen. Hervorzuhebende Bauten von ihm sind Schulbauten, Kindergärten und Kinderkrippen in Sachsen und Sachsen-Anhalt, Einfamilienhäuser und andere Wohnbauten, die Berliner Bank in Dresden und das Behindertenheim in Dresden-Gohlis. In Dresden-Loschwitz baute er 1999 nach zweimaligem Entzug der Baugenehmigung und anschließender Überarbeitung der Baupläne das Mehrfamilienhaus Leonhardistraße 3c.

Helmut Trauzettel starb am 3. Juni 2003. Seine Asche wurde einige Wochen später in der Ostsee vor Hiddensee beigesetzt. Als Grafiker und Maler hinterließ Helmut Trauzettel ein reiches Erbe, das in vielen Ausstellungen beeindruckend gezeigt wurde und wird. Neben seinem umfangreichen beruflichen und künstlerischen Wirken war er der »Müller« in seiner Windmühle in Vitte auf Hiddensee, die er zum Ferien-Domizil ausbaute, sowie begeisterter Hobby-Winzer am Elbhang. **Claudia Schrader**

Quellen: 710, 1273

Helmut Trauzettel, Zeichnung, 2000

Das Voigt-Haus Pillnitzer Landstraße 12; 1945 zerstört; 1862 von Friedrich Wilhelm Voigt als sein Wohnhaus erbaut (mit Theodor Lehnert) *Foto: Slg. Matthias Griebel*

Voigt, Friedrich

Baumeister (1830 – 1898)

Die Kenntnisse zur Person des Loschwitzer Baumeisters sind lückenhaft. Friedrich Wilhelm Voigt wurde am 9. Juni 1830 auf dem Weißen Hirsch geboren. Seine Eltern waren der dort ansässige Röhrmeister Carl Friedrich August Voigt und dessen Ehefrau Anna Rosine geb. Füssel. Er war verheiratet mit Auguste Emilie (1833 – 1916), einer Tochter des Burgbergwirtes Johann Gottfried Bormann (1800 – 1869). Beider Sohn, der Architekt Emil Voigt (1868 – 1932), übernahm die Bauausführung des 1914 eröffneten Neubaus des Parkhotels Weißer Hirsch nach dem Entwurf des Berliner Architekten Johannes Kraatz (1871 – 1915?). Friedrich Voigt war 1873 Mitbegründer der freiwilligen → *Feuerwehr* für Loschwitz und Weißer Hirsch und in dieser Zeit Mitglied des Loschwitzer Gemeinderates und Mitbesitzer des Burgberg-Hotels. Die Pohlesche Chronik würdigt vor allem seine wassertechnischen Initiativen; die Anlage der Trinkwasserleitungen mit dem Verlauf Stechgrund-Schillerstraße-Burgberg-Pillnitzer Landstraße von 1864, für Weißer Hirsch 1867 sowie des Leitungssystems Bühlau-Weißer Hirsch von 1874. Diese auf eigene Kosten geschaffenen und daher eigentümlichen Versorgungseinrichtungen kaufte dann 1897 sein Bruder, der auf dem Weißen Hirsch tätige Röhrmeister August Voigt (1842 – 1934).

Über die baulichen Aktivitäten von Friedrich Voigt, auch im Zusammenwirken mit seinem Schwager, dem → *Baumeister und Architekten Theodor Lehnert* (1828 – 1910, → *K2*), der meist die Pläne zu den Bauten schuf, die Voigt dann ausführte, gibt ein Vortragsmanuskript des Loschwitzer Kaufmanns sowie Lokal- und Friedensrichters Richard Theodor Rudolph (1864 – 1939) Auskunft. Danach waren die gemeinsam realisierten Projekte die Häuser Körnerplatz 1 (1851, 1913 umgebaut), Pillnitzer Landstraße 7 (um 1870 durch Neubau ersetzt und 1945 zerstört), Restaurant → *Burgberg* (1853/54, zerstört 1945) und »Unterer Burgberg« (1859, ab 1885 → *Ratskeller*, 1994 abgerissen), Wohnhaus Theodor Lehnert Schillerstraße 15 (1859/60), Wohnhaus Friedrich Voigt Pillnitzer Landstraße 12 (1862, 1945 zerstört und später neu errichtet), der alte »Gasthof Weißer Hirsch« (1863, 1914 umgebaut, jetzt »Parkhotel«) sowie die ehemalige → *Apotheke* Pillnitzer Landstraße 10 (1864). Dem Bericht Rudolphs wären zumindest noch die gemeinsamen Arbeiten an der »Begerburg« in Dölzschen (1854/55) und das Loschwitzer Haus Friedrich-Wieck-Straße 20 (1862, heute → *»Cafe Clara«*) hinzuzufügen.

Doch leider wurde die partnerschaftliche Erfolgsgeschichte der beiden Baumeister späterhin getrübt. Dazu erfahren wir vom Ortsrichter: »Wenn im Anfang ihrer Tätigkeit ein Zusammenarbeiten in gemeinsamem Interesse lag, so trat später eine Trennung in ihren Unternehmungen, ja eine Entfremdung, gesteigert schließlich zur Feindschaft zutage, die sich auch im öffentlichen Leben beider und im Verkehr der Familien miteinander bekundete.«[1] Und akribisch vermerkt Rudolph für die Zeit nach dem Zerwürfnis: »Als Baulichkeiten, die auf F. W. Voigt allein zurückzuführen sind, dürften genannt werden die Villen Schillerstraße 2 [heute Plattleite 1b], 11 [heute Schillerstraße 13], 13 [heute Schillerstraße 15 nach Plänen von Theodor Lehnert]. Auch die kleineren Villen Plattleite 12 und 14 sind der Bautätigkeit F. W. Voigts zuzurechnen, von denen erstere etwa Mitte der 1870er Jahre, letztere Ende der 1880er Jahre für den damaligen Hofbuchhändler Warnatz aus Dresden errichtet wurden. Außer diesen Loschwitzer Villen sind auch eine Anzahl kleinerer Villen an der jetzigen Bautzner Landstraße in Weißer Hirsch, die Nr. 37, 39, 41 und 43 auf F. W. Voigt zurückzuführen.«[1] Friedrich Voigt, der viele Jahre bis zu seinem Lebensende Pillnitzer Landstraße 12 gewohnt hatte, starb am 26. März 1898 in Loschwitz und wurde auf dem Loschwitzer → *Friedhof* bestattet.

Matthias Griebel

Anzeige im Adressbuch, um 1886 *Slg. Matthias Griebel*

Zitat:
1 Rudolph Richard; Redemanuskript zum »Stammtisch«; 07.09.1937
Quellen: 39, 824, 880, 10000, 1007

Baumeister Alwin Würdig
Foto: Slg. Bernd Rieprich

Körnerweg 8 und Villa »Alexa«, Schillerstraße 21c *Foto: Ute Häse*

Würdig, Alwin
Baumeister (1853 – 1930)

Richard Alwin Würdig wurde am 8. November 1853 in Bischofswerda als fünftes Kind des Bäckereibesitzers Johann Gottfried Würdig und seiner Ehefrau Christine Eleonore geb. Adler geboren.

Seine Berufsausbildung als Maurer begann bei seinem älteren Bruder, dem Baumeister Reinhard Würdig (1839 – 1924). In den Wintersemestern studierte er an der Baugewerkeschule in Zittau. Nach der Lehre, noch vor seiner Abschlussprüfung in Zittau, arbeitete er schon für seinen Bruder als Bauführer bei der Errichtung der Königlich Sächsischen Staatseisenbahn. In dieser Zeit lernte Alwin Würdig seine spätere Frau Mathilde Richter (1850 – 1909), Tochter des Mühlenbesitzers und Fabrikanten Gottfried Richter in Wermsdorf, kennen, die er dort 1878 heiratete.

In Zittau legte Alwin Würdig 1877 seine Abschlussarbeit vor: Den Entwurf einer Mädchenschule für Radeberg. Nach seiner Übersiedlung nach Radeberg war die Bauausführung dieser Mädchenschule seine erste selbstständige Tätigkeit. Schrittweise übernahm er Geschäftsfelder seines älteren Bruders und gründete zusätzlich eine eigene Firma. Er entwickelte bis 1899 eine rege Bautätigkeit an öffentlichen Gebäuden, Wohnhäusern und Fabrikgebäuden in Radeberg.

In Loschwitz kaufte er 1896 das Haus am Veilchenweg 3 als Sommersitz, das er 1900 an den Architekten Gustav Adolf Rumpel (1844 – 1904, → *K2*) verkaufte. Im gleichen Jahr erwarb er von der Erbengemeinschaft Rosig für 28 000 Mark das Winzerhaus samt Weinberg am → *Körnerweg 8* (→ *Villen und Winzerhäuser*). Hier gestaltete er das Fachwerkhaus um und verzierte es mit Jugendstilelementen. Die einstige Wetterfahne – ein Hahn – stammte von der Stadtkirche Radeberg. Würdig hatte sie 1886 beim Umbau der Kirche mitgenommen; leider ist sie heute nicht mehr erhalten. Für die staatliche Begutachtung seines Hausumbaues zeichnete Baurat → *Theodor Lehnert* aus Loschwitz verantwortlich. Im Juli 1900 stellte Würdig noch einen Bauantrag für einen Villenneubau oberhalb im Weinberg. Dieser Bau wurde nach mehreren Änderungen am Entwurf 1902 im Jugendstil ausgeführt. Das Gebäude erhielt den Namen »Alexa«. Würdig bewohnte die Villa mit seiner Frau und mit zwei von fünf in Radeberg geborenen Kindern. Der Zugang, Körnerweg 6b (heute Schillerstraße 21c), erfolgte über eine neu angelegte Treppenanlage mit 127 Stufen. Die Wohnungen im Winzerhaus Körnerweg 8 wurden vermietet.

Alwin Würdig starb am 16. Juni 1930. Das Familiengrab befindet sich auf dem Loschwitzer → *Friedhof*. Im Mittelteil der Grabanlage ist das Symbol der Freimaurer eingefügt, das von seiner 44-jährigen Zugehörigkeit zur Johannisloge »Zum grünen Apfel« in Dresden zeugt. **Ute Häse, Bernd Rieprich**

Quellen: 39, 640, 870, 1000

Familiengrab Würdig, Friedhof Loschwitz, 2008 *Foto: Ute Häse*

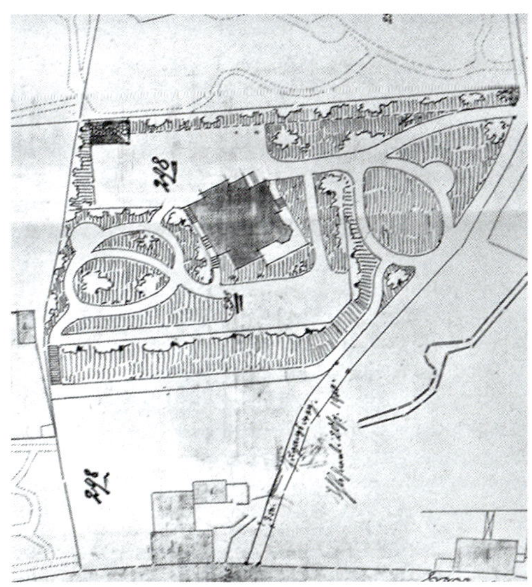

Lageplan mit Park und Villa
Denkmalschutzamt Dresden

Baumgärtel, Lothar; Kantor und Organist (* 1940) → *K2*
Becher, Gerald; Musiker (* 1938) → *K2*
Becher, Hugo Emanuel; Bildhauer und Medailleur (1871 – 1962) → *K2*
Beeger, Fritz; Maler und Grafiker (1897 – ?) → *K2*
Behm, Hans; Architekt (1889 – 1975) → *K2*
Behrens, Manja; Schauspielerin (1914 – 2003) → *K1*
Bellmann, Karl; Architekt und Maler (1887 – 1976) → *K1*
Bercht, Erna Ottilie; Malerin und Holzschneiderin (1881 – 1966) → *K2*

Bergbahnen

Die steilen, etwa 100 m hohen Abhänge entlang der Elbe erschwerten von jeher den Verkehr von Loschwitz auf das Hochplateau. Die Anlage normaler Schienenbahnen ist hier ausgeschlossen. Deshalb entstanden zwei Bergbahnen, die den Verkehr zwischen Körnerplatz und der Hochfläche beiderseits der Grundstraße vermitteln, und eine dritte für privaten Verkehr am → *Lingnerschloss*.

Schwebebahn

Planung, Bau, Eröffnung

Der in Loschwitz ansässige Hofbuchhändler Heinrich Warnatz, ursprünglich Gegner der Standseilbahn, sah, wie in dem nun erschlossenen Teil des damaligen → *OT Oberloschwitz* die Grundstückspreise stiegen und initiierte 1895 den Bau einer Seilbahn zum → *Ortsteil Schöne Aussicht*. Am 29. Februar 1896 stellte er gemeinsam mit der »Continentalen Gesellschaft für elektrische Unternehmungen« (Conti) in Nürnberg einen Konzessionsantrag. Die Conti war eine Tochter des Schuckert-Konzerns und befasste sich mit der Verwertung des Patents von Eugen Langen (1833 – 1895) über eine Schwebebahn. Ein Stahlgerüst trug eine Fahrschiene, auf der die hängenden Wagen laufen. Der Conti, die nach diesem System die Schwebebahn in Wuppertal als Stadtschnellbahn baute, bot sich nun in Loschwitz die Möglichkeit, ihre Anwendungsmöglichkeit als Seilbahn zu zeigen.

Bau des Gerüsts der Schwebebahn, 1900
Foto: Slg. Mario Schatz

Schwebebahn (mit Vorsetzwagen), Ansichtskarte 1901 *Foto: KV Max Köhler*

Die sächsische Regierung war gegenüber dem Projekt sehr aufgeschlossen, doch die Neuheit des Systems führte zu einer langen Planungsphase. Am 19. Dezember 1898 gründete der Schuckert-Konzern die Elektra AG mit Sitz in Dresden, die nun Planung, Bau und später den Betrieb der Schwebebahn durchführte.

Es entstanden zwei Projekte: Talstation abseits vom Körnerplatz an der Pillnitzer Landstraße hinter der → *Kirche* und Bergstation an der → *Gaststätte* »Schöne Aussicht« und der vorhandenen Krügerstraße nach Rochwitz sowie als zweites Projekt: Talstation nahe dem Körnerplatz an der Pillnitzer Landstraße 3 und Bergstation abseits aller Straßen im OT Schöne Aussicht. Die Entscheidung fiel für das letztere Projekt, obwohl die Elektra eine Straße zur Erschließung der Bergstation bauen musste (Oeserstraße). Da der Besitzer des Grundstücks Pillnitzer Landstraße 3 nicht verkaufen wollte, entstand die Talstation im Nachbargrundstück Pillnitzer Landstraße 5. Die geradlinig geplante Strecke erhielt deshalb im unteren Bereich einen Bogen mit 200 m Radius.

Die feierliche Eröffnung der Schwebebahn fand am 6. Mai 1901 in Anwesenheit des späteren Königs Prinz Friedrich August und seiner Söhne statt. Gleichzeitig wurde die → *Gaststätte* »Loschwitzhöhe« eröffnet, welche die Elektra neben der Bergstation erbaut hatte und die stets an renommierte Gastronomen verpachtet wurde.

Strecke und Technik

Das 273,8 m lange Traggerüst erhielt 33 Stützen, von denen die Stütze Nr. 24 fest, die übrigen als Pendelstützen ausgebildet wurden. Die höchsten Stützen sind Nr. 16 und 17 mit 13,6 m. Der gesamte Höhenunterschied beträgt 84,2 m, die Maximalsteigung mit 40 % liegt im Bereich der Bergstation. Die Überschreitung des Veilchen- und des 1. Steinweges sollte die Überlegenheit des Systems gegenüber einer Standseilbahn demonstrieren.

Ursprünglich waren vier Wagen mit je 40 Sitzplätzen vorhanden, davon zwei mit dem

Bergstation der Schwebebahn, 1901
Aus: Eröffnungsschrift/Slg. Mario Schatz

Bedienungsstand im Maschinenhaus zur Zeit des Dampfbetriebes
Foto: Slg. Mario Schatz

Schwebebahn, Ansichtskarte Hier fährt nur der Vorsetzwagen, Nr. 4
Foto: Emil Huth, Slg. Elbhang-Photo-Galerie

Seil verbundene Hauptwagen und zwei Vorsetzwagen. Jedes Fahrzeug hing mit seinem Dach an zwei Tragbalken und Fahrschiene umfassenden Laufwerken, in denen auch die automatischen Bremsen untergebracht waren, die den Wagen bei Seilbruch zum Stillstand brachten. Hersteller der Fahrzeuge und des Traggerüstes war die Vereinigte Maschinenfabrik Augsburg und Nürnberg (heute MAN).

Die Fördermaschine in der Bergstation wurde von der Kette AG Schiffswerft Übigau wie bei der Standseilbahn mit zwei Treibscheiben von 4.000 mm Durchmesser geliefert. Zusätzlich sind vier große Leiträder eingebaut, die das Zugseil mit 44 mm Durchmesser und 410 m Länge vom Gerüst hinunter zur Fördermaschine und danach wieder hinauf und auf die andere Seite des Gerüstes führen. Wie bei der Standseilbahn wird stets ein Wagen zu Berg gezogen, während der andere zu Tal gelassen wird. Als Antrieb dienten zwei Verbund-Dampfmaschinen mit je 80 PS Leistung. Die Bergstation wurde als wuchtiger Turm gestaltet, um den notwendigen Schornstein der Dampfkessel zu kaschieren. Dieser Turmbau wie die filigranen, dafür aber dicht stehenden Stützen des Traggerüstes waren das Ergebnis erster, wenn auch fragwürdiger Bemühungen um den Landschaftsschutz an den Elbhängen.

Die Talstation erhielt eine geräumige Wartehalle. Beide Gebäude entwarf der → *Architekt* Friedrich Reuter (1861 – 1942).

Weitere Entwicklung

Schon während des Baues forderten mehrere Gemeinden die Verlängerung durch eine Straßenbahn mindestens bis Rochwitz, was aus Kostengründen unterblieb. Das war ein Fehler, denn wegen des geringen Einzugsbereichs der Bergstation wurde die Schwebebahn weit weniger benutzt als die benachbarte Standseilbahn. 1905 wurde der Betrieb mit Vorsetzwagen eingestellt. Das gestattete die Verwendung dünnerer Zugseile, zunächst 34 mm, heute 38 mm Durchmesser. 1906 hatte die »Elektra« die Aktienmehrheit der Standseilbahn erworben, führte die Betriebsgemeinschaft ein und ließ die Wartehalle der Talstation in Büroräume umbauen. Ab 1909 erfolgte der Antrieb durch einen Elektromotor mit einer Leistung von 28,7 kW.

1909 drehte man das Seil an einer Stelle auf, um den Zustand im Inneren zu begutachten. An dieser Stelle riß das Seil wenig später, doch die automatischen Bremsen, die in die Laufwerke der Wagen eingebaut sind, hielten diese sicher fest.

Die Elektra nutzte Bestrebungen der Stadt Dresden zum Kauf des Elektrizitätswerkes aus und verkaufte auch die defizitäre Schwebebahn, die ab 1. Januar 1912 zur »Städtischen Straßenbahn Dresden« und ihren Rechtsnachfolgern, heute der »Dresdner Verkehrsbetriebe AG (DVB)« gehört. 1930 erfolgte eine General-

Die Gedenktafel für den Erfinder der Einschienen-Schwebebahn Eugen Langen in der Talstation ist ein Geschenk der Familie Langen und wurde im Beisein von Familienangehörigen am 21. Oktober 2006 enthüllt.
Foto: Siegfried Großmann

Links: Talstation, 1901, Ansichtskarte *Slg. Götz*

überholung der Hauptwagen, wobei die untere, als Dienstabteil dienende Plattform geschlossen wurde. Die Vorsetzwagen hielten während dieser Arbeiten den Verkehr aufrecht und wurden danach verschrottet. Bei der 1934 erfolgten Erneuerung der Fahrschienen wurden diese auf der Sierksstraße zusammengeschweißt und in einem Stück durch das Maschinenhaus und über das gesamte Traggerüst durchgefädelt. Besonderes Aufsehen erregte ein Zusammenstoß zwischen Schwebebahn und einem Lastkraftwagen am 4. Oktober 1932 am Veilchenweg.

Beim Luftangriff auf Dresden am 13./14. Februar 1945 wurde die Talstation von Brandbomben getroffen, doch das Feuer konnte gelöscht werden. Am 20. Februar 1945 ging die Bahn wieder in Betrieb.

1951 wurde der Bedienungsplatz aus dem Maschinenhaus an das Bahnsteigende verlegt, sodass der Maschinist die Strecke übersehen konnte. 1954 erhielten die Wagen Gepäckkörbe nach dem Vorbild der Standseilbahn, 1955 wurden auch die oberen Plattformen geschlossen.

Strecke der Schwebeseilbahn im Herbst 1986 *Foto: Mario Schatz*

1964 erhielt die Bahn einen neuen Antriebsmotor mit 80 kW Leistung, 1967 erfolgten umfangreiche Reparaturen am Traggerüst.

Infolge der Schließung der Gaststätte »Loschwitzhöhe« im Jahre 1965 und der Führung der Omnibuslinie 84 von Rochwitz direkt zum Körner- und Schillerplatz ab 1972 ging die Benutzung der Schwebebahn stark zurück, ihre Stilllegung war für 1980 vorgesehen. Doch als älteste Bergschwebebahn der Welt stand die Anlage unter Denkmalschutz, und so beschloss 1975 der Rat der Stadt Dresden, die Bahn zu erhalten. Ab 1. September 1981 begann eine umfangreiche Rekonstruktion mit der Überholung von Fördermaschine und Bergstation. Nach einer kurzzeitigen Wiederinbetriebnahme vom 1. Oktober 1982 – 18. März 1984 erfolgte die Erneuerung des Traggerüstes. Dabei gab es spektakuläre Hubschraubereinsätze zum Ausfliegen der alten und Einfliegen der neuen Stützen. Gleichzeitig entstanden in der Straßenbahnwerkstatt Trachenberge zwei neue Wagenkästen, während die Laufwerke von 1901 nach einer Überholung weiter verwendet werden konnten.

In der DDR gab es keinen Seilbahnhersteller. So wurden die komplizierten Arbeiten unter Regie der Verkehrsbetriebe durch zahlreiche

Abtransport der Wagen nach Trachenberge, 1984 *Foto: Ute Häse*

Demontage des Traggerüstes mit Hubschrauber, 1987 *Foto: Mario Schatz*

Fördermaschine mit Sicherheitsbremse (gelb), 2012 *Foto: Ute Häse*

Rückseite des Maschinenhauses mit Aufzug zur Aussichtsplattform, 2013 *Foto: S. Großmann*

Die restaurierte Talstation, 2014 *Foto: Siegfried Großmann*

Blick aus dem unteren Tunnel, 1986 *Foto: Mario Schatz*

Dresdner und auswärtige Betriebe ausgeführt und schritten infolge Materialmangel und schwieriger Koordination nur langsam voran. Erst am 31. Mai 1991 ging die Bahn mit einem verspäteten Festakt zum 100-jährigen Jubiläum wieder in Betrieb. Doch arbeiteten plötzlich mit der Frequenz der Signalübertragung auch Krane und Baumaschinen, sodass es wiederholt zu Betriebsstörungen kam. Nachdem am 28. März 1993 14 Fahrgäste geborgen werden mussten, wurde die Anlage verändert.

Die Verwendung ungeeigneten Materials hatte zu Rissen in den Fahrbahnträgern geführt, sodass die Bahn ab 5. März 2001 nochmals stillgelegt werden musste. Nach umfangreichen Probefahrten wurden ab 29. März 2002 an Wochenenden wieder Fahrgäste befördert, während in der Woche noch Anstricharbeiten am Traggerüst erfolgten. Die Wiedereröffnung fand am 22. Juni 2002 statt. Seit diesem Tag führt ein Aufzug auf das Dach der turmartigen Bergstation, von wo aus eine herrliche Aussicht auf Dresden und seine Umgebung zu erleben ist. Der Abstieg führt durch das Maschinenhaus und durch eine Ausstellung zur Geschichte der Schwebebahn. **Mario Schatz**

Quellen: 36, 270, 271, 272, 745, 884, 919

Zum 110-jährigen Jubiläum erhielt ein Wagen die rote Originalfarbe, 2011 *Foto: S. Großmann*

Standseilbahn

Der Name der Bahn war ursprünglich Drahtseilbahn. Seit 1940 wird der fachlich richtige Begriff Standseilbahn verwendet.

Planung, Bau, Eröffnung

Der Fabrikant Ludwig Küntzelmann (1826–1881) hatte auf dem Weißen Hirsch umfangreichen Grundbesitz erworben. Um diesen als Bauland weiterverkaufen zu können, musste er eine Verkehrsanbindung schaffen und beantragte 1873 die Konzession für eine Standseilbahn nach Loschwitz. Der sächsische Staat lehnte dieses Projekt ebenso ab wie das Konzessionsgesuch, das Rechtsanwalt Dr. Felix Bondi, Ferdinand Dörfinger und Dr. Alfred Stössel 1890 eingereicht hatten. Nachdem der Bau einer Eisenbahn von Dresden auf die Hochfläche an den enormen Kosten gescheitert war, forderte das Innenministerium 1893 die Vorgenannten auf, ihr Konzessionsgesuch nochmals einzureichen, und genehmigte es.

Das ursprüngliche Projekt mit Talstation hinter dem Grundstück Grundstraße 3, Umfahrung des Burgberges mit weitem Gegenbogen und Bergstation am Rißweg scheiterte am Bürgerprotest. Daher entstand die Talstation hinter dem Ratskeller, ein anschließender Tunnel vermied Ärger mit den Grundstücksbesitzern. Die Strecke führte dann fast gerade hinauf zum → *»Luisenhof«*, wo ein zweiter Tunnel notwendig war. Der auf der Plattleite 14 ansässige Hofbuchhändler Heinrich Warnatz forderte die freie Sicht auf das Elbtal ein. Daher musste die Brücke über den Sandweg flach gehalten werden, sodass die Strecke dahinter stark anstieg.

Standseilbahn, damals »Drahtseilbahn« genannt, während des Baus, 1895 *Foto: Slg. Ute Häse*

Diese vielen Änderungen verteuerten das Projekt derart, dass es die Mittel der Konzessionäre überstieg und sie die Konzession 1894 an die »Vereinigte Eisenbahnbau- und -betriebsgesellschaft m.b.H.« in Berlin verkauften. Den Bau führten die Baumeister Mirus und Berndt aus, die Brücke über Rietschel- und Sandweg montierten »Kelle & Hildebrand« in Niedersedlitz-Großluga. Der lange Winter, Erdrutsche und Senkungen am Hotel Burgberg verzögerten die Arbeiten. Am 21. September 1895 traf der erste Wagen ein. Da er an Bahnsteige und einige Stützmauern anstieß, mussten diese verändert werden. Am 8. Oktober 1895 erfolgte die erste Probefahrt. Bei der Abnahmefahrt durch die Aufsichtsbehörde am 10. Oktober 1895 stieß der Güterwagen mit dem Dach an die Decke des oberen Tunnels und entgleiste. Am 25. Oktober 1895 wurde die Abnahme wiederholt und am 26. Oktober 1895, 13 Uhr, der fahrplanmäßige Verkehr aufgenommen. Nachträglich fand am 29. Oktober 1895 eine Eröffnungsfeier im Luisenhof statt.

Strecke und Technik

Vom Körnerplatz führt neben dem Ratskeller eine Einfahrt zur Talstation, in deren Halle sich je ein Bahnsteig zum Ein- und Aussteigen befindet. Das Gleis mit einer Spurweite von 1.000 mm führt sofort in den 86 m langen Tunnel durch den Burgberg und danach am Berghang entlang. Die Seitentäler der Trille mit Rietschel- und Sandweg werden auf einem 102 m langen stählernen Gerüstpfeilerviadukt überschritten. Auf dieser Brücke befindet sich auch die Ausweichstelle. Es schließt sich der steilste Streckenteil mit Neigungen bis 28 % an. Durch einen 54 m langen zweiten Tunnel wird die Bergstation erreicht. 1895 befand sich hier nur ein offener Bahnsteig, daneben ein Häuschen mit Warteraum und der Bahnverwaltung und darunter das Maschinenhaus. Die Streckenlänge beträgt heute 547 m, der Höhenunterschied 94 m (ältere, davon abweichende Daten sind bedingt durch Umbauten der Stationen).

Obwohl sich die Bergstation in Oberloschwitz befindet, heißt sie bis heute »Weißer Hirsch«, denn die Standseilbahn wurde zum Anschluss dieses Ortes geschaffen. Im Bereich der Bergstation gab es 1895 nur den Luisenhof.

An jedem Ende des Zugseils mit 38 mm Durchmesser ist ein Wagen befestigt. In der Bergstation führt es in das Maschinenhaus, läuft dort mehrmals über die beiden Treibscheiben mit 4.000 mm Durchmesser und wieder hinaus auf die Strecke. Bei jeder Fahrt wird ein Wagen zu Berg gezogen und gleichzeitig der andere zu Tal gelassen. Angetrieben wurden

Reste der Drehscheibe in der Bergstation
Foto: Siegfried Großmann

die Treibscheiben zunächst von zwei Dampfmaschinen mit je 60 PS Leistung. Der für die Dampfkessel unvermeidliche Schornstein wurde in der sensiblen Landschaft heftig kritisiert. Hersteller der Maschinenanlage war die Schiffswerft Übigau der Kette AG. Der Maschinist hatte seinen Platz im Maschinenhaus, konnte die Strecke nicht einsehen und musste die Bahn nach den vom oberen Wagen ausgelösten Glockensignalen genau an den Bahnsteigstufen zum Stehen bringen.

Die Waggonfabrik Gebr. Hofmann in Breslau hatte sechs Fahrzeuge geliefert. Zwei gelb lackierte Personenwagen waren als Hauptwagen fest mit den Seilenden verbunden und daher ständig in Betrieb. Bei starkem Ausflugsverkehr wurde auf der Bergseite je ein weiterer Personenwagen vorgesetzt. Werktags waren die Vorsetzwagen auf dem verlängerten Gleis der Bergstation abgestellt. Jeder Personenwagen hatte 32 Sitzplätze, bergwärts durften weitere neun Personen stehen.

Werktags wurde talseitig an jeden Hauptwagen ein offener Güterwagen angehängt. Am Körnerplatz fuhren Pferdegespanne über eine Kopframpe auf den Güterwagen auf. In der Bergstation sieht man heute noch Reste einer Drehscheibe, auf der das Wagenoberteil um etwa 30° gedreht wurde, damit die Gespanne zur Straße abfahren konnten. Trotz eines Schutzdaches über den Pferden scheuten die meisten Tiere bei der Fahrt durch die Tunnel, sodass der Güterverkehr kaum genutzt werden konnte und 1900 wieder eingestellt wurde. Eine Schiebebühne in der Talstation ermöglichte es,

Talstation mit Güterwagen an der Rampe, um 1902, Ansichtskarte, links die Burgbergtreppen *Slg. Mario Schatz*

Brücke mit Ausweichstelle in der Streckenmitte, 1986 *Foto: Mario Schatz*

sonntags die Güterwagen nach Abnahme des Schutzdaches unter den Bahnsteigzugängen verschwinden zu lassen.

Die Achsen aller Fahrzeuge besitzen ein Rad mit Doppelspurkranz und ein walzenförmiges Rad. Das Ausweichen in der Streckenmitte erfolgt über sogenannte Abtsche Weichen, bei denen die Außenschienen lückenlos durchgeführt sind. Da die Doppelspurkränze bei einem Wagen rechts, beim anderen links angeordnet sind, fährt jeder stets in das richtige Gleis. Alle Fahrzeuge besitzen Bremsen, die sie bei Bruch des Zugseils automatisch zum Stillstand bringen.

Weitere Entwicklung

1897 bildete die »Vereinigte Eisenbahnbau- und -betriebsgesellschaft« die Tochter »Drahtseilbahn Loschwitz AG«. Erhebliche Konkurrenz brachte die 1899 eröffnete Straßenbahn nach Bühlau. Daher errichtete die Drahtseilbahn AG neben ihrer Bergstation ein → *Elektrizitätswerk* und nannte sich ab 1907 Drahtseilbahn und Elektrizitätswerk Loschwitz AG.

1906 übernahm die »Elektra AG«, Besitzer

Fahrgäste und Personal in der oberen Station, hinten stehen die bis 1940 sonntags bei starkem Verkehr eingesetzten Vorsetzwagen, neben dem Schaffner der Hausdiener des Luisenhofs *Slg. Mario Schatz*

Bedienstand, 1950er Jahre *Archiv DVB AG*

Maschinenhaus, 1986 *Foto: Mario Schatz*

der benachbarten Schwebebahn, die Aktienmehrheit und führte die Betriebsgemeinschaft beider Bahnen ein. Ab 1909 erfolgte der Antrieb der Fördermaschine durch einen Elektromotor mit einer Leistung von 44,2 kW.

Um diese Zeit betrieb die Stadt Dresden den Aufkauf der kleineren Elektrizitätswerke in ihrer Umgebung. Die Elektra stellte die Bedingung, dass die Stadt neben dem E-Werk auch beide Bergbahnen erwerben müsse. So sind seit dem 1. Januar 1912 die Städtische Straßenbahn Dresden und ihre Rechtsnachfolger – heute die Dresdner Verkehrsbetriebe AG (DVB) – Eigentümer und Betreiber der Bahn.

Die Städtische Straßenbahn unternahm sofort umfangreiche Modernisierungen. Alle Anlagen des Güterverkehrs verschwanden, die Bergstation erhielt eine Bahnsteighalle, der Schornstein wurde abgebrochen. Die Klapptüren der Hauptwagen wurden durch Schiebetüren ersetzt, außerdem erhielten sie vor der talseitigen Plattform einen Gepäckkorb für größere Gepäckstücke, Fahrräder und Kinderwagen. 1925 erhielten auch die Vorsetzwagen Schiebetüren. 1930 bekamen die Fahrzeuge elektrische Beleuchtung und Heizung, wozu die Strecke eine Oberleitung erhielt. 1934 lieferte die Firma Christoph & Unmack Niesky zwei neue Hauptwagen in Stahlleichtbau mit 48 Sitzplätzen. Die Vorsetzwagen wurden ab 1940 nicht mehr benutzt und 1949 verschrottet.

Seilbahnwagen, Baujahr 1934 mit Vorsetzwagen
Foto: Archiv DVB AG

Beim Luftangriff am 13./14. Februar 1945 brannte die Halle der Talstation ab. Die Bahn selbst blieb unbeschädigt, die Wagen hatte man in den Tunneln sichergestellt, und so konnte die Bahn ab 20. Februar 1945 wieder fahren. Die zerstörte Bahnsteighalle wurde 1946 mit Trägern, die aus zerstörten Häusern geborgen wurden, wieder aufgebaut.

Eine Modernisierung begann 1960 mit dem Umbau der Signalanlagen. In der Straßenbahnwerkstatt Trachenberge entstanden 1962/63 neue Fahrzeuge mit 44 Sitzplätzen und einem geschlossenen Gepäckabteil. Einer der Wagen

Abtsche Weiche, 1986 *Foto: Mario Schatz*

Bergstation, 2014 *Fotos (2): Siegried Großmann*

von 1934 stand bis 2015 im Verkehrsmuseum. 1965 wurde die Talstation so umgestaltet, dass alle Stufen entfielen. Da ein Ersatz der Fördermaschine und Brücke nicht möglich war, erfolgte 1978/79 eine Großreparatur. Etappenweise wurden die Gleisanlage erneuert und in den Sperrzeiten Brücke und oberer Tunnel saniert.

Nach 1990 gingen die Fahrgastzahlen durch Zunahme der Motorisierung und abnehmenden Berufsverkehr erheblich zurück. Trotzdem erfolgte ab 4. Oktober 1993 eine umfassende Rekonstruktion. Die Wiener Firma »Waagner-Biro« baute eine neue Fördermaschine. Der Bedienungsraum wurde an den Bahnsteig verlegt. Die neue automatische Thyristorsteuerung gestattet einen automatischen Betrieb ohne Wagenbegleiter. Die Talstation erhielt ein neues Hallendach. Tunnel, Brücke und Streckenausrüstung wurden saniert. Der Waggonbau Bautzen lieferte zwei neue Fahrzeuge, die für 60 Personen zugelassen sind. Bei der Sanierung wurde nach Möglichkeit der alte Zustand erhalten, da die Anlage die älteste erhaltene Standseilbahn Deutschlands ist und unter Denkmalschutz steht. Am 22. Oktober 1994 wurde der Betrieb wieder aufgenommen.

Mario Schatz

Quellen: 36, 273, 884, 919

Seilbahn am Lingnerschloss

Nachdem *Karl August → Lingner* (1861–1916) die Villa Stockhausen (→ *Lingnerschloss*) gekauft hatte, ließ er sich von »August Kühnscherf & Söhne«, Hersteller von Aufzügen in Dresden, eine Standseilbahn erbauen.

Einziges Gebäude war die heute noch östlich des Schlosses vorhandene Bergstation mit Wagenhalle und rundem Maschinenhaus. Von dort führte die Strecke mit einer Neigung von 57,7 % fast parallel zur Grundstücksgrenze zu → *Schloss Eckberg* bis zur untersten Terrasse. Erkennbar ist heute noch die Trasse an den Unterbrechungen der Weinbergsmauern sowie an dem einen Bahnsteig neben dem später erbauten Mausoleum.

Es gab nur einen Wagen, der an eine Aufzugskabine erinnerte, mit zwei Sitz- und sechs Stehplätzen. Dieser fuhr auf einem aufgeständerten Gleis mit einer Spurweite von 1.000 mm. Auf einem zweiten ebenerdigen Gleis mit 825 mm Spurweite lief ein Gegengewicht. Die Fördermaschine besaß zwei Seiltrommeln von 2100 mm Durchmesser und wurde durch einen Elektromotor mit 11,8 kW Leistung angetrieben. Wagen und Gegengewicht besaßen je zwei Zugseile von 16 bzw. 13 mm Durchmesser. Während der Fahrt wickelte die Fördermaschine zwei Seile auf die eine Trommel auf und gleichzeitig die beiden anderen von der zweiten Trommel ab. Diese Seilbahn war die erste, bei der die Steuerung vom Wagen aus erfolgte. Auf Wunsch konnte an jeder Terrasse angehalten werden.

Lingners Seilbahnwagen auf der Strecke
Foto: Slg. Mario Schatz

Die am 18. Mai 1908 eröffnete Seilbahn diente zu keiner Zeit dem öffentlichen Verkehr, sondern nur den Bedürfnissen Lingners. Daher wurde sie nach dessen Tod 1916 nicht mehr benutzt. Ab 1933 wurde das Maschinenhaus als Trafostation genutzt und die Seilbahn abgebrochen.

Der → *Förderverein* Lingnerschloss nahm sich der Wiederherstellung der Anlage an und konnte 2014 das Richtfest der Bergstation feiern. Langfristig ist auch der Wiederaufbau der Bahn als öffentlicher Schrägaufzug geplant, um den Benutzern des Elbe-Rad- und Wanderweges einen bequemen Zugang zu den drei Schlössern am Loschwitzer Elbhang zu ermöglichen.

Wagen an der unteren Station
Foto: Slg. Mario Schatz

Mario Schatz

Quellen: 746, 919

Bergbau

Zumindest Bergbauversuche hat es einst gegeben: Sächsische Bergamtsakten nennen u. a. eine Fundgrube »Wils Gott, so hauen wir Erz (Loschwitz im Grunde 1602)«.

Die Schürfstätten könnten der Bergabbruch hinter dem Schweizerhaus oder das Terrain des Steinbruches von Minkwitz an der Neugersdorfer Straße gewesen sein.

Und vielleicht hat sogar der Name des dabei gelegenen → *Gasthauses* »Zur Eule« darin seinen Ursprung, denn der Eulenname ist im Bergbau auch andernorts zu finden. Offenbar wurden die Bergleute (aus dem Eulengebirge) jedoch nicht fündig, denn die Nennung von 1602 bleibt der einzige diesbezügliche Hinweis.

Matthias Griebel

Quelle: 648

Der Erzhaufen A. Der entzündete Erzhaufen B.
Ein Arbeiter, der Schiefer auf das Strauchwerk schafft C.

Zeitgenössische Darstellung, 1590
Slg. Matthias Griebel

Berge, Gerhard; Pianist (1926–2006) → *K2*
Berger, Wolfgang; Musiklehrer und Chorleiter (1921–2007) → *K2*
Beringe, Clara von; Malerin (1863–1939) → *K2*
Berndt, Siegfried; Maler, Grafiker und Kunsterzieher (1880–1946) → *K2* → *Schule*
Berner, Christoph; Musiker (* 1971) → *K2*
Bernhard(i), Christoph; Kapellmeister und Komponist (1627–1692) → *K1* → *»Weißer Adler«*, → *Gaststätten*

Bernkopf, Georg

Maler, Grafiker und Architekt (1892 – 1967)

Georg Emil Bernkopf (→ *K2*) wurde am 20. November 1892 in Dresden, Zöllnerstraße 5, als Sohn des Bildhauers Georg Carl Wilhelm Bernkopf (1868 – 1940) und Anna Meißner geboren. Zwei Jahre später, im Oktober 1894, schlossen seine Eltern die Ehe und zogen nach Dresden auf die Nicolaistraße, im folgenden Jahr auf die Blasewitzer Straße, später auf die Wittenberger Straße und schließlich um 1910 auf die Schandauer Straße 5. Seine Kindheit, Schul- und Studienzeit verbrachte Georg in Dresden. Ab Frühjahr 1910 besuchte er die Städtische Gewerbeschule Dresden, Fachrichtung Bauwesen. Hier erhielt er seine Ausbildung zum Architekten. Vermutlich 1914 verließ er die Schule. Während des Ersten Weltkrieges war er mit großer Wahrscheinlichkeit Soldat, wohl in Frankreich, wie ein 1917 dort gemaltes Aquarell nahelegt.

Nach dem Krieg lebte er bei seinen Eltern in der Dresdner Wohnung, Schandauer Straße 5. Bereits 1925 wurde er als Lehrling in die Freimaurerloge »Zum goldenen Apfel« aufgenommen. Für das 150. Stiftungsfest der Loge schuf er 1926 eine Bronzemedaille. Das Adressbuch 1926/27 enthält erstmals einen eigenen Eintrag für den Sohn Georg, der ihn als Maler, Radierer und Architekt ausweist. Seinen Arbeitsraum hatte er zunächst Rosenbergstraße 8 und ab 1931 Bodenbacher Straße 37 in Dresden-Neugruna. Man kann davon ausgehen, dass er bezüglich der Malerei ein Autodidakt gewesen ist.

Da sein Atelier auf der Bodenbacher Straße beim Luftangriff am 13. Februar 1945 total zerstört wurde, ist von seinem malerischen und grafischen Werk fast nichts erhalten. Seine Radierungen und Lithografien entstanden – soweit man das aus den noch vorhandenen ableiten kann – vornehmlich im Raum Dresden und der Sächsischen Schweiz. Zu seinen ältesten noch erhaltenen Werken gehört die Radierung »Schloß Schönfeld bei Pillnitz«, die um 1920 entstand.

Georg Bernkopf, nach 1945 Foto: Archiv OVLW

Nach Zerstörung seines Striesener Ateliers und seiner Wohnung auf der Schandauer Straße 5 wohnte er mit seiner Ehefrau Dora geb. Weinhold zunächst in Dresden-Blasewitz, Loschwitzer Straße 6. Im Januar 1947 erhielt Bernkopf vom Freien Deutschen Gewerkschaftsbund (FDGB) die Anerkennung als freischaffender Künstler und die Berechtigung, Malschüler auszubilden. Wahrscheinlich im gleichen Jahr begann seine Tätigkeit als Dozent an der neueröffneten Ingenieurschule für Bauwesen auf der Dornblüthstraße in Dresden-Striesen. Ebenfalls 1947 zog er mit seiner Frau nach Dresden-Loschwitz, OT Schöne Aussicht, Malerstraße 27, wo er bis zu seinem Tod wohnte. 1951 wurde die bisherige Ingenieurschule für Bauwesen auf der Dornblüthstraße geschlossen und im gleichen Haus die Reichsbahn-Fachschule Dresden eröffnet. Bernkopf verblieb dort als Dozent.

> Der Künstler [...] zeichnet mit weichem Graphit auf rauem Papier. Er zieht klare Linien, strichelt und schraffiert mit kräftigem Strich, füllt detailliert ausgearbeitete Flächen. In einer Serie von 14 Blättern setzt er helle Flächen gegen dunkle Kontur, Felswände gegen Bäume. Er zeigt weite Blicke in die Landschaft, seltener Menschen.[1]

»Die Zusammenarbeit mit talentierten Schülern war schöpferischer Ausgleich zu seiner Dozententätigkeit in den Fächern technisches Zeichnen und Freihandzeichnen. Unterschiedliche Maltechniken (Radierung, Kohle-, Grafit-, Pastellzeichnung und Ölmalerei) wurden unter seiner Anleitung ausprobiert.«[2]

Zu seinem Freundeskreis gehörten Künstler wie Otto Westphal (1878 – 1975, → *K1*), Helmut Schmidt-Kirstein (1909 – 1985, → *K1*) und Erich Müller (1909 – 1976, → *K2*).

1957 beendete Bernkopf seine Dozententätigkeit. Er starb am 1. November 1967 in Dresden und wurde auf dem Trinitatisfriedhof beigesetzt.

Zu seinen Lebzeiten hatte Georg Bernkopf sich nie bemüht, sein Werk öffentlich zu zeigen. Der → *Ortsverein Loschwitz-Wachwitz* gestaltete im Jahr 2008 im Ortsamt Loschwitz eine Ausstellung »Türkenkopf und Höllenhund«. Gezeigt wurden neben anderen Werken auch Radierungen aus einer einst von ihm geplanten Mappe mit Motiven aus der Sächsischen Schweiz (siehe Kasten), deren originale Kupferplatten 1945 in seinem Atelier zerstört wurden.

Therese Jäger, Otto-R. Wenzel

Zitate:

1 o. V.; Georg Bernkopf »Türkenkopf und Höllenhund«; in: EHK 8/2008

2 Piesker, Irmgard, maschinenschriftlich 2008

Quellen: 38, 366, 640, 726, 811, 1046

Ohne Titel *Fotos (2): Slg. Irmgard Piesker*

Georg Bernkopf, Türkenkopf, 1943

Besig, Walter; Maler (1869 – 1950) → *K2*

Beuthner-Glöckner, Liese-Lotte; Sängerin (1920 – 2009) → *K2*

Beutner, Johannes

Maler und Grafiker (1890 – 1960)

Johannes Beutner (→ *K1*) wurde am 6. Mai 1890 in Cunnersdorf bei Hohnstein in der Sächsischen Schweiz geboren. Er wuchs als Sohn des Schlossermeisters und Werkzeugschmieds Ernst Louis Beutner in bescheidenen Verhältnissen auf. Seine Mutter, die verwaiste Maria Hedwig geb. Ebert aus Loschwitz bei Dresden, war des Vaters zweite Frau. Sie trug mit Gelegenheitsarbeiten zum Familieneinkommen bei. Die achtköpfige Familie musste viele Male ihren Wohnort wechseln, ehe sie 1897 eine Dorfschmiede in Rochwitz bei Dresden erwerben konnte. Dort wurde Johannes 1897 in die neue Dorfschule eingeschult. Durch Vermittlung seines Lehrers konnte er von 1903 bis 1905 privaten Zeichenunterricht bei *Richard → Müller* (1874 – 1954, → *K1*) nehmen, der im Loschwitzer Ortsteil Schöne Aussicht ein ehemaliges Sommerquartier *Ludwig → Richters* (1803 – 1884, → *K1*), heute Hermann-Vogel-Straße 2, bewohnte. Bereits im Alter von 15 Jahren wurde Beutner daraufhin mit Sondergenehmigung in die Unterklasse der Königlichen Akademie der Bildenden Künste Dresden aufgenommen.

Die für ihn wichtigsten Lehrer wurden der junge Robert Sterl (1867 – 1932) und Johann Raphael Wehle (1848 – 1936). Doch seine Familie konnte die Studiengebühren nicht dauerhaft aufbringen und Wehles Bemühungen um ein Stipendium blieben ohne Erfolg. Nach einem Jahr musste Beutner sich von der Akademie beurlauben lassen.

Bis April 1909 absolvierte er eine Lehre bei der Photo- und Chemigraphischen Kunstanstalt Werner und Ziller in Dresden. Nebenher errang er Erfolge als Radrennamateur, bis ihn ein Unfall 1910 zur Aufgabe dieses Sports zwang. Als berufliche Stationen folgten 1910/11 die Kunstdruckerei Körner und Dietrich in Leipzig, wo er neue Vierfarbdrucksysteme kennenlernte, sowie ein Aufenthalt in Wien 1912 und die Dresdner Graphische Kunstanstalt Römmler und Jonas auf der Blasewitzer Straße, wo er bald die Leitung der Kunstdruckerei und der Ätzerei übernahm. Mit Reproduktionen Dresdner Galeriebilder erlangte er hohe Anerkennung, sodass er auch Farbätzungen der bedeutendsten Werke des Louvre herstellen sollte. Der Ausbruch des Ersten Weltkriegs verhinderte dies. Von 1915 bis 1918 wurde er zum Berliner Eisenbahnpionierregiment Nr. 101 einberufen.

Im Juli 1919 heiratete Beutner Elisabeth Müller, die Tochter eines Dresdner Kaufmanns für Feinkostwaren. Als Volontär in zwei holzverarbeitenden Betrieben in der Sächsischen Schweiz lernte er die Herstellung von Holzschliff als Grundmasse für Papier kennen.

Johannes Beutner, Selbstporträt, 1919, Öl auf Malpappe Privatbesitz

1920 nahm er sein Studium an der Kunstakademie bei Otto Hettner (1875 – 1931) und ab 1921 bei Ludwig von → *Hofmann* (1861 – 1945, → *K1*) wieder auf. In dieser Zeit des Suchens nach neuen Ausdrucksformen folgte er seinen Lehrern im Streben nach metaphorischer Allgemeingültigkeit. Er experimentierte mit unruhig flackernden Farb- und Formelementen, versuchte sich an expressionistischem Zackenstil, neoimpressionistischer Lichtflutung und symbolistischer Überhöhung. 1921 erhielt er den Kompositionspreis der Akademie.

Johannes Beutner, Nach dem Bade Privatbesitz

Im gleichen Jahr wurde Beutners Tochter Gisela geboren. Sein Vater starb und seine Frau erkrankte schwer. Trotz allgemein akuter Wohnungs- und Ateliernot bekam er 1922 ein Studentenatelier und wurde von allen Studiengebühren befreit. Er war Meisterschüler Ludwig von Hofmanns und erhielt einen mit 10.000 Mark dotierten Anerkennungspreis. 1924 verließ er die Akademie mit einem Ehrenzeugnis. Als freischaffender Maler bezog er ein Atelier im Obergeschoss der Dresdner Taubstummenanstalt auf der Chemnitzer Straße, wo er in kollegialem Austausch mit *Hans Theo → Richter* (1902 – 1969, → *K1*), Günther Blechschmidt (1891 – 1971) und anderen arbeitete. Die Ateliers wurden im Februar 1945 mit allen darin befindlichen Werken und Dokumenten zerstört.

Rekonstruierbar ist Beutners zeitweise Hinwendung zur Neuen Sachlichkeit. Später wurde seine Handschrift malerischer. Er stellte vor allem im Deutschen Künstlerbund, in der Künstlervereinigung Dresden sowie in den Privatgalerien Arnold und Kühl aus. 1927 wurde er Mitglied der Berliner Arbeitsgemeinschaft »Juryfreie Kunstschau«.

1931 weilte er zu einem Studienaufenthalt in der Villa Massimo in Rom. Werke des Künstlerkreises »Valori Plastici«, der sich gegen Expressionismus, Kubismus und Futurismus wandte und für die Wiederaufnahme akademischer Malweisen plädierte, gaben seiner Malerei Impulse.

Kurz vor der Machtergreifung der Nationalsozialisten trat Beutner im Juni 1932 aus der Künstlervereinigung, in welche er 1930 aufgenommen und als Juror für die geplante Ausstellung aller Dresdner Künstlerverbände bestimmt worden war, wieder aus. Er setzte Hoffnung in die spontan gebildete Dresdner Sezession 1932, die noch einige ideologiefreie Ausstellungsprojekte realisieren konnte. Im September 1933 wurde er von der Aktion »Entartete Kunst« erfasst, als die Ausstellung »Spiegelbilder des Verfalls in der Kunst« sein Gemälde «Stillende Mutter in Schwarz« zeigte. Diese Schmähung zerstörte seine Existenz als Künstler für die nächsten zwölf Jahre. Er hatte kein ausgesprochenes Arbeitsverbot, wurde jedoch gemieden.

Der Freundeskreis »Die Aufrechten Sieben«, in dem er Kontakt mit den Künstlerkollegen Erich Fraaß (1893 – 1974), *Otto → Griebel* (1895 – 1972, → *K1*), *Hans → Jüchser* (1894 – 1977, → *K1*), Karl Kröner (1887 – 1972, → *K2*), Paul Wilhelm (1886 – 1965) und Fritz Winkler (1894 – 1964, → *K2*) hielt, half ihm durch die NS-Zeit. Beutner lebte von Reklameaufträgen und nahm am 1. Juli 1936 eine Anstellung als Reisevertreter für Fahrradteile bei Richard Gottschalk & Co an. Mit einem Präsentationssortiment eines Rotax-Freilaufs, an dessen Entwicklung er selbst mitgearbeitet hatte, fuhr er durch Süd- und Westdeutschland. Gegen Ende des Zweiten Weltkrieges nahm er eine Dienstverpflichtung an und entkam damit dem Waffendienst.

1945 stand Beutner vor einem Neubeginn. Seine Frau war im Frühjahr 1942 gestorben. Im August 1943 hatte er Hilda geb. Franke (1907–1995) aus Nossen geheiratet, die ihm seit Jahren Modell und Begleiterin war. Sie hatten zwei Söhne, Wolfgang und Ernst (geb. 1941 und 1942). Während des Bombenangriffs waren in seinem Atelier 110 Ölbilder, 70 Aquarelle, 550 Zeichnungen und Skizzenblöcke verbrannt. Durch seine Bemühungen um einen neuen Arbeitsraum erreichte er für sich und seine Familie 1945 die Einweisung in ein bombengeschädigtes Haus am Loschwitzer Elbhang, Robert-Diez-Straße 12.

Hoffnungsvoll stellte er sich in den Dienst für den künstlerischen Aufbau Dresdens. Er war im Vertrauensrat der Landeskammer der bildenden Künstler Sachsens. Anfang 1948 beteiligte er sich an Entwürfen für ein Kunsthandelsgesetz und an der Konzeption für ein Kunstlexikon, das auch junge Dresdner Künstler berücksichtigen sollte. In einer intensiven Arbeitsphase schuf er viele seiner besten Werke: Landschaftliche Kompositionen von farblicher Brillanz, zahlreiche Kinderbildnisse und Akte voller Sinnlichkeit, die ihm den Ruf des besten Dresdner Aktmalers des 20. Jahrhunderts einbrachten. In den folgenden Jahren war er an wichtigen Ausstellungen beteiligt, einschließlich der beiden großen gesamtdeutschen Kunstausstellungen 1946 und 1949.

Doch die den Künsten zugewiesene populistische Erziehungsfunktion und die parteiliche Bindung an die Arbeiterklasse ließen den Künstlern in der 1949 gegründeten DDR wenig Spielraum für die Entwicklung individueller Handschriften. In repräsentativen Kunstausstellungen der DDR sah man Beutner immer seltener.

In seinen letzten zehn Schaffensjahren lebte er vor allem von Aufträgen im Bereich der angewandten Kunst. Als Intarsiengestalter in den Deutschen Werkstätten Hellerau schuf er eine Reihe großer farbiger Holzeinlegearbeiten für den öffentlichen Raum, beispielsweise 1950 eine Arbeit zum Thema Tierkreiszeichen für ein Planetarium in Stalingrad, 1953 Wandbilder für den Ratssitzungssaal im Neuen Rathaus Dresden und 1954 für das Haus des Buches am Dresdner Altmarkt. Glasmosaiken führte er im Foyer der Orthopädischen Klinik der Medizinischen Akademie Dresden sowie im Eingangsbereich des Café Prag am Altmarkt in Form einer Säule aus. Verschiedentlich arbeitete er auch bei Fassadengestaltungen in Sgraffito-Technik und bei der Gestaltung von Farbglasfenstern.

Pillnitzer Landstraße, 1949, Öl auf Malpappe Privatbesitz

Beutners Lebenswerk hat sich im künstlerischen Spannungsfeld von Impressionismus, Jugendstil, Expressionismus und Neuer Sachlichkeit zu einem neuen Realismus entwickelt. Er lebte in vier gesellschaftlichen Systemen, die das politische und wirtschaftliche Umfeld prägten, vom Wilhelminischen Kaiserreich, der Weimarer Republik, dem Dritten Reich bis in die DDR. Trotz aller Unbilden, trotz Unterbrechung seiner künstlerischen Tätigkeit durch zwei Weltkriege und nahezu vollständiger Vernichtung seines bisherigen Werkes 1945 und beeinträchtigt durch Diffamierung und Engstirnigkeit, zeugt Beutners Kunst dennoch von seiner Fähigkeit, Freude und Glück bewusst und intensiv erleben zu können. Seine daraus gewonnene lebensbejahende Energie spricht bis heute aus seinen Aktbildern, Porträts, Kinder- und Landschaftsgemälden, wie auch aus den baugebundenen Arbeiten. Er hat die Dresdner Kunst des 20. Jahrhunderts um eine unverwechselbare Facette bereichert. Loschwitz und das Elbtal von der Sächsischen Schweiz bis Meißen boten ihm einen unerschöpflichen Schatz an Motiven. Seiner Frau Hilda verlieh er in ungezählten Porträt- und Aktbildern Unsterblichkeit.

Johannes Beutner starb am 18. Juli 1960 in Dresden-Loschwitz. Sein Grab befindet sich auf dem Loschwitzer → *Friedhof* an der Pillnitzer Landstraße.

In folgenden öffentlichen Sammlungen sind seine Werke vertreten: Lindenau-Museum Altenburg, Akademie der Künste Berlin, Willy-Brandt-Haus Berlin, Kunstsammlungen Chemnitz, Galerie Neue Meister und Kupferstichkabinett der Staatlichen Kunstsammlungen Dresden, Städtische Galerie Dresden, Museum Junge Kunst Frankfurt (Oder), Städtische Sammlungen Freital, Kulturhistorisches Museum Görlitz, Museum der Bildenden Künste Leipzig, Kunsthalle Rostock, Belvedere Wien.

Sein Sohn *Wolfgang* → *Beutner* (1941 – 2006, → *K2*) wirkte als Kunstglaser und Glasmaler im kunsthandwerklichen und denkmalpflegerischen Bereich auch über Sachsen hinaus, zuletzt als Glasmaler und Atelierleiter in den Glaswerkstätten Bernhard Dunger, vormals Beier und Walther, auf der Königsberger Straße in Dresden-Bühlau. In Dresden-Loschwitz hinterließ er einige kleinere Arbeiten, darunter ein Sakristeifenster für die Loschwitzer → *Kirche*, lange bevor an deren Wiederaufbau gedacht werden konnte, Bleiglasfenster für die ehemalige Jugendherberge Sierksstraße und mehrere Privatobjekte, wie am Gebäude Grundstraße/ Ecke Elisabethstraße. **Jördis Lademann**

Quellen: 646, 726

Wolfgang Beutner im Traditionsbetrieb Glasmalerei und Kunstverglasung Bernhard Dunger

Bleiglasfenster für die ehemalige Jugendherberge Sierksstraße *Fotos (2): Privatbesitz*

Wolfgang Beutner und seine Frau Brigitte trugen ein umfangreiches Privatarchiv mit Fotos, Dokumenten und Lebenserinnerungen zusammen. Aus der Feder Wolfgang Beutners stammt die folgende Episode aus seiner Kinderzeit.

Das Glühwürmchenhaus am Hang

Nach der Kriegszerstörung Dresdens kam es in den Abendstunden zeitweise zu Stromabschaltungen. Sie dauerten zwischen drei bis vier Stunden, manchmal lag fast die gesamte Stadt im Dunklen. In stürmischen oder mondlosen Nächten war es gruselig, besonders für uns Kinder. Tatsächlich trieb es auch manch dunkle Geschöpfe durch die finsteren Straßen und Gärten, meist in keiner guten Absicht, wie Vaters derber Knüppel neben der Haustür zu belegen schien. Einmal soll er in den Trümmern nahe der Frauenkirche einen sogenannten Trümmerdieb, der ihm mit einem Messer ans Leder wollte, fürchterlich verprügelt haben.

Im Sommer waren die Abschaltungen keine große Beeinträchtigung, doch im Winter gab es meist schon gegen achtzehn Uhr keinen Strom mehr. Nun wurden die Räume mit Kerzen oder alten, zu neuem Leben erweckten Petroleumlampen beleuchtet. Die aus Wachsresten gegossenen Kerzen brannten schnell herunter und tropften mehr, als dass sie Licht gaben. Das schlechte Petroleum, wenn man überhaupt welches organisiert hatte, verbreitete einen rauchigen Geruch und rußte. Dabei flogen manchmal kleine Rußflöckchen durch das Zimmer, welche wir versuchten zu haschen. Mutter war darüber nicht begeistert, denn sie hinterließen auf allen Gegenständen schwarze Flecke.

Familie Beutner, 1953 *Foto: Slg. Beutner*

Die Abschaltungen und die nervende häusliche Beleuchtung brachten Vater auf den Gedanken an eine Gasbeleuchtung, denn Gas war, wenn auch rationiert, in der Küche vorhanden. So besorgte er sich aus Berlin, wo er manchmal zu tun hatte, fünf kleine Gasleuchtstrümpfe, wie in den Straßenlaternen. Schon seit seiner Jugend war Vater in vielen handwerklichen Arbeiten und Erfindungen erstaunlich beschlagen, und so ging es in der Wohnung nun an die Installation der neuen Beleuchtung. Er hatte vom alten Ungewiss zwanzig Meter dünnen Gummischlauch erworben, auf welchem Weg auch immer. Türen und Wände wurden so durchbohrt, dass der Schlauch gerade hindurch passte und mit Haken an den Decken aufgehängt werden konnte. Mit Abzweigstücken und einzelnen Absperrhähnen wurde dieses neue, fast selbstmörderische Beleuchtungssystem in den Räumen installiert. Vater besaß eine empfindliche Nase, so kam es nie zu einer Verpuffung. Die Glühstrümpfe wurden in seinem Atelier, dem Wohnzimmer und der Küche angebracht und angeschlossen. Es waren nur Steckverbindungen aus Messingrohr mit etwas Talg und dem dünnen übergestülpten Gummischlauch, welche beobachtet werden mussten, dass kein Gas austrat. Verlosch das elektrische Licht, ging Vater in die Küche und verband den Schlauch mit einer Brennerdüse vom Gasherd. Nun erst den einen Hahn und danach den am Leuchtkörper aufgedreht und gewartet, bis das Gas strömte, Streichholz in die Nähe gehalten – schon leuchtete das ganze Zimmer im hellen weißen Licht. Das war genial, wenn auch nicht ganz ungefährlich wegen eines möglichen Donnerschlags. Aber es ist nie etwas Derartiges geschehen. […]

Bei Vaters monatlichen Teestunden mit seinen Malerfreunden der »Aufrechten Sieben« war anfangs auch ein gewisses Misstrauen bei diesem hellen Licht über den Köpfen vorhanden. Doch Karl Kröner versicherte, dass man sich auf Vaters technisches Können verlassen könne. Nur Paul Wilhelm meinte, na hoffen wirs! Ihm war wohl das leise Rauschen des Gases unheimlich. Das Gas kostete dem Haushalt so gut wie nichts, denn wir hatten Zähler, die außen am Haus in einem Kasten untergebracht waren und aus den dreißiger Jahren stammten. Sie funktionierten fast nicht mehr, ließen aber noch genügend Gas durch. Wenn Vater mit der Faust dagegen schlug, ging es besser, und das Zählwerk lief mal wieder einen halben Tag.

Und als die Beleuchtung Jahre später abgebaut wurde, blieben zur Erinnerung die kleinen Löcher in den Türen. Es wurde alles noch Jahre aufgehoben, denn man kann ja nie wissen. Doch wir haben es nie wieder gebraucht. Vater hat uns nicht gasvergiftet, hat uns auch nicht in die Luft gesprengt, wie manche ihm prophezeiten. Aber wir hatten durch seine Umsicht auch in den finsteren Zeiten »himmlisch« helles Licht.

Beyer, Werner; Musiker (1920 – 1997) → *K2*

Loschwitzer Bibliotheksgebäude, 1997 *Foto: Jürgen Frohse*

Bibliotheken

Unter dem Aspekt insbesondere der arbeitenden Klasse und der Jugend durch »Darbietung gesunder, unterhaltender und belehrender Lektüre Gelegenheit zu einer auf christlichen Grundlagen ruhenden Bildung des Geistes und des Herzens zu geben«[1] wurde im Jahre 1875 durch den Kirchenvorstand die hiesige Volksbibliothek gegründet.

Schenkungen und Stiftungen, u. a. aus der Bibliothek der Wohltäterin Königinwitwe Maria (1805 – 1877), bildeten den Buchbestand, der zunächst im Pfarrhaus zur Ausleihe stand. Das Lesegeld betrug drei Pfennige pro Woche.

Im Laufe der Zeit wechselte der Bibliotheksstandort des Öfteren: So beispielsweise in das Haus Grundstraße 6 des Maurermeisters Carl Gottfried Ehlich, der für 10 Mark Jahresvergütung die Ausleihe zu besorgen hatte, oder in ein Zimmer der Körnerschule (→ *Schulen*).

Da inzwischen auch eine Schüler- sowie eine Lehrbücherei existierten, wurden alle drei Buchbestände im Jahre 1909 zu einer Volks- und Schulbibliothek vereinigt.

Volks- u. Schulbibliothek. 1909 entstanden durch Vereinigung der seit 1875 vom Kirchenvorstand verwalteten Volksbibliothek mit der durch Freunde der Schule 1877 ins Leben gerufenen Schüler- und der 1902 vom Schulvorstand gegründeten Lehrerbücherei. Ausgabe der Bücher im Bibliothekszimmer (neues Schulgebäude, König-Albert-Allee 15 Erdgesch.), Freitag abends 7—8 Uhr (mit Ausnahme der Ferien). Lesegeld 3 ₰ wöchentlich pro Band. Bücherbestellung und Wünsche schriftlich auch zu anderer Zeit möglich (Briefkasten a. d. Tür). Bibliotheks-Ausschuß: Schuldir. Grunewald, Pfarrer Thonig, Gemeindevorstand Näther. Bibliothekar: Lehrer Walther.

Deren Domizil wurde die neu erbaute → *Schillerschule* (die Namensgebung beider Schulen erfolgte aber erst 1919). Nach 1924, Loschwitz war mittlerweile eingemeindet und die Bibliothek der Städtischen Zentralbücherei unterstellt worden, zog die Leihbücherei in die Grundstraße 3 um. Die Umwandlung zu einer hauptamtlich geleiteten Zweigstelle der »Städtischen Bücherei« erfolgte 1931 und damit ein erneuter Umzug in das ebenfalls stadteigene Haus Pillnitzer Landstraße 14, das 1945 total zerstört wurde.

Nach Kriegsende wurden aus geretteten Beständen der städtischen Fahrbücherei etwa 5.500 Titel für Loschwitz ausgewählt, sodass am 1. Juni 1946 in zwei Räumen des Kirchgemeindeamtes Pillnitzer Landstraße 8 die Bibliothek wieder eröffnet werden konnte. Bauliche wie räumliche Unzulänglichkeiten drängten jedoch zur Veränderung, die Buchbestände waren zwischenzeitlich auf 12.800 Titel angewachsen.

1961 schließlich erhielt die Bibliothek ein eigenes Domizil mit einer aus Lottomitteln finanzierten Typenbaracke neben dem Schulhof. Die Eröffnungsrede hielt *Jan → Pepino* (1898 – 1975), Loschwitzer und anerkannter Bibliotheksfachmann.

Nachfolgende Umstrukturierungen im Bibliotheksnetz der Stadt- und Bezirksbibliothek Dresden stellten die drei Loschwitzer Halbtagskräfte (1972) unter der Anleitung eines Instrukteurs vor neue Aufgaben, wurde doch der bibliothekarische Wirkungsbereich bis an die östliche Stadtgrenze ausgedehnt.

1980 startete die fotomechanische Ausleihkontrolle und im Jahre 1986 erfuhr die Bibliothek eine notwendig gewordene Teilrekonstruktion. Nach 1990 firmierte die frühere

Eifrig bei der Suche nach gut Lesbarem – noch ohne Computer. *Foto: Jürgen Frohse*

Stadtbezirksbibliothek Loschwitz, Pillnitzer Landstraße 14a, unter der Bezeichnung Kreisbibliothek Dresden.

Eine Bilanz zum Jahresende 1997 beziffert die Leistungen der Einrichtung mit 43.000 Entleihungen der insgesamt 18.000 Medien durch 1.300 Benutzer sowie über 15.000 Besucher bei Buchvorstellungen, Lesungen und sonstigen Veranstaltungen. Unter der Stellenleiterin Sabine Berghold, von 1990 bis 2000 im Amt, erfolgte im Jahre 1998 der Umzug der Bibliothek nach Blasewitz, Tolkewitzer Straße 8.

Matthias Griebel

Zitat:

1 Adreß- und Geschäfts-Handbuch für Loschwitz sowie für Weißer Hirsch und Wachwitz, 1883

Quellen: 18, 97, 99

Esperanto-Bibliothek
Pillnitzer Landstraße 25
Die »Sächsische Esperanto-Bibliothek« hat ihren Sitz im Haus »Abu Sina«, wo sich auch die Kapelle der → *Alt-Katholischen Gemeinde* befindet. Feierlich eröffnet wurde die Bibliothek am 7. Juli 2001. Sie hat gegenwärtig einen Bestand von 6.187 ausleihbaren Esperanto-Büchern und außerdem noch ständig zehn verschiedene aktuelle Esperanto-Zeitschriften im Katalog. Besuchstermine gibt es nach vorheriger Vereinbarung. Ehrenamtlicher Kurator ist der Gymnasiallehrer Dr. Benoît Philippe (* 1959). **Benoît Philippe**

Binder, Eleonore; Grafik-Designerin (* 1943) → *K2*

Binder, Günter; Grafik-Designer (* 1938) → *K2*

Biskup-Kästner, Renate; Sängerin und Gesangspädagogin (* 1939) → *K2*

Biwank-Berner, Christina; Musikerin (* 1970) → *K2*

Blasig, Hermann; Sänger (1908 – ?) → *K2*

Blaues Wunder

Die Stahlfachwerkbrücke, die die Dresdner Stadtteile Blasewitz und Loschwitz verbindet, wurde in den Jahren 1891 bis 1893 erbaut. Sie erhielt den Namen »König-Albert-Brücke«, den sie offiziell bis zur Eingliederung der selbstständigen Gemeinden Loschwitz und Blasewitz in die Stadt Dresden im Jahre 1921 trug. Seit dieser Zeit ist ihr offizieller Name »Loschwitzer Brücke«. Eingebürgert hat sich jedoch der Name **»Blaues Wunder«**.

Bis zum Bau der Brücke war man bei der Überquerung der Elbe an dieser Stelle auf eine Fähre angewiesen. Diese gab es offenbar schon seit dem 13. Jahrhundert, um die Gemeinden Loschwitz und Blasewitz zu verbinden. Selbst mit dem Einsatz einer Dampffähre ab 1862 wurde der Fährverkehr durch den zunehmenden Handelsstrom bald zum Nadelöhr. Hinzu kam, dass sich Loschwitz früh zum beliebten Erholungsort vorwiegend betuchter Dresdner Bürger entwickelte.

Mit der Inbetriebnahme der Pferdebahn 1872 zwischen Dresden und Blasewitz vervielfachte sich der Verkehr, der weiter nach den rechtselbischen Gebieten drängte. Das verursachte in der Folgezeit eine Reihe von Eingaben betreffs einer Brückenverbindung, die von den Gemeinden, aber auch von Privatleuten an die Obrigkeit gerichtet wurden.

Bereits Anfang der 1870er Jahre gab es erste Entwürfe für eine Brücke, darunter die Vorschläge von Unternehmer Bernhard Facilides und von Grubenbesitzer Carl Friedrich Engler 1874, die jedoch aus finanziellen Gründen nicht weiter verfolgt wurden.

Zehn Jahre später wurde die Idee wieder aufgegriffen. Der Ortsvorstand Loschwitz richtete am 15. Oktober 1883 eine Petition an die Staatsregierung. In dieser ersuchte er »in größter Ergebenheit« um den Bau einer Brücke in der Finanzperiode 1884/85. Es wurden Entwürfe in Auftrag gegeben, von denen drei das besondere Interesse der betroffenen Gemeinden erweckten. Zunächst reichten die Brückenbauingenieure der Königin-Marien-Hütte in Cainsdorf bei Zwickau ihren Vorschlag einer Eisenbrücke mit Parabelträgern und fünf Strompfeilern ein. Auch der Entwurf einer Hängebrücke nach Ingenieur Julius Ferdinand Kitzler und eine Studie der Ingenieure Dr. Wilhelm Rudolf Proell und Carl Josef Scharowsky fanden Beachtung. Aber auch hier zeigten sich die größten Probleme in der Finanzierung des Vorhabens.

Im Oktober 1884 dann bewilligte der Sächsische Landtag eine Staatsbeihilfe von 400.000 Mark. Damit war aber weder die vollständige Finanzierung abgesichert noch die technische Lösung entschieden. Ab September 1886 engagierten sich wohlhabende Bürger in einem Brückenbauverband, der sich die Aufgabe gestellt hatte, das restliche Kapital zu beschaffen. Auch hatten die Gemeinden einen Beitrag zur Finanzierung zu leisten. Die Anteile der Gemeinden, von denen Loschwitz die Hauptlast zu tragen hatte, sollten mit einem von Passanten zu zahlendem »Brückengeld« refinanziert werden.

Der Brückenbauverband gab auch eine weitere Machbarkeitsstudie in Auftrag. Diese Studie der Firma Felten & Guilleaume aus Mühlheim am Rhein erfüllte mit einer Kettenhängebrücke fast alle Forderungen, wie die der Schifferverbände nach einem Verzicht von

Montage des Mittelstücks der hölzernen Unterkonstruktion beim Bau der Brücke, Mai 1892 *Foto: LfD Sachsen, Slg. K. E. Scherz, Repro Ernst Hirsch*

Pfeilern im Flussbett. Die Forderung der Königlichen Wasserbaudirektion, für die drei Hauptöffnungen statisch bestimmte Eisenkonstruktionen zu wählen, blieb dagegen unberücksichtigt. Auf Vorschlag und in Zusammenarbeit mit der Wasserbaudirektion überarbeitete darauf die Marienhütte ihren Entwurf und gestaltete eine Konstruktion nach den

Bau des Fundamentes am Loschwitzer Ufer *Foto: LfD Sachsen, Slg. K. E. Scherz, Repro E. Hirsch*

Vorgaben von Claus Koepcke (1831 – 1911, → *K2*) und seinem Mitarbeiter Hans Manfred Krüger (1852 – 1926). Krüger hatte mit Koepcke bereits mehrere große Brücken errichtet, darunter 1884 die Oschütztalbrücke bei Weida.

Claus Koepckes spektakulärer Entwurf der Loschwitzer Elbbrücke sah eine eiserne, versteifte Hängebrücke vor, die eine der damaligen Zeit in Sachsen vorauseilende, große Spannweite haben sollte. Bereits ab 1860 hatte Koepcke in verschiedenen Veröffentlichungen für diese Bauweise zu begeistern versucht.

Claus Koepcke (auch Köpcke) wurde am 28. Oktober 1831 in Borstel, Königreich Hannover, als Sohn eines Elbschiffers geboren. Von 1848 bis 1853 studierte er an der Polytechnischen Schule in Hannover und legte dort die die Staatsprüfung für Ingenieurwesen und Architektur ab. Eine steile Karriere führte ihn zum Preußischen Handelsministerium, wo er als Regierungsrat im »Technischen Bureau« beschäftigt war. Später wurde er als Professor für Eisenbahn-, Wasser- und Brückenbau an das Polytechnikum in Dresden berufen. Er war dort Nachfolger von Johann Andreas Schubert (1808 – 1870), dem Erbauer der ersten deutschen Dampflokomotive sowie der Elstertal- und der Göltzschtalbrücke. Nach 1872 arbeitete er für das Finanzministerium Sachsen und befasste sich maßgeblich mit dem Ausbau des Eisenbahnnetzes. Als Ministerialdirigent 1903 aus dem Staatsdienst ausgeschieden, erhielt er für seine Verdienste die Titel »Wirklicher Geheimer Rat« und »Exzellenz«. Claus Koepcke starb achtzigjährig am 21. November 1911 in Dresden. »Hindernisse und Schwierigkeiten gab es für ihn nicht«, hieß es in einem Nachruf.

Brückenanker auf Blasewitzer Seite *Foto: LfD Sachsen, Slg. K. E. Scherz, Repro Ernst Hirsch*

Der offiziellen Bezeichnung nach ist das Blaue Wunder eine »Fachwerkstrebenbrücke ohne Strompfeiler«, die durch Stahlstützkonstruktionen (Pylone) über den Pfeilern aufrechterhalten wird. Die Brücke hat eine Gesamtlänge von mehr als 270 m. Über den Fluss werden, gemessen von den Pfeilermitten, 146,68 m überbrückt. Der für Fahrbahn und Gehwege vorgesehene Innenraum ist etwa 12 m breit. Die Gesamtmasse des Bauwerkes beträgt etwa 3.500 t.

Die Brücke besteht aus vier das Elbtal überspannenden Stahlkonstruktionen. Diese haben die Form ungleichschenkeliger Dreiecke und bilden die markante Seitenansicht des Bauwerkes. Die etwa 25 m hohen Pylone stehen auf Rollenkipplagern, die auf den Köpfen der auf beiden Uferseiten gemauerten Pfeiler angebracht sind. Die Rollenkipplager ermöglichen, dass sich die beiden mittleren Brückenteile bei Temperaturveränderungen ausdehnen oder verkürzen können. Auf jeder Brückenseite verlaufen zwei stählerne Obergurte von der Brückenmitte über die Pylonen bis zu den hinter den Pfeilern liegenden Ankerkammern. Darin befinden sich die Gegengewichte aus Beton – einige Quellen nennen auch Roheisen und Schlacken – mit einer Masse von jeweils etwa 1.500 t, die die Dreieckskonstruktionen und damit auch die Brückenbelastung ausbalancieren sowie über eine Winkelhebelkonstruktion eine Art Vorspannung in den Obergurten erzeugen. Die Bezeichnung »Anker« ist deshalb eigentlich nicht korrekt. Die Ankerkammern sind jeweils ungefähr 22 m breit, 20 m lang und 12 m hoch. Sie sind begehbar, um Revisionen und Wartungs- bzw. Reparaturarbeiten ausführen zu

Bauarbeiter vor dem Gerüst eines Pylons *Foto: LfD Sachsen, Slg. K. E. Scherz, Repro Ernst Hirsch*

Das Blaue Wunder
»Ä indressandes Bauwerk magst de sein
Daaran de Dechnik selig vor Vergniegen.
Doch daß du schön wärst, nu,
da misst ich liegen,
Das fällt än andern Menschen ooch nicht ein.

Da is mer lieber eene noch aus Stein,
Wo sich die Bogen an änander fiegen.
Ganz zierlich ooch und dabei doch gediegen,
Altmodisch, aber in der Wirkung fein.

Da stehst du da und reckst dich in die Höhe,
Daß – blickt mer nauf –
der Hals een dhut ganz wehe.
Und drum und dran än eisernes Gewirre.
Da wird der Blick mit seinem Suchen irre.

Der Schönheet Linie
fehlt dem Eisenfitz.
Eich ziert er niemals,
Losch- und Blasewitz.«[1]

Wie kamen die Niete in die Stahlkonstruktion? Das Blaue Wunder halten 97.117 kg Niete zusammen. Einer der verwendeten Niete misst am Nietkopf 35 mm und am Nietschaft 22 mm im Durchmesser. Jeder Niet wurde in einem Schmiedeofen zum Glühen gebracht, daher der Begriff Warmnieten. Alle Niete mussten nun an die richtige Stelle platziert werden. Die Arbeiter standen mit Spezialzangen ausgerüstet bereit, den glühenden Niet von einem zum anderen zu werfen, bis er seinen manchmal weit entfernten Bestimmungsort erreichte. Diese Arbeit verlangte höchste Konzentration, was einer artistischen Leistung gleichkam. Der nun angekommene Niet passte mit seinem Schaft in das vorgefertigte Loch. Der Gegenhalter fixierte den Niet. Um eine gute Verbindung zu erhalten, wurde der Schaft mit dem Hammer bearbeitet und gestaucht, bis das Nietloch ausgefüllt war. Der verlängerte Schaft bekam durch weitere Hammerschläge und einen aufgesetzten Nietkopfformer seine endgültige Gestalt als Schließkopf. Alles musste recht flott geschehen, solange das Material noch formbar war. Trotzdem verfehlte mancher Niet sein Ziel. Darauf lauerten Kinder aus der Umgebung und sammelten die Niete auf. Sie mussten natürlich mächtig aufpassen, dass der Niet genügend abgekühlt war. Die Kinder gaben die Niete ab und bekamen ein paar Pfennige dafür.

Elektrische Straßenbahn auf der Brücke Foto: Slg. Eberhard Münzner

Brücke mit Einnehmerhaus Foto: Slg. Matthias Griebel

können. Auch besteht die Möglichkeit, bei Hochwasser die Kammern zu fluten, um einem für die Standsicherheit schädlichen Auftrieb entgegenzuwirken. Die Verwendung der Hyperbelform für die Obergurte und die Gewährleistung der Tragfähigkeit durch Vorspannung im Zusammenspiel tragender Elemente zeigen Koepckes technologische Neuerungen. Die Verwendung von Blattfedersystemen mit Dämpfungswirkung hat zur Folge, dass der Stahlbau zwar gelenkig ist, aber insbesondere bei stoßweiser Belastung nicht übermäßig in Schwingung gerät. Die Möglichkeit einer Revisionsbrücke unterhalb der Brückenkonstruktion, die in den 1930er Jahren nachgerüstet wurde, bestätigt ebenfalls das vorausschauende Konzept. Weiterhin bieten seitlich herausragende Quertraversen und die überbreiten Pfeiler links und rechts die Möglichkeit einer Brückenverbreiterung, indem die Gehwege mit geringem Aufwand auf außerhalb der eigentlichen Konstruktion verlagert werden können.

Claus Koepckes Entwurf wurde durch den Brückenbauverband 1887 per Eingabe dem Landtag vorgestellt. Nach der zusätzlichen Hinterlegung einer Bürgschaftssumme von 750.000 Mark erfolgte die Freigabe des Baues, der im April 1891 begann. Bauherr war die Königliche Straßen- und Wasserbauinspektion Dresden I. Als ausführender Bauleiter wurde Hans Manfred Krüger beauftragt. Den Bau der Ankerkammern und der Zufahrtsstraßen verantwortete Aemil Hugo Ringel (1853 – 1912).

Der erste Spatenstich erfolgte am 1. April 1891, der eigentliche Baubeginn mit den Arbeiten an der Loschwitzer Ankerkammer war der 28. April. Die Schaffung von Raum für die Bau-

Loschwitz-Blasewitzer Elbbrücke.
Quittung über 2 Pfennige Brückengeld.
Nr. 38367
Serie I.
Diese Quittung ist bis nach Verlassen der Brücke aufzubewahren und dem kontrollierenden Beamten auf Verlangen vorzuzeigen.
Louis Klemich jr., Gerichtsstr. 20

Brückenzoll-Quittung
Rechts: Faksimile aus dem Adressbuch Loschwitz, 1916 Slg. Matthias Griebel

Verkehrsanstalten

Elbbrücke Loschwitz-Blasewitz (König-Albert-Brücke)

Verwaltung: Gemeindevorst. Näther, Loschwitz, und Gemeindevorst. Fischer, Blasewitz.
Kassenverwaltung: Rathaus Loschwitz.
Brückenkontrolleur: Alfred Heber, Expedient, Loschwitz.
Beamte: Brückenzolleinnehmer Paul Arnold, Friedrich Bernstengel, Oskar Bönsch, Friedrich Feller, Gustav Graf, Hugo Liebscher, Adolf Mey, Herm. Zumpe; Hilfseinnehmer Louis Schumann.

Tarif für die Erhebung des Brückengeldes

1) 2 ₰ für jeden Fußgänger, Radfahrer, Kraftradfahrer und jeden Fahrgast der Straßenbahnen. Die Führer oder Treiber der unter 3, 4 5, 6 und 7 genannten Tiere und Fuhrwerke, sowie Kinder unter 6 Jahren und die Insassen der Fuhrwerke in den Fällen unter 3, 6 und 7 sind frei.

2) 2 ₰ für jedes zum Lastentransporte dienende Fahrrad, sowie für jedes beladene oder unbeladene Hunde- und Eselfuhrwerk (bei letzteren wird jeder Esel mit 2 ₰ berechnet), sowie für jeden Handwagen (mit Ausnahme von Kinderwagen, welche überhaupt frei sind). Die Begleiter dieser Fuhrwerke und die Insassen der Eselfuhrwerke haben außerdem das zu 1 festgesetzte Personen-Brückengeld zu bezahlen.

3) 10 ₰ für jedes Zugtier an beladenen oder unbeladenen Wagen (mit Ausnahme der Hunde und Esel), sowie für jedes kleinere dreirädrige, zum Ausfahren von Waren bestimmte Kraftfahrzeug.

4) 10 ₰ für jedes größere Stück Treibvieh, als Pferde, Rinder, Maultiere usw., und

5) 2 ₰ für jedes kleinere Stück Treibvieh, als Esel, Schafe, Kälber, Ziegen, Schweine, Gänse usw.
Beim Treiben von Viehherden über 10 Stück hinaus ist vom 11. Stück ab nur die Hälfte des Brückengeldes zu entrichten.

6) 20 ₰ für Kraftfahrzeuge anderer als der Punkt 3 und 7 erwähnten Art und ausschließlich der Straßenbahnwagen, deren Insassen nach Punkt 1 brückengeldpflichtig sind.

7) 40 ₰ für Fugrwerke, auch Kraftfahrzeuge, die mehr als 10 Personen außer dem Führer befördern; für Straßenbahnwagen gilt das Punkt 6 Gesagte.

8) Die Gemeinden sind berechtigt, für Fußgänger, Radfahrer, auch Kraftradfahrer und Fahrgäste der Straßenbahnen (vergl. Punkt 1) Vierteljahreskarten für 2 ℳ und Jahreskarten für 8 ℳ, für Einwohner von Blasewitz, Loschwitz und Rochwitz, die nur ein Jahreseinkommen zur Staatssteuer bis 1500 ℳ versteuern, Vierteljahreskarten für 1 ℳ 50 ₰ und Jahreskarten für 6 ℳ,

für Schüler und Schülerinnen dieser 3 Gemeinden Vierteljahreskarten für 1 ℳ und Jahreskarten für 4 ℳ, weiter Blocks von 20 Zetteln für 2 ℳ zur Bezahlung des tarifmäßigen Brückengeldes für Luxusgeschirre und Kraftfahrzeuge (vergl. Punkt 3, 6, 7) und endlich Blocks für Fußgänger, Radfahrer, auch Kraftradfahrer und Fahrgäste der Straßenbahnen (vergl. Punkt 1) mit 20 Zetteln für 30 ₰ zu erteilen. Diese Zettel sind übertragbar, aber nur dann gültig, wenn sie von dem Blocke durch den Einnehmer abgetrennt oder vom Straßenbahnschaffner abgetrennt und durchlocht worden sind.

9) Das Brückengeld für Zugtiere an beladenen oder unbeladenen Lastfuhrwerken (Punkt 3 des Tarifs) kann von den in Loschwitz, Blasewitz und Rochwitz wohnhaften Fuhrwerksbesitzern durch Abgabe von Quittungszetteln entrichtet werden. Die Gemeinden sind deshalb berechtigt, Blocks mit 20 Quittungszetteln — je für ein Zugtier gültig — für 1 ℳ 50 ₰ zu erteilen. Diese Quittungszettel sind nicht übertragbar und müssen auf der Rückseite mit dem Stempelabdruck des betreffenden Fuhrwerksbesitzers versehen sein. Die Entnahme dieser Blocks hat bei der Kasse des Brückenverbandes zu erfolgen.

Albert Herold (1894–1974), Blaues Wunder, 1950, Holzschnitt Archiv Ortsverein Loschwitz-Wachwitz

stelle erforderte eine völlige Umgestaltung der Plätze auf beiden Seiten der Elbe. Der dörfliche Charakter verschwand in Brückennähe und mehretagige Stadthäuser säumten bald die Brückenzufahrten.

Zunächst wurden die Brückenköpfe mit den Ankerkammern und die Pfeiler in Angriff genommen. Die Fertigung der Stahlteile erfolgte in der Königin-Marien-Hütte, welche sich vorher in einer begrenzten Ausschreibung zur Lieferung der Eisenteile durchgesetzt hatte. Vor Ort wurden dann die rund 3.000 t »Constructions-Eisen«-Teile mit fast 100 t Nieten zusammengefügt.

Die Fahrbahn auf der Brücke bestand aus 12 cm hohem Pflaster aus Eichenholz, in das zwei Pferdebahngleise eingelassen wurden. Ein Unterbau aus Holz, eine gewaltige Zimmermannsarbeit, stützte die Brückenkonstruktion während der Montage ab.

Die Fertigstellung dauerte zwei Jahre. Am 11. Juli 1893 erfolgte die aufsehenerregende Belastungsprobe u. a. mit Dampfstraßenwalzen, schwer beladenen Straßenbahnwagen sowie

Einnehmerhaus Loschwitz mit Zigarrengeschäft Foto: Slg. Matthias Griebel

Die Legende von Farbwechsel

Um das einzigartige Bauwerk ranken sich eine Vielzahl von Geschichten und Legenden. Beispielsweise befasst sich eine der Betrachtungen mit der Farbgebung. Dabei hält sich hartnäckig die Legende, dass es zu einem plötzlichen Farbumschlag gekommen sei. Der einstige Grünton, der das Bauwerk ästhetisch in die grünen Elbauen einfügen sollte, ist, nachdem die gelbe Farbe aus dem Blau-Gelb-Gemisch plötzlich entwichen war, ins Blau mutiert. Soweit die Legende. Nüchterner betrachten es die Geschichtsschreiber, die Belege von der Brückenweihe fanden, welche besagen, dass die Brücke seit Anbeginn »so blau wie unsere Gardereiter-Uniformen« war.

Teer-Tropfen-Fänger

Als kurios darf auch die Geschichte vom »Tropfenfänger« bezeichnet werden. Diese Konstruktion einer Art Dachrinne unter der Brücke wurde notwendig als der Fahrbahnbelag noch aus Holzplanken bestand, deren Zwischenräume mit einer teerartigen Masse abgedichtet waren. Im Hochsommer begann nun der Teer flüssig zu werden und tropfte von der Brücke hinab in die Elbe. Das war ein unangenehmer Zustand für die mit hellen Sommerkleidern betuchten Fahrgäste der Dampfer, die die Brücke unterquerten und zu der Zeit sogar ihre Haltestelle unter der Brücke hatten. Also musste von der Stadtverwaltung ein Tropfenfänger angebracht werden.

einer im Gleichschritt marschierenden Kompanie Soldaten und weiteren Passanten. Die Brücke bewies zum einen mit lediglich 9 mm Durchbiegung Standfestigkeit und schuf zum anderen die Akzeptanz für ein durchaus umstrittenes Bauwerk bei der Dresdner Bevölkerung. Am 15. Juli 1893 nahm man die Einweihung unter dem Namen des damaligen sächsischen Königs vor. Mit 2,27 Mio. Mark war das Bauwerk etwas teurer geworden als ursprünglich veranschlagt. Zur Refinanzierung wurde ein Brückenzoll erhoben, der bis zur → *Eingemeindung* von Blaswitz und Loschwitz (1921) für Mensch und Tier und bis 1924 für Fahrzeuge zu entrichten war. Aus dessen Überschuss wurden Säuberungs- und Reparaturarbeiten bestritten. Des Weiteren konnte mit dem Brückenzoll sogar die Stützmauer der Schillerstraße errichtet werden.

Ab 1893 verkehrte auch die »Elektrische«, die Straßenbahn der »gelben« und »roten« Linien, den späteren Linien 1 und 18, regelmäßig über die Brücke nach Loschwitz. Der Verkehr wuchs stetig, sodass 1935 die Fahrbahnverbreiterung und die Verlagerung der Gehwege auf die Außenseite der Konstruktion nach Koepckes vorausschauendem Konzept durchgeführt wurden.

Dramatisch wurde die letzte Zeit des Zweiten Weltkriegs. Wie für die anderen Überquerungen der Elbe war auch für das Blaue Wunder die Sprengung vorgesehen, um die herannahende Rote Armee aufzuhalten. In einer der Überlieferungen zeigten gleich mehrere Bürger der Stadt Zivilcourage. Unter ihnen waren der Klempnermeister Erich Stöckel (1893–1964) und der Telegrafenarbeiter Paul Zickler (1884–1964). Sie setzten ihr Leben zur Rettung der Brücke ein, indem sie – ohne voneinander zu wissen – die installierten Sprengkabel sabotierten. Daran erinnert seit 1965 eine Gedenktafel am Brückenkopf auf Blasewitzer Seite. Es gab auch noch andere Aktivitäten, die Brücke zu retten (→ *Kriegsereignisse*).

Die Brücke instand zu halten, wurde zur zunehmenden Herausforderung für die Stadt Dresden. 1952 und 1963/64 erhielt die Stahlkonstruktion einen neuen Farbanstrich – selbstverständlich wieder in blau. Ab 1956 wurde sie für Fahrzeuge über drei Tonnen gesperrt, ausgenommen Busse und Straßenbahnen, die in Schrittgeschwindigkeit zu fahren hatten. Zwischen 1956 und 1959 wurde auch das Holzpflaster, das eigentlich leicht war und die von den Fahrzeugen erzeugten Schwingungen gut aufnehmen konnte, entfernt. Als Ersatz installierte man eine Stahlplatte, auf die die Schienen aufgeschweißt werden konnten. Damit aber übertrugen sich Schwingungen nun

Reparaturarbeiten an der Asphaltdecke der Brücke, 1985 *Foto: Slg. Ute Häse*

direkt auf die Brücke, was dem Bauwerk nicht zuträglich war. Seit 1974 steht die Brücke unter Denkmalschutz. In den 1960er und 1970er Jahren sollte im Zuge eines Raumentwicklungsplanes die Neugestaltung der Stadtteilzentren und eine Erneuerung der Brückenverbindung zwischen Blasewitz und Loschwitz vorgenommen werden. Ein Entwurf sah vor, dass im Anschluss an eine aus Wachwitz kommende »Hochuferstraße« in Loschwitz am Ende der

Wiederholung der Brückenbelastungsprobe beim 3. Elbhangfest, 1993
Foto: Slg. Elbhangfest e.V.

Friedrich-Wieck-Straße eine neue Brücke nach Blasewitz führt (→ *Projekte, nicht verwirklichte*). Für das Blaue Wunder war eine weitgehende Demontage geplant. Die wirtschaftliche Situation der DDR in diesen Jahren verhinderte das Vorhaben.

Ab 1985 wurde eine Generalinstandsetzung vorgenommen, die eine Neukonservierung der Brücke und die Verstärkung tragender Teile zum Inhalt hatte. Mit dieser Maßnahme stellte die Staatliche Bauaufsicht des Ministeriums für Bauwesen am 9. April 1985 auch den Straßenbahnverkehr mit den zweiachsigen Modellen der Linie 4 über das Blaue Wunder ein. Für die vierachsigen und brückengeeigneten neuen Fahrzeuge reichte die Elektroenergieversorgung auf dieser Linie nicht aus. Nach Angaben aus dem Jahre 2009 verkraftet die Brücke täglich rund 35.000 Fahrzeuge, allerdings ohne Schwerlastverkehr und mit Tempo 30. Die Gutachter bescheinigen eine Haltbarkeit für weitere überschaubare Jahre. **Achim Jannasch**

Zitat:
1 unbekannte Zeitung vom 25. April 1893
Quellen: 180, 498, 574, 720, 1086

Bliemel, Andreas; Bühnenbildner und Maler (* 1950) → *K2*
Blomstedt, Herbert; Dirigent (* 1927) → *K2*
Blumhagen, Günther; Dirigent (1930–1996) → *K2*
Blumhagen, Matthias; Fotograf und Bühnenbildner (* 1951) → *K2*
Boeck, Kurt; Schauspieler, Schriftsteller und Fotograf (1855–1933) → *K2*

Bockemühl, Alfred
Ingenieur (1896 – 1992)

Geboren am 9. Juli 1896 in Bochum, studierte Alfred Bockemühl nach Abitur und Kriegsdienst Elektrotechnik an der TH Karlsruhe und diplomierte 1922. Danach arbeitete er als Projektingenieur bei Brown-Boveri & Cie. in Mannheim und hörte nebenbei Vorträge über Kunstgeschichte, nahm Unterricht im Klavierspiel, Gesang und Buchbinden. Ab 1924 war er Fahrleitungsingenieur bei der Dortmunder Straßenbahn. 1928 wurde er Oberingenieur bei der Städtischen Straßenbahn Dresden, die 1930 in die Dresdner Straßenbahn AG umgewandelt wurde, und war für den Fahrzeugpark verantwortlich. Er wohnte zunächst zur Untermiete, dann Wallotstraße 1c und zog 1931 nach Loschwitz in die Villa Malerstraße 9, wo er bis 1949 lebte. 1933 wurde er Technischer Inspektor der Dresdner Straßenbahn AG.

1930 entwickelte Bockemühl zusammen mit Christoph & Unmack in Niesky und dem Sachsenwerk in Niedersedlitz einen Großraum-Straßenbahnwagen, der als »Großer Hechtwagen« bekannt wurde. Erstmals saß der Fahrer, sein Platz war vor dem Fahrgastraum. Die spitze Form gestattete trotz 15 m Wagenlänge das Begegnen mit anderen Fahrzeugen in engeren Gleisbögen. Ein halbautomatischer Zentralfahrschalter und vier Motoren mit einer Leistung von je 55 kW verliehen dem Fahrzeug eine hohe Anfahr- und Bremsbeschleunigung und eine Höchstgeschwindigkeit von 60 km/h. Von 1930 – 1933 wurden 33 »Große Hechtwagen« beschafft. Ihr Einsatz erfolgte auf Linie 11 nach Bühlau und bis 1945 auch auf Linie 15. Von den acht im Krieg zerstörten Wagen konnten 1954 zwei durch Neubauten ersetzt werden.

1935 entwickelte Bockemühl mit der Waggon- und Maschinenbau AG (WUMAG) in Görlitz und dem Sachsenwerk eine zweiachsige Variante, den »Kleinen Hechtwagen«. Sein Zentralfahrschalter besaß einen Feinregler mit 160, später 183 Stufen, die beim Anfahren zweimal, beim Bremsen einmal durchlaufen wurden. Bis 1939 wurden 48 »Kleine Hechtwagen« beschafft, die bis 1945 auf der Rundbahn-Linie 26 sowie nach Loschwitz auf den Linien 1 und 2 fuhren, danach auf anderen Linien.

Mit den Hechtwagen, die technisch ihrer Zeit weit voraus waren, wird bis heute der Name Bockemühl in Verbindung gebracht. Dagegen sind seine weiteren Verdienste weitgehend vergessen. Dazu gehören z. B. die Umstellung der Omnibusse von Otto- auf Dieselmotoren, Umbau älterer Straßenbahn-Beiwagen in Tiefflurwagen mit Schwebeachsen, Einführung eines Doppelstock-Sattelschlepper-Omnibusses und

Alfred Bockemühl mit Ehefrau Wera, 1963

die Einführung neuer Werkstoffe wie Gummifederungen und Holzscheibenrädern bei Straßenbahnwagen zur Verminderung des Stahlbedarfes und des Quietschens in den Kurven.

Persönlich engagierte sich Bockemühl in der Christengemeinschaft und in der Waldorfschule, wo seine Frau Wera ab 1936 als Zeichenlehrerin arbeitete. Noch heute sprechen die ehemaligen Schüler begeistert von den Veranstaltungen im Hause Bockemühl – Konzerte, literarische Lesungen sowie technische und physikalische Experimentiervorträge. Die künstlerische Neigung Bockemühls drückte sich auch in den meist selbst entworfenen Schaltüchern aus, die er zeitlebens statt einer Krawatte trug.

1933 entwarf Bockemühl für die neue Johanneskirche der Christengemeinschaft Bänke mit klappbaren Lehnen, sodass die Besucher mit Blick zum Altar wie auch zur gegenüber liegenden Bühne sitzen konnten.

Bei der Straßenbahn bekam Bockemühl nach 1933 als Nicht-Parteimitglied und Christ zunehmend Schwierigkeiten. Er meldete sich 1938 als Offizier zur Wehrmacht zurück. 1943 wurde er als Major entlassen, da er den erkrankten Betriebsführer Zehnder vertreten musste.

Nach dem Krieg wurde Bockemühl, der nie der NSDAP angehört hatte, Vorstand der Dresdner Straßenbahn AG und ihrer Nachfolgerin, der Dresdner Verkehrs-Gesellschaft. Er setzte all seine Kraft für den Wiederaufbau des Straßenbahnbetriebes ein. Trotzdem fand er Zeit für Zukunftsvisionen. 1946 entwarf er zur Ergänzung der Straßenbahn ein Obusnetz, von dem er 1947 die erste Linie verwirklichen konnte (→ *Verkehrsmittel, Obus*). Er entwarf einen 18 m langen Doppelstock-Straßenbahnwagen, von dem er erste Bauteile erproben ließ. 1947 wurde er Honorarprofessor der Technischen Hochschule Dresden für das Fach Betriebsmittel des städtischen Nahverkehrs.

Nach der Wiedereröffnung der Waldorfschule war Bockemühl im Elternbeirat, seine Frau Wera wieder Lehrerin. Als die Waldorfschule 1949 durch die kommunistische Stadtverwaltung erneut geschlossen wurde, setzte sich Bockemühl als Mitglied des Elternbeirates energisch für deren Erhalt ein. Auf Grund der folgenden politischen Repressalien verließ er die Sowjetische Besatzungszone, die Familie folgte nach.

1950 wurde Bockemühl Vorstandsmitglied der Stuttgarter Straßenbahn und übernahm deren technische Leitung. Hier konstruierte er den sechsachsigen Großraum-Gelenktriebwagen GT 6, der stark an den »Hecht« erinnert, und bereitete die unterirdische Stadtbahn vor. Seine Mitarbeit in vielen Fachgremien war ebenso geschätzt wie seine Vorlesungen an der Technischen Hochschule Karlsruhe. 1963 ging Bockemühl in den Ruhestand, den er ab 1974 im Johanneshaus der Christengemeinschaft in Niefern-Öschelbronn bei Pforzheim verbrachte. Dort verstarb er am 5. April 1992.

Mario Schatz

Quellen: 137, 138, 181, 214, 246, 365, 805, 995

Triebwagen »Großer Hecht«

Fotos (2): Slg. Mario Schatz

Bodenstedt, Friedrich von; Dichter, Schriftsteller und Übersetzer (1819–1892) → *K2*
Böhm, Karl; Dirigent (1894–1981) → *K1*
Böhm, Karlheinz; Schauspieler (1928–2014) → *K2*
Böhme, Ernst Hermann; Musiker und Lehrer (1851–1893) → *K2*
Böhme, Matthias; Architekt (* 1952) → *K2*
Böhme, Rainer; Architekturfotograf und Fotokünstler (* 1969) → *K2*
Bollrich, Jan; Architekt (* 1962) → *K2*,
Bomsdorff-Bergen; Herbert von; Schauspieler, Regisseur, Sänger und Schriftsteller (1876–?) → *K2*
Bongartz, Heinz; Dirigent und Komponist (1894–1978) → *S. 319* → *K1*
Bönisch, Margret; Grafik-Designerin (* 1957) → *K2*
Bonk, Hartmut; Bildhauer, Maler und Grafiker (* 1939) → *K1*
Born, Rudolf; Bildhauer (1882–1969) → *K2*
Bosselmann, Wolfgang; Musiker (1927–2007) → *K2*
Böttcher, Agathe; Malerin und Textilgestalterin (* 1929) → *K2*
Böttger, Charlotte; Pianistin (1903–1967) → *K2*
Böttger, Gottfried; Holz- und Spielzeuggestalter (* 1950) → *K2*

Boetticher, Heinrich von

Kunst- und Verlagsbuchhändler (1826–1902)

Friedrich Heinrich von Boetticher

Heinrich von Boetticher mit Familie

Fotos (2): Slg. Matthias Griebel

Das zweibändige Kompendium »Malerwerke des neunzehnten Jahrhunderts. Beitrag zur Kunstgeschichte« bildet bis heute eine wichtige Quelle für Kunsthistoriker. Es gilt darüber hinaus als eine bibliophile Seltenheit. Verfasser ist der Dresdner Kunstschriftsteller und Verlagsbuchhändler Friedrich von Boetticher, der auch zu Loschwitz in besonderer Beziehung stand.

Als eines von 17 Kindern des Kaufmanns und Rittergutsbesitzers Carl von Boetticher (1782–1859) und dessen Ehefrau Emilie geb. Wippert (1794–1855) wurde Friedrich Heinrich am 23. Juni 1826 in Riga geboren. Er besuchte das Gymnasium in Riga und studierte von 1846 bis 1849 Philologie und Jura an der Universität in Dorpat (Tartu/Estland).

Im Anschluss an seine Studienzeit wandte sich Friedrich von Boetticher in der Hoffnung auf bessere Chancen nach Deutschland. Er absolvierte eine landwirtschaftliche Ausbildung in Brösa bei Bautzen und erwarb 1850 das nahe gelegene Rittergut Zschillichau.

In seiner Oberlausitzer Zeit hatte er sich 1850 mit Eugenie Mitschke (1825–1858), einer Pfarrerstochter aus Purschwitz bei Bautzen, verheiratet. Sie wurde die Mutter seiner fünf Kinder Maria, Johanna, Walter, Ernst und Eugenie.

Friedrich von Boetticher bewirtschaftete das Gut bis zu dessen Veräußerung 1853. Er ging nach Riga, wo er als Geschäftsführer bei seinem Vater arbeitete. Hier wurde auch sein Sohn Walter (1853 Riga–1945 Radebeul), der spätere Historiker, Genealoge und Arzt, geboren.

Tochter Eugenie (1858 Dresden–1946 Wädenswil/Schweiz) vermählte sich 1880 in Dresden mit dem »Zahnkünstler« und später viel gerühmten Komponisten und Chordirigenten *Franz* → *Curti* (1854–1898 → *K1*, → *Ärzte*).

Seit 1854 war Friedrich von Boetticher in Dresden ansässig. Hier gründete er eine Kunst- und Verlagsbuchhandlung und erlangte 1859 die sächsische Staatsangehörigkeit. Von seinen Veröffentlichungen ist u. a. »Der Dresdner Bilderraub im Jahre 1788 – ein Actenstück als Beitrag zur Geschichte der Dresdner Gemäldegalerie« zu nennen, herausgegeben 1859 in Riga und Leipzig, wo er ebenfalls verlegerisch tätig war. Sein oben genanntes Hauptwerk erschien jedoch erst 1891 (Band I, Teil 1), 1895 (Band I, Teil 2), 1898 (Band II, Teil 1) und 1901 (Band II, Teil 2) im eigenen Verlag in Dresden.

Nach dem Tod seiner ersten Frau hatte sich von Boetticher mit Alexandra von Friede (1822–1908), einer Generalmajorstochter, 1860 in Dresden wieder verheiratet. Obgleich man in der Prager Straße 47 ein stattliches Geschäfts- und Wohnhaus besaß, in welchem auch der Mitinhaber des bedeutendsten Bankhauses Dresdens Max Arnhold (1845–1908) logierte, erkor er sich Loschwitz für den Bau eines Landsitzes zu sommerlichem Aufenthalt. Dafür wurde in Nachbarschaft zu Münz-Krügers Anwesen (*Reinhard* → *Krüger*, → *K1*) »auf der Schönen Aussicht« ein Weinbergs- und Gartengrundstück erworben und 1874 durch den Loschwitzer Architekten Carl Kluge die »Villa Friedau« erbaut. Dessen Adresse wechselte dann in den Jahren von Loschwitz Nr. 257 über Malergässchen, Malerstraße 11 zu Franz-Curti-Straße 1. Bereits 1890 ging das Landhaus von Boettichers in den Besitz von Schwiegersohn Franz Curti und nach dessen frühem Tod 1898 in den seiner Witwe über. Auf deren Bitte hin beschloss dann 1901 der Loschwitzer Gemeinderat, die Straße nach dem Komponisten zu benennen.

Ein Jahr danach starb Friedrich von Boetticher am 12. Februar 1902 75-jährig in seiner Dresdner Stadtwohnung, Sachsenplatz 5, und wurde auf dem Alten Annenfriedhof zur letzten Ruhe gebettet.

Da sich Franz Curtis Witwe Eugenie im Jahre 1907 wieder verheiratete und in die Schweiz verzog, bleibt zum »Landhaus Friedau« zu ergänzen, dass es von den Nachbesitzerinnen, den Malerinnen Martha und Hedwig Endell (→ *K2*), 1937 an den Diplomingenieur Martin Nier (1901–1971) kam, der an dessen Stelle sein Wohnhaus »Sonnenhof« errichtete.

Matthias Griebel

Quellen: 894, 1000

Bomätscher

Schiffszieher wurden in Sachsen »Bomätscher« (oder Pomätscher, auch Pomocer) genannt. Das Wort kommt aus dem Slawischen; man trifft es beispielsweise noch in sorbisch pomocnik (Helfer) – abgeleitet von pomoc (Hilfe).

Die dieses äußerst anstrengende Gewerbe betrieben, waren Männer jeden Alters, oft auch bejahrte Schiffsleute, die sich im Alter noch ihr Brot verdienen mussten. Sie waren gut organisiert und hatten den Elblauf in genaue Bezirke aufgeteilt, deren Grenzen von den jeweiligen ortsansässigen Kolonnen nicht überschritten werden durften.

Zum Ziehen oder Treideln der Schiffe benutzten die Männer – die auch als Treidler oder Schiffstreidler bekannt waren – einen speziellen Pfad am Elbufer, der zumeist linkselbisch angelegt war. Dieser Weg wird als Treidelpfad, Treidelweg oder Treidelsteg bezeichnet. Auch der Name Leinpfad geht auf dieses alte Gewerbe zurück, nämlich auf die Leinen, an denen die Schiffe stromaufwärts gezogen wurden.

Die Zahl der Bomätscher ging in die Tausende. Sie wohnten meist in den Orten dicht an der Elbe – allein in Laubegast lebten weit über hundert. Und sie bildeten eine feste Zunft. Sie hatten besondere Vorrechte und eigenwillige Sitten und Gebräuche. So hielten sie es für ihr Privileg, dass der Treidelpfad von Pferden, Ochsen und anderen Zugtieren nicht zum Ziehen der Schiffe benutzt werden durfte, obwohl das umstritten war.

Bei Tagesanbruch begab sich die Mannschaft unter Führung ihres »Königs« an den Stellplatz. Dort hingen die Bomätscher der Reihe nach ihr Handwerkszeug auf: die Zugleinen mit dem Gurt und dem Brustbrett und den geschnitzten Knotenstock mit der Lederschlinge. Kam eine andere Mannschaft, so benutzte sie den gleichen Zaun zur Ablage des Geräts. Die Reihenfolge war bestimmend für das Antreten zum Schiffsziehen. Am Stellplatz warteten nun die Treidler auf die Schiffe, die ihre Hilfe beanspruchten. Je nach Größe des Kahns und der Ladung wurden 10, 20, 30 oder bis zu 40 Bomätscher benötigt.

Die größten Elbkähne, damals mit etwa 5.000 Zentnern Tragkraft, wurden an zwei Leinen gezogen, die übrigen Schiffe an einer einzigen. Das starke Tau wurde am Mast befestigt und von dem Schiffer zum Leinpfad hinübergeschleudert. An diesem Tau befestigten die Bomätscher ihr Zugband, die »Standfeste«, mit einem einfachen Knüpfknoten. Die Standfeste war ein kurzer Strick in Schlingenform mit einem Knebel, vorn versehen mit einem breiten Gurt oder Lederstreifen, den man auch das »Kapsel« oder »Brustbrett« nannte. Der Stock (oder »Treckstock«) wurde in die Hand genommen, ein riesiger Schluck aus der tönernen bauchigen Schnapsflasche getan, dann konnte nach dem Kommando des »Königs«, des Leitziehers, die schwere Arbeit beginnen.

Der zweite im Gefolge wurde »Büttel« genannt; er war für das Ausholen der Leine verantwortlich. Ihm folgten die anderen Bomätscher, der letzte war der »Leinewächter«. Er sorgte mit einer langen, hölzernen Astgabel dafür, dass sich das Zugseil nicht an Bäumen, Sträuchern und Stegen verfing. Aber auch über Schiffsmühlen und Brückenbauten musste das Zugseil gehoben werden. Zudem musste der Leinewächter darauf achten, dass die Arbeit zügig und im Takt voranging, damit die anderen Bomätscher nicht aus dem Gleichschritt gerieten oder gar ins Wasser gezogen wurden.

Zäune, Weinbergsmauern, Schranken und Dämme erschwerten zusätzlich das Schiffsziehen. Eine besondere Anstrengung bildete jedoch das Treideln der Schiffe durch die zwei Elbbrücken in Meißen und Dresden. Das waren früher die beiden einzigen Brücken auf der über 120 km langen Strecke von der preußischen bis hinauf zur böhmischen Grenze. Um Abhilfe zu schaffen, baute um das Jahr 1770 in Cölln (gegenüber von Meißen) der Hofmechaniker Friedrich, Sohn eines bekannten Schiffsherrn, eine »Maschinerie«, durch welche die Schiffe bequem gegen die starke Strömung bei der Meißner Brücke flussauf gezogen werden konnten. Die Maschine legte auch die Mastbäume nieder und richtete sie wieder auf. Später waren oberhalb der Brücken Winden installiert, mit deren Hilfe die Schiffe durch die starke Strömung gezogen wurden. Doch bald schon benutzte man diese Maschinen bzw. Winden nicht mehr, weil man zu der Überzeugung gekommen war, dass die Bomätscher die gleiche Arbeit schneller verrichteten.

Wichtige Stell- und Warteplätze der Bomätscher waren:

- der Aussiger Winkel oberhalb von Mühlberg
- der Nixstein bei Strehla
- die Rauhe Furt am Görischstein bei Diesbar/Seußlitz
- die Knorre bei Meißen
- der Rehbock oberhalb von Meißen
- die Kaditzer Furt
- der Pieschener Winkel
- die Laubegaster Fähre
- der Brauden bei Pirna
- der Strand bei Königstein
- die Bindung in Schandau und Niedergrund.

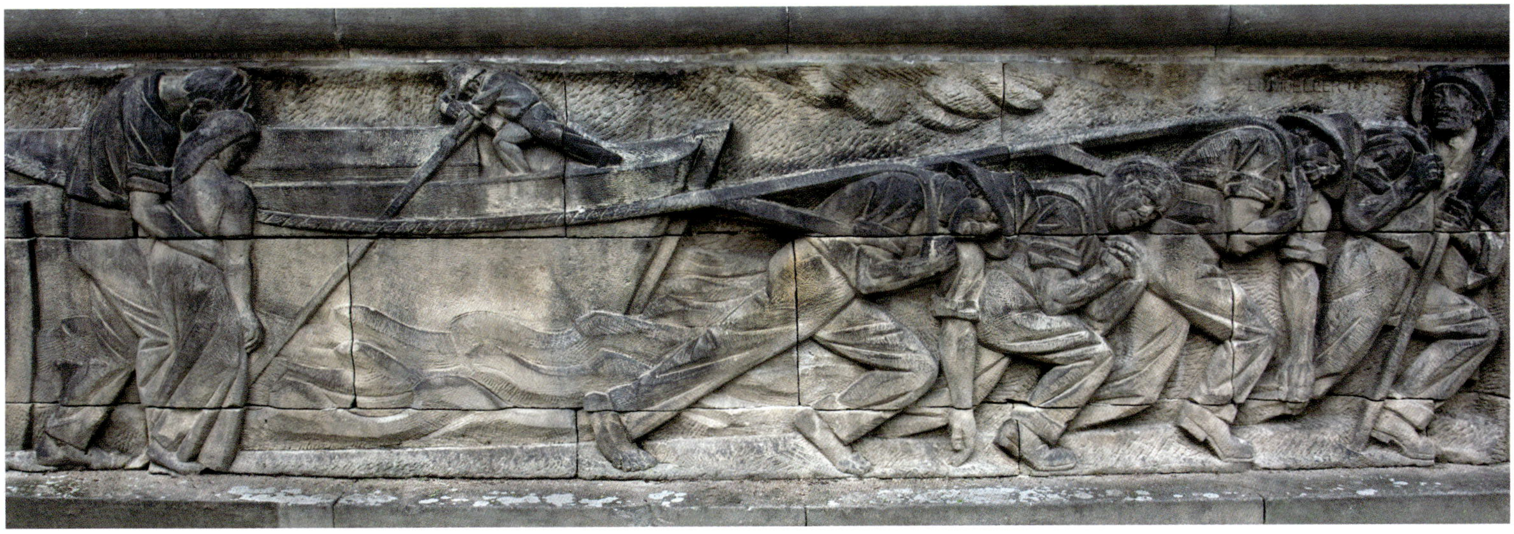

Teilansicht des Bomätscher-Reliefs unterhalb der Dresdner Albertbrücke *Foto: Siegfried Großmann*

Die Bomätscher, nach einer Zeichnung von Erwin Oehme, 1805

Aus: Gruner, Chronik von Blasewitz

Sehr erschwert wurde das Treideln auch durch die zahlreichen Stromschnellen, die die Elbe in früheren Jahrhunderten aufwies. Auch durch die vielen Inseln, die man einst »Heger« nannte, die Furten, Sandbänke, Felsriffe und sonstige Untiefen gab es immer wieder Schwierigkeiten, die Schiffe stromaufwärts zu ziehen. Bei Überschwemmungen, wenn der Leinpfad unter Wasser stand, war das Treideln doppelt schwer oder oft auch unmöglich. War der Pfad nicht mehr benutzbar, musste das Schiff »gewarpt« werden: Von einem kleinen Boot aus wurde ein Anker mit dem Schleppseil des Schiffes so weit wie möglich stromaufwärts geworfen. Die Treidelmannschaft stand an Deck und zog an der Leine das Schiff zum Anker. Man kann sich vorstellen, wie mühselig und zeitaufwändig Schiffspassagen auf der Elbe, vielleicht noch bei Gegenwind und ungünstigem Wasserstand, waren.

Vielfach nahmen Schiffer anstelle von Menschen Pferde zum Ziehen, die von den Bauern der Elbdörfer gegen gute Bezahlung gestellt wurden. Die Bomätscher sahen jedoch diese Konkurrenz äußerst ungern und wurden den Bauern und Knechten gegenüber schnell handgreiflich, weil das Ziehen der Schiffe durch Zugtiere ihnen als ein Eingriff in ihre Privilegien erschien.

Für jede dieser Strecken gab es eine festgelegte Taxe oder Gebühr, die meist 5 bis 8 (alte sächsische) Groschen pro Mann betrug. An einem guten Tag konnte es ein Bomätscher also auf einen Taler Verdienst bringen. Es kam aber auch vor, dass er von früh bis abends vergeblich auf Arbeit wartete. Im Winter und bei Hochwasser, aber auch bei anhaltender Trockenheit in dürren Sommern, wenn der Strom unbefahrbar war, herrschte bei den Familien der Bomätscher große Armut. Ein Großteil der wilden, rauflustigen Gesellen schloss sich zusammen und wurde schnell zum Schrecken der Bauern.

Die richtige Zunft aber bestand aus denjenigen Bomätschern, die ihr Handwerk in Ehren halten wollten und daher auch in harten Zeiten ehrliche Leute blieben. So verdingten sie sich in den Wintermonaten als Drescher und in den trockenen Sommern als Schnitter – für einen kärglichen Verdienst. Auch hielt der »König« seine Mannschaft normalerweise streng zusammen.

Wichtig für die Arbeit der Bomätscher waren ihre Gesänge, die ihnen den Takt vorgaben und damit ein gemeinsames Stapfen und Ziehen ermöglichten. Sehr geistreich oder inhaltsvoll waren diese Bomätscherlieder freilich nicht. Eines lautete: »Huo hopp, bis an'n Knopp, dass man siehet, wie er ziehet…« Auch das »Hau ruck!«, das man beispielsweise heute noch beim Tauziehen als Wettspiel hören kann, war bei den Bomätschern als »Huo hock!« schon üblich. Ebenso wurde das damals bekannte Kinderlied »Bauer, bind' den Pudel an!« in abgewandelter Form gern gesungen. Bei dem Gesang gab der »König« den Grundschlag und der letzte Schiffszieher den Nachschlag an.

Als 1866 die ersten Kettendampfer auf der Elbe in Betrieb genommen wurden und die Kettenschifffahrt (→ *Schifffahrt*) dann immer längere Stromstrecken bediente, ging es nach und nach mit dem Bomätschen zu Ende. Anfangs verhöhnten und verspotteten zwar die Treidler die pustenden, qualmenden und stöhnenden Schiffe, wie sie sich durch die Brücken und die vielen Stromschnellen mühten und doch kaum vorwärts kamen. Aber aus dem Spott wurde bald – ähnlich wie bei den Postillionen, als sie die Überlegenheit der Eisenbahnen am eigenen Leibe durch Arbeitsnot verspüren mussten – Wut und Verzweiflung. Schimpfworte der Bomätscher drangen von den Treidelpfaden und den Brücken auf die Schiffsmannschaft herab, drohend wurden die Knotenstöcke geschwungen und nicht selten hagelten Steine hinunter, sodass polizeiliche Hilfe zum Schutze der Schleppzüge geholt werden musste.

Immerhin gab es noch lange Zeit alte Schiffseigner, die ihre Kähne auch weiterhin lieber von Bomätschern ziehen ließen, als dass sie sich einem Kettenschlepper anvertrauten – vielleicht auch aus Angst vor der Rache der Treidler. Dazu kam, dass die Schleppsätze der Kettendampfschifffahrt ziemlich hoch waren. Aber nach und nach wurde doch das Treideln ganz verdrängt. Die Schiffseigner konnten sich der neuen Erfindung und ihrer Vorteile nicht verschließen. Damit verschwand das Handwerk des Bomätschens endgültig.

Lassen wir noch einen Zeitzeugen zu Wort kommen:

> Dass unser altes Gewerbe so plötzlich unterging, daran war die große Elbkette schuld, die in den Jahren 1869 bis 1870 von Hamburg bis nach Böhmen hinauf gelegt wurde. Was half es, dass wir jetzt in ohnmächtiger Wut Steine gegen die Kettendampfer warfen, die nun unsere Arbeit verrichteten? Unser Verdienst war unwiederbringlich dahin. Nur der Leinpfad längs der Elbe, an manchen Stellen zum öffentlichen Wege geworden, erinnert noch an uns. Die Ereignisse des großen Krieges brachten es mit sich, dass wir ohne Sang und Klang von der Bildfläche verschwanden und so vollständig der Vergessenheit anheim fielen.
>
> Steglich, Ludwig: »Die Bomätscher von Merschwitz«, in: Dresdner Anzeiger, 15. 4. 1917, Sonntagsbeilage

Christine Karla Schröder

Quellen: 1005, 1017, 1062

Bongartz, Heinz

Dirigent und Komponist (1894 – 1978)

Heinz Bongartz (→ *K1*) wurde am 31. Juli 1894 in ärmlichen Verhältnissen in Krefeld geboren. Früh wurde sein musikalisches Talent entdeckt. Durch seinen Fleiß und seine Musikbegeisterung bekam er eine Freistelle im Krefelder Konservatorium. Von 1908 bis 1914 studierte er Musik am Konservatorium in Köln. Hier belegte er die Fächer Dirigieren bei Fritz Steinbach (1855 – 1916), Klavier bei Elly Ney (1882 – 1962) und Komposition bei Otto Neitzel (1852 – 1920). Die Arbeit mit Steinbach gab den Ausschlag, die angestrebte Pianisten-Laufbahn aufzugeben und Dirigent zu werden. Allerdings begann im Jahr seines Abschlusses in Köln der Erste Weltkrieg. Er wurde als Zahlmeister »eingezogen« und kam erst 1918 nach Kriegsende zurück.

Bongartz begann seine berufliche Laufbahn 1919 als Leiter der Musikschule Düren. 1921 übernahm er dort auch die Leitung des Städtischen Chores und des Dürener Stadttheaters. Von 1923 bis 1924 war er Direktor und musikalischer Oberleiter des Stadttheaters Mönchen-Gladbach. Anschließend wirkte er neben Oskar Fried (1871 – 1941) am Berliner Blüthner-Orchester. Von 1926 bis 1930 leitete er als Erster Kapellmeister die Landeskapelle am Landestheater Meiningen. 1930 ging er als Generalmusikdirektor ans Kurtheater Bad Nauheim. Hinzu kam 1931 seine Tätigkeit als Generalmusikdirektor und Erster Kapellmeister beim

Heinz Bongartz *Foto: privat*

Landestheater Gotha. 1933 wechselte er von Gotha an das Staatliche Theater Kassel, wo er – ebenfalls als Generalmusikdirektor und Erster Kapellmeister – bis 1937 blieb. In diesem Jahr wechselte er als Generalmusikdirektor und Leiter des städtischen Sinfonieorchesters ans Stadttheater Saarbrücken. Parallel dazu war er 1941 bis 1943 als Gast auch Generalmusikdirektor am Theater in Reichenberg (Liberec/Tschechien). 1944 endete seine musikalische Tätigkeit in Saarbrücken.

Heinz Bongartz dirigiert *Foto: privat*

Nach dem Ende des Zweiten Weltkriegs war Bongartz für kurze Zeit Chefdirigent des Pfalzorchesters Ludwigshafen. Bereits 1946 kam er in die damalige Sowjetische Besatzungszone, erhielt eine Professur und wurde Leiter der Dirigentenklasse und Opernschule an der im Oktober dieses Jahres wiedereröffneten Staatlichen Hochschule für Musik in Leipzig. Kurt Masur (* 1927), Ude Nissen (1921 – 1993) und Heinrich Bender (* 1925) gehörten zu seinen Schülern.

Schon im April 1947 übernahm Bongartz die künstlerische Leitung der Dresdner Philharmonie, die er nach dem Krieg zu neuer Qualität führte und der er bis 1964 vorstand. Sein letztes Konzert gab er 83-jährig am 10. November 1977 zu seinem 60-jährigen Dienstjubiläum.

Bongartz gehörte zu den deutschen Dirigenten seiner Generation von internationalem Format. Sein Ruf als Orchestererzieher bestätigte sich in 17 Jahren Arbeit mit der Dresdner Philharmonie. Als Gastdirigent war er in fast allen europäischen Musikzentren und auch in Übersee wie in Argentinien und Kuba tätig. Mit der Dresdner Philharmonie gab er Gastspiele in Ost- und Westdeutschland, Frankreich, Spanien, Portugal, Schweiz, Polen, Bulgarien, Rumänien, Ägypten, China, im Libanon und in der Schweiz.

Die erste Auslandsreise nach dem Zweiten Weltkrieg führte 1954 durch 15 Städte Frankreichs und Rumäniens. Ein Dokumentarfilm der DEFA hat sie festgehalten. Als erstes europäisches Sinfonieorchester reiste die Dresdner Philharmonie im Jahre 1959 unter der Leitung von Heinz Bongartz und Siegfried Geißler in die Volksrepublik China und gab 20 Konzerte vor mehr als 60.000 begeisterten Zuhörern in Peking, Sian, Tschunking, Nanking und Schanghai. Außerdem veranstalteten die Kammermusikensembles des Orchesters über 30 Sonderkonzerte in Großbetrieben, Klubs, Hochschulen und Sanatorien vor mehr als 75.000 Zuhörern. Darüber hinaus konnten Millionen Chinesen die Konzerte am Fernsehschirm und im Rundfunk miterleben. Den Höhepunkt der 40-Tage-Tournee bildete die Gemeinschaftsaufführung von Beethovens 9. Sinfonie am Schluss der Reise im neuerbauten, 10.000 Personen fassenden Pekinger Kongresssaal mit den Streichern der Pekinger Philharmonie und ihrem großartigen, auswendig singenden Chor sowie chinesischen Solisten. Allein ein Streichkörper von 150 Musikern stand zur Verfügung.[1]

Ohne Pathos, mit konzeptioneller Klarheit, Systematik und großem Einfühlungsvermögen führte er das Orchester zu neuen Höhen. Für die Programmgestaltung mit seinen Zyklen und Konzertreihen setzte er Maßstäbe. Er war im Konzert und in der Oper gleichermaßen zu Hause und setzte sich für die Werke zeitgenössischer Komponisten wie Paul Hindemith (1895 – 1963) oder den Dresdner Komponisten Johannes Paul Thilman (1906 – 1973) ein. Einen Namen machte er sich vor allem mit Interpretationen der Werke von Johannes Brahms (1833 – 1897) und Anton Bruckner (1824 – 1896), denen er innerlich sehr nahe stand. Aber auch die Pflege der Werke von Max Reger (1873 – 1916) und Richard Strauss (1864 – 1949) unter seiner Ägide ist hervorzuheben.

Ihm gebührt auch das Verdienst, den wegen seiner jüdischen Vorfahren von den Nationalsozialisten mit Aufführungsverbot seiner Werke belegten Komponisten Gustav Mahler (1860 – 1911) für Dresden zu neuem Leben erweckt zu haben. In den Jahren 1963/64 verwirklichte er den ersten Mahler-Zyklus der Nachkriegszeit in Europa, aus Raumgründen leider ohne die 8. Sinfonie. Für diesen Zyklus erhielt die Dresdner Philharmonie 1966 die Goldene Mahler-Medaille.

Als Komponist schuf Bongartz u. a. zwei Orchestersuiten (1940 und 1949), den Orchesterlieder-Zyklus »Japanischer Frühling« (1943), Burleske und Scherzo (1957), Patria o muerte (1961), eine Sinfonie (1964), die Rembrandt-Suite (1967), die Festmusik op. 46 (1969) und sechs Lieder für Bariton und Orchester (1969).

Bongartz war seit 1940 mit der Sängerin Charlotte Jacobi (1905 – 1999, → *K2*) verheiratet und wohnte mit seiner Familie ab 1947 in der Oeserstraße 5 im Loschwitzer → *Ortsteil Schöne Aussicht.*

Mit der Verpflichtung von Chefdirigent Heinz Bongartz 1947 und der Übernahme in staatliche Verantwortung 1950 begann für die Dresdner Philharmonie die stabilste Phase ihrer Geschichte: Die Anrechtszahlen wuchsen bis 1964 auf 6.500 und bis 1990 auf 16.200! Bongartz begründete die Tradition unterschiedlich gewichteter Konzertreihen: Außerordentliche, Philharmonische und Zyklus-Konzerte. Bereits unter ihm fanden weltweit Tourneen statt; daneben erfolgten zahlreiche Schallplattenaufnahmen. Namhafte in- und ausländische Solisten und Dirigenten musizierten mit dem Orchester: zunächst im Steinsaal und Kongress-Saal des Deutschen Hygiene-Museums, dann im Kulturpalast.[2]

Lotte Jacobi, Ehefrau von Heinz Bongartz
Foto: privat

Er wurde u. a. 1950 mit dem Nationalpreis, 1954 mit dem Vaterländischen Verdienstorden in Silber und 1970 mit dem Martin-Andersen-Nexö-Kunstpreis der Stadt Dresden geehrt. Seit 1964 war er Ehrenmitglied der Dresdner Philharmonie, seit 1966 Ehrenmitglied der Internationalen Gustav-Mahler-Gesellschaft Wien und seit 1969 Korrespondierendes Mitglied der Akademie der Künste Berlin. Anlässlich seines 75. Geburtstages erhielt er 1969 schließlich den Vaterländischen Verdienstorden in Gold.

Heinz Bongartz starb am 2. Mai 1978 in Dresden. Sein Grab befindet sich auf dem Loschwitzer → *Friedhof.*

1960 schuf Wilhelm Rudolph (1889 – 1982) ein Porträt des Künstlers, das sich im Bestand der Staatlichen Kunstsammlungen Dresden, Galerie Neue Meister, befindet. Ende der 1990er Jahre wurde in Dresden-Nickern eine Straße nach ihm benannt. An seinem Haus auf der Oeserstraße befindet sich seit 2009 eine → *Gedenktafel.*

Christian Mögel, Otto-R. Wenzel

Zitate:
1 Härtwig, Dieter; 175 Jahre Dresdner Philharmonie, Altenburg 1995
2 Herrmann, Matthias; Musik in Dresden; in: Geschichte der Stadt Dresden, Band 3; Stuttgart 2006
Quellen: 219, 456, 457, 510, 964

Brandes, Friedrich; Musiker, Dirigent, Komponist und Schriftsteller (1864 – 1940) → *K2*

Brandkatasternummer Nr. 18 der Ratsgemeinde an der Torsäule Friedrich-Wieck-Straße 3, 2007
Foto: Michael Damme, Slg. Matthias Griebel

Brandkatasternummer

Die Anfänge des staatlichen Brandversicherungswesens in Sachsen gehen auf ein Mandat zur »Errichtung einer Allgemeinen Brand-Cassa« (Generalbrandkasse) von 1729 zurück. Die Finanzierung war damals allerdings noch freiwillig, musste aber zusammengefasst, jährlich per Formular auch mit Personen, »solche gänzlich verweygert haben ...«, an die Obrigkeit gemeldet werden.

Um 1780 erging dann eine zwingende kurfürstliche Verordnung, »vermöge dessen alle Häuser und Scheunen ingl. Stallgebäude sollen numeriert und taxirt werden wegen Brandschaden, und ein Brand-Catastrum« zu erstellen ist. Dies erfolgte für Loschwitz im Jahre 1784 für alle Gebäude, jedoch getrennt nach den drei Gemeinden sowie den sechs zum Rittergut Niederpoyritz gehörenden Häusern, jeweils mit Nr. 1 beginnend. Demnach sind in der Ratsgemeinde 148, in der Amtsgemeinde 97 und in der Winzergemeinde 24 Anwesen mit Brandkataster-Nummern ausgewiesen.

Zumindest in der Ratsgemeinde wurden diese »RG«-Nummern oft in die Torsäulen eingemeißelt, wovon Relikte noch heute zeugen.

Die Brandkataster-Nummerierung wurde für die neue selbstständige Landgemeinde Loschwitz noch zweimal durchgängig ausgeführt, sodass im Historischen Häuserbuch jedes Anwesen drei verschiedene Brandkataster-Nummern, dazu eine Flurbuch-Nr. und eine Grundbuch-Nr. hat.

Anlass für die Einführung der Grundbuch-Nummer war das »Königlich Sächsische Gesetz, die Grund- und Hypothekenbücher und das Hypothekenwesen betreffend« vom 6. November 1843.

In Loschwitz beginnt die Grundbuch-Nummerierung mit 1 an der heutigen Friedrich-Wieck-Straße 18 (ehem. Gasthof Demnitz). Als Letzte wurden die daneben liegenden, ehemals zum Rittergut Wachwitz gehörenden sechs Grundstücke mit der Grundbuch-Nr. 514 bis 519 für die Gemarkung Loschwitz erfasst.

Die neue Brandkatasternummerierung begann mit Nr. 1 an der Elbe (heute Friedrich-Wieck-Straße 28, neben dem Körnergarten) und endete nach dem gesamten Ortsdurchlauf mit der Nr. 298 an dem gegenüberliegenden Grundstück, dem Fährgut (heute Friedrich-Wieck-Straße 45) wieder an der Elbe. Durch a-, b- und c- Ergänzungen einiger Nummern ergaben sich insgesamt etwa 320 Gebäude und Grundstücke.

Eine nochmalige Nummerierung um 1860 folgte dem gleichen Durchlauf, endete bei Nr. 334 und betraf damit etwa die gleiche Anzahl von Gebäuden beziehungsweise Grundstücken wie vorher.

Es ergibt sich aus den Nummerierungen gegenüber der Zählung von 1837 (ca. 275) bis etwa 1860 (ca. 321) ein Wachstum der Gemeinde um reichlich 40 Gebäude bzw. Grundstücke.

Nachdem seit etwa 1885 offizielle Straßen- und Wegebezeichnungen existierten, erhielten dann 1897/98 alle Häuser der Gemeinde ihre Hausnummern. So bekam beispielsweise das mit der alten »RG No 18« von 1784 bezeichnete Gebäude ab etwa 1839 die Nummer 278, nach 1850 die Nr. 314 und um 1897 die endgültige Adresse Friedrich-Wieck-Straße 3.

Die in der Folgezeit herausgegebenen Adressbücher verzeichnen jedoch zu jedem Haus neben Straße und Hausnummer auch weiterhin die letzte Brandkataster-Nummer, da diese ein unumstößliches Identifikationsmerkmal darstellte: Änderten sich Straßen- oder Hausnummernbezeichnungen, die »Br.Cat.Nr.« blieb die gleiche und neu hinzukommende Häuser wurden durch Buchstabenzusätze gekennzeichnet. Entstand ein Neubau an Stelle von zwei ehemals selbstständigen Häusern, erhielt er deren Brandkataster-Nummern als Doppelnummer. Oft finden sich die Metallschilder »Br.Cat.Nr.« oder auch »Ortsl.Abt.Nr.« noch zusätzlich zur Hausnummer an den Grundstücken. Die Hausnummern wurden in der Regel von der tatsächlichen oder gedachten Ortsmitte vom jetzigen Körnerplatz ausgehend und nach außen hin ansteigend vergeben und zwar linksseitig die ungeraden und rechtsseitig die geraden Nummern. Kamen im Laufe der Jahre neue Häuser in Baulücken, erhielten sie zur vorhergehenden Hausnummer einen Zusatz (a, b, c, u.s.w.); eine bis heute gültige Praxis.

Es bleibt noch zu erwähnen, dass Häuser angrenzender Ortschaften durch deren Eingemeindung nach Dresden nun an Loschwitz anschließende Hausnummern erhielten, wie beispielsweise auf der Grundstraße oder der Pillnitzer Landstraße. Dennoch ermöglichen die folgenden Adressbücher eine exakte Standortbestimmung. So ist z.B. das → *Gasthaus* »Zur Eule« in der Gemarkung Rochwitz – früher Grundstraße 7 – heute Grundstraße 100, durch die Angaben in der Kopfleiste »Ro 39« (Grundbuchnummer) und »37« (dortige Brandkataster-Nummer) eindeutig als ein zu Rochwitz gehörendes Anwesen zu identifizieren.

Nach 1945 wurden keine Brandkatasternummern mehr vergeben. Identifikationsmerkmale sind Straße und Hausnummer sowie die ebenfalls amtlichen Flurbuch- und Grundbuchnummern.

Die Flurbuchnummern wurden 1835 eingeführt und damit entstanden auch die meist heute noch bestehenden Gemarkungsgrenzen – für die Gemarkung Loschwitz »von Dresden her fortlaufend«. Die heute noch gültige Nummer 1 erhielt das Grundstück Bautzner Straße 122. **Matthias Griebel**

Quellen: 18, 889, 1013, 1083

Bräuer, Cordula; Musikerin (* 1955) → *K2*

Friedrich Wieck-Straße 3, Brandkataster-Nummer von 1862 und heutige Hausnummer

Körnerplatz 8, doppelte Brandkataster-Nummer durch Neubau. Fotos (2): Jürgen Frohse

Kirmesumzug *Foto: Slg. Ute Häse*

Brauchtum, Kirmes

Bis in die Gegenwart zählt die Kirmes zu den beliebten Festen im ländlichen Raum, die in Verbindung mit dem bäuerlichen Arbeitsjahr, dem Einbringen der Ernte, dem Anlegen von Nahrungsvorräten (Sauschlachten) und dem Beginn relativer Arbeitsruhe in den Wintermonaten standen. Die Kirmes wird meist in den Herbstmonaten gefeiert. Ursprünglich war sie das Fest, an dem in einer neu errichteten Kirche die erste Messe (mittelhochdeutsch: kirmesse) gefeiert und damit das Gotteshaus geweiht wurde. Das Fest ist unter verschiedenen mundartlichen Bezeichnungen überliefert, wobei im schwäbischen und pfälzischen »Kirwe« noch der Zusammenhang zur mit der ersten Messfeier erfolgten »Kirchweihe« ablesbar ist. Es entstand der Brauch, die Feier des Jahrestages der Kirchweihe, verbunden mit einem Jahrmarkt, regelmäßig zu begehen.

Mit der Zunahme weltlicher Festelemente durch die bei der Kirche aufgestellten Marktbuden und Karussells entwickelte sich die Kirmes auf dem Lande zum jährlichen Hauptfest, das aber auch die Stadtbevölkerung anlockte. Freunde und Verwandte wurden besucht, Ehen gestiftet, Streitigkeiten beigelegt, und es wurde reichlich gegessen und getrunken, ausgelassen getanzt und gescherzt, manchmal tagelang. Zum Fest gehörten Pfefferkuchen und der bis heute beliebte Kirmeskuchen, den sich vor allem die Kinder beim Kuchensingen von Haus zu Haus erbettelten.

In Loschwitz wurde die erste Kirchweihe am 3. August 1708, dem Namenstag August des Starken gefeiert. Das 100-jährige Jubiläum der Weihe der → *Kirche* war dann schon in den September gerückt und wurde am 4. September 1808 als »Lob- und Dankfest« festlich begangen. Nach einer umfassenden Umgestaltung vor allem des Innenraums der Kirche feierte man am 12. März 1899 erneut Kirchweihe. Zum 200. Jahrestag der 1. Kirchweihe fand am 21. September 1908 ein großes Jubiläumsfest statt. Der Kirchenvorstand hatte zuvor beschlossen, »die Fahnen von den beteiligenden Vereinen zu beiden Seiten des Altars aufstellen zu lassen [... und] die Feuerwehr zu ersuchen, zur Aufrechterhaltung der Ordnung beim Festzuge acht Mann zu stellen«[1] Nach dem Festgottesdienst traf man sich im »Ratskeller« (→ *Gaststätten*) zu einem »einfachen Frühstück«.

In dieser Zeit waren die alljährlich im Herbst stattfindenden »Kirmesfeiern« auch in Loschwitz zu einer Tradition geworden. In → *Gaststätten* wie z. B. dem Hotel Demnitz, der »Schweizerei« und dem »Haideschlößchen« fanden Tanzveranstaltungen statt, die in der Regel → *Vereine* organisiert hatten. Ein Karussell und eine »Schaubude« durften aufgestellt werden. Im 19. Jahrhundert war das nur zur Kirmes und zu Pfingsten erlaubt. Ferner gab es einen »Kirmesfestzug«.

Nach der Zerstörung der Kirche 1945 feierte man am 21. September 1958 das 250-jährige Kirchweihjubiläum. Im Kirchgemeindehaus in der Grundstraße wurde der Festgottesdienst gehalten und eine Ausstellung gezeigt. Das Jubiläum war verbunden mit dem Anbringen einer Tafel zum Gedenken an die Opfer des

Kirmesfestzug, 1911 *Fotos: Slg. M. Griebel*

Zweiten Weltkriegs an den Holzkreuzen auf dem → *Friedhof*.

Nach dem Wiederaufbau, der 1991 begonnen hatte, wurde die Kirche beim Erntedankfest am 2. Oktober 1994 zum dritten Mal in einem Festgottesdienst geweiht. In einem auf dem Schulhof der gegenüberliegenden → *Schillerschule* aufgebauten Festzelt feierte die Gemeinde mit Gästen aus München bis spät in den Abend. Erntedankfest und Kirchweihe werden seitdem zeitgleich in der Gemeinde festlich begangen.

Heidrun Wozel

Zitat:
1 Archiv der Ev.-Luth. Kirchgemeinde Dresden-Loschwitz, Akte I/XIV/20
Quellen: 39, 242

Heimatfest Loschwitz, 1922 *Foto: Franz Gaudernack, Archiv OVLW, Irmgard Walther*

Brauerei Loschwitz

Auf dem heutigen, erstmals 1549 genannten Grundstück Grundstraße 76/78 befand sich die Hänsel-Mahlmühle, auf die noch heute ein Schlussstein im Haus Grundstraße 78 hinweist.

Die Mühle wurde bis zu ihrer Stilllegung 1860 von zahlreichen Müllermeistern aus Dresden und Umgebung betrieben. Im Jahr 1887 erwarb der Bühlauer Dampfbrauereibesitzer Adolph Heydel gemeinsam mit der Handelsgesellschaft S. Wertheimer Nürnberg dieses Gebäude, um dort eine Dampfbierbrauerei zu errichten.

1887 wurde der Brauerei-Rohbau durch den Baumeister Adalbert Mirius (1837 – 1911) nach Plänen des Brauerei-Civil-Technikers Lipps vollendet. Im Juni 1888 wurde erstmals Bier gebraut. Das alte Mühlengebäude erfuhr einen Umbau zum Brauereirestaurant und zu einem Wohngebäude.

Offensichtlich stellte sich aber bei der Brauerei der gewünschte wirtschaftliche Erfolg nicht ein, denn bereits im Mai 1894 meldete Heydel das Brauereigewerbe ab. Das Grundstück wurde gleichzeitig von dem Loschwitzer Flaschenbierhändler Moritz Otto Borsdorf (1853 – 1906) erworben. Er richtete in der stillgelegten Brauerei für seine 1877 auf der Dammstraße 14 gegründete Firma (siehe Aufschrift am Haus) eine Flaschenabfüllerei mit Lager ein und ließ das Brauereigebäude teilweise für Wohnungen umbauen. Dabei erfolgte durch die Firma → *Bau-*

In diesem Zusammenhang ist eine Eingabe von achtzig Einwohnern der Grundstraße an den Gemeinderat interessant, die gegen dieses Vorhaben protestierten. Sie befürchteten Geruchsbelästigungen durch Gärprodukte und eine weitere Verunreingung des Baches, wie sie schon durch die Leonhardische Tintenfabrik erfolgt war.
Sie möchten nicht, wie sie ausführten, »...das unser schönes Loschwitz noch ganz in Verfall kommt«. Verhindern konnten sie den Bau nicht, aber die Auflagen für den Betrieb der Brauerei wurde diesbezüglich verschärft und zur Einhaltung musste eine Kaution von 5.000 M bei der Gemeinde hinterlegt werden.

Brauerei Loschwitz, um 1890 *Foto: August Kotzsch, Archiv Kirchgemeinde Loschwitz*

25-jähriges Betriebsjubiläum, 1902 *Foto: Archiv Kirchgemeinde Loschwitz*

meister Karl Reichpietsch (1859–1947, → *K2*) nach Plänen des Architekten Möbus (?) eine Aufstockung um eine Etage.

Wie einer Werbung zu entnehmen ist, füllte Moritz Otto Borsdorf hier vermutlich Feldschlösschen-Bier auf Flaschen ab.

Ab 1900 wurden unterschiedliche Hausnummern eingeführt: Nr. 76 für die Brauerei, Nr. 78 für das Wohnhaus, dass die Familie Borsdorf nutzte. Später waren die → *Bäckerei* Krüger (1911) und die → *Wäscherei* Schurig (1948) im Wohngebäude untergebracht.

1901 erfolgte der Antrag zum Einbau einer → *Schmiedewerkstatt* in das ehemalige Kesselhaus. Im Jahr 1907 wurde eine elektrische Lichtanlage mit Elektromotor zum Antrieb einer Flaschenspülmaschine, einer Pumpe und einer Wäschemangel errichtet. Das Gebäude wurde an die auf der Grundstraße gebaute Hauptschleuse angeschlossen. 1906 starb Otto Moritz Borsdorf, Alleinerbin war seine Ehefrau Marie Emilie geb. Kluge.

Von seinem Sohn Otto Reinhold Borsdorf (1885–1973) ist bekannt, dass dieser hier ab 1913 eine Mineralwasserfabrik mit eigenem Brunnen betrieb. Als Erbe der »Bier-Grosso-Handlung« erschien er noch 1921 im Adressbuch mit dem Eintrag: »Grundstraße 78: Otto R. Borsdorf, Inhaber einer Flaschenbiergroßhandlung, Mineralwasserfabrik sowie eines Botenfuhrwerks- und Kraftdroschkenbetriebs«.

1913 nahm Frau Melzer einen Waschbetrieb mit einer Waschmaschine und einer Schleuder auf, der später mit einer Wäschemangel im Erdgeschoss der Brauerei ergänzt wurde.

Otto Reinhold Borsdorf kaufte 1920 das Grundstück nach dem Tod des Vaters von seiner Mutter und erweiterte das Gewerbe um eine Spedition und eine Luxus-Autovermietung.

Bierflasche der Firma Borsdorf, Foto: Johannes Dose, Slg. M. Griebel

Fuhrpark der Firma Borsdorf, 1927 *Foto: Archiv Kirchgemeinde Loschwitz*

Bus der Firma Borsdorf, nach 1938
Foto: Archiv Kirchgemeinde Loschwitz

1934 gab er die Getränke auf und machte nur noch Bus- und Autorundfahrten. Eine zu dieser Zeit errichtete Autobus-Einstellhalle wurde im Frühjahr 2010 durch eine vom Sturmtief Xynthia umgestürzte Buche total zerstört. 1925 baute man einen unterirdischen Tank für 3.000 Liter Benzin ein.

Im Jahr 1928 erwarb die Stadt Dresden das Grundstück von O. R. Borsdorf mit Abbruchvorbehalt. Der Kauf erfolgte im Zusammenhang mit der Planung des Ausbaus der Grundstraße. Tatsächlich beseitigt wurden 1930/31 dann aber lediglich alle Schuppen und Remisen im Straßenbereich. Der letzte Borsdorf hatte ebenfalls den Vornamen Otto und betrieb eine Instrumentenschleiferei. Dessen Sohn Reinhard war ein Original und ging als Claqueur ins Theater.

Die beiden Gebäude wurden bis nach 1945 als Wohnungen und für verschiedene gewerbliche Zwecke weitergenutzt, unter anderem als Schmiede, Wäscherei, Elektrofirma und zehn Jahre als Zentralheizungsbau.

Auf Grund des Verfalls, vor allem des ehemaligen Brauereigebäudes, wurde dieses bereits in den 1980er Jahren schrittweise freigezogen. Die Bewohner forderten mehrfach durch Eingaben die Beseitigung der Missstände. Selbst mit Wahlverweigerung wurde gedroht.

Eine 1973 nach den Plänen des Wohnungsbaukombinats Dresden (Dipl.-Ing. Schumann) vorgesehene Sanierung erfolgte nicht.

Der letzte Mieter war Jochen Junge, der eine Wohnung bis 1994 als Abstellraum nutzte.

Nach dem politischen Umbruch 1989/90 entstanden durch Brand starke Beschädigungen. Von 1993 bis 1997 arbeitete die Agentur WEGAS Werbung im ehemaligen Brauereigebäude. Im Jahr 2005 plante die »City-Loft-Projektentwicklungs-GmbH« den Einbau von Loft-Wohnungen. Schon 2006 wurde dieses Vorhaben wieder »auf Eis« gelegt.

Seit 2013 wurde das seit vielen Jahren leerstehende Brauereigebäude umfassend für Wohnzwecke saniert und um- und ausgebaut.

Eberhard Münzner, Rolf Friebel

Quellen: 19, 39, 725, 824, 907, 1000

Braun, Wilhelm Klemens; Maler (1906 – 1940) → *K2*

Braun, Reinhold

Lehrer, Schriftsteller, Dichter und Rezitator (1879 – 1959)

Emil Paul Reinhold Braun (→ *K2*) wurde am 10. Dezember 1879 als Sohn des Polizeiwachtmeisters August Braun und seiner Ehefrau Lisette geb. Eckelsbach in Berlin geboren. Hier besuchte er die Volksschule und eine Höhere Schule. Danach entschied er sich für den Beruf des Lehrers. Von 1898 bis 1901 besuchte er das Lehrerseminar in Drossen in der Neumark (heute Ośno Lubuskie/Polen). Nach Abschluss seiner Lehrerausbildung war er von 1901 bis 1904 Lehrer in Gralow bei Landsberg an der Warthe (heute Gralewo bei Gorzów Wielkopolski/Polen) und ab Herbst 1904 in Weißensee (heute Berlin-Weißensee). Gleichzeitig hörte er nebenamtlich an der Berliner Universität Vorlesungen und wurde vom Universitätslektor für Vortragskunst Emil Milan (1859 – 1917) rezitatorisch ausgebildet. Ab 1906 war er Lehrer an einem Berliner Gymnasium.

Reinhold Braun liebte das Wandern und Reisen. Ferienreisen führten ihn schon vor seiner Ehe nach Österreich-Ungarn, Palästina, Italien, Frankreich, England, Skandinavien und in die Türkei. Am 1. November 1913 heiratete Braun die acht Jahre jüngere Katharine Löber, Tochter des 1907 verstorbenen Oberhofpredigers Dr. Richard Löber und seiner Ehefrau Pauline geborene Allmer. Der Ehe entstammen zwei Söhne: 1916 wurde Günther und 1919 Wolfgang geboren. Der Ältere ging 1953 nach Brasilien. Der Jüngere starb als Soldat im Zweiten Weltkrieg.

Es ist nichts Außergewöhnliches, dass Braun als evangelischer Christ auch Freimaurer war. In Berlin trat er der Johannisloge »Zum flammenden Stern« unter der Konstitution der Großen National-Mutterloge »Zu den drei Weltkugeln« bei. Hier bekam er zwischen 1913 und 1917 die drei symbolischen Grade (Lehrling, Geselle, Meister). 1924 erwarb Braun den 4. Grad, dem 1928 und 1929 noch der 5. und 6. folgten. Damit war er »Geweihter des Inneren Tempels« geworden. Ferner war er Wanderredner des 1861 in Potsdam gegründeten »Vereins Deutscher Freimaurer«.

Ein Augenleiden (Grauer Star) hinderte Braun, als Soldat in den Ersten Weltkrieg zu gehen. Bereits 1919 zwang ihn diese Krankheit, den Beruf des Lehrers aufzugeben. 1920 verlegte er seinen Wohnsitz von Berlin nach Dresden. Zunächst wohnte er in Dresden-Trachenberge, Weinbergstraße 96; 1925 bezog er das Haus Plattleite 8 in Dresden-Loschwitz, das

Porträt Reinhold Braun von Karl Bauer
Aus: Reinhold Braun. Eingeführt von Hans-Christoph Kaergel. Verlag Max Müller, Chemnitz 1924

den Namen »Brauneck« – wohl eine Zusammenziehung von Braun und Eckelsbach – erhielt. Noch Eigentümer des Hauses bleibend, wohnte er von 1939 bis 1945 in Dresden-Bühlau, Am Bauernbusch 19. Hier in Dresden konnte er sich jetzt ganz seiner schriftstellerischen Tätigkeit zuwenden. Daneben trat er weiter als Redner und Rezitator zu »Volksabenden« und kirchlichen Veranstaltungen auf.

Als evangelisch-lutherischer Christ veröffentlichte Braun in dem seit 1925 erscheinenden Kirchlichen Gemeindeblatt für Loschwitz-Wachwitz eine Reihe von Beiträgen, die das Empfinden vieler Gemeindeglieder ansprachen. In einem 1929 hierin erschienenen Beitrag »Pfingstwesen« findet sich so etwas wie ein Motto seiner Vorträge und literarischen Essays: »Dass deutscher Geist und echtes deutsches Herz wieder zur Macht gelangen, wieder Wohnung haben in unserem Volke!« 1930 hielt er im Kirchgemeindehaus Loschwitz einen seiner Vortragsabende unter dem Thema »Du und die Liebe« gemeinsam mit seiner Schwägerin, der Konzertsängerin Mathilde Löber (1881 – 1957, → *K2*).

Kurz nach der Machtübernahme Hitlers trat der bisher parteilose Braun im März 1933 aus seiner Loge aus und im folgenden Monat in die NSDAP ein. Er stellte sich nun der NSDAP als Redner zur Verfügung. Aufgrund seiner früheren Logenzugehörigkeit wurde seine Parteizugehörigkeit Mitte 1934 jedoch wieder als nichtig erklärt. Ein Gnadengesuch Brauns zur Wiederaufnahme wurde abgelehnt. 1939 verband Braun seinen Namen mit dem Geburtsnamen seiner Mutter zu »Braun-Eckelsbach«. Obwohl er 1943 nach langem Mühen in die Reichsschrifttumskammer aufgenommen wurde, konnte dies seine zunehmende finanzielle Notlage nicht beheben.

1945, nachdem auch sein ehemaliges Haus in Dresden-Loschwitz am 13. Februar zerstört worden war, verließ er die Sowjetische Besatzungszone und kam in ein Auffanglager, bevor er 1946 seine neue Wohnung in Lochham bei München fand. 1948 erschien sein erstes Buch nach dem Zweiten Weltkrieg. Um 1955 verzog er nach Gräfelfing bei München und in seinem Todesjahr nach Freiburg im Breisgau. Hier starb er vier Tage nach seinem 80. Geburtstag am 14. Dezember 1959. Beigesetzt wurde er auf dem Friedhof Littenweiler, einem Stadtteil Freiburgs.

Brauns Veröffentlichungen belaufen sich auf über 140. Hinzu kamen weitere Tätigkeiten, wie die als Redakteur und Schriftleiter bei verschiedenen Zeitungen und anderen Periodika sowie als Herausgeber der Reihe »Volksabende«. Er war Hauptschriftleiter der Wochenschrift »Sonntagsfeier« – 1934 in »Deutsche Seele« umbenannt – der er bis zu deren Ende 1943 vorstand. Lyrik, zahlreiche Novellen, Essays, Betrachtungen und der Roman »Die seltsame Welt der Annetraut Ohnzeit« gehören zu dem, was häufig in mehreren Neuauflagen viele Leser erreichte. Reinhold Braun gehört keinesfalls zu den großen Dichtern und Schriftstellern des 20. Jahrhunderts; er war vielmehr ein sogenannter »Volksschriftsteller«. Was er schrieb, kann man zur »Erbauungsliteratur« zählen. Er vertrat einen seit den Befreiungskriegen gegen Napoleon in den deutschen Ländern immer stärker werdenden Nationalismus, den er als evangelischer Christ mit seiner konservativ-christlichen Lebensauffassung verband.

Mit dem verlorenen Weltkrieg und dem Ende der Monarchie zerbrachen zunächst Brauns idealistische Träume vom Sieg des »Deutschtums« als »Segen für die Welt«. Geradezu missionarisch rief er nun zum Kampf gegen die »Lebensverschlammung« als Zeichen der Zeit und für eine Zukunft, in der die alten »deutschen Werte« wieder Geltung haben. Brauns bisherige Veröffentlichungen passten damit gut in das Konzept der Nationalsozialisten. Zu seinen letzten Schriften nach dem Zweiten Weltkrieg gehören Lebensbilder, zuletzt jenes über die blinde Helen Keller (1880 – 1968).

Reinhold Braun und sein Werk spiegeln geradezu exemplarisch die Einstellung sehr vieler Deutscher dieser Zeit wider. Auf dem Boden eines sich immer stärker ausprägenden Nationalismus gedieh in vielen Schichten der Bevölkerung ein konservativ-christlicher Protestantismus mit weitgehend antirepublikanischer und antidemokratischer Überzeugung. Nach dem verlorenen Ersten Weltkrieg und den folgenden Wirtschaftskrisen verstärkte sich die Hoffnung auf ein kommendes neues Reich, in dem die »alten Werte« in der »Volksgemeinschaft« ihre einstige Bedeutung wiedererlangen. Zu diesen Werten zählten vorrangig Treue, Opferbereitschaft, Disziplin, Freundschaft, Mutterkraft, Heldentum, Kampf, aber auch Glaube und Liebe. Hinzu kam, dass alles nicht nur im individuellen Bereich seine Bedeutung haben sollte, sondern gleichermaßen in der Volksgemeinschaft, der es in der Zeit der Weimarer Republik nur an einer starken Führung fehle. Abgesehen von der Rassenideolgie, meinte man im Nationalsozialismus die Verwirklichung aller dieser Ziele zu sehen – noch dazu mit einem starken politischen Führer, auf den man wartete. **Otto-R. Wenzel**

Haus Brauneck, Plattleite 8, Ansichtskarte *Slg. Matthias Griebel*

Quellen: 154, 155, 156, 157, 158, 164, 171, 419, 561, 571, 572, 611, 612, 640, 643, 644, 656, 685, 733, 778, 784, 1108, 1109

Braunwarth, Lothar; Architekt (1929 – 1999) → *K2*

Brod, Ferdinand; Maler (1869 – 1944) → *K1*

Auswahl aus seinen Veröffentlichungen:
- Studie über Kleist mit Sonett »Die Kronen tragen«, 1911
- Dresden und die Sächsische Schweiz, 1915
- Durch Innerlichkeit zur Kraft. Betrachtungen, 1917
- Das Heimglückbuch, 1920
- Aus tiefen Bronnen. Ein Buch von Kraft und Freude, 1922
- Die stille Insel. Ein Buch von der Ehe, 1924
- Der Weg auf den Berg. Gedanken eines deutschen Lichtkämpfers, 1924
- Neuer deutscher Frohmut. Ein Vortrags- und Vorlesebuch, 1925
- Das Deutsch-Mädelbuch, 1930
- Die seltsame Welt der Annetraut Ohnzeit. Roman einer Entfaltung, 1931
- Gustav Schröer. Weg und Werk, 1935
- Vom wehrhaften Herzen. Ein Buch für Soldaten und jeden andern, der sich tapfer hält, 1940
- Friedrich Friesen. Das Lebensbild eines Kämpfers, 1940
- Vom deutschen Herzen. Vom deutschen Leben, 1944
- Vom mutigen Leben. Gleichnisse der Daseinsmeisterung, 1948
- Albert Schweitzer. Christliche Lebensbilder, 1956
- Helen Keller. Licht in der Dunkelheit. Christliche Lebensbilder, 1957
- Narben. Geschlagen, gefangen, geflohen, postum 1964

Brodauf, Friedrich

Grafiker und Bildhauer (1872 – 1939)

Friedrich Moritz Brodauf (→ *K2*) wurde am 15. Oktober 1872 in Großhartmannsdorf im Erzgebirge als viertes Kind seiner Eltern Carl Moritz und Frieda Cölestine geb. Schubert geboren. Nach seiner Schulzeit ging er 1889 an die Königlich Sächsische Kunstgewerbeschule Dresden. Bis 1891 besuchte er die Unterklasse, in der Alfred Diethe (1836 – 1919) zu seinen Lehrern zählte. 1891 bis 1892 studierte er in der Abteilung Buntdruck bei Woldemar Müller (1860 – 1928, → *K1*), *Richard* → *Müller* (1874 – 1954, → *K1*) und Prof. Paul Hermann Naumann (1851 – 1938).

Es folgte eine Anstellung als Zeichner in der Lithographischen Kunstanstalt Schupp & Nierth in Dresden. Seit 1896 arbeitete er im eigenen Atelier als selbstständiger Künstler und Plakatgestalter, so z. B. für die Ernst Kaps Klavier AG in Dresden.

1900 heiratete er in Leipzig Lina Agnes Pohler. Der Ehe entstammen drei Kinder; noch im gleichen Jahr wurde Ilse Gertrud geboren, 1902 Heinz Joachim und 1904 Ruth. Seinen Wohnsitz hatte er seit 1896 in Oberloschwitz in der Villa »Alpenrose« auf dem heutigen Johannesweg 5. 1900 kaufte er das benachbarte Grundstück Rißweg 14. Er ließ im oberen Teil des Grundstücks die Villa »Glück auf« (heute Materniweg 14) bauen, die er 1901 bezog. 1903 brannte das im unteren Teil seines Besitzes gelegene alte Wohnhaus ab. An dessen Stelle ließ Brodauf das »Norwegische Haus« errichten; → *Architekt* war *Rudolf* → *Kolbe* (1873 – 1947, → *K1*). Nach Fertigstellung verkaufte er beide Häuser mit ihren Grundstücken an Clemens Borschdorf (1865 – 1936), blieb aber mit seiner Familie bis 1918 als Mieter weiterhin in der Villa »Glück auf« wohnen. 1906 entwarf Brodauf die Zeichnungen für sein zukünftiges Atelier neben der Villa »Glück auf«, das er im folgenden Jahr beziehen und bis zu seinem Lebensende nutzen konnte. Das Atelier auf dem Materniweg 14 wird heute als Garage genutzt. Davor findet sich noch heute eine Plastik des Bildhauers. 1918 zog Brodauf mit seiner Familie ins »Norwegische Haus« und 1937 noch einmal zurück in die Villa »Glück auf«.

Um 1905 warben Anzeigen für eine Mal- und Zeichenschule unter seiner Leitung in den Prospekten der Gemeinde Weißer Hirsch. Ab 1907 arbeitete er auch als Bildhauer und schuf vor allem Bildnisbüsten und Reliefs. Seit 1907 war er auf Kunstausstellungen in Berlin, München, Düsseldorf und ab 1912 auch in Dresden vertreten. Zu seinen frühen bildhauerischen Arbeiten gehört das 1908 gefertigte Modell einer

Friedrich Brodauf *Foto: Slg. Oehme-Wahl*

Bronzebüste für den Maler und Physiognomiker Carl Huter (1861 – 1912). Die Büste ist heute Bestandteil eines Denkmals für Huter in dem zu Bad Salzdetfurth in Niedersachsen gehörenden Heinde. Für die 1909 eingeweihte neue Loschwitzer → *Schule* schuf Brodauf den gesamten plastischen Schmuck im Außen- und Innenbereich. Bekannt waren in dieser Zeit auch seine Eisplastiken im Winter auf der Eisbahnanlage in der Kurparkstraße auf dem Weißen Hirsch. Mit diesen Bildern wurde auch in den Prospekten des Kurortes geworben.

Hatte Brodauf zunächst mit Plakatgestaltung und Grafik begonnen, so lag sein Schwerpunkt danach auf der Plastik. Er schuf Reliefs, Büsten,

Friedrich Brodauf, Knieender Akt, Bronze
Slg. Bernd Beyer

Statuen und Plaketten aus unterschiedlichen Materialien, häufig in Bronze. Besonders seine Statuen sind expressiv, vor allem die Frauenakte voller Bewegung und Lebendigkeit.

Anastasia Zwetajewa (1894 – 1993) verbrachte gemeinsam mit ihrer Schwester Marina Zwetajewa (1892 – 1941, → *K2*) den Sommer 1910 im benachbarten »Norwegischen Haus«. Anastasia, später eine bedeutende russische Dichterin und Brodauf freundschaftlich verbunden, beschrieb ihn in ihren »Erinnerungen«:

> Er war noch jung, aber schon grauhaarig, seine Augen blickten konzentriert, und seine Schultern waren stämmig. Kam er herein, spürte man gleich beim ersten Wort, daß er ein ungewöhnlicher Mensch war: gebildet, klug, redegewandt und vielseitig. Er und die Bachmanns waren alte Freunde. Uns beide, besonders Marina, betrachtete er mit Wohlgefallen, zeigte Interesse für ihre dichterische Begabung und bedauerte, kein Russisch zu können. Seine Besuche verschönten das gleichförmige Leben im Pfarrhaus.[1]

Von 1917 bis 1920 gehörte Brodauf dem Aufnahmeausschuss der Dresdner Kunstgenossenschaft für die jährlich stattfindenden Kunstausstellungen in Dresden an. Wahrscheinlich aus diesem Grund erhielt er ehrenhalber den Titel Professor. Für den Loschwitzer → *Friedhof* schuf er 1918 die Grabplastik für Eugen Degele (1834 – 1886). Für im Ersten Weltkrieg gefallene Soldaten schuf er das Kriegerdenkmal in Rammenau bei Bischofswerda und das am 25. April 1926 eingeweihte Denkmal für die Gefallenen des Ersten Weltkrieges am Eingang des Waldfriedhofes Dresden-Weißer Hirsch. 1928 erhielt das als Altersheim gegründete »Güntzheim« (heute Neustädter Krankenhaus) ein von Brodauf geschaffenes Tympanon (ein mit Relief geschmücktes Giebelfeld) mit dem Kopf des Stifters Justus Friedrich Güntz (1801 – 1875). 1933 schuf er das Relief für die Grabstätte von Walther Geißler auf dem → *Friedhof* Dresden-Loschwitz.

Während einer Besuchsreise zu seinem 1926 ausgewanderten Sohn Heinz starb Friedrich Moritz Brodauf am 16. Juli 1939 in Edwards im Bundesstaat New York in den USA. Er wurde auf dem dortigen Friedhof bestattet. Im gleichen Grab fanden 1955 auch sein Sohn Heinz und 1960 seine Ehefrau Lina ihre letzte Ruhestätte.

Sybille Streitenberger, Otto-R. Wenzel

Zitat:
1 *Hexelschneider, Erhard; Die russische Dichterin Marina Zwetajewa im Sommer 1910 in Dresden; in: Sächsische Heimatblätter 2001*

Quellen: 39, 44, 73, 188, 240, 518, 568, 639, 640, 651, 915, 946, 978, 1000, 1036, 1065, 1174, 1191

Brück, Astrid von; Musikerin (* 1966)
→ *K2*

Brunnen

In früherer Zeit gab es neben grundstückseigenen Anlagen zur individuellen Wasserversorgung auch gemeindeeigene öffentliche Brunnen, die sogenannten Plumpen.

Plumpen

Plumpe, Dammstraße 8
Diese Plumpe befand sich auf einer kleinen Anhöhe mitten auf der Dammstraße.

Plumpe, Friedrich-Wieck-Straße 10
Diese befand sich direkt oberhalb des Friedrich-Wieck-Hauses.

Pfarrplumpe vor der → *Alten Pfarre*
Hier befand sich das eigentliche Kommunikationszentrum der Loschwitzer, die hier ihr Wasser holten und sich an den öffentlichen Anschlägen informierten.

Brunnen

Loschwitz wird geprägt von geomorphologischen Verhältnissen, die mit der Bildung von steil abfallenden Hängen und Kerbtälern zusammenhängen. Bedingt durch die Lage des Lausitzer Granodiorits bis an die Elbe heran, entstanden wasserführende Schichten, an denen Quellen (→ *Gewässer*) zu Tage treten. Ab Ende des 18. Jahrhunderts entstanden in Loschwitz Sommerhäuser und komfortable Villen, für die die Anlage von Brunnen zur Wasserversorgung lebensnotwendig war.

Nachfolgend werden die noch vorhandenen, die stillgelegten und eine Auswahl der nicht mehr vorhandenen Brunnen genannt:

»Am Pfarrbrunnen in Loschwitz bei Dresden«, Aquarell von Adolf Friedrich (1824 – 1889), einem Sohn von Caspar David Friedrich *Repro: Slg. Matthias Griebel*

Inschrift Brunnen Schevenstraße 11 (Villa »Rosenhof« *Foto: Hans-Christian Hoch*

Noch vorhandene Brunnen

Hausbrunnen, Schevenstraße 11
Dieser Brunnen befindet sich im direkten Umfeld der Villa »Rosenhof«. Der Brunnen stammt aus dem Jahre 1725 und ist 42 Meter tief. Die Sandsteinquader wurden in einer Dreierteilung gesetzt. Der Erhaltungszustand ist noch sehr gut, allerdings tritt Wasser nur bei Anstieg des Grundwasserspiegels zu Tage.

Felsners Brunnen, Kotzschweg, Einmündung Albert-Venus-Weg
Eine Holztür verschließt diesen Schöpfbrunnen. Er gehörte früher zum Anwesen der Weinbergbesitzerfamilie Felsner, Ludwig-Richter-Straße 14.

Schöpfbrunnen, Kotzschweg 15
Oberhalb dieses Wohnhauses am Rondell befindet sich in einem Sandsteingewölbe ein Schöpfbrunnen, der eine Zuleitung ausgehend von dessen Quellfassung besitzt.

Brunnenhaus Schevenstraße 11 (Villa »Rosenhof«) *Foto: Hans-Christian Hoch*

Felsners Brunnen, Kotzschweg, um 1870 *Foto: August Kotzsch*

Felsners Brunnen, 2014 *Foto: Peter Mallwitz*

Brunnen mit Fontäne am Haupteingang von Schloss Albrechtsberg *Foto: Siegfried Großmann*

Springbrunnen mit Torso »Badende Venus« im Park Schloss Eckberg *Foto: Peter Mallwitz*

Etagenbrunnen im Park Schloss Albrechtsberg *Foto: Siegfried Großmann*

Ziehbrunnen ohne Funktion im Park Schloss Albrechtsberg *Foto: Siegfried Großmann*

Schloss Albrechtsberg, Bautzner Straße 130
Keine Brunnen im eigentlichen Sinne, sondern vielmehr die Parkanlage zierende Wasserspiele bilden hier die Fontäne an der Schlossauffahrt sowie ein an der Lindenallee befindlicher Springbrunnen.

Lingnerschloss (Villa Stockhausen),
Bautzner Straße 132
Ein zur Parkanlage gehörender Naturspringbrunnen befindet sich an der Auffahrt zum Schloss hinter dem Schweizerhaus.

Schloss Eckberg, Bautzner Straße 134
Auch hier ist ein Springbrunnen direkt am Aussichtsplateau der Villa am heutigen Gartensaal in Funktion. Weiterhin eine Fontäne im Biotop links neben der Anfahrt zur Villa.

Stillgelegte Brunnen
Schloss Albrechtsberg, Bautzner Straße 130
Etagenbrunnen
Unterhalb des Bassins (Bad) befindet sich an der hangseitigen Gesamtanlage ein Etagenbrunnen einschließlich Quellfassung. Vom Körnerweg aus ist diese Anlage sichtbar.
Ziehbrunnen
In der östlich gelegenen Parkanlage befindet sich ein Ziehbrunnen, der außer Funktion ist.

Schloss Eckberg, Bautzner Straße 134
Springbrunnen
Ein kleiner Springbrunnen mit einem Torso »Badende Venus« befindet sich auf einem Wiesenstück unweit der Bautzner Straße. Der Brunnen führt jedoch kein Wasser mehr.

Villa Brockhaus, Brockhausstraße 2
Der Brunnen hatte seinen Standort auf einem Innenhof zwischen der Brockhausvilla und dem Gästehaus.

Ziehbrunnen, Krügerstraße 20
Im ehemaligen Anwesen des Königlichen Münzgraveurs *Reinhard → Krüger* (1794 – 1879, → *K1*) hat sich bis in unsere Tage der Ziehbrunnen erhalten.

Eimerkettenbrunnen, Malerstraße 18
Dieser einzige Eimerkettenbrunnen in Dresden befindet sich rekonstruiert auf dem Villengrundstück → *»Artushof«*.

Körner-Schiller-Brunnen, Schillerstraße
Der → *Ortsverein* Loschwitz bemühte sich ab 1906 um ein → *Denkmal* für Schiller und Körner. Der Architekt *Martin → Pietzsch* (1866 – 1961, → *K1*, → *Baumeister und Architekten*) und der Bildhauer Oskar Rassau (1843 – 1912, → *K2*) schufen dieses Ensemble, das 1912 festlich eingeweiht werden konnte. Der integrierte Wasserspeier ist seit Jahrzehnten nicht mehr in Funktion.

Brockhausbrunnen *Foto: Peter Mallwitz*

Rekonstruierter Eimerkettenbrunnen auf dem Villengrundstück »Artushof«   Foto: P. Mallwitz

Brunnen-Haus Leonhardistraße 1, Aquarell von F. Schneider (Ausschnitt)   *Slg. Ute Häse*

Nicht mehr vorhandene Brunnen

Sidonienbrunnen, 2. Steinweg 1

Am unteren Auslauf der Treppenanlage wird noch an die Stelle erinnert, wo an der hangseitigen Einfriedungsmauer ein Tontopf eingelassen ist. Der Privatgelehrte Dr. phil. Emil Uhlmann-Eltz ließ hier auf seinem Grundstück in den Jahren 1877 – 1878 von Deubener Bergleuten einen Brunnen in den Felsen treiben. Der einen Meter starke Brunnenschacht wies 1883 einen Wasserstand von 15 Metern auf.

Brunnen, Leonhardistraße 1

Das Areal der heutigen Leonhardistraße 1 gehörte zu einem Weinberg, den der Licentiat Johannes Dornfeld 1694 erwarb. Er errichtete Weinbergmauern und ein barockes Herrenhaus. Der Oberlandweinmeister Heinrich Roos übernahm 1747 das Anwesen. Das Herrenhaus brannte 1857 ab und in der Folge entstand eine neue Villa. Heute präsentiert sich die neue »Thorwald-Residenz« mit den Resten der barocken Anlage. Ein Springbrunnen ist der Villa vorgelagert. Eine vom Brunnen aufsteigende Treppenanlage, flankiert von zwei auf Sockeln stehenden Sandsteinplastiken (Putten), führte früher zur Villa.

Die Kotzschbrunnen, Kotzschweg 22

Auf dem Grundstück von *August → Kotzsch* (1836 – 1910, *→ K1, Hdw. u. Gew., → Fotografen*) befanden sich ein Schöpf- und ein Ziehbrunnen. Ersterer führt gelegentlich noch Wasser, ist jedoch wie der Ziehbrunnen stillgelegt.

Ziehbrunnen Krügerstraße 20
Foto: Peter Mallwitz

Kotzschs Schöpfbrunnen, um 1888
Foto: August Kotzsch (Ausschnitt)

Ehemals Grimmerscher Weinberg,
Robert-Diez-Straße 4

Im Weinberg des Geheimen Kriegsrates Bruno Maximilian Grimmer befand sich ein Brunnen für den Wasserbedarf des Anwesens.

Villa Thorwald, Schillerstraße 12

Im Park der → *Villa Thorwald* befand sich unterhalb des herrschaftlichen Wohngebäudes ein Brunnen für Trinkwasser.

Körnerhaus, Körnerweg 6

Unweit der nördlichen Hausecke des → *Körnerhauses* befand sich ein Brunnen für den Eigenbedarf.

Zur Loschwitzer Brunnengeschichte gehört auch, dass bei der Rekonstruktion von Häusern und Grundstücksinstandsetzungen immer wieder ehemalige Brunnenanlagen aufgefunden und oft sogar erhalten werden.

Peter Mallwitz

Quellen: 435, 522, 622, 723, 824

Bubner, Stephan; Bildhauer und Restaurator (* 1955) → *K2*
Buchwald, Erik; Musiker (1899 – 1981) → *K2*
Buchwald, Roland; Musikpädagoge (* 1940) → *K2*
Bülter-Marell, Dieter; Regisseur, Schauspieler und Autor (* 1929) → *K2*

Bültmann, Mily

Abgeordnete (? – ?)

Johanna Emilie (Mily) Bültmann geb. Zimmermann hatte seit 1906 in Langebrück gewohnt. 1909 kaufte sie in Loschwitz das Grundstück Marie-Simon-Straße 4 und ließ dort durch den Architekten Johannes Lehnert (→ *Baumeister und Architekten*) ein Haus bauen, das sie 1910 gemeinsam mit der Stiftsdame Marie Gräfin von Schmettow (1863 – 1945) bezog, mit der sie bereits in Langebrück in einem Haus wohnte.

Bültmann gehörte der im November 1918 gegründeten Deutschnationalen Volkspartei (DNVP) an. Von 1920 bis 1930 war sie die einzige weibliche Abgeordnete dieser Partei im Sächsischen Landtag, wurde also viermal in Folge gewählt. In ihrer ersten Landtagsrede im Januar 1921 wandte sie sich mit großer Schärfe gegen die eingeleitete Eingemeindung der Vororte Loschwitz, Blasewitz und Weißer Hirsch. In ihrer Landtagszeit setzte sie sich in ihren zahlreichen Anfragen und Redebeiträgen immer wieder für soziale Verbesserungen und gegen den abnehmenden Einfluss der Kirche vor allem in der Schule ein. Dies tat sie auf der Grundlage eines national-konservativen Weltbildes, das im Widerspruch zur vollzogenen Trennung zwischen Staat und Kirche stand. Aber auch für Frauenrechte engagierte sie sich und selbst ökologische Gesichtspunkte finden sich in ihren Reden. So wandte sie sich 1925/26 gegen geplante Baumaßnahmen wie die Anlegung des Heidefriedhofs an der Moritzburger Straße oder die geplante Autogarage im Felsen an der → *Mordgrundbrücke* sowie weitere Eingriffe in die Heide im Bereich Weißer Hirsch.

1930 kandidierte Bültmann, vermutlich aus Altersgründen, nicht wieder für den Landtag. Sie verkaufte ihr Haus auf der Marie-Simon-Straße und wohnte noch kurze Zeit dort als Mieterin. Danach verliert sich ihre Spur.

Leider konnte über ihre Kindheit, Jugend und Familie sowie die Zeit nach 1932 bisher nichts ermittelt werden. **Otto-R. Wenzel**

Quellen: 29, 381, 884, 1000, 1057

Burchard, Carl; Komponist (1818 – 1896) → *K2*

Burrian, Carl; Sänger (1870 – 1924) → *K2*

Burgberg

Nach allgemeinen landesgeschichtlichen Erwägungen und archäologischen Erfahrungen wurde die Flussufersiedlung Loschwitz vermutlich im 10. oder 11. Jahrhundert angelegt: Das obere, rundlingsartige Häuser-Ensemble könnte der ältere Siedlungsteil sein; der untere, zweireihige, angerartig verbreiterte Teil auf einem Schwemmkegel, den der → *Loschwitzbach* (»Trille«) in Jahrtausenden ans Elbufer vorgeschoben hatte, könnte eine etwas jüngere Erweiterung sein. Dabei muss vorläufig offen bleiben, ob der vermutete deutsche Burgward (»Burgberg«) von Anfang an dazugehörte, womit die Ansiedlung am Burgfuße als eine Art Suburbium (Burgflecken) anzusehen wäre.

Auf steil über dem alten Ortskern aufragender, nach Süden weisender, schmaler Bergzunge liegt der »Burgberg«. Der Höhenunterschied zum Ort beträgt rund 29 Meter (Normalwasser der Elbe an der Mündung der Trille: 106,3 Meter über NN; alte Oberfläche Kernort Loschwitz/Südseite Körnerplatz: 117,5; Burgberg: 145 – 147 Meter über NN).

Auch wenn eindeutige Geländemerkmale (Abschnittswall) auf dem »Burgberg« schwer zu erkennen und nicht zweifelsfrei sind, ferner auch mittelalterliches Fundmaterial fehlt, namentlich datierbare Keramikscherben, so ist die Anlage doch von der archäologischen Denkmalpflege eingestuft mit der Kennzeichnung: »Wehranlage ‚Burgberg'. Mittelalter. Spornbefestigung mit Abschnittsgraben, oberflächlich weitgehend verebnet.« Heinz Jacob hat 1982 den Burgberg auf seiner Besiedlungskarte des Früh- und Hochmittelalters als »hochmittelalterliche feudale Wehranlage« verzeichnet. Der Archäologe Gerhard Billig kartierte 1989 in seiner Habilitationsschrift die Anlage unter »Fragliche jüngerslawische Burgwälle«. Beide Bezeichnungen sind leider archäologisch so verengt, dass sie sich einer historischen Einordnung widersetzen und den Charakter als Vorort eines Burgwards (siehe unten) gar nicht erst in Erwägung ziehen.

Unter solchen Voraussetzungen bleibt uns nur eine Zusammenstellung von Indizien übrig:

Den vielleicht wichtigsten Hinweis gibt der Flurname Burgberg, der erstmalig im Jahre 1545 in einem Kaufbrief des Maternihospitals genannt wird. Ein solcher Name kann schwerlich aus der Luft gegriffen oder nur einem geologischen Gebilde beigelegt worden sein. In dem 1908 von Lehrer Leuschner aufgestellten Flurnamenbuch für Loschwitz wird zusätzlich der Name »Auf der Burg« angeführt.

An zweiter Stelle möchte ich die makrotopographische Lage des Burgberges am Ost-

Eingangstor zum Grundstück des früheren »Burgberg-Hotels«, 1996 Foto: Jürgen Frohse

rand des Slawengaues Nisan nennen. Gerade hier lag der natürliche Ausgang in dem 45 bis 50 km entfernten Milzenergau um Bautzen-Ostro (bis zum 12. Jahrhundert unbesiedelter Wald), der fast zwangsläufig, nach dem Passieren der Furt und am Aufstieg des Fernweges aus dem Elbtal auf die Hochebene, eine Burg erforderlich erscheinen lässt. Dabei verrät die Lage dieses Siedelpostens, ohne ausreichendes Zubehör an Ackerland, ein überwiegend strategisches Denken, das schwerlich in »freislawischer« Zeit, sondern erst im Ottonischen Reich seit dem Ende des 10. Jahrhunderts vorstellbar ist. Damit erscheint es sehr naheliegend, dass diese überwiegend aus Gründen der Landessicherung angelegte »neue« Burg gleichzeitig auch einem Burgwardbezirk vorangestellt worden sein könnte. Die Fernwege klettern, von der Furt/→ *Fähre* herkommend, auf beiden Seiten des »Burgberges« steil hinauf. Die älteste Fernweg-Trasse dürfte die Plattleite (Ersterwähnung 1683) sein, ein tief ausgeschliffener Hohlweg an der westlichen Flanke des »Burgberges«. Dabei sollte beachtet werden, dass sich der normale Mann, vielleicht auch der Fernhändler im frühen und hohen Mittelalter auch auf Fernstrecken stets zu Fuß bewegte; erst später stiegen auch die Handelsleute aufs Pferd. Bis etwa zum 12./13. Jahrhundert wurden alle Lasten und Handelswaren, sofern kein schiffbarer Fluss in gewünschter Richtung zur Verfügung stand, auf dem Rücken oder auf Saumtieren transportiert. Nennenswerter Wagenverkehr setzte erst im 13./14. Jahrhundert ein; Handelsverkehr mit schweren Wagen und kräftigeren Pferden begann kaum vor dem 15. Jahrhundert; erst damals entstanden die meisten Hohlwege. Als fürs Mittelalter »zu steil« darf quasi kein Bergweg verworfen werden! Wohl erst mit stärkerem Wagenverkehr wurde der obere, besonders steile Abschnitt der »Plattleite« umgangen durch den Weg über die Leonhardistraße und obere → *Schillerstraße* zum Anschluss an die Bautzener Straße im Bereich der → *Mordgrundbrücke*, von dort abwärts zur Dresdner Brücke, aufwärts über Bühlau nach Bischofswerda und Stolpen. Wahrscheinlich wurde für den Aufstieg aus dem Tale auch der Veilchenweg mit dem 2. Steinweg genutzt.

Die mikro-topographische Gestalt des Burgberges auf dem ins Tal vorspringenden Bergsporn direkt über der mittelalterlichen Flussufersiedlung wirkt auf jeden Geländekenner als Prädestination einer Burg! Die nach Süden weisende Brust des Bergsporns und seine Ostseite fallen sehr steil ab. Die ziemlich ebene, nur im Westen leicht abfallende Innenfläche zwischen dem Hohlweg der Plattleite, einem wichtigen Fernverkehrsweg in Loschwitz, und dem tiefen Tal des Loschwitzbaches (Grundstraße) hat einen tropfenförmigen Grundriss bei einer Länge von 175 m und einer maximalen Breite im Süden von 100 Meter (Fläche etwa 7.000 m²). Am Nordende fällt zwischen der Plattleite und dem dort hochziehenden Rietschelweg im Garten von Parzelle 830 ein etwa 20 m langer (West-Ost) und etwa 2 Meter hoher Hügel auf, den der Verfasser mutmaßlich als Abschnittswall der mittelalterliche Burg auf dem Burgberg interpretiert. Dieser Wall bildet das Ostende (bzw. nutzt dieses) einer wallartigen, 250 Meter langen und etwa 40 Meter breiten Dünenrippe von Heidesand, die durch starke Winde während der Eiszeit aus Heidesanden hier auf den Granithang aufgeweht wurde. Auf dieser Rippe stehen die → *Villa* »Orlando« (Schillerstraße 4) und die Reihe der Häuser Schillerstraße 4a bis 4h und 4k. Leider tritt zu diesen noch unsicheren Merkmalen einer künstlichen Herrichtung des Bergsporns durch einen Abschnittswall noch das Fehlen mittelalterlichen Fundmaterials. Die gesamte Innenfläche wurde zwar bis zum 19. Jahrhundert intensiv bewirtschaftet (Weinberg), dazu kam der Bau einiger Häuser, allen voran die → *Gastwirtschaft* »Burgberg« im Jahre 1853. Doch alle diese Erdarbeiten, bei denen interessante Funde ans Tageslicht gekommen sein könnten, fanden vor dem Aufkommen archäologischer Interessen und vor dem Einsetzen einer institutionellen Denkmalpflege statt. Im Juni 1967 wurden die Ruinenreste der 1945 zerstörten Gaststätte einplaniert; unter den damals Beteiligten war leider kein aufmerksamer Finder. Um dem gänzlichen Fehlen von Funden abzuhelfen und endlich Klarheit über den Charakter des Burgberges zu gewinnen, legte Alfred Neugebauer (1914 – 2006) im Juli 1990 zwei kleine archäologische Suchschnitte in der Burg-Innenfläche an (Suchgraben 1: Länge 3,0 m, Breite 0,55 m; Suchgraben 2: Länge 4,5 m, Breite 0,5 m). Diese Grabungen verliefen negativ, da teils nur moderner Schutt, teils unberührter »gewachsener« Sand angetroffen wurde. Der Burgberg bleibt also für uns ein interessantes Rätsel. Gott sei Dank! Denn unsere Kinder würden durch unser scheinbares Wissen müde, von den ungelösten Fragen aber aktiviert werden. **Reinhard Spehr**

Quellen: 111, 50, 714, 835, 884, 1000, 1016, 1040

Burchard, Carl; Komponist (1818 – 1896) → *K2*

Burrian, Carl; Sänger (1870 – 1924) → *K2*

Eröffnung einer Kunstaktion auf dem Burgberg *Foto: Jürgen Frohse*

Bürgerbewegung, Bürgerinitiativen

Als Bürgerbewegung bezeichnet man heute die gesellschaftlichen und politischen Gruppen während der Zeit des politischen Umbruchs von 1989 bis 1991 und deren Wurzeln in der Zeit davor. Da es in dieser Bürgerbewegung vorrangig um die Durchsetzung von Bürgerrechten und die Forderung nach Beachtung der Menschenrechte ging, ist der Begriff nahezu synonym mit der klassischen Bürgerrechtsbewegung, wie wir sie beispielsweise vom Kampf gegen die Beseitigung der Rassentrennung aus den USA kennen.

Bürgerinitiativen hingegen sind Zusammenschlüsse von Bürgern und Wahrnehmung ihrer Pflichten als »direkte Demokratie« in der »repräsentativen Demokratie«. Ihre Ziele sind verschiedenartig und reichen von Aktionen gegen bestimmte politische Maßnahmen über Proteste gegen befürchtete sozial-kulturelle oder ökonomisch-ökologische Fehlentwicklungen bis zu lokal begrenzten Maßnahmen etwa in städtebaulicher oder infrastruktureller Hinsicht.

Die Wurzeln der Bürgerbewegung und deren Anwachsen müssen im Zusammenhang mit der gesamten Stadt Dresden betrachtet werden. Sie lassen sich zusammenfassen mit den drei Begriffen Gerechtigkeit, Frieden und Bewahrung der Schöpfung. Im Februar 1988 wurden diese drei Kategorien Thema der 1. Ökumenischen Vollversammlung in Dresden. In den siebziger Jahren begann die Arbeit der Gruppen, die sich mit dem Thema Gerechtigkeit befassten. Nahezu ausschließlich war deren Engagement begrenzt auf Hilfe für die unterentwickelten Länder der »Zwei-Drittel-Welt« und den Bereich Entwicklungshilfe. Älter ist die Arbeit der Friedensgruppen, die auf die Einführung der allgemeinen Wehrpflicht im Jahre 1962 zurückgeht, durch die Einführung des Wehrkundeunterrichts 1978 neuen Antrieb bekam und in der Aktion »Schwerter zu Pflugscharen« ihren vorläufigen Höhepunkt erreichte.

Auf das Jahr 1980 geht die Gründung des Ökologischen Arbeitskreises der Dresdner Kirchenbezirke zurück, der sich des Themas »Bewahrung der Schöpfung« annahm. Zu dessen zwölf Gründungsmitgliedern gehörte Pfarrer Dietmar Selunka (* 1948), der im folgenden Jahr sein Amt als Pfarrer der Ev.-Luth. → *Kirchgemeinde Dresden-Loschwitz* antrat. Dresden war in dieser Zeit besonderen Umweltbelastungen ausgesetzt. »Ein besonderes Problem stellte dabei die Versorgung mit Trinkwasser dar, das Dresden zum Großteil aus der Elbe gewann. Das Wasser wurde durch die Textil- und

Chemieindustrie erheblich verschmutzt, sodass es eigentlich gar nicht als Trinkwasser nutzbar war. Hinzu kam der Ausfall der Kläranlage Ende der achtziger Jahre, wodurch die kommunalen und industriellen Abwässer nahezu ungeklärt in die Elbe flossen.«[1]

Die meisten Bürger, die sich unter den genannten Aspekten in Dresden gruppierten, taten ihre Arbeit in der Regel unter dem Dach der evangelischen Kirche. Diese »kirchlichen Oppositionsgruppen gelten gemeinhin als eine Vorstufe zur Bürgerbewegung«[1], wie sie sich später am Ende der achtziger Jahre entwickelte. Natürlich waren auch Loschwitzer Bürger in den Dresdner Arbeitskreisen unter den oben genannten Themen engagiert. Und auch hier in Loschwitz gab es Aktionen. Schon 1981 sammelte Selunka mit seinen damaligen Konfirmanden im → *Mordgrund* Müll, um diesen danach mit Blumen geschmückt im Gottesdienst zu präsentieren. Ein anderes Mal zeigte er Trinkwasser und völlig verschmutztes Wasser der Elbe und der Weißeritz in fünf großen Glaszylindern.

Zwei Monate vor dem Scheitern der Genfer Abrüstungsverhandlungen schrieb Selunka am 13. Oktober 1983 einen auch von Kirchvorstehern und Gemeindegliedern unterschriebenen Brief der Ev.-Luth. Kirchgemeinde Dresden-Loschwitz an Erich Honecker (1912–1994), den damaligen Vorsitzenden des Staatsrates der DDR. In diesem Brief wird nachdrücklich die Sorge über die Bedrohung durch die »Eskalation der atomaren Rüstung in Europa« und vor »dem nicht mehr kalkulierbaren Risiko eines Atomkrieges« zum Ausdruck gebracht. In der Wochenendausgabe vom 22./23. Oktober 1983 druckte zuerst das »Neue Deutschland« den Brief im vollen Wortlaut ab. Es war dies das Wochenende, an dem im Westen Deutschlands weit über eine Million Menschen gegen den Nato-Doppelbeschluss und für Frieden und Abrüstung demonstrierten. Wenige Tage später gab es im → *Kirchgemeindehaus Loschwitz* ein Gespräch von Kirchgemeindegliedern mit dem Journalisten Wolfgang Klein vom WDR. Am 7. November wurde es in der Sendung »Kontraste« bei der ARD ausgestrahlt.

Ende der achtziger Jahre entstand aus allen Aktionen, die sich bisher meist unter dem Dach der Kirche organisierten, schließlich das, was wir heute als »Bürgerbewegung« bezeichnen. Möglich wurde diese nicht zuletzt durch die Wahl Michail Gorbatschows (* 1931) zum Generalsekretär der KPdSU im März 1985 und der in den folgenden Jahren sich durchsetzenden politischen Konzepte von Glasnost (Offenheit) und Perestroika (Umgestaltung). Die Fälschung der Kommunalwahlen im Mai und die Massenflucht über Ungarn im Sommer 1989 taten das Übrige. Nach 40 Jahren DDR war bereits im Herbst 1989 ihr Ende besiegelt. In die Dresdner Ereignisse in den ersten Oktobertagen waren auch Loschwitzer Bürger involviert. Bereits am 27. September gaben die Mitglieder der Staatskapelle Dresden eine Erklärung zur Situation in der DDR ab. Zwei Tage später verlas der früher in Dresden-Loschwitz wohnhafte Opernsänger Hajo Müller (* 1931, → *K2*) nach der Vorstellung eine Resolution der Staatsoper. Am 6. Oktober, einen Tag vor den Feiern zum 40. Jahrestag der DDR, folgte das Ensemble des Staatsschauspiels mit seiner Resolution »Wir treten aus unseren Rollen heraus«, die ebenfalls nach der Vorstellung erstmalig verlesen wurde, vom Publikum mit stehendem und langem Applaus begrüßt. Das war schon mitten in den heißen Oktobertagen: »Vom 3. bis 8. Oktober sprachen die Schlagstöcke, die Fäuste und die Wasserwerfer in Dresden, aber nicht die Menschen. [...] Noch am Nachmittag des 8. Oktober wurden gut 200 friedliche Demonstranten festgenommen, ›zugeführt‹, wie es im Deutsch der Sicherheitskräfte hieß. Am Abend folgte die Entspannung: Aus einem Kessel der Demonstranten heraus bildete sich eine Gruppe von 20 Personen, die dank der zeitgleichen Verhandlungen von Christof Ziemer, dem Superintendenten der Kreuzkirche, Landesbischof Hempel und Oberkirchenrat Fritz mit Oberbürgermeister Wolfgang Berghofer die erste Gruppe in der DDR war, die am Morgen des 9. Oktober zu einem ›Rathausgespräch‹ empfangen wurde.«[2]

Am 12. Oktober gab es im Kirchgemeindehaus Loschwitz einen Informationsabend für alle Loschwitzer und Wachwitzer, von denen Angehörige in den letzten Tagen »zugeführt« worden waren. So berichteten Eltern, dass ihre Kinder verhaftet worden seien, ohne dass sie etwas über deren Verbleib erfahren hatten. Gemeinsam wurde überlegt, was zu tun sei, um den Inhaftierten zu helfen. »An diesem Abend wurden auch Aufrufe verschiedener Bürgerrechtsbewegungen und Parteien vorgestellt und in mutigen Äußerungen verlangt, dass die SED ihren Führungsanspruch aufgeben müsse.«[3] Der Loschwitzer Kirchenchor, der seine Proben seit Jahrzehnten am Montagabend hatte, verlegte diese wegen der seit 6. November wöchentlich stattfindenden »Montagsdemonstrationen« ab 14. November auf den Dienstag. So ist es bis heute geblieben. In Dresden erreichten am 19. November die Proteste der »Kulturschaffenden« mit einer Großdemonstration und anschließender Kundgebung auf dem Theaterplatz ihren Höhepunkt. Die Moderation hatte der Sänger *Gunther* → *Emmerlich* (* 1944, → *K1*). Zu den Rednern gehörten neben vielen anderen der Schauspieler Friedrich Wilhelm Junge (* 1938, → *K1*), der Maler Ulf Göpfert (* 1943, → *K1*) und der Trompeter Ludwig Güttler (* 1943, → *K1*).

Am 5. Dezember besetzten Dresdner Bürger die Bezirksverwaltung des Ministeriums für → *Staatssicherheit* auf der Bautzner Straße im → *Simmigschen Ortsteil* von Loschwitz. Ein Forum für Schüler der 8. bis 10. Klassen gab es am 11. Dezember in der 62. POS (Polytechnische

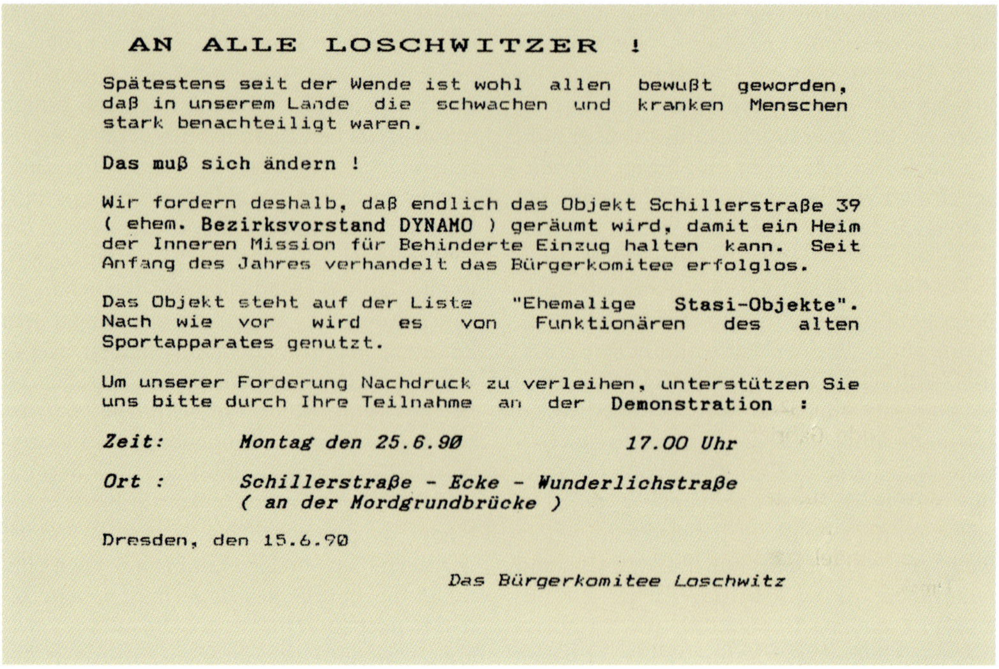

AN ALLE LOSCHWITZER !

Spätestens seit der Wende ist wohl allen bewußt geworden, daß in unserem Lande die schwachen und kranken Menschen stark benachteiligt waren.

Das muß sich ändern !

Wir fordern deshalb, daß endlich das Objekt Schillerstraße 39 (ehem. **Bezirksvorstand DYNAMO**) geräumt wird, damit ein Heim der Inneren Mission für Behinderte Einzug halten kann. Seit Anfang des Jahres verhandelt das Bürgerkomitee erfolglos.

Das Objekt steht auf der Liste "Ehemalige **Stasi-Objekte**". Nach wie vor wird es von Funktionären des alten Sportapparates genutzt.

Um unserer Forderung Nachdruck zu verleihen, unterstützen Sie uns bitte durch Ihre Teilnahme an der **Demonstration** :

Zeit: ***Montag den 25.6.90*** ***17.00 Uhr***

Ort : ***Schillerstraße - Ecke - Wunderlichstraße***
(an der Mordgrundbrücke)

Dresden, den 15.6.90

Das Bürgerkomitee Loschwitz

Flugblatt des Bürgerkomitees Loschwitz, 1990 *Slg. Otto-R. Wenzel*

Oberschule, heutige Schillerschule, → *Schulen*); das »Neue Forum« stellte sich in einem Vortrag mit anschließender Diskussion vor.

Am 1. März 1990 erließ der Ministerrat der DDR die »Verordnung über die Tätigkeit von Bürgerkomitees und Bürgerinitiativen«. Daraufhin gründete sich schon am 12. März das Bürgerkomitee Wachwitz mit dem Vorsitzenden Volker Wenzel (* 1962), dem am 2. April das Bürgerkomitee Loschwitz folgte. Im Ergebnis einer Einwohnerversammlung konstituierte es sich in der Aula der Loschwitzer Schule. In den Vorstand wurden einstimmig gewählt: Marianne Kunze (* 1952, → *K1*, → *Kirchenmusik*) als Vorsitzende, Gabriele Weser, Gerd Schmidt (* 1942, → *Schulen*) und Armin Voigt. Noch im gleichen Monat bildete das Bürgerkomitee fünf Arbeitsgruppen, die von der Ortsgestaltung über den Handel, das Soziale, die Kultur bis zur Umwelt ein breites Spektrum umfassten. Im Bereich der oberen Schillerstraße hatte sich mit den Sprechern Dr. Christoph Irmler und Ekkehard Irmler (* 1947) ein zweites Loschwitzer Bürgerkomitee gebildet, das den Zusatz »Mordgrundbrücke« trug. Es rief für den 25. Juni zu einer Demonstration auf der Schillerstraße auf (→ *Kasten*). Ein anderes Mal gab es eine Protestkundgebung auf dem »Friedensblick« an der Collenbuschstraße in Oberloschwitz gegen den Ardenne-Neubau in der Nähe der → *Villa »Thorwald«* an der Schillerstraße.

Die Bürgerkomitees von Wachwitz und Loschwitz arbeiteten an ihren jeweiligen lokalen Problemen, unternahmen aber auch bald gemeinsame Aktionen. So setzten sie sich beispielsweise schon vor der Wiedervereinigung am 3. Oktober 1990 für die Bildung von Ortsämtern in Dresden, speziell für ein Loschwitzer Ortsamt, ein oder engagierten sich bei der Arbeit am entstehenden Flächennutzungsplan. Am 29. April 1991 gab es eine gemeinsame Veranstaltung des Wachwitzer und des Loschwitzer Bürgerkomitees in der Aula der Loschwitzer Schule. Das Ziel war, einen gemeinsamen Ortsverein zu gründen. Eberhard Münzner (* 1937) verlas die künftige Vereinssatzung, die anschließend diskutiert und dann verabschiedet wurde. Mit der Gründung des → *Ortsvereins Loschwitz-Wachwitz* am 30. September endete die Arbeit der Bürgerkomitees. Nachzutragen bleibt, dass auch die IG (Interessengemeinschaft) Loschwitz, bereits 1989 unter dem Vorsitz von Eberhard Münzner mit dem Ziel gegründet, die Geschichte von Loschwitz zu erarbeiten, nach der Auflösung des Kulturbundes der DDR am 1. September 1990 in den Ortsverein überging.

Im Juni 1991 feierte man am Elbhang zwischen Loschwitz und Pillnitz das erste → *Elbhangfest*, das dem Engagement hier ansässiger Bürger zu verdanken ist.

Bürgerinitiativen

In den neunziger Jahren begann auch in Loschwitz die Stunde der Bürgerinitiativen (s. o.). Ihr Ziel war es, gegen inakzeptable geplante Bauvorhaben und Verkehrslösungen zu protestieren.

Veilchenweg 50

Die erste Bürgerinitiative gründete sich im Mai 1995 mit Hans von Egidy gegen ein maßloses Bauprojekt am Veilchenweg 50. Hier sollte ein terrassenförmig angelegter doppeltürmiger Wohnkomplex mit zwei achtgeschossigen Gebäuden, verbunden durch einen Flachbau mit Schwimmbad, auf drei nebeneinander liegenden Grundstücken errichtet werden. Eine Unterschriftensammlung gegen dieses Projekt erbrachte 8.200 Unterschriften Dresdner Bürger. Bewirkt wurde zunächst eine Veränderungssperre bis zur Erstellung eines Bebauungsplanes. Baufläche und -höhe wurden schließlich reduziert, auf den Verbindungsbau verzichtet und 1998 mit dem Bau des überarbeiteten Projekts begonnen.

Die Bürgerinitiative Veilchenweg 50 mit Prof. Heins, unterstützt durch Gunther Emmerlich, zum Pressetermin vor Ort am 6. Juni 1995.
Foto: Jürgen Frohse

»Sanierungsgebiet Loschwitz«

Im Juli 1998 gründete sich die Bürgerinitiative »Sanierungsgebiet Loschwitz« mit ihren dort ansässigen Sprechern Ursula und Hans Bohle. Im 1992 bestätigten → *Sanierungsgebiet* gab es offene Fragen, die die Bürgerinitiative beantwortet haben wollte. Ihr Anliegen war das Einfordern von bereits festgelegten Sanierungszielen. Hierzu gehörten die Schaffung eines Stadtteilzentrums und die unerlässliche Verkehrsberuhigung im unteren Bereich der Friedrich-Wieck-Straße. Um hierfür die Voraussetzungen zu schaffen, wurde der Bau des Parkplatzes hinter der Alten Feuerwache und die Aufhebung des wilden Parkplatzes im Landschaftsschutzgebiet an der Elbe gefordert.

»Dinglinger Weinberg für Dresden«

Der Streit um den möglichen Verkauf des Grundstückes → *»Dinglingers Weinberg«* in der Schevenstraße 59 hatte sich so weit zugespitzt, dass sich 1999 unter dem damaligen Stadtrat der Bürgerfraktion Werner Klawun (* 1942) die Bürgerinitiative »Dinglinger Weinberg für Dresden« gründete. Ziel war es, den Kauf des Grundstücks durch eine GbR, deren Geschäftsführer der Notar Christoph Hollenders war, zu verhindern. Obwohl sich anfangs auch prominente Dresdner hierfür engagierten, verzichtete die Landeshauptstadt auf ihr Vorkaufsrecht, und das Grundstück mit allen Bauten ging in Privatbesitz. Die Bürgerinitiative wechselte in der Folge zweimal ihren Namen und agierte unter »Dinglinger Gedenkstätte für Dresden« und zuletzt unter »Schützt Professor Nadler!« Der sich über Jahre hinziehende und eskalierende Streit zwischen Bürgerinitiative und GbR wurde zugunsten der GbR entschieden. Ein Grund hierfür war wohl auch die oft unkluge und mitunter beleidigende Strategie Klawuns, der später von der Bürgerfraktion zur NPD wechselte.

Körnerweg

Nachdem im September 2000 im → *Ortsbeirat Loschwitz* die Vorplanung zum Um- und Ausbau des Körnerweges zum rechtselbischen Fahrradweg vorgestellt worden war, gründete sich zwar keine Bürgerinitiative, aber eine Interessengemeinschaft (IG), die sich den Namen »Historischer Körnerweg« gab und von den Sprechern Romy Eisermann und Torsten Engler vertreten wurde. Ihr Ziel war es, den historischen Zustand des mit großformatigen Sandstein-Quadern gepflasterten Weges vor einer Asphaltdecke zu bewahren und die »einvernehmliche Nutzung« aller Verkehrsteilnehmer auch künftig zu gewährleisten.

»Lingnerpark«

2001 gründete sich die Bürgerinitiative »Lingnerpark«, um die geplante Bebauung des Parks des → *Lingnerschlosses* mit einem Forschungszentrum der Biotechnologie (»BioParc«) durch die Klaus-Tschira-Stiftung an dieser Stelle zu verhindern. Zu den Erstunterzeichnern eines Offenen Briefes an den Oberbürgermeister Ingolf Roßberg (* 1961) im Januar 2002 zählten zahlreiche prominente Bürger der Stadt, die bereits neun fachkompetente Gutachten in dieser Angelegenheit eingeholt hatten. In einem »Zwischenruf« vom März heißt es: »Die Bürgerinitiative Lingnerpark hält die Errichtung eines Bürogebäudes im Lingnerpark (mit größerem Bauvolumen als das Lingnerschloss selbst!) für unvereinbar mit dem Status des Ensembles der Albrechtsschlösser als Kulturdenkmal und Teil des Denkmalschutzgebietes Elbhänge sowie den Belangen des Natur- und Landschaftsschutzes.«[4] Gleichzeitig wurden alternative Standorte für den »BioParc« vorgeschlagen. Bereits Ende Februar legte die Klaus-Tschira-Stiftung aufgrund der Initiative der Bürgerbewegung, hinter die sich unterdessen auch Landtagspräsident Erich Iltgen gestellt hatte, das Projekt auf Eis. Auch die nach diesem Entschluss von der FDP gegründete überparteiliche Bürgerinitiative »Dresden will den BioParc am Lingnerschloss« konnte nicht verhindern, dass die Planungen hierfür eingestellt und das Projekt schließlich aufgegeben wurde.

»Loschwitzhöhe«

Unmittelbar neben der Bergstation der → *Schwebebahn* stand bis zu deren Abriss 1977 die sich harmonisch in die Umgebung einfügende → *Gaststätte* »Loschwitzhöhe«. 2002 veräußerte die Stadt das brachliegende Grundstück an die Stadtwerke, die es wiederum 2007 an »Immobilienwert Sachsen AG« in Herbrechtingen (Baden-Württemberg) verkauften. Der neue Investor plante nun den Bau eines Hotel- und Gaststättenkomplexes für dieses Grundstück. Im März lagen der Stadt die hierfür von einem Architekturbüro erarbeiteten Pläne vor. Diese sahen einen vierstöckigen Hotel- und Gaststättenkomplex von etwa 60 m Länge mit 400 Innen- und 400 Außenplätzen, 70 Betten, drei Wohnungen und eine Tiefgarage vor. Gegen dieses Projekt, das in einem beschleunigten Planfeststellungsverfahren zur Genehmigung gebracht werden sollte, gründete sich noch im gleichen Monat die Bürgerinitiative »Loschwitzhöhe« unter den Sprechern Klaus Bongartz und Günter Berthold. Ihr Ziel formulierte die Bürgerinitiative so: »Das vorrangige Ziel der Bürgerinitiative besteht darin, die gewachsene Einmaligkeit dieser Landschaft zu erhalten, die mit ihrer Schönheit und Romantik, mit ihrem harmonischen Einklang von Natur und Architektur auch Künstler und Wissenschaftler über Jahrhunderte angezogen hat. Eine Zerstörung des Elbhanges durch eine unangemessene Bebauung und eine dem dortigen Wohngebiet unzuträgliche Verkehrs- und Lärmbelastung würde unumkehrbaren Schaden in einem der sensibelsten Gebiete unserer schönen Stadt anrichten.«[5] Bereits im April konnte die Bürgerinitiative das beschleunigte Planfeststellungsverfahren zu Fall bringen und bewirken, dass der Investor einen Architekturwettbewerb mit vom Stadtplanungsamt vorgegebenen Bebauungsgrößen ausschreiben musste. Damit war zunächst ein Teilerfolg errungen.

Ausbau der Grundstraße im Februar 2000
Foto: Jürgen Frohse

Straßenausbaugebühren

Der Dresdner Stadtrat hatte 1997 eine Satzung für Straßenausbaugebühren beschlossen. Die von den Anliegern erhobenen Beträge für den Straßenbau waren 2002 und 2004 nochmals erhöht worden, sodass je nach Kategorie der Straße zuletzt 75, 50 oder 25 Prozent der Kosten auf die Anlieger zukamen. Nach Bürgerprotesten und einem Urteil des Oberverwaltungsgerichts, das die Beitragspflicht als Kann-Bestimmung definierte, hob der Stadtrat die umstrittene Satzung im Februar 2008 auf. Unklar blieb aber weiterhin, was mit den bereits gezahlten oder noch nicht erhobenen Gebühren für bereits fertiggestellte Straßen geschehen sollte. In Loschwitz betraf es zuerst Anlieger im Ortsteil Schöne Aussicht. Hier bildete sich die »Interessengemeinschaft Krügerstraße« mit ihrem Sprecher Dietrich Gollnick, der allein für sein anliegendes Grundstück mit einem Betrag von 10.000 bis 15.000 EUR rechnete. Vorschläge zur Lösung des Problems kamen auch von Klaus Bongartz von den vereinigten Bürgerinitiativen der Stadt. Das Problem der Straßenausbaugebühren eskalierte, als die Anwohner der zuvor sanierten Grundstraße außerhalb des Sanierungsgebietes Loschwitz, oberhalb des Rietschelweges, im Dezember 2009 Gebührenbescheide erhielten. Die Landesdirektion hatte für die Stadt entschieden, dass die Anwohner von zwölf Dresdner Straßen zahlen sollten. Hierzu zählte die Grundstraße. Stephan Timmroth organisierte den Widerstand der Bürgerinitiative, an den sich über 100 Anwohner der Grundstraße anschlossen. Spontan schrieben sie ihren Frust auf Transparente, die sie an ihren Grundstücken aufhängten. Am 21. Dezember zogen etwa 150 Betroffene in einem Protestzug vom Körnerplatz die Grundstraße hinauf zur → *Gaststätte* »Zur Eule«. Bis vor Weihnachten legten weit über die Hälfte zunächst Widerspruch gegen den ergangenen Gebührenbescheid ein. Nachdem fast alle Betroffenen in Widerspruch gegangen waren, weitete die Initiative ihren Protest aus. Am 28. Januar 2010 protestierten etwa 200 Dresdner Hausbesitzer vor der Sitzung des Stadtrates vor dem Rathaus für die volle Abschaffung und Rückzahlung der Straßenausbaubeiträge. Sie hatten Erfolg, denn der Stadtrat sprach sich für die Abschaffung der Straßenausbaugebühren aus. Die Rechtsaufsicht der Landesdirektion bestätigte dies wenige Tage später.

IG Erhalt von Restaurant und Hotel Schöne Aussicht

Nachdem die → *Gaststätte* »Schöne Aussicht« mit der USD Immobilien GmbH einen neuen Besitzer bekommen hatte, regte sich Ende 2009 Widerstand gegen dessen Absichten, die Gaststätte zu schließen und dafür das Gebäude zu einem Wohnhaus umzubauen. Hunderte von Einwohnern sprachen sich auf Unterschriftslisten für den Erhalt des traditionsreichen Lokals aus. Nachdem die Gaststätte am 3. Januar 2010 das letzte Mal öffnen durfte, gründeten die Familien Breitfeld, Reinelt, Nickel und Wendt noch im gleichen Monat die Interessengemeinschaft (IG) »Erhalt von Restaurant und Hotel Schöne Aussicht«. Es gelang, eine Investorengemeinschaft (»Schöne Aussicht« GbR) zu finden, die im Mai 2010 das Grundstück der USD wieder abkaufte, um die Gaststätte nach notwendiger Sanierung wieder zu öffnen, was im Dezember 2012 auch geschah.

Otto-R. Wenzel

Zitate:
1 *Urich, Karin; Die Bürgerbewegung in Dresden 1989/90, Köln Weimar Wien 2001*
2 *Urich, Karin; Von der Gruppe der 20 zum neuen Stadtparlament, in: Dresdner Hefte Nr. 59, 1999*
3 *Selunka, Dietmar; Wir wollten unsere Angst und unser Verantwortungsgefühl zum Ausdruck bringen, in: EHK 09/1999*
4 *Bürgerinitiative Lingnerpark, Zwischenruf, in: Der Elbhang-Kurier 04/2002*
5 *Frohse, Jürgen; Zurück auf Start: Projekt »Loschwitz-Höhe«, in: Der Elbhang-Kurier 05/2008*
Quellen: 6, 25, 39, 58, 84, 112, 121, 122, 174, 179, 221, 248, 255, 256, 341, 350, 367, 442, 443, 444, 462, 472, 473, 474, 477, 547, 575, 576, 577, 581, 582, 583, 584, 585, 639, 640, 851, 970, 996, 997, 1038, 1050, 1051, 1148

Büsing-Kolbe, Andrea; Archäologin und Kunsthistorikerin (* 1941) → *K2*
(→ *Rudolf Kolbe*)

Chronik von Loschwitz.

Auf Grund von amtlichen Quellen und mit Benutzung des Königl Sächs. Haupt-Staatsarchivs, des Ratsarchivs der Königl. Haupt- und Residenzstadt Dresden, sowie der Königl. Bibliothek

zusammengestellt und bearbeitet

von

Friedrich Wilhelm Pohle,

Cantor und I. Lehrer.

Caden, Gert; Maler (1891 – 1990) → *K2*

Calberla, Gustav Moritz
Kaufmann (1809 – 1906)

Gustav Moritz Calberla wurde am 30. November 1809 in Dresden geboren. Der später im elterlichen Betrieb ausgebildete Kaufmann stammte aus einer begüterten Familie.

Der Vater Heinrich Wilhelm Calberla (1774 – 1836) hatte sich 1796 in der Residenzstadt niedergelassen und mit finanziellem Geschick seine Unternehmungen gegründet. 1817 legte er auf der alten Bastion Sol neben dem Italienischen Dörfchen den Grundstein für eine drei Jahre später privilegierte Zuckerraffinerie, der ersten in Sachsen. Die Fabrik, in der anfänglich 8.000 Tonnen Rohzucker verarbeitet wurden, nahm auch weiterhin eine enorme Entwicklung. Um den Transport des Rohstoffes in eigener Regie zu haben, ließ der Unternehmer im Jahre 1834 das erste Frachtdampfschiff auf der Oberelbe bauen, das sich jedoch nicht bewährte.

Anton Scharff (1845 – 1903), Erinnerungsmedaille, 1893, Bronze – »Zur Goldenen Hochzeit von Gustav Moritz und Luise Calberla«. *Foto: Johannes Dose, Slg. Matthias Griebel*

Calberla, unumstritten ein technischer Pionier seiner Zeit, betätigte sich auch politisch und wirkte u. a. nach den September-Unruhen von 1830 als Kommune-Repräsentant.

Sohn Gustav Moritz erweiterte bereits in jungen Jahren sein Fachwissen. So reiste er als Zwanzigjähriger zu praktischen Studien nach Paris, wo er mit dem ebenfalls in der

Die Calberlastraße um 1880 mit dem Sohn des Fotografen, Franz Kotzsch *Foto: August Kotzsch*

Seinestadt weilenden Maler Woldemar Hottenroth (1802 – 1894, → *K1*) zusammentraf, mit dessen Familie er dann sein Leben lang freundschaftlich verbunden blieb.

Geschäftsreisen führten den Kaufmann vor allem nach Hamburg, Holland und England, um Zuckereinkäufe für das Dresdner Unternehmen zu tätigen.

Als der Vater und Firmengründer 1836 starb, übernahm der versierte Junior die Zuckerfabrik, der jedoch nach wenigen Jahren mit der »Dresdner Zuckersiederei-Compagnie« an der Ostraallee ein mit modernster Verarbeitungstechnik ausgestattetes Konkurrenzunternehmen erwuchs.

Alle geschäftlichen Risiken weitsichtig abwägend, stellte Calberla seinen Fabrikationsbetrieb ein. Der Gebäudekomplex in bevorzugter Elblage wurde zunächst an verschiedenste Interessenten vermietet, im Jahre 1853 schließlich für 150.000 Taler verkauft. Aus ihm entstand dann das renommierte »Hotel Bellevue«.

Calberla, der fortan als »Partikulier« (so nannte man früher jemanden, der von seinem Vermögen lebte) weiterhin in Dresden ansässig blieb, hatte sich 1843 mit Luise Roegner (1822 – 1898) verehelicht. Von den bis zum Jahre 1852 geborenen fünf Kindern seien hier nur der Sohn Georg Moritz (1845 – 1904) sowie Tochter Luise Calberla (1852 – 1935) genannt. Ersterer studierte in Göttingen Jura und Nationalökonomie, erwarb den Dr. phil. und wirkte als Landwirt, Ökonom, Dozent und Publizist. 1877 war er mit Karl Marx (1818 – 1883) in Briefkontakt getreten.

Schwester Luise heiratete im Jahre 1895 den Bildhauer und Professor an der Dresdner Kunstakademie Robert Diez (1844 – 1922, → *K1*), mit dem sie seit 1899 ständig in Loschwitz wohnte und als Sachwalterin der umfänglichen Calberla-Besitzungen fungierte, denn in den 1850er Jahren hatte sich der Partikulier, der in Dresden An der Bürgerwiese einen patrizischen Hausstand führte, Loschwitz zum Sommersitz für die Familie erkoren. Zunächst erwarb Calberla ein stattliches Anwesen am Beginn des Reichelweges (das noch 1883 in seinem Besitz war, dann verkauft wurde, und an dessen Stelle die heutigen Häuser 2 und 4 der Calberlastraße existieren). Doch bereits während dieser Zeit, 1858, brachte er das höher und inmitten von Weinbergen gelegene Haus (heute Calberlastraße 3) in seinen Besitz, das er sich durch mehrfache Um- und Erweiterungsbauten zur Villa »Calberla« gestaltete. Es erfolgten weitere Grundstückskäufe, wie z.B. 1873 das Weingut des Arztes *Carl August → Reichel* (1811 – 1892), sodass das Adressbuch im Jahre 1883 außer der ersten Besitzung die Häuser der späteren

Vermutlich Luise Calberla (mit Hund) vor dem zweiten Calberla-Haus, 1880 Foto: August Kotzsch

Calberlastraße 3, 5 und 7, Josef-Hegenbarth-Weg 18 sowie die Villa »Fallnichtein«, Robert-Diez-Straße 2, im Besitz von Calberla ausweist. Darüber hinaus hatte er im Laufe der Jahre 14 unbebaute Flurparzellen erworben – von der Pillnitzer Landstraße bis hinauf zur »Schönen Aussicht«. Da auf seinen Berg lediglich der schmale und steile Reichelweg führte, hatte Calberla bereits im Jahre 1871 den Plan zum Bau einer Bergstraße gefasst.

Diese sollte der Verkehrsanbindung seiner Häuser ebenso dienen, wie sie einen Wertzuwachs der unbebauten Flurstücke bei deren Erschließung als zukünftiges Bauland in Aussicht stellte. Die Baumaßnahme begann dann auf seine eigenen Kosten 1874 unter Leitung des Dresdner Zivilingenieurs Ferdinand Hanitzsch von der Pillnitzer Landstraße her. Enorme Schwierigkeiten bei der Nivellierung der Trasse, dem erforderlichen Stützmauerbau sowie Probleme mit Anliegern führten zu einer längeren Unterbrechung, sodass erst im Jahre 1879 der Weiterbau, nun unter dem Eisenbahningenieur Theodor Brauer, bis zur Robert-Diez-Straße erfolgen konnte.

Die Übergabe des offiziell Calberlastraße benannten Verkehrsweges an die Gemeindevertretung Loschwitz erfolgte schließlich im Frühjahr 1882 mit der Bestimmung des Bauherren, zu keiner Zeit hier Straßenbäume zu pflanzen und die Pergola als öffentlichen Ruheplatz zu erhalten. Auch begründete der Wohltäter noch vor der Jahrhundertwende eine »Calberla-Stiftung« mit 1.000 Mark, deren Zinsen alljährlich »an einen hierorts angehörigen, bedürftigen und würdigen Einwohner zu vergeben sind«. Am 3. Dezember 1906 starb Gustav Moritz Calberla 97-jährig in Dresden.

Seine Tochter Luise Diez verwaltete nun die Loschwitzer Besitzungen, die im Nachlassregister mit 481.000 Mark beziffert sind, für die Erben. Diese veräußerten um 1920 das Weingut Josef-Hegenbarth-Weg 18 sowie die Villa »Fallnichtein« an die Gemeinde Loschwitz und verkauften dann nach Luises Tod 1935 nach und nach den übrigen Grundbesitz an private Interessenten.

Das Familiengrab Calberla/Diez befindet sich auf dem Inneren Neustädter Friedhof.

Lediglich eine Enkelin des Partikuliers, Gertrud Marie Calberla (1873 – 1942), die den Kaufmann, Konsul und Millionär Erich Harlan (1871 – 1936) heiratete, hat mit diesem die Ruhestätte auf dem Loschwitzer → *Friedhof*.

Matthias Griebel

Quellen: 824, 894, 1000, 1001

Capellmann, Richard; Sänger (1904 – 1972) → *K2*

Caron, Marie-Annick; Musikerin (* 1976) → *K2*

Chronisten

Als Chronisten werden hier jene Persönlichkeiten aufgeführt, deren Schriften einen vielfältigen Fundus an Daten und Fakten zur Ortsgeschichte enthalten.

Arnold, Johann
Pfarrer (1674 – 1732)
Magister Arnold war seit 1704 der erste Pfarrer in Loschwitz. In seine 28-jährige Amtszeit fiel auch der Bau der Loschwitzer → *Kirche* in den Jahren 1705 bis 1708. Bereits 1705 veröffentlichte er seine kleine Schrift »Der geistliche Kirchen-Bau Welcher Bey der Gott wohlgefälligen Solennitaet, Da der Grundstein Zur neuen Kirche in Loschwitz Den 29. Juni ANNO CHRISTI M. DCC. V. Glücklich geleget wurde [...]«, die seine Rede zur Grundsteinlegung der Kirche enthält und bei Johann Michael Funcke (1678 – 1749) in Alt-Dresden gedruckt wurde.

Bis zum Jahr 1710 reicht seine Niederschrift »Kurtze doch gründliche Beschreibung der von grundauf Neu-erbauten Kirche zu Loschwitz [...]«, die in der Staats- und Universitätsbibliothek Dresden (SLUB) aufbewahrt wird. Die 405 handgeschriebenen Seiten sind ein wichtiges Zeitdokument zur damaligen Situation im Kirchspiel Loschwitz-Wachwitz. Arnolds mannigfaltige Darstellungen enthalten authentische Informationen zur allgemeinen Ortsgeschichte wie auch dem Leben der Bewohner zu dieser Zeit.

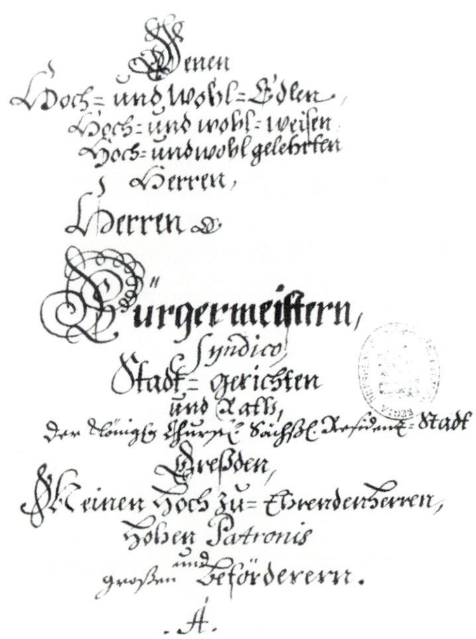
Denen Hoch- und Wohl-Edlen, Hoch- und wohl-weisen Hoch- und wohlgelehrten Herren, Herren Bürgermeistern, Syndico, Stadt-gerichten und Raths, der Königl. Churf. Sächß. Residentz Stadt Dreßden, Meinen Hoch zu Ehrenden Herren, hohen Patronis und großen Beförderern.

Blatt aus Arnold, Johann, »Kurtze doch gründliche Beschreibung der von grundauf Neu-erbauten Kirche zu Loschwitz«, 1710, Handschrift
Sächsische Staats- u. Universitätsbibliothek Dresden (SLUB)

Müller, Carl Wilhelm
Spezialkommissar (? – ?)
Im Jahre 1837, ein Jahr vor der Landgemeindeordnung und dem folgenden Wegfall der drei Gemeinden (→ *s. S. 45*), ließ die Steuerbehörde der Amtshauptmannschaft Dresden durch den »Special-Commissar« Carl Wilhelm Müller ein detailliertes »Gebäudeabschätzungsverzeichnis« von Loschwitz anfertigen, das mit geringfügigen Änderungen 1839 nochmals bestätigt wurde. Es gliedert sich in der Reihenfolge der damaligen → *Brandkatasternummern* in die Verwaltungseinheiten: I. Die Amtsgemeinde (Nr. 1 – 97), II. Die Rathsgemeinde (Nr. 1 – 148), III. Die nach Nieder-Poyritz gehörigen Häuser (Nr. 1 – 6) und IV. Die Weinberge (Nr. 1 - 24; vulgo Winzergemeinde). Das Verzeichnis beinhaltet für jedes bebaute Anwesen folgende Angaben: Brandkatasternummer, Flurbuchnummer, Name des Besitzers sowie außer jedem »wohnlichen« Raum des Gebäudes auch Stallung, Mühlraum, Winzerstube, Gewölbe, Werkstatt etc. Die Größe der jeweiligen Räume wird in Quadrat-Ellen sowie »Miethserträge« in Thalern und Groschen (zu steuerlichen Zwecken) vermerkt.

Damit ist dieses Steuerabschätzungsverzeichnis ein einzigartiges Zeugnis zu Art und Größe aller vorhandenen Gebäude und den daraus ableitbaren sozialen Verhältnissen in Loschwitz vor der Einführung der Landgemeindeordnung 1839.

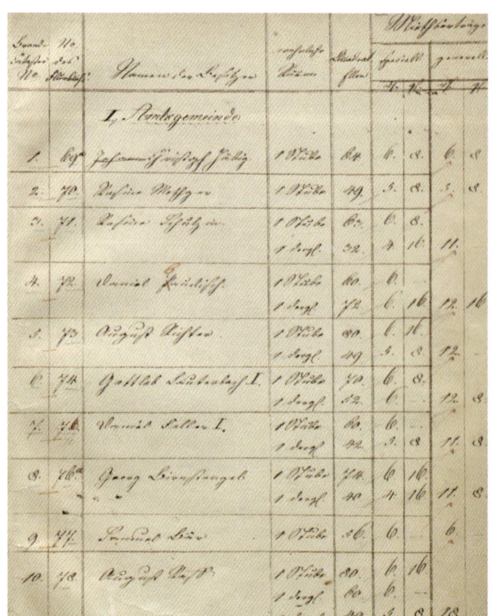
I. Amtsgemeinde

Blatt aus dem »Gebäudeabschätzungsverzeichnis, I. Die Amtsgemeinde, 1837, Handschrift (Ausschnitt)
Sächsische Staats- u. Universitätsbibliothek Dresden (SLUB)

Kantor Friedrich Wilhelm Pohle, 1889
Foto: Atelier Richard Müller, Inhaber H. Ranft
Slg. Familie Pohle

Pohle, Friedrich Wilhelm
Kantor und Lehrer (1830 – 1892)
Der seit 1866 in Loschwitz als Lehrer und Kantor (→ *Kirchenmusik*) wirkende Pädagoge verfasste die »Chronik von Loschwitz. Auf Grund von amtlichen Quellen und mit Benutzung des Königl. Sächs. Haupt-Staatsarchivs, des Ratsarchivs der Königl. Haupt- und Residenzstadt Dresden, sowie der Königl. Bibliothek«. Die über dreihundert Seiten umfassende Schrift erschien 1883 bis 1886 in mehreren Lieferungen und schließlich 1887 in gebundener Form in der Buchdruckerei von Christian Teich in Dresden. Diese bisher einzige umfängliche Loschwitz-Chronik bildet bis heute eine unschätzbare Quelle zur Ortsgeschichte, die der Autor auch mit darüber hinaus gehenden historischen Gegebenheiten verknüpft.

Anzumerken ist, dass Pohles Zeitgenosse Carl Reintanz (1832 – 1913) auf seiner Kenntnis fußende Anmerkungen und Ergänzungen zu einigen Passagen niedergeschrieben hat.

Wehnert, Emil
Kaufmann (1924 – 1983)
Der am 5. Januar 1924 geborene und in Dresden bei der Bezirksdirektion der Staatbank der DDR tätige Bankkaufmann hat sich mit seinen heimatgeschichtlichen Forschungen unschätzbare Verdienste erworben. Seine jahrelangen Recherchen in den Archiven umfassten vor allem die Geschichte einzelner Dresdner Stadtteile, von Gemeinden in den Kreisen Dresden, Pirna und Kamenz sowie die Besitzerfolge dortiger

Bauerngüter. Emil Wehnert starb am 21. August 1983 in Dresden.

Für 36 Orte verfasste Wehnert historische Häuserbücher in Maschinenschrift. Von 1968/69 stammt sein historisches Häuserbuch von Loschwitz, in welchem er alle im Jahre 1845 bebauten Grundstücke, oft vom 16. Jahrhundert an, mit ihren Vorbesitzern namentlich und, wenn möglich, mit Stand oder Beruf sowie dem Jahr des Grundstückserwerbs erfasste. Außerdem enthält sein Manuskript ein Verzeichnis früherer Flurnamen, für jedes Gebäude die früheren und späteren Brandkatasternummern sowie die Zuordnung der Objekte zu den gültigen Straßen und Hausnummern. Damit ist diese Häuserchronik zu den Besitzern der Anwesen (der ab 1883 alle weiteren Angaben aus den Adressbüchern hinzugefügt werden können) das wichtigste Nachschlagewerk zu Loschwitz und seinen Bewohnern.

Leuschner, Theodor

Lehrer (1872 – 1936)

Hermann Theodor Leuschner wurde am 13. Dezember 1872 in Löbtau (heute zu Dresden) geboren. Er war ab 1887 Schüler am Freiherrlich von Fletcherschen Schullehrerseminar zu Dresden; 1893 machte er dort sein Examen. Der seit 1897 in Loschwitz tätige Lehrer und spätere Oberlehrer, der 1924 seinen Ruhestand antrat, engagierte sich aktiv im → *Ortsverein*, war 1927 bis 1930 dessen Vorsitzender und nachfolgend Ehrenvorsitzender. Seine fundierten ortsgeschichtlichen Kenntnisse veröffentlichte er in

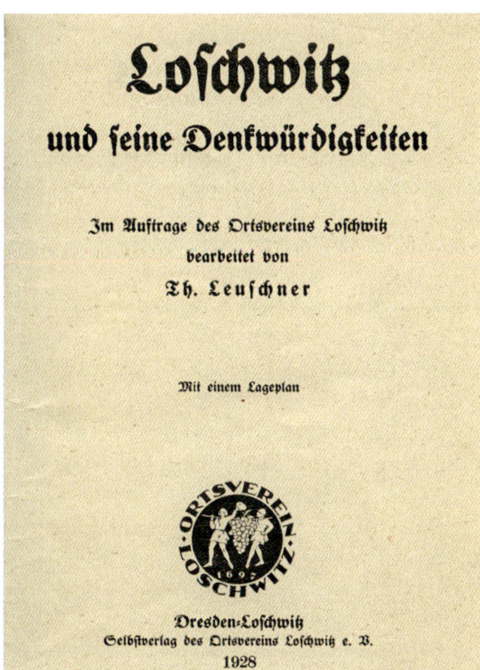

Loschwitz

und seine Denkwürdigkeiten

Im Auftrage des Ortsvereins Loschwitz
bearbeitet von
Th. Leuschner

Mit einem Lageplan

Dresden-Loschwitz
Selbstverlag des Ortsvereins Loschwitz e. V.
1928

Innentitel der von Theodor Leuschner verfassten Broschüre, 1928. Slg. Dieter Zatzkowski†

Oberlehrer Theodor Leuschner, langjähriger Vorsitzender des Ortsvereins Loschwitz.
Foto: Hildegard Jäckel, Slg. Matthias Griebel

der Schrift »Loschwitz und seine Denkwürdigkeiten«, die der Ortsverein 1928 herausgab. In einem Rundgang zu ortstypischen Besonderheiten werden darin bau-, kunst-, und kulturgeschichtliche Informationen in anschaulicher Weise beschrieben. Auch die »Festschrift zum 50jährigen Bestehen des Ortsvereins Loschwitz« (1932) stammt aus seiner Feder. Theodor Leuschner zog 1901 von der Friedrich-Wieck-Straße 4 in sein von Architekt *Oskar → Menzel* erbautes Haus Schevenstraße 6b. Er starb am 26. Dezember 1936 in Dresden-Loschwitz und wurde auf dem Dresdner Annenfriedhof bestattet.

Kotzsch, Otto

Lehrer (1880 – 1967)

Viele Jahrzehnte beschäftigte sich *Otto → Kotzsch* (→ *Fotografen*), der von 1905 bis 1945 an der Loschwitzer Schule wirkte und ab 1932 Vorsitzender des Ortsvereins war, mit der Geschichte seiner Heimatgemeinde. In Vorträgen und Führungen, insbesondere jedoch in seinen Schriften, prägte er die Überlieferungen zur Loschwitzer Geschichte. Seine handschriftlichen »Ortsgeschichtlichen Notizen« auf 113 Seiten (1951) sowie die maschinenschriftlichen Abhandlungen zu speziellen Loschwitzer Themen bilden eine Fundgrube zur Heimatgeschichte. Darüber hinaus publizierte Kotzsch in Tageszeitungen, Zeitschriften und den »Mitteilungen des Landesvereins Sächsischer Heimatschutz« auf Loschwitz Bezug nehmende Beiträge.

Otto Kotzsch, Vorsitzender des Ortsvereins Loschwitz ab 1932
Foto: Slg. Volkmar Herre

In seinem Sinne führen *Eberhard → Münzner* und *Matthias → Griebel* sowie der Ortsverein ihre ortsgeschichtlichen Studien weiter.

Diesen als Loschwitzer Chronisten zu bezeichnenden Persönlichkeiten können auch weitere Autoren zugeordnet werden, deren chronikalische Arbeiten sich peripher auch mit Loschwitz beschäftigen. Zu nennen sind die gedruckten Schriften von Sprachlehrer Moritz Julius Nestler (1841 – 1904), »Kurort Weißer Hirsch und nächste Umgebung« von 1883 und »Körnerberg und Schillerhaus in Loschwitz bei Dresden« von 1891, die »Chronik des Kurortes Weißer Hirsch« (1932) von Archivarin Dr. Elisabeth Boer (1896 – 1991) und »Der Weiße Hirsch« (1979) von Paul Röhrborn. Von Letzterem stammen auch unveröffentlichte umfängliche Abhandlungen wie »Rund um die alte Felsenburg – ein Stück Loschwitzer Geschichte« (1983) sowie »Der Weinberg Thorwald und seine Nachbarn« aus dem gleichen Jahre.

Bleibt noch anzumerken, dass zu verschiedenen bedeutsamen Grundstücken ausführliche, nicht publizierte Chroniken existieren. Als Beispiele seien hier nur genannt: »Die Weinleite in Loschwitz« (1936) von *Dr. Ludwig → Munzinger* (1877 – 1954) oder »Die Grundstücke Schevenstraße 15/17 und Umfeld« von Dieter Zatzkowski (1937 – 2011) aus dem Jahre 2002.

Matthias Griebel

Quellen: 39, 66, 268, 616, 622, 659, 661, 739, 824, 884, 1083

Cichorius, Eduard

Kunstsammler (1819 – 1907)

Der Mäzen und Duzfreund Ludwig → *Richters* (1803 – 1884, → *K1*) wurde am 4. Oktober 1819 in Leipzig geboren. Als Kunstsammler erwarb er im Laufe vieler Jahrzehnte eine einzigartige Kollektion insbesondere deutscher Künstler des 19. Jahrhunderts. Dank eines reichen väterlichen Erbes hatte der Leipziger Kaufmannssohn um 1855 autodidaktisch mit dem Aufbau seiner Sammlung begonnen, die er dann überwiegend in persönlichem Kontakt zu den Künstlern seiner Zeit zielgerichtet vervollständigte.

Seinen Lebensmittelpunkt bildete zuerst Leipzig. Dann siedelte er nach Solothurn in die Schweiz um, wo er 1856 seine Frau Maria Jäggi geheiratet hatte und fortan Mitglied des dortigen Kunstvereins und Stifter für das Kunstmuseum war.

Nach längerem Aufenthalt in Berlin wurde letztendlich Dresden zur Wahlheimat des Kunstkenners und -sammlers. Für etwa 30 Jahre logierte Cichorius ständig im renommierten Hotel »Stadt Berlin« am Neumarkt. Die Freundschaft zu Ludwig Richter, zu welchem erste Verbindungen schon seit 1856 bestanden, erfuhr nun eine erfreuliche Intensivierung, die der Sammelleidenschaft des Kunstliebhabers reiche Früchte zuteil werden ließ. Häufige Begegnungen gab es auch an des Meisters Sommersitz in Loschwitz, mit welchem Cichorius eine innige Beziehung verband. Denn in einem Brief aus Leipzig hatte er Ludwig Richter 1856 bekannt: »Ich habe in Loschwitz meine schönsten Knabenjahre verlebt und daher eine große Vorliebe für diese Gegend. Wir wohnten damals in dem

Eduard Cichorius, Sammler und Mäzen
Foto: SLUB Dresden/Deutsche Fotothek, Carl August Teich

kleinen Häuschen, was der Besitzung des Kunsthändlers Reichel gegenüber steht«. Damit meinte er offenbar das → *Begerhäuschen* und den auch zeitweise als Kunsthändler tätigen → *Arzt* Carl August Reichel (1811 – 1892).

Auch später noch und selbst aus dem entfernten Solothurn nahm Cichorius Anteil an Loschwitzer Ereignissen,von denen er durch eine Verwandte erfuhr: »Ihr habt ja recht schwere Wetter in Loschwitz gehabt. Du dort oben auf Deiner Höhe wirst wohl noch leidlich dabei weggekommen sein; aber unten muß es doch arg gehaust haben«. So in einem Brief vom 26. Juli 1875 an Ludwig Richter. Auch über das eigentliche künstlerische wie Sammlerinteresse hinaus gab es einen regen gedanklichen Austausch zwischen den beiden Freunden. Möglicherweise war es auch Cichorius, der den entscheidenden Anstoß zu Ludwig Richters »Lebenserinnerungen eines deutschen Malers« gab. Richter schrieb ihm: »Die Art und Weise, wie Du es vorschlägst, scheint mir auch die geeignetste, weil sie für mich die bequemste und zwangloseste ist«, als er 1869 mit der Niederschrift begann. Der Künstler beendete sie 1879, erlebte aber die Herausgabe, die sein Sohn Heinrich im Jahre 1885 besorgte, nicht mehr.

Als im Jahre 1903 die Dresdner Kunstgenossenschaft anlässlich des 100. Geburtstages von Ludwig Richter eine große Jubiläumsschau im Lipsiusbau auf der Brühlschen Terrasse veranstaltete, war Cichorius mit seiner umfangreichen Richtersammlung der wichtigste Leihgeber.

Jene Ausstellung war auch der Ausgangspunkt für die Schenkungen des Sammlers an die Gemäldegalerie Dresden in den Jahren 1903 – 1906, welche elf Gemälde umfassten, darunter sechs von Ludwig Richter. Damit hatte sich Cichorius am Ausgang seines Lebens in der Kunstwelt ein bleibendes Denkmal gesetzt.

Als der Sammler und Kunstkenner, Förderer und Stifter am 16. Oktober 1907 in Dresden verstorben war, wurde er nach einer Feier auf dem Trinitatisfriedhof in Gotha eingeäschert und die Urne im Leipziger Familiengrab beigesetzt.

Da seine Erben beschlossen hatten, die hinterlassene Sammlung zu verkaufen, konnte das Kupferstichkabinett Dresden im Jahre 1908 insgesamt 1.094 Zeichnungen aus der einzigartigen und umfangreichen Sammlung erwerben, darunter 263 Arbeiten von Ludwig Richter. Bis heute bilden die Werke aus der Sammlung Cichorius den Kernbestand an Romantikerzeichnungen der Dresdner Kunstsammlungen.

Matthias Griebel

Quellen: 406, 616, 994

Wilhelm von Kügelgen, Weinberg in Loschwitz mit dem Beger-Häuschen, um 1820, Zeichnung
Foto: aus »Gerhard von Kügelgen – ein Malerleben um 1800 – und die anderen sieben Künstler der Familie« von Leo Kügelgen, Stuttgart 1924, Slg. Matthias Griebel

Cissarz, Johann Vincenz; Maler, Grafiker und Innenarchitekt (1873 – 1942) → *K2*

Clemens, Martin; Lehrer und Grafiker (1884 – 1968) → *K2* → *Schule*

Conert, Herbert; Architekt (1886 – 1946) → *K2*

Conradi, August; Musiker und Komponist (1821 – 1873) → *K2*

Crusius, Lotte; Schauspielerin (1881 – 1954) → *K2*

Csillag-Umgelter, Theresie; Schauspielerin (1867 – 1942) → *K2*

Curti, Franz; Zahnarzt und Komponist (1854 – 1898) → *K1* → *Ärzte*

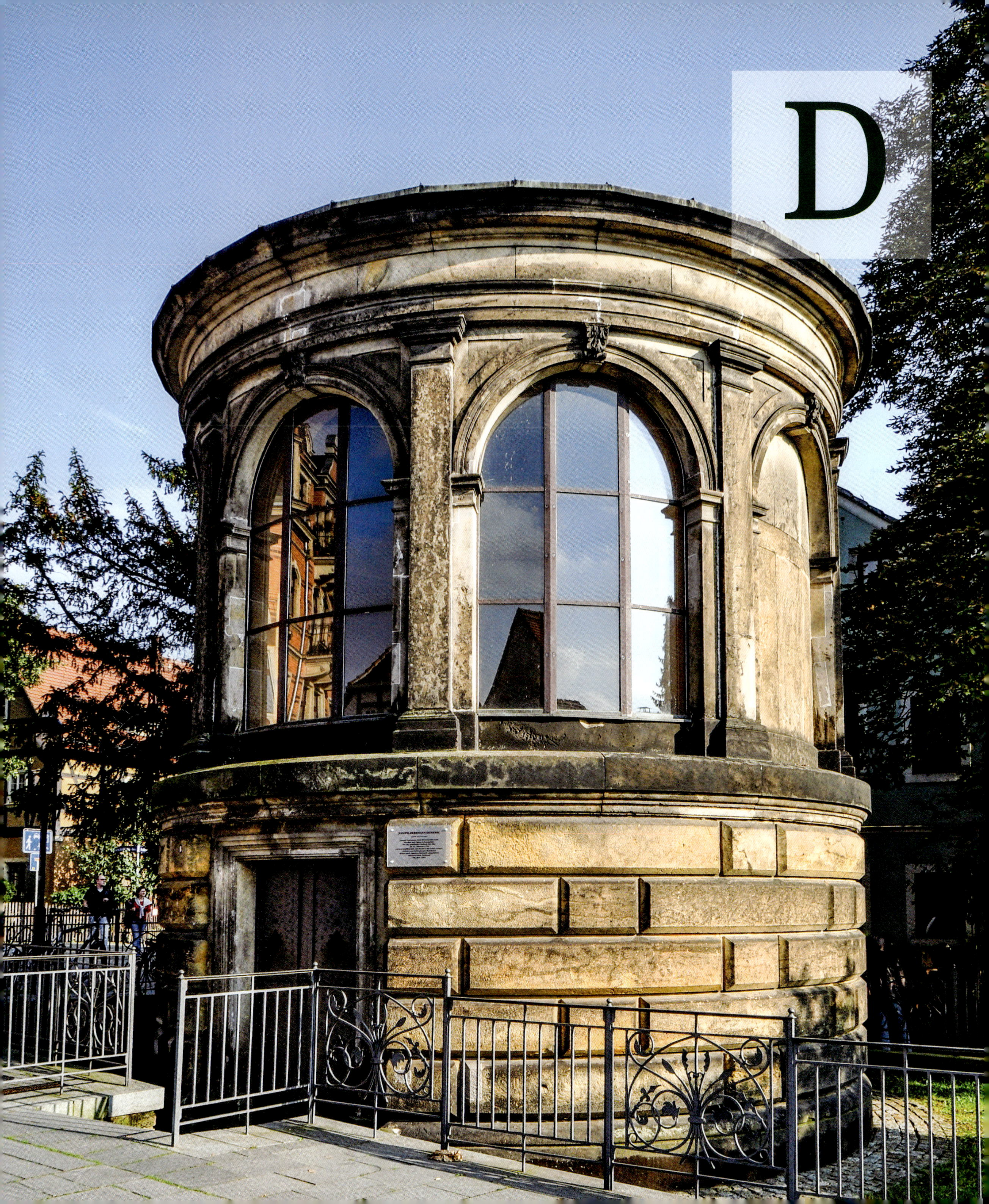

D

David, Ferdinand; Musiker und Komponist (1810–1873) → *K1*

Decker, Reinhard
Sänger (* 1951)

Reinhard Decker (→ *K1*) wurde am 12. August 1951 als viertes Kind von Elfriede und Rudolf Decker in Dresden geboren. In seinem Geburtsjahr trat sein Vater, der zuvor Pfarrer in Großerkmannsdorf war, in Dresden das Amt als Oberkirchenrat und Dezernent für Kirchenmusik im Landeskirchenamt Sachsen an. Im sechsten Lebensjahr erhielt Reinhard Decker ersten Flöten- und Klavierunterricht. Die 23. Grundschule in Dresden-Strehlen besuchte er bis zur vierten Klasse. Nach der Vorbereitungsklasse bei Katharina Lange-Frohberg (1902–1997) und bestandener Aufnahmeprüfung wurde er 1962 in den Dresdner Kreuzchor aufgenommen und nach einjähriger Alumnatszeit Kurrendaner. In dieser Zeit nahm er als Übungsschüler Flötenunterricht bei Eckart Haupt (* 1945) und danach bei den Professoren Fritz Rucker (1897–1982, → *K1*) und Arndt Schöne (* 1935), Soloflötist der Staatskapelle.

1968 war ein markantes Jahr für Decker und den Kreuzchor. Nach vierjähriger Reisezwangspause durch staatliche Restriktion fand wieder eine Konzertreise in das »Nichtsozialistische Wirtschaftsgebiet« (NSW), nach Österreich und in die Schweiz, statt. Sechs Kruzianer kamen nicht zurück. Von den Heimgekehrten wurde eine schriftliche Erklärung mit der Auflage der persönlichen Distanzierung von diesen »Verrätern am Sozialismus und der DDR« verlangt. Dies verweigerte er gemeinsam mit den anderen Kruzianern. Darüber hinaus forderte die Schulleitung eine distanzierende Erklärung zum Prager Frühling, die ebenfalls verweigert wurde. Die Beurteilung zum Abiturzeugnis 1970 enthielt schließlich die Empfehlung der Kreuzschulleitung, die Bewerbung Deckers für das Studium Konzertflöte an der Hochschule für Musik »Carl-Maria von Weber« Dresden aus politisch-ideologische Gründen abzulehnen. Durch Intervention des Kreuzkantors *Rudolf → Mauersberger* (1889–1971, → *K1*) beim damaligen Rektor der Hochschule *Siegfried → Köhler* (1927–1984, → *K2*) konnte er dennoch das Studium in den Fächern Gesang und Flöte im Spätherbst des gleichen Jahres aufnehmen.

1975 gehörte Reinhard Decker zu den Mitbegründern des Vokalquartetts »Dresdner Vocalisten«. Auftrittsorte waren zunächst Kirchen und staatliche Kultureinrichtungen. Nach dem Studienabschluss 1976 war er für ein Jahr als Bass-Eleve am Karl-Marx-Städter Opern-

Reinhard Decker *Foto: privat*

haus engagiert und ab 1977 als Mitglied der »Dresdner Vocalisten« freiberuflich tätig. Dieses Männerquartett erhielt mit wachsender Popularität eine Aufforderung zur Teilnahme am Interpreten-Wettbewerb der Unterhaltungskunst der DDR 1978 in Karl-Marx-Stadt und gewann dort eine Silbermedaille. Dadurch erhielten die vier Musiker den für ihre soziale Stellung als freiberufliches Ensemble notwendigen Künstler-Berufsausweis. Konzertreisen führten durch die DDR sowie die Länder des Ostblocks. Außerdem gestalteten sie eine Vielzahl von Kirchenkonzerten, Funk- und Fernsehauftritten und eine Schallplattenproduktion. Die erste Reise in ein westeuropäisches Land führte sie 1983 nach Italien (Umbrien). Es folgten die Niederlande, Spanien, Frankreich, Schweiz und die Bundesrepublik Deutschland. Parallel dazu war Decker auch als Oratoriensänger mit dem Schwerpunkt »Alte Musik« tätig. Davon zeugen auch zahlreiche CD-Produktionen in diversen Ensembles der »Alten Musik«.

Nach dem politischen Umbruch 1989 beteiligte er sich an ersten Aktivitäten zur Rettung der Weinbergkirche in Pillnitz. Er organisierte Benefizveranstaltungen, in denen er auch als Sänger mitwirkte. Decker wurde Gründungsmitglied der Interessengemeinschaft Weinbergkirche und damit zu einem entscheidenden Initiator von deren Rettung. Frühlings- Sommer- und Weinfeste rund um die Kirche im Aufbruchsjahr 1990 weckten in ihm zusammen mit Freunden den Gedanken eines großen Bürgerfestes am Elbhang, das den Wiederaufbau der beiden Kirchen in Loschwitz und Pillnitz durch Bürgerengagement ins öffentliche Bewusstsein rücken sollte. So war er ab Herbst 1990 einer der Aktivsten bei der Vorbereitung des ersten → *Elbhangfestes* 1991. Als Leiter des Festausschusses oblag ihm die Vorbereitung und Durchführung des Festes. Er gab entscheidende künstlerische und inhaltliche Impulse für die zukünftigen Festkonzeptionen. Hervorzuheben ist dabei die Aufführung von Carl Orffs »Der Mond« mit der Dresdner Philharmonie und der Dresdner Singakademie unter Leitung von Hans-Christoph Rademann (* 1965) in der Inszenierung von Tom Roeder (* 1966, → *K2*) anlässlich des hundertjährigen Jubiläums des Blauen Wunders 1993. Mit der Gründung des Elbhangfestvereins im Dezember 1991 übernahm er den Vorsitz des Vorstandes, den er bis Januar 2007 ausübte. 1997 wurde ihm für seine Verdienste um das Elbhangfest die Sächsische Verfassungsmedaille verliehen.

Darüber hinaus engagierte sich Decker für die Belebung des kriegsbeschädigten Palais im Großen Garten. Erstmalig nach der Kriegszerstörung initiierte er dort in den Jahren 1991/1992 mehrere Benefizkonzerte, aus denen später die Konzertreihe »Offenes Palais« hervorging. Im Oktober 2000 wurde er Vorsitzender des Fördervereins Palais Großer Garten und bewirkt in einer kulturellen Bürgerinitiative die noch andauernde denkmalgerechte Wiederherstellung und die festlich-repräsentative Nutzung der Beletage anstelle der zeitweise vom Freistaat Sachsen geplanten Nutzung des Palais als Landesmuseum für Vor- und Frühgeschichte. Mit künstlerischem und organisatorischem Geschick führt er das Vorhaben diesem Ziel entgegen.

Seit 2015 wohnt Reinhard Decker an der Calberlastraße. **Christian Decker**

Quelle: 724

Carl Orffs »Der Mond« beim Elbhangfest 1993 *Foto: Ulrich Häßler*

Degele, Eugen; Sänger (1834–1886) → *K1*

Dehler, Wolfgang; Schauspieler, Regisseur und Autor (1936–2003) → *K2*

Carl Wilhelm Müller, Bauernhaus in Loschwitz
Heute bewahrt im Archiv der Kirchgemeinde Loschwitz

Die »Galerie im Buch«

Denkmale und Erinnerungsobjekte

Noch vorhandene und verschwundene Denkmale, Gedenk- und Erinnerungstafeln, Sgraffiti und Inschriften sowie Erinnerungen an Persönlichkeiten vermitteln ein breites Spektrum Loschwitzer Ortsgeschichte.

Erinnerungen an Persönlichkeiten

Anna Elisabeth → ***Angermann*** (1883 – 1985, → *K1*), Malerin, Pillnitzer Landstraße 116: Bronzetafel, Angermann lebte und wirkte hier von 1915 bis zu ihrem Tod.

Max **Barthel** (1893 – 1975, → *K1*), Dichter und Schriftsteller, Pillnitzer Landstraße 83: Gedenktafel des → *Ortsvereins*, Barthels Geburtshaus.

Johann Gottfried **Baudisch**, Rißweg 15: Holztafel: »Winzerhaus der alten Weinberganlagen erbaut 1763 durch Amtsrichter J. G. Baudisch« (Amtsrichter in der Amtsgemeinde Loschwitz).

August **Bebel** (1840 – 1913), Politiker, Ulrichstraße 5, ehemaliges → *Gasthaus* »Schweizerei«: Holztafel, Schrift eingeschnitzt: »Hier sprach August Bebel anlässlich der Maifeiern 1.5.1890«.

Johannes → ***Beutner*** (1890 – 1960, → *K1*), Maler und Grafiker, Robert-Diez-Straße 12: Gedenktafel des → *Ortsvereins*, Beutner lebte und wirkte hier von 1945 bis zu seinem Tod.

Otto Fürst **von Bismarck** (1815 – 1898), Reichskanzler:
1. Körnerweg 16 (Privatgrundstück):
Deckelvase (Urne) auf reich verziertem Sandsteinsockel (insgesamt etwa 2 m hoch), am Sockel ein bronzenes Bismarck-Kopf-Medaillon, darunter die Inschrift: »Geboren in Preußen – Gestorben in Deutschland – Betrauert in der Welt«. Auf der Rückseite steht: »Der Zwietracht eiserner Erwürger. Des Deutschen Reiches Ehrenbürger« Das Denkmal schuf wahrscheinlich der Bildhauer Bruno Fischer (1860 – 1932, → *K1*); das Bronzemedaillon ist ein Werk des Bildhauers und Medailleurs Bruno Friedrich Emil Kruse (1855 – 1934).
2. Relief am Körnerplatz 2:
Auf dem Giebelaufsatz des Eckhauses zur Friedrich-Wieck-Straße am Körnerplatz befindet sich eine Porträtdarstellung des Reichskanzlers Otto Fürst von Bismarck mit dem Datum 1. 4. 1895, seinem 80. Geburtstag. Dieses Relief überstand die Bilderstürmerei der Nachkriegszeit 1945.

Bismarck-Relief, Körnerplatz 2

Heinz → ***Bongartz*** (1894 – 1978, → *K1*), Dirigent und Komponist, Oeserstraße 5: Gedenktafel des → *Ortsvereins*, Bongartz lebte und wirkte hier von 1947 bis zu seinem Tod.

Eugen **Degele** (1834 – 1886, → *K1*), Sänger, Bautzner Landstraße 50: Das Denkmal mit Bronzemedaillon steht an der rückwärtigen Grundstücksgrenze seines einstigen Besitzes an der nach ihm benannten Degelestraße: Die Inschrift lautet: »Eugen Degele 1834 – 1886« und die Signatur des Medaillons: »C. Röder fec. 1887«.

Bismarck-Denkmal im Privatgrundstück am Körnerweg mit Deckelvase und Medaillon

Obelisk am Friedensblick, Collenbuschstraße
Fotos (3): Siegfried Großmann

Friedrich August II. (1797 – 1854), König von Sachsen:
Obelisk am Friedensblick an der Collenbuschstraße: Der Obelisk wurde von Bildhauer *Joseph* → *Herrmann* (1800 – 1869, → *K1*) im Jahre 1856 aus Sandstein geschaffen und sollte ursprünglich in der Dorfmitte von Loschwitz aufgestellt werden. Der Gemeinderat lehnte diesen Standort jedoch ab. Daraufhin stellte ihn Herrmann im Park seiner Villa auf (→ *Villa »Thorwald«*; heute Schillerstraße 12). 1922 wurde der Obelisk an seinen heutigen Standort versetzt. Er steht in Oberloschwitz genau in der Längsachse der Collenbuschstraße. Das Anliegen Herrmanns war, mit dem Obelisken König Friedrich August II. zu gedenken, der Herrmann oft in seinem Anwesen besuchte und 1854 in Tirol tödlich verunglückt war. Das Denkmal enthält eine lateinische Inschrift, deren Übersetzung lautet:

»Dem höchstgütigen König Friedrich August, dem großen Freund des beglückenden Landlebens, weihte dies Denkmal in ehrfurchtsvollem Gedenken Joseph Herrmann. 1856«

Der heute »Friedensblick« genannte Platz, auf dem sich der Obelisk befindet, ist ein beliebter Aussichtspunkt auf die Stadt und bei guter Sicht bis hin zum Erzgebirge. Im Jahre 2011 erfolgte eine umfassende Rekonstruktion der gesamten Anlage.

*Ernst → **Hassebrauk*** (1905 – 1974, → *K1*), Maler und Grafiker, Schevenstraße 29: Gedenktafel des → *Ortsvereins*, Hassebrauk lebte und wirkte hier von 1949 bis zu seinem Tod.

*Emanuel → **Hegenbarth*** (1868 – 1923, → *K1*), Maler und Grafiker, Veilchenweg 25: Gedenktafel des → *Ortsvereins*, Hegenbarth lebte und wirkte hier von 1903 bis zu seinem Tod.

*Joseph → **Herrmann*** sen., (1772 – 1818), Bildhauer:
An der Ecke Friedrich-Wieck-Straße zur Fidelio-F.-Finke-Straße steht ein 1869 von *Theodor → Lehnert* (1828 – 1910, → *K2*) errichteter Rundbau aus Sandstein, wegen seiner äußeren Erscheinung auch »Senfbüchse« genannt, in dem sich ein Marmorrelief befindet. Auf dem Relief ist dargestellt, wie zwei Schiffsleute aus Prossen im Winter 1799 auf einem geborstenen Kahn im Wasser der Elbe schwimmend zwischen Eisschollen ums Überleben kämpfen. Auch sieht man ein in den Fluten ertrinkendes Pferd und am Ufer einen Mann mit einem Seil, welches er den beiden Schiffbrüchigen zuwirft, um ihnen das Leben zu retten. Ort des Ereignisses war Kaditz. Bei dem Retter handelt es sich um Dominik Joseph Herrmann, den Vater des Bildhauers *Joseph → Herrmann* (1800 – 1869, → *K1*), der ihm zu Ehren dieses Denkmal schuf. Unter dem Relief aus Carrara-Marmor, das Herrmann in Rom schuf, ist als Inschrift zu lesen: »Joseph Herrmann, dem Menschenfreunde, welcher mit eigner Lebensgefahr bei der gewaltigen Eisfluth der Elbe am 24. Februar 1799 zweien Schiffsleuten aus Prossen das Leben rettete, widmet sein Sohn Joseph Herrmann dieses nach eigenem Entwurfe ausgeführte und errichtete Denkmal im Jahre 1869«.

Obgleich oft als unpassend bekrittelt, bildet die Senfbüchse stets eine Sehenswürdigkeit. Anfangs gab es den Schlüssel für zwei Neugroschen beim benachbarten Böttchermeister Unger, ab 1896 war ein Loschwitzer als Denkmalswart angestellt. Der Eintritt betrug 10 Pfennig, Kinder zahlten die Hälfte. Danach und bis zur Eingemeindung galt: »Das Denkmal ist täglich geöffnet. Falls geschlossen ist der Schlüssel in der Polizeiwache am Körnerplatz zu haben.« In den Jahren 1983 bis 1994 erfolgte eine umfassende Sanierung des Joseph-Herrmann-Denkmals mit Neugestaltung der Außenanlagen. Eine Tafel befindet sich außen am Denkmal.

Bruno **Hietzig** (1858 – 1929), Steinbruchbesitzer: → *Straßenbau-Erinnerungstafeln*, Sonnenleite

Fritz **Hofmann-Juan** (1873 – 1937, → *K1*), Maler, Kügelgenstraße 2 und
Liddy **Hofmann-Juan** (1884 – 1935, → *K2*), Bildhauerin, Kügelgenstraße 2: Gedenktafel des → *Ortsvereins* für beide Künstler, die hier von 1920 bis zu ihrem Tod lebten und wirkten.

Wolf Caspar **von Klengel** (1630 – 1691, → *K1*), Oberlandbaumeister:
Klengelstein am Körnerweg/Heilstättenweg, an der Mündung des Mordgrundbaches in die Elbe, Sandsteinkugel mit der Inschrift: »Obrister Wolf Caspar von Klengel 1681«; die Sandsteinkugel befand sich in dessen Weinberg am heutigen → *Schloss Eckberg* und wurde 1927 in zwei Teilen im Mündungsbereich des Mordgrundbaches gefunden.

Rettung Schiffbrüchiger, Relief im Joseph-Herrmann-Denkmal, Friedrich-Wiecks-Straße
Fotos (2): Siegfried Großmann

Klengelstein am Körnerweg

Neben dem Klengelstein eine Gedenktafel des → *Ortsvereins*.

*Familie → **Körner**:*
Christian Gottfried **Körner** (1756 – 1831, → *K1*), Schriftsteller und Jurist, Theodor **Körner** (1791 – 1813, → *K1*), Dichter, und Emma **Körner** (1788 – 1815), Malerin:

Körner-Schiller-Denkmal

In der Mauer gegenüber dem Schillerhäuschen (Schillerstraße 19) befindet sich das vom Architekten *Martin → Pietzsch* (1866 – 1961, → *K1*) entworfene und vom Bildhauer Oskar Rassau (1843 – 1912, → *K2*) in Sandstein ausgeführte Denkmal, das am 12. Mai 1912 enthüllt wurde. Das Denkmal zeigt zwei Bilder aus dem Leben Schillers und Körners: Links den Besuch Schillers bei Körners 1801, rechts den Abschied des Sohnes Theodor Körner von seiner Familie zur Teilnahme an den Befreiungskriegen 1813 gegen Napoleon. Die beiden Jahreszahlen in der Abdeckung symbolisieren diese Ereignisse. Im rechten und linken unteren Teil des Denkmals sind Symbole dargestellt, welche auf die Gedichtsammlung Theodor Körners hinweisen, die unter dem Begriff »Leyer und Schwert« erschien und womit er als Dichter der Befreiungskriege in die Literaturgeschichte einging. Das Denkmal ist außerdem mit Symbolen geschmückt, die auf den Weinbau in Loschwitz hinweisen. Wegen eines integrierten Wasserspeiers, der leider außer Betrieb ist, wird das Denkmal auch Schillerbrunnen genannt.

Als Vorgänger des heutigen Denkmals befand sich in einer Felsgrotte eine nach einem Werk von Ernst Rietschel (1804 – 1861) geschaffene Schillerfigur in sitzender Haltung. Da das Denkmal aus Gips bestand, verwitterte es und zerfiel. Es war eine Nachbildung der Schillerplastik, die sich am Portal der Dresdner Semperoper befindet.

Gedenktafel am Körnerhaus, Körnerweg 6: Eine Tafel aus stark verwittertem Sandstein von 1841 mit der Inschrift: »In diesem Hause verlebte Theodor Körner glückliche Sommer seiner Jugend. 1788 u. 1791 pflanzten seine Eltern zur Erinnerung an die Geburt ihrer Kinder Emma u. Theodor zwei Weimutskiefern. 23. Sept. 1941 Ortsverein Loschwitz.«

Körnerfries an der Stützmauer des Grundstücks Bautzner Straße 110 am Körnerweg: Im Zuge der 1933 beginnenden Umgestaltung des Königsufers in Dresden-Neustadt hatte der hierfür zuständige Architekt Paul Wolf (1879 – 1957) die Idee, am Körnerweg eine Körnergedenkstätte zu errichten. Den Auftrag hierfür erhielt der Bildhauer Gustav Reißmann (1887 – 1954, → *K2*). 1936 fand der aus drei Tafeln bestehende Sandstein-Fries seinen Platz an der hangseitigen Stützmauer am Körnerweg. Er zeigt die Szene, wo sich Theodor Körner als Soldat der Lützower Jäger am 26. August 1813 bei Gadebusch einem französischen Wagen mit Lebensmitteln und Munition entgegenstellt und dabei den Tod findet. Vor den Fries baute man eine zwölf Meter lange Halle, in der auch

Gedenktafel, Körnerweg 6

die beiden erhaltenen Sandsteinbänke ihren Platz fanden. Zu Theodor Körners 125. Todestag wurde das Monument, durch zwei Schrifttafeln und eine Schrift unter dem Relief ergänzt, 1938 offiziell der Öffentlichkeit übergeben.

1954 begannen Instandsetzungsarbeiten am Dach der Halle und am Relief. Auf dem Gelände hinter der Gedenkstätte richtete sich in den fünfziger Jahren die Bezirksverwaltung des Ministeriums für → *Staatssicherheit* ein. Auf ihr Betreiben begann 1968 die Demontage des Denkmals. Zunächst erfolgte die Abnahme der Dachkonstruktion, später die Entfernung der tragenden Säulen und der Schrifttafeln. 1986 schließlich endete die Demontage mit der Entfernung der noch verbliebenen Relief-Tafeln. Nach mehreren fehlgeschlagenen Versuchen, das Denkmal an diesem oder einem anderen Ort wieder aufzustellen, begann schließlich 2001 ein neuer Anlauf zur Wiederherstellung. Angeregt durch den »Neustädter Kreis« nahm sich der → *Ortsverein Loschwitz-Wachwitz* dieser Aufgabe an. Die Dresdner Bildhauerwerkstatt Julius Hempel erhielt den Auftrag für die gesamten Restaurierungsarbeiten und die Wiederaufstellung des Körnerfrieses. Anstelle des ehemaligen Schutzgebäudes entschied man sich für eine funktionale kleine Verdachung nach einem Entwurf von Sabine Kaiser-Wenzel. Am 26. August 2005, dem 192. Todestag des Dichters Theodor Körner, konnte der restaurierte und wieder aufgestellte »Körnerfries« in einer kleinen Feier der Öffentlichkeit ein zweites Mal übergeben werden. Eine neben dem Denkmal angebrachte Bronzetafel nennt die Sponsoren, welche die nötigen 10.000 € für die Rettung der Körnergedenkstätte erbrachten, denn die Finanzierung erfolgte ausschließlich über Spenden.

August → ***Kotzsch*** (1836 – 1910, → *K1*), Fotograf, Kotzschweg 22

Hermann **Kotzsch** (1873 – 1933), Fotograf, Kotzschweg 22

Otto → ***Kotzsch*** (1880 – 1967), Lehrer und → *Chronis*t, Kotzschweg 22: Gedenktafel des → *Ortsvereins* befindet sich am unteren Ende des Kotzschweges und erinnert an Leben und Wirken der Genannten im »Kotzschhaus«.

Gustav Reißmann, Körnerfries, Körnerweg *Fotos (3): Siegfried Großmann*

Rechte Seite: Körner-Schiller-Denkmal mit Brunnenanlage von Martin Pietzsch und Oskar Rassau, Schillerstraße gegenüber dem Schillerhäuschen

Münzkrüger-Sgraffito, Krügerstraße 22

Carl Reinhard → ***Krüger*** (1794 – 1879, → *K1*), Münzgraveur:
Sgraffito Krügerstraße 22: In seinem ehemaligen Anwesen befindet sich heute eine Außenstelle des Fraunhoferinstitutes. An einer Außenwand des an der Stelle des Krügerschen Hauses errichteten Laborgebäudes ist 1957 von Hans Peter Möller-Uetersen (1892 – 1977, → *K2*), auf Anregung von *Otto* → *Kotzsch* (1880 – 1967), ein Sgraffito angebracht worden. Es zeigt den Münzgraveur beim Geigenspiel. Die Vorlage hierzu lieferte eine Zeichnung von *Ludwig* → *Richter* (1803 – 1884, → *K1*). Krüger war in seiner Lebensweise etwas schrullig und seine Liebe galt der Geige. Er ließ sich nie fotografieren oder zeichnen. Ludwig Richter berichtet hierzu: »Unser liebes, altes Original, der Münz-Krüger, wollte sich trotz aller Bitten seiner Freunde und Loschwitzer wie British Hotel-Tischgenossen, nicht photographieren lassen; so machte ich mir den Spaß und zeichnete ihn aus der Erinnerung, in seiner einsamen Klause geigend, während außen die Vöglein horchen.«[1]

Gerhard ***von*** → ***Kügelgen*** (1772 – 1820, → *K1*) und Sohn *Wilhelm* ***von*** → ***Kügelgen*** (1802 – 1867, → *K1*), Maler und Schriftsteller:
Kügelgendenkmal an der → *Kirche* straßenseitig links vom Portal. Es zeigt Vater und Sohn und erinnert an deren Loschwitzer Aufenthalt. Im Auftrag der Tiedge-Stiftung wurde es im Jahre 1920, dem hundertsten Todestag Gerhard von Kügelgens, von Bildhauer *Heinrich* → *Wedemeyer* (1867 – 1941, → *K2*) aus Muschelkalkstein geschaffen.

Eugen **Langen** (1833 – 1895), Bronzetafel in der Talstation der → *Schwebebahn*: Unter dem Kopf-Relief findet sich der Text: »Zur Erinnerung an den Ingenieur Eugen Langen * 9. Oktober 1833 † 2. Oktober 1895 Erfinder der Schwebebahn Dresden-Loschwitz und Wuppertal Vorstandsvorsitzender im Verein Deutscher Ingenieure (VDI) in den Jahren 1873 und 1880«.

Eduard → ***Leonhardi*** (1828 – 1905, → *K1*), Maler:
1. Gedenktafel im ehemaligen → *Armenhaus* (Grundstraße 137, Hausflur):
»Dem Andenken des hochherzigen Stifters dieses Hauses Herrn Landschaftsmaler August Emil Eduard → *Leonhardi* gewidmet am Tage der Übernahme von der dankbaren Gemeinde Loschwitz am 25. Dezember 1892«
2. Metalltafel am Museum (Grundstraße 26):
»Leonhardi-Museum – auch ›Rote Amsel‹ genannt – Begründet 1892 durch den Landschaftsmaler – Professor Eduard Leonhardi (1828 – 1905) – In Übereinstimmung mit der Erbengemeinschaft Leonhardi wurde das Museum als ständige kulturelle Einrichtung von der Landeshauptstadt Dresden übernommen. – Als großzügige Leihgabe überließ die Erbengemeinschaft dem Museum einen umfangreichen Fundus des als ›Maler des Deutschen Waldes‹ bekannt gewordenen Meisterschülers von Ludwig Richter. – Die Stadt Dresden dankt den Leonhardi-Erben. – Vertreten durch die Familienstämme Dressler, Leonhardi, Hagen, Müller. Dresden-Loschwitz im Januar 1994«.

Gedenkstein für Vater und Sohn Kügelgen an der Loschwitzer Kirche Fotos (3): S. Großmann

Lingner-Mausoleum, entworfen von Architekt Hans Poelzig (1869 – 1936) mit Relieftafeln des Bildhauers Georg Kolbe (1877 – 1947)

Karl August → ***Lingner*** (1861 – 1916), Kaufmann, Unternehmer und Philanthrop:
Mausoleum auf der unteren Terrasse des → *Lingnerschlosses/Friedhöfe*.

Maria Anna von Bayern, Königin von Sachsen (1805 – 1877), zweite Frau von König Friedrich August II. (1797 – 1854):
Steintafel mit schwarzer und goldener Schrift in der alten Schule (Pillnitzer Landstraße 8, Flur im Erdgeschoss):
»Durch die Huld Ihro Majestät der Königin Maria ist dieses Schulgebäude angebaut und die neue Schuleinrichtung begründet worden im Jahre 1836, die Einweihung geschah am 3. Novbr. desselben Jahres«.

Rudolf → ***Mauersberger*** (1889 – 1971, → *K1*), Kantor und Komponist, Sierksstraße 6:
Kunststeintafel: »In diesem Hause wohnte Prof. D. Dr. h.c. Rudolf Mauersberger geboren am 29. Januar 1889 gestorben am 22. Februar 1971, Leiter des Dresdner Kreuzchores und Kreuzkantor von 1930 bis 1971«.

Napoleon Bonaparte, als Napoleon I. Kaiser von Frankreich (1769 – 1821):
1. Stele mit Napoleon-Kopf und Inschrift-Tafel im Privatgrundstück Hermann-Prell-Straße 5: Napoleon beobachtete am 26. August 1813 von hier die Schlacht bei Dresden; das Halbrelief mit dem Napoleon-Kopf ist nicht mehr vorhanden.
2. Napoleon-Säule im Privatgrundstück Schevenstraße 11: Etwa 3 m hohe Sandsteinsäule auf 1 m hohem quadratischem Sockel. Auch von hier soll Napoleon am 26. August 1813 die Schlacht bei Dresden beobachtet haben. 2013 wurde eine entsprechende Inschrift-Tafel angebracht; der Standort liegt allerdings wesentlich unterhalb des ersten.

Napoleon-Säule im Grundstück Villa »Rosenhof«
Fotos (4): Siegfried Großmann

Martin Andersen **Nexö** (1869 – 1954, → *K1*), Dichter und Schriftsteller, Collenbuschstraße 4: Bronzetafel: »In diesem Hause lebte der dänische Dichter und Ehrenbürger Dresdens Martin Andersen Nexö von 1952 bis 1954«

Paul **Oberhoff** (1884 – 1960, → *K1*), Maler, Robert-Diez-Straße 6b: Gedenktafel des → *Ortsvereins*, Oberhoff lebte und wirkte hier von 1915 bis zu seinem Tod.

Friedrich → ***Press*** (1904 – 1990, → *K1*), Bildhauer, Robert-Diez-Straße 1
Elfriede **Press** (1909 – 1998, → *K2*), Werkkünstlerin, Robert-Diez-Straße 1:
Gedenktafel des → *Ortsvereins* für beide Künstler, die hier von 1954 bis zu ihrem Tod lebten und wirkten.

Ludwig → ***Richter*** (1803 – 1884, → *K1*), Maler und Grafiker, verbrachte ab 1852 an verschiedenen Orten fast jeden Sommer in Loschwitz:
1. Veilchenweg 1: Gedenktafel des → *Ortsvereins*, hier lebte Richter 1852 und 1853 während seiner ersten Loschwitzer Sommeraufenthalte.
2. Hermann-Vogel-Straße 2: Ein Porträtmedaillon mit Sgraffito-Namenszug Richters und den Jahreszahlen seiner hiesigen Sommeraufenthalte 1864 – 70. Das Medaillon ließ dessen langjähriger Sommerwirt, der Maler August Reinhardt (1831 – 1915, → *K2*), im Jahr 1885 anbringen.

Porträtmedaillon mit Sgraffito-Namenszug, Hermann-Vogel-Straße 2

3. Gedenktafel Malerstraße 4: »Ludwig Richter 1803 – 1884, Hier hat er gefunden, was er am 6. September 1870 seinem Tagebuch anvertraute: Ein stilles, friedliches Daheim, ein kleines, freundliches Asyl, mit einem Blick ins Weite, in das kleinste Stück Natur, ist alles, was ich noch wünsche.« Er hatte hier seine Sommerwohnung von 1871 – 1883.
4. Denkmal Grundstraße 26:
In Erinnerung an die Loschwitzer Sommeraufenthalte von Ludwig Richter wurde vom → *Ortsverein Loschwitz* im Grundstück des heutigen → *Leonhardi-Museums* das Denkmal errichtet, das bereits zu dessen Geburtstag am 28. September 1884 eingeweiht wurde. Die Inschrift: »Groß denken, im Herzen rein, halte dich gering und klein, freue dich in Gott allein. L. R.« entstammt Ludwig Richters Tagebuch. Der damalige Besitzer, der Maler *Eduard* → *Leonhardi* (1828 – 1905, → *K1*), stellte den Platz für das Denkmal großzügig zur Verfügung. Eine Bronzeplakette mit dem Porträt Richters, geschaffen von Bildhauer *Robert* → *Henze* (1827 – 1906, → *K2*), ziert das Denkmal. Es besteht aus Natursteinen, die im Steinbruch neben dem ehemaligen Loschwitzer → *Armenhaus*, gegenüber dem → *Gasthof »Zur Eule«* auf der Grundstraße gebrochen wurden. Rechts am Denkmal vermerkt ein Stein: »Gewidmet von Verehrern, Errichtet vom Ortsverein am 28. September 1884«. Die Kosten von insgesamt 1.361 Mark wurden durch eine Sammlung bestritten.

Medaillon am »Ludwig-Richter-Denkmal«, am Leonhardi-Museum, Grundstraße 26

Gedenktafel, Malerstraße 4

5. Denkmal im Grundstück Veilchenweg 9:
Es wurde ebenso wie das Körner-Schiller-Denkmal von Bildhauer Oskar Rassau (1843 – 1912, → *K2*) ausgeführt und durch den Architekten Christian Gottfried Schramm (1857 – 1922, → *K2*), der von 1900 bis 1910 Grundstückseigentümer war, aufgestellt.

Emil → ***Römmler*** (1842 – 1941, → *K1*), → *Fotograf*, Calberlastraße 12: Gedenktafel; Römmler lebte und wirkte hier von 1902 bis 1908.

Hubert → ***Rüther*** (1886 – 1945, → *K1*), Maler und Grafiker, Kügelgenstraße 2
Irena → ***Rüther-Rabinowicz*** (1900 – 1979, → *K1*), Malerin, Kügelgenstraße 2:
Gedenktafel des → *Ortsvereins* für beide Künstler, die hier von 1936 bis zu ihrem Tod lebten und wirkten.

Bernhard **Salbach** (1833 – 1894), Ingenieur, ehemaliges → *Wasserwerk Saloppe* am Körnerweg: Medaillon aus Sandstein und Sandsteintafeln an der der Süd- und Westseite des Gebäudes mit Inschrift: »Dies Wasserwerk wurde nach dem Entwurf und der Oberleitung des Ingenieurs Bernhard Salbach aus Königsberg ausgeführt. Nachdem das Werk zehn Jahre hindurch tadellos reines Wasser in Fülle gespendet, haben der Rath und die Stadtverordneten solches dankbar hier bekundet.«

Ehrentafel für Bernhard Salbach am Wasserwerk Saloppe

Gedenktafel am Körnerhaus, Körnerweg 6

Friedrich von **Schiller** (1759–1805, → *K1*), Dichter und Schriftsteller:
1. Schillerstraße 19: Am Schillerhäuschen (→ *Körnerhaus und Schillerhäuschen*) wurde anlässlich seines 50. Todestages im Mai 1855 eine Marmortafel angebracht mit der Inschrift: »Hier schrieb Schiller bei seinem Freunde Körner am Don Karlos 1785, 1786, 1787.«

Darüber befindet sich seit 1895 ein Medaillon mit dem Schillerkopf.
2. Körnerweg 6: Am → *Körnerhaus* befindet sich eine Gedenktafel von 1905 aus schwarzem Marmor mit der Inschrift: »Hier weilte bei seinem Freunde Dr. Ch. G. Körner Friedrich von Schiller in den Jahren 1785–87 und 1801.«
3. → *Körner-Schiller-Denkmal*

Gottfried **Schmiedel** (1920–1987, → *K1*), Musikwissenschaftler und Publizist, 2. Steinweg 1: Gedenktafel des → *Ortsvereins*, Schmiedel lebte und wirkte hier von 1962 bis zu seinem Tod.

Pauline → **Ulrich** (1835–1916, → *K1*), Hofschauspielerin, Körnerweg 12:

Gedenktafel für Pauline Ulrich (mit Schreibfehler)

Am Grundstück besagt die in der Mauer eingelassene Sandsteintafel, dass Pauline Ulrich in den Jahren von 1876 bis zu ihrem Tod hier wohnte.

Hans → ***Unger*** (1872–1936, → *K1*), Maler und Grafiker, Kügelgenstraße 6: Gedenktafel des → *Ortsvereins*, Unger lebte und wirkte hier von 1902 bis zu seinem Tod.

Hermann → ***Vogel*** (1854–1921, → *K1*), Maler und Grafiker, Plattleite 6:
Kupfergeprägte Relieftafeln; große Tafel: »Hier wirkte v. 1887–1920 der Deutsche Märchenzeichner. * 16.10.1854 in Plauen. † 22.2.1921 in Krebes«; links und rechts davon zwei kleinere Tafeln mit Märchenbildersymbolen.

Richard → ***Wagner*** (1813–1883, → *K1*), Komponist und Schriftsteller, Grundstraße 49: Gedenktafel des → *Ortsvereins* zur Erinnerung an seinen Sommeraufenthalt

Friedrich → ***Wieck*** (1785–1873, → *K1*), Musikpädagoge und Musikschriftsteller, Friedrich-Wieck-Straße 10: Über der Haustür eine Gedenktafel, die besagt, dass Friedrich Wieck am 18. August 1785 in Pretzsch geboren wurde und am 6. Oktober 1873 in diesem Hause verstarb.

Erinnerungstafel für Hermann Vogel (Teilansicht), Plattleite 6 *Fotos (4): S. Großmann*

Weitere ortsgeschichtliche Erinnerungsobjekte

An der **Alten** → ***Feuerwache***, Fidelio-F.-Finke-Straße 4:
Straßenseitig befindet sich eine schwarze Marmortafel mit eingravierter Schrift: »Freiwillige Feuerwehr Loschwitz Ihren im Weltkrieg 1914–1918 gebliebenen Kameraden Johs. Morgenstern/Erich Zumpe/Josef Horn/Emil Leuschke/Arthur Gerhard/Bruno Brand«.

Noch heute existierende Tafel an der Hauswand der Alten Feuerwache. Foto: E. Münzner

Aussichtsplattform an der »Reinhardtsbank«, 1. Steinweg:
Gedenkstein mit Inschrift »Errichtet 1902«.

Basaltblock → *unter diesem Stichwort s. S. 253*

Besetzung der → ***Staatssicherheit***, Gedenktafel an der Mauer Bautzner Straße 112:
Zum 8. Jahrestag der Besetzung der Bezirksverwaltung wurde eine Bronzetafel enthüllt: »Hinter dieser Mauer befand sich die Bezirksverwaltung der Staatssicherheit. Am 5. Dezember 1989 erzwangen demonstrierende Dresdner Bürger die Öffnung der Tore und besetzten dieses Gelände.«

Blaues Wunder:
Sandsteinreliefs: »A R« (Albertus Rex) für König Albert (1828–1902) am Loschwitzer Brückenpfeiler des → *Blauen Wunders* stromaufwärts und »1891« für den Baubeginn stromabwärts.

Wappenstein »Albertus Rex« am Loschwitzer Brückenpfeiler → Blaues Wunder

Denkmale auf dem → ***Friedhof***, Pillnitzer Landstraße 80
Denkmale auf dem → ***Kirchhof***

Eingemeindungsstein und »Rabe mit drei Ringen«
am unteren Ende der Calberlastraße:
1921 wurde von der Stadt Dresden eine Mauer mit dem Gedenkstein anlässlich der Eingemeindung am 1. April 1921 errichtet. Der aus Sandstein gefertigte Schlussstein am Mauerkopf wurde nach einem Entwurf von *Martin → Pietzsch* (1866 – 1961, → *K1*) von Bildhauer Otto Pilz (1876 – 1934, → *K2*) gestaltet. Er zeigt unter einem Traubengeflecht vier Tierdarstellungen: Biene, Falter, Schnecke und Eule, welche die Gemeindeteile Dorf, Oberloschwitz, Schöne Aussicht und Simmigscher Ortsteil (»Stadtgrenze«) symbolisieren sollen. Die in Großbuchstaben geschaffenen Inschriften lauten: Vorderseite: »Calberlastraße, Erb.: Oberer Teil: 1875, Unterer Teil: 1921«; Rückseite: »Gemeinde Loschwitz, Urkundl. gen. 1071, Aufgelöst I.IV.1921«. Allerdings beruht die Nennung des Jahres 1071 auf einem Trugschluss.

An dieser Mauer, etwa 50 m stadtauswärts zur Pillnitzer Landstraße hin, befindet sich ein kleines Sandsteinrelief, ebenfalls von Otto Pilz. Es zeigt einen Raben mit drei Ringen im Schnabel – die von der Stadt Dresden gestohlenen Gemeinden Loschwitz, Weißer Hirsch und Blasewitz symbolisierend.

Der »diebische Rabe« → Eingemeindung

Eingemeindungsstein am Beginn der Calberlastraße → Eingemeindung

Fotos (3): Siegfried Großmann

Klaus Schwabe, Sgraffito am Fährgut

Klaus-Dieter Köhler, Flutdenkmal, Dorfplatz

Hochwassermarken, Friedrich-Wieck-Straße 47

Fährgut (Anbau), Sgraffito und Spruchband, Friedrich-Wieck-Straße 45:
Zwei Männer in einem Kahn von Bildhauer Klaus Schwabe (* 1939, → *K2*), 1964 geschaffen, mit der Inschrift: »Wo sich Fluss und Weinbau fanden ist dies alte Gut entstanden – Weinpresse bis 1839 – Loschwitzer Fährgut bis 1869.«

Flut-Denkmal auf dem sogenannten Dorfplatz, Friedrich-Wieck-Straße:
Am unteren Ende des Dorfplatzes in der Friedrich-Wieck-Straße steht das Sandsteindenkmal »Die Welle« zum Gedenken an die Jahrhundertflut der Elbe im August 2002 (Höchststand 9,39 m am 17. August, → *Hochwassermarken*). Wie auf der kleinen Bronzetafel zu lesen ist, ist es »gewidmet denen, die mit dem Fluss leben«. Geschaffen hat es der Dresdner Bildhauer Klaus-Dieter Köhler (*1956, → *K1*). Am 10. Juni 2006 wurde »Die Welle« in einem kleinen Festakt der Öffentlichkeit übergeben.

Hochwassermarken:
Nicht autorisierte Hochwassermarken aus verschiedenen Jahren befinden sich an folgenden Gebäuden; teilweise widersprechen sich auch die Höhen der Markierungen:

- Friedrich-Wieck-Straße 47 (Fährhäuschen): 1845, 1890, 1900, 2002, 2006
- Friedrich-Wieck-Straße 37: 2002
- Friedrich-Wieck-Straße 26: 2002
- Friedrich-Wieck-Straße 20 (Café Clara): 2002
- Friedrich-Wieck-Straße 19: 2002
- Fidelio-F.-Finke-Straße 4: 2002 (in der Keller-Gaststätte Trille)
- Körnerweg 6 (Körnerhaus): 1845, 1895, 2002
- Körnerweg 20: 1876, 1890, 2002
- Am ehemaligen Wasserwerk Saloppe: 2002

Kriegsdenkmale → *Friedhof*

Loschwitz-Wappen: Putzstuckrelief mit den beiden Weintraubenträgern in Höhe des Dachgeschosses am 1911 erbauten Haus Rissweg 70, das 1912 im Besitz der Gemeinde war und in dem sich die Polizeibezirkswache befand.

Mühlen- und Trille-Sgraffito, Bushaltestelle Steglichstraße auf der Grundstraße:
1949 schuf *Hermann* → *Glöckner* (1889 – 1987, → *K1*) gemeinsam mit seiner Frau Frieda die Sgraffito-Putzschnitt-Arbeiten am dortigen Trafohäuschen. Dargestellt sind links eine Mühle, rechts eine Schmelzhütte, in der Mitte Text: »Die Grundstraße. / Durch sie verbanden Dresdens östliche Gebiete / sich mit dem Weg zum nahen Bautzner Land. / An ihrer Seite floss zu Tal die Trille, / gab sieben Mühlen, einer Silberschmelze Kraft, / und Arbeit fand so manche fleiss'ge Hand«.

Die figürlichen Schnitzereien an den vier Holzsäulen der Überdachung schuf Reinhold Langner (1905 – 1957), Holzbildhauer, Professor für Bauplastik an der TH Dresden und Direktor des Museums für Sächsische Volkskunst.

Platzgestaltung 1998, Zaunsäule an der Treppe gegenüber dem Haus Friedrich-Wieck-Straße 5: Kleine Metalltafel: »Erneuert 1998 – Aus Mitteln der Städtebauförderung – Stadterneuerungsamt – Landeshauptstadt Dresden«.

Stele im Park von → *Schloss Eckberg*:
Granit-Stele, geschaffen um 1978 von Bildhauer *Peter* → *Makolies* (* 1936, → *K1*) für eine Coswiger Schule mit dem Thema: Krieg und Frieden, Gut und Böse. An der Vorderseite findet sich eine den Frieden symbolisierende Taube, die unten am Stein in ihrer Negativform als tote Taube dargestellt ist. Die Rückseite des Steins zeigt einen Kreis, darin die Weltkugel mit einem feinen Riss durch Europa, die Trennung von Ost und West markierend. An den Seiten der Stele liest man ein Sinngedicht von Friedrich von Logau (1605 – 1655): »Es mangelt nie Gelegenheit, was Gutes zu verrichten. Es mangelt nie Gelegenheit, was Gutes zu vernichten.«

Die Aufstellung der Stele wurde aus politischen Gründen untersagt, da das Logau-Zitat nicht sage, wer in der DDR das Gute verteidige. So stand der Stein lange im Grundstück des Bildhauers auf der Krügerstraße. Dort entdeckte ihn der Architekt *Horst* → *Witter* (* 1937, → *K1*), der das Jugendtourist-Hotel im Park von

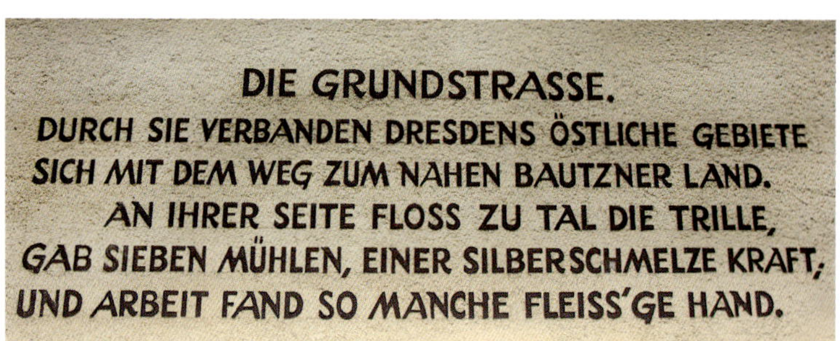

Hermann Glöckner, Sgraffito am Wartehäuschen Steglichstraße, Grundstraße

Fotos (5): Siegfried Großmann

Peter Makolies, Stele im Park Schloss Eckberg

Schloss Eckberg entworfen hatte. Auf seine Veranlassung wurde die Stele nach Fertigstellung des Hotels 1988 davor aufgestellt. 1993 entfernte man den Stein, lagerte ihn im Park des → *Lingnerschlosses* und stellte ihn später östlich des Parkplatzes im Park von Schloss Eckberg wieder auf.

Straßenbau-Erinnerungstafeln:
1. Sonnenleite: Gegenüber von Sonnenleite 1 eine in die Mauer eingelassene graue Granittafel mit der Inschrift: »Straße erbaut 1904 – 1908 von Bruno Hietzig«
2. Steglichstraße: Unten rechts Mauerstein mit Inschrift: »Notstandsarbeit 1921«
3. Stufenweg zur Wuttkestraße: Unten links eine eingelassene Sandsteintafel mit der Inschrift: »Erbaut 1916 – 19..« die zweite Jahreszahl ist verwittert.
4. Schillerstraße 15: Gedenkstein an der Stützmauer zur Erinnerung an die Straßenverbreiterung und den Bau der großen Stützmauern mit Inschrift »Errichtet 1902«; der Stein ist sehr stark verwittert; daneben Stein mit Jahreszahl »1794«.

Tafeln Historischer Körnerweg:
Seit 2011 wurde am Körnerweg zwischen dem → *Hafen* und dem → *Wasserwerk Saloppe* eine Serie von Tafeln mit Informationen zur Geomorphologie und historischen Gegebenheiten am Körnerweg angebracht.

Tafel am → *Kindergarten*, Veilchenweg 7:
Marmortafel am Ostgiebel, bis 2004 Kindergarten: »Diese Kindertagesstätte wurde im Nationalen Aufbauwerk 1954/55 gebaut.«

Tunnel am Ausgang der Trille mit Baujahr 2005 *Fotos (4): Siegfried Großmann*

Trille-Erneuerung (Loschwitzgrundbach):
Zur Erinnerung an den Ausbau des Trille-Kanals mit vorgefertigten 20-t-Betonelementen:
Am Tunneleintritt: Jahreszahl »2000« und am Tunnelaustritt Richtung Elbe »2005«.

Weinberg-Gedenkstein:
Stein aus Anlass der Errichtung des Weinbergs der Hentschelmühle (→ *Leonhardi-Museum*); Inschrift: »Dieser Weinberg ward angelegt Anno 1808 und vollendet 1809 von dem Müller Meister Johann Gottlieb Hentzschel vorher war dieser Berg ein wüster Berg«. Der früher im Weinberg befindliche Stein wurde geborgen und befindet sich heute im Leonhardi-Museum.

Welterbe-Gedenktafel 2004 am Aufgang zur → *Kirche*:
Bronzetafel: unter symbolischem Tempel »UNESCO« – »Dresdner Elbtal – Die Kulturlandschaft zwischen den Schlössern Übigau und Pillnitz wurde im Jahr 2004 zum Welterbe ernannt. – Landeshauptstadt Dresden«. Im Jahr 2009 wurde der Titel wegen des Baues der Waldschlößchenbrücke wieder aberkannt.

Welterbe-Gedenktafel am Aufgang zur Kirche

Winzersäule (Detail), Privatgrundstück Veilchenweg 9

Winzersäule im Privat-Grundstück Veilchenweg 9:
Hier steht eine Winzersäule aus dem Jahr 1674 von etwa 7 m Höhe, die an den einstmaligen Weinbau erinnert. Es ist die einzig erhaltene in Sachsen. Sie diente den Winzern als Zeitmesser und Windrichtungsanzeiger. Diese Säule besteht aus einem Postament aus Granit, auf welchem sich eine Rundsäule aus Sandstein erhebt. An einem der Säule aufgesetzten Würfel befinden sich drei Sonnenuhren und auf der kegelförmigen Spitze eine Wetterfahne, die den griechischen Windgott Äolus darstellt. Eine der Sonnenuhren ist mit arabischen, die zweite mit römischen Zahlen und Tierkreiszeichen ausgestattet. Auf der dritten Sonnenuhr befindet sich neben den römischen Zahlen der Spruch »sicut umbra dies nostri« [Wie Schatten sind unsere Tage]. Die vierte Seite des Würfels trägt die Inschrift: »Jesu Führe Mich – Die Zeit fleucht schnell dahin – Laß Uns Herr Christ Dir leben – Weil du der Weinstock bist – und Wir an Dir die Reben – 1674«. An den Flächen der kegelförmigen Spitze über dem Würfel sind der Name »Johann« unter einem Wappen, dann die Inschriften »renov. 1792 FWG Walther«, gefolgt von »1753. I. A. I. Müller« und schließlich »Renov. 1965 Ren. Ano: Friedrich«.

Die letzte Zahl verweist auf die letzte Restaurierung der Winzersäule.

Mosaik, Sonnenleite 9 *Foto: S. Großmann*

Kriegerdenkmal, errichtet 1878, Ansichtskarte um 1910 *Slg. Matthias Griebel*

Wohnhaus von Architekt Wilhelm Kreis (1873–1955, → *K1*), Sonnenleite 9: Mosaik der Augustusbrücke mit der Hofkirche und Inschrift »Die Dresdner Augustusbrücke, erbaut 1909–1910 nach Plänen von Wilhelm Kreis«.

Mädchen des Turn- und Sportvereins, 1924, im Hintergrund Bismarck-Plakette an der Schillerschule *Foto: Slg. Horst Lehmann*

Verschwundene Erinnerungsobjekte

Bismarck-Standbild, Ulrichstraße 5 (ehemaliges Gasthaus »Schweizerei«) Aufgestellt 1899 in den Anlagen des damaligen Ausfluglokals. Das Denkmal, eine Arbeit der Bildhauer Adolf und Anton Schwarz, war 2,80 m hoch, wog 16 Zentner und wurde beim Wirtswechsel später beseitigt.

Bismarck-Plakette an der → *Schillerschule*, rechts neben dem Hofeingang.

Blaues Wunder:
Elbbrückenstraße: Steinbrüstungen über der ehemaligen Gutsdurchfahrt Friedrich-Wieck-Straße 14: stromabwärtige Seite »1934« und stromaufwärtige Seite »1935« zur Erinnerung an die Jahre des Anbaus der Fußwege der Brücke; bei der Sanierung der Elbbrückenstraße 2005 entfernt.

Friedrich-Wieck-Bank:
Am Loschwitzbach-Ufer auf der Grundstraße, gegenüber dem Rathaus (→ *Gemeindeamt*), ließ Marie Wieck (1832–1916, → *K1*) für ihren Vater Friedrich Wieck (1785–1873, → *K1*) aus Anlass seines 100. Geburtstags eine eiserne Bank mit zwei an der Lehne angebrachten Gedenktafeln aufstellen. Im Zuge des Baues des Körnerplatzes versetzte man sie an das obere Ende der Grünanlage an der Friedrich-Wieck-Straße, wo bis dahin das alte → *Pfarrhaus* gestanden hatte. Nach 1945 wurde sie beseitigt.

Hochwassermarke:
Friedrich-Wieck-Straße 22: »Wasserstand im Sept. 1890«.

Kriegerdenkmal:
Das im Jahre 1878 vom Militärverein (→ *Vereine*) errichtete und am 2. September des gleichen Jahres eingeweihte Kriegerdenkmal wurde vom Pirnaer Bildhauer August Neßmann (1835–1887) geschaffen. Es bestand aus Sandstein und erinnerte an vier im Preußisch-Österreichischen Krieg 1866 und neun im Deutsch-Französischen Krieg 1870/71 gefallene Loschwitzer Soldaten. Sein Standort war in der Grünanlage an der Friedrich-Wieck-Straße. Aus ideologischen Gründen wurde das Denkmal nach 1945 abgebrochen. Der auf dem Denkmal befindliche Helmaufsatz wurde von Loschwitzer Bürgern sichergestellt und befindet sich heute im Stadtmuseum.

Kriegsopferstock:
Er wurde im Ersten Weltkrieg von der Stiftung Heimatdank unweit des Kriegerdenkmals in der Grünanlage Friedrich-Wieck-Straße aufgestellt.

Mönchsstandbild und Weinbergs-Tafeln, Schillerstraße 12
Drei Relikte aus dem 18. Jahrhundert als Zeugen des Weinbaus in Loschwitz sind heute auf dem Areal der → *Villa »Thorwald«* nicht mehr vorhanden:
– Sandsteinplastik eines lebensgroßen Mönchs mit einer Bibel unter dem Arm und folgender Inschrift an der Sockelplatte: »Memento Mori – Heinrich Roos 1750 Oberlandweinmeister«. 1747 erwarb Roos den Weinberg Leonhardistraße 1, wo sich auch das zugehörige Weinbergsgebäude befand. Aus diesem Weinberg ging später der Weinberg Schillerstraße 12 hervor.
– Weinbau-Tafel: 1706 ließ Johannes Dornfeld, damaliger Besitzer des Weinbergs, zu dem auch das Areal der späteren → *Villa Thorwald* (heutige Schillerstraße 12), gehörte, in einer Nische an der nordwestlichen Grundstücksmauer eine große Tafel aus Schiefer mit folgender Inschrift anbringen:

»Wenn unsere Väter nicht Weinberge zugerichtet und edle Feser eingelegt, so wäre alles längst verwüstet und vernichtet, waß diese weite Mauer hegt. Wo wollten Früchte wir, wo Wein, wo Obst nun finden? Zur Noth, zur Lust, zum Trank, zur Speiß. Wenn sich nicht für unß hin an Bergen und in Gründen, erwiese saurer Schweiß und Fleiß. Das merke wohl, mein Freund und alle Zeit betrachte wie daß forthin nach deinem Tod noch Menschen werden seyn, drumb keine Mühe achte und sorge auch für ihre Noth. Die Nachwelt wird vergnügt durch Gottes Segen erben was Er aus Gnaden mehr bescheert und du wirst auch so dann nach deinem selgen Sterben im kühlen Grabe seyn geehrt. L. J. D. Anno MDCCVI«

Mönchsstandbild, Villa »Thorwald«, Schillerstraße 12, 1983 *Foto: Ernst Hirsch*

Die Signatur weist auf den Lizenziat (akademischer Titel) Johann Dornfeld. Die Tafel ist nach 1980 zerfallen.
– Der spätere Besitzer Heinrich Roos (s. o.) musste sie bereits 1747 renovieren lassen. Davon zeugte die über der Nische aufgestellte kleine Sandsteintafel mit dem Text: »Renoviert Anno 1747 – Königl. Poln. Chur Fürst. Sächs.-Ober Land Wein Meister – Heinrich Roos«. Die Tafel ist nicht mehr auffindbar.

Erinnerungstafel an die Renovierung 1747, Villa »Thorwald«, Schillerstraße 12, 1984 Foto: Ute Häse

Schloss Albrechtsberg:
An der am Körnerweg gelegenen Stützmauer des Grundstücks von → *Schloss Albrechtsberg* befand sich eine Bronzeplatte mit dem Text »A. Lohse. G. Borstell. 1850–1954«; sie nennt die Planungs- und Bauzeit des Schlosses und erinnert an die Baumeister des Schlosses, den Architekten Adolph Lohse (1807–1867, → *K2*) und den Maurermeister G. Borstell.

Stadtmissionsheim »Pniel«, Schevenstraße 35:
Marmortafel über dem Schlussstein des ehemaligen Hauptportals mit der Inschrift: → *Pniel*. 1. Mos. 32.30 – 2. Febr. 1882«; sie erinnerte an die Gründung dieser → *Kirchlich-diakonischen Einrichtung*, wurde aber nach der letzten Sanierung nicht wieder angebracht; der Schlussstein mit der Inschrift »J C P 1853« ist erhalten.

Trille-Erinnerungstafeln:
1. Eine Bronzetafel im Bachtunnel in Höhe Körnerplatz mit dem Text: »Dieser Bachlauf mit Grundstraße wurde durch Wolkenbruch zerstört 17. Juni 1875 – Neu erbaut 23 April bis 21. Dezember 1877«
2. Ein Gedenkstein in der Bachmauer in Höhe Grundstraße 5 zum Gedenken an zwei in der Trille tödlich verunglückte Kinder.

Wettin-Stein: Im Zipfel der Grünanlage, vor dem Haus Friedrich-Wieck-Straße 11, aufgestellt 1889 zum Wettin-Jubiläum der 800-jährigen Regentschaft in Sachsen. Beim Straßenausbau später beseitigt.

Dieter Zatzkowski † und Autorenkollektiv

Zitat:
1 Richter, Ludwig; Lebenserinnerungen eines deutschen Malers; Leipzig 1900
Quellen: 58, 327, 405, 620, 622, 824, 865, 1000

Dennhardt, Klaus; Maler, Grafiker und Bildhauer (* 1941) → *K1*
Deparade, Paul; Musiker (1918–1993) → *K2*
Deutsch, Ernst; Schauspieler (1890–1969) → *K2*
Deynega-Köhler, Marina; Malerin und Grafikerin (* 1970) → *K2*
Dierske, Winfried; Maler (1934–2006) → *K2*
Diestel, Kurt; Architekt (1862–1946) → *K2* → *Sanatorium Dr. Teuscher*

Dressler, Familie und Weinberg

Mit Gustav Adolph Dressler (1816 – 1876) beginnt die Geschichte eines großen Loschwitzer Weinbergs, den sich vor ihm zwei unterschiedliche Besitzer teilten. Gustav Adolph Dressler wurde am 15. Dezember 1816 in Leipzig geboren. Seit 1844 war er Kaufmann und Tabakwarenfabrikant in Oederan und Dresden. 1864 erwarb er von Heinrich Reichsgraf von Pückler (1835 – 1897), einem Neffen des Fürsten Hermann von Pückler-Muskau (1785 – 1871), ein

Der Kaufmann und Tabakwaren-Fabrikant Gustav Adolph Dressler (1816 – 1876). Nach ihm wurde der Weinberg benannt, über den heute die Standseilbahn hinwegführt.

Grundstück in den Loschwitzer Weinbergen. Dressler kaufte es für den günstigen Preis von 4.750 Talern, obwohl Pückler nur vier Jahre zuvor dafür 11.000 Taler zahlen musste. Inmitten reich tragender Weinstöcke ließ er sich ab 1864 sein »Tusculum« an der Plattleite errichten. »Im Jahre 1865 baute Dressler zunächst einen hart gedeckten Schuppen und übernahm das für den Weinbau erforderliche Material von seinem Vorgänger [...] eine Weinpresse nebst Winde, Pressbaum und Seil sowie zwei große Weinbottiche, eichene Bütten, Schrotfässer, Weinsieb und dergleichen mehr.«[1] Gleich hinter dem massiven Schuppen richtete er wenige Jahre später eine private Gasbereitungsanstalt ein. Seit 1869 wohnte er auf dem ebenfalls erworbenen Nachbargrundstück in der Villa »Soli Deo Gloria«, heutige Plattleite 18. 1872/73 wurde durch den Loschwitzer Baumeister und Architekten *Theodor → Lehnert* (1828 – 1910) auf dem Gelände der Gasanstalt für ihn das Wohnhaus Plattleite 16 (heutige Weinleite 2) erbaut.

Mit den genannten Grundstücken besaß Gustav Adolph Dressler ein riesiges Gelände mit Weinbergen und den beiden Wohnhäusern. Im Westen verlief die Grenze etwa entlang des Sandweges, dann bergan der Plattleite folgend bis etwa zur heutigen Bergbahnstraße. Von hier nahm sie ihren Verlauf entlang der Straße in südöstlicher Richtung und weiter parallel zum heutigen Johannesweg bis zur östlichen Begrenzung kurz vor dem Rißweg. Im Süden grenzte der Dresslersche Weinberg an die Flurstücke der Häuser der Grundstraße zwischen Rißweg und Sandweg. Damit war auch der früher sogenannte »Rißberg«, der um 1820 von Johann Friedrich Carl Clauß, dem Besitzer der Plattleite 16, an Gottlieb August Bierling, den Besitzer der Plattleite 18, verkauft worden war, wieder im Besitz des Eigentümers von Plattleite 16.

Gustav Adolph Dressler war zweimal verheiratet. Seine zweite Frau Juliane Clementine geb. Zeller, geboren 1838, war nur wenig älter als seine ersten Kinder. Er hatte aus erster Ehe sechs Söhne und drei Töchter sowie aus zweiter Ehe nochmals sechs Söhne. Der Vater Gustav Adolph Dressler starb am 23. März 1876 in Loschwitz und wurde auf dem Annenfriedhof in Dresden beigesetzt.

Nach seinem Tod verließ die Familie Loschwitz und zog nach Dresden. Keines der 15 Kinder wollte oder konnte das Anwesen weiterführen. 1883 verkaufte die Witwe das Grundstück mit dem Wohnhaus (heute Weinleite 2) für 30.000 Mark an den Dresdner Kauf-

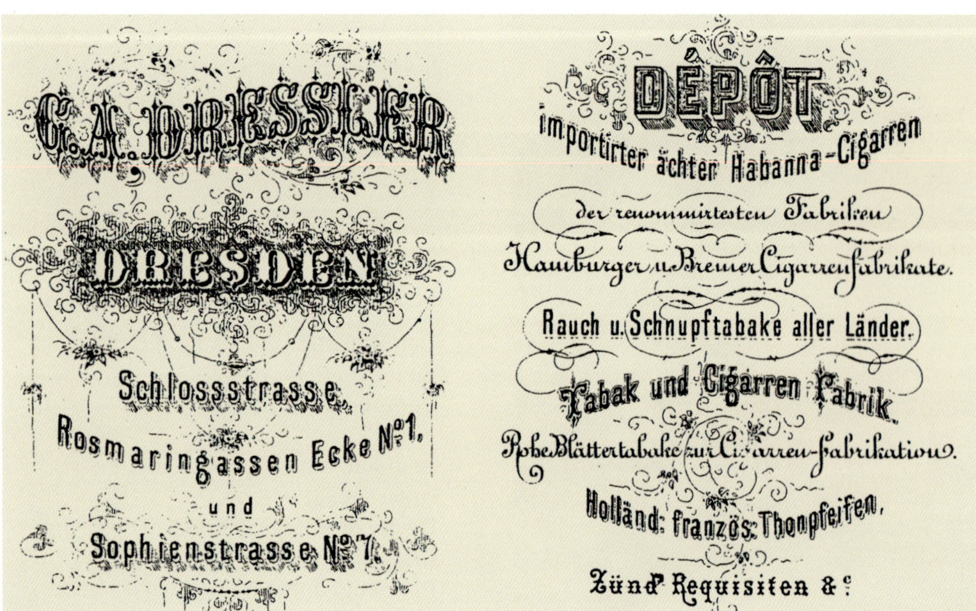

Geschäftsanzeigen Dresslers für »Cigarren, Blättertabake und holländ. französ Thonpfeifen und Zünd-Requisiten« Slg. Dressler

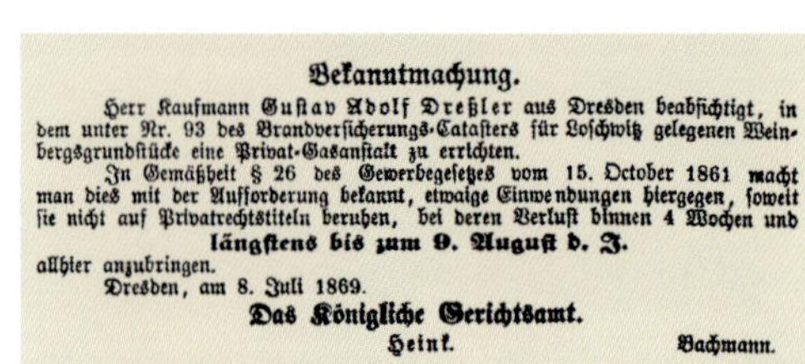

Bekanntmachung.

Herr Kaufmann Gustav Adolf Dreßler aus Dresden beabsichtigt, in dem unter Nr. 93 des Brandversicherungs-Catasters für Loschwitz gelegenen Weinbergsgrundstücke eine Privat-Gasanstalt zu errichten.

In Gemäßheit § 26 des Gewerbegesetzes vom 15. October 1861 macht man dies mit der Aufforderung bekannt, etwaige Einwendungen hiergegen, soweit sie nicht auf Privatrechtstiteln beruhen, bei deren Verlust binnen 4 Wochen und

längstens bis zum 9. August d. J.

allhier anzubringen.

Dresden, am 8. Juli 1869.

Das Königliche Gerichtsamt.

Heink. Bachmann.

Anzeige zur Bekanntmachung der Planung einer Privat-Gasanstalt Slg. Dressler

Die engen Verbindungen zwischen den Häusern meiner beiden Urgroßväter Leonhardi und Dressler haben ... künstlerische Konsequenzen gehabt, die für die Loschwitzer Szene bedeutsam und typisch zugleich wurden. Das galt nicht nur für die Söhne und Töchter der beiden Ahnherren, sondern auch für deren Ehepartner, die auf ihren – individuell sehr unterschiedlichen – Gebieten das örtliche Kunstpotential bereichert haben. (Hilmar Dressler)[2]

mann Friedrich Moritz Böhmig. Zehn Jahre später folgte der Verkauf des Nachbargrundstücks Plattleite 18 mit der Villa »Soli Deo Gloria« an den Prokuristen Otto Clemens Paetz, den → *Baumeister und Architekten Friedrich* → *Reuter* (1861–1942) und den Baugewerksmeister Ernst Heinrich Friebel für 92.000 Mark. Damit war die Geschichte des Dresslerschen Weinbergs vorbei.

Mit dem Weinbau ging es in dieser Zeit auch in Loschwitz ohnehin zu Ende. Der Import aus westlichen und südlichen Regionen hatte die Nachfrage nach hiesigen Weinen verdrängt. Auf den ehemaligen Weinbergen dominierten deshalb jetzt Obstbäume. Für den Dresslerschen Weinberg brachte der Bau der Drahtseilbahn (→ *Bergbahnen*) einen weiteren erheblichen Einschnitt. Die Strecke der Bahn verlief mitten durch die beiden Grundstücke und teilte damit den Dresslerschen Weinberg in zwei Teile. Für den neuen Besitzer des unteren Teils gab es zunächst zwei Übergänge, die den Zugang zum östlichen Teil des Eigentums ermöglichten. Der obere Zugang führte durch einen kleinen Tunnel, der untere direkt über den Bahnkörper. Die neuen Besitzer des oberen Teils des Dresslerschen Weinbergs verkauften große Teile davon. So entstanden noch vor der Jahrhundertwende neue Häuser auf der heutigen Bergbahnstraße, einschließlich des → *Luisenhofes* und der Villa San Remo. Die weitere Bebauung der heutigen Weinleite folgte erst in den dreißiger Jahren des 20. Jahrhunderts. Besitzer war seit 1930 *Ludwig* → *Munzinger* (1877–1957). Zu dieser Zeit war aus dem Weinberg ein Park mit seltenen, farblich abgestimmten Großgehölzen geworden, der sich nach dem Neubau mehrerer Villen zu einem der bemerkenswertesten Villenparks am Loschwitzer Elbhang entwickelte.

Drei der Söhne Gustav Adolph Dresslers, die einen Teil ihrer Kindheit oder Jugend in Loschwitz verbracht hatten, gingen ihren künstlerischen Begabungen nach. Der älteste Sohn Johannes (1843–1907, → *K1*) wurde am 27. Dezember 1843 in Oederan geboren. Er war einer

Das 1872 errichtete Wohnhaus von Gustav Adolph Dressler inmitten der Rebstöcke von »Dresslers Weinberg« zwischen Plattleite und heutiger Weinleite. *Fotos: Archiv Dressler*

der letzten Schüler von *Ludwig* → *Richter* (1803–1884, → *K1*) und wurde Maler. Er starb am 29. Oktober 1907 in Dresden.

Sein jüngerer Bruder Adolph Gustav (1861–1903, → *K1*), geboren am 5. April 1861 in Oederan, war ein damals bekannter Bassist und hatte Engagements an mehreren Opernhäusern. Er erhielt als Auszeichnung den Titel Großherzoglich Badischer Hofopernsänger. Er starb am 1. Oktober 1903 in Leipzig.

Dessen Bruder Ernst Clemens (1872–1915, → *K1*) wurde am 4. November 1872 in Loschwitz geboren. Als Konzertsänger verdiente er später seinen Unterhalt. Mit seiner Mutter kehrte er 1903/1904 nach Loschwitz zurück und wohnte mit ihr bis 1912 auf der Leonhardistraße 2. Ernst Clemens starb am 4. August 1915 in Dresden.

Ein weiterer Bruder, Peter Paul (1852–1927), heiratete Susanna Leonhardi (1860–1897), die älteste Tochter Eduard Leonhardis (1828–1905, → *K1*). Peter Paul war ein begabter Hobbymaler, sein eigentlicher Beruf aber Kaufmann. Er war Mitbegründer und Mitinhaber der 1887 gegründeten Dresdner Firma Knoke & Dressler. Diese produzierte als Königlicher Hoflieferant medizinische Geräte für Krankenhäuser und den Hausbedarf. Er kehrte 1906 nach Loschwitz zurück und zog in die Sierksstraße 14, wo er bis zu seinem Tod 1927 lebte. Auch sein Sohn Friedrich (1887–1966) war Mitinhaber der Firma Knoke & Dressler und wohnte von 1911 bis 1919 auf der Ulrichstraße 31 in Loschwitz.

Cornelia Resik, Otto-R. Wenzel

Ernst Clemens Dressler

Zitate:
1 Dressler, Hilmar; Dresslers Weinberg beispielsweise; in: EHK 9/1995
2 Dressler, Hilmar; Wo die Trauben und die Künste reiften – Familiengeschichten vom Elbhang; in: EHK 6/1998
Quellen: 39, 160, 238, 239, 639, 748, 821, 1000

Drude, Matthias; Musiker (* 1960) → *K2*
Duboc, Julius; Schriftsteller (1829–1903) → *K2*
Duisburg, Renate von; Bildhauerin und Holzrestauratorin (* 1928) → *K2*

E

Eberhardt, Klaus; Szenenbildner, Gestalter und Maler (* 1933) → *K2*
Ebersbach, Herbert; Maler, Zeichner und Kunsterzieher (1902 – 1984) → *K2*
Eckhardt, Frank; Maler, Grafiker und Kulturmanager (* 1959) → *K2*
Eggerth, Otto; Schauspieler (1866 – 1939) → *K2*
Ehlermann, Helene; Schriftstellerin (1865 – ?) → *K2* → *Zeitungen, Verlage und Verleger* → *Ehlermann-Verlag)*
Ehrenstein, Albert; Lyriker und Schriftsteller (1886 – 1950) → *K2*
Ehrhardt, Roland; Grafikdrucker (1924 – 1999) → *K1*
Ehrlich, Franz; Architekt und Designer (1907 – 1984) → *K2*
Eich, Günter; Dichter und Schriftsteller (1907 – 1972) → *K2*
Eichhorn, Alfred; Regisseur (1899 – 1967) → *K2*
Eichhorn, Bernhardt; Komponist und Dirigent (1904 – 1980) → *K2*

Eingemeindung 1921

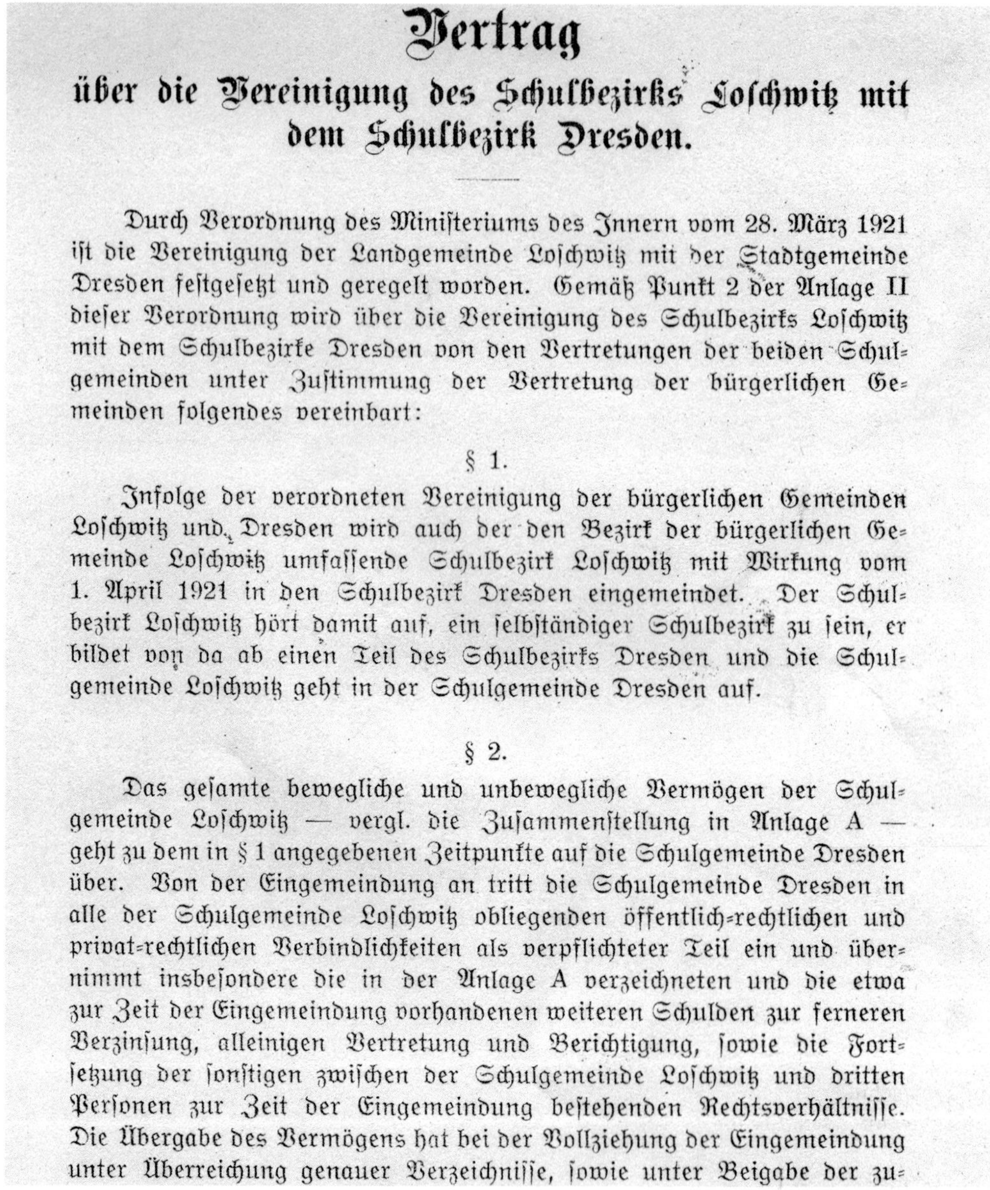

Vertrag

über die Vereinigung des Schulbezirks Loschwitz mit dem Schulbezirk Dresden.

Durch Verordnung des Ministeriums des Innern vom 28. März 1921 ist die Vereinigung der Landgemeinde Loschwitz mit der Stadtgemeinde Dresden festgesetzt und geregelt worden. Gemäß Punkt 2 der Anlage II dieser Verordnung wird über die Vereinigung des Schulbezirks Loschwitz mit dem Schulbezirke Dresden von den Vertretungen der beiden Schulgemeinden unter Zustimmung der Vertretung der bürgerlichen Gemeinden folgendes vereinbart:

§ 1.

Infolge der verordneten Vereinigung der bürgerlichen Gemeinden Loschwitz und Dresden wird auch der den Bezirk der bürgerlichen Gemeinde Loschwitz umfassende Schulbezirk Loschwitz mit Wirkung vom 1. April 1921 in den Schulbezirk Dresden eingemeindet. Der Schulbezirk Loschwitz hört damit auf, ein selbständiger Schulbezirk zu sein, er bildet von da ab einen Teil des Schulbezirks Dresden und die Schulgemeinde Loschwitz geht in der Schulgemeinde Dresden auf.

§ 2.

Das gesamte bewegliche und unbewegliche Vermögen der Schulgemeinde Loschwitz — vergl. die Zusammenstellung in Anlage A — geht zu dem in § 1 angegebenen Zeitpunkte auf die Schulgemeinde Dresden über. Von der Eingemeindung an tritt die Schulgemeinde Dresden in alle der Schulgemeinde Loschwitz obliegenden öffentlich-rechtlichen und privat-rechtlichen Verbindlichkeiten als verpflichteter Teil ein und übernimmt insbesondere die in der Anlage A verzeichneten und die etwa zur Zeit der Eingemeindung vorhandenen weiteren Schulden zur ferneren Verzinsung, alleinigen Vertretung und Berichtigung, sowie die Fortsetzung der sonstigen zwischen der Schulgemeinde Loschwitz und dritten Personen zur Zeit der Eingemeindung bestehenden Rechtsverhältnisse. Die Übergabe des Vermögens hat bei der Vollziehung der Eingemeindung unter Überreichung genauer Verzeichnisse, sowie unter Beigabe der zu-

Sonderdruck zum Eingemeindungsvertrag 1921 (Auszug) *Slg. Matthias Griebel*

Nach der deutschen Niederlage im Ersten Weltkrieg befand sich der Dresdner städtische Finanzhaushalt wie alle öffentlichen Haushalte in einem katastrophalen Zustand. Die Sächsische Landesregierung wies deshalb große Kommunen an, bisher selbstständige kleinere Gemeinden in die Städte einzubeziehen.

Dresden verfolgte aber außerdem, wenn auch latent, die Vision eines »Groß Dresdens«. Der seit 1915 amtierende Oberbürgermeister Bernhard Blüher (1864 – 1938) strebte die Eingemeindung von zwanzig bisher selbstständigen politischen Gemeinden zu Dresden an.

Die Gemeindevorstände von Blasewitz, Loschwitz und Weißer Hirsch widersetzten sich dem Ansinnen einer »Einverleibung«. Eine Einwohnerabstimmung bestätigte diese Haltung mit nur 483 Zustimmungen für Dresden und 6.562 Gegenstimmen. Der sozialdemokratische sächsische Innenminister Richard Lipinski (1867 – 1937) bestand jedoch auf der Einvernahme dieser drei Gemeinden, auch weil diese über ein hohes Steueraufkommen verfügten. Unter Bezug auf die Landgemeindeordnung vom 11. Juli 1913, deren Paragraf 7, Absatz 3 bei »dringendem öffentlichen Bedürfnis« Eingemeindungen auch »gegen den Willen der Betroffenen« sanktionierte, wurde die Zwangseingemeindung der drei widerspenstigen Orte zum 1. April 1921 gesetzlich verfügt.

Auch für die meisten Loschwitzer war die Auflösung ihrer Gemeinde ein Trauertag. In der »Sächsischen Dorfzeitung und Elbgaupresse« war zu lesen, dass der seit 1896 amtierende Gemeindevorstand Ernst Näther (1862 – 1945) in der öffentlichen Schlusssitzung des Gemeinderates am 31. März seine Abschiedsrede »mit tränenbewegter Stimme« hielt. Der seit 25 Jahren tätige Lehrer Hermann Nitzschke (1873 – ?) beendete seinen Redebeitrag mit den Worten: »Was auch immer kommen mag, wir bleiben Loschwitzer«.

Und das waren zu diesem Zeitpunkt immerhin 7.042 Einwohner.

Alle öffentlichen Belange unterlagen nun den Bestimmungen des »Ortsgesetzes über die Vereinigung der Landgemeinden der Stadt Dresden«. Somit gingen die Loschwitzer Ortsflur mit 347 Hektar Fläche sowie alles bewegliche und unbewegliche Vermögen der Gemeinde an die Stadt Dresden über. Der ehemaligen Gemeinde Loschwitz war aber »bei bedeutenden Fragen« ein Mitspracherecht zugesagt. Dazu war für 15 Jahre sogar ein paritätischer Überwachungsausschuss gewählt worden.

Dennoch quittierten die nun städtischen drei Dresdner »Neulinge« den Verlust ihrer Eigenständigkeit noch einige Zeit mit Häme: In Wort und Schrift, bei Festumzügen, und in Loschwitz sogar mit einem → *Denkmal.*

Matthias Griebel

Quellen: 135, 505, 509, 894, 1000, 1003

Eisenhuth, Christoph; Lyriker (* 1949) → *K2*
Eisold, Susann Sabine; Sängerin und Musikpädagogin (* 1968) → *K2*

Halbmast in Blasewitz, Loschwitz und Weißer Hirsch

Es zog Herr Blüher wohl auf die Pirsch,
Er wollte erjagen den Weißen Hirsch!
Er kämpfte auch mit Potz und Blitz
Gegen die Gustel von Blasewitz;
Und Loschwitz, friedlich in der Mitte,
War in diesem Bund der Dritte.
Herr Blüher hier, die Dreie dort:
Herrgott, das gibt ja Krach und Mord!

Zunächst jedoch gabs eine Freude
Für Blase- und für die Loschwitzleute
Und ebenso für Weiße Hirscher:
Herr Blüher wurde Zähneknirscher.
Denn – ach – der böse Kreisausschuß;
Der gab der Gustel einen Kuß;
Der Kreishauptmann ward der Beschützer
Der Losche- und der Blasewitzer!

Als Blüher hörte das Mißlingen
Sprach er wie Götz von Berlichingen:
»Es nützt Euch garnichts Euer Strecken,
Ihr könnt mich gleich am Arme lecken:
Ich gehe in die Zweitinstanz
Minister Kühn – mein Freund, der kanns;
Da gibt's es kein Gezerr, Geplärr,
Der ist ja auch Stadtverordneter!«

Doch eh' sich Blüher um sich sah,
Da war Herr Kühn schon nicht mehr da;
Er war gestürzt von seinem Sessel,
Herr Blüher saß in einer Nessel.
Nun wurd' es ihm doch angst und bängig,
Er seufzte: »Wär ich unabhängig!«
Trank schnell 'nen Korn und einen Whisky
Und meldete sich bei Herrn Lipinski!

Vor Aufregung wurde er ganz rot,
Doch kam die Sache schnell ins Lot.
Lipinski sprach: »Wer sich so schtreibt,
Der wird mit Zwange einverleibt!«
Nun schimpften sie am Blauen Wunder
Und nannten die Regierung ›Plunder‹
Und nannten die Entscheidung ›Mist‹
Auf Halbmast wurde gleich gehißt!

Drum lieber Blüher, laß Dir raten,
Geh nur mit siebzehn Handgranaten
Gen Loschiwtz, sonst hats ausgeblüht
Und Du hast Dich umsonst bemüht:
Die Losch- und Blasemänner –frauen,
Die haben vor, Dich auszuhauen –
In Stein jedoch und nicht am Rücken –
Laß Dich da draußen ja nicht blicken!

(Anonym, maschinenschriftlich)

Schloss Albrechtsberg und Villa Stockhausen nach einem Stich um 1855
Aus: Annette Dubbers, »Loschwitz – Aus der Geschichte eines Dresdner Stadtteils«

Elbschlösser

Schloss Albrechtsberg

Bautzner Straße 130

Prinz Albrecht von Preußen (1809–1872), der jüngere Bruder des späteren Kaisers Wilhelm I., erwarb im Jahre 1850 das Grundstück, auf dem sich das Landhaus des Lord → *Findlater* befand. Dieses Palais wurde auf Veranlassung des Prinzen teilweise abgebrochen und an dessen Stelle in den Jahren 1851 bis 1854 das noch heute bestehende Schloss im Stil des preußischen Klassizismus erbaut, welches Albrechtsberg genannt wird. Der Entwurf des Schlosses stammt, wie auch der des → *Lingnerschlosses*, vom preußischen Landbaumeister und Schinkelschüler Adolph Lohse (1807–1867, → *K2*).

Die Parkanlagen beider Schlösser wurden vom preußischen Gartenbaudirektor Eduard Neide (1818–1883) entworfen. Die Ausführung oblag dem preußischen Hofgärtner Hermann Sigismund Neumann (1829–1886), der auch den Park von → *Schloss Eckberg* gestaltete. Neides Plan erwies sich jedoch auf Grund der Terrainverhältnisse als nur bedingt ausführbar. Folglich wurden die Parkanlagen durch Hofgärtner Neumann in der Form umgestaltet, wie sie noch heute zu sehen sind. Der ursprüngliche Entwurf der Anlagen von Neide zeigt von der Elbseite (Südseite), dass eine Anzahl von Tempeln, Grotten, Terrassen und Säulen vorgesehen war. Der Bau dieser Anlagen konnte nicht realisiert werden, da der Röhrmeister

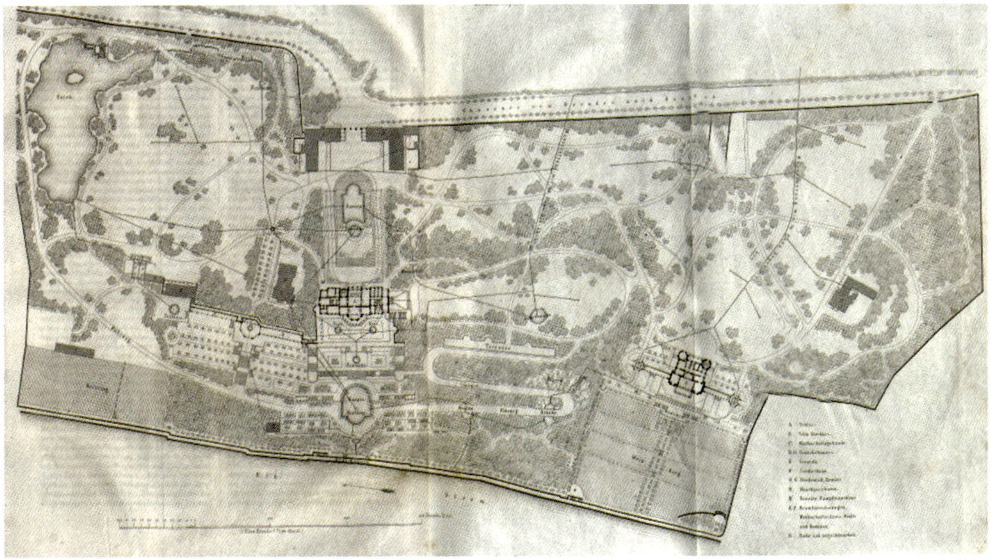

Grundriss des Parkes von Schloss Albrechtsberg *Repro: SLUB*

Carl Friedrich August Voigt die Berliner Baumeister vor der Ausführung gewarnt hatte. Er machte darauf aufmerksam, dass der ganze Berg aus Sand bestehe und auf einer tief liegenden Tonsohle ruhe, sodass ein Abrutschen des Hanges bei zu starker Belastung zu befürchten sei. In der Tat zeigten sich auch bald während des Baues Risse, sodass man unverzüglich Sicherungsmaßnahmen einleiten musste (siehe Kasten). Ungeachtet dieser Schwierigkeiten wurde der Schlossbau in relativ kurzer Zeit vollendet. Die sich noch heute zeigende Ausführung der Gesamtanlage ist trotz der genannten Einschränkungen nach wie vor sehr beeindruckend. Der Besucher wird beim Anblick an die im 16. Jahrhundert entstandene Parkanlage der Villa d'Este in Tivoli oder andere derartige Schöpfungen der Renaissance erinnert. Natur und Architektur scheinen eine Symbiose eingegangen zu sein. Die einzelnen Bauten fügen sich harmonisch in die Landschaft und ordnen sich dem über dem dreistufigen Terrassensystem mit der halbrunden Säulenhalle und dem Wasserbecken am Elbhang erbauten Schloss mit dem mittigen Erkervorbau und den beiden seitlichen Türmen als architektonischem Höhepunkt unter.

Das Schloss ist repräsentativ ausgestattet und spiegelt neben der Verwendung edelster Materialien eine hohe Handwerkskunst wider. Im Untergeschoss erreicht man über die reich ausgestattete Eingangshalle den Gartensaal mit der vorgelagerten Südterrasse. In den Seitenflügeln befindet sich neben anderen Räumen das einstige Billardzimmer. Hervorzuheben ist

Eingangstor von der Bautzner Straße mit Torhäusern, 2014 *Foto: Siegfried Großmann*

das allerdings nur über eine Marmortreppe vom Obergeschoss erreichbare türkische Bad. Carl von Diebitsch (1819–1869) schuf es 1855 im maurischen Stil nach dem Vorbild der Alhambra in Granada. Über dem in der Mitte des Raumes liegenden Marmorbecken erhebt sich auf grazilen Säulen ein reich verzierter Baldachin.

Von der Eingangshalle führt der Weg über eine kreisförmige Treppe mit vergoldetem Geländer ins Obergeschoss. Durch einen kleinen Vorraum betritt der Besucher den größten Saal des Schlosses, den Kronensaal. Der 22 Meter lange und 8,5 Meter breite Saal wird von einer reich gegliederten Kassettendecke abgeschlossen, unter der sich an den Seitenwänden in halbkreisförmigen Nischen Fresken mit ländlichen Szenen finden. In den Seitenflügeln des Obergeschosses liegen jeweils drei Salons, unter ihnen der mit eichengetäfelten Wänden und 25 Spiegeln ausgestattete Speisesaal. Über den linken Seitenflügel erreicht man die Ostterrasse.

Nach dem Tode des Prinzen (1872) und seiner zweiten Ehefrau, Rosalie Gräfin von Hohenau (1879), wohnte der jüngere Sohn Friedrich bis zu seinem Tode 1914 im Schloss. Danach übernahm sein Bruder Wilhelm das Schloss und wohnte bis 1927 darin. Bereits 1925 hatte er das Anwesen für 750.000 Reichsmark an die Stadt Dresden verkaufen müssen. Der damalige Dresdner Oberbürgermeister Dr. Bernhard Blüher (1864–1938, OB 1915–1931) setzte den Kauf durch die Stadt gegen den Willen einiger Stadträte durch. Er beugte damit dem beabsichtigten

Auf Grund von Hinweisen des Röhrmeisters Voigt musste während des Baues ein Abrutschen des sandigen Hanges befürchtet werden. Es wurden daraufhin folgende Maßnahmen ergriffen: Freiberger Bergleute trieben Stollen in den Berg, durch die man das über die 35 m tief liegende Tonsohle ablaufende Wasser abfing. Die Stollen wurden mit dauerhaftem Stein zu Kanälen ausgemauert und erfüllten ihren Zweck: Der Hang wurde gegen Abrutschen gesichert. Mit großen Kosten wurde die Gründung der Terrasse angelegt, wobei etwa 9 m Mauerwerk in der Erde ausgeführt werden mussten, auf dem sich der 12 m hohe Aufbau der Terrasse erhebt. Die Gründung geschah in der Weise, dass starke Pfeiler mit dazwischen gespannten Bögen bergmännisch durch die Tonsohle hinunter geschachtet wurden, sodass sie auf dem darunter liegenden festen Kiesgrund stehen. Der Bau kostete zusätzlich 3,5 Millionen Mark.

Glockenbrücke, 2014
Foto: Siegfried Großmann

Mosaikbrunnen im türkischen Bad, 1999
Foto: Ulrich Häßler

Am Märchenbrunnen im Pionierpalast »Walter Ulbricht«, um 1955 Foto: Erich Höhne, aus: Broschüre »Unser Pionierpalast«

Winterferienspaß im von 1978 bis 1990 als Pionierpalast (→ Schulen) für Kinder geöffneten Schloss Albrechtsberg. Betreut wurden in dieser Freizeiteinrichtung Kinder aus ganz Dresden, die in den verschiedensten Arbeitsgemeinschaften ihren Hobbys nachgingen. Foto: Ulrich Häßler

Kauf durch amerikanische Interessenten vor und das Schloss blieb im Besitz der Stadt. Der Weitblick von Blüher zahlte sich aus. Er vertrat sogar den Gedanken, die riesige Parkfläche zu einem »zweiten Großen Garten Dresdens« zu gestalten. Nach umfassender Renovierung wurde Ostern 1930 der Park der Öffentlichkeit zugänglich gemacht und erfreute sich von Anfang an großer Beliebtheit. Bis zum Kriegsende 1945 fand man für das Areal keine geeignete Verwendung, nur die Parkanlagen wurden gepflegt und erhalten. Einige Nebengebäude wurden vermietet, der Festsaal wurde zu seltenen Gelegenheiten für Veranstaltungen genutzt. Ernste Bombenschäden hatte das Schloss am 13. Februar 1945 und bei den folgenden Tagesangriffen im Frühjahr 1945 nicht zu beklagen. Lediglich im Park ging eine Luftmine als Blindgänger nieder. Im Dachgeschoss waren Einschläge von Stabbrandbomben zu verzeichnen, die aber vom damaligen Hausmeister ins Freie geworfen oder auf andere Art unschädlich gemacht werden konnten.

Am 8. Mai 1945 wurde das Areal von der Roten Armee besetzt und sofort auf mögliche Minen untersucht. Nunmehr diente das Schloss der Sowjetischen Militäradministration in Deutschland (SMAD) als Domizil. 1946 kaufte das Sowjetische Außenministerium die Gesamtanlage für 4 Millionen Reichsmark von der Stadt Dresden und ließ es zu einem Intourist-Hotel umbauen. In diesem Zuge wurde das Schloss 1947/48 erneut nach historischen Unterlagen in denkmalpflegerischer Sorgfalt umfassend restauriert. Die Fachaufsicht übernahm der Pillnitzer Architekt und Baumeister Erich Köckritz (1910–1973, → *K1*). Lediglich die großen Wandgemälde von Wilhelm Schirmer (1802–1866) – Ansichten von Kairo, Konstantinopel, Meran und Neapel – im Gartensaal, der auch als Empfangsraum diente, wurden übermalt und warten auf eine Wiederherstellung.

1951 kaufte die Jugendheim GmbH Berlin auf Anregung von Arthur Pieck (Sohn des Präsidenten der DDR, Wilhelm Pieck) das Areal von der Sowjetunion zurück. Die Stadt Dresden erwarb 1952 das Objekt und richtete nach sowjetischem Vorbild den ersten Pionierpalast der DDR mit der Bezeichnung Pionierpalast »Walter Ulbricht« (→ *Schulen*) ein. Das Schloss war nun ein Haus für Kinder. Hier erhielten Arbeitsgemeinschaften wie Junge Historiker, Modellbau, Musik, Volkstanz, Mal- und Keramikzirkel u. a. ihre Heimstatt. Im Türkischen Bad fanden Märchenlesungen statt. Diese Angebote wurden gern angenommen und erfreuten sich großer Beliebtheit. Bis zur Auflösung des Pionierpalastes, der übergangsweise die Bezeichnung »Freizeitpalast« erhielt, blieben Schloss und Park ohne größere Schäden. Allerdings kam in dieser Zeit ein großer Teil des Inventars wie Möbel, Porzellane, Gemälde, Skulpturen und anderes abhanden.

1990 wurde die Schlossnutzung dem Jugendamt der Stadtverwaltung Dresden übertragen. Eine erneute umfangreiche Renovierung erfolgte. Bereits 1992 konnte die JugendKunstschule Dresden (→ *Schulen*), die seit 1991 hier ihren Sitz hat, zum Schuljahresbeginn mit einem umfangreichen Programm aufwarten. Werkstätten, Kurse und Veranstaltungen aus der Vielfalt der Kunstgattungen werden angeboten. Seit 1991 befindet sich die HOGA Schloss Albrechtsberg (→ *Schulen*) im rechten Torhaus. Sie begann als Fortbildungszentrum der Dresdner Hotels und Gaststätten und ist heute ein Schulzentrum mit mehreren Schularten. Das edle Ambiente des Schlosses bietet zudem einen repräsentativen Rahmen für Bälle, Bankette, Konferenzen, Hochzeiten, Konzerte sowie für Empfänge zu den verschiedensten Anlässen. Seit 1999 finden hier auch standesamtliche Eheschließungen statt.

Maskenball im Kronensaal des Schlosses, 1998 Foto: Ulrich Häßler

Linkes Torhaus, 2014

Kavaliershaus, 2014

Belvedere, 2014

Weitere Anlageteile und Gebäude im Schlossterrain

Hauptzugang

Der Hauptzugang zum Schlossgelände von der Bautzner Straße wird von drei eisernen Toren begrenzt. Sie sind Zeugnisse einer handwerklich sauberen Kunstschmiedearbeit. In den Kreuzungen der senkrecht und diagonal verlaufenden Stäbe sind die Initialen des Prinzen Albrecht eingearbeitet. Die auf beiden Seiten daneben befindlichen Fußgängerpforten sind aus massivem Eichenholz gefertigt.

Torhäuser

Die an der Bautzner Straße stehenden Torhäuser dienten ursprünglich als Kavaliershäuser und die sich daran anschließenden, niedrigeren Gebäude beherbergten die Wohnräume für das Dienstpersonal. Im linken Seitengebäude befand sich der Pferdestall für etwa 20 Pferde, im rechten die Remisen für die Kutschen.

2015 sind im linken Torhaus u. a. die Schlossverwaltung und die JugendKunstschule untergebracht. Bis 2013 befand sich hier auch der »Prinzenkeller« (→ *Gaststätten*). Im rechten Torhaus befindet sich die Hotel- und Gastronomieschule (HOGA). Hinter dem linken Torhaus wurde ein Neubau errichtet. In seinen Räumen fanden verschiedene Arbeitsgemeinschaften ihre Heimstatt.

In den Hauswänden sind straßenseitig in einer Nische je zwei Herkulesfiguren und das Wappen derer von Hohenau zu sehen.

Gärtnereigebäude und dazugehörige Bauten

Auf einer Anhöhe im Westteil des Parkes befindet sich das ehemalige Gärtnerhaus, das zu Zeiten Lord Findlaters als Kavaliershaus diente. Man nimmt an, dass zu dieser Zeit Findlater darin gewohnt hat. Prinz Albrecht von Preußen verwendete es als Gärtnerhaus. Im Jahre 1935 erfolgte der Einbau von drei Wohnungen. Heute beherbergt es die Wohnung des Winzers und Ferienwohnungen (→ *Weinberge und Winzer*, → *Müller*). Oberhalb des Gartenhauses ist die heute noch genutzte Orangerie zu finden. Westseitig vom Gärtnerhaus befindet sich das nach 1850 angebaute Belvedere. Hinter dem Gärtnereigebäude wurde elbseitig im Jahre 1998 ein Staudengarten angelegt. Zwischen dem Schloss und der Orangerie befindet sich eine interessante Sandsteinbrücke, die »Glockenbrücke«.

Maschinenhaus, 2014

Ehemaliges Maschinenhaus (Heizhaus)

Westlich vom Schloss befindet sich das ehemalige Maschinenhaus. Darin waren die Leuchtgasbereitung und die Pumpenanlage zum Betrieb der Fontänen untergebracht. Nach der Demontage dieser Anlagen stand es lange Zeit leer. Im Jahre 1932 zog dort eine Filiale der Reit- und Fahrschule »Prinzenpalais« ein. Ab 1938 übernahm die SA-Standarte Reiter 33 das Objekt, ließ dieses als »Schuppen« bezeichnete Gebäude zu einem Pferdestall umbauen und nutzte es als Reitschule. Nach dem Zweiten Weltkrieg diente es als Heizhaus mit Kohlelager. Heute wird die Heizung mit Erdgas betrieben. Der westlich daneben stehende Flachbau beherbergt heute die Werkstatt des Keramikzirkels.

Ehemaliges Badehaus

Am Teich im Schlosspark befindet sich das ehemalige Badehaus. Die ursprünglichen Holzteile mit reichen Verzierungen sind nicht mehr vorhanden. In den Jahren 1878 bis 1926 diente es als Mausoleum der Familie der Grafen von Hohenau. Derzeit wird es nicht genutzt.

Sonstige Bauten

Ebenfalls an der Begrenzungsmauer zur Brockhausstraße/Ecke Bautzner Straße befand sich eine so genannte Trennstelle der Drewag aus dem Jahre 1930. Sie existiert ebenfalls nicht mehr. Der verfallene Baukörper ist noch zu sehen.

Gleichrichterstation der Dresdner Verkehrsbetriebe

Neben dem linken Torhaus an der Begrenzungsmauer zur Bautzner Straße wurde mit Einführung der Großraumstraßenbahnen eine Gleichrichterstation der Dresdner Verkehrsbetriebe errichtet, um den damit verbundenen erhöhten Energiebedarf abzusichern.

Sonstige Anlagen im Park, die nicht mehr existieren

An verschiedenen Stellen im Park befanden sich noch ein Tennisplatz, ein Hundefriedhof, eine Laube und eine Pumpstation. Sie sind im Laufe der Zeit verschwunden.

Dieter Zatzkowski †

Quellen: 261, 418, 607, 672, 824, 1000, 1116, 1262

Badehaus, 2014 Fotos (5): Siegfried Großmann

Schloss Eckberg, 2014 *Foto: Siegfried Großmann*

Schloss Eckberg

Bautzner Straße 134

Vor dem Bau des Schlosses befanden sich auch hier Weinberge. Erster Besitzer des »Eckberges« war der Geheime Kammerschreiber Jakob Gerhardt und nach dessen Tod von 1660 bis 1673 seine Ehefrau. Ihr folgte von 1673 – 1691 Oberlandbaumeister Wolf Caspar von Klengel (1630 – 1691, → *K2*), der sich an der Stelle des heutigen Schlosses ein größeres Landhaus errichtete. Ihm folgten die Familien Hermann (1692 – 1771) und Schmidt (1772 – 1805). Letztere verkaufte den Weinberg an Johann Christian Georg Fischer, den Lebensgefährten von Lord *James → Findlater*, der als »Ausländer« selbst kein Land erwerben durfte. 1832 verkaufte Fischer an den Grafen von Dohna und 1838 dieser wiederum an Friedrich Wilhelm Seebe aus Skaska bei Kamenz. 1858 erwarb es schließlich der Großkaufmann und Begründer einer Loschwitzer Wohltätigkeitsstiftung John (Johann) Daniel Souchay (1798 – 1871). Er beauftragte den Architekten und späteren Professor Christian Friedrich Arnold (1823 – 1890, → *K2*), einen Schüler Gottfried Sempers, mit dem Bau des heutigen Schlosses an der Stelle des ehemaligen Klengelschen Landhauses. 1859 – 1861 entstand es als Gesamtkunstwerk im Tudorstil, wohl nach schottischem Vorbild. Auch die noch heute vorhandenen Elemente der Innenarchitektur wie die Holzschnitzereien und Ausmalungen wurden nach seinen Entwürfen ausgeführt. Ursprünglich hieß das Schloss Villa »Souchay«, später erhielt es den Namen »Eckberg«, benannt nach einem alten Flurnamen. Die an der Bautzner Straße liegenden Torhäuser dienten als Wirtschaftsgebäude und Stallungen für 14 Pferde nebst Remisen und der Beherbergung des Torwärters, Gärtners und Kutschers, während sich im Schloss selbst die herrschaftlichen Wohnräume, Gästezimmer, Wirtschaftsräume wie die Küche und die Wohnmöglichkeiten für die Dienerschaft befanden. Der Landschaftspark in einer Größe von 15 ha mit dazugehöriger Gärtnerei, Orangerie und Taubenschlag reicht von der Elbe bis zur Bautzner Straße und wird vom Mordgrundwasser durchflossen. Östlich grenzt der Park an den Heilstättenweg und an die Wunderlichstraße, westlich an die Grundstücksgrenze zum → *Lingnerschloss*. Die Baukosten beliefen sich auf 400.000 Goldmark.

Souchay starb im Jahre 1871, seine Frau Thekla geb. Schunck (1809 – 1878) wohnte danach noch weiter im Schloss. 1883 kaufte es der Handelsherr und spätere Generalkonsul Arthur Bruno Wunderlich (1848 – 1909), der sich wie sein Vorgänger als Stifter und Wohltäter große Verdienste erwarb.

Klengelgedenkstein
In einer Mauernische am Körnerweg links vom Wasserfall des Mordgrundwassers befindet sich ein Gedenkstein in Form einer Säule mit einer darauf befindlichen Kugel, die im Jahre 1927 im ehemaligen Klengelschen Weinberg gefunden wurde. Auf der Kugel aus Sandstein befindet sich die Umschrift »OBRISTER WOLF CASPAR VON KLENGEL« (→ *Denkmale)*.

Torhaus, 2014 *Foto: Siegfried Großmann*

Wunderlich, Bruno (1848 – 1909)
Arthur Bruno Wunderlich wurde am 30. März 1848 in Reichenbach im Vogtland geboren. Als späterer Kauf- und Handelsherr lebte er bis 1882 in Moskau und siedelte dann nach Dresden über. 1883 erwarben er und seine Ehefrau Constantia Anna geb. Scheinpflug (1859 – 1923) in Loschwitz Schloss Eckberg. Der ehemals → *Dinglingersche Weinberg* in der Schevenstraße war schon seit 1878 im Besitz der Familie. Seit 1898 war er auch Besitzer des Rittergutes Plohn (heute zu Lengenfeld) im Vogtland. Bruno Wunderlich war Kaiserlich-Persischer Generalkonsul und ab 1904 auch Königlich-Schwedischer und Norwegischer Generalkonsul im Königreich Sachsen. Als Stifter und Wohltäter erwarb er sich Verdienste für die Gemeinde Loschwitz, die noch zu seinen Lebzeiten eine Straße nach ihm benannte. Er starb am 3. Januar 1909 in Loschwitz und wurde in einem Erbbegräbnis in Plohn beigesetzt. Sein in Loschwitz geborener ältester Sohn Gottfried (1884 – 1945) war zu dieser Zeit bereits mit der Verwaltung des Rittergutes Plohn betraut. Bruno Wunderlichs Stiftung zur Gewährung von Schulgeld für arme Schüler wirkte auch unter seiner Witwe weiter. 1918 wurde ihr verstorbener Ehemann in die neue Familiengruft auf dem Johannisfriedhof Dresden-Tolkewitz überführt, wo auch der Sohn Alexander (1891 – 1918) seine letzte Ruhestätte gefunden hatte. Die Erben verkauften nach dem Tod seiner Mutter Schloss Eckberg, während der Besitz Schevenstraße in der Erbengemeinschaft verblieb und später in den Besitz der Familie von Watzdorf ging, da Katharina, die 1882 geborene Tochter von Bruno Wunderlich, 1903 den späteren Regierungsrat Carl von Watzdorf (1870 – 1918) geheiratet hatte.

Matthias Griebel

Quellen: 40, 54, 235, 607, 929, 1167, 1168

Blick auf das Lingerschloss von Südwesten, 2013 *Foto: Siegfried Großmann*

Karl August Lingner an seiner Jehmlich-Orgel im Schloss *Foto: Slg. EHK*

Lingnerschloss

Bautzner Straße 132

Errichtet wurde das Lingnerschloss – vormals Villa Stockhausen – in den Jahren 1850 bis 1853 nach Plänen des Berliner Landbaumeisters Adolph Lohse (1807 – 1867, → *K2*) im Auftrag des Prinzen Albrecht von Preußen (1809 – 1872) für die Familie seines Kammerherrn, des Freiherrn Friedrich Ludwig Albert von Stockhausen (1810 – 1853), d. h. nahezu zeitgleich mit dem benachbarten → *Schloss Albrechtsberg*. Von Eduard Neide (1818 – 1883) und Hermann Sigismund Neumann (1823 – 1880) stammen die zugehörigen Parkanlagen.

1891 erwarb der Dresdner Industrielle Bruno Naumann (1844 – 1903), Mitbesitzer der Fa. Seidel & Naumann (Fahrräder, Schreib- und Nähmaschinen), das Anwesen für 360.000 RM. Sein Sohn, Dr. Robert Naumann (1874 – 1944), verkaufte es 1906 an den Unternehmer *Karl August* → *Lingner* (1861 – 1916) für 440.000 M. Dieser hatte es mit seinem noch heute erhältlichen antiseptischen Mundwasser »Odol« zu großem Wohlstand gebracht. Lingner ließ die Villa 1906 bis 1908 durch den → *Architekten Wilhelm* → *Kreis* (1873 – 1955, → *K1*) im Geist der Zeit umgestalten. Durch die Umbauten mit rigoros veränderten Raumstrukturen erhielt die Villa einen völlig neuen Charakter. Aus dem feudalen Wohnsitz einer adligen Familie wurde ein repräsentatives Etablissement für gehobene bürgerliche Ansprüche, den Bedürfnissen des neuen Eigentümers Rechnung tragend. So baute die Dresdner Orgelbaufirma Jehmlich auch drei Orgeln ein, eine davon im Erdgeschoss mit 50 Registern. Die ostseitige Kolonnade wurde Orangerie. In einem Teil des Parks, in unmittelbarer Nachbarschaft zu → *Schloss Eckberg*, ließ Lingner einen Privatzoo anlegen. Das Geschrei der Tiere und das Geknatter seiner auffälligen Automobile störte die im Schloss Eckberg wohnende Witwe des Konsuls *Bruno* → *Wunderlich* (1848 – 1909) so erheblich, dass es mehrfach zu Zwistigkeiten kam. Da Lingner

Innenansicht des Lingnerschlosses in den 1930er Jahren *Foto: Slg. EHK*

Terrasse in den 1930er Jahren *Foto: Slg. EHK*

infolge einer Krankheit seinen Lieblingsplatz am unteren Teil des Elbhangs nur mit äußerster Anstrengung erreichen konnte, ließ er 1908 eine Standseilbahn bauen. Lingner hatte vor seinem Tod 1916 testamentarisch verfügt, auf dem Areal seines Wohnsitzes ein Mausoleum zu errichten. Der → *Architekt* Hans Poelzig (1869–1936, → *K2*) schuf dafür ein Grabmal aus Muschelkalk mit ovalem Grundriss, das durch Georg Kolbe (1877–1947) mit zwölf weiblichen Relieffiguren verziert wurde. Der Standort befindet sich auf der unteren Terrasse des Schlossareals an der Grenze zu Schloss Eckberg und ist von der gegenüberliegenden Elbseite gut einzusehen. 1921 wurden Lingners sterbliche Überreste dorthin überführt.

In seinem Testament bestimmte Lingner des Weiteren, seinen Besitz »Albrechtsberg II« – so nannte er beharrlich seinen Wohnsitz zum Ärger seiner adligen Nachbarn auf Schloss Albrechtsberg – mit dem gesamten Inventar der Stadt Dresden zu übereignen unter der Bedingung, »dass jeder den Park betreten dürfe, ein Restaurant mit angemessenen Preisen einzurichten sei und das Gesamtgrundstück nach Dresden eingemeindet werden solle«.

Am 25. Januar 1917 übernahm dann die Stadt Dresden das Anwesen von der Lingner-Stiftung. Der Grundbucheintrag erfolgte am 11. August 1917 mit einem Schätzwert von 556.682 RM.

In der Folgezeit bis zum Ende des Zweiten Weltkrieges gab es keine bedeutende Nutzung im Sinne des Lingner-Testaments. Von 1945 bis 1947 diente das Anwesen als Sitz der sowjetischen Militärverwaltung, später als Wohnheim für ABF-Studenten der Hochschule für Bildende Künste. Von 1955 bis 1957 erfolgte der Umbau nach Plänen des → *Architekten* Gerhard Guder (1924–2013, → *K1*) im Zeitgeschmack der 1950er Jahre für die Zwecke des »Dresdner Clubs«, dessen Präsident der international bekannte Technikpionier Manfred von → *Ardenne* (1907–1997) war. Es kam zu radikalen Eingriffen in das bis dahin weitgehend erhalten gebliebene Raumgefüge. Die klassizistische Innenarchitektur ging dabei nahezu vollständig verloren. 1972 erfolgte die Zusammenlegung mit dem Klempererklub der TU Dresden, die Umbenennung in »Dresdner Club der Intelligenz« und die zentrale Zuordnung in die Rechtsträgerschaft des Kulturbundes.

Das Ende der DDR 1990 brachte auch die Wiedereinsetzung der Stadt Dresden in die Rechte und Pflichten der Eigentümerin, die danach viele Jahre lang eine neue Nutzung für das Lingnerschloss suchte. In den Jahren 2001 bis 2002 bemühte sich dann die Heidelberger »Klaus-Tschira-Stiftung« um das Anwesen mit dem Ziel, dort ein biotechnologisches Gründerzentrum zu schaffen. Im Park sollte, den Vorstellungen der Stiftung entsprechend, ein gläsernes Gebäude in der äußeren Gestalt des menschlichen Erbgutes (Doppelhelix) von anfänglich 42 m Höhe entstehen – ein Projekt,

Torhaus und Schweizerhaus, 2014 *Fotos (2): S. Großmann*

Torhaus:
Das »Portierhaus« wurde 1892 errichtet. Es enthielt die Wohnung des Torwächters (Portiers) mit Küche und Kammer im Erdgeschoss und Stube und Kammer im Obergeschoss. Heute sind im Torhaus Büros und ein Sitzungsraum untergebracht. Es wurde nach der Übernahme durch den Förderverein Lingnerschloss e.V. 2004 als erstes Gebäude des Schlossareals saniert.

Schweizer Haus:
Das Schweizer Haus wurde im Jahre 1861 errichtet. Das Obergeschoss diente ursprünglich als Wohnung für Kutscher und Winzer. Im Erdgeschoss waren Wagenremise, Pferdestall nebst Geschirr- und Futterkammer sowie Waschküche, Rolle und Weinpresse untergebracht. Zu Lingners Zeiten diente es als Garage, Werkzeugraum, Aufenthaltsraum, Stallung und Affenhaus. Heute beherbergt es Seminar- und Büroräume, die außerhalb der Arbeitszeit auch durch den Förderverein genutzt werden. Die Sanierung des Schweizer Hauses wurde 2007 abgeschlossen.

Pavillon:
Auf der unteren Terrasse, an der Grundstücksgrenze zu Schloss Albrechtsberg, ließ Lingner 1909 einen Pavillon in barockisierenden Formen errichten. Er wurde infolge Kriegsbeschädigung nach 1945 abgebrochen.

Gewächshaus:
Auf der westlichen Seite der Weinbergterrasse stand ein direkt an die obere Terrassenmauer angebautes lang gestrecktes Gewächshaus aus dem Jahre 1912, das später verfiel und wieder beseitigt wurde.

Standseilbahn
→ *Bergbahnen*

Blick hangabwärts auf Lingners Seilbahnwagen Foto: Slg. Schatz

Obere Weinbergsterrasse *Foto: Rolf Grosser*

das schnell zu kontroversen Debatten über den Umgang mit sächsischem Kulturgut führte (→ *Projekte, nicht verwirklichte*). Letztlich scheiterte das Vorhaben aber im Frühjahr 2002 aus steuerlichen Gründen. Zu diesem Zeitpunkt hatten Schloss- und Nebengebäude bereits neun Jahre leer gestanden – mit verheerenden Folgen durch Vandalismus und unterbliebene Instandhaltung.

Überraschend bewarb sich dann im gleichen Jahr das Dresdner Unternehmen »VON ARDENNE Anlagentechnik GmbH«, Rechtsnachfolger des Forschungsinstituts Manfred von Ardenne, um die Nutzungsrechte und wurde dabei auch von der Bürgerinitiative »Lingnerpark« unterstützt. Die Bewerbung erfolgte mit dem Ziel, dort »Tagungsstätten, Beratungsräume, Entwicklungsabteilungen sowie Gäste- und Bettenhaus für Firmengäste« unterzubringen. Bald stellte sich jedoch heraus, dass auch mit dieser Idee keine widerspruchsfreie Problemlösung möglich war.

Auf Initiative der Geschäftsleitung wurde daraufhin im September 2002 der → *Förderverein Lingnerschloss e.V.* gegründet. Nach einem nahezu einmütigen Stadtratsbeschluss im Juni 2003 und langwierigen Verhandlungen kam es schließlich im September 2004 zur Unterzeichnung eines Erbpachtvertrages mit der Stadt für 66 Jahre. Jetzt begann für Schloss und Park eine neue Zeit. Bereits Ende 2004 waren Torhaus und Schlosszufahrt wieder nutzbar. Dem Förderverein stand damit ein eigenes Informationsbüro zur Verfügung. Anschließend begann der Umbau des Schweizer Hauses zum Büro- und Schulungsgebäude. Begleitend verschwand das ehemalige Kohleheizwerk aus dem Parkgelände, entstand der erste öffentliche Parkplatz und wurde die ehemalige Teichanlage rekultiviert.

Die Sanierung des Schlossgebäudes begann mit der Rekonstruktion beider Turmaufbauten, die schon zum Stadtjubiläum 2006 wieder öffentlich zugänglich waren. 2007 starteten die Arbeiten am Ostflügel für das von Lingner testamentarisch bestimmte Café-Restaurant (→ *Gaststätten*), das sich bald zum Vollrestaurant mit Weinkeller entwickelte und im Juni 2010 öffnete. Vor diesem Schritt gab es bereits seit 2006 eine Sommerwirtschaft, die von wechselnden Pächtern betrieben wurde. Zum gleichen Zeitpunkt begann auch die kulturelle Wiederbelebung des Lingnerschlosses durch regelmäßige Veranstaltungen auf der Baustelle. Im Lingnerjahr 2011 folgte die Fertigstellung des Raumensembles Lingnersalon (ehemals Speisezimmer) im Erdgeschoss mit einer Ausstellung zu Leben und Werk Lingners in Verbindung mit dem Sächsischen Serumwerk,

Westflügel mit Brunnenanlage
Foto: Rolf Grosser

heute GlaxoSmithKline GmbH & Co. Auf Grund einer Großspende dieses Unternehmens anlässlich dessen 100. Gründungsjubiläums konnte die Sanierung in den Folgejahren schnell voranschreiten.

Seit 2013 sind die Arbeiten an Dach und Fach im Wesentlichen abgeschlossen. Die Dachplattform als »Neuer Balkon Dresdens« ist seit Mai 2014 öffentlich zugänglich. Sozial- und Technikräume im Dachgeschoss, der historische Kinosaal des ehemaligen »Dresdner Clubs« im Obergeschoss, Haupt- und Nebentreppenhaus sowie diverse Nebenräume sind inzwischen ebenfalls nutzbar.

Bis Ende 2012 wurde auch das Lingner-Mausoleum (→ *Friedhöfe*) saniert. Die Bergstation der ehemaligen Standseilbahn vervollständigt seit November 2014 das historische Bauensemble auf der großen Schlossterrasse. Seit Mai 2013 ist auch die Terrasse vor der großen Weinbergsmauer fertiggestellt – ein Platz zum Träumen mitten im Weinberg. Mit Unterstützung der Stadt konnten 2011 auch beide Zugänge zum Körnerweg wieder geöffnet werden.

Nach zwölf Jahren ehrenamtlicher Vereinsarbeit bietet das Lingnerareal als denkmalgeschütztes Gesamtkunstwerk heute wieder ein Erscheinungsbild, das Jung und Alt zum Verweilen einlädt – ganz im Sinne des Lingner-Testaments von 1916, dessen erstmalige Verwirklichung nach fast 100 Jahren jetzt in greifbare Nähe rückt. **Dieter Zatzkowski†**

Quellen: 261, 418, 420, 607, 724, 824, 1000, 1041

Vasen auf der Dachterrasse *Foto: Rolf Grosser*

Rudolf Otto, Winterlandschaft Loschwitz, 1915
Heute bewahrt in der Städtischen Galerie Dresden – Kunstsammlung, Museen der Stadt Dresden

O M
Lo

Die »Galerie im Buch«

Im rechten Gebäudeteil befand sich das Elektrizitätswerk. *Foto: Siegfried Großmann*

Elektrizitätswerk Loschwitz

Als am 9. August 1899 die Straßenbahnlinie vom Waldschlößchen nach Bühlau eröffnet wurde, verlor die Standseilbahn einen erheblichen Teil ihrer Fahrgäste. Um die Ertragsverluste auszugleichen, baute der Betreiber an der Bergstation mit einem Kapitalaufwand von 120.000 Mark ein Kraftwerk. Zwei Dampfmaschinen trieben je einen Gleichstrom-Generator für 2 × 120 V an und versorgten damit Loschwitz und den Weißen Hirsch mit Elektroenergie. Die Einwohner waren mit dem Anschluss ihrer Häuser zunächst äußerst zurückhaltend, denn eine Kilowattstunde kostete 42 Pfennige. Ein Maschinist des Kraftwerk- und Seilbahnbetriebes verdiente damals bei einem Zwölf-Stunden-Arbeitstag und einem freien Tag im Monat 18,02 Mark pro Woche. Erst auf Veranlassung der Sächsischen Regierung wurde im Januar 1899 die tägliche Arbeitszeit auf zehn Stunden begrenzt und zwei freie Tage im Monat gewährt.

Zwischen 1896 und 1898 gab es bereits einen Plan zum Bau eines Kohlekraftwerkes am Loschwitzer Elbufer. Zur gleichen Zeit plante man ein Elektrizitätswerk am »Weißen Adler« (→ *Gaststätten*). Auch die Schwebebahn sollte ursprünglich mit einem elektrischen Antrieb ausgerüstet werden. Da aber ausreichend Industrieabnehmer am Elbhang fehlten, musste die Schwebebahn 1901 mit Dampfmaschinenantrieb in Betrieb gehen. 1899 wurde das Standseilbahnkraftwerk durch eine Akkumulatoren-Batterie ergänzt, um Bedarfsspitzen oder Maschinenausfälle ausgleichen zu können. Außerdem konnten in den Schwachlast-Nachtstunden die Dampfmaschinen stillgelegt werden. Wahrscheinlich 1907 wurden zwei mit Generatoren gekoppelte Zweizylinder-Viertakt-Dieselmotoren der Firma MAN mit einer Leistung von 160 PS erworben. Jeder der 250 V-Gleichstromgeneratoren hatte eine Leistung von 110 kW. Die Dampfmaschinen verblieben als Reserveaggregate.

Im Jahre 1906 erwarb die »Elektra A.G.«, eine Tochtergesellschaft der Nürnberger Schuckert-Gruppe, die Mehrheit der Anteile der »Drahtseilbahn Loschwitz-Weißer Hirsch-Aktiengesellschaft«. Der »Elektra A.G.« gehörte neben anderen Kraftwerken und Bahnen bereits die Schwebebahn. Am 27. August 1907 verminderte die Gesellschaft ihr Aktienkapital um die Hälfte auf 500.000 Mark und änderte ihren Namen in »Elektrizitätswerk und Drahtseilbahn Loschwitz-Weißer Hirsch Aktiengesellschaft«. Mit dem Jahreswechsel 1911 zu 1912 wurden die Loschwitzer Anlagen der »Elektra A. G.« von der Stadt Dresden erworben. Die beiden Bergbahnen gingen in das Eigentum der Städtischen Straßenbahn über, während das Kraftwerk sowie das Stromversorgungssystem den Städtischen Gas-, Wasser- und Elektrizitätswerken zugeschlagen wurden.

Wegen der zur damaligen Zeit fehlenden Standardisierung wurden eine Vielzahl unterschiedlicher Ausrüstungen übergeben. Neben den Dieselmotoren und den zwei Gleichstromgeneratoren der 250 V-Spannungsebene verfügte das Kraftwerk bei der Übernahme über zwei Umformer-Systeme, bei denen 250 V-Gleichstrommotore jeweils einen Wechselstromgenerator antrieben. Beide Generatoren erzeugten Strom mit 3000 V und wahrscheinlich mit der Frequenz von 45 Hz. Außer diesen beiden existierte noch ein weiterer leistungsstärkerer Wechselstromgenerator. Zum übergebenen Inventar zählten außerdem die Schaltanlage, die Akkumulatoren-Batterien und drei im Versorgungsgebiet verteilte Transformatoren, die Wechselstrom von 3.000 V auf sogenannte Haushaltspannungen absenken konnten. Außerdem gehörten zum Kraftwerk 25 Gittermaste, 50 Betonmaste und 450 Holzmaste sowie 35.000 Kilogramm verlegte Kupferleitungen. Die Energieübertragungs-Trasse zur Schwebebahn war ebenfalls Teil des Kraftwerksinventars. Das Versorgungsnetz arbeitete mit einer Vielzahl von Verbraucheranschlussmöglichkeiten. Die Hausanschlüsse hatten entweder 110 V oder 2×120 V Gleichstrom. Andere Verbraucher wurden von der 3000 V-Transformatorenstation aus mit 110 V-Wechselstrom versorgt.

Die Umstellung des Antriebs der beiden Bergbahnen auf Elektroenergie erfolgte 1909. Für die Unterbringung der notwendigen Ausrüstungen wurde nach Plänen des Loschwitzer Architekten *Martin → Pietzsch* (1866 – 1961, → *K1*, → *Baumeister und Architekten*) hinter der Bergbahnantriebsstation ein neues Maschinenhaus auf einem am Rißweg gelegenen Grundstück zugefügt, das 1909 in Betrieb genommen werden konnte. Eine der Antriebsdampfmaschinen der Standseilbahn wurde durch einen 250 V-Gleichstrom-Nebenschlussmotor der

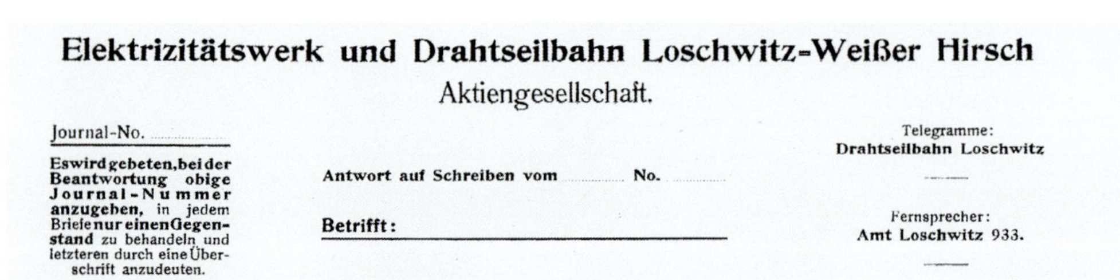

Elektrizitätswerk und Drahtseilbahn Loschwitz-Weißer Hirsch
Aktiengesellschaft.

Journal-No. ....

Es wird gebeten, bei der Beantwortung obige Journal-Nummer anzugeben, in jedem Briefe **nur einen Gegenstand** zu behandeln und letzteren durch eine Überschrift anzudeuten.

Antwort auf Schreiben vom .... **No.** ....

Betrifft:

Telegramme:
Drahtseilbahn Loschwitz

Fernsprecher:
Amt Loschwitz 933.

Briefkopf der Elektrizitätswerk und Drahtseilbahn Loschwitz-Weißer Hirsch AG *Slg. Mario Schatz*

Die Drahtseilbahn AG führte die Stromkabel vom Elektrizitätswerk unter dem Gleis zum Körnerplatz, Aufnahme von 1933 *Foto: Archiv DVB AG*

Firma Siemens-Schuckert mit einer Leistung von 44,2 kW ersetzt. Die Pufferbatterien bekamen damit neben der Notstromversorgung eine neue Aufgabe: In der Bremsphase der Seilbahnfahrten wurde die Bremsenergie vom Antriebsmotor in Elektroenergie überführt und zur Aufladung der Batterien des Kraftwerkes genutzt. Bereits damals gab es also das System des Hybridantriebes. Für die Umstellung des Antriebs der Schwebebahn auf Elektroenergie wurde zunächst ein 2×125 V-Kabel entlang des Johannes- und Rißweges bis zur Ostseite der Grundstraße als Erdleitung verlegt. Von dort waren die Kabel als Freileitungen bis zur Bergstation der Schwebebahn geführt. Zur Versorgung der Gebiete um den Körnerplatz und entlang der Elbe war ein weiteres Kabel neben der Gleisanlage der Standseilbahn verlegt worden.

Wegen der hohen Energieverluste der langen Gleichstromkabel und -freileitungen begann die »Elektra A.G.« ab 1907 das Netz auf Mittelspannungs-Wechselstrom umzustellen. Die Energieübertragung erfolgte mit 3000 V und die Spannung wurde örtlich auf haushalttaugliche 110 V transformiert. Die Elektroenergieerzeugung mit dem Dieselgenerator im Gebäude der Bergstation ist wahrscheinlich 1914 wegen des kriegsbedingten Treibstoffmangels eingestellt worden. Nach 1920 war das Kraftwerk nur noch Umspann- und Verteilerstation für die Energie, die von den Kraftwerken der Stadt Dresden erzeugt wurde. Eingespeist wurde die Elektroenergie über zwei Kabel. Die Station wurde vor allem mit einem 10 kV-Mittelspannungskabel von der Station »Weißer Hirsch«, die wiederum mit den Stationen »Neustadt« und »Bühlau« verbunden war, versorgt. Ein Reserve-Kabel war von der Station »Blasewitz« über die Brücke und die Station »Rathaus Körnerplatz« zur Bergstation geführt. 1927 wurden die noch vorhandenen Ausrüstungen für die Elektroenergieerzeugung verschrottet und 1928 der Baukörper durch Martin Pietzsch der inzwischen notwendigen Erweiterung der Schaltstation angepasst. Die Umrüstung des Gleichstromnetzes auf Wechselstrom wurde durch den Ersten Weltkrieg und die Inflation erheblich verzögert. Während in anderen Teilen des Loschwitzer Netzes die Umstellung auf Drehstrom mit 220/380 V in den 1920er Jahren zügig erfolgte, wurde das Netz im Bereich der Elbschlösser und im Bereich Wilhelminenstraße/Angelikastraße 1925 zunächst nur auf 220 V-Einphasenwechselstrom umgestellt. Der Drehstrom erreichte die Elbschlösser erst 1933.

Im Zusammenhang mit der Weltwirtschaftskrise wurden die Versorgungsbetriebe der Stadt in Aktiengesellschaften überführt und am 1. Januar 1930 die »alte« DREWAG gegründet. Die Aktien blieben allerdings vollständig im Besitz der Stadt Dresden. Im gleichen Jahr wurde von der DREWAG das spätere Heizkraftwerk Mitte (damals Westkraftwerk) als Ersatz für das »Lichtkraftwerk hinter der Semperoper« errichtet und die Bergbahn-Station an das 20 kV-Netz angeschlossen. Die »alte DREWAG« blieb bis 1948 als Kapitalgesellschaft erhalten und wurde vorübergehend dem Kommunalen Wirtschaftsunternehmen (KWU) zugeordnet. Später erfolgte die Elektroenergieversorgung der Stadt durch unterschiedliche Unternehmen in der Rechtsform Volkseigener Betrieb (VEB). Nach mehrfachen Umstrukturierungen fusionierten die Dresdner Ver- und Entsorgungsbetriebe 1997 zur »neuen« DREWAG Stadtwerke Dresden GmbH.

Im Jahre 1993 wurde die Umspann- und Verteilerstation im Bergbahngebäude stillgelegt. Seitdem erfolgt die Elektroenergieversorgung von Loschwitz über das Umspannwerk Tolkewitz, wo die 110 kV-Spannung des Landesnetzes auf die Mittelspannungsebene von 20 kV abgesenkt wird. Zwei Kabel führen die Energie durch die Elbe zum Umspannwerk Bühlau. Dort erfolgt eine weitere Absenkung der Spannung auf 10 kV, die dann zu den kleinen Umspann- und Verteilerstationen gelangen, wo die Transformierung auf die heute im Haushalt übliche 230/400 V-Spannung (einphasig/dreiphasig) erfolgt. Im Verlaufe des Jahres 2012 wurden auch diese Umspannstationen an die städtische 20 kV-Ringleitung angeschlossen, sodass nun die Energieverluste in der Station Bühlau wegfallen. Die Bergbahnen werden schon jetzt mit 20 kV versorgt.

Thomas Thielemann, Mario Schatz

Quellen: 36, 725, 884, 1000

Ellinger, Hans-Joachim; Maler (1925–2005) → *K2*

Emmerlich, Gunther
Sänger und Moderator (* 1944)

Gunther Emmerlich (→ *K1*) wurde am 18. September 1944 im thüringischen Eisenberg geboren. Der Vater, Walter Emmerlich, kam im Zweiten Weltkrieg um, sodass er gemeinsam mit der acht Jahre älteren Schwester Ursel bei seiner Mutter Gertrud aufwuchs, welche im großväterlichen Haus einen Kolonialwarenladen betrieb. Sie starb bereits 1955. Die Schwester und ihr Ehemann übernahmen fortan die Erziehung des Jungen.

Zur Musik gelangte Emmerlich über Umwege, denn er studierte erst an der Ingenieurschule für Bauwesen in Erfurt und erhielt dort den Abschluss als Bauingenieur. Bereits in dieser Zeit spielte und sang er in Bands, die in Thüringen auftraten. Später erst, von 1967 bis 1972, ließ er sich an der Hochschule für Musik »Franz Liszt« in Weimar in der Fachrichtung Operngesang ausbilden. Dort fand er in seinem Gesangslehrer Professor Hans Kremers einen väterlichen Freund, der ihn auf seiner jungen Laufbahn förderte. Bald zeichnete sich ein erfolgreicher Abschluss an der Hochschule ab.

Im Anschluss an das Studium ging Gunther Emmerlich an die Dresdner Staatsoper, deren Opernhaus heute die Semperoper ist, wo er bis 1992 festes Mitglied des Ensembles war und als Bass beachtliche Erfolge feierte. Bekannt wurde der Sänger durch seine leidenschaftliche Darstellung der Rollen in Mozarts Opern – des Osmin in »Die Entführung aus dem Serail«, des Sarastro in »Die Zauberflöte« und des Don Alfonso in »Così fan tutte«. Weitere Paraderollen fand er in »Die lustigen Weiber von Windsor«, in »Anatevka« und in weiteren Musicals. Emmerlich gab Gastspiele in vielen Ländern auf fast allen Kontinenten, beispielsweise in Hongkong, Oslo und in der Carnegie Hall in New York.

Gunther Emmerlich *Foto: Sächsische Konzert- und Künstleragentur GmbH*

Gunther Emmerlichs ständiger Begleiter ist bis heute sein Pianist Klaus Bender (* 1934). Der Sänger pflegt eine Duett-Partnerschaft mit der Sopranistin Deborah Sasson (* 1959). Außerdem hat er einen ausgeprägten Hang zum Jazz, den er beispielsweise mit der »Semper House Band« und dem »Dresden-Swing-Quartett« praktiziert.

Als Moderator und Entertainer war und ist Gunther Emmerlich häufiger Gast in verschiedenen Fernsehsendungen. Er moderierte die Sendung »Showkolade« (1987 – 1990) im DDR-Fernsehen. 1988 wurde er zum »Fernsehliebling« gewählt. Im vereinigten Deutschland folgten die Produktionen »Nimm dir Zeit« (1991) und »Gunther und drüber« (1992/93) im ZDF sowie »Zauberhafte Heimat« (1993 – 2006) in der ARD. Seit 2006 ist er Moderator des SemperOpernballs. Mit der in Innsbruck geborenen Sopranistin Eva Lind (* 1966) gestaltete er ab 2009 Duettabende.

2007 erschien sein Buch »Ich wollte mich mal ausreden lassen«, das autobiografische, heitere und nachdenkliche Episoden zum Inhalt hat. 2010 folgte das zweite Buch »Zugabe – Anekdoten, Ansichten und anderes«. Emmerlich engagiert sich in sozialen Projekten, z. B. als Botschafter der Carreras Leukämie-Stiftung. 1990 erhielt er den »Bambi« und 1997 wurde er mit dem Bundesverdienstkreuz ausgezeichnet. Er ist Ehrenbürger seiner Geburtsstadt Eisenberg und Wein-Botschafter des Anbaugebietes Saale-Unstrut.

Gunther Emmerlich ist seit 1979 in zweiter Ehe mit Anne-Kathrein geb. Kretzschmar verheiratet. Er hat drei Kinder (Sven * 1967 aus erster Ehe, Karoline * 1974 und Johannes * 1982) und lebt in der Bergbahnstraße in Oberloschwitz. **Achim Jannasch**

Quellen: 260, 724, 1166

Gunther Emmerlich mit Peter Herden (r.) und Wolfgang Stumph beim Skatspiel in seinem Garten in Dresden-Oberloschwitz *Foto: Ulrich Häßler*

Endell, Hedwig; Malerin (1859 – 1937) → *K2*
Endell, Martha; Malerin (1855 – 1929) → *K2*
Engel, Friedrich (Fritz); Maler (1877 – ?) → *K2*
Engert, Horst; Schriftsteller (1886 – 1949) → *K2*
Engler, Georg, Maler und Grafiker (1877 – 1905) → *K2*
Erben, Hans-Ludwig; Musiker (1928 – 1992) → *K2*
Eriksen, Edvard; Bildhauer (1876 – 1959) → *K2*
Erlwein, Hans; Architekt (1872 – 1914) → *K1*
Eßmann sen., Fritz; Musiker (1897 – 1988) → *K2*
Eßmann jun., Fritz; Musiker (* 1935) → *K2*
Eßmann, Herbert; Architekt (*1941) → *K2*
Eßmann, Marianne, Pianistin; (1908 – 2001) → *K2*

F

Fähren

Die Fähre in Loschwitz war über Jahrhunderte eine der wichtigsten auf der Oberelbe. Zeitweise bestanden auf Loschwitzer Flur sogar mehrere Fährstellen.

Fähre Loschwitz-Blasewitz

(am Strom-km 49,814)
Die Fähre im Dorf Loschwitz besaß von Anfang an überörtliche Bedeutung. Von der Hohen Straße Krakau – Bautzen – Dresden zweigte in Bühlau ein Weg – die heutige Grundstraße – ab und führte durch das Tal der Trille hinunter nach Loschwitz. Dort setzten die Fuhrleute nach Blasewitz über und kürzten so den Weg ab, wenn ihr Ziel in den Orten östlich von Dresden lag.

Wie bei vielen Fähren ist auch in Loschwitz deren genaues Alter unbekannt. Der älteste Hinweis auf die Fähre findet sich am 10. November 1430 im Dresdner Stadtbuch. Demnach erhielt der Fährmann von den Loschwitzer Einwohnern ein Jahrgedinge (Arbeitslohn) und musste sie dafür kostenlos übersetzen, während Fremde für jedes Fuder vier Heller (1 Heller = 1 »alter Pfennig«) zu zahlen hatten. 1436 wird Fährmann Nickel mit Namen genannt. 1506 und die Jahre danach erhielt der Fährmann außerdem vom Maternihospital 2 Scheffel (1 Scheffel = um 103 Liter) Korn als Lohn. Personen, die zu den Ländereien des Hospitals gehörten, wurden kostenlos übergesetzt, für Fremde betrug der Fährtarif für einen Fußgänger hin und zurück 1 Pfennig, für Reiter 3 Pfennig und für Wagen je nach Größe 6 Pfennig bis 1 Groschen (24 Pfennige).

Das Brückenamt in Dresden als Aufsichtsbehörde verlangte ab 1562 von den Fährleuten die Ablegung eines Eides, dass sie die Fähre in Ordnung hielten und die Leute übersetzten, aber keinen Dieb. Ab 1650 mussten sie auch geloben, keine Wagen, Pferde, Vieh, Krämerwaren noch andere Sachen überzufahren. Es hatten wohl zu viele Fuhrleute den Weg über Loschwitz zum Umgehen des Dresdner Brückenzolls genutzt, zumal es hier auch eine Furt gab, die aber nach einem Bericht von 1705 nur bei niedrigem Wasserstand passiert werden konnte.

1697 ist erstmalig das → *Fährgut* am Ende der Fährgasse nachgewiesen (heute Friedrich-Wieck-Straße 45), doch ist es wohl wesentlich älter. Auf diesem Grundstück lag die Fährgerechtigkeit. Hier wohnten die Fährmeister ununterbrochen bis 1896. 1714 erließ das Amt Dresden für Fährmeister und Fährknechte Instruktionen (Vorschriften). Diese wurden mit zunehmendem Verkehrsaufkommen detaillierter und umfangreicher. Sie bezogen sich auf den technischen Zustand der Fähren, auf das Verhalten gegenüber den Fahrgästen und auf das Privatleben der Fährleute, die »nüchtern, gottesfürchtig, tugendsam« sein sollen. Damals waren täglich etwa 100 Personen mit Körben oder Schiebböcken, dazu oftmals einzelne Militärpersonen oder ganze Kompanien oder Regimenter kostenlos überzusetzen.

Johann Carl August Richter, Loschwitz von Blasewitz gesehen, um 1810, Umrissradierung, koloriert (Ausschnitt), vorn der Fährprahm, mit Kutsche beladen *Städtische Galerie Dresden*

Michael Willkomm kaufte 1716 das Fährgut mit Liegenschaften einschließlich Weinbergen und der auf dem Fährgut haftenden Fährgerechtigkeit für 1.275 Gulden (1 meißnischer Gulden = 7/8 eines Talers).

Am 5. Januar 1722 ereignete sich morgens um 7 Uhr eine schwere Havarie. Eine große Menschenmenge hatte den Fährkahn nach Blasewitz gerufen. Viele sprangen schon hinein, ehe der Kahn das Ufer erreicht hatte, und die Fährknechte waren außerstande, die Menschenmassen abzuwehren. Als sich das Boot vom Ufer entfernt hatte, schlugen die Wellen über die Bordwände. Das Boot lief voll und sank 15 Ellen (etwa 8,5 m) vom Ufer entfernt. Den meisten Fahrgästen reichte das Wasser bis an die Schultern und sie konnten zum Ufer zurück laufen, doch einige kamen zu Tode. Der Unfallbericht verzeichnet 11 Tote und 24 gerettete Personen. Am Folgetag hielt man in der Loschwitzer Kirche einen Trauergottesdienst ab, bei welchem der Pfarrer 19 Tote und 54 Gerettete nannte. Demnach müssen sich einschließlich der zwei Fährknechte 73 Personen in dem kleinen Fährkahn befunden haben!

Diese Havarie führte dazu, dass die Fähre unter Aufsicht und Gerichtsbarkeit des kurfürstlichen Amtes kam. Die Fährgerechtigkeit verblieb bei den Besitzern des Fährgutes, die Zinsen wurden weiterhin an die Stadt Dresden gezahlt.

Damals gehörten zur Loschwitzer Fähre zwei Prahme. Als Prahm bezeichnet man ein rechteckiges flachgehendes und flachbordiges Wasserfahrzeug, das zum Übersetzen von Fuhrwerken genutzt wurde. Außerdem gab es Kähne verschiedener Größe zum Übersetzen von Personen. Diese waren als Käffer gebaut – ein Bootstyp mit spitzem, nach oben zulaufendem Bug und Heck. Damit war es möglich, den Bug über das Ufer zu bringen, sodass die Mitfahrenden trockenen Fußes aus- und einsteigen konnten. Damals gab es in der unregulierten Elbe noch keine Anlegestege oder -pontons.

Es gab auch zahlreiche Schleiffähren, d. h. illegale Fähren, die von den Flussanliegern betrieben wurden. Der Rat zu Dresden verbot 1729 alle Schleiffähren in Loschwitz. 1739 ermächtigte er den Fährmeister in Loschwitz, den Dresdner Brückenzoll einzukassieren. Damit entfiel für die Fuhrleute der Zwang zur Nutzung der Dresdner Elbbrücke. Diese Gelder wurden von den Fährleuten schlecht verwaltet, sodass jährlich nur einige Taler einkamen.

1813 wurde die Dresdner Elbbrücke gesprengt. Deshalb musste Fährmeister Carl Friedrich Modes den großen Prahm zum Bau einer Schiffsbrücke abgeben.

Im Zuge der sächsischen Verwaltungsreform wurden die Rechtsverhältnisse der Fähren überprüft. Darauf erhielt die Loschwitzer Fähre am 29. Mai 1821 eine neue Fähr- und Tarifordnung. Die Loschwitzer Einwohner hatten jährlich einen Groschen an den Fährmeister zu zahlen. Dafür musste er sie und ihre Angehörigen

Schrauben-Fährdampfer Blasewitz-Loschwitz am Blasewitzer Ufer, geführt durch das mit rotem Pfeil markierte Querseil, 1865–1869
Foto: Brockmann, Slg. Matthias Griebel

Fährtarif von 1824	Wasserstand		
	klein und mittel	groß	Überschwemmung Eisgang
Fußgänger	3 Pf.	6 Pf.	9 Pf.
Fußgänger mit beladenem Schiebebock	6 Pf.	9 Pf.	1 Gr.
eingespanntes Zugvieh: Einspänner Zweispänner	2 Gr. 3 Gr.	3 Gr. 4 a	4 Gr. 5 Gr.
uneingespanntes Zugvieh	1 Gr.	1 Gr.6 Pf.	2 Gr.
Kleinvieh (Ziege, Kalb, Schaf, mageres Schwein) in Herden von 24 Stück ab	3 Pf. 2 Pf.	6 Pf. 4 Pf.	9 Pf. 6 Pf.
fettes Schwein getrieben	6 Pf.	9 Pf.	1 Gr.
Herde Gänse / Enten zu 12 Stück	6 Pf.	9 Pf.	1 Gr.

ohne weitere Bezahlung übersetzen. Für alle anderen Benutzer der Fähre gab es einen neuen Tarif, der auch bei vergleichbaren Fähren wie z. B. Laubegast einheitlich eingeführt wurde.

Der Fährmeister hatte am gesamten Tag ohne Mittagspause Personen und Fuhrwerke überzusetzen. Dafür hatten ein großer und ein kleiner Prahm, eine Käffer und ein kleiner Kahn bereitzustehen. Straftäter und Deserteure durften nicht befördert werden. Damit dies nicht unbemerkt geschah, waren die Fähren nachts anzuschließen. Fror die Elbe im Winter zu, so hatte der Fährmeister einen Weg über das Eis gangbar zu halten und zu streuen.

Die Loschwitzer Einwohner durften einen Kahn halten, damit aber nur ihre Familien und andere Loschwitzer Einwohner übersetzen. Tatsächlich fuhr nur die Witwe Wägnerin, später wieder verehelichte Wirthgen, über. Die königliche Regierung bestätigte am 28. März 1841 diese Fährgerechtigkeit der Gemeinde Loschwitz, die sie ab 1843 an Johann Benjamin Mildner mitsamt dem Fährkahn für 10 Taler pro Jahr verpachtete.

1855 verzichteten die Gemeinden Loschwitz, Blasewitz, Rochwitz, Gruna, Striesen, Reick und Seidnitz auf ihr Beförderungsrecht auf der Loschwitzer Kahnfähre unter der Bedingung, dass diese auf Anforderung verkehrt und nicht erst abwartet, ob vier oder sechs Personen zusammen kommen.

1856 übernahm Fährmeister Carl Friedrich Modes (1802–1864) die vom Laubegaster Fährmeister Mildner entwickelte Fährtechnik. Quer durch die Elbe wurde eine Kette verlegt, die auf dem Fährprahm über eine Rolle lief. Steuerte nun der Fährmann den Prahm schräg gegen die Strömung, so drückte diese den Prahm ans andere Ufer. Diese Technik nennt man Gieren.

1861 wurde dem Pächter der Loschwitzer Fähre, Carl Friedrich Modes jun., auch der Gemeindekahn verpachtet. Damit befanden sich Wagen- und Personenfähre in einer Hand.

1862 kam es zwischen der Gemeinde Loschwitz, der Ehefrau des Fährmeisters Modes und der Sächsisch-Böhmischen Dampfschiffahrts-Gesellschaft (SBDG) (→ *Schifffahrt*) zu einem Vertrag über die Verpachtung der Fährgerechtigkeit nebst Fährgut in Loschwitz und Fährhaus in Blasewitz sowie des kommunalen Ausschiffungsplatzes mit Gemeindewiese an die SBDG. Diese stellte im Sommer 1863 zum Übersetzen der Fuhrwerke eine Seitenrad-Dampffähre in Dienst. Dieses Fährschiff hing an einem Gierseil, der Antrieb diente nur zur Beschleunigung der Fahrt. Es konnte aber auch ohne Seil verkehren, was vor allem bei Hochwasser notwendig war.

Die Fährmeister der Prahmfähre	
1436	Nickel
1556	Georg Hempel / Georg Hauck
1562	Gregor Gotze
1573	Balthasar Hempel / Georg Hempel der Ältere
1595	Georg Hempel der Jüngere
1626	David Hempel
1634 und 1639	Jakob Hauck aus Blasewitz
1656	Balthasar Hempel (Stiefsohn des Jakob Hauck)
1662–1701	Johann Balthasar Hempel (Sohn von Balthasar Hempel)
1716–1764	Johann Michael Willkomm (Schwiegersohn des Johann Balthasar Hempel)
1764–1769	Catharina verw. Willkomm (Witwe von Johann Michael Willkomm)
1769–1770	Johann Christoph Willkomm (Bruder des Johann Michael Willkomm)
1770–1799	Johann Gottfried Stohn (Vetter des Johann Michael Willkomm)
1799–1801	Johanne Juliane verw. Stohn geb. Liebers (Witwe des Johann Gottfried Stohn)
1806	Fährknecht Johann Samuel Böhme aus Söbrigen erwähnt
1807–1823	Carl Friedrich Modes (Schwiegersohn von Johanne Juliane verw. Stohn)
1823–1864	Carl Friedrich Modes jun.
1864	Dorothea Eleonore Modes (Witwe von Carl Friedrich Modes jun.)
Betreiber des Gemeindekahns	
1820	Witwe Wagner wiederverehelichte Wirthgen und Johann Gottlob Wirthgen
1843–1852	Johann Benjamin Mildner
1852–1861	Friedrich August Paul
1861–1864	Carl Friedrich Modes jun. (zusammen mit der Prahmfähre)
1864	Dorothea Eleonore Modes (zusammen mit der Prahmfähre)

Schrauben-Fährdampfer »Elbe« mit Fährmeister Oskar Richter
Foto: Slg. Ute Häse

Alfred Müllers Motorfährboot Blasewitz-Loschwitz auf der »Badfähre«, um 1930, Ansichtskarte
Slg. Mario Schatz

Da das Gierseil quer über die Elbe lag, behinderte es die 1869 eingeführte Kettenschleppschifffahrt und musste beseitigt werden. Das Fährschiff fuhr nun frei über den Strom.

Für den Dampfverkehr genügte die alte Fährordnung nicht mehr, es wurde 1865 eine neue erlassen. Danach mussten außer der Dampffähre vier Fahrschaluppen für je 24, 24, 28 und 28 Personen sowie ein Prahm in Bereitschaft sein. Die Dampffähre musste mit einem Bootsmeister, einem mit der Führung der Maschine vertrauten Heizer und zwei Bootsleuten besetzt sein.

Der Personenverkehr wurde zunächst weiterhin mit den vier Schaluppen durchgeführt. In den Jahren 1887 und 1888 beschaffte die Sächsisch-Böhmische Dampfschifffahrtsgesellschaft (SBDG) dafür die Schrauben-Fährdampfer »Elbe« und »Pfeil« und 1898 den größeren Fährdampfer »Weißer Hirsch«. Bei starkem Ausflugsverkehr waren oft zwei dieser Personen-Fährdampfer und die Wagenfähre gleichzeitig im Einsatz!

Mit der Eröffnung des →*»Blauen Wunders«* wurde das Übersetzen von Gespannen mit der Seitenrad-Dampffähre ab 1. August 1893 aufgegeben, doch die Personen-Fährdampfer blieben weiter in Betrieb. Ihre Blasewitzer Anlegestelle wurde zum Schillergarten verlegt und der Fahrpreis für eine Person ab 20. August 1893 von drei Pfennigen auf zwei Pfennige gesenkt und entsprach damit dem Brückenzoll. Daher nutzten viele Menschen weiterhin die günstiger gelegene Fährverbindung.

Mit Wirkung vom 1. Oktober 1896 verkaufte Eleonore verw. Modes (1829–1911) das Fährgut mit der darauf haftenden Fährgerechtigkeit an die SBDG für 95.000 Mark und trat gleichzeitig ihre Schadenersatzansprüche wegen des Brückenbaus an die Sächsisch-Böhmische Dampfschifffahrtsgesellschaft ab.

Im Ersten Weltkrieg zwangen Einberufungen und Kohlenmangel die SBDG am 12. Oktober 1914 zur Einstellung der Fähre. Erst 1926 verzichtete die Gesellschaft nach Ablauf der Konzession auf deren Verlängerung. Damit war diese traditionsreiche Fähre endgültig verschwunden.

Seitenrad-Fährdampfer Blasewitz-Loschwitz an der Villa Marie mit Blick auf die Loschwitzer Höhen, 1875 (siehe auch Abb. S. 540)
Foto: Römmler & Jonas, »Ortsgeschichtliche Sammlung Blasewitz und Umgegend« von Karl Emil Scherz, Landesamt für Denkmalpflege, Plansammlung

Johann Friedrich Nagel, Die bretterne Saloppe, um 1807, Gouache (Ausschnitt) *Städtische Galerie Dresden*

Fähre Schotengrund/ Saloppe – Schubertstraße
(am Strom-km 51,983)
Die Hohe Straße Krakau – Bautzen – Dresden folgte ursprünglich von Bühlau aus der heutigen Bautzner Landstraße nur bis zur heutigen Wilhelminenstraße. Von dort führte sie durch den Schotengrund – etwa entlang der heutigen Brockhausstraße – hinunter zur Elbe und weiter an deren Ufer und über die Holzhofgasse nach Dresden.

Es ist anzunehmen, dass es schon frühzeitig an der Stelle, wo die Straße die Elbe erreichte, eine Kahnfähre gab, die Fußreisenden mit Ziel in den Dörfern östlich Dresdens eine Abkürzung ermöglichte. Der Fährmann brachte zuweilen müde Reisende auch bis nach Dresden. In einer kleinen Bude bot er Erfrischungen an und versorgte auch die Schiffer. Diese waren meist Tschechen, die Bude hieß in ihrer Sprache »Chalupa«.

Die neue Führung der Hohen Straße entlang der Bautzner Straße, der Bau von »Antons« als Gasthof im Jahre 1754 auf der linken Elbseite und die Einrichtung einer neuen Fähre von dort zum heutigen Waldschlösschen auf der rechten Elbseite dürften die Bedeutung der Fähre am Schotengrund geschmälert haben.

Während des Siebenjährigen Krieges 1756–1763 hatten die Preußen auf der Höhe über der Fähre am Schotengrund eine Feldwachstation eingerichtet. Der Fährmann Franz Köhler verlegte seine Chalupa dorthin und erhielt die Erlaubnis zum Marketenderschank, aus dem sich die → *Gaststätte* Saloppe entwickelte, nachdem ihm das Grundstück für unbezahlte Fährdienste für 5 Taler überlassen wurde.

Die Dresdner Fischerinnung besaß das Privileg, innerhalb der Stadt alle Fähren zu betreiben. Wohl deshalb übernahm sie 1878 die Fähre, denn die linkselbische Anlegestelle befand sich auf Dresdner Flur nahe der späteren Schubertstraße. Dagegen lag die Anlegestelle am Schotengrund und die später namensgebende Saloppe auf Loschwitzer Flur. Die Fischerinnung verlegte den ständigen Liegeplatz des Fährkahnes vom Loschwitzer auf das Dresdner Ufer.

Die Fischerinnung betrieb die Fähre, die vorwiegend von Ausflüglern und Gästen der Saloppe genutzt wurde, zunächst mit einem Kahn. 1928 beschaffte sie von der Schiffswerft Schöps in Postelwitz das Motorboot »Lachs« (16,0 m lang, 80 Personen). Bald nach Beginn des Zweiten Weltkrieges wurde der Betrieb eingestellt. 1943 wurde das Motorboot beschlagnahmt und im Schwarzen Meer eingesetzt. Daher wurde der Fährbetrieb 1945 mit einer Gierseilschaluppe wieder aufgenommen. Nun nutzten viele Striesener und Johannstädter die Fähre, um in der Heide Brennholz zu sammeln.

Nach der Auflösung der Innungen in der Sowjetischen Besatzungszone wurden die beiden letzten Fähren der Fischerinnung als »Fährgemeinschaft Antons und Saloppe« weiter betrieben. Mit der Normalisierung des Lebens ging der Verkehr auf der Fähre erheblich zurück. Nachdem die Verkehrsbetriebe im Kommunalen Wirtschaftsunternehmen der Stadt Dresden eine Übernahme der Fähre wegen Unwirtschaftlichkeit abgelehnt hatten, wurde der Fährbetrieb am 1. April 1953 »mangels Bedürfnis« eingestellt.

Zwei zusammengebundene Segelkähne warten am Johannstädter Fähranleger zum Übersetzen zur Saloppe, um 1910, Ansichtskarte Slg. Mario Schatz

Badfähre Loschwitz (Wasserweg) – Blasewitz (Oehmestraße)

(am Strom-km 49,214)
Nachdem 1926 die Konzession der SBDG für die Fähre in Loschwitz erloschen war, bewarb sich der Fährmann Alfred Müller, wohnhaft Friedrich-Wieck-Straße 22, um dieselbe. Diese Konzession wurde ihm verweigert mit der Begründung, die Fähre zwischen den Anlegestellen Loschwitz und Blasewitz sei zu gefährlich und störe den starken Schiffsverkehr. Darauf eröffnete Alfred Müller eine Fähre etwa 500 m stromaufwärts der alten Fährstelle, also zwischen dem Wasserweg in Loschwitz und der Oehmestraße in Blasewitz. Fahrgäste waren vor allem Spaziergänger sowie Einwohner von Neugruna, Striesen und dem Osten von Blasewitz, die zum Loschwitzer Elbbad gelangen wollten. Deshalb wurde diese Fähre in Schifffahrtsregistern als »Badfähre« bezeichnet.

Alfred Müller eröffnete die Fähre mit dem aus einem Fährdampfer umgebauten Motorboot »Sachsen«, ließ aber noch 1927 das Motorboot »Loschwitz – Blasewitz« erbauen. Für die Fährstelle musste Müller jährlich 100 Reichsmark Pacht an das Land Sachsen zahlen, ab 1930 140 Reichsmark.

Im Winter 1940/41 wurde das Motorboot von Eisschollen zerdrückt. Daher kaufte Müller 1941 ein neues Motorboot mit dem Namen »Sachsen«. Dieses neue Boot wurde 1945 versenkt, sodass Müller erst nach dessen Reparatur ab 1947 wieder übersetzen konnte. Die nur vom Ausflugsverkehr lebende Fähre wurde als nicht lebensnotwendig eingestuft, sodass sie keine Kraftstoff-Zuteilung erhielt. Müller stakte daher oft das Motorboot von Hand ans andere Ufer und setzte nur noch während des Sommerhalbjahres über.

Der Kahn von Müllers Fähre im Eis, 1941
Foto: Archiv Kirchgemeinde Loschwitz

Fährdampfer der Loschwitzer Fähre

Name und Bauart	erbaut	Technische Daten	Verbleib
Blasewitz – Loschwitz Seitenrad-Fährdampfer	1863 Werft der SBDA in Blasewitz, Kessel und Maschine Wilhelmshütte Sprottau/Oder	Länge: 28,00 m Breite: 7,00 m Leistung: 15 PS Tragfähigkeit: 340 Zentner= 17,48t	1879 neuer Kessel 1894 Schiffskörper in Blasewitz zerschlagen, Maschine verkauft nach Torgau
Elbe Schrauben-Fährdampfer	1887 Dampfschiffs- & Maschinen-Bauanstalt der ÖNWDG in Dresden-Neustadt	Länge: 11,55 m Breite: 2,85 m Leistung: 15 PS 50 Personen	ab 1915 Einsatz in Kleinzschachwitz, 1934 verkauft an Diecke & Busse in Mühlberg
Pfeil Schrauben-Fährdampfer	1888 Dampfschiffs- & Maschinen-Bau-anstalt der ÖNWDG in Dresden-Neustadt	Länge: 13,10 m Breite 3,00 m Leistung: 16 PS 70 Personen	verkauft 1914 nach Copitz, 1926 nach Wachwitz, 1960 an Verkehrsbetriebe Dresden und Umbau zum Motorfährschiff, 1992 an Schmidt, Naumburg, seitdem auf Unstrut und Saale
Weißer Hirsch Schrauben-Fährdampfer	1898 Dampfschiffs- & Maschinen-Bau-anstalt der ÖNWDG in Dresden-Neustadt	Länge: 16,00 m Breite: 3,32 m Leistung: 30 PS 70 Personen	ab 1915 Einsatz in Kleinzschachwitz, 1924 Umbau zum Personen-Motorschiff, 1935 verkauft an Diecke & Busse in Mühlberg

Als Folge eines Schiffsbrandes in Berlin am 5. Juli 1951 mit 49 Toten mussten in der DDR alle Motorschiffe mit Ottomotor auf Dieselmotor umgerüstet werden. Bei der geringen Inanspruchnahme der Fähre war es Alfred Müller nicht möglich, die Kosten hierfür aufzubringen, er konnte auch den Pachtzins nicht bezahlen. Deshalb entzog ihm das Wasserstraßenamt am 1. November 1955 die Fährkonzession.

Mario Schatz, Karlheinz Thümmler

Quellen: 31, 250, 725, 734, 824, 935, 1000

Fährmotorschiffe von Alfred Müller (Badfähre)

Name	erbaut	Technische Daten	Verbleib
Sachsen	1898 Dampfschiffs- & Maschinenbauanstalt d. ÖNWDG in Dresden-Neustadt als Schrauben-Fährdampfer f. Beckert, Hosterwitz; 1900 in Niederpoyritz; 1906 in Postelwitz, dort Umbau in Motorboot, 1927 Müller, Loschwitz	Länge: 10,90 m Breite: 2,53 m weitere Daten als FMS unbekannt	1927 wieder abgegeben, Verbleib unbekannt
Blasewitz-Loschwitz	1927 Schöps, Postelwitz für Müller, Loschwitz	Länge: 15,96 m Breite: 2,46 m weitere Daten unbekannt	Winter 1940/41 vom Eis zerdrückt, Verkauf des Wracks an Fischerinnung Dresden, 1947 zur Werft Schöps in Postelwitz, Verbleib unbekannt
Sachsen	1941 Riecke, Meißen-Spaar	Länge: 10,55 m Breite: 2,10 m 2-Zyl.-Ottomotor (DKW) 16 PS 36 Personen	1945 versenkt, 1947 Wiederaufbau, Verbleib nach 1955 unbekannt

Fährgut

Friedrich-Wieck-Straße 45

Auf dem elbnahen Grundstück und dessen jeweiligen Besitzern lag seit alters her die erbliche »Gerechtsame« (Privileg) zum Betreiben der Loschwitzer → *Fähre*. Auch hatten die Fährmeister als »Haus- und Gartennahrungsbesitzer« von Weinberg und Weinpresse sowie Weide- und Grasland für eine Viehhaltung gutswirtschaftlichen Erwerb.

Nach einem 1436 genannten Nickel sind in den frühen Urkunden ab 1556 die Fährmeister Hempel mit Nachkommen und Verwandtschaft namens Willkomm und Stohn bezeugt. Im Jahre 1807 wurde ein Schwiegersohn der Witwe Stohn, Carl Friedrich Modes (1771 – 1846), »Erbfährmeister und Gartennahrungsbesitzer allhier«. Ihm folgte sein Sohn (1802 – 1864) gleichen Namens. Dessen Witwe Dorothea Eleonore geb. Reintanz (1829 – 1911) war die letzte Besitzerin, die das Fährgut mit der darauf haftenden Fährgerechtigkeit an die Sächsisch-Böhmische Dampfschifffahrts-Gesellschaft, die schon 1862 vertraglich den Fährbetrieb übernommen hatte, verkaufte.

Als ältestes Gebäude des gesamten Anwesens gilt das große massive Wohnhaus der Fährmeister. Nach den Forschungen des Loschwitzer Denkmalpflegers *Eberhard → Münzner* bestand das Haus in seinem Grundaufbau mit T-förmigem Grundriss bereits vor der 1637 erfolgten Brandschatzung des Dorfes durch die Schweden. Um 1680 wurde dann unter Einbeziehung der älteren Bausubstanz der Wiederaufbau des Gebäudes begonnen und es entstand der südwestlich gerichtete zweigeschossige Fachwerkbau.

Um 1690, so Münzner, »erfolgte im Anschluss an den Westgiebel des Vorherigen der Bau des zweigeschossigen nordwestlich gerichteten Gebäudes mit massivem Erdgeschoss, in das die alten vorhandenen Keller mit einbezogen wurden. Im westlichen Teil des Erdgeschosses besaß dieser Gebäudeteil ursprünglich eine Bohlenstube mit profilierter Holzbalkendecke. Die Inschrift am Gebäude, links vom Haupteingang, ‚HBH 1697' (Hans Balthasar Hempel) dürfte den Abschluss des Wiederaufbaues dokumentieren. Wahrscheinlich erfolgte in dieser Bauphase auch der Ausbau der großen Sandsteintonne längs der Erdgeschossnordwand des ersten Fachwerkbaues«.[1] Damit hatte das Fährgutgebäude seine dominante Gestalt erhalten.

Als zweitälteste Baulichkeit entstand in der ersten Hälfte des 18. Jahrhunderts – nach Fritz Löffler (1899 – 1988) um 1730 – nach der Elbe zu das Fährhäuschen zur Unterbringung der Fährknechte. Wegen der Hochwassergefahr wurde das Untergeschoss massiv mit rückwärtigen Bögen ausgeführt. Der eingeschossige Fachwerkbau mit Mansarddach verlor später seine Symmetrie durch die Anfügung zweier Fachwerkfelder und eines Fensters. Die trilleseitige Hauswand erhielt eine Fluchttür, durch die man bei Hochwasser über die angrenzende Krone der Umfriedungsmauer ins Freie gelangen konnte.

Dem Fährgut zur Fährgasse vorgelagert befand sich ein langgestrecktes Stall- und Wirtschaftsgebäude, das 1863 dem Straßenausbau weichen musste. Fährmeister Modes wurde entschädigt und errichtete dorfwärts zurückgesetzt die erst im Juli 2006 beseitigte Bausubstanz bis zur Scheune, die den Schlussstein »C M 1860« trug und ebenfalls nicht mehr existiert. Gleichzeitig entstand damals am Nordgiebel des großen Hauses ein sachlicher Anbau als nunmehriges Stallgebäude mit Obergeschoss.

Alle solche Gelegenheiten, aber auch die existenzgefährdenden Hochfluten der Elbe sowie familiäre Ereignisse hielten beide Fährmeistergenerationen Modes in einer Hauschronik fest. Bedauerlicherweise ist diese 1945 andernorts

Richard Mauffs, Fährgut, 1946, Tusche, für Martin Pietzsch zum 80. Geburtstag *Archiv OVLW*

Das Loschwitzer Fährgut im Festschmuck, um 1900, der Anlass der Aufnahme ist nicht bekannt.
Foto: Slg. Matthias Griebel

Im Garten des Fährhauses, 1894; in der Bildmitte Eleonore verw. Modes, hinter ihr Sprachlehrer Nestler und rechts Sohn Alexander Modes
Foto: LfD Sachsen, Slg. K. E. Scherz

Fährhäuschen mit dem Maler Eduard Heyn, um 1890, noch mit Straßenschild »Grundstraße« *Foto: Slg. Matthias Griebel*

verbrannt und nur ein Ausgabenbuch für die Jahre 1855 bis 1866 hat sich erhalten. Dennoch sind durch damalige Zeitgenossen sowie andere Quellen einige Begebenheiten aus dem 19. Jahrhundert überliefert. Von Kriegszeiten war vermerkt, dass die Modes 1813, als die Franzosen alle Kähne requirierten, die ihren samt Fähre »an den Weiden hinter Rossigs« in der Elbe versenkten und so vor dem Zugriff retteten. Und im Kriegsjahr 1866 (Preußen gegen Österreich) vermauerte der findige Hausbesitzer seine gefüllten Geldtöpfe in einer Wand der Oberstube. Von strengen Wintern wurde berichtet, dass die Fährleute für die Festigkeit der Eisbahn über die zugefrorene Elbe zu sorgen hatten und der geprüfte Übergang mit Tannenreisig markiert werden musste. Eine interessante Information lieferte eine zwischen den Deckenbalken aufgefundene Akzise-Quittung über »vergorenes Niederpoyeritzer« Bier, wonach in der großen Erdgeschossstube Anwohnern wie Fährgästen ein Trunk gereicht wurde. Auch erfährt man, dass im 19. Jahrhundert das kleine Fährhäuschen als »Sommerhäusgen« an Fremde vermietet wurde, wie an den Maler Anton Graff (1736 – 1813), als er um 1800 seine Elbansichten schuf.

Der Dichter *Moritz → Heydrich* (1820 – 1885, → *K1*) notierte in sein Tagebuch von 1851: »Seit dem 2. Mai wohne ich wieder auf dem Lande, in einem traulichen Stübchen an der Elbe in Loschwitz – das sogen. Wasserpalais da ich ganz alleine darin wohne. Als ich es gemiethet hatte, erfuhr ich, daß C. Maria von Weber darin gewohnt und componirt hat.«[2] Ist diese Aussage auch vage, so ist jedoch bezeugt, dass die Witwe des Komponisten, Carolina geb. Brandt (1794 – 1852), mit ihren Söhnen Maximilian Maria (1822 – 1881) und Alexander (1825 – 1844) den Sommer des Jahres 1840 im Fährgut verbrachte. Der künstlerisch hochbegabte Alex-

A. v. Weber, Fährmeister Carl Friedrich Modes d. Ä., Zeichnung *Slg. M. Griebel*

Blick in die Fährgasse, 1863 *Foto: August Kotzsch, Archiv Kirchgemeinde Loschwitz*

ander besuchte die Fährmeisterfamilie 1844 nochmals und zeichnete von Carl Friedrich Modes sen. ein Porträt. Zu dieser Zeichnung war in der Hauschronik vermerkt: »Am 26. Oktober AD 1845 [müsste richtig heißen: 1844] machte den letzten Strich dieser Zeichnung im Sommer-Häusgen begab sich [...] krank nach Dresden [...] starb den 31 ten und wurde am 2 ten November begraben. Alt zwanzig Jahr«.

Sogar zur alten Scheune gibt es ein interessantes Faktum. Der → *Fotograf* August Kotzsch (1836 – 1910, → *K1*) deponierte in ihr seine fahrbare Dunkelkammer, um den schweren Karren nicht jedes Mal auf den Berg bugsieren zu müssen. Kotzsch verkehrte auch familiär bei der Fährmeisterfamilie und traf dort honorige Zeitgenossen wie z. B. den → *Chronisten und Sprachlehrer* Moritz Julius Nestler (1841 – 1904). Ein Besucher überlieferte verwundert, dass die Fährmeistersfrau an »schönen Sonntagen das Überfahrtsgeld in der Schürze ins Haus getragen« habe.

Nach dem Verkauf 1896 an die Sächsisch-Böhmische Dampfschifffahrtsgesellschaft nahm die Witwe Modes ihren Alterssitz in der Pillnitzer Landstraße 26. Das Fährgut wurde an Fährmeister und Stationsvorsteher der Gesellschaft sowie an andere vermietet; das kleine Fährhäuschen stand jahrelang leer.

Der Hausbesitzer und Inhaber eines Textilgeschäftes in der Friedrich-Wieck-Straße 35, Friedrich Eduard Glanze (1861 – 1923), war von Profession Stellmachermeister. Im Jahre 1902 nahm er seine Werkstatt im Wirtschaftstrakt neben der Scheune des Fährgutes und war als tüchtiger Handwerker finanziell in der Lage, im Ersten Weltkrieg das gesamte Grundstück mit allen Gebäuden von der Dampfschiffgesellschaft zu erwerben. Nach seinem Tod sind Glanzes Erben die Besitzer. Das sind seine Witwe Lina geb. Kluge (1865 – 1935), die ihr nunmehriges Schuhgeschäft in der Nr. 35 bis Anfang der 1930er Jahre weiterführte, und die Kinder. Tochter Toni (1898 – 1979) heiratete den Bankkaufmann Herbert de Coster (1900 – 1945) und die Eheleute erwählten sich als Wohndomizil das elterliche Fährgut, wo ihnen Vater Glanze 1921 im Dachgeschoss eine »Notwohnung« ausbaute, die dann 1925 und 1936 um je ein Zimmer erweitert wurde.

Familie des Stellmachermeisters Eduard (links) und Lina Glanze (3. v. l.) mit den Kindern Gertrud, Martha, Frieda, den Zwillingen Max und Anna (mit ihrem Mann Martin Lau) sowie Toni, später verheiratete de Coster (rechts). *Foto: Herrmann Kotzsch*

In diesen Jahren verkehrten viele Künstler bei de Costers, denn der Bankkaufmann war ein begeisterter Kunstliebhaber und -sammler. Stets erinnerte sich seine Frau jener geistig ausgefüllten Zeit und der Künstlerbekanntschaften mit Wilhelm Lachnit (1899 – 1962, → *K1*), Conrad Felixmüller (1897 – 1977), Richard Dreher (1875 – 1932, → *K2*) und *Werner* → *Hofmann* (1907 – 1983, → *K1*), von denen sie auch Werke erwarben. Eine besondere Freundschaft bestand zu Peter August Böckstiegel (1889 – 1951, → *K1*), der ihnen den Wohnraum nach Süden stark farbig ausmalte – das sogenannte »Böckstiegelzimmer«.

Beim Luftangriff vom 13./14. Februar 1945 wurde auch das Fährgut beschädigt und Herbert de Coster verlor als Soldat bei Calau an der Elbe sein Leben.

Es ist nicht hoch genug zu würdigen, wie tatkräftig sich die verwitwete Frau Toni in all

Farbig gefasste Fensterläden von Werner Hofmann, überarbeitet durch Georg Griebel *Fotos: Slg. Matthias Griebel*

Blick in das restaurierte Böckstiegel-Zimmer, 2013 *Foto: E. Münzner*

den Nachkriegs- und DDR-Jahren des Mangels an Material und Handwerkern für den baulichen Erhalt des von etlichen Mietparteien bewohnten Fährgutes einsetzte.

Im Jahre 1963 bekam die Wohnung im Anbau »Matz« (Matthias) Griebel (* 1937, → *K1*) zugesprochen. Mit seinem Bruder Georg (1941 – 2002, → *K2*) wurde die neue Bleibe renoviert, und sie gewannen sogar Maurer für einen neuen Fassadenputz. Auf dessen ockergelben Anstrich wurden an der Schauseite ein Spruchband »Wo sich Fluß und Weinbau fanden, ist dieses alte Gut entstanden + Weinpresse bis 1839, Loschwitzer Fährgut bis 1862« aufgemalt und durch den Bildhauer Klaus Schwabe (* 1939, → *K2*) ein Sgraffito zweier Männer in einem Fährkahn angebracht. Wenige Jahre nach dem 1965 erfolgten Einzug erhielt auch die Fassade des Fährgutes einen neuen Anstrich und Georg Griebel restaurierte die einst von Werner Hofmann farbig gefassten Fensterläden.

Auch das kleine Fährhäuschen, das über Jahrzehnte das Ehepaar Richard und Lene Pohle bewohnt hatte und völlig desolat und »ausgestorben« war, erlebte nun eine Renaissance.

Es war 1967 dem Architekten Helmut Sprenger (1942 – 2007, → *K2*) zugesprochen worden, und er begann mit einer umfassenden denkmalgerechten Instandsetzung dieses Kleinodes. Zur Verbesserung seiner Wohnverhältnisse fügte er dem Häuschen gartenseitig einen aufgestelzten Anbau an und bezog 1969 sein schmuckes Domizil. Nach Sprengers Weggang in den Westen im Jahr 1976 wurden wohnungsamtlich neue Mieter eingewiesen.

Ende 1994 teilte die Erbengemeinschaft das Fährgut-Grundstück und separierte von ihm das Fährhäuschen als bleibenden Familienbesitz. Das große Areal samt Baulichkeiten wurde, obgleich ein denkmalgerechtes Sanierungskonzept von 1994 vorlag, im Dezember des Jahres verkauft. Nach Entkernung des großen Hauses und nachfolgender denkmalbeauflagter Sanierung (Erhalt des Böckstiegelzimmers), dem Abriss anderer marode Bausubstanz (auch der Scheune) sowie Um- und Ausbauten begann für das gesamte Anwesen ein neuer Zeitabschnitt.

Den wiederhergestellten Gebäuden wurden nachfolgend eigene Hausnummern zugeteilt: Das große Restaurantgebäude mit Fremdenzimmern, verglaster Terrasse und Biergarten (heute → *Gaststätte* »La Campagnola«) behielt die Nr. 45, der Anbau mit »Chocolaterie« wurde die Nr. 45a und die straßenseitige Spezialitätengastronomie mit Büroetage 45b (heute »Kleinerts Spezialitäten«, → *Gaststätten*). Der 2005 im Garten errichtete nüchterne Wohnzweckbau bekam die Hausnummer 41a, und das separate Fährhäuschen hatte schon vorher die Nr. 47 erhalten.

Nur noch mit Blick von der ehemaligen Fährstelle an der Elbe ist angesichts des kleinen Fährhäuschens mit seinen kugelbekrönten Torsäulen, dem dahinter sichtbaren verbretterten Giebel des großen Hauses und der umschließenden ehrwürdigen Grundstücksmauer noch etwas vom vergangenen Flair des alten Loschwitzer Fährgutes zu erahnen.

Matthias Griebel

Fotos: Ernst Hirsch

Bei Matz im Anbau

In der gediegen eingerichteten Wohnung verkehrten über drei Jahrzehnte viele Künstler, Studenten sowie manche Schar fröhlicher Zecher, 1982 sogar die Herrschaften »von Sachsen« aus dem Hause Wettin.

Eine Gruppe heimatbegeisterter Jugendlicher vom Elbhang tagte über viele Jahre zu ihrem beliebten Donnerstagtreff in der heimeligen Bleibe. Bei Unmengen von schwarzem Tee und Tabakqualm drehten sich die munteren Gespräche um sächsische Geschichte und die der Fürsten, heimatliche Werte überhaupt und natürlich die Historie von Loschwitz. Daher gründete die agile Truppe einen »Loschwitz-Fan-Club« (LFC), der auch Wanderungen und gemeinsame Reisen unternahm.

Den gewölbten ehemaligen Stall, der nun als Kohlenkeller diente, hatte »Schorsch« Griebel rundum mit lustigen Szenen aus dem Räuberleben ausgemalt. In diesem Räuberkeller fand natürlich manch' fröhliche Runde statt. Als aber um 1975 ein neuer Körnergartenwirt den ihm nicht genehmen »Künstlerstammtisch« vergraulte, kam es zu den illustren allfreitäglichen Kellerabenden; aber nur von Ostern bis zum »Tag der Republik« (7. Oktober), denn dann kamen die Kohlen. Stets hockte man auf den ehemaligen Bühlauer Kirchenbänken beinahe übereinander, denn es gab Ulk, Konversation und natürlich Bier, Wein, Schnaps und Soleier. Wenn auch die Kellerabende mit der einsetzenden Ausreisewelle retardierten, so fanden sie doch noch weiter statt, bis der Hausherr 1997 sein Domizil im Anbau des Fährgutes verließ.

Matthias Griebel

Lene Pohle, Witwe des Maschinisten Richard Pohle Foto: Heinz Wittig, Slg. Matthias Griebel

Zitate:
1 Münzner, Eberhard; maschinenschriftlich 2007
2 Heydrich, Moritz; Tagebuch; handschriftlich 1851
Quellen: 39, 335, 610, 672, 726, 766, 894, 907, 942, 1000

Fahrig, Clara; Dichterin und Schriftstellerin (1848 – 1905) → *K2*

Falkenberg, Nina; Gesangspädagogin und Schriftstellerin (1845 – ?) → *K2*

Faßmann, Jörg; Musiker (* 1966) → *K2*

Fehre, Johann Christian; Ratsmaurermeister (1649 – 1720) → *Loschwitzer Kirche*

Feiereis, Max

Kapellmeister, Musikdirektor und Dirigent (1882 – 1960)

Max Feiereis (→ *K2*) wurde am 27. Februar 1882 in Gusteutschel, Niederschlesien (1937 – 1945 Hahnenfeld, seit 1945 Kurowice, Polen) geboren. In der Zeit von 1896 bis 1899 erhielt er bei Musikdirektor Karl Edwin Gottlöber (1852 – 1912) in Stadt Wehlen, Sächsische Schweiz, eine Musikausbildung. Dieser vermittelte den jungen Mann an das Königliche Konservatorium in Dresden. Dort bekam Feiereis eine Flötenausbildung und spielte bald als Solist unter Musikdirektor August Trenkler (1836 – 1910, → *K1*) in den Dresdner Gewerbehauskonzerten, die den Dresdner Bürgern zu niedrigen Eintrittspreisen regelmäßig angeboten wurden. Sein Studium schloss er 1901 mit der Bestnote ab. Unermüdlich suchte er sich musikalisch weiterzuentwickeln und nahm Unterricht bei Felix Draeseke (1835 – 1913) und Kurt Striegler (1886 – 1958). Bald wurde sein Talent in Militärkreisen bekannt und er trat als Mitglied in das Musikkorps des 2. Königlich Sächsischen Grenadier-Regiment Nr. 101 ein. Im Jahre 1906 wurde er Oboist am Königlichen Konservatorium und begann auf Initiative des Königlich Preußischen Kriegsministeriums eine Ausbildung zum Kapellmeister in Berlin. Diese beendete der Musiker 1910 erfolgreich und erhielt auf Grund »vorzüglicher Leistungen« den Preis der Mendelssohn-Bartholdy-Stiftung. Im gleichen Jahr übernahm Max Feiereis die Leitung des Musikkorps als Musikmeister. Neben seiner Verpflichtung, Paraden, Wachaufzüge und andere militärische Zeremonien musikalisch zu gestalten, trat er mit seinem Musikkorps auch in allen namhaften Konzertstätten Dresdens auf, wo er viel Beifall erntete. Für Aufsehen sorgten die Aufführung des Requiems von Hector Berlioz (1803 – 1869) an der vom Hoforganisten Anton Dreyßig (1774 – 1815) gegründeten Dreyßigschen Singakademie in Dresden und das Konzert zur Eröffnung der Bildungsanstalt für Musik und Rhythmus des Reformators der Gymnastik Émile Jaques-Dalcroze (1865 – 1950) in Hellerau.

Der Erste Weltkrieg führte das Musikkorps zur Truppenbetreuung nach Frankreich. Die Aufführungen an der Front beinhalteten neben heiterer Musik auch anspruchsvolle Werke, u. a. die Sinfonien Nr. 1 bis 8 von Ludwig van Beethoven (1770 – 1827). 1915 wurde Max Feiereis vom sächsischen König Friedrich August III. (1865 – 1932) zum Königlichen Musikdirektor ernannt. Nach Kriegsende jedoch erfuhr die sächsische Armee eine drastische Reduzierung, sodass der Militärmusiker infolge seiner relativ

Kapellmeister Max Feiereis *Foto: K2*

wenigen Dienstjahre seinen Abschied von der Truppe nehmen musste. 1920 gründete er die zivile Feiereis-Kapelle, zu deren Repertoire bekannte Melodien aus Opern und Operetten gehörten, aber auch Sinfonien, Militärmusik und Unterhaltungstitel. Mit über 60 Musikern des Dresdner Philharmonischen Orchesters machte er seine Konzerte zum Besuchermagnet. 1921 bis 1932 war er sogar zeitweise der Dirigent der Dresdner Philharmonie bei den Sonntagskonzerten. In dieser Zeit nahm er eine Anzahl von Schellackplatten auf. 1920 bis 1926 wohnte Feiereis in Oberloschwitz in der heutigen Preußstraße 3.

Als im Dritten Reich die deutsche Armee reaktiviert wurde, fand Max Feiereis im Herbst 1934 wieder seinen Platz beim Militär als Obermusikmeister des neuaufgestellten Regimentes Döberitz im Havelland. Im April 1936 kehrte er als Stabsmusikmeister nach Dresden zurück und führte das Musikkorps des Infanterie-Regimentes 10. Wiederum gehörten neben den militärischen Pflichten des Korps auch zahlreiche öffentliche Auftritte zum musikalischen Schaffen, was Feiereis weit über Dresdens Stadtgrenzen hinweg bekannt machte. 1939 heiratete er die vom Weißen Hirsch stammende Opern- und Konzertsängerin Anne-Marie Gottlöber (1910 – 1997), deren familiäre Verbindung zum Lehrer in Stadt Wehlen nicht nachgewiesen werden konnte.

Während der ersten Jahre des Zweiten Weltkrieges kam es wieder zu Einsätzen bei der

> Bei den Auftritten im Hotel Demnitz, im Schillergarten oder im Parkhotel Weißer Hirsch, aber auch auf den Dampfern der Weißen Flotte sorgte Max Feiereis mit Werken von Wagner, Verdi und Beethoven sowie mit beliebten Operettenmelodien für Euphorie. In alten Zeitungen wird von Besucherströmen zu den Konzerten berichtet. In den 1950er Jahren soll manchmal sogar das Blaue Wunder gesperrt worden sein, wenn der legendäre Kapellmeister mit seinem Orchester im Schillergarten aufspielte und zu viele Passanten auf der Brücke verharrten und lauschten. Auch waren Sondereinsätze der Straßenbahn Linie 11 nötig, wenn das begeisterte Publikum nach dem Konzert vom Bühlauer Kurhaus zurück in die Innenstadt fahren wollte.

Truppenbetreuung an der Front. Die Musikkapelle spielte in Polen, Russland, Jugoslawien und Frankreich. Nunmehr 60-jährig, kehrte der Militärmusiker 1942 gänzlich in die Heimat zurück und arbeitete mit dem Ersatz-Regiment Nr. 524 in Dresden bis zum Kriegsende. Sein letztes öffentliches Konzert fand im Januar 1945 statt. Bei den Luftangriffen auf Dresden im Februar 1945 wurde er ausgebombt und verlor all seine Habe. Es folgte die Kriegsgefangenschaft bei den amerikanischen Alliierten und später in einem sowjetischen Lager in Hoyerswerda. Nach Hause zurückgekehrt, blieb Max Feiereis nur ein schwieriger Neuanfang. Zunächst sicherte er mit Flöten-, Violin- und Klavierunterricht sein Auskommen. In der Zeit von 1946 bis 1960 unterrichtete er viele Schüler. Auch trat er mit musikwissenschaftlichen Vorträgen in Erscheinung. Ab 1950 dirigierte er das Dresdner Konzertorchester. Bis 1958 hatte er mit seinen Musikern in verschiedenen deutschen Städten große Erfolge. Die Konzerte waren ausverkauft und die Musiker wurden begeistert gefeiert.

In den Zugaben ließ er gelegentlich seine immer noch vorhandene Vorliebe für Militärmusik aufblitzen. Max Feiereis starb am 16. Februar 1960 nach einjähriger schwerer Krankheit mit fast 78 Jahren in Dresden. Er wurde auf dem Friedhof in Dresden-Weißer Hirsch beigesetzt. **Achim Jannasch**

Quellen: 183, 252, 640, 725, 1255

Felber, Regina; Schauspielerin (* 1961) → *K2*

Feldtmann, Friederike; Malerin (1844 – 1920) → *K2*

Felkel, Günter; Schriftsteller (1921 – 2001) → *K2*

Fenk, Sylvia; Bühnen- und Kostümbildnerin (* 1966) → *K2*

Grußkarte mit dem Loschwitzer Festplatz zur Kirmesfeier (→ Brauchtum), 1911 *Slg. Matthias Griebel*

Feste

Brückenschlagfest

Im Nachklang der 100-Jahr-Feier des »Blauen Wunders« (1993) und nach der überstandenen Elbeflut von 2002 wurde im Sommer 2003 erstmalig das Blasewitz-Loschwitzer Brückenschlagfest gefeiert. Es sollte mit seinem Schwerpunkt rund um den Schillerplatz auch eine linkselbische »Antwort« auf das populäre Elbhangfest sein. Seit 2004 wird es regelmäßig am ersten September-Sonnabend begangen, veranstaltet und inhaltlich begleitet vom Verein »Brückenschlag Blaues Wunder e.V.«. Anfangs von etwa 35, inzwischen von 70 bis 100 Geschäften, Büros und verschiedenen gastronomischen Einrichtungen getragen, versucht das Fest immer wieder den »Brückenschlag« von Blasewitz nach Loschwitz. Bereits 2004 wurde unter einem prominenten Schirmherrn die pathetische Losung ausgegeben »In der Mitte des Weltkulturerbes Dresdner Elbtal«. Das anfangs erhoffte Engagement von Loschwitzer Mitgestaltern blieb zurückhaltend. 2006 lockten der legendäre Verkehrspolizist Günther Jakob (Schillerplatz) und ein abendliches Brückenfeuerwerk viele Besucher von beiden Elbseiten an. Wahrscheinlich noch mehr Festteilnehmer kamen 2007, als durch die straßenbaubedingte Vollsperrung des Körnerplatzes und der Elbbrücke »verkehrsberuhigte Bürger« Plätze und Brücke in Besitz nahmen. Eine beispielgebende Verkehrsberuhigung ging/geht auch von der festbedingten Sperrung der Hüblerstraße und der eintägigen kostenlosen Öffnung der SchillerGalerie-Tiefgarage aus. In den späteren Jahren wurde das Fest auch thematisch aufgewertet , so 2012 mit dem Slogan »Zirkus Zirkus« und 2013 unter dem Motto »Florenz an der Elbe«. Das Fest wird zunehmend als »Familientag beim Brückenschlag« begangen und beworben – ohne Eintrittsgeld – im Bewusstsein und der Hoffnung, dass das »Blaue Wunder« die Infrastruktur an beiden Ufern nachhaltig befördert. **Dietrich Buschbeck**

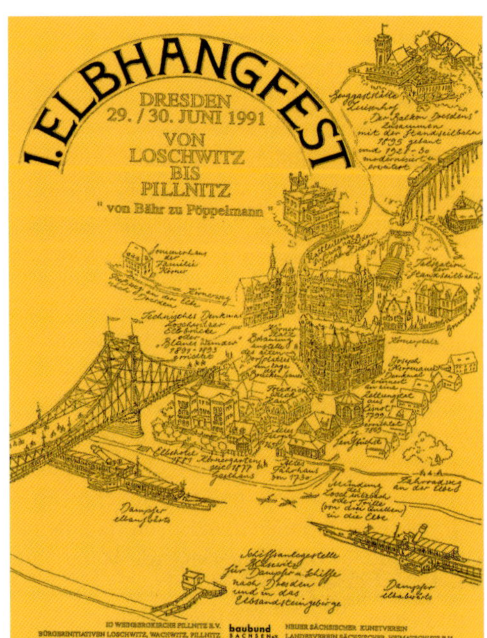

Plakat des 1. Elbhangfestes
Gestaltung: Susanne und Volker Berthold

Drachenbootfest → *Sport*

Elbhangfest

Das Elbhangfest ist ein inzwischen drei Tage dauerndes Kulturfest, das am Dresdner Elbhang, auf den vorgelagerten Elbwiesen und dem Fluss selbst entlang einer sieben Kilometer langen Feststrecke von Loschwitz bis Pillnitz gefeiert wird. Das Fest verbindet die Dorfkerne von Loschwitz, Wachwitz, Niederpoyritz, Hosterwitz und Pillnitz und den Pillnitzer Schlosspark. Es findet jährlich am letzten Juni-Wochenende statt und wird vor der Loschwitzer → *Kirche* eröffnet, wo auch der Festumzug nach Pillnitz startet.

Die Vereinssatzung garantiert den Charakter des Elbhangfestes als »Heimat-, Kunst- und Kulturfest, als Stadt- und Landschaftsfest freier Bürger«, die dort festgeschriebene »Wahrung

Wiederholung der Belastungsprobe von 1893: Blaues Wunder, Elbhangfest 1993. Foto: V. Berthold

Uschi Bohle, langjährige Chefmaskenbildnerin des Umzuges Foto: Doro Meyer

von Kultur und Identität der einzigartigen Stadtlandschaft des Dresdner Elbhanges zwischen Loschwitz und Pillnitz«[1] wird getragen von einem wohl einmaligen bürgerschaftlichen Engagement. Die »Wiege« des Elbhangfestes stand an vielen Orten: Beim Wachwitzer Brunnenfest 1988, in Kirche und Schule in Loschwitz, in der Weinbergkirche in Pillnitz und im Dienstzimmer des damaligen Stadtmuseumsdirektors Matthias Griebel (* 1937, → *K1*). Nach einem noch sehr spontanen 1. Elbhangfest 1991 wurde ein gemeinnütziger Verein als Träger gegründet, der 2014 rund 190 Mitglieder zählt. Reinhard → *Decker* (* 1951, → *K2*) war dessen erster Vorsitzender und blieb dies von 1991 bis 2007. Ihm folgten Jochen Schnabel (* 1960) und 2011 Volker Wenzel (* 1962).

Ein anfänglicher Gedanke der Fest-Erfinder war es, eine Brücke zwischen den Wiederaufbaubemühungen um die Weinbergkirche Pillnitz und die Loschwitzer Kirche zu schlagen und diese auch finanziell zu fördern. Nach der Fertigstellung der Kirchen blieb das Anliegen, Kultur zu fördern und die Verbundenheit zur Heimat und untereinander zu stärken.

Der Wachwitzer Architekt und Ausstellungsgestalter Volker Berthold (* 1935, → *K1*) widmete dem Fest den von ihm gezeichneten Elbhangfries, der seitdem die Drucksachen schmückt. Gemeinsam mit seiner Ehefrau Susanne (* 1936, → *K2*) schuf er das Erscheinungsbild des Festes in Schwarz-Gelb mit dem Logo in Bogenform, das einem Elbdampfer-Radkasten nachempfunden ist, und die ersten Plakate. Seit 1994 führt Holger Friebel (* 1962, → *Zeitungen und Verlage*) dieses Gestaltungskonzept fort.

Volker Wenzel – hier beim 2. Elbhangfest – engagiert sich als Mitbegründer seit 25 Jahren für das Fest – als Festausschussmitglied, Geschäftsführer und seit 2011 als Vorsitzender des Vorstandes. Foto: Jürgen Frohse

Hervorgegangen aus Bürgerstolz und Bürgersinn für die Landschaft, die Leichtigkeit des menschlichen Seins als Pendant zur Natur. Der Freiheitsgedanke von 1989, nicht nur »wir wollen raus«, nein »wir lassen rein«! Die Elbhangbewohner öffneten ihre Gärten und Herzen und ließen so alle Interessierten an diesem herrlichen Fleckchen Erde teilhaben. Unser Refugium – der Hang zum Genießen! Das Elbhangfest – wo es plötzlich keinen geregelten Tagesablauf mehr zu geben scheint. Wie, wann und wo man wacht, schläft, isst, trinkt, singt, liebt und lacht.[2] **Tom Pauls**

Organisiert wird das Festgeschehen durch ein ganzjährig tätiges hauptamtliches Organisationsbüro und einen aus vielen Arbeitsgruppen bestehenden ehrenamtlichen Festausschuss. Die zahlreichen Mitwirkenden der einzelnen Festjahre sind in den jeweiligen Pro-

Die »Künstlergalerie« 1998, aus der später zwei Bücher entstanden Foto: Holger Friebel

Tom Roeders »Feuerwerksschiff«, 1999
Foto: Gerald Iltgen

Mitglieder des Festausschusses, 2015 *Foto: Gregor Fischer*

grammheften nachzulesen. Ein weiterer Höhepunkt der jährlichen Vereinsarbeit ist seit 1997 ein stimmungsvoller und sehr beliebter → *Weihnachtsmarkt* im Loschwitzer Dorfkern.

Bereits seit dem zweiten Fest hat der Verein jedoch häufig mit finanziellen Nöten zu kämpfen. Die Größe des Festgeländes, Wetterrisiken, Hochwasserkatastrophen, aber auch organisatorische Schwächen, häufig wechselnde Geschäftsführer und Nachwuchsprobleme bereiten in einem Umfeld mit mehr Konkurrenzveranstaltungen und weniger öffentlicher Förderung existenzielle Sorgen.

In der verantwortungsvollen Position des Geschäftsführers prägten vor allem Volker Wenzel, Kerstin Kochan und Mandy Mitter das Festgeschehen. Auf Vera Steinfelder, langjährige Mitarbeiterin des Elbhangfestbüros, folgte 2013 Ulrike Schüler als Programmkoordinatorin.

Mit jährlich wechselnden Mottos gibt sich jedes Elbhangfest ein eigenes Thema mit Bezug in die Geschichte und Gegenwart seiner Anwohner oder deren – mitunter auch ferneren – Nachbarn.

Die wichtigsten Elemente des Festes sind die am Festwochenende weitestgehend autofreie Pillnitzer Landstraße, der große Loschwitz und Pillnitz verbindende Festumzug, Weindörfer mit Festbühnen in Loschwitz, Wachwitz und Pillnitz, Straßenmärkte in Niederpoyritz und Hosterwitz, Parkfeste an der Königlichen Villa in Wachwitz und im Schlosspark Pillnitz. Ein besonderer Festhöhepunkt gehört zu jedem

»Oper ohne Schiff«, 2006 von Tom Roeder
Foto: Gerald Iltgen

Die »Trille-Nacht« 2009 im Weindorf Loschwitz, bei der an die legendären → Gullyfeste erinnert wurde.
Foto: Johannes Dose

Plakat des 20. Elbhangfestes
Zeichnung: Holger Friebel

Thema. Musikalisch wird das Fest seit vielen Jahren gerahmt von einem Eröffnungskonzert in der Loschwitzer Kirche und einem Abschlusskonzert im Pillnitzer Schlosspark.

Das erste unvergessliche Ereignis für Loschwitz war die symbolische Grundsteinlegung zum Wiederaufbau der Loschwitzer → *Kirche* beim 1. Elbhangfest. Weitere Höhepunkte für Loschwitz waren 1993 die Aufführung der Oper »Der Mond« von Carl Orff (1895 – 1982) mit der Dresdner Philharmonie und inszeniert von Tom Roeder (* 1966, → *K2*) sowie die Wiederholung der Belastungsprobe auf dem gesperrten Blauen Wunder anlässlich dessen 100jährigen Jubiläums. Unvergessen bleiben auch die »Künstlergalerie« 1998, die Ankunft des »Feuerwerksschiffes« 1999, der nächtliche Lichterzug tausender Bürger beim Ludwig Richter-Thema 2003, das Finale von »Oper ohne Schiff« mit dem schwimmenden Grammophon 2006 – wie schon das »Feuerwerksschiff« ebenfalls von Tom Roeder inszeniert – und die »Trille-Nacht« 2009.

Holger Friebel

Zitate:
1 SatzungElbhangfest e. V.
2 Pauls, Tom; Verweile doch, hier ist's so schön; in: Festschrift: Zwanzig Elbhangfeste; Dresden 2010
Quellen: 51, 274, 724

Kurios: Gullyfeste 1966/67

Als Ausweichmöglichkeit für ein verregnetes privates Gartenfest hatten wir Organisatoren den immerhin von oben trockenen Trillekanal unter der Friedrich-Wieck-Straße auserwählt. Doch wurde eine äußerst unwirtliche Lokalität vorgefunden. Der kräftige Sog in dem kaum mannshohen Betontunnel musste zuerst mit Decken und Planen gebremst werden, dann wurden herbeigeschleppte Gartenmöbel längs über den Bachlauf platziert und der üble Geruch weggeräuchert.

Eine festliche Tafel mit Broilern, Würsten, Semmeln und Obst war bald hergerichtet, das Bier kastenweise heruntergeschleppt. Der ans Elbufer umdirigierte Freundeskreis staunte nicht schlecht ob dieses ungewöhnlichen unterirdischen Festsaales mit seinen im Durchzug fast waagerecht flackernden Kerzen. Aber es wurde ein ausgelassenes feuchtfröhliches Gullyfest mit Gitarren- und Banjo-Musik, Scherzliedern und allerlei Klamauk. Trotz des nächtlichen Besuches völlig verdutzter Ordnungshüter ging die Tunnelnacht erst mit Erschöpfen der Trinkvorräte zu Ende. Doch das Erstaunen der Anwohnenden war am nächsten Morgen groß: Ein nächtens niedergegangener Wolkenbruch hatte die Trille stark anschwellen lassen und alles Mobiliar samt Dekoration an die kleine Bachbrücke abgeschwemmt und zu einer futuristischen Installation aufgetürmt.

Tonplakette zum 2. Gullyfest 1967 von Karl-Heinz Appelt
Slg. M. Griebel

Natürlich planten wir eine Wiederholung für das kommende Jahr. Diesmal wurden Klimatisierung und Ausstattung verbessert und sogar ein Klavier in den Kanal gehievt. Auch hatte der Bildhauer Karl-Heinz Appelt (1940 – 2013, → *K1*) eine Festplakette in ziemlicher Auflage produziert. Da sich das kuriose Unterfangen indessen weit herumgesprochen hatte, gab es reichlichen Zulauf. Auch hatten sich Musikanten mit ihren Instrumenten eingefunden und trugen kräftig zu dem burlesken Spektakel bei. Der Musiker Gerd Hausmann (1935 – 2000) traktierte ordentlich das Piano und kreierte seine Komposition »Wenn der Vollmond lacht in Septembernacht, komm in' Gully…«. Offensichtlich aber dröhnte der unterirdische Tumult durch die Schleusendeckel nach oben und aus der Bachöffnung ans andere Elbufer. Wie auch immer, das zweite Gullyfest fand ein abruptes Ende: Scheinwerfer, Deutsche Volkspolizei, Ausweiskontrolle und die übliche Frage nach dem Veranstalter; alle hoben die Hand.

Doch die Gullyfeste waren damit passé und lebten nur noch als Erinnerung im sozialistischen Alltag aller Beteiligten weiter.

Matthias Griebel

Quelle: 894

Die Mottos der 25 Elbhangfeste

1991: »Von Bähr zu Pöppelmann«
1992: »Von Körner zu Weber – Landschaft der Romantik«
1993: »100 Jahre Blaues Wunder«
1994: »Um Sack und Perücke – Barockes Treiben«
1995: »Drahtseilbahn und Weinbergschnecke – Der Hang nach oben«
1996: »Unter italischem Himmel – Pasta – Siesta – Musica!«
1997: »Von der Chaise zur Polonaise – Nachbarn lassen bitten«
1998: »Mit Pinsel, Pauken und Poeten – Kunst am Abhang«
1999: »Verschwommen sieht der Lachs uns kommen«
2000: »Wachwitz zeigt die Zehne – 600 Jahre Wachwitz – 10 Jahre Elbhangfest«
2001: »Sauerlump und Königskerze – Was uns so alles blüht«
2002: »Kneippen, Kuren und L'Amouren«
2003: »Zündet Lichter für Ludwig Richter«
2004: »Wenn die Böhmen mit den Sachsen…«
2005: »Nehmt hin die Welt! rief Zeus von seinen Höhen«
2006: »Rumopern bis zum Abpfiff«
2007: »Schau an der schönen Gärten Zier«
2008: »Dreht sich's zünftig – dreht sich's künftig«
2009: »Schätze der Freiheit: Schätze die Freiheit!«
2010: »Der Elbhang träumt«
2011: »Odole mio – Lingner in aller Munde«
2012: »Das ewig Weibliche zieht uns zum Hang«
2013: »Mein lieber Schwan«
2014: »Von Nieder-Wach bis Hoster-Losch – dem Pill-Witz auf der Spur«
2015: »Wasser, Weine, Urgesteine –700 Jahre Loschwitz · 25 Jahre IG Weinbergkirche«

Heimatfest 1922 → *Schule*
Kirmes → *Brauchtum*
Ludwig-Richter-Feiern → *Ludwig Richter*

Schiller-Feiern

Diese fanden zumeist in Bezug auf die Lebensdaten des Dichters statt:

geboren am 10. November 1759 in Marbach, gestorben am 9. Mai 1805 in Weimar.

1855: 50. Todestag

In diesem Gedenkjahr mit ersten Initiativen zur Errichtung einer Schiller-National-Lotterie fanden auch in Loschwitz Feierlichkeiten statt: Am 10. Mai wurde die durch den Dichter Julius Hammer (1810 – 1862, → *K1*) initiierte Gedenktafel am Schillerhäuschen (→ *Körnerhaus und Schillerhäuschen*) angebracht. Festworte sprachen die Schriftsteller Wilhelm Wolfsohn (1820 – 1865), Berthold Auerbach (1812 – 1882) und Karl Gutzkow (1811 – 1878). Auch wurden zum Andenken an die Freundschaft Schillers mit Körner eine Eiche und eine Linde gepflanzt.

1859: 100. Geburtstag

Das Jahr bildete durch die Gründung der Deutschen Schillerstiftung sowie der Dotierung eines Schillerpreises als Ehrenpreis für dramatische Werke durch den Prinzregenten von Preußen einen Höhepunkt in der Verehrung des Dichters. Am 10. November fand ein großer Aufzug der Loschwitzer sowie Schillerverehrer aus nah und fern zum Schillerhäuschen statt, wo des Dichters in vielfältiger Weise gedacht wurde. Zu diesem Anlass hatte der Besitzer der → *Villa »Orlando«* eine Schillerstatuette gestiftet – eine Nachbildung des Denkmals von Ernst Rietschel (1804 – 1861) am Dresdner Hoftheater – und sie gegenüber des Schillerhäuschens wirksam aufgestellt.

1885: Einhundertste Wiederkehr des Einzugs bei Körners

Im festlich geschmückten Grundstück am Schillerhäuschen fand am 12. September eine ländliche Feier statt. Dabei sang der Schülerchor das »Lied der Loschwitzer« von Bürgerschullehrer Moritz Julius Nestler (1841 – 1904) unter der Leitung des → *Kantors Pohle* (1830 – 1892, → *K1*), der auch die Festrede hielt, und brachte zum Schluss Schillers »An die Freude« zu Gehör.

Die Hauptfeier war für Blasewitz vorgesehen und fand am 16. September statt. Pohle berichtet: »In reizend dekorierten Gondeln, umgeben von einer zahlreichen, kostümierten Begleitung, fuhr man von den Wiesen unterhalb Blasewitz hinüber nach Loschwitz. Die Fahrt ging unter Glockengeläut und Böllerschüssen stromauf, und unterhalb des Gasthofgartens setzte die ganze Flottille – ein herrliches Bild – nach Blasewitz über. Der erste Kahn trug in treuester Nachahmung Schiller, Körner und Frau Körner und den Blasewitzer Kirchenkomponisten und Hofkapellmeister Naumann. Viel Volks in ländlicher Tracht empfing die Ankommenden. Der Zug bewegte sich nun an der Elbe herab, aufwärts nach dem Eingange zum Schillergarten, durch diesen hindurch nach der [...] hergerichteten Bühne, wo ein für diesen Zweck gedichtetes Stück zum Vortrage kam. Das reiche Festprogramm fand seinen Endpunkt mit reichem Feuerwerk, besonders vom Schillerberge aus und mit teilweiser Höhenbeleuchtung.« [1]

1895: 90. Todestag

Am Schillerhäuschen wurde ein Rundbild mit dem Kopf des Dichters angebracht.

1905: 100. Todestag

Vor dem festlich geschmückten → *Körnerhaus* versammelten sich die Loschwitzer sowie zahlreiche Gäste am 9. Mai zu einer Gedenkfeier mit Festrede.

1909: 150. Geburtstag

Am 10. November fand eine offizielle Festfeier statt. Dazu erschienen vom Maler Hermann Vogel (1854 – 1921, → *K1*) gezeichnete Ansichtskarten, auf denen auch für den geplanten Körner-Schiller-Brunnen (→ *Denkmale*) geworben wurde.

1912: Weihe des Körner-Schiller-Brunnens

An der festlich geschmückten Schillerstraße, gegenüber dem Schillerhäuschen, wurde der Brunnen am 18. Mai durch die Gemeinde im Beisein von König Friedrich August III. (1865 – 1932) feierlich der Öffentlichkeit übergeben.

1959: 200. Geburtstag

Aus diesem Anlass fand ein Fackelzug der Dresdner Jugend zum Loschwitzer Schillerhäuschen statt. Zu den besonderen Ereignissen zur Ehrung des Dichters gehörte auch eine Neuinszenierung des Schauspiels »Die Räuber« am Großen Haus der Staatstheater.

2005: 200. Todestag

Das → *Elbhangfest* dieses Jahres unter dem Schillerzitat »Nehmt hin die Welt! rief Zeus von seinen Höhen« bot ein diesbezügliches reichhaltiges Veranstaltungsprogramm. Am 5. Mai wurde auch das Schillerhäuschen nach mehrjähriger Schließung mit neu konzipierter Ausstellung sowie einer öffentlichen Feier wieder eröffnet.

2009: 250. Geburtstag

Verbunden mit der Aufstellung der Weinpresse im Grundstück am Körnerhaus fand am 21. Juni ein Schillerfest statt. Der Direktor des Goethe- und Schiller-Archivs Weimar Dr. Bernhard Fischer (* 1956) erinnerte dabei an das Thema »Schiller in Dresden«, das anschließend schauspielerisch und musikalisch interpretiert wurde.

Matthias Griebel

Zitate:
1 Pohle, Friedrich Wilhelm; Chronik von Loschwitz; Dresden 1887
Quellen: 231, 616, 824

Schulfeste → *Schule*
Sportfeste → *Sportvereine*

Schillerfest in Blasewitz mit den Festkähnen, 1885
Foto: LfD Sachsen, Slg. K. E. Scherz

Ein Loschwitzer Polizist beaufsichtigt die Warteschlange vor dem Körnerhaus zur Feier anlässlich des 100. Todestages, 1905 *Foto: Stadtarchiv*

Georg Schwenk, Friedrich von Schiller-Gedenkfeier, 1905, Kreide in Schwarz, Feder, Tusche
Heute bewahrt in der Städtischen Galerie Dresden – Kunstsammlung, Museen der Stadt Dresden

O M
Lo

Die »Galerie im Buch«

Mitglieder der Freiwilligen Feuerwehr, 1875 *Foto: Slg. Eberhard Münzner*

Feuerwehr

Am 18. Februar 1775 erließ Kurfürst Friedrich August III. (1750/1763–1827) das »Mandat die auf den Dörfern zu beobachtende Feuerordnung betreffend«. In diesem Zusammenhang ist auch in Loschwitz erstmals ein organisiertes Feuerlöschwesen entstanden. Das gemäß § 3 des Mandates in der Mitte des Ortes dafür zu errichtende Spritzenhaus stand links am Eingang der Grundstraße vor dem späteren Ratskeller (→ *Gaststätten*), daneben ein überdachtes Gerüst zum Aufbewahren von Leitern und Einreißhaken. Die Bedienung und den Transport der Spritze mussten dienstverpflichtete Einwohner und deren Zugvieh übernehmen. Zunehmend musste man feststellen, dass diese dienstverpflichteten, schlecht ausgebildeten und schlecht ausgerüsteten Löschmannschaften eine ungenügende Einsatzbereitschaft entwickelten. Von den sich im 19. Jahrhundert herausbildenden demokratisch gesinnten, fortschrittlichen Bewegungen – vor allem die der Deutschen Turnerschaft – ging der Gedanke aus, dies zu ändern und den Feuerlöschdienst auf freiwilliger Basis mit straffer Disziplin durchzuführen. In Meißen konnte dieser Gedanke erstmalig in Deutschland mit der Gründung des »Freiwilligen Lösch- und Rettungs-Corps« am 17. Juli 1841 verwirklicht werden. Weitere Gründungen folgten sehr zögerlich, meist musste erst als Initialzündung ein großes Brandereignis vorausgehen. In Loschwitz war es der Brand der Lohschänke (→ *Gaststätte Weißer Adler*) am 30. Juni 1873, bei der die Schänke bis auf die Grundmauern niederbrannte.

Nach einem Aufruf von Staatsbaumeister *Theodor* → *Lehnert* (1828–1910, → *K2*) fand am 12. Juli 1873 die Gründung der gemeinsamen Freiwilligen Feuerwehr-Companie Loschwitz/Weißer Hirsch statt. Ihr gehörten als Gründungsmitglieder 45 Kameraden an, die meist aus dem Handwerkerstand kamen. Eine Sammlung für die Anschaffung weiterer Geräte und einheitlicher Dienstkleidung, für die Lehnert in den Gemeinden aufgerufen hatte, erbrachte den Betrag von 400 Talern. Einstimmig wurde als erster Hauptmann Theodor Lehnert und als dessen Stellvertreter und Zugführer der Schlossermeister Adolph Schimron gewählt. Für die neue Feuerwehr (FFw) wurden als Ausrückebereich von der Amtshauptmannschaft die Ortsgebiete, die angrenzenden Ortschaften und das Fischhäuser Forstrevier festgelegt.

Eine große Herausforderung für die erst zwei Jahre alte FFw war die Bewältigung der Folgen des Unwetters am 17. Juni 1875. Durch einen schweren, unwetterartigen Wolkenbruch waren die gesamte Grundstraße und Teile der Pillnitzer Landstraße überflutet und unpassierbar geworden sowie großer Schaden an den anliegenden Gebäuden und Grundstücken entstanden. Im Loschwitzgrund hatten die Wassermassen u. a. alle Brücken und Stege weggerissen. Die Aufgabe der FFw war hier vor allem, die Befahr- und Begehbarkeit der Straßen und Wege wiederherzustellen sowie drei Behelfsbrücken und 20 Hilfsstege zu bauen. Es gelang unter schwierigsten Bedingungen nur in Handarbeit und nachts bei Kienfackelschein. Neben diesen Arbeiten mussten sie auch noch Posten, unterstützt vom Militär, zur Regulierung des »Katastrophentourismus« stellen, der dann am Sonntag dem 20. Juni 1875 noch nie erlebte Ausmaße angenommen hatte. Die Grundstraße und

25 Jahre Freiwillige Feuerwehr Loschwitz-Weißer Hirsch vor Turnhalle und Körnerschule, 1898
Foto: Adam & Kotzsch, Slg. Eberhard Münzner

Episode aus dem Einsatzprotokollbuch:
Stubenbrand 4. August 1894
Brandort: Grundstraße Nr. 235 (heute Nr. 16)
Brandursache: Der vierzehnjährige Schulknabe Max Junker hat mit der Petroleumlampe, die er in der Hand hielt, unachtsam die Bettdecke angezündet, als er unter dem Bett nach dem Nachtgeschirr suchte.
Brandschaden: Bett, Sofa und Tischdecke verbrannt sowie vier Kanarienvögel erstickt.

die Pillnitzer Landstraße mussten deshalb für Besucher gesperrt werden. Gemeinsam mit dem Hauptmann der FFw Theodor Lehnert besuchten am Sonntag, dem 20. Juni 1875, König Albert (1828/1873 – 1902) und der Innenminister Hermann von Nostitz-Wallwitz (1826 – 1906) die Unglücksstätten und sagten die Mithilfe des Staates bei der Beseitigung der Schäden zu. Der neuen Schneidemühle von Rudolf Schäffer (Grundstraße 82 → *Mühlen*) war allein ein Schaden von 20.000 Talern entstanden. Die FFw erhielt als Anerkennung für ihren vorbildlichen Einsatz einige Spenden für die Feuerwehrkasse.

Eine große Erleichterung für die Löschwassergewinnung der FFw waren die vom → *Loschwitzer Wasserwerk* nach und nach im Ort verlegten Hydrantenleitungen. Bei einer großen Spritzenprobe an Demnitzens Gasthof (→ *Gaststätten*) konnten sie 1874 erstmalig erfolgreich erprobt werden.

Der Feuerwehr oblag nicht nur die Bekämpfung von Bränden und Gefahren, sondern sie hatte auch unterschiedliche Aufgaben im vorbeugenden Brandschutz wahrzunehmen. Ab September 1875 musste deshalb z. B. die FFw auch bei den zahlreichen Veranstaltungen in den vielen in ihrem Zuständigkeitsbereich liegenden Gasthofsälen Brandwachen stellen.

Bei dem Unwetter 1875 war auch das zweite Loschwitzer Spritzenhaus, das am Beginn des heutigen Zugangs zum → *Ludwig-Richter-Denkmal* stand, in Mitleidenschaft gezogen worden bzw. war es bei Hochwasser nicht erreichbar. Es wurde deshalb das eingangs erwähnte erste Spritzenhaus an gleicher Stelle 1883 durch einen größeren Neubau ersetzt und das in dem Leonhardischen Grundstück (Grundstraße 26) befindliche aufgegeben. Für die Steigleiterübungen und zum Schlauchtrocknen wurde an der Hofseite der 1891 errichteten Schulturnhalle (Pillnitzer Landstraße 16, → *Schulen*) ein stählerner Steigerturm angebaut. Neben diesem Hauptdepot bestanden im Loschwitzer Gemeindebereich noch bis zu neun Nebendepots. Diese Nebendepots existierten z. B. in den → *Gaststätten* »Schöne Aussicht«, »Felsenburg«; »Haideschlößchen« und im → *Schloss Albrechtsberg*. Auf Grund des weitläufigen Loschwitzer Ortsgebietes wurden in diesen Nebendepots weitere zusätzlich benötigte Materialien wie Schläuche, Leitern und ähnliches gelagert, die man nicht mit den zur Verfügung stehenden Fahrzeugen aus dem Hauptdepot mitbringen konnte.

Den Vorspanndienst für das Fahren der Loschwitzer Feuerwehrfahrzeuge hatte man ab 1878 dem Kameraden der FFw Fuhrunternehmer Carl Kunath (→ *Handw. u. Gew.*) übertragen. Wie die Kutscher berichteten, wurden die Pferde bei Alarm sofort unruhig und konnten es nicht erwarten, mit der Spritze loszustürmen. Wahrscheinlich gab es bei dem schnellen Erreichen der Brandstelle für sie besondere Leckerbissen. Davon profitierten nicht nur sie, sondern auch die ganze Feuerwehrmannschaft. Es wurde damals genau notiert, welche Feuer-

Protokoll zur Konstituierung der Compagnie der Freiwilligen Feuerwehr für Loschwitz und Weißer Hirsch vom 12. Juli 1873

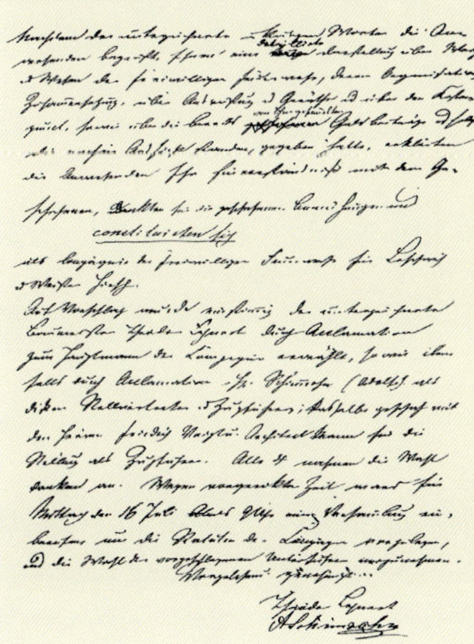

Nachdem Unterzeichnete m. kurzen Worten die Anwesenden begrüßt sowie eine detaillierte Darstellung über Werth u. Wesen der Freiwilligen Feuerwehr, den Organisationszusammenschluß über Ausrüstung und Geräte und über den Kostengrund, sowie über die bereits von ihnen gesammelten Geldbeträge und die noch in Aussicht standen, gegeben hatte, erklärten die Umstehenden Ihr Einverständnis mit dem Geschehen, dankten über die geschehenen Bemühungen und constituierten sich als Compagnie der Freiwilligen Feuerwehr für Loschwitz u. Weißer Hirsch. Auf Vorschlag wurde einstimmig der Unterzeichnete Baumeister Theodor Lehnert durch Aclamation zum Hauptmann der Compagnie erwählt, sowie ebenfalls durch Aclamation Herr Schimron (Adolf) mit den Herren Friedrich Voigt u. Architekt Mann für die Stellung als Zugführer. Alle 4 nahmen die Wahl dankend an. (...)
Theodor Lehnert, A. Schimron
Stadtarchiv Dresden

Übung der Freiwilligen Feuerwehr Loschwitz auf dem Körnerplatz, 1902
Foto: Slg. Eberhard Münzner

Freiw. Feuerwehr
Loschwitz.
Sonntag, den 10. Dez.
vormittags ½11 Uhr
Uebung.

Anzeige, Loschwitzer Anzeiger, 1916 Slg. Matthias Griebel

wehr als erste an der Brandstelle eintraf und wer zuerst Wasser gab. Danach wurden in diesen Zeiten vielfach die oft von den Versicherungen ausgesetzten Prämien berechnet.

Die gemeinsame Freiwillige Feuerwehr-Companie Loschwitz/Weißer Hirsch löste sich nach 1895 auf und deren FFw wurden in beiden Orten als selbstständige Einheiten weitergeführt. Der Grund der Trennung konnte leider bisher noch nicht ermittelt werden.

Wie den Einsatztagebüchern zu entnehmen ist, war sehr oft der fahrlässige Umgang mit offener Flamme – Kerzen, Petroleumlampen u. ä. – Ursache von Bränden. Vermutlich ist auch der große Brand im → *Künstlerhaus* am 7. Oktober 1904 ca. 2 Uhr nachts darauf zurückzuführen. Der Brand hatte das ganze Dachgeschoss des Gebäudes mit dem Atelier von Kunstmaler Ernst Hermann Walther (1858–1945, → *K2*) total zerstört und auf die darunterliegenden Ateliers übergegriffen. Bedingt durch die Höhe des Gebäudes kam die FFw mit ihrem vorhandenen Leiterpark an ihre Leistungsgrenze, zumal sie noch durch einen Weststurm behindert wurde. Gemeinsam mit den FFw vom Weißen Hirsch, Blasewitz, Wachwitz, Niederpoyritz, Fabrikfeuerwehr Helfenberg, Großzschachwitz und Tolkewitz konnte der Brand erfolgreich gelöscht und auf den vorgefundenen Brandbereich begrenzt werden. Durch die Brandbekämpfung war der Löschwasserschaden fast im ganzen Gebäude beträchtlich.

Bedingt durch die Entwicklung des Ortes und der Feuerwehrtechnik genügte das Depot auf der Grundstraße 1 mit seinen zahlreichen Nebendepots nicht mehr den Anforderungen. Die Gemeinde beabsichtigte deshalb 1908, die Feuerlöschgeräte und den Feuerwehrübungsplatz auf einem ihr gehörenden Grundstück an der König-Albert-Allee (heute Fidelio-F.-Finke-Straße 4) zusammenzuführen. Auf Grund der Überbauung der Hochwasserlinie wurde das Vorhaben nur mit der Auflage genehmigt, dass das Kellergeschoss zwischen den vorgesehenen Pfeilern und dem Turm nicht massiv geschlossen werden darf. Im Mai 1910 konnte dann die FFw das vermutlich von dem Architekten Prof. Gottfried Schramm (1857–1922, → *K2*, → *Baumeister und Architekten*) entworfene repräsentative Feuerwehrdepot mit Steigerturm zur Benutzung übernehmen (→ *Fidelio-F.-Finke-Straße*, → *Vereine/Kunstverein Alte Feuerwache*).

Das furchtbare Ereignis des Ersten Weltkrieges (1914–1918) hat leider auch in der FFw seine Spuren hinterlassen. Sechs Kameraden kehrten nicht von den Schlachtfeldern zurück. Mit einer Gedenktafel an der Straßenseite des Depots wird an sie erinnert (→ *Denkmale*).

Eine einschneidende Veränderung bedeutete die Zwangseingemeindung am 1. April 1921 nicht nur für den Ort, sondern auch für die FFw. Sie hörte als selbstständige Ortsfeuerwehr auf zu bestehen und wurde als eine der sieben städtischen FFw in das System der Berufsfeuerwehr der Stadt Dresden als »Feuerwehr Dresden, Freiwillige Feuerwehr Loschwitz« eingegliedert. Als solche beteiligte sie sich auch an den Löscharbeiten bei dem Großbrand der Weigeltschen Schneidemühle (→ *Mühlen*) (ehemals Grundstraße 82) am 6. Mai 1925, bei der diese

Jubiläum 50 Jahre Freiwillige Feuerwehr Loschwitz *Foto: Hahn Nachf., Slg. Eberhard Münzner*

Beim Brand der Schneidemühle im Loschwitzgrund am 6. Mai 1925 kam die Freiwillige Feuerwehr Loschwitz zu ihrem größten Einsatz.
Foto: Slg. Eberhard Münzner

durch das Feuer völlig zerstört wurde. Bei dem Eintreffen des 1. Löschzuges der Wache Striesen standen nach Betriebsschluss die Gebäude schon in hellen Flammen. Mehrere Züge der Berufsfeuerwehr Dresden sowie die FFw von Loschwitz, Weißer Hirsch, Bühlau und Weißig konnten nicht verhindern, dass die Schneidemühle mit allen Nebengebäuden niederbrannte. Ein Übergreifen auf benachbarte Wohngebäude konnte aber abgewendet werden. Die Brandursache war nicht zu ermitteln. Zwecks Ausbaues der Grundstraße fanden zum Zeitpunkt des Brandausbruches ohnehin Verhandlungen zwischen der Stadt Dresden und der Erbengemeinschaft zum Verlegen des Betriebes nach Striesen statt.

Bedingt durch die 1930 erfolgte Eingemeindung von Wachwitz nach Dresden wurde deren FFw aufgelöst und der FFw Loschwitz zugeordnet. Alle FFw der Stadt Dresden wurden 1931 einheitlich mit neuen Kraftzugspritzen (Kz S8) vom Typ Mercedes 50 PS ausgerüstet; so auch Loschwitz.

Nach 1933 begann eine Neuordnung der gesamten Polizei und Feuerwehr im Deutschen Reich mit dem Ziel der Vereinheitlichung unter zentraler Führung, die sich im Erlass von zahlreichen Verordnungen und Gesetzen widerspiegelt. Sichtbar wurde dies auch für die FFw. Sie erhielt auf Grund der »Verordnung zur Vereinheitlichung des Feuerlöschwesens im Deutsche Reich« von 1936 die reichseinheitliche Uniform, die in ihrem Habitus dem militärischen Vorbild angepasst war und bei der der Lederhelm durch einen stahlhelmartigen mit Kamm ersetzt wurde. Weiterhin wurde die persönliche Ausrüstung mit Blankwaffen ergänzt: die des Feuerwehrhauptmanns mit Säbel und später die der Mannschaften mit Faschinenmesser. Mit dem »Reichsgesetz über das Feuerlöschwesen« vom 23. November 1938 änderte sich die Zuständigkeit. Die Feuerwehr wurde nunmehr in die Deutsche Polizei als Feuerschutzpolizei eingegliedert und damit deren Chef Heinrich Himmler (1900–1945) unterstellt. Die FFw erhielten damit den Status einer Hilfspolizeitruppe. Den Städten und Gemeinden oblagen nur noch Verwaltungs- und Versorgungsaufgaben. Mit Beginn des Zweiten Weltkrieges wurden die FFw durch Einberufungen zum Kriegsdienst stark dezimiert. Um die Ausrückstärke der FFw zu gewährleisten, begann man vielfach mit der Dienstverpflichtung von Frauen und Jugendlichen. In Loschwitz wurden die verbliebenen Kameraden ab 1941 zur Verstärkung der Berufsfeuerwehr übernommen bzw. einschließlich der Technik in die neu aufgebauten Feuerwehr- und Entgiftungsdienste des Luftschutzes eingereiht und erhielten deren Uniformen. Stationiert wurden sie u. a. im Depot Loschwitz und im Forsthaus Grundstraße (→ *Gaststätten*). Nach den Luftangriffen auf Dresden am 13./14. Februar 1945 wurden diese Kräfte im Stadtgebiet Dresden mit zur Brandbekämpfung eingesetzt; dabei wurde deren Technik komplett zerstört. Im Feuerwehrdepot blieben nur wenige Ersatzschläuche erhalten. Viel tragischer ist es, dass bei diesem Einsatz zehn Kameraden ihr Leben verloren. Soweit bis jetzt bekannt ist, war keiner davon aus Loschwitz.

Ehrung für den langjährigen Brandmeister Friedrich Feller (1868 bis 1933) am 2. April 1931.
Foto: Slg. Wohlrabe/Hanke; E. Münzner

Freiwillige Feuerwehr Loschwitz vor dem Depot Albertallee 4 nach 1936
Foto: Lichtbildner Karl Seyfert, Loschwitz; Slg. Wohlrabe/Hanke

Das Ende des Zweiten Weltkriegs bedeutete auch das Aus für die FFw, sie wurde nicht wiederbelebt. Fehlende Ausrüstung, die verhältnismäßig ortsnahe Wache der Berufsfeuerwehr Striesen und die Rückkehr nur weniger einsatzfähiger Kameraden nach dem Krieg waren sicher auch Gründe dafür. Lediglich einige Musiker der bereits 1874 gegründeten Feuerwehrblaskapelle musizierten aus Freude an der Sache bis 1955 weiter und hielten so die Erinnerung an die FFw noch eine Zeitlang wach.

Eberhard Münzner,
(Oberbrandmeister a. D.)

Quellen: 39, 41, 98, 287, 295, 771, 773, 824, 907, 1000, 1128

Film in Loschwitz

Bereits 1919 entstanden zwei Filme über Loschwitz, wie aus einem Schreiben an den → *Ortsverein* hervorgeht. Die Titel sind: **»Loschwitz im Frühling«** und **»Eine Frühlingsfahrt durch das sächsische Blütenparadies«.** Die Filme sind nicht überliefert. Länge je Film ca. 160 – 200 m, 35 mm, das entspricht einer Laufzeit von 5 bis 6 Min., Stummfilm Schwarz-Weiß.

»Sachsens schöne Hauptstadt«
Film über Dresden; darin Szenen: die drei → *Elbschlösser* von der Elbe aus gesehen; das → *»Blaue Wunder«* noch ohne Fußwege an der Seite; Fahrt mit der → *Drahtseilbahn zum Luisenhof* (→ *Gaststätten*); der Waldpark Weißer Hirsch mit Konzertplatz, Tanz und Tennisplätzen ; Ali Filmproduktion Dresden Albert Linke, ca. 1925.

»Die fahrende Stadt«
Stadtrundfahrt mit der Straßenbahn, darin: Fahrt am Käthe-Kollwitz-Ufer mit Blick auf die drei Elbschlösser; Fahrt über das »Blaue Wunder«; Fahrt mit der → *Schwebebahn* und Blick von der »Loschwitzhöhe« (→ *Gaststätten*) auf die Stadt; Boehner Film Dresden, 1939, Touristen-Werbefilm, Schwarz-Weiß-Film, 35 mm.

»Geliebte weiße Maus«
Mehrfach Szenen am Körnerplatz mit dem Schauspieler Rolf Herricht (1927 – 1981) als Verkehrspolizist und Karin Schröder (* 1942) als »Helene Bräuer«; DEFA-Spielfilm, Produktion 1964, musikalische Komödie, Color-Film, 35 mm.

»Am Blauen Wunder«
Fernsehen der DDR, Studio Dresden; Sendereihe »Ansichtskarten«, 1981; Regie und Kamera: Ernst Hirsch (* 1936, → *K1*, → *Fotografen*), Laufzeit 14 Min., Color-Film, 16 mm.

»Rund um den Dresdner Fernsehturm«
Regie und Kamera: Ernst Hirsch
Laufzeit 13 Min. 16 mm Colorfilm, 1984.

»Das Blaue Wunder –
Brücke über die Zeiten«
Video-Produktion, Fernseh-Studio Dresden
Regie und Kamera: Henrik Flemming

»Otto Griebel –
der Maler der Internationale«
Originalaufnahmen mit dem Maler *Otto* → *Griebel* (1895 – 1972, → *K1*) im Körnergarten und in seiner Wohnung auf der Pillnitzer Landstraße; Film des Fernsehens der DDR, 1982; Regie und Kamera: Ernst Hirsch, Mitarbeit: Matthias Griebel (* 1937, → *K1*); Laufzeit 28 Min., Color-Film, 35 mm

»August Kotzsch –
Photograph in Loschwitz«
von Ernst Hirsch, 1988.

»Die sächsische Elbe«
mit → *Architekt Hans* → *Nadler* (1910 – 2005,

»Geliebte weiße Maus«, Rolf Herricht auf dem Körnerplatz *Foto: wordpress.com*

→ *K1*) in → *»Dinglingers Weinberg«*; Film des Bayerischen Rundfunks, 1992; Regie: Dieter Wieland (* 1937).

»Die letzte Straßenbahn über das Blaue Wunder« und andere dokumentarische Filmaufnahmen von Ernst Hirsch, Schwarz-Weiß-Film, 35 mm, 1986.

»1. Elbhangfest – Von Loschwitz bis Pillnitz«, 1991, Aufnahme und Schnitt: Fritz Lieberwirth; DVD, Laufzeit ca. 40 Min.

»Elbhangfest 1992 – Landschaft der Romantik« Produktion des → *Elbhangfestvereins* Loschwitz; gestaltet von Ernst Hirsch, Werner Kohlert, Katja Hofmann, Evelyn Kuhnert und Helga-Maria Uhlig; VHS Kassette, Laufzeit 35 Min., 1992.

»300 Jahre Kirchgemeinde
Dresden-Loschwitz«
Vom Auszug aus der Frauenkirche bis zum Abschluss der Festwoche; 2004, 3 DVDs, Aufnahme und Schnitt: Bernhard Lange (* 1936)

»Jahrhundert-Hochwasser 2002«
2002/2011, DVD, Aufnahme und Schnitt: Bernhard Lange.

»Die Loschwitzer Kirche
im Wandel der Zeit«
Ein Film über die bewegte Geschichte der Kirche; 2008, Aufnahme und Schnitt: Ravir Film GbR & Fabian Feindura; Film-Kassette HI 8, Dauer ca. 25 Min.

»Loschwitz – Vom Weindorf
zum Dresdner Stadtteil«
2010, DVD, Aufnahme und Schnitt: Karsten Heim; herausgegeben vom → *Buch- und Kulturhaus* Dresden-Loschwitz

Die genannten Filmdokumente verstehen sich als eine Auswahl. Besonders über die Geschichte der Loschwitzer → *Kirche* und der Kirchgemeinde, aber auch über die Elbhangfeste mit ihren Veranstaltungen erschienen zahlreiche weitere Filme und Dokumentationen von Bernhard Lange, Siegfried Beinlich u. a.

Ernst Hirsch

Quellen: 39, 897

Findlater, James

Lord (1750 – 1811)

In Huntingtower Castle bei Perth/Schottland am 10. April 1750 geboren als Lord James Ogilvy, 7. Earl of Findlater, 4. Earl of Seafield, Viscount of Reidhaven and Baron of Deskford and Cullen, entstammt James Findlater einem wohlhabenden schottischen Adelsgeschlecht und war der Sohn von James, 6. Earl of Findlater and 3. Earl of Seafield (um 1714 – 1770) und Lady Mary Murray (1720 – 1795). Er selbst wurde als Großgrund- und Fabrikbesitzer reich.

Als Absolvent der Universität Oxford genoss er einen guten Ruf auf dem Gebiet der klassischen Philosophie und besaß ausgezeichnete Kenntnisse über den römischen Dichter Vergil; auch erwarb er sich als Autodidakt Kenntnisse auf dem Gebiet der Landschaftsarchitektur.

Nach dem Studium in Oxford übersiedelte Findlater auf das europäische Festland, weil seine homosexuellen Neigungen in Schottland auf starke Ablehnung stießen. Gleichwohl heiratete er 1779 in Brüssel Christina Teresa Murray (gest. 1813), mit der er aber nur zwei Jahre zusammenlebte.

Danach hielt sich Findlater vor allem in Karlsbad auf: Allein zwischen 1793 und 1810 unternahm er dorthin 14 Reisen. Aus Liebe zu dieser Stadt ließ er dort im Jahr 1801 einen neoklassizistischen Pavillon errichten, den es als »Findlater's Temple« noch immer gibt. Dank seiner beträchtlichen Zuwendungen wurden auch der Stadtpark großzügig rekonstruiert und soziale Einrichtungen geschaffen, weshalb die Bäderstadt im Jahr 1804 dem »edlen Freund und Verschönerer der Natur« ein Denkmal widmete, das heute noch existiert. Dennoch wurde der Gönner auf Grund seiner homosexuellen Neigungen scharf überwacht.

Auch Dresden sollte für Findlater eine große Rolle spielen. So erwarb er 1806 das zum Gut Helfenberg bei Dresden gehörende Herrenhaus, das um 1800 durch den Architekten Gottlob Friedrich Thormeyer (1747 – 1842) im klassizistischen Stil umgebaut worden war. Südlich an das Herrenhaus schließt sich ein Park an, den Findlater zwischen 1806 und 1811 zu einem englischen Landschaftspark umgestaltete. Unter anderem wurden auf seine Veranlassung die noch heute vorhandenen und seit 1958 unter Naturschutz stehenden Hängebuchen gepflanzt.

Nach Findlaters Tod am 5. Oktober 1811 in Dresden ging die Gutswirtschaft an seinen Lebensgefährten und Privatsekretär Johann Georg Christian Fischer (1773 – 1860) über, der bis zu seinem Tode in Helfenberg lebte.

Besonders angetan war Findlater jedoch von

den Loschwitzer Weinhängen – nicht zuletzt wegen der herrlichen Aussicht, die man von dort auf Dresden und die umliegenden Berge hatte. Deshalb war es sein Bestreben, die von verschiedenen Eigentümern bewirtschafteten Weinberge zu erwerben. Das war jedoch nicht einfach, weil die Besitzer der Weinberggrundstücke kein Interesse hatten, diese zu verkaufen. Findlater wollte jedoch um jeden Preis diese Grundstücke in seinen Besitz bringen. Welche Taktik er dabei anwendete, schildert Rolf Köhne auf anschauliche Weise sinngemäß:

»Im Juni 1803 beantragte er, die Bautzner Straße auf seine Kosten von der Schotenbachbrücke (etwa der heutigen Wilhelminenstraße) bis kurz vor der Mordgrundbrücke in gerader Linie zu verlegen, um die ›scharfe und gefährliche Kurve am Graf von Röder-Bredemannschen Berg‹, dem späteren Albrechtsberg, zu entschärfen. Er wollte mit diesem Trick erreichen, dass die Straße verlegt und die Grundstücke von ihr abgeschnitten würden, was nachteilig für die Eigentümer der Weinberge gewesen wäre. Dieses Ansinnen Findlaters sprach sich bei den Weinbergsbesitzern herum und schon kamen die ersten Verkäufe zu Stande. Im März 1805 verkauften Heyne und im Juli Rosina Müller ihre Berge. Die anderen Besitzer wie Bredemann, Frau Schmidt und Kemter zogen bald nach und verkauften auch. Somit hatte Findlater erreicht, was er wollte – und war an einer Straßenverlegung überhaupt nicht mehr interessiert.«[1]

Obwohl zu der Zeit Kurfürst Friedrich August III. das Ansinnen Findlaters gebilligt hatte, wurde erst im Jahr 1935 durch die Stadtverwaltung Dresden die oben genannte S-Kurve am Schloss Albrechtsberg etwas begradigt.

So erwarb Findlater trotz mancher Hindernisse zwischen 1803 und 1811 einen stattlichen Weinberg, wobei er als Ausländer auf die Hilfe seines Partners Fischer als Lehnsträger angewiesen war. Vor allem war Findlater interessiert am Bredemannschen Weinberg, auf dem sich eine kleine Einkehrstätte, das »Rödersche Palais«, befand. 1811 ließ er an dessen Stelle ein repräsentatives Landhaus erbauen, das zu jener Zeit als das schönste Wohnpalais in der Umgebung Dresdens bezeichnet wurde. An seiner Stelle steht heute das Schloss → *Albrechtsberg*.

Findlater besaß auch Talent als Architekt. So schreibt der Architekturhistoriker Klaus Jan Philipp:

»Findlater, der selbst als Architekt dilettierte und ein illustriertes Buch zur Schönen Baukunst herausgebracht hat, ließ sich Zeichnungen englischer Gebäude, hauptsächlich Landhäuser und Kleinarchitekturen nach Dresden schicken, wo sie von Johann Gottlieb Schwender für den Stich aufbereitet wurden.«[2]

J. C. A. Richter, Berg-Palais des verst. Lord Findlater von der Seite der Bautzner Straße, kolorierte Umrissradierung
Archiv Ortsverein Loschwitz Wachwitz

Der von Philipp erwähnte Schwender (1770–1844) war Architekt und Mitarbeiter von Christian Traugott Weinlig (1739–1799). Es liegt daher die Vermutung nahe, dass Findlater selbst den Entwurf für das Weinbergspalais lieferte, während die Details zur Ausführung von Johann August Giesel (1751–1822) bearbeitet wurden, einem Schüler von Friedrich August Krubsacius (1718–1789) und Jean François Chalgrin (1739–1811). Dass Findlater dabei selbst kreativ wurde, beweist die Veröffentlichung in einem englischen Magazin 1986: Die auf einer Zeichnung abgebildete Hofseite von »Findlaters Haus in Dresden«[3] stimmt – zumindest in der Zahl der Achsen und in der markanten Form der Schornsteine – mit der Ansicht der Rückseite auf dem Stich von Carl August Richter (1770–1848) überein; das Belvedere, die Wandgliederung und das Mansarddach sind jedoch verändert.

Grab von James Findlater auf dem Kirchhof
Foto: Archiv Kirchgemeinde Loschwitz

Findlater starb im Jahr der Fertigstellung, sodass er sich nicht mehr an seinem Anwesen erfreuen konnte. Ab 1821 war dieses dann als → *Gaststätte* ein beliebter Ausflugsort der Dresdner und ihrer Gäste, unter ihnen Persönlichkeiten wie Jean Paul, E. T. A. Hoffmann, *Gerhard von → Kügelgen*, *Richard → Wagner*, Gottfried Semper und Ernst Julius Hähnel (→ *K2*).

Findlaters letzte Ruhestätte befindet sich auf dem Kirchhof (→ *Friedhöfe*) an der → *Loschwitzer Kirche*, wo er gemeinsam mit seinem Lebensgefährten Johann Georg Christian Fischer begraben ist. Die Grabplatte trägt die Aufschrift mit Titel und Namen, wie er sie in Deutschland getragen hat: »Lord Graf v. Findlater, Pair von Schottland«. Ein Geburtsdatum fehlt, und die Altersangabe (61 oder 64) ist kaum lesbar. In manchen Quellen wird als Geburtsjahr 1747 angegeben.

Dieter Zatzkowski †

Zitate:
1 *Köhne, Rolf; Die Albrechtschlösser zu Dresden-Loschwitz; Dresden, 1992*
2 *Philipp, Klaus Jan; Um 1800: Architekturtheorie und Architekturkritik in Deutschland zwischen 1790 und 1810; Stuttgart-Fellbach, 1997*
3 *Tait, A. A. Lord Findlater; Architect; The Burlington Magazine; London 1986*
Quellen: 261, 418, 607, 672, 808, 824, 1027

Finohr, Hans (Johannes); Schauspieler und Schauspieldirektor (1891 – 1966) → *K2*
Firle, Louise; Schauspielerin (1865 – 1942) → *K2*
Fischer, Bruno; Bildhauer (1860 – 1932) → *K1*
Fischer, Hannes; Schauspieler, Regisseur und Intendant (1925 – 1989) → *K2*
Fischer, Johannes; Maler und Grafiker (1904 – 1993) → *K2*
Fischer, Otto; Maler und Grafiker (1870 – 1947) → *K2*
Fischer, Robert; Architekt und Glasmaler (1861 – 1901) → *K2*
Fischer-Gurig sen., Adolf; Maler und Grafiker (1860 – 1918) → *K2*
Fischer-Gurig jun., Adolf; Architekt (1892 – 1959) → *K2*

Oberhalb der Mordgrundbrücke führt der »Loschwitzer Weg« in die Heide *Foto: Holger Friebel*

Fischhäuser Forstrevier

Neben der eigentlichen Ortsflur wurde von alters her das Fischhäuser Forstrevier, das sich bis an den Elbhang erstreckte, als »exemt« zu Loschwitz gerechnet, d. h. von allgemeinen Lasten oder gesetzlichen Pflichten ausgenommen.

Der jeweilige herrschaftliche Oberförster des Reviers war daher stets im Loschwitzer Kirch-, Schul- und Armenwesen vertreten.

Außer der Nutzung als Jagdgebiet dienten zu unterschiedlichen Zeiten auch ein Saugarten, ein »Fischhälter«, ein Wildgehege sowie eine »Röhrfahrt« mit Röhrhaus den obrigkeitlichen Interessen. Aus dem Röhrwasserhauskomplex, in welchem auch die Fisch- und Röhrmeister wohnten, war Anfang des 17. Jahrhunderts der Verwaltungssitz des neu gebildeten Fischhäuser Forstrevieres hervorgegangen. Nunmehr Forsthaus, wurde es Domizil der je-weiligen Forstbeamten, die mit Ende des Dreißigjährigen Krieges sogar die Schankgerech- tigkeit (→ *Gaststätte Fischhaus*) ausüben durften, vor allem jedoch ihre Verpflichtungen im Rahmen der Hofjagden wahrzunehmen hatten.

In diesem Zusammenhang ist auch die Pflicht des Dorfes Loschwitz entstanden, die → *»Zwanziger«* als Jagdgehilfen zu stellen.

Im Jahre 1832 umfasste das Fischhäuser Forstrevier noch 1.781 Hektar, die sich durch Straßen- und Baulanderschließung, wie für den → *Simmigschen Ortsteil* oder die Errichtung der Albertstadt, verringerten. Nach dem

König-Albert-Denkmal, 1907 aufgestellt am Pillnitz-Moritzburger Weg, fünf Jahre nach König Alberts Tod *Foto: Holger Friebel*

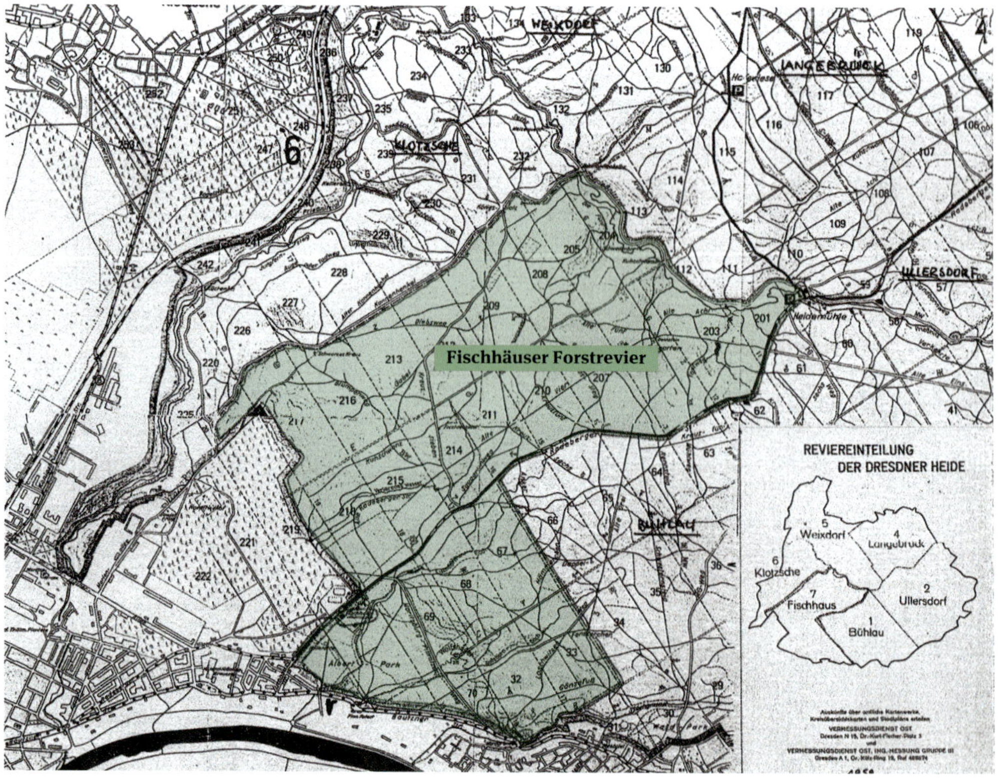

Karte von 1959 *Slg. Matthias Griebel*

Verkauf weiterer Waldflächen an die Stadt Dresden zur Schaffung des »Albertparkes« wurde das Fischhäuser Revier aufgelöst und dem Ullersdorfer Revier 1898 zugeschlagen. Nach einer späteren Neuordnung gab es dann unter sieben Heiderevieren auch wieder ein Fischhäuser Revier, dessen Ausdehnung unsere Karte aus dem Jahre 1959 zeigt.

Im Jahre 1991 entstand das Sächsische Forstamt Dresden, das sich seit 2006 mit den nunmehrigen Heiderevieren Ullersdorf, Bühlau, Klotzsche und Langebrück im Staatsbetrieb Sachsenforst befindet und die forstwirtschaftlichen Belange wahrnimmt.

Da das Areal der Dresdner Heide am 4. März 1949 dem Stadtgebiet von Dresden zugeschlagen worden war, befindet es sich heute mit 5.350 Hektar im Ortsamtsbereich von Dresden-Loschwitz. **Matthias Griebel**

Quellen: 144, 824, 1003

Pappelwäldchen nach Holzeinschlag zu dessen Auslichtung, 2010 *Foto: Jürgen Frohse*

Flächennaturdenkmale

Pappelwäldchen

Das Pappelwäldchen Loschwitz wurde in den 1950/60er Jahren als Versuchspflanzung angelegt. Man wollte auf diesen Flächen das Wuchsverhalten von Pappelsorten und ihren Hybriden untersuchen, um danach durch Pappelplantagen die Zellstoffindustrie der DDR mit Rohstoffen zu versorgen. Die Loschwitzer Pflanzung war Teil eines großen Versuchsprogramms, das an vielen Orten und unter verschiedenen Standortbedingungen in der DDR gestartet wurde.

Die Fläche ist 4,4 ha groß; die Pflanzungen, die nachfolgende Betreuung und die wissenschaftliche Begleitung erfolgten in der Regie des Forstwissenschaftlichen Institutes Eberswalde.

Die erste (südöstliche) Teilfläche wurde 1958 bepflanzt. 1960 folgten die Flächen nordwestlich der Treppe und des Mittelweges. Hier wurden etwa 1.150 Bäume in 18 Sorten bzw. Klonen gepflanzt. Als nächste wurde die stadtwärtige Fläche im Jahre 1964 mit etwa 300 Bäumen bepflanzt. Teilflächen wurden im Jahre 1967 auch mit »Setzstangen« bestückt, das sind in die Erde gesteckte Astteile, die sich selbst bewurzeln sollten. Als letztes wurde die Fläche rechts und links des Grabens mit etwa 300 weiteren Pappeln aus mehr als 30 Sorten bepflanzt. Die wissenschaftliche Begleitung der Versuchsflächen lief bis 1989/90, dann brach sie ab und wurde nicht wieder aufgenommen.

Zwischenzeitlich hatte schon eine Umwandlung des Erscheinungsbildes begonnen, denn die Pappeln erreichten nach rund 40 Jahren ihre Alters- und teilweise Zerfallsphase. Auch waren mittels Samenanflug und Eintrag durch Vögel mehrere andere Gehölzarten eingewandert. Unter der primären Baumschicht der Pappeln bildete sich nun auf diese Weise eine zweite Baumschicht aus, die in einigen Jahrzehnten zu einem Eichen-Ulmen-Auenwald heranwachsen wird.

Von Naturfreunden wurde schon in den 1980er Jahren gefordert, das Pappelwäldchen unter Schutz zu stellen. Vorrangig stand dabei die Bedeutung als Lebensraum für eine arten- und individuenreiche Vogelwelt im Vordergrund. Ein von der Naturschutzbehörde Anfang der 1990er Jahre in Auftrag gegebenes Gutachten bestätigte das, ergab aber darüber hinaus weitere wertbestimmende Fakten. Damit war die Schutzwürdigkeit erwiesen, und so wurde das »Pappelwäldchen Loschwitz« im Jahre 1996 als Flächennaturdenkmal (FND) unter Schutz gestellt.

Aus dem Schutzwürdigkeitsgutachten sind als wesentliche Fakten zu nennen: Die Vogelwelt ist mit 67 Arten vertreten, darunter die in der Roten Liste Sachsens aufgeführten: Sperber, Dohle, Saatkrähe, Kuckuck, Rotdrossel und Birkenzeisig. An eingewanderten Gehölzarten wurden registriert: Bergahorn, Spitzahorn, Linden, Eichen, Ulmen, Eschen. Ebenso sind eine reichhaltige Insektenfauna und mehrere Kleinsäugerarten vertreten. Für die artenreiche Insektenfauna ist das reichlich vorhandene Totholz von außerordentlicher Bedeutung.

Wegen der Nähe zur Wohnbebauung und der starken Besucherfrequenz auf den Wegen und in den Randbereichen ist eine erhöhte Verkehrssicherung notwendig. Deshalb werden in regelmäßigen Abständen die abgängigen Pappeln gefällt und/oder entfernt, so z. B. zu Beginn des Jahres 2010 einhundert Bäume. Diese Pflegemaßnahmen dienen gleichzeitig dazu, den natürlichen Ablauf der Sukzession (Übergang von einer Pflanzengesellschaft in eine andere) zu beschleunigen, d. h. das Wachstum der später bestandsbildenden Baumarten zu fördern. Das Ziel ist die Entwicklung eines natürlichen bzw. naturnahen Auenwaldes, wie er für flussnahe Bereiche in Mitteleuropa typisch ist. **Rainer Pfannkuchen**

Quelle: 56

Pillnitzer Landstraße 77

Der mit vielen exotischen Gehölzen bestandene Garten der Villa »Gottfriedsberg« ist seit 1985 als Flächennaturdenkmal Pillnitzer Landstraße 77 geschützt. Die Ansammlung wertvoller Gehölze geht auf den ehemaligen Besitzer des Grundstücks, den Kaufmann Richard Kunz zurück. Er war seit 1910 Mitglied der Deutschen Dendrologischen Gesellschaft (DDG). Die seltenen Gehölze hat er über die DDG erworben. Die meisten pflanzte er eigenhändig ein und etikettierte sie mit Porzellanschildchen. Der größte Teil der Anlage wurde noch vor dem Ersten Weltkrieg gestaltet.

Die dendrologischen Besonderheiten wurden entlang der Grundstücksgrenzen im Osten, Süden und Westen gepflanzt. Geschickt wurden hochwachsende Bäume mit kleinwüchsigen und schattenverträglichen Gehölzen unterpflanzt. Vor dem Wohnhaus wurden in Elbrichtung niedrige Obst- und Ziergehölze

Villa »Gottfriedsberg«, Pillnitzer Landstraße 77, 2014 *Foto: Siegfried Großmann*

gepflanzt, um den schönen Ausblick frei zu halten. Die steilen Hänge waren mit einer extensiv gepflegten Wiese gegen Erosion geschützt. Der Steilhang wurde neben dem Treppenweg (Zugang von der Pillnitzer Landstraße zum Haus) durch eine schmale Stufenanlage erschlossen, die durch mangelnde Pflege indessen völlig verschlissen ist.

Richard Kunz hat zeitlebens diese Anlage eigenhändig und mit Hilfe seiner Frau bepflanzt und gepflegt, die Steilhänge wurden mit der Sense gemäht. Nach 1945 verstarb er; seine Frau hat in der Folgezeit die Anlage weiter gepflegt und sogar einige Neupflanzungen vorgenommen. Schon 1959 besuchten Gehölzkundler des VEB Grünanlagen Frau Kunz und gaben ihr Ratschläge zur Pflege des Gartens. 1961 starb auch sie, sodass von diesem Zeitpunkt an der Garten verwilderte; das Grundstück unterstand der Kommunalen Wohnungsverwaltung. Auch nach der Unterschutzstellung 1985 änderte sich nichts, eine sachgerechte Pflege fehlte weiterhin. Erst 1996 veranlasste die Naturschutzbehörde ein Gutachten, aus dem Pflegemaßnahmen abzuleiten waren.

Inzwischen wurde das Grundstück verkauft und befindet sich heute in der Hand einer auswärtigen Immobilienverwaltung. Ein paar im Winter 1996/97 vorgenommene Pflegeeingriffe brachten zeitweilig Erfolg, aber von der Realisierung einer kontinuierlichen Pflege ist man noch weit entfernt.

Unter den Gehölzen sind auch gegenwärtig noch einige Exemplare von herausragender Bedeutung erhalten. Zu nennen wären insbesondere Atlas-Zeder (Cedrus atlantica »Glauca«), Fluss-Zeder (Calocedrus decurrens), Persimone oder Dattelpflaume (Diospyrus virginiana), Tränen-Kiefer (Pinus wallichiana), Mädchen-Kiefer (Pinus parviflora) und Hinoki-Scheinzypresse (Chamaecyparis obtusa). Der Wert dieser Gehölze besteht in ihrer Seltenheit für Sachsen, ihrer Schönheit und in ihrem (noch) gesunden Zustand. Eine Reihe weiterer wertvoller Gehölze zeichnet diese Anlage aus, die in ihrer Gesamtheit als eine bedeutende Sammlung immergrüner Gehölze erhalten werden muss. Einmalig für unser Gebiet ist auch der wertvolle Bestand an Stechpalmen (Ilex aquifolium) und mehreren alten Rhododendron-Sträuchern.

Rainer Pfannkuchen

Quelle: 56

Flamant, Alexander; Maler (1836 – 1897) → *K2*
Fleischer, Friedrich Gustav; Kantor und Lehrer (1854 – 1929) → *K2*
Fleischer-Edel, Katharina; Sängerin und Gesangspädagogin (1873 – 1928) → *K2*
Fleischmann, Rudolf; Architekt (1906 – 1991) → *K2*
Floß, Rolf; Schriftsteller (* 1936) → *K2*
Förster, Carl; Dichter und Schriftsteller (1784 – 1841) → *K2*
Franke-Gneuß, Kerstin; Malerin und Grafikerin (* 1959) → *K1*
Franz, Alwin; Musiker (1846 – 1907) → *K2*
Franz-Prade, Karin; Pianistin (* 1942) → *K2*
Franze, Siegfried; Kapellmeister (1913 – 2000) → *K2*
Freytag, Heinrich; Maler und Grafiker (1876 – 1951) → *K2*
Freytag-Just, Margarete; Textilkünstlerin (1882 – 1973) → *K2*
Fricke, Mathilde; Kantorin, Lehrerin und Katechetin (1902 – 1978) → *K2*, → *Kirchenmusik/Kantoren*
Fricke, Richard; Kirchenmusiker und Komponist (1877 – 1957) → *K2*
Friebel, Holger; Gestalter, Verleger und Zeichner (*1962) → *Zeitungen und Verlage*

Wertvolle Gehölze im Grundstück der Villa »Gottfriedsberg«, 2015 *Foto: Siegfried Großmann*

12 → *Kantor Friedrich Wilhelm Pohle (1830–1892) und Ehefrau Emilie Charlotte (1830–1901), Kirchhof* *Foto: Siegfried Großmann*

22 *Vorhergehende Seite: Grabstätte Kammersänger Eugen Degele (1834–1886), Friedhof Pillnitzer Landstraße* *Foto: Siegfried Großmann*

Friedhöfe

Kirchhof Loschwitz

Bis zu ihrer Auspfarrung aus der Dresdner Frauenkirchengemeinde 1704 mussten die Loschwitzer und Wachwitzer ihre Verstorbenen auf dem alten Johannisfriedhof der Stadt Dresden (säkularisiert 1858) bestatten. Zeitgleich mit dem Bau der Loschwitzer → *Kirche* (1705/08) wurde auch der gemeindeeigene Kirchhof in Nachbarschaft der Kirche angelegt. Aufgrund der beengten Verhältnisse des Bauplatzes im Weinberg an der Pillnitzer Landstraße konnte der Begräbnisplatz nicht, wie allgemein üblich, rings um die Kirche angeordnet werden. Für die Gräber standen nur zwei Felder östlich und westlich der Kirche zur Verfügung, die südlich von den Zugangsrampen begrenzt werden.

In der nordwestlichen Ecke errichtete man ein kleines Bahrhäuschen mit Walmdach. Der Kirchhof wurde ergänzt durch eine kleine Anzahl von Grablegen innerhalb der Kirche.

In den Jahren 1818 und 1822 schuf der Maler August Heinrich (1794–1822 → *K2*) eine Reihe von Bildern mit Motiven des Kirchhofs und weiterer Loschwitzer Ansichten. Damit ging er als

Lageplan Kirchhof

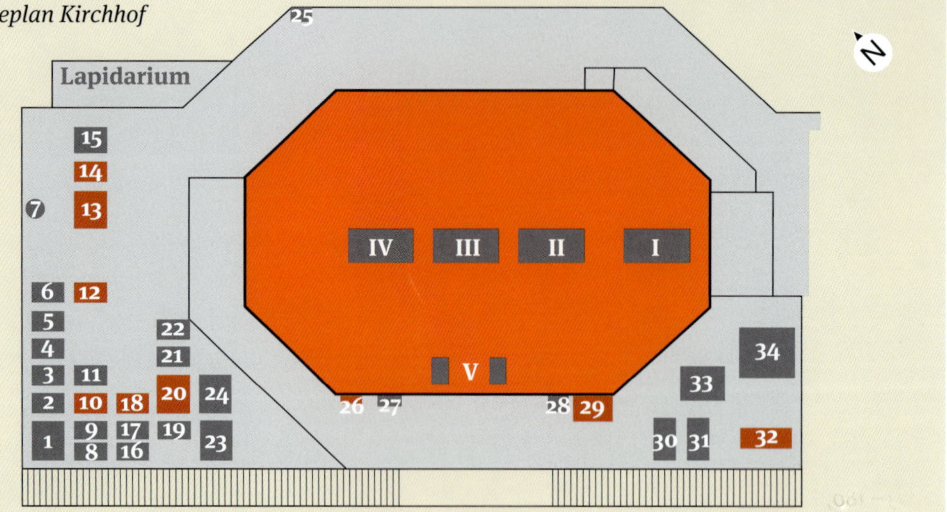

1. Meusel, Berta (1811–1846); George Heinrich Meusel, Bankier in Dresden (1804–1875)
2. Seiffert, Ida Amalie (1824–?) auf dem Eckberg
3. Inschrift verwittert
4. Metzrath, Julia von (1782–1853), Kammerherrin
5. Lehmann, Julian (1803–1831) Frau Chaussee-Geld-Einnehmer (1786–1856)
6. Inschrift verwittert
7. Inschrift verwittert
8. Bessern, Friedericke Wilhelmine (†1790)
9. Inschrift verwittert
10. Seebe, Johanna Carolina, Friedrich Wilhelm → *Abb.*
11. Wiedebach, Otto Bernhard von (1807–1862), Rittergutsbesitzer auf Culm bei Sommerfeld
12. Pohle, Friedrich Wilhelm, Emilie Charlotte → *Abb.*
13. Modes, Carl Friedrich → *Abb.*
14. Oettinger, Eduard Maria → *Abb.*
15. Ehlich, Johanna Christiana (1783–1848), Ehlich, Johann Gottlieb, Maurermeister (1785–1857)
16. Meyer, Georg Julius (1790–1867), Rittmeister Meyer, Ernestine (†1868)
17. Kretschmar, Juliane Wilhelmine (1795–1867) und Amalie Ernestine (†1879)
18. Fischer, Carl Gottfried → *Abb.*
19. Kretschmar, Marie (†1873), Pfarrfrau und Julius Alfred (1831–1896), Pfarrer
20. Kretschmar, Christian August und Christine Friederike → *Abb.*
21. Kretschmar, Mathilde (1869–1876)
22. Buch, Agathon (27.3.–20.8. 1861)
23. Crusen, Bernhard, (1816–1843), Hermann Bernhard (1780–1846), Anna Elisabeth (1786–1858)
24. stark verwittert
25. Hennig, Mag. Johann David (1719–1787), Pfarrer
26. Kügelgen, Denkstein für Vater und Sohn → *Abb.*
27. Engel, Karl Joachim von (1746–1819), Kgl.-sächs. Generalmajor der Cavallerie
28. Fischer, Friederike Wilhelmine (1794–1817)
29. Wegerich, Carl Hugo, Emilie Agnes und Carl Max → *Abb.*
30. Habermann, Christine Sophie (†1808), Fischer, Friedrich (†1810), Georg (†1811) Louise Auguste Charlotte (†1814)
31. Fischer, Ernst Philipp (1781–1847), Weinbergsbesitzer, Johanna Christiane (†1873), Marie Luise Josepha (1829–1905)
32. Findlater, Lord Jacob Graf v., Fischer, Johann Georg Christian, Georg Adolph → *Abb.*
33. Preißler, Christiane Sophie, Friedrich (1763–1812) Preißler , Carl August (*1767)
34. Preißler, Elisabeth, (1802–1829), Johann August (1801–1864), Emilie Mathilde (1810–1867)
35. Woywod, Johann David (1775–1834), Kgl.-sächs. Zollbereiter

I, II, III, IV und V = Grüfte unter dem Schiffsfussboden

10 *Johanna Carolina Seebe (1798–1853) und Ehemann Friedrich Wilhelm (1791–1867), Weinbergsbesitzer (→ Schloss Eckberg)* *Fotos (3): E. Münzner*

13 *Erbbegräbnis (1846–1911) der Fährmeister- und Weinbergsbesitzer-Familie Modes*

14 *Dichter und Schriftsteller Eduard Maria Oettinger (1807–1872)*

18 *Carl Gottfried Fischer (1783 – 1807), Lehn- und Gerichtsherr zum Weißen Hirsch* *Foto: E. Münzner*

20 *Pfarrer Christian August Kretschmar (1791 – 1865) und Ehefrau Christine Friederike (1793 – 1871)* *Foto: S. Großmann*

26 *→ Denkmal für Gerhard (1772 – 1820) und Wilhelm → Kügelgen (1802 – 1867)* *Foto: E. Münzner*

29 *Kindergrab der Familie → Kantor Wegerich: Carl Hugo (April – August 1836), Emilie Agnes (1831 – 1840) und Carl Max (Juni – Oktober 1943)* *Foto: S. Großmann*

32 *Lord Jacob (James) Graf von → Findlater (1750 – 1822), dessen Partner und Sekretär Johann Georg Christian Fischer (1773 – 1860) und George Adolph Fischer (1823 – 1907)* *Foto: E. Münzner*

»Poet des Loschwitzer Friedhofes« in die Kunstgeschichte ein.

Die letzte Beerdigung fand 1911 statt. Der Kirchhof bestand unverändert bis zum Luftangriff auf Dresden, als die Kirche bis auf die Grundmauern abbrannte. 1968 wurde der Kirchhof durch die Junge Gemeinde wieder begehbar gemacht. Nach ersten Restaurierungsarbeiten wurden Grabdenkmale durch Vandalismus wieder beschädigt. Im Jahre 1998 begann die Rekonstruktion und denkmalgerechte Restaurierung der Anlage, die 2003 abgeschlossen wurde. Der Kirchhof Loschwitz ist einer der wenigen original erhaltenen evangelischen Kirchhofanlagen in Sachsen aus dem 18./19. Jahrhundert. Er ist kulturgeschichtlich bedeutsam, da man auf engsten Raum über 100 Jahre die Entwicklung der Grabdenkmal- und Grabanlagengestaltung vom Spätbarock bis zum Historismus in vielfältigen Formen betrachten kann. Seit 1978 steht er unter Denkmalschutz.

Die 1893 von Architekt Friedrich → Reuter (1861 – 1942) errichtete Friedhofskapelle, außen an der Westseite der Fassade das Relief: Kreuzigungsszene von Bildhauer Johannes Hartmann (1869 – 1952). Abb. rechts: Glasfenster »Auferstehung« im Altarraum der Kapelle nach einem Entwurf von Wilhelm Walther (1826 – 1913) *Fotos: Siegfried Großmann/Archiv Kirchgemeinde*

Friedhof Pillnitzer Landstraße 80

Der »Gottesacker« wurde im Zuge der Gründung der Kirchgemeinde 1704 für die angelegt, die »in diesem Kirchspiele, Loschwitz und Wachwitz selig gestorben, und auf dem Gottesacker oder Kirchhof allhier begraben worden…«.[1] Im Grund- und Hypothekenbuch von 1841 ist zu lesen: »Die Kirchengemeinde Loschwitz, bestehend aus der politischen Gemeinde Loschwitz, Wachwitz u. zum weißen Hirsche besitzen dies Grundstück theils seit unvordenklichen Zeiten ohne Besitzurkunde, theils kaufte sie es von…«.[2] 1872 beantragte die Kirchgemeinde eine Änderung im Grundbuch durch Streichung der genannten politischen Gemeinden in »Eigentum der Kirchgemeinde«, was dann später auch erfolgte.

Im Laufe der Jahre musste der Friedhof mehrmals erweitert werden. Hierbei ist besonders die Gestaltung des »Neuen Teils« hervorzuheben, der nach den Plänen von → *Architekt Oskar Menzel* (1873 – 1958, → *K2*) und Gartenarchitekt Otto Stein (1893 – 1979, → *Gärtnereien*) mit Heckenquartieren parkähnliches Flair erhielt.

Die Kapelle wurde 1893 nach dem Entwurf → des *Architekten Friedrich* → *Reuter* (1861 – 1942) errichtet, mit künstlerischer Ausstattung von Wilhelm Walther (1826 – 1913, → *K2*), der die Entwürfe für die Glasfenster schuf, und Johannes Hartmann (1869 – 1952), der das Kreuzigungsrelief am Erker fertigte.

Mit zwei Gedächtnisstätten wird auf dem Friedhof der Kriegsopfer gedacht. An den Ersten Weltkrieg erinnert die von → *Architekt Rudolf* → *Kolbe* (1873 – 1947, → *K1*) entworfene Gräberanlage (1923), an den Zweiten Weltkrieg eine Kreuzgruppe gegenüber dem Haupteingang (29), gestaltet von Oskar Menzel (1956).

Auf Grund seiner besonderen friedhofskünstlerischen Gestaltung und als Ruhestätte bedeutender Persönlichkeiten wurde die gesamte Anlage des Friedhofes mit achtzig denk-

11 Augusta (eigtl. Auguste) Richter (1804 – 1854), Ehefrau von Ludwig → Richter Foto: H. Friebel

16 Maler Wilhelm Lachnit (1899 – 1962) und Bildhauer Max Lachnit (1900 – 1972)

43 Grab der Familie von Stockhausen-Immenhausen *Foto: Siegfried Großmann*

malwerten Grabstätten als Kulturdenkmal des Freistaates Sachsen erfasst und als Sachgesamtheit unter Denkmalschutz gestellt.

Der Lageplan zeigt alle denkmalgeschützten Grabstätten, besonders bedeutende werden in Bild und Wort vorgestellt.

Neben der Kapelle stehen die klassizistischen Grabdenkmäler der ältesten erhaltenen Grabsteine von Anna Maria Hartmannin, Wachwitz, gest. 14.01.1798 (10) und Gottlob August Beck, Loschwitz, gest. 13.02.1798 (9) und der Grabstein der Müllerfamilie Hentzschel (8) von 1826.

»Parkartig wirkt der Friedhof auf heutige Besucher. Zahlreiche Laubbäume vielfältiger Art wechseln ab mit Nadelhölzern. Alte Buchen, Eichen, Ahorn, Tannen, Fichten und Scheinzypressen werden ergänzt durch Rhododendron, Wachholder und andere Buschgewächse.

Die Grabmale spiegeln die Spuren der Zeit, alte bleiben über die behördlich gestattete Frist erhalten. Moderne Grabstätten aus Sandstein durchbrechen das übliche Muster eines Grabsteines auch in ihren Formen und Standorten und zeugen von der Individualität der Verstorbenen. Bepflanzungen geschehen in den meisten Fällen behutsam und phantasievoll. Der Friedhof hat den Status eines Gesamtkunstwerkes, der sich wohltuend von anderen ›Begräb-

27 Maler Hans → Unger (1872 – 1936) mit Kopie einer Apollos-Statue von Sascha → Schneider (1870 – 1927)

30 → Arzt Dr. Eugen Weidner (1861 – 1926) und Ehefrau Berta (1868 – 1956)

53 Maler Eduard → Leonhardi (1828 – 1905) mit Ehefrau Apoline (1840 – 1911) mit dem »anklopfenden Pilger vor der Himmelstür« von Bildhauer Robert Henze (1827 – 1906) Fotos (4): Siegfried Großmann

Lageplan Friedhof Pillnitzer Landstraße

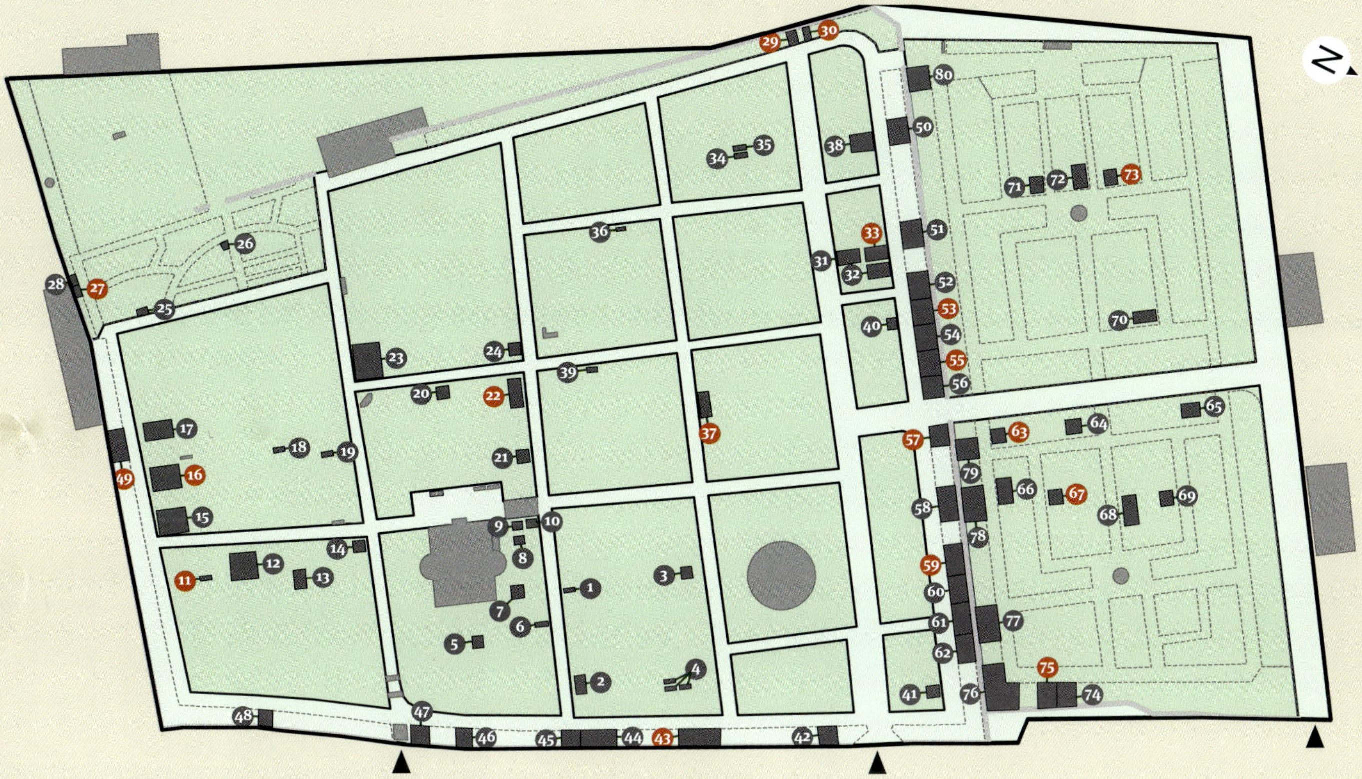

1. Modes, Fährmeisterfamilie
2. Winkler, Bäckermeisterfamilie
3. Neumann
4. Kriegsgräber (1945)
5. Demnitz, Johann Gottlieb, Gutsbesitzer (1786–1858)
6. Sanderson, Lillian, Sängerin (1866–1947) Müller, Richard, Maler (1874–1954)
7. Zacharias, A. Theodor, Oberförster (1826–1888)
8. Hentzschel, Johann Gottlieb, Müller (1760–1826)
9. Beck, Gottlob August, Hofgürtler (1743–1798)
10. Hartmannin, Anna Maria (1730–1798)
11. Richter, Auguste → *Abb.*
12. Edler v. der Planitz, Horst, General (1859–1941)
13. Pietzsch, Martin, Architekt (1866–1961) Steude, Wolfram, Prof. Dr., Musiker (1931–2006)
14. Hottenroth, Woldemar, Maler (1802–1894)
15. Griebel, Otto, Maler (1895–1972)
16. Lachnit, Wilhelm und Max → *Abb.*
17. Balden-Wolff, Anne Marie, Malerin (1911–1970) und Wolff, Willy, Maler und Plastiker (1905–1985)
18. Pohlert, Robert
19. Bernhardt, Hans
20. Heydrich, Moritz, Dr., Dichter (1820–1895)
21. Walther, Familie
22. Degele, Eugen → *Abb.*
23. Souchay, Johann Daniel (1798–1871), Bauherr von Schloss Eckberg
24. Otto, Oskar, Maler (1885–1976), Otto, Marie (1887–1972)
25. Schmiedel, Gottfried, Musikkritiker (1920–1987)
26. Brabant, Artur, Dr., Oberarchivrat (1870–1936)
27. Unger, Hans → *Abb.*
28. Hartmann, Werner, Prof. Dr., Pysiker (1912–1988)
29. Gedenkstätte für die Opfer des Zweiten Weltkrieges
30. Weidner; Eugen → *Abb.*
31. Richter, Hans-Theo, Maler (1902–1969)
32. Hagen, Elisabeth
33. Geipel, Paul → *Abb.*
34. Heuer-Strauß, Annemarie (1903–1988) und Heuer, Joachim, Maler, (1900–1994)
35. Rakebrandt, Hilde, Malerin (1901–1991)
36. Angermann, Anna Elisabeth, Malerin (1883–1985)
37. Hofmann-Juan, Fritz; Rüther, Hubert, Rabinowicz, Irena → *Abb.*
38. Treffz, Familie
39. Kotzsch, August → *Abb.*
40. Westphal, Otto, Maler (1878–1975)
41. Beutner, Johannes, Maler (1890–1960)
42. Müller
43. Stockhausen/Immenhausen, Familiengruft → *Abb.*
44. Pastor, Martha, Familiengruft
45. Roeßler, Familiengruft
46. Voigt, Familiengruft
47. Bormann/Lohse, Pohle Familiengruft
48. Simmig, Familiengruft
49. Hassebrauk, Ernst → *Abb.*
50. Wollner, Robert, Kaufmann (1854–1927)
51. Reichenbach, Prof. Graf Woldemar von, Maler, (1845–1914),
52. Leonhardi, August, Maler (1867–1931)
53. Leonhardi, Eduard → *Abb.*
54. Kröner, Karl, Maler (1887–1972)
55. Hegenbarth, Josef → *Abb.*
56. Pfitzmann
57. Arnold, Walter → *Abb.*
58. Singer/Frauendorf
59. Press, Friedrich → *Abb.*
60. Würdig
61 Ronnthaler
62. Roßig
63. Schneider, Sascha → *Abb.*
64. Tunger
65. Raschke, Martin, Schriftsteller (1905–1943)
66. Jüchser, Hans, Maler (1894–1977)
67. Glöckner, Hermann → *Abb.*
68. Fischer
69. Schindler, Osmar, Prof., Maler (1867–1927)
70. Humalda van Eysinga, Cornelis, Sänger und Komponist (1870–1938)
71. Conert, Herbert, Dr., Stadtbaurat von Dresden (1886–1946)
72. Schubert, Otto, Maler (1892–1970)
73. Bongartz, Heinz → *Abb.*
74. Beyer, Kurt, Prof. Dr.-Ing. Statiker (1881–1952)
75. Pleißner, Paul → *Abb.*
76. Geißler, Walter → *Abb. S. 23*
77. Höhne
78. Hennen
79. Zwintscher, Oskar, Maler (1870–1916)
80. Kolbe, Rudolf, Architekt (1873–1977)

33 → Arzt Dr. Paul Geipel (1873 – 1937) und Ehefrau Martha (1882 – 1938)
Foto: Siegfried Großmann

37 Maler Fritz Hofmann-Juan (1873 – 1937), Maler Hubert Rüther (1886 – 1945) und Malerin Irena → Rüther-Rabinowicz (1900 – 1979) mit Kopie der griechischen Statue »Betender Knabe« (2013 gestohlen)

39 → Fotograf August Kotzsch (1836 – 1910)
Fotos (2): E. Münzner

49 Maler Ernst → Hassebrauk (1905 – 1974)
Foto: Siegfried Großmann

55 Maler Josef → Hegenbarth (1884 – 1962) und Ehefrau Johanna (1897 – 1988) sowie → Architekt Georg Aster (1849 – 1917) und Ehefrau Olga (1860 – 1940), Kreuzigungsszene nach einer Zeichnung von J. Hegenbarth
Foto: Siegfried Großmann

57 Bildhauer Walter → Arnold (1909 – 1979) und Ehefrau Maria (1915 – 2006), er schuf seine eigene Grabplastik »Es gibt kein fremdes Leid«

59 Bildhauer Friedrich → Press (1904 – 1990) und Ehefrau Elfriede (1909 – 1998), Stele »Verklärter Christus«

63 Maler Sascha → Schneider (1870 – 1927), Büste von Paul Peterich (1864 – 1937)

67 Maler und Bildhauer Hermann → Glöckner (1889 – 1987), Grabstele von Peter → Makolies
Fotos (4): E. Münzner

73 Komponist und Dirigent Heinz Bongartz (1894 – 1978) und Ehefrau Charlotte (Lotte Jacobi, 1905 – 1999) *Foto: Eberhard Münzner*

Friedhofsmeister:

- Ernst Rosig (1867 – 1916): 1912 bis 1916
- Hermann Müller (1869 – 1945): 1918 bis 1936
- Friedrich Dittrich (1905 – 1975): 1937 bis 1973
- Ursula Stahn geb. Dittrich (* 1935): 1974 bis 1996
- Christoph Leuteritz (* 1939): 1996 bis 2004
- Johannes Kriesche (* 1983): 2004 bis 2012
- Bernd Kopprasch (* 1964): seit 2013

29 Gedenkstätte für die Opfer des Zweiten Weltkrieges
Foto: Holger Friebel

75 *Uhrmacher Paul Pleißner (1876 – 1950) und Ehefrau Bertha (1880 – 1968) mit aus Holz gearbeiteter Kartusche und Figur von Bildhauer Friedrich → Press (1904 – 1990): Über der als Sonnenuhr gestalteten Kartusche mit Blick in die Schlossstraße befindet sich eine Putte mit einem historischen Uhrenmodell, unten rechts eine weitere Putte; von links kommt der »Tod von Dresden« mit Brandbombenfackel, Flugzeugflügel und Sprengbombe*
Foto: Siegfried Großmann

Blick über den vom Elbehochwasser 2002 überfluteten Friedhof. Foto: Eberhard Münzner

Eingang zum »Waldfriedhof Weißer Hirsch« Foto: Siegfried Großmann

nisfeldern‹ abhebt. Er steht in seiner Gesamtheit unter Denkmalschutz. Die wohldurchdachte Friedhofsordnung trägt dazu ebenfalls bei, verbietet sie doch beispielsweise das Aufbringen von weißem Kies«.[3]

»Das sogenannte Jahrhundert-Hochwasser 2002 [und später auch die Flut von 2013] hinterließ seine Spuren auch am Loschwitzer Friedhof. Ein großer Teil der Gräber stand unter Wasser, Pflanzen und Sträucher wurden in Mitleidenschaft gezogen. Zahlreiche Helfer säuberten Grabsteine und versuchten, die Rückstände des Elbewassers zu beseitigen«.[3]

Im Oktober 2013 wurden bronzene Plastiken und Grabmalteile von sieben Gräbern des Friedhofs gestohlen und ein achtes verwüstet. Zu den betroffenen Gräbern zählen die von Vinzenz Wanitschke und Fritz Hofmann-Juan/Irena Rüther-Rabinowicz. Letzteres zierte eine Kopie der griechischen Statue »Betender Knabe«.

Oberloschwitz

Der Gemeinde Weißer Hirsch wurde 1897 für die Errichtung eines Friedhofes ein Platz am Walde der Bautzner Straße vom Königlichen Finanzministerium zugewiesen. Weil die Stadt wegen befürchteter Wasserverschmutzung dagegen protestierte, erbat der Kirchenvorstand Weißer Hirsch die Mitnutzung des Loschwitzer Friedhofes für zwei Jahre. Nach dem Ende der Querelen mit der Stadt erfolgte am 1. Juli 1898 die Eröffnung des Friedhofs Weißer Hirsch. Unmittelbar angrenzend und als Folge der Auspfarrbestrebungen von Oberloschwitz und des → *Simmigschen Ortsteiles* wurde 1918 Land (6.271 m^2) für einen Friedhof Oberloschwitz gekauft. Für seine Gestaltung erhielt der Architekt Oskar Menzel den 1. Preis. 1919 überließ der Kirchenvorstand Weißer Hirsch seine Friedhofskapelle zur Mitnutzung für 15 M je Beerdigung aus Oberloschwitz, nachdem der Kirchenvorstand Loschwitz den Pauschalpreis von 1.000 M pro Jahr zurückgewiesen hatte.

Nach der vollzogenen Auspfarrung der beiden Ortsteile am 1. Oktober 1933 nach der Kirchgemeinde Weißer Hirsch erfolgte die Zusammenlegung der beiden Friedhöfe zu dem heutigen »Waldfriedhof Weißer Hirsch«.

Externe Begräbnisstätten
Badehaus Schloss Albrechtsberg

Das zum Mausoleum umgestaltete Badehaus diente von 1879 bis 1927 den Familien der Grafen von Hohenau als Begräbnisstätte:
- Gräfin Rosalie, die Witwe von Prinz Albrecht, gest. am 5. März 1879,
- Albrecht, Sohn von Graf Wilhelm, gest. 1882 bei seiner Geburt,
- Friedrich Wilhelm, *29.09.1890, gefallen 26. Februar 1918 in Russland.

1927 wurden die Leichname auf den Waldfriedhof Weißer Hirsch in das Erbbegräbnis der Grafen von Hohenau umgebettet. Diese Grabstätte ist leider nicht mehr vorhanden.

Villa Stockhausen/Lingnerschloss

Von der Elbe aus gesehen führt von der unteren Terrasse eine Freitreppe zu einem gemauerten Halbrondell mit einem Katafalk. In diesem Halbrondell wurden beigesetzt:
- Friedrich Ludwig Albert Freiherr von Stockhausen-Immenhausen, gest. 1853,
- Sohn Albrecht, gefallen 1870 in Frankreich,
- Ernestine Caroline Wilhelmine Freifrau von Stockhausen-Immenhausen, geb. Freiin Treusch von Buttlar-Brandenfels, gest. 1889, Ehefrau des Freiherrn Albert von Stockhausen

Vor dem Besitzerwechsel des Stockhausenschen Grundstücks 1891 wurde die Grabstelle aufgelöst und die Särge in das neu angelegte Erbbegräbnis auf dem Loschwitzer Friedhof überführt.

Nach der testamentarischen Verfügung von *Karl August → Lingner* (1861–1916) wurde an der Stelle, wo einst der Katafalk Stockhausens stand, sein Mausoleum errichtet. Dieses entwarf der Architekt Hans Poelzig (1869–1936,

Lingner-Mausoleum mit Relieftafeln von Georg Kolbe, 2014 Foto: Rolf Grosser

→ *K2*) in einer ovalen Grundform, welche die Kontur der benachbarten Stützmauer aus Sandsteinquadern aufgreift. Ein zweistufiger Sockel bildet den Unterbau, in der Wandzone darüber wechseln sich flache, nach vorn tretende Pilaster mit tiefliegenden Relieftafeln ab. Der Oberbau zeigt ein mehrstufiges Gesims, das von einem flachgewölbten Deckel abgeschlossen wird. Die zwölf Relieftafeln schuf der Bildhauer Georg Kolbe (1877–1947), die junge Frauen in anmutigen Haltungen zeigen; scheinbar tanzen oder schreiten sie um das Grab herum. In dieses Mausoleum wurde 1921 der Sarg von Karl August Lingner aus dem Familienbegräbnis Lingner des Johannisfriedhofes Dresden überführt.

Urne im Sanatorium Weidner

Nach dem Tod des → *Arztes* Dr. Eugen Weidner (1861–1926) wurde dessen Urne im Bereich seines → *Sanatoriums* aufbewahrt. Nachdem 1945 die sowjetische Armee und später 1956 die NVA das Lazarett übernommen hatte, wurde entschieden, dass die Urne auf dem Loschwitzer Friedhof beizusetzen ist, was dann auch 1957 geschah. (siehe Nr. 30 der unter Denkmalschutz stehenden Grabstätten). **Eberhard Münzner**

Zitate:

1 *Archiv der Ev.-Luth. Kirchgemeinde Dresden-Loschwitz, Bestattungsbuch 1704–1773*
2 *Archiv der Ev.-Luth. Kirchgemeinde Dresden-Loschwitz, Archivakte I/XV/4*
3 *Rühl, Barbara; Zur Geschichte des Loschwitzer Friedhofes. In: Ev.-Luth-Kirchgemeinde Dresden-Loschwitz (Hrsg.): 300 Jahre Kirchgemeinde Dresden-Loschwitz. Festschrift. Ev.-Luth. Kirchgemeinde Dresden-Loschwitz, Dresden 2004*

Quellen: 3, 39, 607, 652, 753, 882, 907

Friedland, Brünnhild; Sängerin (1924–1986) → *K1*
Friedrich, Caspar David; Maler und Grafiker (1774–1840) → *K1*
Friedrich, Constantin; Kantor und Lehrer (1880–1947) → *K2*, → *Kirchenmusik*
Friedrich, Rose (Rosalie); Malerin und Grafikerin (1877–1953) → *K2*
Friedrich, Theodor; Architekt (1829–1891) → *K2*
Friedrich-Wieck-Haus → *Wieck, Familie*
Fritschen, Walter von; Architekt (1894–1967) → *K2*
Fritzsching, Angelika; Musikerin (* 1963) → *K2*
Froböse, Willy; Schauspieler (1864–1912) → *K2*
Fröhlich, Christian; Steinbildhauer und Restaurator (* 1943) → *K2*
Frohberg, Genia; Designerin (* 1933) → *K2*
Frommhold, Erhard; Kunsthistoriker und Verleger (1928–2007) → *K2*

Klaus Fuchs
Foto: wikipedia/U.S. National Archives and Records Administration

Fuchs, Klaus
Kernphysiker (1911–1988)

Klaus Emil Julius Fuchs kam am 29. Dezember 1911 in Rüsselsheim am Main als drittes von vier Kindern zur Welt. Sein Vater war der lutherische Theologe, Sozialdemokrat und Gründer des Bundes Religiöser Sozialisten Emil Fuchs. Infolge der Erziehung nach den Werten der Demokratie engagierte sich der Junge bereits früh in der SPD und im überparteilichen Kampfbund Reichsbanner Schwarz-Rot-Gold, der während der Weimarer Zeit dem Schutz der Republik gegen deren Feinde diente. Das brachte ihm trotz herausragender schulischer Leistungen, vor allem in Mathematik und in den Naturwissenschaften, die Anfeindungen seiner Klassenkameraden am Humanistischen Gymnasium in Eisenach. Nach dem Abitur studierte Klaus Fuchs 1930/31 Mathematik in Leipzig, anschließend in Kiel und 1933 in Berlin. Nach der Machtergreifung der Nazis und dem Parteiausschluss aus der SPD wurde er Mitglied der KPD. Der Verhaftungswelle, ausgelöst durch den Reichstagsbrand am 27./28. Februar 1933, entging Fuchs glücklich durch eine zu dieser Zeit angetretene Reise. Obwohl steckbrieflich nach ihm gefahndet wurde, schaffte er es, fast noch ein halbes Jahr in Berlin seinem Studium nachzugehen, bevor er im August 1933 nach Paris flüchtete. Bei seiner anschließenden Übersiedlung nach Großbritannien im September 1933 ermöglichten die Kontakte eines dort

> Sir Nevill Francis Mott (englischer Physiker und Nobelpreisträger, 1905–1996) über Klaus Fuchs: »Ich habe niemals zuvor einen Menschen kennengelernt, der solch eine wunderbare Fähigkeit hatte, in abstrakten Begriffen zu denken, und der gleichzeitig so hilflos war, wenn es darum ging, die Realität zu beobachten oder zu beurteilen.«

arbeitenden Cousins den Aufenthalt und die Fortführung seines Studiums, nunmehr der Physik, in Edinburgh und Bristol. Seine Diplomarbeit 1936 bei Nevill F. Mott (1905–1996) befasste sich mit den Kohäsionskräften in metallischem Kupfer. Im Anschluss daran erhielt Fuchs eine Anstellung bei Physiker und Nobelpreisträger Max Born (1882–1970) in Edinburgh, was ihn zur Kernphysik brachte. 1938 promovierte er hier. Zu Beginn des Zweiten Weltkrieges, ab Dezember 1940, wurde er wegen seiner deutschen Herkunft als »feindlicher Ausländer« in einem kanadischen Gefangenenlager interniert. Infolge der Fürsprache u. a. von Albert Einstein (1879–1955) wurde er entlassen und konnte ab Mai 1941 seine Forschung an Themen der Kernphysik im Rahmen des britischen Atomprogramms »Tube Alloys« an der Universität Birmingham fortsetzen. 1942 wurde Klaus Fuchs britischer Staatsbürger. Auf Grund seiner außergewöhnlichen wissenschaftlichen Expertise trat der Argwohn gegenüber seiner kommunistischen Gesinnung in den Hintergrund.

1943 übersiedelte er nach New York und schließlich nach Los Alamos in New Mexico, um an den amerikanischen Arbeiten zur Uran-Isotopentrennung teilzunehmen und sich mit der Problematik der Implosionstechnik zu beschäftigen. Er war maßgeblich an der Entwicklung der Plutoniumbombe »Fat Man« beteiligt, die am 9. August 1945, von einem amerikanischen Bomber abgeworfen, die japanische Stadt Nagasaki völlig zerstörte. Nach Kriegsende kehrte er 1946 nach Großbritannien zurück und übernahm im Kernforschungszentrum Atomic Energy Research Establishment in Harwell die Leitung des Bereiches Theorie. In dieser Tätigkeit arbeitete er an der Entwicklung von Kernreaktoren, bspw. den sogenannten Schnellen Brütern, die zur Energiegewinnung bei gleichzeitiger Erzeugung von weiterem spaltbaren Material dienen. Seine Verdienste auf diesem Gebiet brachten ihm 1950 eine Nominierung für eine Mitgliedschaft an der Wissenschaftsakademie Royal Society.

Allerdings wurde Klaus Fuchs in jenem Jahr als sowjetischer Spion mit Decknamen »Test« enttarnt und vom Scotland Yard festgenommen. Sein Verhängnis wurde das sogenannte VENONA-Projekt, ein Gemeinschaftsprojekt der Geheimdienste der USA und des britischen Military Intelligence MI6, zur Entschlüsselung von Geheimnachrichten offizieller sowjetischer Stellen in den USA in der Zeit von 1938 bis 1945. Es stellte sich heraus, dass er mindestens seit 1941 den Kontakt mit der deutschen Kommunistin und Schriftstellerin Ursula Maria Kuczynski (1907–2000) alias Ruth Werner pflegte, die als Major des sowjetischen Militärgeheimdienstes tätig war. Fuchs wurde wegen Spionage für die Sowjetunion zu 14 Jahren Freiheitsstrafe verurteilt und verlor seine britische Staatsbürgerschaft. Infolge seiner Informationen gelang es der Sowjetunion, das Atombombenmonopol der USA ein bis zwei Jahre früher zu brechen, als diese das aus eigener Kraft geschafft hätte. Im Sommer 1949 explodierte in der Steppe Kasachstans die erste sowjetische Atombombe. Diese Nachricht war ein Schock für die westliche Welt. Die nukleare Vorherrschaft der USA war gebrochen. »Ist es moralisch gerechtfertigt, eine Atombombe ohne Warnung auf eine ahnungslose Bevölkerung einer japanischen Stadt abzuwerfen? Und die zweite, noch schwerwiegendere Frage: Welche Bedeutung wird die Atombombe besitzen für die Zeit nach dem Krieg?«, so rechtfertigte der Kernphysiker im Jahr 1981 auf einer Veranstaltung in Ost-Berlin seine Spionagetätigkeit für das sowjetische Atombombenprogramm. 1959 wurde er begnadigt und reiste, indem er gut bezahlte Angebote des Westens ausschlug, zu seinem Vater, der als Professor an der Leipziger Universität tätig war. Dieser rang der DDR-Regierung die Möglichkeit des Militärdienstes ohne Waffe (Bausoldat) ab. Noch im selben Jahr heiratete Fuchs die Politikerin und Funktionärin der KPD und SED Margarete Keilson (1905–1999).

In der DDR machte der Physiker eine bemerkenswerte Karriere. Bis 1972 war er einer der Direktoren am nationalen Forschungszentrum Zentralinstitut für Kernforschung (ZfK) der DDR in Rossendorf, auf dessen Gelände sich heute das Helmholtz-Zentrum Dresden-Rossendorf befindet. 1962 etablierte er die Forschung am natriumgekühlten schnellen Brutreaktor. Das war sein Beitrag zur Entwicklung der Kernkraftwerke in der DDR.

1963 erhielt er eine Berufung an die TU Dresden (→ *v. Ardenne*, → *Hartmann*, → *Schintlmeister*). 1964 setzte er sich für die Forschung am Kernbrennstoffzyklus ein, was auch die Wiederaufarbeitung der Brennelemente und die dauerhafte Entsorgung radioaktiver Abfälle beinhaltete. Seit 1967 war er Mitglied des ZK der SED und hatte wesentlichen Einfluss auf die Forschungspolitik der damaligen DDR. Ab 1972 engagierte er sich als Mitglied des Präsidiums der Akademie der Wissenschaften der DDR und leitete in dieser Eigenschaft von 1974 bis 1978 den Forschungsbereich Physik, Kern- und Werkstoffwissenschaften. Ab 1984 war Fuchs Leiter der Wissenschaftlichen Räte für energetische Grundlagenforschung und für Grundlagenforschung der Mikroelektronik. Er gehörte zu den angesehensten Wissenschaftlern der DDR in jener Zeit, wurde mit dem Karl-Marx-Orden ausgezeichnet, erhielt 1971 den Vaterländischen Verdienstorden und 1975 den Nationalpreis. Ab 1983 arbeitete er als Mitglied des Komitees für wissenschaftliche Fragen der Sicherung des Friedens und der Abrüstung. Außerdem war er Ehrenmitglied des Forschungsrates der DDR.

Während seiner Dresdner Zeit lebte Klaus Fuchs in Dresden-Loschwitz, Schillerstraße 4i. Er starb 76-jährig am 28. Januar 1988 in Berlin. Seine Urne wurde in der Gedenkstätte der Sozialisten auf dem Zentralfriedhof Friedrichsfelde in Berlin-Lichtenberg beigesetzt.

Attrappe der Atombombe »fat man« im Maßstab 1:1 Foto: wikipedia/Federal government of the United States

Im Nachhinein, bei den Ehrungen zum 90. Geburtstag des Physikers 2001, wurde ein weiterer Beitrag von Fuchs im Rahmen der US-amerikanischen, sowjetischen und britischen Nuklearwaffenprojekte bekannt. Streng geheim gehalten, meldete er bereits 1946 ein Patent an, das eine wesentliche Voraussetzung für die Funktionsfähigkeit des Zündungsmechanismus der ersten Wasserstoffbombe war. Wissenschaftshistoriker nennen Klaus Fuchs daher den »Großvater« der Wasserstoffbombe.

Achim Jannasch

Quellen: 306, 725, 1055, 1134

Fuchs, Marta; Sängerin (1898–1974) → *K2*

Führich, Silke; Bühnen-Kostümbildnerin und Grafikerin (* 1969) → *K2*

Funke, Christian; Musiker (* 1949) → *K2*

Furkert, Adolf Rudolf; Architekt (1904–1972) → *K2*

Furkert, Alf; Architekt (* 1965) → *K2*

Ehemaliger Wohnort von Klaus Fuchs: Schillerstraße 4i, 2015 *Foto: Siegfried Großmann*

G

Galerien

Galerien in Loschwitz sind einerseits ein Thema mit Vergangenheit und Tradition und andererseits eines mit einer reichhaltigen und sehr lebendigen Gegenwart. Lässt man sich auf diese Gegenwart ein, wird man auf ein gutes Kunsterlebnis nicht lange warten müssen, interessante Gespräche und neue Bekannte inklusive. Eine Beschreibung der Loschwitzer Kunstszene, welche der Vielfalt und Qualität der dargebotenen Kunst gerecht würde, ist nicht möglich. Mit den Galerien sollen hier aber wenigstens die möglichen Pforten der Szene besprochen werden. Ein gedankliches oder reales Durchschreiten derselben sei bereits vorab empfohlen.

Die Anfänge liegen in den achtziger Jahren des 19. Jahrhunderts. Der »Maler des deutschen Waldes« *Eduard → Leonhardi* (1828 – 1905, → *K1*), Sohn des Tintenfabrikanten Christian August Leonhardi (1805 – 1865), baute die 1879 gekaufte Hentschelmühle, heute Grundstraße 26, in den folgenden Jahren zu einem Atelier- und Wohngebäude um. So war 1884 für Leonhardis Künstlerfreunde ein Tusculum entstanden, wie er es sich gewünscht hatte. Leider hatte es wegen entstandenen Streites zwischen den jungen Künstlern keinen Bestand. Deshalb eröffnete bereits 1885 Eduard Leonhardi an diesem Ort sein »Landschaftsmuseum Eduard Leonhardi«, aus dem später das → *Leonhardi-Museum* hervorging.

Nach dem schnellen Ende des »Künstlerhauses« von Eduard Leonhardi war offenbar die Idee noch lebendig und der Bedarf für eine solche Einrichtung in Loschwitz unverändert groß. Im Jahr 1896 begann der Architekt *Martin → Pietzsch* (1866 – 1961, → *K1*) auf Anfrage eines befreundeten Künstlers mit dem Entwurf für ein → *Künstlerhaus* auf der Pillnitzer Landstraße 59. Ein Zitat auf der heutigen Internetseite des Hauses fasst das damals Entstandene zusammen: » ... ein kaum vergleichbarer Bau von Atelier- und Ausstellungsräumen – Begegnungsstätte für Künstler und Interessierte«; der Idealfall für eine Galerie?! 1898 war das Künstlerhaus fertig. Ausstellungen im Haus fanden zuletzt zum 100. und zum 110. Jahrestag der Erbauung statt. Einmal jährlich, an einem Wochenende, gibt es den »Tag des offenen Ateliers« mit interessanten Einblicken in diese.

Seit dem Beginn des 20. Jahrhunderts gab es in Loschwitz Pläne für ein → *Ortsmuseum*. Im Verlauf der langwierigen Vorbereitungen wurde auch der Beschluss gefasst, von jedem mit Loschwitz verbundenen bildenden Künstler mindestens ein Werk in der Sammlung zu haben. Das Museum konnte 1934 eröffnen, musste aber 1948 schließen.

Am 27. Juli 1962 starb der auf der Calberlastraße 2 wohnende Maler *Josef → Hegenbarth* (1884 – 1962, → *K1*). In den Räumen seiner Wohnung gründete seine Frau das bis heute bestehende → *Josef-Hegenbarth-Archiv*.

Für einen kurzen historischen Moment existierte ab November 1988 die **»Galerie am Berg«** auf der Kügelgenstraße 10. Der Architekt und Grafiker Peter Junghanß (* 1942, → *K2*) hatte dafür seine privaten Wohnräume zur Verfügung gestellt. Die erste und einzige Ausstellung der Galerie mit dem Thema »1000 Jahre Christianisierung Russlands« zeigte Werke verstorbener und zeitgenössischer Dresdner Künstler. Im Februar 1989 übersiedelte Peter Junghanß nach Augsburg, womit das Ende der Galerie gekommen war.

Nach dem politischen Umbruch 1989 / 90 kam es in Loschwitz rasch zu einer Reihe von Galerie-Neugründungen. Drei von ihnen haben nicht nur die Zeit überdauert, sondern sich als Ecksteine der Loschwitzer Kunstszene erwiesen.

Eine der ersten Neueröffnungen war bereits im Sommer 1990 die **»Galerie am Damm«**. In einem kleinen Holzanbau von nur vier Quadratmetern, heute nicht mehr vorhanden, am Haus Körnerplatz 8, gründeten Romy und Peter Eisermann die »kleinste Galerie Deutschlands«. Peter Eisermann, langjähriger Mitarbeiter der Dresdner Galerie »Kunst der Zeit«, wählte sein Handwerk – das Rahmen, Restaurieren und Reparieren von Bildern und Gemälden – als

Romy und Peter Eisermann, 2014
Foto: Siegfried Großmann

ökonomische und seinen Kunstverstand als geistige Grundlage für seine Unternehmung. 1991 nach dem Umzug auf die Dammstraße 2 gab es schon mehr Platz, um Galerie und Handwerk parallel zu entwickeln. Im Februar 1992 fand dann die erste Personalausstellung unter dem Titel »Lenkeit bei Eisermann« mit Werken

Eröffnung der »Galerie am Damm« am 17. Juni 1990 an der Brückenrampe *Foto: Volker Lenkeit*

von Volker Lenkeit (*1959, → *K1*) statt. Ihr folgten bis heute jährlich vier bis sechs weitere Expositionen. Stellvertretend für viele andere Künstler seien hier Jürgen (* 1924 – 2014, → *K1*) und Gertraude Seidel (1924 – 2011, → *K1*) sowie Volker Dietrich (* 1943, → *K2*), Andrea Türke (* 1951) und Peter Wagler (* 1964) genannt. 1995 zog die Galerie in ihr heutiges Domizil Körnerplatz 10. Über die Galerie hinaus sind Eisermanns seitdem z. B. auch auf dem Dresdner Grafikmarkt, der Kunstmesse Dresden oder der »art Karlsruhe« aktiv. Ihre berühmte Ausstellung »Miniaturen«, 214 Arbeiten aus 13 Ländern, zeigten sie 1996 am Bauhaus in Dessau.

Die zweite Galerie dieser Art am Körnerplatz, »dem heute reizvollsten Komplexstandort für bildende und angewandte Kunst in Dresden«[1], gründeten 1991 Ulrike Dagen und Gunter Ziller mit dem Namen **»galerie am blauen wunder«** in der Pillnitzer Landstraße 2. Bis dahin hatten beide gemeinsam in der »Neuen Dresdner Galerie« an etwa 70 Personal- bzw. Gruppenausstellungen maßgeblich mitgewirkt. Die »galerie am blauen Wunder« eröffnete am 6. September 1991 mit der Ausstellung »Avantgarde um 1947 in Dresden« aus Anlass des 90. Geburtstags von Hans Christoph (1901 – 1992, → *K1*). »In der Galerie befinden sich Arbeiten von ca. 100 Künstlern vieler Stilrichtungen und Altersgruppen bis zu Nachlässen von Klassikern der Moderne vorrangig des sächsischen Umfeldes nach kunsthistorischen und individuellen Erwägungen«[2]. Zu nennen sind z. B. Namen wie *Hermann → Glöckner* (1889 – 1987, → *K1*), *Josef → Hegenbarth* (1884 – 1962, → *K1*), Wilhelm

Gunter »Hector« Ziller, 2014 Foto: S. Großmann

Lachnit (1899 – 1962, → *K1*), Joachim Heuer (1900 – 1994, → *K1*) und Wilhelm Rudolph (1889 – 1982, → *K1*). Seit dem Ausscheiden von Ulrike Dagen führt Gunter Ziller die Galerie im Wesentlichen mit dem genannten Profil bis heute weiter. Dabei kommt nicht nur seine Professionalität und Berufserfahrung der Sache zugute, sondern auch seine ausgeprägte Leidenschaft für die Kunst. Begleitend hat Gunter Ziller eine große Zahl von Reden, Zeitungsartikeln, Aufsätzen und Katalogtexten verfasst und wiederholt die Konzeption und Realisierung großer Projekte übernommen, z. B. die große Fritz-Löffler-Ausstellung im Herbst 1999 im Kunsthaus Dresden, die Exposition »Zehn Maler aus Dresden« 1995 in Strasbourg oder 1996 die Wanderausstellung für die Partnerstädte von Dresden »Druckgraphik aus Dresden – Fünfzehn ausgewählte Künstler«.

Angelika Makolies, Ehefrau des Loschwitzer Künstlers *Peter → Makolies* (* 1938, → *K1*) und Weggefährtin von Gunter Ziller beim staatlichen Kunsthandel der DDR, begann ebenfalls direkt nach dem politischen Umbruch ihre Galerietätigkeit. Unter dem Namen **»Galerie Hieronymus«** wurde dafür zunächst der private Wohnbereich auf der Malerstraße in Form von Kabinettausstellungen genutzt. Im Dezember 1995 eröffnete die Galerie dann in den noch heute genutzten Räumen Friedrich-Wieck-Straße 11. Neben zwei bis drei großen Ausstellungen pro Jahr finden ständig Angebotsausstellungen statt. Schwerpunkt der Arbeit sind Malerei und Plastik Dresdner Künstler der Gegenwart – ältere bis mittlere Generation. Dabei pflegt Angelika Makolies zu allen Künstlern der Galerie bereits seit Jahrzehnten ein freundschaftliches Verhältnis. Genannt seien an dieser Stelle die Namen Max Uhlig (* 1937, → *K1*) und Lothar Beck (* 1953, → *K1*) sowie Bernd Hahn (1954 – 1911), Eberhard Göschel (* 1943) und Claus Weidensdorfer (* 1931).

In den Räumlichkeiten der → *Alten Feuerwache Loschwitz*, Fidelio-F.-Finke-Straße 4, gründeten bereits 1991 ortsansässige Künstler und Absolventen der Dresdner Kunsthochschule um Gudrun Oltmanns (1959 – 2001, → *K1*) den → *Kunst- und Kulturverein »Alte Feuerwache Loschwitz e.V.«*. Im Laufe der Jahre hat sich dort ein soziokulturelles Zentrum entwickelt.

Eine weitere Neugründung der Nachwendezeit war die **Galerie Brigitte Utz**, Schevenstraße 8. Im Jahr 2002 schloss die Galerie am Loschwitzer Standort und ist seitdem auf der Rähnitzgasse ansässig.

Galeristin Angelika Makolies und A.R. Penck (Ralf Winkler), 1996 Foto: Ulrich Häßler

Am 4. Dezember 1993 eröffnete die **»Galerie an der Schwebebahn«**. Vorausgegangen war eine fast zweijährige Rekonstruktion des 350 Jahre alten Gebäudes Pillnitzer Landstraße 1, eines der ältesten Häuser am Platz, das die beiden Designer Brigitte und Hermann Müller (* 1942, → *K2*) aus Kleinhartmannsdorf in völlig verfallenem Zustand gekauft hatten. Unter der Initiative von Marion Hempel (* 1958, → *K1*) hatte sich 1992 die »Fördergemeinschaft Kunst Loschwitz e.V.« gegründet. Mit den Eigentümern des Hauses und über einem Dutzend Künstlern, die der Fördergemeinschaft angehörten, wurde das Häuschen renoviert und zu einer kleinen Galerie umgebaut. Ziel und Zweck der Unternehmung war es, Künstlern einen Anlaufpunkt zu geben, ihre Werke zu präsentieren und öffentlich diskutieren zu lassen. Durch

Galerie Utz, 2002 Foto: Claudia Blome

Der Wachwitzer Künstler Reinhold Herrmann (1942) beim Elbhangfest 1995 vor der »Galerie an der Schwebebahn«* *Foto: Albrecht Jugel*

Vorträge, Konzerte, Puppenspiele und weitere Angebote sollte der Kontakt zu den Anwohnern hergestellt und gepflegt werden. Ein besonderes Augenmerk lag auf Angeboten für die künstlerische Betätigung von Kindern und Jugendlichen sowie der Einbeziehung der Senioren in enger Zusammenarbeit mit der → *Ökumenischen Diakonie-Sozialstation BÜLOWH (→ kirchl.-diak. Einrichtungen).*

Nach zehnjähriger, erfolgreicher Tätigkeit musste die Galerie am 31. Dezember 2003 schließen. Einer der Hauptgründe war die Streichung der Fördermittel für diese Arbeit. Damit hatte Dresden die einzige Galerie verloren, die auf eine Spartentrennung verzichtete und angewandte und bildende Kunst als Einheit begriff.

Am 15. April 2005 eröffnete Sabine Aurich-Rogge ganz am Rand von Loschwitz, auf der Böhmertstraße 6, eine Galerie mit Skulpturengarten und dem Namen **»Refugium«**. Sie betrieb bereits mehrere Jahre eine Galerie gleichen Namens in Medingen. Zur Eröffnungsausstellung auf der Böhmertstraße waren Gerda Lepke (* 1939, → *K1*), Rainer Zille (1945 – 2005, → *K1*) und andere mit ihren Arbeiten vertreten. Im Garten zeigten Marion und Uwe Hempel (* 1957) ihre Installationen aus Glas-Skulpturen. Zum Zeitpunkt der Arbeit an diesem Artikel war diese Loschwitzer Galerie bereits wieder geschlossen.

Zwei Neugründungen des Jahres 2011 brachten eine weitere Bereicherung des Galeriestandortes Loschwitz: der Kunstraum »p.l.o.n.k« auf der Schillerstraße 1 und die Galerie »Felix« in der Pillnitzer Landstraße 7. Seit dem Frühjahr 2011 nutzt der Loschwitzer Künstler Wolfgang Bosse (* 1958) gemeinsam mit seinen beiden Kindern, Studierende bzw. Absolventen der Bauhaus-Universität Weimar, einen nach außen sehr unscheinbaren Raum neben seinem Atelier für experimentelle Ausstellungen, den Kunstraum **»p.l.o.n.k.«**. Im April 2012 wurde eine Gruppenausstellung der »plonk–artists« – in diesem Fall u. a. mit Frank Richter (* 1963), Veit Goßler (* 1985), Gudrun Brückel (* 1954, → *K1*) eröffnet. Finanziert werden die Ausstellungen privat durch gestalterische Service-Leistungen im Print- und Webbereich. Durch die Art der Finanzierung ist die Galerie unabhängig und kann so auch zeitkritische Themen, z. B. der Politik, ansprechen. Diese können und werden dann auch in lockerer Runde vor Ort oder via Internet diskutiert. Die Schöpfer der Galerie sind eng mit der Blogger-Szene verbunden. Ein Ausspruch dieser Internet-Gemeinschaft ist die Abkürzung » p.l.o.n.k.« für »please, leave our newsgroup, kid«. Er wird gebraucht, wenn ein Blogger dem gerade diskutierten Thema nicht gewachsen ist.

Kurz nach ihrem 70. Geburtstag eröffnete Lieselotte Rojas Sanoja am 12.11.2011 die **»Galerie Felix«** in der Pillnitzer Landstraße 7. Felix hieß auch ein kleines Segelboot, mit dem die gebürtige Deutsche 1974 erstmals in die Karibik kam. Sie ließ ihr altes Leben hinter sich und beschäftigte sich fortan mit Kunst. 1975 gab es in Caracas eine erste »Galerie Félix«. Mit ihrem Mann, dem venezolanischen Bildhauer und Universitätslehrer Miguel Sanoja (1948 – 2003) entwickelte sie diese Galerie zu einem Kunstzentrum mit 300 Quadratmetern Ausstellungsfläche und einer Schule für Zeichnung und Plattengrafik weiter. In rund 30 Jahren wurden mehrere hundert Ausstellungen zeitgenössischer Kunst organisiert. Nach dem Tod ihres Mannes wagte die Galeristin 2008 in Dresden, unterstützt durch ihre hier lebende Schwester, einen Neuanfang. Sie begann mit einer Sammlung von präkolumbischen Keramiken und Kultgegenständen der alten Hochkulturen Perus sowie Landkarten und Stichen aus dem 16. bis 18. Jahrhundert. Zur Eröffnung der Galerie wurden Teile dieser Sammlung zusammen mit »E.R.N.A.'s Engel«, Keramiken von Elke Böckelmann (* 1954), präsentiert und damit auch

Lieselotte Rojas Sanoja in der Tür ihrer »Galerie Felix« *Foto: Siegfried Großmann*

hier die Verbindung zur zeitgenössischen Kunst hergestellt. Zur Galerie gehört ein Skulpturengarten. Hier startete die Ausstellung mit Werken von Paul Böckelmann (* 1952), Uwe und Marion Hempel und Miguel Sanoja u. a.

Unabhängig von den Galerien finden am Elbhang eine Vielzahl von Ausstellungen der unterschiedlichsten Art statt. So beispielsweise eine der Elbhang-Photo-Galerie von Jürgen Frohse im Kaffee Wippler am Körnerplatz. Auch das Foyer im Ortsamt Loschwitz wird für Expositionen genutzt. Hier gibt es Wechselausstellungen bildender Künstler und Fotografen sowie in größeren Abständen wechselnde Ausstellungen zur Ortsgeschichte, konzipiert vom → *Ortsverein Loschwitz-Wachwitz e.V.*

Georg Kleine-Natrop

Zitate:
1 Zitat Jürgen Schieferdecker
2 Zitat Gunter Ziller
Quellen: 589, 639, 640, 724, 806, 807, 1097, 1264

Garn, Andreas; Maler (* 1955) → *K1*
Gasch, Erhard; Maler und Grafiker (1928 – 2000) → *K2*
Gärtner, Johannes; Schauspieler (* 1979) → *K2*

Gaststätten und Hotels

Nach den Gaststätten und Hotels, bei denen auch die Pensionen vorgestellt werden, folgen auf Seite 468 die → *Weinschänken* und auf Seite 476 die → *Cafés und Eisdielen*.

Einleitung

Bis zum Jahre 1839 bestand Loschwitz aus drei Gemeinden (*s. S. 45*). Nur in der Amtsgemeinde, zu der auch der Loschwitzgrund ab Einmündung des Rietschelweges gehörte, bestand ein »Reiheschank«. Die Anlieger übten dort in der Regel im vierteljährlichen Wechsel den Ausschank von Bier, Wein und Schnaps aus. Beim Wechsel wurden Trinkgefäße und Maße von einem Schenken zum nächsten weitergegeben. Die Einwohner der Amtsgemeinde stärkten sich nicht nur, sondern sie besprachen auch die Gemeindeangelegenheiten und politisierten. Dass es dabei oft lebhaft zuging, besonders wenn es sich um die Wahl eines neuen Gemeindevorstandes, um die Ausbesserung der Grundstraße oder um die Anstellung eines neuen Ziegenhirten im Ziegengrund handelte, lässt sich leicht denken. Wenn ein Teilnehmer des Reiheschanks aus irgendwelchem Grunde nicht mehr in der Lage war, sich weiter an dem Schank zu beteiligen, verkaufte er ihn, vielleicht an seinen Nachbarn.

Ein sächsisches Gesetz von 1824 regelte den Reiheschank dahingehend, dass jeweils nur ein Einwohner des Ortes – für Loschwitz also damals in der Amtsgemeinde – diesen ausüben durfte. Es war geregelt, »daß in einem Orte unter keinerlei Vorwand ein doppelter Reiheschank ausgeübt werden darf«[1]. Branntwein durfte nur in Gläsern und nicht »über die Straße« ausgeschenkt werden, und es war untersagt, mit der »Ansteckung eines Zeichens« zu werben. Auch Speisen anzubieten oder Gäste zu beherbergen war verboten. Mit alledem sollte eine Konkurrenz gegenüber den eigentlichen Gaststätten vermieden werden.

Mit dem Inkrafttreten der Sächsischen Gewerbeordnung von 1861 wurde der »Reiheschank« aufgehoben. Die Folge war, dass sich danach auch im Loschwitzgrund »richtige« Schankwirtschaften etablierten.

Helga Oelker, Otto-R. Wenzel

Zitat:
1 *Weiske, Carl August, Handbuch des allgemeinen deutschen Gewerberechts mit vorzüglicher Rücksicht auf sächsisches Recht, Leipzig 1839*
Quellen: 199, 618, 1004, 1089

Amtsschänke

Grundstraße 58

In der ehemaligen Amtsgemeinde befand sich auch das Gasthaus »Amtsschänke« in Nachbarschaft der ehemaligen → *Tintenfabrik Leonhardi*. Ab 1628 werden die Besitzer Seititz, Grafe, drei Generationen Roch und Johann Donath genannt. Letzterer hatte 1837 ein Haus mit zwei Stuben von 21 m² und 12 m² und übte auch den Reiheschank aus. 1874 erhielt der Maurer und Grundstücksbesitzer Gottlieb Hering (1832–1886) eine Baugenehmigung vom Königlich Sächsischen Gerichtsamt Dresden zur Gebäude-Erweiterung. 1881 wurde er in den Loschwitzer Gemeinderat gewählt und erhielt kurze Zeit danach eine Schankgenehmigung. 1887 erbte seine Witwe Henriette Hering geb. Donath (1881–1905) »ein ¼ dieses und zweier anderer Grundstücke. Die restlichen ¾ kaufte sie ihrer Miterbin für 4.500 Mark ab«[1]. Das angrenzende Grundstück mit dem Haus der verwitweten Wilhelmine Schindler war zum Grundbesitz hinzugekommen. Henriette Hering führte die »Amtsschänke« bis zum späteren Verkauf weiter und wohnte danach noch bis 1904 als »Auszüglerin« hier.

Anfang 1889 kaufte Emil Leischke (1860–1939), Tischler aus Wachwitz, das Grundstück für 6.000 Mark. Vom Gemeindevorstand war diese Kaufsumme wegen der fälligen Abgaben auf 9.000 Mark korrigiert worden. Noch im gleichen Jahr erhielt der neue Gastwirt die Schankkonzession. Die Amtsschänke entwickelte sich jetzt zu einem beliebten Vereinslokal. So traf sich hier auch in monatlichen Versammlungen der sozialdemokratische »Arbeiterverein«

Die Gaststätte »Zur Amtsschänke« auf der Grundstraße in Loschwitz, um 1919. *Foto: Verlag A. & R. Adam, Dresden*

Gäste in der Amtsschänke, um 1900
Foto: Slg. Matthias Griebel

(→ *Vereine*) in monatlichen Sitzungen mit 30 bis 60 Teilnehmern.

Leischke ließ mehrere Um- und Anbauten durchführen. 1898 wurde auf Antrag eine »Beschleusung ins Bachbett, ... tief im Bache in Flußrichtung«[2] genehmigt und 1899 die 1,5 m breite Holzbrücke über »die Bach« (Trille) um 1 m verbreitert. 1906 folgte der Umbau des im hinteren Teil des Grundstücks gelegenen Schlachthauses und 1908 ließ Leischke durch den Zimmermeister und Bauunternehmer Ernst Weigelt (1857–1916) eine verglaste Veranda anbauen. Er besaß die Gastwirtschaft bis 1919.

Im Februar 1920 stellte der neue Besitzer der »Amtsschänke«, der Dresdner Joseph Kutter, einen Bauantrag, durch die Dresdner Baufirma Gebr. Fichtner eine Pergola mit dem neuen Namen »Zum Götterfunken« errichten zu lassen. Dieser Name wurde vom Gemeindevorstand »aus Gründen der allgemeinen Heimatkunde – Wegorientierung«[1] abgelehnt. Von der Königlichen Amtshauptmannschaft Dresden-Neustadt wurde die Baugenehmigung nur unter Beibehaltung des alten Namens »Amtsschänke« erteilt. Schon Anfang 1921, sicher infolge und wegen zunehmender Inflation, wurde das im Umbau begriffene Anwesen an die »Kommanditgesellschaft August Leonhardi in Dresden.« für 130.000 Mark verkauft. Nach der Eingemeindung von Loschwitz am 1. April 1921 stellte die »Fabrik chemischer Produkte August Leonhardi« bereits im Juni an den Rat zu Dresden den Antrag, die frühere Gaststätte für Kontorzwecke umzubauen. Damit war das Ende der Amtsschänke besiegelt. Nach Stilllegung der Tintenfabrik 1929 diente das Gebäude wieder Wohnzwecken, bevor 1959 die »PGH Ofenbau« einzog. Heute hat hier die »Ofenbauer Fliesenleger Dresden-Ost GmbH« ihren Sitz (→ *Handw. u. Gew.*). **Helmut Dorschner**

Zitate:
1 Grundbuch
2 Stadtarchiv Dresden
Quellen: 39, 420, 884, 1000

Stefan Hermann und sein Team im »bean&beluga« Foto: »bean&beluga«

bean&beluga
Bautzner Landstraße 32

Im ehemaligen »Café Binneberg« (→ *Bäcker*) eröffnete im Juni 2007 das von Meisterkoch Stefan Hermann geführte Gourmet-Restaurant mit Weinbar, Feinkostladen und Kochschule. »Stefan Hermann steht für eine authentische, natürliche und moderne Küche [...] Ohne sich flüchtigen Trends und zeitgeistigen Extravaganzen hinzugeben, verbindet er Traditionelles mit Modernem und kombiniert geschickt Aromen und Texturen, ohne dabei das Wesentliche – den Geschmack – aus den Augen zu verlieren. Sein leicht französischer Stil mit mediterranem Einschlag beruht dabei auf der Kombination einfacher und exklusiver Zutaten in bester Qualität sowie ihrer schonenden Zubereitung.«[1] Bereits im ersten Jahr seiner Tätigkeit in Oberloschwitz erhielt Hermann den begehrten »Michelin-Stern«. Weitere Auszeichnungen, wie »Restaurant des Jahres 2013«, folgten. Jens Pietzonka wurde 2013 und erneut 2014 »Sommelier [Weinkellner] des Jahres«.

In der Weinbar werden über 400 Positionen angeboten und Veranstaltungen mit Winzern organisiert. Der Feinkostladen bietet Spezialitäten wie hausgemachte Konfitüren, Pestos, Chutneys bis hin zu einer großen Auswahl an Getränken. Die Kochschule bietet in der Regel zweimal im Monat Kochkurse unterschiedlicher Zielstellung an.

2009 begann Stefan Hermann auch mit der gastronomischen Versorgung auf dem Konzertplatz Weißer Hirsch, wo er in dem 2013 fertiggestellten Gastronomie-Gebäude seitdem beste bean&beluga-Qualität anbieten kann. In den Wintermonaten werden in dieser »beheizten Winterhütte«, neben der sich unterdessen auch eine 500 m² große Eisbahn, ein Winterkino und ein Kinderkarussell befinden, winterliche Leckereien und Getränke auch im Rahmen von Familien- und Firmenfeiernn angeboten. Seit 2010 bietet bean&beluga auch in der Semperoper und seit 2013 im Restaurant »william« im Dresdner Schauspielhaus seine exklusiven Speisen und Getränke an. **Otto-R. Wenzel**

Zitat: 1 www.bean-and-beluga.de, Quelle: 1146

Abendstimmung am »bean&beluga« an der Bautzner Landstraße Foto: »bean&beluga«

Burgberg
Körnerplatz 5
Das auf dem tropfenförmigen Bergsporn des → *Burgberges* gelegene Hotel und Restaurant »Burgberg« gehörte neben dem → *»Luisenhof«* und der → *»Loschwitzhöhe«* zu den beliebtesten Ausflugsgaststätten in Loschwitz. Sieben Jahre vor Fertigstellung des Brückenbaus im Jahre 1893 schrieb der Kantor und → *Chronist* Friedrich Wilhelm Pohle (1830 – 1892, → *K1*, → *Kirchenmusik*): »Einer der schönstgelegenen und darum von Fremden und Einheimischen mit immer neuer Freude besuchten Orte ist der Burgberg in Loschwitz«.[1]

Seit 1738 sind Besitzer des Ursprungs-Grundstücks bekannt. Ab 1790 war das Grundstück im Besitz der Familie Bormann. 1819 bekam es Johann Gottfried Bormann (1800 – 1869). Im unteren Teil, etwa dort, wo sich heute das »Bräustübel« befindet, stand das Wohnhaus; 1837 besaß er dort ein Häuschen mit nur zwei Stuben. Seine Weinberge lagen dahinter am Berg, auf dem sich später die Gaststätte »Burgberg« befand. Nordöstlich hinter seinem Wohnhaus, etwa dort, wo heute das Ortsamt steht, ließ Bormann 1859 die neue Gaststätte »Burgberg« errichten. In Unterscheidung zum auf dem Berg liegenden Gasthof, dem »Oberen Burgberg«, wurde sie als »Unterer Burgberg« bezeichnet.

Bereits 1853 ließ Bormann oben auf dem alten Burgbergplateau von den Loschwitzer → *Baumeistern Theodor* → *Lehnert* (1828 – 1910, → *K2*) und *Friedrich* → *Voigt* (1830 – 1898) ein Restaurationsgebäude, die Gaststätte »Burgberg«, errichten. Für das Grundstück wurde eine Fläche von 57,9 Ar (5.790 m²) angegeben. Zu dem »Errichten« bemerkte der Zeitgenosse Friedrich Wilhelm Pohle: »Als Kuriosum möge noch mitgeteilt sein, daß das ganze Steinmaterial zu dem Restaurationsbau mit Ausnahme der großen Werkstücke von 2 Arbeitern, die durch herkulische Kraft sich auszeichneten, hinauf g e t r a g e n worden ist«[1].

Ab 1863 ließ Bormann einen zweigeschossigen Anbau mit einem zusätzlichen Treppenhaus an der Ostfassade des »Oberen Burgberges« errichten. Nach seinem Tod im Oktober 1869 erfolgte 1880 unter seinen Erben, zu denen auch Baumeister Friedrich Voigt gehörte, an der Grenze zum Grundstück Plattleite 4 ein Waschhausneubau.

1883 erwarb die Gemeinde Loschwitz den »Unteren Burgberg«, um dort das → *Gemeindeamt*, das spätere Rathaus, einzurichten. Die Gaststätte wurde 1885 in → *»Ratskeller Loschwitz«* umbenannt, sodass es von nun an nur noch eine Gaststätte mit dem Namen »Burgberg« gab. Im gleichen Jahr wurde durch Bor-

Das alte Bormannsche Haus (links), oberer und unterer Burgberg, um 1865
Foto: August Kotzsch, Stadtmuseum Dresden

Terrasse auf dem Restaurant Burgberg, um 1930, Ansichtskarte Verlag Adam, Slg. M. Griebel

manns Schwiegersohn Ferdinand Gnäuß (1829 – 1909), der seit 1878 Burgberg-Wirt war, neben der 135-stufigen Treppe vom Körnerplatz noch ein zweiter angeblich »bequemerer« Zugang über die Plattleite angelegt.

Nachdem 1889 noch ein kleiner Anbau erfolgt war, kaufte 1893 Edmund Günther das Grundstück mit dem »Burgberg« für 60.000 M von den Erben Bormanns. Er ließ 1894/95 nach dem Entwurf des Dresdner Architekten Alfred Ressel elbseitig die große, achtachsige und zweigeschossige, gusseiserne Veranda errichten und an der Ost-Ecke eine eingeschossige Speisenausgabe für den Gartenbetrieb anfügen. Im Dezember 1894 hatte Günther Teile seines Grundstücks an die »Vereinigte Eisenbahnbau- und Betriebs-Gesellschaft m.b.H« in Berlin verkauft. Der Bau der → *Standseilbahn* erfolgte von November 1894 bis Oktober 1895. 1896 ließ Günther das Waschhaus um einen Holz- und Geräteschuppen erweitern und später durch die Dresdner Firma Stohn nordöstlich des Restaurantgebäudes ein Schankzelt in Eisenkonstruktion mit Leinwanddach errichten. Dieses Leinwanddach wurde 1903 vom Loschwitzer → *Baugewerke* Emil Holtsch (1855 – 1915) durch ein massives Holzdach ersetzt.

Im Juli 1902 kaufte der aus Wechselburg kommende Hotelbesitzer Theodor Hofmann (1875 –1909) das »Etablissement Burgberg«. Im Februar 1903 heiratete er die aus Bad Bibra stammende Martha Elste (1881 – 1958), die fortan bis zum Ende der Gaststätte hier tätig war. Im Juni 1904 wurde ein Bauantrag Hofmanns mit Plänen des Architekten Paul Mähler zur »Überformung im sogenannten Heimatstil«

Anzeige, 1911 *Broschüre »Loschwitz«, OVLW*

Burgberg, um 1912, Ansichtskarte *Foto: Richard Braunfels, Slg. Matthias Griebel*

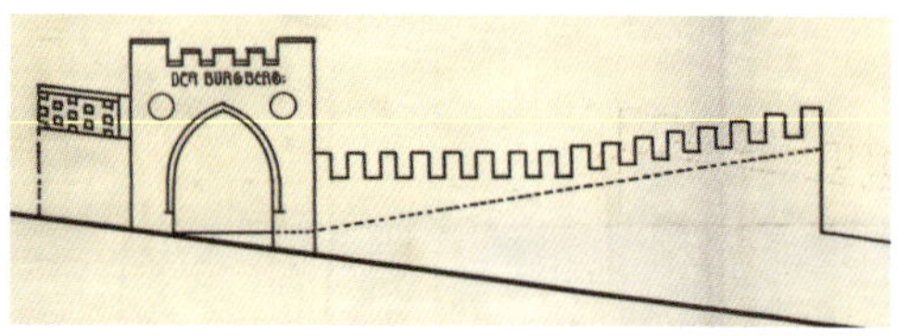

Eingang zum Burgberg von der Plattleite, Bauzeichnung, 1904, von Architekt und Baumeister Paul Winkler

vom Gemeinderat Loschwitz wegen des »massiven Erscheinungsbildes« abgelehnt und das Schankzelt (»Marquise«) abgebrochen. An dieser Stelle ist 1925 wahrscheinlich die hölzerne Konzertmuschel errichtet worden. Bereits im August 1904 legte der Loschwitzer → *Baumeister und Architekt* Paul Winkler (1864 – 1931, → *K2*) neue Umbaupläne vor, die von dem Dresdner Baugeschäft Robert Born jun. etwas modifiziert ausgeführt wurden. Es entstand in der Ostansicht der Doppelgiebel mit höherem

Eingangstor zum Burgberg von der Plattleite, 1996 *Foto: Jürgen Frohse*

First. Die Baumaterialien wurden frühzeitig vor Dienstbeginn der Drahtseilbahn nach oben transportiert, um deren Betrieb möglichst wenig zu stören. Die Inbetriebnahme dieses erweiterten Hotel- und Gaststättengebäudes konnte schon im Mai 1905 erfolgen. Im Dresdner Anzeiger vom 25. September 1904 wurde dazu folgendes bemerkt: »Ein originelles Bauwerk am Berghang oberhalb Loschwitz fällt neuerdings weithin auf. Mächtige Steinbogen und Zinnen«.

Nach Theodor Hofmanns Tod 1909 heiratete seine Witwe Martha, die bereits vier Kinder hatte, 1911 Gustav Schulz (1881 – 1926), der auch als neuer Inhaber ins Handelsregister eingetragen wurde. 1921 ließ er im Untergeschoss an der Nordwestecke des Gebäudes nach den Plänen des Loschwitzer → *Baumeisters Karl* → *Reichpietsch* (1859 – 1947, → *K2*) eine Kegelbahn einbauen, wozu die gusseiserne Veranda in westlicher Richtung um vier Achsen erweitert werden musste. Im April 1925 verstarb Gustav Schulz. Anlässlich des 25-jährigen Geschäftsjubiläums erfolgte 1926/27 durch den → *Architekten* Otto Wanka (1887 – 1964) wieder ein Umbau, der zu umfassenden äußeren und inneren Veränderungen führte. Im elbseitigen Bereich wurden z. B. die Dächer einheitlich auf die Firsthöhe des Anbaues von 1904 angehoben und zahlreiche Balkone angebaut. Weiterhin erbaute man neben der vorhandenen eine zweite Kegelbahn, die Restauranträume wurden im Stil des »Art déco« umgestaltet u. a. m. Es entstand im Wesentlichen das letzte heute noch bekannte Erscheinungsbild des »Burgberges« bis zur Zerstörung im Februar 1945.

Hans Anton Williard, Ansicht vom Burgberge in Loschwitz, um 1855, Lithografie über Tonplatte
Heute bewahrt in der Städtischen Galerie Dresden – Kunstsammlung, Museen der Stadt Dresden

O M
Lo

Die »Galerie im Buch«

Gäste am Burgberg, um 1928, Ansichtskarte *Slg. Bernd Beyer*

Konzert auf dem Burgberg, um 1928, Ansichtskarte *Slg. Eduard Münzner*

»Hotel und Restauration Burgberg Gustav Schulz«
Loschwitz, Körnerplatz 5

- 8 – 12 Fremdenzimmer
- Preise um 1920:
  Zimmer mit 1 Bett 1,50 Mk.
  Zimmer mit 2 Betten 3,00 Mk.
  Volle Pension inclus.
  Zimmer pro Person 5,00 Mk.
  je nach Lage der Zimmer
- Zentralheizung
- 135 Stufen vom Körnerplatz

Großer Gesellschaftssaal im Restaurant Burgberg, um 1935, Ansichtskarte *Slg. Bernd Beyer*

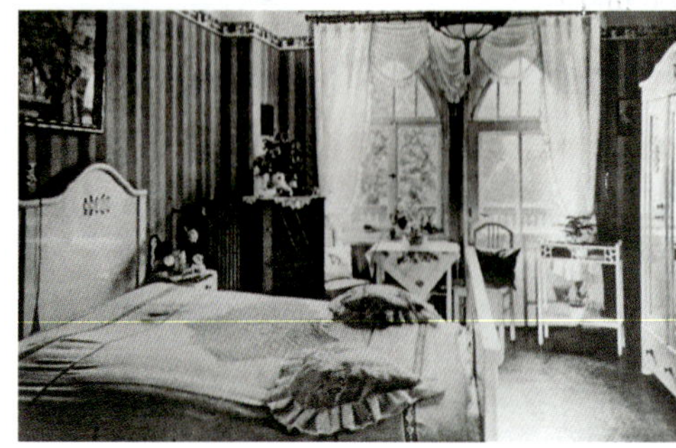

Fremdenzimmer, Ansichtskarte
Slg. Matthias Griebel

Nach dem Tod ihres zweiten Mannes heiratete Martha im April 1928 in dritter Ehe den Hotelbesitzer Bernhard Hölscher (1871 – 1947) und wurde 1929 wieder als Inhaberin in das Handelsregister eingetragen. Sie beantragte 1931 den Bau einer offenen Gästehalle unter der Veranda in Richtung Körnerplatz. Diese wurde aber erst 1938 fertiggestellt. Entwurf und Ausführung waren durch den Loschwitzer Architekten Otto Wanka erfolgt, der 1934 an der Nordwest-Fassade im Erdgeschoss noch einen kleinen Anbau errichtete.

1939 erwarb Martha Hölscher auch noch die Grundstücke Grundstraße 7 und gegenüber die Nr. 6. Sie richtete in der Grundstraße 7 die heute noch erkennbaren »Burgberg-Garagen« mit fünf Einzel- und einer Doppelgarage ein. Auch die betriebseigene Wäscherei und mehrere Wohnungen für Betriebsangehörige fanden jetzt hier ihren neuen Platz. Ein Lastenaufzug und eine Rolltreppe hinauf zum »Burgberg« kamen wegen des Zweiten Weltkrieges nicht mehr zur Ausführung. Lediglich die Stützmauer des Gästegartens am Ost-Hang konnte wegen Einsturzgefahr instandgesetzt werden.

Im Zweiten Weltkrieg wurden ab 1942 Restaurant und Hotel als Reservelazarett der Deutschen Wehrmacht requiriert. Am 14. Februar 1945 brannte das Anwesen nach einem Bombentreffer komplett aus. 1967 wurde die gut erhaltene, aufbaufähige Ruine ohne Einwilligung der Besitzer – der Erben Martha Hölschers – abgerissen, da sie wegen der in Dresden geplanten »Arbeiterfestspiele der DDR« das »Erlebnisbild« beeinträchtige.

Nach 1991 gab es zahlreiche Versuche, das Grundstück wegen seiner hervorragenden Lage wieder zu bebauen. Im Laufe der Jahrzehnte nach der Zerstörung der Gebäude hatte sich allerdings ein schützenswertes Biotop herausgebildet. Um dieses zu erhalten, sind bis heute alle Bauanträge abschlägig beschieden worden. Lediglich dem → *Kunst- und Kulturverein »Alte Feuerwache Loschwitz«* wurde von 2004 bis 2009 gestattet, die künstlerische Installation »Burgberg – Wald – Skulptur« in diesem Gelände zu errichten.

Eberhard Münzner, Helmut Dorschner

Zitate:
1 *Pohle, Friedrich Wilhelm; Chronik von Loschwitz; Dresden 1887*
Quellen: 39, 492, 554, 824, 884, 894, 895, 907, 987, 1000, 1090

Burgberg-Ruine 1965 vor dem Abriss anlässlich der 9. Arbeiterfestspiele in Dresden.
Foto: Eberhard Münzner

Erhaltene Säulen der Burgberg-Terrasse, 2014.
Foto: Siegfried Großmann

Demnitz/Elbe-Hotel
Friedrich-Wieck-Straße 18

Anfänge als Reißigs Erbschänke
Der Ursprung der Schankgerechtigkeit als »Erbgerichtsschänke« lag auf dem → *Bauerngut* Friedrich-Wieck-Straße 16. Dessen Besitzer, seit 1620 Peter Eger, Schwiegersohn von Matthes Reißig, wird in einem kurfürstlichen »Befehliche« von 1626 erstmals als »Schenken zu Loschwitz« genannt. Auf Eger folgten auf dem Gut Matthes Reyßig (Reißig) d. J., den die frühesten Urkunden vor 1536 als Stammvater nennen und dessen Sohn Marcus Reißig. Reißigs ließen nach der Brandschatzung des Dorfes durch die Schweden im Jahre 1639 an Stelle des alten Schenkhauses 1648 das »neue Häusgen im Hofe« errichten. Bei Reißigs Nachkommen verblieb das Bauerngut bis 1712.

Familie Reißig
Auch der benachbarte Gutshof Friedrich-Wieck-Straße 14 gehörte vor 1624 einem George Reißig, dem als Besitzer die Kinder, Kindeskinder und Schwiegersöhne folgten. Vermutlich hatten die Reißigs, deren Name sich von Reisiger = Söldner ableitet, zu einer Kolonistenfamilie gehört, die einst zur Landnahme in die slawisch besiedelten Elbdörfer aufgebrochen war. Außer auf den Bauerngütern sind in Loschwitz um 1600 acht Familien Reißig mit Haus- und Grundbesitz überwiegend in der Ratsgemeinde *(→ S. 45)* nachgewiesen, deren Nachkommen auch im 17. und 18. Jahrhundert im Ort noch präsent waren.

Der Bauer Marcus Reißig war durch Unglücksfälle in finanzielle Schwierigkeiten geraten und verkaufte aus seinem Gutskomplex das Schenkhaus, den daran stoßenden steinernen Stall, ein Stück Garten sowie Inventar im Februar 1688 mit hospitalamtlicher Genehmigung für 850 Gulden. Damit entstand für die Loschwitzer Erbschänke das selbstständige spätere Gasthofsgrundstück Friedrich-Wieck-Straße 18 in Nachbarschaft des Stammgutes, das sich (bis 1864!) ein Rückkaufsrecht vorbehielt.

Besitzer bis 1848
Besitzerin des neuen Schänkenareals wurde die kurfürstliche Kammerschreibersfrau Anna Sibylle Hicksch, die auch schon vorher als Schänkenpächterin fungiert hatte. Sie überließ per Erbkauf 1691 das Grundstück für 1.150 Gulden ihren drei Töchtern, die es fürderhin »in commune« bewirtschafteten. Als weitere Besitzer folgten, teils mit Kaufsumme:

1716 Anna Sophie Wolff, Hauptmannsehefrau
1727 Johann George Kleinhempel, Fleischhauer in Dresden (1.200 Taler)
1733 Johann Georg Hayne, kurfürstlicher Hofmetzger (1.400 Taler)
1735 Johann George Querner, Fleischhauer in Loschwitz (1.400 Taler)
1769 Johann Christian Querner, vorher seit 1757 Fleischhauer und Erbschänkwirt zu Niederrochwitz (»Zur Eule«),
1780 dessen Witwe Anne Rosine; sie verpachtet 1795 an Carl August Preißler,
1802 Johann Gottfried Pommrich, zweiter Ehemann der Vorigen,
1803 Johann Gottfried Müller,
1811 Johann Friedrich Urban, Schneidermeister in Dresden, danach seine Erben,
1843 Johann August Kunath, Fleischergeselle in Frankenthal (7.855 Taler),
1844 Friedrich August Beuchel, Fleischer in Potschappel (8.580 Taler),
1848 Auguste Friedericke verwitwete Beuchel geb. Demnitz.

Gasthof Demnitz, vor 1881 mit dem Besitzer Friedrich Ernst Demnitz (x) Foto: August Kotzsch, LfD Sachsen, Slg. K. E. Scherz

Friedrich Ernst Demnitz (1818 – 1893)
Foto: August Kotzsch, Slg. Matthias Griebel

Die Gasthofbesitzerfamilie Demnitz
Erster Namensbeleg in Loschwitz ist der Geburtsname der Besitzerin der Erbschänke von 1848, Auguste Friedericke Henriette Beuchel geb. Demnitz. Ihr Mann, der Fleischer Friedrich August Beuchel, war seit 1844 Eigentümer gewesen und 1848 verstorben. Die Witwe verpachtete das Grundstück mit Gasthaus am 1. Oktober 1851 ihrem Bruder Friedrich Ernst Demnitz (1818 – 1893), der dann 1863 durch Kauf Besitzer wurde.

Die auf ihn überkommene Bausubstanz stammte überwiegend aus dem 17. Jahrhundert. Das kleine Wohnhaus im Fachwerkstil (dicht neben dem Nachbargebäude Nr. 20) stieß mit seinem rückwärtigen Giebel an den »alten Saal«. Dieser erstreckte sich über die gesamte Längsfront des Hofes, wies einen breiten Durchgang zum elbseitigen Garten auf und hatte ebenerdig eine Schankstube und Stallungen. Im Obergeschoss lag der alte Saal, dessen Tanzboden von massiven Balken aus dem Untergeschoss gestützt wurde. Die westliche Hofbegrenzung bildete ein Wirtschaftstrakt, der auch als Schlachthaus diente. Schließlich schloss das »Neue Häusgen« den Hof zum benachbarten Bauerngut ab.

Mit Friedrich Ernst Demnitz begann die legendäre Glanzzeit der Gastwirtschaft, die nun mit Tanzboden, Stallungen und Schankgarten als »Gasthof Demnitz« firmierte. Der Gasthofbesitzer, geboren am 9. Oktober 1818 in Zauckerode als Sohn des Gutsauszüglers Johann Gottlieb Demnitz (1786 – 1858), hatte sich in den 1840er Jahren mit Johanne Rosine geb.

Kutzsche (1826 – 1907) verheiratet. Der Überlieferung nach hatte das Ehepaar sieben Kinder.

Unter den neuen Wirtsleuten erlebte der Gasthofbetrieb einen enormen Aufschwung. Vor allem der Garten wurde zu einem beliebten Konzertort durch die seinerzeit populären Militärkonzerte des Königlichen Musikdirektors August Trenkler (1836 – 1910, → *K1*).

Bereits 1864, also ein Jahr nach dem Kauf, ließ Demnitz durch den → *Baumeister* Theodor Lehnert (1828 – 1910, → *K2*) den Neubau eines Gasthofgebäudes mit Tanzsaal planen. Vorerst wurden jedoch andere Prioritäten gesetzt. Vor allem der zur Elbe zu gelegene Garten wurde einladend gestaltet und mit einer Gästeveranda versehen, die auch als Konzertpavillon diente. Ebenfalls wurde 1864 das ehemalige Schlachthaus für zwei Wohnetagen aufgestockt und mit einem Schmuckgiebel versehen. Im Erdgeschoss befanden sich Stallungen und Remise; die gesamte Fassade wurde neu verputzt. Auch das alte Gasthaus von 1648 wurde zu einer beliebten Einkehrstätte ausgestaltet. In ihr hielt der Kreis um *Ludwig → Richter* (1803 – 1884, → *K1*) einen regelmäßigen Stammtisch ab, der »Loschwitz-Klamm« genannt wurde.

Als der Vater sich zur Ruhe setzte, übernahm am 24. September 1880 der am 3. September 1849 in Unkersdorf geborene Sohn Ernst Gustav Demnitz (1849 – 1893) den elterlichen Gasthofbetrieb, in welchem er groß geworden war. Er heiratete am 26. April 1881 Dorothea Maria Louise geb. Petzold (1855 – 1919).

Die finanzielle Lage des Familienbetriebes erlaubte Ernst Gustav Demnitz nun, den Hotelneubau zügig in Angriff zu nehmen. Sandsteinbossen wurden bereits angelandet. Hoffnungsvoll, aber auch mit Wehmut, feierte die Loschwitzer Gesellschaft »Erholung« diesen

Demnitz's Hotel
und
Garten-Etablissement
LOSCHWITZ.

Das Etablissement ist der Sammelplatz sämmtlicher in Loschwitz verkehrenden Fremden.

Grosser Mittag- u. Abendtisch.

Zimmer mit und ohne Pension.

Grosser schöner direct am Dampfschifflandeplatz gelegener Garten.

Täglich 62 mal Dampfschiff-Verbindung mit Dresden.

Gustav Demnitz.
Besitzer.

Ernst Gustav Demnitz (1849 – 1893) in der Uniform der Freiwilligen Feuerwehr
Foto: August Kotzsch

Einschnitt, zu welchem der Dichter *Moritz → Heydrich* (1820 – 1885, → *K1*) ein »Abschiedsliedchen an's alte Haus« (→ *Gedichte*) verfasst hatte.

Planung und Ausführung des Neubaus lagen in den bewährten Händen des Loschwitzer Baumeisters Theodor Lehnert. Noch 1881, im Hochzeitsjahr von Demnitz junior, wurde das neue Hotelgebäude fertiggestellt. Im neuen Haus standen dem Gastbetrieb Wintergarten und Gesellschaftszimmer, Gaststube und Kegelbahn sowie im Obergeschoss der Ballsaal für 800 Personen zur Verfügung. Küche, Wirtschafts- und Vorratsbereiche wiesen den neuesten Stand auf. In den beiden Wohntürmen hatten zwölf exzellente Hotelzimmer mit Elbblick Platz gefunden. Auch der Gastgarten an der Elbe wurde rekultiviert, erweitert, mit Bäumen nachgepflanzt und erhielt einen Konzertplatz. Hier gab es während der Sommersaison regelmäßig »Großes Conzert«, das auch von Militärkapellen bestritten wurde. Tanz- und Ballvergnügen im Saal mit großer Bühne boten beliebten Künstlern aller Genres Auftrittsmöglichkeiten.

Für gastreiche Hochzeitsfeiern und andere Festlichkeiten war das »Demnitz's Hotel und Garten-Etablissement« geradezu prädestiniert. Auch der Gemeinderat nutzte die Räumlichkeiten für besondere Anlässe und Benefizveranstaltungen zu wohltätigen Zwecken.

Der Ruf des nunmehrigen »Hotel Demnitz« wurde weithin bekannt, wozu die im Saal veranstalteten prächtigen Bälle beitrugen. Auch dem Gemeinwohl fühlten sich die Gasthofbesitzer verpflichtet: der Senior im Kirchenvorstand und bei der Speiseanstalt für Bedürftige, der Sohn als Mitglied der Freiwilligen Feuerwehr.

Ein besonderes Ereignis bildeten die Feierlichkeiten bei der Eröffnung der »Blasewitz-Loschwitzer Brücke« (→ *Blaues Wunder*), die am 15. Juli 1893 in beiden Gemeinden stattfan-

Hochzeitsgesellschaft bei »Demnitz« 1902 *Foto: Slg. Ute Häse*

Concert
zur Feier der
Eröffnung der Blasewitz-Loschwitzer Brücke
am 15. Juli 1893
im Hotel Demnitz in Loschwitz,
ausgeführt von der Kapelle des Königl. Sächs. Gardereiter-Regiments unter Leitung des Herrn Stabstrompeter H. Stock und der Gesangvereine: Concordia-Laubegast, Männergesangverein-Loschwitz, Männergesangverein-Liedertafel-Blasewitz, Riesens Liedergarten-Dresden, Männergesangverein-Johannstadt-Dresden.

Konzertprogramm, 1893 *Slg. Matthias Griebel*

Demnitz um 1905 *Foto: Slg. Matthias Griebel*

Demnitz mit Dampferanlegestelle um 1920 *Foto: Slg. Elbh.-Photo-Galerie*

den. In den Saal des Hotels Demnitz hatte das Festkomitee für die Mittagsstunde zu einem Gabelfrühstück geladen, und am Nachmittag fanden im gesamten Objekt Konzerte sowie Darbietungen von Gesangsvereinen aus nah und fern statt. Die Sensation der neuen Brücke brachte einen enormen Zulauf und man sagte, dass an diesem Tage ebenso viele Flaschen Champagner geleert worden seien, wie das Bauwerk Stahlträger habe.

Tragischerweise wurde das Jahr 1893 für das florierende Hotelunternehmen zu einem Trauerjahr, denn der Altwirt und sein Sohn, der Hotelier, verstarben. Der Vater Friedrich Ernst starb in seinem fünfundsiebzigsten Lebensjahr am 19. November, der Sohn Ernst Gustav, erst vierundvierzigjährig, bereits am 29. September an Herzschlag. Beide wurden auf dem → *Friedhof* Loschwitz bestattet.

1894 wurde der Hotelkomplex verkauft, da der Sohn des Juniorchefs, Ernst Louis Gustav Demnitz (1882 – 1941), noch minderjährig war. Er ergriff später einen technischen Beruf und wanderte 1925 nach Amerika aus. Seine Mutter lebte im Witwenstand noch mehrere Jahre in der Calberlastraße 8, die Großmutter-Witwe des ersten Gasthofbesitzers Demnitz in der Schillerstraße 6, später 10. Eine Tochter der letzteren, Ernestine Alma geb. Demnitz (1865 – 1944), hatte sich mit dem Postbeamten Maximilian Pfeil (gest. 1932) verehelicht und wohnte zuletzt Pillnitzer Landstraße 22. Deren Geburtsname war der letzte der Demnitz in Loschwitz.

Der Name »Demnitz« wird weitergeführt

Die Erben verkauften das gesamte Grundstück mit allen Bauten und Inventar 1894 an den Hotelier Carl Otto Fugmann. Über einen weiteren Eigentümer erwarb es 1897 Carl Emil Pötzsch. Dieser führte das Haus in gewohnter Weise weiter und der Name »Hotel Demnitz« blieb bei ihm ebenso erhalten, wie ab 1901 bei seinen häufig wechselnden Nachfolgern. Als solche sind der Gastwirt Hermann Hochmuth sowie ein Hotelier und Kapellmeister Albert Heiland zu nennnen, bei denen »Fugmanns Sommer-Variete« im Garten gastierte. In dieser Zeit war das kleine Fachwerkhaus »Alt-Demnitz« gelegentlich verpachtet und im Wirtschaftsgebäude befand sich die Werkstatt von Böttchermeister Albert Dunsch, die dann hier bis 1937 existierte.

Eine neue Ära für das Hotel Demnitz begann im Jahre 1906 mit seinem neuen Besitzer Herrmann Fischer. Er bot ganz im Demnitzschen Sinne nicht nur eine gediegene Gastronomie mit Hotelbetrieb, auch der Konzertgarten an der Elbe wurde wieder ein beliebter Fremdenort. In ihm hatte er eine Konzertmuschel für zwanzig Musiker errichten lassen. Der Ballsaal erlebte regelmäßig themenbezogene Tanzvergnügen für Jung und Alt. Das Bierstübel »Alt Demnitz« erhielt einen Zugang von der Straße her und wurde als Imbiss- und Stehbierhalle

Im Wintergarten bei Demnitz um 1900, Ansichtskarte *Slg. Matthias Griebel*

Wintergarten um 1910, Ansichtskarte *Slg. Matthias Griebel*

Wintergarten nach 1938, Ansichtskarte *Slg. Matthias Griebel*

von verschiedenen Pächtern wie Arthur Horn, Adolf Schütze und Franz Pauser betrieben.

Nachdem 1920 der Gastwirt Erwin Harazim (1892 – 1930) den Hotelkomplex erworben hatte und seine Frau Helene geb. Winter (1886 – 1938) 1922 Inhaberin wurde, führten für die »Privata« der Fremdenhofsinhaber Franz Rudmann und nach ihm der Hotelier Herbert Hofmann die Geschäfte. Unter Rudmann hatte 1927 das Bierstübel straßenseitig im Fachwerkobergeschoss eine farbige florale Bemalung durch den Loschwitzer → *Malermeister* Karl Herrmann erhalten. In den folgenden Jahren bis 1936 trat jedoch eine Überschuldung des Grundstückes ein und Helene Harazim konnte die Zwangsversteigerung im Mai 1937 nicht mehr abwenden. Der gesamte Komplex »Hotel Demnitz« fiel nun an die Spar- und Kreditbank GmbH Dresden. Das Adressbuch nennt das Objekt nun »Am Blauen Wunder« und als Schankwirt Paul Beier. Am 20. Mai 1938 wurde neue Hoteleigentümerin die Hoch-und Tiefbaufirma Metze & Leiterer. Deren Eigentümer, Arthur Metze und Alfred Leiterer, begannen unverzüglich mit der Modernisierung aller technischen und wirtschaftlichen Anlagenbereiche und konzipierten bauliche Veränderungen für das gesamte Objekt. Im Winkel zwischen Wirtschafts- und Hotelgebäude entstand ein neues Entree. Portierloge, Garderobe und Aufgang zum Saal wurden zweckentsprechend umgestaltet und der Wintergarten erhielt sein großzügiges Interieur im Stil der 1930er Jahre. Auch die ebenerdige Kegelbahn und der Aufgang zu den Hotelzimmern in den beiden Wohntürmen erfuhren Veränderungen. Im Biergarten, mit einer dem Wintergarten vorgelagerten Terrasse, boten einladende Gartenmöbel mit Sonnenschirmen, der Konzertpavillon sowie eine eingefriedete Tanzfläche mit Springbrunnen den Gästen alle Bequemlichkeit.

Anzeige 1939 *Slg. Matthias Griebel*

Ballsaal um 1900, Ansichtskarte *Slg. Matthias Griebel*

Leiterers »Elbe-Hotel Demnitz« in Kriegszeiten

Das nunmehrige »Elbe-Hotel Demnitz« hatte sich unter seinem Geschäftsführer Alfred Leiterer zu einem Unternehmen der gehobenen Gastronomie entwickelt. Auch das historische Fachwerkhaus im Hof wurde als »Bauernstüb'l« zu einem volkstümlichen Lokal ausgestaltet. Es erhielt seinen ursprünglichen Eingang zurück, wies innen gediegen rustikales Mobiliar auf und hatte eine eigene Küche. Genügte deren Angebot dem anspruchsvollen Gast nicht, wurde ihm die Speisekarte der Hotelküche präsentiert und das Gewünschte aus dieser herbeigeholt.

Die dann folgenden Kriegsjahre forderten auch im Gastgewerbe Einschränkungen. Man denke nur an die allgemeinen Rationierungen und das dem Servierpersonal peinliche Abschneiden der in der Speisekarte vermerkten Gramm-Marken für Fleisch, Fett und Nährmittel von den Lebensmittelkarten der Gäste an ihrem Tisch. 1943 wurden zudem Hotelräume als Reservelazarett requiriert, auf das eine am Bauernstüb'l angebrachte Rot-Kreuz-Fahne hinwies. Im Winter 1944/45 biwakierte im Gästegarten ein Minensprengkommando der Wehrmacht, durch dessen Unachtsamkeit die Konzertmuschel abbrannte. Bei Fliegeralarm verließen die Gäste überstürzt das Restaurant, das geschlossen werden musste.

Auch diese schwere Zeit meisterte Alfred Leiterer und bemühte sich nach 1945, die dem Haus eigene Gastlichkeit wieder aufzubauen. Im Saal hatte sich das »Dresdner Künstlerstudio« unter dem als Conferencier auftretenden

Bauernstüb'l um 1940, Ansichtskarte *Slg. Matthias Griebel*

Terrasse und Gästegarten um 1940 *Foto: Slg. Matthias Griebel*

späteren Schriftsteller Günter Felkel (1921–2001, → *K2*) etabliert, das mit Theateraufführungen wie »Charleys Tante«, bunten Operettenabenden und Quizveranstaltungen vielen Dresdnern Abwechslung vom Alltag bot.

Niedergang als »Elbe-Hotel« in Besitz der staatlichen HO

Nach einem dubiosen Zwischenbesitz von 1948 durch »Kupfer und Schlund« pachtete zunächst 1949 die Staatliche Handelsorganisation (HO) das Hotelgrundstück und erwarb es später von Alfred Leiterer, der auch weiterhin Geschäftsführer blieb. Im nun »Elbe-Hotel« genannten Haus wurden Gastronomie und Hotellerie auf gehobenen Niveau weitergeführt. Im Wintergarten fanden wie eh und je Nachmittagskonzerte oder Tanztee statt, Hauskapellen waren die von Werner Hausmann und später des trinkfreudigen Hans Brand. Den Saal nutzten vor allem Dresdener Tanzschulen zum Unterricht und veranstalteten die beliebten Tanzstundenbälle. Auch andere Vergnügungen wie die legendären Bäckerfaschings trugen zum Renommee des HO-Unternehmens unter Leiterer bei.

In den 1960er Jahren, unter neuen Objektleitern, begann der Nimbus des Hauses zu schwinden. Bauliche Mängel wurden nicht behoben, Terrasse und Garten schlossen. Für das Bauernstüb'l, in welchem an den Wochenenden das Alleinunterhalter-Duo »Die Lößnitzperlen« mit Herbert Schulze-Meißen und Partnerin Sonja auftrat, kam 1961 das baupolizeiliche Aus. Im Wintergarten wurde das Glasdach zunehmend undicht, er musste deshalb bei Regenwetter gesperrt bleiben; bedient wurde dann nur noch im trockenen Umfeld. Im Jahre 1975 endete auch der Hotelbetrieb, die Zimmer wurden Wohnheim von Studenten der Ingenieurhochschule Dresden.

Jedoch von der Elbe her wurde der Gartenbetrieb wieder aufgenommen. Aus einem Kiosk heraus bewirtschafteten als Mieter der HO Werner und Sylvia Rost (Agronom und Sängerin) die Selbstbedienung der vor allem jugendli-

Oberkellner Erwin Klim, »Schmiermaxe«, in der 500-ccm-Seitenwagenklasse waren Richter/Klim 1953 DDR-Meister.
Foto Zeit im Bild, Slg. Matthias Griebel

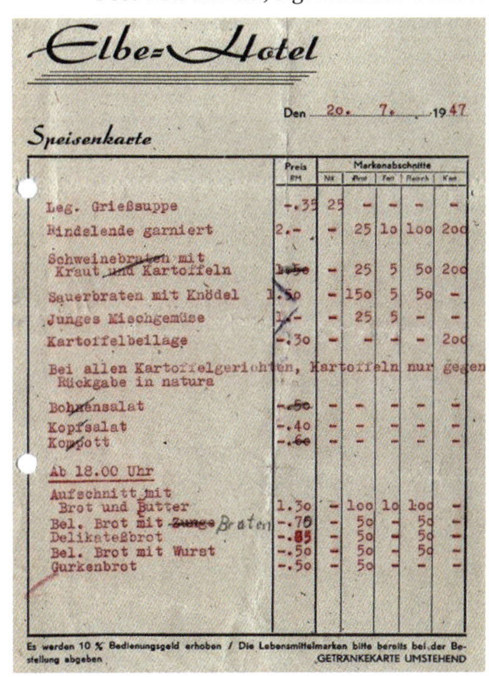

Elbe-Hotel

Den 20. 7. 1947

Speisenkarte

	Preis RM	Markenabschnitte Nä	Brot	Fett	Fleisch	Kart
Leg. Grießsuppe	-.35	25	-	-	-	-
Rindslende garniert	2.-	-	25	10	100	200
Schweinebraten mit Kraut und Kartoffeln	1.50	-	25	5	50	200
Sauerbraten mit Knödel	1.50	-	150	5	50	-
Junges Mischgemüse	1.-	-	25	5	-	-
Kartoffelbeilage	-.30	-	-	-	-	200
Bei allen Kartoffelgerichten, Kartoffeln nur gegen Rückgabe in natura						
Bohnensalat	-.50	-	-	-	-	-
Kopfsalat	-.40	-	-	-	-	-
Kompott	-.60	-	-	-	-	-
Ab 18.00 Uhr						
Aufschnitt mit Brot und Butter	1.30	-	100	10	100	-
Bel. Brot mit Zunge Braten	-.70	-	50	-	50	-
Delikateßbrot	-.85	-	50	-	50	-
Bel. Brot mit Wurst	-.50	-	50	-	50	-
Gurkenbrot	-.50	-	50	-	-	-

Es werden 10 % Bedienungsgeld erhoben / Die Lebensmittelmarken bitte bereits bei der Bestellung abgeben

GETRÄNKEKARTE UMSTEHEND

Speisekarte, 1947 *Slg. Manfred Wille*

Das geschlossene Elbe-Hotel 1981 *Foto: Ernst Hirsch, Slg. Matthias Griebel*

Ruine des Elbe-Hotels in Loschwitz, nach 1989 *Foto: Ulrich Häßler*

Demnitz, bereits beräumt, zum Elbhangfest 2007 *Foto: Jürgen Frohse*

chen Gäste und boten diesen auch gelegentlich Disko. Dresdner Künstler veranstalteten hier im Sommer 1978 eine große Freilicht-Ausstellung.

Schließlich erwarb am 1. Januar 1979 die Handwerkskammer des Bezirkes Dresden das gesamte Objekt. Am 1. August musste es baupolizeilich gesperrt werden. Der Saal wurde Lagerraum und lediglich der Gartenbetrieb diente der »Versorgung der Bevölkerung«. Ein im Herbst vorgelegtes Rekonstruktionsprojekt »Elbe-Hotel Dresden« eines Entwurfskollektivs blieb Vision. So verfiel die Bausubstanz des gesamten Objekts weiter und bildete über zwanzig Jahre eine Stätte der Schande, zumal auch noch der Fachwerkbau des Bauernstüb'l 1995 abgerissen wurde.

Langwierige Rekonstruktion

Nach dem Ende der DDR entdeckte der Stuttgarter Diplom-Betriebswirt Thomas Diller auf seinen Reisen in die »neuen Länder« Loschwitz als landschaftliches Kleinod und entschloss sich, hier zu investieren. Zunächst erwarb er das alte → *Fährgut* und rekonstruierte es grundlegend. Da er weitere Interessen hegte, entschied sich im Dezember 2001 die Handwerkskammer, Diller das »Elbe-Hotel« zu verkaufen. Die Kaufverhandlungen zogen sich, unterbrochen vom Jahrhunderthochwasser 2002, ebenso hin wie die Erstellung eines Bauantrags, der erst 2005 eine Teilgenehmigung erhielt.

Immerhin wurde der Elbegarten indessen von der Gastronomiefirma → *W.O.K.* in ansprechender Weise bewirtschaftet. Noch im Jahre 2008 war die Besitzübertragung aus verschiedenen Gründen nicht abgeschlossen, doch ein Jahr später kamen die ersten Gerüste, die aber wegen Unstimmigkeiten des Bauherren mit Projektanten und Handwerkerfirmen wieder abgebaut wurden. Endlich, im Jahre 2011 begann die Eindeckung der Dächer und der Bauherr konnte im November zu einem Pressetermin den neuerlichen Baustart verkünden. Demnach soll das Haus eine Mischnutzung mit Gastronomie haben, jedoch wurde das Vorhaben »Ballsaal« aufgegeben. In der folgenden Zeit wurden die Baufortschritte, wenn auch mit vielen langen Unterbrechungen, für jedermann sichtbar. Zu Beginn des Loschwitzer Jubiläumsjahres hat das große Gebäude neue Dächer, sind dessen Fassade sowie die Türme frisch abgeputzt und alle Fenster eingesetzt. Noch verbirgt sich der Innenausbau dem Betrachter.

Die 1949 von der Grenz-Quell-Brauerei Vogtland installierte Leuchtschrift ist 1983 verrottet.
Foto: Matthias Neumann

Doch der professionelle Gartenbetrieb mit beliebten Veranstaltungsangeboten durch die W.O.K.-Gastronomen, die auch eine Option für die Gaststätte im Haus haben, lässt auf ein lebendiges »Demnitz« hoffen, das auch wieder diesen traditionsreichen Namen tragen sollte.

Matthias Griebel

Quellen: 39, 320, 330, 339, 824, 908, 1000

Das Elbe-Hotel im Bau, April 2015 *Foto: Siegfried Großmann*

Elbpension
Pillnitzer Landstraße 69
In einem separaten Gästehaus in einem Garten am Elbhang, oberhalb des Wohnhauses gelegen, vermietet Waltraut Scholz zwei Doppelzimmer. Von ihnen blickt man über die Elbe auf die Silhouette der Stadt und bis ins Erzgebirge. **Barbara Friebel**

Quelle: 1165

Elbthal
Pillnitzer Landstraße 7
Nachdem der Dresdner Bäcker Emil Braune den ehemaligen Weinberg mit Haus erworben hatte, ließ er 1869 das Wohnhaus abreißen und dafür ein wesentlich größeres errichten. 1872 wurde das Haus durch Aufbau einer zweiten Etage vergrößert und ein Nebengebäude erbaut. 1877 stellte Braune ein Gesuch, in seinem Haus ein Hotel eröffnen zu dürfen. Allerdings dauerte dies wahrscheinlich noch bis Juli 1879. Da erhielt der Pächter des »Elbthal-Hotels«, Friedrich Eduard Adolf Jüttner, auch die Genehmigung zum Gaststättenbetrieb und Branntweinausschank. Bereits im Juni war es zu einer Zwangsversteigerung des Grundstücks gekommen, bei der die Städtische Sparkasse Pirna für 45.000 Mark den Zuschlag für das Areal bekam. 1880 wurde in der Nachfolge Jüttners die bisher in der → *Gaststätte »Felsenburg«* tätig gewesene »Restaurateurin« Bertha Pfefferkorn Pächterin und Betreiberin des Elbthal-Hotels. Sie ließ die Konzession schließlich 1883 an Ferdinand Diebel übertragen. Doch nach wenigen Jahren des Bestehens war 1885 bereits das Ende des Hotels gekommen.

Das Haus stand leer, als es 1887 der aus Blasewitz kommende Kaufmann und Fabrikant Friedrich Wilhelm Prell für nur 25 000 Mark kaufte. 1888 ließ er in das Nebengebäude eine Badeanstalt einbauen. Das Hauptgebäude diente wieder als Wohnhaus.

Eine interessante, wenn auch kurze Episode waren die beiden Jahre 1892 und 1893, als hier das »Kurbad Loschwitz« bestand. Der in Dresden ansässige Naturarzt Hermann Klencke-Mannhart (1852 – 1904, → *Ärzte*) war Leiter des von Klara Muche (→ *Kasten*) betriebenen Kurbades.

Nach dem Weggang Muches blieb vom einstigen »Elbthal-Hotel« und späteren »Kurbad Loschwitz« nur noch die als Wohnhaus dienende »Villa Kurbad«. Das Grundstück wechselte häufig den Besitzer. 1899 ließ Wilhelm Kietzer, der Ehemann der Besitzerin, die Badeanstalt durch einen hangseitigen Anbau an das Nebengebäude erweitern. Danach gab es neben einem Wartezimmer jetzt sechs Wannenbäder, ein Doppelbad, ein Dampfbad und ein Brausebad. Das Obergeschoss des Nebengebäudes diente Wohnzwecken. Das Haus trug ab jetzt den Namen »Elbthal-Bad«. Die bewegte Geschichte setzte sich jedoch fort. 1902 wollten die Badeanstalt-Besitzerinnen Hedwig und Gertrud Jakobi über die ganze Länge des Grundstücks an der Pillnitzer Landstraße zwischen Schwebebahn und Kirche in die vor dem Wohnhaus liegende Terrasse eine Ladenzeile mit insgesamt acht Läden einbauen lassen. Die Genehmigung wurde allerdings versagt. Ein Jahr später stellte der unterdessen neue Besitzer Max Hinrichs den Antrag, die gesamte Badeeinrichtung durch Wohnungen zu ersetzen. Auch dies wurde nicht realisiert. 1908 schließlich brannte der Dachstuhl. Sieben Feuerwehren waren im Einsatz. Wahrscheinlich war es Brandstiftung gewesen. Ein Jahr danach war der Schaden beseitigt. Das Hauptgebäude diente wieder ausschließlich als Wohnhaus und das Nebengebäude weiter als Badeanstalt mit Wohnung im Obergeschoss. Da in den umgebenden Altbauten selten ein Bad zur Wohnung gehörte, erfreute sich die Anstalt auch in den folgenden Jahren unter Leitung des Bademeisters und Masseurs Emil Kremtz (1873 – 1945) großer Beliebtheit. Einer der Bewohner des Hauptgebäudes war von 1914 bis 1937 der Maler Paul Oberhoff (1884 – 1960, → *K1*).

In der Nacht vom 13. zum 14. Februar 1945 wurde das Grundstück durch Fliegerbomben getroffen. Das Hauptgebäude riss man später ab; das Nebengebäude wurde als Wohnhaus wieder instandgesetzt. Seit 2011 befindet sich hier die → *Galerie* »Felix«. **Otto-R. Wenzel**

Zitate:
1 Pataky, Sophie (Hrsg,), Lexikon Deutscher Frauen der Feder, 2 Bände, Berlin 1898
2 Der Naturarzt, Zeitschrift des Deutschen Bundes der Vereine für Gesundheitspflege und arzneilose Heilweise, Berlin, 20. Jg., 1892
Quellen: 210, 665, 799, 1000

Elbthal-Bad, Ansichtskarte *Slg. Bernd Beyer*

Anzeige, 1883 *Adreß- und Geschäftshandbuch*

Clara Muche Aus: Naturheilkundiges Dresden

Muche, Clara (1851 – ?), Lehrerin und Vertreterin der Naturheilkunde
Ernestine Caroline Clara Schwarz wurde am 25. Dezember 1851 in Breslau (Wrocław/Polen) geboren. Nach der Schule erhielt sie eine Ausbildung als Lehrerin. Danach war sie drei Jahre im damaligen Oberschlesien tätig, bevor sie 1872 nach Breslau zurückkehrte und eine Anstellung an der dortigen Mädchenvolksschule bekam, wo sie wenig später den ersten öffentlichen Turnunterricht ins Leben rief. Ihre Familienverhältnisse hinderten sie daran, ein von ihr angestrebtes Medizinstudium zu beginnen. Dafür beschloss sie, eine Anstalt für körperlich behinderte Kinder zu errichten. 1886 besuchte sie deshalb die 1839 von Vinzenz Prießnitz (1799 – 1851) gegründete Kaltwasserheilanstalt in Gräfenberg (Lázně Jesenik/Tschechien). Hier soll sie sich entschlossen haben, »sich ganz der Naturheilbewegung anzuschließen und sich der Frauenhygiene zu widmen.«[1] Ab 1888 begann Clara Muche, die 28-jährig einen Lehrer geheiratet hatte, in Berlin ihre Vortragstätigkeit, die sie durch viele Städte Deutschlands führte. Hinzu kam die Veröffentlichung zahlreicher kleiner Schriften. Um 1890 gab es für kurze Zeit in Berlin »Muches Kurbad«. 1892 kam sie nach Loschwitz. Die Zeitschrift »Der Naturarzt« schrieb dazu: »Frau Clara Muche hat in Loschwitz-Dresden ein Kurbad eröffnet, das unter der ärztlichen Leitung von Dr. med. Hermann Klencke-Mannhart steht. Die Anstalt, die wir auf unserer Osterreise selbst besuchten, hat eine entzückende Lage und wird hoffentlich einen guten Aufschwung nehmen.«[2] Dieser war ihr leider nicht beschieden. Schon im April 1893 eröffnete sie in Radebeul ein Pensionat für kranke Kinder. Auch dies war nicht von langer Dauer, denn bereits 1896 leitete sie das Sanatorium Stolzenberg in Soden im Kinzigtal. Wahrscheinlich blieb sie hier vier Jahre. 1911 ging sie mit ihrer Tochter nach Ostafrika und kehrte später wieder nach Deutschland zurück. Mitte der zwanziger Jahre verlieren sich leider ihre Spuren.

Felsenburg vom Rissweg gesehen, um 1900, Ansichtskarte Slg. Verschönerungsverein WH/OL

Gartenveranda und Gästegarten der Felsenburg. *Foto: Verlag A. & R. Adam*

Felsenburg
Rißweg 68
Das ehemalige Hotel und Restaurant Felsenburg in → *Oberloschwitz* ließ um 1870 *Adolph → Hietzig* (1824–1877) erbauen, so weisen es seine Initialen an dem kleinen Treppen- und Aussichtsturm des Gebäudes aus. Hietzig war Eigentümer eines großen Grundstücks, zu dem auch das auf der Bergkuppe des heutigen Grundstücks Sonnenleite 2b gelegene Wohnhaus mit dem Namen »Felsenburg« gehörte. Diesen Namen übertrug er von dem zum Abriss bestimmten Gebäude auf sein zwischen Rißweg und dem ehemaligen Pferdeweg (Steglichstraße) über quadratischem Grundriss errichtetes, dreigeschossiges Hotel mit Treppenturm im Stil italienischer Landhäuser. Am 11. April 1872 erhielt Hietzig die Schankkonzession und Franz Pfefferkorn führte als erster Wirt die Gaststätte. Von Pfefferkorn übernahm wenig später Gustav Klare das Hotel. Dessen Frau Amalie Therese kaufte das Grundstück 1880 von den Erben Adolph Hietzigs für 30.000 Mark und verkaufte es 1881 nach dem Tod ihres Ehemannes für 27.000 Mark an Julius Robert Seidel. Noch im gleichen Jahr beauftragte dieser den Baumeister Ernst Fischer mit dem Bau einer Veranda, die er für einen »Gastsalon«, aber auch für Kohlenlager, Eismagazin und Waschküche brauchte. Es gelang Seidel mit diesen Erweiterungen, einen Hotel- und Gastwirtschaftsbetrieb einzurichten, der fast an die großen Häuser der Umgegend heranreichte. Im Jahr 1888 wechselte erneut der Besitzer: Die Witwe Amalie Marie Reubold erwarb das Grundstück mit dem Gebäude und verkaufte es ein Jahr später an Wilhelm Otto Förster. Über die Besitzer Georg Krahl und Gustav Graichen gelangte die Felsenburg 1897 in die Hände von Konrad Maisch. Inzwischen war 1893 im Gartengrundstück durch den → *Baumeister* Bruno Anders eine Kegelbahn entstanden. Maisch reichten die Räumlichkeiten nicht aus, und er ließ deshalb vom → *Baugewerksmeister* Ernst Heinrich Metzner (1851–1926) an den Gastraum zwei weitere Zimmer und einen kleinen Sanitärbereich anbauen. Im gleichen Jahr entstand außerdem eine Gartenschenkhalle gegenüber der Veranda. Ständig versuchte Maisch, mit neuen Angeboten die Gäste in sein Haus zu ziehen. So pries er in einer Annonce im Kur- und Fremdenblatt Weißer Hirsch vom 2. November 1899 »Schöne Wannenbäder« in den geheizten Zimmern an, oder er wartete mit einem großen Weinangebot der Firma Tiedemann und Grahl aus Dresden auf, in deren Weinstuben er vor dem Erwerb der Felsenburg Küchenchef war. Die Geschäfte liefen dennoch nicht wie erwartet und im Januar 1908 kam es zur Zwangsversteigerung, in deren Ergebnis der Berliner Ernst Kleinicke die Felsenburg erwarb. Er verkaufte sie bereits im September 1909 an Paul Nachtwey weiter. Nachtwey führte nun bereits geplante Anbauten im Sanitärteil durch und ließ 1913 von Adolf Bauer einen neuen Eingang zum

Der Lehrer und Chronist Julius Nestler (1841–1904) schreibt:
1870 als ein größeres Restaurant angelegt, jetzt von Herrn Seidel bewirthschaftet, bietet dieselbe mit ihrem schattigen Lindengarten, der mehrere Hundert von Gästen zu fassen vermag, einen von den Dresdnern und Sommergästen gern frequentirten Aufenthalt. Letztere benutzen das Lokal besonders wegen der gut eingerichteten Mittagstafel, die während der Saison in einem schattigen Glassalon des Gartens abgehalten wird. Das Restaurant-Gebäude giebt auch 8 einzelne Piecen an Sommergäste ab. Pianoforte und Billard stehen zur Verfügung; ein Aussichtsturm gewährt eine weite Aussicht auf den Loschwitzgrund und das Elbthal. Sommerfeste von Vereinen und Vogelschiessen werden oft im Garten abgehalten.[1]

Felsenburg vom Pferdeweg, um 1900, Ansichtskarte Slg. Verschönerungsverein WH/OL

Rißweg hin anbauen. Eine besondere Attraktion war das 1911 in der Gartenveranda eingerichtete »Kinematographentheater« des Anton Cap aus Bühlau.

Von kulturhistorischer Bedeutung waren die Aufenthalte zahlreicher expressionistischer Künstler am Ende des Ersten Weltkrieges in der Felsenburg. Der Schriftsteller Walter Hasenclever (1890 – 1940, → *K2*) erhielt im September 1916 Fronturlaub, um der Aufführung seines Dramas »Der Sohn« am 8. Oktober im Dresdner Albert-Theater beiwohnen zu können. Diese Gelegenheit nutzte er, sich gemäß ärztlichem Gutachten als psychisch Erkrankter in das → *Sanatorium* des Dr. Heinrich Teuscher (1862 – 1946) einweisen zu lassen. Hasenclever blieb bis Oktober 1917 im Sanatorium und bewohnte zeitweise, unterbrochen von mehreren Reisen, bis Anfang des Jahres 1919 ein Zimmer in der Felsenburg. Hasenclever war bereits mit dem österreichischen Maler und Schriftsteller Oskar Kokoschka (1886 – 1980, → *K1*) bekannt, als dieser am 1. Dezember 1916 nach dem Einsatz an der Front in Galizien und in der Ukraine zur Ausheilung seiner Kriegsverletzungen auch ins Sanatorium von Dr. Teuscher kam. Auch Kokoschka wechselte nach einiger Zeit in die preiswertere Felsenburg. Auf Hasenclevers Vermittlung hin konnten Kokoschkas drei Dramen »Mörder, Hoffnung der Frauen«, »Hiob« und »Der brennende Dornbusch« am 3. Juni 1917 ebenfalls im Albert-Theater uraufgeführt werden. Die Schauspieler Ernst Deutsch (1890 – 1969, → *K2*), Heinrich George (1893 – 1946, → *K1*) und Käthe Richter, die in den Stücken der beiden Autoren Hauptrollen verkörpert hatten,

wohnten zeitweise in der Felsenburg. Weiterhin war das kleine Hotel Treffpunkt zahlreicher Theaterleute, Musiker, Schriftsteller, Kunstkritiker und Verleger wie Jupp Schmitz (1901 – 1991), Hermine Körner (1878 – 1960, → *K1*), Tilla Durieux (1880 – 1971), Tino Pattiera (1890 – 1966, → *K1*), Leo Kestenberg (1882 – 1962), Hugo Zehder (1882 – 1961), Rudolf Leonhard (1889 – 1953, → *K2*), Paul Westheim (1886 – 1963, → *K2*), Paul Kornfeld (1889 – 1942, → *K2*) und der tschechische Dramatiker Hans Janowitz (1890 – 1954, → *K2*). Kurt Pinthus (1886 – 1975, → *K2*) konnte hier im Frühjahr 1919 den Kontakt zwischen Kommerzienrat Jacques Bettenhausen (1866 – 1944) und dem jungen Verleger Ernst Rowohlt (1887 – 1960) herstellen und so die Herausgabe der bedeutenden expressionistischen Lyriksammlung »Menschheitsdämmerung« finanziell absichern. Oskar Kokoschka hielt auf seinem 1917/18 entstandenen Gemälde »Die Freunde« (Neue Galerie der Stadt Linz) den bedeutsamen Künstlerkreis in der Felsenburg fest: Um den Maler im Vordergrund sind auf dem Gruppenbild die Schauspielerin Käthe Richter, Walter Hasenclever, der → *Arzt* aus Teuschers Sanatorium Dr. Fritz Neuberger (? – 1918), der Dichter Ivar von Lücken (1874 – 1935) und im Türrahmen das

Der Schriftsteller und Publizist Kurt Pinthus schreibt:

In der ersten Etage der »Felsenburg« also bewohnten wir im unruhigen Frühling 1919 vier Zimmer, von denen Kokoschka zwei innehatte, eins war sein Atelier; auf dem Balkon davor trockneten seine Bilder: »Sie leben doch«, sagte er zu mir, »und brauchen Luft, Sonne und Regen.« Abends meist saßen wir drei um den runden Tisch in Kokoschkas Zimmer, an der Wand lehnte als Gast eine stets in Zigarettendunst gehüllte, spindeldürre und aus diesen beiden Gründen kaum sichtbare Gestalt: der ziemlich unbekannt gebliebene Dichter Ivar von Lücken. Aber auf dem grünen Sofa saß noch eine, eine noch unheimlichere regungslose Gestalt, in blauen Mantel gehüllt, eine schneeweiße lebensgroße Puppe, die genaue Nachbildung einer schönen Frau, der einst geliebten Alma Mahler, während Kokoschkas Kriegsdienst mit dem Architekten und Gründer des Bauhauses Walter Gropius verheiratet, aber jetzt bereits mit Franz Werfel lebend, ihrem späteren Ehemann, dem sie 1940 nach Hollywood in das für den Dichter tödliche Exil folgte. Von unten aus der Stadt tönte gelegentliches Getöse und dumpfes Schießen der Nach-Revolution herauf [...][2]

Oskar Kokoschka *Foto: Slg. EHK*

Eingangstresen in der Felsenburg, 1996, *Foto: Christoph Schölzel*

Eingang der Felsenburg, 1995 *Foto: Christoph Schölzel*

Zimmermädchen Maria Riederich dargestellt. Letztere war von 1917 bis 1919 im Hotel angestellt und hielt in ihrem in diesem Zeitraum geführten Trinkgeldbüchlein (Privatbesitz Dresden) ähnlich einem Gästebuch die einzelnen Aufenthalte der Künstler fest.

Am Ende des Krieges (1918) hatte bereits Elisabetha Nachtwey, die Ehefrau Paul Nachtweys, die Leitung der Felsenburg weitgehend übernommen und versah diese noch bis zum Tod ihres Mannes (1921?). Dann verkaufte sie das Grundstück an den Gastwirt Otto Andreas. Um 1928 erwarb die in Genf wohnende Charlotte Johannides das Hotel. Zu dieser Zeit hatte es Otto Wilhelm gepachtet und nach seinem Tod (1939?) führte es seine Witwe Martha weiter. Nach dem Zweiten Weltkrieg wurde die Felsenburg bis in die 1970er Jahre als Hotel und Restaurant betrieben. Eine lange Zeit des Leerstandes führte zu so gravierender Verschlechterung der Bausubstanz, dass die Sanierung des Gebäudes 1998/99 durch die ORTUS-Bauträgerbeteiligungsgesellschaft mbH und Co. Immobilien KG und dem Radebeuler Architektenbüro Kempe um den Abriss der historischen Bausubstanz bis zum ersten Geschoss nicht herum kam. Die in etwas vergrößerten Ausmaßen neu errichtete Felsenburg wird seitdem für Wohnzwecke genutzt. **Christoph Schölzel**

Zitate:
1 Nestler, M. J.; Kurort Weisser Hirsch und nächste Umgebung, Dresden 1883, S. 107
2 Pinthus, Kurt; Die Geschichte der »Menschheitsdämmerung«, in: Gedichte der »Menschheitsdämmerung«, hrsg. von Horst Denkler, München 1971, S. X-XI
Quellen: 78, 203, 359, 466, 549, 609, 639, 640, 676, 771, 816, 876, 912, 913, 943, 946, 947, 948, 949, 950, 1000, 1091, 1092, 1258

Links: Transparent von C. Schölzel, I. Mohrmann, S. Fiedler-Mohrmann an der verfallenden Felsenburg anlässlich der Oskar-Kokoschka-Ausstellung, 1996. Rechts: Felsenburg 2014.
Fotos: Christoph Schölzel/Siegfried Großmann

Findlaters Weinberg/ Schloss Albrechtsberg/Prinzenkeller

Bautzner Straße 130

Spätestens seit 1821 befand sich hier bereits eine Gaststätte, die weit über Dresden hinaus bekannt war. Im Februar des Jahres hatte der Dresdner Hotelier Johann Gabriel Krebs (1781–1840) neben anderen auch den ehemaligen Weinberg des Lords *James → Findlater* (1750–1811) von dessen ehemaligem Privatsekretär Johann Georg Christian Fischer (1773–1860) gekauft. Bereits um 1779/80 hatte einer der Vorbesitzer, Sigismund (Siegmund) Ehrenreich Graf von Redern (Röder) (1719–1789), das im Weinberg stehende Gebäude zu einem Barockschlösschen umbauen lassen, in dem vielleicht schon eine kleine Bewirtung war, denn es gab hier einen »Zehrgarten«. Nachdem 1803 Fischer den Weinberg für Findlater gekauft hatte, ließ letzterer das Schlösschen noch einmal umbauen. Die Grundstruktur blieb zwar erhalten, aber das Dachgeschoss wurde ausgebaut, der schlanke Dachreiter musste einem kleineren mit Uhr und Zifferblatt weichen und der Mittelrisalit erhielt elbseitig einen von Säulen getragenen Vorbau. Im Jahr der Fertigstellung verstarb Findlater. Zehn Jahre nach dessen Tod, als Krebs Grundstücke und Palais erworben hatte, blühte es unter dem Namen »Findlaters Weinberg« zur beliebten Einkehrstätte auf. Gottfried Semper (1803–1879) und *Richard → Wagner* (1813–1883, *→ K1*) gehörten zu den Gästen. Der Park zur Bautzner Straße wurde ein Konzertgarten. Ludwig Rellstab (1799–1860, *→ K2*) beschrieb »Findlaters Weinberg« als das »Kaffeehaus mit der schönsten Aussicht auf halb Sachsen und Böhmen«. Dieses Etablissement bestand noch bis 1840 und es sollten über 100 Jahre vergehen, bis im einstigen Weinberg wieder ein Restaurant eingerichtet werden konnte.

Die öffentliche gastronomische Nutzung entstand nach dem Zweiten Weltkrieg auf ungewöhnliche Weise: Das Schloss wurde zu einer Zentrale der Sowjetischen Militäradministration in Dresden. In Verbindung damit erfolgte 1949 ein »Verkauf« an den sowjetischen Staat zur Bewirtschaftung durch das Hotel- und Touristikunternehmen »Intourist«. Unter Regie von Offizieren erfolgte die Rekonstruktion des Schlosses (*→ Elbschlösser*) mit dem Ziel der Nutzung als Hotel und Restaurant. Gäste waren vor allem Offiziere der Roten Armee und Kontaktpersönlichkeiten aus Politik und Wirtschaft sowie ausländische Gäste. Es war jedoch auch ein öffentliches Restaurant, in dem die Dresdner als Gäste willkommen waren. Die Speise- und Getränkekarten machen die Bedingungen dieser Zeit deutlich. Die Getränkekarte

Johann Carl August Richter (1785–1853), Findlaters Palais von der Elbseite, um 1825, kolorierte Radierung (Ausschnitt) Repro: Manfred Lauffer/Slg. Otto-R. Wenzel

des Intourist-Restaurants wies eine Besonderheit auf: Alle Spirituosen wurden entsprechend der heimatlichen Gepflogenheiten der Betreiber mit 100 ml, also »Sto Gramm« ausgeschenkt. Das Intourist-Hotel mit Restaurant bestand bis 1951.

Die anschließende Nutzung als Pionierpalast, einem Freizeitzentrum der Pionierorganisation der DDR, beinhaltete auch einen speziellen gastronomischen Bereich. Im Rahmen der dort tätigen Arbeitsgemeinschaften betreute der »Klub junger Gastronomen« ein für alle Besucher zugängiges »Pioniercafé«, was bei Groß und Klein beliebt war.

Das im Besitz der Stadt Dresden befindliche Schloss Albrechtsberg ist heute eine repräsentative Kongress- und Veranstaltungsstätte am Dresdner Elbhang. Die gastronomische Betreuung der Veranstaltungen erfolgt vorrangig durch Auszubildende einer gastronomischen Ausbildungsstätte, die 1991 als »HOGA Schloss Albrechtsberg« (→ *Schulen*) gegründet wurde.

Petra Roch eröffnete 1995 das Kellergewölbe im östlichen Torhaus von Schloss Albrechtsberg als Gaststätte. Foto: Slg. EHK

Das im östlichen Torhauses befindliche rustikale Kellergewölbe wurde im Oktober 1995 von Petra Roch als Gaststätte eröffnet und erhielt den Namen »Prinzenkeller«. Nicht nur dieser Name, sondern auch ihr Speisenangebot »Sächsische & Preußische Küche« stellte eine Verbindung zur Tradition des Schlosses her.

Im September 2000 übernahm die HOGA-Schule den Prinzenkeller. Er wurde zu einem öffentlichen Lehrrestaurant im Rahmen der beruflichen Ausbildung der jungen Gastronomen. Dabei wurde eine originelle Betreuungsform erfolgreich angewandt: Während hier mittags unter Einbeziehung von Freiplätzen schlicht und einfach, wie in einem Bistro, kleine Gerichte preisgünstig von den Auszubildenden serviert wurden, überraschte das Restaurant abends mit einem vollkommen anderen Ambiente. Elegant eingedeckte Tische und mit bordeauxfarbenem Stoff überzogene Stühle vermittelten in dem Gewölbekeller an der Bautzner Straße französisches Flair dezent und geschmackvoll. Da das Bemühen der Junggastronomen spürbar war, wurde manche kleine Unebenheit im Service von den Gästen lächelnd toleriert. Diese ersten beruflichen Erfahrungen der Auszubildenden waren sicher eine gute Basis für die Bewältigung künftiger Anforderungen. Auf Grund struktureller Veränderung der HOGA-Schule wurde die Bewirtschaftung des Prinzenkellers im Februar 2013 beendet.

Manfred Wille, Otto-R. Wenzel

Quellen: 39, 165, 166, 607, 640, 777, 824, 1000, 1118

Eingang zum Fischhaus, Ansichtskarte (Ausschnitt) Slg. Matthias Griebel

Fischhaus

(heute Gemarkung Dresden-Neustadt, Fischhausstraße 14).

Im 15. Jahrhundert existierte in Altendresden, der heutigen Inneren Neustadt, ein Augustinerkloster, das mit Trinkwasser zu versorgen war. Die Mönche erhielten 1476 die Erlaubnis, eine Rohrleitung bis zu den Quellen in der Dresdner Heide zu verlegen. Im Quellgebiet entstanden ein »Röhrhaus« und Wasserspeicher in Form von Teichen, die der im Schotengrund fließende Eisenbornbach speiste. Später wurde die Wasseranlage für die Fischzucht genutzt, die eine abwechslungsreiche Kost für die kurfürstliche Tafel sicherstellen sollte. 1572/73 wurden an der Straße nach Radeberg unterhalb des späteren König-Albert-Parks fünf sogenannte »Fischhälter« angelegt, die als Zwischenstation der in den Heideteichen gefangenen Fische dienten. Sogleich erging die Anordnung des Fürstenhauses, dass allerorts ein Fischen stattzufinden habe und der Ertrag lebendig in der neuen Fischanlage abzugeben sei. Außerdem erhielt der Radeberger Förster den Auftrag, in den Heidebächen Wehre einzubauen, die fischgerechte Lebensumstände herstellen und damit höhere Fischbestände erreichen sollten. Zur Bewirtschaftung der Anlage selbst wurde ein Teichwärterhaus, ein »Fischhaus«, errichtet, das dem Fischwärter als Wohnung und als Aufbewahrungsraum für die Fischereigeräte diente. Aber bereits 1595 kam die Einsicht, dass sich die Fische in der Anlage mit vertretbarem Aufwand »nicht halten« werden. Der Fischwärter musste alsbald den Jagdbeamten weichen, die das Domizil bezogen und ihrem Dienst in der Dresdner Heide nachgingen. Dennoch blieb der Name »Fischhaus« (→ *Sagen*) bis heute erhalten.

Das Areal beherbergte nun das kurfürstliche Forstamt (→ *Fischhäuser Forstrevier*). 1650 erhielt der Revierförster die »erlauchte Genehmigung«, sein karges Einkommen mit zollfrei gezapftem Bier aufzubessern. Damit entstand an der Route nach Radeberg eines der wenigen Rasthäuser, das sich mit dem wachsenden Verkehr bald zum Besuchermagnet entwickelte. Das Wirtshaus forderte nicht allein den Fuhrbetrieb zum Rasten, Verschnaufen und Verzehren auf, sondern auch Jäger, Waldarbeiter, Heidewanderer und andere Reisende, die in der Heide unterwegs waren. 1667 konnte der Förster und Gastwirt Georg Gräfe im Schriftwechsel mit den Behörden zu Recht behaupten, dass »viele bei den Wolfs- und anderen Jagden Aufwartende, auch andre reisende Personen, sich bei ihm eines Trunkes erholen und etwa bei unstätem Wetter zugleich mit unterkommen wollten« und den freien Bierausschank genießen möchten, den bereits die »Vorfahren in hiesigen meinem itzt habenden Dienste uffem Fischhause« innehatten. Die Lage des Hauses sowie das Bier, das Gräfe verzapfte, fand den Zuspruch der Reisenden und so brauchte sich der Wirt über Gästemangel nicht beklagen. Das Ansinnen des Radeberger Zolleinnehmers, von der Geschäftigkeit zu profitieren und jedes zum Fischhaus transportierte Fass Bier mit einem Taler Zoll zu belegen, beantwortete Gastwirt Gräfe mit einem Beschwerdebrief an die zuständige Verwaltung, denn in seinem Wirtshaus wurde seit eh und je zollfrei ausgeschenkt. Erst 1791 ereilte den seinerzeit ansässigen Wirt und Hofjäger Klingsohr der Aufschlag eines »Eimergeldes«. Das Anwesen musste auch unstete Zeiten verbuchen. So wird im 18. Jahrhundert berichtet, dass das Forsthaus nicht ständig besetzt und das Grundstück verwahrlost war.

Das alte Fischhaus, um 1900 Ansichtskarte *Verlag Max Köhler, Dresden/Slg. Matthias Griebel*

Mit der Gestaltung des König-Albert-Parks am Rande der Heide endete die Ära des Fischhauses 1888 durch das Dienstende von Oberförster Adolf Theodor Zacharias als Schänke und 1898 als Försterei. Durch städtische Übernahme des gesamten Areals erfolgte eine Integration in den Park, und 1901 konnte das Fischhaus als Waldgaststätte wiedereröffnet werden. Die Bewirtschaftung oblag nun Pächtern, die das Haus bald zu alter Blüte führten. Erstens genannt wird Arthur Krügel, der den im Park spielenden und forschenden Schulklassen »billige und bekömmliche Erfrischungen« anbot. 1904 erhielt das Fischhaus einen Anbau, um die steigenden Besucherzahlen bewältigen zu können. Es blieb auch für die kommenden Jahrzehnte und unter verschiedenen Pächtern stets eine beliebte Einkehrstätte.

Als der Zweite Weltkrieg 1945 zu Ende ging und Dresden zerstört war, nahm das Fischhaus ausgebombte Familien auf. Nach der Wiedereröffnung in der Nachkriegszeit wird Revier-

Um das Fischhaus ranken sich auf Grund seiner vielen Jahre manche Geschichte und Legende. So soll im Napoleonischen Krieg zu Anfang des 19. Jahrhunderts, nämlich gegen 1813, eine goldgefüllte Truhe in der Nähe des Gasthauses vergraben worden sein. Die Nachricht zog bald Glücksritter an, die des Schatzes habhaft werden wollten. Erstens versuchte ein Fremdenlegionär, der in Algier von einem sterbenden Franzosen davon hörte, fündig zu werden. Später, um 1840, folgte ein weiterer Versuch eines Schatzgräbers, der die Vergrabung einer Truhe beobachtet haben wollte. Auch 1852 suchte ein Zimmermann, wie andere vor ihm, sein Glück, konnte aber nicht fündig werden. Entweder haben den Berichten nach französische und polnische Truppen den Schatz 1833 bereits gehoben oder er ist immer noch in der Heide zu suchen.

Fischhaus, König Albert-Park, Ansichtskarte, 1906 *Slg. Otto-R. Wenzel*

Anzeige der Inhaber A. Krügel (um 1900) und Robert Sülze (1905) *Slg. Matthias Griebel*

Vorderansicht, Bauzeichnung von Baumeister F. W. Voigt, 1875 *Stadtarchiv*

förster Viehweger als erster Betreiber genannt. Ab 1953 pachtete Familie Wolf das Anwesen Fischhausstraße 14 und baute es zum Hotel aus. Mit zahlreichen Veranstaltungen zog das Haus prominente Gäste an und zählte bald zu den »guten Adressen« in Dresden. Für die Sommerfrische wurde die so genannte Kolonnade, eine hölzerne überdachte Gartenveranda genutzt, die sich auch heute noch steter Beliebtheit bei den Gästen erfreut. Erst nach der Übernahme durch die Handelsorganisation HO und wiederholtem Wechsel der Wirtsleute endete die Erfolgsgeschichte vorerst und das Gebäude wurde 1985 baupolizeilich gesperrt. Mit dem Verkauf an den VEB Wasserversorgung und Abwasserbehandlung 1987 sollte sich der Zustand bessern, denn es begann der Ausbau zu einem Ferien- und Schulungsobjekt mit öffentlicher Gaststätte. 1990 ging die Anlage in das Eigentum der Dresdner Wasser und Abwasser GmbH über. Die Umbauarbeiten aber kamen nicht zum Ende.

Erst 1999, als das leerstehende Fischhaus in einem verwilderten Umfeld einen ernüchternden Anblick bot, kaufte Familie Bouffee das Anwesen, restaurierte das Haus umfänglich und gestaltete den einladenden Garten. Der langen Tradition folgend, wurden drei Gaststuben mit Balkendecke, Fenstergewölben und Kamin nachempfunden. Auch der Festsaal mit Terrasse im Obergeschoss konnte wiederhergestellt werden. Wie in früheren Zeiten wurden Gaststätte und Hotelbetrieb miteinander verbunden. Im Mai 2000 öffnete das Haus seine Pforten und ist nun wieder ein Anziehungspunkt für Gäste von nah und fern.

Achim Jannasch

Quellen: 144, 369, 492, 724

Einrichung des Fischhauses in den 1980er Jahren, Ansichtskarte *Slg. Matthias Griebel*

Gaststätte »Fischhaus«, 2013 *Foto: Siegfried Großmann*

Forsthaus

Grundstraße 77

In der ehemaligen Amtsgemeinde (→ *S. 45*) befand sich auch das Gasthaus (früher »Restauration«) »Altes Forsthaus« an der Grundstraße. Matz Reißig wird 1628 als erster Besitzer des Grundstücks genannt. Johann Gotthelf Große war 1832 sein elfter Nachfolger.

Des Letzteren Haus hatte 1837 nur zwei Stuben von je 21 und 12 m² Größe. Es war nicht massiv gebaut und hatte ein Strohdach. Der Kantor und → *Chronist* Friedrich Wilhelm Pohle (1830 – 1892, → *K1*, → *Kirchenmusik*), der von 1866 bis 1892 in Loschwitz lebte und das alte Haus noch gesehen haben müsste, schrieb dazu: »[...] und existierte in Loschwitz in der That ein uraltes ›Forsthaus‹ bis in die neueste Zeit. [...] Der Name besteht noch fort, als Restaurant«[1].

Mit Schreiben vom März 1875 bat der neue Besitzer Wilhelm Große (1845 – 1902) die Königliche Amtshauptmannschaft Dresden um die Genehmigung, an Stelle seines alten, baufälligen, mit Stroh gedeckten Hauses ein neues Wohnhaus und Stallung zu errichten – sicher mit dem Ziel einer Existenzgründung, dem Betreiben eines Gasthauses. Im Mai 1875 erhielt er dazu die Genehmigung, musste aber zur Verbreiterung der Grundstraße unentgeltlich einen Streifen Land an die Gemeinde abgeben. Das Jahr 1875 ist also das Gründungsjahr der in der Bauzeichnung dargestellten Restauration »Zum alten Forsthaus«, das nach dem Erhalt der Schankgenehmigung im November 1875 bereits genutzt wurde. Über dem Grundstück lag ein großer Weinberg, der ebenfalls Große gehörte. Um stets frischen Fisch anbieten zu können, besaß Große als geschäftstüchtiger Gastwirt im Dorfbach einen »Fischkasten« zur Aufbewahrung lebender Fische.

Nach seinem Tod war die Hälfte des Besitzes an seine Witwe Anna Große (1861 – ?), verw. gewesene Erbsmehl geb. Patzig durch Erb-

»Gruss aus dem Forsthaus Loschwitz«, Ansichtskarte, 1919 Slg. Matthias Griebel

Das Gebäude Grundstraße 77, 2013
Foto: Helmut Dorschner

schaft übergegangen. 1903 heiratete sie den Steinbruchpächter Bruno Petzold (1859 – 1908). Er war auch Vorsitzender des 1898 gegründeten »Radfahrervereins Weißer Hirsch« und Kassierer des 1904 gegründeten Vereins »Schießclub Gute Scheibe«, der das »Forsthaus« nun als Vereinslokal nutzte.

Im November 1907 erwarb Minna Riedel geb. Richter (1860 – 1932) das Anwesen für 36.750 Mark. 1908 ließ sie im Dachgeschoss drei Vorratsräume einbauen, die aber ausdrücklich nicht zum Schlafen und Wohnen benutzt werden durften. Im Februar 1913 erfolgte eine Anzeige durch den Gemeindevorstand, weil die mittlere Vorratskammer als Schlafraum genutzt wurde. Noch im Juli desselben Jahres wurde dazu eine nachträgliche Genehmigung erteilt.

Die »Schankkonzession für das alte Forsthaus« wurde 1924 an Minna Riedels Sohn, den Kaufmann Oswin Riedel (1885 – 1956), übergeben. 1930 ließ seine Mutter noch den hinter dem Haus in den Hang eingebauten Weinkeller erheblich erweitern. Nach ihrem Tod erbte der Sohn das Grundstück und führte die Gaststätte allein weiter.

Nach dem Zweiten Weltkrieg verkaufte der Gastwirt Oswin Riedel das Anwesen an die Familie Mörl. Diese machte die Gaststätte trotz des Nachkriegselends mit viel Engagement zu einer hervorragenden Einkehrstätte. Es wurden z. B. 1949 die kleine Weinstube hergerichtet, Schlachtfeste gefeiert und samstags Unterhaltungsmusik, teilweise mit Tanz, angeboten. Oben im Vereinszimmer übte donnerstags die Loschwitzer Feuerwehrkapelle. Zur Frischhaltung empfindlicher Lebensmittel wurde vom Eiskeller Hippe, Grundstraße 126, sonntags früh eine Stange Natureis mit dem Leiterwagen geholt, was von Hans Linke, dem Jungen aus dem Nachbarhaus, für 1 Mark erledigt wurde.

Das gute Gelingen dieser privaten Gast- und Vergnügungsstätte wurde von den DDR-Staatsorganen neidvoll beobachtet. Über das Ende dieser Idylle berichteten Augenzeugen, dass während der Silvesterfeier 1952 nach Mitternacht acht bis zehn Jugendliche von einer anderen Feier in der Nähe kamen und provokatorisch die Musikerin aufforderten, anstelle Stimmungsmusik neuzeitliche Lieder zu spielen. Es kam zu Handgreiflichkeiten und den Worten »Verschwindet, ihr Kommunistenschweine!«. Noch in der Nacht wurden das Gastwirtsehepaar, die Kellnerin und deren Freund verhaftet, woraus auf eine geplante politische Aktion geschlossen werden konnte.

Wegen dieser »staatsgefährdenden Vorkommnisse« wurde aus der privaten Gaststätte eine staatliche HO-Gaststätte (→ *HO*). Diese Zwangsmaßnahme blieb aber ohne Erfolg, da die Loschwitzer die neue Gaststätte boykottierten, sodass sie noch im gleichen Jahr 1953 wieder geschlossen werden musste.

1954 erfolgte dann zur Linderung der bestehenden Wohnungsnot »in die seit einiger Zeit leer stehenden Räume«[2] der Einbau von vier Wohnungen. Seitdem wird das einstige Gasthaus als Wohnhaus genutzt.

Helmut Dorschner

Zitate:
1 Pohle, Friedrich Wilhelm; Chronik von Loschwitz; Dresden 1887
2 Stadtarchiv Dresden; Akte 10-43660
Quellen: 39, 724, 725, 824, 1000

Interieur des Forsthauses, Ansichtskarte, 1920 Verlag Adam/Slg. M. Griebel

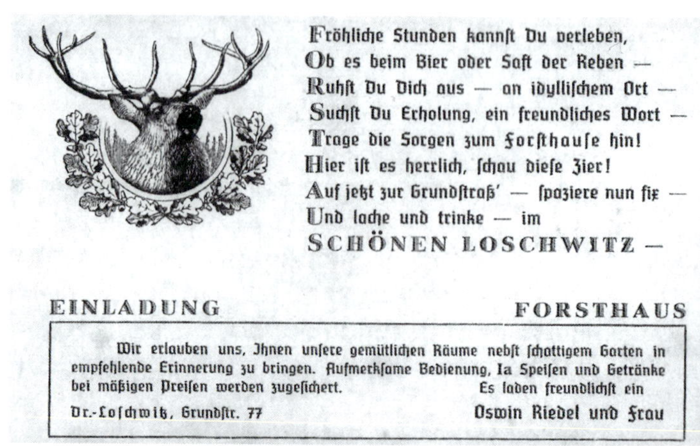
Fröhliche Stunden kannst Du verleben,
Ob es beim Bier oder Saft der Reben —
Ruhst Du Dich aus — an idyllischem Ort —
Suchst Du Erholung, ein freundliches Wort —
Trage die Sorgen zum Forsthause hin!
Hier ist es herrlich, schau diese Zier!
Auf jetzt zur Grundstraß' — spaziere nun fix —
Und lache und trinke — im
SCHÖNEN LOSCHWITZ —

EINLADUNG FORSTHAUS

Wir erlauben uns, Ihnen unsere gemütlichen Räume nebst schattigem Garten in empfehlende Erinnerung zu bringen. Aufmerksame Bedienung, Ia Speisen und Getränke bei mäßigen Preisen werden zugesichert. Es laden freundlichst ein

Dr.-Loschwitz, Grundstr. 77 Oswin Riedel und Frau

Anzeige von Oswin Riedel und Frau

Gästehaus Loschwitz, 2015 Foto: S. Großmann

Gästehaus Loschwitz

Grundstraße 40

Bauherr des 1896 fertiggestellten Hauses Grundstraße 40 war der Malermeister Ernst Rentsch. Die heutige Pension mit 17 Zimmern wurde 1995 von Roland Helfricht (* 1965) eröffnet. 1999 wurde das denkmalgeschützte Haus originalgetreu rekonstruiert.

Barbara Friebel

Quelle: 1185

Die Grundschänke etwa um 1914. Davor die beiden Töchter der Wirtsleute Herrmann, Gertrud und Johanna.

Grundschänke

Grundstraße 37

Im Jahr 1875 erhielt Moritz Richter vom Loschwitzer Gemeinderat die Genehmigung für einen Schank- und Restaurationsbetrieb mit der Begründung, dass auf dem Grundstück bereits »die Schankgerechtigkeiten zum Reiheschank ruhen«. 1876 kaufte der 1836 in Preußen geborene Carl August Herrmann für 23.700 Mark die Grundschänke, die er 1900 seinem Sohn Paul Herrmann (1876 – 1912) übergab. Als gelernter Fleischer betrieb dieser die Gastwirtschaft in Verbindung mit eigener Fleischerei. Die Versorgung der Arbeiter auf den damals zahlreichen Baustellen in Loschwitz

Grundstraße um 1890 Foto: Alfred Größel, Slg. Ute Häse

entlang der Grundstraße erbrachten ihm guten Umsatz. Die Grundschänke diente auch als sogenannte Ausspanne, da viele Fuhrwerke hier hielten. Besonders am Schlachttag war ein gar lecker zubereitetes Wellfleisch zu haben. Eine weitere lukrative Einnahme erbrachte der »Außer-Haus-Verkauf« des Bieres.

1912 starb Paul Herrmann erst 35-jährig an einer Lungenentzündung, die er sich bei einem im Februar erfolgten Feuerwehreinsatz geholt hatte. Zur Beerdigung wurde vierspännig gefahren, was auf einen gewissen Wohlstand schließen ließ. Er hinterließ seine 32-jährige Frau Lina mit zwei kleinen Töchtern Johanna (1901 – 1973) und Gertrud (1906 – ?).

1914 heiratete die Witwe den gelernten Schuhmacher Ernst Meißelbach (1877 – 1933), der im gleichen Jahr die Grundschänke für 32.000 Mark erwarb. Das Ehepaar führte nun

Eine in der Familie überlieferte Anekdote erzählt, dass der Grundschänkenwirt, wahrscheinlich ein gutes Geschäft witternd, dienstbeflissen dem König entgegeneilte, der mit seiner Familie von einem Spaziergang aus dem Ziegengrund kommend, vor der Grundschänke vom Regen überrascht, sich unter das Vorhäuschen stellte und den sicherlich sehr verdutzten Wirt lediglich fragte: »Herr Wirt, darf ich mich ein wenig unterstellen?«

Die Grundschänke in der 1920er Jahren. Fotos (2): privat

Die Kapelle der Freiwilligen Feuerwehr übte mal in der Grundschänke, mal im »Kameraden« und war weithin hörbar. Je länger sie übte, umso unsauberer wurden die Töne, kontinuierlich zum Bierverbrauch. Spielte zum Ende hin die Kapelle schlecht, konnte davon ausgegangen werden, dass der Wirt einen guten Umsatz gehabt hatte.

die Gastwirtschaft ohne Fleischerei weiter. Bald brach der Erste Weltkrieg aus und die Geschäfte liefen in der schweren entbehrungsreichen Zeit mehr schlecht als recht. Es folgten Inflation, Weltwirtschaftskrise und die hohe Arbeitslosigkeit, die sich auch auf das Einkommen der Wirtsleute sehr negativ auswirkten.

1919 starb Lina Meißelbach. Ihre beiden noch unmündigen 18- und 13-jährigen Töchter hatten es bei dem recht eigenwilligen und unnachgiebigen Stiefvater, der auch ihr Vormund war, nicht ganz einfach. Die ältere Tochter erlernte gerade den Beruf der Weißnäherin. Der jüngeren Gertrud wurde der Berufswunsch »Kindergärtnerin« versagt. Von ihr erwartete Ernst Meißelbach Hilfe in der Gastwirtschaft, wozu sich das junge Mädchen, fast noch ein Kind, weder geeignet noch hingezogen fühlte. Anders ihre ältere Schwester, die nach dem Tod des Vaters 1933 geschäftstüchtig zusammen mit der Schwester und ab 1936 allein die Grundschänke bis 1950 weiter führte. Trotz schlecht gehenden Geschäftes bedurfte es einer großen Überzeugungskraft von Verwandten, sie zur Aufgabe des Schankbetriebes zu bewegen. Sie hatte sich in der Selbstständigkeit offenbar sehr wohl gefühlt und war mit Leib und Seele Geschäftsfrau gewesen. Johanna Herrmann wohnte noch bis 1971 in dem Haus. Die Wirtschaftsräume vermietete sie zunächst an einen Restaurator. Später übernahm die Glaserei Kappelt (→ *Handw. u. Gew.*) das Objekt. Die letzte Wirtin der Grundschänke starb 1973.

Helga Oelker

Ihre Nichte schreibt: »Meine Kindheitserinnerung an die Gaststube (etwa 1947/48, ich bin 1944 geboren, mein Vater war noch in Kriegsgefangenschaft) war bei kurzen Sonntagsnachmittagsbesuchen, wenn noch weitere Loschwitzer Freunde meiner Mutter besucht wurden, eine mit weißer Schürze angetane Tante, die mit uns bei Malzkaffee am Tisch saß oder am Tresen ein Glas Bier oder Limonade für etwaige Gäste ausschenkte. Ich habe sie als einfache, bescheidene, aber durchaus couragierte Frau in Erinnerung.«[1]

Zitat:
1 Ritter, Renate
Quellen: 39, 726, 1000

Haideschlößchen, Ansichtskarte *Foto: Slg. Matthias Griebel*

Haideschlößchen
Fischhausstraße 5

Der Rittergutsbesitzer Moritz Seyffarth aus Niederwutzschwitz (heute zu Ostrau bei Döbeln) stellte 1876 für das von ihm in Loschwitz erworbene Grundstück im → *Simmigschen Ortsteil* (heute Fischhausstraße 5) einen Bauantrag für ein Einfamilienhaus. 1878 konnte es als »Wohngebäude und Restaurant« in Gebrauch genommen werden. 1882 kamen auf dem Gelände noch ein Pferdestall und eine Kegelbahn hinzu. Das Haideschlößchen wechselte in den folgenden Jahren mehrmals die Besitzer und Schankwirte. 1913 erfolgte eine Zwangsversteigerung des bereits unter Zwangsverwaltung stehenden Hauses samt Kegelbahn und Garten. Käufer war für 67.000 M der Kgl. Sächs. Hofmundbäcker Carl Röder aus Dresden und neuer Wirt wurde Paul Schmidt. In dieser Zeit boten Haus und Garten etwa 1.500 Gästen Platz. Es wurden Gästezimmer angeboten, sodass man als »Hotel« werben konnte. Trotzdem war 1920 das Ende der Gaststätte gekommen. In diesem Jahr kaufte Cornelia van Ameyden van Duym (1868 – ?) das Grundstück und ließ es durch den → *Baumeister und Architekten* Georg Heinsius von Mayenburg (1870 – 1930, → *K2*) für sich zum Wohnhaus umbauen. Vorher hatte sie seit 1905 mit ihrem Ehemann, dem Konsul Willem Carel van Ameyden van Duym (1855 – 1917) Lahmannring 3 im → *Ortsteil Oberloschwitz* (heute zu Weißer Hirsch) gewohnt, wo sie 1905 die dortige Villa ebenfalls von Georg von Mayenburg hatte umbauen lassen.

Otto-R. Wenzel

Quelle: 1000

Gästegarten, »ca. 1500 Personen fassend«, Ansichtskarte von Wirt Paul Schmidt, 1915
Slg. Matthias Griebel

Restaurant »Harmonie« mit Weinhandlung und Cigarren-Lager *Foto: Slg. Matthias Griebel*

Harmonie

Rißweg 58

Carl Friedrich Richter baute 1875 auf seinem zuvor erworbenen Grundstück ein Haus, das er bereits im Dezember desselben Jahres beziehen konnte. Er eröffnete hier eine kleine Gaststätte und betrieb ein Lebensmittelgeschäft. 1893 verkaufte er alles, und zwei Jahre später erwarb es der Kaufmann Emil Grosche, der nun die Gaststätte und das »Kolonialwarengeschäft« weiterführte. Er ließ bauliche Veränderungen am Gebäude vornehmen und erhielt 1905 die Genehmigung für eine Schlacht-Anlage, die er noch im gleichen Jahr in Betrieb nehmen konnte. Ab 1900 war die Gaststätte für mehrere Jahre Vereinslokal des 1898 gegründeten »Billardclubs Kreuzball«, dessen wenige Mitglieder sich hier jeden Donnerstag zusammenfanden. Im Januar 1912 kam es im Haus zu einem Brand, der auch den Fußboden der über der Gaststätte liegenden Wohnung beschädigte.

Grosche verkaufte 1919 seinen Besitz an den aus Dresden-Striesen kommenden Ewald Fischer (1875–1934), der nun Gastwirtschaft, Kolonialwarengeschäft und auch die »Kleinviehschlächterei« weiterführte. Von 1922 bis 1924 wohnte als Mieter im Haus der Schriftsteller Curt Trützschler von Falkenstein (1874–?, → *K2*). Nach dem Tod Ewald Fischers war die Schankwirtin Johanna Kohlmann in der Gaststätte tätig, bevor 1935 Rudolf Pflaume Haus und Grundstück erwarb und die Gaststätte weiterführte. Von 1946 bis 1964 befand sich im Haus auch der Firmensitz der 1930 von Charlotte Meentzen (1904–1940) gegründeten »Schule für natürliche Kosmetik« (→ *Oberloschwitz*). Anfang der 1950er Jahre schloss die Gaststätte für immer ihre Pforten.

Otto-R. Wenzel

Quellen: 39, 40, 640, 1000

Il Camino/La Campagnola

Friedrich-Wieck-Straße 45

Im November 2006 wurde im sanierten Alten → *Fährgut* in der Friedrich-Wieck-Straße 45 die italienische Gaststätte »Il Camino« mit Pension von Pietro Balsamo eröffnet. Das Restaurant konnte mit schöner Lage und Einrichtung, weniger mit Küche, Service und Freundlichkeit punkten. 2011 wurde es geschlossen. Das 2004 von Mimmo Carlo aus Apulien und seiner russischen Frau Tatjana gegründete italienische Restaurant »La Campagnola« aus den »Loschwitz-Arkaden« zog samt Stammgästen in das Fährgut um und feierte am 8. Mai 2011 Wiedereröffnung im historischen Ambiente mit romantischem Gästegarten. Die Elbeflut (→ *Naturkatastrophen*) im Juni 2013 traf das Restaurant schwer. Gasträume, Küche und Garten wurden überschwemmt. Erst ab November 2013 konnten nach umfangreichen Renovierungsarbeiten wieder Gäste empfangen werden.

Barbara Friebel

Quellen: 335, 724

Weingewölbe im Fährgut, an der Rückwand der ehemalige Brunnen. *Foto: Jürgen Frohse*

Südseite des alten Fährgutes mit dem neuen Wintergarten, 2013 *Foto: Siegfried Großmann*

Blick in die Friedrich-Wieck-Straße, 2015 *Foto: Siegfried Großmann*

Kleinert's Spezialitäten

Friedrich-Wieck-Straße 45b

Dieses gastronomische Kleinod befindet sich neben dem → *Fährgut* unweit des → *Blauen Wunders*. Die Besitzer Eckhard und Marjo Kleinert stammen beide aus dem Gastronomiewesen – er als Koch, sie als Hotelfachfrau. Kennengelernt haben sie sich in Rotterdam, denn Frau Marjo ist Niederländerin. 1990 heirateten sie und pendelten viele Jahre zwischen den Wohn- und Arbeitsorten Frankfurt/Main und Stuttgart hin und her.

2003 bekam Eckhard Kleinert ein Angebot vom Dresdner Hilton-Hotel, und so zog die Familie, zu der inzwischen auch ein Sohn und eine Tochter gehörten, in die Elbestadt.

Trotz der erfolgreichen Arbeit im Hilton-Hotel waren sie auf der Suche nach etwas Neuem, Eigenem und entdeckten dafür das alte Nebengebäude am Fährgut. Nach langer Um- und Ausbauphase eröffneten Marjo und Eckhard Kleinert im Juli 2007 »Kleinert's Spezialitäten« mit Café, Chocolaterie und Ladengeschäft in einem.

In sehr stilvollem und gemütlichem Ambiente bieten sie hier vor allem französische und holländische Köstlichkeiten an, die zum größten Teil, wie beispielsweise verschiedene Käse und Schinkensorten, auch im Laden erworben werden können. Familie Kleinert fühlt sich in Loschwitz sehr wohl, und nicht nur die Loschwitzer genießen das Stück französische Lebensqualität bei »Kleinert's«.

Sonja Bernstengel

Quellen: 724, 1200

Eckhard und Marjo Kleinert, 2014

Café, Chocolaterie und Laden in einem – Kleinert's, 2014 *Fotos (2): Bernstengel*

Personen am Gasthauseingang, ganz rechts der Sohn des Fotografen Alfred Größel jun., um 1890. *Foto: Alfred Größel, Slg. Ute Häse*

Körnergarten

Friedrich-Wieck-Straße 26

Das Gasthaus an der Elbe ist das älteste in Loschwitz, das noch heute seine Gäste bewirtet.

Im Mai 1877 kauften der aus Zwickau kommende Carl Wilhelm Plütsch und der Dresdner Glasermeister Ernst Julius Plütsch für 17.400 Mark Grundstück und Haus. Dies galt bisher in der ortsgeschichtlichen Überlieferung als der Ursprung des späteren »Körnergartens«. Im September stellte der »Restaurateur« Carl Friedrich Richter (? – 1894), der auch die → *Gaststätte* »Harmonie« betrieb, beim Loschwitzer Gemeinderat den Antrag, die kleine Gaststätte, die er hier an der Elbe betreiben möchte, »Zur Dampffähre« zu nennen. Im September 1878 erhielt er die Genehmigung zum Wein-, Bier- und Branntweinausschank, die er jedoch noch im gleichen Monat an August Horrer übertrug, der den Besitz im Juli 1878 für 22.500 Mark gekauft hatte. Im Juni 1880 erwarb Laura Peschke für 18.800 Mark Gaststätte und Grundstück. Noch im gleichen Jahr ließ sie einen Anbau an das Haus errichten, dem 1886 der »Gartensalon« folgte. 1890 wurde alles durch Hochwasser verwüstet.

Im Dezember 1897 erwarb der Restaurateur Albin Oswald Körner das Gasthaus. Nach sich selbst und mit Hintersinn auf die allgemeine Körner-Verehrung in Loschwitz erhielt es den Namen »Körnergarten«. Ihm folgten im Januar 1899 die Gastwirte Wilhelm Hinkel und im Juni 1901 Emil Franke nach. In einer Zwangsversteigerung kaufte es 1907 erneut Wilhelm Hinkel, der die Gaststätte bis 1919 betrieb. Als Nachbe-

Hochflut September 1890 vor dem Restaurant »Dampffähre« Foto: Georg Lüders, Ortsgeschichtliche Sammlung Blasewitz und Umgebung, Karl Emil Scherz im Landesamt für Denkmalpflege, Plansammlung

Wirt Camillo Fritsche auf dem Wirtshausdach, Hochwasser 1920 Foto: Slg. Matthias Griebel

sitzer ist Camillo Fritsche bezeugt, der nach der enormen Hochwasserflut vom Januar 1920 das Gasthaus wieder aufgab. Neue Eigentümerin wurde Meta Schütze geb. Fleischer (1879–1944), die mit ihrem Ehemann Adolph Schütze (1868–1936) nun den Körnergarten betrieb. Mit ihrem Unternehmersinn und nimmermüder Tüchtigkeit gestalteten sie das Wirtshausensemble so, dass es für viele Jahrzehnte Bestand hatte. 1927 wurde das Hauptgebäude aufgestockt und in der oberen Etage mit einer Balkonfront für den Gastbetrieb ausgestattet. Bald darauf entstand elbseitig anstelle der offenen Gartenveranda der massive Anbau mit vielen Fenstern und gemütlicher Ausstattung. Aus ihm konnte man auch in den schattigen Gästegarten gelangen. Dank der legendären Kochkünste von »Schützens Meta« sowie versiertem Stammpersonal florierte der Körnergarten.

Ab 1944 führte dann die Tochter Liesbeth Steinbach (1919–?) mit ihrem Ehemann Gerd Steinbach (1915–?) das Gasthaus unter den schwierigen Bedingungen des Krieges. Die Balkon-Etage wurde geschlossen und im Gartenanbau war im Winter 1944/45 sogar die Wachstube eines Militärkommandos zur Brückenverteidigung untergebracht.

Im Jahre 1947 wurde Curt Enger (1899–1977) Pächter, der dann 1955 den »Körnergarten« käuflich erwarb. Unter ihm, seiner Ehefrau Marianne (1905–1972) als Küchenchefin und der Köchin Frau Buchwald, den Kellnern Hans Günther und Gerhard Seifert sowie dem Faktotum für alle »rückwärtigen Dienste«, Frau Bratfisch, wurde das Lokal wiederum zu einem beliebten Treff nicht nur der Loschwitzer. Stammgäste waren hiesige Handel- und Gewerbetreibende, wöchentliche Familienrunden und zunehmend auch die Künstler und Studenten. Besondere Anlässe verschönte eine Alleinunterhalterin mit ihrem Akkordeon (Frau Selle), oder der Loschwitzer Eugen Eisold pianisierte für Freibier. Altershalber trat um 1975 der indessen verwitwete Wirt Enger zurück und

Wirt Adolph Schütze, links, mit Personal, um 1930 Foto: Slg. Matthias Griebel

die geschäftsversierte Frau Lieselotte Hofmann führte das Lokal auf hohem Niveau weiter. Ihr folgte für kurze Zeit der Gastronom Fritz Lehmann im nunmehrigen »Café-Restaurant Körnergarten«.

Neue Besitzer wurden 1977 Renate und Friedhelm Schnabel (ehemals »Hutberghotel« Kamenz). Die Wirtin verehelichte sich 1979 in

Elbansicht 1927, Ansichtskarte Slg. Matthias Griebel

Gästegarten, um 1940, Ansichtskarte Slg. Matthias Griebel

Das neue Gestühl, 1983 *Foto: Marian Günther/Slg. Matthias Griebel*

Matz Griebel und Karin Simon, 1988 *Foto: M. Günther?/Slg. M. Griebel*

zweiter Ehe mit dem Loschwitzer Volkmar Lehmann und beide führten mit ihrem Stammpersonal das Gasthaus in dessen volkstümlicher Tradition. Der praktisch veranlagte Mann stattete 1982 den Schankraum mit rustikalem Interieur aus. Für den Wandschmuck mit historischen Ansichten aus der Loschwitzer Geschichte sorgte der Hausgehilfe »Matz« Griebel (*1937, → *K1*), und dessen Bruder Georg (1941–2002, → *K2*) schuf für das Vereinszimmer romantisierende Wandbilder. Allerdings wurde in dieser Zeit auch der beliebte Biergarten durch eine betonierte Einfahrt zu dem neu errichteten Wirtschaftsanbau auf ein Minimum reduziert. Unter den Wirtsleuten Lehmann war der Körnergarten am 1. Mai 1988 letztmalig geöffnet; sie verzogen nach Thüringen.

Der Besitz wechselte nun an das Ehepaar Sieglinde und Siegfried Hornig aus Großröhrsdorf, die das Lokal nach notwendigen Verbesserungen am 28. September desselben Jahres wiedereröffnen konnten. Zum Zeitpunkt der Deutschen Einheit im Jahre 1990 stand die indessen alleinstehende Wirtin vor völlig neuen Herausforderungen, die sie glaubte meistern zu können. Mit hohem finanziellen Einsatz wurden Wirtschafts- und Sanitärbereich modernisiert, eine Außenterrasse aufgemauert und die Gasträume mit unpassend neumodischem Mobiliar ausgestattet. Voreilig wurde Personal eingestellt. Doch die von den Zeitumständen irritierten Menschen hielten lieber ihr neues Geld zusammen, statt es ins Wirtshaus zu tragen. Auch die erwarteten Reisebusgesellschaften blieben aus und der Nimbus des Lokals an der Elbe, als Drehort für Fernsehkrimis (»Tatort«) gedient zu haben, erwies sich als wenig wirksam. Selbst der Verzicht auf den traditionellen Namen »Körnergarten« und die Umbenennung in »Gemini« erwies sich als Trugschluss. Ein wirtschaftliches Dilemma war nicht mehr aufzuhalten. Als die Verbindlichkeiten eine Summe von 500.000 DM erreicht hatten, wurde am 26. Februar 1998 ein Gesamtvollstreckungsverfahren eingeleitet; die Wirtin verließ Loschwitz. Der Umsicht des mit dem Verfahren beauftragten Rechtsanwaltes Herrn Helgi Heumann ist es zu danken, dass der Gasthausbetrieb dennoch aufrecht erhalten werden konnte – er setzte seine Ehefrau als Wirtin ein.

Im Oktober 1998 übernahmen die am Elbhang vom »Oberen Gasthof« Niederpoyritz bekannten tüchtigen Wirtsleute Gerlinde (* 1946) und Rolf Buchbach (* 1947) den »Körnergarten«, den sie wieder als Stamm- und Familienlokal führten und 2001 käuflich erwarben. Sie mussten auch die Folgen des »Jahrhundert-

Körnergarten im Hochwasser, 2013

Gastwirtsfamilie Buchbach: Nadja, Max, Gerlinde und Rolf (v. l.) Foto: Siegfried Großmann

Körnergarten unter Wasser – 2013

Das Wasser hatte im Erdgeschoss kurz unter der Decke gestanden, die Böden waren genauso hinüber wie die Bar und die Küche sowie das meiste Interieur. Die Fenster hatte es einfach rausgedrückt. »Eigentlich stand nur noch der Rohbau«, erinnert sich Geschäftsführer Max Buchbach. »Wir hatten Totalschaden.« Weit über 300.000 Euro. Nicht nur, dass die Heizungs- und Elektroanlagen komplett ins Obergeschoss ausgelagert wurden, [...] auch das meiste in der Küche ist neu, genau wie am Tresen. Der steht mittlerweile im Übrigen nicht mehr am Rand im Gastraum, sondern frontal. »Wie es einst zu Ostzeiten war«, sagt Buchbach. Vieles im Körnergarten ist nun unkompliziert abschraubbar, um in Ernstfall schnell reagieren zu können. Denn mit der permanenten Hochwassergefahr muss sich der Loschwitzer arrangieren. »Wir leben damit. Wir profitieren ja auch mit unserer Lage von der Elbe, also nehmen wir das Risiko in Kauf.«[1]

Der »Körnergarten«, 2015 Foto: S. Großmann

hochwassers« vom August 2002 meistern und mit hohem Investitionsbedarf alle Schäden beseitigen: Wirtschaftstrakt, Küche sowie Rekonstruktion des Gesellschaftsraumes »Körnerzimmer« mit durchgängiger Glastürenfront zur überdachten Terrasse sind zu nennen. Der Schankraum erhielt einen neuen Tresen, wurde getäfelt und mit gediegenem Mobiliar ausgestattet. Am 1. März 2003 konnte die Wiedereröffnung erfolgen. Schon vier Jahre später, beim Frühjahrshochwasser 2006, musste das Gasthaus wieder vollständig geräumt werden. Für die Zukunft wurde ein mobiler Hochwasserschutz geplant, der 2007 in Angriff genommen wurde. Doch ein neues Katastrophenjahr kam 2013 mit noch höherem Wasserstand und nie dagewesenem Schadensausmaß. Sofort nach Absinken der Juni-Flut begann ein fünf Monate währender Totalumbau des Hauses mit Neuschaffung eines Gastraumes im Obergeschoss und umfassender Instandsetzung und Renovierung im gesamten Objekt. Bereits am 6. November 2013 war Wiedereröffnung. Die drei geräumigen Gaststuben, Terrasse und der beliebte Biergarten werden seitdem von den zahlreichen Gästen gern frequentiert. Die Gastlichkeit von Familie Buchbach und Team verspricht auch für die Zukunft Kontinuität, denn Sohn Max (* 1983) verkörpert als Geschäftsführer mit seiner Frau Nadja (* 1980) bereits die zweite Generation.

Matthias Griebel

Zitat:
1 Kühl, Lars; Körnergarten wieder offen; in: SZ 06. 11. 2013
Quellen: 39, 316, 637, 894, 1000

Landhaus Maria

Körnerweg 4

Das Ehepaar Renate-Maria und Rolf Schwanitz vermietet seit 1993 drei Doppel- und zwei Einzelzimmer mit Blick ins Grüne.

Barbara Friebel

Quelle: 724

Lingnerterrassen (Restaurant im Lingnerschloss)

Bautzner Straße 132

»Zum Besten von Dresden und Umgebung« und »keinesfalls als Etablissement für nur reiche Leute« sollte der Wohnsitz des »Odolkönigs« *Karl August → Lingner* (1861 – 1916) laut testamentarischer Verfügung nach dessen Lebenszeit genutzt werden. Dazu hatte er u. a. detailliert festgelegt, dass »im Schweizer Haus oder im Schlossgebäude tunlichst ein öffentliches Restaurant zu erschwinglichen Preisen zu führen ist«. Die Tasse Kaffee sollte höchstens 0,25 Pfennige kosten, nach heutiger Währung also maximal 1,50 Euro.

Der *→ Förderverein Lingnerschloss* hat diese testamentarische Verfügung von Anfang an sehr ernst genommen und den verantwortlichen Architekten beauftragt, eine solche gastronomische Einrichtung im Ostflügel, also in der Ostkolonnade einschließlich Ostpavillon, vorzusehen. Nur dort bot sich ausreichend Platz für ein Restaurant, wenn nicht Räume des Hauptgebäudes dafür geopfert werden sollten, wie das zu Zeiten des Dresdner Klubs geschah. Die Folge dieser Vorgabe war die Anordnung der Küchen-, Lager- und Sanitärräume ebenfalls im östlichen Teil des Gebäudes, um unzumutbare Laufwege für das Servicepersonal zu vermeiden. Für die Sozialräume des Personals blieb damit nur das durch einen Personenaufzug schnell erreichbare Mezzaningeschoss. Im Gastraum wurden insgesamt 80 Plätze vorgesehen. Durch Erschließung der Kellerräume des Ostflügels sollten weitere 40 Plätze für ein Weinrestaurant mit separatem Eingang und den erforderlichen Sanitäreinrichtungen geschaffen werden. Soweit zu den Planvorgaben.

Das Restaurant befindet sich im Ostflügel des Schlosses Foto: Rolf Grosser

Die Realisierung erwies sich dann auf Grund der vorgefundenen extrem maroden Bausubstanz als schwierig und aufwändig. Auch zeigte sich bald, dass das ursprünglich vorgesehene Café-Restaurant kaum wirtschaftlich zu betreiben ist. So wurde schon kurz nach Baubeginn 2008 am Ostflügel auf Drängen des Pächters auf ein Vollrestaurant mit entsprechender Vollküche orientiert. Trotz dieser Probleme gelang es dem Förderverein, das Spendenaufkommen für das Lingnerschloss so weit voranzubringen, dass das neue Restaurant »Lingnerterrassen« ab 1. Juni 2010 seine öffentliche Bewährungsprobe bestehen konnte. Der Weinkeller nahm zum Jahresende 2010 den Betrieb auf, die vorgelagerte Sonnenterrasse mit Grünanlage folgte in der ersten Jahreshälfte 2011. Investiert wurden dafür etwa 2,6 Millionen Euro, die zu 70 % aus Privatspenden stammten. Mit den insgesamt 120 Innenplätzen ist die Kapazität der »Lingnerterrassen« aber keineswegs erschöpft, denn bereits seit 2004 besteht auf der großen Schlossterrasse eine Sommerwirtschaft, die zunächst von Adrian Petters (* 1980) unter sehr provisorischen Bedingungen und ab 2005

Blick in das Restaurant vom Treppenpodest aus Foto: Rolf Grosser

von Winfried Pfeil (* 1949), Gastronom aus Dresden-Wachwitz, und seinem Team betrieben wurde. Grundlage war eine entsprechende Teilbaugenehmigung der städtischen Baubehörden.

Im August 2008 erhielt der Förderverein dann die Baugenehmigung für das Gesamtprojekt, das neben dem Restaurant auch 300 Außenplätze vorsieht. Die darin verankerte Nutzung der Bergstation der ehemaligen → *Seilbahn* (→ *Bergbahnen*) als Ausschankgebäude für die Sommerwirtschaft stand schon bald nach der Übernahme durch den neuen Pächter, Oliver Schlupp (* 1965), wegen zu geringer Nutzfläche infrage, so dass mit den zuständigen Ämtern eine neue Lösung gefunden werden musste. Im Ergebnis sollte die Bergstation aus dem Jahr 1908 möglichst originalgetreu rekonstruiert werden. Als Ausschankgebäude wurde ein neuer Baukörper an der westlichen Grundstücksgrenze ins Auge gefasst. Der Förderverein orientierte sich bei der Rekonstruktion der Bergstation allerdings auf einen Ansatz, der bei einem späteren Wiederaufbau der gesamten Bergbahn einen barrierefreien Zugang vom Körnerweg nicht ausschloss. Dieser Gedanke erforderte logischerweise das Erarbeiten eines Gesamtprojektes für eine neue Bergbahn, auch wenn deren Realisierung zunächst auf absehbare Zeit nicht möglich erscheint. Ein solches Projekt wurde durch den Förderverein Anfang 2013 in Auftrag gegeben und im September des gleichen Jahres auch genehmigt. Damit bestanden die baurechtlichen Voraussetzungen für die Rekonstruktion der Bergstation, die noch im gleichen Jahr begann und bis Ende Oktober 2014 abgeschlossen wurde. Ab Saisonbeginn 2015 erwartet den Besucher des Restaurants »Lingnerterrassen« damit ein abgeschlossenes Bauensemble, das es erlaubt, den einzigartigen Panoramablick auf das Dresdner Elbtal ohne Beeinträchtigung durch eine Baustelle zu erleben. Auch für das neue Ausschankgebäude liegt inzwischen eine Baugenehmigung vor, sodass 2015 bei laufendem Betrieb über das bisherige provisorische Versorgungsgebäude mit den Bauarbeiten begonnen werden könnte.

Ostpavillon mit Glaslüster aus San Antonio
Foto: Rolf Grosser

2013 konnte mit Unterstützung des Liegenschaftsamtes der Stadt auch die Sanierung und Rekonstruktion der Weinbergterrasse unmittelbar vor den Arkaden der großen Weinbergmauer abgeschlossen werden. Sie ist über eine doppelläufige Treppenanlage zugänglich. Damit ist ein Platz entstanden, der bis zum Abschluss der Bausanierung des Hauptgebäudes ebenfalls für die Sommerwirtschaft nutzbar ist und von dem man die Vorzüge des Standortes sogar besonders intensiv wahrnimmt.

Inzwischen sind die »Lingnerterrassen« ein beliebtes Ziel für die Dresdner und ihre Gäste sowie für Touristen aus Nah und Fern. Die neue Dachplattform auf dem Hauptgebäude, die zahlreichen Veranstaltungen des Fördervereins in den inzwischen fertiggestellten Räumen des Schlossgebäudes, die Brunnenanlage im Westpavillon und das einladende Erscheinungsbild des gesamten Areals sind weitere Gründe für das ständig wachsende Besucherinteresse. Darauf beruht auch die Zuversicht der Vereinsführung, das Lingnerareal mit Schlossgebäude, Parkanlage, Nebengebäuden, Restaurant und Sommerwirtschaft der Dresdner Öffentlichkeit schon in naher Zukunft vollständig saniert präsentieren zu können. **Peter Lenk**

Quellen: 724, 894, 907, 1149

Loschwitzer Linden/Bier-Academie

Körnerplatz 1

Nach Schließung der Lebensmittel-Verkaufsstelle des → *Konsum* erfuhr die Erdgeschosszone 1995 einen Umbau für eine zukünftige Gaststättennutzung. Danach etablierte sich hier der zu einer Gaststättenkette gehörende »Pflaumenbaum«. Nach dessen Schließung eröffnete am 26. Juni 1998 die »Bier-Academie« als »total verrückte Kneipe«, ebenfalls ein Zweiggeschäft einer auch andernorts agierenden Gasthauskette. Mangelnder Zuspruch führte zu häufigen Öffnungsunterbrechungen und letztendlich zur Schließung. Ihr folgte die »Bierbörse«, einer 1992 in Kiel gegründeten Kette zugehörig. »In einer Bierbörse bestimmt der Gast durch seine Bestellung den Preis für die Getränke. In der Hauptsache wird mit verschiedenen Biersorten gehandelt. Bestellt nun ein Gast ein Bier einer bestimmten Sorte, dann wird diese Biersorte automatisch (in einem festgelegten Zeitraum) danach teurer. In gleichem Zuge wird dafür ein anderes Bier günstiger.«[1] Aber auch diese »Kette« wurde von den Gästen kaum angenommen und musste bald geschlossen werden.

In den Räumlichkeiten etablierte sich schließlich nach Küchenumbau und Ausstattung der Gasträume mit eigentlich gemütlichem Interieur im Jahre 2005 das Café und Restaurant »Loschwitzer Linden« von Andreas Wünsche. Nach anfänglichem Zuspruch führte der Mangel an Gästen zu häufig sporadischen Öffnungszeiten und schließlich Anfang 2008 zur Geschäftsaufgabe. Relikte der Restaurantausstattung haben sich in der »Lampen-Manufaktur« des Kunstschmiedes Bernhard Zschiesche (* 1948, → *K2*, → *Handw. u. Gew., Metallverarbeitende Berufe*) erhalten, der am 1. September 2008 die Räumlichkeiten bezog.

Matthias Griebel

Zitat:
1 www.bierboerse.de
Quelle: 282

Körnerplatz 1 mit der Werbung der »Bier-Academie«, 2002 *Foto: Claudia Blome*

»Gruss von der Loschwitzhöhe«, 1898, Ansichtskarte *Slg. Matthias Griebel*

Café und Grand Restauration Loschwitz-Höhe bei Dresden, 1905, Ansichtskarte *Archiv Kirchgemeinde Loschwitz*

Loschwitzhöhe
Oeserstraße 7
Der Maurer und Backofenbauer Adolf Barth, der im → *OT Schöne Aussicht* schon mehrere Grundstücke besaß und auch dort wohnte, kaufte 1883 in einer Zwangsversteigerung für 14.000 Mark das Grundstück, auf dem später die Gaststätte erbaut werden sollte. Er stellte 1890 den Antrag zum Bau einer »Schankwirtschaft«, die von ihm selbst erbaut wurde und im Herbst 1892 in Betrieb genommen werden durfte. Da die Gaststätte, die wahrscheinlich bereits »Loschwitzhöhe« hieß, offenbar gut angenommen wurde, stellte Barth im Mai 1896 den Antrag auf Anbau einer Veranda und einer Kegelbahn und kaufte im gleichen Monat für 20.000 Mark das Grundstück, auf dem später die Bergstation der Schwebebahn gebaut wurde, hinzu. Der Loschwitzer → *Bauunternehmer* Ernst Weigelt (1857 – 1916) führte den Bau von Veranda und Kegelbahn aus, sodass sie 1897 funktionsfähig waren. Zu dieser Zeit waren die Planungen für den Bau der → *Schwebebahn* bereits im Gange.

Über einen Zwischenkäufer erwarb 1900 die Elektra AG Dresden beide Grundstücke. Im Jahr darauf nahm die Schwebebahn ihren Betrieb auf und → *Architekt Martin* → *Pietzsch* (1866 – 1961, → *K1*) erhielt den Auftrag für einen Um- und Erweiterungsbau der »Loschwitzhöhe« mit großem Saal, der von Weigelt ausgeführt wurde. Ebenfalls 1901/02 errichteten die beiden Vorgenannten eine »Laube« mit direktem Zugang zur Bergstation der Schwebebahn, die 1904 mit einem »Laubengang« zur Gaststätte verbunden wurde. Die »Loschwitzhöhe« konnte bereits 1902 in den neuen Räumen wieder eröffnet werden. Die Pächter wechselten anfangs jährlich, bevor der bereits im Haus wohnende Kaufmann Alfred Amelang ab 1906 als Pächter und Gastwirt fungierte. Ein weiterer größerer Umbau der »Loschwitzhöhe« erfolgte 1909/10 durch den → *Architekten Friedrich* → *Reuter* (1861 – 1942). Nachdem 1911 die Stadt Dresden Eigentümer geworden war, folgte auf Amelang 1912 Richard Berger, der im Haus auch ein kleines Hotel betrieb. Das Haus nannte sich seitdem »Hotel und Restaurant Loschwitzhöhe«. Bergers Nachfolger waren ab 1919 Albert Sonntag und schließlich von 1929 bis 1945 Max Hofmann. 1932 war die Dresdner Straßenbahn AG Eigentümer des Lokals geworden. Bis in die Zeit des Zweiten Weltkriegs war es ein beliebter Ort nicht nur für die Dresdner, hatte man doch von hier – und besonders von den vorgelagerten Terrassen – einen traumhaften Blick über das Elbtal und die Stadt bis zum Erzgebirge und der Radebeuler Lößnitz.

Da die »Loschwitzhöhe« den Zweiten Weltkrieg nahezu unbeschadet überstanden hatte,

Loschwitzhöhe, Ansichtskarte, um 1912 *Slg. Matthias Griebel*

Hotel und Restaurant Loschwitzhöhe, Ansichtskarte, 1937 *Slg. M. Griebel*

»Berggasthaus Loschwitzhöhe – Dresdens schönster Aussichtspunkt«, Ansichtskarte, 1938
Slg. Matthias Griebel

konnte sie nach 1945 auch weiter betrieben werden. Die neuen Pächter waren Emil und Helmut Finke mit dem Werbeslogan »Iss gut und trinke in der Loschwitzhöhe bei Finke«. Es gab zwei Gasträume, einen großen Saal, eine geschlossene Veranda mit 180 Plätzen und dazu die Terrassen mit etwa 100 Plätzen sowie eine Kegelbahn. Finkes führten die »Loschwitzhöhe« in den Jahren nach dem Krieg, wo das Angebot sich natürlich sehr in Grenzen hielt. Um 1953 übernahm die → *HO* die Gaststätte und Geschäftsführer wurde Fritz Quellmalz, der auch den → *Ratskeller mit Bräustübel* und Stadtcafé führte. Der Saal war beliebt für »Tanzstundenkränzchen« und -bälle. Am 3. Oktober 1960 eröffnete der Geschäftsführer in einem der Räume eine Trinkstube, die er »Zum fröhlichen Weinberg« nannte (→ *Kasten*).

Das Ende der »Loschwitzhöhe« war 1968 mit deren Schließung eingeleitet; danach nutzte man sie noch als Lager. Sie hatte den Krieg überstanden und wurde dennoch 1977 aus heute kaum mehr nachzuvollziehenden Gründen abgerissen. Auch der östlich der Gaststätte an der Oeserstraße stehende alte Aussichtsturm fiel dem Abriss zum Opfer. Bemühungen um eine Wiedererrichtung der Gaststätte mit einem Hotel gab es in der Mitte der 1990er Jahre und dann erneut ab 2008. Hiergegen gab es wegen der Überdimensionierung der Anlage eine → *Bürgerbewegung*, die den geplanten Bau verhindern konnte. Nun bleibt zu hoffen, dass eine in Größe und Architektur sich in die Landschaft einfügende »Loschwitzhöhe« noch errichtet wird.

Otto-R. Wenzel

Zitat:
1 Griebel, Otto; Der Loschwitzer Cicerone; handschriftlich (Sammlung Matthias Griebel)
Quellen: 39, 243, 411, 554, 754, 860, 894, 1000

Kein Platz war an diesem Abend mehr zu haben. Herbert Schulze und seine Partnerin Sonja unterhielten die Gäste mit ihren musikalischen Darbietungen ganz großartig. Jeder Gast erhielt als Willkommensgruß ein Glas guten Wein (ungarischen) gratis verabreicht. Reden wurden geschwungen, getanzt, gefeiert und gefeststübelt bis ein Uhr morgens. Auch das Personal des Lokales war mit einbezogen.« Die Zeitung berichtete darüber, und genau eine Woche später besuchte Otto Griebel wieder die »Loschwitzhöhe«, weil sein Sohn Matthias »auch mal im Weinberg fröhlich sein wollte«. »Aber was fanden wir da vor? Gähnende Leere! In der einen äußeren Ecke saß ein ältliches Ehepaar bei einer Flasche Wein und am anderen Ende des Raumes zwei jüngere Leute.« Es wurde dann für Griebels mit den Musikern und den Obern dennoch ein vergnügter Abend. »Um Mitternacht schwebten wir mit Sonja zu Tal und kehrten mit dem Gefühl heim, im menschenleeren ‚Weinberg' einen wahrhaft seltenen und genußreichen Abend gefeiert zu haben, an dem wir voll auf unsere Kosten gekommen waren, wenn auch ohne Weine und ohne andere Gäste.[1]

Loschwitzhöhe 1977 (Abriss)
Foto: Eberhard Münzner

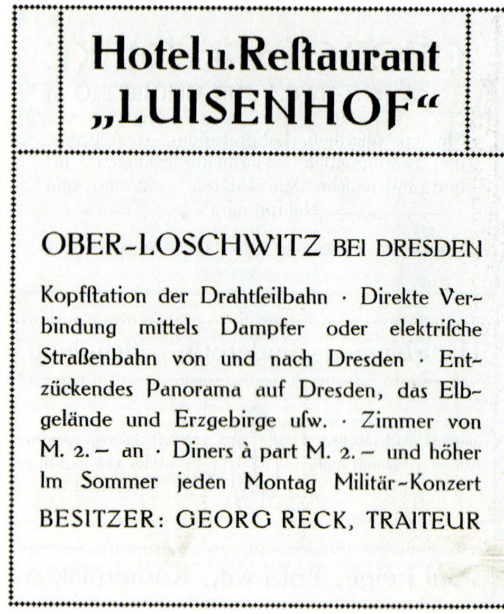

Anzeige, 1911 *Aus: »Loschwitz«, OVLW*

Luisenhof

Bergbahnstraße 8

Im März 1894 stellte der Baugewerksmeister Ernst Friebel (1853–1924) den Bauantrag für ein Ausflugslokal. Noch im gleichen Jahr begann die Firma Friebel & Großmann, zeitgleich mit der Errichtung der Standseilbahn, mit dem Bau des Lokals nach den Plänen des → *Architekten* Prof. Friedrich Reuter (1861–1942). Man versprach sich durch die verkehrstechnische Anbindung an Dresden einen Zustrom von Ausflüglern auf den schmalen Bergrücken, der ein beliebter Aussichtspunkt war. Einen Monat vor Inbetriebnahme der Standseilbahn, am 25. September 1895, eröffnete der »Luisenhof«, benannt nach der sächsischen Kronprinzessin Luise von Toscana (1870–1947). Zunächst wurde das Lokal als Hotel und Gaststätte mit einer Kapazität von 150 bis 200 Plätzen von den Besitzern Ernst Friebel und Ernst Wilhelm Großmann betrieben. Aber bereits am 26. Februar 1896 verkauften diese den Luisenhof für 190.000 Mark an Friedrich August Reck (gest. 1896). Noch einen Monat vor seinem Tod ließ dieser von Winkler & Reichpietsch (→ *Baumeister und Architekten*) einen An- und Umbau durchführen.

Anzeige, um 1914 *Aus: Faltblatt Gästeführer des Haus- und Grundbesitzervereins*

Der »Luisenhof« 1895, Tunnel und Bergstation der Standseilbahn sind im Bau. Foto: James Aurig

Hedwig und Albin Voigt, um 1925

Nach seinem Tod traten seine Ehefrau Auguste Pauline Reck geb. Missbach und seine Töchter das Erbe an. Neuer Pächter wurde zunächst ein Verwandter, Georg Reck (geb.1868), der 1897 den Erben den Luisenhof für 237.500 Mark abkaufte. 1907 ließ er ein provisorisches Podium für Konzerte und 1912 einen massiven Musikpavillon errichten, der wegen Beeinträchtigung der Sicht auf die Stadt 1928 wieder abgerissen wurde. Bis etwa 1914 entstand durch den Bau einer Mauer der Lindengarten mit Überdachung der vorderen und seitlichen Tischreihen an der Westseite.

Nach den mageren Kriegs- und Nachkriegsjahren und dem Währungsverfall stand das Objekt zum Verkauf. Im Oktober 1920 erwarben der Gastwirt Albin Voigt (1858–1928) und seine Frau Hedwig geb. Seitz (1869–1945), Köchin und erste Küchenmeisterin Deutschlands, für 300.000 Mark das Lokal. Seit 1894 waren sie selbstständig im Gaststättengewerbe in Dresden und Umgebung tätig gewesen und nun Rentiers. Mit ihren beruflichen Erfahrungen erkannten sie die Schwächen des »Luisenhofes«. Es folgten ständige Modernisierungen und Umbauten.

Hansotto Voigt (1905–1996), der einzige Sohn des Ehepaares, der seine Ausbildung zum Ingenieur zugunsten des elterlichen Betriebes abbrach, begann nach Abschluss seiner gastronomischen Ausbildung am 1. April 1927 seine Tätigkeit im »Luisenhof«.

Wintergarten im »Luisenhof« *Foto: aus Broschüre »110 Jahre Luisenhof«*

Vater und Sohn planten mit dem Baumeister Sterneck von der Firma Philipp Wunderlich größere bauliche Veränderungen. Die Genehmigungsbehörde empfahl, sich stärker am »Bauhaus« zu orientieren. So entstanden eine Veranda zur Elbhangseite hin, der Musiksaal, die Weinabteilung, der sog. Söller, der Dachgarten und eine Anzahl von Personalumkleideräumen im 2. Kellergeschoss unter dem Söller. Dieser »Söller« war ursprünglich offen, daher auch der Name, wurde aber vor dem Winter 1928 mit absenkbaren Fenstern versehen und an die Zentralheizungsanlage angeschlossen. Aus der geschlossenen Veranda im Erdgeschoss konnte man durch zwei heute nicht mehr vorhandene Fenstertüren den balkonartigen Umgang betreten. Die zweiteiligen Fenster selbst waren einmal horizontal unterteilt und ließen sich bei schönem Wetter nahezu vollständig in der oberen Verkleidung versenken. Es wurde eine Entlüftungsanlage installiert, der im Jahre 1939 eine entsprechende Belüftungsvorrichtung hinzugefügt wurde. Mit Hilfe dieser Anlage war es möglich, in den großen Gasträumen innerhalb von etwa zwei Minuten einen vollständigen Luftaustausch zu gewährleisten. In der geschlossenen Veranda wurde die Decke außerhalb des von den Stützen gebildeten Karrees um etwa einen halben Meter abgesenkt. Die dabei entstandenen vertikalen Flächen in der Decke fungierten als Ein- bzw. Ablass der Lüftung und zur Aufnahme der Lampen für eine indirekte Beleuchtung des Raumes.

Baubeginn für die Umbauten war Anfang Februar 1928 und am 6. April, dem Karfreitag,

Arbeiter hoch über der Grundstraße beim Bau der Schalung für den Beton der neuen Terrasse

Tanzendes Paar auf der Terrasse, hinten links sind die beiden Zapfsäulen zu erkennen

Einfahrt zur Tiefgarage mit Aufzug, die 30 bis 40 Pkw Platz bot *Fotos (3): Slg. OVLW*

konnten die ersten Gäste in der »Neuen Veranda« Platz nehmen. Die Platzkapazität hatte sich durch den Umbau in den geschlossenen Räumen auf 700, auf der Dachterrasse um 250 Plätze erhöht.

1930 verlangte die gestiegene Gästezahl nach einer weiteren Vergrößerung der Küchen- und Wirtschaftsräume, was sich bei den geringen Ausdehnungsmöglichkeiten auf dem begrenzten Areal äußerst schwierig gestaltete. Für das Bauen außerhalb der Baufluchtlinie strich die Stadt die eingeräumten Parkplätze an der Bergbahnstraße. Die Gegenmaßnahme war der Bau einer Tiefgarage in zwei Ebenen für etwa 30 bis 40 PKW, die mit einem Zweispindel-Autoaufzug von 2,75 t Tragkraft der Spezialfirma für Aufzüge Alfred Künscherf in Dresden, Kaitzer Straße 60, erreicht wurde. Zusätzlich dazu wurde eine Tankstelle mit zwei Zapfsäulen eingerichtet.

Die Benutzung der Parkflächen war schwierig, da die Einfahrt großes fahrerisches Können verlangte und der Betrieb des Aufzuges, der über einen Schneckenantrieb erfolgte, sich als sehr zeitraubend erwies. Der Einbau rentierte sich nicht, dafür aber die durch den Garagenbau entstandene Tanzterrasse. Das Parkproblem löste sich, in dem die Gäste weiterhin die Bergbahnstraße und das Rundteil benutzen durften, die obere Etage der Garage Dauermieter aus der Umgebung fand und die untere Etage als Winterquartier für alle Kübelpflanzen genutzt werden konnte.

Nach dem Umbau verfügte man auch 1930 über die erste elektrische Großkücheneinrichtung Dresdens. Ein Speisenaufzug verband die Dachterrasse mit der Küche und in der Westecke wurde an die »Alte Veranda« die »Gloria« angebaut, sodass sich die Platzkapazität nochmals erhöhte. Die geplante Aufstockung von Hotelzimmern erfolgte aus finanziellen Gründen nicht mehr, zumal die drei schon immer vorhandenen Hotelzimmer bereits lange nicht mehr genutzt wurden. Der Name Hotel- und Restaurant »Luisenhof« hatte aber zu Recht bestanden.

1929 heiratete Hansotto Voigt Charlotte Sonntag (1907 – 1996), Absolventin einer Handelsschule. 1930 wurde Sohn Peter, 1934 Tochter Eva und 1940 Tochter Helga geboren. Ab 1941 führte Charlotte Voigt allein die Geschäfte, da Hansotto Voigt zum Wehrdienst eingezogen wurde und Hedwig Voigt aus gesundheitlichen Gründen zurücktrat.

Im Mai 1945 kehrte Hansotto Voigt nach Dresden zurück und am 1. Juni 1945 wurde das Restaurant wieder eröffnet. Täglich wurden damals etwa 1.000 Portionen einfacher Gerichte an die Bevölkerung ausgegeben.

Ende 1945 erfolgte die Zwangsverwaltung des Betriebes. Ein vom Rat der Stadt Dresden bestellter Treuhänder trat Mitte November 1945 sein Amt an. Nach zweijähriger Überprüfung erwiesen sich alle Anwürfe gegen Hansotto Voigt als gegenstandslos und die Beschlagnahme des Betriebes wurde mit der Auflage aufgehoben, den Betrieb zu verkaufen oder zu verpachten. Man entschied sich für die Verpachtung an die damalige Hotel und Gaststätten GmbH.

Luisenhof als HO-Gaststätte, Ansichtskarte *Foto: Walter Hahn, Slg. Götz*

Hansotto Voigt, Besitzer des Luisenhofes, auf dem Turm — Foto: Ulrich Häßler

Hansotto Voigt – ein Leben für die Modellbahn

Hansotto Voigt konnte bereits als Jugendlicher auf dem riesigen Dachboden des Luisenhofes eine Spielzeugeisenbahn in Spur 0 aufbauen, die im Laufe der Jahre gewaltige Ausmaße annahm und die er zur Modellbahn umgestaltete. 1936 gesellte sich eine weitere Modellbahn in der damaligen Spur 00 hinzu. Bereits in den 1930er Jahren war Voigt an der Gründung eines Modelleisenbahnvereins in Dresden beteiligt. Nach dem 2. Weltkrieg gründete er mit Hans Baum die Modellbahn-Arbeitsgemeinschaft »Max Maria von Weber«, die im Königstunnel des Bahnhofs Dresden-Neustadt einen Raum zum Aufbau einer großen Anlage fand und die zunächst im Kulturbund organisiert war. Nach der Zwangsverpachtung des Luisenhofs gestaltete Hansotto Voigt mit seiner Modellbahn Ausstellungen, so von 1946 bis 1954 auf den Weihnachtsmessen in der Nordhalle, aber auch zu anderen Anlässen und in anderen Städten. 1955 verkaufte er die Spur-0-Bahn an die Station Junger Techniker, wo sie der Ausbildung der Pioniereisenbahner diente, und betreute sie noch viele Jahre. Dafür entstand auf dem Boden des Luisenhofs eine neue Anlage in Baugröße H0. Am 7. April 1962 gründete Hansotto Voigt zusammen mit anderen Interessenten den »Deutschen Modelleisenbahnverband«, in dem er viele Jahre als Leiter der Technischen Kommission arbeitete und damit wesentliche Impulse auf die Modelleisenbahnindustrie ausstrahlte.

Ab 1. Januar 1949 ging der Pachtvertrag an die neu gegründete Staatliche Handelsorganisation (HO) unverändert über.

In der Nacht vom 27. zum 28. September 1956 brach in den Wirtschaftsräumen ein Brand aus, der auch einen großen Teil der Gasträume vernichtete und bei dem die jüngste Tochter von Voigts, die hoffnungsvolle, knapp 16-jährige Schwimmerin Helga Voigt, die den Staatstitel »Meisterin des Sports« trug, an Rauchvergiftung starb.

1957 wurde gemäß der Forderungen der Baupolizei von dem Architekten Erich Starke der Haupteingang verbreitert. Die rechte der Säulen wurde entfernt und das Rundbogenfenster einseitig zugemauert. Die Eingangshalle wurde zur Straße hin erweitert, die Freitreppe überdacht. Der Konditoreiraum entstand durch das Herausrücken der Gartenfront hinter dem Eingangsbereich, wobei die »Alte Veranda« und zwei kleinere Räume verschwanden. Nach Ende der Umbauten konnte Ostern 1957 die Gaststätte wieder eröffnet werden.

Als der Pachtvertrag mit der HO 1975 auslief, kaufte die Stadt Dresden, die das Vorkaufsrecht besaß, den »Luisenhof«, allerdings zu einem verhältnismäßig geringen Preis, der auf ein Staatskonto kam. Pro Jahr und Person konnten nur 3000 Mark davon abgehoben werden.

Die Gaststätte im »Luisenhof«, deren Betreiber die HO geblieben war, ging im Juni 1991 mit nur einem Schließtag an den neuen Pächter, Michael Wirtz aus Starnberg, über. Im März 1992 erwarb er ihn und nach Scheitern seiner Umbaupläne zu einem Hotel verkaufte er ihn am 18. Juli 1997 an den Bauunternehmer Günther Gsödl aus Pförring weiter. Die Planungen der Baumaßnahmen übernahm Architekt Dipl. Ing. Walter Mayer aus Starnberg. Die moderne Sachlichkeit der 1930er Jahre sollte im Außen- wie im Innenbereich fortgeführt und betont werden. Die obere der Terrassen wurde aufgestockt. In der ehemaligen Tiefgarage entstanden sechs Wohnungen und über der Gaststätte noch einmal neun. Die ehemalige Tanzterrasse wurde Parkplatz für die Autos der Mieter. Die typische Kombination der Stilelemente von 1895 sowie der Um- und Erweiterungsbauten wurden beibehalten. Besonderen Wert legte man bei der Kernsanierung des historischen Altbaubestandes auf die Forderungen des Denkmalschutzes. Der Gaststättenbereich wurde verkleinert auf 1431 m² im Innenbereich und 190 m² im Außenbereich. Die Kapazität beträgt heute 600 Plätze: 450 im Innenbereich und 150 im Außenbereich.

Am 6. Oktober 1999 eröffnete Dieter Haas, Geschäftsführer eines Catering-Service, als erster Pächter nach dem Umbau das Restaurant »Luisenhof«, stellte aber 2002 den Konkursantrag. Am 8. Mai 2002 übernahmen dessen Mitarbeiter, der Chefkoch Armin Schumann und die Betriebswirtin Anja Bahner-Schumann die Geschäftsführung und gründeten die »Café-Restaurant Luisenhof GmbH«. **Helga Oelker**

Quellen: 189, 492, 554, 602, 694 726, 1000, 1001

Luisenhof, 2013 — Foto: Siegfried Großmann

Nachtrag zum Luisenhof

Da der bayerische Eigentümer Günther Gsödl bereits 2011 finanzielle Verbindlichkeiten nicht mehr bedienen konnte, kam der Luisenhof unter Zwangsverwaltung.

Weil auch die 2007 festgestellten baulichen und 2013 protokollierten brandschutztechnischen Mängel nicht beseitigt worden waren, verfügte das Amtsgericht Dresden für den 15. Dezember 2014 die Zwangsversteigerung des Objektes. Neue Eigentümerin des Gebäudes mit 1.297 m² Nutzfläche und 2.458 Außenanlagen wurde für 1,8 Mio.Euro die Aachener »Partia Casa Vermögensverwaltung UG & C. KG«.

Gastronom Armin Schumann, der den Luisenhof seit Mai 2002 in bewährter Weise bewirtschaftete, war bei der Versteigerung überboten worden und wurde seitens der nunmehrigen Eigentümerin mit einer erhöhten, für ihn nicht akzeptablen Pachtsumme konfrontiert. Er beschloss daher, seinen Pachtvertrag zum Ende des Monats Juni 2015 zu kündigen.

Matthias Griebel

Quellen: 482, 483, 1101, 1102

Griechisches Restaurant »Odysseas«
Foto: Holger Friebel

Odysseas

Pillnitzer Landstraße 36

2011 eröffnete das griechische Restaurant »Odysseas« unter der Leitung von Michalis Foukis im → *Einkaufs- und Gewerbezentrum* »Loschwitz-Arkaden«. Dessen Vorgänger war seit 2004 an gleicher Stelle das italienische Restaurant *»La Campagnola« (→ »Il Camino«)*, das im März 2011 in das Alte → *Fährgut*, Friedrich-Wieck-Straße 45, umzog.

In den ersten Jahren hatten in den Loschwitz-Arkaden nacheinander mehrere Restaurants nur kurzzeitig Bestand. 1998 eröffnete z. B. hier die Kneipe der als »Wilde Hilde« bekannten ehemaligen Wirtin Ines Schröder der Erbgerichtsklause Niederpoyritz.

Barbara Friebel

Quellen: 35, 190, 1117

Restaurant zum Ratskeller, Ansichtskarte *Foto: Wilhelm Hoffmann, Slg. Bernd Beyer*

Ratskeller und Bräustübel

Körnerplatz 3

Ab 1790 war das Grundstück im Besitz der Familie Bormann. 1819 bekam es Johann Gottfried Bormann (1800 – 1869). Im vorderen Teil, etwa dort, wo sich heute das »Bräustübel« befindet, stand das Wohnhaus. Seine Weinberge lagen dahinter am Berg, auf dem sich später die Gaststätte → *»Burgberg«* befand. Nordöstlich hinter seinem Wohnhaus, etwa dort, wo heute das Ortsamt steht, ließ Bormann 1859 von *Theodor → Lehnert* (1828 – 1910, → *K2*) und *Friedrich → Voigt* (1830 – 1898) die neue Gaststätte »Burgberg« errichten. Zur Unterscheidung vom auf dem Berg liegenden Gasthof gleichen Namens wurde sie als »Unterer Burgberg« bezeichnet.

Im Januar 1883 verkauften Bormanns Erben nach Teilung des Flurstücks den »Unteren Burgberg« mit Grundstück für 45.000 Mark an die Gemeinde Loschwitz. Fortan fanden hier die Gemeinderatssitzungen (→ *Gemeindeamt*) statt. Der Saal im Obergeschoss wurde zum Ratssitzungssaal und von *Eduard → Leonhardi* (1828 – 1905, → *K1*) auf eigene Kosten »in altdeutschem Stile mit altdeutschem Mobiliar«[1] eingerichtet. Aus der Burgberg-Gaststätte wurde der »Ratskeller« und 1885 zog die Gemeindeverwaltung, die bisher in der Grundstraße 5 ihre Räume hatte, hier ein. Der eigentlich für die Gemeinderatssitzungen eingerichtete Saal stand auch für die Gaststätte zur Verfügung, denn 1886 erhielt die Wirtin die Genehmigung für Tanzveranstaltungen.

1892 erfolgte der Abriss des ehemaligen Bormannschen Wohnhauses, von dem nur der Keller verschont blieb. An seiner Stelle wurde nach Plänen des Architekturbüros Schilling & Graebner das noch heute erhaltene zweigeschossige Gebäude im Stil der Neorenaissance erbaut. Das Untergeschoss wurde Sitz der → *Polizeiwache*. Der obere Raum und die nördlich angebaute massive Veranda dienten als Gaststättenräume des Ratskellers. Oberhalb der Straßenmauer erhielt der Gästegarten eine hölzerne und mit Glas überdachte Pergola, an beiden Enden von je einem Treppenaufgang begrenzt. Eine Veränderung der unteren, zum Körnerplatz gelegenen, Fassade erfuhr das Vordergebäude mit der Polizeiwache 1905. Durch Wegfall eines bis dahin vorhandenen kleinen »Produktenladens« erhielt sie eine Mitteltür mit jeweils zwei Fenstern zu beiden Seiten. Am Ostgiebel wurde eine »Steh-

Pächter waren:

1883 – 1884	Ernst Geipel (vorher schon Pächter des »Unteren Burgberg«)
1884 – 1885	Gustav Adolph Eberlein
1885 – 1896	Minna verw. Eberlein
1896 – 1899	Moritz Richter
1899 – 1910	Carl Fährmann
1910 – 1918	Max Hofmann
1918 – 1935	Albin Herfurth
1935 – 1945	Ernst Lange

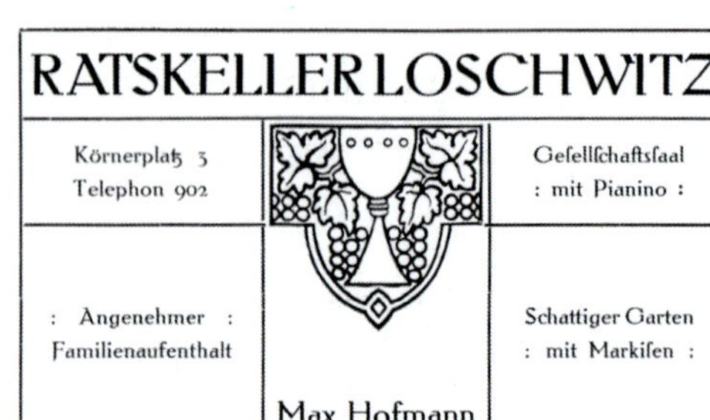

Anzeige, nach 1910 *Slg. Matthias Griebel*

Blick von der »Loschwitzhöhe« zum Körnerplatz mit »Ratskeller«, Ansichtskarte *Slg. M. Griebel*

bierhalle« angebaut und das heute wieder vorhandene Giebelfenster zugesetzt.

Im Ratskeller hielt der 1884 gegründete »Verein Kantorei« seine Übungsstunden ab und für den 1894 gegründeten »Evangelischen Jünglingsverein« und den 1900 gegründeten Loschwitzer »Stenographen-Verein Gabelsberger« diente er als Vereinslokal. 1894 erfuhr der Ratssaal auf Bitten der Wirtin eine Renovierung. Der entlang des Zugangs zur → *Standseilbahn* ehemals als massive Veranda errichtete Verbindungsbau erhielt 1920 an der Westseite zur besseren Beleuchtung und Lüftung vier Fenster.

Nach der Eingemeindung 1921 wurden im Ratskeller die überflüssig gewordenen Verwaltungsräume teilweise zu Wohnungen umgebaut. Der Gaststättenkomplex blieb erhalten und der Saal stand nun ganz für diesen zur Verfügung. Die Polizeiwache wurde geschlossen und eine Trafostation eingebaut. Der Giebel der Fassade erhielt kurze Zeit später ein Wandbild mit einem biertrinkenden Ritter zu Pferde, dem zwei Personen Getränke reichen. Der Ratskeller erhielt 1927 noch einen Küchenanbau an der Nordseite.

Im August 1945 erfolgte die Erneuerung der Erlaubnis zum Schankbetrieb durch den Rat der Stadt Dresden und 1947 auch für Terrasse und Veranda. In den Jahren nach dem Zweiten Weltkrieg diente der Ratskeller zudem auch als → *Puppentheater*. Gespielt wurde meistens im Verbindungsbau, der alten Veranda. Das Reiterwandbild am Giebel des Vordergebäudes wurde übermalt und durch die roten Buchstaben »SED« ersetzt.

Nachdem sich 1946 die »Sächsische Hotel und Gaststätten GmbH« gegründet hatte, gehörte der Loschwitzer Ratskeller zu den ersten von ihr bewirtschafteten Gaststätten. Die bisherige Stehbierhalle erhielt den Namen »Bräustübel«. Nach der Gründung der → *HO* übernahm diese wahrscheinlich 1949 hier den Betrieb. 1956 ging die Gaststätte an den »HO-Gaststättenkreisbetrieb Fortschritt« über. Der ehemalige Ratssaal wurde zum Tanzsaal umgestaltet. Dabei entfernte man die Galerie und überstrich die alte malerische Fassung.

Danach fanden hier Tanzstunden sowie Abschluss- und Familienfeiern statt. Das Untergeschoss des Vordergebäudes erhielt Wirtschafträume und einen kleinen Verkaufsstand für Zeitungen. Die alte Veranda wurde zum »Stadtcafé« umgestaltet und das Obergeschoss des Vordergebäudes als »Mokkastube« integriert. Die Eröffnung fand 1958 statt. Als prägende Gaststättenleiter-Persönlichkeit ist Fritz Quellmalz zu nennen.

Obwohl der gesamte Komplex 1972 unter Denkmalschutz gestellt wurde, nahmen die Bauschäden zu und nach baupolizeilicher Sperrung schloss 1974 die Gaststätte im Hauptgebäude. Etwa zwei Jahre später mussten aus gleichem Grund auch Stadtcafé und Bräustübel schließen. Auf der Terrasse errichtete die HO einen Kiosk für Selbstbedienung. Die straßenseitige Pergola wurde abgerissen. Anlässlich des Pioniertreffens in Dresden erhielten 1982 die Fenster im Erdgeschoss als Sichtschutz Holzverkleidungen und die Fassade wurde gelb getüncht. Nach einer 1983 erfolgten Propangasexplosion im Kiosk schloss dieser endgültig im Herbst 1987.

Im Januar 1988 begann die PGH Bauhandwerk Dresden-Ost den Komplex als Initiativbaustelle zu einem wissenschaftlich-tech-

Anekdoten aus dem auch »Ritze« und später »Genickschussdiele« genannten Bräustübel:

Neben einem reichhaltigen Getränkeangebot gab es nur eine bescheidene Imbissversorgung. Die Bestellungen wurden in die etwas tiefer liegende Küche meist in Kurzfrom hinuntergerufen, so zum Beispiel »einmal Bocksalat«. Dies bedeutet im vollen Wortlaut »einmal Bockwurst mit Kartoffelsalat«. Manchmal tönte es aber auch zurück »Bock ist aus!« Das besagte, die tägliche Zuteilung an Bockwurst war verbraucht, auch ein Ausdruck für die damalige Versorgungslage.

Einmalig dürfte folgende Episode sein: Der Kutscher eines auf dem Körnerplatz stehenden Pferdewagens hatte so viel Durst, dass er vom Trinken vor Erschöpfung eingeschlafen war. Seine Zechbrüder schirrten daraufhin sein Pferd aus, führten es ins Lokal an den Tisch des schlafenden Kutschers, um ihn mit seiner Hilfe zu wecken. Was waren das damals noch für idyllische Verkehrsverhältnisse am Körnerplatz.[2]

Das »Bräustübel« 2014 mit dem vom Wachwitzer Künstler Reinhold Herrmann 2004 geschaffenen Wandbild am Giebel über der Eingangstür *Foto: Siegfried Großmann*

Ratskeller-Saal, 1959 *Slg. Matthias Griebel*

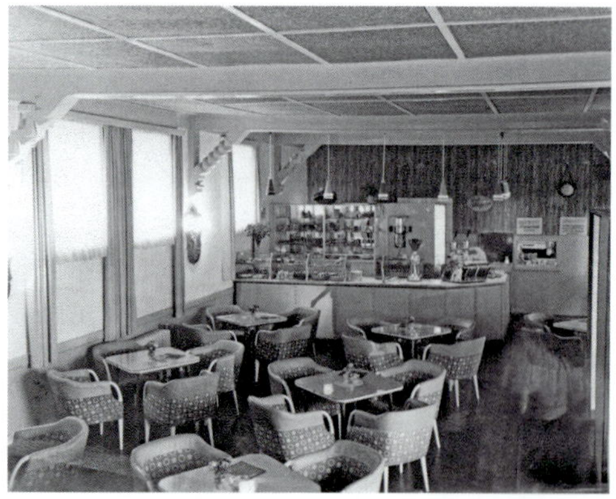

Stadtcafé zwischen »Bräustübel« und »Ratskeller«, 1960er Jahre *Foto: Schumann*

nischen Zentrum im Saal und erneutem Gaststättenbetrieb zu rekonstruieren. Der Stehbierhallenanbau wurde abgebrochen und dabei das zugesetzte Giebelfenster wieder in originaler Größe hergestellt. Im Oktober 1989 konnte nach Fassadenrenovierung das »Bräustübel« zunächst wieder geöffnet werden. Der politische Umbruch 1989 verhinderte jedoch eine Weiterführung der Sanierung der Gebäude. Nur das Erdgeschoss des Vordergebäudes konnte ab Juni 1990 zunächst von der HO wieder als »Bräustübel« genutzt werden. 1994 erfolgte der Abriss aller anderen Gebäude, um Platz für den Neubau des → *Ortsamtes* zu gewinnen. Von den alten Gebäuden verblieb nur das Bräustübel, das nach Schließung und gründlicher Sanierung an der Rückseite einen Treppenhausanbau bekam. Wo einst die Stehbierhalle war, entstand der Treppenzugang zur neuen Trafostation.

Im März 1999 konnte das Bräustübel in den sanierten Räumen mit dem Pächter Joachim Möbius wieder eröffnet werden. Doch nach zwei Jahren war bereits das Ende gekommen. Von 2001 bis 2003 gab es hier Ausstellungen des in dieser Zeit in Sanierung befindlichen → *Leonhardi-Museums*. Im September 2003 eröffnete Anke Hauschild dann ihre »Crêpe-Galerie« mit Restaurant im Obergeschoss und Sommergarten auf der Terrasse. Im November 2004 fand hier der erste »Stammtisch« des → *Ortsvereins* Loschwitz-Wachwitz statt. Das Bräustübel ist seitdem das Stammlokal dieser Veranstaltungsreihe.

Auf Initiative des damaligen Ortsamtsleiters Peter Rauch konnte zum → *Elbhangfest* 2004 das von Reinhold Herrmann (* 1942, → *K1*) in Anlehnung an das alte Wandbild geschaffene neue Reiter-Wandbild am Giebel enthüllt werden. Ende 2008 schloss die Crêpe-Galerie und das Bräustübel stand erneut leer. Seit 2010 wird es mit wachsendem Erfolg durch Adrian Petters betrieben. **Rolf Friebel, Otto-R.Wenzel**

Zitate:
1 Pohle, Friedrich Wilhelm; Chronik von Loschwitz; Dresden 1883–1887
2 Münzner, Eberhard; Loschwitz; in: Dresdner Rathäuser. Eine Dokumentation, Dresden 2010
Quellen: 39, 124, 323, 386, 579, 630, 756, 824, 845, 846, 974, 1000

Abriss des Ratskellers, 1994 *Foto: Konrad Hirsch*

Bautzner Landstraße 72, 2013
Foto: Siegfried Großmann

Sachsenburg
Bautzner Landstraße 72

Der aus Dresden kommende Jean Lemmen (1860–1900) erwarb 1897 für 12.200 Mark das noch unbebaute Grundstück. Das → *Architektenbüro Arnold & Lahode* errichtete in den beiden folgenden Jahren für ihn das Eckhaus mit einem im Erdgeschoss befindlichen Restaurant, dessen erster Betreiber er wurde. Nach seinem Tod führte seine Witwe Pauline das Geschäft weiter. 1903 gingen Haus und Gaststätte für 68.250 Mark an den »Restaurateur« Feodor Nixdorf, der für sein Restaurant eine große Veranda in Richtung des zur Chopinstraße führenden Weges anbauen ließ. Bereits zwei Jahre später erwarb das Ehepaar Clara Auguste und Otto Büttner das Anwesen und führte die Gaststätte weiter. 1907 verkaufte die unterdessen verwitwete Clara Auguste. Neuer Gastwirt wurde Ferdinand Albrecht (1869–1931), der 1908 auch Haus und Grundstück erwarb, jedoch schon im Jahr darauf den Gaststättenbetrieb aufgab und alles weiterverkaufte. Damit ging die Geschichte der »Sachsenburg« zu Ende.

In den folgenden Jahren befand sich in den Räumen der ehemaligen »Sachsenburg« eine Pension, bevor 1912 der Buchhalter Otto Mokroß die Räume mietete und hier einen Kaffee-, Likör- und Weinschank mit dem Namen »Café Hubertus« eröffnete. Es bestand bis 1915 und war die letzte gastronomische Einrichtung in diesem Haus. **Otto-R. Wenzel**

Quelle: 1000

Gasthaus Saloppe, Aquarell eines unbekannten Künstlers — Slg. Matthias Griebel

Saloppe

Brockhausstraße 1

An der Mündung des Eisenbornbaches (→ *Gewässer*) und in unmittelbarer Nähe der Straße von Dresden nach Bautzen befand sich spätestens seit dem 17. Jahrhundert ein Weinberg. Hier gab es auch seit langem eine Fährverbindung (→ *Fähren*) über die Elbe. Im Siebenjährigen Krieg (→ *Kriegerische Ereignisse*) – wahrscheinlich im Juli 1760 – errichteten auf diesem, dem Fährmann Friedrich Köhler gehörenden, Weinberg preußische Soldaten einen bretternen Feldposten. Seinen kleinen Ausschank in der Nähe der Fähranlegestelle, den er mit seiner Frau betrieb, verlegte er nach dem Abzug der Preußen in deren nun verlassene bretterne Hütte (→ *Sagen*). Wahrscheinlich waren es aus Böhmen kommende Tschechen, die den Ausschank in ihrer Sprache »chalupa« nannten, was »kleines Haus« oder »Hütte« heißt. Hieraus entwickelte sich der heutige Namen »Saloppe«.

1772 erwarb der aus Pulsnitz stammende Ehrenfried Portmann den Weinberg, der ihn 1791 an seinen Sohn Johann Ehrenfried (1753–1797) vererbte. Nach dessen Tod heiratete seine Witwe Anna Rosina (1773–1839) Johann Samuel Reißig (1773–1814). Auf dem nunmehr »Reißigschen Weinberg« befand sich im Napoleonischen Krieg 1813 ein Feldposten der Kosaken. Sie sollen den damals bereits als »Bretterne Saloppe« bekannten Ausschank »Wodka-Bude« genannt haben. Aus dieser „wodka-chalupa" wurde dann in der Literatur die »wutki-chalupka«. Nachdem 1821 Johann Gottlieb Portmann (1794–1873) das Anwesen geerbt hatte, ließ er 1822 das alte hölzerne Gebäude abreißen und ein steinernes mit Krüppelwalmdach errichten. Bereits 1839 ist darüber zu lesen: »Dieses Haus wird von Dresdens Mittelclassen, und besonders in der Zeit der neuen

Anzeige, um 1890 — Slg. Matthias Griebel

Erdäpfel, um seiner lieblichen Aussicht willen stark besucht.«[1] 1863 verkaufte Portmann seinen Besitz an einen in Oberlößnitz (heute zu Radebeul) ansässigen Tuchhändler, der die Saloppe an den Restaurateur Carl Richter verpachtete, der sie noch zwei Jahre betrieb.

Weil die Stadt Dresden ein neues großes Wasserwerk bauen wollte, kaufte sie 1864 das Grundstück und errichtete hier ab 1872 das → *»Wasserwerk Saloppe«*. Wegen des Baubeginns erfolgte die Kündigung des letzten Pächters der alten Gaststätte, die daraufhin abgebrochen wurde. In einer Stadtverordnetensitzung kam es jedoch bereits 1876 zu dem Beschluss, an gleicher Stelle eine neue zu errichten. Stadtbaurat Theodor Friedrich (1829–1891, → *K2*) machte hierfür die Pläne und orientierte sich dabei an der Architektur des Wasserwerks. Die neue Gaststätte wurde 1878 erbaut und konnte schon am 1. April 1879 von ihrem neuen Pächter Karl Heinrich Müller eröffnet werden. In den folgenden Jahren wurden u. a. durch Anbau einer Veranda und Errichtung eines Salons die Gasträume noch erweitert. Bereits 1884 erhielt die Gaststätte eine elektrische Beleuchtungsanlage. Nach Müller wechselten die Pächter bzw. Schankwirte häufig. Robert Schröter erhielt 1893, gleich nachdem er die Saloppe

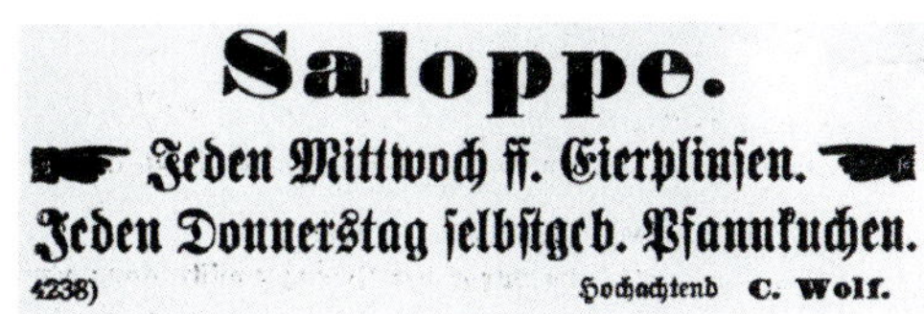

Anzeige, um 1910 — Slg. Matthias Griebel

Gasthaus Saloppe vor Beginn der Bauarbeiten zum Wasserwerk, um 1871 — Foto: August Kotzsch, LfD Sachsen, Slg. K. E. Scherz

Saloppe, Ansichtskarte Foto: Slg. M. Griebel

gepachtet hatte, auch die Genehmigung zum »Tanzhalten«. Der letzte Pächter war Arthur Patzelt. Er musste die Zerstörung der Gaststätte durch Fliegerbomben am 13./14. Februar 1945 erleben.

Auf Initiative des VEB Wasserversorgung errichtete man an der Stelle der Gaststättenruine eine »Kultur- und Sportstätte«. Im April 1952 erfolgte der erste Spatenstich und noch im gleichen Jahr öffnete der kleine eingeschossige Bau seine Pforten. Außer dem Kulturraum mit Küche und Garderobe gab es eine Kaffeeterrasse, eine große Liegewiese und eine Freitanzdiele, später noch eine kleine Freilichtbühne, einen Kinderspielplatz und zwei Tennisplätze. Jeweils im Sommerhalbjahr fanden hier auch kleine sportliche Wettkämpfe, Wohnbezirksfeste, Vorträge und Filmveranstaltungen statt. Im Sommer 1989 war die Ära des »Kulturhauses« zu Ende gegangen.

Im Mai 1990 eröffnete Familie Menzer hier eine Sommergaststätte mit einem kleinem Speise- und umfangreichen Getränkeangebot. Im Herbst 1992 gab der Pächter jedoch auf und die Saloppe wurde geschlossen. Nachdem ein Entwurf des → *Architekten* Siegbert Langner von Hatzfeldt für ein hier zu errichtendes Künstlerhaus nicht realisiert wurde, begann am 4. Juli 1997 der Neustart der Sommerwirtschaft, zu der heute ein Tanzsaal mit Bar, ein »Feierwagen«, ein kleiner Aussichtspavillon, eine kleine Naturbühne, eine »Schaukelwiese« und natürlich der Biergarten gehören. Das neue Pächter-Team entwickelte die Saloppe seitdem zu einem Ort vielfältiger Angebote für Kinder, Jugendliche und Erwachsene. Kinderfeste, Puppenspiele, Punk, Blasmusik, Serkowitzer Volksoper, Dichterstreit, After-Work-Partys – die Palette der Veranstaltungen ist lang. Seit Jahren ist auch Olaf Schubert (* 1967) ein immer wiederkehrender Gast. Schließlich gibt es seit 2001 das jährliche »Seifenkistenrennen«.

Im Jahr 2007 schien das Ende der Saloppe gekommen. Der Finanzausschuss der Stadt hatte einem Verkauf des Geländes zugestimmt, auf dem durch einen Investor mehrere exklusive Wohngebäude gebaut werden sollten. Der Protest der Dresdner gegen dieses Unternehmen war gewaltig, sodass der Stadtrat 2009 eine Wohnbebauung einstimmig ablehnte und damit den Erhalt der Saloppe garantierte. Bleibt zu hoffen, dass es bald einen langfristigen Mietvertrag für die Betreiber mit Linda Glaser und Michael Kramer geben wird und damit die Saloppe als Kulturort für Dresden erhalten bleibt.

Otto-R. Wenzel

Zitat:
1 Schiffner, Albert, Handbuch der Geographie, Statistik und Topographie des Königreiches Sachsen, Leipzig 1839
Quellen: 39, 243, 263, 421, 809, 824, 923, 1000, 1045, 1069, 1231

Terrasse der Saloppe, um 1920, Ansichtskarte Foto: R. Leonhardt, Slg. Matthias Griebel

Sängerheim

Grundstraße 17

Das 1601 erstmals erwähnte Grundstück befand sich ab etwa 1700 im Besitz von Familie Metzner. In deren Zeit stand hier bereits ein kleines Haus mit zwei Zimmern. Um 1872 ging es von Carl Gottlieb Metzner (1816 – 1893) in den Besitz des Schlossermeisters Ernst Julius Lange (1839 – 1916). Danach eröffnete hier ein kleines Restaurant, das sich nach dessen Pächter »O. Uhlmanns Restaurant« nannte. Es besaß straßenseitig einen Anbau, der für den Ausschank genutzt wurde. Nach ihm erhielt 1878 Hedwig Therese Pechan geb. Große die Konzession für den Ausschank von Bier und Branntwein im Haus. Lange verkaufte 1880 das Grundstück, auf dem sich nunmehr auch ein zweites, von ihm erbautes kleines Haus befand, an Johann Carl Röthig (1832 – 1881). Im gleichen Jahr erfolgte die Übertragung der Schankkonzession von Pechan an Röthig. Nach dem Tod ihres Mannes führte Wilhelmine Röthig geb. Gläser (1838 – ?) die Wirtschaft als »Röthigs Restaurant« weiter. Sie heiratete 1883 Carl Gottlieb Pönisch (1826 – ?) und zog danach mit ihm nach Colditz, sodass ab 1885 Georg Conrad Günther von Spiegel, dann Carl Fürchtegott Rammer und schließlich Carl August Ernst Weber die Gastwirte waren. Letzterer wurde um 1890 neuer Eigentümer des Loschwitzer Objektes. Er ließ 1896/97 das neue Haus mit Klinkerfassade, Restaurationstrakt im Erdgeschoss und drei Wohnetagen bauen und betrieb selbst sein neues Lokal, für das jedoch kein Gasthausname überliefert ist. Erst ab 1899 oder 1900, Weber war indessen »Privatier«, als sein Wirt fungierte Max Kaden, wurde das Restaurant »Goldener Anker« benannt. Da Kaden aber nur etwa ein Jahr tätig war, musste Weber wieder einspringen, unterstützt von seinem »Bierausgeber« Hermann Graby, bevor 1902 Bernhard Kunath Gastwirt wurde.

Neue Hausbesitzerin wurde 1903 Anna Aurich geb. Wagner (1863 – 1938), die mit ihrem Ehemann, dem »Restaurateur und Schneider-

Gaststube Sängerheim Grundstraße 17 mit dorfseitigem Fenster, um 1910 Slg. M. Griebel

Sängerheim, Grundstraße 17, mit Biergarten unter der Pergola um 1910? Foto: Slg. M. Griebel

meister« Clemens Aurich (1859 – 1927) die Gaststätte betrieb. Da dieser ein begeisterter Sänger war und auch die Gäste mit seiner Sangeslust unterhielt, kam es zum Gasthausnamen »Sängerheim«. Aurich war auch Mitglied im 1884 gegründeten → *Verein »Kantorei«*. Im letzten Jahr vor dem Verkauf war dann Bruno Kirschner Gastwirt. 1907 verkaufte Anna Aurich das Haus an den Restaurateur Alfred Franke, der es aber bereits ein Jahr später in einer Zwangsversteigerung an den Limbacher Fabrikbesitzer Arthur Aurich geben musste. Gastwirte waren in dieser Zeit Carl Riemann und danach Paul Lange. Das »Sängerheim« wurde 1910 geschlossen, vielleicht als Folge eines handgreiflichen Vorfalls, wie in Loschwitz gemunkelt wurde. Der Schneidermeister war wieder in seinen

Vorgängerbau des »Sängerheims«, um 1875 mit Restaurant, Wohnhaus und Hintergebäude. Auf dem Restaurant-Dach Schlosser Lange und Frau; er gilt als der Begründer des Gasthauses, das er aber verpachtete. Hier über dem Eingang: »O. Uhlmanns Restaurant«. In den 1880er Jahren hatte hier auch der Kaufmann Franz Möbius eine Filiale seines Hauptgeschäftes Körnerplatz 8. Foto: Slg. Matthias Griebel

alten Beruf zurückgekehrt und neuer Hauseigentümer in der Grundstraße 17 wurde 1911 der Chemnitzer Gutsvorsteher Paul Richter. Er führte die ehemaligen Restauranträume anderweitiger gewerblicher Nutzung zu. 1912 wurde der Elektro-Installateur Hermann Putzmann (1875 – 1959, → *Handw. u. Gew.*) neuer Besitzer.

Matthias Griebel, Otto-R. Wenzel

Quellen: 39, 618, 725, 1000

Schloss Eckberg

Das 1985 im Schloss Eckberg (→ *Elbschlösser*) eröffnete Jugendtourist-Hotel war dafür vorgesehen, den »devisenlosen« Austausch von Jugendgruppen, vor allem des »nichtsozialistischen Wirtschaftsgebietes« (NSW), weiter auszubauen. Das neue Hotel sollte den westlichen Gästen auch eindrucksvoll die Vorzüge des sozialistischen Wirtschaftssystems demonstrieren. Die Besuchergruppen aus westlichen Ländern waren der Ausgangspunkt dafür, mit diesem Haus eine Demonstration der Jugendpolitik der DDR zu verbinden. Der Austausch von Jugendgruppen beinhaltete auch, dass sorgfältig politisch ausgewählten Jugendlichen der DDR zu günstigen Bedingungen eine Gruppenreise nicht nur in sozialistische Länder, sondern auch »in den Westen« ermöglicht werden sollte.

Bei der Innenausstattung des Jugentourist-hotels wurde ein großer Aufwand betrieben. Die mit hoher künstlerischer Präzision geschaffene neoklassizistische Gestaltung durch die Hellerauer Werkstätten, das Wirken bedeutender bildender Künstler, wie Lothar Sell (1939 – 2009), die Schaffung eines Hochzeitszimmers für junge Eheleute und die geschliffene Tanzfläche aus Diabas-Gestein in der Bar schufen ein eindrucksvolles Interieur, was sicher die gewünschte Wirkung auf die ausländischen Gäste nicht verfehlte. Eine zentrale Vermittlungsstelle des Jugendreisebüros sicherte die Belegung des Hotels.

Das ursprüngliche Ziel der Aufnahme westlicher Reisegruppen wurde dennoch nur teilweise realisiert. Die zunehmende Zahl von Jugendlichen aus sozialistischen Ländern nutzte den Dresdner Aufenthalt bevorzugt zum Einkaufen. Den ausländischen jugendlichen Gästen wurden die Schönheiten der Region, Exkursionen in ausgewählte Betriebe, Freundschaftstreffen, aber auch lockere Tanzabende in der hauseigenen Bar geboten. Eine eigene Abteilung »Programmgestaltung« kümmerte sich darum. So waren in der Spitzenzeit bis zu 100 Mitarbeiter im Jugendtouristhotel beschäftigt. Die Einnahmen waren dagegen verschwindend gering: Frühstücksbüffet, dreigängiges

Terrasse vor Schloss Eckberg, 2014
Foto: Siegfried Großmann

Mittagsmenü und Abendbüffet – und alles für drei Ostmark! Der zaghafte Versuch der öffentlichen Nutzung einzelner Bereiche konnte das nicht ausgleichen.

Mit dem politischen Umbruch war das Bettenhaus des Hotels das Domizil vieler westlicher »Leihbeamter«. Das europaweite Unternehmen »Gast im Schloß« führte das Hotel mit Schlossrestaurant, Banketträumen, Gartencafé und Tagungsräumen bis zum Ende des Pachtvertrags Ende 1994 weiter. Im Jahr zuvor war die Rückübertragung an die Erben des einstigen Besitzers erfolgt, die es 1994 an die Münchener Unternehmensgruppe ARGENTA mit ihrem Geschäftsführer Helmut Röschinger weiterverkauften. Schloss Eckberg wurde mit über 20 Millionen Mark einer umfangreichen Sanierung unterzogen. Ab Mai 1997 konnten im jetzigen Vier-Sterne-Hotel, das von Ursula und Hans-Joachim Herrmann geführt wurde, wieder Gäste empfangen werden. Es war ein Luxushotel mit 67 Zimmern, einer Hochzeitssuite und einem Wellness-Bereich entstanden. Schlossrestaurant, Gartencafé und die Tagungsräume in der Remise kommen hinzu. Im Februar 2013 übernahmen Odette und Thomas Gaier als Nachfolger Herrmanns die Leitung des Restaurants und Hotels mit seinen über 50 Mitarbeitern. **Manfred Wille**

Quellen: 9, 10, 649, 725, 1068, 1114

Schnellerheim → *Sportplatz Verkehrsbetriebe*

Friedrich Müller
Restaurant zur schönen Aussicht
LOSCHWITZ
empfiehlt sein Restaurant, verbunden mit schönstem Aussichtspunkt.

Anzeige, Adreß- und Geschäftshandbuch von Loschwitz, 1882 und 1886 *Slg. M. Griebel*

Schöne Aussicht um 1887 *Slg. M. Griebel*

Loschwitz Restaurant Loschwitz
„Zur schönen Aussicht"
:: Wundervoll gelegen ::
3 Minuten von der oberen
Station der Schwebebahn
Vorzüglicher Aufenthaltsort
:: Solide Bewirtung ::

Anzeige, 1911 *Broschüre »Loschwitz«, OVLW*

Schöne Aussicht
Krügerstraße 1
Der Wachwitzer Winzer Gottfried Schrempel kaufte 1837 den hier liegenden Weinberg mit einem kleinen Häuschen von nur etwa 20 m² Wohnfläche. Wahrscheinlich 1853 erhielt Friedrich Jork die erste Schankerlaubnis für das Haus. 1871 erwarb der Maurer Friedrich Müller das Areal von Karl Gottlob Kegel für reichlich 1500 Mark. Noch im selben Jahr erhielt Müller eine Schankgenehmigung und wurde so vom Maurer zum »Restaurateur«.

Im Dezember 1885 kaufte es der Fleischer und Gastwirt Ernst Thomas (1860 – 1914) mit zwei weiteren Flurstücken, darunter das elbwärts am 2. Steinweg gelegene mit dem dortigen → *Brunnen*. 1887 ließ er das bereits 1877 zur Gastwirtschaft vergrößerte Gebäude durch den Baumeister und späteren Besitzer der → *Gaststätte »Weißer Adler«*, Carl Wilhelm Richter, erneut umbauen. Das Obergeschoss wurde vergrößert und auf dem Dach eine Aussichtsplattform errichtet. Im folgenden Jahr kamen noch eine neue Kegelbahn und ein Schlachthaus mit Räucherkammer hinzu. 1899 ersetzte der → *Baumeister und Architekt* Paul Winkler (1864 – 1931, → *K2*) die an der Oeserstraße liegende Marquise durch eine große Veranda und erweiterte 1901/02 das Gaststättengebäude mit einem Eckturm in östlicher Richtung. Die »Schöne Aussicht« war unterdessen auch zu einem beliebten Vereinslokal geworden. Besonders Kegelclubs wie »Jugend von heute«, der 1899 gegründete Club »Burenfreunde«, der sich 1908 in »Zwölfer« umbenannte, und der 1892 gegründete Verein »Hübsche Männer« trafen sich hier.

Nach dem Tod von Ernst Thomas führte dessen Witwe Bertha Thomas (1861 – 1945) das Restaurant noch bis zum Verkauf an den Gastwirt Bernhard Hansen im Jahre 1919 weiter. Ihm folgten 1926 Kurt Götze, 1931 Rudolf Häger und 1932 Alfred Hähne und Ralf Nordbruch.

1936 erwarb es schließlich die Gastwirtin Maria Klein (1890 – 1961). In der Nacht vom 13. zum 14. Februar 1945 wurde das Haus durch Bomben beschädigt und die Veranda zerstört. 1946 beantragte Klein die Instandsetzung des Hauses und den Wiederaufbau der Veranda. Letzteres wurde allerdings abgelehnt. Der Gaststätten- und Hotelbetrieb konnte aber weitergeführt werden. 1960 verpachtete Klein den Gaststättenbetrieb an Elfriede Neugebauer.

Nach dem Tod von Maria Klein erbte deren Enkel Aloysius Funk das Grundstück mit der Gaststätte. Den Gaststättenbetrieb führte die im Haus wohnende Elfriede Neugebauer weiter. 1970 ging der VEB Starkstromanlagenbau »Otto Buchwitz«, der seinen Sitz im Industriegelände hatte, ein Pachtverhältnis ein und betrieb hier ein Gästehaus mit öffentlicher Gaststätte. 1973 beantragte der VEB den Bau von Garagen und den Abbruch der Kegelbahn. Noch im gleichen Jahr wurde dies auch ausgeführt.

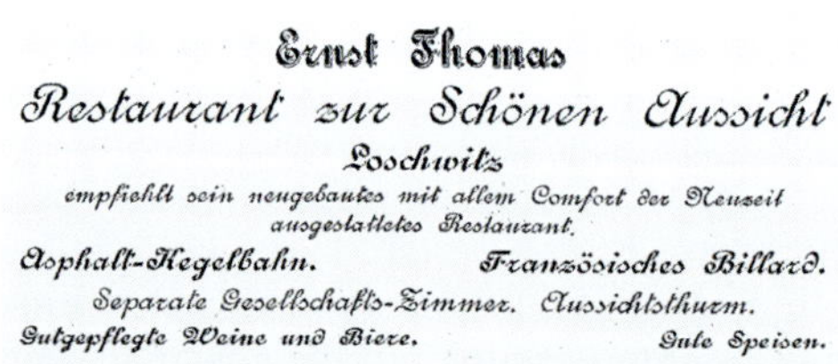
Ernst Thomas
Restaurant zur Schönen Aussicht
Loschwitz
empfiehlt sein neugebautes mit allem Comfort der Neuzeit ausgestattetes Restaurant.
Asphalt-Kegelbahn. Französisches Billard.
Separate Gesellschafts-Zimmer. Aussichtsthurm.
Gutgepflegte Weine und Biere. Gute Speisen.

Anzeige, Adreß- und Geschäftshandbuch von Loschwitz 1888/89 *Slg. Matthias Griebel*

Ansichtskarte mit der »Schönen Aussicht«, um 1900 *Slg. Matthias Griebel*

Hotel und Gaststätte Schöne Aussicht, um 1940, Ansichtskarte *Slg. Otto-R. Wenzel*

Im Restaurant um 1935, Ansichtskarte *Slg. Matthias Griebel*

Gaststätte »Schöne Aussicht«, 2013 *Foto: Siegfried Großmann*

Nach der Abwicklung des VEB Starkstromanlagen verkaufte 1992 der bisherige Eigentümer Funk das Areal an Uwe Engelmann und Jens Heller, die das Restaurant mit Gästezimmern zunächst weiterführten. 1999 übernahm das Ehepaar Petra und Thomas Wendt den Betrieb. Über eine Zwangsversteigerung erwarb 2008 die USD Immobilien GmbH das Areal. Das Ehepaar Wendt konnte die Gaststätte und das Hotel noch bis 3. Januar 2010 betreiben. Dann wurde das Haus geschlossen. Der neue Eigentümer plante den Umbau zu einem Wohnhaus. Da regte sich Widerstand bei den Einwohnern des Ortsteils und den Rochwitzern. Sie wollten die Gaststätte erhalten und schlossen sich in der Interessengemeinschaft (IG) »Erhalt von Restaurant und Hotel Schöne Aussicht« zusammen. Schon im Frühjahr 2010 gelang es der Investorengemeinschaft »Schöne Aussicht« GbR, das Grundstück der USD abzukaufen. Nach aufwendiger und denkmalgerechter Sanierung konnte am 10. Dezember 2012 das Restaurant mit neuem Anbau sowie sechs Hotelzimmern, Biergarten und einem unter dem Anbau befindlichen Weinkeller für 20 Personen wieder öffnen. Restaurantleiterin ist seitdem Annett Friedrich, die mit ihrem Team das traditionsreiche Lokal führt. **Otto-R. Wenzel**

Quellen: 205, 472, 473, 476, 478, 479, 480, 554, 830, 959, 1000, 1235

Schweizerei
Ulrichstraße 5
1872 kaufte der Berliner Kaufmann Eugen Rosenstiel den in einem Seitental des Loschwitzgrundes gelegenen ehemaligen »Naake'schen Wirtschaftshof« und errichtete dort ein Gasthaus, die »Schweizerei«. 1872/73 ließ er von der Grundstraße her eine Zufahrtsstraße, die »Schweizerstraße« (heute Ulrichstraße), bauen und übergab sie der Gemeinde Loschwitz. Außerdem war das Anwesen über einen von Rosenstiel angelegten romantischen Panoramaweg, den »Alpenweg« (heute Karl-Schmidt-Weg), zu erreichen.

Bis 1879 hatte das Lokal nur im Sommer geöffnet und wurde von wechselnden Pächtern ohne nennenswerten Erfolg geführt. Schwere Unwetter führten zudem im Schweizereigrund 1875, 1876 und 1880 zu argen Verwüstungen.

Ostern 1885 nahm der Besitzer die »Schweizerei« in die eigenen Hände und entwickelte sie zu einem weit gerühmten großen »Restaurations-Etablissement«. Bereits im Mai gab es

Ansichtskarte, 1979
Foto: Nowak, Slg. Matthias Griebel

„Schweizerei"-Loschwitz.
(Besitzer: Fritz Krüger.)
Der romantischste Punkt der Umgebung Dresdens. Allen Naturfreunden, wie auch wohllöblichen Vereinen und Schulen zum Besuche angelegentlichst empfohlen. Vom Dampfschifflandungsplatze und vom Endpunkte der elektr. Bahnen aus in ca. 15 Min., von der Endstation der Drahtseilbahn (beim Luisenhof), in ca. 10 Min. mühelos zu erreichen. Geschirre können bequem auf guter Straße bis zum Grundstück gelangen.
Hochwald, Promenaden, Wasserfall, Teiche, Spielplätze usw. usw.
Täglich frische Forellen. — Solide Bewirtung.

Ansichtskarte, nach 1895 und Anzeige, 1898 *Slg. Matthias Griebel*

zum 80. Todestag Friedrich von Schillers (1759–1805, → *K1*) einen musikalischen Festakt mit Pflanzung einer Eiche und Weiherede des Besitzers.

Rosenstiel kultivierte Naakes Telle, den zwischen Schweizerei und Kamerun gelegenen Talgrund, dem er den Namen »Goldgrund« gab, errichtete zwei Brücken in zeittypischer Knüppelbauweise, legte Stege und Aufstiege an und ließ eine wasserreiche Felsenquelle (→ *Gewässer*) einfassen, die nach seiner Frau benannte Amalienquelle. Das Wasser wurde in einem Reservoir über den Felsen gespeichert und speiste nach Bedarf »Sachsens größten Wasserfall«. An Sonn-und Feiertagen wurde der Wasserfall bengalisch mit einer vom findigen Besitzer installierten Karbidanlage beleuchtet. Vor der Wasserkaskade wurde als Tribüne für das Spektakel eine Birkenholzbrücke errichtet. Ein Felsenteich am Eingang zum Goldgrund wurde zum Fischteich umfunktioniert, dessen »Bewohner« in der Restaurantküche landeten. Es gab allerlei Kinderbelustigungen mit würstchenbehangener Kletterstange, Festumzüge nach dem Rochwitzer Ortsteil »Kamerun«, eine Hammelverlosung und sonntägliche Pfannkuchenessen mit vereinzelt eingebackenen Zehnmarkstücken. Größere Loschwitzer Jungen, mit »Schweizerei«-Blenden-Mützen ausstaffiert, agierten als Fremdenführer, die Ausflügler von der Dampferanlegestelle hinauf zum Gasthaus begleiteten. In den Sommermonaten wurden täglich Gartenkonzerte in einem turmartigen Konzertpavillon gegeben. Nur eine betonierte Freitanzdiele sorgte für Unmut – die Sohlen nutzten sich auf dem rauhen Untergrund ab.

Wasserfall an der »Schweizerei«, um 1890 *Foto: August Kotzsch?*

Am 1. Mai 1890 strömte die Dresdner Arbeiterschaft in Massen zur Schweizerei, um mit den Führern der deutschen Sozialdemokratie August Bebel (1840–1913) und Paul Singer (1844–1911) den »Kampftag für den Achtstundentag« zu feiern. Eine später dort angebrachte Tafel erinnert noch heute daran (→ *Denkmale*). Auch in den folgenden Jahren wurden hier große Maifeiern abgehalten; 1903 kam Bebel

Ansichtskarte, abgestempelt 1903 *Slg. Matthias Griebel*

»Goldgrund« mit Birkenholzbrücke, um 1875, Ansichtskarte Slg. M. Griebel

anlässlich der Gründung des Zentralverbandes der Konsumvereine nochmals hierher.

1892 kaufte Albert Bachmann aus Blasewitz die Gaststätte. 1895 wurde im Zuge der allgemeinen Verehrung des »Eisernen Kanzlers« neben dem Wasserfall ein Bismarck-Denkmal errichtet. Bachmanns Nachfolger wurde 1897 Fritz Krüger, der die Gastwirtschaft im Geiste Rosenstiels weiterführte.

1902 verpachtete Krüger das Anwesen an Arthur Köhler. 1904 wurde die Großbauchlitzer Brauerei (heute zu Döbeln) Eigentümer. Deren Wirtsleute Anna und Robert Jakobi erlebten 1907 ein Schadensfeuer, welches Teile der Gastwirtschaft und ein Nebengebäude zerstörte. Der Gaststättenbetrieb wurde von Jakobis in den verbliebenen Räumlichkeiten weitergeführt. Ihnen folgte 1914 der Pächter Oswald Otto.

1920 kaufte der Gastwirt Gustav Völkner die Gaststätte und führte sie zusammen mit Albert Völkner kurzzeitig weiter. Fast jährlich wechselten danach die Besitzer und Gastwirte, bevor um 1927 Max Fischer als Gastwirt begann und die Schweizerei 1932 von Emma Allina aus Kiel auch kaufte. Die Geschäfte liefen zeitbedingt nicht gut. Wegen Verschuldung bei der Waldschlößchenbrauerei erhängte sich Fischers Ehefrau. 1942 wurde die Schweizerei geschlossen.

Maifeier der Sozialdemokraten mit August Bebel und Paul Singer 1890 in der »Schweizerei«.
Foto: Archiv Stadtmuseum Dresden, SLUB Dresden/Deutsche Fotothek

Die Gebäude Ulrichstraße 5 dienten als Mietwohnungen; zusätzlich wurden Flüchtlinge einquartiert. Am 13. Februar 1945 zerstörte eine Brandbombe die zum Lagerschuppen umfunktionierte Gästeveranda.

Später nutzten verschiedene Firmen das Objekt, z. B. die Dresdener Kalenderherstellung bis in die 1990er Jahre oder die Alpin-Service Löwinger GmbH-Spezialbausanierung bis 2003. Nach 2005 wurde das einstige Gasthaus durch den Besitzer Oliver Kluge denkmalgerecht saniert und von ihm als Firmensitz eines Multimedia-Online-Shops genutzt.

Barbara Friebel

Quellen: 407, 824, 884, 1000

Die ehemalige »Schweizerei«, 1984; Bild rechts: erhaltene Werbetafel *Fotos (2): Ernst Hirsch*

Körnerplatz 10, 2014 *Foto: Holger Friebel*

Tagesbar und Feinkost »Kleine Freuden«
Körnerplatz 10
Zum Elbhangfest 2013 eröffnete der selbstständige Handelsvertreter Volker Merkewitz Tagesbar und Feinkostladen als nebenberufliches Hobby und Erfüllung eines persönlichen Traums. Hinter dem Tresen des sich schlauchförmig durch das Haus ziehenden Raums steht der Inhaber selbst als Verkäufer und Koch in einem. Das kulinarische Angebot wird inspiriert von seinen Reisen nach Italien, Spanien und Portugal und bestimmt von persönlichen Beziehungen zu den Erzeugern der manufakturmäßig erzeugten Waren. **Barbara Friebel**

Quelle: 559

Eingang zur »Trille« *Foto: Johannes Dose*

Trille
Unter diesem Namen firmiert das Vereinslokal des → *Kunstvereins Alte Feuerwache e.V.* im gleichnamigen Gebäude Fidelio-F.-Finke-Straße 4. Der Gastraum, in dem regelmäßig Veranstaltungen stattfinden, kann für private Feiern gemietet werden. **Holger Friebel**

Quelle: 1172

Alte Victoriahöhe *Foto: Slg. Matthias Griebel*

Victoriahöhe
Veilchenweg 19
Das ehemalige Weinberggrundstück, das sich einst vom 2. Steinweg bis zur Robert-Diez-Straße erstreckte, wird 1630 erstmals erwähnt und wechselte häufig die Besitzer, von denen einige genannt werden sollen. Von 1630 bis 1634 besaß es der »kurfürstlich sächsische Hofbarbier« Melchior Meyer, der auch am Dresdner Hoftheater tätig war. Gottfried Becker, der Amtmann in Stolpen und später in Freibergsdorf gewesen war und nun in Meißen das Amt des Kreishauptmanns ausübte, war von 1683 bis 1721 der Besitzer. 1722 kaufte es Gottlob Ernst von Staupitz (gest. 1726), Rittergutsbesitzer in Oberburkau, und nach dessen Tod besaß es sein Bruder Carl Heinrich von Staupitz, Rittergutsbesitzer in Unterburkau. 1737 ging der Weinberg in den Besitz des Oberhofjägermeisters Carl Gottlob von Leubnitz (1667 – 1741) über, der die Rittergüter in Olbernhau und Possendorf besaß. Auf ihn folgte sein Sohn, der Amtshauptmann Friedrich Gottlob von Staupitz (gest. 1746). Der in Schloss Wachau ansässige Johann Georg von Schönfeld (1718 – 1770) kaufte den Weinberg 1763 und besaß ihn bis zu seinem Tod. Von 1776 bis 1799 war er im Besitz des Dresdner Bürgermeisters Johann August Otto (gest. nach 1799). Auf ihn folgten 1814 der Ratskämmerer Christian August Schnabel und später der Advokat Johann Adolf Schnabel. Wahrscheinlich Anfang des 19. Jahrhunderts entstand das kleine Winzerhaus mit zwei Räumen und einer Winzerstube.

Nachdem der Weinbau den Obstbäumen weichen musste, sollte auch das Winzerhaus eine neue Nutzung bekommen. 1870 erhielt der Restaurateur Carl Traugott Blau die Genehmigung für den Betrieb einer kleinen Gaststätte. Ihm folgten ein Jahr später Hermann Haustein und ein weiterer. 1877 kaufte der Maurer Wilhelm Rudolph Schirmer das gesamte Areal für 31.500 Mark und im gleichen Jahr wurde die Genehmigung zur Errichtung eines »Kegelschubgebäudes« erteilt. Über einen Zwischenhändler, der Grundstück und Gebäude in einer Zwangsversteigerung erworben hatte, ging es 1879 für 16.500 Mark an den Dresdner Kanzleirat Friedrich Gotthelf Stübler (1822 – 1901), danach an Laura Schöne, die alles im Mai 1882 für 54.000 Mark an den Dresdner Kaufmann Alfred Voigt verkaufte.

Abriss der alten Victoriahöhe, Veilchenweg 19, um 1883 *Foto: August Kotzsch, Slg. E. Münzner*

Anzeige, um 1883

Unter Voigt begann eine neue Ära des Restaurants. Nach 1882 gefertigten Entwürfen des → *Architekten* Bruno Seitler (1851 – 1925) baute es → *Baugewerksmeister* Emil Holtsch (1855 – 1915) im Schweizerstil um. Dazu kamen bis 1883 noch zwei Gewächshäuser, eine große Veranda, ein Musikpavillon, ein Eisschuppen und anderes. Es entstand so ein Hotel, das 80 Gästen Platz bot und umgeben war von einer Parkanlage, in der sich auch der »Molchenteich« befand (→ *Gewässer*). Ab 1886 wandelte sich das Hotel in eine Kuranstalt nach dem Prinzip der nach dem Arzt Prof. Max Oertel (1835 – 1897) benannten »Fettsucht«-Kuren. Als → *Arzt* des Hauses fungierte Carl Andreas Berthelen (1821 – 1906). Doch bereits 1887 kam alles in einer weiteren Zwangsversteigerung für 72.500 Mark an den Baumeister Heinrich August Tamm, 1891 für 125.000 Mark an den Hotelier Paul Hoffmann und 1895 für 115.000 Mark an den Kaufmann und Hotelier Max Baumann. In seiner Zeit wurden Teile des unterdessen parzellierten Grundstücks verkauft und die »Villa Stolzenfels« (Veilchenweg 25) erbaut, der 1908 das Landhaus 2. Steinweg 2 folgte. Eine erneute Zwangsversteigerung folgte 1904, bei der für nur 75.300 Mark Emil Fröde aus Bautzen die »Victoriahöhe« erwarb. 1906 verkaufte dieser sie für stattliche 120.000 Mark weiter an den Hotelier Karl Borkert (1876 – ?). Aber das Geschäft scheint nicht gelaufen zu sein, denn nur zwei Jahre später kaufte es Fröde in einer Zwangsversteigerung für fast den halben Preis zurück. Damit war der Gaststätten- und Kurbetrieb endgültig an sein Ende gelangt.

Am Ende des Ersten Weltkrieges sollte im Haus eine Privat-Krankenanstalt eingerichtet werden. Doch dazu kam es nicht mehr. Stattdessen wurde zwischen 1919 und 1921 die »Viktoriahöhe« zu einem Wohnhaus mit etwa 20 Wohnungen umgebaut. Um 1960 erfolgte eine Sanierung des Hauses, dem auch der kleine Turm, von dem man einen großartigen Blick auf Dresden und über das Elbtal bis zu den Bergen Tschechiens und zur Albrechtsburg in Meißen hatte, zum Opfer fiel. 1997/98 kam es zu einer weiteren Sanierung, bei der allerdings denkmalpflegerische Aspekte Beachtung fanden. Dabei wurde neben farbig gefassten alten Kassettendecken des ehemaligen Saales in einem anderen Raum »eine Decke mit illusionistischer Malerei gefunden. Wie aus einem erhalten gebliebenen Wandstück in diesem kleinen Saal zu schließen ist, waren hier auch die Wände im gleichen Stil mit Landschaftsdarstellungen bemalt.«[1] **Otto-R. Wenzel**

Zitat:
1 *Oelker, Helga; Münzner, Eberhard; Die Victoria-Höhe am Loschwitzer Veilchenweg; in: EHK 09/2000*
Quellen: 39, 695, 793, 824, 831, 1000

Das zum Wohnaus umgebaute Gebäude der »Victoriahöhe«, 2014
Fotos (3): Siegfried Großmann

Hotel »Villa Loschwitz«, 2014

Villa Loschwitz
Bautzner Straße 179
Das im → *Simmigschen Ortsteil* gelegene Gebäude wurde 1925/26 von dem Baumeister und Architekten Kurt Bannack für den Baugeschäftsinhaber Clemens Lange, der das unbebaute Grundstück erworben hatte, als Wohnhaus erbaut. Beide wohnten in der benachbarten Fischhausstraße 6.

Aus dem Wohnhaus wurde 2008 ein Hotel. Bernd und Katrin Kerber eröffneten nach umfassender Sanierung hier die »Villa Loschwitz GmbH«. Am oberen Balkon befindet sich seitdem ein Medaillon mit dem Wappen von Loschwitz. Das Privathotel verfügt neben einem Hochzeitszimmer und Wellness-Zimmern mit eigener Dampfdusche auch über einen Konferenzraum. **Otto-R. Wenzel**

Quellen: 1000, 1190

Hotel Appartement-Villa Ulenburg, 2015

Villa Ulenburg
Oskar-Pletsch-Straße 9
Die »Pensionärsvilla« wurde 1906/07 durch das → *Architektenbüro* Schaeffer & Sohn nach Plänen Ferdinand Schaeffers für Olga Packbusch geb. Vogt erbaut. Auch der Kunstwissenschaftler Georg Treu (1843 – 1921, → *K2*) wohnte hier von 1909 bis zu seinem Tod.
Seit 1997 betreibt Lothar Arnold (* 1950) in der renovierten Villa das Hotel »Appartement-Villa Ulenburg«. Vermietet werden individuell eingerichtete Gästezimmer und Appartements, die sich auch für einen längeren Aufenthalt eignen. **Otto-R. Wenzel, Barbara Friebel**

Quellen: 724, 1000, 1211

Volksheim Heidepark, vor 1919, Ansichtskarte *Foto: Adam, Slg. Matthias Griebel*

Volksheim »Heidepark«
Fischhausstraße 12
Am 7. Dezember 1888 wurde in Dresden die Genossenschaft mit dem Namen »Verein Volkswohl« gegründet. Ziel war die Verbesserung der Bildungs- und Freizeitmöglichkeiten der ärmeren Bevölkerung und – wie es im Statut heißt – »fern von jeder politischen und kirchlichen Parteibestrebung die Wohlfahrt aller Volksklassen zu fördern und eine Geist und Gemüt bildende Geselligkeit unter seinen Mitgliedern zu pflegen.«[1] Vorsitzender war der Geheimrat und Professor Viktor Böhmert (1829–1918). 1889 pachtete der Verein eine 14 Hektar große Parkfläche im südwestlichen Teil der Dresdener Heide an der Fischhausstraße. Später kamen noch 26 Hektar Waldfläche hinzu. Nach den Plänen von Böhmerts Sohn Karl (gest. 1898), dem Landrichter, an den noch heute ein Denkmal an der Fischhausstraße 12 erinnert, entstand eine Kinder- und Sommerstadt mit Spielplätzen, Blockhütten und Sanitäreinrichtungen, die »Dresdner Kinderwelt«.

Im Dezember 1894 war die Grundsteinlegung für das Volksheim »Heidepark«, im Frühjahr des folgenden Jahres konnte zunächst ein »bescheidenes hölzernes Volksheim« mit dem Heimverwalter Johann Balack seine Tore öffnen, und am 16. Oktober 1895 folgte die Einweihung der Volksgaststätte »Heidepark«. Hier wurden für wenig Geld einfache Mahlzeiten angeboten. Bänke und Tische unter hohen Bäumen boten 3.000 Sitzplätze. Im Wirtschaftsgebäude und Wandelgang war Platz für 200 Besucher. An zehn Speiseausgabestellen konnten sich die Gäste selbst bedienen. An im Freien befindlichen Anlagen, den »Bain Marie«, wurden mitgebrachte Getränke aufgewärmt. Die Bewirtung funktionierte ganzjährig. An Sommersonntagen war bereits ab 5 Uhr geöffnet, ab 6.30 Uhr gab es frischen Kuchen, nachmittags erfreuten sich Kinder und Eltern am Kaspertheater. An schönen Tagen fanden sich bis zu 10.000 Besucher am Volksheim ein. Im Winter fungierte das Heim als Wärmstube für die Benutzer der Eisbahn des angrenzenden »von-Thümmel-Platzes«, benannt nach dem Staatsminister Hans von Thümmel (1824–1895). Heute befindet sich dort der Waldspielplatz im Albertpark (Fischhausstraße 12c). Für 8 Pfennige taute damals ein »Topp« alkoholfreier Punsch oder Warmbier die Glieder wieder auf. Es ist heute kaum vorstellbar, dass im Jahr der Eröffnung der Gaststätte (1895) an 16 Nachmittagen über 20.000 Kinder durch Initiative des Vereins auf den »Thümmel-Waldspielplatz« gebracht wurden. An den 1896 endgültig fertiggestellten Spielplatz schloss sich noch ein in Form eines Amphitheaters errichtetes Naturtheater an. Zu den regelmäßigen Veranstaltungen des Vereins hier im Heidepark gehörten auch die beliebten Heidefahrten, Sängerwanderabende, Volksunterhaltungsabende, Vorträge und vieles andere.

Im Juli 1899 ging die »Loschwitzer Geschichte« dieser genialen Einrichtung zu Ende, denn auch dieses Grundstück wurde aus dem → *Fischhäuser Forstrevier* ausgegliedert und gehörte ab 1. August zu Dresden. Dennoch sei hier kurz etwas zur weiteren Geschichte gesagt. Die Arbeit des Vereins wurde erfolgreich weitergeführt. Der Verein »Dresdner Waldschule« entschloss sich 1908 zur Gründung einer Waldschule, die später in einer Baracke am Waldspielplatz ihren ersten Ort fand. Ihr folgte 1927/28 an der Fischhausstraße 12b der von Paul Wolf (1879–1957) errichtete neue Bau. Ab 1936 erfolgten Umbauten der Gebäude, zu denen weitere wie Garagen, eine »Jungvolkbaracke« und 1944 noch eine »Mannschaftsbaracke« hinzukamen. Nach dem Zweiten Weltkrieg diente der Komplex kurzzeitig als Erholungsheim der Kinderlandbewegung, ab 1946 auch als Lungenheilstätte. Die Gaststätte wurde geschlossen. Der Verein »Volkswohl« musste 1950 seine Aktivitäten einstellen. Ein Nebengebäude des Volksheims befindet sich noch auf dem Gelände der 1981 errichteten Körperbehindertenschule, dem heutigen »Förderzentrum für Körperbehinderte«, und wartet auf eine Sanierung und Nutzung. Aus der »Waldschule« entwickelte sich schließlich die heutige »Sprachheilschule« auf dem Areal der Fischhausstraße 12b. **Barbara Friebel**

Zitat:
1 Satzungen des Vereins Volkswohl, Dresden 1888
Quellen: 159, 732, 914, 1000, 1001

Weißer Adler
Bautzner Landstraße 62

Lohschänke – Ursprung des Weißen Adlers
Um 1677 kaufte der Förster des → *Fischhauses*, Hans Georg Gräfe, ein Stück Land nahe der Landstraße nach Bautzen. Dort errichtete er 1680 ein festes Wohnhaus. 1683 starb Gräfe und seine Witwe veräußerte das Anwesen für 600 Gulden an den Lohmüller Hans Schmied, der seine Mühle im Bühlauer Grunde, heute Grundstraße 171, betrieb. Durch den glücklichen Umstand, dass Kurfürst Johann Georg III. (1647/1680–1691) im Jahr 1685 zu einem Frühstück einkehrte, erhielt Schmied eine Schankkonzession. Diese Wirtschaft erhielt den Namen »Lohschänke«. Nur wenige Jahre später kaufte der Kurfürstliche Kapellmeister Christoph Bernhardi (1627–1692, → *K1*), der seit 1685 Besitzer des Gasthof »Zum Weißen Hirsch« war, auch die »Lohschänke« und wandelte sie vermutlich in ein einfaches Bauerngut

Wirtschaftsgebäude der Lohschänke
Foto: A. Kotzsch, Archiv Kirchgemeinde

Weißer Adler, Ansichtskarte
Slg. Matthias Griebel

Anzeige, 1911 Broschüre »Loschwitz«, OVLW

um. 1702 erwarb der ehemalige Pächter des »Weißen Hirsch«, Johann Michael Jentsch, von den Erben Bernhardis das Gut für 525 Taler. Nach seinem Tod 1706 erfuhr unter seiner Witwe Anna Marie die »Lohschänke« wahrscheinlich bald wieder einen Aufschwung, da der Gasthof auf dem Weißen Hirsch wegen der dort in Quarantäne befindlichen pestverdächtigen Reisenden aus Polen und Schlesien als »Pesthaus« gemieden wurde.

1720 kaufte Gottfried Güntzel die Lohschänke und bekam 1722 die Konzession für Beherbergung und Ausschank von Wein und Stadtbieren auf Lebenszeit – angeblich weil er Friedrich August I., den Starken (1670/1694–1733) vor einem »gefährlichen Falle« bei der Jagd bewahrt haben soll. 1728 wurde das Schankrecht der Lohschänke auch auf Güntzels Erben ausgeweitet. Neben dem Dresdner Stadtbier durfte nun auch »fremdes« Bier gezapft werden.

Erste Periode 1733–1873

Ein durch Güntzel 1733 errichteter Neubau trug fortan den Namen »Weißer Adler« und hatte das Wappen des Polenkönigs als Aushängeschild. Die Schänke wurde zur beliebten Ausspanne für Angehörige des Hofes bei ihren Reisen nach Polen und Jagdgesellschaften. Nach dem Tod Güntzels führte seine Witwe Anna Barbara die Wirtschaft weiter. In den Folgejahren wechselten die Besitzer häufig. 1742 war Maria Catharina Zschech, eine Schwester Güntzels, Besitzerin. Sie verkaufte 1743 an ihren Schwager, Johann Michael Fischer, Sattler in Dresden, der für die Folgejahre bis 1887 eine »Fischer-Dynastie« für den Weißen Adler einläutete. Es folgten nach seinem Tod 1762 ab 1764 Johann Christian Winkler, der neue Ehemann der Witwe Fischer, 1790 Adam Gottfried Fischer, 1812 August Leberecht Fischer, wahrscheinlich 1862 Friedrich August Fischer (1824–1897), dem Schöpfer eines Loschwitz Bebauungsplanes. Am 30. Juni 1873 zerstörte ein Feuer das Anwesen bis auf die Grundmauern. Die Katastrophe bildete den Anlass, eine freiwillige → *Feuerwehr* für die Orte Loschwitz und Weißer Hirsch zu bilden, deren erster Hauptmann der → *Baumeister Theodor* → *Lehnert* (1828–1910, → *K2*) wurde.

Zweite Periode 1875–1887

Bereits 1875 wurde der »Weiße Adler« unter Friedrich August Fischer neu erbaut – jedoch nicht am ursprünglichen, etwas zurückgesetzten Standort, sondern unmittelbar an der Bautzner Landstraße. Das Adress- und Geschäftshandbuch für Loschwitz, Weißer Hirsch und Wachwitz gab 1883 Auskunft, dass es sich bei dem Gasthof um ein »Großes Ball-, Konzert- und Garten-Etablissement« handelte, dessen Pächter Friedrich August Michael war. 1887 endete die Ära der Familie Fischer im Weißen Adler und damit die zweite Periode des Gasthauses.

Der neue Weiße Adler 1889–1952

1888/89 wurde abermals ein Neubau unter Baumeister Carl Wilhelm Richter vorgenommen. 1890/91 besaß Richter das Anwesen selbst, bevor er es bald wieder veräußerte. 1893/94 pachtete Christian Friedrich Lorenz, der Besitzer des Blasewitzer Hotels »Weißes Schloss«, die Wirtschaft. Zeitzeugen berichteten: »Der Weiße Adler mit Aussichtsturm und Wirtshausschild, den alten polnischen Adler darstellend, ist der größte, durch Bauart und eigenartige Ausstattung wahrhaft imponierende Gasthof. Der Bau, im altdeutschen Stile ausgeführt, enthält außer den Restaurationsräumen und den Fremdenzimmern einen 800 Personen fassenden, reich und geschmackvoll ausgestatteten Saal, dem sich an die Rückseite eine große Veranda mit entzückendem Blick ins Tal und auf Dresdens Türme anschließt. Der noch im Entstehen begriffene Garten bietet Gelegenheit zu verschiedenen Volksbelustigungen. Die Glashalle zur rechten Seite fasst gegen 1000 Personen. Alles in allem ist der Weiße Adler ein wahrhaft großstädtisches Etablissement und [der Besitzer,] Herr Lorenz, ist bestrebt, den Wünschen der Gäste bereitwillig entgegenzukommen.«[1] Es wurde berichtet, dass an Sonnentagen im Kaffeegarten bis zu 10.000 Gäste Platz gefunden haben. Billardzimmer, Asphaltkegelbahn u. a. dienten der Zerstreuung der Besucher, die zu Fuß, mit dem Omnibus oder mit dem Elbdampfer anreisten. Selbst Stallungen für 50 Pferde, ein so genannter »Tattersall«, waren verfügbar. Das Etablissement galt um die Jahrhundertwende als eines der vornehmsten Tanzlokale der Dresdner Umgebung. Adlige, Offiziere und wohlhabende Dresdner Bürger, selbst König Friedrich August III., zählten zu den regelmäßigen Gästen.

Es folgten 1897 die Besitzer Friedrich Otto Jähnichen und Bruno Lehmann, 1901 Max Edmund Richter, 1911 Paul Schröter, 1913 bis etwa 1933 Familie Koritsch. Alexander Koritsch wurde Geschäftsführer des Gasthofs und fand der Überlieferung nach auf dem Grundstück

Geschmückter »Großer Ball- und Reunion-Saal«, Ansichtskarte *Slg. Matthias Griebel*

die Blechbüchse mit der auf Pergament geschriebenen Urkunde von August dem Starken. Bald musste er jedoch gegen die Schwierigkeiten der Inflationsjahre kämpfen, bis er den Freitod wählte. 1932 ersteigerte der ehemalige Wirt des Lindengartens auf der Königsbrücker Straße, Robert Julius Bartsch (1875 – 1949), den Gasthof. Im Besitz der Familie Bartsch blieb das Anwesen bis 1993.

Auch dunkle Zeiten erlebte der Weiße Adler, insbesondere nach der Machtergreifung der Nazis. 1938 fand dort eine Massenkundgebung mit über 2000 Funktionären der NSDAP statt, in der die »umfassende Abrechnung mit dem Judentum« propagiert wurde. Der Landesfremdenverkehrsverband gab daraufhin Maßnahmen bekannt, die der Vertreibung jüdischer Kurgäste am Weißen Hirsch dienten mit dem Ziel, das »Bad zu einer durch hebräische Anmaßung nicht mehr gestörten Erholungsstätte« zu machen.

Die Bewirtschaftung als Tanzlokal endete 1940. Der Saal lag nun brach und wurde später als Unterkunft für Umsiedler aus Polen genutzt. In den Kriegswirren ging auch, nach Angaben von Elli, der Ehefrau von Robert Bartsch, die Chronik des Weißen Adlers verlustig.

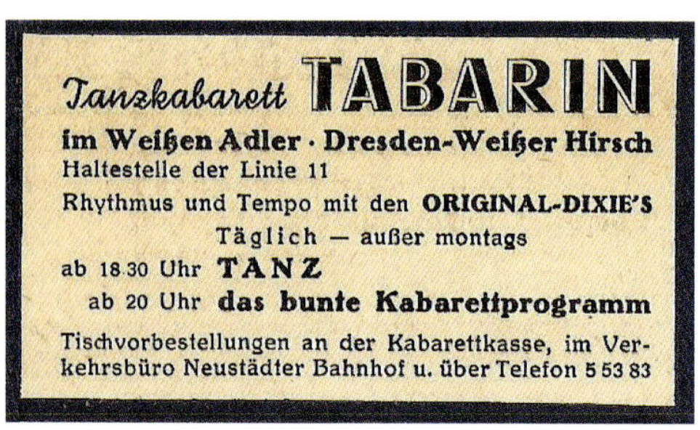

Anzeige für Tanzkabarett im »Weißen Adler«, Juli 1947 *Slg. Matthias Griebel*

Im Zeitraum 1946 – 1952 lebte der Gaststättenbetrieb noch einmal auf. Bis 1950 versuchte Pächter G. Hanke, ausgebombter Besitzer des Café Regina-Palast in der Waisenhausstraße, das Geschäft wieder in Gang zu bringen. Nachdem man ihn eines Wirtschaftsvergehens bezichtigte, verließ er Dresden eilig in Richtung West-Berlin.

Das Anwesen in der neueren Zeit

In der Zeit nach 1952 wurden die Räumlichkeiten für Wohnzwecke verwendet oder als Produktionsstätte bzw. Lager der Deutschen Werbe- und Anzeigen-Gesellschaft DEWAG und des VEB Herrenmode sowie der Großhandelsgesellschaft Haushaltswaren. Die Küche wurde als Betriebskantine und Seniorentreff der Volkssolidarität genutzt. Nach 1990 fand ein Schuhhandel dort seinen Platz.

1993 verkaufte Günther Bartsch den Weißen Adler an einen Münchner Investor. 1997 übernahm der Düsseldorfer Unternehmer für Schuhe und Sportartikel mit seiner Bernhard Voswinkel Gruppe das Anwesen. Ab 1996 wurde dann mit dem Abriss einiger Nebengebäude eine Wiederherstellung des nun verfallenen Gebäudekomplexes begonnen. Ursprünglich sollten im denkmalgeschützten Hauptgebäude Restaurant, Café, Therme mit Sauna, Bewegungsbad und Massagepraxis und weitere Einrichtungen für Wellness und Gesunderhaltung entstehen. Letztlich wurde lediglich auf dem benachbarten Grundstück eine Anlage für betreutes Wohnen angelegt. Nach etlichen Verzögerungen wird seit 2011 auch das Hauptgebäude instand gesetzt und soll 2015 bezugsfertig sein. Neben 32 Wohnungen, zum Teil barrierefrei, sollen gewerbliche Einrichtungen einziehen. **Achim Jannasch**

Quellen: 139, 215, 492, 522, 639, 674, 675, 677, 716, 718, 1000, 1001

Winkelschänke

Dammstraße 14

Die Chronik berichtet: »Außer in der Erbschänke wurde noch bei einem Johann Georg Sohre Dresdner Bier (Stadtbier) verschänkt, denn nach dessen Tode bittet die Witwe ihr gegen einen jährlichen Erbzins von 3 Thlr. 12 Gr., wie ihn ihr verstorbener Mann gezahlt, den Verschank des genannten Bieres auch ferner zu gestatten. Ihr Gesuch wurde aber abgewiesen.«[1] Als Wirt der Winkelschänke konnte der »Fleischhauer in Loschwitz«, Johann George Sahre, nachgewiesen werden, der das Haus in der Dammstraße 1748 erworben hatte, wohl 1756 starb und das dann seine Witwe Eve Rosine geb. Böhme bis 1770 besaß.

Matthias Griebel

Zitat:
1 Pohle, Friedrich Wilhelm; Chronik von Loschwitz; Dresden 1887
Quelle: 824

ZAZA

Schillerstraße 11

Die gebürtige Russin Elena Novopavlovski eröffnete 2005 in der traditionsreichen Villa Schillerstraße 11 das »ZAZA« – am ehesten mit »Diva« zu übersetzen – als individuelles Café-Restaurant mit mediterran-östlicher Küche. Der gemütliche denkmalgeschützte Gartensalon wurde aufwendig aus einer Waschküche und einem Abstellraum wieder rekonstruiert. Der festliche Saal im 1. Stock ist Veranstaltungen vorbehalten. Hauptattraktion ist die großzügige baumbeschattete Gartenterrasse, liebevoll möbliert mit ausgedienten Nähmaschinentischen und historischen Gartenstühlen und wunderbarem Blick auf das → *Blaue Wunder* und das gegenüberliegende Elbufer.

Barbara Friebel

Quellen: 724

Blick aus dem »Zaza« über dessen Terrasse zum »Blauen Wunder« *Foto: S. Großmann*

Zum Grünen Baum, Ansicht von der Schillerstraße aus Fotos (2): Slg. E. Köhler und U. Türk

Die Wirtsleute Gottlieb Franz und Emilie Seifert

Zum Grünen Baum
Schillerstraße 20
Das Grundstück Schillerstraße 20 gehörte ehemals wie die Grundstücke Schillerstraße 22, 24 und 26 zu einem großen Weinberg, der Eigentum des Kammer-Kommissionsrats Christian August Hauschild zu Dresden war. Am 2. März 1790 ging laut Kaufvertrag das »am sogenannten Mordgrunde und der Budissiner Straße (Bautzner Straße) zwischen dem Roosschen und dem Schüllerschen Weinberge gelegene Weinberggrundstück«[1] an den Loschwitzer Winzer Johann Gottlob Schneider über. Auf diesem Grundstück stand am Berg ein Herrenhaus, heute Hermann-Prell-Straße 3. Am damaligen Stadtweg 80 befand sich ein Häuschen mit der Weinpresse, die spätere Gaststätte »Zum Grünen Baum«.

Nach drei weiteren Eigentümern erwarb 1840 Johann Gotthelf Lotzmann aus Dresden den Besitz, der diesen 1863 an den Maler Friedrich Anton Wolf (1814 – 1876, → *K1*) aus Dresden für 3.350 Taler verkaufte. Um 1875 trat der Maler das Anwesen an die verschwägerten Kaufleute Woldemar Enzmann und Karl Julius Böhme ab. Im Jahre 1894 kaufte Kommerzienrat Carl Eschebach das gesamte Grundstück und ließ anstelle der steilen Weinbergtreppe eine mehrfach gewundene Straße den Berg hinauf erbauen. Damit erschloss er für die kommenden Generationen idealen Baugrund. Die Straße wurde vom damaligen Gemeinderat nach ihrem Erbauer Eschebach benannt und ist die heutige Hermann-Prell-Straße.

1875 bezog der damals noch ledige Gärtner Gottlieb Franz Seifert (1846 – 1931) zusammen mit seiner Mutter das kleine ehemalige Press-Haus. Die Mutter führte ihm bis zu seiner Verheiratung 1880 die Hauswirtschaft und den kleinen Schankbetrieb. Am 20. November 1875 erhielt er per Erlaubnisschein von Enzmann und Böhme die amtlich bestätigte »persönliche Concession zur Betreibung des Bier- und Weinschanks [...] mit ausdrücklichem Ausschluss des Branntweinschanks«.[2] Das Haus und den dazugehörigen Garten hatte Franz Seifert von

Der Garten noch mit dem dichten Blätterdach der drei Bäume, Ansichtskarte Slg. M. Griebel

Zwei Spezialitäten aus der Küche der Frau Wirtin – der vorzüglich selbst eingelegte marinierte Hering sowie die hausgemachte Sülze – machten den »Grünen Baum« berühmt. Beliebt war auch der selbstgekelterte Johannisbeerwein aus den Beeren der Sträucher, die als Ersatz für die einstigen Rebstöcke gepflanzt worden waren. An den sonnendurchwärmten Mauern gedieh auch prächtiges Spalierobst, unter anderem die berühmten Loschwitzer Aprikosen, die sogar von manchen Weinbergbesitzern mit Schubkarren bis auf den Berliner Markt gebracht wurden. Die Kinder waren geradezu närrisch auf das »Stöckelbier«, ein dunkles Einfachbier mit Zucker, das zum Umrühren mit einem langen schmalen Löffel gereicht wurde.

den Besitzern gepachtet und betreute statt eines Pachtzinses das große Grundstück gärtnerisch. Nach 1879 erweiterte sich der Schankbetrieb. Die Gäste saßen gern im Wirtshausgarten im Schatten dreier Bäume und genossen die abendliche oder sonntägliche Ruhe, denn der Stadtweg war damals nur halb so breit wie die heutige Schillerstraße und Fahrverkehr gab es nur wenig. Die Bäume, eine Linde und zwei Kastanien, waren so miteinander verwachsen, dass sie von Vorübergehenden oft als ein Baum angesehen wurden.

1890 erhielt die Gaststätte von der jungen Wirtin Emilie Seifert den Namen »Zum Grünen Baum«. Leider gingen die beiden Kastanien ein und 1942 musste auch die Linde gefällt werden. Die drei Bäume ersetzte man durch zwei Linden, deren Kronen niedrig gehalten wurden, um dem Wohnhaus nicht das Licht zu nehmen.

1898 kaufte Franz Seifert das Grundstück mit der Gaststätte von Carl Eschebach. 1929 verkaufte er es an seinen Schwiegersohn Carl Türk (1888 – 1960), der als Küchenmeister weiterhin in verschiedenen bekannten Dresdner Hotels wirkte. Die Gaststätte in Loschwitz führte seine Frau Annemarie Türk (1890 – 1959). Nur bei ganz besonderen Anlässen stellte er sich in der eigenen Küche an den Herd. 1933 ließ er das Haus aufstocken und modernisieren. Dabei entstand ein für heutige Verhältnisse recht bescheidenes, aber gut besuchtes Fremdenzimmer, wie die Eintragungen im Gästebuch beweisen. Die Familie Türk bewahrte die Tradition einer gemütlichen ländlichen Gaststätte. 1959 starb Annemarie Türk und mit ihr der »Grüne Baum«. **Helga Oelker**

Die Gästebücher beweisen die Beliebtheit bei den weitgereisten Gästen. Auch die Dresdner Prominenz weilte gern dort. So bedankt sich eine Familie Titus im Juli 1939 – auf dem Wege von Hankou–Shanghai–Sibirien–Loschwitz – für die schönen Wochen im »Grünen Baum«. 1938 weilte mehrere Wochen ein Ägypter hier und es finden sich weitere Eintragungen von Schweden, Holländern und Gästen aus Las Palmas, die alle das schöne Fleckchen Erde priesen. Es bedanken sich der Dirigent Joseph Keilberth (1908 – 1968, → *K2*) und seine Frau Ingeborg sowie der Regisseur Peter Palitzsch (1918 – 2004) für einen reizenden Abend. Peter Pfund, ein Sohn aus dem Hause der Molkerei Gebrüder Pfund, gehörte ebenfalls zu den Stammgästen des Hauses.

Zitate:
1 *Handschriftliche Aufzeichnung von Richard Seifert*
2 *Aus der Kopie: Amtliche Übertragung des Erlaubnisscheines von Woldemar Enzmann und Julius Böhme an Franz Seifert vom 20. November 1875*
Quellen: 725, 726, 967, 1000

Das Gasthaus um 1880 mit offenem Bett der Trille. Foto: A. Kotzsch, LfD Sachsen, Slg. K. E. Scherz

Zum Kamerad

Grundstraße 29

Im Jahre 1628 erscheint das Grundstück erstmals in den Büchern des Justizamtes Dresden (Amtsgemeinde). 1775 erwarb es Andreas Rietzschel. Danach wurde es innerhalb der Familie von Generation zu Generation weiter vererbt. Etwa ab 1862 gab es in diesem Haus eine Schankwirtschaft.

Als erster Wirt ist Heinrich Gerhardt überliefert, der vorher Bierschröter im »Waldschlösschen« gewesen war. Bei Gerhardts, denn das Gasthaus hatte noch keinen eigenen Namen, verkehrte auch *Friedrich → Wieck* (1786 – 1873, → *K1*), um den sich stets ein Kreis älterer und jüngerer Verehrer scharte. Auch Blasewitzer Honoratioren wie Gemeindevorstand Karl Tauscher (1819 – 1890), Gemeinderat Karl-Louis Barteldes (1821 – 1890) und der Gründer des Waldparkvereines Arthur Willibald Königsheim (1816 – 1886) hielten hier ihre Zusammenkünfte ab.

1875 erhielt Karl August Hempel die Konzession zum Betreiben einer Gaststätte. 1883 erwarb Carl Friedrich August Modes (1849 – 1908), der älteste Sohn des letzten Loschwitzer Fährmeisters Carl Friedrich Modes, das Grundstück mit der Gaststätte. Zur Erinnerung an seine Militärzeit gab der neue Wirt, der auch Vorsteher des Loschwitzer Militärvereines war, dem Gasthaus den Namen »Zum Kamerad«. Seine zweite Ehefrau, Ida geb. Förster, deren Söhne Max und Curt beim Tod des Vaters erst neun bzw. drei Jahre alt waren, verkaufte das Lokal 1913 für 30.000 Mark an den Schankwirt Franz Winter. Von diesem übernahm 1929 Max Roch (1890 – 1945) den Besitz, der die Gastwirtschaft zusammen mit seiner Frau Frieda führte.

Nach dem Zweiten Weltkrieg wurde die Gastwirtschaft konfisziert, da Max Roch Mitglied der NSDAP gewesen war. Den Verlust seiner

Der Kamerad um 1910.
Foto: Slg. Roch/Weise-Kirbach

Anzeige als Vereinslokal, 1913 Slg. H. Lehmann

Stammtisch bei Franz Winter, links Luis Schumann, rechts der Wirt
Foto: Slg. Schumann

Die Wirtsleute Max und Frieda Roch

Gastwirtschaft konnte er nicht verwinden und schied freiwillig aus dem Leben. Einen Tag nach seiner Beerdigung am 6. Dezember 1945 musste seine Familie das Haus verlassen und ein Treuhänder übernahm die Gaststätte. Die von Frieda Roch eingereichte Klage hatte Erfolg, sodass sie ab Ende Januar 1946 gemeinsam mit ihrer Schwiegertochter Dorothea Roch die Wirtschaft wieder führen konnte.

1947 kehrte der Sohn bzw. Ehemann Arno Roch aus der Gefangenschaft heim und übernahm 1948 das Geschäft. Doch hielt es ihn nicht mehr in Dresden. Er kapitulierte vor den Schwierigkeiten, die ein Gastbetrieb in einer Zeit, wo es Lebensmittel nur auf Marken gab, kein Telefon vorhanden war und alle Bestellungen entweder per Fahrrad oder zu Fuß aufgegeben werden mussten, und ging nach Westdeutschland. Seine Frau und die Kinder blieben in Loschwitz. Nach der erfolgten Scheidung war Dorothea Roch die alleinige Wirtin des »Kameraden«. Sie musste manche Gratwanderung zwischen Erlaubten und Nichterlaubten gehen, um ihren Gästen in dieser harten schweren Nachkriegszeit in ihrem Hause einen angenehmen Aufenthalt zu bereiten. Da brachte der Vertrag mit der HO, bei der keine Lebensmittelmarken benötigt wurden, schon eine Erleichterung fur Wirtin und Gäste, denn welche Ehefrau gab gern die so knapp bemessene Markenzuteilung dem Ehemann mit zum Billard- oder Kegelabend. Zumal die Rationen doch so schon kaum reichten. Aber trotz alledem hat es dem »Kameraden« nie an Gästen und Stammtischrunden gefehlt.

Der »Kamerad« war ein längliches ländliches Gebäude mit kleinen Fenstern und Weinspalieren an der Fassade, davor ein Gärtchen, wo man hinter Büschen im Freien sitzen konnte. Hinter dem Haus gab es eine Kegelbahn. Rechts befand sich die sogenannte Klause, in der eine Weinpresse stand, wo nach der wegen des Reblaus-Befalls in Sachsen gesetzlich angeordneten Zerstörung der Weinstöcke das Obst für den hauseigenen Beerenwein gesäubert und gepresst wurde. Diese Arbeit hatte auch die letzte Wirtin Dorothea Roch als junge Frau noch verrichten müssen. Dabei wurde seit Anfang unseres Jahrhunderts schon mehr Bier als Obstwein getrunken, der wohl auch kaum für die vielen durstigen Kehlen gereicht hätte. Man trank bayerisches Bier, aber auch Waldschlößchen- und Radeberger Bier wurden ausgeschenkt. Zudem war Max Roch auch Genossenschaftsmitglied der Falkenbrauerei. Diese Mitgliedschaft, die später auf Sohn und Schwiegertochter überging, bestand bis zur Schließung der Gastwirtschaft.

Eine Gaststube und ein Vereinszimmer für jeweils 50 Gäste standen zur Verfügung und wenn, besonders an den Wochenenden, viele Mittagsgäste vor oder nach ihren Wanderungen durch die Loschwitzer Landschaft im »Kameraden« einkehrten, konnte der Billardtisch zum Speisetisch umfunktioniert werden. Er bekam einen Wachstuchschutz unter die Tischdecke und schon konnten weitere Gäste daran Platz nehmen. Gleich neben der Theke stand der Stammtisch. Fotos zeigen den Stammtisch bei Winters mit viereckigem und bei Rochs mit großem rundem Tisch. An der Wand befanden sich Karikaturen des Malers Karl Heerdegen (* 1921).

Zu jeder Zeit hatte der »Kamerad« interessante Stammtischrunden. Hier trafen sich Künstler, Handwerker und Geschäftsleute. Bei Winters und Rochs trafen sich mehrere Runden regelmäßig. So waren es einmal die Maler *Otto → Griebel* (1865 – 1972, → *K1*), *Werner → Hofmann* (1907 – 1983, → *K1*), Karl-Erich Schaefer (1905 –1982, → *K2*) und Max Lachnit (1900 – 1972, → *K1*), zum anderen → *Uhrmacher* Martin Winkler (1897 – 1982), → *Bäcker* Johannes Winkler (1895 – 1959) und → *Gärtner* Hermann Knackfuß (1910 – 1969). Letztere trafen sich auch Jahr für Jahr am zweiten Weihnachtsfeiertag im Kameraden.

Der Männergesangsverein »Arion« probte vor dem Zweiten Weltkrieg regelmäßig im »Kameraden«. Viele Handwerker gehörten dem Chor an, so unter anderem → *Schneidermeister* Ernst Jörg, die → *Tischlermeister* Willy Jörg und Herbert Lissau sowie Fritz Rölle aus der Pill-

Der »Kamerad« mit Vorgarten und Klause rechts am Rand

Stammtisch bei Rochs. Rechts die Wirtin Dorothea »Dorle« Roch.
Fotos: Slg. Roch/Weise-Kirbach

nitzer Landstraße 8. Nach 1945 machte der Volkschor Loschwitz die Gastwirtschaft zu seinem Stammlokal. Die Kapelle der Loschwitzer Freiwilligen Feuerwehr hatte ihre Proben abwechselnd im »Kameraden« und in der Grundschänke.

Der Kaufvertrag der Familie Roch enthielt schon beim Kauf des Grundstückes 1929 einen Passus, dass im Falle einer Verbreiterung der Grundstraße der benötigte Streifen Land vom Grundstück kostenlos an die Stadt abzugeben sei. So blieb nach vielen Gängen durch die Ämter der Wirtin nur der allerletzte Schritt. Sie schloss 1958 die Gastwirtschaft und musste auch ihr Heim verlassen, da das Haus inzwischen nicht mehr bewohnbar war. Den von der Stadt geforderten Abriss verweigerte sie aus finanziellen, aber auch ideologischen Gründen. Die Stadt nahm 1965 den Abbruch selbst vor, da anlässlich der Friedensfahrt die Grundstraße »empfangsbereit« gemacht wurde. Die Trümmer verblieben auf dem Grundstück und es ist heute schwer vorstellbar, dass auf diesem kleinen schmalen Platz eine Gaststätte mit Vorgarten, Kegelbahn und Nebengelass gestanden hat.

Helga Oelker

Quellen: 522, 639, 726, 1000

Am 8. Mai 1951 ging über Loschwitz ein Unwetter nieder. Das Wasser strömte von Bühlau die Grundstraße hinunter und überschwemmte alles. Die erste Hilfe kam von drei jungen Philharmonikern – Gert Kleindienst (1926–2013, → *K2*), Heinz Schmidt (* 1929, → *K2*) und Fritz Kratzenberg – die gerade zu Mittag essen wollten und somit der Wirtin hilfreich zur Seite stehen konnten, der Wassermassen Herr zu werden, um das Haus vor größerem Schaden zu bewahren.

Dorothea Roch vor ihrer HO-Vertragsgaststätte.

Gasthaus »Zur Eule«, um 1900
Slg. Matthias Griebel

Zur Eule

Grundstraße 100

Historisches Gasthaus
Zur Eule
seit 1378

Das Gasthaus, jenseits der Trille auf Niederrochwitzer Flur gelegen, war auch den Loschwitzern eine beliebte Einkehrstätte. Seinen Ursprung bildete ein Bauerngut, das 1378 erstmals genannt worden sein soll, dessen Felder sich bis hinauf nach Altrochwitz erstreckten und dessen eigene Landwirtschaft mit dem Gasthaus bis in das 20. Jahrhundert verbunden blieb.

Der Name könnte auf den Vogel, die → Bergbauversuche um 1600 oder auf das altsorbische »Il« für Lehm – die Tännichtstraße hieß einst Lehmweg – zurückgehen.

Seit dem Jahr 1588 ist eine Folge von Gutsbesitzern und separaten Schänkenpächtern überliefert, bei denen für Hans Balthasar Huhle 1710 ein Erbschankrecht von Helfenberger Bier bezeugt ist. Auch ein Sohn des Loschwitzer Wirtes der Erbschänke, Querner, war hier 1757 in die Pacht eingetreten, bevor er 1769 das elterliche Wirtshaus übernahm.

Das heutige Hauptgebäude der »Eule« stammt von 1827. Bauherr war Johann Gottfried Benjamin Nacke, der den nach einem Brand von 1620 entstandenen Vorgängerbau umgestaltete und Baujahr sowie seine Initialen im Türsturz verewigte. Aus dieser Zeit schien auch der alte Tanzboden im Haus zu stammen.

Mit zunehmendem Fremdenverkehr in den letzten Dezennien des 19. Jahrhunderts wurde jenseits des Lehmweges entlang der Trille ein großzügiger Gartenbetrieb eingerichtet. Erste Ansichtkarten preisen an: »Großer schattiger Garten mit Veranda – Kinderbelustigung – Schöne idyllische Sitzplätze im aufsteigenden Laubwald«. Dahin setzte der Wirt August Nacke 1898 im »Jubeljahr« von König Albert (70. Geburtstag, 45. Hochzeitstag und 25. Regierungsjubiläum) einen Gedenkstein.

Sein Nachfolger Gustav Emil Nake ließ 1911/12 durch → *Baumeister* Karl Reichpietsch (1859–1947, → *K2)* in Richtung Bühlau an Stelle alter Wirtschaftsräume den heutigen Saal am Gasthaus anbauen.

Neuer Eigentümer wurde 1925 der Dresdner Fleischermeister Paul Valentin Schreiber, der das »Gasthaus zur Eule« bis 1941 besaß. Zu seiner Zeit wurde das Gebäude zunächst am Giebel farbig bemalt (später wieder beseitigt) und die straßenseitige Fachwerkfront erhielt die Reimsprüche zu Kriegsnöten unter den Schweden und Hussiten, aber auch Lobpreisungen der vorzüglichen Hausbäckerei. In Anzeigen offerierte der Wirt auch seinen Ballsaal sowie die eigene Fleischerei, für welche Schlachthaus und Ladengeschäft unter dem Saaltrakt eingerichtet worden waren.

Da die Einbindung der Tännichtstraße im Zuge des Grundstraßenneubaus die Terrainsituation am florierenden Gästegarten verändert hatte, wurde dieser in das dabei entstandene Freigelände direkt vor das Wirtshaus verlegt. Als sich Schreiber 1941 zur Ruhe setzte, verkaufte er das Gasthaus mit Fleischerei an den Gastwirt und Kaufmann Erhard Schöne.

Nachdem in den letzten Kriegsjahren Tanzveranstaltungen verboten wurden, requirierte die Deutsche Reichsbahn den Saal als »Wohnlager Eule« zur Unterbringung von »Ostarbeiterinnen« aus Polen. Dadurch wurde das gesamte Objekt 1945 beschlagnahmt und unter Verwaltung gestellt. Erst 1947 wurde für die Gaststätte wieder eine Betriebserlaubnis erteilt, und neue Mieter bezogen das Haus. Dies waren

»Zur Eule«, nach 1925 mit bemaltem Giebel, Ansichtskarte *Slg. Matthias Griebel*

Paul Schlage (1896 – 1973) und seine Frau Isidora (1909 – 1997). Die erfahrenen Gastwirtsleute, deren Lokal »Colosseum« in der Dresdner Neustadt 1945 ausgebombt wurde und die dann bis zur Schließung den »Königshof« in Dresden-Strehlen bewirtschaftet hatten, begannen unverzüglich mit allen notwendigen Arbeiten zur Wiedereröffnung der »Eule«, die bereits 1948 erfolgen konnte.

Anzeige, 1948: Gaststätte »Zur Eule«, Loschwitz, Grundstraße 100. Eröffnung des Gartenbetriebes und der erweiterten Betriebsräume am 1. Mai. Sonnabend und Sonntag Unterhaltungskonzerte und Dielentanz. – Die neugestalteten Räume werden für Betriebsfeiern und sonstige Veranstaltungen bestens empfohlen.[1]

Mit den Wirtsleuten Schlage begann eine neue gastronomische Erfolgsgeschichte des historischen Gasthauses, dessen urige Ausstattung – auch mit Wandmalereien – und dessen trotz aller Einschränkungen volkstümliches Speisenangebot sich schnell herumsprachen.

Wirtsehepaar Schlage *Foto: privat*

Nicht nur Gäste von nah und fern, auch Studentengruppen und Familiengesellschaften kehrten in das urgemütliche Lokal gern ein.

1953 konnte Familie Schlage ihr Domizil käuflich erwerben. Allerdings war die Fleischerei schon vor 1945 aufgegeben worden und den Saal hatte bis 1950 eine Näherei für Sportbekleidungen der Firma Barthel, danach das Werbe- und Grafikstudio von Manfred Kraus gemietet.

Zur 750-Jahr-Feier von Dresden verordnete die Stadt den Wirtsleuten einen Kredit von 23.000 Mark zur Erneuerung der Hausfassaden, wobei auch die Sprüche wieder hergestellt wurden. Eine Episode aus dem Gaststättenalltag soll noch erwähnt werden: Zur 24. Friedensfahrt Warschau – Berlin – Prag 1971 hatte das Wettkampfgericht für die Strecke Bischofswerda – Dresden, die über die Grundstraße führte, die »Eule« als Stützpunkt für die Zeitnahme besetzt. An jenem 14. Mai strömten Hunderte Radsportbegeisterte herbei.

Wirt Paul Schlage, dessen Leidenschaft eine spätabendliche Skatrunde mit seinen Gästen war, starb am 20. Mai 1973. Sein Grab befindet sich auf dem Waldfriedhof Weißer Hirsch. Unter Mithilfe ihres berufstätigen Sohnes führte die Witwe die Gaststätte noch über ein Jahr weiter und blieb auch nach deren Schließung im Haus wohnen. Sie verzog erst in den 1980er Jahren, starb am 24. März 1997 in Dresden und ruht im Grab ihres Mannes.

Das Gasthaus war jedoch all die Jahre in Familienbesitz verblieben und wurde später an neue Betreiber vermietet. 1982 übernahmen es die jungen Gastronomen Ralf und Tino Lützner. Vorerst waren jedoch noch bauliche Mängel zu beseitigen, sanitäre und technische Anlagen zu erneuern und der einzige Gastraum mit 35 Plätzen neu einzurichten. Für dessen Gestaltung im Stil einer »Ausspanne« zeichnete der Architekt Heiner Göpfert (* 1940) verantwortlich. Nachdem eine Trilleflut das Haus überschwemmt hatte, war schließlich im Mai 1984 Eröffnung. Als Spezialitäten wurden den Gästen

Gästegarten um 1912
Foto: Adam, Slg. Matthias Griebel

Im Gasthaus »Zur Eule«, 1950er Jahre, Ansichtskarte
Foto: Donath, Slg. Matthias Griebel

»Weinbauernspieß« und andere Gerichte vom Bratrost sowie Wein vom Fass angeboten.

Leider mussten die beiden Brüder ihren beliebten Gastbetrieb aus persönlichen Gründen wieder aufgeben. Nachfolger wurden 1986 Sonja und Rainer Hortschansky. Nach einjähriger Bau- und Renovierungszeit war im Herbst 1987 Wiedereröffnung der »Eule« mit erweiterter Platzkapazität und Gesellschaftszimmer. Wiederum zogen die »Grillplatte Eule«, deftige Hausmannskost, aber auch die verbindliche Art der Wirtsleute zahlreiche Gäste an. Die Hortschanskys meisterten auch nach der Deutschen Einheit manche geschäftliche Umstellungen; dank ihrer Kreativität wurde die »Eule« bald zum Stammlokal von Eintscheidungsträgern aus Ost und West. So fanden 1991 hier fünf »Hamburgisch-sächsische Abende« statt, stark besuchte Treffen von Vertretern aus Wirtschaft, Verwaltung und Kultur zu nützlichem Erfahrungsaustausch. 1992 wechselten die beliebten Wirtsleute in die Heidegaststätte »Hofewiese« und Schlages verkauften 1993 ihr Gasthausgrundstück dem Kunstrestaurator Werner Rickinger aus Plattling.

Mit hohem Investitionsaufwand erfolgte eine umfassende Gebäudesanierung und das gesamte Erdgeschoss wurde dem Gastbetrieb erschlossen. Die Münchner Firma »Jörg Kleber Gastronomie- und Beratungsgesellschaft« übernahm die gastronomische Planung, ließ einen leistungsstarken modernen Küchentrakt installieren und bewirtschaftete das Gasthaus seit der Wiedereröffnung am 11. Juli 1994 mit ihrem Wirt Lutz Zacharias. Allerdings wurden die einhundert Gästeplätze wie auch der Gesellschaftsraum nicht wie erwartet frequentiert, selbst der Gartenbetrieb bewährte sich nicht. Auch ein Neustart im April 1995 hatte wenig Resonanz. Schon im November des gleichen Jahres wurde das Gasthaus wieder geschlossen. Neuer Eigentümer der »Eule« wurde die »Archon Group« in Frankfurt am Main, die Verwaltung lag bei der Dresdner Maklerfirma R&M Immobilien.

1996 etablierte sich im wieder hergerichteten Saal des Obergeschosses die Tanzbar »Tommy's Nachteule«. Deren Betreiberin Bärbel Kobus und ihr Barchef Axel Dinger nutzten mit ihrer Unternehmung eine echte Marktlücke, denn ein enormer Zulauf an Nachtschwärmern blieb nicht aus.

Am 1. Februar 1998 öffnete dann auch das Gasthaus wieder mit den neuen Wirtsleuten Gudrun und Wolfgang Weißflog. Trotz opulentem Speisenangebot und reicher Getränkekarte kamen zunehmend weniger Gäste in die »Eule«. Schließlich wurden 2006 Gaststätte wie auch »Nachteule« wieder aufgegeben und für

Mietwirtschaft »Zur Eule«, 2014
Foto: Siegfried Großmann

das gesamte Objekt ein Käufer gesucht. Ein solcher fand sich im Frühjahr 2009 mit der »W.O.K. Gastronomie und Catering GmbH« (→ *Handwerk und Gewerbe*), die das Haus seit dem 1. Mai des gleichen Jahres nun als eine Mietwirtschaft führt. Den Interessenten stehen für ihre »Feiern im Kulturdenkmal zur Eule« die Gasträume mit 40 und 60 Plätzen, der Biergarten sowie der neu hergerichtete Ballsaal zur Verfügung. Das kulinarische Angebot wird durch Licht- und Tontechnik, kulturellen Service sowie Catering ergänzt. **Matthias Griebel**

Zitat:
1 Sächsische Zeitung, 27. April 1948
Quellen: 420, 492, 725, 894, 1094

Weinschänken

Beerenweinschänke

Krügerstraße 25

Das Gebäude der späteren Beerenweinschänke wurde um 1860 erbaut. 1875 ließ der Besitzer Adolf Leberecht Looß ein »Hinterhaus« errichten. Es besaß eine geräumige Kelterei mit Gärstube und darunterliegendem Keller. Zunächst kelterte Looß nur für den eigenen Bedarf. Später lagerten hier Fässer mit einem Fassungsvermögen von tausend und mehr Litern.

Ansichtskarte *Slg. Matthias Griebel*

1885 – so erinnert sich der Chronist und Lehrer Otto Kotzsch (1880 – 1967) – eröffnete Looß die »Obst- und Beerenweinschänke«, in der nun vor allem der selbst gekelterte Wein bei einem schönen Blick über das Elbtal getrunken werden konnte. Aus Altersgründen verkaufte Looß 1895 das gesamte Grundstück an Franz Kotzsch (1870 – 1901), einen Sohn des Loschwitzer Fotografen *August → Kotzsch* (1836 – 1910, *→ K1*). Franz Kotzsch betrieb die Kelterei weiter und verpachtete die Obstweinstube, in der jetzt auch Speisen angeboten wurden, an Ernst Morgenstern. Kotzsch ließ zunächst die Veranda vergrößern und 1896 an das bestehende Keltereigebäude noch ein kleines Wohnhaus anbauen.

Nach dem frühen Tod von Franz Kotzsch im Alter von nur 30 Jahren betrieb seine Witwe Antonie das Unternehmen mit Ernst Morgenstern als Gastwirt weiter. 1903 verkaufte sie das

Beerenweinschänke um 1900, Ansichtskarte Slg. Matthias Griebel

Ansichtskarte *Slg. Matthias Griebel*

Links neben der Kirche das Ehlich-Haus *Foto: August Kotzsch*

gesamte Anwesen an ihn. Gastwirt der Beerenweinschänke wurde zwei Jahre später Franz Winter. Nach dem Tod von Ernst Morgenstern führte dessen Sohn Johannes, ein Bautechniker, gemeinsam mit seiner Mutter Anna ab 1910 die Weinkelterei. Neuer Pächter der Schänke war Gustav Briesen. Johannes Morgenstern ertrank 1914 als Soldat im Ersten Weltkrieg. Sein Schwiegervater Ernst Förster hatte schon im Jahr zuvor sowohl die Beerenweinschänke als auch die Kelterei übernommen. Die Witwen von Johannes und Ernst Morgenstern, Elsa und Anna, wohnten zu dieser Zeit im einst an die Kelterei angebauten Wohnhaus.

1920 kaufte Richard Otremba (1873 – 1964) das Gasthaus und die Weinkelterei. Er wohnte in seinem Haus auf der Ulrichstraße 33. Nach dem Tod seiner Frau wurde 1942 das Speiseangebot eingestellt. 1946 bekam Otremba die Erlaubnis für Bierausschank, da die im → *Sanatorium Dr. Weidner* wohnenden sowjetischen Militärs hier Bier trinken wollten. »Später musste Otremba die Weinkelterei aus Zuckermangel einstellen. Stattdessen wurden nun in den ersten Nachkriegsjahren Zuckerrüben geschnitzelt und ausgepresst, die die Menschen der Umgebung auf abgeernteten Feldern ‚gestoppelt' hatten. Saft und ausgepresste Schnitzel wurden dann in den Haushalten weiter verarbeitet und halfen, den Hunger zu mindern. 1949 kam ein LKW beim Abbiegen von der Krügerstraße in die damals noch offene Ulrichstraße ins Schleudern, sein Anhänger rammte eine der Ecksäulen der Veranda und riss diese mit, sodass ein Teil des Gebäudes einstürzte. Die Veranda musste abgerissen werden, auch der Gästegarten war nicht mehr nutzbar. Die Bewirtschaftung beschränkte sich nun auf das Gastzimmer im Erdgeschoss des Hauses, dessen Obergeschoss von einem Friseur genutzt wurde. Manche seiner Kunden nahmen dann gern noch ein Getränk (Bier, Mineralwasser, Limo oder auch eine Tasse Kaffee) in der Gaststube zu sich. Im ehemaligen Gärhaus hatte nun ein Sattler und Polsterer seine Werkstatt; später diente es als Lagerraum für eine Altstoffsammelstelle. 1954 wurde das Grundstück enteignet und ging in kommunale Verwaltung über. Das Haus musste geräumt werden, und Richard Otremba wurde zusammen mit seiner ehemaligen Wirtschafterin ein Zimmer auf dem Anzengruberweg zugewiesen. Dort verstarb er völlig mittellos im Januar 1964 mit 90 Jahren. Durch das nicht ordnungsgemäß abgeleitete Abwasser des Friseursalons wurde eine Wand des Hauses unterspült, sie bekam Risse, das Gebäude wurde als baufällig eingestuft und 1956 abgerissen.«[1]

Nach 1990 entstand ungefähr am Standort der alten Schänke das neue Wohnhaus Krügerstraße 25. Dabei wurde die in die Krügerstraße einmündende Ulrichstraße an dieser Stelle ihrer Fahrbahn beraubt und auf einen Fußweg begrenzt. Das ehemalige Keltereigebäude wurde an gleicher Stelle durch das Wohnhaus Krügerstraße 25a ersetzt. Das 1896 an die Kelterei angebaute hintere Wohnhaus, Ulrichstraße 39, ist als Wohngrundstück in Privateigentum übergegangen. **Barbara Friebel**

Zitat:
1 Ilse Bauer geb. Otremba
Quellen: 331, 618, 726, 894, 1000

Bormanns Wein- u. Kaffeeschank
→ Ratskeller und Burgberg

Ehlichs Weinschank
Pillnitzer Landstraße 7
Der in Wachwitz geborene Maurermeister Johann Carl Gottfried Ehlich (1810 – 1896) kaufte 1834 von Johann George Angermann einen Weinberg neben der → *Kirche*, den dieser zuvor vom Hospitalamt (→ *S. 45*) erworben hatte. Wahrscheinlich hatte Ehlichs Vater Johann Gottlieb Ehlich (1785 – 1857), der Maurermeister in Wachwitz war, seinen erst 24-jährigen Sohn finanziell beim Kauf unterstützt. Das Haus, das nun um 1835 auf dem erworbenen Grundstück gebaut wurde, ist mit ziemlicher Sicherheit das Werk von Vater und Sohn. Carl Gottfried Ehlich heiratete 1838 Christiana Wilhelmina Kegel aus Niederpoyritz.

Danach gab es hier im Haus den sogenannten »Ehlichs Weinschank«. Vielleicht hat der in Wachwitz lebende Vater, der dort auch »Pachtschenkwirt« war, Sohn und Schwiegertochter hierbei unterstützt. Als 1848 dessen Frau Johanna Christiana (1783 – 1848) starb, bekam der Sohn für seine Mutter eine Grabstelle auf dem unmittelbar angrenzenden → *Kirchhof*. Auch der Vater wurde 1857 in der heute noch erhaltenen Gruft bestattet. *Otto → Kotzsch* (1880 – 1967) erzählt, dass der Weinschank »neben der Kirche [...] sogar von Männern während des Gottesdienstes aufgesucht worden sein soll, wenn sie während der langen Predigt die Müdigkeit überfiel.«[1] Nachweisen lässt sich das nicht, allerdings erwog 1869 der Kirchenvorstand, den offenbar zunehmenden »Wirtshausbesuch während des Gottesdienstes« zur Anklage zu bringen. In den 1860er Jahren hatte Haus und Grundstück der Dresdner Bäcker Emil Braune gekauft. Er ließ 1869 das Haus abreißen und danach an dessen Stelle das → *Hotel »Elbthal«* errichten. Bis zum Abriss des Hauses hatte der Musiker *Friedrich → Wieck* (1785 – 1873, → *K1*) hier viele Sommer verbracht.

Matthias Griebel, Otto-R. Wenzel

Zitat:
1 Kotzsch, Otto; Gaststätten in Loschwitz; maschinenschriftlich, 1956
Quellen: 39, 618, 884, 891, 1000

An die Weinstube erinnert noch der Fassadenschmuck am Haus Körnerplatz 6.
Foto: Siegfried Großmann

Ansichtskarte um 1925, Zeichnung von Franz Funke *Slg. Matthias Griebel*

Feurichs Weinstuben
Körnerplatz 6
Im 1894 bis 1896 neu erbauten Eckhaus zur Dammstraße richtete der ehemalige Schmiedemeister Julius Eduard Rußig (1854–1921), der das Grundstück mit dem alten Haus 1879 für 6.000 Mark gekauft hatte, 1896 eine Weinstube ein. 1899 erwarb der Fleischer, Weinhändler und Restaurateur Gustav Feurich (1862–1914) für 125.000 Mark Haus und Grundstück und wurde damit auch Inhaber der Weinstube. Über dem ebenerdigen Weinlokal sollen sich in der ersten Etage sogenannte »Flüsterstuben« befunden haben. In einer Zwangsversteigerung gingen Haus und Grundstück 1910 für 75.000 Mark wieder an den einstigen Besitzer Julius Rußig zurück. Anna Feurich, die zweite Ehefrau von Gustav Feurich, wurde nun Pächterin der Weinstube und ihr Ehemann der Schankwirt. 1913 wurde die Schankwirtschaft aufgegeben und der Hausbesitzer Rußig vermietete die Räume nach einem Umbau der Erdgeschosszone an den Drogisten Paul Stephan (1877–1923, → *Drogerien*).

Matthias Griebel, Otto-R. Wenzel

Quellen: 39, 618, 1000

Hermann Vogel, Kampf mit den bösen Weinen, 1895 *Repro: Slg. Matthias Griebel*

Mutter Ungers Weinstuben
Friedrich-Wieck-Straße 17
Das 1735 erbaute Haus nahe der Trille hatte im Mai 1835 der Böttchermeister Johann Carl Gottlieb Unger (1809–1881) von Johann Gottlieb Küchenmeister, ebenfalls einem Fass- und Bottichmacher, gekauft.

Unger, am 17. Juli 1809 in Pirna geboren, war verheiratet mit Amalie Auguste geb. Nitzmann, die am 27. Januar 1813 in Bischofswerda das Licht der Welt erblickt hatte.

Auf sie geht der Name der späteren Althistorischen Weinstuben zurück. Manche Quellen nennen für die Böttchersgattin ein Schankrecht bereits für 1835, das vielleicht nur eine gemeindliche Duldung eines gelegentlichen Nachbarschaftstrunkes in der Wohnstube oder dem Gärtchen hinter dem Hause war. Denn der Weinschank bei Ungers wird in der Überlieferung mit der Ertragsmüdigkeit der Loschwitzer Weinberge und den daraus resultierenden finanziellen Nöten der Winzer um 1860 in Verbindung gebracht. Diese sollen dem Böttchermeister als Äquivalent für seine Arbeiten von ihren Ernten »Roten und Weißen« abgegeben haben, den die Frau nun verschänkte. Allenfalls legitimierte die in Sachsen geltende Gewerbefreiheit (Gesetz vom 15.10.1861) den Schankbetrieb im Hause Unger.

Zum Zunftzeichen der Böttcher, einem Fass, gesellte sich nun das Schankzeichen eines umkränzten Weinglases über der Gartentür, und

Mutter Unger, Ansichtskarte 1896 (Ausschnitt)
Grafik A. Santer, Slg. Matthias Griebel

Mutter Unger um 1890
Foto: E. J. W. Müller, Stadtarchiv

Hermann Vogel, Gruß von der Mutter Unger, 1897, Federzeichnung
Heute bewahrt im Archiv der Kirchgemeinde Loschwitz

Die »Galerie im Buch«

bereits für 1865 sind hier regelmäßige Künstlertreffen verbürgt. Die erste »Weinschankkonzession« erhielt die »Mutter Unger« 1869. In der wohnzimmerartigen Wirtsstube fanden sich die Vertreter des → *Ludwig-Richter*-Kreises ebenso wie der Dichter *Moritz* → *Heydrich* (1820 – 1885 → *K1*), Hofgärtner Hermann Sigismund Neumann (1829 – 1886) oder der Geheime Regierungsrat Arthur Willibald Königsheim (1816 – 1886) zu Gesprächs- und Weinrunden zusammen.

Sie werden ihrer rührigen Gastgeberin den Namen »Mutter Unger« gegeben haben, denn der tüchtige, aber wortkarge Hausherr ging ganz in seinem Handwerk auf und ließ sich kaum sehen.

Dieser ersten Freundschaftsgilde folgten dann in drei Jahrzehnten weitere teilnehmerreiche und oft wöchentlich tagende Künstlertreffen bis etwa zur Jahrhundertwende. Hervorzuheben ist der Kreis um den Maler und Zeichner *Hermann* → *Vogel* (1854 – 1921 → *K1*), der sich ab 1878 bei der Mutter Unger versammelte. Die Beteiligten bezeichneten sich als »Loschwitzer Kunstgenossenschaft« mit eigenem Statut und schmückten die Gaststube mit kuriosen Bemalungen, Sprüchen und eigenen originellen Arbeiten.

Der Bildhauer Robert Ockelmann (1849 – 1915, → *K2*) schuf als Abbild des schweigsamen Hausvaters eine Kleinplastik des Böttchermeisters als Mönch, die bei der alten Wanduhr ihren Platz fand und von der »Mutter« gegen alle Turbulenzen der weinseligen Runden wie ein Heiligtum behütet wurde. Ockelmann war es auch, der den fassreitenden weinlaubbekränzten Bacchusknaben als neues Hauszeichen für

Böttchermeister Johann Carl Gottlieb Unger als Mönch, Plastik von Robert Ockelmann in der Gaststube *Foto: E. Hirsch, Slg. M. Griebel*

die dorfseitige Giebelwand der Weinschänke modellierte.

Bald danach verstarb Böttchermeister Unger am 7. Mai 1881 »71 Jahre, 10 Monate, 21 Tage alt « und wurde auf dem Loschwitzer Friedhof begraben. Fürsorglich und aus erbrechtlichen Gründen hatte er bereits 1879 seiner Frau das Anwesen für 2.400 Mark käuflich überlassen. Die Urkunde darüber nennt auch drei noch im Hause Unger lebende Kinder: Tochter Minna Clara sowie die Söhne Paul und Julius. Mutter Unger, tatkräftig unterstützt von der Tochter, führte den Weinschank in gewohnter Weise weiter, betrieb auch Weinhandel und neue,

Bacchusknabe, früher an der Fassade von »Mutter Unger«, hier nach der Restaurierung 2004 *Foto: Ernst Hirsch, Slg. M. Griebel*

jüngere Künstlerkreise hielten in ihrem gemütlichen Lokal regelmäßig Einkehr. Einer von ihnen, der Bildhauer Julius Robert Hannig (1866 – 1931), modellierte als Pendant zu der Figur des »Mönchs« das Abbild der Weinwirtin. Und der Kunststudent und künftige → *Architekt Martin* → *Pietzsch* (1866 – 1961 → *K1*) berichtet später nicht nur von beim Wein heftig geführten Streitgesprächen über die Brisanz neuer Bauauffassungen; er schildert auch abgehaltene kuriose Dichterabende und das ehemalige Flair in Mutter Ungers behaglichem Reich.

Am 26. April 1896 segnete die legendäre Weinwirtin im dreiundachtzigsten Lebensjahr

»In der Stube stand rechts an der Tür ein alter Gläserschrank, worauf ein Zigarrenkasten mit 3- und 5-Pfennigzigarren plaziert war. Daneben lag eine Kleiderbürste, mit welcher die ›Mutter‹ liebevoll und mit landläufigen Redensarten die Rücken der einkehrenden Gäste bearbeitete, um das Mitnachhausenehmen der frisch geweißten Wand zu verhüten.

Neben dem Kachelofen tickte mit ewigem Hin und Her die alte immer nachgehende Wanduhr mit blanken Messinggewichten, buntbemaltem Zifferblatt und einem Schlagwerk mit durchdringender Tönung. In der Ecke der Nachbarwand fristete ein hochbeiniges Sofagestell mit aufgelegten harten Kissen – die sogenannte ›Flohbucht‹ – ein kümmerliches Dasein. Die vier Tische, einige gelbe Rohrstühle und eine Ofenbank hatten einen etwas unsicheren Stand auf dem weißgesandelten, um die Brettäste herum ausgetretenen Fußbo-

den. Die Oberteile der Stubentürfüllungen waren herunterklappbar und dienten als Ventilationsöffnungen. Der Zigarrenrauch zog dann den schmalen Treppenlauf hinauf in die oberen Schlafräume der Familie. Um den ›geheimen Ort‹ zu erreichen, mußte eine kleine Wanderung über den Hof unternommen werden.

Nachdem der Loschwitzer Kirchner vom Bähr'schen Kirchturm aus Sonnenuntergang geläutet hatte, zog die Mutter die mit herrlichbunten, phantastisch-südlichen Landschaften, mit Ritterburgen und glutenden Alpenbergen bemalten Rouleaus hinter den Pelargonien und dickblättrigen Meerzwiebelstöcken – der sogenannten ›Orangerie‹ – über die vier kleinen zweiflügeligen Fenster.

Die Petroleumschirmlampe am Fensterpfeiler wurde, nach vorausgegangener höchsteigenständiger Dochtreinigung durch den Mutterungerlichen Zeigefinger, angezündet und entsprechend niedrig geschraubt, damit die alljährlich zum Pfingstsonnabend frischgekalkte niedrige Decke möglichst vor Verrußung verschont wurde. Bei der wohltuenden Schummerbeleuchtung war der ›Rote‹ vom ›Weißen‹ und die 3-Pfennig- von der 5-Pfennigzigarre, auch kaum die Butter vom Kümmelkäse zu unterscheiden.«[1]

Martin Pietzsch

Emma Hempel, Foto: Werner Kotzsch; links Speisekarte und rechts Heft mit Liedtexten aus der Weinstube Slg. Matthias Griebel

Fidelitas bei
„Mutter Ungern"
Liedertext-Sammlung für die werten Gäste
zum Mitsingen
(zusammengestellt u. herausgegeben von Rich. Weber

Heft: 1

Motto: Wir geh'n mit frohem Sinn
zur „Mutter Unger" hin.
Dort herrscht Frohsinn, dort herrscht Humor,
dort verkehrt ein kreuzfideles Chor.
Die Küche ist perfekt,
der Wein, das Essen, es schmeckt.
Solange die „Mutter" dort regiert,
wird niemand angeschmiert.

das Zeitliche und fand die letzte Ruhe im Grab ihres Mannes.

Tochter Minna Clara (1858 – 1930) wurde nun Hauseigentümerin und »Inhaberin eines Weinrestaurants«. In erster Ehe mit dem Maschinenmeister Ernst Alban Leonhardt (1856 – 1885) verheiratet, war sie schon 1885 wieder Witwe und heiratete erneut: den Besitzer einer grafischen Anstalt in Dresden, Carl Ferdinand Julius Bierstedt (1859 – 1912). Er fertigte die ersten Ansichtskarten vom Weinlokal, das nun als »Mutter Unger« benannt ist, und weitere illustrative Drucke lieferte der Xylograph Franz Moritz Funke.

Anders als bei der Altwirtin waren den Bierstedts die zahlreichen Dresdner Ausflügler oder Fremde stets willkommene Gäste.

Die ehemalige Böttcherwerkstatt wurde zu einem zweiten Gastraum umgestaltet, ein Gästegarten hinter dem Haus eingerichtet und selbst an der Trilleseite standen Tische und Stühle. Nun gab es nicht mehr wie früher nur Ziegenkäse mit Brot zum Verzehr, das Angebot war erweitert worden, und gelegentlich trat ein Unterhaltungsmusiker auf.

1903 hatte Julius Bierstedt auch das kleine Nachbarhaus Friedrich-Wieck-Straße 19 als Wirtschaftsgebäude hinzuerworben und fungierte nun selbst als »Weinrestaurateur«. Er starb 1912 und seine Witwe führte mit ihren drei Kindern das Lokal in bewährter Weise weiter. 1920 setzte sie sich zur Ruhe, zog in das kleine Haus und verkaufte beide Gebäude von »Mutter Ungers Weinstuben« an die bisherige Dresdner Schankwirtin vom Gasthaus »Zur Deutschen Kavallerie« Emma Hempel (1869 – 1934). Unter dieser erfahrenen und umsichtigen Wirtin erfolgten vielgestaltige Veränderungen. Die Gasträume wurden unter Beibehaltung der Wandtäfelung mit noch reicherem Bilderschmuck ausgestaltet und die Küche mittels eines Verbindungstraktes zwischen beiden Häusern erweitert. Schon vorher hatten die Fassaden ihre farbige volkstümliche Bemalung durch die Maler Fritz Beeger (1897 – ?, → *K2*) und Karl Hanusch (1881 – 1969, → *K2*) erhalten. »Mutter Ungers Althistorische Weinstuben« präsentierten sich als gastronomisches Kleinod ohnegleichen.

In ihrem Todesjahr 1934 verpachtete die Besitzerin aus Altersgründen noch das Gasthaus

Die mit Malereien versehenen zwei Gebäude der Weinstuben mit dem Gästegarten vor dem Haus, Aquarell von Franz Funke, um 1929

Gastraum mit Fenstern zur »Bachseite« (Friedrich-Wieck-Straße), um 1930. In der Ecke die Plastik »Mutter Unger«, Ansichtskarte Slg. M. Griebel

Gaststube mit Klavier, um 1930, Ansichtskarte
Slg. Bernd Beyer

Garderobenmarke
Slg. Matthias Griebel

Gästegarten um 1935, nun hinter dem Haus, Ansichtskarte
Slg. Bernd Beyer

an den Buchhalter Ernst Lange, der nunmehr als »Weinstubenbesitzer« genannt ist. Seine Absicht war ein großzügiger und moderner Restaurantbetrieb unter Wahrung der historischen Innenausstattung. Das reichhaltige Küchenangebot konnte man auf einer gedruckten Speisekarte erfahren, und neben anderen Verbesserungen war sogar eine betreute Garderobe vorhanden. Im Einverständnis mit den Erben von Emma Hempel erfolgte durch den Pächter auch eine Grundstückserweiterung.

Ernst Lange (links), Pächter von »Mutter Unger's Weinstuben«, um 1935
Foto: Slg. Matthias Griebel

Das an Ungers anstoßende Anwesen Fidelio-F.-Finke-Straße 2 wurde 1935 hinzuerworben und der bis fast an die alte Feuerwache reichende Gästegarten eingerichtet. Das auf dem Areal befindliche kleine Haus wurde mit einer Wohnetage aufgestockt, ausgebaut und darin ebenerdig als weitere Gasträume die sogenannten »Schoppenstuben« etabliert. Ernst Lange bot seinen Gästen nicht nur diverse Speisen, Getränkespezialitäten wie Bowle, Kalte Ente, Sekte, Weine aus dem In- und Ausland, sondern auch stimmungsvolle Unterhaltung mit dem Alleinunterhalter Wilhelm Hauschild.

Allerdings war das Haus auch dem braunen Zeitgeist geöffnet, wie der Gastronom euphorisch selbst berichtete. »Als ich 1934 die Weinstuben als Pächter übernahm, überwogen Braunhemd und SS-Uniform das allabendliche Bild. Die Führerschulen der SS und SA sowie die Kriegsschule bevorzugten für ihre Kameradschaftsabende immer wieder die stimmungsvollen und behaglichen Räume. Ernster ist die Zeit geworden, seit Deutschland im heroischen Kampf um seine Freiheit steht. Heute ist es die Uniform der Wehrmacht, die in Erscheinung tritt. Offiziere und Mannschaften, zu kurzem Urlaub in der Heimat, sind unsere Gäste. Doch auch der schaffende Volksgenosse sucht und findet nach angestrengter Arbeit ein paar Stunden der Entspannung. Immer wieder beweisen Grüße von allen Teilen der Front, wie gern unsere Urlauber an die hier verlebten frohen Stunden zurückdenken und an das, was aus Küche und Keller wir ihnen bieten konnten.«[2]

Im Februar 1945 zerstörte ein Bombentreffer das rückwärtige Haus mit den Schoppenstuben (später abgerissen) und verwüstete den Gartenbereich. Ob oder wie das unversehrte Stammhaus in den ersten Nachkriegsjahren bewirtschaftet wurde, ist nicht überliefert. Neue Wirtin wurde nach 1945 Anna Zöllner geb. Wie-

So begann die Speisekarte in der Zeit der Lebensmittelmarken, um 1940
Slg. Matthias Griebel

Blick vom Dorfplatz auf »Mutter Unger's Weinstuben«, um 1935
Foto: Slg. Matthias Griebel

Anna Zöllner (1890 – 1981)
Foto: Slg. Matthias Griebel

Junge Gäste mit Anna Zöllner (Mitte), 1957 *Foto: Siegward Elze, Slg. EHK*

demann (1890 – 1981), eine Tochter Emma Hempels aus erster Ehe, die zu den Erben ihrer Mutter gehörte. Sie führte das Lokal unter allen zeitbedingten Einschränkungen nach besten Möglichkeiten, und der überwiegende Bierausschank war nicht nur wieder den alten Loschwitzern, sondern auch Studentenkreisen und sangesfreudigen Bergsteigergemeinschaften eine willkommene Bleibe.

Da die Besitzerin in Niederpoyritz wohnte und ihr Sohn das Gasthaus behütete, vermietete sie außer der einzigen noch bewirtschafteten Gaststube andere Räume des Hauses an Studenten. Auch das kleine, indessen desolate Häuschen nebenan (Nr. 19) wurde zu Hobbyzwecken vergeben, und es war ein Ortsereignis, als dessen Mieter 1966/67 die Giebelfront des Gebäudes in einer abenteuerlichen Aktion von Grund auf erneuerte. Die indessen achtzigjährige Anna Zöllner schloss ihr Lokal am 16. Januar 1970 und war die letzte Wirtin von Mutter Unger. Sie verstarb am 11. Januar 1981 und fand ihre Ruhestätte auf dem Loschwitzer Friedhof.

Ihr Sohn Horst Zöllner (1932 – 2009), der im Haus wohnte, hatte das ehemalige Gartenareal mit einem Garagenhof bebaut und ließ das Gasthausgebäude unter unwiederbringlichem Verlust der restaurierungsbedürftigen Fassadenbemalung neu verputzen. Wenigstens der Bacchusknabe wurde abgenommen und in das Hausinnere gerettet.

Bewohnt und verschlossen fristete das Haus über einige Jahrzehnte nun sein Dasein.

Großen Schaden richtete das Hochwasser vom Jahre 2002 in den ehemaligen Gaststuben an. Horst Zöllner bewahrte mit hohem Einsatz zumindest den Charakter eines Raumes, in den er Interessierten bei Selbstversorgung hin und wieder Einlass gewährte.

Nach Horst Zöllners Tod am 22. September 2009 fiel das Erbe an seine auswärts lebende Tochter, die das Grundstück verkaufte und in deren Besitz sich nun die Relikte der ehemaligen Innenausstattung befinden.

Das Projekt eines Finanz- und Immobilienmaklers zur »Wiedereröffnung der Mutter Unger's Althistorischen Weinstuben« mit Ortsmuseum und -verein blieb Vision. 2011 begannen mit teilweisem Abriss die Umbaumaßnahmen zu einem Wohnkomplex unter Wahrung der alten Gebäudestruktur und mit einem rückwärtigen Neubau. **Matthias Griebel**

Zitate:
1 Pietzsch, Martin; Einhundert Jahre Mutter Unger; maschinenschriftlich, 1935
2 Lange, Ernst; Mutter Unger einst und jetzt; in: Die Heimat grüßt« 11/1941
Quellen: 39, 647, 787, 812, 894, 1000

Rettung des baufälligen Gebäudes Friedrich-Wieck-Straße 19, 1967
Foto: Frank Volbrecht, Slg. M. Griebel

Der noch erhaltene Gastraum im Haus Friedrich-Wieck-Straße 17, 2009 *Foto: Jürgen Frohse*

Die als Wohnhäuser sanierten Gebäude, 2012
Foto: Siegfried Großmann

Calberlastraße 2, um 1880 *Slg. M. Griebel*

Weinstube Baudisch
Calberlastraße 2
In seinem um 1840 erbauten Haus betrieb der Maurermeister und Weinbergbesitzer Johann Daniel Baudisch (1803 – 1872) einen Weinschank. Das Haus kaufte nach 1850 *Moritz → Calberla* (1809 – 1906) als sein erstes Sommerdomizil. Dessen Nachbesitzer wurde 1887 der »Königliche Kirchensänger, Bier- und Weinhändler« Franz Bruno Meißner aus Dresden, der in der Calberlastraße 2 einen Verkauf von Obst- und Beerenweinen unterhielt.

1898 erwarb dann das Haus der Dresdner »Zahnkünstler« Hermann Bothe (→ *Ärzte*) und 1921 kaufte es von ihm der Maler *Josef → Hegenbarth* (1884 – 1962, → *K1*).

Matthias Griebel

Quellen: 39, 618, 1000

Erstes (hinten rechts) und zweites »Winzerhaus« (Mitte vorn) Foto: Masky, Slg. M. Griebel

Winzerhaus
Am Weißen Adler 14
Hoch über dem Steinbruch am ehemaligen → *Armenhaus* liegen die Häuser der damaligen Adlerstraße. 1890 kaufte der Bürgerschullehrer Arthur Ihle (1861 – 1924) das Haus Am Weißen Adler 12. Er bezog es und gab offenbar seinen Beruf auf, denn fortan wurde er als Kaufmann, Weinkeltereibesitzer und Weinhändler geführt. Er erwarb noch im gleichen Jahr ein benachbartes Grundstück hinzu. Dort ließ er nach jahrelangem Schriftverkehr mit den Behörden ein Haus mit Namen »Winzerhaus« errichten, das er 1904 beziehen konnte. Im gleichen Jahr eröffnete er hier eine Weinschänke. Sie bestand bis Anfang der 1920er Jahre.

Matthias Griebel

Quellen: 39, 1000

»Arabusta«, 2010 *Foto: David Brandt*

Cafès und Eisdielen

ARABUSTA
Körnerplatz 13
»Ich sperr einfach auf.« So unspektakulär eröffnete 2004 Markus Fleckl (* 1969) sein Café. Ohne großes Aufsehen sollte der Laden an einer Ecke nach über sieben Jahren Leerstand seinen Platz am Platz finden, sollte ihn zu neuem Leben erwecken. Mit einem durchdachten Grundkonzept kam es den Menschen und ihrer Umgebung zu, diesen Raum für sich zu entdecken und zu prägen. Zunächst häufig als »Lampenladen« wahrgenommen, etablierte sich das eigentliche Geschäft – das Café – erst nach und nach, hatte dank der Unterstützung der Eltern von Markus Fleckl aber auch die Zeit dazu. Immer mehr Kunden kamen täglich und machten das »ARABUSTA« zu dem, was es heute ist: einer Art »antiquiertem Chatroom«, frei nach dem Motto »Mal sehen, wer heute da ist und was es so Neues gibt«. Auf jeden Fall ist das Leben an die Ecke Körnerplatz/Schillerstraße zurückgekehrt. **Markus Fleckl**

Quelle: 724

Café Schwebebahn
Sierksstraße 2
Die Bergstation der Schwebebahn bietet eine wundervolle Aussicht über Dresden, die weiter gewinnt, wenn beim Schauen auch das leibliche Wohl nicht zu kurz kommt. So entstand um 2010 zunächst ein provisorischer Verkaufsstand. Bei »Emmi« konnte man zwischen siebzehn verschiedenen Biersorten wählen und eine Bockwurst mit »Bautzner Senf« essen.

2014 verpachtete die DVB das Areal an die »Dresdner Kaffee und Kakao Rösterei«, die es an den jetzigen Betreiber und erfahrenen, weitgereisten Gastronom Martin Wiese (* 1982) vermietete. Das »Café Schwebebahn« erhielt ein schmuckes neues Kiosk-Gebäude nebst Verkaufstresen, Tischen und Stühlen. Seit Juni 2014 werden verschiedene köstliche Kaffee- und Kakao-Kreationen aus o. g. Rösterei, Erfrischungsgetränke, natürlich auch Bier, Eis und Gebäck von der Bäckerei »Dresdner Feinheit« angeboten. Das Café hat von Ostern bis Oktober geöffnet. Silvester wird zum spektakulären Blick auf's Feuerwerk Sekt ausgeschenkt.

Barbara Friebel

Quelle: 724

Familie Dorschner freut sich auf Ihren Besuch!
Foto: Johannes Dose

Eisgarten Loschwitz
Dammstraße 10
Steffi (* 1969) und Wolfram (* 1967) Dorschner eröffneten am 20. August 2014 auf dem alten, 1548 erstmalig genannten Grundstück Dammstraße 10 den »Eisgarten Loschwitz«. Als Besonderheit gehören aus frischen Früchten hergestellte vegane Sorten zum Angebot. Nach der Sommersaison werden Flammkuchen und Glühwein angeboten. Die früher dort stehenden Gebäude wurden in den 1960er Jahren abgerissen. **Helmut Dorschner**

Quellen: 724, 963

Anzeige *Slg. Matthias Griebel*

Café Pietsch,
heute »Clara – das Wein- & Kulturcafé«,
Friedrich-Wieck-Straße 20

1862 entwarf → *Baumeister Theodor* → *Lehnert* (1828 – 1910, → *K2*) anstelle eines kleinen, zweigeschossigen Fachwerkhauses an der Friedrich-Wieck-Straße 20 ein neues stattliches Haus, indem die → *Bäckerei* Liebing ihr neues Domizil fand. »In seiner reichhaltigen Fassadengestaltung und -gliederung wie Lisenen, Simse, Putzspiegel, Fensterverdachungen und ähnliches entspricht sie der Mitte des vorigen Jahrhunderts aufkommenden neoklassizistischen Formsprache«[1]. Das Grundstück, dessen erster Besitzer bis 1646 George Reisigk war und das dem Rittergut Wachwitz unterstand, gehörte Friedrich Ernst Demnitz (1818 – 1893), dem Wirt des angrenzenden → *Gasthof Demnitz*. Nach seinem Tod verkaufte die Witwe, Johanna Rosine Demnitz (1826 – 1907), das Haus 1894 für 36.000 Mark an den → *Bäckermeister* Julius Schroth, der hier »Schroths Bäckerei und Kaffeeschank« eröffnete. Als dritter Nachfolger Schroths kaufte 1921 August Pietsch Haus und Bäckerei. Sein »Café Pietsch« erfreute sich großer Beliebtheit und der Schriftzug war noch bis in die 1990er Jahre am Giebel sichtbar. Bei einer Versteigerung 1932 bot auch Bäckermeister Johannes Winkler (1895 – 1959), Caféhaus-Besitzer am Körnerplatz (→ *Bäckerei und Café* Winkler/ Wippler), mit. Nachdem er 1933 im Grundbuch eingetragen war, ließ er Bäckerei und Café als Wohnräume umbauen. Die Tochter, Dr. Brigitte von Oelhafen, übernahm das Haus 1968. Ab 1972 wurde es von der »Kommunalen Wohnungsverwaltung« betreut und 1973 »Eigentum des Volkes«. Das Haus verfiel und behielt dennoch seinen Reiz. Nach der Friedlichen Revolution erfolgte die Rückführung in das Eigentum von Dr. von Oelhafen.

Weincafé »Clara«, 2000 *Foto: Jürgen Frohse*

Sie verkaufte es 1998 an den Architekten Klaus Hofmann. Er sanierte das Gebäude zwischen Februar 1999 und April 2000 und versetzte Fassaden und Dach in ihren ursprünglichen Zustand. An der hinteren Front des Hauses ließ er Balkons anbringen. So entstanden eine Dachgeschoss-, eine 1-Raum sowie eine 2-Raumwohnung und eine kleine Gaststätte. In sie zogen mit einer feierlichen Eröffnung am 1. Mai 2000 Corinna Hölzel (* 1970) und Claudia Greifenhahn (* 1967) mit ihrem »Weincafé Clara«. Die intime Atmosphäre, ein guter Tropfen, das Sofa in der Ecke und musikalische Darbietungen an besonderen Tagen machten das Weincafé schnell beliebt. Zum → *Hochwasser* 2002 wurden die Gaststättenräume geflutet, und es entstand erheblicher Schaden. Am 1. April 2012 übernahm Thomas Göpfert (* 1975) den Gaststättenbetrieb und entwickelte ein Konzept weg vom Weincafé hin zu einem kleinen Restaurant mit Speisenangebot. Ein Rückschlag war das erneute Hochwasser 2013, wobei die Schäden schnell beseitigt werden konnten. Zwei Monate nach der Katastrophe, am 20. August 2013, konnte die »Clara« wieder Gäste empfangen.

Jürgen Frohse

Anzeige, 1925 *Kirchliches Gemeindeblatt für Loschwitz-Wachwitz*

Zitat:
1 Baugenehmigung und Denkmalschutzrechtliche Genehmigung, 1999, Sammlung Klaus Hofmann
Quellen: 329, 724, 900, 1000

Weitere Cafés

Bismarckhöhe Bergbahnstraße 11 → *Oberloschwitz*

Rönsch Fischhausstraße 8 → *Bäcker*

Schob Krügerstraße 15 → *Bäckerei Ulrich*

Sperlings Weinberg → *Weinberge und Winzer*

Thieme, → *Bäckerei Scheinert*

Unger → *Bäcker*

Winkler, später Kaffee Wippler → *Bäcker*

Gasversorgung

Bereits im 18. Jahrhundert wurde in England Gas, das durch Destillation von Steinkohle hergestellt wurde, zur Beleuchtung verwendet und daher Leuchtgas genannt. In Dresden entstand 1828 das erste Gaswerk, doch den Durchbruch brachte erst die Erfindung des Glühstrumpfes durch Auer von Welsbach (1858 – 1929) im Jahre 1885. Die Lampen erzeugten bei sparsamem Gasverbrauch ein weißes Licht. Nun wollte jeder gern seine Wohnung mit Gas beleuchten.

Dresden besaß damals bereits drei Gaswerke. Das waren stinkende und rußige Fabriken, in deren Nähe niemand gern wohnen wollte. In den damals noch selbstständigen Gemeinden des heutigen Dresdner Stadtgebietes entstanden weitere sieben kleine Gaswerke, während andere lieber das Gas von der Stadt Dresden bezogen und so ihr eigenes Territorium sauber hielten. So verhandelte auch der Gemeinderat von Loschwitz im Jahre 1891 mit der Stadt Dresden, um aus deren Werken Gas zu beziehen. Die Leitung sollte von Blasewitz, das bereits Gas aus Dresden bezog, über das Blaue Wunder nach Loschwitz geführt werden. Bis zu dessen Fertigstellung hatte man genügend Zeit, das Rohrnetz in Loschwitz auszubauen.

In Loschwitz gab es bereits ein kleines privates Gaswerk. Vorrangig für Leuchtgas für den → *Gasthof* Weißer Adler wurde es 1889 hinter dem Gasthof, wo später das Wohnhaus Am Weißen Adler 2a gebaut wurde, errichtet. 1896 sollte das Gaswerk durch ein E-Werk ersetzt werden, dies erhielt jedoch keine Baugenehmigung.

Als am 15. Juli 1893 das → *Blaue Wunder* seiner Bestimmung übergeben wurde, floss endlich Gas nach Loschwitz. Die überwiegende Mehrzahl der Häuser nutzte einen Gasanschluss und die Gemeinde stellte ihre Straßenlaternen auf Gaslicht um. Auch das Blaue Wunder wurde nachts von 22 Gaslaternen beleuchtet. Am 13. Februar 1901 kam es im Loschwitzer Rathaus zu einem Brand, ausgelöst durch eine mittels Schlauch an das Rohrnetz angeschlossene Tischlampe. Unter den vernichteten Akten befand sich auch die zur Einführung der Gasbeleuchtung. Es wird etliche Jahre gedauert haben, bis die Gasleitungen bis zum letzten Haus verlegt waren.

Laternenwärter Paul Berger, Loschwitz, um 1910 *Foto: Slg. Matthias Griebel*

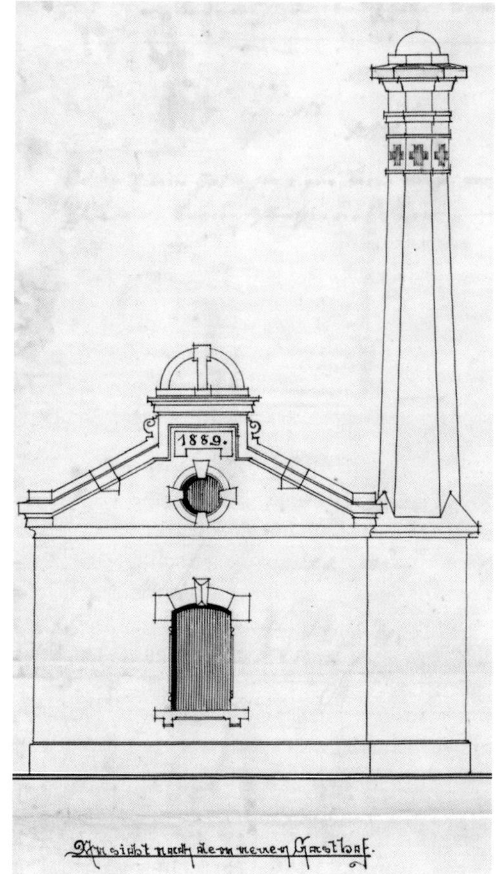

Gaswerk am Weißen Adler, Zeichnung, 1889 *Stadtarchiv Dresden*

Anfang des 20. Jahrhunderts verbreitete sich die Elektroenergie stark und drängte die Gasbeleuchtung zurück. Dafür wurde Gas mehr und mehr zum Kochen und Heizen verwendet. Als Folge wandelte sich der Begriff »Leuchtgas« zu »Stadtgas«. Die Umstellung der Straßenbeleuchtung von Gas auf Elektrizität ging äußerst schleppend voran, weil hierzu ein völlig neues Kabelnetz verlegt werden musste. Dabei war die Unterhaltung der Gaslaternen aufwendig. Die Laternen mussten regelmäßig geputzt werden. Bei Eintritt der Dunkelheit liefen Laternenanzünder alle Straßen ab, um an jeder Laterne das Ventil zu öffnen und das Gas zu entzünden. Morgens machten sie nochmals die gleiche Runde, um die Laternen durch Schließen der Ventile zu löschen – bei den steigenden Löhnen eine teure Angelegenheit! Die Stadt Dresden führte daher im Jahre 1924 die Druckwellenzündung ein. Bei Eintritt der Dunkelheit wurde kurzzeitig der Druck im Gasnetz erhöht. Jede Laterne besaß eine Apparatur, die mit Hilfe dieser Druckwelle das Gasventil öffnete. Eine ständig brennende kleine Zündflamme entzündete die Brenner. Durch eine weitere Druckwelle am Morgen wurde das Gasventil wieder geschlossen, die Laterne verlosch. Diese Druckwellenschaltung arbeitete im Elbtal und auf den Hochflächen recht zuverlässig, nicht aber bei den an den Steilhängen stationierten Laternen. Daher wurden diese mit einer Zeitschaltuhr ausgerüstet, die das Öffnen und Schließen des Gasventils vornahm. Die Schaltuhr musste von Zeit zu Zeit entsprechend der Jahreszeit von Hand nachgestellt werden. Deshalb wurden Straßen und Wege mit diesen Laternen ab etwa 1955 bevorzugt auf elektrische Beleuchtung umgestellt. Mittlerweile gibt es in Loschwitz keine Gaslaternen mehr.

Im Jahr 1993 wurde das gesamte Gasversorgungsnetz in Loschwitz von Stadtgas auf Erdgas umgestellt. Stadtgas besitzt nur einen Heizwert von 4,15 kWh/m^3, Erdgas dagegen 9,98 kWh/m^3. Gleichzeitig wurde der Betriebsdruck in den Gasleitungen von 6 mbar auf 25 mbar erhöht. Damit war das alte Rohrnetz in der Lage, die durch die Umstellung zahlreicher Heizungen auf Gasbetrieb erforderlichen höheren Energiemengen zu transportieren. Außerdem ist Erdgas kostengünstiger als Stadtgas und ungiftig, während Stadtgas 12,4 % giftiges Kohlenmonoxyd enthielt. Die Umstellung war ein erheblicher Kraftakt, denn alle Gasbrenner mussten umgestellt werden. Trotzdem war jeder Abnehmer nur wenige Tage ohne Gas. **Mario Schatz**

Quellen: 241, 884, 1000

Gaudernack, Franz; Fotograf (1887 – 1987) → *K2*
Gay, Fritz; Schriftsteller (1907 – 1969) → *K1*
Gedenkstätte → *Staatssicherheit*

Gedichte (Auswahl)

Abschiedsliedchen an's alte Haus vor dem Umbau des Loschwitzer Gasthofes (1881)

So leb' denn wohl du altes Haus.
Wir ziehen bald aus dir hinaus –
Du gabst uns oft Erholungs-Glück.
Wir denken gern an dich zurück.

Noch stehst du fest in guter Ruh'
Du altes Nest – bald wackelst du:
Es thürmt sich ringsum fürchterlich
Und bald zertrümmern, zersägen sie dich.

Zwar oft schon fuhren sie Steine herbei.
Du dachtest: Das ist mir einerlei:
Sie wagen sich doch nicht an's alte Haus.
Und sie schafften die Steine bald wieder hinaus.

Nun aber wird's ernst – nun ist es aus.
Nun müssen wir scheiden, du liebes Haus.
Doch sollt' es sehr frieren
und immer mehr schnei'n,
Da werden wir noch manchmal
beisammen sein!

Du hast in der alten gemüthlichen Zeit
Mit Spiel und Tanz und Gesang uns erfreut.
Und wackelte auch der Tanzboden sehr,
Die Loschwitzer zogen doch gern hierher.

Die Jungen und die Alten liebten dich.
Doch das alte Loschwitz verwandelt sich:
Es wird Alles neu – auch du, alter Gesell,
Wirst verwandelt bald in ein Demnitz-Hotel!

Wär' der alte Münzgraveur Krüger noch da.
Der dich immer mit stiller Freude ansah.
Der würde – wenn sie dich zu Grabe tragen
Kopfüber die Hände zusammenschlagen!

Und der alte Wieck, der so gern hier war
Mit seiner gesangeskundigen Schaar,
Der würde mit Bauernsprüchen d'reinschlagen,
Das Zukunfts-Gerassel und Geprassel beklagen.

Wer die alte Zeit hier noch geseh'n,
Der kann die neue nicht versteh'n.
Die alten Linden, die Kastanien müssen fort –
Bald steht ein Hotel-Portier dort;

Und über die Loschwitzer Brücke gelaufen
Kommen Bolle'sche Kaleschen
in dichten Haufen,
Und die Kellner fahren bergab und bergan
Mit der Weissen-Hirsch-Ziegengrund-
Drahtseilbahn.

Alte Gaststube von Demnitz unter dem Tanzboden, Gemälde eines unbekanten Künstlers
Foto: Slg. Matthias Griebel

Das alte Loschwitz war so schön.
Die Hüttchen, die dichtbelaubten Höh'n –
Doch was hilfts – wir Alle werden nicht jung,
Und die Welt liebt die Veränderung! –

So leb' denn wohl du altes Haus,
Habe Dank für manchen lustigen Schmaus –
Der alte Demnitz lebt ja noch,
Der als junger Bräutigam hier einzog,

Der uns brav bewirthet im alten Haus.
Der zieht ja aus dem alten Neste nicht aus:
Er bleibt da mit seiner braven Alten.
Gott wolle sie uns noch lange erhalten!

In der Schmiede aber –
da schmieden wir fort,
Lehnert schafft uns
einen stillen lauschigen Ort.
Giebt Gustav guten Wein, gut Bier,
Bleiben Gold- und Grob-
und Reimschmiede hier!

Denn die neuen Linden werden auch grün,
Die neuen Kastanien werden auch blüh'n;
Die Berge, die Wälder, die bleiben steh'n,
und närrische Leute wird man immer hier seh'n.

Die uns bauen das neue Erholungshaus,
Die grüssen wir beim Abschiedsschmaus:
Gott gebe ihnen Glück und Gedeih'n,
Dann wird es wie in der alten Zeit hier sein!

Dem alten und dem jungen Paar
Bringen wir unseren Glückwunsch dar:
Der alten und der neuen Zeit
Sei beim Kehraus ein freudiges Hoch geweiht!

Gesellschaft »Erholung« am 11. Januar 1881,
vorgetragen von einem alten Loschwitzer,
M. H. (*Moritz → Heydrich*, 1820–1885)

Schiller-Lied (1885)

Schau das Dörflein dort, das Milde,
weich bespült von blauer Flut,
Wie es in dem Blütengolde
seiner Pfirsichbäume ruht;
Oder wenn auf Berg und Stegen,
von der Traube still umblaut
Es im reichen Herbstessegen
freundlich auf zum Himmel schaut.

Hierher zog vor hundert Jahren,
fern der Stadt und dem Gewühl
Sich sein Leben frisch zu wahren,
Körner in ein Bergasyl.
Und den Platz, der ihn erfreute,
bot er seinem Schiller an –
Ihm nur danket Loschwitz heute,
daß es sah den Dichter nah'n.

Hier, durch seines Freundes Walten
und in edler Frauen Bund,
Fand sein Dichten neu Entfalten,
und sein Hoffen neuen Grund.
Fröhlich ging er hier die Bahnen,
die er mutig schon erwählt,
Und des Dichters tiefstes Ahnen
ward durch Körners Rat gestählt.

Ringend erst in Tasso's Schmerzen
ward er hier des Lebens froh,
Körner riet und sprach zum Herzen,
wie ein Freund Antonio.
Schiller hat uns selbst verkündet
solcher Freundschaft hohen Wert,
Wenn ein Freund uns treu verbündet,
fühlend schafft und teilend mehrt.

Und so schuf er frei von Sorgen,
(fern hielt sie des Freundes Hand)
Und zwei Sommer wohl geborgen
weilte er am Elbestrand.
Die wir heute rückwärts schauen,
preisen Körner mit dem Wort:
»Schiller konnte Dir vertrauen,
Herz und Haus war ihm ein Hort.«

Saat, die hier die Freundschaft streute,
lebenslang ward sie gepflegt,
Was die Freunde schaffend freute,
hat dann auch das Volk bewegt:
Bald zu edler Tat begeistert,
bald mit Sittenrichters Mund
Ihm die Herzen streng gemeistert –
welch' ein Segen! Welch ein Bund!

Trautes Dorf! Im Herbstessegen,
wie er jetzt beglückt das Land,
Gingen einst auf deinen Wegen

Schiller – Körner – Hand in Hand.
Ein Jahrhundert ist verklungen,
doch die Stätte blieb geweiht;
Und was Schiller hat gesungen,
bleibt den Enkeln allezeit!

M. J. Nestler (1841 – 1904)
Sprachlehrer in Dresden an der Bürgerschule, geschrieben für die Schillerfeier am 12. September 1885. »Im Volkston und im Anschluss an einen Vers Ferdinand Stolles«

Zum Besuch des Königspaares (Sommer 1873)

»Loschwitz, am 22. April. Gestern Abend gegen 8 Uhr wurden Ihre Majestäten der König Johann und die Königin Amalie, die seit einigen Tagen eine Ihrer Majestät der verwitweten Königin Marie gehörende Weinbergsvilla unweit der Victoriahöhe bewohnen, von der Loschwitzer Gemeinde mit einem Gesangesständchen begrüßt. Die ländlich einfache Feier begann, nachdem der Festzug, von vielen Einheimischen und Fremden geleitet, mit bunten Lampen geschmückt, am freundlichen Weinbergsschlößchen angekommen war, mit der schönen Motette Hauptmanns: ›Gott mein Heil, Du bist meine Hilfe‹, die von der Loschwitzer Schuljugend unter Cantor Pohle's Leitung recht ansprechend ausgeführt wurde. Dann sprach der Maler August Reinhardt in Loschwitz folgendes, im Namen der Loschwitzer Gemeinde dem hohen Königspaare von Moritz Heydrich gewidmetes Gedicht:

›Willkommen in Loschwitz!‹
Willkommen in des Dörfchens stillem Haine,
Geliebtes hohes königliches Paar!
Willkommen in dem milden Frühlingsscheine,
Den Sangesgruß bringt Dir das Dörfchen dar! –

Vom Herzen kommt es, was wir All' erflehen,
Hier in der heitern grünen Friedensau':
Daß der Genesung Wonn' im Frühlingswehen
Beglücke die verehrte hohe Frau!

Willkommen in des Haines Gottesfrieden,
Im frischen Maiengrün, verehrtes Paar,
Dem Gott des Herzens
höchstes Glück beschieden –
Die treu'ste Liebe bringt den Gruß Euch dar!

Möcht' es in uns'rem Loschwitz Euch gefallen!
Das wünscht in jedem Haus hier Jung und Alt –
Nehmt huldvoll an den Gruß –
er kommt von Allen:
Heil uns'rem Königspaar im grünen Wald!

Lied der Loschwitzer
zur
Feier der 100jährigen Wiederkehr
jenes Tages,
des 12. Septembers 1785,
da
Friedrich Schiller
zum ersten längeren Verweilen bei seinem Freunde
Ch. G. Körner
in Loschwitz bei Dresden eintraf.

Im Volkston und im Anschluß an einen Vers Ferdinand Stolle's
niedergeschrieben von M. J. N.
Verlag von Carl Werner.

Ortsgeschichtliche Sammlung
Blasewitz u. Umgegend
K. E. S.

Titelblatt »Lied der Loschwitzer«, 1885
LfD Sachsen, Slg. K. E. Scherz

Die Loschwitzer Liedertafel, unter Fellers Leitung, stimmte darauf das Abt'sche Lied an: Gott grüße Dich, dann brachte der Gemeindevorstand F. Modes dem gesammten sächsischen Königshause mit schlichten Worten ein herzliches Hoch, in das Alle freudigst einstimmten. Die trauliche Begrüßungsfeier der allerhöchsten herzlich verehrten Loschwitzer Sommergäste, vom herrlichsten Frühlingswetter begünstigt, schloß mit folgenden Strophen nach der Melodie der Sachsenhymne, die von Allen gesungen, aus Aller Herzen kam:

Heil Herr und König Dir
Mit Deines Lorbeers Zier
Im Rautenkranz!
Heil Dir, o Königin,
Mit treuem, frommen Sinn,
Heil Sachsens Königin,
Der Krone Glanz!

Hoch unser Königspaar,
Dem Gott so gnädig war,
In Freud' und Leid!
Gott seg'ne Sachsenland
Mit seiner Vaterhand
Unser lieb' Sachsenland
In aller Zeit!«

(Dresdner Nachrichten«, 23. April 1873)

Loschwitz, mein Paradies! (um 1900)
(Melodie: Mein Schönau.)

Ich suchte einst ein schönes Plätzchen,
Wo man zufrieden weilen kann.
Da fand ich eine solche Perle,
Die Bergeskette zog mich an.
Mein Lieblingsort, man nennt ihn Loschwitz,
Liegt an der Elbe kühlem Strand,
Und ist fürwahr das schönste Fleckchen
im deutschen Vaterland. –
O Loschwitz, mein schönes Loschwitz!
Du bist der Ort, der mein Herz hat bestrickt.
Dir hat der Schöpfer viel gegeben,
Und deine Pracht
hat mich stets hoch beglückt.
Man findet Reinheit und edle Wahrheit
In der Natur nur einzig und gewiß,
Darum ist Loschwitz, mein liebes Loschwitz,
Für mich ein wahres Paradies.

Du siehst der Pfirsich' zarte Blüte,
In voller Pracht noch mancherlei.
Die Luft in ganz besond'rer Güte
Macht Brust und Herz dir frisch und frei.
Und tausendstimmiges Gezwitscher,
Dem höre ich andächtig zu;
Da singt ein Vöglein wie im Traume
Ein Lied in stiller Ruh'. –
O Loschwitz, mein schönes Loschwitz! ...

Ich steh' auf hohem Bergesrücken,
Schau froh hinab ins grüne Tal,
Und seh' mit freudetrunknen Blicken
Die Herrlichkeiten allzumal.
Wo große Dichter einst gewandelt
Auf blum'ngeschmücktem Wiesenpfad,
Wo Schiffe in den Fluten gleiten
Mit Segel und mit Rad.
O Loschwitz, mein schönes Loschwitz! ...

Den Mitgliedern des Haus- und Grundbesitzer-Vereins gewidmet von **K. Roll**
(Karl Alfred Roll, 1848 – 1921)

Mein einziges Loschwitz (um 1910)
Mein einziges Loschwitz,
wie herrlich liegst du
An der Elbe lieblichem Strand,
Wie grüßen so freundlich von deinen Höh'n
Reizende Schlößchen,
weit hinein in das Land.
Aus dem Tale empor,
trägt den Wandrer zur Höh',
Die Drahtseil-, die Schwebebahn,
Die Elbe, von eisernem Arm überspannt,
»Das blaue Wunder« genannt,
Reg' belebet vom Dampfer,

vom Boot und vom Kahn,
Verbindet mit Nord dich und Süd,
Umspült deine Fluren, erhöht deinen Reiz
Soweit auch das Auge dich sieht.

Drum sei mir gegrüßet, du einziger Ort,
Du mein Loschwitz im Sachsenland,
Das einst Schiller geweiht,
als in Körners Haus
Er Erholung und Ruhe hier fand,
Von dem Eichendorff sang,
wo Ludwig Richter schuf,
Das Richard Wagner zur Jugendzeit sah,
Das viele Tausende jährlich zur Sommerszeit
Noch heute entzückt, und Erfrischung beut.
Sei gegrüßet du Perle im deutschen Land,
Auf dem Erdenrunde nur einmal bekannt,
Mein Loschwitz, sei mir gegrüßt!

Richard Rudolph, Ortsrichter Loschwitz
im von ihm herausgegebenen
»Gruß-Album von Loschwitz«, um 1910

Loschwitzgedicht (um 1910)
Ein Garten an sonniger Halte,
Ein Blütenmeer wenn es lenzt.
Vom Höhenkrönenden Walde
Die Fernsicht unbegrenzt.

Vom Westen Geblink und Geflimmer.
Das Hauptstadthäusermeer
Im Abendsonnenschimmer
Schaut grüßend zu Dir her.

Im Herbst am Stocke die Traube,
Des Apfelbaums farbige Frucht.
Manch‘ goldene Rebenlaube
An wasserrauschender Schlucht.

Tief unten als silberner Streifen
Der Fluß zieht wogend vorbei.
Fink, Star und Drossel pfeifen
Die Wandermelodei.

Millionen Farben und Tinten
Von Blüten, Himmel und Haus
Blinken nach Höhen und Winden
Von den Wassern heraus.

Kein Wunder, daß Maler und Dichter
So lieben das Dorf am Hang.
Schon Schiller, Körner und Richter
Von seiner Schönheit sang.

Martin → Pietzsch (1866 – 1961)
Aus »Loschwitz«, im Selbstverlag des
Ortsvereins, gedruckt bei Römmler & Jonas

Loschwitz! Loschwitz (1920)
(Melodie:
Deutschland, Deutschland über Alles...)

Loschwitz! Loschwitz! Berg und Halde.
Anger, Acker, Wald und Flur.
Blütenhänge, Rebenhügel,
D’rüber weit die Wolkenspur.
D’runter hell der Wasserspiegel
Eingezwängt vom Uferfeld.
Loschwitz! – schönre Täler, Hügel
Nirgends zeigt die weite Welt!

Architekten! Maler! Bildner,
Dichter und der Bretter Leut’
Schöpften Kraft zum neuen Schaffen
Bei Dir – Loschwitz – einst wie heut!
Schiller! Körner! Vogel! Richter!
Robert Diez, Prell, George Bähr.
Friedrich Wieck, Pauline Ulrich
Führten dir die Musen her.

Wink’st vergeblich goldner Riese,
Keulenmann vom Rathausturm.
Strahle in den Wolken weiter
Ohne uns bei Sonn’ und Sturm.
Greif‘ nach Süden, fass‘ nach Westen,
Unsre Fluren nicht berühr’n.
»Jungfrau Loschwitz« – nie und nimmer
Wird der goldne Mann entführ’n!

Freiheit wohnte auf den Bergen
Schon seit alters grauer Zeit,
Freiheit atmen Felder, Fluren,
Freiheit! Freiheit! Weit und breit.
Nur die eignen Arme führen
Stark das eigene Geschick.
Unser Loschwitz frei will tragen
Eigen Leid! und eigen Glück!

Martin Pietzsch
»Zur gelben Suppe am 29. Dec. 1920,
Jahresschlusssitzung des Gemeinderates.«
(Die Zwangseingemeindung nach Dresden
erfolgte aber dann doch am 1. April 1921 –
Jungfer Loschwitz wurde vom Rathausmann
bezwungen.)

Heimatdorf (1940)
Das sind die Hügel meiner Heimat,
wie Borten um der Landschaft Bild,
Weinberge, Wälder, Wiesengründe
und Gärten, schwer in Duft gehüllt.

Das ist das Dorf, bunt hingebettet
und aufgehellt von gutem Licht,
so lacht’s im Schmuck der runden Kirche
dem Himmel arglos ins Gesicht.

Das ist die vielersehnte Ferne,
der Kindheit schimmernd Morgenland.
O Vaterwort und Muttergüte,
o erster Schritt an treuer Hand!

Bezaubert steh ich vor den Wundern
wie einstmals, ein verspieltes Kind. –
Da weht von harter, grauer Straße
mein Bruder auf, der Wanderwind.

Max Zeibig (1889 – 1963)
aus »Die Heimat grüßt«
Dresden-Loschwitz / Februar 1940,
Nachdruck aus »Eine Hand voll Erde« /
Bastei-Verlag, Dresden

Mutter Ungers Weinstuben gewidmet (um 1920)
(Melodie: Ich hatt’ einen Kameraden)

Ich kenn’ ein nettes Kneipchen,
Eine bess’re findst du nit!
Ich lenk’, weils dort gemütlich,
Die Gäste froh und friedlich
Hin täglich meinen Schritt!

Sind auch die Zimmer niedrig
Und auch ein bißchen klein,
’s ist alles doch gemütlich,
Dabei tut man sich gütlich
Am reinen Pfälzer-Wein.

Die Speisen sind sehr gute
Der Schinken saftig, zart;
Es schmeckt hier unvergleichlich,
Dabei ist alles reichlich
Nach alter deutscher Art!

Hast du mal schlechte Laune,
Bist müde du und matt,
Hast Durst du oder Hunger,
So geh’ zur Mutter Unger
Dort wirst du froh und satt.

Wer einmal hier gewesen,
Der kommt auch immerfort.
Auch der, der dies geschrieben,
ist oft und lang geblieben
Weil heimisch ihm der Ort ! –

Karl Roll,
Privatier, Pillnitzer Landstraße 15

Geier, Oskar; Musiker (1889 – 1952) → *K2*
Geißler, Max; Schriftsteller und Dichter (1868 – 1945) → *K2*

Gemeindeamt/Ortsamt

Bis zur Einführung der Landgemeindeordnung (Gesetz vom 7. November 1838), die am 1. Mai 1839 in Kraft trat, lag die Verwaltung der drei Loschwitzer Gemeinden (→ *S. 45*) bei obrigkeitlichen Ämtern. Das Materniamt des Rates zu Dresden übte die Hoheit über die Ratsgemeinde aus, das Justizamt Dresden über die Amts- und Winzergemeinde; sechs Häuser in der Friedrich-Wieck-Straße unterstanden dem Rittergut Wachwitz/Niederpoyritz und ein Anwesen in der Schillerstraße dem Religionsamt Dresden-Neustadt.

Amtliche Rechtssachen, wie Personenstands-, Erb- oder Grundstücksangelegenheiten, verfassten die in Rats- und Amtsgemeinde gewählten Ortsrichter. Als Rechtsort dienten die alte Erbschänke (der spätere → *Gasthof Demnitz*) oder die richterliche Wohnung. Anschließend wurde der Vorgang dem übergeordneten Amt zur Beglaubigung (Rekognition) eingereicht und nur durch dessen Rekognitionsvermerk rechtskräftig.

1839, Loschwitz war zu einer einheitlichen Gemeinde zusammengefasst worden, wählten die hausbesitzenden Gemeindemitglieder einen Gemeinderat, der sich am 20. Mai des Jahres konstituierte. Dieses Gremium bestimmte den Gemeindevorstand und den Gemeindeältesten, welche die Gemeinde rechtlich vertraten. Loschwitz hatte also nie einen Bürgermeister. Rechtsangelegenheiten aus dieser Zeit wurden in der Regel vom Ortsrichter, dem Gemeindevorstand und den Betreffenden signiert. Die Bestätigung erfolgte nunmehr durch das Königliche Gerichtsamt Dresden, das mit Amts- und Gebührensiegel den Vorgang sanktionierte.

Als ehrenamtliche Gemeindevorstände fungierten:

1839 Gasthofbesitzer (Weißer Adler) Friedrich August Fischer, dann November 1839 bis 1844 Johann Samuel Gebhard, 1845 bis 1850 Friedrich August Raffs, 1851 bis 1867 Karl Gottlob Kegel, 1868 bis 1873 Fährmeister Eduard Modes und 1874 bis 1875 wieder Karl Gottlob Kegel.

Infolge des Gesetzes über die Reorganisation der unteren Verwaltungsbehörden, das 1874 in Kraft trat, gab es dann berufsmäßige Gemeindevorstände. Das waren 1875 bis 1877 Moritz Julius Schrön, 1877/78 kommissarisch Karl Otto Schilling von der Amtshauptmannschaft Dresden-Altstadt, 1878 bis 1890 Moritz August Strauß, 1892 bis 1896 Oskar Albin Weigert und schließlich bis 31. März 1921 Friedrich Ernst Näther.

Über den Verwaltungssitz der frühen Gemeindevorstände nach 1839 gibt es keine Angaben, obgleich es schwer vorstellbar ist, dass ein solcher nicht existierte. Immerhin hatte Loschwitz um 1840 1.500 Einwohner in etwa 280 Häusern, die sich bis 1880 auf 3.500 Einwohner in 900 Familien und 440 bewohnten Häusern steigerten. Das erforderte auch einen zunehmenden administrativen Aufwand. Da jedoch Gemeindeeigentum nur im Vorgängerbau des Armenhauses Grundstraße 137 bestand, das die Gemeinde 1840 erworben hatte, kann angenommen werden, dass sich eine Amtsstube in der in Dorfmitte gelegenen Alten Pfarre, die seit 1837 in Privatbesitz war, befunden haben könnte.

1883 ist dann der Gemeindesitz als Mieter im 1878 erbauten Haus des Maurers Hermann Schulze in der Grundstraße 5 bezeugt. Das Adressbuch nennt hier ausdrücklich das Gemeinde- und Standesamt, den Gemeindevorstand Strauß, einen Kassierer und Ortssteuereinnehmer sowie die Geschäftsstelle der

Gemeindevorstand Ernst Näther, um 1925
Foto: Slg. Matthias Griebel

Friedrich Ernst Näther (1862–1945) begann seine Laufbahn in der Gemeindeverwaltung Loschwitz schon vor 1888 als Gemeinderegistrator und stellvertretender Standesbeamter. 1896 wurde er Gemeindevorstand. Als solcher auch Vorsitzender des Schulvorstandes, ist ihm die Auswahl des erst 25-jährigen Otto Kotzsch für die Lehrerstelle in Loschwitz zu danken. Standesbeamter des königlichen Standesamtes, Verwaltungsmitglied der Loschwitz-Blasewitzer Elbbrücke und Vorsitz im Wasserwerksausschuss sowie im Gemeinde-Waisenrat, waren weitere Funktionen des Gemeindevorstandes. Auch führte Näther die schwierigen Verhandlungen mit der Stadt Dresden zur Eingemeindung von Loschwitz, die am 1. April 1921 vollzogen wurde. Am 4. August 1945 verstarb er 82-jährig in Loschwitz, dem er als letzter Gemeindevorstand 25 Jahre gedient hatte.

Der Ratssaal in seiner Ausstattung von 1894 *Foto: Slg. Matthias Griebel*

Loschwitzer Gemeinderat 1893, v. l. n. r: obere Reihe Ernst Adolf Barth, Gastwirt; Richard Heinrich Eger, Schlosser; Emil Theodor Kegel, Stubenmaler; Friedrich Wilhelm Richter, Fleischermeister; ... Steglich, ?; mittlere Reihe Karl August Traugott Fritzsche, Privatus; Ernst August Weigel, Dampfschneidemühlenbesitzer; Friedrich Franz Möbius, Kaufmann; Friedrich Gustav Teich, Maurer; Carl Friedrich Modes, Restaurateur; ... Harzbecker, ?; Gustav Adolf Feller, Maurer; vordere Reihe Friedrich Ernst Lamm, Königlicher Amtsstraßenmeister; Friedrich Ernst Kotte, Gemeindeältester; Oskar Albin Weigert, Gemeindevorstand; Karl Richard Herfurth, Gemeindeältester; Adolf Leberecht Looß, Privatus

Foto: »Ortsgeschichtliche Sammlung Blasewitz und Umgegend« von Karl Emil Scherz, Landesamt für Denkmalpflege Sachsen, Repro: Ernst Hirsch

Rentenversicherungsanstalt. Im gleichen Jahr hatte die Gemeinde von Bormanns Erben deren Grundstück (später Körnerplatz 3) mit dem alten Bormann-Haus und dem 1859 erbauten Restaurationsgebäude »Unterer Burgberg« erworben. In diesem fanden nun die Gemeinderatssitzungen statt und Ostern 1885 wurden auch die Verwaltungs-, Expeditions- und Kassenräume hierher verlegt. Das Restaurant im nunmehrigen Gemeindeamt oder auch Rathaus wurde als → *»Ratskeller«* verpachtet. Der Saal war bereits 1883 mit historisierendem Ratsherrengestühl ausgestattet worden und blieb seitdem dem Gemeinderatskollegium vorbehalten. Nach einer Ausschreibung und der Finanzierung durch den Gemeinderat erfuhr dieser Sitzungssaal 1894 eine räumliche Ausstattung im altdeutschen Stil. Nach einem Entwurf der Malerfirma Lenk & Huhn, Weißer Hirsch entstand eine aufwendige Bemalung der Kassettendecke. Jede Ecke eines Kassettenfeldes wurde mit dem Innungswappen der 24 ortsansässigen Handwerker geschmückt. Leonhardi stiftete dazu ein Bild von König Albert. Ein Wandspruch lautete: »Wer seines Mundes hat Gewalt, der wird mit Ehren alt.«

Das Bormann-Haus an der Straße war indessen abgebrochen und 1892 durch das Gebäude des späteren »Bräustübel« ersetzt worden, in welchem die → *Polizeiwache* ihr Domizil bezog.

Dennoch entstand durch die steigenden Verwaltungsaufgaben erneuter Platzbedarf, weshalb die Gemeinde 1903 das dem Spritzenhaus benachbarte Haus Grundstraße 3 erwarb und nunmehr über mehrere Rathausobjekte verfügte. Dies zu zentralisieren, wurde der Plan zu einem Rathausneubau an gleicher Stelle gefasst. Ein 1913/14 ausgelobter Architektenwettbewerb, den der Loschwitzer → *Architekt Rudolf* → *Kolbe* (1873–1947, → *K1*) gewann, konnte jedoch wegen der allgemeinen Situation um den Ersten Weltkrieg nicht verwirklicht werden. So verblieb es bis zur Eingemeindung bei den bisherigen Räumlichkeiten für die kommunalen wie königlichen Instanzen. Diese stellen sich erstaunlich bürgerfreundlich im Adressbuch von 1917 wie nebenstehend dar.

Mit dem 1. April 1921 übernahmen die städtischen Behörden alle Verwaltungsangelegenheiten des neuen Stadtteils Dresden-Loschwitz. Der »Ratskeller« blieb Pachtlokal mit Wohnungen. In der Grundstraße 3 befanden sich die Städtische Bücherei, eine Polizeibezirkswache sowie wasserwirtschaftliche Einrichtungen, bis in der Nazizeit auch das Amt für Volkswohlfahrt und die Ortsgruppe der NSDAP die Räume nutzte. Letztere befand sich in den Jahren des Zweiten Weltkriegs im Haus Grundstraße 1, das beim Luftangriff auf Dresden im Februar 1945 vollständig ausbrannte.

Nach 1945 gehörte Loschwitz zur Städtischen Bezirksverwaltung II und ab 1. Mai 1952 zum Stadtbezirk Dresden-Ost. Der »Ratskeller« blieb bis zu seiner Schließung 1974 HO-Gaststätte, in der Grundstraße 3 waren Rentenzahlstelle, Schiedskommission, Jugendweihe-, Konsum-, Wohnbezirks- und Wahlausschuss sowie die Wohnbezirksorganisation der SED untergebracht.

Nach dem politischen Umbruch entstanden laut Stadtratsbeschluss vom 18. April 1991 zehn Ortsämter. Das Ortsamt Loschwitz hatte seinen Sitz zunächst im Ortsamt Blasewitz. 1995/96 wurde anstelle des abgebrochenen »Ratskellers« und des Gebäudes Grundstraße 3 ein neues Ortsamtsgebäude errichtet und am 1. Februar 1997 mit der Adresse 01326 Dresden, Grundstraße 3 eingeweiht. Die Bürger des Ortsamtsgebietes Loschwitz nahmen vom Haus

Rathaus mit Ratskeller, links an der Fassade der Schriftzug »Gemeindeamt«, Ansichtskarte
Slg. Matthias Griebel

Gemeinderatskollegium

Gemeindeälteste:

1. Winckler, Otto, priv. Zivil-Ing., Rißweg 5.
2. Geißler, Julius, Rent., Prinzeß-Luisa-Str. 3.

Ausschußpersonen der Ansässigen:

Ihle, Arthur, Kfm., Adlerstr. 8.
Schramm, Richard, Eiskellereibes., Grundstr. 86.
Peter, Otto, Kunstmaler, Robert-Diez-Str. 12.
Reck, Georg, Hotelier, Prinzeß-Luisa-Str. 8.
Richter, Otto, Gürtlermstr., Grundstr. 48.
Richter, Theodor, Archit. u. Baumstr., Schillerstraße 10.
Roll, Karl, Priv., Pillnitzer Str. 15.
Schmidt, Friedrich, Kfm., Schillerstr. 25.
Serre, Anton, Oberstleutn. z. D., Böhmertstr. 6.
Winkler, Paul, Archit. u. Baumstr., Körnerpl. 2.

Ersatzmänner der Ansässigen:

Diethe, Richard, Bureauinspektor, Weißer-Hirsch-Str. 5.
Flinsch, Arthur, Gärtnereibes. u. Kfm., Pillnitzer Str. 31.
Schimron, Emil, Schlossermstr., Friedrich-Wieck-Str. 1.

Ausschußpersonen der Unansässigen:

Dörffel, Hugo, Dr. med., San.-Rat, prakt. Arzt, Körnerpl. 7.
Reuther, Emil, Lehrer, König-Friedrich-August-Str. 15.
Thonig, Julius, Maler, Weißer-Hirsch-Str. 3.
Wießner, Franz, Fbrkarbtr., Grundstr. 77.

Ersatzmänner der Unansässigen:

Fricke, Heinrich, Kfm., Viktoriastr. 2.
Kändler, Louis, Zolleinnehmer a. D., Viktoriastraße 44.

Anm.: Die Sitzungen sind öffentlich und werden in der Regel aller 14 Tage Mittwochs abends im Rathaussaale abgehalten

Gemeindeverwaltung

☎ 993 u. 994

Körnerpl. 3, Rathaus I. Obergeschoß. Geöffnet: Montags bis Sonnabends vormittags von 8—1, nachmittags geschlossen. Sonn- und Feiertags geschlossen. Vorstand: Näther, Ernst

Expedition: Rieß, Arthur, Sekr. u. 1. stellv. Standesbeamt., verpfl. Protokollant; Born, Alfred, Registr. u. 2. stellv. Standesbeamt., verpfl. Protokollant; Böhme, Willy, Polizeiregistrator u. verpfl. Protokollant; Heber, Alfred, Exped., Vollstreckungsbeamt. u. verpfl. Protokollant; Schalle, Elsa, Hilfsarbtrn.; Herfurth, Hans, Scholar; Hunger, Charlotte; Metzner, Ilse; Meißner, Elisab.

Fundamt im Rathaus,

Körnerpl. 3 1. ☎ 993 u. 994

Einwohnermeldeamt

Körnerpl. 3, Rathaus

☎ 993 u. 994

Geöffnet: Montags bis Sonnabends vormittags von 8—1, nachmittags geschlossen. Sonn- und Feiertags geschlossen

Nagel, Kurt, Hilfsarbeiter.
Zeißler, Walter, Hilfsarbeiter.

Gemeindebauverwaltung

Grundstr. 3, Rathaus I. Obergeschoß

☎ 993 u. 994

Sprechstunden beim Ortsbauinspektor nur an Wochentagen von 12—1 Uhr mittags

Glaß, Gustav, Ortsbauinsp.; Peter, Moritz, Straßenmstr.

Armenwesen

Der Ort ist in 5 Armenpflegerbezirke eingeteilt s. Polizeibezirke

Gemeinde-, Schul-, Armen-, Wasserwerks- und Brückenkassenverwaltung, sowie Gasgeldereinnahme

Grundstr. 3, Rathaus I. Obergeschoß

☎ 993 u. 994

Geöffnet: Montags bis Sonnabends vormittags von 8—1, nachmittags geschlossen. Sonn- und Feiertags geschlossen

Braun, Gustav, Kassierer u. verpfl. Protokollant; Krah, Paul, Kontroll. u. verpfl. Protokollant; Heber, Alfred, Exped. u. verpfl. Protokollant; Mönnich, Arthur, Hilfsexped.; Störl, Walter, Hilfsarbtr.

Steuereinnahme und Wasserzinshebestelle

Grundstr. 3, Rathaus Eg

☎ 993 u. 994

Geöffnet: Montags bis Sonnabends vormittags von 8—1, nachmittags geschlossen. Sonn- und Feiertags geschlossen

Gräfe, Oskar, Kassierer u. verpfl. Protokollant; Eimert, Oscar, Kontroll. u. verpfl. Protokollant; Kreutze, Wilhelm, Hilfsarbtr.

Steuertermine

a. Staatssteuern

Grundsteuer: 1. Februar und 1. August.
Landeskulturrente: 31. März, 30. Juni, 30. September und 31. Dezember.
Brandkasse: 1. April und 1. Oktober.
Einkommensteuer: 30. April und 30. September.
Ergänzungssteuer: 30. April und 30. September.
Katholische Kirchenanlagen: 15. Juli u. 15. Oktober.
Miet- und Pachtvertragsstempelsteuer: 30. April.

b. Gemeindesteuern

Grundwertsteuer: 1. Februar und 1. August.
Gemeindeeinkommensteuer: 15. April u. 15. Oktober.
Wasserzins: 2. Januar, 1. April, 1. Juli und 1. Oktober.
Schulgeld: 2. Januar, 1. April, 1. Juli und 1. Oktober.
Biersteuer: 2. Januar, 1. April, 1. Juli u. 1. Oktober.
Automatensteuer: 30. Juni und 31. Dezember.
Reklameschildersteuer: 30. Juni und 31. Dezember.
Hundesteuer: 31. Januar.

Sparkasse zu Loschwitz

Grundstr. 3, Rathaus I. Obergeschoß

☎ 993 u. 994

Geöffnet: Montags bis Sonnabends von vorm. 8 bis mittags 1 Uhr, nachm. geschlossen. Sonn- und Feiertags geschlossen

Einlagen werden mit 3½ vom Hundert verzinst bei täglicher Verzinsung.

Kassierer: Braun, Gustav; Kontrolleur: Krah, Paul.

Polizeihauptwache, Körnerpl. 3 Eg

☎ 993 u. 994

Geöffnet: Tag und Nacht

1. Polizeibezirkswache

Fischhausstr. 3 Eg

Mit der Hauptwache telephonisch verbunden. ☎ 263. Geöffnet: Tag und Nacht

2. Polizeibezirkswache

Rißweg 70 Eg

Mit der Hauptwache telephonisch verbunden
Geöffnet: Tag und Nacht

Schutzmannschaft:
Junghans, Ernst, Wachtmeister

Schutzleute:

Lässig, Ernst,	Koch, Hugo,
Sander, Franz,	Menzel, Oskar,
Fink, Ernst,	Opitz, Gustav,
Kunze, Gustav,	Mühle, Max
Franz, Ernst,	und 3 Hilfsschutzleute.

Königl. Standesamt

Rathaus, Körnerpl. 3 1, ☎ Loschwitz 993 u. 994

Geöffnet: Montags bis Sonnabends vormittags von 8—1, nachmittags geschlossen. Sonn- und Feiertags geschlossen

Näther, Ernst, Gemeindevorst., Standesbeamter; Rieß, Arthur, Sekretär, 1. Stellvertreter; Born, Alfred, Registrator, 2. Stellvertreter.

Königl. Friedensrichteramt

Weißer Hirsch, Bautzner Str. 23

Geöffnet: Dienstag bis Freitag von 11—1 Uhr
Großer, Ehregott, Friedensrichter.

Ortsgerichte

Rudolph, Richard, Kfm., Grundstr. 18.
Gerichtsschöppen: Herfurth, Kurt, Kfm., Schillerstraße 1; Ihle, Arthur, Kfm., Adlerstr. 8; Gruhl, Arth., Pillnitzer Str. 82 Eg.

Königl. Gendarmerie

☎ 12360

Distrikt Nr. II, Brigade Blasewitz: Blasewitz Loschwitz, ausschl. des Ortsteiles Oberloschwitz, Wachwitz, Niederpoyritz. Jäckel, Franz, Gendarmerie-Oberwachtmstr., Blasewitz, Dobritzer Str. 4 1; Bräuer, Rudolf, Gendarm, Blasewitz, Dobritzer Str. 4 Eg

Distrikt Nr. IV, Brigade Weißer Hirsch: Weißer Hirsch, Oberloschwitz, Rochwitz, Pappritz. Steinhoff, Otto, Gendarm, Loschwitz, Prinzeß-Luisa-Str. 5 II. ☎ 489

Königl. Schlachtsteuereinnahme

1. Friedrich-Wieck-Str. 10 II

Geöffnet: vormittags von 8—½12 und nachmittags von ½2—5 Uhr

2. Weißer Hirsch, Schulstr. 10 (für Oberloschwitz)
Einnehmerin: Emilie verw. Thierbach.

Königl. Ortsstempeleinnahme

Schillerstr. 1 Eg, ☎ 967

Geöffnet: vormittags von 9—11 und nachmittags von 1—5 Uhr
Einnehmer: Kurt Herfurth, Kfm.

Behörden in Loschwitz, aus dem Adressbuch von 1917 *Slg. Matthias Griebel*

Besitz, nutzten und nutzen neben der Erledigung von Verwaltungsangelegenheiten auch die Möglichkeiten des Hauses als »Bürgerhaus«; Vereine und Verbände mieten sich zu Veranstaltungen ein und die Tiefgarage hilft, den Parkplatzmangel am Körnerplatz zu lindern.

Die öffentliche Toilette im Foyer-Bereich, natürlich behindertengerecht wie alle Einrichtungen des Hauses, wird von Passanten und Besuchern des Ortsamts während der Öffnungszeiten des Hauses rege genutzt. Der in Loschwitz immer noch umstrittene Neubau am historischen Körnerplatz stellt einen wichtigen Kristallisationspunkt zur Verbesserung der Infrastruktur im Sanierungsgebiet dar. Möge dieses Haus auch weiterhin Treffpunkt der Bürger sein, heute und in Zukunft.

Zum Ortsamtsbereich Loschwitz gehören die Stadtteile Loschwitz, Bühlau, Weißer Hirsch, Rochwitz, Wachwitz, Niederpoyritz, Hosterwitz, Pillnitz, Oberpoyritz und Söbrigen sowie (außer kleinen Teilen in den Ortsamtsbereichen Neustadt, Klotzsche, Weixdorf und Langebrück) das Gebiet der Dresdner Heide.

Noch 2000 wurden folgende Sachgebiete ausgewiesen, die sich jedoch später verringerten: Ortsamtsleitung, Bürgerberatung, Umweltvorsorge, Soziale Leistungen, Jugend/Soziale Dienste, Offene Altenhilfe, Bauaufsicht, Meldestelle, Gehölzschutz, Schulverwaltung, Gemeindlicher Vollzugsdienst und Schiedsstelle.

Als Ortsamtsleiter fungierten: Peter Rauch bis 31. Januar 2002, dann kommissarisch der Ortsamtsleiter von Blasewitz Dieter Brunow, ab 5. Mai 2003 Dr. Norbert Zimmermann

Gemeinde- bzw. Ortssiegel

Die Landgemeindeordnung des Königreiches Sachsen von 1839 legte fest, dass »der Gemeindevorstand... das Gemeindesigel zu führen« hat. § 19: »Das Gemeindesiegel, wo ein solches noch nicht vorhanden, wird von der Obrigkeit auf Kosten der Gemeinde angeschafft und dem Gemeindevorstande eingehändigt. Es muss jedenfalls mit der Auf- oder Umschrift ›Gemeinde zu N. N.‹ versehen sein und kann außerdem, wenn die Gemeinde es wünscht, ein angemessenes, der obrigkeitlichen Genehmigung unterliegendes Sinnbild enthalten.«

Bildsiegel: Wurde vom Gemeinderat verwendet. Zeigt im Wappen die Weintraube und den Anker, bekrönt von der Justitia

Bildsiegel: Vom Gemeindevorstand benutzte Siegelmarke

Bildsiegel: Für die Gemeindeverwaltung wurde die Justitia als Symbol benutzt

Polizisten beim Königsbesuch 1904 vor dem Ratskeller, in dem sich zu dieser Zeit das Gemeindeamt befand. Foto: James Aurig, Slg. M. Griebel

Das 1997 eingeweihte neue Ortsamtsgebäude Loschwitz, 2014 *Foto: Siegfried Großmann*

(1948 – 2006) bis zu seinem frühen Tod am 24. März 2006 und schließlich bis 31. Juli 2009 die bisherige Verwaltungsleiterin des Ortsamts Giesela Lange. Ihr folgte Sylvia Günther.

Mit der Einrichtung der Ortsämter wurden auch die Ortsbeiräte als bezirkliche Verwaltungsorgane gebildet. Während die Stadtverordneten durch die Kommunalwahlen von den Bürgern gewählt sind, werden die Mitglieder des Ortsbeirates von den im Stadtrat vertretenen Parteien und Wählervereinigungen bestellt. Dabei soll das im Ortsamtsbereich bei der Kommunalwahl erzielte Ergebnis berücksichtigt werden. Ihren Wohnsitz müssen die Ortsbeiräte im Ortsamtsbereich haben, für den sie nominiert worden sind.

Vorsitzender des Ortsbeirates ist der Oberbürgermeister oder dessen Beauftragter, in der Regel der Ortsamtsleiter bzw. die Ortsamtsleiterin. Der Ortsbeirat ist ein beratendes Organ. Er selbst kann keine Beschlüsse fassen. In der Sächsischen Gemeindeordnung heißt es: »Der Ortsbeirat ist zu wichtigen Angelegenheiten, die den Ortsamtsbereich betreffen, zu hören. Vorlagen und Anträge an den Stadtrat, die wichtige gemeindliche Angelegenheiten des Ortsamtsbereiches betreffen, sind daher im Ortsbeirat zu behandeln.«[1]

Seine konstituierende Sitzung hatte der Ortsbeirat Loschwitz am 18. Dezember 1991 im Ratssaal des Ortsamtes Blasewitz. Seit Februar 1997 tagt er in der Regel monatlich im Ortsamt Loschwitz. Waren es 1991 noch 15 Mitglieder des Ortsbeirates, so wurde die Zahl später auf elf festgelegt. **Matthias Griebel**

Zitat:
Dresdner Amtsblatt, 2011
Quellen: 253, 386, 622, 724, 725, 756, 824, 847, 1000

Sitzung des Ortsbeirates, 2014 *Foto: J. Frohse*

George, Heinrich; Schauspieler (1893 – 1946) → *K1* → *»Felsenburg«*
Georgi, Katja; Regisseurin (* 1928) → *K2*
Georgi, Klaus; Regisseur (* 1955) → *K2*
Georgi, Oliver; Maler und Filmemacher (* 1957) → *K2*

Gerichtsbarkeit

Die Gerichtsbarkeit lag früher beim jeweiligen »Landeigentümer«. Das war in Loschwitz nicht anders. Da das Maternihospital bereits 1329 mit allen seinen Besitzungen an den Rat zu Dresden überging, war dieser seitdem auch in Gerichtssachen zuständig für die Loschwitzer »Ratsgemeinde« (→ *S. 45*). Nachdem 1547 Kursachsen aufgeteilt worden war und damit auch der »Meißnische Kreis« entstand, kam die Gerichtsbarkeit in der wahrscheinlich kurz danach entstehenden Loschwitzer »Amtsgemeinde« in die Zuständigkeit des jeweiligen Landesherrn, der einen Syndikus für Gerichtsangelegenheiten bestimmte. Daraus entwickelte sich das Syndikatsamt oder Justizamt.

Für die Loschwitzer Ratsgemeinde und die Amtsgemeinde gab es »vor Ort« jeweils einen zuständigen Ortsrichter und einen oder zwei »Gerichtsschöppen«. Der Ort der Rechtsprechung war spätestens seit 1556 im späteren Bauerngut der Familie Karisch (→ *Bauerngüter*) bzw. in der angrenzenden »Erbschänke« (→ *Gasthof Demnitz*). Der erste für Loschwitz erwähnte Ortsrichter war der dort ansässige und für die Ratsgemeinde zuständige Marcus Reysig. Ob auch der Ortsrichter der Amtsgemeinde hier tätig war, muss angezweifelt werden. Vermutlich fanden die Verhandlungen an einem Ort innerhalb der Amtsgemeinde statt. Der jeweilige Ortsrichter hatte die Verhandlung zu führen und zu einem »Vorurteil« zu kommen. Dieses musste an die übergeordnete Behörde, also den Rat der Stadt oder das Justizamt, gegeben werden, um rechtskräftig zu sein. Die sich etwa von der Schillerstraße bis zur Stadtgrenze erstreckende »Winzergemeinde« besaß keinen eigenen Ortsrichter, war aber wahrscheinlich auch dem Justizamt unterstellt. Die im Ortskern liegenden Grundstücke der heutigen Friedrich-Wieck-Straße 20, 22, 24, 26 und 28 gehörten zur Gerichtsbarkeit des Rittergutes Wachwitz-Niederpoyritz. Ob der Ortsrichter der Ratsgemeinde zuletzt für die Bewohner dieser Häuser die Zuständigkeit besaß, muss offen bleiben. Ebenso ist für das an der Schillerstraße dem Religionsamt gehörende Areal nur zu vermuten, dass die Gerichtsbarkeit mindestens anfangs noch bei diesem Amt lag.

Mit dem Inkrafttreten der Sächsischen Landgemeindeordnung im Mai 1839 war das Ende der verschiedenen Gemeinden in Loschwitz gekommen. Der nun bestehende Loschwitzer Gemeinderat (→ *Gemeindeamt*) bestimmte jetzt den Friedensrichter, der weiter seine Arbeit ehrenamtlich versah. Loschwitz gehörte nun zur Amtshauptmannschaft Dresden-Neustadt, für alle Rechtsangelegenheiten war jedoch das Königliche Gerichtsamt Dresden zuständig. Zu den Aufgaben des Ortsrichters gehörten auch alle Polizeiangelegenheiten (→ *Polizei*), die Führung eines »Katasters« (Registers) über Gewerbe,- Grund- und Personalsteuern, die Führung eines »Manuales« (Tagebuch) über die Arbeit des Gemeinderats und die »gerichtliche Aufhebung von Leichnamen«[1].

Die letzten Loschwitzer Ortsrichter:

1881 – 1899: Gottlieb Hennig (1818 – 1899)
1899 – 1911: Emil Kegel (1845 – 1911)
1911 – 1915: Richard Herfurth (1854 – 1915)
1915 – 1921: Richard Rudolph (1864 – 1939)

Parallel zu den Ortsrichtern gab es auch einen »Königlichen Friedensrichter«, dessen Aufgaben vor allem im Schlichten von Konflikten zwischen Bürgern bestanden und damit den Aufgaben eines heutigen Friedensrichters ähnelten. Die letzten in Loschwitz ansässigen waren bis etwa 1885 Friedrich Eduard Schnorr von Carolsfeld (1838 – 1910), gefolgt von Georg Moritz Sigismund Blochmann (1820 – 1894) und dem ehemaligen Gemeindevorstand Moritz Strauß (1835 – 1904). Dessen Nachfolger wurde 1902 Ehregott Großer, der auf dem Weißen Hirsch wohnte und dort, wie auch schon seine Vorgänger, Sprechstunden in der Privatwohnung hatte.

Emil Kegel

Richard Herfurth

Richard Rudolph *Fotos (3): Slg. M. Griebel*

Mit der → *Eingemeindung* 1921 nach Dresden war das Ende der Ortsrichter gekommen. Der bisherige Ortsrichter Richard Rudolph wurde jetzt Friedensrichter. Mit dem Beginn der Herrschaft des → *Nationalsozialismus* änderten sich die Zuständigkeiten, die Bezirke und die Bezeichnungen für die in den Bezirken zuständigen Richter. Richard Rudolph war nun »Lokalrichter« wie auch gleichzeitig Friedensrichter. Loschwitz gehörte zu zwei verschiedenen Gerichtsbezirken: Der → *Ortsteil Oberloschwitz* gehörte mit Weißer Hirsch und einem Teil von Bühlau zum Bezirk 26, während der Hauptteil von Loschwitz, zusammen mit Rochwitz und Wachwitz, dem Bezirk 33 zugeordnet war. Richard Rudolph blieb bis zu seinem Tod im Jahr 1939 für den Bezirk 33 zuständig. Im Bezirk 26 war seit 1937 der → *Polizei*-Offizier Paul Weigelt zuständig, der nach dem Tod von Rudolph bis Kriegsende auch die Vertretung für das übrige Loschwitz innehatte.

Auch nach 1945 verlief die Entwicklung zunächst problematisch. 1953 erfolgte eine Neuregelung der »Schiedskommissionen«, die durch die »Schiedskommissionsordnung« von 1968 nochmals verändert wurde. Einer solchen Kommission sollten in der Regel acht bis 15 Schiedspersonen angehören. Ihre Aufgaben entsprachen im Wesentlichen denen der Friedensrichter vor 1933. Ihre politische Unabhängigkeit muss angezweifelt werden, wenn es in § 9 des Gesetzes von 1968 heißt: »Um die erzieherische Wirkung der Beratung zu erhöhen, kann die Schiedskommission Vertreter staatlicher Organe, der Leitungen gesellschaftlicher Organisationen, des Ausschusses der Nationalen Front, der Hausgemeinschaft, des Betriebes, der Produktionsgenossenschaft und andere gesellschaftliche Kräfte einladen.«[2] In Dresden-Loschwitz gab es ab etwa 1953 eine Schiedsstelle in der Grundstraße 3.

Nach 1990 wurde das Schiedsstellenwesen erneuert und für Sachsen 1999 in einem Gesetz geregelt. Seitdem gibt es in Sachsen wieder örtliche Friedensrichter. In Dresden-Loschwitz werden die Sprechstunden im → *Ortsamt* angeboten. Aufgabe der Friedensrichter ist es, zwischen den streitenden Parteien zu schlichten. Verfahren vor dem Friedensrichter sind bei Privatklagedelikten obligatorisch einem Gerichtsverfahren vorgeschaltet.

Otto-R. Wenzel

Zitate:
1 Stadtarchiv Dresden: Gemeindebuch Loschwitz 1863 bis 1871, 8.27, I, 17,6
2 Schiedskommissionsordnung [DDR] vom 4. Oktober 1968
Quellen: 39, 824, 917, 922, 951, 1000

Elbufer an der Mole des Loschwitzer Hafens, 2009 *Foto: Jürgen Frohse*

Gewässer

Diesem Sammelbegriff sind nur die fließenden und stehenden Gewässer (Bäche und Teiche) sowie Quellen der Gemeindeflur zugeordnet.

Die **Elbe**, welche über etwa vier Kilometer die südliche Ortsbegrenzung bildet, wird an anderer Stelle ausführlich behandelt. Jedoch waren im 19. Jahrhundert im Zuge der Flussregulierung aus wassertechnischen und fiskalischen Gründen auf der Loschwitzer Flur sogenannte Buhnen (Uferbefestigungen) mit in die Elbwiesen reichenden, unter Wasser stehenden Buhnenfeldern entstanden. Diese bezeichnete man damals als Haben, was im Mittelhochdeutschen »Hafen« oder »Topf« bedeutete. Da sie ideal geschützte Laichplätze für Weißfische bildeten, wurden sie auch im Rahmen der Elbfischerei als Zuchtbecken für deren Brut, die sogenannten »Sahnepiepen« genutzt.

Eine Karte des Elbestromes von 1878 weist oberhalb der Trillemündung acht hintereinander liegende kleinere und größere Buhnenfelder aus. Während die entfernteren bald verfüllt wurden, blieben drei der Wasserflächen bis nach 1900 bestehen. Die unterste, die auch als Pferdeschwemme genutzt wurde, diente dann als Schutthalde. Noch nach der Eingemeindung verzeichnen Dresdner Stadtpläne je eine Habe in Nähe des Wasserweges. Auch diese wurden in der Folgezeit verfüllt.

Blick nach Blasewitz über die Elbe mit »Haben«, um 1890 *Foto: August Kotzsch*

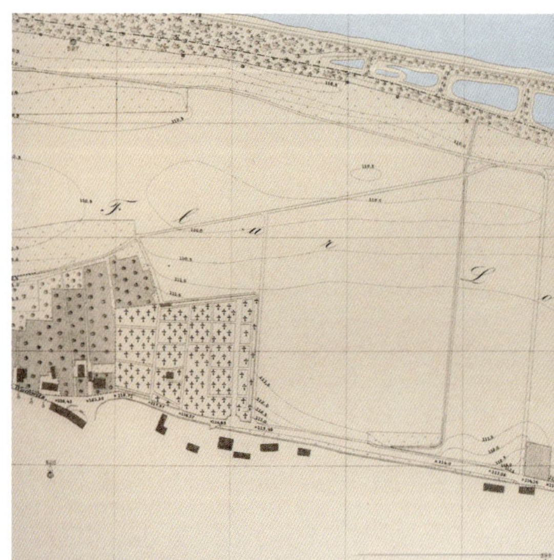

Trille-Austritt unterhalb der Gaststätte »Eule«

Während der Sanierungsarbeiten geöffneter Trille-Kanal im Dorfkern Foto: J. Dose

Trille-Mündung unter der »Rollerbahn«
Fotos (2): Siegfried Großmann

Fließende Gewässer
Loschwitz wird von drei fließenden Gewässern zweiter Ordnung (Bäche), die in die Elbe münden, durchflossen. Diese Bäche haben ihr Einzugsgebiet in und am Rande der Dresdner Heide. Sie werden durch Zuflüsse und Quellen gespeist.

Der im Bühlauer Teich entspringende **Loschwitzbach**, auch »Trille« genannt, durchquert auf 4,6 km Länge die Stadtteile Bühlau, Rochwitz und Loschwitz. Zuflüsse auf Loschwitzer Flur sind die Säugrundquelle, Steglichquelle, Felsenquelle und die Ziegengrundquelle mit dem abgehenden Ziegengrundbach. Im Bereich der Grundstraße besteht der Loschwitzbach aus verrohrten Gewässerabschnitten, die mit dem Ausbau der Grundstraße entstanden.

Der offene Abschnitt liegt auf Loschwitzer Flur unterhalb der schon zu Niederrochwitz gehörenden historischen → *Gaststätte* »Zur Eule« zwischen Tännichtstraße und Steglichstraße.

Die Einmündung des Loschwitzbaches in die Elbe befindet sich südlich des Ortskernes von Altloschwitz in Verlängerung der Friedrich-Wieck-Straße und ist mit Erreichen der Elbwiesen wieder ein offener Gewässerabschnitt.

Der **Mordgrundbach** (3,5 km Länge), auch Mordgrundwasser oder Stechgrundbach genannt, entspringt unweit der Bühlauer Waldgärten. Er durchquert die → *Mordgrundbrücke*, verläuft entlang des Heilstättenweges und mündet am Körnerweg in die Elbe.

Der **Eisenbornbach** (3,8 km Länge), aus dem Fischhäuser Forstrevier kommend, durchfließt den Schotengrund im Bereich des ehemaligen Grundstückes der Familie Brockhaus (→ *Villa* Brockhaus) und mündet am Körnerweg in Höhe → *Wasserwerk* Saloppe in die Elbe. Der Gutebornbach (Ochsengrundbach), der nordöstlich der Mordgrundbrücke entspringt, bildet den Hauptzufluss an der Bautzner Straße. Mit der 1903 geplanten Begradigung dieser Straße in Höhe der Torhäuser Schloss Albrechtsberg wurde der Bach verlegt. Dieser nahm ursprünglich seinen Verlauf über den heutigen Parkteich von Schloss Albrechtsberg und floss geregelt durch den unteren Ochsengrund in den Eisenbornbach.

Der Vollständigkeit halber sei noch der **Schumanngraben** erwähnt. Er kommt aus dem Wachwitzer Höhenpark und tangiert vor seinem Ausfluss in die Elbe Loschwitzer Gebiet.

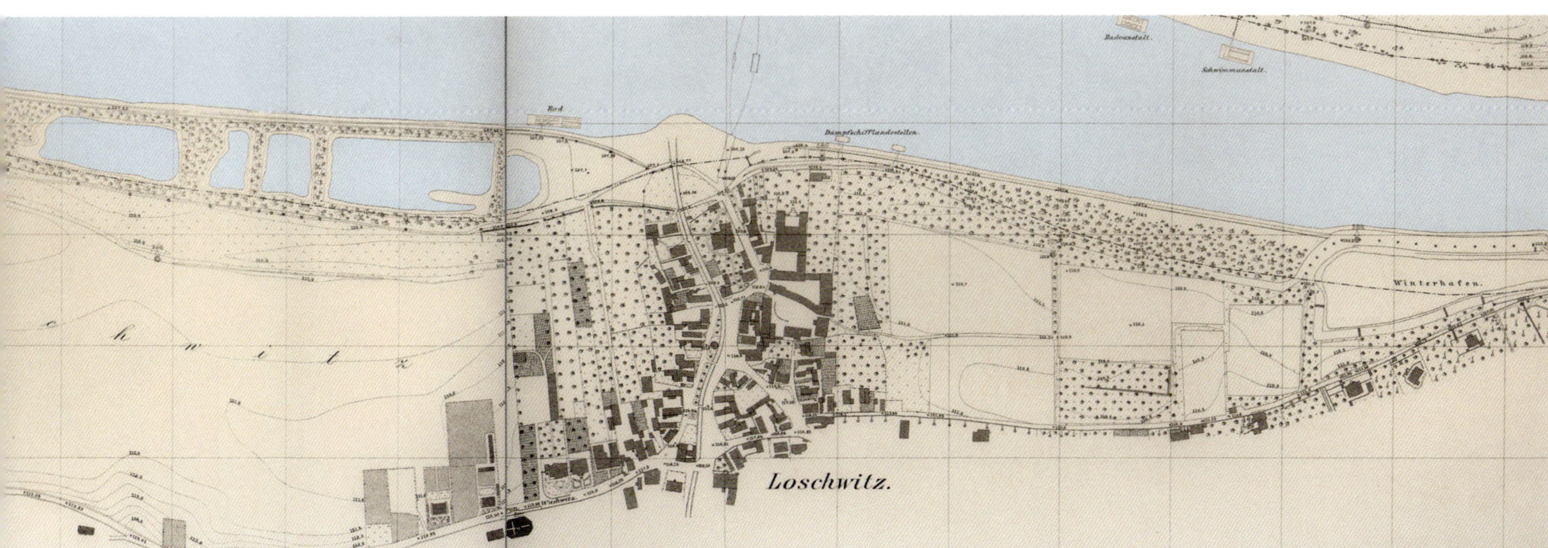

Montage aus Karte »Elbstrom«, 1878/1881 mit den »Habe«-Teichen, die sich stromauf bis zum Friedhof erstreckten
Karthografische Anstalt Giesecke & Devrient, Leipzig 1883

Quellen

Sie sind in Loschwitz dank topografischer Gegebenheiten ausreichend vorhanden, besonders an den Hängen beiderseits der Grundstraße. Nachfolgend werden die zugänglichen aktiven sowie nicht mehr aktiven Quellen genannt.

Westlich der Grundstraße talabwärts:

Säugrundquelle
Diese befindet sich oberhalb des Schweizerhauses Grundstraße 137, des am einstigen → *Armenhaus* einmündenden Säugrundweges in halber Höhe zum ehemaligen → *Gasthaus »Weißer Adler«* und ist nur in regenreicher Zeit aktiv. Eine Quellenfassung mit einem etwa zwei Meter entfernt liegenden Quellort ist noch im verwilderten Umfeld wahrnehmbar.

Steglichquelle
Die Steglichquelle befindet sich in einem Grund etwa 100 Meter westlich des Abzweiges Sonnenleite / Steglichstraße in Höhe des Grundstückes Steglichstraße 9b. Sie liegt nicht im zugänglichen Bereich, steht aber im öffentlichen Interesse. Aus einem Stützmauerwerk des ehemaligen Hietzigschen Anwesens tritt aus zwei Rohren Quellwasser aus. Bis etwa 1940 schloss sich eine Hebeeinrichtung an, um das Grundstück der Familie Hietzig (Haus Schöneichen, heute Sonnenleite 4) versorgen zu können.

Obere Rißwegquelle (St. Hubertusquelle)
Die Hubertusquelle befindet sich am Rißweg in Höhe des Grundstückes Johannesweg 5. Hinter einem schmiedeeisernen Gartentor führt eine Treppe zur neogotischen »Hubertuskapelle«, die mit einer inzwischen verblassten Inschrift versehen war:

»Es rauschen die alten Eichen,
die Bergquelle flüstert dazu,
Der Vögelein Lied in den Zweigen -
Waldfrieden, wie göttlich bist Du!«

Die Quellfassung mit einem abgehenden Rohr ist direkt am Gartentor sichtbar.

Säugrundquelle

Steglichquelle

Untere Rißwegquelle
Noch am gleichen Grundstück bergab in Richtung Grundstraße befindet sich am neogotisch ausgeformten Einfriedungsende an einem zugemauerten Gartentor eine zweite Quelle. Diese diente als Wasserfang für die Dampfkesselanlage im Maschinenhaus der Standseilbahn.

Untere Rißwegquelle

Hubertuskapelle mit dem der Quelle gewidmeten Gedicht, Tür und Inschrift an der Rückseite

Fotos (7): Foto: Siegfried Großmann

Felsenquelle *Foto: Siegfried Großmann*

Weinbergquelle *Foto: Peter Mallwitz*

Östlich der Grundstraße talabwärts:

Felsenquelle (Amalienquelle, Goldquelle)
Im zwischen »Kamerun« und »Schweizerei« an der Rochwitzer Gemarkungsgrenze gelegenen Talgrund gab es acht Felsenquellen, wobei die ergiebigste gefasst wurde und nach dem Vornamen der Frau des Besitzers Eugen Rosenstiel Amalienquelle genannt wurde. Die Ergiebigkeit der Quelle reichte aus, um über dem Felsen an der »Erlebnisgastronomie« Schweizerei (→ *Gaststätten*) an der Ulrichstraße ein Reservoir für »Sachsens größten Wasserfall« anzulegen. Die bei Bedarf betreibbare Kaskade bildete ab 1887 eine der Hauptattraktionen für die Besucher. Dem schloss sich aus dem Schweizereigrund oder auch Goldgrund der Felsenteich an.

Ziegengrundquelle
Die Ziegengrundquelle befindet sich etwa 100 Meter unterhalb nach dem Abzweig des oberen Ziegengrundweges von der Sierksstraße. Ein gefasster Quellbereich, verschlossen mit einer Eisentür und der sichtbaren Jahreszahl 1762 sowie ein Rohr lassen das Quellwasser von besonderer Güte in den Ziegengrundbach, der zur Grundstraße führt, zutage treten.

Weinbergquelle (Körnerwegquelle)
Nicht östlich der Grundstraße, sondern unterhalb des Weinberges von → *Schloss Albrechtsberg* befindet sich die Weinbergquelle direkt an der Stützmauer am Körnerweg, etwa 300 Meter östlich von der Einmündung der Brockhausstraße in den Körnerweg. Ein künstlich geschaffener Wasseraustritt mit einem verrohrten Abfluss zur Elbe wurde dazu geschaffen.

Andere, aus dem Untergrund quellartig hervortretende Wasseradern, wie z. B. am Kotzschweg, erhielten oft eine massive Fassung und dienten als → *Brunnen*.

Ziegengrundquelle *Foto: Siegfried Großmann*

Ziegengrundquelle *Foto: Siegfried Großmann*

Unten an der großen Stützmauer entspringt die Weinbergquelle *Foto: Peter Mallwitz*

Stehende Gewässer (Teiche)
Die Lage, Beschaffenheit und Funktion der Mühlteiche im Loschwitzgrund wird bei → *Mühlen* behandelt. In einem Loschwitz-Plan von etwa 1905 werden noch fünf solcher Teichanlagen ausgewiesen.

Besonders präsentieren sich noch heute die vielgestaltigen wassertechnischen Anlagen der drei → *Elbschlösser*. Um die Mitte des 19. Jahrhunderts für hochherrschaftliche Bedürfnisse entstanden, bilden sie seit vielen Jahrzenten einen beliebten Erlebnisbereich für die breite Öffentlichkeit.

Da die eingebundenen Anlagen bei den jeweiligen Schlossbauten mit abgehandelt werden, seien hier nur stichwortartig die Teichanlagen und Wasserkünste aufgeführt:

→ **Schloss Albrechtsberg**
Auf der Hochebene befinden sich ein Großteich am Bade- und Angelhäuschen (Abfluss durch den unteren Ochsengrund in den Eisenbornbach bei der → *Villa Brockhaus*), ein Wasserfall, vier Fontänen, ein Bassin (Mittelachse Schloss) und ein Ziehbrunnen.

An der Hangseite gehören zum Bestand sechs Fontänen, ein Wasserfall, ein Bassin und ein Felsenwasserfall (Ostkurve Fahrweg Viadukt), deren Speisung über einen Wasserstrang mit 100 Fuß Druckhöhe mit Ausgangspunkt Wasserfang (ca. 200 m oberhalb Mordgrundbrücke) im Mordgrund über Holzröhrenfahrt parallel zur Bautzner Straße erfolgt.

→ **Lingnerschloss** (Villa Stockhausen)
Ein Teich und zwei Fontänen mit einer Speisung über 100 Fuß Druckhöhe mit Ausgangspunkt Wasserfang Gutebornbach am Fuße des Wolfshügels, oberhalb der Ochsenbrücke am Pillnitz-Moritzburger Weg über Holzröhrenfahrt.

→ **Schloss Eckberg**
Ein Teich mit Fontäne, ein Brunnen mit Fontäne, deren Speisung über Wasserfang Gutebornbach wie beim Lingnerschloss.
Als weitere Teiche in der Loschwitzer Ortsflur sind zu nennen:

Spittelteich
Der auch oberer Spittelteich genannte Teich befand sich auf dem Spittelberg des Dresdner Maternihospitals im Bereich der Leuschke- und Kügelgenstraße. Das Grundstück Kügelgenstraße 3 befindet sich in einer auffallend tiefen Senke. Sicher ein Hinweis zum Standort des ehemaligen Teiches. Bei starkem Regen am 17. Juni 1875 brach der Spittelteich zur Pillnitzer Landstraße durch und verursachte einen Bergrutsch, bei welchem das Grundstück Kügelgenstraße 4 mit der Villa Minna verwüstet wurde.

Fontäne am Schloss Albrechtsberg, 2008 *Fotos: Ulrich Häßler*

Felsenteich
Noch vorhanden ist der Felsenteich an der Ulrichstraße. Wie bereits bei der Felsenquelle ausgewiesen, wird der Teich durch Quellwasser aus dem Schweizereigrund gespeist. So nutzte der Gasthausbesitzer der Schweizerei (→ *Gaststätten*), Eugen Rosenstiel, den Felsenteich als Fischteich. Damit war eine Grundlage für sein Angebot an Fischgerichten gegeben. Vom Teich bot sich ein Blick in den Schweizerei- oder auch Goldgrund, der zwischen Loschwitz und Rochwitz von zwei Brücken in Knüppelbauweise überspannt wurde. Die straßenseitige Teichmauer wurde im Jahre 2012 erneuert.

Insbesondere in parkähnlichen Villengrundstücken hatten die jeweiligen Besitzer viele Teich- und Wasserbecken-Anlagen geschaffen, die entweder im Laufe der Zeit verfüllt wurden oder verwilderten. Als Beispiele sollen hier genannt sein:

Molchenteich
Der kleine Teich befand sich früher im Grundstück der → *Gaststätte »Victoriahöhe«* Veilchenweg 19. Er ist noch vorhanden und gehört heute zum benachbarten Grundstück.

Teich Villa Hohenlinden
Der Verlagsbuchhändler Erich Ehlermann kaufte 1887 das Grundstück Schillerstraße 39.

1905 erfolgte nach Verkauf an Gustav Hetzer eine Umgestaltung des Baukörpers und der Außenanlage mit einem Park unter Einbeziehung eines Teiches durch den → *Architekten* Georg Heinsius von Mayenburg (1870 – 1930 → *K2*). Der Teich ist heute nicht mehr vorhanden.

Teich Villa Roßkothen
Die um 1910 für Wilhelm Ferdinand Roßkothen errichtete Villa Schevenstraße 17 war bis 2002 das Dresdner Zentrum für Zeitgenössische Musik. Im Park befand sich früher ein Teich.

Gondelteich
Der von Heinrich Brockhaus (1804 – 1874) nach 1845 angelegte Gondelteich befand sich am Auslauf des Eisenbornbaches am Körnerweg. (→ *Villa Brockhaus*). Dazu gibt es ein Bildzeugnis signiert mit »von Platen 1879« und ein Foto der Familie Brockhaus von 1901. Unterdessen ist der Teich nicht mehr wahrnehmbar, da dieser mit Schwemmsand und Winterschachtelhalm überwuchert ist. Ursache ist die nicht mehr erfolgte Instandsetzung der Sandfanganlagen seit 1945. **Peter Mallwitz**

Quellen: 56, 407, 522, 698, 723, 824, 894, 895

Geyer, Johann Christoph; Goldschmied (um 1700 – 1753) → *K2*
Gies, Stefan; Musiker und Musikpädagoge (* 1954) → *K2*
Gießmann, Anke; Musikwissenschaftlerin (* 1966) → *K2*
Gießmann, Carsten; Musiker (* 1973) → *K2*
Gillich, Otto; Artist (1906 – 1974) → *K2*,
Glaschke, Wolfhard; Architekt (* 1944) → *K2*

Glöckner, Hermann

Maler, Grafiker und Bildhauer (1889 – 1987)

Hermann Glöckner 1984 in seinem Atelier im Künstlerhaus. *Foto: Ulrich Häßler*

Carl Hermann Glöckner (→ *K1*), ältester Sohn des Schlossers und Justierers Hermann A. Glöckner und seiner Frau Louise, wurde am 21. Januar 1889 in Cotta bei Dresden geboren. Nach der Volksschule besuchte er 1903 die Städtische Gewerbeschule Leipzig. 1904 begann er in Dresden eine Lehre als Musterzeichner für Textilien und absolvierte parallel ein Abendstudium an der Dresdner Kunstgewerbeschule. Nach dem Ende seiner Lehre arbeitete er zunächst als Musterzeichner.

Ein prägendes Erlebnis hatte Glöckner um 1905, als er in der Dresdner Heide auf Motivsuche »plötzlich wie elektrisiert vor einem kleinen Fachwerkhaus stand. Das war es«, schrieb er, »was ich unbewusst gesucht hatte: offensichtliche Geometrie in der Natur. Und damit war, so glaube ich heute, die Richtung fixiert, in die im Laufe lebenslanger Arbeit immer wieder eingeschwenkt wurde; ganz konsequent dann und krönend im Tafelwerk der dreißiger Jahre.«[1]

Von dem an der Kunstgewerbeschule tätigen Professor Carl Rade (1878 – 1954) ermutigt, versuchte er ab 1910 freischaffend zu arbeiten. Eine Bewerbung an der Dresdner Kunstakademie wurde 1911 abgelehnt, und 1913 musste er aus finanziellen Gründen wieder als Entwurfszeichner arbeiten.

1915 wurde er in den Ersten Weltkrieg zur Infanterie einberufen. Bis 1918 dauerten seine Fronteinsätze in Polen, Frankreich und Russland. Nach der Heimkehr fand er, in der Dresdner Neustadt wohnend, Zugang zu einem kunstinteressierten Kreis, in dem Vertreter der künstlerischen Moderne wie Lovis Corinth (1858 – 1925), Robert Sterl (1867 – 1932), Paul Klee (1879 – 1940) und Wassily Kandinsky (1866 – 1944) verkehrten. Glöckner schuf damals sowohl Stadtlandschaften nach der Natur als auch gegenstandslose, geometrische Kompositionen. Er belegte 1920 bis 1923 Abendkurse der Kunstakademie, vor allem Akt. Um die Maltechniken der Alten Meister zu studieren, kopierte er Meisterwerke der Galerie, mit deren offiziellem Verkauf er erstmals gut verdiente.

1921 heiratete er Frieda Paetz (1889 – 1968), die sich ebenfalls zur Kunst hingezogen fühlte, zu studieren jedoch keine Möglichkeit fand. Er hingegen konnte, nach einer erneuten Ablehnung, 1923 ein Studium an der Dresdner Kunstakademie bei Otto Gußmann (1868 – 1926) aufnehmen, welches er, da sein spezifisches konstruktives Kunstwollen kaum Förderung fand, nach zwei Semestern abbrach. Beteiligungen an Ausstellungen wie zur Neuen Sachlichkeit, die 1925 nach Mannheim auch in Chemnitz und Dresden gezeigt wurde, seine ersten Personalausstellungen 1928 in Berlin, Dresden (Kunstausstellung Kühl) und anderen Städten sowie die Aufnahme in den Deutschen Künstlerbund bestärkten ihn auf seinem Weg. Dächer, Dampfer und »Weiser« waren wichtige Motivgruppen, anhand derer er, an der Realität Maß nehmend, charakteristische Farbwirkungen und einfache Proportionsverhältnisse herausarbeitete.

Eine weitere Ausstellung in der Galerie Kühl markierte 1930 den bewussten Abschluss seiner ersten künstlerischen Entwicklungsetappe. Fortan strebte er nach reiner Abstraktion. Konsequente Präzision beherrschte die bis 1937 entstandenen, mehr als 150 doppelseitigen, konstruktivistischen Bildtafeln seines sogenannten Tafelwerks. Daneben bemühte er sich um Rückkoppelung seiner Erkenntnisse in die Darstellung der Natur. Aufs äußerste reduzierte Bahnschienen, Industrieschornsteine und immer wieder Dächer in verschiedenen kubischen Formen reizten seinen analytischen Sinn. Er trat der Dresdner Sezession 1932 bei und beteiligte sich an deren Ausstellungen. Erste räumliche Faltungen entstanden um 1935. Da seine Kunst nicht den Erwartungen der politischen Machthaber entsprach, fand er nach 1936 jahrelang keine Möglichkeiten für Ausstellungen oder Verkäufe. Dies schützte ihn mit großer Wahrscheinlichkeit vor Verfemung.

Um den Lebensunterhalt zu sichern, arbeiteten Frieda und Hermann Glöckner zwischen 1933 und 1967 häufig am Bau. Die technologischen Grundlagen für die Sgraffito-Kratzputztechnik erarbeiteten sie sich selbst. Schriftzüge, Firmenzeichen und Wandbilder fanden in ihrer Klarheit und werkgerechten Solidität Anerkennung. Beispielsweise entstanden 1936 für den neuen Seitentrakt der Waldschlößchen-Brauerei im Grenzbereich der Radeberger Vorstadt zu Loschwitz zwei große, fünffarbige Firmenzeichen, die noch vom anderen Elbufer aus erkennbar waren. Sie hielten jedem Wetter und auch der Bombardierung der Stadt stand, so dass 1951, wiederum durch die Glöckners, lediglich das VEB-Zeichen vor dem Firmennamen ergänzt wurde.

Glöckners verloren am 13. Februar 1945 beim Brand von Dresden Wohnung und Atelier. Im Loschwitzer → *Künstlerhaus* konnten sie ein teilzerstörtes Atelier mieten. Da viele Werke bei Freunden ausgelagert waren, konnte Glöckner sich in der allgemeinen Aufbruchsphase wieder an Ausstellungen beteiligen, wie denen der Künstlergruppe »der ruf« (1945 und 1948), der (1.) Allgemeinen Deutschen Kunstausstellung 1946 und, in deren Vorjury berufen, der 2. Deutschen Kunstausstellung 1949. Auch an avantgardistischen Künstlertreffen und Kongressen nahm er teil. Die Existenz sicherten wiederum Aufträge für den Wiederaufbau von Stadt und Land. Vom Erzgebirge bis in die Lößnitz wurden Gaststätten, Schulen, Kulturbauten und Einkaufsläden mit Kratzputzarbeiten versehen. Auch kleine Arbeiten, deren Urheberschaft heute allgemein vergessen ist, wie das Sgraffito (→ *Denkmale*) am Trafohäuschen an der Bushaltestelle Steglichstraße auf der Grundstraße in Loschwitz, übernahmen Glöckners in der ihnen eigenen Qualität.

Sein eigentliches Spätwerk schuf Glöckner im Künstlerhaus. Da seit den 1950er Jahren Kunst wieder politisiert wurde und die Formalismusdebatte einen engen Realismusbegriff vorgab, zog er sich mehr und mehr zurück. »Es wurden an die Künstler Anforderungen gestellt, die ich glaubte, nicht erfüllen zu können, ohne meinem ganzen Wollen untreu zu werden [...]«[2], bekannte er. Wichtig war sein privater Freundeskreis mit Schwerpunkt in Loschwitz, in dem er Offenheit suchende Künstler traf, unter anderen die hier ansässigen *Johannes → Beutner* (1890–1960, → *K1*), *Josef → Hegenbarth* (1884–1962, → *K1*), Max Lachnit (1900–1972, → *K1*) und Wilhelm Lachnit (1899–1962, → *K1*), Kurt Schütze (1902–1971, → *K1*) und Herbert Volwahsen (1906–1988, → *K1*). Von 1964 bis 1966 gab Glöckner im Künstlerhaus dem als Stomatologe tätigen und als Künstler unabhängigen Wilhelm Müller (1928–1999, → *K2*) privaten Unterricht.

Glöckners konstruktivistisches Interesse führte von der Fläche zum Raum mit dreidimensionalen Überlagerungen, Verschiebungen, Faltungen, Reihungen und Durchdringungen. In den 1960er Jahren kamen Bewegung und schließlich verstärkt Farbe hinzu. Eine Vielzahl von Zeichnungen, Monotypien, Collagen und plastischen Arbeiten entstand.

Zu seinen Geburtstagen 1969 und 1976 ermöglichten die Staatlichen Kunstsammlungen Dresden im Kupferstichkabinett sowie in Schloss und Zwinger der breiten Öffentlichkeit Einblicke in Glöckners Gesamtwerk. Für viele Dresdner mag es die erste Begegnung mit konstruktivistischer Kunst in einem Museum der DDR und im städtischen Raum überhaupt gewesen sein. Seitdem wurde der international längst beachtete Ausnahmekünstler als Patriarch der Moderne verehrt. Das Loschwitzer Atelier wurde zu einem heimlichen Hauptort der Kunst des Landes. Die Einweihung der 1975 in Auftrag gegebenen und nach vielen Widerständen 1984 vor der Mensa der Technischen Universität Dresden errichteten Stahlplastik »Mast mit zwei Faltungszonen« war für ihn sicher eine wertvollere Anerkennung als die Verleihung des Nationalpreises der DDR III. Klasse für Kunst und Literatur im gleichen Jahr.

1986 übersiedelte Glöckner nach West-Berlin, wo er am 10. Mai 1987 starb. Sein Grab befindet sich auf dem Loschwitzer → *Friedhof*.

Mancher Dresdner wird sich erinnern, wie der Künstler, schlank und hochgewachsen, bis ins hohe Alter aus der Stadt heimkommend, auf der Anhöhe am Haupteingang des Friedhofes, schräg gegenüber dem Künstlerhaus, noch vor der Haltestelle, elegant aus der Straßenbahn glitt, wo sie an der Ausweichstelle auf den Gegenzug wartete. Ganz in der Nähe, auf dem Gelände der früheren Loschwitzer Kirschplantage (→ *Wohnparks*) wurde im Jahr 2006 eine neu angelegte Straße nach Hermann Glöckner benannt. **Jördis Lademann**

Zitate:
1 Glöckner, Hermann; in: Rudolf Mayer; Hermann Glöckner für Dresden; Dresden 2003
2 Glöckner, Hermann; in: John Erpenbeck (Hrsg.); Hermann Glöckner, Ein Patriarch der Moderne, Berlin 1983
Quellen: 265, 708, 738, 930, 1074, 1100, 1187

Glöckner, Manfred; Musiker (* 1929) → *K2*
Glöckner, Richard; Musiker (1891 – 1976) → *K2*
Goethe, Johann Wolfgang von; Dichter und Schriftsteller (1749 – 1832) → *Körner*
Goetze, Edmund; Schriftsteller und Lehrer (1843 – 1920) → *K2*
Goldschmidt, Olga; Schriftstellerin (1857 – unbekannt) → *K2*

Goller, Josef
Maler (1868 – 1947)

Josef Goller (→ *K1*) wurde am 25. Januar 1868 in Dachau bei München geboren. Er stammte aus der kinderreichen, katholischen Familie des Tischlers und Instrumentenbauers Adam Goller (1846 – 1870) und dessen Frau Marie, geb. Seibert (*1846 – ?). Seine Kindheit verbrachte er hauptsächlich bei den Großeltern. Er absolvierte eine sechsjährige Ausbildung als Glasmaler in der Hofkunstanstalt Meyer in München und bildete sich abends in Zeichenkursen an der Kunstgewerbeschule München weiter.

1887 übersiedelte Goller nach Sachsen. In Zittau erhielt er eine Anstellung als Glasmaler bei der Firma Türke & Schlein. Hier lernte er seine evangelische Frau Fanny Klara geb. Kuntze (1865 – 1927) kennen, die er 1889 heiratete.

Das Ehepaar mit bisher einer Tochter zog 1890 nach Dresden. Hier arbeitete Goller von 1891 bis etwa 1896 als künstlerischer Leiter in der Glasmalereiwerkstatt Bruno Urban, Friedrichstraße 40. Im Zeitraum von 1899 bis 1902 wurde er Teilhaber der Firma Goller & Urban. Bereits 1898 arbeitete er auch als künstlerischer Mitarbeiter in der neu gegründeten Firma »Handwerkskunst Schmidt & Engelbrecht« in Laubegast bei Dresden, die ab 1909 in Hellerau bei Dresden firmierte. Außerdem betrieb Goller eine eigene Werkstatt für Glasmalerei in Dresden-Striesen, Alemannenstraße 12, und danach in Dresden-Johannstadt, Dürerstraße 21. Er stellte nicht nur Entwürfe her, sondern übernahm auch oftmals die Ausführung von Glasmalereien.

Seine Lehrtätigkeit begann 1900 zunächst an der Abendschule der Königlich Sächsischen Kunstgewerbeschule Dresden am Antonplatz in der Dresdner Altstadt. Mit dem Umzug 1906 in das neuerbaute Gebäude an der heutigen Güntzstraße 34 folgte für Goller die offizielle Berufung zum Professor. Er übernahm die Leitung der neu gegründeten Abteilung für Glas- und Porzellanmalerei; weiterhin unterrichtete

Josef Goller 1924 in seinem Madrider Atelier
Foto: Slg. Ute Häse

er auch angewandte Malerei und Plakatentwurf. Er hatte sein eigenes Atelier und betrieb eine Glaserwerkstatt, in der auch die Studenten an die praktische Umsetzung der Glasmalerei herangeführt werden konnten. 1921 erhielt die bisherige Kunstgewerbeschule die Bezeichnung Akademie für Kunstgewerbe.

Goller war ein vielseitiger und schaffensfreudiger Künstler. Anfangs war er dem Nazarener-Stil, später dem Jugendstil zugewandt. Vorzugsweise schuf er Buntglasfenster mit Glasmalerei oder Arbeiten in Opaleszentglas für sakrale und profane Gebäude. Seine Plakatkunst wurde ebenfalls sehr geschätzt. Außerdem beschäftigte er sich mit Buchillustrationen, humoristischen Künstlerkarten sowie Wand-, Öl- und Aquarellmalerei, Holzschnitten und Mosaikarbeiten. Ein javanisches Schattenspiel präsentierte er 1925 im Dresdner Kunstsalon Kühl & Kühn. Auf nationalen und internationalen Ausstellungen erhielt er mehrere Diplome und Medaillen.

Er wohnte von 1905 bis 1910 im ehemaligen → *Winzerhaus* am *Körnerweg 8*. 1908 schuf er für die Loschwitzer → *Schillerschule* Buntglasfenster mit Tierkreiszeichen in den Maßen 220 x 230 cm. 1945 durch Kriegsschäden sehr beschädigt, wurden sie nach 1990 wieder in Stand gesetzt. Ferner entstanden 1907 der Entwurf eines Trinkglases zum Schulfest und 1910 der Entwurf der Schulfahne.

Goller engagierte sich in mehreren Vereinen: Deutscher Werkbund, Künstlergruppe »Die Elbier« (deren Signet, ein Segelschiff auf hohen Wellen, war ein Entwurf von Goller), er war kurze Zeit Mitglied in der Künstlervereinigung »Die Zunft«. Darüber hinaus war er Sachverständiger für kirchliche Kunst im Königreich Sachsen.

Unter seinen Schülern befand sich der Maler *Otto* → *Griebel* (1895–1972 → *K1*), der in seinen Erinnerungen »Ich war ein Mann der Straße« die Zusammenarbeit mit seinem Lehrer Josef Goller beschrieb. Sein Schüler Arno Drescher (1882–1971), der 1911 Gollers Tochter Elisa heiratete und später Professor an der Akademie für Kunstgewerbe war, schrieb über Goller in seinen unveröffentlichten Lebenserinnerungen: »Er war ohne Zigarre kaum vorstellbar, bevorzugte die schweren Virginias und es war ihm fast zur täglichen Gewohnheit geworden, nach Arbeitsschluss mit seinen Berufsfreunden im ‚Löwenbräu' einen Schoppen zu heben«. Sinngemäß berichtet er weiter, dass Goller gern

Glasfenster von Josef Goller in der Schillerschule Loschwitz (Ausschnitt)
Foto: Siegfried Großmann

Auswahl weiterer Arbeiten
Arbeiten in Rathäusern: Dresden (1945 zerstört), Radebeul, Pirna, Chemnitz, Thalheim in Sachsen, Plauen, Schneeberg sowie Nürnberg (1945 zerstört). Arbeiten in Kirchen: Dresden »Ehrliches Gestift« (1945 zerstört), Mosaikportal Bischofwerda, Johanngeorgenstadt, Schneeberg (1945 zerstört), Königswartha, Geithain, Crimmitschau, Neichen bei Grimma, Synagoge in Görlitz (Buntglasfenster nach 1945 durch Verfall zerstört), Maikammer in der Pfalz, Dux und Klostergrab in Tschechien (Buntglasfenster zerstört). Wandmalerei im Foyer der Dresdner Oper 1910 (1945 zerstört), ein großes Oberlichtfenster im Schloss Waldenburg. Viele Arbeiten sind auch in Privathäusern zu finden.

reiste, manchmal auch in Begleitung seiner Ehefrau Klara. Ihn führten Studienreisen, oftmals verbunden mit Aufträgen, u. a. nach Italien, Spanien, Holland, Belgien, Schweden und in die Tschechoslowakei. Der Restaurator Matthias Schulz (*1920), ebenso ein ehemaliger Schüler der Kunstgewerbeschule, erzählt über Goller, dass er oft mit seinen Kollegen Prof. Georg Erler (1871–1950) und Prof. Richard Guhr (1873–1956) zum Mittagstisch mit dem Taxi zum Ostragehege ins Schlachthofhotel fuhr. Von dem Maler Otto Garten (1902–2000) aus Elstra, auch ein Schüler von Goller, war zu erfahren, dass Goller ein passionierter Jäger war und in der Umgebung von Elstra gern zur Jagd ging.

Seine Kinder schilderten Goller als liebevollen Familienvater, schließlich hatte er acht Mädchen und einen Jungen. Seine jüngsten Töchter Herta (1906) und Charlotte (1908) wurden im Winzerhaus, Körnerweg 8 geboren. 1927 verstarb seine Frau Klara. Er entwarf für seine Frau den Grabstein auf dem Urnenfriedhof Dresden-Tolkewitz.

Reichlich ein Jahr nach dem Tod seiner Frau gab Goller im Oktober 1928 aus gesundheitlichen Gründen seine Lehrtätigkeit auf und kehrte in seine Heimat Bayern nach München-Obermenzing zurück. Hier heiratete er 1929 Beate Burmeister in zweiter Ehe. Einen angefangenen Zyklus für einen unbekannten Kreuzgang konnte er nicht mehr vollenden. Josef Goller starb am 29. Mai 1947 im 79. Lebensjahr in München-Obermenzing. **Ute Häse**

Quellen: 380, 410, 6393, 1036

Göpfert, Rolf; Architekt (1903–1994) → *K2*
Göttsche, Michael; Bildhauer (* 1934) → *K1*
Graebner, Erwin und Julius → *Architekten*

Graefe, Künstlerfamilie

Franziska, Christoph und Martin Graefe vereint zwar der gemeinsame Name, das fast gleiche Lebensalter und der Lebensmittelpunkt Dresden-Loschwitz, aber ihre künstlerische Ausstrahlung ist höchst unterschiedlich. Die Genannten entstammen Dresdner »Chemikerfamilien«, deren berufliche Kompetenz durch musikalische Begabung und Neigung ergänzt wurde. Martin und Christoph Graefe sind Söhne des frühverstorbenen Chemikers Günter Graefe (1934–1989), dessen Berufsleben sich im vormaligen Institut von *Manfred von → Ardenne* (1907–1997) entfaltete. Günter Graefe war gleichfalls Sohn eines in Loschwitz ansässigen Chemikers: Dr.-Ing. Karl Graefe (1898–1981), seit 1927 im eigenen Haus Hermann-Vogel-Straße 10 wohnend. Die Mutter von Martin und Christoph Graefe, Gisela geborene Müller (* 1933), stammt ebenfalls aus einer Dresdner Familie und war viele Jahre als Sozialpädagogin auf dem Weißen Hirsch tätig. Gisela und Günter Graefe gründeten Anfang der 1960er Jahre ihre Familie im → *OT Oberloschwitz*, Materniweg 4.

Martin Graefe wurde am 8. Januar 1963 in Dresden geboren. Bei ihm dürfte auch die urgroßväterliche Loschwitzer Architektenherkunft ausschlaggebend dafür gewesen sein, dass er seit 1988 als an der TU Dresden diplomierter Bauingenieur tätig ist. Diese Profession befähigte ihn – unter dem Blickwinkel der bildenden Kunst – u. a. auch zur bautechnischen Betreuung (1991–1993) der seinerzeit legendären → *»Galerie an der Schwebebahn«* in der Pillnitzer Landstraße 1. Sein langjähriger nebenberuflich-musikalischer Bildungsweg – vornehmlich als Chorsänger, u. a. unter dem damals an der Kreuzschule wirkenden Dirigenten und Pädagogen Christian Hauschild (1939–2010) – veranlasste ihn frühzeitig zur federführenden Gründung und Mitwirkung in Rockbands, die – teilweise noch zu DDR-Zeiten – mit den Namen »modus vivendi« und

Martin Graefe als Sänger der »Nierentische« *Foto: PR*

Christoph Graefe *Foto: Jürgen Frohse*

»GOHA« zuerst unter dem schützenden Dach kirchlicher Veranstalter auftraten; dort sorgten sie für Schlagzeilen und beachtliche zeitgemäße musikalische Ausstrahlung. Dieser Ruf ermöglichte nach der Öffnung der Grenzen 1989 sogar Auftrittsgelegenheiten in Frankreich und Israel und machte ihm Mut, 1993 die Formation »Die Nierentische« mit zu gründen. Hier sorgt der »Bandmusiker aus Berufung« als »Frontmann« der Band, seit über zwanzig Jahren u. a. dafür, dass »die Schlager der 1940/50er Jahre und noch etwas mehr« nicht in Vergessenheit geraten. Dazu stellte sich nicht nur bei den → *Elbhangfesten* und ungezählten Auftritten im Lande, sondern auch anlässlich von vier USA-Tourneen ein begeistertes Publikum ein – das gelegentlich vergisst, dass Martin Graefe sowohl Musiker als auch Bauingenieur ist.

Christoph Graefe wurde am 11. September 1964 in Dresden geboren. Seine Ausstrahlung, ebenfalls musikalisch begabt, entfaltet sich auf anderem Gebiet. Als Chemiker-Sohn einschlägig motiviert, absolvierte er eine Glasbläserlehre und kam auf dem beruflichen »Umweg« über den medizinisch-technischen Apparatebau schließlich zum künstlerischen Umgang mit Bleiverglasungsarbeiten. Das befähigte ihn 1990 in Oberloschwitz (Materniweg 4) zur Gründung einer eigenen Werkstatt für Glasbläserei, Bleiverglasung und einschlägige Restaurierungsarbeiten. Dazu qualifizierte er sich zusätzlich in Frankreich. Restaurierte Kirchenfenster in Chartres zeugen von seiner dortigen Arbeit und Begabung. In dieser Zeit erfand er die Methode einer auch als Gebrauchsmuster geschützten Herstellung von Pop-Art-Metallbildern mit lackierten Blechen. Diese erfreuen sich zunehmender Anerkennung und Beliebtheit und haben den Weg in zahlreiche Ausstellungen, Firmen und Privathäuser gefunden. Exzellentester Präsentationsort ist seit 2012 das Bundeskanzleramt in Berlin, an dessen Wänden er gelegentlich seine mit heutigen Bildinhalten versehenen Kunstwerke auswechselt und auch in diesem Ambiente für neue Seh- und hoffentlich auch Denkgewohnheiten sorgt. Ob seine bildkünstlerische oder seine musikalische Begabung bei seinen Töchtern Sarah und Maria dominieren wird, muss die Zukunft erweisen.

Franziska Graefe geb. Woelker wurde am 14. August 1965 in Pirna als Tochter eines Chemikers geboren. Sie heiratete später Christoph Graefe. Schon in ihrem Elternhaus bestimmte die Musik das berufliche und freiberufliche Dasein, zumal die Mutter beruflich als Musikerin und Dramaturgin tätig war. Seit dem Abschluss des Musikstudiums in Dresden mit dem Hauptfach Violine, außerdem Orchestermusik und Musikpädagogik, gehört sie seit 1988 dem Lehrkörper des Heinrich-Schütz-Konservatoriums Dresden an. Bereits 1990 gründete sie das Salonensemble »café de l'esprit«, dessen Intentionen sie seit 1997 bei den von ihr mit gegründeten »Dresdner Salon-Damen« fortführt. Daraus haben sich inzwischen zahlreiche deutschland- und europaweite Auftrittsmöglichkeiten ergeben, bei denen sie neben der Violine auch ihre Stimme einsetzt.

Dank eines mehrjährigen Zusatzstudiums »Barockvioline« kann sie dieses Instrument seit 1995 als Mitglied der renommierten »Batzdorfer Hofkapelle« und des ebenfalls namhaften »Dresdner Barockorchesters« einsetzen und ist – auch durch CD-Aufnahmen – einem großen Publikum bekannt geworden. So ist sie sowohl im »Salon«, im Konzertsaal und in Kirchen als auch bei der Arbeit mit dem musikalischen Nachwuchs gefragt.

Dietrich Buschbeck

Quellen: 146, 299, 640, 724

Dresdner Salon-Damen, ganz links Franziska Graefe *Foto: PR*

Gräf, Dieter; Restaurator (1931–2000) → *K1*
Gräfenhahn, Walter; Maler (1877–1945) → *K2*
Graff, Carl Ludwig Theodor; Architekt und Kunstgewerbler (1844–1906) → *K2*

Grahlsches Haus

Pillnitzer Landstraße 63

Das Grundstück wurde 1619 im Zusammenhang mit dem Goldschmied Christian Dörre erwähnt. Heute ist das Flurstück in vier Teile parzelliert. Auch nach Dörre besaßen nur wohlhabende Personen das Grundstück. Seit 1804 war es im Besitz von Dorothee Eleonore verw. Senfft von Pilsach, in deren stattlichem Anwesen 1837 von der Steuerbehörde drei Stuben, sieben Kammern, Küche und Winzerstube (Weinpresse) sowie ein Stall für Großvieh erfasst wurden.

Ab 1843 war Louise Juliane Dorothee Freiin von Münchhausen Eigentümerin des Grundstücks, die auch ständig hier wohnte. Sie war eine Nichte des Hieronymus von Münchhausen (1720–1797), dem die Geschichten vom »Lügenbaron« zugeschrieben wurden. Die Freiin ließ 1862 das links neben dem Wohnhaus liegende Stallgebäude für eine Vorratskammer aufstocken.

Nachdem Familie Grahl aus Dresden hier zunächst eine Sommerwohnung bezogen hatte, erwarb nach dem Auszug der Vorbesitzerin ein ehemaliger preußischer Leutnant, der Miniaturen- und Porträtmaler August Grahl (1791–1868, → *K1*), um 1864 das Anwesen.

August Grahl wurde an der Berliner Kunstakademie ausgebildet. 1812 werden anlässlich einer Ausstellung erstmals »verschiedene Portraite nach der Natur« des 21jährigen erwähnt. In den Befreiungskriegen schloss er sich den Lützower »Schwarzen Husaren« an.

Grahls Vater war Hofjuwelier in Berlin, was sicher auch die Hinwendung des Sohnes zur Miniaturenmalerei mit bewirkt hatte. Der zunehmend bekannter werdende Künstler heiratete 1819 Philippine Schlesicke (1795–1821), die bereits zwei Jahre später im Alter von 26 Jahren verstarb.

Danach weilte er von 1921 bis 1930 ein zweites Mal in Rom, wo auch seine wichtigsten Miniaturen von Künstlern, Adligen und anderen zahlungskräftigen Kunden entstanden. Hier kam er 1829 als Porträtist und Kunstführer mit der Bankiersfamilie Oppenheim aus Königsberg in Kontakt. Mit deren 16-jähriger Tochter Elisabeth (1813–1905) verlobte er sich noch in Rom und 1832 wurde in Königsberg die Hochzeit gefeiert.

Grahlsches Haus, Pillnitzer Landstraße 63, um 1995 und 2014 Fotos: Georg Blume, Siegfried Großmann

1835 hatte sich Grahl in Dresden niedergelassen und im Auftrag seines jüdischen Schwiegervaters, des Bankiers Martin Wilhelm Oppenheim (1771–1863) das Baugrundstück der späteren »Villa Rosa« in der Neustadt erworben. Erst 1834 war das Verbot für Juden, sich in den Vorstädten anzusiedeln, aufgehoben worden.

In den von Gottfried Semper (1803–1879) für den Schwiegervater erbauten Villen »Palais Oppenheim« an der Bürgerwiese und »Villa Rosa« an der Elbe, die beide im Bombenangriff 1945 zerstört wurden, entwickelte August Grahl in den Jahren 1840 bis 1865 einen Schwerpunkt kulturellen Lebens in Dresden.

Der Verkauf dieser Villen war auch der Anlass, in das Loschwitzer Haus umzuziehen, wo sein Sohn, der Architekt Otto Grahl (1839–1875), ab 1867 umfassende Baumaßnahmen ausführen ließ. So erhielt das Haus seine obere Etage mit bequemen Schlafzimmern, ein neues Dach und ein Atelier für den Vater.

August Grahl stand in Kontakt mit Künstlern und Wissenschaftlern aller Couleur wie den Bildhauern Daniel Rauch (1777–1857), Ernst Rietschel (1804–1861), den Malern Peter von Cornelius (1783–1867), Julius Schnorr von Carolsfeld (1794–1872) und Christian Friedrich Gille (1805–1899), der wegen finanzieller Nöte als Zeichenlehrer für die Grahlschen Kinder angestellt wurde. Auch mit den Schriftstellern Ernst Moritz Arndt (1769–1860), Ludwig Tieck (1773–1853), Karl Gutzkow (1811–1878), dem Diplomaten Karl von Bunsen (1791–1860), den universalgelehrten Brüdern Wilhelm (1767–1835) und Alexander (1769–1859) von Humboldt und vielen anderen gab es Verbindungen.

August Grahl nach 1850, Daguerreotypie Fotos (2): Die Malerfamilien R. Kummer und A. Grahl in Dresden, Matthias Lehmann (Hrsg.)

Elisabeth Grahl (1813–1905) im Stein-Lehnstuhl am Weg zum Pavillon im Park in Loschwitz Foto: Alexe Grahl

In Loschwitz bestanden Kontakte zu den Familien Woldemar Hottenroth (1802 – 1894, → *K1*) und *Moritz* → *Calberla* (1809 – 1906).

Um seine Art der Malerei auch lehren zu können, hatte sich Grahl um eine Professur an der Kunstakademie in Dresden bemüht, doch dieser Wunsch wurde ihm nicht erfüllt.

Das Ehepaar Grahl hatte neun Kinder, von denen zwei früh starben:

Marie (1832 – 1895), sie heiratete 1851 den Maler Alfred Rethel (1816 – 1859). Er war ein bedeutender Historienmaler, der 1848 in Dresden mit seinen Holzschnittfolgen »Auch ein Totentanz« große Aufmerksamkeit erzielte.

Hugo (1834 – 1905), der spätere Landwirt und Rittergutsbesitzer in Zscheckwitz bei Kreischa heiratete 1865 die Sängerin Anna Kummer (1844 – 1925), Tochter des Malers Robert Kummer (1810 – 1889),

Rose (1835 – 1909), sie heiratete 1875 den Prof. für Landwirtschaftslehre Adolf Stengel (1828 – 1900) aus Heidelberg,

Anna (1838 – 1897), sie war seit 1858 mit dem Prof. für Literatur- und Kunstgeschichte Hermann Hettner (1821 – 1882) verheiratet,

Otto (1839 – 1875), der Architekt starb bereits mit 36 Jahren durch Selbstmord in Rom,

Alexe (1844 – 1903), die Fotografin blieb unverheiratet und lebte bei ihrer Mutter und

Käthe (1847 – 1933), sie heiratete 1873 den Prof. für Botanik Leopold Just (1841 – 1891) aus Karlsruhe.

Bis 1921 blieb das Loschwitzer Grundstück, wie auch die beiden auf der anderen Straßenseite liegenden Nr. 82 und 84 im Besitz der Erben Grahls. Das »Grahlsche Haus« kaufte der Fabrikbesitzer Robert Möbius und 1931 ging

Haus Pillnitzer Landstraße 63 vor dem Umbau um 1885, Aquarell von Frau von Wittern nach einem Foto (Ausschnitt). Slg. Matthias Griebel

es nach einer Zwangsversteigerung an die Dresdner Handelsbank AG.

Der bereits seit 1931 in der Pillnitzer Landstraße 63 wohnende Major a. D. Horst von Wittern (1876 – 1939) wurde 1934 der nachfolgende Besitzer. Er ließ 1931 eine Heizungsanlage einbauen. 1933 beschwerte er sich beim Polizeioberwachtmeister Otto Boden darüber, dass im Hause mehrmals Putz von den Wänden gefallen war, weil täglich sehr viele LKW mit Hänger vorbeifuhren, und bat, Schilder für eine Geschwindigkeitsbeschränkung aufzustellen.

Nach dessen Tod war das Haus im Besitz seiner Ehefrau Elisabeth von Wittern (1887 – 1971), die ab 1947 die Hauskapelle mit dem Inventar der Schlosskapelle aus dem Wachwitzer Schloss für den katholischen Gottesdienst (→ *Kirchen*) zur Verfügung stellte, was danach auch ihre Erbin, die erste Chefärztin der neuen Poliklinik Blasewitz, Dr. Brigitta von Korff (1903 – 1975 → *Ärzte*), bis zur Baufälligkeit der Kapelle 1974 weiter gestattete.

Nach 1945 waren, wie auf jedem bepflanzbaren Stück Land, auch hier kleingartenartige Anbauflächen zur Selbstversorgung entstanden, die später sogar zum Datschenbau genutzt wurden. In den 1980er Jahren wurde aber deren Abriss verfügt, wovor nicht einmal die SED- und Kampfgruppenmitgliedschaft geschützt hatte.

Nach der Wiedervereinigung ging das Anwesen 1992 aus dem Erbe von Dr. Korff an den »Archiconvent der Templer«, einen »orthodox-katholischen und kreuzesritterlichen Orden«[1], der 1932 in München gegründet worden war – heute einer von mehreren unter diesem Namen auf dem mittelalterlichen Templerorden beruhenden Orden – über.

Seit 1994 wurde eine umfassende Renovierung des gesamten Anwesens einschließlich des wieder zum Grundstück gehörigen Pavillons (heute »Marienkapelle«) und der vormaligen katholischen Kapelle durchgeführt. In diese wurde eine Ikonostase (Trennwand vor dem Altarraum mit Türen) im orthodoxen Stil eingebaut. Das Anwesen soll als Ordenshaus genutzt werden. **Helmut Dorschner**
Matthias Griebel

Zitat:
1 www.archiconvent-der-templer.de
2 Sohn-Rethel, Else; Jugend-Erinnerungen; 1928 Abschrift vom handschriftl. Manuskript
Quellen: 639, 640, 654, 981, 1000, 1137

Grahls Enkelin erinnert sich an 1865

»An der Straße nach Wachwitz lag ein altes, sehr verfallenes, vornehmes Haus mit hohem rotbraunen Dach. Eine Rampe führte vor die Haustür; eine dicke alte Linde beschattete die eine Hälfte des Hauses, und halbgeschlossene, teilweise schief herabhängende grüne Jalousien waren vor den Fenstern. Kein offenes Fenster; alles still und verfallen. Wir schellten. Von einer kleinen, verhutzelten Dienerin, die uns öffnete, wurden wir die altmodische Steintreppe hinauf geführt. Im Hintergrund des Hauptzimmers, das wir nun betraten, gegen eine große, mit grünen Läden fest verschlossene Balkontüre saß in einem tiefen Lehnstuhl eine vornehme, ganz alte, kleine Dame mit sehr freundlichem Gesicht. Sie mochte nahe an 90 Jahre alt sein, schien aber geistig sehr rege, denn sie wußte gleich Bescheid über den evtl. vorgesehenen Ankauf des Hauses. Während nun die Großeltern die geschäftlichen

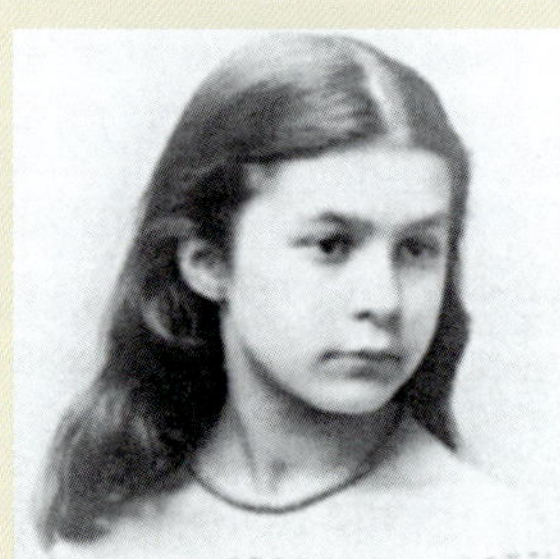

Else Sohn-Rethel (1853 – 1933)

Dinge mit dem alten Fräulein besprachen, gingen wir Kinder, um den Garten in Augenschein zu nehmen. Über eine kleine Brücke, die den Hof überwölbte, ging man von der ersten Etage aus direkt in den Garten, der steil auf schmalen Treppen durch ungeschnittene Wiesenabhänge zu einem altmodischen Pavillon, von zwei alten hohen Pappelbäumen beschattet, hinaufführte. Oben auf dem Plateau breitete sich eine große Wiese aus, d. h. es war ein fast undurchdringliches, goldgelbes Gewoge von fast haushohem, nie geschnittenem Gras, gemischt mit zahllosen Buhnen Feldblumen, in welchem wilde Kaninchen aufgeschreckt wurden und unzählige Schmetterlinge und Bienen herumschwirrten. Wir stürzten uns jauchzend in diese sonnige Wildnis und meinten, es wäre ja eine richtige Prärie, ein Name, den unsere Wiese für immer behielt, auch als sie später grün und kultiviert war. Ein bewaldeter Park mit schmalen Wegen umschloss diese Wiese, und das ganze Grundstück war wie ein Keil eingebettet in den sehr großen königlichen Besitz, der damals von der Prinzeß Amalie, der Dichterin und Schwester des Königs Johann, bewohnt war. – Von diesem Tage an ging Großvater fast täglich hinaus und versuchte, Ordnung in diese himmlische Wildnis zu bringen, sodaß wir Anfang Sommer bereits hinausziehen konnten. Fräulein von Münchhausen war zu ihrem Neffen gezogen, wo sie bald darauf starb.«[2]

Selbstbildnis vor dem brennenden Dresden, 1945 *Foto: Slg. Matthias Griebel*

Artistenpause im Café, 1960, Öl auf Leinwand *Slg. Matthias Griebel*

Griebel, Familie

Griebel, Otto
Maler und Grafiker (1895 – 1972)
»Beim Knochen des heiligen Rochus, es war eine respektable Sache, wie wir Otto Griebel über den Berg gebracht haben. Aus!!«, hatte der knurrige Curt Querner (1904 – 1976) nach der Beerdigung auf dem Loschwitzer Friedhof am 17. März 1972 knapp in sein Tagebuch notiert. Da war der Tausendsassa der zwanziger Jahre, der umtriebige linke Maler und KPD-Mann, der als Leunakurier im Mitteldeutschen Aufstand und Mitbegründer des Agitprop-Theaters »Rote Gruppe« energische Parteiarbeit leistete, der Gründungsmitglied der Dresdner ASSO war und zugleich lebensfroher Bohemien – da war der einstige Bürgerschreck (»Dada«) Otto Griebel (→ *K1*) längst eine Legende.

In den zwanziger Jahren aber gehörte der am 31. März 1895 in Meerane geborene Künstler (Studium 1911 – 1914 an der Kunstgewerbeschule Dresden) zu den bekanntesten und vielversprechendsten Malern seiner Generation. Sein sozialkritischer Verismus, der aus dadaistischen Anfängen erwuchs, stand in einer Reihe mit dem Werk solcher späteren Berühmtheiten wie George Grosz (1893 – 1959) und Otto Dix (1891 – 1969 → *K1*), mit dem Griebel damals eng befreundet war: »Am Anfang war ihr Hohn, ihre soziale Besessenheit: die baute sich den Raum für ihr Geschehen«, urteilte 1926 der renommierte Museumsmann Paul Ferdinand Schmidt (1878 – 1955). 1933 wurde dann in Deutschland die Moderne und vor allem ihr linker Flügel, zu dem Griebel gehörte, mit einem scharfen Schnitt von aller Öffentlichkeit abgetrennt und als »Entartete Kunst« diffamiert. Für den Familienvater mit Frau und vier Kindern begann der schwierige Weg in die innere Emigration, mit diversen Hilfsarbeiten, Rückzug auf die Freundesrunde und zwei Jahren Wehrmacht. Die mentalen Brechungen, die die nazistische Katastrophe und das Erlebnis der Zerstörung der Stadt am 13. Februar 1945, in dem auch Griebels Atelier mit aller Kunst verbrannte, hinterlassen hat, sind nur schwer benennbar.

Die Familie erlebte das Kriegsende in Eschdorf und ließ sich noch 1945 in Loschwitz nieder: »Stunde Null«. Griebel wurde Neulehrer und gab u. a. an der Kreuzschule Zeichenunterricht – *Peter* → *Schreier* (*1935 → *K1*) berichtet davon. Und er begann zu schreiben. Manuskripte über die unterschiedlichsten kulturgeschichtlichen Themen entstanden und schließlich jene Erinnerungen, die lang nach seinem Tod unter dem Titel »Ich war ein Mann der Straße« 1986 im Mitteldeutschen Verlag erschienen und seinen Namen wieder in Erinnerung brachten. Nur mit eigener Kunst hatte der Maler aufgehört. Von Lothar Lang (*1928) nach den Gründen für den Verzicht befragt, antwortete er lakonisch, er käme sich vor wie ein alter Prärie-Indianer, der in der Manege auftritt. »Meine Zeit ist vorbei«. Dazu passt, dass sein berühmtes Programmbild »Die Internationale« bis weit in die 1960er Jahre hinein noch dort zu bewundern war, wo im bürgerlichen Dresden die Hirsche röhrten: im Schlafzimmer.

Otto Griebel mit seiner Frau Grete im Garten in Loschwitz, 1960er Jahre *Foto: Thomas Griebel*

Nur in Bruchteilen hat sein Werk die Zerstörungen des Jahrhunderts überstanden (u. a. im ominösen Gurlitt-Schatz). Die schmale Hinterlassenschaft ziert heute wichtige europäische Sammlungen zur Neuen Sachlichkeit. Aus der avantgardistischen linken Boheme, zu der er in den wilden zwanziger Jahren wortführend gehörte und von der er wunderbar erzählen konnte, wechselte Griebel in den Nachkriegsjahren in die Loschwitzer Künstler-Kolonie melancholischer Erinnerungen. Die Freunde von einst – u. a. *Hans* → *Jüchser* (1894 – 1977, → *K1*) und Curt Querner (1904 – 1976) – waren da allenfalls Begleiter in eine Welt neuer Fremdheiten. Auch das Linke des Anfangs hatte in diesem »Zirkus« nichts mehr zu suchen.

Hans-Peter Lühr

Quellen: 410, 894, 953

Griebel, Familie

Die Familie, die im Juni 1945 nach Dresden zurückkehrte, fand ihr Domizil in der Malerstraße 10, das noch Spuren der Bombenabwürfe vom 15. Februar aufwies. Mit Tatkraft und wohltuender Nachbarschaftshilfe entstand ein bescheidenes Heim, in welchem bald auch wieder Künstler und Freunde einkehrten.

Organisatorisches Familienoberhaupt war stets Mutter Griebel, die nicht nur einen funktionierenden Haushalt aufzubauen hatte, sondern auch die ernährungsbedingten Kalamitäten jener Zeit mit ihrer praktischen Energie meisterte. Der Maler hatte seine Frau Grete geb. Kliemann (1906 – 1999), eine Glasmacherstochter aus der Lausitz, 1925 in Dresden geheiratet, und sie wurde die Mutter seiner sechs Kinder. Durch alle Höhen und Tiefen wirtschaftlicher wie politischer Verhältnisse stand sie unermüdlich an der Seite des Künstlers, dem sie stets »den Buckel frei« hielt. Auf der Malerstraße war die Familie inzwischen auf acht Personen angewachsen, da im September 1945 der jüngste Spross geboren worden war, und der älteste Sohn 1948 aus englischer Kriegsgefangenschaft heimkehrte.

Eine bessere Bleibe wurde im August 1950 in der Pillnitzer Landstraße 11 bezogen. Hier gab es drei Zimmer, Veranda, Küche, Bad und Garten. Im ehemaligen kleinen Trinkstübchen der Altbesitzer fand der nunmehrige Kunsterzieher abseits vom häuslichen Getriebe ein Refugium für seine schriftstellerischen Ambitionen (es enstanden etwa 180 Manuskripte) und Ruhe zum gelegentlichen Schaffen an der Staffelei.

Mutter Griebel mit Zigarre, 1979
Foto: Slg. Matthias Griebel

Kunstausstellungen, mit oder ohne seine Beteiligung, boten Griebel stets einen erfrischenden Meinungsaustausch mit Malerkollegen. Vor allem nach Expositionen im → *Leonhardi-Museum* (hier fand 1965 eine umfassende Schau mit Werken von Griebel, Curt Großpietsch und Werner Hofmann statt), verbrachten die Dresdner Künstler oft einen gemeinsamen Tag im Stadtcafé (→ *Gaststätte Ratskeller*).

Otto Griebel starb am 7. März 1972 in seinem Loschwitzer Heim und wurde am 17. des Monats auf dem Friedhof unter großer Beteiligung begraben. Eine Gedächtnisausstellung veranstaltete das »Museum der Bildenden Künste zu Leipzig«.

1982 entstand im Studio Dresden des Fernsehens der DDR der Film »Otto Griebel – der Maler der Internationale« und 1986 erschienen im Mitteldeutschen Verlag seine Lebenserinnerungen. Grete Griebel überlebte ihren Mann um 27 Jahre. Erst im hohen Alter von 90 Jahren benötigte sie häusliche Pflege, kam in den letzten Lebenswochen in ein Seniorenheim, verstarb am 12. Juli 1999 und ruht im Grab ihres Mannes auf dem Loschwitzer Friedhof.

Aquarellzeichnungen von Otto Griebel aus dem Familienalbum: Die Famile (mit Spitznamen) im Ei zum Osterfest 1950 und anlässlich des Umzuges auf die Pillnitzer Landstraße 11 im August 1950.
Slg. Matthias Griebel

Die Kinder
nahmen nach dem Besuch der Volksschule ihren eigenen Weg:

Thomas (1926–2011) gelernter Chemiker, wurde mit 18 Jahren Soldat, war vier Jahre in Gefangenschaft und begann sein neues Leben in Dresden, wo er 1949 seine erste (und 1962 seine zweite) Frau heiratete. Zunächst in gesellschaftspolitischen Funktionen, u. a. 1953–1955 als Sekretär des Verbandes Bildender Künstler, tätig, wurde er als Dozent für Gesellschaftswissenschaften an das Forstökonomische Institut der TU in Tharandt berufen. Nach einem Fernstudium diplomierte er 1966 an der philosophischen Fakultät der Karl-Marx-Universität in Leipzig. Indessen an die Technische Universität Dresden gewechselt, war er ab 1963 Redakteur der Universitätszeitung »UZ«. 1970 wurde er Redakteur bei der »Sächsischen Zeitung«, in der er auch zu verschiedenen Themen schrieb. Nach Tharandt lebte er in Dresden-Löbtau, war seit 1984 verwitwet und verstarb am 19. Juni 2011. Er hinterließ vier erwachsene Kinder.

Jakob (* 1933) absolvierte 1947–1950 eine Feinmechanikerlehre in Dresden bei Zeiss-Ikon am Institut für Festkörperforschung und ging mit diesem 1951 nach Berlin. Er studierte 1958–1963 und wurde als Diplomingenieur für Hochfrequenztechnik wissenschaftlich-technischer Assistent am Institut für Kristallphysik, dem späteren Zentralinstitut für Elektronenphysik der Akademie der Wissenschaften der DDR in Berlin. Ab 1990 firmierte die Einrichtung als Hahn-Meitner-Institut, wo er auch bis zu seinem 65. Lebensjahr tätig war. Seit 1958 verheiratet, lebt seine Familie im Berliner Umland, wo auch die vier Kinder aufgewachsen sind.

Regina (1941–1995) lernte in der Bekleidungsbranche Verkäuferin und war auch in »HO Textilien« am Veilchenweg 2 tätig. 1965 heiratete sie den Loschwitzer Elektromeister Günter Müller (1926–2002 → *Handwerk und Gewerbe*) und führte mit Unterbrechungen bis 1986 dessen Ladengeschäft in der Grundstraße 17. Hier waren auch 1966 und 1968 die Kinder Cornelia und Axel geboren worden, die ihre Jugend in Loschwitz verlebten. Nach der Ladentätigkeit arbeitete sie in der Montageabteilung des »Ihagee Kamerawerk« bis 1990. Sie verstarb am 2. Februar 1995 in Dresden-Loschwitz.

Georg (1941–2002 → *K2*) war Reginas Zwillingsbruder. Als gelernter Dekorationsmaler bildete er sich ab 1961 in der Abendschule der Hochschule für Bildende Künste künstlerisch weiter und arbeitete in den folgenden Jahren vorwiegend als Restaurator (u. a. Dresdner Zwinger, Lohgerbermuseum Dippoldiswalde, Dorfkirche Ottendorf und Schloss Schönfeld bei Großenhain). Mit Bruder »Matz« hatte er die Wohnung im Loschwitzer → *Fährgut* ausgebaut und lebte dort bis zu seiner Eheschließung. 1967 heiratete er die Dresdner Malerin Ingrid Zietlow (1936–1999) und wohnte mit ihr zuerst in Dresden-Pieschen, dann in der Atelieretage des Hochhauses an der Striesener Spenerstraße, wo er den Hauptteil seines künstlerischen Œuvres schuf. Nach der Scheidung fand »Schorsch« schließlich in einem der Prohliser »Sternhäuser« sein Domizil, welches er aus einer 0815-Neubauwohnung zu einem romantisch-gediegenen Künstlerquartier umgestaltete. Trotz enormer gesundheitlicher Probleme in den 1990er Jahren entstanden viele Bilder. Anregungen boten ihm nicht nur sein Umfeld, sondern auch die vielen Gänge nach Loschwitz. Hier kümmerte er sich um das mütterliche Hauswesen und traf alte Freunde, denen er als illustrer Erzähler oder Sänger in den Biergärten ein beliebter Unterhalter war. Im Jahre 2000 erlebte er noch seine einzige Personalausstellung in Dresden-Wachwitz. Er verstarb am 9. Juni – seinem 61. Geburtstag – 2002 im Krankenhaus; seine Urne ruht im Loschwitzer Familiengrab. Teile der künstlerischen Hinterlassenschaft bewahren seine Tochter Bettina (* 1967), Bruder »Matz« und Sammler.

Familienbild ohne Vater: Grete Griebel (Mitte) mit ihren Kindern Thomas, Matthias, Ludwig, Georg, Regina und Jakob (v. l. n. r.), 1981 *Foto: Ernst Hirsch, Slg. Matthias Griebel*

Georg Griebel, Selbstbildnis, 1971, Öl auf Hartfaser *Slg. Matthias Griebel*

Ludwig (* 1945) besuchte wie vier seiner Geschwister die Loschwitzer Schule und erlernte danach den Beruf eines Kraftfahrzeugklempners und Karosseriebauers in Dresden. In seinem technischen Metier folgten Tätigkeiten bei verschiedenen Firmen und an unterschiedlichen Orten. 1974 heiratete er und baute sich 1979/80 eine Wohnung im Loschwitzer → *Fährgut* aus. Hier lebte er bis 1986 mit seiner Frau Monika (*1952), die in der → *»Brücken-Drogerie«* als Verkäuferin arbeitete, und dem 1975 geborenen Sohn Holger. Nächster Wohnsitz wurde Chemnitz, die Arbeitsstelle der VEB IMO

Industrie- und Chemieanlagenbau. 1987 geschieden, heiratete er im Jahre 2000 erneut und zog in das schwiegerelterliche Anwesen nach Mittelbach bei Chemnitz. Nach Weggang vom VEB IMO war er dann bis zu seiner Rente mit eigenem Büro für die Rohrnetzbau Gesellschaft in Iserlohn tätig **Matthias Griebel**

Quelle: 894

Matthias »Matz« (*1937 → *K1*) bekam aus seiner künstlerisch-großfamiliären Kinderstube etwas mit auf den Weg, das ihn trotz vielfältigem Lebensgang immer eng mit Loschwitz verbunden bleiben ließ, mehr noch – das ihn befähigte, dieses Loschwitz durch sein originelles Wesen zu prägen und heimatgeschichtliche Werte anderen mit auf den Weg zu geben.

Nach einer Landwirtschaftslehre in Pillnitz und dem Staatsexamen nach Studium in Freiberg 1956 wurde der junge »Landwirtschaftskader« Griebel vom »Arbeiter- und Bauernstaat« zunächst in den Norden beordert, zur LPG Groß Pinnow in der Uckermark. Bald darauf erfolgte eine Berufung nach Angermünde als »Kreiszootechniker«. Politisch verordneter Unsinn wie Rinder-Offenställe und kulturelles Vakuum trieben den jungen Landwirt in die Arme der Volksarmee, um nach der Entlassung wieder Wohnrecht in Dresden zu erlangen. Die Zeit der Kasernierung wurde verschönert durch die Erlangung der Fahrerlaubnis, DDR-weite Einkaufstouren auf der Suche nach Autoersatzteilen und das wohl durch diese Erfahrungen beflügelte Schreiben für das Kabarett »Die lachenden Vergaser«.

1960 kehrte »Matz« nach Dresden zurück, wohnte im elterlichen Kellerraum und arbeitete in der landwirtschaftlichen Verwaltung beim Rat des Bezirkes, rasch auch dort wieder als Mitbegründer, Texter und Spieler eines Kabaretts: Der Ruf der Truppe namens »Der Sachsenspieß« verbreitete sich von Dresden bis Berlin und führte dazu, dass aus dem zwischenzeitlichen Planungsleiter an der Tierzuchtinspektion in Dresden-Reick bald ein Ensemblemitglied der renommierten Dresdner »Herkuleskeule« wurde, wo er bis 1971 blieb und danach als Gast-Spieler und Texter u. a. mit Hans Glauche (1928 – 1981) an den legendäreren »Gustav und Erich«-Sketchen mitwirkte.

Ohne Mitgliedschaft im Künstlerverband wurde solche Freiberuflichkeit von der DDR jedoch nicht toleriert. Deshalb verdingte sich Matthias Griebel von 1971 bis 1981 als Lagerarbeiter bei Eisen-Richter in Dresden-Bühlau. Als die staatliche »HO« nach dem Tod des Geschäftsgründers den Laden übernahm, wich »Matz« in den Körnergarten (→ *Gaststätten)*

»Matz« Griebel mit Hochrad an der Schwebebahn, 1977 Foto: Ernst Hirsch

aus, den er neun Jahre lang als Hausmeister und Hilfskoch bereicherte. Von 1965 bis 1997 wohnte er im kleinen hangseitigen Anbau des Loschwitzer → *Fährgutes*. In dieser Zeit beschäftigte er sich bereits intensiv mit sächsischer und Loschwitzer (Heimat)-Geschichte, machte Führungen und hielt Vorträge.

Unter den kritischen Augen diverser Stasi-IMs öffnete er jeden Freitag-Abend außerhalb der Heizperiode seinen »Keller« als geduldete Klingelkneipe für die Loschwitzer Künstlerszene.

Jeden Donnerstag-Nachmittag tagte sein »Jugendclub« mit an Heimatgeschichte interessierten Jugendlichen, auch »LFC – Loschwitz-Fan-Club« – genannt. Die Betonung sächsischer Tradition war auch ein politisches Statement – Sachsen-Wappen über dem Klingelschild und Kontakte mit Nachkommen des ehemaligen sächsischen Königshauses inbegriffen.

1986 gab Matthias Griebel mit Hans-Peter Lühr die Lebenserinnerungen seines Vaters heraus und war an einer für die Loschwitzer Heimatgeschichte bahnbrechenden Buchpublikation beteiligt: Das Erscheinen des Buches »August Kotzsch – Photograph in Loschwitz bei Dresden«, von ihm gemeinsam mit Ernst → *Hirsch* (*1936, → *K1*) und Kotzsch-Urenkel Volkmar Herre (*1943) herausgegeben, wurde zu einer Initialzündung für die Wiederentdeckung des alten Dorfes.

Mit dem Ende der DDR kam auch für »Matz« ein gewaltiger Umbruch: Aus dem Hobby wurde Beruf(ung): Er war maßgeblich an der Wiedergründung des »Landesvereins Sächsischer Heimatschutz« beteiligt, blieb dessen Vorsitzender bis 2006 und wurde danach Ehrenvorsitzender in der Nachfolge von *Hans → Nadler* (1910 – 2005, → *K1*).

Ein außergewöhnlicher Karrieresprung für den bisherigen Hilfsarbeiter folgte: Der Künstler-Bürgermeister Ulf Göpfert (*1943, → *K1*) berief das Künstler-Kind Griebel auf den Stuhl des Dresdner Stadtmuseumsdirektors, auf dem er zwölf Jahre, 150 Sonderausstellungen und rund 500 Vorträge und Führungen lang arbeitete und etwa 42.000 neue Exponate ins Haus brachte. Unter seinem Direktorat erschien 1995 das »Dresdner Geschichtsbuch«, Band 1, dessen weitere Bände er noch bis Ausgabe Nr. 11 lektorierte. Seinen wissenschaftlichen Mitarbeiter Dr. Karlheinz Kregelin (1931 – 2004) beauftragte er, alle Namen der Dresdner Straßen und Plätze in ihrer Geschichte und Bedeutung nach Stadtteilen aufzuarbeiten. 2002 wurde diese Arbeit abgeschlossen; von den acht Bänden sind bisher nur zwei erschienen.

Vom ersten → *Elbhangfest* 1991 an wirkte »Matz« als Macher, Heimatkundler und humorvolle »Galionsfigur« im Festumzug bei diesem bürgerschaftlichem Engagement mit. Er förderte 1992 die Gründung der Zeitschrift »Der Elbhang-Kurier« (→ *Zeitungen und Verlage*).

1995 wurde Griebel Träger des Bundesverdienstkreuzes und 1999 in die Bundesversammlung zur Bundespräsidentenwahl gewählt. Auf der Calberlastraße wurde ihm von seinem Freund und Initiator der Platzgestaltung Michael Damme (*1952) ein Aussichtspunkt mit Pergola als »Matz-Platz« gewidmet.

Matthias Griebel zog noch zweimal um in Loschwitz, zunächst in eine größere Wohnung an der Pillnitzer Landstraße, dann 2001 in sein Refugium im Torhaus des ehemaligen Weidnerschen Sanatorium an der Malerstraße, wo er seitdem das künstlerische Erbe des Vaters sowie vielerlei Heimatgeschichte(n) pflegt und damit an vielen Publikationen mitwirkt – nach wie vor geschrieben auf seiner Erika-Schreibmaschine. Ein Kreis hat sich geschlossen: Unweit davon hat er schon als Kind gewohnt.

Holger Friebel

Quelle: 724

Grießbach, Henning; Maler (* 1974) → *K2*

Grimm, Familie und Brüterei
Pillnitzer Landstraße 65

Pillnitzer Landstraße 65, 2015
Foto: Rolf Friebel

Im Jahr 1947 verlegten Eugen (1907 – 1989) und Lina Grimm geb. Karl (1910 – 2002, → *K2*) ihre Brüterei und Geflügelzucht von Dresden-Klotzsche nach Dresden-Loschwitz. Hier musste der Betrieb vollkommen neu errichtet werden, da in Klotzsche das Anwesen und der Tierbestand komplett zerstört worden waren. Dazu stellte Margarete Lötzsch geb. Blankenstein (1906 – 1990), die spätere Ehefrau Eugen Grimms, ihr Grundstück in der Pillnitzer Landstraße zur Verfügung.

Die gewerbliche Bautätigkeit in Loschwitz wurde, zwei Jahre nach Kriegsende, von den Einwohnern von Loschwitz sehr kritisch gesehen. Es hat sich jedoch gezeigt, dass Eugen Grimm damals sehr weitsichtig den Ausbau der Brüterei und der späteren Hähnchenzucht (Broiler) vorangetrieben hatte und somit dazu beitrug, dass eine bessere Versorgung der Bevölkerung mit Geflügel und Eiern gewährleistet war. Spezifisch für den Grimm-Betrieb war die Selektion von Hähnchen und Hennen durch einen speziell ausgebildeten »Kükensortierer«. So war es möglich, je nach Bedarf, Legehennen oder Hähnchen anzubieten.

Der Betrieb entwickelte sich sehr erfolgreich; an verkaufsoffenen Freitagen bildeten sich lange Schlangen, und die Grimms versuchten, alle Kunden zu bedienen. Bis zum Jahr 1961 war es Eugen Grimm möglich, selbst vor Ort von regionalen Bauern »ausgewählte Eier« zu beziehen, die dann die hohe Qualität der Küken garantierten. Dazu trug auch das 1957 gegenüber errichtete, eingeschossige Aufzuchtgebäude unterhalb der Pillnitzer Landstraße bei.

Brüterei Grimm
Foto: Slg. Christa Saupe geb. Grimm

Vom Staat kam 1961 die Auflage, dass der private Betrieb von Eugen und Margarete Grimm von der LPG übernommen wird. Da sich die Familie Grimm weigerte, in die LPG einzutreten, wurde der Betrieb aufgegeben. Die Kinder hatten andere Pläne.

Aus erster Ehe von Eugen Grimm gingen die Kinder Adolf (* 1934, → *K2*), Volkmar (1938 – 2014, → *K2*) und Christa hervor. Adolf und Volkmar haben an der Hochschule für Musik in Dresden studiert. Adolf wurde Oboist, Volkmar Cellist. Durch Heirat mit Margarete Lötzsch erweiterte sich die Familie um Karl-Heinz (* 1931), Erika (* 1938) und Ingrid Lötzsch (* 1942).

Nach seiner Ausbombung 1945 wohnte auch der Gesangspädagoge Kammersänger Robert Büssel (1880 – 1953, → *K2*) im Hause der Familie Grimm. Schon in Klotzsche nahm Lina Grimm bei ihm Privatunterricht. In den Kriegs- und Nachkriegsjahren war sie eine erfolgreiche Lieder- und Oratoriensängerin.

Ingrid Möller

Quellen: 640, 724

Lina Grimm *Foto: K2*

Adolf Grimm
Foto: K2

Grimm-Sachsenberg, Richard Maler, Grafiker u. Schriftkünstler (1873 – 1952) → *K2*
Gröllmann, Jenny; Schauspielerin (1947 – 2006) → *K2*
Gröne, Georg; Bildhauer (1864 – 1935) → *K2*
Grosse, Hans; Gebrauchsgrafiker und Ausstellungsgestalter (* 1923) → *K2*
Großer, Hans; Sänger (1934 – 2014) → *K2*
Großer, Ingrid; Sängerin (* 1938) → *K2*
Großmann, Johannes Paul; Gartenarchitekt (1877 – 1944) → *K2*
Großpietsch, Curt; Maler u. Grafiker → *K1*
Grundig, Hans; Maler und Grafiker (1901 – 1958) → *K2*
Grundig, Lea; Malerin und Grafikerin (1906 – 1977) → *K2*
Gudehus, Heinrich; Sänger (1845 – 1909) → *K2*
Guder, Gerhard; Architekt (1924 – 2013) → *K1*
Guder, Martina; Architektin (* 1958) → *K2*
Güldner, Edward; Lyriker und Schriftsteller (* 1965) → *K2*
Günther, Georg; Dichter und Schriftsteller (1845 – 1923) → *K2*
Günther-Stürenburg, Adelheid; Schauspielerin (1912 – 1989) → *K2* → *Villen u. Weinbergsh./Veilchenweg 9*
Gunz, Willy; Schauspieler (1858 – 1942) → *K2*
Guttzeit, Johannes; Dichter und Schriftsteller (1853 – 1935) → *K2*

H

Haenchen, Hartmut

Dirigent (* 1943)

Hartmut Haenchen, 1997, im Hintergrund die Bronze »Porträt Hartmut Haenchen« von Wieland Förster, 1997 *Foto: Marc Waymel, Studio St. Honoré/Montage Johannes Dose*

Der am 21. März 1943 in Dresden geborene Dirigent Hartmut Haenchen (→ *K1*) hat einen seiner Wohnsitze seit 1987 in der Malerstraße. Nicht weit davon steht das Haus seines Lehrers und Förderers Kreuzkantor *Rudolf → Mauersberger* (1889–1971, → *K1*). In dessen Kreuzchor war Haenchen von 1953 bis 1958 Mitglied. Diese Erfahrungen befähigten ihn, bereits als 15-Jähriger das Amt eines Kantors wahrzunehmen. In dieser Funktion geriet er in das Visier der Staatssicherheitsbehörde der DDR. 900 Seiten der Beobachtungsakte sind bisher aufgefunden. Als Konsequenz dieser politischen Auseinandersetzungen verließ er 1986 die DDR.

Nach dem Dirigier- und Gesangstudium von 1960 bis 1966 an der Hochschule für Musik Carl Maria von Weber Dresden, das er zeitweise aus politischen Gründen unterbrechen musste, erhielt er sein erstes Engagement als Direktor der Robert-Franz-Singakademie und Dirigent der Staatskapelle in Halle. 1972/73 war er 1. Kapellmeister der Bühnen der Stadt Zwickau und begann seine langjährige Arbeit an der Deutschen Staatsoper und bei der Staatskapelle Berlin. 1973 wurde er Dirigent der Dresdner Philharmonie und 1974 Leiter des Philharmonischen Chores; gleichzeitig war er Gastdirigent der Sächsischen Staatskapelle und an der Staatsoper Dresden, wo er 1985 eine der Eröffnungspremieren der wiedererbauten Semperoper leitete. Von 1976 bis 1979 war er Musikdirektor des Mecklenburgischen Staatstheaters und Chefdirigent der Mecklenburgischen Staatskapelle. Politische Auseinandersetzungen bewirkten hier ein zeitweises Dirigierverbot.

1980 wurde er ständiger Gastdirigent der Komischen Oper Berlin und blieb es bis 1996. Ebenfalls 1980 übernahm er in Berlin die künstlerische Leitung des Kammerorchesters Carl Philipp Emanuel Bach, das 2014 aus finanziellen Gründen sein Bestehen beenden musste. 1980 begann auch seine Lehrtätigkeit an der Dresdner Musikhochschule, die ihn 1985 zum Professor ernannte. Diese Tätigkeit endete, als er 1986 die Ausreisegenehmigung erhielt und Generalmusikdirektor der Niederländischen Oper in Amsterdam (bis 1999) sowie Chefdirigent der Niederländischen Philharmonie und des Niederländischen Kammerorchesters (bis 2002) wurde. In Amsterdam leitete er 70 Opernpremieren und mehr als 700 Konzerte. Nach Beendigung seiner Tätigkeit als Generalmusikdirektor der Niederländischen Oper verblieb er in der Funktion des 1. Gastdirigenten und bis heute als Gastdirigent.

Konzerttourneen führten in nahezu alle europäischen Länder, die USA, Kanada, Japan und China. An fast allen wichtigen Opernhäusern der Welt – von Wien bis Mailand oder New York über Tokio bis Paris – wurden ihm Premieren anvertraut. Von 1989 bis 1993 und erneut seit 2010 ist er Gastdirigent am »Royal Opera House Covent Garden« in London, eine Funktion, die er auch fünf Jahre an der »Opéra National de Paris« erfüllte und heute an den Häusern von Kopenhagen, Madrid, Brüssel und Lyon.

Nach zahlreichen Ehrungen wurde Haenchen 1996 als erster Deutscher zum »Ritter im Orden des Niederländischen Löwen« ernannt, erhielt 1998 die Mitgliedschaft in der Sächsischen Akademie der Künste, 2006 die »Niederländische Nationalität ehrenhalber« und 2008 das Bundesverdienstkreuz. Von 2003 bis 2008 war Haenchen Intendant der Dresdner Musikfestspiele und führte sie zu Besucherrekorden.

Über 135 Schallplatten, CDs bzw. DVDs – vielfach international ausgezeichnet – geben Zeugnis seiner künstlerischen Arbeit. In 18 Büchern und zahlreichen Einzel-Veröffentlichungen hat er die Erfahrungen seiner Arbeit niederlegt. Der Doppelband »Werktreue und Interpretation« aus dem Pfau-Verlag ist soeben in einer erweiterten 2. Auflage erschienen. Der Dokumentarfilm »Der Himmel über Dresden«, der den künstlerischen und politischen Weg von Haenchen aufzeigt, wurde 2015 in Montreal ausgezeichnet.

Haenchen hat sich immer wieder mit eigenen Initiativen in das Dresdner Musikgeschehen eingebracht, z. B. 2003 als Begründer der nunmehr seit 2009 jährlichen Graupaer »Wagnerwiese«. Mit der Wahrnehmung des Loschwitzer Kirchgemeindelebens bekundet er seine Orts- und Regionalverbundenheit, z. B. durch die Unterstützung der Stiftung für die *Loschwitzer → Kirche*, für den denkmalgeschützten Loschwitzer → *Friedhof* und die Übernahme der Schirmherrschaft für die Wiederherstellung der Orgel in der Christuskirche Dresden-Strehlen.

2011 war er Gründungsvorsitzender des Fördervereins Konzerthaus-Stiftung Dresden e.V. und brachte sich in die kontroverse Diskussion zum Umbau des Dresdner Kulturpalastes ein. Vor dem Bau der Dresdner Waldschlößchenbrücke begleitete er die damalige Protestbewegung mit Texten und Ansprachen und verließ in diesem Zusammenhang aus Protest die CDU. 2013 hatte ihm in die Sächsische Landes- und Universitätsbibliothek eine Ausstellung gewidmet. Im gleichen Jahr erhielt er von der Dresdner Musikhochschule die Ehrenpromotion zum Dr. phil.

Zu den Richard-Wagner-Spielen im Sommer 2015 in der Wagner-Gedenkstätte Graupa brachte der von der Zeitschrift »Opernwelt« als »einer der größten Wagner-Dirigenten« bezeichnete Interpret in einem öffentlichen Gespräch sein Resümee jahrzehntelanger Erfahrungen und Erkenntnisse ein.

Dietrich Buschbeck

Quellen: 187, 639, 724, 1109, 1180

Hafen

Blick auf die Elbe und den 1886 angelegten Hafen, um 1880
Foto: SLUB Dresden/Deutsche Fotothek, August Kotzsch

Am rechten Ufer der Elbe, etwa 600 m flussabwärts der Brücke → *»Blaues Wunder«*, befindet sich beim Elbkilometer 50,4 der idyllisch gelegene Hafen Loschwitz. Im Zuge der Uferregulierung wurde in der Zeit von 1851 bis 1854 ein alter Elbearm durch einen Korrektionsdamm vom Flussbett abgetrennt. Dieser eignete sich hervorragend für den Ausbau des Hafens.

Die alte Dresdener Augustusbrücke mit ihren engen Durchfahrtsbögen und ihrer niedrigen Höhe war bei höherem Pegelstand für Personenschiffe nicht passierbar. So bestand die Gefahr, dass die Dampfschiffe und die Landungsstege, die »Stegerei« der Sächsisch-Böhmischen Dampfschifffahrt-Gesellschaft (SBDG), bei ansteigendem Wasserstand die Zollhäfen, die sogenannten fiskalischen Häfen, unterhalb der Augustusbrücke nicht erreichen konnten. Deshalb benötigte die SBDG oberhalb der Augustusbrücke Liegeplätze für ihre Personenschiffe und deren Landungsbrücken. Aus diesem Grund entstand 1864/65 der Loschwitzer Winterhafen. Den vorhandenen Damm ließ die SBDG zur Mole ausbauen und elbabwärts eine Hafeneinfahrt öffnen. Der alte Elbearm sowie das zum Ausbau des Hafens benötigte angrenzende Ufergelände wurden ausgebaggert. Die SBDG verfügte zu dieser Zeit über 17 Seitenraddampfer, die noch kein Oberdeck hatten.

Bereits 1872/73 wurde eine Hafenerweiterung erforderlich. Ein Dampfbagger verbreiterte und entschlammte den Hafen. Stand der Dampfbagger nicht zur Verfügung, so mussten die Schiffsbesatzungen selbst Hand anlegen. Nach der Erweiterung konnten im Februar 1876 zehn Schiffe im Hafen untergebracht werden und die restlichen Schiffe befanden sich in Werften zur Überholung. 1877 wurde wieder eine Vergrößerung des Hafens notwendig.

Ab den 1880er Jahren sollten Kopfweiden am Ende der 1884 stromabwärts verlängerten Mole bei Hochwasser das Treibgut und bei Frost die Eisschollen von den Schiffen fernhalten. Die Kopfweiden befinden sich teilweise noch heute an dieser Stelle, aber wegen unterlassener Pflege brechen die nun hochgewachsenen, verwilderten Bäume auseinander.

In den 1890er Jahren wurden größere Schiffe entwickelt, die mehr Liegeplatz beanspruchten. Nachdem die Schifffahrtsgesellschaft für den Ausbau umliegendes Land erwerben konnte,

Dampfer im Winterhafen Loschwitz, 1910, Ansichtskarte *Foto: Slg. Mario Schatz*

Winterruhe im Hafen *Foto aus: »Personenschifffahrt auf der Oberelbe«*

Dampfer Loschwitz beim Wendemanöver *Foto: Slg. Johannes Hirsch*

wurde der Hafen 1893/94 im östlichen Teil um das sogenannte kleine Hafenbecken vergrößert. Die Ausschachtungen erfolgten hauptsächlich wieder durch die Schiffsbesatzungen. Nun fanden achtzehn Dampfer und mindestens vierzehn Landungsstege im Hafen Platz. Bei diesen Abmessungen des Hafens blieb es bis heute.

1897 wurde im Gelände des Hafens am Körnerweg gegenüber dem Haus Nr. 18 eine Sodatrinkhalle eröffnet. Diese bestand aus einem einfachen Bretterhäuschen mit einem Verkaufsfenster. Im Jahr 1919 war die Halle nachweislich noch vorhanden, danach verlieren sich ihre Spuren.

Diesen sogenannten Winterhafen betreute ab etwa 1900 eine Hafenaufsicht, meistens pensionierte Kapitäne der Personenschifffahrt. Sie konnten mit viel Erfahrung und Geschick die Schiffe in das Hafenbecken einreihen. Auch zeichneten sie für die Brandsicherheit der Schiffe verantwortlich. Die Aufsicht, stationiert auf einer Landungsbrücke, befand sich am Ende des »Kleinen Hafens«.

Während des Zweiten Weltkrieges waren die Fahrten reduziert. Die nicht im Einsatz befindlichen Personendampfschiffe ruhten zunächst 1942/43 im Hafen. Wegen verschärfter Luftschutzbestimmungen musste der Hafen später geräumt werden. Er durfte nur noch als Nachtliegeplatz für die im Dienst zwischen Dresden und Pirna verkehrenden Personendampfer genutzt werden.

Am 18. Juni 1946 lag das Personenschiff »Dresden« im Hafen. Gegen 23 Uhr brach an Bord ein Feuer aus. Nach Erzählungen ehemaliger Kapitäne soll der Brand durch eine Kerze, die ein Küchenmädchen ohne Aufsicht auf einen Korb gestellt hatte, ausgelöst worden sein. Durch schnelles Handeln konnte der danebenliegende Dampfer »Meißen« abgedrückt werden und blieb somit unversehrt. Der fast ausgebrannte Dampfer wurde zum Wiederaufbau in die Weft Laubegast gebracht. Durch diesen Umstand entging der Personendampfer »Dresden« nach dem Krieg wahrscheinlich den von der Sowjetunion geforderten Reparationsleistungen und blieb somit erhalten.

Auf der Wiese, am Ende des Hafenbeckens, standen zwei oder drei Landungsbrücken, genannt Magazine, die ursprünglich als Fahrkartenschalter und zur Aufbewahrung von Fracht vorgesehen waren. Diese Magazine, mit Elektro-Anschluss und Telefon ausgestattet, dienten als Werkstatt für die im Hafen liegenden Schiffe.

Das Aufsichtsamt im Winterhafen übernahmen meist die älteren und erfahrensten Kapitäne. Um 1900 hatte die Leitung der Oberkapitän Franz Rosche, Spitzname »Mamulle«. Er war ein verschlossener strenger Mann. Ab 1905 folgte Oberkapitän Richard Peschke, peinlich genau bekleidete er das Amt zwei Jahrzehnte. 1928 übernahm Kapitän Wilhelm Rosche aus Kamerun (Neurochwitz), daher genannt der »Kameruner«, das Kommando. Er wurde als äußerst zackiger Schiffsführer beschrieben. Am 29. März 1928 verschied er jedoch plötzlich an Herzschlag in der Kajüte der Hafenaufsicht. Danach folgten 1928 Kapitän Wolfgang Rosch und ab 1929 Kapitän Otto Koch, genannt der »Blasse«. Er konnte so gut wie kein anderer die Schiffe im Hafen »einfädeln«. Um 1940 wird als Hafenaufsicht ein gewisser Spalteholz, mit Spitznamen »Salzer« genannt. Als Letzte versahen die Winteraufsicht die Kapitäne Gustav Richter, früher Schiffsführer der »Leipzig« und Rudolf Bräunling, der Kapitän auf der »Dresden« war.[1]

Auch die Schiffe der Weißen Flotte suchen im Loschwitzer Hafen am 23. Juli 1981 Schutz vor dem Hochwasser *Foto: Ute Häse*

Ein neues einstöckiges Gebäude im Hafen, ausgerüstet mit Maschinen zur Durchführung kleinerer Schiffsreparaturen, löste die Magazine ab. Orientiert am Hochwasser von 1845 wurde das Haus auf Säulen errichtet. Später übernahmen die Motorbootsportler die Räumlichkeiten als Clubraum.

Der Deutsche Schiffahrts- und Umschlagebetrieb (DSU) erwarb 1953 die Villa »Alexa« als Schifferheim. Das Gebäude Körnerweg 6b (heute Schillerstraße 21c) diente vermutlich bis 1972 als Übernachtungsmöglichkeit für außerhalb Dresdens wohnendes Fahrpersonal der Personenschifffahrt.

Die AG Junge Matrosen
Foto: Slg. Jens Giesler

Für die Ausbildung der im September 1975 gegründeten AG »Junge Matrosen« standen vorerst im Hafen Loschwitz das ehemalige Grenzboot »Freundschaft« und zwei Kutter zur Verfügung. Am 1. April 1978 übereignete die Militärakademie an den Pionierpalast eine ausgemusterte Barkasse mit einem 102 PS-Dieselmotor. Es erhielt den Namen »SEID BEREIT«. Das Schiff »Freundschaft« wurde abgegeben.
Die jungen Matrosen lernten in dieser AG theoretisch und praktisch die Grundkenntnisse des Seesports. Sie übten das Kutterrudern, die Seemannsknoten, Wurfleinenwerfen, Schwimmen, Laufen und natürlich auch das Deckschrubben. Zu den Höhepunkten ihrer Ausbildung zählten die jährlichen Exkursionen während der Pfingstferien, die Fahrten nach Ústi (Tschechien) oftmals gemeinsam mit der AG Naturwissenschaften. Auf diesen Ausfahrten konnten etwa 12 – 15 Teilnehmer das Erlernte unter Beweis stellen. Besondere Herausforderungen für die Kinder bot die Teilnahme an Wettkämpfen der Kreis-, Bezirks- und Republikmeisterschaften im Kutterrudern und Kuttersegeln.

Im Hafen mit einer Wasserfläche von etwa 1,4 Hektar konnten 20 Personendampfer und bei Bedarf etwa 50 Landungsbrücken untergebracht werden. Die 1962 bis 1964 neu gebauten vier dieselbetriebenen Seitenradschiffe beanspruchten mehr Liegeplatz. Der Loschwitzer Hafen war dafür zu klein. Eine Erweiterung erwies sich als nicht möglich.

Deshalb überwinterten ab 1968 die Personenschiffe im Neustädter Hafen. 1970 schließlich verzichtete die »Weiße Flotte« offiziell auf den Winterhafen. 1971 wurden nur noch Malerarbeiten an einzelnen Schiffen durchgeführt. Für eventuelle Notfälle bei Hochwasser oder Eisgang behielt der Betrieb die Option, weiterhin die Einquartierung der Schiffe und Anleger im Hafen vornehmen zu können. Seit 1990 befinden sich die Liegeplätze der Personenschiffe am Kai zwischen Albert- und Augustusbrücke.

Ab 1970 begann eine neue Nutzung des Hafens. Schon 1969 konnte ein Vertrag zwischen dem VEB Fahrgastschiffahrt Dresden und dem Motorwassersportclub »Elbe« Dresden über die Nutzung von Liegeplätzen im Loschwitzer Hafen geschlossen werden. Die Stadt Dresden als Eigentümerin des hinteren Teils des Hafenbeckens (der vordere Teil, einschließlich der Mole, gehörte dem Land Sachsen) und des anliegenden Geländes verpachtete 1970 die Liegenschaft an den Sportclub »MC Elbe«. Seit 1990 ist der → *MC »Elbe«* Dresden e.V. Mitglied im Deutschen Motoryachtverband (DMYV) als gemeinnütziger Verein anerkannt.

Ebenso beanspruchte die Gesellschaft für Sport und Technik (GST) mit der Sparte Seesport als Nutzer einen Teil des Hafengeländes. Diese gründeten 1990 den → *»Wassersportclub Dresden-Loschwitz e.V.«* (WDL).

Von 1975 – 1990 lag im Hafen ein Ausbildungsboot des »Pionierpalastes« (→ *Schulen*) für die Arbeitsgemeinschaft (AG) »Junge Matrosen«. Als im Pionierpalast 1990 die Arbeitsgemeinschaften Naturwissenschaften, Sport und Technik aufgelöst wurden, bedeutete das auch das Aus für die AG »Junge Matrosen«.

Ab 1990 nutzte die Stadt Dresden noch ein Jahr die Barkasse, um schwierige Jugendliche zu beschäftigen. Sie haben unter Anleitung das Boot instandgesetzt. Ein kleineres Stück Land westlich am Körnerweg ist für eine private Nutzung verpachtet. Im Januar 2001 verkaufte das Land Sachsen die vordere Wasserfläche des Hafens mit der Mole an Andreas Rösler. Dort betreibt er den Bootshafen »An der Mole«.

Zum Jahrhunderthochwasser stand der gesamte Hafen unter Wasser. Am 17. August 2002 erreichte der Pegelstand Dresden mit 9,40 m den Eingangsbereich des ersten Stockes im Clubgebäude. Die Baracke des WDL konnte nicht gerettet werden. Es entstand ein neues, stabil auf Säulen errichtetes Clubgebäude.

Ute Häse

Zitat:
1 Schiffe bei Hochwasser im Hafen 1867; in: Unser Anker, 1935
Quellen: 152, 523, 781, 1048

Hagen, Musikerfamilie → *K2* → *Ortsteile Auf der Platte*
Hahn, Robert; Maler und Grafiker (1883 – 1940) → *K2*
Haller, Ludwig; Maler (1904 – 1986) → *K2*
Hamacher, Sieglinde; Regisseurin (* 1936) → *K2*
Hamacher, Will J.; Maler und Regisseur (1917 – 1974) → *K2*

Sportboote im Loschwitzer Hafen, 2010 *Foto: Ute Häse*

Handwerk und Gewerbe

Im Kapitel »Handwerk und Gewerbe« stellen Ihnen die Autoren Loschwitzer Handwerksfirmen, Händler und Selbstständige aus Geschichte und Gegenwart vor.

Verwandte Gewerke wurden in Stichworten zusammengefasst, beispielsweise »Holz und Glas verarbeitende Berufe« mit Tischlern, Glasern, Stellmachern, Drechslern u. a. und »Metallverarbeitende Berufe« mit Klempnern, Schlossern, Schmieden, Mechanikern und Messerschleifern.

Farbig unterlegte Kästen in den einzelnen Abschnitten zeigen die Anzahl der Vertreter des jeweiligen Gewerbes in wesentlichen Jahren der Ortsentwicklung:

1883: Erstes Adressbuch erscheint
1900: Zeit des Baubooms
1912: Blütezeit vor dem Ersten Weltkrieg
1921: Eingemeindung nach Dresden
1933: Machtübernahme durch Hitler
1943/44: Zweiter Weltkrieg
1957/58: DDR vor dem Mauerbau
1975/76: Nach der Verstaatlichungswelle der DDR 1972
1995: Zustand nach der Wiedervereinigung
2014: Gegenwart

Diese Angaben wurden durch Auszählung in den Adress- und Telefonbüchern ermittelt, erfassen also nur die dort Verzeichneten.

Unter separaten Stichworten finden Sie im Buch die Bereiche → *Apotheke* (ab S. 205); → *Gaststätten und Hotels* (ab S. 415) sowie → *Industrie* (ab S. 642).

Auch aus Platzgründen kann die Darstellung nicht vollständig sein – über ergänzende Informationen freut sich das Archiv des Ortsvereins Loschwitz-Wachwitz jederzeit.

Loschwitz vor der Eingemeindung

Mit der Entwicklung von Loschwitz vom Fischer-, Winzer- und Mühlendorf zum städtischen Villenvorort und schließlich zum fast vollständig sanierten heutigen Stadtteil vollzog sich auch eine mehrfache Wandlung des angesiedelten Handels, Gewerbes und Handwerks.

Immer war die Wirtschaft des Ortes begünstigt durch die Lage am Fluss mit → *Fähre* und → *Fischerei* und als Kreuzungspunkt mehrerer Straßen. Dementgegen standen die katastrophalen Auswirkungen der sehr häufigen Hochwasser und Eisgänge: Für die Jahre bis 1800 werden etwa 170 Elbefluten genannt!

Der Kantor und »I. Lehrer« Friedrich Wilhelm Pohle schrieb in seiner Chronik von 1883: »Vor Jahrhunderten hatten die Berge und Thäler von Loschwitz einen reichen Waldbestand, was auf dem linken Elbufer bei weitem nicht so der Fall war. So entwickelte sich naturgemäß der Holzhandel. Loschwitz versorgte in früherer Zeit die gegenüberliegende Gegend und wohl auch die Festung [Dresden] zu einem guten Teile mit Bau- und Brennholz [...] [es] fanden sich damals an dem ganzen Hügelzuge nach Osten zu in den Thälern [...] Brettschneidemühlen.«

Josef Hegenbarth, Am Gemüsestand, 1940
Josef-Hegenbarth-Archiv, Kupferstich-Kabinett, Staatliche Kunstsammlungen Dresden

Lange prägte der Weinbau die Hänge oberhalb des Dorfes. Nach dessen Niedergang kam es zur Parzellierung der Weinberge und etwa ab 1830 zu einem ersten Bauboom. Auf vielen Grundstücken entstanden kleine Landhäuser als Sommersitze der Dresdner.

Ein Großteil der Dorfbevölkerung verdiente sein Brot mit der Erzeugung von Lebensmitteln und Dienstleistungen für die benachbarte Großstadt: Mit Beginn des 19. Jahrhunderts war der Weinbau stark zurückgegangen, statt Weinstöcken wurden Obstbäume und Beerensträucher gepflanzt. Der Obstbau, auch dessen Zwischenhandel für Böhmen, zahlreiche → *Gärtnereien*, zwei → *Bauerngüter* und viele → *Wäschereien* prägten Loschwitz vor 1900.

Die Loschwitzerinnen brachten edles Obst wie Aprikosen, Pfirsiche, Erdbeeren und Pflaumen auf die Märkte ganz Sachsens. Um 1833 soll es am Rathaus sogar eine »Loschwitzer Pflaumenbörse« gegeben haben, von der ganze Wagenladungen nach Dresden, Freiberg, Chemnitz, Zwickau und Berlin versandt wurden.

1851 erhielt Loschwitz seine Schiffsanlegestelle. Die Dampfschiffe (→ *Schifffahrt*) verkehrten später in Spitzenzeiten viertelstündlich von und nach Dresden und trugen zur Entwicklung des Ortes zum Ausflugsziel mit vielen Gaststätten bei. Über 100 Jahre lang – von 1866 bis 1969 – wurde der Loschwitzer → *Hafen* als Winterquartier für die Dampferflotte genutzt.

Der Ort wuchs den Hang hinauf, z. B. mit dem Bau der Calberlastraße ab 1874.

Mit dem Baubeginn der Brücke → *Blaues Wunder* ab 1891 und des heutigen Körnerplatzes erfuhr das Dorf noch vor der Eingemeindung seine größte wirtschaftliche Blüte: Die Straßenbahnlinie (1893, → *Verkehrsmittel*) und die → *Bergbahnen* – die Standseilbahn (1895) und die Schwebebahn (1901) – wurden erbaut. Schon um 1900 riss man viele der kleinen Landhäuser wieder ab, sie wurden durch größere, prächtigere → *Villen* ersetzt, die nun als dauerhafte Wohnsitze vermögender Dresdner dienten. Baugewerke profitierten besonders von diesem Bauboom. Eine die neuen, wohlhabenden »Herrschaften« begleitende Dienstleistungswirtschaft entstand. Die Kartonagenfabrik (→ *Industrie*) im Simmigschen Ortsteil beschäftige 300 Mitarbeiter.

Erst der Beginn des Ersten Weltkrieges bremste diese Entwicklung. Die zweite bedeutende Industrieanlage im Dorf, Leonhardis 1881 erbaute → *Tintenfabrik* – einerseits Welterfolg, andererseits Loschwitzgrund und dessen Bach stark verschmutzend – verlor ihre Märkte in Übersee. Die → *Eingemeindung* des Dorfes nach Dresden 1921 war dann auch wirtschaftlich folgerichtig, da sich viele Gewerke ohnehin nach der Stadt hin orientierten.

Auswirkungen der Nazizeit
Auch vor der Loschwitzer Apotheke von Leonhard Loewenheim standen Schilder »Kaufe nicht bei dem Juden«. Bis zu den Zerstörungen des Zweiten Weltkrieges blieb das Regime der Nationalsozialisten jedoch ohne nennenswerte Auswirkungen auf die Wirtschaft des Villenvorortes.

Die Bombenangriffe auf Dresden trafen auch Loschwitz. Zehn Menschen starben, es wurden rund 40 Häuser zerstört oder beschädigt.

Nachkriegszeit und Deutsche Demokratische Republik (DDR)
Ausgebombte Dresdner richteten Notläden in Loschwitz ein: Beispielsweise teilte → *Uhrmacher* Winkler am Körnerplatz seinen Laden mit der aus der Stadt kommenden → *Buchhandlung* Holze & Pahl, in der Garage Pillnitzer Landstraße 37 richtete der → *Uhrmacher* Noack eine Notwerkstatt ein. In der auf den Krieg folgenden Hungerzeit beschafften die Menschen mühsam mit dem Rucksack aus dem Umland Lebensmittel, die sie gegen Wertgegenstände eintauschten.

Die sowjetische Besatzung und die 40 Jahre währende Wirtschaftspolitik der DDR führten trotz verordneter Vollbeschäftigung zu einer schwierigen Zeit für Handwerk und Gewerbe in Loschwitz. Privatbetriebe wurden gezielt benachteiligt und schließlich bis auf kleine Handwerksbetriebe mit weniger als zehn Mitarbeitern 1972 zwangsverstaatlicht.

Durch die auf Neubau orientierte Baupolitik der DDR-Führung mangelte es an fast jeder Art von Baumaterial für Sanierungen. Der daraus folgende Verfall der gesamten Altbausubstanz wurde auch durch staatlich diktierte extrem niedrige Mieten begünstigt, die es Hausbesitzern nicht erlaubten, zur Erhaltung der Gebäude notwendige Mittel zu erwirtschaften und größere Reparaturen zu bezahlen.

Selbst die staatseigene Handelsorganisation (HO) konnte den Verfall der ihr übertragenen wichtigen Objekte Hotel Demnitz (steht noch 2015 leer) und Ratskeller (1994 abgerissen) nicht stoppen. Auch das Beispiel der Gaststätte Loschwitzhöhe zeigt die fatalen Folgen: Eine aus Mangel an Material nicht auszuführende Dachreparatur führte letztendlich zum Abriss des Gebäudes.

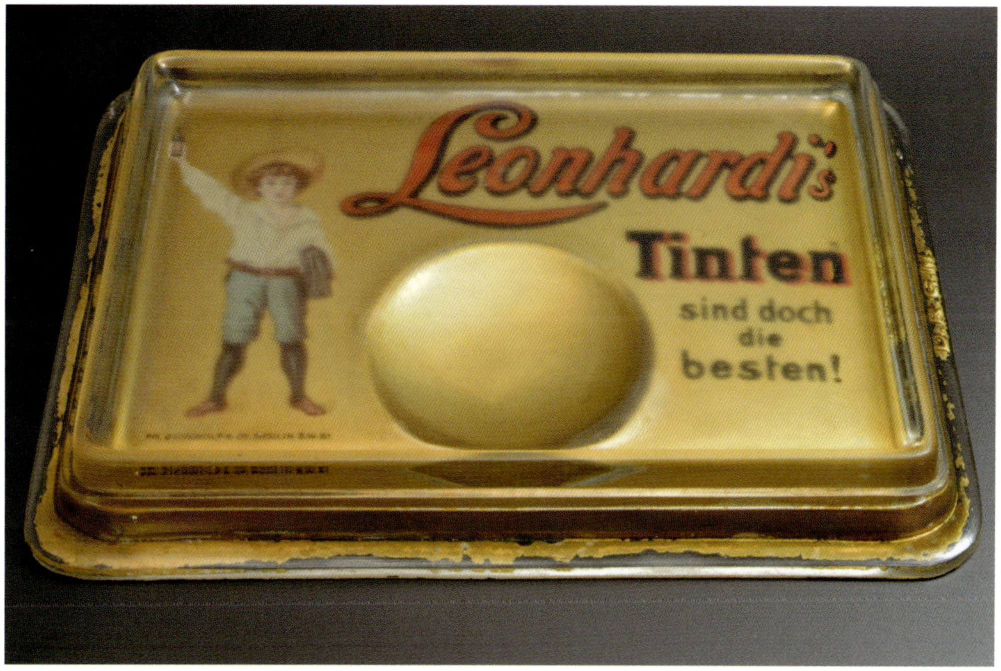

Zahlteller mit Werbung für Leonhardis Tinten *Slg. Hagen Kreisch*

Ab Mitte der 70er Jahre kam es auch am Körnerplatz zum »Ladensterben«. Viele Andersdenkende nahmen Repressalien und eine lange Wartezeit auf sich, um per Ausreiseantrag in die BRD umzusiedeln.

Nach der Wiedervereinigung
Das erste große sichtbare Zeichen für einen wirtschaftlichen Aufschwung setzte der Beginn des Wiederaufbaues der Loschwitzer → *Kirche*. Die neue Gewerbefreiheit führte zu zahlreichen Neugründungen. Auch die 1991 im Ort gegründete Zeitschrift → *Der Elbhang-Kurier*, die an frühere Regionalzeitungen anknüpfte, spiegelt diese Entwicklung wieder. Baugewerke und Gebäudeausrüstung erlebten einen erneuten, diesmal Sanierungs-Boom. Die Bergbahnen und wichtige Gebäude konnten nun instandgesetzt werden. Der Dorfkern wurde 1993 zum → *Sanierungsgebiet* erklärt. Neue → *Wohnparks* wie der Augustuspark führten teilweise zur Zersiedlung der Elbauen. Mit der Wohnanlage Loschwitz-Arkaden entstand ein darin integriertes Handels- und Gewerbezentrum.

Privater gewerblicher Kunsthandel wurde wieder möglich: Zahlreiche → *Galerien* öffneten rund um den Körnerplatz. Dessen Lage blieb lange problematisch durch das immense Wachsen des Autoverkehrs. Erst allmählich siedelten sich wieder Gastronomie, Kunsthandwerk und hochwertige Handelssortimente an.

Wirtschaft in Loschwitz heute
Nach der Aufhebung des Sanierungsgebietes 2013 ist der Dorfkern weitgehend saniert, insgesamt rund 8 Millionen Euro an Fördermitteln sind geflossen. Pillnitzer Landstraße und Grundstraße wurden erneuert, die Bergbahnen generalüberholt. Es folgten Lückenbebauungen, die Bebauungsdichte nimmt weiter zu. Die Bevölkerungsstruktur wandelte sich erneut: Bauherren mit höherer Kaufkraft siedelten sich an und nutzen auch viele Angebote im Ort. Mit dem Elbhangfest (→ *Feste*) und dem vom gleichnamigen Verein veranstalteten → *Weihnachtsmarkt* sind überregional wirksame kulturelle Höhepunkte entstanden, die auch den ansässigen Gewerbetreibenden Umsatz bringen.

Das wachsende Touristenaufkommen lockte darauf ausgerichtete Händler an, die Gastronomie wuchs in geringerem Umfang mit. Einige Rebflächen am Hang um das Lingnerschloss werden wieder mit Erfolg von → *Winzern* bewirtschaftet.

Neben vielen negativen Auswirkungen trugen die Hochwasserkatastrophen 2002 und 2013 auch zur Sanierung des Ortsbildes bei.

Mehrere Architekturbüros siedelten sich an. Das → *Buch- und KulturHaus* floriert im Dorfkern. Trotzdem konnte Loschwitz nicht die frühere Dichte bei Handel und Gewerbe erreichen – auch durch den Wandel der Lebensgewohnheiten seiner Bewohner. Moderne Medien veränderten das Einkaufsverhalten.

Die Dauerbaustelle »Demnitz« ist eine vergebene Chance für die Entwicklung des gesamten Ortskerns, die Zukunft des größten Restaurants »Luisenhof« bei Redaktionsschluss dieses Buches ungewiss. **Holger Friebel**

Quellen: 39, 824, 1000

Antiquitäten

Von den frühen Händlern mit Altertümern in Loschwitz, die sich bis um 1920 häufig »Trödler« nannten, sei hier das Ehepaar Branzke genannt. Marie Branzke besaß ab 1913 in der Grundstraße 30 ein »Ein- und Verkaufs-Geschäft«, dessen Geschäftsführer ihr Ehemann, der Schriftsetzer und Antiquitätenhändler Richard Branzke (1886 - 1928), war. Das Geschäft schloss wahrscheinlich bereits 1918.

In der DDR-Zeit sind Hedwig Schönert und Gerhard Butze (→ *Schönert*) zu erwähnen. Erst in den 1990er Jahren eröffneten mehrere neue Antiquitätengeschäfte (s. u.). In den 1990er Jahren gab es bis etwa 2005 in der Friedrich-Wieck-Straße 4 noch das Antiquitätengeschäft von Alexander Schröder. **Otto-R. Wenzel**

Quellen: 39, 1000

Antiquitätenhändler und Trödler in Loschwitz

Jahr	Anzahl
1883	2
1900	2
1912	1
1921	1
1933	–
1943/44	–
1957/58	1
1975/76	1
1995	0
2014	4

Antiques & Garden Foto: Siegfried Großmann

Antiques & Garden
Schillerstraße 1
Im Jahr 2004 eröffnete Cordula Winkler in den Geschäftsräumen des Hauses ihren Laden »Drinnen & Draußen«. Gehandelt wurde mit Antiquitäten, historischen Baustoffen, Accessoires und Kuriosa für Wohnung, Haus und Garten. Nach einem Wechsel der Geschäftspartner 2010 wurde die Firma neu aufgestellt und umbenannt. Unter dem Namen »Antiques & Garden« gibt es nun zwei Filialen der Lauke & Winkler GbR mit unterschiedlichem Angebot: In der Schillerstraße 1 verkauft Cordula Winkler Garten-Antiquitäten und historische Baustoffe. Im Angebot sind z. B. Gartenmöbel, Säulen, Brunnen und historische Garten-Accessoires wie Skulpturen, Vasen und Töpfe. Geschäftspartner Thomas Lauke handelt auf der Dürerstraße 32 in Dresden-Johannstadt mit Klein-Antiquitäten und schönen alten Möbeln. Die angebotene Ware wird aus ganz Europa zusammengetragen. **Georg Kleine-Natrop**

Quellen: 724, 1136

Kunsthandlung Loschwitzhof Foto: U. Häßler

Kunsthandlung Loschwitzhof
Friedrich-Wieck-Straße 5
Gebäude und Grundstück wurden 1589 erstmals erwähnt. Der Besitzer war damals Laux Golde. Familie Golde besaß das Grundstück über 100 Jahre bis um 1700. Ab 1770 war Johann Christian Kegel Besitzer, der 1780 den heute noch vorhandenen Türbogen mit den Initialen »JCK« und einer kursächsischen Krone im Schlussstein einbauen ließ. Die Krone weist darauf hin, dass Kegel – wie auch seit 1781 die Nachbesitzer Wagner – zu den Loschwitzer → *Zwanzigern*, Jagdbedienstete des Kurfürsten, gehörte. Das Haus ist 1,5 m breiter als die beiden benachbarten Häuser. Das könnte ein Privileg der Zwanziger gewesen sein. Eine Besonderheit stellen auch die beiden in die Nordwand des Erdgeschosses eingefügten korbbogenüberwölbten Alkoven dar, die wahrscheinlich zur Aufbewahrung der Jagdlappen für die Treibjagd dienten. Die Alkoven bestehen aus Sandstein und stehen im Verband mit dem Erdgeschossmauerwerk. Seit 1825 war das Haus im Besitz von Eva Rosine Wagner und hatte lediglich zwei Stuben von 29 und 12 m². Wie fast alle dieser kleinen ebenerdigen Häuser wurde auch dieses Haus später mit einer Fachwerk-Etage aufgestockt.

In der Zeit des Baues des 1893 fertiggestellten → *Blauen Wunders* erwarb die »Deutsche Straßenbahngesellschaft Dresden«, die spätere »Städtische Straßenbahn Dresden«, Grundstücke in Loschwitz, darunter auch das hier beschriebene. Ab 1908 war die Stadt Dresden neuer Eigentümer. Das Haus wurde weiter zu Wohnzwecken genutzt.

Die verwitwete Grünwarenhändlerin Agnes Hesse geb. Wirthgen (1850 – 1942) ließ 1897 hier straßenseitig eine kleine hölzerne Verkaufshalle errichten, in der sie ihre Waren verkaufen konnte. Die ebenfalls verwitwete Wäscherin Wilhelmine Richter handelte im gleichen Grundstück von etwa 1899 bis 1911 mit Obst.

Nach der Wiedervereinigung kauften 1997 Eberhard und Brunhild Klinkewitz das Grundstück von der Landeshauptstadt Dresden. Die marode Bausubstanz erforderte eine umfangreiche denkmalgerechte Sanierung, die im Jahr 2000 abgeschlossen wurde. Im Erdgeschoss wurden Geschäftsräume eingerichtet, wobei das querliegende Sandsteintonnengewölbe und die Balkenkonstruktion der Decke erhalten blieben. Im Obergeschoss entstanden zwei Maisonette-Wohnungen.

Von 2000 bis 2014 betrieb Familie Klinkewitz hier die »Kunsthandlung Loschwitzhof«.

Frenk Klinkewitz

Quellen: 884, 1000

Rainer Kunze Foto: Siegfried Großmann

Kunsthandel »Am Blauen Wunder«
Körnerplatz 8
Im November 2006 eröffnete Rainer Kunze das Kunsthandel-, Porzellan- und Antiquitätengeschäft mit Kompetenzschwerpunkt auf historischem Meißener Porzellan. Die kostbaren Stücke mit den unterschiedlichen Dekoren aus mehreren Jahrhunderten werden bei Bedarf auch weltweit versandt. **Barbara Friebel**

Quellen: 724, 1223

Schönert, Hedwig
Kunsthändlerin (1889 – 1975)
Erna Hedwig Schönert, genannt Hede, wurde am 2. Januar 1889 in Klotzsche bei Dresden geboren. Seit 1924 wohnte sie in Loschwitz, Körnerweg 10.

Gerhard Butze *Foto: Slg. Gerhard Butze*

Einst war sie als Kunsthändlerin im Kunstsalon Arnold in Dresden-Altstadt auf der Schlossstraße tätig. Nachdem ihre »Handlung mit Kunstgegenständen« auf der Grunaer Straße 32 durch Bomben 1945 zerstört wurde, eröffnete sie in Loschwitz auf der Friedrich-Wieck-Straße 6 ein Antiquitätengeschäft.

Defekte historische Möbel ließ Hede Schönert bei dem Restaurator Größner, Pillnitzer Landstraße 29, instandsetzen. Als Einkäufer angestellt war von 1950 bis 1967 Josef Horschik (1909 – 1981) aus Dresden-Pillnitz. Ebenfalls arbeitete dessen Schwägerin Hildegard Poeschmann (1907 – 1976) hier als Verkäuferin, bis 1976 das Geschäft geschlossen wurde. Ab 1969 übernahm Gerhard Butze (1926 – 2013), gelernter Lithograf und späterer Leiter der Bibliothek des Instituts für Denkmalpflege der DDR in Dresden, das Antiquariat als Geschäftsinhaber. Seine Frau Helga (* 1926) arbeitete zeitweilig mit im Geschäft.

Josef Horschik vor dem Laden Friedrich-Wieck-Straße 6, 1959 *Foto: Slg. Gerhard Butze*

Als Hede Schönert am 11. Mai 1975 starb, erhielt Butze von der Stadt Dresden keine Konzession für die Weiterführung des Geschäftes. Er bekam das Angebot, als staatlicher Antiquitätenhändler weiterzuarbeiten, was er jedoch ablehnte. Schließlich folgte 1976 die Schließung des Antiquitätengeschäfts.

Ute Häse

Quellen: 39, 724, 1000

Trödel & Antik

Friedrich-Wieck-Straße 1

Früher befand sich im Haus eine → *Schlosserei* mit Eisenwarenhandlung, auch ein → *Schuhmachergeschäft* und zu DDR-Zeiten eine Laufmaschenreparatur. Im Jahr 2000 erwarb und sanierte das Blasewitzer Ehepaar Weiß das Haus. Die erste Etage wurde bewohnt, das Erdgeschoss zunächst vermietet. Ein Laden mit Designmöbeln und Schmuck musste bereits ein Jahr später wieder schließen. Anlässlich des Loschwitzer Weihnachtsmarkts 2003 eröffneten die Hausbesitzer hier einen Trödelmarkt mit An- und Verkauf, der so guten Anklang fand, dass Martina Weiß im März 2004 dauerhaft ihr Geschäft »Trödel und Antik« mit einem bunten Angebot von Geschirr, Besteck, Büchern, Schallplatten, Wertvollem und weniger Kostbarem eröffnete. Mittlerweile gibt es viele einheimische und auswärtige Stammkunden und besonders zum Weihnachtsmarkt und zum Elbhangfest kommt viel Laufkundschaft. Von Januar bis März bleibt der Laden geschlossen.

Barbara Friebel

Quelle: 724

Trödel & Antik *Foto: Siegfried Großmann*

Apotheken → *S. 205*

Bäcker

Die oft in älteren Grundstücksakten behandelten Backofenangelegenheiten bilden einen deutlichen Hinweis auf die ursprünglich übliche Hausbäckerei. Erstmals wird 1792 mit Johann Georg Richter, allerdings ohne jeden weiteren Hinweis, ein »Bäcker in Loschwitz« genannt. Sicher bezeugt sind dann um 1840 in der heutigen Friedrich-Wieck-Straße 7 die Bäckerei von Gerischer, der nur Schwarzbrot backen durfte und bald nach Blasewitz wechselte, sowie Bäcker Scheibe in der heutigen Friedrich-Wieck-Straße 20. Dieser war auch der erste hiesige Semmelbäcker, denn er setzte sich über die Bestimmung der Dresdner Bäckerinnung hinweg, dass »weiße Ware« nur in der Stadt gebacken werden durfte, von wo sie die Büdchenkrämer ins Dorf mitbrachten. Scheibe berief sich darauf, dass sein Haus nicht der Dresdner Jurisdiktion, sondern dem Rittergut Niederpoyritz unterstand. 1846 wird ein weiterer Bäckermeister in Loschwitz, Johann Wilhelm Küchenmeister, als Hausbesitzer von Pillnitzer Landstraße 90 genannt. Um 1850 wurde dann auch in der Grundstraße 22 gewerblich gebacken, und diese Bäckerei sollte noch die folgenden 120 Jahre bestehen.

Bevölkerungszunahme und ansteigender Fremdenverkehr führten bald zu weiteren Geschäftsgründungen wie der von Bäckermeister Ernst Kotte (1838 – 1912) aus Bischofswerda, der

Bäckereien in Loschwitz

Jahr	Anzahl
1883	6
1900	10
1912	13
1921	14
1933	11
1943/44	9
1957/58	6
1975/76	4
1995	4
2014	3

Café Richter, Parkstraße, heute Schillerstraße 37b, um 1902, Ansichtskarte Slg. Matthias Griebel

Bäckerei Thieme, heute Bautzner Landstraße 64, Ansichtskarte, Zeichnung A. Goltz Slg. Matthias Griebel

1865 in der Friedrich-Wieck-Straße 8 sein Gewerbe aufnahm. In seinem Tagebuch vermerkte er unter Sonntag, dem 5. Mai 1867: »Heute haben wir gut verkauft und der Kuchen hat sehr gefehlt, ich hatte auch nicht viel gebacken, denn es war früh trübe so wie den ganzen Tag, dessen ungeachtet waren aber viele Fremde da«.[1]

Im Jahre 1883 gab es dann einschließlich des Backbetriebes in der Damm- oder Nudelmühle (→ *Mühlen*) sechs Bäcker, im Jahre 1912 bis zur Eingemeindung 14 Bäckereien, von denen vor 1945 noch ein Dutzend existierten. Die Loschwitzer Bäckereien sind nachfolgend alphabetisch nach Straßen aufgeführt:

Bautzner Landstraße 32: Konditorei mit Kaffeeausschank, auch Weinausschank: 1911–1927 Konditormeister Max Lippoldt; danach Konditormeister Paul Despang und ab 1930 August Bleicher; ab etwa 1954 Konditorei und Café Paul Werner und 1963–1992 »Café Binneberg« unter Bäcker- und Konditormeister Gregor Binneberg (1936–1996).

Bautzner Landstraße 64: → *Bäckerei Scheinert*

Bautzner Landstraße 78: Bäckerei mit Kaffeeschank: 1898–1914 Hermann Fritzsche, danach Weiterführung durch dessen Witwe Emma Fritzsche; 1916–1926 Ernst Scheermeister, danach Arthur Mosig, ab 1931 Johannes Schubert und ab 1937 Herbert Fleischer; 1947 geschlossen.

Fischhausstraße 8: Bäckerei mit Kaffeeschank: 1896–1919 Hermann Rönsch, dann Übernahme durch Paul Klemm, der bei der Explosion seines Backofens ums Leben kam; ab 1928 Albert Mehner; 1950 geschlossen.

Friedrich-Wieck-Straße 8: Bäckerei Ernst Kotte: 1865–1888, 1888–1895 Bäckerei Emil Winkler; seitdem geschlossen.

Friedrich-Wieck-Straße 20: Bäckerei Samuel Scheibe: 1831–etwa 1857; danach bis etwa 1875 Bäckerei Christian Liebing; etwa 1875 bis etwa 1885 Julius Krzenek; danach bis 1894 Bäckerei Karl Nerche; 1894–1917 »Schroths Bäckerei und Kaffeeschank« unter Julius Schroth; 1917–1918 Weiterführung des Geschäfts durch die Witwe Rosa Pauline Schroth bis zur Heirat mit Vinzenz Veith; 1919–1921 Bäckerei mit Kaffeeschank Vinzenz Veith; 1921–1932 Bäckerei mit Kaffeeschank »Café Pietsch« mit Gästegar-

Unsern werten Kunden, Freunden und Bekannten die
herzlichsten Glückwünsche
zum Jahreswechsel.
Loschwitz. Karl Nerche u. Frau.
8) Bäckermeister.

Anzeige, 1911

Bäcker Kotte 1893 LfD Sachsen, Slg. K. E. Scherz

Ulrike, Maud und Gregor Binneberg zum 25-jährigen Geschäftsjubiläum 1988. Foto: Slg. Maud Binneberg

Bäckerei, Konditorei und Café Erwin Schob, Krügerstraße 15 im Ortsteil Schöne Aussicht. Links die Malerstraße, rechts die Krügerstraße. Nach 1956 wurde die Café-Veranda abgerissen und die Ladentür an der Ecke zu einem Fenster zugemauert. 1930er Jahre Slg. Matthias Griebel Bestand Karl Ullrich, Rinteln

Anzeige, 1907 *Slg. Matthias Griebel*

ten unter August Pietsch; danach geschlossen; 2000 nach Restaurierung Wiedereröffnung als »Café Clara« (→ *Gaststätten*).
Grundstraße 22: → *Bäckerei Tanner*
Grundstraße 32: Bäckerei: Ab etwa 1888 – 1912 Gustav Eisold, seine Witwe wurde Inhaberin und der Sohn Max Eisold Geschäftsführer der Bäckerei, seine Frau Hedwig übernahm den Verkauf; 1960 geschlossen.
Grundstraße 78: Bäckerei mit Kaffeeschank: Ab etwa 1895 August Schöne, danach 1904 – 1908 Erwin Schob, anschließend 1908 – 1918 Arno Krüger, schließlich folgten 1919 Ewald Matthes und 1938 Horst Menzel; 1948 geschlossen.
Grundstraße 98: Mühlenbäckerei: Vor 1883 Mühlenbäcker Heinrich Naumann, danach bis 1887 Ferdinand Oswald Vetter; 1887 – 1890 Eduard Fürchtegott Heyn, gefolgt von Ernst Julius Pflicke; um 1892 Mühlenbäckerei geschlossen.
Körnerplatz 2: → *Bäckerei Winkler-Wippler*
Körnerplatz 10: Bäckerei: 1880 – 1890 Emil Garten; 1891 – 1892 Filiale von Karl Nerche (Körnerplatz 11); danach geschlossen.
Körnerplatz 11: Bäckerei und Konditorei mit Kaffeeschank: 1895 – 1911 Karl Nerche; 1911 – 1933 Paul Unger, nach dessen Tod Weiterführung durch dessen Witwe und 1937 Übernahme durch den Sohn Alfred Unger; nach 1945 Bäckerei und Konditorei Paul König, etwa 1957 Übernahme durch die → *HO* als Verkaufsstelle für Back- und Konditoreiwaren aus dem volkseigenen Backwarenkombinat Dresden mit Café; 1990 geschlossen.
Krügerstraße 15: Bäckerei und Konditorei: 1904 – 1908 Wilhelm Wachs; 1908 – 1935 Erwin Schob mit seiner Ehefrau Marie als Inhaberin; 1935 heiratete die Tochter Hertha Schob den Bäcker- und Konditormeister Fritz Ullrich, der nun die Bäckerei übernahm, wegen Kriegsdienst musste er die Bäckerei 1939 schließen und konnte sie erst nach seiner Kriegsgefangenschaft 1949 wieder öffnen; 1956 wegen Flucht in die BRD geschlossen.
Rißweg 60: → *Bäckerei Walther*
Schillerstraße 37b: Bäckerei mit Kaffeeschank: 1900 – 1903 Paul Richter, danach Paul Gottschald und 1919 – 1921 Karl Freytag; danach geschlossen.
Steglichstraße 7: Bäckerei: 1899 – 1901 Ernst Schlicke mit seiner Ehefrau Minna als Inhaberin; 1901 – 1903 Paul Aulitzky, danach bis 1909 Josef Gellrich mit seiner Ehefrau als Inhaberin; 1909 – 1918 August Krumbiegel mit seiner Ehefrau als Inhaberin und danach bis 1965 Hellmuth Krumbiegel; ab 1965 Hartmut Walther, 1970 geschlossen.

Bedingt durch Überalterung, Kriegs- und Nachkriegsjahre war manche Geschäftsaufgabe erfolgt, ein Trend, der sich in der DDR-Zeit unter wirtschaftspolitischen Erschwerungen fortsetzte. Backwarenangebote des Einzelhandels, von HO und Konsum sicherten die Versorgung der Bevölkerung.

Heute befinden sich im alten Ortsgebiet noch die drei renommierten Meisterbetriebe von Scheinert am Weißen Adler an der Bautzner Landstraße, Walther am Rißweg und Wippler am Körnerplatz. **Matthias Griebel**

Zitat: 1 Sammlung Matthias Griebel
Quellen: 39, 43, 725, 726, 894, 1000

Silke (1971) und Thomas Scheinert (* 1971)*
Foto: Jürgen Frohse

Bäckerei und Café Scheinert

Bautzner Landstraße 64

Der Baumeister und Ziegeleibesitzer August Haase vom Weißen Hirsch kaufte 1904 den zur Bautzner Landstraße gelegenen Teil des Grundstücks Am Weißen Adler 1 und das mit einem Verkaufspavillon bebaut gewesene kleine Eckgrundstück. Auf dem neu vermessenen Areal ließ Haase ein »Landhaus« nach Plänen des Architekturbüros Richard Schaeffer & Sohn (→ *Baumeister und Architekten*) bauen. 1908 erwarb es für 69.000 Mark der Bäckermeister Alfred Thieme. Er richtete hier noch im gleichen Jahr eine Bäckerei ein und ließ an der Bautzner Landstraße eine geschlossene Veranda für Kaffeeausschank ans Haus anbauen.

Nach dem Tod Thiemes führte seine Witwe Ida ab 1940 das Geschäft zunächst weiter. Nach 1945 wurde es geschlossen, später die Kaffee-Veranda abgerissen und das Grundstück verkauft. Ab 1960 gab es im Haus wieder eine Bäckerei. Drei Bäckermeister wechselten als Pächter nacheinander in kurzer Folge; der erste war Heinz Schneider, dem bereits ein Jahr dar-

Café Rönsch, Fischhausstraße 8, Ansichtskarte, 1899.
Slg. Matthias Griebel

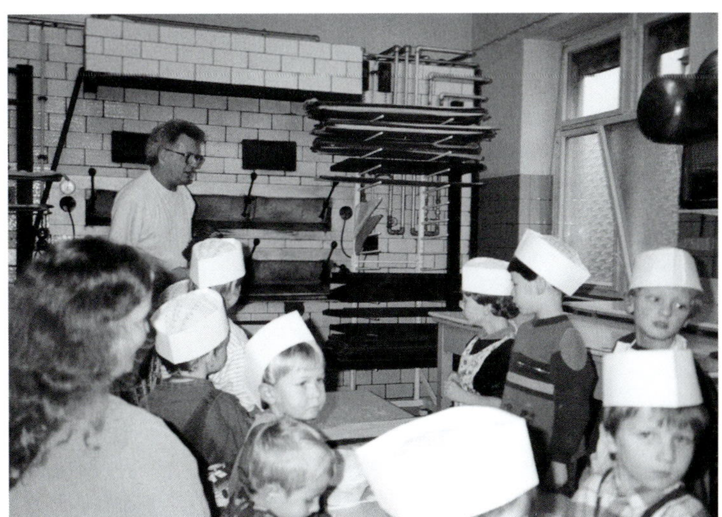

Bäcker Nopper mit Kindern am mit Kohlen gefeuerten Backofen, 1999
Foto: Slg. EHK

Backen mit Kindern in der Backstube bei Scheinerts, 2008 *Foto: Jürgen Frohse*

auf Werner Berger als letzter folgte. 1966 pachtete Bäckermeister Hans Nopper (* 1939) aus Loga (heute zu Neschwitz) bei Bautzen die Bäckerei, der sie mit seiner Ehefrau Katharina geborene Grubich (* 1938) aus Meißen bald wieder zu einem beliebten Einkaufsort machte. 1989 kaufte er das Grundstück und ließ das Haus 1991 renovieren. Nachfolger wurde 2001 Bäckermeister Thomas Scheinert (* 1971), der im März des Jahres mit seiner Ehefrau Silke (* 1971) hier seine »Schaubäckerei« eröffnete.

2003 folgte die Eröffnung des Cafés. Im Zusammenhang mit einer weiteren Teilrenovierung erhielt das Haus 2010 seinen englischroten Farbanstrich. Gemeinsam mit der → *Fleischerei Müller* und dem → *Getränke- und Weinhaus Neumann* gibt es alljährlich im Januar ein kleines Straßenfest vor der Bäckerei. Außer dem Ehepaar Scheinert sind heute weitere vier Bäcker, ein Konditor und vier Verkäuferinnen tätig. Neben dem Angebot an Konditoreiwaren ist die Bäckerei durch ihr vielfältiges Angebot an Brotsorten und die beliebten »DDR«-Semmeln weithin bekannt. **Otto-R. Wenzel**

Quellen: 43, 724, 1000, 1239

Thomas Scheinert wurde am 23. Oktober 1971 in Dohna geboren. Nach seiner Schulzeit lernte er von 1988 bis 1992 in Dittersdorf bei Glashütte das Bäckerhandwerk. Danach arbeitete er in Ditzingen bei Stuttgart, unterbrochen 1994/95 durch die Meisterausbildung in Helmsdorf bei Stolpen. 1996 bis 1998 war er Bäckermeister in Radeberg und danach bis 2001 in der Bäckerei Grundmann in Dresden-Striesen tätig. In dieser Zeit heiratete er 1999 die gelernte Bankkauffrau Silke Schlichenmaier.

Bäckerei Tanner

Grundstraße 22

Bereits 1627 erwarb George Saupe das Grundstück für eine »Baustatt«. Von 1820 bis 1855 war das Haus im Besitz der Familie Wirthgen. 1855 erwarb es der Bäckergeselle August Reichelt, der allerdings im folgenden Jahr Konkurs anmelden musste und 1857 an den Bäcker Ernst Leberecht Klotzsche verkaufte. Als 1870 der Bäcker Friedrich Wilhelm Michael nachfolgte, gab es hier bereits ein »Backhaus«. Er verpachtete später die Bäckerei an Karl Fritzsche, der sie bis 1886 betrieb.

Der Bäckermeister Hermann Tanner (1854–1935) erwarb 1886 das Anwesen von Michael für 26.000 Mark. Seine Frau Anna Tanner geborene Enderlein (1866–1895) besorgte den Verkauf im Laden. Ein guter Kundenstamm sicherte der Bäckerei das Auskommen. Vor

Familie Tanner, 1890 *Foto: Slg. Bernstengel*

Schulbeginn mussten oftmals ihre Kinder Hanni, Meta und William die bestellte Ware zu den Kunden nach Hause bringen. Altersbedingt gab Hermann Tanner die Bäckerei 1930 auf. Er verpachtete den Betrieb, bis sein Sohn, der Bäckermeister William Tanner (1890–1955), mit seiner Frau Louise (1892–1981) das Geschäft 1934 übernehmen konnte. Die jungen Tanners hatten Mühe, den Laden wieder in Schwung zu bringen. Nur mit bester Qualität konnten sie den alten Kundenstamm von Herrmann Tanner zurückgewinnen. Sie boten Brot, Brötchen, Kuchen, englische Kekse und selbst hergestellte Nudeln an. Ihre Spezialität war der Christstollen. Ihre Backwaren wurden nicht nur im → *Restaurant »Burgberg«* geschätzt, sondern auch, und das war für sie eine besondere Ehre, von den Nachkommen König Friedrich August III.,

Aufnahme eines unbekannten Fotografen: Haus Grundstraße 22, um 1910. Rechts: Kaffee & Kuchen-Zelt der Bäckerei Tanner, um 1918 auf dem Loschwitzer Sportplatz. Alle Familienmitglieder, die nicht unbedingt in der Backstube gebraucht wurden, und Freunde mussten in feinster Tracht aushelfen. So sind auch die verheirateten Töchter des Bäckermeisters Hermann Gottfried Tanner, Hanni Lange (1886–?, 6. v. r.) und Meta Bernstengel (3. v. r.) zu sehen. Meta (1887–1933) hatte den Ofensetzer Walter Bernstengel (5. v. r.) am 25. Oktober 1909 geheiratet. *Foto: Slg. Olaf Bernstengel*

Stollenrezept von William Tanner, weitergegeben von Helga Wachs
1 Metze (8 Pfund) Mehl, 750 g Zucker, 3 ½ Pfund Fettigkeit, 200 g Marzipan, 500 g süße und 125 g bittere Mandeln, ½ Teelöffel Macisblüte, 1 ¼ l Milch, 5 Pfund Rosinen, 200 g Zitronat und 200 g Orangeat. (Ein Pfund = 500 g)

die im neuen Schloss Wachwitz lebten. Das Hauptgeschäft war die Weihnachtsbäckerei. Zu jener Zeit kamen noch die Hausfrauen mit ihren eigenen Stollenzutaten und ließen die Stollen vom Bäcker kneten, formen und backen. Natürlich brachte jede Kundin ihre eigenen Stollenzeichen mit.

Zur Familie Tanner gehörten die Töchter Elfriede (1913 – 2009), Christa (1920 – 2005) und Helga (1924 – 2013). Letztere musste schon früh morgens vor dem Schulunterricht die Backwaren an die Kundschaft rund um den Körnerplatz austragen. Aus gesundheitlichen Gründen gab William Tanner 1947 die Bäckerei auf. Er fand in der Familie keinen Nachfolger; der Enkel Werner Ringel (* 1941), später Bäckermeister in Rochwitz, war noch zu klein. Die Bäckerei wurde von 1948 bis 1950 an Bäckermeister Alfred Pietsch (1902 – 1977) verpachtet. Nachdem Pietsch eine Bäckerei in Hosterwitz übernommen hatte, wurde von 1951 – 1957 an die Bäckermeister Rudolf Hiebsch, von 1957 bis 1962 an Gustav Nitschke und schließlich von 1962 bis 1968 an Herbert Heuschkel verpachtet. Danach wurde das Bäckereihandwerk in diesem Haus aufgegeben. Der Backofen wurde erst 1998 abgetragen.

1971 zogen Tanners Tochter Helga und deren Ehemann Rudolf Wachs in das Haus, das sie der Mutter Louise Tanner abgekauft hatten.

Das Haus ist bis heute (2014) im Besitz von Tanner-Nachkommen, nämlich der Tochter Franziska Hantzsch geb. Wachs (* 1953) und deren Familie. Der Laden wurde zur Garage umgebaut. **Ute Häse**

Quellen: 337, 525, 726, 864, 1000

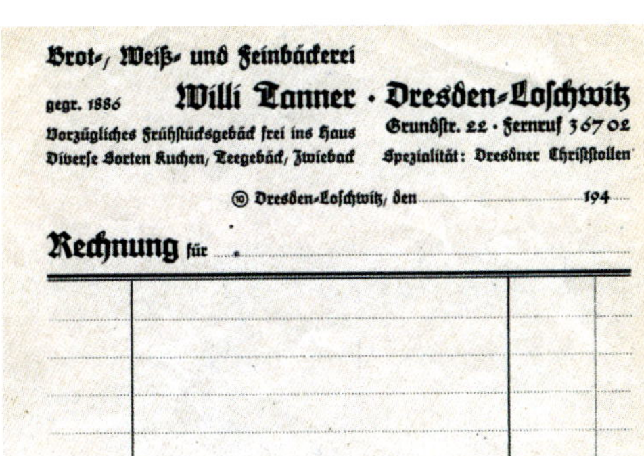
Brot-, Weiß- und Feinbäckerei
Willi Tanner · Dresden-Loschwitz
gegr. 1886
Grundstr. 22 · Fernruf 36702
Vorzügliches Frühstücksgebäck frei ins Haus
Diverse Sorten Kuchen, Teegebäck, Zwieback
Spezialität: Dresdner Christstollen
Dresden-Loschwitz, den 194
Rechnung für ....

Rechnungsbogen von Willi Tanner

Bäckerei Rißweg 60 mit Ernst Taubenheim im Ladeneingang, um 1930 Foto: Slg. Walther

Belegschaft der Fein-Bäckerei Walther 2013 Foto: Picasa

Bäckerei Walther
Rißweg 60

Friedrich Wilhelm Gneuß stellte 1869 den Antrag für den Bau eines Wohnhauses auf seinem Grundstück, das er wahrscheinlich im folgenden Jahr beziehen konnte. Bereits 1875 war das Haus im Besitz von Bäckermeister Theodor Leonhardt. Nach einem gerade noch abgewendeten Konkursverfahren erwarb 1881 Eleonore Modes das Grundstück und die Bäckerei konnte weitergeführt werden. Nach dem Tod Leonhardts um 1887 verkaufte seine Frau Elisabeth die Bäckerei an den Bäckermeister Bernhard Grunewald, der 1895 auch Haus und Grundstück erwarb. Nach Eintritt in den Ruhestand verkaufte dieser 1898 alles an Bäckermeister Kurt Thunig, der hier auch einen Kaffeeschank betrieb. Aber schon zwei Jahre später kaufte das Grundstück Robert Emil Miersch aus Stetzsch (heute zu Dresden), der Bäckerei und Kaffeeschank an Bäckermeister Oswald Kretzschmar und dessen Frau Gertrud verpachtete. 1901 gingen Haus und Grundstück durch Rückkauf wieder an Bernhard Grunewald. Pächter der Bäckerei waren Bäckermeister Richard Rüdig und ab 1904 Bäckermeister Paul Roick.

Mit dem 1909 erfolgten Kauf von Grundstück und Haus durch Bäckermeister und Konditor Oswin Taubenheim begann ein neuer Abschnitt in der Geschichte dieser Bäckerei. Über ein halbes Jahrhundert sollte die Bäckerei im Familienbesitz bleiben. 1938 bis 1941 war neben Oswin auch Albert Taubenheim hier als Bäckermeister tätig. 1948 erbte Bäckermeister Ernst Arno Taubenheim Haus und Grundstück und führte die Bäckerei bis 1962 weiter. Seine Nachfolger wurden Bäckermeister August Heinrich Nitschke und seine Ehefrau, die auch Haus und Grundstück kauften. Sie betrieben die Bäckerei bis 1970. Ihnen folgte Familie Walther.

Hartmut Walther, geboren 1943, legte 1964 in Stolpen-Helmsdorf die Bäcker-Meisterprüfung ab und pachtete mit seiner Ehefrau Christa geb. Helmert (* 1940) von 1965 bis 1970 in Dresden-Loschwitz, Steglichstraße 7, die Bäckerei von Bäckermeister Helmut Krumbiegel. Zusätzlich betrieb er eine Filiale auf der Bautzner Landstraße 20 in Dresden-Weißer Hirsch.

Der Betrieb konnte 1970 nach dem nahegelegenen Rißweg 60 verlegt werden. Hier waren die ehemaligen Hausbesitzer vorwiegend Bäckermeister. Von Heinrich Nitschke konnte Hartmut Walther 1970 die Bäckerei pachten und schließlich 1980 kaufen. Im Juni 2007 ging Hartmut Walther in den Ruhestand und übereignete die Bäckerei seinen beiden Söhnen, dem Bäckermeister Frank Walther (* 1966) und dem Bäcker Lutz Walther (* 1970). Sie bewirtschaften gemeinsam das Unternehmen unter dem neuen Firmennamen »Feinbäckerei Walther. Lutz & Frank Walther GbR«. Jean, geb. de Juan (* 1983) verheiratet mit Lutz, und Susan geb. Dittrich (* 1968), verheiratet mit Frank, arbeiten mit im Geschäft; ebenfalls der Bäcker Tony (* 1988), ein Sohn von Frank.

Die Arbeitszeit in der Backstube beginnt nachts um 1 Uhr. Der Sauerteig wird nach wie vor selbst hergestellt. Eine Vielfalt an Backwaren wird ab 5.30 Uhr dem Kunden angeboten. Besonderer Beliebtheit erfreuen sich Blechkuchen und zur Weihnachtszeit die Dresdner Stollen, natürlich nach einem geheimen Rezept.

Zur Fein-Bäckerei Walther gehören noch die Filialen in Dresden, Hoyerswerdaer Straße 34 und Am Brauhaus 1. **Ute Häse**

Quellen: 420, 724, 1000

Lieferfahrzeug der Bäckerei Winkler, Loschwitz *Foto: Slg. Dr. Oelhafen*

Familie Wippler, 2010 *Foto: Thomas Türpe*

Bäckerei und Café Winkler/Kaffee Wippler
Körnerplatz 2
Emil Winkler (1860 – 1923) hatte in der Bäckerei Kotte auf der Friedrich-Wieck Straße 8 das Bäckerhandwerk gelernt und die Firma später auch geführt. Er war verheiratet mit Marie (1867 – 1933), einer Tochter des Wachwitzer Bäckermeisters Götze.

In seinem Auftrag entwarf sein Bruder, der → *Architekt* Paul Winkler (1864 – 1931, → *K2*), 1894 das Haus Körnerplatz 2.

1895 öffnete hier das »Kaffee Winkler«. Es erfreute sich wegen Qualität und Lage rasch allgemeiner Beliebtheit. Der älteste Sohn Erich (1889 – 1915), ein gelernter Bäcker, wurde als Soldat Opfer des Ersten Weltkriegs. Nun musste Johannes (1895 – 1959), sein jüngerer Bruder, seine Ausbildung zum Ingenieur abbrechen und Bäcker und Konditor lernen. Wenig später machte er seinen Meister.

Der dritte Sohn Martin (1897 – 1982), ein → *Uhrmacher und Optiker*, eröffnete später sein Geschäft ebenfalls im Haus Körnerplatz 2.

Nach dem Tod des Vaters übernahm Johannes Winkler Bäckerei und Kaffee. In seiner Zeit waren zeitweise bis zu zehn Bäcker und Konditoren, zehn Verkäuferinnen und mehrere Hausangestellte im Unternehmen beschäftigt. Nach dem Tod ihres Mannes führte dessen Witwe Dora geb. Gretzschel (1898 – 1967) das Café weiter, bis sie es nach 1960 an den Bäckermeister und Konditor Herold Meißner verkaufte, der bei Winklers gelernt und gearbeitet hatte.

1963 drehte die DEFA am Körnerplatz den Film »Geliebte weiße Maus«. Wichtige Szenen spielten im Kaffee Winkler. Nach Meißner übernahm es der Bäcker- und Konditormeister Lothar Walther. 1990 ließ er das Café umbauen und die alte Verkaufstheke entfernen. 1993 musste er Bäckerei und Kaffee aus gesundheitlichen Gründen schließen.

Am 8. Dezember 1996 eröffnete Bäckermeister Michael Wippler aus Dresden-Hosterwitz nach Rekonstruktion das Kaffee erneut und machte es wieder zu einem beliebten Anziehungspunkt am Körnerplatz. Das an der Fassade angebrachte Markenzeichen der Bäckerei Winkler, der Namenszug mit darauf stehendem Bäckerjungen mit Brezel, wurde renoviert. Im Schriftzug mussten nur zwei Buchstaben geändert werden, und so entstand aus »Winkler« jetzt »Wippler«.

Im Jahr 2007 wurde das Kaffee Wippler um die Fläche des Nachbargeschäftes vergrößert und neu eingerichtet. Außer leckerem Gebäck und gutem Kaffee sind auch die wechselnden Ausstellungen regionaler Künstler ein schöner Anlass, um Kaffee Wippler zu besuchen. Im Juni 2011 eröffnete die Bäckerei eine Filiale mit Verkaufsstand und kleinem Imbiss-Bereich in den Loschwitz-Arkaden (→ *Einkaufs- und Gewerbezentrum*). Eine schöne Tradition ist der alljährliche Stollenanschnitt auf dem Loschwitzer Elbhangfest-Weihnachtsmarkt durch Michael Wippler. **Barbara Friebel**

Quellen: 39, 281, 312, 475, 724, 792, 1044, 1143

Anzeige, 1933 *Kirchgemeindeblatt*

Gruppenfoto der Angestellten mit Dora und Johannes Winkler. *Fotos: Slg. Oelhafen*

Die über 100-jährige Geschichte der Bäckerfamilie Wippler begann 1910 in Dresden. Max und Elisabeth Wippler eröffneten in einem gepachteten Laden in der damals noch durchführenden Schumannstraße (Ecke Striesener Straße) ihre »Bäckerei und Conditorei«, zu der auch ein Café gehörte. 1919 eröffneten sie ein neues Geschäft in Hosterwitz in der Dresdner Straße 113. Im Jahr 1929 verunglückte die 16-jährige Tochter Käthe tödlich. Der jüngere Sohn Günther erlernte das Bäckerhandwerk bei seinem Vater. Beim Bombenangriff auf Dresden am 13. Februar 1945 wurde das Geschäft in Hosterwitz durch einen Volltreffer komplett zerstört. Die Bäckersfrau Elisabeth Wippler, ein Dienstmädchen und ein Lehrling wurden verschüttet und konnten nur noch tot geborgen werden. Ab 1952 führten Günther Wippler und seine Frau Liselotte das Geschäft. Ihr Sohn Michael ging von 1971 bis 1973 bei Obermeister Rendler in Pirna-Copitz in die Lehre. Nach seiner Meisterprüfung übernahm er 1981 gemeinsam mit seiner Ehefrau Deloris das Hosterwitzer Unternehmen. Die Bäckerei wurde erweitert und modernisiert. Nach dem politischen Umbruch 1990 eröffneten Zweigstellen auch in Dresden-Hosterwitz, Dresden-Bühlau und Dresden-Weißig. Das bisher größte Projekt der engagierten Bäckerfamilie war der Ausbau eines denkmalgeschützten Dreiseitenhofes im ehemaligen Kammergut von Schloss Pillnitz zu einer Backstube mit Café und Ladengeschäft. 2009 konnte die dortige »Backwirtschaft« eröffnet werden. Michael Wipplers Kinder Andreas und Kathrin gehören seit 2004 zur Geschäftsführung. 2014 übernahm Andreas Wippler die Verantwortung für das Tagesgeschäft. Darüberhinaus leitet er die Produktion in der Bäckerei. Tochter Kathrin Wippler leitet die Konditorei.

Badeanstalten → *S. 250*

Schevenstraße 59, Baustelle um 1870 *Foto: Slg. Horst Lehmann*

Baubetriebe und Baugewerke

Baugewerke und -unternehmen: Nachfolgend sollen die wichtigsten Loschwitzer Baugewerbe benannt werden. In den früher als »Baugewerke« bezeichneten Firmen arbeiteten Maurer, Zimmerleute, Steinmetzen und Dachdecker, aber mitunter auch weitere Berufe wie Tischler, Glaser (→ *Holz und Glas verarbeitende Berufe*), Töpfer (→ *Ofensetzer*), Klempner und Schlosser (→ *Metallverarbeitende Berufe*). Die Geschäftsführer der Baugewerke waren in der Regel Baumeister, Maurermeister oder Zimmerermeister.

Zu den in Loschwitz ansässig gewesenen Baugewerken, die von einem → *Baumeister oder Architekten* geführt wurden, gehören z. B. die von Arnold & Lahode, Martin Axt (1884 – 1965, → *K2*), Kurt Reichpietsch (1859 – 1947, → *K2*), Otto Wanka (1887 – 1964) und Karlheinz Walther (1907 – 1989). Die von Maurermeistern oder Zimmerermeistern geführten Unternehmen bestanden häufig nur kurze Zeit; die von längerer Dauer sollen nachfolgend benannt werden.

Zu den ältesten bekannten Baugewerken gehörte neben den unten gesondert aufgeführten das des Zimmermanns **Julius Baudisch** (1860 – 1916) in der heutigen Oskar-Pletsch-Straße 7, das von 1898 bis 1913 existierte. Danach war er als »Wäschereigehilfe« tätig.

Ebenfalls aus einer Familie mit alter Loschwitzer Tradition ging Anfang der 1870er Jahre das Baugewerke des Maurers **Carl Friedrich Knackfuß** (1843 – 1900) hervor. Er baute 1874/75 auf seinem Grundstück Veilchenweg 44 ein Wohnhaus, das er aber nach der Errichtung bald wieder verkaufte. Auch das erste Wohnhaus in der Pillnitzer Landstraße 53 wurde 1877/78 von ihm errichtet und danach verkauft. Knackfuß selbst wechselte seine Mietwohnung mehrmals, bevor er 1891 den Vorgängerbau des »Kleinen → *Künstlerhauses*« Pillnitzer Landstraße 57 erwarb. Hier versuchte er mehrmals eine Schankkonzession für Kaffee, Wein und Bier zu bekommen. 1898 verkaufte er das Haus wieder, erwarb die Friedrich-Wieck-Straße 29 und verzog kurz vor seinem Tod nach dem Weißen Hirsch.

Von den zahlreichen Loschwitzer »Rosigs« besaß der Maurer **Friedrich August Rosig** (1844 – 1927) von etwa 1898 bis 1906 ein Baugewerke. Er wohnte anfangs Dammstraße 6, wo sich auch sein Werkplatz befand. Um 1890 kaufte er das Haus Veilchenweg 14 und wohnte dort. 1898 musste er es wegen des Baus der → *Schwebebahn* verkaufen und erwarb den Veilchenweg 18, wo er fortan wohnte.

In der Bautzner Landstraße 54 war von 1892 bis 1913 der Firmensitz des Baugewerkes von Maurer **August Schwenke** (1858 – 1923). Er hatte sich 1892 nach Plänen des → *Architekten* Richard Schaeffer (1846 – 1902, → *K2*) hier auch sein Wohnhaus errichtet, in dem er bis zu seinem Tod lebte.

Nach dem Ersten Weltkrieg gründeten sich weitere Baugewerke: Der Pillnitzer Landstraße 7 wohnende Glasschleifer und Spediteur **Rudolf Medger** sen. (1885 – 1945), der noch den Beruf des Maurers erlernt hatte, eröffnete 1919 in der heutigen Fidelio-F.-Finke-Straße 11 zunächst eine Spedition und 1925 ein Baugewerke. Seitdem hatte er auch hier seine Wohnung. Ab 1933 führte sein Sohn Rudolf Medger jun. (1914 – 1983) das Unternehmen noch mehrere Jahre weiter.

Baugewerke und -unternehmen in Loschwitz

Jahr	Anzahl
1883	6
1900	13
1912	8
1921	6
1933	8
1943/44	7
1957/58	3
1975/76	3
1995	3
2014	3

Der Loschwitzer Zimmermann **Gustav Hennig** (1859 – 1938) hatte 1898 Haus und Grundstück Rißweg 24 gekauft und sich dort sesshaft gemacht. Ab 1931 befand sich dann hier sein neu gegründetes Baugewerke, das nach seinem Tod von den Erben noch kurze Zeit weitergeführt wurde.

Der Plattleite 3 wohnende Zimmermann **Johann Lehmann** (1877 – 1961) kaufte um 1923 von Friedrich August Rosig (s. o.) das Grundstück Dammstraße 6 für seinen Werkplatz, den er bis zum Ruhestand um 1940 nutzte.

Schließlich hatte ab 1922 bis etwa 1942 der Scharwerks-Maurer **Curt Männchen** (1875 – 1947) seinen Sitz in der Grundstraße 59, wo er bis zu seinem Tod auch wohnte. Sein Sohn, der Baumeister Fritz Männchen (1901 – 1985), hatte im Nachbarhaus Grundstraße 61 ebenfalls von 1935 bis 1938 das Büro seines Baugewerkes.

Genannt werden soll noch das von etwa 1928 bis etwa 1945 in der Grundstraße 38 bestehende Baugewerke des Grundstraße 55 wohnenden Zimmermanns **William Müller** (1885 – 1976).

Baumaterialhandlungen gab es in Loschwitz u. a. bei Baugewerke Hilbert (s. u.) und bei August Voigt (1842 – 1934), dem Bruder des → *Baumeisters* Friedrich Voigt (1830 – 1898), in der heutigen Bautzner Landstraße 58 (heute Neubau). August Voigt besaß dort vor dem Ersten Weltkrieg einige Jahre auch ein »Unternehmen für Tiefbau und Wasseranlagen«.

Brunnenbauer:
Bis Ende des 19. Jahrhunderts gab es einige Brunnenbauer, da vor der Einrichtung eines umfassenden Wassernetzes sehr viele Grundstücke einen eigenen Brunnen besaßen. Ein Unternehmen mit Tradition war das von Familie **Voigt**. Der Röhrmeister Carl August Voigt (1828 – 1888), dessen gleichnamiger Vater auf dem Weißen Hirsch bereits Röhrmeister gewesen war, hatte zuletzt sein Geschäft auf dem Rißweg 48. Nach seinem Tod führte sein jüngerer Bruder August (s. o.) das Brunnenbauer-Geschäft in seinem Firmensitz Bautzner Landstraße 58 noch bis etwa 1895 weiter.

Dachdecker:
Außer der Firma → *Hubald* gab es von etwa 1880 bis 1914 das Unternehmen von Dachdeckermeister **Franz Perthen** (1855 – 1914) in der Steglichstraße 8. Ein weiterer Dachdeckermeister war **Bruno Peschke** sen. (1879 – 1916), der ab 1902 Wohnung und Firmensitz in der heutigen Fidelio-F.-Finke-Straße 11 hatte. Nach dessen Tod war seine Witwe Hedwig geb. Hubald (189 – 1975) Geschäftsinhaberin mit Wohnung in der Pillnitzer Landstraße 14. Nach der Zerstörung des Hauses am 13./14. Februar 1945 zog sie in die Fidelio-F.-Finke-Straße 11. Ihr Sohn und späterer Geschäftsinhaber Bruno Peschke jun. (1904 – 2001) arbeitete noch bis etwa 1975 als Dachdeckermeister. Er hatte zuletzt mit dem Wachwitzer Dachdeckermeister **Kurt Werner** (1904 – 1984) kooperiert, der 1960 die Baugenehmigung für sein Einfamilienhaus Pillnitzer Landstraße 98 bekam und dort auch seinen Werkplatz hatte. Bruno Peschke jun., der zuletzt Pillnitzer Landstraße 26 gewohnt hatte, verzog um 1985 nach Dresden-Wachwitz. Seit 2000 hat der früher auch in Loschwitz wohnende Dachdecker **Markus Naehring** (* 1971) seinen Werkplatz in der Grundstraße 36.

Steinsetzer:
Die wichtigen Berufe des Steinsetzers und des Steinmetzen waren ebenfalls in Loschwitz vertreten. Während erstere vor allem für das Errichten von Mauern aller Art zuständig waren, hatten die Steinmetze die diffizileren Arbeiten zu verrichten, dazu gehörten Tür- und Fenstergewände, Steinsimse und anderes. Der eigenständige Beruf des Steinsetzers hatte Anfang des 20. Jahrhunderts sein Ende gefunden. Die letzten beiden seien hier genannt: **Eduard Menzel** (1845 – 1911), der zunächst Veilchenweg 1 und von 1897 bis 1908 Friedrich-Wieck-Straße 13 (heute Fidelio-F.-Finke-Straße 2) Wohnung und Firma hatte. Das andere Geschäft war ab 1904 das des späteren Steinsetz-Innungsmeisters **Moritz Jakob** (1863 – 1913). 1906 zog er von der Grundstraße 34 in den Körnerplatz 10. Seine Ehefrau Henriette geb. Angermann (1862 – 1936) gründete dort 1913 ein »Steinsetzgeschäft«, das sie auch nach dem Tod ihres Mannes noch bis etwa 1920 führte.

Steinmetze:
Zu den Steinmetz-Firmen gehörte der Rochwitzer Steinmetz-Innungsmeister **Josef Pflaum**, der von 1899 bis 1920 seinen Werkplatz am Ausschiffungsplatz (heute Fidelio-F.-Finke-Straße 6) hatte. Von 1898 bis 1919 hatte **Hugo Michel** (1865 – 1923) Wohnung und Steinmetz-Firma in der Grundstraße 99. Danach war er Inhaber eines Wild-, Geflügel- und Eierhandels. **Otto-R. Wenzel**

Quellen: 39, 1000

Karl John *Foto: Ernst Hirsch*

John, Baugeschäft
Das Wohnhaus von Friedrich Julius Karl John, Schevenstraße 6, war vom 18. Jahrhundert bis 2012 in Familienbesitz. Karl John wurde am 11. Januar 1905 dort als dritter Sohn und achtes Kind geboren. Sein Vater, der Zimmermann Ernst Julius John (1859 – 1926), und seine Mutter Martha geb. Hanke (1868 – 1946) lebten bis zu ihrem Tod in diesem Haus. Nach Abschluss der → *Schule* in Loschwitz arbeitete Karl John u. a. als Gärtnergehilfe im damaligen Schwesternheim »Haus Böhme« am Körnerweg 26 (→ *Kirchlich-diakonische Einrichtungen*) und erlernte dann ebenfalls den Zimmermannsberuf. Bereits mit 23 Jahren konnte er 1928 sein eigenes Baugeschäft eröffnen. 1932 heiratete er Gertrud Fiedler (1903 – 1966).

Karl John hat mit seiner Firma in den 51 Jahren ihres Bestehens mehr als 100 Häuser gebaut, die meisten davon in Loschwitz, andere in Blasewitz und der Südvorstadt. In Loschwitz kann man noch bei einigen Häusern seinen »Spezialputz« erkennen: ein wellenartig gedrückter Putz, der erst mit den Jahren durch die Ablagerung von Staub an Charakter gewann.

Karl John war sehr stolz, dass er eines der ersten Häuser nach dem Krieg in Dresden wieder aufgebaut hatte. Es war das Haus seines ältesten Bruders Wilhelm (1891 – 1947) in der Schevenstraße 10. In den 1950er und 1960er Jahren war er dann etwa zehn Jahre für Manfred von → *Ardenne* (1907 – 1997) tätig. In diese Zeit fiel auch die Enteignung von Privatbetrieben in der DDR, die mehr als 10 Mitarbeiter beschäftigt hatten. Die Verträge mit Prof. von Ardenne retteten damals die Firma John vor der Enteignung. Er hatte zeitweilig mehr als 40 Mitarbeiter, seit den späten 1960er Jahren bis zur Geschäftsübergabe 1989 etwa 10 Mitarbeiter.

Auch wenn nach 1960 aus Gründen des Mangels an Material und Technik für ihn keine Neubauten mehr möglich waren, war Karl John doch im Gebiet Loschwitz, Weißer Hirsch und Bühlau bei der Rekonstruktion und Werterhaltung vieler Gebäude präsent. Es waren vor allem Reparaturarbeiten in großen Mehrfamilienhäusern der Kommunalen Wohnungsverwaltung und von Wohnungsgenossenschaften. Besonders gern arbeitete er für den Denkmalschutz. In den 1980er Jahren übernahm er den Auftrag, das → *Leonhardi-Museum* in der Grundstraße baulich instandzusetzen. In Zusammenarbeit mit der Restauratorin Ulrike Haßler-Schobbert (* 1937, → *K1*) konnte es vor dem Verfall gerettet werden. Eingesetzt hat er sich auch für die Rettung der → *Gaststätten* Ratskeller und Elbehotel, leider ohne Erfolg.

Objekte, an denen er häufig Bauarbeiten ausführte, waren das Parkhotel auf dem Weißen Hirsch und der Luisenhof (→ *Gaststätten*). Vielfach wurden wegen der Mangelwirtschaft nur notdürftige Reparaturen durchgeführt. Vor allem im Luisenhof hat er oft Unmögliches möglich gemacht. Nach dem großen Brand am 28. September 1956 übernahm er die Wiederherstellungsarbeiten. Es war eine Herausforderung, bei den begrenzten Möglichkeiten der DDR das Haus bis 1957 wieder aufzubauen, z. B. hangseitig mit hängenden Holzgerüsten zu arbeiten. In späteren Jahren fielen oft Erneuerungs- und Reparaturarbeiten an, die er mitunter ohne Genehmigung des Stadtbezirksbauamtes durchführte, was ihm manchen Ärger einbrachte.

Karl John war auch gern Gast im Restaurant des Luisenhofes, zum Essen und bei Livemusik. In jüngeren Jahren war er auch regelmäßig Gast zum Tanz im Elbehotel und im Weißen Adler. Ein fester Termin war für ihn das Treffen am Sonnabendnachmittag mit Berufskollegen im Café »Toscana«. Vorher besuchte er oft Privatkunden, um sie zu beraten und ihnen zu helfen, wenn es irgendwie möglich war.

Karl John ging zahlreichen Hobbys nach. Er arbeitete gern in seinem Garten und betrieb Bienenzucht. Er liebte Musik, interessierte sich für Politik und Ortsgeschichte und beschäftigte sich mit Astronomie. Sein Bauunternehmen

Anzeige, Adressbuch Loschwitz 1886

Anzeige, Adressbuch Loschwitz 1883

Anzeige, Adressbuch Loschwitz 1883

stand aber in seinem Leben an erster Stelle. Sein leidenschaftliches Engagement für Dresden und vor allem für Loschwitz war vielen Menschen bekannt, die ihm begegnet sind. Er starb am 29. Juni 1989 in Dresden-Loschwitz und wurde auf dem Waldfriedhof Dresden-Weißer Hirsch bestattet. **Ingrid Einike/Ute Häse**

Quellen: 39, 1000

Hilbert, Baugewerke

Der gelernte Maurer und spätere Baugewerksmeister August Hilbert sen. (1845 – 1902) hatte Wohnung und Firmensitz zunächst bis 1894 in seinem Haus Grundstraße 20. Dann kaufte er das Grundstück Pillnitzer Landstraße 28, baute wahrscheinlich auch das dortige Haus und wohnte und arbeitete fortan hier. Sein Werkplatz befand sich im hinteren Teil des Grundstücks an der heutigen Fidelio-F.-Finke-Straße. Sein Sohn August Hilbert jun. (1864 – 1928), der ebenfalls Maurer war, hatte 1887 Haus und Grundstück Dammstraße 12 erworben. Er und seine Ehefrau, die zwischenzeitlich auch Grundstückseigentümerin war, betrieben hier ab etwa 1899 eine Baumaterialienhandlung. Nach dem Tod seines Vaters führte er die Baugewerksfirma hier fort. Den Werkplatz seines Vaters an der heutigen Fidelio-F.-Finke-Straße 16 hatte er ebenfalls übernommen.

August Hilbert sen. hatte 1891 und 1893 für 9.000 Mark die Grundstücke der heutigen Hietzigstraße 6 und 8 erworben. Nachdem er darauf die beiden Wohnhäuser gebaut hatte, verkaufte er diese 1896 für insgesamt 53.000 Mark. Die Firma erbaute in Loschwitz noch weitere Häuser, z. B. die Calberlastraße 4 nach Plänen des → *Architekten Georg* → *Aster* (1849 – 1917, → *K1*). In seinen letzten Lebensjahren war er zudem Vorsitzender der Loschwitzer Baukommission. Mit dem Tod seines Sohnes August Hilbert jun. endete 1928 die Ära dieses Baugewerkes. **Otto-R. Wenzel**

Quellen: 39, 1000

Holtsch, Baugewerke

Zu den ältesten Loschwitzer Baugewerken gehört das von Familie Holtsch. Der erste Bauunternehmer der Familie war der gelernte Zimmermann Johann Gottlieb (Gottlob) Holtsch (1824 – 1887). Er wohnte zuletzt Grundstraße 15 und hatte seinen Werkplatz Pillnitzer Landstraße 24. Er war verheiratet mit Johanna Sophia geb. Zschaller (1821 – 1907), die nach dem Tod ihres Mannes Geschäftsinhaberin war. Geschäftsführer wurden die beiden Söhne August (1852 – 1890) und Emil (1855 – 1915), der nach dem Tod seines Bruders das Geschäft mit Firmensitz Grundstraße 15 allein weiterführte. Das »Baugewerke Holtsch« hatte jedoch bereits 1913 sein Ende gefunden. Emil Holtsch wohnte zuletzt mit seiner Familie 2. Steinweg 2. Max Holtsch (1879 – 1961), der Sohn von August, führte die »Zimmermanns-Tradition« weiter. Er wohnte Rißweg 15 und zuletzt Rißweg 17. **Otto-R. Wenzel**

Quellen: 39, 40, 1000

Metzner, Baugewerke

Der Gründer des Baugewerkes Metzner, Ernst Heinrich Metzner sen. (1851 – 1926), war der in Loschwitz geborene Sohn eines Maurers mit langer Loschwitzer Familientradition. Nach Gründung seines Baugewerkes im Jahr 1873 wohnte er bis 1897 Pillnitzer Landstraße 41. Auf seinem erworbenen Grundstück, heutige An der Berglehne 1 im → *Ortsteil Oberloschwitz*, erbaute der gelernte Maurer- und Zimmerermeister 1896/97 sein imposantes Wohnhaus, in das er 1897 mit seiner Familie einzog. Sein Werkplatz und sein Kontor befanden sich zunächst in Blasewitz, dann Rißweg 54, danach bis etwa 1900 Materniweg 4 und zuletzt ab 1913 Materniweg 2.

Als ab 1889 in Oberloschwitz ein großes Baugebiet entstand, kaufte Heinrich Metzner sen. nahezu alle Grundstücke an den heutigen Straßen An der Berglehne und Oskar-Pletsch-Straße. Er erstellte einen Bebauungsplan für das Areal, baute den »Metznerschen Privatweg« zur Ferdinandstraße (heute An der Berglehne) aus und legte die »Ringstraße« an (heute Oskar-Pletsch-Straße und obere Sonnenleite). Danach verkaufte er, häufig nachdem er auf den Grundstücken Villen errichtet hatte, diese wieder. Auch über Oberloschwitz hinaus baute er zahlreiche Häuser, nahm Um- und Anbauten vor und errichtete die Turnhalle der Körnerschule (→ *Schulen*), die 1892 in Betrieb genommen werden konnte.

Ernst Heinrich Metzner und Familie, um 1890
Foto: August Kotzsch

Mit seiner Ehefrau Anna geb. Harzbecker (1853 – 1929) hatte Heinrich Metzner sen. acht Kinder. Um 1906 stieg der älteste Sohn und spätere Baumeister Otto Metzner (1883 – 1948?) in das Baugeschäft seines Vaters ein, sodass der Firmenname fortan »Metzner & Sohn« hieß. Nach dem Tod des Vaters (1926) führte zunächst der jüngste Sohn Heinrich Metzner jun. (1896 – 1970?) das Baugeschäft weiter, das wenige Jahre später mit seinem Bruder Otto unter »Baugewerke Heinrich & Otto Metzner« bis etwa 1938 bestand. Nach dem Tod des Vaters war auch dessen Sohn Rudolf Metzner (1885 – 1957), ebenfalls Baumeister, ins väterliche Haus nach Oberloschwitz gezogen. Sein Büro für Hoch- und Tiefbau, das sich bisher in der Dresdner Werderstraße befand, verlegte er nun an seinen neuen Wohnsitz. Das Bauunternehmen existierte hier bis etwa 1950. **Otto-R. Wenzel**

Quellen: 39, 726, 1000

Moser Bau GmbH

Dammstraße 14

Dem Schriftzug der traditionsreichen Loschwitzer »Firma Moser« begegnet man bereits bei der Einfahrt nach Loschwitz über das Blaue Wunder rechtsseitig an einer Giebelwand. 1919 eröffnete der Töpfer- und Ofensetzermeister Otto Moser hier seine Geschäftsräume. 1956 übernahm dessen ehemaliger Lehrling Werner Müller das Unternehmen. 1990 wurde Ortwin Richter Inhaber und seit 2002 führt dessen Sohn David die Geschäfte der heutigen »Moser Bau GmbH«. Angeboten werden Fliesen- und Natursteinverlegung, Balkon- und Terrassenbelagsanierung, Trockenbau-, Estrich-, Mau-

Firma Moser, 2015 Foto: Siegfried Großmann

rer- und Putzarbeiten sowie Vollwärmeschutz für Mauer- und Fachwerk. Bis nach 1990 waren Büro und Sanitäranlagen im Vorderhaus, heute sind die Büroräume im Hinterhaus, dem ehemaligen »Eishaus« der Bier-, Zigarren- und Eishandlung Borsdorf (→ *Getränke*).

Barbara Friebel

Quellen: 726, 1000, 1216

Reichpietsch – Walther – Krug

Fidelio-F.-Finke-Straße 3

Auf dem Grundstück der ehemaligen → *Kinderbewahranstalt* hatte der → *Baumeister* **Karl Reichpietsch** (1859 – 1947, → *K2*) seit 1909 seinen Bau- und Lagerplatz.

1935 übernahmen die → *Baumeister* Karlheinz Walther (1907 – 1989) und Werner Kunze das Geschäft und führten es als Firma **»Kunze & Walther«** weiter. Da Kunze Ende 1936 wieder ausschied, blieb Karlheinz Walther fortan alleiniger Geschäftsführer. Schon vom Vorgänger Reichpietsch hatte Walther zwei wichtige Daueraufträge übernommen, die für Baufirmen zur Überbrückung von »Lückenzeiten« lebenswichtig waren: Es waren die Unterhaltung des Holzpflasters auf dem → *Blauen Wunder* und Arbeiten für die → *Bergbahnen*, wie Gleisbau auf der Standseilbahn und Bau von Gerüsten für das Auswechseln der Wagenachsen der Schwebebahn. Nach dem Ende des Krieges führte Walther sein Baugeschäft noch bis 1973.

Im Rahmen der »Enteignungswelle« von Privatbetrieben wurden das Baugeschäft Walther und auch die Baufirmen von → *Baumeister* Otto Wanka (1887 – 1964) und Hans Sterneck aus Dresden-Bühlau 1973 zum staatlichen Betrieb **»VEB Baureparatur – Dresden Ost«** mit Sitz Fidelio-F.-Finke-Straße 3 zusammengeschlossen. Sterneck wurde Betriebsleiter und Walther war bis 1979 Produktionsleiter. Sanierungs- und Reparaturarbeiten an Schulen, am → *Künstlerhaus*, an Stand- und Schwebebahn und am Straßenbelag auf der Loschwitzer Elbebrücke wurden ausgeführt. 1978 begann der Bauingenieur Matthias Krug (* 1954) hier seine Tätigkeit als Bauleiter.

1984 erfolgte in der DDR im Rahmen der Bildung von Kombinaten eine weitere Konzentration aller Dresdner Baureparaturbetriebe zum »Kombinat Bau und Modernisierung« (KBM) mit Sitz Bremer Straße 10 in Dresden. Dessen Aufgabe war vor allem die Sanierung von Wohngebieten und Schulen. Nach der Wiedervereinigung 1990 erfolgte zunächst die Übernahme des KBM durch den Essener Baukonzern »HOCHTIEF«, der sich aber in Dresden, auch infolge vieler Rückübertragungen an Alteigentümer, nicht lange halten konnte.

Am Standort Fidelio-F.-Finke-Straße 3 gründete 1990 der ehemalige Bauleiter Matthias Krug mit fünf Kollegen, nicht zuletzt auf deren Anregung, und vier neueingestellten Mitarbeitern das »**Bauunternehmen Krug**« für Hoch- und Tiefbauleistung, Sanierung und Fassadeninstandsetzung. 1996 erfolgte der Umzug in die Pillnitzer Landstraße 45, da die staatliche Rechtsträgerschaft über Grundstück und Gebäude von der städtischen Wohnungsbaugesellschaft (WOBA) in das Eigentum der Treuhand-Liegenschaftsgesellschaft übergegangen war.

Das Bauunternehmen Krug wirkte an zahlreichen Loschwitzer Bauvorhaben mit. Als erste Arbeiten der Firma wurden Fundamente und Außenputz an der Schwebebahn erneuert sowie Stützwände an der Standseilbahn saniert. Beim Wiederaufbau der → *Kirche* wurde am Rohbau und bei Putz- und Betonarbeiten mitgewirkt. Das von Weise & Treuner entworfene und sich gut einfügende Mehrfamilienhaus Veilchenweg 50c wurde gebaut und die Sanierung sowie der Neubau des Bootshauses Fidelio-F.-Finke-Straße 12 erfolgten.

Helmut Dorschner

Quellen: 420, 640, 724, 725, 907

Schneiderbau

Friedrich-Wieck-Straße 41

Diplomingenieur Matthias Schneider (* 1952)

Firma Schneiderbau, im Hintergrund Firma Moser, 2015 Foto: Siegfried Großmann

gründete sein Bauunternehmen 1991. Die Firma beschäftigt sich vorrangig mit der Sanierung vorhandener und denkmalgeschützter Bausubstanz, u. a. der Loschwitzer Kirche und der Albrechtsburg Meißen, aber auch mit Um- und Ausbauarbeiten sowie Neubauten. Viele Aufträge kommen aus Loschwitz und der näheren Umgebung. Auftraggeber sind private Bauherren sowie kirchliche und städtische Einrichtungen und Unternehmen. **Barbara Friebel**

Quelle: 724

Weigelt, Baugewerke

Grundstraße 103

Der am 13. Juli 1857 in Loschwitz geborene Ernst Weigelt, der unterdessen Zimmerermeister geworden war, kaufte 1882 die Dampfschneidemühle (→ *Mühlen*) in der Grundstraße 82 und das Grundstück Grundstraße 103. Hier baute er sich 1887/88 sein Wohnhaus und hier war auch fortan der Firmensitz seines Baubetriebes. Um die Jahrhundertwende kaufte Weigelt zahlreiche Grundstücke im Gebiet der Malerstraße und Ludwig-Richter-Straße im → *Ortsteil Schöne Aussicht*, die er dann weiterverkaufte und zum Teil mit Wohnhäusern bebaute. Auf dem 1897 erworbenen Grundstück Veilchenweg 28 baute er für sich und seine Familie sein neues eigenes Wohnhaus, das er 1900 beziehen konnte.

Nicht nur hier und im genannten Ortsteil baute Weigelt zahlreiche Wohnhäuser, einige sogar nach eigenem Entwurf. So errichtete er 1904/05 die Pillnitzer Landstraße 78 für den Gärtner Paul Rosig (1882 – 1967, → *Gärtnereien*), der 1907 Weigelts Tochter Gertrud (1884 – 1968) heiratete. Auch die Wohnhäuser Pillnitzer Landstraße 67 und 69, Materniweg 6 und viele andere sowie An- und Umbauten gehen auf Ernst Weigelt zurück. Am 21. Oktober 1916 starb er in Loschwitz. Seine Witwe Hedwig geb. Kunath (1861 – 1937) und weitere Erben führten die Firma »Dampfsägewerk Ernst Weigelt« mit der angeschlossenen Tischlerei noch bis etwa 1923 weiter. **Otto-R. Wenzel**

Quellen: 39, 1000

Anzeige, Adressbuch Loschwitz 1888/89

Anzeige, Haus-Konto-Buch, Inh.: Lina Hubald

Familienfoto von Paul Hubald, um 1933

»Tempo«-Dreirad«, um 1980 Foto: Slg. Hubald

Dachdeckerbetrieb Hubald
Friedrich-Wieck-Straße 16
Im Jahre 1920 gründete der Dachdecker Paul Hubald (1891–1935) in Loschwitz eine Dachdeckerfirma. Den Beruf hatte er bei dem Dachdeckermeister *Bruno → Peschke* erlernt. Als Geselle der Firma Peschke war er 1909 an der Dacheindeckung der → *Feuerwache* an der jetzigen Fidelio-F.-Finke-Straße 4 wesentlich beteiligt. Paul Hubald heiratete 1918 die aus Krippen stammende Lina Marie geb. Kleindt (1893–1978), die ihm zwei Söhne gebar.

Das Büro der neuen Firma Hubald befand sich in der Friedrich-Wieck-Straße 2 und das Materiallager in der Grundstraße 62. Um 1934 kaufte Hubald das Haus Friedrich-Wieck-Straße 9 als neuen Wohn- und Firmensitz. Nachdem er 1935 verstorben war, führte seine Witwe mit Unterstützung des Dachdeckermeisters Kurt Werner den Betrieb. Kriegsbedingt musste die Firma 1943 aufgegeben werden.

Einer der beiden Hubaldsöhne, Rudolf (⋆1923) hatte den Dachdeckerberuf in der Firma

Anzeige, Kirchgemeindeblatt, 1928

seiner Mutter bei Kurt Werner erlernt und 1940 den Gesellenbrief erhalten. Seine Einberufung zum Wehrdienst erfolgte 1942. Nach Kriegsende und kurzer Kriegsgefangenschaft arbeitete er ab November 1945 in der Firma seines ehemaligen Lehrmeisters Werner in Wachwitz.

Nachdem Rudolf Hubald 1947 den Meisterbrief erworbenen hatte, sammelte er in einem Betrieb in Dresden-Neustadt Erfahrungen als Werkmeister. Im ehemaligen → *Bauernhof Karisch* in der Friedrich-Wieck-Straße 16 gründete er 1954 die »Dachdeckerfirma Rudolf Hubald«. Vier Jahre später konnte er gemeinsam mit seiner Ehefrau Margot geb. Lehmann (⋆1932) das Anwesen erwerben und die dringende Sanierung der Gebäude vornehmen. Zeitweise beschäftigte die Firma fünf Gesellen und einen Lehrling. Margot Hubald war als »mitarbeitende Ehefrau« im Betrieb tätig.

Rudolf Hubald erzählte, wie beschwerlich die Führung eines Handwerksbetriebes während der DDR-Zeit war. Es fehlte an Fachkräften, Material und an Fahrzeugen; alles wurde von den Behörden zugeteilt. Das erste Auto der Firma war ein »Tempo-Dreirad«. Es ermöglichte die Transporte zu den Kunden und die Abfuhr des Bauschutts. Offiziell war der Bauschutt in einer Habe (→ *Gewässer*), einer Senke an den Elbwiesen einzulagern. In den 1960er Jahren konnte ein LKW Typ »UAS« sowjetischer Bauart erworben werden. U. a. übernahm die Firma Hubald 1968 die Dachdeckerarbeiten bei der umfangreichen Sanierung des → *Leonhardi-Museums*.

Das jüngere der beiden Kinder der Eheleute Hubald, Holger (⋆1967), hatte im elterlichen Betrieb den Dachdeckerberuf erlernt und zunächst als Geselle mitgearbeitet. 1990 legte er die Meisterprüfung ab.

Nachdem Rudolf Hubald das 70. Lebensjahr vollendet hatte, übergab er am 1. Mai 1993 den Betrieb an die dritte Hubald-Generation – seinem Sohn Holger. Die Firma, nunmehr als »Hubald Bedachungen GmbH«, erledigte auch in Loschwitz viele Aufträge: an den Villen Hermann-Vogel- Straße 16, Wunderlichstraße 3, Dostojewskistraße 8 und Leonardistraße 3c erfolgten Erneuerungen der Dacheindeckungen. Eine besondere Herausforderung waren 1993 die Dacharbeiten am Wiederaufbau der 1945 zerstörten *Loschwitzer → Kirche*. Das Kirchendach wurde mit Biberschwanzziegeln eingedeckt und der Kirchturm bekam eine altdeutsche Schiefereindeckung. Dabei legte Altmeister Rudolf Hubald noch einmal selbst mit Hand an. Er übernahm zum großen Teil die komplizierte Schiefereindeckung am Kirchturm.

2014 waren in der Firma zehn Mitarbeiter beschäftigt. Der Leistungsumfang umfasst die Anfertigung von Ziegeldächern aller Art, Flachdachabdichtungen, Fassadenbekleidungen, Schieferdächer, Bauklempnerei und Schornsteinbau. **Ute Häse**

Quelle: 724

Rudolf Hubald bei Dachdeckerarbeiten am Kirchturm, 1993 Foto: Slg. Hubald

Ehepaar Margot und Rudolf Hubald, 2012 Foto: Ute Häse

Holger Hubald, 2012 Foto: Ute Häse

Zimmerei Päperer
Veilchenweg 2
Robert Päperer (*1981) erlernte zunächst den Beruf eines Tischlers, anschließend beim Baugeschäft Illgen in Dresden-Bühlau den eines Zimmermanns. Mit dem Facharbeiterbrief in der Tasche ging er auf Wanderschaft nach Österreich. Wegen schwerer Erkrankung seines Vaters Claus Päperer (1954–2011, → *Sportartikel*) kam er 2010 nach Loschwitz zurück. Seit November 2013 führt Robert Päperer als selbstständiger Zimmerermeister holzkonstruktive Arbeiten aus.

Robert Päperer *Foto: privat*

Barbara Friebel

Quellen: 305, 724

Baumeister und Architekten → *S. 264*

Bestattungswesen

Totenbettmeister:
Für die Vorbereitungen der Bestattungen waren »Totenbettmeister« und Heimbürginnen zuständig. Die Heimbürginnen wuschen den in der Regel zu Hause Verstorbenen, bekleideten ihn und betteten ihn in den Sarg. Der Totenbettmeister war für die Anlegung des Grabes und das würdige Hinablassen des Toten nach der Begräbnisfeier zuständig. Spätestens mit Ernst Rosig (1868–1916, → *Gärtnereien*) war der Totenbettmeister auch gleichzeitig der Friedhofsmeister (→ *Friedhöfe*). Bevor es dieses Amt in Loschwitz gab, waren von 1878 bis zum Tod der in seinem Haus Grundstraße 73 wohnende Carl Gotthelf Große (1842–1892) und nach ihm Hermann Petzold, Pillnitzer Landstraße 62, bis 1911 die letzten »Totenbettmeister«.
Heimbürginnen:
Johanne Große geb. Georg (1834–1911), Ehefrau des Totenbettmeisters Große, war die erste namentlich bekannte Loschwitzer Heimbürgin. Eine ihrer Stellvertreterinnen war die zuletzt Körnerweg 7 wohnende Clara Koch geb. Creutz (1835–1910). Nachfolgerin von Große wurde 1907 Lina Möbius (1876–1959). Sie zog 1915 von der Grundstraße 53 in den Veilchenweg 8 und war – bei den Loschwitzern als »Leichen-Meebsen« bekannt – bis ins hohe Alter tätig.
Sargmagazine:
Auch drei »Sargmagazine«, wo die Angehörigen des Verstorbenen einen Sarg kaufen konnten, gab es bis zum Ende des 19. Jahrhunderts.

Begräbnis von Adolf Leiberg am 5. Mai 1928
Foto: Slg. Matthias Griebel

Eines war verbunden mit der → Tischlerei Süß und die beiden anderen befanden sich im 1891/92 wegen des Brückenbaues abgerissenen Haus »Am Damm« des Tischlers Emil Eduard Medger, genannt der »Sarg-Medger«, und bis etwa 1895 bei Tischlermeister Carl Wagner (1857–1900) in der Grundstraße 2.
Bestattungsunternehmen:
Von etwa 1895 bis 1928 gab es in der Pillnitzer Landstraße 4 die Beerdigungsanstalt »Wiedersehen« des Fuhrwerksbesitzers Wilhelm Kunath jun. (1865–1934). Noch einmal, allerdings viele Jahrzehnte später, gab es in Loschwitz ein Bestattungsunternehmen. Es war das 1990 von Karl Strugalla (* 1948) als Familienbetrieb gegründete »Bestattungshaus Dresden-Ost«, das ab 1992 seinen Hauptsitz in der Grundstraße 76 hatte. Nachdem der Hauptsitz 1994 nach Dresden-Striesen verlegt worden war, blieb in der Grundstraße noch bis 1997 eine Filiale des Bestattungshauses bestehen.

Otto-R. Wenzel

Quellen: 39, 724, 1000

Buchdrucker und -binder → *S. 994f*

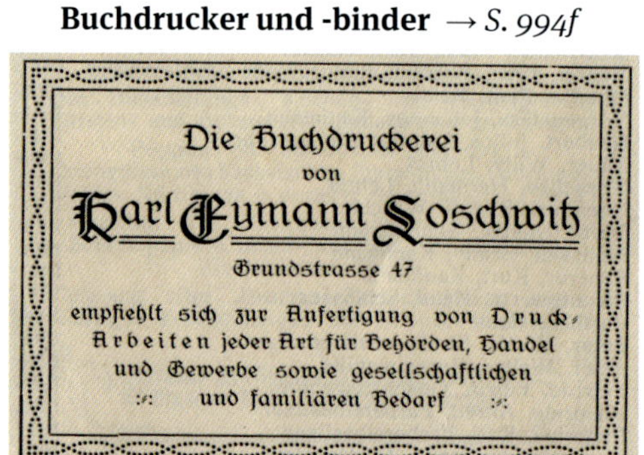

Anzeige, Kalender des Turnvereins, 1913
Slg. Horst Lehmann

Buchhandlungen und Antiquariate

Bis zum Ende des Zweiten Weltkrieges gab es in Loschwitz weder eine Buchhandlung noch ein Antiquariat. Es gab lediglich zwei Buchbindermeister, die in ihren → *Papierwarengeschäften* wahrscheinlich auch einige Bücher verkauften, sowie den Kaufmann und späteren Ortsrichter Richard Rudolph (1864–1939, → *Gerichtsbarkeit*), der in seinem Geschäft in der Grundstraße 18 vermutlich Kinderbücher anbot.

Buchhandlungen und Antiquariate in Loschwitz

Jahr	Anzahl
1883	0
1900	0
1912	0
1921	0
1933	0
1943/44	0
1957/58	2
1975/76	0
1995	2
2014	3

Antiquariat Schweizer
Körnerplatz 2
Wo sich heute der Friseursalon befindet, war früher ein Antiquariat. Wilhelm Schweizer wurde am 16. Mai 1907 in Konstanz geboren, absolvierte nach der Schule zunächst eine Buchbinderlehre und ging danach nach Breslau (Wroclaw/Polen). Anfang der 1930er Jahre kam er nach Dresden. Hier arbeitete er bei dem Antiquariat und Verlag Holze & Pahl auf der Waisenhausstraße, dessen Vorgänger der 1872

Am 8. Juli 1946 eröffnete der »Heimkehrer« Wilhelm Schweizer seine Buchhandlung am Körnerplatz. *Foto: Slg. B. Lange*

Hildegard Schweizer Weihnachten 2000. Auch im hohen Alter traf man sie im vertrauten gepflegten Ambiente an. *Foto: privat*

von Edgar Pierson (1848 – 1919, → *K2*) gegründete Pierson-Verlag war. Wilhelm Schweizer heiratete 1936 Hildegard geb. Kästner (1903 – 2002) und zog vom Loschwitzer Karl-Schmidt-Weg auf den Rißweg 4 in → *Oberloschwitz*. Kurze Zeit später wurde er Mitinhaber von Holze & Pahl. Das Ehepaar Schweizer bekam zwei Kinder, von denen Barbara (1939 – 2004) später ebenfalls Antiquarin wurde und den Buchhändler und Antiquar Wolfgang Lange (* 1936) heiratete.

Wilhelm Schweizer kehrte im Dezember 1945 aus der Kriegsgefangenschaft zurück und eröffnete 1946 in einem Teil des Geschäftes von Uhrmacher und Optiker Martin Winkler (1897 – 1982) sein »Antiquariat Wilhelm Schweizer vormals Holze & Pahl«. Wenige Monate später kam es hier zu einem schweren Unfall mit zwei Toten. Ein von der Schillerstraße kommender LKW war ungebremst über den Körnerplatz in das Geschäft gefahren. Der Sandsteinsockel unter dem Schaufenster verhütete wahrscheinlich noch Schlimmeres. Bis zu seinem Tod am 26. Mai 1970 wohnte Wilhelm Schweizer Rißweg 4. Seine letzte Ruhestätte fand er auf dem Waldfriedhof Dresden-Weißer Hirsch. Nach seinem Tod folgte die Schließung des Antiquariats mit Buchhandlung, die in allen Jahren eine Fundgrube für gute alte Literatur sowie begehrte Neuerscheinungen gewesen war. **Otto-R. Wenzel**

Quellen: 42, 726, 907

Antiquariat Traumfährte

Körnerplatz 11

Thomas Schmidt (* 1964), geboren in Dresden, führt seit 2005 am Körnerplatz 11 das Antiquariat Traumfährte.

Nach einer abgeschlossenen Lehre als Elektromonteur orientierte er sich beruflich um und wurde Küster an der Martin-Luther-Kirche in Dresden-Neustadt. Seine besondere Leidenschaft galt allerdings historischen Büchern. 1997 gründete er in der Heinrichstraße in Dresden-Neustadt ein eigenes Antiquariat und er-

Thomas Schmidt vor seinem Geschäft, Körnerplatz 11 *Foto: Ute Häse*

öffnete 2005 sein Geschäft in Loschwitz. Die Schwerpunkte legt Thomas Schmidt auf den Handel mit Büchern des Inselverlages, speziell der Insel-Bücherei, mit alten Kinder- und Jugendbüchern, historischen Fotos, Grafiken sowie Ansichts- und Postkarten. **Ute Häse**

Quelle: 724

BuchHaus Loschwitz

Friedrich-Wieck-Straße 6

Idyllisch gelegen ist das Ladengeschäft im alten Dorfkern, ein Raum für Erlebnis, Sinnlichkeit, Diskussion und intellektuellen Austausch; ein Ort zum Verweilen und Betrachten und nicht zuletzt auch als Vorbild für manche literarische Verwertung.

Die Geschichte des Hauses geht bis ins Jahr 1606 zurück. 1891 erwarb es der Sattler- und Tapezierermeister Gustav Bungert (1862 – 1944). Er ließ das Seitengebäude vergrößern und richtete dort seine Werkstatt ein. Schon

Susanne Dagen und Michael Bormann, 2015 *Foto: Dörte Gerlach*

1894 folgte ihm als Haus- und Werkstattbesitzer der Sattler- und Tapezierermeister Emil Horn. 1897 kauften das Grundstück zwei Brüder: der Sattler Gustav Adolf Kaiser (1867 – 1899) und der Tapezierer Otto Kaiser (1870 – 1947). Nach dem frühen Tod seines Bruders wurde Letzterer alleiniger Besitzer. Der seit etwa 1896 im Seitengebäude wohnhafte Schuhmachermeister Paul Erler (1866 – 1931) hatte hier bis kurz vor seinem Tod ebenfalls seine Werkstatt und betrieb dazu bis etwa 1907 noch eine Produktenhandlung.

Die Kunsthändlerin Hedwig Schönert (1889 – 1975, → *Antiquitäten*), deren Galerie in Dresden bei einem Bombenangriff 1945 zerstört wurde, bezog das Ladengeschäft, in dem sich heute die Buchhandlung befindet. Unter ihrem Nachfolger musste es 1976 schließen. Danach war es eine Änderungsschneiderei, die bis ins Jahr 1994 ihre Kundschaft in jenen traditionsreichen Räumen erwartete.

Kulturzentrum im Loschwitzer Dorfkern: BuchHaus und KulturHaus *Foto: Karsten Heim*

Von Anbeginn an haben die heutigen Inhaber Susanne Dagen und Michael Bormann im BuchHaus Loschwitz Autorenlesungen, Vorträge über Schriftsteller und Verlage, musikalisch-literarische Veranstaltungen und Buchpräsentationen organisiert. Und sie glauben, dass das von ihnen im Jahre 1995 gegründete »BuchHaus Loschwitz« heute viel mehr als nur eine Buchhandlung ist.

Durch einen glücklichen Umstand konnten Susanne Dagen und Michael Bormann das Grundstück, einen Dreiseitenhof, ab 2004 ihr Eigen nennen. Ein langgehegter Traum sollte nun realistert werden: Im Jahr 2005 eröffneten beide neben der Buchhandlung das »KulturHaus Loschwitz«, einen Veranstaltungsraum und eine private Initiative ihrer Buchhandlung. Die baulichen Vorstellungen der Inhaber konnten mit dem Architekturbüro Bünemann & Lohß, ansässig im → *Künstlerhaus* Dresden-Loschwitz, in einer behutsamen Mischung aus Alt und Neu hervorragend umgesetzt werden. Entstanden ist ein Veranstaltungsort, der sich ästhetisch und inhaltlich mit Loschwitz als Künstler- und Freizeitort verbindet.

Hundert Veranstaltungen jährlich prägen nun das Bild des KulturHauses: Literarische Veranstaltungen wie Vorträge, Diskussionsabende und Lesungen, aber auch Konzerte, Veranstaltungen für Kinder und wechselnde Ausstellungen werden angeboten. Im Hof entsteht zum → *Elbhangfest* eine ruhige Oase im quirligen Festbetrieb. Mit der Produktion des Films und der begleitenden Broschüre zum Stadtteil Loschwitz »Vom Weindorf zum Dresdner Stadtteil« haben Susanne Dagen und Michael Bormann ihr lokales Interesse noch mehr in den Fokus rücken können und so einen wesentlichen Beitrag zur hiesigen Stadtteilgeschichte geleistet. Auch für dieses Engagement wurden sie im Jahr 2008 als »Buchhandlung des Jahres« ausgezeichnet, vergeben vom Branchenmagazin Buchmarkt für den gesamten deutschsprachigen Raum.

Ihre verlegerischen Ambitionen haben beide mit regionalen Publikationen, einem Fotobildband »Flußlandschaften«, der Anthologie »Zauberort. Dresden im Gedicht« und dem Ausstellungs-Katalog »Dank an den Elbhang. Zum 75. Geburtstag des Kunsthistorikers Dieter Hoffmann« sowie dem nunmehr jährlich erscheinenden Kalender »Literarisches Dresden« innerhalb der »edition BuchHaus Loschwitz« unter Beweis gestellt.

Mit der Gründung des Vereins »Literarisches Dresden e.V.« sind sie nun umso mehr in der Lage, Projekte, wie z. B. Ausstellungen und programmatische Reihen gemeinsam und mit Hilfe anderer Institutionen durchzuführen. Aktuelle Projekte sind hierbei die Reihe »StrichStärke. Bilder für Bücher« mit Ausstellung und Workshops von Illustratoren und das dreimonatige Lyrik-Stipendium »poet in residence«, das im Jahr 2013 erstmals an Carl-Christian Elze (* 1974), 2014 an Bertram Reinecke (* 1974) und 2015 an Andreas Reimann (* 1946) vergeben wurde.

Susanne Dagen

Quellen: 39, 1000, 1222

Claus Kunze, 2015 *Foto: Siegfried Großmann*

Loschwitzer Antiquariat

Pillnitzer Landstraße 18

Der 1947 in Löbau geborene Claus Kunze war seit 1974 in Dresden als Buchhändler tätig und absolvierte hier 1985 seinen Fachschulabschluss. Im Sommer 1990 eröffnete er sein »Loschwitzer Antiquariat« in seiner Wohnung in der 1. Etage der Pillnitzer Landstraße 78. Im Jahr darauf zog er mit seinem Geschäft in zwei Erdgeschossräume der Pillnitzer Landstraße 8. Seit 1996 betreibt er sein Antiquariat im Laden der einstigen → *Gärtnerei Knackfuß*, Pillnitzer Landstraße 18. Es ist eine Fundgrube antiquarischer Bücher vor allem aus den Gebieten der Kunst-, Musik- und Literaturgeschichte, aber auch der Geistes- und Naturwissenschaften, Geografie, Geschichte sowie alter Grafik.

Otto-R. Wenzel, Claus Kunze

Loschwitzer Bücherstube

Grundstraße 5

Um 1947 eröffnete im Ladengeschäft der Grundstraße 5 mit dem Namen »Loschwitzer Bücherstube« eine zweite Loschwitzer Buchhandlung. Gegründet und geführt wurde sie von den beiden Damen Anny (Anna) Minckwitz (1900–1978) und Erika Brüne geb. Schmitz (1902–1982). Sie wohnten beide im Haus Schevenstraße 2, das Erstere 1939 mitgeerbt hatte. Im Bücherladen in der Grundstraße befanden sich »gut sortierte Bücherregale, ein bequemer Lesestuhl, ein Ständer mit Kunstdrucken sowie eine historische Truhe, die der verbindlich-eleganten Chefin als Schriftenablage und Kasse diente«.[1] Um 1970 wurde die »Bücherstube« geschlossen.

Otto-R. Wenzel

Anny (Anna) Minckwitz und Erika Brüne in der Loschwitzer Bücherstube *Foto: Slg. Krüger*

Zitat:
1 Erinnerung von Matz Griebel
Quellen: 39, 894, 1000

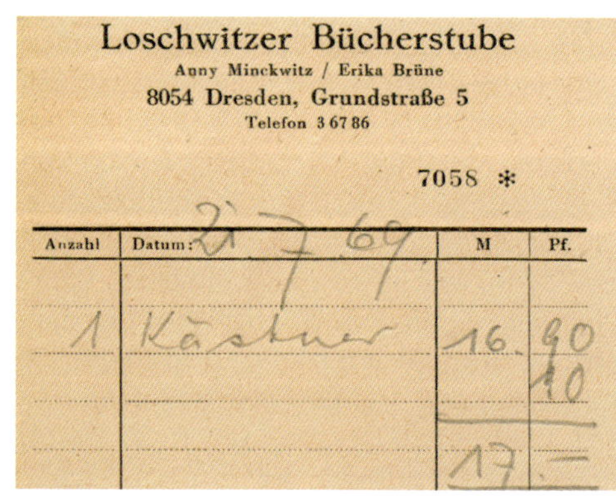

Loschwitzer Bücherstube
Anny Minckwitz / Erika Brüne
8054 Dresden, Grundstraße 5
Telefon 3 67 86

7058 *

Anzahl	Datum: 21.7.69	M	Pf.
1	Kästner	16	90
			10
		17	—

Quittung, 1969 *Slg. Eberhard Münzner*

In der »Bücherstube« *Foto: Slg. J. Härtling*

Erhard Böhme, 1985 Foto: Andreas Meschke

Ralf Böhme, um 1985 Foto: Andreas Meschke

Bürstenbinderei Böhme
Calberlastraße 18
Ralf Böhme (* 1937) verbrachte seine Kindheit auf der Grundstraße, wo er mit acht Jahren im Luftschutzkeller den Angriff auf Dresden erleben musste. 1946 zog die Familie in die Calberlastraße 18. Dort richtete sich Vater Erhard Böhme (1907 – 2000), Bürsten- und Pinselmacher in dritter Generation, seine Werkstatt ein. Sohn Ralf erlernte den gleichen Beruf und stieg zunächst als Geselle und ab 1959 als Meister ins väterliche Handwerksunternehmen ein. Gemeinsam fertigten Vater und Sohn Rasierpinsel sowie Bürsten und Pinsel zum Glasieren der Brote. Vor allem belieferten sie ab 1961 die etwa 20 Forst- und Jagdausstatter in der ehemaligen DDR mit Hutbärten. Diese Schmuckaccessoires sind bei Jägern, aber auch in Bayern sehr beliebt. Sie werden aus Hirschhaar, seltener aus Wildschweinborsten oder Gamshaar hergestellt. Der Familienbetrieb Böhme spezialisierte sich als einziger in der DDR auf die Produktion von Hutbärten. Die Herstellung war sehr mühsam: Felle waschen, vom Leder abzupfen, trocknen, aufkämmen und in Längen zupfen. Dann saßen die Handwerksmeister vor einem großen Pechtopf – es wurde »gepecht« – d. h. die sorgfältig aussortierten Tierhaarbüschel wurden nach und nach verarbeitet, bis ein fertiges Bündel daraus wurde. Die Längen variierten dabei zwischen neun bis dreizehn Zentimeter, je nach Hutgröße und Kundenwunsch. Die Zeit dieser aufwändigen handwerklichen Bürsten- und Pinselherstellung war 1990 vorbei. Ralf Böhme musste die Firma auf Vertrieb umstellen. Er fuhr fast täglich mit dem angelieferten Sortiment durch das Land – zwanzig Jahre lang. Das Bürstenmacher-Handwerk in Loschwitz endete so mit ihm in der vierten Generation, denn Sohn Carsten (* 1971) lernte zwar noch die industriemäßige Bürstenherstellung, ist aber inzwischen als Krankenpfleger tätig, und Tochter Gaby (* 1963) hat ihre Berufung als Kinderkrankenschwester gefunden.
Bis 2012 nutzte Ralf Böhme noch die Werkstatt in der Calberlastraße, bevor er 75-jährig in den Ruhestand trat. **Sonja Bernstengel**

Catering

Mit der Entwicklung verschiedener Serviceunternehmen in den frühen 1990er Jahren entwickelte sich auch in Loschwitz das Cateringgewerbe. Teilweise wurde es von Fleischern mit übernommen, von denen sich besonders → *Fleischer Müller* zu einem ausgezeichneten Anbieter entwickelte. Für kleinere Feiern bietet »Divino« italienische Küche, und mit der W.O.K. Gastronomie & Catering GmbH & Co. KG hat eines der größten Dresdner Unternehmen dieser Branche seinen Sitz in Dresden-Loschwitz.

Divino
Pillnitzer Landstraße 39
Wer Lust auf einen italienischen Abend hat, wird bei Christian Weidlich fachkundig bekocht und bedient. Die Zutaten kommen frisch vom Markt und Wein, Prosecco und Grappa direkt aus Italien. Das Cateringunternehmen wurde 1997 in Dresden-Löbtau gegründet, 1999 zog DIVINO an die Pillnitzer Landstraße. Für Feiern vor Ort kann man auch den »Keller« des Hauses, ein Tonnengewölbe aus dem Jahr 1845, nutzen. **Barbara Friebel**

Quellen: 724, 1160

Im Divino-Gewölbe Foto: Christian Weidlich

W.O.K.-Team, 1997

W.O.K. Gastronomie & Catering GmbH & Co. KG
Friedrich-Wieck-Straße 18
Andreas Wünsche (* 1964), Ralf Opitz (* 1967) und Kai Kochan (* 1967, 2013 ausgeschieden) gründeten 1994 die Cateringfirma »W.O.K.«. Diese bietet umfassenden Cateringservice für Groß- und Kleinveranstaltungen in Dresden und Umgebung an, u. a. für die Silvesterfeier auf dem Theaterplatz. Als Küchenstandort und Mietwirtschaft erwarb die W.O.K. Gastronomie & Catering GmbH 2009 das historische → *Gasthaus* »Zur Eule« mit großem Saal in der Grundstraße 100. Auch Mobiliar, Geschirr, Gläser und Tischdekoration können für Feste, Kongresse und Feiern aller Art gemietet werden. Außerdem bewirtschaftet das Unternehmen den traditionsreichen »Demnitz Elbegarten«, einen Biergarten unter alten Bäumen und mit dem romantischen Blick auf den Sonnenuntergang am Blauen Wunder. **Barbara Friebel**

Quellen: 724, 1252

Elbegarten, 2011 Fotos: W.O.K.

Dachdecker → *S. 520, 523*

Bruno Peschke
Dachdeckermeister
Dresden-Loschwitz, Pillnitzer Landstraße Nr. 14
Fernsprecher 37571
Ausführung sämtlicher Dacharbeiten in Ziegel, Schiefer, Holzzement und Pappe
Reelle Bedienung — Billigste Preisberechnung

Anzeige, 1928 Kirchgemeindeblatt

Eine Drogerie, der Blumenladen Paul Feige und ein Geschäft für »Cigarren und Cigaretten« befanden sich um 1920 im Haus Körnerplatz 6. *Foto: Slg. Beate Neumann*

Drogerien

Erst seit dem Ende des 19. Jahrhunderts gibt es in Deutschland Drogerien. Mit der 1873 erfolgten Gründung des »Verbandes Deutscher Drogisten« und vorangegangener neuer Gesetzgebung durften die in der Regel sonst nur in → *Apotheken* erhältlichen Branntweine, Gewürze und Chemikalien auch in Kolonialwaren- und Produktenläden verkauft werden. So waren ab Mitte der 1890er Jahre in den → *Lebensmittelgeschäften* bei Otto Melzer in der Pillnitzer Landstraße 2 und Körnerplatz 8 bei Franz Möbius auch »Drogen« zu bekommen.

Die erste wirkliche Drogerie gab es seit etwa 1894 im neu errichteten Wohn- und Geschäftshaus Körnerplatz 9. Der Drogist Moritz Berger eröffnete hier seine »Drogerie zum Löwen«. Nächster Inhaber war ab 1899 der Drogist Max Hänsel, dem 1906 Paul Stephan (1877 – 1923) folgte. 1914 verlegte er seine Drogerie ins Haus Körnerplatz 6. Nach seinem Tod führte seine Witwe Anna die Drogerie weiter und 1936 übernahm diese wieder ein Paul Stephan, wahrscheinlich ein Verwandter. Aus seiner »Fachdrogerie« wurde 1939 schließlich die → *»Brücken-Drogerie«*.

Ab 1933 gab es in der Grundstraße 16 noch die Drogerie des auf der Bärwalder Straße in Dresden wohnenden Drogisten Paul Kretzschmar. Sie wurde um 1970 geschlossen. In den »Loschwitz-Arkaden« eröffnete 1996 eine Filiale der Drogerie-Kette »Schlecker«, die infolge des Insolvenzverfahrens des Unternehmens 2012 geschlossen wurde. **Otto-R. Wenzel**

Quellen: 39, 1000

Anzeige, 1926 *Kirchgemeindeblatt*

Brücken-Drogerie

Körnerplatz 6

Die »Brücken-Drogerie« am Körnerplatz 6 gründete 1939 der Drogist Walter Georgi (1911 – ?) aus Dresden-Löbtau nach der Schließung der »Fachdrogerie« von Paul Stephan. Nach 1945 wohnte Georgi Friedrich-Wieck-Straße 41, danach Körnerplatz 13 und zuletzt in Dresden-Striesen. 1981 verkaufte er die Drogerie an das Ehepaar Monika (* 1942) und Gerhard (* 1944) Köhler, beide Drogisten. Monika als Inhaberin führte gemeinsam mit ihrem Mann und mehreren Angestellten die Drogerie als Fachgeschäft für Kosmetik, Pharmazie, Haushaltchemie, Lacke und Farben, Filme und Pyrotechnik. Doch 1991, nach umfangreicher Neugestaltung des Geschäftes, erfolgte die Umfirmierung zur »Brücken-Parfümerie«. Nachdem ein neuer Hauseigentümer die Ladenmiete drastisch erhöhte, verließen Köhlers 1996 den Körnerplatz und zogen mit ihrem Geschäft an das gegenüberliegende Elbufer nach Dresden-Blasewitz, zunächst Tolkewitzer Straße 6 und 2000 auf die Hüblerstraße 2. Aus Altersgründen gaben sie 2013 die »Brücken-Parfümerie« auf.

Ute Häse

Quellen: 39, 1000

Drogerien in Loschwitz

Jahr	Anzahl
1883	0
1900	3
1912	4
1921	2
1933	1
1943/44	2
1957/58	2
1975/76	0
1995	2
2014	0

Loschwitz-Arkaden im Bau *Foto: Ulrich Häßler*

Einkaufs- und Gewerbezentrum »Loschwitz-Arkaden«

Pillnitzer Landstraße 32 – 36

Die »Loschwitz-Arkaden« (→ *Wohnparks*) eröffneten 1996. Investor war die SAB Spar-und Anlageberatung Bad Homburg. Der Mehrzweck-Gebäudekomplex umfasst ein Haupthaus mit Einkaufsmarkt und Fitnessstudio sowie drei Gebäude mit Wohn-, Geschäfts-und Büroräumen.

Erster Hauptmieter war von 1996 bis 2000 Kaiser's Tengelmann, danach übernahm der → *Konsum* Dresden den Supermarkt. Weitere langjährige Mieter waren der Drogeriemarkt Schlecker (1996 – 2012) und das Mini-Paradies Merbitz (1996 – 2011). Aktuell finden sich neben dem Konsum als einzigem großen Loschwitzer Einkaufsmarkt das → *Fitnessstudio Injoy*, eine Filiale der Bäckerei Wippler (→ *Bäcker*), das griechische → *Restaurant* Odysseas, die Neue Apotheke Loschwitz (→ *Apotheken*), das Blumengeschäft »Dresdner Blume« (→ *Gärtnereien*), Jacquelines Haaratelier (→ *Friseure*), das → Reisebüro Rietzel (→ *Reisebüros*), die Praxis für Physiotherapie von Ronny Weinhold-Bartsch, die Praxis der Logopädin Jeannine Klotz, die Podologische Praxis Heike Schott, die Psychotherapeutische Praxis für Kinder und Jugendliche Dr. rer. medic. Amlang (→ *Heilberufe*), die Rechtsanwaltsbüros Hahnewald sowie Kopp-Metzler und Krause (→ *Rechtsanwälte*), das Rechtsanwaltsbüro Kai Uwe Jahn, das Steuerberatungsbüro Hönicke (→ *Steuerberater*), eine Postfiliale (→ *Post*), Eichler Dresden Immobilien und der Savanna Beef Shop. **Barbara Friebel**

Quelle: 725

Anzeige, Kirchgemeindeblatt, 1926

Eisen- und Haushaltwaren

Bestimmte Eisenwaren hatten den Loschwitzer Grundstücksbesitzern stets die Schmiede, Klempner- und Schlossermeister (→ *Metallverarbeitende Berufe*) angefertigt. Schlossermeister Adolph Schimron (1826 – 1902) hatte in seinem Haus Friedrich-Wieck-Straße 1 in den 1890er Jahren eine spezielle Eisenwarenhandlung eröffnet, die etwa ab 1900 sein Sohn Emil Schimron (1854 – 1931), ebenfalls Schlossermeister, bis um 1908 weiterführte.

Auch der seit 1862 in Loschwitz tätige Klempnermeister Robert Ungewiß (1844 – 1910), der in den 1870er Jahren das Grundstück Friedrich-Wieck-Straße 11 erworben hatte, richtete in einem Anbau seines Wohn-und Werkstatthauses ein Ladengeschäft ein, dessen Auslagen auf ein breites Sortiment an Eisen- und Haushaltwaren schließen ließen. In den 1890er Jahren firmierte er als Klempnermeister sowie Inhaber einer Kurz-und Eisenwarenhandlung mit einer Geschäftsniederlage in der Friedrich-Wieck-Straße 7. Die Geschäftsgründung wird mit 1898 angegeben, was aber wohl die neue Adresse betrifft. Denn von der Friedrich-Wieck-Straße verlegte Robert Ungewiß sein Ladengeschäft in das 1898/99 neu erbaute Geschäfts-und Wohnhaus »Zum goldnen Schiff«, Körnerplatz 8, wo sein Sohn Albin Ungewiß (1875 – 1965) als Geschäftsführer tätig war. Da dessen jüngerer Bruder Eugen Ungewiß (1877 – 1967) zur Weiterführung der väterlichen Klempnerei bestimmt worden war, wohnte der Geschäftsführer zunächst in der Friedrich-Wieck-Straße 12 und ab 1913 Pillnitzer Landstraße 67. 1912 hatte Albin Ungewiß das Haus Körnerplatz 1 erworben, dessen Erdgeschosszone er 1913 durch den

Blech- und Eisenwaren in Loschwitz

Jahr	Anzahl
1883	0
1900	2
1912	3
1921	4
1933	1
1943/44	1
1957/58	0
1975/76	0
1995	0
2014	0

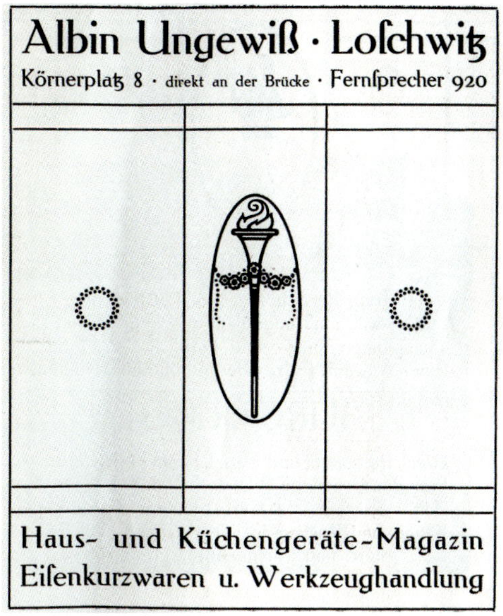

Anzeige, Broschüre »Loschwitz«, 1911

→ *Architekten Rudolf* → *Kolbe* (1873 – 1947, → *K1*) zu einer modernen Geschäftsetage umbauen ließ. Hierher wurde nun die Eisenwarenhandlung verlegt, die überdies ein umfangreiches Warenangebot aller Artikel an Haus- und Küchengeräten, Kochherden sowie Gebrauchsgegenständen führte. Auch nahm Albin Ungewiß dann hier seine Wohnung.

Im Jahr 1933 vermietete der nunmehr 58-jährige Hauseigentümer sein großes Geschäft dem Görlitzer Waren-Einkaufs-Verein AG. Er selbst zog mit kleinerem Warenangebot in einen weiteren Laden seines Hauses mit Eingang vom Veilchenweg, den vor ihm der Porzellan- und Steinguthändler Max Tröger innehatte. Albin Ungewiß betrieb sein Ladengeschäft bis 1960. Der Lebensmittel-→ *Konsum*, Nachfolger des »Görlitzer« im Hauptgeschäft, nutzte dann auch den kleinen Laden am Veilchenweg zum Verkauf von Haushaltartikeln, bis diese im Geschäft für »1000 kleine Dinge« in der Friedrich-Wieck-Straße 4 angeboten wurden, dessen Sortiment auch abgepackte Kleineisenwaren wie Nägel oder Schrauben umfasste. Andere Eisenwaren und Werkzeuge waren in Loschwitz nach 1960 nicht mehr zu haben, denn den Bedarf deckten die Spezialgeschäfte in Bühlau, Pillnitz und der Innenstadt ab.

Matthias Griebel

Quellen: 39, 1000

Geschäft Körnerplatz 1, um 1930
Foto: Slg. Matthias Griebel

Körnerplatz mit »Görlitzer«
Foto: Slg. Otto-R. Wenzel

Elektro- und Radiofirmen und Elektrowaren

Die erste in Loschwitz ansässige Elektrofirma war die von → *Putzmann*. Die zweite gründete der Elektrotechniker Martin Batowski 1906 in der Steglichstraße 18. Er wohnte dort seit 1900 und hatte das Haus 1905 auch gekauft. Sein „Elektrotechnisches Geschäft" und die Werkstatt besaß er bis etwa 1935. Der Elektrotechniker Max Otto eröffnete 1912 sein Geschäft in der heutigen Oskar-Pletsch-Straße 15, das er um 1923 in den Rißweg 54 verlegte. 1930 wurde es geschlossen und 1935 folgte hier die Elektro-Firma von Johannes Schwenke. Eine wei-

Anzeige, Kirchgemeindeblatt, 1932

tere Elektrofirma befand sich im rechten Torgebäude von → *Schloss Albrechtsberg*, wo der Elektromeister Willy Hempel von etwa 1925 bis 1945 seinen Firmensitz mit Werkstatt hatte.

Im Loschwitzer Dorfkern eröffnete 1932 in der Friedrich-Wieck-Straße 12 der gelernte Elektroinstallateur Alfred Conrad jun. (1899 – 1980), ein Sohn des Loschwitzer → *Schlossermeisters* Alfred Conrad sen. (1869 – 1947), seine Firma, die er bis etwa 1970 betrieb. Er wohnte auch hier mit seiner Familie. Später folgte ihm von 1993 bis 2009 in der Grundstraße 78 die Firma des Elektromeisters Christian John (* 1940), der ebenfalls hier wohnte und seine Werkstatt besaß.

Das erste Radiogeschäft in Loschwitz war das der Firma → *Jäckel*, dem später noch wenige andere folgten. Zu ihnen gehörte auch das Geschäft »Audio-Video« von Ludger Kuhl (1944 – 1996), das sich von etwa 1991 bis 1993 unter der damaligen Adresse Pillnitzer Landstraße 32 in der heutigen Amtsstraße 2 befand. Das damals noch kleinere Gebäude wurde in den Bau des → *Wohnparks* »Loschwitz-Arkaden« einbezogen und aufgestockt. Kuhl ging mit seinem Geschäft in die Dresdner Altstadt.

Otto-R. Wenzel

Quellen: 39, 724, 726, 1000

Elektro-/Radiofirmen und Elektrowaren in Loschwitz

Jahr	Anzahl
1883	0
1900	2
1912	3
1921	6
1933	4
1943/44	5
1957/58	5
1975/76	3
1995	3
2014	2

Elektrofirma Helmut Kaps

Schillerstraße 5

1962 gründete der Elektromeister Helmut Kaps (1914 – 2005) seine bis 1988 bestehende Elektrofirma im Haus auf der Schillerstraße 5, in dem er auch mit seiner Ehefrau Marianne und seinen beiden Söhnen Jürgen und Lothar zur Miete wohnte. Die Werkstatt wurde im »Pferdestall« der ehemaligen alten → *Post* eingerichtet, zusätzliche Lagerräume befanden sich im Gebäude auf der Schillerstraße 2. Vor seiner Selbstständigkeit war Helmut Kaps seit 1932 zunächst als Elektriker bei verschiedenen Firmen in Dresden, ab 1949 als Elektromeister u. a. in der → *Gaststätte* »Luisenhof« und in den Technischen Werkstätten Dresden tätig.

Die erste Angestellte der Firma Helmut Kaps war Marianne Kaps (1916 – 2012) und als mithelfende Ehefrau für die Lohnabrechnung sowie Buchführung zuständig. Darüber hinaus sorgte sie täglich für das leibliche Wohl der bis zu fünf Angestellten. Der erste angestellte Elektriker war Sohn Lothar, der von 1962 bis zu seiner Selbstständigkeit im Jahre 1974 in der Firma des Vaters beschäftigt war. Zu den Hauptkunden der Firma Kaps zählten die Kamera- und Kinowerke Pentacon, die Poliklinik Blasewitz, von 1964 bis 1974 das Forschungsinstitut Manfred von Ardenne und alle Privathaushalte von der Schillerstraße über die Schevenstraße bis zur Mordgrundbrücke einschließlich des gesamten Körnerweges. Außerdem führte die Firma Kaps Reparaturen bei allen Geschäften rund um den Körnerplatz durch, was für die geschäftlichen und privaten Beziehungen zur damaligen Zeit wichtig war. Die Geschäftsleute in Loschwitz kannten, halfen und unterstützten sich. Die Elektrofirma Kaps zeichnete sich durch Freundlichkeit, stete Bereitschaft und zufriedene Kunden aus. Das gute Arbeitsklima und der große, ansteckende Humor von Helmut Kaps waren bis über die Grenzen des »Einzugsgebietes« der Firma bekannt und beliebt. Legendär bei allen Angestellten waren auch die zahlreichen Betriebsfeiern im »Luisenhof«. 1988 gingen Marianne und Helmut Kaps in den Ruhestand. Von nun an gehörte die ungeteilte Aufmerksamkeit ihren drei Enkeln und ihrer Urenkelin. Im Juni 1999 bekam Helmut Kaps den Goldenen Meisterbrief des Elektroinstallateurhandwerkes verliehen – ein Rückblick auf ein über 50-jähriges Berufsleben.

Christiane Kaps

Quelle: 726

Helmut Kaps in der Werkstatt Schillerstraße 5
Foto: Slg. Kaps

Grundstraße 17 um 1910, Ansichtskarte
Foto: Slg. Ute Häse

Elektro-Putzmann

Grundstraße 17

Der Elektrotechniker Hermann Putzmann (1875 – 1959) war ab 1902 in Loschwitz ansässig. 1904 eröffnete er in der Schillerstraße 3 seine »Elektrische Anstalt«, die er ein Jahr später in den Körnerplatz 8 und 1908 in die Schillerstraße 1 mit Büro Schillerstraße 5 verlegte.

1912 hatte er sein neues Domizil in der Grundstraße 17 erworben, wo er auch wohnte. In der Erdgeschosszone, den ehemaligen Gasträumen des → *Restaurant* »Sängerheim«, eröffnete er im gleichen Jahr seine Elektrowerkstatt mit Ladengeschäft für Elektroartikel. Die Geschäftswerbung offerierte »Ausführung von Licht-, Kraft- und Telefonanlagen, Beleuchtungskörper, Glühlampen, Heiz- und Kochapparate sowie sämtliche Bedarfsartikel«. Auch war im Haus eine »Wäschemangel mit elektrischem Betrieb«.

Kurzzeitig hatte er 1927/28 auch einen Verkauf auf dem Körnerplatz 1 sowie 1924/25 seine Wohnung in Dresden. Sein Geschäft in der Grundstraße 17 bestand bis etwa 1956.

Nachfolger wurde 1958 der Elektromeister Günter Müller (1926 – 2002), der bis 1990 in der Grundstraße tätig war. Jedoch arbeitete er überwiegend als Vertragselektriker für Behörden und die Kommunale Wohnungsverwaltung. Das mit Unterbrechungen geführte Ladengeschäft, das auch Kleinreparaturen annahm, war bereits 1986 geschlossen worden.

Matthias Griebel

Quellen: 39, 1000

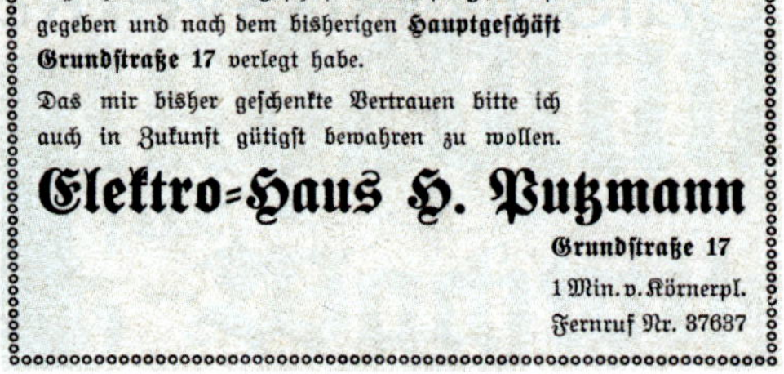

Anzeige, Kirchgemeindeblatt, 1928

Werkstatt Radio-Fischer, 2015 Foto: Slg. EHK

Peter Fischer als Zauberer Foto: Slg. EHK

Karl, Elsa und Marianne Jäckel, mit Karls Eigenbau Radio, Körnerweg 7 Slg. Ute Häse

Radio Fischer/Pollys Shop

Grundstraße 5

Der technikbegeisterte Peter Fischer (1945–2011) erlernte bei Radio-Hänel in Dresden-Cotta seinen Beruf. Einige Jahre später durfte er sich Meister für Radio-und Fernsehtechnik nennen. 1975 übernahm er die Rundfunkreparaturwerkstatt Radio-Pietsch auf der Grundstraße 5. Seine Ehefrau Marie Luise Fischer gab ihren Beruf als Krankenschwester auf, um ihren Ehemann im Geschäft zu unterstützen. Da der Verkauf von Rundfunkgeräten dem staatlichen Fachhandel vorbehalten war, blieb »Radio-Fischer« ausschließlich Reparaturbetrieb. Es mangelte an Ersatzteilen, Improvisation war gefragt. Anfangs befand sich die Werkstatt in zwei kleinen Räumen im Erdgeschoss. 1980 wurden wegen zunehmender Platzprobleme Räume im zweiten Obergeschoss ausgebaut und das Dach saniert. Meister Peter Fischer bildete Lehrlinge aus und seine Ehefrau schulte zum Elektronikfacharbeiter um. Auch Tochter Anke absolvierte eine Lehre als Radio-und Fernsehtechnikerin und erhielt 1993 ihren Meistertitel. Nach der Wiedervereinigung 1990 konnte sich das Unternehmen neu orientieren. Neben erweitertem Reparatur- und umfassendem Serviceangebot verkaufte »Radio-Fischer« nun Rundfunk-, Fernseh- und Videogeräte. Außerdem verkaufte und installierte die Firma Satelliten- und Antennenanlagen.

Neben seiner Arbeit beschäftigte sich Peter Fischer mit Magie. In seiner Laufbahn als Zauberer trat er in der DDR und im sozialistischen Ausland auf. In Loschwitz verblüffte er nach Ladenschluss gern seine Kunden mit Zaubertricks. Gemeinsam mit einem zauberbegeisterten Mitarbeiter trat er gelegentlich als zaubernder »Hofnarr Fröhlich« und »Baron Schmiedel« auf. Außerdem war Fischer Vorsitzender des »Magischen Zirkel Dresden«, benannt nach dem hier verstorbenen Zauberkünstler Bartolomeo Bosco (1793–1863).

Radio-Fischer bestand bis Dezember 2009. Nach einem Umbau eröffnete Tochter Anke verh. Gierth fünf Monate später an gleicher Stelle »Polly's Shop«, ein Ballon- und Bastelgeschäft. Hier kann man eine Vielzahl origineller Ballons erwerben, Geschenke in Ballons verpacken und Girlanden und andere Dekorationen bauen lassen. Bis zu seinem Tod 2011 half Peter Fischer im Geschäft mit und seine Ehefrau unterstützt auch heute noch ihre Tochter im Laden. **Barbara Friebel**

Quellen: 526, 726

Anke Gierth und Marie Luise Fischer, 2015
Foto: Siegfried Großmann

Radio-Jäckel

Körnerplatz 8

Im August 1931 eröffnete Karl Jäckel (1896–1984) mit seiner Frau Elsa (1897–1985), Tochter des Loschwitzer Steuermanns Oskar Richter, das Radiogeschäft im Haus »Zum Goldnen Schiff«, Körnerplatz 8. Der Laden befand sich zwischen einer kleinen Eishalle, die als Pavillon am Haus angebaut war, und dem seit 1932 hier ansässigen Fotogeschäft des → *Fotografen Franz Gaudernack* (1887–1987, → *K2*). Jäckels wohnten im nahe gelegenen Körnerweg 7. Karl, bis zu diesem Zeitpunkt beschäftigt als Maschinenschlosser in einer Kartonagenfabrik in Dresden-Blasewitz, interessierte sich aber vorwiegend für Rundfunkgeräte. Er war fasziniert von der neuen Technik und bastelte anfangs von

Fassade Körnerplatz 8 mit den Geschäften von Radio-Jäckel und Photo – Kino Franz Gaudernack
Foto: Gaudernack, Slg. Ute Häse

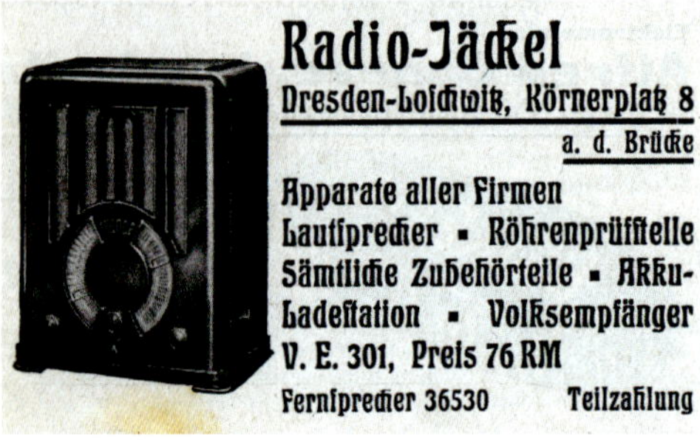

Anzeige, 1933 *Kirchgemeindeblatt*

Detektorgeräten mit Kopfhörern bis hin zum selbstgebauten Röhren-Radio. Die Technik des Hörfunks entwickelte sich rasant. Gab es in Deutschland 1923 lediglich 467 zahlende Rundfunkteilnehmer, waren es 1928 bereits zwei Millionen. Die Rundfunkgerätehersteller drängten mit ihren neuen Geräten auf den Markt, sodass die Zeit günstig war, in der Karl sein Hobby zur Geschäftsidee entwickelte. Jäckels verkauften industriell hergestellte Rundfunkgeräte.

1939 musste der Laden vorübergehend schließen, weil Karl zur Wehrmacht eingezogen wurde. Nach Beendigung des Krieges 1945 eröffnete Elsa Jäckel das Geschäft wieder und handelte mit Schallplatten und Rundfunk-Bastelbedarf. Nach Heimkehr ihres Mannes aus der Kriegsgefangenschaft richteten sie in ihrem Laden eine Reparaturwerkstatt für Rundfunkgeräte ein, die sie bis etwa 1963 betrieben.

Ute Häse

Quelle: 726

Detlef Streitenberger, 2015

Foto: Siegfried Großmann

Computer
DSCS Dresden
Plattleite 15

»DSCS-Dresden« (Detlef Streitenberger Computer Systeme) wurde 1993 von Inhaber Dr. Detlef Streitenberger (* 1949) gegründet. Die Firma befand sich bis 2010 in der Bautzner Landstraße 64 und danach bis 2013 in der Oskar-Pletsch-Straße 15. Seitdem ist das Büro in der Wohnung auf der Plattleite. Die Computerschule bietet sämtliche Leistungen und Produkte rund um die Informationstechnik für kleine Unternehmen und Privatpersonen an. Außerdem werden individuelle und Gruppenweiterbildungen zum Einsatz moderner Informations- und Kommunikationssysteme durchgeführt.

Barbara Friebel

Quellen: 724, 1164

Foto: Siegfried Großmann

Kaffeemaschinen
Coffeematic »Swiss Coffeeshop«
Körnerplatz 11

Seit 2009 verkauft Sybille Schneider im Coffeeshop Kaffeevollautomaten und diverses Zubehör der Firmen Jura, De Longhi, NIVONA und Saeco. Außerdem werden verschiedene, auch an einer Bar zu verkostende Kaffeesorten angeboten.

Barbara Friebel

Quellen: 724, 1153

Fahrräder und Sportartikel

Der erste Loschwitzer Fahrradhändler, Otto Balzer, eröffnete sein Geschäft etwa 1923 im Haus Körnerplatz 10. Sein Nachfolger wurde dort 1932 *Rudolf → Päperer*. Um 1925 gründete Kurt Kroll seine »Fahrradausbesserungs-Anstalt« in der Dammstraße 10. Es gab aber wohl noch zu wenige Fahrräder, die einer Reparatur bedurften, denn im einjährigen Wechsel folgten drei weitere Händler, zuletzt bis 1931 der Fahrradhändler Franz Blachut. Auch das Geschäft von Walter Kalkschmidt in der Steglichstraße 3 in der zweiten Hälfte der 1920er Jahre war von kurzer Dauer. Im Rißweg 54 eröffnete 1931 die Fahrradhandlung von Willibald Bergmann, die mindestens bis 1945 dort bestand.

Das erste Sportartikelgeschäft in Loschwitz eröffnete 1945 in einem von dem dortigen Lebensmittelladen abgetrennten Teil im Haus Körnerplatz 8. Walter Rost hatte am 13./14. Februar 1945 durch Bomben sein Geschäft auf der Seestraße in Dresden verloren. Seine Frau Wally war Schneiderin. Sie besaß im Sportgeschäft eine Umkleidekabine für die Anproben ihrer gefertigten Kleidung. »Sport-Rost« schloss 1974 sein Geschäft.

Außer → *Radsporthaus Päperer* gibt es in Loschwitz seit 2015 im → *Einkaufs- und Gewerbezentrum* in den Loschwitz-Arkaden, Pillnitzer Landstraße 32, ein Fahrradgeschäft von »Rad Palais«.

Otto-R. Wenzel

Quellen: 39, 1000, 1225

Radsporthaus Päperer

Der Firmengründer Rudolf Päperer (1900–1976) und seine Frau Elsa (1901–1981) übernahmen 1932 das Fahrrad- und Nähmaschinengeschäft von Otto Balzer am Körnerplatz 10. In diesem kleinen Laden wurden Fahrräder, Motorräder, Nähmaschinen sowie Grammophone gehandelt und repariert. 1938 legte Rudolf Päperer die Prüfung zum Mechanikermeister ab. Nach dem Kriegsende 1945 arbeitete er mit seinem älteren Sohn Rudolf jun. (* 1927), ausgebildeter Werkzeugmacher, gemeinsam im Geschäft. Vorzugsweise wurden die Markenfahrräder von Fichtel & Sachs, Wanderer und Miele verkauft.

Rudolf jun. verließ 1957 den elterlichen Betrieb. Er kaufte von der Firma Bergmann auf dem Rißweg 54 ein Moped- und Fahrradgeschäft einschließlich der Reparaturwerkstatt. Günther (* 1936), der jüngere Sohn, erlernte 1953 den Beruf Mechaniker und übernahm im Betrieb der Eltern die Stelle seines Bruders. Auch er ging 1965 in die Selbstständigkeit. Nach Erwerb des Meisterbriefes führte er das Geschäft seines verstorbenen Onkels Max Päperer auf der Bautzner Landstraße 88 in Dresden-Bühlau fort.

Nach dem Tod des Firmengründers Rudolf Päperer (1976) stellte sich für seine Ehefrau

Moped-Werkstatt von Günther Päperer (links), Bautzner Landstraße 88 *Foto: Slg. Päperer*

Günther, Claus, Rudolf und Patrick Päperer, 2007 (v. l.). Foto: Gabriele Päperer

Gabriele Päperer mit Sohn Patrick im Geschäft, 2015

Also die Frage, wer das Geschäft auf dem Körnerplatz 10 weiterführen sollte. Die Nachfolger wurden 1977 ihr Enkel, der Sohn von Rudolf Päperer jun., Claus (1954 – 2011) und seine Ehefrau Gabriele geb. Hölzel (* 1955). Die beruflichen Voraussetzungen waren gegeben. Als Maschinen- und Anlagenmonteur mit Abitur konnte er 1980 mit dem Meistertitel als Fahrradmechaniker seine Ausbildung vervollständigen und sie als gelernte Industriekauffrau ebenso.

Um ein erweitertes Warenangebot führen zu können, schlossen Päperers 1980 einen Kommissionshandelsvertrag mit der »HO Industriewaren« ab. Von nun an war Claus für die Reparaturen zuständig und Gabriele übernahm den Handel. Dieser Vertrag berechtigte sie, die Fahrräder der Marken Mifa und Diamant direkt beim Hersteller einzukaufen. Da das Warenangebot durch die allgemeine Mangelwirtschaft sehr beschränkt war, fuhren Päperers mit ihren beiden Kindern Patrick (* 1977) und Robert

Werkstatt Körnerplatz 10 Foto: Slg. Päperer

1932 75 2007
Radsport
PÄPERER
Fachhandel · Service · Fahrradverleih

Jubiläums-Logo, 2007

(* 1981) im kleinen Pkw Trabant mit Anhänger übers Land und versuchten Ersatzteile zu ergattern. Manche Bedarfslücke konnte somit behoben werden. Der Laden erwies sich als zu klein, um ein erweitertes Sortiment unterzubringen. Die Verlegung der Werkstatt in die Grundstraße 16 schaffte Abhilfe. Eine Werkstatt mit Ofenheizung und ohne Wasser! Der erste Mitarbeiter, Hans Bohle (* 1939), Dipl. Ing. für Maschinenbau, wurde 1987 eingestellt. Dieser führte bis 1991 die Reparaturen aus. Wenn sich die Werkstatt als zu eng erwies, verlagerte er seine Arbeiten auf den Gehweg – gestört hat das damals niemanden.

1985 mieteten Päperers nach langem Behördenkampf im Haus Veilchenweg 2, am Körnerplatz (→ *Posamenten- und Textilhandel Bach*) einen Lagerraum. Infolge des politischen Umbruchs konnten sie 1990 schließlich das Haus erwerben. Nach einer umfangreichen Renovierung folgte am 16. Juli 1990 die Geschäftseröffnung. Bei ständig erweitertem Warenangebot bedurfte es wiederum einer räumlichen Erweiterung, die erste Etage kam als Ladenfläche hinzu. Unter dem neuem Firmennamen »Radsporthaus Päperer« boten sie ihre Waren rund um das Fahrrad, die Reparatur von Fahrrädern und und auch den Fahrradverleih an. Neue Mitarbeiter konnten eingestellt werden.

Im April 2002 trat Sohn Patrick – in vierter Generation – mit in das elterliche Geschäft ein. Als ausgebildeter Automechaniker legte er 2006 die Prüfung zum Zweiradmechaniker-Meister ab. Nach dem frühen Tod von Claus Päperer im Jahr 2011 übernahmen das Geschäft seine Frau Gabriele und der Sohn Patrick.

Ute Häse

Quellen: 104, 724

Fotos (2): Siegfried Großmann

Fahrschule Martin

Grundstraße 2

Die Pillnitzer Fahrschule wurde im September 1990 von Rainer Gebauer (* 1944) in Dresden-Pillnitz gegründet. Nach kurzem Intermezzo 1996 im jetzigen Haus der → *Sozialstation* BÜLOWH in der Pillnitzer Landstraße 12 war der Standort des Unternehmens zunächst in der Friedrich-Wieck-Straße 2. 2007 zog man zur heutigen Adresse. 2009 übernahm Schwiegersohn Andreas Martin (* 1966) die Fahrschule. Angeboten wird die Fahrschulausbildung für PKW bis 3,5 t mit Hänger und für alle Motorradklassen. Rainer Gebauer ging 2013 in den Ruhestand.

Barbara Friebel

Quelle: 724

Im Kahn mit dunkler Mütze Max Höhle, neben ihm Bademeister Max Focke und am Ufer Paul Martin, um 1925 *Foto: SLUB Dresden/Deutsche Fotothek, Max Nowak*

Fischhandlung Höhle, Körnerplatz 4 *Foto: Slg. Rindfleisch*

Fischer und Fischhandel

Der schon in der Bibel erwähnte Fischfang (→ *Naturraum*) gehört zu den ältesten Gewerben der Menschheit. Das heute noch häufig anzutreffende christliche Fisch-Symbol basiert auf dem Beruf des Fischers Simon Petrus, einem der Jünger von Jesus Christus.

Auch an der Elbe war der Fischfang zu Hause. Von Dresden elbaufwärts bis zur Landesgrenze zwischen Sachsen und Böhmen (heute Tschechische Republik) unterstand er wahrscheinlich der Dresdner Fischerinnung, die auch → *Fähren* auf der Elbe betrieb. Bereits 1481 wurden Fischbänke an der Treppe des Dresdner Rathauses genannt und 1501 beantragte die Fischerinnung, die Bruderschaft »Sankt Nicolay« in der Kreuzkirche einzurichten, was sich nur eine wohlhabende Vereinigung leisten konnte. Der Dresdner Chronist Anton Weck (1623–1680) schrieb 1679 »von der Nutzbarkeit welchen hiesige Stadt und Einwohner von dem beruehmten Elbstrome zu gewarten«[1] – nämlich einen fünffachen Nutzen. An zweiter Stelle kommt hier bereits: »Der andere [zweite] Nutz ist der Fischfang«[1] – noch vor Schifffahrt, Holztransport und Niederlagsrecht, was die frühere Bedeutung des Fischfangs eindrucksvoll unterstreicht. Der Fischreichtum muss damals sehr groß gewesen sein, denn Weck nannte dazu 23 Fischarten.

Diese Bedeutung hatte der Fischfang natürlich ehemals auch für Fischer und Fischhändler in Loschwitz, bis durch die Industrialisierung das Elbewasser immer schlechter und die Fische immer weniger und schließlich ungenießbar wurden. Die Wasserqualität hat sich inzwischen verbessert, aber das Fisch-Aufkommen ist nur noch für den Angelsport geeignet.

In Loschwitz waren die Fischerdynastie → *Höhle* und die Fischhandlungen am Körnerplatz 7 von Barbara Groß und später Georg → *Zschornak* von Bedeutung.

Helmut Dorschner

Zitat:
1 Weck, Anton; Der Chur-Fürstlichen Sächsischen weitberuffenen Residentz und Haupt-Vestung Dresden...; Nürnberg 1680
Quellen: 735, 1081

Höhle, Fischer-Familie

Namensträger Höhle gab es zwar in Loschwitz seit alters her, der Stammvater der hier behandelten und für unseren Ort relevanten Fischerfamilie kam jedoch aus dem Nachbardorf. Es war Johann August Höhle, geboren am 19. Januar 1793, der als »Fischer in Wachwitz« im Jahre 1840 (in zweiter Ehe) die Rochwitzerin Johanne Christiana geb. Petzold (1810–1883) geheiratet hatte. 1841 kaufte der auch als »Schiffer« bezeichnete Elbefischer das Haus Friedrich-Wieck-Straße 37 und übersiedelte nach Loschwitz, wo er sich 1865 auch das benachbarte Wohnhaus Nr. 39 erbauen ließ. Er verstarb 1872 in Loschwitz.

Einziges Kind war der am 11. November 1840 noch in Wachwitz geborene Sohn Friedrich August Höhle. Er erlernte den Beruf des Vaters und ehelichte 1869 in der Dresdner Hofkirche Johanne Auguste Papst aus Wittichenau. Die Eheleute bewohnten nun das alte Elternhaus (Nr. 37) und errichteten an dessen Stelle für ihre Familie 1872 einen Neubau.

Im Jahre 1876 gründete Friedrich August Höhle das Loschwitzer Elbebad und wird nunmehr als »Fischermeister, Bad- und Hausbesitzer« genannt. Er starb am 25. September 1917. Von seinen fünf Kindern wurden die Söhne ebenfalls Fischermeister, übten aber auch artverwandte Berufe aus. Zwei von ihnen verließen ihren Heimatort: Friedrich August Höhle jun. (1864–1932), in jungen Jahren auch »Schiffer und Steuermann«, ist dann als Fischermeister und Fischwarenhändler in Dresden tätig, bevor er um 1920 Inhaber einer Fisch-, Wild- und Geflügelhandlung in Blasewitz ist. Georg Reinhold Höhle (* 1877) ging als Fischermeister nach Laubegast und eröffnete ebenfalls ein Fisch-, Wild- und Geflügelgeschäft, das noch 1940 existierte; danach ist er noch als Fischermeister genannt.

Für den Fischfang und Fischhandel in Loschwitz sind die beiden anderen Söhne von

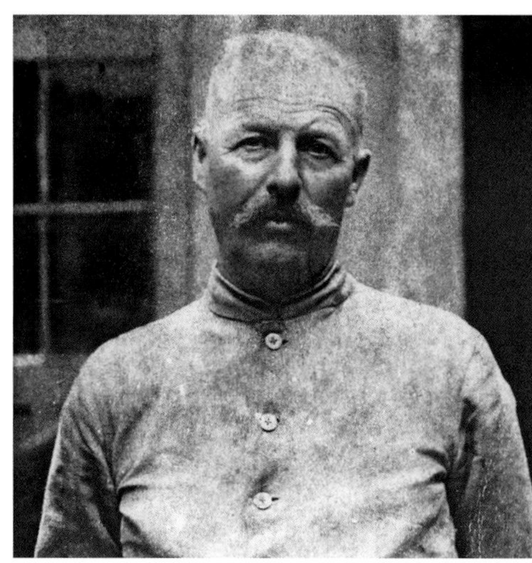

Friedrich August Höhle, Fischermeister und Gründer des Loschwitzer Elbebades, um 1885
Foto: August Kotzsch?

Belang. Friedrich Paul Höhle, geboren am 3. Juli 1874, war nach seiner Tätigkeit beim Vater vorübergehend in Blasewitz ansässig. Er kehrte jedoch um 1905 nach Loschwitz zurück, zog mit ins Elternhaus und war mit dem Vater beim Fischfang und im Badbetrieb tätig. Etwa 1910 eröffnete er im Grundstück Friedrich-Wieck-Straße 37 seine eigene Fischwarenhandlung, die früher schon sein Bruder Max Paul zeitweise betrieben hatte. Das kleine Häuschen (2010 abgerissen) stand mit dem Giebel zum Weg längs der Trille (später »Rollerbahn«) und wies sich mit Schaufenster und eisernem Geschäftsausleger als Verkaufsladen aus. Außerdem war er in den 1920er Jahren Inhaber eines Fischgeschäftes in der Dresdner Ziegelstraße. Er starb als »Privatier« am 3. Juni 1933 in Dresden. Seine Witwe Auguste Anna ist als Hausbesitzerin von Friedrich-Wieck-Straße 37 noch im Adressbuch von 1943/44 genannt.

Des Vorigen Bruder, Max Paul Höhle, wurde am 24. Juli 1872 geboren. Als Loschwitzer Fischermeister hatte er im Dorf verschiedene Wohnadressen: Bis 1905 das Elternhaus, dann Pillnitzer Landstraße 7 und ab 1908 Friedrich-Wieck-Straße 29 (2002 abgerissen), bevor er im Jahre 1919 das Haus Friedrich-Wieck-Straße 28 neben dem »Körnergarten« erwarb. Zu dieser Zeit ist er auch Besitzer des Elbebades, das er vom Vater ererbt hatte. Verehelicht war der Fischermeister seit 1897 mit Alma Charlotte Louise geb. Mutschmann (1875 – 1956), mit der er anfangs auch in der Friedrich-Wieck-Straße 37 das dortige Fischgeschäft betrieb. 1919 gründete er an exponierter Stelle, Körnerplatz 4, seine »Fluss & Seefisch Handlung Max Höhle«, die trotz bescheidener Geschäftsräume kräftig prosperierte. Großabnehmer wie die → *Sanatorien von Dr. Lahmann und Dr. Weidner* sowie das Parkhotel Weißer Hirsch zählten zu den Kunden. Das Geschäft existierte bis 1932, und der nunmehr Sechzigjährige entschloss sich, den Fischhandel nur noch in seinem Haus Friedrich-Wieck-Straße 28 fortzuführen. Das Elbebad verkaufte er im Jahre 1936 an die Stadt Dresden. Max Paul Höhle starb am 14. März 1939; die Witwe führte den Fischhandel mit den Fangergebnissen ihrer Söhne im eigenen Haus bis 1954 fort. Sie starb am 5. August 1956. Von ihren sechs Kindern lebten zu dieser Zeit noch zwei Töchter und zwei Söhne.

Während Friedrich August Georg Höhle (1906 – 1983) in Laubegast als Fischermeister und Wild-, Geflügel- und Fischhändler lebte, blieb Sohn Max in Loschwitz. Hier war Oscar Otto Max Höhle am 18. Februar 1904 geboren worden. Bereits mit 16 Jahren besuchte er die Verkehrsrealschule in Altenberg und ließ sich dann zum Förster ausbilden. Ende der 1920er

Max Höhle, 1987 *Foto: Ute Häse*

Jahre war er als Fischer bei seinem Vater tätig und wurde bald selbstständiger Fischermeister. Im Zweiten Weltkrieg wurde auch er als Soldat eingezogen und konnte erst danach seinen Beruf als Elbefischer wieder ausüben. Nach dem auf Grund der Flussverunreinigung erlassenen generellen Fischfangverbot von 1954 arbeitete Max in der Fischwirtschafts-Genossenschaft, dem späteren VEB Binnenfischerei auf dem Käthe-Kollwitz-Ufer und betreute dessen Teichflächen. Der Junggeselle starb hochbetagt am 15. August 1988 in seinem Elternhaus. Mancher Loschwitzer wird Max Höhle als einen verschmitzt-aufgeweckten und liebenswerten Zeitgenossen noch in Erinnerung haben, der ein ständiger Beobachter der Stromverhältnisse der Elbe, ein treffsicherer Wetterprophet und zudem der letzte gewerbliche Elbefischer unserer Region war. **Matthias Griebel**

Quellen: 39, 631, 724, 726, 1000

Weser, Fischer-Familie

Der Namensgeber der Fischerfamilie war der aus Meißen kommende Fischermeister und Brückenlotse August Weser (1826 – 1880). Sein Sohn Bernhard (1863 – 1932) war Fischereimeister und Fährmeister und erhielt 1897 das Bürgerrecht der Stadt Dresden. Sein Sohn Walter (1890 – 1970) wurde 1916 ebenfalls Fischermeister und Oberbademeister der Stadt Dresden. Er heiratete 1916 Gertrud Hantke (1891 – 1947). Sie hatten drei Kinder, Helmut (1919 – 2006), Heinz und Gerda. 1937 übernahm die Familie das → *Bad* in Loschwitz, das die Fischerfamilie → *Höhle* an die Stadt verkauft hatte, und betrieb es bis 1948.

Helmut Weser erlernte ebenfalls den Beruf des Fischers und legte 1942 die Meisterprüfung ab. Im gleichen Jahr heiratete er Irene geb. Oehmigen aus Leipzig (1920 – 1989). Im September 1945 wurde er selbstständiger Fischer mit der Verantwortung für die »Gemeinschaft sächsi-

Helmut Weser *Foto: privat*

scher Elbfähren«. Er zog mit seiner Familie in den Veilchenweg 28, wo er bis 1991 wohnte.

1946 kam es zu Gründung der Sächsischen Fischerei-Zentralgenossenschaft, in der Helmut Weser als Vertreter der Berufsfischer mitwirkte. Von 1953 bis 1960 war er Vorsitzender des Verbandes der Fischwirtschaftsgenossenschaft im Bezirk Dresden. 1961 gründete er auf Weisung des Rates des Bezirkes den dritten volkseigenen Binnenfischereibetrieb, den er 13 Jahre mit Erfolg leitete. 1964 kam es zur Gründung der »VVB Binnenfischerei«, der er als Direktor bis 1983 vorstand. Im Rentenalter arbeitete er bis 1990 als Leiter im Kooperationsverband »dresden fisch« und war 1990 Gründungsmitglied des »Sächsischen Landesfischereiverbandes«. **Gabriele Weser**

Quellen: 726, 763

Ladengeschäft, 1975 *Foto: Slg. Zschornak*

Fischhandlung Zschornak

Körnerplatz 7

Georg Zschornak (1914 – 1984) eröffnete 1950 in Loschwitz am Körnerplatz 7 ein Fisch- und Feinkostgeschäft in den Räumlichkeiten des seit 1935 bestehenden Fischspezialitätengeschäftes von Barbara Groß. 1968 konnte Zschornak seine Verkaufsfläche von 60 auf 164 Quadratmeter vergrößern, indem er den benachbarten Eckladen am Zugang zur Talstation der Standseilbahn übernahm. Hier befand sich bereits seit 1896, als der Neubau fertig gestellt war, eine Filiale der Schokoladen- und Zuckerfabrik von Richard Selbmann, dessen Inhaberin unterdessen Barbara Römer geworden war. Nun konnte Zschornak auch sein Angebot an Getränken noch erweitern.

Der Sohn des Ehepaares Zschornak, Christian (* 1949), erlernte im Laden des Vaters den Beruf des Lebensmittelfachverkäufers. Konsequent strebte er die Nachfolge der Leitung der Firma an. Dazu war eine erfolgreiche Prüfung zum Verkaufsstellenleiter mit dem Abschluss als Einzelhandelskaufmann erforderlich. Nach zwei Jahren berufspraktischer Arbeit beantragte er die Gewerbeerlaubnis. Nachdem er diese 1975 erhalten hatte, konnte er im gleichen Jahr die Fischhandlung vom Vater übernehmen. Indem er an die Tradition seines Vaters anknüpfte, konnte der gute Ruf erhalten werden. Er heiratete 1981 Maria Bönich (* 1961).

Christian Zschornak führte zu DDR-Zeiten stets mehrere Sorten Fisch und ein umfangreiches Sortiment an Salaten. Es gab Wochen, da verkaufte er bis zu 1000! Kilo seiner schmackhaften Salatkreationen.

Zur Behebung von ständigen Versorgungsmängeln pachtete er Gewässer im nahen Dorf Weißig. Karpfen, Aale und Forellen gelangten so direkt als Frischfisch auf die Verkaufstheke. Mit täglich frischer Räucherware aus einer eigenen Räucherei komplettierte er das Angebot.

Das Geschäft lief auch nach dem politischen Umbruch 1989 erfolgreich. Christian Zschornak übernahm Oktober 1991 zusätzlich die ehemalige HO-Fischverkaufsstelle Borsbergstraße 21 in Dresden-Striesen.

Als 1992 dem Alteigentümer die Immobilie Körnerplatz 7 zurückübertragen wurde und folglich die geforderte Ladenmiete kräftig anstieg, zog er die Konsequenz und schloss Ende Mai 1992 sein Loschwitzer Geschäft.

Seine langjährigen Mitarbeiterinnen, die Verkäuferinnen Roselotte Rosig geb. Schlutter (1930 – 2013) von 1971 bis 1994 und Monika Wendt geb. Neumann (* 1946), bekannt als Fisch-Moni, mit Unterbrechungen von 1974 bis 2012, wechselten vom Geschäft am Körnerplatz nach der Borsbergstraße. Das Fisch- und Spezialitätenhaus in der Borsbergstraße wurde 1995 noch mit einer Fischgrillbar, einem Bistro im maritimen Ambiente und 2002 mit einer Filiale in der Pfotenhauerstraße 7 erweitert.

Nachfolgend, auch mit zwischenzeitlichem Leerstand, befanden sich in diesen Geschäftsräumen ein vietnamesischer Gemüsehandel, der Drogeriemarkt Rossmann und ab 2001 Conform (→ *Kunsthandwerk*) mit Angeboten vorwiegend afrikanischen Kunsthandwerks.

Ute Häse

Quellen: 441, 527, 724

Die Verkäuferin Roselotte Rosig (79), erinnert sich: »Das Besondere an Zschornaks war, dass es frischen, meist lebendig angelieferten Fisch gab und dem Chef immer was Neues einfiel, diesen im Laden zu verkaufen. So gab es bald Roggenbutter, als einzigem Geschäft in Dresden Eibauer Biere und natürlich die beliebten Salate. Ich musste dafür die vielen Salatköpfe schneiden. Freitags war aber der schlimmste Tag, da gab es Gabelbissen. Die Leute standen bis zur Grundstraße und wehe, es reichte nicht. Und wenn dann doch mal Aal angeliefert wurde, waren es vielleicht sieben Kilo. Zwei Kilo gingen an die Belegschaft und fünf Kilo wurden portioniert, damit viele etwas bekamen. Im Handumdrehen war der Laden voll. Eine ehemalige Kundin erzählte mir erst neulich, dass sie einmal schon im Laden war, als Aal auf die Ladentheke kam und sich so schnell eine Schlange gebildet hatte, dass sie trotzdem nichts abbekam.«

Schaufenster, 1975 *Foto: Slg. Zschornak*

Roselotte Rosig und Monika Wendt, bekannt als »Fisch-Moni«, mit Georg Zschornak, 1975
Foto: Slg. Zschornak

Fleischereien

Frühestes gewerbliches Schlachten ist für Loschwitz durch Johann George Querner bezeugt, den Besitzer der Erbschänke (→ *Gaststätte* »Demnitz«) von 1735, der das Gewerbe nur für den Bedarf der Gästeküche ausüben durfte. Auch dessen Sohn, ebenfalls »Fleischhauer«, der das → *Gasthaus* »Zur Eule« innehatte, durfte nur für deren Bedarf schlachten. Die Erlaubnis dafür war demnach an den Gasthausbetrieb gebunden. Auch ein weiterer Loschwitzer, Heinrich Wieduwilt, 1756 Käufer vom Haus Körnerplatz 1, wird in den Urkunden als Fleischhauer genannt, da er vorher als Pachtschankwirt auf dem Weißen Hirsch tätig war.

Ihren Fleischbedarf hatten die Einwohner an den Dresdner Fleischbänken zu decken, von denen sich in der Innenstadt etwa 40 und 20 in der Neustadt befanden. Noch 1841/42 wird Johann Gottfried Lindner im Kaufkontrakt für das Grundstück Grundstraße 24, der späterhin lange bestehenden → *Fleischerei Lindner*, als »Bankschlächter in Dresden« bezeichnet. Die Gewerbefreiheit in Sachsen von 1861 beschränkte das alleinige Schlachtprivileg der Fleischerinnung

Fleischereien in Loschwitz	
Jahr	Anzahl
1883	8
1900	6
1912	7
1921	6
1933	6
1943/44	5
1957/58	4
1975/76	4
1995	2
2014	2

und schließlich wurden 1869 die Dresdner Fleischbänke geschlossen. Es ist anzunehmen, dass die Familien von Ernst Max Lindner, Grundstraße 24, und von Robert August Wünscher im Vorgängerhaus von Körnerplatz 2 zu den ersten Loschwitzer Fleischereien zählten.

Mit der Erteilung einer Schlachterlaubnis war stets eine amtlich verordnete Fleischbeschau verbunden. Diese regelte nach vorher bestehenden Vorschriften das Reichsnahrungsmittelgesetz von 1879. So sind auch für Loschwitz tierärztlich beglaubigte Fleischbeschauer tätig gewesen, bis nach der Eingemeindung das städtische Veterinäramt verantwortlich zeichnete. In neuerer Zeit ist die Schlachttier- und Fleischüberwachung europaweit durch die EG-Verordnung vom 29. April 2004 geregelt.

Außer den unten genannten Fleischereien gab es noch weitere, die länger als zehn Jahre in Loschwitz ihr Geschäft hatten. In der Friedrich-Wieck-Straße 21 gab es ab spätestens 1874 eine Fleischerei. In diesem Jahr wurde hier das Schlachthaus für Fleischermeister Wilhelm Richter (1837 – 1901) gebaut, der seine Fleischerei bis zu seinem Tod betrieb. Ihm folgte die Fleischerei von Max Rietschel (1875 – 1945), die er 1905 in die Dammstraße 1 verlegte. In der Friedrich-Wieck-Straße 21 eröffnete im gleichen Jahr das Geschäft des Fleischermeisters Bruno Stelzer (1879 – 1920). Nach dessen Tod wurde es von seiner Witwe Marie geb. Schramm (1885 – 1971) weitergeführt, die 1922 den Fleischermeister Ernst Heldner (1886 – ?) heiratete. Nach der Scheidung führte Marie Heldner das Geschäft von 1931 noch etwa 15 Jahre weiter.

Hingewiesen werden soll noch auf die Fleischerei in der Grundstraße 72 (heute abgerissen). Fleischermeister Friedrich August Fuß betrieb darin bis etwa 1885 eine Fleischerei mit Verkauf. Sein Nachfolger wurde August Wünscher (1850 – 1899), der jetzt hier sein Schlachthaus bekam und in einem infolge des Brückenbaus abgerissenen Haus am heutigen Körnerplatz schon seit längerer Zeit seinen Verkauf hatte. Nach dem Abriss hatte er sein Geschäft bis zu seinem Tod im neu erbauten Haus Körnerplatz 11. Sein Nachfolger in der Grundstraße 72 wurde 1898 Ernst Buchmann, der hier seine Fleischerei und auch seinen Verkaufsladen bis etwa 1935 betrieb.

Schließlich gab es in der Grundstraße 37, in der → *Gaststätte* »Grundschänke«, noch die Fleischerei von Paul Herrmann (1876 – 1912). Ein Fleischverkauf des → *Konsum* befand sich von 1947 bis etwa 1981 in der Pillnitzer Landstraße 2. **Matthias Griebel, Otto-R. Wenzel**

Quellen: 39, 1000

Fleischerei Lindner/Richter
Grundstraße 24
Der Dresdner Bankschlächter Johann Gottfried Lindner, Häusler und Weinbergbesitzer, erwarb im November 1842 das schon 1668 genannte Anwesen Grundstraße 24 für 1.200 Thaler aus dem Erbe des Johann Samuel Roßig (1801 – 1841). Lindner stand damit am Anfang einer 144-jährigen Familientradition im Fleischerhandwerk, die bis 1985 währte. 1854 erbte seine Frau das Grundstück und im Oktober 1872 übernahm es der Sohn, Fleischermeister Friedrich August Maximilian Lindner (1845 – 1919), verheiratet mit Auguste Wilhelmine geb. Grünberg (1851 – 1889), für 3.000 Thaler. Bereits zehn Jahre später betrieb ein Verwandter von Friedrich August Maximilian Lindner, der Fleischermeister Emil Max Lindner, die Fleischerei auf der Grundstraße und eine Filiale im → *Gasthof Demnitz*, heute Friedrich-Wieck-Straße 18. Er wohnte auf der Grundstraße 24.

Friedrich August Maximilian Lindner verkaufte im März 1893 die noch ihm gehörende Fleischerei für 15.000 Mark seinem einzigen Sohn, dem Fleischermeister Oskar Johannes Max Lindner (1870 – 1937). Dieser betrieb das Gewerbe mit seiner eben erst angetrauten Ehefrau Hedwig Emma geb. Höhle (1871 – 1943). Sie eröffneten um 1895 eine Filiale am Körnerplatz 10, die jedoch wegen Neubau des Hauses nach Körnerplatz 13 verlegt wurde und noch bis etwa bis 1916 bestand.

Fleischerei Lindner am Körnerplatz, um 1895 Foto: Artur Größel, Slg. Ute Häse

Oskar und Emma Lindner mit ihrem zweiten Kind, Sohn Johannes Albert Foto: Slg. Ute Häse

Um 1920 wurde der Loschwitzbach, die »Trille«, unter die Straße verlegt, wodurch die einstigen Brücken zu den rechtsseitigen Grundstücken und damit auch zu Lindners verschwanden.

Nachdem Familie Lindner das Geschäft durch die schwierigen Zeiten des Ersten Weltkriegs (mit Lebensmittelkarten) und der Inflation geführt hatte, übernahm es um 1935 der bereits mit seinem Vater gemeinsam hier tätige Sohn Friedrich Willy Karl (1898 – 1991?). Er betrieb fortan das Geschäft mit seiner im gleichen Jahr geborenen Ehefrau, Marie Anna geb. Gabriel. In einem Nebengebäude schlachteten sie das Vieh und verarbeiteten das Fleisch. Auch diese Familie überstand die schwierigen Zeiten des Zweiten Weltkrieges sowie die Nachkriegsjahre. Fleisch- und Wurstwaren durften bis 1958 nur auf Lebensmittelkarten abgegeben werden. Anfang der 1960er Jahre fand nochmals eine Rationierung statt.

1958 stand abermals ein Inhaberwechsel an. Der Sohn, Fleischermeister Oskar Johannes Fritz Lindner (* 1920), und dessen Ehefrau Johanna Elfriede geb. Jungmann (* 1925) übernahmen die Fleischerei. Das Vieh schlachtete Fritz Lindner nicht mehr vor Ort, die Tierhälften lieferte der Schlachthof. Das Haus blieb weiterhin im Besitz des Vaters. Als Rentner bewohnte Willy Lindner das Auszugshaus. Sein Hobby blieb bis ins hohe Alter die Taubenzucht.

Das Ehepaar Fritz und Elfriede Lindner musste mit der Mangelwirtschaft in der DDR zurechtkommen. Um den Wochenendbedarf einigermaßen gewährleisten zu können, begann der Fleischverkauf erst donnerstags. Allerdings gab es Ausnahmen für gute Kunden; für diese lag ein entsprechendes Päckchen mit Schinken, Salami oder sogar Lende unter dem Ladentisch bereit. Das nannte man »Bück-dich-Ware«. Als Spezialität von Fritz Lindner galten die nur für Weihnachten und Silvester hergestellten rohen schlesischen Bratwürste, deren Rezept er nie preisgegeben hat.

Hubert Richter und Fritz Lindner, 2006
Foto: Jürgen Frohse

Fritz Lindner entschloss sich, die Fleischerei zu seinem 65. Geburtstag (1985) aufzugeben und suchte einen Nachfolger. Durch eine Annonce in der Zeitung fand er Hubert Richter (* 1956 in Radeberg) mit seiner Frau Evelyn (* 1959 in Radebeul). Am 12. März 1986 pachteten Richters die Fleischerei und konnten im August 1986 das 1050 m^2 große Grundstück mit den sanierungsbedürftigen Gebäuden für 8.470 Mark der DDR erwerben. Fritz Lindner, nun als Angestellter, half noch bis Ostern 1988 mit. 1998 verkauften Richters einen Teil des Grundstücks. Auf 300 m^2 steiler Hanglage wird heute wieder wie einst Wein angebaut.

Mit Hilfe neuer Verarbeitungsmaschinen konnten Richters die Produktion wesentlich steigern. Die Sanierung der Gebäude gelang jedoch erst ab 1990. Ein Partyservice und eine 1994 eingerichtete Imbissstube erweiterten das Angebot. Während der umfangreichen Bauarbeiten auf der Grundstraße (Bachsanierung) zwischen 1996 bis 2000 kam das Geschäft wegen Kundenmangels fast zum Erliegen. Nach den Bauarbeiten konnte sich der Umsatz wieder stabilisieren.

Am 31. Dezember 2014 wurde die Fleischerei aufgegeben. **Ute Häse**

Quellen: 39, 724, 895, 1000

Ladengeschaft der Fleischerei Müller, Rißweg 62, 2013 *Foto: Siegfried Großmann*

Fleischerei Müller
Rißweg 62

Auf seinem Grundstück Rißweg 62 ließ 1875 der Fleischermeister Richard May ein Wohnhaus mit Verkaufsladen und ein Schlachthaus errichten. Im folgenden Jahr konnte er hier seine Fleischerei eröffnen. Nach dessen Tod 1918 erbte das Anwesen sein Sohn Paul May, der die Fleischerei bis 1940 weiterführte.

Der aus Leipzig stammende Rudolf Müller (1905 – 1945) erwarb 1940 die Fleischerei. Nachdem Müller als Soldat im Zweiten Weltkrieg gefallen war, führte seine Frau Helene das Geschäft weiter. Dazu gewann sie den Fleischermeister Rudolf Tietze (1907 – 1984) als Mitarbeiter, den sie später auch heiratete. Zusammen bewirtschafteten sie das Geschäft bis 1969. Anschließend übernahm ihr ältester Sohn Siegfried (1930 – 1979) die Fleischerei. Bis zu diesem Zeitpunkt hatte Siegfried Müller bereits eine Fleischerei in Dresden-Löbtau geführt. Gemeinsam mit seiner Ehefrau Christa (1935 – 2008) betrieb er das Geschäft bis 1979. Nach dem Tod des Ehemannes bewirtschaftete seine Witwe die Fleischerei noch bis zum 31. Juli 1980.

Der Sohn von Christa und Siegfried Müller, Jürgen (* 1956), hatte ebenfalls das Fleischerhandwerk erlernt und nach Lehre und Armeedienst im Fleischkombinat Dresden gearbeitet. Dieser Betrieb delegierte ihn 1976 zum dreijährigen Studium an die Ingenieurschule für Fleischwirtschaft Oranienburg. Dort lernte er seine spätere Ehefrau Marina Schäfer (* 1957) kennen, die ebenfalls von 1975 bis 1978 das Studienfach Fleischwirtschaft belegt hatte. Nach dem Studium sind die Müllers zunächst in das Fleischkombinat zurückgekehrt und arbeiteten als Abteilungsleiter bzw. Technologin.

Um den weiteren Bestand der Fleischerei am Rißweg 62 zu ermöglichen, übernahm am 1. August 1980 Jürgen Müller gemeinsam mit seiner Ehefrau Marina in der dritten Generation

Christa und Siegfried Müller mit Sohn Jürgen, um 1961 *Foto: Slg. Müller*

Familie Müller, v. l. n. r.: Marina, Ehemann Jürgen, Tochter Kristin mit Ehemann Steffan und Tochter *Foto: Siegfried Großmann*

das Unternehmen. Das Geschäft wurde nun modernisiert und konnte schon nach drei Monaten wieder eröffnet werden. Die Ehefrau Marina musste trotz Studium der Fleischwirtschaft den Facharbeiterbrief als Verkäuferin erwerben. 1980 kam Tochter Kristin zur Welt. Jürgen Müller unterrichtet seit 1983 zusätzlich an der Meisterschule, wo er schließlich 1999 selbst seine Handwerksmeisterprüfung ablegte. Er ist seit 1982 Vorsitzender des Vorstandes der Fleischergenossenschaft. Neben der Lehrlingsausbildung gibt er sein umfangreiches Wissen auch an Praktikanten aus Chicago, Florida und Japan weiter. Als besondere Anerkennung erhielt die Fleischerei Müller erstmalig 1990, danach noch mehrfach das Gütezeichen für ausgezeichnete Qualität der CMA (Zentrale Marketing Agentur) verliehen. Nach dem politischen Umbruch 1990 wurde eine umfassende Modernisierung mit einer Erweiterung des Geschäftes notwendig. 1992 konnte Müller mit seinen Mitarbeitern die Wiedereröffnung feiern. Gleichzeitig wurde das Unternehmen mit einem Mittagstisch und einem Catering erweitert. 1998 kam noch eine Filiale am Ullersdorfer Patz hinzu. Wegen seines vielseitigen Engagements, so durch Vertretungen des Fleischerhandwerks im In- und Ausland, wurde Jürgen Müller 1999 zum Obermeister der Fleischerinnung von Dresden gewählt. Seit 1995 organisiert er auch jährlich das beliebte Straßenfest auf dem Rißweg, das inzwischen zu einer schönen Tradition geworden ist. Die Tochter Kristin Müller, verehelicht mit Steffan Müller geb. Blum, ist auf dem besten Weg, die Familientradition fortzusetzen. Kristin konnte bereits als bester Lehrling ihre Lehre abschließen und wurde 2001 Bundessiegerin der Fleischereiverkäuferinnen Deutschlands; sie arbeitet mit im Geschäft ihrer Eltern. **Ute Häse**

Quellen: 724, 1000

Fleischerei Martin

Körnerplatz 9

Bereits seit dem Bau des Hauses 1894 befand sich in der Ladenzone der Fleischerladen von Heinrich Jentsch (1869–1930). Eine Toreinfahrt führte auf den Hof, wo sich die Schlachträume befanden. Nach dem Tod seiner Frau Emma geb. Exner (1872–1922) zog der spätere Fleischermeister Walter Riemer in das Haus Körnerplatz 9 und half in der Fleischerei. Um 1928 begab sich Heinrich Jentsch in den vorzeitigen Ruhestand und Fleischermeister Ernst Bomsdorf übernahm Fleischerei und Ladengeschäft. Im Todesjahr von Fleischermeister Jentsch kaufte Charlotte Riemer, die Ehefrau Walter Riemers, Haus und Grundstück. Aber schon nach wenigen Monaten beendete Riemer seine Arbeit in der hiesigen Fleischerei und das Ehepaar zog nach Dresden-Pieschen.

Im April 1935 erwarb Fleischermeister Johannes Martin Haus und Grundstück. Dieser war als Sohn des Fleischermeisters Carl Martin am 30. November 1905 in Kleinwelka bei Bautzen geboren, erlernte das väterliche Gewerbe beim Meister Haubold in Bautzen, wurde dessen Altgeselle und legte die Meisterprüfung ab. Die ebenfalls bei Haubold tätige Fachverkäuferin Charlotte Döring, geb. am 10. November 1912 in Niederoderwitz, heiratete Martin 1932, machte sich selbstständig und verzog nach Dresden. Hier eröffnete das Ehepaar um 1933 seine eigene Fleischerei als Mieter auf der Görlitzer Straße 5, bevor es sich zu einem Eigentumserwerb in Loschwitz entschied.

Das Wohn- und Geschäftshaus Körnerplatz 9 mit zwei Ladengeschäften (Fleisch- und Wurstwaren sowie Molkereierzeugnisse) hatte drei Wohnetagen. Die erste bewohnte nun die Familie Martin, deren Kinder Günter und Christa 1935 und 1939 geboren wurden.

Die Gewerberäume im Hof wurden zu dieser Zeit nicht mehr als Schlachthaus genutzt, da die Schlachthälften vom Städtischen Schlachthof bezogen wurden. Sie dienten als Produktionsstätte, wo dem Meister zwei Gesellen und ein Lehrling zur Hand gingen. Hier erfolgten die vielfältigen Arbeitsgänge zur Fleischportionierung sowie der Wurst- und Schinkenherstellung für den Verkauf. Auch Kühlhaus und Räucherkammer waren vorhanden. Neben dem Ladenverkauf waren größere Abnehmer wie die → *Gaststätten Luisenhof*, *Hotel Demnitz* oder *Körnergarten* zu beliefern. Das erfolgte bald mit dem eigenen Dreiradauto, während zuvor der Geselle die Kunden mit dem Lieferfahrrad aufgesucht hatte.

Schwierig gestaltete sich der Geschäftsgang durch die Lebensmittelrationierung im Zweiten Weltkrieg, zu welchem auch Meister Martin

Johannes Martin im Geschäft

Familie Martin, 1953 *Fotos (3): Slg. G. Martin*

1942 eingezogen wurde. Bald blieb seiner Frau nichts anderes übrig, als den Laden vorübergehend zu schließen und anderwärts als Verkäuferin zu arbeiten.

Die Militärzeit überstand Johannes Martin als »Feldschlächter« in Jugoslawien, kam nach kurzer Internierung zurück nach Loschwitz und konnte sein Gewerbe wieder ausüben. Nun wurden ihm seitens der sowjetischen Kommandantur auch wieder Schlachtungen befohlen: Von den Russen requirierte Rinder und Schweine, auch erlegtes Wild, waren ausschließlich zu einer Art ihnen vertrauter Dauerwurst zu verarbeiten.

Auch Charlotte Martin hatte enorme Belastungen zu ertragen. Neben Familie und Ladenbetrieb mit komplizierten und von der Obrigkeit stets beargwöhnten Abrechnungen musste sie bis spät in den Abend – und das oft bei Stromsperre – die Fleischmarken-Abschnitte auf riesige Papierbögen aufkleben. Diese unterlagen amtlicher Kontrolle und galten als Dokument

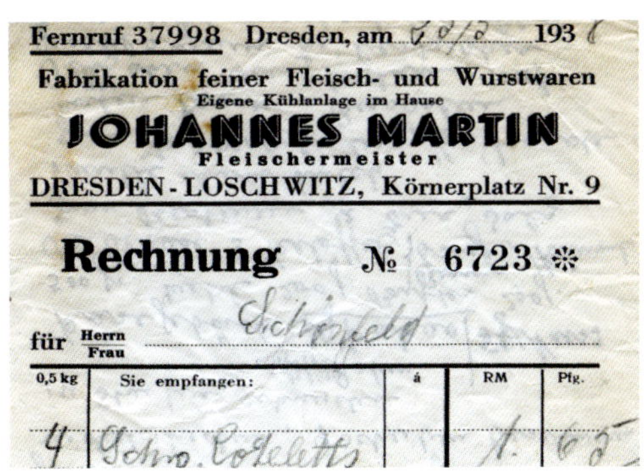

Fernruf 37998 Dresden, am 193

Fabrikation feiner Fleisch- und Wurstwaren

Eigene Kühlanlage im Hause

JOHANNES MARTIN

Fleischermeister

DRESDEN-LOSCHWITZ, Körnerplatz Nr. 9

Rechnung № 6723

für Herrn/Frau

0,5 kg	Sie empfangen:	á	RM	Pfg.

Rechnung, 1938

Charlotte Martin mit Verkäuferinnen

für weitere Fleischzuteilungen. Das Angebot verbesserte sich, als Fleischermeister Martin mit der staatlichen Handelsorganisation der DDR (→ *HO*) einen »Kommissionsvertrag« abschloss, wodurch der Laden nun auch als HO-Verkaufsstelle firmierte. Dennoch behielt die Fleischerei ihr Renommee und konnte in dieser Zeit sogar um das nebenan liegende ehemalige Molkereigeschäft erweitert werden.

Unter Führung der Meisterin bedienten ständig bis zu fünf Verkäuferinnen sowie Auszubildende die Kundschaft zur vollsten Zufriedenheit. Dennoch erschwerten verschärfte Hygienebestimmungen, Kontrollen und bürokratische Maßregelungen den Geschäftsleuten ihren Einsatz zur Versorgung der Bevölkerung. Daher entschloss sich Johannes Martin 1972, zumal er schon im Rentenalter stand, zur völligen Übergabe an die HO. Diese stellte ihn sogar als Verkaufsstellenleiter an und übernahm das versierte Personal. Die Belieferung erfolgte nun überwiegend mit Fertigware; die Produktionsräume wurden nur noch zu Veredlungszwecken und Lagerung genutzt. Johannes Martin verstarb am 12. März 1979. Das Haus Körnerplatz 9 wurde von der Kommunalen Wohnungsverwaltung (KWV) der Stadt Dresden übernommen.

Auch als durch die HO neue Geschäftsführer (Lehmann, Fellmann) eingesetzt wurden, führte Charlotte Martin mit gewohnter Umsicht alle Obliegenheiten im Ladengeschäft fort. Daher gingen die Kunden trotz langjährigem HO-Status immer noch und gern »zu Martins« einkaufen.

Charlotte Martin starb am 7. Juli 1999 und ruht ebenfalls im Familiengrab auf dem Loschwitzer → *Friedhof*.

Bleibt noch anzumerken, dass nach dem politischen Umbruch die Verkaufsstelle, nunmehr mit einem Schnellimbiss aufgepeppt, noch einige Zeit existierte. Den Schlusspunkt bildete dann 2005 der kurzzeitige »Körner-Treff« eines privaten Betreibers, der sinnigerweise mit einem »Hartz IV-Frühstück« warb.

Matthias Griebel

Quellen: 39, 726, 1000

F. & O. Brockmann, Dampffähre vor der Silhouette von Loschwitz, 1863 *Slg. E. Münzner*

Fotografen

Früheste Fotografien von Loschwitz, festgehalten von August → *Kotzsch*, datieren ab 1861. Der Ausflugsort wurde in dieser Zeit auch für Dresdner Fotografen interessant, ließen sich doch die romantischen Motive als Ansichtskarten, Leporellos oder Bildmappen verkaufen. Die Stadt- und Landschaftsaufnahmen erstellende Firma »F. & O. Brockmann« fotografierte 1863 die Dampffähre in Blasewitz vor der Silhouette von Loschwitz. Hermann Krone (1827 – 1916, → *K2*), der bedeutendste Dresdner Fotograf in den Anfangsjahren der Fotografie, nahm um 1865 den oberen und unteren Burgberg und die Brettschneidemühle im Loschwitzgrund auf. Von *Emil → Römmler* existieren bemerkenswerte Aufnahmen von Loschwitz um 1875.

Die aus Dresden kommenden Ausflügler fanden nach 1890 am Weg von der Fähre ins Dorf in einem kleinen Holzhäuschen vor dem Fährhaus das Atelier »Schnell-Photographie Kießling«. Hier konnten die auf die Fähre Wartenden ein Porträt erstellen lassen oder Loschwitzer Motive als Ansichtskarten erwerben. Geschäftsinhaberin war Karoline Kießling, die ab 1898 im Seitengebäude des → *Fährgutes* und ab 1902 Friedrich-Wieck-Straße 16 wohnte. Um 1905 verzog sie nach Dresden, heiratete wenig später und führte ihr Loschwitzer »Photographie-Atelier« unter ihrem neuen Namen Karoline Wehner noch bis etwa 1920 weiter.

Mit James Aurig (1857 – 1935, → *K2*) und Hermann Kotzsch (1873 – 1933, → *K2*) gab es um die Jahrhundertwende gute Porträtfotografen in Blasewitz, wohin sich auch die Loschwitzer wandten. 1919 eröffnete *Franz → Gaudernack* sein Atelier im Gartenhaus Pillnitzer Landstraße 8.

Nur als Wohnsitz nutzte der »Kaiserliche und königliche Hof- und Kammerphotograph« Ernst J. Müller, der sein Atelier in Reichenbach (Liberec) betrieb, das Haus Kügelgenstraße 10 von 1902 bis 1921.

Der Kaufmann, Bücherrevisor, Rechtskonsulent und Steuersyndikus Alfred Grössel (1874 – 1957), ab 1899 im Haus Grundstraße 40 gemeldet, betätigte sich zeitweise auch als

Foto eines Unbekannten, vermutlich Aufnahme aus der »Schnell-Photographie« der Karoline Kießling/Wehner am Loschwitzer Elbufer.
Foto: Slg. Matthias Griebel

Der Rietschelweg mit Werbung für den Herrenausstatter Reinhardt Müller und eine Soiree im Park-Hotel am Zaun (rechts), um 1895
Foto: Slg. Butze

Fotograf mit der »Specialität Freilicht-Gruppenaufnahmen«. Ab 1926 hatte er Geschäftsräume im Haus Friedrich-Wieck-Straße 4. Im gleichen Haus betrieb um 1940 der Fotograf Karl Seyfert (1878–?) eine »Lichtbildnerei«, nachdem er sich 1927 in einer Anzeige auf der Grundstraße 2 empfohlen hatte. Er wohnte seit etwa 1917 im Haus Körnerweg 4 und ab etwa 1922 im Haus Veilchenweg 25. Die Architekturfotografin *Else* → *Seifert* fand 1937 Wohnung und Atelier im Haus Schillerstraße 17.

Dresden vor und nach dem Inferno 1945 zeigte der Fotograf Kurt Schaarschuch (1905–1955, → *K2*), bis 1952 Schevenstraße 59 wohnend, im vielbeachteten Buch »Bilddokument Dresden 1933–1945«. Nach der Zerstörung ihrer Ateliers fanden die Fotografinnen *Käte* → *Basarke* im Haus Plattleite 9 und *Hildegard* → *Jäckel* auf der Plattleite 25 neue Arbeitsräume. Das Fotografenpaar Christine (1921–1955, → *K2*)

Der Alligator auf der Veranda

Alfred Grössel fotografierte um 1913 Georg Gerlach, der eine Zucht seltener Tiere – Reptilien, Vögel, Fische – auf der Grundstraße 40 in Loschwitz betrieb.

»Georg Gerlach [* 1880 in Leipzig] fand schon in frühen Kindertagen seine große Liebe zu Tieren, da sein Vater ein anerkannter Vogelzüchter war. Mit 18 Jahren hatte er bereits einen Ruf als Molchzüchter (meiner Kenntnis nach züchtete er später auch einen molchi gerlachii) und berichtete in Fachblättern über seine Erfahrungen und Erfolge bei der Aufzucht seiner vielen verschiedenen Tiere. Sein besonderes Spezialgebiet waren die Molche und so wimmelten in 50 kleinen und großen Glasbecken Molche aller Art. Der Schwertschwanzmolch (Cynops ensicauda) von den südjapanischen Inseln wurde von ihm erstmalig in Europa gezüchtet. Seit 1930 laichte dieser regelmäßig.

Georg Gerlach pflegte neben wertvollen Tropenfischen, Seepferdchen, Lurchen, Molchen, Feuersalamandern, Spinnen, Schildkröten z. B. auch einen Mississippi-Alligator, der sehr zahm war. Seine Länge erreichte nach etwa 15 Jahren stolze 1,15 Meter. Bei ihm und seiner Ehefrau Meta, die seine Tierliebe mit Interesse und Verständnis für seine Neigung teilte, lebten auch 45 Jahre lang ein Papagei (Lora), zwei kleine zwerghafte Pinselohräffchen (brasilianische Marmosetäffchen) und jahrelang ein wunderschöner

Alfred Grössel, Familie Gerlach in ihrer Wohnung Grundstraße 40, um 1915 Slg. Ute Gerlach

russischer Windhund. [...] 1913 zog er mit seiner Familie auf die Grundstraße 40 nach Loschwitz. [...] Mit peinlicher Sauberkeit – die ihm von Mitarbeitern des Dresdener Zoos sowie von anderen Experten bescheinigt wurde – versorgte

Fotografenstempel von Alfred Grössel
Archiv Ortsverein Loschwitz-Wachwitz

er in vorbildlicher Form die – ihren natürlichen Lebensgewohnheiten angepassten – Tiere.

Er opferte – auch in Jahren der Arbeitslosigkeit – buchstäblich seine letzten Pfennige für seine Tiere. Das Tierfutter züchtete er zum Großteil selbst, es galt aber auch, viel Futter zu erwerben. Besonders hart war der extrem kalte Winter 1928/29. Das Heizen der im Erdgeschoss des Hauses gelegenen Veranda mit den vielen Aquarien und Terrarien und deren Heizungs- und Leuchtanlagen verschlang eine Unmenge Kohle. Aber er konnte alle Tiere und wertvollen Pflanzen (er war auch u. a. Orchideen- und Bromelienzüchter) in das nächste Frühjahr retten. [...]

Vor und während der Kriegsjahre zog er sich immer mehr zurück, behielt aber einen großen Teil seiner Tiere. Er konnte sich nur ganz selten und schweren Herzens von seinen Pfleglingen trennen.

So fiel es ihm – wenige Wochen vor seinem Tod – unsäglich schwer, seine beiden Pinselohräffchen zu verlieren. Auch zu einer – eigentlich dringend notwendigen – Trennung von seinem Alligator konnte er sich nicht entschließen.

Am 31. März 1942, nach einem Sturz auf dem vereisten Blauen Wunder und einer dabei zugezogenen Gehirnerschütterung, die von ihm nicht entsprechend beachtet wurde, verstarb Georg Gerlach in der Grundstraße 40.«

Zitat: Gerlach, Isa und Uta; Der Alligator auf der Veranda; in: EHK 2/2011

und Pan Walther (1921–1987, → *K1*) gründete 1945 ein Atelier in der Pillnitzer Landstraße 29 (→ *Bauchsches Haus*), das beide bis zu ihrer Übersiedlung 1951 nach Münster betrieben. Ein Lehrling des Ateliers, Evelyn Richter (* 1930, → *K2*), wurde eine bedeutende Fotografin der Leipziger Schule. Das 1949 von *Margarete → Schumann* im Haus Friedrich-Wieck-Straße 4 gegründete Fotogeschäft und -studio existiert, fortgeführt von der Enkelin Ines Möbius, auf der Schillerstraße 3 bis heute. In den 1950er Jahren fand Willy Pritsche (1911–1997, → *K1*), ausgebildet in der Kunstanstalt Stengel & Co. und seit 1935 mit Gewerbegenehmigung, Wohnung und Arbeitsräume im Haus Sierksstraße 17 im → *Ortsteil Schöne Aussicht*. Zu seinen bedeutendsten Veröffentlichungen zählen die Bildbände »Dresden« (1959), »Die Sächsische Schweiz« (1963), »Der Zwinger« (1976) und

Anzeige, 1927 *Kirchgemeindeblatt*

»Von Dresden nach Dresden« (1991). Seine Fotografien waren 1991 im → *Leonhardi-Museum* und 2001, nach seinem Tod, im Dresdner Stadtmuseum zu sehen.

Der von 1969 bis 1990 für den Allgemeinen Deutschen Nachrichtendienst (ADN-ZB) und von 1990 bis 2005 für die Redaktion von BILD arbeitende Diplomfotograf Ulrich Häßler (* 1943) wohnte seit 1967 auf der Wolfshügelstraße 30 und zog 1990 zum Kotzschweg 29. In seinem 2009 erschienenen Buch »Rote Brause« konnte er etwa 700 seiner Fotografien zeigen.

Wolfgang Nützenadel (* 1942, → *K2*) dokumentierte im Auftrag der Denkmalpflege in der Mitte der 1980er Jahre Dresdner Dorfkerne. In Loschwitz, seinem damaligen Wohnsitz, entstanden Aufnahmen von allen denkmalgeschützten Häusern, aber auch Straßenszenen. Vorwiegend für die Werbung arbeitete der Fotografiker Volkmar Sebb (1942–2012, → *K2*). Matthias Neumann (1944–2008), ein Kameramann aus Blasewitz, fotografierte vor seiner Ausreise 1984 »Dresden – Im Schatten des Blauen Wunders«, woraus 1989 ein Bildband entstand.

Mit Einzelausstellungen im Leonhardi-Museum wurden 1996 Matthias Blumhagen (* 1951, → *K2*) und 2004 Werner Lieberknecht (* 1961, → *K2*) gewürdigt. Luc Saalfeld (Til Heitmann, * 1975, → *K2*), von 1997 bis 2004 auf der Malerstraße 9 wohnend, zeigte 2012 Fotografien im → *Kunstverein* Alte Feuerwache Loschwitz, 2013 in der Galerie Grafikladen auf dem Weißen Hirsch und 2014 in einer Gemeinschaftsausstellung im Leonhardi-Museum.

Der freischaffende Fotograf Rainer Böhme (* 1969, → *K2*) betreibt seit 2002 die fotografische Sammlung mit Galerie MUSEANUM im Haus Grundstraße 17. Als Autodidakt kam Mario Niese (* 1965), im Haus Friedrich-Wieck-Straße 20 wohnend, zur Fotografie. Die Ausstellung »People« wurde 2004 in der Dresdner Galerie »art + form« gezeigt. Die Veränderungen im Sanierungsgebiet Loschwitz dokumentierte zwischen 1994 und 2009 im Auftrag des damaligen Stadterneuerungsamtes der Mitherausgeber und Redakteur des Elbhang-Kuriers Jürgen Frohse (* 1962). Zu der von ihm konzipierten und vom Stadtplanungsamt Dresden 2010 im Ortsamtsgebäude Loschwitz gezeigten Ausstellung erschien die Broschüre »Loschwitz im Umbruch«. In den 1990er Jahren existierte ein »O.K.-Foto-Labor-Shop« im Haus Körnerplatz 7. 2008 eröffnete Roland Gladasch (* 1953) Körnerplatz 8 ein Studio; 2011 zog er in seine neuen Räume in Dresden-Blasewitz.

Jürgen Frohse

Quellen: 376, 562, 564, 639, 640

Fotografen in Loschwitz

In den Loschwitzer Adressbüchern (bis 1921) sind Fotografen nur vereinzelt als eigenes Gewerbe verzeichnet. Einige der in den folgenden Beiträgen genannten Fotografen sind »Hobby-Fotografen« und arbeiten hauptamtlich in anderen Berufen. Deshalb wird an dieser Stelle auf eine Jahresstatistik verzichtet.

Matthias Blumhagen, Blick aus dem Fenster auf das Haus Körnerplatz 6, 1987

Basarke, Käte
Fotografin (1902–1979)
»Vater Bruno Richard Basarke, Ingenieur – der Persönlichkeit nach bekannt, wohnhaft in Benrath, evangelischer Religion, zeigte an, daß von der gewerbslosen Johanna Olga Basarke geborene Freiheit, seiner Ehefrau, evangelischer Religion, wohnhaft bei ihm zu Benrath in seiner Wohnung am 27. Oktober des Jahres 1902 (16 Uhr 30) ein Kind geboren worden sei und daß das Kind die Vornamen Katharina Bertha Johanna erhalten habe.«[1]

Die Geburtsurkunde der bei vielen Dresdner Künstlern bekannten Fotografin Käte Basarke (→ *K2)* ist eines der wenigen authentischen Dokumente, das nach langer Suche gefunden werden konnte. Nachdem ihr Dresdner Atelier und ihre Wohnung im Inferno 1945 zerstört wurden, verlor sich nach ihrem Tod auch der fotografische Nachlass. Ihr Leben lässt sich nur anhand von Erzählungen, Adressbüchern, zweier Zeitungsnotizen und weniger Dokumente grob rekonstruieren.

Katharina Bertha Johanna Basarke, genannt Käte, war das dritte Kind des aus Graudenz (heute Grudziądz/Polen) stammenden Vaters Bruno und seiner aus Benrath stammenden Frau Johanna Olga Basarke. Erich Basarke (1878–1941), ein bekannter Architekt in Chemnitz, war ihr Onkel. 1912 erschien Bruno Basarke erstmals mit einer Wohnung auf der Holbeinstraße 82 und einem Büro auf der Melanchthonstraße 6 im Adressbuch der Stadt Dresden, was die Vermutung nahe legt, dass er in Dresden Arbeit gefunden hatte und mit seiner Familie an die Elbe gezogen war. 1914 verlegte er sein Büro in Dresden-Altstadt auf die Grunaer Straße 15 und von 1915 bis 1929 wohnte er auf der Beilstraße 14 in Dresden-Gruna. Tochter Käte besuchte wahrscheinlich in Dresden die Altstädter Höhere Töchterschule und erlernte den Beruf des Fotografen – bei wem, ist nicht bekannt.

Im Adressbuch von 1930 findet sich erstmals neben der neuen Adresse des Vaters, Beilstraße 14, auch der Eintrag »Basarke, Käte, Lichtbildnerin« unter gleicher Anschrift. 1934 wird ihr Atelier im Haus Parkstraße 7 und ab 1936 in der »Prager Straße Nr. 30 Eg.« angegeben. Ihre Schwester, die Schauspielerin Gerda Basarke (geb. 1901), hatte am Schauspielhaus von 1923 bis 1924 und von 1935 bis 1945 Engagements. Vermutlich bekam Käte Basarke durch sie Kontakte zum Dresdner Theater. Berühmte Künstler wie Maria Cebotari (1910–1949,→ *K2)* kamen zu ihr ins Atelier oder sie besuchte Dresdner Schauspieler und Sänger für einen Beitrag der Dresdner Illustrierten (1935) in ihren Wohnungen.

Käte Basarke, Der Opernchorsänger Bernd Beyer 1960 im Kostüm eines ägyptischen Pharaos
Slg. Bernd Beyer

Nach der Vernichtung ihres Ateliers mit dem Archiv fand sie auf der Plattleite 9 in Dresden-Loschwitz am 1. September 1945 Wohnung und Arbeitsraum.

Ihre Stammkundschaft blieb ihr treu, doch Laufkundschaft gab es an diesem steilsten Treppenabschnitt des Weges nur selten. In einem 1951 gestellten Antrag auf einen Werbekasten am Haus Bergbahnstraße 6 begründete sie das Vorhaben mit ihren »sehr ungünstigen geschäftlichen u. finanziellen Geschäftsbilanzen«. In den Schaukästen, ein weiterer war am Weißen Hirsch, zeigte sie fortan ihre Arbeiten und machte auf sich aufmerksam.

In einem Beitrag für die Zeitschrift »Neue Zeit« von 1953 wurden ihr Arbeitsstil und ihre Methoden wie folgt beschrieben: »Die Dresdner Fotografin Käte Basarke, die wir in ihrer Werkstatt beobachten, bevorzugt ›Rembrandtlicht‹ als seitliches Oberlicht. Diese Fotomeisterin, die auch in ihrer Praxis eine Reihe von weiblichen Lehrlingen ausbildet, arbeitet mit leicht handlichen und verstellbaren Geräten. Mit dem Schnappschuß der Kleinbildkamera bannt sie den Menschen überraschend im günstigen Augenblick. Nie wird ein einfühlsamer Lichtbildner ein Lachen, eine unechte Pose ›befehlen‹. Er wartet geduldig, wenn ein Modell erst im Augenblick der Ermüdung, im entspannten Zustand zum unbefangenen Gesichtsausdruck zurückfindet. Die Kleinkamera gibt die informatorischen ›Skizzen‹, die dann die Aufnahme der Großkamera mit ihrer absoluten Schärfe ergänzt.«[2] Viele, die sie damals besuchten, beschreiben vor allem ihre zurückhaltende, leise Art, mit der sie eine unverkrampfte Atmosphäre schaffen konnte.

Anfang der 1970er Jahre verschwanden die Schaukästen. Käte Basarke, die ohne Angehörige geblieben war, wurde zu einem Pflegefall und am 30. März 1978 ins Pflegeheim Löbtauer Straße in Dresden-Friedrichstadt aufgenommen. Hier starb sie im folgenden Jahr am 8. Juli 1979. Alleiniger Erbe des überschaubaren Nachlasses, jedoch ohne jeglichen Foto- oder Negativbestand, war die Deutsche Demokratische Republik. **Jürgen Frohse**

Zitate:
1 Geburtsurkunde Nr.707, Benrath, 28.10.1902
2 Der arbeitende Mensch im Foto-Porträt; in: Neue Zeit 23.07.1953
Quellen: 208, 216, 640

Johanna und Franz Gaudernack am Fenster ihrer Wohnung Leningrader Straße 30, um 1980. Foto: Slg. Elbhang-Photo-Galerie

Gaudernack, Johanna und Franz
Fotografen (1895 – 1984), (1887 – 1987)

Geboren wurde Franz Alfred Gaudernack (→ *K2*) am 10. Mai 1887 am Dorfplatz in Wachwitz, heute Altwachwitz 10, als Sohn des Uhrmachers Edmund Gaudernack und seiner Ehefrau Amalie Auguste geb. Gierth. Er lernte von 1904 bis 1907 bei Hoffotograf James Aurig (1857 – 1935) in Blasewitz den Beruf des Fotografen. Aufnahmen vom Bau der Straßenbahngleise auf der Pillnitzer Straße 1903 und vom Empfang König-Friedrich-August III. am Eingang zum Königlichen Weinberg 1905 sind als frühe Fotografien erhalten. Jahre der Wanderschaft führten ihn nach Mannheim, Krefeld, Worms, Berlin, Wien und Karlsbad (Karlovy Vary).

Nach einer schweren Verwundung im Ersten Weltkrieg und der Heimkehr nach Dresden eröffnete er 1919 im von ihm aus eigenen Mitteln errichteten Gartenhaus der Pillnitzer Straße 8 (heute Fidelio-F.-Finke-Straße 7) in Loschwitz sein »Atelier für moderne Photographie und Handlung photographischer Bedarfsartikel«. In diesen Jahren dokumentierte er viele Loschwitzer Ereignisse wie das Schulfest 1925 und porträtierte ansässige Persönlichkeiten.

Er heiratete 1922 Johanna Sonntag, die Tochter des Hoffotografen Ernst Sonntag. Gemeinsam wohnten sie zunächst in der Pillnitzer Straße 165 und von 1924 – 1930 Pillnitzer Landstraße 134 in Dresden-Wachwitz. 1927 eröffneten sie zusätzlich eine Handlung fotografischer Bedarfsartikel im Haus Friedrich-Wieck-Straße 4. Beide bestanden 1928 die Meisterprüfung. 1930 verkauften sie das Loschwitzer Gartenhaus und verlegten ihre Wohnung nach der Friedrich-Wieck-Straße 4. 1932 wechselten sie zum Körnerplatz 8 und gründeten ein »Photo, Porträt- und Handelsgeschäft« in der Borsbergstraße 31. »Photo-Gaudernack« wurde ein Begriff für gute Porträt- und Passbildaufnahmen in Dresden. Es konnten alle »Photoarbeiten vom Fachmann« ausgeführt werden. 1936 zogen sie auf den Stresemannplatz 12 nach Dresden-Striesen, wo Franz Gaudernack auch eine Handlung mit fotografischen Artikeln besaß. 1940 gab er sein Geschäft am Körnerplatz auf.

1945 wurden Geschäft und Archiv in Dresden-Striesen mit allen Negativen zerstört. Das Paar fand in der Hotelpension Sonneneck auf dem Weißen Hirsch für einige Zeit Quartier. Danach konnten sie wieder ihre Wohnung mit einem Atelier am Stresemannplatz in Dresden-Altstadt beziehen. Sie arbeiteten jetzt vorwiegend für das Katasteramt der Stadt Dresden.

Anzeige, 1927 Kirchgemeindeblatt

1965 ging Franz Gaudernack in den Ruhestand. Einige Jahre später bekamen Gaudernacks eine Wohnung im Haus Leningrader Straße 30 (heute St. Petersburger Straße). Das Ehepaar Gaudernack konnte 1972 die Goldene und 1982 sogar die Diamantene Hochzeit feiern.

Johanna Gaudernack starb 1984. Franz Gaudernack konnte noch viele Glückwünsche zu seinem 100. Geburtstag entgegennehmen, bevor sein Leben am 14. Oktober 1987 endete. Er wurde im Urnenhain Dresden-Tolkewitz beigesetzt. **Jürgen Frohse**

Quellen: 39, 249, 322, 489, 725, 726

Franz Gaudernack, Fußballmannschaft des Sportvereins Loschwitz, um 1920. Mit Kranz Walter Schramm, rechts davon Uhrmacher Kurt Gerhardt (s. S. 609) Foto: Slg. Schramm

Jäckel, Hildegard
Fotografin (1903 – 1974)
Eine gute Adresse für Dresdner Künstler, sich porträtieren zu lassen, war in den fünfziger und sechziger Jahren des 20. Jahrhunderts die »Lichtbildwerkstatt Hildegard Jäckel« auf der Plattleite 25. Hildegard Jäckel (→ *K1*) war eine sehr couragierte, vitale und auch traditionsbewusste Frau, die in sehr kurzer Zeit das Vertrauen ihrer Kunden gewinnen konnte. Mit ihrer ganzen Ausstrahlung erzielte sie eine Stimmung zwischen Spannung und Ruhe, die nötig ist, um die Persönlichkeit eines jeden Menschen abzubilden. In einem Porträt zum dreißigjährigen Wirken der Dresdner Künstlerin schrieb Gottfried Schmiedel (1920 – 1987, → *K1*) 1956 in der »Union«: »Aus dem Wunsch letztlich den anderen, den Mitmenschen in seiner ganzen Wesensart zu erfassen, ihn zu verstehen, an ihm das ihm Eigene, ganz Persönliche zu erkennen, diese inneren Wesenszüge in seinem Äußeren zu suchen, wiederzufinden und schließlich optisch im Bilde festzuhalten, von diesen Gedanken ist das künstlerische Schaffen Hildegard Jäckels bestimmt.«[1]

Am 3. Juni 1903 wurde Hildegard Jäckel als Tochter des Steinbildhauers Paul Jäckel (1880 – 1930) und seiner Frau Martha geboren. Hildegard verbrachte gemeinsam mit ihren Geschwistern Hertha und Heinz die Kindheit im Haus Krügerstraße 14 im → *Ortsteil Schöne Aussicht* und besuchte die Loschwitzer Schule. Bei Bruno Wiehr, einem bedeutenden Atelierfotografen, begann sie eine Fotografenlehre. Ihre ersten Geschäftsräume führte sie von 1926 bis 1934 auf der Bautzner Landstraße 34 in → *Oberloschwitz*. 1935 eröffnete sie ihr Atelier im Hochhaus am Albertplatz, Antonstraße 2a, in Dresden, bevor sie sich durch Unterstützung Bekannter 1938 ein Atelier im Haus Prager Straße 18 einrichten konnte. Bekannt ist, dass hier Aufnahmen des Dichters Gerhart Hauptmann (1862 – 1946, → *K1*), des Physikers Max Planck (1858 – 1947) und des Schauspielers Paul Hoffmann (1902 – 1990, → *K2*) entstanden.

Um 1943 bezog Hildegard Jäckel auf der Bayreuther Straße 40 ihr neues Atelier, wo sie 1944 Richard Strauss (1864 – 1949) zu seinem 80. Geburtstag fotografieren konnte. Wenige Wochen später, beim Angriff auf Dresden, wurde das Atelier mit dem Archiv zerstört. Sie fand Zuflucht in Loschwitz, 1948 auf der Zeppelinstraße 3 und 1949 auf dem Karl-Schmidt-Weg 16, bevor sie 1950 ihr Atelier und ihre Wohnung auf der Plattleite 25 bezog.

Porträts, die eine große Nähe zu den Künstlern zeigen, entstanden nach dem Krieg von den Malern *Josef → Hegenbarth* (1884 – 1962, → *K1*), *Hans → Jüchser* (1894 – 1977, → *K1*) oder

Hildegard Jäckel, Selbstporträt, 1944 *Foto: SLUB Dresden/Deutsche Fotothek*

von der Sopranistin Christel Golz (1912 – 2008, → *K2*), dem Schauspieler Erich Ponto (1884 – 1957), der Schriftstellerin Anna Seghers (1900 – 1983), den Dirigenten *Heinz → Bongartz* (1894 – 1978, → *K1*) und Kurt Masur (* 1927) sowie der Tänzerin Gret Palucca (1902 – 1993). Eine besondere Beziehung baute sie zur Staatskapelle und zur Oper auf. Sänger, Spielleiter, Dirigenten und Komponisten suchten sie auf. 1951 entstanden Aufnahmen des berühmten Dirigenten Rudolf Kempe (1910 – 1976, → *K1*) bei einer Probe für das 2. Sinfoniekonzert von Johannes Brahms mit der Staatskapelle für ihr einziges Buch »Bildnis des schaffenden Künstlers – Ein Dirigent bei der Arbeit« mit einem Text von Gottfried Schmiedel. Für diese Arbeit wurde sie in den Verband Bildender Künstler aufgenommen. Um den Komponisten Carl Orff (1895 – 1982) zu fotografieren, reiste sie 1954 nach München.

Die Lichtbildnerin arbeitete bis etwa 1964 und übergab das Geschäft und alle Negative an einen Nachfolger. Sie verbrachte danach viel Zeit im Garten ihres 1958 bezogenen, neuen Wohnsitzes, dem Haus ihrer Kindheit auf der Krügerstraße 14. Am 2. März 1974 starb Hildegard Jäckel. Gottfried Schmiedel schrieb in seinem Nachruf im Sächsischen Tageblatt: »Wenn man sie anrief, meldete sich eine freundliche Stimme: Guten Tag! Hier spricht Hildegard Jäckel. Sie war eine der bedeutendsten Photographinnen zwischen den zwanziger und fünfziger Jahren, und sie war – das darf ohne Übertreibung festgestellt werden – eine Meisterin menschlicher Porträtkunst. Wenn ein Kunde ihr Atelier betrat, wusste sie mit psychologischem Einfühlungsvermögen einer klugen, herzlichen, weltgewandten Frau, mit wem sie es zu tun hatte. Und so photographierte sie.«[2] Von den bedeutenden Aufnahmen der Vorkriegszeit blieben wenige Abzüge erhalten. Das Negativarchiv der Nachkriegsjahre konnte die Deutsche Fotothek 1985 erwerben. Es wurde in den letzten Jahren konservatorisch behandelt und digitalisiert.

Jürgen Frohse

Zitate:
1 *Schmiedel, Gottfried; Aus der Liebe zum Anderen. Zum 30jährigen Wirken der Dresdner Lichtbildnerin Hildegard Jäckel. Porträt; in: DIE UNION 27.10.1956*
2 *Schmiedel, Gottfried; Zum Tode von Hildegard Jäckel. Nachruf: in: Sächsisches Tageblatt 13.03.1974*
Quellen: 150, 639, 726, 932, 934

Familie Kotzsch

Kotzsch, Gottfried
Winzer (1800 – 1869)
Johann Gottfried Kotzsch wurde am 24. August 1800 in Spaar bei Meißen geboren. Die Eltern, Anna Regina geb. Taggeselle und Christian Kotzsch, waren Winzer und Viehpächter im heute zu Meißen gehörenden Cölln. Gottfried fand Anstellung als herrschaftlicher Winzer in Cölln. 1832 kaufte er in Loschwitz ein Weinbergsgrundstück mit Haus an der Winterleithe (heute Kotzschweg 22), gleich neben dem Königlichen Wachwitzer Weinberg und dem »Rochwitzer Busch«. Am 3. Februar 1833 heiratete er in der Loschwitzer → *Kirche* Johanna Christiane Baurick (1799 – 1873), eine Winzerstochter aus dem heute zu Radebeul gehörenden Zitzschewig. Die im Dezember des gleichen Jahres geborene Tochter Christiane war pflegebedürftig und starb 1916 in der Pflegeanstalt Hubertusburg. Der 1836 geborene Sohn → *August* musste bereits früh im Weinberg helfen. Neben dem Wein- und Gemüseanbau unterhielt die Familie ein Gästezimmer, das vor allem Maler der Romantik nutzten. Am 11. Mai 1869 verstarb Gottfried Kotzsch in Loschwitz.

Kotzsch, August
Landmann und Fotograf (1836 – 1910)
Die Fotografie steckte noch in den »Kinderschuhen«, als August Kotzsch (→ *K1*) in der Mitte des 19. Jahrhunderts begann, in den damals noch weit entfernt von der Residenzstadt Dresden liegenden beschaulichen Elbdörfern Loschwitz und Wachwitz Motive seiner Umgebung festzuhalten. Er wurde der Fotograf »im Ort« für Porträtaufnahmen und Studienblätter, für das Festhalten von Ereignissen und für Ortsansichten. August Kotzsch entwickelte in dieser frühen Phase des neuen Mediums eine eigene Bildsprache mit einem hohen künstlerischen Anspruch. Viele seiner Landschafts- und Milieustudien sind unverwechselbar und gehören heute zu den Meisterwerken deutscher Fotografie.

Mit seinen Aufnahmen war August Kotzsch aber auch Chronist eines dörflichen und romantischen Loschwitz, das sich nach dem Bau der Loschwitzer Brücke, der Bergbahnen und vieler Sommervillen gravierend veränderte. Wenn wir uns heute vorstellen können, wie in Loschwitz zwischen 1860 und 1890 gelebt wurde, so ist das vor allem seinen überlieferten Fotografien zu verdanken.

Carl Friedrich August Kotzsch wurde am 20. September 1836 als Sohn von Johanna Christiane und Gottfried Kotzsch geboren. Von 1842 bis 1850 besuchte er die hiesige Schule und im Abgangszeugnis war Schullehrer Carl Gottlob Wegerich (1795 – 1881, → *Kantoren*) mit dem Fleiß, den Schulkenntnissen, den Sitten und dem religiösen Sinn seines Schülers »sehr zufrieden«. August arbeitete hinfort im Weinberg der Eltern, wo er bereits seit frühester Kindheit geholfen hatte.

August Kotzsch um 1870 (Ausschnitt)
Foto: Slg. Volkmar Herre

1852 wählte der schon damals bekannte Maler *Ludwig → Richter* (1803 – 1884, → *K1*) die Gästestube im Haus an der Weinleithe als Sommeraufenthalt. Ein Jahr später weilten drei seiner Schüler, Johann Friedrich Hoff (1832 – 1913, → *K1*), Wilhelm Porst (1829 – 1889; → *K2*) und Albert Zeh (1834 – 1865, → *K1*), im Haus. Durch den Kontakt mit den Malern öffnete sich für August Kotzsch die Welt der Kunst und er begann, Zeichnungen Richters zu kopieren. Es entstanden aber auch eigene Zeichnungen »nach der Natur« – Motive, wie er sie später auch fotografieren sollte. Nachdem ihn sein Vater mit 200 Talern ausgelöst hatte, wurde August im November 1856 vom Militärdienst freigestellt.

Mehr und mehr Künstler fanden in den Loschwitzer Weinbergen Inspiration, so auch der Maler Johann Niemann.* Er wohnte mit seiner Frau in Sperlings Weinberg, dem heutigen Grundstück Ludwig-Richter-Straße 8. Wie viele Maler jener Jahre nutzte Niemann die Fotografie für seine Kunst, und August Kotzsch konnte ihm, der kränklich wurde, zur Hand gehen. Damals entstand auch eine frühe, aber nicht datierbare Aufnahme mit Johann Niemann und dessen Arzt Peter Burk (1809 – 1882, → *Ärzte*). Wahrscheinlich hatte August Kotzsch den Auslöser bedient. Nach dem Tod Niemanns verkaufte seine Witwe die Kameraausrüstung an Kotzsch. Als erste August Kotzsch nachweislich zuzuschreibende und datierte Fotografie gilt die Weihe der Glocken der Loschwitzer → *Kirche* am 4. September 1861.

August Kotzsch eignete sich autodidaktisch die schwer handhabbare Technik und den komplizierten Umgang mit den Fotochemikalien an. Die Herstellung der Negativ-Glasplatten im nassen Kollodiumverfahren erfolgte aufwändig am Ort der Aufnahme. Die Chemikalien besorgte ihm der Loschwitzer → *Apotheker* Gottlob Schwarz. Für Motive in der Landschaft benutzte er einen zweirädrigen Dunkelkammerwagen, der zeitweise in einem Verschlag im Alten → *Fährgut* untergestellt war. Porträtaufnahmen entstanden vielfach in einer Hofecke an seinem Haus. Ein Zimmer im Haus wurde als Dunkelkammer eingerichtet. Strom und fließendes Wasser gab es nicht. Vom Brunnen wurde das Wasser geholt und die Sonne belichtete die Abzüge. Vorwiegend verwendete er Albuminpapier, doch experimentierte er auch mit Salzpapieren.

1865 heiratete er die 1828 geborene Sophie Fischer, Tochter des Schankwirts der → *Gaststätte* »Weißer Adler«. Sophie starb bereits am 24. März 1866 bei der Geburt des ersten Kindes.

Zwei Jahre später, am 26. April 1868, nahm er die am 4. Mai 1847 in Weißkeißel bei Muskau als Tochter eines herrschaftlichen Revierförsters geborene Ida Auguste Leinert zur Frau. Ida war als Hausangestellte in Loschwitz tätig. Die Hochzeit fand in Muskau statt, wozu August Kotzsch seine Kameraausrüstung mitnahm. So entstanden die in größter Entfernung von seinem Heimatort hergestellten Aufnahmen. Eine Kuh, das Hochzeitsgeschenk der Schwiegereltern, war ein zusätzliches Gepäckstück auf der Rückfahrt.

Das Paar bekam fünf Kinder, Marie (1869–1927), Franz (1870–1901), der später Besitzer der → *Gaststätte* Beerenweinschänke wurde, Hermann (1873–1933, → *K2*), später Fotograf in Dresden-Blasewitz, Anna (1878–1959) und → *Otto*. Nachdem der Vater Gottfried Kotzsch 1869 gestorben war, musste August Kotzsch die Wirtschaft führen und das Haus instand halten. Die große Familie zu ernähren war schon nicht einfach, doch leistete sich August Kotzsch auch ein nicht ganz preiswertes Hobby: Er sammelte Schmetterlinge. Oftmals wurden die Erlöse vom Verkauf der Fotografien zum Kauf von seltenen Schmetterlingen verwendet.

Neben Auftragsarbeiten, Orts- und Landschaftsbildern und dem Dokumentieren von örtlichen Ereignissen fertigte August Kotzsch auch Studienblätter als fotografische Kunstform sowie aufwändig hergestellte Panoramen. Er bot seine Fotografien durch Angebotsbögen an, die in Schaukästen in Loschwitz ausgestellt wurden und in einigen Geschäften im Ortskern Loschwitz zu erwerben waren. Geschäftsräume besaß er nicht. Eine Serie von Kirchenfotos kostete anfänglich 15 Pfennige, auf vielen noch erhaltenen Abzügen sind Preise von 1,50 bis 3 Mark angegeben. Das Bild »Oberer Loschwitzgrund. Um 1865« mit dem »Gasthaus zur Eule« scheint sich besonders gut verkauft zu haben. Es existieren heute noch neun Abzüge in verschiedenen Sammlungen.

Die Qualität seiner Arbeiten wurde über die Ortsgrenzen hinaus bekannt. 1873 erhielt er auf der Weltausstellung in Wien eine Verdienstmedaille. Er beteiligte sich an den Industrieausstellungen 1875 und 1879 in Dresden und bekam 1879 den 1. Preis und ein Ehrendiplom. 1884 entstand ein Kontakt zur New Yorker Kunsthandlung »Hampel Bros.« und er konnte mehrere Studienblätter nach Amerika verkaufen.

Der Weiterentwicklung fotografischer Techniken stand August Kotzsch verhalten gegenüber. Das seit 1878 bekannte trockene Gelatineverfahren mit den ab etwa 1880 käuflich zu erwerbenden Trockenplatten verwendete er sporadisch erst am Ende seiner künstlerischen

August Kotzsch, Glockenweihe an der Loschwitzer Kirche, 4. September 1861. Von der ersten ihm zugeschriebenen Fotografie existiert dieses zweite, weniger bekannte Motiv

Foto: Slg. P. Poschardt

Wirkungszeit Mitte der 1890er Jahre. Fortan widmete er sich seinen »Lieblingen«, der Sammlung seiner Schmetterlinge, und baute noch im hohen Alter 1905 sein Haus um.

Am 23. Oktober 1910 starb August Kotzsch in Loschwitz und wurde auf dem → *Friedhof Loschwitz* bestattet. Seine Ehefrau starb am 4. Dezember 1927. Sein Sohn → *Otto Kotzsch* bewahrte und präsentierte als Lehrer und Loschwitzer Ortsvereinsvorsitzender sein Werk, wo immer es möglich war. Doch erst 1986 mit dem Buch »August Kotzsch – Photograph in Loschwitz bei Dresden« und einer vielbeachteten Ausstellung im → *Leonhardi-Museum* bekam August Kotzsch die ihm gebührende Anerkennung. 1992 gab es eine weitere Ausstellung im Dresdner Kupferstichkabinett und zum 100. Todestag im Jahr 2010 präsentierte das Stadtmuseum Dresden mit Unterstützung des → *Ortsvereins Loschwitz-Wachwitz* die Ausstellung »Von Loschwitz nach Amerika« mit einem Katalog.

Eine Bestandserfassung des Ortsvereins Loschwitz-Wachwitz und der Elbhang-Photo-Galerie ergab noch etwa 1.200 erhaltene Abzüge in Archiven, Museen und privaten Sammlungen, wobei einige Motive mehrfach vorhanden sind.

* Augusts Sohn Otto Kotzsch benannte den Maler allerdings August Niemann. Auch Publikationen übernahmen diesen Vornamen. Neuere Forschungen bestätigen, dass es sich jedoch um Johann (Hans) Heinrich Albrecht Niemann handelt.

Kotzsch, Hermann Gustav;
Fotograf (1873–1933) → *K2*

Kotzsch, Otto August
Lehrer und Heimatforscher (1880 – 1967)
Otto August Kotzsch wurde am 13. Juli 1880 als jüngstes der fünf Kinder von Ida und August Kotzsch in Loschwitz geboren. Er ging von 1887 bis 1895 in die Loschwitzer Volksschule (→ *Schulen*). Er war ein guter Schüler und lernte neben der Arbeit im Weinberg des Vaters noch Geige.

Um Lehrer werden zu können, besuchte er von 1895 bis 1900 das Freiherrlich von Fletchersche Lehrerseminar in Dresden-Neustadt. Er legte 1901, nach einer Vikariatsstelle an der Volksschule Oberoderwitz, seine Reifeprüfung ab. Seit April desselben Jahres diente er als »Einjährig-Freiwilliger« beim Schützenregiment 108 in Dresden. Er wurde 1902 Hilfslehrer und nach der Wahlfähigkeitsprüfung 1904 ständiger Lehrer in Kötzschenbroda. 1905 bewarb er sich auf eine freie Stelle an der Volksschule Loschwitz und wurde von 83 Bewerbern ausgewählt. Fortan lehrte er »Elementarunterricht«, entwickelte für das dritte und vierte Schuljahr einen Lehrplan für Heimatkunde und führte Unterrichts-Lehrgänge ein. Dazu forschte er intensiv zur Loschwitzer Geschichte und seinen prominenten Bewohnern. Er sprach von »heimatkundlichem Einmaleins«, wenn er seine Schüler Jahreszahlen wichtiger Loschwitzer Ereignisse erlernen ließ. Nach dem Tod seines Vaters 1910 übernahm er den fotografischen Nachlass. Er ließ Diapositive der Fotografien anfertigen und nutzte sie für seinen Unterricht und für Vorträge. Viele Ereignisse oder Veränderungen im Ort begann er zu dokumentieren.

Otto Kotzsch, vorlesend in seiner Wohnung Krügerstraße 17, um 1966 Foto: Volkmar Herre

Von 1905 bis 1906 wohnte Otto Kotzsch in der Pillnitzer Landstraße 22. Anschließend zog er nach dem 1. Steinweg 3. Am 2. Juni 1909 heiratete er Pauline Margarethe Herfurth, die Tochter des Loschwitzer Delikatessenhändlers. Das Paar lebte zunächst im Haus Krügerstraße 15, verzog aber wenige Monate später nach dem Veilchenweg 48 und 1912 schließlich nach der Krügerstraße 17. Am 5. April 1912 wurde ihre Tochter Irene geboren.

Im Ersten Weltkrieg diente er von 1914 bis 1918 im Ersatz-Bataillon 100 als Vizefeldwebel. Otto Kotzsch nahm nach dem Krieg seine Lehrertätigkeit in Loschwitz wieder auf und musizierte als stellvertretender Kantor auf der Orgel der Loschwitzer → *Kirche*. Mitten in der Inflation kaufte Otto Kotzsch 1923 für eine Million Mark ein Gartengrundstück (heute Kotzschweg 29) und wurde auch Hobbygärtner. 1932 übernahm er den Vorsitz des → *Ortsvereins Loschwitz*. Mit Vorträgen über Loschwitz, meist mit Fotos seines Vaters, und Führungen durch das »Körner-Schiller-Gebiet« konnte er die Einheimischen begeistern. Er forcierte die Errichtung eines lange ersehnten → *Ortsmuseums*, das am 17. Juni 1934 feierlich eingeweiht werden konnte. Von 1940 bis 1944 war er Redakteur und Autor des Mitteilungsblattes »Die Heimat grüßt«.

1934 war Otto Kotzsch Mitglied der NSDAP geworden, »weniger überzeugt, sondern mehr als Mitläufer«. Er wollte nicht der einzige im Lehrkörper der Loschwitzer Schule sein, »der außerhalb der Bewegung stand«, wie er später in einem Rehabilitierungsgesuch schrieb. Als Parteimitglied musste er im Sommer 1945 seine Lehrertätigkeit in Loschwitz beenden. Eine Anstellung im Oktober 1945 an der 32. Volksschule war nur von kurzer Dauer, da sein Antrag auf Rehabilitierung abgelehnt worden war.

1948 wurde der Ortsverein Loschwitz verboten und das Ortsmuseum aufgelöst. Otto Kotzsch beendete damit seinen Vereinsvorsitz, den er 16 Jahre ausgeübt hatte. Den 150. Todestag von Friedrich Schiller begleitete er 1955 mit Vorträgen und Führungen. Nach dem Tod seiner Frau am 31. Oktober 1961 verfasste er seine Memoiren, schrieb Aufsätze zu Denkmalen in Loschwitz und machte Notizen zur Chronik (→ *Chronisten*) von Loschwitz. Seinen letzten Vortrag »Allerlei Heiteres aus Loschwitz« hielt er am 7. Januar 1963.

Otto Kotzsch starb am 23. April 1967 im Heim »Friedenshöhe« der Inneren Mission in Radeburg und wurde am 28. April auf dem Loschwitzer → *Friedhof* beigesetzt.

Jürgen Frohse

Quellen: 58, 77, 79, 522, 531, 532, 565, 622, 663

Otto Kotzsch, Wasserwagen an der Malerstraße, 1929 *Foto: Slg. Volkmar Herre*

Helene und Emil Römmler vor dem neuen Haus Calberlastraße 12, um 1902. Emil Römmler erlebte 9 Kinder, 13 Enkel, 32 Urenkel und einen Ururenkel. Viele trafen sich 1997 nach dem Rückkauf des Alterssitzes auf der Calberlastraße. *Foto: Slg. Günter Voigt*

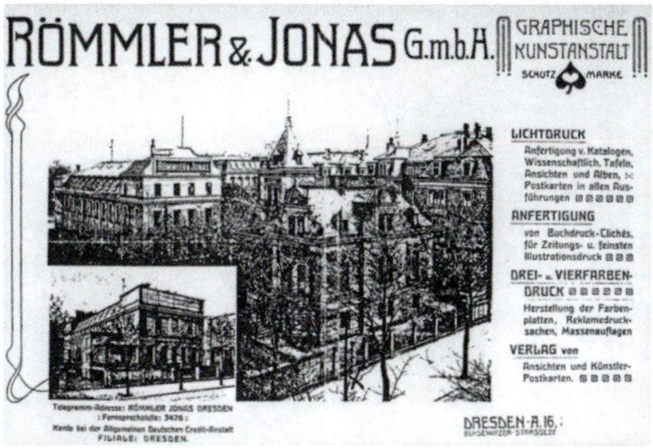

Werbeblatt, 1909

Römmler, Emil
Fotograf und Druckereibesitzer (1842–1941)
Emil Römmler (Römler) (→ *K1*) wurde am 16. Februar 1842 in Mittweida als Sohn von Wilhelmine geb. Irmscher (1815–1857) und Carl Römmler (1815–1886), einem Leineweber, Porträtmaler und späteren Fotografen, geboren. Im Chemnitzer Fotoatelier des Vaters erlernte er schon als Kind die Grundlagen der Fotografie. Nach dem Tod des Bruders und der Mutter musste er im Auftrag des Vaters bereits als 17-jähriger selbstständig u. a. in Lichtenstein-Callenberg praktizieren. Danach fand er in München eine Anstellung im Atelier des Hoffotografen Joseph Albert (1825–1886). Römler ging ein Jahr später mit einer auf Kredit zusammengestellten Fotoausrüstung nach Lindau am Bodensee, wo erstmalig seine fotografische Geschäftstätigkeit florierte. Nach einer ersehnten Paris-Reise kehrte er mit 19 Jahren zu seinem Vater nach Chemnitz zurück und lernte seine spätere Frau kennen.

Er wandte sich nach Dresden, wo er in der Halbegasse (spätere Bankstraße) ein Atelier einrichtete und im Dachgeschoss wohnte. In der Bürger- und Gewerbeakte im Dresdner Stadtarchiv ist im Antrag vom 19. August 1861 nachzulesen: »Durch meinen Vater, Carl Römler, Photograph, Bürger und Hausbesitzer in Chemnitz, ist mir der Auftrag geworden, hier in Dresden ein Bürgerrechtsgesuch einzureichen, indem er bezweckt, ein photographisches Atelier für Wissenschaft, Kunst und Industrie an hiesigem Orte zu errichten.«[1]

Mit dem Tag seiner Volljährigkeit heiratete er 1863 Helene Arndt (1842–1924) und nahm sie von Chemnitz mit nach Dresden. Schon im Dezember wurde die erste Tochter geboren. Ihr folgten später weitere acht Kinder und 13 Enkel. 1865 zog Emil Römler in ein neues Atelier »Am Moritzmonument«, was er aber bald verkaufte. Er meldete nun unter seinem Namen ein Ge-

Emil Römmler schreibt in seinen Lebenserinnerungen: »In Loschwitz hatte ich 1896 ein Stück eines Weinberges gekauft. Es lag an der Calberlastraße und man hatte hier von halber Höhe aus einen wundervollen Blick. Zunächst ließ ich einen leichten Aussichtsturm errichten, dann eine richtige Sennhütte mit Schindeldach und mit Steinen beschwert. Das war nun ein Hauptvergnügen, bei schönem Wetter diese Hütte zu beziehen. Alle Abzweigungen der Familie hatten Schlüssel. Willy als Student bezog sogar einige Male die Hütte mit seiner Verbindung, bei welcher Gelegenheit ich ein Faß Bier stiftete. Es wurde aber auch toller Lärm und Unfug getrieben, und die Nachbarschaft beklagte sich.«

Hans Römmler, Elisabeth Hübner, Maximilian Pleißner, Marie Hübner und Fritz Römmler vor der »Sennhütte« an der Calberlastraße, Ostern 1897. *Foto: Slg. Torsten Künzel*

schäft an, »dass er hierorts das Gewerbe als Photograph selbstständig betreiben wolle«.[1] Die neue Adresse war in der Nähe der Johanniskirche, Pillnitzer Straße 31, wo er ein Gewächshaus zu einer Dunkelkammer umgebaut hatte.

Aufnahmen von Dresden und der Umgebung entstanden und Römler experimentierte mit der Lithografie, um sich die Arbeit der Vervielfältigung zu erleichtern. Als er von einem neuen Druckverfahren hörte, welches sein ehemaliger Lehrmeister Albert in München entwickelt hatte, sah er sofort eine Geschäftsidee. Er informierte sich intensiv über das anfänglich als »Albertotypie« und später als »Lichtdruck« bezeichnete Verfahren und ging noch einmal nach München, um es bei Joseph Albert zu erlernen.

Wieder in Dresden, brauchte er finanzielle Unterstützung und fand sie bei dem Buchhalter Leopold Erasmus Jonas (1839 – ?). Gemeinsam mieteten sie ein weiteres Objekt, Pillnitzer Straße 54 (auf dem heute nicht mehr existierenden Pillnitzer Platz), und gründeten 1871 die »Kunstdruck-Anstalt Römmler & Jonas«. Mit der Anmeldung der Firma wurde Emil Römler veranlasst, die Schreibweise seines Namens zu ändern, da ein alter Kirchenbuch-Eintrag einen Strich über dem »m« trug – eine früher benutzte Kennzeichnung doppelter Buchstaben. »Ich fing an, Probedrucke zu machen. Mein erster Gang war zum Direktor Charnoz von Villeroy und Boch. Der erkannte sofort das Nützliche für ihn, und ich erhielt einen großen Auftrag: Ein Katalog sollte hergestellt werden.«[2] Schon bald mussten neue Druckpressen angeschafft werden. »Ich hatte immer wieder neue Ideen und schaffte Arbeit herbei. Da hörte ich, daß zwei Männer in Mainz eine Schnellpresse für Lichtdruck eingerichtet hätten und das ganze Verfahren lehren wollten. Das war wieder mein Fall.«[2] In diesen Anfangsjahren galt die Firma »Römmler & Jonas« als weltweit innovativste Druckerei, die sehr schnell expandierte. Ab 1873 mietete sie Firmen- und Privaträume in der Neuen Gasse 28. 1878 kam es zum Bau von Geschäftsräumen und Wohnung am Striesener Platz 10, die ein Jahr später bezogen werden konnten. Emil Römmler wurde zum Hoffotografen ernannt.

1889 entstand ein moderner Großbetrieb mit etwa 80 Angestellten und 20 Schnellpressen in der Blasewitzer Straße 27. »Es begann der Großbetrieb mit Postkarten. Ich hatte zuweilen drei Fotografen beschäftigt, um Großstädte und Landschaften zu diesem Zweck aufzunehmen, und ich selbst arbeitete auch noch mit. Es stellte sich aber heraus, daß es besser ist, wenn ich den Fotografen vorausreiste und genaue Listen aufstellte, welche Aufnahmen und von welchem Standpunkt aus sie zu machen seien.«[2] Es entstanden Lichtdruck-Architekturmappen in Spitzenqualität und Standardwerke der Denkmalpflege. 1896 beging die Firma feierlich das 25-jährige Betriebsjubiläum. Da Römmler persönlich im Gewerbeamt noch immer als Fotograf gemeldet war, musste er 1899 bei der Neueröffnung einer Filiale auf der Trinitatisstraße das Gewerbe »einer photographischen Kunstanstalt und Fabrikation von Buchdruck-Klischees« anmelden.

Das Haus Calberlastraße 12 kurz nach Fertigstellung 1902. Heute befindet sich am Tor eine Tafel zur Erinnerung an Emil Römmler. *Foto: Slg. Günter Voigt*

Im Januar 1896 kaufte sich Familie Römmler ein ehemaliges Weinberggrundstück an der Calberlastraße (heute Nummer 12) in Loschwitz. Zuerst entstanden ein Aussichtsturm und eine Sennhütte, bevor er sich 1902 von dem → *Architekten Theodor Richter* (1860 – 1905) ein Haus bauen ließ, das sie im folgenden Jahr beziehen konnte. Sie verbrachte hier sechs glückliche Jahre, doch durch die Krankheit der Frau musste das Haus wieder verlassen und 1910 verkauft werden. Sie zog 1909 wieder in die Villa Blasewitzer Straße 27. Im gleichen Jahr übergab Emil Römmler die Geschäftsführung an seinen Sohn Hans (1879 – 1942) und zog sich aus der Firma zurück. 1910 wurde Emil Römmler zum Kommerzienrat ernannt.

Der Lichtdruck spielte ab 1911 bei Römmler keine Rolle mehr. Die Firma hatte vollständig auf die neueste Drucktechnik umgerüstet. Den Ersten Weltkrieg überstand sie unbeschadet und in den Inflationsjahren wurden auf den Maschinen ständig neue Geldscheine gedruckt. Als Anhänger der rechtskonservativen »Ludendorff-Bewegung« verkaufte Hans Römmler die Firma 1928 an diese, die Römmlers Firma unter dem Namen »Dr.Güntz-Druck« weiterführte.

Emil Römmler starb am 15. Januar 1941 im Alter von 99 Jahren. Mehrere Zeitungen widmeten ihm Nachrufe. Alle Fabrikgebäude, die er bauen ließ, wurden am 13. Februar 1945 zerstört. Von seinen Wohnhäusern blieb einzig das Haus Calberlastraße 12 erhalten.

Jürgen Frohse

Zitate:
1 Bürger- und Gewerbeakte Emil Römmler, Stadtarchiv Dresden
2 Emil Römmler (1842 – 1941). Lebenserinnerungen eines Königlich-Sächsischen Hofphotographen; Dresden 1996
Quellen: 4, 264, 563, 1000, 1064

Schumann, Margarete
Fotografin (1914 – 2000)
(Foto Schumann)

Margarete Hedwig Köhler (→ *Schumann, K1*) wurde als Tochter des Konditorgehilfen Hermann Köhler und seiner Frau am 23. Dezember 1914 geboren. Die Familie wohnte in der Lauensteiner Straße in Dresden-Striesen. 1922 begann ihre Schulzeit an der 32. Volksschule auf der Hofmannstraße. Mit 14 Jahren bekam sie ihren ersten Fotoapparat mit dem Negativformat 9 x 12 Zentimeter geschenkt. Ein Logiergast der Eltern, Herr Mollenkopf aus Stuttgart und als Abteilungsleiter bei Zeiss-Ikon vorgesehen, weckte bei ihr endgültig das Interesse an der Fotografie. Vorerst besuchte sie 1929 die Gewerbeschule auf der Blochmannstraße, lernte Verkaufs- und Warenkunde, Schreibmaschineschreiben und Stenografie, bevor sie 1931 im Fotogeschäft von Johanna und Franz → *Gaudernack* (1887 – 1987, → *K2*) auf der Borsbergstraße eine Fotografenlehre begann. Sie erhielt im dritten Lehrjahr zehn Mark pro Woche und als Angestellte 65 Mark im Monat.

Sie heiratete 1934 mit 19 Jahren den vom Körnerplatz stammenden Angestellten des Grundbuchamtes im Amtsgericht Martin Schumann (1903 – 1991). Sie wohnten in einem von den Eltern gebauten Haus in der Nähe von Moritzburg und bezogen 1937 eine Wohnung auf der Danziger Straße 22, der heutigen Neugersdorfer Straße in Dresden-Bühlau. Sie arbeitete im Fotogeschäft Wünsche, zeitweise in der Filmprüfstelle Voigtländer und Gebert und auch eine Zeit lang im Verlag des »Dresdner Anzeigers«. 1943 wurde ihre Tochter Monika geboren, und noch 1944 musste ihr Mann trotz einer Behinderung an der Hand zur Luftabwehr. Den Angriff auf Dresden erlebte sie mit ihrer Tochter im Keller der Bühlauer Wohnung.

Nach dem Krieg zog Familie Schumann nach Dresden-Loschwitz zur Untermiete in das Haus Veilchenweg 5 , wo sich Margarete Schumann im Schuppen eine provisorische Dunkelkammer einrichtete. Im Januar 1946 bekam sie die Gewerbeerlaubnis als Fotografin und begann mit einem geborgten Fotoapparat der Marke Rollei-Curt zu arbeiten. Erst später konnte sie eine Brückner-Kamera im Format 13 x 18 erwerben. Es begann der Kampf um Fotopapier, Chemikalien und Aufträge. Auf ihrem Fahrrad war sie den ganzen Tag unterwegs bis ins Erzgebirge. Ihre erste Porträtkundin, Fräulein von Wech, empfing sie in ihrem Wohnzimmer. Vom Kamerahersteller Ihagee erwarb sie 1948 im Tausch gegen Glühlampen eine Kine-Exakta.

1949 legte Margarete Schumann die Meisterprüfung an der Handwerkskammer Dresden ab und richtete sich mit ihrem Mann in den Räumen Friedrich-Wieck-Straße 2 ein bescheidenes, kleines Geschäft ein. Erste technische Fotografien entstanden von Schwingungsanlagen in der Yenidze-Zigarettenfabrik und für den Mathematisch-Physikalischen Salon der Staatlichen Kunstsammlungen Dresden. Bei einem der ersten Lehrgänge in den ORWO-Werken in Wolfen war sie die einzige selbstständige Fotografin. In dieser Zeit bekamen Schumanns vom Wohnungsamt eine Wohnung auf der Schillerstraße 3 zugewiesen, in dem Haus, das sie in den 1980er Jahren erwerben konnten. Margarete Schumann fotografierte die Tanzstunden im → *»Elbe-Hotel«*, das Geschehen um den Körnerplatz und porträtierte den Maler *Josef* → *Hegenbarth* (1884 – 1962, → *K1*), den Architekten *Martin* → *Pietzsch* (1866 – 1961, → *K1*) mit seiner Tochter, den Komponisten Fidelio F. Finke (1891 – 1968), den jungen Ludwig Güttler (* 1943, → *K1*) u. a. Als der DEFA-Film »Geliebte weiße Maus« am Körnerplatz gedreht wurde, konnte Frau Schumann auch den Schauspieler Rolf Herricht (1927 – 1981) in ihrem Atelier vor die Kamera bekommen. Mittlerweile hatte sie Autofahren gelernt und fuhr mit ihrem IFA F9 zu den Fotoaufträgen. Ihr Mann erledigte die Buchführung, retuschierte und archivierte die Fotos. Der Verdienst blieb gering bei einem von der Handwerkskammer verordneten Stundenlohn von 1,90 Mark.

Tochter Monika Möbius (1943 – 2015) begann bei ihr die Lehre, wurde 1969 Meisterin und übernahm das Geschäft 1975. Auch deren Tochter Ines begann 1983 die Fotografenlehre im eigenen Atelier. Am 30. Oktober 1997 zog das Fotoatelier nach 48 Jahren von der Friedrich-Wieck-Straße 2 in das Wohnhaus Schillerstraße 3 um und wird seit 2006 von Ines Möbius weitergeführt. Margarete Schumann starb 85-jährig am 4. September 2000. Ihre Urne wurde im Grab ihres Mannes auf dem → *Friedhof* Dresden-Loschwitz beigesetzt. **Jürgen Frohse**

Quellen: 39, 315, 639

Margarete Schumann (rechts) mit ihrer Tochter Monika Möbius und ihrer Enkelin Ines Möbius 1997 vor ihrem Geschäft Friedrich-Wieck-Straße 2 *Foto: Jürgen Frohse*

Margarete Schumann, Obus im Winter 1975 auf der Grundstraße *Foto: Slg. Foto Schumann*

Else Seifert, Selbstporträt, um 1925 *Foto: SLUB Dresden/Deutsche Fotothek*

Seifert, Else
Fotografin (1879 – 1968)
Klothilde Else Seifert (→ *K2*) wurde am 9. Dezember 1879 als Tochter des Kaufmanns Karl Robert Seifert und seiner Frau Klara Amalie Juliane geb. Schiertz in Dresden geboren. Sie besuchte acht Jahre die Volksschule und danach für ein Jahr ein »Fröbelseminar«. Danach wurde sie Erzieherin in Kassel und arbeitete anschließend zehn Jahre in einer kaufmännischen Praxis. Im I. Dresdner Frauenbildungsverein erhielt sie eine Lehrbefähigung und bekam 1909 an der »Städtischen Mädchengewerbe- und Handelschule« in Dresden eine Anstellung als Handelslehrerin. In diesem Jahr begann Else Seifert, sich autodidaktisch mit der Fotografie zu beschäftigen und trat der Dresdner »Photographischen Gesellschaft« bei. An der Technischen Hochschule besuchte sie zwei Semester »Praktische Photographie« und ein Semester Architektur. 1924 gab sie freiwillig ihre Lehrtätigkeit auf, verzichtete auch auf Pensionsansprüche und zog nach Italien. Sie arbeitete als Krankenpflegerin und fotografierte nebenher intensiv. 1926 erschien erstmals ein Bildband mit ihren Fotografien der Insel Capri im Wolfgang Jess Verlag (→ *Verlage*). Mit dem Erfolg ging Else Seifert zurück nach Dresden und wurde selbstständige Architektur- und Landschaftsfotografin. Sie wirkte an der in Leipzig herausgegebenen »Deutschen Frauenzeitung« mit und arbeitete bis 1931 vorrangig für das Hochbau-, Schul- und Verkehrsamt der Stadt Dresden. 1930 bekam sie als eine von sechs Fotografen den Auftrag, die 2. Internationale Hygiene-Ausstellung 1930/1931 in Dresden zu dokumentieren. 1936 folgte die Dokumentation der Reichsgartenschau. Ebenfalls bereits 1930 bekam sie die Möglichkeit, Schulen in Holland abzulichten und ihre Fotografien in zwei Sonderausstellungen in Utrecht und Amsterdam zu präsentieren. Zwischen 1931 und 1934 reiste sie als Mitarbeiterin der »Hamburg-Südamerikanischen Dampfschiffahrts-Gesellschaft« nach Norwegen, England, Spanien, Marokko, Ägypten und Palästina. Sie hatte sich einen Namen mit sachlicher, der Ästhetik des Bauhauses angelehnter Fotografie erworben. Ihren Meisterbrief erhielt sie an der »Photographischen Meisterschule« in Berlin.

1937 zog Else Seifert von der Liebigstraße in Dresden-Südvorstadt in das Haus Schillerstraße 17 in Loschwitz. In einem kleinen Atelier innerhalb der Wohnung porträtierte sie viele Künstler. Hier überstand sie auch die Kriegsjahre, konnte nach 1945 jedoch nicht an ihre großen Schaffensjahre anknüpfen. Die von der Fotografin geplanten Bücher »Landschaft Loschwitz und ihre Künstler«, »Blumen um uns« und das Märchenbuch für Kinder »Alle Dinge haben Sprache« blieben Entwürfe. In den 1950er Jahren bekam sie noch einmal einen Auftrag, das Institut für Lehrerfortbildung in Wachwitz, das ehemalige Wachwitzer Schloss, zu dokumentieren.

Else Seifert starb hochbetagt am 23. Juni 1968 in Dresden. Nach den Wirren der Auflösung ihres Nachlasses folgte ein langer Rechtsstreit um das verbliebene Material. Negative und Fotografien aus dem Nachlass befinden sich heute in der Deutschen Fotothek und weiteres Bildmaterial und Kameras im Stadtmuseum Dresden. **Jürgen Frohse**

Quellen: 216, 640

Kopfweiden am Elbufer Foto: SLUB Dresden/ Deutsche Fotothek, Else Seifert

Retuscheure

Häse, Ute
Positivretuscheurin (* 1939)
Der Geburtsort von Retuscheur-Meisterin Ute Häse geb. Lohse liegt in Hosterwitz bei Dresden; hier wurde sie am 16. Mai 1939 geboren. Nach einer abgeschlossenen Lehre als Offsetretuscheurin, aber ohne Möglichkeit in Dresden eine entsprechende Arbeitsstelle zu finden, begann sie 1957 als Umschülerin für Positivretusche in der Druckerei Sächsische Zeitung Grafischer Großbetrieb Dresden (später Grafischer Großbetrieb »Druckerei Völkerfreundschaft«), Riesaer Straße 32. Hier legte sie 1962 die zweite Facharbeiterprüfung für Positivretusche ab. 1965 verließ sie den Betrieb, da ihr die erforderliche Delegierung zur Handwerksmeister-Ausbildung verwehrt wurde. Bei der DEWAG (Deutsche Werbe- und Anzeigengesellschaft) Karl-Marx-Stadt (heute wieder Chemnitz) fand sie eine neue Anstellung und wurde auch zur Meisterschule delegiert. Die praktische Prüfung erfolgte bei der Handwerkskammer Berlin. Es gab damals in der DDR nur neun männliche Anwärter und eine weibliche Anwärterin. Die Meisterprüfung wurde 1967 erfolgreich abgeschlossen.

1969, nach erfolgter Eheschließung mit Wolfgang Häse, verlegte sie ihren Wohnsitz und Arbeitsplatz wieder nach Dresden.

Ein neues Betätigungsfeld fand sie in der DEWAG Dresden, Conradstraße 6, später Umzug zur Bärensteiner Straße 27–29. Neben ihrer Arbeit übernahm sie die Ausbildung von zwei Lehrlingen und einer Umschülerin zum Positivretuscheur/in. Tochter Birgit wurde 1973 geboren und qualifizierte sich zur Grafik-Designerin (→ *Knabe*, → *K2*).

Ute Häse geb. Lohse nach der bestandenen Meisterprüfung, 1967 *Foto: Slg. Ute Häse*

Nach dem politischen Umbruch 1989 wurde die DEWAG aufgelöst und der Nachfolgebetrieb Werbeagentur perform GmbH Dresden gegründet. Im Oktober 1990 eröffnete Ute Häse als selbstständige Handwerksmeisterin unter dem Firmennamen Werbegrafik Retusche in Loschwitz, Pillnitzer Landstraße 89, ihr Atelier. 1994 erfolgte der Umzug ins eigene Haus, Körnerweg 8 (→ *Villen und Weinbergshäuser*). Sie führte Ausgleich- und Maschinenretuschen sowie Illustrationen und vorwiegend nach Strichvorlagen gefertigte großformatige Entwürfe für Messestände in Airbrush fotorealistisch aus.

1999 beendete sie ihre berufliche Tätigkeit als letzte selbstständige Positivretuscheur-Meisterin im ehemaligen Bezirk Dresden. Somit ging die Ära des Positivretusche-Handwerkes hier zu Ende, da diese Arbeiten heute am Computer ausgeführt werden.

Im März 2014 übernahm das Technische Museum Dresden von Ute Häse einen großen Teil der Grafik- und Retuschearbeiten samt Arbeitsutensilien, u. a. historische und moderne Spritzapparate. **Ute Häse**

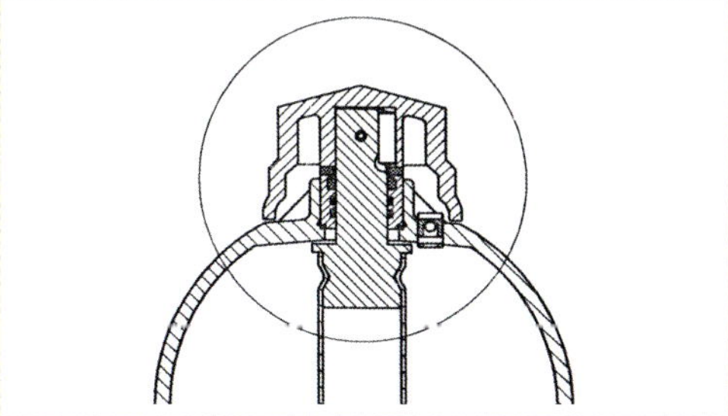
Hydrant, Detail, Strichzeichnung als Arbeitsvorlage

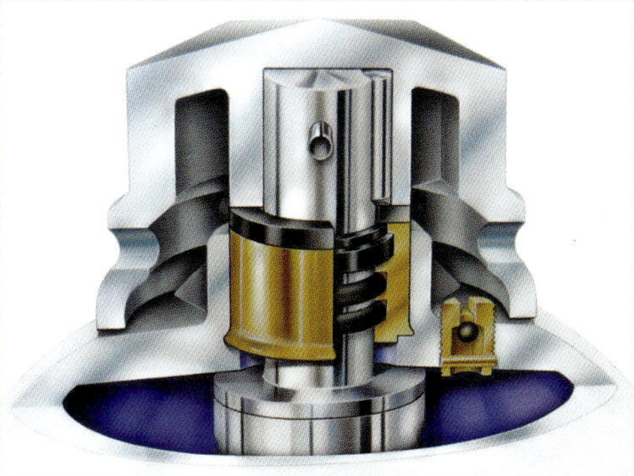

Positivretusche

Der Beruf Positivretuscheur entwickelte sich parallel zum Hochdruckverfahren, als es um 1900 technisch möglich wurde, Fotos im Rasterverfahren zu drucken. Vordem übernahm der Fotograf die Retuschearbeiten an seinen Fotografien, um Partien zu korrigieren oder zu verstärken, z. B. den Ausdruck der Augen zu verbessern. Die Retusche sollte möglichst nicht erkennbar sein. Anders war das bei Fotos für Druckvorlagen. Der Retuscheur war in der Lage, das Foto mit dem Spritzapparat, auch Aerograph genannt, der bereits um 1870 in den USA erfunden wurde, zu bearbeiten. Das Ziel der Retusche war, die Wirkung des Fotos zu verbessern, indem höherer Kontrast eingearbeitet, Fehler beseitigt und Veränderungen vorgenommen werden konnten. Um Flächen zu glätten oder Teile zu verändern, wurden die restlichen Stellen mit Schablonen abgedeckt. Nun konnten nach Wunsch die bestimmten Flächen mittels Spritzapparat mit Farbe überspritzt werden. Auch auf Fotos mit wolkenlosem Himmel konnten Wolken passend zum Fotomotiv aufgespritzt werden. Oftmals reichte eine Ausgleichretusche, aber bei Maschinen oder Geräten benötigte man mitunter eine Vollretusche, auch Maschinenretusche genannt. Bei dieser Vorgehensweise wurden alle Details und zu ergänzende Teile mit Hilfe von Schablonen mit dem Spritzapparat eingearbeitet. Nach der Spritzretusche wurden mit dem Pinsel die Konturen und Lichter eingezeichnet.
Besondere Kenntnisse erforderte die Darstellung einer Schnittansicht von Maschinen oder Geräten. Als Vorlage diente eine perspektivische Zeichnung, die vom Retuscheur auch selbst entwickelt werden konnte. Jede Fläche wurde entsprechend farbig überspritzt und die Zeichnung mit dem Pinsel ausgeführt. Die Airbrusharbeit sollte einen fotorealistischen Eindruck erwecken. Ebenso konnte dem Kunden in dieser Technik z. B. ein noch nicht realisiertes Haus oder ein Messestand als fertiges Bild repräsentiert werden.

Friseure, Friseusen und Barbiere

Barbier (»Bartscherer«) war bis Anfang des 20. Jahrhunderts die Bezeichnung für die Herrenfriseure, die noch weitere Aufgaben hatten (→ *Ärzte*, → *Barbiere*). Daneben gab es, anfangs strikt getrennt, die »Friseusen«, die in ihren Läden nur Frauen bedienten. Außer den unten genannten Geschäften um den Körnerplatz gab es noch viele andere, von denen die wichtigsten hier genannt sein sollen:

Zu den ersten bekannten Barbieren gehörte Eduard Julius Rafeldt (1831 – 1893). Er hatte sein Geschäft wahrscheinlich zunächst Körnerplatz 3, danach Grundstraße 2, ab 1890 in der heutigen Fidelio-F.-Finke-Straße 11 und im letzten Jahr vor seinem Tod im → *Armenhaus*, Grundstraße 137. Ein weiterer Barbier war Stanislaus Rochalski (1854 – 1896), der von den 1870er Jahren bis zum Tod sein Geschäft in der Grundstraße 9 betrieb.

Der in Loschwitz am längsten tätige »Barbier und Friseur« war Richard Braune (1863 – 1933), der ab etwa 1888 in der Grundstraße 14 tätig war. Nach seinem Tod führte seine Witwe Hedwig (1874 – 1955) das Geschäft noch bis 1938 weiter. Nachfolger wurde Richard Langpeter. In der Grundstraße 30 eröffnete 1904 der Friseur und Perückenmacher Martin Hamann sein Geschäft, das er 1913 ins Armenhaus verlegte und noch ein Jahr betrieb. Im → *OT Oberloschwitz* befand sich von 1932 bis etwa 1955 der Friseur-Salon von Kurt Kobisch. **Otto-R. Wenzel**

Quellen: 39, 1000

Friseure in Loschwitz

Jahr	Anzahl
1883	2
1900	3
1912	4
1921	7
1933	4
1943/44	5
1957/58	4
1975/76	3
1995	1
2014	3

Liddy Ritter
Damen-Frisier-Salon, Schillerstr. 3
neben Feinkosthandlung Herfurth
Bubikopf
Haarschnitt, Pflege und Ersatz

Charlotte Rieck
Damen-Frisier-Salon
Dresden-Loschwitz, Friedrich-Wieck-Straße 3, I. Etg.
Bubikopf-Verschnitt und Pflege
Wasserwellen
Kopfwäsche, Langhaar-Frisuren, Ondulieren

Anzeigen, 1926 und 1933 Kirchgemeindeblatt

Salon Degenhardt/Pilzecker

Pillnitzer Landstraße 2

Karl Degenhardt (1909 – 2002) wurde 1909 als Sohn des Friseurmeisters Karl-Friedrich Degenhardt in Düsseldorf geboren. Er absolvierte 1923 bis 1926 seine Lehre als Friseur in Dortmund. Danach arbeitete er in verschiedenen Salons, z. B. im Salon »Kritzler« in Dortmund und in Düsseldorf. 1932 errang er den zweiten Preis bei der westdeutschen Friseur-Meisterschaft und im folgenden Jahr einen ersten Preis in Dortmund. 1933 ging er nach Rothenkirchen/Vogtland zur Firma »WELLA«, wo er Demonstrateur der Produkte dieses Kosmetikherstellers wurde. Bei einer Dienstreise lernte er in Loschwitz die 17-jährige Doris Ritter kennen. Ihre Mutter Liddy Ritter betrieb seit 1933 hier am Körnerplatz 10 ein Friseurgeschäft. Im Frühjahr 1935 übernahm es Karl Degenhardt, heiratete im Mai Doris und zog mit ins Haus Körnerplatz 10. Im Jahr darauf eröffnetet Doris Degenhardt im → *Sanatorium Dr. Weidner* einen eigenen kleinen Friseursalon. Karl Degenhardt verlegte 1937 sein Geschäft in den an das Haus Pillnitzer Landstraße 2 angebauten Pavillon. 1938 wurde Karl Degenhardt Mitglied der »Internationalen Gesellschaft der Damen-Coiffeure« und im gleichen Jahr gewann er den ersten Preis bei der Weltmeisterschaft in Köln – ohne Weltmeister zu werden, da viele Teilnehmer aus Protest gegen das Hitler-Regime nicht angereist waren.

Meine Frau war im Sanatorium Dr. Weidner überaus erfolgreich. Und jedesmal, wenn eine ihrer Kundinnen Extrawünsche hatte, empfahl sie den Modefriseur am Körnerplatz. Dort gab es dann immer einen großen Menschenauflauf, wenn beispielsweise der große, innen mit Ebenholz und Silber ausgekleidete Mercedes des brasilianischen Kaffeekönigs parkte. [...] Die Modefrisur, Lockentruff am Oberkopf mit weichen hängenden Nackenlocken, hatte ich für eine Frau Gildemeister aus Lima, die Gattin eines Großgrundbesitzers, kreiert. [...] Da war Pola Negri, die sich ihre Haare selbst auf Lockenwickler gedreht hatte und sich im Bett liegend maniküren ließ – ein Fläschchen mit einem guten Tropfen in Reichweite. Auch Frau von Opel war Kundin meiner Frau. [...] Kammersänger Slezak, der mit Frau und Tochter (die übrigens auch Kammersängerin war) zu uns kam, begrüßte meine Frau immer kurz und fröhlich mit »Servus Blondi«.[1]

Zu Kriegsbeginn (1939) mussten Degenhardts ihre Geschäfte schließen und Karl Degenhardt wurde zur Hilfspolizei eingezogen. In der Pillnitzer Landstraße 2, wohin Degenhardts auch wenig später ihre Wohnung verlegten, betreute Doris Degenhardt über die Kriegszeit provisorisch die Stammkunden. Bereits am 28. Mai 1945, zwanzig Tage nach der Kapitulation Deutschlands, eröffnete sie wieder den Salon im Pavillon am Körnerplatz. Als Karl Degenhardt im August, von Dänemark über Flensburg kommend, wieder in Loschwitz eintraf, fand er ein florierendes Geschäft mit sechs Friseuren vor. Schnell kam auch wieder prominente Kundschaft. Die Degenhardts mussten bereits 1946 den Laden erweitern, richteten einen »Stil-Salon« sowie im Hintergebäude Kalt-und Dauerwellstudios ein und begannen dort mit der Produktion von Schaufensterbüsten mit Perücken. Mit von Karl Degenhardt entwickelten beschichteten Lockenwicklern gelang es ihnen, ihr Westgeld-Konto aufzustocken. 1948 wurde Karl Degenhardt Sachsenmeister; 1949 und 1951 konnte er die Deutsche Meisterschaft gewinnen. Seinen größten Triumph feierte er 1952 in München mit dem Gewinn des »Goldenen Kamms von Deutschland«, der ihn international bekannt machte und viele Türen öffnete.

Das Haus Pillnitzer Landstraße 2 mit der Degenhardt-Firmierung. Foto: K. Seyfert

Ka-De-Modell, Büste 1949

Obwohl die Degenhardts berühmt waren und es ihnen auch im Osten gut ging, wurden sie argwöhnisch beobachtet. Den Posten als Sächsischer Obermeister bekam Karl Degenhardt wegen einer gegenstandslosen Klage der Entnazifizierungskommission nicht und einem Sohn wurde der Oberschulbesuch verweigert. Karl Degen-

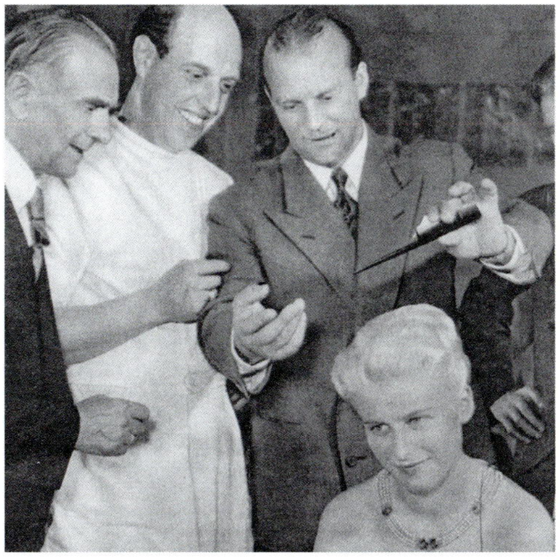

Karl Degenhardt (2. v. l.) in München, 1957
Foto: Archiv Mathes

hardt wurde auf der Königsallee in Düsseldorf ein Salon angeboten. Gemeinsam mit drei Mitarbeitern floh die Familie in einer geheimen Aktion im Februar 1953. Der »Salon Degenhardt« wurde auch in Düsseldorf zu einer ersten Adresse und Karl Degenhardt war weiter national und international engagiert und erfolgreich. 1984 übergab er seinen Salon an das Unternehmen »HMW Haarstyling« und konnte ein Jahr später sein 50-jähriges Geschäftsjubiläum feiern. Er starb 93-jährig in Düsseldorf. Sein Sohn Winfried wanderte nach Amerika aus. Als »Mister Fred« bediente er dort in der Fifth Avenue die feinen Damen der High Society von New York.

Das Geschäft am Körnerplatz wurde nach kurzer Schließung vom »Salon Pilzecker«, vorher am Hauptbahnhof ansässig, übernommen. Franz Pilzecker, ein Obermeister der Friseurinnung, führte das Geschäft als Familienbetrieb mit sechs bis sieben Angestellten und nach wie vor großer Kundschaft bis in die 1970er Jahre. Danach firmierte das Geschäft bis 1992 als »PGH Haarpflege«. Nach Auflösung der Produktionsgenossenschaften des Handwerks zog diese als »Haarpflege eG« in den Körnerplatz 8 und wenig später in das ehemalige Geschäft von → *Uhrmacher und Optiker* Martin Winkler (1897 – 1982) am Körnerplatz 2, wo sie bis heute mit fünf Friseurinnen tätig ist.

Barbara Friebel

Zitat:
1 Degenhardt, Karl, Mein Leben. Mein Beruf. Mein Hobby, Düsseldorf 1985
Quellen: 202, 342, 705, 725, 1000

Dorit Imhof (2. v. l.) und ihr Haarpflege-Team

Friseur Nielitz
Körnerplatz 11

Herbert Otto Paul Nielitz wurde am 23. Juni 1900 in Dresden geboren. Er führte das Friseurhandwerk in dritter Generation aus. Schon sein Großvater, der Barbier Otto Nielitz, hatte seit 1895 in Dresden auf der Großen Brüdergasse einen Friseurladen, den er gemeinsam mit seinem Sohn, dem Friseur und Barbier Paul, betrieb.

Ab 1929 war Paul alleiniger Inhaber, bis dessen Sohn Herbert, der wahrscheinlich schon im väterlichen Betrieb gelernt hatte, 1937 Mitinhaber wurde. Nach dem Ausscheiden des Vaters 1940 führte Herbert das Herrenfriseurgeschäft weiter, wo natürlich auch Kindern die Haare geschnitten wurden.

In der Bombennacht am 13. Februar 1945 verlor Herbert Nielitz seine Existenz. Einen geschäftlichen Neuanfang fand er nach dem Krieg in Loschwitz am Körnerplatz 11, wo er den Friseurladen von Walter Willing übernahm. Diese Geschäftsräume befinden sich noch heute neben dem Hauseingang.

Hier arbeitete er gemeinsam mit seiner Frau Elsa (1915 – 1995) und einem Angestellten.

Am 31. Dezember 1972 gab er altershalber das Geschäft ohne Nachfolge auf. Herbert Nielitz starb am 4. Oktober 1984. Er wurde auf dem Dresdner Heidefriedhof beigesetzt.

Bemerkenswert ist, dass sich in dem Wohn- und Geschäftshaus Körnerplatz 11 seit 1897 immer ein Friseurladen befand.

Folgende Inhaber sind in den Geschäftsbüchern verzeichnet: 1897 – 1908 Paul Schramm, Barbier; 1909 – 1916 Josef Horn, Barbier und Friseur. Die weiteren Inhaber waren Friseure: 1917 Michael Franz; 1918 Max Eckert; 1919 – 1923 erneut Michael Franz; 1925 – 1026 Ehefrau Friederike Franz; 1927 Kurt Schaarschmidt; 1927 – 1935 Willy Neider; 1937 bis vermutlich 1945 Walter Willing. Nach Herbert Nielitz folgten ab 1973 unterschiedliche Nutzungen. Heute befindet sich hier das → *Antiquariat* »Traumfährte«. **Ute Häse**

Quellen: 43, 1000

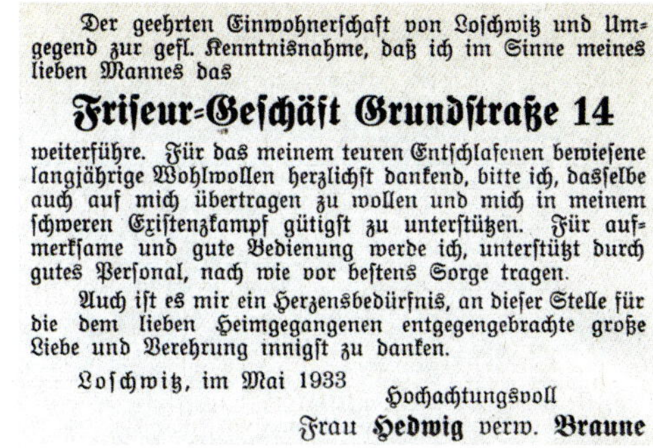

Der geehrten Einwohnerschaft von Loschwitz und Umgegend zur gefl. Kenntnisnahme, daß ich im Sinne meines lieben Mannes das

Friseur-Geschäft Grundstraße 14

weiterführe. Für das meinem teuren Entschlafenen bewiesene langjährige Wohlwollen herzlichst dankend, bitte ich, dasselbe auch auf mich übertragen zu wollen und mich in meinem schweren Existenzkampf gütigst zu unterstützen. Für aufmerksame und gute Bedienung werde ich, unterstützt durch gutes Personal, nach wie vor bestens Sorge tragen.

Auch ist es mir ein Herzensbedürfnis, an dieser Stelle für die dem lieben Heimgegangenen entgegengebrachte große Liebe und Verehrung innigst zu danken.

Loschwitz, im Mai 1933

Hochachtungsvoll
Frau **Hedwig** verw. **Braune**

Anzeige, 1933 *Kirchgemeindeblatt*

Foto: PR

Jacquelines Haaratelier
Pillnitzer Landstraße 34a

Friseurmeisterin Jacqueline Börner eröffnete in der Nachfolge des Friseursalons Börner ihren zeitlos eleganten Salon in den Loschwitz-Arkaden am 1. Februar 1997. Sie bietet mit ihren Mitarbeitern für Damen, Herren und Kinder Frisuren von klassisch bis extravagant, von modern bis vintage nach Kundenwunsch an. Für Pflege und Styling werden professionelle Produkte der amerikanischen Kultmarke »Paul Mitchell« verwendet und angeboten.

Barbara Friebel

Quellen: 52, 724

Foto: Siegfried Großmann

Die Kopfmacher
Körnerplatz 9

Inhaberin Nicole Gottesbühren übernahm den Friseursalon 2013. Vormieter war die Brockmann und Knödler GmbH, ein Dresdner Friseurunternehmen. Vor dem Geschäftsumbau befand sich an gleicher Stelle von 2000 bis 2005 ein griechisches Restaurant. **Barbara Friebel**

Quelle: 724

Anzeige, 1931 *Kirchgemeindeblatt*

Fuhrunternehmen

Transporte von Brennstoffen, Baumaterialien und anderen Frachten wurden seit jeher vor allem von Pferdegespann-Besitzern, auch den → *Bauerngütern* sowie den Holz- und Kohlenhändlern durchgeführt. Zu vermerken ist, dass sogar auf den Personendampfern Stückgut- und Möbeltransporte von Station zu Station – auch noch nach 1945 – möglich waren.

In der zweiten Hälfte des 19. Jahrhunderts waren im Zentrum der Gemeinde drei Fuhrunternehmer präsent. Im Vorgängerbau des heutigen Körnerplatz 2 waren es seit etwa 1865 Johann Pursche (1830 – 1884) und später Wilhelm Eduard Kunath, der 1884 das Haus kaufte und das gegenüberliegende Trille-Ufer als Standplatz seiner Fuhrwerke mietete. Nachdem 1892 sein 23-jähriger Sohn gestorben war, das Haus wegen des Brückenbaues abgerissen und 1894/95 durch den heutigen Bau ersetzt wurde, verkaufte er 1895 alles und verließ dann Loschwitz. In der Pillnitzer Landstraße 4, zu der damals auch die heutige Fidelio-F.-Finke-Straße 5 gehörte, hatte seit längerer Zeit Carl Kunath (1832 – 1908) sein Fuhrunternehmen, in das sein Sohn Wilhelm (1865 – 1934) eingestiegen war und es nach dem Tod seines Vaters mit seiner Ehefrau Emma geb. Naake (1869 – 1938) weiterführte. Von den Vorgenannten ist überliefert, dass sie bis etwa 1900 auch die Transporte der am Elbufer angelandeten Baumstämme zum Dampfsägewerk (→ *Mühlen*) im Loschwitzgrund durchführten. Nachfolger Wilhelm Kunaths wurde schließlich dessen Sohn Kurt Kunath (1893 – 1970), der wie seine Vorgänger vor allem als Brennstoffhändler präsent war. Nach 1960 wurde die Firma Auslieferungslager des VEB → *Kohlehandel*.

Als weiterer freier Fuhrbetrieb ist der von Karl August Müller (1839 – 1883) im Rißweg 42 (ab 1904 Materniweg 1) im → *OT Oberloschwitz* zu nennen, der nach seinem Tod von seiner Witwe Rosalie weitergeführt wurde. Sie hatte in zweiter Ehe Carl Guden (1819 – 1898) geheiratet und führte bis um 1920 das Fuhrgeschäft mit Kohlehandel weiter. Danach scheint das Unternehmen eingestellt worden zu sein und es befand sich hier zunächst nur noch ein Kohlehandel. Um 1928 eröffnete der Fuhrbetrieb von Max Siegmund, der 1933 nach dem Rißweg 38 verlegt wurde und dort bis um 1960 bestand. Im Materniweg 1 lebte in den 1950er Jahren der Fuhrbetrieb Guden unter seiner Inhaberin Ingeborg Guden wieder auf und wurde bis um 1980 betrieben. Die burschikose Frau hatte die Eigentümlichkeit, mit ihren Tieren unter einem Dach zu leben. Mit ihren beiden Pferden tätigte sie nicht nur Lohnfuhren, sondern auch Kutschfahrten mit einer herrschaftlichen Kalesche.

Von den weiteren Fuhrunternehmen sei noch das von Familie Helas in der Steglichstraße 1 genannt. Um 1900 hatte es Ferdinand Helas (1854 – 1932) gegründet. Sein Sohn Willy war schon zu Lebzeiten seines Vaters ins Geschäft eingestiegen und führte es noch bis etwa 1945 weiter.

Überwiegend Personentransporte, vor allem für die Kurgäste der Sanatorien, betrieb von etwa 1920 bis 1936 der Kaufmann Otto Reinhold Borsdorf (1885 – 1973) in der Grundstraße 78, der anfangs als »Omnibus-Vermietung Expreß Weißer Hirsch« firmierte und auch einen »täglichen Rollfuhrverkehr zwischen Dresden und Loschwitz« betrieb.

In der DDR-Zeit, als Lizenzen für Privatunternehmen kaum vergeben wurden, hatte der VEB Kraftverkehr Dresden mit seinem Betriebsteil »Gütertaxi« das Transportmonopol.

Matthias Griebel

Quellen: 39, 1000

Fuhrunternehmen in Loschwitz

Jahr	Anzahl
1883	4
1900	5
1912	8
1921	5
1933	5
1943/44	5
1957/58	4
1975/76	1
1995	3
2014	0

Bus-Flotte der Firma Borsdorf *Archiv Kirchgemeinde Loschwitz*

Otto Reinhold Borsdorf
Foto: Slg. Matthias Griebel

Belegschaft der Firma Borsdorf zum 50. Firmenjubiläum 1927
Foto: Archiv Kirchgemeinde Loschwitz

Gärtnereien, Blumen und Sämereien

Um 1900 gab es in Loschwitz viele Gärtner, die zumeist herrschaftliche Gärten und Parkanlagen pflegten, zu denen auch die der drei Elbschlösser gehörten. Die im → *Schloss Eckberg* gelegene Gärtnerei verkaufte nach dem Auszug der dort stationierten sowjetischen Militärkommandantur noch bis in die 1960er Jahre Teile ihrer Produktion an die Bevölkerung.

Auch »Handelsgärtner« weisen die Adressbücher aus. So kaufte beispielsweise Theodor Adam 1881 Haus und Grundstück Veilchenweg 11, ließ drei Gewächshäuser errichten und betrieb etwa ein Jahrzehnt eine kleine Handelsgärtnerei. Zwei weitere kleinere Gärtnereien gab es an der Ulrichstraße: Die eine war vorrangig für die Versorgung von → *Möllers Sanatorium* bestimmt, die andere gehörte zum Grundstück der Beerenweinschänke (→ *Gaststätten*). Diese und andere kleinere Gärtnereien verkauften Teile ihrer Erträge – manchmal bis in die 1950er Jahre – auch an die Bevölkerung. Ein Beispiel hierfür war die Gärtnerei an der Calberlastraße 20. Um 1952 pachtete Richard Zeibig (1905 – 1986) die zu Schloss Eckberg gehörende Gärtnerei auf der linken Seite des Körnerweges vor dem → *Hafen*. Von hier versorgte er vorrangig seinen Gemüsestand (→ *Lebensmittelgeschäfte*) am Körnerplatz.

Eine Besonderheit war die gärtnerische Anlage an der Pillnitzer Landstraße südöstlich der Winzerstraße bis zur heutigen Friedrich-Press-Straße. Ab etwa 1936 bestand hier die »Gärtnerei des Jugendamtes Dresden«, in der zumeist Jugendliche gärtnerische Tätigkeiten verrichteten. Diese Tradition wurde auch in der DDR unter der Regie des VEB Gartenbau Dresden noch bis 1969 fortgeführt. Die Erträge gingen an öffentliche Einrichtungen, wie anfangs an Krankenhäuser. 1970 wurden hier Kirschbäume gepflanzt und es entstand die »Kirschplantage« (→ *Wohnparks*).

Etwas ausführlicher werden in alphabetischer Folge folgende Gärtnereien beschrieben:

Gärtnereien in Loschwitz

Jahr	Anzahl
1883	7
1900	12
1912	21
1921	41
1933	21
1943/44	10
1957/58	6
1975/76	4
1995	1
2014	2

Max Kleditzsch, Die Gärtnerei Flinsch in Loschwitz, um 1900, Aquarell *Städtische Galerie Dresden*

Landschaftsgärtnerei Bock
Schevenstraße 14
Der in Merxheim an der Nahe geborene Wilhelm Bock (1876 – 1941) kam während seiner Wanderjahre nach Dresden und zog 1906 auf die Schevenstraße 14. Eigentümer des Grundstücks war der Verlagsbuchhändler Erich Ehlermann (1857 – 1937, → *Verlage*), der jedoch darauf nicht wohnte. Bock gründete hier seine Landschaftsgärtnerei, die er bald weiter ausbaute. 1914 konnte er sein »Überwinterungshaus« in Betrieb nehmen. Sein Sohn Rudolf ging 1936 nach Kapstadt in Südafrika und gründete dort einen Gartenbaubetrieb, der bis heute von seinen Nachfolgern geführt wird. Um 1938 erwarb Wilhelm Bocks Tochter Luzia, die den Architekten Rudolf Fleischmann geheiratet hatte, das Grundstück an der Schevenstraße. Das Ende des Gartenbaubetriebs war tragisch: Nach dem Tod Wilhelm Bocks ging seine Frau Gertrud geb. Gentzsch (1879 – 1945) im Frühjahr 1945 nach Herzogswalde und nahm sich dort mit ihren Töchtern aus Angst vor der einrückenden Sowjetarmee das Leben.

Gärtnerei Flinsch
Calberlastraße 1
1887 kaufte der Rittmeister und Kaufmann Arthur Flinsch aus Leipzig den ehemaligen Rosigschen Besitz an der heutigen Calberlastraße 1 und 1b. Um 1893 gründete Flinsch seine Gärtnerei. Auf dem Grundstück befanden sich zwei Häuser: Die Villa »Flinsch«, damals Pillnitzer Straße 31, diente dem Eigentümer als Wohnsitz und firmierte als Adresse der Gärtnerei, zu der mehrere Gewächshäuser gehörten. Die etwas südöstlicher gelegene Villa »Daheim« (Pillnitzer Straße 33) wurde vermietet. Als Handelsgärtnerei bestand diese bis etwa 1914. Um 1936 wurde das Grundstück inklusive der Häuser von Flinschs Erben an privat verkauft.

Gärtnerei Gruhl/Diesner
Pillnitzer Landstraße 82
Das später mehrmals veränderte Haus wurde 1862 als Wohnhaus erbaut. Etwa 15 Jahre danach war es im Besitz von Elisabeth Grahl, der Witwe des Malers August Grahl (1791 – 1868, → *K1*), die gegenüber ihr Sommerhaus hatte (→ *Grahlsches Haus*). Sie war auch Besitzerin der beiden älteren Häuser heutige Pillnitzer Landstraße 84 und 84b. Letzteres wurde um 1887 abgerissen und die Nr. 84 diente fortan als Gerätehaus oder Schuppen für die hier seit etwa einem Jahrzehnt bestehende Gärtnerei, in der »herrschaftliche« Gärtner und auch zwei Handelsgärtner tätig waren. 1887 wurden zwei

Gärtnerei Gruhl, Haus mit Verkaufspavillon
Foto: Slg. Elbhang-Photo-Galerie, Edith Tackmann

Gärtnerei Gruhl, 1928: v. l. Erna und Otto Fritzsche mit Tochter Edith, heute Tackmann, Margarete und Karl Wesely, sitzend Selma und Arthur Gruhl, Luise und Arthur Hebert, Martha Gruhl geb. Knackfuß

Das Gärtnerehepaar Christiane Wilhelmine und Friedrich Ernst Knackfuß mit zwei Enkeln in ihrer Gärtnerei, Pillnitzer Landstraße 18, um 1900 *Fotos (2): Slg. Elbhang-Photo-Galerie*

Gewächshäuser errichtet. Der gebürtige Oschatzer Arthur Gruhl (1868 – 1942) war seit etwa 1890 im Raum Dresden als Gärtner tätig. Er heiratete 1895 Selma Knackfuß (1870 – 1939), eine Tochter des nachfolgend genannten Hermann Knackfuß sen. Von Elisabeth Grahl pachtete Arthur Gruhl die Gärtnerei Pillnitzer Landstraße 82, zu der auch das Land bis zur Grundstücksgrenze Pillnitzer Landstraße 86 gehörte. 1900 ließ er ein weiteres Gewächshaus bauen. Arthur Gruhl war viele Jahre Vorsitzender des »Gartenbau-Vereins für Loschwitz und Umgegend«. Als »Herrschaftsgärtner« war er bis etwa 1920 vorrangig für Familie Grahl tätig. Danach war der Gartenbaubetrieb eine Handelsgärtnerei. Um 1932 konnte er das Grundstück käuflich erwerben. Außer der Gärtnerei hatten die Gruhls noch einen Verkauf von Kartoffeln, Südfrüchten und anderen Waren, die in der Großmarkthalle zugekauft werden mussten. Arthur Gruhl fuhr dazu am frühen Morgen in die Stadt und transportierte dann seine Einkäufe per Straßenbahn nach Hause. Am Bußtag und Totensonntag wurden an einem Stand am angrenzenden Friedhof Kränze und Gestecke verkauft.

Nach dem Tod von Gruhl wurde die Gärtnerei von seinen Erben verpachtet, später an Karl Wilhelm Diesner (1900 – 1968) verkauft. Nach seinem Tod führte seine Witwe Elisabeth geb. Hertrampf (1903 – 1990) die Gärtnerei noch bis 1973 weiter. 1978 pachtete Klaus Bartky das Gelände von der Stadt Dresden und führte hier bis 2003 eine Baumschule.

Gärtnerei Knackfuß
Pillnitzer Landstraße 18
Der Begründer der späteren »Kunst-und Handelsgärtnerei Knackfuß« war Friedrich Ernst Knackfuß (1827 – 1887). Er erwarb um 1860 ein Stück Land gegenüber der Kirche, baute ein Haus mit einem Ladengeschäft und später auch Gewächshäuser. 1866 heiratete er in Loschwitz Christiane Wilhelmine Eckardt (1838 – 1908), die die Gärtnerei nach dem Tod ihres Mannes weiterführte. Um 1905 übernahm der Sohn Hermann Knackfuß (1872 – 1933) den Betrieb, in dem er nach dem Tod seines Vaters schon mitgearbeitet hatte. Mit seiner Frau Flora geb. Tillich (1882 – 1958) führte er die Gärtnerei durch die schweren Zeiten des Ersten Weltkrieges und der nachfolgenden Inflation. Nach seinem Tod war es wieder die Witwe, die den Gartenbaubetrieb übernahm. Sie gab ihn später an den Sohn Hermann Knackfuß jun. (1910 – 1969) weiter, der 1945 Irene Mende (1915 – 2005) aus Dresden geheiratet hatte.

Die Gärtnerei wurde 1961 verkauft und danach bis 1968 von der GPG Weißer Hirsch-

Hermann Knackfuß
Gärtnerei und Blumen-Geschäft
Geschmackvolle Ausführung aller Arten Dekorationen u. Bindereien / Reichhaltige Auswahl in blühenden und Blattpflanzen
Blumenvermittlung nach allen Orten
Pillnitzer Straße 18 Fernsprecher 37395

Anzeige, 1925 *Kirchgemeindeblatt*

Otto Schubert, Gärtnerei [Gruhl/Diesner], 1945 *Archiv Ortsverein Loschwitz-Wachwitz*

»Markthalle« der Gärtnerei Rosig auf der Pillnitzer Landstraße 24, 1901. Fotos: Slg. Marianne Luft

Bühlau genutzt. Die Gewächshäuser der Gärtnerei wurden 1979 von Schülern der → *Schillerschule* abgerissen, um Platz für einen Schulsportplatz zu schaffen. Im ehemaligen Blumenladen befindet sich heute das → *Loschwitzer Antiquariat*.

Gärtnerei Leiberg
Krügerstraße 23
Das Grundstück gehörte zum Besitz der Familie Rosig (→ *Bauerngüter*). Bis 1892 war hier Paul Zipser als Gärtner tätig, der danach als »herrschaftlicher Gärtner« in die → *Villa Rosenhof* ging. Sein Nachfolger auf der Krügerstraße wurde der Handelsgärtner Paul Zimmerling, dem 1904 der Kunst- und Handelsgärtner Oskar Leiberg (1859 – 1946) folgte. Um 1925 konnte er das Grundstück mit Haus und Gärtnerei kaufen. Nach seinem 70. Geburtstag übergab er die Gärtnerei an seinen Sohn Willy Leiberg, der in Dresden-Weißer Hirsch wohnte und dort ein Lebensmittelgeschäft betrieb. 1937 vererbte sein Vater Oskar auch Haus und Grundstück an ihn und fünf weitere Erben. Nach dem Zweiten Weltkrieg und dem Tod von Oskar Leiberg endete der Gärtnereibetrieb. Nur das kleine Lebensmittelgeschäft von Frieda Hiemann, die seit 1934 hier wohnte, erinnerte noch an vergangene Zeiten – auch wenn das Geschäft nicht mehr von der Gärtnerei beliefert wurde.

Landschaftsgärtnerei Petzold
Alpenstraße 8
Der in der Loschwitzer Grundstraße geborene Ernst Petzold (1865 – 1941) kaufte 1893 Bauland an der Alpenstraße und ließ im folgenden Jahr darauf sein Wohnhaus mit Nebengebäude und zwei Gewächshäusern errichten. Er führte hier mit seiner Ehefrau Auguste Emilie geb. Ebschner (1867 – 1932) eine Handelsgärtnerei. Nach seinem Tod wurde sie noch einige Zeit weitergeführt; einen Blumenverkauf gab es noch bis Anfang der 1960er Jahre.

Gärtnerei Rosig
Pillnitzer Landstraße 24
Ernst Rosig (1867 – 1916) ist im → *Winzerhaus* Körnerweg 8 geboren und aufgewachsen. Seine Eltern waren Johanna Justine geb. Hebig (1849 – 1930) und Friedrich August Rosig (1817 – 1897). Ernst erlernte den Beruf des Landschaftsgärtners. Die Miterbschaft aus dem Weinbergsverkauf am Körnerweg ermöglichte es ihm, 1900 das Grundstück mit Haus »Villa Saxonia« in der Pillnitzer Landstraße 24 zu erwerben, die dahinter liegenden Flurstücke zwischen Ratsstraße und Amtsstraße bis hin zum »Albertpark« (→ *Spielplätze*) zu pachten und eine Gärtnerei zu gründen. Im Jahr darauf ließ er direkt an der Pillnitzer Landstraße eine hölzerne »Markt-Halle« errichten. Sie diente fortan dem Verkauf von Obst und Gemüse aus der Gärtnerei, aber auch von Lebensmitteln, »Brod« der Hofmühle von Gotlieb Traugott Bienert in Plauen und »Dresdner Felsenkeller-Lagerbier«. Ab 1912 arbeitete Ernst Rosig gleichzeitig als Totenbettmeister auf dem Loschwitzer → *Friedhof*. Nach dem frühen Tod von Ernst Rosig im Jahr 1916 führte seine Frau

Erdbeerbrigade mit Marianne und Richard Rosig, Frau Weller und Frau Machinek, 1970er Jahre

Emma Rosig *Foto: Slg. Marianne Luft*

Blick vom Veilchenweg auf die Landschaftsgärtnerei Otto W. Stein, 1954
Foto: Slg. Matthias Griebel

Emma (1870 – 1941) die Gärtnerei eingeschränkt weiter. Der Sohn Richard Rosig (1899 – 1989) übernahm nach seiner Lehre als Kunstgärtner in Quedlinburg mit seiner Frau Wally (1900 – 1978) die Gärtnerei und baute hier Erdbeeren, Blumen und Gemüse an. Das Angebot in der »Markthalle« wurde um Waren des täglichen Bedarfs wie Waschmittel und Zigaretten erweitert. Nach dem Zweiten Weltkrieg konnte man hier mit Lebensmittelmarken kaufen. Die Gärtner hatten der Konsum-Genossenschaft festgelegte Mengen ihrer angebauten Produkte zu liefern. Mit den verbesserten Angeboten in Konsum und HO verlor der kleine Laden um 1960 an Bedeutung. Blumen und Gemüse wurden fortan direkt in der Gärtnerei verkauft und die »Markthalle« als Abstellraum genutzt. Im Zuge der Sanierung des Haupthauses im Jahr 2000 wurde sie abgerissen. Durch den Bau von zwei Einfamilienhäusern an der Amtsstraße verkleinerte sich um 1975 die Gärtnerei, bevor 1989 mit dem Tod von Richard Rosig das endgültige Ende der Gärtnerei gekommen war.

Gärtnerei Rosig
Pillnitzer Landstraße 78
Eine weitere »Gärtnerei Rosig« befand sich neben dem Loschwitzer → *Friedhof*. Mit Erreichen seiner Mündigkeit erhielt Paul Rosig (1882 – 1967) von seiner Mutter Anna Eichler und seinem Stiefvater Hermann Eichler (→ *Bauerngüter*) ein großes Stück Feld, auf dem er 1904 durch → *Baugewerksmeister Ernst Weigelt* (1857 – 1916) ein Wohnhaus und vier Gewächshäuser errichten ließ. 1907 heiratete er dessen

Unsern werten Kunden, Freunden und Nachbarn wünschen wir von Herzen ein

gesundes und frohes Neujahr!

Loschwitz, Pillnitzer Strasse 24. (10
Landschaftsgärtner Ernst Rosig u. Frau.

Anzeige, 1907 *Slg. Matthias Griebel*

Tochter Gertrud Weigelt (1884 – 1968). Das zwei Jahre zuvor bezogene Haus erhielt nach seiner Frau den Namen »Trudens Heim«. Da im Gegensatz zur anderen Gärtnerei Rosig hier meist Blumen gezüchtet wurden, nannte man bald Paul Rosig den »Bliemel-Rosig«. Die Gärtnerei bestand ein halbes Jahrhundert. In den letzten Jahren leitete die Gärtnerei Erich Machinek (1898 – 1984), bevor sie einschließlich Wohnhaus 1956 die → *Kirchgemeinde Loschwitz* erwarb. Der ehemalige Rosigsche Besitz wurde zur Friedhofsgärtnerei. Die Gewächshäuser wurden teilweise renoviert und auf der Fläche der heutigen → *»Kurzzeitpflege«* entstanden Stiefmütterchenfelder.

Gärtnerei Seidemann
Fidelio-F.-Finke-Straße 6
Der Gärtner Hugo Seidemann (1886 – 1972) zog 1931 in das damalige Haus der heutigen Fidelio-F.-Finke Straße 11, wo schon sein Vater, der Landschaftsgärtner Emil Seidemann, gewohnt hatte. Nach Schließung des Bildhauergeschäfts von Frieda Pflaum, der Witwe des Rochwitzer Steinmetz-Innungsmeisters Josef Pflaum, der dort bis zu seinem Tod 1920 sein → *Steinmetzgeschäft* hatte, pachtete Seidemann wahrscheinlich noch 1931 für seine Gärtnerei das Gelände der heutigen Fidelio-F.-Finke-Straße 6. Die Handelsgärtnerei, in der auch seine Schwester Klara Seidemann (1883 – 1972) tätig war, bestand bis etwa 1950.

Landschaftsgärtnerei Stein
Pillnitzer Landstraße 20
Der in Halle/Saale geborene Gartenarchitekt Otto Stein (1893 – 1979) kaufte 1921 o. g. Haus und Grundstück. Seine Wohnung und Büro für Gartengestaltung befanden sich hier, während das umfängliche Gartengelände mit Baumschule zwischen Amtsstraße und Winzerstraße auf einem damals tiefer gelegenen Areal lag.

SCHÖNE GÄRTEN OTTO STEIN

LANDSCHAFTSGÄRTNEREI/GARTENBAU
OTTO WILH. STEIN
DRESDEN-LOSCHWITZ
Pillnitzer Landstraße 20 Am 8. 6. 1959

Bank: Stadtspark. Dresden Konto Nr. 35283
Postscheck: Dresden 16003
Ruf 36806

Rechnung 10748

für Herrn Otto Griebel, Pilln.-Landstr. 11
Dresden N 54

Zahlbar netto Kasse, ohne Abzug. Erfüllungsort und Gerichtsstand: Dresden.

		DM	Pf	DM	Pf

Rechnung, 1959 *Slg. Matthias Griebel*

Später entstanden hier die Loschwitz-Arkaden (→ *Wohnparks*).

Gärtnerei Wiese
Schloss Albrechtsberg und Zeppelinstraße 1
Aus der für die Pflege des Parks zuständigen Gärtnerei im → *Schloss Albrechtsberg* entstand 1905 eine Handelsgärtnerei. Bis 1925 betrieb sie der im Gärtnerhaus wohnende Hermann Wiese. Sein Nachfolger wurde Johannes Frey, der im Torgebäude wohnte und sie noch bis etwa 1935 als Handelsgärtnerei führte. Sein Vorgänger Hermann Wiese hatte nach seinem Weggang von der Schlossgärtnerei das Grundstück Zeppelinstraße 1 (→ *OT Oberloschwitz*) gepachtet. Hier hatte 1915 der in der Nr. 7 wohnende Fabrikbesitzer Albert Naumann auch das unbebaute Grundstück Zeppelinstraße 1 erworben. Im Jahr darauf ließ er hier für sich nach Plänen des → *Architekturbüros* Arnold & Lahode eine kunstvoll ausgeführte Gewächshaus-Anlage errichten. Nach Naumanns Wegzug pachtete und bewirtschaftete nun Handelsgärtner Hermann Wiese das Areal der Gärtnerei. Seine Blumenbinderei befand sich in Dresden-Weißer Hirsch. Nach 1945 war das Ende der Gärtnerei gekommen, an deren einstige Gewächshaus-Anlage heute nichts mehr erinnert.

Barbara Friebel, Otto-R.Wenzel

Quellen: 39, 336, 687, 726, 894, 1000, 1026

Blumenläden

Die → *Gärtnereien* betrieben alle auch den Verkauf ihrer Blumen. Die meisten verfügten dabei über eigene Blumenläden in ihrem Haus oder Grundstück. So war beispielsweise das heutige → *Loschwitzer Antiquariat* in der Pillnitzer Landstraße 18 der Verkaufsladen der Gärtnerei Knackfuß und in dem kleinen östlichen Anbau Pillnitzer Landstraße 82 befand sich der Blumenverkauf der Gärtnerei Gruhl.

Blumenladen Körnerplatz 6

Bereits der erste Mieter eines der Geschäfte im Erdgeschoss des 1895 fertiggestellten Hauses Körnerplatz 6 war ein Blumenhändler. Der Kunstgärtner und Blumenbinder Paul Feige (1864 – 1937) bezog mit seiner Frau Minna geb. Richter (1869 – 1949) und der 1894 geborenen Tochter Margarete eine Wohnung in der ersten Etage des Hauses. 1897 wurde die zweite Tochter Johanna geboren, die später in Loschwitz als Turnlehrerin arbeitete. Die Familie meisterte die Zeiten des Ersten Weltkriegs und der Inflation. Nach dem Tod Paul Feiges führte seine Witwe Minna das Geschäft weiter und verkaufte es 1941 an die Blumenhändlerin Margarete Zeh.

Um 1950 folgte das »Blumenhaus Trinks«. Inhaberin war die Blumenbindermeisterin Margarete Trinks (1909 – 1967), die – anfangs noch gemeinsam mit ihrem Ehemann Herbert – das Geschäft führte. 1965 wurde das Ladengeschäft von der GPG Weißer Hirsch und 1974 vom Großbetrieb »Centraflor Dresden« übernommen.

Am 27. Februar 2001 eröffnete die gelernte Blumenbinderin und ehemalige Verkaufsstellenleiterin Ulrike Kubetzki an dieser traditionsreichen Stelle die »Blume am Körnerplatz« und setzt damit bis heute die über 100-jährige Tradition dieses Blumenladens fort.

Blumenladen Körnerplatz 4

Nach der Zerstörung seines Blumengeschäfts auf der König-Johann-Straße in Dresden am

Minna, Paul, Johanna und Margarete Feige, 1905. Foto: Hermann Kotzsch, Blasewitz

13./14. Februar 1945 eröffnete hier Ende 1945 Friedrich Jannasch unter gleichem Geschäftsnamen sein Blumenhaus »Flora«. Drei Jahre später übernahm es die Blumenbindermeisterin Erika Hahnisch (* 1924). Sie führte es bis zu ihrer Eheschließung mit Otto Pohle im Jahr 1956. Damit war das Ende des Blumenhauses »Flora« gekommen.

Blumenladen Pillnitzer Landstraße 34

Im April 1998 eröffnete Francisco Conrad in der Nachfolge von »Blumen-Leonhardt« eine Filiale der »Dresdner Blume« in den Loschwitz-Arkaden, die seitdem fester Anlaufpunkt in dem Einkaufszentrum ist. **Barbara Friebel**

Quellen: 39, 328, 724, 1000

Anzeige, 1911 Broschüre »Loschwitz«, OVLW

Samenhandlung Görn

Körnerplatz 10

1938 zog der gelernte Werkzeugmacher Richard Töpert (1906 – ?) mit seiner zoologischen Handlung von der Grundstraße 35 in das Ladengeschäft Körnerplatz 10. Das Angebot wandelte sich. Den Erfordernissen der Zeit gehorchend wurden Samen, Dünger, Gaspatronen gegen Wühlmäuse sowie ein von der Ehefrau Töperts betriebener Schleifservice für Messer und Scheren aller Art angeboten. 1951 verkaufte Töpert das Geschäft für 3.000 DM an Günter Görn (1912 – 1981).

Der in Niederschöneweide geborene Görn war nach der Schulzeit mit seiner Familie nach Dresden gekommen. Seine Liebe zu Gärten und Parkanlagen ließ ihn zunächst den Beruf eines Gärtners erlernen. Später folgte eine Ausbildung bei Samen-Schmidt in der Friedrichstadt. Der an einer Herzkrankheit und schwerem Rheumatismus Leidende entschied sich trotzdem zur Selbstständigkeit. Das von ihm übernommene Geschäft am Körnerplatz trug fortan den Namen »Samen-Görn«. Ältere Gartenfreunde erinnern sich heute noch an das reichhaltige Angebot: Bunte Samentüten, Hühnerringe, Wetter-und Vogelhäuschen in allen Größen. Gute geschäftliche Verbindungen zu Gärtnern im Dresdner Umland und nach Quedlinburg ermöglichten ein für DDR-Verhältnisse ausgezeichnetes Sortiment. Auf die Einhaltung

Ulrike Kubetzki, 2015 Foto: Siegfried Großmann

Francisco Conrad in seinem Blumenladen, 2015 Foto: Siegfried Großmann

Die Samenhandlung Görn in den Anfangsjahren, etwa 1955. Foto: Slg. Frank Nestler

Vielfältiges Angebot bei »Samen-Görn« in den Saisonmonaten, etwa 1978. Foto: Slg. Frank Nestler

des Hinweises »Keine Selbstbedienung« wurde von Günter Görn streng geachtet. Er war einer der wenigen Händler, die in der DDR Pflanzenschutzgifte verkaufen durften. Wer eine solche Substanz erwerben wollte, musste sich ausweisen und wurde im »Giftbuch« registriert. 1975 heiratete Günter Görn die seit 1968 bei ihm als Verkäuferin arbeitende Waltraut Nestler (1930 – 1999). Das Ehepaar Görn verbrachte häufig 12 bis 14 Stunden am Tag im Geschäft. In den Stoßzeiten im Frühjahr und Herbst wurden zusätzliche Verkäuferinnen und Helfer eingestellt. Wegen der angespannten wirtschaftlichen Lage und aus gesundheitlichen Gründen übergab Günter Görn die Samenhandlung 1979 an seine älteste Tochter Ursula, die das Geschäft gemeinsam mit ihrem Ehemann Helfried Rühle engagiert bis Mitte der 1990er Jahre weiterführte.

Günter und Waltraut Görn reisten 1979 nach Kleve am Niederrhein aus. **Barbara Friebel**

Quellen: 726, 770

Getränkehandel

Getränke wurden fast immer auch in → *Lebensmittelgeschäften* angeboten. Der erste eigentliche »Getränkehändler« in Loschwitz war Moritz Otto Borsdorf (1853 – 1906), dem die → *Brauerei* in der Grundstraße 76/78 gehörte. Er erwarb 1877 das Grundstück Dammstraße 14 und eröffnete hier seine »Eis-, Flaschenbier und Zigarrenhandlung«. Am Haus nahm er zahlreiche Umbauten vor und ließ 1892 ein neues Eishaus bauen. Nach seinem Tod führte seine Witwe Marie geb. Kluge (1857 – 1946) das Geschäft weiter, das sie um 1920 an ihren Sohn Otto Reinhold (1885 – 1973) weitergab, der es als Zweigstelle seines Unternehmens in der Grundstraße noch bis Anfang der 1940er Jahre fortführte. **Otto-R. Wenzel**

Quellen: 39, 1000

Getränke- und Weinhaus Neumann
Grundstraße 115
Das Gebäude Grundstraße 115 wurde 1864 erbaut. Der Eigentümer und Bewohner, Produktenhändler August Rentsch, eröffnete dort im selben Jahr ein Geschäft für Materialwaren, Lebensmittel und Tabak. Ihm folgte Ernst August Jokuff, der um 1887 Haus und Geschäft übernahm. 1889 wurde das Wohnhaus umgebaut. Wilhelm Lissau führte ab 1891 wieder als Produktenhändler das Geschäft fort und erwarb 1899 auch das Gebäude. Nach dem Tod von Wilhelm Lissau (1865 – 1905) erbte dessen Witwe Auguste (1863 – 1921) das Geschäft und betrieb es bis an ihr Lebensende. Danach wurde die ebenfalls im Haus wohnende Tochter Frieda Lissau (1898 – 1931) Nachfolgerin im Laden. Sie heiratete 1927 den Buchdruckermeister Alfred Schulze und führte das Geschäft noch zwei Jahre weiter. Danach übernahm der Lebensmittelhändler Otto Günther das Geschäft. Dessen Tochter Anna, die den »Wagenmeister« und Hausbesitzer Felix Lissau geheiratet hatte,

Im Getränkehaus Neumann, 2015
Foto: Siegfried Großmann

war ab 1939 Geschäftsnachfolgerin ihres Vaters. Während eines Unwetters am 8. Mai 1951 verunglückte sie tödlich bei einem Hangrutsch hinter ihrem Haus.

1978 kam das Haus in den Besitz der Familie Neumann, zunächst als → *Sekundärrohstoffhandel* Dresden-Ost. 1989 wurde der Getränkefachgroß- & Einzelhandel Neumann & Söhne gegründet. Inhaber war Siegfried Neumann (1931 – 2008). Seit 1992 führt Thomas Neumann (* 1966) die Familientradition im »Getränke- und Weinhaus Neumann« weiter. Das Sortiment beinhaltet neben verschiedensten Bieren und Säften auch Weine, Spirituosen und Mineralwässer. 2012 wurde das Geschäftshaus restauriert. Gern angenommen wird am treppenreichen Elbhang der Neumannsche Getränke-Lieferservice. **Barbara Friebel**

Quellen: 39, 1000, 1156

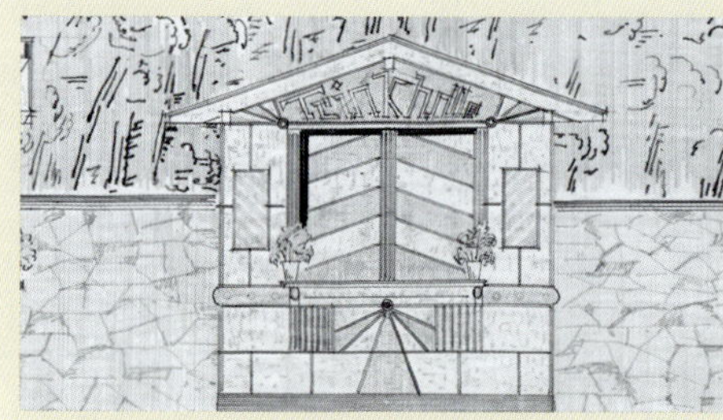

Trinkhalle an der Mordgrundbrücke (Schillerstraße), Bauzeichnung von 1907
Stadtarchiv

Trinkhallen
In Loschwitz gab es einige »Trinkhallen«, die alkoholfreie Getränke und dazu in der Regel auch Obst anboten. Die wahrscheinlich erste befand sich am Ende der Schillerstraße hinter dem Haus »Bethanien« (→ *Kirchlich-diakonische Einrichtungen*). Es war die 1891 errichtete »Obstverkaufsbude« von Carl Müller, in der bis etwa 1900 von ihm Getränke und Obst verkauft wurden. 1907 ließ Oskar Petzold an gleicher Stelle eine neue Trinkhalle errichten, die er bis etwa 1920 betrieb.
Am Loschwitzer → *Hafen* am Körnerweg ließ 1897 der Steinmetz Paul Lange (1861 – 1906) eine weitere Trinkhalle bauen, deren Eigentümer er bis zu seinem Tod war. Danach bestand die Trinkhalle bis etwa 1920. Neben dem 1898/99 errichteten Neubau Körnerplatz 8 wurde wahrscheinlich schon in dieser Zeit brückenseitig eine kleine Trinkhalle errichtet, gegen die sich allerdings Widerspruch erhob. 1913 entstand dann der kleine bis 1921 betriebene brückenseitige Holzanbau für die Betreiber Hulda und Alwin Löffler sowie Max Hangel, der erst bei der Sanierung 1996/97 endgültig beseitigt worden ist. **Otto-R. Wenzel**

Quellen: 39, 1000

Grabbildhauer

Grabbildhauer sind Bildhauermeister, die sich vorrangig mit der Gestaltung von Grabsteinen und Grabanlagen befassen. Außer den nachfolgend genannten Grabbildhauern, die in Loschwitz ihren Firmensitz und Werkplatz hatten, sei hier noch eine Familie genannt, die bereits in vierter Generation als Bildhauer tätig ist. Um 1962 kaufte Christian Hempel (1937–2015, → *K1*) das Haus Sierksstraße 25 und wohnte fortan mit seiner Familie dort. Er war der Sohn des Bildhauers Oskar Paul Hempel (1887–1954), der seinen Werkplatz in Dresden-Tolkewitz hatte, welcher später von Werner Hempel (1904–1980) weitergeführt wurde. Christian Hempels Kinder Andreas (* 1958) und Katharina verh. Heidenreich (* 1964) erlernten den Beruf des Vaters. Nach dem Tod ihrer Mutter Barbara geb. Schubert im Jahr 1964 heiratete der Vater erneut. Es wurden nun die Tochter Claudia (* 1973) und die Zwillinge Julius (1971–2015) und Sebastian (* 1971, → *K2*) geboren, die ebenfalls alle Bildhauer wurden. Julius hatte seine Werkstatt, die jetzt von seinem Bruder Sebastian weitergeführt wird, in Dresden-Tolkewitz. **Otto-R. Wenzel**

Quellen: 39, 639, 640, 724

Grabbildhauerei Herrmann

Fritz Herrmann *Foto: K2*

Der am 29. Oktober 1919 in Steinigtwolmsdorf geborene Fritz Herrmann (1919–1969, → *K2*) begann 1934 seine Steinmetzlehre in Schmölln und ging von 1938 bis 1939 an die Steinbildhauer-Fachschule in Wunsiedel. Nach seiner Soldatenzeit machte er dort 1945 seine Meisterprüfung. Zwei Jahre später kam er nach Dresden und arbeitete bis 1954 in der Zwingerbauhütte. Von 1950 bis zu seinem Tod wohnte er Malerstraße 10 im → *OT Schöne Aussicht* und hatte seinen Verkaufsladen bis 1957 und die Werkstatt bis 1960 in der Pillnitzer Landstraße 78 und danach in Dresden-Tolkewitz. Er starb am 16. Januar 1969 und wurde auf dem Loschwitzer → *Friedhof* bestattet. Den Grabstein schuf sein Sohn Ullrich (* 1948), der den Werkplatz seines Vaters ab 1975 noch privat nutzte und dann nach Österreich ging. Seit 1989 hat Ole Göttsche (* 1959) seinen Werkplatz im Grundstück Pillnitzer Landstraße 78. **Otto-R. Wenzel**

Quellen: 39, 640, 726

Grabbildhauerei Hunger

Carl Wilhelm Hunger (1845–1904 → *K2*) wurde am 11. August 1845 in Arnsfeld bei Annaberg geboren. Er erlernte den Beruf eines Bildhauers und qualifizierte sich danach zum Bildhauermeister, der wahrscheinlich nur Grabdenkmale schuf. Ab 1870 wohnte er zunächst in Loschwitz auf der Grundstraße, heutige Friedrich-Wieck-Straße 9. 1886 kaufte er von Friedrich Wilhelm Rosig das Flurstück Pillnitzer Landstraße 62 mit einer Fläche von 690 m². Darauf erbaute er 1887/88 sein Wohnhaus. Das Haus ist ein zweigeschossiges Wohngebäude mit voller Unterkellerung und ausgebautem Dachgeschoss. 1889 ergänzte er das Anwesen um einen Pavillon, der zur Präsentation seiner Arbeiten diente. Hunger war Hauptmann der Freiwilligen → *Feuerwehr Loschwitz*. Er war mit Auguste Wilhelmine geb. Bode (1848–1922) verheiratet und hatte mit ihr drei Söhne und vier Töchter. Im Dezember 1898 ließ er das Anwesen im Wert von 18.000 M an seine Ehefrau überschreiben. Wilhelm Hunger starb am 9. Februar 1904 in Loschwitz. Das Grab, in dem auch seine am 7. April 1922 verstorbene Ehefrau bestattet wurde, befindet sich auf dem Loschwitzer → *Friedhof*.

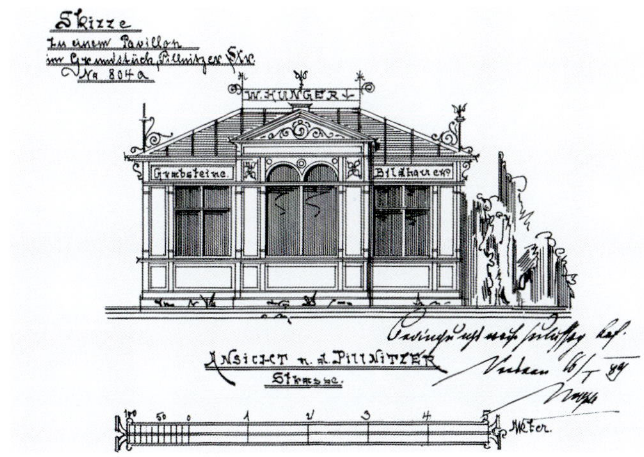

Entwurf von Carl Wilhelm Hunger für einen Ausstellungs- und Verkaufspavillon, 1889 *Foto: Slg. Familie Arnold*

Sein Sohn Otto Wilhelm (1874–1925, → *K2*), geboren am 20. September 1874 in Loschwitz, absolvierte seine Bildhauerlehre wahrscheinlich bei seinem Vater. Nach dessen Tod übernahm Otto das Bildhauergeschäft seines Vaters, das später der Grabbildhauer Paul → *Jäckel* weiterführte. Auch Otto Hunger schuf vorrangig Grabmale. Bis 1909 wohnte er Pillnitzer Landstraße 62 und danach in Wachwitz, zuletzt ab 1916 Wachwitzgrund 76. Er war seit 1898 mit Ella geb. Schräger (1879–?), verheiratet und hatte vier Söhne und vier Töchter. Nach 1918 fertigte er für die im Ersten Weltkrieg gefallenen Wachwitzer Bürger unentgeltlich die Gedenktafeln im Ehrenhain im Wachwitzgrund. Otto Hunger starb am 17. Februar 1925 in Wachwitz und wurde ebenfalls auf dem Loschwitzer Friedhof bestattet. **Rolf Friebel**

Quellen: 39, 249, 640, 725

Steinlager der Grabbildhauerei Hunger, Pillnitzer Landstraße 62, um 1935 *Foto: Slg. Familie Arnold*

Paul Jäckel mit Mitarbeitern *Foto: Slg. OVLW*

Martha und Heinz Jäckel beim 40-jährigen Geschäftsjubiläum, 1948 *Foto: Slg. Ute Häse*

Anzeige im Kirchgemeindeblatt, 1930

Grabbildhauerei Jäckel

Paul Jäckel (1880 – 1930) wurde am 14. April 1880 in Berlin geboren. Er qualifizierte sich zum Bildhauermeister und gründete 1908 seine Firma. Mit seiner Ehefrau Martha Pfrötzschner (1882 – 1958) aus Lotzdorf (heute zu Radeberg) und den beiden Töchtern Hildegard (1903 – 1974, → *K1*, → *Fotografen*) und Hertha (1905 – 1950) zog er 1909 in die Pillnitzer Landstraße 62, wo er nun auch seinen Werkplatz hatte. Um 1925 zog die Familie mit den beiden Töchtern und ihrem Sohn Heinz Jäckel (1917 – 1994) in die Krügerstraße 14. Ehefrau Martha war 1908 Miteigentümerin dieses Grundstücks geworden.

Nach dem Tod Paul Jäckels am 3. Mai 1930 führte seine Witwe das Grabbildhauergeschäft weiter. Den Werkplatz verlegte sie 1934 von der Pillnitzer Landstraße 62 in die Nr. 29 und 1941 eröffnete sie ihr Grabstein-Geschäft in der Grundstraße 2. Ihr Sohn Heinz hatte unterdessen den Beruf seines Vaters erlernt und die Meisterprüfung abgelegt. Nach Kriegsdienst im Zweiten Weltkrieg und dreijähriger Kriegsgefangenschaft kehrte er 1948 zurück und konnte so im gleichen Jahr das 40-jährige Geschäftsjubiläum mitfeiern. Er führte das Familienunternehmen bis etwa 1987 weiter.

Das Familiengrab befindet sich auf dem Loschwitzer → *Friedhof*, für den Paul und Heinz Jäckel zahlreiche Grabsteine geschaffen hatten. **Otto-R. Wenzel**

Quellen: 39, 726, 1000

Anzeige, 1934 *Kirchgemeindeblatt*

Grabbildhauer Robert Pohlert

Der am 1. November 1871 geborene Robert Julius Pohlert (1871 – 1950) kam 1917 als Bildhauermeister nach Dresden. Er hatte zunächst seine Wohnung und seinen Geschäftsraum in Dresden-Johannstadt. 1930 verlegte er diesen in die Pillnitzer Landstraße 78 und wohnte ab diesem Jahr im Angelsteg 5 in Dresden-Blasewitz. Für die Kirche in Graupa hatte er 1921 nach einem Entwurf von Selmar Werner (1864 – 1953) das Relief über dem Kirchenportal geschaffen. Pohlert starb am 7. Mai 1950 und wurde auf dem Loschwitzer → *Friedhof* bestattet. **Otto-R. Wenzel**

Quellen: 39, 887

Gürtler und Bronzearbeiter

Die kunsthandwerkliche Arbeit des Gürtlers bestand in der Herstellung von unterschiedlichen Schmuckgegenständen, Möbelbeschlägen, Geländern, Toren und anderen Gegenständen, die neben Eisen und anderen Metallen auch aus Bronze, Silber oder gar Gold gefertigt wurden. Der Beruf des Gürtlers ist dem heutigen Metallbildner zu vergleichen.

Schon im 18. Jahrhundert besaß der Dresdner Kurfürstliche Stallgürtler Christoph Hänisch Weinberge an der heutigen Schillerstraße 10 und 39. Auch später gab es in Loschwitz mehrere Gürtler – sogar kurzzeitig einen »Goldarbeiter« –, von denen stellvertretend der Gürtler und Bronzearbeiter Otto Richter genannt werden soll. Er zog um 1885 von der Grundstraße 21 in die 48 und hatte dort fortan seine Wohnung und bis etwa 1932 seinen Firmensitz.

Otto-R. Wenzel

Quellen: 39, 1000

Paul Jäckel, Kriegerdenkmal Schönfeld, 2015 *Foto: Siegfried Großmann*

HO – Handelsorganisation

In der Sowjetischen Besatzungszone wurde von Beginn an der Schwerpunkt auf den Aufbau eines sozialistisch orientierten Wirtschaftssystems gesetzt, wie es in der Sowjetunion existierte. Das führte auch im Einzelhandel und im Gastgewerbe zur schrittweisen Entwicklung volkseigener Einrichtungen. Die im Potsdamer Abkommen festgelegte Entnazifizierung führte darüber hinaus zu Enteignungen von Unternehmen.

Neben den 1990 durch den Einigungsvertrag als rechtmäßig anerkannten Enteignungen von Nazis und Kriegsverbrechern sowie ihren Förderern kam es jedoch damals zu ungerechtfertigten, oft subjektiven Enteignungen, die nach dem Einigungsvertrag zu einer Rückübertragung führten. Außerdem gab es Häuser und Grundstücke ohne Eigentümer, weil diese in den Kriegswirren verschollen waren oder Dresden aus den verschiedensten Gründen verlassen hatten. Alle diese Handelseinrichtungen und Gaststätten wurden in kommunales, später staatliches Eigentum überführt.

Durch die Deutsche Wirtschaftskommission wurde am 20. Oktober 1948 der Beschluss zum »freien Verkauf von Konsumgütern zu erhöhten Preisen« gefasst, in dessen Folge am 15. November 1948 die Handelsorganisation »Volkseigener Einzelhandel (HO)« gegründet wurde. Die Handelsorganisation war gegliedert in die Bereiche Industriewaren, Lebensmittel, Gaststätten, Warenhäuser und Hotels. Damit entstanden sogenannte »freie Läden« und »freie Gaststätten«, in denen man ohne Bezugsscheine und ohne Lebensmittelmarken einkaufen bzw. essen gehen konnte.

HO Textil Veilchenweg 2, 1981, an der Tür der Aufkleber »HO Industriewaren«: Offensichtlich besteht ein Zusammenhang zwischen den handgeschriebenen Schildern »Annahmekraft für Flaschenrücknahme gesucht« und »Wein, Saft- und Fipsflaschen werden vorübergehend nicht angenommen«.
Foto: Andreas Meschke, Slg. Ute Häse

Zu den ersten beiden »freien Gaststätten« in Dresden gehörte neben dem »Theatercafé« am Postplatz der »Luisenhof« (→ *Gaststätten*) in Oberloschwitz. Der große Ansturm zur Eröffnung als »freie Gaststätte« brachte dem Luisenhof am 26. November 1949 einen Gaststättenumsatz von 7.900 DM und am folgenden Tag sogar 14.700 DM. Auch der »Ratskeller« mit »Bräustübel«, Körnerplatz 3, das »Elbehotel« Friedrich-Wieck-Straße 18 und die »Loschwitzhöhe« im Ortsteil Schöne Aussicht gehörten zu den ersten → *Gaststätten*, die unter staatlicher Regie als HO-Objekt betrieben wurden. Hinzu kam noch das private Gasthaus »Zum Kamerad«, Grundstraße 29, als HO-Vertragsgaststätte.

Im Einzelhandel und im Gastgewerbe wurde auch durch politischen Druck, wie z. B. beim »Luisenhof«, eine Übernahme in Volkseigentum bewirkt.

Der Einzelhandel war in Loschwitz neben den privaten Handelseinrichtungen durch eine Reihe kleiner HO-Verkaufsstellen vertreten, wie z. B.:

- Lebensmittel Körnerplatz 8, Schillerstraße 25 (Diät-Vollwertnahrung) und Pillnitzer Landstraße 120
- Obst und Gemüse Schillerstraße 1
- Backwaren Körnerplatz 11
- Textilwaren Veilchenweg 2 und Körnerplatz 4 (Strümpfe und Kurzwaren)
- Tabakwaren Körnerplatz 11
- Farben und Lacke Grundstraße 2

(→ *siehe alles unter Handwerk und Gewerbe*). Auch hatten einige private Einzelhändler mit der HO sogenannte Kommissionsverträge abgeschlossen, so der → *Fahrrad-Service* Päperer, Körnerplatz 10 oder → *Fleischermeister* Martin Körnerplatz 9.

Nach der Friedlichen Revolution in den Jahren 1989 und 1990 wurden die Einzelhandelseinrichtungen und Gaststätten der HO durch die Treuhandanstalt an frühere Besitzer rückübertragen oder veräußert. **Manfred Wille**

Quellen: 189, 884, 1000

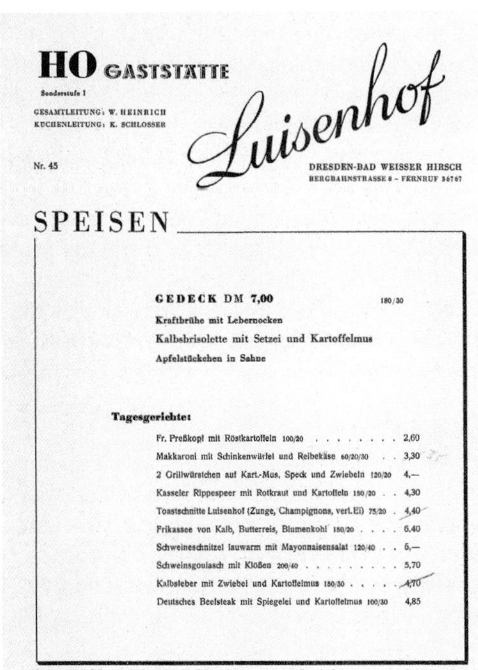

HO GASTSTÄTTE
Sonderstufe I

GESAMTLEITUNG: W. HEINRICH
KÜCHENLEITUNG: K. SCHLOSSER

Nr. 45

Luisenhof

DRESDEN-BAD WEISSER HIRSCH
BERGBAHNSTRASSE 8 – FERNRUF 36767

SPEISEN

GEDECK DM 7,00 180/30
Kraftbrühe mit Lebernocken
Kalbsbrisolette mit Setzei und Kartoffelmus
Apfelstückchen in Sahne

Tagesgerichte:

Fr. Preßkopf mit Röstkartoffeln 100/20	2,60
Makkaroni mit Schinkenwürfel und Reibekäse 60/20/30	3,30
2 Grillwürstchen auf Kart.-Mus, Speck und Zwiebeln 120/20	4,–
Kasseler Rippespeer mit Rotkraut und Kartoffeln 150/20	4,30
Toastschnitte Luisenhof (Zunge, Champignons, verl. Ei) 75/20	4,40
Frikassee von Kalb, Butterreis, Blumenkohl 150/20	6,40
Schweineschnitzel lauwarm mit Mayonnaisensalat 120/40	6,–
Schweinsgoulasch mit Klößen 200/40	5,70
Kalbsleber mit Zwiebel und Kartoffelmus 150/30	4,70
Deutsches Beefsteak mit Spiegelei und Kartoffelmus 100/30	4,85

Das Personal der HO-Gaststätten hat feste auskömmliche Gehälter. Wir bitten unsere verehrten Gäste, dem Bedienungspersonal keine Trinkgelder anzubieten

Speisekarte, 1952 *Foto: Luisenhof*

HO-Geschäfte am Körnerplatz während der Gleiserneuerung, Dezember 1983 *Foto: Slg. Ute Häse*

Holz und Glas verarbeitende Berufe

Tischlereien waren häufig gleichzeitig Glasereien. Zu den holzverarbeitenden Berufen gehören auch die Böttcher. Gibt es heute in Dresden nur einen einzigen, so war der Beruf früher häufig. Sie fertigten vorrangig »Bottiche« und Fässer aus geformten Holzteilen (Dauben), die mit eisernen Reifen zusammengehalten wurden. Für den → *Weinbau* waren ihre Produkte unverzichtbar. Zu den heute seltenen Berufen gehörten auch die Stellmacher oder »Wagner«, welche vorrangig kleine und große Wagen samt Rädern fertigten. Der »Handwagen« und der »Tafelwagen« waren einst ebenso notwendig wie das Pferdefuhrwerk. Schließlich sind die Drechsler, Rohrstuhlflechter und Korbmacher den holzverarbeitenden Berufen zuzurechnen.

Urgroßmutter Woog mit Enkeln vor der Glaserei Grundstraße 42 *Slg. Götz*

Böttchereien:
Die ältesten bekannten Böttcher sind Johann Gottlieb Küchenmeister, der 1835 sein Haus Friedrich-Wieck-Straße 17 an Carl Unger (1809–1881, → *Gaststätte* »Mutter Unger«) verkaufte. In dessen unmittelbarer Nähe, der späteren Fidelio-F.-Finke-Straße 2, arbeitete und wohnte Böttchermeister Ernst Berndt, der um 1888 Wohnung und Werkstatt in das nach 2000 abgerissene Haus Friedrich-Wieck-Straße 33 verlegte. Eine weitere Böttcherei war die von Heinrich Bendel (1848–1913). Er wohnte zunächst heutige Sonnenleite 4, zog um 1895 in die heutige Neugersdorfer Straße 9 und 1899 in den Rißweg 12. Im Nachbarhaus Nr. 10 hatte er dann bis 1908 seine Werkstatt. Im Dorfkern eröffnete um 1902 die Böttcherei von Albert Dunsch (1879–1946). Er wohnte bis zum Tod Friedrich-Wieck-Straße 6 und arbeitete zunächst im Seitengebäude der Friedrich-Wieck-Straße 21, ab 1904 im Seitengebäude der Nr. 18 und ab 1939 in seinem Wohnhaus.

Drechsler:
Der einzige Drechsler, der über einen längeren Zeitraum sein Geschäft in Loschwitz hatte, war Oskar Schmidtkunz (1838–1905). Er wohnte und arbeitete wahrscheinlich seit den 1870er Jahren bis etwa 1895 Grundstraße 117 und danach in der damaligen Dammmühle (→ *Mühlen*), Grundstraße 98.

Glaser und Tischler in Loschwitz

Jahr	Anzahl
1883	11
1900	7
1912	9
1921	9
1933	5
1943/44	6
1957/58	6
1975/76	6
1995	4
2014	2

Glaser und Glaswarenhändler:
Die Glaserei und Glashandlung von Ernst Woog (1856–1902) in der Grundstraße 42 gab es ab etwa 1885. Nach seinem Tod übernahm seine Witwe Therese geb. Lindner (1861–1945) die Firma und führte das Geschäft weiter, das unterdessen auch Porzellanwaren verkaufte. Ihr Sohn, der Glasermeister Paul Woog (1883–1917), arbeitete schon einige Jahre in der Glaserei und übernahm um 1912 von seiner Mutter auch den Verkaufsladen. Nach dessen Tod als Soldat im Ersten Weltkrieg übernahm der aus Dresden kommende Glasermeister Alfons Müller mit seiner Ehefrau die Glaserei und das Geschäft und führte die Firma zunächst als »Paul Woog Nachf.« weiter. 1929 zog er von der Grundstraße 42 in die Grundstraße 19, wo er bis in die 1940er Jahre tätig war. In der Nachfolge war hier die Glaserei → *Kappelt*. Seit 1990 gibt es im Materniweg 4 die Kunstglaserei von *Christoph* → *Graefe* (* 1964, → *K2*).

Anzeige, 1888 *Slg. Matthias Griebel*

Anzeige im Kirchgemeindeblatt, 1925

Holzbildhauer:
Der aus Berlin kommende und auch als Dekorationsmaler tätig gewesene Holzbildhauer Max Herrmann (1838–1908) hatte bis 1900 Wohnung und Werkstatt im → *Bauchschen Haus*, Pillnitzer Landstraße 29. Danach zog er in die Pillnitzer Landstraße 20 und verlegte seine Werkstatt in die heutige Fidelio-F.-Finke-Straße 12. Zu den weiteren in Loschwitz ansässigen akademischen Stein- und Holzbildhauern gehörten auch Artur Winde (1886–1965, → *K2*) und *Friedrich* → *Press* (1904–1990, → *K1*).

Korbmacher und Rohrstuhlflechter:
Das alte Handwerk der Korbmacher war auch in Loschwitz anzutreffen. Zu den ersten bekannten gehörte Emil Medger, der spätestens ab 1870 Werkstatt und Wohnung in der Grundstraße 30 hatte und bis etwa 1890 dort tätig war. Ein weiterer war August Eichler, der bis um 1892 in der heutigen Fidelio-F.-Finke-Straße 2 und zuletzt bis etwa 1901 Grundstraße 23 ansässig war. Im Körnerplatz 10 hatte von 1919 bis 1923 der in der ehemaligen → *Deutschen Heilstätte* wohnende blinde Korbmacher Artur Wenzel (1884–1931) Werkstatt und Geschäft. Schließlich war der Firmensitz des Rohrstuhlflechters Paul Dähner (1901–1979) ab 1951 in der Dammstraße 1.

Stellmacher:
Zu den ersten bekannten Loschwitzer Stellmachern gehörte August Wagenknecht, der bereits in den 1860er Jahren hier tätig war. Er wohnte und arbeitete Friedrich-Wieck-Straße 33. Ein weiterer war Friedrich Ernst Däbritz (1846–1904) im Vorgängerbau von Dammstraße 1, der nach dem Abriss des alten Hauses in die Steglichstraße 23 wechselte. Stellmachermeister Hermann Däbritz (1854–1931) hatte seinen Sitz

im ebenfalls abgerissenen Nachbarhaus Am Damm 22 (Brandkataster-Nr.), wechselte dann in den Körnerweg 1, das dem Neubau Körnerplatz 8 weichen musste. 1898 zog er in den Veilchenweg 6 und 1902 schließlich in die Friedrich-Wieck-Straße 7, wo er bis etwa 1923 arbeitete. Ein weiterer langjähriger Loschwitzer Stellmacher war Eduard Glanze (1861–1923). Er hatte um 1892 das Haus Friedrich-Wieck-Straße 35 gekauft und wohnte fortan dort. Seine Werkstatt verlegte er ein paar Jahre später ins → *Fährgut*, Friedrich-Wieck-Straße 45. Er war gleichzeitig »Produktenhändler« und zeitweise Inhaber eines Trödelgeschäfts.

Tischler:
Eine der ältesten Tischlereien im Dorfkern war die von Theodor Medger (1842–1922). Schon sein Vater war Tischler gewesen und hatte 1841 den Vorgängerbau von Dammstraße 1 gekauft. Nach dem 1892/93 erfolgten Abriss des alten Hauses zog Theodor Medger in sein neues Haus in der Wuttkestraße 2 und betrieb noch bis etwa 1920 seine dortige Tischlerei.

In unmittelbarer Nähe zur → *Tischlerei Süß* befand sich in der Grundstraße 2 seit etwa 1873 die Tischlerei von Tischlermeister Carl Wagner (1828–1900), der hier später auch ein »Möbelmagazin« hatte. Seine Witwe Pauline geb. Rümmler (1833–1912) führte das Geschäft noch vier Jahre weiter, bevor es Tischlermeister Bruno Göbel übernahm. Als die Tischlerei 1906 hier schloss, gab es bereits seit fünf Jahren die Tischlerei und Glaserei des in der Pillnitzer Landstraße 7 wohnenden Paul Schmidt in der Friedrich-Wieck-Straße 33. Später verlegte er seine Werkstatt in die heutige Fidelio-F.-Finke-Straße 12. Um 1911 schloss er sie und verzog nach Dresden. In der hinteren Grundstraße gehörte zum → *Baugewerke* von Ernst Weigelt (1857 - 1916) ebenfalls eine Tischlerei.

Im → *OT Oberloschwitz* gab es neben der → *Tischlerei Looch* ab etwa 1880 in der heutigen Hirschleite 3 die von Tischlermeister Julius Thonig (1842–1919) und im Rißweg 54 von 1899 bis etwa 1915 die Tischlerei von Berthold Hannig (1860–1923), der die letzten Lebensjahre als Invalide in der Pillnitzer Landstraße 7 wohnte.

Im → *OT Schöne Aussicht* hatte 1882 der »Blumenmaler« Anton Josef (1856–1942, → K2) Grundstück und Haus Krügerstraße 16 gekauft. Er erlernte das Tischlerhandwerk und eröffnete um 1890 seine dortige Tischlerei mit »Produktenhandel«. Nach Ablegung der Meisterprüfung betrieb er seine Tischlerwerkstatt bis 1933. Heinrich Josef (1903–1965), ein Verwandter von Anton Josef, übernahm die Firma, die nach seinem Tod von seiner Witwe Margarethe geb. Nütsche (1906–1985) noch bis 1969 weitergeführt wurde.

Theodor Medger
Tischler
Loschwitz, Am Damm Nr. 22
bittet die geehrten Bewohner von Loschwitz u. Umgegend bei vorkommenden
Tischlerarbeiten
um gütige Berücksichtigung.
Ich werde bemüht sein, gute Arbeit bei billigsten Preisen zu liefern.
NB. Auch empfehle ich bei Sterbefällen mein jedem Wunsche entsprechendes Sarglager.

Anzeige, 1888 *Slg. Matthias Griebel*

Eine weitere Tischlerei in diesem Ortsteil war die über drei Generationen geführte der Familie Wolf. 1919 hatte der Fabrikbesitzer und Tischlermeister Paul Wolf (1871–1953) die 1873 erbaute Villa »Brunonia«, Oeserstraße 2, gekauft. Seitdem wohnte er dort mit seiner Familie und betrieb die Tischlerei, die 1934 sein Sohn Karl (1901–1978) übernahm. Nach dessen Tod trat sein Sohn Eberhard (* 1929) in die Nachfolge und führte die Tischlerei bis etwa 1990 weiter.

Tischlermeister Willy Jörg (1899–1990) hatte seine Kindheit und Jugendzeit im elterlichen Haus des → *Schneiders* Ernst Jörg, Grundstraße 6, verbracht. Nach seiner Berufsausbildung zog er 1928 in den Veilchenweg 44, machte seine Meisterprüfung und hatte seit 1933 hier seinen Firmensitz. Seine Werkstatt war viele Jahre im elterlichen Haus in der Grundstraße 6. Als Mitte der 1960er Jahre das Kirchgemeindehaus Grundstraße 36 renoviert wurde, schuf er für die beiden Säle die mit Rohrgeflecht versehenen hölzernen Heizungsverkleidungen und – passend zum neuen Altar – das große Eichenkreuz, das fortan über dem Altar hing. Wenige Jahre nach dem Tod seiner Ehefrau Anna geb. Stein (1904–1979) verzog Willy Jörg nach Coburg, wo er bis zu seinem Tod lebte. **Otto-R. Wenzel**

Quellen: 39, 726, 894, 1000

Glaserei Kappelt
Grundstraße 37
In der Nachfolge der Glaserei von Alfons Müller eröffnete Anfang der 1950er Jahre der in Dresden-Niederpoyritz wohnende Glasermeister und Kunstglaser Helmut Kappelt (1913–1981) in der Grundstraße 19 seinen »Glasereibetrieb«, den er mit seiner Ehefrau Liesbeth geb. Musold (1919–1988) bis zu seinem Tod erfolgreich führte. Später verlegten sie Firma und Geschäft in die ehemalige »Grundschänke« (→ *Gaststätten*) in der Grundstraße 37. Helmut Kappelt war der Erfinder einer Harz-Klebetechnik, die den Import von vergleichbaren Klebern überflüssig machte. Mit seiner Technik erzielte er interessante Farb- und Architektureffekte. Die aufeinander geklebten Glasplatten fanden sowohl in Wohnräumen als auch in öffentlichen Gebäuden ihren Platz.

Helmut Kappelt *Foto: SLUB Dresden/ Deutsche Fotothek*

Diese Glasapplikationen setzte er auch bei Kunstprojekten ein. Ein Beispiel hierfür ist der von Leoni Wirth (1935–2012, → *K2*) entworfene Glasbrunnen vor dem ehemaligen Robotron-Gebäude am Pirnaischen Platz, der 1975 fertiggestellt werden konnte. Nach dem Tod seines Vaters übernahm sein Sohn Ralph Kappelt (1950–1996) die Kunstglaserei. Er war bei seinem Vater in die Lehre gegangen und hatte sich dann in der Kunstschule Burg Giebichenstein bei Walter Funkat (1906–2006) weitergebildet. Er erweiterte die bisherigen Glasarbeiten durch viele unterschiedliche Glas-Ziergefäße und führte die Firma bis zu seinem Tod. **Otto-R. Wenzel**

Quellen: 39, 247, 540, 1000

Tischlerei Looch und Nachfolger
Rißweg 64
Der Gastwirtschaftsbesitzer und Tischlermeister Erwin Looch, geboren am 5. September 1884 in Wünschendorf, erwarb 1912 das Grundstück Rißweg 64 und ließ dort, im Jahr danach, von dem → *Architekten Max Herfurt* (1872–1932, → *K2*) ein Wohnhaus mit Werkstatt erbauen. Hier richtete Looch seine Tischlerei mit Glaserei ein. Nach dem Tod seiner ersten Ehefrau, sie

Ehemalige Tischlerwerkstatt Rißweg 64, 2014 *Foto: Ute Häse*

hatten drei Söhne, heiratete er Elsa geb. Degenkolb (1898–1983) und der vierte Sohn wurde geboren. Sohn Johannes legte 1913 die Tischlermeisterprüfung ab. 1933 bis 1936 ließ Erwin Looch noch ein weiteres Haus direkt an der Straße von Architekt Paul Michael errichten; doch drei seiner Söhne fielen im Zweiten Weltkrieg und der letzte starb im Internierungslager.

Aus Altersgründen gab Erwin Looch 1956 das Handwerk auf und verpachtete die Werkstatt an den Tischlermeister Erich Göhler (1910–1994), der von 1957 bis 1974 mit seinem Sohn Günter (* 1936) – seit 1972 auch Tischlermeister – und zeitweise mit drei Gesellen eine Bau- und Möbeltischlerei betrieb. Erwin Looch starb 1965. Seine Frau verpachtete die Tischlerei bis zu ihrem Tod 1983. Gerd Walter (1942–1991) kaufte 1985 das Grundstück. Nach seinem Tod ging es an seine Frau Erika geb. Schreyer (* 1940) und seine beiden Söhne Sebastian (* 1977) und Andreas (* 1978). Die Tischlerei wurde weiterhin vermietet.

Von 1975 bis 1991 wurde die Bau- und Möbeltischlerei von Tischlermeister Hannes Nitsche (1930–2013) mit eigenem Maschinenpark und Kleinproduktion von Karteikästen fortgeführt. Danach mietete der Tischlermeister Christian Müller (* 1959) von 1991 bis 2009 die Werkstatt.

2010 übernahm der Sonderpädagoge und Möbelrestaurator Stefan Rosengart (* 1964), der auch Seminare & Workshops zur Möbelrestaurierung anbietet, die Werkstatt. **Ute Häse**

Quellen: 420, 725, 1000

Tischlerei Süß – Lissau – Szittariu
Veilchenweg 4

Der Tischlermeister Johann Christian Süß (1818–1890), gebürtiger Vogtländer, gründete 1847 in Loschwitz, im jetzigen Körnergarten (→ *Gaststätten*) in der Friedrich-Wieck-Straße 26, eine Tischlerei. Nach zweimaligem Werkstattwechsel kaufte er schließlich 1860 das

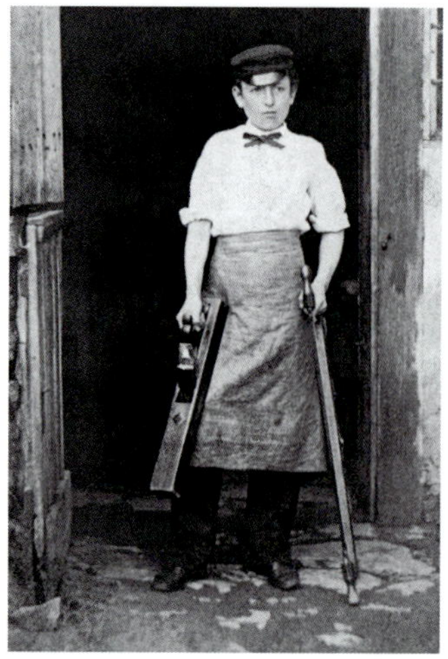

Johann Theodor Süß, um 1870. Foto: Slg. Eberhard Münzner

Tischlerwerkstatt zu Zeiten von Oskar Lissau Foto: Slg. U. Häse

Bau- u. Möbeltischlerei
von
Gegründet 1847 **Theodor Süss** Gegründet 1847
No. 277 Victoriastrasse **Loschwitz** Victoriastrasse No. 277
empfiehlt sich zur
Ausführung aller in sein Fach einschlagenden Arbeiten
unter Zusicherung prompter und reeller Bedienung.

Anzeige, 1890

Haus Viktoriastraße 5 (heute Veilchenweg 5) und eröffnete eine Tischlerwerkstatt.

Sein Sohn, der Tischlermeister Johann Theodor Süß (1853–1930), übernahm 1889 die Tischlerei. Er errichtete im Grundstück Veilchenweg 4 an der Rückseite des Nachbarhauses einen Neubau für seine Tischlerei. Die Firma nannte sich: »Bau- und Möbeltischlerei Theodor Süß«. Auch die Herstellung von Särgen gehörte mit zum Geschäft.

Nach 35 Jahren verkaufte Süß den Betrieb 1924 an seinen Schwiegersohn, Tischlermeister Oskar Lissau (1889–1976). Dieser modernisierte die Tischlerei, kaufte neue Maschinen und konnte acht Angestellte beschäftigen. Er wohnte bis 1924 Pillnitzer Landstraße 86 im Haus der Familie Süß und zog danach in den Veilchenweg 4. Verheiratet war er mit Margarethe geb. Süß (1892–1958). Sein Sohn Herbert Lissau (1913–1992) führte die Tischlerei bis zum Erreichen des Rentenalters im Jahr 1978 fort und zog dann nach dem Veilchenweg 8. Das Gewerbe meldete er jedoch nicht ab, sondern ließ den Betrieb ruhen, da ein Nachfolger schwer zu finden war. Einer seiner Angestellten war der in Loschwitz bekannte Tischlergeselle Karl Schubert (1920–2012) vom Veilchenweg 16; er arbeitete von 1950 bis 1977 in der Tischlerei. Seine Lehrausbildung hatte er bereits von 1934 bis 1938 bei Oskar Lissau erhalten.

Im März 1990, nach der politischen Wende, kaufte der aus Berlin stammende Tischlermeister Peter Szittariu (* 1964) das Grundstück, konnte somit den Traditionsbetrieb neu beleben und arbeitet noch heute vorwiegend mit den von Lissau übernommenen alten Maschinen. Er betreibt die Bau- und Möbeltischlerei sowie den Innenausbau von Yachten.

Ute Häse

Quellen: 39, 338, 724, 895

Christian Süß

Theodor Süß

Oskar Lissau

Fotos (3): Slg. Ute Häse

Peter Szittariu, 2008

Foto: Jürgen Frohse

Bau- und Möbel-Tischlerei und Glaserei
Theodor Süß Nachfolger
Inhaber Oskar Lissau, Tischlermeister
Dresden-Loschwitz, Viktoriastraße 4

BAU- UND MÖBELTISCHLEREI UND GLASEREI
THEODOR SÜSS NACHFOLGER
Inhaber Oskar Lissau, Tischlermeister
DRESDEN-LOSCHWITZ, VEILCHENWEG 4
Fernruf 37968 • Girokonto: Dresden-Blasewitz 687 • Bankkonto: Allg. Deutsche Credit-Anstalt, Filiale Dresden-Blase
Fol. 4 DRESDEN-LOSCHWITZ, DEN 13. I.

Bau- und Möbel-Tischlerei • Glaserei **Oskar Lissau**
TISCHLERMEISTER
Am 20. 6. 42
Dresden-Loschwitz • Veilchenweg 4
FERNSPRECHER 37968

1847 bis 1947
Herbert Lissau
Tischlermeister
BAU- UND MÖBELTISCHLEREI
Bankkonto: Stadtsparkasse Dresden A 53, Konto Nr. 182674

Geschäftsdrucksachen *Slg. Szittariu*

Immobilienmakler

Die Vermittlung von Wohnungen, Häusern, Grundstücken u. ä. durch den Immobilienmakler ist so alt wie der Handel mit Immobilien selbst. Die Hauptaufgabe eines Maklers ist es, Mieter und Vermieter bzw. Käufer und Verkäufer zusammenzubringen und zwischen den Interessen beider Parteien zu vermitteln. Während sich früher die Aktivitäten auf die Mund-zu-Mund-Propaganda und vielleicht einfache grafische Darstellungen beschränkten, werden heute moderne Methoden und Techniken eingesetzt. Nach der Besichtigung, bei der die Erscheinung des Objektes, aber auch der bauliche Zustand bewertet werden muss, wird ein Exposé mit Bildern erstellt und eventuell durch Flyer, Filme u. a. ergänzt. Dann erfolgt die Vermarktung durch Anzeigen, im Internet oder auch im Kundennetzwerk des Maklers. Nun gilt es, in Beratungsgesprächen und Besichtigungsterminen den geeigneten Interessenten für die jeweilige Immobilie zu finden. Ist dieser ermittelt und die Parteien sind sich handelseinig, wird der Mietvertrag aufgesetzt bzw. kommt es beim Verkauf zum Notar-Termin. Zusätzliches Fachwissen bezüglich notwendiger Kredite für die Immobilie unterstützt beim Kunden die Vertrauensbildung. Ist das Verfahren erfolgreich beendet, bezieht der Makler seine Provision (auch Courtage), die je nach lokalen Gegebenheiten und Marktsituation von Mieter/Käufer oder Vermieter/Verkäufer oder von beiden zu erbringen ist.

Immobilienmakler arbeiten auf selbstständiger Basis, bei Unternehmen der Wohnungs- und Immobilienbranche sowie bei Banken und Sparkassen.

Als Loschwitz noch eine selbstständige Gemeinde war, gab es hier immer wieder Büros und Agenturen, die Grundstücke und Wohnungen vermittelten. Auch nach der → *Eingemeindung* fanden etliche Makler hier ihr Betätigungsfeld. Neben den unten genannten Büros gibt es gegenwärtig in Dresden-Loschwitz ein Büro von »Engel & Völkers« am Körnerplatz 6 und die »IMCON Immobilien- und Beteiligungsgesellschaft GmbH« in der Krügerstraße 27b.

Achim Jannasch

Quellen: 724, 1147

Anzeige, 1888 *Slg. Matthias Griebel*

Erich (l.) und Hans-Dieter Freudenberg
Fotos: privat

Maklerbüro Freudenberg

Tolstoistraße 7

Der Kaufmann Max Ernst Erich Freudenberg (1895–1993) gründete 1925 das Maklerbüro Freudenberg, das Immobilien und Hypotheken vermittelte und verschiedenste Objekte verwaltete. Nach 1933 bekam der Inhaber auf Grund seines Namens, seiner politischen Einstellung und seines Engagements zur Vermögenssicherung Diskriminierter zunehmend Schwierigkeiten mit Behörden und Banken. Die Vermittlung von Zwangsverkäufen war mit den Geschäftsgrundsätzen Freudenbergs unvereinbar.
Am 13./14. Februar 1945 wurde das Bürogebäude in der Dresdner Waisenhausstraße zerstört. Der Geschäftsinhaber barg eigenhändig den Tresor aus den Trümmern, die darin befindlichen Unterlagen waren verkohlt. Nach dem Krieg wurde das Büro anfangs nur als Hausverwaltung im Zimmer des Wohnhauses Stürenburgstraße 5 weitergeführt. Nach der Währungsreform konnten auch wieder Immobilien vermittelt werden. Da die Maklertätigkeit der staatlichen Auffassung vom Aufbau des Sozialismus widersprach, wurden keine neuen Gewerbegenehmigungen mehr erteilt. Das Maklerbüro Freudenberg überlebte so als letzte Immobilienfirma in Dresden die sozialistischen Jahre bis 1990. Viele, die die DDR verließen, vertrauten Erich Freudenberg die Verwaltung ihrer Häuser an. Stets war er überzeugt, dass das DDR-System nicht ewig andauern könne und erlebte glücklich noch drei Jahre des Neuanfangs nach 1990 mit.

Seit 1990 führt der Sohn des ersten Geschäftsinhabers, Dipl.-Ing. Hans-Dieter Freudenberg (* 1929), das traditionsreichen Familienunternehmen, das 1992 in die Tolstoistraße zog. Er ist Mitbegründer und Vorsitzender des Landesverbands »Ring Deutscher Makler« in Sachsen und bildet seit über 20 Jahren erfolgreich Immobilienkaufleute aus, welche zum Teil noch im heute erfolgreich am Elbhang tätigen Unternehmen beschäftigt sind. **Barbara Friebel**

Quellen: 724, 1175

Thorsten Radig, 2015 *Foto: S. Großmann*

Loschwitzer Immobilien

Veilchenweg 36

Seit 1993 bewertet, vermittelt, kauft und verkauft Diplom-Immobilienwirt Thorsten Radig (* 1962) Wohnimmobilien, insbesondere Grundstücke, Einfamilienhäuser, Villen und Schlösser bevorzugt am Elbhang von der Sächsischen Schweiz bis Radebeul. Im Rahmen einer parallelen kunsthistorischen Laufbahn (Museologie) ist er seit 1990 zusätzlich als Gutachter, Sachverständiger und Verkäufer zahlreicher interessanter Objekte für Erbengemeinschaften, Anwälte, Gerichte, Unternehmen und Privatpersonen aus dem In-und Ausland tätig.

Barbara Friebel

Quelle: 724

V.V.K. zu Dresden

Degelestraße 1

Die Vermögensverwaltungskanzlei zu Dresden wurde 1991 von Uwe Gabler (* 1960) gegründet und entwickelte sich im Zuge des Baubooms nach der Wiedervereinigung schnell zu einem der größten Dresdner Immobilienunternehmen dieser Branche mit Niederlassungen in Leipzig und Berlin. 1999 wurde der Firmensitz nach Loschwitz in die Villa »Brandenstein«, Degelestraße 1, verlegt. Zeitweise waren 150 Mitarbeiter beschäftigt und bis zu 4500 Wohnungen befanden sich in der Verwaltung der V.V.K. Wichtige Projekte in Loschwitz und Umgebung waren die Sanierungen der Alpenstraße 1 (früher »Dr. Möllers Sanatorium«, → *Ärzte, Medizinische Einrichtungen und Sanatorien*) sowie das Areal um die Königliche Villa und Schloss Wachwitz. Wirtschaftliche Fehlentscheidungen brachten die V.V.K.-Gruppe in Zahlungsschwierigkeiten, 2011 musste sie Insolvenz anmelden. Einen Neustart für das Unternehmen ermöglichte die Neugründung 2012 durch Roland Weiß (* 1965), der seitdem die Geschäfte führt und 2015 u. a. das Gebäude der ehemaligen → *Post*, Pillnitzer Landstraße 30, vermarktet, das zu einem Wohnhaus mit Firmensitz ausgebaut werden soll. **Holger Friebel**

Quellen: 724, 1247

Kinder des Kohlenhändlers und Schiffseigners Johann August Höhle, Friedrich-Wieck-Straße 39 – Emma, Anna mit Enkel Walter, Otto, Ida und Hedwig mit Sattler Paul Rätzsch (l.) Foto: H. Ranft, Slg. U. Häse

Kohlenfuhrwerk am Kotzsch-Haus, auf dem Wagen Otto Kotzsch, um 1890 Foto: August Kotzsch

Kohlen- und Holzhändler

Das als Bau- und Brennstoff lebenswichtige Holz durfte früher zum einen aus der benachbarten Heide entnommen werden, allerdings nur mit obrigkeitlicher Genehmigung. Zum anderen wurde es vielfach aus dem Böhmischen, auf der Elbe geflößt, angeliefert. Der Kohletransport nach Loschwitz mit dem Schiff erfolgte über den Jahrhunderte alten und heute noch gut erhaltenen, gepflasterten Ausschiffungsplatz zwischen der Trille-Mündung und dem → *Wassersportverein*. Der Kohlenhändler Kunath konnte mit seinen Pferdegespannen von dort das Brennmaterial direkt in sein Grundstück, das sich von der heutigen Fidelio-F.-Finke-Straße 6 bis zur Pillnitzer Landstraße 4 erstreckte, durch die heute noch links am unteren Ende des Weges vom Parkplatz zur Elbe gut erkennbare Einfahrt transportieren.

Zu den ältesten bekannten Loschwitzer Kohlen- und Holzhändlern gehörte die → *Fuhrunternehmer*-Familie Kunath. Carl Kunath (1832–1908) verkaufte bis um 1890 in der Pillnitzer Landstraße 4 auch Brennholz. Bei seinem Sohn Wilhelm (1865–1934) konnte man Holz und Kohlen im alten Haus Körnerplatz 2 und nach dessen Abriss und Neubau bis 1904 in der Dammstraße 14 erwerben. Dessen Sohn Kurt Kunath (1893–1970), ebenfalls Fuhrunternehmer, verkaufte ab 1931 in der heutigen Fidelio-F.-Finke-Straße 5 Brennstoffe. Nach 1960 wurde die Firma Auslieferungslager des VEB Kohlehandel Dresden.

Kohlen- und Holzhändler in Loschwitz

Jahr	Anzahl
1883	4
1900	4
1912	6
1921	4
1933	5
1943/44	5
1957/58	2
1975/76	3
1995	2
2014	0

Eine weitere Brennstoffhandlung war in der Friedrich-Wieck-Straße 39. Bis Mitte der 1890er Jahre war hier der »Stein- und Kohlenhändler« Johann August Höhle (1829–1904) ansässig. Sein Nachfolger wurde um 1895 Georg Große, der auch mit Baumaterialien handelte. 1905 übernahm das Geschäft die Firma Carl Pudor & Co, die sich ab 1910 »Georg Große Nachf.« nannte, über längere Zeit von dem Kaufmann Theodor Buchholz (1870–1956) geführt wurde und vermutlich noch bis nach 1945 bestand.

In der Friedrich-Wieck-Straße 14 besaß ab 1907 Alwin Rosig (1880–1943) seine Holz- und Kohlenhandlung. Sie wurde ab 1933 weitergeführt von dem Landwirt (→ *Bauerngüter*) Willy Eichler (1897–1979), ab 1968 als »Kommissionshandel für feste Brennstoffe« von dessen Sohn Horst Eichler (1930–2006) und schließlich von 1989 bis 1993 wiederum von dessen Sohn Christian Eichler (* 1961).

Auf dem Gelände des heutigen Parkplatzes Fidelio-F.-Finke-Straße 4 befand sich seit Ende der 1980er Jahre bis um 1996 der private Brennstoffhandel von Guenther Felkeneyer.

Das → *Baugeschäft* von Ernst Weigelt (1857–1916) betrieb ebenfalls über längere Zeit und über seinen Tod hinaus einen Holzhandel.

Anzeige, 1888 Slg. Matthias Griebel

Anzeige, 1888 Slg. Matthias Griebel

Im → *Ortsteil Oberloschwitz* befand sich in der Plattleite 27 ab 1977 die Holzhandlung von Eduard Weidenmüller (1830–1887), die nach seinem Tod während einer Fahrt im → *Fischhäuser Forstrevier*, von seiner Witwe Selma geb. Reich (1843–1916) noch bis 1914 weitergeführt wurde.

Ein »Koks- und Kohlen-Kontor« gab es seit etwa 1925 im damaligen Rißweg 46, zunächst unter Ernst Hohmann, ab 1932 unter Hildegard Lotze, dann die Kohlenhandlung von Otto Lotze, die sich zwischenzeitlich von 1933 bis 1938 im Materniweg 1 befand, und zuletzt den VEB Kohlehandel Dresden, in dessen Zeit die Hausnummer Rißweg 46 mit der 48 zusammengelegt worden war.

Anzeige, 1921 Slg. Matthias Griebel

Daneben, im Materniweg 1, betrieb die → *Fuhrunternehmerin* Rosalie Guden in der Nachfolge ihres verstorbenen Ehemannes Karl August Müller (1839 – 1883) bis um 1920 auch einen Kohlen- und Baumaterialienverkauf. Auch der → *Fuhrunternehmer* Max Siegmund hatte um 1940 seinen bis um 1960 bestehenden Fuhrbetrieb im damaligen Rißweg 38 um eine Kohlenhandlung erweitert.

Schließlich sei noch die Firma der Kohlengroßhandlung von Bruno Eliason in der Straußstraße 1 genannt, die dort von 1903 bis 1914 ihren Sitz hatte.

Otto-R. Wenzel, Helmut Dorschner

Quellen: 39, 724, 1000

Konsum

Haus des »Konsumvereins Vorwärts Dresden und Umgebung«, Grundstraße 45 Foto: Slg. Ute Häse

Der erste sächsische Konsumverein wurde 1882 in Pieschen bei Dresden gegründet. Die Mitglieder waren durch einen Beitrag Miteigentümer und stimmberechtigt. Je nach Höhe des Umsatzes der Mitglieder gab es eine Rückvergütung zu einem festgesetzten Prozentsatz. In den nächsten Jahren folgten in Dresden drei weitere Konsumvereine, zu denen der 1888 gegründete »Konsumverein Vorwärts Dresden und Umgegend« gehörte. August Bebel (1840 – 1913) unterstützte auf der Mai-Kundgebung 1903 in der Loschwitzer → *Gaststätte* »Schweizerei« in der heutigen Ulrichstraße 5 die Gründung des »Zentralverbandes der Konsumvereine e.V.« Nach der Machtergreifung der Nationalsozialisten wurde der Verein in »Verbrauchergenossenschaft Dresden« umbenannt und 1935 kam es zur Liquidation mit Enteignung der Liegenschaften.

Nach dem Zweiten Weltkrieg fand in der Sowjetischen Besatzungszone eine Neugründung des Konsum-Vereins statt. Dabei ging es nicht nur um Verkaufsstellen und Gaststätten, sondern auch um das Grundeigentum der ehemaligen Konsumgenossenschaft. Im Raum Dresden wurden zunächst die Konsumgenossenschaften Dresden-Nord, -Ost, -Süd und -West und später die »Konsumgenossenschaft Dresden Stadt und Kreis Dresden-Land« gegründet und kurz »Konsum« genannt. Das Warenangebot wurde um Waren des täglichen Bedarfs, Möbel, Textilien u. a. beträchtlich erweitert.

Die deutsche Wiedervereinigung 1990 brachte für manche Konsumverkaufseinrichtung das Aus. Schließlich konnte sich die »Konsum Dresden eG« durch Zusammenschluss der Genossenschaften von Stadt und Land und einer neuen Organisationsform als Handelskette am Markt behaupten. Die neue Genossenschaft konzentrierte sich wieder auf das Kerngeschäft Lebensmittel. Im Juli 2015 waren bei der KONSUM DRESDEN eG rund 22.500 Mitglieder eingetragen.

Viele Konsummitglieder können sich bestimmt noch an die kleinen Wertmarken erinnern, die sie beim Einkauf erhielten. Diese Marken wurden in ein A5-Rabattmarkenheft geklebt und am Jahresende in die Verkaufsstelle gebracht, um die finanzielle Rückvergütung einzulösen. Seit 2002 wurde das Rabattmarkenheft durch eine elektronische Mitglieder-Card ersetzt.

Der »Consumverein für Striesen und Umgebung« eröffnete 1898 eine Lebensmittelfiliale in der Grundstraße 30 (abgerissen) und mietete 1904 den Laden des 1898/99 erbauten Wohn- und Geschäftshauses in der Grundstraße 45. Dieses Gebäude kaufte 1913 der »Konsumverein Vorwärts für Dresden und Umgegend GmbH« für 51 000 Mark und bewirtschaftete es, in den letzten Jahren unter »Verbrauchergenossenschaft Dresden GmbH«, bis die Enteignungsverfügung der Landesregierung 1938 in Kraft trat. Im Juli 1938 ging das Haus an die »Pensionskasse der deutschen Verbrauchergenossenschaften Versicherungsvereine auf Gegenseitigkeit zu Hamburg« in Hamburg. Das Ladengeschäft übernahm die »Dresdner Lebensmittelgesellschaft mbH«.

Durch die sowjetische Militärverwaltung erfolgte 1948 die Rückübertragung. Die Beschlagnahmung des Konsum-Besitzes wurde aufgehoben und die Immobilie an die »Konsumgenossenschaft Dresden GmbH« übertragen. Diese firmierte 1955 in »Konsumgenossenschaftsverband Stadt Dresden GmbH«. 1959 ging das Grundstück in das »Eigentum des Volkes« über und kam unter die Rechtsträgerschaft des Rates der Stadt Dresden. Der Konsum blieb weiterhin in diesen Räumen. Zunächst war es bis in die 1970er Jahre ein Lebensmittelladen, später befand sich hier das Büro »Konsum Arbeitsgruppe für Industriewaren« und zuletzt die »Werbearbeitsgruppe Ost« des Konsums. 1990 wurde dieser Standort aufgegeben und kam in Privateigentum.

Weitere Konsum-Verkaufsstellen in Loschwitz:

Körnerplatz 1, Lebensmittel

In das dem → *Eisenwarenhändler* Albin Ungewiß (1875 – 1965) gehörende Haus zog als Nachfolger des → *Lebensmittel- und Haushaltgeschäfts* »Görlitzer« nach 1945 eine Filiale des Lebensmittel-Konsums. Vermutlich ist der Konsum Ende 1993 geschlossen worden. Nach verschiedenen Nutzern, wie der → *Gaststätte* »Loschwitzer Linden«, befindet sich heute in diesen Verkaufsräumen die → »*Lampenmanufaktur*« von Bernhard Zschiesche (* 1948, → *Schmiede*).

Körnerplatz 13, Molkereierzeugnisse

Der Konsum »Molkereierzeugnisse« hatte 1964 die Geschäftsräume der seit 1928 hier ansässigen »Molkerei Naake & Co« übernommen. Annemarie Rodisch war langjährige Geschäftsführerin bis sie im Mai 1990 in den Ruhestand ging. Das Geschäft wurde 1991 geschlossen. Ab

Konsum Haushaltwaren, Friedrich-Wieck-Straße 4, 1980er Jahre
Foto: Slg. Roland Breyer

DDR-Konsum-Marken
Slg. Bea Gehler

1992 oder 1993 zog in diese Geschäftsräume eine Filiale der Dresdner Bäckerei Kallenbach. Heute befindet sich hier das → *Café ARABUSTA*.

Friedrich-Wieck-Straße 4, »1000 kleine Dinge«
1958 beschloss das Politbüro der SED, die Versorgung des täglichen Bedarfs zu verbessern. Anfang der 1960er Jahre kam es zur Gründung der Geschäfte »1000 kleine Dinge«. Hier gab es, wenn vorhanden, Dinge vom Kartoffelschäler über Speiseservices bis zu Haushaltgeräten. Um diese Zeit ist wohl auch hier der Haushaltladen »1000 kleine Dinge« eröffnet worden, der bis Anfang 1992 hier bestand. Heute werden die Räume vom »Wollkontor« (→ *Textilhandel*) genutzt.

Krügerstraße 17, Lebensmittel und Nr. 12b Gemüse- und Getränkehandel
In der Krügerstraße 17 im → *Ortsteil Schöne Aussicht* befand sich in der Nachfolge des → *Lebensmittelgeschäfts* der *Familie* → *Forker* nach 1945 der Lebensmittelladen der Konsumgenossenschaft »Vorwärts«. Bis 1960 leitete diese Filiale das Ehepaar Balkowsky. Hinzu kam 1970 ein Gemüse- und Getränkehandel in dem kleinen Häuschen auf der Krügerstraße 12b, vormals Milchhandlung Brockelt. Bereits vor 1989 wurde die Filiale Krügerstraße 17 und im August 1990 auch die des Gemüse- und Getränkehandels geschlossen. Seither befinden sich hier keine Verkaufseinrichtungen mehr.

Kügelgenstraße 4, Lebensmittel
Frau Knop führte diesen kleinen Lebensmittelladen etwa von 1960 bis 1982, sozusagen einen »Tante-Emma-Laden«. Nach der Schließung war hier ein Eiscafé.

Pillnitzer Landstraße 2, Fleischerei
Im Juni 1947 begann der Mietvertrag für die Konsumfleischerei. Geschlachtet wurde nicht vor Ort. Ein Transporter brachte die Ware vom Schlachthof. Die Schweine- oder Rinderhälften wurden auf der Schulter des Fahrers, ohne Verpackung, von der Straße zur Weiterverarbeitung in die Wirtschaftsräume der Fleischerei gebracht. Das Mietverhältnis endete vermutlich 1981. Nach unterschiedlicher Nutzung präsentiert Gunter Ziller (* 1952), in dem seit 1989 in seinem Besitz befindlichen Haus, seit 1991 Kunst in der → *»galerie am blauen wunder«*.

Pillnitzer Landstraße 34a, Lebensmittelmarkt
Seit August 2000 befindet sich im → *Einkaufs- und Gewerbezentrum* in den »Loschwitz-Arkaden«der »KONSUM Dresden eG« mit einem Lebensmittelmarkt. **Ute Häse**

Quellen: 724, 725, 894, 1000, 1047

Loschwitz-Arkaden, 2015 *Foto: S. Großmann*

Kosmetik und Fitness

Fitnessstudio »Injoy«
Pillnitzer Landstraße 34a
Die Mitarbeiter, Physiotherapeuten und Trainer des Fitness-Studios im → *Einkaufs- und Gewerbezentrum* in den »Loschwitz-Arkaden« kümmern sich unter der prämierten Marke INJOY seit 2002 um Rücken, Gelenke, Muskelaufbau und »Wohlfühlgewicht« der Loschwitzer und »auswärtigen« Kunden. Nach dem Training kann man in einer Sauna entspannen. **Barbara Friebel**

Quelle: 1194

Timeout
Körnerplatz 8
Wellness und Kosmetik am Körnerplatz: Im 2011 eröffneten Salon für »massage & naturkosmetik« kann man sich mit Massagen, Bädern, traditionellen Ritualen, Maniküre und Pediküre verwöhnen lassen. Inhaber ist der Pirnaer Malermeister Udo Tietze. **Barbara Friebel**

Quellen: 725, 1240

Meso Spezial Kuren Center
Friedrich-Wieck-Straße 2
Inhaberin Kerstin Lindner, Kosmetikerin, Meister des Handwerks seit 1988 und erfolgreich in nationalen und internationalen Meisterschaften, gründete ihr erstes Geschäft mit sechs Mitarbeitern 1991 in der Südvorstadt. Seit 2008 spezialisierte sie sich auf Meso-Behandlungen – ein neues Anti-Aging-System zur optischen Hautverjüngung - verbunden mit gezielten Anwendungen-, Farb-, Typ- und Stilberatung bis hin zum ästhetischen Permanent-Make-up. 2011 wurde das »Meso Spezial Kuren Center« auf

Fotos (3): Siegfried Großmann

der Friedrich-Wieck-Straße eröffnet. Kerstin Lindner bietet hier das gesamte Spektrum ihrer Leistungen an, individuell auf die Wünsche und Anfragen ihrer Kunden und Kundinnen abgestimmt. Es gibt keine festen Öffnungszeiten, Termine werden telefonisch vereinbart. Das Geschäft in der Südvorstadt wurde 2014 verkauft. **Barbara Friebel**

Quelle: 724

Dürerhaus, Körnerplatz 13, Dezember 1983 *Foto: Ute Häse*

Kunsthandwerk, Kunsthandel und Design

Die Begriffe »Kunsthandwerk« und »Kunstgewerbe« umfassen ein weites handwerkliches Feld, in dem künstlerische Fähigkeiten ausschlaggebend sind. Kunsthandwerker und Kunstgewerbler fertigen ihre Erzeugnisse nach eigenen Entwürfen und sind demzufolge der bildenden oder angewandten Kunst zuzurechnen. Auch der unterdessen in Deutschland gebräuchlich gewordene Begriff »Designer« steht für vielfältiges handwerkliches Arbeiten. Er entwirft, gestaltet und fertigt in der Regel unterschiedliche Gebrauchsgegenstände wie Möbel, Schmuck und Bekleidung, aber auch Medien und vieles andere.

Der gewerbliche »Kunsthandel« entwickelte sich vor allem seit dem späten 19. Jahrhundert gemeinsam mit dem → *Antiquitätenhandel* zu der heute vorhandenen Breite des Angebotes. Der einzige eigentliche Loschwitzer »Kunsthändler« vor 1945 war Adrian Müller (1902 – nach 1960), der Sohn des Malers *Richard → Müller* (1874 – 1954, → *K1*). Adrian Müller wohnte ab etwa 1925 Materniweg 14 und verzog 1933 ins elterliche Haus Hermann-Vogel-Straße 2, wo er von 1934 bis 1945 auch seinen Firmensitz hatte. Er hatte ein Buch über das Werk seines Vaters verfasst, das schon 1921 von Franz Hermann Meißner (1863 – 1925) herausgegeben wurde. Ihm folgten weitere kunsthistorische Abhandlungen. Als Mitglied der NSDAP und überzeugter Nationalsozialist handelte er mit Kunstwerken aus jüdischem Besitz, wobei bisher unklar ist, wie er an diese gelangte. Bemühungen seines Vaters, ihm 1934 das Direktorat der Dresdner Gemäldegalerie zu verschaffen, scheiterten allerdings. 1945 setzte er sich nach Chile ab, wo er später in der von vielen deutschsprachigen Kolonisten besiedelten Stadt Osorna ein Museum aufbauen wollte. Nach 1960 verliert sich dort jede Spur von ihm.

Kunsthandwerker bzw. Kunstgewerbler gab es in Loschwitz natürlich schon vor der → *Eingemeindung*. Besonders der Beruf des »Elfenbeinschnitzers« war mehrfach vertreten.

Die im → *Ortsteil Oberloschwitz*, Am Weißen Adler 10, wohnende Malerin Ilse Hustig (1885 – 1962) besaß von etwa 1930 bis 1938 dort auch eine kunstgewerbliche Werkstatt.

Schließlich sei hier auf die zahlreichen Kunstgewerblerinnen und Kunsthandwerker verwiesen, die aus unterschiedlichen Materialien kunstvolle Gegenstände schufen. Hierzu gehören beispielsweise die → *Keramiker*, aber auch die Textilgestalterin Eva Metz-Kolbe (1913 – 2005, → *K2*), die bis 2000 Malerstraße 12b wohnte und ihre Handweberei u. a. in der Hermann-Vogel-Straße 4 und der Krügerstraße 13 hatte. Auch Horst Müller (1900 – 1993, → *K2*), der ab 1947 Degelestraße 2 wohnte und arbeitete, sei als Beispiel für Metallgestaltung, Emailtechnik und die Erfindung des »Kokonfadens« zur Herstellung von Lampenschirmen und anderen Erzeugnissen genannt.

Otto-R. Wenzel

Quellen: 426, 605, 640, 906, 1000

Dürerhaus,
Körnerplatz

Das Dürerhaus wurde 1911 von Adolf Köhler in Dresden, Waisenhausstraße 27, gegründet. 1928 zog es wenige Häuser weiter ins »Viktoriahaus« auf der Ringstraße 18. Von 1932 bis 1945 führte Tochter Thea das Unternehmen, ab 1940 unter dem Namen Thea Ahlgren und ab 1944 in zweiter Ehe als verheiratete Scharsich. Das Gebäude wurde 1945 beim Bombenangriff auf Dresden völlig zerstört. Das Ehepaar Scharsich wählte 1945 aus Angst vor den Russen den Freitod. Es blieb als Erbe der unmündige Sohn Michael zurück. Die Geschäftsführung wurde an Senta Heinrich (* 1925) übertragen, die schon seit 1941 mit Beginn ihrer Lehre im Betrieb tätig war.

Am 1. September 1945 konnte Senta Heinrich im Körnerplatz 13 das Dürerhaus wieder eröffnen. Ein Neuanfang wurde möglich, weil ein Teil der Waren schon 1943 kriegsbedingt nach Lauenstein ausgelagert worden war. Gehandelt wurde mit Kunstgewerbe, vorwiegend aus dem Erzgebirge. Senta Heinrich kaufte 1968 das Geschäft über die Treuhand von dem in München lebenden Erben Michael Scharsich. Durch die guten Beziehungen zu ihren ehemaligen Händlern konnte sie auch in den schwierigen Zeiten der Mangelwirtschaft in der DDR ein ansprechendes Angebot für ihre Kunden bereithalten.

Sie übergab das Geschäft am 1. April 1990 an ihren Schwiegersohn Frank Nordin (* 1959). Ihre Tochter Elke geb. Heinrich (* 1958) arbeitete hier als Angestellte bei ihrem Mann. Unter den marktwirtschaftlichen Bedingungen wurde das Sortiment erweitert, die Waren konnten deutschland- und europaweit bezogen werden. Nun erwies sich das Geschäft als zu klein, sodass ab 1. Februar 1997 am Körnerplatz 2 eine größere Ladenfläche angemietet wurde. 2003 verließen Nordins den Standort Körnerplatz und eröffneten unter dem Namen »Kontraste-Dürerhaus Dresden Frank Nordin e. K.« ein größeres Geschäft im Zentrum von Dresden, im Quartier QF an der Frauenkirche. **Ute Häse**

Quelle: 724

Atelier Kleinod
Dammstraße 1
2008 eröffneten Claudia Pollack und Solveig Meister das »Atelier Kleinod«. Im Januar 2014 übernahm Anke Isert das Ateliergeschäft, welches Kleinkünstlern eine Verkaufsplattform bietet. Aller drei Monate wechselnd werden hier Porzellan und Keramik, Schmuck, Kartonagen und ausgefallene Kleinigkeiten von jeweils 30 bis 40 Kleinkünstlern angeboten – frei nach dem Spruch: »Muss das sein? sagt der Verstand – Nein, sagt das Herz – aber es ist so schön!« Die Inhaberin selbst fertigt unter dem Label »eineidee« süße Häkelkuscheltiere. Viele Kunden kommen regelmäßig, um nach Neuheiten zu suchen, die sonst nirgendwo in Dresden erhältlich sind. **Barbara Friebel**

Quellen: 724, 1201

Fotos (6): Siegfried Großmann

Conform
Körnerplatz 7
Seit 2001 verkaufen Inhaber Stephan Börner (* 1956) und seine Ehefrau Massivholzmöbel und Zubehör sowie internationale Dekorationsartikel, Textilien, Accessoires, Holzkunst, vor allem afrikanisches Kunsthandwerk. Da alteingesessene Loschwitzer immer wieder erwähnten, dass früher an dieser Stelle das Fischgeschäft Zschornak (→ *Fischhandel*) war, stockten Börners ihr Sortiment mit »unverderblichen« Fischen aus Metall, Holz und Speckstein auf. **Barbara Friebel**

Quelle: 724

Deco-Interieur
Rißweg 70
Inhaber Ralf Leuter (* 1970) gründete das Geschäft 1992. Seit 2007 befindet sich der Laden für Inneneinrichtung, Polsterei, Gardinen und individuelle Möbel namhafter Hersteller hier an der Ortsgrenze zum Weißen Hirsch. Das Unternehmen bietet umfassende Einrichtungsberatung und -ausführung, angefangen von Detaillösungen für Wand, Decke, Boden, Polster und Licht bis hin zu kompletten Einrichtungen. **Barbara Friebel**

Quellen: 724, 1158

Fürst Romantik und Nostalgie
Körnerplatz 4
Für viele, die ein Geschenk oder ein Souvenir suchen, bietet Markus Fürst seit 2011 nostalgische Spielsachen, Bilderbücher, handgefertigten Baumschmuck, Kerzen, Servietten, besondere Seifen und andere Mitbringsel an. **Barbara Friebel**

Quelle: 724

Holzkunst Heidrun Heine
Grundstraße 85
Die in Zittau geborene Heidrun Heine (* 1955) erlernte in Volkskunstzirkeln und erzgebirgischen Werkstätten die Herstellung und Bemalung traditioneller Holzfiguren. Aus der Produktion für den Eigenbedarf wurde mit steigender Nachfrage eine Profession. Zu einer Osterkollektion gesellten sich weitere sächsische Holzkunstartikel und Auftragsarbeiten für erzgebirgische Firmen. 1989 eröffnete sie in der Grundstraße 89 ihren ersten Werkstattladen. Von 2000 bis Ende 2014 befanden sich die Arbeitsräume zur Produktion und Restaurierung der »liebevollen Staubfänger« auf der Grundstraße 85. Von 2005 bis 2007 betrieb Heidrun Heine ein zusätzliches Ladengeschäft auf der Grundstraße 2. 2015 zog sie mit ihrer Werkstatt nach Altplauen 12 um. **Barbara Friebel**

Quellen: 724, 1189

LOOP
Dammstraße 1
Für Liebhaber geschmackvollen Designs bietet Inhaberin Katrin Glaab seit 2006 unter der Überschrift »concept-store« weltweit ausgewähltes Interieur, Accessoires und Mode an. **Barbara Friebel**

Quellen: 724, 1212

Loschwitzer Kunststube
Friedrich-Wieck-Straße 3
In dem kleinen, 2002 gegründeten Ladengeschäft in einem romantischen Fachwerkhäuschen fühlt man sich immer ein bisschen weihnachtlich: Unzählige Engel, Räucher- und andere Männel aus dem Erzgebirge wimmeln auf den Regalen. Zusätzlich gibt es Wolldecken und Schals, Keramik, Schmuck, Kunstdrucke von Dresdner Motiven und Umgebung sowie Honig aus eigener Imkerei. Der Inhaber und Künstler Rainer Haase (* 1965) bietet Ansichts- und Weihnachtskarten mit eigenen, häufig Loschwitzer Motiven an und fertigt Auftragsmalereien mit Stadt- und Landschaftsansichten. Vor 2002 beherbergten die Räume kurzzeitig einen Blumenladen und ein Geschäft für Drachen und andere Flugobjekte. **Barbara Friebel**

Quelle: 724

Julia Schulz und Johannes Zeller, 2015

Bildhauerwerkstatt Schulz & Zeller
Körnerplatz 2
Die Bildhauerin Julia Schulz (* 1976 in Dresden) studierte an der HfBK Dresden und schloss 2002 mit dem Diplom Bildende Kunst das Studium ab. Gemeinsam mit Johannes Zeller (* 1963 in Bad Krozingen i. Br.), Dipl.-Geograf und ebenfalls freischaffender Künstler, gründete sie die Bildhauerwerkstatt Schulz & Zeller. Anfangs noch im Helfenberger Grund ansässig, befinden sich nunmehr seit 2010 die Wohn- und Atelierräume der Künstlergemeinschaft im Haus Körnerplatz 2. Die Werkstatt, in der die Skulpturen entstehen, liegt innerhalb des Geländes »Pferdehof Schmidt« an den Loschwitzer Elbwiesen. Bei beiden Bildhauern reicht das Spektrum von kunsthandwerklicher Gestaltung bis hin zur freien Skulptur. In Dresden sind sie vor allem durch die Präsentation ihrer Werke auf dem → *Elbhangfest* und dem Loschwitzer → *Weihnachtsmarkt* bekannt. Eine Skulptur »Echse« (Johannes Zeller) auf dem Anbau des Hauses Pillnitzer Landstraße 82 ist ebenso öffentlich in Loschwitz sichtbar wie das Medaillon »Der Schutzengel« an der Fassade des Hauses Friedrich-Wieck-Straße 39. Als Auftragswerk fertigte Julia Schulz dieses Relief in Sandstein mit Echtblattvergoldung.

Darüber hinaus ist sie seit 2010 im Elbhangfestverein für Loschwitz ehrenamtlich tätig.

Johannes Zeller

Quelle: 724

Sandsteinwerkstatt Bernhard Männel
Grundstraße 46
Dieses sächsische Ein-Mann-Unternehmen beschäftigt sich mit der kunsthandwerklichen Herstellung von Figuren, Skulpturen und verschiedenen Gebrauchsgegenständen vorrangig aus einheimischem Sandstein. Dabei handelt es sich immer um von Hand gefertigte Unikate.

Bernhard Männel wurde 1965 in Dohna bei Dresden geboren. Bereits in seiner Kindheit faszinierten ihn Steine aller Art. Zunächst jedoch erlernte er den Beruf des Zootechnikers.

1987 konnte er das Fachwerkhaus Grundstraße 46 erwerben, seinen heutigen Wohn- und Werkstattsitz. Um das Anwesen besser selbst um- und ausbauen zu können, wurde Bernhard Männel Meister für Garten- und Landschaftsgestaltung. Dabei entdeckte er seine Leidenschaft für den Sandstein.

2001 schuf er eine Eule, die noch heute auf der Zaunsäule neben seinem Torgatter steht. Sie weist auf die nicht weit entfernte → *Gaststätte* »Zur Eule« hin und mit ihr fing Bernhard Männels Bildhauerei an.

2005 begann er mit seiner Sandsteinwerkstatt. Er arbeitet auf Bestellung. Seine besondere Liebe gilt dabei der Gestaltung von Tieren, wobei die Eule nach wie vor sein Markenzeichen ist.

In seiner offenen Werkstatt kann man ihm nach Absprache über die Schulter schauen und seine Werke besichtigen. **Sonja Bernstengel**

Quellen: 724, 1232

Bernhard Männel, 2015

Annelie Wiltner, 2015

Fotos (3): Siegfried Großmann

Holzminiaturen Annelie Wiltner
Grundstraße 16
Die Herstellung von Holzminiaturen in Sachsen ist hauptsächlich im Erzgebirge zu Hause. Der sich seit dem 12. Jahrhundert dort entwickelnde Bergbau zur Erschließung der reichhaltigen Bodenschätze erzeugte bergmännische Motive, die in Holzfiguren künstlerisch, oft nach Feierabend der Bergleute, umgesetzt wurden. Geschnitzte und gedrechselte Miniaturen wie Räuchermänner, Nussknacker, Engelsfiguren u. v. a. entstehen bis heute meist in kleinen Werkstätten durch Handarbeit. Das Kunsthandwerk verbreitete sich bald über die Grenzen des Erzgebirges hinaus.

2004 eröffnete das Geschäft von Annelie Wiltner (* 1948) aus Olbernhau auf der Grundstraße 16 mit dem Motto: »Feine Holzminiaturen in den Farben des Himmels«. Seither wird die von der Spielzeugfacharbeiterin und staatlich anerkannten Volkskunstschaffenden der DDR entworfene Serie kleiner Engel dort produziert und verkauft. Bereits 1990 machte sich die Gestalterin mit ihrem Hobby selbstständig und gründete die Werkstätten Wiltner in Olbernhau. 1994 erfolgte dort der Zusammenschluss mit der Firma Flade zu den Werkstätten Flade & Wiltner. Damit wurden Kapazitäten für eine Serienproduktion der Figuren geschaffen. Nach der Gründung einer eigenen Werkstatt für hochwertige Holzminiaturen 2002 wurden zwei Jahre später die heutigen Räume in Loschwitz bezogen. Hier werden die Teile aus Ahornholz gedrechselt, zusammengefügt und mit Acryl-Wasserlasuren farblich gestaltet. Perücken mit gelockten Haarsträhnen und Blütenkränzen lassen anmutig lächelnde Engel entstehen. **Achim Jannasch**

Quellen: 324, 325, 724, 1135

Lebensmittel und Genusswaren

Lebensmittel- und Genusswaren

Ursprünglich kauften die wenigen nicht in der Landwirtschaft arbeitenden Menschen ihre Lebensmittel direkt beim Bauern. Erschwert wurde dies durch steigende Zahl der nicht in der Landwirtschaft Tätigen. So entstanden die ersten »Produktenhandlungen« oder »Materialwarenhandlungen«. Zu ihrem Sortiment gehörten Erzeugnisse der Bauern und Gärtner sowie wichtige Artikel des täglichen Bedarfs wie Seife, Leuchtöl und Petroleum.

Ende des 19. Jahrhunderts entstanden »Kolonialwarenhandlungen«. Sie führten Waren, die aus Übersee, also aus den damaligen Kolonien, importiert wurden, vor allem Bananen, Zitrusfrüchte, Reis, Kaffee, Tee, Tabakwaren und Gewürze. Jedoch kam es sehr schnell zu einer Vermischung der Sortimente mit einheimischen Produkten. Auch die Produktenhändler begannen Kolonialwaren zu führen und schrieben an ihr Firmenschild das elegantere Wort »Kolonialwaren«. Die meisten Geschäfte führten auch Flaschenbier und Mineralwasser.

Um 1900 erweiterten größere Geschäfte ihr Sortiment durch Feinkost und Delikatessen. Dazu gehörten z. B. Majonäsen, Marinaden, Salate und andere Waren der gehobenen Preisklasse, während Obst und Gemüse kaum oder gar nicht angeboten wurde. Dafür spezialisierten sich die kleinen Geschäfte teilweise zu Grünwarenhandlungen.

Typisch war für die kleinen Lebensmittelgeschäfte, dass sie nur von einem Ehepaar oder gar von einer Einzelperson geführt wurden. Man nannte sie in Sachsen liebevoll »Büdchen« – der Begriff »Tante-Emma-Laden« entstand erst um 1950 in Westdeutschland –, während man bei den größeren Geschäften vom »Kaufmann« sprach.

Um das Jahr 1900 war das Sortiment an Zigarren, Zigaretten und Tabakwaren so gewachsen, dass es nicht mehr von den Lebensmittelläden nebenbei geführt werden konnte. Es entstanden Spezialgeschäfte, in denen es keine unerwünschte Qualitätsminderung durch fremde Gerüche gab. Aus ähnlichen Gründen entstanden auch Spezialgeschäfte für Kaffee, Kakao und Schokolade.

1946 mussten die Geschäfte ihre Anschriften »Kolonialwaren« ändern in »Lebensmittel«. Die Rationierung sicherte zunächst auch den kleinen Lebensmittelläden einen festen Kundenstamm. Doch nachdem im Jahre 1958 die Lebensmittelkarten wegfielen, wurde die volkseigene Handelsorganisation → *HO* und der → *Konsum* bevorzugt beliefert, sodass die meisten privaten Geschäfte aufgeben mussten.

Im Loschwitzer Dorfkern und in der Grundstraße gab es schon früh mehrere private Lebensmittelhändler, von denen nachfolgend die wichtigsten genannt sein sollen.

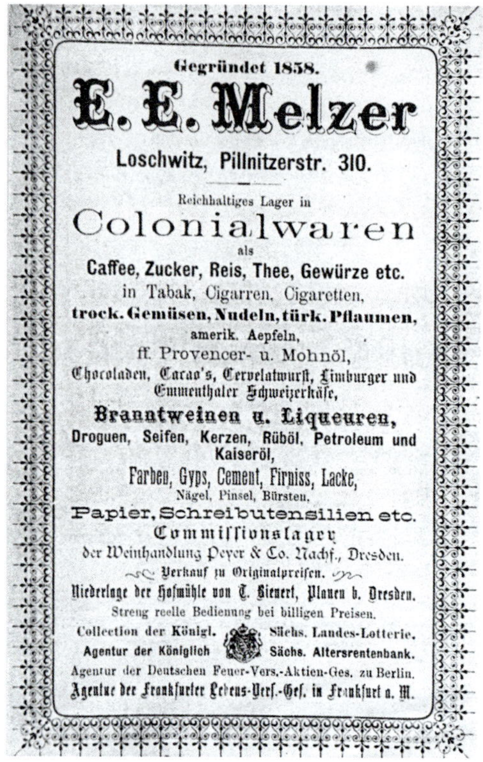

Anzeige, 1888 *Slg. Matthias Griebel*

Körnerplatz 8

Über 100 Jahre wurden hier Lebensmittel verkauft. Den Vorgängerbau des heutigen »Goldenen Schiffes« erwarb 1877 Christian Gottlieb Möbius (1822 – 1880). Sein Sohn Franz hatte hier einen »Produktenladen« und besaß auch Filialen in der Grundstraße 17 und 23. Ihm folgte der Kolonialwarenhändler Hermann Kabisch (1847 – 1911), dessen Geschäft und Filiale Grundstraße 23 zunächst seine Witwe Auguste (1846 – 1914) weiterführte. Im Haus waren später die → *Molkerei Naake* und die Filiale von »F. F. Karl Schmidt«, der sein Hauptgeschäft → *Schillerstraße* 25 hatte. Ab 1932 war hier das Lebensmittelgeschäft von Arno Graebel (1899 – 1952), dem 1959 das → *HO-Selbstbedienungs-Geschäft* folgte, das ab 1967 auch eine Diät-Abteilung besaß. Nach der Schließung 1989 folgte noch das Reformhaus von Doris Ferstl, das sie 1991 nach Dresden-Striesen verlegte.

Körnerplatz 10

Der Vorgängerbau des Hauses gehörte seit 1880 dem → *Bäckermeister* Emil Garten (1854 – 1922), der hier in seinem Geschäft auch Grünwaren und später im neuen Haus auch Glas, Steingut und Porzellan verkaufte. Seine Witwe Pauline führte den Laden mit einem Angebot von Grünwaren fort.

Körnerplatz 1

Im 1913 umgebauten Haus, das der → *Eisen- und Haushaltwarenhändler* Albin Ungewiß (1875 – 1965) gekauft hatte, gab es ab 1915 nacheinander drei »Schokoladen- und Zuckerwaren-Handlungen«, denen 1930 Max Tröger (1890 – 1945, → *Ofensetzer*) folgte. Ab 1933 befand sich hier eine Filiale des 1861 von drei Görlitzer Tuchmachern gegründeten und 1889 in eine AG umgewandelten »Görlitzer Waaren-Einkaufs-Verein AG«, dem nach 1945 eine → *Konsum-Filiale* folgte, in der bis nach der Wiedervereinigung Lebensmittel verkauft wurden.

Friedrich-Wieck-Straße 2

Adolf Butter betrieb mit seiner Ehefrau Martha hier von 1907 bis Anfang der 1920 Jahre ein »Delikatessengeschäft«.

Lebensmittelhandlungen aller Art in Loschwitz

Jahr	Anzahl
1883	23
1900	51
1912	47
1921	47
1933	18
1943/44	19
1957/58	13
1975/76	11
1995	4
2014	3

Das ehemalige Delikatessengeschäft Richard Herfurth, Zustand 2004 *Foto: Jürgen Frohse*

Anzeige, 1928 *Kirchgemeindeblatt*

Anzeige, 1925 *Kirchgemeindeblatt*

Pillnitzer Landstraße 4 (links) mit dem Milch- und Lebensmittelgeschäft von Bertha und Friedrich Bernstengel um 1900 *Foto: Slg. Eva Moser*

Friedrich-Wieck-Straße 25
In seinem Haus hatte der Kaufmann Ernst Fischer (1848 – 1934) eine »Materialwarenhandlung«. 1913 erwarb Bruno Maul (1862 – 1933) das Grundstück und bis etwa 1940 war dann hier der Firmensitz von »Ernst Fischer Nachf.«, der Kolonialwaren verkaufte.

Pillnitzer Landstraße 2
Hier wartete Adolf Melzer (1852 – 1897) in der 1858 gegründeten Firma »E. E. Melzer« mit einem umfangreichen Angebot auf. Es erstreckte sich von »Colonialwaren« aller Art über Trockengemüse, Schokoladen, Branntweine bis zu Farben, Zement und Nägeln. Er war Kommissionshändler einer Weinhandlung, hatte eine Versicherungsagentur und vieles mehr. Nach seinem Tod führte das Geschäft Otto Melzer, dann dessen Witwe Marie Elise und schließlich bis etwa 1910 Albert Uhlig (1860 – 1916). Um 1918 eröffnete Fritz Fasold (1891 – 1970) seine Lebensmittelhandlung. 1947 mietete die Räume der → *Konsum* für eine Fleischerei.

Pillnitzer Landstraße 4
Im Haus befand sich neben dem → *Uhrmachergeschäft* bis 1897 das »Produktengeschäft« von Friedrich Wilhelm Kretzschmar. Dessen Nachfolger wurde Friedrich Bernstengel (1867 – 1947) und 1913 *Paul* → *Schramm.*

Schillerstraße 1
Das am damaligen Stadtweg gelegene alte Haus kaufte 1876 der »Produkten- und Fleischwarenhändler« und spätere Gemeindeälteste und Ortsrichter Richard Herfurth (1854 – 1915). Er hatte hier auch nach dem Neubau des Hauses ein Geschäft mit vielfältigem Angebot von Lebensmitteln aller Art bis zu Wild, Geflügel und »Delikatessen«. Sein Sohn Curt Herfurth (1876 – 1945) führte das Geschäft unter der Firmenbezeichnung seines Vaters bis zum Ende des Zweiten Weltkrieges. Später befand sich hier eine Filiale der → *HO* mit Obst und Gemüse, die nach 1990 privat weitergeführt wurde.

Grundstraße 2
Ab 1913 befanden sich hier nacheinander zwei Schokoladengeschäfte und nach 1920 ein Lebensmittelgeschäft unter wechselnden Inhabern bis zur Eröffnung von »Görlitzer« im Nachbarhaus Körnerplatz 1.

Grundstraße 5
Ab Mitte der 1890er Jahre hatte hier der »Milch- und Butterhändler« Ernst Kunze sein Geschäft. Ihm folgte von 1907 bis 1913 *Paul* → *Schramm* und danach bis Anfang der 1930er Jahre das Lebensmittelgeschäft von Friedrich Bernstengel und seiner Ehefrau Bertha geb. Schulze (1869 – 1937), die auch Flaschenbier in ihrem Angebot hatten.

Anzeige im Kirchgemeindeblatt, 1925; links das Gebäude Pillnitzer Landstraße 2 mit Feinkostladen Fasold, um 1930. Der Anbau wird heute von der »Obstgalerie« genutzt. Foto: K. Seyfert

Grundstraße 11
Vermutlich ab etwa 1880 hatten hier Johannes Pohle sen. (1856 – 1918) und seine Ehefrau Anna (1856 – 1938) ein »Milch- und Produktengeschäft«.

Grundstraße 41
In dem schon seit mehreren Jahrzehnten im Besitz von Familie Bernstengel befindlichen Haus eröffnete vermutlich schon in den 1870er Jahren Julius Bernstengel (1844 – 1893) sein Geschäft, das von 1899 bis etwa 1920 von Hugo Bernstengel weitergeführt wurde. Zwei Jahre später übernahmen Oskar Sterl (1881 – 1948) und seine Ehefrau das Geschäft, das sie 1931 in die ehemalige »Amtsschänke« (→ *Gaststätten*), Grundstraße 58, verlegten und dort bis in die 1940er Jahre fortführten.

Grundstraße 93
Nach Hermann Otto Ferdinand John hatten ab etwa 1885 der Schuhmacher Anton Matthes (1838 – 1906) und seine Ehefrau Wilhelmine hier einen »Produktenladen«. 1907 kaufte der Zimmermann Otto Medger das Haus und betrieb bis Mitte der 1940er Jahre mit seiner Ehefrau Liddy eine »Kolonialwarenhandlung«.

Weitere Lebensmittelgeschäfte
Auch in der Grundstraße 115, wo sich heute der → *Getränkehandel Neumann* befindet, gab es über Jahrzehnte ein Lebensmittelgeschäft - und natürlich den → *Konsum* in der Grundstraße 45. Über kürzere Zeitabschnitte waren auf der Grundstraße u. a. weitere Einkaufsmöglichkeiten für den täglichen Bedarf. So war im seit 1805 in Familienbesitz befindlichen Haus Grundstraße 3 bis 1900 der Laden von August Feller (1832 – 1916), in der Grundstraße 12 bis etwa 1902 der von Friedrich Richter (1829 – 1901) und seiner Ehefrau Alwine (1848 – 1932)

und der Grundstraße 66 bis etwa 1893 das Geschäft von Amalie Auguste Huhle.

Im letzten Haus vor der Ortsgrenze zu Wachwitz, Pillnitzer Landstraße 120, eröffnete 1934 Karl Schreier (1902 – 1964) sein Lebensmittelgeschäft, das unter verschiedenen Inhabern schon seit mindestens 1880 hier bestand. Seine Witwe Herta geb. Noack (1908 – 1987) führte das Geschäft weiter, übergab es später an Ursula Kranz, bevor es um 1970 die → *HO* übernahm. Geschäftsführer war Wolfgang Bohne, der es nach 1990 noch einige Jahre privat betrieb.

Für die **westliche »Platte«** (→ *Auf der Platte*) gab es ein Feinkost- und Gemischtwarengeschäft in der ehemaligen → *Weinpresse* Schillerstraße 25. Friedrich Wilhelm Karl Schmidt sen. (1854 – 1929) hatte das Haus 1883 erworben und einen Laden für seine Waren einbauen lassen. Das Geschäft firmierte unter der Bezeichnung »F. W. Karl Schmidt« und bot neben »Kolonialwaren« auch »Landesprodukte« und Flaschenbier an. Ab etwa 1920 besaß er zudem eine Filiale im → *Körnerplatz 8*. Sein Sohn Hans Schmidt übernahm das Hauptgeschäft und führte es unter »Friedrich Schmidt« weiter und sein Bruder Friedrich Wilhelm Karl Schmidt jun. übernahm die Filiale Körnerplatz 8 unter der Bezeichnung »F. W. Karl Schmidt Nachf.«. Während des Zweiten Weltkrieges wurde Hans von seiner Ehefrau und anderen vertreten. 1945 folgte hier Wilhelm Renner und schließlich nach 1950 eine → *HO-Verkaufsstelle*, die später auch »Diät-Vollwertnahrung« im Angebot hatte.

Im → ***Ortsteil Oberloschwitz*** gab es u. a. das Lebensmittelgeschäft im Haus der → *Gaststätte* »Harmonie«, Rißweg 58 und bis Ende der 1930er Jahre im Rißweg 27b ein Kolonialwarengeschäft mit mitunter jährlich wechselnden Inhabern. Hier war ab 1934 bei Kaufmann Otto Sperling auch eine »Frühstücksstube«.

Im → ***Ortsteil Schöne Aussicht*** war das größte Lebensmittelgeschäft das von Familie → *Forker* in der Krügerstraße 17, das nach 1945 der → *Konsum* übernahm.

Im → ***Simmigschen Ortsteil*** war in der Wilhelminenstraße 7 ab 1897 ein Geschäft, das anfangs häufig die Inhaber wechselte, 1914 Alfred Lunze übernahm und ab etwa 1930 von Richard Götz weitergeführt wurde, dem um 1942 noch Georg Vogt folgte. Auch in der Fischhausstraße 8 befand sich in der gleichen Zeit ein weiterer Laden, der nach zunächst ebenfalls häufigem Besitzerwechsel ab 1906 von Richard Techritz und nach 1930 von Charlotte und Oswald Rhensius geführt wurde.

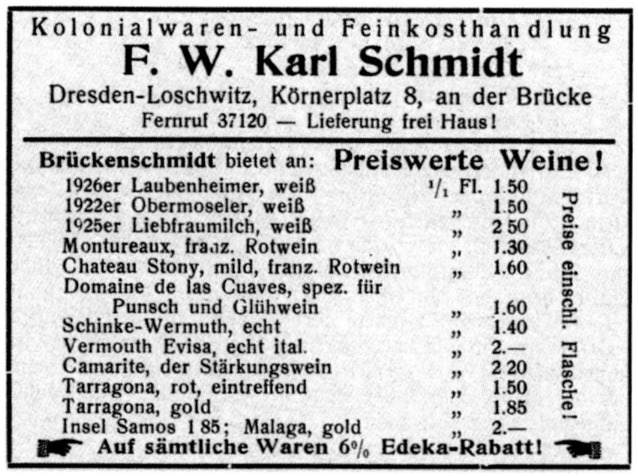

Anzeige, 1927 *Kirchgemeindeblatt*

Reformhaus Dammstraße 2

Der bisherige Lebensmittelhändler Richard Büttner in der Dammstraße 2 machte aus seinem Geschäft 1934 ein »Reformhaus« – eine Art Vorläufer des »Bioladens« – mit einem Angebot von Naturkost, -Kosmetik und -Arzneimitteln. Das Geschäft bestand bis um 1970.

Milch- und Molkereigeschäfte

Außer den zahlreichen Lebensmittelgeschäften, in denen auch Molkereiprodukte verkauft wurden, gab es noch die Molkerei Naake. 1890 von Emma Naake in Blasewitz gegründet, gab es ab 1902 ein Zweiggeschäft von Hermann Naake, dem Inhaber, und Ehefrau Emma im Körnerplatz 7, das 1919 nach deren Tod als »Naake & Co.« in den Körnerplatz 8 und 1928 nach Körnerplatz 13 zog, wo es bis zur Übernahme des Ladens durch den → *Konsum* 1964 bestand.

Auch die Dresdner Molkerei »Gebrüder Pfund GmbH« hatte von 1914 bis etwa 1970 eine Filiale im Körnerplatz 9. Nach der Schließung kam der Laden mit zur → *Fleischerei Martin.* Eine weitere Filiale war ab 1910 in der Fischhausstraße 8.

Grünwaren- und Gemüsegeschäfte

Läden, die sich nur auf Obst und Gemüse beschränkten, waren außer → *Zeibig* im Dorfkern u. a. Agnes Hesse geb. Wirthgen (1850 – 1942), die in der im Zuge der Neubebauung des Körnerplatzes abgerissenen »Verkaufshalle« ihre Waren anbot. 1997 ließ sie an der Friedrich-Wieck-Straße 5 eine neue errichten. Bis um 1920 verkaufte sie dann im Nachbarhaus Nr. 7. Ihr Sohn Alfred (1879 – 1950) erweiterte danach das Angebot auf Lebensmittel. Ein anderer Grünwarenladen war ab Mitte der 1890er Jahre der von Auguste Wagner (1858 – 1922) in der Dammstraße 2.

Tabakläden

Seit 1877 verkaufte der → *Brauereibesitzer* Otto Borsdorf (1853 – 1906) in seinem Haus Dammstraße 14 außer Flaschenbier auch »Cigarren« und später Eis (→ *Getränkehandel*).

Die längste Tradition eines Tabakladens in Loschwitz ist wohl mit dem Körnerplatz 11 verbunden. Schon im Vorgängerbau verkaufte hier August Buhle, dem 1908 Anton Schmidt (1866 – 1935), danach Otto Pohle und 1940 Otto

Anzeige aus dem Kirchgemeindeblatt, 1930

Milchverkauf von »Pfunds Molkerei« auf der Grundstraße, vor 1929 *Foto: Slg. Ute Häse*

Preusche folgten, von dem es später die → *HO* übernahm und bis 1990 betrieb. In der Wolfshügelstraße 11 gab es von 1907 bis 1910 einen »Zigarren-Pavillon«, der von der Dresdner Firma Wilhelm Musnicki & Co. genutzt wurde. Danach war hier bis um 1920 eine kleine Verkaufshalle für Obst und Südfrüchte, betrieben von Auguste und Josef Schwamberger.

Gegenwärtig gibt es in Loschwitz als Einkaufsmöglichkeiten für Lebensmittel außer der → *Obstgalerie* und → *Balsamico* nur noch den → *Konsum* im → *Einkaufs- und Gewerbezentrum* in den »Loschwitz-Arkaden«.

Mario Schatz, Otto-R. Wenzel

Quellen: 39, 184, 249, 725, 755, 1000, 1043

Forker, Arthur
Krügerstraße 17
Im Frühjahr 1910 bot Emilie Lorenz geb. Kießling ihr Haus in der heutigen Krügerstraße im → *Ortsteil Schöne Aussicht* zum Verkauf an. Zum Haus gehörte ein Geschäft, welches sie seit 1908 betrieben hatte.

Unter anderem mit Mitteln aus der Aussteuer seiner zukünftigen Ehefrau kaufte es Arthur Forker (1886 – 1971) und eröffnete am 4. April 1910 ein Kolonialwarengeschäft.

Arthur Forker, in Loschwitz geboren, stammte aus einer Butterhändler-Familie. Zunächst hatte er den Beruf eines Steuerfachmanns erlernt. Im Oktober 1910 heiratete er die Tochter Elsa (1891 – 1973) des Bühlauer Milchhändlers Klahre. 1911 wurde ihr Sohn Gerhard geboren.

Nach der Geschäftseröffnung erhielt das junge Ehepaar Forker noch viel fachlichen Rat und Beistand von der Vorgängerin Emilie Lorenz. Das Geschäft entwickelte sich sehr gut. Bald konnten die Geschäftsleute ihr »normales Angebot« durch Delikatessen und Feinkost erweitern.

In den umliegenden → *Sanatorien Dr. Weidner und Dr. Möller* wurden prominente und wohlhabende Patienten mit Diäten und Schroth-Kuren behandelt. Das zurückbleibende Hungergefühl stillten Konsuln, Geheime Räte, Schauspieler und andere Patienten der Sanatorien aus dem Sortiment feinster Back- und Süßwaren von Feinkost-Forker. Diese Waren wurden bei Bedarf auch an einen zuvor telefonisch vereinbarten geheimen Ort geliefert. Bereits als Kind wurde Sohn Gerhard (1911 – 1988) zur Erledigung solcher »Geheimaufträge« eingesetzt und verhalf diesem Geschäftszweig damit endgültig zum Erfolg.

Im Geschäft von Gustav Jenke in Dresden absolvierte Gerhard eine Lehre und ging zunächst ein Jahr nach Bautzen. Später besuchte er die Feinkostfachschule C. Beyer in Dresden.

Mit dem Einmarsch der Sowjetarmee im Mai 1945 am Ende des Zweiten Weltkrieges nahte auch das Ende des Familienbetriebes. Im Oktober 1945 wurde der Familie der Gewerbeschein entzogen. Das Geschäft sollte laut Entscheidung der Landesverwaltung der sowjetischen Besatzungszone künftig von der → *Konsumgenossenschaft* »Vorwärts« bewirtschaftet werden. Daran änderte auch der massive Protest von namhaften Kunden, Nachbarn, ehemaligen Mietern und Freunden nichts.

Am 21. November folgte der Befehl, innerhalb von vier Tagen das Haus zu räumen. Familie Forker durfte lediglich in zwei Zimmern nebst einer Abstellkammer wohnen bleiben.

Das Kolonialwarengeschäft mit Ehepaar Forker und Vorbesitzerin Frau Lorenz in seiner Blütezeit, um 1910. *Foto: Slg. Unger*

Forker-Werbung auf Briefbogen (rechts, 1910) und auf Tüten

Arthur Forker musste im eigenen Haus einen Mietvertrag mit der Konsumgenossenschaft schließen und fortan von einer seiner Frau gewährten Mindestrente leben. Er verstarb 1971 in seiner Wohnung.

In einem kleinen Nebengebäude betrieb Elsa Forker bis 1973 eine Mangelstube, welche dann noch bis 1990 weitergeführt wurde.

Das Lebensmittelgeschäft wurde ab 1945 durch die Konsumgenossenschaft den Umständen entsprechend bis in die 1970er Jahre weitergeführt.

Zum Zeitpunkt des politischen Umbruchs 1989 war der Laden bereits einige Zeit geschlossen. Die ehemaligen Geschäftsräume gehören heute im sanierten Haus zu einer Wohnung.

Georg Kleine-Natrop

Quellen: 39, 726, 1047

Milch- und Lebensmittelgeschäft Schramm
Pillnitzer Landstraße 4
Paul Schramm (1871 – 1945) zog 1894 von Schlesien nach Dresden und eröffnete 1896 ein Friseurgeschäft im neu erbauten Haus Körnerplatz 11 in Loschwitz. 1907 gab er das Geschäft auf und übernahm von Ernst Kunze die Milch- und Butterhandlung sowie dessen Wohnung in der Grundstraße 5. 1913 zog die Familie in die Pillnitzer Landstraße 4 und Paul übernahm dort das Milch- und Lebensmittelgeschäft von Bertha und Friedrich Bernstengel.

Walter Schramm (1907 – 2000) kam als zweiter Sohn des Ehepaars Paul und Hilma geb. Werner (1873 – 1940) zur Welt. Von 1913 bis 1921 besuchte Walter die achtklassige höhere Volksschule in Loschwitz. An den Sonntagen half er, die Kunden mit Milch und Butter zu beliefern. Die 20-Liter-Milchkannen wurden auf einem Leiterwagen und unter Mithilfe seines treuen Hundes oft beschwerlich den Veilchenweg und die Steinwege hochbugsiert. Von 1921 bis 1925 absolvierte Walter Schramm eine Schlosserlehre, arbeitete aber anschließend wieder im Geschäft seiner Eltern. 1933 heiratete er die Schneiderin Erna geb. Pomsel (1908 – 1995), mit der er eine kleine Wohnung in der Plattleite 3 bewohnte. Schon bald half auch Erna im Geschäft mit. 1937 kam Sohn Heinz, 1940 Tochter Eva zur Welt. Sechs Wochen nach ihrer Geburt wurde Walter Schramm zur Wehrmacht eingezogen. Seine Frau musste das Geschäft jetzt allein führen, da Vater Paul Schramm erkrankt und Mutter Hilma verstorben war. Paul Schramm starb 1945.

Im Februar 1945 zerstörte eine Brandbombe den Dachstuhl von Kunaths Kohlehandlung im Hinterhaus der Pillnitzer Landstraße 4. Durch eine neben der Post eingeschlagene Sprengbombe waren alle Fenster der 1938 von Familie Schramm bezogenen Wohnung Pillnitzer Landstraße 28 zerborsten. Die Lebensmittel mussten vorübergehend gegenüber im Textilgeschäft

Grundstraße 5, 1909 *Slg. Matthias Griebel*

Anzeige, 1927 *Kirchgemeindeblatt*

Ehepaar Schramm mit ihrem »Moskwitsch«
Foto: Slg. Eva Moser

Veilchenweg 2 (heute → *Fahrradladen Päperer*) verkauft werden. Erst nach erfolgter Dachreparatur konnten Milch, Butter und Eier wieder im ursprünglichen Laden gegen Lebensmittelmarken erworben werden. 1948 kehrte Walter Schramm aus französischer Kriegsgefangenschaft zurück und konnte die Leitung des Ladens wieder übernehmen. Früh um vier wurde die Milch angeliefert, mittags das Brot. Butter und Käse kamen in großen Blöcken und mussten ausgewogen werden. Mehl, Zucker und Grieß wurden lose in Schubladen aufbewahrt. Auf dem Tresen standen Bonbongläser, aus denen sich Kinder auch mal bedienen durften. Das Bier holte Walter Schramm mit dem Leiterwagen von seinem Biervertreter auf der Grundstraße. Erna Schramm und ihre ehemalige Klassenkameradin Frieda Klemm, die ihnen bereits in den Jahren zuvor eine wichtige Stütze gewesen war, halfen beim Verkauf. Wochentags war von 8 bis 13 Uhr und von 15 bis 18 Uhr geöffnet, sonntags wurde von 8 bis 10 Uhr Milch verkauft. Nach Jahren florierender Geschäfte sank der Umsatz durch die Eröffnung des gegenüberliegenden Lebensmittelkonsums Körnerplatz 1. 1972 schloss Walter Schramm das Geschäft und ging in Rente. Er starb 2000 und wurde auf dem → *Friedhof* Dresden-Loschwitz bestattet.

Eva Moser, Barbara Friebel

Quellen: 39, 346, 726

Anzeige, 1927 *Kirchgemeindeblatt*

Gemüsestand Zeibig
Körnerplatz 1

Ein beliebter Treffpunkt auf dem Körnerplatz war der Gemüsestand Zeibig. Die Familie betrieb diesen Stand seit 1932. Elsbeth Zeibig geb. Preibsch (1919 – 2012) kam 1938 nach Dresden, arbeitete im Lebensmittelgeschäft von Friedrich Schmidt in der Schillerstraße 25 und im Wild- und Geflügelladen auf der Schillerstraße 1. Sie heiratete 1948 Richard Zeibig (1905 – 1986), einen Sohn der Obst- und Gemüsehändlerin Ida Zeibig. Nach ihrer Hochzeit übernahm Elsbeth Zeibig von ihrer Schwiegermutter den Gemüsestand zwischen den beiden großen Linden am Körnerplatz und verkaufte von da an Obst und Gemüse an ihre Loschwit-

Über die DDR-Zeit erzählt eine Nachbarin:
Lange Schlangen standen am Stand, vor allem, wenn im Frühjahr das erste Gemüse angeboten wurde oder wenn es gar Pilze geben sollte. Manch Geschimpfe mussten sie sich anhören, wenn die Ware nicht reichte. Einen besonderen Service hatte Frau Zeibig für uns berufstätige Frauen eingerichtet. Damit auch wir ein paar »Raritäten« abbekamen, konnten wir morgens eine Tasche mit einem Zettel abgeben. Für Stammkunden, die fleißig die Woche über Küchenabfälle für Zeibigs Tiere sammelten, gab's am Sonnabend auch mal frische Eier.[1]

Elsbeth Zeibig am Gemüsestand, 1963.
Foto: Slg. Zeibig

zer, während ihr Mann Richard Zeibig für frische Ware sorgte. Bis 1952 hatte er eine Straßenpachtung für Obstbäume, die sich bis Sebnitz erstreckte. Danach übernahm er die → *Gärtnerei am Körnerweg*. Obwohl es Zeibigs als private Händler zu DDR-Zeiten nicht leicht hatten, ließen sie sich nicht unterkriegen. So kauften sie das Grundstück Körnerplatz 1 von Albin Ungewiß (1875 – 1965). Damit befand sich der Gemüsestand auf eigenem Grund und Boden.

Erst 1978 gaben Zeibigs aus Altersgründen ihren Gewerbeschein ab und schlossen ihren Gemüsestand. **Barbara Friebel**

Zitat:
1 Frohse, Hildegard, Ein kleines Dankeschön; in: EHK 11/1996
Quellen: 39, 311, 424

Schokoladengeschäft Selbmann
Körnerplatz 7
Richard Selbmann (1851 – ?) gründete am 1. Februar 1877 in Dresden-Neustadt eine Schokoladenfabrik. Seine Waren wurden über Deutschlands Grenzen hinaus geschätzt und die Dresdner Schokoladenindustrie später führend in Deutschland. Ab etwa 1933 firmierte die Firma unter dem Namen »Selbmann Schokoladen- und Zuckerwaren GmbH«.

Selbmann unterhielt viele Filialen, unter anderen auch den Eckladen am Körnerplatz 7. Hier hatte er 1896 in dem neu errichteten Haus sein Schokoladen- und Zuckergeschäft eröffnet. Später befand sich hier die → *Fischhandlung Zschornak*. **Ute Häse**

Quelle: 100

Schokoladengeschäft Selbmann am Körnerplatz, 1966. *Foto: Slg. Zschornack*

Cornelius Unger, 2013 *Foto: Jürgen Frohse*

Balsamico
Pillnitzer Landstraße 8
1997 gründete Cornelius Unger den Naturkostladen Balsamico im Pfarramtsgebäude in Loschwitz. Auf 46 m² Verkaufsfläche werden Molkereiprodukte, Wein, Fleisch- und Backwaren, frisches Obst und Gemüse sowie ein exzellenter Espresso angeboten. Zum Elbhangfest gibt es einen Ausschank und Musik im Garten. Um neben den in den letzten Jahren in näherer Umgebung entstandenen großen Biomärkten bestehen zu können, übernahm die Verbrauchergemeinschaft im Sommer 2013 den kleinen Laden, der weiter von Cornelius Unger geleitet wird. Genossenschaftsmitglieder können die nach ökologischen Gesichtspunkten ausgewählten Waren zum Genossenschaftspreis erwerben, Nichtmitglieder kaufen zum normalen Preis ein. **Barbara Friebel**

Quellen: 347, 724

Lan Reinhardt, 2015 *Foto: S. Großmann*

Obstgalerie
Pillnitzer Landstraße 2
Die 1967 geborene Vietnamesin Lan Reinhardt unterrichtete in ihrem Heimatland nach dem Studium in Hanoi Klassischen Tanz. 1992 führte sie ihre Reiselust nach Deutschland. 2002 eröffnete sie ihren Laden für Obst und Gemüse in den Loschwitz-Arkaden. Seit Juni 2011 bietet sie einheimisches und exotisches Obst und Gemüse, eine überwältigende Vielfalt von getrockneten Früchten, frisch gepressten Säften, Smoothies und Salaten am Körnerplatz an.
Barbara Friebel

Quelle: 724

Malerfirmen

Der heute als »Maler und Lackierer« bezeichnete Ausbildungsberuf, in den auch die Vorbereitung zum »Tapezierer« eingeschlossen ist, hat sich im Lauf der letzten beiden Jahrhunderte verändert. Für diese Gewerbe wurden verschiedene Bezeichnungen verwendet, die aber nur ähnliche, nicht vollkommen gleiche Tätigkeiten beinhalten. Es fand eine »Begriffswanderung« statt. Aus dem »Anstreicher« oder »Stubenmaler« über den »Dekorationsmaler« entwickelte sich der Beruf zur heutigen Bezeichnung. Die alte Bezeichnung »Tapezierer« (→ *Schuhmacher, Sattler, Tapezierer*), die mehr dem Sattler oder Polsterer zugeordnet war, findet sich heute eher beim Maler und Lackierer. Nur der Fahrzeuglackierer ist ein eigenständiger Beruf.

Zu den ersten bekannten Loschwitzer »Stubenmalern« gehörte Friedrich Hilbert (1839 – 1909), der an verschiedenen Plätzen, zuletzt Friedrich-Wieck-Straße 39, wohnte und bis um 1892 arbeitete. Ihm folgte der Maler und Lackierer Gustav Hilbert (1864 – 1914), zuletzt mit Wohnsitz und Werkstatt in der Pillnitzer Landstraße 7. Nach seinem Tod führte sein Sohn, der Schriftmaler und Lackierer Arthur Hilbert, die dortige Firma noch viele Jahre weiter.

Der Holzbildhauer Max Herrmann (1838 – 1908, → *Holz und Glas verarbeitende Berufe*) war auch als »Dekorationsmaler« tätig. Eine weitere Malerwerkstatt war von 1906 bis 1930 in der Pillnitzer Landstraße 116. Sie gehörte dem in Wachwitz lebenden Malermeister Paul Junghanns (1877 – 1939).

Schließlich hatte der Malermeister Moritz Rülke seine Werkstatt von etwa 1899 bis 1937 im Hintergebäude seines Wohnhauses im Rißweg 34. Es gab noch viele weitere Malerfirmen, die aber in der Regel nur kürzere Zeit hier tätig waren und nicht alle genannt werden können.
Helmut Dorschner, Otto-R. Wenzel

Quellen: 39, 1000

Malerfirmen in Loschwitz

Jahr	Anzahl
1883	5
1900	8
1912	5
1921	9
1933	4
1943/44	2
1957/58	3
1975/76	1
1995	0
2014	1

Farbenfachmarkt Wünsche

Der Farbenhändler Hans Wünsche (1945–2015) war gelernter Betonbauer sowie Stahl- und Betonprüfer. Er ließ sich zum Verkäufer und Verkaufsstellenleiter mit der Befugnis Lehrlinge auszubilden und übernahm um 1975 das HO-Fachhandelsgeschäft für Farben und Lacke in der Grundstraße 2. Mit seiner Ehefrau Brigitte geb. Hildebrand (* 1947), die ebenfalls im Geschäft als Fachverkäuferin und Lehrausbilderin angestellt war, wohnte er im Rißweg 1.

Bis zur Wiedervereinigung 1989 waren beide auch noch in anderen Zweigstellen der HO tätig. 1991 eröffnete das Ehepaar in einer ehemaligen Sporthalle der Kanuten (→ *Wassersportverein*) in der Fidelio-F.-Finke-Straße 12 den »Farbenfachmarkt H. Wünsche«. Nach erforderlichen Umbaumaßnahmen im Sportclub »Am Blauen Wunder« musste der Standort aufgeben werden und sie bezogen den Laden Friedrich-Wieck-Straße 2, in dem bis Ende 1997 das Geschäft der → *Fotografin* Margarete Schumann (1914–2000) gewesen war. Danach wechselten sie 2002 in das ehemalige → *Uhrengeschäft* von Frank Schönherr in die Pillnitzer Landstraße 4, wo sich größere Geschäftsräume befanden. 2009 gab das Ehepaar aus Altersgründen den Fachhandel auf.

Die Geschäftsräume wurden danach von Rechtsanwälten genutzt. **Ute Häse**

Quelle: 724

Malerfirma Herrmann

Grundstraße

Ab 1897 wohnte Malermeister Karl Herrmann (1871–1948) in der Grundstraße 87 und hatte seine Werkstatt ab 1900 im Hintergebäude der ehemaligen → *Brauerei* in der Grundstraße 76. 1903 kaufte er das Haus Grundstraße 85 und ließ es durch den → *Architekten* Martin Pietzsch (1866–1961, → *K1*) umbauen und vergrößern. Im folgenden Jahr verlegte er Wohnung und Werkstatt hierher. Nachdem seine erste Frau Fanny früh verstorben war, heiratete er Frieda, die Tochter des Schmiedemeisters Pomsel vom Weißen Hirsch.

Zu damaliger Zeit gestaltete sich der Transport der Malerutensilien schwierig. Auf einem zweirädrigen Tafelwagen per Hand wurde das Arbeitsmaterial zum Kunden gefahren. Waren die Wege zu steil und unwegsam, mussten Leiter, Tapeziertisch und Materialien einzeln hinaufgetragen werden.

Der Sohn Erhard (1903–1985) aus erster Ehe lernte ebenfalls Dekorationsmaler, arbeitete im väterlichen Betrieb und legte 1936 in Dresden die Meisterprüfung ab. Er führte nach 1945 das Gewerbe seines Vaters weiter.

Erhard Herrmann, 1984 *Foto: Ute Häse*

Mündlich ist von Erhard Herrmann überliefert, dass sein Vater u. a. das später so genannte »Bräustübel« (→ *Gaststätte* Ratskeller) mit floralen Motiven und 1921 gemeinsam mit dem Glasmaler *Josef* → *Goller* (1868–1947), der vermutlich auch die Entwürfe lieferte, das damalige Weinrestaurant »Teufelsdiele« in der Bautzner Landstraße 9 auf dem Weißen Hirsch ausgemalt hat.

Erhard Herrmann war bis 1976 als Malermeister tätig. Sein Haus wurde 1979 Eigentum des Volkes. Nach kurzem Aufenthalt im Pflegeheim in Radeburg ist Ehrhard Herrmann 1985 verstorben. **Ute Häse**

Quellen: 39, 895, 1000

Matthias Ludewig, 2014 *Foto: Gregor Fischer*

Malermeister Matthias Ludewig

Chopinstraße 11

Matthias Ludewig (1960–2015), als Einzelunternehmer selbstständig seit 2000, warb auf seiner Internetseite zu Recht als »größter« Malermeister Dresdens: Mit 1,96 m Körpergröße kam er bei Stammkunden am Elbhang und anderswo oft ganz ohne Leiter aus. Auch in den Staatlichen Schlössern und Gärten Sachsen, in der Feinkostfabrik Dr. Doerr, der Hochschule für Bildende Künste Dresden, in München, Baden-Baden, Pforzheim und natürlich in vielen Privathäusern Dresdens hat er bis zu seinem frühen Tod malerische Spuren hinterlassen.

Barbara Friebel

Quelle: 724

Familie Rentsch, 1910: v. l. Anna Rentsch geb. Garten, Malermeister Ernst Rentsch und Malerlehrling Willy Rentsch *Repro: J. Helfricht*

Malerfirma Rentsch

Grundstraße 40

Nachweislich des im »Dresdner Anzeiger« erwähnten 50. Geschäftsjubiläums wurde die Firma Ernst Rentsch (früher auch Rentzsch geschrieben) mit Geschäftssitz Grundstraße 40 am 24. März 1888 von Dekorationsmalermeister Ernst Heinrich Rentsch (1862–1926) gegründet. Die unternehmerische Tätigkeit begann schon früher mit einem Kompagnon am Anfang der Pillnitzer Landstraße. Nach dem Tod seiner Eltern, des Maurers und Hausbesitzers Ernst Julius Rentsch (1829–1884) sowie dessen Ehefrau Johanna geb. Kuntzsch (1836–1885), verkaufte er deren Anwesen Grundstraße 20 und erwarb das Haus Grundstraße 40. Die Ahnen väterlicherseits, zu denen der Winzer Johann Georg Rentsch (1732–1802) zählt, sind seit dem letzten Drittel des 18. Jahrhunderts in Loschwitz u. a. als Weinbauern und Grundbesitzer namhaft zu machen. Der 28-jährige Geschäftsmann vermählte sich 1890 in Dresden-Striesen mit Anna Maria geb. Garten (1865–1926). Als Tochter des Possendorfer Wirtschaftsbesitzers (u. a. Rittergut Kleincarsdorf und Gutsbesitzer in Possendorf) Johann Carl Gotthelf Garten (1813–1871) brachte sie ein Vermögen in die Ehe. Die Dekorationsmalerfirma, welche zur Jahrhundertwende gut ein Dutzend Gesellen beschäftigte, konnte eine Vielzahl lukrativer Aufträge beim Bau und der Sanierung von Privathäusern, Kommunal- sowie Kirchenbesitz und Villen am Elbhang akquirieren. Dazu zählte auch die Ausmalung von Sälen, Salons und Trep-

Geschäftssitz der Malerfirma Ernst Rentzsch, Grundstraße 40, vor dem Neubau 1895
Foto: August Kotzsch, Repro Jürgen Helfricht

penhaus der als → *Schloss Eckberg* bekannten Villa »Souchay«. Mit dem Besitzer, dem Generalkonsul *Bruno → Wunderlich* (1848–1909), ergab sich eine so vertrauensvolle Geschäftsbeziehung, dass dieser Rentsch zu einem Baukredit verhalf. Mit diesem ließ sich der Malermeister bis 1896 das die damalige Umgebungsbebauung dominierende Stadthaus mit sechs Wohnungen sowie Keller und Nebengelass für die Firma errichten. Rentsch war neben der Innung in mehreren örtlichen Vereinen wie dem Boul-Verein »Habicht« (→ *Vereine*) mit dem Vereinslokal »Amtsschänke« (→ *Gaststätten*) in der Grundstraße 58 aktiv und gehörte zu den Honoratioren, die mit Petitionen eine Elektrifizierung der romantischen Dresdner Pferdebahn zu verhindern versuchten.

Rentschs Sohn Willy (1895–1972) lernte im väterlichen Betrieb und war Soldat im Ersten Weltkrieg. Danach führte er sein Studium der Malerei an der Kunstgewerbeschule Dresden weiter, wo er auch von Glasmaler und Grafiker *Josef → Goller* (1868–1947, → *K1*) unterrichtet wurde. 1923 vermählte er sich mit dessen Tochter Elsa Maria geb. Goller (1895–1963). Zur nächsten Verwandtschaft zählte seitdem auch der Maler, Grafiker und Typograph Arno Drescher (1882–1971), der spätere Direktor der Staatlichen Akademie für graphische Künste und Buchgewerbe in Leipzig. Dieser hatte bereits 1911 Tochter Elise seines Dozenten Josef Goller geheiratet. Als Gründer Ernst Rentsch 1926 starb, musste der Sohn seine künstlerischen Ambitionen aufgeben und die vom Vater über die Inflationsjahre gerettete Firma übernehmen. Deren Geschäftstätigkeit kam durch die Einziehung zur Wehrmacht von 1939 bis 1945 zum Erliegen und konnte durch Willy Rentsch erst im Sommer 1945 wieder aufgenommen werden. Der leidenschaftliche Landschaftsmaler, Bergwanderer in den bayerischen Alpen und Motorradfahrer stellte eine Privatbibliothek mit rund 2000 Bänden aus Kunst, Kultur und Dresden-Literatur zusammen. Seit den 1950er Jahren arbeitete Tochter Eveline Leonore geb. Rentsch (1929–1977) in der Firma mit, die sich 1961 mit dem Statiker Dipl.-Ing. Alfred Gerhard Helfricht (1922–1985) vermählte. Mit ihrem Tod erlosch die Tätigkeit der Firma. Erben wurden ihre beiden in Loschwitz aufgewachsenen Söhne: der seit 1991 in Radebeul lebende Publizist, Medizin- und Astronomiehistoriker Dr. Jürgen Helfricht (* 1963) und Roland Helfricht (* 1965), der seit 1995 im elterlichen Haus das »Gästehaus Loschwitz« (→ *Gastst. u. Hotels*) betreibt. **Jürgen Helfricht**

Quellen: 726, 896

Malermeister Willy Rentsch mit Gesellen 1929 *Repro: Jürgen Helfricht*

Malermeister Willy Rentsch, 1938 *Repro: Jürgen Helfricht*

Anzeige, 1929 *Kirchgemeindeblatt*

Metallverarbeitende Berufe

Klempnereien

Traditionell verarbeitete ein Klempner Bleche aus Zink, Kupfer, Aluminium, Blei und später dann auch Kunststoff. Er benutzt diese vor allem für Dach- und Turmeindeckungen, Dachentwässerungen, Wasser- und Lüftungsanlagen und vieles mehr. Klempner waren später oftmals auch Installateure für Gas- und Wasserleitungen sowie für Heizungsanlagen. Heute ist es das Aufgabengebiet des Anlagenmechanikers für Sanitär-, Heizungs- und Klimatechnik.

Zu den ältesten bekannten Loschwitzer Klempnereien gehörte seit etwa 1857 die von Klempnermeister August Georg Gottlob Neumann im Vorgängerbau des »Bräustübels« im Körnerplatz 3. Hier arbeitete der spätere Klempnermeister Robert Ungewiß (1844–1910) als Geselle. Nach dem Tod Neumanns heiratete Ungewiß 1872 dessen Witwe Emma geb. Schmidt (1837–1914). Im Jahr nach der Hochzeit kaufte Robert Ungewiß für 7.050 Mark das Haus Friedrich-Wieck-Straße 11, wo er fortan wohnte und seine Werkstatt hatte. Hier eröffnete er auch sein → *Eisenwarengeschäft*, das später an andere Standorte verlegt und nach seinem Tod von seinem Sohn Albin Ungewiß (1875–1965) weitergeführt wurde. Der zweite Sohn von Robert Ungewiß, Klempnermeister und Installateur Eugen Ungewiß (1877–1967), studierte 1895 in Aue an der »Deutschen Fachschule für Blecharbeiten« und legte 1904 in Düsseldorf die Schlossermeister-Prüfung ab. Er erbte 1914 das Haus Friedrich-Wieck-Straße 11 mit der Werkstatt, die er bereits 1908 übernommen hatte, und zog von der Friedrich-

Klempner in Loschwitz

Jahr	Anzahl
1883	3
1900	2
1912	4
1921	5
1933	4
1943/44	5
1957/58	4
1975/76	3
1995	1
2014	1

Klempner-Geschäft Hermann Haupt, Friedrich-Wieck-Straße 10, um 1900 *Foto: Slg. Bohle*

Wieck-Straße 24 in das elterliche Haus. Mit 83 Jahren meldete er 1960 das Gewerbe bei der Handwerkskammer Dresden ab. Klempnermeister Hermann Starke pachtete 1964 diese Klempnerwerkstatt. 1983 wurde das Grundstück verkauft, 1994 das Haus abgetragen und danach durch den Bildhauer → *Peter Makolies* (* 1936, → *K1*) neu errichtet.

Eine weitere Klempnerei befand sich im »Wieck-Haus« (*Familie → Wieck*), Friedrich-Wieck-Straße 10. Das Haus hatte 1867 Klempnermeister August Ihle gekauft. Hier hatte er seine Wohnung und bis etwa 1890 auch die Werkstatt und seinen Laden. Werkstatt und Ge-

Klempnermeister Eugen Ungewiß, um 1965, bei der Schneeberäumung vor seiner Werkstatt Friedrich-Wieck-Straße 11 mit Claudia Starke, Tochter seines Nachfolgers Hermann Starke
Foto: Slg. Claudia Hausmann

Martha und Hermann Starke, 1985
Foto: Schuhmann

schäft übernahm danach Hermann Haupt, der die Werkstatt 1905 nach der Schillerstraße 3 verlegte. Der Laden in der Friedrich-Wieck-Straße 10 wurde zu einem Wohnraum umgebaut und die Werkstatt übernahm dort noch für zwei Jahre Klempnermeister Richard Knechtel.

Eine dritte Klempnerei war von etwa 1880 bis Mitte der 1890er Jahre die von Heinrich Adam im 1. Steinweg 1.

Die Nachfolge von Hermann Haupt in der Schillerstraße 3 trat 1914 Klempnermeister Paul Schüppel (1873–1949) an. Um 1920 zog er ins Haus Körnerplatz 13, wo er bis zu seinem Tod blieb. Neben der Ausführung aller Installationsarbeiten eines Klempners hatte er auch ein Lager von Haus- und Küchengeräten.

Im → *OT Oberloschwitz* befand sich ab 1903 die Klempnerei von Paul Bellmann. Wohnung und Werkstatt befanden sich zunächst Rißweg 60 und ab 1905 Wolfshügelstraße 11. Er kaufte 1916 das Haus heutige Oskar-Pletsch-Straße 15, wo er fortan wohnte und seine Werkstatt besaß. Sein Sohn Hans Bellmann (1904–1986?), der vermutlich schon im Betrieb des Vaters gearbeitet hatte und 1930 die Meisterprüfung als Installateur und Klempner ablegte, übernahm den Betrieb von 1942 bis Januar 1974.

Später in Loschwitz ansässige Klempnereien waren neben → *Arnold* noch die des Klempners und Installateurs Rudolf Dambuk (1896–1963?), der seinen Betrieb 1919 in Dresden gegründet hatte und 1937 in die Grundstraße 54 zog, wo er dann bis 1956 auch seine Werkstatt

Briefbogen, 1967 *Slg. OVLW*

hatte. In der Grundstraße 73 war ab 1955 die Klempnerei von Installateur-Meister Otto Schnelle (1892 – 1962).

Joachim Groß (* 1945) legte 1977 die Meisterprüfung ab und begann im gleichen Jahr seine Tätigkeit als selbstständiger Klempnermeister im rechten Torhaus der → *Villa Thorwald* in der Schillerstraße 12a. Danach übernahm er zunächst eine Klempnerei in Bühlau und heute arbeitet er in seinem Haus in Ullersdorf. Nur wenige Jahre, von etwa 1992 bis 1998, war in der Friedrich-Wieck-Straße 14 der Installateur- und Klempnermeister Ralf Jugelt tätig.

Seit 1999 führt Installateur-Meister Michael Reitz (* 1954) im eigenen Haus in der Schillerstraße 4b seinen Betrieb. Er übernimmt vorrangig Arbeiten im Heizungs- und Sanitärbereich sowie Solaranlageneinbau.

Ute Häse, Otto-R. Wenzel

Quellen: 39, 43, 894, 1000

Klempnerwerkzeug der Firma Arnold *Archiv Ortsverein Loschwitz Wachwitz, Foto: Jürgen Frohse*

Klempnerei Arnold

Pillnitzer Landstraße 62

Der in Olbernhau geborene Klempner Arno Arnold (1881 – 1959) erwarb 1922 von Auguste Hunger (1848 – 1922), der Witwe des → *Grabbildhauers Wilhelm Hunger* (1845 – 1904), Haus und Grundstück Pillnitzer Landstraße 62. Er hatte 1909 die in Wehrsdorf geborene Blumenbinderin Paula Anna geb. Zöllner (1885 – 1968), geheiratet.

Ihr erster Sohn Hans (1908 – 1978) erlernte ebenfalls den Klempnerberuf und war mit Leoni geb. Melde (1911 – 1992) verheiratet. Eine Übernahme des elterlichen Geschäfts scheiterte, Hans war passionierter Hobby-Jäger und begeisterter Angler. Beider Tochter Brigitte (* 1943) wurde Lehrerin und ist in Berlin verheiratet. Der zweite Sohn, Klaus (* 1937), lernte bei der Firma Tschee auf der Pohlandstraße in Dresden Klempner und Installateur. Bis zu seinem 55. Lebensjahr hielt er diesem Unternehmen die Treue. Klaus heiratete 1961 die Verkäuferin Christa geb. Ander (* 1938), die bis 1963 im Milchgeschäft am Körnerplatz Molkereiprodukte verkaufte. Danach machte sie zehn Jahre Heimarbeit für die Kartonagenfirma Martin Lenk in Dresden-Bühlau und war dann bis zum politischen Umbruch als Verkäuferin in der Herrenabteilung des Textil-Konsums am Schillerplatz tätig. Sohn Olaf (* 1963) wirkt als Platzwart und Abteilungsleiter Fußball auf dem → *Sportplatz der Dresdner Verkehrsbetriebe*, Tochter Annett (* 1969) ist in einem An- und Verkauf in Dresden-Weißer Hirsch beschäftigt.

Mitbewohner im Haus waren u. a. die Mutter von Anna Arnold, Inge Kummer, Gerda Kurth als Versicherungsagentin für Loschwitz und zuletzt im Kellergeschoss das Ehepaar Lisa und Bruno Pietzsch (→ *Originale*).

Seit 1992 führt Christa Arnold einen Werkzeugverleih und handelt mit Isoliermaterial. Einziger Mitarbeiter ist ihr Ehemann Klaus, der bis 2012 viele Jahre zu Weihnachten auch noch wunderschöne Christbäume verkaufte.

Beim Jahrhundert-Hochwasser 2002 und nochmals 2013 erlitt das Anwesen schwere Zerstörungen durch Überflutung bis unter die Kellerdecke. Mit bis an die Grenze der Belastbarkeit gehenden Eigenleistungen und uneigennützigen Helfern gelang es, alle Schäden zu beseitigen.

Rolf Friebel

Quelle: 724

Mechanische Werkstätten

Der Beruf des Mechanikers kann ein vielfältiges Arbeitsfeld umfassen. Deshalb gibt es heute mehrere Spezialberufe dieses Handwerks. Er stellt u. a. Werkzeugteile her und übernimmt die Reparatur, Wartung, Kontrolle sowie den Auf- und Abbau von Maschinen, Automaten und vielem anderen.

In Loschwitz gab es früher nur wenige Mechaniker-Werkstätten. Die älteste uns bekannte und als »Mechaniker« eingetragene ist die von Wilhelm Gottlieb Gallus. Er war Wasserwerks-Rohrmeister und arbeitete bis etwa 1910 vornehmlich für das → *Wasserwerk* Loschwitz. Seine Wohnung hatte er ab etwa 1888 bis 1903 im ehemaligen »Wasserturm« in der heutigen Schevenstraße 15 und danach an anderen Orten in Loschwitz.

Ab Mitte der 1890er Jahre wohnte und arbeitete der Mechaniker Carl Knackfuß (1867 – 1918) in der Friedrich-Wieck-Straße 33. Er zog 1898 in die Pillnitzer Landstraße 7 und 1909 nach Wachwitz. Im letzten Loschwitzer Haus vor dem Beginn von Wachwitz, Pillnitzer Landstraße 120, hatte ab 1901 August Kròsche seine Mechaniker-Werkstatt und wohnte dort auch mit seiner Familie. Später verkaufte er hier auch → *Lebensmittel* und um 1930 gab er seine Werkstatt auf.

Im → *OT Schöne Aussicht* gab es in der Malerstraße 11 von etwa 1900 bis 1920 eine Mechaniker-Werkstatt mit der Inhaberin Pauline Reichel geb. Reichelt, der Ehefrau des Malers Carl Reichel (1838 – 1904, → *K2*), deren Sohn Alfred später die Werkstatt übernahm und dort arbeitete. Zur Firma des → *Elektrikers* Martin Batowski in der Steglichstraße 18 gehörte auch eine »Mechanische Werkstatt«. Schließlich gab es in der Grundstraße 107 ab etwa 1925 die Werkstatt des früh verstorbenen Maschinen-Technikers Gustav Sterling (1898 – 1936).

Ute Häse, Otto-R. Wenzel

Quellen: 39, 1000

Mechanische Werkstätten in Loschwitz

Jahr	Anzahl
1883	0
1900	3
1912	2
1921	2
1933	1
1943/44	0
1957/58	0
1975/76	0
1995	0
2014	0

Schlossereien

In früheren Zeiten fertigte der Schlosser in manueller Tätigkeit Schlösser und Schlüssel an. Deshalb sind im Innungswappen zwei gekreuzte Schlüssel und ein Schloss oder Zahnrad abgebildet. Schlossanlagen herzustellen waren oftmals äußerst komplizierte Verrichtungen, wie sie in alten Truhen, Laden, Tor- und Türschlössern noch heute zu finden sind. Die Arbeiten von Schmied und Schlosser sind teilweise berufsübergreifend. Auch hier, wie beim Schmied, wird teilweise am Schmiedefeuer gearbeitet. Später veränderte sich das Betätigungsfeld des Schlossers. Die verschiedenen Schweißtechniken gehören mit zum Berufsbild sowie Schlosseinbau und Schlüsseldienst. Im Laufe der Zeit bildeten sich die Berufszweige des Bau-, Rohr-, Kraftfahrzeug- und Kunstschlossers heraus.

Der Schlosser oder Kunstschlosser gestaltete und baute u. a. einfache und auch kunstvolle Zäune, Gitter, Tore, Wetterfahnen und Laternen. In der Neuordnung des Handwerks 1989 wurden Schlosser und Schmiede zum Metallbau und die Kunstschmiede und Kunstschlosser zur Metallgestaltung zusammengefasst.

Eine der ältesten Loschwitzer Schlossereien war die von Familie Schimron in der Friedrich-Wieck-Straße 1. Über drei Generationen betrieben sie im eigenen Haus eine Schlosserei. Der Schlossermeister Johannes Schimron (? – 1861) hatte sie 1853 gegründet. Ihm folgte sein Sohn, der Schlossermeister Adolph Schimron (1826 – 1902). Er war befugt, Gas- und Beleuchtungsanlagen auszuführen und betrieb noch eine → *Eisenwarenhandlung*. In dritter Generation übernahm der Schlossermeister Emil Schimron (1854 – 1931) die Werkstatt und den Eisenwarenhandel. Danach, von 1932 bis 1971, pachtete der Rochwitzer Schlossermeister Erich Steinert (1906 – 1971) diese Schlosserei.

Eine lange Tradition hatte die Schlosserei des späteren *Schlossermeisters* → *Schröter*, die er von August May übernommen hatte, in der Schevenstraße 12.

Schlossereien in Loschwitz

Jahr	Anzahl
1883	5
1900	5
1912	4
1921	4
1933	4
1943/44	4
1957/58	2
1975/76	1
1995	0
2014	0

Schlosserei Ruschel, Grundstraße 25, 1984 (1986 abgerissen) *Foto: Slg. Ute Häse*

In der im Zuge des Baues des → *Blauen Wunders* abgerissenen »Alten Pfarre« (→ *Schulen*) wohnte und arbeitete bis 1891 Schlossermeister Paul Klemm und in der Dammstraße 2 der Schlosser Bernhard Tischer (1846 – 1889). Von etwa 1885 bis 1901 hatte der Schlossermeister Ernst Julius Lange (1839 – 1917) seine Werkstatt in seinem Haus Pillnitzer Landstraße 20.

Der Vater des → *Elektrikers* Alfred Conrad (1899 – 1980), Schlossermeister Alfred Conrad sen. (1869 – 1947), arbeitete von etwa 1895 bis 1945 in seiner Werkstatt Friedrich-Wieck-Straße 8. Er war auch befugt, Gasleitungen zu verlegen.

In dem Gebäude Grundstraße 25, das schon seit 1835 im Familienbesitz war, richtete der Schlossermeister Friedrich Michael (1841 – 1917) wahrscheinlich bereits in den 1870er Jahren eine Kunst-, Bau- und Gasschlosserei ein und war später auch berechtigt, elektrische Anlagen zu verlegen. Um 1912 übernahm dessen Sohn, der Schlosser und Maschinenbauer Paul Michael (1875 – 1954), die Schlosserei. Schlossermeister Rudolf Ruschel aus Dresden-Niedersedlitz, der die leer stehende Werkstatt von Schröter auf der Schevenstraße 12 seit 1948 genutzt hatte, übernahm 1950 die Schlosserei von Paul Michael in der Grundstraße 25. Nachdem der später auf dem Loschwitzer → *Friedhof* tätige Klempner Günter Stahn (1934 – 1996) bei Ruschel 1976 seine Arbeit beendet hatte, konnte die Schlosserei keine Klempnerarbeiten mehr ausführen und schloss Ende der 1970er Jahre. Das Gebäude wurde 1986 abgetragen.

Erich Pohl (* 1940) erlernte bei Schlossermeister Erich Hähnchen in der Bautzner Landstraße 8 in Dresden-Weißer Hirsch von 1954 bis 1957 das Schlosserhandwerk. Nachdem er 1968 die Meisterprüfung abgelegt hatte, übernahm er 1974 den Handwerksbetrieb mit drei Angestellten. Um 1999 verlegte er die Werkstatt nach Loschwitz in die Wunderlichstraße 2, bevor er 2007 in den Ruhestand ging. Sein Betätigungsfeld waren Schlosserarbeiten aller Art, Zäune und Stahltüren, Schlosseinbauten, Schlüsseldienst und Einfahrtstore mit Funksteuerung. **Ute Häse, Otto-R. Wenzel**

Quellen: 39, 43, 725, 1000

Gas-, Kunst- und Bauschlosserei
Fernruf 37952 **Emil Schimron** Gegründet 1853
Loschwitz, Friedrich-Wieck-Str. 1 (dir. am Körnerpl.)
empfiehlt sein
Lager von Gaskochern und sämtlich. Beleuchtungsgegenständen für Gas und elektr. Licht — Reparaturen aller Art

Anzeige, 1928 *Kirchgemeindeblatt*

Statt Karten
Bei dem Heimgange unseres lieben Entschlafenen, des
Herrn **Emil Schimron**
Schlossermeister
sind uns so viel Beweise freundlicher Teilnahme durch herrlichen Blumenschmuck und ehrendes Geleit, sowie herzliche Trostworte gegeben worden. Wir sprechen allen hiermit unseren **wärmsten, tiefempfundenen Dank** aus.
Die tieftrauernden Hinterbliebenen
Dresden-Loschwitz, am 25. März 1931.

Anzeige, 1931 *Kirchgemeindeblatt*

PAUL MICHAEL
Geg. 1868 **Dr.-Loschwitz, Grundstr. 25** Ruf 37514
— Elektrowerkstätten —
Ausführung und Reparaturen elektrischer Anlagen jeder Art
— Lager elektrischer Bedarfs-Artikel —
Kunst-, Bau- und Gasschlosserei

Anzeige, 1933 *Kirchgemeindeblatt*

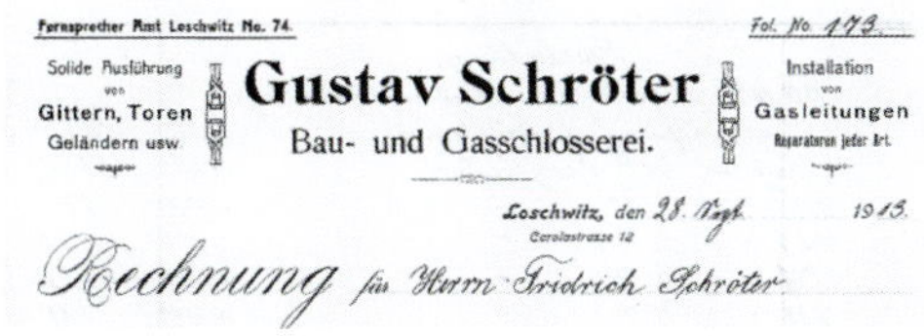
Fernsprecher Amt Loschwitz No. 74.
Fol. No. 173.
Solide Ausführung von Gittern, Toren Geländern usw.
Gustav Schröter
Bau- und Gasschlosserei.
Installation von Gasleitungen Reparaturen jeder Art.
Loschwitz, den 28. Sept. 1913.
Carolastrasse 12
Rechnung für Herrn Fridrich Schröter

Briefkopf von 1913

Schlosserei Schröter
Schevenstraße 12

1847 kaufte der Schuhmachermeister Carl August Mai (? – 1869) aus Loschwitz ein ehemaliges Winzerhaus an der Niederen Bergstraße (heute Schevenstraße 12) sowie einen Weinberg und ein Feld für 2.150 Thaler von dem Maurer Johann Christoph Hentschel. Nach dem Tod von Mai erbte der Sohn gleichen Namens, ein Schlosser und später Schlossermeister, das Anwesen. Mai (später May) gründete in diesem Haus eine Schlosserei. Die Werkstatt war mit einer massiven »Schmiedefeuerungsanlage« ausgestattet. Im April 1906 verkaufte der in den Ruhestand gegangene May als Privatus das Haus für 14.100 Mark samt Werkstatt an den Schlosser Gustav Schröter (1873 – 1917). Er wohnte schon seit 1904 in diesem Haus und hatte vermutlich als Geselle bei Schlossermeister May gearbeitet. Im Geschäftsbriefkopf der Bau- und Gasschlosserei warb Schröter mit »solider Ausführung von Gittern, Toren, Geländern usw. sowie der Installation von Gasleitungen und Reparaturen aller Art«. Auf einer Rechnung von 1913 wurden folgende Arbeiten aufgeführt: »Blitzableitung; Badeinrichtung mit Einbau von Kohlebadeofen, einer gusseisernen säurebeständigen Emaille-Badewanne, die Wasserleitung bestand aus Bleirohren; Drückergarnituren sowie Geländerarbeiten«. 1914 wurde eine Acetylenanlage zum autogenen Schweißen mit 2 Kilo Karbitfüllung in Betrieb genommen. Ein Automobil gab es nicht; ein zweirädriger Tafelwagen diente zum Transport. Nach dem Tod ihres Mannes eröffnete 1919 die Witwe Anna Schröter geb. Anders (1872 – 1926) wieder den Betrieb. Mit folgendem Schreiben gab sie dieses bekannt:

»Den geehrten Einwohnern von Loschwitz und Umgebung zur gefälligen Kenntnisnahme, daß ich das Schlossereigeschäft meines lieben Mannes, gefallen in Frankreich, wieder eröffnet habe, seit mein Sohn Alfred aus dem Krieg heimgekehrt ist.
Ich bitte meine liebe Kundschaft, mich durch Aufträge gütigst zu unterstützen und halte mich in allen einschlägigen Arbeiten bestens empfohlen. Mit größter Hochachtung
Anna Schröter und Sohn Alfred
Loschwitz, im April 1919«

Familienfoto mit Gustav Schröter
Fotos (2): Slg. Hildegard Schröter

Sohn Alfred Schröter (1897 – 1980) beendete 1915 seine Lehre und durfte sich nun Schlosser-Geselle nennen. Er führte als Inhaber die Bau-Schlosserei weiter. Auf seiner Visitenkarte war zu lesen: »Anfertigung: Gitter-Tore, Geländer, Anschlagarbeiten, Installation von Gas-, Wasser- und Blitzableiteranlagen, Autogene Schweiß- u. Schneideanlage/alle Reparaturen, gegründet 1905«.

Den Meisterbrief erwarb er 1924 an der Gewerbekammer Dresden. Der Eintrag des Schlossereibetriebes in die Handwerksrolle der Handwerkskammer erfolgte 1930. Bis 1940 ermöglichte er sieben Lehrlingen die Ausbildung zum Schlossergesellen. Danach musste Schröter seinen Militärdienst leisten, und der Betrieb blieb zunächst bis 1945 geschlossen.

Werkzeug aus ehemaliger Werkstatt, 2012
Foto: Ute Häse

Arbeit von Gustav Schröter, Laternen (originale Nachbildung) am Eingang Schevenstraße 17 (Foto: U. Häse), rechts Alfred Schröter, 1936

Alfred Schröter kehrte nicht nach Loschwitz zurück. Er ließ sich aus der englischen Kriegsgefangenschaft im Dezember 1947 nach Kiel entlassen. Seine Frau Liesbeth geb. Wustmann (1900 – 1982) versuchte 1945 mit ihrem Sohn Helmut (* 1925), der nach dem Krieg heimgekehrt war, einen Neuanfang. Aus einer Rechnung von November 1946 geht hervor, dass die Firma Schröter für die russische Kommandantur in der Tolstoistraße 1 neue Schlösser einbaute.

Die Stadtbezirksbehörde setzte 1946 in die Firma einen Treuhänder ein, der aber unfähig war, den Betrieb zu erhalten. Im November 1946 verpachtete deshalb Liesbeth Schröter mit Genehmigung des Wohnungsamtes des Rates der Stadt Dresden die Werkstatt (50 m^2) und ein Zimmer bzw. Büro (16 m^2) an den Schlossermeister Rudolf Ruschel aus Dresden-Niedersedlitz. Der Mietvertrag endete im September 1950. Danach wurde der Schlossereibetrieb in der Schevenstraße 12 für immer aufgegeben. Schließlich verließ Liesbeth Schröter 1952 die DDR und folgte ihrem Mann nach Kiel. Das Haus blieb im Besitz der Familie. Hildegard Thalheim geb. Schröter (* 1922) bewohnt als Eigentümerin mit ihrem Enkel das Anwesen. Im Haus befindet sich noch der alte Werkstattraum, ausgestattet mit zahlreichen Werkzeugen aus früherer Zeit.

Ute Häse

Quellen: 726, 895, 1000

Schevenstraße 12, 2012 *Foto: S. Großmann*

Schmiede

Im Schmiedehandwerk gab es Huf-, Waffen-, Werkzeug-, Messer-, Nagel- und Kunstschmiede. Der Dorfschmied, den es früher fast in jedem Dorf gab, beschlug Pferde mit Hufeisen und war für alle Eisenarbeiten an den Fuhrwerken zuständig. Amboss und Hammer waren die wichtigsten Arbeitsmittel, um das im Schmiedefeuer bei 1250 °C glühende Eisenstück zu formen. Durch die Industrialisierung fielen so manche handwerkliche Tätigkeiten weg. Übrig blieben hauptsächlich die Kunst- und die Hufschmiede. Seit 1937 ist in Loschwitz keine Schmiede mehr nachweisbar.

Über Generationen befand sich eine Schmiede in der Grundstraße 64. Bereits 1743 ist der Hausbesitzer und Hufschmied Gottfried König im Häuserbuch von Loschwitz aufgeführt. Danach übernahm 1800 sein Sohn Johann Christian (1747 – 1814) dieses Handwerk. Johann Gottfried Kepler (1805 – 1882) führte ab 1827 die Hufschmiede weiter. 1880 kaufte das Haus mit der Schmiede der Schmiedemeister Ernst August Berndt (1853 – 1893) vom Vorgänger. Im Jahr nach Berndts Tod gingen Haus und Schmiede an Schmiedemeister Bernhard Klemm und 1901 erwarb *Eduard → Leonhardi* (1828 – 1905, → K1) das Haus für seine → *Tintenfabrik*.

Eine weitere Schmiede gab es in der Grundstraße 7. Schmiedemeister August Kayser (1850 – 1914) kaufte 1887 das Haus, in dem er bereits mehrere Jahre als Schmied gearbeitet

Schmieden in Loschwitz

Jahr	Anzahl
1883	3
1900	3
1912	3
1921	3
1933	2
1943/44	0
1957/58	0
1975/76	0
1995	0
2014	0

hatte. Nach dessen Tod setzte die Arbeit zunächst Oskar Goltzsch fort, bevor die Schmiede 1918 der Dresdner Alfred Pfahl bekam. Eineinhalb Jahre später übernahm der Schmiedemeister Otto Biesold (1872 – 1936) die »Schmiederei mit Hufbeschlag«. Mit seinem Tod war auch das Ende dieser Schmiede gekommen.

In der ehemaligen → *Brauerei* Grundstraße 76 übernahm in der Folge von nur jeweils einem Jahr hier tätigen Schmiedemeistern von 1904 bis 1934 Paul Hoppe die Schmiede. Er bot auch selbstgeschmiedete Plättstähle für Plätterinnen an. Das Vorgängerhaus von Körnerplatz 6 gehörte seit 1879 dem Schmiedemeister Julius Eduard Rußig (1854 – 1921). Er richtete 1896 hier eine Weinstube ein (→ *Feurichs Weinstuben*), verkaufte 1899 das Haus an Gustav Feurich (1862 – 1914) und verzog danach. 1910 kaufte Rußig es zurück und wohnte hier bis zu seinem Tod.

Der Hufschmied und »Klauenschneider« Herbert Lieberwirth (1906–1992) lebte mit Ehefrau Ida (1903–2001) und Sohn Fritz im 1945 gekauften Haus Malerstraße 15. Der Vater schmiedete z. B. »Bandnägel« oder aus einer Auto-Flachfeder eine begehrte Mistgabel. Oft hatte der »Meester« dabei Kinder als Zuschauer, die auch auf Pferd »Peter« reiten durften. Garten und Pachtland lieferten Feldfrüchte für die Kleintierhaltung. Für die Anwohner gab es Obst, Gemüse, Eier und Ziegenmilch. Heute steht an der Stelle des alten Hauses ein Neubau.

Messerschmiede und Schleifer

Seit alters her war der Messerschmied ein wichtiger Handwerksberuf. Er fertigte Messer und Klingen an. Teilweise übernahm er anschließend auch das Schärfen seiner Arbeiten, aber vorzugsweise war dafür der Schleifer zuständig, der die vom Schmied hergestellten Schwerter auf Schärfe schliff. Der Schleifer bearbeitet zudem Werkstücke im Bereich der Metallverarbeitung, in Gießereien und in Betrieben für Maschinen-, Anlagen- und Apparatebau sowie in der Fahrzeugtechnik. Heute übernimmt hauptsächlich der Computer diese Tätigkeiten. Seit 2013 ist der Schleifer in den Beruf »Fachkraft für Metalltechnik« integriert.

Ein Berufszweig der Schleifer waren die Scherenschleifer. Sie zogen über das Land,

Schmiede von Berndt im damaligen Haus Grundstraße 64, in der linken Tür mit Schürze Schmiedemeister Berndt, daneben Herr Biesold, später selbst Schmied
Foto: August Kotzsch, Stadtmuseum Dresden

Plättfrauen!
Selbstgeschmiedete Plättstähle, dauerhafter als gepreßte, liefert billigst
Paul Hoppe, Schmiedemstr., Grundstr. 76

Anzeige, 1928 *Kirchgemeindeblatt*

um ihre Dienste vor Ort – in der Regel im Freien vor der Haustür – anzubieten. So konnten die Leute bequem ihre stumpfgewordenen Messer, Scheren und dergleichen zum Schärfen bringen.

In Loschwitz sind drei Messerschmiede bekannt. Aus Prenzlau kommend, hatte 1877 der Messerschmiedemeister Ernst Schwarz (1827–1907) das Haus heutige Wunderlichstraße 4 gekauft und hier bis zu seinem Tod auch gearbeitet. Ein weiterer war August Nitzsche (1837–1908), der um 1875 das Haus Friedrich-Wieck-Straße 12 gekauft und dort auch seine Werkstatt eingerichtet hatte. 1887 ließ er sich eine neue Werkstatt bauen und nannte sich von nun an »Schleifer«. Nach seinem Tod übernahm sein Sohn Richard Nitzsche (1863–1948) die Werkstatt und lebte bis zu seinem Tod im elterlichen Haus. **Otto-R. Wenzel, Ute Häse**

Quellen: 39, 43, 726, 1000

Anna Jungmichel (*1889–?) betrieb eine Messerschmiede bzw. Schleiferei in der Schillerstraße 5. Nach Berichten aus der Nachbarschaft arbeiteten hier im Nebengebäude zwei alte Schleifer, es sollen Originale gewesen sein. Wenn die Motoren mit Hilfe von Transmissionsantrieb (Riemenantrieb) liefen, soll das Gebäude schon etwas vibriert haben. Anna Jungmichel meldete aus Altersgründen das Gewerbe im Oktober 1968 ab. Sie wohnte Eisenacher Straße 19 in Dresden. Unter dieser Adresse ist im Adressbuch 1929 bereits ihr Mann Alfred Jungmichel mit dem Beruf Schleifer eingetragen. Vermutlich hat Anna Jungmichel den Betrieb nach dessen Tod weitergeführt. **Ute Häse**

Bernhard Zschiesche *Foto: Jürgen Frohse*

Lampenmanufaktur
Körnerplatz 1
Der Kunstschmied und Kunstschlosser Bernhard Zschiesche (* 1948, → *K2*) setzte im Rahmen von Restaurierungsarbeiten an denkmalgeschützten Gebäuden wie dem Schloss Pirna-Zuschendorf immer wieder historische Beleuchtungen instand und baute sie gegebenenfalls komplett nach. Mit der Eröffnung der Lampenmanufaktur 1998 in der Pillnitzer Landstraße 2 erschloss er sich darüber hinaus neben seiner in Dresden-Hosterwitz ansässigen, seit 1983 bestehenden Kunstschlosserei ein neues Geschäftsfeld. Wegen zunehmender Angebotsbreite zog die Manufaktur mit Werkstatt und Laden 2008 gegenüber am Körnerplatz 1 in größere Geschäftsräume ein. »Meister Lampe« und seine Mitarbeiter entwerfen und fertigen Leuchten nach Wunsch, reparieren und restaurieren historische Leuchten, fertigen und ändern Stoffschirme und übernehmen entsprechende Arbeiten auch im denkmalpflegerischen Bereich. Für das Versandhaus »Manufactum« fertigen die Leuchtenkünstler seit vielen Jahren Außenleuchten. Im Auftrag von »Meißen Couture« werden von Bernhard Zschiesche und anderen Designern entworfene Lampen gebaut. Darüber hinaus bietet das Unternehmen Kunstschlosser-und Schmiedearbeiten aller Art an. Aus gesundheitlichen Gründen musste sich Bernhard Zschiesche 2014 aus dem aktiven Geschäftsleben zurückziehen, seine Mitarbeiter führen die Manufaktur mit großem Engagement weiter. **Barbara Friebel**

Quellen: 283, 724

In der Lampenmanufaktur, 2015 *Foto: Siegfried Großmann*

Firmenschild an der Außenfassade, 2014 *Foto: Holger Friebel*

Dirk Hempel *Foto: Siegfried Großmann*

Alexander Michel *Foto: Siegfried Großmann*

Modellbau und Spielzeug

Seit Ende des 17. Jahrhunderts wurde Spielzeug vor allem von Hausierern vertrieben. Ab dem 19. Jahrhundert boten Ladengeschäfte ein immer breiteres Spielzeugangebot an.

In Loschwitz sorgte vor allem das Geschäft des späteren Ortsrichters (→ *Gerichtsbarkeit*) Richard Rudolph (1864 – 1939), gegründet 1885 als → *Textilwarenhandlung* in der Grundstraße 18, für leuchtende Kinderaugen. Angeboten wurden »Puppen- und Spielwaren aller Art, Erzeugnisse des Erzgebirges, des Thüringer Waldes, Nürnbergs und anderer Plätze als: Eisenbahnen und Autos in Holz und Blech, Pferde und Wagen, Fahrtiere, Pferdeställe, Festungen, Soldaten, Kaufläden, Küchen, Puppenstuben, Hausrat und Möbel in Garnituren und einzeln, Lottos, Dominos, Schach- und Damenbretter, Gesellschafts- und Fröbelspiele, Schäfereien, Hühnerhöfe, Baukasten, Kegel, Werkzeugkasten, Trompeten, Trommeln, Mundharmonikas und viele allerliebste Miniaturen«[1].

In der Pillnitzer Landstraße 120 befand sich von 2002 bis 2014 die »Hampelmann Werkstatt & Atelier« von Heike A. Wohlfarth. Im Laden wurden »gestaltete Hampelmänner, -frauen, -tiere, bewegliche Holzbilder und andere Dekorationselemente«[2] angeboten. – Von 2006 bis 2011 hatte das »Miniparadies Merbitz« im → *Einkaufs- und Gewerbezentrum* in den »Loschwitz-Arkaden« auch ein Spielzeugsortiment im Angebot. Eine Auswahl an kunsthandwerklich gefertigtem Spielzeug kann man heute in der »Loschwitzer Kunststube« (→ *Kunsthandwerk)*, Friedrich-Wieck-Straße 3, erwerben. Eher nostalgisches Spielzeug gibt es bei bei »Fürst Romantik und Nostalgie«, Körnerplatz 4.

Barbara Friebel

Zitate:
1 Geschäftsanzeige Weihnachten 1927
2 www.hampelmann-werkstatt.de
Quellen: 1000, 1182

Modellbau Hempel
Friedrich-Wieck-Straße 8
Der aus einer Loschwitzer Familie stammende Dirk Hempel (* 1966) machte 1994 sein Hobby zum Beruf und eröffnete einen Modellbauladen. 1995 zog er damit in das Haus in der Friedrich-Wieck-Straße. Ab 1865 hatte hier → Bäckermeister Ernst Kotte (1838 – 1912) seine Backwaren durch das Ladenfenster verkauft. Um 1882 erwarb er dieses Grundstück. Ab Ende der 1890er Jahre befand sich hier über mehrere Jahrzehnte ein Geschäft für → *Schuh- und Lederwaren.* Dirk Hempel bewohnt heute das zu einer Wohnung umgebaute ehemalige Mehllager der Bäckerei Kotte im Hinterhaus. Im Laden werden Modellbausätze ferngesteuerter Fahr-und Flugzeuge, Schiffe und die zugehörigen Ersatzteile angeboten und bei Bedarf auch versandt.

Barbara Friebel

Quellen: 724, 1000

Anzeige, 1926 *Kirchgemeindeblatt*

Motorräder

Freie Motorrad & Kfz-Werkstatt & Anhängervermietung
Grundstraße 99/111
Nach einer Ausbildung zum Kfz-Mechaniker gründete Alexander Michel (* 1976) eine »Freie Motorrad und Kfz-Werkstatt« auf dem Areal der elterlichen → *Tankstelle* Grundstraße 99. Das Geschäft wurde 2006 durch eine Anhängervermietung erweitert. 2009 eröffnete die »Motor Michel Motorrad-Werkstatt« in der Grundstraße 111. Der Geschäftsschwerpunkt liegt bei der Reparatur und dem Verkauf von neuen und gebrauchten Motorrädern und Motorollern sowie bei Tuning und Vorbereitung von Motorrädern für den Motorsport. Alexander Michel ist Vertragshändler für verschiedene Motorrad- bzw. Motorroller-Marken: Sachs, SFM-Bikes, Rivero und seit 2014 für Royal Enfield, der ältesten noch produzierenden Motorradmarke. Für Pkw werden die üblichen Service-und Wartungsarbeiten angeboten. Seit der Saison 2000 betreibt Alexander Michel Motorradrennsport und nimmt seitdem jährlich an nationalen und internationalen Wettkämpfen mit beindruckenden Platzierungen teil. So wurde er z. B. 2012 deutscher Vizemeister im Supermono-Rennen (Einzylinder-Prototypen-Motorräder) und belegte in der gleichen Klasse 2010 den 3. Platz in der Deutschen Meisterschaft.

Barbara Friebel

Quelle: 724

Musik

Musikalienhandel Bock

Veilchenweg 2

Um 1900 war der Hofmusikalien- und Kunsthändler Heinrich Bock, wohnhaft Sedanstraße 37, mit einem Fachhandel Prager Straße 9 präsent. Zugleich war die Firma H. Bock Hauptvertreter von »C. Rönisch, Königlich Sächsischer- und Königlich Schwedischer Hof-Pianofortefabrik« und der Firma »W. Bock's Verlag«. Vor Ende des Zweiten Weltkrieges wurde das Haus Bock unter »H. Bock Nachfolger, Musikalienhandlung, Spezialgeschäft für Sprechapparate, Schallplatten und Radios« weiterhin auf der Prager Straße geführt.

Im Inferno vom 13./14. Februar 1945 wurde auch das Geschäft der Familie Bock zerstört. Bei der Tochter, Brigitte Pfretzschner (* 1936, → K1), verheiratet mit dem Kaufmann Gerhard Pfretzschner, damals Veilchenweg 7, konnte die Firma eine neue Heimat zu finden. Brigitte Pfretzschner hatte ihr als Debüt Opernsängerin 1959 an der Staatsoper Dresden und gastierte unter anderem an den Opernhäusern von Leipzig, Budapest, Sankt Petersburg (Leningrad) und Wiesbaden.

Im Wohn- und Geschäftshaus Veilchenweg 2 ergab sich die Möglichkeit, einen Teil des ehemaligen Fabriklagers für Garn-, Schnitt, Woll- und Weißwaren von Otto Ludwig Bach (→ *Textilhandel*) im Erdgeschoss zu nutzen. An zwei Fensterfronten mit separatem Eingang am Veilchenweg waren die Auslagen des »Musikhauses Bock – Konzertagentur, Schallplatten und Zubehör« zu sehen.

Um 1955 siedelte die Familie Bock nach München über. Damit endete der Geschäftsbetrieb.

Peter Mallwitz

Quellen: 725, 1142

Fagottkontor Johannes Wahrig

Robert-Diez-Straße 2

Am ehemaligen 3. Steinweg, heute Robert-Diez-Straße 2, stand um 1870 die fotografisch von August Kotzsch in Szene gesetzte Villa »Fallnichtein«. Seit dem 1. November 2005 findet man »Das Fagottkontor« in dem im Jahre 1998 rekonstruierten Anwesen. Vorher war das Kontor 15 Jahre auf dem Gut Basthorst bei Hamburg angesiedelt.

Johannes Wahrig hält als Spezialist mehr als 300 Artikel zur Thematik Fagott bereit. So werden historische und gebrauchte Fagotte verschiedener Hersteller des In- und Auslandes angeboten. In den Geschäftsräumen erhält der Kunde die Möglichkeit, die bereitstehenden Musikinstrumente auf Herz und Nieren zu prüfen. Das Fagott gehört zu den Holzblasinstrumenten in der Tenor- und Basslage. Abgeleitet wird der Name wegen seiner mehrteiligen Bauart aus dem italienischen Namen »fagotto« = Bündel. Da es aufgrund der tiefen Tonlage recht lang, groß und schwer ist, können Kinder es (ähnlich Kontrabass) erst später erlernen. Abhilfe bringt hier der FAGONELLO, ein wesentlich kleineres und leichteres Fagott für Kinder ab sechs Jahren, welches wie ein »großes« Fagott klingt und trotzdem in derselben Stimmlage spielt. Dieses Instrument wurde in der Villa »Fallnichtein« entwickelt und erhielt 2012 den Sächsischen Staatspreis. Aus Loschwitz erreicht es mittlerweile Musiker auf der ganzen Welt.

Peter Mallwitz

Quellen: 1034, 1170

Eva-Maria Kaufmann Foto: S. Großmann

Konzertagentur Kaufmann

Pillnitzer Landstraße 7

Eva-Maria Kaufmann (* 1953) vermittelt seit 1990 Künstler aus den verschiedensten künstlerischen Bereichen, u. a. die A-Capella-Popband »Medlz« mit ihrer Tochter Sabine Kaufmann, »Monsieur Chocolat« alias Christian West und den Pantomimen Rainer König (* 1953). Daneben sorgt sie mit Beratung, Konzeption, Organisation sowie technischer und künstlerischer Umsetzung für das gute Gelingen großer und kleiner festlicher Veranstaltungen. **Barbara Friebel**

Quellen: 724, 1203

Sweetwater Record Store

Friedrich-Wieck-Straße 4

Der Schallplattenladen Sweetwater wurde am 8. November 1993 von dem nach neun Jahren Exil aus dem Westen in seine Heimatstadt zurückgekehrten Tino Tuch (* 1961) eröffnet.

Zunächst nur vom Betreiber geführt, stieß ab Oktober 1995 Matthias Landgraf, genannt »Landi«, zum kleinen Unternehmen.

Im Laufe der Jahre etablierte sich das auf nur 25 m² gegründete kleine Geschäft zu einem von Kunden und Experten gleichermaßen geschätzten Treffpunkt der Musikleidenschaft.

Als 1997 der Laden aus allen Nähten zu platzen drohte, gab der Betreiber des benachbarten Markisengeschäftes seinen Standort auf und Sweetwater konnte mit einem Wanddurchbruch seine Geschäftsräume auf jetzt insgesamt 45 m² Verkaufsfläche erweitern. In den dazugewonnenen Räumen befand sich zu Zeiten der DDR ein Briefmarkenladen, wo Tuch oft seine Tage verbrachte und seine Sammlung vervollständigte.

Die Geschäfte gingen gut und in den Jahren 2006 – 2007 wurde das marode Haus endlich saniert. Man fand im Eckladen zur Dammstraße ein Ausweichquartier für ein halbes Jahr und feierte im Oktober 2007 in frisch renovierten Räumen einen fulminanten Wiedereinzug mit einem schon heute legendären Konzert der amerikanischen Band »Calexico«.

Mittlerweile erlangte das kleine Musikgeschäft auch überregionale Bedeutung, was Artikel in »Die Zeit«, »Rolling Stone« und anderen Musikfachzeitschriften belegen. Die »Frankfurter Rundschau« verortete den »Sweetwater Record Store« auf dem vierten Platz der besten deutschen Plattenläden.

Tino Tuch

Quelle: 724

Tino Tuch vor seinem Ladengeschäft *Foto: Siegfried Großmann*

Geschäfts-Eröffnung

Hiermit beehre ich mich anzuzeigen, daß ich Anfang Dezember ein

Spezial-Geschäft für Kunst- und Gebrauchs-Porzellane

in **Loschwitz, Körnerplatz 1** (Ecke Veilchenweg) eröffne.

Als Porzellanfachmann wird es mein eifrigstes Bestreben sein, nur preiswerte, solide Ware zu führen.

Um gütigen Zuspruch bittet

Max Tröger

Anzeige, 1928 *Kirchgemeindeblatt*

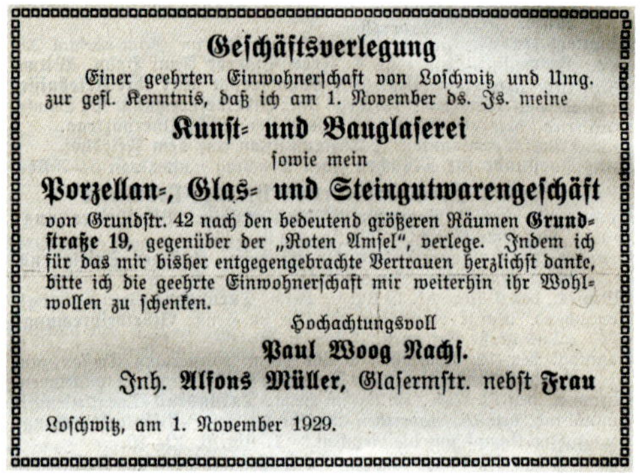

Geschäftsverlegung

Einer geehrten Einwohnerschaft von Loschwitz und Umg. zur gefl. Kenntnis, daß ich am 1. November ds. Js. meine

Kunst- und Bauglaserei

sowie mein

Porzellan-, Glas- und Steingutwarengeschäft

von Grundstr. 42 nach den bedeutend größeren Räumen **Grundstraße 19**, gegenüber der „Roten Amsel", verlege. Indem ich für das mir bisher entgegengebrachte Vertrauen herzlichst danke, bitte ich die geehrte Einwohnerschaft mir weiterhin ihr Wohlwollen zu schenken.

Hochachtungsvoll

Paul Woog Nachf.

Inh. **Alfons Müller**, Glasermstr. nebst **Frau**

Loschwitz, am 1. November 1929.

Anzeige, 1929 *Kirchgemeindeblatt*

Doris Kreiß *Foto: privat*

Ofensetzer, Töpfer, Keramik- und Porzellanhändler

Ofensetzer und Töpfer waren bis zum Beginn des industriellen Zeitalters verwandte Berufe. Die später als »Töpfer« bezeichneten Handwerker fertigten seit Beginn der Menschheitsgeschichte Gefäße und Figuren aus Lehm oder Keramik. Auch Brennstellen aus glasierten Kacheln lassen sich bis in die Frühzeit nachweisen. Mit der Erfindung der zunächst handbetriebenen Töpferscheibe vor vermutlich etwa 5000 Jahren konnten Gefäße wie Krüge, Vasen, Schalen und Schüsseln in neuer Art gefertigt werden. Die Erfindung des Kachelofens im ausgehenden Mittelalter erforderte die Herstellung der dafür benötigten Kacheln aus Ton durch den Töpfer. Die Herstellung der glasierten Kacheln entwickelte sich mitunter fast zu einem Kunsthandwerk. Die Industrialisierung setzte der handwerklichen Fertigung ein Ende.

Zu den ersten bekannten Loschwitzer Töpfermeistern, die zugleich auch Ofensetzer waren, gehörte Adolph Altnickel. Er hatte 1879 ein Grundstück in der Nähe des Ziegengrundes, heutige Sierksstraße 5, erworben, zog 1999 in die Pillnitzer Landstraße 22 (heute Ratsstraße 5) und wohnte von 1904 bis 1906 Körnerplatz 7. Seine Werkstatt hatte er ab etwa 1900 bis 1906 im Veilchenweg 2. Sein Sohn Georg Altnickel (1867 – 1906), ebenfalls Töpfer und Ofensetzer, zog 1898 von der Steglichstraße 3 in die Friedrich-Wieck-Straße 33. Sein Nachfolger im gleichen Haus wurde Bruno Brandt, der eine Niederlassung im Körnerweg 2b hatte. Ihm folgten dann die Firmen → *Bernstengel* und *Moser* (→ *Baubetriebe*).

Die Keramikerin Doris Kreiß (1945 – 2007, → *K2*) wohnte 1972 bis 1996 im 1. Steinweg 5 und hatte ihr Atelier in dieser Zeit in der Krügerstraße 13. Sigrid H.-Artes (* 1953, → *K2*), die auch im restauratorischen Bereich tätig ist, wohnte und arbeitete von 2001 bis 2010 in der Fidelio-F.-Finke-Straße 3, bevor sie in die Blumenstraße nach Dresden-Johannstadt zog. Die beiden vorgenannten Keramikerinnen haben ein Kunsthochschulstudium absolviert und unterscheiden sich deshalb von den früheren »Töpfern«, die in der Regel nur »Gebrauchskeramik« schufen.

Ferner gab es in Loschwitz einige Händler, die mit Erzeugnissen der Töpfer, also mit Keramik- und Steingutwaren, sowie Porzellan handelten. Das erste bekannte Geschäft war im Vorgängerbau der Friedrich-Wieck-Straße 4, geführt von Wilhelmine Kunze (1836 – 1895), bei der man auch Spielwaren erwerben konnte. Auch in den anderen Geschäften wurden meist noch weitere Produkte wie Glas oder Textilien angeboten. Zu ihnen gehörten Ernst Woog (1856 – 1902, → *Glas und Holz* verarbeitende Berufe) und seine Nachfolger in der Grundstraße und Emil Garten (1886 – 1955, → *Textilhandel*) am Körnerplatz. Ein »Porzellan- und Glaswarengeschäft«, in dem es auch Keramik gab, hatte ab 1930 Max Tröger (1890 – 1945) im Körnerplatz 1 und ab 1933 Körnerplatz 4. Nach seinem Tod führte das Geschäft seine Witwe Elsa? geb. Gedlich (1894 – 1979) noch bis in die 1950er Jahre weiter. **Otto-R. Wenzel**

Quellen: 39, 640, 1000

Ofensetzer, Töpfer und Keramiker (ohne Händler) in Loschwitz

Jahr	Anzahl
1883	1
1900	2
1912	2
1921	2
1933	2
1943/44	2
1957/58	3
1975/76	3
1995	3
2014	2

Ladengeschäft für Glas, Porzellan und Steingut der Glaserei Müller, Grundstraße 42
Foto: F. O. Gräfe, Slg. Götz

Die »Straße der Ofenbauer«, Walther Bernstengel und die PGH Ofenbau Dresden-Ost

Grundstraße

Ende des 19. Jahrhunderts entwickelte sich auch in Dresden der Kachelofenbau sprunghaft. Kachelöfen wurden als gesundheitsdienlich, als das Heizsystem auch für die unteren Schichten, angepriesen.

Warum auch immer, wir wissen es nicht: Die Ofensetzer siedelten sich vor allem auf der Loschwitzer Grundstraße an. Einer von ihnen war der alteingesessene Walther Bernstengel (1884 – 1963). Die Genealogie der Bernstengels lässt sich bis zum Ende des 17. Jahrhunderts zurückverfolgen. Sie waren überwiegend Winzer und erst Walther Bernstengel erhielt 1903 nach vierjähriger Lehrzeit einen Gesellenbrief als Töpfer. Damals war der Ofenbau in das Töpferhandwerk eingegliedert. 1912 eröffnete er einen eigenen Betrieb in der Grundstraße 67. Von dort fuhr er mit einem großen Leiterwagen zu seinen Kunden, die überwiegend in Bühlau, Rochwitz und Loschwitz wohnten. Immerhin war eine Tonne Material, vor allem Sand, Kalk,

Walther Bernstengel, 1962

Familie Bernstengel vor ihrem Haus Grundstraße 67, um 1925

Anzeige, 1926 *Kirchgemeindeblatt*

Schamotte und Kacheln für die Öfen zu transportieren. Später fuhr er mit einer sogenannten »Dreikantfeile« zu seinen Auftraggebern. Den Ruf, der diesem Gefährt vorausging, konnten auch Walther und seine Frau Frieda bestätigen: Dieser Transporter auf drei Rädern, nicht exakt beladen oder zu schnell in der Kurve gefahren, kippte öfter einmal um. Die einsetzende fabrikmäßige Herstellung von Öfen war auch für Walther Bernstengel eine ernst zu nehmende Konkurrenz. Groß war der Verdienst nicht, aber ausreichend, um eine sechsköpfige Familie zu ernähren.

Als 1959 die PGH Ofenbau gegründet wurde, trat Walther Bernstengel als 75-Jähriger noch bei. Er war die Nummer 14 im Mitgliederverzeichnis. Seine Erfahrungen als Ofensetzer gab er gern an die jüngeren Kollegen weiter. Nach kurzer, schwerer Krankheit verstarb er 1963. Das Ofensetzerhandwerk konnte er an seinen Stiefsohn Rolf weitergeben.

Ab 1959 reduzierte sich die »Straße der Ofenbauer« weitgehend auf die PGH Ofenbau und Fliesenleger Dresden-Ost, Grundstraße 58. Sie war einer von drei Betrieben, die den Bedarf an Bau und Reparaturen von Öfen in Dresden

Toepfer-Innung zu
DRESDEN.
Lehrbrief.
ehrlich fleissig treu.
Georg Walter Bernstengel
Töpfergewerbe

Lehrbrief von Walther Bernstengel, 1903

Fotos (3): privat

Klaus Keller und sein Meisterstück, 1960 *Foto: privat*

realisierte. Unter Leitung von Heinz Jentsch arbeiteten zu Beginn zwei Meister, sechs Gesellen und zwei Lehrlinge. In den Folgejahren wurde das Personal erweitert. 1967 setzten die nun dreißig Mitarbeiter 1.300 Kachelöfen neu, 350 wurden umgesetzt, 150 Tafelöfen und 180 Kachelofen-Luftheizungen gebaut. Weiterhin lieferten die Ofenbauer im gleichen Jahr 1.400 transportable Öfen aus, reparierten 8.400 und kehrten 2.500 Öfen. Zahlen, die Klaus Keller, über 40 Jahre Mitglied der Loschwitzer PGH und Nachfolger von Heinz Jentsch, in seinem Archiv bewahrt. Obwohl diese Zahlen von einer hohen Produktivität sprechen, deckte die PGH kaum den Bedarf. Wartezeiten für die Kunden, in der DDR nichts Unbekanntes, gab es auch hier: für Kachelöfen zwei Jahre und für Luftheizungen bis fünf Jahre. Die Zulieferungen entsprachen nicht dem Bedarf. Bis 1988 setzten die Ofenbauer 26.000 neue Öfen, 4.200 Kachelofen-Luftheizungen, 1.500 Tafelherde und reparierten 12.000 Öfen.

Mit dem politischen Umbruch erfolgte 1989 ein drastischer Rückgang der Aufträge und eine komplizierte Umstrukturierung der PGH zu einer GmbH. Die Mitarbeiterzahl sank und der

Zwischenprüfung der Lehrlinge auf Betriebsgelände der Loschwitzer Ofenbauer 1993

Grundstraße 58, Sitz der Loschwitzer Ofenbauer *Foto: Jürgen Frohse*

erfahrene Klaus Keller legte 1998 sein Amt nieder und übergab die Geschäfte in die Hände von Rolf Pinkert, der seit 1964 PGH-Mitglied war. Durch die Modernisierung der Heizungen zu Fernwärme und Öl ging der Ofenbau praktisch auf null zu. Unter Leitung von Pinkert konnte die GmbH sich schrittweise stabilisieren. Sie orientierte sich auf den Bau von sehr individuellen und hochpreisigen Kaminen und Kaminöfen. Hierfür entwickelte sich durch den Eigenheimbau ein neuer Markt.

Die Grundstraße ist heute keine »Straße der Ofenbauer« mehr. Aber in der Nummer 58 arbeitet noch die traditionsreiche Ofenbaufirma mit dem stadtbekannten Namen »Ofenbauer und Fliesenleger Dresden-Ost GmbH«.

Olaf Bernstengel

Quelle: 39

Kachelofen im Hause des Malers Karl Timmler, Moritzburg. Gesetzt von der PGH Ofenbau Dresden-Ost, um 1967 *Foto: privat*

Ulrike Hausmann *Foto: privat*

Keramik am Körnerplatz

Friedrich-Wieck-Straße 7

Zum »Kaufmannsladen« kam Ulrike Hausmann (* 1967) durch puren Zufall: Ein mit ihr damals befreundeter Musiker hatte gerade das Haus Friedrich-Wieck-Straße 7 fertig saniert; auch ein Laden sollte darin florieren. Er dachte an Keramik und sie sagte zu, mitzumachen. Ihre Mutter gab letztlich den Anstoß, den Laden selbst zu führen. Gesagt – getan. Nach intensiver Schulung und komplizierter Bankfindung für einen Kredit ging es dann am 11. November 1995 mit feinster Böhmischer Blasmusik und Tanz fröhlich los. So gelangte Ulrike Hausmann in eines der ältesten Häuser Dresdens – etwa von 1683. Hier bietet sie verschiedenste Keramik feil, u. a. von der berühmten Hedwig Bollhagen (1907 – 2001), aus der Lausitz, aus Mecklenburg, Prag, und dazu Glocken aus Litauen. Schwere Jahre durch hindernde Baustellen in direkter Nachbarschaft folgten; aber immer waren es liebe Stammkunden, die dem Geschäft und seiner Inhaberin die Treue hielten.

Daneben widmet sich Ulrike Hausmann ihrer eigentlichen Leidenschaft, dem Blues- und Boogiepiano. Daraus wurde ein Zweitberuf, in dem sie inzwischen Solokonzerte im In- und Ausland spielt und rechte Mühe hat, das alles zeitlich mit der Keramik zu vereinen. Aber der tägliche Gang über das Blaue Wunder und die freundschaftlichen Beziehungen zu vielen Kunden lassen diese Mühen vergessen. Kaum zu glauben, dass der »Kleinladen« mit nur 13 Quadratmetern im November 2015 seinen 20. Geburtstag feiern wird – nicht nur für dessen Inhaberin eine große Freude!

Ulrike Hausmann

Quellen: 102, 103, 1199, 1243

Das Geschäft von Otto Kopsch in der Grundstraße 2 *Foto: Repro Ernst Hirsch*

Papier-und Schreibwarenhändler

Mitte des 19. Jahrhunderts erlebte die Papierindustrie in Deutschland durch die zunehmende Industrialisierung eine erhebliche Konjunktur. Es eröffneten immer mehr auf Papier- und Schreibwaren spezialisierte Geschäfte.

Eines der ersten Papier- und Schreibwarengeschäfte war das des Buchbindermeisters Ernst Brauer (1859 – 1935), der bis etwa 1895 in der Grundstraße 5 und danach bis Mitte der 1920er Jahre im Körnerplatz 2 seine Firma hatte. Nur kurzzeitig gab es von etwa 1888 bis 1892 im Veilchenweg 44 die Papierhandlung von Ottilie Selma Heineck, die sich danach unter der Firmenbezeichnung »Heineck S. O. Nachf.

Geschäftsübernahme

Den geehrten Einwohnern von Loschwitz und Umgegend zur gefl. Kenntnisnahme, daß ich die

Buchbinderei u. Papierwarenhandlung

des Herrn **Ernst Brauer** käuflich erworben und von Körnerplatz 2 nach **Grundstr. 5** verlegt habe. Ich empfehle mich zur Anfertigung aller ins Fach schlagenden Arbeiten sowie zur Reparatur von Photoapparaten und bitte mich bei Bedarf gütigst zu unterstützen.

Georg Egerland

Loschwitz, Grundstraße 5, 1. August 1934

Anzeige, 1934 *Kirchgemeindeblatt*

Geschäftseröffnung.

Hierdurch zur gefl. Kenntnisnahme, daß ich meine

Buch-, Papier- und Schreibwarenhandlung

Loschwitz, Grundstraße 2

wieder eröffnet habe.

Ich bitte die geehrten Einwohner von Loschwitz und Umgebung bei Bedarf sich meiner freundlichst zu erinnern und bitte höflichst, mich in meinem neuen Unternehmen unterstützen zu wollen.

Gleichzeitig gebe ich bekannt, daß mir die alteingeführte Dresdner Firma Schramm u. Echtermeyer, gegr. 1835, eine Verkaufsstelle von **Cigarren, Cigaretten, Tabak** und **Wein** gütigst übertragen hat. Hochachtungsvoll

Otto Kopsch.

Anzeige, 1927 *Kirchgemeindeblatt*

Robert Möchel« in Dresden zu einem Großunternehmen entwickelte. Ebenfalls nur für kurze Zeit existierte von 1899 bis 1900 in der Friedrich-Wieck-Straße 4 das Geschäft von Anna Tröger. Die anderen Loschwitzer Geschäfte verkauften neben Papier- und Schreibwaren auch andere Produkte. Zu ihnen gehörten Otto Kopsch (1873 – 1943, → *Textilhandel*) in der Grundstraße 2, Richard Rudolph (1864 – 1939, → *Textilhandel*) in der Grundstraße 18 und der → *Feinmechaniker* und → *Lebensmittelhändler* August Krösche in der Pillnitzer Landstraße 120.

Nach 1945 gab es das Spezialgeschäft → *»Montblanc-Fiedler«*. Von 1996 bis 2011 war im → *Einkaufs- und Gewerbezentrum* in den »Loschwitz-Arkaden« im »Mini-Paradies Merbitz« ein Sortiment von Papier- und Schreibwaren erhältlich. Seitdem werden die Artikel wieder nur in anderen Geschäften, wie z. B. dem dortigen → *Konsum* oder der → *Poststelle* angeboten. **Otto-R. Wenzel, Barbara Friebel**

Quellen: 39, 67, 1000, 1192

Richard Rudolph

Fernspr. 37947 **Loschwitz** Grundstraße 18

Galanterie-, Kurz- und Spielwaren
Buch-, Papier- u. Schreibwarenhandlung

empfiehlt sein reichhaltiges Lager in

Brief- und Schreibpapieren für Familien- und Geschäftsbedarf / Schul-Artikel, Gesangbücher, Albums Bilderbücher, Jugendschriften, Märchenbücher
Glückwunschkarten für alle Gelegenheiten
Portefeuille- und Lederwaren / Hosenträger
Toilettebedarf, Haarschmuck, Kamm- u. Bürstenwaren
Spazierstöcke, Regenschirme, Tabakpfeifen
Schach- und Damenbretter, Schachfiguren

Puppen- u. Spielwaren aller Art

Erzeugn. d. Erzgebirges Thüring. Waldes, Nürnbergs und sonstiger renommierter Plätze in reichster Auswahl zu billigsten Preisen

Korbwar., Besen, Pinsel, Bürsten und Seilerwaren

Anzeige, 1925 *Kirchgemeindeblatt*

Ladengeschäft Montblanc-Fiedler *Foto: Slg. OVLW*

Montblanc-Fiedler
Körnerplatz 8
Im Juli 1945 eröffnete Erich Fiedler (1877 – 1948) das Fachgeschäft »Montblanc-Fiedler« im Haus »Zum Goldnen Schiff« am Körnerplatz 8. Sein 1919 in der Waisenhausstraße 18 in Dresden gegründetes Geschäft war in der Nacht vom 13. zum 14. Februar 1945 durch Bomben zerstört worden. Mit Hilfe seiner Ehefrau Ida (1879 – 1961), seiner Nichte Adeline Fiedler (1903 – 1990) und den Angestellten gelang es Erich Fiedler den neuen Verkaufsladen »Am Blauen Wunder« unter Mühen wieder zu einem florierenden Geschäft zu entwickeln. Anfangs mussten sogar die Waren mit einem Handwagen herangeschafft werden. Nach dem Tod ihres Ehemannes übernahmen Ida Fiedler und später ihre Nichte das Geschäft. In den 1950er Jahren, als Montblanc-Füller nicht mehr lieferbar waren, bekam das Geschäft den Namen »Füllhalter-Fiedler«. Es präsentierte sich als »Spezialgeschäft für Füllhalter, Kugelschreiber, Reparaturen, Schreibwaren und diverse Geschenkartikel, Karten für alle Gelegenheiten«[1]. 1976 wurde »Füllhalter-Fiedler« geschlossen. Im Juli desgleichen Jahres eröffnete der Buchhändler Frank Reichert hier sein neues Geschäft, dessen Angebot er um eine Auswahl von Büchern erweiterte. Nach ihm betrieb von 1987 bis 1991 Rainer Höhme mit seiner Ehefrau seinen »Schreibwaren und Buchverkauf«.

Barbara Friebel, Otto-R.-Wenzel

Zitat:
1 Werbeaufschrift auf Verpackung der Firma Füllhalter-Fiedler, 1964
Quellen: 243, 725

Anzeige, 1966 *Kirchgemeindeblatt*

Foto: Siegfried Großmann

Stempel-Schilder
Grundstraße 2
Seit 1983 konnte man sich bei »Stempel-Scholze« Stempel und Schilder aller Art anfertigen lassen. 2013 verkaufte Inhaber Ralf Scholze das Geschäft an das Karlsruher Unternehmen alpo.de, das die Angebotspalette weitgehend unverändert weiterführt.

Barbara Friebel

Quelle: 724

Rechtsanwälte, Notare und Steuerberater

Seit dem Hochmittelalter wurden in Europa Gerichtsverfahren professionalisiert. In diesem Zusammenhang bildete sich der Berufsstand der Rechtsanwälte heraus, die eine Partei vor Gericht vertreten oder Mandanten beraten und in außergerichtlichen Geschäften betreuen. Notare (von lateinisch notārius: Schnellschreiber) sind speziell qualifizierte Juristen, die Beglaubigungen und Beurkundungen von Rechtsgeschäften, Beweisen und Unterschriften vornehmen. Außerdem können sie die Hinterlegung von Geld und anderen Wertgegenständen verantworten. Der vergleichsweise relativ junge Berufsstand der Steuerberater berät in steuerrechtlichen und betriebswirtschaftlichen Fragen.

In Loschwitz waren bereits Anfang des letzten Jahrhunderts mehrere Juristen ansässig, deren Kanzleien sich jedoch alle in Dresden befanden. In ihren Wohnungen boten sie bis zur → *Eingemeindung* im Jahr 1921 wahrscheinlich Sprechstunden an. Zu ihnen gehörte der Rechtsanwalt Dr. Walter Fischer (1880 – 1960), der ab 1909 in der Friedrich-Wieck-Straße 41, ab 1913 Veilchenweg 9b und ab 1926 Veilchenweg 27 wohnte. Der Rechtsanwalt, Notar und Bürgermeister a. D. Dr. Hans Ziegner-Gnüchtel wohnte von 1910 bis zu seinem Tod in der Calberlastraße 12 und Rechtsanwalt Dr. Fritz Anton hatte seine Wohnung ab 1905 in der Bergbahnstraße 2. Über 30 weitere Rechtsanwälte und Notare hatten im Laufe der Jahre in Loschwitz ihren Wohnsitz und ihre Kanzlei in der Dresdner Innenstadt. Hier soll noch verwiesen werden auf das Schicksal von Dr. Gerhard Freiesleben (1880 – 1940) in der Schädestraße 9 (→ *Auf der Platte*) und an den 1933 ernannten Präsidenten des Landeskirchenamtes und Präsidenten der ersten »Braunen Synode«, Rechtsanwalt Dr. Max Schreiter, der von spätestens 1930 bis 1945 Steglichstraße 38 wohnte. 1934 schied er aus dem landeskirchlichen Dienst aus und ging 1945 als Rechtsanwalt nach Hamburg.

Nach der Wiedervereinigung hat entsprechend des wachsenden Bedarfs die Anzahl der Juristen und Steuerberater in Loschwitz zugenommen. **Barbara Friebel, Otto-R. Wenzel**

Quellen: 39, 436, 1000

Christine Fischer (2. v. r.) mit ihrem Team

Sommer & Fischer GmbH
Amtsstraße 2
Seit 1990 betrieb Christine Fischer hier ein Steuerberatungsbüro als Einzelfirma. 1993 wurde daraus eine Steuerberatungsgesellschaft mit dem Rechtsanwalt und Steuerberater Dieter Sommer. Diese betreut ein breites Spektrum an vorwiegend in Loschwitz ansässigen Mandanten: Handwerker, Künstler und andere Freiberufler, kleine Unternehmen und Privatpersonen. **Barbara Friebel**

Quelle: 724

Andreas Hahnewald

Rechtsanwalt Andreas Hahnewald
Pillnitzer Landstraße 36
Rechtsanwalt Andreas Hahnewald (* 1968) studierte Rechtswissenschaften in Dresden und Regensburg und gründete 2001 die Rechtsanwaltskanzlei Hahnewald. Er bietet Beratung zu Verwaltungsrecht, Zivilrecht, Arbeitsrecht, Erbrecht und Nachfolgegestaltung, Verkehrsrecht einschließlich Bußgeldverfahren, Vereins- und Verbandsrecht an. Eine enge Kooperation besteht mit der Kanzlei des → *Steuerberaters Hönicke*. **Barbara Friebel**

Quellen: 724, 1224

Lars Hönicke

Steuerberater Lars Hönicke
Pillnitzer Landstraße 36
Lars Hönicke (* 1971) ist seit 1999 in Dresden als Steuerberater tätig. Seit 2001 betreibt er sein Steuerbüro in Loschwitz. Seine Mandanten sind überwiegend kleinere mittelständische Unternehmen und Freiberufler. Eine enge Kooperation besteht mit der → *Rechtsanwaltskanzlei Hahnewald.* **Barbara Friebel**

Quellen: 724, 1238

Sabine Zehe

Rechtsanwältin Sabine Zehe
Schillerstraße 19
Sabine Zehe (* 1961) arbeitete nach dem Studium der Rechtswissenschaft an der Humboldt-Universität Berlin seit 1986 als Rechtsanwältin. 1990 gründete sie eine eigene Kanzlei, die sich seit 2001 auf der Schillerstraße neben dem Schillerhäuschen befindet. Sabine Zehe ist im Wesentlichen in Rahmen des Familienrechts und seit drei Jahren auch als Berufsbetreuerin tätig. **Barbara Friebel**

Quellen: 724, 1227

Kopp-Metzler & Krause
Pillnitzer Landstraße 34
Die Rechtsanwältinnen Doris Kopp-Metzler und Renate Krause bieten seit 1999 in ihrer Kanzlei u.a. Rechtsbeistand und -beratung zu Familienrecht, Miet- und Wohneigentumsrecht, privatem Baurecht, Arbeitsrecht und Arzthaftungsrecht an. **Barbara Friebel**

Quellen: 724, 1204

Jeannine Mirschél

Reisebüros

L'EVASION TOURS
Plattleite 25
Die reiselustige Inhaberin Jeannine Mirschél, machte nach mehreren Reisejahren auf verschiedenen Kontinenten ihr Hobby zum Beruf und gründete 1998 »L'EVASION TOURS«, den Spezialreiseveranstalter für individuelle und maßgeschneiderte Reisen auf frankophone Inselperlen, wie Tahiti und ihre Inseln, die Seychellen, La Réunion, Neukaledonien, Korsika und viele andere Trauminseln. Allein der Besuch der Webseite des Unternehmens lässt unglaubliches Fernweh aufkommen. **Barbara Friebel**

Quellen: 724, 1169

Sabine Gasch

Fotos (6): Siegfried Großmann

Reisebüro Loschwitz Arkaden
Pillnitzer Landstraße 34
Erster Inhaber des 1997 gegründeten »Reisebüro Loschwitz Arkaden« war Günter Braumann. 2011 ging er in den Ruhestand und das Reisebüro wurde als »Reisebüro Rietzel« von der neuen Inhaberin Sabine Gasch weitergeführt. Der Name des Reisebüros stammt vom Vater der Inhaberin, der ein zweites Reisebüro in Dresden-Klotzsche betreibt. **Barbara Friebel**

Quelle: 724

Restauratoren

Die Arbeit der Restauratoren besteht in der Erhaltung und Wiederherstellung von historischen Gegenständen und Kunstwerken aller Art. Dabei kann es sich um unterschiedlichste Materialien handeln, wie z. B. Holz, Stein, Metall oder Papier. Restauratoren können freiberuflich tätig oder an Museen oder anderen Institutionen angestellt sein. Auch viele Künstler und Handwerker waren und sind mitunter mit Restaurierungen beschäftigt.
Der in Loschwitz wohnende Maler Carl Jantsch (1871 – ?, → *K2*) war von 1904 bis 1914 fast ausschließlich als Restaurator beim Sächsischen Landesamt für Denkmalpflege in Dresden tätig. Er wohnte ab 1907 Rißweg 4 und von etwa 1908 bis 1934 Rißweg 17. Nach dem Ersten Weltkrieg arbeitete er vorrangig als Restaurator im privaten Bereich. Auch der Modell-Tischler und Restaurator Dieter Gräf (1931 – 2000, → *K1*) wohnte ab 1995 in Loschwitz. Der Maler *Georg → Griebel* (1941 – 2002, → K2) und weitere Restauratoren hatten ebenfalls hier ihre Wohnung. Im → *Bauchschen Haus*, Pillnitzer Landstraße 29, arbeitete der Metall-Restaurator Günther Liebner und vor dem Abriss des Wohnhauses 1988 wohnte hier der heute in Dresden-Wachwitz lebende Möbelrestaurator Gottfried Wachs (* 1949).
Von den heute in Loschwitz lebenden Diplom-Restauratoren seien die Nachfolgenden genannt: Christiane Promnitz geb. Schönfeld

Metallrestaurator Günther Liebner in seiner Werkstatt Pillnitzer Landstraße 29
Foto: Ernst Hirsch, Sammlung M. Griebel

(* 1962, → *K2*) in der Steglichstraße 10, die 1987 ihr Studium mit der Spezialisierung auf Restaurierung polychromierter Holzskulpturen abschloss. Martin Schreiber (* 1960) in der Fidelio-F.-Finke-Straße 3 führte z. B. in Loschwitz im Saal des »Dinglingerhauses« (→ *Dinglingers Weinberg*) Restaurierungsarbeiten durch. Eine der letzten bedeutenden Arbeiten von Franziska Wosnitza geb. Engelhardt (* 1961, → *K2*), Schädestraße 5, war die Restaurierung des Renaissance-Altars in der Kirche Dresden-Lockwitz. **Otto-R. Wenzel**

Quellen: 640, 854

E. Schirmer & O. Ander GbR

Körnerweg 7

Die Restauratoren Oliver Ander (* 1968) und Elke Schirmer (* 1973) sind beide gebürtige Dresdner. Sie absolvierten ein Studium an der Hochschule für Bildende Künste in Dresden mit dem Abschluss 1995 als Dipl. Maler/Grafiker sowie 1998 als Dipl.-Restauratorin.

Gemeinsam gründeten sie 1998 die Restaurierungswerkstatt »E. Schirmer & O. Ander GbR«. Hauptschwerpunkte ihrer restauratorischen Praxis stellen die Untersuchung, Konservierung und Restaurierung von Wandmalerei und Architekturfarbigkeit dar, genauso wie die Ausführung von Architekturneufassungen sowie die Konservierung und Restaurierung von Ausstattung.

Spuren ihrer Tätigkeit sind auch in Loschwitz zu finden, wie z. B. in der Aula der → *Schillerschule* (siehe Abbildung S. 859). Dort erfolgte 2003 und 2009 die Freilegung, Konservierung und Restaurierung des Wandbildes »Die Erziehung der Jugend im Geiste Schillers« von *Georg → Schwenk* (1863 – 1936, → *K1*).

Seit 2009 werden durch die Restaurierungswerkstatt die Instandsetzungsarbeiten im → *Lingnerschloss* restauratorisch begleitet. Die Arbeiten umfassen neben der restauratorischen Untersuchung und Dokumentation der historischen Architekturfarbigkeit im Innen- und Außenbereich auch umfangreiche Restaurierungen, wie die des Westflügels mit Pavillon (2009 – 2012) und des Haupttreppenhauses (2013 – 2014).

Neben dem Lingnerschloss werden auch im → *Schloss Albrechtsberg* seit 2003 verschiedene Räume/Bereiche bearbeitet. Beispielhaft sind hier die Restaurierung des Billard-, Rauch- und Durchgangszimmers (2005) sowie die Untersuchung, Konzeptentwicklung und restauratorische Begleitung der Maßnahmen im Römischen Bad (2009 – 2013) zu nennen.

Seit 2001 sind sie in Dresden-Loschwitz ansässig. **Ute Häse**

Quellen: 639, 724

Restaurierter Barocksekretär, um 1760
Foto: Hans-Werner Ludwig

Restaurierungs-Zentrum Dresden

Steglichstraße 1

Das Restaurierungs-Zentrum Dresden wurde im Jahr 2000 von dem Dipl.-Restaurator Hans-Werner Ludwig (* 1957) gegründet. Nach dem Abitur arbeitete er als Praktikant im Malsaal der Landesbühnen Sachsen, absolvierte ein Abendstudium für Malerei/Grafik und Kunstgeschichte an der Hochschule für Bildende Künste in Dresden und erlernte das traditionelle Tischlerhandwerk bei dem Meißner Kunsttischler Konrad Mauersberger. Er studierte in Berlin, Studienrichtung »Restaurierung von Kulturgut aus Holz« und arbeitete bis 1986 als Möbelrestaurator bei den Staatlichen Kunstsammlungen Dresden im Museum für Kunsthandwerk, Schloss Pillnitz. 1986 übersiedelte er in die BRD. Von 1987 bis 1999 war er als Restaurator bei der Verwaltung der Staatlichen Schlösser und Gärten Hessen in Bad Homburg angestellt und betrieb daneben eine eigene Werkstatt, in der er konservatorische und restauratorische Arbeiten für öffentliche und private Kunden ausführte. 1999 kaufte Hans-Werner Ludwig das Grundstück Steglichstraße 1 und sanierte das Anwesen mit Wohnhaus und Nebengebäuden sehr sorgfältig und denkmalsgerecht zu einem Schmuckstück im Loschwitzgrund. In den Restaurierungswerkstätten arbeiten mehrere fest angestellte Mit-

Das denkmalgerecht sanierte Gebäude Steglichstraße 1, 2015, Foto: Hans-Werner Ludwig

Hans-Werner Ludwig an einem Feldartillerie-Munitionswagen der Napoleonischen Truppen von 1806 Militärhistorisches Museum Dresden

arbeiter mit Schwerpunkt Möbelrestaurierung, Praktikanten sowie freie Mitarbeiter als Restauratorengemeinschaft in den Fachbereichen Gemälde und Skulpturen, Denkmalpflege, Buch, Papier und Metall u. a. Verschiedenste Restaurierungsarbeiten, z. B. für das Grüne Gewölbe, das Schloss Moritzburg, das Militärhistorische Museum, das Schloss Hermsdorf und für Kirchen wurden ausgeführt. Wichtige Auftraggeber sind die Staatlichen Kunstsammlungen Dresden, die Staatlichen Schlösser, Burgen und Gärten Sachsen, das Sächsische Immobilien- und Baumanagement (SIB), die Stadt Dresden sowie Museen, Sammlungen und private Auftraggeber auch außerhalb Sachsens, z. B. die Kunstsammlungen des Deutschen Bundestages Berlin. **Barbara Friebel**

Quelle: 724

Steglichstraße 1, um 1915 Foto: Slg. Hans-Werner Ludwig
Rechts: Familie Helas vor der Steglichstraße 1 Foto: Slg. Götz

Das ursprüngliche Gebäude entstand vermutlich Ende des 17. bis Anfang des 18. Jahrhunderts als eines der ersten Siedlungshäuser im Loschwitzgrund. 1829 kaufte Johann Abraham Schütze das Grundstück von den Schädernschen Erben zum Preis von 43 Goldtalern in ruinösem Zustand. Nach der Sanierung wurde über der Haustür der heute noch existierende Sandstein mit der Inschrift »J. A. S. 1830« angebracht. 1858 erwarb Karl Heinrich Schütze das Grundstück für 650 Goldmark von Johann Abraham Schütze, der bis zu seinem Tod das Recht zur Bewirtschaftung und Benutzung behielt. 1884 kaufte der → *Fuhrunternehmer* Ferdinand Helas (1854 – 1932) das Grundstück. Von 1901 bis etwa 1918 befand sich auf dem Areal die → *Wäscherei* seiner Ehefrau Therese Helas. 1950 besaß Erich Bartsch das Grundstück. Er vermietete 400 m² Produktionsfläche an die Firma Schmiedgen, die in den zugehörigen Werkstatträumen mit fünf Mitarbeitern, einer Druck- und einer Schneidemaschine Schnellhefter und Gummizugmappen produzierte. 1968 wurde das Wohnhaus wegen schlechten Zustands für Wohnzwecke gesperrt, ein Abriss aus verkehrstechnischen Gründen war geplant. 1972 wurde die Firma Schmiedgen zum Unternehmen »VEB Büromat« verstaatlicht und 1975 bei unverändertem Sortiment dem Betrieb »Dresdner Kalenderherstellung« angegliedert. Nach der Wiedervereinigung wurde Wolfgang Kurth (* 1938) durch Reprivatisierung Eigentümer des Betriebes. Die Produktion endete 1990. Das Inventar wurde verkauft und das Gebäude unter Denkmalschutz gestellt. Das Gelände mietete zunächst der benachbarte → *Getränke- und Weinhaus Neumann*, später betrieb hier Horst Richter bis 1999 eine Möbelrestaurierung. Der schlechte Zustand der Werkstätten machte eine Fortführung des bisherigen Restaurierungsbetriebs unmöglich. 1999 verkaufte Wolfgang Kurth das Grundstück. Ursprünglich war eine weitere Mitarbeit von Horst Richter nach Abschluss der Sanierungsarbeiten geplant. Er starb jedoch überraschend vor der Fertigstellung der Werkstatt.

Barbara Friebel

Schneidereien

Nachdem zuvor überwiegend an der Antike orientierte aus rechteckigen Bahnen zusammengeheftete Kleider getragen wurden, entstanden erst im 12. Jahrhundert vielfältigere Formen der Kleidung. Dazu mussten die teuren Stoffe unterschiedlich zugeschnitten werden. So wurde das Zuschneiden wichtiger als das Nähen und nur der Meister durfte zuschneiden. Das Aufkommen der Nähmaschine in der ersten Hälfte des 19. Jahrhunderts erleichterte zwar die Arbeit, aber dadurch entstanden auch große Fabriken, in denen Konfektionsware billig hergestellt werden konnte.

Die beiden ältesten in Loschwitz nachgewiesenen Schneidermeister sind 1780 bis 1791 Johann George Diettrich auf der Grundstraße (heute Friedrich-Wieck-Straße 25) und Carl Gottlieb Ehrhardt 1786 bis 1790 am »Damm« (heute zu Körnerplatz 6).

Bis zur heutigen Zeit sind etwa 120 Schneider in Loschwitz nachweisbar.

Schneider in Loschwitz

Jahr	Anzahl
1883	5
1900	12
1912	19
1921	29
1933	12
1943/44	12
1957/58	2
1975/76	0
1995	1
2014	2

Der Schneidermeister Clemens Aurich (1859 – 1927) wohnte von etwa 1885 bis 1903 Pillnitzer Landstraße 3. Seine Ehefrau Anna geb. Wagner (1863 – 1938) kaufte 1903 die Grundstraße 17 und zog mit ihrem Ehemann in dieses Haus. Die dortige → *Gaststätte* erhielt jetzt nach ihrem sangesfreudigen Mann den Namen »Sängerheim«. Clemens war anfangs dort auch Gastwirt, übte aber seinen eigentlichen Beruf weiterhin aus. Bereits 1907 wurde das Haus verkauft und 1910 zogen Aurichs in den Körnerplatz 6, wo der Schneidermeister bis zu seinem Tod arbeitete und lebte.

Anzeige, 1933 *Kirchgemeindeblatt*

Anzeige, 1888 *Slg. Matthias Griebel*

Schneidermeister Ernst Jörg (1860 – 1912) hatte seine Arbeits- und Wohnstätten zumeist in der Grundstraße: zunächst etwa 1887 bis 1891 Nr. 101, danach Nr. 105 und 117. Nach 1895 besaß er als Nachfolger des Schneidermeisters Ludwig Forsthofer ein Geschäft in der Grundstraße 2 und wohnte Pillnitzer Landstraße 24. Ab 1898 war er mit seiner Familie Grundstraße 6 sesshaft. Nach seinem Tod führte der ältere Sohn Arthur Jörg (1889 – 1977) das Geschäft hier weiter und wohnte auch hier.

Der Schneider August Landweer wohnte ab etwa 1892 Grundstraße 77, ab etwa 1895 Grundstraße 83 und als Schneidermeister von 1901 bis 1906 Steglichstraße 5 sowie danach etwa drei Jahrzehnte Steglichstraße 7.

Schneidermeister Gustav Eberlein (1864 – 1940) hatte seine erste Loschwitzer Arbeitsstätte und Wohnung von etwa 1895 bis 1902 Friedrich-Wieck-Straße 6. Danach zog er in die Plattleite 1, die seine Ehefrau Anna (1872 – 1932), die ebenfalls Schneiderin war, 1908 kaufte. Sie lebten dort bis zu ihrem Tod.

Anzeige, 1925 *Kirchgemeindeblatt*

Schneidermeister Albin Oehler (1855 – 1921) kaufte 1896 das Haus Wilhelminenstraße 9 und arbeitete und wohnte fortan bis zu seinem Tod mit Familie hier. Er besaß hier auch einen kleinen Laden.

Bertha Gerhard geb. Hunger (1872 – 1955) und ihr Ehemann, der → *Uhrmacher* Paul Gerhard (1871 – 1938), waren 1897 in die Pillnitzer Landstraße 4 gezogen. Sie arbeitete hier als Schneiderin und wohnte zuletzt Grundstraße 23.

Haus und Grundstück Wilhelminenstraße 1 im → *Simmigschen Ortsteil* hatte 1900 der noch in Dresden-Neustadt wohnende Schneider-

Anzeige, 1926 *Kirchgemeindeblatt*

Familie des Schneidermeisters August Feller (4. v. l.), vermutlich zur Kindtaufe von Baby Getraude Elisabeth, 1900 *Foto: Slg. Ute Häse*

Gewerbe-Vielfalt an der Friedrich-Wieck-Straße, vor 1900: Schneidermeister Gustav Eberlein, Hutgeschäft Fricke, Sattler Gustav Kaiser, Tapezierer Otto Kaiser, Produkten- und Colonialwarenhändler Paul Erler, Schumacher Paul Erler und Getränkehändler Otto Borsdorf *Foto: Slg. Ute Häse*

meister Paul Jork gekauft. Von 1903 bis zu seinem Tod 1940 wohnte er in der Wilhelminenstraße. Sein in Dresden-Neustadt wohnender Sohn Georg erbte den Besitz und führte das väterliche Geschäft auf der Heinrichstraße fort.

In der Grundstraße 17, wo auch Clemens Aurich wohnte, arbeitete und lebte ab 1903 der spätere Schneidermeister Leonhard Hofmann (1874–1954). Er zog 1906 in die Grundstraße 2 und 1919 in die Grundstraße 30, wo er bis zu seinem Tod wohnte.

Von 1903 bis 1912 wohnte auf der heutigen Oskar-Pletsch-Straße 15 der Schneidermeister Reinhard Hönig mit seiner Ehefrau Frieda Martha, die hier im Haus ein »Herrengarderobegeschäft« besaß, in dem offenbar auch die Produkte ihres Ehemannes angeboten wurden. In der Pillnitzer Landstraße 3 arbeitete von 1903 bis in die 1940er Jahre Schneidermeister Josef Jäger.

Nach dem Ende des Zweiten Weltkrieges war man gezwungen, Ersatzkleidung aus Uniformteilen zu nähen. Zu DDR-Zeiten wurden täuschend echte Jeans-Kopien von Vietnamesen nach Maß gefertigt und nach der Wiedervereinigung bot die Maßkonfektion eine preisgünstige Alternative zur teuren Handarbeit des Schneidermeisters. Gegenwärtig überwiegt die Änderungsschneiderei in den Konfektionsketten sowie durch Vietnamesen und andere Einwanderer. Nur in wenigen Kleinbetrieben werden noch Maßanfertigungen und/oder Designermode (→ *Sternenflut*, → *Zieh mal an*) ausgeführt. **Rolf Friebel, Otto-R. Wenzel**

Quellen: 39, 1000

Sternenflut

Friedrich-Wieck-Straße 22

Der Name des Modelabels »Sternenflut« entstand eher zufällig an einem schönen Frühlingsabend über den Dächern von Dresden, bei einem Glas Wein und dem Himmel voller Sterne. Seit 2011 entwirft und produziert Geschäftsführerin Maria Glubsch (* 1977) in Loschwitz Mode und Accessoires für Männer, Frauen und Kinder. Auf Grund der gestiegenen Nachfrage arbeiten mittlerweile auch viele freie Schneiderinnen, Fotografen und Models für das Label. Verwendet werden vorzugsweise natürliche Materialien wie Baumwolle und Leder. Der Name des Labels spiegelt sich in vielen Modellen mit eingearbeiteten Sternen wieder. Accessoires wie Schals und Mützen werden vorwiegend in Online-Shops verkauft, Shirts und Röcke eher in kleinen Läden in Dresden, Berlin, München, in Österreich und der Schweiz. Die gebürtige Dresdnerin Maria Glubsch arbeitete nach einem Studium der Betriebswirtschaft bei verschiedenen Fernsehsendern. Durch viele Mode-und Boulevardbeiträge entstand eine besondere Affinität zur Mode. Außerdem betrieben bereits ihr Großvater und die Urgroßmutter eine Strickerei und ein Modegeschäft.

Barbara Friebel

Quelle: 724

Maria Glubsch arbeitet unter ihrem eigenen Modelabel »Sternenflut«. *Foto: S. Großmann*

Anzeige, Kalender des Turnvereins, 1913
Slg. Horst Lehmann

Anzeige, 1888 *Slg. Matthias Griebel*

Anzeige, 1926 *Kirchgemeindeblatt*

Anzeige, 1926 *Kirchgemeindeblatt*

Atelier »Zieh mal an!«
Pillnitzer Landstraße 29
Bärbel Schäfer (* 1958) studierte nach Abitur und Ausbildung zur Damenschneiderin in Dortmund und in Bielefeld Mode-Design. Nach dem Diplom 1987 war sie einige Jahre für diverse Industrieunternehmen, z.B. »Toni Gard« und »MARCCAIN«, als Mode-Designerin tätig. 2002 eröffnete sie in Dresden-Blasewitz das Atelier »Zieh mal an!« und zog im Herbst 2008 in die Pillnitzer Landstraße 29.

Nachdem sie lange Jahre Konfektionskollektionen erstellt und damit erfahren hatte, was Konfektion leisten bzw. nicht leisten kann, entwickelte sie die Idee, für ihre Kunden sehr individuell zu fertigen, bezüglich der Passform, aber auch – und dies wesentlich – in Bezug auf die Modelle! Also werden diese ausschließlich in Einzelanfertigung in einem intensiven Beratungsgespräch mit dem Kunden nach dessen Wünschen und Bedürfnissen gemeinsam entwickelt, ausgearbeitet, in Form einer Entwurfsskizze präsentiert und schließlich schneidertechnisch maßangefertigt.

Um Modelle – angefangen beim alltagstauglichen Shirt über Rock, Hose, Jacke, Wintermantel und Funktionskleidung bis zur Abendgarderobe –, Stil und Passform präsentieren zu können, hat sie die Puppen im Schaufenster nach ihren Proportionen gefertigt und zeigt Beispiele aus ihrem eigenen Kleiderschrank. Da sie selbst fast ausschließlich schwarz trägt, werden hier zumeist schwarze Kleider präsentiert. Für ihre Damen und seit drei Jahren auch für Herren arbeitet sie selbstverständlich in allen gewünschten Farben. **Bärbel Schäfer**

Quelle: 724

Putzmacherinnen und Modistinnen
Der Beruf wird seit über 100 Jahren vorwiegend von Frauen ausgeübt. Heute ist die Bezeichnung »Modistin« üblich. Ihre Tätigkeit bestand und besteht vorwiegend in der Herstellung von Damenhüten, Mützen und anderem Kopfschmuck aus Stoff, Pelz, Filz und Stroh.
In Loschwitz gab es früher zahlreiche Putzmacherinnen, die meist zugleich auch als Näherinnen arbeiteten. Auch Putzmacher gab es bis etwa 1900. Die erste Putzmacherin war Ida Ruf (1844 – 1921), die ab 1899 im Körnerplatz 4 wohnte und ihre Erzeugnisse vermutlich im dortigen Geschäft des → *Lederwarenhändlers* Hermann Lange (1845 – 1919) verkaufte. Gegenüber im Körnerplatz 13 hatte Martha Baum (1870 – ?) von 1902 bis 1912 ihr »Putz-, Woll-, Weiß- und Strumpfwarengeschäft«. Sie bezeichnete sich bereits damals als »Modistin«. Auch in der Dammstraße 1 gab es ein »Putzgeschäft«. Dora Wolff (1845 – 1919), die vorher bereits in der Pillnitzer Landstraße 18 tätig war, hatte es 1907 begründet. Ab 1912 führte es Frida Rode, die es ein Jahr später in den Körnerplatz 8 verlegte. Im Dorfkern gab es über viele Jahre weitere Modistinnen wie Marie Oertel (1884 – 1964) in der Friedrich-Wieck-Straße 24 oder die in der Pillnitzer Landstraße 12 wohnende Gertrud Ida Scharte in der Friedrich-Wieck-Straße 4, die auch Lampenschirme herstellte.

Auch in den anderen Loschwitzer Ortsteilen waren Modistinnen tätig, wenn auch meist nur für kurze Zeit. Seit Dezember 2013 ist im Rißweg 64 die Modistin Juliane Köhler geb. Schmidt (* 1980) tätig. Sie gründete 2007 ihr Unternehmen »JuliMaid«, in dem sie auch traditionelle Hutmaterialien wie Filz und Stroh verarbeitet und »Modelle nach Ihren eigenen Wünschen und Vorstellungen« entwirft.

Otto-R. Wenzel

Quellen: 39, 724, 1000, 1197

Bärbel Schäfer *Foto: Oliver Jentsch*

Juliane Köhler, Rißweg 64 *Foto: Jürgen Frohse*

Schornsteinfeger

Schornsteinfeger reinigen Schornsteine und überprüfen Rauchabzugs- und Heizungsanlagen auf Feuersicherheit. In alten Zeiten waren Schornsteinfeger in Zünften organisiert, aus denen Innungen entstanden. Heute sind Bezirksschornsteinfeger für einzelne Stadtgebiete verantwortlich.
In Loschwitz war ab 1899 Emil Unger (1852–1943) als Bezirks-Schornsteinfegermeister tätig. 1908 kaufte er das Haus Krügerstraße 11 und war fortan dort ansässig. Sein Sohn Willi (1877–1969) war ebenfalls Schornsteinfeger und wohnte im väterlichen Haus. Genannt sei noch der Schornsteinfeger Franz Flietel, der von 1902 bis 1930 in Loschwitz arbeitete und hier seinen Wohnsitz neunmal wechselte. **Barbara Friebel**

Quellen: 39, 1000

Adolph Ryssel in seiner Werkstatt Friedrich-Wieck-Straße 15 *Foto: Slg. Johannes Dose*

Schuhmacher, Sattler, Tapezierer, Polsterer, Täschner, Kürschner, Pelz- und Lederwarenhändler

Schuhmacher und Schuhwarenhändler

Im frühen Mittelalter mussten die »Schuster« schlachten, um Tierhäute zu gewinnen, gerben und das Leder verarbeiten. Eine interessante Erfindung half ihnen, auch bei Dunkelheit zu arbeiten: die Schusterkugel, eine mit Wasser gefüllte Glaskugel, bündelte das Licht einer Petroleumlampe zu einem hellen Strahl. Ihre Hauptarbeit war das Reparieren der damals so kostbaren Schuhe. Erst im 19. Jahrhundert entwickelte sich so etwas wie eine Schuhmode und aus dem »Schuster« wurde der Schuhmacher. Durch die Erfindung der Nähmaschine, der Stanze und der Schleifmaschine wurde auch die Produktion von Schuhen industrialisiert, Schuhe wurden Massenware. Heute beschränkt sich die manuelle Herstellung auf Spezialgebiete wie z. B. orthopädische Schuhe.

Schuhmacher – teilweise mit Schuhverkauf – waren früher auch in Loschwitz zahlreich vertreten. Einige sollen hier genannt werden: Bruno Damm (1853–1934) hatte viele Jahre seine Werkstatt in der Grundstraße 49, bevor er um 1887 in die Nr. 41 und schließlich um 1895 in die Grundstraße 46 zog, wo er fast bis zu seinem Lebensende arbeitete. Er war zudem »Laternenwärter« und von 1901 bis 1930 »Kirchendiener« in der Loschwitzer → *Kirche*.

In der Grundstraße 20 hatte bis etwa 1890 Wilhelm Geißler seine Schuhmacherei und Reinhold Geißler (1843–1920) die seine bis etwa 1895 in der Grundstraße 40, danach Schillerstraße 23, ab 1907 Körnerplatz 3 und ab 1913 Veilchenweg 16.

In der Friedrich-Wieck-Straße 6 befand sich ab 1896 die Werkstatt von Schuhmachermeister Paul Erler (1866–1931), der vorher schon in einem dem Brückenbau zum Opfer gefallenen Haus gearbeitet hatte. Paul Erler betrieb hier bis 1907 auch einen »Produktenhandel«. Die Schuhmacherei übernahm nach dessen Tod sein Sohn Johannes Erler (1899–1943).

Von der heutigen Fidelio-F.-Finke-Straße 11, wo er seit 1906 arbeitete, verlegte Schuhma-

Schuhmacher und Schuhhändler in Loschwitz

Jahr	Anzahl
1883	17
1900	18
1912	18
1921	22
1933	16
1943/44	8
1957/58	1
1975/76	2
1995	1
2014	0

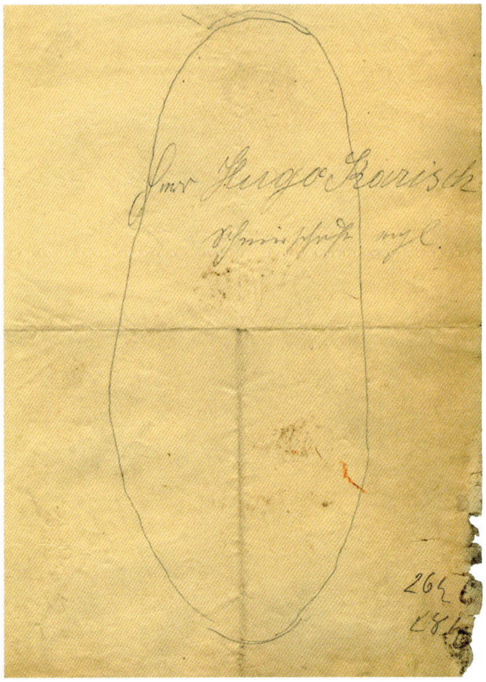

Fußskizze 1:1 für Hugo Karisch aus dem Kundenbuch von Schumachermeister Paul Erler, 1898
Slg. Matthias Griebel

Friedrich-Wieck-Straße 15, um 1900
Foto: Slg. Johannes Dose

Anzeige, 1921 *Slg. Mattthias Griebel*

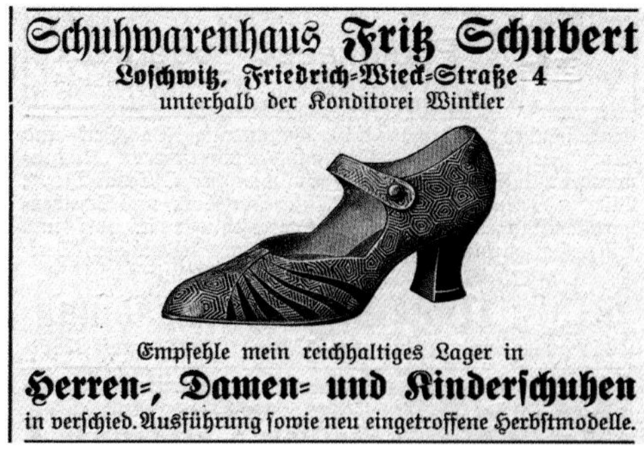

Anzeige, 1927 *Kirchgemeindeblatt*

Anzeige, 1925 *Kirchgemeindeblatt*

chermeister Willy Gössel sein Geschäft 1908 in die Grundstraße 2, das er bis in die 1940er Jahre betrieb.

Ab 1900 hatte Hermann Gregor Werkstatt und Schuhladen im Körnerplatz 4 und 1904 bis 1914 in der Nr. 8. Danach arbeitete er noch bis etwa 1925 in der Dammstraße 1, bevor er wieder nach Dresden-Rochwitz ging. In den 1970er Jahren befand sich im gleichen Haus eine Schuhreparatur der PGH »Empor«.

In der Grundstraße 115 hatte Wilhelm Groß (1870–1948) von etwa 1895 bis etwa 1945 seine Werkstatt. Nach dreimaligem Wechsel des Standortes hatte der schon etwa zwei Jahrzehnte in Loschwitz tätige Schuhmachermeister Gottlieb Große (1834–1909) endlich 1898 in der Grundstraße 9 seinen Sitz gefunden.

Adolph Ryssel (1862–1938) arbeitete ab etwa 1888 in Loschwitz und ab 1898 bis zu seinem Tod Friedrich-Wieck-Straße 15. Der Schuhwaren- und Lederhändler Ernst Sommer (1866–1934) hatte Werkstatt und Verkauf in dem von ihm 1894 gekauften Haus Grundstraße 20, nach seinem Tod weitergeführt von seinem Sohn Martin.

Nach fünfmaligem Umzug in Loschwitz hatte der bereits etwa drei Jahrzehnte tätige Gottlob Weber 1908 in der Friedrich-Wieck-Straße 4 seinen letzten Firmensitz gefunden. Sein Schuhmachergeschäft führte nach seinem Tod um 1918 seine Witwe Clara weiter, bis es 1927 Schuhmachermeister Fritz Schubert (1901–1942) übernahm, der hier auch seine Werkstatt hatte. 1932 übergab er seiner Ehefrau Elly das »Schuhwarenhaus«, die es bis in die 1940er Jahre führte.

Schuhmachermeister Willibald Wenzel (1859–1940) hatte Werkstatt und Geschäft bis 1918 Friedrich-Wieck-Straße 1 und danach noch seine Werkstatt in der Pillnitzer Landstraße 3, wo er auch wohnte. Selbst im → *Künstlerhaus* gab es kurzzeitig einen »Leisten- und Schuhmacher«, nämlich Paul Uhlemann, der dort in seiner Wohnung von etwa 1922 bis 1928 Schuhwaren aus eigener Produktion verkaufte.

Schumachermeister Paul Erler
Foto: Slg. Ute Häse

Anzeige, 1888 *Slg. Matthias Griebel*

Anzeige, 1926 *Kirchgemeindeblatt*

Sattler, Tapezierer und Polsterer

Auch der Sattler war und ist vor allem ein lederverarbeitender Beruf. Er produzierte vorrangig Sättel und Zaumzeug für Zugtiere, mitunter auch Taschen – obwohl das vorrangig den → *Täschnern* vorbehalten war. Die Arbeit des Tapezierers erstreckte sich vorrangig auf die Bekleidung von Innenräumen und wird heute in Deutschland mehr dem Malerhandwerk zugerechnet. Der Polsterer ist bis heute in erster Linie für das Polstern von Stühlen und anderen Sitzmöbeln zuständig - früher erfolgte der Bezug meist mit Leder, seit dem 19. Jahrhundert zunehmend auch mit Stoffen.

Im heutigen → *Buchhaus Loschwitz* in der Friedrich-Wieck-Straße 6 waren mehrere Sattler und Tapezierer ansässig.

Der Sattler- und Tapezierermeister Julius Rätzsch (1849–1920) kaufte 1881 das Haus Dammstraße 10, in dem er bis zu seinem Tod wohnte und arbeitete. Sein Nachfolger wurde Maximilian Rätzsch und ab etwa 1928 bis Ende der 1930er Jahre Arthur Rätzsch.

Der Sattler und Tapezierermeister Ernst Metzner (1854–1939) zog um 1895 von der Grundstraße 46 in die Grundstraße 9 und hatte dort bis Anfang der 1920er Jahre auch seine Werkstatt. In der Grundstraße 69 war ab 1902 Otto Neumann (1883–1949) tätig.

Schuhmacher im Kostüm für den Umzug zum Heimatfest 1922; v. l. n. r. Heinze, N. N., Paul Erler, Willibald Wenzel, Willy Gössel, N. N., und Reinhard (Weißer Hirsch), am Pferd Hans Erler, Sohn und späterer Nachfolger von von Paul Erler. *Foto: Slg. Ute Häse*

Sattler- und Tapeziererwerkstatt, Friedrich-Wieck-Straße 6 *Foto: Slg. Ute Häse*

Kürschner und Pelzwarenhändler

Der Kürschner – abgeleitet aus dem im 9. Jahrhundert gebräuchlichen althochdeutschen Wort »kursina« für »Pelzrock« – fertigt aus Tierfellen Kleidungsstücke und andere Pelzprodukte. Die Kürschnerei gehört zu den ältesten Gewerben der Menschheit. Bekleidung aus verarbeiteten Pelzen wurde bereits in der Jungsteinzeit hergestellt. Das heutige Berufsbild des Kürschners existiert seit etwa 150 Jahren. Vorher musste der Kürschner die Felle auch noch gerben und färben. Ab 1850 entstand der Beruf des Nadelkürschners, der nur noch gestaltete und nähte. Einen Aufschwung erlebte das Kürschnerhandwerk 1872 mit der Erfindung der Pelznähmaschine.

Der erste namentlich bekannte in Loschwitz arbeitende Kürschnermeister war Carl Röthing, der ab 1897 im Körnerplatz 4 auch einen Laden mit Pelzwaren besaß. Sein Nachfolger war Hermann Lange (1845 – 1919), dessen Witwe Bertha geb. Schwandt (1852 – 1941) das Geschäft nach dessen Tod weiterführte und 1931 an ihren Sohn Bruno Lange (1892 – 1944) weitergab, der hier bis zu seinem Tod außer Pelzwaren auch Hüte, Mützen und Schirme verkaufte. Später befand sich hier ein Geschäft der → *HO*, das neben Textilien auch Lederwaren anbot.

Geschäft von Hermann Lange, Körnerplatz 4, um 1910 *Foto: Slg. Matthias Schneider*

Täschner und Lederwarenhändler

Auch der Täschner ist ein meist lederverarbeitender Beruf. Während er vor allem Koffer und größere Taschen herstellte, fertigte der »Portefeuiller« oder Feintäschner kleine Taschen, wie Brieftaschen, Geldtaschen, Aktentaschen und Damentaschen. Es ist wegen der maschinellen Produktion heute ein nahezu ausgestorbener Beruf. Die Lederwarenhändler vertrieben deren Produkte. Von ihnen zu unterscheiden sind die Lederhändler, die mit unverarbeiteten Ledern zur Herstellung von Lederwaren aller Art handelten.

Der Feintäschner und Brückenzolleinnehmer Louis Schumann (1866 – 1948) wohnte ab 1901 Körnerplatz 9 und verkaufte bis Anfang der 1920er Jahre hier in seinem Laden seine Lederprodukte. Moritz Kotte (1855 – 1926), Sohn des → *Bäckers* Friedrich Ernst Kotte (1928 – 1912), kaufte 1895 das Haus Friedrich-Wieck-Straße 8

Anzeige, Kalender des Turnvereins, 1913 *Slg. Horst Lehmann*

Anzeige, 1921 *Slg. Matthias Griebel*

und handelte hier bis etwa 1902 mit Schuh- und Lederwaren. Das Geschäft wechselte danach fünfmal den Besitzer, bevor es 1935 Horst Klemenz (1908 – 1969) übernahm.

Im Haus des → *Schuhmachers* und Lederwarenhändlers Ernst Sommer, Grundstraße 20, befand sich von 1905 bis 1920 auch die Sächsische Sohlenfabrik »Germania«, die ausschließlich Sohlenhandel betrieb.

Barbara und Rolf Friebel, Otto-R. Wenzel

Quellen: 39, 726, 1000

Sekundärrohstoffe und Trödler

Bis in die 1890er Jahre waren es die »Lumpenhändler«, die Altstoffe annahmen. Häufig wurden sie auch »Trödler« genannt, die jedoch eher Händler mit verschiedenen Altwaren von Kleidern bis hin zu → *Antiquitäten* waren. Der anfallende Hausmüll wurde bis in die 1950er Jahre in der Regel in den Aschengruben und bei vorhandenem Garten auf dem Kompost entsorgt. Mit Gründung der DDR im Jahr 1949 begann die systematische Erfassung, Aufbereitung und Wiederverwertung von Altstoffen. Asche und andere Abfälle kamen in die »Mülltonnen«, die zentral entsorgt wurden. Sammelaktionen in den Schulen spielten dabei eine große Rolle. In den 1960er Jahren begann der Ankauf von Altstoffen wie Papier, Textilien, Flaschen, Gläsern u. a. sowie später auch Kunststoffen in den »Sekundärrohstoff« (SERO)-Annahmestellen. Nach 1990 entwickelte sich die flächendeckende und getrennte Entsorgung von Hausmüll in Containern und Mülltonnen.

Eine größere Altstoff- oder Schrotthandlung gab es in Loschwitz nicht. Bei → *Stellmacher* Eduard Glanze (1861 – 1923) im → *Fährgut*, der auch als »Trödler« bezeichnet wurde, konnte man bestimmte Dinge »entsorgen«, ebenso zeitlich begrenzt an anderen Stellen in der Grundstraße und im Rißweg. Bis etwa 1965 gab es eine Annahmestelle bei Bertha Sander in der Fidelio-F.-Finke-Straße und bis 1989 den Sekundärrohstoffhandel Dresden-Ost mit Annahmestelle Friedrich-Wieck-Straße 8 bei Siegfried Neumann (1931 – 2008, → *Getränkehaus Neumann*).

Otto-R. Wenzel

Quellen: 96, 1000

Einspurige »Shell-Tankstelle« mit Ölpumpe, Grundstraße 99, um 1935 *Fotos (3): Slg. Michel*

Anzeige, o. J. *Slg. Matthias Griebel*

Tankstellen

Mit dem aufkommenden Automobilverkehr in Dresden, der über das → *Blaue Wunder* auch nach Loschwitz kam, war bald eine Betankungsstation am Elbhang vonnöten. 1920 gründete Max Michel (1891–1970) mit einer Shell-Zapfsäule auf seinem Anwesen Grundstraße 99 die erste Tankstelle in Loschwitz. Da offenbar die Benzinversorgung der damals noch wenigen Automobile für den Firmenerhalt nicht ausreichend war, betrieb der Geschäftsmann noch zwei Taxen zur Personenbeförderung. Ein Schwager Michels hatte zu der Zeit ein Fuhrunternehmen mit einem Lastkraftwagen und konnte als erster Stammkunde die Existenzgründung festigen. Bis zum Krieg funktionierte die Geschäftsidee auf diese Weise sehr gut. Allerdings kam der Firmennachfolger, Sohn Georg (1912–1944), als Soldat im Krieg in Russland ums Leben, sodass die Nachfolge zunächst in Frage gestellt wurde. Die Hoffnung lag nun auf Enkel Peter (1942–2005), der in Opas Tankstellengeschäft hineinwuchs. Nach dem Krieg konnte Max Michel die Tankstelle

Roswitha und Peter Michel *Foto: Ulrich Häßler*

als selbstständiger Unternehmer auf Kommissionsbasis weiterführen, allerdings unter der Marke Minol, die 1956 durch den für die Versorgung der sowjetischen Besatzungszone mit Mineralölprodukten verantwortlichen VEB Kombinat Minol etabliert wurde.

Peter Michel übernahm 1969 die Tankstelle mit Wagenpflege und baute sie in den Folgejahren aus, sodass nunmehr die Fahrzeuge auf zwei Fahrspuren zügig bedient werden konnten. Nach der Wiedervereinigung Deutschlands 1990 galten auch hier die bundesdeutschen Sicherheits- und Umweltschutzvorschriften, denen die Tankstation nicht mehr genügte. So musste die Firma Michel in Kooperation mit der Mineralölfirma ELF Aquitaine erheblich investieren. Für mehrere Millionen Mark entstand eine moderne Tankstelle mit Autowäsche und Boutique. Infolge der Fusion der Mineralölgesellschaften ELF und TotalFina im Jahr 2000 ist sie seitdem eine TOTAL-Tankstelle.

Seit dem Tod des Firmeninhabers führt seine Frau Roswitha Michel mit ihrer Tochter Fanny das Geschäft. Sohn Alexander ist Motorradrennfahrer und betreibt seit 2003 auf dem Grundstück eine Motorradwerkstatt.

Zu erwähnen sind für Loschwitz noch folgende Benzinzapfsäulen: In den 1920er Jahren existierte auf dem Rißweg 70 die Kraftwagenhandlung und Tankstelle von Karl Medger. Auch auf dem Luisenhof (→ *Gaststätten*) bestand ab 1930 eine Tankmöglichkeit mit zwei Zapfsäulen, die den dortigen Kraftwagengaragen zugeordnet war. Letztlich hatte auf dem Gelände des heutigen Autohauses Stammberger, Grundstraße 84, eine zweite Shell-Station ihren Platz. Hier richtete ab 1933 der ehemalige Drogist und nunmehrige Hausbesitzer Felix Kaiser die Tankstelle mit Namen Groß-Tank »Kaiser-Eck« ein. Sie überdauerte allerdings nach 1945 den Übergang in die Nachkriegsjahre nicht lange und blieb als ungenutzte Station in den 1950er Jahren noch einige Jahre sichtbar.

Achim Jannasch

Quellen: 189, 724, 907

Tattersall → *Gaststätte Weißer Adler*

Eine lebenslange Leidenschaft – Peter Michel (Mitte) unterstützte auch später den Motorradsport seines Sohnes Alexander

Die zweispurige »Minol-Tankstelle« in den 1980er Jahren

Textilhandel

Noch Anfang des 20. Jahrhunderts gab es viele unterschiedliche Bezeichnungen für Geschäfte, die mit Textilien handelten. Es gab Band-, Zwirn-, Leinen-, Woll- und Seidenwarenhandlungen, die bis etwa 1900 in einer Gruppe zusammengefasst waren. Ferner gab es Galanterie- und Kurzwarenhändler sowie Schnittwarenhandlungen. Häufig überschnitten sich die Angebote. Später fasste man die Textilwarenhandlungen in drei Gruppen zusammen: »Kurzwaren« mit einem Angebot von Artikeln zum Selbstnähen, wie Zwirne, Knöpfe, Nadeln usw., dann gab es »Strumpf- und Wollwaren« und schließlich die eigentlichen Bekleidungsgeschäfte, die auch unter der Bezeichnung »Manufakturwaren« geführt wurden.

Eine lange Tradition hatte der Handel mit Textilien im Haus Pillnitzer Landstraße 6. Wilhelm Wilde (1824 – 1896) hatte das Haus vermutlich um 1870 erworben und ein Schnittwarengeschäft eröffnet, das nach dessen Tod seine Witwe Lina geb. Jäger (1823 – 1997) kurzzeitig weiterführte. Anna Einax (1866 – ?), die 1899 Paul Jäger (1873 – 1909) heiratete, wurde Erbin von Haus und Laden, führte das Geschäft bis 1936 erfolgreich weiter und übernahm nach dem Tod ihres Ehemannes Paul auch dessen Tabakwarenladen (→ *Lebens- und Genussmittel*) am Körnerplatz. 1936 bekam Johanna Rölle (1902 – 1980) die Textilhandlung. Das Haus wurde am 13./14. Februar 1945 durch Bomben zerstört und später abgerissen.

Im Körnerplatz 13 befanden sich nacheinander ebenfalls mehrere Textilgeschäfte. Schon im Vorgängerbau eröffnete um 1890 Bernhard Erckel sein »Putz-, Woll-, Weiß- und Strumpfwarengeschäft« und führte es auch nach dem Neubau des Hauses bis 1902 fort. Nachfolgerin wurde die Modistin Martha Baum (1970 – ?), die 1912 Stanislaus Smogur heiratete und das Geschäft 1912 an Auguste Große weitergab. 1920 zog in das Geschäft eine Filiale des Textilreinigung Märksch (→ *Wäschereien*).

Geschäft von Lina verw. Hummel in der Grundstraße 35, um 1925 *Foto: Slg. Ute Häse*

Das dritte Textilgeschäft in der Dorfmitte war im Körnerplatz 10. Nach Fertigstellung des neuen Hauses eröffnete hier Albine Sachse (1851 – 1905) ihr »Wäsche- und Strumpfwarengeschäft«, das nach ihrem Tod der in Dresden wohnende Ernst Andrich übernahm. Ihm folgte 1920 Oskar Garten (1886 – 1955). Nach seinem Tod wurde es weitergeführt von seiner Witwe Emma geb. Ohlemann (1890 – 1967) und schließlich noch mehrere Jahre von ihrer Tochter Lieselotte Obst (* 1921).

Der Buchbindermeister Otto Kopsch (1873 – 1943) hatte 1906 das Haus Grundstraße 2 gekauft, die Schaufenster vergrößern lassen und danach seinen Laden eröffnet, in dem er neben Papierwaren auch Kurzwaren verkaufte.

Der Kaufmann und spätere Ortsrichter (→ *Gerichtsbarkeit*) Richard Rudolph (1864 – 1939) hatte ab etwa 1885 in der Grundstraße 16 einen Laden für »Kurz- und Galanteriewaren«, den er kurz darauf ins Nachbarhaus Nr. 18, das ab 1910 auch sein Eigentum wurde, verlegte und das Angebot um Papier- und Spielwaren erweiterte.

Außer den bisher Genannten gab es viele weitere Geschäfte, die »Textilwaren« verschiedenster Art führten, wie z. B. im einstigen Laden der heutigen Garage der Grundstraße 35, geführt ab 1925 von Lina geb. Buchholz verw. Hummel (1891 – ?), die ein Jahr später den Feuerwehrmann Max Gerlach heiratete und ihr Geschäft 1932 an Martha Körbach weitergab, die es noch anderthalb Jahre weiterführte.

Weil »Perlonstrümpfe« vor allem anfangs in der DDR ein begehrter Artikel waren, konnte man sie in die »Laufmaschenreparatur« bringen, einer »Filiale des Amts zur Wiederherstellung der Schönheit«[1]. In der Friedrich-Wieck-Straße 1 hatte Renate Klein viele Jahre bis etwa 1990 eine solche. **Otto-R. Wenzel**

Zitat:
1 Tellkamp, Uwe; Die Schwebebahn (Verlagstext); Berlin 2010
Quellen: 39, 1000, 1030

Anzeige, 1925 *Kirchgemeindeblatt*

Ehemalige Laufmaschenreparatur Friedrich-Wieck-Straße 1, 1996 *Foto: Franz Zadniček?*

Textilhändler in Loschwitz

Jahr	Anzahl
1883	5
1900	9
1912	7
1921	7
1933	5
1943/44	3
1957/58	2
1975/76	3
1995	1
2014	2

Anzeige, 1925 Kirchgemeindeblatt

Anzeige, 1933 Kirchgemeindeblatt

Wohn- und Geschäftshaus Veilchenweg 2
Foto: Slg. Eckhard Bach

Posamenten-Fabrik und Textilhandel Bach

Veilchenweg 2

Der Posamentier Carl Lebrecht Bach (1812-1862) besaß in Buchholz im Erzgebirge eine Posamenten-Fabrik. Er war ein Nachfahre des Thomaskantors Johann Sebastian Bach (1685–1750). Nach seinem frühen Tod wollte seine Witwe Wilhelmine Therese geb. Kögel (1821–1890) aus wirtschaftlichen Gründen mit diesem Betrieb in die Nähe einer Großstadt ziehen. Ihr zweitältester Sohn Ernst Albrecht (1842–1889) betrieb bereits ein Posamenten-Geschäft in Dresden-Neustadt. So fiel ihre Wahl auf Loschwitz. Hier kaufte am 31. Dezember 1880 ihr jüngster Sohn Otto Ludwig (1845–1922) von dem Maurer Carl Heinrich Paul für 13 200 Mark das Grundstück am Körnerplatz/Ecke Obere Bergstraße (heute Veilchenweg 2). Im Mai 1881 erhielt er die Baugenehmigung für ein von → *Baumeister und Architekt Theodor* → *Lehnert* (1828–1910 → *K2*) entworfenes Wohn- und Geschäftshaus. Die Bauausführung übernahm er ebenfalls. Die Genehmigung der Ingebrauchnahme erfolgte im Oktober 1881. Vom Vorgängerbau, einem kleinen Häuschen, erinnern nur der alte Schlussstein auf der Hofseite mit den Initialen »AR« (Andreas Rohatsch, Eigentümer von 1825 bis 1858) und an einem Türsturz die Jahreszahl 1829 noch an das ehemalige Haus.

Therese Bach führte gemeinsam mit ihrem Sohn Ernst Albrecht die Posamenten-Fabrik in Dresden und einen Textilhandel mit Posamenten, Band-, Seiden-, Mode-, Kurz-, Schnitt- und Weißwaren. Ihr Sohn Otto Ludwig, der 1871 Susanne Bormann geb. Curell (1840–1922) aus Hartfield in Sussex/Großbritannien geheiratet hatte, wohnte mit seiner Mutter Veilchenweg 2. Er war Mitinhaber des Dresdner Betriebs und Geschäftsführer des Loschwitzer »Posamenten-, Seiden- und Wollwaren-Geschäfts«. Er verkaufte das Haus Veilchenweg 2 im März 1898 an den Dresdner Bankier Bernhard Günther. Das Geschäft mit Posamenten-, Schnitt- u. Wollwaren übernahm der Kaufmann Paul Rohr, der es bis 1910 weiterführte. Otto Bach zog als Privatmann nach dem Veilchenweg 18.

Auf Paul Rohr folgten 1911 der Kaufmann Max Hennig und die Manufakturwarenhandlung Hennig & Köhler. Von 1933 bis 1945 befand sich im Erdgeschoss neben dieser auch noch der Kunstgewerbeladen von Karl Miksch. In dieses separate Ladengeschäft zog nach 1945 das in Dresden ausgebombte → *Musikhaus Bock*. Nach verschiedenen Ladeninhabern existierte in DDR-Zeiten in der Nachfolge der Manufakturwarenhandlung über mehrere Jahre ein → *HO-Textilgeschäft* und anschließend ein Laden des Konfektionsbetriebes VEB Herrenmode. Seit 1990 ist das → *Fahrradgeschäft* mit Werkstatt der Firma Päperer in die eigenen Geschäftsräume eingezogen. **Ute Häse**

Quellen: 39, 420, 886, 1000, 1242

Karl Heinrich Foto: privat

Stoffetage

Pillnitzer Landstraße 8

In der 1. Etage des Grundstücks Pillnitzer Landstraße 8 mietete die ledige Luise Schmidt (1882–1938) 1910 eine Wohnung und begann dort noch im gleichen Jahr mit dem Verkauf von Kleiderstoffen. 1926 wurden rechts und links im Eingangsbereich des Erdgeschosses große Vitrinen eingebaut, um vorzugsweise Besucher weiblichen Geschlechts auf die umfangreichen Angebote der »Stoffetage« aufmerksam zu machen. Von Mantelstoffen über Kostüm-

Die »Alte Schule« in Loschwitz mit dem Textilgeschäft von Luise Schmidt, 1931 Foto: Otto Kotzsch

Anzeige, o. J. *Slg. OVLW*

und Kleiderstoffe bis zu Crépe de Chine, Seide und Sammet war alles in guter Qualität und zu günstigen Preisen zu haben. Außerdem gab es Kurzwaren aller Art und zum Fest abgepasste Kleider und Blusen in hübschen Weihnachtskästchen. Auch damals wurden zur Steigerung des Umsatzes Saisonschluss-Verkäufe und ein Extra-Angebot zu Weihnachten praktiziert. Regelmäßige Anzeigen im Kirchenblatt informierten die Kundschaft über die besonderen Sortimente in Abhängigkeit von der jeweils aktuellen Mode.

Nach dem Freitod von Luise Schmidt (Gasvergiftung) im Jahr 1938 übernahmen Karl Heinrich (1901 – 1954) und der Junggeselle Hans Zenker (1899 – 1984) per Mietvertrag am 1. April 1939 das Geschäft. Karl Heinrich stammte aus der Familie von »Heinrich's Gaststätte« in Wachwitz und war als gelernter kaufmännischer Angestellter in einem Stoffgeschäft am Altmarkt von Dresden tätig. Dort lernte er auch seine Frau Maria (1905 – 1984) kennen, die er 1937 geheiratet hatte. Bis zum Angriff auf Dresden wohnte das Ehepaar Alemannenstraße 4 in Dresden-Blasewitz. Hier wurde 1939 ihre Tochter Helga geboren. Nach der vollständigen Zerstörung des Hauses musste die Familie bis 1949, dem Einzug in die neue Wohnung Pillnitzer Landstraße 39, in winzigen Räumen neben dem Geschäft unter misslichen Bedingungen besonders im Winter ihr Dasein fristen.

Mit großer Mühe versuchten Karl Heinrich und Hans Zenker auch in den schweren Kriegsjahren wenigstens die lebensnotwendigen Kundenwünsche zu erfüllen. Heinrich wurde noch gegen Kriegsende eingezogen und kam 1944 in Gefangenschaft. Aus Angst vor Plünderungen lagerte Zenker fast alle Bestände in das Erzgebirge aus, wo sie dann auch verschollen sind. Nach seiner Heimkehr fand Heinrich ein fast leeres Geschäft vor und musste mit Restbeständen von Nähseide praktisch von Null anfangen. Nach dem Freitod von Karl Heinrich 1954 führte Hans Zenker das Geschäft noch bis 1966 weiter. Die Vitrinen im Erdgeschoss wurden 1976 abgebrochen. **Rolf Friebel**

Quellen: 39, 726

Etikette *Foto: Siegfried Großmann*

Etikette
Körnerplatz 7
Der Second-Hand-Laden für Kleidung bekannter Marken wurde 2008 von Anja Schwenke und Sibylle Barth eröffnet. »Etikette« führt ausgewählte Modelle führender Mode-Designer, modische Abendgarderobe, passende Accessoires, Taschen, Schuhe und besondere Einzelteile. **Barbara Friebel**

Quelle: 724

Eingang zum Wollkontor *Foto: S. Großmann*

Wollkontor
Friedrich-Wieck-Straße 4
Seit 2011 bietet hier das »Wollkontor« Handstrickgarne, Strick-und Häkelnadeln, Knöpfe und andere Kurzwaren an. Strickzeitschriften inspirieren mit den neuesten Strick- und Häkelideen. Inhaberin Susanne Helmers lädt ihre Kunden monatlich zum Stricktreff ein. Einmal im Jahr, im Juni, wird der »Tag der Handarbeit« veranstaltet. Die zu diesem Anlass von den Kunden angefertigten Strickteile werden der »Dresdner Tafel« gespendet. **Barbara Friebel**

Quelle: 724

Trödler und Lumpenhändler → *Sekundärrohstoffe S. 605*

Anzeige, 1907 *Slg. Matthias Griebel*

Uhrmacher, Optiker und Goldschmiede

Es gab mehrere Dresdner Goldschmiede, die bereits im 17. und 18. Jahrhundert in Loschwitz Weinberge besaßen. Zu ihnen gehörten Christian Dörre (1619 – ?) an der hinteren Pillnitzer Landstraße, Abraham Schwedler (? – 1648) mit dem → *Winzerhaus* Veilchenweg 9, Johann Melchior Dinglinger (1664 – 1731, → *K1*) und Gottfried Döring (? – 1718) im → *Weinberg* an der Schevenstraße und Johann Christoph Geyer (um 1700 – 1753, → *K2*) an der Schevenstraße (→ *Villa »Rosenhof«*). Der Uhrmacher Jean François Poncet (1714 – 1804, → *K2*) war Besitzer der Weinberge mit dem → *Poncetschen Herrenhaus* am heutigen Josef-Hegenbarth-Weg.

In der Pillnitzer Landstraße 4 gab es über 100 Jahre ein Uhren- und Goldwarengeschäft. Ab etwa 1880 wohnte, arbeitete und verkaufte hier Uhrmachermeister Hermann Harzbecker (1850 – 1897). Nach dessen Tod übernahm es der Uhrmacher und Goldwarenhändler Paul Gerhard (1871 – 1938). Sein Sohn Kurt Gerhard (1905 – 1949) führte das Geschäft bis zu seinem Tod weiter. Der nächste Inhaber war dann Uhrmachermeister Gerhard König, dem schließlich als letzter Frank Schönherr bis 2001 folgte.

In unmittelbarer Nähe befand sich im Körnerplatz 2 ein weiteres Uhrengeschäft. Nach Fertigstellung des neuen Eckhauses eröffnete 1897 an der Körnerplatzseite das Geschäft des Uhrmachermeisters Gustav Fehrmann (1868 – 1923). Nach seinem Tod übernahm

Uhrmacher, Optiker und Goldschmiede in Loschwitz

Jahr	Anzahl
1883	3
1900	3
1912	3
1921	2
1933	2
1943/44	3
1957/58	3
1975/76	2
1995	1
2014	1

Anzeige, 1926 *Kirchgemeindeblatt*

es der Uhrmacher und Optiker Martin Winkler (1897 – 1982), dessen Bruder Johannes (1895 – 1959) im gleichen Haus seine → *Bäckerei* mit Ladengeschäft hatte. Martin Winkler ließ die Auslegeruhr vor seinem Geschäft anbringen, die später demontiert und 2013 nach einer Restaurierung vom → *Ortsverein* Loschwitz-Wachwitz an gleicher Stelle wieder angebracht wurde. Auf Martin Winkler folgte im gleichen Geschäft bis 1996 die Optikerin Christine Biener.

Uhrmachermeister Franz Stöhr (1849 – 1923) wohnte in der Grundstraße 58, hatte sein Geschäft jedoch in der Bautzner Landstraße 36 auf dem Weißen Hirsch. Der Pillnitzer Landstraße 89 wohnende Goldschmied Max Wuttke verlor durch die Bomben am 13./14. Februar 1945 sein Geschäft am Georgplatz in Dresden und verkaufte danach noch einige Jahre in einer ehemaligen Garage in seinem Loschwitzer Wohnhaus. Auch der Uhrengroßhändler Paul

Anzeige, 1925 *Kirchgemeindeblatt*

Martin Winkler und sein Team *Slg. OVLW*

Thümmel verlor im Februar 1945 in Dresden sein Geschäft und wohnte danach Calberlastraße 5. Schließlich sei noch der Uhrmachermeister Robert Pleißner (1876 – 1950) genannt, der sein Geschäft und seine Uhrensammlung ebenfalls 1945 in der Rosmaringasse in der Dresdner Altstadt verlor. Er und seine Ehefrau fanden ihr Grab auf dem Loschwitzer → *Friedhof*, gefertigt von Bildhauer Friedrich → *Press* (1904 – 1990, → *K1*). **Otto-R. Wenzel**

Quellen: 39, 1000

Anzeige, 1933 *Slg. Matthias Griebel*

Uhrmacher Noack
Pillnitzer Landstraße 37
Richard Noack, geboren 1883, und seine Ehefrau Wally, geboren 1889, zogen als erste Mieter 1934 in das erste Obergeschoss des vom Dresdner Schankwirt Carl Hering neu erbauten Hauses Pillnitzer Landstraße 37 ein.

Das Ehepaar Noack führte im Dresdner Stadtzentrum, Breite Straße 1, ein 1910 gegründetes Uhren- und Schmuckgeschäft. Als Präzisions-Uhrmacher war Richard Noack Spezialist für Glashütter und andere Präzisionsuhren. Er besaß seit 1902 das Diplom des Zentralverbandes der Deutschen Uhrmacher und seit 1906 das Sternwartenzeugnis Heidelberg. Richard Noack war stolzer Besitzer eines Pkw der Marke »Adler«, eines der ersten Modelle mit Lenkrad-Schaltung. Während des Zweiten Weltkrieges wurde der Wagen durch die Nazi-Wehrmacht beschlagnahmt. Im Februar 1945 wurden sein Geschäft und seine Werkstatt beim Angriff auf Dresden vollständig zerstört.

Richard Noack *Foto: privat*

Nur mit wenigen Werkzeugen richtete der Meister seine neue Werkstatt in der Pillnitzer Landstraße 37 ein. Aus der von ihm gemieteten Garage wurde mit einem eisernen Ofen, einer Theke und einer Trennwand für das Zubehör ein neuer Laden. Am Zaun darüber informierte ein handgemaltes Schild über das Unternehmen und eine beleuchtete Uhr zeigte minutengenau die aktuelle Uhrzeit. Sie wurde von einer Mutteruhr gesteuert, die auch die Beleuchtung ein- und ausschaltete.

Der Bedarf an Reparaturkapazität war nach dem Krieg groß. Schon bald konnte ein Geselle eingestellt werden. Wallys Schwester Gertrud Pest verstärkte die Werkstattleistungen für Großuhren und Wecker. Zur Mannschaft gehörte auch ein lieber Langhaardackel, der wegen seiner Leibesfülle die Treppe hinauf und herunter getragen werden musste.

Gefährliche Kunden waren nach Kriegsende oft sowjetische Soldaten und Offiziere, die Noack mit vorgehaltener MPi zu Sofort-Reparaturen zwangen. Manchmal nahmen sie ihn auch gleich im Jeep zur Kommandantur mit, und die Familie verbrachte Stunden des Wartens bis zu seiner Rückkehr.

Richard Noack starb 1952. Danach führte seine Frau das Geschäft noch bis zur Aufgabe aus gesundheitlichen Gründen am 31. Dezember 1966 weiter. **Rolf Friebel**

Quellen: 43, 725

Handgemaltes Firmenschild von Richard Noack *Slg. Friebel*

Goldschmiede Constanze Makolies
Friedrich-Wieck-Straße 11
Constanze Maria Makolies, geboren 1964 in Dresden, Tochter des Bildhauers *Peter → Makolies* (* 1936 → *K1*) und dessen Frau Angelika geb. Hieronymus (* 1940), arbeitete nach der Goldschmiedelehre (1981 – 1984) noch ein Jahr in ihrem Lehrbetrieb. Danach wurde sie arbeitslos; sie fand keine Anstellung in Dresden. In dieser Zeit fertigte sie eigenständige Arbeiten in Neusilber und Bronzeblech an. Ein Goldkontingent, um in Edelmetallen arbeiten zu können, erhielt sie nicht. In Erfurt fand sie bei dem Schmuckgestalter Rolf Lindner (* 1946) eine Anstellung. Bei ihm konnte sie ihre Ideen in eigene Arbeiten umsetzen. Von 1989 bis 1993 arbeitete sie weiter in Erfurt in dem traditionellen Handwerksbetrieb der Goldschmiede Glaser & Söhne und legte 1992 die Meisterprüfung ab. Danach arbeitete sie freischaffend und gestaltete eigene Arbeiten.

Im Mai 1995 begab sich Constanze Makolies nach Mallorca, um an einem Workshop bei dem international bekannten Schmuckgestalter Wilhelm Mattar (* 1946) teilzunehmen. Danach eröffnete sie im Dezember 1995 ein eigenes Geschäft mit Werkstatt in dem neu errichteten Haus ihrer Eltern Friedrich-Wieck-Straße 11.

Sie bevorzugt in ihren Arbeiten einfache, klare Formen und Linien (Kreise, Quadrate) in Gold, Silber und Edelsteinen, aber auch Steinketten gehören zu ihren Kreationen. Es entstehen Unikate, darunter auch Trauringe.

Sie bildet Lehrlinge aus und gibt ihr Wissen an Praktikanten weiter. Constanze Makolies ist mit dem Architekten Tilo Hering verheiratet und zur Familie gehört auch eine Tochter.

Ute Häse

Quelle: 724

Constanze Makolies *Foto: privat*

Galerie für Schmuck titanblau
Körnerplatz 10
Ingenieurin Marion Bogda wurde 1956 in Dresden geboren und ist als Galeristin für Schmuck eine Seiteneinsteigerin.

Ihre eigentliche Karriere begann auf technischem Gebiet. Nach der Lehre als Maschinen- und Anlagenmonteur mit Abitur studierte sie von 1976 bis 1980 Technische Gebäudeausrüstung an der TU Dresden. Bis zum Umbruch 1990 widmete sie ihre Zeit der Erziehung ihrer drei Kinder.

Mitte der 1990er Jahre orientierte sie sich beruflich neu in Richtung rechnerunterstützter Konstruktion (CAD). Viele Jahre war sie in verschiedenen Ingenieurbüros tätig, drei Jahre leitete sie eine Niederlassung. In ihrer letzten Anstellung war sie sieben Jahre als Projektantin und Bauleiterin für Haustechnik tätig. Ihr letztes Projekt als Ingenieurin war der Um- und Ausbau des Rektorates der TU Dresden.

Im Dezember 2005 startete Marion Bogda in eine völlig neue Berufsrichtung und eröffnete die Galerie titanblau am Körnerplatz 10. Ihr jahrelanger Umgang mit Ansichten und Ansprüchen von Architektur haben sie geprägt, ihren Blick auf das Schöne, das Ästhetische geschult. Dazu kam Kunstinteresse und die Tätigkeit ihres Ehemannes, des Schmuckdesigners Gottfried Bogda (* 1955), den sie schon geraume Zeit auf Messen begleitete. Den Namen »Galerie für Schmuck titanblau« leitete sie vom Titan, dem bevorzugten Werkstoff ihres Mannes ab. Titan färbt sich bei starkem Erhitzen leuchtend blau. Auch das »Blaue Wunder«, die Brücke ganz in der Nähe der Galerie, war eine Assoziation.

Das Angebot der Galerie soll das Schöne, das Besondere sein und auch junge Leute ansprechen, deshalb arbeitet sie mit etwa 40 Schmuckdesignern zusammen. Es wird viel experimentiert, nicht nur in Gold und Silber, auch ausgefallene Werkstoffe vom Pflaster über Gras bis hin zu Kunststoff finden Verwendung. Das zur Person Passende zu finden ist ihr wichtig. Der großen Nachfrage nach individuellen Trauringen kann durch Ringe aus eigener Werkstatt in Titan und aus unterschiedlichsten Materialien von anderen Designern Rechnung getragen werden, auch fair gehandeltes Gold und Silber ist ein Thema. Den Dresdnern gutes Design nahe zu bringen, ist ihre Leidenschaft.

Ute Häse

Quelle: 724

Marion Bogda *Foto: privat*

Am Tor des Vermessungsbüros
Foto: Siegfried Großmann

Vermessungsbüro

Lilienblum Vermessung
Pillnitzer Landstraße 61
Die Firma wurde 1990 von Prof. Dr. Dr. Horst Lilienblum und seinem Sohn gegründet. Mit der Ernennung von Gert Lilienblum zum öffentlich bestellten Vermessungsingenieur (ÖbVI) übernahm im Jahr 2010 der Junior die Geschäftsführung und hoheitlichen Aufgaben des Unternehmens.

Die Leistungen umfassen: Präzisionsmessungen, geodätische Grundlagen, komplexe digitale Aufnahmen, baubegleitende Vermessung, Grundstücksvermessung, hoheitliche Vermessungsleistungen, Gutachtertätigkeit.

Auftragnehmer sind private Bauherren, Grundstückseigentümer und Notare, Architekten, Planer, Bau- und Erschließungsträger, Städte, Gemeinden und kommunale Institutionen sowie technische Verwaltungen.

Als wesentliche Objekte sind zu nennen: Staatliche Kunstsammlungen, Polizeipräsidium Dresden, Albertinum, Semperoper, Projekt »Columbus« Am Schießhaus 14, Ministerialgebäude am Carolaplatz, der »Weiße Adler« (→ *Gaststätten*), das Neumarkt-Center in Meißen und der »Fürstenhof Altkötzschenbroda« in Radebeul. **Rolf Friebel**

Quellen: 724, 1210

Wäschereien, Färbereien, Plättereien, Mangelstuben und Textilreinigung

Loschwitzer Waschfrauen gönnen sich eine Pause, um 1910, v. l.: N. N., Clara Becker, Frau Hansch und Marie Zill geb. Leipert Foto: Slg. Häse

Vor den Toren Dresdens, an den Bächen der Kerbtäler, waren beste Voraussetzungen gegeben, um die » drecksche Wäsche« der begüterten Städter zu waschen. Das klare Wasser der Bäche, die noch nicht durch Industrieabwässer verschmutzte Elbe und gute Bleich- und Trockenwiesen waren die natürliche Grundlage der harten Arbeit der meist armen Wäscherinnen.

So entstanden zum Ende des 19. Jahrhunderts auch in Loschwitz viele Wäschereien und Waschhäuser, die von mehreren Wäscherinnen genutzt wurden. Das Loschwitzer Adressbuch von 1883 verzeichnet 46, 1900 bereits 94 Wäscherinnen – und einen Wäscher. 1912 gab es dort rund 100 Wäscherinnen unter Privatadresse.

In den oft ans Haus angebauten Waschküchen musste die Wäsche von Hand eingeweicht, auf Waschbrettern geschrubbt und mit großem Kraftaufwand ausgewrungen werden. Dazu kamen Trocknen, Bleichen, Plätten, Stärken. Um die weiten Transportwege von und nach Dresden zu bewältigen, schloss man sich oft zu »Wäschezügen« zusammen. Hinter einem Esel oder auch Hunden wurden mehrere Wäschewagen aneinandergekoppelt. Später wurde der Transport durch das »Wäscheschiff« und die »Wäschestraßenbahn« erleichtert. Nach dem Ersten Weltkrieg ging die Zahl der Wäschereien, die häufig auch Plätterinnen waren und eine Kaltmangel besaßen, langsam aber ständig zurück. Die Einrichtung von Dampfwaschanstalten, die Erfindung der Trommelwaschmaschine und anderes brachte schließlich das Geschäft der Wäscherinnen zum Erliegen. Auch die Kaltmangeln in den zahlreichen Mangelstuben verschwanden.

Außer der → *Wäscherei Pistorius* und deren Nachfolgern gab es in Loschwitz weitere Wäschereien, von denen hier einige der Wichtigsten genannt werden sollen:

Gewerbliche Wäschereien in Loschwitz

Jahr	Anzahl
1883	3?
1900	5
1912	19
1921	62
1933	6
1943/44	3
1957/58	3
1975/76	1
1995	0
2014	0

In der Friedrich-Wieck-Straße 33 gab es eine Wäscherei, die 1898 von Franziska Brozek übernommen wurde. Ihr folgte 1904 Bertha Hempel und 1906 Marie Altnickel (1867 – 1925). In ihrer Wäscherei, in der auch Waschmaschinen verliehen wurden, konnten noch bis nach 1945 private Kunden die dortigen Maschinen benutzen.

In der Grundstraße 6 befand sich von 1899 bis 1914 die Wäscherei von Amalie Meißner (1850 – 1914). In der Nr. 8 betrieb Bertha Hempel am neuen Standort ab 1906 ihre Wäscherei noch bis um 1918. In der Grundstraße 65 hatte von 1921 bis etwa 1928 Emmeline Berndt (1884 – 1954) ihre Waschanstalt. In der einstigen → *Brauerei*, Grundstraße 76, arbeitete ab 1917 die Wäscherin und Plätterin Auguste Kranich. Als sie aus Altersgründen aufhörte, gab es hier ab 1934 die Waschanstalt von Karl Schurig, die bis etwa 1980 bestand. In der Grundstraße 107 war von 1929 bis um 1945 die Wäscherei des gelernten Schuhmachers Wilhelm Sterling (1869 – 1948), in der Nr. 123 von 1902 bis etwa 1920 die von Henriette Medger und in der Steglichstraße 1 von 1901 bis etwa 1918 die von Therese Helas, der Ehefrau des → *Fuhrunternehmers* Ferdinand Helas (1854 – 1932).

Eine sehr alte Waschanstalt war die von Friedrich Ernst Hebestadt, die um 1880 in der Schevenstraße 14 eröffnete und nach seinem Tod unter seiner Witwe Christiane Wilhelmine und deren Nachfolgern bis etwa 1900 bestand. Im → *OT Schöne Aussicht* besaß ab etwa 1905 Sophie Gerhardt (1848 – 1921) eine weitere Wäscherei.

Auch im → OT Oberloschwitz gab es Wäschereien: Emilie Müller unterhielt ihre von 1902 bis um 1918 in der Bautzner Landstraße 82, Emma Thonig, Ehefrau des → *Tischlermeisters* Julius Thonig (1842 – 1919), von 1902 bis etwa 1913 in der Hirschleite 3 und die »Plättanstalt« der Bertha Gäbler existierte von 1906 bis um 1920 in der Plattleite 44. In der Steglichstraße 16 betrieb von 1921 bis um 1940 Anna Hennig ihre Wäscherei und schließlich besaß Paul Wolff sen. ab etwa 1927 eine Waschanstalt

Eselfuhrwerk des Grünwarenhändlers Hermann Steglich, Friedrich-Wieck-Straße 5, der auch Wäschetransporte durchführte, 1912. *Foto: Slg. Eberhard Münzner*

in der Sonnenleite 33, die nach seinem Tod von seinem Sohn Paul bis in die 1940er Jahre weitergeführt wurde.

Nach der 1881 in Dresden erfolgten Gründung der Färb- und Reinigungswerke von Paul Märksch eröffnete das Unternehmen 1915 eine Filiale im Körnerplatz 6, die 1920 in die Nr. 13 umzog und hier bis um 1927 bestand. Nach 1945 gab es im Körnerplatz 7 erneut ein Filiale der Firma, die nach der Enteignung 1972 als »VEB Dresdner Chemischreinigung« und ab etwa 1975 bis zum Ende der DDR als »VEB Dienstleistungs-Kombinat Dresden« weiter bestand. In den letzten Jahren gibt es nur noch Annahmestellen in einzelnen Geschäften, u. a. im → *Einkaufs- und Gewerbezentrum »Loschwitz-Arkaden«*. **Barbara Friebel, Otto-R. Wenzel**

Quellen: 39, 304, 894, 1000

Grundstraße 54 mit Bachbrücke, um 1910, v. l. n. r.: zwei Gehilfen, Hans Pistorius als Kind, Margarethe Pistorius geb. Walther *Foto: Slg. Pistorius*

Wäscherei und Färberei Pistorius

Die Geschichte der Wäscher- und Färberfamilie Pistorius begann mit Friedrich Pistorius, der 1852 in Dierdorf/Westerwald geboren wurde, und Mathilda Poschwitz, die 1851 in Oberwiesenthal zur Welt kam. Auf welchem Wege sich die Brautleute trotz der großen Entfernung kennenlernten, ist nicht bekannt; die Eheschließung fand 1875 in Dierdorf statt. Ebenso wenig überliefert ist der Grund, nach den ersten Jahren in Dierdorf und der Geburt zweier Kinder (Mathilde 1876, Alfred 1879) für einen Neuanfang zwischen 1880 und 1882 nach Loschwitz umzuziehen. Offenbar nutzte Friedrich mit seinem Umzug gezielt die in Loschwitz vorhandene Infrastruktur und füllte zugleich eine Marktlücke, denn seine Firma blieb über Jahrzehnte hinweg die einzige ihrer Art in Loschwitz.

Die erste gesicherte Loschwitzer Adresse auf dem Rißweg 11 datiert von 1882 bis 1885, scheidet aber wegen der fehlenden Ausstattungsmöglichkeiten wohl als Werkstatt aus, sodass unklar ist, wo Friedrich Pistorius in den ersten Jahren arbeitete. 1885 erwarb er das nahegelegene Haus Grundstraße 54 und richtete darin seine Firma ein. Um dort gleichzeitig zu arbeiten und zu wohnen, war das Gebäude wohl zu klein; dem Adresseintrag in der Familienbibel zufolge lebte die größer werdende Familie (Karl wurde 1883 geboren, Ida 1892) im gegenüberliegenden Haus Grundstraße 43. Da die Adressbücher dieser Jahre sie dort nicht als selbstständige Bewohner verzeichnen, wohnten sie in dem Haus offenbar als Untermieter. 1897 bis 1898 wurde eine Wohnung in der Grundstraße 57 angemietet.

Es ist nicht bekannt, ob Friedrich Pistorius seine Tätigkeit als Färber bzw. Färbermeister auf traditionelle Weise betrieb oder die bereits weit verbreiteten synthetischen Farbstoffe benutzte. Die Firmenbezeichnungen »Färberei und Kunstwäscherei« (spätestens ab 1891) bzw. »Färberei und chemische Wäscherei« (ab 1897) weisen eindeutig darauf hin, dass Benzin statt oder neben Wasser als Reinigungsmittel benutzt wurde. Dabei wurden zur Reinigung Tröge und Bottiche, später auch manuelle Holztrommelmaschinen benutzt. Durch die nachfolgende schnelle Verdunstung konnte die Wäsche sehr kurzfristig wieder ausgeliefert werden, außerdem bot die durch die Benzinnutzung besonders gewebeschonende Reinigung auch empfindlicher Stoffe einen weiteren Vorteil gegenüber der herkömmlichen Nasswäscherei.

Anzeige, Kalender des Turnvereins, 1913 Slg. Horst Lehmann

Wäscherinnen an der Wäschemangel, 1910
Foto: Slg. Ute Häse

Einmalig waren die Wäscherinnenbälle, volkstümlich Waschplautzen-Bälle genannt. Die in Loschwitz ansässigen Wäscherinnen waren nämlich für ein recht derbes Mundwerk bekannt, wussten in den Waschhäusern allerlei pikanten Tratsch auszutauschen und plautzten mit ihren Kenntnissen auch mal frei heraus, wenn sich eine zu bewaschende Herrschaft allzu dünkelhaft gab. Alljährlich nun feierten diese Wäscherinnen ihren Ball im Gasthof Demnitz unter ihrer Domina, der ›Peter-Wagnern‹, die aber eigentlich Gemüsehändlerin war, doch dem deftigen Scherz sehr zugetan.
Auch nicht aus der Waschweiberzunft stammende Loschwitzer wie Dresdner Herrschaften nahmen gern an diesen Bällen teil, bei denen es in Wort und Tanz recht frei für damalige Verhältnisse zuging. Wussten doch die stimmungsgeladenen Waschplautzen manches über die Bewandtnis um die unter ihren Händen gewaschene Wäsche derb auszuplaudern und lupften wohl beim Tanze desöfteren ihre Röcke zum Zeichen ihrer sauberen »Unaussprechlichen«. Solcherlei gefiel natürlich den Leuten und an Stimmung und Ausgelassenheit hatten die Loschwitzer Waschplautzen-Bälle weit und breit nicht ihresgleichen.
Die hiesigen Wäscherinnen schufen damit völlig unbewusst ein Pendant zum Cancan, jenem – aus der französischen Kolonie Algerien stammenden – Tanz der Pariser Wäscherinnen, die ihn auf dem Montmartre kreierten und mit erhobenem Rock Kunde von ihren Künsten in Bezug auf saubere Wäsche geben wollten. **Matthias Griebel**

Wäscherei mit Motorbetrieb
zur Benutzung für Private. (Auf Wunsch wird die Wäsche abgeholt und zurückgebracht). Frau **Lohse,** Grundstraße 53.

Anzeige, 1930 *Kirchgemeindeblatt*

Friedrich Pistorius weitete in dieser Zeit (nachweisbar ab 1896) seinen Betrieb um eine Annahmestelle auf dem Schillerplatz, später in der Tolkewitzer Straße in Blasewitz aus, dazu kamen eine Annahmestelle in der Bautzner Straße, später im Hotel Kurhaus auf dem Weißen Hirsch, und 1899 bis 1901 eine weitere Annahmestelle auf dem Körnerplatz 4. 1899 erwarb er das Grundstück Grundstraße 68 mit dem 1891 erbauten Hauptgebäude sowie dem älteren Seitengebäude, das wegen seiner Ausstattung im Erdgeschoss als »Waschhaus« bezeichnet wurde. Seitdem betrieb er seine Firma sowohl in der Grundstraße 54 als auch Grundstraße 68, wo er jetzt auch wohnte. Seine Söhne Alfred und Karl erlernten offenbar im väterlichen Betrieb das Handwerk. 1904 expandierte Friedrich Pistorius weiter und unterhielt im Dresdner Zentrum eine Annahmestelle in der Werderstraße (heutige Andreas-Schubert-Straße). Sehr bald war er auch telefonisch erreichbar und erwies sich mit der niedrigen Telefonnummer 85 als ein Geschäftsmann, der den Wert der schnellen Erreichbarkeit früh zu nutzen wusste.

1906 heiratete der jüngere Sohn, Karl Pistorius, Margarethe Walther, die Tochter eines kgl.-sächs. Hofschauspielers, und übernahm den Betrieb auf der Grundstraße 54 sowie die Dresdner Annahmestelle auf der Werderstraße, die er bis 1909 nutzte. Bis 1911 unterhielt er dann eine Annahmestelle in der nahe gelegenen Strehlener Straße. Im selben Jahr übernahm Karl von seinem Vater die Annahmestelle auf dem Weißen Hirsch, bereits ab 1910 auch die Annahmestelle in Blasewitz. Zusätzlich richtete er ab 1913 auch eine Annahmestelle auf dem Körnerplatz 8 ein. Er wohnte mit seiner Familie ab 1906 zunächst unter verschiedenen Loschwitzer Adressen, ab 1911 in der Feuerwache König-Albert-Allee 4 (heutige → *Fidelio-F.-Finke-Straße*) und war Mitglied im Loschwitzer → *Ortsverein* sowie im → *Turnverein* Loschwitz.

Von dem Betrieb auf der Grundstraße 54 sind etwa aus dem Jahr 1910 einige Außen- und Innenaufnahmen erhalten. Sie zeigen das Gebäude renoviert und mit hochwertig beschrifteten Ausfuhrfahrzeugen ausgestattet, wobei die schwungvolle Aufschrift »Färberei u. chem. Wäscherei Carl Pistorius« vom Stolz des neuen Eigentümers zeugt und die Änderung des Anfangsbuchstabens von »Karl« zu »Carl« sicherlich zur Aufwertung beitragen sollte. Das Gebäude besaß zwei Anbauten, wobei gemäß den Angaben des 1906 geborenen Sohnes Hans Pistorius sich links die Wäscherei und rechts die Färberei befanden. Ein Foto des Gebäudes von etwa 1900 belegt, dass es zumindest den rechten Anbau schon zu Friedrich Pistorius' Zeit gab. Die Beschreibung der Inneneinrichtung im linken Anbau als Nasswäscherei, also mit Wasser, durch Karls Sohn Hans stellt insofern ein Problem dar, als der Betrieb hier bereits in der zweiten Generation als »chemische Wäscherei« firmierte, was im 19. Jahrhundert zweifelsfrei eine sogenannte Trockenwäscherei unter Benutzung von Benzol, später Benzin, bedeutete. Dem gegenüber sind durch Hans die Bezeichnungen zweier Nasswaschtafeln und der manuellen Nasswaschmaschine im linken Anbau überliefert. Mit der abgrenzenden Benennung ist aber auch sicher, dass es darüber hinaus den Trockenwaschbetrieb gab, zumal die meisten Einrichtungsgegenstände ebenso für die Benzinwäsche genutzt werden konnten. Gegen die Nutzung der Einrichtung als reine Nasswäscherei sprechen darüber hinaus die beschränkten Trocknungsmöglichkeiten auf dem kleinen, wetterabhängigen Plateau hinter dem Haus bzw. auf dem Dachboden, die weder von der Menge noch von der Durchlaufzeit her für den notwendigen Umsatz einer Firma mit drei Annahmestellen und den entsprechenden Angestellten, zwei Gehilfen in der Werkstatt, fünf Bügeltischen und zwei Ausfuhrwagen ausreichen konnten. Die Differenz zwischen der mündlichen Überlieferung durch Karls Sohn Hans und dem Betriebsnamen lässt sich demnach entweder durch die Annahme eines Mischbetriebes im linken Anbau erklären oder dadurch, dass im rechten Anbau, der Färberei, bei der überdies eine ständige Belüftung gewährleistet war, zusätzlich auch die chemische Reinigung durchgeführt wurde. Die Färberei war im Übrigen möglicherweise die größere Einnahmequelle, da der Betriebsname auch in der verkürzten Form als »Färberei Pistorius« überliefert ist.

Grundstraße 68, um 1909 *Foto: Slg. Pistorius*

Grundstraße 54, um 1910, v. l.: Zwei Gehilfen, Karl und Margarethe Pistorius *Foto: Slg. Pistorius*

Im Ersten Weltkrieg fiel im Februar 1915 Karl Pistorius in Kuskowo-Glinki im heutigen Polen. Sein Bruder Alfred, der im Mai 1917 vermutlich an der Westfront ebenfalls fiel, hatte in Dresden ab 1906 eine gleichnamige Firma betrieben; nach seinem Tod bestand sie noch bis 1929. Beider Namen sind auf dem Ehrenmal des Loschwitzer → *Friedhofes* vermerkt. Karls Name befindet sich außerdem auf der Gedenktafel des Loschwitzer Ortsvereins an der Friedhofskapelle, die inzwischen im Archiv der Loschwitzer Kirchgemeinde aufbewahrt wird. Karls Witwe Margarethe Pistorius führte den Betrieb von ihrer neuen Wohnung in Blasewitz aus zunächst in vollem Umfang allein weiter, ab 1919 gemeinsam mit ihrem zweiten Mann Franz Eckert. Der Betrieb florierte und umfasste zeitweise 15 Angestellte. Dennoch verkauften sie etwa 1921 die Firma an Carl Dohausen aus Blasewitz und zogen nach Berlin. Dohausen führte den Betrieb mit den Annahmestellen in Blasewitz und auf dem Körnerplatz 8 bis zu seinem Tod 1929 fort, danach übernahm seine Witwe Helene das Geschäft, bis sie 1932 starb. Nach Leerstand mietete die Dresdner Färberei und chemische Wäscherei August Schultz Nachf. 1934 kurzzeitig die Geschäftsräume von Dohausens Erben, und nach weiterem Leerstand erwarb 1937 der Klempnergeselle Rudolf Dambuk das Gebäude. Damit endete um 1934 die Firmengeschichte auf der Grundstraße 54.

Firmengründer Friedrich Pistorius führte indessen auf der Grundstraße 68 seinen Betrieb in reduziertem Umfang weiter, obwohl er 1906 schon einmal als »privatisierender Färbermeister« genannt wurde. Erst um 1925 übertrug er seine Firma an Karl Oppitz aus Dresden, der den Betrieb unter dem Namen »Kunst- & Kleiderfärberei. Reinigungsanstalt« weiterführte; aus seiner Zeit stammt ein Firmenschild, das an der Gartenlaube zur Straße hin angebracht war. Der Betrieb erlosch vermutlich mit seinem Tod 1944. Friedrich Pistorius starb 1934, doch bereits 1913 hatte sein Schwiegersohn Otto Ungar, seit 1896 Ehemann der Tochter Mathilde, parallel zu Friedrichs Betrieb ebenfalls in der Grundstraße 68 eine »Wäscherei- und Plättanstalt« gegründet, die er bis 1930 führte. Offenbar teilten sie sich in die Nutzung des Waschhauses. Zeugniss seiner Tätigkeit ist neben der Übermalung der Beschriftung Friedrichs an der Fassade des Haupthauses durch die Angabe seiner eigenen Firma vor allem der im Garten errichtete variable Spannrahmen für Gardinen verschiedener Größe. Der schon genannte Enkel Friedrichs, Hans Pistorius, arbeitete Zeit seines Lebens im Eisenhandelsgewerbe, doch seine Frau Olga Pistorius nutzte den Spannrahmen noch jahrzehntelang bis in die 1980er Jahre, um die meist im Waschhaus gewaschenen Gardinen zur Trocknung aufzuspannen. Sie betrieb dabei keine Firma, sondern arbeitete für einen kleinen, privaten Kundenkreis. Mit ihr enden die letzten Tätigkeitsspuren der Färber- und Wäscherfamilie Pistorius in Loschwitz. **Christoph Pistorius**

Quellen: 726, 909

Anzeige *Kirchgemeindeblatt*

Zoohandlungen

Die einzige über einen etwas längeren Zeitraum bestehende Zoohandlung eröffnete Richard Töpert 1934 in der Grundstraße 35. Er verlegte 1940 sein Geschäft in den Körnerplatz 10, wo er es noch mehrere Jahre betrieb. Von kurzer Dauer waren die Zoogeschäfte von Schmidt (→ *Kasten*) und ab 1998 für wenige Monate das Zoo-Fachgeschäft Fleischer & Sohn GmbH im → *Einkaufs- und Gewerbezentrum »Loschwitz-Arkaden«*. **Otto-R. Wenzel**

Quelle: 1000

Zoo – Schmidt
Körnerplatz 6
Anfang der 1960er Jahre eröffneten zwei von auswärts gekommene Brüder in den Räumen des ehemaligen Tabakwarengeschäftes von Arthur Bader (heute Teil der »Blume am Körnerplatz«) eine zoologische Handlung. Angeboten wurden überwiegend Wellensittiche, Kanarienvögel und größere gefiederte Exoten aus eigener Zucht. Für diese war das leer stehende ehemalige Gebäude des → *Gasthauses* »Zum Kamerad« in der Grundstraße 29 angemietet worden, dessen Obergeschoss die Vogelzüchter als riesige Voliere nutzten.
Dazu waren die Fensteröffnungen mit grober Gaze bespannt, hinter welcher die zahlreichen Zuchtexemplare samt Nachkommenschaft unaufhörlich hin und her flatterten und sich deren zwitschernde Tremolos mit dem Straßenlärm mischten.
Zuchtanlage wie Zoohandlung wurden jedoch nach nicht allzu langer Zeit wieder aufgegeben. **Matthias Griebel**

Hanner, Hans (Hanns); Maler und Grafiker (1883 – 1966) → *K2* → *Makolies, Peter*
Hantzsch, Franziska; Verwaltungsangestellte, Malerin und Grafikerin (* 1953) → *K2*
Hanusch, Karl; Maler und Grafiker (1881 – 1969) → *K2*
Hardt, Ernst; Dichter und Schriftsteller (1876 – 1947) → *K2*
Harig, Christiane; Malerin und Lehrerin (* 1939) → *K2*
Hartfiel, Florian; Musiker und Sänger (* 1973)→ *K2*
Hartfiel, Jürgen; Sänger (* 1941) → *K2*
Hartmann, Georg; Sänger und Regisseur (1862 – 1936) → *K2*
Hartmann, Max; Musiker und Dirigent (1890 – 1969) → *K2*

Hartmann, Werner

Physiker/Mikroelektroniker (1912 – 1988)

August Werner Friedrich Franz Hartmann kam am 30. Januar 1912 in Friedenau (heute Berlin-Friedenau) als Sohn eines Malermeisters und einer Näherin zur Welt. Nachdem er am Reformrealgymnasium in Berlin-Steglitz sein Abitur gemacht hatte, studierte er ab 1930 Physik an der Technischen Hochschule in Berlin-Charlottenburg, wo er 1936 auch promovierte. Dort unterrichtete ihn Nobelpreisträger Gustav Hertz (1887 – 1975) im Fach Physik. Unter seiner Leitung arbeitete Hartmann ab 1935 als Wissenschaftlicher Mitarbeiter im Forschungslabor II bei Siemens in Berlin. In dieser Zeit hatte er auch Kontakt zum Schweizer Physiker Walter Schottky (1886 – 1976), der ebenfalls im Forschungslabor II bei Siemens tätig war und mit bahnbrechenden Arbeiten zur Festkörperphysik und zur Röhren- und Halbleitertechnik bekannt wurde. 1937 wurde Werner Hartmann Laborleiter bei der Fernseh-AG, der späteren Fernseh-GmbH, in Berlin-Zehlendorf, die sich u. a. mit dem Vertrieb von Fernsehgeräten aller Art befasste. In dieser Funktion stellte er auf der Funkausstellung 1938 einen Fernsehempfänger mit 1.000 horizontalen Zeilen vor. Die aktive Teilnahme an der erfolgreichen Entwicklung der Fernsehtechnik der 30er Jahre, die der Rüstungsindustrie zugerechnet wurde, machte ihn »unabkömmlich« für einen Einsatz im Zweiten Weltkrieg. Während dieser Zeit entstanden die meisten seiner Patente, welche bspw. Bildröhren betreffen.

1939 heiratete Werner Hartmann das erste Mal – er war mehrmals verheiratet. 1940 wurde seine erste Tochter geboren und 1945 seine zweite.

Richtungsweisend war für Werner Hartmann sicher auch die Bekanntschaft mit *Manfred von → Ardenne*. »Dem Namen nach kannte ich ihn schon lange. Ende der zwanziger Jahre hatte er in der Aula meiner Schule einen Vortrag über den Radioempfänger mit der von ihm gebauten Dreifachröhre gehalten. Auch war er in Berlin-Steglitz durch seine Fahrten im offenem Mercedes-Sportwagen mit Kompressor bekannt.«[1] Später empfing von Ardenne den nunmehr promovierten Hartmann im Arbeitszimmer seines Lichterfelder Labors. »Er erzählte mir von seinen Aufgaben und führte mich durch die Villa, deren Zimmer als Labors eingerichtet waren.«[1] Die Bekanntschaft hielt bis in die Loschwitzer Zeit, beinhaltete jedoch auch erhebliche Diskrepanzen.

Prof. Werner Hartmann *Foto: Slg. EHK*

1945 gehörte Hartmann der Gruppe deutscher Wissenschaftler an, die unter der Leitung von Gustav Hertz ihre Forschungen in Agudseri bei Suchumi am Schwarzen Meer fortsetzte. Dort arbeitete er – nach der englischen und französischen Sprache auch des Russischen mächtig – als Abteilungsleiter im sowjetischen Forschungsinstitut für Kerntechnik und befasste sich mit der Kernstrahlungsmesstechnik. Die Mitarbeit deutschsprachiger Wissenschaftler (→ *Ardenne*, → *Fuchs*, → *Schintlmeister*) am Atomprogramm der Sowjetunion gehörte zu den Reparationsleistungen für die Siegermacht.

Nach der Rückkehr in die DDR 1955 erhielt er vom Minister des Inneren Willi Stoph (1914 – 1999) den Auftrag, einen Entwicklungs- und Produktionsbetrieb für Kernstrahlungs-Messgeräte, den VEB Vakutronik Dresden, aufzubauen, welchen er als Technischer Direktor und Hauptentwicklungsleiter fortan führte. Privat entwickelte sich in dieser Zeit eine dauerhafte Freundschaft zu Kammersänger *Theo → Adam* (* 1926, → *K2*), den er oft im Dresdner Club traf. Er begleitete den Künstler häufig als Zuschauer bei dessen Auftritten.

1956 habilitierte sich Hartmann mit dem Thema »Kernphysikalische Messgeräte« an der Technischen Hochschule (TH) Dresden, die ihn zum Professor an der Fakultät für Kerntechnik berief. Weiterhin war er Mitglied der Regierungsdelegation der DDR zur Gründung des Vereinigten Kernforschungsinstituts Dubna. 1957 organisierte er den Aufbau der Abteilung Kernstrahlungsmesstechnik an der TH. Im gleichen Jahr artikulierte sich Hartmann mit anderen Physikern der DDR infolge der Erklärung der westdeutschen Kollegen, der Göttinger 18, ebenfalls gegen die Atomrüstung. Im Jahre 1959 erhielt er den ersten Nationalpreis der DDR II. Klasse. 1960 wählte man den Physiker zum Vorsitzenden der Arbeitsgruppe Geräte innerhalb der DDR-Delegation in der ständigen Kommission Atomenergie des Rates für Gegenseitige Wirtschaftshilfe (RGW). 1961 erhielt Werner

Prof. Werner Hartmann während einer Vorlesung an der TU Dresden.
Abb. (2) aus: Sonderausstellung der Technischen Sammlungen Dresden, »Professor Werner Hartmann – Vater der Mikroelektronik in Dresden«, Dresden 1998

Hartmann die Berufung zum Mitglied des Amtes für Kernforschung und Kerntechnik der DDR und wurde zum auswärtigen Mitglied der American Nuclear Society gewählt. Im gleichen Jahr erfolgte die Gründung der sogenannten Arbeitsstelle für Molekularelektronik (AME) in Dresden, die er als eines der ersten Forschungsinstitute für Mikroelektronik der DDR aufbaute. 1963 wurde hierfür im Industriegebiet Dresden-Klotzsche eine Offizierskaserne zum Laborgebäude umgebaut. Bereits 1965 konnte innerhalb einer Festveranstaltung die Übergabe des ersten »clean room« und des ersten Eigenbau-Photorepeaters gefeiert werden. Nachdem das Institut zunächst dem Amt für Kernforschung und Kerntechnik, später dem Volkswirtschaftsrat unterstellt war, gehörte es ab 1965 zur Vereinigung Volkseigener Betriebe (VVB) Bauelemente und Vakuumtechnik. 1969 wurde es in Arbeitsstelle für Molekularelektronik Dresden (AMD) umbenannt. Unter Hartmanns Leitung entwickelte sich dort die Technologie, die ab 1968 erste funktionierende Mikrochips der DDR hervorbrachte. Daher legte die Regierung für AMD die Geheimhaltungsstufe Vertrauliche Verschlußsache (VVS) fest. Vielfältige Publikationen wurden in dieser Zeit von Werner Hartmann veröffentlicht: »Kernforschung und Kerntechnik in der DDR – Der VEB Vakutronik Dresden« (1962), »Gustav Hertz in der Entwicklung der modernen Physik« zu Ehren seines mehrfachen Vorgesetzten Hertz an dessen 80. Geburtstag (1967), »Meßverfahren unter Anwendung ionisierender Strahlung« (1969) u. a.

1970 erhielt der Physiker seinen zweiten Nationalpreis II. Klasse. Infolge eines Regierungsauftrages für AMD im Jahre 1972 wurde auf Basis der sogenannten MNOS-Technologie der Schaltkreis für den ersten DDR-Taschenrechner Minirex entwickelt. 1973 konnte dann medienwirksam der Nachbau eines Taschenrechner-Schaltkreises von Texas Instruments vorgestellt werden. Das war ein Meilenstein für den Physiker, der bereits Ende der 50er Jahre die Entstehung erster Prototypen integrierter Halbleiterschaltungen in den USA beobachtete und die Tragweite dieser Entwicklung vorausahnte. AMD war künftig das zentrale Leitinstitut für Technologien der VVB Bauelemente und Vakuumtechnik mit mehr als 900 Beschäftigten. Als angesehener Wissenschaftler wurde Werner Hartmann bereits 1969 zum Außerordentlichen Mitglied des Forschungsrates der DDR berufen und 1970 mit dem Nationalpreis für Wissenschaft und Technik ausgezeichnet. 1971 erfolgte die Berufung zum Mitglied des Nobel-Komitees für Physik der Schwedischen Akademie der Wissenschaften in Stockholm.

»Was nun die ausreichende Breite der Erkenntnisse und Erfahrungen angeht, so habe ich unsere bisherige Tätigkeit oft mit dem Bau einer Straße, eines Weges durch grundsätzlich bekanntes, in Einzelheiten aber nicht beschriebenes Gelände verglichen. Damit dieser Weg mit Sicherheit begehbar wird, ist unzweifelhaft notwendig, auch die auf beiden Seiten angrenzenden Geländestreifen gut zu kennen. Nur dann kann man bei auftretenden Unwegsamkeiten damit rechnen, den Hauptweg in kurzer Zeit, das heißt also ohne Umherirren und ohne wesentliche Zeitverluste wieder zu finden. Natürlich ist es oft eine komplizierte, verantwortungsvolle Aufgabe zu entscheiden, in welcher Breite das Gelände am jeweiligen Streckenabschnitt zu erkunden ist. Gerade in der richtigen Beschränkung und Abgrenzung liegt ja die große Schwierigkeit. Diese Probleme werden wir immer neu zu lösen haben.«[1]

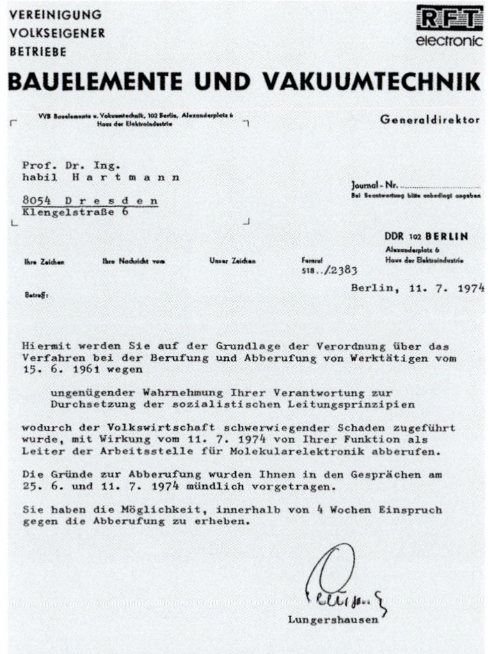
VEREINIGUNG
VOLKSEIGENER
BETRIEBE
RFT electronic

BAUELEMENTE UND VAKUUMTECHNIK

VVB Bauelemente u. Vakuumtechnik, 102 Berlin, Alexanderplatz 6
Haus der Elektroindustrie

Generaldirektor

Prof. Dr. Ing.
habil Hartmann

8054 Dresden
Klengelstraße 6

Journal-Nr. ....
Bei Beantwortung bitte unbedingt angeben

DDR 102 BERLIN
Alexanderplatz 6
Haus der Elektroindustrie

Ihre Zeichen | Ihre Nachricht vom | Unser Zeichen | Fernruf 518../2383

Berlin, 11. 7. 1974

Betreff:

Hiermit werden Sie auf der Grundlage der Verordnung über das Verfahren bei der Berufung und Abberufung von Werktätigen vom 15. 6. 1961 wegen

ungenügender Wahrnehmung Ihrer Verantwortung zur Durchsetzung der sozialistischen Leitungsprinzipien

wodurch der Volkswirtschaft schwerwiegender Schaden zugeführt wurde, mit Wirkung vom 11. 7. 1974 von Ihrer Funktion als Leiter der Arbeitsstelle für Molekularelektronik abberufen.

Die Gründe zur Abberufung wurden Ihnen in den Gesprächen am 25. 6. und 11. 7. 1974 mündlich vorgetragen.

Sie haben die Möglichkeit, innerhalb von 4 Wochen Einspruch gegen die Abberufung zu erheben.

Lungershausen

Abberufung Hartmanns, 1974

Der bürgerliche, parteilose Hartmann zeigte sich jedoch immer wieder als eigensinnig im Umgang mit der Partei- und Staatsführung, was ihm bereits seit seiner Rückkehr aus der Sowjetunion das besondere Interesse der Staatssicherheit einbrachte. Mit dem Tod seines Protektors, dem Chef der Staatlichen Plankommission Erich Apel (1917 – 1965), und dem Machtwechsel von Walter Ulbricht (1893 – 1973) auf Erich Honecker (1912 – 1994) Anfang der 1970er Jahre büßte Hartmann bedeutende Fürsprecher ein. Nachdem er bereits Ende der 1950er und Anfang der 1960er Jahre durch zwei Stasi-Aktionen observiert wurde, setzte ihn eine weitere, lange vorbereitete Intrige mit Decknamen »Molekül« ab 1965 massiv unter Druck. Zu den Repressalien gehörte bspw. die kurzfristige Absage einer lange geplanten Kontaktreise in die USA, bei der Hartmann prominente Begegnungen mit der Mikroelektronik-Branche plante, am Vortag der Abreise durch die Staatsfunktionäre. 1974 erfolgte die Beurlaubung von der Funktion des Leiters der AMD, schließlich die Abberufung mit Hausverbot. Offiziell wurde er als wissenschaftlicher Mitarbeiter zum VEB Spurenmetalle Freiberg versetzt. Dort war er bis 1977 tätig. In diesem Jahr hielt er auch seine letzte Vorlesung über Elektrophysik an der TU Dresden. Fortan zog er sich ins Privatleben in Loschwitz in der Klengelstraße 6 zurück. Am 8. März 1988 starb Werner Hartmann als psychisch gebrochener Mann in Dresden. Sein Grab befindet sich auf dem Loschwitzer → *Friedhof.*

Zum 100. Geburtstag von Werner Hartmann 2012 heißt es: »Die einen überraschte er mit seinem ungewöhnlichen Scharfsinn, andere überzeugte er mit erstaunlicher Geradlinigkeit, und den meisten imponierte er mit seiner natürlichen Souveränität. Sowohl sein Beharren auf Disziplin als auch seine Solidarität und Kollegialität haben die Belegschaft zu den historischen Leistungen befähigt und beflügelt. Vom Herrn Doktor Abteilungsleiter bis zur Frau Reinigungshelferin wusste jeder, was zu tun ist und wofür gearbeitet wurde.«[2]

Dem von Hartmann geführten Institut AMD folgten bekannte Unternehmen, zunächst das Institut für Mikroelektronik Dresden IMD, der VEB Zentrum für Forschung und Technologie Mikroelektronik ZFTM, das Zentrum Mikroelektronik Dresden ZMD und später Infineon, Advanced Micro Devices AMD und weitere. Die für Sachsen maßgebliche Halbleiterindustrie im Silicon Saxony Dresden ist aufs Engste mit dem Namen Prof. Werner Hartmann, dem Begründer der Mikroelektronik in der DDR, verbunden. Im Dresdner Norden führt seit 1998 eine Straße seinen Namen.

Achim Jannasch

Zitate:

1 Tafeln der Sonderausstellung der Technischen Sammlungen Dresden: Professor Werner Hartmann – Vater der Mikroelektronik in Dresden, Dresden 1998

2 Becker, Hans; aus einer redaktionelle Bearbeitung zweier Vorträge zum 100. Geburtstag von Werner Hartmann

Quellen: 976, 1025

Hasenclever, Walter; Dichter und Schriftsteller (1890 – 1940) → *K2*

Hassebrauk, Ernst

Maler und Grafiker (1905 – 1974)

Hassebrauk im Atelier *Foto: Walter Zorn*

Paul Herbert Ernst Hassebrauk (→ *K1*) war ein leidenschaftlicher Dresdner und insbesondere ein leidenschaftlicher Loschwitzer Künstler. Geboren aber ist er nicht in Loschwitz, sondern am 28. Juni 1905 in Dresden-Johannstadt, das ihn ein Vierteljahrhundert, von der Kindheit bis zu den Jünglingsjahren, bestimmte. Er war das einzige Kind eines Buchdruckereifaktors, der dem Knaben die bestmögliche Ausbildung zu geben bestrebt war. Ausflüge in die landschaftlich reiche Umgebung von Dresden und unerschöpfliche Museumsbesuche prägten den Hochbegabten. Nach dem Besuch der 12. Bürgerschule absolvierte er 1925 das vorzügliche König-Georg-Gymnasium in Dresden-Johannstadt, die erste humanistische Reformschule in Sachsen. Sein Französisch-Lehrer war Will Grohmann (1887 – 1968). Der Gymnasiast legte in der humanistischen Abteilung das Abitur ab. Religion, Französisch und Zeichnen »vorzüglich«, Deutsch, Latein, Griechisch, Englisch, Geschichte, Geographie und Turnen »gut«, Mathematik »genügend«; am Russisch-Kurs teilgenommen »mit gutem Erfolg«. Im selben Jahr 1925 begann er sein Studium an der Staatlichen Akademie für Kunstgewerbe; seine Lehrer waren Jorg Klemm und Carl Rade (1878 – 1954), der Hassebrauks geniale Begabung erkannte und mit ihm lebenslange Freundschaft schloss. Gleichzeitig schrieb sich der Kunststudent an der TH Dresden ein. Nach zwei Jahren beendete Hassebrauk seine Studien in Dresden und wechselte nach Leipzig, belegte Philosophie und Kunstgeschichte an der Universität und studierte gleichzeitig an der Staatlichen Akademie für graphische Künste und Buchgewerbe. Hier erwarb er die Grundlagen für Radierung und Lithografie; Illustration hat ihn nie interessiert. Professor Willi Geiger (1878 – 1971) erspürte, wie vordem in Dresden Carl Rade, die Besonderheit des jungen Hassebrauk und schloss ebenfalls Freundschaft mit ihm. Wird auch in einer frühen Zeitungskritik Hassebrauks Zeichenkunst, mit der er debütiert, als »selbstständig zwischen Dix und Kokoschka« gerühmt, so fühlte sich Hassebrauk dank Willi Geiger bald auch zur Malerei hingezogen und hatte dabei exzellente Ergebnisse, die den Einfluss des »expressiven Realismus« seines Lehrers erkennen lassen. Zur Finanzierung seines Studiums übernahm Hassebrauk auf Zuweisung des Ministeriums für Volksbildung vertretungsweise Zeichenunterricht am Leipziger König-Albert-Gymnasium – eine besondere Gunstbezeugung von Seiten dieser Behörde.

Ernst Hassebrauk, Loschwitz, 1962, Bleistiftzeichnung *Slg. Galerei Döbele*

Ernst Hassebrauk, Rokokodame mit Rosen, um 1960, farbige Ölkreiden und Aquarell *Slg. Kunstausstellung Kühl*

Mit Ende des Wintersemesters 1931/32 beschloss er sein Studium und lernte im Januar seine künftige Ehefrau Charlotte Wießner (1905 – 1999) kennen. Er erhielt das Holstein-Stipendium in Höhe von 1.500 RM. 1933 unternahm er eine Reise mit Charlotte nach Oberbayern und war stark beeindruckt von den Münchener Museen. 1935 und 1937 besuchte er Otto Dix (1891 – 1969, → *K1*) am Bodensee, den er in Dresden nicht mehr kennengelernt hatte. Im September 1937 unternahm er eine Holland-Reise: Amsterdam Rijksmuseum, Den Haag Mauritshuis, Rotterdam Museum Boymans-van Beuningen, Scheveningen und Haarlem das Hauptziel der Reise: die große Frans-Hals-Ausstellung. 1938 begab sich das Ehepaar auf eine mehrmonatige Reise mit Landschafts- und Museumsstudien: Schwarzwald, Kaiserstuhl, Hegau, Bodensee, das Städel in Frankfurt, die Kunsthallen Karlsruhe und Mannheim, die Alte und die Neue Pinakothek München, das Kunstmuseum Basel, das Kunsthaus Zürich, Studien in den Kirchen Salem, Überlingen, Ersheim, Würzburg, Bamberg, Naumburg. Nach der Rückkehr ließ sich das Ehepaar im → *Ortsteil Oberloschwitz*, Wolfshügelstraße 7, nieder. In derselben Villa bewohnte Erhart Kästner (1904–1974, → *K2*) das Turmzimmer. Es begann eine Freundschaft mit Kästner und Martin Raschke (1905–1943, → *K1*). 1939 begab sich Hassebrauk auf seine dritte Reise nach Böhmen, das beliebte Reiseziel Dresdner Künstler, elbnah und doch anders. Ende August sollte er auf Anraten Kästners eine Reise nach Genf zu den dort ausgestellten Meisterwerken des Prado unternehmen: der Ausbruch des Krieges verhinderte das Vorhaben.

Es drängte ihn nach Loschwitz! Hassebrauk zog 1939 in die Schevenstraße 10b, Hochparterre, nicht groß, aber eben doch Loschwitz. Die Leipziger Tiefebene verlangte ein Gegengewicht. 1941 zog er in die Schevenstraße 19b, nur sein Atelier ließ er in der alten Wohnung.

Sein Studienfreund noch aus der Zeit der Kunstgewerbe-Akademie, Woldemar Winkler (1902–2004), der einzige Dresdner Surrealist, hatte Hassebrauk von 1940 bis 1942 Leitung und Unterricht an der »Akademie für Zeichnen und Malen von weiland Simonson-Castelli« übertragen. Sie war als »Institut für Kunstwerk- und Werkkunst-Gestaltung« von Hofrat Prof. Ernst Oskar Simonson-Castelli (1864–1929) in der Nachfolge der Malschule seines Vaters in Dresden gegründet worden. Diese Privatschule nahe der Prager Straße hatte besonders junge Damen zu Gast – die Männer waren »im Felde«. Die Studentinnen selbst bildeten willkommene Modelle für den schönheitsdurstigen Maler. Aber Hassebrauk war ein Künstler mit tiefem sozialem Empfinden und holte die etwas ungezügelten proletarischen Künstler von der Webergasse herauf – das ganze Gegenteil der staatlich geforderten Jugend jener Zeit. Die jungen Damen, allesamt »höhere Töchter«, lernten Muster- und Modezeichnen »naturalistisch und abstrakt«, wie eine sich erinnert; nota bene: »abstrakt« war nicht verboten, wenn es nicht den freien Künsten zugerechnet wurde. Der schöne Traum fand bald ein Ende – die Mädchen mussten Granaten drehen und manches war vielleicht bald »Kriegerwitwe«.

Im Sommer 1942 – für sich und ohne Auftrag – begann Hassebrauk die Arbeit an der »impressionistischen« Werkgruppe »Waffen und Uniformen aus fünf Jahrhunderten« im Sächsischen Armeemuseum, vermittelt von dem kunstsinnigen Oberstleutnant von Körner, einem dezidierten Nicht-Nazi. Im Herbst wurde Hassebrauk zur Wehrmacht eingezogen, war aus gesundheitlichen Gründen nur »garnisonsverwendungsfähig«, in Oschatz im Bau-Bataillon eingesetzt, in Dresden (Marienallee) als Sanitätssoldat, zuletzt in Glauchau in der Garnison. Beim Bombenangriff auf Dresden

Garten des Malers Ernst Hassebrauk, 1953, Kohle und Graphit auf Papier *Slg. Galerie Himmel*

Ernst Hassebrauk, Loschwitzer Hafen, 1948, Graphit und rote Fettkreide auf Papier
Slg. Galerie Döbele

verbrannte eine komplette Ausstellung Hassebrauks in der Galerie Kühl; auch mit Hassebrauks Elternhaus ging vieles zugrunde.

Das Ende des Krieges erlebte Hassebrauk in Leipzig und wurde 1946 als Dozent an die dortige Akademie für Graphik und Buchkunst berufen, 1947 zum Professor ernannt und 1949 im Zuge der Formalismus-Debatte schon wieder entlassen. Er kehrte nach Dresden zurück und bezog 1949 seine Loschwitzer Wohnung in der Kierdorfschen Villa Schevenstraße 29 – in einer Zeit strenger Wohnraumbewirtschaftung und nach erbitterten Kämpfen und Geduldsproben. Hier endlich, den Blick auf die weite Elblandschaft vor Augen, sollte sich für ein Vierteljahrhundert der ganze Reichtum Loschwitzer Landschaft ergeben. 1954 unternahm er seine erste Reise in die Bundesrepublik: Recklinghausen, Düsseldorf, Köln, München, Bodensee (Überlingen). 1958 und 1959 malte und zeichnete er im Hamburger Hafen. In Dresden zeichnete er – als Einziger! – Adaptionen der aus der Sowjetunion zurückgekehrten Kunstschätze, hauptsächlich des Grünen Gewölbes und der Porzellansammlung. Im Herbst 1959 folgte seine dritte Reise in die Bundesrepublik, zeichnete er im Bayerischen Nationalmuseum, in der Residenz und in den Schlössern Nymphenburg und Schleißheim. 1960 war er abermals in München, dazu in Nürnberg, 1961 wieder in München, Nürnberg, Braunschweig. Die letzte »West-Reise« wurde 1972 verwirklicht: an den Niederrhein, in die Eifel und zur Mosel. Reisen nach Ungarn und nach Thüringen trieben ihn an, sich »Welt« einzuverleiben, als ahne er seinen zu frühen Tod. War er nicht letztlich am glücklichsten zu Haus »vor der Staffelei«, wie sich seine Frau erinnerte? Er hatte in seiner Wohnung, die zugleich Atelier war, gern drei Staffeleien stehen.

Als er am 30. August 1974, noch nicht 70 Jahre alt, nach schwerer Krankheit starb, war ihm nicht vergönnt, in Loschwitz zu sterben, sondern in der Dresdner Johannstadt, wo er zur Welt gekommen war, in der Medizinischen Akademie Carl Gustav Carus. Auf dem Loschwitzer → *Friedhof* fand er seine letzte Ruhestätte.

Der Maler, Zeichner und Grafiker Ernst Hassebrauk war, wie auf andere Weise vom Westen her HAP (Helmut Andreas Paul) Grieshaber (1909 – 1981), in beiden deutschen Staaten zu Hause. Er ist über den Deutschen Impressionismus hinaus ein Erbe des Barock und Rokoko. Werke des Künstlers befinden sich in mehr als 20 Museen und Grafiksammlungen der alten Bundesrepublik. Hassebrauk war eine Zeit lang – mit Josef → *Hegenbarth* (1884 – 1962, → *K1*) und Hans Theo Richter (1902 – 1969, → *K1*) – einer derjenigen Dresdner Künstler zu Zeiten der DDR, die im Westen am häufigsten genannt wurden. Die Ausstellungsliste ist lang, länger noch das Verzeichnis der Bücher und Schriften über ihn. Meine eigene Monographie »Ernst Hassebrauk. Leben und Werk« ist auch ein halbes Menschenalter später in vielem noch gültig, lädt aber ein, sich weiter mit diesem Künstler zu beschäftigen. »Hassebrauk und Loschwitz« wäre ein eigenes Kapitel. Einen Ansatz haben Ulrike Dagen und Gunter Ziller 1997/98 in der »galerie am blauen wunder« mit der Ausstellung »Ernst Hassebrauk. Lob an Loschwitz« gemacht, dazu Gunter Ziller mit dem Zeitungsbericht »Loschwitz zwischen Dresden und Pillnitz«; ein kleiner Katalog hat die damals gezeigten Werke allesamt aufgeführt – eine Überraschung! **Dieter Hoffmann**

Quellen: 534, 1265

Ernst Hassebrauk, Garten Schevenstraße 29, 1972, Kohle auf Papier Slg./Foto: Galerie Himmel

Friedrich-Wieck-Straße 4

Friedrich-Wieck-Straße 21

Dostojewskistraße 6 *Fotos (3): S. Großmann*

Hausinschriften

Hier werden nur die heute noch vorhandenen Hausinschriften aufgeführt. Hausnamen, Gewerbe-Aufschriften, Gedenk-Inschriften und Initialen sind nicht berücksichtigt.

Chopinstraße 12:
Parva – sed mea [Klein – aber mein]

Dostojewskistraße 6:
Amseln, Staare, Meisen, Finken,
Herzlich laden wir euch ein:
Wollt ihr unsre Gäste sein?
Geld wird nicht von euch verlangt
Nur für frohes Lied gedankt.

Friedrich-Wieck-Straße 4:
Nicht Sturm, nicht Ungewitter
Nicht Feind, nicht Trug und List
Wird dieses Haus erschuettern,
So lang es Gott beschuetzt.

Friedrich-Wieck-Straße 21:
Wenn dieses Haus solange hält
Bis Not u. Neid u. Haß zerfällt,
Dann steht es bis an's End' der Welt.

Grundstraße 26 (Leonhardi-Museum):
Atelier-Anbau:
Den Alten!
Nicht raste! Denn auf weitem Plan
Rückt schaffensfroh die Jugend an,
Dir bleibt so lange Meisterwert,
Als dich die Jugend drum verehrt!

Den Jungen!
Nicht raste, eh die Palme winkt,
Eh Meisterwerk der Hand gelingt!
Dein Werk hat nur dann Meisterwert,
Wenn sich der Neid dafür erklärt!

Verbindungsbau:
Edles Streben
Weihe nur dem Dienst des Schönen
Herz und Hand und strebe ernst,
Bis in Farben du und Tönen
Ganz das Rechte treffen lernst.

Hofseite vom Haus:
Auch in der Eck
muß rein es sein

Ein schönes Mädchen sehn
und es nicht dürfen küssen,
heißt an der Quelle steh'n
und dennoch dürsten Müssen.

Menschengunst
und Lauteklang
klinget wohl,
doch währt nicht lang!

Sichere Hand das Auge offen
Gut geziehlt ist halb getroffen

Dem Verdienst ist
Hochmuth nicht erlaubt,
Denn eine volle Aehre
Senkt das Haupt!

Wer keine Neider hat
Der hat kein Glück!

Singen,
springen soll
die Jugend, die Alten
walten alter Tugend.

Zum neuen Jahre Glück u. Heil,
Auf Weh' u. Wunden gute Salben,
Auf groben Klotz ein grober Keil,
Auf einen Schelmen anderthalben

(Holztafel mit Brandszene)
Dir Florian sei Ruhm und Ehr'
Dies Haus erhalt, dem
Feuer wehr!

Frohsinn bring du herein,
Liebe wird drinnen sein,
Komt es zum scheiden,
Sei es bei beiden.

Guckt der Hirsch überm Zaun,
pflückt er drei dri dra doppel Brombeer Blatterln von der Staun.

Ein Heit

Vor Unfall
und Gefahren
laß Gott uns
doch bewahren.

Heil unserm
Burgherrn allerwegen,
Gott schenke ihm
den reichsten Segen!

Mit Fleiß u. Kraft
Man vieles schafft!

Wenn du willst
kritisieren,
musst Du erst
die Sach studieren!

Wer uns thut
Menschenliebe lehren
Den soll man vor allen
Menschen ehren.

Sitzt sie nicht
am rechten Fleck,
so ist die schönste
Farbe Dreck!

Giebelseite vom Haus:
(Rundschild mit Hausansicht)
ZUR ROTEN AMSEL

Ziert Klugheit dein Geist,
Ach bilde dir nichts ein,
Dieweil wir doch vor Gott
Nur arme Stümpler sein!

Im Unglück gib acht,
Wie viel du Freunde habst?
Dass du mit ihnen dich
Hernach im Glück erlabst!

Scharfe schwerter
schneiden sehr,
scharfe Zungen
noch viel mehr.

1882
Herrgott verleihe deine Gunst
Diesen vier Pfählen.
Draussen Natur innen Kunst,
Wie könnt' es da fehlen?

Der Starke nimmt
des Schwachen Platz
Gott sorgt schon für
den armen Spatz!

Sitzt du gut, so sitze feste
Alter Sitz der ist dar beste

Rothe Amsel

Wer nicht liebt trinkt singt
Es nie zu wahrer Freude bringt

1704
Gott schütze jeden
Vor Türken u. Schweden,
Anno 1704
Waren die Schweden allhier.

1784
Aus grosser Wassersnot
Sind glücklich wir entkommen
Der Herr der Fluthen gebot
Da retteten sich die
Frommen.

1813
Fürwahr kein Genuss
Ist der Kosak und Russ
1813 lies hier der Russ
Eisen legen auf
Pferdesfuss.

Grundstraße 123a:
1923
Bauen ist eine Lust.
Hätt ich's gewußt, was es gekust,
Hätt ich allen was gehust.

Hermann-Prell-Straße 8:
Geh aus mein Herz
und suche Freud
in Gottes schöner Herrlichkeit

Hausinschriften am Leonhardi-Museum *Foto: Holger Friebel*

Körnerplatz 8 (Ecke Körnerweg)**:**
WER GOTT VERTRAUT
HAT WOHL GEBAUT

Körnerplatz 10 (Ecke Körnerweg)**:**
AN GOTTES SEGEN
IST ALLES GELEGEN

Körnerweg 8:
Straßenseite:
Wo Gott nicht giebt
Ins Haus sein Gunst,
Da ist doch unser
Bau'n umsunst.

Vorwärts immer,
Stillstehen nimmer,
nicht rosten und nicht rasten,
Nicht eilen und nicht hasten.

Der Wein
Ist geschaffen,
Daß er die Menschen
Soll glücklich machen.

Frisch durch
Das Leben wandre.
Sprich wahr!
Erwäg nicht lang.
Verlaß dich nie auf andre
und rechne nie auf Dank.

Hofseite nach Osten:
Wer guten Muthes kommt herein,

Soll lieb mir und willkommen sein,
Wer aber anders kommt herfür,
Der bleibe lieber vor der Thür.

Wer sein Geld
Verlieren will
Und weiß nicht wie,
Der baue alte Häuser aus
Oder spiele Lotterie.

Schevenstraße 2:
Te Deum Laudamus [Dich, Gott, loben wir]

1. Steinweg 5:
Komm nach Osten komm nach Westen
Zu Hause ist's am allerbesten

Veilchenweg 12:
Glück auf

Veilchenweg 17:
Hilf uns Gott
1874

Veilchenweg 20:
Immer heiter, Gott hilft weiter

Matthias Griebel

Hauthal, Ute; Lehrerin, Sängerin und Schriftstellerin (* 1966) → *K2*
Havlick, Adolf; Pianist und Komponist (1906 – 1955) → *K2*
Heckrott, Wilhelm; Maler und Grafiker (1890 – 1964) → *K2*
Hedrich, Christian; Musiker, Maler und Lyriker (* 1939) → *K2*

Hegenbarth, Emanuel
Maler (1868 – 1923)

Emanuel Hegenbarth (→ *K1*) wurde am 14. Januar 1868 in Böhmisch Kamnitz Česká Kamenice/Tschechien) als einziges Kind der Eheleute Emanuel Hegenbarth und Anna Emilie geb. Worm geboren. Der Vater leitete die Glasraffinerie »Franz Hegenbarth & Söhne«, die er von seinem Vater Franz Hegenbarth übernommen hatte.

Schon früh entdeckte Emanuel seine Liebe zur Malerei. Skizzen und Zeichnungen aus Kindheit und Jugend geben Zeugnis von seiner künstlerischen Begabung. Nach Abschluss der Realschule in Böhmisch Leipa (Česká Lípa), in der er aufgrund seines Talents von seinem Zeichenlehrer, dem Maler Eduard Steffen (1839 – 1893), Privatunterricht erhielt, bewarb er sich 1884 in München für ein Kunststudium. Der damals 16-Jährige bestand sofort die Aufnahmeprüfung und wurde noch im selben Jahr immatrikuliert, brach das Studium aber nach zwei Jahren aus heute nicht mehr zu belegenden Gründen ab. Ab 1886 absolvierte Emanuel Hegenbarth ganz im Sinne des Vaters, der die Glasraffinerie seinem Sohn vererben wollte, eine kaufmännische Ausbildung an der Leipziger Handelsschule. Als Kaufmann trat er 1888 in die väterliche Firma »Franz Hegenbarth & Söhne« ein. Offensichtlich war sein Bestreben, als Künstler zu wirken, ungebrochen, denn Emanuel begann mit Einverständnis und finanzieller Unterstützung der Eltern 1892 erneut ein Studium der Malerei, diesmal in Berlin. Unzufrieden mit der steifen akademischen Ausbildung und dem Berliner Lebensstil, der seiner Mentalität fremd war, wechselte er bereits nach einem Jahr wieder nach München und wurde in die Zeichenklasse von Gabriel von Hackl (1843 – 1926) und die Malklasse von Carl von Marr (1858 – 1936) aufgenommen. Emanuel Hegenbarth, der von vielen seiner Zeitgenossen als äußerst naturverbunden geschildert wurde, war von dem gerade an die Münchener Akademie berufenen Tiermaler Heinrich von Zügel (1850 – 1941) und dessen impressionistischer Freilichtmalerei beeindruckt und studierte anschließend zehn Semester von 1895 bis 1901 in dessen Malklasse. Diese Begegnung beeinflusste entscheidend seine weitere künstlerische Entwicklung und auch sein persönliches Leben. Mit seinem Professor befreundet, kam es bereits während der Studienzeit zu familiären Kontakten. So lernte Hegenbarth Anna, die älteste Tochter von Zügel, kennen und heiratete sie im Oktober 1902. Schon in den ersten freischaffenden Jahren in München erwarb der junge Künstler durch erfolgreiche Ausstellungen und Ankäufe etliche Preise und Auszeichnungen sowie internationale Anerkennung. Gegenstand seines arteigenen Impressionismus waren Jagd- und Tierdarstellungen, überwiegend vor der Natur gemalt.

Emanuel Hegenbarth in seiner Wohnung
Archiv Hochschule für Bildende Künste Dresden

Seine Berufung als Atelierleiter an die Akademie der bildenden Künste in Dresden im Jahr 1903 war für ihn ein willkommenes Angebot, denn die Stadt lag näher an seiner geliebten böhmischen Heimat, und die Übernahme eines Meisterateliers mit Beamtensold versprach eine gesicherte Existenz. Hegenbarth war auf Empfehlung von Gotthardt Kuehl (1850 – 1915) mit der Bildung einer Fachklasse für Tiermalerei

Emanuel Hegenbarth, Hirschgruppe, um 1910, Schwarze Kreide Kupferstich-Kabinett, Staatliche Kunstsammlungen Dresden, Foto: Andreas Diesend

beauftragt worden. Im Jahr darauf erfolgte die Ernennung zum Professor. Mit Emanuel Hegenbarth und Robert Sterl (1867 – 1932) traten erstmals Vertreter der zweiten Impressionisten-Generation eine Lehrtätigkeit in Dresden an.

Hegenbarth zog mit seiner jungen Frau in die gerade erbaute Villa Stolzenfels auf den Veilchenweg 25. Das Haus hatte 1901/02 Architekt Paul Schenke nach dem Vorbild der gleichnamigen Burg Stolzenfels am Rhein für sich errichtet. Den Blick von dort auf Dresden mit seiner imposanten Stadtsilhouette hat Hegenbarth mehrfach gemalt. Von gelegentlichen Besuchen seiner Schüler und Verwandten abgesehen, lebte er bis zu seinem Tod 1923 recht zurückgezogen in einem gutbürgerlichen Ambiente mit antiken Möbeln, schönen Bildern und wertvollen Teppichen. Einziger regelmäßiger Gast war sein Cousin, der 16 Jahre jüngere *Josef → Hegenbarth* (1884 – 1962, → *K1*), mit dem er künstlerisch und freundschaftlich ein Leben lang verbunden war. Bereits als Knabe hatte Josef dem Vetter beim Malen zugeschaut und den mittlerweile in Amt und Würde stehenden Freund bewundert. Ohne Zweifel ist es auch der Förderung und Fürsprache von Emanuel Hegenbarth zu danken, dass Josef 1905 mit dem Vorsatz, eine ebensolche Ausbildung einzuschlagen, nach Dresden kam. Bis zu seiner Aufnahme in die Dresdner Kunstakademie im Jahr 1908 war ihm Emanuel Hegenbarth ein fürsorglicher Mentor und kritischer Berater. Auch die Schüler seiner Dresdner Tiermalklasse, darunter bekannte Namen wie Otto Altenkirch (1875 – 1945) und Fritz Winkler (1894 – 1964, → *K2*), charakterisierten ihren Professor als einen angenehmen und liberalen Lehrmeister.

1906 und 1907 bekam die Familie Hegenbarth Nachwuchs; zuerst Tochter Elise und danach Sohn Franz. In das Jahr 1907 fällt auch

Emanuel Hegenbarth, Zwei Schimmel an der Elbe, 1908, Öl auf Leinwand
Galerie Neue Meister, Staatliche Kunstsammlungen Dresden, Foto: Elke Estel/Hans-Peter Klut

die Fertigstellung des neuen Ateliers für Tiermalerei der Dresdner Kunstakademie an der Pfotenhauerstraße. In Analogie zur Zügelschule in Wörth am Rhein unternahm auch Emanuel Hegenbarth mit seinen Schülern meist in den Sommermonaten Exkursionen aufs Land. Neben der Elbe bei Pirna waren die Teichlandschaft bei Kamenz und die Muldenaue bei Wurzen beliebte Studienziele. Nach Jahren erfolgreicher künstlerischer Tätigkeit und glücklichem Familienleben brachte der Erste Weltkrieg dramatische Veränderungen.

Emanuel Hegenbarth, Liegende Kühe, um 1910, Schwarze Kreide Kupferstich-Kabinett, Staatliche Kunstsammlungen Dresden, Foto: Andreas Diesend

Der Lehrbetrieb war durch die Einberufung vieler Studenten empfindlich gestört. Emanuel Hegenbarth, wohl durch die äußeren Einflüsse und eine Schaffenskrise geschwächt, erkrankte schwer, ließ sich beurlauben und verließ Loschwitz im Sommer 1917 in Richtung München. Nach einer ersten Magenoperation und einem langen Genesungsaufenthalt bei seinem Schwiegervater Heinrich von Zügel in Murrhardt bei Stuttgart kehrte er im Frühjahr 1918 gesundheitlich stabil nach Dresden zurück. Hegenbarth konnte seine Lehrtätigkeit an der Kunstakademie fortführen. Seine Arbeit als Künstler brachte ihm breite Anerkennung und wirtschaftlichen Erfolg. Die Villa Stolzenfels in Loschwitz war wieder, abgesehen von dem alljährlichen Erholungsurlaub bei den Verwandten in Böhmen, Refugium und Lebensmittelpunkt. Im Frühjahr 1923 erkrankte Emanuel Hegenbarth erneut. Die Diagnose Darmkrebs machte eine schnelle Operation notwendig, die er jedoch nicht überlebte. Hegenbarth verstarb am 18. Juli 1923 im Krankenhaus Dresden-Neustadt. Seine Urne wurde im Familiengrab in Murrhardt ganz in der Nähe seines Schwiegervaters beigesetzt. Seine Frau, die nach seinem Tod Dresden verließ, wurde 1975 dort ebenfalls bestattet. **Frank Petrasch**

Quellen: 486, 640, 670

Emanuel Hegenbarth; Blick vom Veilchenweg, o.J., Öl auf Leinwand
Heute bewahrt in der Städtischen Galerie Dresden – Kunstsammlung, Museen der Stadt Dresden

O M
Lo

Die »Galerie im Buch«

Hegenbarth, Josef
Maler, Grafiker und Illustrator (1884 – 1962)
Hegenbarth, Johanna
(1897 – 1988)

Josef Hegenbarth (→ *K1*) ist einer der bedeutendsten Zeichner des 20. Jahrhunderts. Sein Interesse galt vor allem Mensch und Tier in den unterschiedlichsten Konstellationen. Genredarstellungen wie Straßen- und Kaffeehausszenen, Zoobesuche und Zirkusimpressionen, aber auch das menschliche Antlitz weisen ihn als scharfsinnigen Beobachter aus. Seine gezeichneten Bildnisse sind häufig ungeschönte Charakterstudien, was den Künstler dazu veranlasste, seine Porträts zu anonymisieren und sie nur noch als »Köpfe« zu bezeichnen. Vor allem die von ihm illustrierten Bücher der Weltliteratur von Goethe bis Gorki fanden in der Nachkriegszeit in Ost- und Westdeutschland große Verbreitung und Anerkennung.

So vielfältig wie sein Themenrepertoire waren auch seine grafischen Techniken: Neben Radierungen der frühen Schaffensperiode finden sich pastose, in Öl- und Leimfarbe ausgeführte Gemälde. Vorherrschend sind in seinem Œuvre jedoch außer Aquarellen und Leimfarbenblättern besonders die zahllosen virtuosen Tuschzeichnungen mit Feder und Pinsel, die sein Spätwerk bestimmen.

Josef Hegenbarth liebte Dresden, in der Stadt an der Elbe verbrachte er den Großteil seines Lebens; hier wirkte er, unterbrochen nur von kurzen Reisen und Arbeitsaufenthalten. Seine Heimat aber lag im einst zu Österreich-Ungarn, heute zu Tschechien gehörenden Böhmisch Kamnitz (Česká Kamenice), einem der Zentren der böhmischen Glasveredlung. Dort wurde er am 15. Juni 1884 als ältester und einziger Sohn des Glasraffineurs Franz Josef Hegenbarth und seiner Frau Johanna Marie geb. Palme geboren. Hegenbarth wuchs mit zwei Schwestern als Teil einer großen Glashändler- und Kunsthandwerkerfamilie auf. In seinem Vetter *Emanuel → Hegenbarth* (1868 – 1923, → *K1*), Professor für Tiermalerei an der Dresdner Kunstakademie, fand er einen Förderer und Lehrer. 1905 verließ er Böhmisch Kamnitz und siedelte nach Dresden über. Drei Jahre leitete ihn der Vetter an. Die Zeichenklasse *Richard → Müllers* (1874 – 1954, → *K1*) besuchte er nie; stattdessen nahm er 1908 sein Studium direkt an der Akademie bei Carl Bantzer (1857 – 1941) auf, dessen Dogmen er sich aber nur schwer beugen konnte. Deshalb wechselte er zu *Oskar → Zwintscher* (1870 – 1916, → *K1*), der ihm mehr Freiraum gewährte, und absolvierte schließlich 1915 sein Meisterschülerstudium bei Gotthardt Kuehl (1850 – 1915).

Josef Hegenbarth, 1947
Foto: Pan und Christine Walther

Nach Josef Hegenbarths Ausmusterung vom Militärdienst aufgrund seiner von jeher schwachen gesundheitlichen Konstitution führte ihn sein Weg 1917 zunächst nach Prag. Dort schloss sich Hegenbarth anderen jungen Künstlern an, die sich um den Akademieprofessor August Brömse (1873 – 1925) gruppierten. Zu dieser Zeit entdeckte er erstmals für sich das Illustrieren als künstlerische Aufgabe.

1919 kehrte Josef Hegenbarth nach Dresden zurück, wo er zunächst im → *Künstlerhaus Loschwitz* lebte und arbeitete. Im Jahr 1921 erwarb er ein ehemaliges Winzerhaus auf der Calberlastraße 2, das er bis zu seinem Tod 1962 bewohnte. In der obersten Etage hatte er sich neben bescheidenen Wohnräumen auch ein Atelier eingerichtet. Das freistehende Anwesen, das am Elbhang oberhalb der Pillnitzer

Kahn der Tiere, 1935 VG Bild-Kunst, Bonn 2015, Kupferstich-Kabinett, Staatliche Kunstsammlungen Dresden, Herbert Boswank

Johanna und Josef Hegenbarth am Tag ihrer Hochzeit am 4. April 1936

Calberlastraße 2, 1950er Jahre Repros (2): Kupferstich-Kabinett, SKD, Dirk Gedlich

Männerkopf mit Krawatte, 1930

Landstraße liegt, bot ihm die Privatheit, die er suchte. An klaren Tagen konnte sein Blick bis zu den Ausläufern des Erzgebirges schweifen.

Hegenbarth reiste ungern und liebte die konzentrierte, ungestörte Arbeit. In der idyllischen Umgebung des Elbhangs nahe dem Blauen Wunder fand er hierfür ein ruhiges wie kreatives Umfeld. Seit *Adrian Ludwig → Richter* (1803–1884, → *K1*) dort die warme Jahreszeit verbrachte, war diese Gegend ein beliebter Sommeraufenthalt der Dresdner Künstler. Hier konnte Hegenbarth sich ganz seiner Kunst widmen, sich aus dem aufgeregten menschlichen Treiben flüchten, das er aufsuchte, um in Zoo, Zirkus oder Freibad seine Skizzen und Studien anzufertigen. In seinem Tagesablauf festgeschriebene Spaziergänge am Elbhang unterbrachen die disziplinierte Zeichentätigkeit. Hegenbarths Lieblingspfad, auf dem man ihn regelmäßig antraf, trägt heute seinen Namen. Loschwitz bescherte dem Maler und Grafiker aber nicht nur eine überaus angenehme Arbeits- und Lebensatmosphäre, sondern auch die Liebe seines Lebens, seine Nachbarin Johanna Aster, die er im Januar 1931 beim Gauklerfest der Kunstakademie kennengelernt hatte und am 4. April 1936 heiratete.

Johanna Olga Aster, geboren am 8. Juli 1897, wuchs als einziges und lang ersehntes Kind des → *Baumeisters und Architekten* Georg → *Aster* (1849–1917, → *K1*) und seiner Frau Camilla Olga geb. Schauer (1860–1940) am Elbhang in Loschwitz auf. Die Familie bewohnte das vom Vater entworfene Haus auf der Pillnitzer Landstraße 35, wo Johanna ihre Mädchenjahre behütet verlebte. Nach dem plötzlichen Tod des Vaters 1917 blieben Johanna und ihre Mutter durch die Kriegswirren ohne finanzielle Absicherung zurück. Statt eines Studiums der Innenarchitektur begann Johanna 1926 eine Ausbildung zur Damenschneiderin, die sie im Folgejahr mit ihrer Gesellenprüfung erfolgreich beendete. Um die Mutter beim täglichen Broterwerb zu unterstützen, richtete sie sich in ihrem Elternhaus ein kleines Schneideratelier ein.

Seit der Bekanntschaft mit dem 13 Jahre älteren Hegenbarth begleitete Johanna dessen Arbeit intensiv und wurde zu seiner rechten Hand: Sie übernahm sämtliche organisatorische Aufgaben, führte die Korrespondenz mit Museen, Galerien, Autoren und Verlagen und bereitete die Leihgaben für Ausstellungen in Deutschland, den Niederlanden, Frankreich und Großbritannien vor. Als »Hegenbarth-Sachverständige«, wie sie sich selbst bezeichnete, vertrat sie ihren Mann später im Rahmen von Ausstellungsvorbereitungen und bei Verlagsgesprächen in Westdeutschland.

Während des Zweiten Weltkriegs kehrte Josef Hegenbarth für längere Aufenthalte in seine Heimatstadt Böhmisch Kamnitz zurück. 1945 verlor er dort durch Vertreibung wesentliche Teile seines Lebenswerkes, die ihm erst

Am Rodelhang, 1942 Abb. (2): VG Bild-Kunst, Bonn 2015, Kupferstich-Kabinett, Staatliche Kunstsammlungen Dresden, Herbert Boswank

Menschen vor einem Trümmerberg, um 1955

Clownszene, um 1942

1957 durch die Tschechoslowakei in größerem Umfang restituiert wurden. 1946 erhielt er durch Will Grohmanns (1887–1968) Unterstützung eine Anstellung an der Hochschule für Werkkunst in Dresden. Im folgenden Jahr wurde er zum Professor an die Dresdner Hochschule für Bildende Künste berufen, ein Amt, das er 1949 zugunsten seiner künstlerischen Arbeit aufgab.

1954 wurde Josef Hegenbarth mit dem Nationalpreis der DDR ausgezeichnet. Seit 1955 war er Mitglied der Deutschen Akademie der Künste, seit 1956 der Akademie der Künste Berlin. 1959 erhielt er den Deutschen Kritikerpreis; im gleichen Jahr fanden anlässlich seines 75. Geburtstags Ausstellungen in der Nationalgalerie Berlin und in München statt. 1960 nahm ihn die Bayerische Akademie der Schönen Künste als Mitglied auf.

Sein nächstes Umfeld hatte ihm zeitlebens ein breites Spektrum an Motiven geboten, das er bei regelmäßigen ausgedehnten Spaziergängen immer wieder neu für sich entdeckte.

Rückblickend schrieb Josef Hegenbarth: »Ich habe mich zwangsläufig ein Leben lang auf engstem Raum bewegt und bin über die Spannweite Prag – Berlin nie hinausgekommen. Geschafft habe ich in Dresden und ihm verdanke ich seine anregenden Motive, sei es auf der Straße, im Theater, Zirkus, Zoo, Café, Restaurant, Fabrik, Bad, Bahnhof. Da liegt meine Welt, die ich mit meinen Augen einfange und aus der ich Interessantes ablese, nehme ich mein Skizzenbuch und fülle dessen Seiten. Im Gegensatz dazu steht eine zweite Welt, die ich in mir trage, die aus der Fantasie schöpft – das ist die des Illustrators.«[1]

Am 27. Juli 1962 starb Josef Hegenbarth im Alter von 78 Jahren. Sein Grab befindet sich auf dem → *Friedhof* in Loschwitz. Posthum wurde sein zeichnerisches Schaffen 1964 auf der documenta III gewürdigt.

Josef-Hegenbarth-Archiv

Calberlastraße 2

Seine Witwe Johanna Hegenbarth betreute noch weitere 26 Jahre bis zu ihrem Tod am 27. November 1988 das Werk ihres Mannes mit großem Engagement. Den Grundstein für die Bewahrung seines künstlerischen Nachlasses legte sie mit der Gründung eines Archivs, das sie in den Wohnräumen einrichtete und leitete.

Auf ihr vehementes Betreiben hin wurde – trotz großen Widerstands – der historische Wachwitzer Kirchweg in Josef-Hegenbarth-Weg umbenannt.

Um die Erhaltung und Pflege des Œuvres auch für künftige Generationen sicherzustellen, stiftete Johanna Hegenbarth dem Kupferstich-Kabinett der Staatlichen Kunstsammlungen Dresden testamentarisch das gemeinsame Wohn- und Atelierhaus mit dem gesamten Nachlass – mehr als 13.700 Kunstwerke (Zeichnungen, Druckgrafiken, Gemälde), Publikationen, die Bibliothek, Fotografien sowie den Schriftwechsel.

Luftbadende, 1953

Abb. (3): VG Bild-Kunst, Bonn 2015, Kupferstich-Kabinett, Staatliche Kunstsammlungen Dresden, Herbert Boswank

Am 1. März 1990 trat das Kupferstich-Kabinett das Erbe an, im Folgejahr begann die Sanierung des Hauses, einer ehemaligen Weinpresse, nach denkmalpflegerischen Gesichtspunkten. Im ersten Obergeschoss wurden zusätzliche Ausstellungsräume eingerichtet. Nach langjähriger Schließung konnte anlässlich des 10. Todestages Johanna Hegenbarths am 3. Dezember 1998 das Josef-Hegenbarth-Haus als Dependance des Kupferstich-Kabinetts der Öffentlichkeit zugänglich gemacht werden. Inzwischen ist das Kleinod, in dem die originalen Wohnräume und das Atelier besichtigt werden können, Sonderausstellungen und Veranstaltungen stattfinden, als lebendiges Künstlerhaus nicht nur im Verbund der Staatlichen Kunstsammlungen Dresden fest verankert, sondern auch aus der sächsischen Museumslandschaft nicht mehr wegzudenken.

Daniela Günther, Claudia Schnitzer

Zitate:
1 Josef-Hegenbarth-Archiv, Kupferstich-Kabinett, Staatliche Kunstsammlungen Dresden, Akte KK JHA 69
2 ebenda, Akte KK JHA 13
Quellen: 425, 671, 931

Im Josef-Hegenbarth-Archiv werden auch die Original-Zeichenutensilien des Künstlers aufbewahrt.

Hegenbarths Unsicherheit im Großstadtleben offenbart sich in einem bemerkenswerten illustrierten Briefentwurf an seinen Künstlerkollegen und Freund Karl Kröner (1887–1972, → *K2*). Hierin berichtet Hegenbarth von einem der wenigen Besuche in Berlin, wo er Mitglied beider Akademien der Künste – in Ost und West – war. Die begleitende Federzeichnung zeigt ihn orientierungslos und gebrechlich am Rockzipfel seiner forsch das Getümmel durchschreitenden Frau Johanna:
»Du musst Dir die andere Seite ansehen, l[ie]b[er] Karl, dann wirst Du ermessen was die Weltstadt Berlin für mich bedeutet. Wer soll sich da zurechtfinden, wer wird sich die Strassennamen merken, wer die U Bahnrichtungen die S.Bahnfahrten mit ihren Möglichkeiten? Nein, ohne Hanna wäre ich verloren. Sie ist mir Stab und Stütze, ist mir richtungsangebend, ist Vorbild, dem ich mit aller Hingabe nachzustreben suche. – Das wäre so das Wichtigste und für mich Eindrucksvollste, das ich Dir von hier zu berichten hätte. Herzlichste Grüsse! Dein Josef mit Hanna«[2]

Johanna und Josef Hegenbarth in Berlin, undatierter Briefentwurf an Karl Kröner (Vorder- und Rückseite), fotografiert auf Hegenbarths Zeichentisch. *Repros (2): Kupferstich-Kabinett, SKD, Dirk Gedlich; Foto oben: Kupferstich-Kabinett, SKD, Herbert Boswank*

Heide-Paudler, Franz; Maler (1890 – 1956) → *K2*
Heine-Mitzschke, Katharina; Sängerin und Gesangspädagogin (1895 – 1992) → *K2*
Heinrich, August; Maler (1794 – 1822) → *K2* → *Friedhöfe*
Heinze, Helmuth; Bildhauer (* 1932) → *K1*
Heinze, Klaus; Musiker (* 1938) → *K2*
Heisig, Johannes; Maler und Grafiker (* 1953) → *K1*
Heitmann, Christine; Bildhauerin und Malerin (* 1937) → *K1*
Heitmann, Till (Luc Saalfeld); Fotograf und Grafiker (* 1975) → *K2*
Helbig, Walter; Maler und Holzschneider (1878 – 1968) → *K2*
Hellberg, Martin; Schauspieler, Regisseur, Intendant und Schriftsteller (1905 – 1999) → *K2*
Hempel, Christian; Bildhauer (1937 – 2015) → *K1*
Hempel, Sebastian; Bildhauer (* 1971) → *K2*
Henke, Ulrich; Maler (1896 – ?) → *K2*
Henneberg, Matthias; Sänger (* 1956) → *K2*
Hentschel, Walter; Kunsthistoriker (1899 – 1979) → *K1*

Henze, Robert

Bildhauer (1827 – 1906)

Robert Henze *Foto: K2*

Eduard Robert Henze (→ *K2*) wurde am 8. Juli 1827 als Sohn eines Schlossers in Dresden geboren. Als er drei Jahre alt war, starb sein Vater und die Mutter heiratete erneut einen Schlosser, der die Werkstatt weiterführte und den Kindern ein guter Stiefvater wurde. Henze zeigte bereits als Schüler Talent zum Zeichnen und wurde von seinem Zeichenlehrer George Traugott Kaul künstlerisch gefördert. Sein Wunsch, Künstler zu werden und sich an der Dresdner Kunstakademie zu immatrikulieren, ließ sich aus finanziellen Gründen nicht realisieren. So begann er zunächst eine Schlosserlehre in der väterlichen Werkstatt und ging anschließend als Geselle für drei Jahre auf Wanderschaft. Seine künstlerischen Interessen hatten sich in diesen Jahren intensiviert. Nach seiner Heimkehr nach Dresden nahm er den Unterricht bei Kaul wieder auf und sammelte praktische Erfahrungen in der Kunstformer-Werkstatt seines späteren Schwagers Gustav Adolf Wiessing.

1855 bewarb sich Robert Henze schließlich an der Dresdner Königlichen Akademie der bildenden Künste und studierte dort bis 1866 bei Ernst Rietschel (1804 – 1861), Ernst Julius Hähnel (1811 – 1891, → *K2*) und Johannes Schilling (1828 – 1910), mit dem er sich auch privat befreundete. Auf Hähnels Anregung schloss er seine künstlerische Ausbildung mit einer Studienreise nach Italien von 1866 bis 1867 ab. Robert Henze hatte schon während seiner Studienzeit Ernst Julius Hähnel bei größeren Aufträgen unterstützt; nach seiner Rückkehr wurde er erneut sein Mitarbeiter. 1869 machte sich Henze auf Anraten Hähnels selbstständig und gründete sein erstes Atelier im Hof des mütterlichen Grundstücks in der Neuengasse 19. Sein zweites Atelier befand sich seit 1877 auf der Hohen Straße 54 im Dresdner Vorort Plauen.

Bereits 1863 erhielt Henze seinen ersten großen eigenständigen Auftrag. Er gewann die Konkurrenz für ein Brunnenstandbild Heinrichs I. für die Stadt Meißen. Seinen künstlerischen Durchbruch erreichte er mit dem 1875 begonnenen und 1880 fertiggestellten Siegesdenkmal mit Germania und vier allegorischen Figuren für den Dresdner Altmarkt. Am 1. September 1880 wurde das von Henze entworfene und von dem Italiener Raffaello Cellai (1840 – 1915) aus Carrara-Marmor in Florenz gefertigte Denkmal feierlich eingeweiht. Das Denkmal wurde 1949 vom Altmarkt entfernt und zerstört; der erhalten gebliebene »Germaniakopf« befindet sich in der Städtischen Galerie Dresden im Landhaus. Sein Erfolg mit dem Siegesdenkmal ermöglichte es ihm, mit seiner Familie – 1872 hatte er Anna Baltzer (1836 – 1922) geheiratet – ein repräsentatives Wohnquartier auf der Chemnitzer Straße zu beziehen.

1881 wurde Robert Henze zum Ehrenmitglied der Dresdner Kunstakademie ernannt, 1888 erfolgte die Berufung als Professor für Bildhauerkunst. Robert Henze schuf eine große Anzahl repräsentativer Standbilder. Das waren Brunnenfiguren wie 1880 Fürst Wolfgang von Anhalt für Bernburg, 1876 die Spinnerin in Crimmitschau, 1884 Barbara Uthmann für Annaberg und als seine letzte größere Arbeit 1902 den Müllerbrunnen in Dresden-Plauen. Zu den von ihm geschaffenen Standbildern gehören für Dresden die 1869 geschaffene Kurfürstin Anna und für Darmstadt Abt Vogler von 1889. Bis auf wenige Ausnahmen sind seine Arbeiten in Bronze gegossen. In Dresden beteiligte sich Henze am Figurenschmuck der Semperoper und der Kunstakademie, für die er die fünf Meter hohe Nike für die Kuppel des Ausstellungsgebäudes schuf. Von bedeutenderem künstlerischem Wert sind seine Porträtplastiken und viele Grabmale.

Dabei sind besonders zwei für Loschwitz geschaffene Werke zu erwähnen: Bemerkenswert ist die Familiengruft für den 1905 verstorbenen Maler *Eduard* → *Leonhardi* (1828 – 1905, → *K1*) auf dem Loschwitzer → *Friedhof*. Hierfür verwendete Henze die Marmorfigur des anklopfenden Pilgers, die er 1884 geschaffen hatte.

Ebenfalls 1884 entstand das vom Loschwitzer → *Ortsverein* geplante und beauftragte → *Denkmal* für den in jenem Jahr verstorbenen Künstler *Ludwig* → *Richter* (1803 – 1884, → *K1*), das sich neben dem heutigen Leonhardi-Museum befindet. Das von Henze modellierte Medaillon wurde in der Dresdner Kunstgussfirma »Pirner & Franz« gegossen. Henze schuf mit diesem Porträt ein sehr authentisches, eindringliches und künstlerisch hervorragendes Bildnis.

Robert Henze starb am 3. April 1906 nach einem erfüllten Leben im Alter von 78 Jahren in Dresden. Seine letzte Ruhestätte befindet sich auf dem Dresdner Alten Annenfriedhof. Sein von ihm gefertigtes, leider nicht mehr erhaltenes Grabmal trug die Figur einer himmelan entschwebenden Psyche. **Kristin Gäbler**

Quellen: 26, 109, 504, 601, 640, 1014, 1036

Herden, Peter; Schauspieler (1918 – 2013) → *K1*
Herrmann, Frank; Maler und Bildhauer (* 1955) → *K1*
Herrmann, Fritz; Bildhauer (1919 – 1969) → *K2*

Herrmann, Joseph
Bildhauer (1800 – 1869)

Der Bildhauer Joseph Karl Gottlieb Herrmann (→ *K1*) wurde am 12. März 1800 in Dresden als eines von mindestens vier Kindern des Bildhauers Dominikus Joseph Herrmann (1772 – 1818) geboren. Bereits 1815 nahm ihn die Königliche Akademie der bildenden Künste in Dresden auf, wo er seit 1819 zur Schülerschaft von Christian Gottlieb Kühn (1780 – 1828) gehörte. Ab 1820 ging er nach Rom, um seine Ausbildung zum Bildhauer fortzusetzen. Dort gelangte er in die Kreise der Nazarener und stand in enger freundschaftlicher Verbindung mit Julius Schnorr von Carolsfeld (1794 – 1872), Carl Christian Vogel von Vogelstein (1788 – 1868, → *K1*), *Ludwig* → *Richter* (1803 – 1884, → *K1*) und weiteren Dresdner Künstlern. Daneben war Herrmann Mitglied und Mitbegründer der im Februar 1821 gegründeten Deutschen Bibliothek in Rom. Mit Beginn seines Aufenthaltes in Rom arbeitete er im Atelier des dänischen Bildhauers Bertel Thorvaldsen (1770 – 1844), durch dessen Gutachten Herrmann von 1821 bis 1827 ein Stipendium der sächsischen Staatsregierung erhielt. Die Arbeit in der Werkstatt Thorvaldsens und die Studien nach der römischen Antike sollten Herrmanns Werk nachhaltig beeinflussen. Bereits nach kurzer Zeit gehörte Herrmann zu Thorvaldsens begabtesten Schülern.

Seit 1827/28 war Herrmann für Dresden tätig. Der Hintergrund war die Errichtung eines Denkmals für König Friedrich August I. (1750 – 1827). Schon 1826 sprach Thorvaldsen die unbedingte Empfehlung für Herrmann nach Dresden aus, da dieser wichtige Staatsauftrag das Fortkommen seines Lehrlings sichern sollte. 1827 erhielt Herrmann zumindest den Auftrag für eine Porträtbüste des sächsischen Königs für die Aula der Tharandter Forstakademie, wobei diese Büste erst nach dem Tod Friedrich August I. entstand. 1828/29 schuf Herrmann zwei weitere Büsten König Antons (1755 – 1836) und des späteren Friedrich August II. (1797 – 1854) von Sachsen. Seit 1828 leitete Herrmann während seines kurzen Aufenthaltes in Dresden die Abformung antiker Ornamente an der Akademie der bildenden Künste. Zudem galt er als aussichtsreicher Kandidat für die unterbesetzte und unterqualifizierte Professur der Bildhauerei an der Dresdner Akademie, sodass Herrmann 1830/31 nach Dresden zurückkehrte. Wieder in Dresden, fertigte er u. a. das Relief der sitzenden Saxonia für den Vordergiebel der Altstädter Wache. Doch da man für die eigentliche Konzeption des Denkmals Friedrich August I. den Bildhauer Ernst Rietschel

Joseph Herrmann, Porträt-Relief am Grab auf dem Alten Katholischen Friedhof.

(1804 – 1861) hatte gewinnen können und ihm 1832 die Bildhauerprofessur übertrug, gab es für Herrmann wenig Aussicht auf umfassende Aufträge. Demzufolge verließ Herrmann 1835 Dresden und ging nach Sankt Petersburg, wo er bereits 1836 für die Statue einer Nymphe von der dortigen Kunstakademie das Künstlerdiplom verliehen bekam. Neben zahlreichen Arbeiten gehörten zu seinen wichtigsten Leistungen sicherlich die Arbeiten an der Isaakskathedrale sowie am Winterpalais.

Hoch vermögend kehrte Herrmann 1852 nach Dresden zurück. Im Jahr zuvor hatte seine Schwester Barbara Herrmann mit dem Geld ihres Bruders in Loschwitz ein Weinberggrundstück mit Haus für ihn gekauft. Es wurde 1851/52, wahrscheinlich unter Beteiligung des Baumeisters *Theodor* → *Lehnert* (1828 – 1910, → *K2*), nach Plänen von Hermann Bothen (1814 – 1878) im klassizistisch-italienischen Stil völlig umgebaut und bekam nach Herrmanns Tod den Namen → *»Villa Thorwald«* (heute Schillerstraße 12). Nach Fertigstellung der Villa ließ Herrmann sie mit zahlreichen Gipsabgüssen der Reliefs Thorvaldsens ausstatten. Aus seinem Testament geht hervor, dass Herrmann

Joseph Herrmann, Relief der sitzenden Saxonia am Giebel der Altstädter Wache

Fotos (2) Siegfried Großmann

diese Villa mit seiner Schwester Barbara und seinem Bruder Maximilian bewohnte. Seine Italienbegeisterung pflegte Herrmann bei mehreren Italienreisen 1855/57, 1862/64 und 1868/69. Daneben schuf er in Dresden verschiedene Kunstwerke. So fertigte er beispielsweise 1856 zum Gedenken an den verstorbenen König Friedrich August II. in seinem Privatpark einen Obelisken (→ *Denkmale*), der sich heute auf der Collenbuschstraße befindet. Daneben unterbreitete er am 12. November 1859 dem sächsischen Staatsministerium des Inneren eine Schenkung von 100.000 Talern in Form von Wertpapieren. Deren Auszahlung band er an die Errichtung einer allgemeinen Zeichenschule für die Akademie der bildenden Künste und die Polytechnische Schule sowie an den Umbau des Doubletten-Saals auf der Brühlschen Terrasse zu einem Ausstellungssaal. Die Staatsregierung sah sich jedoch nur in der Lage, den Umbau des Doubletten-Saals zu realisieren und stimmte am 21. Januar 1860 der Annahme der Schenkung von 50.000 Talern zu. Allerdings forderte Herrmann für sich und seine Geschwister die jährliche Auszahlung der Zinsen des Schenkungskapitals. In seinem am 19. Oktober 1868 abgefassten Testament setzte der kinderlose Herrmann seine Schwester Eleonora als Alleinerbin seines Besitzes, seinen Bruder sowie seinen Adoptivsohn Albert Imhof als Teilhaber an dem Erbe ein. Weiterhin stiftete er je 10.000 Taler an das Blindeninstitut und die Taubstummenanstalt.

In der → *Dorfmitte* von Loschwitz errichtete Theodor Lehnert 1868/69 einen Rundbau als → *Denkmal* für den Vater Herrmanns. Im Inneren dieses Baus brachte sein Sohn ein Relief an, das in antikisierend-pathetischer Manier die Rettung zweier Schiffer in Kaditz durch den Vater Herrmanns im Februar 1799 zeigt. Am 1. August 1869 gründete Herrmann eine Stiftung, die den Bau, die Unterhaltung und Beaufsichtigung dieses Denkmals sowie ferner die »Verschönerung der nächsten Umgebung des Denkmals sowie des Dorfes Loschwitz überhaupt«[1] und die Unterstützung hier ansässiger Armen zum Inhalt hat.

Joseph Herrmann verstarb am 7. November 1869 in Loschwitz und wurde auf dem Alten Katholischen Friedhof in Dresden bestattet.

Juliane Beier

Zitat:
1 *Adreß- und Geschäfts-Handbuch für Loschwitz sowie für Weißer Hirsch und Wachwitz 1883; Dresden 1883*
Quellen: 26, 639, 884, 993, 1000, 1036

Heß, Friedrich; Architekt (1887 – 1962) → *K2*
Hertzsch, Friedrich Wilhelm; Architekt (1875 – 1944) → *K2*
Heubaum, Lutz; Architekt (* 1951) → *K2*

Moritz Heydrichs Wahlspruch »Immer heiter – Gott hilft weiter« am Portal seines Hauses Veilchenweg 20 *Foto: Peter Mallwitz*

Dr. Moritz Heydrich, 1861.
Zeichnung von Ludwig Friedrich (1827 – 1916)

Heydrich, Moritz

Dichter und Schriftsteller (1820 – 1885)

Moritz Heydrich(→ *K1*), Sohn des Königlich-Sächsischen Postmeisters Gustav Eduard Heydrich, wurde am 13. März 1820 in Dresden geboren. Nach dem Besuch der Leipziger Thomasschule ging er 19-jährig zur dortigen Universität und ab 1842 zur Universität nach Berlin zum Studium der Philologie, Literaturwissenschaft und Geschichte. Er schloss das Studium mit dem Doktorgrad Dr. phil. ab. 1852 heiratete er Emilie geborene Schreiter, »des Brunnenmeisters Töchterlein von der Feste Königstein«, und erwählte für sich und die Familie Loschwitz als Wohnort. In diesem Jahr lernte er auch *Ludwig → Richter* kennen (1803 – 1884, → *K1*), der als Sommergast in Loschwitz weilte. Beide Männer verband fortan eine enge Freundschaft. 1854 wurde sein einziger Sohn Max, später Pfarrer in Ottendorf bei Pirna und Krögis bei Meißen, geboren.

Das 1852 für 1.200 Taler erworbene Wohnhaus, heute Veilchenweg 20, trägt über der Tür Heydrichs Wahlspruch: »Immer heiter, Gott hilft weiter.« Dieses von ihm bearbeitete Lebensmotto ist zusammen mit 183 anderen Gedichten in seinem Gedichtband »Sonnenschein auf dunklem Pfade« im Jahre 1870 erschienen. Als Schriftsteller schrieb er u. a. Tragödien und Lustspiele. Sowohl seine Posse »Prinz Lieschen« als auch seine historische Tragödie »Tiberius Gracchus« wurden ab den 1860er Jahren am Dresdner Hoftheater und auch an anderen deutschen Bühnen bis fast zur Jahrhundertwende gespielt. Weitere Werke des Dichters sind die Tragödie »Kaiser Octavian«, die Schauspiele »Leonore« und »Die schöne Magelone« und die Fastnachtsposse »Liebeswirren«. Für die komische Oper »Der Botenläufer von Pirna« des Berliner Hofkapellmeisters Heinrich Dorn (1800 – 1892, → *K1*), ebenfalls ein langjähriger Sommergast in Loschwitz, schrieb Heydrich das Libretto. Sein Arbeitseifer wurde allerdings oft durch Krankheit gebremst. Durch die Herausgabe der Shakespeare-Studien, -Skizzen und -Fragmente des mit ihm befreundeten Schriftstellers Otto Ludwig (1813 – 1865, → *K1*) leistete Moritz Heydrich einen wichtigen Beitrag zur Literaturgeschichte. Den Nimbus des »Loschwitzer Dorfpoeten« verdankt er seinen vielen hübschen Gelegenheitsgedichten zu Geburtstagen, Hochzeiten, Ortsereignissen oder anderen Begebenheiten, auch zu Ehren von Ludwig Richter. Als dem am 19. Juni 1884 verstorbenen Meister bereits am 28. September des gleichen Jahres das Ludwig-Richter-Denkmal (→ *Denkmale*) an der »Roten Amsel« (→ *Leonhardi-Museum*) gewidmet wurde, hielt der Dichter die Festrede. Zu diesem Zeitpunkt wohnte Moritz Heydrich schon im 1874 vom Bäckermeister Christian Gottlob Liebing neu erbauten Haus Friedrich-Wieck-Straße 24.

Um seinem Sohn das Theologiestudium zu ermöglichen, hatte der Schriftsteller sein geliebtes Domizil am Veilchenweg 1874 an den nebenan in der Villa »Bagatelle« ansässigen Direktor des Hauptstaatsarchivs Dr. Karl von Weber (1806 – 1879) verkauft. Dieser beließ wunschgemäß den Spruch über der Tür, der noch heute an den Bewohner von einst und das rege geistige Leben in diesem Hause erinnert. Hier hatte Heydrich auch seine Freundschaft mit Ludwig Richter vertieft und verinnerlicht. Dabei waren die beiden Männer recht unterschiedlich, sowohl bezüglich des Alters als auch des Temperaments: Ludwig Richter, der eher Stille, Nachdenkliche, und Moritz Heydrich, der Temperamentvolle, Laute, der öfters auch als »belebendes Element« beschrieben wird. Und doch gibt es viele Gemeinsamkeiten. Von beiden wird immer wieder ihre Naturverbundenheit erwähnt und ihre herzliche, einfühlsame Art, die offen war für kleine und größere Sorgen und Freuden der Menschen um sie herum.

In Moritz Heydrichs Tagebuch vom 21. September 1853 ist folgende Notiz zu finden: »Eigenthümlich interessant und spannend war mir F. Liszt's Besuch, der mir 2mal zu Theil ward. Eine ächt typische Zeitfigur und doch blos reproduktiv, das Non-plus-ultra eines geselligen und musikalischen Klavier-Virtuosen. Später viel mit O. Ludwig über ihn durchgesprochen: Liebenswürdig ist er, durch und durch; und er spielte auf meinem ›Hackkasten‹ Beethovens Cis-moll-Sonate, wundervoll – es war ein Triumph seiner Kunst. Nachher las ich ›die Vögel von Aristophanes‹ vor.
Bei Pohl's [Kantor] spielte er aus Beethovens D-moll-Symphonie mit Bühlow, seinem ehem. Schüler. Ein freudiges Gefühl durchzog diese Tage, in Erinnerung an vor 10 Jahren, als ich weit lief, um Liszt nur zu sehen und jetzt sucht er mich selbst auf! Sehr aufregend waren diese Tage, er ist ein Vampyr, der einem das Blut aus dem Herzen saugt, und jede stille Konzentration fast unmöglich in seiner Nähe macht.«[1]

Im Hause »Immer heiter, Gott hilft weiter« kamen die Freunde auch im Kreise von befreundeten Künstlern zusammen, z. B. mit den Malern Julius Schnorr von Carolsfeld, (1794 – 1872), Erwin Oehme (1831 – 1907, → *K2*), *Eduard → Leonhardi* (1828 – 1905, → *K1*), den Schauspielern Eduard Devrient (1801 – 1877) und Lila von Bulgowsky, den Schriftstellern Ludwig Tieck (1773 – 1853), Berthold Auerbach (1812 – 1882) und vor allem mit Otto Ludwig. Sogar der Musiker Franz Liszt (1811 – 1886, → *K2*) war bei Heydrich zu Gast und spielte auf dessen Klavier (s. Kasten S. 632). Man traf sich aus fröhlichen oder ernsten Anlässen. Dabei mögen sie auch über ihre aktuellen Arbeiten gesprochen und sie sich gegenseitig vorgelegt haben.

Der Dichter Moritz Heydrich äußerte sich kritisch zu Zeitfragen und wehrte sich gegen »phrasenhafte Romantik und schwülstige Poetologie«, die um diese Zeit von manchem Pseudodichter ausprobiert wurde; er erfreute sich vielmehr an dem einfachen, dörflich geprägten Leben und neigte in seinen Arbeiten mehr dem biedermeierlichen Realismus zu. Auch der Maler Ludwig Richter ärgerte sich über eine technisch schlechte Wiedergabe seiner Holzschnitte und äußerte sich kritisch gegen die »Moderne«. Beide Männer waren davon überzeugt, dass das deutsche Haus und die Familie »Perlen« sind, die es festzuhalten gilt im aufkeimenden Zeitalter des Sozialismus und des Materialismus in der zweiten Hälfte des 19. Jahrhunderts. Die Begegnungen regten auch zu Gesprächen an über »immer schärfer fordernde religiöse Fragen«. Man kann von einer echt ökumenischen Freundschaft sprechen; denn der Katholik Ludwig Richter und der Protestant Moritz Heydrich tauschten ihre religiösen Erfahrungen und tiefsten Lebensweisheiten aus, sprachen sich in schweren Stunden gegenseitig Mut zu und genossen dankbar die »Wohltaten Gottes«, die sich ihnen in der Natur offenbarten. So sagte Moritz einmal, als sie durch lästige Sommerhitze geplagt waren: »Man atmet auf und fühlt immer freudiger Gottes Gnade in der Schönheit der stillen ländlichen Loschwitzer Waldnatur«. Beide Männer fühlten sich getragen von großem Gottvertrauen. Aus erhaltenen Briefen ist bekannt, dass beide Männer gern reisten, allerdings genauso freudig wieder zurück nach Loschwitz kamen. Wenn die finanziellen Mittel ausreichten, fuhr Moritz Heydrich zur Kur nach Franzensbad, wodurch er sich durch die warmen Moorbäder Erleichterung für seine Schmerzen erhoffte, die ihn an seiner schriftstellerischen Arbeit behinderten. Auch der Maler fuhr im Alter zur Kur und Moritz freute sich schon auf seine Rückkehr und die »gemeinsamen Waldwanderungsgespräche«. Eine Reise unternahmen die Freunde im Herbst 1863 zusammen. Sie reisten über München – wo sie einen Abend mit dem damals noch unbekannten Wilhelm Busch (1832 – 1903) verbrachten – nach Berchtesgaden, Salzburg und Wien. Heydrich schwärmte besonders von Salzburg als dem Glanzpunkt der Reise mit seiner »Mozartischen Atmosphäre und seiner gemütlichen Behäbigkeit« und den schönen Gesprächen bis tief in die Nacht. »Gott sei Dank, daß ich diese Reise erleben durfte, die mich freudig gemacht hat, besonders durch die Gesellschaft des lieben Meisters Ludwig Richter, mit dem wir uns innig verbunden wissen.«

Moritz Heydrich starb am 27. Januar 1885; sein Grab befindet sich auf dem Loschwitzer *→ Friedhof*. **Ursula Wessel**

Zitat:
1 Heydrich, Moritz; Tagebücher 1850 – 1875
Quellen: 520, 911

Dr. Moritz Heydrich, links stehend, bei einem Ausflug um 1870 und rechts stehend Hofkapellmeister Heinrich Dorn *Foto: August Kotzsch*

Hochzeitsspruch von Moritz Heydrich

Noch ist das Haus nicht eingeweiht,
Noch ist sie fern, die Einzugszeit-
Doch Wirt und Wirtin ziehen ein
Im hochzeitlichen Frühlingsschein.

Und jeder bringt dem jungen Paar
Herzlichen Glückwunsch freudig dar.
Das neue Haus grüßt auch und spricht:
Kommt bald herein und zögert nicht!

Auch aus dem alten Nachbarhaus
Im Vogelbauer schaut hinaus
Ein treues Haus- und Stammtischpaar,
Das jung und alt oft bei Euch war.

Es grüßt Euch herzlich,
wünscht Euch Glück,
Es denkt an die alte Zeit zurück,
Und hofft, daß auch im neuen Haus
Es oft noch wandre ein und aus.

Bewahrt auch in der neuen Zeit
Die treue Lieb' und Biederkeit,
Die hier im alten Hause war-
Dann segnet Gott Dich, liebes Paar

Dem lieben jungen Ehepaar
Herrn und Frau Demnitz jun. in Loschwitz
herzlich grüßend gewidmet
Emilie und Moritz Heydrich

Heymel, Alfred Walter; Lyriker und Verleger (1878 – 1914) → *K1* → Zeitungen und Verlage

Heyn, Eduard; Maler und Zeichner (1835 – 1914) → *K2*

Heyne-Franke, Margarethe (Margaretha); Sängerin (1892 – 1980) → *K2*

Hilscher, Rudolf; Kantor und Organist (1906 – 1977) → *K2*

Hippold-Ahnert, Gussy; Malerin (1910 – 2003) → *K2*

Hinzelmann, Vera; Schauspielerin (1905 – 2004) → *K2*

Hirsch, Ernst

Regisseur und Kameramann (* 1936)

Für den Filmemacher Ernst Hirsch (→ *K1*) war und ist Loschwitz ein Sehnsuchtsort. Hier hat er familiäre Wurzeln, hier filmte und fotografierte er, feierte mit Künstlerfreunden im Körnergarten oder im legendären Keller von *Matz → Griebel* (* 1937, → *K1*).

Ernst Hirsch wurde am 13. Juli 1936 als einziges Kind der Familie geboren. Beim Luftangriff am 13. Februar 1945 war Ernst Hirsch neun Jahre alt. Das Wohnhaus der Familie auf der Johann-Georgen-Allee (heute Lingner-Allee) wurde ausgebombt und wie tausende Dresdner verlor die Familie ihr gesamtes Hab und Gut. Die Großmutter nahm die Familie in ihrer kleinen Wohnung in der heutigen Neugersdorfer Straße auf. Dort mussten Ernst Hirsch und seine Mutter miterleben, wie der Vater von den Russen abgeholt wurde. Er wurde in ein Lager nach Mühlberg gebracht, wo er schon Ende 1946 verstarb.

Ernst Hirsch mit Frau und Kameraassistentin Cornelia. *Foto: Ernst Hirsch*

Ernst Hirsch kam 1942 in die Schule und besuchte ab 1945 auf dem Weißen Weißen Hirsch die 59. Volksschule. Bei Kohlenmangel, so erinnert er sich, fand der Unterricht in der Schule in Loschwitz statt.

Nach seiner Schulzeit lernte Ernst Hirsch den Beruf eines Feinoptikers bei Zeiss Ikon. 1953 begann er als Filmreporter für das Fernsehen. Der erste längere Film entstand in Pillnitz mit dem Titel »Schloss und Park Pillnitz«. Sein erster Film in Loschwitz war eine Reportage zum Geburtstag von Friedrich Schiller mit dem Besuch des Körnerhauses und des »Schillerhäuschens«. Der sachkundige Führer zu den Erinnerungsstätten war Otto Kotzsch (1880 – 1967). Nach dem Tod der Mutter zog Ernst Hirsch 1961 nach Dresden-Niederpoyritz an den Elbhang, wo er ein kleines Siedlungshaus gekauft hatte. Dort richtete er sich sein Filmstudio ein. Er arbeitete inzwischen im gesamten Süden der DDR als Filmreporter und später als Regie-Kameramann.

1968 heiratete Ernst Hirsch. Seine Frau Cornelia (* 1946) arbeitete mit ihm gemeinsam als Kamera-Assistentin an zahlreichen Filmprojekten mit. Am 23. März 1976 wurde Sohn Konrad (→ *K2*) geboren.

In Loschwitz trafen sich damals die Künstler der älteren und jüngeren Generation im Körnergarten (→ *Gaststätten*) und es wurden die bekannten Künstlerfeste gefeiert. Ernst Hirsch war dabei und dokumentierte das Geschehen mit der Kamera. Er hielt das Leben in Loschwitz fotografisch und im Film fest, dokumentierte das Schaffen vieler Künstler.

Zu Anfang der 1980er Jahre begann er sich

Ernst Hirsch als »Hofphotograph« August Kotzsch im Festumzug des Elbhangfestes 2003, als Modell posiert Familie Friebel jun. *Foto: Jürgen Frohse*

Familiäre Wurzeln

Etwa 1885 kam Ernst Hirschs Großvater, Ernst Martin (1857 – 1924), als junger Mann nach Loschwitz. Er arbeitete über dreißig Jahre im Sägewerk von Ernst Weigelt auf der Grundstraße. Als Zimmermann war er an einigen Bauwerken in Loschwitz beteiligt, so auch am Bau des Ateliergebäudes des Leonhardi-Museums. Sägewerksbesitzer Ernst Weigelt belohnte 1910 seinen treuen Mitarbeiter nach 25 Jahren mit einer goldenen Sprungdeckeluhr. Vor den »Uhrensammlern« 1945 sorgfältig versteckt, ist sie noch heute im Besitz von Ernst Hirsch.
Großvater Ernst Martin heiratete am 10. Juni 1894 Emma Kittner (1870 – 1945) und 1901 wurde Ernst Hirschs Mutter Else (1901 – 1961) geboren. Sie ging in Loschwitz zur Schule, und einer ihrer Lehrer war Otto Kotzsch, ein Sohn des Fotografen August Kotzsch. 1926 heiratete sie den Juristen Dr. Ernst Hirsch (1900 – 1946).
Von der Grundstraße 111 zog die Familie auf die Heinrichstraße 11b (heute An der Berglehne 16). Ernst Hirschs Großeltern waren als Hausmeister tätig und wohnten im Souterrain. Großmutter Emma Martin zog nach dem Tode ihres Mannes Ernst auf die Danziger Straße 15 (heute Neugersdorfer Straße). Als kleiner Junge war Ernst Hirsch oft bei der »Omi« auf der Danziger Straße zu Besuch. Loschwitz und Bühlau wurden zum Sprengel für das Kind. Auf dem Bühlauer Sportplatz in der Heide besuchte man die Familie Krause, die den Sportplatz betreute, oder es ging auf den Waldfriedhof zum Grab des Großvaters.

Ausstellung mit Fotografien von August Kotzsch zu dessen 150. Geburtstag 1986 im Leonhardi-Museum .
Foto: Volkmar Herre

Schutzumschlag des von Kotzschs Urenkel Volkmar Herre gestalteten Buches über August Kotzsch.

Barbara Hoene als »Schwanenprinzessin«, »Zar Saltan«, 1977 Foto: Erwin Döring, Slg. C. Mögel

mit dem Werk des → *Fotografen* August Kotzsch (1836 – 1910, → *K1*) zu beschäftigen. Anlass waren einige Fotos, die er im Nachlass der Großmutter fand. Er recherchierte, hielt erste Vorträge mit den Kotzsch-Fotografien. Der Bestand und die Kenntnisse vermehrten sich. Um 1983 hatte er etwa 700 Bilder von Kotzsch erfasst und schlug dem Verlag der Kunst in Dresden vor, ein Buch über den damals kaum bekannten Fotografen zu gestalten. Allgemein wuchs das Interesse für historische Fotos und Kotzsch war ein Meister seines Fachs. Der Vorschlag wurde angenommen und gemeinsam mit Matthias Griebel und Volkmar Herre (* 1943) gab er das Buch heraus. Binnen kürzester Zeit waren 14.000 Exemplare verkauft. Eine Ausstellung mit Bildern von Kotzsch im → *Leonhardi-Museum* hatte 12 000 Besucher, eine in diesem Museum nie wieder erreichte Besucherzahl für eine Ausstellung.

Nach dem Buch entstand noch 1988 ein Film über August Kotzsch für das Fernsehen. Nach dem Vorbild von Kotzsch fotografierte Hirsch viel in Loschwitz und sammelte weiter Fotos und Postkarten zur Ortsgeschichte. In einer späteren Ausstellung im Ortsamt wurden zahlreiche historische und eigene Fotos gezeigt.

1989 war Familie Hirsch nach München verzogen. Von 1990 bis 1994 arbeite Ernst Hirsch dort als Kameramann mit dem Münchner Regisseur Peter Schamoni (1934 – 2011) an Dokumentarfilmen mit: »Max Ernst zum 100. Geburtstag«, »Niki de St. Phalle«, »Majestät brauchen Sonne – Kaiser Wilhelm II.« u. a.

Nach Dresden zurückgekehrt, filmte Ernst Hirsch 13 Jahre lang den Wiederaufbau der Frauenkirche in einer Langzeitdokumentation von 1991 bis 2005.

Bereits 1996 fand im Leonhardi-Museum eine umfassende Ausstellung anlässlich des 70. Geburtstages von Ernst Hirsch statt. Zusammen mit Familie Hoch zeigt er seit vielen Jahren Filme zum → *Elbhangfest* im »Rosenhof« (→ *Villen*) auf der Schevenstraße. Im März 2014 gestaltete er die Wiedereröffnung des Club-Kinos im → *Lingnerschloss* mit eigenen Filmen; in diesem Kinoraum hatte er am 27. Februar 1982 seinen ersten Kotzsch-Lichtbildervortrag gehalten.

Ernst Hirsch ist Mitglied der Sächsischen Akademie der Künste und Ehrenmitglied des Fördervereins der Frauenkirche und des Semper-Clubs. Auch wenn Ernst Hirsch schon seit 2008 nicht mehr in Loschwitz, sondern »überelbisch« in Dresden-Kleinzschachwitz wohnt, so sind doch seine Verbindungen dorthin nach wie vor sehr eng. Freunde und Bekannte werden besucht, man trifft sich bei Ausstellungseröffnungen, zu Vorträgen im Ortsamt oder im Bräustübel (→ *Gaststätten*) zu Geburtstagen.

Ernst Hirsch

Quellen: 724, 897

Hirschvogel; Maler, Grafiker (* 1966) → *K1*
Hochmann, Franz; Maler (1861 – 1935) → *K2*

Hoene, Barbara
Sängerin (* 1944)

Barbara Hoene geb. Niemann (→ *K2*) wurde am 4. Februar 1944 in Cottbus geboren. Ihre ersten musikalischen Erfahrungen sammelte sie in den Kinderchören des Leipziger Rundfunks und des Leipziger Opernhauses. Dem Gesangsstudium von 1960 bis 1966 an der Hochschule für Musik »Felix Mendelssohn Bartholdy« in Leipzig – u. a. bei Kurt Seipt (1908 – 1995) – folgten ab 1966 erste Engagements am Landestheater Dessau und 1968 bis 1973 am Opernhaus Halle. Sie heiratete den Musiker Klaus Hoene (* 1936). Ihr Sohn Andreas (* 1967, → *K2*) wurde später Kammervirtuos bei der Dresdner Philharmonie, wo er bis heute tätig ist. 1973 zog die Familie nach Dresden-Loschwitz auf die Grundstraße.

Von 1973 bis zu ihrem Ruhestand 2009 wirkte sie mit sehr großem Erfolg als Sopranistin über 40 Jahre im Solistenensemble des Dresdner Opernhauses und sang viele große Partien in Opern von Mozart, Wagner, Verdi und Bizet. Am Tag nach der Eröffnung der Dresdner Semperoper 1985 war sie als Sophie im »Rosenkavalier« von Richard Strauss (1864 – 1949) zu erleben. Auch dem modernen und zeitgenössischen Opernschaffen fühlt sie sich verbunden.

Feste Gastspielverpflichtungen hatte Barbara Hoene an der Staatsoper Berlin und an den Opernhäusern von Cottbus, Chemnitz und Leipzig. Gastspiele führten sie durch ganz Europa, nach Japan und Brasilien. 1976 erhielt sie den Händelpreis der Stadt Halle und im Jahre 1980 wurde ihr der Titel einer Kammersängerin verliehen. Sie kann auf zahlreiche Rundfunk- und Tonträgereinspielungen verweisen. In den Jahren 1973 bis 1995 war Barbara Hoene ständige Solistin beim Dresdner Kreuzchor und noch heute unterrichtet sie Gesang an der Hochschule für Kirchenmusik in Dresden.

Christian Mögel

Quellen: 640, 724

Hoerner, Herbert von; Maler und Dichter (1884 – 1950) → *K2*
Hoff, Johann Friedrich; Maler und Schiftsteller (1832 – 1913) → *K1*
→ *Richter, Ludwig und sein Kreis*
Hoffmann, Arno; Schriftsteller (1862 – unbekannt) → *K2*
Hoffmann, Johanna; Artistin (1912 – 1980) → *K2*
Hoffmann, Paul; Schauspieler (1902 – 1990) → *K2*

Hofmann, Künstlerfamilie

Hofmann, Werner (1907 – 1983)
Werner Hofmann (→ *K1*) wurde am 9. September 1907 in Dresden geboren. Von 1922 bis 1924 absolvierte er in Dresden eine Lehre als Gebrauchsgrafiker. Parallel besuchte er das Abendstudium der Akademie der Bildenden Künste Dresden. 1925 begann er bei Paul Herrmann, Arno Drescher (1882 – 1971) und Georg Erler (1871 – 1950) an der Dresdner Kunstgewerbeschule das Studium der Malerei. Schon während seines Studiums war er auch als Ausstellungsgrafiker für das Deutsche Hygiene-Museum Dresden tätig. Seit 1929 war Werner Hofmann freischaffender Künstler in Dresden.

Werner Hofmann zählt zu den Gründungsmitgliedern der ASSO und war bis 1933 Mitglied dieser Vereinigung. Zu den Weggefährten in dieser Zeit gehörten unter anderen *Otto → Griebel* (1895 – 1972, → K1) und Wilhelm Lachnit (1899 – 1962, → K1), von denen er künstlerische Anregungen erhielt. Es entstanden Gemälde, Zeichnungen und Aquarelle, die dem Stil der Neuen Sachlichkeit zuzuordnen sind. Der Glaube an die politische Wirksamkeit der Kunst für eine gerechte Welt bildete eine wichtige Grundlage seines künstlerischen Schaffens. 1939 fand sein künstlerisches Werk ein abruptes Ende – Werner Hofmann wurde zum Wehrmachtsdienst eingezogen und geriet 1945 in englische Kriegsgefangenschaft. Große Teile seines Schaffens sind in der Bombennacht am 13. Februar in Dresden zerstört worden. Ebenso verbrannten die Werke, die sich im Haus des Deutschen Gemeindetages in Berlin befanden.

Werner Hofmann, 1920er Jahre
Foto: Otto John, Slg. Hofmann

Nach seiner Rückkehr nach Dresden arbeitete Werner Hofmann als Ausstellungsgestalter u.a. wieder für das Deutsche Hygiene-Museum Dresden. Ab 1949 lehrte er als Dozent für Wandmaltechniken an der Akademie für bildende Künste Dresden, die sich 1950 mit der Hochschule für Werkkunst zur Hochschule für Bildende Künste (HfBK) vereinigte.

Gemeinsam mit Otto Griebel gehörte Hofmann zu den Mitbegründern der Arbeiter- und Bauern-Fakultät. 1952 eröffnete diese an der HfBK eine künstlerische Abteilung, deren Rektor bis 1954 Werner Hofmann wurde. Anschließend war er wieder als freischaffender Maler, Grafiker und Ausstellungsgestalter in Dresden tätig. Für sein gesellschaftliches Engagement und sein künstlerisches Werk wurde er 1969 und 1979 mit dem Vaterländischen Verdienstorden in Bronze und Silber ausgezeichnet.

Von 1937 an wohnte Werner Hofmann in Dresden-Loschwitz in der Pillnitzer Landstraße 57. Im benachbarten → *Künstlerhaus* hatte er zunächst sein Atelier, bevor er später auch dort wohnte. Werner Hofmann starb am 10. August 1983 in Dresden.

Noch im gleichen Jahr wurde in Dresden sein künstlerisches Schaffen in einer umfangreichen Ausstellung gewürdigt. Über 200 Gemälde, Zeichnungen und grafische Arbeiten konnten zusammengetragen werden.

Werner Hofmann, Am Friedhof Loschwitz, o. J., Aquarell *Städtische Galerie Dresden*

Veit Hofmann, 2014 *Foto: Peter Hofmann*

Hofmann, Veit (* 1944)
Veit Hofmann (→ *K1*) wurde im letzten Jahr vor Kriegsende am 30. April 1944 als Sohn von Werner Hofmann und dessen Ehefrau Erika (1910 – 1998) in Dresden-Loschwitz geboren. 1958 begann er eine Lehre als Buchdrucker. Von 1967 bis 1972 studierte er an der Hochschule für Bildende Künste (HfBK). Seine Leh-

Veit-Hofmann-Ausstellung im Alten Stadtsaal Speyer, 2000 *Foto: Matthias Creutziger*

rer waren Herbert Kunze (1913 – 1981), Gerhard Kettner (1928 – 1993) und Franz Tippel (1923 – 2010). Ein großer Einfluss auf seine künstlerische Entwicklung ging vom Loschwitzer Künstlerhaus aus, in das Veit Hofmann hineingeboren wurde. Prägend waren die permanente Präsenz von Kunstwerken verschiedenster Handschriften und die selbstverständlichen Auseinandersetzungen über Farbe, Form und Komposition. Seit 1972 lebt und arbeitet Veit Hofmann als freischaffender Künstler in Dresden. Er ist verheiratet mit Katalin (* 1950). Seit 1985 hat er sein Atelier im Loschwitzer Künstlerhaus.

Veit Hofmann besitzt eine große malerische Begabung, aber er ist nicht nur Maler, die Zeichnung und die grafischen Techniken sind ihm ebenso vertraut, wie er auch als Buchkünstler arbeitet. Darüber hinaus führt er Regie in poetischen Installationen und er erfand mit Otto Sander Tischbein (* 1949) die Telefonkunst. Bei allem aber ist und bleibt die Farbe unangefochtene Grundlage der künstlerischen Arbeit. Hier steht der Künstler in einem vitalen Zusammenhang mit den besten Seiten Dresdner Maltradition.

Einige Werke entstanden zusammen mit anderen Künstlern, so mit Claus Weidensdorfer (* 1931) oder mit Bernd Hahn (1954 – 2011). Mit Stefan Plenkers (* 1945) und Rainer Zille (1945 – 2005, → *K1*) bildete er eine lockere Freundesgruppe, die sich gegenseitig anregte.

Veit Hofmann setzte sich intensiv mit der Kunst Erich Heckels (1883 – 1970), Ernst-Ludwig Kirchners (1880 – 1938), Otto Muellers (1874 – 1930, → K2) und Emil Noldes (1867 – 1956) auseinander. Aber er hat früh den ihm gemäßen Personalstil gefunden und ist allen Lehrern und Anregungen gegenüber unabhängig geblieben. Er hält sich von allen ästhetischen Dogmen fern, experimentiert mit einer Vielzahl von Materialien und besitzt dabei ein ausgeprägtes Bewusstsein und Gespür für die Qualität des jeweiligen Materials. Veit Hofmann lässt die Phantasie und die Impulse der Wirklichkeit in seiner Arbeit gewähren, niemals legt er ihnen die Zügel an. Drängt die künstlerische Artikulation zur Abstraktion, so ist ihm das genauso willkommen, als wenn sich Figurationen im Bild etablieren, an die sich auch Bild-Erzählungen knüpfen können.

Der Künstler hat eine sichere Empfindung für die symbolische Deutung des Daseins. Farben und Formen sind für Veit Hofmann autonome Energieformen. Im Prozess der künstlerischen Arbeit wandelt sich die Welt-Anschauung Veit Hofmanns zur künstlerischen Form. Und in der Welt-Anschauung sind alle Anregungen einbegriffen, seine Reisen, seine Lesefrüchte und die erlebte Gegenwart.

Veit Hofmann, Das dritte Auge, 1997, Öl auf Leinwand *Städtische Galerie Dresden*

Hofmann, Paul (* 1975)
Als Sohn von Veit Hofmann wurde Paul (→ *K2*) am 4. November 1975 in Dresden geboren. Nach seinem Abitur in Dresden begann er 1995 das Studium der Werkstoffwissenschaft an der TU Dresden. Von 1997 an arbeitete er für drei Jahre als Gehilfe u. a. in der Kunstgießerei Ihle, bis er 1999 das Studium der Malerei und Grafik an der HfBK in Dresden aufnahm. Seine Lehrer waren dort u.a. Max Uhlig (* 1937, → K1), Lutz Dammbeck (* 1948), Günther Hornig (* 1937, → K1) und Siegfried Klotz (1939 – 2004). 2001 gehörte Paul Hofmann zu den Begründern der »Galerie treibhaus e.V.«. Nach seinem Diplom 2005 studierte er als Meisterschüler bei Lutz Dammbeck.

Hofmann, Peter (* 1978)
Der Bruder von Paul wurde am 19. Juli 1978 in Dresden geboren (→ *K2*). Nach der schulischen Ausbildung arbeitete er von 1995 an für zwei Jahre als Gehilfe des berühmten Druckers von Otto Dix (1891 – 1969, → *K1*), Roland Ehrhardt (1924 – 1999, → *K1*). Gemeinsam mit seinem Bruder Paul begann er 1999 das Studium der Malerei und Grafik an der HfBK in Dresden. Peter Hofmann studierte u. a. bei Max Uhlig, Lutz Dammbeck, Wolfram Hänsch (* 1944), Elke Hopfe (* 1945), Siegfried Klotz und Günther Hornig sowie die Technik der Lithografie bei Frank Walther. **Gisbert Porstmann**

Quellen: 639, 640, 724

Hofmann, Gertrud; Malerin (1882–1953) → *K2*
Hofmann-Juan, Fritz; Maler (1873–1937) → *K1* → *Rüther-Rabinowicsz*
Hofmann-Juan, Liddy; Bildhauerin (1884–1935) → *K2*

Hofmann-Stirl, Familie
Hofmann-Stirl, Helene
Sängerin (1852–1945)

Angelika Helene Stirl (→ *K2*) wurde am 22. September 1852 in Pulsnitz geboren. Ihre Eltern waren der Klempnermeister Gustav Constantin Stirl (1819–1856) und Emma geb. Waldmann (1828–1902) aus Dresden. 1853/54 kaufte diese das Haus Dammstraße 8, wozu die Dresdner Großmutter 50 % des Betrags hinzugab. Helenes Mutter war im Vorstand des Loschwitzer → *Frauenvereins* tätig und veranlasste später wegen der bestehenden Freundschaft zur Familie die Namensgebung der Loschwitzer Ludwig-Richter-Straße. Seit 1854 verbrachte Helene ihre Kindheit in Loschwitz. Im Dezember kam hier ihr Bruder Walther (1854–1901, → *K2*) zur Welt, der später Maler wurde und an der Dresdner Kunstgewerbeschule unterrichtete.

1857 kam Helene in Loschwitz zur Schule. Die Bürgerschule besuchte sie in Dresden. In dieser Zeit wohnte sie bei ihrer Tante in Dresden und kam nur am Wochenende heim nach Loschwitz.

1866, im Jahr ihrer Konfirmation, lud *Friedrich → Wieck* (1785–1873, → *K1*) sie zum Singunterricht ein. Dabei entwickelte sich eine dauernde Freundschaft mit Wiecks Schülerin Maria Chmelick, später verh. Stade (1850–1931, → *K2*). Helene sang schon im Jahr darauf in von Friedrich Wieck veranstalteten Konzerten in Loschwitz; ein erster Höhepunkt war das Konzert am 28. August 1866 mit *Marie → Wieck* (1832–1916, → *K1*) am Klavier. Neben ihrer Gesangsausbildung nahm Helene auch Klavierunterricht. Bereits mit 16 Jahren erteilte sie selbst welchen. In dieser Zeit hatte sie Begegnungen mit vielen bekannten Musikern, unter ihnen der Hofkapellmeister der Berliner Oper Heinrich Dorn (1804–1892, → *K1*), der hier im Stirlschen Haus auch gastweise wohnte, und der Berliner Dom-Musikdirektor Emil Naumann (1827–1888, → *K1*), ein Enkel *Johann Gottlieb → Naumanns* (1741–1801, → *K1*), der in der Schillerstraße 13 zu Gast war.

Eine entscheidende Begegnung für Stirl war die mit Marie Sandrini-Börner (1809–1890), der Tochter der Hoftheater-Sängerin Luigia Sandrina (1782–1869). Marie Sandrini-Börner bewirkte, dass Stirl »zur Bühne ging«. Sie reiste nach Leipzig und sang vor Herzog von Sachsen-Coburg und Gotha Ernst II. (1818–1893); danach sang sie in Coburg und als »herzogliche Hofopernsängerin« kehrte sie zurück. Hier unterwies sie der Hofschauspieler Emil Devrient (1803–1872) in der Schauspielkunst. Dabei gab sie Konzerte in Dresden, Zittau, Marienberg und anderen Orten.

Im August 1872 nahm Helene Stirl Abschied von Loschwitz. Sie zog mit ihrer Mutter nach Coburg, wo auch Herzog Ernst II. residierte. Zunächst hatte Stirl »kaum eine Rolle«[1]. Das änderte sich, als sie für eine erkrankte Kollegin einspringen musste. Danach bekam sie »eine Rolle nach der anderen«[1]. So sang sie beispielsweise die Azucena im »Troubadour«, die Elisabeth im »Tannhäuser«, den Adriano in »Rienzi«, die Gräfin im »Figaro«, die Elvira in »Don Giovanni«. Ihre Stimmlage waren Sopran und Mezzosopran; die Pamina in Mozarts »Zauberflöte« dagegen war ihr nach ihrer eigenen Aussage zu hoch. 1874 reiste sie mit ihrer Mutter über Süddeutschland und die Schweiz nach Italien. Herzog Ernst II. hatte ihr ein Stipendium gegeben, damit sie bei dem berühmten Mailänder Gesangslehrer Giovanni Battista Lamperti (1839–1910) Unterricht nehmen konnte.

1876 wechselte Stirl ihren Wohnsitz und ging nach Gotha. Im April verlobte sie sich hier mit Richard Hofmann (1852–1904), einem langjährigen Freund ihres Bruders Walther. Beide hatten an der Kunstgewerbeschule in Dresden studiert. Auf Drängen des Herzogs blieb sie noch vier Jahre und sang vor allem in Coburg, Gotha und Meiningen. Erst im Juni 1880 kehrte sie mit ihrer Mutter nach Loschwitz zurück.

Helene Hofmann-Stirl
Foto W. Höffert, Archiv OVLW

Am 31. Juli 1880 wurden Helene Stirl und Richard Hofmann in der Loschwitzer Kirche getraut. Noch am gleichen Tag reisten sie nach Plauen/Vogtland, wo sie in der dortigen »Musterzeichenschule« ihres Mannes, die sich später zu einer Kunstschule mit Museum entwickelte, ihr neues Zuhause fanden. Im Mai 1881 bekamen sie ihre Tochter Maria und im April 1887 folgte der Sohn Gottfried (1887–1961, → *K2*). »Maria zeigte sich besonders für Klavier und Gesang begabt«[1] und Gottfried hatte Freude am Geigenspiel. Mit beiden Kindern verbrachte die

Haus Dammstraße 8 (Wohnhaus Stirl) vor dem Umbau *Foto: August Kotzsch*

Helene Hofmann-Stirl in älteren Jahren
Foto: Archiv OVLW

burg, Budapest und Hamburg. Nach dem Ersten Weltkrieg wurde er Konzertmeister im Orchester des Dresdner Mozartvereins, dann Bratschist im Dresdner Streichquartett und schließlich langjähriges Mitglied der Dresdner Staatskapelle.

1908 unternahm Helene Hofmann-Stirl ihre letzte große Reise nach Italien. Gesangsunterricht gab sie noch bis über ihr 70. Lebensjahr hinaus. Hochbetagt starb sie am 2. Januar 1945 und wurde auf dem Loschwitzer → *Friedhof* beigesetzt. **Otto R. Wenzel**

Zitat:
1 Hofmann-Stirl, Helene, Erinnerungen aus meinem Leben, maschinenschriftlich (jetzt im Stadtarchiv)
Quellen: 39, 537, 640, 824, 1000

Homrich, Martin; Sänger (* 1974) → *K2*
Höpner, Robert Emil; Musiker (1846 – 1903) → *K2*

Günter Hörig um 1955 *Foto: Heinz Dörr*

Hörig, Günter
Jazzpianist (1927 – 2009)

Mutter viele Sommer in Loschwitz bei ihrer Mutter und ihrem Bruder Walther.

1900 starb unerwartet der Bruder ihres Mannes. 1901 folgten ihm eine Tante und ihr geliebter Bruder Walther. Im November 1902 starb ihre Mutter im Alter von 74 Jahren. 1903 heiratete in Plauen ihre Tochter Maria den dortigen Pfarrer Theodor Lieschke. Im gleichen Jahr unternahmen Helene Hofmann-Stirl und ihr Mann eine Reise nach Bayern, Tirol und der Schweiz. Es sollte die letzte sein. Am 24. November 1904 starb in Plauen ihr Mann nach kurzer schwerer Krankheit. Er wurde auf dem Loschwitzer Friedhof beigesetzt. Im Frühjahr 1905 verließ die Witwe mit ihrem Sohn Plauen und zog wieder ins Loschwitzer Haus. Die Tochter blieb in Plauen, wo sie im August ihre Tochter Rosemaria zur Welt brachte. Sie wurde später Schauspielerin und gab sich den Künstlernamen Rose Stirl (1905 – 1940, → *K2*).

Nach dem Tod ihrer Mutter wurde Helene Hofmann-Stirl alleinige Erbin des Loschwitzer Grundstücks Dammstraße 8. Das Haus hatte die Mutter 1892 durch den Loschwitzer → *Baumeister* Bruno Anders im Stil der Zeit umbauen lassen. Die Tochter führte nun die Tätigkeit ihrer Mutter im Loschwitzer Frauenverein fort und wurde Ehrenmitglied im → *Ortsverein*. Sie unterstützte ihren Sohn bei seinem Studium am Königlichen Konservatorium Dresden. Nach der Abschlussprüfung verließ er Loschwitz und ging nach Wien, um weiter zu studieren. Erste Anstellungen führten ihn dann nach Alten-

Geboren am 27. Mai 1927 in Dresden, wuchs Günter Hörig (→ *K1*) in einfachen bürgerlichen Verhältnissen in der Dresdner Neustadt auf. Den ersten Klavierunterricht erhielt er mit sechs Jahren. Schon während der Schulzeit, die er 1945 mit dem Abitur an der Dresdner Dreikönigsschule abschloss, beschäftigte er sich mit Unterhaltungsmusik und im Verborgenen mit dem damals verbotenen Jazz. Am 13. Februar 1945 ausgebombt, fand Hörigs Familie in Radebeul ein neues Zuhause.

Von 1947 bis 1952 absolvierte Günter Hörig ein klassisches Kapellmeister-Studium an der Akademie für Musik und Theater in Dresden, unter anderem bei Fidelio F. Finke (1891 – 1968) und Ernst Hintze (1893 – 1965, → *K2*). Bereits während des Studiums wirkte er, vom Lehrkörper der Akademie teils mit Argwohn beobachtet, als Jazzpianist. Von 1948 an war er Mitglied im Orchester Heinz Kretzschmar (* 1926), bis die Band 1951 die DDR verließ. Hörig, vor dem Staatsexamen stehend, blieb als einziger in Dresden und schloss sich Ende 1951 den Dresdner Tanzsinfonikern an. 1952, nach dem Erhalt des Kapellmeisterdiploms, widmete er sich gänzlich der Unterhaltungsmusik. 1953 übernahm Günter Hörig die Leitung der Dresdner Tanzsinfoniker, deren weitere Entwicklung untrennbar mit seinem Namen verbunden war. Die durch einen unverwechselbaren Sound und höchste Spielpräzision geprägte Band entwickelte sich schnell zu einem der renommiertesten Jazz- und Tanzorchester im Osten Deutschlands und sollte diese Ausnahmestellung über Jahrzehnte beibehalten. Bis in die Mitte der 1950er Jahre wegen ihrer unbeirrbaren Jazzorientierung zahlreichen kulturpolitischen Anfeindungen ausgesetzt, spielte die Band eine Wegbereiterrolle für die Etablierung des Jazz in der DDR. Der Durchbruch gelang im Juli 1956, als die Dresdner Tanzsinfoniker im Kongreßsaal des Hygienemuseums Dresden das erste offizielle Jazzkonzert der DDR gaben. Zur Popularität der Band führten auch zahlreiche Rundfunkaufnahmen, die ab Ende der 1950er Jahre entstanden. Ihre Vielseitigkeit bewiesen die Dresdner Tanzsinfoniker auch als Turniertanz- und Filmmusik-Orchester, mit Theater- und Musical-Aufführungen sowie der Mitwirkung an Schulkonzerten. Das Orchester bestand als eine der weltweit dienstältesten Bigbands bis 1996.

Ab Mitte der 1990er Jahre spielte Günter Hörig vorwiegend in kleineren Formationen, wobei seine Begleiter zunehmend der jungen Musikergeneration entstammten, die ihre Ausbildung an der Musikhochschule »Carl Maria von Weber« Dresden erfahren hatte. Bereits von 1962 an gab Günter Hörig sein musikalisches Wissen an junge Musiker weiter. Nach einer Anfrage des damaligen Rektors Prof. Karl Laux (1896 – 1978, → *K2*) begann er mit dem Aufbau der Fachrichtung Tanz- und Unterhaltungsmusik an der Dresdner Musikhochschule, mit dem ersten eigenständigen Studiengang für Unterhaltungsmusiker an einer deutschen

Hochschule. Zu den ersten Lehrkräften zählte auch eine Reihe von Bandmitgliedern der Dresdner Tanzsinfoniker. Günter Hörig, 1992 zum Professor ernannt, wirkte viereinhalb Jahrzehnte unter anderem als Hauptfachlehrer für Klavier, als Leiter der Hochschul-Bigband und als Studienrichtungsleiter. Viele seiner Schüler waren und sind bedeutende Musiker in Jazz, Rock und Pop. 2006 wurde Günter Hörig aus dem Lehramt verabschiedet und zum Ehrensenator der Hochschule für Musik »Carl Maria von Weber« Dresden ernannt.

Günter Hörigs musikalisches Schaffen war sehr vielseitig. Neben seiner Tätigkeit als Jazzpianist, Orchesterleiter und Arrangeur schrieb er die Musik zu etwa 150 Filmen verschiedenster Genres, komponierte gemeinsame Werke für klassisches Orchester und Jazz-Bigband, Auftragswerke für Sportveranstaltungen sowie Ballettmusik. Seit den 1970er Jahren beschäftigte er sich auch mit elektronischen Tasteninstrumenten.

Günter Hörig zu Hause am Flügel, 2007
Foto: Dörte Gerlach

Günter Hörig nahm zahlreiche Auszeichnungen entgegen, unter anderem den Kunstpreis der DDR und den Martin-Andersen-Nexö-Preis der Stadt Dresden. Die Leser der Zeitung »Dresdner Neueste Nachrichten« wählten ihn bei einer Umfrage zur Jahrtausendwende in den Kreis der 100 Dresdner des 20. Jahrhunderts.

Dresdner Tanzsinfoniker unter der Leitung von Günter Hörig, 1962 *Foto: Slg. Hörig*

Viele Jahre wohnte Günter Hörig am Dresdner Elbhang, zunächst in Niederpoyritz und von 1964 bis zu seinem Lebensende dann in Loschwitz, Knoopstraße 6. In seinen letzten Lebensjahren trat er nur noch selten auf. Sein letztes Konzert gab er im November 2008 in Dresden, ein Klavier-Duokonzert gemeinsam mit seinem Sohn Tobias Hörig (* 1963). Am 17. Januar 2009 starb Günter Hörig an den Folgen einer Herzerkrankung. Sein Grab befindet sich auf dem Loschwitzer → *Friedhof*.

Seit 2010 setzt sein Sohn Tobias Hörig die Tradition der Duo-Konzerte »Jazz an 2 Klavieren« mit dem Pianisten Jürgen Umbreit (* 1960) fort. Im Jahr 2012 folgte die Gründung eines Trios unter eigenem Namen mit Frank Bartsch (* 1962) und dem Gitarristen Ralf Beutler (* 1963). **Tobias Hörig**

Quellen: 513, 901

Hornig, Günther; Maler und Grafiker (* 1937) → *K1*

Hörnig, Otto; Musiker und Organist (1868 – 1948) → *K2*

Horwath, Michael; Musiker (* 1974) → *K2*

Hübner, Julius; Maler (1806 – 1882) → *K1*

Hübner, Otto R.; Dichter, Schriftsteller und Komponist (1860 – 1928) → *K2*

Hübner, Wilhelm; Musiker, Komponist und Musikkritiker (1915 – 2004) → *K2*

Huhle, Angelika; Maskenbildnerin und Malerin (* 1958) → *K2*

Humalda von Eysinga, Cornelis Freiherr von; Sänger und Komponist (1870 – 1938) → *K2*

Hunger, Carl Wilhelm; Bildhauer (1845 – 1904) → *K2*

Hunger, Otto Wilhelm; Bildhauer (1874 – 1925) → *K2*

Hüpenthal, Hans; Gebrauchsgrafiker (1912 – 1995) → *K2*

I

Leonhardi's Tinten
Specialität:
Eisengallustinten
Das Beste
für Bücher,
Akten, Dokumente u.
Schriften aller Art.
Kopir-Tinten
Schreibtinten
Färbige
TINTEN.
Unverwaschbare
AUSZIEHTUSCHEN
IN 28 FARBEN.
Perl-Globus-Tusche
flüss. chin. Tusche
Nur echt
mit dieser
Schutzmarke
gegrundet
1826

Illmer, Willy; Maler und Grafiker (1899 – 1968) → *K2*
Illner, Walther; Maler (1874 – um 1925) → *K2*

Industrie

Kartonagenfabrik

Bautzner Straße 116

Die Geschichte dieser Fabrik geht ins Jahr 1881 zurück, als der Kaufmann Jean Scherbel (1842 – 1894) das Villengrundstück Bautzner Straße 112 im → *Simmigschen Ortsteil* erwarb. Er besaß seit 1872 in der Dresdner Serrestraße eine »Photographie-Rahmen und Album-Fabrik« und stellte im April 1881 für sein neu erworbenes Grundstück einen Antrag zum Bau einer weiteren Fabrik seiner Produkte. Aber es regte sich Widerstand. Die benachbarten Villenbesitzer äußerten Bedenken, denn es sei »die Einrichtung einer Cartonnagenfabrik beabsichtigt«, durch die die Landschaft und die »Ruhe der Gegend« beeinträchtigt würden; ferner sei mit »ungesunder Luft« und einer »Arbeiterschar« mit »mehreren hundert jugendlichen Arbeiterinnen«[1] zu rechnen. Es fällt auf, dass auch in den folgenden Schreiben auf Seiten der Nachbarn stets von einer »Cartonnagenfabrik« und beim Bauherrn und der Stadt immer von der »Photographie-Rahmen und Album-Fabrik« die Rede ist. Anfang August legte auch Oberbürgermeister Alfred Stübel (1827 – 1895) Widerspruch ein und begründete diesen mit einer möglichen Beeinflussung des Grundwassers durch Säuren. Trotzdem erhielt der Bauherr noch im gleichen Monat die Genehmigung zur Errichtung eines Fabrikgebäudes und im Oktober auch die zum Bau eines Portierhauses und eines Lagerschuppens. Im Mai 1882 konnte die Produktion aufgenommen werden, und im Juli fand die »Fabrik-Einweihungsfeier« statt.

1883 schreibt der Loschwitzer Kantor Friedrich Wilhelm Pohle (→ *Chronisten*):

Die Fabrik »beschäftigt inclusive der außer der Fabrik Arbeitenden 600 bis 700 Personen bei einem wöchentlichen Verdienste von 15 – 40 Mark pro Arbeiter und von 8 – 18 Mark pro Arbeiterin. Eine Dampfmaschine von 50 Pferdekraft treibt insgesamt 48 Stanz-, Präg-, Schleif-, Polier- und Schneidemaschinen sowie 3 große Warenaufzüge, 1 dynamo-elektrische Maschine zum Vernickeln, 3 lithographische Schnellpressen und 3 Stickmaschinen. [...] Die Fabrikation erstreckt sich auf Anfertigung von Photographie-Rahmen in allen Genres, Papp-Rahmen mit Bild und mit Spiegel, Albums, Console, montirte Porzellanschalen, Nippes, als: Fingerhut-Etuis, Zahnstocher-Etuis, Flacons, Necessaires, Federwischer, Schreibzeuge, Uhrhalter, Spiel-, Nadel- und Ascheteller, Leuchter, Feuerzeuge, Zwirnhalter, Figuren; Tula-Imitationen, als: Cigarren- und Cigarretten-Etuis, Tabaksdosen etc., gepreßte und bunte Lichtbilder, Stickereien, alle Arten Metallwaren [...], lithographische und Steindruckerzeugnisse, vielerlei Metallwaren etc. [...] Die Fabrik ist nur für Massenproduktion eingerichtet und arbeitet ausschließlich für den Export. [...] Der Jahresumsatz wird auf 1 ½ Millionen Mark angegeben.«[2]

Kartonagen-Fabrik um 1890, hinter dem Fabrikgebäude die große Lagerhalle Repro: F. Zadniček

Wenige Jahre später wurde der vorhandene Lagerschuppen auf dem Gelände vergrößert und ein weiterer kam hinzu. 1888 gründete sich eine »Actien-Gesellschaft für Cartonnagen-Industrie«, die hier ihren Sitz hatte. Nach dem Tod Scherbels wurde dessen Grundstück parzelliert und der östliche Teil mit der Fabrik (Bautzner Straße 114 und 116) im Januar 1895 von der AG gekauft. Nachdem um 1898 die alte Rahmenfabrik ihren Betrieb eingestellt hatte, wurden nun nur noch Kartonagen und Maschinen für deren Produktion hergestellt. In der Fabrik waren etwa 300 Arbeiter und Arbeiterinnen tätig. Direktor der AG war bis 1901 der in der Fischhausstraße 2 wohnende Heinrich Wollheim, dessen Sohn Gert H. Wollheim (1894 – 1974, → *K2*) später ein bedeutender Maler und Bildhauer wurde. 1897 ersetzte man den alten hölzernen Schuppen durch einen zweigeschossigen Massivbau mit fast gleich großer Grundfläche wie das Hauptgebäude.

Vorderansicht der ehemaligen Kartonagen-Fabrik (1931) vor dem Umbau zum »Heidehof« *Stadtarchiv*

Im Juni 1908 brach im Ostflügel der Fabrik ein Brand aus. Feuerwehren aus Dresden, Loschwitz und den Nachbardörfern konnten nicht verhindern, dass im östlichen und südlichen Gebäudeflügel beträchtliche Feuer- und Wasserschäden entstanden. Danach gab es von den Nachbarn Einspruch gegen den Wiederaufbau wegen erneuter Brandgefahr, Lärmbelästigung und Schädigung der Landschaft. Der Wiederaufbau und später folgende Neu-, An- und Umbauten an den Gebäuden konnten jedoch nicht verhindert werden. Daran änderte auch ein erneuter Brand 1915 in einem Schuppen nichts, der von der Belegschaft gelöscht werden konnte. 1928 war das Ende der Loschwitzer Kartonagenfabrik gekommen. Ein neuer Standort fand sich im Industriegelände in der Albertstadt.

Der Radebeuler Architekt Dr. Alfred Tischer (1884 – 1971?) kaufte 1931 den zur Bautzner Straße liegenden Teil des Grundstücks mit dem ehemaligen Fabrikgebäude und ließ es durch den Baumeister Ernst Noack zu einem Wohnhaus mit zwei Geschäftsräumen im Erdgeschoss umbauen. Es bekam den Namen »Heidehof« und konnte 1932 bezogen werden. Im Erdgeschoss eröffneten ein Fleischwaren- und ein Feinkostgeschäft, das 1937 durch ein Kolonialwarengeschäft abgelöst wurde. Die Struktur des Mittelrisalits zur Bautzner Straße ist heute noch ablesbar. Um 1940 kaufte der Literaturhistoriker Dr. Christian Gaehde (1875 – ?) den »Heidehof«. Den hinteren zur Elbe gelegenen Teil des Grundstücks mit einem bescheidenen Wohnhaus (Bautzner Straße 114) hatte 1934 der Fabrikant Gerhard Madaus (1890 – 1942, → *Ärzte*) erworben. Im Februar 1945 erlitt der »Heidehof« starke Bombenschäden.

Später wurde das gesamte Gelände von der Sowjetischen Militäradministration (SMAD) genutzt, bevor es anschließend Sitz der Bezirksverwaltung der → *Staatssicherheit* war.

Peter Mallwitz, Otto-R. Wenzel

Zitate:
1 Stadtarchiv Dresden; 8.27, I/94/216
2 POHLE, Friedrich Wilhelm, Chronik von Loschwitz, Dresden 1883 – 1887
Quellen: 824, 904, 905, 1000

Tintenfabrik Leonhardi

Grundstraße 60 – 64

Der Apothekergehilfe und Laborant Christian August Leonhardi (1805 – 1865), Sohn des Professors für neue Sprachen Johann Christian Gottlob Leonhardi (1769 – 1830) und seiner Frau Johanna Justine geb. Wangemann (1773 – 1856), gründete 1826 in Freiberg eine Firma unter seinem Namen, die Zahnperlen und eine »Haar-Tinctur« zum Färben der Haare aus eigener Herstellung vertrieb. Am 1. Oktober des gleichen Jahres heiratete er Auguste Agnesa Kotzsch (1808 – 1875) und am 19. Januar 1828 wurde ihr Sohn Eduard → *Leonhardi* (1828 – 1905, → *K1*) geboren. Die Familie wandte sich 1840 nach Dresden, wo der »Kauf- und Handelsherr« Firmenräume auf der Königsbrücker Straße, später auf der Antonstraße nutzte. 1842 zog die Familie in ein Landhaus am Rakenweg (heute Leonhardistraße) in Loschwitz, in dessen Nähe der Sohn später die Villa »Leonhardi« mit Atelier bauen ließ.

1854 kaufte Christian August Leonhardi, der von 1844 – 1857 auch Mitglied des Aufsichtsrates der »Sächsisch-Böhmischen Dampfschifffahrtsgesellschaft« und von 1846 – 1857 deren »berathender Direktor« war, Grundstücke und Gebäude der ehemaligen Loschwitzer → *Niedermühle (Vettermühle)* in der Grundstraße 60/62 für sein Unternehmen. Mit dem 1856 erworbenen Patent für eine säurefreie Alizarin-Tinte, die »frei von den Mängeln der alten trüben, dickflüssigen oft schleimigen Suspensionstinten« sei und »in solchem Grade bis dahin unbekannte, werthvolle Eigenschaften wie klarbleibende Lösung, außerordentliche Leichtflüssigkeit, angenehme intensive Färbung beim Schreiben und dauerhafte Beständigkeit auf dem Papier«[1] habe, kam der wirtschaftliche Erfolg. Gemeinsam mit den Teilhabern, den Prokuristen Johannes Peter Schotel und Friedrich Hermann Reinhold, entwickelte er die »August Leonhardi – Chemische Fabrik für Tinten – Loschwitz bei Dresden« zu einem international agierenden Unternehmen. 1865 starb der Firmengründer und das Unternehmen wurde von seiner Witwe weitergeführt, die sich auf den technischen Direktor Oswald Schluttig sowie die kaufmännische Leitung stützen konnte. Nach ihrem Tod 1875 wurde der Sohn, der Landschaftsmaler Eduard Leonhardi (1828 – 1905 → *K1*), Inhaber und nach dessen Tod führte seine Witwe Apoline

August jun., Wolfram und Eduard Leonhardi (v. l. n. r.), um 1901

Türwerbeschild, 1895
Slg. Hagen Kreisch

Die Tintenfabrik um 1876 noch mit dem Schmelzofen der Vettermühle.
Fotos (2): Jubiläumsband zum 75-jährigen Bestehen der Tintenfabrik, Slg. Leonhardi-Museum

(1840 – 1911) das Unternehmen gemeinsam mit dem einzigen Sohn August jun. (1867 – 1931, → *K1*) weiter, der 1911 Vorsitzender der neu gegründeten Kommanditgesellschaft wurde.

Der ersten großen Baumaßnahme, dem Umbau des Wirtschaftsgebäudes 1862 noch unter Leitung des Firmengründers, folgten weitere Anbauten. 1870 wurde das Mühlengebäude teilweise abgetragen, danach ein erster Dampfkessel eingebaut und der dafür notwendige Schornstein errichtet.

Das Jahr 1876 brachte die Gründung eines Zweitwerkes in Bodenbach (Dečin) sowie die Eröffnung eines neuen Stammhauses in der Antonstraße in Dresden-Neustadt.

1884 wurde das Kesselhaus für einen neuen, leistungsstärkeren Dampfkessel vergrößert und für dessen Betrieb eine neue, 20 Meter hohe Esse errichtet, die 1898 durch einen Schornstein von 35 Meter Höhe ersetzt wurde. In den 1880er Jahren erfolgten Umbauten des Zwischengebäudes als erweiterter Fabrikations- und Lagerraum. Baufreiheit war durch den bereits 1890 abgebrochenen Hüttenturm geschaffen worden. 1901 folgte ein neues Füll- und Packgebäude, genannt das »Jubiläumshaus«, da in diesem Jahr das Jubiläum der Gründung vor 75 Jahren begangen wurde. Aus diesem Anlass entstand auch eine Festmappe zur Firmen- und Familiengeschichte. Ferner wurde in Ergänzung einer Kasse für gegenseitige Hilfe in Krankheitsfällen von 1883 nunmehr eine

Gläsernes Tintenfass mit zwei Federablagen und Zierkorken, um 1875 *Slg. Hagen Kreisch*

Älteste erhaltene Tintenflasche, Steinzeug, um 1860 *Slg. Hagen Kreisch*

Höchste Auszeichnungen für Tinten:
Moskau, grosse silb. Medaille 1872.
Dresden, broncene Medaille 1875.
Graz, Ehren-Diplom . . . 1880.
Triest, goldene Medaille . 1882.

AUG. LEONHARDI
Gegründet 1826
CHEMISCHE FABRIKEN FÜR TINTEN
DRESDEN-N.
REICHSBANK-GIRO-CONTO.

Höchste Auszeichnungen für Tinten:
Amsterdam, gold. Medaille 1883.
La Louvière, gold. Medaille 1886.
Adelaide, Verdienst-Diplom I. Klasse und Medaille 1887.
Melbourne, silb. Medaille 1888/89.

Herrn [illegible]

Den mir durch [illegible]
gefälligst ertheilten Auftrag nahm ich dankbar entgegen und brachte denselben in bester Waare prompt zur Ausführung laut endstehender Rechnung, für deren Betrag Sie mich geneigtest erkennen wollen.

Hochachtend

Dresden-N., den 14 Dez. 1897

Aug. Leonhardi.

Kopf einer Rechnung, 1897 *Slg. Hagen Kreisch*

Kehrseite der Erfolgsgeschichte

Die Gemeinde musste das Werk immer wieder überprüfen lassen und bei einer Revision wurde festgestellt, dass Arbeitszeiten und Pausen sonnabends nicht eingehalten wurden. So erfahren wir aus dem Jahr 1892, dass die genehmigte Arbeitszeit von »früh 7 Uhr bis abends 7 Uhr, Ende der Arbeitszeit an jedem Sonnabend Nachm. 4 Uhr, vor jedem sonst. Fest bzw. freitags Nachm. 1/2 6 Uhr, Pausen vormittags 8 – 1/2 9 Uhr, Mittag 12 – 1 Uhr, Nachmittag 4 Uhr – 1/2 5 Uhr« sei.

In einem 1914 verfassten und öffentlich verteilten Pamphlet der Arbeiter werden weitere Missstände aufgelistet und es wird geschrieben, dass »der Lohn zu niedrig sei, die Garderobe der Frauen als Durchgang für die Männer dient, ... die Abortverhältnisse oftmals in einem trostlosen Zustand sich befinden, die Bandstreicher die schmutzigen Hände mit Äther und Spiritus reinigen müssen, bei Beginn der Arbeit die Beleuchtung ungenügend sei und gewissen betrunkenen Personen gestattet wird, im Betrieb herumzutorkeln, ja noch unfähig erachtet werden, die Botengänge bei den Herren Doktoren zu besorgen.«[3]

Anzeige, 1900 *Slg. Hagen Kreisch*

Die Tintenfabrik Leonhardi um 1900 *Foto: Hermann Kotzsch,*

Walzwerkraum der Tintenfabrik, um 1900

Fotos (2): Jubiläumsband zum 75-jährigen Bestehen der Tintenfabrik, Slg. Leonhardi-Museum

Pensions-, Witwen- und Waisenkasse für die Belegschaft begründet.

1901 erwarb Eduard Leonhardi noch das Grundstück mit dem Wohnhaus Grundstraße 64 hinzu. Als letzte große Baumaßnahme entstand 1908 das zweigeschossige Packhaus, das sich an das »Jubiläumshaus« anschloss. Gebaut wurde es von dem Loschwitzer → *Baumeister Karl* → *Reichpietsch* (1859 – 1947, → *K2*), der auch schon in den Jahren zuvor an den Um- und Neubauten maßgeblich beteiligt gewesen war.

Seine Blütezeit hatte das Unternehmen in den Jahren vor dem Ersten Weltkrieg, als es neben »Pelikan« in Europa zu den Marktführern gehörte. Große Daueraufträge aus Russland und Amerika erreichten die Loschwitzer Fabrik; das Bodenbacher Werk belieferte vor allem Österreich und die Balkanländer. Leonhardi-Vertreter agierten in Tiflis (Tblissi), Kairo,

Auch über ein furchtbares Unglück ist zu berichten:
Am 20. März 1909 wird ohne Vorwarnung der komplette Tintenteich in den Loschwitzbach, die Trille, abgelassen. Zwei Kinder, Rudolf Walter Jentsch (10 Jahre), Sohn des Fleischermeisters, und Otto Emil Höhle (9 Jahre) spielen am Bach in Höhe des Grundstücks Grundstraße 5, als sie die Flutwelle mitreißt. Für die Familien ist es eine Tragödie und den Loschwitzern bleibt das Ereignis lange im Gedächtnis.

Mitarbeiter als lebende Tintenflaschen *Slg. Hagen Kreisch*

Flasche für Eisengallustinte, um 1910
Slg. Hagen Kreisch

Rabattmarke *Slg. Hagen Kreisch*

Rabattmünzen der Firma Leonhardi gab es im Wert von 1, 2, 5 und 10 Pfennigen.
Slg. Hagen Kreisch

Abreißkalender, 1908 *Slg. H. Kreisch*

Hongkong und Tokio. Außer dem Spitzenerzeugnis »Leonhardis Tinten« umfasste die Produktpalette auch Schreibmaschinenbänder für alle Systeme, Durchschreibepapier, Siegellack, Stempelfarbe und Stempelkissen sowie Tintenfässer und medizinische Glasflaschen aus dem Glaswerk in Schwepnitz, das seit 1872 im Besitz der Familie war.

Die Nachkriegsjahre, Inflation und versiegende Auslandsmärkte brachten das Unternehmen in Schwierigkeiten. Zum 100-jährigen Bestehen 1926 musste August Leonhardi jun. feststellen, dass »die Gegenwart noch nicht wieder eine Zeit geworden ist, in der man leichten Herzens Feste feiern kann«[2]. Wiederholte Kreditaufnahmen, Forderungen zum Umweltschutz durch den Landesverein Sächsischer Heimatschutz sowie Schwierigkeiten mit der Stadt Dresden, die den Ausbau der Grundstraße beabsichtigte, bereiteten dem Unternehmen existenzbedrohende Probleme. Seit 1924 gab es keine Bilanzgewinne mehr. Schließlich wurde die Loschwitzer Tintenfabrik, in welcher zuletzt 70 Arbeiterinnen und Arbeiter, acht Meister sowie 28 Angestellte beschäftigt waren, am 7. September 1928 »samt Amselberg aber ohne das Museum« für 630.000 Reichsmark an die Stadt Dresden verkauft. Die Stilllegung der Loschwitzer Fabrik erfolgte am 30. Juni 1929. An den langwierigen Verhandlungen mit den verschiedensten Behörden, Banken und Stadträten war auch der Sohn von August Leonhardi jun., Wolfram Leonhardi (1892–1979), beteiligt, der seit 1927 Prokurist in der Firma war und ab 1928 Direktor des Glaswerkes in Schwepnitz wurde.

Neuer Standort der Fabrik wurde Dresden-Trachau, Bahnhofstraße 7, wo sie unter dem

Einzige bekannte ungeöffnet erhaltene Tintenflasche, um 1885 *Slg. Hagen Kreisch*

Franz Hermann Robert Rowland, Loschwitzer Tintenfabrik Leonhardi, um 1920, Tusche/Deckweiß über Bleistift
Städtische Galerie Dresden

Kesselhaus der »Tinte« mit dem Heizer F. Gessner (links) und dem Maschinen-Meister K. Zscheile *Foto: Jubiläumsalbum/Slg. Leonhardi-Museum*

Abriss der Tintenfabrik, 1934 *Foto: Slg. Eberhard Münzner*

Mantel der »Kaubella-Aktiengesellschaft« und nach dem Zwangsverkauf des Aktienpaketes an den Konkurrenten Günther Wagner (Hannover) dann als Teil der Firma »Pelikan« mit dem Namen »Aug. Leonhardi A. G. Dresden« weiterhin firmierte. Auf dem städtischen Grundstück in Loschwitz an der Grundstraße wurde das seit 1921 zur Tintenfabrik gehörende Verwaltungsgebäude (Grundstraße 58) 1931 zu Wohnzwecken umgebaut und man genehmigte einen Teilabriss der Fabrikgebäude. In den belassenen und umzubauenden Häusern waren ein Volksbad, die Geschäftsstelle des Rates der Stadt, eine Bücherei, ein Fürsorgeamt, eine Mütterberatungsstelle, ein Standesamt, die Wohlfahrtspolizei und 22 mittlere und kleinere Wohnungen vorgesehen. Die Pläne scheiterten, wie auch der Umbau zu 42 Wohnungen als Arbeitsbeschaffungsmaßnahme im Jahre 1933. In dieser Zeit war das Gelände ein Abenteuerspielplatz für viele Loschwitzer Kinder. Die großen Räume mit Resten von Maschinenteilen faszinierten und im Winter fuhr man auf dem »Tinteteich« Schlittschuh. Im Februar 1934 begann das Friedrichstädter Abbruchunternehmen Heinrich Mätschke mit dem Gesamtabriss durch »Wohlfahrtserwerbslose«. Es sollten danach dreigeschossige Gruppenwohnhäuser entstehen, doch auch daraus wurde nichts. 1934 beschloss man, eine »einfache gärtnerische Gestaltung« zu realisieren. Die Hangstützmauern und die vorhandenen Treppenaufgänge sollten erhalten bleiben. Der »Tinteteich« wurde neu gefasst, eine Freitreppe mit Abschlussgitter und eingefügtem goldenen Stadtwappen legte man an, und ein Modell des Gänsediebbrunnens krönte die Mauer.

1944 wurde zwischen dem ehemaligen Verwaltungsgebäude und der Grünanlage ein großer Luftschutzkeller in den Berg getrieben, den viele Loschwitzer bei den Luftangriffen 1945 aufsuchten. Nach dem Krieg wurde der Stollen zugemauert, jedoch sieht man noch heute den Eingang.

Nach dem Zweiten Weltkrieg wurden das Trachauer Werk verstaatlicht, später dem VEB Kombinat Robotron angegliedert, und die Produkte unter der Marke »Barock« vertrieben. Nach der erneuten Privatisierung durch die Treuhand nach 1990 fand die Marke »Barock« eine bescheidene Marktnische.

Werbepostkarte

Die Familie Leonhardi konzentrierte sich in den Nachkriegsjahren auf das Glaswerk in Schwepnitz, wo auch Tinte und Leim hergestellt wurden. Mit der Gründung des neuen Staates DDR verschlechterten sich die Bedingungen für selbstständige Unternehmen. Rohstofflieferungen blieben aus, Aufträge mussten genehmigt werden, Wirtschaftsbeziehungen in den Westen wurden verboten. Für kurze Zeit musste Wolfram Leonhardi ins Gefängnis, ohne je verurteilt zu werden. Einer weiteren Verhaftung entzog sich die Familie 1953 durch Flucht in den Westen. Der Besitz wurde enteignet.

Das Gelände der ehemaligen Loschwitzer Fabrik wurde 1955 als Grünanlage mit Spielplatz hergerichtet, an die sich viele Loschwitzer noch gern erinnern. Unverständlich bleibt, warum das Grundstück in den 1970er Jahren der PGH Ofensetzer Dresden-Ost zugeschlagen wurde, die darauf einfachste Baracken setzte. Die gesamte Anlage begann zu verkommen. Schließlich folgte im Jahr 2002 eine Baumfällaktion am Eingang zum Ziegengrund, bei der umstürzende Bäume Mauern und Geländer massiv beschädigten und die Treppe zum Ziegengrund unpassierbar machten. **Jürgen Frohse**

Zitate

1 *Begründung zum Patentantrag*

2 *»1826 – 22. September – 1926«, Rede von August Leonhardi zum 100. Bestehen der Firma, vorliegend in gedruckter Fassung, 1926*

3 *»Zur Aufklärung an die Einwohner von Loschwitz«, Loschwitzer Anzeiger, 06. 12. 1918*

Quellen: 222, 343, 639, 890, 903, 907, 1000, 1270

VON ARDENNE GmbH
Plattleite 19/29
Die VON ARDENNE GmbH ist 1991 aus dem Forschungsinstitut *Manfred von → Ardenne* (1907–1997) hervorgegangen. In diesem Institut wurden seit 1955 in Dresden die technologischen Grundlagen entwickelt und stetig verbessert, die noch heute entscheidend für den Unternehmenserfolg sind. Dazu zählen plasmaphysikalische und Elektronenstrahl-Technologien.

VON ARDENNE entwickelt vakuumtechnologische Spezialausrüstungen und Anlagen für die industrielle Beschichtung von Materialien wie Glas, Wafer, Metallband oder Kunststofffolie. Je nach Anwendung sind diese Schichten lediglich einen Nanometer bis wenige Mikrometer dünn und verleihen den Oberflächen neue funktionale Eigenschaften. Die Kunden des Unternehmens stellen aus den beschichteten Materialien hochwertige Produkte her, wie Architekturverglasung, Absorber für solarthermische Kraftwerke, Solarmodule für die Photovoltaik, Wärmeschutzfolien für Autoscheiben oder Displays für Touchscreens. Anlagen und Komponenten aus dem Hause VON ARDENNE leisten somit einen wichtigen Beitrag zur Herstellung von Produkten, die helfen, weniger Energie zu verbrauchen oder Energie aus erneuerbaren Ressourcen zu erzeugen.

Als VON ARDENNE 1991 den Betrieb aufnahm, gehörten neben dem damaligen Geschäftsführer Dr. Peter Lenk (*1939) 66 weitere Kollegen aus dem früheren Institut zum Personal. Seither wuchs das Unternehmen stetig und beschäftigt heute mehr als 670 Mitarbeiter. Mit der technologischen Expertise und jahrzehntelangen Erfahrung im Bau leistungsfähiger Prototyp-Anlagen war man bestens gerüstet, Anlagen für die industrielle Produktion zu entwickeln. Der erste Großauftrag im Jahr 1994 verhalf dem Unternehmen zum Wiedereinstieg in den Markt für die Glasbeschichtung. Kaum zwei Jahre später hatte sich die Auftragslage so positiv entwickelt, dass die Produktionskapazitäten auf der Plattleite an ihre Grenzen stießen. In Dresden-Weißig entstand daraufhin eine zweite Betriebsstätte, die inzwischen der wichtigste Entwicklungs-, Produktions- und Logistikstandort des Unternehmens ist. Mit weltweit 50 installierten Anlagen zur Architekturglasbeschichtung ist VON ARDENNE Branchenprimus. Beschichtetes Glas verringert im Sommer das Aufheizen im Gebäudeinneren erheblich. Im Winter verhindert es den Wärmeverlust über die Glasfläche nach außen nahezu komplett. Bis zu 80 Prozent der Energie für Kühlung und Heizung können so eingespart werden.

Vertriebszentrale der VON ARDENNE GmbH, Neubau auf der Zeppelinstraße

Ein weiteres Standbein des Unternehmens sind Beschichtungsanlagen für die Dünnschicht-Photovoltaik. Auch hier zählt das Unternehmen zu den weltweit führenden Anbietern. Käufer dieser Anlagen beschichten damit Glassubstrate, aus denen Solarmodule entstehen, wie sie auf Dächern oder in Solarkraftwerken eingesetzt werden, um Strom aus Sonnenlicht zu erzeugen. Mit der hohen Produktivität, Zuverlässigkeit und Flexibilität seiner Produkte gelang es VON ARDENNE, die Krise in der Branche gemeinsam mit seinen Kunden zu meistern.

Solarmodule zur Stromgewinnung können auch auf Basis von beschichteten Silizium-Wafern hergestellt werden, die besonders für hohe Wirkungsgrade geeignet sind. Jüngste Entwicklungen des Unternehmens setzen auch hier Maßstäbe und bieten gegenüber dem Wettbewerb entscheidende Produktivitätsvorteile.

Beschichtungsanlagen aus dem Haus VON ARDENNE sind in über 50 Ländern im Einsatz und das Unternehmen erwirtschaftet inzwischen über 90 Prozent seines Umsatzes im Ausland. Deshalb setzt der Konzern konsequent auf Kundennähe und wächst weltweit mit Tochtergesellschaften in China, Malaysia, Taiwan, den USA und Japan.

Das Unternehmen hält mehr als 800 Patente und zählt zu den TOP50 der aktivsten Patentanmelder in Deutschland. Damit leben im Unternehmen die Werte fort, die schon für Manfred von Ardenne Grundlage seines Schaffens waren: wissenschaftliche Akribie, die Suche nach innovativen Lösungen, qualitätsbewusstes, nachhaltiges Handeln und Zuverlässigkeit. Die VON ARDENNE GmbH befindet sich im Besitz der Familie von Ardenne.

Ingo Bauer

Quellen: 724, 725

GC330H, installierte Beschichtungsanlage für Architekturglas bei einem Kunden
Fotos (2): VON ARDENNE Corporate Archive

Irmscher, Tobias; Jurist und Musiker (* 1975) → *K2*

Der Kaiser kommt!

Original-Burleske

für 6 Herren und 2 Damen

von

Oskar Junghähnel.

Op. 556.

Preis M. 4.–

Jäckel, Hildegard; Fotografin (1903–1974) → *Handw. u. Gew./Fotografen*
Jacobi, Lotte; Sängerin (1905–1999) → *K2*
Jaedicke, Carl; Schauspieler (1879–nach 1944) → *K2*
Jaeger, Gerd; Bildhauer, Maler und Grafiker (* 1927) → *K2*
Jaeger, Renate; Grafikerin und Textilgestalterin (* 1933) → *K2*
Jahn, Dieter; Musiker (1938–2000) → *K2*
Jahn, Georg; Maler und Grafiker (1869–1941) → *K1*
Jahn, Horst; Musiker und Zahnarzt (* 1916) → *K2*
Janecke, Cornelia; Malerin und Grafikerin (* 1954) → *K2*
Jank-Hoffmann, Karl; Sänger (vor 1900–?) → *K2*
Janowitz, Hans; Schriftsteller (1890–1954) → *K2*
Jantsch, Carl; Maler und Restaurator (1871–?) → *K2*
Jaroslawski, Hans-Georg; Musiker (* 1948) → *K2*
Jaroslawski, Margarethe; Kunsthandwerkerin (* 1927) → *K2*
Jaroslawski, Werner; Musiker (1923–1997) → *K2*
Jasmand, Bernhard; Kunsthistoriker und Maler (1891–1986) → *K2*
Jasmand(-Grossmann), Edith; Malerin und Grafikerin (1896–1985) → *K2*
Jess, Wolfgang; Verleger (1885–1945) → *K2* → *Zeitungen und Verlage*
Jeßberger, Bettina; Musikwissenschaftlerin (* 1959) → *K2*
John, Holger; Maler und Grafiker (* 1960) → *K2*
Josef, Anton; Maler (1856–1942) → *K2*
Jost, Wilhelm; Architekt (1887–1948) → *K2*

Jüchser, Hans

Maler, Grafiker (1894–1977)

Hans Jüchser (→ *K1*) gehört zu den bedeutenden Vertretern einer gegenständlichen Kunst nach 1945. Der koloristisch aufgefassten Malerei seines Spätwerkes gebührt ein hoher Rang innerhalb der deutsch-deutschen Kunst. Als Sohn eines Lehrers wurde Hans Jüchser am 14. Juli 1894 in Chemnitz geboren. Er besuchte dort die Volksschule und anschließend das Königlich-Sächsische Lehrerseminar in Stollberg/Erzgebirge, wo er durch den Kuehl-Schüler Alfred Hofmann-Stollberg (1882–1962) gefördert wurde. Nach dem Kriegsdienst von 1915 bis 1918 und einer kurzen Tätigkeit als Hilfslehrer in Bockau kam Jüchser 1919 nach Dresden. Er

Hans Jüchser im Atelier im Künstlerhaus Foto: Hermann Koenigs, Slg. Kunstausstellung Kühl

studierte hier von 1919 bis 1922 an der Akademie für Kunstgewerbe bei Arno Drescher (1882–1971) und Georg Erler (1871–1951) sowie anschließend bis 1928 an der Akademie der Bildenden Künste Dresden u. a. bei Otto Hettner (1875–1931) und Ludwig von Hofmann (1861–1945, → *K1*).

Ab 1921 lebte er bis zu seinem Tod im »Talhaus« in Dresden-Wachwitz, Wachwitzgrund 56. Sein Atelier hatte er von 1931 bis 1934 Pillnitzer Landstraße 126 in Dresden-Wachwitz und später ab 1950 im Loschwitzer → *Künstlerhaus*. Beide Ortschaften waren Lebens- und Arbeitsort und inspirierten ihn zu zahlreichen Werken mit Motiven aus seinem unmittelbaren Lebensumfeld. Hans Jüchser hatte 1927 Paula geb. Schmidt (1892–1955) geheiratet. Aus dieser Ehe stammt der spätere Architekt Jürgen Jüchser (* 1929, → *K2*). Nach dem Tod seiner Ehefrau Paula heiratete er 1959 seine zweite Ehefrau Helga geb. Schütze (* 1938).

Das frühe künstlerische Werk, besonders die Bildnisse, sind durch einen melancholischen Ausdruck und das Interesse an den sozialen Lebensumständen der Porträtierten gekennzeichnet. Das wird z. B. deutlich in seinen Bildern »Bauernjunge« von 1926 und »Melancholie« (Paula Jüchser) von 1931. Stilistisch verband er dort zunächst die spätimpressionistische Dresdner Maltradition mit einer expressiven Farbigkeit, wie sein »Elbhafen Loschwitz« von 1924 zeigt. Zunehmend verfestigten sich die Formen. Von Mitte der 1930er Jahre an fand Hans Jüchser zu einer koloristischen Farbauffassung.

Hans Jüchser war von 1931 bis 1933 Mitglied der »ASSO« (Assoziation revolutionärer bildender Künstler), 1932 bis 1936 der »Dresdner Sezession 1932« und gehörte zu dem freundschaftlich verbundenen Künstlerkreis »Die

Hans Jüchser, Elbhafen Loschwitz, 1924, Öl auf Leinwand, 63,5 x 79,5 cm, Privatbesitz Dresden Foto: Herbert Boswank, Dresden, Copyright für Hans Jüchser: VG Bild-Kunst Bonn

Hans Jüchser, Wachwitzgrund, 1950, Öl auf Leinwand
Städtische Galerie Dresden

»Büste mit Blumenkopfschmuck«, 1968, Holzschnitt. Diese Arbeit war das Plakatmotiv für die Gedenkausstellung in der Galerie Kühl zum 25. Todestag und Kunstseite im Elbhang-Kurier 2/2002.

Sieben« mit *Johannes → Beutner* (1890 – 1960, → *K1*), Erich Fraaß (1893 – 1974), *Otto → Griebel* (1895 – 1972, → *K1*), Karl Kröner (1882 – 1972, → *K2*), Paul Wilhelm (1886 – 1965) und Fritz Winkler (1894 – 1964, → *K2*). Freundschaftlich verbunden war Jüchser zudem mit dem künstlerisch gleichgesinnten Otto Niemeyer-Holstein (1896 – 1984) in Lüttenort auf Usedom.

Nach Kriegsdienst im Zweiten Weltkrieg von 1940 bis 1945 und anschließender Gefangenschaft bis 1949 entwickelte Hans Jüchser nach seiner Rückkehr nach Dresden ein konsistentes künstlerisches Spätwerk. Mehr noch als in seinen frühen Arbeiten wurde für ihn sein einstiger Lehrer Otto Hettner prägend, der, angeregt durch Hans von Marées (1837 – 1887) monumentale Kompositionsprinzipien mit den modernen Bildauffassungen von Paul Cézanne (1839 – 1906) und Pablo Picasso (1881 – 1973) verbunden hatte. Es entstanden weiterhin Werke mit Motiven aus Loschwitz und den umliegenden Ortschaften des Elbhangs. Neben Bildnissen schuf Jüchser von 1950 an eine Werkgruppe mit biblischen Figurenbildern. Während dort die bildnerische Reflektion der Verhältnisse zwischen Mann und Frau offenbar

Anlässlich der Ausstellungseröffnung bei Kühl 2002 saß Helga Jüchser erneut »Modell« vor dem 1956 entstandenen Bildnis »Helga«.
Foto: Heinz Weißflog

werden, stehen in einer kleinen Reihe von Clown-/Harlekin-Bildern die Stellung des Künstlers sowie allgemein gefasst das (zwischen-)menschliche Miteinander im Vordergrund der Bildaussage. Das gegenständliche und ebenso das informelle Werk der 1960/70er Jahre zeichnet sich durch einen pastosen Farbauftrag auf. Gekonnt erzielte er kreideartige, freskohafte und ebenso leuchtende, glimmende Farbwirkungen in einer insgesamt sehr nuancenreichen und sinnlichen Farbgebung. Gemälde von Hans Jüchser befinden sich heute in allen wichtigen musealen Sammlungen auf dem Gebiet der ehemaligen DDR.

Hans Jüchser starb am 13. August 1977 in Dresden und wurde auf dem Loschwitzer → *Friedhof* begraben. Den Grabstein gestaltete der Bildhauer *Friedrich →Press* (1904 – 1990, → *K1*). **Linda Karohl**

Quellen: 551, 639, 825

Jüchser, Jürgen; Architekt (* 1929) → *K2*

Jungbluth, Ernst Eduard; Bildhauer (1868 – 1949) → *K2*

Junge, Friedrich Wilhelm; Schauspieler (* 1938) → *K1*

Junghähnel, Oskar

Kabarettist, Musiker, Komponist, Schauspieler (1854 – 1925)

Oskar Junghähnel (→ *K2*) wurde am 8. März 1854 in Glauchau geboren. In Jocketa/Vogtland besuchte er die Schule und absolvierte danach in Plauen eine Lehre als Drechsler. Später heiratete er Amalie geb. Schneider (1858 – 1935, → *K2*), und im Juni 1876 wurde ihr Sohn (1876 – 1941) geboren, der Vaters Namen erhielt. Die anderen drei Kinder waren Max, der später nach Brasilien auswanderte, Elisabeth und Kurt, der als Soldat im Ersten Weltkrieg fiel. Die Familie zog bald nach Roßwein, wo sie sich sehr heimisch fühlte. Im Dezember 1878 trat der musikalisch begabte, mit einem unnachahmlichen Humor ausgestattete Junghähnel dem »Muldenthaler Quartett und Coupletsängern« bei, einem Roßweiner Gesangs- und Unterhaltungsensemble. Schon bald verfasste er für die Auftritte im Muldental Texte und Melodien. Oskar prägte die Gruppe junger Männer in der Art, dass daraus die »Junghähnel-Sänger« hervorgingen, die nach Dresden übersiedelten und im Dezember 1892 eine humoristische Herren-Sänger-Gesellschaft gründeten. Unter ihrem noch im gleichen Jahr gewählten Direktor Oskar Junghähnel traten sie nun als »Junghähnels Humoristische Sänger« auf. Mit Enthusiasmus formte der Schauspieler, Komiker, Komponist und Texter eine Truppe, die zeitweilig 13 Mitglieder zählte und zu denen bis 1895 auch Emil Winter (1860 – 1926, → *K2*), der spätere Gründer von »Tymians Thalia-Theater«, gehörte. Junghähnel schrieb die Melodien und die Texte für jeden Darsteller und den Charakter, den er verkörperte.

Zu Verlegern pflegte er ein ausgezeichnetes Verhältnis. Über 680 Bühnenwerke (einige Quellen berichten von nahezu 1000) wurden gedruckt und blieben der Nachwelt damit erhalten. So gab der Humoristika-Verlag Franz Dietrich in Leipzig zum 25-jährigen Künstlerjubiläum von Oskar Junghähnel 1895 eine Druckfassung ausgewählter Couplets heraus. Und zum 50. Bühnenjubiläum 1920 erschienen als Buch gebundene Originalszenen des Ensembles im Conrad Glaser Musikalien- und Theaterverlag in Leipzig sowie weitere Veröffentlichungen beim Leipziger Otto-Teich-Theater- und Musikverlag.

Mit einer hervorragenden Beobachtungsgabe illustrierte Junghähnel Themen des Alltags, indem er »den Leuten aufs Maul schaute«. Das traf den Nerv der Zeit und so hatten seine Aufführungen großen Zulauf und waren die Attraktion u. a. im ehemaligen Varieté-Theater »Königshof« in Dresden-Strehlen. Dort gastierte das Ensemble 13 Jahre lang, einmal jedes Jahr. Junghähnels Schaffen inspirierte dort junge Künstler, die sein Vermächtnis weiter trugen und das Varieté in Dresden bis zur heutigen Zeit etablierten, wie es auch die Aufführungen im Café Prag während der Zeit der DDR zeigten.

Oskar Junghähnel vor seinem Haus in Loschwitz

Neujahrsfeier der »Junghähnel-Sänger«, vermutlich 1905
Foto: Carl Anthes, Leipzig-Plagwitz

Oskar Junghähnel wählte Loschwitz als Mittelpunkt für sein Leben und sein Schaffen. Er zog 1896 ins Haus Körnerplatz 9 und kaufte 1898 die Schillerstraße 22, wo er fortan wohnte. Es wurde »Sängersheim« getauft und bildete bald ein kulturelles Zentrum am Elbhang. Als Wahrzeichen diente der Wetterhahn mit den Initialen OJ auf dem Dach des Hauses.

Auch im renommierten Ausflugslokal »Weißer Adler« in Oberloschwitz trat Oskar Junghähnel mit seinem »Humoristischen-Herren-Sängern« zu Beginn des 20. Jahrhunderts auf und wurde auf Werbeplakaten in einem Atemzuge mit bedeutenden Musikern seiner Zeit genannt, wie den »Grossen Concerten der Kapelle des Königlich Sächsischen Jäger Bataillons Nr. 13«.

Der ehemalige Besitz der Familie Junghähnel in der Schillerstraße 22 (Ecke Hermann-Prell-Straße), auch »Sängersheim« genannt. Hier probte die Sängergruppe und veranstaltetete kleine Konzerte. Fotos (2): Slg.Ruth Junghähnel

Oskar Junghähnels Tochter Elisabeth, nun verheiratete Schimke, wohnte 1911 bis 1931 ebenfalls hier. Der Sohn Oskar Junghähnel zog 1902 in das gegenüberliegende Haus Parkstraße 1, heutige Schillerstraße 37b. Er wurde der Geschäftsführer von »Junghähnels Humoristischen Sängern«. 1912 starb seine Ehefrau Auguste Marie geb. Höser (1880 – 1912) wenige Tage nach der Geburt des vierten Kindes und er heiratete 1914 ihre Stiefschwester Anna geb. Schröter (1887 – 1964).

Oskar Junghähnel sen. verstarb 71-jährig am 10. Januar 1925. Die Urne wurde in Dresden-Tolkewitz beigesetzt. Seine Witwe Amalie versuchte das Lebenswerk ihres Ehemanns fortzusetzen, indem sie mit ihrem Sohn Oskar jun. die Ensemble-Mitglieder wieder zusammenführte. Nach ihrem Tod 1935 wurde das Büro »Junghähnels Humoristische Sänger« in der Schillerstraße 22 geschlossen und das Haus verkauft. Oskar Junghähnel jun. starb 1941; seine Witwe wohnte noch bis zu ihrem Tod in der Schillerstraße 37b. Beide fanden ihre letzte Ruhestätte auf dem → *Friedhof* Dresden-Loschwitz. **Achim Jannasch**

Quellen: 39, 557, 640, 681, 726

Junghans, Fritz; Maler (1909 – 1975) → *K2*
Junghanß, Lisa; Konzeptkünstlerin (* 1971) → *K2*
Junghanß, Peter; Architekt und Grafiker (* 1942) → *K2*
Jungnickel, Karl; Musiker (* 1939) → *K2*,
Just, Christiane; Malerin und Grafikerin (* 1960) → *K2*

K

Kinder auf dem Hof der Kinderbewahranstalt Grundstraße 36, um 1920 *Foto: Franz Gaudernack, Archiv Kirchgemeinde Loschwitz*

Kade, Otto; Musiker, Musikhistoriker und Komponist (1819 – 1900) → *K2*
Kaiser, Karlheinz; Kirchenmusiker und Organist (* 1952) → *K2*
Kaiser, Peter; Maler und Grafiker (* 1939) → *K2*
Kalkschmidt, Eugen; Schriftsteller und Schauspieler (1874 – 1962) → *K2*
Kalkschmidt, Therese (Trissy); Malerin (1876 – 1959) → *K2*
Kapitzky-Ronnthaler, Olga; Musikerin und Sängerin (1892 – 1960) → *K2* → *Villa »Ural«*
Kaplan, Franz; Maler und Grafiker (1899 – 1986) → *K2*
Kaplan, Walter; Architekt (* 1951) → *K2*
Kästner, Erhart; Schriftsteller und Bibliothekar (1904 – 1974) → *K2*
Kästner, Georg Friedrich; Musiker (1693 – ?) → *K2*
Kaufmann, Volker; Musiker (* 1941) → *K2*
Kayser, Edmund; Musiker (1852 – 1914) → *K2*
Kayser, Paul; Architekt und Baumeister (1850 – 1921) → *K2*
Kehrer, Willy; Musiker und Komponist (1902 – 1976) → *K2*
Keilberth, Joseph; Dirigent (1908 – 1968) → *K2*
Keller, Maximilian; Maler (1880 – 1959) → *K2*
Kellig, Johannes; Maskenbildner (1890 – 1949) → *K2*
Kettmann, Jörg; Musiker (* 1956) → *K2*
Kettner, Friedrich; Kantor und Lehrer (1862 – 1913) → *K2* → *Kirchenmusik*
Kiehl, Christa; Chemikerin, Malerin und Grafikern (* 1936) → *K2*
Kießling, Anna; Musikerin (* 1972) → *K2*
Kießling, Dieter; Musiker (* 1930) → *K1*
Kietz, Theodor; Bildhauer (1829 – 1898) → *K2*

Kinderbewahranstalten und Kindergärten

Vorweg sei die Seltenheit genannt, dass fünf der nachfolgend genannten Gebäude, in denen sich die Kindereinrichtungen seit 1865 befanden, noch fast im Originalzustand vorhanden sind. Heute werden neben Tagesmüttern nur noch die beiden großen städtischen, nach dem poltischen Umbruch völlig neu errichteten Einrichtungen Fidelio-F.-Finke-Straße 11 und Winzerstraße 2 zur Kleinkinderbetreuung in Loschwitz genutzt.

Kleinkinderbewahranstalt Friedrich-Wieck-Straße 7 (1865 – 1867):
In der Sitzung des → *Frauenvereins* am 3. April 1864 auf dem Weißen Hirsch teilte die Vorsitzende des Vereins Adolphine Geyer mit, dass sie in Loschwitz das »Fiedlersche Grundstück« für die Nutzung als Kleinkinderbewahranstalt gekauft habe. Sie hatte es im Januar 1864 für 2.800 Taler erworben, umbauen lassen und im Januar 1865 dem Frauenverein geschenkt. In der Besitzurkunde für den Frauenverein heißt es: »Die Übereignung des vorgedachten Hauses an den Frauenverein erfolgt zu dem Zwecke, daß der Frauenverein, dem Wunsche der Geberin entsprechend, in demselben eine Klein-Kinder-Bewahranstalt errichte und unter seiner Obhut erhalte.«[1]

Im Frühjahr 1865 eröffnete die Kleinkinderbewahranstalt unter Leitung der vom Direktorium des Frauenvereins eingesetzten Marie Böhme als »Pflegemutter« und deren Tochter Lina als »Hausmädchen«. Aufgenommen wurden noch nicht schulpflichtige Kinder aus Loschwitz und vom Weißen Hirsch. Die Loschwitzer Kleinkinderbewahranstalt stand in der Tradition der in Deutschland bestehenden Kinderbewahranstalten und Kleinkinderschulen mit unterschiedlichen pädagogischen Konzep-

Kinder vermutlich vor der Kinderbewahranstalt Friedrich-Wieck-Straße *Foto: Slg. M. Griebel*

ten. In Dresden wurden 1830 die beiden ersten gegründet.

Der Frauenverein in Loschwitz war jedoch mit der Kleinkinderbetreuung überfordert und es kamen zu wenige Kinder. Er beendete nach zweijähriger Tätigkeit bereits 1867 diese Arbeit und konzentrierte sich fortan weiter auf die von ihm organisierte Näh- und Strickschule für Kinder im Schulalter.

Kindergarten in der »Alten Schule« Pillnitzer Landstraße 8 (etwa 1867 – 1885):
Seit etwa 1860 bestanden in Deutschland Kinderbewahranstalten und Kindergärten häufig nebeneinander. Den ersten »Kindergarten« in Deutschland stiftete 1840 mit eigenem pädagogischen Konzept Friedrich Fröbel (1782 – 1852) in Bad Blankenburg. Den ersten Kindergarten in Loschwitz gründete → *Kantor Friedrich Wilhelm Pohle* (1830 – 1892, → *K1*), der 1866 in Loschwitz seine Arbeit als Lehrer und Kantor begonnen hatte, gemeinsam mit seiner Tochter, der Kindergärtnerin Hildegard Elise Kramer. Die Kinder versammelten sich in Wohnung und Garten Pohles in der *Alten → Schule* Pillnitzer Landstraße 8. Bis etwa 1885 gab es danach in der Schule nochmals zwei kurzzeitig bestehende Kindergärten.

Kinderbewahranstalt Friedrich-Wieck-Straße 7 (1871 – 1874):
In der Dezember-Sitzung 1870 stellte der Loschwitzer Pfarrer Julius Alfred Kretschmar (1831 – 1896), der schon 1865 maßgeblich an Aufbau und Leitung der Kleinkinderbewahranstalt beteiligt war, den Antrag zur Wiederbegründung der Kinderbewahranstalt. Er nahm »mit seiner für die Sache der Bewahrung begeisterten Pfarrfrau die Sache auf's Neue in die Hand«[2], sodass die Kinderbewahranstalt am 1. Mai 1871 im alten Gebäude des Frauenvereins in der Friedrich-Wieck-Straße 7 wieder eröffnet werden konnte.

Am 10. Oktober 1873 beschloss der Frauenverein in seiner Hauptversammlung einstimmig, der Kinderbewahranstalt wegen aufgetretener Unstimmigkeiten zu kündigen. Bis Ostern 1874 musste die Räumung vollzogen sein.

Sie hat den Zweck, Kindern, die im Elternhause um der Erwerbsverhältnisse der Eltern willen nicht genügend beaufsichtigt werden können, für die Dauer des Tages Unterkommen und Pflege zu bieten und sie vor schädlichen Einflüssen auf Leib und Seele zu bewahren. Aufnahmefähig ist jedes geistig und körperlich gesunde Kind vom erfüllten zweiten Lebensjahre bis zum Eintritte in die Schule. Die Vergütung beträgt täglich 15 bez. 10 Pfennige.[2]

Friedrich-Wieck-Straße 7, Umbau zur Kinderbewahranstalt, Bauzeichnung von 1864
Stadtarchiv

Kinderbewahranstalt Grundstraße 30 und 26 (1874 – 1879):
Nachdem zunächst das heute nicht mehr vorhandene Haus Grundstraße 30 von Amalie Petzschel für 100 Taler pro Jahr gemietet werden konnte, gewährte der Maler und Tintenfabrikbesitzer *Eduard → Leonhardi* (1828 – 1905, → *K1*) ab Oktober 1874 in der ihm gehörigen Hentschelmühle (→ *Leonhardi-Museum*), Grundstraße 26, der Anstalt zum gleichen Preise ein geräumigeres Asyl.

Friedrich-Wieck-Straße 7, um 1890; am Rand links ist das Gebäude der ersten Loschwitzer »Kinderbewahranstalt« zu sehen, zu dem das Werbeschild auf dem linken Torflügel gehört. Das noch bestehende Gebäude hat heute die Adresse Friedrich-Wieck-Straße 7, rechts die Torsäule zum Nachbargrundstück Nr. 9, hinten in der Mitte steht der Neubau
Foto: Archiv Kirchgemeinde Loschwitz

Der erste Neubau Fidelio-F.-Finke Straße 3 (1879 – 1901):
Im März 1877 verkaufte der Frauenverein sein Grundstück Friedrich-Wieck-Straße 7 an das Kuratorium der Kinderbewahranstalt als juristischer Person für 10.500 Mark. Zur Finanzierung dieses Kaufes trugen nicht unwesentlich 3.000 Mark aus der Souchay-Stiftung von 1876 bei, die für einen möglichen Neubau der Kinderbewahranstalt festgelegt worden waren. Dieser Betrag kann als Start für Überlegungen zum Erwerb eines eigenen Grundstückes und der Errichtung eines neuen Anstaltsgebäudes im Garten des Grundstückes angesehen werden, da die damals genutzten Räumlichkeiten viel zu klein geworden waren.

Mit dem Bau des neuen Gebäudes wurde auf dem gleichen Flurstück, hinter dem des 1865 bezogenen, im Jahr 1878 begonnen. Im nächsten Jahr erfolgte die Fertigstellung. Nun konnten die ersten Kleinkinder aufgenommen werden. Von anfangs sieben stieg die Zahl in den nächsten Jahren auf etwa 35.

Aber auch dieses Haus war im Laufe der Zeit zu klein geworden, sodass eine Erweiterung erforderlich wurde. Dazu hatte das Direktorium der Kinderbewahranstalt, immer noch unter Leitung des Pfarrers Kretschmar in den 1890er

Beide Gebäude im Jahr 1996: Vorn das Gebäude Friedrich-Wieck-Straße 7 und dahinter das ehemalige Anstaltsgebäude Fidelio-F.-Finke-Straße 3 *Foto: Jürgen Frohse*

Jahren mehrere Baugesuche zur Erweiterung des neuen Gebäudes bzw. eines Neubaus im Garten des Grundstücks, eingereicht. Diese wurden jedoch aus unterschiedlichen Gründen abgelehnt.

1887 war auch auf dem Weißen Hirsch (Luboldstraße 18) eine Kinderbewahranstalt für »Weißer Hirsch und Oberloschwitz« eingerichtet worden, die auch aus der Loschwitzer Gemeindekasse unterstützt werden musste, da ein Teil der Kinder in Oberloschwitz wohnte.

Der zweite Neubau Grundstraße 36 (1901 – 1941/1955):

Das Direktorium der Kinderbewahranstalt, nun unter Leitung des Pfarrers Karl August Thonig (1862 – 1915), entschloss sich mit Hilfe Eduard Leonhardis, einen Neubau an anderer Stelle zu errichten. Seiner hochrangigen Stellung und seinem Engagement ist es zu danken, dass vom ersten Baugesuch, das er Anfang 1900 als Bauherr stellte, über die Erteilung der Baugenehmigung im Januar 1901 bis November 1901 durch den Loschwitzer → *Baumeister* Karl Reichpietsch (1849 – 1947, → *K2*) eine Einrichtung für 60 Kleinkinder nebst Hausmeisterwohnung erstellt werden konnte. Von Familie Leonhardi war dazu das im kleinen Dachreiter hängende Anstaltsglöcklein gestiftet worden.

1903 wurde der im Jahr zuvor beantragte und heute noch als Schuppen vorhandene »Spieleschuppen« in Gebrauch genommen. 1912/13 konnte durch eine Schenkung eine moderne Badeinrichtung angebaut werden: Wannen- und Brausebäder für Kinder sowie zwei Wannenbäder für Erwachsene mit Zugang von außen. Dieser Anbau bis an die Stützmauer zum Berghang ist ebenfalls heute noch vorhanden.

Am Freitag, dem 15. November, war der Hausmann Paul Hantzsche mit Frau und Kindern als erster in das Haus eingezogen. Schon »am Montag, den 18. November 1901 war Einweihung und Einzug der Kinder aus dem alten Heim. Die derzeitige Leiterin Fräulein Öfner hatte die kleinen Kinder, 40 an der Zahl, alle an einer langen Waschleine, in dieselbe waren lauter Knoten geknüpft und bei jedem Knoten mußte ein Kind sich anhalten und so sind sie mit Musik ins neue Heim eingezogen.«[3] Am Einzug nahmen auch die Mitglieder des Direktoriums teil, unter ihnen Gemeindevorstand Ernst Näther, Apoline Leonhardi, *Helene → Hofmann-Stirl* (1852 – 1945) » [...] und Herr Pfarrer Thonig mit Frau an der Spitze.«[3]

Da offenbar die Räume der → *Schule* für die Hortkinder im Ersten Weltkrieg nicht ausreichten und »die Mütter gezwungen sind einem Verdienst nachzugehen«, wurde für »fast nur Soldatenkinder« im Obergeschoss der Kinderbewahranstalt ein weiterer Platz eingerichtet. Auch aus diesem Grunde führte man im Sommer 1917 im Gebäude Umbauten durch, welche die Betreuung der Klein- und Schulkinder verbesserten.

Schon seit vielen Jahren fanden abends in den Räumen Veranstaltungen verschiedener → *Vereine* statt. Diese Arbeit nahm ständig zu. Für diese Zwecke erwarb 1922 die Loschwitzer → *Kirchgemeinde* für 35.000 Mark die Kinderbewahranstalt. Als zukünftiges Loschwitzer Kirchgemeindehaus sollte sie für das Leben der Kirchgemeinde eine besondere Bedeutung erlangen. Für die Funktion als Kirchgemeindehaus musste das Gebäude erneut umgebaut werden. »Die Kinderbewahranstalt für 50 bis 60 Kinder verblieb im Obergeschoss. Das Untergeschoss wurde durch den Einbau des großen und kleinen Kirchgemeindesaales, Garderoben, einer Küche und Toiletten umgestaltet«.[4]

Mit Schreiben vom 23. März 1933 wurde Pfarrer Richard Schulz (1867 – 1933) vom Jugendamt Dresden, das seit der → *Eingemeindung* von 1921 für Kinder- und Jugendeinrichtungen zuständig war, aufgefordert, »nach Verordnung des Reichskommissars des Volksbildungsministeriums [...] die Erziehung der deutschen Jugend auf den nationalen und völkischen Gedanken, auf Christentum und echte Volksgemeinschaft einzustellen [...] und [...] bis zum 1. April 1933 ausdrücklich zu erklären, ob Sie bereit sind, die Erziehung nach dem angeführten Leitsatz durchzuführen«.[5] Am 30. März gab Pfarrer Schulz dazu »folgende Erklärung ab:

Kindergruppe, wahrscheinlich bei einer Geburtstagsfeier am 28. August 1900 *Foto: Franz Gaudernack, Archiv Kirchgemeinde Loschwitz*

Kinder in einem Zimmer der Kinderbewahranstalt Grundstraße 36, um 1920 Foto: Franz Gaudernack, Archiv Kirchgemeinde Loschwitz

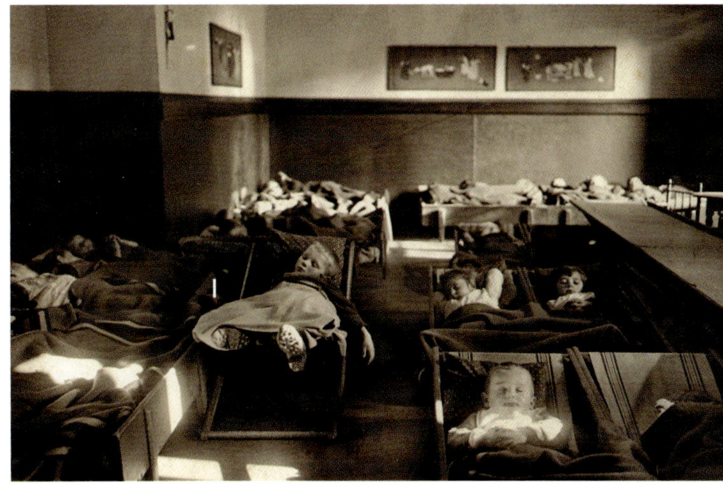

Kinder beim Mittagsschlaf in der Kinderbewahranstalt Grundstraße 36, um 1920 Foto: Franz Gaudernack, Archiv Kirchgemeinde Loschwitz

Trotz des bisher geltenden Verbotes blieb in unserem Kinderheim die Erziehung der Kinder auf den nationalen und völkischen Gedanken, auf Christentum und echte Volksgemeinschaft eingestellt. Und zu unserer großen Freude haben die Eltern [...] nach anfänglichem Murren einzelner schließlich einmütig den Segen solcher Erziehung erkannt und anerkannt [...]«[5].

In den folgenden Jahren waren in der Kinderbewahranstalt zwischen 45 und 65 Kinder im Alter zwischen zwei und zwölf Jahren meist ganztags untergebracht.

Die Kinderbewahranstalt bestand noch bis 1941. In der Verordnung des Sächsischen Ministers des Inneren vom 12. Dezember 1940 wurde den Kirchen und kirchenähnlichen Organisationen mit Wirkung vom 28.Februar 1941 der Betrieb von Kinderbewahranstalten untersagt. Daraufhin beschloss das Direktorium am 3. Februar die Auflösung. Die Kinderbewahranstalt arbeitete noch bis zum Ende dieses Monats. Die seit 1910 hier tätige Leiterin Johanna Schneider (1880 – ?) und die seit 1927 angestellte Kinderpflegerin Magdalene Colditz (1907 – 1971) mussten ihren Dienst beenden. Erstere hatte durch Bemühungen des Direktoriums auf Grund ihres Alters und Gesundheitszustandes eine Abfindung von 3.000 Mark bekommen.

Ab 1. März 1941 arbeitete die bisher selbstständige Kinderbewahranstalt weiter als »NSV-Kindertagesstätte«. Die Nationalsozialistische Volkswohlfahrt war seit 1933 eine Parteiorganisation der NSDAP. Die meisten Mitglieder des bisherigen Direktoriums der Kinderbewahranstalt gehörten jetzt zum Vorstand der nationalsozialistisch orientierten Kindertagesstätte. Die zweite Angestellte und das Hausmädchen waren vom neuen Arbeitgeber übernommen worden.

Im August 1944 war das vorläufige Ende der Kindertagesstätte gekommen, da das Gebäude für Lazarettzwecke beschlagnahmt worden war. Erst Ende März 1945 wurde es an die Kirchgemeinde zurückgegeben, weil die »Kindertagesstätte [...] dringend benötigt [wird], da die arbeitenden Mütter ihrer Tätigkeit wieder nachgehen müssen.«[6]

Nach dem Ende des Zweiten Weltkriegs und dem Zusammenbruch der nationalsozialistischen Diktatur im Mai 1945 wurde in der Sowjetischen Besatzungszone im März 1946 zwischen der Kirchgemeinde und der Stadt Dresden ein Mietvertrag für einen Teil des Obergeschosses abgeschlossen, um so die Fortführung der Kindertagesstätte zu ermöglichen. Die Einrichtung arbeitete hier bis 1955. Ab 1956 konnten die frei gewordenen Räume zusätzlich für die kirchliche Kinder- und Jugendarbeit genutzt werden.

Kindergarten Veilchenweg 7 (1955 – 2004): Von 1955 bis 2004 diente das Grundstück mit dem 1882/83 umgebauten Wohnhaus fast 50 Jahre als städtischer Kindergarten. Die dazu notwendige Generalinstandsetzung erfolgte in den Jahren 1954 und 1955. Der dafür zuständige Dienstleistungsbetrieb Wohnungs- und Grundstücksverwaltung der Stadtbezirke I und II schlug vor, dass »die Arbeiten durch freiwilligen Einsatz unserer Betriebsangehörigen und anderer Helfer [...] zur Durchführung gebracht werden«[7]. Im März 1955 erfolgte die Abnahme der Innenräume.

Kindergarten Veilchenweg 7, 1955
Foto: Slg. Eberhard Münzner

Parallel zu diesem Kindergarten gab es bis etwa 1974 einen weiteren Kindergarten im Ortsteil → *Schöne Aussicht*, Sierksstraße 33, der späteren Jugendherberge.

Da das Gebäude Veilchenweg 7 nach 1990 nicht den bundesdeutschen Anforderungen

In der DDR (1949 – 1990) war im Kinderbereich (Schulen, Kindergärten u. ä.) für freiwillige Hilfeleistungen und Kontaktpflege mit der Arbeitswelt ein System der Patenbrigaden entwickelt worden. Die Patenbrigade für diesen Kindergarten bildeten die Mitarbeiter der benachbarten Schwebebahn der Dresdner Verkehrsbetriebe. Diese konnten z. B. eine besondere Attraktion bieten, indem sie den Weihnachtsmann am Kindergarten aus der schwebenden Kabine aussteigen ließen.

Tafel am Haus Veilchenweg 7
Foto: Slg. Eberhard Münzner

entsprach, ließen z. B. nicht realisierbare Brandschutzauflagen wie eine eigene Feuerwehrzufahrt keine längerfristige Nutzung zu. Nach Fertigstellung des Neubaus an der Fidelio-F.-Finke-Straße wurde der Kindergarten 2004 geschlossen.

Kindertagesstätte Fidelio-F.-Finke-Straße 11, 2004 *Foto: Siegfried Großmann*

Kindertagesstätte Fidelio-F.-Finke-Straße 11: Am 21. Juni 2004 konnten die 39 Kinder vom Veilchenweg die neue Kindertagesstätte in Besitz nehmen. Dort hatten auch schon die zwei 1911 von Georg Türke (1884 – 1972) geschaffenen Sandsteinplastiken, ebenfalls vom Veilchenweg kommend, ihren neuen Platz erhalten. Am 28. Juni fand die offizielle Eröffnungsfeier statt.

Auf dem stadteigenen 1.636 m² großen Grundstück steht ein helles, zweigeschossiges Gebäude, entworfen von der Loschwitzer → *Architektin* Wieke Felchner-Radig (* 1970). Jede Etage hat ca. 423 m². Im barrierefreien Erdgeschoss befinden sich zwei Gruppenräume und ein Mehrzweckraum. Mehrere Funktionsräume, einer davon z. B. für Werken, und drei Gruppenräume finden in der ersten Etage Platz. Wegen des nahe gelegenen Flusses wurde ohne Keller gebaut. Das Haus wurde mit dem Ziel projektiert, den Energieverbrauch zu reduzieren. Optimal gedämmte Wände und Fenster und eine gesteuerte Lüftung, die gleichzeitig Luft zum Heizen wärmt, minimieren die Betriebskosten. Der Neubau kostete ca. 1,35 Mio. Euro. Hier sind neben 86 Kindergartenplätzen auch 10 Krippenplätze für Kleinkinder von zwei bis drei Jahren vorhanden. Es besteht eine Zusammenarbeit mit der benachbarten Schillerschule. Die Einrichtung ist rollstuhlgerecht zugängig. Es sind Kinderwerkstatt/Experimentierzimmer, Sportraum, Kinderküche, Bau- und Konstruktionszimmer, Theaterecke, Bewegungsbaustelle und Bewegungsflure vorhanden.

Das pädagogische Konzept hätte sicher auch Friedrich Fröbel gefallen: Arbeit nach dem Situationsansatz; familienbegleitend in kleiner und großer Altersmischung; Förderung der Bildungsprozesse der Kinder vom Tag der Aufnahme bis zum Schuleintritt; offene Arbeit am Vormittag; verschiedene Angebote unter Berücksichtigung der Interessen und Bedürfnisse der Kinder; Förderung der Selbstständigkeit, Neugier und Kreativität; gesundheitsbewusste Ernährung, gesundes Trinkverhalten, viel Bewegung. Außerdem werden noch in Form von Projekten ABC-Club im Schulvorbereitungsjahr, musikalische Früherziehung und Englisch begleitend an zwei Vormittagen angeboten.

Kindertagesstätte Winzerstraße 2: Am 1. Dezember 2009 konnte auch der für etwa 1,5 Mio. Euro errichtete vierte Neubau einer Kindertageseinrichtung in Loschwitz auf dem Gelände der ehemaligen Kirschplantage am Pappelwäldchen bezogen werden. Die offizielle Einweihung fand am 11. Januar 2010 statt.

»Das Gebäude setzt sich aus drei voneinander losgelösten zweigeschossigen Bausteinen zusammen. Der Ansatz, die drei Bausteine als einzeln stehende Baukörper gestalterisch jeweils separat zu behandeln, findet im Innenraumkonzept seine Fortsetzung. Das architektonische Erscheinungsbild adaptiert das Motiv ›Bienenhaus in der Kirschplantage‹. Die farbig differenziert gestalteten Gruppenfensterbereiche der ›Einflug‹-Lochfassade in überwiegender Holzverkleidung schaffen Identifikation und Orientierungspunkte für die Kinder.«[8]

Es sind 55 Krippen- und 80 Kindergartenplätze vorhanden. Als pädagogische Grundsätze sind »sozialökologische Sicht auf die familiären und institutionellen Lebenssituationen der Kinder, Schaffung optimaler räumlicher, materieller, personeller und organisatorischer Bedingungen für die Kinder, Herausfordern eigenaktiver Bildungsprozesse und Begleiten der Identitätsentwicklung der Kinder«[10] benannt. Mit der nahe gelegenen neuen Grundschule an der Pillnitzer Landstraße 38 besteht eine Kooperation bezüglich der Vorschulbildung.

»Die Wärmeversorgung des neuen Kindergartens erfolgt über eine im Technikraum installierte bivalente Wärmeerzeugungsanlage mit einer 24 kW Sole-Wasser-Wärmepumpe als Grundlasterzeuger sowie einem 38 kW Gasbrennwertkessel für Spitzenlast und Warmwasserbereitung. Als Wärmequelle für die Sole-Wasser-Wärmepumpe wurden 5 Erdsonden mit je 120 m Tiefe im Außenbereich abgeteuft. Die gewonnene Heizenergie der Wärmepumpe wird über den Pufferspeicher im Technikraum an das Heizsystem im Gebäude übergeben«.[9]

Helmut Dorschner, Otto-R. Wenzel

Zitate:
1 Archiv der Ev.-Luth. Kirchgemeinde Dresden-Loschwitz; Archiv I, Loc. X, 48
2 Pohle, Friedrich Wilhelm; Chronik von Loschwitz; Dresden 1887
3 Archiv der Ev.-Luth. Kirchgemeinde Dresden-Loschwitz; Archiv I, Loc. XX, 28
4 Münzner, Eberhard; Das Kirchgemeindehaus; in: www.kirche-loschwitz.de
5 Archiv der Ev.-Luth. Kirchgemeinde Dresden-Loschwitz; Archiv I, Loc. XX, 226
6 dto.; Archiv I, Loc. II, 1, 3, 5
7 Stadtarchiv Dresden; Sign.10-41 099
8 Noack Planung und Projektentwicklung GmbH
9 Dr. Scheffler & Partner GmbH Dresden
10 www.dresden.de/kindertagesstaetten

Quellen: 39, 229, 420, 470, 639, 640, 659, 758, 824, 1000, 1080, 1161, 1193, 1218

Kindertagesstätte Winzerstraße 2, 2013 *Foto: Siegfried Großmann*

Kirchen

Evangelische Kirchgemeinde Loschwitz

Vorgeschichte und Kirchenbau

Vorgeschichte und Gemeindegründung

Auch wenn wir nicht wissen, ab wann sich im frühen Mittelalter an der Mündung der Trille in die Elbe der slawische Siedlungskern Loscuicz, unser späteres Loschwitz, herausbildete, können wir doch mit relativer Sicherheit annehmen, dass die dort siedelnden Slawen am Beginn des 11. Jahrhunderts durch die missionarische Tätigkeit der deutschen Priester zu Christen geworden waren. Damit gehörten sie durch ihre Taufe zu der auf einem hochwassersicheren Standort in Dresden errichteten Missionskirche »Unser Lieben Frauen«. Vermutlich am Ende des 10. Jahrhunderts zunächst nur als Holzkirche errichtet, war diese Kirche eine Gründung des Meißner Bischofs im Auftrag des deutschen Königs, um die weitgehend slawische Bevölkerung des Gaues Nisan (dem heutigen Dresdner Großraum) beiderseits der Elbe zu christianisieren. So wurden von dieser Urkirche aus viele der slawischen Siedlungen durch Priester, die der slawischen Sprache mächtig waren, geistlich versorgt, wie umgekehrt die dort lebenden Menschen einen weiten Weg hatten, in der Frauenkirche die Messe zu besuchen, ihre Kinder, wenn nicht Haustaufen erfolgten, zur Taufe zu bringen, dort zu heiraten, zu beichten, die Kommunion zu empfangen und dort bestattet zu werden.

Dies galt auch für die Loschwitzer Bevölkerung bis ins späte 17. Jahrhundert. Obgleich 1539 mit der Einführung der Reformation im albertinischen Sachsen die Frauenkirche der Kreuzkirche als Filialkirche untergeordnet wurde, verblieb die Dorfbevölkerung traditionell auf die Frauenkirche verwiesen. Allein die Taufen fanden seit 1539 in der Kreuzkirche statt. Allerdings führte die wachsende Einwohnerzahl der Stadt Dresden dazu, dass ab 1575 die Toten der eingepfarrten Dörfer auf dem neu eingerichteten St. Johannisfriedhof vor den Mauern der Stadt beerdigt werden mussten.

Als nach dem Dreißigjährigen Krieg (1618 bis 1648) unter Kurfürst Johann Georg II. (1613/1656 – 1680) und dessen Nachfolgern das Land Sachsen wirtschaftlich und kulturell wieder zu erstarken begann, wuchs auch die Zahl der Einwohner in den Städten und Dörfern. 26 Dörfer rechts und links der Elbe waren damals in die Frauenkirche eingepfarrt. Auf Grund der wachsenden Zahl der Gottesdienstbesucher entstanden in der spätgotischen und teilweise baufälligen Hallenkirche oft unhaltbare Situationen. So finden sich in den Akten Vermerke darüber, dass viele Besucher auf den Dachboden der Kirche ausweichen mussten und die Gottesdienste nur über Schallöffnungen in der Kirchendecke verfolgen konnten.

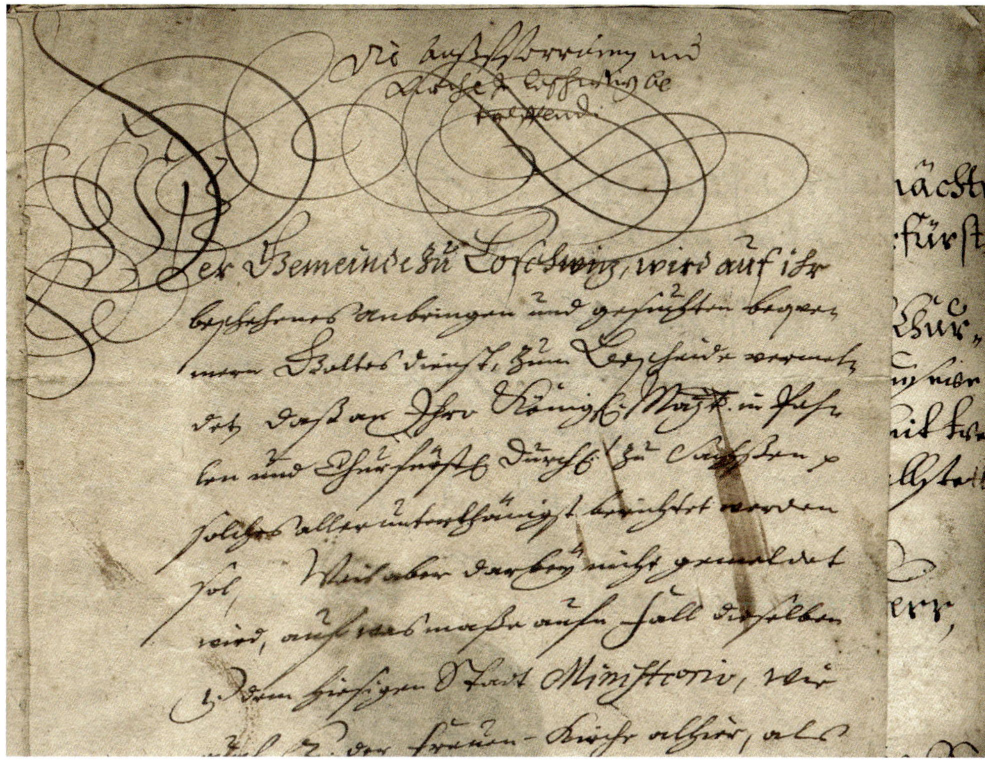

Antwortschreiben des Rates zu Dresden an die Loschwitzer vom 30. Dezember 1702 (Ausschnitt), in dem ausgeführt wird, dass zu einem Kirchbau auch die Errichtung eines Pfarrhauses und eines Kirchhofs gehören. *Archiv Kirchgemeinde Loschwitz*

Hatte 1666 das Oberkonsistorium als leitende geistliche Behörde des Landes vorgeschlagen, die schwierige gottesdienstliche wie seelsorgerliche Situation in den überfüllten Stadtkirchen durch Auspfarrung der Dörfer aus der Frauenkirche bzw. Kreuzkirche zu entspannen, so erfuhr dieser Vorschlag bei den Dörfern ein geteiltes Echo. Man wollte den Status, mit der Stadtbevölkerung in der Kirche auf gleicher Höhe und mit gleichen Rechten zusammen zu sitzen, nicht verlieren.

Entgegen dieser Haltung hatten die Loschwitzer und Wachwitzer Bewohner in dieser Zeit schon Anstrengungen unternommen, für Loschwitz eine Ausgliederung aus der Frauenkirche zu erwirken. Eine offizielle Petition (»Notarielles Instrument«) wurde in einer für den 24. Juli 1702, morgens 6 Uhr, im Loschwitzer Schulhaus anberaumten Versammlung verabschiedet. Die darin aufgeführten Gründe waren, es sei wegen Platzmangel und – vor allem im Winter – wegen zu später Öffnung der Stadttore kein angemessener Gottesdienstbesuch in der Frauenkirche mehr möglich, die Geistlichen könnten wegen Überlastung oft nicht den seelsorgerlichen Pflichten bei Kranken und Sterbenden und bei schweren Geburten nachkommen. – Diese Gründe wurden seitens des damaligen Superintendenten Dr. Christoph Schrader (1642 – 1709) geprüft und in einer sachlichen Gegenargumentation auch entkräftet. Auch gab es seitens der Stadt Bedenken hinsichtlich der finanziellen Potenz der Dörfer Loschwitz und Wachwitz, die Kosten für das Pfarrergehalt wie auch für die Kirche, die Pfarrwohnung, den Kirchhof und die dafür nötigen Grundstücke aufzubringen.

Ohne dass wir die näheren Gründe kennen, erteilte das Landesherrliche Kirchenregiment – in höchster Repräsentanz durch Kurfürst Friedrich August I. (1670/1694 – 1733) – mit dem Kontrakt vom 9. Januar 1704 den Gemeinden die Genehmigung zur Auspfarrung. Die Stadt übernahm das Patronat für Kirche und Kirchgemeinde und sicherte damit auch die finanziellen Leistungen für die Pfarrerbesoldung und den Kirchenbau ab. Bereits am 4. April wurde Magister Johann Arnold (1674 – 1732) auf die erste Pfarrstelle berufen, sodass neben einem schon seit den 1660er Jahren bestehenden Dorfschulamt nun auch ein eigenständiges kirchliches Leben für Loschwitz und Wachwitz beginnen konnte.

Kirchenbau

Mit dem Gründungsjahr 1704 begannen auch sofort die Anstrengungen zum Bau einer Kirche. Der Rat der Stadt als Patronatsherr beauftragte den Ratsmaurermeister Johann Christian Fehre (1649 – 1720, → *K1*) und den Zimmermann George Bähr (1666 – 1738, → *K1*), der erst 1705 zum Ratszimmermeister der Stadt berufen wurde, Pläne für den Bau einer Kirche zu erarbeiten. Hinsichtlich des Standorts, die Kirche nicht, wie es die Gemeinde wünschte, inmitten des Dorfes zu errichten, sondern etwas außerhalb am Wege nach Pillnitz und am Fuße des Materni-Weinbergs, spielten offenbar pragmatische Überlegungen der Stadt als Patronatsherr eine Rolle: Der Materni-Weinberg war städtisches Eigentum, sodass kein Grundstück erworben werden musste, der Standort war hochwassersicher und es bestand hier eine wesentlich geringere Brandgefahr als inmitten des Dorfes.

Nachdem schon 1704 Sandsteine aus der Sächsischen Schweiz mit dem Schiff herangebracht worden waren, begannen im April 1705 die Vorbereitungen des Baus. Sehr detailliert ist überliefert, wie in feierlicher Weise durch ausgewählte Männer der Orte Loschwitz und Wachwitz der Weinberg gerodet und die Baugrube ausgehoben wurde, »auf dass aus dem weltlichen nunmehr ein geistlicher Weinberg würde«[1]. Am 29. Juni 1705 konnte nach einem feierlichen Gottesdienst im Loschwitzer Schulhaus die Grundsteinlegung vollzogen werden. In Anwesenheit von etwa 1.000 Menschen legten der Vertreter des Kurfürsten, der Superintendent und Ratsherren der Stadt verschiedene Dokumente in ein Behältnis, das in den Grundstein eingemauert wurde.

Der Bau nahm trotz einiger Unterbrechungen einen schnellen Fortgang. Eine Bedrohung der Bewohner von Loschwitz durch das bei Radeberg liegende schwedische Heer während des Nordischen Krieges im Jahre 1706 führte sogar zu einem Erliegen des Kirchenbaus. Eine Petition von Pfarrer Arnold und zwei Kirchvorstehern im schwedischen Lager führte jedoch zu einem positiven Bescheid auf uneingeschränktes Bauen der Kirche. Ende 1706 begann man mit dem Dachstuhl, der im Mai 1707 in der Fertigstellung des kühnen Turms mit welscher Haube seinen Abschluss fand. Der Innenausbau mit den beiden Emporen und dem Kanzelaltar, der einer der ersten im Dresdner Raum war, folgte. Auch war das prächtige Deckengemälde von Johann Schiernitz fertiggestellt. Am 3. August 1708, dem Namenstag Augusts des Starken, feierte man in Anwesenheit vieler Gäste die Weihe der Kirche.

M. B!
Der geistliche Kirchen=Bau/
Welcher
Bey der GOTT wohlgefälligen Solennitæt,
Da der
Grund=Stein
Zur neuen Kirche in Loschwitz
Den 29. Junii/
ANNO CHRISTI M. DCC. V.
Glücklich geleget wurde/
Wohlmeinend und aus schuldiger Observanz
Gegen
Alle anwesende hohe und geneigte Patronos und Gönner
erwogen/
Und
Dem Herrn des Tempels
treulich anbefohlen
Von
M. Johanne Arnoldo, Pastore Loci.

ALT-DRESDEN/ Gedruckt bey Johann Michael Funcken.

Druckschrift anlässlich der Grundsteinlegung der Kirche am 29. Juni 1705 von Pfarrer Johann Arnold
Archiv Kirchgemeinde Loschwitz

Der nun fertiggestellte Kirchenbau fügte sich harmonisch in die Landschaft ein und bezeugte in seiner Architektur und inneren Gestaltung, dass Bähr und Fehre sich der von der lutherischen Reformation geprägten Vorstellung über die Rolle der Gemeinde und des Gottesdienstes verpflichtet sahen. Ausdruck dafür war der Zentralraum, der – topographisch begünstigt – auf dem Grundriss eines oblongen Oktogons beispielhaft entwickelt wurde und der in der Jahre später erbauten Dresdner Frauenkirche zu seiner Vollendung kam. Auch bezeugte die prächtige, dem Elbestrom zugewandte Schauseite der Kirche mit dem überaus reich verzierten Sandsteinportal, dass Bähr und Fehre die Kirche als von der Ferne des Stromes her unverstellt wahrnehmbares Bauwerk planten, Referenz an jeden wandernden Betrachter wie auch an die auf Schiffen vorbeigleitende höfische Gesellschaft bei ihren Fahrten nach Schloss Pillnitz.

Die beiden lateinischen Inschriften über den Portalen der Kirche symbolisieren das Gesamtwerk des Kirchenbaus: PROXIMO DATUM über dem Westportal und DEO REDDITUM über dem Südportal, verstehbar als lateinische Sentenz in der Bedeutung: »Dieses Bauwerk ist dem Nachbar als Geschenk vermacht und Gott zum Danke dargebracht«[2]. Der Begriff »Nachbar« gilt für Loschwitz als neue Gemeinde aus der Perspektive der Stadt Dresden.

Wie bei Kirchbauten üblich, wurden zahlreiche Einzelstücke im Inneren der Kirche durch Privatpersonen finanziert, so der Altar samt Kanzel, Taufstein und -schale, gleichermaßen viele Gerätschaften wie Kreuze, Abendmahlsgefäße, Leuchter und Tücher, die dem liturgischen Gebrauch dienten. Die Gemeinde war damit »Teilhaber« der Kirche und des sich in ihr vollziehenden gottesdienstlichen Geschehens.

Nachdem 1710 die Außenanlage um die Kirche fertiggestellt und das Geläut mit einem Uhrwerk mit Stundenschlag versehen worden war, dauerte es noch bis 1753, dass eine Orgel den Gottesdienst begleiten konnte. Die Orgel war aus Teilen der alten Frauenkirchenorgel durch den Orgelbauer Johann Christoph Leibner (1711–1760) gebaut worden. Aufnahmen des → *Fotografen August* → *Kotzsch* (1836–1910, → *K1*) aus der Zeit um 1890 zeigen die Kirche im Inneren als hellen Raum ohne farbige Fassungen an den Emporen, mit monochromer Marmorierung und Grisaillemalerei. Das Äußere der Kirche war offensichtlich in dem für die Barockzeit typischen Rosé-Ton abgefärbt. Farbbefunde an der Außenkehle der Kirche, die im Zusammenhang des Wiederaufbaus der Kirche entdeckt wurden, wie auch ein Aquarell des Malers August Heinrich (1794–1822, → *K2*) bezeugen die historische Farbgebung. In der fertiggestellten Kirche konnten nun insgesamt 765 Besucher Platz finden.

Loschwitzer Kirche mit Pfarrhaus (rechts), vor 1882
Foto: August Kotzsch, Archiv Kirchgemeinde Loschwitz

Umgestaltung der Kirche 1898

Ein veränderter Zeitgeist mit neuen Bedürfnissen und die offensichtliche Verschlissenheit des Raumes führten am Ende des 19. Jahrhunderts zu einer tiefgreifenden Sanierung und Umgestaltung im Inneren der Kirche. Im Jahre 1889 hatte man eine Luftheizung in die Kirche eingebaut und den dafür notwendigen Schornstein an der Nordseite der Kirche errichtet.

Nach Plänen des Blasewitzer → *Architekten* Karl Emil Scherz (1860–1945, → *K1*) begann man im Jahre 1898 die an der Nordseite der Kirche gelegenen kleinen Betstübchen abzubrechen und einen Treppenturm für die Erschließung des Dachraumes anzubauen. Dies war notwendig geworden, weil der bisherige Zugang zum Dach im Inneren der Kirche dem Neubau einer nunmehr größeren Orgel, gebaut von der Firma Jehmlich, weichen musste. Weitere markante Veränderungen im Inneren der Kirche betrafen den Altar. Er wurde an den Seiten mit zwei nach Vorlagen des Bildhauers Robert Ockelmann (1849–1915, → *K2*) gestalteten großen Apostelfiguren des Johannes und Paulus erweitert. Im oberen Abschluss des Altars, einem gesprengten Giebel, ersetzte man die in ein flammendes Herz eingeschriebenen hebräischen Schriftzeichen (Tetragramm) für den Gottesnamen JAHWE durch das Christusmonogramm. In die Fenster der Kirche wurden Glasmalereien eingefügt, unter denen die Altarfenster eine besonders reichhaltige Gestaltung erfuhren. Hier waren nach Entwürfen *Georg* → *Schwenks* (1863–1936, → *K1*) ausgeführte Darstellungen biblischer Szenen – Christus in Gethsemane und der barmherzige Samariter – zu sehen. Trugen das bis dahin schmucklos ausgeführte und gestrichene Gestühl der Kirche wie auch die sparsam ornamentierten Emporen zu einem hellen Gesamteindruck im Inneren der Kirche bei, so wich dieser nunmehr einem dem Zeitgeschmack entsprechenden Bedürfnis nach edlerem wie dunklerem Material: das Gestühl, neu und schwerer ausgeführt, wie auch alles Holz der Kirche wurden dunkel gebeizt, der Altartisch wie auch der erhöhte Vorplatz in rotem Marmor verlegt, die Fußböden erhielten neue Kacheln. 1899 wurde die umfassende Renovierung der Kirche mit dem Aufzug eines neuen Geläuts abgeschlossen.

Altarraum mit Kanzelaltar nach der Renovierung von 1898/99
Foto: Archiv Kirchgemeinde Loschwitz

Zerstörung und Wiederaufbaubemühungen

In der Nacht des 13. Februar 1945 fielen bei dem Luftangriff auf Dresden auch einzelne Bomben im Ortsgebiet von Loschwitz. Brandbomben setzten die Kirche in Brand, der mangels Helfern und funktionierender Brandschutzeinrichtungen nicht gelöscht werden konnte. Aus Augenzeugenberichten ist bekannt, dass der brennende Dachstuhl mit dem Turm auf die Straße stürzte und dadurch das daneben liegende Pfarrhaus von einer Totalzerstörung verschont blieb. Von der Kirche blieben einzig die Umfassungsmauern stehen.

Bereits im August 1945 begann man mit der Schuttberäumung und ein Jahr darauf mit Bemühungen um einen baldigen Wiederaufbau durch Gründung eines entsprechenden Ausschusses. Als weitsichtige Sicherungsmaßnahme erwies sich, dass man 1947 auf Anraten des TH-Professors Kurt Beyer (1881–1952) auf die Krone der Umfassungsmauern eine Schutzschicht aus Betonestrich aufbrachte. Diese verhinderte das Eindringen von Wasser und Frost und damit die Zerstörung des Mauerwerks, ein Umstand, der dem Jahrzehnte späteren Wiederaufbau sehr zugute kam.

Während die Kirchgemeinde die Gottesdienste nunmehr in dem Provisorium des großen Saales im Kirchgemeindehaus in der Grundstraße feierte, scheiterten in den ersten Jahrzehnten nach dem Krieg alle Bemühungen um den Wiederaufbau der Kirche am Fehlen von Finanzmitteln und Baumaterialien. Auch beförderte die Erfahrung, dass im Kirchgemeindehaus ein »funktionierendes« Gemeindeleben möglich war, die Tatsache, dass der Wiederaufbau der Loschwitzer Kirche auf der Rangliste der wieder aufzubauenden Gebäude in der Stadt Dresden stetig zurückgesetzt wurde.

Als besonderes und kurioses Beispiel politscher »Verhinderung« des Wiederaufbaus erlebte die Gemeinde, wie im Jahre 1963 das von der Ev. Kirche Finnlands gespendete Holz für den Dachstuhl nicht eingeführt werden konnte. Man verwies darauf, dass keine Baugenehmigung vorliege und bei der Beantragung der Baugenehmigung verwies man darauf, dass kein Material zur Verfügung stünde.

Ein anderes politisches Ereignis hingegen führte 1967 zu einer wichtigen Erhaltungsmaßnahme an der Kirchenruine. In Vorbereitung der 9. Arbeiterfestspiele der Stadt Dresden wurde die Kirchgemeinde ersucht, das von Bäumen und Hecken überwucherte Ruinengelände in Ordnung zu bringen. In dieser »Sicherungs- und Verschönerungsmaßnahme« beräumte die Junge Gemeinde in zahllosen Einsätzen das Gelände. Die Kirchenruine und der sie umgebende alte Kirchhof (→ *Friedhöfe)* waren wieder begehbar. So konnte man am Johannistag 1967 einen ersten Abendgottesdienst mit Posaunen- und Kirchenchor feiern. Damit war die Kirchenruine als ursprünglicher Ort des Gemeindelebens für die Gemeindeglieder wieder ganz neu ins Bewusstsein getreten. Besonders die Jugendlichen, die zusammen mit Pfarrer Winkelried Gähler (1922–2006) die Hauptarbeit geleistet hatten, waren nun mit diesem Ort in einer Weise verbunden, der ihnen später, in den 1980er Jahren, jene starke Motivationskraft verlieh, den Kirchenwiederaufbau mit Intensität und Zuversicht voranzubringen. Bis dahin war es aber noch ein weiter Weg. Zunächst konnte die Gemeinde mit den bisher für den Wiederaufbau gesammelten Spendenmitteln ein neues Geläut in Apolda gießen lassen. Dieses wurde in einem für den künftigen Wiederaufbau in den Maßen geeigneten Stahlglockenstuhl in der Ruine aufgestellt und als fünftes Loschwitzer Geläut in einem Festgottesdienst am 2. November 1969 feierlich geweiht. Mit der damit gegebenen Möglichkeit, Gottesdienste und Kasualien sowie die täglichen Gebetszeiten wieder mit Hand-Glockengeläut einzuleiten und zu begleiten, war das Gemeindeleben wieder neu hörbar geworden. Daran konnten auch staatliche Versuche, das Betreten der Ruine zu untersagen, nichts ändern. Unter den gesellschaftlichen Bedingungen der DDR in den 1970er Jahren war an einen Wiederaufbau der Kirche aus politischen wie materiellen Gründen kaum zu denken.

Pfarrhaus und Kirchruine, 1983 *Foto: Matthias Neumann, Archiv Kirchgemeinde Loschwitz*

Das Provisorium, die Gottesdienste im großen Saal des Kirchgemeindehauses in der Grundstraße zu feiern, hatte sich inzwischen als akzeptable Lösung etabliert. Eine schlichte Mensa aus hellem Eschenholz vor einem aus gleichem Material gefertigten großen lateinischem Kreuz an der westlichen Stirnwand des Raumes, der ebenfalls aus Esche gefertigte Taufständer mit Messingdeckel sowie der kanzelkorbartige, leicht erhöhte Ambo aus heller Eiche gaben dem Raum eine angemessene liturgische Funktionalität. Darüber hinaus ergänzten an der Seitenwand fünf Holzschnitte von *Hans → Jüchser* (1894–1977, → *K1*) zu alttestamentlichen Themen diese Ausstattung. Eine bedeutsame liturgische Aufwertung erfuhr der Raum durch neue Paramente, die die Kirchgemeinde bei dem Künstlerehepaar Seidel in Auftrag gegeben hatte. So konnten 1984 am

Pfarrer Gähler und andere beim Beräumen des Kirchhofs im Frühjahr 1968 Fotos (2): E. Münzner

Blick auf den geschmückten Glockenstuhl bei der Weihe des Geläutes am 2. November 1969

Sonntag Lätare die ersten Paramente für Mensa und Ambo, gefertigt nach dem künstlerischen Entwurf des Malers Jürgen Seidel (1924–2014, → *K1*) und ausgeführt von der Textilgestalterin Gertraude Seidel (1924–2011, → *K1*) in der liturgischen Farbe Violett, der Farbe der Fastenzeit, feierlich in Gebrauch genommen werden. Weitere Paramente in Grün, Rot und Weiß für die jeweiligen Kirchenjahreszeiten wurden von dem Ehepaar Seidel bis 1985 fertiggestellt. Als besonders glücklich erwies sich, dass diese künstlerisch bedeutsamen Arbeiten nach Fertigstellung der Kirche auch dort weiterhin in ihrer liturgischen Funktion wirken konnten.

Unabhängig von der Tatsache, dass sich das Kirchgemeindehaus in diesem Sinne für gottesdienstliches Leben bewährte und das Gemeindeleben durch die Vielzahl der Räume auch eine günstige Konzentration erfuhr, ergriffen im Rahmen einer Familienrüstzeit im Frühjahr 1984 Kirchvorsteher, die ehemals die Ruine beräumt hatten, die Initiative, den schon so lange zurückgestellten Gedanken des Wiederaufbaus der Kirche erneut zu aktivieren. Noch im gleichen Jahr gründete sich ein Wiederaufbauausschuss. Es erging an das Landeskirchenamt der Antrag, die Kirche als Gemeindezentrum aufzubauen. Um das Gemeindeleben zu konzentrieren, sollten durch Einbau einer Zwischendecke in der Kirche Gemeinde- und Verwaltungsräume im Untergeschoss und ein darüber liegender großer Kirchenraum geschaffen werden. Dahinter standen nicht zuletzt auch wirtschaftliche Gründe, unter den Bedingungen der DDR eine wiederaufgebaute Kirche dauerhaft zu unterhalten. Für diese Art Wiederaufbau erarbeiteten die Architekten Wolfgang Schumann (1926–2002, → *K2*) und der kirchliche Baupfleger und Architekt Christian Möller (* 1935) entsprechende Studien. Seitens der Denkmalpflege gab es 1986 trotz des Wunsches nach denkmalgerechter Rekonstruktion der Kirche dennoch eine Zustimmung, da auf diese Weise der Baukörper wieder städtebaulich in Erscheinung treten könne und man die Zwischendecke als reversibles Bauelement ansah.

Alle diese Überlegungen standen unter dem Erwartungshorizont eines möglicherweise Jahrzehnte dauernden Wiederaufbaus. Die ökonomischen und wirtschaftlichen Bedingungen einer permanent wachsenden DDR-Mangelwirtschaft ließen keine andere Vorstellung zu. Gerade auf diesem Hintergrund formierten sich aber Pläne und Träume, wie man das Werk in Gang setzen könne.

So gab es erste Gedanken, zusammen mit der Denkmalpflege eine Art Bauhütte zu gründen, die dauerhaft den Wiederaufbau betreiben

Gertraud und Jürgen Seidel, Altarparament

und – entgegen der wachsenden Perspektivlosigkeit in der Gesellschaft – junge Menschen in alten Handwerksberufen ausbilden könne. Gleichfalls gab es verschiedene Ideen, wie man das große Problem, geeignetes Baumaterial wie etwa Holz oder Stahl für den großen Dachstuhl zu besorgen, durch »Beziehungen« langfristig lösen könne. Inmitten dieses Prozesses allgemeiner Vorklärungen traf im Juni 1988 das Landeskirchenamt (LKA) den Beschluss, den Wiederaufbau der Loschwitzer Kirche zu untersagen. Die Bedenken des LKA waren zu groß angesichts der massiven Schwierigkeiten, die bestehenden Kirchenbauten in der Landeskirche für die Zukunft zu sichern. Im Einzelnen wurden die Gründe für die Ablehnung aber nicht angegeben. Da sich dagegen starker Protest erhob und dieser auch durch Superintendent Christof Ziemer (* 1941) und Kirchenamtsrat Steffen Heitmann (* 1944) unterstützt wurde, berief man für den 10. November 1988 eine Gemeindeversammlung ein, auf der ein Vertreter des LKA die ablehnende Haltung erläutern sollte. Die Versammlung endete mit einem leidenschaftlich vorgetragenen Votum der Gemeinde, die Ablehnung nicht akzeptieren zu können und den Wiederaufbau weiter voranzubringen. Dieser heftige Widerstand führte im LKA zu einem Überdenken der bisherigen Haltung und mündete im Juni 1989 in eine Aufhebung des Verbotes. Man erteilte eine Baugenehmigung mit harten Auflagen: Vorerst nur Wiederherstellung der äußeren Hülle der Kirche und Untersagung von Spendensammlungen in der BRD auf Landeskirchenebene. Trotz dieser Auflagen war der Durchbruch damit gelungen.

In dieser Situation erwies sich eine Jahre zuvor entstandene herzliche Partnerschaft zwischen einer Gemeindegruppe aus München-Trudering mit ihrem Pfarrer Ulrich Wagner (* 1949) und Gliedern der Loschwitzer Gemeinde als besondere Quelle von Mut und Unterstützung für den Wiederaufbau. Unvergesslich für alle war ein Abend in der Kirchenruine am 3. Juni 1988: Beim Lagerfeuer und angeregten Gesprächen hatte Pfarrer Wagner gegen Mitternacht eine denkwürdige Proklamation verfasst, dass die Kirche wiederaufgebaut werden müsse. Alle Teilnehmer unterzeichneten diese Erklärung. Ein Jahr später, am 29. Juli 1989, gründete er, der inzwischen Pfarrer der Gemeinde München-Obermenzing geworden war, in München den »Verein für den Wiederaufbau der evangelischen Kirche in Dresden

Erste gemeinsame Sitzung des Wiederaufbauausschusses und des Münchener Vereins für den Wiederaufbau in der Kirchruine mit Klaus Beyer, Pfarrer Dietmar Selunka, Pfarrer Ulrich Wagner, Hans-Georg Irmscher und Barbara Höh (v. l. n. r.) am 9. September 1989 *Fotos: (2) E. Münzner*

Kirchruine mit Kanzelaltar, etwa 1946 *Foto: Walter Hahn, Archiv Kirchgemeinde Loschwitz*

Spruchband mit Aufschrift »Wiederaufbau George Bähr Kirche Loschwitz« an der Kirchruine, 1990 *Foto: Eberhard Münzner*

Loschwitz e.V.«. In diesen Tagen konnte sich noch niemand vorstellen, dass nur wenige Monate später die DDR zu Ende gehen würde. Umso mehr war diese Vereinsgründung ein Symbol Grenzen überschreitender Hoffnung.

Der Wiederaufbau

Im November 1989, inmitten der Friedlichen Revolution, wurde in einer großen Gemeindeversammlung der Beginn des Wiederaufbaus der Loschwitzer Kirche öffentlich proklamiert. Nun begann ein atemberaubender Prozess bewegender Solidarität und Unterstützung in Dresden wie auch in ganz Deutschland, ja über dessen Grenzen hinaus.

Schon im August 1989 hatte der bis dahin ehrenamtliche Denkmalpfleger Eberhard Münzner (* 1937) mit der Erarbeitung der denkmalpflegerischen Zielstellung für den Wiederaufbau begonnen. In München hatte der Verein unter der Leitung von Pfarrer Wagner und seinem Stellvertreter Frank Wittig (1937–1992), der Schatzmeisterin Barbara Höh (* 1939) und der Schriftführerin Gertraud Stamm (* 1936) begonnen, viele Menschen mit verschiedensten Aktionen auf den Wiederaufbau der Loschwitzer Kirche aufmerksam zu machen und finanzielle Mittel einzuwerben. So ging etwa ein Brief an alle deutschen Botschaften der Welt, dass in Loschwitz die Kirche wieder aufgebaut würde. Die Botschaften leiteten den Brief meist an die evangelischen Gemeinden des Landes weiter und es kam zu bewegenden Kontakten mit ehemaligen Dresdnern. Im Frühjahr 1990 gründeten die Künstler *Theo → Adam* (* 1926, → *K1*), *Peter → Schreier* (* 1935, → *K1*) und *Udo → Zimmermann* (* 1943, → *K1*) eine symbolische Stiftung und warben mit Konzerten in großen Städten wie Hamburg und München für den Wiederaufbau. Durch diese Konzerte, aber auch durch verschiedene Stiftungen, die Dresdner Bank, Fördermittel, persönliches Engagement und Spenden vieler Menschen kam das benötigte Geld zusammen. Schließlich gab es auch ein beeindruckendes Engagement der Loschwitzer und Wachwitzer: In zahllosen Arbeitseinsätzen wurden Gerüstbaumaßnahmen unterstützt und viele andere Hilfsleistungen erbracht.

Für den Wiederaufbau hatte die Gemeinde Anfang 1990 den Architekten Rainer Ehlich (* 1948, → *K1*) und den Statiker Dr. Diethard Schröter (* 1941) gewonnen. Als Bauherrenvertreter wurde Stefan Balzer (* 1938) im Herbst 1991 berufen. Der Wiederaufbauausschuss als vom Kirchenvorstand autorisiertes Gremium koordinierte nun in manchmal wöchentlichen Sitzungen mit Pfarrer Dietmar Selunka (* 1948) den schnell voranschreitenden Wiederaufbau. Öffentlich weit sichtbar und angefertigt von dem Wachwitzer Architekten Volker Berthold (* 1935, → *K1*) und seiner Ehefrau Susanne (* 1936, → *K2*) hing ab Frühjahr 1990 an der Ruine ein gewaltiges Spruchband mit der Aufschrift: »Wiederaufbau George Bähr Kirche Loschwitz«. Die im Januar 1991 beginnende Aufstellung des Gerüsts und Sicherungsmaßnahmen an Ruine und Kirchhof schufen die Voraussetzungen für den eigentlichen Baubeginn, der mit einer neuen bzw. zweiten Grundsteinlegung der Kirche zum 1. Elbhangfest am 29. Juni 1991 feierlich eröffnet wurde. Dabei reichten in einer Stafette Vertreter aller Generationen der Gemeinde eine kupferne Kapsel mit Zeitzeugnissen vom Vorplatz der Kirchenrampe hinauf in eine Nische über dem Hauptportal der Kirche, wo sie eingemauert wurde.

Blick vom Körnerplatz zur Kirche mit Richtkrone, Oktober 1992 *Foto: Ulrich Häßler*

Bereits am 3. Oktober 1992 wurde mit dem Aufziehen der geschmückten Turmhaube das Richtfest gefeiert und zum Elbhangfest im Juni 1993 konnte die vergoldete Turmkugel mit der Wetterfahne aufgesetzt werden. Am späten Abend des 13. Februar 1994 konnten – zur Stunde des ersten Bombenangriffs auf Dresden am 13. Februar 1945 – die Glocken eingeläutet werden. Nachdem im Inneren das große Spiegelgewölbe und der Verputz der Wände fertig gestellt waren, bot sich ein weiter, heller Raum. Für diesen schuf der Grabbildhauer Ole Göttsche (* 1959) aus zwei verbliebenen großen Steinen des alten Kanzelaltars und einer neuen Sandsteinplatte als Mensa einen neuen Altar. So konnte am 2. Oktober 1994 die Kirche in einem festlichen Gottesdienst durch Landesbischof Volker Kreß (* 1939) wieder eingeweiht werden.

Im Laufe des Jahres 1995 wurden über der Fußbodenheizung die reichlich 1.000 neuen Sandsteinfußbodenplatten verlegt. Während dieser Arbeiten beschäftigte sich der Wiederaufbauausschuss zunehmend mit der gewichtigen Frage der Innengestaltung der Kirche. War auch der Gedanke einer Zwischendecke längst verworfen, so stand zu Debatte, ob man eine moderne Raumgestaltung aufnehmen oder sich der historischen Fassung von George Bähr nähern solle. Überdies stand fest, den von Giovanni Maria Nosseni (1544 – 1620) geschaffenen Altar der ehemaligen Dresdner Sophienkirche in der Loschwitzer Kirche aufzustellen. Alle Überlegungen mündeten am Ende in die Einsicht, dass die Wiederherstellung des Innenraumes mit einer Ostausrichtung nach dem Vorbild der Fassung des 18. Jahrhunderts die der Kubatur des Raumes angemessenste Form sein würde. So konnten nach der Weihe der Kirche alle weiteren Schritte der Innenraumgestaltung in dieser Richtung entwickelt werden.

1995 schuf der Loschwitzer Bildhauer *Peter → Makolies* (* 1936, → *K1*) das Lesepult (Ambo) und den zum Pfingstfest geweihten Taufstein als wichtige Elemente für das liturgische Geschehen im Gottesdienst. Dabei verkörperte die Aufstellung des Taufsteins in der Mitte der Kirche den theologischen Gedanken der Taufe als Aufnahme in die Mitte der Gemeinde. Das Äußere der Kirche hatte schon ab Sommer 1994 immer mehr Gestalt angenommen. Das Aufbringen des Besenstipp-Putzes nach historischem Vorbild und die danach folgende Abfärbung mit dem Rosé-Ton der Barockzeit ließen die Kirche nach Abnahme des Gerüstes im August 1995 als ein freundlich leuchtendes Bauwerk erscheinen.

Kantorin Marianne Kunze mit Chor auf dem Altarplatz zur Kirchweihe, 2. Oktober 1994
Foto: Eberhard Münzner

Die seit Mitte 1992 tagende Orgelgruppe hatte inzwischen auch klare Vorstellungen über die künftige Orgel entwickelt, stark motiviert durch die mögliche Finanzierung dieses Werkes durch einen anonymen Spender. Mit Vergabe des Auftrags an die Dresdner Orgelbaufirma Kristian Wegscheider (* 1954, → *K2*), eine Orgel in der Tradition der Silbermannschule des 19. Jahrhunderts zu bauen, war zugleich auch die Errichtung der Emporen nach historischem Vorbild verbunden. So konnte am 5. Oktober 1997 die 20-manualige Orgel auf der oberen Empore feierlich geweiht werden. Damit hatte der Innenraum eine geschlossene Form angenommen und verlangte nun seine Vollendung in der Aufstellung des in den Proportionen sich äußerst günstig einfügenden Nosseni-Altars auf dem erhöhten Altarplatz im Osten. Dieses Meisterwerk der Dresdner Renaissance wurde in einem beeindruckenden Prozess wiederhergestellt. Am Ende war dieses Kunstwerk von europäischem Rang durch einen ebenso anspruchsvollen Restaurierungsprozess wieder zum Leben erweckt worden und konnte im Festgottesdienst am 6. Oktober 2002 als Altar wieder in Gebrauch genommen werden. Wichtig war der Gemeinde dabei aber auch gewesen, die Sandsteinmensa vor dem Nosseni-Altar als liturgische Einheit mit dem Hochaltar zu erhalten. Als ergänzendes Kleinod wurde um die Kirche herum durch steinbildhauerische und gärtnerische Leistungen der alte Friedhof wieder rekonstruiert.

Der Nosseni-Altar in der Kirche *Foto: J. Dose*

Schließlich blieb als letzte Aufgabe, die Kirche im Inneren in ihrer Farbigkeit auf den Grundton des Nosseni-Altars abzustimmen. Vorschläge von Lenard Mühlfriedel (1940 – 2009) vom Landesamt für Denkmalpflege und entsprechende Probeachsen führten nach einem längeren Prozess im Jahre 2006 zu einer am Barock orientierten und mit dem dunkelroten Marmor des Altars korrespondierenden farbigen Gestaltung. **Dietmar Selunka**

Zitate:
1 M[agister] A[rnold]; Der geistliche Kirchen-Bau..., Dresden 1705; in: Archiv der Ev.-Luth. Kirchgemeinde Dresden-Loschwitz; Archiv I, Loc. III, 4a
2 Gähler, Winkelried; »Proximo datum – Deo redditum« – Der Sinnspruch George Bährs über den beiden Portalen unserer Loschwitzer Kirche; maschinenschriftlich; Archiv der Ev.-Luth. Kirchgemeinde Dresden-Loschwitz

Quellen: 39, 118, 269, 751, 824, 1087, 1104, 1105, 1113

Kirchgemeinde

Gemeindeleben im 18. und 19. Jahrhundert

Mit der Auspfarrung aus der Frauenkirche und der gleichzeitigen Neugründung der Parochie (Gemeindebezirk) Loschwitz im Jahre 1704 sowie dem damit verbundenen Bau der Kirche erwuchs den hier lebenden Menschen, die alle durch ihre Taufe zur Kirche gehörten, eine auf ihren Lebensort bezogene kirchliche Identität – die Kirche war nun »im Dorf«, auch wenn ihr Standort außerhalb des Dorfkerns lag. Die Grenzen zu den Nachbarpfarreien Altendresden, Schönfeld, Weißig und Hosterwitz waren zunächst noch fließend, wurden aber mit Hilfe des Superintendenten und des Oberkonsistoriums bis zur Mitte des 19. Jahrhunderts geklärt.

Glocken und ihre Botschaft

Täglich hörten jetzt die Bewohner das Geläut der Glocken. Sie luden zu den verschiedensten Gottesdiensten und Amtshandlungen ein und waren auch gleichzeitig Träger von Informationen. So läutete bei einer Taufe die kleine Glocke als Taufglocke, bei Trauungen die große und die mittlere Glocke und bei Beichtgottesdiensten die mittlere Glocke. Bei Beerdigungen wurde der Trauerzug vom Trauerhaus bis zum Friedhof mit dem Geläut aller Glocken begleitet. Die Glocken wurden selbstverständlich von Hand geläutet. Diesen Dienst versah bis ins frühe 19. Jahrhundert der Kirchschullehrer (Schulmeister). Mit zunehmendem Bedarf an Geläut wurde in der Mitte des 19. Jahrhunderts ein Glöckner eingestellt. In der Sommerzeit lud man sonntags um 5 Uhr und um 6 Uhr mit der großen Glocke als Vorgeläut und dann um 7 Uhr mit allen Glocken zum Gottesdienst ein. Durch entsprechendes Vorläuten einzelner Glocken zu bestimmten Tageszeiten konnte man den Tod eines Kindes oder Erwachsenen »anzeigen«, der Stundenschlag der großen Glocke diente als Zeitansage. Auch für Feuermeldungen wurde mit der großen Glocke »gestürmt«.

Ordnung

für die

Feier der Glockenweihe,

gehalten am

5. Oktober 1898, Vormittags 9 Uhr

im

Schulhofe zu Loschwitz.

1. **Gemeindegesang:**
Lobe den Herren, den mächtigen König der Ehren,
Meine geliebete Seele, das ist mein Begehren.
Kommet zu Hauf, Psalter und Harfe, wacht auf,
Lasset den Lobgesang hören.
(Landesgesangbuch No. 594, V. 1.)
2. **Weiherede,** gehalten vom Ortspfarrer.
3. **Leih' aus Deines Himmels Höhen** etc. (Hymne von Gluck): vorgetragen vom Männergesangverein zu Loschwitz.
4. **Weihegebet.**
5. **Gemeindegesang:**
Lob, Ehr' und Preis sei Gott, dem Vater und dem Sohne
Und dem, der beiden gleich im höchsten Himmelsthrone,
Dem dreieinigen Gott, wie es im Anfang war
Und ist und bleiben wird jetzund und immerdar.
Landesgesangbuch No. 529, V. 3.

Ordnung für die Feier der Glockenweihe, 1898 *Foto: Slg. Münzner*

Pfarrer

Repräsentant der Kirche war der Pfarrer, wie er in der Person von Johann Arnold als erstem Pfarrer der Loschwitzer Gemeinde mit dem 4. April 1704 in sein Amt eingesetzt worden war. Neben dem Pfarrer, ihm aber unterstellt, gab es den Schullehrer oder Schulmeister als einzigen »Mitarbeiter« kirchlichen Lebens. Dem Pfarrer waren Kirchvorsteher zugordnet, die als Kirchenälteste weniger rechtliche Kompetenzen ausübten als vielmehr eine offensichtlich wichtige Berater- und Hilfsfunktion für die weltlichen Dinge der Gemeinde wahrnahmen.

Um dem Pfarrer – wie gleichermaßen auch dem Lehrer – ein gesichertes Einkommen und eine relativ geordnete Arbeitszeit für Amtshandlungen zu ermöglichen, vollzog sich das kirchliche Leben nach genauen Regeln, die in einer »Matricul bei der Kirche zu Loschwitz wegen der Pfarrer-Besoldung, Substantialien und Accidentien«[1] festgelegt waren. Als Substantialien galten feste Einkünfte, die sich aus verschiedenen Quellen speisten. So mussten etwa die verschiedenen Gemeindeteile von Loschwitz durch eine Art Kirchensteuer die feste Summe von 124 Gulden und 14 Groschen jährlich aufbringen, während die restlichen 74 Gulden und 7 Groschen durch den Patronatsherrn, den Rat der Stadt Dresden, verlegt wurden. Letzterer Anteil sollte aber möglichst aus einem erwarteten Loschwitzer Kirchenvermögen erbracht werden. Auch gehörten zu den Substantialien regelmäßige Beträge aus einem »Opferpfennig«, den Einnahmen bei den Fasten-Examina (seelsorgerliche Gespräche an den Fastensonntagen), der Kollekte am Kirchweihtag und den Zinsen aus Legaten (Vermächtnissen). Neben diesen festen Einnahmen konnte der Pfarrer als Accidentien auch feste Gebühren für einzelne Amtshandlungen wie Taufen und Hochzeiten und auch für andere verschiedene »Leistungen« wie Ausfertigung von Zeugnissen

Glocken vor dem Glockenstuhl in der Kirchruine, 23. Oktober 1969 *Foto: Otto-R. Wenzel*

Pfarrer auf der 1. Pfarrstelle:

Johann Arnold (1674 – 1732): 1704 – 1732
Ephraim Gotthelf Köchly (1702 – 1761): 1733 – 1739
Johann Constantin Wohlfahrt (um 1710 – 1749): 1739 – 1742
Johann Daniel Wolf (1709 – 1774): 1742 – 1774
Johann David Hennig (1719 – 1787): 1774 – 1787
Christian Samuel Kretschmar (1753 – 1813): 1787 – 1811
Carl Gottfried Bobe (1778 – 1860): 1811 – 1813
Christian Traugott Schuberth (1785 – 1859): 1814 – 1815
Christian August Kretschmar (1791 – 1865): 1815 – 1865
Julius Alfred Kretschmar (1831 – 1896): 1865 – 1896 (bereits ab 1856 Pfarrgehilfe)
Karl August Thonig (1862 – 1915): 1896 – 1915
Richard Schulz (1867 – 1933): 1915 – 1933
Arno Michael (1890 – 1976): 1933 – 1959
Winkelried Gähler (1922 – 2006): 1960 – 1971
Günter Wiesemann (* 1929): 1972 – 1981
Dietmar Selunka (* 1948): 1981 – 2011
Markus Deckert (* 1967): seit 2012

Pfarrer auf der 2. Pfarrstelle:

Karl August Thonig (1862 – 1915): 1891 – 1896
Ottokar Horn (1867 – 1921): 1896 – 1897
Julius Ernst Clemens Bellmann (1865 – 1937): 1897 – 1923
Johannes Friedrich (1893 – 1975): 1924 – 1925
Hugo Hänsel (1888 – 1960): 1926 – 1933
Kurt Laux (1911 – 1983): 1935 – 1938
Johannes Schuknecht (1911 – 1993): 1938 – 1946
Gerhard Löhr (1905 – 1954): 1946 – 1954
Karl Höhne (1912 – 2007): 1955 – 1960
Sigrid Schneider (* 1925): 1963 – 1982

oder anderer Schriftstücke verlangen. Diese Gebühren waren exakt definiert und berücksichtigten auch die Einkommenssituation der jeweiligen Bewohner. Bis zum Ende des Königreichs 1918 war diese auf den beiden Säulen Substantialien (als festes Grundgehalt) und Accidentien (als Gebühren für Amtshandlungen etc.) ruhende Einkommensart die Existenzsicherung für alle Loschwitzer Pfarrer (so wie für alle Pfarrer und Kantoren Sachsens).

Mit der Gemeindegründung war auch die Führung der Kirchenbücher verbunden, in denen die kirchlichen Amtshandlungen Taufe, Konfirmation (erst ab 1788), Trauung und Bestattung eingetragen wurden.

Gottesdienstliches Leben

Das gemeindliche Leben des 18. und 19. Jahrhunderts war geprägt von zwei Gottesdiensten am Sonntag und auch Wochengottesdiensten, denen in der Regel die Beichte voranging, für die in der Kirche in der Nische neben dem Altar der Beichtstuhl (bis zur Renovierung der Kirche 1898) zur Verfügung stand. Die Beichte war Voraussetzung für den Empfang des Abendmahls, der Kommunion, und wurde oft zu einer Art Glaubensprüfung durch den Pfarrer genutzt. Im 18. Jahrhundert begannen die Sonntagsgottesdienste von Ostern bis Michaelis (29. September) 7 Uhr und 13 Uhr und im Winterhalbjahr 8 Uhr und 13.30 Uhr. 1860 ließ man den Frühgottesdienst, der jetzt Hauptgottesdienst genannt wird, jeweils 8 Uhr und 9 Uhr beginnen. Die Nachmittagszeiten blieben.

Aus den allgemeinen kirchlichen Entwicklungen dieser Zeit wissen wir, dass die Inanspruchnahme der Beichte und die Teilnahme an der Kommunion am Ende des 18. Jahrhunderts merklich zurückgingen. In der Gottesdienstordnung von 1860 heißt es: »an den meisten Festtagen, z. B. Ostern, Pfingsten, Reformationsfest, Weihnachten wird Kommunion gehalten«[2] – dementsprechend an den anderen Sonntagen nicht. Diese Sitte, nur noch an einigen wenigen Sonntagen des Jahres zum Tisch des Herrn zu gehen, führte – um dem damit verbundenen größeren Andrang bei der bisher praktizierten Einzelbeichte zu begegnen – zu einer gemeinsamen Beichte, wie sie seit 1780 in der Potsdamer Garnisonskirche mit den Soldaten praktiziert wurde. In Loschwitz hielt Pfarrer Christian Samuel Kretzschmar schon am 15. Juli 1798 zum ersten Mal eine allgemeine Beichtrede vor elf Gemeindegliedern. 1879 beschloss der Kirchenvorstand, alljährlich zweimal eine Abendkommunion zu halten. Pohle berichtet, dass bei der »1. Abendcommunion« 310 und bei der zweiten 272 Personen teilgenommen haben.

Georg Aster, Loschwitzer Kirchlein zur Christmette, 1910, Ansichtskarte *Slg. E. Münzner*

Die Matricul und später, im 19. Jahrhundert, das Regulativ definierte auch feste Zeiten, in denen eine Taufe oder eine Trauung stattfinden durfte. So wird im Regulativ von 1876 festgelegt, dass Taufen gebührenfrei sonntags nach dem Gottesdienst und dienstags und donnerstags jeweils um 3 Uhr vollzogen werden können. Für Taufen außerhalb dieser Zeiten wurde eine Gebühr von 2 Mark erhoben. Ähnliches galt auch für die Trauungen.

1775, angeregt durch neue theologische Gedanken und praktische Bemühungen einzelner Theologen der Aufklärung wie des Pietismus, verordnete das Kirchenregiment in Dresden, dass nunmehr am Palmsonntag eines jeden Jahres vor versammelter Gemeinde in einem Gottesdienst die Konfirmation vollzogen werden solle. Pfarrer Kretzschmar konfirmierte im Jahre 1788 in Loschwitz 25 Konfirmanden, Ausdruck einer »modernen« Haltung, sich der Jugend in besonderer Weise zuzuwenden im Sinne einer Förderung der religiös-sittlichen Persönlichkeitsentwicklung. In vielen Gemeinden Sachsens wurde die Konfirmation erst Jahrzehnte später zur allgemeinen Praxis. Die seit der Reformation eingeführte Katechismus-Unterweisung mit Examen für Kinder, Jugendliche und Erwachsene hatte damit im Konfirmandenunterricht und der ihn abschließenden Konfirmation einen neuen, anspruchsvolleren Ritus gefunden.

Einzelne Gottesdienste innerhalb des Kirchenjahres waren offensichtlich auch Stiftungen, d. h. sie wurden im Anlass und Ablauf vom Stifter definiert – bei gleichzeitiger »Bezahlung« der im Gottesdienst Handelnden. Als ältester Stiftungsgottesdienst gilt das vom Hofkürschner Martin Sachse 1762 gestiftete »Lob und Dankfest nach Vollendung der Weinernte«, bei dem Sachse auch festlegte, welche biblischen Lesungen und Lieder gesungen werden sollten. Auch geht der Gottesdienst am Silvesterabend auf eine mit dem Dresdner Gerichtsamt am 12. September 1861 gemeinschaftlich getroffene Vereinbarung zurück, die offensichtlich für ganz Dresden gültig war.

Die Gottesdienste wurden nach der alten, in der Reformationszeit eingerichteten Messordnung gehalten. Erst 1813 erfuhr das Gottesdienstbuch eine Revision, indem man Formulierungen und Texte an die Sprache und Kultur der Zeit mit »nöthiger Behutsamkeit« anpasste. Das alte Dresdner Gesangbuch, aus dem die Gemeinde sang, hatte kurz davor, im Jahre 1796, durch den Dresdner Superintendenten Karl Christian Tittmann (1744–1820) eine nicht unumstrittene Neufassung erfahren und wurde in Loschwitz 1808 anlässlich der 100-Jahrfeier der Kirche zum ersten Male in Gebrauch genommen. Darüber hinaus war das Gemeindeleben auch durch regelmäßige Betstunden geprägt, die mehrmals in der Woche stattfanden und die in Klage und Bitte die Nöte ihrer Zeit thematisierten.

Eine interessante Quelle der Finanzierung wie auch eines materiellen Ausgleichs innerhalb der Gemeinde stellten die Legate dar. Pohle nennt acht Legate, die von einzelnen Personen in Form von festen Geldbeträgen für konkrete Zwecke gestiftet worden waren. Einige Legate, wie etwa das Wolffsche, das Kretzschmarsche oder die Gottschalksche Stiftung, verordnen, dass die Zinserträge jährlich Armen in der Gemeinde zuteilwerden sollen, wobei die konkrete Verteilung dem Pfarrer und den Kirchenältesten oblag.

»Zeit«-Probleme

Spätestens seit der Zeit der Aufklärung zeigte sich, wie die das Leben der Menschen prägende Kraft der Kirche nachließ und sich gesellschaftliche Probleme auch auf kirchliches Handeln auswirkten. So geben die Kirchenvisitationsberichte von Loschwitz in der ersten Hälfte des 19. Jahrhunderts einen interessanten Einblick in Entwicklungen und Missstände dieser Zeit. In den Kirchenvisitationsberichten prangerte Pfarrer Christian August Kretschmar Missstände in der Kirchgemeinde an.

Aus den Visitationsberichten von Pfarrer Christian August Kretschmar:
1857: »Der Kirchenbesuch ist nicht mehr so zahlreich als in der früheren Zeit, besonders hat er seit dem Jahre 1848 abgenommen [...]«[3]
1863: »Es ist rühmend anzuerkennen, dass von den hier ansässigen Herrschaften, sowie von den während des Sommers hier wohnhaften Fremden ein großer Teil fleißig zur Kirche kommt, was von den früheren Sommerbewohnern nicht immer gesagt werden konnte. [...] Freilich fehlt es daneben auch nicht an solchen Parochianern, welche selten oder nie nach dem Gotteshause fragen. Die Motive ihres Verhaltens sind verschiedener Art. Entweder hält sie unkirchlicher und irreligiöser Sinn von dem Besuch der Kirche überhaupt ab, oder sie vermeinen sich dadurch speziell an dem Geistlichen zu rächen, wenn derselbe an den Gräbern der Ihrigen zu offenkundigen, groben Sünden nicht ganz schweigen konnte oder ihnen sonst wie amtlich entgegentreten musste. Einzelne hält eine falsche Scham über ihre ärmliche Kleidung von der Kirche fern oder sie nehmen dies wenigstens zum Vorwande. Einige besuchen die Kapelle der Diakonissenanstalt zu Dresden. Andere hält Bequemlichkeit und eine allzu ängstliche Rücksichtnahme auf die Unbilden der Witterung vom regelmäßigen Kirchenbesuche ab. Noch andere benutzen dann und wann den Sonntag zur Arbeit, namentlich wenn die Arbeit in den Weinbergen sich drängt [...]«[4]
Daneben beklagte der Pfarrer an der »konfirmierten Jugend«, dass diese »sich bereits an den öffentlichen Lustbarkeiten beteiligt und so nicht früh genug in den Strudel der Zerstreuung hineingeraten kann.«[4] Bei vielen Konfirmanden wird die geistige und moralische Reife vermisst.

Pfarrer Julius Alfred Kretschmars Berichte bringen am Ende des 19. Jahrhunderts das Dilemma kirchlich bürgerlicher Moralansprüche inmitten einer veränderten Welt zum Ausdruck, wenn er 1871 schreibt: »Weder Gemeindeglieder noch die Väter sind bei Kirchentaufen zugegen [...] Ein Rest von Kirchenzucht ist der Wegfall des Läutens bei der Taufe unehelicher Kinder sowie der kirchl. Danksagung und Fürbitte für sie und ihre Mutter [...]«[4] Von 1887 – 1892 wurden zwischen 14 und 29 uneheliche Geburten jährlich registriert. Im Lokalstatut von 1881 war festgelegt, dass nur die unbescholtenen Brautpaare als Auszeichnung »Kranz, Schleier und Strauß« tragen durften. Pfarrer Kretschmar störte, »mit welcher Forschheit deflorierte Bräute sich den Brautkranz anmaßen. [...] Die Fälle, in denen ein ehrbares Brautpaar vor den Traualtar tritt, sind hier zu einer großen Seltenheit geworden [...]«[4] Es kam vor, wenn der Pfarrer den Brautkranz verbot, dass sich die Paare mit Überweisungsschein in der Johannis- oder Kreuzkirche trauen ließen, »wo kein Mensch danach fragt.«[4] Fälle »ehelicher Verirrungen wurden nicht mehr »kontrolliert« und waren deshalb nicht bekannt.

Von den großen sozialen Spannungen, die mit der industriellen Revolution des 19. Jahrhunderts entstanden waren, blieb Loschwitz als prosperierender Vorort von Dresden verschont. Dennoch hatte Pfarrer Kretschmar 1879 die Einrichtung eines kirchlichen Armenfonds angeregt, um denen, die »als verschämte Arme die Armenkasse ihrer Gemeinde nicht in Anspruch nehmen wollen«[1], eine kirchliche Unterstützung zu gewähren. In Anerkennung der Verdienste von Kretschmar richtete der Kirchenvorstand seinerseits eine Stiftung ein, die unbemittelten »Zöglingen« der Gemeinde für eine höhere Bildungsanstalt Beihilfen gewähren sollte, vor allem auch dann, wenn sie ein Theologiestudium ergreifen würden.

Strukturveränderungen um 1900

Im 19. Jahrhundert entwickelten sich Loschwitz und sein bis 1839 zugehöriger Ortsteil Weißer Hirsch zu einem immer begehrteren Wohn- und Erholungsort für die Dresdner Bürgerschaft und auch darüber hinaus. Zählte die Kirchgemeinde im Jahre 1843 noch 2.105 Seelen, so war die Zahl der Kirchenmitglieder am Ende des Jahrhunderts auf 5.742 angewachsen. Vor diesem Hintergrund baute man 1889 auf dem Weißen Hirsch ein neues Bethaus und vollzog 1897 den weiteren Schritt, das Gebiet durch Gründung einer eigenen Parochie aus der Gemeinde Loschwitz herauszulösen. In einem spannungsvollen Prozess, der bis in das 20. Jahrhundert dauerte, lösten sich auch die Ortsteile → *Oberloschwitz* mit dem dort gelegenen Waldfriedhof, das Gebiet um die → *Elbschlösser* und der → *Simmigsche Ortsteil* aus der Parochie Loschwitz heraus und vergrößerten damit die noch junge Parochie Weißer Hirsch. Der Simmigsche Ortsteil kam zur Martin-Luther-Kirchgemeinde in Dresden-Neustadt. Der Gemeinde Loschwitz gingen damit 2.500 meist wohlhabende Gemeindeglieder und eine erhebliche Summe von Einnahmen an Kirchensteuer verloren. Auch war sie bis 1934 stark belastet durch die historisch bedingte Mitfinanzierung der Pfarrstelle auf dem Weißen Hirsch.

Das Jahr 1921 brachte für die Kirchgemeinde erhebliche Veränderungen durch die → *Eingemeindung* von Loschwitz in die Stadt Dresden. War die Kirchensteuer bisher durch Kassenbeamte der politischen Gemeinde Loschwitz eingezogen worden, so untersagte dies nun der Dresdner Stadtrat. Die Kirchgemeinde musste daraufhin eine eigene Kirchenkanzlei einrichten – dies geschah in dem 1836 neben der

Senioren des »Großmütterchenvereins« und des »Großvätervereins« im Hof des Kirchgemeindehauses Grundstraße 36, um 1928 *Foto: Archiv Kirchgemeinde Loschwitz*

Gemeinsame Veranstaltung des »Großmütterchenvereins« und des »Großvätervereins« im Saal des Kirchgemeindehauses Grundstraße 36, 1925 *Foto: O. Fiedler, Archiv Kirchgemeinde Loschwitz*

Unterweisung des »Jungmädchenvereins« in der Babypflege im Kirchgemeindehaus Grundstraße 36, links Schwester Helene, um 1925 *Foto: Franz Gaudernack, Archiv Kirchgemeinde Loschwitz*

Kirche gebauten Pfarrhaus, Pillnitzer Landstraße 9 – und einen Kirchenverwaltungsbeamten einstellen.

Gemeindeleben nach dem Ersten Weltkrieg
Eine bedeutende Erweiterung für das Gemeindeleben erbrachte 1922 der Kauf des 1901 als → *»Kinderbewahranstalt«* errichteten Gebäudes in der Grundstraße 36. Durch Umbauten im Erdgeschoss entstanden zwei schöne Säle, in denen sich fortan die Gemeindekreise und kirchlichen → *Vereine* versammeln konnten.

Die Gründung von kirchlichen Vereinen und Kreisen hatte im 19. Jahrhundert begonnen und führte zu einem regen Leben in der Gemeinde: 1851 gründeten Frauen einen → *»Frauenverein«* zum Ziele der Betreuung von Kindern außerhalb der Schule. Diese Arbeit führte zur späteren Gründung der Kinderbewahranstalt. 1884 sammelte der zum ersten Mal als »Cantor« firmierende Friedrich Wilhelm Pohle (1830–1892, → *K1* → *Kirchenmusik*) Knaben und Männer, um mit ihnen eine »Cantorei« zu gründen, die später als gemischter Chor das musikalische Leben der Gemeinde wesentlich mitbestimmte. Kantor Constantin Friedrich (1880–1947, → *K2*, → *Kirchenmusik*) konnte 1919 noch einen »Musikverein« ins Leben rufen, um mit diesem Laienorchester und der Kantorei große Oratorien aufzuführen.

1894 hatte Pfarrer Karl August Thonig den »Evangelischen Jünglingsverein« und auch einen »Evangelischen Arbeiterverein« gegründet, der allerdings immer wieder belebt werden musste. Zur gleichen Zeit entstand der »Jungfrauenverein«, geleitet von der Gemeindeschwester (→ *Gemeindediakonie*). 1906 wurde der Loschwitzer Posaunenchor gegründet. 1919 gründete Pfarrer Richard Schulz zusammen mit Gemeindeschwester Helene Halm (1887–1963) den Großmütterchenverein und den Großväterverein.

Auch wenn der Erste Weltkrieg zu Veränderungen des Vereinslebens führte, da viele Männer nicht mehr zurückkehrten, widerspiegeln die Kirchennachrichtenblätter – das erste »Kirchliche Gemeindeblatt für Loschwitz und Wachwitz« erschien im Oktober 1925 als Folge der Zwangseingemeindung, bei der der »Loschwitzer Anzeiger« eingegangen war – ein reges kirchliches Leben.

Die Gottesdienste mit Abendmahl begannen 9.30 Uhr, wöchentlich fanden im Gemeindehaus Bibelstunden statt. Zu besonderen Vorträgen und Konzerten wurde oft eingeladen. Einen Höhepunkt in dieser Zeit stellte die Gemeindefahrt nach Wittenberg am Sonntag Rogate, dem 9. Mai 1926, dar. Fast 600 Gemeindeglieder fuhren in einem Sonderzug in die Stadt des Reformators und absolvierten ein exakt terminiertes Programm. Die Resonanz in der Juniausgabe des Gemeindeblatts führte zu pathetisch-euphorischen Artikeln.

Große Bedeutung erfuhr in den 1920er Jahren der Jungmännerverein, dessen Leitung 1923

Veranstaltungen der kirchlichen Vereine
im November 1925.

A. Frauenverein
Donnerstag, den 5. November, abends 8 Uhr: Monatsversammlung.
Donnerstag, den 26. Novbr., abends 8 Uhr: Teeabend mit Vorträgen.

B. Grossmütterchenverein
Freitag, den 13. November, abends 6 Uhr im Gemeindehaus.

C. Jungmännerverein
Vereinsheim: Pillnitzer Str. 8, im Konfirmandenzimmer.
1., Sonntag: **Herbstfahrt nach dem Waldlager Glauschnitz.** Näheres am schwarzen Brett im Vereinsheim.
7., Sonnabend 8 Uhr Vereinsheim. Bibelbesprechung: Apostelgesch. 8, 5–13: **„Predigt des Philippus und ihre Wirkung."**
8., Sonntag 7 Uhr Vereinsheim. Vortragsabend mit allerlei Bildern: **„Meine Ferien in Venedig."** Herr A. Gähler. Schlußandacht.
14., Sonnabend 8 Uhr Vereinsheim. Bibelbesprechung: Apostelgesch. 8, 14–25: **„Etwas, das für Geld nicht zu haben ist."**
15., Sonntag 2 Uhr nachm. Vereinsheim. **Teilnahme am Jahresfest des C. V. J. M. Dresden.**
21., Sonnabend 8 Uhr Vereinsheim. Bibelbesprechung: Apostelgesch. 8, 26–40: **„Der Kämmerer aus dem Mohrenlande."**
22., Totensonntag 8 Uhr vorm. **Blättermission.** Näheres beim Führer. 6 Uhr abends **„Unter uns."** Vom Bruder Tod.
28., Sonnabend 8 Uhr Vereinsheim. Bibelbesprechung: Apostelgesch. 9, 1–9: **„Das Erlebnis des Saulus."**
29., Sonntag 6 Uhr Vereinsheim. **„Adventsfeier und Weihnachtsvorahnungen."**
Jungschar (Knaben von 10–14 Jahren):
Jeden Sonnabend von $^{1}/_{2}$7–8 Uhr Spielen, Singen, Geschichtenhören, Wandern, Biblische Ansprache.
Vorstandssitzung: 6. November Friedrich-Wieck-Straße 4 III.
Leiter: Eisenbahnassistent Gähler.

D. Jungmädchenverein
(Sämtliche Veranstaltungen im Gemeindehaus)
Donnerstag, den 5 November 8 Uhr: Singen und Vorlesen.
Donnerstag, den 12. November 8 Uhr: Spielen und Turnen.
Sonntag, den 15. November 7 Uhr: Elternabend.
Donnerstag, den 19. November 8 Uhr: Singen und Vorlesen.
Donnerstag, den 26. November 8 Uhr: Bibelbesprechung (Pfarrer Schulz).
Sonntag, den 29. November 7 Uhr: Adventsfeier.
Jeden Dienstag 8 Uhr: Bibelstunde im Luthersaal.
Jeden Mittwoch 8 Uhr: Handfertigkeitsabend im Konfirmandensaal.
Konfirmierte junge Mädchen sind herzlich willkommen!
Vorsitzender: Pfarrer Schulz. Leiterin: Diakonissin Helene Halm.

Aus dem Kirchlichen Gemeindeblatt für Loschwitz-Wachwitz, November 1925

Auszug aus »Wittenbergfahrt der Kirchgemeinde Loschwitz-Wachwitz«,
aus dem Kirchlichen Gemeindeblatt für Loschwitz-Wachwitz, Juni 1926:

In Wittenberg langte man $^{1}/_{2}$9 Uhr an und nahm in Viererreihen und Gruppen zu je 50 Aufstellung zum gemeinsamen Einzug in die Stadt. Hier bot sich als erstes Ziel die Luthereiche, die im Jahre 1830 an der Stelle gepflanzt wurde, wo Luther 1520 die wider ihn gerichtete päpstliche Bannbulle feierlich verbrannte (die ursprünglich hier gepflanzte Eiche war im Jahre 1813 mit mehr als 100000 Obst- und Alleebäumen von den Franzosen niedergehauen worden). Weiter ging der Zug durch die Straßen der sonntäglichen Stadt nach dem Marktplatz, wo die eigentliche Begrüßungsfeier vor den Denkmälern Luthers und Melanchthons stattfand. Erhebend ertönte der Gesang des Liedes „Komm, komm, du Licht in Gottespracht" sowie die Weisen des Bläser-Quartetts des Loschwitzer Musikvereins. Herr Mittelschullehrer Belting hieß im Namen der Kirchgemeinde Wittenberg die Teilnehmer der Fahrt herzlich willkommen, trefflich die Beweggründe hervorhebend, die sie nach Wittenberg geführt haben. $^{1}/_{2}$10 Uhr schritt der feierliche Zug durch jene Pforte der Schloßkirche, an deren Tür der mutige Augustinermönch am 31. Oktober des Jahres 1517 seine 95 Thesen angeschlagen hatte.

Friedrich Gähler, der Vater des später in Loschwitz wirkenden Pfarrers Winkelried Gähler, übernahm. Das vielfältige Programm dieser Arbeit mit zwölfjährigen Jungen bis hin zu über Zwanzigjährigen orientierte sich an den Bedürfnissen der deutschen Jugendbewegung, wie sie schon vor dem Krieg begonnen hatte, mit dem Aufbruch in die Natur, einem großen Gemeinschaftssinn und einer straffen, bald zum Militärischen neigenden Organisation.

Die Kirchgemeinde Loschwitz zählte in dieser Zeit nach amtlicher Zählung 8.490 Gemeindemitglieder. Neben diesen evangelischen Christen sind in der Zählung auch 64 evangelisch-reformierte, 390 römisch-katholische, 84 andere Christen, 34 »Israeliten« und 304 Freidenker unterschiedlichster Art erfasst. Interessant ist auch, dass die Statistik der Landeskirche Auskunft darüber gibt, wie sich das Verhältnis zwischen Geburten und ev. Taufen, zwischen Eheschließungen und ev. Trauungen und zwischen Todesfällen und Bestattungen darstellt: 86,9 % der Geborenen werden ev. getauft, 77 % der Eheschließungen werden als ev. Trauungen vollzogen und 95,2 % der Verstorbenen werden christlich bestattet. Von 1915 bis 1933 prägte Pfarrer Richard Schulz das Gemeindeleben. Seine überlieferten Texte bezeugen ein starkes seelsorgerliches wie soziales Bemühen um den Zusammenhalt der Gemeinde.

»Jungschar« mit Fritz Gähler in der Sächsischen Schweiz, um 1928
Foto: Archiv Kirchgemeinde Loschwitz

Kirche in der NS-Zeit

Mit der Machergreifung Hitlers im Jahre 1933 entstanden auch in Loschwitz Bilder einer gleichgeschalteten Kirche. Hakenkreuzfahnen wehten am Altar bei der Verabschiedung von Pfarrer Schulz am 2. Juli 1933, so wie sie auch bei vielen Trauungen dieser Jahre in der Kirche zu sehen waren. Die Kirchgemeindevertretung (18 Personen), die als leitendes Organ der Gemeinde durch die neue sächsische Kirchgemeindeordnung von 1922 den Kirchvorstand ersetzt hatte, bestand überwiegend aus »Deutschen Christen«, von denen die meisten Mitglieder der NSDAP waren.

Mit der Einführung von Pfarrer Arno Michael im September 1933 kam allerdings ein Geistlicher in die Gemeinde, der sich zu dem Kreis von Theologen hielt, die mit der Gründung des Pfarrernotbundes im September 1933 gegen den Arier-Paragrafen – den Ausschluss getaufter Juden aus der Pfarrerschaft – protestierten und sich im Mai 1934 in Barmen als Bekennende Kirche formierten. Mehrfach verweigerte Pfarrer Michael die Abführung von Kollekten und Berichten an das Landeskirchenamt, das von dem rechtswidrig eingesetzten Bischof Friedrich Coch (1887–1945) »geführt« wurde. Es gelang ihm, zusammen mit dem 1935 nach Loschwitz abgeordneten Vikar Kurt Laux, die Gemeinde von Spaltungen fernzuhalten, auch noch, als 1938 der Ephoralvikar Johannes Schuknecht, ein »Deutscher Christ«, die durch Absetzung von Laux freigewordene Stelle übernahm.

Neubeginn nach 1945

Die Zerstörung der Loschwitzer Kirche in der Nacht vom 13. zum 14. Februar 1945 war – wie die Zerstörung der ganzen Stadt – der Tiefpunkt der Gemeinde- und Stadtgeschichte. Symbolischer konnten die Folgen dieses Wahnes eines »1000jährigen Reiches« für Menschen, die scheinbar unbeteiligt am Rande oder inmitten einer schönen Stadt gelebt hatten, nicht sichtbar werden. Dennoch begann man schnell mit den Vorbereitungen des Wiederaufbaus und knüpfte auch an alle vor dem Krieg in der Gemeinde wirksam gewesenen Arbeitsstrukturen an. Dank des intakten Gemeindehauses in der Grundstraße konnten dort die Gottesdienste und andere Amtshandlungen stattfinden. Bibelstunden wurden laut Visitationsbericht von 1955 im Kirchgemeindehaus, in Wachwitz im Zimmer einer Gaststätte und im Stadtmissionsheim → *»Pniel«* auf der Schevenstraße gehalten. Die Teilnehmerzahl lag zwischen 30 und 40 Personen. Die Tradition der Bibelstunden im Kirchgemeindehaus bzw. im Pfarramt kam in den 60er Jahren zum Erliegen. Es kamen re-

Begräbnis von Pfarrer Richard Schulz auf dem Loschwitzer Friedhof, 5. September 1933
Foto: Archiv Kirchgemeinde Loschwitz

gelmäßig 60 Frauen als Frauendienst zusammen, geleitet von engagierten Frauen aus der Gemeinde, die ihrerseits in der Frauenarbeit der Landeskirche eine ständige qualifizierte Fortbildung erfuhren. Im Visitationsbericht finden sich auch Angaben zu gut besuchten Männerabenden (30 Teilnehmer), die Pfarrer Michael hielt. Diese Arbeit, nun »Männerwerk« genannt, blieb als Kreis mit lebendigen Diskussionen und Exkursionen bis 1987 erhalten. Neben diesen traditionellen, aber aus politischen Gründen nicht mehr auf Vereinsbasis organisierten Gemeindegruppen entstanden auch neue Kreise wie der Berufstätigenkreis und ab 1969 der Ehepaarkreis.

Die Arbeit mit der jungen Generation der vor und während des Krieges Geborenen entwickelte sich in den 1950er Jahren unter den ideologischen Bedingungen der DDR nur mühevoll. Erschwerend kam hinzu, dass die entsprechenden Jugendarbeiter oft wechselten bzw. sich mehrjährige Vakanzen ergaben. Erst mit der Einstellung von Otto-R. Wenzel (*1938) als Gemeindehelfer für die Arbeit mit Kindern und Jugendlichen im Jahre 1962 entwickelte sich ein fester Kreis der Jungen Gemeinde, dessen Anziehungskraft durch ein vielfältiges Programm an Themenabenden, geselligen Unternehmungen und Festen und – als Höhepunkten – Wanderungen, Fahrten und Freizeiten groß war.

Zusammen mit Pfarrer Winkelried Gähler, dessen Amtszeit 1960 begann, entstand eine neue, die Gemeindearbeit tragende Generation. Als Besonderheit in der theologischen Leitung der Gemeinde wurde 1966 Pfarrvikarin Sigrid Schneider als erste Pastorin Sachsens ordiniert und mit der 2. Pfarrstelle in Loschwitz betraut. 1961 begann Elfriede Kempe (* 1937, → *Gemeindediakonie*) als Diakonisse des Dresdner Mutterhauses eine aufopferungsvolle diakonische Tätigkeit als Gemeindeschwester. 1964 übernahm Wolfram Steude (1931–2006, → *K1*, → *Kirchenmusik*) das Kantorenamt von Mathilde Fricke (1902–1978, → *K2*, → *Kirchenmusik*). In der Kanzlei verwaltete Kircheninspektor Rudolf Schröder (1903–1985) als «Loschwitzer Urgestein« die Kirchenkasse und erledigte alle Verwaltungsvorgänge einschließlich der Friedhofsangelegenheiten. Als er 1969 in den Ruhestand trat, konnte er mit 46 Jahren Tätigkeit auf eine der längsten Dienstzeiten in der Loschwitzer Gemeinde zurückblicken.

Die seit 1954 eingeführte Jugendweihe und der wachsende ideologische Druck auf Eltern und Jugendliche ließ die Zahl der Konfirmanden nach 1960 sinken. Mit durchschnittlich 16 Konfirmanden in den nächsten Jahrzehnten blieb Loschwitz aber aufgrund seiner bürgerlich orientierten Bevölkerung eine Gemeinde mit »Nachwuchs«.

Gemeinde in den letzten zehn Jahren der DDR

Im September 1980 kam Dietmar Selunka als Ephoralvikar nach Loschwitz, um die Vertretung für die beiden durch Krankheit und Unfall dienstunfähigen Pfarrer Günter Wiesemann und Sigrid Schneider zu übernehmen. 1981 wurde er als Pfarrer eingeführt. Zusammen mit den anderen Mitarbeitern der Gemeinde – Kantorin Marianne Kunze (* 1952, → *K2*, → *Kirchenmusik*), Gemeindehelferin Ingrid Scheller (* 1943), Kircheninspektorin Gudrun Wenzel (* 1938), Buchhalterin Irmtraud Ludwig

Mitarbeiterausflug der Kirchgemeinde mit Pfarrer Michael (letzte Reihe), 1958
Foto: Archiv Kirchgemeinde Loschwitz

Kantor Constantin Friedrich mit Frau und Rudolf Schröder an der Kirche, um 1935
Foto: Slg. Eberhard Münzner

(* 1937), Gemeindeschwester Elfriede Kempe, Friedhofsmeisterehepaar Ursula (* 1935) und Günter Stahn (1934–1996) – verstand man sich als Dienstgemeinschaft, die durch die gemeinsamen Aufgaben und eine nichthierarchische Arbeitsorganisation sowie eine in Relation zur Gesellschaft niedrige und darin egalisierende Gehaltsstruktur gekennzeichnet war.

Im Kirchgemeindehaus bot der große Saal für Gottesdienste einen würdigen Rahmen, konnte aber die Aura eines sakralen Raumes wie den der Kirche nicht vermitteln, sodass nur ein mäßiger Gottesdienstbesuch zu verzeichnen war. Vor allem Hochzeiten fanden in umliegenden Kirchen statt. Als Vorteil erwies sich in der Grundstraße wiederum die Konzentration des Gemeindelebens auf ein Haus. Das Bedürfnis nach Gemeinschaft führte zu jährlichen Gemeindefesten, die an einem Wochenende alle Generationen in einem vielfältigen Programm zusammenführten. Dabei wurde die für DDR-Verhältnisse typische Geschlossenheit des kirchlichen Lebens, sich nur in Innenräumen zu treffen, vorsichtig aufgebrochen, indem man auch auf dem an der Straße gelegenen Grundstück sang, Spiele abhielt und vor allem feierte. Eine vor einem Gemeindefest 1985 ergangene »Mitteilung« an die Abteilung Inneres beim Stadtbezirk Ost hatte zu keiner ablehnenden Reaktion geführt. Das kirchgemeindliche Leben in den verschiedenen Kreisen war von einer großen Offenheit geprägt, sodass man über die politische und gesellschaftliche Situation der DDR frei sprechen konnte. Es herrschte ein Klima des Vertrauens, das sich auch später in den 1990er Jahren, nach Einsicht in die Stasiunterlagen in dem Sinne bestätigte, dass keine Hinweise auf Bespitzelungen auftauchten.

Junge Gemeinde beim Malen auf der Burg Trosky, vorn Helge Leiberg, 30. April 1972
Foto: Otto-R. Wenzel

Beim Gemeindefest im Hof des Kirchgemeindehauses, hinten Gottfried Geyer †, 2.Oktober 1988
Foto: Eberhard Münzner

So traf sich regelmäßig monatlich der Gesprächskreis (früher Ehepaarkreis) mit manchmal 50 Personen. Vorträge zu aktueller Literatur oder kirchlichen Themen boten dabei den Anlass, sich über philosophische wie theologische Grundfragen mit gesellschaftlicher Relevanz auszutauschen. Auch führten nunmehr regelmäßig stattfindende Familienrüstzeiten in Jessen und in Papstdorf zu einem starken Zusammenhalt und zur Bildung von Hauskreisen, die ihrerseits Gemeinschaft, Bestärkung des Glaubens durch Bibelarbeiten und einen freien Gedankenaustausch praktizierten. Für die Konfirmanden und Jugendlichen der Gemeinde waren gleichfalls regelmäßige Rüstzeiten von großer Bedeutung. So wurden Orte der Reformation wie Wittenberg, Erfurt und Weimar besucht. Wichtige Rüstzeiten vor allem für die Junge Gemeinde fanden zwischen 1984 und 1987 in Rathewalde/Sächsische Schweiz statt. Sie förderten auch die Beziehung zu Jugendlichen aus der Partnergemeinde St. Georg in Braunschweig, die mit ihrem Diakon Dieter Weiß mehrfach einreisten.

Eine ganz neue Dimension der Arbeit war mit dem erwachenden Bewusstsein über den Schutz der Umwelt entstanden. Was ab 1980 zunächst in kleinen, abgeschlossenen Kreisen innerhalb der Kirche in Dresden und fast im Verborgenen diskutiert wurde, drang auch mehr und mehr in die praktische Gemeindearbeit ein. Auch in der Konfirmandenarbeit spielte dieses Thema eine Rolle. So wurde etwa eine Reinigungsaktion durchgeführt, indem man den Müll des Mordgrundbaches sammelte und diesen dann, auf einen Leiterwagen gepackt, für alle sichtbar in den Gottesdienst am

Erntedank im Großen Saal des Kirchgemeindehauses, 2. Oktober 1988
Foto: Eberhard Münzner

Zum Chorjubiläum im Hof des Kirchgemeindehauses, 1984
Foto: Eberhard Münzner

Sonntag hereinfuhr. Ähnliche Einsätze mit Jugendlichen und anderen Gemeindegliedern wurden an den völlig verwahrlosten Müllcontainern auf der Fidelio-F.-Finke-Straße durchgeführt, um die Bevölkerung auf die Umweltsituation aufmerksam zu machen. In der Regel belächelte man solche Aktionen. Sie führten aber bei den Ausführenden zu einer nachhaltigen Sensibilisierung. Auch die Erntedankgottesdienste wurden von dem Anliegen bestimmt, sich mehr denn je für die Bewahrung der Schöpfung einzusetzen, wie es dann Ende der 1980er Jahre die Ökumenische Versammlung thematisierte.

Neben dem Umweltschutz prägte die Gemeindearbeit ab 1980 auch das Thema »Frieden schaffen ohne Waffen«. Die Einführung des Wehrkundeunterrichts an den Schulen ab 1978 hatte zu verschiedensten Protesten der Kirche und vieler christlicher Familien geführt. Die immer stärker werdende Konfrontation zwischen den Groß- mächten USA und UdSSR mit ihrer Aufrüstung in Mitteleuropa führte zu einem wachsenden Engagement der Kirchen für den Frieden. Vor diesem Hintergrund wurde in der Evangelischen Kirche im November 1980 die 1. Friedensdekade veranstaltet. Ein dafür hergestelltes Lesezeichen mit dem Aufdruck »Schwerter zu Pflugscharen«, das ab 1981 auch als Aufnäher große Verbreitung erfuhr und zu repressiven Maßnahmen des Staates führte, wurde zum Symbol der Friedensbewegung in den Kirchen der DDR. Auch in Loschwitz erfuhren Konfirmanden und Jugendliche Repressalien beim Tragen dieses Symbols. Unter dem Gefühl der Angst und Bedrohung und einer gleichzeitigen Ohnmacht gegenüber der immer stärker werdenden Aufrüstung entstand auf einem in Loschwitz tagenden Pfarrkonvent die Idee, mit einem dauerhaften, am Tag wie in der Nacht ununterbrochenem Gebet für einen Erfolg der Abrüstungsverhandlungen in Genf zu beten. Viele Menschen aus verschiedensten Gemeinden der Stadt waren sofort bereit, sich an dieser Aktion zu beteiligen, die im September 1983 in der Heilig-Geist-Kirche in Dresden-Blasewitz begann und am Bußtag im November endete. Auch wenn der Verhandlungserfolg ausblieb, ermutigte diese Aktion, die bis Ende der 1980er Jahre als dauerhaftes Friedensgebet fortgesetzt wurde, viele Menschen der Stadt.

Lesezeichen »Schwerter zu Pflugscharen«
Slg. Otto-R. Wenzel

Gleichermaßen bedrängt von Angst, aber auch entschlossen, nicht untätig und passiv in dieser Lähmung zu verharren, ergriffen Pfarrer und Kirchenvorstand der Gemeinde im Herbst 1983 die Initiative (→ *Bürgerbewegung*), einen Brief an Erich Honecker (1912–1994) als Staatsratsvorsitzenden zu schreiben, in dem der tiefen Sorge über die sich zuspitzende Situation zwischen Ost und West Ausdruck verliehen wurde. Die Veröffentlichung des Briefes im »Neuen Deutschland« kam dann vollkommen überraschend und glich einer kleinen Sensation. Zahlreiche Reaktionen aus der DDR und der BRD erreichten die Gemeinde. Die ARD sandte den Journalisten Wolfgang Klein (* 1946) nach Loschwitz, um dort in einer Diskussionsrunde mit Unterzeichnern und Gemeindegliedern einen Beitrag für die Sendung »Kontraste« aufzunehmen. Die Möglichkeit, nun öffentlich Gedanken des Briefes zitieren zu können, schuf in Betrieben und Schulen ein verändertes Diskussionsklima.

Ab Mitte der 1980er Jahre spürte man in allen Bereichen der Gesellschaft, wie die Kluft zwischen dem von der SED und den Staatsvertretern erhobenen Anspruch einer »sozialistischen« Gesellschaft und der erfahrenen Realität einer zunehmenden Mangelwirtschaft und gleichzeitigen ideologischen Verfestigung immer größer wurde. Mangels einer Alternative sahen viele Menschen nur noch den Weg der Ausreise in die BRD. Immer mehr Menschen stellten einen entsprechenden Antrag und wurden daraufhin auch aus ihrer Arbeitsstelle gedrängt. Die in einer Art Zwischenwelt lebenden Menschen suchten oft die Kirche als Raum für eine befristete Anstellung, später dann für unbeobachtete Gespräche und gegenseitige Bestärkung. Auch in Loschwitz waren die Räume offen für solche Kontakte.

In den entscheidenden Tagen der friedlichen Revolution konnte die Gemeinde auch ein Ort sein, um die erschütternden Erfahrungen von Verfolgung und Inhaftierung einzelner Jugendlicher – von den Staatsvertretern »Zuführung« genannt – auszutauschen. Die Gottesdienste wurden zu Versammlungen der Ermutigung. Zusammen mit der ganzen Kirche spürte man, wie wichtig in den letzten zehn Jahren die Sensibilisierung der Menschen mit den Geboten des Evangeliums gewesen war, um auf einem friedlichen Weg, einer Revolution ohne Gewalt, die radikalen Veränderungen einzuleiten und etwas Neues darauf aufzubauen.

Mit dem Bemühen, ab 1984 wieder einen Prozess in Gang zu setzen, der zum Wiederaufbau der Kirche führen sollte, war den Initiatoren und dem Kirchenvorstand inmitten der von gesellschaftlicher Misere bestimmten Themen gleichzeitig ein neues Arbeitsfeld entstanden, dessen Ausmaße man noch nicht abschätzen konnte.

Gemeindeleben nach 1990

Die Friedliche Revolution im Herbst 1989 und in deren Folge die Wiedervereinigung Deutschlands durch Beitritt der DDR zur BRD im Herbst 1990 führte auch im Gemeindeleben zu großen Veränderungen. Die gesamte Kirche übernahm die Rechts- und Verwaltungsstrukturen der alten BRD mit nachhaltigen Auswirkungen auf die Arbeits- und Lebensbereiche der Kirchgemeinde und deren Mitarbeiter. Durch die Ausgabe von Lohnsteuerkarten für alle Arbeitneh-

Weihe der Loschwitzer Kirche durch Landesbischof Volker Kreß, 2. Oktober 1994 *Foto: J. Frohse*

mer sowie die neue steuerliche Veranlagung aller freiberuflich tätigen Menschen entstand in der verbindlichen Abfrage der Kirchenzugehörigkeit ein exaktes Mitgliederregister für die Gemeinden und eine damit verbundene genaue Erhebung der Kirchensteuer durch die staatlichen Finanzämter. Dieser Erfassungsprozess führte in der gesamten Kirche zu zahlreichen Kirchenaustritten bzw. zur Auflösung einer schwebenden Mitgliedschaft vieler, die als Mitglieder geführt wurden, aber seit Jahren keine Kirchensteuer mehr entrichtet hatten. Wurden in Loschwitz im Jahre 1980 noch 2.500 Kirchglieder gezählt, so galt im Jahre 1992 die Zahl 1.751 als verbindlich.

Neben dem Kirchensteueraufkommen als zentraler Finanzquelle für die Arbeit der Gesamtkirche wurde 1991 in der Landeskirche auch eine Ortskirchensteuer, genannt »Kirchgeld«, eingeführt. Diese Steuer verbleibt uneingeschränkt in der Gemeinde und dient der Finanzierung gemeindespezifischer Aufgaben. Loschwitz kann hier auf eine gute Einnahmesituation verweisen.

Mit der Erhebung der Gemeindegliederzahlen legte die Landeskirche auch einen entsprechenden Personalschlüssel fest, der für alle Kirchgemeinden in Sachsen zu Veränderungen führte. Loschwitz konnte dabei die bisherigen Stellen erhalten, musste aber bei der Kinderarbeit Einbußen hinnehmen. Die Reduzierungen in diesem Bereich, der nun unter dem Begriff Gemeindepädagogik firmierte, war vor allem eine Folge der Wiedereinführung des Religionsunterrichts an den Schulen. Für die Kirchgemeinden bedeutete dies, die Christenlehre neu zu akzentuieren als Beheimatung der Kinder im Leben der Gemeinde. Dieser Prozess vollzog sich spannungsvoll. Viele Eltern, die ihre Kinder zum Religionsunterricht in der Schule angemeldet hatten, schickten diese nun nicht mehr zur Christenlehre. Andere, denen die Christenlehre am Herzen lag, ließen in der Schule ihre Kinder statt am Religionsunterricht an dem Alternativfach Ethik teilnehmen. In Loschwitz konnte die Christenlehre mit einer stabilen Zahl von Kindern lebendig erhalten werden. Ergänzend dazu waren viele Kinder durch die kirchenmusikalische Arbeit der Kantorin Marianne Kunze in das Gemeindeleben eingebunden. Dieses Arbeitsfeld und seine Struktur bilden bis heute eine wichtige Stütze der Gemeindearbeit.

Im Jahre 2000 begann die Landeskirche aufgrund der schrumpfenden Mitgliederzahlen grundsätzliche Strukturreformen für die Gemeinden und die Mitarbeiter einzuleiten. Gemeinden wurden zusammengelegt, um bessere Anstellungsverhältnisse für Pfarrer, Kantoren und Gemeindepädagogen zu erreichen. So gab es nun Gemeinden im Schwesternkirchverhältnis oder auch Neugründungen durch Fusionen.

In Loschwitz standen Pfarrer und Kirchenvorstand dieser Entwicklung von Anfang an skeptisch gegenüber. Wohl wissend um die Bedeutung einer überschaubaren Gemeinde mit Nähe und Kontinuität in den menschlichen Beziehungen, gründeten 17 Gemeindeglieder 2004 eine kirchliche Stiftung bürgerlichen Rechts, um durch deren Erträge die 2005 auf 75% gekürzte Pfarrstelle als volle Stelle zu erhalten und damit auch die Eigenständigkeit der Gemeinde für die Zukunft zu sichern. Inzwischen kann die Stiftung mit den Erträgen des akkumulierten Kapitals die volle Pfarrstelle absichern. Sie sieht sich aber vor weitere Aufgaben gestellt, da die Einsparungszwänge der Landeskirche fortdauern und vor allem die Stellen der Kirchenmusik und der Gemeindepädagogik in ihrem Umfang bedroht sind.

Der Dienst des Pfarrers in der Loschwitzer Gemeinde ist – unabhängig von der Reduktion und Einschränkung der Pfarrstelle (1982 wurde die 2. Pfarrstelle aufgehoben, 2005 wurde die 1. Pfarrstelle auf 75% gekürzt) – mit sehr vielen Aufgabenfeldern verbunden. Neben den klassischen Aufgaben – der Vorbereitung und Feier der Gottesdienste und Kasualien einschließlich aller dazu gehörenden Gespräche, des Konfirmandenunterrichts, der Leitung der Jungen Gemeinde, der Bibelstunden, der Seelsorge, der Gesprächsbereitschaft für alle Gruppen und Kreise der Gemeinde, der Pfarramtsleitung, der konventualen Zusammenarbeit mit den Kollegen – besteht auch eine wichtige Aufgabe in der Pflege der Beziehung zu verschiedenen gesellschaftlichen Partnern im Umfeld des Ortes. Auf diese Weise bleibt die Gemeinde in den Orten Loschwitz und Wachwitz volkskirchlich verwurzelt.

Eine andere »Reform« der Landeskirche betraf ab 2006 die Arbeit der Kanzlei der Loschwitzer Gemeinde. Die Landessynode hatte 2006 gegen den leidenschaftlichen Widerstand vieler Gemeinden beschlossen, Buchung und Kassenverwaltung der Einzelgemeinden in zentralen Kassenverwaltungsstellen vorzunehmen, um damit die Gemeinden zu »entlasten« und eine höhere Effektivität zu erreichen. Auch hier gehörte Loschwitz als eine der wenigen Gemeinden von Dresden zu dem Kreis derer, die gegen den Beschluss Klage beim kirchlichen Verwaltungsgericht einreichten und in dieser Instanz auch Recht bekamen. Keine Gemeinde, vor allem wenn sie funktioniere, dürfe zu einem solchen Schritt gezwungen werden, lautete das Urteil. Leider führte eine Revisionsklage, die die Landeskirche beim Verwaltungsgericht der VELKD zu Beginn des Jahres 2010 einreichte und der nach langer Verhandlungszeit Ende 2014 stattgegeben wurde, zu der für die Kirchgemeinde nunmehr unanfechtbaren Auflage, sich in der Buchung und Kassenverwaltung der

Gemeindepädagogen für die »Christenlehre« ab 1945:
Curt Beyer (1887 – 1968): 1945 – 1961
(bis 1945 Lehrer, danach Katechet)
Mathilde Fricke (1902 – 1978):
1947 – 1963 (Kantor-Katechetin)
Otto-R. Wenzel (* 1938): 1962 – 1976
Ingrid Scheller (* 1943): 1976 – 1996
Norbert Wiemer (1952 - 2003): 1996 – 2003
Ingrid Wiemer (* 1955): 2003 – 2006
Margret Pfeifer (* 1967): seit 2003/2006

Kinder zur 300-jährigen Kirchweihe bei »Zirkus Knopf« im Garten der Sozialstation, 28. September 2008
Foto: Jürgen Frohse, Archiv Kirchgemeinde Loschwitz

zentralen Kassenverwaltung Dresden anzuschließen. In dem Wissen um die Bedeutung der Kanzlei der Loschwitzer Gemeinde, wie sie seit vielen Jahren in der Pillnitzer Landstraße 8 einen zentralen Ansprech- und Informationspunkt für das gemeindliche Leben darstellt, bemüht sich der Kirchenvorstand aber weiterhin um Erhaltung dieses »Anlaufpunktes«.

Der Wiederaufbau der Kirche war für die Gemeinde wie auch für den Ort Loschwitz ein außerordentlicher Glücksfall. In der Begeisterung für das wieder erstehende Gebäude halfen viele Menschen bei den verschiedensten Arbeitseinsätzen und anderen Aktionen mit und fühlten sich damit der Kirche und auch untereinander ganz neu verbunden. Auch nahmen viele Menschen Anteil, die nicht der Kirche angehörten bzw. ihr fernstanden. Schon mit der Weihe der Kirche im Jahre 1994 zeichnete sich ab, dass das gemeindliche Leben einen Aufschwung erfahren würde: die Zahl der Gottesdienstteilnehmer wuchs, die Zahl der Taufen und Trauungen nahm zu, und die Kirche wurde auch immer mehr von Menschen außerhalb der Grenzen der Gemeinde für Amtshandlungen in Anspruch genommen. Viele Besucher aus dem In- und Ausland kamen, um die Kirche zu besichtigen. Von Anfang an war die Kirche als Ort der Besinnung von morgens bis abends geöffnet. Bald formierte sich ein Kreis von Gemeindegliedern, die vor allem an Wochenenden in der Kirche Besuchern zu Gespräch und Führung zur Verfügung standen.

Die Gottesdienste am Sonntag wurden nun das Zentrum des gemeindlichen Lebens. Dabei zeigte sich, welche sammelnde Kraft von dem nach der »Erneuerten Agende« gefeierten lutherischen Gottesdienst ausging, in dem Predigt und Abendmahl – seit 1978 wird das Abendmahl in Loschwitz nicht mehr anschließend, sondern innerhalb des Gottesdienstes gefeiert – und eine reiche Kirchenmusik das Wesen des Gottesdienstes ausmachen. Mit dem Weihegottesdienst im Jahre 1994 begann auch eine Tradition, die Feier der verschiedenen Gemeindejubiläen mit dem Erntedankfest im Oktober zu verbinden und diesen Festgottesdienst jeweils mit einem großen Agape-Essen in der Kirche abzuschließen. Gleichermaßen wurde seit 1994 regelmäßig am Reformationsfest der Gottesdienst in ökumenischer Gemeinschaft mit den evangelischen, katholischen und methodistischen Gemeinden des Elbhanges gefeiert.

In Verbindung mit dem → *Weihnachtsmarkt* des → *Elbhangfest-Vereins* besuchen in der Adventszeit viele Gäste die Konzerte und Gottesdienste, die mit vier Vespergottesdiensten am Heiligen Abend und den darauf folgenden Weihnachtsgottesdiensten ihren Höhepunkt finden. Auch das Osterfest mit der vorausgehenden Karwoche zieht mit seinen verschiedenen Gottesdiensten – hier vor allem der um 5 Uhr morgens gefeierten Osternacht – viele Menschen an. Die Kirche ist auch ein Ort besonderer kirchenmusikalischer Ereignisse geworden. In den Sonntagsgottesdiensten wie auch in eigenen Konzerten konnte Kantorin Marianne Kunze die Schönheit der Wegscheider-Orgel zum Klingen bringen. Auch viele andere Organisten gastierten. Konzertanfragen von Chören und anderen Ensembles ergingen aus dem In- und Ausland und führten zu regelmäßigen Konzertangeboten über das ganze Jahr.

Pfarrer Dietmar Selunka mit Mitgliedern der Kirchgemeinde im Festumzug bei der Eröffnung des 13. Elbhangfestes »Zündet Lichter für Ludwig Richter«, 2003 *Foto: Ulrich Häßler*

Paul-Gerhard Weber, Rainer Staudt und Dietmar Selunka im Gottesdienst am 9. Februar 2014, als das erste Stiftungsziel mit 600.000 € erreicht war *Foto: Johannes Dose*

Mit der Öffnung der Grenzen in Europa entstanden neue Möglichkeiten, verschiedene Regionen durch Reisen kennenzulernen. So führte Pfarrer Selunka ab 1997 mit Jugendlichen aus der Gemeinde und erwachsenen Helfern große Radtouren durch, die etwa durch das Baltikum, die Provence, Tschechien und Rumänien führten und für alle Teilnehmer besondere Höhepunkte darstellten.

Die Konfirmation wurde von 1994, der Wiederweihe der Kirche, bis 2013 zu Pfingsten gefeiert. Zuvor legten die Konfirmanden in einem Kolloquium vor Kirchvorstehern und Eltern Zeugnis ab von ihrem Wissen und ihrer Glaubenserfahrung, nachdem sie schon ein Jahr früher am Gründonnerstag zum ersten Mal das Abendmahl empfangen durften.

Mit etwa 200 ehrenamtlichen Helfern kann die Gemeinde auch auf eine rege Partizipation und Mitverantwortung ihrer Mitglieder blicken. Der Kirchenvorstand als leitendes Organ der Gemeinde, bestehend – neben dem Pfarrer – aus elf Gemeindegliedern, die aller sechs Jahren neu gewählt und berufen werden, trifft sich monatlich einmal, um über alle wichtigen Dinge der Gemeinde zu beraten und auch zu entscheiden. Daneben arbeiten die Mitglieder in verschiedenen Ausschüssen vornehmlich zu Finanz-, Bau- und Friedhofsfragen. Auch sind sie regelmäßig als Kirchner zur Vorbereitung der Gottesdienste und anderer Gemeindeveranstaltungen tätig.

Weitere ehrenamtliche Dienste werden in einem regen Besuchsdienst von Gemeindegliedern geleistet, der Jubilaren und Zugezogenen gilt. Eine Helferschaft von etwa 40 Frauen und Männern trägt in langer Tradition das Gemeindenachrichtenblatt aus und steht auch bei anderen Aktionen hilfreich zur Seite. Rund 50 Sängerinnen und Sänger treffen sich regelmäßig dienstags zur Probe der Kantorei und bereichern mit ihrem Gesang die Gottesdienste. So wie Helfer, die regelmäßig während des Sonntagsgottesdienstes zur Kinderkirche einladen, gibt es auch einen Kreis von Verantwortlichen für das allsonntägliche Kirchencafé im Anschluss an den Gottesdienst. Ein besonderes Engagement zeichnet schließlich die Arbeit des → *Nachtcafés* aus.

Im Hinblick auf ihre Gebäude stand die Kirchgemeinde in den 1990er Jahren neben dem Wiederaufbau der Kirche vor weiteren großen Aufgaben. So konnten das Pfarrhaus, Pillnitzer Landstraße 9, grundlegend saniert und in einer Generalrekonstruktion auch das Pfarramt (→ *Alte Schule*), Pillnitzer Landstraße 8, vor dem Verfall gerettet werden. Die Gemeinde musste sich dabei auf Jahre hin verschulden, konnte damit aber auch angemessene Räume für die kirchliche Arbeit zurückgewinnen. Neben der Neugestaltung der Kanzlei fand nun im Pfarramt auch das durch Gudrun und Otto-R. Wenzel neu geordnete, verzeichnete und vorbildlich eingerichtete Archiv seinen Platz. Als großes Sanierungsprojekt bleibt die Erhaltung des Kirchgemeindehauses in der Grundstraße 36 bestehen. Dieses in seinen funktionalen Möglichkeiten unersetzbare Haus harrt noch einer grundlegenden Rekonstruktion der Außenhülle, nachdem über Jahre hin die Innenräume dank vieler Spenden und mit großem ehrenamtlichem Engagement renoviert wurden.

Sgraffito an der Giebelwand des Kirchgemeindehauses Grundstraße 36, nach einem Entwurf von Albert Herold 1961/62, den »Seesturm« als Symbol für die von Jesus durch existenzielle Gefahren hindurch gerettete Gemeinde darstellend *Foto: Markus Deckert*

Es gilt nun, das Gemeindeleben in seiner ganzen Vielfalt inmitten des »Dorfes« und der Stadt durch menschliche Nähe und Vermittlung der »Guten Botschaft« lebendig und fruchtbar zu erhalten. Seit dem Jahr 2012 ist Markus Deckert als Pfarrer der Gemeinde damit betraut.

Dietmar Selunka

Zitate:
1 Pohle, Friedrich Wilhelm; Chronik von Loschwitz; Dresden 1887
2 Archiv der Ev.-Luth. Kirche Dresden-Loschwitz; Archiv I, Loc. VII, 3
3 dto.; Archiv I, Loc. VII, 9
4 dto.; Archiv I, Loc. VII, 10
Quellen: 39, 757, 824, 1078, 1104, 1106, 1112

Pfarrer Markus Deckert beim Abendmahl, 2014 *Foto: Johannes Dose*

Kirchenmusik/Kantoren

Den ersten Hinweis auf einen Chor in der Loschwitzer → *Kirche* gibt ihr erster Pfarrer, Johann Arnold (1674–1732), der von der 1708 geweihten Kirche berichtet, dass dort auf der zweiten Empore »der Chorus Musicus und Schüler-Chor angeleget ist, auf welchem sich der Schulmeister mit seinen Schülern zur Zeit des öffentlichen Gottes-Dienstes befindet.«[1]

Aus der »Dienstanweisung« des Schulmeisters von 1711:
An erster Stelle steht die »[...] kindliche Liebe, Furcht, Ehrerbietung gegen Gott [...].«
Die zweite Regel beinhaltet:
1. »[...] die Bestellung des Lautens und Singens bey öffentlichem Gottes-Dienste, wie auch Verwaltung der anderen Kirchen-Dienste.«
2. die »[...] fleißige Information und Obsicht über die Jugend.« Dies wird danach akribisch konkretisiert: Vor den Gottesdiensten an Sonn- und Festtagen hat er früh 5 Uhr, 6 Uhr und 7 Uhr zu läuten. Dann muss er »[...] bey und unter dem währenden Gottes-Dienste daselbst [...] die in die Schule gehende Jugend, was Knaben seyn, frühzeitl. auffs Chor bestellen, damit sie beym Anfange zugegen, und ihm singen helffen [...]«; beim Abendmahl hat er für Brot und Wein zu sorgen und nach dem Gottesdienst für das Aufräumen. Ähnliches gilt für ihn beim Nachmittagsgottesdienst sowie bei Beerdigungen, Taufen und Hochzeiten.
3. Seine »Schularbeit« beginnt im Sommer 7 Uhr und im Winter 8 Uhr. Dort hat er neben vielen anderen Dingen »[...] die Kinder mit guten oder auch harten Worten und geziemender Straffe dahin anzuhalten, daß sie umb bestimmte Zeit daseyn, und den Morgen Segen miteinander beten können [...].«[2]

Der Schulmeister war also gleichzeitig Organist und »Kirchendiener«. Der erste Schulmeister (→ *Schulen*), der auch diese Dienste zu versehen hatte, war der seit 1700 hier tätige Johann Gottfried Klingner, der auch Theologie studiert hatte. Schon vor Fertigstellung der Kirche hatte er in der »Alten Pfarre«, dem ersten Loschwitzer Schulhaus, die dort gehaltenen Gottesdienste musikalisch begleitet. Gegen Klingner wurden ab 1710 Vorwürfe wegen »starken Trinkens« und Vernachlässigung seiner Amtsgeschäfte in Schule und Kirche erhoben, die ihm sogar Gefängnis einbrachten und 1715 zu seiner Versetzung in den Ruhestand führten. Er schreibt allerdings nach seiner Emeritierung, dass er »unverschuldeter Maßen solange schweren Arrest und Gefängnis ausgestanden«[2] habe.

Auf Klingner folgte David Höle, der wie schon sein Vorgänger als »Organist in Loschwitz« noch auf dem in der Kirche aufgestellten Orgel-Positiv spielen musste. Sein Nachfolger war ab etwa 1725 Christian Gottfried Müller (? – 1760). Er erlebte 1753 den Einbau der Leibner-Orgel (→ *Kirche*). Im Siebenjährigen → *Krieg* traf ihn am 19. Juli 1760 im Schulhaus »auf der Stube oben« eine Kugel und tötete ihn. Noch im gleichen Jahr wurde der schon seit vier Jahren hier ersatzweise tätige Johann Gottlieb Rosencranz (1733 – 1793) Nachfolger Müllers im Schul- und Kirchendienst. 1761 erwarb er das Grundstück, auf dem später die → *Villa »Orlando«*, Schillerstraße 4, erbaut wurde. Nach seinem Tod trat im Juni 1793 der neu gewählte Kirchschullehrer Johann Christian Stelzer (1768 – 1803) sein Amt an, dessen Nachfolger 1803 Johann Gottfried Hofmann (1771 – 1829) wurde. Dieser besaß gegenüber dem Schulhaus, heutige Pillnitzer Landstraße 7, einen großen Weinberg und kaufte 1822 das Grundstück der heutigen Pillnitzer Landstraße 2, worauf er ein Haus erbauen ließ. Nach seinem Tod fand er sein Grab auf dem Loschwitzer Kirchhof (→ *Friedhöfe*).

Wegerich, Carl Gottlob
Lehrer und Organist (1795 – 1881),
Carl Gottlob Wegerich (→ *K2*) wurde am 23. Mai 1795 in Raußlitz (heute zu Nossen) geboren. Sein Vater Johann Gottlob Wegerich

Carl Gottlob Wegerich, um 1875
Foto: Hermann Kotzsch, Archiv Kirchgemeinde Loschwitz

(1747 – 1809) war dort als Lehrer tätig. Carl Gottlob besuchte das »Schullehrer-Seminar zu Dresden-Friedrichstadt« und legte 1818 das Examen ab. Danach war er Lehrer an der »Ratstöchterschule« in Dresden-Neustadt und ab 1826 Oberlehrer an der »Ratsfreischule für Knaben« in Dresden-Altstadt. Nach dem Tod seines Vorgängers trat er 1829 als Nachfolger Hofmanns das Amt als Kirchschullehrer und Organist in Loschwitz an. 1830 heiratete er in Kaditz (heute zu Dresden) Christiane Henriette Ziller (1805 – 1881). Ihnen wurden in Loschwitz vier Kinder geboren: Emilie Agnes (1831 – 1840), Laura Henriette, später verh. Schurig (1833 – 1922), Carl Hugo (1835 – 1835) – er wurde nur knapp vier Monate alt – und Carl Max (1840 – 1843). Das Grab der drei so früh verstorbenen Kinder befindet sich auf dem Kirchhof (→ *Friedhöfe*) an der Loschwitzer Kirche. Ihr Vater führte bereits den Titel »Cantor«, obwohl er erst seinem Nachfolger amtlich verliehen werden sollte. Nach 37-jähriger Amtszeit in Loschwitz ging er 1866 in den Ruhestand und zog mit seiner Ehefrau nach Dresden-Johannstadt, wo sie nach ihrem Tod beide 1881 auf dem Trinitatisfriedhof bestattet wurden.

Pohle, Friedrich Wilhelm
Kantor und Lehrer (1830 – 1892)
Friedrich Wilhelm Pohle (→ *K1*) wurde am 5. Januar 1830 in Tragnitz (heute zu Leisnig) geboren. Seine Eltern waren der Walkmüller Christian Friedrich Pohle und Amalie Leonore geb. Kretzschmar. Nach dem Schulbesuch in Leisnig war Friedrich Wilhelm von 1847 bis 1851 am Freiherrlich von Fletcherschen Lehrerseminar in Dresden. Bereits in dieser Zeit spielte er in Dresdner Kirchen vertretungsweise als Organist. Nach seinem Examen trat er 1851 in Dresden seine erste Lehrerstelle an, wechselte jedoch noch im gleichen Jahr an eine andere Dresdner Schule. 1852 heiratete er Emilie Trautmann (1830 – 1901) und ein Jahr darauf wurde ihnen ihr erstes Kind, ihre Tochter Hildegard Elise, später verh. Kramer (1853 – ?), geboren. 1854 zog er mit seiner Familie nach Glashütte, wo er seine Lehrertätigkeit fortsetzte. Hier wurde ihnen 1856 der erste Sohn geboren, dem später noch zwei weitere folgen sollten. Noch im gleichen Jahre regte Pohle die Gründung einer »Kinderkolonie« für Waisenkinder an, die ein Jahr später in Glashütte entstand und für die er sich in den folgenden Jahren neben seinem Beruf einsetzte. Pohle kehrte 1858 mit seiner Familie nach Dresden zurück und wurde Lehrer an der 5. Bezirksschule in Dresden-Neustadt.

Im Frühjahr 1866 begann seine Tätigkeit in Loschwitz. Er war »Erster Lehrer« und wurde

Friedrich Wilhelm Pohle, um 1885
Foto: Atelier Müller, Archiv Kirchgemeinde Loschwitz

gleichzeitig der erste Organist der Loschwitzer Kirche, der offiziell den Titel »Cantor« trug. Er zog mit seiner Ehefrau und den drei Kindern in die → »Alte Schule«, heutige Pillnitzer Landstraße 8. Hier gründete er eine erste Schulbibliothek und »sammelte« in seinem Haus und dem Garten noch nicht schulpflichtige Kinder, bevor diese 1871 in der neuen → *Kinderbewahranstalt* eine Heimat fanden. Zum 87. Geburtstag von *Friedrich* → *Wieck* (1785 – 1873, → *K1*) war Pohle mit dabei, als Wieck »an seinen Lieblingsplatz geführt und unter Gesang ihm die daselbst aufgebaute Bank als sein Ruheplatz übergeben« wurde.[3] Mit zwei weiteren Dresdner Kantoren gründete Pohle am »Pfingstheiligabend« 1876 den »Kantoren- und Organistenverein der Kreishauptmannschaft Dresden«. Zweck des Vereins waren die »Pflege und Hebung der kirchlichen Musik«[4] und die Fortbildung seiner Mitglieder. Pohle wurde mit der Geschäftsführung betraut und war bis 1886 Vorsitzender des Vereins. Eine weitere ehrenamtliche Tätigkeit war die ab 1883 in mehreren Lieferungen erschienene »Chronik von Loschwitz« (→ *Chronisten*).

Als Loschwitzer Kantor wurden ihm schon 1871 von der Kirchgemeinde große Verdienste bei der Verbesserung des Chorgesangs und des Orgelspiels bescheinigt. Hofkapellmeister Heinrich Dorn (1804 – 1892, → *K1*) schrieb in dieser

Zeit: Im »Loschwitzer Schulhaus [...] waltet ein für sein Fach bedeutender Mann, der Cantor Pohle, welcher leider noch bei Weitem nicht die Anerkennung genießt, die er verdient. Seine kleinen Barfüßler habe ich einst in der Singstunde durch meinen Besuch überrascht. Bei dieser Gelegenheit sah ich auch ihre gedruckten arithmetischen Aufgaben, welche [...] gut und gern in der Quarta einer Realschule ausreichen würden. Pohle ist ein solid unterrichteter und sehr eifriger Pädagog, [...].«[5]

Für die Opfer des Unwetters von 1875 (→ *Naturkatastrophen*) veranstaltete er in der Kirche ein Konzert, dessen eingenommene Gelder den Geschädigten gegeben wurden. Zahlreiche weitere Kirchenkonzerte folgten. Das Repertoire umfasste Musik vom 16. Jahrhundert bis in die damalige Moderne, wie das Beispiel eines Konzerts vom November 1876 zeigt. Auf dem Programm standen Werke von Michael Praetorius (1571–1621), Johann Sebastian Bach (1865–1750), Carl Loewe (1796–1869), Robert Volkmann (1815–1883), Moritz Brosig (1815–1887) und zum Abschluss eine von ihm selbst komponierte »Fantasie für Orgel«. Häufige Solisten in seinen Konzerten waren *Helene → Hofmann-Stirl* (1852–1945, → *K2*) und *Marie → Wieck* (1832–1916, → *K1*).

Friedrich Wilhelm Pohle war ferner Chorleiter des »Chorgesangverein Loschwitz-Blasewitz«, seit 1867 Schriftführer des → *Frauenvereins* und engagierte sich darüber hinaus in weiteren Vereinen. Eine große Leistung für die künftige Loschwitzer Kirchenmusik vollbrachte Pohle mit der Gründung der Loschwitzer »Cantorei«, einem Knaben- und Männerchor. Am 25. März 1884 hatte er »unter dem Namen Cantorei zu Loschwitz ein[en] Sängerkreis gebildet, der durch geistliche Lieder in und außer dem Gotteshause der Kirchgemeinde dienen will«.[7] Die Übungsstunden fanden im »Ratskeller« (→ *Gaststätten*) statt.

Ab 1885 traten bei Pohle gesundheitliche Probleme auf, die dazu führten, dass er verschiedene ehrenamtliche Tätigkeiten aufgeben und später auch seine Schulstunden verringern musste. Anlässlich seines 25-jährigen Dienstjubiläums erhielt er in der Loschwitzer Schule am Geburtstag von König Albert (1828/1873–1902) den von diesem gestifteten Verdienstorden (Verdienstkreuz). Sechs Tage später, am 29. April 1891, war dann die eigentliche Jubiläumsfeier.

Ein Jahr darauf hatte sich Pohles Gesundheitszustand weiter verschlechtert, sodass er nach 26-jähriger Dienstzeit ab Mai 1892 in den Ruhestand versetzt wurde. Er starb am 11. November 1892 in Loschwitz. Auf dem Kirchhof (→ *Friedhöfe*) fand er seine letzte Ruhestätte. Seine Witwe starb am 2. Dezember 1901 und wurde im gleichen Grab bestattet.

Die »Sächsische Schulzeitung« schrieb über Pohles »5 faches Jubiläum« am 29. April 1891:

»[...]An diesem Tage vor 25 J. trat derselbe nach gesegneter Wirksamkeit in Dresden sein hiesiges Amt als Kantor u. 1. Lehrer an und beging somit sein Orts- und zugleich sein Amtsjubiläum. Seit derselben Zeit war er auch Sekretär des Frauenvereins, Vorstandsmitglied der Speiseanstalt und Schriftführer des Kranken- und Begräbniskassenvereins für Loschwitz und Umgegend.[...] Schon am Vorabend des Festtages brachten 2 hiesige Männergesangvereine und am Festtagsmorgen der Chorgesangverein ihre Huldigungen dar. Im Laufe des Vormittags übermittelte das Lehrerkollegium unter Führung des Direktors Zimmer seine Glückwünsche und überreichte dabei ein Kaffeeservis, Meißner Zwiebelmuster. Gleich darauf versammelten sich die Vertreter der Kirchen- und Schulgemeinde und gedachte hier im Namen derselben P. Kretschmar der Verdienste des Jubilars um Kirche und Schule und wurden als Dankeszeichen 2 große gepolsterte Ruhestühle, 1 großer Teppich und 1 Chronometer mit Widmungsplatte überreicht. Der Frauenverein überreichte darauf ebenfalls 1 großen Teppich, P. Kretschmar das Ludwig Richtersche Bilderwerk: der Sonntag, Maler Leonhardi 1 prächtiges Harmonium, Photograph Kotzsch 1 Panorama von Loschwitz aus 5 Sektionen zusammengestellt, [...].«[6] Es folgen in der Aufzählung neben seiner Familie noch viele weitere Gratulanten mit Geschenken, unter ihnen die Chorknaben, die Chormädchen, eine Schulklasse, Marie Wieck und Helene Hofmann-Stirl.

Kettner, Friedrich
Kantor und Lehrer (1862–1913)

Carl Friedrich Kettner (→ *K2*) wurde am 19. Oktober 1862 in Dresden geboren. Hier verbrachte er seine Kindheit und besuchte ab 1868 die 1. Bürgerschule. Von 1878 bis 1882 war er am Freiherrlich von Fletcherschen Lehrerseminar in Dresden. Nach dem Examen war er bis 1885 Hilfslehrer an der Schule der »Königlich Sächsischen Evangelisch-Lutherischen Beamtengemeinde« in Bodenbach (heute Děčín/Tschechien) und danach ein Jahr Hilfslehrer am Fletcherschen Lehrerseminar in Dresden. Von 1886 bis 1888 bildete er sich musikalisch weiter und war Schüler am Königlichen Konservatorium für Musik in Dresden. Möglicherweise erlernte er erst hier das Orgelspiel. 1888 heiratete er Selma Wolf (1864–1936) und trat seine erste Stelle als Kirchschullehrer in Seifersdorf bei Radeberg an.

Friedrich Kettner, um 1905
Foto: Archiv Kirchgemeinde Loschwitz

Nach dem Ruhestand des Loschwitzer Kantors Friedrich Wilhelm Pohle bewarben sich 1892 auf dessen Stelle 53 Interessenten. Unter den drei in die engere Wahl gekommenen entschied man sich für den Kirchschullehrer Friedrich Kettner, der noch im gleichen Jahr hier seinen Dienst antrat und in die »Alte Schule« zog, wo schon sein Vorgänger gewohnt hatte. Er führte die von seinem Vorgänger gegründete aus Knaben- und Männerstimmen bestehende Kantorei weiter. Ferner wurde er »Liedermeister« im 1853 gegründeten und von *Adolf → Leiberg* (1848–1928) geführten »Männergesangverein Loschwitz«. Nachdem 1896 August Thonig (1862–1915) Erster Pfarrer geworden war, gründete Kettner mit ihm am 13. Februar 1897 den »Kirchenchor Gesangs-Verein« mit 28 Mitgliedern. Vorsitzender war Thonig und Chordirektor wurde Kettner. Es war dies der erste aus Männern und Frauen bestehende Loschwitzer Kirchenchor. Zweck des Vereins war die Pflege des Kirchengesangs und die Aufführung »geistlicher Gesänge« in Gottesdiensten und zu »kirchlichen und wohltätigen Zwecken«.

Erst im Sommer 1905 verlieh das Kultusministerium Friedrich Kettner den Titel »Kantor«. Wenige Wochen später legte er die Chorleitung des Kirchenchores nieder, was zu dessen Auflösung führte. In den Gottesdiensten war man nun wieder allein auf den »Knabenchor« angewiesen. Schon im November gründete sich der »Chorgesang-Verein Loschwitz« unter Leitung des Lehrers Hermann Nitzschke (1873 – ?) mit dem Ziel der »Pflege des Gesanges weltlicher und geistlicher Richtung und Förderung der Geselligkeit«[8]; ferner erklärte sich der Verein in seiner Satzung bereit, »an kirchlichen Feiern und weltlichen Festlichkeiten der Gemeinde durch gesangliche Darbietungen teilzunehmen.«[8] Offenbar gab es Kompetenzstreitigkeiten zwischen den verschiedenen Chören, denn durch Vermittlung von Thonig und Kettner konnte Anfang 1906 vereinbart werden, dass der neue Chorgesang-Verein nicht am Osterfeiertag, sondern am Karfreitag in der Kirche singen wird und am Ostertag dann der Männergesangverein im Gottesdienst mitwirkt. Kettner hatte in dieser Zeit nur noch die Leitung der unter Kantor Pohle gegründeten »männlichen Kantorei«. Einen gemischten Kirchenchor sollte es dann erst ab 1922 wieder geben. In Kettners Kantorenzeit fällt auch die im Oktober 1906 erfolgte Gründung des Posaunenchores durch den Zweiten Pfarrer Clemens Bellmann (1865 – 1937). Die Leitung übernahm zunächst der Musiker Hugo Richter. Schon zwei Jahre später erhielt der Posaunenchor die Genehmigung zur Mitwirkung bei großen überregionalen Posaunenfesten. In Loschwitz bliesen sie alljährlich zu Silvester vom Kirchturm oder zogen auch schon einmal beim Kinder-Lampionumzug als Blaskapelle voran.

Die Wohnung Kettners, die er 1892 in der Alten Schule bezogen hatte, muss in sehr schlechtem Zustand gewesen sein, denn nachdem er 1898 bereits die dritte Nierenentzündung hatte, wurde daraufhin durch die Kircheninspektion festgestellt, dass seine Wohnung »in einem derartig gesundheitsschädlichem Zustande [ist], dass eine fernere Benutzung derselben nicht geduldet werden kann.«[9] In der Folge musste Kettner mit seiner Familie mehrmals umziehen: 1899 nach Pillnitzer Landstraße 7, 1900 nach Veilchenweg 2, 1905 nach Körnerplatz 8, 1906 nach Friedrich-Wieck-Straße 2 und schließlich 1912 nach Oeserstraße 1.

Hier starb Friedrich Kettner am 11. Juni 1913. Er wurde auf dem Loschwitzer Friedhof bestattet.

Friedrich, Constantin
Kantor und Lehrer (1880 – 1947)
Alexander Constantin Friedrich (→ *K2*) wurde am 15. August 1880 in Mildenau bei Annaberg im Erzgebirge als Sohn des dort tätigen Kantors und Oberlehrers Heinrich Erdmann Friedrich und dessen Ehefrau Anna Fanny geb. Siegel geboren. Nach seiner Schulzeit besuchte er das Lehrerseminar in Annaberg, das er 1900 mit der Reifeprüfung abschloss. Noch im gleichen Jahr berief ihn seine Heimatgemeinde Mildenau als Schulvikar an die dortige Schule. Im November 1902 legte er seine Wahlfähigkeitsprüfung ab. Sein musikalisches Talent bewog ihn, im Frühjahr 1903 Mildenau zu verlassen, um am Königlichen Konservatorium der Musik zu Leipzig zu studieren. Nach darauf folgender kurzer Lehrtätigkeit an der dortigen ersten Realschule verließ er zunächst Deutschland und trat am 1. November 1905 die Stelle des Musikdirektors in Altstätten im St. Gallener Rheintal in der Schweiz an. 1909 kam er zurück und wurde im erzgebirgischen Annaberg Kantor an der Annenkirche und Lehrer an der Ersten und Höheren Bürgerschule.

Nach dem Tod von Kantor Kettner bewarb sich Friedrich auf die freigewordene Stelle. Im Juli 1913 wählte ihn der Gemeinderat Loschwitz unter acht Bewerbern zum Kirchschullehrer. Nach einer »Kantorprobe« und der Bestätigung durch den Bezirksschulinspektor trat er am 1. November 1913 seine Stelle als Kantor und Kirchschullehrer in Loschwitz an. Zu seiner Kantorentätigkeit gehörten das Amt des Organisten und die Leitung der Kirchenkonzerte unter Beteiligung des »Freiwilligen Kirchenchors« und des Männergesangvereins. Seine erste Wohnung in Loschwitz fand er im Haus Körnerweg 8.

Am 4. Juli 1914 heiratete Constantin Friedrich in der Jakobikirche in Chemnitz Johanne Lottchen Gey (1892 – 1966). Noch im gleichen Monat begann der Erste Weltkrieg. Auch Friedrich wurde als Soldat einberufen und damit die soeben in Loschwitz begonnene Tätigkeit für die nächsten Jahre unterbrochen. Am 1. Mai 1915 wurde in Loschwitz sein Sohn Wilhelm Siegfried Hans (1915 – 1978) geboren; er sollte das einzige Kind bleiben.

Constantin Friedrich, um 1920
Foto: Atelier Robert Geisser, Archiv Kirchgemeinde Loschwitz

Auch die Leitung des Posaunenchores hatte 1914 Kantor Friedrich übernommen. Der Verein konnte acht Blasinstrumente sein Eigen nennen. Hinzu kamen die eigenen Instrumente der Berufsmusiker. Loschwitzer Posaunenwart war in dieser Zeit der Musiker und Komponist Albert Kremser (1903 – ?, → *K2*). 1919 entstand eine Krise des Chores wegen Mangel an Bläsern. Der Posaunenchor löste sich auf. Dies führte zu einem unerquicklichen Streit mit dem

Constantin Friedrich mit Schülern, um 1935 *Foto: Slg. Matthias Griebel*

Kirchenvorstand, der die vereinseigenen Instrumente des Jungmännervereins zurückforderte. Im gleichen Jahr erfolgte dann eine Neugründung des Posaunenchores unter Leitung von Kremser.

Nach der 1918 beginnenden Schulreform endete Friedrichs Tätigkeit als Kirchschullehrer. Friedrich wurde Volksschullehrer an der Loschwitzer Schillerschule. 1920 fand er mit seiner Familie eine neue Wohnung in der heutigen Pillnitzer Landstraße 28, bevor er 1927 nach der Malerstraße 11 verzog, wo er bis zu seinem Tod lebte. Seit dem Ende des Ersten Weltkriegs entfaltete Friedrich eine reiche kirchenmusikalische Tätigkeit in Loschwitz. Den aus Frauen und Männern bestehenden Kirchenchor gründete er 1922 neu. Musikalische Abendfeiern, Passionsandachten, Weihnachtskonzerte gehörten zum kirchenmusikalischen Repertoire der Loschwitzer Kantorei. Am 21. September 1930 erklang in der Kirche unter seiner Leitung erstmals das Oratorium »Die Schöpfung« von Joseph Haydn (1732–1809) mit den Kirchenchören aus Loschwitz und Blasewitz; unter den Solisten fand sich auch die Loschwitzerin Olga Ronnthaler-Kapitzky (1892–1960, → *K2*). 1932 folgte eine zweite Aufführung. Am 7. April 1935 brachte Friedrich das Oratorium »Der Messias« von Georg Friedrich Händel (1685–1759) zur Aufführung. Ein weiteres Oratorium sollte in der Loschwitzer Kirche erklingen. Es war der »Elias« von Felix Mendelssohn Bartholdy (1809–1847). Es kam leider nicht zur Aufführung, da die Nationalsozialisten die Werke des Komponisten wegen dessen jüdischer Herkunft mit einem Aufführungsverbot belegt hatten.

Friedrichs musikalische Tätigkeit beschränkte sich nicht auf die Kirche. So fand beispielsweise im November des Jahres 1934 ein »Konzert zum Besten des Winterhilfswerkes« im »Weißen Adler« (→ *Gaststätten*), veranstaltet von der NSDAP-Ortsgruppe Loschwitz, unter Leitung des Kantors und Parteigenossen Constantin Friedrich statt. Eines der letzten Konzerte in der Loschwitzer Kirche erklang im September 1942 als »Musikalische Abendfeier [...] für die Verwundeten unserer Lazarette«.[10]

Bis November 1945 war Friedrich noch Volksschullehrer an der Loschwitzer Schillerschule. Dann wurde auch er wegen seiner ehemaligen Zugehörigkeit zur NSDAP aus dem Schuldienst entlassen. Er war nun ganz »Kantor und Organist« der Loschwitzer Kirchgemeinde. Aber das Kirchengebäude gab es nicht mehr. Seine letzten großen Konzerte, eine »Geistliche Abendmusik«, gab er im September 1946 mit den Kantoreien aus Loschwitz, Weißer Hirsch und Bühlau in den beiden dort vom Krieg verschont gebliebenen Kirchen.

Im Juni 1947 war sein Gesundheitszustand so schlecht geworden, dass er eine »Liegekur« verordnet bekam. Die Vertretung übernahm die ebenfalls aus dem Schuldienst entlassene und jetzt als Katechetin tätige Mathilde Fricke, die ein Jahr später seine Nachfolgerin werden sollte. Am 22. August 1947 verstarb Constantin Friedrich in Dresden. Er wurde am 27. August 1947 auf dem Friedhof Loschwitz bestattet.

Fricke, Mathilde
Kantorin, Lehrerin und Katechetin (1902–1978)
Elisabeth Mathilde Fricke (→ *K2*) wurde am 2. August 1902 als erstes Kind des Kaufmanns Heinrich Fricke und seiner Ehefrau Dora geb.

Mathilde Fricke, um 1955
Foto: Archiv Kirchgemeinde Loschwitz

Ulbricht in Loschwitz geboren. Die Familie wohnte damals Pillnitzer Landstraße 106. Im Jahr 1910 zog die Familie mit ihren unterdessen vier Kindern in das Haus Veilchenweg 2. Von 1909 bis 1917 besuchte sie hier in Loschwitz die Schule. Ab 1914 hatte sie parallel dazu Musikunterricht an der Dresdner Musikschule. 1917 ging sie an das Lehrerinnenseminar Dresden-Johannstadt, wo sie 1923 ihre Schulamtskandidatenprüfung ablegte. Danach war sie ein Jahr Hauslehrerin auf Gut Pulsitz (heute Ortsteil von Ostrau in Mittelsachsen), bevor sie 1924 Lehrerin an der Volksschule Wachwitz-Niederpoyritz und 1943 kommissarische Schulleiterin der Volksschule Reitzendorf wurde. Weil sie Mitglied in der NS-Frauenschaft war, erfolgte 1945 die Entlassung aus dem Schuldienst.

Sie fand ab November 1946 in der Kirchgemeinde Dresden-Loschwitz eine neue Stelle als »Religionslehrerin« an der Seite von Curt Beyer (1887–1968). Dem »Loschwitzer Frauenchor«, aus dem 1922 der »gemischte« Kirchenchor entstanden war, gehörte sie seit 1919 an. Ab 1920 hatte sie Orgelunterricht genommen, der sie dazu befähigte, ab 1924 Kantor Friedrich an der Orgel zu vertreten. Später wurde sie seine ständige Vertreterin. Das alles führte dazu, dass der Kirchenvorstand sie 1948 einstimmig als Nachfolgerin des unterdessen verstorbenen Kantor Friedrich wählte und sie nun die erste »Kantorkatechetin« in Loschwitz war. Ihre kirchenmusikalische Arbeit fand wegen der zerstörten Kirche im Kirchgemeindehaus Grundstraße 36 statt, wo ihr zum Orgelspiel nur das dortige Jehmlich-Positiv zur Verfügung stand. Neben der Arbeit mit dem Kirchenchor baute sie vor allem die Kurrende-Arbeit aus und leitete zahlreiche Konzerte unter den eingeschränkten Bedingungen des Gemeindesaals.

Der damalige Gemeindehelfer Otto-R. Wenzel (* 1938, → *Kirchgemeinde*) wollte den Loschwitzer Posaunenchor wieder zum Leben erwecken. So begannen, nachdem vier Trompeten und vier Posaunen beschafft waren, im September 1962 die ersten Übungsstunden für Mädchen und Jungen aus der Jungen Gemeinde. Ein Jahr später spielte der kleine neue Posaunenchor erstmalig im Gottesdienst.

Im November 1963 ging Mathilde Fricke in den Ruhestand. Mit ihrer Schwester Johanna Fricke (1908–1995) wohnte sie bis 1970 noch Veilchenweg 2, bevor beide in das Seniorenheim auf der Hegereiterstraße in Dresden-Bühlau gingen. Mathilde Fricke starb dort am 25. September 1978 und wurde auf dem Loschwitzer Friedhof bestattet.

Steude, Wolfram
Kantor und Musikwissenschaftler (1931–2006)
Ernst Martin Wolfram Steude (→ *K1*) wurde am 20. September 1931 in Plauen/Vogtland geboren. Nach der Trennung seiner Eltern zog 1933 die Mutter Hertha Steude geb. Pietzsch (1898–1980) – eine Tochter des → Architekten Martin Pietzsch (1866–1961, → *K1*) – mit ihm und seiner älteren Schwester Barbara (1928–1999) zurück ins »Kleine → *Künstlerhaus*« Pillnitzer Landstraße 57.

Nach seinem Abitur an der Dresdner Kreuzschule studierte er von 1950 bis 1952 an der Kirchenmusikschule der Ev.-Luth. Landeskirche Sachsen in Dresden, der heutigen Hochschule für Kirchenmusik, und anschließend bis 1955 am Kirchenmusikalischen Institut der Staatlichen HS für Musik in Leipzig. Ab 1955 war er in Leipzig als Kantor tätig und hatte parallel bis 1958 an der dortigen Universität die Fächer Musikwissenschaft und Kunstgeschichte belegt. Wolfram Steude heiratete 1956 Annemarie Kinzok (* 1930). Noch in Leipzig wurde ihnen ihr erstes Kind Maria (* 1957), später verh. Schmidt,

Prof. Dr. Wolfram Steude, um 2000 Foto: Slg. Martin Steude

geboren, die heute als Altenpflegerin tätig ist. 1958 kam er zurück nach Dresden und war Kantor an der Nazarethkirche in Dresden-Seidnitz. Hier in Dresden wurde die zweite Tochter, Annegret (* 1959), später verh. Claußnitzer, geboren, die später Buchhändlerin wurde. Ihr folgten die beiden Söhne Martin (* 1962, → *K2*), der später Musik studierte, Bratsche erlernte und seit 1992 Geschäftsführer des Büros von Ludwig Güttler (* 1943, → *K1*) ist, und schließlich Jürgen (* 1964, → *K2*), der ebenfalls Musik studierte und jetzt in der »Elbland Philharmonie Sachsen« als Violoncellist tätig ist.

Im Jahr 1964 trat Wolfram Steude seine Kantorenstelle in Loschwitz an. Im nur mit dem Orgel-Positiv ausgestatteten Kirchgemeindesaal in der Grundstraße 36 fanden Konzerte statt, die häufig unter Mitwirkung des Kirchenchores und eines kleinen Instrumentalkreises mit Spielern aus der eigenen Gemeinde gestaltet wurden. Er leitete den neuen Posaunenchor, der 1971 offiziell in die »Sächsische Posaunenmission« aufgenommen wurde. 1973 promovierte Steude bei dem Musikwissenschaftler Prof. Rudolf Eller (1914 – 2001) an der Universität Rostock. Im Dezember 1976 beendete er seinen Kantorendienst in Loschwitz.

1977 begann Steude hauptberuflich seine Arbeit als Musikwissenschaftler an der Sächsischen Landesbibliothek, wo er zuvor bereits seit 1961 ehrenamtlich tätig gewesen war. 1980 ging er als wissenschaftlicher Mitarbeiter und Kustos an die HS für Musik »Carl Maria von Weber« in Dresden. 1981 kam es zur Uraufführung des bis dahin verschollenen und von Steude in der Landesbibliothek wiedergefundenen »Schwanengesang« von Heinrich Schütz (1585 – 1672, → *K1*) durch die 1972 gegründete Dresdner »Capella Saggitariana«, deren wissenschaftlicher Leiter bis 1990 Steude war. 1988 gründete er am Institut für Musikwissenschaft der Dresdner Hochschule für Musik das »Heinrich-Schütz-Archiv«. Auch anderen Klangkörpern stand er als Berater zur Seite. 1993 erhielt er die Professur für Musikgeschichte/Alte Musik an der Musikhochschule und war Mitbegründer des auf die Musik der Renaissance und des Frühbarock spezialisierten Ensembles »Alte Musik Dresden«, das sich im September 2006 mit der »Capella Saggitariana« zur neuen »Capella Saggitariana Dresden« vereinigte. 1995 gelang es Steude, das »Schütz-Musikfest« der Internationalen Heinrich-Schütz-Gesellschaft nach fast 40-jähriger Pause wieder nach Dresden zu holen. Nach seiner Emeritierung 1996 konnte er sich verstärkt seinen musikwissenschaftlichen Studien zuwenden.

1998 wurde Prof. Dr. Steude mit dem Bundesverdienstkreuz ausgezeichnet. Zu seinem 70. Geburtstag im Jahr 2001 erschien das Buch »Annäherung durch Distanz« mit Texten Steudes zur älteren mitteldeutschen Musik und Musikgeschichte. Zum Abschluss des Tages erklang in der Loschwitzer Kirche ein Festkonzert mit alter Musik, bei dem auch der häufig hier auftretende »Körnersche Sing-Verein« – seit 2008 »Vocal Concert Dresden« – unter Peter Kopp (* 1967) mitwirkte. Auf Steudes Initiative gründete sich im Januar 2006 der Verein »Heinrich Schütz in Dresden«. Nur zwei Monate später starb er nach kurzer schwerer Krankheit am 9. März 2006 in Dresden und wurde am 17. März auf dem Friedhof Dresden-Loschwitz bestattet.

Kunze, Marianne
Kantorin (* 1952)
1976 musste in Loschwitz nach einem Nachfolger von Kantor Steude gesucht werden. Zu einem Gottesdienst am 8. August spielte Marianne Isakeit, später verh. Kunze (→ *K1*), erstmals auf dem Orgel-Positiv im Kirchgemeindesaal. Sie wurde noch im gleichen Jahr als neue Loschwitzer B-Kantorin (vierjähriges Studium) gewählt und trat am 1. Januar 1977 hier ihren Dienst an. Sie wurde am 2. Oktober 1952 in Bahrendorf bei Magdeburg geboren und hatte ihre Kindheit und Schulzeit in Hohenstein-Ernstthal verlebt. Als Zehnjährige erlernte sie bei dem dortigen Kantor Werner Stips Klavier, Blockflöte und Notenschreiben sowie zwei Jahre später Orgelspiel. Ab 1969 studierte sie an der Kirchenmusikschule in Dresden und machte 1973 ihr Abschlussexamen. Danach war sie bis 1976 Angestellte in der Musikabteilung des »Kunstsalon« am Dresdner Altmarkt und hatte parallel dazu 1973/74 die Kantoren-Vertretung in Dresden-Klotzsche.

In der Kirchgemeinde Dresden-Loschwitz fand sie ihre erste feste Kantoren-Stelle. 1978 heiratete sie den Buchhändler Claus Kunze (* 1947, → *Buchhandel und Antiquariate*) und zog im gleichen Jahr mit ihm und den Kindern Anne (* 1974) und Lore (* 1977) in die Pillnitzer Landstraße 8 und drei Jahre später in die Pillnitzer Landstraße 78. Sie baute in den folgenden Jahren die bereits bestehende musikalische Arbeit bedeutend aus, wobei sie sich besonders den Kindern und Jugendlichen zuwandte.

Schon ihr Vorgänger Steude hatte den Posaunenwart Andreas Altmann (* 1949) mit den Übungsstunden des Posaunenchores beauftragt, die er jedoch 1978 beendete. Um den Chor weiterzuführen, erlernte Marianne Kunze daraufhin selbst Posaune und führte den Posaunenchor noch bis 1985 weiter. Drei Jahre später wurde dieser jedoch aus der Chorliste der »Sächsischen Posaunenmission« gestrichen. Der in Dresden-Wachwitz wohnende Peter Fücker (* 1941) sammelte ab 1990 erneut Bläser, die

Marianne Kunze zur 300-Jahr-Feier der Kirchweihe, Oktober 2008
Foto: Jürgen Frohse, Archiv Kirchgemeinde Loschwitz

Kantorin Marianne Kunze mit Chor zum Chorjubiläum im Gemeindesaal des Kirchgemeindehauses, März 1984 *Foto: Eberhard Münzner*

sich zunächst in seiner Wohnung und ein Jahr später in der Werkstatt von Instrumentenbauer Berndt C. Meyer (* 1963, → *K2*) in Dresden-Wachwitz zum Üben trafen. Die Leitung übernahm anfangs Florian Hartfiel (* 1973, → *K2*) und 1993 erneut Andreas Altmann, der den Loschwitzer Posaunenchor später mit dem aus Dresden-Hosterwitz zusammenführte. 1993 wurde der Chor als »Posaunenchor Loschwitz« wieder in die Sächsische Posaunenmission aufgenommen und trägt seit 2004 den Namen »Elbhang-Posaunenchor«. Seit Altmanns Eintritt in den Ruhestand hat seit Januar 2013 der langjährige Hornist der Dresdner Philharmonie Volker Kaufmann (* 1941, → *K2*) die Leitung des Chores.

Kantorin Kunze leitet heute außer dem Kirchenchor (»Kantorei«) eine Vorkurrende mit Kindern von drei bis sechs Jahren, die Kurrende, den aus dieser hervorgegangenen Jugendchor (früher »Singekreis«), zwei Flötenkreise für Kinder und Jugendliche sowie das Blockflöten-Ensemble. Da sie wie ihr Vorgänger nur eine Zweidrittel-Anstellung hat, war sie am Anfang ihrer Kantorentätigkeit auch noch in der Verwaltung tätig. Im März 1990 wurde sie zur Vorsitzenden des »Bürgerkomitees Loschwitz« (→ *Bürgerbewegung*) gewählt.

Für den nun beginnenden Wiederaufbau der Loschwitzer Kirche organisierte sie zahlreiche Benefizkonzerte. Ein Höhepunkt war dann die Orgelweihe am 5. Oktober 1997 in der wiederaufgebauten Kirche. Damit »eröffnet[e] sich den Loschwitzer Kantoren in Gegenwart und Zukunft ein weiteres schönes und wichtiges Arbeitsfeld.«[11] Außer den vielen Einsätzen aller oben genannten musikalischen Gemeindegruppen, vor allem in den Gottesdiensten, ihrem Orgelspiel und ihren eigenen Musiken und Orgelkonzerten, organisierte Kantorin Kunze bis Dezember 2014 auch nahezu alle hier durchgeführten Konzerte. Sie wirkte in den Vespermusiken mit, in denen vor allem Renaissance-Musik erklang. Diese wurden von dem 1999 nach Dresden-Loschwitz gezogenen und vorher in Dresden-Hosterwitz tätig gewesenen Kantor Günter Schubert (* 1943, → *K1*) organisiert und geleitet. Er verfasste auch die Texte zu Kantorin Kunzes Konzertprogrammen. Auch der von 2004 bis 2014 in der Pillnitzer Landstraße 8 wohnhaft gewesene Musiker Sebastian Knebel (* 1968, → *K2*) spielte an der Orgel, am Cembalo oder Flügel zu Konzerten.

Seit 2000 wohnt Marianne Kunze mit ihrem Ehemann in Dresden-Niederpoyritz. Fast 40 Jahre ist sie heute hier erfolgreich als Kantorin tätig und hat die Dienstzeit aller ihrer Vorgänger überschritten.

Otto-R. Wenzel

Zitate:

1 *Arnolden, M. Johann; Kurtze doch gründliche Beschreibung der von grundauf Neu-erbauten Kirche zu Loschwitz...; Mskr. (Loschwitz 1710); SLUB Dresden*
2 *Archiv der Ev.-Luth. Kirchgemeinde Dresden Loschwitz; Archiv I, Loc. XVI, 1*
3 *Pohle, Friedrich Wilhelm; Chronik von Loschwitz; Dresden 1887*
4 *Vereinsstatut; in: Feuilleton der Sächsischen Lehrerzeitung 02.07.1876*
5 *Dorn, Heinrich; Ostracismus. Ein Gericht Scherben; Berlin 1875*
6 *Archiv der Ev.-Luth. Kirchgemeinde Dresden Loschwitz; Archiv I, Loc. VII, 12*
7 *Feuilleton; in: Sächsische Lehrerzeitung 07.06.1891*
8 *Statut des Chorgesang-Verein Loschwitz; in: Stadtarchiv, 8.27, I, 78, 73*
9 *Archiv der Ev.-Luth. Kirchgemeinde Dresden-Loschwitz; Archiv I, Loc. XVII, 11*
10 *Archiv der Ev.-Luth. Kirchgemeinde Dresden-Loschwitz, Archiv II, 3/5/2*
11 *Steude, Wolfram; Loschwitz und seine Kirchenmusik; in: Festschrift zur Orgelweihe, Dresden 1997*

Quellen: 39, 66, 228, 268, 275, 302, 508, 511, 512, 639, 640, 709, 724, 726, 795, 824, 1000, 1010, 1012, 1056

Weitere Kirchen

Alt-Katholische Gemeinde

Pillnitzer Landstraße 25

Die »Kapelle zu den Heiligen Drei Königen und Erzengeln« wurde 1998 geweiht und befindet sich auf dem Grundstück von Haus »Abu Sina«, benannt nach dem Arzt und Philosophen Avicenna (arabisch: Ibn Sina, um 980 – 1037). Die Kapelle wurde gestiftet von dem Dresdner Gymnasiallehrer Dr. Benoît Philippe und dem Heilpraktiker Pater Hubert Michael Schweizer (* 1943), Priester der Dresdner alt-katholischen Gemeinde im Ehrenamt, der in dieser Kapelle regelmäßig Heilgottesdienst mit Abendmahl und Krankensalbung anbietet. Das 2005 erschienene Buch »Dresden und seine Kirchen« führt sie als »Alt-Katholische Dreikönigskapelle« auf. »Die Evangelische Kirche in Deutschland« (EKD) und das »Katholische Bistum der Alt-Katholiken in Deutschland« trafen 1985 die seitdem bestehende Vereinbarung gegenseitiger Anerkennung des Abendmahls. Ihre staatliche Anerkennung erhielt die Alt-Katholische Kirche bereits 1874 unter Reichskanzler Otto von Bismarck (1815 – 1898).

Hubert Michael Schweizer

Quelle: 725

Johannische Kirche

Tiedgestraße 1

Im Jahre 1926 wurde von dem Religions- und Sozialreformer Joseph Weißenberg (1855 – 1941) die Johannische Kirche als Religionsgemeinschaft (»Evangelisch-Johannische Kirche nach der Offenbarung St. Johannis«) in Berlin gegründet. Das Zentrum der Johannischen Kirche (Kirche der Friedensstadt) befindet sich in Blankensee bei Trebbin in Brandenburg. Dieses Gotteshaus entstand 1928/29 nach Entwürfen des Gründers Weißenberg in Holzbauweise. In Deutschland gibt es heute 30 Gemeinden. Etwa 3.000 Gemeindemitglieder gibt es im deutschsprachigen Raum.

Die Gemeinschaft stützt sich auf eigene Auslegungen christlicher Glaubenssätze, die von den Lehren und Offenbarungen des Gründers bestimmt werden. Im Jahre 1975 gab sich die Gemeinschaft den Namen »Johannische Kirche«. Die Glaubens- und Lebensregeln gehen über die der evangelischen Kirche hinaus. So wird das Glaubensbekenntnis der Dreieinigkeit erweitert an Hand der Offenbarungen Joseph Weißenbergs.

Ähnlich wie die evangelische Kirche ist die Johannische Kirche in Regionalbezirke, Kirchenbezirke und Gemeinden gegliedert. Bezirks- und Gemeindeleiter stehen diesen Einrichtungen vor. Die sozial-seelsorgerischen

Arbeiten werden überwiegend von ehrenamtlichen Helfern wahrgenommen. So bilden die handwerklichen Tätigkeiten zum Erhalt der Liegenschaften und Gemeindeeinrichtungen einen großen Anteil. Besonders hervorzuheben ist der Johannische Sozialwerk e.V., welcher unter anderem Sozialstationen, Kindergärten und Seniorenheime unterhält. Das Sozialwerk ist dem Gesamtverband des Paritätischen Wohlfahrtsverbandes angegliedert.

In Dresden fanden ab Juni 1931 die ersten Gottesdienste statt. Schon im Januar 1935 erfolgte ein Verbot durch die Nationalsozialisten. Im Januar 1947 konnte die Gemeinde neu gegründet werden. Gottesdienste fanden in verschiedenen Mietobjekten statt. 1988 wurde der Beschluss gefasst, ein Einfamilienhaus durch eine umfassende Rekonstruktion für die Gemeindearbeit nutzbar zu machen. Baubeginn war im Herbst 1989. Nach umfangreichen Arbeitseinsätzen der Gemeindemitglieder und deren Freunden konnte die Gemeinde im Sommer 1991 in Dresden-Loschwitz, Tiedgestraße 1 eine neue Heimstatt finden. **Peter Mallwitz**

Quellen: 725, 859

Römisch-katholische Kirche

Loschwitz als Teil der Pfarrvikarie Pillnitz

Mit Gründung des Freistaates Sachsen nach der Novemberrevolution 1918 erfolgte eine klare Trennung von Kirche und Staat. Damit entstanden wiederum neue Kirchgemeinden mit Gemeindehäusern und Kirchenbauten in Dresden. Hierfür ist die Gemeinde Pillnitz ein Beispiel, zu deren Gebiet noch viele weitere Ortsteile wie Loschwitz, Wachwitz, Rochwitz, Söbrigen, Graupa, Schönfeld und Rockau gehörten. Bereits im Juni 1724 wurde die auf Veranlassung Augusts des Starken im südöstlichen Eckpavillon des damaligen »Venus-Tempels« des Pillnitzer Schlosses eingerichtete katholische Kapelle geweiht. Beim Schlossbrand 1818 wurde diese zerstört. Die heute noch im »Kapellenflügel« des Schlosses bestehende Kapelle im klassizistischen Stil wurde am 16. Juni 1830 durch Bischof Ignaz Bernhard Mauermann (1786–1841) eingeweiht. Gemäß königlichem Erlass stand diese Kirche auch immer der Gemeinde zur Verfügung. Ab 1. April 1940 erfolgte die Errichtung der »Pfarrvikarie Pillnitz«. Der erste eigenständige Seelsorger der Gemeinde als Kaplan war Pater Paul-Franz Saft vom Jesuitenorden. Bis 1972 kamen Seelsorger vorwiegend aus diesem Orden. Eine Unterbrechung für den gottesdienstlichen Gebrauch ergab sich 1945/46 im Rahmen der Nutzung des Schlosses durch die Sowjetarmee als Sitz der Trophäenkommission.

Fronleichnamsprozession der Pfarrvikarie Pillnitz im Schlosspark Pillnitz in den 1960er Jahren
Foto: Slg. Lucas Müller

Am 21. Dezember 1947 wurde St. Petrus Canisius (1521–1597) anlässlich seines 350. Todestages zum Schutzpatron der Pfarrvikarie ernannt. Petrus Canisius war der erste deutsche Ordenspriester der Jesuiten, Kirchenlehrer und zweiter Apostel der Deutschen. In den Jahren 1950 bis etwa 1974 wurden die Fronleichnamsprozessionen noch öffentlich im Schlosspark Pillnitz durchgeführt.

Altar der Kapelle »Maria am Wege« während der Restaurierung, 2014 Foto: Dieter Fischer

Nach dem Kriegsende 1945 und den damit verbundenen großen Umsiedlungen aus Schlesien und Böhmen entstanden viele neue weitere Gottesdienstorte. Die Zahl der Gemeindemitglieder in der Zeit von 1949 bis 1955 betrug etwa 1.500. Als Zeichen einer ersten Ökumene stellten die evangelischen Gemeinden ihre Kirchen für katholische Gottesdienste zur Verfügung, z. B. Graupa von 1946 bis 1959, Eschdorf von 1946 bis 1972 und Schönfeld von 1946 bis 1994. Eine katholische Kapelle gab es von 1994 bis 2011 in Borsberg. Die katholischen Gemeindemitglieder wurden vorwiegend von Priestern der Hofkirche betreut.

In diesem örtlichen Bereich liegen noch weitere kirchliche Objekte. Am 15. August 1878 wurde die im neogotischen Stil erbaute Kapelle »Maria am Wege« in Hosterwitz, heute Dresdner Straße 151, durch Bischof Franz Bernert (1811–1890) geweiht. Gestiftet hatte die Kapelle Prinz Georg von Sachsen, der spätere König von Sachsen (1832/1902–1904). Ab 1939 erfolgte hier die Nutzung als Wochentagskapelle.

Das Hosterwitzer Grundstück und das »Haus Hoheneichen«, Dresdner Straße 73, schenkte nach 1918 Prinzessin Maria Immaculata von Sachsen (1874–1947) dem Bistum Meißen mit der Auflage, dieses den Jesuiten für die Seelsorge zur Verfügung zu stellen. Heute ist es das »Exerzitien-Haus« der Jesuiten von Dresden.

Das Pfarrhaus in der Dresdner Straße 66, ehemals »Villa Brockhaus«, erhielt verschiedene Aufgaben. Der ehemalige Bischof von Dresden-Meißen Gerhard Schaffran (1912–1996, Amtszeit: 1970–1987) wohnte von 1971 bis 1987 in diesem Haus. Hier waren hohe kirchliche Würdenträger zu Gast. Zu ihnen gehörten: 1975 Erzbischof Kardinal Agostino

Kapelle Loschwitz, Pillnitzer Landstraße 63, vor Einbau des Gestühls, 1955 *Foto: Archiv Pfarrei St. Hubertus*

Pfarrer Dr. Günther Schulemann

Geburtstagfeier der Kantorin F. Höring (4. v. r. sitzend), mit Elisabeth von Wittern (3. v. r. sitzend) und Brigitta von Korff (2. v. r. stehend) *Fotos (2): Slg. Lucas Müller*

Caseroli (1914 – 1998), Staatssekretär des Vatikans; 1976 Erzbischof Kardinal Karol Woityla (1920 – 2005), 1978 zum Papst Johannes Paul II. gewählt; 1987 Erzbischof Kardinal Joseph Ratzinger (* 1927), 2005 zum Papst Benedikt XVI. gewählt, er war hier anlässlich des ersten und einzigen Katholikentreffens der DDR in Dresden zu Besuch.

Pfarrei »St. Hubertus« Weißer Hirsch
Zur Verbesserung der Verwaltungsstruktur wurde die bisherige Zuordnung der Pfarrvikarie Pillnitz zur Dresdner Hofkirche zum näher gelegenen Weißen Hirsch eingeleitet. Am 20. November 1975 erfolgte die Eingliederung in die Pfarrei »St. Hubertus« in Dresden-Weißer Hirsch. Am 1. Januar 2011 folgte schließlich die Auflösung von »St. Petrus Canisius« in Dresden-Pillnitz und die vollständige Eingliederung in die Pfarrei »St. Hubertus« in Dresden-Weißer Hirsch. Im Jahre 1957 war die Gemeinde »St. Hubertus« eine eigene Pfarrei geworden; bis dahin war sie eine Außenstelle der Pfarrei Dresden-Neustadt gewesen. Bis 1918 wurden öffentliche katholische Gottesdienste nur in der Zeit von April bis September genehmigt, wobei das Interesse besonders den Kurgästen des Lahmann-Sanatoriums galt. Der Gottesdienst wurde einmal im Monat im → *Gasthaus* »Weißer Adler« durchgeführt. Die Einweihung der von Architekt Robert Bernhard Witte (1881 – um 1945) entworfenen Kirche St. Hubertus an der Straße Am Hochwald erfolgte am 31. Januar 1937.

Die »Außenstelle« Wachwitz/Loschwitz
Die Weinbergkapelle im Gelände des ehemaligen Königlichen Weinbergs Wachwitz wurde um 1825 geweiht und 1839 nach dem neogotischen Entwurf von Carl Moritz Haenel (1809 – 1880, → *K2*) umgebaut. Gottfried Semper (1803 – 1879) hatte 1836 hierfür eigene Entwürfe geliefert, die jedoch so nicht realisiert worden waren. Der katholische Gemeindeteil Loschwitz/Wachwitz mit vielen Umsiedlern hatte vom Sommer 1945 bis September 1947 im Erdgeschoss des benachbarten alten Presshauses (Wachwitzer Weinberg 2) einen Ausweichort gefunden. Die Hauskapelle im Neuen Schloss Wachwitz (»Christian-Schloss«) mit dem gesamten Schlosskomplex war durch die Sowjetarmee besetzt worden. Einige Stücke aus der Hauskapelle konnten für den genannten Ersatzraum im Presshaus gesichert werden. Auch diese Gottesdienstmöglichkeit wurde kurzfristig im September 1947 gekündigt und musste innerhalb eines Monats verlassen werden. Der sowjetische »Intourist-Hotelbetrieb« hatte die einstige Königliche Villa mit Nebengebäuden und das Christian-Schloss bis 1949 übernommen.

Ersatz fand nun der Loschwitz/Wachwitzer Gemeindeteil im »Gartensaal« des Grundstücks Pillnitzer Landstraße 63 (→ *Grahlsches Haus*). Ab 29. September 1947 stellte kurzfristig und uneigennützig Elisabeth von Wittern geb. Freiin von Friesen-Miltitz (1887 – 1971) diesen für die Gottesdienste zur Verfügung. Die Erbin Dr. med. Brigitta von Korff (1903 – 1975) führte bis zur Aufhebung der Kapelle im Juli 1974 diese Tradition fort. Heute befindet sich das Gebäude im Besitz des »Archiconvent der Templer«.

Kirchenschaukasten am Körnerplatz 2, 1958
Archiv Kirchgemeinde Loschwitz

Als geistlicher Betreuer dieser Außenstelle hatte hier seit seiner Ankunft im Juli 1946 in Dresden Prof. Dr. Günther Schulemann (1889 – 1964) die regelmäßigen Gottesdienste übernommen. Er war in Breslau an der Theologischen Fakultät Professor für Philosophie und 15 Jahre Domvikar am Dom zu Breslau bei Erzbischof Adolf Bertram (1859 – 1945) gewesen. Als dortiger Studentenpfarrer hatte Schulemann auch die Ordensdame Edith Stein (1891 – 1942, 1947 vom Papst seliggesprochen), kennengelernt. Seine wissenschaftliche Hauptarbeit lag bei den innerasiatischen Religionen, Philosophien und Kulturen. Als anerkannter Buddhismus-Experte und Dozent wirkte er an der Universität in Leipzig bei den Kunst- und Orientwissenschaften, speziell im Bereich Tibetologie. Der Besucherkreis in der Kapelle war von verschiedenen Künstlerpersönlichkeiten des Elbhanges geprägt.

Bereits in den 1950er Jahren gab es einen gemeinsamen Informations-Schaukasten der evangelischen und katholischen Gemeinde auf dem Körnerplatz am Haus des → *Bäckermeisters* Winkler (heute Wippler). Seitdem Pfarrer Thomas Cech 1999 die röm.-kath. Gemeinde »St. Hubertus« in Dresden-Weißer Hirsch übernommen hat, fördert er weiterhin die Ökumene mit den ev. luth. → *Kirchgemeinden* Dresden-Loschwitz und Dresden-Weißer Hirsch.

Lucas Müller

Quellen: 45, 226, 721, 743, 968

Diakonissen in Loschwitz *Foto: SLUB Dresden/Deutsche Fotothek, Else Seifert*

Schwester Elfriede besuchte mit ihrer »Schwalbe« die Kranken in Loschwitz und Wachwitz bei jedem Wetter; zum Elbhangfest 2002 fuhr sie noch einmal im Festumzug an den ihr zujubelnden Zuschauern vorüber. *Foto: Jürgen Frohse*

Kirchlich-diakonische Einrichtungen

Gemeindediakonie

Nachdem 1893 im Kirchenvisitationsbericht der Wunsch geäußert wurde, eine Gemeindediakonie für die Kirchgemeinde einzurichten, konnte nach einem Vertrag mit der Diakonissenanstalt Dresden 1895 die Diakonisse Antonie Lehmann hier als erste Gemeindeschwester ihren Dienst beginnen. Ihre Hauptaufgabe war die Pflege der Kranken und Alten, für die sie zu jeder Tages- und Nachtzeit zur Verfügung stehen sollte. Für diese Aufgabe bekam sie als der Diakonissenanstalt zugehörige Diakonisse nur das Notwendigste zum Lebensunterhalt. Das Leitmotiv aller Diakonissen war der »Diakonissenspruch« des Theologen Wilhelm Löhe (1808 – 1872): »Ich diene weder um Lohn noch um Dank, sondern aus Dank und Liebe; mein Lohn ist, daß ich darf.«[1]

Zu den weiteren Aufgaben der Loschwitzer Gemeindeschwestern gehörten die Führung des Jungfrauenvereins und später auch u. a. die des Großmütterchen- und Großvätervereins (→ *Kirchgemeinde*). Im Ersten Weltkrieg waren sie zusammen mit dem → *Frauenverein* beteiligt an einer »Kriegsküche« für Arme und Bedürftige im Haus der → *Kinderbewahranstalt*, Grundstraße 36. Ihre Wohnung hatten die Gemeindeschwestern bis 1899 in der Alten → *Schule*, Pillnitzer Landstraße 8, dann in der → *Kinderbewahranstalt* und ab 1917 wieder in der Pillnitzer Landstraße 8.

1918 begann Helene Halm (1887 – 1963) in Loschwitz ihre Arbeit als Gemeindeschwester. Von 1919 bis 1934 bekam sie eine weitere Diakonisse zur Seite gestellt. Nach der 43-jährigen Tätigkeit Helene Halms begann im Oktober 1961 deren Nachfolgerin Elfriede Kempe (* 1937) ihre Arbeit. Sie sollte die letzte hier tätige Diakonisse sein. Sie löste sich von der Diakonissenanstalt und setzte ihre Arbeit ab September 1972 als »freie« Gemeindeschwester fort. Bis 1991 war sie in der Ev.-Luth. Kirchgemeinde Dresden-Loschwitz angestellt. Danach wechselte sie an die neu erstandene → *Ökumenische Diakonie-Sozialstation BÜLOWH e.V.*, die die Arbeit der bisherigen Gemeindediakonie fortführte. Bereits 1992 beendete sie hier ihre Arbeit und ging ins Diakonissen-Krankenhaus, wo sie bis 1997 als Stationsschwester und danach bis zum Ruhestand 2002 in der Altenpflege tätig war.

Otto-R. Wenzel

Zitate:
1 *Löhe, Wilhelm, Gesammelte Werke, Neuendettelsau 1951–1956*
Quellen: 39, 321, 673, 724, 1079

In Loschwitz als Gemeindeschwestern tätige Diakonissen:

Antonie Lehmann:	1895 – 1897
Marie Kettlitz:	1897 – 1899
Alma Becker:	1899 – 1901
Gertrud Schulze:	1901 – 1908
Josefine Rödel:	1908 – 1917
Bertha Zachariä:	1917 – 1918
Helene Halm:	1918 – 1961
Emma Martin:	1919 als 2. Diakonisse
Rosa Strunz:	1919 – 1921 als 2. Diakonisse
Margarete Agsten:	1921 – 1934 als 2. Diakonisse, danach in der Ev.-Luth. Kirchgemeinde Weißer Hirsch
Elfriede Kempe:	1961 – 1991, danach bis 1992 in der Ökumenischen Diakonie-Sozialstation BÜLOWH e.V.

Haus Bethanien

Schillerstraße 26

Das Grundstück mit dem um 1830 erbauten Sommerhaus, einem kleinen Garten und einem Stück Wald ging im März 1880 in den Besitz der ev.-luth. Diakonissenanstalt zu Dresden-Neustadt über. Die Diakonissenanstalt erwarb es »unter sehr günstigen Bedingungen«[1] von »einer Freundin des Hauses«[1], der ledigen Linna Rudolphine Hann (1811 – 1879). Bereits am 30. März 1880 konnte das für 18.000 Mark von den Erben der Verstorbenen erworbene Haus als Erholungshaus »Bethanien« geweiht werden. Über zwei Jahrzehnte blieb es das einzige Erholungshaus der Diakonissenanstalt in Dresden.

Ursprünglich bestand das zweigeschossige Gebäude aus vier Längsachsen, bevor es 1895 nach Norden um eine Achse erweitert wurde. Die vorhandene Laube musste auf Grund der baulichen Erweiterung versetzt werden. Bauausführender war der Loschwitzer → *Baumeister und Architekt Karl* → *Reichpietsch* (1859–1947, → *K2*). 1927 erfuhr das Haus weitere kleine bauliche Veränderungen. Haus »Bethanien« diente da schon seit einigen Jahren als Alterswohnsitz für Diakonissen.

1971 wurde es als Diakonissen-Alterswohnsitz aufgegeben und Wohnungen für in der Diakonissenanstalt praktizierende Ärzte eingebaut. 1990 kam das Grundstück in Privatbesitz. Leider ging im Zuge nachfolgender Modernisierungen des Haupt- und Nebengebäudes das kleine Torhaus an der Schillerstraße, das im Herbst 2000 abgerissen wurde, verloren.

Dieter Zatzkowski †, Otto-R. Wenzel

Zitat:
1 Ranft, Albrecht; Die ev.-luth. Diakonissenanstalt zu Dresden-N.; Dresden 1927
Quellen: 37, 39, 841, 1000

Das Haus wurde »Bethanien« genannt, weil das namensgleiche Dorf bei Jerusalem in der frühchristlichen Tradition (Joh 11) auch der Wohnsitz der beiden Schwestern Maria und Martha war. Martha gilt an anderer Stelle der Bibel (Lk 10) als die Sorgende und Dienende, während Maria die Zuhörende ist, die Jesus die Füße mit Öl salbt (Joh 11).

Haus Böhme

Körnerweg 26

Ludwig Adolph Böhme (1839–1916), früherer Gutsbesitzer aus Rennersdorf bei Stolpen, kaufte 1887 das ehemalige Weinbergsgrundstück, auf dem um 1875 ein Wohnhaus, die Villa »Marie«, errichtet worden war. Er ließ das Dachgeschoss des Hauses umbauen und eine Holzveranda an der Südseite anbringen. Östlich des Haupthauses ließ er ein Überwinterungshaus für Pflanzen errichten, das später zu einem Wohnhaus umgebaut wurde.

Im Jahre 1916 übernahm das Haus durch testamentarische Bestimmung die ev.-luth. Diakonissenanstalt zu Dresden-Neustadt. Nach seinem Vorbesitzer erhielt es den Namen »Haus Böhme« und diente fortan als Erholungshaus für Diakonissen. Es bot Platz für 14 Schwestern. Hier erholten sich anfangs besonders solche Diakonissen, die im Ersten Weltkrieg als Lazarettschwestern tätig waren. Im Haupthaus befand sich eine Wohnung für eine Diakonissin, die das Erholungshaus verwaltete und betreute.

Aufgrund der in der Zeit des → *Nationalsozialismus* erlassenen Euthanasiegesetze fanden hier Schwestern und Epilepsie-Kranke aus der Heil- und Pflegeanstalt der Inneren Mission in Kleinwachau, die während des Zweiten Weltkriegs von den Nationalsozialisten beschlagnahmt und in einen »Landesjugendhof für Schwererziehbare« umgewandelt worden war, Zuflucht.

In den 1980er Jahren verkaufte die Diakonissenanstalt Dresden-Neustadt das Grundstück an einen dort tätigen Arzt, der jedoch später nach Westdeutschland übersiedelte. In diesem Zusammenhang wurde das Loschwitzer Grundstück enteignet und nach dem politischen Umbruch 1990 wieder zurückgegeben. 1995 wurde das Grundstück erneut verkauft. Seitdem wird das »Haus Böhme« von verschiedenen Mietern genutzt. Im Jahr 2000 teilte man das Grundstück und baute das ehemalige Überwinterungshaus für Pflanzen zum Einfamilienhaus um.

Dieter Zatzkowski †, Otto-R. Wenzel

Quellen: 37, 39, 841, 1000, 1079

Schwesternheim »Bethanien« Schillerstraße 26, um 1912, Ansichtskarte
Kunstverlag Karl Döge, Dresden, Slg. Eberhard Münzner

»Haus Böhme« Körnerweg 26, um 1925
aus: Ranft, Albrecht

»Kurzzeitpflege« Pillnitzer Landstraße 72, 2015 *Foto: Siegfried Großmann*

Kurzzeitpflege
Pillnitzer Landstraße 72
Aus der Evangelischen Christengemeinde Elim in Dresden heraus gründete Werner Henkert 2002 die via-vitam gGmbH, deren Geschäftsführer er ist. Sie ist Träger der »Kurzzeitpflege Loschwitz«. Am 18. Juli 2003 wurde der Grundstein für das Gebäude des Loschwitzer Kurzzeitpflegeheims gelegt. Schon im November konnte das Richtfest gefeiert werden und im Juli 2004 fand die Eröffnung statt. Architekt des Gebäudes mit 22 behindertengerechten Einzelzimmern war Jens Fischer. Da das Gelände 2002 vom Hochwasser überflutet gewesen war, erbaute er das Haus elbseitig auf Stelzen mit einem ebenerdig überflutbaren Kriechkeller. Die Haustechnik wurde im Dachgeschoss installiert.

Als diakonische Einrichtung praktiziert die Loschwitzer Kurzzeitpflege eine aktivierende Pflege nach dem Pflegemodell von Monika Krohwinkel (*1941). Dieses bedürfnisorientierte Modell ist speziell auf die Pflege älterer Menschen zugeschnitten. Es basiert auf 13 Aktivitäten und existenziellen Erfahrungen des Lebens: kommunizieren, sich bewegen, vitale Lebensfunktionen aufrechterhalten, sich pflegen, essen und trinken, ausscheiden, sich kleiden, ruhen und schlafen, sich beschäftigen, sich als Mann und Frau fühlen und verhalten, eine sichere und fördernde Umgebung, sichere soziale Bereiche des Lebens und der Umgang mit existenziellen Erfahrungen des Lebens.

Leiterin der Kurzzeitpflege ist Johanna Rost. Neben der Verwaltungsleiterin Petra Richter arbeiten hier 15 Mitarbeiter in der Pflege und Hauswirtschaft, unterstützt von fünf Ehrenamtlichen. Damit sind zusätzliche Angebote wie Andachten, Zeitungsschauen, gesellige Runden mit Gedächtnistraining, Gymnastik, Musik und Erzählen, Einzelgespräche und Einzelbeschäftigung sowie individuelle Spaziergänge möglich. **Otto-R. Wenzel**

Quellen: 724, 725

Nachtcafé
Grundstraße 36
Das Nachtcafé-Projekt wurde in den 1990er Jahren unter Leitung von Prof. Dr. Harald Wagner durch eine Initiativgruppe der Evangelischen Hochschule für Soziale Arbeit Dresden erarbeitet. Im Vordergrund stand die Schaffung eines Angebotes, welches ohne besondere Vorbedingungen durch die Menschen genutzt werden kann, die sich in der extremen Lebenslage »Wohnungslosigkeit« befinden und deren Situation sich deshalb in den Wintermonaten noch verschärft.

Um das ökumenische Projekt in die Tat umzusetzen, bildete das Engagement von Kirchgemeinden verschiedener Konfessionen, der Caritasverband Dresden, die Stadtmission Dresden, Pfarrer i. R. Manfred Bauer von der Dreikönigskirche sowie weiterer interessierter Menschen die nötige Basis. Antrieb und Motivation dafür finden sich im Bemühen um soziale Gerechtigkeit und praktische Nächstenliebe. Ehrenamtsarbeit und bürgerliches Engagement sind für wohnungslose Menschen die Chance auf die Begegnung mit anderen und soziale Anbindung.

Das erste Nachtcafé öffnete am 6. November 1995 in den Räumen der Dreikönigskirche. Ein Jahr später, seit der Winterzeit 1996/97, stellten kontinuierlich für jeweils wöchentlich eine Nacht vom 1. November bis 31. März, vier evangelische, zwei katholische Gemeinden und die Heilsarmee in der Zeit zwischen 20 und 8 Uhr ihre Gemeinderäume für Wohnungslose zur Verfügung. Die Kirchgemeinden betreiben die Nachtcafés auf ehrenamtlicher Basis und in eigener Verantwortung.

Bei der Arbeit im Nachtcafé teilen sich zwischen vier bis sechs freiwillige Helfer pro Nacht in drei Schichten die Küchen-, Reinigungs- und Betreuungsarbeiten; jährlich sind das 25 bis 30 Helfer. Wenn möglich, werden einzelne Besucher in die Arbeitsabläufe eingebunden. Es wird eingeladen zu Gesprächen, zum Zuhören und zum Spielen. Es gibt warme Getränke und Kuchen sowie ein warmes Abendessen und morgens ein gemeinsames Frühstück. Während der Gespräche können wichtige Informationen zur Erlangung von Unterstützungsmöglichkeiten im professionellen Hilfesystem gegeben werden. Es besteht die Möglichkeit, Wäsche zu waschen und zu trocknen sowie sich zu duschen. Eine besondere Bedeutung kommt den sich freiwillig zur Verfügung stellenden ein bis zwei Ärzten für die medizinische Betreuung der Wohnungslosen zu. Damit konnte erreicht werden, dass sich der überwiegende Teil der Nachtcafébesucher, der sich sonst nicht in ärztliche Behandlung begeben hätte, über diesen Weg Anschluss an das Gesundheitssystem gefunden hat. Einmal im Monat kommen eine ehrenamtliche Fußtherapeutin sowie eine Friseurmeisterin in das Nachtcafé Loschwitz. Von jedem Besucher wird für die Nacht ein Euro, unabhängig vom Bedarf an Getränken, Essen und anderen Leistungen, erhoben. Das Verhalten in allen Nachtcafés regelt eine verbindliche Hausordnung. Die Finanzierung der Nachtcafés wird aus Sach- und Geldspenden gesichert. Seit Beginn der Arbeit stieg in den ersten zehn Jahren die Besucherzahl auf durchschnittlich bis zu 24 Personen, in den Folgejahren sank sie auf etwa 13 bis 20 pro Nacht, davon 10 bis 14 Obdachlose.

Volker Wendlandt von der → *Kirchgemeinde Dresden-Loschwitz* war zunächst für drei Jahre als verantwortlicher Sozialhelfer und Organisator mit einer weiteren ABM-Kraft angestellt. Er begann, das Projekt weiterzuentwickeln. Stellvertretend für alle am Projekt beteiligten Helfer und Kirchgemeinden wurde er dafür 2006 mit der Annen-Medaille geehrt.

Im November 2000 öffnete das Nachtcafé im Kirchgemeindehaus Loschwitz, Grundstraße 36, da die bisherigen Gemeinderäume der Kirchgemeinde Dresden-Weißer Hirsch in der Bautzner Landstraße 50 wegen Umnutzung nicht mehr zur Verfügung standen. Mit der ehrenamtlichen Übernahme der Gesamtverantwortung des Nachtcaféverbundes im Jahr 2000 durch die Loschwitzer Kirchgemeinde mit Pfarrer Dietmar Selunka als notwendiger Träger hatte sich ein umfangreiches Hilfsnetz entwickelt. Erst nach zwölfjähriger Trägerschaft gab die Loschwitzer Kirchgemeinde im September 2012 diese ab. In dieser Zeit und darüber hinaus war Volker Wendlandt bis 31. Oktober 2013 der Verantwortliche für das Nachtcafé Loschwitz. Anschließend hielten Wolf-Dieter Schönfeld und Heide Siegemund das Angebot des Loschwitzer Nachtcafés aufrecht. Seit Herbst 2014 koordiniert Wolf-Dietrich Engel, dieses so wichtige Hilfsangebot, um die schlimmste Folge der Obdachlosigkeit, den Kältetod während der Wintermonate zu verhindern.

Volker Wendlandt

Quelle: 39

Mitarbeiter der »Ökumenischen Diakonie-Sozialstation Dresden BÜLOWH e.V.«, 2004

Foto: Jürgen Frohse

Ökumenische Diakonie-Sozialstation BÜLOWH e.V.

Pillnitzer Landstraße 12

In der Urschrift der Satzung vom 6. Dezember 1990 steht: »Die Kirchgemeinden Ev.-Luth. St. Michaels Kirchgemeinde Dresden-Bühlau, Ev.-Luth. Kirchgemeinde Dresden-Loschwitz, Ev.-Luth. Kirchgemeinde Dresden-Bad Weißer Hirsch, Röm.-Kath. Kirchgemeinde St. Hubertus, Dresden-Bad Weißer Hirsch bilden einen Verbund zur Wahrnehmung diakonischer, caritativer, sozialer und pflegerischer Aufgaben. Dazu gründen diese Kirchgemeinden einen Verein: Ökumenische Diakonie-Sozialstation Dresden-BÜLOWH e.V. Er hat seinen Sitz in 0-8054 Dresden, Pillnitzer Landstraße 12. Der Einzugsbereich umfasst die Wohnbereiche Dresden-Bühlau, -Loschwitz, -Weißer Hirsch, -Rochwitz, -Wachwitz, -Niederpoyritz, -Hosterwitz, -Pillnitz, -Oberpoyritz und Söbrigen sowie Gönnsdorf.

Diese Dienste werden grundsätzlich jedem gewährt, der sie in Anspruch nehmen will, unabhängig von seiner Konfession, Nationalität, Weltanschauung und sozialem Status.«[1]

Vom Amtsgericht Dresden, Kammer für Handelssachen/Register, wurde die Vereinsgründung am 19. März 1991 unter der Nummer VR 1000 für rechtskräftig erklärt. Für Sozialstationen in Dresden war es damals die zweite Bestätigung.

Damit führte folgender Gestaltungsprozess zum Ziel: Nach den friedlichen Veränderungen in der DDR ab Oktober 1989 gehörten die Kirchgemeinden zu den wenigen Institutionen, die im sozialen Bereich handlungsfähig waren. Aus Verantwortung für betroffene Menschen und im Interesse der Arbeitsmöglichkeiten der Gemeindeschwestern wurden Mittagessenversorgung, Pflegeangebote und Besuchsmöglichkeiten aufgebaut. Die Ökumenische Diakonie-Sozialstation BÜLOWH war 1991 voll arbeitsfähig.

Ende der 1990er Jahre erklärten, jeweils nach Pfarrerwechsel, die Ev.-Luth. Kirchgemeinde Dresden-Bad Weißer Hirsch und die Röm.-Kath. Kirchgemeinde St. Hubertus Dresden-Bad Weißer Hirsch ihren Austritt aus dem Verein.

Eine wahrscheinlich einmalige Besonderheit unter den Sozialstationen ist die Finanzierung von Seelsorgeeinheiten durch einen ebenfalls gebildeten Förderverein. Da Gespräche und persönliche Zuwendungen bei Patienten der Sozialstation durch die Krankenkassen nicht bezahlt werden, aber zum Selbstverständnis gehören, übernimmt der Förderverein dafür die Kosten. So kann der Zeitdruck der Mitarbeiter etwas gemildert werden. In Ausnahmefällen erfolgt auch eine Übernahme der Kosten für Pflege.

Seit 1991 ist die Sozialstation in der Pillnitzer Landstraße 12 beheimatet. Dieses Gebäude hat sich durch die Einmietung von zwei Allgemeinarztpraxen und einer Zahnarztpraxis sowie durch den konsequenten Ausbau des Begegnungszentrums für ältere Bürger zu einem medizinischen und sozialen Zentrum entwickelt. Um Fremdeinwirkungen vorzubeugen, hat die Sozialstation Gebäude und Grundstück in Erbbaupacht von der Stadt Dresden übernommen. Entgegen den Einschätzungen bestehender Baugutachten wurde das Grundstück in der Zeit von 2000 bis 2001 durch Eigeninitiative der Sozialstation unter laufendem Geschäftsbetrieb grundlegend saniert und damit der weitere Betrieb der Arztpraxen und der Station gesichert. Unter finanzieller Beteiligung des Landes Sachsen, der Stadt Dresden und der Lotterie GlücksSpirale sowie privat gewährten zinslosen Darlehen einiger Elbhangbewohner konnte die Bausumme von 550.000 DM aufgebracht und die Sanierung zügig und ohne Mehrkosten abgeschlossen werden.

Pillnitzer Landstraße 12, 2004: Sozialstation und Ärztehaus

Nordic Walking mit Frau Bredack

Fotos (2): BÜLOWH

Veränderungen der Rechtsformen der Ökumenischen Diakonie-Sozialstation BÜLOWH: 1991 wurde sie e.V. mit sechs Mitarbeitern, geringem Verwaltungsaufwand, großer pflegerischer Gestaltungsfreiheit, bescheidenen gesetzlichen Dokumentationsverpflichtungen, hoher Spendenbereitschaft und enormer Aufbruchsstimmung beim Aufbau der neuen Pflegeform. Der Anteil der direkten Pflegeleistung am Patienten war sehr hoch. Die Leitung konnte durch ehrenamtliche Vorstände der gründenden Kirchgemeinden wahrgenommen werden,

2004 wurde der e.V. in eine gemeinnützige GmbH mit 36 Mitarbeitern umgewandelt. Die Kirchgemeinden und der Förderverein wurden Gesellschafter im Trägerverein. Die Verantwortung und Haftung der ehrenamtlich tätigen – und nicht mit dem Tagesgeschäft vertrauten – Vorstände wurde bei der erreichten Komplexität überstrapaziert und hemmte schnell zu treffende Entscheidungen im Innen- und Außenverhältnis.

Neben der großen Zahl der Mitarbeiter rückte die Wirtschaftlichkeit der Sozialstation immer mehr in den Vordergrund. Der Spagat zwischen dem finanziellen Druck und der Zeit für die Pflege der Patienten vergrößerte sich. Die Anforderungen an die praktische Pflegedurchführung wurden immer mehr an gesetzliche Standards, an das Qualitätsmanagement und damit auch an den Umfang der schriftlichen Dokumentation aller am Tag getätigten Pflegemaßnahmen gekoppelt. Leistungen wurden limitiert, der Aufwand mit den Kostenträgern für die Bewilligung und Bezahlung wuchs.

Die Vergütung der Ambulanten Pflege durch die Krankenkassen hinkte seit Jahren der Entwicklung der tariflichen Bezahlung der Pflegekräfte sowie der allgemeinen Teuerungsrate hinterher. Die wirtschaftliche Lage der Sozialstation verschlechterte sich. Da die erforderlichen Maßnahmen zur Konsolidierung weitere Härten für Personal und Patienten dargestellt hätten, die insbesondere dem christlichen Anspruch der Einrichtung nicht entsprachen, entschied man sich, die »kleine« diakonische Einrichtung an die ungleich größere, das Diakonische Werk Stadtmission Dresden e.V. »anzuhängen«, ohne jedoch ihre äußere Erscheinung, ihre Tätigkeit, den Namen und ihre Rechtsform zu verändern.

So erfolgte 2012 die Aufnahme des Diakonischen Werkes Stadtmission Dresden e.V. sowie der Ökumenischen Seniorenhilfe Dresden e.V. als weitere Gesellschafter in die Ökumenische Sozialstation BÜLOWH gGmbH, die damals 43 Mitarbeiter beschäftigte. Die vielversprechenden Synergieeffekte sollen der Station den Fortbestand bei vertretbaren Entbehrungen für Mitarbeiter und Patienten sichern.

Einige Zahlen:
1996 wurden 41.593 Hausbesuche durchgeführt, die sich in 38.804 Pflegeeinsätze und 2.789 Hauswirtschaftshilfen aufteilten. 2005 gab es 50.345 Hausbesuche mit prozentual ähnlicher Aufteilung.

Elsbeth Zeibig (r.) im Gespräch mit Anja Klemm, Leiterin der Begegnungsstätte seit 2004. *Foto: W. Götz*

Spanisch-Kurs *Foto: BÜLOWH*

Neben dem Bereich der Häuslichen Krankenpflege bildet das Seniorenbegegnungszentrum BÜLOWH einen weiteren Schwerpunkt. Es ist von der Landeshauptstadt Dresden anerkannt und voll finanziert. Es wird offene sozialraumorientierte Seniorenarbeit geleistet mit dem Ziel, Einsamkeit im Alter und den damit verbundenen Verlust von sozialer Kompetenz aufzuhalten. BÜLOWH ist ein Ort der Kommunikation, der Begegnung, der Beratung sowie des Ehrenamtes. Monatlich besuchen ca. 700 Seniorinnen und Senioren die Einrichtung, um andere Menschen zu treffen, Hobbys in altersgerechter Form zu pflegen, sich in neuen Kursen zu probieren und sich gegenseitig zu unterstützen. Momentan wird mit 25 verschiedenen kreativen, bildenden oder aktivierenden Möglichkeiten ein breites Spektrum angeboten. Die Teilnahme soll sich, wie im Gesetz verankert, jeder interessierte Senior unabhängig von seinem Einkommen leisten können. Die Altersspanne der Besucher liegt zwischen dem 55. und 99. Lebensjahr.

Eine wichtige Säule der Arbeit ist die kostenlose und trägerunabhängige Beratung – auch durch Hausbesuche – zu ambulanten Unterstützungsleistungen wie Hausnotruf, Essen auf Rädern, Begleitdiensten, Finanzierungsmöglichkeiten, Leistungen der Pflegeversicherung sowie Informationen und Unterstützungsleistungen zum Thema Demenz, zum Schwerbehindertengesetz, zu materiellen Hilfen für einkommensschwache Bürger und zu Vorsorgevollmacht, Patientenverfügung und Betreuungsverfügung.

35 ehrenamtliche Mitarbeiter unterstützen mit viel Engagement und großer Zuverlässigkeit die Arbeit des Seniorenbegegnungszentrum BÜLOWH. **Christoph Flämig**

Zitat:
1 Satzung vom 06.12.1990
Quelle: 725

Die Theatergruppe »Loschwitzer Spielmacher« tourte u. a. mit der Kriminalkomödie »Fünf Türen« durch Dresden und Umgebung. *Foto: Tobias Koch*

Pniel

Schevenstraße 35

Auf dem hier gelegenen alten Weinberg wurde 1853 ein Winzerhaus errichtet. Der heute noch erhaltene Schlussstein am Eingangsportal zeigt eine Weintraube mit der Jahreszahl 1853 und den Initialen J C P, die wahrscheinlich auf den einstigen Bauherrn deuten. Vermutlich beziehen sie sich auf Johanne Christiane Patzig, die Ehefrau von Johann Samuel Patzig (1786–1877), der zu dieser Zeit auf der gegenüberliegenden Straßenseite über großen Landbesitz verfügte und der Bauherr gewesen sein könnte.

Elbansicht des »Pniel« Schevenstraße 35, um 1885
Foto: August Kotzsch?, Slg. Poschardt, Repro Eberhard Münzner

Über diesem Schlussstein befand sich früher eine Tafel, auf der zu lesen war: »Pniel./1. Mos. 32. 30./2. Febr. 1882«. Damit nahm sie Bezug auf die Herkunft des neuen Namens des Hauses und dessen Eröffnung als christliches Heim. Cora von Erdmannsdorf und Amalie von Thielau waren die Stifterinnen, denn sie beschafften die finanziellen Mittel zum Kauf des Grundstücks. So konnte es der 1869 gegründete Magdalenen-Hilfsverein zu Dresden von Louise von Berlepsch geb. Hausen erwerben. Am 2. Februar 1882 wurde das Haus als Anstalt »Pniel« eingeweiht. Der Name kommt aus der im 1. Buch Mose zu lesenden biblischen Erzählung vom Kampf Jakobs mit Gott; nach dem Kampf nennt Jakob den Ort Pniel, was so viel wie »Angesicht Gottes« bedeutet. Ziel des Magdalenen-Hilfsvereins, der sich seinen Namen nach der »Sünderin und Büßerin« Maria Magdalena gegeben hatte, war es, besonders in sittlicher Hinsicht gefährdeten Frauen und Mädchen zu helfen. In § 1 der Aufnahmebedingungen für die Loschwitzer Anstalt heißt es: »Pniel ist bestimmt zur christlichen Erziehung und Ausbildung konfirmierter, sittlich gefährdeter ev.-luth. Mädchen, welche noch nicht gefallen sind, um ihnen zu religiös sittlicher Erstärkung zu verhelfen.«[1]

1882 waren es fünf »Mädchen«, die Aufnahme fanden; 1885 hatte sich die Zahl bereits fast verfünffacht und stieg später auf etwa 40. Sie verrichteten häusliche Arbeiten wie Stricken, Nähen und Waschen. Die Leitung hatte eine Diakonisse als Oberin, der Helferinnen zur Seite standen.

Bereits 1883 bekam der Magdalenen-Hilfsverein die Genehmigung für den Bau eines Waschhauses. 1900/1901 entstand der östliche Seitenflügel mit Treppenturm, einem »Arbeitssaal« sowie einem Schlafsaal im Obergeschoss, einer Mangel- und Plättstube im Keller und einem Trockenboden im Dachgeschoss. Der Bau wurde entworfen und errichtet vom Dresdner Büro für Architektur und Bauausführung E. & J. Ulbricht, deren Inhaber der Architekt Johannes Ulbricht und der Baumeister Ernst Ulbricht waren. 1906 entstand an der Stelle des alten Waschhauses der Ostflügel mit dem Andachtssaal und darunterliegender Waschküche, ausgeführt von dem Loschwitzer → *Baumeister und Architekten* Paul Winkler (1864–1931, → *K2*).

Hauptportal des »Pniel« an der Schevenstraße mit Schlussstein und der um 2000 entfernten Tafel, 1986 *Foto: Wolfgang Nützenadel*

Um 1930 übernahm der Stadtverein für Innere Mission das Grundstück. Mit Martha Degen, die als Diakonisse der Diakonissenanstalt Dresden seit 1903 die Anstalt geführt hatte, verließ die dritte und vorläufig letzte Anstaltsleiterin den »Pniel«. Das Haus nannte sich fortan Stadtmissionsheim. Bis 1945 beherbergte es die »Nachtmission«, die im Bereich der Prostitution tätig war und zum Arbeitszweig »Sittlichkeitsarbeit« der Inneren Mission gehörte.

Der 1874 gegründete Stadtverein für Innere Mission wurde 1946 aufgelöst und die Arbeit der Stadtmission völlig neu aufgebaut. Das Loschwitzer Stadtmissionsheim konnte seine Arbeit weiterführen. In dem jetzt beginnenden letzten Abschnitt seiner Existenz verlagerte sich das Gewicht der Gäste zunehmend auf Frauen mit geistiger oder/und psychischer Behinderung. Zu den Hauptarbeiten gehörte wie schon früher das Wäschewaschen. Die Leitung des Hauses übernahmen Schwestern der 1898 als »Bibelhaus« in Malche bei Bad Freienwalde gegründeten »Frauenmission Malche«. Über 30 Jahre waren bis Januar 1990 die Schwestern Hanna Lippmann und Waltraud Hanzig, erstere leitend, hier als letzte Schwestern tätig. Nach ihnen übernahmen die Arbeit im Auftrag der Inneren Mission bzw. des 1991 gegründeten Diakonischen Werks Stadtmission Dresden e.V. das Ehepaar Elisabeth und Manfred Kuhn.

Zu dieser Zeit befand sich das alte Gebäude auf der Schevenstraße bereits in beklagenswertem Zustand. Eine Sanierung war unumgänglich geworden. Schon im Mai 1990 hatte es eine von einer → *Bürgerbewegung* initiierte Demonstration an der Schillerstraße gegeben, bei der die Räumung des ehemaligen Dynamo-Sportclubs Schillerstraße 39 zugunsten der Insassen des Pniel gefordert wurde. Im Juli 1990 wurde zunächst das benachbarte Haus Schillerstraße 41 an Heimleiter Kuhn übergeben. Im Mai 1992 konnte nach langen Verhandlungen schließlich auch Schillerstraße 39 vom Land Sachsen gemietet und als Villa »Pniel« eröffnet werden. In beiden Häusern hatten wieder etwa 40 geistig und psychisch Behinderte, betreut von über 20 Mitarbeitern, ihr »Betreutes Wohnen« gefunden.

Das alte Gebäude auf der Schevenstraße wurde geschlossen, verkauft, später von Grund auf saniert und im Inneren als Wohnhaus umgebaut. Nachdem zuvor schon das Haus Schillerstraße 41 geräumt werden musste, war 2002 auch das Ende für die Schillerstraße 39 gekommen. Neues Domizil für die Behinderten wurde das Mätzoldheim in Dresden-Blasewitz. Damit war das Ende der 120 Jahre alten diakonischen Einrichtung in Loschwitz vollzogen.

Otto-R. Wenzel

Zitat:
1 Aufnahmebedingungen für Pniel; in: 22. Bericht des Magdalenen-Hilfsvereines zu Dresden, Dresden 1892
Quellen: 39, 99, 824, 969, 973, 1000, 1037, 1076, 1079, 1159, 1253

Kirsten, Christian; Maler und Grafiker (* 1940) → *K1*
Klahn-Albrecht, Liese; Musikerin (* 1955) → *K2*
Kleemann, Rudolf; Maler, Grafiker und Raumgestalter (* 1931) → *K2*
Kleindienst, Gert; Musiker (* 1926) → *K2*
Kleinig, August; Maler und Grafiker (1822 – 1869) → *K2*
Klengel, Wolf Caspar von; Oberlandbaumeister (1630 – 1691) → *Denkmale*
Kletetschka, Hans-Helmut; Elfenbeinbildhauer (1907 – 1981) → *K2*
Klieme, Günter; Kulturhistoriker und Publizist (1929 – 2008) → *K1*
Klose, Una; Bildhauerin (* 1966) → *K2*
Knabe, Birgit; Grafik-Designerin (* 1973) → *K2*
Knebel, Sebastian; Musiker (* 1968) → *K2* → *Kirchenmusik*
Kneschke-Schönau, Martha; Schriftstellerin (1866 – 1947) → *K2*
Knöbel, Johann Friedrich; Architekt (1724 – 1792) → *K2*
Knöbel, Rudolf; Maler (1876 – 1958) → *K2*

Landhaus »Bimini«, in der Tür Madeleine Knoop, um 1900 *Slg. Ilka Majantie, Finnland*

Knoop, Wilhelm
Konsul (1836 – 1913)

Johann Heinrich Wilhelm Knoop, Sohn eines Großkaufmanns, wurde am 2. Juni 1836 in Hamburg geboren. 1857 verlegte er, bereits selbst als Geschäftsmann tätig, seinen Wohnsitz nach Dresden.

Sein Großcousin Robert Thode (1824 – 1898) gründete hier 1858 mit ihm das Bankhaus Robert Thode & Co. Wilhelm Knoop heiratete 1860 Madeleine Witt (1838 – 1917) aus Hamburg. Sie hatten nur ein Kind, Magdalene (1861 – 1943), die 1882 ihren Cousin Hermann Knoop (1853 – 1915) heiratete. Aus dieser Ehe gingen neun Kinder hervor. Ein Sohn war der Arzt Dr. *Charles* → *Knoop* (1889 – 1955 → *Ärzte*).

Der Großvater Wilhelm Knoop wohnte in der Dresdner Ferdinandstraße zur Miete. Er suchte für seine Familie ein Sommerhaus und fand es 1876 in Loschwitz am Stadtweg (heute Schillerstraße 31). Der Weinbergbesitzer Carl Heinrich Friebel verkaufte ihm das Grundstück.

Das Haus bekam den Namen »Bimini« (der Name bezieht sich auf die Insel Bimini in den Bahamas, d. h. auf deutsch »Ort der Glückseligkeit«) und die Familie nutzte es vorerst als Sommersitz, aber später ganzjährig. Umbauten erfolgten 1895 bis 1897. Um die dazugehörige Baugenehmigung zu erlangen, verlangte die Gemeinde für die geplante Verbreiterung des Stadtweges kostenlos Flächen abzutreten und 1.500 Mark Kaution in die Gemeindekasse zu hinterlegen. In den folgenden Jahren erweiterte Knoop sein Grundstück mehrfach durch elf Flurstückszukäufe. So konnte z. B. auch ein Tennisplatz angelegt werden. Das Grundstück reichte nun von der Schillerstraße bis zur hangabwärts gelegenen Schevenstraße. 1934 ist ein Teil des Grundstückes mit Wohnhäusern und der Knoopstraße überbaut worden. 1900/01 ließ Knoop von Architekt Emil Wägner (1853 – 1927) an der heutigen Dostojewski-

Wilhelm Knoop *Slg. J. Rißland*

straße 7 für seine Tochter und deren große Familie ein Wohnhaus errichten.

Wilhelm Knoop gehörte auch zu den Aktionären des → *Loschwitzer Wasserwerkes*. Als dem Wasserwerk schon nach drei Jahren 1876 der Bankrott drohte, mobilisierte er die Aktionäre zu erneuten Aktienankäufen und konnte so das Unternehmen retten.

Das Bankhaus Robert Thode & Co wurde 1891 im freundschaftlichen Einvernehmen von der Dresdner Bank übernommen. Als ehemaliger Mitarbeiter des Bankhauses Robert Thode & Co wechselte Knoop in deren Aufsichtsrat und übernahm später dessen Vorsitz. Außerdem war er im Aufsichtsrat der Sächsischen Malzfabrik, der Aktienbierbrauerei Reisewitz sowie der Vereinigten Bautzener Papierfabriken. Er vertrat von 1865 bis 1910 als Vize-Konsul die Vereinigten Staaten von Nordamerika im Königreich Sachsen sowie als Honorarkonsul Mexiko. Er war auch Mitglied und Förderer des Ortsvereins in Loschwitz und der Goethe-Gesellschaft.

Das Ehepaar Wilhelm und Madeleine Knoop bildete dank ihrer großen Vorliebe und Pflege zur Literatur und Kunst über viele Jahre den Mittelpunkt eines vornehmen internationalen Gesellschaftskreises. Wilhelm Knoop, Förderer und Mäzen, starb am 10. März 1913. Er wurde in dem neu errichteten Familiengrab im Urnenhain Dresden-Tolkewitz beigesetzt.

Ute Häse

Quellen: 495, 702, 726, 895, 1000

Familie Wilhelm Knoop, 1900 *Foto: Slg. Ute Häse*

Anlässlich der goldenen Hochzeit des Ehepaares Knoop am 27.09.1910 kamen Hunderte von Gratulanten in die Villa »Bimini« in der Schillerstraße 31. Abends feierte das goldene Paar mit etwa 300 Gästen im Festsaal des »Linckeschen Bades« an der Briesnitzmündung in Dresden-Neustadt (1945 zerstört, nur die dortige »Drachenschänke« blieb erhalten).

Das Jubiläum veranlasste Knoop zu großzügigen Spenden, u. a.:

- 10.000 M an den »Körner-Schiller-Denkmal-Verein« für das geplante → *Körner-Schiller-Denkmal*. Es konnte 1912 errichtet werden.
- Einen größeren Betrag erhielt der Gemeindevorstand Adolf Näther zur Verteilung an eine Anzahl im Dienste der Gemeinde stehender kleinerer Beamte und Straßenarbeiter (32 Personen).
- 6.000 M mit 3% Rendite an ein Unterstützungs-Institut für die Witwen und Waisen der darstellenden Mitglieder an der Königlich-sächsischen musikalischen Kapelle (heute Staatskapelle).
- für den Militärverein, den Töchterhort, die Innere Mission, den Hamburger Kunstverein, das Sächsische Krüppelheim, die Orthopädische Heilanstalt und die Dresdner Pensionsanstalt deutscher Journalisten und Schriftsteller.

Koberstein, Karl; Schauspieler und Dramatiker (1836 – 1899) → *K2*

Köckritz, Johannes; Maler und Grafiker (1893 – 1970) → *K2*

Köhler, Klaus Dieter; Bildhauer (* 1956) → *K1* → *Denkmale/»Flutwelle«*

Köhler, Saskia; Sängerin (* 1965) → *K2*

Familiengrab Knoop im Urnenhain Dresden-Tolkewitz, 2013 *Foto: Ute Häse*

Köhler, Siegfried

Komponist und Musikwissenschaftler
(1927 – 1984)

Siegfried Köhler (→ *K2*) wurde am 2. März 1927 in Meißen geboren. Er erhielt 1937 seinen ersten Klavierunterricht und begann nach Kriegsende 1946 ein Musikstudium an der Staatlichen Akademie für Musik und Theater in Dresden, u. a. bei Herbert Viecenz (1893 – 1956) und Fidelio F. Finke (1891 – 1968).

Seinen kompositorischen »Einstand« lieferte er bereits 1942 mit dem zu den bekanntesten zeitgenössischen Volksliedern zählenden »Heut' ist ein wunderschöner Tag«.

1950 folgte ein Studium der Musikwissenschaft an der Universität in Leipzig u. a. bei Walter Serauky (1903 – 1959) und Hellmuth Christian Wolff (1906 – 1988). 1955 promovierte er zum Dr. phil. mit dem Thema »Die Instrumentation als Mittel musikalischer Ausdrucksgestaltung – Untersuchungen an Opernwerken deutscher Komponisten zwischen 1750 und 1850«.

1968 zog Köhler nach Dresden-Loschwitz, wo er bis 1979 mit seiner Familie Schevenstraße 17 wohnte. 1968 erhielt er auch seine Berufung zum Rektor der Hochschule für Musik »Carl Maria von Weber« in Dresden, dem später eine Professur für Komposition folgte.

In seiner Loschwitzer Zeit komponierte Köhler u. a. das 1969 durch den Kreuzchor uraufgeführte Poem »Dass unsre Liebe eine Heimat hat« (op. 41). 1971 folgten seine 2. Sinfonie (op. 45) und seine »Ode« zur 500-Jahr-Feier der Albrechtsburg Meißen (op. 47). Das »Konzert für Klavier und Orchester« (op. 46) wurde 1972 uraufgeführt, gefolgt 1973 von der »Konzertanten Musik für Klavier und Orchester« (op. 53). 1975 war es seine 3. Sinfonie (op. 57) und im nächsten Jahr die 4. Sinfonie, die 1979 in einer Neufassung mit dem Namen »Epitaph für Antigone« (op. 62) erstmals erklang. Bereits ein Jahr zuvor hatte Köhler die Kammermusik »Kommentare zu drei venezianischen Madrigalen des Heinrich Schütz aus dem Jahre 1611« (op. 63) geschaffen. Zu seinen letzten Werken gehört die in Berlin komponierte 5. Sinfonie »Pro Pace« für Soli, Sprecher, Chor und großes Orchester (op. 78).

Neben zahlreichen Ämtern in verschiedenen Organisationen des Musiklebens, wie z. B. dem Zentralvorstand des »Verbandes der Komponisten und Musikwissenschaftler der DDR«, verdient die Berufung zum Intendanten der Staatsoper Dresden im Jahre 1983 eine besondere Erwähnung. Deren Eröffnung 1985 konnte er durch seinen frühen Tod am 14. Juli 1984 in Berlin leider nicht mehr erleben.

Sein kompositorisches Schaffen umfasst etwa 80 Werke: Kammermusik, Orchester- und Chorwerke u. a. Zu seinen wissenschaftlichen Schriften gehören »Heinrich Schütz – 1585 – 1672« (1972), »Musikstadt Dresden« (1976) und »Heinrich Schütz – Anmerkungen zu Leben und Werk« (postum 1985). Sein Nachlass wird in der SLUB Dresden aufbewahrt.

Siegfried Köhler *Foto: Hans Pölkow*

Saskia Köhler mit ihrem Vater Prof. Dr. Siegfried Köhler 1968 auf der unteren Terrasse des Parks der Villa Schevenstraße 17. *Foto: Slg. Köhler*

Siegfried Köhlers jüngste Tochter Saskia (→ *K2*) wurde am 29. März 1965 in Berlin geboren. Nach dem Abitur an der Dresdner Kreuzschule studierte sie von 1983 bis 1990 in Dresden und Leipzig Gesang. Danach war sie bis 1993 als Solistin (Alt/Mezzosopran) am Volkstheater Bautzen tätig. Seitdem arbeitet sie freiberuflich. Neben ihrer Beteiligung an freien Musik- und Theaterprojekten macht sie bei »igeltour« seit 2004 Führungen – mit Vorliebe am Loschwitzer Elbhang auf den Spuren der Maler, Musiker und Literaten. Sie wohnte bis 1979 im elterlichen Haus in Loschwitz, von 1998 bis 2000 Friedrich-Wieck-Straße 4 und von 2005 bis 2010 Dostojewskistraße 3.

Christian Mögel

Quellen: 459, 640, 952

Köhne, Paul; Fotograf (1853 – 1927) → *K1* → *Handwerk/Fotografen*

Kokoschka, Oskar; Maler, Grafiker und Dichter (1886 – 1980) → *K1* → *Gaststätten und Hotels »Felsenburg«*

Kolbe, Familie → *Architekten*

Konrad, Bruno; Grafiker und Maler (1930 – 2007) → *K2*

Konwitschny, Peter; Regisseur (* 1945) → *K2*

Köpcke, Claus; Architekt (1831 – 1911) → *K2* → *Blaues Wunder*

Kopp, Christian; Architekt (* 1949) → *K2*

Kopp, Sabine; Pianistin und Klavierpädagogin (* 1952) → *K2*

Körbach, Max; Bildhauer (1864 – 1947) → *K2*

Körner, Edmund; Architekt (1874 – 1940) → *K2*

Körner, Familie mit Körnerhaus und Schillerhäuschen

Gemälde von Gustav Müller (Ausschnitt), 1857 *Slg. Hoch*

Das **Körnerhaus**, Körnerweg 6, und das Schillerhäuschen, Schillerstraße 19, bildeten ehemals ein Grundstück.

Für die Zeit vor 1785, als der kurfürstlich-sächsische Oberkonsistorialrat aus Dresden, Dr. Christian Gottfried → *Körner* (1756–1831, → *K1*), das Haus mit dem dahinter liegenden großen Weinberg einschließlich dem Lusthäuschen und den Nebengebäuden erwarb, sind die Vorbesitzer des Grundstückes überliefert.

Schon vor 1610 wurde der Weinberg, genannt Niederberg, von Matz Reisig erwähnt. Danach besaßen verschiedene wohlhabende Bürger aus Dresden dieses Anwesen. Ansässige Winzerfamilien bewirtschafteten den Rebenhang und besorgten die Weinherstellung.

Schließlich erbte im Jahr 1774 Friedericke Dorothea Thürmer das Grundstück von ihren Vorfahren. Sie ließ ein Haus im Fachwerkstil als Winzer- und Wirtschaftsgebäude errichten. (Während der Sanierung um 2002 konnte man an den Grundmauern des Körnerhauses erkennen, dass schon vordem ein kleineres Gebäude an dieser Stelle gestanden haben muss.) Da Dorothea Thürmer den Pfarrer Grahl aus Lohmen heiratete und zu ihm zog, verkaufte sie am 16. Juli 1785 für 1.100 Taler das gesamte Grundstück an Gottfried Körner. Es verlief von der damaligen Ledergasse (heute Körnerweg) bis hinauf an den Stadtweg (heute Schillerstraße).

Der Kaufkontrakt, der sich im Stadtarchiv in Dresden befindet, wurde 1891 vom Sprachlehrer und Historiografen Moritz Julius Nestler (1841–1904) in seinem Heftchen »Körnerberg & Schillerhaus in Loschwitz« beschrieben. Ebenso berichtete 1930 der Universitätsprofessor Dr. Fritz Fichtner (1890–1969) über die Einzelheiten des Kaufvertrages aus dem Körner-Nachlass. Besonders wertvoll an der Arbeit Fichtners ist die Erläuterung zweier 1945 verloren gegangener Pläne, welche den Zustand des Hauses vor und nach den Körnerschen Umbauten dokumentierten.

Dem Kaufkontrakt von 1785 ist zu entnehmen, dass der Weinberg zwischen den Grundstücken von Johann Samuel Rossig (westlich, heute Körnerweg 8) und Samuel Golde (östlich davon) liegt. Die Objekte, die in den Besitz des neuen Eigentümers übergingen, waren: »das Wohnhaus und die darin befindliche Presse nebst vorhandenen Bottichen, Butten, Gefäßen und allem anderen Zubehör, Nebengebäuden, Gärten, Brunnen, Lusthause und überhaupt alles, was in Gebäuden und Berg-, Wand-, Band-, Mauer-, Nagel-, Klammer-, Niet-, Wind-, Stamm- und Wurzelfest ist, auch mit Inbegriff der heurigen (diesjährigen) Lese, sowohl allen bey der Uebergabe noch vorhandenen Baum- und Gartenfrüchten, wie alles dermahlen stehet und lieget, das Haus Meublement [Mobiliar] ausgenommen, an Herrn Dr. Christian Körner, Churfürstl. Sächsischer Ober-Consistorial-Rath, um und für Ein Tausend Ein Hundert Thaler, ganzer und völliger Kaufsumme, dergestalt zu bezahlen, [...]«[1]

Dendrochronologische Untersuchungen der Balken 2004 ergaben, dass die Fällung des Bauholzes 1784/85 erfolgte. Daraus ist zu schließen, dass Christian Körner das Haus neu aufbauen oder ausbauen ließ. Das Haus besteht aus einem steinernen Sockelbereich mit zwei fünfachsigen Fachwerkgeschossen und einem hohen Walmdach als anspruchsvolles Sommerhaus. Im Sockelbereich befanden sich die Küche und Lagerräume sowie die alte Weinpresse mit der im Querbalken noch heute zu erkennenden Jahreszahl 1710. Die erste Etage war für repräsentative, mit Bemalungen und Stuck verzierte Wohnräume vorgesehen und im Obergeschoss waren die Schlaf- und Wirtschaftsräume untergebracht.

Das Gebäude mit dem zentralen Eingang war ganz auf Symmetrie ausgerichtet. In der äuße-

»Körnerberg Loschwitz«, um 1870. Als diese Fotografie entstand, wurde das Grundstück noch »Körnerberg« genannt. *Foto: Verlag G. Goldstein, Slg. Elbhang-Photo-Galerie*

Hans Willard, Schiller's Pavillon auf Körner's Weinberg in Loschwitz, um 1855, Lithografie
Heute bewahrt in der Städtischen Galerie Dresden – Kunstsammlung, Museen der Stadt Dresden

OM Lo

Die »Galerie im Buch«

ren Form glich es der heutigen Ansicht, mit einer Straßenfront von 11,80 m und einer Tiefe von 7,50 m. Allerdings war nicht zu ermitteln, wann das Fachwerk einen Außenputz erhielt. Jedoch soll das Haus an beiden Seiten von einem gleichgestalteten zurückgesetzten kleinen zweigeschossigen Nebengebäude auf Erdgeschossniveau begrenzt worden sein.

Haus und Weinberg wurden 1818 für 1.900 Taler an den Berliner Stadtrat und Buchhändler Carl Vetter verkauft, der es für die damals entstehende Schiller- und Körnerverehrung zu vermarkten wusste.

1836 wechselte der Besitz an Hermann Freiherr von Gutschmid, welcher 1852 den Weinkeller im Hang hinzufügte und das Nebengebäude für Stall und Remise östlich vom Sommerhaus bauen ließ. In diesem Gebäude befanden sich der Backofen, das Waschhaus, zwei Kuhstände sowie die Winzerwohnung.

Das Kellergeschoss des Hauptgebäudes ist heute noch auf Straßenniveau zwischen der hohen Sandsteinmauer eingebettet.

Körners nutzten das Haus zum Sommeraufenthalt und empfingen hier, wie in der Stadtwohnung, manche hervorragende Zeitgenossen.

Einer der ersten Gäste auf dem 1785 von Körner erworbenen Weinberggrundstück war der Dichter Friedrich → *Schiller* (1759 – 1805, → *K1*), der am 12. September des gleichen Jahres hier eintraf. Sein Domizil wird eine kleine Kammer neben der sogenannten Presskammer im heutigen ersten Obergeschoss hangseitig links gewesen sein, denn Minna Körner berichtet:

»Unser Weinberghäuschen in Loschwitz, [...], welches ich als junge Frau mit meinem Manne und meiner Schwester im Herbst 1785 bezog, hatte im oberen Stockwerk nur zwei kleine Stübchen und zwei Kämmerchen. Für

Granittafel, erst über der Haustür, jetzt an der Sandsteinmauer, unten datiert 9. Mai 1905; eine weitere Tafel aus Sandstein an der Mauer, etwas angewittert (→ Denkmale) trägt die Inschrift: »In diesem Hause verlebte Theodor Körner glückliche Sommer seiner Jugend. 1788 u. 1791 pflanzten seine Eltern zur Erinnerung an die Geburt ihrer Kinder Emma und Theodor zwei Weimutskiefern/25. Sept. 1941 Ortsverein Loschwitz«. Foto: Ute Häse

unseren Freund Schiller richtete ich zu ebener Erde die Presskammer zur Wohnstube ein, mit grün-seidenen Vorhängen, einem Schreibtisch, woran er den Don Karlos schrieb, einem Großvaterstuhle und dem Bette; ein Ofen war darin nicht vorhanden. Nur ein schmaler Gang trennte sein Zimmer von der Waschküche, dem Winzerstübchen und dem Kuhstalle, in welchem zwei Kühe standen.«[2]

Hier konnte Schiller frei von finanziellen Sorgen literarisch arbeiten und sein Drama »Don Karlos« zum Abschluss bringen. Im Oktober siedelte die Familie Körner mit ihrem Gast Schiller wieder nach Dresden über, Anfang des kommenden Sommers ging es wieder nach Loschwitz. Schillers Aufenthalt währte von September 1785 bis zum Juli 1787. Noch einmal, vom 9. August bis zum 1. September 1801, weilte Friedrich Schiller mit seiner Frau Charlotte und den Kindern Carl und Ernst sowie seiner Schwägerin bei Körners auf dem Loschwitzer Weinberg.

Auch die Schriftstellerin Elisa von der Recke (1754 – 1833) besuchte Körners Weinberg 1790 in Begleitung des preußischen Gesandten Carl Friedrich Graf von Geßler (1752 – 1829), der bald darauf Johann Wolfgang von Goethe (1749 – 1832, → *K2*) zu einem Abendessen nach Loschwitz mitbrachte.

Im Grundstück hatten die beiden Körner-Kinder Emma Sophie (1788 – 1815) und Theodor (1791 – 1813, → *K1*), deren Erdentage sich jedoch früh vollendeten, glückliche Sommer ihrer Jugend verlebt. Theodor, der Dichter der Freiheitskriege, fiel 22-jährig als Lützower Jäger bei Gadebusch. Emma, autodidaktische Malerin, starb zwei Jahre später. Bald danach übersiedelten die Eltern nach Berlin, wo Christian Körner als Staatsrat in preußische Dienste trat.

Nach Hermann Freiherr von Gutschmid (1800 – 1836), Hof- und Justizrat aus Dresden, besaßen dessen Erben den Körnerweg 6 in mehreren Generationen über 100 Jahre, wobei sich der Hausname Villa »Gutschmid« erst um 1905 in »Körnerhaus« wandelte. Allerdings war bereits 1863 eine Grundstücksteilung vorgenommen worden. Der obere Teil des Weinberges mit dem Lusthaus, seit 1855 als Schillerhäuschen bezeichnet, wurde zum selbstständigen Grundstück, heute Schillerstraße 19. Stammhaus und Grundstück mit der verbliebenen Fläche von 5.000 m^2 nutzten die Gutschmid-Erben nur zum Sommeraufenthalt. Den Weinberg bewirtschaftete die Familie Rosig, deren Winzerlohn um 1900 bei freier Wohnung

Franz Rowland, Alte Weinpresse im Körnerhaus in Loschwitz, 1929, Aquarell Städtische Galerie Dresden

Sanierung der Weinpresse, 2008 Foto: Ute Häse

Henriette Walter geb. Rosig (1855 – 1917) mit ihren Kindern, v. l. n. r. Paul, Hermann, Anna, vorn Martha, 1894 *Foto: Slg. Jutta Tronicke*

und Deputat vom Obst monatlich 18 Mark betrug.

Aus der umfänglichen Erbengemeinschaft sind für das Körnerhaus vor allem die von Gutschmid zu nennen, bevor 1918 der General Horst Edler von der Planitz (1859 – 1941) das Grundstück für 69.700 Mark erwarb. Ein bald danach westlich am Haus vorgenommener Anbau eines massiven Gartenpavillons (1945 zerstört) widersprach von der Gemeinde erlassenen Schutzbestimmungen für das gesamte ehemals Körnersche Besitztum und wurde mit einer Geldstrafe belegt. Bis 1945 blieb diese Adelsfamilie Eigentümer.

Der letzte Eigentümer der Familie war seit 1919 Karl Ferdinand Edler von der Planitz (1893 – 1945), der am 7. Mai 1945 als Regierungspräsident im Bezirk Troppau im damaligen Sudetenland (Tschechien) mit seiner Ehefrau und seinem 10-jährigen Sohn den Tod fand. Sofort nach dem Ende des Zweiten Weltkrieges beschlagnahmte die Sowjetische Militäradministration (SMA) das Objekt. Dieses wurde 1948 in Volkseigentum überführt und von der Kommunalen Wohnungsverwaltung (KWV) bewirtschaftet. Aus den 1950/60er Jahren ist zu berichten, dass das Körnerhaus ein beliebtes Sonntagsziel für Kinder wurde. Die Schifferfamilie Helmut Walter (1927 – 2009), deren Vorfahren schon vor über 100 Jahren das Nebengebäude bewohnten, erfreute im Garten die Besucher mit originellem Handpuppentheater.

Um 1970 wurde das denkmalgeschützte Gebäudeensemble rekonstruiert und diente auch weiterhin Wohnzwecken. Nach Übernahme durch die Stadt Dresden im Jahr 1992 erfolgte 2000 die Ausschreibung zum Verkauf. In diesem Zusammenhang gab es einen Vorschlag von Dr. Günter Klieme (1929 – 2008, → *K1*) zur Einrichtung eines Literaturhauses der Landeshauptstadt in diesem dafür prädestinierten Objekt, der sich jedoch nicht verwirklichen ließ.

Letztendlich kaufte das Ehepaar Prof. Dr. Ralf Weber und Sharon Larner das Grundstück mit den beiden Gebäuden im Jahre 2002. Familie Weber/Larner sanierte diese bis in das Jahr 2010 hinein grundlegend und denkmalgerecht. Das Nebengebäude wurde bis auf die Umfassungsmauern und tragenden Wände entkernt und erhielt im Inneren eine Neugestaltung nach heutigen Ansprüchen. Bei den Sanierungsarbeiten wurde eine zurückliegende Hangmauer unter dem Anbau entdeckt, die einstmals die Begrenzung des Hanges gewesen sein muss.

Das Jahrhunderthochwasser 2002 überschwemmte während der Sanierung auch das Körnerhaus im Kellerbereich, welcher auf Straßenniveau liegt. Das Wasser stand am 17. August bei 9,40 m (Dresdner Pegel) bis zum Türsturz der Eingangstür.

Die sich im Besitz der Stadt befindende, ehemals im Keller gelagerte Weinpresse wurde 2008 saniert. Sie bekam einen neuen Standort im Gelände an der westlichen Grundstücksgrenze; ein Dach schützt sie nun vor Witterungseinflüssen. Die Kosten für den Pavillon wurden zum größten Teil von der Bürgerstiftung Dresden übernommen.

Der Garten des Körnerhauses wird von der Familie hin und wieder für öffentliche Veranstaltungen wie Lesungen und Konzerte zur Verfügung gestellt.

Körnerhaus im Hochwasser, 2002 *Foto: Ralf Weber*

Familie Körner unternahm im Jahr 1785 einen Ausflug nach Pillnitz in dem Glauben, Schiller würde sie begleiten. Er wollte aber lieber in Ruhe an seinem Trauerspiel Don Karlos schreiben und blieb zurück. Doch ein Unwetter an diesem Abend verhinderte eine Rückkehr. Zuvor verschloss aber Frau Körner in ihrem Haus Keller und Vorratskammer, der Handwerker wegen, die im Haus werkelten. Schiller wechselte wegen des Lärmes im Wohnhaus in das Winzerhaus, in dem er offensichtlich aber auch keine Ruhe fand. Da soll er die Bittschrift an Minna Körner und deren Schwester Dorothea Stock verfasst haben.

Unterthänigstes Pro Memoria an die
Consistorial-Rath Körnersche wohllöbl.
Wasch-Deputation, eingereicht von einem
niedergeschlagenen Trauerspieldichter
in Loschwitz.
Dumm ist mein Kopf, und schwer wie Blei,
Die Tabaksdose ledig,
Mein Magen leer – der Himmel sei
Dem Trauerspiele gnädig!
Ich kratze mit dem Federkiel
Auf den gewalkten Lumpen;
Wer kann Empfindung und Gefühl
Aus hohlem Herzen pumpen?
Feu'r soll ich gießen auf's Papier
Mit angefrornem Finger?
O Phöbus, hassest du Geschmier,
So wärm' auch deine Sänger.
Die Wäsche klatscht vor meiner Thür,
Es scharrt die Küchenzofe,
Und mich – mich ruft das Flügelthier
Nach König Philipps Hofe.
Ich steige mutig auf das Ross;
In wenigen Sekunden
Seh' ich Madrid – am Königschloss
Hab' ich es angebunden.
Ich eile durch die Gallerie
Und – siehe da! – belausche
Die junge Fürstin Eboli
Im süssen Liebesrausche.
Jetzt sinkt sie an des Prinzen Brust
Mit wonnevollem Schauer,
In i h r e n Augen Götterlust,
Doch in den s e i n e n – Trauer.
Schon ruft das schöne Weib Triumph,
Schon hör' ich – Tod und Hölle!
Was hör' ich einen nassen Strumpf
Geworfen in die Welle.
Und weg ist Traum und Feerey –
Prinzessin, Gott befohlen!
Der Teufel soll die Dichterei
Beim Hemdenwaschen holen.
Gegeben in unserem jammervollem Lager
ohnweit dem Keller.
Fr. Schiller, Haus- und Wirthschaftsdichter.[3]

Familie Körner

Christian Gottfried Körner (1756–1831)

Der Schriftsteller und Kunstästhetiker Christian Gottfried Körner wurde am 2. Juli 1756 in Leipzig geboren. Er wuchs in einem protestantischen Pfarrhaus auf und studierte ab 1772 in Göttingen und Leipzig Rechtswissenschaften. 1779 erhielt er die juristische Doktorwürde. Anschließend begleitete er bis 1781 Graf Karl von Schönburg in die Rheingegend, nach Holland, Belgien, England, Frankreich und in die Schweiz. 1781 erfolgte in Leipzig die Ernennung zum Konsistorial-Advokaten. Hier schloss sich Körner den Freimaurern an. 1783 erfolgte seine Versetzung als Oberkonsistorialrat in Dresden. Nach dem Tod seines Vaters heiratete er am 7. August 1885 seine langjährige Verlobte Minna Stock und zog mit ihr nach Dresden. Minnas Schwester Dora folgte ihnen mit ihrem Verlobten Ferdinand Huber (1764–1804) nach Dresden. Von der engen Freundschaft zu Friedrich Schiller (1759–1805) zeugen dessen Aufenthalte in Dresden und Loschwitz. Von 1798 bis 1811 war Körner als Geheimer Referendar im sächsischen geheimen Konsilium in Dresden tätig. Körners wohnten am Kohlmarkt und später in der Moritzstraße, hier versammelten sich bedeutende Künstler und Gelehrte zu zwanglosen geselligen Gesprächsrunden, es war ein Zentrum geistigen Lebens. In Loschwitz, am heutigen Körnerweg 6, erwarb Körner 1785 ein Sommerhaus mit einem dazugehörigen Weinberg. Nach dem Tod der Kinder Theodor und Emma verließen Körners mit Dora Stock 1815 Dresden. In Berlin übernahm Christian Gottfried Körner eine Anstellung als Staatsrat im preußischen Ministerium des Inneren. Er starb am 13. Mai 1831 in Berlin.

Dora (1759–1832) und Minna (1762–1843) Stock

Sie waren die Töchter des Kupferstechers Johann Michael Stock (1737–1773) und dessen Frau Marie Helene geb. Schwabe (1733–1782). Beide wurden in Nürnberg geboren, Johanna Dorothea (Dora) am 6. März 1759 und Anna Maria Jakobine (Minna) am 11. März 1762. Beide Kinder, der Malerei zugetan, erhielten vom Vater die ersten Unterweisungen. Dora, die sich zu einer anerkannten Malerin und Kopistin entwickelte, erhielt weiteren Unterricht von Adam Friedrich Oeser (1717–1799) und Anton Graff (1736–1813). Ihre besondere Begabung war die Porträtmalerei, aber auch für Musik und Schauspielkunst zeigte sie Talent. Nach der gescheiterten Verlobung mit Ferdinand Huber in Dresden schloss sich Dora für immer der Familie ihrer Schwester

Anton Graff, Christian Gottfried Körner, 1794, Öl auf Leinwand
Städtische Galerie Dresden

Minna Körner an. Ihre Gesellschaft im literarischen Salon bei Körners wurde sehr geschätzt. Dora Stock starb am 30. Mai 1832 in Berlin.
Minna, die jüngere, befasste sich ebenfalls mit der Malerei, blieb aber Autodidaktin. Am 7. August 1885 heiratete sie ihren Verlobten, den Advokaten Christian Gottfried Körner, und gebar ihm drei Kinder, wovon nur Emma und Theodor das Erwachsenenalter erreichten.
Minna verstarb am 20. August 1843 in Berlin.

Emma (1788–1815) und Theodor (1791–1813) Körner

Emma Sophie, geboren am 19. April 1788 in Dresden, mit malerischen Talenten ausgestattet, erhielt von ihrer Tante Dora Stock Malunterricht. Weiterhin erhielt sie Unterricht von

Unbek. Künstler, Theodor Körner als Lützower Jäger, 1813, Öl auf Leinwand
Städtische Galerie Dresden

Anton Graff, Minna Körner, um 1790, Öl auf Leinwand
Städtische Galerie Dresden

dem mit ihrer Tante befreundeten Dresdner Maler Anton Graff. Eine innige Geschwisterliebe verband sie mit ihrem Bruder Theodor. Sie war tief betroffen, als Theodor im Freiheitskampf 1813 fiel und verstarb zwei Jahre später am 15. März 1815 in Dresden.
Carl Theodor, am 23. September 1791 in Dresden geboren, erhielt anfangs Privatunterricht und besuchte ab seinem 14. Lebensjahr die Kreuzschule. 1808 begann er ein Studium an der Bergakademie in Freiberg und wechselte 1810 nach Leipzig, um Verwaltungs- und Wirtschaftslehre zu studieren. Hier erschien sein erster Gedichtband. Wegen studentischer Raufereien musste er 1811 Leipzig verlassen. Er setzte sein Studium zunächst in Berlin und ab August in Wien fort. Er verfasste Lustspiele und Dramen wie »Zriny« und »Rosamunde«. 1812 verlobte er sich in Wien mit der Schauspielerin Antonie Adamberger (1790–1867). Seine Anstellung als Hoftheaterdichter am Burgtheater gab er auf, um sich im Freiheitskampf gegen Napoleon dem Lützowschen Freikorps anzuschließen. Sein bekanntestes Gedicht ist wohl »Lützows wilde, verwegene Jagd«. Am 26. August 1813, 21-jährig, fiel Theodor bei einem Gefecht in Rosenow und wurde in Wöbbelin bei Gadebusch beigesetzt.

Die Grabanlage in Wöbbelin

Unter einer Eiche in Wöbbelin bei Gadebusch in Mecklenburg-Vorpommern fand Theodor seine letzte Ruhe. Sein Vater setzte ihm ein Denkmal. Hier wurde auch seine Familie beigesetzt: die Schwester Emma, der Vater Christian Gottfried Körner, die Tante Dora Stock sowie die Mutter Minna Körner. **Ute Häse**

Außen- und Innenansicht des »Schillerhäuschens«, 1908, Ansichtskarte *Slg. Otto-R. Wenzel*

Das **Schillerhäuschen**, Schillerstraße 19, ist das im Körnerschen Kaufvertrag von 1785 genannte Lusthaus.

Als 1863 Agnes Freiin von Gutschmid den oberen Teil vom Weinberg mit dem Schillerhäuschen veräußerte, wurden die zukünftigen Besitzer verpflichtet, die Gedenkstelle stets der Öffentlichkeit zu erhalten. Das einstöckige Häuschen ist fast bündig in die hohe Straßenmauer integriert, hat ein Zeltdach mit zentralem Schornstein und ist mit einem einzigen Innenraum von 22 m² versehen, dessen Eingang talseitig ist. Auf der Seite zur Schillerstraße befinden sich zwischen den beiden Fenstern ein Porträtmedaillon Schillers sowie darunter eine Schrifttafel.

Das Medaillon wurde 1895 anlässlich des 90. Todestages und des 110. Gedenktages des Eintreffens von Schiller in Loschwitz angebracht.

Die Tafel »Hier schrieb Schiller bei seinem Freunde Körner am Don Carlos 1785, 1786, 1787 – Errichtet im Mai 1855« war durch die Schillerstiftung Dresden zum 50. Todestag des Dichters auf Vorschlag des Schriftstellers Julius Hammer (1810 – 1862, → *K1*) an das Schillerhäuschen gekommen. Sie war ursprünglich für das Körnerhaus als authentische Wirkungsstätte Schillers gedacht, was jedoch die Besitzerin aus Befürchtung vor Publikumsbelästigung ablehnte. So wurde nunmehr das Schillerhäuschen zur Stätte der allgemeinen Schillerverehrung in Loschwitz, vor allen in den Jubiläumsjahren 1855, 1859, 1885, 1895, 1905, 1909 sowie 1912 zur Übergabe des Körner-Schiller-Brunnens als → *Denkmal* der Freundschaft geistesverwandter Zeitgenossen.

Die jeweiligen Besitzer der 1883 im Grundstück errichteten herrschaftlichen Villa »Mont Pleasant« tolerierten stets den Besuch der Gedenkstätte, Hausangestellte ermöglichten den Besuch des museal gestalteten Innenraumes.

Nach der Beseitigung von Kriegsschäden durch die Stadt Dresden war ab 1952 die Abteilung Kultur beim Stadtbezirk Dresden-Ost für das Schillerhäuschen zuständig. 1972 bis 1975 erfolgte eine umfassende Rekonstruktion durch das Institut für Denkmalpflege. Die anwohnende Schließerin Agnes Liebsch betreute liebevoll die Besucher des kleinen Museums.

Das Schillerhäuschen war ab 1983 nicht mehr zu besichtigen, da – bedingt durch den Besitzerwechsel des Grundstücks Schillerstraße 19 – die dort wohnenden Betreuer desselben ausziehen mussten. Für einen sporadischen Besuch wurde es dennoch von der Abteilung Kultur des Stadtbezirkes Dresden-Ost im November 1984 wiedereröffnet.

Durch eine Grundstücksausgliederung konnte 1985 das Schillerhäuschen in städtischen Besitz überführt werden. Danach erfolgte eine umfangreiche Restaurierung des Gebäudes und eine Neugestaltung der Ausstellung nach der Konzeption von Günter Klieme unter Beteiligung von Eberhard Münzner (* 1937). Schließlich konnte es am 18. Mai 1992 unter der Obhut des Stadtmuseums Dresden wiedereröffnet werden.

Bedingt durch das Grundstücksrestitutionsverfahren nach 1992 wurde leider die Ausgliederung des Schillerhäuschens für rechtsunwirksam erklärt und dieses wieder reprivatisiert. Bauliche Probleme bedingten ab 2002 eine weitere Besucherpause.

Nach erneuter Restaurierung und Neugestaltung der Ausstellung und dank des Engagements der Bürgerstiftung konnte die Schillergedenkstätte am 25. Juni 2005 mit einer Feier zum 200. Todestag von Schiller wieder der Öffentlichkeit übergeben werden. Ein langfristiger Mietvertrag mit den Eigentümern des Grundstückes Schillerstraße 19 ermöglicht es, das kleinste städtische Museum an Wochenenden und Feiertagen von April bis Oktober oder nach Vereinbarung zu besichtigen.

Ute Häse, Matthias Griebel

Zitate:

1 Pläne und Kaufkontrakt des Körnerschen Weinberghauses in Loschwitz; in: Prof. Fichtner, Fritz; Dresdner Kalender 1930

2 Körner, Minna; zitiert nach: Günter Jäckel; Der Parnass einer Residenz, Dresden 2009

3 Schiller, Friedrich; zitiert nach: M. J. Nestler; Körnerberg und Schillerhaus, Dresden 1891

Quellen: 276, 464, 502, 549, 590, 724, 726, 772, 824, 875, 907

Körnig, Hans; Maler und Grafiker (1905 – 1989) → *K2*

Kornfeld, Paul; Schriftsteller (1889 – 1942) → *K2*

Kossatz, Gert; Architekt (1929 – 2013) → *K2*

Kottenkamp, Walther; Schauspieler (1889 – 1953) → *K2*

Kotzebue, Molly von; Sängerin und Gesangspädagogin (1848 – 1932) → *K2*

Kotzsch, August; Fotograf (1836 – 1920) → *Handw. u. Gew./Fotografen*

Kotzsch, Hermann; Fotograf (1873 – 1933) → *Handw. u. Gew./Fotografen*

Krabbes, Johanna Katharina (Käthe); Malerin (1881 – 1970) → *K2*

Kraft, Heidrun; Malerin und Grafikerin (* 1942) → *K1*

Kraft, Ingo; Maler und Grafiker (* 1949) → *K1*

Krebs-Jakobs, Erich; Maler (1909 – ?) → *K2*

Kreideweiß, Walter; Tänzer und Tanzpädagoge (1892 – 1977) → *K2*

Kreis, Franz; Bildhauer (1873 – ?) → *K2*

Kreis, Wilhelm; Architekt (1873 – 1955) → *Architekten*

Kreiß, Doris; Keramikerin (1945 – 2007) → *K2* → *Handwerk und Gewerbe*

Kremser, Albert; Komponist (1903 – ?) → *K2*

Kretschmar, Otto Julius; Bildhauer (1870 – 1922) → *K2*

Kretzschmar, Fritz; Bildhauer (1863 – 1915) → *K2*

Krey, Hans; Schriftsteller und Verleger (1901 – 1960) → *K2* → *Jess-Verlag*

Kriegsereignisse

Immer wenn sich große Kriegsheere in Bewegung setzten, wurden breite Landstriche links und rechts der Heerstraßen verwüstet, Dörfer und Städte geplündert, Menschen geschändet, gequält und ermordet. Diese Leidensgeschichten trafen auch Loschwitz und seine Bewohner.

Die Hussitenkriege (1419 – 1436)

Es ist zu anzunehmen, dass die Loschwitzer während der »Hussitenkriege« die erste Bekanntschaft mit den Gräueln eines größeren Krieges machten. Jan Huss (um 1372 – 1415) war Theologe, Priester und Rektor der Prager Universität. Er wollte seine Kirche reformieren und predigte in seiner Landessprache. Das führte schließlich zu seiner Verbannung und 1415 auf dem Konzil in Konstanz zu seiner Verbrennung als »Ketzer«. Dies entfachte in Böhmen leidenschaftlichen Zorn gegen die römische Kirche und die ihr verbundenen deutschen Nachbarländer. 1420 rief Papst Martin V. (1368 – 1431) zum »1. Kreuzzug« gegen die Hussiten auf, dem sich auch Markgraf Friedrich IV. von Meißen (1370/1407 – 1428) – ab 1423 Kurfürst – anschloss und in Böhmen einfiel. Der »4. Kreuzzug« 1427 führte zu Kämpfen auch außerhalb von Böhmen. Dabei waren Österreich, Bayern, Franken, Schlesien, die Lausitz, Brandenburg und auch Sachsen, besonders die Oberlausitz, betroffen. 1429 standen die Hussiten vor Dresden und zerstörten Altendresden, die spätere Neustadt, und zogen dann weiter nach Magdeburg. Inwieweit Loschwitz 1429 von den Ereignissen betroffen war, ist nicht bekannt.

Friedrich Wilhelm Pohle schrieb in seiner »Chronik von Loschwitz«:
»Im Hussitenkrieg wurde die Elbgegend von Pirna bis Magdeburg gräulich verwüstet. Die Dresdner Gegend litt außerordentlich. Die jetzige Neustadt, das Ostravorwerk und das Maternihospital wurden verbrannt und die Weinberge in der Nähe der Stadt verheert. Die Folgen dieser hussitischen Kämpfe auch für unser Land war Teuerung, Verarmung und Erhöhung der Abgaben«.[1]

Der Dreißigjährige Krieg (1618 – 1648)

Von besonderer Tragik für Loschwitz war während des 30-jährigen Krieges die Zeit von 1635 bis 1645 (Schwedisch-Französischer Krieg). Seit 1636 kämpften die Schweden auch in Sachsen. Nachdem 1637 Meißen erstürmt worden war, verwüsteten sie 1639 unter dem Oberbefehlshaber des schwedischen Heeres, Feldmarschall Johan Banér (1596 – 1641) auch Pirna. Etwa sechshundert Einwohner fanden den Tod (»Pirnsches Elend«). Weil beim Abzug der Schweden die Stadt eingeäschert werden sollte, ritt der Besitzer der Löwenapotheke, Theophilus Jacobäer (1591 – 1659), nach Dresden, um dies zu verhindern. Von der mit der schwedischen Königin befreundeten und vor ihrer Hochzeit mit Kronprinz Johann Georg II. (1913/1656 – 1680) stehenden Kronprinzessin Magdalena Sibylle (1612 – 1667) erhielt er ein Schreiben an Banér, mit dem die totale Vernichtung der Stadt verhindert werden konnte. Anders war es allerdings zuvor vielen Dörfern in der Dresdner Umgebung ergangen. Am 25. Juni 1639 wurde auch Loschwitz von den Schweden niedergebrannt.

F. W. Pohle in seiner Chronik:
»Als der schwedische [Oberst] Stahlhantsch mit einem Hilfskorps erschien, mußten sich die Sachsen, welche Pirna blockiert hielten, zurückziehen. Sie wurden von den Schweden verfolgt und es kam zu einem Gefecht, in welchem der Schotte Kyninmont, die Geißel Pirna's, seinen Tod fand. Gegen 30 Dörfer wurden hierauf zu beiden Seiten der Elbe geplündert und verbrannt, die Einwohner aber den bekannten Mißhandlungen unterworfen.«[1] 1645 beendete der »Frieden von Kötzschenbroda« die Kriegshandlungen in Sachsen. Kurfürst Johann Georg I (1585/1611 – 1656) hatte dort mit den Schweden einen Waffenstillstand geschlossen.

Sr. Königl. Maj. von Schweden &c. &c.
10. Wöchentlicher
Stille-Stands-ACCORD,
Oder
Auffhebung aller Feindseligkeiten / mit Dero bey sich habenden Armee in denen Churfl. Sächs. Ländern.
Den 25. Sept. publiciret 1706.

Druckschrift zum »Stille-Stands-Accord« von Karl XII., König von Schweden, 1706
Archiv Kirchgemeinde Loschwitz

»Schlacht um Dresden im Siebenjährigen Krieg«, Blick von einem Feldlager auf den Loschwitzer Höhen über die Loschwitzer Kirche, die Elbe und den Waldpark nach Dresden, Ölgemälde von H. Rave *Archiv Kirchgemeinde Loschwitz*

Der Nordische Krieg (1700 – 1721)
Für Loschwitz waren die Kriegshandlungen dadurch von Bedeutung, dass die im Bau befindliche Loschwitzer → *Kirche* durch die schwedische Besetzung gefährdet war. Am 3. September 1706 hatte der schwedische König Karl XII. (1682/1697 – 1718) in Hosterwitz die Elbe überquert. Das führte zu einer Flucht auch der Loschwitzer Einwohner und Kirchenbauleute. Daraufhin beauftragte der Rat der Stadt Dresden als zuständiger Kirchen- und Schulpatron den 1704 als ersten Pfarrer für Loschwitz berufenen Johann Arnold (1674 – 1732), dem König von Schweden eine Bittschrift um Schonung des Kirchenbaus zu überbringen. Mit zwei Kirchenvätern ging Arnold am 7. September 1706 nach Radeberg, wo der König mit seinem Heer lagerte, und ließ ihm die Bittschrift der Gemeinde überbringen. Graf Carl Piper (1647 – 1716), der Berater des Königs, richtete am nächsten Morgen der kleinen Abordnung aus, »sein gnädigster König und Herr hätte keiner katholischen Kirche in Polen was zu leide gethan, so würde er um so viel weniger einer lutherischen und deren Baumaterialien Schaden thun oder thun lassen; – man solle in Gottes Namen fortbauen, und solle kein Span bei diesem Gebäude beschädigt werden und wofern sich einer oder der andere daran vergreifen wollte, solle man sich nur auf diese Antwort berufen.«[1]

Der Bau der Kirche konnte fortgesetzt werden. Im Jahr darauf fand die Kirchweihe statt.

Der Siebenjährige Krieg (1756 – 1763)
Der Krieg begann im August 1756 mit dem Einmarsch der preußischen Armeen in Sachsen. Die sächsische Armee, die sich bei Pirna gesammelt hatte, musste im Oktober 1756 kapitulieren. Dresden war schon im September besetzt worden, ohne dass es zu Kämpfen gekommen war. Da die preußische Armee mit ca. 80.000 Mann Ende 1756 in und um Dresden ins Winterquartier gegangen war, ist anzunehmen, dass auch in Loschwitz preußische Soldaten einquartiert wurden. Für die Bevölkerung war dies immer eine große Last, da sie Soldaten und Pferde ohne Entschädigung verpflegen musste.

Dresden wurde während des Siebenjährigen Krieges mehrfach belagert und schwer beschossen. So wurde die Stadt 1758 von der österreichischen Armee eingeschlossen. Während der Kämpfe brannte die Pirnaische Vorstadt nieder.

Die sogenannte »Napoleonschanze« oberhalb des Steinbruches an der → *Mordgrundbrücke* wurde 1758 auf Befehl von Prinz Heinrich von Preußen (1726 – 1802), einem Bruder von Friedrich II. (1712/1740 – 1786), angelegt. Napoleon ließ die Schanze 1813 weiter ausbauen.

F. W. Pohle in seiner Chronik:
»Im 3. schlesischen Kriege, dem 7jährigen, wurde Sachsen und speziell Dresden hart mitgenommen. Hier sei nur erwähnt, was Loschwitz und seine nächste Umgebung betrifft. Beim Weißen Hirsch waren i. J. 1758 Defileen angelegt und mit Kroaten besetzt. Der Obristlieutenant Wunsch vertrieb dieselben daraus und deckte so den rechten Flügel der [preußischen] Armee gegen jeden feindlichen Angriff. Die Ueberreste jener Befestigungen sind in der Nähe des heutigen Frida-Bades deutlich erkennbar.«[1]

Dresden, das Preußen als Hauptstützpunkt in Sachsen ausgebaut hatte, wurde im August/September 1759 erneut von den Österreichern belagert. Dazu vermerkte Pohle: »Am 27. August gingen bei Loschwitz 10.000 Österreicher über die hier geschlagene Schiffsbrücke, um der Festung auch auf Altstädter Seite näher zu kommen. Die Kroaten hatten, nachdem sich Schmettau [der preußische Kommandant von Dresden] von Neustadt auf Altstadt zurückgezogen hatte, bereits das weiße [Leipziger] und das schwarze [Bautzner] Thor besetzt«.[1] Die Österreicher wurden durch das Reichsheer (ca. 18.000 Soldaten) unterstützt, die Preußen mussten kapitulieren und zogen im September 1759 mit ihren Waffen und der Kriegskasse aus Dresden ab. Während der Kapitulationsverhandlungen wurde außerhalb der Stadt, auch in der Gegend von Weißig, weiter gekämpft. In einem 1787 erschienenen Buch von Georg Friedrich von Tempelhoff (1737 – 1807) wird darüber berichtet: »Um aber dabei nicht im Rücken genommen zu werden, wollte er [der preußische General Wunsch] erst die beiden feindlichen Brücken bei Übigau und Loschwitz in Grund schießen. Er trug daher dem Obersten Wolfersdorf auf, mit dem Regiment Kassel gegen die Brücke bei Übigau einen Versuch zu machen, und marschierte mit seinem Freiregiment und den Bataillonen Salmuth und Hofmann um Dresden herum gegen die andere Brücke bei Loschwitz. [...] Als er [General Wunsch] bei dem Fischhause ankam, sah er die [österreichischen] Generale Brentano und Wehla wieder angerückt kommen. Er besann sich nicht einen Augenblick, den Feind, so wie er ihn fand, anzugreifen, und dies geschah auch mit so vieler Bravheit, daß er in kurzer Zeit über den Haufen geworfen und über den weißen Hirsch hinaus gejagt wurde. Mit diesem letzten Angrif brach die Nacht ein, die Truppen waren durch den weiten Marsch und das wiederholte Schlagen mit dem Feinde, das den ganzen Tag gedauert hatte, sehr abgemattet; daher der General Wunsch Halt machte und den Obersten Wolfersdorf wieder an sich zog«.[2]

Damit waren die Kämpfe in Sachsen aber noch nicht zu Ende. Dresden wurde im Juli 1760 erneut belagert, wobei diesmal die Verhältnisse umgekehrt waren: die Österreicher hatten die Stadt nach der Kapitulation Preußens Ende August/Anfang September 1759 besetzt und wurden im Juli 1760 von der preußischen Armee belagert. Friedrich II. täuschte im Juni 1760 einen Marsch nach Schlesien vor, zog dann aber vor Dresden. Das Reichsheer hatte sich in ein festes, uneinnehmbares Lager bei Gamig zurückgezogen und griff nicht in die Kämpfe ein. Zu den Bewegungen der preußischen Armee schrieb Pohle: »Am 12. Juli führte Friedrich seine Armee aus der Stellung bei Weißig über die Trachenberge nach Serkowitz, wo er mit den jenseits der Elbe zurückgebliebenen preußischen Truppen durch Schiffbrücken die Verbindung herstellte.«[1] Friedrich II. begann am 12. Juli 1760 mit der Belagerung von Dresden. Es kam zu Kämpfen ab dem 14. Juli und zur Beschießung der Stadt, die stark zerstört wurde und auch die alte Kreuzkirche verlor.

In der Zeit vom 15. Juli bis 18. Juli 1760 erreichte die österreichische Armee unter Feldmarschall Leopold Joseph Graf von Daun (1705 – 1766) die Weißiger Höhen am Taubenberg und traf dort auf ein preußisches Sicherungskorps in Stärke von ca. 10.000 Mann. Links und rechts der Bautzner Landstraße entwickelte sich ein schweres Gefecht. Die Preußen mussten von Weißig über den Weißen Hirsch bis zum Fischhaus zurückweichen. Auf beiden Seiten gab es viele tote und verwundete Soldaten.

Auch Pohle nahm die Beschreibung dieser Kämpfe in seine Chronik auf:
»Am 18. Juli [1760] hörte man von den Anhöhen hinter dem weißen Hirsch wieder starken, aber nicht anhaltenden Geschützdonner und in den Loschwitzer Weinbergen wurde mit kleinem Gewehr gefeuert. Vielleicht war es hier, wo der damalige ›Schulmeister‹, Amtsvorgänger des Verfassers, in der großen Stube der 1. Etage am ersten Fenster von der Thür durch einen Schuß seinen Tod fand. – Auf den Höhen von Weißig erschien österreichische Kavallerie, während dessen der Feind zwischen Blasewitz und Loschwitz eine Brücke schlug, Truppen und Kanonen herüber sich führte und beim weißen Hirsch immer mehr verstärkte«.[1]

Wie aus dem 1789 erschienenen Bericht von Tempelhoff hervorgeht, waren vom preußischen Bataillon Quintus einige Leute in das Dorf Loschwitz nach Lebensmitteln gegangen, die aber größtenteils gefangen genommen wurden. Danach hatten die österreichischen Jäger und Kroaten »die Weinkeller, deren es in diesem Dorfe mehrere gibt, durchsucht, und sich den edlen Rebensaft trefflich schmecken lassen«.[3] Voller Mut und Kraft gelang es ihnen danach, die Preußen auf die linke Elbseite zurückzudrängen.

Nachdem am 19. Juli 1760 die Preußen begonnen hatten, Dresden mit schwerer Artillerie zu beschießen, erkannte Friedrich II. am 22. Juli 1760, dass er Dresden nicht erobern konnte. Er hatte nur noch 600 Schuss für seine Kanonen. Nach der Kapitulation der schlesischen Festung Glatz konnten die Österreicher starke Truppenverbände zum Einsatz nach Dresden verlegen. Die Lage wurde damit so bedrohlich, dass Friedrich II. am 29./30. Juli 1760 die Belagerung abbrach und sich aus dem schwer zerstörten Dresden zurückzog. Der endgültige Frieden zwischen Sachsen, Preußen und Österreichern wurde im Februar 1863 auf Schloss Hubertusburg geschlossen.

Die Napoleonischen Kriege (Zeit von 1812 – 1813)

Während die Kämpfe Napoleons 1806 und der Durchzug seiner Truppen nach Russland 1812 die Dresdner Gegend kaum oder wenig beeinträchtigt hatten, wurde Sachsen in die Kämpfe gegen Napoleon bei dessen Rückzug aus Russland mit schweren Folgen einbezogen. Nach dem Untergang der »Großen Armee« zogen sich die Franzosen bis an die Elbe zurück, gefolgt von russischen und preußischen Truppen.

Im März 1813 begannen die Kämpfe um und in Dresden. Die Franzosen befahlen, alle → *Fähren* und Kähne an die Böhmische Grenze zu bringen, um die Gegner zu hindern, die Elbe zu überqueren. Pohle schrieb: »Da der Loschwitzer Fährmeister Modes keinen Vorschuß zum Transport bekommen konnte, so führte er seine Fähren nach Blasewitz an die Ziegelscheune und bohrte sie an.«[1] Nachdem am 8. März die Franzosen von Bautzen herkommend vor Dresden standen, kam der Befehl zur Zerstörung aller noch vorhandenen Fahrzeuge auf dem Lande oder zu Wasser. Pohle schrieb weiter: »Den kleinen Kahn versteckte der Fährmeister ‚unter die Weiden an Rossigs Feld' und so wurde auch anderes noch versteckt.«[1] Am 13. März befahl der unterdessen in Dresden weilende französische General Louis-Nicolas Davous (1770 – 1823) die Befestigung der im Siebenjährigen Krieg angelegten Schanze an der Mordgrundbrücke. Einen Tag später erhielt Loschwitz etwa 100 Franzosen zur Einquartierung. Am 16. März stand der österreichisch-russische Oberst Victor von Prendel (1766 – 1852), von Bautzen kommend, vor den Toren der Stadt. Wenn Pohle schreibt, dass am 17. März etwa 100 Italiener in Loschwitz einquartiert wurden, dürfte es sich um Soldaten aus dessen Truppe gehandelt haben.

Die Sprengung der Dresdner Augustusbrücke am 19. März trennte dann die Stadt mit den Franzosen auf der linken und den Russen auf der rechten Elbseite. Über die nächsten Tage schrieb Pohle: »Am 22. März 1813 hatte Loschwitz Kosaken-Einquartierung. Abends 5 Uhr wurde auf beiden Ufern die weiße Fahne aufgesteckt.«[1] Am 27. März wurden auf Befehl von Oberst Prendel die Loschwitzer Fähren nach Dresden geschafft, um »Kosaken« dort über die Elbe zu fahren. »Loschwitz bekam auch preußische Einquartierung. Die große Fähre kam wieder zurück, die kleine blieb in Dresden, um Steine zur Brücke zu schaffen. Nach den Preußen bekam Loschwitz wieder Russen ins Quartier.«[1]

Am 8. Mai mussten sich die Russen und Preußen aus der Dresdner Altstadt wieder vor den Franzosen über die Elbe zurückziehen. Am

Johann Gottlieb Hantzsch (1794 – 1848), Soldat beim Kartenspiel, Bleistift
Heute bewahrt in der Städtischen Galerie Dresden – Kunstsammlung, Museen der Stadt Dresden

Die »Galerie im Buch«

11. Mai mussten sie auch aus Loschwitz weichen, »nachdem sie zuvor noch großen Schaden im Dorfe Loschwitz, an den Weinbergshäusern, im Hirsch und allen benachbarten Orten gethan, auch ausgeplündert hatten. Bühlau war in Brand gesteckt worden.«[1] Die kleine Loschwitzer Fähre war von den Franzosen benutzt worden, um Kanonen über die Elbe zu fahren. Weiter schrieb Pohle: »Am 18. Mai bekam der Fährmeister einen Bürgergardisten zur Einquartierung ins Haus, damit derselbe Obacht habe, daß kein Militär übergefahren würde. Des Nachts durfte nicht gefahren werden. Am 10. Juni waren 900 Mann Reiterei der Franzosen in Loschwitz. Alles Grünfutter wurde niedergehauen und verfüttert. Während des nun folgenden zweimonatlichen Waffenstillstandes, der am 12. August zu Ende ging, hatte Loschwitz noch immer Franzosen im Dorfe. Am 23. August wurde abermals von den Franzosen das Überfahren verboten. Die Geschirre mußten alle ans rechte Ufer gebracht werden.

Am 25. August zogen sich die Verbündeten näher bis Blasewitz. Dieses war von Kosaken und Schützen besetzt, welche fortwährend nach Loschwitz herüber schossen.«[1]

Nachdem in der Nacht zum 26. August das Dorf Striesen niedergebrannt worden war, begann die Schlacht um Dresden. Mindestens 200.000 verbündete Russen, Preußen und Österreicher griffen die Stadt, die auf Seiten Napoleons stand, im Morgengrauen des 26. August an. Unterdessen hatte Kaiser Napoleon (1769 – 1821), von Schlesien kommend, mit seinen Truppen die Mordgrundbrücke erreicht. Vom späteren »Erckelschen Weinberg«, an der heutigen oberen Schillerstraße und Hermann-Prell-Straße, schaute er ins Elbtal und beobachtete die Kampfhandlungen (→ *Denkmale*), bevor er weiter nach der Schanze am Meisenberg hinter der Loschwitzer Ortsgrenze in Richtung Dresden zog.

Die Schlacht um Dresden endete am 27. August mit einem der letzten Siege Napoleons. Pohle schreibt: »Abends 11 Uhr am 27. August mußten Fähren und Kähne fortgebracht werden. Das Feuer der brennenden Dörfer Reick und Prohlis leuchtete dazu. Da man aber nicht fortkommen konnte, so mußte man wieder umkehren und die Reise am anderen Morgen antreten. Es ging nach Pirna, von wo am 4. September mit der Loschwitzer großen Fähre Verwundete nach Dresden gebracht wurden. Die kleine Fähre wurde am 5. September durch 2 Mann wieder von Pirna zurück gebracht. Am 8. September stand das Dorf Mügeln in Flammen. Am 13. September wurde der Bäcker Nickel aus Loschwitz, als er nach Getreide fahren wollte, von Marodeurs in der Haide erschossen.

Fortschaffung der Blessierten, 1813, Umrisskupfer *Städtische Galerie Dresden*

Ludwig Richter beobachtete als Kind von der Friedrichstadt aus den Angriff und schrieb später:
»Ich lief nun schnell zum Vater, und dieser stieg mit mir und anderen Hausbewohnern auf den Dachboden, wo wir durch die kleinen Fenster die Gegend nach Blasewitz, den großen Garten und Räcknitz übersehen konnten. Die Kanonade hatte schon begonnen, und es entwickelten sich immer mehr die dunklen Linien der Infanterie, welche sich aufstellten. Endlich begann auch das Musketenfeuer, ein fortwährendes Knattern, unterbrochen von dem ferneren und näheren Donner des Geschützes. Lange Streifen Pulverdampfes stiegen über den Linien der Infanterie auf, und dicke Wolkenmassen da, wo Batterien standen. Der Kampf wurde heftiger und gewaltiger, es war zuletzt ein Knattern, Krachen und Tosen grauenhafter Art, ohne die geringste Unterbrechung. Das Dorf Strehlen, welches vor uns lag, ging in Feuer auf. Es war von Russen besetzt, und die Granaten der Franzosen schossen es in Brand«.[4]

Am 24. September fing die völlige Plünderung durch Franzosen auf dem Lande an. ›Das Volk wurde weggetrieben, das Getreide aus den Scheunen geholt, Kartoffeln auf den Felde ausgehackt und alle Gebäude ausgesucht.‹ Am 6. Okt. wurden alle Kähne und Schaluppen von Franzosen fortgeführt.«[1]

Am 7. Oktober 1813 verließ Napoleon Dresden. Das hatte zur Folge, dass einen Tag später österreichische Truppen vom Weißen Hirsch kommend in Loschwitz eintrafen und die Franzosen bis an die große Schanze auf dem Meisenberg in der Antonstadt vertrieben. »Nachdem österreichische Jäger und ungarische Husaren Loschwitz nach Lebensmitteln abgesucht hatten, wird der 17. Oktober als ein Schreckenstag genannt, an welchem die Russen zurückgingen und jenseits der Elbe sechs Dörfer in Flammen aufgingen. Nachdem die Franzosen aus dem Loschwitzer Grunde 27 Kühe und neun Ziegen geholt, zogen sie sich am 24. Oktober wieder in die große Schanze zurück. Nachmittags rückte die Landwehr in Loschwitz ein. Auf Befehl der Österreicher wurden am 30. Oktober die versenkten Fähren und Schaluppen wieder herausgebracht und nach Pillnitz geschafft, wo übergefahren wurde. Alle Mannschaften aus den benachbarten Dörfern mußten Dienst dabei leisten. Der 1. November brachte für Loschwitz russische Landwehr zur Einquartierung. Der Fährmeister allein erhielt 40 Mann nebst zwei Offizieren. Sie wurden von Österreichern abgelöst«.[1]

In der Völkerschlacht bei Leipzig vom 16. bis 19 Oktober war mit etwa 100.000 Toten und dem Sieg über die Franzosen die Entscheidung über den Ausgang des Krieges bereits gefallen. Die katastrophalen Zustände und die Hungersnot in Dresden dauerten jedoch noch an. Nach

Einweihung des Kriegerdenkmals 1878 in der Grünanlage an der Friedrich-Wieck-Straße zur Erinnerung an vier im Preußisch-Österreichischen Krieg und neun im Deutsch-Französischen Krieg gefallene Loschwitzer Soldaten *Foto: August Kotzsch, Slg. Eberhard Münzner*

weiteren Kämpfen vor der Stadt verließen die Franzosen bis 17. November Dresden und unter Glockengeläut zogen die Sieger ein.

Preußisch-Österreichischer Krieg (1866) und Deutsch-Französischer Krieg (1870/71)
Der heute meist als »Deutscher Krieg« bezeichnete Krieg von 1866 und der spätere Krieg gegen die Franzosen betrafen Loschwitz nur insofern, als Einwohner als Soldaten rekrutiert worden waren. Ein 1878 aufgestelltes Kriegerdenkmal (→ *Denkmale*) an der Friedrich-Wieck-Straße erinnerte bis nach 1945 an die vier im Deutschen Krieg und neun im Deutsch-Französischen Krieg gefallenen Loschwitzer Soldaten. **Manfred Buder**

Zitate:
1 *Pohle, Friedrich Wilhelm; Chronik von Loschwitz; Dresden 1887*
2 *Tempelhoff, G.[eorg] F.[riedrich] von; Geschichte des siebenjährigen Krieges in Deutschland…, Dritter Theil; Berlin 1787*
3 *Tempelhoff, G.[eorg] F.[riedrich] von; Geschichte des siebenjährigen Krieges in Deutschland…, Vierter Theil; Berlin 1789*
4 *Richter, Ludwig; Lebenserinnerungen eines deutschen Malers; Leipzig 1909*
Quellen: 39, 117, 151, 211, 414, 623, 636, 667, 822, 824, 865, 972, 1006, 1031, 1032

Die Felsenburg am Rißweg anlässlich einer Soldaten-Aufstellung. *Foto: Slg. Christoph Schölzel*

»Kriegsopfer« der Loschwitzer Einwohner: 1915 bis 1917 wurden von ihnen insgesamt 440 Zentner Metall für Kriegszwecke gesammelt; zweiter von links Gemeindevorstand Ernst Näther *Foto: Archiv Kirchgemeinde Loschwitz*

Auguste Friederike Lehmann verabschiedet am Haus Plattleite ihren Sohn Hermann, der 1915 im Ersten Weltkrieg als Soldat umkam. *Foto: Slg. H. Lehmann*

Loschwitz im Ersten Weltkrieg

Obwohl Loschwitz zu Zeiten des Ersten Weltkrieges noch eine eigenständige Gemeinde bildete, waren sowohl Kriegsbegeisterung als auch nachfolgend die Kriegsauswirkungen wirtschaftlicher und sozialer Art ähnlich der in der Residenzstadt und durch die unmittelbare Nachbarschaft auch zahlenmäßig vergleichbar. So lag z. B. der Beschäftigungsrückgang zwischen 1913 und 1918 bei 23%, und es wurde »die Benachteiligung der Wettiner Monarchie durch die Reichsregierung« beklagt.

Die entscheidendsten Verluste für Loschwitz waren jedoch die menschlichen. Folgt man den Angaben auf der größten Kriegsgräberanlage des Ersten Weltkrieges auf dem Loschwitzer Friedhof, so hatte Loschwitz 230 Gefallene (darunter eine Frau) zu beklagen. Dieses vom Loschwitzer → *Architekten Rudolf* → *Kolbe* (1873 – 1947, → *K1*) geschaffene Denkmal wurde im November 1923 geweiht. Auf drei Seiten des Denkmalblockes, der – auf einem Erdhügel stehend – den Mittelpunkt der Anlage bildet, sind ohne weitere Angaben die Namen der Gefallenen festgehalten. Das Denkmal ist kreisförmig von 18 Einzelgrabplatten bzw. -kreuzen umgeben.

An der Alten Feuerwache in der Fidelio-F.-Finke-Straße erinnert eine Gedenktafel an die im Ersten Weltkrieg gefallenen Mitglieder der *Freiwilligen* → *Feuerwehr* Loschwitz.

Bis 1991 befand sich an der Friedhofkapelle auf dem Loschwitzer Friedhof eine von → *Architekt Martin* → *Pietzsch* (1866 – 1961, → *K1*) geschaffene Gedenktafel für die im Ersten Weltkrieg gefallenen Mitglieder des Loschwitzer → *Ortsvereins*: Willy Karl Bruno Neuer (Lehrer),

Anlage mit Kriegerdenkmal zum Gedenken an die Opfer des Ersten Weltkrieges auf dem Loschwitzer Friedhof, nach Entwürfen von Rudolf Kolbe 1923 aufgestellt
Foto aus: »Harmonie von Bau und Landschaft – Der Architekt Rudolf Kolbe«

Richard Hermann Scharnhorst (Baurat), Karl August Pistorius (Färbereibesitzer) und Hermann Bruno Brand (Töpfermeister). Nach einem Diebstahlsversuch wurde die Tafel sichergestellt und befindet sich heute im Archiv der → *Kirchgemeinde Loschwitz*.

Infolge des Krieges wurde die 1913 von der »Elisabeth von Pohland-Stiftung« gekaufte und seit 1914 als Genesungsheim »Loschwitzberg« betriebene ehemalige → *»Deutsche Heilstätte«* in den nächsten Jahren als »Reserve-Lazarett IV« genutzt, um Soldaten medizinisch und psychologisch zu behandeln.

Im Zuge der »Reichsmetallspende« wurden die Zinnpfeifen der Orgel der Loschwitzer → *Kirche* eingeschmolzen und von den drei Glocken verblieb der Gemeinde nur noch die kleine.

Auch einige Loschwitzer Künstler wurden »eingezogen« und verarbeiteten ihre Kriegserlebnisse in zahlreichen Arbeiten, wie z. B. Otto Schubert (1892–1970, → *K1*) in den Mappen »Die Leiden der Pferde im Krieg« und »24 Lithographien vom Krieg im Westen«.

Christian Mögel

Quellen: 39, 653, 729

Im Schützengraben, links stehend Alfred Lehmann aus Loschwitz *Foto: Slg. Horst Lehmann*

Gedenktafel des Ortsvereins für seine Gefallenen, früher an der Kapelle auf dem Friedhof Loschwitz. *Foto: Otto-R. Wenzel*

Ehrenblatt des sächsischen Militär-Vereins Loschwitz und Umgebung für die im Ersten Weltkrieg 1914–1918 gefallenen Soldaten. *Foto: Slg. Matthias Griebel*

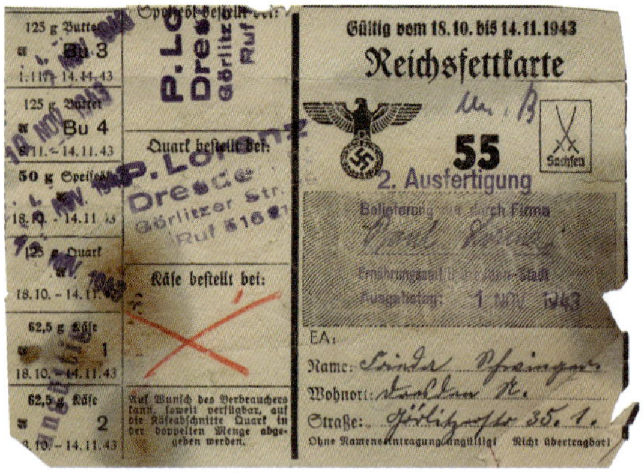
Gültig vom 18.10. bis 14.11.1943
Reichsfettkarte
55
2. Ausfertigung
Quark bestellt bei:
Käse bestellt bei:
Name:
Wohnort:
Straße:

Fettsparende Brotaufstriche:

Grundmasse I:

1 Eßlöffel Margarine = 20 g, 3 Eßlöffel Mehl = 30 g, ¼ l Wasser, Salz.

Geschmackszutaten: Majoran oder gemischte Kräuter oder ½ Zwiebel und ½ Apfel im Fett dünsten, Mehl zugeben, mit Beifuß würzen.
Zubereitung: Mehlschwitze herstellen, Flüssigkeit auffüllen, 20 Minuten kochen, erkalten lassen, abschmecken.

Grundmasse II:

50 g schaumig gerührte Margarine, 250 g durch Sieb gestrichener Quark, 2 Eßlöffel Milch, Salz.

Geschmackszutaten: Kümmel oder Kräuter (Schnittlauch, Kresse, Kerbel usw.), oder Tomatenmark oder geriebenen Meerrettich.
Zubereitung: Alle Zutaten vermengen, abschmecken.

Anregungen sowie Koch- und Backvorschriften erhalten Sie in den Beratungsstellen des Deutschen Frauenwerkes und in den Kreis- und Ortsfrauenschaften.

»Reichsfettkarte« mit rückseitigen Tipps für fettsparende Brotaufstriche von 1943   Slg. E. Münzner

Luftschutzraum Körnerplatz 4.
Foto: Eberhard Münzner

Loschwitz im Zweiten Weltkrieg

Unmittelbare Folgen der Kriegserklärung für die Bevölkerung

Die Konzentration aller Ressourcen auf den am 1. September 1939 mit dem Überfall auf Polen begonnenen Krieg führte in den letzten Kriegsjahren zu deutlichen Einschränkungen für die Bevölkerung. Menschenschlangen standen vor den Geschäften, die Schulkinder mussten für das »Winterhilfswerk« Bekleidung, Papier, Metall und Knochen sammeln. Anstatt mit Benzin oder Diesel mussten LKW mit stinkendem Holzgas betrieben werden. Dazu wurden Holzwürfel in einem außen angebrachten Kessel zum Schwelen gebracht. Das sich dabei entwickelnde Gas verbrannte im Motor. Das dabei entstehende Nebenprodukt Teer führte zu Entsorgungsproblemen. Ferner kamen statt Luftreifen nun Vollgummireifen zum Einsatz.

Nur stark »gesiebte«, zensierte Nachrichten waren dem »Völkischen Beobachter« zu entnehmen oder tönten aus den Radio-Volksempfängern, vom Volksmund heimlich »Goebbels-Schnauze« genannt.

Großen Aufwand betrieb man ab 1943 für den Luftschutz: Alle Fenster mussten mit lichtundurchlässigen Rollos versehen, Kraftfahrzeuge und Fahrradscheinwerfer mit Schlitzblenden ausgerüstet werden.

Für den Brandschutz sorgte man durch Bereitstellen von Löschmitteln wie Eimern, Feuerspritzen, Hacken, Reißhaken, Löschpatschen und Löschsand vor. Im Rahmen einer »Feuerschutzmittel-Aktion« mussten alle Dachböden beräumt und mit brandhemmenden Chemikalien ausgespritzt werden. »Volksgasmasken« wurden in verschiedenen Größen ausgegeben. Zur Warnung der Bevölkerung wurden Sirenen errichtet – in Loschwitz z. B. auf der Villa Plattleite 6 – und Radiodurchsagen über abhörsicheren Drahtfunk für jedes Haus eingeführt. In Privatgrundstücken entstanden provisorische Bunkeranlagen.

Alle Bürger wurden aufgefordert, einen Notkoffer mit Ausweisen, Dokumenten, Kleidung, Getränken und dauerhaft haltbaren Lebensmitteln bereitzustellen. Bei Fliegeralarm bestand Verdunkelungspflicht.

Als Luftschutzkeller bei Bombenangriffen wurden 1944 die Felsenbunker Grundstraße 60 und 84, die großen alten Weinkeller am → *Körnerweg* 2b und 8 und im Steinbruch an der → *Mordgrundbrücke* eingerichtet. Auch im unteren Tunnel der Standseilbahn fanden viele Menschen Schutz vor den Bomben.

Die → *Gaststätten und Hotels* »Demnitz« und »Burgberg«, »Dr. Möllers Sanatorium« (→ *Ärzte*)

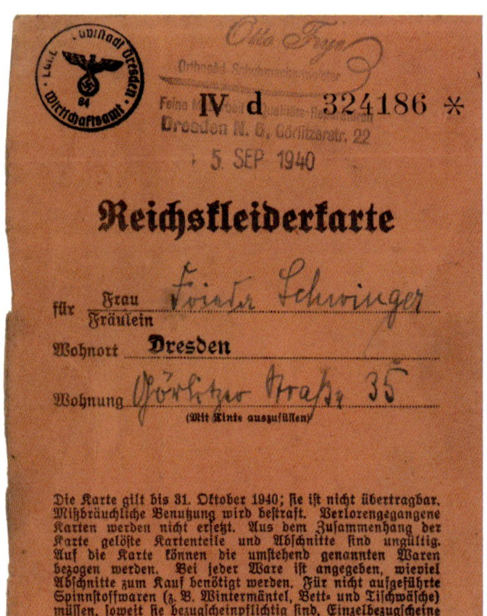
IV d 324186 *
Dresden N 6, Görlitzerstr. 22
5. SEP 1940
Reichskleiderkarte
für Frau / Fräulein
Wohnort Dresden
Wohnung
(Mit Tinte auszufüllen)

Die Karte gilt bis 31. Oktober 1940; sie ist nicht übertragbar. Mißbräuchliche Benutzung wird bestraft. Verlorengegangene Karten werden nicht ersetzt. Aus dem Zusammenhang der Karte gelöste Kartenteile und Abschnitte sind ungültig. Auf die Karte können die umstehend genannten Waren bezogen werden. Bei jeder Ware ist angegeben, wieviel Abschnitte zum Kauf benötigt werden. Für nicht aufgeführte Spinnstoffwaren (z. B. Wintermäntel, Bett- und Tischwäsche) müssen, soweit sie bezugscheinpflichtig sind, Einzelbezugscheine beantragt werden.

Auch Kleidung war kontingentiert: »Reichskleiderkarte« von 1940.   Slg. Eduard Münzner

In der Loschwitzer Turnhalle, 1942; für die deutschen Truppen der Ostfront wurden Wintersachen aller Art gesammelt; vor allem wurden warme Bekleidung wie Pelz und Wollsachen sowie Skier benötigt. Die Loschwitzer Turnhalle war die Hauptsammelstelle 2 des Kreises Dresden; insgesamt wurden 26.826 Stück hier zusammengetragen, unter anderem 1.423 Paar Ski.   Foto: Otto Borsdorf

Sascha Schneider, Kriegsruf, 1921, Öl auf Leinwand
Heute bewahrt in der Städtischen Galerie Dresden – Kunstsammlung, Museen der Stadt Dresden

O M
Lo

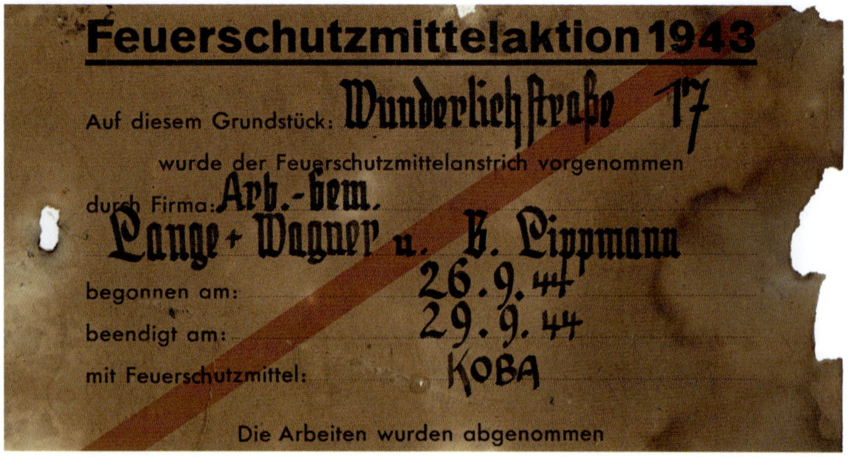

»Feuerschutzmittelaktion«: Alle Dachböden mussten ausgeräumt und mit einem Feuerschutzanstrich versehen werden, der im Ernstfall allerdings wirkungslos blieb; dieses Schild war im Dachstuhl der Deutschen Heilstätte befestigt Slg. E. Münzner

Im Lazarett auf dem damals weniger bewaldeten »Burgberg« Foto: Slg. Wolfgang Götz

und das → *Kirchgemeindehaus* wurden Behelfs-Lazarette. Zwangsweise mussten Hausfrauen in Heimarbeit kriegswichtige Artikel anfertigen, z. B. aus Fallschirmseide genähte Kartuschen für Sprengstoff.

Wenige Wochen vor Kriegsende errichteten alte Männer des »Volkssturmes« aus Baumstämmen und Steinen Panzersperren an der Grundstücksgrenze Pillnitzer Landstraße 35 und an der Brückenrampe am Körnerplatz 8, Grundstraße 35/40, Friedrich-Wieck-Straße 2 und Schillerstraße. Diese Panzersperren hatten für Fahrzeuge Durchlässe, die mit bereitliegenden Baumstämmen verschlossen werden konnten. Dazu kam es nicht mehr, die Baumstämme wurden willkommenes Heizmaterial.

Kriegsverluste

Zur Zahl der in den Krieg eingezogenen Soldaten und der gefallenen Loschwitzer ist keine gesicherte Aussage möglich; ohne Zweifel verloren viele im Krieg ihr Leben.

Bombenangriffe

Die Bombenangriffe am 13., 14. und 15. Februar 1945 durch englische und amerikanische Bomber zerstörten in Loschwitz etwa 30 Gebäude völlig, ungefähr 20 weitere wurden beschädigt. Damit kam der Ort im Vergleich zu anderen Stadtteilen relativ glimpflich davon. Als besonders schmerzhafte Verluste sind zu nennen: → *Kirche* und → *Körnerschule* mit Turnhalle, → *Burgberghotel*, Pillnitzer Landstraße 12 und 14, Schillerstraße 24 und viele andere. Eine in die → *Gärtnerei Stein* (heute »Loschwitz Arkaden«, → *Wohnparks*) einschlagende Luftmine zerstörte teilweise das Wohnhaus Pillnitzer Landstraße 27. Auch die benachbarten Häuser, wie die Pillnitzer Landstraße 37, wurden stark erschüttert, Risse entstanden, Dachziegel verloren Halt und Fensterscheiben zersprangen. Eine Sprengbombe traf das Haus Robert-Diez-Straße 4, wo zwei Kinder und zwei Erwachsene starben. Ganz in der Nähe wurden auch das »Begerhäuschen«, Calberlastraße 20 sowie Kotzschweg 15, Ludwig Richter-Straße 14 und 12, wo es ebenfalls einen Toten gab, durch Bomben getroffen.

Reste einer Stabbrandbombe, gefunden auf dem Loschwitzer Kirchhof Foto: E. Münzner

Da ehemalige Loschwitzer → *Wasserwerk* Körnerweg 22 wurde getroffen und an der Schillerstraße mehrere Häuser zerstört. In der Schillerstraße 10 gab es vier Tote und im Sandweg 2 einen Toten.

Noch deutlich sichtbarer vermauerter Eingang eines Luftschutzbunkers auf der Grundstraße Foto: E. Münzner

Rudolf Lehmann (1907–1945) 1943 auf dem Weg in den Krieg Foto: Slg. Horst Lehmann

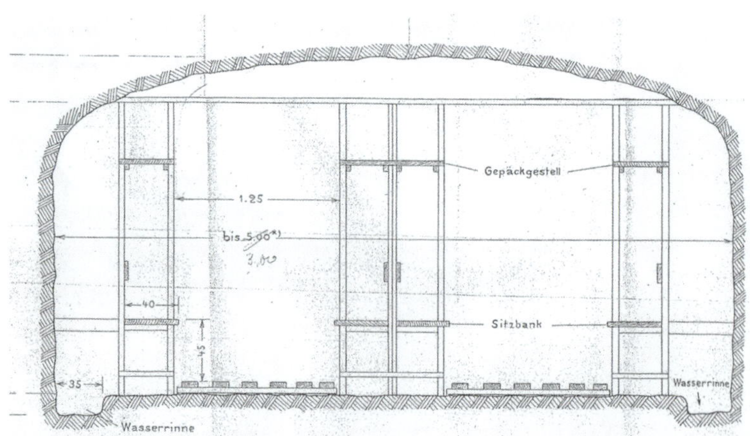

Querschnitt eines Luftschutzbunkers an der Grundstraße: In Längsrichtung waren kombinierte Gepäckablageregale und Sitzmöglichkeiten angeordnet. Stadtarchiv Dresden

Solche Flakscheinwerfer auf Fahrlafetten mit bis zu 15 km Reichweite standen auf den Wiesen östlich des Schulgartens.
Militärhistorisches Museum Dresden

Dieses MG-Nest am Loschwitzer Ufer neben dem Blauen Wunder blieb noch lange nach dem Krieg erhalten.

»Flugwache«: Betonierter Beobachtungsstand mit Peilrahmen auf dem Turm des Luisenhofes
Fotos (3): Eberhard Münzner

Im → *Simmigschen Ortsteil* traf das Zerstörungswerk u. a. die → *Gaststätte* »Saloppe« und das → *Wasserwerk* an der Brockhausstraße sowie die »Villa Grumbt«, Bautzner Straße 112, und deren Nachbargebäude.

Der starke Sturm, den der Flächenbrand jenseits der Elbe verursachte, trieb viele der für den Loschwitzhang bestimmten Brandbomben auf die vorgelagerten Elbauen, wo sie im weichen Boden stecken blieben, ohne zu zünden. Zwangseinquartierte »Landser« haben dann zum Gaudi der Kinder diese sechseckigen Magnesium-Körper zur Elbe getragen und durch einen gut gezielten Wurf auf den Steilhang des Leinpfades gezündet. Wie Raketen schossen die brennenden Bomben dann über das Wasser.

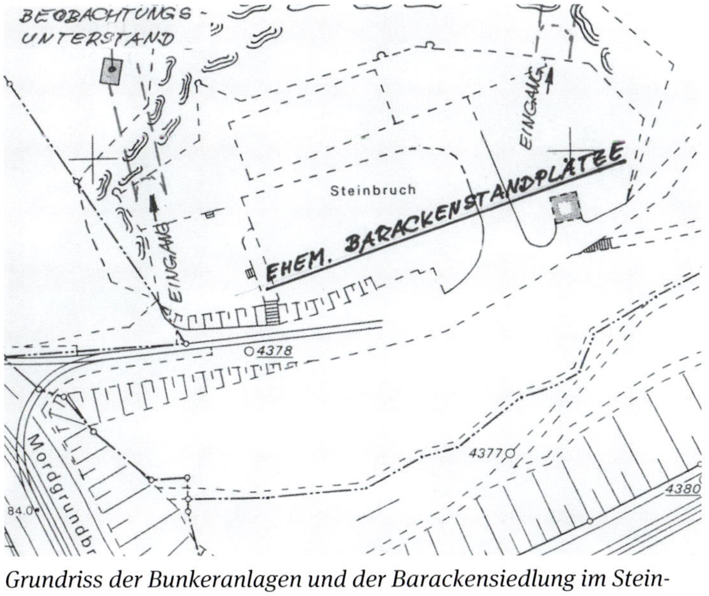

Grundriss der Bunkeranlagen und der Barackensiedlung im Steinbruch an der Mordgrundbrücke; in den Baracken wurden nach dem Krieg Flüchtlinge aus dem Osten untergebracht. Slg. E. Münzer

Tausende ausgebombte Menschen zogen am 14. Februar über das → *»Blaue Wunder«* die Grundstraße hinauf, um in den umliegenden Ortschaften eine Notunterkunft zu finden.

In einem weiteren Angriff am 17. April 1945 gingen im → *Ortsteil Schöne Aussicht* mehrere Luftminen nieder und hinterließen riesige Krater auf der Maler- und Roseggerstraße.

Bekannte und unbekannte Retter des Blauen Wunders

Noch bis zum 8. Mai 1945 war die → *Schillerschule* Loschwitz beschlagnahmt für Einheiten des Brückenkommandos: Volkssturm, Landesschützen, Pioniere und SS-Pioniere, ca. 150 Mann.

Max Mühle (1891–1974) aus Rochwitz bemerkte auf dem täglichen Arbeitsweg über das

Granatsplitter, gefunden Grundstraße 74, der den Maurer Leo Hoffmann verletzt hatte. Slg. Eberhard Münzner

Ruine des »Hotel Burgberg« 1946, Aquarell von Hans Meier
Repro: Ernst Hirsch

Wohnhaus Ludwig-Richter-Straße 14 vor der Zerstörung
Foto: Slg. Matthias Griebel

Ruine der Loschwitzer Kirche in den 1950er Jahren
Foto: Archiv Kirchgemeinde Loschwitz

Siegbert Lehmann, Plattleite 8, berichtet:
Beim Angriff am 13. Februar erhielt das gerade abgezahlte Haus einen Bombentreffer und brannte vollständig aus. Alle Familienangehörigen, die im Luftschutzkeller Zuflucht gesucht hatten, konnten sich rechtzeitig ins Freie retten. Auch Teile des Mobiliars und des Hausrats konnten noch geborgen und in der Villa »Orlando« untergestellt werden. Die 6000 Bände der Bibliothek meines Vaters, Prof. Emil Lehmann, waren jedoch durch das Löschwasser so aufgequollen, dass sie unverrückbar in den Regalen und Schränken klemmten.

Blaue Wunder die Sprengvorbereitungen. Während des Luftangriffs am 17. April soll er den Anflug eines Flugzeugs während des Fliegeralarms dazu genutzt haben, die Sprengkabel zu durchtrennen. Die von ihm dabei benutzte Zange befindet sich noch im Besitz von Horst Lehmann. Verwandte ließen auf Max Mühles Grabkreuz den Ehrentitel »Retter des Blauen Wunders« anbringen, eine öffentliche Ehrung wurde ihm nie zuteil.

Unmittelbar vor Kriegsende waren ebenfalls zwei mutige Männer unabhängig voneinander zur Rettung der Brücke tätig: Als Telegrafenarbeiter erfuhr der am Schillerplatz wohnende Paul Zickler (1884–1964) von den Sprengvorbereitungen im Befehlsbunker des Brückenkommandos Schillerplatz 2 (ehemaliger Goethegarten, jetzt Sparda-Bank). Nach der Sprengung der Albertbrücke am 7. April kletterte er abends über ein Holzgerüst unter die Brücke und kappte die Zündkabel.

Der Dresdner Klempnermeister Erich Stöckel (1893–1964) wurde als Volkssturmmann dem Brückenschutz zugeteilt. Während seines Wachdienstes in der Nacht vom 5. zum 6. Mai zog er die Stecker der Zündkabel aus der getarnten Sammelbatterie.

Beide kämpften um öffentliche Anerkennung ihrer Rettungstat. Erst nach ihrem Tod brachte die Stadt am 4. Mai 1965 eine Gedenktafel neben dem Café Toscana an.

Undenkbar war für die DDR auch, die in FBI-Akten archivierte Geschichte über den Hauptmann Wirth zu publizieren, der das SS-Sprengkommando am Blauen Wunder befehligt hatte. Danach soll dieser nach dem erteilten Befehl zur Sprengung über den Schillerplatz gerannt sein, den legendären Satz brüllend: »Hier sprenge ich und niemand anders!«. Anschließend habe er im Befehlsbunker Schillerplatz 2 die Sprengkabel aus der Batterie gerissen und die Schalttafel zerschlagen. Dazu seine abschließende Feststellung: »Wir haben alles falsch gemacht, nur dies war richtig!«.

Ebenfalls von unmittelbarer Bedeutung für den Erhalt des Blauen Wunders war die mutige Tat der Mannschaft einer im Blasewitzer Waldpark errichteten Werferbatterie, die mit raketenähnlichen Geschossen die Brücke zerstören sollte, falls die Sprengung misslang. Am Abend des 7. Mai 1945 entfernten die Soldaten die Zündköpfe aus den Geschossen und sprengten sie in einer Grube. Als Augenzeuge berichtete

Sowjetische Truppen am 8. Mai 1945 auf dem Blauen Wunder. *Foto: Stadtmuseum Dresden*

darüber darüber der damals in Dresden-Blasewitz wohnende Helmut Teichmann (* 1929). Seine Aussagen wurden von dem Koblenzer Militärhistoriker Friedhelm Hahn bestätigt, der von dem Beschuss von Brücken an Don und Donau mit ebensolchen »RZ 65«, einer Werferbatterie mit jeweils 60 Geschossen, berichtet. Unter ähnlichen Umständen kam es zum Erhalt der Brücke in Bad Schandau.

Ein vergessener Retter, an den keine Tafel erinnert, ist Herr Bieneck. Als Polier der Baustelle entdeckte er 1952 beim Entrosten der Stahlkonstruktion im Obergurt etwa in fünf Meter Höhe drei Sprengkörper von je drei Kilogramm. Seiner Geschicklichkeit ist es zu verdanken, dass die Sprengladungen nicht beim Sandstrahlen getroffen wurden. In einem Brief des Tiefbauamtes wurde deshalb am 4. September um Auszeichnung des Kollegen Bieneck mit 1.000 Mark gebeten.

Nach dem Krieg

Auch die Schillerschule war stark beschädigt worden, die meisten Fenster fehlten. Nach der Säuberung von Kalk- und Glassplittern dichteten Lehrer und Schüler die Fensterrahmen mit Pappe oder Sperrholz ab. Kein Holz, keine Kohle in den Klassenzimmern. Hilfe kam auch von Fleischermeister Johannes Martin (1905 – 1979, → *Handw. u. Gew.*), der seine beheizte Wohnstube zum Unterricht zur Verfügung stellte.

Zunehmender Mangel an allen lebensnotwendigen Gütern bestimmte die Zeit nach dem Krieg. Viele Loschwitzer gingen mit dem Rucksack ins Umland, um Lebensmittel zu »hamstern«. Oft im Tausch gegen Schmuck, Porzellan oder Bettwäsche, die weit unter Wert »gehandelt« wurden. Sogar gekochte Eicheln wurden getrocknet und in der Kaffeemühle gemahlen. Mit Mehl und Haferflocken vermischt, ergab das einen brauchbaren Teig zum Backen von »Makronen«. Als Ersatz-Kakao wurden geschrotete Eicheln mit Molke gemischt.

Alle Häuser der Knoopstraße wurden von der sowjetischen Armee beschlagnahmt und mit Offizieren und deren Familien belegt. An der Einmündung zur Schevenstraße stand ein Wachhäuschen mit Schlagbaum und Wachposten. In die umliegenden Häuser wurden ebenfalls Offiziere einquartiert. Eine sichere Zuflucht gegen marodierende Soldaten fanden Frauen und Mädchen in dem Stadtmissionsheim → *»Pniel«*.

Bald nach dem Krieg fand in der → *Gaststätte* »Luisenhof« eine Tagung mit über 300 hochrangigen Offizieren statt. Darunter waren auch einige Generäle, die Kommandanten von Dresden, Leipzig und anderen sächsischen Großstädten. Der Militärgouverneur des Landes Sachsen, Generaloberst Semyon Bogdanov (1894 – 1960), zweifacher Held der Sowjetunion, ließ sie zusammenrufen, um dem Oberkommando der Sowjetischen Militäradministration (SMA) Dresden und Berlin Bericht zu erstatten. Der SMA waren eine Menge Klagen und Beschwerden über die Tätigkeit der Ortskommandeure zugegangen. General Bogdanow erklärte, dass die SMA Informationen über eine »verdrehte und entstellte Auffassung« der Kommandanturen von ihren Aufgaben erhalten habe. Die Offiziere wurden aufgefordert, »Erfahrungen auszutauschen« und »die Mängel in der Arbeit der Kommandanturen schonungsloser Kritik zu unterwerfen.«[1] **Rolf Friebel**

Erinnerungen von Rolf Friebel,
Pillnitzer Landstraße 37:

Auch unsere Tante Clara Heinke flüchtete nach der Zerstörung ihrer Gaststätte im Stadtzentrum zu Fuß von der Pirnaischen Straße über die Elbwiesen unter ständigem Beschuss durch Tiefflieger nach Loschwitz, um ein Notquartier bei ihren Eltern in unserem Haus zu finden.

Zur Beschaffung von Brot fuhr meine Mutter, Elsa Friebel, nach dem Krieg mit dem Fahrrad bis nach Medingen zu einer entfernt verwandten Bäckersfamilie. Oma Hering reiste mehrfach nach Kleinböhla bei Oschatz, um bei Neubauern Bettwäsche gegen Getreidekörner zu tauschen. Opa Hering konnte als Mitarbeiter auf dem Schlachthof durch sogenannte »Deputate« oftmals wesentlich zur Versorgung der Familie beitragen. Eigene Kaninchen- und Hühnerzucht halfen ebenfalls. Nach der Ernte wurde auf den Feldern der Bauern Eichler und Karisch »gestoppelt«. Wenn wir zu zeitig auf das Feld stürmten, kam der Bauer mit einem großen Hund und jagte uns weg.

Um ein bisschen Schokoladensuppe zu erhalten, wanderten wir Kinder über das Blaue Wunder bis in die Eisenbahner-Fachschule auf der Dornblüthstraße, weil dort eine kostenlose Verteilung stattfand.

Sowjetische Soldaten 1946 im Luisenhof
Foto: Slg. Stückrath

Josef Hegenbarth entwarf dieses »Rucksack-Denkmal« für die vielen »Hamsterer«
VG Bild-Kunst, Bonn 2015, Kupferstich-Kabinett, Staatliche Kunstsammlungen Dresden, Foto: Herbert Boswank

Horst Lehmann,
Plattleite 1d, erinnert sich:

Kurz vor Kriegsende soll der Ortsgruppenleiter der NSDAP Loschwitz, Porsche, in der Villa Rosenhof Herrn Hoch sen. gefragt haben, ob er seine Pistole in dessen Brunnen werfen könne. Am 8. Mai 1945 raste ein ungebremster Panje-Wagen die Schillerstraße hinunter. Der Kutscher sprang rechtzeitig ab, Pferd und Wagen krachten in die Wartehalle der Haltestelle auf der Verkehrsinsel. Das verendete Pferd wurde geschlachtet, sofort am Spieß gebraten und verzehrt. Auf dem Körnerplatz standen dutzende Gewehrpyramiden ohne einen Schuss Munition. Auf der Grundstraße stauten sich stadtauswärts Flüchtlinge. Die eindringenden Mongolen ritten mit gezogenen Schwertern auf den Fußwegen zu Tale.

Großvater Alfred wurde zusammen mit vielen Mitgliedern des Turnvereins abgeholt und in Lahmanns Sanatorium eingesperrt. Durch unverhoffte Sympathie eines jungen russischen Soldaten, der am Wochenende allein Wache stand, gelangen Flucht und Rückkehr nach Hause. Gemeinsam mit Enkel Horst zog der Großvater in dieser Zeit in die Heide, um für Bäcker Winkler Stöcke zu roden. Der Tageslohn war ein Brot.

Zitat:
1 Klimov, Gregory; Tagebuch des ehemaligen russischen Offiziers; in: Berliner Kreml; Köln
Quellen: 243, 302, 591, 690, 691, 724, 907, 1133, 1257

Kriesche, Alma; Dichterin und Schriftstellerin (1844 – 1923) → *K2*
Krone, Hermann; Fotograf (1827 – 1916) → *K2* → *Fotografen*
Kröner, Karl; Maler und Grafiker (1887 – 1972) → *K2*
Kropp, Ernst; Maler, Kunstgewerbler und Raumgestalter (1880 – 1945) → *K2*
Kross, Hubert; Komponist und Dirigent (* 1934) → *K2*

Krüger, Reinhard

Münzgraveur (1794 – 1879)

Carl Reinhard Krüger (→ *K1*) wurde am 20. März 1794 als eines von vier Kindern des Zweiten Dresdner Münzgraveurs Christian Joseph Krüger (1759 – 1814, → *K2*) im Hause der kurfürstlichen Münze zu Dresden geboren. Seine Eltern bewohnten ein Gebäude im hinteren Areal der Münze, An der Frauenkirche 10.

Ersten Unterricht erhielt Krüger vermutlich in der im Italienischen Dörfchen gelegenen katholischen Schule. Bereits ab 1809 soll Carl Reinhard die Dresdner Akademie besucht haben. Schon als 17-Jähriger musste er seinem Vater mit zur Hand gehen, denn dieser konnte die Arbeit in der Königlichen Münze allein nicht bewältigen. Ab etwa 1811 arbeitete Reinhard Krüger dort auf Probe. Offenbar war der Münzmeister Johann Gotthelf Studer (1763 – 1832) mit seinen Leistungen zufrieden, denn er schickte ihn zur Ausbildung nach Berlin. Dort erwarb er bei dem bedeutenden Medailleur und Stempelschneider Daniel Friedrich Loos (1735 – 1819) das berufliche Rüstzeug für sein weiteres Leben. Nach dem Probejahr erhielt Reinhard Krüger 1815 eine feste Anstellung als Graveur an der Königlichen Münze in Dresden. Bereits zwei Jahre später, im März 1817, wurde er als Zweiter Münzgraveur benannt.

Auf Studien- und Kunstreisen sollte Krüger seine handwerklichen Fähigkeiten erweitern. Über die Besuche der verschiedenen Münzstätten wie München, Mailand, Wien, Florenz, Paris und Prag übermittelte er detaillierte Berichte an den Münzmeister in Dresden. Auf seiner zweiten Kunstreise nach Italien im Jahre 1827 machte er in Rom die Bekanntschaft mit dem berühmten Bertel Thorvaldsen (1770 – 1844). In einem Brief schrieb Krüger über ihn: »Ich bin von ihm auf das freundschaftlichste empfangen worden und habe von ihm nicht nur die Erlaubniß erhalten, seine Studien ungehindert besuchen, sondern auch mich seines Raths einholen zu können, so oft ich dessen bedürfe«.[1]

Carl Reinhard Krüger, Bleistiftzeichnung
Städtische Galerie Dresden

Um seine Kunst im Anfertigen von Münzen und Medaillen zu vervollkommnen, unternahm Krüger 1838 eine weitere Italienreise.

Die Aufgaben in der Münze waren sehr vielfältig. Krüger fertigte Denkmünzen, Vertrags-Denkmünzen und Gedächtnis-Münzen. Außerdem war die Königliche Münze beauftragt, zahlreiche Medaillen wie Prämienmedaillen, Verdienstmedaillen, Preismedaillen, Ehrenmedaillen sowie verschiedene Medaillons und Ausbeute-Medaillen herzustellen.

Am 1. August 1857 beendete Reinhard Krüger sein Arbeitsverhältnis in der Dresdner Münze und ging mit 383 Talern, 26 Groschen und 7 Pfennigen pro Jahr in Pension. Er musste seine Dienstwohnung verlassen und zog in die Pillnitzer Straße 35a in Dresden.

Nun konnte er sich ausgiebig seinem Domizil in Loschwitz widmen. Krügers Weinberg befand sich im → *Ortsteil Schöne Aussicht*, heutige Krügerstraße 22. Dazu schrieb Theodor Leuschner (1872 – 1936): »Wir gehen die Malerstraße hinauf, jene Straße, durch welche um 1900 Sperlings Weinberg zur Bebauung aufgeschlossen worden ist, schauen oben am Waldesrande links in den Garten Franz Curtis (1854 – 1898) hinein [...], nun sind wir da: hinter einer langen Gartenmauer ein niedriges, langes Haus von größter Einfachheit unter dem Schatten von sperrig gewordenen Akazien [...], das ist die Einsiedelei«.[2]

Das Grundstück war für den Wein- und Obstanbau geeignet, auch Gemüse zum Eigenverzehr konnte angebaut werden. Da sein Bruder, der Kupferstecher Professor Anton Krüger (1795 – 1857, → *K1*), kein oder wenig Interesse am Weinberg zeigte, bewirtschaftete er den

Krügerstraße 22 um 1865; Moritz Heydrich schrieb den Spruch erst nach Reinhard Krügers Tod unter das Bild
Foto: August Kotzsch, Slg. Matthias Griebel

Reinhard Krüger, Brunnen im Krügerschen Grundstück im Ortsteil Schöne Aussicht, aquarellierte Zeichnung, 1846 *Slg. M. Griebel*

Giebelfront der Krügerstraße 22 mit dem Sgraffito von Hans Möller-Uetersen von 1957 *Foto: Ernst Hirsch, Slg. Matthias Griebel*

vom Vater geerbten Weinberg allein. Über das kleine Häuschen schrieb Johann Friedrich Hoff (1832 – 1913, → *K1*): »Die kleine grüne Pforte mit dem runden Loch zum Durchlangen war von innen nur mit einem Holzriegel, den jeder Bekannte zurückschieben durfte, geschlossen, und so traten wir ein [...]«.[3] Über die Sicherheit von Krügers Häuschen wurde folgendes berichtet: »Einmal waren Diebe zu einem Fenster seines Häuschens eingebrochen und hatten ihn bestohlen. Krüger konnte das nicht verstehen, dass beese Leite ihn bestehlen konnten. Zur Sicherheit ließ er an diesem Fenster Eisenstäbe anbringen. Als aber diese beesen Leite bald zu einem anderen Fenster einstiegen, ließ er an allen Fenstern Eisenstäbe anbringen«.[4] Der Loschwitzer Lehrer Otto Kotzsch (1880 – 1967) schrieb: »Vom zeitigen Frühjahr bis zum späten Herbst hauste er hier oben und schaffte, im Ruhestand lebend, vom frühen Morgen bis zum späten Abend im Weinberg [...] Freuden brachte ihm außer der Arbeit und deren Erfolg sein Geigenspiel und öfteres Zusammensein mit Ludwig Richter.«[5] *Ludwig → Richter* (1803 – 1884, → *K1*) besuchte seinen Freund gern. »Er stieg gern von seiner Sommerwohnung aus das schmale sandige Malergässchen zum ›Münzkrüger‹ hinauf. Da saßen dann die beiden Alten auf der einfachen Holzbank vorm Haus im Anblick des italienischen Ziehbrunnens, rauchten ihre Zigarre und tauschten ihre Erlebnisse aus [...]«.[5] Zu Krüger gehörte eine Geige; sie war seine beste Freundin. Eine Zeichnung von Ludwig Richter zeigt seinen Freund Krüger, den »Einsiedler von Loschwitz«, mit der markanten Kopfbedeckung in seiner einsamen Klause auf der Geige spielend. Dieses Blatt hatte Richter für seine Stammtischfreunde geschaffen. Die Geschichte »der alten Geige« ist von vielen Autoren und in verschiedenen Variationen beschrieben worden. Dabei kam es den Verfassern gar nicht so auf den Wahrheitsgehalt an, sondern es sollte in schöner Poesie von der Liebe des »Münzkrügers« zu seinem Instrument berichtet werden.

Reinhard Krüger wurde in Geschichten und Anekdoten gern als schrulliger Zeitgenosse beschrieben, weil er mit seinem ursächsischen Dialekt und seinem Verhalten in der Öffentlichkeit zum Schmunzeln Anlass gab. So bat ihn Hoff einmal, sich nach Herzenslust an seinen Zwetschgen satt essen zu dürfen. Krüger willigte ein. Nachdem er bemerkte, dass sie Hoff zu sehr schmeckten, kam er schnell auf ihn zu und sagte: »Lieber Freind, ich muss Sie doch jetzt recht sehre bitten, mit dem Pflomenessen einzuhalten, Sie könnten sich am Ende noch krank machen«.[5]

Eine andere Geschichte spielte im Herbst. Krüger stand auf der Leiter und wollte Mispeln abnehmen. Da kamen zwei Damen auf dem Weg nach Rochwitz vorüber. Sie sprachen freundlich zu Krüger: »Na Herr Krüger, Sie nehmen wohl Mispeln ab?« Krüger erwiderte, ohne sich umzudrehen, in seiner sächsisch-kauzigen Art: »Nu alleene kommen se nicht runter«.[5] Jetzt wollte Krüger aber doch wissen, wer ihn so freundlich gegrüßt hatte. In respektvoller Entfernung folgte den Damen ein Hoflakai und Krüger merkte, dass es die Königin Maria war, die so freundlich gegrüßt hatte. Nun war es aber Zeit, sich zu entschuldigen, er war ja immerhin an der königlichen Münze angestellt. So rief er den Damen nach: »Na, ich meene ja ooch bloß, dass se eben von alleene niche runterkomm«.[5]

Der »Münzkrüger« ließ sich ungern fotografieren. Aus verschiedenen Beschreibungen geht hervor, dass Krüger keine sonderlich große Erscheinung, aber eine der Gemütlichkeit zugetane Person war. Einige Blätter von Ludwig Richter und Woldemar Hottenroth (1802 – 1894, → *K1*) zeigen Krüger als einen etwas merkwürdig aussehenden Menschen in oder vor einem Gasthaus. Dagegen wird der Münzgraveur auf zwei Blättern von Wilhelm Karl Juncker (1820 – 1901) im Porträt als ein recht sympathisch aussehender Mensch dargestellt.

Am 20. Februar 1879 starb Carl Reinhard Krüger ganz friedlich, auf dem Sofa sitzend und mit einer Zigarre in der Hand, in seiner Dresdner Stadtwohnung Pillnitzer Straße 35a.

Nach dem Tod Krügers wechselten die Besitzer des Loschwitzer Weinberggrundstückes mehrmals. 1956 ließ der damalige Besitzer Dr. Martin Nier (1901 – 1971) das Krügerhäuschen abbrechen und durch einen Institutsneubau ersetzen. In Erinnerung an den Münzgraveur Krüger ließ er 1957 von dem Maler Hans Möller-Uetersen (1892 – 1977, → *K2*) nach einer Zeichnung von Ludwig Richter ein Sgraffito anbringen. **Heinz Glodschei**

Zitate:

1 *Archiv Münzkabinett der Staatlichen Kunstsammlungen Dresden*
2 *Leuschner, Theodor; Loschwitz und seine Denkwürdigkeiten; Dresden 1928*
3 *Hoff, Johann Friedrich; Lehrjahre bei Ludwig Richter und in München; Frankfurt/Main 1903*
4 *Hoff, Johann Friedrich; Amt und Muße. Ludwig Richter als Freund; Frankfurt/Main 1903*
5 *Glodschei, Heinz; Der Einsiedler von Loschwitz; Dresden 2012*

Quellen: 57, 379, 531, 532, 617, 659

Krüger, Erich; Musiker (1907 – 1989) → *K2*
Krüger, Hermann; Architekt (* 1935) → *K1*

Gerhard von Kügelgen, Selbstbildnis, um 1814
Kreide *Städtische Galerie Dresden*

Kügelgen, Gerhard von
Maler (1772 – 1820)

Der spätere Porträt- und Historienmaler Franz Gerhard von Kügelgen (→ *K1*) wurde mit seinem Zwillingsbruder Karl am 6. Februar 1772 in Bacharach am Rhein geboren. Erst nach dem Tod des Vaters konnten sich beide Brüder der Malerei zuwenden. Den Malunterricht erhielt Gerhard bei Januarius Zick (1730 – 1797) in Koblenz und bei Johann Christoph Fesel (1727 – 1805) in Würzburg. Gefördert durch ein Stipendium vom Kölner Kurfürsten Maximilian Franz von Österreich (1756 – 1801), reisten Gerhard und Karl 1791 nach Rom, um ihre Studien zu vervollständigen. Gerhard begab sich 1795 über München nach Riga (Lettland) und Reval, heute Tallinn (Estland). Hier lernte er Helene Marie Zoege von Manteuffel (1774 – 1842) kennen. Nach ihrer Heirat im Jahr 1800 wandte sich Kügelgen mit seiner Frau nach St. Petersburg, arbeitete als Porträtmaler am Zarenhofe und brachte es zu einem ansehnlichen Vermögen. Der erste Sohn → *Wilhelm* (1802 – 1867, → *K1*) wurde hier geboren. Da der Vater der Porträtmalerei müde war, es sollen über 200 Bilder gewesen sein, verließ er 1803 St. Petersburg und kehrte nach Deutschland zurück.

1805 bezogen sie in Dresden-Altstadt eine Wohnung. Hier wurden noch die Kinder Gerhard (1806 – 1883) und Adelheid (1808 – 1874) geboren. 1808 bezogen sie im Haus »Gottessegen«, Hauptstraße 13, eine Mietwohnung mit Atelier. Nun widmete Kügelgen sich vorwiegend der Historienmalerei. 1811 wurde er zum Ehrenmitglied der Königlichen Akademie der bildenden Künste in Dresden ernannt. Seit 1814 war Kügelgen als außerordentlicher, ab 1818 als ordentlicher Professor an der Kunstakademie Dresden tätig. Er war hoch geschätzt, bei ihm trafen sich Künstler und Persönlichkeiten des öffentlichen Lebens. Eine Freundschaft verband ihn mit Caspar David Friedrich (1774 – 1840, → *K1*). Die Religion spielte in der Familie eine wichtige Rolle. Der Vater, ursprünglich katholisch, distanzierte sich später von der Kirche. In den letzten Lebensjahren kehrte er aber zum Glauben zurück und besuchte jeden Morgen die Messe. Kügelgen tolerierte, dass seine Frau, im evangelischen Glauben tief verwurzelt, die Kinder in ihrem Sinne erzog.

Zu Sommeraufenthalten begab sich die Familie ab 1816 nach Loschwitz in das im Weinberg gelegene »Begerhäuschen«, das damals zum Grundstück des → *Poncetschen Herrenhauses* gehörte (→ *Villen und Weinbergshäuser*). Hier fühlte sich die Familie besonders wohl und Kügelgen vollendete dort oft seine Gemälde.

Aus »Jugenderinnerungen eines alten Mannes« von Wilhelm von Kügelgen.
Unsere neue Sommerwohnung war zwischen den Dörfern Loschwitz und Wachwitz auf der Höhe des damals Poncetschen Weinbergs gelegen. Es war ein kleines, zweistöckiges Haus, nach einem früheren Bewohner das Begerhaus genannt, mit hübschen geräumigen Zimmern und an den Berg so angelehnt, daß man aus der oberen Etage geradewegs auf eine Weinterrasse trat, die, von alten Walnußbäumen gegen die Mittagssonne geschützt, dennoch den Blick in die Ferne freigab. Die Lage war unvergleichlich.[1]

Gerhard von Kügelgen suchte schon seit längerem nach einem eigenen Besitz zur ganzjährigen Nutzung. Er fand ihn 1819 in Loschwitz, in der heutigen Leonhardistraße 3 (→ *Villa Thode*), der Familie Kügelgen ein wohlbekanntes Grundstück, in dem sie sich schon 1811 zur Sommerfrische eingemietet hatte. Kügelgen kaufte 1819 von Johann Gottlob Schmidt für 2.300 Taler den Weinberg mit dem darauf stehendem Landhaus und überschrieb es seiner Frau. Das Haus wurde nach den Bedürfnissen der Familie umgebaut und bekam ein großes Atelier. Kügelgen kümmerte sich intensiv um den Bauverlauf.

Am 27. März 1820 wurde Gerhard von Kügelgen, nachdem er den Lohn an seine Handwerker ausgezahlt hatte, auf dem Heimweg nach Dresden, abends um 19 Uhr in einem Feld am Abzweig Erlenweg an der Bautzner Straße erschlagen und ausgeraubt. Er wurde auf dem Alten Katholischen Friedhof begraben. Die Hinrichtung seines Mörders, des Unterkanoniers Kaltofen, erfolgte im Juli 1821. Eine Stele erinnert heute an die Mordtat.

Die Witwe Kügelgens verkaufte das Grundstück und kehrte vorerst mit ihren Kindern nach Estland zu ihren Verwandten zurück. Die Familie hielt sich aber später erneut zur Sommerfrische im »Begerhäuschen« auf.

Neben dem Eingang der Loschwitzer → *Kirche* steht ein Gedenkstein (→ *Denkmale*), 1920 errichtet zum 100. Geburtstag von Gerhard von Kügelgen; er wurde mit seinem Sohn Wilhelm abgebildet. Außerdem wurde die Kügelgenstraße in Loschwitz nach ihm benannt.

Ute Häse

Zitat:
1 Kügelgen, Wilhelm von; Jugenderinnerungen eines alten Mannes; Leipzig [1903]
Quellen: 632, 639, 660

Das Begerhäuschen, nach einem alten Aquarell aus: Wilhelm von Kügelgen, Jugenderinnerungen eines alten Mannes

Gedenktafel für Gerhard von Kügelgen an der Bautzner Straße
Foto: Siegfried Großmann

Kügelgen, Wilhelm von

Porträt- und Historienmaler, Grafiker, Schriftsteller (1802 – 1867)

Wilhelm Georg Alexander von Kügelgen (→ *K1*) wurde am 20. November 1802 als Sohn des Malers *Gerhard von → Kügelgen* (1772 – 1820, → *K1*) in St. Petersburg geboren. 1805 zog die Familie nach Dresden und wohnte anfangs im »Döpmannschen Haus« in der Halben Gasse und seit 1808 in der 2. Etage des »Brelingschen Hauses« auf der Neustädter Allee (heute Hauptstraße 13). Dort im sogenannten Haus »Gottessegen« befindet sich heute das »Kügelgenhaus – Museum zur Dresdner Romantik«. Hier verlebte Wilhelm von Kügelgen seine Kindheit und Jugend. In seinem Elternhaus verkehrten berühmte Künstler, Dichter und Gelehrte wie Caspar David Friedrich (1774 – 1840, → *K1*), Johann Wolfgang von Goethe (1749 – 1832, → *K2*), Georg Friedrich Kersting (1785 – 1847), Ferdinand Hartmann (1774 – 1842), *Theodor → Körner* (1791 – 1813, → *K1*) und Johann Gottfried Seume (1763 – 1810).

Ab 1818, nach dem Besuch des Gymnasiums in Bernburg, wo er im Haus seines späteren Schwiegervaters, des Superintendenten Friedrich Adolf Krummacher (1767 – 1845), gewohnt hatte, studierte Wilhelm von Kügelgen an der Königlichen Akademie der bildenden Künste in Dresden Malerei. Neben seinem Vater waren Johann Friedrich Matthäi (1777 – 1845) und Ferdinand Hartmann seine Lehrer. Durch den Tod seines Vaters, er wurde 1820 Opfer eines Raubmordes, geriet Kügelgen in eine schwere seelische und religiöse Krise. 1822 reiste er mit seiner Mutter nach Estland und nahm erst nach seiner Rückkehr nach Dresden 1823 sein Studium wieder auf. Von 1825 bis 1826 weilte er für ein Jahr in Rom und befreundete sich dort mit *Ludwig → Richter* (1803 – 1884, → *K1*) und Carl Peschel (1798 – 1879, → *K1*) – Freundschaften, die lebenslang halten sollten. 1827 heiratete er Julie Krummacher (1804 – 1909) und zog mit ihr, seiner Schwester und der Mutter erneut nach Estland, siedelte 1828 jedoch nach St. Petersburg über, um dort wie sein Vater als Porträtmaler zu wirken. Von Zar Nikolaus I. (1796/1825 – 1855) erhielt er den Auftrag für ein Altarbild in der St. Olaikirche in Reval (vollendet 1834), das er – er kehrte bereits 1829 wieder nach Deutschland zurück – im Schloss Hermsdorf bei Dresden malte. 1833 erreichte ihn die Berufung zum Hofmaler des Herzogs Alexius von Anhalt-Bernburg (1767/1807 – 1834) und er zog mit seiner Familie nach Ballenstedt. Hier entstanden zahlreiche Porträts, Landschaftsbilder und Zeichnungen. Nach dem Tod des Herzogs trat Kügelgen in die Dienste dessen

Wilhelm von Kügelgen *Foto: K1*

Sohnes Herzog Alexander Carl (1805/1834 – 1863) – vorerst wieder in der Position des Hofmalers. Ab 1853 betreute er als Kammerherr den geisteskranken Herzog bis zu dessen Tod. In diesen Jahren verfasste Wilhelm von Kügelgen seine »Jugenderinnerungen eines alten Mannes«.

Abgesehen von einigen Kunstreisen verbrachte Kügelgen ab 1833 den Rest seines Lebens in dem ruhigen, künstlerisch kaum Anregungen bietenden Ballenstedt. Er starb am 25. Mai 1867. Seine letzte Ruhestätte fand er auf dem Ballenstedter Friedhof.

Trotz zahlreicher Freundschaften zu anderen Künstlern gelang es Wilhelm von Kügelgen nie, sich vom Vorbild seines Vaters zu lösen, ohne je dessen künstlerische Brillanz zu erreichen. Als Maler beeinträchtigte ihn zusätzlich eine zunehmende Rot-Grün-Sehschwäche, sodass er auf die beratende Hilfe Dritter angewiesen war und seine Bildnisse oft mehrfach übermalen musste. Im Gegensatz zu seinen lebendigen, weniger bekannten Zeichnungen wirken seine Porträtbildnisse häufig steif und konventionell. Berühmt geworden ist Wilhelm von Kügelgen nicht als Maler, sondern als Verfasser

Wilhelm v. Kügelgen mit seinem Vater Gerhard, Relief am Gedenkstein an der Loschwitzer Kirche (→ Denkmale) *Foto: Holger Friebel*

seiner erst nach seinem Tode veröffentlichten Autobiografie. Als die »Jugenderinnerungen eines alten Mannes« 1870 aus dem Nachlass erschienen, wurden sie zum Lieblingsbuch des deutschen Bildungsbürgertums in der Kaiserzeit bis in die zwanziger Jahre des 20. Jahrhunderts (das Buch erschien in über 240 Auflagen). In mosaikartig zusammengesetzten anekdotischen Miniaturen hält er humorvoll bis wehmütig Rückschau auf seine Kindheit und Jugend im napoleonischen Zeitalter bis zum Tod seines Vaters.

In Loschwitz hielt sich Wilhelm von Kügelgen in seiner Kinder- und Jugendzeit mehrfach zu Sommeraufenthalten an jenen Orten auf, die auch für seinen Vater verbürgt sind.

Wilhelm von Kügelgen erzählte später:
Am freien Nachmittage, der nun folgte, ward etwaige Arbeit fröhlich abgetan und gegen Abend kam das Beste. Dann ging es mit freiem Herzen fort nach Loschwitz, entlang der Elbe, an lustigen Landhäusern, grünen Weinbergen und dem kleinen Wasserfall vorbei, der in der Abendsonne flimmernd aus dem Mordgrunde herabfiel – herrliche Gänge, reich an Geplauder und Erwartung! Und dann erst draußen am geliebten Begerhäuschen! Wie flogen uns da die Mädchen entgegen mit hellen Gesichtern, Kleidern und Stimmen! Und wie hing die Mutter am Halse des geliebten Vaters! – Bis in die Nacht hinein saßen oder promenierten die Eltern miteinander auf blumiger Terrasse, während wir anderen unser Wesen unter dem alten Nußbaum hatten mit meiner Schwester, mit Marie und Marianne [...].[1]

Nach dem gewaltsamen Tod des Vaters besuchte er Loschwitz ab 1824 nur noch wenige Male. Er behielt den Ort seiner schönsten Kindererinnerungen bis zum Tod in verklärtem, idealisierendem Andenken. Er beschreibt Loschwitzer Episoden in Briefen, Erinnerungen und Visionen. Wir verdanken Wilhelm von Kügelgen die romantisch-idyllischen Schilderungen der Loschwitzer Landschaft und ihrer Bewohner und erhalten so ein überaus lebendiges detailreiches Bild des Loschwitzer Alltagslebens. Vor allem hat er mit den »Jugenderinnerungen« seinem Vater ein berührendes Denkmal gesetzt und ihm zur Unsterblichkeit verholfen.

Neben dem Portal der Loschwitzer → *Kirche* befindet sich der Gedenkstein (→ *Denkmale*), der Wilhelm gemeinsam mit seinem Vater Gerhard von Kügelgen zeigt. **Kristin Gäbler**

Zitat:
1 Kügelgen, Wilhelm von; Jugenderinnerungen eines alten Mannes; Leipzig [1903]
Quellen: 26, 258, 597, 632, 634, 639, 1036, 1125

Kügler, Johannes; Maler und Grafiker (1900 – ?) → *K2*
Kühl, Johannes; Maler Grafiker und Kunsthändler (1922 – 1994) → *K2*
Kuhle, Fridrun; Malerin (* 1940) → *K2*
Kuhle, Wolfgang; Bildhauer (* 1935) → *K2*
Kühn, Bernhard; Architekt (1838 – 1917) → *K2*
Kühne, Max Hans; Architekt (1874 – 1942) → *K2*
Kummer, Hans-Jürgen; Grafik-Designer (* 1946) → *K2*

Kunad, Rainer

Komponist (1936 – 1995)

Rainer Kunad (→ *K1*) wurde am 24. Oktober 1936 in Chemnitz geboren. Schon während seiner dortigen Schulzeit bekam er bei Paul Kurzbach (1902 – 1997) und Werner Hübschmann (1901 – 1969) Kompositionsunterricht an der »Volksmusikschule Karl-Marx-Stadt«. Nach dem Abitur studierte Kunad ab 1955 ein Jahr Chor- und Ensembleleitung an der Hochschule für Musik (HfM) in Dresden. Von 1956 bis 1959 setzte er sein Studium an der HfM in Leipzig mit Schwerpunkt Komposition fort. Zu seinen Lehrern gehörten dort Fidelio F. Finke (1891 – 1968) und Ottmar Gerster (1897 – 1969).

Nach seinem Staatsexamen ging er 1959 ein Jahr als Dozent nach Zwickau, bevor er 1960 als Leiter der Schauspielmusik an die Staatstheater Dresden berufen wurde. In dieser Zeit schrieb er etwa 30 Schauspielmusiken und erhielt zahlreiche Aufträge für Musik zu Fernsehspielen. 1971 wurde er auch dramaturgischer Berater bei der Deutschen Staatsoper Berlin. Nachdem er 1974 seine Tätigkeit als Leiter der Schauspielmusik beendet hatte, blieb er mit einem Gastvertrag für Komposition den Dresdner Staatstheatern weiter verbunden. Im gleichen Jahr wurde er ordentliches Mitglied der Akademie der Künste der DDR. Mit zahlreichen Auszeichnungen, wie 1971 dem Kunstpreis der DDR und 1975 dem Nationalpreis, wurde sein Schaffen geehrt. 1978 erhielt er eine Professur für Komposition und Vokalsymphonik an der HfM in Dresden.

Hatte er in Dresden zunächst auf der Borsbergstraße gewohnt, so zog er um 1972 mit seiner zweiten Ehefrau Steffi geb. Eyle (* 1942) und zwei Töchtern in die Sierksstraße 23 im → *Ortsteil Schöne Aussicht*, wo er bis 1984 wohnte.

Im Mittelpunkt von Rainer Kunads Schaffen stand bisher die Oper. Zu den in Dresden uraufgeführten Opern gehören »Maître Pathelin oder Die Hammelkomödie« (1969), »Litauische Claviere – Oper für Schauspieler« (1976) und »Vincent« (1979). Ab etwa 1980 wandte sich

Rainer Kunad *Foto: privat*

Kunad verstärkt sakralen Werken zu. So erklang zu den Sächsischen Landeskirchenmusiktagen 1982 in Dresden seine Motette für Chor und Orgel »Dona nobis pacem«. Im Jahr darauf folgten die Uraufführung des Herder-Oratoriums »Stimme der Völker« und 1984 schließlich in der Dresdner Kreuzkirche das Oratorium »Salomonische Stimmen«. Kurz darauf, im Oktober 1984, ging Rainer Kunad mit seiner Familie, zu der unterdessen auch die Zwillingssöhne Jona und Micha (* 1975) gehörten, in die BRD. Zunächst geschah dies mit einem befristeten Ausreisevisum. Sie kamen aber nicht zurück. Rainer Kunad hatte sich für »geistige Freiheit« und gegen »materielle Sicherheit« entschieden, er war der »Nacht des Atheismus« entkommen und konnte sich nun »öffentlich und ohne Einschränkung«[1] zu seinem Verständnis des Glaubens bekennen. Kunads hatten sich in Tübingen niedergelassen, wo Rainer Kunad nun freiberuflich arbeitete.

Rainer Kunad in seiner Wahlheimat Tübingen *Fotos (2): privat*

In den nächsten Jahren folgten weitere Uraufführungen (UA). 1986 war es in Karlsruhe die bereits in Dresden komponierte Oper »Der Meister und Margarita« nach dem Roman von Michail Bulgakow (1891 – 1940). Schwerpunkt seines Schaffens waren aber nun geistliche Oratorien mit apokryphen und vor allem apokalyptischen Inhalten geworden. 1987 wurde in Kiel sein Oratorium »Das Thomas-Evangelium« uraufgeführt. Ihm folgte die »Trilogie der Offenbarung Gottes«, bestehend aus »Jovian, der Seher« (UA 1987 in Mannheim), »Der Seher von Patmos« (UA 1988 in Karlsruhe) und »Das neue Jerusalem« (UA 1989 in Sindelfingen). Auch die Titel der in diesen und den folgenden Jahren entstandenen Mysterienspiele und geistlichen Sinfonien zeigen seine intensive Beschäftigung mit der Menschheit und ihrer Zukunft auf der Grundlage der biblischen Überlieferung.

Über seine Kompositionstechnik teilte Rainer Kunad mit:
Bis Ende der 1970er Jahre ist er »nach dem sogenannten dodekaphonischen Additionsprinzip verfahren, d. h. er hat einen musikalischen Einfall zu 12 Tönen ergänzt. So ist die 1975 geschriebene und 1979 uraufgeführte Van-Gogh-Oper ›Vincent‹ noch streng zwölftönig gehalten, mit dem Prinzip, das einzelnen Personen bestimmte Reihenmotive zugeordnet sind. Auch wenn es [...] in ›Litauische Claviere‹ noch eine zwölftönige Urzelle gibt, hat sich Kunad von dieser Technik abgewandt. An ihre Stelle ist jetzt [1993] ein intuitives Schreiben getreten, das sich nicht nur dem Spannungsvoll-Expressiven verpflichtet fühlt und nicht zuletzt in der neuen Themenwahl gründet.«[2]

Die Uraufführung seiner Oper »Der Traum« (UA 2000 in Hagen) nach dem alten deutschen Volksbuch »Fortunatus« erlebte Rainer Kunad nicht mehr. Er starb am 17. Juli 1995 in Reutlingen an plötzlichem Herzversagen.

Otto-R. Wenzel

Zitate:
1 Kerstin Leiße; Rainer Kunad in Dresden; in: SNN 02.05.1992
2 Sabine Kreter; Alles auf Hoffnung; Münster und New York, 1994
Quellen: 39, 142, 461, 626, 639, 655

Kunde, Anne-Marie; Schriftstellerin (1871 – 1950) → *K2*
Kunde, Johannes; Schriftsteller, Übersetzer und Schauspieler (1877 – 1943) → *K2*

Künstlerhaus
Pillnitzer Landstraße 59

Notizen aus dem Tagebuch des Architekten Martin Pietzsch zu seinem Entschluss, ein Künstlerhaus in Loschwitz zu bauen:

»Ich kam bald in engste Fühlung mit den Mitgliedern der ›Sezession‹, unter welchen ich mich sehr wohlfühlte. Wir kamen allwöchentlich bei Mutter Unger in der alten Weinkneipe beim Roten und Weißen, der an den Loschwitzhängen gut oder schlecht reifte, zwanglos bei zumeist köstlicher – von Humor gewürzter – Weinlaune zusammen. Das Hauptthema der Unterhaltung drehte sich immer wieder um Abhilfe der Ateliernot, deren Dringlichkeit wohl Staat und Stadt immer wieder vorrechneten, aber nicht erfüllten. Nachdem ich bereitwillig drei Ateliers ins Kaisereck [in Blasewitz] eingebaut hatte, wurde erwartet (wenn es auch noch nicht ausgesprochen ward!), dass ich hoffentlich auch weitere Ateliers bauen würde.

An einem schönen Sommerabend wurde bei Mutter Unger in Gegenwart von Prof. Hermann Prell das Thema wieder behandelt. ›Was nutzen uns‹, sagte Pietschmann, ›die Aufträge zu großen Bildern, wenn die Ateliers fehlen, wo sie entstehen und ausgeführt werden könnten!‹ Prell erklärte: ›Wir müssen einen Architekten finden, der Talent, Geschick, Geld, den guten Willen und das Vertrauen der Künstlerschaft hat, diese an sich hochinteressante Aufgabe zu lösen [...] Der Bauplatz müsste außerhalb vom lärmenden Stadtbetrieb – aber noch gut erreichbar – in ruhiger, reizvoller Landschaft liegen. Nahe der Elbe, um Nacktstudien an Badenden machen zu können, möglichst mit umgehenden Weit- und Fernblick. Atelierräume von acht zu neun Metern mit Ober- und stehendem Seitenlicht, ein oder mehreren kleineren Nebenräumen, diese möglichst nach der Sonnenseite gelegen, Kochgelegenheit, fließendes Wasser, breite Treppen, Veranden oder Freigelände, um dort eventuell Tiere halten zu können, Dachgarten zum Freilichtmalen, Kistenlagerräume usw. Der Hausmann müsste Tischler oder Zimmermann, Kistenbauer sein. [...] Die Ateliers‹, schloss Prell, ›würden im Handumdrehen vermietet sein.‹ Pietschmann trat mir unterm Tisch auf den Fuß. Engelke blinzelte mir verheißungsvoll zu. Für Prell kam ich kaum in Frage, als der kaum flügge gewordene, kleine poplige erfahrungslose Architekt ohne Eigenkapital und ohne die nötigen Beziehungen nach ›oben‹ und zum Baugeld-Markt. Er hatte an den reichen Architekten Hauschild oder auch eventuell an Gräbner gedacht. [...]

Es war schon weit nach Mitternacht, als ich mit Engelke und Pietschmann über die Brücke

Erstes Künstlerhaus, zw. 1898 und 1904
Slg. Anne Claußnitzer

schritt, im Gleichschritt, um unsere Nüchternheit zu beweisen! Über den Rochwitzer Höhen beleuchteten schon die ersten Sonnenstrahlen die Ränder der fliehenden grauen Nachtwolken. Die Umrisse der Kapelle von Königsweinberg und die Umrisse der Schlösschen-Villa unter den mächtigen Steineichenwipfeln der Umgebung lösten sich aus den Frühnebelschwaden heraus. Ein Wildentenpaar strich kreischend von einem Ufer zum anderen. Waren es Warnrufe? Oder sollte es heißen: ›Greif zu! Dem Mutigen gehört die Welt! Triff die Entscheidung auch ohne Geld!‹

Ich kam daheim in meiner Dachkammer für den Rest der Nacht oder schon mehr dem anbrechenden Morgen nicht recht zum Schlafen. Prells Worte standen mir zukunftsweisend vor der Seele. Einen unternehmungslustigen Architekten suchte er, der Talent, Geschick und Vertrauen zur Zuverlässigkeit und Zahlungsfähigkeit der Künstlerschaft haben muss. Das hatte ich, sagte ich mir. Aber Mammon, der verlangte und doch so nötige Mammon! Wer half mir zur Lösung der Kernfrage, zur Geldbeschaffung, der Grundfrage aller Aufbaufragen?

Nebenbei erfuhr ich, dass Staat und Stadt bei der Erwägung der Atelierbaufrage die Zweifel an der Zahlungsfähigkeit der Künstler nicht zum Entschluss kommen ließen. Die kunstfördernden Obrigkeiten hätten als Hausbesitzer die nicht zahlenden Kunstjünger doch unmöglich nacheinander auf die Straße setzen können!«

In dieser Situation fragte ihn der Maler und Ateliernachbar im »Kaisereck«, Hans Unger, ob er das Grundstück seines Vaters in Loschwitz begutachten könne, was dieser altershalber verkaufen wolle. Mit Hans Unger machte er sich an einem Sommernachmittag 1896 auf den Weg und schrieb später zu diesen Eindrücken: »Durch die schönen schlanken dunklen Zypressen des gegenüberliegenden durch die Straße getrennten Friedhofes leuchtete das Silberband des von den Uferwiesen begrenzten Flusses. ›Von dem Friedhofsbetrieb merkt man hier nichts‹ sagte mit erhobener Stimme der alte Unger, um vermutlich den Grabgesang zu übertönen, der zunehmend mit Posaunenbegleitung herüber klang, was Vater Unger nicht in den Streifen passte. [...]

Nachdem der Friedhofssang drüben verklungen, war es so still umher geworden, dass man die Radschläge des vorüberfahrenden Dampfers und ganz in der Ferne das leise Singen der fallenden Kette eines talabwärts fahrenden Kettenschleppers vernehmen konnte. Die Schönheiten dieses Platzes – dieses bebauten Erdenstückes zwischen den ernsten Friedhofszypressen und dem sonnigen Laubwald der Königsvilla – hatten mich schneller gefangen genommen, als ich selbst ahnte.«

Nach dem Grundstückskauf schrieb Pietzsch weiter: »Mein erstes Projekt sah nur drei oder vier Ateliers vor. Die sechs Meter breite Scheune und der sechs Meter breite Zwischenraum zwischen Scheune und Wohnhaus sollten zu zwei Bildhauerateliers und das Dachgeschoss des Bauernhauses zu zwei Malerateliers umgebaut werden. Als aber Prell von dem Kunstatelierprojekt hörte, schickte er mir nacheinander neun namhafte Künstler auf den Hals, die unbedingt Ateliers mieten wollten. Geheimrat von Seidlitz versprach mir alle Ausnahmebewilligungen bei der Amts- und Kreishauptmannschaft und Hypotheken befürmunden zu wollen. So entschloss ich mich, wenn auch schweren Herzens, zum Neubau mit neun größeren und drei kleineren Ateliers mit Nebenräumen, nebst drei Fünf- und drei Dreizimmerwohnungen nach Abbruch des alten Bauernhauses. Der Grundriss wurde in einen Atelier- und einen Wohnungsflügel mit gemeinsamem Oberlicht-Treppenhaus gegliedert. Die Wohnungen erhielten Morgen- und Mittagssonne, die Ateliers Nord-Westlicht, so dass im Hochsommer auch die Abendsonne dort einstrahlte, die dazugehörigen halbhohen, teilweise von Galerien zu begehenden kleinen Nebenzimmer Ost- und Südlicht. Es wurden dadurch alle Lichtquellen zweckmäßig ausgenutzt. Auch für die Möglichkeit war gesorgt, zu einem Atelier nicht nur zwei und drei Zimmer als Wohnraum, sondern eine ganze Fünfzimmer-Wohnung zu mieten. Dadurch bekam das Haus schon bald den Ruf der unbegrenzten

Möglichkeiten. Auf den zu den Ateliers gehörenden Balkonen und der Dachplattform-Anlage sollte die Möglichkeit geboten werden, im Freilicht Aktstudien zu malen. Ein großes Kistenlager und Packraum und ein auch für die Allgemeinheit benutzbarer Baderaum wurde im Untergeschoss-Grundriss mit eingebaut. Bei der viel umstrittenen Beheizungsfrage entschieden wir uns doch zuletzt für Einzelofen-Beheizung.

Erst nachdem Geheimrat von Seidlitz seitens des Ministeriums bei Amts- und Kreishauptmannschaft mit Nachdruck die umgehende Genehmigungserteilung mit den zahlreichen Ausnahmebewilligungen erlangt hatte, erfolgte die bedingungslose Baugenehmigung meines Eingabeprojektes, wobei auch die um zwei Meter breite Vorgartenverringerung – was sich wegen der Lichtverhältnisse nötig machte – mit beurkundet wurde. Dadurch rückt der Atelierflügel, flankiert von den beiden mächtigen Pappelbäumen, landschaftsbeherrschend in das Straßenbild, von der Ost- und Westseite der Pillnitzer Landstraße gesehen.«[1]

Vorgängerbau des Künstlerhauses mit Weinberg (3. v. l.), 1870 *Foto: August Kotzsch*

Das Künstlerhaus im damals noch selbstständigen Dresdner Vorort Loschwitz wurde im Frühjahr 1898 nach reichlich einjähriger Bauzeit fertiggestellt. Konzipiert, entworfen und ausgeführt wurde es von dem jungen Dresdner → *Architekten Martin* → *Pietzsch* (1866–1961, → *K1*), der damit einen ersten Höhepunkt seines Schaffens erreichte. Nach zuvor gelungenen ersten Atelierbauten wagte Pietzsch sich an das Objekt, das nach der Fertigstellung kontrovers beurteilt wurde, seitdem aber seinen festen Platz als Künstlerdomizil in Dresden einnimmt. Mit dem Künstlerhaus entstand ein künstlerischer Mittelpunkt am Loschwitzer Elbhang. Die Idee des Architekten war aus der Not geboren: Im ausgehenden 19. Jahrhundert herrschte Mangel an bezahlbaren Ateliers in Dresden. Martin Pietzsch hatte auch den ein-

Beim Bau des Künstlerhauses, 1897 *Foto: Slg. Wolfram Steude*

Abgebranntes Künstlerhaus, 1904 *LfD Sachsen, Slg. K. E. Scherz*

Künstlerhaus um 1910, Ansichtskarte *Slg. Matthias Griebel*

flussreichen Kunsthistoriker Woldemar von Seidlitz (1850 – 1922), vortragender Rat für die Generaldirektion der Dresdner Kunstsammlungen, um Unterstützung gebeten. Dieser unterstützte das Projekt. Sechzehn Ateliers und Arbeitsräume sowie zwölf Wohnungen bieten bildenden Künstlern verschiedener Ausrichtung – Malern, Bildhauern, Grafikern – seit nunmehr 117 Jahren Wohn- und Arbeitsräume.

Schon 1904 wurde das Künstlerhaus durch einen Brand stark beschädigt. Beim Wiederaufbau (1904 – 1906) entstand dann das Gebäude in seiner heutigen Form. Die Architektur des Künstlerhauses ist eigenwillig. An italienische Bauten erinnernde Elemente finden sich ebenso wie Jugendstilanklänge; auch Formen des beginnenden strengen Industriebaus um 1900 sind integriert. Der monumentale Bau wird besonders durch das überkragende flache Dach und die hohen Atelierfenster geprägt. Die Bildhauer Otto Pilz (1876 – 1934, → *K2*) und Ernst Jungbluth (1868 – 1949, → *K2*) waren an der Gestaltung, besonders im Innenbereich, beteiligt. Der Idee einer Künstlergemeinschaft sind verbindende Durchgänge und Türen im Inneren geschuldet, die mehrfach verändert oder verschlossen wurden. Eine Wohn- und Arbeitsgemeinschaft im engeren Sinne kam allerdings nie zustande.

1900 wurde gleich neben dem Künstlerhaus das ebenfalls von Pietzsch konzipierte sogenannte »Kleine Künstlerhaus« fertiggestellt, in dem der Erbauer Pietzsch arbeitete und mit seiner Familie lebte. Hier wurde die Grundstruktur eines alten Weinberghauses umbaut, was eine zum Teil recht originelle Raumgestaltung zur Folge hatte. Die große Atelierwohnung wird ebenfalls nach wie vor von Künstlern bewohnt.

Die Bildhauerin und Keramikerin Ursula Naumann geb. Stöhr feierte 2006 im Künstlerhaus ihren 85. Geburtstag und ist damit wohl die längste Bewohnerin des Hauses, in das sie 1944 als Schülerin von Herbert Volwahsen kam. Das Foto zeigt Ursula Stöhr mit ihrem Lehrer Herbert Volwahsen in dessen Atelier um 1947 *Aus: 100 Jahre Künstlerhaus. Die Bildhauer*

Als *Hermann → Glöckner* und seine Frau Frieda, 1945 ausgebombt, auf der Suche nach einer Bleibe im Dezember 1945 im Künstlerhaus das letzte freie Atelier besichtigten, beschrieb er es folgendermaßen:
Es war in einem schauderhaften Zustand, hatte keine Scheiben, die Türen waren teilweise herausgerissen, der Putz war von den Wänden gefallen, denn in der Nähe war eine Luftmine niedergegangen, und durch die starken Erschütterungen war alles beschädigt worden. Außerdem war mir der Rahmen zu groß, ich wußte nicht, was ich mit dem riesigen Raum anfangen sollte. Wir mußten uns aber schnell entscheiden, denn Herr Pietzsch hatte es schon jemand anderem halb versprochen. Wir überschliefen die Sache und entschieden uns dann, das Atelier trotz des schlechten Zustands zu mieten. Nun mußte wieder Geld verdient werden, denn es mußten Tausende hineingesteckt werden. Heute ist davon nichts mehr zu sehen, denn inzwischen ist das alte Künstlerhaus weiter verfallen.[2]

Das Künstlerhaus vor ersten Sanierungsmaßnahmen durch die Kommunale Wohnungsverwaltung Anfang der 1980er Jahre, bei denen Türmchen an den Atelierfenstern und weitere Schmuckelemente beseitigt wurden.
Foto: Martin Steude

Künstlerhaus, 1987
Foto: Wolgang Nützenadel, Archiv OVLW

Treppenhaus des Künstlerhauses mit dem »Leuchtermann« von Otto Pilz und »Apfelbaum« von Ernst Jungbluth, 2015
Foto: Siegfried Großmann

Nachdem das Künstlerhaus Kaiserzeit, Weimarer Republik und Zweiten Weltkrieg nahezu unversehrt überstanden hatte, blieb es zu DDR-Zeiten noch bis 1972 im Familienbesitz. Dem Enkel des Erbauers, Prof. Dr. Wolfram Steude (1931 – 2006, → *K1*, → *Kirchenmusik*), wurde der dringend benötigte Sanierungskredit verweigert, die sogenannte »kalte Enteignung« folgte. Aus heutiger Sicht muss die darauf folgende Sanierung durch die Stadt Dresden als »Versuch« oder Notlösung bezeichnet werden. Die Grundsubstanz des Gebäudes konnte aber dadurch gesichert werden.

Nach der Rückgabe des Künstlerhauses an die Familie (1992) wurde es umfassend saniert. Auch wenn politische und gesellschaftliche Rahmenbedingungen sich positiv verändert haben, bleibt die Aufgabe für die Betreiber mit dem Geschäftsführer Martin Steude anspruchsvoll und herausfordernd. Gewachsenen Freiheiten und Möglichkeiten einerseits stehen andererseits Gefahren, wie die Abwertung und Verflachung von Idealen, die Unterordnung der Kunst unter rein materielle Aspekte und der Verlust des einmaligen Profils gegenüber.

Dieses Haus mit seiner über hundertjährigen Geschichte bereichert die Dresdner Kulturlandschaft. Seine Bewohner beleben mit ihren Arbeiten nicht nur die sächsische Kunstszene. Weit über Landes- und Bundesgrenzen hinaus reicht die Ausstrahlung so mancher künstlerischen Gesamtwerkes. In diesem Sinne verdienen das Künstlerhaus in Dresden-Loschwitz in seiner Einmaligkeit und das vielfältige Schaffen der Künstler Aufmerksamkeit und Interesse.

Anne Claußnitzer, Gernot Klatte

Zitate:
1 Pietzsch, Martin; Tagebuch; Privatbesitz
2 Erpenbeck, John (Hrsg.); Hermann Glöckner, Ein Patriarch der Moderne; Berlin 1983
Quellen: 265, 726, 813, 1008, 1011, 1075, 1205

Kuntzsch, Ehrhard; Gesangspädagoge und Sänger (1898 – 1971) → *K2*

Kunze, Marianne; Kantorin und Organistin (* 1952) → *K1* → *Kantoren*

Kupsch, Thomas; Komponist (* 1959) → *K2*

»Kleines Künstlerhaus« in den 1980er Jahren
Foto: Wolfgang Nützenadel, Slg. Matthias Griebel

Martin Steude vor dem Künstlerhaus mit Plastiken von Thomas Reichstein, 2008
Foto: Jürgen Frohse

L

Lachnit, Max; Bildhauer, Maler und Grafiker (1900 – 1972) → *K1*
Lachnit, Wilhelm; Maler und Grafiker (1899 – 1962) → *K1*
Landgraf, Wilhelm; Bildhauer (1913 – 1998) → *K2*
Landmann, Ortrun; Musikwissenschaftlerin (* 1937) → *K2*
Lange, Ruth; Sängerin (1915 – 2008) → *K2*
Langer, Heinz; Internist und Maler (* 1933) → *K2*
Lawrenz, Lars-Peter; Musiker (* 1971) → *K2*
Lawrenz, Thorsten; Musiker (* 1972) → *K2*
Lazar, Auguste; Schriftstellerin (1887 – 1970) → *K2*
Lehmann, Hanif; Maler und Grafiker (* 1971) → *K2*
Lehmann, Herbert; Maler und Grafiker (1890 – um 1946) → *K2*
Lehnert, Eduard Alwin; Architekt (1872 – ?) → *K2*

»Sängervater« Adolf Leiberg
Foto: Franz Gaudernack

Helge Leiberg, 1994
Foto: Slg. Elbhangfest e. V.

Leiberg, Adolf

»Sängervater« und Kunstgärtner (1848 – 1928)

Adolf Leiberg (→ *K1*) wurde am 18. Juni 1848 in Oederan geboren. Seine Sängerlaufbahn begann bereits als Schulknabe im Kirchenchor. Die Lehre zum Kunstgärtner verbrachte er in Hainichen. Nach der 1865 begonnenen Wanderschaft kam Leiberg nach Loschwitz. Er trat sofort dem hiesigen Turnverein bei und brachte es bald zum Vorturner. Von 1868 bis an sein Lebensende war er Mitglied im Loschwitzer → *Männergesangsverein*, davon 58 Jahre als 1. Vorsitzender bzw. Ehrenvorsitzender.

Beruflich stand Adolf Leiberg 57 Jahre lang als Kunstgärtner im Dienste der Familie → *Leonhardi* in Loschwitz. Bis zu seinem Tod wohnte er in der der Familie Leonhardi gehörenden Hentschelmühle, dem heutigen → *Leonhardi-Museum*, Grundstraße 26. Im Jahr 1871 heiratete er Anna Emilie geb. Thalheim, (1849 – 1935), später liebevoll »Mutter Anna« genannt.

1903 wurde er in die Bundesleitung des Sächsischen Elbgau-Sängerbundes berufen, 1904 übernahm er das Amt des 1. Vorsitzenden. Zu seinem 50. Sängerjubiläum wurde »Vater Leiberg« unter allgemeiner herzlicher Anteilnahme der ihn verehrenden Sängerschaft zum Ehrenmitglied und Alterspräsidenten des Bundes ernannt und sein Name in der Adolf-Leiberg-Jubiläumsstiftung festgehalten. Zum 20. Deutschen Sängertag in Nürnberg wurde er auf Vorschlag der Sächsischen Sängerschaft zum Kreisvertreter des XX. Kreises (Freistaat Sachsen) in den Deutschen Sängerbund berufen.

Adolf Leiberg starb in der Nacht zum 1. Mai 1928 in Loschwitz kurz vor seinem 80. Geburtstag und einer noch von ihm geplanten Sängerfahrt nach Wien.

Die im »Elbgau-Sänger« (amtliche Monatsschrift des Elbgau-Sängerbundes und der ihm angeschlossenen Vereine) vom Mai 1928 veröffentlichten Nachrufe bildeten die außerordentliche Liebe und Verehrung, die dem »Sängervater« von seinen Sangesbrüdern entgegengebracht wurde, in blumigen Worten ab. 1.200 Sänger mit 200 Fahnen gaben ihm am 5. Mai das letzte Geleit zu seinem Grab auf dem → *Friedhof* Dresden-Loschwitz.

Barbara Friebel

Es ist nicht Stern und Fürstensamt,
der Dich zu Menschheitshöhen zieht,
es ist Dein hehres Priesteramt
im Opferdienst am deutschen Lied.
Was in uns weiterwirkt und schwingt,
das ist dein edles, gold'nes Herz;
aus unserm Treuruf »Vater« klingt
erst unsre Liebe – nun der Schmerz!
Erich Langer [1]

Zitat:
1 Vater Leiberg; aus: Der Elbgau-Sänger, Dresden 5/1928
Quellen: 39, 213, 404

Leiberg, Helge

Maler und Grafiker (* 1954)

Helge Leiberg wurde am 27. Oktober 1954 in Dresden-Loschwitz geboren. Der Sohn eines kaufmännischen Angestellten und einer Hausfrau ist besonders auf seinen Urgroßvater *Adolf → Leiberg* (1848 – 1928) stolz.

Helge Leiberg gehört zu einer Generation, die ihre Kindheit in der nahezu grenzenlosen Freiheit der naturnahen Elbhanglandschaft ausleben konnte. Bis in die damals verwilderten Wachwitzer Weinberge und bis hinauf zum Rochwitzer Busch lag das Einzugsgebiet, in dem befreundete Kinderbanden sich bei jedem Wetter ausgedehnte Verfolgungsjagden lieferten, wobei die mehr oder weniger verbotene Erkundung der ruinösen Anlagen des ehemaligen »Königlichen Weinbergs« die Abenteuer noch reizvoller machte. Helge, genannt Leierpinsel, groß gewachsen und voller phantastischer Ideen, war allseits beliebt. Wie sein Spitzname verriet, vermochte er schon früh beeindruckend mit Stift und Pinsel umzugehen. Auch war er in der Lage, einer Trompete Töne zu entlocken, noch ehe er im Alter von zwölf Jahren begann, privaten Musikunterricht zu nehmen.

Auf der Kügelgenstraße wohnend, besuchte er von 1961 bis 1971 die Loschwitzer → *Schule*. Daneben begann er, 15-jährig, ein Abendstudium an der Hochschule für Bildende Künste Dresden (HfBK), während dem er sich bis 1972 mit Malerei, Grafik und Kunstgeschichte beschäftigte. Nach einer Lehre als Positiv-Retuscheur von 1971 bis 1973 studierte er danach bis 1978 Malerei und Grafik an der HfBK bei Gerhard Kettner (1928 – 1993).

Leibergs »Studentenbude« lag in der Grundstraße 23, vis-à-vis zum → *Leonhardi-Museum*, wo er sich von den unkonventionellen Projekten der Ausstellungsgruppe angezogen und zum Mittun angeregt fühlte. Die im Kreis um Ralf Winkler (A. R. Penck; * 1939), Peter Graf

(* 1937), Peter Herrmann (* 1937) und Eberhard Göschel (* 1943) geschlossenen Freundschaften bestärkten ihn, neue Wege zu gehen und seine Ideen multimedialer Kunstformen, in denen sich Malerei und Musik, aber auch Literatur, Tanz und Film in ungezwungener Selbstverständlichkeit begegneten, voranzutreiben. Bald bewegte er sich »in mehreren Freundeskreisen gleichzeitig als initiativreicher und zupackender, das Überkommene mit Witz und Experimentierlust verrückender Freigeist«[1]. Als zwiespältig erwies sich die Bekanntschaft mit dem ebenfalls auf der Grundstraße wohnenden Autor und Protagonisten der alternativen Schriftsteller- und Künstlerszene, Sascha Anderson (* 1953), der Anfang der 1990er Jahre als ehemaliger Mitarbeiter des Ministeriums für Staatssicherheit enttarnt wurde.

Leiberg erfuhr noch während der Studienzeit durch eigenes Erleben, wie unverstanden und gefürchtet freie, nonkonformistische künstlerische Äußerungen in der DDR waren: Im Juni 1976 wurde eine Bauernhaus-Ausstellung Dresdner Kunststudenten im Atelier von Ralf Kerbach (* 1956) in Altwahnsdorf bei Radebeul, an der er beteiligt war, zwei Tage nach ihrer Eröffnung auf Andersons Veranlassung polizeilich geschlossen. Ähnliche Restriktionen wiederholten sich, unter anderem im Leonhardi-Museum, als im Oktober 1979 die Gruppenausstellung »Dezennien I« von vorzeitiger Schließung bedroht war, was durch das Einschreiten vor allem von Professor Kettner verhindert wurde.

Seit dem Diplom 1978 ist Leiberg freiberuflich tätig. 1979 gründete er mit Penck und Michael Freudenberg (* 1949) eine Malerband freier Musik und begann eine bis heute fruchtbare Zusammenarbeit mit dem Komponisten und Gitarristen Lothar Fiedler (* 1953), welcher seinerseits Initiator multimedialer Projekte war. In verschiedenen Musik-Lyrikgruppen, wie »Factory« und »Zwitschermaschine« spielte er Trompete, Drumset und Tapes. Im Haus Pillnitzer Landstraße 188 in Dresden-Niederpoyritz richtete er sich ein Atelier mit Amateur-Sound-Studio ein. 1980 lernte er die ehemalige Palucca-Schülerin Arila Siegert (* 1953, → *K2*) kennen, die als Solotänzerin an die Dresdner Oper berufen wurde. Bei Improvisationsaktionen zusammen mit Fiedler, Freudenberg und Tänzern fand er zum Kern seines späteren künstlerischen Hauptthemas, der tänzerischen Bewegung.

Er gründete einen Eigenverlag, in dem er erste unabhängige Editionen herausgab. Neben Mappenwerken waren das Künstlerbücher in japanischer Blockbuchbindung, auf die ihn der Direktor des Dresdner Kupferstich-Kabinetts,

Helge Leiberg, Stammtisch im Körnergarten, von links Cola, Matz Griebel, Hello, Max Mautz, Georg Griebel, Helge Leiberg, Radierung, ca. 1977 *Slg. H. Leiberg*

Werner Schmidt (1930–2010, → *K2*), aufmerksam machte. Leiberg war Mitglied im Verband Bildender Künstler und leitete um 1980 die AG Junge Künstler. 1980 hatte er zusammen mit *Veit* → *Hofmann* (* 1944, → *K1*) seine erste größere Ausstellung mit Gemeinschaftsbildern zum Thema Tanz im Leonhardi-Museum. Eine nächste fand 1983 in der Wohnungsgalerie Förstereistraße 2 in der Dresdner Neustadt statt, die von einem IM geleitet und permanent von der Staatssicherheit observiert wurde.

Im gleichen Jahr initiierte Leiberg zum Tag des Freien Buches am 10. Mai in seinem Atelier mit Künstlerfreunden ein zeichnerisch-skripturales Happening, ein unzensiertes Fest der Subkultur, das der offiziellen Kulturpolitik Paroli bot. Weitere Feste mit spontanen Malaktionen, Improvisationsmusik und Tanz wurden auch unter freiem Himmel, im nahe gelegenen Keppgrund oder, im größeren Kreis, in umliegenden ländlichen Gebieten, wie der Erzgebirgsgemeinde Pfaffroda, gefeiert. Leiberg filmte Tanzszenen als gestischen Ausdruck von Befindlichkeit, bemalte das Super-8-Material, um es bei späteren Performances wiederum auf real agierende Tänzer zu projizieren und damit Sein und Schein, Vision und Realität zu verquicken. Mit der Gruppe der Tanzperformerin Fine Kwiatkoski (* 1956) trat er in verschiedenen Städten der DDR auf. Kurze Zeit arbeitete er auch als Gestalter und Regisseur für das Trickfilmstudio Dresden.

Im Berliner Prenzlauer Berg hatten Ekkehard und Wilfriede Maaß (beide * 1951), Freunde des ausgebürgerten Wolf Biermann (* 1936), ihre Wohnung der nichtstaatlichen Literatur- und Kunstszene geöffnet. Sie organisierten Lesungen, wobei Leiberg Autoren wie Christa Wolf (1929–2011) und Elke Erb (* 1938) kennenlernte. In Wilfriede Maaß' Keramikwerkstatt hatten Künstler wie er die Möglichkeit, mit dem Bemalen keramischer Objekte ihren Lebensunterhalt aufzubessern.

Kurz bevor er ein zweites Mal den Tag des freien Buches auf seine Weise begehen konnte, wurde Leiberg nahegelegt, die DDR zu verlassen. Am 10. Mai 1984 übersiedelte er nach Berlin-Charlottenburg. Dass er Freunde wie Fiedler und Penck wiedertraf, erleichterte seinen künstlerischen Neustart etwas. 1985 erhielt er ein Arbeitsstipendium des Senators für Kulturelle Angelegenheiten und 1988 das Käutzchensteig-Atelierstipendium. Ohne seine multimediale Orientierung aufzugeben, erkannte er bei all seinen verschiedenen Interaktionen nun die Malerei als sein wichtigstes Medium. 1987 gehörte er zu den Mitbegründern der Edition Malerbuch in Berlin/West sowie der Multimediagruppen »Sensor«, »Skepsis« und GOKAN (jap.: »Die Sinne«) 1990, mit Lothar Fiedler (Gitarre), Dietmar Diesner (* 1955, Saxophon)

Helge Leiberg, Gemeinschaftsbilder zu Tanz, Ausstellung von Veit Hofmann und Helge Leiberg, Es tanzen Arila Siegert und Sonja Wegscheider, Plakat, 1980

und der japanischen Tänzerin Noriko Wada (*1966), deren Auftritte er mit Projektionsmalerei am Overheadprojektor, dem von ihm sogenannten »Noise-Painting« in surreale, assoziationsreiche Verwirrspiele steigerte. Mit wechselnden Tänzerinnen (ab 1998 wieder mit Kwiatkowski) gastierten sie in vielen europäischen Städten.

Zwischen 1995 und 1998 unternahm er Studienreisen in die USA, Nepal und China.

Zu den Höhepunkten seiner zahlreichen Performances gehörten Projekte mit Christa Wolf, wie »Medea – Stimmen«, 1997/98 im In- und Ausland und bei den Salzburger Festspielen 2003, mit Vinco Globokar »Masse und Macht«, 2004 in Saarbrücken sowie wiederum mit Christa Wolf »Kassandra« 2010 im Schloss Neuhardenberg.

Seit 1998 beschäftigt sich der Künstler auch mit plastischen Arbeiten für den Bronzeguss. Wie in Malerei und Zeichnung sind gestisch-expressiv tanzende, archaisch stilisierte Figuren mit überlängten Gliedmaßen seine Ausdrucksträger, mit denen er nahezu jede menschliche Situation zupackend in Szene zu setzen vermag. Philosophisches, Historisches, Literarisches, Psychologisches, Rhythmisches, Alltägliches und Zukunftsweisendes greifen energiegeladen und mitunter extatisch in-

»Ich verwende [...] Farbe als Steigerung einer differenzierten, lebensfrohen Ausdruckskraft. Ich male nicht mehr in Bewegungsserien, sondern fokussiere meine Inhalte auf einzelne Szenen. Mein Thema ist die Spannung im menschlichen Dasein, ich male Menschen, die eingeengt sind, sich im Kreis bewegen oder im Dreieck springen.«[2]

einander, zu einem unverwechselbaren zeichenhaft-malerischen Personalstil.

Helge Leibergs Werke wurden auf zahlreichen Einzel- und Gemeinschaftsausstellungen, u. a. in Berlin, Basel, Köln, Dresden, München, Leipzig, Frankfurt/Main, Peking, Regensburg, New York, Wiesbaden, Istanbul, Brasilia, Santiago de Chile, Venedig, Mailand, Mannheim, Hongkong und Seoul gezeigt.

Er ist verheiratet, hat vier Kinder und lebt in Berlin und im Oderbruch. **Jördis Lademann**

Zitate:

1 Tannert, Christoph; Trompeten gegen Parolenblech. Über Helge Leiberg; in: Künstler in Dresden im 20. Jahrhundert; Dresden 2005

2 Helge Leiberg im Gespräch mit der Galeristin Wilma Sedelmeier, 2015

Quellen: 76, 130, 1029, 1150, 1184, 1186

Leichert, Theodor; Schauspieler (1856 – 1924) → *K2*

Lenkeit, Volker; Maler und Grafiker (* 1959) → *K1*

Leonhard, Rudolf; Schriftsteller (1889 – 1953) → *K2* → *Felsenburg*

Eduard Leonhardi, Selbstporträt, 1842, Kreide
Städtische Galerie Dresden, früher Ortsmuseum Loschwitz

Eduard Leonhardi – Professor, Landschaftsmaler, Wohltäter des Ortes Loschwitz, um 1875
Foto: Slg. Dressler

Leonhardi, Eduard

Maler, Fabrikerbe und Museumsgründer
(1828 – 1905)

Eduard Leonhardi (→ *K1*) war über ein halbes Jahrhundert eng mit Loschwitz verbunden. Als Künstler thematisierte und idealisierte er die Schönheit der Loschwitzer Natur, als Besitzer einer Tintenfabrik war er Teil der Industrialisierung dieser Gegend, als Mäzen unterstützte er die Loschwitzer und bot auch jungen Künstlern seine Hilfe an.

Am 19. Januar 1828 in Freiberg geboren, zog Eduard Leonhardi 1840 mit seinen Eltern Auguste Agnesa (1808 – 1875) und Christian August Leonhardi (1805 – 1865) nach Dresden. Sie wohnten in der Neustadt (zuerst auf der Königsbrücker Straße 37, ab 1850 in der Antonstraße 7), aber schon 1842 kaufte sein Vater auf dem Rakenweg (heutige Leonhardistraße) in Loschwitz ein Sommerhaus. Hier zeichnete der begabte 14-jährige eine kleine Waldlandschaft mit Wanderer, die er auf der Rückseite selbstbewusst mit »Edw. Leonhardi, Loschwitz« signierte und die zu den ersten Arbeiten gehört, welche in das Werkverzeichnis aufgenommen wurden. Im gleichen Jahr (1842) wurde Leonhardi zum Studium an der Königlichen Akademie der bildenden Künste Dresden zugelassen. Nach einem Vorbereitungskurs bei dem Kupferstecher Julius Fleischmann (1813 – 1879), der »nur landschaftliche Gegenstände stach und radierte«[1] , wurde er an der Akademie im Zeichensaal (Zeichnen nach Originalzeichnungen), im Gipssaal (Zeichnen nach antiken Gipsabgüssen) und im Aktsaal (Zeichnen nach lebenden Modellen) ausgebildet. Nach eigener Aussage widmete er sich mit »großem Interesse und Eifer den figürlichen Studien« , besonders lag ihm jedoch immer der Tag am Herzen, an dem »uns unser unvergeßlicher deutscher Meister, Professor Ad. Ludwig Richter, in der Landschaftsklasse« unterrichtete – diesen Tag versäumte er »natürlich nie«[1]. 1846 wurde Leonhardi Atelierschüler bei *Ludwig* → *Richter* (1803 – 1884, → *K1*), mit ihm reiste er nach Böhmen, mit Kommilitonen durchwanderte er das Zschopau- und Muldental, eine weitere Studienreise führte ihn in den Harz. »Von jeher für die Waldnatur am empfänglichsten«, wurde er dabei »durch die Reichhaltigkeit der schönsten Motive sehr zu künstlerischer Thätigkeit angeregt.«[1] Aber auch in seiner direkten Umgebung in Loschwitz fand er immer wieder Sujets für Zeichnungen, Aquarelle und Gemälde.

Um »in der technischen Vortragsweise der Malerei einen schnelleren Fortschritt zu erzielen«[1], verließ Leonhardi 1853 Dresden und zog

Eduard Leonhardi,
Abendstimmung auf dem Gipfel, 1854,
Öl auf Leinwand *Kunsthandlung Kühne*

Blick von Süden auf die alte »Villa Leonhardi« (Leonhardistraße 16) mit Verbindungsbau zum Atelier (Leonhardistraße 18), das später abgerissen und durch die neue »Villa Leonhardi« ersetzt wurde, um 1870 *Foto: August Kotzsch (Ausschnitt), Archiv Kirchgemeinde Loschwitz*

für sechs Jahre nach Düsseldorf. In der aufblühenden Kunstmetropole am Rhein beeindruckten ihn u. a. die Maler Carl Friedrich Lessing (1808 – 1880 → *K2*), die Gebrüder Andreas (1815 – 1910) und Oswald Achenbach (1827–1905), Düsseldorfs Berühmtheiten im Landschaftsfach. Leonhardi schaute sich bei ihnen vor allem den effektvollen Einsatz des natürlichen Lichtes ab. In Düsseldorf lernte er außerdem seine zukünftige Ehefrau Apoline (1840 – 1911), die Tochter des Marinemalers Johannes Schotel (1808 – 1865, → *K2*) kennen, die er im Mai 1859 heiratete. Mit ihr an seiner Seite und den Errungenschaften der hochentwickelten Düsseldorfer Malkultur im Gepäck, kehrte Leonhardi 1859 nach Dresden, und zwar direkt nach Loschwitz, zurück.

Das junge Paar zog in das elterliche Landhaus auf dem Rakenweg (heutiger Neubau Leonhardistraße 16). Allerdings hatte Leonhardis Vater, der unterdessen die »Chemische Fabrik Aug. Leonhardi« gegründet hatte, bereits das Nachbargrundstück gekauft, auf dem bald die neue »Villa Leonhardi« gebaut werden sollte. Leonhardi konzentrierte sich weiterhin ganz auf die Kunst: Für das Jahr seiner Rückkehr sind im Werkverzeichnis zwei Gemälde sowie eine Serie von Zeichnungen aufgeführt, von denen die meisten in Loschwitz entstanden sein dürften. Eindeutig ist der Ortsbezug in den Werken der 1860er Jahre, als Leonhardi immer wieder und ganz konkret den Loschwitzgrund und das Elbtal malte. Sein berühmtes Bild »Deutscher Wald« aus dem Jahr 1863 aber ist eine Komposition, in deren Zentrum der Rabenauer Grund steht. Dass dieses großformatige Gemälde bereits ein Jahr später von der Dresdner Galerie angekauft wurde, war für Leonhardi Bestätigung und Ansporn, weitere Waldstücke zu schaffen, welche ihn schließlich zum »Maler des deutschen Waldes« qualifizierten. Diese Etikettierung war sicher werbewirksam, bedeutete aber auch eine Einengung seines motivisch vielseitigeren Werkes, das eng mit der Kulturlandschaft des Loschwitzer Elbhanges verbunden war. In diesem Sinne bezeichnete der Dresdner Kunsthistoriker und Romantik-Experte *Hans Joachim → Neidhardt* (* 1925) Leonhardis Gemälde »Blick ins Elbtal«, ebenfalls 1863 entstanden, als »die wohl schönste aller Loschwitz-Darstellungen. Diese spätromantische Idylle im Geiste Ludwig Richters und Moritz von Schwinds ist eine gemalte Liebeserklärung an die Naturschönheit des Ortes, zugleich auch eine nostalgische Beschwörung der ‚guten alten Zeit', ein Elbhang-Arkadien, der Schönheit der Welt, der Lebensfreude gewidmet.«[2]

1865, nach dem Tod seines Vaters, erbte Eduard Leonhardi die chemische Fabrik, die seit 1856 hauptsächlich Tinte (→ *Tintenfabrik*) pro-

Eduard Leonhardi in seinem Atelier, um 1890
Foto: T. Kirsten, Repro: Ernst Hirsch

Eduard Leonhardi, Ohne Titel (aus dem Skizzenbuch), 1864
unten rechts bezeichnet: »Partie mit Oehme u. L. Richter
Heute bewahrt in der Städtischen Galerie Dresden – Kunstsammlung, Museen der Stadt Dresden

O M
Lo

Die »Galerie im Buch«

duzierte. Das Hauptwerk des Unternehmens befand sich auf dem Grundstück der ehemaligen Vettermühle (→ *Mühlen*) auf der Grundstraße in Loschwitz. Die Fabrik leitete zunächst Leonhardis Mutter weiter, die dabei von langjährigen Mitarbeitern beraten wurde. Als sie 1875 starb, setzte Leonhardi einen Fabrikleiter ein, der die Geschäfte für ihn erfolgreich führte. Parallel dazu ließ Leonhardi auf dem Rakenweg eine große Villa mit Atelier (1945 zerstört, heute Leonhardistraße 18) bauen, in die er zusammen mit seiner Frau und den fünf Kindern – einem Sohn und vier Töchtern – einzog. Alice Pitt (1881 – ?), eine Freundin von Leonhardis Töchtern, war als Mädchen hier oft zu Besuch und beschrieb diese anschaulich: »Die Villa Leonhardi stand auf der Höhe von Loschwitz und war am besten von Blasewitz aus zu erreichen. Allerdings mußte man einen furchtbaren, steilen Berg erklimmen, genannt die Plattleite. [...] Wenn wir einmal im Monat an die Tür klopften, öffnete ein Dienstmädchen und man trat in ein feierliches stilles Haus. Teppiche dämpften den Schritt und man wurde von Tante Linchen (Apoline) empfangen. Der Maler arbeitete in seinem Atelier und durfte nicht gestört

Eduard Leonhardi, Am kühlen Waldbächlein, 1874, Öl auf Holz *Leonhardi-Museum*

Eduard Leonhardi, Verirrter Wanderer, um 1885/86, Öl auf Leinwand Leonhardi-Museum

werden. Zum Mittag kam er aber heraus und setzte sich mit uns zu Tisch. [...] Onkel Eduard Leonhardi war noch ein sehr schöner Herr, lebhaft mit blitzenden Augen. Sein Reichtum war aber nicht durch Malerei erworben, sondern kam von den Tintenfabriken, die allerdings jemand anderes für ihn leitete.«[3]

Wir wissen nicht, wie Leonhardi damit umging, dass er als Eigentümer einer Tintenfabrik, die durch steigende Produktion und Vergrößerung des Sortimentes regelmäßig erweitert wurde, direkt für die Industrialisierung seines geliebten Loschwitz verantwortlich war. Den Eingriff in das beschauliche Ortsbild konnte er nicht übersehen: ein hoher Schornstein ragte aus den Bäumen heraus, der Wind blies den Ruß bis zum Elbufer, die mit Tinte verschmutzten Abwässer schadeten der Natur. In Leonhardis Bildern aber findet sich weder ein Schornstein, noch ein Eisenbahngleis, keine Umweltverschmutzung stört die ländliche Idylle seiner romantischen Darstellungen. Es fällt lediglich auf, dass Leonhardi ab den 1880er Jahren zunehmend Motive aus der Sächsischen Schweiz und aus dem Zittauer Gebirge

Die neue Villa »Leonhardi« *Foto: Slg. Leonhardi-Museum*

Die »Rote Amsel« 1885 (früher Hentschelmühle, heute Leonhardi-Museum), noch mit der Brücke über die offene »Trille« und links das 1884 eingeweihte Ludwig-Richter-Denkmal *Foto: August Kotzsch, Archiv Kirchgemeinde Loschwitz*

Eduard Leonhardi, Mondnacht im Walde, 1888, Öl auf Leinwand Leonhardi-Museum, Repro: Tänzer

Grab der Familie Leonhardi auf dem Loschwitzer Friedhof, Stereo-Fotografie Foto: Nachlass Schmidt, Slg. Ute Häse

malte oder Waldstücke komponierte, die keinen konkreten Ortsbezug haben.

Allgemein bekannt dagegen ist, dass Leonhardi die Gewinne aus der Tintenfabrik, die ihm ein sorgenfreies Leben als Künstler ermöglichten, auch an die Loschwitzer weitergab. Er förderte in Loschwitz den Bau einer → *Kinderbewahranstalt* (Grundstraße 36), war der Stifter des → *Armenhauses* (Grundstraße 137), er finanzierte die Ausgestaltung des Rathaussaales (→ *Gaststätte Ratskeller*) im altdeutschen Stil und stiftete zwei Glasfenster für die Loschwitzer → *Kirche* (Christus in Gethsemane und der barmherzige Samariter). Weitere Stiftungen galten der Schulgemeinde mit der Bestimmung, dass die Zinsen jährlich für Prämien an die fleißigsten und gesittetsten Schüler und Schülerinnen verwendet werden sollten. Ein besonderes Anliegen war Leonhardi die Förderung junger Künstler. Um ihnen Wohn- und Atelierräume zur Verfügung stellen zu können, kaufte er 1879 die alte Hentschelmühle (→ *Mühlen*) im Loschwitzgrund (Grundstraße 26), ließ das Wohnhaus umbauen, Mühlen- und Stallgebäude abreißen und ein neues Gebäude mit großem Saal errichten. Die historisierende Bemalung der Fassade vertraute er Charles Johann Palmié (1863–1911, → *K2*) an, einem gelernten Dekorationsmaler, der an der Dresdner Akademie studiert hatte und als Schützling von Leonhardi galt. Nachdem 1884 Eröffnung gefeiert wurde, war zwar schnell ein Name gefunden – »Rote Amsel« –, aber schon nach kurzer Zeit war klar, dass die Idee nicht funktionieren konnte. So wurde aus dem »Tusculum« für junge Künstler 1885 das »Landschaftsmuseum Eduard Leonhardi«.

Leonhardi starb am 15. Juli 1905 und wurde auf dem Loschwitzer Friedhof bestattet. Sein Grabmal »Der anklopfende Pilger« schuf der Bildhauer *Robert* → *Henze* (1827–1906, → *K2*), der 20 Jahre vorher auch das Profilmedaillon des Ludwig-Richter-Gedenksteins (→ *Denkmale*) gestaltet hatte, den Leonhardi für seinen verehrten Lehrer im Garten der »Roten Amsel« aufstellen ließ.

Leonhardis Sohn August Leonhardi (1867–1931, → *K1*) trat in die Fußstapfen seines Vaters. Er wurde ebenfalls Maler und schuf zahlreiche Landschaftsdarstellungen. Die Töchter Susanna (1860–1897), Maria (1863–1936), Elisabeth (1869–1946) und Martha (1870–?) waren musisch begabt und auch künstlerisch aktiv: Elisabeth spielte zum Beispiel Klavier und Harfe, Martha hätte »als selbständige Malerin wirken können, denn sie hatte das große Talent ihres Maler-Vaters geerbt.«[4]

Leonhardi-Museum
Grundstraße 26

Ausstellung »Frühstück im Freien« im Leonhardi-Museum, 1982 *Foto: Eckhart Gillen*

Das Leonhardi-Museum ist wohl eines der auffälligsten Gebäude in Loschwitz. Seine Fachwerkfassade fällt durch die farbenfrohe ornamentale Bemalung mit belehrenden Sprüchen und Volkswahrheiten (→ *Hausinschriften*) sofort ins Auge. Ebenso der nackte, in Stein gehauene Bergknappe, dessen breite Schultern den Erker des Saalbaus stützen, sowie der hölzerner Ritter, der das Häuserensemble zur Straße hin bewacht. Auf seinem Schild ist die Loschwitzer Kirche zu sehen, vor ihm auf einer Laterne sitzt eine rote Amsel, die Namenspatronin des Bauwerkes. Dass hier früher eine Mühle stand, ist nicht mehr zu erkennen, nur ein alter Mühlstein, der heute rechts vom Eingang als Tisch dient, verweist noch darauf. Der Name aber ist nach wie vor ein deutlicher Hinweis auf den Maler Eduard Leonhardi, der hier noch zu Lebzeiten sein eigenes Museum eröffnet hat. Im Krieg beschädigt, entwickelte sich das Leonhardi-Museum in den Jahrzehnten der DDR zu einem legendären Ausstellungsort für zeitgenössische Kunst und beherbergt seit 1991 auch wieder Gemälde des Künstlers.

Eröffnet wurde das »Landschaftsmuseum Eduard Leonhardi« im Jahr 1885. Es war zunächst auf Anmeldung und ab 1896 in den Monaten April bis Oktober täglich von 11 bis 14 Uhr geöffnet. Wie viele Werke des Malers damals zu sehen waren, lässt sich nicht rekonstruieren, aber nach einer Beschreibung aus dem Jahr 1936 handelte es sich um eine ziemlich große Auswahl von Leonhardis Landschaftsdarstellungen, die an den Wänden und auf Staffeleien zu sehen war: Im großen Saal, der 80 qm groß und mit Oberlicht ausgestattet war, »befanden sich etwa 28 Gemälde, [...] im zweiten Saal befanden sich acht Gemälde größeren Formats. [...] Der dritte Raum zeigte seine Aquarelle.«[5]

In den 1940er und 1950er Jahren blieb das Museum entweder geschlossen oder war nur zeitweise geöffnet, erst 1963 erwachte es wieder zu neuem Leben. Als junge Dresdner Künstler das halbvergessene Haus als Ausstellungsort wiederentdeckten, war Leonhardi seit 58 Jahren tot und die DDR feierte gerade ihren 14. Geburtstag. Zwar mussten die neuen »Mieter« bauliche Mängel sowie fehlende Heiz- und Beleuchtungsmöglichkeiten in Kauf nehmen, aber sie hatten einen gut dimensionierten Raum gefunden, in dem sie ihre Kunst zeigen konnten. Bis 1990 fanden im großen Saal des Leonhardi-Museums knapp 120 Ausstellungen und Aktionen statt, die von Dresdner Künstlern konzipiert und organisiert wurden, die sich zu diesem Zweck immer wieder in einer offenen Formation, einer Arbeitsgruppe (AG) zusammenschlossen. Zur ersten AG gehörten Günter Tiedeken (* 1932, → *K2*), Claus Weidensdorfer (* 1931), Max Uhlig (* 1937, → *K1*) und der Kunsthistoriker Diether Schmidt (1930 – 2012), später kamen Christine Wahl (* 1935), Fridrun (* 1940, → *K2*) und Wolfgang Kuhle (* 1935, → *K2*) dazu. Ab 1976 formten Eberhard Göschel (* 1943), Peter Herrmann (* 1937), Thea Richter (* 1945), Klaus Dennhardt (* 1941, → *K1*) und anschließend Michael Freudenberg (* 1949), *Helge → Leiberg* (* 1954, → *K1*) und Volker Henze (* 1950) die AG; nach 1986 übernahmen Jürgen Wenzel (* 1950), Bernd Hahn (1954 –2011), Jörg Sonntag (* 1955) und Andreas Hegewald (* 1953).

Administrativ war die AG Leonhardi-Museum dem Verband Bildender Künstler (VBK) der DDR und der Dresdner Stadtverwaltung zugeordnet; beiden Instanzen gegenüber war sie genehmigungs- und rechenschaftspflichtig. Die Ausstellungen und Aktionen im Leonhardi-Museum entsprachen aber ganz offensichtlich nicht den ideologischen Vorgaben und Zielen der DDR-Kunstpolitik. Nachdem in den 1960er Jahren zunächst Künstler-Vereinigungen des frühen 20. Jahrhunderts vorgestellt wurden, die zu dieser Zeit wenig Anerkennung von offizieller Seite erfuhren, konzentrierte sich das Programm in den folgenden beiden Jahrzehnten auf die inoffiziellen Nestoren der Dresdner

Blumen von Prof. Joachim Neidhardt für Ulrike Haßler-Schobbert, 1998.

Bernd Heise vor der Wiedereröffnung des Leonhardi-Museums 2003 beim Betrachten von Arbeiten Hermann Glöckners. Fotos (2): J. Frohse

Kunstszene sowie auf jene Maler, Grafiker und Bildhauer der mittleren und jungen Generation, die – sich an den lokalen Traditionen orientierend – ihren eigenen Weg gingen und in Personal-Ausstellungen neben expressiven, abstrakten oder konkreten Arbeiten auch Werke aus neuen Materialien, Objekte und erste Installationen zeigten. Damit wurde der kulturpolitisch vorgegebene Rahmen nicht nur bis in den letzten Winkel ausgereizt, sondern oft auch ignoriert bzw. bewusst überschritten. Diese Grenzüberschreitungen ahndeten Verbands- und Parteifunktionäre mit Ausstellungsverboten sowie mehrjährigen Schließungen des Hauses und woben ein immer engmaschigeres Netz der Überwachung und Kontrolle um das Leonhardi-Museum. 1981 wurde beispielsweise im Erdgeschoss die »Galerie der Volkskunst« eingerichtet, um eine »ständige Kontrolle der Ausstellungstätigkeit im Objekt« zu ermöglichen, und der Name um den Zusatz »Galerie Ost« erweitert. Diese Maßnahmen trugen jedoch eher zur Mythisierung als zur Dekonstruktion des Ausstellungsortes bei. Über die Stadt- und Staatsgrenze hinaus wurde das Leonhardi-Museum vor allem durch gemeinsame Feste, spektakuläre Expositionen wie die »Türen-Ausstellung« und »Frühstück im Freien« sowie

Wappenschild an der Fassade
Foto: Holger Friebel

durch die sonntagvormittags stattfindenden Eröffnungen, auf denen kritische Redner wie Diether Schmidt oder free-jazzende Maler wie A. R. Penck (Pseudonym; Ralf Winkler, * 1939) auftraten, bekannt.

Im Oktober 1989 reagierten junge Künstler um Jörg Sonntag mit der Aktionswoche »ALLTAG – Fünf Tage für ELBA« direkt auf den politischen Umbruch in der DDR, der 1990 auch zur Auflösung des VBK sowie der AG führte. Die Zukunft der Galerie lag nun in den Händen der Erbengemeinschaft Leonhardi, die der Stadt Dresden das Angebot machte, das Haus weiterhin im Sinne seines Begründers zu nutzen und vor allem lebendige Dresdner Kunst auszustellen. Gleichzeitig verpflichtete man sich, eine Auswahl von Leonhardis Gemälden museal zu präsentieren. 1991 übernahm die Künstlerin und Restauratorin Ulrike Haßler-Schobbert (* 1937, → *K1*) – sie hatte vor 1989 bereits die Malereien an der Aussenfassade entziffert und restauriert – im Auftrag des Kulturamtes die Leitung der städtischen Galerie »Leonhardi-Museum«. Sie zeigte im Mai 1991 erstmals nach 40 Jahren wieder Arbeiten von Leonhardi in den Räumen des Museums. 2002 übernahm Bernd Heise (* 1962) die Leitung des Hauses und veranstaltete anlässlich des 100. Todestages von Eduard Leonhardi die Ausstellungsreihe »Wald – eine Romantikreflexion« mit Positionen zeitgenössischer Kunst.

Angelika Weißbach

Zitate:
1 *Leonhardi, Eduard; Erinnerungen aus meiner Jugendzeit und späteren künstlerischen Laufbahn; Dresden 1898*
2 *Neidhardt, Hans Joachim; Romantische Maler am Elbhang; in: Dresdner Hefte, 11. Jg., Nr. 34, 1993*
3 *Plitt, Alice; Die Villa Leonhardi, 1957, in: EHK 4/1996*
4 *Dressler, Hilmar; Wo die Trauben und die Künste reiften – Familiengeschichten vom Loschwitzer Elbhang; in: EHK 6/1998*
5 *Flach, Helga;Das Leonhardi-Museum in Dresden-Loschwitz; Dresden 1988*
Quellen: 239, 288, 309, 491, 658, 765, 821, 1095, 1208

Blick auf das Leonhardi-Museum im Loschwitzgrund, 2014. *Foto: Johannes Dose*

Lessing, Carl Friedrich; (1808 – 1880) → *K2*
Letzig, Rudolf; Maler und Grafiker (1903 – 1989) → *K2*, S. 272
Leuner, Hans Heinrich; Maler und Grafiker (1901 – 1971) → *K2*
Licho, Adolf Edgar; Schauspieler und Regisseur (1876 – 1944) → *K2*
Lieberknecht, Werner; Fotograf (* 1961) → *K2* → *Handw. u. Gew./Fotografen*
Liebermann, Adolf; Bildhauer (1891 – 1945) → *K2*
Liebert, Heinz; Musiker (1918 – 2000) → *K2*
Lietzow, Roland; Architekt (* 1946) → *K2*
Lindner, Ferdinand; Maler, Grafiker und Illustrator (1847 – 1906) → *K2*

Ritter an der Fassade des Leonhardi-Museums, 2015. Die von Ulrike Haßler-Schobbert 1989 restaurierte Figur stammt vermutlich aus Süddeutschland. Sie trägt heute statt Silber einen Panzer aus Schlag-Aluminium. Die Darstellung der Loschwitzer Kirche auf dem Schild wurde bei einer erneuten Restaurierung 2006 an die heutige Fassadenfarbe der Kirche angeglichen. *Foto: Holger Friebel*

Lingner, Karl August
Unternehmer (1861 – 1916)

Karl August Lingner wurde am 21. Dezember 1861 als dritter Sohn eines Kaufmanns in Magdeburg geboren. 15-jährig ging Lingner in das märkische Gardelegen und arbeitete als Handlungsgehilfe in einem Warenladen. 1883 zog es Lingner nach Paris. Sein Vorhaben, Musik am Pariser Konservatorium zu studieren, scheiterte ebenso wie seine Tätigkeit als Handelsvertreter für deutsche Firmen. Mittellos kehrte er 1885 nach Deutschland zurück. In Dresden fand er eine Anstellung als Korrespondent in der Nähmaschinenfabrik Seidel & Naumann.

Mit dem Techniker Georg Wilhelm Kraft (1855 – 1929?) gründete Lingner 1888 die Firma Lingner & Kraft. Die Produktion in einer Gartenlaube auf der Wölfnitzer Straße umfasste u. a. Rückenkratzer, Stahllineale und Federreiniger. 1892 verließ Kraft das Unternehmen. 1891/92 bot der Chemiker Dr. Richard Seifert (1861 – 1919) Lingner die Vermarktung eines Antiseptikums an und eröffnete ihm den Zugang zu den maßgebenden Arbeiten der modernen Bakteriologie. Da die Mundhöhle als die Haupteintrittspforte krankheitserregender Bakterien galt, entschloss sich Lingner zur Herstellung eines Mundwassers. Mit der Produktion des »Odol« (odus: Zahn und oleum: Öl) kam Lingner dem Bedürfnis breiter Bevölkerungsschichten nach Schutz vor den unsichtbaren Bakterien nach; sein Produkt fand daher reißenden Absatz.

Am 3. Oktober 1892 gründete Lingner die Firma »Dresdner Chemisches Laboratorium Lingner«. Die Produktion wuchs beständig, letztendlich wurde das Stammhaus der Lingner-Werke 1897 auf der Nossener Straße 2/4 etabliert und ein weltweites Fabrikations- und Betriebssystem aufgebaut. Lingner entwickelte »Odol« zu einer unverwechselbaren Marke und fand als Mitbegründer der Markenartikelindustrie und modernen Werbung Eingang in die allgemeine Industriegeschichte.

Robert Sterl, Geheimrat Lingner, 1911, Öl auf Leinwand   Städtische Galerie Dresden

Innerhalb weniger Jahre erwirtschaftete Lingner »aus dem Nichts kommend« ein mehrstelliges Millionenvermögen. Dies ermöglichte ihm einen fürstlichen Lebensstil, nur die wenigsten Fürsten und Adligen seiner Zeit konnten mithalten. Fortan begleiteten Neid und Missgunst den Erfolgreichen, der u. a. 1906 die Villa Stockhausen (→ *Lingnerschloss*) in Loschwitz und bereits 1900 das Schloss Tarasp in der Schweiz erwarb. Er war Mitglied im elitären Kaiserlichen Motorjachtklub und sorgte auf der Kieler Woche mit seiner Motorjacht für Aufsehen. Standesgemäß nutzte Lingner als Vorsitzender des Sächsischen Automobilklubs einen Mercedes. Rauschende Feste, sein Orgelspiel, mehrere uneheliche Kinder und augenscheinliche Männerfreundschaften bewirkten Aufsehen, Bewunderung und Ablehnung. Aus der Beziehung zu der bekannten Schauspielerin Julia Serda (1875 – 1965) entstammte Lingners Tochter Charlotte Serda (1910 – 1965), welche sich als Schauspielerin und insbesondere als Filmfotografin einen Namen machte. Im wilhelminischen Ehrsystem stieg Lingner bis zum Rang einer »Excellenz« auf, einem Ministerrang ehrenhalber vergleichbar. Doch der erfolgreiche Genießer und Dr. med. h.c. der Universität Bern hatte mehr zu bieten, als ein ausschweifendes Leben und Titel.

Schloss Tarasp, Ansichtskarte

Durch die Beschäftigung mit dem Desinfektionswesens seiner Zeit kam Lingner zum Studium der sozialhygienischen Literatur. Er erkannte die bestehende Unkenntnis der Bevölkerung bezüglich der Entstehung und Verbreitung von Erkrankungen und setzte in der Folge einen großen Teil seines Millionenvermögens für die hygienische Volksbelehrung und zur Unterstützung gemeinnütziger Einrichtungen ein. Hier seien insbesondere die Ausstellung »Volkskrankheiten und ihre Bekämpfung« 1903 und die erste Internationale Hygiene-Ausstellung 1911 in Dresden hervorgehoben. Letztere erreichte mit über fünf Millionen Besuchern die Dimension und Anerkennung einer Weltausstellung für Gesundheit und war der Grundstein für das 1912/1913 begründete Deutsche Hygiene-Museum. Die von Lingner entwickelte Ausstellungsmethodik machte ihn zum Vorreiter der modernen hygienischen Volksbelehrung.

Dresdner Fabrikgebäude der Lingner-Werke AG   Aus: Musterbetriebe Deutscher Wirtschaft

Abteilung Ostasien der ersten internationalen Hygieneausstellung 1911, Architekt Georg Heinsius von Mayenburg *Foto: Max Fischer*

Innenansicht des Lingnerschlosses, 1930er Jahre *Repro: Slg. EHK*

Lingner verstand es, kompetente Mitarbeiter für seine gemeinnützigen Pläne zu begeistern und moderne Projekte zu unterstützen. Genannt seien die Kinderpoliklinik mit Säuglingsheim in der Johannstadt 1897, die erste Säuglingsklinik der Welt 1898, die Zentralstelle für Zahnhygiene 1900, die Öffentliche Zentralstelle für Desinfektion 1901, die Desinfektorenschule 1902, die Dresdner Lesehalle 1903 und das Deutsche Hygiene-Museum 1912/1913. Mit dem Sächsischen Serumwerk begründete Linger 1911 ein weiteres erfolgreiches Unternehmen in Dresden. Er selbst belieferte die kämpfenden Truppen im Ersten Weltkrieg mit Heilsera.

Lingner, der eigentlich Musiker werden wollte, war ein recht guter Orgelspieler. In keiner seiner repräsentativen Villen in Dresden und Berlin fehlte eine Orgel bzw. ein Flügel. Durch die Gebrüder Jehmlich (Dresden) ließ Lingner 1915 eine wohl einzigartige Orgel auf seinem Schloss Tarasp installieren.

Lingner verkehrte mit bedeutenden Künstlern seiner Zeit. Der Generaldirektor der Königlich Sächsischen Hoftheater, Graf Nikolaus von Seebach (1854 – 1930), zählte zu seinen engsten Freunden. Mit nicht unwesentlichen Summen unterstützte Lingner die Hoftheater, kaum eine Entscheidung Seebachs wurde ohne Lingner getroffen. Auch die Premiere des »Rosenkavaliers« von Richard Strauss (1864 – 1949) in Dresden wurde durch Lingner ermöglicht.

Mit der Gründung des »Politisch wissenschaftlichen Archivs« 1915 in Berlin versuchte Lingner die durch den Weltkrieg geschwächte internationale Position Deutschlands zu stärken. Die Visionen zur Gründung einer europäischen Staatengemeinschaft konnte Lingner, der von Gustav Stresemann (1878 – 1926) als zukünftiger deutscher Botschafter gesehen wurde, nicht mehr verfolgen. Er starb am

Georg Erler, Karikatur Karl August Lingner, 1. Hälfte 20. Jahrhundert, Lithografie *Städtische Galerie Dresden*

5. Juni 1916 in Berlin nach einer Zungenkrebsoperation. Lingner wurde vorerst im Familiengrab auf dem Johannisfriedhof in Dresden-Tolkewitz beigesetzt. Erst nach Fertigstellung des von Georg Kolbe (1877 – 1947) und Hans Poelzig (1869 – 1936) realisierten Mausoleums (→ *Friedhöfe*) auf der unteren Terrasse des Weinberges der Villa Stockhausen fand Lingner 1921 seine endgültige Ruhestätte. Die testamentarisch begründete Lingner-Stiftung sicherte den Fortbestand seiner gemeinnützigen Einrichtungen. Seinen letzten Wohnsitz, die Villa Stockhausen, genannt Lingnerschloss, vermachte er der Stadt Dresden »zum Besten der Bevölkerung von Dresden und Umgebung«.

Ulf-Norbert Funke

Quellen: 169, 353, 354, 355, 1124

Linke, Fritz; Sänger (1923 – 1995) → *K2*
Lippel, Friedrich; Musiker (1901 – ?) → *K2*
Liszt, Franz; Musiker und Komponist (1811 – 1886) → *K2*
Löbel, Hans; Sänger (1906 – 1971) → *K1*
Löber, Mathilde; Sängerin und Gesangspädagogin (1881 – 1957) → *K2*
Löbering, Walther; Maler und Grafiker (1885 – 1969) → *K2*
Lodny, Ingeborg; Klavier- und Gesangspädagogin (1914 – 2006) → *K2*
Löhnig, Mathilde; Pianistin (1846 – 1932) → *K2*
Lohse, Adolph; Architekt und Landbaumeister (1807 – 1867) → *Elbschlösser*
Lucke, Gottfried; Musiker (1922 – 1985) → *K2*
Lücken, Ivar von; Schriftsteller und Dichter (1874 – 1935/1940?) → *K2*
Luckner, Nicolaus Graf v. → *Elbschlösser*
Lüdecke, Karl; Bildhauer (1896 – 1977) → *K2*
Ludwig, Otto; Dichter und Schriftsteller (1813 – 1865) → *K1* → *Heydrich, Moritz*
Lühnig, Georg; Maler und Grafiker (1868 – 1957) → *K2*
Lussmann, Adolf; Sänger (1882 – ?) → *K2*
Lustig, Leopold; Architekt (? – ?) → *K2*
Luther, Ingrid; Malerin und Grafikerin (1926 – 2005) → *K2*
Luther, Manfred; Maler und Grafiker (1925 – 2004) → *K2*

M

Maass, Konrad; Maler und Grafiker (* 1952) → *K1*
Mach, Hildegard von; Malerin (1872 – 1950) → *K2*
Mann, Albert; Maler und Grafiker (1902 – 1964) → *K2*
Männchen, Alfred; Grafiker (1920 – 1992) → *K2*

Makolies, Peter
Bildhauer (* 1936)

Peter Makolies (→ *K1*) wurde am 21. November 1936 in Königsberg/Ostpreußen geboren. Er wohnt und arbeitet im Ortsteil Schöne Aussicht in Dresden-Loschwitz und in Warthe auf Usedom. Von 1953 bis 1956 erlernte er den Beruf eines Steinmetzen und Steinbildhauers im Lehrbauhof des Dresdner Zwingers, parallel dazu besuchte er Zeichenkurse der Volkshochschule bei Jürgen Böttcher/Strawalde (*1931).

1958 begann er mit eigenen Bildhauerarbeiten. Seit 1966 ist er freiberuflich tätig und arbeitet auch an Restaurierungsaufträgen für die Denkmalpflege. Ab 1984 reiste er nach Italien und 1985 nach China. Seit 1975 gab es zahlreiche Einzelausstellungen des Künstlers, in Loschwitz 1978, 1995 und 2011 im → *Leonhardi-Museum*; 2001 und 2006 in der → *Galerie Hieronymus*, letztere unter dem Titel »Die Erdteile«.

In der Rede zur Eröffnung einer Makolies-Ausstellung im Barockgarten Großsedlitz schrieb der Direktor der Städtischen Galerie Dresden, Dr. Gisbert Porstmann, über dessen Kunst: »Immer wieder ist das Empfinden vom Zauber der Verwandlung der Steine durch die bildnerische Kraft dieses Künstlers eine Entdeckung. Dieses Gefühl ruft das alte Bild in Erinnerung, dass die Skulptur nur vom überflüssigen Stein befreit werden musste. Und – bei dieser ›Befreiung‹ erweist sich Peter Makolies als souveräner Partner des Materials. Durch die Überlegenheit der Entwürfe und die Selbstverständlichkeit des Handwerkes schafft er plastische Ordnungen von lapidarer Schönheit – im doppelten Sinn des Wortes. Sie bestechen durch die Festigkeit der Form sowie durch eine ästhetische Energie, die sich in den Volumina konzentriert und in das Innere der Skulpturen richtet, zurück in das ureigene Territorium des Werkes. Zur ästhetischen Organisation der Werke gehört weiter ein feines Spiel von Gegensätzen: plastische Formen steigern sich durch den Kontrast zur Lineatur, geglättete Körperpartien erhalten ihre Sinnlichkeit durch die Nähe zu Bruchstellen im Stein, die polierten Oberflächen erhalten ihren Glanz im Vergleich zur Bossierung. Grundsätzlich aber wird die ›Haut‹ der Steine nicht geschunden, sie wird nur freigelegt, doch niemals verletzt. Sie tritt wie ein Glanz zu Tage, der nur wenig unter der Oberfläche des unbearbeiteten Steines liegt.«[1]

Ihr Haus auf der Malerstraße 21 (→ *OT Schöne Aussicht*) kaufte die Familie Makolies 1972 von

Peter Makolies mit »Schmerzensmann«, Dorfkirche Liepe, Insel Usedom 2008
Foto: Peter Eisermann

Ohne Titel, 1984 *Foto: Peter Makolies*

Sandstein-Medaillon von Peter Makolies an der Villa »Gottes Segen«, Veilchenweg 26. Der reife Bacchus erfreut sich, hinter Weintrauben versteckt, an der weiblichen Verträumtheit. Ein humorvoller Hinweis auf den auf dem Grundstück angelegten Weinberg. Fotos (3): Holger Friebel

Kopffragment im Grundstück Veilchenweg 18

Figur am Haus Plattleite 20

der Witwe des Malers Prof. Hanns Hanner (1883–1966, → *K2*). Im Atelier hängt heute noch das von Peter Makolies bewahrte große Hanner-Gemälde »Zwei Schwestern«.

Anlass für die Suche nach diesem Wohnort war der Wunsch der vom Weißen Hirsch stammenden Ehefrau von Peter Makolies, Angelika Hieronymus (* 1940), am Elbhang zu wohnen. Beide haben die Kinder Johannes (* 1959, → *K1*), Constanze (* 1964, → *K2*) und Robert (* 1966, → *K2*). Im Freiluft-Atelier auf dem Grundstück entstehen immer wieder Arbeiten. Noch heute, mit 78 Jahren, arbeitet er dort so viel, wie es die Gesundheit erlaubt. Zahlreiche große Arbeiten sind auf dem Freigelände seines Freundes Lothar Beck (* 1953, → *K1*) in Niederpoyritz entstanden, ebenso seit 1982 in Warthe auf Usedom.

Im gleichen Jahr übernahm Peter Makolies das Atelier von Hartmut Bonk (*1939, → *K1*) im → *Künstlerhaus*, als dieser in den Westen ging, und übergab es erst 1998 an Thomas Reichstein (*1960, → *K2*).

Zu den in Loschwitz öffentlich zugänglichen Arbeiten des Bildhauers zählen Taufbecken und Lesepult in der Loschwitzer → *Kirche* (1994/1995), mehrere Grabsteine auf dem Loschwitzer → *Friedhof* (u. a. Glöckner, Wilhelm Müller, Rakebrand/Menzhausen, Fam. Rudolf Mayer). Zu seinen Arbeiten in Loschwitzer Privatgrundstücken zählen auf dem Veilchenweg ein Schlussstein am Haus Nr. 15, ein Kopffragment im Vorgarten des Hauses Nr. 18, ein Medaillon am Haus Nr. 26 und zwei Figuren am Haus Plattleite 20. Ein großer Usedomer Feldstein liegt vor dem → *Leonhardi-Museum* und andere stehen in Privatgärten. Im Grundstück des Hosterwitzer Wasserwerkes sind als Leihgaben Bronzen und zwei große Marmorplastiken weithin sichtbar. **Holger Friebel**

Phaeton, 2002, Marmor *Foto: Peter Makolies*

Zitate:
1 Porstmann, Gisbert; Rede zur Ausstellungseröffnung im Barockgarten Großsedlitz, 2003
Quellen: 639, 724, 1096

Mansfeld, Richard; Maler (* 1959) → *K1*
Martens, Kurt; Schriftsteller (1870–1945) → *K2*
Martin, Julius Christian; Maler (1839–1915) → *K2*
Matačić, Lovro von; Dirigent und Komponist (1899–1985) → *K2*
Matthes, Günter; Architekt (1926–1984) → *K2*

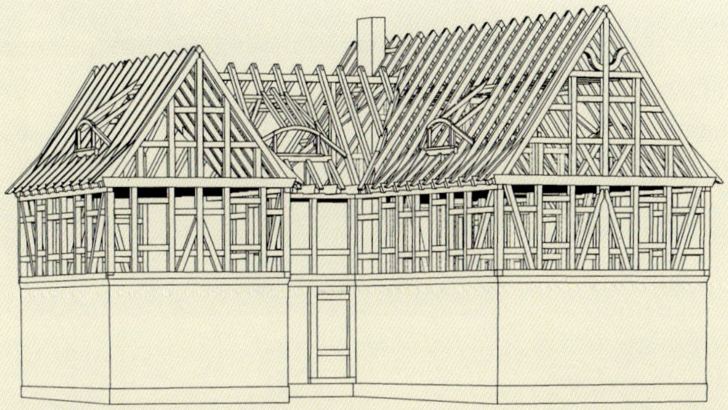

Planungszeichnung von Andreas Weise für das Fachwerkhaus Friedrich-Wieck-Straße 11

Peter Makolies als Bauherr
Peter Makolies prägte als Bauherr das Sanierungsgebiet Loschwitz wesentlich mit: Dem traditionell gestalteten Fachwerkhaus Friedrich-Wieck-Straße 11 sieht man die Hingabe an, mit der es vom Bauherren und dem Architekten Andreas Weise gestaltet und von der Loschwitzer Baufirma Krug errichtet wurde. Für das sich in die historische Struktur des Dorfkerns harmonisch einfügende Gebäudeensemble fertigte Peter Makolies persönlich Steinmetz-Schmuckarbeiten wie die aus einem Stück gehauenen Sandsteinstürze über den Türgewänden. Die Holzfigur am Giebel ist ein echter Makolies. Als Hausspruch wählte der Bauherr ein Zitat von Johannes Bobrowski: »Hier wirst Du bleiben eine Zeit« – von Holzbildhauer Alexander Lang in einen Balken über der Tür geschnitten.
Mit der ökologischen Bauweise riskierte man beim Baubeginn einiges: Das mit Lehm ausgefachte Haus hat keinen Farbanstrich – niemand wusste, wie haltbar dies sein würde. Kurios war die Herstellung von Baustoff aus von Wiesen in Gönnsdorf und Pappritz gesammelten Kuhfladen, die mit Stroh, Lehm und Kälberhaaren zu Putz vermischt wurden. Inzwischen hat der Bau sich bewährt, das Klima im Haus ist sehr gut. Als einziger Rest des Vorgängerbaues blieb ein historischer Brauchwasser-Brunnen erhalten, der heute bei Hochwasser den Keller überflutet. Im Wohn- und Geschäftshaus befinden sich die → *Goldschmiedewerkstatt* seiner im Haus wohnenden Tochter Constanze Makolies und die → *Galerie Hieronymus*.

Andreas Weise und Peter Makolies, 1995
Foto: Jürgen Frohse

Architekt Andreas Weise zum Richtfest der Friedrich-Wieck-Straße 11, 1995
»Um es gleich vorwegzunehmen: Peter Makolies ist ein vorzüglicher Bauherr. Während der Bauarbeiten am Kulturrathaus im Jahre 1993 lernte ich ihn kennen und schätzen. Als Bildhauer verkörpert er die glückliche Vereinigung von Künstlerseele mit echter Baugesinnung. Gemeinsam mit seinen Söhnen und Freunden legte Peter Makolies selbst Hand an bei seinem Bau. Er mauerte die Kellerwände, als die Baufirma nicht weiterkonnte. Er fertigte Steinproben für verschiedene Sandsteindetails und versetzte die großen Türstürze selbst. Auch die Lehmarbeiten am Fachwerk wurden tatkräftig von ihm unterstützt. Diese Aufzählung ließe sich um vieles fortführen. Die Aufgabenstellung an den Architekten lautete in etwa: Ein Haus zum Leben und Arbeiten, das in das gewachsene Ortsbild hineinpasst.«

Mauersberger, Rudolf
Kantor, Organist und Komponist (1889 – 1971)

Rudolf Mauersberger (→ *K1*) wurde am 29. Januar 1889 in Mauersberg bei Marienberg im Erzgebirge geboren. Er und sein fast 15 Jahre jüngerer Bruder Erhard (1903 – 1982), der spätere Thomaskantor in Leipzig, waren die Söhne des Kantors und Kirchschullehrers Oswald Mauersberger (1856 – 1930) und seiner Frau Lina geb. Schönherr (1860 – 1948). Die Verantwortlichkeit des Vaters für die musikalische Ausgestaltung der Gottesdienste prägte beide Kinder von klein auf. Nach dem Besuch der väterlichen Dorfschule ging Rudolf von 1903 bis 1909 an das Königliche Lehrerseminar in Annaberg, um unter strengen, fast militärischen Bedingungen ebenfalls Kantor und Lehrer zu werden. Während dieser Zeit versuchte er sich an verschiedenen Musikinstrumenten, übte Klavier und Orgel, aber auch Geige und Flügelhorn, gelegentlich sogar Trompete. Er spielte in der Seminarhauskapelle mit anderen musikbegeisterten Schülern und begann zu komponieren. Dieses Engagement versetzte ihn in die Lage, in wohlhabenden Bürgerhäusern als Klavierlehrer tätig zu sein und sich kleine Honorare zu verdienen.

Nach dem Examen absolvierte er seinen einjährigen Militärdienst in Leipzig und arbeitete anschließend als Hilfslehrer in Mildenau/Erzgebirge. 1912 schrieb sich Rudolf Mauersberger am Königlichen Konservatorium in Leipzig ein, um Musik zu studieren. Seine Lehrer dort waren für Klavier Robert Teichmüller (1863 – 1939), für Orgel Karl Straube (1873 – 1950), für Komposition Stephan Krehl (1864 –1924) und im Dirigieren Hans Sitt (1850 – 1922). Neben seinem Studium widmete er sich auch wieder dem Komponieren. Es entstanden u. a. Streichquartette, ein Klaviertrio und eine Sinfonie. Der Gewinn des Nikisch-Preises für Komposition und das Stipendium der Helbig-Stiftung honorierten den Fleiß des Studenten. 1914 bestand er sein Examen und erhielt, auf Vermittlung seines Lehrers Straube, die Berufung auf eine kirchenmusikalische Stelle in Lyck in den Masuren (heute Elk in Polen), die aber bald dem beginnenden Ersten Weltkrieg zum Opfer fiel. Nach Sachsen zurückgekehrt, wurde Mauersberger zum Kriegsdienst eingezogen und diente als Militärmusikleiter in Bad Lausick bei Leipzig.

Nach dem Kriege widmete er sich erneut seinen musikalischen Studien. 1919 führte ihn eine Berufung nach Aachen, wo er als Kantor und Organist der evangelischen Anna-Kirchgemeinde wirkte und am Städtischen Konzerthaus arbeitete. Er pflegte jedoch auch eine Verbindung zum seiner Meinung nach liturgisch reicher ausgestatteten Hochamt im katholischen Münster. In Aachen gründete der junge Kirchenmusiker seinen ersten Kinderchor und rief einen Bachverein ins Leben. 1925 kam er nach Thüringen und hatte das Amt des Landeskirchenmusikwarts der evangelischen Landeskirche inne. Weiterhin war er Kantor an Bachs Taufkirche St. Georg in Eisenach. Dort gründete er den gemischten Bachchor und den aus Knaben bestehenden Georgen-Kirchenchor. Er beteiligte sich auch maßgeblich an der Einführung eines einheitlichen Thüringer Gesangsbuches sowie des Orgelbegleitbuches.

Rudolf Mauersberger *Foto: K1*

1930 erhielt Rudolf Mauersberger den Ruf aus Dresden, um als 25. Kreuzkantor den berühmten Kreuzchor zu leiten. Er wurde aus etwa 80 Bewerbern ausgewählt und begann sein Amt am 1. Juli als Nachfolger von Prof. Otto Richter (1865 – 1936). In Thüringen hinterließ er sein Aufbauwerk dem Bruder Erhard, der als Landeskirchenmusikdirektor sein Nachfolger wurde. Bereits kurz nach Amtsantritt dirigierte der neue Kreuzkantor seine ersten Chorvespern in der Kreuzkirche Dresden und sorgte für Aufsehen, da er mit bisherigen gesanglichen Traditionen brach und eine neue Stilrichtung einschlug, beispielsweise durch die Verwendung zeitgenössischer Kirchenmusik. 1931 wurde Mauersberger zum Kirchenmusikdirektor ernannt.

Sierksstraße 6, von der Oeserstraße aus gesehen, 2014 *Foto: Siegfried Großmann*

Die Geschichte des Dresdner Kreuzchores umfasst weit über sieben Jahrhunderte; damit ist er einer der ältesten Knabenchöre Deutschlands und Europas. Ihm gehören derzeit ca. 150 »Kruzianer« im Alter von 9 bis 19 Jahren an. Die schulische Ausbildung erhalten die jungen Sänger am evangelischen Kreuzgymnasium, der sogenannten Kreuzschule. Die Kruzianer werden in deutschen und internationalen Konzerthallen und Kirchen gefeiert. Gastspiele führten sie beispielsweise in die USA, nach Kanada und Japan. Berühmte Opernhäuser wie die Semperoper Dresden oder die Deutsche Oper Berlin engagieren die Sängerknaben gern als Solisten. Sie sind dann zum Beispiel als Knabenterzett in der Zauberflöte oder als Hirtenknabe in Tosca zu hören.

Es folgte eine schwierige Zeit ab 1933, als die Nationalsozialisten in Deutschland die Macht übernahmen. Einerseits verlieh Hitler dem Kantor Mauersberger als Mitglied der NSDAP 1937 sogar den Professortitel, andererseits schaffte es Mauersberger, der Hitlerjugend mit ihren entsprechenden Propagandaliedern den Zutritt zum Chor zu verwehren.

Die braunen Hemden der Hitlerjugend waren im Chor tabu. Offenbar konnte diese Vorgabe nur ein einziges Mal nicht eingehalten werden, so berichteten damalige Kruzianer, als während der Abreise zu einer Tournee in den seinerzeit besetzten Niederlanden die Sänger die HJ-Hemden tragen mussten. Mauersberger verweigerte die Verabschiedung am Dresdner Hauptbahnhof, fuhr stattdessen zum nächsten Bahnhof und stieg dort in den Reisezug ein mit der Anweisung, »braune« Kleidungsstücke sofort wieder abzulegen. Vielleicht wurde hier seine Idee geboren, die Kruzianer künftig zu besonderen Anlässen stets in liturgischer Kurrendekleidung singen zu lassen.

Seine Popularität half ihm, sich über nationalsozialistische Sanktionen hinwegzusetzen. Er beließ die Werke jüdischer und anderer nicht geduldeter Komponisten wie die von Felix Mendelssohn Bartholdy (1809 – 1847) und Günter Raphael (1903 – 1960) in den Aufführungen des Kreuzchores, beispielsweise während der zweiten Konzertreise durch die USA im Jahre 1938. Rudolf Mauersberger setzte alles daran, den christlichen Charakter des Chores zu wahren. Das Ende der Katastrophe des Zweiten Weltkriegs ahnend, versuchte der Kantor nach den ersten Bombenangriffen auf Dresden 1944 seinen Chor aus der gefährdeten Innenstadt zu evakuieren. Das Unheil war schneller, und am 13. Februar 1945 verloren während der Bombennacht elf der jungen Kreuzschüler ihr Leben und der Chor sein Podium, die Kreuzkirche. Dennoch begannen Kantor und Sänger bald mit der Wiederaufbauarbeit, und bereits im August 1945 gab es in der ausgebrannten Kreuzkirche die erste Kreuzchorvesper nach Ende des Krieges. Vor etwa 3.000 Menschen wurde die Trauermotette »Wie liegt die Stadt so wüst« aus dem Chorzyklus »Dresden« von Rudolf Mauersberger aufgeführt.

Es folgten weitere geistliche und weltliche Uraufführungen der Kompositionen des Kreuzkantors, wie die Lukaspassion (1947), das »Dresdner Requiem« und das bereits 1944 komponierte »Dresdner Te Deum« (beide 1948), die »Geistliche Sommermusik« (1949) und weitere Chorzyklen wie z. B. »Erzgebirge« (1959). Mauersberger konnte den in Auflösung begriffenen Chor im zerstörten Dresden stabilisieren und in den nächsten Jahren zu neuer Blüte führen. Bald folgten wieder Konzertreisen, zunächst durch die sowjetische Besatzungszone, dann nach Westdeutschland und ab den fünfziger Jahren auch wieder ins Ausland. Der Kirchenmusiker sah seinen und des Chores Auftrag darin, »Frieden zu künden und Stimme des neuen Deutschlands zu sein«.[1]

Kreuzkantor Rudolf Mauersberger im Kreis von Kruzianern, u. a. Udo Zimmermann (2. v. r.)
Foto: privat

Folgende Episode gab Matthias Griebel zum Besten, als mangels öffentlicher Würdigung zum hundertsten Geburtstag des Kreuzkantors im Januar 1989 ehemalige Kruzianer und Freunde privatim und ehrenvoll des Professors im »Körnergarten« gedachten:
Wir wohnten als Ausgebombte damals auf der Malerstraße, Herr Mauersberger unweit auf der Sierksstraße. Manches Mal nahm der Kreuzkantor sein Abendbrot im ihm benachbarten Gasthaus »Loschwitzhöhe« ein. Mit meinem Vater, seinem »Herrn Kollegen« (denn Otto Griebel war zu dieser Zeit Konrektor und Kunsterzieher an der Kreuzschule), kam es dabei oft zum Gespräch und ich saß brav dabei. War ich solo bei roter Brause im Lokal und der Professor war auch da, grüßten wir uns wie alte Bekannte. Nach seinem Mahl bat er den Ober, »den Sohn vom Herrn Kollegen« zu fragen, ob er ihn über die Straße nach Hause bringe. Das tat ich natürlich gern. In der einen Hand eine Flasche »Piccolo«-Sekt, dessen Schraubverschluss der Kellner schon gelöst hatte, führte ich den Kreuzkantor die wenigen Schritte durch die Dunkelheit zu seinem Haus. Am Gartentor erhielt ich den Schlüsselbund, öffnete und dann ging es die finsteren Stufen zur Haustür. Auch diese schloss ich auf, knipste im Flur das Licht an und steckte von innen den Schlüssel ins Schloss. Das »Piccolo«-Fläschen stellte ich auf ein Schränkchen – er brauche nächtens hin und wieder »einen Schluck wegen der Luft«, wie er sagte. Mit einem Händedruck verabschiedeten wir uns – und als ich draußen die Hand öffnete, hatte ich fünf (!) Mark Geleitslohn erhalten.

1950 erhielt Mauersberger gemeinsam mit dem Kreuzchor den Nationalpreis 2. Klasse für Kunst und Literatur der DDR. Die finanzielle Ausstattung des Preises versetzte ihn in die Lage, den lange gehegten Plan der Errichtung einer Kreuzkapelle in seinem Geburtsort umzusetzen. Der Bau sollte eine Nachbildung der 1889 abgerissenen alten Wehrkirche in Mauersberg sein, in welcher er der letzte Täufling war.

1954 wurde Rudolf Mauersberger pädagogischer Ehrendoktor der Humboldt-Universität Berlin und 1959 zum theologischen Ehrendoktor an der Philipps-Universität Marburg ernannt. Er erhielt mehrere hohe Auszeichnungen, z. B. die Goldene Ehrennadel des Friedensrates der DDR (1955), das Otto-Nuschke-Ehrenzeichen in Silber und Gold (1960, 1964), die Johannes-R.-Becher-Medaille des Deutschen Kulturbundes in Gold (1962), den Martin-Andersen-Nexö-Kunstpreis der

»Schwebebahnschaffnerin«. Der Fotograf dieser Aufnahme, Willy Pritsche, lebte viele Jahre an der Sierksstraße im Loschwitzer Ortsteil Schöne Aussicht. 1954 entstand diese Fotografie an der oberen Station der Schwebebahn: Der berühmte Kreuzkantor und Leiter des Dresdner Kreuzchores, Rudolf Mauersberger (1889 – 1971), wird von einem Kruzianer auf dem Weg von seiner Wohnung im Ortsteil Schöne Aussicht in die Stadt begleitet. Er kauft bei einem jungen Mädchen einen Fahrschein. Rosemarie Wirrmann, so der Name der Schwebebahnschaffnerin, wohnte zu diesem Zeitpunkt auf der Ludwig-Richter-Straße und verdiente sich in einem »praktischen Jahr« zwischen Schule und Studium etwas Geld. Nur wenige Jahre später feierte sie in München und Hamburg große Erfolge als Opernsängerin.

Stadt Dresden (1964) und den Vaterländischen Verdienstorden der DDR in Gold (1969). Er war u. a. Ehrenmitglied der Internationalen Heinrich-Schütz-Gesellschaft (ab 1964), der Neuen Bachgesellschaft (ab 1969) und der Dresdner Philharmonie (ab 1970). Mauersberger zeigte sich auch politisch engagiert. Er war in der Christlich-Demokratischen Union der DDR (CDU) tätig und zeitweise Mitglied im CDU-Hauptvorstand.

In seiner über vierzigjährigen Amtszeit prägte er den Chor wie kein anderer und verschaffte ihm internationale Anerkennung. Zu seinen Schülern zählten u. a. die Kammersänger *Theo → Adam* (* 1926, → *K1*) und *Peter → Schreier* (* 1935, → *K1*). Noch als 80-Jähriger dirigierte der Unermüdliche die gewaltigen Werke Bachs ohne Partitur und an mehreren Abenden nacheinander.

Der Kreuzkantor und sein wandernder Weihnachtsberg

Im Erzgebirge aufgewachsen, war es für Rudolf Mauersberger selbstverständlich, dass zur Weihnachtszeit ein Weihnachtsberg gehört, der aus Pappmaché, Gips, Rinde und anderen Zutaten in der Wohnstube aufgebaut wurde. Mit allerlei »Männeln«, Tierfiguren, Holzbäumchen und beleuchteten Häuschen gab der Berg dann ein geselliges Treiben zur Winterzeit wider. Diesen Brauch pflegte Mauersberger auch später, als er bereits ein vielbeschäftigter Musiker und Kantor war. Während eines Urlaubs im elterlichen Schulhaus in Mauersberg begann er seinen Geburtsort als Modell nachzubauen, das bald ein Ausmaß von 2 Meter Länge und 1 ½ Meter Breite hatte. Schwierig gestalteten sich die sommerliche Lagerung und der Umzug des »Dorfes«, bspw. 1924 in die Ruhestandswohnung der Eltern. Während Mauersbergers Übersiedlung nach Eisenach wurde dann eine Umzugskiste angefertigt, in der das »Dorf« in zwei Teilen übereinander gepackt die Reise antreten konnte. Selbiges Verfahren wandte er auch bei seinem Umzug nach Dresden und innerhalb der Stadt an, und es bewährte sich, als das »Dorf« vor der Zerstörung Dresdens nach außerhalb gebracht werden musste. 1946 konnte es auf dem Dachboden des Schulgebäudes durch den Kreuzkantor und einige interessierte Kruzianer reaktiviert und mit Hilfe der Schüler größer und schöner dargestellt werden. Das Modell erhielt eine Tag- und Nachtbeleuchtung und Weihnachtsgesang mit einer eigens durch den Kreuzchor aufgenommenen Schallplatte. Weitere Umzüge folgten. Vom November bis Februar wurde dann meist Mauersbergers Dienstzimmer zum Ausstellungsraum umfunktioniert. Vorher waren Instandhaltungsarbeiten am mittlerweile 15 Quadratmeter großen »Dorf« notwendig, die von Kruzianern ausgeführt wurden, die bäuchlings auf quergelegten Holzbohlen mit Gips, Sieb und Zahnbürste »Frau Holle« spielten. Im Ortsteil Schöne Aussicht diente ab 1959 eine Garage dem »erzgebirgischen Heimatmuseum« als Heimstatt, die ausgebaut und gestaltet wurde. Dort befanden sich fortan neben dem »Dorf« eine Hutzenstube mit Bergmannspyramiden und das sogenannte Pfefferkuchenzimmer. Ein mit Fichten und Kiefern aus dem Erzgebirge bepflanzter Gartenweg führte zur bunt bemalten Museumstür mit dem Spruch:

Suchst du deiner Kindheit Wunderland,
das dir unterging in harten Jahren,
musst in's Erzgebirg zur lichterfrohen
Weihnacht fahren.

Wenige Tage, nachdem er wie jedes Jahr, sein »Dresdner Requiem« in der Kreuzkirche dirigiert hatte, starb Rudolf Mauersberger 82-jährig am 22. Februar 1971 in Dresden. Seinem Wunsche gemäß wurde er in der Familiengruft im heimatlichen Mauersberg beigesetzt.

Nachdem er in verschiedenen Stadtwohnungen in Dresden, bspw. auf der Amalienstraße und später auf der Johann-Georgen-Allee, Quartier fand, wohnte der »total ausgebombte« Mauersberger nach 1945 in dem – wie er sagte – »kleinen Landhaus an der Bergstation der Schwebebahn« auf der Sierksstraße 6.

Dort war auch sein privates Museum untergebracht. Seine Leidenschaft für die Heimat im Erzgebirge brachte im Laufe der Jahre eine beachtliche Sammlung an erzgebirgischer Volkskunst zusammen. Auch ein selbstgebautes Modell seines Heimatdorfes als Weihnachtsberg gehörte dazu. Es befindet sich heute im Mauersberger-Museum in seiner Heimatstadt Mauersberg. Der Ort würdigt damit sein Schaffen und das seines Bruders. Im Dresdner Stadtteil Striesen trägt seit 1981 eine Straße den Namen Rudolf Mauersbergers. **Achim Jannasch**

Gedenktafel am Wohnhaus Mauersbergers
Foto: Siegfried Großmann

Zitat:
1 *Mauersberger, Rudolf; in: Christ in der Welt, Heft 22; Berlin, 1987*
Quellen: 535, 536, 706, 759, 921, 1214

Als 1957 Rochwitz durch die Omnibuslinie R bzw. 84 endlich wieder an das Verkehrsnetz angeschlossen wurde, lag deren eine Endhaltestelle an der Bergstation der Schwebebahn, direkt vor Mauersbergers Garageneinfahrt. Eine andere Stelle auf den engen Einbahnstraßen in diesem Gebiet war verkehrstechnisch nicht möglich. Der Bus verweilte dort planmäßig, um nicht zuletzt auch dem Fahrer die Möglichkeit zur Pause zu geben. In dieser Zeit konnte Mauersberger mit seinem Auto aus der Garage nicht ausfahren bzw. einfahren. Der geduldige Kantor, dem das Gemeinwohl vor seinen eigenen Interessen stand, richtete also seine Fahrten von und zum Kreuzchor nach dem Fahrplan des Busses, indem er einfach wartete, bis der Bus abgefahren war.

Mayenburg, Georg Heinsius von; Architekt (1870 – 1930) → *K2* → *Elbschlösser/ Schloss Eckberg*

Mayenburg, Ottomar Heinsius von; Architekt (1910 – 1945) → *Elbschlösser/ Schloss Eckberg,* → *Baumeister und Architekten*

Mayer, Rudolf; Verleger und Autor (1928 – 2008) → *K2*

Mayer-Meintschel, Anneliese; Kunsthistorikerin (* 1928) → *K2* → *Verlage*

Meckes, Georg; Maler und Illustrator (1863 – 1934) → *K2*

Meerheimb, Richard von; Dichter und Schriftsteller (1825 – 1896) → *K2*

Meinhold, Irmgard; Malerin (1869 – ?) → *K2*

Meining, Harriet Maria; Regisseurin (* 1967) → *K2*

Meißner, Carl; Dichter und Schriftsteller (1870 – 1950) → *K2*

Meister, Otto; Maler und Grafiker (1892 – 1959) → *K2*

Menzhausen, Ingelore; Kunsthistorikerin (1923 – 2006) → *K1*

Menzhausen, Joachim; Kunsthistoriker (* 1930) → *K1*

Merkel, Gustav Adolf; Organist und Komponist (1827 – 1883) → *K2*

Metelmann, Diedrich; Dichter und Redakteur (1879 – 1937) → *K2*

Metz, Louise; Malerin (1863 – 1939) → *K2*

Metz, Reinhard; Maler, Textildesigner und Handweber (1908 – 1999) → *K2*

Metz-Kolbe, Eva; Kunsthandwerkerin (1913 – 2005) → *K2*

Meusel-Woschni, Ulrike; Architektin und Illustratorin (* 1968) → *K2*

Mewis, Marianne (Anna Maria); Schriftstellerin (1856 – 1938) → *K2*

Meyer-Buchwald, Gustav; Maler (1881 – 1918) → *K1*

Meyer-Doberenz, Walter; Architekt (1903 – 1968) → *K2*

Miller, Richard
Maler (1905 – 1959)

Der spätere Maler und Grafiker Richard Miller (→ *K1*) wurde am 5. Mai 1905 in Leipzig geboren. Schon während seiner Schulzeit stand sein Entschluss fest, Maler zu werden. Während einer Tätigkeit als Gebrauchsgrafiker besuchte er Abendkurse und studierte danach an der Akademie für Grafische Künste und Buchgewerbe in Leipzig. Ein Stipendium der Stadt Leipzig ermöglichte ihm ab 1929 das weitere Studium an der Hochschule für Bildende Künste in Dresden. Dort war er zwei Semester bei Prof. *Richard* → *Müller* (1874 – 1954, → *K1*), danach bei Prof. Robert Sterl (1867 – 1932) und anschließend bei Prof. Georg Lührig (1868 – 1957, → *K2*) Meisterschüler. Seine Studienkollegen, zu denen er stets ein gutes Verhältnis hatte, nannten ihn »Richarde« – deshalb auch sein Künstlername »Richarde Miller«.

Ab 1934 war er als freischaffender Maler und Grafiker in Dresden tätig. Zunächst wohnte er in Dresden-Blasewitz, bis ihm 1939 der → *Architekt Martin* → *Pietzsch* (1866 – 1961, → *K1*) ein Atelier im Loschwitzer → *Künstlerhaus* anbot. 1935 hatte Richard Miller die Krankenschwester Irma Hempel (1899 – 1950) geheiratet, mit der er fünfzehn Jahre lang eine glückliche Ehe führte. Im Zweiten Weltkrieg wurde er zur Wehrmacht eingezogen. Während des Militärdienstes zog er sich ein Nierenleiden zu. Anfang 1950 starb plötzlich seine Frau Irma. Noch im gleichen Jahr machte er Helene Machel, einer guten Freundin seiner verstorbenen Ehefrau, einen Heiratsantrag. Die Hochzeit fand Ende 1950 statt. Aus dieser Ehe ging der 1951 geborene Sohn Wolfram hervor.

Die Bilder von Richard Miller, meistens Ölgemälde, aber auch Aquarelle, umfassen Stadtansichten, Straßenbilder, Waldlandschaften, Blumenbilder, Stillleben und auch Personen.

Richard Miller *Fotos: Slg. Wolfram Miller*

Seine Grafiken, meistens Bleistift-, aber auch Kohlezeichnungen, sind Porträts, Aktzeichnungen, Pflanzendarstellungen, z. B. »Königskerze«, und Stadtansichten, z. B. »Rattenturmviertel in Metz«. Für seine Bleistiftzeichnungen verwendete er sorgfältig gespitzte Bleistifte mit langen, dünnen Minen, sodass ganz feine Striche zustande kamen.

Richard Miller, der nicht in die SED eintrat, wurde zu DDR-Zeiten von offiziellen Stellen kaum beachtet. Sein Stil wurde als angeblich »nicht zeitgemäß« eingeschätzt, obwohl Erna Lincke (1899 – 1986), die damalige Vorsitzende der Verkaufsgenossenschaft Bildender Künstler, anlässlich der Eröffnung der Gedächtnisausstellung im Januar 1976 zugab, dass der Stil von Richard Miller eine »kulturvolle Malweise« sei. Miller vertrat den Standpunkt, dass er mit seinem klassischen Stil »seiner Zeit voraus« sei. Sein großes Vorbild war Caspar David Friedrich (1774 – 1840, → *K1*).

Oft war er mit einer Feld-Staffelei unterwegs und malte draußen »vor Ort« seine Straßenbilder und Waldlandschaften. Dies geschah meistens in der Umgebung des Künstlerhauses, also in Loschwitz oder Wachwitz.

In der zweiten Hälfte des Jahres 1958 verschlechterte sich das Nierenleiden Millers. Sein letztes Werk, ein Blumenbild, entstand im Herbst 1958 auf seinem Krankenlager. Er starb am 21. Januar 1959 im Loschwitzer Künstlerhaus. Seine Urne wurde im Familiengrab auf dem Leipziger Südfriedhof beigesetzt.

Richard Millers Werke waren seit 1926 auf allen größeren Kunstausstellungen zu sehen, letztmalig 1962/63 auf der Fünften Deutschen Kunstausstellung in Dresden. Ihm persönlich waren folgende Ausstellungen gewidmet: Sonderausstellung im Albertinum (1956), Gedächtnisausstellungen im Museum der Bildenden Künste zu Leipzig (1962) und in der Galerie »Kunst der Zeit« Dresden (1976). Bilder von Richard Miller befinden sich unter anderem im Besitz des Museums der Bildenden Künste zu Leipzig (»Mädchen mit roter Mütze«) und des Stadtmuseums Dresden (»Salzgasse in Dresden«). **Wolfram Miller, Barbara Friebel**

Quelle: 726

Ein Jahr vor seinen Tod, im Mai 1958, saß Richard Miller auf der Friedrich-Wieck-Straße vor seiner Feld-Staffelei und malte den Blick zur »Senfbüchse«. Die Aufnahmen dieser Szene sind dem Radebeuler Fotografen Wilhelm Holzapfel zu verdanken. Jenes »Straßenbild Loschwitz« war das vorletzte Werk des Künstlers. Es war zwar unvollendet, wird aber von Kunstexperten als »fertig« akzeptiert. Auf der Fünften Deutschen Kunstausstellung (1962/63) war das Bild mit der »Senfbüchse« im Dresdner Albertinum zu sehen. Der Leipziger Seemann-Verlag machte damals von diesem Bild eine farbige Reproduktion für Postkarten.

Richard Miller, Straßenbild in Loschwitz, Öl, Ansichtskarte Slg. M. Griebel

Miltschinoff, Alexander; Sänger (1907–1996) → *K2*
Miltschinoff, Henriette; Sängerin und Schauspielerin (* 1936) → *K2*
Mirring, Peter; Musiker (* 1941) → *K2*
Mißbach, Bernhard; Musiker (1858–1942) → *K2*
Mitterwurzer, Anton; Sänger (1818–1876) → *K2*
Moes-Behrendt, Elisabeth; Malerin (1855–1925) → *K2*
Moholy-Nagy, Sibylle; Architekturhistorikerin und Schriftstellerin (1903–1971) → *K1*
Möller-Uetersen, Hans Peter; Maler und Grafiker (1892–1977) → *K2*
Molnàr-Höing, Ursula; Grafikerin und Malerin (1926–2005) → *K2*
Moncken, Manfred; Bildhauer und Fotokünstler (* 1969) → *K2*
Morawe, Ferdinand; Maler, Kunstgewerbler und Kunstschriftsteller (1865–1931) → *K2*

Mordgrund und Mordgrundbrücke

Der heute zum → *Schloss Eckberg* gehörende Mordgrund ist der untere Teil eines im Süden der Dresdner Heide gelegenen Kerbtales. Der obere Teil ist der Stechgrund. Das Tal verläuft von der Lausitzer Platte bergab zur Elbe in Ost-West-Richtung. Es wird vom Mordgrundwasser, auch Stechgrundbach genannt, durchflossen. Dieses früher in seinem Gesamtlauf auch Steiggrundbächel genannte Wasser entspringt im Bereich der Bühlauer Waldgärten und tritt schon bald in den oberen Stechgrund ein. Die stark wasserdurchlässigen Sandböden der Dresdner Heide lassen es bei Niedrigwasser oft gänzlich versickern. Im weiteren Verlauf erhält der Stechgrundbach aus mehreren Quellen, beispielsweise der Schwesternquelle, erneut Wasser.

Die östliche Begrenzung des Mordgrundes bilden die obere Schillerstraße, die Wunderlichstraße und ab der ehemaligen → *Deutschen Heilstätte* der Heilstättenweg. Im Norden endet der Mordgrund an der Bautzner Straße und im Süden an der Elbe. Hier wird das Wasser des Mordgrundes in unmittelbarer Nähe der Maueröffnung für den Heilstättenweg – im Volksmund früher »Marie-Simon-Loch« genannt – über eine kaskadenartige Öffnung in der den Elbweg begrenzenden Mauer dem Fluss zugeleitet. Ebenfalls an dieser Stelle befindet sich in einer Mauernische eine Steinkugel aus dem Weinberg des Oberlandbaumeisters Wolf Caspar von Klengel (1630–1691, → *K1*, → *Denkmale*).

Mordgrund zwischen Schloss Eckberg und Dinglingers Weinberg, 2013 *Foto: Johannes Döse*

Bereits 1420 wurde der Grund unter dem heutigen Namen urkundlich erwähnt. Markgraf Friedrich IV. (1384–1440), auch der Friedfertige oder der Einfältige genannt, überließ dem Augustinerkloster im rechtselbischen »Altendreßden«, der heutigen Dresdner Neustadt, ein Stück Heide zur Nutzung, das sich »anhebet an der brucken in dem mortgrunde«. Das Gelände erstreckte sich von der Mordgrundbrücke im Verlauf der jetzigen Bautzner Straße bis nach Bühlau und talwärts bis nach Loschwitz.

Rund 100 Jahre später besaßen die Bewohner Altendresdens eine Viehtrift in der Heide, welche ostwärts bis »uff den mortgrund« an die Brücke und möglicherweise von dort bis zur Elbe reichte. Diese Bezeichnung in den alten Urkunden könnte die Ursache dafür sein, den Mordgrund als Grenzgrund zu begreifen. Es würde sich dann bei »mort« um eine wie auch immer entstandene Ableitung des Wortes Markt handeln, das letztendlich auf das althochdeutsche Wort »marcha« (Grenze) zurückgeht. Eine andere Vermutung leitete »mord« von Moor ab, was aber nicht dem schnellen Wasserabfluss im Grund Rechnung trägt. Ein Leser der Dresdner Nachrichten leitete 1936 aus mort den Mardergrund ab. Den Beweis blieb er allerdings schuldig. Auch der zeitgenössische Volksmund hatte seine Erklärungen. Nach diesem sollte z. B. der Name Mordgrund vom mordsmäßigen Fluchen der Kutscher und Fuhrleute abstammen, die mit ihren Fuhrwerken, durch Schmutz und Löcher der stadtauswärts führenden Landstraße behindert, die Steigung des Hirschberges nur sehr mühsam bewältigten. Aus dem 16. Jahrhundert gibt es Erzählungen von tödlichen Raubüberfällen am Mordgrund.

Klengelstein am unteren Ausgang des Mordgrundes, 2013 *Foto: Siegfried Großmann*

Wahrscheinlich aus dem 18. Jahrhundert stammt die »Sage von der Mordgrundbrücke« (→ *Sagen*). Diese mit dem Tod der beiden Liebenden endende Kunstsage wurde der Stoff für die Komische Oper »Die Mordgrundbruck bei Dresden«. Den Text der Posse verfasste Julius Otto jun. (1825–1849) und die Musik schrieb sein Vater, der Kreuzkantor Julius Otto (1804–1877).

Wovon nun der Name »Mordgrund« wirklich abzuleiten ist, lässt sich mit letzter Sicherheit nicht sagen. Am wahrscheinlichsten ist die von dem → *Chronisten* Moritz Julius Nestler (1841–1904) angenommene Ableitung von »Murrgrund«, einem Grund mit abstürzendem Erdreich. Vielleicht sollte die Gefährlichkeit des Grundes hervorgehoben werden. Tatsächlich brachte das durch den Mordgrund führende Stück Wegstrecke von Dresden nach Bautzen immer wieder Gefahr für Leib und Leben. Auch die Natur konnte aus der Sicht von Menschen

Dresden über dem Mordgrund von Carl August Richter, aus »30 Mahlerische An- und Aussichten von Dresden«, 1820, Radierung *Slg. Otto-R. Wenzel*

des Mittelalters »Mord« bringen. Das belegt auch der Name »Mordgrube« für eine im 14. Jahrhundert eingestürzte Bergbaugrube bei Freiberg. Wahrscheinlich hat also der Name Mordgrund seinen Ursprung in der Gefährlichkeit des Wegstückes für Fuhrwerke. Auch der Hirschberg oberhalb des Mordgrundes trug bis ins frühe 17. Jahrhundert den Namen »Mordberg«, wie auch der heutige Stechgrund oberhalb der Mordgrundbrücke bis zu dieser Zeit als Mordgrund bezeichnet wurde.

Im Jahr 1936 wurde von besorgten Bürgern in den »Dresdner Nachrichten« eine Kampagne zur Namensänderung gestartet und ein diesbezüglicher Antrag beim Oberbürgermeister gestellt. Man meinte, der Name Mordgrund könnte besonders bei Touristen Anstoß erregen. Die Straßenbahndirektion der Stadt änderte daraufhin umgehend den Namen der Haltestelle der Linie 11 in »Stechgrund/Schillerstraße« um. Am 22. August 1936 wurde in den »Dresdner Nachrichten« die Ablehnung des Antrages auf Namensänderung durch den Oberbürgermeister veröffentlicht.

An der Mordgrundbrücke kreuzen sich mehrere alte Wege. Von Nordosten kommt durch den Stechgrund, früher Steiggrund genannt, »ein Steig, ein Fußweg für Wanderer, für Schiebböcker. Dieser Steig kommt von Bühlau [...] und erreichte einst im tiefeingeschnittenen Grunde die Elbe. Die Loschwitzer haben ihn öfter als ihnen lieb war, bei ihren Frondiensten für das Maternihospital und für das Fischhäuserrevier benutzt. Ohne Zweifel auch die Bauern, wenn sie nach Dresden kamen.«[1]

Etwa in West-Ost-Richtung, im Zuge der heutigen Bautzner Straße, überquert die andere Verbindung den Mordgrund. Sie ist etwa 800 Jahre alt und verband wahrscheinlich schon damals die Städte Meißen, Altendresden (heute Dresden-Neustadt) und Stolpen. Folgerichtig hieß der ursprünglich unbefestigte Weg Stolpische Straße. Noch heute teilt sich diese Straße östlich von Rossendorf und führt auf der nördlichen Route nach Bautzen, obersorbisch Budyšin. Deshalb wurde die Stolpische Straße auch Budissinsche Straße genannt.

Weitere Wege, die in der Nähe der Mordgrundbrücke schon seit langer Zeit auf die heutige Bautzner Straße treffen, sind der von Norden aus der Heide kommende Loschwitzer Weg, der nach 1767 angelegte Pillnitz-Moritzburger Weg und die von Loschwitz heraufführende heutige Schillerstraße. Diese nimmt seit 1694 den gegenwärtigen Verlauf.

Eine Brücke über den Mordgrund wird erstmals 1420 erwähnt. Diese hölzerne Brücke wurde 1587/88 durch eine steinerne ersetzt. Das nach Unwettern durch den Stechgrund herabstürzende Wasser setzte der Brücke immer wieder zu. Nicht weniger davon betroffen war die Straße, besonders das von der Brücke hinauf zum heutigen Weißen Hirsch führende Stück. Dennoch nahm die Bedeutung der Straße auch als Poststraße nach Stolpen zu. Reiter und Kuriere nutzten sie ebenso wie Postkutschen und Frachtwagen.

Nach dem 1721 von August dem Starken erlassenen Dekret gab es westlich der Brücke auch eine kursächsische Postmeilensäule. Ende des 18. Jahrhunderts verlegte man diese Halbmeilensäule auf die östliche Seite der Brücke.

Blick in den Mordgrund über den Heilstättenweg, 2015 *Foto: Holger Friebel*

Als unter August dem Starken (1670–1733) ein verstärkter Reiseverkehr des Hofes nach Polen eingesetzt hatte, genügte die alte Stolpische Straße nicht mehr den Anforderungen. Immer wieder wurde über den schlechten Straßenzustand und die maroden Brücken berichtet. Pferde und auch Menschen mussten deshalb durch Unglücksfälle ihr Leben lassen. Am 30. Juni 1753 hatten Unwetter die Mordgrundbrücke so stark beschädigt, dass »es einen Riß gemacht [hat] [...] so daß wenn ein recht schwer beladener Wagen kommt, fällt er in den tiefen Grund herunter [...]«[2]. Auch die Straße selbst war unpassierbar geworden. In den Jahren 1753 und 1754 wurden viele Vorschläge gemacht, diesem unhaltbaren Zustand ein Ende zu setzen und Straße und Brücke dauerhaft zu sanieren. Die Mordgrundbrücke sollte durch eine tragfähigere ersetzt werden. Für die Straße plante man zeitweilig sogar eine Verlegung von Dresden über das → *Fischhaus* und dann über den F-Weg durch die Heide zum Mordgrund. Es blieb allerdings bei Reparaturen. Um über den Mordgrund zu kommen, baute man auf die alte steinerne eine hölzerne Interims-Brücke.

Es war wohl auch der *Siebenjährige → Krieg* (1756–1763) mit seinen Nachwirkungen, der keine grundhafte Erneuerung zuließ. Stattdessen kam es an der Bautzner Straße und vor allem am Hirschberg und im Bereich des Mordgrundes zu heftigen Kämpfen. 1758 baute Prinz Heinrich von Preußen (1726–1802) einen alten, rechts des Stechgrundbaches in unmittelbarer Nähe der Mordgrundbrücke gelegenen befestigten Stützpunkt, eine sogenannte Schanze, stark aus. Im gleichen Jahr und noch einmal 1760 war dieser Ort heftig umkämpft, denn sowohl den preußischen als auch den österreichischen Truppen lag viel am Besitz dieser die Straße beherrschenden Stellung. In dieser Zeit entstand auch die kleinere, 1820 eingeebnete Schanze zwischen Bautzner Straße und dem heutigen Lahmannring an der Flurgrenze von Loschwitz zum Weißen Hirsch.

Unter der Herrschaft von Kurfürst Friedrich August III. (1750–1827), der ab 1806 als König Friedrich August I. regierte, war Major George Heinrich von Carlowitz der Straßen-Kommissar. In einem Schreiben vom 28. Dezember 1782 berichtete er über den Zustand der Straße: Von der Mordgrundbrücke führte die Straße »...weiter an den Berge, nach dem weißen Hirsche, an der schnell ansteigenden und höchsten Anhöhe hinauf, und ist wegen des darauf liegenden vielen und laufenden Sandes, mit äußerster Beschwerlichkeit zu paßieren, wovon wir bey der Besichtigung dieses Tractus selbst Augenzeugen waren, indem ein siebenspänniger Frachtwagen mit der größten Noth, und durch Wegschaffung des vor den Rädern sich stemmenden Sandes mit Radehauen hinaufgebracht wurde. Unter diesem Stück Straße zeiget sich der alte Weg, welcher sich unten am Berge hin, in der Defileé sanfter als der obere beschwerliche, hinauf ziehet, jedoch, weil er vom Wasser ganz ruinieret und zerrißen ist, nicht mehr befahren werden kann [...]«[3]. Er führte dann aus, dass der untere und alte, derzeit aber nicht befahrbare Weg ausgebaut werden sollte. Die Mordgrundbrücke wollte er »weiter hinauf nach dem Berge« legen, um den Anstieg zum Weißen Hirsch zu vermindern. Der Weg, den die Fuhrwerke wegen Zerstörung der alten Straße in dieser Zeit nutzten, ist noch heute in Ansätzen zwischen Bautzner Landstraße und dem heutigen Lahmannring erkennbar.

J. C. A. Richter, Steinbrücke über den Mordgrund, um 1825. Original im Stadtmuseum Dresden, Repro aus: Horst Milde, Ungebetener Besuch 1809–1815

Otto Petrenz (1878–1935, → K2) schuf diese Plastik: Chiron, ein gütiger Kentaur oberhalb der Bautzner Straße Foto: Siegfried Großmann

In einem Schreiben vom 24. Mai 1784 warnte von Carlowitz vor der Gefahr des Einsturzes der Mordgrundbrücke und der Notwendigkeit einer neuen Interimsbrücke. Gemeint ist offenbar die Erneuerung der auf der alten steinernen Brücke errichteten Holzbrücke.

Der Baubeginn erfolgte noch im gleichen Jahr; denn am 15. Februar 1785 konnte er feststellen: »Es ist nunmehr mit dem Bau der nach Budissin gehenden Straße soweit gediehen, daß nicht nur die über den Mord-Grund angelegte Interims-Brücke völlig hergestellt, sondern auch der weiße Hirschberg völlig bequem zu passieren ist [...]«[4].

Aber schon im nächsten und auch in den folgenden Jahren waren durch Starkregen und Gewitter wieder Reparaturen an Straße und Brücke notwendig geworden. 1795 wurde ein Neubau der Mordgrundbrücke ins Auge gefasst. In im Jahre 1811 erarbeiteten Kostenvoranschlägen wurde abgewogen, ob die neue Brücke aus Holz, Stein oder Eisen errichtet werden sollte. Aber es erfolgten wieder nur Reparaturen.

1812 zogen Napoleon (1769–1821, → *Denkmale*) und seine Truppen auf dem Weg nach Russland auf der Bautzner Landstraße und kehrten 1813 auf gleichem Wege zurück. Der Loschwitzer Carl August Preißler schrieb in seinem Tagebuch: Im Sommer 1813 »waren französische Pioniere damit beschäftigt, einen Felsen an der schmalen Bautzner Chaussee am sogenannten Hirschberg zu sprengen. Mit dem gewonnenen Material verbreiterte und befestigte man die Straße bis hinab zur Mordgrundbrücke.«[5] Dieser kleine Steinbruch ist noch heute stadtauswärts rechts der Bautzner Landstraße nahe dem Wasserbehälter sichtbar. Mehrfach, so auch am 26. August 1813, ist Napoleon hier von der Kutsche auf das Pferd umgestiegen, um von nahe gelegenen Aussichtspunkten die Schlacht bei Dresden zu beobachten (→ *Denkmale*).

Erst zwölf Jahre später, im Januar 1825, kam endlich die Bewilligung zum Bau der neuen steinernen Mordgrundbrücke. Es wurde beschlossen, sie »oberhalb der jetzigen hölzernen, in der Richtung der alten verlassenen, tiefliegenden steinernen Brücke auszuführen [...]«.[6] Gemeint ist eine kleine, über den Bach in den Stechgrund führende Brücke. So erfolgte der Abriss der alten steinernen Straßenbrücke mit der aufgesetzten hölzernen Interimsbrücke. Der Neubau entstand somit einige Meter höher, wo die kleine Steinbrücke gestanden hatte. Im Oktober des gleichen Jahres war der Neubau abgeschlossen.

Ab 1866 verkehrte der erste Pferdeomnibus vom Schlossplatz über das Waldschlößchen zum Weißen Hirsch und unterstützte so die Entwicklung des Weißen Hirsches zum Kurort. Zwischen 1895 und 1899 ersetzte eine private Omnibuslinie den Pferdeomnibus. Am 22. August 1899 übernahm die Straßenbahn Linie 11 als »Bühlauer Außenbahn« diese Verbindung. Da in der ersten Hälfte des 20. Jahrhunderts der automobile Individualverkehr zunahm, war neben dem Straßenausbau auch eine Verbreiterung der Brücke erforderlich. Diese Baumaßnahme fand 1937 statt. Zu erneuten Bauarbeiten kam es 1960/61. Die Mordgrundbrücke erhielt angesetzte Gehbahnen mit Kleinkopfsteinpflaster und neuen Eisengeländern. Im Zusammenhang mit diesen Arbeiten wurde der links des Stechgrundbaches zur Bautzner Landstraße führende Weg beseitigt. Schließlich folgte 2001 an der Mordgrundbrücke eine kleine Veränderung durch Aufweitung der Gleisbögen für die Niederflurwagen der Straßenbahn.

Nur wenige Meter hinter dem Wartehäuschen der Straßenbahn befindet sich am Loschwitzer Weg eine etwa drei Meter hohe Figur aus Sandstein. Es ist der 1901/02 von Otto Petrenz (1878 – 1935, → *K2*) geschaffene Chiron, ein gütiger Kentaur, halb Mensch und halb Pferd. Die Figur befindet sich zwar nicht mehr auf Loschwitzer Grund, gehört aber zweifelsfrei zum Bereich der Mordgrundbrücke.

Hält man sich jetzt rechts, so erreicht man nach dem Aufstieg die oben schon erwähnte alte Schanze, später »Napoleon-Schanze« genannt. Heute befindet sich hier der früher als »Hindenburg-Blick« bezeichnete Aussichtspunkt mit einem großartigen Blick in den Stechgrund und auf die andere Elbseite. Unmittelbar unter dem Ausblick und hinter dem 2001 beseitigten Rangiergleis der Straßenbahn liegt ein alter Steinbruch. Während des → *Zweiten Weltkrieges* legte die SS in diesem Felsen bombensichere Bunker an, die bis 1945 als Ausweichbefehlsstelle des Befehlshabers des SS-Oberabschnittes Elbe vorgehalten wurde. Nach der Zerstörung Dresdens am 13./14. Februar 1945 bezogen der Dresdner SS-Stab und die Polizeiführung diesen Bunker. Bestandteil der Bunkeranlage waren auch einige in deren Vorfeld stehende Wehrmachtsbaracken. Nach dem Ende der Kampfhandlungen dienten diese für einige Zeit deutschen Flüchtlingen als Wohnunterkunft.

Georg Kleine-Natrop, Otto-R. Wenzel

Zitate:
1 Leuschner, Theodor, Mordgrund oder Stechgrund?; in: Dresdner Nachrichten 22.07.1936
2 Sächsisches Hauptstaatsarchiv Dresden [10036-34685-52]
3 Sächsisches Hauptstaatsarchiv Dresden [10036-34699-XLI-189a-I]
4 Sächsisches Hauptstaatsarchiv Dresden [10036-34699-XLI-189a-II]
5 Milde, Horst, Der Weiße Hirsch - Ungebetener Besuch 1809–1815, Dresden 2008
6 Sächsisches Hauptstaatsarchiv Dresden [10036-34699-165]
Quellen: 89, 139, 144, 151, 236, 237, 570, 604, 639, 640, 662, 677, 711, 717, 719, 771, 796, 884, 1000, 1059, 1206

Morgenthal, Richard; Maler (1891 – 1951) → *K2*

Moritz, Carl (Karl); Architekt (1880 – 1957) → *K2*

Moscheles, Ignaz; Pianist, Komponist und Dirigent (1794 – 1870) → *K1*

Mühlberg, Familie

Schevenstraße 3 und 3b

Der in Dresden wohnende Hermann Otto Mühlberg († 1912) hatte sich vom Strumpfwirker zum Fabrikanten, Hoflieferanten und Warenhaus-Besitzer an der Wallstraße Ecke Webergasse hochgearbeitet. Er war verheiratet mit Johanna Ida geb. Strohbach († 1903). Sie kauften ab 1882 in Loschwitz mehrere Grundstücke an der Schevenstraße, dem Körnerweg und der Pillnitzer Landstraße. Um 1885 erwarben sie das Grundstück mit kleinem Landhaus Schevenstraße 3, das 1898 vergrößert wurde und ihnen danach als Sommerwohnung diente. 1898/99 baute der → *Architekt* Bruno Seitler (1851 – 1925) auf dem angrenzenden Grundstück Schevenstraße 3b noch eine große Villa als Sommerquartier für Familie Mühlberg. Schon 1895/96 hatte Seitler für sie das Haus Schevenstraße 4 errichtet. Auch Körnerweg 14 war ab 1900 im Besitz von Familie Mühlberg.

Außer Schevenstraße 4 und Pillnitzer Landstraße 19, die bereits wieder verkauft waren, ging der Besitz 1912 an den Sohn Johannes Mühlberg (1869 – 1949), der mit Margarethe geb. Fuchs-Henel (1863 – 1950) verheiratet war. Er war Mitbesitzer des Mode- und Sportwarenhauses seines verstorbenen Vaters und ab 1902

Schevenstraße 3b *Foto: Slg. Bernd Beyer*

für mehr als ein Jahrzehnt Kgl.-Rumänischer Konsul. 1919 kaufte er die zu den »Drei Gleichen« gehörende Burgruine Mühlberg bei Eisenach, die 1945 in das Eigentum der dortigen Gemeinde überging. Johannes Mühlberg war sehr kunstinteressiert. Das zeigte sich auch daran, dass er bereits 1893 dem Maler *Sascha* → *Schneider* (1870 – 1927, → *K1*) in seinem Dresdner Haus ein Atelier zur Verfügung stellte. Dort eröffnete dieser 1919 auch sein »Körper-Ausbildungs- und Erziehungs-Institut« mit dem Namen »Kraft-Kunst«.

Der älteste Sohn von Johannes war Bernhard Mühlberg (1895 – 1943, → *K2*). Seine beiden Brüder waren der 1922 nach Amerika ausgewanderte Rudolf (1897 – 1977) und Carl-Hermann (1900 – 1964). Am 4. März 1895 wurde Bernhard Mühlberg in Dresden geboren. Er studierte ab 1919 in München und Leipzig Jura und promovierte 1925 zum Doktor der Rechtswissenschaften. Von 1929 bis 1931 war er Oberspielleiter am Dresdner Albert-Theater, wo sein Vater Vorstandsmitglied war. Bis 1935 blieb der Sohn am Albert-Theater Gastregisseur. Bernhard Mühlberg starb am 28. Dezember 1943 in Reichenberg (Liberec/Tschechien) und wurde im Urnenhain Dresden-Tolkewitz beigesetzt. Seine Eltern wohnten weiterhin Schevenstraße 3b. Am 14. Februar 1949 starb hier Johannes Mühlberg, der wie sein Sohn im Urnenhain beigesetzt wurde. Die Grundstücke Schevenstraße 3 und 3b gingen nach Enteignung in Volkseigentum, das Inventar wurde beschlagnahmt; seine Frau musste das Haus verlassen und verzog nach der Bautzner Landstraße in Oberloschwitz. Die Häuser dienten fortan verschiedenen Zwecken (→ *Ärzte*, Haus Schevenstraße 3). Nach der 1993 erfolgten Rückführung an die Nachkommen Mühlbergs wurden die Grundstücke 2000 verkauft, später saniert und durch einen Neubau (heute Nr. 3a) ergänzt.

Otto-R. Wenzel

Quellen: 39, 58, 640, 939, 1000, 1198

Mühle, Alfred; Bildhauer (1894 – nach 1952) → *K2*

Mühlen im Loschwitzgrund

Einleitung

Im Talgrund prägte ein Bächlein, der Loschwitzbach, früher eine romantische Landschaft. Heute wird dieser Bach wegen dreier Zuflüsse auch »Trille« genannt. Der Wasserreichtum derselben in früherer Zeit und ihr vom Höhenunterschied (134 m) diktiertes Gefälle ließen im Loschwitz-Bühlauer Grund mehrere Mühlen entstehen: zwei auf Bühlauer Flur (Loh- und Zeibigmühle), eine in Niederrochwitz (Bärmühle) und sechs auf Loschwitzer Gebiet.

Für letztere war vor allem ausschlaggebend, dass Loschwitz im Jahre 1765 gegen »ein gewisses Geldaequivalent« aus dem Mahlzwang von 1661 in der Laubegaster Schiffsmühle entlassen worden war, denn sie wurde nach Dresden umgesetzt.

Durch die Industrialisierung im 19. Jahrhundert verschwand die Unberührtheit der wildromantischen Landschaft im Grunde.

Bis auf eine Brettschneidemühle, die 1925 abbrannte und als letzte den Betrieb einstellte, dienten alle dem Mahlbetrieb. Die heute noch bekannten Namen sind zumeist den letzten Mühlenbesitzern entlehnt. Das letzte Mühlengebäude, das der Dammmühle, wurde mehrfach umgebaut und 1937 abgerissen.

Die Loschwitzer Mühlen lagen alle rechts am Wege, an der heutigen Grundstraße, die Damm- und die Schneidemühle jedoch zwischen Bach und Weg.

Im Historischen Häuserbuch wurden von Emil Wehnert (→ *Chronisten*) folgende älteste Erwähnungen der Gebäude von Loschwitzer Mühlen niedergeschrieben: Als älteste wurde 1537 die dem Dorfkern am nächsten liegende **Hentschelmühle** genannt. Es folgen 1549 die **Hänselmahlmühle**, 1562 die **Vettermühle**, 1628 die **Hänselschneidemühle**, nach 1688 die **Dammmühle** und 1835 die **Ölmühle**. Anlässlich der amtlichen Besichtigung des Neubaus der Ölmühle bestätigten 1835 Loschwitzer Müller, dass auch oberhalb im Bühlauer Grund noch drei Mühlen betrieben wurden. Die meisten dieser hier genannten Mühlen sind sicher viel älter als ihre erste schriftliche Erwähnung.

Oberschlächtiges Wasserrad mit Gerinne an der Hänsel-Schneidemühle 1870
Foto: A. Kotzsch, Slg. Stadtmuseum Dresden

Es wurden also 1835 insgesamt neun Mühlen durch die natürliche Wasserkraft der Trille angetrieben. Als Energiespeicher war oberhalb jeder Mühle ein Mühlteich angelegt, von dem das Wasser im Mühlgraben zur Mühle geführt wurde, sodass, durch ein Wehr gesteuert, auch bei Wassermangel die Mühle noch eine Weile betrieben werden konnte.

Alle Mühlen hatten »oberschlächtige« Wasserräder. Dabei fließt das Wasser über das Gerinne von oben in die »Zellen« des Mühlrades und treibt durch sein Gewicht Rad und Mahlwerk an.

Eine der ältesten schriftlichen Nennungen der Loschwitzer Mühlen stammt vom ersten Loschwitzer Pfarrer Arnold (1674–1732, → *Chronisten*, → *Kirchgemeinde*). Er schrieb 1710: »Und ob es (das Wasser) gleich keine Fische bey sich führet, so hat es doch zu unterschiedlichen Mahl- und Schneidemühlen gute Gelegenheit gegeben, alß deren vier in dem einigen Loschewiz anzutreffen sind«[1].

Der Zeitzeuge → *Kantor* Friedrich Wilhelm Pohle (1830–1892, → *K1*, → *Chronisten*) schrieb, dass 1883 nur noch drei Mühlen, die Lohmühle in Bühlau und die Dammmühle zu Mahlzwecken sowie die Hänselmühle zum Holzsägen mit Wasser- und Dampfbetrieb arbeiteten und dass schon ein Jahr später nur noch die Dammmühle zu Mahlzwecken und als Bäckerei betrieben wurde.

Über die Lohnmüller erzählt Gottlieb Traugott Bienert (1813–1894), der Müller und spätere bekannte Industrielle aus Eschdorf bei Dresden, in seinen Lebenserinnerungen: »Der Bauer, welcher sein Brod meist selbst buk, brachte gewöhnlich einen Scheffel Korn (104–130 Liter) zur Mühle, und davon empfing der Müller als Mahllohn den sechzehnten Theil oder eine Metze. Man nahm an, daß aus einem Scheffel fünfzehn bis sechzehn Brode werden müssten.«[2] Das heißt, der Mahllohn entsprach einem Brot. Die Müllerfamilien waren arme Leute. Sie wohnten noch 1835 alle im Mühlengebäude mit dem Mühlraum von 20 m^2 bis 40 m^2 und zwei Stuben von 15 m^2 bis 30 m^2 Größe. Für die Berechnung der jährlichen Steuern wurden mögliche Mieteinnahmen von 15 bis 18 Taler pro Mühle festgelegt.

Lage der sechs ehemaligen Loschwitzer Mühlen und ihrer Mühlteiche, Karte um 1902. Verlag Theodor Schuberth, Blasewitz, Slg. Matthias Griebel

Adolf Noether, Loschwitzgrund, 1855/1943, Aquarell
Die Dammmühle von oben (oberhalb des Baches) um 1850.
Heute bewahrt in der Städtischen Galerie Dresden – Kunstsammlung, Museen der Stadt Dresden

Die »Galerie im Buch«

Mit Errichtung einer Glashütte an der Vettermühle begann 1842 das Industriezeitalter im Loschwitzgrund. 1870 wurde im gleichen Grundstück in der Tintenfabrik durch die verwitwete Auguste Agnesa Leonhardi geb. Kotzsch (1808 – 1875) aus Dresden die erste »achtpferdige« Dampfmaschine nebst Kesselhaus im Loschwitzgrund errichtet. Der Dampfkessel war allerdings »untauglich« und musste 1871 durch einen neuen ersetzt werden. Danach folgten Dampfkesselanlagen 1873 in der Hänselschneidemühle, 1884 in der Dammmühle und 1887 in der Brauerei Heydel auf dem Grundstück der ehemaligen Hänselmahlmühle. Es war das »Fabrikviertel« von Loschwitz entstanden, dessen Entwicklung paradoxerweise nur im »schönen Loschwitzgrund«, an der heutigen Grundstraße, gestattet wurde.

Am 17. Juni 1875 wurden durch wolkenbruchartige Niederschläge schwere Zerstörungen in den Mühlengrundstücken verursacht. Vom Loschwitzer → *Baumeister* Theodor Lehnert (1828 – 1910, → *K2*) wurden diese maßstäblich in einen Flurplan eingezeichnet, dem sichere Informationen über die Lokalitäten der Mühlengrundstücke entnommen werden konnten.

Von den ehemaligen Mühlen und den oft nachfolgenden Industrieanlagen mit den sie prägenden Schornsteinen ist heute »kein Stein« mehr vorhanden. Viel Fantasie ist nötig, um sich im engen Talgrund bis hinauf nach Bühlau neun Mühlen, zugehörige Mühlteiche oder auch deren Nachfolgeeinrichtungen vorstellen zu können. (Daher sind die heutigen Adressen in Klammer angegeben).

Die Hentschelmühle als Dreiseitenhof vor 1875. Links hinten das alte Mühlengebäude mit dem Wasserrad. Rechts das Auszugshaus, in dem sich von 1874 bis 1879 die Loschwitzer Kinderbewahranstalt befand. Im Hintergrund der von Hentschel 1808 angelegte Weinberg. Vorn der Loschwitzbach und die Grundstraße. *Foto: August Kotzsch, LfD Sachsen, Slg. K. E. Scherz*

Die Hentschelmühle (Grundstraße 26)
Dem alten Dorfkern Loschwitz am nächsten gelegen war die Hentschelmühle auf dem Grundstück des heutigen → *Leonhardi-Museums*. Der Mühlteich lag vor dem Eingang zum »Ziegengrund« hinter den Häusern Grundstraße 44, 46 und 46a.
Schon vor 1573 wurde für das Grundstück ein Besitzer August Köhler nachgewiesen. Unter den folgenden elf Besitzern taucht der Name Köhler bis 1770 noch viermal auf. Von 1725 bis 1730 hatte ein Johann Friedrich Köhler auch noch die benachbarte bachaufwärts gelegene Vettermühle betrieben.
Nach Köhlers Witwe Eve Catherine erwarb 1785 der heutige Namensgeber, der Müller Johann Gottlieb Hentschel aus Nieder-Zschauitz bei Großenhain, Mühle und Weinberg.

Müllerwappen am Grabstein der Familie Hentschel neben der Kapelle auf dem Loschwitzer Friedhof, 2015 *Foto: Holger Friebel*

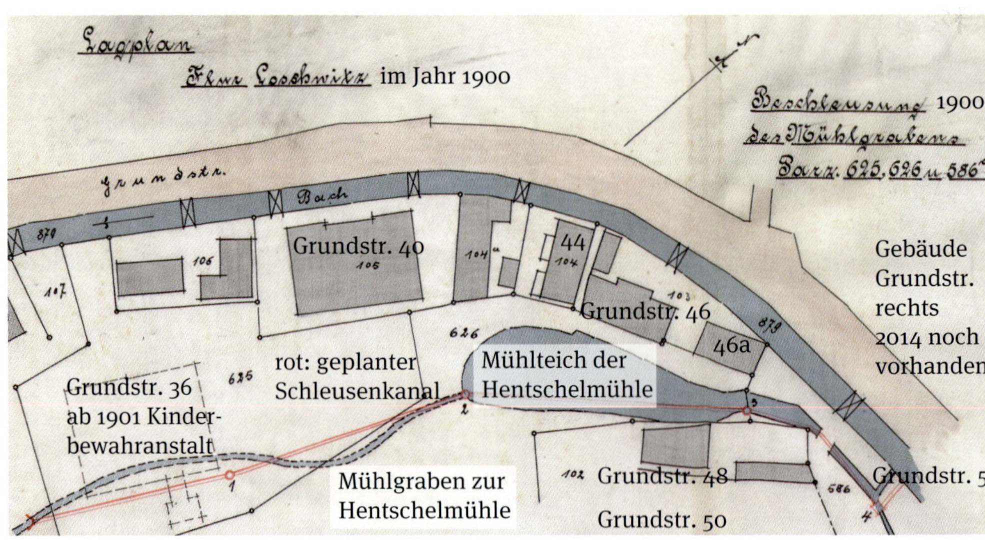

Der Flurplanauszug von 1900 zeigt die Grundstraße mit dem Abzweig des Sandweges nach oben, den Loschwitzbach (Trille), Gebäude, den Mühlteich der Hentschelmühle und den Mühlgraben sowie wegen Geruchsbelästigung dessen geplante Beschleusung. *Stadtarchiv*

Damit wurde die »Dynastie« der Müllerfamilie Hentschel (die Schreibweise variiert) für Loschwitz begründet.

1815 kaufte der gleichnamige Sohn seinem Vater für 1.000 Taler die Mühle ab. 1821 kaufte er noch einige anliegende Grundstücke, »Feld, Wiese, Hochwald und Weinberg«, auf denen auch der Mühlteich lag, für 750 Taler dazu.

Von 1820 ist noch ein Türsturz mit den Initialen »18 IGH 20« – Johann Gottlieb Hentschel erhalten. Und Steine können doch reden!

Noch 1837 bestand die Mühle nur aus einem einzigen Gebäude mit dem Mühlraum von 90 Quadratellen (29 m²) und drei Stuben von 29, 29 und 18 m². Die Hentschels müssen fleißige Leute gewesen sein, denn sie schufen daraus einen stattlichen Dreiseitenhof. Außer der Mühle hatten sie seit 1808 noch Einkünfte aus dem Weinberg. Der Familie Hentschel verdanken wir die Gestalt des heutigen Wohnhauses und die Kultivierung des Berggeländes. Dieses war bis dahin nur an sonnigen Stellen mit Rebstöcken bestanden, ansonsten aber wüst. Der Wert des Anwesens stieg zwischen 1815 und 1874 von 1.000 auf 9.500 Taler.

Das Wasserrad der Hentschelmühle nach dem Wolkenbruch 1875.
Foto: August Kotzsch, LfD Sachsen, Slg. K. E. Scherz

So verarbeitete der lange im Ort lebende Künstler Hermann → Vogel ein Mühlenmotiv aus dem Loschwitzgrund
Slg. Matthias Griebel

1852 erbten die Witwe, Anna Rosine Hentschel geb. Müller, und 1866 deren Söhne Karl Gottlieb, Friedrich Wilhelm und Ernst August das Anwesen. Den Anteil der Tochter Johanne Christiane verh. Hennig kauften sie dieser für 1.000 Taler ab. 1872 starb Ernst August, und seine Brüder übernahmen dessen Anteil.

Am Leonhardi-Museum kann man einen Besitzstein mit folgender Inschrift bewundern: »Dieser Weinberg ist angelegt Anno 1808 und vollendet von dem Meister Johann Gottlieb Haenzschel vorher war dieser Berg ein wüster Hang«. Die Jahreszahl 1808 findet man auch noch heute an zwei Stellen im Mauerwerk.

1874, nach 90 Jahren und noch vor dem großen Wolkenbruch von 1875, endete diese mit dem Verkauf des Grundstücks für 9500 Taler an *Eduard → Leonhardi* (1828 – 1905, *→ K1*), der eine Künstlerherberge einrichten wollte. Von 1874 bis 1879 nahm Leonhardi die in Notlage befindliche Loschwitzer *→ Kinderbewahranstalt* hier im Auszugshaus des Dreiseitenhofes auf. Danach ließ er das Anwesen in die heutige Form des Leonhardi-Museums umbauen.

An der Kapelle auf dem Loschwitzer *→ Friedhof* befindet sich ein stilvoller Grabstein der Familie Hentschel mit dem Müller-Wappen (siehe Abbildung auf der linken Seite).

Die Vettermühle (Grundstraße 60 und 62)
Die Vettermühle lag an der Grundstraße rechts gegenüber den linksseitigen Grundstücken Nr. 55 und 57. Der Mühlteich befand sich gegenüber den Häusern Nr. 59 und 61. Er war 1904 noch vorhanden.

Die auch als Niedermühle bezeichnete Vettermühle lag oberhalb der Hentschelmühle im Gebiet der erst 1547 eingerichteten Amtsgemeinde (*→ s. S. 45*). Da die Mühle aber zur Ratsgemeinde gehörte, muss sie bereits vor 1547 bestanden haben.

Im Häuserbuch sind für dieses Grundstück von 1562 bis 1842 – in 280 Jahren – 23 Besitzer erfasst. Unter den Besitzern waren viele Auswärtige wie z. B. 1587 ein Georgio Lysthenius, Superintendent zu Weißenfels. Wahrscheinlich haben oft Pächter die Mühle betrieben.

1823 erwarb Johann George Vetter, »Mühlbursche aus Zitzschewig« bei Radebeul, die Mühle. 1835 stand nur das Mühlengebäude mit zwei Stuben von 15 und 20 m² und dem Mühlraum von 48 m² Größe. Vetter betrieb die Mühle bis zu seinem Tod 1841. Damit endete die Wassermühlen-Ära. Mühlteich und Mühlgraben wurden für die spätere industrielle Nutzung benötigt und blieben erhalten.

In der Bildmitte der auf ehemaligen Gelände der Vettermühle 1842 errichtete Glashüttenturm an der Tintenfabrik. Im Hintergrund oben die 1856 fertiggestellte Villa Orlando an der Plattleite.
Foto: August Kotzsch, Slg. Stadtmuseum Dresden

Vetters Witwe, Johanne Rosine geborene Jentzsch, verkaufte das Grundstück 1842 an den Tischlermeister und Glasfabrikanten Carl David Heyde aus Dresden, der hier eine Glashütte errichtete. Da er scheinbar das Kaufgeld nicht bezahlen konnte, wurden im Grundbuch unter Schulden zu den schon vorhandenen »307 Thaler – 9 ngr (Neugroschen) – 2 ₰« (Pfennige) eheweibliches Einbringen«[3] von Vetters Witwe 1843 weitere 100 Taler für die Witwe und je 66 Taler und 20 Neugroschen für die Kinder Christiane, August, Rosalie Henriette, Friederike Wilhelmine und Heinrich Ernst eingetragen. Dazu kam noch das Herbergsrecht für die Witwe bis an ihr Lebensende und für die Kinder bis zur deren Verheiratung. Weitere 1.500 Taler lieh Heyde sich von Christiane Henriette, verwitwete Pastor Dillner, geborene Leonhardi, aus Dresden. Er begann insgesamt mit einer Schuldenlast von 2.240 Talern – wahrscheinlich dem gesamten Kaufgeld – den Aufbau seiner Glasfabrik. Da das Haus für ihn kaum nutzbar war, hatte er nur das »Bauland«

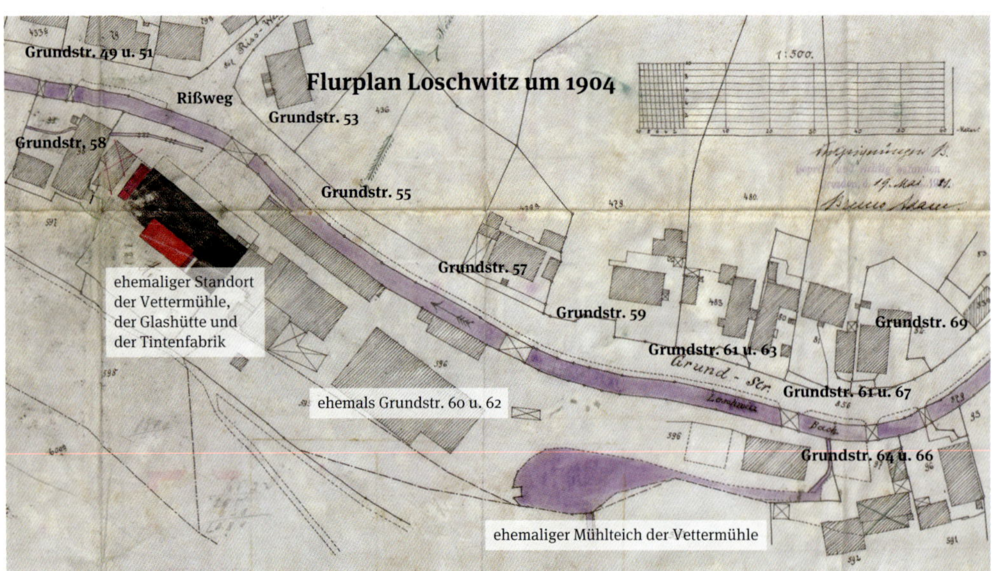

Flurplanauszug von 1904. Lage des noch vorhandenen Mühlteichs der Vettermühle oberhalb der Tintenfabrik Leonhardi. Grundstraße und Loschwitzbach waren schon dicht bebaut.
Stadtarchiv Dresden

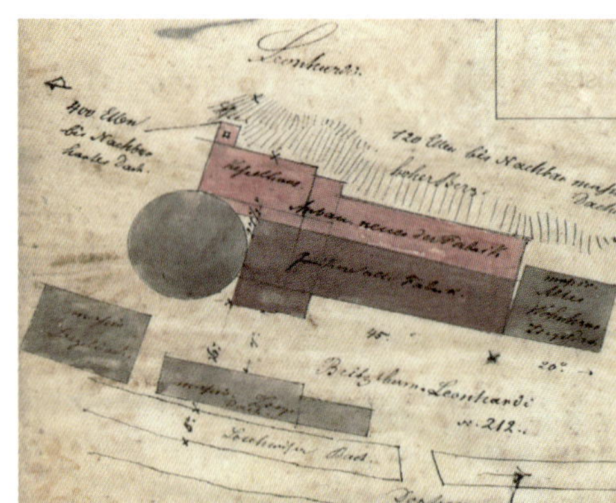

Ehemaliger Standort von Vettermühle und Glasfabrik. Flurplanauszug von 1870 zum Neubau der Dampfkesselanlage für die Tintenfabrik. Grundstraße, »Dorfweg«, mit Einmündung des Rißweges. Rechts im »Alten Wohnhaus« sind Reste des Mühlengebäudes enthalten. Das Rondell des ehemaligen Glashüttenturms wurde noch als »Tintenlager im alten Thurme« genutzt. *Stadtarchiv Dresden*

Unbekannter Künstler, Glasfabrik in Loschwitz, 1844, Bleistift *Städtische Galerie Dresden*

für seine geplante Fabrik erworben, die er wohl nicht sehr erfolgreich betreiben konnte.

Schon 1846 kauften ihm der Chemiker Albert Ernst Cato für 2.475 Taler und der Pharmazierat Heinrich Adolf Schwender aus Dresden das Anwesen ab. Schwender verkaufte 1847 seinen Teil für 2.975 Taler gleich wieder an den Pharmazeuten Otto Gustav Israel aus Lomnitz. 1850 erwarb Friedrich Wilhelm Härtig diesen Anteil von Israel für 3.300 Thaler. Israel und Cato hatten 1842 auch die Glashütte in Scheckthal (Kreis Kamenz), die bis 1906 betrieben wurde, gegründet und diese 1855 ebenfalls an Härtig verkauft.

Zu diesen rund zehn Jahre dauernden Ereignissen schreibt der Zeitzeuge Kantor Pohle 1883, nicht ganz korrekt mit dem Grundbuch übereinstimmend, aber sehr aufschlussreich: An »[...] die halbverfallene Wassermühle [...] wurde ein Hüttenturm angebaut und diente [...] als Glashütte für Weißglasfabrikation. Eine Zeit lang wurde [...] eine Gold- und Silbergekrätzschmelzerei [...] betrieben, bedient von Bergleuten aus Freiberg«[4]. Letzteres wurde wahrscheinlich unter Leitung der Chemiker von 1846 bis 1852 durchgeführt. Dabei könnte es sich um eine frühe Form von »Recycling«, der Rückgewinnung von Gold- und Silberresten aus Schmelzabfällen, gehandelt haben. Denn als »Gekrätz« wird Schlacke einer Metallschmelze bezeichnet, die noch Schmelzbestandteile enthalten kann. Die Schlackeaufbereitung hat sich scheinbar auch nicht lange gelohnt. 1852 wollte Müller Carl Gottlob Fürchtegott Peukert die wahrscheinlich halbverfallene Wassermühle wieder in Betrieb nehmen und kaufte das Grundstück am 12. Februar für 6.300 Taler.

Nur ein tragisches Ereignis oder eine völlige Fehlspekulation kann dazu geführt haben, dass das Anwesen noch im gleichen Jahr weiterverkauft wurde: Am 24. September für nur 3.300 Taler, also mit großem Verlust, an den Kaufmann Christian August Leonhardi (1805–1865). Damit begann die Geschichte der berühmten → *Tintenfabrik Leonhardi*.

1866 erbten die Witwe Auguste Agnesa und der Sohn *Eduard → Leonhardi* die Fabrik. 1876 erbte Eduard noch den Anteil seiner Mutter.

Er kaufte 1888 für 14.000 Mark auch noch das Nachbargrundstück, Grundstraße 62, von Carl Traugott Schuffenhauer, Maurergeselle in Loschwitz.

In diesem Zusammenhang erlangte 1889 der Name Vetter letztmalig Bedeutung. Anlässlich der Vereinigung der Flurstücke mit den Brandkatasternummern 211 und 212 im Grundbuch wurde festgestellt, dass »für eine Frau verwitwete Vetter ein Herbergsrecht eingetragen ist«, das gelöscht werden musste. Frau Vetter war 1870 aus Loschwitz »unbekannt« verzogen und 1877 in Österreich verstorben.

1902 und 1921 wurden für die Tintenfabrik auch die benachbarten Grundstücke Grundstraße 64 und 58 (→ *Amtsschänke*) gekauft.

Tintenfabrik auf dem Gelände der ehemaligen Vettermühle, 1891. Im Gebäude ganz rechts sind noch Teile der ehemaligen Vettermühle enthalten. Vorn die Grundstraße mit der Mauer zum Loschwitzbach. Der Mann mit Melone könnte Eduard Leonhardi sein. *Foto: Slg. Leonhardi-Museum*

Die Schneidemühle im Loschwitzgrund, um 1855, aquarellierte Zeichnung von Ludwig Richter (Ausschnitt)
»Ortsgeschichtliche Sammlung Blasewitz und Umgegend« von Karl Emil Scherz, Landesamt für Denkmalpflege Sachsen, Plansammlung

Die Hänselmühlen (Grundstraße 78 und 82)
Die Hänselmühlen bestanden aus der im Häuserbuch vor 1549 erwähnten Mahl- und der Schneidemühle, auf die es schon aus dem Jahre 1554 einen Hinweis gibt.

Das unmittelbar an der Straße liegende Gebäude Grundstraße 78 beinhaltet noch Teile der Mahlmühle, der Mühlteich lag etwa gegenüber der Tankstelle und der Gebäude Grundstraße 99 und 101. Die Schneidemühle befand sich gegenüber dem Gebäude Grundstraße 105 und deren Mühlteich unmittelbar vor der Ulrichstraße.

Die ältere Hänselmahlmühle lag, wie auch die Vettermühle, im Gebiet der erst 1547 eingerichteten Amtsgemeinde, gehörte aber ebenso zur Ratsgemeinde, da sie vorher schon bestanden hatte.

Im Häuserbuch eingetragene Besitzer waren bereits vor 1549 Mats Roch, 1549 Benedix Reisigk und 1587 Caspar Reisigk, der 1628 auch die Schneidemühle erwarb.

Danach wurden noch fünf Besitzer genannt, bis Gottfried Venus 1731 die Mühle erwarb. 1744 kaufte er auch die Schneidemühle. 99 Jahre blieben beide Mühlen stets in einer Hand, zuletzt im Besitz von Carl Gottlieb Scheibe aus Königstein. 1837 bestand das Mahlmühlengebäude aus zwei Stuben von 26 und 16 m² und dem Mühlraum mit 21 m². Die Schneidemühle war ein reines Funktionsgebäude von 29 m² ohne Wohnräume. 1843 kaufte Johann Gottlob Hänsel aus Schmilka das Anwesen für 2450 Taler. Nach ihm sind die Mühlen benannt. Hänsel betrieb dann bis 1872 mehr als 28 Jahre nur noch die Mahlmühle. Die Schneidemühle verkaufte er 1845 an Samuel Gottlob König für 1.800 Taler.

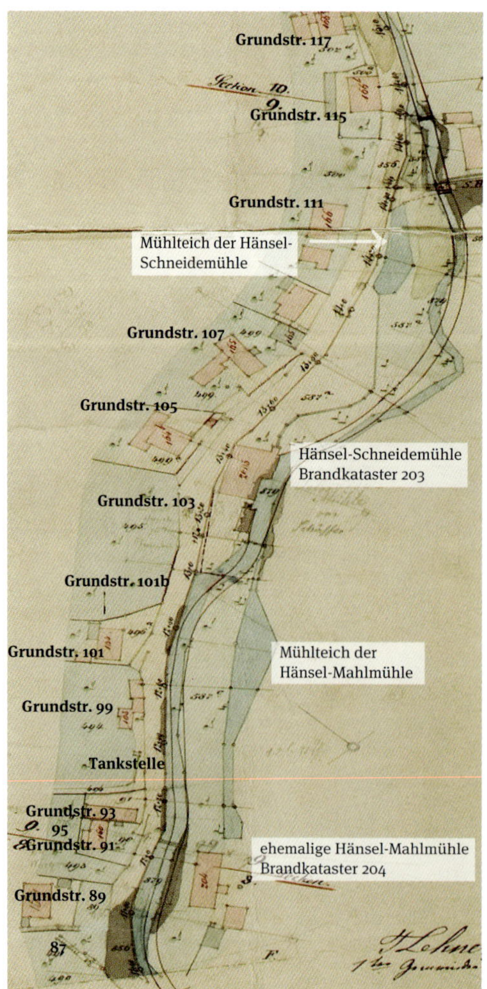

Hänselmühlen. Flurplanausschnitt von 1875. Lage der Mühlengebäude, Mühlgräben und Mühlteiche. Zur Orientierung mit heutigen Adressen an der Grundstraße.
Karte Th. Lehnert, 1875, Stadtmuseum Dresden

Die Hänselschneidemühle um 1870. Auf der linken Straßenseite die Häuser Grundstraße 105 und 107. Foto: August Kotzsch, Slg. Stadtmuseum Dresden

Oskar Pletsch, Die alte Loschwitzer Mühle, wahrscheinlich Hentschelmühle nach 1884, Lichtdruck, Römmler & Jonas
Heute bewahrt in der Städtischen Galerie Dresden – Kunstsammlung, Museen der Stadt Dresden

Die »Galerie im Buch«

Die Mahlmühle (Grundstraße 78)
1872 kaufte Rudolf Schäffer aus Loschwitz von Hänsel die Mahl- und von König die Schneidemühle für insgesamt 10.000 Taler. 1874 richtete er in der Mahlmühle auch eine Schmiedewerkstätte ein.

1879 wurde das Anwesen zwangsversteigert und in Teilen verkauft. Carl Gustav Hänsel, Müller in Radeberg, erwarb für 3.100 Mark ein Grundstück und »trat sein Erstehungsrecht an Johann Gottlob Hänsel in Bühlau ab«[3], der es schon 1880 an den Maurer Christian Friedrich Eidam für 3.325 Mark weiterverkaufte.

Am 4. Januar 1887 erwarb der Schneidemühlenbesitzer Ernst August Weigelt (1857 – 1916, → *Baugewerke und Baubetriebe*) das Grundstück für 9.100 Mark, um es noch im gleichen Jahr am 27. September mit gutem Gewinn an die Handelsgesellschaft S. Wertheimer, Nürnberg, und Carl Adolph Heydel, Braumeister in Bühlau, »nebst einer dazugeschlagenen Parzelle von Weigelt« für 21.000 Mark wieder zu verkaufen. Heydel hatte seine → *Brauerei* in Bühlau wegen Wassermangels aufgeben müssen und richtete hier als neue Existenzgrundlage die Loschwitzer Brauerei mit einer Dampfkesselanlage ein, die aber nur bis 1894 wirtschaftlich betrieben werden konnte. Danach erwarb der »Roheis- und Flaschenbierhändler« Moritz Otto Borsdorf (1853 – 1906) aus Loschwitz das Anwesen.

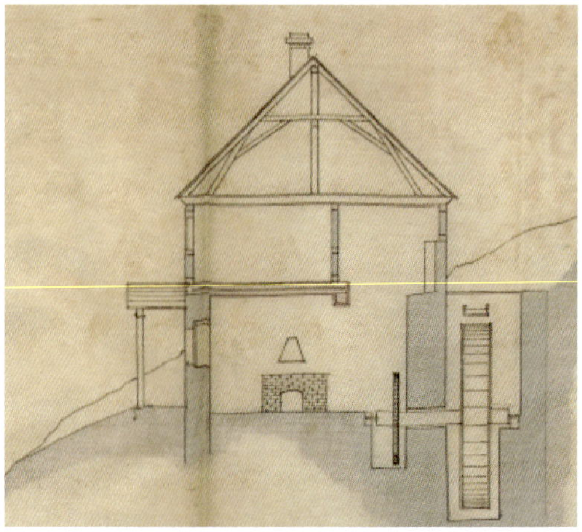

Hänselmahlmühle, 1874. Zeichnung zur Baugenehmigung, um »in der alten Mahlmühle [...] eine Schmiedewerkstätte zu benutzen«. Der linke Teil des Gebäudes ist heute noch vorhanden. Das Wasserrad von 4,8 m Durchmesser war hinter der Mühle unmittelbar am Berghang in Längsrichtung des Gebäudes angeordnet. *Stadtarchiv*

Schneidemühle (Grundstraße 82)
Die Schneidemühle hatte Samuel Gottlob König 1845 für 1.800 Taler gekauft. Schäffer, der 1872 beide Mühlen erworben hatte, ließ hier 1873 eine Dampfmaschinenanlage mit 12 PS Leistung bei 3,5 atm Überdruck einbauen. Die Dampfmaschine stand in dem unteren Raum der Schneidemühle. Brennmaterial war Braunkohle oder Holzabfall. Am 25. August 1875 stellte er einen Antrag zur »Wiederherstellung der durch die Wassercalamität am 17. Juni 1875 zerstörten Anlagen«.

1880 erwarben Joseph Pick u. Co., Holzhändler aus Prag, die Schneidemühle aus der Zwangsversteigerung (s. o.) für 19.500 Mark. Dies war eine Fehlspekulation, denn 1882 wurde die Mühle schon wieder an Ernst Weigelt für 15.000 Mark verkauft.

Im Dezember 1882 beantragte dieser die »Wiederertheilung der Concession [...] für die seit mehr als drei Jahren außer Betrieb befindliche« Dampfkesselanlage für zwei Sägegatter. Hauptgeschäft war das Sägen und Zurichten von aus Böhmen herbeigeflößten Baumstämmen. 1883 begann Weigelt auch eine Kistenfabrikation, wofür er 1885 ein neues Fabrikgebäude errichtete.

Dazu schreibt Pohle 1883: »Gewerbliche und Fabrik-Etablissements gab es früher in Loschwitz nicht. Erst die neuere Zeit hat solche ent-

Die Grundstraße nach dem Wolkenbruch am 6. Mai 1875. Vorn am linken Straßenrand der Dampfkessel aus der Schneidemühle, hinten links das Gebäude der ehemaligen Hänsel-Mahlmühle mit Anbauten, Grundstraße 78. *Foto: August Kotzsch, Archiv Kirchgemeinde Loschwitz*

Thusnelda Scheuffler, Schneidemühle im Loschwitzgrund, 1872, Öl auf Karton auf Pappe *Städtische Galerie Dresden*

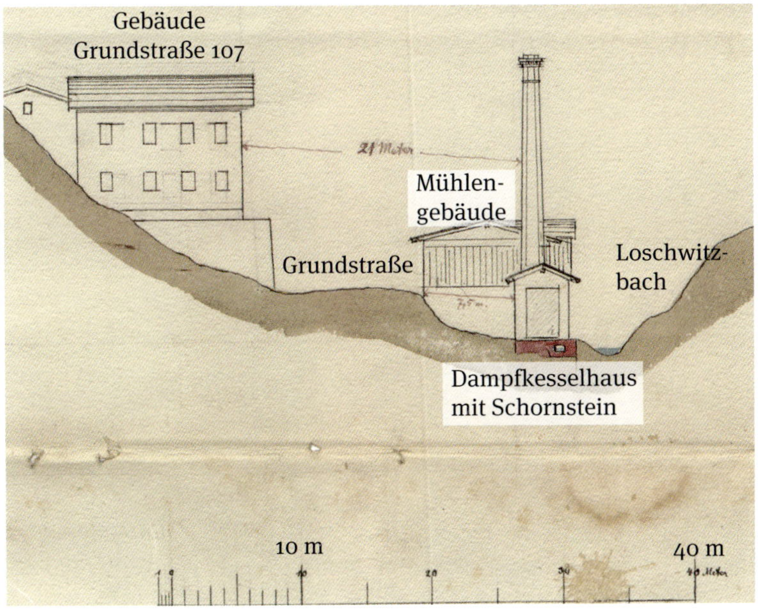

Profil des Loschwitzgrundes 1873. Rechts die Schneidemühle zwischen Grundstraße und Bach. Davor das neue Dampfkesselhaus mit dem 21 m hohen Schornstein. Links oben das Haus Nr. 107. Stadtarchiv Dresden

Die Grundstraße 1920. Links das Schneidemühle hervorgegangene Dampfsägewerk. Rechts das ehemalige Wohnhaus Weigelts, Nr. 103. Oben Häuser an der Sonnenleite Foto: Slg. Matthias Griebel

stehen lassen, die nun auch mit Dampf- und Wasserkraft arbeiten. Eines der ältesten ist das nach seiner Zerstörung durch Wolkenbruch [1875] als ›alte Schneidemühle‹ in verjüngter Gestalt wieder entstandene Sägewerk am ›Schneidemühlenberge‹. Der jetzige Besitzer E. Weigelt betreibt nicht nur blos Brettschneiderei, sondern auch Kistenbau«[4].

Über die Wassermenge im Bach bemerkt 1884 der technische Prüfer: »Der Kessel kommt nur selten in Betrieb, weil in der Regel die Wasserkraft genügt«. 1895 wurde der Dampfkessel nochmals erneuert.

Weigelt war auch als Baumeister tätig. So führte er z. B. in der Loschwitzer Brauerei verschiedene Baumaßnahmen wie Anbauten am Wohngebäude und den Bau einer Veranda an der Gaststätte aus. Wie schon 1887 beim Kauf und Verkauf des Brauereigrundstücks erwarb Weigelt geschäftstüchtig weitere Grundstücke, auf welchen dann Häuser, z. B. Malerstraße 21 und 23, errichtet wurden. Auf dem Grundstück Veilchenweg 28 erbaute er sein neues Wohnhaus, die Villa »Wettin«, das er am 1. April 1900 bezog. Bis dahin hatte er in seinem Haus Grundstraße 103 gegenüber seines »Dampfsäge- und Hobelwerkes« gewohnt.

Ab 1918 besaß Hedwig verwitwete Weigelt das »Dampfsägewerk Ernst Weigelt«. Durch Blitzeinschlag kam es am 6. Mai 1925 zu einem Brand. Das Dampfsägewerk wurde noch bis 1928 im Dresdner Adressbuch geführt.

Die ehemalige Schneidemühle, 1907. Jubiläumsfoto »Baugeschäft, Dampfsäge-Hobelwerk, Ernst Weigelt« (→ Hirsch, Ernst) Foto: Slg. Ernst Hirsch

Die Dammmühlen (Grundstraße 98)
Die oberste und sicher auch die jüngste Loschwitzer Mühle an der Grundstraße vor der Einmündung der Tännichtstraße war unter den Namen »Damm« – bzw. »Nudelmühle« noch lange bekannt, obwohl dort seit 1937 kein Gebäude mehr steht und das von der Trille durchflossene große Gelände mit Bäumen und Strauchwerk bewachsen ist.

Wegen des geringen Geländegefälles musste bei der Mühlengründung zur Aufnahme des Mühlgrabens ein »Wasserleitungsdamm« errichtet werden, um die nötige Fallhöhe zum Antrieb des Wasserrades zu erreichen. Aus dieser Besonderheit entstand der Name »Dammmühle«.

Diese Mühle befand sich genau gegenüber dem heutigen Grundstück Grundstraße 125 und der Mühlteich lag an der Tännichtstraße. Die 1897 erbaute »Eiskellerei« lag gegenüber von Nr. 131. Beide standen, wie auch die Schneidemühle, zwischen Bach und Straße.

Das Mühlengrundstück gehörte bis 1839 zu der erst 1547 gegründeten Loschwitzer Amtsgemeinde.

Von 1628 bis 1846 erfolgten in 218 Jahren nur acht Besitzwechsel. Dagegen wechselten in den nachfolgenden 50 Jahren von 1846 bis 1896 die Besitzer 20-mal für Summen von 1.400 Taler bis 48.000 Mark. Das Mühlenanwesen war offensichtlich für Investoren attraktiv, da eine ständige Wertsteigerung erkennbar war.

Der Dammmüller Carl Christoph Mittag errichtete 1835 ohne Baugenehmigung »auf roher Wurzel« neben seiner schon vorhandenen »Mahlmühle« eine Ölmühle – »14 Ellen lang und 12 Ellen tief [...] von Stein [...] mit Ziegeln gedeckt« und wurde deshalb vom Ortsrichter der Amtsgemeinde, Johann Gottfried Baudisch, beim Justizamt Dresden angezeigt. Beim Ortstermin am 3. November 1835 wurde Folgendes festgestellt: »[...] die Oelmühle liegt [...] von dessen Mahlmühle 7 Ellen [≈ 4 m] entfernt, [...] an den nach Rochwitz gehörenden Büschen, [...] hinter dem Neubau befindet sich der [...] Teich und dessen Damm [...] die Mühle enthält nur das Maschinenwerk zur Oelbereitung, nämlich 1 Wasserrad, 1 Presse, 6 paar Stampfen, und 1 Wärmeofen [...] zur Erwärmung [...] der Saaten [...] Die Gerichtspersonen bemerkten [...], daß sie gegen die Person Mittag's etwas nicht einzuwenden [...] wüssten«.[5] Wegen häufigen Wassermangels wurde eine jährliche Steuer von nur 1 Taler festgelegt.

1837 befanden sich an diesem Standort zwei Gebäude: Die Mahlmühle mit zwei Stuben von 15 m² und 20 m² und dem Mühlraum von 48 m² Größe sowie die 1835 errichtete Ölmühle mit etwa 32 m².

Werbedruck der Firma Eberlin: Die zwischen Grundstraße und Bach liegende Dammmühle. Rechts die 1871 von Edmund Eduard Peter Eberlin in der ehemaligen Ölmühle erbaute »Schmirgel-Fabrik« und der 1864 für die Schmiede erbaute Schornstein *Foto: Slg. Ute Häse*

Als »Nudelmühle« wurde die Mühle 1839 anlässlich der Ersteigerung der oberhalb der Mühle gelegenen Grundwiese für 294 Taler durch den Mühlenbesitzer Müller bezeichnet.

1864 reichte der nunmehrige »Mühlengrundstücksbesitzer« Carl Böthig, der die Mühle 1863 für 1.835 Taler ersteigert hatte, beim Gerichtsamt Dresden eine »Bau-Anzeige« zur Errichtung einer »Feuerungsanlage zum Schmieden« in der ehemaligen Ölmühle ein.

1871 stellte Edmund Eduard Peter Eberlin aus Loschwitz, der die Mühle 1867 für 3.600 Taler gekauft hatte, einen »Bauantrag« an das Gerichtsamt, um eine »Schmorgel-Fabrik« in die Ölmühle einbauen zu dürfen, was mit »Bau-Revisions-Protokoll« vom 3. Februar 1872 zum Abschluss kam.

Dieses Anwesen mit der neuen Fabrik verkaufte er schon am 1. Juni 1872 für 17.000 Taler an den Baumeister Alexander Klönne aus Magdeburg.

Vier Jahre später, am 20. April 1876, kaufte der Rittergutsbesitzer Peter Eduard Eberlin aus Kleinkmehlen für 27.000 Mark das Grundstück, um es mit gutem Gewinn gleich am 2. August wieder für 36.000 Mark an Amalie Auguste Zimmermann zu veräußern.

1877 wurde von Carl Hermann Zimmermann zusätzlich eine »Bäckerei« (Backstube) neben dem Mahlraum eingerichtet.

1881 übernahm dessen Sohn Heinrich Otto die Mühle und verpachtete sie an den Müller und Bäcker Heinrich Naumann. 1884 ließ Heinrich Otto Zimmermann »in der sogenannten

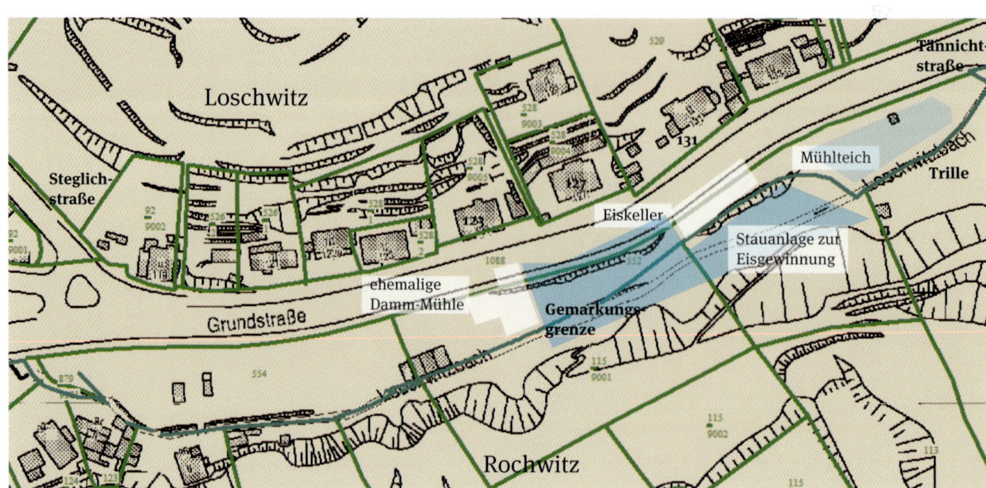

Flurplanausschnitt von 1999 mit den ehemaligen Standorten der Mühle, der Eiskellerei und der Lage des Mühl- und Eisteiches. *Städtisches Vermessungsamt*

Eiskellerei Schramm in der ehemaligen Dammmühle, 1896. Der erste Eiskeller befindet sich unter dem Pferdestall hinter dem Gebäude.

Dammmühle: Im Vordergrund der untere Teil der 1923 errichteten Eisteich-Stauanlage, dahinter die Dammmühle und links daneben die mehrfach aufgestockte ehemalige Ölmühle, Schmirgel- und Nudelfabrik.

Damm – Mühle« anstelle der Ölmühle eine Nudelfabrik mit einem Flammenkessel von 8 m² Heizfläche und einer Dampfmaschine mit 12 PS Leistung einrichten. Damit hatte er sich wahrscheinlich finanziell übernommen, denn die Aktion endete im Juni 1885 mit einem Pfändungsbefehl und der Zwangsversteigerung am 3. März 1886.

Neuer Besitzer wurde der Loschwitzer Müller Eduard Georg Heyn, der das Anwesen 1887 für 27.100 Mark erwarb. Er ließ 1888 einen kleinen Kessel »zum Brezelsieden« einbauen. Auch diese Periode ging schon 1889 über eine Pfändung zu Ende, nach welcher im selben Jahr der Direktor Christian Friedrich Lorenz aus Blasewitz für 48.000 Mark neuer Besitzer wurde. Für die gleiche Summe kaufte ihm schon ein Jahr später Carl Julius Grundmann, Privatus in Niedereinsiedel, das Anwesen wieder ab. Der Mühlenpächter war bei beiden Besitzern Julius Pflicke.

1896 erwarb der letzte private Besitzer, der Eishändler Paul Richard Schramm aus Loschwitz, das Anwesen für 23.400 Mark – wieder nach einer Zwangsversteigerung. Die noch vorhandenen Mühlteiche boten sich zur Eisgewinnung im Winter und zum Eishandel für die Lebensmittelfrischhaltung an. Paul Richard Schramm nutzte das Anwesen 40 Jahre lang – bis 1935. Noch 1896 erhielt Schramm die Genehmigung, eine neue Schornsteinanlage in das vorhandene Wohnhaus und unter dem Pferdestall einen Eiskeller einzubauen.

1897 wurde die Genehmigung zum Anlegen eines weiteren Teiches und der »Eiskellerei« oberhalb der Mühle erteilt. Zur Errichtung des Eiskellers wurde der »alte Damm« eingeebnet. Am 30. Dezember 1897 ereignete sich am neuen Teich ein Dammbruch, der zur Verunreinigung des Baches führte. Die Wasserinspektion meldete aber bereits am 27. Januar 1898: »Damm wieder hergestellt«. Am 8. Oktober 1898 wurde die »Ingebrauchnahme« des Eiskellergebäudes sowie eines Wagenschuppens gestattet, der dann 1905 um einen Stall für vier Pferde vergrößert wurde.

1908 beschwerte sich der Hausbesitzer und Dreher Gustav Heimberger, Grundstraße 127, beim Gemeindevorstand, dass von 3 bis 5 Uhr morgens mit zweirädrigen Wagen an seinem Haus zur Eisverladung vorbeigefahren wird und »jede Nachtruhe dahin ist«, was jedoch von Schutzleuten, Nachbarn und selbst von Heimbergers Mieter Otto Leibiger nicht bestätigt wurde. Trotzdem entwickelte sich daraus bis 1912 ein mehrjähriger Rechtsstreit.

1920 plante Schramm eine »Erweiterung seiner Teichanlagen unter Ausführung einer Staumauer«. Dazu bestätigte der Baumeister Pötzsch, »der Hochwassermenge von 1875, 18 sec cbm (18 m³/s), ist Rechnung getragen«, sodass die »Widersprüche« der Prokuristen der Fabrik August Leonhardi und von Otto Borsdorf abgewiesen werden konnten.

Die Eiskellerei um 1925 inmitten der Stauanlage. Hinten die Mauer vom ehemaligen Mühlteich der Dammmühle, vorn Arbeiter beim Aussägen von Eisblöcken und Einlagern, links das Haus Grundstraße 131, im Hintergrund rechts das Armenhaus Grundstraße 137 (heute »Schweizerhaus«, Wohnhaus und Dentallabor). Fotos (3): Slg. Matthias Griebel

Abbruch der Dammmühle 1936, links das Haus Grundstraße 123, in welchem der Arbeiter Wilhelm Huhle (links) wohnte, rechts Ernst Moritz Grahl, Schuhmachermeister, Grundstraße 86.
Foto: Slg. Matthias Griebel

Nach der 1921 erfolgten → *Eingemeindung* von Loschwitz bestätigte nun das Baupolizeiamt Dresden, dass »am 11. Juni 1923 mit der Bauausführung begonnen werden solle«. Diese zusätzliche Teichanlage diente einer beträchtlichen Erweiterung der Eisproduktion. Sie umfasste das Eiskellergebäude, erstreckte sich bis auf Rochwitzer Flur und reichte an das Wohnhaus, das alte Mühlengebäude, heran. Diese »Stauanlage« war 1932 noch vorhanden, der Eiskellereibetrieb wurde 1935 eingestellt. Seit 1936 befindet sich das Grundstück im Besitz der Stadt Dresden.

Am 5. Januar 1937 erfolgte eine Anzeige durch den Hauptwachtmeister Gebhardt beim Baupolizeiamt, dass der Dresdner Baumeister Paul Mätschke ohne Genehmigung Abbrucharbeiten in der Grundstraße 98 durchführe. Mätschke hatte fernmündlich den Auftrag vom Hochbauamt erhalten, den dazu notwendigen Antrag aber nicht ordnungsgemäß beim Baupolizeiamt gestellt.

In diesem Jahr endete die Geschichte der Dammmühle. Das Grundstück wurde nicht wieder bebaut. Nur auf dem Gelände von ehemaliger Dammmühle und Eiskellerei zeigt sich der Loschwitzbach noch an der Oberfläche. Von der Ausmauerung für die Eisteiche haben sich geringe Reste erhalten.

Helmut Dorschner, Matthias Griebel

Zitate:
1 *Arnold, Johann; Kurtze doch gründliche Beschreibung der von grundauf Neu-erbauten Kirche zu Loschwitz; Handschrift 1710*
2 *Bienert, Gottlieb Traugott; Erinnerungen aus meinem Leben; in: Dresdner Hefte Band 116; Dresden 2013*
3 *Grundbuch im Grundbuchamt Dresden*
4 *Pohle, Friedrich Wilhelm; Chronik von Loschwitz; Dresden 1887*
5 *Erbauung einer Ölmühle zu Loschwitz; in: Sächsisches Hauptstaatsarchiv Dresden, Sign. 10047, Nr. 4550*
Quellen: 66, 110, 420, 824, 884, 1000

Der 2014 immer noch offen fließende Loschwitzbach (Trille) auf dem Gelände der ehemaligen Dammmühle mit Eiskellerei, rechts Mauerreste der Eisteiche. *Foto: Siegfried Großmann*

Mühler, Ernst Alfred; Architekt, Maler und Bühnenbildner (1898 – 1968) → *K2*

Müller, Adolf; Schauspieler (1862 – 1945) → *K2*

Müller, Annemarie; Schauspielerin (1931 – 1963) → *K2*

Müller, Eduard; Architekt und Zimmermeister (? – ?) → *K2*

Müller, Hajo (Hans-Joachim); Sänger (* 1931) → *K2*

Müller, Heidrun; Tänzerin (* 1944) → *K2*

Müller, Horst; Kunsthandwerker und Metallgestalter (1900 – 1993) → *K2*

Müller, Richard

Maler und Grafiker (1874 – 1954)

Richard Müller (→ *K1*) erblickte das Licht der Welt am 28. Juli 1874 in Tschirnitz (heute OT Černýš in Perštein/Tschechien) an der Eger (Ohře). Sein Vater war ein aus Sachsen stammender Handweber, der in der neu erbauten mechanischen Weberei in Tschirnitz Lohn und Brot gefunden hatte. Seit frühester Jugend war Richard ein eifriger Zeichner. Seine wichtigste Lektüre war die damals populäre »Gartenlaube«. Er kopierte daraus viele Bilder. Richard Müller hatte schon sehr früh das seltene Talent, alles was ihm vor die Augen kam, präzise, fast fotografisch zeichnerisch umsetzen zu können. Schon mit 14 Jahren illustrierte er während eines Sommeraufenthaltes in Markneukirchen den Katalog des dortigen Musikinstrumentenmuseums.

Ein Zufall führte den Maler an die königliche Porzellanmanufaktur Meißen. Heinrich Theil, ein Zeichenlehrer der Manufaktur Meißen, suchte vor einem Regen Zuflucht in der Weberei Tschirnitz, dabei entdeckte er das zeichnerische Talent Richard Müllers. Er war so beeindruckt, dass er ausrief: »Der Junge muss Maler werden.« Kurze Zeit später, 1888, erhielt Richard Müller aus Meißen die Aufforderung, einige Zeichnungen einzusenden und bald darauf kam die Nachricht, dass er in die königliche Porzellanmanufaktur aufgenommen sei. Bereits nach einigen Monaten delegierte ihn der Direktor der königlichen Porzellanmanufaktur zur weiteren Ausbildung an die Königliche Akademie der bildenden Künste nach Dresden. Dafür bedurfte es einer ministeriellen Genehmigung, da Müller erst 15 Jahre alt war. Auf Grund seines herausragenden zeichnerischen Könnens wurde er 1890 in die oberste Klasse der Dresdner Akademie aufgenommen. Dort waren seine Lehrer unter anderem Julius Scholtz (1825 – 1893), Johannes Schilling (1828 – 1910), Leonhard Gey (1838 – 1894), Ferdinand Pauwels (1830 – 1904), Robert Diez (1844 – 1922, → *K1*) und Ernst Moritz Geyger (1861 – 1941) sowie später Leon Pohle (1841 – 1908). Nach nur zwei Semestern ging Richard Müller, zusammen mit *Sascha → Schneider* (1870 – 1927, → *K1*), des akademischen Betriebes überdrüssig, vorzeitig ab. Bald beschickte er verschiedene Ausstellungen, stellte in der renommierten Galerie Arnold aus und beteiligte sich an Plakatwettbewerben. Schon mit zwanzig Jahren war Richard Müller ein bekannter und finanziell unabhängiger Künstler. Zusammen mit dem Freund Sascha Schneiderbezog er ein kleines Atelier im Dachgeschoss des Sportkaufhauses Hermann Mühlberg in der Wallstraße.

Richard Müller, Selbstporträt, 1944
Nachlass Richard Müller

Mit 20 Jahren trat er seinen Wehrdienst im sächsischen Leib-Grenadierregiment als »Müller IV« der dritten Kompanie an. Nach einem Jahr wurde er als Unteroffizier entlassen.

Nachdem er Mitte der neunziger Jahre des 19. Jahrhunderts in der Technik der Lithografie experimentiert hatte, wandte sich Richard Müller ab 1896 der Radierung zu. Es entstanden meisterhafte Blätter wie das großformatige »Eva und Adam«, welches ihm 1896 den großen Rompreis sicherte, ein Reisestipendium von 6.000 Goldmark. Im Jahr darauf reiste er zusammen mit Sascha Schneider nach Italien, wo er in Florenz die Inspiration zu seinem Gemälde »Barmherzige Schwester« empfing. Für dieses Gemälde erhielt er 1899 auf der Großen Internationalen Kunstausstellung in Dresden die große goldene Medaille. Zugleich wurde das Bild von der Gemäldegalerie Dresden erworben. In jenen Jahren war Richard Müller als Lehrer in der »Alten Dresdner Kunstschule für Damen und Herren« von Guido Richter (1859 – 1941) tätig.

Im Jahr 1900 wurde er als Lehrer für die Mittelklasse an die königliche Kunstakademie in Dresden berufen. 1903 erfolgte dann die Ernennung zum Professor für Radierung und Zeichnung. 1904 wurde Müller in die Jury der Weltausstellung in St. Louis, USA, berufen.

Durch einen Porträtauftrag lernte Richard Müller 1899 die seinerzeit berühmte amerikanische Konzertsängerin Lillian Sanderson (1866 – 1947, → *K2*) kennen, die er 1900 heiratete. Im gleichen Jahr erwarb er in Loschwitz das Grundstück Hermann-Vogel-Straße 2, wo der Maler *Ludwig → Richter* (1803 – 1884, → *K1*) von 1864 bis 1870 die Sommermonate verbracht hatte. In der Zeit vor dem Ersten Weltkrieg entstanden bedeutende Werke, die Müller zu einem der bekanntesten Künstler Deutschlands machten. Seit seiner Berufung an die Kunstakademie prägte Richard Müller über drei Jahrzehnte die Ausbildung zahlreicher Künstler, vor allem im Zeichnen, wie z. B. Max Ackermann (1887 – 1975), Otto Dix (1891 – 1969, → *K1*) und George Grosz (1893 – 1959).

Im Ersten Weltkrieg war Richard Müller 1914/15 als Zeichner für den Stab in Belgien eingesetzt. Schon 1915 kehrte er wegen Lehrer-

Richard Müller, Wunder der Dressur, 1911, Radierung *Nachlass Richard Müller*

Um die Jahrhundertwende war Richard Müller einer der bekanntesten Künstler in Deutschland. Sein grafisches Werk wurde anfangs vom Symbolismus eines Max Klinger (1857–1920) geprägt, kann aber durchaus auch als ein Vorgriff auf den Collage-Surrealismus Max Ernsts (1891–1976) gewertet werden. Müller gehört zu den Entdeckern der Boden- oder Froschperspektive, wie sie eigentlich erst nach 1945 als gestalterisches Mittel in der Kunst auftaucht. Skurrilität und Phantastik ist bestimmend für sein grafisches Werk. In seinen Gemälden findet sich ein »Weitwinkeleffekt«, den man gewöhnlich nur durch ein Kameraauge wahrnehmen kann. Dieser Effekt, zusammen mit der Bodenperspektive und einer unnatürlichen Nähe zum Bildgegenstand, bewirkt eigenartige, fantastische und nur für seine Arbeiten typische Effekte. Sein Werk kann als ein deutlicher Vorgriff auf den Fotorealismus angesehen werden. Müller, der auf der Basis perfekten handwerklichen Könnens mit all diesen Effekten Jahre vor der eigentlichen »Erfindung« derselben experimentierte, darf durchaus als einer der Väter des »Verismus« und der »Neuen Sachlichkeit« im 20. Jahrhundert betrachtet werden.

mangel an die Kunstakademie in Dresden zurück.

In jener Zeit schuf Richard Müller einige Radierungen, die sich mit Krieg und Kriegsfolgen auseinandersetzten. Den modernen Kunstrichtungen, die nach 1918 verstärkt Platz griffen, konnte er nichts abgewinnen. Er vertrat Zeit seines Lebens den Standpunkt, dass sich ein Künstler nur auf der Basis intensiven Naturstudiums und fleißigen Zeichens entwickeln könne. Unter Kunstrichtungen wie dem Dadaismus, die vom einsetzenden Kunstmarketing intensiv lanciert wurden, litt Richard Müller. In jenen Jahren war er in den Jurys aller großen Kunstausstellungen in Dresden vertreten, wo das ganze Spektrum der seinerzeit existierenden Kunstrichtungen gezeigt wurde. In den turbulenten zwanziger Jahren wurden traditionelle Künstler immer mehr an den Rand gedrängt.

Richard Müller hatte 1933 die Hoffnung, dass die von ihm vertretene Kunstauffassung nun wieder den gebührenden Platz erhielte. Der von Haus aus national eingestellte Sudetendeutsche sah der »neuen Ordnung«, wie damals die meisten Deutschen, mit einiger Hoffnung entgegen.

Richard Müller auf dem Dach der Dresdner Akademie, um 1925
Privatfoto R. Müller, Fotoplatte im Nachlass

Katze am Fenster (Blick von Müllers Haus auf das Elbtal), 1925, Öl auf Leinwand
Nachlass Richard Müller, Foto: Frank Kempe

Porträt Lillian Sanderson, 1899, Kohle/Kreide
Nachlass Richard Müller, Foto: Frank Kempe

1933 wählte das Gremium der führenden Akademieprofessoren, dem auch Otto Dix angehörte, Richard Müller zum Rektor. Als eine der ersten Amtshandlungen als Rektor bekam Müller vom Reichskommissar Manfred von Killinger (1886 – 1944) die Order, Otto Dix zu entlassen. Einige Künstler, die der neuen Richtung künstlerisch oder politisch nicht entsprachen, hatten mit massiven Nachteilen zu kämpfen. Die ideologische Auseinandersetzung zwischen traditioneller Kunstauffassung und dem Expressionismus war in Müllers Fall wohl weniger politisch geprägt, vielmehr Unverständnis der Moderne gegenüber. Im gleichen Jahr wurde Richard Müller von Oberbürgermeister Ernst Zörner (1895 – 1945) in seiner Funktion als Rektor zum Sachverständigen für die Ausstellung »Spiegelbilder des Verfalls« berufen, dem Vorläufer der Ausstellung »Entartete Kunst«. Müller verfasste zur Ausstellung einen verfemenden Artikel im »Dresdner Anzeiger«, in dem er Künstlerkollegen diffamierte, die in den 1920er Jahren mit expressiven oder sozialkritischen Arbeiten Erfolg hatten.

Seit dem Amtsantritt als Rektor gab es zwischen Richard Müller und seinen Vorgesetzten, vor allem dem sächsischen Kultusminister Wilhelm Hartnacke (1878 – 1952), Auseinandersetzungen. Müller setzte sich energisch für die Belange der Dresdner Kunstakademie ein und scheute dabei keine Konfrontation mit seinen Vorgesetzten. Als Müller Hartnacke überging, indem er 1934 eine Denkschrift, in der er dringende Maßnahmen zur Verbesserung des Akademiebetriebes forderte, über seinen Kopf hinweg direkt in Berlin einreichte, wurde er Anfang 1935 vom Dienst suspendiert. Im Mai 1935 erfolgt die vorzeitige Pensionierung. Kurz darauf wurde Müller vom sächsischen Reichsstatthalter Martin Mutschmann (1879 – 1947) mit der Schaffung einer Serie von Zeichnungen, die Hitlers Kindheit und Jugend illustrieren sollten, beauftragt. Die Zeichnungen sollten ein Geschenk für Hitler sein, der sie allerdings nie erhielt.

Sein künstlerisches Werk war schon vor 1933 weitgehend abgeschlossen. Nach seiner Entlassung aus der Akademie schlug er sich mit einigen Auftragszeichnungen und Kalenderillustrationen durch. Gemälde stellte er in dieser Zeit nicht öffentlich aus. Lediglich einige Zeichnungen wurden auf Dresdner und Münchner Kunstausstellungen gezeigt. 1948 wurde Müller der Prozess wegen »Schädigung der Dresdner Künstlerschaft« gemacht, in dem ihm die Mitwirkung an der Organisation der Ausstellung »Spiegelbilder des Verfalls« von 1933 in Dresden zur Last gelegt wurde. Sowohl Fritz Löffler (1899 – 1988), der spätere Biograf von Otto Dix, als auch Paul König, der seinerzeitige Verwalter des Dresdner Stadtmuseums, bestätigten, dass Müller nicht am Aufbau jener Ausstellung beteiligt war. Gegenstand der Verhandlungen war vielmehr der verfemende

Richard Müller, Selbstporträt, 1949, Kohle/Kreide — *Nachlass Richard Müller*

Richard Müller, Fährgut Loschwitz, 1935, Kohle — *Nachlass Richard Müller*

Artikel über die Schau im Lichthof des Dresdner Rathauses. Trotz der berüchtigten stalinistischen Prozessführung jener Zeit wurde Richard Müller von diesem Vorwurf freigesprochen und als »minderbelastet« eingestuft. Er wurde zu einer zweijährigen Bewährungsstrafe ohne Haft verurteilt.

Nach 1948 hatte Richard Müller noch eine kurze produktive Phase, in der etliche kleinformatige Gemälde und Zeichnungen entstanden. Seine Werke wurden in jener Zeit nicht öffentlich präsentiert. Am 7. Mai 1954 starb Richard Müller in seinem Haus in Dresden-Loschwitz. Beigesetzt wurde der Künstler auf dem Loschwitzer → *Friedhof*. **Frank Kempe**

Quellen: 81, 426, 1122, 1233

Müller, Richard (II); Musiker (1837 – 1907) → *K2*

Müller, Richard (III); Gesangspädagoge (1853 – 1917) → *K2*

Müller, Wilhelm; Zahnarzt, Maler und Grafiker (1928 – 1999) → *K2*

Müller-Breslau, Georg; Maler (1856 – 1911) → *K1*

Müller-Kluth, Kurt; Gebrauchsgrafiker (1894 – 1983) → *K1*

Munscheid, Elsa; Malerin (1881 – 1956) → *K2*

Munscheid, Welda; Gesangslehrerin (1859 – 1931) → *K2*

Munzinger-Archiv

Am 24. März 1945 notierte Ludwig Munzinger sen. in seinem »Geleitbuch«: »Ein armes Häuflein verlässt um der persönlichen Freiheit willen die Heimat auf dem Loschwitzberg.«[1] Zwei Tage später schrieb er: »Zuflucht im Schussental bei guten Menschen in Oppeltshofen.«[1] Dazwischen lag eine Flucht auf abenteuerlichen und schreckensvollen Wegen. Das »Häuflein« bestand aus ihm und seiner Frau Cora, der Tochter, die ihren Mann im Krieg verloren hatte, und deren beiden Töchtern, damals ein bzw. drei Jahre alt. Die sonnigen Zeiten, welche die Familie seit 1930 in Loschwitz verbracht hatten, lagen weit zurück.

Ludwig Munzinger sen. (1877 Saarburg – 1957 Ravensburg) hatte 1913 das »Munzinger-Archiv« gegründet. Nachdem er in München und Karlsruhe in großen Zeitungsredaktionen als Redakteur und Chefredakteur gearbeitet und 1910/11 auch den »Dresdner Anzeiger« als Korrespondent in London vertreten hatte, entwickelte er 1913 seine eigene Idee: »Eines Nachts, im Februar 1913, wache ich auf und weiß, was ich tun muss. Ich muss versuchen, für die Masse der deutschen Zeitungen die Möglichkeit zu schaffen, sich bei erschwinglichen Kosten ein Archiv zu schaffen, das ihren Schriftstellern erlaubt, über den gesamten Stoff des abgelaufenen Tagesgeschehens, insbesondere aber auch über die Personalien der ins Licht der Öffentlichkeit tretenden Menschen rasch und zuverlässig nachschlagen zu können.«[1]

Nur wenige große Zeitungsverlage hatten damals schon eigene Ausschnittarchive. Die meisten der über 3.500 Zeitungen arbeiteten noch ganz ohne Archiv. Diesen Kollegen wollte er ein »stets aktuell bleibendes, nie veraltendes publizistisches Zeitlexikon auf losen Blättern«[1] bereitstellen. Am 17. März 1913 wurde die erste Wochenlieferung des »Archivs für publizistische Arbeit« veröffentlicht und bis heute, über 100 Jahre später, bietet der »Munzinger« mit seinen biografischen, länderkundlichen und zeitgeschichtlichen Informationsdiensten Zugang zu verlässlichen Informationen, inzwischen freilich in digitaler Form.

Ludwig Munzinger (sen.) mit seiner Enkelin Cora bei der Gartenarbeit, um 1942
Foto: Slg. Munzinger

Zurück nach Loschwitz in das Jahr 1930. Dorthin war die Familie gerade gezogen und hier verlebten die drei Kinder eine unbeschwerte Jugend. Der Verlag blieb mit Ausnahme einer Verhaftung im Jahre 1934 während der Nazizeit mehr oder weniger unbehelligt. 1936 wurde allerdings das ganze Archivmaterial beschlagnahmt, nach Intervention in Berlin jedoch wieder zurückgegeben. Munzinger stand weiterhin unter Beobachtung des Reichsministers für Volksaufklärung und Propaganda und musste einen Zensor akzeptieren und bezahlen. Immerhin konnte der Betrieb bis in den Februar 1945 aufrechterhalten werden.

Das ursprünglich etwa 11.000 m² große Grundstück an der Plattleite wurde bereits in den 1930er Jahren mehrfach geteilt. Im Familienbesitz blieben bis 1957 ein großes Grundstück am Ende der Weinleite jenseits der Standseilbahn und bis 1986 die Plattleite 16. Die Weinleite 2 wurde enteignet, nach der Wiedervereinigung aber rückübertragen. In diesem Haus hatte die Familie gewohnt und hier wurde auch der Verlag geführt. Auf dem Grundstück hinter der Standseilbahn steht noch heute der sog. »Sonnentempel«, auf dessen Dachterrasse die Angestellten ihre Mittagspause verbringen durften. Eine zusammenfassende geschichtliche Abhandlung »Die Weinleite in Loschwitz – Schicksale eines Loschwitzer Weinbergsgrundstückes durch ein Viertel-Jahrtausend« hatte Ludwig Munzinger sen. 1936 niedergeschrieben. Das maschinenschriftliche Dokument bietet eine wertvolle Quelle zur allgemeinen Ortsgeschichte.

Als die Familie sich nach der Zerstörung Dresdens im März 1945 vor dem drohenden Einmarsch der Russen auf den Weg machte, war der Sohn Ludwig Munzinger jun. (1921 Weingarten – 2012 Ravensburg) als Soldat im Krieg. Ende März 1945 geriet er in amerikanische Gefangenschaft. Im Frühjahr 1946 entlassen, machte er sich auf den Weg in die Sowjetische Besatzungszone, weil er die Familie noch in Dresden wähnte – ein folgenschwerer Fehler, denn dort wurde er von den Sowjets geschnappt und in die Ukraine transportiert, wo er die nächsten dreieinhalb Jahre als Maurer und Bergmann in Kohleminen verbrachte. Ende 1949 wurde er aus der Gefangenschaft entlassen, fand die Eltern in Ravensburg und

Das Haus Weinleite 2 noch mit dem großen, heute nicht mehr vorhandenen Tor, um 1930 *Foto: Martin Herklotz*

Beschlagnahme des »Munzinger-Archivs«, 1936. Der schwere LKW konnte offensichtlich das Tor zur heutigen Weinleite nicht passieren und rangierte deshalb auf der Leonhardistraße. Die brisante Polizeiaktion zu fotografieren war eine mutige Tat des Gärtners Martin Herklotz. *Foto: Martin Herklotz*

setzte sein Jurastudium in Tübingen fort. Als 1957 Ludwig Munzinger sen. starb, übernahm er kurzentschlossen das Archiv und führte es, bis 1985 wiederum sein Sohn in die Geschäftsführung einstieg. Diesem gelang die nicht einfache Umstellung ins digitale Zeitalter: Mit dem »Munzinger Intranet Archiv« brachte er ein System für die größeren Redaktionen heraus, und mit »Munzinger Online« kann man heute in vielen Städten, so auch in Dresden, über die Städtischen Bibliotheken vom heimischen Computer auf die Daten zugreifen.

Cornelia Munzinger-Brandt

Zitate:
1 Nachlass Munzinger
Quellen: 333, 748, 749, 750, 760

Münzner, Eberhard

Diplomingenieur und Denkmalpfleger (* 1937)

Eberhard Münzner Foto: Siegfried Großmann

Eberhard Münzner ist durch seine jahrzehntelange sorgfältige Arbeit als Denkmalpfleger und Chronist eine unverzichtbare Quelle für alle, die zur Geschichte von Loschwitz und dessen Baudenkmälern Erkenntnisse benötigen. Er wurde am 4. Oktober 1937 als Sohn des Technikers Gerhard Münzner (1904–1997) und Margarethe geb. Schwinger (1901–1997) in Dresden-Loschwitz geboren. 1969 heiratete er Renate geb. Hildebrandt (1947–2004).

Nach dem Besuch der 62. Grundschule (→ *Schillerschule*) begann er eine Lehre als Werkzeugmacher im VEB Zeiss Ikon Dresden, die er mit der Facharbeiterprüfung abschloss. Aufgrund sehr guter Leistungen wurde er 1961 an die Ingenieur-Fachschule für Flugzeugbau Dresden zum Abendstudium delegiert, das er 1967 erfolgreich beendete. Bis 1991 arbeitete er als Konstrukteur im Kombinat VEB Pentacon Dresden. In seiner Freizeit dokumentierte er als Mitglied des Fotozirkels seines Betriebes die Historie seiner Stadt. Dabei erwachte sein Interesse an der Denkmalpflege. In das Aktiv für Denkmalpflege des Stadtbezirkes Dresden-Ost wurde er 1967 als ehrenamtlicher Denkmalpfleger berufen. Für diese Tätigkeit qualifizierte er sich im Institut für Denkmalpflege in Dresden in Verbindung mit der Volkshochschule von 1967 bis 1969.

Der VEB Pentacon Dresden wurde 1991 infolge des politischen Umbruchs aufgelöst und alle Mitarbeiter entlassen. Danach gelang ihm ein Neustart mit der hauptberuflichen Anstellung im Denkmalschutzamt der Landeshauptstadt Dresden, wo er bis 2002 als Sachbearbeiter vorwiegend für das Ortsamtsgebiet Loschwitz arbeitete. In dieser Zeit betreute er bedeutende Kulturdenkmale, insbesondere den Wiederaufbau der Loschwitzer Kirche, die Rekonstruktion des Nosseni-Altars, die Rekonstruktion der Schwebe- und Standseilbahn in Loschwitz sowie der Dampfschiffe der Weißen Flotte. Er war beteiligt an der Sanierung der Schlösser Eckberg, Albrechtsberg und Pillnitz, am Komplex der Humaine-Klinik, des Ernemann-Werkes und des Leonhardi-Museums Loschwitz. Nach Beendigung seiner hauptberuflichen Tätigkeit wurde er zum ehrenamtlich Beauftragten für Denkmalpflege der Landeshauptstadt Dresden berufen. Hier unterstützt er vor allem das Amt für Kultur- und Denkmalschutz mit zahlreichen baugeschichtlichen Dokumentationen im Gemarkungsbereich Loschwitz bei seiner Arbeit.

Eine Vielzahl von Veröffentlichungen und Vorträgen über Objekte seines Umfeldes (Loschwitzer Kirche und Friedhof, Weinbaugeschichte, Blaues Wunder, Otto Kotzsch, Sophienkirche, Feuerwehr), aber auch über UNESCO-Welterbestätten in Zentralasien und die Problematik der Umnutzung Technischer Denkmale, beweisen seine bedeutende wissenschaftliche Arbeit. Durch Mitarbeit an der Gestaltung von Ausstellungen und bei Führungen setzt er sein umfangreiches Fachwissen öffentlichkeitswirksam ein.

Für seine Tätigkeit als Denkmalpfleger, Heimatforscher und Chronist erhielt er 2010 den Verdienstorden des Freistaates Sachsen.

Aus familiärer Tradition und enger Verbundenheit mit der Heimat seiner Familie engagierte er sich auch im Erzgebirgsverein, der auf dem Gebiet der ehemaligen DDR nach 1991 wiederbelebt wurde. Als Fachwart für Kunst- und Heimatgeschichte wurde er für seine Beiträge zur Geschichte des Erzgebirges im Jahr 2011 mit dem Goldenen Ehrenzeichen des Vereins ausgezeichnet.

Eine besondere Neigung für die Belange des Feuerlöschwesens begleitet sein ganzes Leben. So arbeitete er 35 Jahre aktiv in der Betriebsfeuerwehr des VEB Pentacon mit und beendete 1991 seine Tätigkeit mit dem Dienstgrad Oberbrandmeister. Umfangreiche Rechercheergebnisse und zahlreiche Bilddokumentationen vermitteln in seinem Archiv ein vollständiges Bild über die Geschichte der Feuerwehr, insbesondere von Loschwitz und Umgebung.

Rolf Friebel

Quellen: 176, 724, 726

Familie Münzner – Gerhard und Margarethe Münzner mit Sohn Eberhard –, auf dem Bücherregal ein Teil der Figurensammlung Foto: Slg. Eberhard Münzner

N

Blick auf die Landschaft des Loschwitzer Elbhangs vom Lingnerschloss, im Vordergrund Schloss Eckberg *Foto: Siegfried Großmann*

Nadherny; Ernst; Schauspieler, Sänger und Regisseur (1885 – 1966) → *K2*
Nadler, Elke; Architektin (* 1943) → *K2*
Natschinski, Gerd; Komponist und Dirigent (1928 – 2015) → *K2*

Naturraum

Elbtal und Elbhang

Das heutige Elbtalgebiet ist geologisch besonders kompliziert gebaut. Es ist schon seit etwa 300 Millionen Jahren immer wieder als geologische Schwächezone wirksam geworden. Vulkanische und tektonische Kräfte trugen ebenso wie Erosions- und Ablagerungsprozesse maßgeblich zur Formung unserer Landschaft bei.

Für das Gebiet des Dresdner Ostens ist besonders die Lausitzer Verwerfung, früher Lausitzer Überschiebung genannt, als Gestaltungsprozess verantwortlich.

Am Ende der Kreidezeit vor etwa 65 Millionen Jahren brachen tektonische Vorgänge eine alte Schwächezone wieder auf und die Lausitzer Granitplatte schob sich südwärts über die Kreidesandsteine. Unter dem ungeheuren Gewicht zerbrach die Sandsteinplatte. In unserer Gegend trat dieser Vorgang zwischen dem heutigen Weinböhla und Pirna landschaftsformend in Erscheinung.

Bis zum Beginn des Tertiärs, das auf die Kreide folgte, war die Verwerfung infolge der Erosion und durch die Eiszeiten weitgehend eingeebnet. Nur in unserem Gebiet hat sich die Verwerfung in Form der rechtselbischen Hänge sichtbar erhalten.

Im Quartär, das vor etwa 2,5 Millionen Jahren begann, kam es zu einer Wiederbelebung der tektonischen Kräfte, die zu einer erneuten geringen Anhebung der Lausitzer Verwerfung führten. Annähernd gleichzeitig begann sich das Erzgebirge ebenfalls als Folge tektonischer Kräfte als Pultscholle schräg zu stellen. Dabei kam es zur Einsenkung des heutigen Elbtalgrabens und das vorher existierende Flussnetz wurde weitgehend umgestaltet. Die Elbe erhielt ihren heutigen Lauf und alle Nebenflüsse richteten sich nach ihr aus.

In den Eiszeiten kamen die Eisströme maximal bis in unsere Gegend; die Moränenablagerungen blieben im Allgemeinen gering. Während der Saale-Eiszeit, die vor etwa 130.000 Jahren endete, lag der Rand des Eises zwar nördlich von Meißen, aber von dieser Seite kam es zu mächtigen Sandeinschwemmungen. Diese bildeten eine breite und mächtige schräge Terrasse, die Heidesand- und Hellerterrasse. In unserem Gebiet zeugen die Sande bei den Elbschlössern und im Bereich des Wachwitzer Rhododendronparks davon.

Da südlich der Elbe wenig Schotter abgelagert und kaum Sande angeweht wurden, entstand nach der Einsenkung infolge der Erzgebirgshebung eine weitere Voraussetzung für die Asymmetrie der Dresdner Elbtalweitung.

»Der Steilhang zwischen Loschwitz und Pillnitz wird von kurzen steilen Tälern, den sogenannten ›Gründen‹ zerschnitten. Wo sie in die Elbe münden, haben ihre Bäche kleine Schuttkegel oder Schwemmfächer angehäuft. Diese bestehen aus Gesteinsmaterial, das in langen Zeiträumen aus dem felsigen Untergrund herauserodiert ist. Ein Großteil des Materials wurde von der Elbe fortgespült. Die verbliebenen Schuttkegel waren die Ausgangspunkte für die Dorfbesiedlung, weil sie etwas Schutz vor dem Hochwasser boten. Diese Erosionsvorgänge dauern bis in unsere Zeit an, wie Schlamm- und Geröllablagerungen auf der Pillnitzer Landstraße nach Unwettern nachdrücklich zeigen. Zwischen Loschwitz und Pillnitz kann man diese Besonderheit unseres Naturraums in einer sanften Berg- und Talfahrt sehr schön erleben.«[1]

In der bis heute andauernden Nacheiszeit kam es zur Eintiefung der Elbe. Es entstanden auf beiden Flussseiten Niederterrassen unterschiedlicher Breite, die auf Grund nachfolgender Überschwemmungen eine Auelehmauflage erhielten. Damit entstand der Hauptsiedlungsraum für die spätere Entwicklung Dresdens, da die Böden eine gute Grundlage für Landwirtschaft und Gartenbau bildeten und somit die Ernährung der Bewohner gesichert werden konnte.

Dieser erdgeschichtliche Werdegang hat in Dresden eine ungewöhnliche Vielfalt landschaftlicher Verhältnisse hinterlassen. Die steilen Elbhänge haben durch ihre Ausrichtung nach Süden/Südwesten mit ihrer intensiven Sonneneinstrahlung die Anlage von Weinbergen und Obstgärten ermöglicht. Die Tallagen waren durch den Kaltluftschutz infolge der Höhenstufe, die die kalten Winde ableitete, ebenfalls begünstigt. Hier entwickelten sich dank der fruchtbaren Böden und des hohen Grundwasserstandes zahlreiche Gärtnereien, die Dresdens Ruf als Stadt der Gartenkultur weit verbreiteten. **Rainer Pfannkuchen**

Zitat:
1 Prescher, Hans; Erdgeschichtliche Streifzüge durch Dresden; in: Heimatkundliche Blätter des Bezirkes Dresdem, Heft 10/11, 1956
Quellen: 56, 827

Geologie

Unsere Loschwitzer Gegend begann sich im Tertiär, also vor etwa 80 Millionen Jahren, zu formieren. Die Lausitzer Granitscholle bewegte sich nach Südosten, schob sich dabei über die angrenzenden Gesteinsschichten – im Dresdner Raum Rotliegendes – und bildete einen Steilabfall, der sich vor 400.000 Jahren durch weitere Bewegungen während der Elster-Eiszeit noch erhöhte. Diese geologische Störung heißt »Lausitzer Verwerfung« oder auch »Lausitzer Überschiebung« und lässt sich vom Böhmischen Paradies bis nach Oschatz verfolgen. Im Dresdner Raum ist diese Überschiebung sehr ausgeprägt und führt mit ihrem etwa 100 m hohen Abbruch auf einer Linie Borsberg – Schloss Wachwitz – Schwebebahn-Bergstation – Luisenhof – Friedensblick – Wolfshügel – Klotzsche – Boxdorf – Spitzhaus – Weinböhla mitten durch Loschwitz.

Im Raum Loschwitz besteht das Gestein aus Granodiorit, einem dem Granit ähnlichen Mineral. Beide bestehen aus Feldspat, Quarz und Glimmer, doch besitzt Granodiorit einen höheren Anteil an Plagioklas (Kalk-Natron-Feldspat) als Kalifeldspat.

In der Saaleeiszeit vor etwa 200.000 Jahren endete die Vereisung nördlich von Dresden. Die abschmelzenden Gletscher verwandelten das Dresdner Elbtal in einen großen Eissee, in dem sich Sedimente absetzen konnten. Außerdem rissen die Schmelzwasser gewaltige Sandmassen mit, die sich unterhalb der Lausitzer Überschiebung zu Sandern anhäuften. Den wohl größten Sander bildet eine Terrasse südlich von Klotzsche mit einem Steilabfall zum Elbtal entlang der Staufenbergallee, der Heller. Dieser Sander, auch »Heidesandterrasse« genannt, setzt sich nach Südosten fort und wird dabei schmaler. Sein Steilabfall folgt einer Linie Waldschlösschen – Saloppe – Elbschlösser – Schevenstraße – Burgberg. Östlich der Grundstraße ist er zunächst äußerst schmal, dann aber im Bereich Kügelgenstraße – Josef-Hegenbarth-Weg und weiter nach Wachwitz wieder deutlich vorhanden.

In der Weichseleiszeit vor etwa 70.000 Jahren wehten starke Winde auf der Lausitzer Scholle und auf dem Sander feinen Flugsand an, der gebietsweise Dünenbildung zeigt und anderenorts mit Sand und Löß durchsetzt ist. Nach der Weichseleiszeit durchströmte die Elbe mit zahlreichen Nebenarmen unser Gebiet, bis sie allmählich ihr heutiges Bett entlang der Lausitzer Überschiebung fand. Mit zahlreichen Überschwemmungen und deren Ablagerungen schuf sie eine Niederterrasse, auf die weitere Hochwasser Tallehm aufbrachten.

Bäche entwässern das Gebiet oberhalb von Loschwitz in Richtung Elbe, folgen dabei geologischen Störungen und haben sich tief in das Gelände eingeschnitten. Wichtigster Bach ist die Trille (→ *Gewässer*), deren Schwemmgut mit einem kleinen Kegel die Elbe etwas nach Südosten abdrängt, sodass Platz für den alten Ortskern entstand. Obwohl der Eisenbornbach im Schotengrund nur wenig Wasser führt, hat sich auch dieser in den Sander bis zum Elbtalgrund eingesägt, während der Mordgrundbach die Elbe über einem heute baulich gefassten Terrassenwasserfall erreicht. Der größtenteils auf Wachwitzer Flur liegende Schumanngraben führt heute nur bei starkem Regen Wasser. **Mario Schatz**

Quelle: 92

Granodioritgestein
Foto: Rudolf Pohl, wikipedia, CC BY-SA 3.0

Das frühblühende Buschwindröschen (Anemone nemorosa) wächst aspektbildend in krautreichen Wäldern, Gebüschen und auf Wiesen. Nachts und bei schlechtem Wetter schließen sich die Blüten. Die schwach giftige Pflanze ist eine alte Heilpflanze, die heute jedoch nur noch selten Verwendung findet. Ihr Kraut wird vor der Blüte geerntet und gegen Rheuma sowie zur Durchblutungsförderung eingesetzt. Foto: Archiv Naturschutz LfULG, Friedemann Klenke

Flora

Bedingt durch die unterschiedlichen geologischen Gegebenheiten (→ *Geologie*), ist die hiesige Vegetation schon immer vielfältig gewesen. Bis zum Beginn des Weinbaus dominierten Wälder auch den Loschwitzer Elbhang und die etwa in halber Höhe sich hinziehende Heidesandterrasse. Auf der durch Anschwemmungen der Elbe entstandenen Niederterrasse waren es Auenwälder, die sich bis zum Elbhang erstreckten und nach Osten an Ausdehnung gewannen.

Auf dem Elbhang und der Heidesandterrasse ersetzten vor etwa 10.000 Jahren zunächst Birken und Kiefern die nach der letzten Eiszeit vorherrschende Strauchvegetation. In deren xerothermer – also warmer und trockener – Vegetation, breitete sich vor allem die Haselnuss schnell aus. Später kamen Erle und Eiche und vor etwa 2.000 Jahren Buche und Fichte hinzu. Mit dem Beginn des → *Weinbaus* am Beginn des zweiten Jahrtausends musste der Wald auch an den Loschwitzer Elbhängen weichen. Nur an den Steilhängen konnte er sich teils bis ins 19. Jahrhundert halten. Kleine Reste zeigen sich noch heute beispielsweise im Ziegengrund, im → *Mordgrund* und vereinzelt in privaten Grundstücken.

Zur Zeit des Niedergangs des Weinbaus im 19. Jahrhundert ersetzten die einstigen Winzer die Weinstöcke durch Beerensträucher und Obstbäume. Stachel-, Johannis-, Erd- und Himbeeren waren ebenso beliebt wie Äpfel und Birnen, besonders jedoch Kirschen, Pfirsiche und Aprikosen. Der im ausgehenden 19. Jahrhundert einsetzende Bauboom setzte dem in den oberen Ortsteilen noch vorhandenen Wald ein baldiges Ende. Den ehemaligen Auenwäldern am Ufer der Elbe war etwa zeitgleich der Anbau von Korbweiden gefolgt.

Heute präsentiert sich der Loschwitzer Elbhang erneut mit kräftigem Baumbestand. Die niedrigeren Obstbäume sind häufig hoch wachsenden Laub- und Nadelgehölzen gewichen. In den sechziger Jahren des 20. Jahrhunderts beseitigte man die Korbweiden, sodass sich die Niederterrasse heute mit Wiesen überzieht, auf denen sich zunehmend eine reiche Blütenflora ausbreitet.

Die südexponierten Steilhänge sind durch warmes, fast kontinentales, die schattigen steilen Seitentäler durch feucht-kühles Klima geprägt. Dies und die unterschiedlichen geologischen Gegebenheiten spiegeln sich auch in einer hohen Artenvielfalt von etwa 660 Moosen, Farn- und Samenpflanzen wider. Infolge der Besiedlung und intensiven Landnutzung sind die Pflanzen heute auf relativ kleine Flächen zurückgedrängt. Dennoch haben sich hier, teilweise sogar in Privatgrundstücken, seltene und hoch gefährdete Pflanzen erhalten, die ein hohes Schutzgut darstellen.

Ziegengrund, um 1940 *Foto: SLUB Dresden, Deutsche Fotothek*

Die Lebensräume der von Mai bis Juni blühenden Pechnelke (Silene [Lychnis] viscaria) sind Eichen- und Trockenwälder, Silikathalbtrockenrasen und wärmebegünstigte Säume. Gelegentlich wird die Pechnelke in Gärten angepflanzt. Foto: Archiv Naturschutz LfULG, W. Böhnert

Nicht alles lässt sich an dem relativ kleinen Gebiet von Loschwitz belegen, sodass der gesamte Bereich bis Pillnitz und Graupa in die Betrachtung einbezogen werden muss.

Die Laubmischwälder an den steilen Südhängen bestehen überwiegend aus Trauben- und Stiel-Eichen, an einzelnen Stellen kommen Rotbuchen vor. Auf Flächen in der Nähe der Felsklippen treten in der Krautschicht wärme- und lichtliebende Arten auf, z. B. Nickendes Leimkraut, Zypresse-Wolfsmilch, Pechnelke und Schwalbenwurz. Selten findet man auch die Astlose Graslilie, die auf grusigem Verwitterungsboden zwischen den Felsen wächst.

In den engen feucht-kühlen Tälern besteht der Wald auf den fels- und blockreichen Hängen hauptsächlich aus Bergahorn und Bergulme. In den unteren Bereichen dominieren Eichen und Hainbuchen den Wald, in Bachnähe kommen noch die Schwarzerle und Esche hinzu. Infolge der niedrigeren Temperaturen kommen hier montane Arten vor, wie z. B. das Fuchssche Kreuzkraut und der Purpur-Hasenlattich. Vor dem Laubaustrieb der Bäume entsteht auf dem Waldboden ein bunter Pflanzenteppich aus Echtem Lungenkraut, Milzkraut, Frühlingsplatterbse, Knoten-Beinwell und anderen Frühblühern.

Trotz der Lage innerhalb einer Großstadt und nahezu flächendeckend besiedelt, haben sich auf dem Elbhang auf naturnahen Restflächen einige botanische Raritäten erhalten: Eine Besonderheit ist die **Wald-Witwenblume** (Knautia dipsacifolia), die auf einem Privatgrundstück im Wachwitzgrund gefunden wurde. Das vom Aussterben bedrohte **Hain-Leimkraut** (Silene nemoralis) kommt noch am Rande eines Eichen-Trockenwaldes in der Nähe der Calberlastraße vor. Die Standortbedingungen für diese Pflanze, trockenwarme, flachgründige Felsgrusböden, sind im Bestand stark rückläufig. Diese Pflanze wurde erstmalig 1806 in Loschwitz nachgewiesen, und sie hat hier möglicherweise ihr letztes aktuelles Vorkommen in Deutschland. Weitere stark gefährdeten Arten

Die ausdauernde, außerhalb der Blütezeit im Mai und Juni wenig auffällige Traubige oder Astlose Graslilie (Anthericum liliago) besiedelt offene oder lichte Standorte. Dazu zählen unter anderem trockene Felsfluren, Gebüschränder, lichte Trockenwälder und Mager- bzw. Halbtrockenrasen. Die Graslilien sollten als guter Nektarspender für Bienen, Schwebfliegen und Schmetterlinge durch gezielte Pflegemaßnahmen erhalten werden. Foto: Archiv Naturschutz LfULG, Friedemann Klenke

Das Europäische Pfaffenhütchen (Euonymus europaea) wird auch als Spindelstrauch oder Rotkehlchenbrot bezeichnet. Die im Mai und Juni erscheinenden hellgrünen Blüten sind wenig auffällig. Dagegen stechen die reifen rosafarbenen Kapseln mit den orangefarbenen Samen im Herbst deutlich ins Auge. Das Pfaffenhütchen ist schwach giftig. Foto: Archiv Naturschutz LfULG, Werner Fiedler

des Elbhanges sind der **Berg-Lauch** (Allium senescens), die **Ästige Graslilie** (Anthericum ramosum) und die **Astlose Graslilie** (Anthericum liliago), die allerdings nur in den östlichen Teilen ab Niederpoyritz gefunden wurde. Zwei ebenfalls stark gefährdete Seggen-Arten, die **Frühlings-Segge** (Carex caryophyllea) und die **Erd-Segge** (Carex humilis), konnten im Pillnitzer Gebiet an der Rysselkuppe nachgewiesen werden. Auf einer sonnenexponierten Wiese in Wachwitz wurde die **Tauben-Skabiose** (Scabiosa columbaria) gefunden, die auf der Roten Liste Sachsens steht. Deren Bestände sind rückläufig, weil die extensive Wiesenpflege nicht mehr regelmäßig praktiziert wird. Die hier aufgeführten Arten waren früher sicher am Elbhang weiter verbreitet, als die jetzigen Fundorte angeben. Es kann auch nicht ausgeschlossen werden, dass im Gebiet von Loschwitz noch die eine oder andere botanische Überraschung wartet, zumal die Privatgrundstücke von den Botanikern nicht immer gründlich untersucht werden können. **Rainer Pfannkuchen**

Quellen: 56, 75, 249, 435, 604, 824

Das Scharbockskraut (Ranunculus ficaria) besiedelt Schlucht- und Auenwälder, Hainbuchen-Eichenwälder, Gebüschsäume und Wiesengesellschaften. Es blüht vor dem vollständigen Blattaustrieb. Scharbock ist der Volksname für die Vitaminmangelkrankheit Skorbut, gegen die das Kraut im Frühling als Salat verzehrt wurde. Foto: Archiv Naturschutz LfULG, Werner Fiedler

Herbstwald am Elbhang *Foto: Ulrich Häßler*

Fauna

Bei der Beschreibung der Fauna (Tierwelt) eines Gebietes muss man beachten, dass die meisten Tiere einen großen Lebensraum haben und sich nicht auf ein begrenztes Territorium, wie z. B. die Gemarkung Loschwitz, beschränken. Die nachfolgenden Aufzählungen enthalten somit auch zeitweilige Gäste und Durchzügler. Grundsätzlich kann vorausgesetzt werden, dass wegen des Strukturreichtums der Uferbereiche der Elbe und des Elbhanges eine artenreiche Tierwelt vorhanden ist. Allerdings ist infolge der Siedlungsdichte mit Störungen und Verdrängungen zu rechnen.

Säugetiere

Von den größeren Arten kommen das Wildschwein, das Reh sowie Fuchs und Dachs vor. In den Waldstücken haben sie ihren Lebensraum und »besuchen« von dort aus die Grundstücke. Besonders die Wildschweine werden durch das Zerwühlen der Gärten und die Rehe beim Abfressen frischer Rosenknospen manchmal zur Plage. Füchse und Dachse leben versteckt und oft weitgehend unbemerkt im Siedlungsbereich.

Ein an seinen Fraßspuren besonders auffälliger Vertreter der Säugetiere ist der Elbebiber. Vor etwa 30 bis 40 Jahren begann der Ausbreitungszug des Bibers von der Mittelelbe flussaufwärts. In Dresden wurden um 1990 die ersten »Biberschnitte« gesichtet. Von Niederwartha bis nach Pillnitz dauerte es nur drei Jahre, bis der Biber an der Elbinsel angekommen war und dort ein dauerhaftes Revier bezogen hat. Bevorzugt halten sich die Tiere in Stillwasserzonen der alten Winterhäfen auf; dort sind auch am häufigsten die angenagten Bäume zu sehen.

Die kleineren Säugetiere wie Eichhörnchen, Steinmarder, Igel und Maulwurf kommen häufig vor und werden teils als willkommene Gäste, teils als Störenfriede betrachtet. Der Maulwurf macht sich oft im Frühjahr durch seine aufgeworfenen Erdhaufen in den Gärten bemerkbar.

Von der großen Gruppe der Kleinsäuger sind die Mäuse und die Fledermäuse zu nennen. Im Territorium kommen acht Mäusearten vor: Brandmaus, Gelbhalsmaus, Waldmaus, Feldmaus, Gartenspitzmaus, Waldspitzmaus, Zwergspitzmaus und Kurzohrmaus. Diese oft recht possierlichen Tierchen sind nur vom Fachmann zu unterscheiden, dem flüchtigen Beobachter sind sie alle gleich.

Zu den Säugetieren gehören auch die Fledermäuse, von denen im Loschwitzer Raum 15 Arten vorkommen. Von diesen »heimlichen

Fuchs mit Beute im Garten am Kotzschweg, 2007 *Foto: Ulrich Häßler*

Honigbiene *Foto: Ulrich Häßler*

Biberfraß an einem Uferbaum am Loschwitzer Hafen *Foto: Ute Häse*

Jägern« – sie fangen in der Dämmerung viele Insekten – ist viel zu wenig bekannt, aber ihr ökologischer Nutzen ist sehr groß. Oft umgibt sie die Aura des Unheimlichen und in früheren Zeiten wurden sie aus Gründen des Aberglaubens gnadenlos verfolgt.

In den Abendstunden des Sommers kann man am Elbufer oft Schwärme dieser Tiere fliegen sehen, wobei der »Große Abendsegler« durch Größe und schwebenden Flug auffällt. Eine ungewollte Berühmtheit hat die »Kleine Hufeisennase« erlangt, die zu den seltensten, in ganz Europa vom Aussterben bedrohten Arten gehört. Deshalb sind nicht nur die Tiere selbst, sondern auch ihre Lebensräume geschützt – damit bekam sie bei dem Streit um die Waldschlößchenbrücke durch die Presse eine so herausgehobene Rolle. Am Elbhang sind mehrere Schlaf- und Überwinterungsplätze dieser Art bekannt.

Amphibien und Reptilien

Am Elbhang kommen fünf heimische Reptilienarten vor: Blindschleiche, Zauneidechse, Waldeidechse, Schlingnatter und Ringelnatter. Die ersten drei Arten ernähren sich vorwiegend von Insekten, Schnecken und Würmern, die sie überall finden können. Die Schlingnatter lebt in alten Weinbergsmauern und Blockhalden unterhalb offener Felsen. Sie ist sehr scheu, kann aber manchmal beobachtet werden, wenn sie sich auf warmen Steinen sonnt. Die Ringelnatter ist hauptsächlich dort zu finden, wo kleine Gewässer und Gartenteiche vorkommen, denn sie ernährt sich hauptsächlich von Fröschen und Kröten.

Das Vorkommen der Italienischen Mauereidechse wird im Kasten rechts beschrieben.

Frösche und Kröten kommen mit sieben Arten vor, wobei zu den häufigsten Arten Teichfrosch, Grasfrosch und Erdkröte zählen. Als Be-

Kröte im Wachwitzgrund Foto: Holger Friebel

Foto: wikipedia

Mauereidechsen

In den ehemaligen Weinberggrundstücken zwischen Grundstraße und Sonnenleite / An der Berglehne, dort »wo Dresden am italienischsten ist«, gibt es eine faunistische Besonderheit, die seit zwei Jahrzehnten die Herpetologen (Amphibien- und Reptilienkundler) sehr stark interessiert. Hier lebt auf den »gefangenen« (kleinen) Grundstücken vorwiegend in den alten Weinbergsmauern eine individuenreiche Population der für unsere Region untypischen Italienischen Mauereidechse (Podarcis muralis nigriventris). Im Jahre 1989 meldete der Elbhangbewohner Rainer König, der bekannte Schauspieler, dem Tierkundemuseum seine Beobachtungen und nach anfänglicher Skepsis konnte von den Wissenschaftlern diese kleine Sensation bestätigt werden. Gründliches Nachforschen und Befragen älterer Anwohner ergaben, dass vermutlich schon seit Beginn des 20. Jahrhunderts diese Tiere am Elbhang lebten. Wie sie hierher gekommen sind, ist nicht belegbar. Vielfach wurden von italienreisenden Naturfreunden solche Tiere mitgebracht und ausgesetzt. Wo sie zusagende Lebensbedingungen vorfanden, siedelten sie sich an und vermehrten sich. Bei dem Loschwitzer Vorkommen gibt es den Verdacht, dass der Architekt Wilhelm Schreitmüller, der ein begeisterter Terrarianer war und öfter bei seinem Bruder, dem Bildhauer August Schreitmüller (1871–1958, → *K1*), in Loschwitz weilte, der Aussetzer dieser Tiere war.

Die Mauereidechsen (Podarcis muralis) sind eine mediterrane Art, und sie kommen in Deutschland natürlicherweise nur im Rheinland und in Baden-Württemberg vor. Zahlreiche Unterarten sind dagegen in Südwest- und Südosteuropa verbreitet.

Die in Loschwitz lebende Unterart Podarcis muralis nigriventris ist dadurch gekennzeichnet, dass die Männchen im Unterschied zu anderen mitteleuropäischen Mauereidechsen recht prachtvoll grün gefärbt sind. Sie besiedeln die ehemalige Weinbaugegend und profitieren dabei von den großen, aus Sandsteinblöcken bestehenden Trockenmauern, deren meist nach Süden gerichtete Fronten sich schon im zeitigen Frühjahr stark erwärmen und gute Sonnenplätze bieten. In den großen Hohlräumen, die sie vor ihrem Hauptfeind, den Hauskatzen, gut schützen, finden die Tiere ideale Plätze zur Jungenaufzucht und gute Nahrungsbedingungen. Die Mauereidechsen ernähren sich hauptsächlich von Insekten, Spinnen und Asseln, aber sie verschmähen auch reife, süße Früchte wie Fallobst und Beeren nicht.

Im späten Frühling legen die Weibchen zwei bis acht pergamentschalige Eier, aus denen nach etwa zwei Monaten die Jungen schlüpfen. Unsere Mauereidechsen kann man mitunter schon an frostfreien sonnigen Wintertagen beobachten, wenn die anderen heimischen Reptilien noch in der Winterstarre ruhen. Das ist sicherlich auf die genetische Prägung aus den Herkunftsländern zurückzuführen.

Gartenspitzmaus *Foto: Sebastian Ritter/wikipedia*

Weinbergschnecken *Foto: Ulrich Häßler*

sonderheit ist noch der Springfrosch zu nennen, der vor etwa 25 Jahren im Gebiet erstmals beobachtet wurde.

Die Gruppe der Molche und Salamander ist mit vier Arten vertreten. Teichmolch und der seltene Kammmolch leben in kleinen Tümpeln. Ein besonders bemerkenswerter Fund wurde in den 1980er Jahren in einem Gartenteich in Oberloschwitz gemacht: ein Vorkommen des Bergmolches, der seinen Lebensraum eigentlich erst in Mittelgebirgslagen oberhalb 400 m hat. Feuersalamander kamen früher häufig vor, da sie feuchte und kühle Standorte in den engen Tälern lieben. Gegenwärtig sind nur Einzelvorkommen im Wachwitzgrund bekannt. Es ist aber nicht ausgeschlossen, dass auch in Loschwitz einzelne Tiere auftauchen.

Vögel

Hier trifft das besonders zu, was eingangs zur Mobilität der Tiere ausgeführt wurde - die Tiere kommen und gehen und sind nicht ständig am Ort zu finden.

Im Elbhangbereich und an den Elbufern sind insgesamt etwa 130 Vogelarten beobachtet und registriert worden. Ein besonderer Konzentrationspunkt ist das »Pappelwäldchen« (→ *Flächennaturdenkmale*), das schon frühzeitig als »Vogelschutzgebiet« die Aufmerksamkeit auf sich zog. Aber für eine große Zahl von Vogelarten stellen die reich strukturierten Grundstücke an den Hängen ebenso wichtige Lebensräume dar. Alle bekannten Gartenvögel kommen vor. Schwankungen in den Beständen sind kein speziell Loschwitzer Problem, sondern werden von Ornithologen generell registriert.

Als Einzelbeispiele seien genannt: Die Mauersegler, die Schnellflieger unter unseren Vögeln, leben an höheren Gebäuden im Dachtraufenbereich. In der kurzen, nur etwa drei Monate dauernden Aufenthaltszeit von Mai bis August, werden die Jungen geboren, groß gefüttert und für den Rückflug in die afrikanische Heimat »trainiert«. In sommerlichen Abendstunden kann man große Schwärme, vergesellschaftet mit den kleineren Mehlschwalben, über der Elbe beobachten.

Eichelhäher *Foto: Ulrich Häßler*

Specht *Foto: Ulrich Häßler*

Die Greifvögel sind mit Turmfalke, Habicht und Mäusebussard in Loschwitz auch als Brutvögel vertreten. Ihr stolzer Flug begeistert jeden Naturfreund. Selten kommen als Gäste einzelne Milane oder Wespenbussarde über das Gebiet geflogen.

Am Elbufer kann man mit etwas Glück den Eisvogel sehen, den »fliegenden Edelstein« unter den Vögeln. Sein Nahrungsangebot ist gesichert, seitdem die wieder saubere Elbe mit vielen Kleinfischen besetzt ist. Andere fischfressende Vögel sind der Graureiher und der Kormoran, die sich langsam und stetig ausbreiten. Da heutzutage der Fischfang an der Elbe nicht mehr als Erwerbsquelle dient, sind Vergrämungs- oder Abschussmaßnahmen nicht nötig.

Ein beeindruckendes Naturerlebnis, das leider nicht von allen Menschen so gesehen wird, ist der alljährliche Winteraufenthalt großer Krähenschwärme, die abends im Pappelwäldchen zum Schlafen einfallen, tagsüber aber zur Nahrungssuche ausschwärmen. Diese harmlosen und dabei so schönen Vögel sollten nicht verfolgt und vergrämt werden, da sie bei uns nur den Winter verbringen, im Frühjahr aber wieder zurück in ihre nordische Heimat fliegen.

Rainer Pfannkuchen

Quellen: 56, 435

Fluss-Barbe *Foto: Gilles San Martin/wikipedia*

Fische

Entlang der Loschwitzer Hänge fließt die Elbe, die im Riesengebirge in der Nähe von Špindlerův Mlýn (Spindlermühle) in Tschechien entspringt und unterhalb von Cuxhaven in die Nordsee mündet. Von der Quelle bis zur Mündung ist die Elbe 1.091,5 km lang.

In Dresden ist die Elbe ca. 100 m breit und bei mittlerem Wasserstand 2 m tief. Sie fließt langsam und im Uferbereich befinden sich ruhige Gewässerabschnitte. Entsprechend der in der Elbe vorhandenen Lebensräume ist der Leitfisch die Barbe.

Die Barbe (Barbus barbus) ist ein karpfenartiger Fisch mit einem langgestreckten, torpedoförmigen Körper. Sie lebt in den strömenden Bereichen der Flüsse in der Nähe des Bodengrundes. Sie besitzt ein unterständiges Maul mit vier Barteln, die sie bei der Nahrungssuche am Bodengrund unterstützen. Die Nahrung besteht aus Würmern, Schnecken und Insektenlarven. Die Barbe kann bis zu 1 m lang werden und bis zu 10 kg Körpergewicht erreichen. Sie laicht im Mai bis Juli über kiesigem Bodengrund. Die Barbe war früher der »Brotfisch« der Elbfischer und ist heute ein beliebter Angelfisch.

Neben der Barbe kommen im Elbabschnitt von Dresden viele weitere Fischarten vor. Diese wurden in einer Vielzahl von wissenschaftlichen Untersuchungen in den letzten Jahren bei Befischungen nachgewiesen. Zu diesen Fischarten gehören unter anderem Aal, Aland, Blei, Döbel, Flussbarsch, Giebel, Gründling, Güster, Hasel, Hecht, Karausche, Karpfen, Kaulbarsch, Nase, Plötze, Quappe, Rapfen, Rotfeder, Schleie, Ukelei, Wels, Zährte und Zander. Hinzu kommt seit seiner Wiedereinbürgerung Ende der 1990er Jahre der Atlantische Lachs, dessen Laichfische jedes Jahr im Herbst wieder elbaufwärts wandern, um in ihre Laichreviere in den Zuflüssen Wesenitz, Sebnitz, Polenz und Kirnitzsch zu gelangen und um dort abzulaichen. An Kleinfischen findet man Bitterling, Moderlieschen und Zwergwels. Der amerikanische Kamberkrebs vervollständigt die Artenvielfalt.

Da es sich bei der Elbe im Bereich Dresden um ein Gewässer ohne Querverbauungen handelt, können sich die vorkommenden Arten frei im Fluss bewegen. Daher unterscheidet sich die Artenzusammensetzung von Untersuchung zu Untersuchung, von Jahreszeit zu Jahreszeit.

Einige Fischarten nutzen die entlang der Elbe vorhandenen Elbhäfen, wie zum Beispiel den Loschwitzer Winterhafen, zur Überwinterung. Im Herbst ziehen sie sich bei sinkenden Wassertemperaturen in die Häfen zurück, um im dort vorhandenen ruhigen Wasser den Winter zu verbringen.

Bis in die 1980er Jahre wurde durch den bewirtschaftenden Anglerverband im Winter in den Häfen, wie zum Beispiel im Loschwitzer → *Hafen* und im Hafen von Prossen bei Bad Schandau, eine Abfischung des Fischbestandes mit Hilfe eines Zugnetzes vorgenommen, um die gefangenen Fische in andere Angelgewässer umzusetzen.

In den letzten 20 Jahren hat sich die Wasserqualität der Elbe in Dresden durch die Reduzierung von Abwassereinleitungen aus den Kommunen, der Industrie und der Landwirtschaft verbessert. Dadurch konnte sich ein stabiler, gewässertypischer und artenreicher Fischbestand ausbilden und durch Eigenreproduktion erhalten. In der Zukunft sollte das Augenmerk darauf gerichtet sein, die Fließgewässerstruktur der Elbe zu verbessern, um die Lebensraumvielfalt zu erweitern.

Stefan Sieg

Quelle: 56

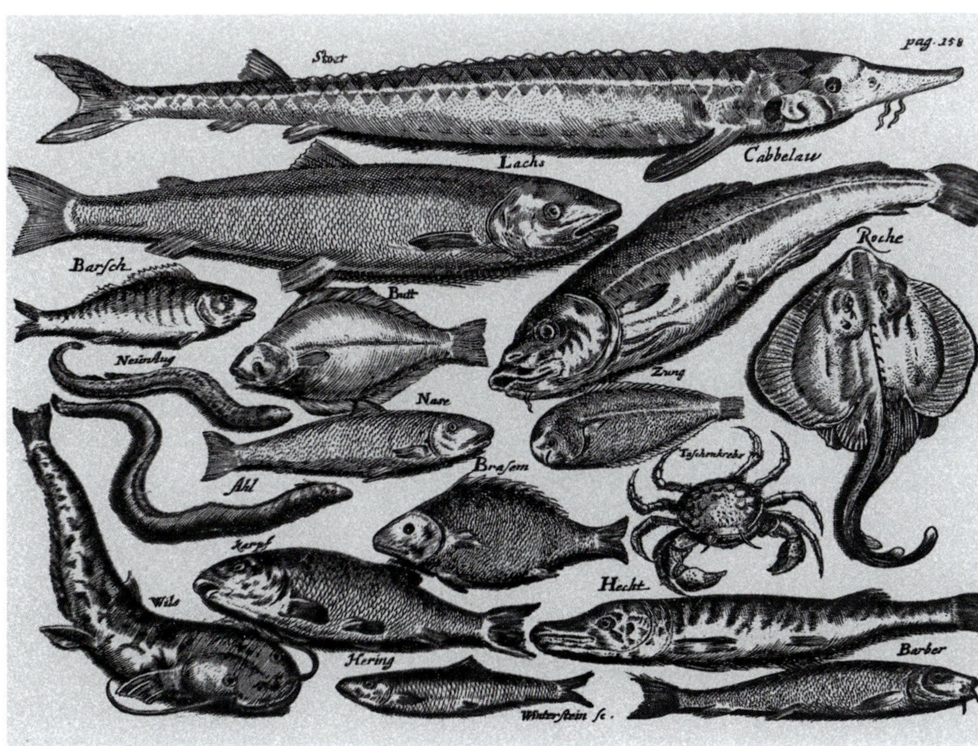

Historische Darstellung von Elbfischen aus einem Werk von Hesselius, 1675

Naturkatastrophen

Hochwasser und Eisgang der Elbe

»Leben am Fluss« – dieser Spruch stand, untermalt mit Fotografien der Überschwemmung, im Schaukasten eines durch das Hochwasser der letzten Jahre gepeinigten Hauses am Loschwitzer Ufer.

Vom 12. bis zum 17. August 2002 erlebte Dresden ein Rekordhochwasser, dessen Ausmaß alles Bisherige übertraf. Weite Teile der Stadt wurden am 12. und 13. August in einer ersten Welle von der Weißeritz, die sich ihr altes, unbegradigtes Flussbett suchte, und dann am 16. und 17. August in einer zweiten Welle noch von der Elbe überflutet. Am 17. August erreichte sie am Dresdner Pegel einen Höchststand von 9,40 Meter. Auch in Loschwitz gestaltete sich das Geschehen dramatisch. Vorausgegangen waren ausgiebige Regenfälle in verschiedenen Teilen Europas durch ein Tiefdruckgebiet namens »Ilse«.

In Loschwitz lief in vielen Häusern der Keller voll, später das Erdgeschoss und teilweise sogar die erste Etage. Mit großen Pumpen wurde versucht, die Ankerkammern des → *Blauen Wunders* trockenzuhalten. Später mussten sie geflutet und die Brücke gesperrt werden. Wasser, Schlamm und Müll wälzten sich durch die Straßen. Heizöltanks barsten und verseuchten das Umfeld. In Dresdner Kirchen und Museen ging wertvolles Gut teilweise unwiederbringlich verloren. Der wirtschaftliche Schaden der betroffenen Gewerbe, insbesondere der Gaststätten in Ufernähe, war nicht abzuschätzen. Das Wasser reichte bis an die Pillnitzer Landstraße und unterspülte sie mancherorts. Straßen und Häuser elbwärts waren zu der Zeit bereits landunter. Am Körnerweg hielt eine Stützmauer der Belastung nicht stand. Sofort begannen erste Aufräumarbeiten. Viele Schäden wurden erst später sichtbar. Aufopfernde Anstrengung, Hilfsbereitschaft und Zusammenhalt der Bewohner am Elbhang und darüber hinaus waren beeindruckend. Benefizkonzerte und überwältigende Spendenaktionen fanden statt, um die Betroffenen finanziell zu unterstützen.

Tiefdruckgebiet Ilse gehorchte einer Wetterentwicklung, die außergewöhnlich ist und als seltene Vb-Wetterlage (Fünf-B-Wetterlage) bezeichnet wird. Die Bezeichnung wird für mediterrane subtropische Zyklone verwendet, die von Südeuropa nordostwärts in Richtung Russland ziehen und sich üblicherweise ihrer nassen Ladung über den Mittelgebirgen entledigen. Diesmal machte Ilse jedoch auf dem Weg von West nach Ost einen ausgiebigen Schlenker zum Mittelmeer, wo sich die warmen Luftmassen voll Feuchtigkeit saugen konnten. Bei der folgenden Überquerung der Alpen kam es zur Abkühlung und zu sintflutartigen Regenfällen.
Es rächte sich die infolge der Umweltverschmutzung verursachte katastrophale Waldsituation mit kranken und abgestorbenen Bäumen in den Kammlagen des Erzgebirges. Der Boden konnte die Wassermassen nicht aufnehmen, Sturzfluten und Schlammlawinen waren die Folge. Die Flüsse, zum Teil in die Elbe mündend, wurden in kürzester Zeit zu reißenden Strömen, die alles mitnahmen, was im Wege stand. Dörfer wurden von der Außenwelt abgeschnitten und mussten evakuiert werden. Das betraf etwa 35.000 Menschen. Sogar Todesfälle waren zu beklagen, in Sachsen über 20. Das Hochwasser von 2002 wird oft als Jahrtausendflut bezeichnet.

Loschwitz am 17. August 2002 – der Scheitel des Hochwassers ist erreicht. *Foto: Feuerwehr*

Auch aus den übrigen Bundesländern und Nachbarstaaten wie Frankreich, Österreich und der Schweiz gingen Spenden ein. Viele Betroffene konnten ihren Geschäftsbetrieb oder ihr privates Tagesgeschäft bereits 2002 wieder einigermaßen geregelt aufnehmen, einige allerdings erst später. Das warf die Frage auf, ob ein stabiler Hochwasserschutz geschaffen werden kann. Vieles ist seitdem verbessert worden, anderes harrt jedoch noch einer Lösung. Im Nachgang der Festsetzung einer vorbeugenden neuen Hochwassermarke von 8,17 Meter im Jahr 2000 durch die Landeshauptstadt Dresden, gegen verständlicherweise erheblichen Widerstand, folgten 2003 und in den Folgejahren weitere Lektionen in puncto Strömungshindernisse, Bebauungspläne und ähnliche. Die bis heute sichtbaren Hochwassermarken an den Häusern und Mauern werden weiter zum Handeln auffordern.

Sommerhochwasser der Elbe waren nach den verfügbaren Aufzeichnungen im Vergleich mit den Winterfluten in der Minderzahl. Allerdings folgte der katastrophalen Flut von 2002 mit einem Pegelstand von 9,40 Meter in Dresden (der Durchschnitt liegt bei ungefähr 2 Metern) bereits 2013 eine Wiederholung mit 8,76 Meter Dresdner Pegel. Erhöhte Pegelstände von 5 Meter infolge der Schneeschmelze sind hingegen keine Seltenheit. Bei extremen Tauwettern werden manchmal 7 Meter erreicht. Das Frühjahrshochwasser 2006 mit 7,49 Meter eskalierte durch hohe Schneelagen in den Mittelgebirgen und schnelles Tauwetter. Es übertraf an manchen Orten an der Elbe sogar die Katastrophe von 2002, kam aber etwas gemächlicher daher, sodass die Schäden insgesamt nicht vergleichbar waren.

Auch in den vorangegangenen Jahrhunderten gab es zahlreiche Hochwasser. Im Jahr der Einführung der Dresdner Pegelmessung erreichte es im August 1501 eine Höhe von 8,57 Meter – umgerechnet auf den heutigen Pegel. Zahlreiche weitere Fluten, zum Teil mit heftigem Eisgang, folgten dieser. Ein weiterer Spitzenwert wurde in Dresden, nachdem die Elbe hier über drei Monate zugefroren war, im Februar 1655 mit 8,40 Meter gemessen. Eine Katastrophe war auch das große Hochwasser nach vorangegangenem Eisaufbruch vom 1. März 1784. »In Loschwitz rettete der damalige

Fährmeister mit vieler Mühe und Gefahr noch seine 2 Fähren und die übrigen Fahrzeuge.«[1] Eine ähnliche Situation herrschte offenbar auch bei der Rettung zweier Schiffer aus Prossen, die im Februar 1799 (Dresdner Pegel 8,24 Meter) beim Eisgang der Elbe in ihrem Kahn mitgerissen worden waren. Glücklicherweise wurden sie durch den nacheilenden Dominik Joseph Herrmann (1772–1818) unter Einsatz seines Lebens gerettet. Sein Sohn *Joseph → Herrmann* (1800 –1869, → *K1*) setzte ihm als Dank für diese Tat später das Joseph-Herrmann-Denkmal (→ *Denkmale*).

Den Höhepunkt aller bis dahin gemessenen Dresdner Pegelstände verzeichnete mit 8,77 Meter die Flut vom 31. März 1845. Da die Regulierungsarbeiten des Flusses noch nicht begonnen hatten, war die in Dresden und seinen Vororten überflutete Fläche um etwa 1/3 größer als 2002. In Dresden stürzte von der Augustusbrücke der Pfeiler mit dem Kruzifix ein. In Loschwitz wurde am stärksten das Haus Friedrich-Wieck-Straße 28 beschädigt; es verlor eine Giebelwand und einen Teil der Hausfront. Das Frühjahrshochwasser 1862 erreichte einen Dresdner Pegel von 8,24 Meter. Ihm folgte am 6./7. September 1890 das seit 1501 erste nennenswerte Sommerhochwasser mit einem Pegel von 8,37 Meter. Erinnert sei auch an das Hochwasser mit Eisgang im März 1940 mit einem Dresdner Pegel von 7,78 Meter. Insgesamt kamen die Frühjahrshochwasser mit trauriger Beständigkeit. Für das 16. Jahrhundert wurden sogar 45 Fluten gezählt. **Achim Jannasch**

Zitat:
1 Pohle, Friedrich Wilhelm; Chronik von Loschwitz; Dresden 1887
Quellen: 8, 74, 95, 280, 348, 349, 351, 356, 824, 894, 971

Blick aus »Königs Weinberg« – Februarhochwasser 1876
Foto: August Kotzsch, LfD Sachsen, Slg. K. E. Scherz

Unwetter

Massive Regengebiete, die sich oft an den Höhen des Elbhanges entluden, führten auch in Loschwitz zu Unwetterkatastrophen.

Am 12. Mai 1844 verwüstete ein »verheerendes Ungewitter« die Weinberge der Elbdörfer (Gedenkstein in Altwachwitz). Am Veilchenweg wurden große Erdmassen abgeschwemmt, welche auch Stützmauern zum Einsturz brachten. Am heutigen Grundstück Veilchenweg 13 erinnert noch ein in die neue Mauer eingelassener Stein der Besitzer von Ryssel mit der indessen verwitterten Inschrift »v. R. 1844« an das Unglück. 1850 verwüstete ein erneuter Wolkenbruch vor allem das Borsberggebiet um Pillnitz.

Am 17. Juni 1875 erlebte Loschwitz ein nie dagewesenes Unwetter. Dessen Hergang und Folgen überliefert an Hand von Zeitzeugen der → *Chronist Otto → Kotzsch* (1880–1967): »Nachmittags zwei Uhr verdunkelte sich der Himmel derart, daß in den Häusern Licht gebrannt werden mußte. Nach sechs Uhr abends prasselte ein Regen nieder, der in wenigen Minuten zu einem Wolkenbruch ausartete. In kurzer Zeit bot der Grund ein Bild trostloser Zerstörung. Das Bachbett hatte die Wassermassen nicht zu fassen vermocht. Wild überfluteten sie die Ufer und schossen stromartig auf der Straße dahin, wobei ganze Straßenteile bis zu 100 Meter Länge in voller Breite und bis zu 5 Meter Tiefe fortgeschwemmt wurden. Alle Stege, die den Bach überbrückten, rissen die Fluten weg; fast alle Bäume wurden entwurzelt. Viel Schaden wurde im Ziegengrund und hinter der Tintenfabrik angerichtet. Besonders schlimm litt die Schneidemühle. Der hohe Schornstein wurde weggerissen, den Dampfkessel rissen die Fluten aus dem Werk, er blieb etwa 100 Meter abwärts liegen. Am Joseph-Herrmann-Denkmal staute sich das abgeschwemmte Material

Neue Brettschneidemühle (Sägewerk) nach Wolkenbruch, 1875 *Foto: A. Kotzsch, Slg. M. Griebel*

des Grundes, wodurch sich das Wasser in zwei Flussarme spaltete, der eine floss im Bachbett und auf der daneben hinführenden Straße, der andere auf der Straße zum Gasthof Demnitz dahin. Die erste Hilfe leistete die Feuerwehr. Am anderen Tage wurde Militär angefordert. Zunächst kamen Grenadiere, die aber infolge Mangels an geeignetem Gerät und Werkzeug auch nicht viel ausrichten konnten. Schließlich wurden Pioniere erfolgreich eingesetzt. In der Nacht vom 19. zum 20. Juni (Sonnabend – Sonntag) setzte erneut starker Regen ein, der manches Wiederhergestellte von neuem zerstörte. Wieder musste die Feuerwehr antreten. Auch am Sonntagnachmittag tat sie Dienst und regelte den Verkehr Schaulustiger. Aus den umliegenden Ortschaften, besonders aus Dresden, kamen Scharen Neugieriger. Zur Überfahrt wurden zwei Fähren und ein Personendampfer eingesetzt. Der Andrang im Unwettergebiet war so stark, dass notdürftig hergestellte Wegebrücken infolge Überlastung zusammenbrachen. Am Vormittag besuchte auch König Albert das Gebiet. Große Verheerungen richtete der Wolkenbruch auch im Gebiet der Kügelgenstraße an. Dort lag der obere Spittelteich. Dieser floss über; sein Wasser riss eine acht bis zehn Meter tiefe und etwa zwölf Meter breite Schlucht und stürzte darin zur Pillnitzer Straße hinab. Zum Glück wurde auch im Loschwitzgrunde kein einziges Haus zerstört. Auch Menschenleben fielen dem Unwetter nicht zum Opfer. Nach dem Wolkenbruch baute man bei Wiederherstellung der Grundstraße dem Bach ein Bett mit Ufermauern. Doch setzte man die Steine nur lose, ohne Mörtel, aufeinander.«[1]

Bergrutsch nach dem Unwetter am 17. Juni 1875: Der zwischen Kügelgenstraße und Joseph-Hegenbarth-Weg gelegene obere Spittelteich brach nach der Pillnitzer Landstraße durch. Die Aufnahme zeigt die Stelle zwischen den heutigen Hausnummern Pillnitzer Landstraße 45 und 47. Oben Villa »Minna«, die beim Unwetter unterspült wurde, sodass später der Turm abgetragen werden musste. Sie steht noch heute, Kügelgenstraße Nr. 4, hieß aber nach der Jahrhundertwende Villa »Theodora«. *Foto: August Kotzsch, Slg. Stadtmuseum Dresden*

Am 12. Juni 1876 setzte eine erneute Regenflut ein, welche die interimistische Bachbefestigung wieder zerstörte und sogar ein Haus (Grundstraße 72) zum Einsturz brachte. Nun erst ließ der Gemeinderat durch den → *Baumeister Theodor* → *Lehnert* (1828 – 1910, → *K2*) das Trillebett mit festen Ufermauern ausführen. Das erfolgte vom 23. April bis 21. Dezember 1877, wie auf einer nicht mehr vorhandenen Tafel im Bachbett zu lesen war.

Am 18. April 1880 ließ ein Unwetter den Loschwitzbach derart anschwellen, dass zwar die Mauern standhielten, jedoch wiederum viele Bachbrücken zu den Häusern weggerissen wurden.

Auch aus dem 20. Jahrhundert sind Unwetterkatastrophen zu vermelden:

Am 20. Juli 1967 kam ein zweistündiger Wolkenbruch mit verheerenden Folgen. Die Tagespresse berichtete: »Entlang der Pillnitzer Landstraße und in den Seitentälern zwischen Loschwitz und Pillnitz bot sich streckenweise ein Bild der Verwüstung. Die Grundstraße war übersät von Pflastersteinen, der Körnerplatz hatte sich in eine Schlammwüste verwandelt. Noch 19 Uhr waren hier die Feuerwehren im Einsatz. Eine massive Fußgängerbrücke, die den von der Grundstraße herabströmenden Bach [die Trille] kurz vor seiner Einmündung in die Elbe überquerte, war in den reißenden Fluten zusammengebrochen. Für die Straßenbahnen war in Loschwitz Endstation. Pendelbusse hielten die Verbindung nach Pillnitz aufrecht«[2]

Am 17. Mai 1984 erfolgte ein nur halbstündiger, aber so heftiger Gewitterguss mit Hagel, dass die Trille die Schleusendeckel hob, das Grundstraßenpflaster teilweise aufgerissen wurde und der völlig verschlammte Körnerplatz für den Verkehr gesperrt werden musste.

Am 13. Juli 1995 trafen die spätnachmittäglichen Regenmassen zwar auch Loschwitz, Pillnitz und das Borsberggebiet, richteten aber vor allem in Niederpoyritz eine Unwetterkatastrophe verheerenden Ausmaßes an.

Am 26. April 2006 verstopften bei einem starken Regenguss Schwemmgut und Unrat den

Als am 20. Juli 1967, nach dem mächtigen Unwetter, einige Gäste im Bräustübel am Dresdner Körnerplatz ankamen, um ihr »kühles Blondes zu zischen«, fanden sie dort statt der üblichen Getränke nur das schwitzende Personal der HO vor, das sich redlich mühte, den mehr als fußhohen Schlamm zu beseitigen, der mit vielem Geröll die Grundstraße herabgespült worden war. Aus, kein Bier. Doch wer nun glaubt das Publikum würde sich schmollend auf den Weg in ein anderes Lokal gemacht haben, der irrt sich. Denn diese Bürger nahmen statt des Glases Eimer und Schippen und halfen »ihr« Bräustübel wieder flottzumachen. Nach einer Zeitungsnotiz von 1967

Trillekanal, sodass die Wassermassen oberirdisch durch den Loschwitzgrund über den Körnerplatz zur Elbe strömten. Die verschlammte Grundstraße wurde von 15.30 bis 20.40 Uhr polizeilich gesperrt.

Es sei noch hinzugefügt, dass auch schwere Stürme unser Gebiet heimsuchten. Erinnert sei nur an den Orkan »Kyrill«, der im Januar 2007 einen ganzen Tag lang wütete. Schäden waren in seinem breiten Durchzugsgebiet auch in der Dresdner Heide zu verzeichnen, sodass diese für eine Woche völlig gesperrt werden musste.

Trillebrücke nach dem Unwetter am 20. Juli 1967 *Foto: Slg. Matthias Griebel*

Auch am Elbhang fielen dem Sturm etliche wertvolle Bäume zum Opfer, darunter ein über 120-jähriges Exemplar am Ludwig-Richter-Denkmal neben dem → *Leonhardi-Museum.*

Matthias Griebel

Zitate:
1 Kotzsch, Otto, Zwei verheerende Wolkenbrüche, maschinenschriftlich
2 Will, Helfenberger Grund heimgesucht; in: Die Union, Juli 1967
Quellen: 196, 200, 441, 615, 824

Bauarbeiten am Bormannschen Grundstück, Grundstraße 66, nach dem Unwetter 1876
Foto: August Kotzsch, Slg. Matthias Griebel

Erdbeben

Sogar kleine Erdbeben wurden durch die Chronisten überliefert, die in den Jahren 1574, 1578, 1590, 1690 und 1705 für Angst und Schrecken sorgten. Auch für die Jahre 1857, 1872 und 1875 wurden sie vermerkt. Ein Zeuge des Bebens von 1590 berichtete, dass »in der Nacht kurz vor 11 Uhr nach Pillnitz zu er ein grausames Krachen gehört«[1] und auf dem Dresdner Schlossturm die Glocke erklungen sei. Auch im November 1911 war ein leichtes Erdbeben, das in Dresden und auch am Elbhang zu spüren war.

Erdstöße, die die Natur nicht unmittelbar zu verantworten hatte, kamen hinzu. So barst am 10. Mai 1945 im Grundstück Schevenstraße 15 eine zum Loschwitzer → *Wasserwerk* führende Hauptwasserleitung. Am nächsten Morgen verursachten die zunächst durch eine Mauer aufgestauten Wassermassen einen von zwei heftigen Erdstößen begleiteten großen Hangrutsch. »Einige tausend Kubikmeter Sand- und Erdmassen mit darauf befindlicher Vegetation wurden in die Elbe gespült.«[2] Sie ergossen sich über den Körnerweg bis in die Elbe. Die Villa Schevenstraße 17 drohte abzurutschen. Sofortige Sicherungsmaßnahmen verhinderten dies. 1946 begann die Beseitigung der übrigen Schäden durch Auffüllen des entstandenen Loches.

Achim Jannasch

Zitate:
1 Pohle, Friedrich Wilhelm; Chronik von Loschwitz; Dresden 1887
2 Zatzkowski, Dieter; Der Hangrutsch; in: EHK 1/2004
Quellen: 824, 1256

Naumann, Charlotte; Malerin und Grafikerin (1880 – 1968) → *K2*
Naumann, Emil; Komponist und Musikschriftsteller (1827 – 1888) → *K1*

Naumann, Johann Gottlieb
Komponist, Dirigent und Kapellmeister
(1741 – 1801)

Johann Gottlieb Naumann (→ *K1*) kam am 17. April 1741 in Blasewitz als ältestes von vier Kindern, dreier Söhne und einer Tochter, der Anna Rosina geb. Ebert (1722 – 1789) und des Johann Georg Naumann (1706 – 1768) zur Welt. Eine besonders innige Beziehung des Knaben entwickelte sich zum Großvater Johann George († 1757), der als Huf- und Waffenschmied auf der anderen Seite der Elbe in Loschwitz auf der Grundstraße (heutige Friedrich-Wieck-Straße 17) seiner Tätigkeit nachging. In Loschwitz war auch der Großteil der Familie Naumann ansässig und bald ging Gottlieb mit seinen Cousins und Cousinen dort zur → *Schule*. In Blasewitz wurde erst 1850 eine Schule eingerichtet. Der Schüler wird als sittsam und gelehrig beschrieben, mit einem eher introvertierten Wesen, das sich an den Schönheiten der Natur erfreuen konnte. In dieser Zeit offenbarte sich auch Gottliebs musikalische Neigung, als er mit dem Vater einem Orgelspiel in der Hofkirche Dresden zuhörte und danach zu möglichst allen Gottesdiensten in der Residenz gehen wollte. Diese Kirche sollte ihn fortan auf seinem Lebensweg begleiten. Günstig für den Musikliebhaber war der Umstand, dass Loschwitz seit 1708 eine Kirche und seit 1753 eine Orgel hatte. Der damalige Schulmeister und Kirchschullehrer Christian Gottfried Müller (1724 – 1760) unterrichtete die Schüler im Singen und spielte auch die Orgel

Johann Gottlieb Naumann
Foto: Slg. Busch

im Gottesdienst (→ *Kirche*). Den jungen Naumann lehrte er auch am Klavier. Der ebenfalls musikalische Vater schaffte für die heimischen Übungen des Jungen ein einfaches Instrument an, das dieser mit großem Fleiß nutzte. 1753 schon durfte der Zwölfjährige unter der Leitung Müllers im Gottesdienst Choräle auf der Orgel spielen. Am Ende der Schulzeit überwogen jedoch wirtschaftliche Überlegungen der Eltern, insbesondere der Mutter, die Gottlieb im Alter von 13 Jahren in eine Schlosserlehre schickten. Der unglückliche Lehrling brach aber die Ausbildung nach kurzer Zeit ab und wurde Schüler an einer der Dresdner Lateinschulen, möglicherweise der Kreuzschule. Das ermöglichte ihm die Fortsetzung seiner musikalischen Ausbildung.

Wegweisend war auch der Umstand, dass 1757 der schwedische Geiger Anders Weström (um 1720 – 1781) in Mutter Naumanns Kaffeeausschank einmal eingekehrt war. Er hatte das Klavierspiel des Jungen begeistert gehört und nahm den nunmehr Sechzehnjährigen als Begleiter und Diener mit auf eine Reise nach Italien. Bald zeigte es sich aber, dass er seinem Zögling nicht wie versprochen zugetan war, so dass dieser in der Fremde auf sich allein gestellt war. Dennoch erreichte Gottlieb, dass er von 1759 bis 1763 dort Unterricht von bedeutenden Musiklehrern erhielt. Das waren u. a. Giuseppe Tartini (1692 – 1770), Johann Adolph Hasse (1699 – 1783) und Giovanni Battista Martini (1706 – 1784). Es entstanden hier auch seine ersten Kompositionen, bspw. die erste Oper »Il tesoro insidiato«, die am Teatro San Samuele in Venedig zum Karneval 1763/64 mit Erfolg aufgeführt wurde. Mit besten Referenzen seiner Lehrer zurückgekehrt nach Sachsen, erhielt Gottlieb Naumann auf Betreiben der Kurfürstin-Witwe Maria Antonia (1724 – 1780) ab 1764 eine Anstellung als Kirchen-Compositeur mit festem Gehalt am Hof in Dresden. Aber bereits im folgenden Jahr reiste er im Auftrage der Kurfürstin für weitere musikalische Studien wiederum nach Italien. 1768 entstand in Palermo sein erstes italienisches Oratorium, das zu den Osterfeierlichkeiten aufgeführt wurde, und er wurde Mitglied in der »Accademia Filarmonica di Bologna«. Allerdings kam im selben Jahr der Ruf der Kurfürstin aus Dresden, für die 1769 geplante Hochzeit ihres Sohnes, des jungen Friedrich August III. (1750 – 1827), mit Amalie von Zweibrücken-Birkenfeld (1752 – 1828) die Oper »La Clemenza di Tito« zu komponieren. Fortan ging Naumann einer geregelten Komponisten- und Lehrtätigkeit in Dresden nach, wodurch er seine Eltern und Geschwister

»Waschfrauen auf dem Weg zu Vogels Dampfwaschanstalt«, schrieb ein Chronist vor 100 Jahren unter diese Zeichnung, auf der hinter der Gartenmauer das Palais Naumann zu sehen ist.
Slg. Wolfgang Wahrig

Das Naumannsche Palais von Westen.
Foto: Slg. Scholz

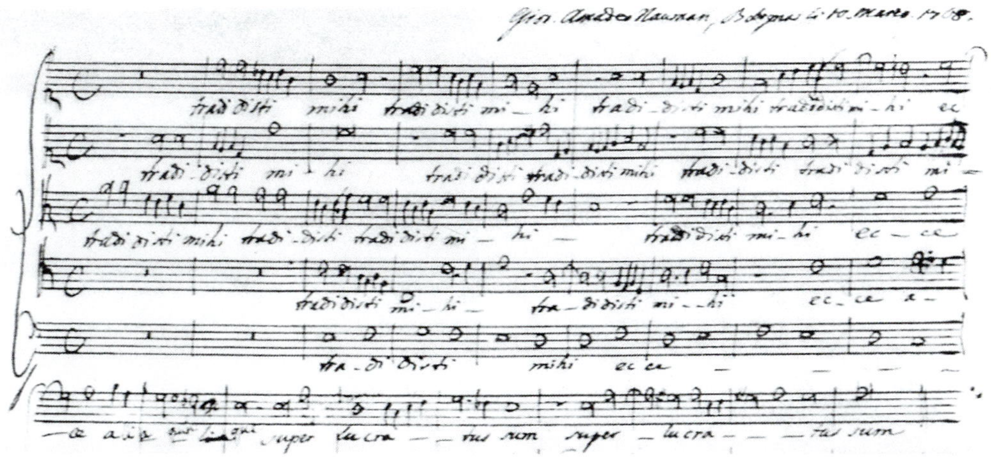

Antiphon »Traditisti mihi«, komponiert anlässlich der Aufnahme in die »Accademia Filharmonica di Bologna« (Ausschnitt) *Repro: Slg. Busch*

finanziell unterstützen konnte. Auch wurde er Freimaurer. 1772 bis 1774 folgte eine dritte Reise nach Italien. In dieser Zeit entstanden fünf weitere Opern durch Aufträge aus Venedig und Padua, die mit großem Erfolg aufgeführt wurden und den Komponisten weithin bekannt machten. Es folgten gut dotierte Angebote, bspw. aus Berlin von Friedrich II. dem Großen (1712 – 1786), die Naumann aber in Dankbarkeit gegenüber seiner kurfürstlichen Gönnerin in Dresden ablehnte.

In die Heimat zurückgekehrt, wurde er 1776 Dresdner Hofkapellmeister. 1777 folgte eine Einladung des Königs Gustav III. (1746 – 1792) an den schwedischen Hof, wo Naumann an der Gestaltung der Königlich Schwedischen Oper und deren Hofkapelle mitwirkte. Dort entstand auch die erfolgreiche Oper »Gustav Wasa«, die lange Zeit als schwedische Nationaloper gelten sollte. 1884 holte Sachsen den begehrten Komponisten wiederum zurück, indem er in Dresden einen gut dotierten Vertrag auf Lebenszeit

»Es hat mir immer geschienen, als könne solche Melodien nur ein wahrhaft guter Mensch ersinnen und wie er es thut, festhalten und fortführen. Es ist, als läge ihm gar nichts daran, selbst zu gelten, sondern nur die Sache geltend zu machen. Darum, wie sehr mich auch gute Musik anderer, neuer Meister reizt, spannt, mitunter entzückt: mein Gefühl wird von keiner anderen eben in der Art, wie von der seinigen bewegt, und keine hallt auch so lange in mir nach. Gebe ich mich ihr ungestört hin, so stimmt sie mich allemal so, dass ich Freude machen, etwas Gutes thun möchte. Das kann ich anderer Musik nicht in dem Grade nachrühmen.«

König Friedrich Wilhelm II. von Preußen (1744 – 1797) über Gottlieb Naumann[1]

erhielt. In seinem von ihm ab 1776 erbauten stattlichen Haus in Blasewitz gingen bedeutende Besucher ein und aus. Neben der Kurfürstin war die gräfliche Familie von Brühl zu Gast, ebenso wie Mozart (1756 – 1791) und wahrscheinlich auch Schiller (1759 – 1805). Dennoch war Gottlieb Naumann weiterhin auch auswärts als Gastdirigent und Opernkomponist tätig, wie bspw. in Kopenhagen (1785/86) und in Berlin (1788/89). Während seines Aufenthaltes in Dänemark – er wurde vom kurfürstlichen Hof für einige Zeit beurlaubt – baute er die Kopenhagener Hofkapelle neu auf, indem er talentierte Musiker aus Deutschland holte und sich um den dänischen Nachwuchs kümmerte. Es entstand die Oper »Orpheus« in dänischer Sprache, mit der er große Erfolge feierte. Für das Königshaus in Preußen komponierte Naumann die erfolgreiche Oper »Medea«, später die Oper »Protesilaos«. Bei seinen Besuchen in Berlin lernte er auch die Singakademie kennen und wünschte sich einen solchen Chor in Dresden. Die »Dreyßigsche Singakademie« wurde dort allerdings erst nach Naumanns Tod gegründet.

Während er im Ausland als Opernkomponist große Anerkennung genoss, spürte er in Sachsen nicht die Wertschätzung, die ihm gebühren sollte. Er liebäugelte mit einem weiteren Angebot der Dänen, blieb aber letztendlich Dresden treu, nachdem ihm am Hofe eine bedeutend höhere Besoldung und Zugeständnisse in seinen dienstlichen Verpflichtungen zugesichert wurden – die Anerkennung seiner Arbeit.

In Dänemark hatte er auch Catharina Magdalena von Grodtschilling (1764 – 1838), Tochter eines Vizeadmirals, kennengelernt, die er im Jahre 1792 ehelichte. Aus der Verbindung gingen vier Kinder hervor, u. a. der Mineraloge Carl Friedrich Naumann (1797 – 1873) und der Mediziner Moritz Naumann (1798 – 1871). In den kommenden Jahren begannen gesundheitliche Schwierigkeiten. Eine zunehmende Schwerhörigkeit bedingte den Rückzug des mittlerweile hochgeschätzten Komponisten aus dem öffentlichen Musikleben. Johann Gottlieb Naumann starb am 23. Oktober 1801 in Dresden an den Folgen eines Schlaganfalls. Sein Grab ist auf dem Eliasfriedhof in Dresden zu finden.

Obwohl der Künstler hunderte von Werken komponierte, insbesondere Opern, Oratorien sowie Kammer- und Kirchenmusik, ist er als Reformator des Musiklebens in Schweden und Dänemark wesentlich bekannter als in Deutschland. Nach seinem Tode geriet sein Name hier weitgehend in Vergessenheit. Erst im 20. Jahrhundert wurden seine Werke wiederentdeckt und aufgeführt. Trotzdem zählt Gottlieb Naumann als letzter Repräsentant der italienischen Oper in Deutschland zu den bedeutendsten Musikerpersönlichkeiten Dresdens und zu den angesehensten Komponisten der europäischen Musik des 18. Jahrhunderts.

Die 1995 gegründete Johann-Gottlieb-Naumann-Gesellschaft hat sich die Aufgabe gesetzt, die gewaltige Hinterlassenschaft des Komponisten aufzuarbeiten. Denkmale und Gedenktafeln, wie die am ehemaligen Rathaus Blasewitz oder im Seifersdorfer Tal, ehren den Musiker. In Blasewitz trägt auch eine Straße Naumanns Namen. **Achim Jannasch**

Zitat:
1 Friedrich Wilhelm II. von Preußen in Nestler, M. J.: Der kursächsische Kapellmeister Naumann aus Blasewitz – eine Darstellung seiner Lebensschicksale, Dresden 1901
Quellen: 94, 713, 774, 927, 1266

Naumann-Stele, entworfen vom Loschwitzer Künstler Detlef Schweiger mit abgebildetem eigenhändigem Namenszug des Komponisten *Foto: Siegfried Großmann*

Hermann Naumann, 2014. Foto: Helga Luzens

Naumann, Hermann

Maler, Grafiker und Bildhauer (* 1930)

Max Martin Hermann Naumann (→ *K1*) wurde am 14. Februar 1930 in Kötzschenbroda (seit 1935 zu Radebeul) geboren. Die Eltern, Martha Naumann geb. Haase und Max Naumann, betrieben seit 1923 auf ihrem Grundstück die erste elektrische Wäscherei der Niederlößnitz. Sie ließen Hermann und seinen beiden älteren Brüdern eine humanistische und antinazistische Erziehung angedeihen. Nach dem Besuch der Volksschule in Radebeul-West wechselte Hermann mehrfach die Schule: 1940 zum Wettiner Gymnasium Dresden, 1942 zur privaten Müller-Gelinek-Schule, welche als Refugium für Gegner des Naziregimes in Dresden galt, und, da die Eltern einen Angriff auf Dresden fürchteten, 1944 zum Radebeuler Realgymnasium.

1946 brach Naumann die Schule ab, begann eine Steinbildhauer-Lehre in Radebeul-West und kurz darauf eine Privatausbildung als Plastiker im Atelier des Bildhauers Burkhart Ebe-Kleinecke (1881 – 1949). Die Aufnahmeprüfung an der Kunstakademie bestand er, doch hätte er, wegen der älteren, bevorzugt immatrikulierten Kriegsheimkehrer, noch zurückgestellt werden müssen. So viel Geduld wollte er nicht aufbringen. Er folgte der Empfehlung Ebe-Kleineckes, ins → *Künstlerhaus* zu Herbert Volwahsen (1906 – 1988, → *K1*) zu gehen, dessen künstlerische Haltung durch die zwanziger Jahre geprägt war und der in seinem Studienatelier Schüler ausbildete. Mit dieser Entscheidung verstand es Naumann, aus der Not eine Tugend zu machen.

Ohne Ersparnisse musste er den dreijährigen privaten Werkstattunterricht mit der Verrichtung von Dienstleistungen verdienen: Er fegte, wischte, hackte Holz und stand morgens um sechs in Radebeul auf, damit der Lehrer gegen zehn das Atelier beheizt vorfand. Die verbleibende Zeit nutzte Naumann, um sich in anderen Ateliers aufzuwärmen, um Freundschaften und Bekanntschaften zu schließen. Mit Kurt Schütze (1902 – 1971, → *K1*) und *Hans → Jüchser* (1894 – 1977, → *K1*) fachsimpelte er über maltechnische Fragen und Heinz Auerswald (1891 – 1974→ *K2*) führte ihn in grafische Techniken ein. In Volwahsens Bibliothek fand er Weltliteratur wie Franz Kafka (1883 – 1924, → *K1*), Gerhart Hauptmann (1862 – 1946, → *K1*) und Gottfried Benn (1886 – 1956), die für seinen künstlerischen Weg ebenso wichtig wurde wie die Kunstlektüre von der Antike bis zu El Lissitzky (1890 – 1941). Lehrmodellen des Bauhauses folgend, orientierte sein Lehrer auf Kugel, Kubus, Röhre, Senkrechte und Diagonale als die geometrischen Grundelemente der Form. Dieser abstrakte Ansatz, meint Naumann, lehrte ihn »die Anatomie der großen Kunst«.

Rückblickend meint er, dass seine »Privatakademie im Künstlerhaus« eine tatsächliche akademische Ausbildung mehr als ersetzte: Sie schloss an die Kunstentwicklung vor 1933 an und folgte der Moderne in eigener Spielart, ohne der allgemeinen Politisierung der Kunst folgen zu müssen. Mit anerkanntem Abschluss fand er 1950 als jüngster Bildhauer Aufnahme in den Verband Bildender Künstler und arbeitet seitdem freischaffend.

Von 1950 bis 1977 war er mit der Bildhauerin Ursula Naumann geb. Stöhr (1921 – 2009) verheiratet, die, aus Chemnitz kommend, seit Anfang 1945 ebenfalls Schülerin bei Volwahsen war. Aus ihrer Ehe erwuchsen vier Kinder.

Hermann Naumann bekam dank seiner experimentierfreudigen, flexiblen Künstlernatur bald erste Aufträge wie die Gestaltung eines Sandsteinerkers für das Studentenwohnheim auf der Reichs-, heute Fritz-Löffler-Straße, und kurz darauf für Relieferker hinter dem Altmarkt in Dresden, nahe dem Gänsediebbrunnen. Das Angebot, ein Staatsatelier für Porträtplastik in Berlin zu erhalten, lehnte er ab. Ausgehend von Erfahrungen an der Drehbank entwickelte er seine Ideen axialer Stahlplastiken. Daneben beschäftigte er sich mit Malerei und Druckgrafik. Frühe Ölgemälde und Illustrationen setzten sich mit Fjodor Michailowitsch Dostojewski (1821 – 1881) auseinander. Von Anfang an ging er zumeist von einem realen Seherlebnis aus, welches jedoch in differenzierter Weise gestalterisch überformt wurde. Immer auf der Suche nach neuen Ausdrucksmöglichkeiten erarbeitete er sich die alte Technik des Punzenstichs, in welcher er 1952 eine aufsehenerregende

Porträt Otto Schubert, 1955, Bronze
Foto: Helga Luzens

Folge zu Franz Kafkas »Der Prozeß« schuf. Da die Veröffentlichung in der DDR abgelehnt wurde und auch andere seiner modernistischen Bildwerke Anstoß erregten, begann er sich vom offiziellen Kunstbetrieb zurückzuziehen. Themen jüdischer Kultur und Dichtung laufen wie ein roter Faden durch Naumanns Schaffen. 1959 wurde wegen »Staatsgefährdung« eine Ausstellung im Altenburger Lindenau-Museum geschlossen, eine weitere Zwangsschließung folgte 1966 im Schloss Moritzburg. Ein ihm 1959 angebotenes halbjähriges Grafik-Stipendium im Atelier Johnny Friedlaenders (1912 – 1992) in Paris konnte er aufgrund der politischen Situation nicht wahrnehmen.

Plastik, Denkmal für Loschwitz, 1983, Stahl brüniert
Foto: Helga Luzens

Der Zauberer, 1975, Holzschnitt *Archiv OVLW*

Wachwitzer Landschaft, 1981, Öl/Holz *Foto: Galerie Himmel*

Gute Kontakte knüpfte er zum Union-Verlag Berlin, nachdem er für die Holzschnittfolge »Tewje der Milchmann« 1960 einen zweiten Preis beim Grafik-Wettbewerb der CDU gewann. Mit einer Holzschnittfolge zu Heinrich Bölls (1917–1985) Erzählband »Der Zug war pünktlich« realisierte er seinen ersten Auftrag als Illustrator. Weitere folgten. Auch der Verlag Reclam jun. wurde durch eine inoffizielle Ausstellung in der Leipziger Buchhandlung Engewald 1964 auf Naumanns jüdische Blätter aufmerksam. Die bei Reclam erschienenen Bände »Meine jüdischen Augen« und »Rimbaud-Gedichte« wurden 1969 und 1976 als »Schönste Bücher der DDR« ausgezeichnet.

Von 1965 bis 1980 leitete er in seinen Atelierräumen im Künstlerhaus den Zeichenzirkel des Zentralinstituts für Kernforschung Rossendorf bei Dresden. Aus diesem Zirkel ging beispielsweise die spätere Grafikerin Elly Reichel (* 1930) hervor. Freundschaftliche Beziehungen pflegte er zu vielen in- und ausländischen Künstlern, unter anderem zu Otto Dix (1891–1969, → *K1*), *Otto* → *Westphal* (1878–1975, → *K1*), Willy Wolff (1905–1985, → *K1*), Werner Juza (* 1924) und Ernst Fuchs (* 1930), der als Begründer der Wiener Schule des Phantastischen Realismus gilt.

Von seinem langjährigen Ateliernachbarn Otto Schubert (1892–1970, → *K1*) schuf er 1955 eine Porträtbüste. In Bronze gegossen stand sie später auf Schuberts Grab auf dem Loschwitzer → *Friedhof*. Dort wurde sie jedoch gestohlen. Auf dem gleichen Friedhof gestaltete Naumann 1975 das Grabdenkmal für *Ernst* → *Hassebrauk* (1905–1974, → *K1*).

Seit den siebziger Jahren wandte er sich auch der Freilichtmalerei zu. Daneben wuchs sein grafisches Werk zur Weltliteratur kontinuierlich, ebenso das malerische Œuvre. Erotische Blätter, Porträts, abstrakte Plastiken, Skulpturen und Stahlobjekte entstanden. Auch entwarf er Brunnengestaltungen und Bleiglasfenster sowie Objekte und Körperbemalungen. Dass er all seine Werke trotz teilweise starker Abstraktion nicht von emotionalen Werten entband, beweist sein 1983 aus brüniertem Stahl entstandenes »Denkmal für Loschwitz«, welches auf das von Pappeln umstandene Künstlerhaus anspielt.

Nachdem 1977 in der Kunsthalle Rostock eine erste umfassende Retrospektive zu sehen war, folgten zahlreiche weitere Ausstellungen, unter anderem 1988 im Stadtmuseum Bautzen, 1991 in der Nationalgalerie Weimar, 2000 im Stadtmuseum Dresden, 2010 in der Dresdner Kunsthandlung Koenitz und 2012 im → *Ortsamt Loschwitz*. 2015 wird im Hofmannschen Gut Dittersbach anlässlich seines 85. Geburtstages bereits die fünfte umfangreiche Personalausstellung vorbereitet.

1991 heiratete Naumann seine langjährige Assistentin, die Fotografin, Gebrauchs- und Werbegrafikerin Helga Luzens geb. Jäkel (* 1941, → *K2*), die ihm seit 1971 vielfach Modell stand und seine Ausstellungen kuratiert.

Hermann Naumann blieb ein bodenständiger Künstler. Seine Werke fanden Eingang ins Guggenheim-Museum New York und ins Puschkin-Museum Moskau, in die Galerie des 20. Jahrhunderts Berlin, die Staatlichen Kunstsammlungen Dresden, die Bayerische Nationalbibliothek München und weitere namhafte Sammlungen. Selbst jedoch gönnt Naumann sich kaum eine Reise, wichtiger ist ihm die tägliche Arbeit im Atelier. Nach fast 50 Jahren im Loschwitzer Künstlerhaus befindet es sich seit 1994 im ehemals Hofmannschen Gut in Dittersbach bei Stolpen. Zusammen mit Helga Luzens nahm er 1992 bis 1994 den Ausbau des alten Gehöfts in der malerischen Landschaft im nordwestlichen Zipfel der Sächsischen Schweiz zu einem komfortablen Atelier- und Wohnhaus in Angriff. Eine große Ausstellungsscheune mit Sommergalerie, regelmäßigen Konzert- und Literaturprogrammen sowie einem Skulpturengarten vervollständigten bald darauf das neue »Künstlerhaus Hofmannsches Gut«. Neben dem Galeriebetrieb, den Helga Luzens leitet, und neben seiner täglichen Arbeit im Atelier gibt Naumann hier mitunter sein Können weiter, zuletzt an Antje Menzel (* 1973) aus Freital die Technik des Punzenstichs. Stets sind Haus und Garten von Katzen umlagert.

Jördis Lademann

Quellen: 567, 724, 836

Naumann, Holger; Musiker (* 1945) → *K2*
Neef, Günter; Sänger (1932–1994) → *K2*
Neff, Paul; Grafiker (1881–1951) → *K2*
Nehb, Johann Georg; Innenarchitekt, Maler und Kunstgewerbelehrer (1861–?) → *K2*

Neidhardt, Hans Joachim
Kunsthistoriker (* 1925)

Hans Joachim Neidhardt (→ *K1*) wurde am 20. Januar 1925 in Leipzig geboren. Nach dem Besuch der Mittelschule absolvierte er ein Praktikum als Maurerlehrling in Vorbereitung seines Architekturstudiums an der Leipziger Staatsbauschule, das nach einem Jahr durch die Einberufung zum Kriegsdienst unterbrochen wurde. Im August 1944 erlitt er eine schwere Schussverletzung am rechten Arm. Das Kriegsende erlebte er in einem Leipziger Lazarett. 1948 erkrankte er infolge der Hungersnot schwer an Lungentuberkulose. Nach jahrelangen Aufenthalten in mehreren Lungenheilstätten besuchte er von 1952 bis 1954 die Hochschule für Grafik und Buchkunst in Leipzig. Eine erneute Erkrankung mit Bewegungsausfall des rechten Armes beendete auch dieses Studium und führte ihn zur Kunstgeschichte und Archäologie. Nach Eheschließung mit Veronika Erdmann, mit der er zwei Kinder hat, begann 1959 seine berufliche Tätigkeit als wissenschaftlicher Assistent an der Gemäldegalerie Neue Meister der Staatlichen Kunstsammlungen Dresden. Von 1962 bis 1971 wirkte er außerdem als Dozent an der Volkshochschule in Dresden. 1964 promovierte er zum Thema »Julius Scholtz und die Dresdner Malerei des 19. Jahrhunderts«. Danach wurde er zum Kustos, später zum Oberkustos ernannt. Sein Verantwortungs- und Arbeitsgebiet war die deutsche Malerei des 19. Jahrhunderts mit dem Schwerpunkt der Dresdner Malerei der Romantik.

Seine lebenslangen Forschungen galten insbesondere der Dresdner Malerei dieses Zeitraums mit Schwerpunkt auf der Epoche der Romantik. Bedeutende Dresdner Malerpersönlichkeiten des frühen 19. Jahrhunderts stehen auch im Mittelpunkt seiner Ausstellungstätigkeit. So fanden »Caspar David Friedrich und sein Kreis« (1974) und »Ludwig Richter und sein Kreis« (1984) internationale Beachtung. Auch für die Dresdner Ausstellungen zu Carl Gustav Carus (1969 und 1989) sowie Ferdinand von Rayski (1990 in Dresden und München) zeichnete er verantwortlich. 1978 war er Kurator der Ausstellung »Kunst der Dresdner Romantik« in Tokio und Kyoto. An ähnlichen Ausstellungen zur Malerei der deutschen Romantik in London, Paris, Oslo, Stockholm und Bern war er mit Katalogaufsätzen und Vorträgen mitgestaltend beteiligt.

Nach einem 1978 erfolgten Beschluss im Dresdner Stadtrat, in der ehemaligen Wohnetage des Malers Gerhard von Kügelgen in der inneren Neustadt ein Museum für die Dresdner Romantik zu installieren, erhielt er den Auftrag, dafür ein Konzept zu erstellen. Zusammen mit dem Literaturwissenschaftler Dr. Günter Klieme (1929 – 2008) richtete er die Räume ein, die 1981 als »Museum der Frühromantik« eröffnet wurden.

Hans Joachim Neidhardt, 2014 *Foto: Bernhard Lange*

Im Zentrum seiner Buchveröffentlichungen steht sein Überblicksband »Die Malerei der Romantik in Dresden« (1976). Ferner entstanden u. a. 1969 und 1981 Monografien zu *Ludwig → Richter* (1803 – 1884, → *K1*) und Ferdinand Oehme (1797 – 1855, → *K1*), dessen »Werkverzeichnis der Gemälde und bildmäßigen Zeichnungen« er 1997 veröffentlichte. 1983 erschien »Dresden – wie es Maler sahen«, 1990 »Deutsche Malerei des 19. Jahrhunderts«. Sein Schriftenverzeichnis zählt bis heute ca. 250 Titel, von denen ein Großteil die Dresdner Malerei betrifft. Es gelang ihm, Teile der bis zu seinem Amtsantritt noch weitgehend unerforschten Dresdner Malerei des 19. Jahrhunderts aufzuarbeiten und ihr damit den ihr gebührenden Platz einzuräumen.

Dr. Neidhardt mit Frau Veronika, 1971 auf dem Balkon seiner damaligen Wohnung im Bergpalais im Schloss Pillnitz. Fotos: (2) Slg. Neidhardt

Die politischen Veränderungen 1989/90 bedeuteten auch für ihn eine Zäsur. Im November 1989 gehörte er zu dem kleinen Initiativkreis, der den Wiederaufbau der Frauenkirche in Dresden anstieß, war aktiv im Dresdner Geschichtsverein und engagierte sich unter dem Aspekt der kulturellen und städtebaulichen Entwicklung und Erneuerung Dresdens in mehreren Bürgerinitiativen. Nach Veröffentlichung seines Aufsatzes »Sicher verwahrt – schlecht aufgehoben. Warum Dresden eine Städtische Galerie Dresdner Kunst braucht« im Dezember 1995 in den Dresdner Neuesten Nachrichten initiierte er mit Hans-Peter Lühr (* 1951) einen Interessenkreis innerhalb des Dresdner Geschichtsvereins mit dem Ziel der Gründung einer städtischen Kunstgalerie. Sie wurde 2005 im Landhaus eröffnet.

1994/95 folgte er einem Lehrauftrag im Fach Kunstgeschichte an die TU Dresden. Im gleichen Jahr ernannte ihn der Freistaat Sachsen zum Ehrenprofessor.

Schutzumschlag des Buches »Die Malerei der Romantik in Dresden«, 1976

Auf den Spuren des jungen Ludwig Richter in Italien, 1996; Film-Reisen mit Ernst Hirsch nach Olevano und Bellegra *Foto: Konrad Hirsch*

1997 veranlasste er die Bildung einer Arbeitsgruppe für den weitgehend historischen Wiederaufbau des Umfeldes der Dresdner Frauenkirche, deren Tätigkeit 1999 zur Gründung der »Gesellschaft Historischer Neumarkt Dresden« führte.

1996 und 2000 war Hans Joachim Neidhardt gemeinsam mit dem Kameramann und Filmemacher *Ernst → Hirsch* (* 1936, → *K1*) auf Ludwig Richters Spuren in Italien unterwegs. Als Ergebnis erschien 2002 der Film »Mir war unendlich wohl – Ludwig Richter in Civitella«.

Er wurde 1984 mit der Gottfried-Semper-Medaille der Staatlichen Kunstsammlungen Dresden, 1986 mit dem Kunstpreis der Stadt Dresden und 1997 mit dem Bundesverdienstkreuz ausgezeichnet.

Der heute im → *OT Schöne Aussicht* wohnende Kunsthistoriker Hans Joachim Neidhardt schuf auch zahlreiche Aquarelle, insbesondere von Landschaften am Dresdner Elbhang. Aus Anlass seines 85. Geburtstages initiierte 2010 der → *Ortsverein Loschwitz-Wachwitz* im → *Ortsamt Loschwitz* eine Ausstellung, die erstmals sein Œuvre mit etwa 70 Arbeiten der Öffentlichkeit präsentierte. **Gisela Rudat**

Quellen: 724, 768

Hans Joachim Neidhardt, Bei Pirna, 1991, aquarellierte Zeichnung *Repro: Ernst Hirsch*

Neppach, Gino; Tänzer (1898 – 1953) → *K2*
Nerlich, Georg; Maler und Grafiker (1892 – 1982) → *K1*
Neubert, Gerhard; Bildhauer und Holzgestalter (* 1926) → *K2*
Neuhaus, Michael; Musiker (* 1956) → *K2*
Neuhaus, Rudolf; Dirigent (1914 – 1990) → *K2*
Neumann, Alexander; Maler, Grafiker und Bildhauer (* 1957) → *K2*
Neumann, Hermann Fritz (Friedrich); Dichter, Schriftsteller und Maler (1858 – 1920) → *K2*
Nicklisch, Conrad; Schauspieler (* 1979) → *K2*
Nieper, Carlo; Maler (1869 – ?) → *K2*
Nieper, Ludwig; Maler und Holzschneider (1826 – 1906) → *K2*
Noren, Heinrich Gottlieb; Musiker und Komponist (1861 – 1928) → *K2*
Nostitz-Jänckendorf, Gottlob Adolph Ernst von; Dichter und Schriftsteller (1765 – 1836) → *K2*

Schild an Grundstraße 3; Nationalsozialischer Aufmarsch auf der Grundstraße, 1933 *Foto: Slg. Eberhard Münzner*

NS-Zeit

Mit Adolf Hitlers (1889–1945) Ernennung zum Reichskanzler am 30. Januar 1933 hatte die NSDAP ein weiteres ihrer Ziele erreicht. Mit dem vom Reichstag mit großer Mehrheit am 23. März beschlossenen »Ermächtigungsgesetz« waren den Nationalsozialisten alle Vollmachten übergeben und damit Recht und Demokratie abgeschafft. Der sächsische NSDAP-Gauleiter Martin Mutschmann (1879–1947) ernannte im Mai Manfred von Killinger (1886–1944) zum sächsischen Ministerpräsidenten. Dieser setzte den bisherigen Dresdner Oberbürgermeister Wilhelm Külz (1875–1948) ab und ersetzte ihn im August 1933 durch den Mitbegründer der NSDAP Ernst Zörner (1895–1945), der von nun an bis zum Ende seiner Amtszeit 1937 in der Bautzner Straße 112 im Loschwitzer → *Simmigschen OT* wohnte. Zörner beauftragte den neuen Rektor der Dresdner Akademie der Bildenden Künste, den in Dresden-Loschwitz wohnenden Richard → *Müller* (1874–1954, → *K1*), mit der Organisation der Ausstellung »Bilder des Zerfalls«, die im September 1933 eröffnet wurde.

Nachdem Killinger im Zusammenhang mit dem »Röhm-Putsch« amtsenthoben wurde, übernahm Mutschmann im Februar 1935 auch dessen Amt als Ministerpräsident. Damit waren in Sachsen Partei und Staat in einer Person vereinigt. Die Aktenlage zur Tätigkeit der NSDAP und ihrer Parteiorganisationen in Dresden-Loschwitz ist äußerst schlecht, da auch hier nahezu alles Aktenmaterial vernichtet worden ist. Die Geschäftsstelle der NSDAP-Ortsgruppe befand sich bis 1939 in der Grundstraße 3 und danach Grundstraße 1. Für den Weißen Hirsch, zuständig auch für den → *OT Oberloschwitz*, war sie in der Bautzner Landstraße 53. Auch die »Nationalsozialistische Volkswohlfahrt« (NSV) hatte in Loschwitz Geschäftsstellen. Die 1932 gegründete NSV war im Mai 1933 zu einer Parteiorganisation der NSDAP erhoben worden

Einweihungsfeier Villa Sonnenleite 9, 1935, bei Architekt Wilhelm Kreis (sitzend 3. v. l.) mit Mitgliedern der NSDAP-Ortsgruppe *Foto: Slg. Ute Häse*

und organisierte u. a. das »Winterhilfswerk«, die »Kinderlandverschickung« und das »Hilfswerk Mutter und Kind«. Für Loschwitz hatte die Ortsgruppe ihren Sitz Grundstraße 3 und für Weißer Hirsch/ Oberloschwitz bis 1936 bei der NSDAP in der Bautzner Landstraße 53 und danach Lausitzer Straße 1 in Oberloschwitz. Ab etwa 1942 gab es in der Friedrich-Wieck-Straße 4 schließlich die Ortsverwaltung der »Deutschen Arbeitsfront« (DAF). Sie war ein der NSDAP angeschlossener Verband, der als nationalsozialistische Einheitsgewerkschaft charakterisiert werden kann.

Es ist davon auszugehen, dass 1933 auch von einem großen Teil der Loschwitzer Bevölkerung der »Sieg« der Nationalsozialisten begrüßt worden ist. Die verbreitete national-konservative Erziehung hatte dazu beigetragen, dass auch viele Menschen, die bisher der NSDAP fernstanden, sich jetzt »anpassten«. Ein geradezu klassisches Beispiel hierfür ist der Schriftsteller *Reinhold → Braun* (1879 – 1959, → *K2*). Auch die → *Schulen* und die → *Kirche* (»Deutsche Christen«) verfielen in großen Teilen der neuen Ideologie. So war bei der Abschiedspredigt von Pfarrer Richard Schulz (1867 – 1933) im Juli 1933 der Altarplatz der Kirche mit Fahnen der NSDAP und der Vereine geschmückt und die davor stehenden Menschen »boten mit den Uniformen der zahlreich erschienenen Amtswalter, der SA von Loschwitz und Wachwitz, des Stahlhelms und der städtischen freiwilligen Feuerwehr Loschwitz ein eindrucksvolles und festliches Bild.«[1] Neben den Organisationen der »Hitler-Jugend« (HJ) gab es in Loschwitz außerhalb der Schulen die »NS-Frauenschaft« und den »Opferring«, dessen Mitglieder in der Regel nicht der NSDAP beitreten konnten, weil sie z. B. Freimaurer gewesen waren. »Von der Frauenschaft wurde in den Gaststättenräumen der Grundschänke eine Nähstube eingerichtet und die Betreuung der Kinderschar durchgeführt.«[2]

Nachdem 1935 die »Nürnberger Gesetze« in Kraft traten, verschärfte sich die Rassenpolitik des NS-Staates drastisch. Juden wurden in deren Folge zunehmend diskriminiert und verfolgt. Nachdem 1935 das Land Sachsen das Grundstück An der Berglehne 4, in dem sich früher die »Marxistische Arbeiterschule« (→ *Schulen*) befand, erworben hatte, zog hier für etwa vier Jahre die SA ein. Ein vorläufiger Höhepunkt der besonders auf dem Weißen Hirsch und in Oberloschwitz initiierten Judenfeindlichkeit war im Januar 1938 eine »Massenkundgebung mit über 2.000 Funktionären und Mitgliedern der NSDAP«[3] in der → *Gaststätte* »Weißer Adler«. Nach der »Reichspogromnacht« am 9. November 1938 verkündete dann auch ein an der → *Mordgrundbrücke* aufgestelltes Schild: »Der Weiße Hirsch ist judenfrei.« Die jüdischen Pensionsbesitzer und deren Gäste auf dem Weißen Hirsch gab es hier nicht mehr. Das betraf auch die beiden im OT Oberloschwitz liegenden Pensionen Wolfshügelstraße 7, betrieben von »Fremdenheiminhaberin« Hedwig Simon, und Bautzner Landstraße 46, die von Else Pniower geleitet wurde.

Vielen Juden gelang vor ihrer Verschleppung die Flucht. Zu ihnen gehörte z. B. der Besitzer der Loschwitzer → *Apotheke* Leonhard Loewenheim (1886 – 1967). Er musste erleben, dass gegenüber seiner Apotheke auf der Pillnitzer Landstraße 10 von einem Nachbarn antijüdische Plakate aufgestellt wurden. Auch dem ehemaligen SPD-Abgeordneten Dr. Hans Maier (1888 – 1937) gelang mit seiner Familie die Flucht (→ *Auf der Platte*, Tolstoistraße 9). Da die für den 16. Februar 1945 vorgesehene Zwangsdeportation durch die vorangegangene

»Willst Du mit uns kämpfen – Werde Mitglied der Nationalsozialistischen Volkswohlfahrt« – Werbung der Nazipartei am Haus Grundstraße 2 *Foto: Slg. Götz/Woog*

Wir gedenken der Loschwitzer Juden, die von hier, zumeist über ein Dresdner »Judenhaus«, deportiert und ermordet wurden oder durch Suizid starben:

Kaufmann Robert **Altschul** (* 1869) und Ehefrau Caroline geb. Fraenkel (* 1879), wohnhaft Wolfshügelstraße 16, dann »Judenhaus« Altenzeller Straße 32, beide 1942 dort wahrscheinlich Suizid.

Hermine **Brieger** (* 1862), wohnhaft Am Weißen Adler 2a, dann »Judenhaus« Güntzstraße 24, 1942 deportiert nach Theresienstadt und dort umgekommen.

Chaim **Cygielnik** (* 1895), Ehefrau Jelisaweta geb. Klempner (* 1909) und Sohn Bernhard (* 1932), wohnhaft Bautzner Landstraße 46, dann Polen, Niederlande, Deportation nach Auschwitz, dort 1944 ermordet.

Bankier Sally **Friedheim** (* 1876), wohnhaft Malerstraße 8, im Polizeipräsidium Dresden 1942 ermordet.

Direktor Alfred **Geiringer** (* 1882) und Ehefrau Anna geb. Kohn (1887), wohnhaft Bautzner Landstraße 46, dann »Judenhaus« Altenzeller Straße 32, beide 1942 dort Suizid.

Kaufmann Samuel **Grünbaum** (* 1858), wohnhaft bis 1937 Sierksstraße 26, danach in Dresden, dann »Judenhaus« Zeughausstraße, deportiert nach Theresienstadt, dort 1942 umgekommen.

Rosalie **Jordan** geb. Langstadt (* 1863), wohnhaft Bautzner Landstraße 46, dann »Judenhaus« Wiener Straße 85, dort 1942 Suizid.

Margarethe **Kumnitzky** geb. Gottschalk (* 1871), wohnhaft Bautzner Landstraße 46, dann »Judenhaus« Altenzeller Straße 32, dort um 1942 wahrscheinlich Suizid.

Dr. Hans **Moral** (* 1878), wohnhaft Pillnitzer Landstraße 73b, nach Kündigung seiner Wohnung 1939 Suizid in Dresden.

Carl **Pick** (* 1858), zuletzt wohnhaft Bautzner Landstraße 46, dann »Judenhaus« Altenzeller Straße 32, dort 1942 Suizid.

Fremdenheiminhaberin Else **Pniower** (* 1887), wohnhaft Bautzner Landstraße 46, deportiert nach Theresienstadt, dort 1944 umgekommen.

Minna verw. **Salinger** geb. Braun (* 1868), wohnhaft Preußstraße 1, dann »Judenhaus« Bautzner Straße 20, deportiert 1942 nach Theresienstadt, dort 1943 umgekommen.

Fremdenheiminhaberin Hedwig **Simon** (* 1881), wohnhaft Wolfshügelstraße 7, dann »Judenhaus« Güntzstraße 24, »Judenlager Hellerberg«, Deportation nach Auschwitz, dort 1943 ermordet.

Olga verw. **Simon** geb. Wertheim (* 1865), wohnhaft Bautzner Landstraße 46, dann »Judenhaus« Altenzeller Straße 32, deportiert nach Theresienstadt, dort 1942 umgekommen.

Sara **Simon** (* 1883), Schwester von Hedwig Simon, wohnhaft Wolfshügelstraße 7, deportiert 1942 nach Riga, dort verschollen.

Magdalene Klara **Wollner** geb. Lehfeldt (* 1871), wohnhaft Wolfshügelstraße 7, deportiert 1942 nach Theresienstadt, dort 1942 umgekommen.

Zerstörung Dresdens nicht stattfinden konnte, überlebten viele Juden durch »Untertauchen«, wie das Beispiel von Helmut Aris (1908 – 1987) und seiner Familie zeigt (→ *OT Oberloschwitz*, Johannesweg 5).

Zu den zahlreichen Mitgliedern der NSDAP zählten in Loschwitz auch die beiden → *Architekten Wilhelm* → *Kreis* (1873 – 1955, → *K1*), wohnhaft Sonnenleite 9 (→ *OT Oberloschwitz*) und *Wilhelm* → *Jost* (1887 – 1948, → *K2*), wohnhaft Knoopstraße 6 (→ *Auf der Platte*). Aber auch der »SS-Hauptsturmführer im Oberabschnitt Elbe«, Dr. Wilhelm Uhlig (1891 – ?), wohnte in Loschwitz (→ *OT Schöne Aussicht*, Malerstraße 8). Schließlich sei noch erwähnt, dass der zweite Oberbürgermeister der NS-Zeit, Dr. Hans Nieland (1900 – 1976), der das Amt von 1940 bis 1945 innehatte, während seiner Dienstzeit hier wohnte (→ *Auf der Platte*, Kügelgenstraße 12).

SA-Totenwache in der Loschwitzer Kirche zum Begräbnis von Pfarrer Schulz, 1933

Foto: Archiv Kirchgemeinde Loschwitz

Als ein Beispiel der Tätigkeit eines nicht der NSDAP angehörenden Journalisten sei hier Arthur Graefe (1890 – 1967) angeführt. In Leipzig geboren, wurde er 1929 zum Leiter der Nachrichtenstelle der Sächsischen Staatskanzlei in Dresden ernannt. Deshalb war ihm 1933 eine Karriere im Nationalsozialismus zunächst versagt. 1934 veröffentlichte er das Buch »Grenzmark Sachsen«, in dem er die besondere nationale Verantwortung der Sachsen herausstellt. Darin heißt es, Sachsen sei der »am weitesten nach Osten vorgeschobene Posten germanischen Volkstums gegen das zurückgedrängte Slawentum« [...] und deshalb bilde es den »Schutzwall [...] gegen jede Bedrohung deutschen Volkstums von außen her.«[4] Unter der Schirmherrschaft von Gauleiter Martin Mutschmann entstand 1936 das von Graefe geführte »Heimatwerk Sachsen«, die zentrale Instanz aller sächsischen Heimatvereine. Das brachte Graefe 1942 in die Funktion des Gaukulturhauptstellenleiters, womit er für die gesamte Kulturpolitik der NSDAP in Sachsen zuständig war. Arthur Graefe wohnte ab 1939 Straußstraße 6, wurde nach 1945 verhaftet, 1950 zu 16 Jahren Zuchthaus verurteilt, aber bereits nach zwei Jahren wieder entlassen. Danach ging er in die BRD.

Wer sich dem NS-Regime nicht anpassen wollte und dies äußerte, musste mit Verfolgung rechnen, wie das Beispiel von Dr. Gerhard Freiesleben (1880 – 1940) und seiner Ehefrau zeigt (→ *Auf der Platte*, Schädestraße 9), die aus Angst vor Verhaftung 1940 Suizid begingen.

Auch der → *Zweite Weltkrieg* (→ *Kriegsereignisse*) ging an Loschwitz nicht vorbei. Am 14. Februar wurde das Gebäude der NSDAP-Ortsgruppe in der Grundstraße 1 durch eine Brandbombe zerstört. Akten und Gegenstände konnten gerettet und in die → *Gaststätte »Zum Kamerad«* verbracht werden. Hier befand sich dann auch bis zum Ende die neue Geschäftsstelle mit dem langjährigen Ortsgruppenleiter Herbert Porsche, der seit 1920 Wunderlichstraße 5 wohnte. Am Tag vor dem Einmarsch der Roten Armee am 8. Mai 1945 verbrannte man im Hof vor dem → *Ratskeller* alle noch vorhandenen Akten, damit sie nicht den »Russen« in die Hände fallen konnten. Zu dieser Zeit aber hatte bereits »heimlich der stellvertretende Ortsgruppenleiter Paul Ackermann eine Personalliste der Ortsgruppe entwendet, um sie später zu seinem eigenen Vorteil verwenden zu können. Nach dem 8. Mai 1945 hat er sie dann der Antifa-Gruppe Loschwitz (Grundstraße 3) übergeben, ging dadurch straffrei aus, während andere Parteigenossen der Ortsgruppe inhaftiert wurden, von denen einige in den Internierungslagern gestorben sind.«[2]

Otto-R. Wenzel

Stiftungsfest 70 Jahre Turnverein im Weißen Adler, 1933

Foto: Archiv Ortsverein Loschwitz-Wachwitz

Zitate:

1 *Archiv der Ev.-Luth. Kirchgemeinde Dresden-Loschwitz, Akte II/4/1/11*
2 *Münzner, Eberhard*
3 *Streitenberger, Sybille; Aufstieg und Fall eines Kurortes oder: Das Besondere am Weißen Hirsch; in: Der Weiße Hirsch. Ein Lesebuch; Dresden 2001*
4 *Graefe, Arthur; Grenzmark Sachsen. Ein Vorposten im deutschen Schicksalskampf; Dresden 1934*

Quellen: 39, 370, 387, 469, 519, 725, 810, 907, 1000, 1021, 1066, 1217, 1245

Nufer, Wolfgang; Schauspieler, Dramaturg und Intendant (1902 – ?) → *K2*

Nützenadel, Wolfgang; Autor und Fotograf (* 1942) → *K2*, → *Handw. u. Gew./Fotografen*

Nylund, Camilla; Sängerin (* 1968) → *K2*

O

Oberhoff, Paul; Maler (1884 – 1960) → *K1*
Ockelmann, Robert; Bildhauer (1849 – 1915) → *K2*
Oehm, Franz; Musiker (1864 – 1942) → *K2*
Oehm, Walter; Musiker (1904 – 1981) → *K2*
Oehme, Ernst Ferdinand; Maler und Grafiker (1797 – 1855) → *Richter, Ludwig*
Oehme, Erwin; Maler (1831 – 1907) → *Richter, Ludwig* → *K2*
Offermann, Friedrich; Bildhauer (1859 – 1913) → *K2*
Ohlemann, Karl; Musiker (1882 – 1956) → *K2*
Olsen, Heinrich; Maler (1882 – ?) → *K2*
Oltmanns, Gudrun; Bildhauerin (1959 – 2001) → *K1*

Originale

Abraham, eigentlich Hermann **Schütze** (1847 – 1911)
Hermann Schütze wurde als elftes Kind des Schumachers Johann Abraham Schütze und der Anna Rosina geb. Otto am 28. April 1847 in Loschwitz geboren. Der Vorname seines Vaters ging als Spitzname auf seinen Sohn über. Er war später als Gemeindearbeiter beschäftigt und wohnte im → *Armenhaus* Grundstraße 137 Zeitlebens ledig geblieben, starb er am 17. März 1911 in der Bezirksanstalt Leuben und wurde auf dem Loschwitzer → *Friedhof* bestattet.

Otto Kotzsch: »Ich nannte ihn im Stillen für mich immer den Erbauer der Albertallee. In diesem Gelände hat er mit Hacke, Schaufel und Schubkarren den angefahrenen Abraum ausgebreitet, sodass es dann die Straßenbauer leichter hatten. Aus dem Abraum, den er bearbeitete, suchte er sich Zigarren- und Zigarettenstummel heraus und rauchte sie in seiner Pfeife [...] Hermann Schütze sah immer sehr ungepflegt aus, nicht gewaschen, schlecht rasiert [...] Im Haus wohnte auch ein Schutzmann, der Abraham von Zeit zu Zeit mit einem Rutenbesen und Wasser abgeschrubbt haben soll.«

Matthias Griebel

Zitat:
Kotzsch, Otto; Ortsgeschichtliche Notizen, maschinenschriftlich 1951
Quellen: 39, 616

Hermann Schütze, genannt »Abraham«
Foto: Otto Kotzsch

Beyer, Leopold, genannt **Poldi** (1915 – 1994)
Wer sich an Poldi Beyer erinnert, hat einen kleinen, gebeugt und mühsam an zwei Stöcken gehenden alten Mann vor Augen. Immer etwas heruntergekommen wirkend, mit dem Rucksack auf dem Rücken, war er stetig in Loschwitz und ganz Dresden auf Erlebnissuche. Manchmal legte er sich einfach auf den Bürgersteig zum Ausruhen. Wer ihm helfen wollte, wurde unwirsch abgewiesen. Kaum hatte ihn der Krankenwagen nach Hause gebracht, stiefelte er schon wieder los.

Leopold Beyer wurde als Sohn des Loschwitzer Oberlehrers und späteren Katecheten Curt Beyer (1887 – 1968) und Louise Beyer (1886 – 1972) am 9. Januar 1915 in Dresden geboren. Gerüchte behaupten, dass Poldi als Kind mit seiner Schwester gegen einen Baum rodelte. Danach hätte ihn sein Vater so verprügelt, dass er für sein Leben körperlich und geistig gezeichnet blieb.

Leopold »Poldi« Beyer *Foto: Konrad Hirsch*

Telefonate Leopold Beyer mit Astrid Schönfeld nach deren Aufzeichnungen: »Tiefes Atmen, ›hier ist der Leopold, habe viel erlebt, viel Uffregung, wollen Miete von mir, aber habe kee geld, interessiert mich nicht! [...]‹ oder: ›Ausweis gestohlen, Geld weg, mei ganzer Rucksack!‹, oder: ›Große Freude, Post aus Indien, Mocambique keine Nachricht, Ghana fährt heim – so, nu wissen se was.‹ Ende.«

In den 1960er Jahren arbeitete Poldi als Fahrstuhlführer im Centrum-Warenhaus.

Er lebte bis zum Tod seiner Eltern in deren Wohnung Pillnitzer Landstraße 26. Dann bezog er für seine restlichen 22 Lebensjahre eine Wohnung in der Fidelio-F.-Finke-Straße 11.

Poldi war Sammler: In seiner Wohnung konnten Eingeweihte die umfangreiche Briefmarkensammlung bewundern. Es gab eine technische Sammlung, eine Sparte Astrologie, Spiel und Spaß, Wanderhefte und Prospekte über sächsische Städte. Wichtig waren ihm seine 100 Jahre alten Backformen, die er weihnachtsunabhängig zum Plätzchenbacken verwendete.

Poldi hat französisch und englisch gesprochen. So freundete er sich mit in Dresden lebenden Ausländern, besonders »seinen Afrikanern« an. Er pflegte einen regen Briefverkehr zu Menschen in vielen Ländern, was auch zur Bereicherung seiner Briefmarkensammlung führte, und zu einigen Freunden und Bekannten in Dresden. Mit zunehmendem Alter wurden die Augen schlechter, die Schrift unleserlicher, der Sinn unverständlicher – aber Poldi schrieb bis zum Schluss.

Leopold Beyer starb am 21. Mai 1994 in seiner Wohnung in Loschwitz und wurde auf dem → *Friedhof* Dresden-Loschwitz bestattet.

Barbara Friebel

Quellen: 39, 321, 524, 725

Fruhtrunk, Erna, genannt **Mutter Häsel** (1896 – 1975)
Olga Erna Fruhtrunk geb. Eiselt, die Loschwitzer Schafstante, genannt »Mutter Häsel«, wurde am 19. Juni 1896 in Dresden im heutigen Altstriesen geboren. Ihre Eltern waren der Steinmetz Peter August Eiselt und Emma Auguste Eiselt geb. Schuster. Sie hatte drei Schwestern sowie zwei Brüder. Da der Vater früh verstorben war, musste die Mutter die sechs Kinder allein ernähren und erziehen.

Nach der Schule, die sie als Klassenerste mit Auszeichnungen verließ, übte sie den Beruf einer Innenarchitektin und Kunstgewerblerin (Anfertigung von Künstlerpuppen) aus und wurde auch als Sportlerin berühmt. So gewann

Die »Eisnixe« Frl. Grießbach, um 1929
Foto: G. Klemm, Slg. Matthias Griebel

Eisnixe:
Otto Kotzsch schreibt: »1927, 28 und 1929 badet die Konzertsängerin und Gesanglehrerin Frl. Grießbach mittags 1/2 12 Uhr in der Elbe, auch bei strengster Kälte. Das Eis wurde dafür aufgehackt; in der Glasveranda vom Körnergarten kleidete sie sich um«. Max Höhle, der nebenan wohnende Elbe-Fischer hackte ihr das Eis auf. Hinten das Elbe-Hotel. Im Adressbuch 1930 war Hedwig Grießbach als Gesangslehrerin und Oratoriensängerin, Striesen, Kyffhäuserstraße 26, verzeichnet. **Matthias Griebel**

sie einige Motorrad- und Autorennen und ist als erste Dresdner Kunstspringerin vor dem König von der Carolabrücke in die Elbe gesprungen. Ein von ihr (noch ledig als Erna Eiselt) 1917 beschriftetes Foto im Kostüm beweist, dass sie auch auf einer Theaterbühne tätig war. Der Text der Rückseite »Mein lieber Strolch, [...] durch das Theater bin ich eben immer sehr in Anspruch genommen [...]« deutet auf ihren späteren Ehemann, den Kunstmaler Herbert Paul Fruhtrunk (* 11. Februar 1897) hin, der auf der Blasewitzer Straße 68 sein Atelier hatte und den sie am 6. April 1920 heiratete. Noch vor dem Zweiten Weltkrieg wurde die Ehe wieder geschieden. In dieser Zeit rettete sie einem unbekannten Mann das Leben, der sich aus Dankbarkeit mit ihr verlobte. Sein Tod im Krieg war eine weitere Enttäuschung für Erna Fruhtrunk.

Schon als Kind sehr tierlieb und offensichtlich geprägt von den Schicksalsschlägen ihres bisherigen Daseins, begann sie ein neues Leben allein für die Tiere. 1936 nach Loschwitz gekommen, mietete sie sich von den Erben des → *Baugewerkes* August Hilbert dessen ehemaligen Werkplatz und lebte fortan bis zu ihrem Tode in der Albertallee 16 (jetzt Fidelio-F.-Finke-Straße), gegenüber der Schillerschule. Sie wohnte in einem ebenerdigen Holzbau und begann Schafe zu züchten. Bereits 1939 berichteten die Dresdener Nachrichten: »Eine Frau hat die brachliegenden Elbwiesen hinter der Loschwitzer Brücke nutzbar gemacht. Diese Frau in Trainingshosen mit zerschwielten Händen dürfte in Dresden und wohl überhaupt in Deutschland einzig dastehen.«[1]

Erna Fruhtrunk setzte sich für die Reinzucht ihrer Ostfriesischen Milchschafe ein. Und ihr Unternehmen gedieh. Wie das Sächsische Tageblatt 1958 berichtete, bestanden bald feste Verbindungen zur Medizinischen Akademie und zahlreichen Ärzten, die mit Hilfe der ungewöhnlich nahrhaften und bekömmlichen Schafsmilch vielen Patienten zu einer schnellen Genesung verhalfen, denn diese Milch hatte den doppelten bis dreifachen Fettgehalt im Vergleich zur Kuhmilch und war außerdem reich an Lecithin, einem blutbildenden und nervenstärkenden Nährstoff.

Wegen ihrer guten fachlichen Kenntnisse genoss sie hohes Ansehen unter den Ziegen- und Schafzüchtern; zeitweise war sie die Vorsitzende des Ziegenzüchterverbandes in Dresden.

Erna las gern und bildete sich ständig weiter.

Erna Fruhtrunk, 1917

Sie führte oft anregende und tiefgründige Gespräche, bemühte sich, Probleme zu lösen und half jederzeit Menschen und Tieren. Sie war unternehmungslustig, optimistisch, sehr bescheiden, dankbar und fühlte sich sehr glücklich.

Wie »Matz« Griebel 2009 berichtete, »wurde die nun alternde, aber immer noch rastlos tätige Frau von ihrem Peter [unterstützt], den sie aufgenommen hatte.«[2] Zwischen ihr und dem elternlosen Jungen entstand das Verhältnis einer Pflegemutter zu einem Pflegesohn. »Auch er lebte nur für seine Arbeit und sorgte darüber hinaus für Ordnung im Pappelwäldchen, betreute die Weidenbepflanzung und befreite die Elbwiesen von angeschwemmtem Unrat.«[2] Bei Hochwasser evakuierte sie ihre Tiere zunächst in den Schulhof, im schlimmsten Fall in ein Notquartier auf den Veilchenweg, Ecke Robert-Diez-Straße. »Ab und zu zogen sich beide [Erna und Peter] picobello an, und dann ging der Peter mit ›der Guten‹, wie er stets sagte, in den Wintergarten des ›Elbe-Hotel‹ speisen.«[2]

In den letzten Lebensjahren ließ das Sehvermögen der Mutter Häsel stark nach, ihre körperlichen Kräfte schwanden dahin und wenige Wochen vor ihrem Tode verlöschte ihr Augenlicht vollkommen. Nach kurzem Krankenlager ist Erna Fruhtrunk neunundsiebzigjährig am 26. Juli 1975 gestorben. Ihre Urne wurde auf dem Friedhof Dresden-Striesen beigesetzt. Peter wandte sich in ein Heim nach Moritzburg, wo er sich verheiratete.«[2] **Rolf Friebel**

Erna Fruhtrunk, genannt »Mutter Häsel«

Fotos (3): Slg. Matthias Griebel

Zitate:
1 Dresdner Nachrichten 09. 07.1939, »Geh weiden, Schäferin...«/ Eine Dresdnerin setzt sich für die Schafzucht ein, gez. MarKi
2 Griebel, Matthias; »Mutter Häsel und ihre Osterlämmer«; in: EHK 4/2009
Quellen: 408, 699, 726

Wolfgang Sigmundcik, genannt »Garry«, und eine seiner Bierdeckel-Vignetten. Rechts: In Garrys »Arrow-Ranch« im Garten Pillnitzer Landstraße 55
Fotos: Slg. Karl Knietzsch

Sigmundcik, Wolfgang
genannt **Garry**
(1934 – 2004)
Wolfgang Sigmundcik wurde am 14. Februar 1934 in Dresden geboren. Auf der Holbeinstraße in Dresden fiel 1945 das Haus der Familie den Bomben zum Opfer. Der Vater kehrte aus dem Zweiten Weltkrieg nicht zurück. Nach 1945 wohnte er zunächst mit seiner Mutter am Körnerplatz 11. Wolfgang erlernte nach Ende der Schulzeit den Beruf des Drehers, den er nach seiner Lehre auch ausübte. Später, nachdem seine Mutter 1954 erneut geheiratet hatte, verzog er nach der Pillnitzer Landstraße 55. Nach seiner Arbeit als Dreher war er bis zum Rentenalter langjähriger Mitarbeiter des Bestattungswesens Tolkewitz.

Man kannte ihn stets als heiteren, großzügigen und durchaus genussfreudigen Burschen, als das, was man einen »Kumpel« nennt, immer einem guten Whisky zugetan.

Schon rein optisch verkörperte Wolfgang Sigmundcik auch im Alltag mit Cowboystiefeln, Jeans, Lederweste und Stetson einen Hobby-Cowboy. Er war Hobby-Indianer im Radebeuler Club Manitu. Dort trug er zu Club-Veranstaltungen das selbst gefertigte, stilechte Prärie-Kostüm, denn der gelernte Dreher war auch begabt im Umgang mit Lederarbeiten im Westernstil.

In Loschwitz kannte man ihn nur unter seinem Cowboy-Namen: Garry. Seine Freizeit verbrachte er am liebsten zusammen mit seinem Sohn in seiner selbst gezimmerten Traumwelt, die er »Arrow-Ranch« nannte, im Grün des Loschwitzer Elbhanges, einer Welt mit Blockhaus, Hund und Lagerfeuer. Dort besuchte ihn auch häufig sein Freund und Gleichgesinnter, Karl Knietzsch (*1935, → *K2*).

Sein Traum, einmal die echten Western-Landschaften kennen zu lernen, musste ein Traum bleiben; zu DDR-Zeiten wegen der Reisebeschränkungen und danach wegen seiner schmalen Rente. Häufig war er am Stammtisch anzutreffen, wo er mit beachtlichem Zeichentalent aus dem Handgelenk fantasievolle Vignetten auf Bierdeckel zaubern konnte.

Im Frühsommer 2001 erlitt der Cowboy einen schweren Verkehrsunfall, nach dem er als Pflegefall den Rest seines Lebens in einem Heim am Wasaplatz verbringen musste.

Nach langer, schwerer Krankheit und kurz nach seinem 70. Geburtstag starb er am 31. März 2004 und wurde am 17. Mai 2004 im Urnenhain Dresden-Tolkewitz beigesetzt.

Rolf Friebel

Quellen: 39, 59

Mautz, Max
(? – ?)
Das Loschwitzer Original Max Mautz wohnte mit seiner »Hannerl« Grundstraße 45.

Max Mautz, 1982
Foto: Dieter Schreiber, Slg. Matthias Griebel

Pietzsch, Lisa
(1922 – 1996)
Die kleine Frau Pietzsch, nicht größer als etwa 1,30 m, konnte man viele Jahre im Ortsbild rund um den Körnerplatz erleben. Mit Vorliebe ging sie auf dem Körnerweg spazieren. Sie kannte alle Anwohner.

Lisa Pietzsch, aus dem Erzgebirge stammend, sprach ein schönes Dresdner Sächsisch, vielleicht ein bissel mit Erzgebirgisch untermischt, immer höflich und voller Respekt dem Gesprächspartner gegenüber.

Als Martha Lisa Möckel wurde sie am 24. September 1922 in Schneeberg geboren. Anfang 1945 hatte es sie nach Loschwitz verschlagen. Sie bezog eine Kellerwohnung auf der Pillnitzer Landstraße 62 im Haus vom Klempner Arnold. Ihr Wohnraum war bescheiden, der Nachkriegszeit geschuldet. Die Wohnung bestand aus einem kleinen Wohnzimmer mit Kochnische, einem winzigen Schlafzimmer und einem Plumpsklo. In dieser Zeit heiratete sie den ebenfalls kleinen und 28 Jahre älteren, etwas rundlichen Bruno Pietzsch, der zu ihr in die beengte Wohnung zog. In das Schlafzimmer ging aber kein zweites Bett hinein. Das Paar wusste sich zu helfen. Es entschloss sich, von der Innenwand des Schlafzimmers eine Schicht Ziegel heraus zu hacken und schon fanden zwei Betten hintereinander in diesem Raum Platz.

Viele Jahre arbeitete Lisa Pietzsch im Funkwerk Dresden (später Messelektronik). Als zuverlässige fleißige Arbeiterin in der Vorfertigung als Stanzerin bekam sie für ihre Leistungen mehrfach Auszeichnungen als »Bestarbeiterin« und »Aktivistin«. Ende der 1950er Jahre verbesserten sich auch ihre Wohnverhältnisse. Sie zog mit ihrem Mann in das Haus »Zum goldnen Schiff«, Körnerplatz 8, in eine

Frau Pietzsch mit ihrem Dackel »Poldi« auf dem Körnerweg, 1995 *Foto: Ute Häse*

Mansardenwohnung. 1976 verstarb ihr Mann Bruno und sie war wieder auf sich allein gestellt.

In ihren letzten Jahren war sie immer mit dem Dackel »Poldi« unterwegs, den sie an einer recht langen Leine führte, denn ihrem Poldi solle es doch gut gehen. Die beiden passten gut zusammen. Der Dackel gehörte eigentlich ihrer Nachbarin, der → *Physiotherapeutin* Johanna Krahmer (1915 – 1993, → *Ärzte*), aber Frau Pietzsch betreute ihn schon längere Zeit, denn beide Frauen bewohnten das Haus »Zum goldnen Schiff«. Nach Johanna Krahmers Tod im Januar 1993 übernahm Frau Pietzsch den Hund. Sie erklärte das mit folgenden Worten: »Wer soll sich denn um das arme Hund'l kümmern, es ist ja sonst niemand da.«

Nach dem politischen Umbruch 1989/90 kam es zur Wiederbelebung des Erzgebirgsvereins mit dem Stammsitz in Schneeberg. Durch ihre tiefe Verbundenheit mit dem Erzgebirge war es für Lisa Pietzsch eine Ehrensache, Mitglied in dem Verein zu werden. Sie versäumte kaum einen Stammtisch des Erzgebirgszweigvereins Dresden.

Dialog mit dem Architekten Prof. Siegbert Langner von Hatzfeld:

»Nu, gud'n Tag.«
»Wie geht's? Wie geht's dem Hund'l?«
»Nu danke, mir geht's gut, dem Hund'l och. Er hat sich vorhin mit'n Pferd'l gekusselt.«
»Na, auf Wiedersehen Frau Pietzsch.«
»Nu, scheen Tag noch, Herr, Herr ... wie war doch gleich ihr werter Name? Aber der is mir zu lang, den merk'sch mir sowieso nich. Ich sag jetzt och wie die andren Leute Herr Professor zu Ihn. Das ist zwar keen Name, aber es ist och keen Schimpfwort. Nu, off Wiedersehn.«[1]

Mit dem Alter wurde sie immer kleiner und etwas gebeugter. Wenn sie in unsere neu aufgebaute Kirche ging, konnte sie gar nicht mehr die Klinke der Kirchentür in Höhe von 1,75 m erreichen. Zum Glück gab es noch das Westportal, das nicht so gewaltige Ausmaße aufwies.

Auf Grund der Sanierung des Hauses Körnerplatz 8 musste Lisa Pietzsch 1995 nochmals die Wohnung wechseln und wohnte dann Körnerplatz 6. Geplant war, dass sie nach der Sanierung wieder in ihre alten gewohnten Räumlichkeiten zurückziehen sollte, was sie jedoch leider nicht mehr erlebte. Am 16. März 1996 starb sie und fand auf dem Friedhof Loschwitz im Grab ihres Mannes die letzte Ruhe. In Erinnerung bleibt eine kleine, nette, gutmütige und stets hilfsbereite Person, ein Loschwitzer Original aus unseren Tagen. **Ute Häse**

Zitat:
1 »Alltagsplausch«; in: EHK 12/1993, Seite 8
Quellen: 27, 39

Rehan, Johann Carl Gottfried
(auch Rehhahn und Karl geschrieben)
(1793 – 1865, auch 1858 genannt)

Rehan, geboren am 15. April in Jessen bei Wittenberg, war nicht irgendwer, sondern ein »Original« aus Dresden. Er zog barfuß und nicht gerade gepflegt als Händler durch die Stadt und bot allerlei Dinge an.

Von Beruf war er Handarbeiter in Dresden-Friedrichstadt, Händler, Trödler, Uhrmacher, Verkäufer von selbstentworfenen Bilderbögen und er vertrieb zeitweise auch Pfefferkuchen.

Schon als Knabe soll er Metallknöpfe gegen kleine Bilder getauscht haben um diese dann wieder weiterzuverkaufen. Später handelte er mit alten Büchern, alten »Seegern« (Uhren), die er auch selbst reparierte. Eine größere Uhr soll er ständig auf dem Bauch getragen haben. Außerdem handelte er mit farbigen Bilderbogen Neuruppiner Art. Auch selbst entworfene Bilderbogen brachte er in Umlauf. Er beschäftigte sich mit Wahrsagen aus der Hand und Kartenschlagen sowie Bleigießen. Rehan war auf sämtlichen Jahrmärkten und Vogelschießen in und außerhalb von Dresden anzutreffen. Originell war hauptsächlich die Art, wie er seine Waren feilbot. Sein kurioses Aussehen, braune Samthosen und ein gelbgrauer Mantel, mit Stecknadeln gespickt, auf dem Kopf eine alte Mütze mit einer dicken Staubkruste, dazu noch barfuß und mit einer rauen und heiseren Stimme, zog natürlich die Straßenjungen an. Sie liefen in Scharen hinter ihm her und neckten ihn unter anderem auch mit derben Sprüchen, die Rehan mit gepfefferten Worten parierte. Im Grunde liebten sie ihn, weil er mit seinen Kunststücken die Jungen immer wieder verblüffen konnte, z. B. wenn er sich Kirschen

Zeichnung von Otto Griebel
Slg. Matthias Griebel

und Pflaumen mit geübter Hand in den weit geöffneten Mund warf, in dem sie wie in einem Scheunentor verschwanden. So war er auch der Liebling der Blasewitzer und Loschwitzer Schuljugend.

1823 fand ein besonderes Spektakel in Loschwitz statt, über welches noch nach Jahren gesprochen wurde. Es heirateten in diesem Jahr, am 6. Juli in der Kirche zu Loschwitz, Carl Gottfried Rehan, eines Schuhmachers einziger

Ausschnitt aus einem Bilderbogen von Rehan, 1843 *Slg. Matthias Griebel*

Sohn, und die Jungfer Johanna Justina Lauterbach (*1797), von einem Einwohner aus der Ratsgemeinde zu Loschwitz hinterlassene jüngste Tochter.

Dem damaligen Pastor Kretschmar in Loschwitz kamen Bedenken und er bat brieflich den Bürgermeister zu Dresden um Schutz der heiligen Handlung. Dieser aber antwortete: »wenn die Trauung in Dresden wäre, würde er sich eine Abteilung Soldaten bestellt haben, in Loschwitz aber könne er nichts tun.« Es sollen tausende Neugierige gekommen sein, die das Spektakel, Rehan's Hochzeit, erleben wollten. Vor der Kirche muss es ziemlich turbulent zugegangen sein. Man muss sich vorstellen, dass Loschwitz noch einen alten Dorfkern aufwies und die Pillnitzer Landstraße schmal und unbefestigt vor der Loschwitzer Kirche vorbei führte.

Das Brautpaar begleiteten Massen von Menschen mit Rufen und einige piksten dem Bräutigam sogar Stecknadeln in die Waden. Da war wohl an ein ruhiges Dahinschreiten nicht zu denken. Dennoch konnte in der übervollen Kirche die Trauung in Ruhe und Andacht vollzogen werde. Die Hochzeitsfeier fand in der → *Gaststätte* »Zur Eule« auf der Grundstraße statt. Das Brautpaar verschwand aber schnell nach Dresden in Rehan's Wohnung auf der Schäferstraße 10. Als sich dort abermals viele Menschen versammelten, kam ihm die Idee, dass jeder, der seine frischgebackene Ehefrau sehen wollte, einen Dreier zu zahlen hätte. Das brachte ihm so viel Geld ein, dass Rehan mit seiner Frau und den Gästen drei Tage lang eine üppige Hochzeit feiern konnte. Als Ehepaar sollen sie später ihr Einkommen mit dem Pfefferkuchenhandel bestritten haben, auch übte seine Frau auf das Äußere von Rehan einen günstigen Einfluss aus.

Nach kurzer Krankheit ist Rehan am 12. August 1865 in Dresden, Schäferstraße 10, gestorben. Sein Begräbnis war wiederum ein Stadtereignis, viele hundert Menschen begleiteten ihn zur letzten Ruhe. Sein Grab auf dem Inneren Neustädter Friedhof soll noch lange Jahre liebevoll gepflegt worden sein, ist aber nicht mehr vorhanden. **Ute Häse**

Quellen: 232, 277, 824

Ausschnitt aus einem Bilderbogen Rehans (mit falschem Hochzeitsdatum), 1843 Slg. M. Griebel

Voigt, genannt **Hauptmann Voigt oder »Schwejk«**

Nur wenige Erinnerungen an den kleinen Mann, der in den 1950er Jahren auf dem Friedhof arbeitete, sind bekannt. In laut klappernden Holzpantoffeln lief er die Grundstraße hinab und besuchte so auch Bischof Gottfried Noth in Blasewitz.

Wilhelm Voigt 1958 bei einem Ausflug Foto: Archiv Kirchgemeinde

Lehmann, Auguste Friederike genannt **Ziegengustl**

Auguste Friederike Lehmann (1851 – ?), die auch »Ziegengustl von Loschwitz« genannt wurde, vor der Plattleite 3 Foto: Slg. Lehmann

Ottmann, Ingeborg; Schauspielerin (* 1925) → *K2*
Otto, Rudolf; Maler (1887 – 1962) → *K1*
Ottowa-René, Maximus Wenzel; Schauspieler (1873 – 1945) → *K2*

Ortsmuseum Loschwitz

Mit dem sich ändernden Erscheinungsbild des Ortes Loschwitz vom Dorf zum Vorort der Stadt Dresden, wurde der Gedanke wach, die Erinnerungen an das Dorf Loschwitz, seine geschichtliche Vergangenheit, seine Bauten, Einwohner und Gäste für die Zukunft zu bewahren. Diesen Gedanken griff der Gemeinderat auf und berief am 24. Februar 1902 einen Ausschuss für Ortsgeschichte unter der Leitung von → *Architekt und Baurat* Christian Schramm (1857 – 1922, → *K2*) ein. Dieser Ausschuss hatte unter anderem die Aufgabe, gezielt Exponate zu sammeln und so aufzubereiten, dass sie in einem zu schaffenden Ortsmuseum ausgestellt werden können. Die Einwohner von Loschwitz wurden aufgerufen, durch Spenden von Sachzeugen den Aufbau eines Ortsmuseums zu unterstützen. Wie das Inventarverzeichnis von 1906 ausweist, wurde diesem Aufruf in vielfältiger Weise Folge geleistet. In der Sitzung am 31. Januar 1906 wurde zum neuen Ausschussvorsitzenden der → *Architekt Martin* → *Pietzsch* (1866 – 1961, → *K1*) gewählt, der den Vorsitz auch im späteren Museumsausschuss bis zu dessen Auflösung im Jahre 1948 inne hatte. Er forcierte die Sammeltätigkeit und erreichte, dass für die Exponate von der Gemeinde zwei Räume im ersten Stock der *»Alten* → *Schule«*, Pillnitzer Landstraße 8, zur Verfügung gestellt wurden. Später wurde die Sammlung in ein ehemaliges Klassenzimmer und einen danebenliegenden Raum im Erdgeschoss verlegt.

Entscheidend wirkte sich die im Jahr 1921 erfolgte → *Eingemeindung* des Ortes Loschwitz in die Stadt Dresden aus. Damit änderte sich auch die Rechtslage für die inzwischen erfreulich angewachsene Sammlung. Sie wurde vom Gemeinderat zusammen mit den Gemeindearchiven vor dem Eingemeindungsakt am 1. April 1921 in einem Überlassungsvertrag vom 25. März 1921 als dessen letzte Amtshandlung der Kirchgemeinde Loschwitz übereignet. Im Vertrag wurde unter anderem festgelegt, dass die übergebenen Gegenstände in einem zu errichtenden Ortsmuseum unterzubringen sind. Die Verwaltung des Museums sollte dem Ortsverein obliegen. Im Jahr 1925 beschloss der Museumsausschuss, die Sammeltätigkeit, die zunächst nur für Loschwitz vorgesehen war, auf die ganze Parochie auszudehnen und auch Wachwitzer Geschichtszeugnisse in das Museum aufzunehmen.

Die Stadt Dresden hatte sich in dem Eingemeindungsvertrag unter anderem verpflichtet, am Körnerplatz ein Stadthaus zu errichten, worin auch ein Ortsmuseum eine neue Heimstadt finden sollte. Der Bau kam nicht zur Ausführung, woraufhin die Kirchgemeindevertretung

Werbung für die Kunstausstellung Loschwitzer Künstler, 1916 *Slg. E. Münzner*

Relief »Ortsmuseum Loschwitz« *Archiv Kirchgemeinde Loschwitz*

im September 1932 im Einvernehmen mit dem Museumsausschuss beschloss, das Museum in der »Alten Schule« einzurichten. Zu den beiden vorhandenen Räumen kam ein daneben liegender dritter dazu. Die Kosten für die bauliche Instandsetzung der Räume übernahm die Kirchgemeinde. Für den Umbau der Räume zu Ausstellungszwecken wurde dem Ortsverein von der Kirchgemeinde ein Darlehen von 1200 Mark gewährt. Im Dezember 1932 war der Umbau der Räume nach dem Plan von Architekt Martin Pietzsch beendet.

Zur Finanzierung der Einrichtung des Museums rief der Ortsverein die vermögenden Einwohner von Loschwitz zu einer Spendenaktion auf. Sie wurde widersprüchlich aufgenommen und erbrachte nur den Betrag von 250 Mark. Die drei Räume sollten nach folgenden Themengruppen gestaltet werden: Einer der hinteren Räume sollte die ortsgeschichtliche Sammlung mit den Kotzsch-Fotografien aufnehmen. Der größere Raum war dem Thema Kunst und Künstler in Loschwitz gewidmet. Der dritte, vorn nach der Straße gelegene Raum, war das Ludwig-Richter-Zimmer, in dem vor allem an die Loschwitz-Aufenthalte des Künstlers und seines Kreises erinnert werden sollte. Im Rahmen der Museumsgestaltung musste vom Ausschuss der gesamte vorhandene Bestand gesichtet und neu geordnet werden, wobei man feststellte, dass die bildenden Künstler, die in Loschwitz gelebt hatten bzw. leben, ungenügend vertreten waren. Der Museumsausschuss beschloss deshalb, verstärkt Werke der bildenden Künstler zu sammeln. Es wurde angestrebt, dass jeder mit Loschwitz verbundene Künstler mindestens mit einem Werk in der Sammlung vertreten sein sollte. Es wurden deshalb die Künstler bzw. deren Nachkommen gebeten, entsprechende Werke dem Museum zu überlassen. Da der Fonds zum Ankauf sehr klein bemessen war, bat man um geschenkweise Überlassung oder um Leihgaben. Dieser Bitte war mehr Erfolg beschieden als der Spendenaktion. Danach wurden dem Museum so viele Werke der bildenden Kunst zur Verfügung gestellt, dass es an Platz mangelte. Allein 1933 konnten dem Bestand etwa 350 Neuerwerbungen hinzugefügt werden.

Um den Neuaufbau der Sammlung haben sich besondere Verdienste erworben: Architekt Martin Pietzsch, Kunstmaler Carl Walther (1880–1956, → *K2*), Oberlehrer *Otto → Kotzsch* (1880–1967) und Pfarrer Richard Schulz (1867–1933).

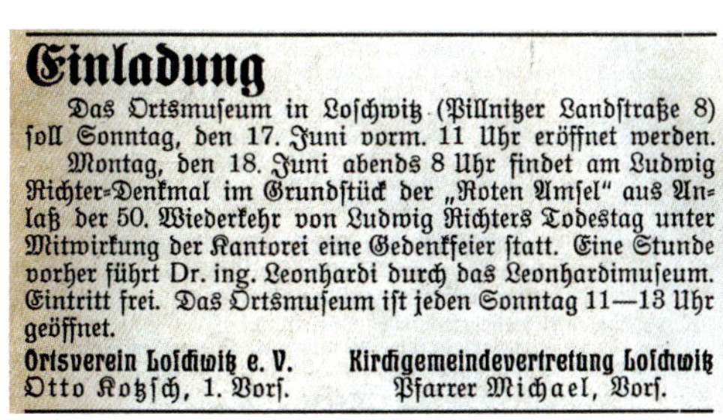

Einladung

Das Ortsmuseum in Loschwitz (Pillnitzer Landstraße 8) soll Sonntag, den 17. Juni vorm. 11 Uhr eröffnet werden. Montag, den 18. Juni abends 8 Uhr findet am Ludwig Richter-Denkmal im Grundstück der „Roten Amsel" aus Anlaß der 50. Wiederkehr von Ludwig Richters Todestag unter Mitwirkung der Kantorei eine Gedenkfeier statt. Eine Stunde vorher führt Dr. ing. Leonhardi durch das Leonhardimuseum. Eintritt frei. Das Ortsmuseum ist jeden Sonntag 11—13 Uhr geöffnet.

Ortsverein Loschwitz e. V. Otto Kotzsch, 1. Vors. **Kirchgemeindevertretung Loschwitz** Pfarrer Michael, Vors.

Anzeige, 1934 *Kirchliches Gemeindeblatt*

In diese erfreuliche und hoffnungsvolle Arbeit, kurz vor Eröffnung des Ortsmuseums, fiel eine der schwärzesten Stunden der deutschen Geschichte, die Machtergreifung der Nationalsozialisten. Einen weiteren Wermutstropfen für die Vereinsarbeit stellte der Tod von Pfarrer Schulz im September 1933 dar. Sein Nachfolger Pfarrer Arno Michael (1890–1976) besaß für solche Dinge keine Neigung und konnte deshalb für die Museumsarbeit nicht belebend wirken.

Trotz dieser Misshelligkeiten war unter großen Mühen die Arbeit so weit gediehen, dass am 17. Juni 1934, zum Gedenken an Ludwig Richters 50. Todestag, das Museum der Öffentlichkeit übergeben werden konnte. Eine Besichtigung war nun an jedem Sonntag von 10.30 Uhr bis 13 Uhr oder nach vorheriger Anmeldung möglich. Der Eintritt war kostenlos. Es wurde nur um Spenden zur Erhaltung des Museums gebeten.

Der Zustrom der Werke, vor allem der bildenden Kunst, hielt auch nach der Museumseröffnung an. Zwischen dem Ortsverein und der Kirchgemeinde wurde deshalb die Eigentumsfrage an den Museumsgegenständen neu geregelt. Darin wurde festgelegt, dass Eigentum der Kirchgemeinde alle jene Gegenstände sind, die im Überlassungsvertrag aufgeführt sind, aus dem Besitz der Kirchgemeinde stammen und Neuzugänge, die ausdrücklich der Kirchgemeinde zugewiesen wurden.

Eigentum des Ortsvereins waren alle anderen Museumsgegenstände einschließlich des Inventars. Infolge der erwähnten laufenden Neuzugänge waren die vorhandenen Museumsräume bald zu klein geworden. Der 1938 von Käthe Krabbes (1881–1970, → *K2*) erstellte Katalog von fast 2000 Nummern ergab, dass man etwa 250 Quadratmeter Hängefläche benötigt hätte, um weitere Werke ausstellen zu können. Der Museumsausschuss bat deshalb die Kirchgemeinde mehrmals um Erweiterungsmöglichkeiten für das Museum. Als Idealfall wurde vorgeschlagen, die gegenüberliegende kleine Wohnung mit dem Museum zu vereinigen. Der Kirchenvorstand stellte aber nur die beiden vor der Kanzlei liegenden Abstellräume zur Verfügung. Es wurden deshalb verschiedene Möglichkeiten untersucht, mehr Platz zu bekommen. Man erwog z. B., einen Anbau an das → *Leonhardi-Museum* zu errichten, der das Ortsmuseum aufnehmen sollte. Alle Bemühungen führten nicht dazu, der Raumnot zu entrinnen. Vor diesem Hintergrund muss man deshalb das Angebot des Ortsvereines an den Rat der Stadt Dresden vom 17. September 1938 sehen, das Museum der Stadt Dresden unentgeltlich zu überlassen, wenn folgende Hauptpunkte erfüllt worden wären:

1. Die Sammlung verbleibt im Stadtteil Loschwitz.

2. Die Stadt Dresden stellt für die Sammlung ausreichende, geeignete und würdige Räume zur Verfügung.

Unverständlich ist allerdings die Entscheidung der Kirchgemeinde Loschwitz, ebenfalls alle ihr gehörigen Gegenstände unentgeltlich der Stadt Dresden abzutreten. Dieses Vorhaben zerschlug sich glücklicherweise. In der Zeit der unmittelbaren Kriegsvorbereitung war für derartige Vorhaben keine Kapazität vorhanden.

Der Ortsverein war inzwischen der Deutschen Arbeitsfront, NS-Gemeinschaft »Kraft durch Freude«, Abteilung Feierabend – Private Freizeitgestaltung angeschlossen worden.

Stiftungsschild des Ortsmuseums Loschwitz für das Exponat Nr. 26 von Johann Friedrich Hoff, Frankfurt a. M., Schüler und späterer Biograf Ludwig Richters *Slg. Eberhard Münzner*

Die furchtbaren Kriegsereignisse ließen nicht nur jede Museumsarbeit ersterben, sondern forderten selbst von so einem kleinen Museum ihren Tribut. So mussten z.B. im Oktober 1942 alle Buntmetallgegenstände zur Verstärkung der Rüstungsreserve gemeldet werden. Das Dresdner Inferno am 13. Februar 1945 überstand das Museum unbeschadet, obwohl die Dächer der Seitenflügel der »Alten Schule« brannten und das Nachbargrundstück ein Opfer der Flammen wurde. Dass das Museum keinen Schaden nahm, verdanken wir Fanny und Martin Pietzsch sowie *Otto → Westphal* (1878–1975, → *K1*). Während sich Martin Pietzsch erfolgreich an den Löscharbeiten beteiligte, wurde von seiner Frau und Otto Westphal der Inhalt des am meisten gefährdeten Loschwitz-Zimmers ins Freie gebracht. Nach dem Zusammenbruch des Faschismus verblieb das Museum völlig unbehelligt in der alten Schule. Lediglich ein paar alte Hieb-, Stich- und Schusswaffen mussten abgegeben werden. Infolge Zugehörigkeit zu einer NS-Vereinigung wurde das Vermögen des Ortsvereins gemäß einer Verordnung der Landesregierung des Landes Sachsen vom 14. September 1948 enteignet. Mit der gleichen Verordnung wurden auch alle Satzungen der aufgelösten Vereine außer Kraft gesetzt. Damit entfiel auch das Recht der Kirchgemeinde an dem Vereinsvermögen, das ihr nach §8 der Vereinssatzung bei der Auflösung des Vereins zustand. Das Vermögen ging in den Besitz der Stadt Dresden über. Für das Ortsmuseum schlug damit eine bittere Stunde – es hörte auf zu bestehen.

Unter diesen Vorraussetzungen kündigte die Kirchgemeinde Loschwitz mit der Begründung des Eigenbedarfs durch Beschluss des Kirchvorstandes vom 7. Dezember 1951 der Stadt Dresden die Museumsräume. Mit dem gleichen Beschluss wurden die kircheneigenen Museumsgegenstände der Stadt Dresden leihweise überlassen, außer einigen Gegenständen, die sofort dem Fundus entnommen wurden. Verhandlungen der Stadt Dresden, das Museum in Loschwitz zu belassen, verliefen leider ergebnislos. In Folge der Neuvermietung der Räume musste am 4. März 1952 das gesamte Museumsinventar in das Stadtmuseum in der Nordhalle Dr.-Kurt-Fischer-Platz überführt werden. Dem ehemaligen Vorsitzenden des Museumsausschusses, Martin Pietzsch, wurde versichert, dass die Sammlung geschlossen erhalten bleibt. Sie sollte später in dem für die Loschwitzer Umgebung geplanten Kulturhaus einen würdigen und dauernden Platz finden.

Im März 1958 wurden die Bestände an Hand des Kataloges überprüft und zwischen dem Rat der Stadt Dresden und der Kirchgemeinde Loschwitz am 19. März 1958 ein Leihvertrag über die der Kirchgemeinde gehörenden Gegenstände abgeschlossen. In diesem Vertrag wurde bestätigt, dass alle mit »K« bezeichneten Nummern Besitz der Kirchgemeinde sind und diese jederzeit das Recht hat, diese Gegenstände zurückzunehmen. Mit der Verlegung des Stadtmuseums in das 1965 wiederaufgebaute Landhaus an der Wilsdruffer Straße wurde auch das Inventar des Ortsmuseums in das dortige Archiv verlagert. Der Leihvertrag von 1958 entsprach nicht der vom Landeskirchenamt (LKA) empfohlenen Fassung und sollte mit dem Rat der Stadt neu beschlossen werden. Zwischen 1964 und 1970 entstand ein neuer Schriftwechsel zwischen der Kirchgemeinde Loschwitz, dem Bezirkskirchenamt (BKA) und dem Rat der Stadt, ohne dass ein neuer Leihvertrag zustande kam. Warum diese Aktivitäten am 30. Juni 1970 ergebnislos endeten, ist unbekannt und auch nicht zu ermitteln.

Auf Betreiben des BKA Dresden-Mitte wurden 1985 die Verhandlungen durch Steffen Heitmann (* 1944) mit dem Ziel wieder aufgenommen, mit dem Stadtmuseum einen neuen Leihvertrag auszuhandeln. Trotz mehrfacher Mahnungen wurde der Leihvertrag seitens der Stadt Dresden aus unbekannten Gründen nicht unterzeichnet, sodass die Kirchgemeinde 1987 die Rückgabe der ihr gehörenden Bestände aus dem ehemaligen Ortsmuseum vom Museum für Geschichte der Stadt Dresden gemäß den Vertragsbedingungen von 1958 forderte. Im Rahmen der Verhandlungen, die sich mit der Rückgabe des Leihgutes beschäftigten, musste festgestellt werden, dass 1978 auf der Grundlage des Archivgesetzes der DDR vom Stadtmuseum alles Schriftgut, auch das nachweislich der Kirchgemeinde gehörende, ausgesondert und dem Stadtarchiv übergeben worden war.

Diese Übergabe erfolgte ohne Wissen und Genehmigung der Kirchgemeinde. Sie stellte somit eindeutig einen Verstoß gegen die Bedingungen des Leihvertrages vom 19. März 1958 dar. Am 28. November 1988 wurde der Leihvertrag mit dem Stadtmuseum bezüglich der dort verbliebenen Sammlungsgegenstände im Einvernehmen beendet. Die der Kirchgemeinde gehörenden Bestände wurden dem Fundus des Stadtmuseums entnommen und der Kirchgemeinde zurückgegeben. Bezüglich der der Kirchgemeinde gehörigen Archivalien, die dem Stadtarchiv übergeben wurden, müssten mit diesem getrennte Verhandlungen durchgeführt werden.

Nach dem Umbau der »Alten Schule« 1997/98 wurden die der Kirchgemeinde gehörenden Bestände in das dort vorbildlich neu eingerichtete Pfarrarchiv eingegliedert.

Die im Stadtarchiv lagernden Akten und Abbildungen aus dem Bestand des Ortsmuseums wurden in den 1990er Jahren katalogisiert und ein »Findbuch Ortsmuseum Loschwitz« angelegt. Für die im Stadtmuseum befindlichen Gegenstände und Kunstwerke des Ortsmuseums besteht kein Katalog. Nur anhand der von Käthe Krabbes 1939 gefertigten Inventarliste und Aufzeichnungen von Martin Pietzsch lassen sich Werke im Stadtmuseum dem ehemaligen Ortsmuseum zuordnen. Eine Aufarbeitung wird vom Ortsverein Loschwitz-Wachwitz angestrebt. **Eberhard Münzner**

Quellen: 39, 58

P

Palmié, Charles; Maler (1863 – 1911) → *K2* → *Leonhardi-Museum*
Pander, Carl; Schauspieler, Regisseur und Bühnenschriftsteller (1844 – 1905) → *K2*
Papstein, Gerhard; Maler und Grafiker (1923 – 2008) → *K2*

Parks und Gartenanlagen

Kurt Kirchbach, Hans F. Kammeyer Fotos: HTW

Kammeyergarten »Am Sonnenhang«

Preußstraße 10

Der Industrielle Kurt Kirchbach erwarb 1937 das Anwesen Preußstraße 10 im → *OT Oberloschwitz*. Den zum 1912 errichteten Haus gehörigen Garten bzw. Berghang ließ er neu gestalten. Den Auftrag dazu erhielt der damals weithin bekannte Dresdner Gartengestalter Hans F. (Felix) Kammeyer (1893 – 1973, → *K2*).

Das, was hier entstand und unter dem Namen »Terrassengarten Am Sonnenhang« bekannt wurde, ist die bedeutendste und gartenkünstlerisch wertvollste Anlage Kammeyers. Das stattliche Gebäude hatte zur Hangseite damals lediglich eine große Stützmauer für die Terrasse, darunter lagen verwilderte ehemalige Weinberge.

Kammeyer ließ den Steilhang durch weitere Stützmauern sichern und durch ein System von Treppen und Wegen erschließen. Als erstes wurde die alte Stützmauer durchbrochen und im Innern eine Treppe zur oberen Terrasse angelegt. Weiter zog sich die Haupttreppe den Steilhang hinunter, jeweils auf den Terrassen »ausruhend« und von Gartenmauern flankiert. Diese von Kammeyer sogenannten »parabolischen Mauern« sollten gleich ausgebreiteten Armen die Sonne einfangen und den Pflanzen die Wärme vermitteln. Das Besondere der Anlage war der Mut, mit dem der sehr steile Hang einer Gestaltung unterworfen wurde, die Kammeyer selbst als »majestätisch und sehr kühn« bezeichnete. Die teilweise recht hohen Stützmauern wurden mit Rankgerüsten und durch davor gestellte Pflanzkübel in ihrer Wucht gemildert.

Im westlichen Teil des Grundstücks ist die Gestaltung freier gehalten; durch den bewaldeten Hang führten steile Wege und eine Rindenhütte lud zum Verweilen ein.

Von Osten führte ein kleiner Weg unter der alten Mauer auf die »Farbenterrasse« zu, die wegen der jahreszeitlich wechselnden farbigen Bepflanzung so genannt wurde.

Das »Juwel« des Gartens jedoch war im östlichen Teil der sog. »Sprudelhof«, eine Terrasse, die durch ihren Dreiklang von Wasser, Pflanzen und baulicher Gestaltung bestach. Das vorherrschende Element war das Wasser, das in mehreren, durch kleine Kanäle verbundenen Becken ein Bild der Ruhe und Harmonie vermittelte. In den Becken waren elf Fontänen eingebaut, deren Wasserstrahlen senkrecht nach oben »sprudeln« und damit einen Eindruck des »Lebendigen« erzeugen sollten. Inmitten und neben den Wasserbecken waren Sitzplätze angeordnet. Dieser Wechsel von Ruhe und Bewegung war von Kammeyer sehr bewusst als Gestaltungsprinzip angewendet worden.

Schon mehrere Jahre vor der Entstehung des Gartens hat Kammeyer in einem Zeitschriftenartikel die »Hängenden Gärten der Semiramis«, eines der alten Sieben Weltwunder, begeistert beschrieben. Er regte an, diese nicht gerade nachzumachen, sondern etwas Neues, doch in ähnlicher Weise zu gestalten.

Nach dem Zweiten Weltkrieg wurde 1946 das Kirchbach-Grundstück enteignet und ging später in »Volkseigentum« über. Die Villa diente danach als Wohnhaus u. a. von Max Seydewitz (1892 – 1987) und Generalfeldmarschall a. D. Friedrich Paulus (1890 – 1957), nach dem sie den Namen »Paulus-Villa« erhielt. Nach dessen Tod diente die Villa als Gästehaus der DDR-Regierung. Wahrscheinlich zu dieser Zeit wurde auf der Terrasse des »Sprudelhofes« ein Schwimmbecken gebaut und damit das wertvollste Element der Kammeyerschen Gartenschöpfung zerstört. Seit 1990 stand das Gebäude leer und wurde 1998 in Privathand verkauft.

Der Garten ist heute derartig zugewachsen, dass sich die Intentionen des Schöpfers kaum noch erschließen. Die Anlage ist dennoch in ihrer Grundstruktur zu erkennen und legt Zeugnis ab von der hervorragenden Gestaltungskraft von Hans F. Kammeyer.

Rainer Pfannkuchen

Quellen: 467, 1000

Parks der → *Elbschlösser*
Parks der → *Villen*
Pillnitzer Landstraße 77 → *Flächennaturdenkmale*
Schulpark → *Fidelio-F.-Finke-Straße*

Pattiera, Tino; Sänger (1890 – 1966) → *K1* → *Elbschlösser/Eckberg*
Paul, Jürgen; Kunsthistoriker (* 1935) → *K2*
Paul, Karl; Sänger (1914 – 1969) → *K2*
Paul, Wolfgang; Schriftsteller (1918 – 1993) → *K1*

Entwurf von Hans F. Kammeyer für den »Sprudelhof« im Park »Am Sonnenhang« Kammeyer-Archiv HTW

Baustelle für den »Terrassengarten Am Sonnenhang« Foto: Kammeyer-Archiv Hochschule für Technik und Wirtschaft (HTW)

Pauls, Tom
Schauspieler und Kabarettist (* 1959)

Tom Pauls auf der Bühne seines Theaters in Pirna *Foto: Amac Garbe*

Einer der prominentesten und zugleich volksverbundensten Künstler in Loschwitz ist der Schauspieler und Kabarettist Tom Pauls (→ *K2*). Geboren 1959 in Leipzig, studierte er dort von 1979 bis 1983 an der Theaterhochschule. Bereits sein erstes Engagement führte ihn nach Dresden an das Staatsschauspiel, wo er mit Rollen wie Amadeus in Peter Shaffers (* 1926) »Amadeus«, Don Cirillo in Carlo Goldonis (1707–1793) »Der Krieg« oder Ariel in William Shakespeares (1564–1616) »Sturm« Erfolge feierte. Tom Pauls gehört zum beliebten Dresdner Zwinger-Trio, zu den Gründern des seit 1994 auf dem Theaterkahn beheimateten Dresdner Brettls und des Burgtheaters Stolpen. Dort hatte er 1991 den ersten Soloauftritt als freischaffender Schauspieler mit den »Sächsischen Variationen«. Extra dafür entwickelte er die Figur der Ilse Bähnert, jener vigilanten Witwe aus Sachsen, die inzwischen Kultstatus erreicht hat. Ihren Namen trägt seit 2008 eine Stiftung, die sich für den Erhalt der sächsischen Kultur und Sprache einsetzt. Mit Mitteln dieser Stiftung und Fördergeldern sanierte Tom Pauls als engagierter Bauherr und Denkmalpfleger das Peter-Ulrich-Haus in Pirna. Darin konnte er seinen Traum vom eigenen Theater verwirklichen, das seitdem Tausende Besucher in die Pirnaer Altstadt zieht. Der Schauspieler und Musiker gestaltete kabarettistische Höhepunkte des MDR-Programms, dirigiert Konzertprogramme mit Orchestern und gibt an der Staatsoperette Dresden den Frosch in der »Fledermaus«. Er war dort auch als Paris in »Die schöne Helena« zu sehen und spielt einen famosen Professor Higgins in »My Fair Lady«. Mit Musikern der Staatskapelle Dresden interpretiert er eine sächsische Fassung von Felix Mendelssohn-Bartholdys (1809–1847) »Sommernachtstraum«.

Auch als Sammler und Autor engagiert sich Pauls für seine Lieblingsorte, besonders für die Sächsische Schweiz. Der Meister des Komischen wirkt in der Jury für den jährlich vergebenen Deutschen Karikaturenpreises der Sächsischen Zeitung mit.

Tom Pauls, der mit seiner Frau Sibylle Witt-Pauls (*1959) die drei Söhne Maximilian (* 1983), Felix (* 1991) und Konstantin (* 1997) hat, lebt seit 2005 in Loschwitz, in dessen sonnigstem Zipfel, dem → *Körnerweg*. »Der Elbhang hat eine magische Kraft«, sagt er, der von Blasewitz hierher kam. Ein guter Ort, um Freundschaften und Hobbys zu pflegen, die ihn mit vielen Loschwitzern verbinden: Das eigene Boot im → *Hafen* vor der Haustür gehört dazu und das Angeln, das ihn vom Elbufer bis hinaus aufs offene Meer führt. Erfahrungen dieser Passion brachte er auch auf die Bühne: 2011 feierte »Lothar und der Kormoran« erfolgreich Premiere. Tom Pauls begegnet man trotz seines vollen Spielplanes oft im alten Dorfkern – beim Plausch im → *Bräustübel* oder in der Mittagsrunde der »Loschwitzer Tafel«.
Seiner Mitwirkung sind viele Höhepunkte des → *Elbhangfestes* zu verdanken: Als Standseilbahn-Schaffner beim »Hang nach Oben« und als Schwejk bei »Wenn die Böhmen mit den Sachsen« begeisterte er die Besucher, ebenso als Erzähler in der → *Schillerschule* oder als Frau Bähnert mit dem Männerchor Striesen und natürlich bei den Abschlusskonzerten mit der Elblandphilharmonie in Pillnitz. Er selbst sagt über das Fest: »Es ist ein Schwebezustand, welcher nur mit einem Gefühl beschrieben werden kann. Dieses Empfinden nennt der Italiener ›la dolce vita‹, der Deutsche ›das süße Leben‹ und der Sachse ›herrlisch‹ oder ›bomfordsschonöß‹ (frz.: bonne force – großartig).« Und weil die sächsische Sprache, die solche Wortperlen hervorbringt, zu seinen Leidenschaften gehört, kürt Tom Pauls seit 2008 jedes Jahr am Tag der Deutschen Einheit mit seiner Ilse-Bähnert-Stiftung das sächsische Wort des Jahres. **Holger Friebel**

Quellen: 274, 724, 1241

Pepino, Anton Joseph; Maler (1863–1921) → *K1*

Tom Pauls als Standseilbahnschaffner Bahnert beim fünften Elbhangfest, ... *Foto: V. Berthold*

... als Schwejk beim 14. Elbhangfest ... *Foto: Rolf Friebel*

... und als »Queen Elisabeth« beim Abschlusskonzert des 24. Elbhangfestes. *Foto: H. Friebel*

Pepino, Jan

Bibliothekar und Buchhändler (1898 – 1975)

Jan Josef Angelo Pepino wurde am 29. März 1898 in Dresden als Sohn des Malers Anton Joseph Pepino (1863 – 1921, → *K1*) und seiner Ehefrau Magdalene geb. von Mach (1871 – 1943) geboren. Als Kind stand er dem Bildhauer Oskar Rassau (1843 – 1912, → *K2*) Modell für den kleinen Theodor Körner in der linken Figurengruppe des → *Körner-Schiller-Denkmals* in der Schillerstraße. Nach dem Abitur am Realgymnasium Blasewitz wurde er eingezogen, kam an die Westfront und geriet in französische Gefangenschaft. Nach seiner Heimkehr 1920 absolvierte er zunächst eine Lehre bei der Dresdner Bank. 1924 bis 1926 arbeitete er als Korrespondent beim Dresdner Verlag Richard A. Giesecke, anschließend im Einkaufshaus der Volksbüchereien Leipzig, wo er zum buchhändlerischen Leiter und 1929 zum Prokuristen aufstieg. Zeitgleich studierte Pepino 1927 bis 1930 in Leipzig Philosophie, Literaturwissenschaften, Soziologie und Pädagogik, ließ sich an der Deutschen Volksbüchereischule Leipzig buchhändlerisch ausbilden und legte 1931 sein Diplom ab.

Wegen seiner »halbjüdischen« Herkunft verlor der leidenschaftliche Bibliothekar bei Machtantritt der Nationalsozialisten 1933 seine Anstellung in den Städtischen Bücherhallen Leipzig. Er übersiedelte nach Kairo und übernahm dort die Leitung der deutschen Buchhandlung Lehnert & Landrock. 1935 entzog ihm der in die Reichsschrifttumskammer eingegliederte Verein Deutscher Volksbibliothekare seine Mitgliedschaft. Das bedeutete für Pepino Berufs- und Publikationsverbot. Mit Beginn des Zweiten Weltkriegs im Jahr 1939 floh er, um einer britischen Inhaftierung zu entgehen und aus Sorge um seine in Dresden wohnende alleinstehende Mutter nach Griechenland, von wo aus er nach Deutschland ausgeliefert wurde. Er wohnte zunächst bei seiner Mutter in der Calberlastraße 1b. Nachdem er 1939 anfangs als »wehrunwürdig« eingestuft worden war, änderte sich das 1942 in »bedingt wehrwürdig«. Pepino tauchte deshalb zunächst an verschiedenen Orten unter, bevor er 1943 nach Dresden-Loschwitz zurückkam und in die Wohnung seiner Mutter einzog, in der er bis zu seinem Tod wohnte. Er bestritt seinen Lebensunterhalt in den Kriegsjahren mit verschiedenen unterqualifizierten Tätigkeiten.

Ab 1945 baute er als Direktor die Städtische Bücherei Dresden unter großem persönlichen Einsatz wieder auf. Nachdem 1951 das Stadtarchiv von den Städtischen Bibliotheken wieder getrennt wurde – Pepino hatte 1948 eine Zusammenlegung bewirken können – legte er das Amt »auf eigenen Wunsch« nieder und wurde daraufhin aus politischen Gründen entlassen. Im Oktober 1952 fand er ein neues Arbeitsfeld in der Sächsischen Landesbibliothek (seit 1996 als SLUB vereinigt mit der Bibliothek der TU Dresden) und arbeitete dort in verschiedenen Funktionen bis zu seiner Pensionierung 1968. Danach blieb er jedoch weiterhin tätig, arbeitete an der »Sächsischen Bibliographie« und erfasste für die Landesbibliothek wertvolle Zeitungsbestände.

Jan Pepino *Foto: Slg. E. Nedorn*

Hildegard von Mach, Jan Pepino, 1903, Öl auf Leinwand *Foto: Slg. E. Nedorn*

Jan Pepino starb am 6. Oktober 1975 in Dresden-Loschwitz und wurde auf dem Loschwitzer → *Friedhof* beerdigt. **Barbara Friebel**

Quellen: 39, 783, 837, 894

Peres, Karl; Maler und Grafiker (1886 – 1917) → *K2*
Perron, Carl; Sänger (1858 – 1928) → *K2*
Peschel, Carl Gottlieb; Maler und Zeichner (1798 – 1879) → *Ludwig-Richter-Kreis*
Peschke, Wolfgang; Musiker (1925 – 2003) → *K2*
Peter, Otto; Maler, Grafiker und Illustrator (1864 – 1931) → *K2*
Peterich, Paul; Bildhauer (1864 – 1937) → *K2*
Peters, Hugo; Holzbildhauer (1892 – 1982) → *K2*
Petrenz, Otto; Bildhauer (1878 – 1935) → *K2*
Petzel, Rosalie Henriette; Malerin und Schriftstellerin (1831 – 1912) → *K2*
Pfeiff, Cécile; Musikerin (* 1973) → Hartfiel *K2*
Pfeiffer, Siegfried; Musiker (* 1934) → *K2*,
Pflanzl, Heinrich; Sänger (1903 – 1978) → *K2*
Pfretzschner, Brigitte; Sängerin (* 1936) → *K1*
Philipp, Reinhard; Musiker (* 1970) → *K2*
Philipp, Ulrich; Musiker (* 1942) → *K2*
Pick, Jutta-Maria; Pianistin (* 1935) → *K2*
Pietsch, Paul; Bildhauer (1851 – 1887) → *K2*
Pietschmann, Max; Maler und Grafiker (1865 – 1952) → *K1*
Pietzsch, Martin, Architekt (1866 – 1961) → *K1* → *Baumeister und Architekten*
Pillatzke, Anneliese; Sängerin (1920 – 1982) → *K2*
Pilz, Otto; Bildhauer (1876 – 1934) → *K2*
Pinkert, Werner; Maler und Grafiker (* 1928) → *K2*
Pinthus, Kurt; Schriftsteller, Publizist und Herausgeber (1886 – 1975) → *K2*
Piontek, Klaus; Schauspieler (1935 – 1998) → *K2*
Pistorius, Günter; Musiker und Komponist (* 1940) → *K2*
Plate, Anne; Malerin (1871 – 1941) → *K2*
Plate, Eduard; Gesangspädagoge (1882 – ?) → *K2*
Plate, Heinz; Schauspieler (1916 – ?) → *K2*
Poelzig, Hans; Architekt (1869 – 1936) → *K2* → *Elbschlösser/Lingnerschloss* bzw. *Friedhöfe/Mausoleum*
Pohl, Claudia; Architektin (* 1969) → *K2*
Pohle, Friedrich Wilhelm (1830 – 1892) → *K1* → *Kirchenmusik/Kantoren*

Polizei und Gendarmerie

Seit 1809 war die Sächsische Landgendarmerie auch für Loschwitz zuständig. Mit der Einführung der revidierten Landgemeindeordnung 1873 wurde der Gemeindevorstand zum örtlichen Organ der Landes- und Bezirksverwaltung ernannt und mit der Verwaltung der bereits bestehenden »Ortspolizei« betraut. Umfassend und alle Lebensbereiche durchdringend wirkten die Sicherheitspolizei, die Ordnungspolizei, die Wohlfahrtspolizei, die Gesundheitspolizei, die Sittenpolizei, die Gewerbepolizei, die Baupolizei, die Verwaltungspolizei, die Verkehrspolizei, die Straßenpolizei und die Polizei der öffentlichen Sachen. Für Angelegenheiten der Eisenbahn gab es die Bahnpolizei.

Ab 1. August 1874 war Blasewitz Sitz einer Königlichen Gendarmerie-Station mit einem Brigadier und einem Gendarm, welcher die Bezirke Blasewitz, Loschwitz, Wachwitz und Niederpoyritz unterstellt waren. Um 1880 wies die Königliche Amtshauptmannschaft Dresden-Neustadt, der auch die Gemeinde Loschwitz zugehörig war, in ihrem Verwaltungsspektrum elf Gendarmerie-Beamte aus, die in den jeweiligen Orten stationiert waren. Für Loschwitz waren das 1883 die Gendarmerie-Stationen in der Pillnitzer Landstraße 3 mit dem Gendarmerie-Brigadier Karl Friedrich Bormann und Rißweg 66 mit dem Gendarmen Karl Louis Tautenhahn, dem wahrscheinlich auch der Gendarm Johann Wilhelm Dietze zugeordnet war. Auf Bormann folgte am gleichen Ort um 1885 Brigadier Friedrich Wilhelm Martin, während die Station vom Rißweg zunächst nach dem Weißen Hirsch verlegt wurde, sich dann ab 1887 unter dem Gendarmen Karl Heinrich Conrad wieder in Oberloschwitz, Bautzner Landstraße 34, befand. Der Ort der Station wechselte in den folgenden Jahren mehrmals zwischen Weißem Hirsch und Orten in Oberloschwitz.

Die für den größten Teil des Ortes zuständige Gendarmerie-Station in der Pillnitzer Landstraße 3 zog 1889 unter dem Brigadier Johann Karl Koch in die Grundstraße 103 und 1893 unter Carl Ernst Herkner in die Calberlastraße 6, wo sie bis 1902 verblieb. Danach war ihr Sitz in Blasewitz. Oberloschwitz gehörte mit weiteren Orten zur »Brigade Weißer Hirsch«, die ihren Sitz Bergbahnstraße 11 und 5 und ab 1914 nur noch in Nr. 5 hatte.

Im Polizeiwesen des Ortes gab es nach 1890 eine Neuerung zu verzeichnen. Bisher hatte der »Schutzmann« schon seinen Platz im → *Gemeindeamt*. Nun bekam er hier eine Expedition (Amtsgeschäftsstelle) mit Paul Mettke als Polizei-Expedient, dem zwei Schutzmänner, Louis Meißelbach (1842–1903) und Ernst Junghans, zugeordnet waren. Praktischerweise hatte einer der Schutzleute seine Wohnung im Armenhaus, dessen Verwaltung ihm auch oblag. Im späteren »Bräustübel« (→ *Gaststätten*), heute Körnerplatz 3, welches zum Rathaus gehörte, wurde eine Polizeiwache eingerichtet, die Tag und Nacht besetzt war und in der sich auch Arrestzellen für Missetäter befanden. Diese Wache am Körnerplatz avancierte 1898 bis zur Eingemeindung nach Dresden zur Polizeihauptwache mit einer Bezirkswache in der Wilhelminenstraße 9 im → *Simmigschen Ortsteil*. Diese zog 1903 in die Wilhelminenstraße 8 und 1907 schließlich in die Fischhausstraße 3. Seit 1905 gab es eine weitere, die »2. Bezirkspolizeiwache« im Rißweg 56, die 1911 in das neue Haus mit Arrestzellen Rißweg 70, Ecke Steglichstraße, umzog. Polizeiwachtmeister für das gesamte Loschwitzer Gebiet, das ab 1906 in fünf Polizeibezirke aufgeteilt war, war ab

Ansichtskarte um 1900 »Restaurant Ratskeller« mit Bräustübel«, unten Schild »Polizeiwache«
Foto: Slg. Matthias Griebel

Schutzmann Hermann Münzner

Infolge der Einstellung des Bergbaus im Marienberger Revier bewarb sich 1902 der Grabensteiger des Reitzenhainer Zeuggrabens und Unteroffizier d. R. Hermann Münzner (1878–1947) für die sachsenweit ausgeschriebene Stelle eines Schutzmannes der Gemeinde Loschwitz. Der Gemeinderat wählte ihn unter sechzig Bewerbern aus. Am 1. Januar 1905 trat er seinen Dienst mit einem Jahresgehalt von 1150 M an. Seine Familie folgte ihm 1906 in die neue Heimat nach. Er wechselte später zur Wohlfahrtspolizei Dresden und hat in dieser Funktion ab 1921 in der Inspektion des 27./28. Wohlfahrtspolizeibezirkes Dresden in Loschwitz auf der Grundstraße 3 gearbeitet. Mitte der 1930er Jahre wurde er in die Schutzpolizei übernommen. Als Hauptmann ist er 1938 in den Ruhestand gegangen.

Foto: Slg. Eberhard Münzner

Gruppe von Badenden mit Polizist am Elbufer um 1920 *Foto: Slg. Eberhard Münzner*

etwa 1895 der ehemalige Schutzmann Ernst Junghans, dem um 1919 Ernst Lässig (1868–1936) im Amt folgte. Er nannte sich nun Polizei-Oberwachtmeister, während die zuletzt (1921) 14 Schutzleute zu Polizeiwachtmeistern befördert worden waren.

Mit dem 1. April 1921 gingen alle polizeilichen Befugnisse der Gemeinde an die Stadt Dresden oder an das Land Sachsen über. Wohlfahrtspolizei, Feuerpolizei und Baupolizei waren nun dem Stadtpolizeiamt im Rathaus zugeordnet, während die anderen dem Polizeipräsidium unterstellt waren. Die Wohlfahrtspolizei, die sich um gesundheitliche und hygienische Belange zu kümmern hatte, nutzte die Räume in der Grundstraße 3 als Wache des Wohlfahrtspolizeibezirks. Sie überprüfte die Sauberkeit in Lebensmittelläden und entnahm Proben von Lebensmitteln für die Hygieneaufsicht. Sie war zuständig für die Vergabe von Lebensmittelkarten, kümmerte sich um hilfsbedürftige Personen und half bei der Bearbeitung von Anträgen auf Fürsorgeunterstützung bis zu nötigen Heimeinweisung. Einmal im Monat wurden die Wohlfahrtspolizisten als »Nachtwächter« ins Dresdner Rathaus abgestellt. Ihre Rundgänge und Kontrollen im Gebäude wurden durch Stechuhren kontrolliert. Sie wurden auch als Ordner für Theater- und Zirkusveranstaltungen eingesetzt, wobei ein Familienmitglied eine Freikarte bekam. Ebenso waren sie als Ordner für Ausstellungen tätig. Wer eine Fremdsprache beherrschte, bekam diesbezüglich einen Aufnäher an den Ärmel. So war es auch bei Wohlfahrtspolizei-Hauptwachtmeister Kurt Günther (1886–1977).

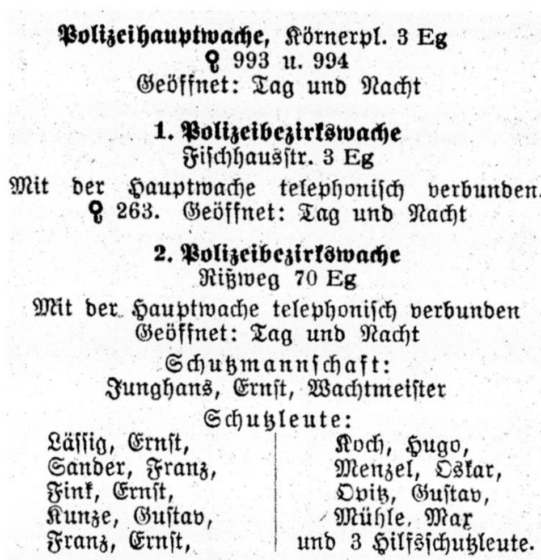

Polizeihauptwache, Körnerpl. 3 Eg
☎ 993 u. 994
Geöffnet: Tag und Nacht

1. Polizeibezirkswache
Fischhausstr. 3 Eg
Mit der Hauptwache telephonisch verbunden.
☎ 263. Geöffnet: Tag und Nacht

2. Polizeibezirkswache
Rißweg 70 Eg
Mit der Hauptwache telephonisch verbunden
Geöffnet: Tag und Nacht
Schutzmannschaft:
Junghans, Ernst, Wachtmeister
Schutzleute:
Lässig, Ernst, | Koch, Hugo,
Sander, Franz, | Menzel, Oskar,
Fink, Ernst, | Opitz, Gustav,
Kunze, Gustav, | Mühle, Max
Franz, Ernst, | und 3 Hilfsschutzleute.

Auszug aus dem Adressbuch 1917

Die dem Polizeipräsidium zugeordnete Sicherheitspolizei hatte Sicherheitspolizeibezirke eingerichtet. Loschwitz war drei verschiedenen zugeordnet: Der Simmigsche Ortsteil gehörte zum 8., Oberloschwitz zum 26. und der restliche Teil zum 27. Bezirk. Nach einer Neuaufteilung in Reviere gehörte Oberloschwitz zur Dienststelle auf dem Weißen Hirsch und der restliche Ortsteil zu Dresden-Blasewitz mit Dienststelle Naumannstraße 5 und einer Nebenstelle in Rochwitz. Eine Vereinheitlichung der Polizeistrukturen brachte das neue Polizeigesetz von 1928.

Nach der Machtübernahme der Nationalsozialisten unterstellte 1934 ein neues Gesetz auch die bisherige Landespolizei dem »Reich«. Die Schutzpolizei, die Feuerschutzpolizei und die Technische Nothilfe der Ordnungspolizei wurden der Leitung von Kurt Daluege (1897–1946) unterstellt. Zusammen mit der Sicherheitspolizei unter Reinhard Heydrich (1904 –1942), zu der auch die Geheime Staatspolizei und die Kriminalpolizei gehörten, unterstand der gesamte Polizeiapparat dem Reichsführer SS und Chef der Deutschen Polizei Heinrich Himmler (1900–1945).

Die Wohlfahrtspolizeiwache in der Grundstraße 3 wurde zur »Nebenwache« und der Name »Wohlfahrt« um 1937 gestrichen. Die zuständige Wache der Schutzpolizei befand sich in Dresden-Weißer Hirsch mit einer Außenstelle in Dresden-Rochwitz. Nach einer erneuten Umstrukturierung bekamen die Ortsteile Loschwitz, Weißer Hirsch, Bühlau, Wachwitz und Rochwitz 1941 eine neue Polizeistation in der heutigen Steglichstraße 34 mit einem Polizeiposten in der Grundstraße 3.

Nach dem Ende der nationalsozialistischen Herrschaft blieb die Steglichstraße 34 noch bis 1948 das Polizeirevier der Schutzpolizei für den 19. Stadtbezirk. Für die DDR-Zeit sind dann die Polizeireviere der Deutschen Volkspolizei Bautzner Landstraße 25 (1948–1953), Bischofsweg 9 (1953–1957) und Zamenhofstraße 1 (ab 1957) zu nennen. Ab 1952 wurden Abschnittsbevollmächtigte für die Wohngebiete eingeführt. Der »Genosse ABV«, so die offizielle Bezeichnung, bekam ein Dienstzimmer zugewiesen, hatte öffentliche Sprechstunden abzuhalten und eng mit allen gesellschaftlichen und staatlichen Organisationen zusammenzuarbeiten. Er war angehalten, Bürger als »Freiwillige Helfer der Volkspolizei (FH)« zu gewinnen. Für Loschwitz existierte ein solcher Dienstsitz bis 1990 am Körnerplatz 13 mit Eingang von der Schillerstraße, der heute noch manchem ehemaligen DDR-Bürger in unangenehmer Erinnerung ist. In diesem Hause befand sich bezeichnenderweise auch eine konspirative Wohnung (geheimer Treffpunkt) der Kreisdienststelle Dresden-Stadt der → *Staatssicherheit* der DDR.

Seit 1991 liegt die polizeiliche Kompetenz bei der Polizeidirektion Dresden, deren Polizeirevier Nord, zunächst Katharinenstraße und heute Stauffenbergallee 18, für den Ortsamtsbereich Loschwitz zuständig ist und wo auch der Bürgerpolizist für den Bereich Dresden-Loschwitz erreichbar ist.

Matthias Griebel

Quellen: 39, 884, 907, 1000

Poncet, Jean François; Uhrmacher (1714–1804) → *K2* → Villen und Weinbergshäuser/*Poncetsches Weinbergshaus*
Pöppelmann, Peter Bildhauer; (1866–1947) → *K2*
Porst, Wilhelm; Maler (1829–1889) → *K2*

Post

Weil die alte Poststraße über den Weißen Hirsch und den → *Mordgrund* häufig nicht befahrbar war, nahmen die Postkutschen vor dem Neubau der Mordgrundbrücke oft Kurs von Schmiedefeld (heute zu Großharthau) über Loschwitz und die Loschwitzer → *Fähre* nach Dresden-Altstadt. Später ermöglichte eine täglich verkehrende Botenpost den Versand von Briefen und Paketen zwischen Pillnitz und Dresden über Loschwitz. Genutzt wurde dafür ebenfalls die Loschwitzer Fähre.

1857 erhielt Loschwitz ein dem Königlich-Sächsischen Hof-Postamt Dresden unterstehendes eigenes Postamt. Der Überlieferung nach soll es dort gewesen sein, wo heute das Haus Körnerplatz 8 steht. Auf jeden Fall war es wenig später in der heutigen Schillerstraße 5, die danach als »Alte Post« bezeichnet wurde. 1865 befand sich die Post bereits in der Nähe der alten Trille-Brücke im Haus des → *Arztes* Peter Burk (1809 – 1882), das sich etwa an der Stelle der heutigen Friedrich-Wieck-Straße 2 befand.

Die zunehmende Beliebtheit von Loschwitz als Sommerfrische und Ausflugsort brachte einen regen Postverkehr mit sich. Die »Kaiserlich Deutsche Reichspost« richtete deshalb zusätzlich zur Botenpost eine »Kariolpost« ein. Der Weg dieser, von einem oder zwei Pferden gezogenen kleinen Post-»Karren«, führte zunächst von Pillnitz über die Pillnitzer Landstraße, die Schillerstraße, die Bautzner Straße und die Augustusbrücke zum Postplatz. Ab 1893, nach Einweihung der »König-Albert-Brücke« (→ *Blaues Wunder*), wurde die Elbe dort gequert. Auch die Botenpost erfuhr in den 1870er Jahren eine Verstärkung durch mehrmals täglich mit der Fähre zwischen Loschwitz und Blasewitz verkehrende Postboten.

Schon 1875 war in die Poststelle eine zusätzliche »Telegraphen-Anstalt« eingegliedert worden, sodass sich danach das Postamt bis 1890 »Kaiserliches Post- und Telegraphenamt« nannte. Nach 1875 zog es in die Friedrich-Wieck-Straße 41 am damals sogenannten »Postplatz«. 1885 erbaute der Loschwitzer → *Baumeister Friedrich* → *Voigt* (1830 – 1898) das – 1945 zerstörte – Haus Pillnitzer Landstraße 14. Noch im gleichen Jahr zog das Kaiserliche Post- und Telegraphenamt mit dem seit 1875 in Loschwitz tätigen Postverwalter Hugo Braun hier in seine neuen Räume ein. Braun war bereits der vierte Loschwitzer Postverwalter, von denen Moritz Schreiber mit 14 Dienstjahren am längsten tätig gewesen war. Zum Zeitpunkt des Einzugs in die Pillnitzer Landstraße 14 beschäftigte das Kaiserliche Postamt Loschwitz neben dem Postverwalter noch vier Ortsbriefträger,

Mitarbeiter der Post auf der Pillnitzer Landstraße 14 um 1900 *Foto: G. Gramsch, Slg. M. Griebel*

drei Landbriefträger und zeitweise einen Posthilfsboten. Die Nachfolger Hugo Brauns wurden 1893 Postmeister August Drescher und 1909 Alfred Wieland.

Das Loschwitzer Postamt war später auf der Suche nach einem größeren Gebäude. Der Lockwitzer Baumeister Max Ranft hatte 1912 das Grundstück Pillnitzer Landstraße 30 gekauft und beabsichtigte, darauf ein »Mietpostgebäude« zu bauen. Da der Bau zunächst nicht genehmigt wurde, trug sich die → *Kirchgemeinde* 1913 mit dem Gedanken des Verkaufs

Postgebäude Pillnitzer Landstraße 14
Foto: Slg. Matthias Griebel

der »Alten Schule« Pillnitzer Landstraße 8, um dort in einem Erweiterungsbau Platz für ein neues Postamt zu schaffen. Dazu kam es nicht, weil im November 1913 doch noch die Genehmigung für den Bau von Max Ranft erteilt wurde. Dieser baute dann auch das neue Postamt Pillnitzer Landstraße 30, das 1914 eröffnet werden konnte. Die Kaiserliche Post mietete das Gebäude inklusive zweier Dienstwohnungen für Postvorsteher Alfred Wieland und einen »Postschaffner«. Im gleichen Jahr konnte ein selbstständiges Fernsprech-Handamt mit 1.000 Anschlüssen in die Poststelle integriert werden. Die Handvermittlung wurde allerdings schon 1925 wieder eingestellt, wodurch 16 Frauen ihre Arbeit verloren.

Die letzte Pferdepost fuhr am 30. Juni 1924. Im Dezember 1929 kaufte die »Deutsche Reichspost« von der Witwe Ranfts das Grundstück mit dem Loschwitzer Postamt, und Nachfolger Wielands wurde der seit 1911 im Postdienst in Loschwitz tätige spätere Oberpostinspektor Emil Oettel (1883 – 1977).

Beim Luftangriff auf Dresden 1945 wurde das Postamt nur gering beschädigt. Oettel konnte gemeinsam mit den Postschaffnern Hegenbarth und Alfred Schöne (1887 – 1974, → *Kasten*) die Trümmer rasch beseitigen, sodass der Dienst offiziell nie eingestellt werden musste. In den folgenden Wochen kamen wegen des Vormarschs der sowjetischen Truppen viele Flüchtlinge nach Loschwitz. Dadurch erhöhte sich auch der Postverkehr erheblich. Bis Juni

Alfred Schöne. Foto: Slg. Monika Merbitz †

Loschwitz, 30. Juni 1924. »Die Pferdepost zum letzten Mal, durchfährt heut unser Elbetal, stets wird sie bleiben Alt und Jung, in dauerhafter Erinnerung.« Foto: Slg. Wolfgang Wahrig

1945 konnten im Bedarfsfall noch alte Postwertzeichen verwendet werden. Am 23. Juni 1945 wurde die erste Ziffernserie in ungezähnten Bogen ausgeliefert. Da die Trennung dieser Briefmarken mühsam und zeitraubend war, beschafften sich Oettel und Schöne Stahlrädchen mit Zähnen und perforierten die Bögen entlang eines Stahllineals. Dieser Vorgang ging als »Loschwitzer Durchstich« in die Annalen der Post ein.

Alfred Schönes Enkelin Monika Merbitz geb. Lemmerz (1940 – 2012) trat in die Fußstapfen ihres Großvaters. Neben ihrer Arbeit als Feinmechanikerin bei Pentacon arbeitete sie ab 1975 erst zusätzlich bei der Post, wurde 1981 Postfacharbeiter, 1987 nach einem Meisterstudium für Post-und Fernmeldetechnik Inspektor. Ab 1981 bis zur Schließung 1991 war Monika Merbitz Dienstellenleiterin im Postamt Dresden 8054 (Loschwitz). Ehemalige Kunden erinnern sich noch an die traditionelle Ausstattung des Schalterraums, besonders an die mit rotem Samt ausgekleidete und mit einer schweren dunklen Eichentür verschlossene Telefonzelle mit dem alten schwarzen Telefonapparat.

Eine prägende Persönlichkeit für die Loschwitzer Post war Alfred Schöne, genannt der »schöne Alfred«. Geboren 1887 in Radeberg als Sohn von Robert und Clara Schöne, lebte er seit seiner Kindheit im → *Winzerhaus* Pillnitzer Landstraße 41 (→ *Villen und Weinbergshäuser*). Er besuchte die Loschwitzer Volksschule und erlernte das Schusterhandwerk beim einheimischen Paul Erler (1866 – 1931). 1905 begann er als Aushilfe am Postamt Weißer Hirsch, war später Postbote und Landbriefträger. 1908 bis 1911 diente er beim Husarenregiment 18 in Großenhain. Dort schlug ihm ein Pferd alle Zähne aus. Ab 1920 arbeitete er als Postschaffner im Postamt Loschwitz, wurde 1936 Oberpostschaffner, 1944 Postbetriebsassistent und 1945 Postsekretär. Der »schöne Alfred« war unentbehrlich für die Post. Im Winter heizte er schon um vier Uhr früh die Kessel an. Acht Uhr begann das Austragen der Post. Mit schwarzer Pelerine und zwei Taschen behangen, in denen als Proviant eine Semmel und Schabefleisch nicht fehlen durften, fing Alfred seine Postrunde mit einer Bergfahrt der Schwebebahn an. Nachmittags wurden Zeitungen ausgeteilt und zusätzliche Runden als Geldbriefträger angehängt. Am Abend mussten Kohlen in der Postheizung nachgelegt werden. Nebenbei betrieb er zu Hause eine kleine Schusterwerkstatt, in der neben Tanzschuhen für seine Enkelin auch Taschen für Zusteller entstanden. Als seine Ehe mit Else Forkert scheiterte und seine Tochter Ilse mit 39 Jahren starb, übernahm er die Vormundschaft für seine Enkelin Monika. Erst im Alter von 82 und nach 64 Jahren Postdienst wurde Alfred Schöne 1969 feierlich in den Ruhestand entlassen. Im Dezember 1974 starb er.

Nach der Schließung des Postamtes wurde das Gebäude Pillnitzer Landstraße 30 als Postverteilerzentrum genutzt. Im Zuge der Privatisierung der Deutschen Post wurde 1996 das Verteilerzentrum modernisiert und digitalisiert. Im gleichen Jahr eröffnete Monika Merbitz gemeinsam mit ihrem Sohn Steffen im benachbarten → *Einkaufs- und Gewerbezentrum* in den Loschwitz-Arkaden ein Geschäft vorwiegend für Schreib- und Spielwaren, das »Miniparadies Merbitz«. 1998 erweiterte sie das Geschäft um eine Post- und Lotto-Annahmestelle. Der Laden bestand bis 2011. Danach wurde im gleichen Jahr eine neue Poststelle in den Loschwitz-Arkaden eröffnet.

Barbara Friebel

Quellen: 39, 58, 228, 317, 539, 824, 894, 1000

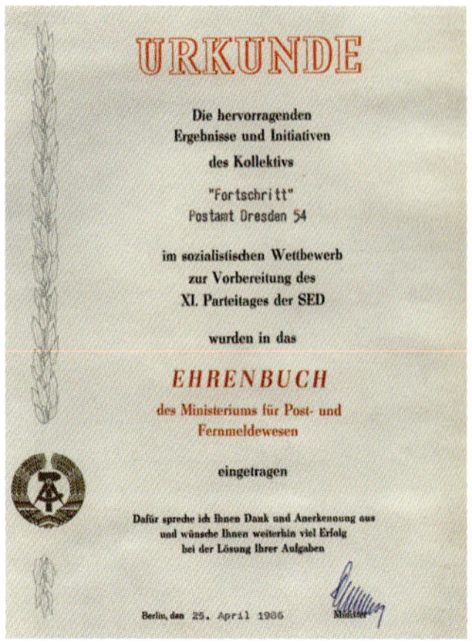

URKUNDE

Die hervorragenden Ergebnisse und Initiativen des Kollektivs

"Fortschritt"
Postamt Dresden 54

im sozialistischen Wettbewerb zur Vorbereitung des XI. Parteitages der SED

wurden in das

EHRENBUCH

des Ministeriums für Post- und Fernmeldewesen

eingetragen

Dafür spreche ich Ihnen Dank und Anerkennung aus und wünsche Ihnen weiterhin viel Erfolg bei der Lösung Ihrer Aufgaben

Berlin, den 25. April 1986 Minister

Post-Mitarbeiter, 1977 und Urkunde, 1986 Foto: Slg. Monika Merbitz †

Prell, Hermann; Maler und Bildhauer (1854 – 1922) → *K1*, → *Schillerstraße/ Hermann-Prell-Straße*

Press, Friedrich
Bildhauer (1904 – 1990)

Friedrich Press (→ *K1*) wurde am 7. September 1904 als Kind der Amtmannsfamilie in Ascheberg in Westfalen geboren. 1920/21 begann er bei Bildhauer Alexander Frerichmann (1887 – 1960) in Münster eine Lehre als Stein- und Holzbildhauer. Danach studierte er von 1924 bis 1926 bei Friedrich Bagdons (1878 – 1937) an der Kunstgewerbeschule in Dortmund und anschließend bis 1927 an der Kunstgewerbeschule in Berlin-Charlottenburg bei Hans Perathoner (1872 – 1946). Von 1927 bis 1931 war Press an der Akademie der Bildenden Künste in Dresden in der Bildhauerklasse von Georg Wrba (1872 – 1939, → *K1*) eingeschrieben. Hier lernte er auch die Textilkünstlerin und Malerin Elfriede Kiefer (1909 – 1998, → *K2*) kennen. Sie heirateten am 13. Mai 1939.

Nach Abschluss des Studiums zog es Friedrich Press zurück in die westfälische Heimat, deren Dialekt er zeitlebens bewahrte, und mietete sich in Davensberg einen alten Burgturm als Atelier, den er bis 1935 nutzte. Arbeiten mit expressivem Duktus entstanden. In dieser Zeit nahm Press als Mitglied der 1932 in Dortmund gegründeten Künstlergemeinschaft »Junge Front« an deren frühen Ausstellungen teil. 1933 erhielt er ein zweijähriges Ausstellungsverbot. 1935 ließ sich Press endgültig in Dresden nieder. Die Einberufung als Soldat erfolgte 1940. Press wurde im Mai 1945 in Brixen verwundet und war bis 1946 in Kriegsgefangenschaft.

1954 bezog seine Familie das Haus »Epikur« in der Robert-Diez-Straße 1. Das von → *Architekt Martin* → *Pietzsch* (1866 – 1961, → *K1*) für den Kaufmann Emil Richter projektierte und 1910 in Gebrauch genommene Sommerhaus war zwischen 1930 und 1940 zu einem Wohnhaus erweitert worden. Es befand sich auf einem weiträumigen Gartenanwesen mit Tennisplatz, Kegelbahn, Pavillon und Bunker. Den hinteren Bereich der Kegelbahn baute Press zum Atelier um. Hier, wie auch im Wohnhaus, hielt Press seine Arbeitsgespräche, empfing Künstlerkollegen oder die vielen interessierten Besuchergruppen.

Ansicht des Hauses vom Tennisplatz aus, um 1955 Foto: Friedrich Press?, Nachlass Press

Porträt Friedrich Press mit »Christuskopf«, 1983 Foto: Winfried Melzer, Nachlass Press

Zu seinen Künstlerfreunden gehörten die Familien von *Josef* → *Hegenbarth* (1884 – 1962, → *K1*), *Hans* → *Jüchser* (1894 – 1977, → *K1*) und Hans Theo Richter (1902 – 1969, → *K1*). Erstgenannten porträtierte Press in Porzellan; für die letztgenannten schuf Press die Grabmale auf dem Loschwitzer → *Friedhof*. Als Curt Querner (1904 – 1976) ihn kurz vor Weihnachten 1965 besuchte, notierte dieser in sein Tagebuch:

> Das Innere des Hauses vermittelte den Eindruck gehobener Bohème. Auf allen Regalen und Ablagen standen Skulpturen von Press, aus Holz, aus Porzellan, aus Gips, an den Wänden überall Zeichnungen oder Entwürfe. […] Die hohen Fenster des Ateleranbaus […] beleuchteten auf unterschiedliche Weise die vielen Skulpturen, teils farbig bemalt, die Gipsmodelle von Kirchenanlagen in Tischgröße oder kleinere Modelle von Plastiken […][1]

Familie Press mit Besuch auf der Terrasse: (v. l. n. r.) Schwester Beate Bauereiß geb. Press, Friedrich Press, Schwiegermutter Anna Kiefer, Sohn Falk Press, Elfriede Press, um 1956 Foto: Nachlass Press

»Dann beim kath. Bildhauer Press. Wunderbare Lage, Oberloschwitz, Kaminfeuer, Schnäpse, Gespräche und Arbeiten größtenteils fast abstrakt, seltsam.«[2]

Press wollte künstlerisch frei bleiben und der politischen Kunstprogrammatik entgehen. Er hatte sich daher seit den 1950er Jahren vorrangig Kirchenraumgestaltungen gewidmet und war an der Gestaltung von über 60 Kirchen beider Konfessionen beteiligt. Zu den bekanntesten Gestaltungen zählen die Pietà in der Dresdner Hofkirche, die Dreifaltigkeitskirche Stralsund, die Kirchen St. Gabriel in Leipzig, St. Josef in Dresden-Pieschen, St. Peter und Paul in Göda, St. Barbara in Ortrand und Heilig-Kreuz in Berlin-Hohenschönhausen.

Press erreichte einen immer stärkeren Abstraktionsgrad; die Stelenform wurde sein Mar-

Tennisplatz mit Himmelfahrtsstele von 1980, um/nach 1980 Foto: privat, Nachlass Press

Friedrich Press mit Sohn Falk im Gartenanwesen, um 1956 *Foto: privat, Nachlass Press*

Ansicht des Ateliers, 1977
Foto: Falk Press?, Nachlass Press

Friedrich Press im Kaminzimmer mit »Madonna mit Kind«, 1983
Foto: Winfried Melzer, Nachlass Press

kenzeichen. Seine Kunst spaltet bis heute die Gemüter in Begeisterung und Ablehnung. Viele Ausstellungen im In- und Ausland würdigten ihn und er erhielt zahlreiche Auszeichnungen und Ehrungen, wie 1979 die Verdienstmedaille der DDR oder 1985 die Ehrenbürgerwürde seiner Geburtsstadt.

Friedrich Press starb am 5. Februar 1990 in Dresden-Loschwitz. Er wurde auf dem Loschwitzer → *Friedhof* bestattet. Seine Frau Elfriede folgte ihm 1998. Auf ihrem gemeinsamen Grab steht ein Bronzeguss des von ihm entworfenen »Verklärten Christus«. Er hatte ihn als 15. Station seines für die St. Bonifatius-Kirche in Leipzig geschaffenen Kreuzweges zweimal gießen lassen und den Zweitguss für sein und seiner Frau späteres Grab bestimmt.

Den künstlerischen Nachlass stiftete die Familie des Sohnes Falk (1941 – 2000), der 1961 nach Westdeutschland geflohen war, und dessen Frau Gabriele (* 1944) der Kunstsammlung der Diözese Würzburg. Am »Augustuspark« (→ *Wohnparks*) in Dresden-Loschwitz wurde 1997 eine Straße nach Friedrich Press benannt.

Christoph Deuter

Zitate:
1 Schwebel, Gerlinde, Begegnungen mit Friedrich Press; in: Museumsschriften der Diözese Würzburg, Bd. 8, Bonn und Regensburg 2010
2 Querner, Curt, Tag der starken Farben. Aus den Tagebüchern 1937 bis 1976; in: Dresdner Hefte, Sonderausgabe 1
Quellen: 80, 639, 640, 657, 828, 829, 834, 961, 1000

Pritsche, Willy; Fotograf (1911 – 1997)
→ *Handw. u. Gew./Fotografen*

Projekte, nicht verwirklichte

In Loschwitz wurde über die Jahre eine Anzahl von städtebaulichen Projekten geplant, die letztendlich aber nicht verwirklicht werden konnten. Zu ihnen zählen Vorhaben, die die Verbesserung der verkehrstechnischen Anbindung von Loschwitz an Dresden sowie das Umland zum Inhalt hatten oder der gebäudebaulichen Gestaltung dienten. Oft ging das eine mit dem anderen einher.

Eine verkehrstechnische Idee reicht von der zweiten Hälfte des 19. Jahrhunderts bis in die Planungen der DDR hinein. In der größtmöglichen, im Laufe der Jahre jedoch immer wieder abgestuften Variante, bedeutete das eine neue Verkehrstrasse von Dresden bis Pillnitz. Bereits 1872 regte das Sächsische Ministerium des Innern an, von Dresden elbaufwärts eine Uferstraße zu bauen. 1877 wurde eine Petition von 39 Gemeinden und mehreren Privatpersonen mit gleichem Anliegen der Ständeversammlung übergeben. In einer Loschwitzer Gemeinderatssitzung 1880 wurde gar der Vorschlag unterbreitet, eine elektrische Eisenbahn von Siemens & Halske zwischen der Neustadt, dem Waldschlößchen und weiter nach Loschwitz bis Pillnitz verkehren zu lassen. Im Jahre 1883 erging zunächst die Verordnung des Finanzministeriums, die Elbuferanbindung zu den Akten zu legen. Aber 1892 und 1893 behandelte der Gemeinderat von Loschwitz dieses Thema erneut. 1894 wurde in einer Ratssitzung ein Bebauungsplan für eine Trasse vorgelegt. Eine sogenannte Hochuferstraße sollte über den Körnerweg kommend, vorbei am Winterhafen, zur Fidelio-F.-Finke-Straße (früher König-Albert-Allee), in deren Verlängerung unterhalb des → *Friedhofs* entlang nach Wachwitz und schließlich weiter bis Pillnitz führen. Ein Nebeneffekt der Überlegungen war die Errichtung eines Ausschiffungsplatzes am Loschwitzer Elbufer. Um 1895 lag der Gemeinde eine Planung vor, deren Anliegen es war, »wegen steigender Arealpreise« Land zu kaufen und eine Straße von der heutigen Fidelio-F.-Finke-Straße zum Ausschiffungsplatz zu bauen. Das beinhaltete die Errichtung eines Gemeindehauses sowie eines Lagerschuppens und einer Straßenwärterwohnung an Stelle der heutigen → *Alten Feuerwache*. Die Refinanzierung sollte durch die »Veräußerung des gegenwärtigen Rathauses beschafft werden«. Nach der Aktenlage verfolgte man das Bauvorhaben der Uferstraße offenbar bis zum Beginn des Ersten Weltkrieges, der zu veränderten Prioritäten führte. Zu Zeiten der DDR wurde der Plan wieder aufgegriffen und soweit vorangetrieben, dass die an den Wiesenweg grenzenden Wachwitzer

Nicht verwirklichter Entwurf: »Prospect der project versteiften Stahl-Kabelbrücke Blasewitz – Loschwitz über die Elbe von der Dampfschiffwerft-Restauration aus« von Ing. Justus Kitzler *LfD Sachsen, Slg. K. E. Scherz*

Grundstückseigentümer von Amts wegen eine Nachricht erhielten, wie viel Land ihrer Gartengrundstücke dafür abzugeben sei und bis wann dieses geräumt sein müsse. Im Generalbebauungsplan der Stadt Dresden von 1967 war dargestellt, dass die über die Fidelio-F.-Finke-Straße zugeführte Hochuferstraße rechtwinklig über die Friedrich-Wieck-Straße abbiegt und mittels neuer Brücke die Elbe überquert. Diese Planung beinhaltete die Stilllegung und teilweise Demontage des → *Blauen Wunders.* Das Projekt flammte nochmals 1976 im Zuge der Neugestaltung des Stadtbezirkszentrums Loschwitz auf. Auch gab es Arbeiten und Studien der TU Dresden an den Lehrstühlen Wohnbauten, Städtebau und Bauingenieurwesen, die eine neue Brücke auf der »Trasse 6« vorsahen, welche von der Blasewitzer Oehmestraße kommend in Loschwitz, Pillnitzer Landstraße 19, einmünden und sogar mittels Tunnel im Elbhang bis hinauf nach dem → *OT Schöne Aussicht* führen sollte. Letztendlich verliefen diese Vorhaben aber buchstäblich »im Sande«. Von den jahrelangen Anläufen, eine Anbin-

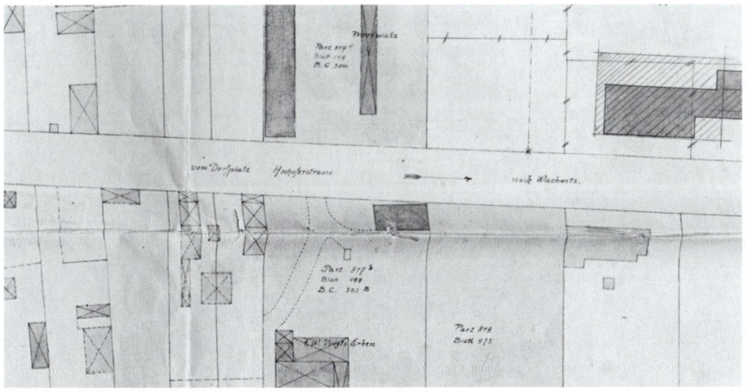

Geplante Hochuferstraße nach Pillnitz, 1894 *Stadtarchiv*

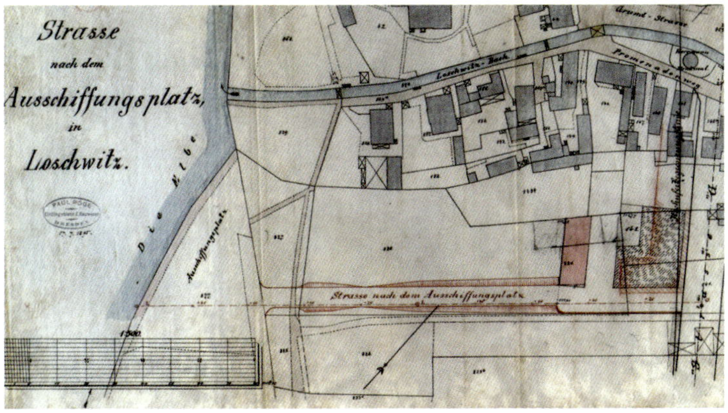

Planung für eine Straße zum Ausschiffungsplatz, 1895 *Stadtarchiv*

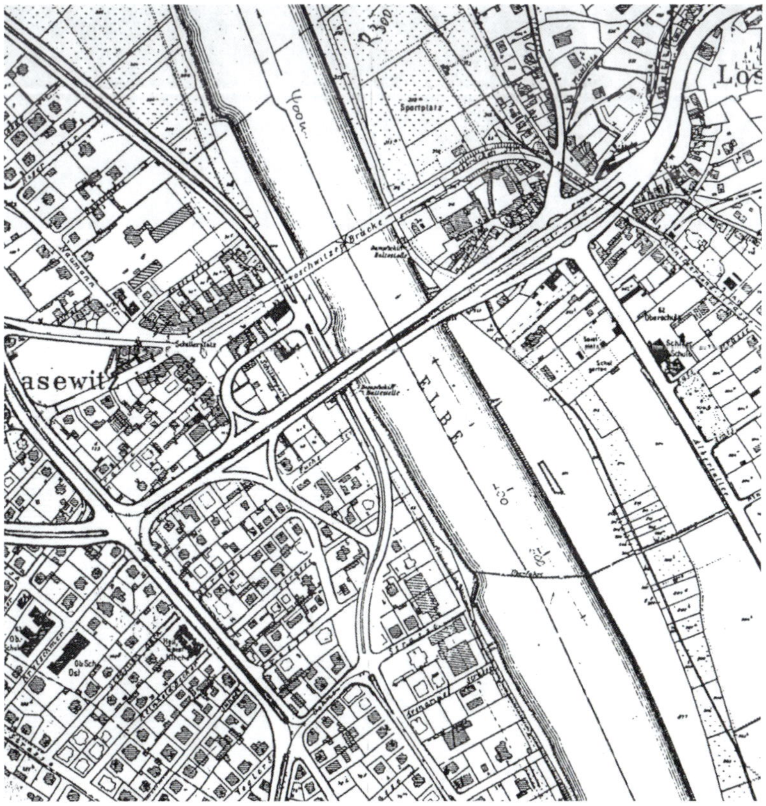

Entwurf für eine Brücke parallel zum Blauen Wunder *Repro: Slg. Prof. Dirk Radig*

dung mittels Hochuferstraße zu schaffen, ist lediglich eine Etappe, die heute Fidelio-F.-Finke-Straße heißt, umgesetzt worden.

Für die Erschließung des Elbhanges spielten Bergbahnen naturgemäß stets eine Rolle. Offenbar war das auch bei einer sogenannten Ziegengrund-Drahtseilbahn der Fall, die der Ortspoet *Moritz → Heydrich* (1820–1885, → *K1*) in einem seiner Gedichte um 1881 nennt. Auch in den 1930er Jahren soll Bernhard Hölscher, der Geschäftsführer des → *Hotel Burgberg*, geplant haben, mit einer Burgbergbahn sein Hotel und Restaurant von der Grundstraße 7 aus, bei den Burgberg-Garagen beginnend, für die Gäste bequem erreichbar zu machen und die Anlieferung zu erleichtern.

Aber selbst in der jüngeren Zeit gab es Bauplanungen, die in manchen Fällen sogar an andere Vorhaben gekoppelt waren, aber dann selbst nicht verwirklicht werden konnten. Zu ihnen gehört die Erschließung des Bereiches rund um den Wachwitzer Fernsehturm (252 m hoch, Bauzeit 1963–1969) mit Zufahrtsstraßen, Parkplätzen und der Anbindung an den öffentlichen Nahverkehr, um den Zustrom von Besuchern zu gewährleisten. Das wohl spektakulärste Projekt hierbei war eine »mechanische Fahrgastförderanlage« zwischen dem Elbufer mit der Straßenbahnanbindung und dem Turmgelände. In Erwägung wurden Rolltreppen, Sessellifte und der Dresdner Tradition folgend auch Kabinenseilbahnen gezogen. Die Wahl fiel zunächst auf eine Seilbahn aus dem volkseigenen Unternehmen Transporta Chrudim in der Tschechoslowakei, das innerhalb

Weitere Brückenvariante mit Tunnel
Repro: Slg. Prof. Dirk Radig

der sozialistischen Staatengemeinschaft auf Bergbahnen spezialisiert war und sich kurzfristig in der Lage sah, eine Kleinkabinenbahn zu fertigen. Nach der Bestellung des Transportsystems fiel die letztendliche Entscheidung jedoch gegen Dresden aus, sodass die Bahn bis zu ihrem Umbau 1994 im sachsen-anhaltischen Thale, Landkreis Harz, die Besucher zum Hexentanzplatz fuhr.

Die Anbindung von Stadtteilen des oberen Elbhanges in Richtung Dresden war auch das Kalkül der Loschwitzgrund-Brücke. Die Studie, die der in Rochwitz ansässige → *Architekt* Paul Marcus (1872–1943, → *K2*) im Jahre 1913 ausarbeiten sollte, hatte die Bezeichnung »*Brückenprojekt Weißer Hirsch – Oberloschwitz – Rochwitz – Loschwitz – Schöne Aussicht*«. Ziel war es, mit der Überquerung des Loschwitzgrundes zwischen dem Rondell Weißer-Hirsch-Straße in Neu-Rochwitz und der heutigen Straße Am Weißen Adler im → *OT Oberloschwitz* eine komfortable Verbindung zu schaffen. Kurgäste sollten sich zwischen den Sanatorien Dr. Lahmann, Dr. Teuscher, Dr. Weidner und Dr. Möller (→ *Ärzte, medizinische Einrichtungen und Sanatorien*) bequem und schnell bewegen können. Auch dieses Projekt kam nicht zur Ausführung und es liegt die Vermutung nahe, dass der Erste Weltkrieg der Grund hierfür war.

Auch wurde eine Bebauung der Hügel am Ziegengrund ins Auge gefasst. Das Seitental im Loschwitzgrund, der Ziegengrund, diente ursprünglich als Weidefläche der etwa 200 Ziegen der Loschwitzer Häusler. Im Gebiet des heutigen Karl-Schmidt-Weges und des Oberen Ziegengrundweges waren mehrere in das Areal hineinführende Straßen geplant, so z. B. eine Verlängerung des 1. Steinweges und eine von der Sierksstraße in Richtung Karl-Schmidt-Weg führende Straße. Nachfolgend sollten diese Straßen bebaut werden. Der 1882 gegründete Loschwitzer → *Ortsverein* konnte das Vorhaben der Bebauung am Anfang des 20. Jahrhunderts mit Erfolg unterbinden.

Zu den größeren gebäudetechnischen Vorhaben zählt die umfassende Bebauung des Körnerplatzes mit Gründerzeithäusern, die infolge der Errichtung der »Loschwitzer Brücke« zwischen Blasewitz und Loschwitz von 1891 bis 1893 (→ *Blaues Wunder*) zustande kam und den dörflichen Charakter von Loschwitz an dieser Stelle verschwinden ließ. Das Brückenprojekt sorgte für Immobilienspekulationen im angrenzenden Gebiet. Eine Genehmigung der Amtshauptmannschaft Dresden führte zur heute noch vorhandenen Gründerzeitbebauung des Körnerplatzes und einiger sich anschließender Häuser in der Friedrich-Wieck- und der Dammstraße. Das hatte zur Folge, dass die landwärtige Fortführung der Bebauung mit mehrgeschossigen Stadthäusern angestrebt wurde. Findige Loschwitzer Unternehmer begannen ähnliche Großprojekte mit geschlossenen Häuserfronten zu planen und deren Genehmigung zu beantragen. Das traf für die linke Seite der Grundstraße, für die »kleine« Friedrich-Wieck-Straße bis hin zur Fidelio- F.-Finke-Straße und den Anfang der Pillnitzer Landstraße zu. Obwohl die Gemeinde die Projekte vorerst befürwortet hatte, wurden diese bald von der Obrigkeit abgelehnt mit der Begründung: Loschwitz solle seinen dörflichen Charakter behalten und ein Villenvorort werden. Damit kam eine geschlossene Bebauung nicht mehr in Frage.

Auch sollte der aufstrebende Stadtteil Loschwitz, insbesondere nach dem Bau der Brücke, ein adäquates, großes Rathaus erhalten.

Ansichtskarte des Hausbesitzervereins Neurochwitz, Brückenprojekt von 1912, Entwurf Paul Marcus, von Neurochwitz (Kamerun) nach Oberloschwitz (Weißer Adler) *Slg. Bernd Beyer*

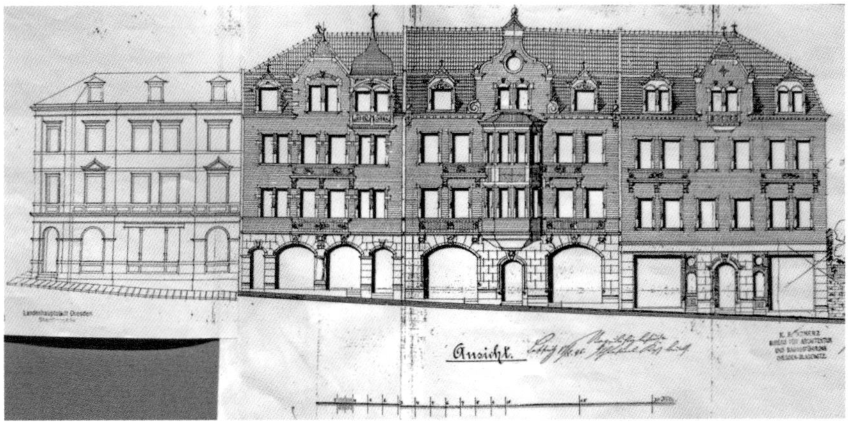

Planungszeichnung von Karl Emil Scherz für die Fortsetzung der Körnerplatzbebauung entlang der Pillnitzer Landstraße, links Veilchenweg 2 Stadtarchiv

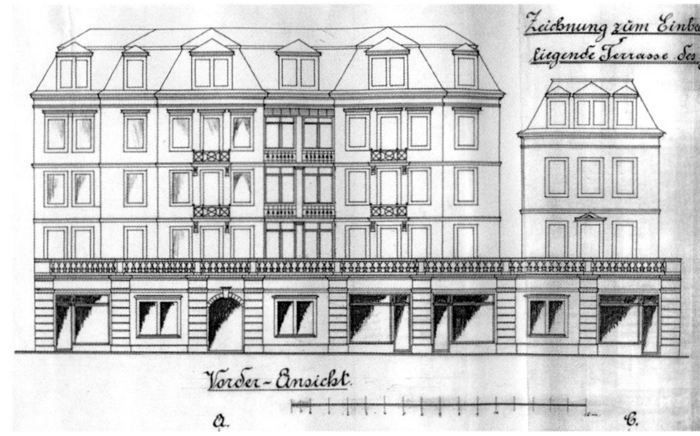

Planungszeichnung für den Ausbau der Stützmauer unterhalb des Elbthal-Hotels mit Läden Stadtarchiv

1913 wurde durch den Architekturausschuss des Landesvereins Sächsischer Heimatschutz bzw. vom Gemeinderat Loschwitz ein Wettbewerb zur Gestaltung eines neuen Rathauses ausgeschrieben, den der hier ansässige Architekt *Rudolf* → *Kolbe* (1873–1947, → *K1*) zu seinen Gunsten entscheiden konnte. Das repräsentative Gebäude sollte »an die selbe Stelle zu stehen kommen«, wo das alte stand, nämlich an der Ecke Körnerplatz/Grundstraße, dem Standort des heutigen → *Ortsamtes*. Die gegebene Gestaltung des Körnerplatzes war zu berücksichtigen, inklusive des Zugangs zur → *Standseilbahn*. Der Wahrnehmung des Rathauses von der Brücke aus wie auch der Integration in die Reihe der nunmehr bestehenden, hohen Stadthäuser wurde eine entsprechende Bedeutung beigemessen. Die Ausführung kam aus finanziellen Gründen nicht zustande. Lediglich die Entwurfszeichnung des Körnerplatzes mit geplantem Rathaus sowie einige Grundrisse geben Auskunft vom Umfang des Bauvorhabens. Bis in die Neuzeit kam es immer wieder zu Bemühungen, am Körnerplatz Baulichkeiten zu schaffen, die den Anschluss an die Landeshauptstadt unterstützen sollten. Anfang der 1990er Jahre war im Gebäudekomplex zwischen Körnerplatz/Dammstraße/Friedrich-Wieck-Straße ein Atrium mit glasüberdachten komfortablen Einkaufs- und Geschäftsmöglichkeiten angedacht. Das Vorhaben mündete in einer bestätigten Satzung des Regierungspräsidiums 1993 – allein die Ausführung blieb auf der Strecke.

Auch oberhalb des Elbhanges wurde fleißig projektiert. Ein Großbau Oeserstraße 5 (ehemals Bergstraße) nahe der Bergstation der → *Schwebebahn* sollte in der Zeit um 1911 bis 1916 entstehen. Erst für ein Einfamilienhaus vorgesehen, wuchs das Bestreben im Laufe der Zeit bis hin zum gigantischen Bau im Stile eines Landhauses mit Nebengebäuden. Dem Ansinnen wurde trotz mehrerer Anträge und Anpassungen letztlich keine Erlaubnis erteilt.

Auf dem Gelände der → *Tintenfabrik Leonhardi* auf der Grundstraße wurden im Laufe der Jahre mit bewegter Geschichte verschiedene Projekte versucht. Nach der Stilllegung der Tintenfabrik 1929 wollte die Stadt Dresden als neuer Eigentümer des Grundstückes das ehemalige Verwaltungsgebäude, Grundstraße 58, zum »Stadthaus an der Tintenfabrik« umgestalten. Eine Genehmigung betraf den Teilabriss der Fabrikgebäude sowie den Umbau der verbleibenden Häuser, die ein Volksbad, eine Bibliothek, die Geschäftsstelle des Rates der Stadt, das Revier der Wohlfahrtspolizei, verschiedene Ämter und Wohneinheiten beinhalten sollten. Diese Pläne kamen nicht zur Umsetzung. Ebenso geschah es 1933 mit dem folgenden Wohnbauprojekt, das als Arbeitsbeschaffungsmaßnahme 42 Sozialwohnungen schaffen sollte. Im Jahr 1934 erfolgte der

Entwurfszeichnung des Körnerplatzes mit geplantem Rathaus, 1913
Aus: Harmonie von Bau und Landschaft – Der Architekt Rudolf Kolbe

Wettbewerbs-Entwurf von Leopold Wiel, um 1969
Foto: Slg. Prof. Dirk Radig

Studienentwurf »Gästehaus« am Mordgrund als 4. Elbhangschloss in Stahlbau konzipiert, um 1970
Foto: Slg. Prof. Dirk Radig

Gesamtabriss des Anwesens mit dem Ziel, auf dem Gelände dreigeschossige Gruppenwohnhäuser zu errichten. Daraus wurde ebenfalls nichts. Lediglich eine gärtnerische Gestaltung wurde beschlossen, die eine Renaturalisierung des »Tintenteiches« und die Instandsetzung der Stützmauern des Hanges beinhaltete.

1969 hatte die Regierung der damaligen DDR den Gedanken, auf dem Plateau von → *Schloss Eckberg* ein Gästehaus des Ministerrates zu errichten. Dabei spielte ein Gestaltungswettbewerb mit den Möglichkeiten, das Schloss in das neue Gebäudeensemble einzubeziehen oder einfach abzureißen. Es entstanden Lösungsvorschläge wie die von → *Architekt* Leopold Wiel (* 1916), die jedoch den Abriss des Schlosses vehement ablehnten. Schließlich sollte die Beliebtheit bei der Dresdner Bevölkerung sowie bei Touristen und die gute Bausubstanz berücksichtigt werden, um mit einem Ergänzungsbau das Anliegen der Politprominenz zu befriedigen. In einer Gegenüberstellung von moderner und historischer Bauform war (mit Blick zur Elbe) entweder rechts vom Schloss ein terrassenartiger Neubau angedacht, der die gärtnerische Tradition architektonisch aufgreift, oder links über dem Ausläufer des Mordgrundes eine talüberspannende Konstruktion des MLK Metallleichtbau Kombinat. Im Zusammenhang damit stand offenbar der Ausbau der Bootsliegeplätze zum Yachthafen am Fuße des Schlossparks.

Ende der 1960er Jahre stand die Erweiterung des Instituts »Manfred von Ardenne« (→ *Ardenne, Manfred v.*) zur Debatte. In der Zeppelinstraße 10 wurde ein bestehendes Mehrfami-

Entwurf eines geplanten Bades zwischen Collenbusch- und Schillerstraße oberhalb der Villa »Thorwald« *Foto: Slg. Ute Häse*

lienhaus, dessen Besitzer lange zuvor nach Westdeutschland übergesiedelt war, von der Stadt Dresden dem Institutsdirektor angeboten. Mit der Auflage von Mieterentschädigung und der Bereitstellung zweier privater, bebauter Grundstücke andernorts wurde das marode Gebäude abgerissen und ein moderner Institutsneubau mit Helikopterlandeplatz geplant. Allerdings führte eine Industriepreisreform 1972 zu einer drastischen Preiserhöhung bei Baumaterialien. Damit war das Vorhaben finanziell nicht mehr darstellbar und wurde beendet. Auch in der benachbarten Zeppelinstraße 12, im Anschluss an das Thorwaldsche Grundstück (→ *Villa Thorwald*) sollte im Auftrage des VEB Elektronische Bauelemente Teltow (EBT) und unter der Regie des Instituts ein Neubau für die Fertigung und Erprobung großer und komplexer Anlagen zur Herstellung mikroelektronischer Bauelemente entstehen. Nachdem 1988/89 eine massive Stahlträgerkonstruktion fertiggestellt worden war, überstand der volkseigene Betrieb in Teltow die Wendezeit nicht. Auch nach Übernahme des EBT durch die Treuhand standen keine finanziellen Mittel sowohl für den Weiterbau als auch die Beseitigung der Investruine mehr zur Verfügung. Erst in den letzten Jahren ließ die Familie von → *Ardenne* den Abriss vornehmen.

Aber auch nach 1990 bewegten Planungen am Elbhang die Gemüter. Eine → *Bürgerinitiative* konnte 1996 ein Bauvorhaben von Hochhäusern am Veilchenweg 50 verhindern. Hier sollte ein doppeltürmiger Wohnkomplex mit zwei achtgeschossigen Gebäuden, verbunden durch einen Flachbau mit Schwimmbad, entstehen.

Auch für die 1977 abgerissene → *Gaststätte Loschwitzhöhe* gab es einige Projektvorschläge für einen Neubau, die aber nicht realisiert wurden. Der erste stammt von → *Architekt* Rolf Göpfert (1903–1994, → *K2*). Dem folgte 1988 eine Studie der TU Dresden für ein terrassiertes Freilicht-Café und schließlich 1995 ein Vorentwurf der TERRA DOM HAUSBAU GmbH in Dresden. Ab 2008 erfolgten Planungen für einen überdimensionierten Hotelneubau der Dresdner Immobilienwert Sachsen AG. Er sah für die Gastronomie 300 Innen- und 400 Außenplätze vor, dazu ein Hotel mit 60 bis 70 Zimmern, Tagungsräumen und Tiefgarage. Eine → *Bürgerbewegung* widersetzte sich dem. Seither liegt das Projekt »auf Eis«.

Erwähnt werden sollen weiterhin Projekte im sozialen Wohnungsbau nach 1990 an der Fidelio-F.-Finke-Straße, für die sich der damalige Ortsamtsleiter Peter Rauch einsetzte. Auch war ein »Neues Künstlerhaus« angedacht, das am Standort des ehemaligen → *Bauchschen Hauses*, Pillnitzer Landstraße 29, weiteren Künstlern am Elbhang Wohn- und Arbeitsmöglichkeiten schaffen sollte. Eine Erweiterung der »Sozialstation BÜLOWH« (→ *Kirchlich-diakonische Einrichtungen*) sei ebenfalls genannt, da angrenzende Grundstücke den Raum dazu boten. Auch viele Überlegungen und Diplomarbeiten der TU Dresden, die verschiedene Terrassenhäuser vorsahen, welche für den Elbhang maßgeschneidert waren, kamen nicht zur Umsetzung.

»Das Lingner-Schloss wird ›Bioparc‹« (→ *Lingnerschloss*) war eine Schlagzeile im Elbhang-Kurier 2001. Bereits im Jahr zuvor hatte die Klaus-Tschira-Stiftung Heidelberg, eine gemeinnützige GmbH mit Beteiligung des Softwareunternehmens SAP, den Zuschlag erhalten, auf dem Parkgelände des → *Lingnerschlosses* und im Einklang mit dem Wirtschaftsministeriums Sachsen ein Forschungszentrum der Biowissenschaften zu etablieren. Ein futuristischer Glaspalast in Form einer spiralförmigen Doppelhelix (die schraubenartigen Makromoleküle der DNA) sollte nach dem Gewinner des Wettbewerbes, eines Darmstädter Architekturbüros, etwa 25 Meter Höhe haben und drei unterirdische Geschosse besitzen. Das Augenmerk lag darauf, dass der moderne Bau den Blick vom anderen Elbufer in das Ensemble der Schlösser nicht beeinträchtigt. Mit dreidimensionaler Vorführtechnik, lichtlenkgesteuerter Beleuchtung usw. war im Entwurf die Verwendung modernster Technologien vorgesehen. Ein Großteil des Gebäudes sollte der Öffentlichkeit zugänglich sein. Die Komplexität des Vorhabens ließ die Interessen der Beteiligten auseinander driften, sodass eine Umsetzung nicht möglich wurde. Ebenso wurde eine alternative Möglichkeit eines »Erdtrichterhauses« mit Tunnelzugang zum Hang nicht weiter in Betracht gezogen. **Achim Jannasch**

Quellen: 319, 498, 640, 725, 849, 884, 1000, 1072, 1271

Promnitz, Christiane; Restauratorin (* 1962) → *K2*
Promnitz, Rainer; Musiker und Komponist (* 1958) → *K2*
Promnitz von Promnitzau, Franns W.; Musiker (* 1952) → *K2*
Pukall, Egon; Maler und Grafiker (1934–1989) → *K1*

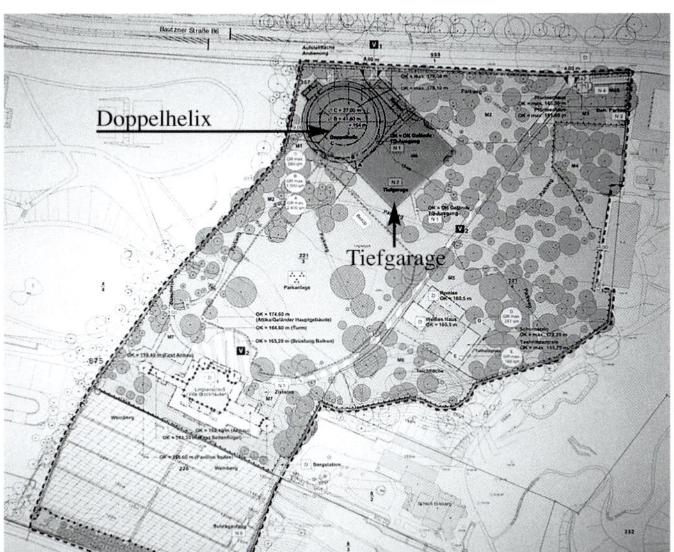

Als letzte Lageplanvariante sollte die »Doppelhelix« samt Tiefgarage in der Nordwestecke des Lingnerparkes nahe der Bautzner Straße platziert werden.
Repros (2): Slg. EHK, Entwurf: Bernhardt und Partner

Böttgers Marionetten- u. Kinematogr.-Theater
Apels Nachfolger.
Bestes reisendes Theater. — Ohne Konkurrenz.

Prachtvolle Ausstattung, Garderobe und Dekoration.

Achtung! Heute: Achtung!

Die
Ritter v. Loschwitz
oder:
Die Entstehung der Mordgrundbrücke bei Dresden.
Großes romantisches Ritterschauspiel in 6 Akten von Professor Engel.

1. Geplante Brautwerbung. 2. Das Duell. 3. Die Entführung. 4. Der Kampf um die Burg. 5. Der besiegte Bösewicht. 6. Die Mordgrundbrücke.

Personen:

Ritter Hans von Clomen, Burgherr auf Loschwitz
Ritter Benno von Birken, " "
Ritter Uba, Burgherr auf Wachwitz
Ritter Kunibert von Wehlen
Ladislaus, ein böhm. Ritter und Gesandter
Elsbeth, Clomens Tochter
Gertrud, eine Verwandte Clomens
Tusnelda, eine Zofe

Kaspar, Bennos Diener
Albert, " "
Reinhold, Clomens Diener
Wendelin, Ladislaus Diener
Georg, Kurt, } Waffenknechte
Hubert, ein Geist

Hierauf ein interess. Nachspiel.

Kassenöffnung halb 8 Uhr. Anfang halb 9 Uhr.

Preise der Plätze:
1. Platz 39 Pfg. 2. Platz 30 Pfg. Stehplatz 20 Pfg. Kinder auf allen Plätzen die Hälfte.

Um gütigen Zuspruch bittet ganz ergebenst Walter Böttger, Theaterbesitzer aus Dresden.

Man bittet, die Zettel hängend aufzubewahren, da selbige am Schlusse wieder abgeholt werden.

Jeden Sonntag Nachmittag: Große Kinder-Vorstellung.

Theaterzettel von Apel-Böttger, um 1910.
Slg. Bernstengel

Aufführung des Stücks »Die Ritter von Loschwitz« im Kirchgemeindehaus Loschwitz, 2015
Foto: Olaf Bernstengel

Puppenspieler und Künstlerpuppen

Das Puppenspiel und sogar die Puppenfertigung haben in Loschwitz eine lange Tradition. Puppenspieler erfreuten Kinder wie auch Erwachsene mit Inszenierungen, in denen Kasper, König, Hexe und Co. Märchen und Legenden, aber auch die Stücke der großen deutschen Dichter lebendig werden ließen. Bereits Mitte des 19. Jahrhunderts gastierten Puppenspieler auf der Vogelwiese in Dresden und später auch auf den umliegenden Dorfplätzen und in Ausflugslokalen wie der Saloppe (→ *Gaststätten*), dem »Volksheim« am Heiderand (→ *Gaststätten*) oder dem Weißen Adler (→ *Gaststätten*).

Am Ausgang des 19. Jahrhunderts etablierte sich die Familie Apel, die in Dresden und Umgebung auftrat und auch in den Loschwitzer Gasthöfen regelmäßig für Kurzweil sorgte. Gespielt wurden Märchen und sogenannte Volksstücke wie »Er ist Baron« (nach Theodor Buhler). Zu den Künstlern am Elbhang zählte später

Jochen Weber-Unger mit seinem Kasper, 1947
Foto: Archiv Weber-Unger

Jochen Weber-Unger (1926 – 2002, → *K2*), der ab 1942 eine Handpuppenspielergruppe leitete, die durch die Hitlerjugend organisiert war und die ursprüngliche Aufgabe hatte, in Lazaretten oder Kindereinrichtungen etwas Abwechslung vom allgegenwärtigen Kriegsalltag zu schaffen. Weber-Unger, der ab 1945 in Dresden-Wachwitz wohnte, setzte sein Spiel in den Nachkriegsjahren fort und eröffnete mit dem »Sachsenkasper« 1945 im Saal des Loschwitzer Ratskellers (→ *Gaststätten*) sein Theater. Bis 1948/49 fanden die Aufführungen bekannter deutscher Märchen für Kinder, aber auch des »Dr. Faust« für Erwachsene statt. Nach darauf

Kasper malt die Hausbesitzerin Dromedara zu »Kasper als Maler«, Handzeichnung von Otto Griebel, 1968. *Repro: Slg. Bernstengel*

Bühne des »Sachsen-Kaspers« im Stadtcafé am Ratskeller, 1946. *Foto: Slg. Weber-Unger*

Helmut Walter mit dem Wandertheater, 1959 Foto: Slg. Ute Häse

Helmut und Lisa Walter mit Enkel Andy (Mitte) vor dem Puppentheater, um 1977 Foto: Slg. Ute Häse

Olaf Bernstengel mit einer Ritscher-Marionette, 2015 Foto: Jürgen Frohse

folgenden Engagements in Greifswald und Görlitz übersiedelte er 1953 in die Bundesrepublik.

Der Maler *Otto → Griebel* (1895–1972, → *K1*) entwarf und spielte Handpuppen in kabarattestischen Szenen.

Unter den Puppenspielern war auch der Elbschiffer Helmut Walter (1927–2009), der der Leidenschaft des Puppenspiels nebenberuflich nachging. Mit seiner Frau Lisa (* 1927) fertigte er Marionetten und Handpuppen an, die das Paar ab 1951 dann in seinem Domizil Körnerweg 6 in einem aus einfachen Brettern gezimmerten »Kasperpuppentheater« für die Nachbarskinder auftreten ließ. Hinzu kamen auch Wanderfahrten mit dem Leiterwagen. Ab 1955/56 begannen Lisa und Helmut mit den Handspielpuppen in ihrer Bretterbude regelmäßig sonntags um 15 Uhr für bis zu 40 Kinder zu spielen. Diese standen bereits lange vor der Einlasszeit erwartungsvoll aufgereiht auf dem Körnerweg, um für 10 Pfennige Einlass zu finden. Zur Aufführung kamen Stücke nach vorhandenen Textbüchern, aber meistens selbst erdachte Inszenierungen. Leider fiel das hölzerne Puppentheater 1968 einem Feuer zum Opfer, in dem auch die Marionetten verbrannten. Übrig blieben die andernorts gelagerten Handpuppen, die auch weiterhin und besonders in der Weihnachtszeit zum Einsatz kamen. Die letzte Aufführung fand 1984 statt.

Mit Figuren im Schattenspiel beschäftigte sich hingegen der Loschwitzer Schriftsteller Fritz Gay (1907–1969, → *K1*). 1957 gründete er seine Bühne und bereicherte die damals junge Kunstszene. Eine wichtige Rolle spielte auch der Puppenspieler, Bühnenbildner und Maler *Gottfried → Reinhardt* (1935–2013, → *K2*). Bis in die Zeit der Wiedervereinigung blieb das Puppenspiel am Elbhang erhalten, wie u. a. vom Theater »Firlefanz« unter Grigorij und Randi Kästner-Kubsch in der Zeit von 1983 bis 1993 praktiziert. Die Puppenspieler hatten es oft nicht einfach, ihrer Profession bzw. Leidenschaft nachzugehen. Anfang der 1950er Jahre reagierte die DDR-Staatsführung mit ihrer Kommission für Kunstangelegenheiten auf die »puppenspielerische Meinungsbildung« mit einer Lizenzierung im Puppenspiel und einer Einstufung, der sich die Spieler zu unterwerfen hatten.

Seit 2011 sind Kästner-Kubsch wieder in Dresden und spielen unter dem Namen »AugustTheater Dresden, u. a. im Bräustübel (→ *Gaststätten*).

Olaf Bernstengel und seine Marionetten

Olaf Bernstengels Vorfahren stammen von der Grundstraße 67. Sein Opa war der Ofensetzer Walter Bernstengel (→ *Handwerk und Gewerbe*).

Schon deshalb ist der promovierte Theaterwissenschaftler, Autor und Marionettenspieler Olaf Bernstengel besonders mit Loschwitz verbunden. Neben vielen internationalen Gastspielen tritt er mit seinen »fundus-MARIONETTEN-dresden« regelmäßig zu den Elbhangfesten und oft auch in Kindereinrichtungen in Kamerun und Pillnitz auf.

Mit seinen Varieté-Marionetten erinnert er an Roland Ritscher, den Altmeister des Marionettenspiels, der 2005 in Loschwitz verstarb. Als Reminiszenz an dessen Loschwitzer Gastspiele gestaltete Olaf Bernstengel 2015 eine Sonderausstellung im Loschwitzer Kirchgemeindehaus und das Marionettentheater Dombrowsky führte dort einmalig »Die Ritter von Loschwitz« auf.

Szene aus Fritz Gays Stück »Das blaue Licht«, 1960, Figuren von Johannes Kühl. Foto: Slg. Bernstengel

Die Mitarbeiter der Curt Meißner KG 1949, dritte von links Irmgard Bahmann, rechts Curt Meißner und dritte von rechts Heidi Meißner, später verheiratete Brix *Foto: Slg. Heidi Brix*

Aber auch die Fertigung von Handpuppen hatte ihren Platz am Elbhang. Irmgard Bahmann (1895–1986, → *K1*), genannt Tante »i«, fertigte in der Nachkriegszeit aus seidenen Damenstrümpfen, Watte und alten Flicken Fingerpuppen, die sich bei Kindern großer Beliebtheit erfreuten. Die angewendete Technik des Modellierens der Puppenköpfe aus Stoff war spätestens seit 1931 durch die »Original Strippel Handpuppen« von Grete Ludwig-Strippel bekannt. Nach der Zerstörung ihres Wohngebietes in der Innenstadt Dresdens und dem Verlust allen Eigentums am 13. Februar 1945 war Irmgard Bahmann in Dresden-Loschwitz in einer kleinen Mansardenwohnung zu Hause und musste »ein neues Leben« beginnen. Die kleine Fabrikation der Puppen in der Calberlastraße 12 wurde schnell erweitert, als 1947 Unternehmer Curt Meißner die Geschäftsidee aufgriff, mit Bahmann einen Betrieb gründete und das Markenzeichen »i«-Künstlerpuppen etablierte. Das Unternehmen, das später bis zu 100 Angestellte hatte, stellte sogar auf der Leipziger Messe, der Spielwarenmesse Nürnberg und der Kunstgewerbemesse Frankfurt am Main aus. Irmgard Bahmann war auch weiterhin für die Entwürfe der Puppen zuständig, was sie mit großer Freude tat. So entstanden neben den bekannten Kasperpuppen auch Figuren wie Napoleon oder Goethe. 1972 wurde der Betrieb zwangsverstaatlicht. Die Puppen wurden fortan Original Künstlerpuppen, später Dresdner Künstlerpuppen genannt. Im Inland waren sie eher selten anzutreffen, da sie im Exportgeschäft für Devisen zu sorgen hatten. Die Fabrikation wurde zunehmend maschinell, was zu Lasten der Ursprünglichkeit ging. Die Tradition wird noch in einigen kleinen Werkstätten bewahrt. **Achim Jannasch**

Quellen: 101, 161, 639, 640, 726, 1030, 1183

Irmgard Bahmann und die »Dresdner Künstlerpuppen«

Irmgard Bahman wurde am 9. Januar 1895 geboren. Ihr Vater war Julius Albert Moritz Bahmann, Transportdirektor der Sächsischen Staatseisenbahn und Bahnbevollmächtigter für Militärangelegenheiten. Bis zum 13. Februar 1945 wohnte Irmgard Bahmann in der heute nicht mehr existierenden, 1945 völlig zerstörten Ostbahnstraße. Als Berufsbezeichnung ist Pianistin angegeben. Ihre Mutter starb wahrscheinlich 1939. Nach der Zerstörung ihrer Wohnung und dem Totalverlust allen Eigentums am 13. Februar 1945 fand Irmgard Bahmann in Dresden-Loschwitz, Calberlastraße 12 eine kleine Mansardenwohnung und musste ein neues Leben beginnen. Heidi Brix, die Tochter des späteren Firmengründers Curt Meißner (1899–1979), schrieb 1998, dass »Fräulein Irmgard Bahmann [...] wenig über sich und die Zeit vor dem Angriff auf Dresden [...]« gesprochen hat. Bahmanns waren wohl reiche Leute und Irmgard war so traumatisiert, dass sie über ihre gute Vergangenheit nicht sprechen konnte und wollte. Doch in Loschwitz fand sie ihren Lebensmut wieder. Sie engagierte sich auch über die Puppenmacherei hinaus vielseitig für Kinder, nähte Faschingskostüme und gab Klavierunterricht. Im April 1986 starb sie im Krankenhaus Dresden Weißer Hirsch.

Die Dresdner Künstlerpuppen werden nur in Heimarbeit hergestellt. Wichtigste Ausgangsmaterialien sind ein dehnbarer, angerauter Stoff und geeignete Watte.

In zwei aufeinander gelegte Stoffplatten werden mittels Schablonen Kopfformen als Profil genäht und ausgeschnitten. Das »untere«

Prospektseite, 1966

Slg. Heidi Brix

Kasper, »Dresdner Künstlerpuppe«
Foto: Olaf Bernstengel

Ende – der Hals – bleibt offen, so dass ein Umstülpen möglich wird. Der vorgeformte Kopf wird mit geeigneter Watte ausgestopft und in den Hals wird eine Hülse aus Pappe eingenäht. In diese Hülse steckt dann der Puppenspieler einen Finger, um den Kopf zu bewegen. Mit Nadel und einem sehr festen »Ziehgarn« wird im Kopf »herumgenäht« und gezogen, um die erforderlichen Gesichtsmerkmale Wangen, Nase, Augenhöhlen, Kinn usw. zu gestalten. Die Nadel kommt dabei immer wieder an den noch nicht vorhandenen »Ohren« heraus, die später diese Stellen abdecken. Augen, Augenbrauen, Mund und Nasenlöcher werden eingestickt. Danach werden Augenperlen als Pupille, Wangen, Lidschatten, Sommersprossen u. ä. gestickt oder angemalt, Bärte und Perücken angenäht oder angeklebt. Ohren stellt die Näherin gesondert her und näht sie später an. Zur Versiegelung der Farbgestaltung wird der ganze Kopf mit einem farblosen Leim eingestrichen. Hüte oder Kappen entstehen aus Filz. Zuletzt wird das von einer Näherin ebenfalls in Heimarbeit gefertigte »Kleid« von der Puppenkopfgestalterin am Hals angenäht.

Jede Puppengestalterin erhielt nach entsprechender Ausbildung Bahmannsche Musterköpfe, die präzise nachgestaltet werden mussten. Die Qualität wurde bei der Abgabe der Köpfe genau geprüft. »Fehler« mussten nachgearbeitet oder neu angefertigt werden.

Heute werden Dresdner Künstlerpuppen, da sie keinen Marken-Rechtsschutz haben, noch in selbstständiger Arbeit von ehemaligen Mitarbeiterinnen hergestellt, weiterentwickelt und auch im Internet angeboten.

Helmut Dorschner

Quellen: 639, 888

Der Morgen kühl,
Der Mittag schwül,
Viel Unruh bei dem Feste,
Der Abend ist das Beste.

Raschke, Martin

Dichter und Schriftsteller (1905 – 1943)

Martin Raschke *Foto: Slg. Sophia Raschke*

Der Essayist, Erzähler, Lyriker, Herausgeber und Rundfunkautor Martin Raschke (→ *K1*) kam am 4. November 1905 in Dresden als Sohn des städtischen Beamten Emil Raschke († 1928) und dessen Ehefrau Johanne geb. Möckel zur Welt; er hatte fünf Geschwister.

Nach dem Besuch der Bürgerschule und dem Dresdner Wettiner Gymnasium – heute Sitz der Dresdner Musikhochschule – legte er dort 1925 das Abitur ab. Im gleichen Jahr begann er das Studium der Literaturwissenschaft, Kunstgeschichte und Philosophie in Leipzig, das er in Berlin, München und erneut in Leipzig bis 1930 fortsetzte.

Bereits vor Beginn seines Studiums war Raschke in der von ihm, Heinrich Greif (1907 – 1946), Rudolf Braune (1907 – 1932) u. a. herausgegebenen radikal-bissigen Schülerzeitschrift »MOB – Zeitschrift der Jungen« als Autor hervorgetreten. Auch während des Studiums war er publizistisch und literarisch als Lyriker, Romanautor und Herausgeber tätig und pflegte nachhaltige literarische und menschliche Kontakte – so zu Günter Eich (1907 – 1972, → *K2*) und Horst Lange (1904 – 1971).

Seit 1929 war er regelmäßiger Mitarbeiter der Zeitschrift »Literarische Welt«. Es entstanden enge Kontakte zu Adolfo Artur Kuhnert (1905 – 1958) und zum Dresdner Verleger Wolfgang Jess (1885 – 1945, → *Verlage*), die 1929/30 – anfänglich mit Günter Eich – zur Herausgabe der Zeitschrift »Kolonne«, zunächst mit dem Untertitel »Zeitung der jungen Gruppe Dresden«, führten, die bis 1932 eine Plattform junger deutscher Autoren war. 1930 erschien im Verlag Wolfgang Jess Raschkes »Fieber der Zeit – Roman einer Jugend nach dem Krieg«. Im gleichen Jahr heiratete er Jutta Lucchesi (1906 – 1972, → *K2*), eine Mary-Wigman-Absolventin und Tanzpädagogin, mit der er seit 1925 befreundet war.

Ab 1932 wohnte er wieder in Dresden, anfänglich Waldparkstraße 3 in Dresden-Blasewitz, ab 1933 in Loschwitz in der Schillerstraße 9 als Nachbar seines Verlegers Wolfgang Jess, der in die Schillerstraße 11 gezogen war und Raschke seine bisherige Wohnung überlassen hatte. Raschke kaufte 1938 das Haus Veilchenweg 20 von den Erben der ehemaligen Besitzerin Margarete von Weber. Dabei war ihm sein ebenfalls in Loschwitz lebender Schriftstellerfreund Fritz Diettrich (1902 – 1964, → *K2*) durch eine Hypothek finanziell behilflich; ihn kannte Raschke u. a. von der Zusammenarbeit in der Redaktion der »Kolonne«. 1936 und 1938 wurden die Töchter Agnes und Sophia geboren.

Das »Haus am Veilchenweg« wurde zu einem Treffpunkt zahlreicher Literaten. Zu seinen Gästen gehörten Günter Eich, Eberhard Meckel (1907 – 1969), A. Artur Kuhnert, Fritz Diettrich, Erhart Kästner (1904 – 1974, → *K2*), Gottfried Fischer-Gravelius (1890 – 1974), Kurt Martens (1870 – 1945, → *K2*) und weitere Künstler wie Erhard Göpel (1906 – 1966), Herbert Volwahsen (1906 – 1988, → *K1*), Wilhelm Lachnit (1899 – 1962, → *K1*) und Friedrich Wobst (1905 – 1981). Martin Raschke gehörte auch dem → *Ortsverein Loschwitz* an.

Zwischen 1934 und 1942 erschienen, vornehmlich im Paul List Verlag, u. a. folgende Werke:
1934: »Der Erbe. Eine Erzählung«
1935: Funkdichtung »Gespräch mit den Vätern«
1936: Roman »Der Wolkenheld oder Die Erziehung der Vögel«
1937: »Wiederkehr. Tagebuch einer Kindheit“
1939 Roman »Die ungleichen Schwestern«
1940: Kleines Prosastück »Die Floeten. Von der Ahnenschaft des Liedes«
1940: Erzählung »Der Pomeranzenzweig«
1941: »Tagebuch der Gedanken«
1942: »Zwiegespräche im Osten«
1942: Erzählung »Simona oder die Sinne«

Bereits 1932 war im Verlag Wolfgang Jess seine »Neue lyrische Anthologie« erschienen, eine Sammlung von Versen junger Dichter. Nach anfänglichen Schikanen durch die Nationalsozialisten konnte sich Martin Raschke als freier Autor behaupten. 1933 begann er gemeinsam mit Günter Eich Hörspiele für den Rundfunk zu schreiben. Es entstand die Funkserie »Monatsbilder vom Königswusterhäuser Landboten«, die in 75 Sendefolgen vom damaligen Standort des Deutschlandsenders in Königs Wusterhausen ausgestrahlt wurde.

Im Mai 1943 wurde Martin Raschke »für besondere Aufgaben in die Reichspropagandaleitung, Amt Filmproduktion, bis auf weiteres abkommandiert«[1] und im Oktober wurde er beauftragt, als Dramaturg der Filmserie »Dafür kämpfen wir« mitzuwirken. Im November erhielt er den Marschbefehl an die Ostfront, wo Martin Raschke einer schweren Verwundung am 25. November 1943 bei Newel im heutigen Verwaltungsbezirk Pskow im Nordwesten Russlands erlag.

1946 kam sein Werk »Zwiegespräche im Osten« in der damaligen Sowjetischen Besatzungszone auf die »Liste der auszusondernden Literatur«. Seit 1987 bewahrt die SLUB Dresden den von Sophia Raschke übergebenen literarischen Nachlass. 1993 waren Martin Raschke zu seinem 50. Todestag im Buchmuseum der SLUB eine Ausstellung und an der TU Dresden ein mehrtägiges Gedächtniskolloquium gewidmet. Im gleichen Jahr erschien im Hellerau-Verlag unter dem Titel »Jahr über der Stadt« eine Auswahl von Raschkes Essays und Reflexionen aus den Jahren 1926 bis 1932. **Dietrich Buschbeck**

Zitat:
1 Schreiben der Reichspropagandaleitung der NSDAP; zitiert nach: Haefs, Wilhelm; Eine Lebens- und Werkchronik; in: Haefs, Wilhelm und Schmitz, Walter (Hrsg.); Martin Raschke (1905 – 1943). Leben und Werk; Dresden 2002
Quellen: 433, 533, 629, 639, 640, 726, 730, 782, 1091, 1093

Reichel, Carl; Maler (1838 – 1904) → *K2*
Reichelt, Auguste; Malerin (1840 – 1907) → *K2* → *Ortsteil Schöne Aussicht*
Reichelt, Elisabeth; Sängerin (1910 – 2001) → *K1*
Reichelt, Werner; Sänger und Gesangspädagoge (1887 – 1969) → *K2*
Reichpietsch, Karl; Architekt und Baumeister (1859 – 1947) → *K2* → *Architekten*
Reichstein, Thomas; Bildhauer (* 1960) → *K2*
Reimann, TMVO (Thomas); Glaskünstler, Maler, Bildhauer u. Designer (* 1953) → *K2*
Reimer, Curt; Architekt und Baumeister (1869 – 1938) → *K2*
Reinhardt, August; Maler (1831 – 1915) → *Ludwig-Richter-Kreis*

Reinhardt, Gottfried

Bühnenbildner, Puppenspieler, Maler, Dichter (1935 – 2013)

Auch wenn er die letzten 25 Jahre seines Lebens nicht mehr in Loschwitz verbrachte, Gottfried Reinhardt (→ *K2*) bekannte sich stets zu jenem Dresdner Stadtteil, in dem er seine Kindheit verbracht hatte, sich wohlfühlte und Gleichgesinnte fand, mit denen er »Spaß hatte, nichts mit der Menge machte und lebenslang ein Flegel war.«[1] Im → *OT Schöne Aussicht* in Loschwitz hatte er von 1945 bis 1978 gewohnt, zunächst Sierksstraße 17 und danach Krügerstraße 17.

Gottfried Reinhardt wurde am 30. Mai 1935 in Dresden geboren. Sein Abitur legte er 1953 an der Kreuzschule ab, wo er auch die seine Lebensphilosophie prägenden Sprachen Griechisch und Latein lernte. 1961 machte er an der TH Dresden sein Diplom. Aber als studierter Architekt fand er keine Berufslust. Er ging schon bald zur Bühne, allerdings hinter diese. Beim DEFA-Trickfilmstudio stattete er Märchenfilme aus, für die Theater in Freiberg, Görlitz und Zittau gestaltete er Bühnenbilder, und auch als Puppenspieler stand er hinter seinem Spielschirm.

1972 bespielte er zum ersten Mal sein eigenes Puppentheater, mit dem er zukünftig in Elbhangvillen und verfallenen Weinbergpavillons – wie er sagte – »die Bombe des Lebens entschärfte!« Reinhardt gehörte zur Bohème des Elbhangs, nicht als Bürgerschreck, sondern als blitzgescheiter Schalk. Seine Theaterstücke strotzten vor Hintersinn, und sein Spiel war ein Geheimtipp unter den unangepassten Intellektuellen der Stadt Dresden. Nicht zu vergessen sind seine unzähligen Aphorismen. Sie werden die Zeiten überdauern.

Gottfried Reinhardt in seinem Haus in Obergruna *Foto: Slg. EHK*

Seine künstlerische Laufbahn wurde geprägt durch die in Loschwitz wohnenden Maler und Grafiker *Otto* → *Westphal* (1878 – 1975, → *K1*) und Georg Nerlich (1892 – 1982, → *K1*). Über das Loschwitzer Künstlermilieu in den 1970er Jahren sagte er einmal: »Trotz des Schlamassels kehrte keiner die Rolle des Bedrängten oder Verfolgten heraus. Wir haben immer gesagt: Wir sind im Lager hier, wir dürfen nicht raus, haben uns damit abgefunden und wollen auch gar keine Privilegien haben. Und Schluss!«[1] Seine Lebenshaltung schöpfte er aus der christlichen Religion. Als Kind 1935 evangelisch getauft, als Jugendlicher nochmals katholisch, wandte er sich 1967 dem russisch-orthodoxen Glauben zu und wurde nach einem Fernstudium in Sagorsk 1978 Diakon. Seit 1989 war er Diakon und ab 1995 Protodiakon an der Russisch-Orthodoxen Kirche in Dresden.

Reinhardt war ein liebenswerter Kauz, der sich gegen die moderne Zivilisation stemmte, indem er 1986 nach Obergruna (heute zu Großschirma) bei Freiberg zog, wo er ganz spartanisch in einem alten Bauernhaus ohne Wasseranschluss lebte und malte – nicht selten eine seiner auf antike Namen hörende Katzen. Je älter er wurde, desto kritischer sah er den Spezi Mensch. Er wandte sich den Tieren zu und zog »dem Ballast des Habens die Freude des Seins«[2] vor.

Im Jahr 2008 erlitt er einen Schlaganfall, blieb linksseitig gelähmt und konnte fortan nicht mehr mit seinen Theaterpuppen spielen. »Als Puppenspieler hat Gottfried Reinhardt oft den Tod gespielt, als orthodoxer Diakon oft die Auferstehung gepredigt – und lachen kann er im Rollstuhl wie ein Schelm. Das Himmelreich ist längst um uns herum.«[3]

Am 23. Juni 2013 verstarb Gottfried Reinhardt. Er wurde auf dem → *Loschwitzer Friedhof* bestattet. Er hinterließ sein Theater, seine Aufführungen aufgezeichnet auf DVD, seine Stücke gedruckt auf grobem Papier und eine Vielzahl von Anekdoten, erzählt in Loschwitz und überall dort, wo er auftauchte und seine Weisheiten zum Besten gab. **Olaf Bernstengel**

Zitate:
1 Gottfried Reinhardt im Gespräch mit Claudia Petzold und Paul Kaiser, Obergruna, 5.12.1996; in: boheme und diktatur in der ddr, Berlin 1997
2 Gärtner, Thomas; Künstler im eigenen Welttheater; in: DNN 25.6.2013
3 Roth, Andreas; Der Tod aus Dübelmasse; in: Der Sonntag 19.08.2012
Quellen: 360, 368, 384, 413, 640, 879

Reißmann, Gustav; Bildhauer (1887 – 1954) → *K2*
Rellstab, Ludwig; Dichter, Schriftsteller und Musikkritiker (1799 – 1860) → *K2*
Renn, Ludwig; Schriftsteller (1889 – 1979) → *K2*
Resch, Martina Veronika; Malerin (* 1947) → *K2*
Reuter, Friedrich, → *Architekten*
Richter, Arthur; Musiker (1890 – 1964) → *K2*
Richter, Claudia; Architektin (* 1959) → *K2*
Richter, Dorit; Architektin (* 1973) → *K2*
Richter, Evelyn; Fotografin (* 1930) → *K2* → *Handw. u. Gew./Fotografen*
Richter, Gerd (Gerhard); Bühnenbildner und Maler (1903 – 1979) → *K2*
Richter, Gisela; Kunstgewerblerin (1905 – nach 1973) → *K2*
Richter, Hans Theo; Maler und Grafiker (1902 – 1969) → *K1*

Richter, Ludwig

Maler, Zeichner und Grafiker (1803 – 1884)

Adrian Ludwig (eigentlich Louis) Richter (→ *K1*) wurde am 28. September 1803 als erstes von vier Kindern des Landschaftszeichners und Kupferstechers Carl August Richter (1770 – 1848) sowie dessen Ehefrau Johanne Eleonore Rosina geb. Müller (1781 – 1863) in dem 1835 nach Dresden eingemeindeten Vorort Friedrichstadt auf der Friedrichstraße 16 (heute 44) geboren. Erster Taufpate war der aus der Schweiz stammende Kupferstecher und 1766 als Lehrer für Kupferstich und Landschaftszeichnen an die Dresdener Kunstakademie berufene Adrian Zingg (1734 – 1816).

1815 beendete Richter den Besuch der katholischen Schule in Dresden. Ersten Unterricht im Zeichnen und Radieren bekam er von seinem Vater, einem Schüler Adrian Zinggs, der seit 1810 als Lehrer für Landschaftsmalerei an der Dresdener Kunstakademie tätig war. 1816 wurde Richter selbst in diese Einrichtung aufgenommen, wo er – mit Unterbrechungen – bis 1823 Unterricht erhielt, so auch als Schüler Johann David Schuberts (1761 – 1822). In den Jahren 1816 – 1818 fertigte er gemeinsam mit dem Vater die Vorlagezeichnungen für die Radierfolgen »70 Mahlerische An- und Aussichten der Umgegend von Dresden« und »30 Mahlerische An- und Aussichten von Dresden«, die beide 1820 in der Arnoldischen Buchhandlung Dresden erschienen. 1820/21 begleitete Ludwig Richter als Landschaftszeichner den russischen Fürsten Narischkin auf einer Reise nach Südfrankreich. 1823 erschien als erste selbstständige Arbeit des jungen Künstlers die Folge der »30 An- und Aussichten zum Vergißmeinnicht-

Selbstbildnis, um 1850, Graphit (Ausschnitt); »Ortsgeschichtliche Sammlung Blasewitz und Umgegend« von Karl Emil Scherz im Landesamt für Denkmalpflege Sachsen, Plansammlung

Taschenbuch für den Besuch der Sächsischen Schweiz«. Der Verlegerfreund Johann Christoph Arnold (1763 – 1847) ermöglichte ihm ab 1823 einen Studienaufenthalt in Italien. 1824 vollendete Ludwig Richter in Rom sein erstes bedeutendes Landschaftsgemälde »Der Watzmann«. Er nahm Unterricht bei Joseph Anton Koch (1768 – 1839) und verkehrte freundschaftlich mit Julius Schnorr von Carolsfeld (1794 – 1872), Ernst Fries (1801 – 1833), Carl Wilhelm Götzloff (1799 – 1866), Ernst Ferdinand Oehme (1797 – 1855, → *K1*), Carl Gottlieb Peschel (1798 – 1879, → *K1*) und Carl Wagner (1796 – 1867). Wanderungen mit Künstlerfreunden führten ihn in die nähere Umgebung Roms, aber auch ins Albaner- und Sabinergebirge sowie 1825 für zwei Monate nach Süditalien über Neapel bis Paestum. 1826 kehrte er über die Schweiz wieder in die Heimat zurück. Am 4. November 1827 heiratete Ludwig Richter seine Jugendliebe Friederike Auguste geb. Freudenberg (1804 – 1854), die er anlässlich gemeinsamer Tanzstunden um 1820 kennengelernt hatte. Aus der Ehe gingen fünf Kinder hervor: Marie (1828 – 1847), Johann Heinrich (1830 – 1890), Aimée (1834 – 1863), Helene (1837 – 1927) und Elisabeth (1840 – 1917).

Am 3. März 1828 kam es zur Berufung Richters an die Zeichenschule der Porzellanmanufaktur in Meißen, wo er von nun an bis Ende 1835 als Lehrer tätig war. Da er nur an zwei Tagen in der Woche unterrichten musste, blieb genug freie Zeit zum eigenen Schaffen. Zunächst entstanden die Radierfolge »Zehn Ansichten merkwürdiger Gegenden in Sachsen« (erst 1839 erschienen) sowie die Gemälde »Civitella (Der Abend)«, »Ariccia (Der Morgen)« und »Die Rocca di Mezzo im Sabinergebirge 2« (auch »Abend in den Apenninen«). Es zeigte sich nun, wie stark das Italienerlebnis in Ludwig Richter nachwirkte. Jahrelang schien jetzt vergessen, was er dort programmatisch formuliert hatte:

»[…] Das Fremde reizt mehr, ist aber selten besser. Hat unser Rhein, die Donau mit ihren wunderschönen Gegenden, die Insel Rügen, das nordische Sizilien, nicht eben den klassischen Boden, nicht ebenso schöne Gegenden wie Italien? Und muß uns jener Boden nicht heiliger und von vieler Wichtigkeit sein? Oh, wie sehr freue ich mich darauf, das Gute, das ich hier erlerne, vorzüglich auf jene Gegenden anzuwenden! – Wie ernst ermahnend an alte

»Linke's Bad an der Prießnitz und Bauzner Straße, mit den Loschwitzer Weinbergen und Antons am linken Elbufer« aus »30 Mahlerische An- und Aussichten von Dresden«, 1820, Radierung

Sankt Annenkirche zu Graupen in Böhmen, 1836, Öl auf Lindenholz; Hannover, Niedersächsisches Landesmuseum

Ludwig Richter, Hausierer, um 1865, Graphit und Wasserfarben
Heute bewahrt in der Städtischen Galerie Dresden – Kunstsammlung, Museen der Stadt Dresden

deutsche Zeit ist der Harz mit seinen Burgen und Bergen, Heidelberg und der Odenwald, das Riesengebirge, die Elbe vom Quell bis in die Meißner Gegend, Sachsens Paradies? Wenn man solche Gegenden, Burgen und Städte charaktervoll, echt volkstümlich und historisch auffaßte, wie bedeutungsvoll und interessant könnte ein solches Werk werden, wie erhöht noch durch sinnreiche Staffage, welche einzelne Charakterzüge, Gebräuche, Tugenden jenes Volkes darstellte, oder wohl gar, wo es passend wäre, Szenen aus der Geschichte oder Sage – [...] dazu müßte das Ganze so naturgetreu und zart als möglich ausgeführt sein, daß sich der Gebildete wie der gemeine Mann darüber erfreuen könnte. Kunst ist für's Volk, was nützt sie sonst?«[1]

Während der gesamten Zeit des Aufenthaltes in Meißen entstanden etwa 30 Gemälde, die überwiegend Reminiszenzen an die Erlebnisse in Rom und Umgebung darstellen und somit von der anhaltenden Italiensehnsucht des Künstlers zeugen. Nachdem bereits mehrere Ausflüge mit Zeichenschülern in das nahe liegende Böhmische Mittelgebirge stattgefunden hatten, bewirkte freilich erst die nach einer schweren Erkrankung seiner Frau im September 1834 unternommene Böhmenreise einen grundsätzlichen Wandel, indem sie ihm die Augen auch für die heimatliche Landschaft öffnete: »Ich war überrascht von der Schönheit der Gegenden, und als ich an einem wunderschönen Morgen bei Sebusein über die Elbe fuhr und die Umgebung mich an italienische Gegenden erinnerte, tauchte zum ersten Male der Gedanke in mir auf: Warum willst du denn in weiter Ferne suchen, was du in deiner Nähe haben kannst? Lerne nur diese Schönheit in ihrer Eigenartigkeit erfassen, sie wird rühren, wird gefallen, wie sie dir selbst gefällt [...] Bald griff ich zur Mappe und zum Skizzenbuch, und ein Motiv nach dem andern stellte sich mir dar und wurde zu Papier gebracht. Von Sebusein bis Kamaik ist eine Fülle der schönsten und großartigsten Landschaftsbilder ausgeschüttet.«[2]

Auf Grund der gewonnenen Erkenntnis empfand Richter jetzt wieder das Glück, »täglich frisch aus der Quelle schöpfen zu können«[3], was ihn letztlich auch davor bewahrte, in seiner Arbeit zu stagnieren. Böhmen stellte für ihn eine Entdeckung dar, die den Künstler nicht bloß befriedigte und mit dem Schicksal versöhnte, sondern ihm darüber hinaus den Wert der heimatlichen Natur überhaupt erschloss: »Jetzt wurde mir alles, was mich umgab, auch das Geringste, die alltäglichste Gegenwart interessanter, weil Gegenstand malerischer Beobachtung. Konnte ich jetzt nicht alles brauchen? War nicht Feld und Busch, Haus und Hütte, Menschen wie Tiere, jedes Pflänzchen und jeder Zaun und alles mein, was sich am Himmel bewegt und was die Erde trägt?«[4] Von da an wandte er sich dieser seinem Gefühl vertrauten Landschaft als Motivquelle zu. In den darauffolgenden Jahren zog es ihn immer wieder hierher, um gemeinsam mit Freunden und Schülern zu zeichnen. Mehr als zwanzig Böhmen-Reisen lassen sich belegen, wobei damit noch lange nicht alle erfasst sind. Mit dem »Aufsteigenden Gewitter am Schreckenstein bei Außig« von 1835 stellte Richter jene Gegend, die zu seiner Wandlung so entscheidend beigetragen hatte, erstmals auch in einem größeren Gemälde dar.

Seit Aufhebung der Zeichenschule in Meißen am 24. Dezember 1835 befand sich Ludwig Richter im Wartestand. Ende Februar 1836 zog die Familie nach Dresden zurück. Nachdem sein Vater als Akademieprofessor entpflichtet worden war, trat Ludwig Richter am 1. November 1836 die freigewordene Stelle als Lehrer für Landschafts- und Tiermalerei an der Königlich-Sächsischen Kunstakademie in Dresden an; am 23. Dezember 1841 wurde er zum Professor für Landschaftsmalerei ernannt.

Im Jahre 1837 entstand mit der »Überfahrt über die Elbe am Schreckenstein bei Aussig« eines der Hauptwerke und zugleich auch die wohl bekannteste Bildschöpfung des Künstlers. Erstmals wagte sich Richter daran, eine Figurengruppe zum Ausgangs- und Mittelpunkt einer großformatigen malerischen Komposition zu machen, indem er hier ein eher zufällig erlebtes Geschehen zum symbolträchtigen Motiv der Lebensfahrt umgestaltete. Dabei ist es ihm gelungen, mit der innigen Verbindung von menschlicher Figur und Landschaft »dem Natur- und Weltverständnis der deutschen Spätromantik eine reife künstlerische Form zu geben«.[5] Nicht zuletzt wegen der Schwierigkeiten beim Verkauf seiner sorgfältig durchgeführten Gemälde wandte sich Ludwig Richter in den Folgejahren jedoch verstärkt dem illustrativen Schaffen zu, mit dem er zunehmend erfolgreich war und das den Hauptteil seines späteren Werkes ausmacht. Auch in diesem Bereich trat die Landschaft zugunsten der menschlichen Figur immer mehr in den Hintergrund.

Bereits im Juni 1836 kam es zu einer ersten Verbindung des Künstlers mit dem Leipziger Verleger Georg Wigand (1808–1858). Dieser war gerade im Begriff, ein zehnbändiges, mit Stahlstichen reich illustriertes Werk, betitelt »Das malerische und romantische Deutschland«, herauszugeben. Richter erhielt zunächst den Auftrag, acht Ansichten für die Sektion »Dresden und die Sächsische Schweiz« neu zu zeichnen, während die anderen in dem Band enthaltenen Blätter nach den 1820 erschienenen »70 Mahlerischen An- und Aussichten der Umgegend von Dresden« gestochen wurden. Auf einer längeren Reise entstanden sodann die Vorlagen für die 30 Stahlstiche in »Wanderung durch den Harz«, ein Jahr später folgte Franken und 1838 das Riesengebirge. Bei all den im genannten Zusammenhang geschaffe-

Der Dorfgeiger, 1845, Öl auf Leinwand; Staatliche Museen zu Berlin, Alte Nationalgalerie

nen Zeichnungen liegt die Betonung auf einer erzählenden Staffage. Diese Arbeiten markieren den Beginn der äußerst fruchtbaren und langjährigen Zusammenarbeit zwischen Ludwig Richter und Georg Wigand sowie dessen Bruder Otto (der ebenfalls Verleger war), welche den Künstler als Illustrator deutschlandweit bekannt machen sollte.

Auch in späterer Zeit hat Richter immer wieder Reisen unternommen. Fast alljährlich wanderte er nach Böhmen, zumeist mit Freunden oder auch mit Schülern. Badereisen führten ihn 1849 und 1851 nach Ostende. Anlässlich eines Erholungsaufenthaltes hielt er sich 1850 drei Wochen lang in Bad Kreuth auf. Noch mindestens zweimal war er in Oberbayern, wo er im Jahre 1858 Wilhelm Busch (1832–1908) begegnete und 1860 Moritz von Schwind (1804–1871) kennenlernte. Für 1859, 1861 und 1867 sind Reisen in die Schweiz belegt. Den Traum von einer zweiten Reise nach Italien konnte er sich 1869 erfüllen. Dort besuchte er Venedig und Mailand. Auch in späteren Jahren zog es ihn noch in die Ferne, u. a. nach Bad Boll in Württemberg, wo er sich bis 1883 mehrfach zur Erholung aufhielt.

Die vielfachen Reiseeindrücke bildeten eine wichtige Grundlage für Richters reiches künstlerisches Schaffen. Neben den landschaftlichen Impressionen war es jedoch vor allem das Leben der einfachen Menschen, insbesondere der Landleute und namentlich auch der Kinder, das ihn gerade im Zusammenhang mit der Bebilderung von Druckerzeugnissen unterschiedlichster Art immer wieder beschäftigte. Angeregt durch Otto Wigand (1795–1870), der ihn 1838 für die Illustration seiner Volksbücher gewann, lieferte er in den folgenden dreieinhalb Jahrzehnten die Vorlagen zu mehr als 2.600 Holzschnitten für eine Vielzahl unterschiedlichster Publikationen, so zu Märchen und anderen Büchern für die Jugend, zu Erzählungen, Erbauungsbüchern, Kalendern, Zeitschriften, aber auch zu Geschichtsbüchern und Werken der großen Dichtung. Hinzu kommen zwölf selbstständige Folgen und 31 Einzelblätter. Richter war in besonderem Maße daran gelegen, dass die Individualität seiner zeichnerischen Vorlagen von den jeweiligen Holzschneidern möglichst adäquat umgesetzt wurde, weshalb er bereits 1841 dazu überging, selbst auf den weißgrundierten Holzstock zu zeichnen. Nach der von ihm mitinitiierten Gründung eines Ateliers für Holzschneidekunst an der Dresdener Kunstakademie (Leitung Hugo Bürkner) im Jahre 1846 konnte sich Dresden – maßgeblich unter seinem Einfluss – zu einem Zentrum der neuen Technik des Holzstichs entwickeln. Um 1873/74 musste Ludwig Richter wegen eines zunehmenden Augenleidens die Ausübung eigener künstlerischer Tätigkeit aufgeben. Nachdem sein Schüler Victor Paul Mohn (1842–1911) bereits im Frühjahr 1876 als Nachfolger in Stellvertretung die Landschaftsklasse der Kunstakademie übernommen hatte, trat Richter nach seinem Ausscheiden aus dem akademischen Lehramt am 1. Dezember desselben Jahres endgültig in den Ruhestand.

Ziegengrund bei Loschwitz, um 1840, Feder in Braun über Graphit; Standort unbekannt. Richter erwähnte Loschwitz in seinen Lebenserinnerungen erstmalig im Kapitel zu seiner Studienzeit 1820 – 1823: »So wollte ich auch die Natur studieren [...] und wanderte sogleich [...] nach Loschwitz. Der einsame, kleine Ziegengrund mit seinen Abhängen und den schönen Buchengruppen gab nun herrliche Motive und Studien [...].« Bereits vorher muss er bei den Vorzeichnungen für die 1820 erschienenen Ansichtenfolgen das Dorf kennengelernt haben.

Bereits 1853 setzten die öffentlichen Ehrungen ein, als Ludwig Richter zum Ehrenmitglied der Münchener Kunstakademie ernannt wurde. Für sein Gemälde »Der Brautzug im Frühling« (entstanden 1847) erhielt er 1855 die Medaille 2. Klasse der Weltausstellung in Paris. Vier Jahre später verlieh ihm die Leipziger Universität die Ehrendoktorwürde, und seit 1874 war er auswärtiges Mitglied der Preußischen Akademie der Künste. Anlässlich des 75. Geburtstages des Künstlers fand 1878 je eine größere Ausstellung seiner Werke im Leipziger Museum sowie in der Berliner Nationalgalerie statt; außerdem erhielt er die Ehrenbürgerwürde der Stadt Dresden. Am 28. September 1883 wurde er aus Anlass des 80. Geburtstages mit dem Komturstern 1. Klasse des Königlich-Sächsischen Albrechtordens geehrt, wohl die letzte einer Reihe derartiger Auszeichnungen. 1879 schloss Ludwig Richter das 1885 von seinem Sohn Heinrich herausgegebene Manuskript seiner »Lebenserinnerungen eines deutschen Malers« ab, die dank des hohen Ansehens ihres Autors, ihres Quellenwertes und ihrer sprachlichen Qualität weite Verbreitung bis in die Gegenwart fanden. Im Juni 1884 erkrankte Ludwig Richter an einer Herzbeutelentzündung, die am 19. Juni infolge einer Herzlähmung zu seinem Tod führte. Unter großer öffentlicher Anteilnahme wurde er am 23. Juni auf dem Äußeren Katholischen Friedhof in Dresden beigesetzt.

Otto Kotzsch (1880 – 1967), der Sohn des bekannten → *Fotografen August* → *Kotzsch* (1836 – 1910, → *K1*), fasste in seinem Beitrag über »Ludwig Richter in Loschwitz« überlieferte Erinnerungen an den auch für den dortigen Elbhang bedeutsamen Künstler zusammen, die mit folgenden Worten beginnen: »In jener Zeit, da unser Loschwitz noch das idyllische Tagelöhner-, Bauern- und Weinbaudorf war, da im Grunde noch sieben Mühlräder rauschten, als es noch keinen Körnerplatz mit Stadthäusern gab und die Dörfler noch das Wasser aus den öffentlichen Gemeindebrunnen holten, war Ludwig Richter unser treuer Sommergast [...]. Seit 1852 bezog er während dreier Jahrzehnte, sobald der Frühling ins Land zog, ein einfaches Häuschen, meist auf Bergeshöh, und hielt dort, fleißig arbeitend, bis zum Herbst aus.«[6] Mit seiner Familie bewohnte der Künstler verschiedene Quartiere am Elbhang, zunächst zweimal

»Der rauhe Herbst kommt wieder«, 1855, Holzschnitt aus »Christenfreude in Lied und Bild«

in einem Häuschen an der Berggasse (heute Veilchenweg 1). Außerdem hatte er sich 1852 in Kotzschens Weinberg (ehemals Kotzschweg 12, jetzt Kotzschweg 22) und 1853 in einem Seitengebäude von Sperlings Weinberg (Ludwig-Richter-Straße 8 und 8b) jeweils ein Stübchen gemietet, um dort tagsüber zu arbeiten. In den Jahren 1854 bis 1856 wurde als Stätte des sommerlichen Aufenthalts ein Zimmer im ersten Stock des Hauptgebäudes von Sperlings Weinberg bezogen. Am 6. August 1854 verstarb in diesem Grundstück Ludwig Richters Frau Auguste nach einem Schlaganfall innerhalb von wenigen Stunden; sie wurde auf dem Loschwitzer Friedhof bestattet. Es fiel Richter schwer, den Verlust zu verkraften. So schrieb er nur knapp vier Wochen später in einem Brief an seinen Sohn: »Es fehlt mir freilich immer etwas, und ich sehe mich manchmal um, als müßte von außen kommen, was die schmerzhafte Lücke am Herzen gemacht hat, und sie wieder heilen; aber dann besinne ich mich, und der Loschwitzer Kirchhof und der noch kahle Sandhügel stehen mir vor Augen. – Und da heißt es ›Glauben‹.«[7] Auf einem Holzschnitt in der Sammlung »Christenfreude in Lied und Bild« (1855) hat sich Richter selbst dargestellt, sitzend am Grab seiner Frau, in sinnende Betrachtung versunken. Der originale Grabstein, der auf dem Bild ebenfalls zu sehen ist, blieb bis heute erhalten.

Nach den Aufenthalten in Sperlings Weinberg mietete sich der Künstler 1857 nochmals in Kotzschens Weinberg ein: »Seit Ende Mai wohne ich nun wieder hier oben in unserem Häuslein. Dazu habe ich mir in einer sehr alten Hütte (in Kotzschens Weinberg), welche aber wunderschön liegt neben der Königin Berg, ein Stübchen zum Arbeiten gemietet. Da ist's nun ganz stille, denn das Haus ist nur von zwei alten Leuten und deren Sohn bewohnt, welche am Tage nicht zu sehen und zu hören sind, weil sie im Berge arbeiten. Die Aussicht von meinem Fenster ist wundervoll und für mich inhaltreich! Meine stille Hütte liegt am Rande eines Berges, und es öffnet sich über dem Elbspiegel, der am Fuße der Höhe heraufglänzt, das weite Elbtal und die Aussicht von den fernen böhmischen Bergen im Süden, bis zu den

Loschwitz, 1863, Graphit; Staatliche Kunstsammlungen Dresden, Kupferstich-Kabinett, Ludwig-Richter-Skizzenbuch 5, Blatt 21

Lehmanns »Villa Fallnichtein« in Loschwitz, um 1860, Graphit; ehem. Dresden, Privatbesitz

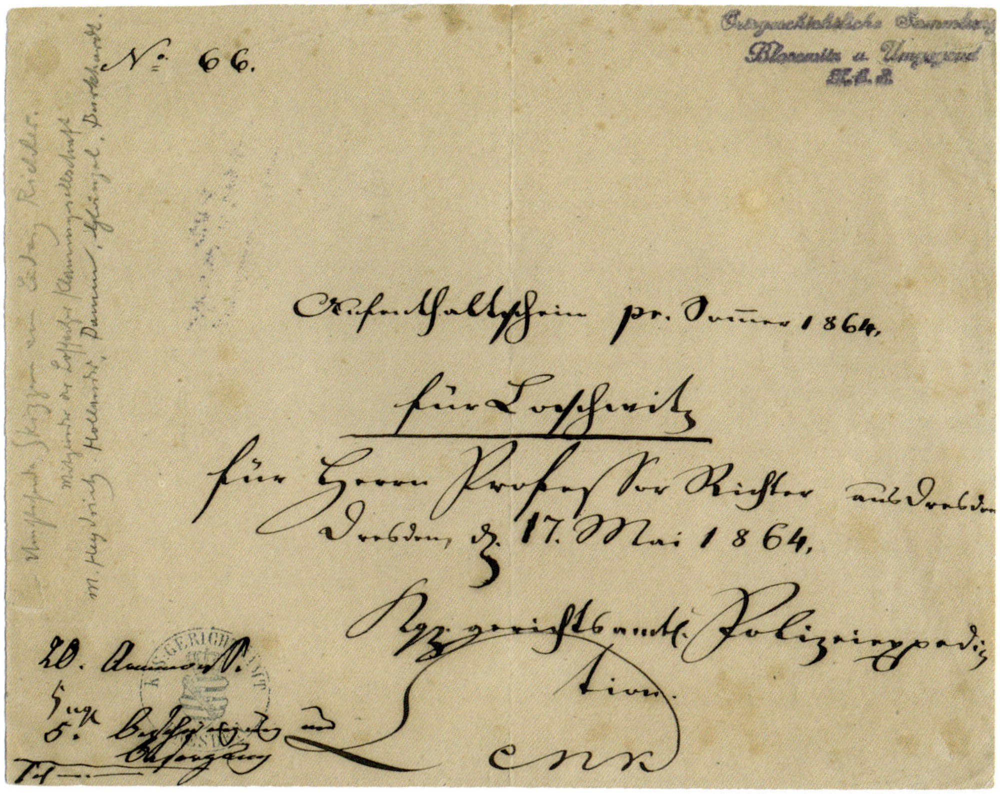

Polizeiliche Aufenthaltserlaubnis »für Herrn Professor Richter« vom 17. Mai 1864, den Sommeraufenthalt in Loschwitz betreffend; »Ortsgeschichtliche Sammlung Blasewitz und Umgegend« von Karl Emil Scherz im Landesamt für Denkmalpflege Sachsen, Plansammlung

Meißner Höhen im Westen. […] Am Fuße meines Berges sieht man zwischen Büschen und Bäumen den kleinen Kirchhof von Loschwitz, und das Grab meiner teuren Auguste, mit der ich gerade volle siebenundzwanzig Jahre so glücklich lebte. Nun spinnt sich der alte Lebensfaden fort, und Gott möge mich Seine heiligen Wege in Gnaden führen, und alles wohl machen, damit der letzte Tag ein Tag seliger Vollendung sei!«[8]

In den Sommermonaten der Jahre 1864 bis 1870 wohnte Richter beim Maler Friedrich August Reinhardt (1831 – 1915, → *K2*) im Hause Rochwitzer Weg 6 (heute Hermann-Vogel-Straße 2). Am Giebel des Gebäudes erinnert ein 1885 von Reinhardt angebrachtes Relief mit dem Bildnis Ludwig Richters an den Künstler und seine Aufenthalte an diesem Ort. Unter dem 20. Juli 1864 schrieb der Gast aus Dresden hier in sein Tagebuch: »Wie gern möchte ich jetzt manchmal in der schönen Alpenwelt sein, wo Gott mit Fraktur geschrieben hat, und dem alten Herzen Schwung und Aufschwung versetzen! – Aber hier ist's auch ganz hübsch, und ich danke Gott wahrlich recht von Herzen, wenn ich die schöne Morgenluft im Walde einziehe, die wie Balsam sich ans Herz legt, ans Herz, das in Gottes Willen ruht, und in dieser Burg sich sicher fühlt. Wenn man nur nicht oft naseweis genug wäre, dieses innerste Geborgensein zu verlassen und dann den Schaden davon hätte.«[9]

In den Jahren 1872 bis 1883 verbrachte Richter die Sommerzeit schließlich bei Friedrich Ernst Kneiß, dessen damaliges Haus (inzwischen durch ein neueres ersetzt, Malerstraße 4) so recht seinem bescheidenen Wesen entsprach: »Ein stilles, freundliches Daheim, ein kleines, freundliches Asyl, mit einem Blick ins Weite, in das kleinste Stück Natur, mit der Kunst und mit Gott, ist mir das Beste, Liebste und Höchste.«[10] Infolge seines immer schlimmer werdenden Augenleidens oft am Arbeiten gehindert, wandelte er stattdessen in dem zum Anwesen gehörigen Laubengang entlang oder ging in der näheren Umgebung spazieren. Gern ließ er sich vorlesen oder besuchte seinen Sohn, der im gegenüberliegenden Grundstück (heute Malerstraße 5) wohnte. Zum eigentlichen Sammelpunkt des Richterschen Familien- und Freundeskreises entwickelte sich aber Grimmers Weinberg, wo Kretzschmars wohn-

»Brautzug«, 1859, Holzschnitt aus »Für's Haus. Frühling«

ten (heute Robert-Diez-Straße 4). Richters Tochter Helene hatte 1856 den Papierfabrikanten Theodor Kretzschmar geheiratet, dem sie sieben Kinder gebar; die Familie lebte bis 1869 in einem Haus am Veilchenweg und zog dann in das Weinberghaus um.

Häufig empfing Ludwig Richter Besuch von Freunden und Schülern; im September 1872 kam sogar Wilhelm Busch, um bei ihm eine Stippvisite zu machen. Zu den Loschwitzer Freunden gehörten auch der Dichter *Gustav Moritz → Heydrich* (1820 – 1885, → *K1*), mit dem er in regem Austausch stand, und der Münzgraveur Carl Reinhard Krüger (1794 – 1879, → *K1*), ein Loschwitzer Original. Letzterer bewirtschaftete den von seinen Eltern geerbten Weinberg (heute Krügerstraße 22), wohin Richter abends gern hinaufstieg, um mit ihm beisammen zu sitzen und zu plaudern. Krüger war nie zu bewegen gewesen, sich fotografieren zu lassen, doch erfreute ihn eine Zeichnung Richters, über deren Entstehung der Künstler schrieb: »Unser liebes, altes Original, ›der Münzkrüger‹, wollte sich trotz aller Bitten seiner Freunde [...] nicht photographieren lassen; so machte ich mir den Spaß und zeichnete ihn aus der Erinnerung, in seiner einsamen Klause geigend, während außen die Vöglein horchten. Heinrich ließ das Blatt photographieren, und ich schenkte es den Stammtischgenossen, was nun große Freude anrichtete.«[11]

Ein Loschwitzer Original – der Münzgraveur Reinhard Krüger, um 1870, getuschte Federzeichnung; Standort unbekannt

Gasthof Loschwitz (unter dem Gasthofschild links der Besitzer Ernst Friedrich Demnitz), vor 1881, Fotografie von August Kotzsch. Hier traf sich die Stammtischgesellschaft »Loschwitz-Klamm«.
Foto: LfD Sachsen, Slg. K. E. Scherz

Mit seinen Malerkollegen und Freunden, dem familiären Kreis und Weggenossen des Sohnes sowie anderen Persönlichkeiten, die oftmals auch aus Dresden der Runde zustrebten, pflegte Ludwig Richter einen wöchentlichen Stammtisch im Loschwitzer Gasthof, welcher damals von Ernst Friedrich Demnitz (1818 – 1893) bewirtschaftet wurde. Der Raum, in dem man sich traf, war lang und eng, so dass der Gedanke an eine Gebirgsschlucht nahelag. Hermann Amsler (1835–1881), Kunsthändler und Freund des Künstlers, hatte ihm deshalb den Namen »Loschwitz-Klamm« verliehen. Diese Bezeichnung fand dann offenbar ebenso für die Stammtischgemeinde selbst Verwendung. Auch am Vorabend von Richters 70. Geburtstag wurde im Loschwitzer Gasthof gefeiert. Einen anschaulichen Bericht davon hat uns sein Schüler Johann Friedrich Hoff (1832 – 1913, → *K1*) überliefert, in dessen Erinnerungsbuch »Amt und Muße, Ludwig Richter als Freund« geschrieben steht: »Aber am 28. des Herbstmondes galt es noch jemanden zu feiern: Ludwig Richter! zu dessen ›Geburtstag in der Familie, das versteht sich‹, ich vom Meister schon lange geladen war. Schon am Vorabend versammelte sich unten am Strande bei Demnitz ein großer Kreis der Richtergemeinde. Als es dunkelte, holten wir den Herrn Professor in seinem Heim ab und nahmen noch alle, die an dem Berge wohnten, mit, sodaß es schließlich ein ganzer Zug wurde, der sich unten zunächst in der ›Grundschänke‹ erquickte. Ein urbehaglicher Aufenthalt in dem kleinen Wirtsstübchen, das jedem Maler wegen seines heimischen Eindrucks lieb ist. Als wir bei Demnitz eintrafen, war es schon recht belebt von Künstlern und Freunden, die von Dresden gekommen waren. Alle erhoben sich, riefen dem Meister einen Willkomm zu, und der allzeit aufgeregte Dr. Heydrich, wohl der Redegewandteste, begrüßte ihn. Was zu dem Hause Richter gehörte, Männlein und Weiblein, war vollzählig da, den alten ›Veteran‹ Papa Peschel inbegriffen. Auch fehlten nicht Münzgraveur Krüger und seine Schwester, Frau Direktor Kade. Ebenso waren unter den anderen prächtige Menschen: Kupferstecher [Theodor] Langer, der anregende Kunsthändler [Emil] Geller, früher Holzschneider, und Bildhauer [Gustav Adolf] Kietz, der Schöpfer von Richters lebensgroßer Büste, die uns seine lieben Züge in wunderbarer Treue zeigt. Von Richters Schülern Erwin Oehme, Kupferstecher Friedrich mit Schwester Lydia, Holzschneider [Anton Gerhard] Jördens und Paul Mohn. [...]

Es war eine trauliche Vorfeier, reich an heiteren Genüssen. Wie war der liebe Meister froh gestimmt! Auch mein unvermeidliches Flageolett mit der Klavierbegleitung Heinrich Richters übte seinen Zauber aus, viele hatten es noch nicht gehört. An diesem Abend blieb sogar, als die Bowle Punsch aufgetragen wurde, der alte Münzgraveur ›Freund Richter zu Ehren‹ da, was großen Spaß bereitete. Denn gewöhnlich dünkte ihm das zu viel Luxus: er brannte dann sein Laternchen an und marschierte ab. Als endlich Professor Richter, der ›Senior‹ der Loschwitz-Klamm, das Zeichen zum Aufbruch gab – alle, sogar Papa Peschel, hatten es bis zuletzt ausgehalten – steckten die Loschwitzer Freunde zur Besteigung des Berges ebenfalls ihre Laternchen an, und die aus der Residenz Gekommenen mußten den weiten Weg über das Waldschlößchen zurückgehen; das letzte Dampfboot war verpaßt.«[12]

Zur Erinnerung an die fröhliche Stammtischrunde hatte Ludwig Richter bereits 1864 ein sehr originelles Blatt gestaltet: »Loschwitz-Klamm 1864«. Die originale Zeichnung diente als Vorlage für die fotografische Reproduktion zum Zwecke ihrer Vervielfältigung, womit gewährleistet war, dass jedes Mitglied der Klamm einen Abzug der Platte erhalten konnte. Eine genaue Beschreibung lieferte

»Loschwitz-Klamm 1864«, aquarellierte Zeichnung; Standort des Originals unbekannt, Fotoplatten-Abzug erhalten *Slg. Ursula Wessel*

Ludwig Richters Stammtischrunde »Loschwitz-Klamm« bei Demnitz

Richter war gern in Gesellschaft und schätzte den geistreichen Austausch wie auch das feuchtfröhliche Beisammensein in der Loschwitzer Kneipenrunde. Er schrieb darüber 1867 an seinen Sohn Heinrich: »[...] Es wird doch hübsch sein, wenn wir selbander im alten Loschwitz wieder zusammensitzen und Demnitzens schales Bier trinken, sehnt sich doch der Eskimo nach seinem Fischtran.« Karl Budde beschrieb Richters Blatt »Loschwitz-Klamm 1864« so: »Inschrift auf dem Bande oben. Wappen zwischen Eichen- und Lindenzweigen, an denen 30 Wappenschilde mit Namen und, vielfach redenden, Bildern hängen. Im Hauptwappen eine Wäscheklammer mit Schnur, die Helmzier ist ein gefülltes Bierseidel, darauf ›Demnitz‹, auf dem Deckel ein Kartoffelmännchen. Links liegt Strickstrumpf mit Knäuel und Nadeln, rechts Tonpfeife und Tabakbeutel. Unter dem Wappen zwei Spatzen, Weibchen und Männchen, l. unter den Schilden kriecht ein Hamster heraus. Unten in roh gezimmertem Holzrahmen die Tafelrunde der Klamm, 18 sitzende Personen. Da das Mädchen l. eben den Punsch hereinbringt, verlässt r. der alte Münz-Krüger mit der Laterne die Klamm. Ein andrer steht l. perorierend [das heißt: Schlussrede haltend, M. G.], schon mit Hut und Stock. Vorn drei Hunde, auf dem Tischtuch ›Demnitz‹. Unterschrift: ›Tages Arbeit Abends Gäste; Saure Wochen, frohe Feste, sey dein künftig Zauberwort.‹«

Anhand der Wappenschilde konnten Teilnehmer an der Stammtischrunde ermittelt werden: Aus der Familie Sohn Heinrich mit Frau Julie geb. Hantzsch sowie die Töchter Elisabeth »Liesel« und Helene mit Schwiegersohn, Fabrikant Theodor Kretzschmar (1817–1900). Dann Richters Freunde: Volksschullehrer und Direktor Julius Butter; Kunsthändler Hermann Amsler mit Ehefrau Louise; Schriftsteller *Dr. Moritz → Heydrich* (1820–1893) mit Frau Emilie (1829–1901); die Maler *Eduard → Leonhardi* mit Frau Apoline »Lina« geb. Schotel (1840–1911) und Ernst Erwin Oehme mit Frau Therese. Weiterhin Emma Auguste Oehme geb. Wiedemann (1806–1865), Witwe des Malers Ernst Ferdinand Oehme; der für Richter arbeitende Holzschneider Friedrich Müller (1837–1871) und Münzgraveur *Reinhard → Krüger*. Außerdem Musikdirektor Carl August Riccius (1830 bis etwa 1893), Schüler von Friedrich Wieck; Kammermusikus Friedrich August Damm; der Dichter Georg Scherer (1823–1909); Großkaufmann Moritz Uhlig, Bekannter der Familie Kretzschmar; Maler und Kunstrezensent Alexander Flamant (geb. 1836); Musikdirektor Otto Kade (geb. 1819), ein Verwandter Reinhard Krügers, sowie der Dresdner Tonkünstler Carl Burchard. Ludwig Richter selbst setzte sich auf dem Blatt an den rechten Rand, Dr. Heydrich platzierte er deklamierend in die Mitte der Tafel. Der Stammtisch wird wohl bis in die letzten Lebensjahre des Meisters bestanden haben, denn er schrieb unter ein bis heute erhaltenes Foto seines Blattes die Widmung: »Dem lieben Freunde und Klammgenossen Moritz Heydrich, Ludwig Richter. 1879«.

Gekürzt nach Matthias Griebel[13]

»Daheim«, 1869, Holzschnitt aus »Gesammeltes«. Das hier dargestellte Motiv wurde von einer Hofecke am Haus des Fotografen August Kotzsch inspiriert, die ihm als »Freilicht-Atelier« diente.

Ludwig Richter vor dem Kotzsch-Haus, um 1880, Fotografie von August Kotzsch. Links Richters Schwiegertochter Julie geb. Hantzsch und sein Sohn Johann Heinrich, rechts die Gesellschafterin des Malers, Frieda Andreä

Matthias Griebel in seinem Beitrag über die »Loschwitz-Klamm«, welcher auch die anhand der Namen und Initialen (in den darin enthaltenen Wappenschilden) ermittelten ständigen oder zeitweiligen Teilnehmer an der Stammtischrunde ausführlich benennt (s. S. 825).

Im Zusammenhang mit seiner Tätigkeit an der Akademie riet Ludwig Richter seinen Schülern, sich während der Sommermonate ebenfalls in Loschwitz einzumieten, damit sie ihrem Lehrer möglichst nahe wären. So wohnten im Jahre 1853 drei seiner Schüler auch in Kotzschens Weinberg, und zwar Johann Friedrich Hoff, Wilhelm Porst (1829–1889, → *K2*) und Albert Zeh (1834 – 1865, → *K1*). Sie bezogen hier dasselbe Stübchen, das ihr Lehrer 1852 und 1857 bewohnte. Durch Hoffs Schriften ist viel über Richter in Loschwitz überliefert worden; anschaulich und mit großer innerer Anteilnahme beschrieb er in seinen Erinnerungsbüchern Ludwig Richter als Lehrer, Familienvater und Freund. In den Jahren 1871 und 1873 kam er wieder nach Loschwitz, um hier unter Mithilfe Richters sein bereits 1877 erschienenes Kata-

Erinnerungen Johann Friedrich Hoffs an Loschwitz und Ludwig Richter:

»Meine Arbeit, die Monographie der Werke Ludwig Richters, war weit gediehen; doch fehlten noch mancherlei Ergänzungen, die zu erlangen ohne den Meister und seine Verleger unmöglich war. Da machte ich mich im Herbst 1871 und 1873 nach Dresden oder richtiger nach Loschwitz auf, wo ich herrliche Tage in der Nähe des Meisters und seiner Familie verbrachte. [...]

Da war ich denn wieder in dem lieben Loschwitz, wo ich in meiner Jugend halb unbewußt einen so glückseligen Sommer verbracht hatte. Da stand am Strande noch das uralte, mit Wein umsponnene Fährhaus, und dahinter schauten die malerischen Hütten hervor. In die Grundstraße trieb es mich: die Stege, die über den Bach, und die Treppchen, die zu demselben hinunterführten, alles war noch unverändert. Blühten auch nicht wie damals im Mai die Syringen, so waren nun im Herbst die rankenden Kürbisse mit ihren goldnen Früchten allenthalben in den reizenden Gärtchen zu sehen. Das unvergleichlich schöne, fast am Eingange zum Ziegengrunde gelegene Bauerngehöfte mit dem alten, weitästigen Apfelbaum, ein gewiß von den meisten Dresdener Landschaftern gezeichnetes Motiv, war noch nicht verschwunden. Richter hat es in seinem ›Dorfgeiger‹ so glücklich verwandt, als wenn es dafür eigens errichtet wäre. [...]

Die obere Bergstraße weitergehend, traf ich noch ein zweites mich immer ansprechendes Gehöfte, dessen niedere, durchaus mit Schindeln bekleidete Gebäude noch ebenso hinter den knorrigen Akazien und Pappeln hervorlugten, wie ehedem: ein wundervoll, auch in der Farbe, malerisches Bild! Und so ging es, oft unter dem Schatten mächtiger Nußbäume, den mir bekannten zweiten Steinweg zwischen Weinbergen hinauf, bis wir endlich an dem Waldrande die stille Kiefernecke, wo Richters Heim lag, erreichten. Welch ein liebevoller Empfang! Bei dem Meister, der, aus dem Hause tretend, in dem Weinlaubengang uns entgegenkam, waren seine Tochter Elisabeth, sein Sohn Heinrich nebst Frau und der alte Hausfreund Professor [Carl Gottlieb] Peschel. [...]

Gegen Abend stellten sich die lieben Kretzschmars, Eltern und Kinder, ein, die wie jedes Jahr bis in den Spätherbst in Loschwitz wohnten. Da fanden mit einemmal die Kunstgespräche ihr Ende. Ein anderes Leben entstand, und Großpapa Richter, der für jedes Enkelchen ein Wort der Begrüßung hatte, war die Herzensgüte selbst gegen die kleine Schar. Da ihm die Stube für soviele Köpfe nun zu enge dünkte und das herrlichste Wetter hinauslockte, schlug er einen allgemeinen Spaziergang vor, auf dem es denn durch Wald- und Feldwege nach dem nahen Rochwitz ging. Natürlich mußte ich mein Flageolett erklingen lassen, wobei alle – und es war eine zahlreiche Gesellschaft – um mich herumstanden und große Freude an den Weisen hatten.

Richter sagt[e] einmal über einen solchen Herbsttag droben auf den Bergen von Loschwitz: ›Die Natur hat ihren Schlafrock angezogen, weil es nun Feierabend geworden ist und sie bald zur Winterruhe sich begeben will. Sie ruht aus von ihren Werken, und es ist, als wenn man ihr die Müdigkeit ansähe, und doch ist ihre Stimmung eine still freundliche, wie nach gut verbrachtem Tagewerke. Ich liebe diese zarte, lieblich melancholische Herbststimmung gar sehr; es wird einem selbst so ruhig, friedlich dabei zu Muthe.‹«[14]

Ludwig Richter zugeschrieben, Felsblöcke am Bach, um 1840, Öl auf Pappe
Heute bewahrt in der Städtischen Galerie Dresden – Kunstsammlung, Museen der Stadt Dresden

O M
Lo

Die »Galerie im Buch«

logverzeichnis der grafischen Werke des Künstlers zu vervollständigen.

Eine Reihe weiterer Schüler Ludwig Richters besuchte ihren Lehrer in Loschwitz, so Gotthelf Emil Ludwig (eigentlich Louis) Friedrich (1827 – 1916), Ernst Erwin Oehme (1831 – 1907) oder Victor Paul Mohn (1842 – 1911), um nur einige der wichtigsten zu nennen. Mohn, der übrigens Richters Enkelin Margarethe Gaber (1853 – 1928) heiratete, war seinem Meister in besonderer Weise zugetan: »Je mehr ich in diesen Mann hineinschaue, desto unübertrefflicher wird er mir, ich verehre ihn, wie ein Sohn seinen Vater nicht mehr verehren und lieben kann.«[15] So nimmt es nicht Wunder, dass er auch sein Biograf wurde – die von ihm verfasste Künstlermonografie über Ludwig Richter erschien erstmalig im Jahre 1896 und erlebte insgesamt sieben Auflagen!

Während der Aufenthalte in Loschwitz pflegte Richter auch engen Kontakt mit seinem Schüler Emil August Eduard Leonhardi (1828 – 1905, → *K1*), der sich 1859 hier niedergelassen hatte und in dessen Besitz sich Richters idyllisches, im Jahre 1841 entstandenes Gemälde »Genoveva in der Waldeinsamkeit« befand. Leonhardi erwarb 1874 die Hentzschelmühle, welche sich in der Nachbarschaft seines väterlichen Betriebes befand und ließ diese als Künstlerquartier sowie für Ausstellungszwecke umbauen. Das in dem seither auch unter der Bezeichnung »Rote Amsel« bekannten Gebäudeensemble 1885 eröffnete »Landschaftsmuseum Eduard Leonhardi« trägt heute den Namen Leonhardi-Museum. Zum 81. Geburtstag Ludwig Richters am 28. September 1884 wurde das auf diesem Grundstück zu Ehren des kurz vorher verstorbenen Künstlers vom Ortsverein Loschwitz errichtete Denkmal eingeweiht; die viel beachtete Weiherede hielt Moritz Heydrich. Das den Gedenkstein zierende Medaillon mit einem Relief von Richters Kopf im Profil wurde von Robert Henze (1827 – 1906, → *K2*) entworfen und bei Pirner & Franz in Dresden in Bronze gegossen. Der Spruch darunter zitiert einen Tagebucheintrag Ludwig Richters:

»Groß denken, im Herzen rein,
halte dich gering und klein,
freue dich in Gott allein.«

Ludwig Richter auf dem Totenbett, 1884, Fotografie von Joh. Lipczynski Repro: Slg. M. Griebel

Nach zweijährigen Umbau- und Erweiterungsmaßnahmen wurde das → *Ortsmuseum Loschwitz* am 17. Juni 1934 mit einem Ludwig-Richter-Gedenkzimmer neu eröffnet. Der überwiegende Teil seiner Bestände, darunter auch die hier aufbewahrten Werke Richters, gelangte nach dem Zweiten Weltkrieg in das Stadtmuseum Dresden. **Winfried Werner**

Zitate:
1 Kalkschmidt, Eugen; Ludwig Richter. Sein Leben und Schaffen; Berlin 1940, S. 26
2 Richter, Ludwig; Lebenserinnerungen eines deutschen Malers; Herausgegeben von Max Lehrs. Berlin 1922, S. 307f.
3 Richter 1922 (wie 2), S. 308
4 Richter 1922 (wie 2), S. 308
5 Neidhardt, Hans Joachim; Ludwig Richter; Dresden 1978, S. 6
6 Kotzsch, Otto; Ludwig Richter in Loschwitz. Zum Gedenken an den 19. Juni 1884; in: Mitteilungen des Landesvereins Sächsischer Heimatschutz 23 (1934), Heft 5 bis 8, S. 125
7 Friedrich, Karl Josef (Hrsg.); Dein treuer Vater. Briefe Ludwig Richters aus vier Jahrzehnten an seinen Sohn Heinrich; Leipzig 1953, S. 183
8 Kotzsch 1934 (wie 6), S. 132
9 Richter, Ludwig; Lebenserinnerungen eines deutschen Malers. Selbstbiographie nebst Tagebuchniederschriften und Briefen. Herausgegeben und ergänzt von Heinrich Richter. Mit einer Einleitung von Ferdinand Avenarius; Leipzig 1909, S. 634
10 Kotzsch 1934 (wie 6), S. 135
11 Hoff, Johann Friedrich; Amt und Muße, Ludwig Richter als Freund; Frankfurt am Main 1903, S. 164
12 Hoff 1903 (wie 11), S. 158 – 160
13 Griebel, Matthias; Die »Loschwitz-Klamm«. Ludwig Richters Stammtisch bei Demnitz; in: EHK (2003), Heft 4, S. 4 – 6
14 Hoff 1903 (wie 11), S. 127 – 131
15 Friedrich, Karl Josef; Ludwig Richter und sein Schülerkreis; Leipzig 1956, S. 124

Quellen: 308, 309, 403, 532, 566, 613, 767, 865, 866

Weitere, im Text nicht genannte Werke Ludwig Richters:

Ölgemälde:
- Tal bei Amalfi mit Ausblick auf den Meerbusen von Salerno (1826)
- Frühlingsmorgen im Lauterbrunner Tal (1827)
- Morgen bei Palestrina (1829)
- Gewitter am Monte Serone bei Olevano im Sabinergebirge (1830)
- Das Tiberufer bei Aqua Acetosa (1834)
- Bergsee im Riesengebirge (1839)
- Böhmische Hirtenlandschaft (1841)
- Abendandacht (1842)
- Im Juni 1 (= Junilandschaft mit dem Regenbogen, 1859)

Holzschnitte (Folgen):
- Beschauliches und Erbauliches. Ein Familienbilderbuch (1851 – 1855)
- Goethe-Album (1853 – 1856)
- Vater Unser (1856)
- Voer de Goern. Kinderreime alt und neu von Klaus Groth (1858)
- Für's Haus (1858 – 1861)
- Der Sonntag (1861)
- Neuer Strauß für's Haus (1864)
- Unser tägliches Brod (1866)

Holzschnitte (Illustrationen):
- Volksbücher. Herausgegeben von G. O. Marbach (1838 – 1842)
- Die Geschichte des deutschen Volkes von Eduard Duller (1840)
- Der Landprediger von Wakefield. Eine Erzählung von Oliver Goldsmith (1841)
- I. K. A. Musaeus Volksmährchen der Deutschen (1842)
- Sächsischer Volkskalender [...]. Herausgegeben von Gustav Nieritz (1842, 1845 – 1847, 1849)
- Reineke der Fuchs (1843)
- Hermann und Dorothea von J. W. v. Goethe (1844)
- Alte und Neue Volkslieder (1846)
- Robinson der Jüngere. Ein Lesebuch für Kinder, von Joachim Heinrich Campe (1847)
- Die Spinnstube, ein Volksbuch [...]. Herausgegeben von W. O. v. Horn (Jahrgänge 1849 – 1860)
- Was bringt die Botenfrau? (1850)
- Deutscher Volkskalender [...]. Herausgegeben von Gustav Nieritz (1850, 1852, 1853, 1855, 1856, 1858)
- H. C. Andersen's Märchen (1851)
- J. P. Hebel's Alemannische Gedichte (1851)
- Ludwig Bechstein's Märchenbuch (1853)

Radierungen:
- Die Sächsische Schweiz in Bildern (1823)
- Malerische Ansichten von Freiberg und dessen Umgebungen (1829)
- VI. Bl. Malerische Ansichten aus den Umgebungen von Salzburg (1830)
- VI. Bl. Malerische Ansichten aus den Umgebungen von Rom (1832)
- Die sächsische Schweiz von Ludwig Richter (1834)
- Genoveva (1848)
- Rübezahl (1848)
- Die Christnacht (1855)

Ludwig Richter und sein Kreis

Zum Kreis um Ludwig Richter in Loschwitz gehörten seine Familie, Freunde und Malerkollegen, ebenso Schüler, Holzschneider, Verleger und Biografen, die Mitglieder seines wöchentlichen Stammtisches »Loschwitz-Klamm« und schließlich die Wirtsleute im Dorf, bei denen sich Richter mit seiner Familie ab 1852 regelmäßig während der Sommermonate aufhielt – teilweise von Mai bis Oktober –, wo er arbeitete, unterrichtete und mit Schülern zeichnete.

Familie

Nur wenige Familienmitglieder der weitverzweigten Richterschen Verwandtschaft sind mit Loschwitz über die Sommeraufenthalte der Familie hinaus in Berührung gekommen; dazu gehören vier seiner Kinder:

Heinrich Richter
Musiker und Verleger (1830 – 1890, → *K2*)
Ludwig Richters einziger Sohn, geboren am 11. März 1830 in Meißen, versuchte verschiedene Wege, zu einem Beruf zu finden: Eine abgebrochene Kaufmanns- und Buchhändlerlehre und ein Musikstudium führten nicht zum gewünschten Ergebnis. Er komponierte, erteilte Klavierunterricht und unterhielt auch die Stammtischrunde der »Loschwitz-Klamm« musikalisch. Aufgrund einer psychosomatischen Erkrankung benötigte er häufige Kuraufenthalte. 1856 fand er gemeinsam mit dem Holzschneider August Gaber im Verlag »Gaber & Richter« seine Lebensaufgabe in der Verbreitung des Werkes Ludwig Richters, die er später allein bis 1883 fortsetzte. Wie sein Vater verbrachte er während seiner Dresdner Zeit die Sommermonate in Loschwitz, heutige Ludwig-Richter-Straße 8, Malerstraße 5, Sierksstraße und Kotzschweg 15. Er heiratete 1859 Agnes Hantzsch (1840 – 1861) und nach deren Tod 1865 ihre jüngere Schwester Julie Hantzsch (1841 – 1908). Um 1881 nahmen Heinrich und seine Ehefrau Julie die dreijährige Martha (1878 – 1952), ein schwäbisches Waisenkind, in die Familie auf. Es muss ein fröhliches Kind gewesen sein, das der Großvater Ludwig Richter sehr mochte. Sie heiratete 1899 einen Fabrikanten Röder aus Saalfeld. Heinrich Richter starb am 12. Juli 1890 in Eckwälden (heute zu Bad Boll gehörend).

Aimée Gaber geb. Richter
Holzschneiderin (1834 – 1863)
Die zweite Tochter Ludwig Richters, geboren am 27. Mai 1834, heiratete 1852 den Holzschneider August Gaber (1823 – 1894), der sie diese Kunst gelehrt hatte. Richter schätzte die Qualität seiner Holzschnitte sehr. August Gaber war von Hugo Bürkner (1818 – 1897) ausgebildet worden, der als Holzschneider und vor allem als Aufzeichner an über 500 von Richters Holzschnitten mitwirkte. Der Familien-Kunstverlag »Gaber & Richter« bestand von 1856 bis 1860 und verlegte als erstes Werk Richters »Vater Unser in Bildern«, später »Für's Haus«, »Der Sonntag« u. a. Aimée Gaber verstarb 29-jährig am 12. Oktober 1863 in Dresden.

Ludwig Richter im Kreise der Familie, 1881, Ambrotypie, vermutlich von A. H. Riedel. Hinter Richter dessen Sohn Heinrich, im Vordergrund wohl die Töchter Helene und Elisabeth; der Knabe ist der Enkel Martin Kretzschmar.
Slg. Matthias Griebel

Helene Kretzschmar geb. Richter (1837 – 1927)
Ludwig Richters dritte Tochter heiratete 1856 den Kaufmann und Dresdner Buntpapierfabrikanten Theodor Kretzschmar (1817 – 1900). Ihr jüngstes Kind Martin (1873 – 1930) wurde nach dem Tod seines Vaters Nachfolger in der Leitung der Buntpapierfabrik.

Elisabeth Richter (1840 – 1917)
Die jüngste Tochter Ludwig Richters, geboren am 1. Oktober 1840, führte nach dem Tod ihrer Mutter Auguste geb. Freudenberg (1804 – 1854) den Haushalt ihres Vaters. Sie blieb unverheiratet und begleitete ihn auch auf seinen zahlreichen Reisen.

Wilhelm Busch *Foto: Slg. M. Griebel*

Wilhelm Busch und Ludwig Richter
Als der noch nicht allbekannte humoristische Zeichner und Dichter Wilhelm Busch (1832 – 1908) in München für die »Fliegenden Blätter« arbeitete, hatte er 1863 bei einem Sommeraufenthalt in der Künstlerkolonie Brannenburg bei Rosenheim in Bayern den durchreisenden *Ludwig → Richter* kennengelernt. Daraus entstand eine Verbindung zu dessen Sohn Heinrich Richter, der in Dresden verlegerisch tätig war. Dieser besorgte daraufhin im Jahre 1864 die Herausgabe der ersten größeren Veröffentlichung von Wilhelm Busch unter dem Titel »Bilderpossen«, welche die Bildgeschichten »Der Eispeter«, »Katze und Maus«, »Krischan mit der Piepe« und »Hänsel und Gretel« beinhaltete. Die Edition wurde ein Misserfolg. Dessen ungeachtet bot Busch den gerade fertiggestellten Zyklus »Max und Moritz« wiederum Heinrich Richter zur Herausgabe an, der aber in Befürchtung eines erneuten Fiaskos ablehnte. So erschien diese brillante Humoreske 1865 in München – und wurde ein Welterfolg.
Zu Ludwig Richter jedoch scheint Wilhelm Busch, der ja auch malerisch tätig war (die Gemäldegalerie Dresden besitzt 19 seiner Ölbilder), den Kontakt weiterhin gepflegt zu haben und besuchte diesen auch in Loschwitz. Ein beredtes Zeugnis dafür findet sich in einem Brief Buschs vom 10. September 1872 an seinen Verleger Otto Bassermann (1839 – 1907) in Heidelberg: »Den alten Richter besuchte ich hoch oben in Loschwitz. Er war äußerlich wenig verändert, doch sagte er mir, daß er seiner Augen wegen rein gar nichts mehr arbeiten könne. Den jungen Richter hätte ich natürlich Spaßes halber auch gerne mal wieder gesehen, traf ihn aber nicht zu Hause...«[1] **Matthias Griebel**

Titelvignette der »Bilderpossen«

Zitat:
1 Busch, Wilhelm; Sämtliche Briefe, Band I; Hannover 1968
Quellen: 32, 178

Freunde

Eine lebenslange Freundschaft verband Ludwig Richter mit den Künstlern Ernst Ferdinand Oehme und Carl Gottlieb Peschel. In Rom lernten sich Oehme, Peschel und Richter um 1825 als Maler kennen und blieben auch danach in Dresden enge Freunde. »Die drei jungen Meister [...] fanden sich in ihrer Vaterstadt mit ihren Bräuten, einer Emma, einer Agnes und einer Auguste, zu einem Doppelkleeblatt zusammen«.[1] Regelmäßige gemeinsame Abendspaziergänge und Reisen wurden unternommen.

Oehme, Ernst

Maler (1797 – 1855, → *K1*)

Ernst Ferdinand Oehme wurde am 23. April 1797 in Dresden, sechs Jahre vor Ludwig Richter und ganz in dessen Nachbarschaft, geboren. Beider Mütter waren befreundet. Nach abgebrochenem Lehrerstudium kam er 1819 an die Dresdner Kunstakademie. Hier begegnete er dem norwegischen Maler Johan Christian Clausen Dahl (1788 – 1847) und dem mit ihm befreundeten Caspar David Friedrich (1774 – 1840, → *K1*). »Der Wirklichkeitsmaler [...] Dahl mag ihn zur Ehrfurcht vor der Natur erzogen haben, der Stimmungsmaler [...] Friedrich impfte ihn erfolgreich mit schwermütiger Romantik.«[1] Im Sommer 1822 ging er nach Italien, wo er zwei Jahre später dem Maler Ludwig Richter, seinem einstigen »Nachbarkind«, begegnete. Von Richter wurde er als »begabter Humorist« und »geborener Schauspieler« beschrieben und als »Komiker, der in lustiger Runde alle zum Jubel fortriß, [und] daheim schwermütige, versehnte Bilder [malte]!«[1] Nach seinem Italienaufenthalt lebte er ab 1825 bis zu seinem Tod in Dresden. Im Mai 1827 heiratete er Emma Augusta Wiedemann (1806 – 1865). Als ein halbes Jahr später die Hochzeit von Ludwig Richter und Auguste Freudenberg folgte, waren die beiden Oehmes die einzigen Gäste. Ihnen wurden vier Kinder geboren, unter ihnen der spätere Richter-Schüler → *Erwin*. Bevor Ernst Oehme 1842 eine Stelle als Zeichenlehrer antrat, unternahm er mit Ludwig Richter noch mehrere Reisen. 1846 erhielt Oehme den Titel »Königlicher Hofmaler«. Im Sommer 1854 wohnte er in der Nähe von Ludwig Richters Loschwitzer Sommerwohnung und musste dort den frühen Tod Augustes miterleben. Ernst Oehme starb im Jahr darauf am 10. April 1855 in Dresden.

Peschel, Carl

Maler und Zeichner (1798 – 1879, → *K1*)

Carl Gottlieb Peschel, geboren am 31. März 1798 in Dresden, kam schon mit 13 Jahren an die Kunstakademie Dresden und war u. a. Schüler

Carl August Vogel von Vogelstein, Porträt Ernst Ferdinand Oehme, 1839, Graphit (Ausschnitt)
SKD, Kupferstich-Kabinett

von Traugott Leberecht Pochmann (1762 – 1830) und Carl Vogel (1788 – 1868, → *K1*), der 1831 mit dem Prädikat »von Vogelstein« in den Adelsstand erhoben wurde. Als Peschel 1825 nach Rom ging, begegnete er Ludwig Richter und schloss sich dort bald den »Nazarenern« um Friedrich Overbeck (1789 – 1869) und Julius Schnorr von Carolsfeld (1794 – 1872) an, »christlichen Romantikern, die sich in deutschem Geiste die vorraffaelischen Maler zum Vorbild nahmen«[1], und widmete sich vor allem dem biblisch-historischen Figurenbild. 1826 kehrte er nach Dresden zurück und wirkte an den Fresken Carl Vogel von Vogelsteins im Schloss Pillnitz und weiteren Wandgemälden in verschiedenen Villen mit. Von Johann Gottlob von Quandt (1787 – 1859) bekam Peschel 1836 den Auftrag, in dessen »Belvedere« auf der »Schönen Höhe« in Dittersbach »einen Saal mit Bildern aus Goethes Romanzen [zu] schmücken«[1]; zwei Jahre später war das Werk vollendet und

Ludwig Richter, Porträt Carl Gottlieb Peschel, 1861, Graphit (Ausschnitt);
LfD Sachsen, Slg. K. E. Scherz

er heiratete Agnes Kretzschmar. Bereits ab 1837 wirkte er als Lehrer und Zeichenmeister und ab 1846 – 31 Jahre lang – als Professor an der Dresdner Kunstakademie. Er war langjähriger Sommergast in Loschwitz, wo er auf der Calberlastraße 8 wohnte, und besuchte noch als 75-jähriger hier seinen Freund Ludwig Richter, mit dessen Familie er auch verwandtschaftlich verbunden war, zu dessen 70. Geburtstag.

Zu Ludwig Richters engsten Freunden zählten weiter der Maler und Schriftsteller *Wilhelm von → Kügelgen* (1802 – 1867, → *K1*) und der Schriftsteller *Moritz → Heydrich* (1820 – 1885, → *K1*).

Schüler

Von 1840 bis 1875 leitete Ludwig Richter an der Königlichen Kunstakademie in Dresden ein eigenes Landschaftsatelier. Bekannt sind insgesamt 39 Meisterschüler. Viele von ihnen folgten ihrem Meister in dessen Sommerwohnort, um dort zeichnerisches Naturstudium zu betreiben. Der für Loschwitz bedeutendste Schüler Richters war *Eduard → Leonhardi* (1828 – 1905, → *K1*).

Hoff, Friedrich

Maler und Schriftsteller (1832 – 1913, → *K1*)

Johann Friedrich Hoff, geboren am 19. Juli 1832 in Frankfurt/Main, war 1853 bis 1854 »freundschaftlich angegliederter freier Zeichenschüler«[2] Ludwig Richters an der Kunstakademie Dresden. Ab Mai 1853 wohnte er mit *Wilhelm → Porst* und *Albert → Zeh* in den Sommermonaten im »Kotzschhaus« (Kotzschweg 22) in Loschwitz. Auf Empfehlung Richters ging Hoff 1854 nach München, um Architekturmalerei zu studieren. Nach zwei Jahren kehrte er in seine Heimatstadt Frankfurt/Main zurück, wirkte dort als Zeichenlehrer und wurde Sammler der grafischen Arbeiten Richters. In den Jahren 1871 und 1873 besuchte er Richter in Loschwitz. 1877 gab er das Verzeichnis des grafischen Werkes von Ludwig Richter heraus (3.334 Nummern). Zu seinen später erschienenen Büchern gehören »Lehrjahre bei Ludwig Richter und in München« sowie »Amt und Muße, Ludwig Richter als Freund« (beide 1903). Friedrich Hoff starb am 11. August 1913 in Frankfurt/Main.

Kleinig, August

Maler und Grafiker (1822 – 1869, → *K1*)

Der Dresdner August Kleinig, geboren am 24. April 1822, war ab 1840 Schüler an der Königlichen Kunstakademie und von 1842 bis 1857 Meisterschüler im Atelier von Ludwig Richter, der ihn wesentlich prägte: »Er malte vor allem Genrelandschaften mit ›Staffage‹ [...] wertvoll, mild und weich und hatte den Richterschen seelenvollen Klang.«[2]. August Kleinig wohnte im Sommer 1853 in Loschwitz und arbeitete wahrscheinlich auch noch im folgenden Jahr in Richters dortigem Atelier in »Sperlings Weinberg« (heute Ludwig-Richter-Straße 8). Wenige Wochen nach seiner Romreise starb er am 31. Dezember 1869 in Dresden.

Mohn, Paul
Maler und Zeichner (1842 – 1911)
Victor Paul Mohn, geboren am 17. November 1842 in Meißen, war wohl der Lieblingsschüler Richters und seinem Meister so eng verbunden wie kein anderer. Ab 1858 Schüler der Dresdner Kunstakademie, von 1861 bis 1866 Meisterschüler in Richters Atelier, leitete er dieses später als Richters Stellvertreter. Er war eng befreundet mit *Albert → Venus* und *Carl Wilhelm → Müller*, mit denen er auf den Spuren Richters 1866 eine Romreise unternahm. Wie eng das Verhältnis zwischen Lehrer und Schülern war, zeigt das Beispiel von Richters 65. Geburtstag, den dieser 1868 »einsam« – nur mit Mohn und Venus – zeichnend in Herrnskretschen verbrachte. Zumindest 1871 war er Gast an Richters Loschwitzer Stammtisch »Loschwitz-Klamm«, wo er auch Friedrich Hoff kennenlernte. 1873 heiratete Paul Mohn Richters Enkelkind Margarethe Gaber (1853 – 1928), Tochter des Holzschneiders August Gaber und der Richter-Tochter Aimée. Wie Richter wandte sich auch Mohn der Buchillustration zu und schuf zu seiner Zeit hochgelobte Märchen- und Kinderbücher, außerdem Wandbilder und Fenster für Kirchen. Nachdem er 1869 Stellvertreter Ludwig Richters an der Landschaftsklasse und 1876 auch im Landschaftsatelier geworden war, erhielt er 1880 von der Dresdner Kunstakademie den Professorentitel. Dennoch verließ er 1883 Dresden und ging nach Berlin, wo er 1895 Lehrer, 1900 Professor und 1905 schließlich Direktor der dortigen Königlichen Kunstschule wurde. 1896 war seine Künstlermonografie »Ludwig Richter« erstmals erschienen. Paul Mohn starb am 18. Februar 1911 in Berlin.

Müller, Carl Wilhelm
Maler und Zeichner (1839 – 1904, → *K2*)
Geboren am 21. Oktober 1839 in Dresden, kam er 1854 an die Königliche Kunstakademie in Dresden und war dort von 1858 bis 1864 Atelierschüler Ludwig Richters. Nach anschließender Italienreise wohnte er ab 1866 in Strehlen (heute zu Dresden gehörend). Auch er malte häufig zwischen Loschwitz und Pillnitz, u. a. 1865 »Frühling in Loschwitz« (Ölgemälde). Er war zu Gast im Sommerhaus Ludwig Richters in Loschwitz. Am 24. April 1904 starb er in Dresden.

Ludwig Richter, Atelier für Holzschneidekunst und Buchdruckerei August Gaber in Dresden, 1863, Holzschnitt

Oehme, Erwin
Maler (1831 – 1907, → *K2*)
Der hoch begabte Sohn von Richters Freund Ernst Oehme wurde am 18. September 1831 in Dresden geboren und studierte bereits ab 1846 bei beiden insgesamt acht Jahre lang an der Königlichen Kunstakademie in Dresden, um schließlich den Erfolg als Landschaftsmaler zu erreichen, der seinem Vater versagt geblieben war. Nach Studienreisen war er ab 1855 in Dresden freischaffend tätig. 1864 berief man ihn zum Ehrenmitglied der Dresdner Kunstakademie. Ab 1877 wohnte er in Blasewitz (heute zu Dresden gehörend). Von 1887 bis 1907 lehrte Erwin Oehme als Professor für Aquarellmalen am Polytechnikum Dresden (heute TU). Vor 1880 war er mehrmals Sommergast in Loschwitz und besuchte dort August Kotzsch (1836 – 1910, → *K1*) und Ludwig Richter. Erwin Oehme starb am 10. Oktober 1907 in Blasewitz.

Porst, Wilhelm (1829 – 1889, → *K2*), Maler
Geboren am 12. Mai 1829 in Schönheide im Erzgebirge, studierte er von 1849 bis 1853 an der Königlichen Kunstakademie in Dresden, zuletzt bei Ludwig Richter. Mit Friedrich Hoff und Albert Zeh wohnte er im Sommer 1853 in Kotzschs Weinberg. 1854 zog er nach München und war als Landschaftsmaler tätig. Nach schwerer Krankheit starb er dort am 27. Juni 1889.

Schneider, Wilhelm
Maler und Zeichner (1821 – 1900, → *K2*)
Er wurde am 4. Februar 1821 in Neukirchen im Erzgebirge geboren und studierte nach dort verbrachter Kindheit und Lehre von 1841 bis 1849 an der Königlichen Kunstakademie in Dresden, ab 1843 im Landschaftsatelier von Ludwig Richter, der ihm 1848 ein Ehrenzeugnis ausstellte. Später seinen Lebensunterhalt als Zeichenlehrer verdienend, war er oft mit Richter, Eduard Leonhardi und Erwin Oehme zum Naturstudium unterwegs. Er wohnte in Dresden-Neustadt und zog 1899 nach Oberloschwitz, heutige Sonnenleite 17, wo er am 5. April 1900 starb.

Venus, Albert
Maler und Zeichner (1842 – 1871, → *K2*)
Geboren am 9. Mai 1842 in Dresden, studierte er 1856 bis 1866 an der Königlichen Kunstakademie in Dresden bei Ludwig Richter. 1860 erhielt er die erste Auszeichnung für sein Ölgemälde »Im Frühling«; 1861 folgten die Kleine und 1864 die Große Silberne Medaille. Er besuchte häufig Ludwig Richter auf dessen Sommersitz in Loschwitz. Ab 1861 unternahm er fast jährlich Studienfahrten mit ihm nach Nordböhmen, denen sich 1866 bis 1867 seine erste Italienreise anschloss. Mit dem Ölgemälde »Aqua Acetosa in der römischen Campagna« erwarb er sich 1868 ein Staatsstipendium für seine zweite Italienreise im Jahr darauf. Ende 1869 kam er wieder nach Dresden zurück und unternahm im folgenden Jahr erneut eine Studienfahrt mit seinem ehemaligen Lehrer nach Nordböhmen. Im Oktober 1870 heiratete er Cäcilie Plaul. Er starb wenige Monate später am 27. Juni 1871 in Dresden.

Zeh, Albert
Maler und Illustrator (1834 – 1865, → *K1*)
Geboren am 11. Juni 1834 in Dresden, begann er sein Studium 1849 an der Kunstakademie in Dresden und war von 1853 bis 1860 in Ludwig Richters Landschaftsatelier. Als Meisterschüler Richters wohnte er gemeinsam mit Friedrich Hoff 1853 als Sommergast in Kotzschs Weinberg in Loschwitz. Zu seinen Werken zählt u. a. das Ölgemälde »Partie aus dem Loschwitzer Ziegengrund«. Später war er vor allem als Buchillustrator tätig. 1862 entwarf er mit Richter und Oscar Pletsch (1830 – 1888) die Bilder zu der Märchen- und Vers-Sammlung »Es war einmal« für Heinrich Richters Verlag.

Holger Friebel

Zitate:
1 *Friedrich, Karl Josef; Liebenswerte Künstlergestalten um Ludwig Richter, Leipzig und Hamburg (1940)*
2 *Friedrich, Karl Josef; Ludwig Richter und sein Schülerkreis, Leipzig 1956*

Quellen: 28, 136, 303, 307, 308, 309, 402, 403, 639, 640, 686, 769, 865, 1073

Ludwig Richters Sommerquartiere in Loschwitz:

1852
Wohnung Veilchenweg 1 und Arbeitsraum Kotzschweg 22

1853
Wohnung Veilchenweg 1 und Arbeitsraum im damaligen → *Sperlings Weinberg* (heute Ludwig-Richter-Straße 4 bis 8) bei Gottlob Reintanz und dem Maler und Fotografen Hans Heinrich Albrecht Niemann

1854 – 1855
Wohnung und Arbeitsraum wieder in Sperlings Weinberg

1856
Wohnung wahrscheinlich nur kurzzeitig in Sperlings Weinberg

1857
Wohnung in Sperlings Weinberg und Arbeitsraum im Weinberg von Johann Gottfried Kotzsch (1800 – 1869), heute Kotzschweg 22, wo er dessen Sohn August (→ *Fotografen*) zu künstlerischer Arbeit anregte.

1858 – 1863
Wegen diverser Reisen und Kuraufenthalte wahrscheinlich nur kurzzeitig in Loschwitz

1864 – 1870
Heutige Hermann-Vogel-Straße 2 bei dem Maler August Reinhardt (1831 – 1915, → *K2*). Sieben Sommer lang wohnte Richter bei dem Malerkollegen, der nicht sein Schüler gewesen war, sondern in Leipzig und Weimar studiert hatte. Nach Aufenthalten in Rom, Neapel und Wien lebte Reinhardt von 1859 bis 1899 im Loschwitzer → *Ortsteil Schöne Aussicht*, hier entstanden viele Werke. 1893 zum Professor ernannt, unterrichtete er bis 1911 das Dresdner Kadettenkorps als Zeichenlehrer und erteilte auch Herzogin Mathilde, Schwester des letzten sächsischen Königs, den ersten Zeichenunterricht. Er schuf auch Illustrationen für die »Gartenlaube« und andere Zeitungen. 1885 ließ er ein Medaillon, eine Kopie des Porträt-Reliefs vom → *Ludwig-Richter-Denkmal* neben dem → *Leonhardi-Museum*, an seinem Haus anbringen.

1865
Im Sommer 1865 wohnte Ludwig Richter die ersten Monate in der heutigen Malerstraße 5 bei Familie Metzner.

1872 – 1883
Malerstraße 4 bei Familie Kneiß.

Veilchenweg 1, um 1930 *Foto: Otto Kotzsch Slg. Matthias Griebel*

Kotzschweg 22, 1868 *Foto: August Kotzsch, Slg. Siegrun Herre*

Ludwig-Richter-Straße 8, um 1885
Foto: August Kotzsch, Slg. Stadtmuseum

Hermann-Vogel-Straße 2, um 1890
Foto: Slg. Matthias Griebel

Malerstraße 4 mit Ludwig Richter, um 1880
Foto: August Kotzsch, SLUB Dresden/Deutsche Fotothek

Ludwig-Richter-Ehrungen

Dem Künstler und langjährigen Loschwitzer Sommergast haben Ortsverein und Gemeindevertretung vielfältige Ehrungen gewidmet:

– Nach einem gemeinsamen Spendenaufruf vom Juni 1884 und vorbereitenden Veranstaltungen – zuletzt am 26. September mit einer »Aufführung lebender Bilder nach Ludwig Richter« – erfolgte am 28. September 1884, dem 81. Geburtstag des am 19. Juni verstorbenen Meisters, die »Feier zur Enthüllung des Ludwig Richter-Denkmals« neben der »Rothen Amsel«. Das Festprogramm enthielt Chorgesänge, vorgetragen vom Männerquartett mit Kantor Friedrich Wilhelm Pohle, Lieder des Loschwitzer Kinderchores und der Kantorei. Die Weiherede hielt der Dichter Moritz Heydrich. Im Beisein von Vertretern des Militärvereins, der Dresdener Kunstgenossenschaft sowie des Akademischen Rates der Königlichen Akademie der bildenden Künste übergab der Vorsitzende des Ortsvereins Friedrich Eduard Schnorr von Carolsfeld das Denkmal der Gemeinde zu Händen des Gemeindevorstandes Moritz August Strauß. Zum Abschluss des Festtages fand im Gasthof Demnitz ein »gemeinschaftliches Essen« statt.
– Im Oktober 1894 erhielt die neu angelegte Straße im Ortsteil Schöne Aussicht den Namen Ludwig-Richter-Straße.
– Am 28. September 1903 fand in Erinnerung an den 100. Geburtstag Ludwig Richters im Gasthof »Zum Weißen Adler« ein literarisch-musikalischer Festakt unter dem Motto »Was verdankt das deutsche Volk seinem Ludwig Richter?« statt. Den Vortrag hielt Ministerialdirektor Geheimer Rat Dr. Franz Carl Roscher. Danach brachten Dresdner Künstler einen neunteiligen Liederzyklus zu Gehör, und es folgten »Lebende Bilder nach Ludwig Richter«, arrangiert von Bildhauer Oskar Rassau mit Texten des Malers Georg Schwenk und dem abschließenden »Brautzug im Frühling«. Den Ausklang der Festveranstaltung bildete eine »Apotheose, gestellt von Herrn August Leonhardi«, welche Meister Ludwig Richter verherrlichte. Zur gleichen Zeit konnte in der Turnhalle der Loschwitzer Schule (spätere Körnerschule) vom 27. bis 29. September eine Ludwig-Richter-Ausstellung mit Zeitzeugnissen zu Leben und Werk des Künstlers besichtigt werden.

Hermann Vogel, Titelblatt des Programms für die Ludwig-Richter-Feier des Ortsvereins Loschwitz anlässlich Richters 100. Geburtstages, 1903 *Slg. Matthias Griebel*

– Am 17. Juni 1934 wurde das Loschwitzer Ortsmuseum in der »Alten Schule«, Pillnitzer Landstraße 8, nach umfänglichen Umbauten und Erweiterung der Sammelbestände der Öffentlichkeit übergeben. Es enthielt nun auch ein »Ludwig-Richter-Zimmer«, mit welchem vor allem an seine Loschwitz-Aufenthalte und die Künstlerkollegen seines Kreises erinnert wurde.
– Im Jahre 2003 widmete der Elbhangfest-Verein gemeinsam mit den ansässigen Ortsvereinen unter dem Motto »Zündet Lichter für Ludwig Richter« dem 200. Geburtstag des Künstlers ein vielgestaltiges Festwochenende. Schon im Festumzug wurden Bilder Ludwig Richters wieder lebendig, nicht zuletzt auch er selbst, dargestellt vom Kunstwissenschaftler Hans Joachim Neidhardt; selbstredend durfte auch ein munterer »Brautzug im Frühling« nicht fehlen. Ein Ludwig-Richter-Straßenfest mit Ausstellungen, Vorträgen und Konzerten fand im Ortsteil Schöne Aussicht statt, wo auch alle Richterwohnstätten mit Erinnerungstafeln geschmückt waren. Das reichhaltige Festprogramm des gesamten Elbhangfestes dominierten bildnerische, literarische und musikalische Veranstaltungen zum Kreis um Ludwig Richter; es hatte einen seiner Höhepunkte im romantischen Lichtermeer eines volkreichen nächtlichen Lampionumzuges von Pillnitz nach Loschwitz. **Matthias Griebel**

Quellen: 894, 907, 1111

Zum Elbhangfest 2003 wurde der Brautzug von Ludwig Richter nachgestellt. Foto: Jürgen Frohse

Richter, Peter; Autor und Publizist (* 1973) → *K2*
Richter, Ursula; Sängerin (1915 – ?) → *K2*
Richter, Wolfram; Architekt, Maler und Modezeichner (* 1957) → *K2*
Riedel, August; Kantor, Lehrer und Komponist (1855 – 1929) → *K2*
Rimkus, Ursula; Kunstwissenschaftlerin (* 1941) → *K2*
Rischbieter, Wilhelm Albert; Musiker und Musikpädagoge (1834 – 1910) → *K2*
Rödig, Johannes; Bildhauer (1887 – ?) → *K2*
Rohde, Volker; Dirigent (1939 – 2000) → *K2*
Rohs, Martha; Opernsängerin (1909 – 1963) → *K1*
Römer, Alwin; Schriftsteller (1861 – 1926) → *K2*
Römmler, Emil; Fotograf (1842 – 1941) → *K1* → *Handw. u. Gew./Fotografen*
Ronnthaler-Hagspihl, Dora; Sängerin (1890 – 1984) → *K2*, → *Villa Ural*

Rösel, Gabriele; Sängerin (* 1971) → *K2*

Rösel, Peter
Pianist (* 1945)

Peter Rösel (→ *K1*) wurde am 2. Februar 1945 in Dresden geboren. Seinen Vater, einen begabten Kapellmeister, konnte er leider nicht kennenlernen, denn er starb als Soldat in den letzten Kriegstagen. Die Mutter, eine gelernte Verkäuferin, studierte später Gesang und war ein langjähriges Mitglied des Dresdner Staatsopernchores. In den fünfziger Jahren übernahm sie dort auch solistische Aufgaben.

Peter Rösels Vorfahren sind gewissermaßen »Urloschwitzer«. Die Großmutter war eine geborene Leiberg und der Urgroßvater besaß eine → *Gärtnerei* in der Krügerstraße. Diese Ahnenreihe lässt sich sogar bis zum schon legendären und bekannten Sängervater *Adolf* → *Leiberg* (1848 – 1928) verfolgen. Kein Wunder also, dass Peter Rösel bei diesen Genen mit vier Jahren am Klavier saß und eher Noten als Buchstaben schreiben konnte.

Von 1959 bis 1963 besuchte Peter Rösel die Kreuzschule, die er mit dem Abitur beendete. Parallel dazu begann er in einer Vorbereitungsklasse mit dem Klavierstudium an der Dresdner Hochschule für Musik. Mit gerade einmal 18 Jahren gewann er den 2. Preis im renommierten Robert-Schumann-Wettbewerb der Stadt Zwickau.

Sein Talent und auch diese Auszeichnung eröffneten ihm den Weg zum fünfjährigen Studium am berühmten Moskauer Tschaikowski-Konservatorium. Die Ausbildung dort bezeichnet Peter Rösel heute noch als den Grundstein seines Könnens. In der Zeit seines Studiums wurde Peter Rösel als erster Deutscher Preisträger des Moskauer Tschaikowski-Wettbewerbes und des Klavierwettbewerbes in Montreal. Damit behauptete sich der erst Einundzwanzigjährige gegen die Pianisten-Elite. Dies sieht er auch selbst als Ausgangspunkt für seine internationale Karriere.

Seitdem spielte Peter Rösel mit nahezu allen namhaften Orchestern und Dirigenten der Welt und begeisterte bei zahlreichen internationalen Festivals das Publikum. Allein mit Kurt Masur (* 1927) und dem Leipziger Gewandhausorchester konzertierte er über zweihundertmal, und mit der Dresdner Staatskapelle arbeitet Peter Rösel seit über 45 Jahren zusammen.

Der Pianist gastierte bisher in über 40 Ländern auf allen fünf Kontinenten. Zahlreiche Einspielungen auf CD liegen von Peter Rösel vor. Sein breit gefächertes künstlerisches Spektrum reicht von den Klavierkonzerten Webers und Schumanns bis zu jenen von Beethoven und Rachmaninow. So sind drei Sammelboxen mit insgesamt 32 CDs bei »edelCLASSICS« erschienen, die mit Werken von Bach bis Weber ein eindrucksvolles Bild vom Schaffen des Pianisten wiedergeben. Im Herbst 2011 beendete Peter Rösel einen sich über vier Jahre erstreckenden Zyklus mit der Aufführung und Einspielung aller 32 Klaviersonaten und der fünf Klavierkonzerte Beethovens in Japan, Deutschland und der Schweiz. Die Live-Mitschnitte wurden auf acht CDs aufgenommen. Gegenwärtig arbeitet der inzwischen 70-jährige Pianist an der Aufnahme der Klavierkonzerte Mozarts mit den Dresdner Kapellsolisten in der Lukaskirche. Diese von »King Records« veröffentlichten CDs sind bisher nur auf dem asiatischen Markt erschienen.

Peter Rösel *Foto: Wolfgang Schmidt*

Peter Rösel ist seit 1993 Professor an der Dresdner Musikhochschule und Ordentliches Mitglied der Sächsischen Akademie der Künste. Für seine Verdienste als Pianist wurde er 2009 mit dem Kunstpreis der Stadt Dresden geehrt.

Typisch für den sympathischen und bescheidenen Künstler sind sein besonders enges Verhältnis zum Publikum und sein hoher Anspruch an jeden Auftritt. Für ihn und sein Können spricht, dass er beispielsweise in der Montrealer Eissporthalle etwa 14.000 Zuhörer ebenso begeisterte wie die ca. 200 Besucher im selbst für Sachsen fast unbekannten Schloss Reichstädt bei Dippoldiswalde.

Peter Rösel lebt mit seiner Frau Heidrun seit 1972 am Elbhang, zunächst in Dresden-Hosterwitz gegenüber dem Carl-Maria-von-Weber-Museum und danach im → *Ortsteil Schöne Aussicht*, seit 1997 in der Malerstraße. Zur Familie gehören noch seine beiden inzwischen erwachsenen Kinder: Sohn Thomas (* 1969), Dr. der Medizin, und Tochter Gabriele (* 1971, → *K2*), eine freischaffende Sängerin, sowie vier Enkelkinder. **Sonja Bernstengel**

Quellen: 106, 639, 724, 1221

Rosenfeld, Max; Maler und Schriftsteller (1874 – ?) → *K2*
Rosenlöcher, Max; Maler (1908 – 1991) → *K1*
Rösler, Waldemar; Maler und Grafiker (1882 –1916) → *K2*
Rucker, Fritz; Musiker (1897 – 1982) → *K1*
Rucker, Helmut; Musiker (1929 – 1999) → *K2*
Rudinoff-Morgenstern, Willibald Wolf; Maler und Radierer (1866 – ?) → *K2*
Rudolph, Hans-Jürgen; Schauspieler (* 1933) → *K2*
Rudolph, Ingeborg; Sängerin (* 1925) → *K2*
Ruhland, Heinz-Dieter; Kostüm- und Bühnenbildner (* 1941) → *K2*
Rumpel, Gustav Adolph; Architekt (1844 – 1904) → *K2*

Rüther, Hubert
Maler und Grafiker (1886 – 1945) und
Rüther-Rabinowicz, Irena
(später auch Zimmermann-Rüther oder Zimmermann-Rabinowicz)
Malerin (1900 – 1979)

Das Künstlerpaar Irena Rüther-Rabinowicz (→ *K1*) und Hubert Rüther (→ *K1*) begegnete sich 1919 an der Dresdner Akademie der Bildenden Künste, wo Hubert Rüther nach seiner Rückkehr aus dem Ersten Weltkrieg gemeinsam mit Peter August Böckstiegel (1889 – 1951, → *K1*), Otto Dix (1891 – 1969, → *K1*) und Bernhard Kretzschmar (1889 – 1972) im Meisteratelier von Professor Otto Gußmann (1869 – 1926) arbeitete.

Irena Rüther-Rabinowicz wurde am 22. September 1900 in Köln geboren. Sie wuchs wohlbehütetet in einer begüterten – ihr Vater war höherer Beamter – jüdischen Familie in Köln und Chemnitz auf. 1916 kam sie nach Dresden und besuchte hier eine Höhere Töchterschule sowie verschiedene private Malschulen und studierte von 1917 bis 1919 an der Dresdner Kunstgewerbeschule. 1919 kam sie, gefördert durch den Maler Fritz Hofmann-Juan (1873 – 1937, → *K1*), mit dem sie lebenslang befreundet blieb und der sie häufig porträtierte, als erste Frau an die Dresdner Kunstakademie zu Otto Gußmann. Im Atelierhaus am Antonsplatz in Dresden arbeiteten zusammen mit ihr die Studenten *Otto → Griebel* (1895 – 1972, → *K1*), Böckstiegel, Dix, Kretzschmar und Hubert Rüther.

Die attraktive, sportliche und hochbegabte Studentin war eine Vorkämpferin für ihre Zeit. Sie diskutierte mit ihren männlichen Mitstudenten, »malte expressionistisch« (Otto Griebel) und war eine begeisterte Reiterin. Der mit ihr befreundete Zirkusdirektor Hans Stosch-Sarrasani sen. (1873 – 1934) gab ihr die Gelegenheit, im weltberühmten Zirkus Sarrasani mit Darbietungen der »Hohen Schule« zu beeindrucken. 1921 heiratete sie ihren Kommilitonen Hubert Rüther. Ihr einziger Sohn Peter entstammt dieser Ehe.

Josef Anton Hubert Rüther wurde am 11. April 1886 in der Dresdner Vorstadt Löbtau als Sohn eines Dekorationsmalermeisters geboren. Trotz des schon in frühen Jahren geäußerten Wunsches, Kunstmaler zu werden, erlernte Rüther nach Abschluss der Bürgerschule vorerst das väterliche Handwerk. Ab 1904 besuchte er die königliche Zeichenschule in Dresden und später für zwei Jahre die Dresdner Kunstgewerbeschule. 1911 wurde er in die Königliche Akademie der bildenden Künste Dresden aufgenommen und studierte bei *Richard → Müller* (1874 – 1954, → *K1*), *Oskar → Zwintscher* (1870 – 1916,→ *K1*) und 1914 als Meisterschüler bei Gotthardt Kuehl (1850 – 1915). Der Erste Weltkrieg beendete das Studium. Hubert Rüther meldete sich freiwillig für den Dienst als Krankenpfleger und erlitt eine schwere Kopfverletzung. Nach dem Krieg arbeitete er wieder künstlerisch. Ab Februar 1919 setzte er seine Ausbildung an der Dresdner Kunstakademie fort und besuchte bis 1921 das Meisteratelier von Otto Gußmann.

Hubert Rüther
Archiv Ortsverein Loschwitz-Wachwitz

Irena Rüther-Rabinowicz, Männerkopf
Archiv Ortsverein Loschwitz-Wachwitz

Auf das Studium und die Eheschließung mit Irena Rabinowicz 1921 folgte eine schaffensreiche Periode. Es entstanden expressive Wandmalereien in Kirchen und Profanbauten, stark farbige Aquarelle, die meisten seiner Holzschnitte, Radierungen und einige Tafelbilder in spätexpressionistischem Stil. Hubert Rüthers Motive sind Stadtansichten, Landschaften und religiöse Themen. Ausgedehnte Studienreisen führten ihn u. a. nach Rom, Florenz, Capri und

Hubert Rüther, Garten in Loschwitz, 1934, Aquarell, Tusche *Städtische Galerie Dresden*

Frankreich. 1932 erhielt er, vermittelt durch den Architekten Robert Witte (1881 – 1946), den bedeutenden Auftrag zur Ausführung einer geschlossenen Folge von Glasgemälden für die spätgotische Kirche von Wittichenau in der Lausitz. Außerdem oblag ihm die künstlerische Leitung über die Ausmalung der zu renovierenden Kirche.

Irena Rüther-Rabinowicz beendete 1922 ihr Studium und arbeitete zwölf Jahre erfolgreich freischaffend in Dresden. Als exzellente Porträtistin, ausgestattet mit der empathischen Gabe, sich in das Wesen und die Eigenart ihrer Modelle einzufühlen, schuf sie Bildnisse bedeutender Künstlerinnen und Künstler, so des berühmten Tenors Richard Tauber (1891 – 1948), der Schauspielerinnen Antonia Dietrich (1900 – 1975, → *K1*) und Lissy Tempelhof (* 1929), des Künstlerkollegen Fritz Hofmann-Juan und des Opernsängers *Theo → Adam* (* 1926, → *K1*). Auch bereiste sie in jener Zeit zahlreiche Länder, so u. a. Belgien, Italien und Spanien. 1933 nutzte Irena Rüther-Rabinowicz eine Einladung eines bekannten amerikanischen Zirkus, um die Ausreise ihres Sohnes Peter in die USA zu arrangieren. Sie selbst emigrierte nicht nach Amerika, sondern kam nach Dresden zu ihrem Mann zurück und entging als Jüdin nur knapp dem Holocaust.

Bereits unmittelbar nach der Machtergreifung der Nationalsozialisten, noch während der Arbeiten für die Fenster in Wittichenau, begannen die Repressalien gegen das Künstlerpaar. Ihre Kunst galt als »entartet«. Im Jahr 1934 wurden beide mit Ausstellungs- und Berufsverbot belegt. 1938 wurde Irena Rüther-Rabinowicz aus rassistischen Gründen vorübergehend verhaftet und musste ab 1943 Zwangsarbeit in einer Kartonagenfabrik verrichten. Gemeinsam mit ihrem Ehemann Hubert Rüther, der sich weigerte, sich von seiner jüdischen Frau zu trennen und die sogenannte »Mischehe« zu beenden, hatte sie unter Hausdurchsuchungen und Bedrohungen durch die Gestapo zu leiden. Trotz dieser Gefahren und des Verbotes »malte Rüther sich von der Seele, was ihn bedrückte«[1]. Der humanistisch erzogene aber unpolitische Künstler malte Werke, die die Bedrohungen und Ängste und die empfundene Ausweglosigkeit künstlerisch widerspiegeln. 1944 wurde auch Rüther zur Zwangsarbeit in einer Metallfabrik verpflichtet, um seine Hände für weitere künstlerische Tätigkeit unbrauchbar zu machen.

Bereits 1935 waren Hubert Rüther und Irena Rüther-Rabinowicz nach Dresden-Loschwitz zu dem engen Künstlerfreund Fritz Hofmann-Juan in dessen Haus Kügelgenstraße 2 gezogen. Sie blieben dort auch nach dessen Tod 1937 wohnen. Das Haus wurde beim Bombenangriff auf Dresden nicht zerstört und bildete so bis zu ihrem Tod die Heimstatt für Irena Rüther-Rabinowiczs künstlerischen Neubeginn 1945.

Fritz Hofmann-Juan, Porträt der Malerin Rüther-Rabinowicz, 1935, Öl auf Leinwand Städtische Kunstsammlung Freital

Hubert Rüther überlebte die NS-Zeit als kranker Mann. Die jahrelangen seelischen Leiden als Auswirkungen der Verfolgungen, Demütigungen, Hausdurchsuchungen und Zwangsarbeit führten im Sommer 1945 zu einem Nervenleiden, in dessen Folge er am 16. September 1945 in Dresden-Loschwitz den Freitod wählte.

Irena Rüther-Rabinowicz war 1945 für den Transport am 16. Februar vorgesehen, mit dem die letzten etwa 100 noch in Dresden verbliebenen Juden nach Theresienstadt verbracht werden sollten. Der Luftangriff auf Dresden am 13. Februar verhinderte die Deportation. Das Gefängnis, in dem sie bereits inhaftiert war, wurde von einer Bombe getroffen. Sie überlebte und konnte fliehen.

Nach dem Tod ihres Ehemannes heiratete die Malerin den Arzt Dr. Wilhelm Zimmermann (1896 – 1958) und nahm ihre künstlerische Tätigkeit wieder auf. Bereits 1946 war sie auf der »Kunstausstellung Sächsischer Künstler« in Dresden mit fünf Werken vertreten. 1951 beschickte sie die Deutsche Kunstausstellung »Künstler schaffen für den Frieden« in Berlin und wurde mit dem Nationalpreis der DDR ausgezeichnet. Nach einem schaffensreichen Leben verstarb Irena Rüther-Rabinowicz am 31. Dezember 1979 in Dresden.

Ihr Grab befindet sich auf dem Loschwitzer → *Friedhof*. In einer Gemeinschaftsgrabstätte fanden neben Irena Rüther-Rabinowicz ihr Mann Hubert Rüther, ihr Künstlerkollege Fritz Hofmann-Juan und seine Frau Liddy Hofmann-Juan, ihre Mutter Sabine Rabinowicz, ihr zweiter Mann Wilhelm Zimmermann und dessen Mutter Therese Zimmermann ihre letzte Ruhestätte. Das Grab war mit einer Kopie der griechischen Statue »Betender Knabe« geschmückt, die 2013 durch Diebstahl verloren ging.

Kristin Gäbler

Zitat:
1 Fischer, Holger; Hubert Rüther 1886 – 1945 (Ausstellungspublikation), Freital 1987
Quellen: 284, 285, 286, 410, 639, 1065

Rüxleben, Vally von; Dichterin und Schriftstellerin (1870 – 1950) → *K2*

S

Sachs, Sybille; Sängerin (* 1975) → *K2*

Sagen

Die Saloppe

Im 19. Jahrhundert wurden im deutschsprachigen Raum nahezu eintausend regionale Sagensammlungen veröffentlicht. Zu ihnen zählte auch der Band »Der Sagenschatz des Königreichs Sachsen« von Johann Georg Theodor Gräße (1814 – 1865), der in seiner 1. Auflage von 1854 noch die »Sage von der breternen Saloppe bei Dresden« enthält. Doch hat sie bereits Adolph von Schaden (1791 – 1840) 1822 in seinem Buch »Kritischer Bocksprung von Dresden nach Prag« aufgezeichnet. Der Inhalt dieser Ortssage mit Namensdeutung ist folgender: Zur Zeit der Herrschaft Heinrich des Erlauchten (1218 – 1288) lebte im Meißnischen der Ritter Fust von Scharffenberg, der sein ererbtes Besitztum vergeudet hatte. Er heiratete ein reiches Mädchen, um mit dem Brautschatz seine Schulden zu begleichen. Es war die Tochter des 1234 aus Bayern in Dresden eingewanderten Brauers Calberla, dessen ausgezeichnetes Bier ihn zum reichen Manne gemacht hatte. Seine einzige Tochter Ursula war hässlich und unsauber, so dass sie als »Schmutzurschel« Spott erntete. Da schon damals die Unsitte herrschte, alles französisch zu benennen, wurde sie »Madame Saloppe« genannt und war in ganz Dresden bekannt. Bei der Hochzeit hatte sie sich zwei Drittel ihres Vermögens gesichert, die sie nach der Scheidung von ihrem Mann für alchimistische Experimente in einer Bretterhütte auf einem Weinberg am rechten Elbufer einsetzte, bis man sie schließlich in ihrem Laboratorium vom Rauch erstickt auffand. Wenn auch seit jener Zeit die Besitzer oft wechselten, so ist doch für das Haus der Name »breterne Saloppe« geblieben.

Saloppe *Slg. Matthias Griebel*

Gräße hält die Sage für eine Erfindung Adolph von Schadens, um die Familie Calberla aus einem persönlichen, nicht mehr zu ermittelnden Grund in Verruf zu bringen. Die Beweise ihrer Unglaubwürdigkeit und ihres modernen Ursprungs sind für Gräße offensichtlich: Die Geschichte kann nicht schon im 13. Jahrhundert geschehen sein, weil die kleine Bretterbude an der Mündung des Schotengrundes in die Elbe erst seit dem 18. Jahrhundert in den Quellen auftaucht. Aus dieser Hütte (slawisch »chalupa«) entwickelte sich im Lauf der Zeit die heutige → *Gaststätte »Saloppe«*.

Am Mordgrund (Ausschnitt)
Städtische Galerie Dresden

Der Mordgrund

Für die Aufzeichnung der Sage verwendete Gräße ein Manuskript aus dem ersten Viertel des 19. Jahrhunderts, das aus einem alten, bei einem Winzer der Loschwitzer Gegend vorgefundenen, fast unleserlichen Geschichtsbuch abgeschrieben sein soll. Ein Baum mit der Inschrift: »Vereint laßt uns sterben, es schließt ein Grab uns ein; wir werden noch verbunden in bessern Welten sein.«[1] kennzeichnete damals den Ort der nachfolgend beschriebenen Mordtat:

Gegen Ende des 13. Jahrhunderts herrschten die Geschlechter von Clohmen und von Birken; sie besaßen nicht nur Ritterburgen in den gebirgigen Gegenden (z. B. die Clohmen das von ihnen benannte Lohmen), sondern auch Häuser in Dresden und Ländereien bei Loschwitz. Beide Geschlechter waren Grenznachbarn. Der alte reiche Hans von Clohmen war Witwer und hatte ein 19-jähriges Töchterlein von wunderbarer Schönheit, Elsbeth genannt. Sein Nachbar Benno von Birken war erst aus fernen Landen zurückgekehrt, wo er sich durch seine Tapferkeit den Beinamen des Kühnen erworben hatte. Kaum hatte er seine schöne Nachbarin gesehen, so liebte er sie auch und hielt bei ihrem Vater um ihre Hand an, die ihm mit der Bedingung gewährt wurde, dass sich das Fräulein zuvor ein Jahr am markgräflichen Hofe aufhalten und ausbilden solle. Natürlich folgte ihr der Bräutigam und fand fast täglich Gelegenheit, mit ihr zusammenzukommen. Inzwischen war der böhmische König Wenzel an dem Besitz der Stadt Dresden und umliegender Gegenden interessiert und versuchte, die Mächtigen und Reichen für sich einzunehmen. Mit diesem Ziel sandte er einen gewissen Grafen Lodomar Kinsky nach Dresden, der durch Verheißung von Gütern und Ehrenstellen den Adel auf seine Seite bringen sollte. Während das bei Hans von Clohmen gelang, blieb der von Birken treu seinem alten Herrn zugetan. Da nun aber der böhmische Graf, der noch unbeweibt war, die Hoffnung hegte, dass er als Schwiegersohn eines der mächtigsten Ritter im Sachsenland desto besser für König Wenzel wirken könne, so bat er um die Hand der schönen Elsbeth von Clohmen und erhielt sie auch sofort zugesagt. Als ihr Bräutigam ihren Vater an sein gegebenes Wort mahnte, so erklärte dieser, er halte sich nicht mehr daran, weil nur ein Freund König Wenzels seine Tochter zum Altare führen solle. In einer stürmischen Nacht trafen sich die Liebenden und Elsbeth erzählte, wie sie trotz ihrer Weigerung vermählt worden sei. Beide versuchten zu fliehen, doch plötzlich stand Graf Lodomar vor ihnen und forderte Elsbeth als sein »Eigentum«. Im Kampf tötete Benno den Böhmen. Das Liebespaar sah nun keine andere Möglichkeit, als sich mit einem Dolch das Leben zu nehmen. Am Ort des Geschehens wurden sie auf Befehl Clohmens, der jetzt seine Härte bereute, beerdigt, der Leichnam Lodomars aber auf seine Güter nach Böhmen geführt, und von dieser Stunde an die Felsenschlucht der → »*Mordgrund*« genannt.

Bis in das 20. Jahrhundert wurde das Stück »Die Ritter zu Loschwitz oder Die Entstehung der Mordgrundbrücke bei Dresden« mit großem Erfolg von Puppenspielern, u. a. im Marionettentheater von Heinrich Apel d. Ä. (1875 – 1920), aufgeführt. Verfasser dieses romantischen Ritterschauspiels war der Dresdner Musikprofessor Carl Engel (1824 – 1913). Doch bei ihm endet die Geschichte mit Hilfe des Kaspers glücklich, Liebe und Gerechtigkeit triumphieren.

Der gespenstische Winzer zu Loschwitz

Gräße erzählt folgende Sage von einem Spuk, der sich im Haus Körnerweg 12 (→ *Ulrich, Pauline*) zugetragen haben soll: »Auf dem früheren Preißler'schen Weinberge am Dresdner Elbfußwege nach Loschwitz ging es in dem jetzt weg-

Carl August Preißler (s. S. 895) *Foto: privat*

gerissenen Gehöfte auch um. Ein alter Mann in der Tracht der Winzer von 1560, so alt war das Haus, kam oft um Mittag von der Seite wie vom Berge herab in den Hof, öffnete die auf denselben gehende Thüre zur Winzerstube, schaute hinein und verschwand dann wieder. Einer dort wohnenden Frau soll er auch in dem noch jetzt stehenden Kellerraum erschienen sein und ob er ihr gleich nichts that, erschrak sie so, daß sie die Rose bekam. Als das alte Haus weggerissen war, hat er sich nicht wieder sehen lassen.«[1]

Die Sagen vom Fischhaus

Aus der Geschichte des Fischhauses (→ *Gaststätten*) sind gerichtlich verhandelte Strafsachen überliefert, die Friedrich Wilhelm Pohle in seiner »Chronik von Loschwitz« als »Sagen« verzeichnet:

Feindliche Kriegsheere verunsicherten während des Dreißigjährigen Krieges die Straßen in der Dresdner Umgebung. Ein Viehhändler hatte eine große Geldsumme bei sich und quartierte sich in einem Wirtshaus ein, wo er unvorsichtigerweise seine Münzen zählte. Das wurde beobachtet. Als er eine ortskundige Begleitung für die Rückreise suchte, fand er einen jungen Mann, dessen Braut den Verdacht schöpfte, sie könnten beraubt werden. Aus Sorge ging sie zu der am Fischhaus vorbeiführenden Landstraße, konnte aber den Raubzug von acht Reitern nicht mehr abwenden. Die am helllichten Tag ausgeführte Tat wurde verfolgt. Einige Täter wurden gefasst, andere konnten mit den Geldbeträgen fliehen, sodass dem Viehhändler großer Schaden entstand.

Fischhaus *Slg. Matthias Griebel*

Aus dem Jahre 1637 ist eine weitere Straftat überliefert. Ein im Fischhaus wohnender Förster hatte in einer Dresdner Weinstube zu viel getrunken und geriet in einen Streit, bei dem seine Frau bedroht wurde. Als er sie schützen wollte, lief ein Stallmeister in seinen gezogenen Hirschfänger und starb an den Folgen der Verletzung. Nach der Gerichtsverhandlung musste der Förster Strafe zahlen und wurde des Landes verwiesen. Ein kurfürstliches Reskript vom 18. September 1637 milderte das Urteil zwar ab, doch der Förster musste das Fischhaus dennoch verlassen.

Ein dritter Vorfall ereignete sich im Jahre 1715. Mehrere Männer brachten einen schwerverletzten jungen Mann ins Fischhaus, als gerade nur eine alte Verwandte in Abwesenheit des Försters das Haus hütete. Der Mann starb und wurde von seinen Begleitern heimlich in einer nahen Schlucht begraben. Vermutlich handelte es sich um den Verlierer eines Duells. Da alles unter dem Siegel der Verschwiegenheit geschah, verliefen nachträgliche Untersuchungen ergebnislos.

Sagenhaft ist schließlich auch die Überlieferung, dass in der Nähe des Fischhauses in den Napoleonischen Kriegen eine mit Gold gefüllte Kasse vergraben worden sei. Doch mehrere Schatzsucher fanden sie nicht.

Die Sage vom Burgberg

Sie schildert die Bekehrung und Erlösung eines Raubritters vom → *Burgberg* nach einer Pilgerfahrt zum Heiligen Grab. Als Zeichen der Vergebung erblüht ein Reis, das er pflanzte. Schließlich erblüht wie durch ein Wunder die ganze Loschwitzer Flur:

»Vom alten Ritterschlosse
blieb auch nicht eine Spur,

Doch viele Hundert Bäumchen
steh'n auf Loschwitzer Flur.

Wer will das Wunder sehen
in seiner ganzen Pracht,

Burgberg *Archiv OVLW*

Der muß nach Loschwitz gehen
nach langer Wintersnacht.

Denn hat die Frühlingssonne
verscheucht den Winter kaum,

Erblüht in zarter Röthe
auch schon der Pfirsichbaum.«[2]

Die Dichtung wurde 1887 in dem Büchlein »Die Fahrt durch das Sagen-Reich der Sächsischen Schweiz« veröffentlicht. In dieser gereimten Sagensammlung findet sich übrigens auch ein Gedicht über die »Saloppe«. Der Verfasser Eduard Dietrich erklärte, man dürfe an seine Dichtungen nicht dieselben Ansprüche stellen wie an die von Grimm und von Gräße veröffentlichten Volkssagen. Alfred Meiche (1870 – 1947) schrieb im Vorwort zu seinem 1929 in zweiter Auflage erschienenen »Sagenbuch der Sächsischen Schweiz und ihrer Randgebiete«, dass er die phantasievollen Sagenfabrikate von Eduard Dietrich nicht aufgenommen habe, weil sie nicht durch ältere, zuverlässige Quellen bestätigt wurden. **Heidrun Wozel**

Zitate:
1 Gräße, Johann Georg Theodor; Der Sagenschatz des Königreichs Sachsen; Dresden 1874[2]
2 Dietrich, Eduard; »Die Fahrt durch das Sagen-Reich der Sächsischen Schweiz«; Dresden 1887
Quellen: 224, 243, 391, 392, 712, 824, 916, 945

Sammann, Detlef; Maler (1857 – 1938) → *K2*
Sanatorien → *Ärzte*
Sanderson, Lillian; Sängerin; (1866 – 1947) → *Richard Müller*
Sandner, Reinhard; Maler und Grafiker (* 1951) → *K1*

Sanierungsgebiet

Häuser an der oberen Friedrich-Wieck-Straße, 1996, die ohne Fördermittel wohl nicht gerettet worden wären *Foto: Jürgen Frohse*

»Vorbereitende Untersuchungen« für ein Sanierungsgebiet Dresden-Loschwitz beschloss der Stadtrat 1991. Der Architekt Rainer Ehlich (*1948, → *K1*) wurde mit den Untersuchungen und dem anschließendem Erneuerungskonzept beauftragt.

Ausgehend von den Ergebnissen legte im Dezember 1992 ein Stadtratsbeschluss das Sanierungsgebiet Dresden-Loschwitz fest. Im März 1993 bestätigte das Regierungspräsidium die Satzung. Seit ihrer Bekanntmachung am 6. Mai 1993 war sie nach § 143 Abs. 2 BauGB rechtsverbindlich. Die Fördermittel kamen aus dem Bund-Länder-Programm »Städtebauliche Erneuerung«.

Als Sanierungsbeauftragte wurden Rainer Ehlich und der Hamburger Architekt Werner Delasauce (bis 1999) ernannt. Der Mitarbeiter im Stadterneuerungsamt Bernfried Peterle (*1953) betreute die Maßnahmen von 1992 bis 2013. Als beratendes Gremium fungierte der Sanierungsarbeitskreis aus Vertretern verschiedener Dresdner Ämter, dem Ortsamtsleiter und Ortsbeiratsmitgliedern.

Die Sanierungsziele wurden in einem Erneuerungskonzept dargestellt, das schrittweise umgesetzt wurde. Als wesentliche öffentliche Gebäude konnten die Alte Feuerwache Loschwitz (→ *Vereine*), das → *Leonhardi-Museum* und das »Bräustübel« (→ *Gaststätten*) saniert werden. Bis auf die Fidelio-F.-Finke-Straße wurden alle Plätze und Straßen einschließlich der Versorgungsmedien erneuert, und ein Parkplatz hinter der Alten Feuerwache konnte errichtet werden. Viele der kleinen Häuser an der Friedrich-Wieck-Straße, an der Grundstraße und am Veilchenweg konnten durch privates Engagement und finanzielle Unterstützung gerettet werden. Nachdem auch die Sanierung der Gründerzeitbauten am Körnerplatz fortgeschritten war, setzte ab 2004/2005 eine Revitalisierung des Ortskerns ein. Ganz unterschiedliche Geschäfte, Galerien und Gaststätten öffneten ihre Türen und machten so das Gebiet für Anwohner wieder attraktiv. Die sanierten → *Bergbahnen*, die wieder aufgebaute Loschwitzer → *Kirche*, das → *Elbhangfest* und der Loschwitzer → *Weihnachtsmarkt* zogen zusätzlich Touristen an. Loschwitz war wieder Stadtteilzentrum, auch wenn der ruhende und fließende Verkehr noch Probleme bereitet.

Karte mit Maßnahmeplan des Sanierungsgebietes S4, Dresden-Loschwitz vom Sanierungsbeauftragten, Dipl.-Ing. Rainer Ehlich *Repro: Archiv OVLW*

Ende 2009 waren die Sanierungsziele zu 70 Prozent erreicht und die Satzung für das Sanierungsgebiet stand vor der Aufhebung. Als Abschluss gab es vom 4. Dezember 2009 bis 24. Januar 2010 eine Ausstellung im Ortsamt Loschwitz. Zur Ausstellung erschien die Broschüre »Loschwitz im Aufbruch – Sanierung des Stadtteilzentrums 1992 bis 2007«, herausgegeben vom Stadtplanungsamt Dresden.

Die Aufhebung zog sich aus formellen Gründen hin, sodass 2013 ein letztes Projekt umgesetzt werden konnte. Der Schlauchturm der Alten Feuerwache wurde als Aussichtspunkt und Ausstellungsraum für den → *Ortsverein* Loschwitz-Wachwitz e. V. ausgebaut. Die Satzung wurde rechtskräftig am 16. Januar 2014 aufgehoben. **Jürgen Frohse**

Quelle: 683

Wichtigste Maßnahmen im Sanierungsgebiet

1993	Sicherung Fachwerkhaus Friedrich-Wieck-Str. 7
1994	Modernisierung/Instandsetzung Fachwerkhaus Grundstraße 6 Abbruch des ruinösen Gebäudes Friedrich-Wieck-Str. 11
1995	Modernisierung/Instandsetzung Fachwerkhaus Friedrich-Wieck-Str. 7 Modernisierung/Instandsetzung Wohnhaus Veilchenweg 8 Denkmalpflegerische Mehraufwendungen beim Neubau Friedrich-Wieck-Str. 11 Umgestaltung und Fahrbahnerneuerung Körnerplatz
1996	Modernisierung/Instandsetzung Wohnhaus Friedrich-Wieck-Str. 9
1997	Modernisierung/Instandsetzung Wohn- und Geschäftshaus Körnerplatz 2 Modernisierung/Instandsetzung Wohn- und Geschäftshaus Körnerplatz 8 1. Bauabschnitt zur Umgestaltung und Instandsetzung der Alten Feuerwache
1998	Modernisierung/Instandsetzung Pillnitzer Landstraße 8 (Alte Schule) Modernisierung/Instandsetzung Wohn- und Geschäftshaus Körnerplatz 4
1999	1. Bauabschnitt zur Umgestaltung Friedrich-Wieck-Str. (Überbauung Trille) Teilinstandsetzung Wohnhaus Friedrich-Wieck-Str. 20
2000	Teilinstandsetzung Wohnhaus Friedrich-Wieck-Str. 3 Teilinstandsetzung Wohnhaus Friedrich-Wieck-Str. 5 Beräumung Fidelio-F.-Finke-Straße 4a (ehemalige Kohlenhandlung) Teilinstandsetzung Wohn- und Geschäftshaus Körnerplatz 13 Teilinstandsetzung Wohnhaus Friedrich-Wieck-Str. 1 Teilinstandsetzung Wohnhaus Veilchenweg 6 Teilinstandsetzung Wohnhaus Veilchenweg 12
2001	Planung und Bau des Parkplatzes Fidelio-F.-Finke-Straße Teilinstandsetzung Wohn- und Geschäftshaus Veilchenweg 2 Teilinstandsetzung Wohnhaus Veilchenweg 1 Teilinstandsetzung Wohnhaus Friedrich-Wieck-Str. 47 Teilinstandsetzung Wohnhaus Dammstraße 14
2002	2. Bauabschnitt zur Umgestaltung Friedrich-Wieck-Str. (oberer Abschnitt) Teilinstandsetzung Wohnhaus Fidelio-F.-Finke-Str. 3 1. Bauabschnitt Umgestaltung und Instandsetzung des Leonhardi-Museums (Dach/Fassade) Instandsetzung und Umgestaltung Alte Feuerwache zu einem kulturellen Zentrum
2003	Abpollerung Elbwiesen 2. Bauabschnitt Umgestaltung und Instandsetzung des Leonhardi-Museums
2004	Teilinstandsetzung Wohnhaus Grundstraße 12 Teilinstandsetzung Wohn- und Geschäftshaus Pillnitzer Landstraße 2 Teilinstandsetzung Wohnhaus Friedrich-Wieck-Str. 37 3. Bauabschnitt Umgestaltung und Instandsetzung des Leonhardi-Museums (Außenanlage) Sicherungsarbeiten am Fachwerkhaus Grundstraße 9
2005	Teilinstandsetzung Wohn- und Geschäftshaus Körnerplatz 11 Teilinstandsetzung Wohnhaus Körnerweg 7 Teilinstandsetzung Nebengebäude Friedrich-Wieck-Str. 6 (Kulturhaus Loschwitz)
2006	3. Bauabschnitt zur Umgestaltung Friedrich-Wieck-Str. (Dorfplatz)
2007	Teilinstandsetzung Altes Fährgut (Friedrich-Wieck-Str. 45) Teilinstandsetzung Dach Wohnhaus Friedrich-Wieck-Str. 43
2008	Teilinstandsetzung Wohn- und Geschäftshaus Körnerplatz 6 Verkehrsberuhigung Friedrich-Wieck-Straße
2009	Teilinstandsetzung Wohnhaus Friedrich-Wieck-Str. 14 Teilinstandsetzung Friedrich-Wieck-Str. 23 Teilinstandsetzung Grundstraße 14
2014	Innenausbau Schlauchturm Alte Feuerwache Loschwitz zu einem Aussichtspunkt sowie Ausstellungsraum für den Ortsverein Loschwitz-Wachwitz e. V.

Das jeweilige Datum bezieht sich auf den Abrechnungszeitpunkt der Maßnahme.

Stadtplanungsamt Dresden

Sattler, Carlo (Carl); Architekt (1877 – 1966) → *K2*

Sattler, Ernst; Maler (1840 – 1923) → *K2* → *Villen und Weinbergshäuser/Veilchenweg 9*

Schaarschuch, Kurt; Fotograf (1905 – 1955) → *K2* → *Handw. u. Gew./ Fotografen*

Schäfer, Elisabeth; Schriftstellerin und Lehrerin (1873 – 1921) → *K2*

Schäfer, Erich Kurt; Maler und Bildhauer (1913 – 1944) → *K2*

Schaefer, Karl-Erich; Maler und Grafiker (1905 – 1982) → *K2*

Schaff, Josef-Georg; Architekt (1908 – 1985) → *K2*

Schattschneider, Alfred; Musiker (1894 – 1953) → *K2*

Scheibe, Kurt; Maler und Grafiker (1891 – 1970) → *K2*

Scheibe, Richard; Maler und Bildhauer (1879 – 1964) → *K2*

Scheibner, Andreas; Sänger (* 1951) → *K1*

Scheidemann, Georg Walter; Komponist (1859 – 1918) → *K2*

Scheinpflug, Paul; Kapellmeister und Komponist (1875 – 1937) → *K1*

Schellenberg, Arno; Sänger (1903 – 1983) → *K1*

Schellert, Max; Grafiker (1883 – ?) → *K2*

Scherke, Friedrich; Architekt (* 1944) → *K2*

Scherke, Oliver; Musiker (* 1968) → *K2*

Scheumann, Richard Alwin; Musikschriftsteller, Komponist und Musikpädagoge (1873 – ?) → *K2*

Schichtmeyer, Heinrich Johannes; Bildhauer (1861 – 1935) → *K2*

Schietzelt, Heinz; Maler und Gebrauchsgrafiker (* 1920) → *K1*

Personendampfer »Leitmeritz« mit den Fähren »ELBE« und »PFEIL«, 1925 *Repro: Archiv OVLW*

Schifffahrt

Personenschifffahrt

Schon von alters her nutzen Menschen den Fluss zur Beförderung von Personen und Frachtgut. Die Schiffstypen waren entsprechend der technischen Entwicklung unterschiedlich. Begonnen hatte es mit einfachen Kähnen und Flößen. Sogar bis nach 1945 übten vereinzelt noch die von der Tschechoslowakei (Tschechien) kommenden Flößer ihr Handwerk aus.

Auf Abbildungen um 1790 sieht man auf der Elbe hauptsächlich Segelschiffe. Bei Windflaute benötigten sie vom Ufer aus die Unterstützung der → *Bomätscher* oder der Zugpferde.

Zu dieser Zeit war das Flussbett noch nicht reguliert. Die Schifffahrt hatte mit den Tücken des Flusses zu kämpfen. Besonders bei Hoch- und Niedrigwasser stellten Stromschnellen, Inseln und Sandbänke (Werder), Furten sowie Felsen eine große Gefahr dar. Aber auch die Schiffsmühlen und → *Fähren*, die zum Teil an Querketten oder Querseilen im Strom lagen, behinderten die Schifffahrt.

In der Mitte des 19. Jh. begannen die Arbeiten zur Flussregulierung mit dem Ziel, neben der Uferbegradigung eine durchgehende Wassertiefe von mindestens 84 cm zu erreichen. Das war auch die Voraussetzung für einen von Maschinen angetriebenen Schiffsverkehr.

Die Dampfmaschine, bereits in der Industrie im Einsatz, beeinflusste ebenso die Entwicklung der Flussschifffahrt. Den ersten Personendampfer in Deutschland, genannt »Königin Maria«, konstruierte Johann Andreas Schubert (1808 – 1870), Direktor der Maschinenbau-Anstalt in Übigau bei Dresden (heute zu Dresden). Schubert war bereits bekannt als Professor an der Technischen Bildungsanstalt in Dresden. 1838 schuf er die erste deutsche Dampflokomotive (Saxonia). Nach der Probefahrt des Dampfers »Königin Maria« am 30. Juli 1837 von Übigau nach Briesnitz nahm er seine planmäßige Fahrt von Dresden bis in die Sächsische Schweiz auf. Dieser Dampfer konnte 300 bis 500 Passagiere befördern. Als dieses Schiff am 6. August 1837 zum ersten Mal Loschwitz passierte, standen die Einwohner am Ufer und grüßten begeistert. Fährmeister Modes notierte in sein Tagebuch:

»Am 6. August Sonntags fuhr zum ersten Mal früh 6.30 Uhr das Dampfboot hier vorbei nach Rathen und kam 13.30 Uhr wieder zurück. In den Weinbergen und an der Fähre wurde es von Kanonenschüssen begrüßt.«[1]

Dieser Raddampfer »Königin Maria« war knapp zehn Jahre im Dienst. Aber bereits 1838 folgte die nächste Probefahrt mit dem zweiten Dampfer »Prinz Albert«. Kontinuierlich vergrößerte sich so in den folgenden Jahren die Raddampferflotte.

Erinnerung an die Wiedereröffnung der Elbschifffahrt, Ansichtskarte, 1904 *Repro: Archiv OVLW*

Blick von Blasewitz auf Loschwitz, um 1930, Ansichtskarte *LfD Sachsen, Slg. K. E. Scherz*

Einen Anleger konnte Loschwitz zu dieser Zeit noch nicht aufweisen. Die Fahrgäste mussten per Kahn zum bzw. vom Schiff befördert werden. Die hiesige Anlegestelle wurde erst am 8. Mai 1851 in Betrieb genommen, womit sich für den Ort eine bequemere Verkehrsanbindung ergab.

Maria von Gutschmid, die im → *Körnerhaus* bei ihrer Tante den Sommer verbrachte, vermerkte in ihrem Mädchentagebuch: »8. Mai 1851: Heute hielt das Dampfschiff zum ersten Mal in Loschwitz. Wir sind alle ganz glücklich, wie bequem wir es künftig haben, wenn wir mit dem Dampfschiff fahren wollen. Der König, die Königin und die Prinzeß Auguste besahen sich auch die getroffenen Anstalten und wir machten unsere tiefsten Knixe ...«[2]

Um 1865 entstand die erste Dampfschiffwartehalle auf dem Gelände des → *Gasthof* Demnitz, die von Ernst Demnitz auch bewirtschaftet wurde. 1871 ließ dann die Sächsisch-Böhmische Dampfschiffahrts-Gesellschaft (SBDG) ein Billetthäuschen aus Stein auf dem erworbenen Gelände Friedrich-Wieck-Straße 30 erbauen und 1881 mit einer Wartehalle erweitern. Bereits im März 1867 war die Umfirmierung der Elbdampfschiffahrts-Gesellschaft in Sächsisch-Böhmische Dampfschiffahrts-Gesellschaft (SBDG) erfolgt.

Ein besonderes Ereignis dürfte 1873 die Loschwitzer beeindruckt haben. Seine Majestät König Johann (1801 – 1873) war nach schwerer Krankheit im Schloss Pillnitz gestorben und sein Leichnam, aufgebahrt auf dem Dampfer »Saxonia«, passierte am 30. Oktober auf der Fahrt nach Dresden auch Loschwitz. Beim Vorbeifahren des mit wenigen Fackeln beleuchteten Schiffes sang der Kirchenchor vom Ufer aus ein letztes Geleit.

Zusätzlich errichtete zwischen 1876 und 1879 ein Dresdner Konkurrenzunternehmen, die »Parrau'sche Schraubendampfer Gesellschaft«, eine Landungsstelle in Loschwitz. Sie bediente die Stationen Dresden – Loschwitz/Blasewitz. Daher ist auf manchen alten Plänen eine zweite Anlegestelle eingezeichnet.

Die Personenschifffahrt stellte eine wichtige Verkehrsverbindung dar. In einer Annonce von 1894 warb das Hotel Demnitz mit einer 62-maligen täglichen Dampfschiffverbindung nach Dresden.

Die Raddampfer beförderten nicht nur Personen, sondern so manches Frachtgut ging mit an Bord. Auch Umzüge, sogar bis Magdeburg, sollen auf diese Art bewerkstelligt worden sein. Auf den Landungsstegen befanden sich spezielle Aufbauten, um das Frachtgut aufbewahren zu können, die sogenannten Gepäckhallen.

Aus der SBDG wurde 1923 eine Aktiengesellschaft gebildet. Die neue Bezeichnung lautete Sächsisch-Böhmische-Dampfschiffahrts-Aktiengesellschaft (SBDA). Waren die Dampfer bis 1928 in einem grün-weißen oder gelb-weißem Farbanstrich gefahren, so versah die SBDA jetzt alle ihre Personenschiffe mit einem weißen Anstrich. Daraus entstand der heute noch gebräuchliche Name »Weiße Flotte«.

Die erhöhten Ansprüche der Fahrgäste erfüllten ab 1926 der mit Oberdeck aufgewertete Salondampfer »Dresden« mit einer Länge von 68,70 m aus der Werft Laubegast und das 1929 fertig gestellte Schwesternschiff »Leipzig« mit einer Länge von 70,10 m.

Maschinenraum auf der »Dresden« mit Dampfmaschinenmaschinist Heiko Anton am 21. September 2011 *Foto: Ute Häse*

Während des Zweiten Weltkrieges erhielten die Personendampfer einen Tarnanstrich; zudem wurde in den Kriegsjahren 1943 bis 1945 die Landungsbrücke in Loschwitz eingezogen. Bedingt durch die Kriegshandlungen musste

Drei Dampfer, die zwischen 1876 und 1896 verkehrten und den Namen »Loschwitz« trugen, sollen etwas näher vorgestellt werden: Der Dampfer »Loschwitz« (I), gebaut als Schwesternschiff der »Blasewitz«, war ursprünglich ein kleiner Seitenraddampfer. Er wurde aber während der Fertigung geändert und zu einem Raddampfer mit einer Länge von 24,80 m umgebaut, speziell entwickelt für den Lokalverkehr von Dresden nach Loschwitz. Der von der Maschinenbau A. G. Prag gebaute Dampfer legte erstmals am 9. Mai 1876 in Loschwitz an. 1887 wurde der Dampfer wegen Überalterung abgewrackt, die Maschine und der Kessel jedoch überlebten in dem Nachfolgebau Loschwitz (II). Der Salondampfer »Loschwitz« (II) mit einer Länge von 37 m, von der SBDG in der eigenen Werft in Blasewitz gefertigt, kam 1888 zum gleichen Einsatz. 1896 wurde er verkauft.

Der Personendampfer »Loschwitz« (III), 1898/99 unter dem Namen »Auguste Victoria« auf der SBDG Werft Laubegast als Seitenraddampfer mit großem Oberdeck gebaut, erhielt nach dem Ersten Weltkrieg 1919 den Namen »Loschwitz«, denn erst nach dem Ende der Monarchie bekamen die Schiffe Ortsnamen. Dieser Salondampfer war bis 1926 mit einer Länge von 61,30 m der größte Personendampfer auf der Oberelbe. Das Schiff verkehrte zwischen Mühlberg und Leitmeritz (Litomerice in Tschechien) und konnte über 1.000 Personen befördern. Den Zweiten Weltkrieg überstand das Schiff mit Tarnanstrich, wurde jedoch 1946 gemeinsam mit anderen Dampfern im Alberthafen beschlagnahmt und als Reparationsgut in die UdSSR nach Leningrad (St. Petersburg) verbracht.

Ute Häse, Johannes Hirsch

auch die Elbeschifffahrt einschneidende Verluste hinnehmen. Von den ehemals 27 Personenschiffen verblieben noch 23 Schiffe für den Schiffsverkehr, von denen fünf Schiffe eine Instandsetzung brauchten und für längere Zeit nicht einsatzfähig waren.

Weiterhin reduzierte sich der Bestand nach den geforderten Reparationsleistungen der Sowjetunion und der Tschechoslowakei. Es verblieb 1946 ein Restbestand von acht Dampfern. Diese Dampfer befanden sich in einem sehr schlechten Zustand. Doch zu Pfingsten 1946 befuhr der Personendampfer der SBDA »Lössnitz«, noch im Tarnanstrich, zum ersten Mal wieder die Elbe. Die erneut eingerichtete Station Loschwitz konnte wieder angesteuert werden.

Nachdem die Laubegaster Werft den Ausbau des 1946 im → *Hafen Loschwitz* abgebrannten Dampfers »Dresden« übernahm, konnte auch dieser Personendampfer ab 1949 wieder fahrplanmäßig eingesetzt werden.

Die Gesellschaft SBDA wurde 1948 verstaatlicht und trug jetzt den Namen »VEB Elbeschiffahrt Sachsen« mit 16 Dampfern im Bestand. Aber gleich nach der Gründung der DDR 1949 bekam die Binnenschifffahrt 1950 den einheitlichen Namen »Deutsche Schiffahrts- und Umschlagsbetriebszentrale« (DSU) mit Sitz in Potsdam. Sie erwarb 1953 am Körnerweg 6b (heute Schillerstraße 21c) die oberhalb gelegene Villa »Alexa« als Schifferheim. Dieses Gebäude diente bis etwa 1972 für das außerhalb von Dresden wohnende Fahrpersonal der Personenschifffahrt als zeitweilige Unterkunft.

Nach 1956 wurden wieder einzelne selbstständige Betriebe gegründet, unter anderen das Unternehmen »VEB Fahrgastschiffahrt Weiße Flotte Dresden«. Im Jahr 1982 besaß das Unternehmen elf Raddampfer, vier große Motorschiffe mit Seitenradantrieb und drei kleine Motorschiffe, die zusammen pro Jahr über zwei Millionen Fahrgäste beförderten.

Vier neue Seitenrad-Motorschiffe, betrieben mit Dieselmotoren, kamen 1963 und 1964 mit

Lastkahn mit Segel auf der Elbe
Foto: Slg. Eberhard Münzner

den Namen Ernst Thälmann, Wilhelm Pieck, Karl Marx und Friedrich Engels zum Einsatz. Von diesen Schiffen – 1990 mit neuen Namen versehen – trennte sich 1997 die 1992 gegründete »Sächsische Dampfschiffahrts GmbH & Co Conti Elbschiffahrts KG«. Ersatz brachten 1994 die neuerbauten modernen Salonschiffe »August der Starke« und »Gräfin Cosel«.

Von 1965 bis 1997 musste Loschwitz wiederum auf einen Anlegesteg verzichten und seitdem gibt es auch keinen hiesigen Stationsvorsteher mehr. Danach unterhielt das Schifffahrtsunternehmen die Station Loschwitz erneut zwischen 1997 bis Ende 2004 für den Linienverkehr. Ab 2005 nutzt die Kabinenschifffahrt den verbliebenen Anleger in Loschwitz für Kurzaufenthalte von Hotelschiffen.

2012 befanden sich im Bestand der Sächsischen Dampfschifffahrts GmbH neun historische Raddampfer. Es ist die größte und älteste Raddampferflotte der Welt. Zu ihr gehört der 1989 als technisches Denkmal ausgezeichnete Dampfer »Diesbar«. Er ist bestückt mit der weltältesten noch in Betrieb befindlichen Raddampfmaschine von 1841. Nur dieser Dampfer wird noch mit Kohle befeuert. Außer den Dampfschiffen gehören zur Flotte die beiden Salonschiffe und zwei kleine Motorschiffe.

Frachtschifffahrt

Im Königreich Sachsen ließ 1833 der Zuckersiederei-Besitzer *Heinrich Wilhelm → Calberla* (1774–1836) in Krippen das erste Dampfboot als Heckraddampfer zum Schleppen von Lastkähnen bauen. Bestückt mit einer englischen Schiffsmaschine erfolgte 1834 oder 1835 die Jungfernfahrt auf der Elbe von Hamburg nach Dresden. Daraufhin wurde am 8. Juli 1836 die Elbdampfschiffahrts-Gesellschaft gegründet.

Als Konkurrenzunternehmen behauptete sich künftig die Kettenschifffahrt, die in Frankreich auf der Seine schon praktiziert wurde, aber eine deutsche Erfindung war. Der Ingenieur Ewald Bellingrath (1838–1903) war Mitinitiator der 1869 gegründeten Kettenschleppschiffahrt Oberelbe, deren Direktor er wurde. 1881 entstand daraus die »Kette, Deutsche Elbschiffahrts-Gesellschaft« mit Sitz in Dresden. Die »Kette« wiederum vereinigte sich 1903 mit der 1883 gegründeten »Dampfschiffahrts-Gesellschaft Vereinigter Elbschiffer« zur »Vereinigten Elbschiffahrts-Gesellschaft A.G.«. Im Besitz dieser Gesellschaft befanden sich 58 Seitenradschlepper, drei Heckradschlepper, 35 Kettendampfer, 30 Schraubenschlepper und 19 Eilfrachtdampfer. Ein Radschleppdampfer brauchte von Magdeburg bis Dresden 120 Stunden, ein Kettenschlepper mit gleichem Anhang jedoch »nur« etwa 70 Stunden.

Die Kettenschifffahrt konnte Frachten sicherer und in einem kalkulierbaren Zeitraum befördern. Windstärken und Stromschnellen beeinträchtigten die Fahrt nicht mehr. Nach den Probefahrten der ersten Kettenschiffe auf der Unterelbe begann 1869 das Verlegen der Kette zwischen Merschwitz bei Riesa nach Loschwitz. Bis 1871 wurde die Kette weiter stromaufwärts bis Schandau, später bis nach Böhmen ausgelegt. Daraufhin begann ab 1. November 1889 der reguläre Betrieb auf der gesamten Strecke von Hamburg bis Melnik.

An einer Kette, die im Flussbett ausgelegt war, zogen sich die Schiffe mittels ihrer an Deck

Kettenschlepper *Repro: Slg. EHK*

Moderner Schubverband, 2014 *Foto: Siegfried Großmann*

befindlichen Dampfmaschine entlang. Der Vorteil gegenüber den Radschleppdampfern bestand darin, dass die Kettenschiffe eine geringere Wassertiefe benötigten, sie konnten hohe Fließgeschwindigkeiten besser meistern, waren schneller und verbrauchten bedeutend weniger Brennstoff. Schon aus Konkurrenzgründen mussten sie wirtschaftlicher als Eisenbahn und Radschleppdampfer arbeiten können.

Die Schiffe befuhren jeweils Teilabschnitte. An Deck arbeiteten sieben bis acht Leute. Die Besatzung bestand aus einem Bootsmeister, er führte das Kommando, weiterhin zwei Steuerleuten, einem Heizer, den Bootsleuten und gelegentlich einem Schmied, der die Kette betreute. Während der Fahrt rasselte die Kette über den Bug aus dem Wasser, lief in Schleifen um die mit Dampf in Rotation versetzte Radtrommel und senkte sich über das Heck wieder ins Wasser. Bei diesem Vorgang entstand ein höllischer Lärm. Die Kettendampfer mit ihren langen Schleppzügen von acht bis zwölf Kähnen konnten wegen niedrigerer Kosten die Frachtdampfer weitestgehend verdrängen. Über Jahrzehnte bewährte sich diese Methode der Schifffahrt. Allerdings stiegen die Wartungskosten der Kette und die Kettendampfer verloren dadurch an Bedeutung. So endete 1926/27 die Kettenschifffahrt auf der sächsischen Oberelbe.

Parallel zur Kettenschifffahrt erfolgte 1909 der Stapellauf des Radschleppers »Württemberg« in Roßlau, gebaut im Auftrag der »Neuen Deutsch-Böhmischen Elbschiffahrt-Aktiengesellschaft«. Dieser Raddampfer konnte bis zu drei Lastkähne (Zillen) ziehen. Das Einsatzgebiet befand sich zwischen Hamburg und Aussig (heute Ústi nad Labem in Tschechien). Der Dampfer »Württemberg« war der letzte Seitenraddampfer auf der Elbe. Im April 1974 startete er unter Flaggenschmuck zur letzten Fahrt von Magdeburg in die ČSSR und zurück. Damit endete die Ära der Seitenradschlepper. Er liegt nun in Magdeburg an Land als technisches Denkmal und beherbergt ein Museum und eine Gaststätte.

Die bis 1970 fahrenden Heckraddampfer waren jedoch wegen ihres Tiefganges nicht die bevorzugten Fahrzeuge auf der Elbe. Besser eigneten sich die ab 1963 eingesetzten Schubverbände. Die ersten Schubschiffe waren noch umgerüstete Motorgüterschiffe und Schraubendampfer. Ab 1966 kamen dann neue sogenannte Schubleichter zum Einsatz. Im Gegensatz zu den Schleppern, die die Kähne an langen Seilen nach sich zogen, schiebt dieser den festverbundenen Leichter vor sich her. Dieser antriebslose Leichter kann mit Stück- und Schüttgut und seit Ende 2010 auch mit Containern beladen werden. Die Schubschiffe sind mit Wohnräumen für den Schiffsführer, dessen Familie und die Besatzung ausgerüstet. Die Frachtschifffahrt wird wegen des schwarzen Anstriches auch als »Schwarze Schifffahrt« bezeichnet. Die Frachtschifffahrt mit Motorgüterschiffen und Schubverbänden wurde 2012 zu etwa 80% von Tschechien betrieben.

Bei der Binnenschifffahrt gibt es kein Kapitänspatent; hier heißen die »Kapitäne« Schiffsführer. Es obliegt aber den Reedereien, einen Schiffsführer ehrenhalber zum Kapitän zu ernennen.

Ausschiffungsplatz

Das Terrain befand sich am Elbufer oberhalb der Einmündung der Trille (→ *Gewässer*). An ihm ankerten die Lastkähne, um die entsprechenden Güter an Land zu bringen. Schon ab 1704 hatte man die Wasserstraße auch für den Transport der aus Pirna kommenden Sandsteine für den Kirchenbau (→ *Kirche*) genutzt. Auf gleiche Weise gelangte 1901 das Baumaterial für die Anlage der → *Schwebebahn* nach Loschwitz. Das → *Fuhrunternehmen* Kunath übernahm die weitere Beförderung auf die Baustellen vor Ort. Ebenso wurde praktischerweise das benötigte Holz für den Unterbau des → *Elbebades* auf dem Fluss zum Ausschiffungsplatz verladen. Von der Zulieferung des Materials per Schiff profitierten manche ansässigen Gewerke, zum Beispiel die ehemalige Damm- oder Nudelmühle (→ *Mühlen*) im Loschwitzgrund. Sie verarbeitete in der Zeit ab 1871 vermutlich etwa sechs Jahre lang angeliefertes Gestein aus Naxos zur Schmirgelherstellung. Auch der → *Kohlenhändler* Kunath, in Nähe des Ausschiffungsplatzes angesiedelt, erhielt zusammen mit den Brüdern Eichler, die ebenfalls mit Kohlen handelten, Braunkohle aus Böhmen. Die Lieferung erfolgte entweder mit einem kleinen Kahn oder einer großen Zille. Das Löschen der Güter musste sehr flott vonstatten gehen, da Zeit auch damals Geld bedeutete. Die ehemalige Landestelle ist noch heute im eingelassenen gemauerten Böschungsbereich deutlich zu erkennen und es ist zu vermuten, dass der Ausschiffungsplatz seit alters her mit einem Steinbelag befestigt war.

Ute Häse

Unliebsame Begegnungen

Die Elbe war für die Loschwitzer ein beliebtes Badegewässer. Besonders die Jungen, darunter auch Matz Griebel, sahen es als besondere Herausforderung, an die bergwärts fahrenden Schiffe heranzuschwimmen, was nicht ungefährlich war. Am besten eignete sich dazu die Lastschifffahrt, die sogenannte schwarze Schifffahrt. An der letzten Zille konnten sich die Jungen wunderbar ans lange Ruder hängen oder sich darauf setzen oder auf das kleine hinterhergezogene Beiboot, das man »Äbbelkahn« nannte, hangeln, um so bequem ein Stück bergwärts mitfahren zu können. Anschließend glitten sie wieder ins Wasser und schwammen mit der Strömung zurück. Das war eine feine Sache. Natürlich gefiel das den Schiffern überhaupt nicht. Sie waren nicht zimperlich, vorwiegend die tschechischen Schiffsbesatzungen. Manchmal kippten sie eine teerartige Masse über die unliebsamen illegalen Passiere, um sie loszuwerden. Da hieß es mächtig auf der Hut zu sein, um noch vorher den Absprung ins Wasser zu schaffen.

Zitate:

1 Tagebuch Fährmeister Modes; zitiert in: Pohle, Friedrich Wilhelm: Chronik von Loschwitz; Dresden 1887

2 Tagebuch Maria von Gutschmid; zitiert in: Hoch, Karl-Ludwig; Mein Loschwitz lob' ich mir; in: EHK 3/2005

Quellen: 326, 529, 781, 824, 873, 894, 898, 966, 1263

Fähranleger und Dampfschiffstation; vorn: Schleppkahn »Georg Grosse Loschwitz« am Ausschiffungsplatz, Ansichtskarte *Repro: Archiv OVLW*

Schiffer

Es ist verständlich, dass eine Reihe Familien in der Elbgemeinde Loschwitz mit einer Tätigkeit bei der Schifffahrt ihren Lebensunterhalt zu sichern versuchte. Das traditionelle → Fährwesen wie auch die täglich den Ort berührende Personenschifffahrt boten sich geradezu an.

Am bekanntesten aus den letzten Jahren ist wahrscheinlich nur noch **Helmut Walter** (1927 – 2009) in Erinnerung geblieben. Drei Generationen der altansässigen Loschwitzer Familie waren bei der Personenschifffahrt tätig: Großvater **Franz Walter** (1850 – 1911), 1920 aus Böhmen kommend, in Sachsen eingebürgert als Kohlearbeiter am Terrassenufer zur damals manuellen Bekohlung der Dampfer. Dessen Sohn **Paul Wilhelm Walter**, (1884 – 1955) war als als Kondukteur auf dem Personendampfer »Karlsbad«. Sein Sohn Helmut Walter begann 1941 seine Lehre auf dem Personendampfer »Pirna«. Nach seiner Entlassung aus der Kriegsgefangenschaft nahm er ab Januar 1946 seinen Dienst bei der SBDG wieder auf und schied als 1. Steuermann 1961 aus. 10 Jahre war er dann im Fährdienst bei den Verkehrsbetrieben Dresden, zumeist bei der Fähre Dresden-Niederpoyritz. 1972 machte er sich mit dem kleinen Motorschlepper »Zukunft« selbstständig und übernahm u. a. für Brückenbauten der Deutschen Reichsbahn auf Elbe und Oder Schleppdienste zu Baustellen. 1984 blieben Aufträge aus und er stellte sein Schiff im Hafen Loschwitz ab. Etwa ab 1995 kam es darauf mit Freunden aus der »Schifffahrtsszene« zum traditionellen wöchentlichen Frühschoppen unter der Bezeichnung »Loschwitzer Schiffergilde« – einem Quell historische Ereignisse zu erörtern und zu bewahren. Nach dem Verkauf seines Bootes 2005 wurde die Tradition im elbenahen »Körnergarten« (→ *Gaststätten*) fortgeführt.

Stationsbeamte und Fährpersonal Loschwitz-Blasewitz: 1. Heizer Große; Fährmeister Spalteholz; Stationsvorstand Kaunitz, Blasewitz; Stationsvorstand Wolf, Loschwitz und Fährmeister Lüttich (v. l. n. r.) *Foto: Slg. Eberhard Münzner*

Kondukteur Carl Höhle, um 1940 *Foto: Slg. Eberhard Münzner*

Auch der Familienname Spalteholz wird im Zusammenhang mit der Schifffahrt genannt. So bediente der »Billeteur« **Ferdinand Spalteholz** in den 1870er und 1880er Jahren die Dampfschiff-Station. Danach werden **Emil Spalteholz** (1849 – 1914) als Bootsmann und später Fährmeister sowie **Carl Lüttich** (1849 – 1917) aufgeführt. **Max Spalteholz** war Kapitän geworden: Er wohnte bis 1939 Grundstraße 16 und verzog dann nach Dresden. 1942 führte er als Kapitän den Dampfer »Loschwitz« und 1944 den Dampfer »Meißen«.

Eine weitere »Schifferdynastie« war Familie Höhle. Der zuletzt in seinem Haus Grundstraße 46 wohnende **Ernst Höhle** (1851 – 1940) wurde um 1900 Kapitän und wird von 1911 bis 1917 als Kapitän des Personendampfers »Kaiser Wilhelm I.« im Namensverzeichnis der SBDG geführt. Sein jüngerer Bruder **Max Höhle** (1855 – 1905), zuletzt wohnhaft Veilchenweg 10, war ebenfalls Kapitän der SBGD. **Carl Höhle** (1884 – ?), ein Sohn von Ernst, war viele Jahre in Loschwitz als »Schiffskondukteur« tätig. Er wohnte bis um 1925 Friedrich-Wieck-Straße 39. Andere aus den Familien Höhle waren als → *Fischer* tätig oder waren Besitzer der → *Badeanstalt* in der Elbe.

Schließlich sei noch der langjährige »Stationsvorsteher« **Hugo Wolf** genannt, der etwa vier Jahrzehnte bis zu seinem Tod im → *Fährgut*, Friedrich-Wieck-Straße 45, lebte.

Otto-R. Wenzel, Johannes Hirsch

Quellen: 39, 314, 898, 1000

Die Schiffergilde mit Helmut Walter, Günther »Hugo« Walther, Johannes Hirsch, Bernd Frenzel, Peter Gommlich, Wolfgang Thiede (gen. 12-Volt-Ingenieur), Jens Lutz und Michael Kreher *Foto: J. Frohse*

Schikora, Uve; Musiker und Komponist (* 1942) → *K2*

Schiller, Erich; Maler und Kunsterzieher (1895 – 1966) → *K1*

Schiller, Friedrich von; Dichter (1769 – 1805) → *Körner, Familie*

Schillerhäuschen → *Körnerhaus*

Schiller-Feiern → *Feste*

Schindler, Helmut; Sänger (1914 – 1993) → *K2*

Schinkel, Carl Friedrich; Architekt, Maler und Kunstschriftsteller (1781 – 1841) → *K2*

Schinko, Barbara; Buch- und Grafikrestauratorin (* 1959) → *K2*

Schintlmeister, Josef

Physiker und Alpinist (1908 – 1971)

Josef Schintlmeister wurde am 16. Juni 1908 in Radstadt in Österreich geboren. Er entstammte einer Lehrerfamilie. Nach der Schulausbildung studierte er ab 1927 Physik an der Universität Wien, promovierte 1932 und habilitierte 1938. Zunächst am Institut für Radiumforschung der Akademie der Wissenschaften und am Physikalischen Institut der Wiener Universität tätig, arbeitete er während des Zweiten Weltkrieges als Privatdozent für Experimentalphysik an der Universität. Auch in das deutsche Kernenergie-Projekt, den so genannten Uranverein, war Schintlmeister eingebunden. Die Bestrebungen galten der Energieerzeugung durch Kernspaltung, die 1938 von Otto Hahn (1879 – 1968) entdeckt worden war. Dadurch motiviert, erforschte Schintlmeister die Transurane, die radioaktiven Elemente, die eine höhere Ordnungszahl als Uran (92) haben und die in der Regel künstlich durch Beschuss des Urans mit Elementarteilchen hergestellt werden. In einer Forschungsarbeit 1940 folgerte er, dass es ein Element mit der Ordnungszahl 94, nämlich das heute bekannte Plutonium, geben müsse. Die an der Atombombe interessierten Kriegsmächte, das Deutsche Reich und nach dessen Zerschlagung die Sowjetunion hielten seine Erkenntnisse geheim. Trotzdem bewirkten seine Veröffentlichungen, dass Schintlmeister bereits vor Ende des Zweiten Weltkrieges den Alliierten bekannt war. Diese schickten bald Suchtrupps in die besetzten Gebiete, um der deutschen Nuklearwissenschaftler habhaft zu werden, unter ihnen Schintlmeister. In einem der Siegerländer sah der Forscher die besseren Entwicklungsmöglichkeiten und so suchte er in der Sowjetunion die Möglichkeit, am atomaren »Gleichgewicht des Schreckens« mitzuwirken. Nach der Übersiedlung war er am Atomprogramm im »Labor 2« in Moskau tätig und gehörte dem Gelehrtenrat im Institut für Kernforschung in Dubna an. Bevor die rekrutierten deutschen Wissenschaftler (→ *Ardenne, Manfred von* → *Fuchs, Klaus* → *Hartmann, Werner*) in den fünfziger Jahren die Heimreise antreten konnten, kamen einige in »Quarantäne«, um die brisanten Erkenntnisse »verjähren« zu lassen und nicht den feindlichen Geheimdiensten unmittelbar zugänglich zu machen. Aus Suchumi kam Josef Schintlmeister 1955 zurück nach Wien. Nachdem er 1955 an der Gründung der Fakultät für Kerntechnik an der Technischen Hochschule Dresden (TH) mitwirkte, übernahm er eine Professur für Nuklearphysik und siedelte nach Dresden über. Ab 1956 war er auch als leitender Wissenschaftler am Zentralinstitut für Kernforschung Rossendorf, dem heutigen Helmholtz-Zentrum Dresden-Rossendorf, tätig, letztendlich als Institutsdirektor. Er nahm Tätigkeiten als Vorsitzender oder Mitglied wissenschaftlicher Gremien wahr, u. a. im Zentralen Arbeitskreis für Kernphysik beim Forschungsrat der DDR und im Nobelpreiskomitee. 1964 erhielt er für seine Verdienste den Nationalpreis der DDR. An der TU Dresden war er Inhaber des Lehrstuhls Kernspektroskopie bis 1971.

Josef Schintlmeister

Foto: Universitätsarchiv der TU Dresden, Fotoarchiv

Josef Schintlmeisters Leben weist aber auch noch eine andere Facette auf. In der Nähe der Berge aufgewachsen, entdeckte er seine Liebe zu Kletterpartien in alpinen Gefilden. Bald erregte der junge Mann mit Erstbegehungen, so an der Dachl-Nordwand, öffentliche Aufmerksamkeit und galt als einer der erfolgreichsten Alpinisten seiner Zeit. Es folgten Touren im Kaukasus – Schintlmeister berichtet von fünf – in den Jahren 1933, 1935, 1963 und wahrscheinlich auch während seines Aufenthaltes in der Sowjetunion. Bemerkenswert waren auch seine Klettertouren in den Felsen des Elbsandsteingebirges.

Schintlmeister fand in seinen sportlichen Aktivitäten einen Ausgleich vom beruflichen Alltag und eine gewisse Rückbesinnung an jugendliche Tage als »Sepp« und jenseits des Herrn Professor. Seine Ehefrau Alexandra, die er während seiner Zeit in der Sowjetunion als Physikerin und Kollegin kennengelernt und geheiratet hatte, teilte seine Bergfreude nicht, duldete sie aber. Josef Schintlmeister wohnte ab 1956 in der Calberlastraße 3. Zur Familie zählten die beiden Söhne Alexander, heute ein anerkannter Entomologe, der das väterliche Anwesen nach wie vor bewohnt, und Josef, der in Österreich lebt.

Nicht allein von seinen Kollegen im Kernforschungszentrum Rossendorf erhielt Josef Schintlmeister große Ehrungen zum 60. Geburtstag, auch seine Bergfreunde begingen mit ihm das Ereignis feierlich und in besonderer Umgebung. Nach einem Aufstieg auf die Barbarine, der knapp 43 m hohen Felsnadel im Elbsandsteingebirge, wurde dann auf dem Gipfel mit Sekt in richtigen Gläsern angestoßen.

Die enorme berufliche Belastung forderte ihren Tribut. Am 14. August 1971 verstarb Josef Schintlmeister 63-jährig in Hinterglemm in Österreich. Seine Urne wurde auf dem → *Friedhof* Dresden-Loschwitz beigesetzt.

Achim Jannasch

Quellen: 726, 802, 805

Schirmer, Johannes; Maler und Grafiker (1882 – 1965) → *K1*
Schleinitz, Max; Maler, Grafiker und Werkkünstler (1880 – 1933) → *K2*
Schlick, Gustav; Maler, Lithograf und Illustrator (1804 – 1869) → *K2*
Schlieben, Albert; Bildhauer (1888 – ?) → *K2*
Schlippenbach, Paul Freiherr von; Maler und Grafiker (1869 – 1933) → *K2*
Schmack, Maximilian; Schauspieler und Regisseur (1886 – 1966) → *K2*
Schmalnauer, Rudolf; Sänger und Gesangspädagoge (1883 – 1939) → *K2*
Schmidt, Andreas; Sänger (* 1960) → *K2*
Schmidt, Fritz-Philipp; Maler und Illustrator (1869 – ?) → *K2*
Schmidt, Heinz; Musiker (* 1929) → *K2*
Schmidt, Jeanne Pascale; Sängerin (* 1971) → *K2*
Schmidt, Rudolf; Kantor, Organist und Lehrer (1904 – ?) → *K2*
Schmidt-Kirstein, Helmut; Maler und Grafiker (1909 – 1985) → *K1*
Schmidt-Kirstein, Ursula; Malerin und Grafikerin (1925 – 1983) → *K2*
Schmiedel, Gottfried; Musikkritiker und Publizist (1920 – 1987) → *K1*
Schmutzler, Mathias; Musiker (* 1960) → *K2*
Schmutzler, Peter; Architekt (* 1932) → *K2*

Schneider, Sascha

Maler, Grafiker und Bildhauer (1870 – 1927)

»Dieser Tage besah ich bei meinem Freund Finckh eine Mappe mit Kartons von Sascha Schneider. Es hat noch nie ein Stück bildender Kunst mich so plötzlich und stark ergriffen.«[1] Diese emphatische Würdigung der Werke von Sascha Schneider (→ *K1*) stammt von keinem Geringeren als Hermann Hesse (1877 – 1962).

Der am 21. September 1870 in St. Petersburg als Kind deutscher Eltern geborene Alexander (Sascha) Schneider kam 1884 mit seiner Familie auf Umwegen nach Dresden. Nach dem Abitur begann er 1889 ein Studium an der Königlichen Kunstakademie u. a. bei den Professoren Heinrich Hofmann (1824 – 1911), Ferdinand Pauwels (1830 – 1904) und Leonard Gey (1838 – 1894). Nach Studienabschluss 1893 bezogen er und *Richard → Müller* (1874 – 1954, → *K1*) ein gemeinsames Atelier. Schon im September des Folgejahres hatte Schneider seine erste Einzelausstellung im renommierten Dresdner Kunstsalon Lichtenberg. Dort wurden auch einige der großen Kartons gezeigt, deren Reproduktionen Hermann Hesse wenige Jahre später in Verzückung geraten ließen. Schneider stand schon frühzeitig im Brennpunkt der sich ab 1895 entwickelnden neuen Kunstbestrebungen. Er war Mitglied des sezessionistischen »Vereins bildender Künstler Dresdens«. Die in jungen Jahren in Russland erlebten starken sozialen Spannungen, aber auch die sich kurz vor der Jahrhundertwende verschärfenden Gegensätze in Deutschland reflektierte der Künstler in zumeist großformatigen Kartons, die ihm alsbald nationales und internationales Renommee bescherten. Erste Aufträge für Wandbilder, so in Florenz und Meißen, waren die Folge. 1900 übersiedelte Schneider in diesem Zusammenhang nach Meißen. Weitere Wandbilder schuf er für das Buchgewerbehaus Leipzig und das Stadttheater Köln. Das 1902 geschaffene und vielbeachtete Monumentalgemälde »Um die Wahrheit« brachte im Folgejahr die erste schicksalhafte Begegnung mit einem bedeutenden Schriftsteller – mit Karl May (1842 – 1912). Der an seinem literarisch hochstehenden Spätwerk arbeitende Schriftsteller fühlte sich in seinem neuen künstlerischen Ansatz durch die Werke des jungen Malers bestärkt und inspiriert. Resultat dieser Verbindung war der Auftrag Mays an Schneider zur Schaffung von Deckelbildillustrationen für die »Gesammelten Werke«, welche ab November 1905 in einer einmaligen Auflage erschienen. 1904 erfolgte Schneiders Berufung an die Weimarer Kunstschule. In der Stadt an der Ilm schuf dieser 1907 zusammen mit Ludwig von Hofmann (1861 – 1945, → *K1*)

Selbstbildnis, 1927, früher im Ortsmuseum Loschwitz *Städtische Galerie Dresden*

Despot, 1894, Öl
Städtische Kunstsammlung Freital

Wandbilder für das Weimarer Hoftheater. Bedingt durch die Erpressung eines »Freundes« war Schneider gezwungen, sein Lehrverhältnis zu kündigen und in Italien Asyl zu suchen. In jene Jahre fiel die gravierende Änderung seiner Ausdrucksmittel hin zu einer an Körperkultur orientierten Kunst. Kurz vor Kriegsbeginn erfolgte die Rückkehr nach Dresden. Schon 1915 entstand eine Serie von Zeichnungen unter dem Titel »Kriegergestalten und Todesgewalten«, die eine frühe kritische Auseinandersetzung mit dem Krieg darstellte und in Buchform große Verbreitung erfuhr. Ein 1917 an Schneider vergebener Auftrag zur Ausmalung des Neubaus der Dresdner Gemäldegalerie wurde nie verwirklicht. Im gleichen Jahr bezog der Künstler ein Atelier in dem 1898 von dem → *Architekten Martin* → *Pietzsch* (1866 – 1961, → *K1*) entworfenen → *Künstlerhaus* in Loschwitz. Ab 1920 änderte Schneider seine Malweise nochmals hin zu einer altmeisterlichen Lasurtechnik, ähnlich der des jungen Otto Dix (1891 – 1969, → *K1*). Es entstanden großartige symbolistische Gemälde, die oftmals Umsetzungen der Kartons aus den neunziger Jahren darstellten. Eine 1922 erkannte Diabetes-Erkrankung brachte zunehmende Einschränkung. Am 18. August 1927 verstarb Schneider auf einer Schiffsreise in Folge eines Diabetes-Anfalls in Swinemünde (Świnoujście/Polen). Das Grab des Künstlers mit einer Porträtplastik des Bildhauers Paul Peterich (1864 – 1937, → *K2*) befindet sich auf dem Loschwitzer → *Friedhof*. Auf der Terrasse von → *Schloss Eckberg* erinnert der von Sascha Schneider geschaffene »Sonnenanbeter« an den großen Künstler. **Rolf Günther**

Zitat:

1 Hesse, Hermann, »Kindheit und Jugend vor Neunzehnhundert« Hermann Hesse in Briefen und Lebenszeugnissen 1895/97, Frankfurt a.M. 1978, S. 220.

Quellen: 516, 639

Schneider-Marfels, Johannes; Musiker (1910 – 1967) → *K2*

Schneider, Reinhold; Dichter und Schriftsteller (1903 – 1958) → *K1*

Schober, Bernd; Musiker (* 1965) → *K2*

Schölzel, Christoph; Restaurator (* 1962) → *K2*

Schölzel, Dieter; Architekt (* 1936) → *K2*

Schöne, Annelies; Grafikerin (* 1918) → *K2*

Schöne, Paul; Musiker (1868 – 1947) → *K2*

Schönemann, Horst; Regisseur (1927 – 2002) → *K2*

Schönherr, Karl; Bildhauer (1925 – 1981) → *K2*

Schollmeyer, Ulrich; Maler, Grafiker und Museumspädagoge (* 1959) → *K2*

Scholz, Richard; Maler, Grafiker und Illustrator (1874 – ?) → *K2*

Schotel, Petrus Johannes; Maler, Radierer und Lithograf (1808 – 1865) → *K2*
Schrader, Charlotte (Lotte); Sängerin (1899 – ?) → *K2*
Schramm, Christian Gottfried; Architekt (1857 – 1922) → *K2*
Schreiber, Martin; Restaurator (* 1960) → *K2*

Schreier, Peter

Sänger und Dirigent (* 1935)

Peter Schreier (→ *K1*) wurde am 29. Juli 1935 in Meißen geboren. Seine Kindheit verlebte er in Gauernitz, einem Dorf südlich von Meißen, das seit 1999 zur Gemeinde Klipphausen gehört. Dort war sein Vater Kantor und Lehrer. Im Alter von acht Jahren begann seine Ausbildung im Dresdner Kreuzchor. Dem damaligen Kreuzkantor *Rudolf → Mauersberger* (1889 – 1971, → *K1*) blieb seine Begabung nicht verborgen. Er förderte den Jungen mit der Altstimme durch eigens dafür geschaffene Melodien. Als Vierzehnjähriger sang er 1949 die Altpartie in Johann Sebastian Bachs »Johannes-Passion« und ein Jahr später den Alt in dessen »h-Moll-Messe«. Dann kam der Stimmbruch und es entwickelte sich eine beachtliche Stimme als Tenor.

Nach dem 1954 abgelegten Abitur ging Peter Schreier zunächst nach Leipzig, wo er kurzzeitig im dortigen Rundfunkchor sang und Fritz Polster (1891 – 1971) sein erster Gesangslehrer wurde. Im folgenden Jahr interpretierte Schreier erstmals den Evangelisten in Bachs »Johannes-Passion« und 1956 die gleiche Partie in Bremen und Dresden in der »Matthäus-Passion«, die erst einmal ein Reinfall wurde. Infolge dessen studierte Schreier von 1956 bis 1959 intensiv an der Hochschule für Musik in Dresden. Er ließ sich in Gesang bei Herbert Winkler (1898 – 1980, → *K2*) ausbilden und lernte Dirigieren bei Ernst Hintze (1893 – 1965, → *K2*) sowie Chorleitung bei Martin Flämig (1913 – 1998). 1959 gab Peter Schreier in Dresden sein Bühnendebüt als »Erster Gefangener« in Beethovens »Fidelio«. 1961 wurde er Mitglied der Staatsoper Dresden. Es folgten Partien wie die des »Belmonte« in Mozarts »Die Entführung aus dem Serail« oder als »Tamino« in »Die Zauberflöte«. Sein Mentor in dieser Zeit war der Sänger Johannes Kemter (1918 – 1998).

Ab 1963 war Peter Schreier unter Vertrag bei der »Staatsoper Unter den Linden« in Berlin, weil das Opernhaus infolge von unterbesetzten Stellen nach der Teilung Deutschlands händeringend nach begabten Interpreten suchte. Außerdem gastierte er erstmalig im Ausland. Im gleichen Jahr erfolgte seine Ernennung zum Kammersänger. 1966 erhielt er einen Gastvertrag an der Wiener Staatsoper. Auf den Bayreuther Festspielen 1966 sang er den »jungen Seemann« in Wagners »Tristan und Isolde«. Die Salzburger Festspiele banden den Tenor ab 1967 sage und schreibe 25 Jahre in einem Engagement. 1969 folgte auch ein erster Liederabend innerhalb der Festspiele. Schreier trat auf allen namhaften Opernbühnen der Welt auf, – in der Mailänder Scala, dem »Teatro Cólon« Buenos Aires, der »Metropolitan Opera« New York u. a.

Kammersänger Prof. Peter Schreier mit Ehefrau Renate in Loschwitz Foto: Ulrich Häßler

Erwähnenswert ist die Liebe des Künstlers zum deutschen Lied, die er als Interpret von Franz Schubert (1797 – 1828) und Robert Schumann (1810 – 1856) eindrucksvoll bewies. Wenngleich er sich als hervorragender Mozart-Tenor einen Namen gemacht hat, reicht sein Repertoire weit darüber hinaus, von der klassisch-romantischen Kantate über das Oratorium bis hin zur deutschen Liedkunst. Peter Schreiers Album mit Weihnachtsliedern gilt als einer der meistverkauften Tonträger der DDR. Seit 1981 ist er Honorarprofessor für Gesang und leitet bis heute internationale Meisterklassen.

Ab 1970 betätigte sich Peter Schreier auch als Dirigent, leitete die Bach-Passionen und sang im Weihnachtsoratorium die Partie des Evangelisten. Er arbeitete u. a. mit der Dresdner Staatskapelle, den Berliner Philharmonikern, den Hamburger Symphonikern, den Wiener Symphonikern, dem Mozarteum-Orchester Salzburg, dem Gürzenich-Orchester Köln und dem Los Angeles Philharmonic Orchestra zusammen. Die Liste läßt sich fortsetzen mit dem Chicago Symphony Orchestra, dem Cleveland Orchestra und dem San Francisco Symphony Orchestra. Selbst 2011 gab es unter seiner Leitung noch eine Messias-Aufführung mit den New Yorker Philharmonikern und eine Matthäus-Passion in Sao Paulo.

Peter Schreier als Ferrando in Mozarts Oper »Così fan tutte« Foto: Archiv OVLW

In den Jahren von 1984 bis 1990 war er Präsident des »Kuratoriums Schauspielhaus Berlin«, zu dem auch *Theo → Adam* (* 1926, → *K1*) gehörte. 1986 wurde er Ehrenmitglied der »Gesellschaft der Musikfreunde in Wien« und ist seit 1989 Akademiemitglied in München und Berlin wie auch der Königlich-Schwedischen Kunstakademie. Seit 1995 ist der Kammersänger Mitglied und seit 1998 Ehrenvorsitzender des Kunst- und Kulturvereins »Robert Schumann« Kreischa e.V. Die sogenannte »Schumanniade«, die Schreier anregte und die seit 1999 aller zwei Jahre stattfindet, erhält durch sein Engagement internationale Beachtung.

Im Juni 2000 beendete Peter Schreier als Tamino in der Zauberflöte seine aktive Gesangskarriere in der Oper und trat nur noch sporadisch auf. Beispielsweise sang er zu Weihnachten 2005 in Prag nochmals den Evangelisten in Bachs Weihnachtsoratorium. Weitere berufliche »Rückfälle« blieben weitgehend aus. »Ich habe nur ein bisschen gesündigt«, so der Künstler. Für eine Wiegenlieder-Edition des Carus-Verlages Stuttgart sang er »Weißt Du, wieviel Sternlein stehen«.

Die Vielzahl der Preise und Auszeichnungen, die Schreier erhielt, ist bemerkenswert. Er ist u. a. Träger des Nationalpreises der DDR, 1. Klasse (1972 und 1986), des Léonie-Sonning-Musikpreises, Kopenhagen (1988), des Ernst von Siemens Musikpreises (1988), des Großen Sterns der Völkerfreundschaft (1989), des Preises der Europäischen Kirchenmusik (2000) und des Bundesverdienstkreuzes (1993). Dreimal wurde ihm der Titel Kammersänger verliehen: in der DDR, in Bayern und in Österreich. In Meißen ist er Ehrenbürger.

Peter Schreier zog mit seiner Familie 1971 in sein neu erbautes Haus in der Calberlastraße 13 in Dresden-Loschwitz. Er ist seit 1959 verheiratet mit Renate geb. Kupsch (* 1935). Sie haben zwei Söhne: Torsten (* 1958), der später Ton- und Aufnahmemeister wurde, und Ralph (* 1961), der zunächst wie sein Vater an der Musikhochschule Dresden Gesang studierte, heute in der Hotellerie tätig ist und eine erfolgreiche Pension betreibt. **Achim Jannasch**

Quellen: 105, 501, 639, 724, 933, 953, 954

Schreiter, Friedrich Ewald; Musiker (1863 – 1935) → *K2*
Schreiter, Robert Julius; Musiker (1850 – 1911) → *K2*
Schreitmüller, August; Bildhauer (1871 – 1958) → *K1*
Schreyer, Reinhold; Architekt (1861 – ?) → *K2* → *Villen/Artushof*
Schrickel, Leonhard; Schriftsteller (1876 – 1931) → *K2*
Schröder, Rudolf; Schauspieler und Schauspieldirektor (1885 – 1960) → *K2*
Schubert, Günter; Kantor und Organist (* 1943) → *K1* → *Kirchenmusik/Kantoren*
Schubert, Karl; Musiker und Musikwissenschaftler (1906 – 2006) → *K2*, S. 420
Schubert, Otto; Maler und Grafiker (1892 – 1970) → *K1*

Schulen

Alte Pfarre mit Bachpforte, 1865 *Foto: August Kotzsch, Slg. Matthias Griebel*

Das erste Schulgebäude »Alte Pfarre«
Als erstes Schulgebäude diente das Haus, welches »ohnlängst E. E. Hochwl. Rath der Stadt Dreßden als Patronus erbauet, und zugleich ein Gärthgen [...] angeschaffet«[1]. Es wurde 1650 erbaut und bis 1709 als Dorfschule genutzt. Es stand links am Dorfbach in Verlängerung des heutigen Körnerplatzes am Eingang zur Pillnitzer Landstraße, damals unmittelbar an der Brücke über den heute kanalisierten Bach.

Das Schulwesen in Loschwitz beginnt mit der Besonderheit, dass hier bereits ein »Kirchschullehrer« unterrichtete, obwohl es in Loschwitz noch gar keine Kirche gab. Vermutlich ist diese Kirchschullehrerstelle vom Patronatsherren der Frauenkirche, dem Rat der Stadt Dresden, eingerichtet worden und im Zusammenhang mit dem 1668 gestellten ersten Antrag auf Auspfarrung aus der Frauenkirche zu sehen. Im Dresdner Ratsarchiv wird für Loschwitz erstmalig ein Kirchschullehrer Johann Irmisch erwähnt, der im Januar 1668 »im Elbstrom hat sein Leben aufgeben müssen«[2]. Irmisch hatte eine Witwe mit vier kleinen Kindern hinterlassen, die im Schulhaus wohnten. Um die freigewordene Stelle hatten sich bis März 1668 14 Personen beworben. »In sein Amt eingewiesen« wurde im Juni 1668 Michael Lange, der im Jahre 1700 starb.

Langes Nachfolger – aus 12 Bewerbern, von denen drei als Probekandidaten ausgewählt waren – war Johann Gottfried Klingner, der Theologie studiert hatte. In seine Zeit fällt 1704 die Gründung der selbstständigen → *Kirchgemeinde Loschwitz* und der Bau der → *Kirche*. Nach einer 1702 erfolgten weiteren Petition der Loschwitzer zur Auspfarrung aus der Frauenkirche durfte der Schulmeister ab Dezember im Schulgebäude sonntäglich eine Predigt lesen. Diese Aufgabe übernahm 1704 der erste Loschwitzer Pfarrer, Magister Arnold, der hier im Schulgebäude seine Wohnung bekam. Zu den Aufgaben des Schulmeisters gehörten nicht nur die »Information und Obsicht über die Jugend«[1], sondern auch die Verwaltung der Gottesdienste, das Singen und Läuten bei Gottesdiensten. Zunächst war es nur das »Glöcklein auf dem Schulhaus«, das auch 1705 zur Grundsteinlegung der Kirche geläutet wurde, später waren es die Glocken der Kirche. Die »Information« der Kinder bestand vor allem in der Unterweisung des Katechismus und dem Erzählen biblischer Geschichten. Dafür mussten die Eltern für jedes Kind pro Woche sechs Pfennig zahlen. Sollte das Kind auch schreiben lernen, so waren neun Pfennig und zuzüglich Rechnen und etwas Latein 12 Pfennig zu entrichten.

Auch nach dem 1709 erfolgten Kauf des Grundstücks Pillnitzer Landstraße 8, auf dem dann das zweite Schulgebäude entstand, war Klingner noch bis 1714 als Schulmeister bzw. Kirchschullehrer tätig. Wegen starken Alkoholgenusses, wahrscheinlich auch im Unterricht, musste Klingner sogar während seiner Tätigkeit in den Arrest und ins Gefängnis.

Nach dem Umzug der Schule blieb die »Alte Pfarre« noch bis zum Bau des neuen Pfarrhauses im Jahr 1836 die Wohnung des jeweiligen Pfarrers. 1837 verkaufte es die Kirchgemeinde an Johann Samuel Feller. Letzter Besitzer war der Maurer Julius Eduard Unger, bevor das Haus 1892 dem Straßenbau weichen musste und abgerissen wurde. **Helmut Dorschner**

Zitate:
1 Archiv der Ev.-Luth. Kirchgemeinde Dresden-Loschwitz; I, Loc.III, Nr. 1 u. 2.
2 Stadtarchiv Dresden; Bestellung der Glöckner u. Schulmeister auch Organisten. Von 1618 bis 1707, Sign. 2.1.4., Nr. D XV
Quellen: 39, 66, 522, 824, 884, 1000, 1012, 1104

Kirchschullehrer und Schuldirektor in der »Alten Pfarre« und der »Alten Schule« bis 1887:

Kirchschullehrer:

1660? – 1668	Johann Irmisch
1668 – 1700	Michael Lange
1700 – 1714	Johann Gottfried Klingner
1714 – 1727	David Höhle
1727 – 1760	Christian Gottfried Müller
1756/1760 – 1793	Johann Gottlieb Rosenkranz (vor 1760 zur Unterstützung)
1793 – 1803	Johann Christian Stelzer
1803 – 1829	Johann Gottfried Hofmann
1829 – 1866	Carl Gottlob Wegerich
1866 – 1887	Friedrich Wilhelm Pohle (danach → *Körnerschule*)

Schuldirektor:

1876 – 1887	Alwin Zimmer (danach → *Körnerschule*)

August Reinhardt, »Alte Pfarre«, 1899, Slg. Kirchgemeinde Loschwitz
Heute bewahrt in der Städtischen Galerie Dresden – Kunstsammlung, Museen der Stadt Dresden

O M
Lo

Die »Galerie im Buch«

Das zweite Schulgebäude:
»Alte Schule« Pillnitzer Landstraße 8

Zur Verbesserung der Raumsituation kaufte die Loschwitzer Kirchgemeinde am 30. November 1709 »ein zwischen Johann Angermann und Johann Kotte inne gelegenes Haus und Hof nebst Garten«[1] von Andreas Gerhardt für 300 Gulden. Als Käufer für das »Kirchlehen« traten hier die drei Kirchväter George Körbitz, Paul Frost und Hanns Bähr auf. Es handelte sich um das auch heute noch als »Alte Schule« bezeichnete Gebäude auf dem Grundstück Pillnitzer Landstraße 8.

Auf Johann Gottfried Klingner, der den Umzug ins neue Schulgebäude erlebte, folgte 1714 als neuer »Schulmeister und Organist« David Höhle. Einer seiner Nachfolger, Christian Gottfried Müller, wurde 1760 im Schulhaus erschossen (→ *Kriegsereignisse*). 1793 waren durch den Kirchschullehrer, der zugleich auch immer Organist war, 221 Kinder zu unterrichten. Dafür stand nur ein einziger Raum zur Verfügung.

In einem Bitt-Schreiben vom 27. August 1806 teilte der Verwalter des Maternihospitals (→ *S. 45*), Christian Gottfried Heyme, mit: »die hiesige Schule, in welche zugleich die Gemeinden zu Wachwitz, zum Weißen Hirsch und die gesamte Winzer-Gemeinde [...] verfassungsmäßig gewiesen, ist nur mit einem einzigen Lehrer, dem Schulmeister Hofmann eigentlich besetzt, und das Schul-Gebäude enthält nur eine einzige Schulstube, dargegen aber ist [...] die Anzahl derer [...] schulfähigen Kinder auf die große Summe von 232 angewachsen« und dass er [der Schulmeister] »schon seit geraumer Zeit einen Mitarbeiter auf seine eigenen Kosten angenommen und unterhalten hat«[2]. Dieses Schreiben wurde als Aufforderung für eine Spende zum Anbau einer zweiten Schulstube genommen. 243 Taler ergab die Sammlung, bei der der kinderlose Graf von → *Findlater* allein 100 Taler spendete. Eine zweite Schulstube konnte angebaut werden, »sodass fortan in zwei Gruppen unterrichtet werden konnte: Vormittags und nachmittags die 1. und 2. Klasse in der großen Schulstube durch den Schulmeister bzw. Kirchschullehrer und zur gleichen Zeit die 3. und 4. Klasse in der kleinen angebauten Schulstube«[3] durch einen Hilfslehrer.

»1835 verabschiedete der Landtag das ›Volksschulgesetz‹. Es verpflichtete die Gemeinden zum Unterhalt der Schulen, verordnete die achtjährige Schulpflicht und verlangte die Wahl eines Schulvorstandes von jeder Gemeinde. Damit entstanden die Schulgemeinden.«[3]

Bald nach seinem bereits 1829 erfolgten Amtseintritt bemühte sich der neue Schulmeister Carl Gottlob Wegerich (→ *Kirchenmusik*) um eine Verbesserung der beengten Schulsituation.

»Alte Schule« Loschwitz mit dem Ehepaar Pohle *Foto: Ernst Müller*

Im Jahre 1836 erfolgte an der »Alten Schule« der Anbau des östlichen Flügels, der durch ein »Gnadengeschenk« der Königin von 1.000 und später nochmals 400 Talern ermöglicht worden war.Dadurch konnten noch ein weiterer Klassenraum und im Obergeschoss Wohnungen für den zweiten ständigen Lehrer und den Hilfslehrer gewonnen werden. Dieser Anbau wurde am 3. November in Anwesenheit von König und Königin durch den Stadtprediger und späteren Superintendenten Christian Moritz Heymann (1796–1854) eingeweiht (→ *Denkmale*). 1836 waren im Schulgebäude 391 Kinder, davon 272 aus Loschwitz, zu unterrichten. Da die Zahl der Kinder ständig wuchs, bekam Wachwitz eine eigene Schule, die 1863 mit 105 Kindern eröffnet werden konnte.

1869 wurde das Loschwitzer Schulhaus um den westlichen Flügel vergrößert, wodurch noch zwei »Lehrzimmer«, ein Konferenzzimmer und einige kleine Wohnräume entstanden.

Das neue sächsische Gesetz über die Volksschule von 1873 schrieb die »sittlich-religiöse Bildung«, aber auch »die für das bürgerliche Leben nöthigen allgemeinen Kenntnisse und Fertigkeiten«[6] als Aufgaben fest. Dafür standen zu dieser Zeit in Loschwitz neben dem Kirchschullehrer und Kantor Friedrich Wilhelm Pohle noch vier weitere Lehrer und ein Hilfslehrer zur Verfügung. Die 576 Kinder wurden

Singumgänge

Sing- bzw. Gregoriusumgänge hatten sich in vielen Kirchgemeinden anlässlich verschiedener Feiertage wie z. B. Neujahr, Gregoriusfest (12. März), Ostern, Martinstag, als Schulfeste für die Kinder und als Einkommensquelle für die Schullehrer entwickelt. Das wurde auch im Kirchspiel Loschwitz/Wachwitz gepflegt und führte zu folgendem Streitfall zwischen dem Loschwitzer Schulmeister und der Gemeinde Wachwitz: Mit Schreiben vom 24. Februar 1823 an den Dresdner Superintendenten Dr. Carl Christian Seltenreich (1765–1836) und den Bürgermeister und Verwalter des Dresdner Maternihospitals Carl Christian Pohland (1786–1829) beschwerte sich der Loschwitzer Kirchschullehrer Johann Gottfried Hofmann, dass die ihm auch für Wachwitz zustehenden jährlichen zwei Singumgänge zu Neujahr und Ostern von der Gemeinde Wachwitz verboten worden sind. Grund dafür war, dass Hofmann es abgelehnt hatte, für einen Wachwitzer an Lob- und Dankfesten eine Kirchenmusik auszuführen. Hofmann schrieb: »Durch das Verbot erleide ich eine nicht unbedeutende Einbuße.«[4] Der für kirchliche und somit auch schulische Angelegenheiten zuständige Superintendent Seltenreich ordnete für den 28. Juni 1823 in der Wachwitzer »Hofepresse«, »als der dortigen gewöhnlichen Gerichtsstelle [...] an, diese Sache ins Verhör zu ziehen«[4]. Eingeladen dazu waren Pfarrer und Schulmeister zu Loschwitz sowie die Gemeinde Wachwitz, vertreten durch mehrere Ausschusspersonen. Das Resultat dieser aufwändigen Verhandlung war schließlich, dass die Singumgänge vom Loschwitzer Kirchschullehrer weiterhin auch in Wachwitz durchgeführt werden durften.

Gedenktafel im Erdgeschoss des Gebäudes
Foto: Archiv Kirchgemeinde Loschwitz

Turnstunde in der Alten Schule, oben links das Gemälde »Jünger« von Georg Schwenk (→ S. 867)
Foto: Archiv Kirchgemeinde Loschwitz

von ihnen in zehn Klassen unterrichtet. 1876 übernahm erstmalig ein Schuldirektor die Schulleitung, der gleichzeitig einer der Lehrer war. Bereits vor dem neuen Volksschulgesetz, das neben der einfachen, mittleren und höheren Volksschule auch die »Fortbildungsschule« vorschrieb, gab es in Loschwitz bereits einen Fortbildungsunterricht, den Pohle erteilte. Weil dieser sich auch auf landwirtschaftliche Gegenstände bezog, wurde er vom »Verein für angewandte Pflanzenkunde in Loschwitz und Umgebung« subventioniert.

Die vom Weißen Hirsch kommenden Kinder erhielten 1876 ihre eigene Schule auf der dortigen Luboldtstraße, sodass das Loschwitzer Schulgebäude nun ganz für die Kinder dieses Ortes zur Verfügung stand. 1882 war der Mangel an Räumen dennoch so groß geworden, dass vom Schulvorstand beschlossen wurde, die Wohnung des Hilfslehrers in ein weiteres Schulzimmer umzubauen. Erst mit dem Bau der 1887 eingeweihten → *Körnerschule* löste sich das Raumproblem.

Mit dem Schulbetrieb in der Körnerschule schloss 1887 die Volksschule in der »Alten Schule« ihre Pforten. Das Haus diente nun als Wohnhaus. 1899 erwog man den Abbruch des alten Schulgebäudes zugunsten eines Diakonat-Neubaus. Der Kirchenvorstand entschied sich jedoch gegen den Abbruch und lediglich für den Einbau einer Diakonat-Wohnung. Zwei Jahre später wollte man das Grundstück verkaufen, um damit neben der Kirche ein »Amtsgebäude« zu finanzieren. Auch dieser Plan kam glücklicherweise nicht zur Ausführung.

Von 1904 bis zur Fertigstellung der → *Schillerschule* 1909 wurden in der ersten Etage der »Alten Schule« wieder Räume als Schulzimmer für die neu eingerichtete Höhere Volksschule (Körnerschule) genutzt. Danach diente die Pillnitzer Landstraße 8 als Wohn- und Geschäftshaus mit Räumen für die → *Kirchgemeinde* und später das → *Ortsmuseum*.

Heute befinden sich in dem 1996/97 sanierten Gebäude das Pfarramt und die Friedhofsverwaltung, Räume für kirchliche Veranstaltungen, Wohnungen und ein Naturkostladen.

Helmut Dorschner

Zitate:
1 Das Schulgeb. zu Loschwitz, (Körnerschule), 1877, Stadtarchiv Dresden Sign., 10 – Nr. 95 77
2 Erweiterung des Schulgebäudes zu Loschwitz, 1806, Sä. Hauptstaatsarchiv Dresden, Sig. 10754, Nr. 2439
3 Wenzel, Otto-R.; Von der Kirchschule über Jugendvereine zur kirchlichen Kinder- und Jugendarbeit; in: 300 Jahre Kirchgemeinde Dresden-Loschwitz, Dresden 2004
4 Stadtarchiv Dresden; Bestellung der Glöckner u. Schulmeister auch Organisten. Von 1618 bis 1707, Sign. 2.1.4., Nr. D XV; in: Singumgänge
5 Sächsisches Hauptstaatsarchiv Dresden (Beabsichtigter Leseunterricht ... Friedrich Daniel Jacob, 1861, Sä. Sig. 10 754, Nr. 2420; in: Winkelschule
6 Gesetz- und Verordnungsblatt für das Königreich Sachsen; Gesetz, das Volksschulwesen betreffend; Dresden 1873
Quellen: 39, 66, 230, 371, 399, 522, 622, 824, 884, 926, 928, 1000, 1010, 1106

Winkelschule 1861

Pfarrer Christian August Kretschmar (1791 – 1865) schrieb im Januar 1861: »Hochwürdiger Hochverehrtester Herr Superintendent. Ein eigenthümlicher Vorfall ist die Veranlassung gegenwärtiger Berichterstattung [...] als mir die Kunde ward, daß ein hier Heimatsangehöriger pensionierter K. S. Fourier [Kgl. Sächs. Versorger beim Militär] Friedrich Daniel Jacob seit einiger Zeit in seiner Wohnung Kinder versammle, denen er Unterricht im Lesen ertheile«[5] Jacob meinte nach Befragen, dass er »ein gutes Werk betreibe, wenn die Kinder, namentlich solche, die auch zurück sind in ihren Leistungen, weiter gebracht würden«[5]. Pfarrer Kretschmar erklärte ihm, dass seine Handlungsweise gegen das Schulgesetz verstoße und er ihm jede Erteilung von Unterricht untersagen müsse. Jacob bat darum, die Sache mit den Lehrern zu besprechen. Diese aber waren gegen Jacobs Nachhilfeunterricht, sodass er das Verbot akzeptierte.
Aber drei Einwohner, »der Hausbesitzer und Zimmermann Carl Gottfried Raschelt, und die Maurer und Hausbesitzer Carl Gottfried Adam und Heinrich Gottfried Kluge vom Weißen Hirsch – im Auftrag mehrerer – beklagten, [...] eine so schöne Gelegenheit [...] Lücken ihrer Schulbildung auszufüllen [...] und baten mich bei Euer Hochwürden um gütige Vermittlung. Jacob hat eine gute Ausbildung erlangt und ist in jeder Beziehung ein unbescholtener Mann.« An die Superintentur II und das Gerichtsamt Dresden schrieb am 2. Februar 1861 letztendlich die Königliche Kreis-Direktion: sie habe »keinen ausreichenden Grund gefunden, besagten Jacob [...] behindern zu lassen, sobald diese Privatnachhilfe [...] also zu einer Zeit geschieht, wo die betreffenden Kinder die öffentliche Schule nicht zu besuchen haben«[5].

Ehepaar Schober; sie war Hausmeisterin in der »Alten Schule«, er ging Öfen kehren
Foto: Slg. Ute Häse

Körnerschule Pillnitzer Landstraße 16
Da die »Alte Schule« längst zu klein geworden war, musste ein Baugrundstück für ein neues Gebäude gesucht werden. Nachdem für ein zweites Schulgebäude in Oberloschwitz an der heutigen Steglichstraße/Hirschleite bereits das Flurstück 508 der Hietzigschen Erben für 5.596 Mark angeboten worden war, entschloss man sich, ein Zentralschulgebäude in der Nähe des alten Schulgebäudes zu errichten. Der Gutsbesitzer Karl August Karisch (→ *Bauerngüter*) erklärte sich 1884 bereit, Teile seines Flurstückes 819 (3.000 m² Feld) für 16.500 Mark an die Schulgemeinde Loschwitz – »nach erfolgter Aberntung des darauf stehenden Weizens« – zu verkaufen. Noch im gleichen Jahr wurde der Bauantrag für die Schule gestellt. Die Vorstellungen des Schulvorstandes für die Gestaltung der Schule waren: »das neue Schulgebäude hinsichtlich der äußeren Ausstattung mit seiner Lage an der verschönten Pillnitzer Straße, sowie mit seiner Umgebung (Kirche und Villen) in Einklang bringen zu sollen«[1]. Auf die erfolgte Ausschreibung waren bis zum 1. März 1886 acht Bewerbungen mit Kostenanschlägen von 110.040 bis 87.631 Mark eingegangen. Der Schulvorstand hatte sich einstimmig für die Planungen (90.979 Mark) des Loschwitzer Baumeisters Carl Wilhelm Richter entschieden. In der Sächsischen Dorfzeitung vom 8. Mai 1886 war der Baubeginn »zur Freude aller Bewohner« gemeldet worden.

Das Gebäude stellte eine Vorwegnahme der zehn Jahre später erfolgten Körnerplatz-Architektur mit verschiedenen historischen Stilelementen dar, wobei es jedoch an deren Qualität in keiner Weise heranreichte. Es hatte elf Achsen, drei Geschosse und ein Flachdach mit einer Walmdacheinfassung, war 28 m breit, 18 m tief und bis zur Traufe 14 m und zum Flachdach 18 m hoch. Von der Straße war es etwa 12 m zurückgesetzt, sodass ein gepflegter Vorgarten angelegt werden konnte. Die Fassade der Hauptansichtsseite war stark gegliedert. Ein Mittelrisalit schloss im Erdgeschoss die Eingangstür ein und war oben mit einem kleinen Ziergiebel mit Türmchen bekrönt. Etwas zurückgesetzt befand sich noch ein Dachreiter. Städtebaulich war das Schulgebäude ein Fehlgriff, denn es verdeckte den elbseitigen Blick auf die gegenüberliegende Kirche. Es gab zehn Schulzimmer von je etwa 60 m² Größe und im Dachgeschoss eine Hausmeisterwohnung. Am 18. April 1887 wurde die »Schulweihe« durch den Königlichen Bezirksschulinspektor und Schulrat Adalbert Grüllich (1840–1905) vollzogen.

Die als »einfache« Volksschule eröffnete Bildungsanstalt begann mit 618 Kindern, die in 14 Klassen von acht Lehrern unterrichtet wurden. Die Unterrichtsinhalte reichten von »Religions- und Sittenlehre« über Lesen, Schreiben, Rechnen, naturwissenschaftliche und musische Fächer bis zum Turnen für Jungen und Handarbeiten für Mädchen. Schuldirektor war weiterhin Alwin Zimmer. Mit ihm waren auch die anderen Lehrer von der »Alten Schule« in die neue gewechselt. Zehn Jahre später war aus der »einfachen« eine »mittlere« Volksschule geworden und dazu noch eine »Fortbildungsschule« mit drei Klassen entstanden.

Im April 1892 konnte die von Ernst Metzner (→ *Baugewerke*) hinter dem Schulgebäude erbaute Turnhalle – 24,4 m breit, 12 m tief, 6 m hoch – in Betrieb genommen werden. 1900 wurde im ersten Obergeschoss der Schule eine Volksbibliothek eingerichtet, die bis 1921 bestand.

Ab 1903 entwickelte sich, mit zunächst zwei Klassen beginnend, noch eine »höhere« Volksschule, die bis zur Einweihung der → *Schillerschule* 1909 zunächst in den ehemaligen Schulräumen der → *»Alten Schule«* ihre Unterkunft fand. Ab 1909 befanden sich in der Pillnitzer Landstraße 16 dann nur noch die mittlere Volksschule und die Fortbildungsschule. Alle drei Volksschulzweige unterstanden nur einem Schuldirektor (→ *Schillerschule*).

Nach Abschaffung der Monarchie in Deutschland erfolgte 1919 die Namensgebung der beiden Loschwitzer Schulgebäude. Dazu wurde eine Mitteilung an die Bezirksschulinspektion Dresden III gerichtet (siehe Kasten). Im gleichen Jahre wurde in Sachsen auch das Schulgeld abgeschafft.

Nach der Eingemeindung von Loschwitz am 1. April 1921 ging das Eigentum der Schulgebäude von der Schulgemeinde Loschwitz an die Stadtgemeinde Dresden über. Beide Schulgebäude gemeinsam wurden fortan als 62. Volksschule bezeichnet. Die für Jungen und Mädchen offene Fortbildungsschule zog mit in die Schillerschule und wurde wenig später zur »7. Mädchenberufsschule zu Dresden-Loschwitz«. Sie kehrte mit ihrem Schulleiter Hermann Nitzschke 1926 in die Räume der Körner-

Körnerschule Loschwitz, um 1890 *Foto: August Kotzsch, Slg. Herre*

»Loschwitz am 17. April 1919.

Im Einvernehmen mit der Lehrerschaft hat der Schulvorstand beschlossen unter Berücksichtigung unserer Ortsgeschichte

1. *Die Schule an der König Albert Allee nach dem großen Volkserzieher der Deutschen, Friedrich von Schiller als Schiller-Schule und*
2. *Die Schule an der Pillnitzerstraße zum Andenken an den Heldenjüngling Theodor Körner und zum Gedächtnis an die Loschwitzer Jünglinge und Männer, die erfüllt von seiner Begeisterung ihr Leben fürs Vaterland dahin gegeben haben als Körner-Schule zu bezeichnen«[2].*

Blick vom späteren Albertpark, vor 1909. Hinter der eben angeschütteten Ratsstraße ein sehr differenziertes Bauensemble, dessen Zerstörung Otto Kotzsch 1945 miterleben muss: Die Barockkirche (wieder aufgebaut), Körnerschule mit Turnhalle (1950/51 abgebrochen), Turmhaus Pillnitzer Landstraße 12 (verändert aufgebaut), und darüber das Hotel-Restaurant »Burgberg«, dessen Ruinen 1967 beseitigt wurden. *Foto: Slg. Gert Krügel*

Schulklasse in der Volksschule, 1915 *Foto: Archiv Kirchgemeinde Loschwitz*

schule zurück. Die Berufsschule war außer für Loschwitz auch zuständig für die Dresdner Ortsteile Blasewitz, Weißer Hirsch, Bühlau und Rochwitz. Bis 1942 hatte sie sich, nunmehr als 6. Mädchenfachschule, zu einer Berufsfachschule mit Haushaltungsschule entwickelt.

Schulleiter der Mädchenberufsschule:

1921 – 1934:	Hermann Nitzschke
1934 – 1937:	Erich Geißler
1937 – 1938:	Johannes Steglich
1938 – 1945:	Friedrich Schaarschmidt

In den letzten Kriegsjahren waren Klassen der »Oberschule für Mädchen in Dresden-Blasewitz« in der Körnerschule untergebracht. In dieser Zeit erteilte hier auch der Maler und Grafiker Siegfried Berndt (1889 – 1946, → *K2*) Zeichenunterricht. Am 13./14. Februar 1945 wurden Körnerschule und Turnhalle durch Fliegerbomben getroffen, brannten aus und wurden 1950/51 abgerissen.

Helmut Dorschner

Zitate:
1 *Das Schulgebäude zu Loschwitz, 1877; Stadtarchiv Dresden, Sign. 10 – Nr. 9577*
2 *Körnerschule Schillerschule, 1914, Stadtarchiv Dresden Sign. 10 – Nr. 51 246.*
Quellen: 39, 939, 522, 622, 640, 1000, 1106

Schillerschule Fidelio-F. Finke-Straße 15

Zu Beginn des 20. Jahrhunderts bestand der Wunsch, auch in Loschwitz das 1875 in Sachsen eingeführte gegliederte Volksschulsystem zu realisieren: Es sollte eine Mittlere und eine Höhere Volksschule gebildet werden. Die Mittlere wurde in dem bestehenden Schulhaus eingerichtet, für die Höhere sollte ein neues Schulgebäude erbaut werden. Bis zu dessen Fertigstellung wurden für die Ostern 1905 mit zwei Klassen gegründete Höhere Volksschule Räume in der → *»Alten Schule«* Pillnitzer Landstraße 8 reaktiviert.

Der Schulvorstand beabsichtigte, auf den erworbenen Grundstücken, früher König-Albert-Allee 15, jetzt Fidelio-F.-Finke-Straße 15, die neue Höhere Volksschule errichten zu lassen. Nachdem sich der von Ortsbauinspektor Gustav Glaß 1906 vorgelegte Entwurf als ungeeignet erwies, bekam schon im Dezember der Dresdner Architekt und Professor Georg Schramm (1848 – 1925) den Auftrag für einen neuen Entwurf. Im Februar 1907 lagen seine neuen Entwürfe vor. Obwohl hierfür die Baugenehmigung erteilt wurde, überarbeitete Schramm diese. Die im März 1908 vorgelegten kamen schließlich zur Ausführung, so dass das Schulgebäude am 18. Oktober 1909 eingeweiht werden konnte.

Lehrerkollegium der 62. Volksschule Dresden-Loschwitz, um 1938. Auf dem Bild sind von links nach rechts folgende Lehrer bekannt: Otto Kotzsch, Schuldirektor Wolf, Constantin Friedrich (gleichzeitig auch Loschwitzer Kantor), Curt Beyer, Marianne Böhme (ab 1918 die Betreuerin des Malers Georg Schwenk), Lehrer Kießling, Erich Raquet, Lehrer Fritz Peter (sitzend), Lehrer Lehmann. Foto: Archiv Ortsverein Loschwitz-Wachwitz

Relief an der Außenfassade von Friedrich Brodauf Foto: Siegfried Großmann

Die neue Schule gliedert sich in zwei Baukörper, die durch einen eingeschossigen Verbindungsgang verbunden sind, in dem sich auch der Haupteingang befindet. An der Fidelio-F.-Finke-Straße erhebt sich der zehnachsige zweigeschossige Hauptbau mit Mansarddach über einem rechteckigen Grundriss. Zurückgesetzt schließt sich in Höhe des Verbindungsganges der kleinere, in Ecklage zur Ratsstraße liegende Bau an. Der eingeschossige Bau, ebenfalls mit Mansarddach, besitzt einen fast quadratischen Grundriss. Unter diesem gesamten Gebäudetrakt ist ein Souterraingeschoss für die technischen Räume angeordnet. Durch die bewegte Fassadengestaltung, kleinteilige Fenster, Rankgitter und Bauplastik wird der massiv erscheinende Bau in seiner Wahrnehmung optisch aufgelöst. Diese klaren kleinteiligen Strukturen setzen sich auch bei der Gestaltung der Innenräume fort, die durchweg lichtdurchflutet angelegt sind. Dies betrifft besonders die vierzehn zentralbelüfteten Klassenzimmer. Für den neu eingeführten Naturkundeunterricht wurde eines von ihnen als Auditorium mit Vorbereitungsraum gestaltet, das später noch mit einer 16 mm-Filmvorführanlage vervollständigt wurde. Für die künstlerisch-handwerkliche Ausbildung der Kinder und für den Haushaltunterricht wurden im Souterrain Räume eingerichtet, so eine Papier- und Holzwerkstatt, eine Töpferei mit Brennofen und eine Lehrküche. Ein Novum war das für die Verbesserung der Körperpflege der Kinder im Souterrain eingebaute Brausebad.

Großer Wert wurde auch auf die künstlerische Ausgestaltung der Schule gelegt, die dank

Die Bauarbeiten wurden größtenteils von Loschwitzer Handwerkern ausgeführt. Als wesentliche seien genannt:

Maurerarbeiten:	Karl Reichpietsch
Zimmerarbeiten:	Ernst Weigelt
Dachdeckerarbeiten:	Bruno Peschke
Klempnerarbeiten:	Eugen Ungewiß
Schlosserarbeiten:	Alfred Conrad

Einweihung der Schillerschule, 1909 LfD Sachsen, Slg. K. E. Scherz

vieler Sponsoren realisiert werden konnte: Die gesamte Bauplastik, also die Reliefs an der Außenfassade und des Kinderzuges im Treppenhaus, von dem Loschwitzer Bildhauer *Friedrich → Brodauf* (1872–1939, → *K2*), die Wandbrunnen des Treppenhauses von der Meißener Ofen- und Porzellanfabrik, das Bleiglasfenster mit der Glasmalerei der zwölf Tierkreiszeichen im Verbindungsgang von *Josef → Goller* (1868–1947, → *K1*) und das Wandbild in der Aula sowie die beiden Gemälde »Schiller mit dem kleinen Körner« und »Ludwig Richter in Loschwitz« von *Georg → Schwenk* (1863–1936, → *K1*). Die neue Schule war offensichtlich so wohl gelungen, dass sie vom Sächsischen Landesverein für Heimatschutz als beispielgebend auf der Weltausstellung 1910 in Brüssel präsentiert wurde. Die Gesamtkosten der Schule betrugen 277.000 Reichsmark.

Ergänzt wurde die neue Schule durch einen Schulgarten neben dem Bootshaus an der Elbe und den von dem Loschwitzer Kaufmann Emil Richter gestifteten Sport- und Spielplatz neben der Blasewitz-Loschwitzer Brücke, dem → *Blauen Wunder*.

Der beim Bau des Blauen Wunders ausgegrabene → *Basaltblock* fand 1915 auf dem Schulhof seinen endgültigen Standort.

Durch die Einführung der Einheitsschule 1919 in Deutschland wurden zur besseren Unterscheidung der beiden Schulgebäude auf Beschluss des Schulvorstandes intern Gebäudenamen eingeführt: Für die ehemalige Mittlere Volksschule der Name »Körnerschule« und für die Höhere der Name »Schillerschule«. Nach der Eingemeindung von Loschwitz nach Dresden mit Wirkung vom 1. April 1921 galt die Bezeichnung »62. Volksschule«.

Hoffnungen setzten die Menschen in die neue Staatsführung, die Weimarer Republik. Fortschrittlich denkende Lehrer des Dresdner Lehrervereins strebten Veränderungen im Sinne der humanistischen Erziehung an. Die meisten Lehrer hielten der Loschwitzer Schule lange die Treue, und es entwickelte sich ein recht engagiertes Kollegium.

Die Machtergreifung durch den Faschismus brachte eine entscheidende Wende in die bisherigen humanistischen Erziehungsbestrebungen. Teile des Lehrkörpers schlossen sich spontan dem neuen System an und setzten die Ideologie der Nationalsozialisten in der Ausbildung durch. Die systematische Vorbereitung der Jugend auf den Krieg war u. a. daran er-

Wandbrunnen im Treppenhaus, Meißener Ofen- und Porzellanfabrik, mit dem Loschwitzer Ortswappen (rechts)

Bleiglasfenster mit der Glasmalerei der zwölf Tierkreiszeichen von Josef Goller Fotos (3): Siegfried Großmann

Verdienstvolle Lehrer:
Oberlehrer Otto Kotzsch (1880 – 1967), der sich besonders der Heimatkunde von Loschwitz und Umgebung widmete, gestaltete ein Höhenrelief und viele Anschauungsgegenstände und -tafeln. Oberlehrer Curt Beyer (1887 – 1968) entwickelte eine »Deutsche Muttersprache« und einen Lesekasten für die Grundschule.

Weitere den Charakter der Schule prägende Lehrerpersönlichkeiten waren:
Kantor Constantin Friedrich (1880 – 1947) als Grundschul- und Religionslehrer, Marianne Böhme (* 1881), Walter Kießling (* 1881) und der Sportlehrer Erich Raquet (1894 – 1944). Dieser leitete den sehr beliebten Loschwitzer Sportverein (Jungen und Mädchen) und organisierte zahlreiche Sportfeste. Von seinen Schülern wurde er »der Meister« genannt.

Nach 1945, teilweise bis 1990 und länger unterrichteten u.a.:
Joseph Wagner (1891 – 1965), Martin Clemens (1884 – 1968), Brigitte und Siegfried Güldner (*1925), Gerta Tellenbach, Gertraut Wolf (1923 – 2006), Ilse Bauer, geb. Otremba (*1934), Gertrud Oheim, Brigitte Grosse (1920 – 2012), Herbert Wotte (1909 – 1989), Margarete Wetzig (*1925), Wolfgang Raquet (*1927), Heinz Andrich (*1920), Rolf Liebig (*1920), Peter Velde (1942 – 2002), Eva Kuntscher (*1930), Gertrud Großkopf, Liselotte Spranger, Georgia Gärtner, Gerd Schmidt, Waltraud Blaseio (*1943), Bärbel Pötzsch (*1946), Heidrun Petzold (*1950), Volker Gruhl (*1956).

Relief des Kinderzuges im Treppenhaus von dem Loschwitzer Bildhauer Friedrich Brodauf
Foto: Siegfried Großmann

kennbar, dass z. B. die Turnstunde für die Jungen zum Zweck der Leibeserziehung erweitert wurde und die Wehrerziehung in Fahrtenlagern erfolgte. Die Mädchen wurden im entsprechenden Unterricht auf ihre Rolle als Mutter festgelegt. Tief griffen der ausgebrochene Zweite Weltkrieg und die damit verbundenen Folgen in das Schulleben ein. Die Turnhalle wurde als Hauptsammlungspunkt für das Winterhilfswerk und als Nähstube genutzt. Die Kinder mussten sich an den verschiedensten Sammlungen beteiligen, wie Reichmetallspende, Wildfrüchte, Winterkleidung, Fahrräder, Skier und dgl. Vermutlich nach Ausrufen des Totalen Krieges wurde das Kellergeschoss als Luftschutzkeller eingerichtet. Die Kellerfenster erhielten außen Stahlläden. Die Kinder wurden regelmäßig auf ihr Verhalten bei Luftangriffen geschult. Die Zehn- bis Vierzehnjährigen verpflichtete man zur Erntehilfe, und Oberschüler mussten die Besatzungen der Flakstellungen, z. B. in Rochwitz, verstärken.

Der Luftangriff auf Dresden am 13./14. Februar 1945 richtete auch in der Schillerschule schwere Schäden im Bereich der Dächer und der Fenster an, auch das Bleiglasfenster von Goller wurde stark beschädigt. Die benachbarte Körnerschule mit der Turnhalle brannte bis auf die Umfassungsmauern nieder. Durch die Zerstörungen war vorerst die Durchführung von Schulunterricht nicht mehr möglich, zumal die Schule auch durch Einheiten des Brückenkommandanten und durch aus dem Osten kommende Flüchtlinge belegt war. Am 1. Oktober 1945 konnte der Unterricht wieder beginnen.

In den Jahren 1945 bis 1949, teilweise mit harten Wintern, war das Unterrichten schwierig. Kein Holz, keine Kohle, notdürftig vernagelte Fenster, ohne genügende Kleidung, aber sehr viele lernwillige Schüler, die froh waren, dass das Elend des Krieges beendet war. Neulehrer gestalteten den Unterricht mit viel Geschick, nur teilweise waren Lehrbücher vorhanden.

Lehrerkollegium um 1920 *Foto: Slg. Ute Häse*

Klasse 8c mit ihrem damaligen Klassenlehrer, Rudolf Brückner, 1949
Fotos: Archiv W. Gruël

In der Heimschule Wachwitz (Wollnervilla, Am Steinberg 14) wurden neue Lehrer in achtmonatigen Kursen ausgebildet, unter vielen anderen auch Siegfried Güldner und seine spätere Ehefrau Brigitte. Die Vorlesungen dazu fanden im damaligen »Ernst-Schneller-Heim« (Sportplatz Wachwitz), die praktischen Übungen in der Loschwitzer Schule statt. Es fehlte an allem: Papier, Hefte, Füller, Tinte (die 1. Klasse schrieb auf Schiefertafeln). Es gab wenig zu essen. Ab 1947 gab es als Pausenversorgung für jedes Kind ein trockenes, dunkles Brötchen, später mit Marmelade bestrichen. Im Sommer kamen die Kinder oft barfuß zur Schule. Die Mütter nähten aus Uniformen und Decken verschiedene Kleidungsstücke, wie Wintermäntel und ähnliches.

Die Hortkinder nutzten nach 1945 das Gebäude Sierksstraße 33 in Oberloschwitz, das gleichzeitig auch → *Kindergarten* war. Täglich kamen sie mit der Schwebebahn nach Unterrichtsschluss, nahmen hier ihr Mittagessen ein, erledigten die Hausaufgaben und vertrieben sich die Zeit bei Sport und Spiel. Erst nach 1960 zogen die Hortgruppen in das Schulgebäude. Oft waren die Klassenzimmer am Nachmittag gleichzeitig Gruppenräume.

Die neue ideologische Ausrichtung des Schulunterrichtes ab 1949 ging leider auch an dem Schulgebäude nicht spurlos vorüber. Das Wandgemälde der Aula wurde 1951 auf Weisung des damaligen Schuldirektors von dem Kunstmaler *Werner* → *Hoffmann* (1907 – 1983, → *K1*) übermalt. Besonderen Anstoß erregte die Darstellung der damals üblichen unterschiedlichen Ausbildungsziele für Knaben und Mädchen.

Auf dem Schulhof *Fotos (2): Archiv W. Gruël*

Abschiedsfest der Brückner-Klasse, Juli 1949

Als Ausdruck ihrer Wertschätzung für ihren Klassenlehrer Brückner streikten seine Schüler einen Tag aus Protest gegen seine fristlose Entlassung aus nicht erklärten Gründen im April 1950.

In Vorbereitung der 750-Jahr-Feier von Dresden im Jahre 1956 wurden durch Lehrer, Schüler und Eltern die restlichen Trümmer der → *Körnerschule* und der Turnhalle beseitigt und ein Teil des Schulhofes ansprechender gestaltet. 1957 wurde auf der Hofanlage entlang der Fidelio-F.-Finke-Straße ein Turnhallen-Neubau von Baumeister Rudolf Furkert (1904 – 1972, → *K2*) errichtet und 1958 eingeweiht. Bis dahin turnte man in der Aula, für Hoch- und Weitsprung nutzte man eine Sprunggrube auf dem Hof und Ballweitwurf und bis zu 60 m-Läufe fanden auf der Fidelio-F.-Finke-Straße statt.

Das Wandbild in der Aula:
Im Jahre 1912 erhielt Georg Schwenk den Auftrag, ein Wandbild für die Aula von 9,25 m Länge und in der mittleren Breite von 2,50 m mit dem Titel »Die Erziehung der Jugend im Geiste Schillers« zu gestalten.
In einer romantisch angelegten Landschaft steht eine Schillerbüste, umgeben von Kindergestalten. Der Verehrung des Dichters wird durch Blumen- und Kranzgebinde Ausdruck gegeben. Dazu flankierend links ein Lehrer mit seinen Schülern und rechts eine Lehrerin mit Schülerinnen. Unterhalb des Bildes – rechts und links von der Tür – befinden sich in gemalten Rahmen Texte von Schiller.
Erst 1990, im Zusammenhang mit Studentenarbeiten der Kunsthochschule, kamen Anregungen zur »Wiedergewinnung« des Aulabildes. Nach Diskussionen im Kollegium von Grund- und Mittelschule ergaben sich positive Meinungen zur Neugestaltung. Das damalige Schulamt genehmigte den Antrag zur Freilegung des Bildes, stellte aber die Aufgabe, die Hälfte der Renovierungskosten innerhalb der Schule zu erwirtschaften. Den Restauratoren Elke Schirmer und Oliver Ander aus Loschwitz gelang es auf sanfte Art, mehrere Farbschichten zu entfernen und so die Neuentstehung des Bildes zu erreichen. Zur Finanzierung der Arbeiten wurden Sponsoren gesucht. Loschwitzer Handwerksbetriebe, ehemalige Schüler und der Schulförderverein durch Organisation von Benefizkonzerten trugen zum Gelingen des Projektes bei. So wurde 2005 in feierlicher Form das Wandbild übergeben, dessen Restaurierung 25.000 Euro gekostet hatte. Auch die Renovierung der beiden Sockel unterhalb des Bildes konnte durch Benefizkonzerte finanziert werden.

Foto: Slg. OVLW

Saniertes Portal *Fotos (3): S. Großmann*

Ab 1957 konnte nach der 8. Klasse die Mittlere Reife an der nun 62. Mittelschule erworben werden. Anfangs kamen zusätzlich Schüler aus Wachwitz, Rochwitz, Blasewitz und vom Weißen Hirsch an die 62. Mittelschule, bis auch dort die Erweiterung bis zur 10. Klasse erfolgte.

Der »Unterrichtstag in der Produktion« (UTP) wurde 1958 eingeführt. Patenbetrieb und Arbeitgeber für den UTP wurden die Zigarettenfabrik »Macedonia« sowie die Kerzenfabrik Niederpoyritz. 1969 kam das Fach »Einführung in die sozialistische Produktion« (ESP) dazu, das in einem Zweigbetrieb des VEB Pentacon auf der Eugen-Dieterich-Straße durchgeführt wurde.

Im Jahr 1959 erhielten die Mittelschulen den Namen »Polytechnische Oberschule« (POS). Die POS war als Einheitsschule konzipiert, d. h. alle Kinder lernten gemeinsam bis zur 10. Klasse. Das Erlernen der russischen Sprache war für alle Schüler weiterhin Pflicht. Ab Klasse 7 konnte auch Englisch oder Französisch auf freiwilliger Basis erlernt werden. Der naturwissenschaftliche Unterricht bildete einen wesentlichen Schwerpunkt.

Neben der Bildung war die Erziehung zum »pflichtbewussten sozialistischen Staatsbürger« wichtiger Bestandteil der schulischen Arbeit. Staatsbürgerkundeunterricht, Pionier- und FDJ-Organisation, in der mit wenigen Ausnahmen alle Schüler Mitglied waren, erfüllten dieses Erziehungsziel. Ende der 1970er Jahre wurde dazu noch der Wehrunterricht eingeführt. In der Loschwitzer Schule unterrichtete man auch in der DDR-Zeit auf hohem fachlichen Niveau. Aber besonders auf musischem Gebiet wurden Talente gefördert. So gestaltete der »Klub junger Musikanten« unter Anleitung von Ulrike Arnold regelmäßig Konzerte.

Schuldirektoren waren:

1909 – 1911	Dr. Ernst Kretzschmar
1911 – 1937	Max Grunewald
1937 – 1945	Hans Wolf
1945 – 1948	Otto Mehlhose
1948 – 1950	Rudolf Brückner
1950 – 1974	Gerhard Schoeps
1974 – 1982	Josef Schlögel
1982 – 1983	Günter Kuhnert
1983 – 1985	Ekkehard Lorenz
1985 – 1990	Frank Horeni
1990 – 1992	Gerd Schmidt
1992 – 2003	Gerd Schmidt (Mittelschule)
1992 – 2002	Georgia Gärtner (Grundschule)
2002 – 2013	Reinhild Lehmann (Grundschule)
seit 2014	Claudia Körner (Grundschule)
2003 – 2012	Harri Gerhart (Mittelschule)
seit 2012	Peter Runge (Mittelschule)

Graviertes Glas zum Schulfest 1907, Archiv OVLW und Umzug zum Schulsportfest 1930

Schulfeste

Zu Höhepunkten im Ortsleben gehörten auch Schulfeste, die von Schülern und Lehrerschaft, auch in Verbindung mit örtlichen Vereinen, gestaltet wurden. Sie sind bereits aus den ersten Dezennien des 20. Jahrhunderts überliefert. So wurde die Weihe der »Höheren Volksschule« (Schillerschule) am 18. Oktober 1909 mit Festrede, Gesang und Hausinbesitznahme festlich begangen.

Aus den folgenden Jahren sind kombinierte Schul- und Turnfeste oder Schul- und Heimatfeste überliefert. Bildbelege davon zeigen einen volkreichen bunten Festzug durch den Ort, der dem eigentlichen Fest- und Sportplatz am Blauen Wunder zustrebt, wo die gemeinsamen Veranstaltungen stattfanden.

In neuerer Zeit bildeten vor allem zwei Schuljubiläen Anlass für Festlichkeiten:

Zum 80-jährigen Bestehen der »62. Oberschule Friedrich Schiller« standen in der Zeit vom 2. bis 6. Oktober 1989 ein »Appell des Schülerkollektivs«, eine »Leistungsschau der Pionierorganisation und der FDJ«, aber auch Ausstellung, Spiel und Sport sowie Festkonzert, Festumzug mit Lagerfeuer und Massensingen auf dem Programm.

Das 100-jährige Schuljubiläum der Schillerschule im Jahre 2009 wurde ebenfalls mit einer Festwoche vom 2. bis 8. Oktober begangen. Das vielseitige Repertoire bot neben Festumzug und Sportfest auch Konzerte, Sternwanderung, Festveranstaltung sowie zum Abschluss ein Schulfest mit Jahrmarkt. Auf diese Festtage hatten sich die Schüler in einer Projektwoche intensiv vorbereitet und auch eine Festschrift verfasst, die einen kreativen und fröhlichen Schulalltag in Loschwitz dokumentiert. **Matthias Griebel**

Schulsportfest neben der Brückenrampe, 1930 *Fotos (2): Franz Gaudernack, Archiv OVLW*

Schon lange beklagte man den Verlust des Sportplatzes am Blauen Wunder für den Schulsport, denn der Schulhof war dafür kein geeigneter Ersatz. Eine Lösung bot sich an, als man 1975 einen Teil der benachbarten stillgelegten Gärtnerei Knackfuß zur Anlage eines einfachen Sportplatzes mit Schotterdecke erwerben konnte.

Anlässlich des 222. Geburtstages von Friedrich Schiller bekam die Schule am 14. November 1981 den offiziellen Beinamen »Friedrich Schiller« verliehen.

1986–1988 erfolgte eine Teilsanierung des Schulgebäudes mit Erneuerung der Toilettenanlagen und wegen zunehmender Gefährdung der Schüler durch umfangreiche Schäden endlich 1992 auch Reparaturen an der Turnhalle. Trotzdem erforderten die immer noch vorhandenen Mängel dringend den Neubau einer Turnhalle auf dem Schulgelände, um den Sportunterricht aufrecht zu erhalten. Im April 2014 wurde die alte Turnhalle abgerissen, der Bau der neuen Halle begann am 12. Mai des gleichen Jahres.

1992 wurde mit dem Inkrafttreten des Sächsischen Schulgesetzes die bis dahin die Klassen 1 bis 10 umfassende Oberschule in Grundschule, Mittelschule und Gymnasium gegliedert. Die Mittelschule blieb zweizügig (je 2 Klassen), die Grundschule lief einige Jahre einzügig (jeweils eine 1. bis 4. Klasse). Die Schulen erhielten nun die Möglichkeit, neben den verbindlichen Lehrplänen eigene schulische Konzepte zu entwickeln. Aus der Tradition, musische Talente besonders zu fördern, und der Besonderheit des Ortes Loschwitz mit seiner Vielzahl von künstlerisch, kulturell und kunstgeschichtlich bedeutsamen Aspekten ergab sich mit der Profilierung auf musischem Gebiet die Möglichkeit zur eigenständigen Entwicklung.

Im Jahr 2000 erfolgte eine umfangreiche denkmalgerechte Komplettsanierung des Schulgebäudes. Die Außenfassaden wurden bei weitgehendem Erhalt der Originalsubstanz restauriert. Im Innenbereich sind die Flure und das Treppenhaus gemäß dem Originalzustand wiederhergestellt. Die Klassenräume passte man dem modernen Schulbetrieb an. Völlig neu wurde der Kellerbereich gestaltet. Durch den Einbau einer modernen Heizung konnten Räume wieder als Keramikwerkstatt, für Werk- und Zeichenunterricht und für Hauswirtschaftsunterricht eingerichtet werden, wie es schon ab 1909 konzipiert war. Der Sportplatz wurde mit Tartanbahn, Sprunggruben und Basketballanlage erweitert.

Im Jahr 2001 wurden durch Brandstiftung das Kellergeschoss, das Erdgeschoss teilweise und das Nebengebäude so beschädigt, dass die Mittelschule zwei Wochen und die Grundschule über ein Vierteljahr ausgelagert werden mussten.

Da die Schillerschule nicht mehr genügend Raum für die Kinder von Grund- und Mittelschule bot, mussten die Grundschulklassen zuletzt sogar in auf dem Schulhof aufgestellten Containern unterrichtet werden, bevor 2010 die neue → *Grundschule an der Pillnitzer Landstraße* ihre Arbeit aufnehmen konnte.

In der Schillerschule lernten 2014/2015 in 12 Klassen 325 Mittelschüler. 25 Lehrer und Lehrerinnen unterrichten in modernen Fachkabinetten. Der Unterricht gliedert sich in Sprachen, Gesellschaftswissenschaften und Naturwissenschaften. Der langjährigen Tradition folgend werden auch im musischen Bereich Musik, Kunsterziehung, Sprech- und Musiktheater angeboten. Schülerkonzerte, Galerie- und Theaterausflüge vertiefen diesen Komplex, dazu kommen sportliche Aktivitäten wie Winterlager, Fahrradtouren, und Tischtennismeisterschaften. Ein besonderer Höhepunkt ist der jährliche Weihnachtsmarkt.

Seit 2008 gibt es unter dem Motto »Schule macht Spaß – den ganzen Tag« Ganztagsangebote z. B. Lernen lernen, Chorklasse und Bandklasse, in der jedes Kind kostenlos ein modernes Bandinstrument erlernt, außerdem neben Leseclub, Keramik- und Holzwerkstatt, Schulhomepage, Tanz-AG auch ein Falkenprojekt, bei dem ein Vogelpaar im Turm der Feuerwache beobachtet wird.

Sanierte Schulfassade, 2014

Turnhalle, 2014 abgerissen

Zum Neu- und Umbau 2014/2015

Der Neubau entsteht als 4-geschossiger Ersatzbau auf wesentlich vergrößertem Grundriss. Neben der Turnhalle im Untergeschoss und einem Speisesaal sind in den beiden Obergeschossen je sechs Klassenräume u. a. für Kunst, Physik und Informatik sowie die Schülerbibliothek enthalten. Durch einen verglasten Übergang in Höhe des 2. Obergeschosses gelangt man in den Altbau.

Zur Sicherung des Brandschutzes und zur Hilfe für Schüler mit Behinderungen wurden in der Nordwestecke des Altbaus eine neue Fluchttreppe und ein Aufzug eingebaut. Sanitäranlagen mussten erneuert und die hangseitige Rückwand der Aula versetzt werden. Eingezogene Glas-/Türwände im Haupttreppenhaus gewährleisten die brandschutzsichere Trennung von den Gängen. **Georgia Gärtner**

Quellen: 39, 358, 598, 639, 640, 907, 1000

Neue Turnhalle im Bau, Februar 2015 *Foto: Helmut Dorschner*

Die neue Grundschule
Grundschule »Friedrich Schiller«,
Pillnitzer Landstraße 38
Nach dem Willen der Stadtverwaltung sollte die Loschwitzer Grundschule, die sich gemeinsam mit der Mittelschule in der → *Schillerschule* befand, 2005 geschlossen und die Schüler auf andere Schulen aufgeteilt werden, da die Räumlichkeiten an der Schillerschule für eine gemeinsame Nutzung nicht mehr ausreichten. Einer Elterninitiative gelang es jedoch, Politik und Verwaltung zu überzeugen, dass ein neues Gebäude für die Grundschule notwendig ist. Wegen der ansteigenden Schülerzahl wurden ab 2007 Container – erst einstöckig, ab 2009 zweistöckig – auf dem Schulhof der Schillerschule aufgestellt.

Als Standort für die neue Schule wurde die Ecke Winzerstraße/Pillnitzer Landstraße geplant. 2007 erhielt das Architektenbüro »Raum und Bau« mit den jungen Architekten Ralph Hengst und Alexander Krippstädt den Zuschlag. Am 24. Juni 2009 erfolgte die Grundsteinlegung, und schon am 23. September 2010 konnte die Oberbürgermeisterin Helma Orosz diese städtebauliche Dominante als 62. Grundschule »Friedrich Schiller« feierlich eröffnen.

Passend zum Stadtteil geben die Holzplatten eine natürliche Farbigkeit und verbinden im Erdgeschoss das Äußere des Hauses mit dem Inneren. Die Kohlendioxid-Konzentration wird ständig gemessen und automatisch über die Lüftungsanlage im optimalen Bereich gehalten. Durch die besondere Lage in Elbnähe wird das Grundwasser über zwei Brunnenanlagen im Winter zum Heizen genutzt und kann im Sommer bei Bedarf auch kühlen. Die Schule ist der erste sächsische Schulneubau in Passsivbauweise. Um das Gesamtkonzept förderfähig überzeugend darzustellen, war ein hoher Aufwand notwendig.

Bürgermeister Lehmann und Lehrerin Susann Fritzsche mit Kindern bei der Grundsteinlegung. Neben vielen Dokumenten fand auch der Elbhang-Kurier einen Platz in der Kupferhülse im Grundstein. *Foto: Jürgen Frohse*

Vom Atrium erreicht man den Mehrzweck- und Speiseraum sowie die Freiflächen und blickt in die abgesenkte Einfeld-Sporthalle. Die Schule läuft zweizügig (pro Klassenstufe zwei Klassen) mit musisch-künstlerischen Angeboten. Die Klassenstärke beträgt 28 Schüler. Jede Klasse hat ihr eigenes Klassenzimmer, nach Süden ausgerichtet und mit einer Lichtsteuerung ausgerüstet. Fachräume für Werken, ein Medienraum, zwei Gruppenräume, Lehrmittelräume sowie eine Bibliothek stehen zur Verfügung.

Der Hort nutzt vier eigene Räume für die Gruppenarbeit. Hausaufgaben werden in den Klassenzimmern erledigt. Hort und Schule ergänzen sich bei ihren Angeboten auf musisch-künstlerischem und sportlichem Gebiet. Die Außenanlage bietet Platz für Schulsport mit 50m-Laufbahn, Weitsprunganlage und Ballspielfeld. Daran schließen sich ein Schulgarten und ein Freiraum mit Sitzmöglichkeiten und verschiedenen Spielgeräten an.

Von 2010 bis 2014 war Reinhild Lehmann Direktorin, seit 2014 leitet Claudia Körner die Schule. 2014/2015 lernten 215 Schüler in der neuen Einrichtung. **Georgia Gärtner**

Quellen: 344, 724, 840

Weitere Schulen

Berufliches Schulzentrum für Gesundheit und Sozialwesen
Bautzner Straße 116
Von 1992 bis 2007 gab es im Komplex der ehemaligen Bezirksverwaltung der → *Staatssicherheit* eine Schule, die vor allem Abgänger der Mittel- und Realschule zur Hochschulreife in den Arbeitsfeldern Medizin, Pharmazie und Sozialpädagogik führen sollte. Die Arbeitsbedingungen in den unsanierten Räumen des Gebäudes machten es notwendig, einen neuen Standort zu finden. Nach reichlich fünfjähriger Bauzeit konnte dieser in der Maxim-Gorki-Straße 39 in Dresden-Trachenberge unter dem Namen »Karl August Lingner« im März 2007 eröffnet werden.

Hotel- und Gastronomieschule (HOGA)
Bautzner Straße 130
Die Hotel- und Gastronomieschule wurde 1991 als »HOGA Schloss Albrechtsberg« gegründet und 2012 in »HOGA Schulen Dresden« umbenannt. Es ist eine Ausbildungsstätte mit drei verschiedenen Schulstandorten in Dresden. In den Schulhäusern Alttolkewitz und Heinrich-Schütz-Straße in Dresden-Blasewitz befinden sich das Berufliche Gymnasium, die Hotelmanagementschule und die Fachschule für Wirtschaft, auf der Zamenhofstraße in Dresden-Leuben das Allgemeinbildende Gymnasium

»Der Name für die neue Schule sollte auf der Hand liegen: Körnerschule«, schrieb der Elbhang-Kurier. Es kam anders. *Fotos: S. Großmann, H. Friebel*

und die Mittelschule. Hinzu kommt eine 15-wöchige Meisterausbildung. Das Sekretariat der Schulen befindet sich im westlichen Torhaus von → *Schloss Albrechtsberg*. Von 2000 bis 2013 war der im östlichen Torhaus befindliche »Prinzenkeller« (→ *Gaststätten*) Lehrrestaurant der Schule.

Fachschule der Bezirksakademie für Gesundheits- und Sozialwesen Potsdam, Außenstelle Dresden
Schevenstraße 3
→ *Ärzte*, Medizinische Einrichtungen und Sanatorien → *Haus Schevenstraße 3*

Fachschule für Finanzwirtschaft »Willy Rumpf« Gotha, Außenstelle Dresden
Böhmertstraße 4
Etwa 1981 bis 1990 gab es hier die »Bildungsstätte für die Finanz- und Bankorgane, Bezirk Dresden« als Außenstelle der Gothaer Fachschule.

Ingenieurschule für Holztechnik
Heideparkstraße 8
Die Villa wurde 1913 für den im Ruhestand befindlichen preußischen Oberstleutnant Berthold Kipke erbaut. Die Bauausführung hatte das Architektenbüro Stephan & Möbius (→ *Baumeister und Architekten*) nach Plänen des Berliner Architekten Georg Honold (1871–?). Um 1926 kaufte es der Buchdruckereibesitzer Bruno Dietzsch. 1925 bis 1928 befand sich hier das Konsulat von El Salvador. 1935 kaufte es der Reichswehrfiskus von Dietzschs Erben und in das Haus zog General Fedor von Bock (1880–1945), dem in diesem Jahr der Oberbefehl über das neu errichtete Gruppenkommando 3 in Dresden erteilt wurde. 1938 war er maßgeblich am Einmarsch in das »Sudetenland« beteiligt. 1939 folgte als Bewohner auf von Bock Generaloberst Johannes Blaskowitz (1881–1948), der ebenfalls beim Einmarsch in das Sudetenland und 1939 an der Okkupation der Tschechoslowakei beteiligt war. Während der Nürnberger Prozesse stürzte er sich im dortigen Gefängnis in einem Lichtschacht zu Tode.

Nach der Befreiung vom Nationalsozialismus nutzte ab 1945 die sowjetische Militäradministration das Gebäude, bevor 1954 hier die Fachschule für Holztechnologie eröffnete. 1958 erhielt sie die Bezeichnung Ingenieurschule für Holztechnik. Sie unterstand dem Ministerium für Leichtindustrie und war »die einzige ihrer Art in der DDR«[1]. Ausgebildet wurden alle Fachschulingenieure der Holzbranche: »Möbel, Bauelemente, Sägewerktechnik, Automatisierungstechnik, Informatik, Ingenieurökonomie«[1]. Da die Villa viel zu klein dafür war, entstanden in den 50er und 60er Jahren insgesamt acht Baracken im hinteren Grundstücksgelände. Die Bibliothek befand sich im gegenüberliegenden Haus Heideparkstraße 1. Die Studenten wohnten in verschiedenen Internaten, so auch auf der benachbarten Fischhausstraße und der Böhmertstraße sowie Wolfshügelstraße 20 in Oberloschwitz.

Die Ingenieurschule für Holztechnik mit ihrem Leiter der Fachrichtung Möbel- und Bauelemente, Prof. Dr. Detlef Kröppelin, strebte schon 1990 die Bildung einer Berufsakademie nach dem Vorbild von Baden-Württemberg an. So gründete sich 1991 die Staatliche Studienakademie Dresden als einer von sieben Standorten innerhalb der Berufsakademie Sachsen. In dieser werden »jeweils betriebswirtschaftliche, ingenieurwissenschaftlich-technische sowie sozialwissenschaftliche Studieninhalte«[2] angeboten. Eine Außenstelle der Studienakademie Dresden eröffnete auf der Weinbergstraße in Dresden-Trachenberge. 2011 konnte der neu errichtete Standort der Studienakademie Dresden in der Hans-Grundig-Straße 25 in Dresden-Johannstadt bezogen werden. Die Außenstelle und der alte Hauptstandort auf der Heideparkstraße 8 wurden geschlossen. Der Freistaat verkaufte die Loschwitzer Immobilie an die Bauträgergesellschaft »Baywobau«.

Villa Heideparkstraße 8, von 1954 bis 2011 Ingenieurschule für Holztechnik, 2012
Foto: Brücke Osteuropa

Das westliche Torhaus von Schloss Albrechtsberg, 2014. Hier befindet sich das Sekretariat der Hotel- und Gastronomieschule (HOGA)
Foto: Siegfried Großmann

Pionierpalast/JugendKunstschule
Bautzner Straße 130
Die Jugendkunstschule im → *Schloss Albrechtsberg* erwuchs aus dem ehemaligen »Pionierpalast«. Dieser wurde am 26. August 1951 mit dem Namen »Walter Ulbricht« (1893–1973) eingeweiht. Von 1951 bis 1966 war der Pionierpalast eine Einrichtung der Pionier- und FDJ-Organisation, die immer einen inhaltlichen Einfluss hatte. Als Nachfolgeeinrichtung der Abteilung Volksbildung der Stadt Dresden erhielt er seine fachspezifische, pädagogisch-methodische Qualifizierung und die bis zu 50 dort tätigen Pädagogen eine hauptamtliche Anstellung wie an jeder Schule. Ihnen zur Seite standen zahlreiche ehrenamtliche Mitstreiter aus Betrieben, Institutionen und kulturellen Einrichtungen der Stadt Dresden.

In den 40 Jahren seines Bestehens veränderte sich der Anspruch an die inhaltliche Arbeit mit den Kindern gravierend. Ging es in den ersten Jahren vorrangig um einen Ort der Entspannung außerhalb der zerstörten Stadt, der es auch später immer geblieben ist, so wurde aus ihm eine Einrichtung, die die Freizeitinteressen der Kinder und Jugendlichen in höchster Qualität weckte und förderte. Es entstanden Fachabteilungen, von denen 1990/91 folgende bestanden: Palastclub/Methodik/Internationale Arbeit, Sport/Touristik, Technik, Naturwissenschaft, Kultur/Musikerziehung, Kultur/Kunsterziehung, Pioniereisenbahn im Großen Garten, Schülerakademie-Außenstelle, Club Junger Mathematiker, Schülerrechenzentrum-Außenstelle. In ihnen waren 156 Arbeitsgemeinschaften mit 1.954 Teilnehmern vereint, dazu kamen 1.700 Mitglieder der Schülerakademie und 233 Teilnehmer des Schülerrechenzentrums.

Arbeitsgemeinschaften wurden von Kindern und Jugendlichen wöchentlich freiwillig und kostenlos besucht, die nun oft über viele Jahre eine fachlich fundierte Ausbildung erhielten. In den Ferien organisierten die Pädagogen »Spezialistenlager«, die den Zusammenhalt der Gruppen förderten. Ein großer Vorteil war es, dass es so viele unterschiedliche Fachabteilungen an einem Ort gab. Nicht selten fand ein Kind zu ganz anderen Interessen und wechselte seine Arbeitsgemeinschaft.

Zur Förderung der Talente wurden in allen Fachgebieten Wettbewerbe ausgetragen, die meist in den Schulen bzw. Stadtbezirken begannen, über Stadt- und Bezirksausscheide weitergeführt wurden und in bestimmten Jahresrhythmen ihren Höhepunkt in Republikausscheiden fanden. Natürlich hatten die AG-Teilnehmer und ihre Leiter den Anspruch, mit Bestleistungen aufzuwarten. So beteiligten sie sich an der »Messe der Meister von Morgen« (Technik, Naturwissenschaft), der »Galerie der Freundschaft« (Bildende Kunst, Angewandte Kunst, Fotografie), »Mach mit – mach's nach – mach's besser« (Sport), an Chor und Tanzwettbewerben. Mit den Ergebnissen machte sich der Pionierpalast Dresden im In- und Ausland einen Namen.

Neben den Arbeitsgemeinschaften, die das zentrale Arbeitsfeld einer jeden Abteilung waren, bestand die Aufgabe, Veranstaltungen für Schulen anzubieten. Dies konnten Angebote für Hortgruppen und Schulklassen oder Großveranstaltungen zu gesellschaftlichen Höhepunkten sein. Den Dresdnern in Erinnerung sind sicher die Besuche im »Märchenzimmer« – dem Türkischen Bad –, der Badespaß im Römischen Bad, die Faschingsveranstaltungen im Schloss und die Ferienveranstaltungen im Park.

Im Sommer 1989 ahnten die Kinder im Freibad des Pionierpalastes noch nicht, dass sie die letzten Badegäste in dem später wieder als Springbrunnenanlage genutzten Wasserspiel waren. *Foto: Ulrich Häßler*

Die beiden Abteilungen Kultur – Kunsterziehung und Musik – waren die größten am Schloss. Das Ensemble und die Tanzgruppe legten den Grundstein in den 1950er Jahren. In den 1960ern kamen dazu das »Pioniertheater«, der Bereich Bildende Kunst/Keramik, das Pioniercafé, später das Puppentheater, das Trickfilmstudio und der Filmclub – alles Fachbereiche, die weit über den Pionierpalast hinaus wirkten und vielen Jugendlichen den Weg ins Berufsleben öffneten. Aus dem Fachbereich Musik gingen bekannte Ensembles hervor. Genannt seien das heutige Dresdner Jugendsinfonieorchester, gegründet 1962 von Christoph Zeeh als »Streichorchester des Pionierpalastes Dresden«, oder der heute von Claudia Sebastian-Bertsch (* 1966) geleitete Mädchenchor, gegründet 1965 von Chorleiter Manfred Winter (* 1935). Wie in allen anderen Fachabteilungen wurden in den Arbeitsgemeinschaften die individuellen Fähigkeiten gefördert, aber auch großer Wert auf Gemeinschaftsarbeiten gelegt. So entstanden bildnerische Werke, die noch heute Schulen und öffentliche Einrichtungen schmücken, wie z. B. das Universitätsklinikum »Carl Gustav Carus«.

Der »Pionierpalast«, der 1990 in »Freizeitpalast« umbenannt wurde, bestand noch bis 1991. Die anfangs genannten Fachabteilungen wurden den anderen Institutionen zugeordnet, gingen in freie Trägerschaft über oder wurden aufgelöst.

Die beiden Abteilungen Kultur schlossen sich 1991 unter dem Namen »Jugendkunstschule Schloß Albrechtsberg« zusammen und konnten so einen Teil des Erbes der bisherigen Bildungs- und Erziehungsarbeit antreten. Träger wurde das Jugendamt Dresden. Die Mitarbeiter stellten sich der Aufgabe, ihre Fachbereiche den neuen Anforderungen entsprechend umzugestalten. Engagiert bewahrten sie die Arbeitsgemeinschaften in der Überzeugung, dass kontinuierliche und fachlich fundierte Arbeit dem Anspruch kindlichen Bemühens um gute Leistungen entspricht. Sie öffneten ihre Angebote für Vorschulkinder und Erwachsene. Auch die Forderung nach »niederschwelligen« Angeboten wurde erfüllt.

Trotz vieler Erfolge stand die Einrichtung bereits 1999 vor der Schließung. Die Überführung in freie Trägerschaft konnte nur mit Hilfe einer

Arbeitsgemeinschaft Junge Historiker im Pionierpalast Dresden
Foto: Höhne, aus: Broschüre »Unser Pionierpalast Walter Ulbricht«, 1955

Pioniere im Postamt der Freundschaft im Pionierpalast im September 1977 *Foto: Ulrich Häßler*

Früht übt sich... Kindertanz zum Mitmachen

Figurentheatergruppe der JugendKunstschule

engagierten Elternschaft abgewendet werden. Seit 2003 ist die Jugendkunstschule Dresden dem Kulturamt zugeordnet und eine sozial verträgliche Gebührenordnung festgeschrieben. Den heutigen Ansprüchen an Freizeitgestaltung entsprechend werden Projekte organisiert, die sich an den Wünschen der Kinder und Jugendlichen orientieren. Dafür engagieren sich Honorarkräfte, die auch in der kontinuierlichen Arbeit der Auftritts-Formationen und in Werkstätten tätig sind.

Das Angebot der Jugendkunstschule reicht heute von Chor, Tanz und Theater über Malerei, Grafik, Plastik, Keramik, Textilkunst und Handwerk bis zum Schreiben und Erzählen. Die meisten Angebote und die Geschäftsstelle befinden sich auf Schloss Albrechtsberg. Außenstellen der Jugendkunstschule sind die »Kinder- und Jugendgalerie Einhorn« im Kulturrathaus auf der Königstraße in Dresden-Neustadt, der »Palitzschhof« in Dresden-Prohlis, der »Club Passage« in Dresden-Gorbitz und das »Tanzstudio im Paradiesgarten« in Dresden-Zschertnitz.

In der Keramikwerkstatt der JugendKunstschule Dresden Fotos (3): Katrin Silbermann

Landesparteischule
Kügelgenstraße 12
Die Demokratische Bauernpartei Deutschlands hatte sich am 29. April 1948 mit dem damaligen Minister für Land- und Forstwirtschaft der DDR, Ernst Goldenbaum (1898 – 1990), der nun 1. Vorsitzender der Partei wurde, gegründet. Die Landesparteischule für Sachsen erhielt 1952 ihren Namen nach dem im gleichen Jahr nominierten neuen Minister für Land- und Forstwirtschaft Paul Scholz (1902 – 1995). Sie hatte ihren Sitz einige Jahre in der Villa Kügelgenstraße 12, wahrscheinlich von 1954 bis 1959.

Marxistische Arbeiterschule
An der Berglehne 4
Ab 1926 entstand ein Schulungssystem der KPD zur Verbreitung der marxistisch-leninistischen Ideologie, das von Grundkursen über die »Hochschule der Werktätigen« (MASCH) bis zur Reichsparteischule reichte. Im Frühjahr 1927 fand ein erster Kursus der Reichsparteischule auf der Burg Hohnstein statt.

Der zweite Kurs folgte von Januar bis März 1928 im Haus An der Berglehne 4 in Dresden-Loschwitz. Hier erhielt die Reichsparteischule ihren Namen »Rosa Luxemburg«. Die erste Leiterin der Schule war die Schriftstellerin Frida Rubiner (1879 – 1952). Ihr folgte noch im gleichen Jahr Albert Ebert (1874 – 1935), der gleichzeitig Mitglied des ZK der KPD und sächsischer Landtagsabgeordneter war. Ende 1928 fanden hier Beratungen der jugoslawischen Kommunisten, der sogenannte »Balkan-Kongress«, statt. Zu den Gästen zählte auch der spätere jugoslawische Staatspräsident Josip Broz Tito (1892 – 1980).

Nachdem die Reichsparteischule »Rosa Luxemburg« in Fichtenau bei Berlin erstmalig ein eigenes Gebäude besaß, fanden die Schulungskurse ab Februar 1929 nur noch dort statt. In Loschwitz, An der Berglehne 4, befand sich ab Dezember 1929 die Dresdner »Marxistische Arbeiterschule« (MASCH). Zu den bedeutendsten Lehrern der Loschwitzer Reichsparteischule und danach der MASCH gehörte der promovierte Ökonom, Politiker und Journalist Hermann Duncker (1874 – 1960). Einer seiner Schüler war der später ebenfalls in Dresden-Loschwitz ansässige Schriftsteller Ludwig Renn (1889 – 1979, → *K2*). Die Marxistische Arbeiterschule in Dresden-Loschwitz bestand bis 1931.

Otto-R. Wenzel

Zitate:
1 NEUMERKEL, Christa; Einzigartige Ingenieurschule für Holztechnik; in: DNN 24.08.2013
2 KRÖPPELIN, Detlef (Hrsg.); Berufsakademie Sachsen. Staatliche Studienakademie Dresden; Dresden 2009
Quellen: 2, 65, 88, 91, 100, 107, 113, 114, 364, 388, 543, 548, 628, 640, 664, 703, 725, 728, 779, 817, 818, 842, 863, 884, 924, 1000, 1077, 1141, 1152, 1188

Schultze-Görlitz, Hans; Maler und Grafiker (1878 – 1952) → *K2*
Schulze, Birgit; Zahntechnikerin und Malerin (* 1951) → *K2*
Schulze, Horst; Schauspieler (* 1921) → *K2*
Schulze, Karl; Architekt (* 1947) → *K2*
Schumann, Albert; Maler (1843 – nach 1904) → *K2*
Schumann, Clara; Pianistin und Komponistin (1819 – 1896) → *K1* → *Wieck*
Schumann, Margarete; Fotografin (1914 – 2000) → *Handw. u. Gew./Fotografen*
Schumann, Reinhard; Architekt (1881 – 1962) → *K2*
Schumann, Wolfgang; Architekt und Baumeister (1926 – 2002) → *K2*
Schuster, Karl Heinz; Bühnenbildner, Maler und Schriftsteller (1912 – 2006) → *K2*
Schütz, Heinrich; Kapellmeister und Komponist (1585 – 1672) → *K1*
Schütze, Kurt; Maler und Grafiker (1902 – 1971) → *K1*
Schwabe, Klaus; Bildhauer, Maler und Grafiker (* 1939) → *K2*
Schwauß, Maria; Dichterin und Schriftstellerin (1889 – 1987) → *K1*
Schweiger, Detlef; Maler und Grafiker (* 1958) → *K1*

Schwenk, Georg
Maler und Dichter (1863 – 1936)

Georg Schwenk (→ *K1*) wurde am 3. Juni 1863 in Dresden als Sohn des Bildhauers und Rietschel-Schülers Friedrich Wilhelm Schwenk (1830 – 1871) geboren. Von 1880 bis 1888 sowie zwischen 1894 und 1896 studierte Georg Schwenk an der Königlichen Akademie der bildenden Künste in Dresden bei Leon Pohle (1841 – 1908), Theodor Grosse (1829 – 1891), *Herrmann → Prell* (1854 – 1922, → *K1*) und Heinrich Hofmann (1824 – 1911), wobei er sich besonders in der Wandmalerei profilierte. Die monumentale Historienmalerei sowie die sakralen Bildthemen seiner Lehrmeister beeinflussten wohl seine Malweise.

1898 fertigte Schwenk für das Marternihospital und das Maria-Anna-Kinderhospital in Dresden-Trachenberge mehrere großformatige romantisierte Darstellungen von Märchenfiguren sowie ein Christusbild mit dem Titel »Lasset die Kindlein zu mir kommen.« Allerdings wurden diese Bildwerke im Zweiten Weltkrieg zerstört und existieren nur noch als Nachzeichnungen in den Archiven des Dresdner Kupferstichkabinettes. Zwei weitere seiner Werke mit dem Titel »Treu der Natur« und »Dem Licht entgegen« befanden sich im Lahmannschen Sanatorium auf dem Weißen Hirsch und wurden seit 1903 mehrfach als Postkarten veräußert. In seiner Darstellung des idyllischen Zusammenlebens der Menschen mit der religiös aufgeladenen Natur demonstrierte Schwenk das verehrungswürdige Ideal des gesunden Körpers als Inbegriff der Lebensreformbewegung. 1899 fertigte er als Reminiszenz an die Bautzener Stadtgeschichte für das Gewandhaus in Bautzen ein monumentales Wandbild der »Fürstenversammlung« von 1240 sowie eine dramatische Kampfszene mit dem Titel »Der durch die Bautzener Bürger zurückgeschlagene Ansturm der Hussiten unter Molesta 1429.« Für die Nikolaikirche in Eisenach gestaltete er ein Andachtsbild mit »Jesus segnet die Menschen.«

Georg Schwenk *Foto: Archiv OVLW*

Georg Schwenks berühmtestes Gemälde »Treu der Natur«, 1900, mit einem Porträt von Heinrich Lahmann (im Wasser stehend, den Kranken stützend) *Foto: privat*

1898 zog Schwenk mit seiner Frau Hedwig, geborene Herzog-Weiske und den fünf Kindern, von denen zumindest Hans, Walter, Adolf und Rose (* 1898) namentlich bekannt sind, in das Loschwitzer → *Künstlerhaus*. In diesem sollte er bis zu seinem Tod leben. Seit diesen Jahren finden sich in Schwenks Œuvre auch verstärkt Motive des Loschwitzer Elbhangs, die er stimmungsaufgeladen in seine Gestaltungskonzeptionen integrierte. So fertigte er 1905 einen Entwurf für die → *Schillerfeier* (→ *Feste*), die Friedrich von Schiller (1759 – 1905, → *K1*) vor einigen Bauwerken des Körnerplatzes zeigte. Des Weiteren arbeitete Schwenk speziell für verschiedene Institutionen in Loschwitz und schuf so auch die Entwürfe für zwei Glasfenster in der Loschwitzer → *Kirche*. Zu seinen bekanntesten Werken dieser Zeit gehört die 1913 vom sächsischen Kunstfond in Auftrag gegebene Gestaltung einer Sopraporte für die Aula der → *Schillerschule* in Loschwitz. Diese zeigt »Die Erziehung der Jugend im Geiste Schillers«, worauf sich Schwenk mit seiner Frau und seinen Kindern als Verkörperung des Lehrens und Lernens porträtierte.

Kinderbildnis, 1929
Als Entgelt für angeschriebene Waren porträtierte Georg Schwenk die Kinder des Kaufmanns Fasold, → Handw. u. Gew., Feinkost Fasold) Fritz und Ursula.
Slg. M. Griebel

Neben den Loschwitzer Motiven beschrieb die Lehrvermittlung einen weiteren wichtigen Themenkomplex in Schwenks Wirken. 1915 spendete er ein großformatiges Gemälde der Allegorie des Lernens, dessen Entwurf er 1904 für einen Wettbewerb eingereicht hatte, dem Königlichen Ministerium des Inneren in Dresden. An das Ministerium gingen verschiedene Anfragen aus den Lehranstalten in Schneeberg, Stollberg und Borna um dieses Bildwerk ein. Der genaue Ausgang dieser Anfragen ist wohl auch durch die Wirren des Ersten Weltkrieges in den verwendeten Akten nicht verzeichnet.

Während und nach den Kriegsjahren widmete sich Schwenk dem Schreiben. So veröffentlichte er 1915 sein heroisierendes Drama »Gottfried von Gutenbronn«, das 1933 uraufgeführt wurde. 1923 vollendete er Goethes Fragment »Geheimnisse« in seinem Gedicht »Das Neue Heil. Eine an Goethe's ›Geheimnisse‹ anknüpfende Dichtung«, womit er nach eigener

Georg Schwenk, Jüngling mit Engel, um 1905, Öl auf Leinwand. Im Hintergrund ist die Loschwitzer Landschaft zu sehen.
Archiv Kirchgemeinde Loschwitz

Aussage das gegenwärtige Lebensgefühl zum Ausdruck bringen wollte. Während des Nazi-Regimes erhielt Georg Schwenk mehrfach finanzielle Unterstützung. Auf Empfehlung des befreundeten → *Architekten Martin* → *Pietzsch* (1866 – 1961, → *K1*) wurde Georg Schwenk im November 1935 vom »Sächsischen Künstlerhilfsbund« die einmalige Zahlung von 35 RM zugebilligt. Darüber hinaus gestand die Reichskammer der Bildenden Künste Schwenk im gleichen Jahr ein Weihnachtsgeld von 50 RM zu. Allerdings war Schwenk in diesem Jahr von schwerer Krankheit gezeichnet, sodass er am 26. Mai 1936 in Dresden-Loschwitz verstarb. Seine Witwe floh mit den fünf Kindern und einem Teil des Werkes von Schwenk noch vor der Bombardierung Dresdens in die USA. 1995 erging ein Angebot zweier Vormunde von Schwenks Enkelin Constance Rose an die Stadt Dresden, die Sammlung des Schwenkschen Werkes als gesamtes Konvolut zu erwerben.

Georg Schwenk galt als zurückgezogener frommer Einsiedler, der sich vertiefend seinen sentimentalen romantisierten Idealbildern und sakralen Themen widmete. Gleichzeitig zeugt sein noch erhaltenes Œuvre von der dem Historismus des 19. Jahrhunderts verpflichteten Heroisierung und Monumentalisierung, in die er dennoch seine private Umgebung stets mit einfließen ließ. **Juliane Beier**

Quellen: 23, 640, 884, 943

Sebastian, Annelies; Musikerin und Musikpädagogin (* 1942) → *K2*
Sebastian-Bertsch, Claudia; Musikerin und Musikpädagogin (* 1966) → *K2*
Sebb, Volkmar; Fotografiker (1942 – 2012) → *K2* → *Handw. u. Gew./Fotografen*
Seibt, Günter; Grafiker (* 1934) → *K2*
Seidel, Gertraude; Textilgestalterin (1924 – 2011) → *K1*
Seidel, Jürgen; Maler und Grafiker (1924 – 2014) → *K1* → *Kirche/Paramente*
Seifert, Else; Fotografin (1879 – 1968) → *K2* → *Handw. u. Gew./Fotografen*
Seifert, Heinz; Musiker (* 1934) → *K2*
Serda, Julia; Schauspielerin (1875 – 1965) → *K2*
Siebelist, Arthur; Maler und Grafiker (1870 – 1945) → *K2*
Siegel sen., Curt; Bildhauer (1881 – 1950) → *K1*
Siegel jun., Curt; Architekt (1911 – 2004) → *K2*
Siegert, Arila; Tänzerin, Regisseurin und Choreografin (* 1953) → *K2*
Simmgen, Bettina; Musikerin und Musikpädagogin (* 1968) → *K2*
Skade, Friedrich (Fritz); Maler (1898 – 1971) → *K2*
Spank, Hans; Maler und Grafiker (1893 – 1962) → *K2*

Spehr, Reinhard
Archäologe (* 1938)

Reinhard Spehr wurde am 18. September 1938 in Lossow bei Landsberg an der Warthe (heute Włostów bei GorzówWielkopolski in Polen) geboren. Nach dem Zweiten Weltkrieg fand seine Familie in der Nähe von Jena ein neues Zuhause.

Nach dem 1957 abgelegten Abitur studierte Reinhard Spehr von 1958 bis 1962 an der Friedrich-Schiller-Universität in Jena Prähistorische Archäologie und im Nebenfach Kunstgeschichte. Von 1962 bis zu seinem Ausscheiden im Jahre 2003 arbeitete er als Wissenschaftler und Referatsleiter am sächsischen Landesmuseum für Vorgeschichte, dem späteren Landesamt für Archäologie. Seit 1963 ist er mit der Diplomprähistorikerin Erika Spehr geb. Kleinwächter verheiratet und hat vier Kinder. Die Familie wohnte von 1975 bis 2007 Veilchenweg 23 in Dresden-Loschwitz.

Reinhard Spehrs wissenschaftliche Interessen sind breit gefächert. Sie betrafen zunächst die Latènezeit (Jüngere Eisenzeit, 5. – 1. Jahrhundert v. Chr.). Grundlegend wurden dabei

Reinhard Spehr *Foto: privat*

seine Forschungen zur Steinsburg bei Römhild (1962, 1980). Von enormer wissenschaftlicher Aussage waren auch die Ergebnisse seiner 1979 bis 1981 vorgenommenen Rettungsgrabungen auf dem Burzelberg bei Hohburg in der Nähe von Wurzen. Dort gelang ihm die Freilegung der ältesten in Sachsen erhaltenen Steinarchitektur, einer zweieinhalbtausend Jahre alten Pfostenschlitzmauer. Seit den Untersuchungen an der Wasserburg in Baruth bei Bautzen 1964 wurde das Mittelalter immer mehr zu seinem Hauptforschungsgebiet. Von 1982 bis 1990 leitete Reinhard Spehr in Dresden mit entsprechenden baugeschichtlichen und historischen Fragestellungen die Grabungen im ehemaligen Residenzschloss, an den Resten der mittelalterlichen Elbbrücke und an der Frauenkirche. Von außerordentlicher wissenschaftlicher Bedeutung sind seine Untersuchungen zum wettinischen Jagdsitz Grillenburg und zur Wüstung Warnsdorf im Tharandter Wald sowie zum Jagdschloss »Osterlant« bei Oschatz, einem einzigartigen Bauwerk von europäischem Rang.

Er hat über achtzig Fachartikel und mehrere Monografien veröffentlicht, die fast alle Ausgangspunkt intensiver, auch kontroverser Diskussionen wurden. Insbesondere seine Erkenntnisse zu den Anfängen von Dresden und zur Stadtherrschaft im 12. und 13. Jahrhundert haben zu einer neuen, differenzierteren Sicht auf die umstrittene Frühgeschichte der sächsischen Landeshauptstadt beigetragen.

Norbert Oelsner

Quellen: 244, 984, 985, 986, 987, 988, 989, 990, 991, 992

Spemann, Wilhelm; Maler (1863 – 1928) → *K2*

Raketenrutsche im Park des Pionierpalastes, Schloss Albrechtsberg.

Familienfoto in der Grünanlage der ehemaligen Tintenfabrik Leonhardi auf der Grundstraße, 1967 Fotos (2): Slg. Eberhard Münzner

Spielplätze

Der heute von der Sportvereinigung Loschwitz genutzte Fußballplatz neben der Brückenrampe wurde bereits 1913 nicht nur als Sport-, sondern auch als Spielplatz angelegt, nachdem der Kaufmann Emil Richter (1867 – 1972) dem Ortsausschuss für Jugendpflege Geld zum Erwerb des Grundstücks gespendet hatte. Da er vor allem von der → *Schillerschule* genutzt wurde, dienten Sandkasten und Kletterstange, die erst kurz nach dem Zweiten Weltkrieg verschwanden, vor allem zum Sportunterricht.

Auf dem Gelände der ehemaligen → *Tintenfabrik Leonhardi* entstand 1955, nach Beseitigung von Abraum und Bunkeranlagen, ein bescheidener Spielplatz. Ein großer Sandkasten mit Sitzgelegenheiten, eine Kies-Spielfläche für Ball- und Gruppenspiele sowie eine Wippe konnten Kinder nutzen. Mit der Errichtung der Baracken für die PGH Ofensetzer (→ *Handw. u. Gew.*) verschwanden die Geräte.

Nachdem → *Schloss Albrechtsberg* → *Pionierpalast* (→ *Schulen*) geworden war, baute man Ende der 1950er Jahre einen Spielplatz mit Rutsche im Park. Nach der Begeisterung für den Sputnik und der ersten Weltraumfahrt von Juri Gagarin (1934 – 1968) bekam um 1970 die Rutsche die Form einer Rakete und wurde eine Attraktion des Spielplatzes. Die Spielgeräte wurden nach 1993, nachdem der Pionierpalast aufgehört hatte zu bestehen und sich keiner mehr um deren Instandhaltung kümmerte, beseitigt.

Anstelle eines Metall-Klettergerüstes im sogenannten »Albert-Park« an der Schillerschule entstand 1993 auf Initiative des Elbhang-Kuriers ein neuer Spielplatz. Die Herausgeber fanden mit der »Union-Bau AG« einen Sponsor für das Spielgerät und mit »Kinder-Design-Tharandt« eine seit vielen Jahren renommierte Firma beim Bau von Kinderspielplätzen mit unbehandeltem Robinienholz. Gleichzeitig wurde der Park saniert, wofür die Landschaftsarchitektin Claudia Petzold (* 1961) die Entwürfe erarbeitete. Die Stadt investierte in die Sanierung des Parks, wozu auch eine Einfriedung als Spielplatzsicherheit gehörte, 200.000 DM.

Anwohner des → *OT Schöne Aussicht* hatten sich 2005 mit einer Unterschriftenaktion an die Landeshauptstadt gewandt, dass auch in ihrem Gebiet dringend ein Spielplatz benötigt werde. Das Amt für Stadtgrün und Abfallwirtschaft folgte der Bitte und fand eine geeignete Fläche an der Ecke Sierksstraße/Malerstraße. Die Gestaltung übernahm die Landschaftsarchitektin Evelyn Nitsche (* 1951), wobei die Wünsche der Anwohner einflossen. Die Tief- & Straßenbau Radebeul GmbH führte die Pläne aus, und am 14. April 2008 konnte der Spielplatz feierlich eingeweiht werden. Auf ihm befinden sich Spielgeräte der Brandenburger Spiel-Bau GmbH: ein Klettergerüst mit Rutsche, eine Schaukel, ein Karussell, überdimensionale Mikadostangen zum Balancieren, ein Wipptier, eine Schultafel und ein abdeckbarer Sandkasten. **Jürgen Frohse**

Quellen: 253, 340, 907

Spitzner, Reinhard; Dichter, Schriftsteller und Jurist (1863 – 1922) → *K2*

Spliet, Wally (Elisabeth); Sängerin und Gesangspädagogin (1861 – 1946) → *K2*

Spielgerät der Firma Kinder-Design-Tharandt im Park neben der Schillerschule, 2015 Foto: J. Dose

Schulsportfest neben der Brückenrampe, 1930, rechts die 1926 errichtete Holzhütte *Foto: Franz Gaudernack, Archiv OVLW*

Sport

»Integratives und behindertengerechtes Reiten e. V.«, Dresden
Körnerweg 15
Die Anfänge des Vereins liegen im Jahr 1987. Sabine Schmidt (* 1953) gründete im Kammergut Pillnitz die »Kinder und Jugendfarm Dresden«. Ihr Ziel war, Kindern und Jugendlichen eine sinnvolle Freizeitbeschäftigung anzubieten.

Seit dieser Zeit hat der Verein mehrere Stationen und Entwicklungen durchlaufen, bis schließlich 1999 der »Kinder und Jugendverein Dresden e. V.« ein geeignetes Domizil am → *Körnerweg* auf dem Gelände der ehemaligen → *Gärtnerei* Zeibig mit einer großen Streuobstwiese fand. Dieses Gelände konnte Sabine Schmidt von der Erbengemeinschaft von Mayenburg (→ *Schloss Eckberg*) pachten.

Die Reitpädagogin und -therapeutin Sabine Schmidt engagierte sich ehrenamtlich besonders auch für Kinder und Jugendliche mit Handicaps. Sie sollen nicht nur reiten, sondern auch den Umgang mit Pferden und Stallarbeiten erlernen.

Mit der Gründung des »Verein für integratives und behindertengerechtes Reiten e. V.« im Jahr 2007 wird diese Arbeit fortgesetzt. Sabine Schmidt ist ehrenamtliche Leiterin und stellt dem Verein mit etwa 110 Mitgliedern ihre eigenen Pferde zur Verfügung.

Das Gelände mit rund 2½ ha liegt in Elbnähe und ist bei Hochwasser besonders gefährdet. Die Pferde mussten oft anderweitig untergebracht werden, Stallungen und Trainingsgelände wurden zerstört. Durch viele freiwillige Helfer und Spenden konnte der Verein stets fortbestehen.

Seit 2013 zahlt der Verein Pacht an den neuen Besitzer des Geländes »Naturschutzbund Deutschland e. V.« (NABU). **Ute Häse**

Quelle: 724

Sabine Schmidt mit ihren »dienstältesten« Pferden, 2015 *Foto: Albert Schmidt*

SV Loschwitz
Friedrich-Wieck-Straße 32
Der Turn- und Sportverein Loschwitz (TSV) nutzte den Sportplatz am Blauen Wunder bis 1945. Bereits 1926 entstand auf dem Gelände eine Holzhütte als Umkleideraum für die Sportler, die noch bis 1960 benutzt wurde. Ein hervorragender Tormann einer der damaligen Fußballmannschaften war der spätere Inhaber des Milchgeschäftes Pillnitzer Landstraße 4, Walter Schramm (1907 – 2000).

1949 wurde die Sportgemeinschaft (SG) Loschwitz gegründet. 1950 übernahm der VEB Kartonagenfabrik Dresden (KAMA) als Trägerbetrieb den Verein, der danach in Betriebssportgemeinschaft (BSG) Motor Loschwitz umbenannt wurde. Die Sektion Fußball wurde von Sportfreund Erich Tyralla geleitet. Es war sicher nicht einfach, nach dem Zweiten Weltkrieg mit den bescheidenen Mitteln der Nachkriegszeit den Verein neu aufzubauen. Unter den BSG-Leitern Walter Mehnert, Rudi Lorenz und Siegfried Leutsch wurden in den 50er, 60er und 70er Jahren etwa 250 Mitglieder für die aktive Mitarbeit in den Sektionen Fußball, Volleyball, Tischtennis, Kegeln und Wandern/Bergsteigen/Orientierungslauf gewonnen. In den 80er und 90er Jahren leitete Rolf Hauptmann den Vorstand. Im Jahre 1960 erfolgte die Einweihung des massiven Neubaus eines vom Sportamt finanzierten Sportheims nach Abriss der Holzhütte.

Siegerkranz für die Fußballmannschaft des SV Loschwitz, 1920. *Foto: Slg. Schramm*

In dieser Zeit spielte die 1. Männermannschaft in der Bezirksklasse. Bis 1964 wurde die Fußballmannschaft zu Punktspielen außerhalb Dresdens mit einem LKW befördert, der mit Plane, Spriegel und Bänken ausgerüstet war. Die Transportkosten übernahm die BSG. Nach dem Abstieg 1964 spielten die Loschwitzer 14 Jahre in der Dresdner Kreisklasse. Hans Linke, ein ehemaliger Spieler der 1. Fußballmannschaft, arbeitete in den 70er Jahren als Übungsleiter und führte die Mannschaft bis zum Aufstieg 1977/78 in die Stadtliga. Das gleiche schaffte er noch einmal im Spieljahr 1990/91. Für seine Verdienste erhielt Hans Linke 1977 die Ehrennadel der BSG in Gold.

In den 70er und 80er Jahren war Heinz Floch als Vorstand für die Sektion Fußball tätig, ab Mitte der 90er Jahre Carsten Wolf, der 2012 von Lutz Quidenius abgelöst wurde. Dank der Arbeit von Trainer Holger Schwenke schaffte die 1. Männermannschaft 2013 den Aufstieg in die Sparkassenoberliga. Die 2. Männermannschaft spielte in der 1. Stadtklasse und wurde von Thomas Höhme trainiert. Fünf Nachwuchsmannschaften kämpften in verschiedenen Spielklassen der Stadt um Punkte. 1979 wurde die an das Sportheim angebaute und vom Trägerbetrieb finanzierte Kegelbahn eröffnet. Bis dahin trainierten die Kegler unter der Leitung ihres Sektionsleiters Hans Dietze im Elbe-Hotel.

Im Jahre 2002 überflutete das Hochwasser das gesamte Areal einschließlich Sportheim und Kegelbahn und verursachte einen Schaden von 175.000 Euro. Eine ganze Saison mussten die Punktspiele der Fußballmannschaften daraufhin in Pillnitz ausgetragen werden. Ein Jahr später finanzierte die Stadt Dresden für das Spielfeld einen neuen Rasen. Die Sanierung von Sportheim und Kegelbahn gelang durch Eigeninitiative einiger Sportfreunde und die kurzfristige Freigabe der erforderlichen Mittel durch den Sportstätten- und Bäderbetrieb Dresden deutlich schneller. 2013 überflutete das Hochwasser erneut die gesamte Sportanlage. Auch das Sportheim und die Kegelbahn waren stark betroffen.

In den Sektionen Fußball, Kegeln, Tischtennis, Pop-Gymnastik und in der allgemeinen Sportgruppe trainieren zur Zeit ca. 350 Sportfreunde.

Unter der Leitung des Sportfreundes Wolfgang Fähre bestreiten zwei Wettkampfmannschaften regelmäßig Kegelturniere. Daneben

1. Mannschaft 1961/62

Sportplatz unter Wasser, 2002

wird die Kegelbahn in großem Umfang für den Freizeitsport genutzt. In der Pop-Gymnastikgruppe trainieren jeweils donnerstags in der Turnhalle der 44. Grundschule Saalbachstraße 28 Mitglieder beiderlei Geschlechts im Alter von 40 bis 80 Jahren unter der Leitung von Karin Trage mit dem Ziel einer allgemeinen Gesundheitsertüchtigung.

Die Sektion Tischtennis hat 32 Mitglieder und ist in den Räumen der ehemaligen Grundschule Glashütter Straße untergebracht. Sie wird von »Siggi« Lindner geleitet. Die 1. Mannschaft kämpft in der 2. Bezirksliga, die 2. bis 4. Mannschaft in der Stadtklasse. Mehrere ältere Sportfreunde haben sich in einer allgemeinen Sportgruppe zusammengefunden. In einer angemieteten Halle machen sie sonntags verschiedene Ballspiele.

Bis 1990 unterstützte der Trägerbetrieb die Sportgemeinschaft finanziell. Danach führte sie wieder den Namen SV Loschwitz und wird seit 13 Jahren vom Präsidenten Sportfreund Werner Görlitzer geleitet. 2009 wurde das 60-jährige Bestehen gefeiert. **Hans Linke**

Kleinere Sponsoren (z. B. → *Gaststätte* Körnergarten, Getränkehandel Wetzlaff und Ostsächsische Sparkasse) unterstützen den Verein, der ihnen als Gegenleistung Bannerwerbung am Spielfeldrand ermöglicht.

Quelle: 724

Motor Loschwitz, Stadtliga 1978/79, Hans Linke rechts, stehend

Motor Loschwitz, 2013 *Fotos (4): Slg. Linke*

Sportplatz der Verkehrsbetriebe

Der Sportplatz liegt unmittelbar an der Flurgrenze zu Dresden-Wachwitz. Noch vor der 1930 vollzogenen Eingemeindung von Wachwitz nach Dresden bemühte sich der »Arbeitersportverein Wachwitz« um den Bau eines Sportplatzes, da es dort noch keinen gab. Mit dem Bau konnte 1926 – auf Loschwitzer Flur – begonnen werden. Dem noch 1930 vom Wachwitzer Gemeinderat beschlossenen Kauf des Landes und der Verpachtung an Turn- und Sportvereine auf 15 Jahre setzte die Eingemeindung des Ortes ein Ende.

In Dresden hatten sich Teile der Belegschaft der Dresdner Straßenbahn AG in zahlreichen Sport-, Musik- sowie Kulturgruppen und Wohlfahrtsvereinen zusammengefunden. 1934 wurden diese in der »Kameradschaftlichen Vereinigung der Dresdner Straßenbahner« (kurz: Kami) zusammengefasst, die seit dieser Zeit auch Mitglied im Deutschen Fußballverband war. Im gleichen Jahr kaufte die Dresdner Straßenbahn AG das Grundstück mit dem Sportplatz und weitere Fluren, wie die Pillnitzer Landstraße 94, von Buschbecks Erben und verpachtete es an die Kami. Am 3. Juni 1935 erfolgte der erste Spatenstich zum Bau einer Kantine und dem weiteren Ausbau des Sportplatzes sowie die Eintragung der »Kami« ins Vereinsregister.

Bereits am 23. Juni 1935 wurde der Sportplatz mit einem Appell übergeben, dem ein Festzug vom Blasewitzer Hüblerplatz aus vorangegangen war. Anschließend fanden Vereinsmeisterschaften der verschiedenen Sportabteilungen statt. Zu diesem Zeitpunkt war jedoch nur der Rasenplatz fertig gestellt. Im früheren Gärtnerwohnhaus waren die Wasch- und Umkleideräume sowie eine kleine Kantine untergebracht.

Die Kantine (»Heim«) und ein Schießstand konnten im November 1936 übergeben werden.

Festzug zur Einweihung des Sportplatzes am 23. Juni 1935 *Foto: Archiv DVB AG*

Appell zur Einweihung des Sportplatzes am 23. Juni 1935 *Foto: Archiv DVB AG*

Die Finanzierung erfolgte aus einem monatlichen Spendenbeitrag von 0,30 RM pro Mitglied, freiwilligen Beiträgen und freiwilliger, kostenloser Mitarbeit. 1935 hatte der Verein 4.700 Mitglieder.

Das langgestreckte eingeschossige Holzbauwerk mit Walmdach bestand aus Ständerwänden, die beiderseitig mit Brettern beplankt waren. Es wurde auf einem Wall errichtet und, bis auf die Heizung, nicht unterkellert. Elbseitig war dem Gebäude eine dreiteilige Vorhalle vorgelegt und hangseitig ein Anbau für Sanitäreinrichtungen. Im Inneren konnte der Raum durch Falttüren in unterschiedliche Sektionen geteilt werden. Genutzt wurde der Sportplatz vor allem für Veranstaltungen wie Maifeier, Erntedank-, Kinder-, Sommer- und Sportfest, die bis 1945 propagandistisch missbraucht wurden, und zur vormilitärischen Ausbildung der Lehrlinge, während von den Sportlern hier nur die Abteilungen Fußball und Leichtathletik und die später gebildete Abteilung Kanu zu Hause waren. Weil der Sportplatz abseits der Betriebshöfe und Werkstätten der Straßenbahn lag, mussten die Mannschaften durch Jugendliche aus Loschwitz und Umgebung verstärkt werden. Aber auch Wanderer und Einheimische suchten gern das Heim auf, das sich so zu einer beliebten Gaststätte entwickelte.

Im März 1940 überschwemmte die Elbe das gesamte Gelände. Bei der Schadensbeseitigung erfolgte 1941 im Heim der Einbau einer Großküche und eines Bierkellers. Anfang 1944 brachte die Dresdner Straßenbahn AG ihre Lohnabteilung im Heim unter. In diesem Zusammenhang taucht zum ersten Mal der Begriff »Heim Wachwitz« auf.

Nach Kriegsende verbrachten Loschwitzer Sportler Fußbälle und Trikots in ihre Wohnungen, um sie vor Plünderungen zu schützen. Am 22. Oktober 1945 löste sich die Kami auf und übergab ihr gesamtes Vermögen der Dresdner Straßenbahn AG. Nach dem Auszug der Lohnbuchhaltung stellte die Dresdner Straßenbahn AG das Heim vom 15. September 1945 bis 31. März 1946 dem Jugendausschuss der Stadt als Schulungsstätte für Neulehrer zur Verfügung. Danach begannen als erste die Fußballer wieder mit ihrem Training als »Sportgemeinschaft Wachwitz«. Herr Glanschnik, Pächter

Bau des Sportheimes. Am 9. April 1936 ist die spätere Form schon zu erkennen. *Foto: Archiv DVB AG*

Volleyballspiel während des Sportfestes im Sommer 1983 *Foto: Archiv DVB AG*

des Heimes, fütterte mit den Küchenabfällen Schweine und baute in dem Gelände Gemüse an, sodass es in den schweren Nachkriegsjahren immer mal etwas ohne Lebensmittelmarken gab. Dadurch entwickelte sich das Heim zu einer beliebten Gaststätte. Betriebsleitung, Betriebsparteileitung und Betriebsgewerkschaftsleitung der Verkehrsbetriebe hielten hier gern ihre Sitzungen ab.

Mit der Gründung des Deutschen Sportausschusses wurden 1948 die Betriebssportgemeinschaften formiert. So gehörten die Sportler nun zur »BSG KWU Dresden Stützpunkt Verkehrsbetriebe«. Ab 1950 wurden die Sportgemeinschaften in der DDR auf der Grundlage von Industriegewerkschaften aufgebaut, und so kam es am 21. März 1951 zur Gründung der BSG (Betriebssportgemeinschaft) Lokomotive Dresden-Mitte. In dieser Zeit erhielt die Gaststätte den Namen »Ernst-Schneller-Heim«. Seit 1957 hatte der Verein den Namen »BSG Verkehrsbetriebe Dresden«. In dieser Sportgemeinschaft gab es die Sektionen Boxen, Radsport, Kanu, Eiskunstlauf, Leichtathletik, Fußball, Tischtennis, Judo, Großfeld- und Hallenhandball, Kegeln, Volleyball und den Mädchenspielmannszug.

Aus dem Schießstand entstand eine Kegelbahn, die 1953 fertig gestellt war. Dadurch verbesserten sich die Trainingsbedingungen, sodass die Kegler in die DDR-Liga aufsteigen konnten. Doch bald erhielten die Lehrlinge im Rahmen der Gesellschaft für Sport und Technik wieder eine vormilitärische Ausbildung, sodass ein neuer Schießstand aufgebaut wurde. Seit der Gründung der Sektion Spielleute am 16. Februar 1970 erfolgte eine zusätzliche Nutzung des Sportplatzes für das Training des Mädchenspielmannszuges mit durchschnittlich 50 Mitgliedern.

Obwohl bereits 1959 Umbau- und Renovierungsarbeiten am »Heim« erfolgt waren, ließ sich der Verfall des hölzernen Gebäudes nicht dauerhaft aufhalten. In den 1970er Jahren mussten nach und nach einzelne Teile gesperrt

Der Sportplatz wurde wiederholt vom Elbhochwasser überschwemmt wie hier im März 1940
Foto: Archiv DVB AG

werden. Ungeachtet dessen gelang es nach den Betreibern Schäfer (bis 1969) und Rossmann (bis 1973) dem Ehepaar Steffen bis zur Schließung 1998, das »Schnellerheim« zu einer Gaststätte mit bestem Preis-Leistungs-Verhältnis zu entwickeln. Besonders hervorzuheben sind neben dem beliebten Sonntags-Mittagstisch und den Tanztees die legendären Silvesterfeiern mit einem Schlemmerbuffet für 20 M pro Person, die schon Monate vorher ausverkauft waren. Wegen seiner klaren, im Wesentlichen noch unverfälschten Architektursprache der 1930er Jahre war das Gebäude von besonderer architekturgeschichtlicher Bedeutung. Weil es außerdem eine sozialgeschichtliche Etappe der Geschichte der Landeshauptstadt verkörperte, wurde es vom Landesamt für Denkmalpflege als Kulturgut erfasst.

Im August 2002 verwüstete das Hochwasser der Elbe das gesamte Gelände. Mühsam wurde der Sportplatz wieder hergerichtet. Das Heim musste im Januar 2004 abgebrochen werden. Danach stellte man Container mit einem Betonfundament für ein neues Vereinshaus auf, das am 30. Juni 2005 übergeben wurde. Darin sind enthalten: vier Umkleidekabinen, die auch als Übungsräume für den Mädchenspielmannszug dienen, zwei Duschräume, eine Sauna, ein Klubraum, ein Beratungsraum, die Geschäftsstelle der Sportgemeinschaft, die Büros der Abteilungen Fußball und Spielleute sowie zwei Sanitäranlagen. Als Aufenthaltsraum diente in dieser Zeit das 2003 wiederaufgebaute Haus unten am großen Rasenplatz. Auch in den Jahren 2006, 2010 und 2013 überschwemmten erneut Hochwasser die Platzanlage sowie die Umkleideräume und die Sanitäranlagen im Keller des Wohnhauses. Dabei traf das Junihochwasser von 2013 den Verein erneut mit verheerender Gewalt. Die Sanitäranlagen wurden durch die Verkehrsbetriebe wieder aufgebaut, Platz und Bootshaus durch Eigenleistungen der Sportler.

Als eingetragener Verein existiert die Sportgemeinschaft Dresdner Verkehrsbetriebe seit dem 6. Februar 1991 und zählt, geleitet von Knut Drost, gegenwärtig rund 360 Mitglieder. Darin trainieren neben den Fußballern die allgemeine Sportgruppe, die Beachvolleyballer, eine Gymnastik- und eine Laufgruppe, die Spielleute und die Sektionen Badminton, Speed Badminton, Turnen und Volleyball. Die Sportanlage umfasst einen Volleyballplatz, einen Beachvolleyplatz, einen Hartplatz, einen kleinen und einen großen Rasenplatz. Die Anlage ist Eigentum der Verkehrsbetriebe Dresden, die Sportgemeinschaft als Pächter finanziert sich aus Mitgliedsbeiträgen und Sponsorenbeiträgen. Von den »Minis« bis zu den »Alten Herren« trainieren Fußballer aller Altersklassen und kämpfen im Stadtmaßstab um Erfolge. Dabei gelangen den Nachwuchsmannschaften mehrere Pokalsiege. Unter dem langjährigen Vorsitz von Aribert Marquart erkämpften sie den Aufstieg bis in die 1. Kreisklasse.

Aus den Reihen der SG kamen viele prominente Sportler, z. B. Toni Leistner (* 1990), jetzt Union Berlin, Maximilian Kaboth, jetzt FV Bischofswerda, als Eiskunstläufer der Welt- und Europameister und Olympiasieger Jan Hoffmann (* 1955), als Eisschnellläuferin und spätere Radrennfahrerin Christa Luding-Rothenburger (* 1959). **Mario Schatz**

Quellen: 36, 249, 724, 725, 960, 1000

Wettkampf auf der neu erbauten Kegelbahn am 17. August 1953 *Foto: Archiv DVB AG*

Die Gaststube des Sportheimes am 20. Juli 1949 *Foto: Archiv DVB AG*

Fußballtraining 2015
Foto: Siegfried Großmann

Turnverein auf dem Schulhof der Körnerschule *Foto: Nachlass Louis Schumann, Archiv OVLW*

Turnverein Loschwitz

Der »Turnverein zu Loschwitz« wurde am 18. Oktober 1863 – für Blasewitz und Loschwitz zusammen – unter dem Vorsitz von Tischlermeister Kurz gegründet. Nach anfänglich wechselseitigem Turnen beiderseits der Elbe erlahmte die Sache bald und Blasewitz gründete 1867 einen eigenen Turnverein.

Mitte der 1860er Jahre schmolz der Verein in Loschwitz jedoch auf wenige Mitglieder zusammen, das Vereinsvermögen ging an die Gemeinde, es hat aber keine Vereinsauflösung gegeben. Ab 1869 versuchte der Schuhmachermeister Hermann Harzbecker den Verein zu beleben, aber der Deutsch-Französische Krieg (1870/71) verhinderte den Erfolg und der Verein »ruhte« bis 1881. Danach wurde er wieder lebensfähig und 1884 gab er sich das »Grundgesetz des Turnvereins zu Loschwitz« unter dem Vorsitz von Oberpostassistent Emil Lange, Grundstraße 51.

1890 bestand der Verein aus 39 Mitgliedern über 17 Jahre, 21 Zöglingen unter 17 Jahren und 5 Ehrenmitgliedern. 1897 übernahm den Vorsitz Alexander Modes (→ *Fährgut*) und die Mitgliederzahl betrug zu dieser Zeit 65 Mitglieder, 30 Zöglinge und 25 Damen.

1898 fand das 35. Stiftungsfest im Gasthof Demnitz statt. Jährlich gab es Feiern, z. B. Familienabende, Festbälle, Militärkonzerte u. a., meist bei → *Demnitz* oder im → *Ratskeller* (→ *Gaststätten)*.

Wie im Adressbuch von Loschwitz 1912 zu lesen ist, versuchte der Verein »durch geregelte Leibesübungen und bildende Geselligkeit die körperliche und sittliche Kräftigung seiner Mitglieder zu fördern und eine Pflegestätte deutschen Volksbewusstseins und vaterländischer

Schreiben vom 7. Januar 1904 der Kgl. Amtshauptmannschaft Dresden-Neustadt als »Beschluss« an Gemeindevorstand Näther in Loschwitz:

»[...] wird hiermit angewiesen, den Turnverein ›Vorwärts‹ in Loschwitz sorgfältig zu überwachen und falls nachweisbare Tatsachen, daß der Verein nicht bloß Turnen und Geselligkeit pflegt, sondern sozialdemokratischen Zwecken dient oder daß er sich mit sonstigen öffentlichen Angelegenheiten befaßt, gegeben sind, ungesäumt Anzeige anher zu erstatten.«

Gesinnung« zu sein. »Politische Parteibestrebungen waren ausgeschlossen«. Geturnt wurde anfangs in verschiedenen Privatgrundstücken, dann jedoch in der Turnhalle der → *Körnerschule* Pillnitzer Landstraße 16.

Im Mitgliederverzeichnis von 1902 sind 164 Personen genannt, davon 114 Männer, 28 Frauen und 22 Zöglinge. 1903 fand das 40. Stiftungsfest mit einem Konzert im → *Weißen Adler* (→ *Gaststätten*) und einem Ball im Hotel Demnitz statt; die Festordnung dazu war vom 18. Oktober 1903. Im gleichen Jahr übernahm auch der Brücken- und Zolleinnehmer Friedrich Feller den Vorsitz und ab 1909 unterschreibt der Lehrer Willy Neuer in dieser Funktion. Lt. Vereinskalender von 1912 war der Verein nun auf 241 Mitglieder angewachsen.

Der »Spiel- und Turnplatz unterhalb der Elbbrücke«, ehemals Eichlersches Bauernland, wurde im Jahre 1912 durch die Gemeinde geschaffen. Für den Flächenerwerb hatten Stiftungsgelder zweier Loschwitzer, des Privatiers Emil Richter und der Majorswitwe Maria Wolff, zur Verfügung gestanden.

Turnzeiten waren: Mittwoch und Sonnabend 9 Uhr für Mitglieder und Zöglinge, Dienstag 8.30 Uhr Frauenabteilung B, Montag 7.30 Uhr Riege »Frisch« (Männerabteilung), Donnerstag 9 Uhr Riege »Jahn« (Männerabteilung), Freitag 8.30 Uhr Turnerinnenabteilung A und C.

Das Vereinslokal war die Gaststätte »Zum Kamerad« (→ *Gaststätten*) Grundstraße 29 (1965 wegen Baufälligkeit abgerissen).

Als Faschingsveranstaltung feierte der Verein 1912 im Hotel Demnitz das »Waldfest auf der Hofewiese«. Ein besonderer Höhepunkt war das 50-jährige Bestehen des Vereins 1913. Vor dem Festabend im »Weißen Adler« fand auf dem Loschwitzer → *Friedhof* eine Gedächtnisfeier mit Kranzniederlegung statt. Am Sonntag folgte ein Festumzug mit etwa 500 Teilnehmern aus 30 Vereinen und Vereinsschauturnen auf dem von der Gemeinde würdig hergerichteten Sportplatz am Blauen Wunder. Am Mittwoch danach war der Vereinsball im »Hotel Demnitz«. Das äußerst gelungene Fest (Ausgaben 2.622,50 M, Einnahmen 1.453,40 M, also Kosten 1.169,10 M!) bei herrlicher Witterung bestätigte die sehr geachtete Stellung des Turnvereins in der Gemeinde und darüber hinaus.

I. Zöglingsriege des Turnvereins, 1900, Obere Reihe v. l. n. r.: Ziesche, Meißner, Lehmann, Woog, U. Schneider Zweite Reihe sitzend: Anzelt, Borsdorf, Pohle, K. Richter Foto: Archiv Kirchgemeinde Loschwitz

Aus dem Jahrbuch des TV Loschwitz von 1914 ist zu entnehmen: Als Turnbekleidung war vorgeschrieben weiße lange Hose, weißes Trikot mit halblangen Ärmeln, schmaler, schwarzer Gürtel, (weiße Hosenträger, Tragbänder gestattet). Auf der Straße trug man zur hechtgrauen oder weißen Hose eine dunkelblaue Jacke und einen schwarzen weichen Hut.

Alle Mitglieder mussten Vereinsbeiträge entrichten: Männer 0,60 M, Zöglinge 0,15 M, Turnerinnen 0,75 M, Knaben 0,50 M.

Jeden letzten Sonnabend im Monat fanden im Vereinslokal, dem Gasthaus »Zum Kamerad«, Vereinsversammlungen statt. Der Turnrat tagte jeden Montag davor. Vereinsvorturnerstunden waren an jedem ersten Montag im Monat. Die Mitgliederzahlen bewegten sich in der Größenordnung von 250 bis 300. Der Verein wurde von dem Turnerrat geführt, dem neben dem 1. und 2. Vorsitzenden zwei Turnwarte, zwei Geldwarte, zwei Schriftwarte, ein Zeugwart, ein Turnerinnen-Vertreter, 3 Beisitzer und 4 Ersatzmänner angehörten. Daneben gab es die Vorturnerschaft mit Vorsitzendem und Stellvertreter sowie 13 Mitgliedern, 3 Anmännern, 1 Fahnenträger und 2 Fahnenjunkern. Als Vereinsturnlehrerin wirkte Fräulein Harter, Ludwig Hausmann war der Vereinsbote.

»Hochzeits-Barren« für Alfred Lehmann – Ihrem lieben Freunde zur Hochzeit gewidmet – Die Vorturnerschaft d. TV Loschwitz – Preusche, Seifert, Schneider I u. II, Schumann, Weidner, Woog, Männchen *Foto: Rolf Friebel*

Vom Schulvorstand war der TV Loschwitz darüber hinaus auch mit der Leitung des Fortbildungsschulturnens beauftragt.

Außer den regelmäßigen Übungsstunden bot das Vereinsleben auch in dieser Zeit ein reichhaltiges Programm an Festveranstaltungen im »Ratskeller«, im »Weißen Adler« und bei »Demnitz« wie z. B. zu Fasching oder zu Weihnachten. Weiterhin wurden Wanderungen und Ausflüge zum Czorneboh und Bieleboh, nach Rathen, Königstein, in den Böhmerwald und den Bayerischen Wald oder nach Meißen und vielen anderen Orten gemacht. Turnfahrten und Vorträge (z. B. über die Eiszeit in Sachsen, Burg Stolpen oder Drahtlose Telegrafie) sowie Wettkämpfe mit anderen Sportvereinen und Teilnahme an überregionalen Sportfesten z. B. 12. Deutsches Turnfest in Leipzig, Gauturntag, Vaterländische Festspiele Sachsen, Kreisspielfest Chemnitz wurden auch wahrgenommen.

Besonders verdiente Mitglieder wurden mit Ehrenurkunden geehrt, z. B. Alfred Lehmann 1925 und 1938 mit dem Bildband vom Deutschen Turn- und Sportfest Breslau.

Der Erste Weltkrieg riss auch in den TV Loschwitz schmerzliche Lücken. So ist im Jahrbuch 1916 zu lesen: »Möge das neue Jahr uns die siegreiche Heimkehr aller unserer lieben Turner bringen: Durch Kampf zum Sieg!«

Turnverein um 1890 *Foto: Nachlass Louis Schumann, Archiv OVLW*

Turn- u. Sportverein Loschwitz DT.
Frei- und rhythmische Uebungen für Frauen
Montags 8 Uhr in der Schulturnhalle.
Zuschauen gern gestattet. Beitritt jederzeit.

Anzeige, 1927 *Kirchgemeindeblatt*

Nach 1918 sind unter dem Vorsitz von → *Bäckermeister* Emil Winkler besondere Aktivitäten im Kinder- und Jugendturnen dokumentiert. 1919 wurde an der Gartenmauer des Rathausgrundstücks Körnerplatz 3 ein Aushängekasten angebracht und nach Übernahme des Vorsitzes durch Herrn Fricke fand wieder ein Schauturnen statt. In dieser Zeit wirkte auch der aus dem Ersten Weltkrieg als Leutnant heimgekehrte Erich Raquet (1894 – 1944) als Mathe-, Deutsch- und Turnlehrer, genannt der »Meister«. Als Gauturnwart für Kinderturnen betreute er 1931 ein Gauturnfest. Er leitete außerdem seit 1921 eine Frauenriege sowie eine Mädchenabteilung. Mit diesen Mädchen nahm er 1929 am Kinderschauturnen auf der Dresdner Ilgen-Kampfbahn (später Rudolf-Harbig-Stadion, heute Glücksgas-Stadion) teil. Vom Dach der Ilgen-Kampfbahn dirigierte er eine Turnübung mit 1.000 Turnern. Zum 2. überregionalen Bühnenturnen am 7. Februar 1932 im Alberttheater Dresden-Neustadt (1945 zerstört) sorgten Volkstänze des TV Loschwitz für einen heiteren Ausklang.

Bis 1933 gehörten auch die Söhne Karl und Ernst des Polizeioberwachtmeisters Franz zu den aktiven Turnern des Vereins. Karl Franz, geboren 1898, bestand schon 15-jährig die Vorturnerprüfung und war damit der jüngste Vorturner Deutschlands. Als Sympathisant Ernst Thälmanns zog er sich während der → *NS-Zeit* aus dem aktiven Sport zurück. Sein Bruder Ernst leitete als »Vereinsführer« den Verein, der jedoch von den Kriegsauswirkungen nicht verschont blieb, bis 1945. Neben vielen anderen Sportfreunden wurde auch der verdienstvolle Lehrer Erich Raquet zum Weltkrieg eingezogen und fiel 1944 bei Leningrad.

Der Verein wurde unter dem Nationalsozialismus »gleichgeschaltet« und daher nach 1945 als nationalsozialistische Organisation verboten. Damit endeten die Aktivitäten des TV Loschwitz.

Erst nach Kriegsende konnte Karl Franz als Mitarbeiter im öffentlichen Dienst seinen ehemaligen Sportfreunden oder deren Hinterbliebenen bei der Vermittlung von Arbeitsstellen behilflich sein.

Neben dem TV Loschwitz gründete sich am 23. Juli 1903 im Etablissement Schweizerei für die Ortschaften Neurochwitz, Niederrochwitz

Barrengruppe des Turn- und Sportvereins, 1927. *Foto: Franz Gaudernack?, Slg. Wolfgang Raquet*

Jungfrauen, 1901 *Foto: Franz Zeibig, Slg. Horst Lehmann*

Fasching 1906 im Gasthaus »Zum Kamerad« *Foto: Slg. Horst Lehmann*

Charlotte Ruckdöschel, 1929
Foto: Slg. Wolfgang Raquet

und Oberloschwitz sowie Rochwitz ein Turnverein mit dem Namen »Vorwärts«, der seinen Sitz auch in Loschwitz hatte.

Vorsitzender war Emil Börner, Zimmerer aus Rochwitz, der 1905 von Max Becker, Maler aus Rochwitz, abgelöst wurde. 1908 übernahm den Vorsitz der Maler Paul Friedrich, Rißweg 17, als Turnwart fungierte Ernst Hempel.

1921 hatte der Verein 112 Mitglieder und 43 Zöglinge; davon 30 Mitglieder und 12 Zöglinge aus Loschwitz, die anderen aus Rochwitz und Weißer Hirsch. Als Turnlokale fungierten die Schulturnhalle und der Weiße Adler.

Rolf Friebel

Zeitloses Motto für Jedermann:
Froher Sinn und Tätigkeit
schützen Dich vor Grillen.
Turnst Du fleißig jederzeit,
brauchst du keine Pillen.

Quellen: 58, 334, 725, 1000

Faschingsfest des Turn- und Sportvereins Loschwitz, 1938 *Foto: Slg. Trupke*

Motorwassersportclub »Elbe Dresden« (MC Elbe Dresden)
Körnerweg

Am 1. Januar 1968 gründeten Wassersportfreunde den Motorwassersportclub »Elbe Dresden« im Allgemeinen Deutschen Motorsportverband (ADMV). Basis des Vereins war das in den Jahren 1963–1966 erbaute Bootshaus am Käthe-Kollwitz-Ufer in Dresden-Johannstadt.

Im Juni 1969 wurde ein Vertrag mit der »Weißen Flotte« abgeschlossen und die ersten Sportboote konnten im → *Hafen* Loschwitz untergebracht werden. 1970 überließ die Stadt Dresden dem MC »Elbe Dresden« einen Teil des Hafens mit Gelände zur Nutzung. Der Verein bildete neben dem Bootshaus Johannstadt die »Sektion Hafen« in Loschwitz am Körnerweg 23. Aus der ehemaligen Werkstatt der »Weißen Flotte« im Hafengelände entstand in Eigenleistung ein Clubhaus mit einer später angebauten Terrasse, Sanitäranlagen und Garderoben. Dort konnte auch bis 1990 der »Befähigungsnachweis zum Führen von Sportbooten« im Fahrbereich Binnenwasserstraßen erworben werden. Neu hinzu kam 1974 die Sektion Rennsport und Wasserski im Hafen Pieschen.

Ab 1968 bis 1987 organisierte der MC »Elbe Dresden« die → *Motorbootrennen* auf der Elbe in Dresden-Blasewitz. Nach dem politischen Umbruch 1989/90 stellte der MC »Elbe Dresden« sein Engagement im Motorbootrennsport ein.

Die Sektion Pieschener Hafen trennte sich 1990 vom MC »Elbe Dresden« und bildete einen eigenen Motorbootverein »Elbflorenz« Dresden e.V. Seit dem 26. Oktober 1990 ist der MC »Elbe« Dresden e.V. Mitglied im Deutschen Motoryachtverein (DMYV) und als gemeinnütziger Verein anerkannt.

Die Elbehochwasser 2002, 2006 und 2013 (→ *Naturkatastrophen*) überfluteten das gesamte Hafengelände in Loschwitz und ebenso das Bootshaus in Johannstadt. Schäden an den Gebäuden waren die Folge. Dank Hilfe der Stadt Dresden sowie mittels Spendengeldern und

Vereinshaus, 2011 *Foto: Ute Häse*

Bootstransport an den Winterliegeplatz, um 2000 *Foto: Margret Klier*

dem Einsatz der Vereinsmitglieder konnten die Schäden zum großen Teil behoben werden. Um künftigen Hochwassern den nötigen Retentionsraum zu schaffen und Gebäudeschäden zu vermeiden, wird der Eigenbetrieb »Sportstätten« der Stadt Dresden ab Oktober 2015 die Einbauten im Erdgeschoss des Clubhauses entfernen. Das Gebäude steht dann wieder, wie ursprünglich, hochwassersicher auf zehn Säulen. Für die bisher im Erdgeschoss des Clubhauses befindlichen Sanitäranlagen und Garderobenräume wird davor ein etwa 20 m langer Neubau auf acht Stahlsäulen errichtet. Mit seinem begrüntem Flachdach und der Lärchenholzfassade wird sich der Neubau in die Landschaft einfügen und die besonderen Anforderungen an das Flächendenkmal »Dresdner Elbhänge« erfüllen.

Höhepunkte des sportlichen Lebens sind im Frühjahr das »An-« und im Herbst das »Abschippern«. Die Boote aus Hafen und Bootshaus formieren sich zu einem Korso und fahren entweder stromauf bis Pillnitz oder stromab bis unterhalb der Augustusbrücke und zurück. Den Abschluss bildet ein gemeinsames Beisammensein mit Grillen am Lagerfeuer.

Vorzugsweise betreiben die Vereinsmitglieder den Fahrtensport auf der Elbe zwischen der Sächsischen Schweiz und Meißen. Aber auch Langfahrten auf den Binnengewässern Europas, der Ost- und Nordsee, von Brandenburg, Mecklenburg, Dänemark, Südfrankreich, England und Norwegen sind keine Seltenheit.

2015 zählte der Verein 114 Mitglieder, die mit ca. 30 Booten an der vereinseigenen Steganlage im Hafen anlegen können. Mit der Slip- und Gleisanlage schufen sich die Vereinsmitglieder eine Basis für ihre Winterliegeplätze im Hafengelände.

Ute Häse

Quelle: 725

Zu den Motorbootrennen auf der Elbe in Dresden-Loschwitz Ende der 1950er Jahre kamen bis zu 50.000 Sportbegeisterte. *Foto: Slg. Nitsche*

Motorboot-Rennsport

Motorbootrennen auf der Elbe lockten Ende der 1950er Jahre bis zu 50.000 Besucher an. Es war ein besonderes Ereignis, wenn die Motorboote im Wettkampf mit bis 120 h/km über die Wasseroberfläche flitzten. Die nationalen Motorbootrennen auf der Elbe begannen 1935. Bis 1939 übernahm der Dresdner Segelclub (DSC) die Ausrichtung der Wettkämpfe für die Strecke Dresden-Wachwitz.

Nach einer Zwangspause im → *Zweiten Weltkrieg* erfolgte 1956 zur 750-Jahrfeier von Dresden ein Neuanfang mit einem internationalen Motorbootrennen auf der Strecke in Wachwitz. Veranstalter waren das Bezirkskomitee für Körperkultur und Sport, 1957 die Sektion Motorrennsport der DDR und 1958 der Allgemeine Deutsche Motorsport der Deutschen Demokratischen Republik (ADMV). Seit 1963 bis 1989 richtete der Motorbootclub Dresden (MC Dresden) bzw. Elbe Dresden (MC Elbe Dresden) das Rennen aus. Die Rennstrecke verlief oberhalb der Brücke → *»Blaues Wunder«*. Nur 1969 wurde, bedingt durch das Hochwasser, die Rennstrecke auf Höhe Johannstadt verlegt. Der Start- und Ziel-Turm stand am Blasewitzer Elbeufer, das Fahrerlager agierte gegenüber in Loschwitz, oberhalb der → *Gaststätte* »Körnergarten«.

Die ehrenamtliche medizinischen Betreuung der Fahrer übernahm der Regattaarzt Dr. med. Johann-Georg Heidelbach (1938 – 1997, → *Ärzte*) aus Loschwitz, selbst begeisterter Wassersportler, mit Unterstützung der Kameraden vom Deutschen Roten Kreuz (DRK).

Auf dieser Strecke startete 1958 die 1. Europa-Meisterschaft als 3. internationale Motorbootregatta. Die Fahrer kämpften um den »Großen Preis von Elbflorenz«, gestiftet vom Staatspräsident Wilhelm Pieck. Herbert Leide errang in der Klasse E-01 (Sportboote bis 1.000 cm^3) den ersten Preis.

Ein besonderer Höhepunkt auf dieser Strecke war 1965 die Europameisterschaft der Klasse OA bis 250 cm^3. Die internationale Beteiligung lockte etwa 35.000 Zuschauer an, die ein rasantes Rennen erlebten. Die Motorengeräusche waren am Elbhang nicht zu überhören.

Auswahl namhafter Rennfahrer auf der Strecke Dresden Blasewitz-Loschwitz:

Ein erfolgreicher Motorbootrennfahrer war **Herbert Nitsche** (1919 – 1999). Er fuhr zwischen 1957 bis 1961, er errang den Europameistertitel, die »John-Ward Trophy« (die damalige Weltmeistertrophäe). Insgesamt gewann er 40 Preise.

Zur DDR-Meisterschaft 1977 legte der Rennfahrer und Bootsbauer **Bernhard Danisch** (* 1934) vom MC Post Berlin die Strecke in 5:12 Min. zurück, bei einer Spitzengeschwindigkeit von 150 km/h in der Klasse OC bis 500 cm^3. Da er im 2. Lauf disqualifiziert wurde, gewann O. J. Schumburg (MC Magdeburg) das Rennen. Danisch erkämpfte fast jeden DDR-Meistertitel

Die Fahrer absolvierten eine Rennstrecke von 10 km, zwischen den Stromkilometern 48,3 und 49,3. Die Strecke war mit Bojen auf 2 km begrenzt. Es mussten 5 Runden gefahren werden. Die erste Schwierigkeit begann gleich beim Start, die Boote kreisten vor der Startlinie und warteten auf den Startschuss, um zum richtigen Zeitpunkt die Startlinie zu passieren. Dann glitten die Bote mit einem betörenden Lärm über die Rennstrecke. Die Rennboote schwebten förmlich über dem Wasser, nur das Hinterteil des Bootes mit der Schiffsschraube tauchte ins Wasser ein. Die spannendsten und gefährlichsten Momente ereigneten sich, wenn Fahrer die Bojen umrundeten und sich dabei so manchen erbitterten Zweikampf lieferten.

Startvorbereitung in der Klasse R1 Ende der 70er Jahre vor dem »Blauen Wunder«.
Foto: Slg. Manfred Schulze

Herbert Nitsche gegen »Putzi« Müller, Dresden 1959 *Foto: Slg. Nitsche*

in der Klasse OC bis 500 cm^3. Der Europa- und Weltmeister Danisch war 36 Jahre im aktiven internationalen und nationalen Rennsport tätig.

Ingo König (* 1929) begann seine Karriere beim ersten Motorbootrennen in Dresden 1956. 1961 war er zweiter der Deutschen Meisterschaft. Sohn **Olaf** (*1961) wurde 1979 DDR-Juniorenmeister, 1983 folgte der DDR-Meister-Titel, danach bis 1989 mindestens ein Rennsieg pro Jahr. Dessen Tochter **Yvonne König** (*1987) setzt die Familientradition fort. Sie startete mit 14 Jahren als jüngste Motorsport-Rennfahrerin Deutschlands und war 2009 die erste Frau, die den US-Meistertitel gewann.

Der erfolgsreichster Motorbootrennfahrer der DDR war **Bernd Beckhusen** (*1940) vom MC Post Berlin. Seine erfolgreiche Rennfahrer-Laufbahn begann in Dresden. Er startete in den Klassen OA (250 cm^3) und OB (350 cm^3) und war bei jedem Rennen am Start. Er gewann u. a. 1969 die Weltmeisterschaft und 1967, 1969, 1992 und 1993 die Vize-Europameisterschaften. Aus DDR-Meisterschaften ging er 24 Mal als Sieger hervor.

Im Zeitraum von 1956 bis 1989 wurden insgesamt dreizehn internationale und zwölf nationale Motorbootrennen auf der Elbe oberhalb des »Blauen Wunders« ausgetragen. Die Bootsklassen bewegten sich zwischen 155 – 1000 cm^3 als Außenbord- und Einbaumaschinen (Wartburg-Motor).

Zum letzten internationalen Motorbootrennen auf der Strecke Blasewitz – Loschwitz im Jahr 1989 starteten 80 Fahrer aus fünf Ländern vor 15 000 Zuschauern.

Nach 1990 fanden hier keine Motorbootrennen mehr statt. Die Regattastrecke entspricht nicht mehr den Anforderungen an die Wettkampfbedingungen. Die Motorbootrennen werden an anderen, geeigneteren Orten ausgetragen. **Ute Häse**

Quellen: 724, 725, 910, 1058

Wassersportclub Dresden-Loschwitz e.V. im Hafen Loschwitz

Die Ursprünge dieses Vereins gehen bis in das Jahr 1952 zurück. In der Schiffswerft Dresden-Übigau gründete die FDJ (sozialistische Jugendorganisation in der DDR, »Freie Deutsche Jugend«) eine Arbeitsgemeinschaft (AG) »Wassersport«.

1958 begannen wassersportbegeisterte und am Seesport interessierte Jugendliche eine alte 120 PS Hafenbarkasse in Übigau aufzubauen. Auf diesem Boot konnten die theoretischen Kenntnisse in die Praxis umgesetzt werden.

Später erfolgte eine Umbenennung in »Seesportsektion Schiffswerft« als Ausbildungszentrum auch zur Vorbereitung einer Ausbildung bei der Hochsee-Fischerei, der Seerederei oder bei der Volksmarine der DDR.

Ab 1960, nachdem der Schiffbaubetrieb in Übigau eingestellt war, übernahm die »Gesellschaft für Sport und Technik« (GST) unter der Obhut des Transformatoren- und Röntgenwerkes Dresden diese AG.

Die GST siedelte samt Steganlage in den → *Hafen* nach Loschwitz um. 1978 konnte eine Baracke als Clubgebäude am Ende des Hafenbeckens errichtet werden. Während der Ausbildung wurden Kenntnisse im Rudern, Segeln, Paddeln und Handarbeiten wie Takeln, Spleißen und Anfertigen von Schiffsknoten vermittelt. Ruder- und Segelboote, Paddelboote und Schlauchboote standen zum Training und für Wettkämpfe zur Verfügung.

Nach der politischen Wende 1989 konnte unter neuem Vereinsnamen »Wassersportclub Dresden-Loschwitz e.V.« (WDL) die Arbeit mit Kindern und Jugendlichen auf dem Gelände des »Eigenbetrieb Sportstätten- und Bäderbetrieb Dresden« im Hafen Loschwitz fortgeführt werden.

Ausfahrt am 1. Mai 2012 mit dem Ruderkutter »Ruckswilli« *Foto: Ute Häse*

Verheerend wirkte sich das Hochwasser im August 2002 für den Verein aus. Das Gelände stand unter Wasser; die Boote, bis auf die Barkasse, konnten in Sicherheit gebracht werden. Die Clubbaracke versank in den Fluten. Durch zahlreiche Spenden und praktische Hilfeleistungen konnte nach dem Hochwasser der Theorieunterricht in zwei Baucontainern fortgesetzt werden. Die Barkasse dient in der Nähe von Leipzig seit 2004 als Tauchobjekt, in 30 m Tiefe, im Kulkwitzer Stausee. Ein neues Clubgebäude, hochwassersicher auf Stelzen, ließ die Stadt Dresden 2004/05 für den Verein errichten.

Die Aktivitäten des Clubs sind vielfältig. Die Sportfreunde unternehmen Wanderfahrten auf der Elbe bis nach Tschechien – auch mit Zelten und Verpflegung – und bestreiten Regatten im Segeln und Rudern, zum Beispiel mit dem Ruderkutter »Ruckswilli«. Sie veranstalten kleinere Wettbewerbe für Kinder und Jugendliche, trainieren Kraftsport und nach wie vor wird eine seemännische Ausbildung angeboten.

Die Mitgliederzahl betrug 2012 etwa 25 Personen, davon die Hälfte Kinder und Jugendliche bis 18 Jahre. **Ute Häse**

Quelle: 725

• **Dresdner Yachtklub, E. V., Loschwitz.** Liegeplatz der Boote und Vereinslokal April bis Oktober Loschwitz-Klubschiff. — Monatsversammlung jeden 2. Mittwoch daselbst an Bord, ab November bis März jeden 2. Mittwoch Rest. Reichsbanner, Dresden, Gewandhausstr. 5. Jeden Mittwoch Zusammenkunft an Bord. Vorstand: Hans v. d. Osten, Dresden, Waisenhausstr. (Zentraltheater), W. Lorleberg, Dresden, Augsburger Str. 105, Paul Räpe, Dresden, Holbeinstr. 112, Sanitätsrat Dr. Zaengel, Radeberg.

Adressbuch, 1912

Drachenboot vor dem Clubhaus, vorn links Ursula und Eberhard Gläser mit Sportfreunden, ganz rechts Matthias Krug, 2013 *Foto: Siegfried Großmann*

Wassersportverein »Am Blauen Wunder«

Fidelio-F.-Finke-Straße 12

Der Wassersportverein »Am Blauen Wunder« e.V. (WSV) wurde im Dezember 1995 in Dresden-Loschwitz gegründet

An seinem heutigen Standort, Fidelio-F.-Finke-Straße 12, fand am 16. November 1924 (damalige Adresse: Wiesenweg), oberhalb der Loschwitzer Brücke (→ *Blaues Wunder*), die Einweihung der aus Holz gefertigten Bootshalle des Arbeitersportvereins »Wiking« statt. Die Bootshalle zierten die Buchstaben W.V.W.D. (Wanderverein Wiking Dresden).

Auf dem gegenüberliegenden Elbufer in Dresden-Blasewitz, Tolkewitzer Straße 69, befand sich der Wander- und Touristenverein »Schweifsterne« mit den Bereichen Klettern und Kanu. Dessen Vereinshaus musste wegen Überschuldung aufgegeben werden, deshalb vereinigten sich die Blasewitzer Schweifsterne 1932 mit den Loschwitzer »Wikingern« unter dem neuen Vereinsnamen »Wiking-Schweifsterne«.

1936 entstand in Loschwitz an Stelle der hölzernen Bootshalle ein massives Gebäude. Im Erdgeschoss lagerten die Boote. In beiden Giebelfronten befanden sich breite, (heute nicht mehr vorhandene) Durchflutungstüren, um bei Hochwasser Gebäudeschäden zu verhindern.

Nach 1945 plante die Stadt Dresden, in diesem Bootshaus ein Jugendheim einzurichten. Der Verein musste sich auflösen. Nach Protesten der Sportler gelang eine Neugründung als städtischer Verein. Gemäß der jeweiligen wechselvollen Sportpolitik der DDR erlebte der Verein vielfache Veränderungen u. a. auch als Betriebssportgemeinschaft (BSG) mit Verbindungen zu den BSG: »KWU Dresden« (Kommunales Wirtschaftsunternehmen), Aufbau Dresden Ost, Motor Dresden-Klotzsche, Flugzeugwerke; TSG Dresden Nord (Turn- und Sportgemeinschaft), Flugzeugwerft und Mikroelektronik.

Über Jahre hatten sich die drei Sektionen Kanu-Rennsport, Kanu-Slalom und Wasserwandern stabil entwickelt. Im Kanu-Rennsport und Kanu-Slalom erreichten einige Sportler beachtenswerte Leistungen. Ausdruck dessen war u.a. die Delegierung der Sportfreunde Ursula Gläser geb. Kopprasch (*1938) und Eberhard Gläser (*1938) von der TSG Dresden Nord zum Sportclub nach Leipzig. Bei Weltmeisterschaften im Kanu-Slalom und Wildwasserrennen im Kajak-Einer konnte Ursula sieben Gold- und eine Silbermedaille, Eberhard fünf Gold- und vier Silbermedaillen erringen.

Die große Anzahl aktiver Rennkanuten in Loschwitz führte hier 1962 zur Bildung des Sportclubs Einheit. Aus diesem Team ging die Weltmeisterin im Kajak Bettina Schneider (*1952) hervor. Die Sektionen Kanu-Slalom und Wasserwandern passten nicht mehr in das auf Olympia orientierte Profil des Sportclubs. Sie mussten deshalb nach Blasewitz auf das ehemalige Gelände des Vereins Schweifsterne umziehen. Dort entstanden mit großer Eigeninitiative der Sportler und städtischer Unterstützung ein neues Bootshaus sowie eine neue Bootshalle.

Die erhöhten Leistungsanforderungen des Sportclubs führten im Loschwitzer Verein zu umfangreichen Umbauten z. B. zu neuen Bootshallen sowie zur Geländeerweiterung. Es entstand auch der Zugang zur Fidelio-F.-Finke-Straße.

Der Kanu-Rennsport erfreut sich wieder großer Beliebtheit. *Foto: Kriegerstein*

Trotz dieser Erweiterungen konnte der Loschwitzer Verein den gewachsenen Anforderungen im Kanu-Rennsport nicht mehr entsprechen. Deshalb entstand der Neubau eines modernen Bootshauses in Blasewitz auf der Oehmestraße und 1974 erfolgte die Angliederung an den VEB Robotron mit der Bezeichnung »BSG Robotron«. Die einseitige Orientierung auf Kanu-Rennsport blieb hier in Form eines Bezirkstrainingszentrums erhalten.

Nach dem politischen Umbruch 1989 besannen sich Slalom-Kanuten und Wasserwanderer ihrer Wurzeln, die im Verein »Wiking-Schweifsterne« lagen. Sie nahmen den alten Namen wieder an und forderten folgerichtig die Rückübertragung des Bootshauses Loschwitz auf der Fidelio-F.-Finke-Straße. Danach schlossen sich die beiden Vereine aus den Bootshäusern in Loschwitz und in Blasewitz zum Verein »Wiking-Schweifsterne« zusammen. Es begann nun eine gemeinsame sportliche Tätigkeit der Disziplinen Kanu-Rennsport, Kanu-Slalom und Wasserwandern in beiden Bootshäusern.

1991 war das Geburtsjahr des Drachenbootsports im Loschwitzer Bootshaus als »1. Dresdener Drachenbootverein Sachsonia«. Umfangreiche Veränderungen führten dazu, dass sich die Sektionen Kanu-Slalom und Wasserwandern als »Wiking-Schweifsterne« wieder in das Blasewitzer Bootshaus zurückzogen, in Loschwitz blieben Kanu-Rennsport und Drachenboot-Sport. 1995 wurde aus diesen beiden Sektionen, erweitert um die Sektion Wasserwandern, der »Wassersportverein Am Blauen Wunder« e.V. (WSV) gegründet. Das Bootshaus in Loschwitz war zunächst kommunale Sportstätte der Stadt Dresden und wurde später an den Verein in Erbpacht gegeben.

Drachenboot auf der Elbe
Foto: Wassersportverein

2008 verschmolzen der Loschwitzer WSV und der »Wassersportverein Knappensee Hoyerswerda/Groß Särchen« e.V., um die Trainingsmöglichkeiten zu erweitern.

Ein Höhepunkt des Vereinslebens ist das jährliche → *Elbhangfest* am letzten Juniwochenende. Seit 1993 veranstaltet der Verein umfangreiche Drachenboot-Wettkämpfe. Um besonders die Jugend zu fördern, sponserte 1996 der Gesellschafter der Gesellschaft für Sanitär- und Energietechnik (GSE) Eberhard Schiemann (*1947) das erste Drachenboot »Da Long« (Großer Drache) für den Verein. Bis 2011 erweiterte sich die »Flotte« um zehn Drachenboote. Es können bis zu 116 Volkssport-Mannschaften starten. Einen besonderen Höhepunkt bieten die Boote, bestückt mit bunten Drachenköpfen und -schwänzen, je einem Trommler und Steuermann sowie den 18 bis 20 Sportlern, die im Trommelrhythmus um den Sieg kämpfen.

Im Verein selbst trainieren mehrere Drachenbootmannschaften teilweise mit Leistungsorientierung. Besonders zu nennen ist das Team »Ü40/50« (über 40- bzw. 50-Jährige) mit dem Bootsnamen »Elb Meadow Masters«. Seit 2001 nimmt es an Welt- und Europameisterschaften teil und konnte bisher zwei Gold-, neun Silber- und fünf Bronzemedaillen erringen. In diesem Team finden wir zahlreiche ehemalige Renn- und Slalom-Kanuten, wie die einstigen Weltmeister Ursula und Eberhard Gläser sowie Bettina Schneider. Hervorzuheben sind auch die heutigen Leistungen der Kinder- und Jugend-Rennkanuten. Die bisher größten Erfolge erreichten Steffi Kriegerstein (*1992) 2009 als Junioren-Weltmeisterin und 2012 als Vize-Europameisterin im »U23« Bereich (19 bis 23 Jahre) sowie Karl Weise (*1994) 2012 als Junioren-Europameister. Auf Grund der guten Ergebnisse bei bundesweiten Wettkämpfen wurde der WSV Talentestützpunkt des Sächsischen Kanusport-Verbandes.

Die Jahrhundertflut im August 2002 verursachte dem Verein große Schäden. Das Gelände stand bis zu den Dachgauben des Bootshauses unter Wasser. Dank großzügiger finanzieller Unterstützung sowie zahlreicher freiwilliger Arbeitsstunden konnte im Oktober 2002 die Wiederinbetriebnahme des Bootshauses gefeiert werden.

Der Wassersportverein »Am Blauen Wunder« mit den Sektionen Kanu-Rennsport, Drachenboot und Wasserwandern zählte im Jahr 2010 etwa 300 Mitglieder. **Ute Häse**

Quellen: 724, 725

Sprenger, Helmut; Architekt (1942 – 2007)
→ *K2*

Staatssicherheit, Ministerium für

Ihre Wurzeln hatte die spätere Dresdner »Bezirksverwaltung für Staatssicherheit« (BVfS) auf der Bautzner Straße im → *Simmigschen OT* bereits in der Sowjetischen Besatzungszone. Sie war ab Ende 1945 eine der in Dresden dem sowjetischen NKWD (Volkskommissariat für innere Angelegenheiten) und nach dessen Umbenennung im März 1946 in MWD (Ministerium für innere Angelegenheiten) unterstellten Untersuchungs-Haftanstalten (UHA). Sie hatte ihren Hauptsitz zunächst im Keller des teilweise zerstörten »Heidehofes« Bautzner Straße 116. Bekannt geworden ist dieser Keller unter dem Namen »Fuchsbau«.

Wie in anderen Haftanstalten wird davon auszugehen sein, dass auch hier anfangs besonders Personen, die auf sowjetischem Territorium Kriegsverbrechen begangen hatten, inhaftiert worden sind. Später kamen andere, der Kriegsverbrechen und des »konterrevolutionären Widerstands« Beschuldigte, hinzu. Es darf davon ausgegangen werden, dass ein Teil der Gefangenen anfangs nach nur wenigen Tagen ohne Urteil in eines der »Speziallager« gebracht wurde, während andere monatelang hier in der UHA blieben. Nach Aussagen von Inhaftierten gab es im »Fuchsbau« etwa sechs bis acht Zellen. Einer der ehemaligen Häftlinge erinnerte

Auszug aus einer Zeugenaussage von 1997 über die Haftbedingungen im Jahr 1959/60:
»[...] Vernehmung unter Schlafentzug: Die Schlafenszeit war von 22.00 bis 6.00 Uhr. Gegen 23.00 [Uhr] wurde ich zur Vernehmung geholt, die bis gegen 4.00 Uhr andauerte. Danach durfte ich bis 6.00 Uhr schlafen; wurde wieder geweckt und musste den Tag über ohne liegen und anlehnen in der engen Zelle verbringen. Das gleiche wurde noch zweimal wiederholt. [...] Es bestand kein Kontakt zur Außenwelt (Verwandte, Bekannte). Ich durfte keine Briefe schreiben und keine Post empfangen. [...] Bei den Vernehmungen wurde ich durch den Schlafentzug so geschwächt, dass ich die Formulierungen des Vernehmers trotz Widerspruch meinerseits akzeptierte. Ich hätte dies nicht getan, wenn ich im Vollbesitz meiner geistigen und körperlichen Kräfte gewesen wäre. Während der Vernehmung saß ich auf einem Hocker ohne Lehne in einer angestrahlten Ecke bei offenem Fenster (Winterszeit). Während ich hungrig war, ließ der Vernehmer sich immer ein gutes Essen bringen. Ich wurde zwar nicht geschlagen, mir wurden jedoch mehrfach Prügel angedroht. [...]«[2]

Bemalte Mauern der Bezirksverwaltung Dresden der Staatssicherheit nach der friedlichen Besetzung durch Demonstranten am 5. Dezember 1989 *Foto: Ulrich Häßler*

sich später an einen unter Spionageverdacht stehenden sowjetischen Insassen: »Der Mann wurde ständig rausgeholt, dann war er mal zwei Tage weg. Dann kam er wieder, und da hatte man ihn in den Wasserkarzer gestellt in der Bautzner Straße, bis zum Hals im Wasser, zwei Tage lang. Wenn er einschlief, dann fiel er ins Wasser und ist dann wieder munter geworden. Der sah aus: aufgedunsen, verquollen, fürchterlich, das kann man sich nicht vorstellen.«[1] Vernehmungen, die teilweise auch mit physischer Gewalt erfolgten, fanden in der Regel nachts statt.

Wenige Monate nach Gründung der DDR am 7. Oktober 1949 erfolgte am 8. Februar 1950 die Gründung des Ministeriums für Staatssicherheit (MfS). Der Übergang in Bezug auf die Zuständigkeiten blieb auch im »Heidehof« auf der Bautzner Straße ein fließender. Nach der Abschaffung der Länder und Aufteilung der DDR in Bezirke wurde 1952 Joseph Gutsche (1895 – 1964) der erste Leiter der BVfS Dresden. Ihm folgte 1953 der spätere Generalmajor Rolf Markert (1914 – 1995). Nach seiner Befreiung aus dem KZ Buchenwald war er 1945 in Chemnitz in den Polizeidienst getreten und hatte seine bisherige Identität – Helmut Thiemann – gewechselt. Seit 1946 war er in Dresden im → *Polizeidienst* und ab 1950 beim MfS tätig. In seiner Zeit als Leiter der Dresdner BVfS wurden sowohl die Gebäude saniert als auch das Areal an der Bautzner Straße erweitert. Ab 1953 erfolgte ein Umbau des »Heidehofes«. 1954 wurde die hinter dem »Heidehof« liegende UHA als erste dieser Art in der DDR erbaut. Sie besaß nach Fertigstellung vier Stockwerke mit fast 50 Zellen, 13 Diensträume, vier Werkstätten und weitere Räume. Durch diesen Bau der UHA entstand auch der »lange Gang« zum alten »Fuchsbau«. Der »Freihof« der UHA bestand zunächst in einem in einzelne Segmente unterteilten halbrunden Betonbau, bevor dieser nach 1970 durch einen östlich angrenzenden »Freigangbereich« ersetzt wurde.

Noch Tage danach wurden die Wände vom Stasiobjekt an der Bautzner Straße mit Schriftzügen bemalt und Kerzen aufgestellt. *Foto: Ulrich Häßler*

Bis etwa 1975 waren die Häftlinge besonders unmenschlichen Haftbedingungen ausgesetzt. Diese zeichneten sich durch Schlafentzug, totale Isolation und Psychodruck aus, während physische Strafen mehr und mehr vermieden wurden.

Ab 1958 waren weitere Um- und Neubauten in der BVfS erfolgt, so z. B. der westliche Anbau des »Heidehofes«, der weitgehende Neubau Bautzner Straße 114, der Ausbau der Ruine Bautzner Straße 112, der Bau eines westlich an den Heidehof anschließenden Verwaltungsgebäudes an der Straße und der Bau eines Kohleschuppens an der Stelle des später dort errichteten Archivgebäudes. 1968 begann die Demontage des an der Mauer zum Körnerweg befindlichen »Körnerfrieses« (→ *Denkmale*).

Der Nachfolger Rolf Markerts wurde 1981 der ein Jahr später zum Generalmajor beförderte Horst Böhm (1937 – 1990), der der letzte Leiter der BVfS Dresden werden sollte. Unter ihm wurde das bereits 1980 geplante Dienstgebäude für Personal und Publikum, ein sechsgeschossiger Plattenbau von 73 m Länge, fertiggestellt. Nur getrennt von der Grundstückseinfahrt, verband er entlang der Bautzner Straße das alte Verwaltungsgebäude mit der bereits auf Neustädter Flur liegenden Kreisdienststelle des MfS (Bautzner Straße 110).

In Böhms Zeit als Leiter der Dresdner BVfS konzentrierte sich die Ermittlungstätigkeit zunehmend auf Antragsteller für Ausreise in die BRD, die im Bezirk Dresden besonders hoch war. Auch dies führte zu einer verstärkten Spitzeltätigkeit. Ziel dabei war, nicht nur möglichst viele Informationen zu sammeln, sondern auch die Betroffenen zu verunsichern. Leiter der »Untersuchungsabteilung IX« war seit 1976 der an der »Juristischen Hochschule« des MfS in Potsdam diplomierte Werner Settnik (* 1932). Ein Beispiel aus dieser Zeit soll verdeutlichen, wie mit Personen umgegangen wurde, die unter den Verdacht gerieten, »in irgendeiner Form die gesellschaftlichen Verhältnisse in der DDR an[zu]greifen«[3] zu wollen.

1979 hatte der Grafiker Jürgen Gottschalk (* 1951) in Dresden seine eigene Druckwerkstatt eröffnet. Um ihn hatten sich weitere Künstler, eine »Mail-Art-Gruppe«, zu der auch Martina und Steffen Giersch (* 1953), Birger Jesch (* 1953) und Joachim Stange (* 1950) gehörten, versammelt, die mit »Witz und politischem Hintersinn« gestaltete Postkarten verschickten. Die Gruppe wurde »überwacht« und 1981 der »Operative Vorgang« (OV) »Feind« eröffnet. BVfS-Leiter Horst Böhm wies seine Mitarbeiter an, Beweise für den Strafbestand der »Hetze« zu sammeln. 1983 wurde Gottschalk seine Drucklizenz entzogen. 1984 stellte er einen Ausreiseantrag und nach einer Hausdurchsuchung im März erfolgte die Inhaftierung in der Dresdner UHA. Im Juli wurde er zu zwei Jahren und zwei Monaten Freiheitsstrafe verurteilt und im April 1985 in die BRD abgeschoben. Im Abschlussbericht des MfS ist danach zu lesen: »[...] Abschließend ist einzuschätzen, dass die Zielstellung des Operativvorgangs ›Feind‹, Schaffen von Beweisen für eine strafrechtliche Verantwortlichkeit, bei der OV-Person [Gottschalk] realisiert werden konnte. Gleichzeitig ist es im Ergebnis eines zielgerichteten und komplexen Einsatzes aller dem MfS zur Verfügung stehenden Mittel und Methoden gelungen, die OV-Personen [...] Giersch, Jesch und Stange anhaltend zu verunsichern, zu zersetzen und in ihrer Wirksamkeit zurückzudrängen. [...]«[3]

Besetzer bereiten sich am 5. Dezember 1989 auf der Bautzner Straße mit einem Honecker-Bild auf die Demonstration vor. *Foto: Ulrich Häßler*

Natürlich beschränkte sich die Arbeit des MfS mit ihren »Inoffiziellen Mitarbeitern« (IM) nicht nur auf die Ausreiseantragsteller. Es ließe sich ein Buch darüber füllen. Erwähnt seien an dieser Stelle als Beispiele der lückenlose Bericht der Stasi über die Feier der Jungen Gemeinde in der restaurierten Sakristei der Loschwitzer → *Kirche* im Jahr 1968 und der umfangreiche Bericht über alle »Anwohner der Umgebung des Gästehauses der Bezirksverwaltung für Staatssicherheit – 8054 Dresden, Schevenstraße Nr. 1«[4] von 1987.

Vor dem Ende des MfS, das im November 1989 in »Amt für Nationale Sicherheit« (AfNS) umbenannt wurde, erstreckte sich das Areal der Dresdner BVfS an der Bautzner Straße elbseitig von Hausnummer 110 bis 124. Hinzu kamen zahlreiche weitere Gebäude im Simmigschen OT bis hinauf zur Radeberger Straße. Es gab fast 3.400 Hauptamtliche Mitarbeiter und über 13.500 IM. Sie arbeiteten in 37 Abteilungen. Hinzu kam die Dienststelle des KGB (sowjetischer Geheimdienst) in der Angelikastraße 4, in der von 1985 bis 1989 auch Wladimir Putin (* 1952) tätig war. Schließlich gab es außerhalb des Simmigschen OT's in Dresden-Loschwitz weitere »Niederlassungen« des MfS. Hierzu gehörten z. B. die Gästehäuser Schevenstraße 1, Schillerstraße 41 und 1. Steinweg 19 sowie das unter »Heiderand« geführte »Konspirative Objekt« Rißweg 14.

Ende November 1989 verbreitete sich die Nachricht, dass in den Bezirksverwaltungen und Kreisdienststellen des AfNS Akten vernichtet würden. Nachdem am Vortag bereits vier

Blick ins Hafthaus
Foto: Gedenkstätte/Tichy Dresden

Bezirksverwaltungen in der DDR besetzt worden waren, sollte das am 5. Dezember auch in Dresden erfolgen. Zunächst begann gegen 14 Uhr durch Vertreter der Militärstaatsanwaltschaft, der Kriminalpolizei und der Bürgerbewegung die Versiegelung von Panzerschränken. Zu dieser Zeit malten einige Angehörige der Gruppe »Wolfspelz« bereits Losungen an die Mauer entlang der Bautzner Straße. Fast auf die Minute genau 17 Uhr öffnete sich das dortige Tor und tausende davor ausharrende Demonstranten strömten in den Hof und versammelten sich dann im Saal des westlichen Traktes des »Heidehofes«, in dem auch Generalmajor Böhm anwesend war. »Aus allen überlieferten Quellen geht [...] hervor, dass es in erster Linie Superintendent Ziemer zu verdanken ist, dass es [...] zu keinen schwerwiegenden Ausschreitungen und Gewalttaten kam.«[5] Gegen 22.30 Uhr durften einige ausgewählte Bürger die UHA betreten. Im legendenumwobenen »Fuchsbau« traf man auf etwa sieben »Gefangene«, wobei dem Verfasser auffiel, dass dort die Türen frisch gestrichen und die Farbe teilweise noch nicht getrocknet war.

Noch am Abend des 5. Dezember fand in der Bezirksbehörde der Deutschen Volkspolizei (DVP) in Dresden eine Beratung statt, die mit einer vereinbarten »Sicherheitspartnerschaft« zwischen Polizei und Bürgerbewegung in Bezug auf die Kontrolle der Bezirksverwaltung des AfNS endete. Gemeinsam mit der Polizei übernahm das soeben gegründete »Bürgerkomitee« nun die »Objektsicherung«. Am nächsten Tag bildete man eine Kommission mit vier Vertretern aus der Bürgerbewegung, fünf der Kirche und drei »Beauftragten des Vorsitzenden des Ministerrates« mit dem Ziel einer geordneten Auflösung der Bezirksverwaltung des AfNS. Dennoch war das gewünschte Ziel kontrovers: Während die Bürgervertreter die vollständige Auflösung forderten, sollten die Regierungsvertreter die teilweise Arbeitsfähigkeit der Behörde wiederherstellen.

Bereits an diesem Tag, dem 6. Dezember, versammelten sich Loschwitzer Bürger vor dem neuen Stasi-Gästehaus Schevenstraße 1. Ihr Engagement für eine neue Nutzung auch anderer Gebäude in Loschwitz setzte sich später in einer → *Bürgerbewegung* fort.

Die jetzt hier tätigen Mitarbeiter des Bürgerkomitees versuchten nun mit allen ihnen zur Verfügung stehenden Mitteln zu verhindern, dass weitere Unterlagen vernichtet oder Gegenstände verschleppt werden, und man wollte allgemein »Licht ins Dunkel« bringen. Dazu mussten auch die einzelnen »Objekte« so gut wie möglich bewacht werden. Eine Zusammenarbeit mit den drei eingesetzten Regierungsvertretern – Stasi-Oberst Dr. Horst Hillenhagen, Staatssekretär Dieter Stein (der später als ehemaliger »OibE«, »Offizier im besonderen Einsatz« der Stasi enttarnt wurde) und der Berliner Polizei-Offizier Schlegel – war nicht immer leicht. Da die einzelnen Abteilungen des AfNS weiterarbeiteten, mussten zu den jeweiligen Leitern Kontakte hergestellt werden. Die letzte »Aktion« vor Weihnachten war die mit der DVP gemeinsam ausgeführte »Entwaffnung« der einzelnen Abteilungen, bei der es aber zu keinen Zwischenfällen kam. Ab Januar 1990 wurde die Tätigkeit der Bürgerbewegung mit dem Ziel der endgültigen Auflösung des AfNS weitergeführt. Das geschah in sechs Arbeitsgruppen: I. Gebäude, Objekte, Grundwerte, II. Archiv und Akten, III. Quellenschutz, IV. Informatik, V. Rechtsfragen und VI. Objektschutz/ Wache. So konnten beispielsweise im Februar und März große Teile der ehemaligen Stasi-Gebäude an der Bautzner Straße an den VEB Gebäudewirtschaft übergeben werden. Eine künftige Nutzung war dabei bereits vorgesehen.

Am 24. Januar 1990 sichern Bürgerrechtler Akten im Hauptgebäude der Bezirksverwaltung des Ministeriums für Staatssicherheit in Dresden *Foto: Ulrich Häßler*

Aus den bei der Auflösung des AfNS und früheren BVfS Dresden tätigen Bürgern gründete sich 1991 der Verein »Bürgerkomitee Bautzner Straße« mit 29 Mitgliedern und dem Vorstand unter Leitung von Wolfhard Pröhl. Die neue BStU-Außenstelle Dresden auf der Riesaer Straße übernahm 1994 die durch das Bürgerkomitee unterdessen gesicherten Akten der einstigen Bezirksverwaltung und der Kreisdienststelle Dresden. Im gleichen Jahr öffnete die UHA auf der Bautzner Straße erstmalig ihre Tür für Besucher.

Der seit 1996 tätige Landesbeauftragte für die Stasi-Unterlagen im Freistaat Sachsen, Siegmar Faust (* 1944), gründete 1997 den im Jahr darauf ins Vereinsregister eingetragenen Verein »Erkenntnis durch Erinnerung«. In § 2 der Satzung heißt es: »Zweck des Vereins ist die Trägerschaft der Gedenkstätte Bautzner Straße Dresden, die dokumentarische Aufbereitung und Nutzung der ehemaligen Untersuchungshaftanstalt des MfS in Dresden zu Zwecken der politischen Bildung. Durch Führungen, Ausstellungen und Vorträge in dem Gebäude wird über den Aufbau und die Arbeitsweise des MfS und seiner Vorläufer, aber auch über die Realität in der SBZ/DDR insgesamt informiert. [...] «[6] Vorsitzender wurde Dr. Klaus-Dieter Müller. Am 5. Dezember 1997 wurde an der damals noch vorhandenen Mauer Bautzner Straße 112 eine Gedenktafel (→ *Denkmale*) enthüllt. Von 2004 bis 2007 erfolgte die Sanierung der ehemaligen Haftanstalt zur Gedenkstätte.

Der Verein »Erkenntnis durch Erinnerung« gab sich 2010 eine neue Satzung. Vorsitzender wurde der frühere Dresdner Oberbürgermeister Dr. Herbert Wagner (* 1948), und Leiterin der Gedenkstätte ist Uljana Sieber. 2012 konnten auch der einstige NKWD-Trakt (»Fuchsbau«) und der Festsaal im Westtrakt unter Denkmalschutz gestellt werden. Im Rahmen einer Festwoche konnte im Mai 2014 der originalgetreu restaurierte Festsaal für die Besucher eröffnet werden. Mit Ausstellungen, Führungen, Lesungen, Zeitzeugenberichten und vielem anderen ist die Gedenkstätte (heute Bautzner Straße 112a) ein wichtiger Ort politischer Bildung geworden. **Otto-R. Wenzel**

Zitate:

1 Interview mit Harald Würz vom 25.09.2000; in: Annette Weinke und Gerald Hacke; U-Haft am Elbhang, Dresden 2004

2 Zeugenaussage Hans-Josef J. vom 16.01.1997; in: Annette Weinke und Gerald Hacke; U-Haft am Elbhang, Dresden 2004

3 Abschlußbericht der BVfS Dresden zum OV »Feind« ; in: Annette Weinke und Gerald Hacke; U-Haft am Elbhang, Dresden 2004

4 Archiv der Stasi-Unterlagenbehörde Dresden

5 Weinke, Annette und HACKE Gerald Hacke; U-Haft am Elbhang, Dresden 2004

6 www. bautzner-strasse-dresden.de

Quellen: 48, 175, 292, 318, 374, 385, 1088, 1120, 1145, 1151

Staberow, Paul; Schriftsteller (1855 – 1926) → *K2*

Stade, Christina Maria Emilie; Sängerin (1850 – 1931) → *K2*

Stade, Friedrich Wilhelm; Musiker und Komponist (1817 – 1902) → *K2*

Stautz, Wilhelm; Maler und Bildhauer (1886 – 1964) → *K2*

Steiniger, Ferdinand; Buchkünstler und Grafiker (1882 – 1959) → *K2*

Steinfelder, Josef; Grafiker (1981 – 2000) → *K2*

Steinhausen, Wilhelm; Maler, Grafiker und Illustrator (1846 – 1924) → *K2*

Steinkauler, Walter; Komponist (1873 – 1921) → *K2*

Steinmüller, Volker; Bühnenbildner (1929 – 1952) → *K2*

Stengel, Gerhard; Maler und Grafiker (1915 – 2001) → *K1*

Stengel, Tobias; Bildhauer (* 1959) → *K2*

Steude, Barbara Christina; Sängerin (* 1976) → *K2*

Steude, Jürgen; Musiker (* 1964) → *K2*

Steude, Margot; Tänzerin, Tanz- und Musikpädagogin (* 1935) → *K2*

Steude, Martin; Musiker (* 1962) → *K2*

Steude, Wolfram; Musiker und Musikwissenschaftler (1931 – 2006) → *Kirchenmusik/Kantoren* → *K1*

Steuer, Christian; Bildhauer (* 1966) → *K2*

Stilijanov-Kretzschmar, Hildegard; Malerin (1905 – 1981) → *K2*

Stirl, Rose; Schauspielerin (1905 – 1940) → *K2*

Stirl, Walter; Maler (1854 – 1901) → *K2*

Stock, Dora (Dorothea); Malerin und Kopistin (1760 – 1832) → *Körner, Familie*

Stöhr, Georg; Musiker (um 1871 – 1907) → *K2*

Stöver, Kerstin; Kunsthistorikerin (* 1961) → *K2*

Stolle, Ferdinand; Schriftsteller und Redakteur (1806 – 1872) → *K2*

Stolzenberg, Oliver; Architekt (* 1963) → *K2*

Stoschek, Walter; Dirigent (1920 – ?) → *K2*

Straka, Zeljko; Musiker und Dirigent (* 1919) → *K2*

Straßennamen

Früher im Volksmund gebräuchliche Orientierungen lehnten sich oft an Flur-, Richtungs- oder Anwohnernamen an, später galten sie nicht mehr. 1886 wurden dann gültige Straßen- und Wegenamen festgelegt, die sich im Adressbuch von 1888/89 wiederfinden und im Laufe der Zeit modifiziert wurden. Neue Straßen entstanden durch Baulandgewinnung. Straßenumbenennungen erfolgten dann vor allem im Nachgang der → *Eingemeindung* zur Ausschaltung von Doppelungen mit der Stadt Dresden. Die wenigen Namensgebungen aus dem »Dritten Reich« wurden nach 1945 eliminiert; in der DDR-Zeit erfolgten Umbenennungen nur selten. In jüngster Zeit kam es im Zuge neuer Straßenerschließungen zu Neubenennungen.

Nachfolgend werden die jetzigen (fett gedruckt), die ehemaligen und die von den Einwohnern gebräuchlichen (*) Bezeichnungen für Straßen, Plätze und Wege mit Zeitraum sowie Benennungsangaben in alphabetischer Reihenfolge angegeben. Danach folgen Angaben zu den Kommunikationswegen.

Adlerstraße → *Am Weißen Adler*

Albertallee → *Fidelio-F.-Finke-Straße*

* Albertpark: Bezeichnung für den Schulpark der → *Schillerschule* (auch für den an Loschwitz grenzenden Teil der Dresdner Heide)

Albert-Venus-Weg: Seit 1933, benannt nach dem Maler Albert Venus (1842 – 1871, → *K2*)

Alexanderstraße: Seit 1893; Namenspatron unklar: Zar Alexander I. (1777 – 1825), Generalmajor und Stifter Alexejew (Alexander) von Olsusieff (1763 – 1838) oder – und das ist am wahrscheinlichsten – Alexander Graff (1886 – 1892), denn 1893 stellte sein Vater Carl Graff (1844 – 1906), langjähriger Direktor der Dresdner Kunstgewerbeschule und Besitzer eines Sommerhauses an dieser Straße, den Antrag, die Straße »Alexanderstraße« zu benennen

Alpenstraße: Seit 1891, benannt nach dem nahen → *Gasthaus »Schweizerei«*

Alpenweg → *Karl-Schmidt-Weg*

Alte Kirschplantage: Seit 2009, benannt nach der hier gewesenen Kirschplantage

Alter Ziegengrund → *Unterer Ziegengrundweg*

Am Damm → *Dammstraße*

Am Heiderand: Bis 1926 zu Dresden-Weißer Hirsch gehörender Adlerweg, seit 1926 Am Heiderand; die Häuser mit den geraden Zahlen 2 bis 6 gehörten bis nach 1945 zur Flur von Dresden-Loschwitz.

Am Königsweinberg → *Josef-Herrmann-Straße*

Am Körnergarten → *Körnerweg*

Amselsteg: seit 1911

Amtsstraße: Seit 1906 nach der ehemaligen

Eugen Degele Foto: K1

Amtsgemeinde (→ *S. 45*)

Am Wachwitzer Weinberg → *Josef-Herrmann-Straße*

Am Weißen Adler: 1884 – 1926 Adlerstraße, benannt nach dem → Gasthaus *»Weißer Adler«*; im Zuge der geplanten Brücke über den Loschwitzgrund war um 1912 die Umbenennung in Brückenstraße geplant (→ *Projekte, nicht verwirklichte*); seit 1926 Am Weißen Adler

An der Berglehne: 1893 – 1926 Ferdinandstraße, benannt nach Ferdinand Hanke, der 1893/94 seine Villa »Ferdinandshöhe« als erstes Haus an der Straße erbauen ließ; 1926 – 1946 Kirchbachstraße nach der Offiziersfamilie von Kirchbach; seit 1946 An der Berglehne

* An der Elbe → *Friedrich-Wieck-Straße*

An der Eule → *Säugrundweg*

Angelikastraße: Seit 1909, benannt nach der Malerin Angelika Kauffmann (1741 – 1807)

Anna-Angermann-Straße: Seit 1996, benannt nach der Loschwitzer Malerin *Anna Elisabeth → Angermann* (1883 – 1985, → *K1*)

Augustusstraße → *Hietzigstraße*

Barth'scher Privatweg/Privatstraße → *Oeserstraße*

Bautzner Landstraße: Ehemals Stolpischer Weg/Straße, weil nach Stolpen führend, dann Budissiner Straße, ab etwa 1875 – 1926 Bautzner Straße; seit 1926 Bautzner Landstraße

Bautzner Straße: Ehemals Stolpischer Weg/Straße, dann Budissiner Straße, Bautzner Chaussee, ab etwa 1886 – 1904 Bautzner Straße, 1904 – 1926 Dresdner Straße; seit 1926 erneut Bautzner Straße

Bergbahnstraße: 1893 – 1922 Prinzeß-Luisa-Straße, benannt nach der sächsischen Kronprinzessin Luise von Toskana (1870 – 1942); 1922 – 1926 Luisastraße; seit 1926 Bergbahnstraße

Bergstraße → *Oeserstraße*

Bismarckstraße → *Wuttkestraße*

* Blauveilchengasse → *Veilchenweg*

Böhmertstraße: Seit 1911, benannt nach dem Rechtsanwalt, Nationalökonom, Sozialreformer und Schriftsteller Viktor Böhmert (1829 – 1918)

Brockhausstraße: Seit 1903, benannt nach dem Anwesen der Verleger- und Buchhändlerfamilie Brockhaus

Brückendammstraße → *Elbbrückenstraße*

Brückenstraße → *Elbbrückenstraße* und → *Am Weißen Adler*

Budissiner Straße → *Bautzner Straße* und → *Bautzner Landstraße*

Bühlauer Fußweg → *Neugersdorfer Straße*

Bühlauer Grenzweg → *Neugersdorfer Straße*

Bühlau-Loschwitzer Grenzweg → *Neugersdorfer Straße*

Buttergasse → *Hirschleite*

Calberlastraße: Im 19. Jahrhundert Spittelgasse, benannt nach dem Besitz des Maternihospitals und danach etwa 1865 – 1879 Reichelweg nach dem Anwohner und → *Arzt Carl August Reichel* (1811 – 1892); seit 1879 nach dem Anwohner, Erbauer der Straße und Kaufmann *Moritz → Calberla* (1809 – 1906)

Carolastraße → *Schevenstraße*

Carolaweg → *Schevenstraße*

Charlottenstraße → *Heideparkstraße*

Chopinstraße: 1897 – 1926 Thielaustraße mit Kurze Straße (1901 – 1926 so benanntes Verbindungsstück zur Bautzner Landstraße), benannt nach dem Geheimen Regierungsrat und Amtshauptmann von Dresden Ernst von Thielau (gest. 1905); 1926 – 1949 Roosstraße nach dem Oberlandweinmeister und Gutsbesitzer von Weißer Hirsch Heinrich Roos (gest. 1774); seit 1949 nach dem Komponisten und Pianisten Frédéric Chopin (1810 – 1849)

Collenbuschstraße (Loschwitzer Teil): Seit etwa 1930 ausgebaut und – wie bereits der Weißer-Hirsch-Teil – benannt nach dem Kaufmann und Fabrikanten Friedrich Adolph Collenbusch (1841 – 1921)

D-Straße → *Judeichstraße*

Danziger Straße → *Neugersdorfer Straße*

Dammstraße: Bis 1897 Am Damm; seit 1897 Dammstraße

Degelestraße: Seit 1897, benannt nach dem hiesigen Kammersänger Eugen Degele (1834 – 1886, → *K1*)

* Dorfplatz → *Friedrich-Wieck-Straße*

Dostojewskistraße: 1896 – 1926 Parkstraße, danach 1926 – 1946 Hausenstraße, benannt nach dem General Max Freiherr von Hausen (1846 – 1922); seit 1946 nach dem russischen Schriftsteller Fjodor Michailowitsch Dostojewski (1821 – 1881)

Dresdner Straße → *Bautzner Straße*

Eichendorffstraße → *Kotzschweg*

Elbbrückenstraße: Etwa 1891 – 1893 Brückendammstraße, danach Brückenstraße, ab etwa 1897 Elbbrückenstraße

Elbuferweg → *Körnerweg*

Eschebachstraße → *Hermann-Prell-Straße*
* Fährgasse → *Friedrich-Wieck-Straße*
Ferdinandstraße → *An der Berglehne*
Fidelio-F.-Finke-Straße: 1895 – 1906 G-Straße; 1906 – 1922 König Albert-Allee, benannt nach dem sächsischen König Albert (1828 – 1902), 1922 – 1971 Albertallee; seit 1971 nach dem Komponisten Fidelio Fritz Finke (1891 – 1968)
Fischerstraße: Seit 1897, benannt nach dem Gastwirt und Schöpfer des Bebauungsplanes August Fischer (1824 – 1897)
Fischhausstraße: Ehemals Radeberger Landstraße/Chaussee und bis 1904 Radeberger Straße; seit 1904 benannt nach dem → *»Fischhaus«* in der Heide
Franz-Curti-Straße: Seit 1901, benannt nach dem → *Zahnarzt und Komponisten Franz → Curti* (1854 – 1898, → *K1*)
Franziska-Tiburtius-Straße: Seit 1914 für die Erschließung einer geplanten Wohnanlage auf dem Areal der ehemaligen → *HELIOS-Klinik*, benannt nach der Ärztin und Wegbereiterin des Frauenstudiums Franziska Tiburtius (1843 – 1927)
Friedrich-August-Straße → *Krügerstraße*
Friedrich-Press-Straße: Seit 1996, benannt nach dem Loschwitzer Bildhauer *Friedrich → Press* (1904 – 1990, → *K1*)
Friedrich-Wieck-Platz → *Friedrich-Wieck-Straße*
Friedrich-Wieck-Straße: Ehemals zur Grundstraße gehörig; seit 1895 benannt nach dem langjährigen Sommergast, dem Musikpädagogen Friedrich → *Wieck* (1785 – 1873, → *K1*); die westliche untere Friedrich-Wieck-Straße bezeichnete man früher auch als Fährgasse und in ihrer Verlängerung in Richtung Dampfschiffstation war um 1890 die Bezeichnung »An der Elbe« in Gebrauch; die heutige sogenannte »Kleine« Friedrich-Wieck-Straße nannte man Promenadenweg und später die untere östliche Friedrich-Wieck-Straße »Rollerbahn«; der Friedrich-Wieck-Platz war von etwa 1900 – 1950 das heute mitunter als »Dorfplatz« bezeichnete Areal um das Joseph-Herrmann-Denkmal (→ *Denkmale*) und die sich zum Körnerplatz anschließenden Grünanlagen
G-Straße → *Fidelio-F.-Finke-Straße*
Gabelsbergerstraße → *Malerstraße*
Gemeinderat Kurtz'sche Straße → *Ludwig-Richter-Straße*
* Graseweg → *Neugersdorfer Straße*
Grenzweg → *Neugersdorfer Straße*
Grundstraße (unterer Teil) → *Friedrich-Wieck-Straße*
Grundstraße (jetziger Teil): Ehemals Im Grunde, seit spätestens 1886 Grundstraße
Hans-Schubert-Straße → *Oskar-Zwintscher-Straße*
Hausenstraße → *Dostojewskistraße*

Joseph Herrmann, gezeichnet von Heinrich Naeke (1786 – 1835)
Aus: Deutsche Romantik – Handzeichnungen

Hechenbergerstraße → *Steglichstraße*
Heideparkstraße: Ehemals Teil der Charlottenstraße (Antonstadt); seit 1911 Heideparkstraße
Heilstättenweg: Ehemals Teil des Mordgrundweges; 1890 benannt nach der → *»Deutschen Heilstätte«*, bis 1896 trug auch die → *Wunderlichstraße* diesen Namen
Heinrichstraße → *Oskar-Pletsch-Straße* und → *Sonnenleite*
Hermann-Glöckner-Straße: Seit 2009, benannt nach dem Loschwitzer Maler, Grafiker und Bildhauer *Hermann → Glöckner* (1889 – 1987, → *K1*)
Hermann-Prell-Straße: 1897 – 1926 Eschebachstraße, benannt nach dem Anwohner und Fabrikbesitzer Carl Eschebach (1842 – 1905); seit 1926 nach dem hiesigen Maler und Bildhauer Hermann Prell (1854 – 1922, → *K1*, → *Schillerstraße*);
Herrmannstraße → *Lausitzer Straße*
Hermann-Vogel-Straße: Seit 1901, benannt nach dem in Loschwitz wohnenden Maler und Illustrator *Hermann → Vogel* (1854 – 1921, → *K1*)
Heymelstraße: Seit 1904 nach dem Kaufmann und Konsul Adolph Heymel (1822 – 1890) benannt
Hietzigs Privatstraße/Privatweg → *Hietzigstraße*
Hietzigstraße: Ehemals ab etwa 1868 – 1908 Hietzigs Privatweg oder Hietzigs Privatstraße, benannt nach dem in → *Oberloschwitz* wohnenden Kaufmann Adolph Hietzig (1824 – 1877); der zwischen Hirschleite und Steglichstraße gelegene Teil der heutigen Hietzigstraße hieß 1893 — 1926 Augustusstraße, benannt nach deren Straßenerbauer, dem → *Baugewerksmeister August Hilbert* (1845 – 1902); seit 1908 Hietzigs Privatstraße und seit 1926 auch die Augustusstraße dann Hietzigstraße
Hindenburgstraße → *Preußstraße*
Hirschleite: Etwa 1890 – 1917 Buttergasse, benannt nach den ansässigen Butterhändlern; seit 1917 Hirschleite, da nach dem Weißen Hirsch führend
Hochuferstraße → *Projekte, nicht verwirklichte*
* Hohlweg → *Plattleite*
Hugo-Preuß-Straße → *Preußstraße*
* Im Grunde → *Grundstraße*
* Jahn's Bergstiege → *Jahnstiege*
Jahnstiege: Seit 1896/97, anfangs auch Jahn's Bergstiege genannt; die Treppenstiege wurde vermutlich nach dem Gastwirt Ernst Jahn in Weißer Hirsch benannt
Johannesweg: Seit 1893, Namenspatron unbekannt
Josef-Hegenbarth-Weg: Im 19. Jahrhundert und offiziell etwa ab 1903 – 1971 Wachwitzer Kirchweg; seit 1971 nach dem Loschwitzer Maler *Josef → Hegenbarth* (1884 – 1962, → *K1*) benannt
Josef-Herrmann-Straße: 1911 – 1946 Am Königsweinberg, 1946 – 1962 Am Wachwitzer Weinberg; seit 1962 benannt nach dem Sänger Josef Herrmann (1903 – 1955)
Judeichstraße: Seit 1913; da Prof. Walther Judeich (1859 – 1942) und dessen Ehefrau die Flur der D-Straße unentgeltlich an die Stadt abgetreten hatten, konnte die Fertigstellung des Straßenbaues erfolgen und in Anerkennung dafür bekam die Straße den Namen der Familie
Karl-Schmidt-Weg: 1873 als Panoramaweg angelegt; 1882 – 1933 Alpenweg, nach dem nahen Gasthaus »Schweizerei«; seit 1933 benannt nach dem Architekten, Baurat und Protagonisten der Heimatschutzbewegung Dr. Karl Schmidt (1853 – 1922); seit etwa 2000 gehört der untere Teil des ehemaligen → *Ziegengrundweges* ebenfalls zum Karl-Schmidt-Weg
Kirchbachstraße → *An der Berglehne*
* Kirchgasse → *Schevenstraße* und → *Schillerstraße*
* Kirchweg → *Schevenstraße* und → *Schillerstraße*
Klengelstraße: Ehemals zur Souchaystraße (heute → *Tolstoistraße*) gehörend; seit 1935, nach dem Oberlandbaumeister Wolf Caspar von Klengel (1630 – 1691, → *K1*) benannt
Knoopstraße: Seit 1934, benannt nach dem Konsul und Stifter *Wilhelm → Knoop* (1836 – 1913)
König-Albert-Allee → *Fidelio-F.-Finke-Straße*
König-Albert-Platz → *Albertpark*
König-Friedrich-August-Straße → *Krügerstraße*
Könneritzstraße → *Tiedgestraße*
Körnerplatz: Ehemals Teil des Stadtweges (heutige → *Schillerstraße*), der → *Dammstraße*

und der → *Grundstraße*; seit 1895 benannt nach dem Oberkonsistorialrat *Christian Gottfried → Körner* (1756 – 1831, → *K1*)
Körnerweg: Ehemals Ledergasse, kaum nach Lederhändlern, eher nach der im 17. Jahrhundert hier ansässigen Familie Leder oder dem Flurstück »Lehde« am Mordgrund benannt; seit 1882 nach dem Sommersitz der *Familie → Körner*; 1926 – 1927 kurzzeitig in »Am Körnergarten« umbenannt
Kotzschweg: Vor 1876 als Winterleithe bezeichnet; offiziell seit 1876 nach der alteingesessenen Winzerfamilie → *Kotzsch* benannt; der obere Teil (zwischen Malerstraße und Krügerstraße) 1901 – 1926 Eichendorffstraße nach dem Dichter Joseph Freiherr von Eichendorff (1788 – 1857)
Krügerstraße: Ehemals Oberrochwitzweg, dann 1886 – 1901 Rochwitzer Weg, 1901 – 1904 der untere Teil Rochwitzer Straße (bis zur damaligen Einmündung der heutigen Ulrichstraße) und der anschließende obere Teil Prinz-Friedrich-August-Straße; 1904 – 1922 König-Friedrich-August-Straße nach dem sächsischen Prinzen und ab 1904 König Friedrich August III. (1865 – 1932), 1922 – 1926 Friedrich-August-Straße; seit 1926 nach dem Weinbergsbesitzer und Münzgraveur *Reinhard → Krüger* (1794 – 1879, → *K1*) benannt
Kuckucksweg: Seit 1903
Kügelgenstraße: Seit 1902, benannt nach dem Sommergast und Maler *Gerhard von → Kügelgen* (1772 – 1820, → *K1*)
Kurze Straße → *Chopinstraße*
Lahmannring (ehemaliger Loschwitzer Teil): 1883 – 1926 Ringstraße; seit 1926 benannt nach dem Sanatoriumsbesitzer und Arzt Dr. Heinrich Lahmann (1860 – 1905)
Lausitzer Straße: 1897 – 1926 Herrmannstraße nach dem Loschwitzer Bildhauer *Joseph → Herrmann* (1801 – 1869, → *K1*); seit 1926 Lausitzer Straße
* Ledergasse → *Körnerweg*
Leonhardistraße: 1874 (wahrscheinlich bereits vorher) – 1896 Rakenweg, kaum nach dem Vogel, eher nach dem Weinbau (Racemus = lat. Weinbeere); seit 1896 benannt nach dem Loschwitzer Maler, Fabrikbesitzer und Stifter *Eduard → Leonhardi* (1828 – 1905, → *K1*)
Leuschkestraße: Seit 1933, benannt nach dem Vorsitzenden des Dresdner Lehrervereins Alfred Leuschke (1845 – 1932)
Lorenzstraße → *Preußstraße*
Ludwig-Richter-Straße: 1893 »Gemeinderat Kurtz'sche Straße« nach dem Justizrat und späteren Oberlandesgerichtspräsidenten Bruno Kurtz (1841 – 1909), der hier ein Grundstück besaß; 1893 – 1894 W-Straße; seit 1894 nach dem langjährigen Sommergast und Maler *Adrian Ludwig → Richter* (1803 – 1884, → *K1*) benannt

Oskar Pletsch *Stich von Wegner/Leipzig*

* Loschwitz-Pillnitzer-Straße → *Schillerstraße* und → *Pillnitzer Landstraße*
Luisastraße → *Bergbahnstraße*
Lutherstraße → *Steglichstraße*
Malergäßchen → *Malerstraße*
Malerstraße: Ehemals bis 1894 Malergäßchen; 1894 nach der Loschwitzer »Malerkolonie« in Malerstraße umbenannt; der obere Teil der Straße (ab Franz-Curti-Straße) hieß 1901 – 1926 Gabelsbergerstraße, benannt nach dem Begründer der Stenografie Franz Xaver Gabelsberger (1789 – 1849)
Marie-Simon-Straße: Seit 1906 nach der Gründerin der → *»Deutschen Heilstätte«* Marie Simon (1824 – 1877) benannt
Materniweg: Seit 1903, nach dem Dresdner Maternihospital benannt
Metzschplatz → *Sierksplatz*
Metzschstraße → *Sierksstraße*
Mordgrundweg → *Heilstättenweg* und → *Wunderlichstraße*
Neugersdorfer Straße: Der die Grenze zu Bühlau bildende Weg hatte ehemals unterschiedliche Namen: »Graseweg«, »Scheechegässel«, Bühlauer Grenzweg, Loschwitzer Grenzweg oder Bühlau-Loschwitzer Grenzweg, ab 1886 dann Bühlauer Fußweg; 1897 – 1926 Grenzweg; 1926 – 1967 Danziger Straße, nach der heutigen polnischen Stadt Gdansk; seit 1967 Neugersdorfer Straße, nach der Oberlausitzer Stadt Neugersdorf
Niddastraße → *Oskar-Pletsch-Straße*
* Niedere Bergstraße → *Schevenstraße*
* Obere Bergstraße → *Veilchenweg*
* Oberer Elbweg → *Wiesenweg*
* Oberer Kirchweg → *Schevenstraße*
Oberer Zaunweg → *Oberer Ziegengrundweg*
Oberer Ziegengrundweg: Bis etwa 1897 Ziegengrund nach der ehemaligen Ziegenweide, auch Oberer Zaunweg genannt; danach bis 1960 Ziegengrundweg; seit 1960 Oberer Ziegengrundweg
* Oberrochwitzweg → *Krügerstraße*
Oeserstraße: Ab etwa 1885 Barth'scher Privatweg oder Barth'sche Privatstraße nach dem Grundstücksbesitzer Adolf Barth; 1898 – 1926 Bergstraße; seit 1926 benannt nach dem Maler, Radierer und Kupferstecher Adam Friedrich Oeser (1717 – 1799)
Oskar-Pletsch-Straße: 1891 – 1926 Heinrichstraße, benannt nach dem → *Baugewerksmeister* und Erbauer der hufeisenförmigen Straße Ernst Heinrich Metzner (1851 – 1926); der östliche Arm der Straße kam 1926 zur → *Sonnenleite* hinzu und der westliche Arm hieß 1926 – 1946 Niddastraße nach dem sächsischen General Hans Krug von Nidda (1857 – 1922); seit 1946 Oskar-Pletsch-Straße, benannt nach dem Maler und Zeichner Oskar Pletsch (1830 – 1888)
Oskar-Zwintscher-Straße: 1899 – 1926 Wasastraße, nach dem schwedischen Prinzen Gustav von Wasa (1799 – 1877); 1926 – 1962 Zwintscherstraße, nach dem Loschwitzer Maler *Oskar → Zwintscher* (1870 – 1916, → *K1*); 1962 – 1993 Hans-Schubert-Straße nach dem Widerstandskämpfer Hans Schubert (1905 – 1947); seit 1993 Oskar-Zwintscher-Straße
Panoramaweg → *Karl-Schmidt-Weg*
* Pappelallee → *Winzerstraße*
Parkstraße → *Dostojewskistraße*
Pferdeweg → *Steglichstraße*
Pillnitzer Landstraße: Ehemals Loschwitz-Pillnitzer Straße und ab spätestens Mitte 19. Jahrhundert – 1926 Pillnitzer Straße; seit 1926 Pillnitzer Landstraße
Pillnitzer Straße → *Pillnitzer Landstraße*
Plattleite (Loschwitzer Teil): Ehemals Hohlweg, spätestens Mitte 19. Jahrhundert – 1911 Plattleithenweg; seit 1911 Plattleite
Plattleithenweg → *Plattleite*
Preußstraße: 1897 – 1915 Lorenzstraße, benannt nach dem Bankdirektor Christian Friedrich Lorenz; 1915 – 1926 Hindenburgstraße nach dem Politiker und Generalfeldmarschall Paul von Hindenburg (1847 – 1934); 1926 – 1933 Hugo-Preuß-Straße nach dem Politiker und Staatsrechtslehrer Hugo Preuß (1860 – 1925); 1933 – 1945 Scheubnerstraße nach dem Diplomaten, NSDAP-Anhänger und »Gefallenen an der Feldherrnhalle« Erwin von Scheubner-Richter (1884 – 1923); seit 1945 erneut Preußstraße
Prinzeß-Luisa-Straße → *Bergbahnstraße*
Prinz-Friedrich-August-Straße → *Krügerstraße*
Promenadenweg → *Friedrich-Wieck-Straße*
Querstraße → *Wolfshügelstraße*

Radeberger Straße/Landstraße/Chaussee → *Fischhausstraße*
Rakenweg → *Leonhardistraße*
Ratsstraße: Seit 1906 nach der ehemaligen Ratsgemeinde (→ *Drei Gemeinden*)
Reichelweg → *Calberlastraße*
* Rietschelgäßchen → *Rietschelweg*
Rietschelweg: Ehemals Ruschelgäßchen oder Rietschelgäßchen, vielleicht nach Familie Rietschel, ab 1775 Besitzer des Grundstücks der späteren → *Gaststätte »Zum Kamerad«* benannt; seit spätestens 1880 Rietschelweg, später offiziell jedoch dem Bildhauer Ernst Rietschel (1804 – 1861) gewidmet
Ringstraße → *Lahmannring*
Rißweg: Spätestens seit Mitte des 19. Jahrhunderts nach dem dortigen Geländeeinschnitt am »Rißberg« benannt
Robert-Diez-Straße: 1886 – 1903 als 3. Steinweg benannt nach der Flur »Steinberg«; seit 1903 nach dem Anwohner Bildhauer Robert Diez (1844 – 1922, → *K1*)
Rochwitzer Straße → *Krügerstraße*
Rochwitzer Weg → *Krügerstraße*
* Rollerbahn → *Friedrich-Wieck-Straße*
Roosstraße → *Chopinstraße*
Roseggerstraße: Seit 1911 nach dem Schriftsteller Peter Rosegger (1843 – 1918) benannt
* Ruschelgäßchen → *Rietschelweg*
Sandweg: Seit spätestens 1845 nach dem dort vorhandenen sandigen Boden benannt
Säugrund → *Säugrundweg*
Säugrundweg: Etwa Mitte des 19. Jahrhunderts – 1898 Säugrund, nach einer Wildschweintrift genannt; das heutige Haus Nr. 1 lief 1886 – 1896 unter der Anschrift »An der Eule«, benannt nach dem gegenüberliegenden → *Gasthaus »Zur Eule«* und gehörte danach bis 1898 zum Säugrund; seit 1898 Säugrundweg
Schädestraße: Seit 1903 nach dem Loschwitzer Industriellen und Stifter Hermann Schäde (1831 – 1900) benannt
* Scheechegässel → *Neugersdorfer Straße*
Scheubnerstraße → *Preußstraße*
Schevenstraße: Bis Anfang des 18. Jahrhunderts nach dem Weg zur Frauenkirche Kirchgasse, Kirchweg und Oberer Kirchweg genannt; danach Niedere und Untere Bergstraße; ab etwa 1880 Carolaweg, benannt nach Königin Carola (1833 – 1907), der Protektorin der → *»Deutschen Heilstätte«*; 1897 – 1926 Carolastraße; seit 1926 Schevenstraße, nach der Vorkämpferin der Frauenrechtsbewegung Katharina Scheven (1861 – 1922)
Schillerstraße: Bis Anfang des 18. Jahrhunderts ebenfalls nach dem Weg zur Frauenkirche Kirchgasse und Kirchweg genannt; danach auch Loschwitz-Pillnitzer Straße; ab etwa 1875 – 1895 Stadtweg, da es ein hochwasserfreier Weg nach Dresden war; seit 1895 Schillerstraße nach dem Dichter Friedrich von Schiller (1759 – 1805; → *K1*)
Schweizer Straße → *Ulrichstraße*
Sierksplatz: 1904 – 1947 Metzschplatz, benannt nach dem sächsischen Minister Georg von Metzsch-Reichenbach (1836 – 1927); seit 1947 Sierksplatz nach dem Stadtbaurat und Widerstandskämpfer Hans Ludwig Sierks (1877 – 1945)
Sierksstraße: Der vordere Teil bis zur Malerstraße bis 1901 zum 1. Steinweg gehörig; 1901 – 1947 Metzschstraße, benannt nach dem sächsischen Minister Georg von Metzsch-Reichenbach (1836 – 1927); seit 1947 Sierksstraße nach dem Stadtbaurat und Widerstandskämpfer Hans Ludwig Sierks (1877 – 1945)
Sonnenleite: Seit 1907; der obere Teil gehörte bis 1926 zur Heinrichstraße (heute → *Oskar-*

Säugrundweg, Ansichtskarte, 1913 *Kunstverlag Max Köhler, Slg. Bernd Beyer*

Rißweg, Ansichtskarte (Ausschnitt)
Kunstverlag A. Hartmann, Slg. M. Griebel

Katharina Scheven (1861 – 1922)
Foto: Slg. Matthias Griebel

Pletsch-Straße) und kam erst 1926 zur Sonnenleite hinzu.
Souchaystraße → *Klengelstraße* und → *Tolstoistraße*
* Spittelgasse → *Calberlastraße*
Stadtweg → *Schillerstraße*
Steglichstraße: Spätestens Anfang des 19. Jahrhunderts – 1896 Pferdeweg; 1896 – 1917 Weißer-Hirsch-Straße; 1917 – 1926 Lutherstraße nach dem Reformator Martin Luther (1483 – 1546); 1926 – 1933 Steglichstraße nach dem Steinmetz und Gemeinderat Hermann Steglich (1858 – 1920); 1933 – 1945 Hechenbergerstraße nach dem Schlosser und »Gefallenen an der Feldherrnhalle« Anton Hechenberger (1902 – 1923); seit 1945 erneut Steglichstraße
1. Steinweg: Seit etwa 1875 nach der Flur »Steinberg« benannt
2. Steinweg: Seit etwa 1875, ebenfalls nach der Flur »Steinberg«
3. Steinweg → *Robert-Diez-Straße*
Stolpischer Weg/Straße → *Bautzner Straße* und → *Bautzner Landstraße*
Straußstraße: Ehemals Teil der heutigen → *Chopinstraße*; seit 1897 nach dem Gemeindevorstand Moritz August Strauß (1835 – 1904) benannt
Stürenburgstraße: Seit 1935 nach dem in Loschwitz wohnenden Rektor der Dresdner Kreuzschule Dr. Heinrich Stürenburg (1847 – 1934) benannt
Stufenweg: 1926 erbaute Treppe zwischen Grundstraße und Wuttkestraße
Thielaustraße → *Chopinstraße*
Tiedgestraße: 1901 – 1926 Könneritzstraße, benannt nach dem sächsischen Finanzminister Leonce Robert Freiherr von Könneritz (1835 – 1890); seit 1926 Tiedgestraße nach dem Dichter Christoph August Tiedge (1752 – 1841)
Tolstoistraße: 1904 – 1946 Souchaystraße, nach dem Großkaufmann und Stifter John Daniel Souchay (1798 – 1871, → *Schloss Eckberg*) sowie seiner Frau Thekla (1809 – 1876); seit 1946 Tolstoistraße, benannt nach dem russischen Schriftsteller Graf Lew Nikolajewitsch Tolstoi (1828 – 1910)
Ulrichstraße: 1873 – 1926 Schweizer Straße nach dem → *Gasthaus »Schweizerei«*; seit 1926 nach der in Loschwitz wohnenden Hofschauspielerin *Pauline* → *Ulrich* (1835 – 1916, → *K1*)
* Untere Bergstraße → *Schevenstraße*
Unterer Ziegengrundweg: Er führte unterhalb des → *Oberen Ziegengrundweges* an der Ziegengrundquelle vorbei und mündete zwischen den Häusern Nr. 25 und 27 in die Sierksstraße; er wird auch als »Alter« Ziegengrund bezeichnet
Veilchenweg: Ab etwa 1870 Obere Bergstraße, auch Blauveilchengasse und um 1880 Viktoriaweg; 1882 – 1926 Viktoriastraße nach dem → *Gasthaus und Hotel »Viktoriahöhe«*; seit 1926 Veilchenweg

Blick in den 2. Steinweg *Foto: Holger Friebel*

Viktoriastraße → *Veilchenweg*
* Viktoriaweg → *Veilchenweg*
W-Straße → *Ludwig-Richter-Straße*
Wachwitzer Kirchweg → *Josef-Hegenbarth-Weg*
Wasastraße → *Oskar-Zwintscher-Straße*
Wasserweg: Seit 1907, in Verlängerung der → Winzerstraße nach der Elbe führend
Weinleite: Seit 1935
Weißer Hirsch-Straße → *Steglichstraße*
Wiesenweg: Ehemals Oberer Elbweg; seit 1892 Wiesenweg
Wilhelminenstraße: Seit 1893 nach der verstorbenen Frau des Grundstückbesitzers und Erbauers der Straße Adolph Simmig (1829 – 1899) benannt
Winterleithe → *Kotzschweg*
Winzerstraße: Da früher mit Pappeln bepflanzt, auch Pappelallee genannt, seit 1906 Winzerstraße nach der ehemaligen Winzergemeinde (→ *Drei Gemeinden*)
Wolfshügelstraße (Loschwitzer Teil): 1880 – 1926 Querstraße; seit 1926 Wolfshügelstraße nach dem »Wolfshügel« in der Dresdner Heide
Wunderlichstraße: Ehemals Mordgrundweg, 1890 – 1896 → *Heilstättenweg*; seit 1896 Wunderlichstraße, benannt nach dem Kaufmann und Stifter, Generalkonsul Bruno Wunderlich (1848 – 1909)
Wuttkestraße: 1893 – 1926 Bismarckstraße, nach Reichskanzler Otto Fürst von Bismarck (1815 – 1898); seit 1926 benannt nach dem Nationalökonomen und Volkskundler Dr. Robert Wuttke (1859 – 1914)
Zeppelinstraße: Seit 1912, nach dem Erbauer des gleichnamigen Luftschiffes General Ferdinand von Zeppelin (1838 – 1917) benannt
Ziegengrund → *Oberer Ziegengrundweg*
Ziegengrundweg → *Oberer Ziegengrundweg*
Zwanzigergäßchen → *Zwanzigerstraße*
Zwanzigerstraße: Ehemals Zwanzigergäßchen, benannt nach den → *»Zwanziger«* genannten Loschwitzer Jagdbediensteten; ab 1890 Zwanzigerstraße
Zwintscherstraße → *Oskar-Zwintscher-Straße*

Früher gab es auch sogenannte Kommunikationswege. Sie waren als fußläufige Abkürzungen von einer zur anderen Straße entstanden und sind in älteren Plänen verzeichnet. Als Beispiele seien genannt:
• Von der Schevenstraße führte ein Stufenweg hangab und erreichte am Loschwitzer Wasserwerk den Körnerweg.
• Ebenfalls von der Schevenstraße führte ein Weg zur Schillerstraße, vorbei an der → *Villa Thorwald* bis zur heutigen Wolfshügelstraße.
• Vom Veilchenweg in Höhe »Viktoriahöhe« gab es einen Bergweg hinab zur Pillnitzer Landstraße.
• Am unteren Veilchenweg führten zwei Verbindungswege zur Grundstraße.
Wichtige Abkürzungswege waren den Bewohnern des Ortsteiles Schöne Aussicht:
• Vom Rundteil Hermann-Vogel-Straße hinab zur Robert-Diez-Straße
• Das »Gässel« am → *Gasthaus »Schöne Aussicht«* zwischen Krügerstraße und Sierksstraße
Grundstücksprivatisierungen und Häuserbau führten, vor allem nach der → *Eingemeindung* 1921, zur allmählichen Aufgabe der einstigen Kommunikationswege. Allerdings waren der »Alte Ziegengrundweg«, das »Gässel« und die Verbindung am Ludwig-Richter-Haus (Veilchenweg 1) vom Veilchenweg zur Grundstraße noch lange nach 1945 begehbar. Und erst in jüngster Zeit wurde der Abstieg vom Karl-Schmidt-Weg am Ziegengrund zur Grundstraße (Haltestelle Rißweg) durch eine Mauer verschlossen.

Matthias Griebel

Quellen: 625, 1000

Stünzner, Elisa; Sängerin (1886 – 1975) → *K1*
Streubel, Manfred; Schriftsteller und Dichter (1923 – 1992) → *K2*
Sturm, Margret; Grafikerin (1906 – ?) → *K2*
Suitner, Otmar; Dirigent und Pianist (1922 – 2010) → *K2*
Swoboda, Franz; Maler (1885 – 1939) → *K2*
Sy, Gerhard; Maler und Grafiker (1886 – 1936) → *K2*

T

Taucher, Curt; Sänger (1885–1954) → *K2*
Teichen, Deli Maria; Schauspielerin (1904–1996) → *K2*
Teichs, Eugen; Maler und Grafiker (1860–1927) → *K2*

Tellkamp, Uwe

Schriftsteller und Arzt (* 1968)

Uwe Tellkamp wurde am 28. Oktober 1968 in Dresden geboren und verbrachte seine Kindheit in der Oskar-Pletsch-Straße im → *Ortsteil Oberloschwitz*. Er hat mit seinem späteren Roman »Der Turm« nicht nur ein großes Stück Literatur verfasst, sondern viel für den Elbhang als wahrgenommene Heimstatt von Kultur getan.

Uwe Tellkamp verließ nach seinem Medizinstudium, welches er nach dem Ende der DDR in Dresden, Leipzig und New York absolvierte und der darauffolgenden Arbeit als Arzt in einer Dresdner unfallchirurgischen Klinik das heimelige Elbflorenz. Als Schriftsteller 2004 in Klagenfurt/Österreich mit dem Ingeborg-Bachmann-Preis prämiert und anerkannt, gab er seinen Beruf als Arzt zugunsten der Literaturausübung auf.

Mit dem 2008 erschienenen Roman »Der Turm«, in dem er die Zeit von 1982 bis zum Oktober 1989 zeichnet, schrieb sich der Autor allerdings nicht in die Herzen aller Dresdner. Die überregionale Kritik feierte den Roman als den »großen Wenderoman«, manche Dresdner Zeitungen indes hielten erdachte Passagen für überzogen und wenig nachvollziehbar. Das Kunstwerk sollte herhalten für die unterschiedlichsten Lebensgeschichten, für Beschreibungen, die doch bitte auch Realitätsbezug haben sollten. Dass nun der Roman noch sieben Jahre nach seinem Erscheinen für Diskussions- und Gesprächsstoff sorgt, liegt, wiederum auch gerechtfertigt durch Preise (2008 Deutscher Buchpreis), Theaterinszenierungen (Dresden, Potsdam und Wiesbaden) und der Verfilmung (Ausstrahlung am Tag der Deutschen Einheit 2012), vor allem an seiner herausragenden literarischen Qualität. Verknüpft er doch operngleich unterschiedlichste Figuren mit den ihnen eigenen unterschiedlichen Stimmen und deren Lebensgeschichte mit zeitpolitischen Zusammenhängen und auch deren Deutungen.

Der Weiße Hirsch als Hauptort der Geschehnisse macht diesen Roman noch reizvoller, zumal sich Tellkamp einen Spagat zwischen real Verfügbarem und kreativ Erdachtem leistet. Werten mag man dies als ein Angebot, den Orten nachzuspüren, in die Literatur ein-

Uwe Tellkamp in der Schwebebahn *Foto: Sven Paustian*

Uwe Tellkamp als Kind mit Familie

Uwe Tellkamp in NVA-Uniform im März 1988

Tor zum Tellkampschen Wohnhaus
Fotos (3): Slg. Tellkamp

August Reinhardt, Loschwitz 1890, Aquarell
Heute bewahrt im Archiv der Kirchgemeinde Loschwitz

O M
Lo

Die »Galerie im Buch«

Uwe Tellkamp im Interview mit dem Elbhang-Kurier über sein Werk »Der Turm«
Rundum im Lande und besonders natürlich auch in Dresden wird gerätselt, wer sich hinter Ihren literarischen Gestalten verbirgt. Sind Sie verblüfft oder amüsiert, so beim Wort genommen zu werden?
»Meine Figuren haben Vorbilder, aber man kann sie nicht eins zu eins auf ein Vorbild beziehen. Meist sind Figuren, so auch meine, zusammengesetzt, übernehmen Eigenarten vom Vorbild A, Biographisches vom Vorbild B, Äußerlichkeiten vom Vorbild C. Lebendige Romanfiguren (solche, die lebendig in der Vorstellung des Lesers wirken) entwickeln sehr bald ein Eigenleben, das sie von allem bloß Übernommenen entfernt. Natürlich wird jeder Dresdner Leser wissen, dass das Institut meines Barons von Arbogast gewisse Ähnlichkeiten mit dem Institut von Ardenne hat. Arbogast aber ist ein Höllenbote, womöglich ein schwarzer Zauberer – und spätestens dort dürften die Parallelen enden. Überhaupt ist mein Buch nur unter Vorbehalt als sogenannter realistischer Roman zu lesen, Märchenhaftes und Phantastisches – E.T.A. Hoffmann ist ein heimlicher Pate hinter den Kulissen – überwuchern die Szenerie. Wofür ich gute Gründe hatte, denn die DDR und das Dresden der achtziger Jahre, in dem die Uhren schlugen, die Zeit aber stillstand, wo die Elbe vergiftet um die Zimmer kreiste und ihr Totenwachs ablagerte, wo die Eisblumen über Türen und Treppen krochen, war ein Märchengebiet in einer Märchenzeit.«[1]

Oskar-Pletsch-Straße 10 – Vorbild für das »Haus Abendstern« im Roman »Der Turm«
Foto: Slg. Tellkamp

zutauchen. Beispielhaft versucht dies der Historiker und Stadtführer Albrecht Hoch (* 1969), der mit seinen »Turm-Touren« nun schon seit zehn Jahren literaturaffines Publikum aus Nah und Fern über die Achse Schwebebahn, Ostrom, Tausendaugenhaus führt.

Uwe Tellkamp als einen »Sohn des Elbhanges« zu bezeichnen, scheint nun recht und billig, nur geht es nicht darum, einen weiteren Heroen der Stadt zu präsentieren. Vielmehr sollten wir ihn preisen als einen steten Geist, der in der Kunst schafft, was der schnelllebigen Medienlandschaft niemals gelingen wird: Ein Werk, was das Erinnern an Vergangenes bewahrt und dazu herausfordert, politisch erlebtes Heute verstehen und durchschauen zu können. **Susanne Dagen**

Zitat:
1 Gabriele Gorgas; Universum der vergangenen Augenblicke; in: EHK 12/2008
Quelle: 724

Werke Uwe Tellkamps:
»Der Eisvogel« (2005)
»Der Turm« (2008)
»Die Sandwirtschaft. Anmerkungen zur Schrift und Zeit« (2009)
»Reise zur blauen Stadt« (2009)
»Der Hecht, die Träume und das Portugiesische Café« (2009)
»Die Uhr« (2010)
»Die Schwebebahn. Dresdner Erkundungen« (2010)

Teschemacher, Margarete; Sängerin (1903 – 1959) → *K2*
Teschner, Gustav Wilhelm; Gesangslehrer und Komponist (1800 – 1883) → *K2*
Thiede, Helga; Sängerin (* 1940) → *K2*
Thiele, Arthur; Maler (1841 – 1919) → *K2*
Thierbach, Erich; Musiker (1899 – 1973) → *K2*
Thiess-Böttner, Inge; Malerin (1924 – 2001) → *K1*

Tiedeken, Günter; Maler und Grafiker (* 1932) → *K2*
Tilg-Senff, Marcella; Kunstgewerblerin (1915 – ?) → *K2*
Tilli, Johann; Sänger (* 1967) → *K2*

Töchterheim

Nach dem Tod ihres Ehemannes, des Landgerichtsrates Dr. jur. Reinhard Spitzner, unterhielt ab 1922 dessen Witwe Hedwig Spitzner (1875 – 1946) in ihrer Villa Schevenstraße 10b ein Töchterheim zur »Erziehung für höhere Töchter«. Der gesellschaftliche Höhepunkt für die etwa 12 bis 15 Jahre jungen Mädchen fand alljährlich zum häuslichen Sommerfest statt. Zu dieser Festlichkeit wurden für die jungen Damen stets Fahnenjunker (Offiziersanwärter) als Gesellschafter eingeladen.

Um 1935/36 löste Hedwig Spitzner das Unternehmen auf. Ihre Verbundenheit mit Loschwitz bezeugte die Mitgliedschaft im → *Ortsverein*. Sie hatte seit 1913 in Loschwitz gewohnt und starb hier in ihrem Haus. **Ute Häse**

Quellen: 39, 382, 725

Tormin-Löhnig, Erna; Sängerin (1880 – 1950) → *K2*
Trautmann, Hans; Radiosprecher und Moderator (* 1936) → *K2*
Trenkler, Albin; Musiker (1865 – 1923) → *K2*
Trenkler, August; Kapellmeister und Komponist (1836 – 1910) → *K1*
Trenkler, Albrecht; Schriftsteller (1900 – unbekannt) → *K2*
Trenkler(-Sieber), Elisabeth; Schriftstellerin und Dramatikerin (1866 – 1944) → *K2*
Treu, Georg; Kunstwissenschaftler (1843 – 1921) → *K2*
Trützschler von Falkenstein, Curt; Schriftsteller (1874 – ?) → *K2*

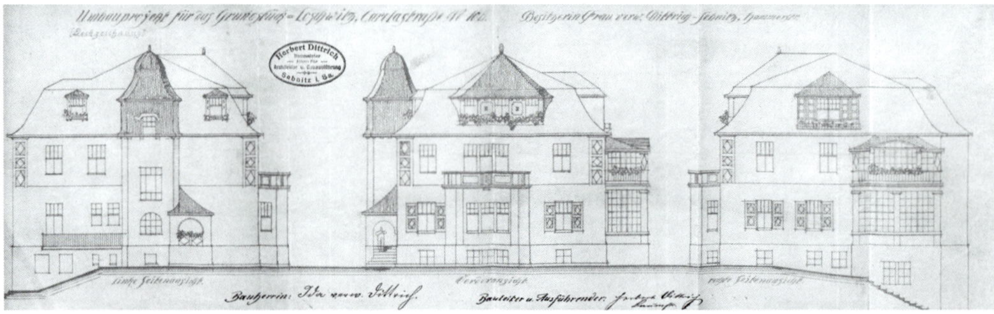

Bauzeichnung von Herbert Dittrich für die Villa Schevenstraße 10b, 1912, in der Hedwig Spitzer ein »Töchterheim zur Erziehung für höhere Töchter« betrieb. *Stadtarchiv*

Pauline Ulrich
als „Elisabeth"
in „Maria Stuart."
U

Überrück, Wilhelm; Maler (1881 – ?) → *K2*
Uhlig, Max; Maler und Grafiker (* 1937) → *K1*
Uhrig, Dieter; Musikwissenschaftler (* 1933) → *K2*
Ulbrich, Rudolf; Musiker (1924 – 2005) → *K2*

Pauline Ulrich, Ansichtskarte
Foto: Slg. Ute Häse

Pauline Ulrich, auf dem Balkon ihrer Villa »Paula«, 1909 *Foto: Kunstverlag Max Köhler*

Ulrich, Pauline

Hofschauspielerin (1835 – 1916) Körnerweg 12

Die Hofschauspielerin Auguste Charlotte Pauline Ulrich (→ *K1*) wurde am 19. Dezember 1835 in Berlin geboren. Ihr Vater war Orchestermitglied am Berliner Hoftheater. Er wollte Pauline als Gouvernante ausbilden lassen. Sie entschloss sich aber, gegen den Willen ihrer Eltern Schauspielerin zu werden. Die Eltern lenkten ein und ließen Pauline bei der bekannten Schauspielerin Auguste Crelinger (1795 – 1865) auf Eignung prüfen. Diese befand Ulrike für so talentiert, dass sie die Ausbildung und Förderung selbst übernahm. Daraufhin scheute der Vater keine Kosten, der Tochter den allseitigen Unterricht in Geschichts- und Sprachkunde, Verstands- und Stilübungen angedeihen zu lassen. Sie erwies sich als eine fleißige und hochbegabte Schülerin.

Bald spielte sie die ersten Rollen an verschiedenen Spielstätten in Berlin. 1856 bekam sie ihr erstes Engagement in Stettin. Nach zweijähriger Spielzeit in Hannover erhielt sie 1858/59 eine Empfehlung nach Dresden an das Hoftheater. Schon nach ihrer ersten Rolle als »Gretchen« in Goethes »Faust« erkannte Intendant Wolf Adolf August von Lüttichau (1786 – 1863) das außergewöhnliche Talent und verpflichtete sie 1859 an das Königliche Hoftheater nach Dresden. Nun spielte sie »erste Liebhaberinnen und jüngere Heldinnen«. Mit dem Schauspielerkollegen Bogumil Dawison (1818 – 1872) war sie die ideale Besetzung. Sie verkörperte u. a. die Rollen der Luise Millerin in Schillers »Kabale und Liebe«, der Julia Capulet in Shakespeares »Romeo und Julia« und der Donna Diana in der gleichnamigen Komischen Oper von Emil Nikolaus von Reznicek und erwarb sich schnell die Gunst des Publikums.

Eine weitere Lehrerin und Freundin zugleich wurde Franziska Sontag (1788 – 1865). Bei ihr nahm sie weiterhin Privatstunden und wurde von ihr zu künstlerischer Reife geführt. Auf der Bühne konnte Ulrich durch ihre Anmut, geistige Größe, ihr imposantes Auftreten und feines Mienenspiel sowie mit ihrer Schönheit das Publikum beeindrucken. Pauline Ulrich als dramatische Darstellerin überzeugte bei Gastspielen in Leipzig, Danzig, Königsberg, Magdeburg, Hamburg, Mannheim, Breslau, Prag, Zürich, Basel und am Nationaltheater Berlin. Sie begeisterte auch mit einer unverwüstlichen Heiterkeit in Lustspielen. Die Darstellung weiblicher Vornehmheit war wohl eine ihrer Stärken. 1884, anlässlich ihres 25-jährigen Bühnenjubiläums, erhielt sie vom Königlichen Hoftheater einen Vertrag auf Lebenszeit. Auch gastierte sie für längere Zeit am Hoftheater Berlin. Eine dieser Vorstellungen besuchte auch Theodor Fontane (1818 – 1898) und beurteilte begeistert ihre Spielart.

Initialen »PU« im Torgitter
Foto: Ute Häse

Gedenkstein in der Mauer, Körnerweg 12
Foto: Ute Häse

Neben der Stadtwohnung Ostra-Allee 27 erwarb sie 1873 ein Sommerhaus in Loschwitz am Körnerweg 12 (Villa »Paula«). Das Eingangstor zieren heute noch die Initialen P U. Eine Sandsteintafel mit der Inschrift: »Hier wohnte 1876 bis 1916 Pauline Ullrich Hofschauspielerin« (Ulrich fälschlicherweise mit zwei ll geschrieben) befindet sich an der Grundstücksmauer.

Neben vielen Auszeichnungen erhielt Pauline Ulrich 1909 anlässlich ihres 50. Bühnenjubiläums den Titel »Professorin der Schauspielkunst«. 1916 wurde sie zum Ehrenmitglied des 1913 errichteten neuen Königlichen Schauspielhauses ernannt. Eine weitere Ehrung erfolgte 1926, indem die Schweizerstraße in Loschwitz in Ulrichstraße umbenannt wurde. Ein großformatiges Ölgemälde der Pauline Ulrich, gemalt 1907 von Georg Meckes (*1863), der im Nachbarhaus Körnerweg 14 wohnte, hängt in der Künstlergalerie im Dresdner Schauspielhaus.

Pauline Ulrich, von Kritikern und Publikum hoch geschätzt, hoch verehrt und berühmt, verstarb am 25. Mai 1916 in Dresden mit 81 Jahren und wurde auf dem Alten Annenfriedhof in Dresden-Südvorstadt beigesetzt. Die Erbin von Pauline Ulrich, Agathe Brandt, verkaufte die Villa »Paula«, im März 1918 für 41.000 M an die Rechtsanwalts-Ehefrau Margarete Brückner. Deren Tochter, Dr. Ilse Goedecke (→ *Ärzte*), veräußerte das Grundstück 1984 an Karin und Wilfried Schmidt. **Ute Häse**

Quellen: 420, 465, 639, 711, 965

Pauline Ulrich in ihrer Wohnung am 26. Mai 1909, anlässlich ihrer Ernennung zur Professorin, Ansichtkarte *Kunstverlag Max Köhler, Slg. Bernd Beyer*

Frühere Besitzer des Weingutes Körnerweg 12

Das ehemalige Weinbergsgrundstück (→ *Sagen*) findet schon um 1593 Erwähnung. Besitzerwechsel gab es viele, bis schließlich der Fleischhauer Carl August Friedrich Preißler, geboren 1767 in Schönfeld-Pfaffroda im Erzgebirge, verheiratet mit Christiane Sophie Bär (1763–1842) aus Altenberg, ab 1795 die Pachtschankwirtschaft in Loschwitz betrieb (→ *Gaststätten und Hotels*, Demnitz – Elbehotel). Er kaufte 1800 das Weinbergsgrundstück an der Ledergasse, heute Körnerweg 12. Das Grundstück reichte damals vom Körnerweg bis hinauf zum Kirchweg (heute Schevenstraße). Weiterhin pachtete er 1809 das Gut zum Weißen Hirsch und erwarb es 1829 für seinen Sohn Johann August Preißler (1801–1864). Friedrich Preißler starb mit 79 Jahren im November 1846 in Loschwitz.

Das Grundstück erbte 1847 sein Sohn, Ritter des Verdienstordens, Johann August Preißler, der königlicher Friedensrichter und Gutsbesitzer auf dem Weißen Hirsch war, gemeinsam mit seinen drei Geschwister zu gleichen Teilen. Die Ehefrau Preißlers, Emilie Mathilde geb. Krone (1810–1867), war Mitbegründerin des Loschwitzer → *Frauenvereins*. Das Grundstück wurde 1859 an Caroline Luise, verehelichte Hofrat Dr. Gräße, veräußert.

Carl August Preißler und Christiane Sophie Preißler geb. Bär *Repros: privat*

Carl August Preißler fand die letzte Ruhe gemeinsam mit seiner Frau Christiane Sophie in einer Gruft, sein Sohn Johann August nebst Ehefrau Emilie Mathilde in einem Doppelgrab auf dem Loschwitzer Kirchhof.

Der Sagenforscher Theodor Gräße (1814–1885), Besitzer von Körnerweg 12

Johann Georg Theodor Gräße (Grässe), geboren am 31. Januar 1814 in Grimma, erwarb 1860 das Besitztum Körnerweg 12 aus dem Nachlass seiner Frau Caroline Louise. Sie hatte mit anderen im Jahr 1859 für 5.500 Taler das Grundstück von Johann August Preißler und dessen Miterben gekauft. Theodor Gräße veräußerte das Grundstück nach vier Jahren für 6.500 Taler an Friedrich Zänicke aus Dresden. Die zur Elbe liegenden Felder erwarb die Sächsische Dampfschifffahrtgesellschaft Dresden, um den Winterhafen (→ *Hafen*) 1864/65 anlegen zu können.

Theodor Gräße studierte in Leipzig Philosophie und Archäologie und promovierte 1834. Er setzte seine literarischen Studien an der Universität Halle fort. 1838 übernahm er eine Anstellung als Lehrer für französische Sprache und Literatur an der Kreuzschule in Dresden. Ab 1843 wurde er Privatbibliothekar beim sächsischen König Friedrich August II. bis zu dessen Tod 1854. Weitere Anstellungen neben seinen literarischen Arbeiten waren: 1848 Inspektor und ab 1877 Direktor des Dresdner Münzkabinetts, 1861 Direktor der Dresdner Porzellansammlung, 1864 als Hofrat Direktor des Grünen Gewölbes. Am 27. August 1885 starb Gräße in seinem Schloss Wackerbarth in Niederlößnitz. Unter Theodor Gräßes vielfältiger literarischer Tätigkeit erschien 1855 das Buch »Der Sagenschatz des Königreichs Sachsen« mit etwa 1.000 Sagen. Darin befindet sich die Sage »Vom gespenstischen Winzer«. Diese Sage soll sich im Winzerhaus, in dem noch heute erhaltenen Keller, Körnerweg 12, zugetragen haben.

Unger, Hans
Maler und Grafiker (1872 – 1936)

Zu den profiliertesten Vertretern des Kunstfrühlings um 1900 zählte der am 26. August 1872 im nahen Bautzen geborene Karl Friedrich Johannes Unger (→ *K1*). Dieser entstammte wie viele seiner Kollegen kleinbürgerlichen Verhältnissen. So nahm auch Unger nach dem Besuch der Gewerbeschule seinen Entwicklungsweg über den Handwerksberuf eines Dekorationsmalers bis hin zum Studenten der Königlichen Akademie der bildenden Künste in Dresden. Das im Handwerk Erlernte vertiefte er ab 1888 in vierjähriger Arbeit im Malsaal des Königlichen Dresdner Hoftheaters. Der Eintritt in die Kunstakademie zu Dresden erfolgte 1893. Die Lehrer waren Friedrich Preller d. J. (1838 – 1901) und Hermann Prell (1854 – 1922, → *K1*). 1895 beendete er seine Studien. Mehr als diesen verdankte er seinen gereiften Stil jedoch den Reisen nach Bornholm und in südliche Gefilde wie Italien und Sizilien. Und tatsächlich strahlen Ungers frühe Arbeiten eine Frische aus, die sein Spätwerk einbüßen sollte. Nicht so stark dem Augenblick verpflichtet wie die Impressionisten, setzte Unger die Farben in eine duftige Form, die begeisterte. Durch diese progressive Entwicklung empfohlen, wurde er zu einer Identifikationsfigur der sich 1894 bildenden sezessionistischen Gruppe »Verein bildender Künstler« in Dresden, der u. a. Carl Bantzer (1857 – 1941), Wilhelm Claudius (1854 – 1942) und Paul Baum (1859 – 1932) angehörten. 1897/98 studierte Unger an der Académie Julian in Paris. Maßgeblichen Einfluss auf die Kunst des Dresdners hatten auch britische Künstler wie Dante Gabriel Rosetti (1828 – 1882) oder Edward Burne-Jones (1833 – 1898). Ähnlich wie Rosetti fand auch Unger in seiner Ehefrau Antonie Opitz (1874 – 1953), die er 1899 heiratete, ein Modell, welches zu malen er nicht müde ward. Und wie Rosetti näherte er seine Porträts immer mehr ihrem Typ an. In kürzester Zeit wurde er zum bestbezahltesten Porträtisten weiblicher Schönheit in Sachsen und darüber hinaus.

Beinahe eine Reinkarnation der Mutter wuchs in der Tochter Maja (1903 – 1973) heran. Über drei Jahrzehnte variierte Unger seinen idealen Frauentyp. Diese Einseitigkeit barg allerdings auch immense Gefahren für die Qualität, und in der großen Zahl der geschaffenen Arbeiten konnte eine gewisse Eintönigkeit nicht immer vermieden werden. Um 1910 änderte der Künstler seine Malweise. Ein breitpinseliger Duktus verdrängte die feine Malerei der frühen Jahre. Auch die Leuchtkraft der Farbe wurde gemildert. Die Kritik reagierte auf diese Korrektur wenig begeistert. Ungers Status geriet, wenigstens außerhalb Sachsens, ins Wanken. Trotzdem gelangen gerade in jenen Jahren herausragende Porträts, so die Bildnisse bedeutender Sänger der Dresdner Oper wie Eva Plaschke von der Osten (1881 – 1936), die er als »Salome« malte, und Tino Pattiera (1890 – 1966, → *K1*) als Cavaradossi in Puccinis Oper »Tosca«.

Hans Unger *Foto: Archiv Kirchgemeinde*

Die aus den »Stahlgewittern« des Ersten Weltkrieges heimkehrende Generation junger Künstler ließ die ideale Welt Ungerscher Prägung alsbald immer anachronistischer erscheinen. Die Kunstentwicklung der Nachkriegszeit begann Unger, wie viele Künstler seiner Generation, vom Brennpunkt hinweg zu delegieren. Thematisch änderte der Maler weder in den Kriegsjahren noch in der stürmischen Zeit nach 1918 seine Kunst. »[...] Unger träumte von einer neuen Renaissance, vom Kultus schöner Frauen, von südlichen Himmeln, blühenden Blumengewinden und kühler Marmorarchitektur!«[1] Ausstellungen präsentierten sein Werk 1924 in Bautzen, 1928 in Dresden und nochmals anlässlich seines 60. Geburtstags vier Jahre später.

Mit Hans Unger erinnern wir an einen der bedeutendsten Künstler, die Anfang des 20. Jahrhunderts am Loschwitzer Elbhang lebten. Seine künstlerischen Erfolge ließen es zu, dass er 1902 den → *Architekten* des → *Künstlerhauses Martin* → *Pietzsch* (1866 – 1961, → *K1*) mit dem Bau einer repräsentativen Villa auf der Kügelgenstraße 6 beauftragen konnte, die Unger noch im gleichen Jahr bezog. Dort verkehrten Stars der Dresdner Oper wie Richard Tauber (1891 – 1948), der Schriftsteller Karl May (1842 – 1912), aber auch die Malerkollegen *Sascha* → *Schneider* (1870 – 1927, → *K1*), *Oskar* → *Zwintscher* (1870 – 1916, → *K1*) und *Richard* → *Müller* (1905 – 1959, → *K1*).

Am 9. August 1936 erlag Unger in Dresden-Loschwitz einem immer stärker werdenden Nierenleiden, das er zu spät behandeln ließ.

Ungers Grab befindet sich auf dem Loschwitzer → *Friedhof*. **Rolf Günther**

Zitat:
1 Hardenberg, Kuno Graf von; Zeichnungen von Hans Unger – Dresden; in: Deutsche Kunst und Dekoration; Dresden Heft 2 1928
Quellen: 452, 454, 639

Ungewiß, Elsa; Pianistin und Musikpädagogin (1908 – 1999) → *K2*
Ußner, Hugo; Maler und Grafiker (1903 – ?) → *K2*

Hans Unger, Erwachen, 1926, Öl auf Leinwand *Städtische Galerie Dresden*

V

Venus, Albert; Maler und Grafiker (1842–1871) → *K2* → *Ludwig-Richter-Kreis*

Vereine

Die Wurzeln der Vereine liegen wahrscheinlich im 15. Jahrhundert, als sich Gruppen von Menschen mit gleichen Zielen zusammenschlossen, um diese auch gemeinsam zu verwirklichen. Im Mittelpunkt standen anfangs »wohltätige Zwecke« – also soziale Aufgaben. Das »Vereins- und Versammlungsgesetz für das Königreich Sachsen« vom 22. November 1850 definierte einen Verein und regelte die juristischen Fragen. Heute ist das BGB die rechtliche Grundlage. Vereine sind im Vereinsregister als »e.V.« eingetragen und haben im Gegensatz zu den Verbänden in der Regel lokal begrenzte Ziele. Das haben auch die Bürgerinitiativen (→ *Bürgerbewegung*). Diese sind allerdings zeitlich begrenzt und besitzen nicht den Status eines Vereins. Jeder eingetragene Verein hat einen festen Sitz und eine »Verfassung« (Statut), in der auch die Ziele formuliert sind. Damit ist der Verein eine »juristische Person«.

Alle in Loschwitz ansässigen Vereine zu benennen, ist hier nicht möglich, gab es doch am Anfang des 20. Jahrhunderts bereits etwa 35. Wenn auch die Grenzen manchmal fließend sind, so lassen sich die Vereine aufgrund ihrer im Statut festgeschriebenen Ziele Gruppen zuordnen. Da sind zunächst die die Hilfsvereine mit sozialer Ausrichtung. Eine zweite Gruppe wären die religiösen und politischen Vereine, eine weitere die Ortsvereine mit lokaler Zielstellung. Gemeinnützige Ziele verfolgen in der Regel auch die Bildungsvereine und die Musik- und Kunstvereine. Schließlich gibt es die Selbstzweckvereine wie Sport-, Freizeit- und Hobby-Vereine.

Im Nationalsozialismus (→ *NS-Zeit*) wurden die Vereine »gleichgeschaltet«. Es blieb ihnen nur die Möglichkeit, sich weitgehend der Ideologie anzupassen oder sich aufzulösen. Nach 1945 wurden die Vereine als »nationalsozialistische Organisationen« aufgelöst. In der Zeit der DDR gründeten sich meist nur einige Sportvereine neu. Erst nach der Wiedervereinigung lebten manche Vereine wieder auf bzw. gründeten sich neu.

Hilfs- und Gewerbevereine

Der älteste Loschwitzer Verein ist der 1851 gegründete → *Frauenverein*. Er ist u. a. die Wurzel für den 1908 gegründeten »Tuberkulose-Fürsorge-Verein Loschwitz – Weißer Hirsch« unter Vorsitz des → *Arztes* Martin Grieshammer (1868–1933).

Zumindest die Gründer verstanden es als »Hilfe«, 1885 als Zweigverein den Loschwitzer »Impfzwang-Gegner-Verein« unter Führung des → *Arztes* Dr. Carl Andreas Berthelen (1821–1906) ins Leben rufen zu wollen. Zu einer Eintragung ins Vereinsregister kam es allerdings nicht.

Schon 1864 hatte sich die später auch als Verein eingetragene »Gesellschaft Erholung« gegründet. »Die Mitglieder pflegen geselligen, unterhaltenden Verkehr im Winterhalbjahr durch Abhaltung von Theater-Aufführungen, Vorträgen, Konzerten und Bällen; im Sommer durch allwöchentliches Kegeln, kleinere Ausflüge etc.«[1] Vereinsvorsitzender war der Kaufmann Franz Möbius (Körnerplatz 8). 1905 war auch dieser Verein an sein Ende gekommen.

Der 1875 in der → *Gaststätte* »Victoriahöhe« gegründete »Verein ehrenvoll verabschiedeter Militärs und Reserven zu Loschwitz und Umgegend« ist – obwohl ein Militärverein – auch ein sozialer Verein, gehört doch zu seinen Zielen die »Unterstützung der Mitglieder in Krankheits- und in Sterbefällen [...].«[2] Der erste Vorsitzende war der spätere Wirt der → *Gaststätte* »Zum Kamerad« Carl Modes (1849–1908). Eines der Ehrenmitglieder war König Albert (1828/1873–1902). Der Militärverein ließ 1878 das nicht mehr vorhandene Kriegerdenkmal (→ *Denkmale*) errichten. Im Jahr 1900 zählte der Verein 181 Mitglieder, von denen die meisten Handwerker und Beamte sowie einige Offiziere waren. Der Verein bestand über 50 Jahre.

Neben den genannten sozialen Hilfsvereinen gab es schon früh Vereine, die sich die Unterstützung und Beratung bestimmter sozialer Gruppen zum Ziel gesetzt hatten. Zu ihnen gehörten der → *»Haus- und Grundbesitzerverein«* und der 1893 gegründete »Gewerbeverein für Loschwitz und Umgegend«. Zweck dieses

»Damenkette« des Frauenvereins Loschwitz *Foto: Archiv Kirchgemeinde Loschwitz*

Vermutlich Gewerbeverein Loschwitz und Umgebung, um 1916. Das Foto zeigt 29 Personen vor der Roten Amsel, Grundstraße 26, v. l. n. r., 1. Reihe sitzend F. August Rosig, Baugewerbe; N. N., Tochter von Herrmanns; vermutlich Albin Herfurth, Pächter des Unteren Burgberges; Hermann Tanner, Bäckermeister; Rudolf Kolbe, Architekt; Dr. phil. Studienrat Heinrich Stürenburg; Hanna Herrmann, Anna Emilie Leiberg geb. Thalheim; 2. Reihe stehend: Karl Herrmann; Richard Herfurth, Gemeindeältester, Delikat-, Wild- und Geflügelhändler; Ernst Rentsch, Malermeister; Richard Braune, Barbier und Trichinenbeschauer; Karl Herrmann, Malermeister; Paul Bellmann, Klempner (Weißer Hirsch); Fanny Herrmann; Richard Rudolph, Kaufmann und Ortsrichter; Max Hennig, Kaufmann; Adolf Leiberg, Kunstgärtner *Foto: Stadtmuseum Dresden, Repro Ernst Hirsch*

Vereins war die Förderung des allgemeinen Gewerbewesens durch gegenseitige Belehrung und das Zusammenwirken seiner Mitglieder. Dafür veranstaltete man Vereinsabende in der → *Gaststätte* »Zum Kamerad« mit Debatten über aktuelle Fragen, Vorträge über und Exkursionen in Gewerbebetriebe. Bis zu seinem Tod war der Uhrmachermeister Hermann Harzbecker (1850–1897), wohnhaft Pillnitzer Landstraße 4, der Vorsitzende und danach bis 1930, als der Verein in den Dresdner Gewerbeverein integriert worden war, der spätere Friedensrichter Richard Rudolph (1864–1939, → *Gerichtsbarkeit*).

Eine lange Tradition hatte auch der 1897 gegründete »Gartenbauverein für Loschwitz und Umgegend«. Seine Ziele und seine Arbeit waren dem des Gewerbevereins ähnlich, allerdings beschränkt auf »Gärtner und Freunde des Garten- und Obstbaus«.[3] Vorsitzender war von 1900 bis 1929 der Gärtner Arthur Gruhl (1868–1942, → *Gärtnereien*). Danach hatte der Verein seinen Sitz nicht mehr in Loschwitz.

Neben den beiden genannten Vereinen gab es weitere, in denen sich z. B. die Gastwirte oder die Schuhmacher zusammenschlossen. Erwähnt werden soll hier noch der 1896 gegründete Sparverein »Redlichkeit«, der sich bis zu seinem Ende im Jahr 1921 wohltätigen Zwecken verpflichtet fühlte.

Obwohl kein Verein, soll hier die nicht zu den Freimaurern gehörende »Guttempler-Loge« genannt werden. Der 1852 in New York gegründete Orden wurde 1892 in Sachsen eingeführt. Sein Ziel war der Kampf gegen alle »berauschenden« Mittel wie z. B. Alkohol. Die Loschwitzer → *Kirchgemeinde* stellte den Guttemplern 1913 den Konfirmandensaal in der → *Alten Schule*, Pillnitzer Landstraße 8, als Sitzungszimmer für die Loge »Bergfrieden« zur Verfügung. Sie arbeitete hier bis etwa 1930. Ansprechpartner in dieser Zeit war der Zimmermann Moritz Graf (1856–1936, Veilchenweg 19).

Religiöse und politische Vereine

Die beiden Loschwitzer Jugendvereine »Evangelischer Jünglings-Verein« und »Evangelischer Jungfrauen-Verein« wurden 1894 gegründet. Wie später weitere evangelische Vereine (Männerverein, Feierabendverein u. a.) wurden sie Jahrzehnte später Bestandteil der → *Kirchgemeinde*. Der »Evangelische Arbeiterverein für Loschwitz und Umgegend«, 1896 gegründet, ordnete sich nach der Eingemeindung von 1921 in Dresden neu und hatte danach keinen Vereinssitz mehr in Loschwitz.

Der sozialdemokratische orientierte »Arbeiterverein für Loschwitz und Umgegend« hatte sich bereits 1891 gegründet. Sein Ziel war »die Wahrung und Förderung der geistigen und wissenschaftlichen Interessen seiner Mitglieder sowie die Beförderung von in der Arbeiterbewegung stehenden Männern zu Reichstags-, Landtags- und Gemeindewahlen.«[4] Das Versammlungslokal war die → *Gaststätte* »Amtsschänke«. Die Versammlungen wurden von Gemeinderat und Polizei beobachtet, wovon erhalten gebliebene »Überwachungsprotokolle« zeugen. Vorsitzende waren der Drechsler Karl Biener (Grundstraße 111), dann der Arbeiter Carl Raffelt (Grundstraße 119) und danach der Steinmetz Hugo Michel (1865–1923), Grundstraße 99. Von 1906 bis zur Neuordnung

1921 hatte der Verein den Namen »Sozialdemokratischer Verein des 4. Reichstagwahlkreises, Bezirk Loschwitz« und wurde von mehreren Bezirksleitern, zuletzt von Dekorationsmaler Max Becker (Preußstraße 3) in der → *Gaststätte* »Forsthaus« geführt.

Mit Beginn des Ersten Weltkrieges gründeten sich noch politisch-konservative Vereine, die aber nur wenige Jahre bestanden.

Ortsvereine

Sie verfolgen begrenzte Ziele, die sich in aller Regel auf ein bestimmtes Territorium beziehen. Neben dem → *»Ortsverein Loschwitz«* und dem auf dem Weißen Hirsch ansässigen → *»Verschönerungsverein Weißer Hirsch/Oberloschwitz«* gab es hier drei weitere ähnliche Vereine: Der »Verschönerungsverein Schöne Aussicht« (→ *Ortsteil Schöne Aussicht*) wurde 1897 gegründet und 1902 ins Vereinsregister eingetragen. Er bemühte sich vor allem um die Erhaltung und Pflege des angrenzenden Königsparks. Der Verein bestand bis 1921.

1905 gründete sich noch der »Ortsverein Oberloschwitz« zur Förderung der Interessen des → *Ortsteils Oberloschwitz*. Zuletzt unter dem Vorsitz des → *Arztes* Dr. Heinrich Teuscher (1862 – 1946) stehend, beendete er seine Arbeit ein Jahr nach der Eingemeindung von Loschwitz nach Dresden.

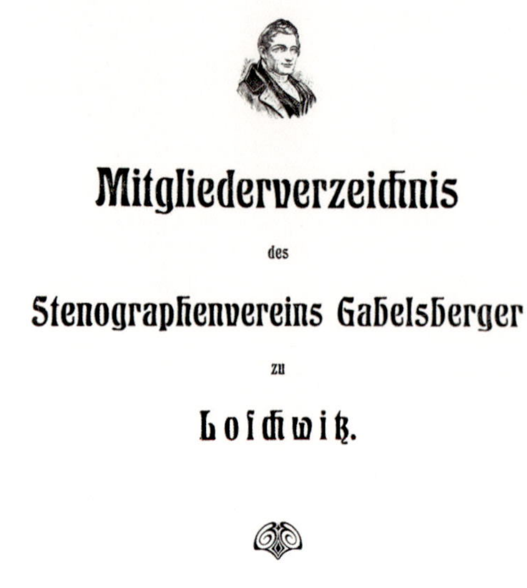

Mitgliederverzeichnis

des

Stenographenvereins Gabelsberger

zu

Loschwitz.

Mitgliederverzeichnis des »Stenographenvereins Gabelsberger« *Slg. Horst Lehmann*

Schließlich hatte sich bereits 1902 der »Ortsverein Loschwitz-Stadtgrenze« mit ähnlichen Zielen für den → *Simmigschen Ortsteil* gegründet. Nach der 1933 erfolgten Umpfarrung des Ortsteils nach der Martin-Luther-Kirche in Dresden-Neustadt endete die Arbeit des Vereins.

Bildungsvereine

Von ihnen sei hier der »Stenographenverein Gabelsberger zu Loschwitz« genannt. Zweck des 1900 gegründeten Vereins war die Verbreitung der von Franz Xaver Gabelsberger (1789 – 1849) entwickelten Kurzschrift. Ausbildung und Fortbildung von Stenographen, Wettschreiben und Anlage einer kleinen Fachbibliothek waren weitere Aufgaben. Die Kurse fanden in einer der → *Schulen* statt und Vereinslokal war die → *Gaststätte* »Ratskeller«. Der Verein arbeitete bis 1928.

Musik- und Kunstvereine

Eine lange Tradition in Loschwitz haben die Gesangvereine. Der älteste ist der im Januar 1853 gegründete »Männergesangverein Loschwitz«. Schon ab Sommer 1850 hatten sich sangesfreudige Männer im Haus des Gärtners Georg Bernstengel in der heutigen Grundstraße 41 zum gemeinsamen Singen unter seiner Leitung getroffen. Sie nannten sich vor der Vereinsgründung »Liedertafel« – wahrscheinlich nach der im Januar 1839 gegründeten »Dresdner Liedertafel«. 1868 übernahm *Adolf → Leiberg* (1848 – 1928) den Vorsitz des Vereins. Chorleiter waren in der Regel die Loschwitzer → *Kantoren* und der Probenort die → *Gaststätte* »Ratskeller«. Leibergs Nachfolger wurde 1923/24 kurzzeitig der Kaufmann Theodor Buchholz, bevor sich der Verein auflöste. 1930 war er mit gleichem Namen unter dem Vorsitz von Max Lehmann (1867 – 1935, Sierksstraße 16) neu erstanden. Nach dessen Tod war bis 1945 Fritz Rölle (1902 – 1981, Pillnitzer Landstraße 6) sein Nachfolger.

Es gab noch eine Reihe weiterer Männergesangvereine in Loschwitz, wie »Bagatelle«, »Eintracht« und »Liedergruß«, die aber nur wenige Jahre existierten. Lediglich der 1893 gegründete Männergesangverein »Arion« hielt sich länger. Vorsitzende waren der Tischler Robert Krebs (1865 – 1917) und von 1898 bis 1925 der Tischler Robert Graubner. Sein Nachfolger Paul Schuster erweiterte »Arion« zu einem Männer- und Frauenchor. Graubner übernahm 1929 erneut den Vorsitz und führte den Chorverein bis zu dessen Ende 1933.

Kurz nach dem Ende der Monarchie gründete sich 1920 der »Frauenchor Loschwitz«. Bis zu seinem Ende 1931 führte ihn als Vereinsvorsitzende Charlotte Rieck geb. Schimron (1888 – 1969, Friedrich-Wieck-Straße 3).

Eine weitere Gruppe von Chören, wie die »Kantorei« und der »Freiwillige Kirchenchor«, deren Chorleiter der jeweilige Kantor war,

VERSCHÖNERUNGS-VEREIN

Der Ortsteil „SCHÖNE AUSSICHT", 150 m über der Elbe, inmitten von Wald und Park gelegen, bietet im Sommer die Vorzüge eines Höhenluftkurorts und im Winter eines Sportplatzes, verbunden mit der Nähe einer Großstadt, die in 30 Min. erreichbar ist. Der unterzeichnete Verein ist gern zu näherer Auskunft erbötig.

„SCHÖNE AUSSICHT" ZU LOSCHWITZ

Stenographenverein „Gabelsberger" Loschwitz

Unterricht in Einheitskurzschrift

Anfängerkursus: Dienstags 1/2 8–9 Uhr in der 63. Volksschule zu Blasewitz, Schulstraße 8/9.

Fortbildungskursus: Mittwochs 1/2 8–9 Uhr in der 62. Volksschule zu Loschwitz, Pillnitzer Str. 16.

Anfängerkursus: Freitags 6–8 Uhr ebenfalls in der Loschwitzer Schule.

Anmeldungen werden in den Übungsstd. entgegengen.

Anzeigen des Verschönerungsvereins »Schöne Aussicht« (1911) und des Stenographenvereins (1926) *Slg. OVLW, Archiv Kirchgemeinde*

Zug der Gesangvereine durch Loschwitz, 1928, Ansichtskarte *Foto: Franz Gaudernack, Slg. Bernd Beyer*

behielt zwar noch lange ihren Vereinsstatus, war aber Bestandteil des Lebens in der → *Kirchgemeinde*.

Einer der weiteren musikalischen Vereine war, neben »Zither-Verein« und »Mundharmonika-Verein«, der 1919 gegründete »Musikverein Dresden-Loschwitz«. Er stand bis zu seiner Auflösung 1933 unter dem Vorsitz des Kaufmanns Arthur Flinsch (→ *Gärtnereien*) und der Leitung von → *Kantor Constantin* → *Friedrich* (1880 – 1947, → *K2*).

Der erste bedeutende Loschwitzer Verein, der sich über die Musik hinaus auch den anderen Künsten zuwandte, ist der 1991 gegründete → *»Kunstverein Alte Feuerwache«*.

Selbstzweckvereine

Der älteste Verein dieser Art ist der 1863 gegründete »Turnverein zu Loschwitz«, dem später weitere Turn- und Sportvereine (→ *Sport*) folgten. Diesen Vereinen zuzuordnen sind sowohl die Schießklubs (z. B. »Wilhelm Tell«) als auch die zahlreichen Kegel-, Billard- und Boule-Klubs, die Anfang des 20. Jahrhunderts hier entstanden. Ihre Namen brachten wohl schon damals die Bürger zum Schmunzeln,

Männergesangverein »Bagatelle« vor einem Ausflugslokal *Foto: Slg. Ute Häse*

wie z. B. die Kegelklubs »Burenfreunde«, »Ewig Jung«, »Hübsche Männer«, »Jugend von heute«, »Bettschoner« oder die »Boulklubs« (immer ohne »e«) »Habicht«, »Radau« und »Wupp«.

Der 1886 gegründete und ein Jahrzehnt später ins Vereinsregister eingetragene »Herrenverein Loschwitz«, der in der → *Gaststätte* Demnitz in der Regel täglich zusammenkam, hatte sich der Geselligkeit verschrieben. Er schloss sich 1907 mit den Herren aus Blasewitz zum »Herrenverein Loschwitz-Blasewitz« zusammen und tagte fortan auch dort. Ein anderer Verein, zu dem in dieser Zeit auch nur »Herren« gingen, war der von 1897 bis 1905 bestehende »Rauchklub Nebelwolke«.

Otto-R. Wenzel

Zitate:
1 Adreß- und Geschäfts-Handbuch für Loschwitz 1886; Dresden 1886
2 Friedrich Wilhelm Pohle; Chronik von Loschwitz; Dresden 1887
3 Satzung des Vereins; im Stadtarchiv Dresden; Akte Gemeinde Loschwitz, 8.27, I-78/41
4 Statut des Vereins, im Stadtarchiv Dresden; Akte Gemeinde Loschwitz, 8.27, I-78/23

Quellen: 18, 39, 824, 1000

Frauenverein zu Loschwitz

Frauenvereine hatten zwei Orientierungen: Zum einen war es die karitative Tätigkeit wie Armen- und Sozialhilfe, zum anderen war es der Kampf um Frauenrechte wie Gleichberechtigung und Demokratie. So hatten der bereits 1791 in Dresden gegründete »Jüdische Frauenverein« und der 1814 gegründete christliche »Frauenverein zu Dresden« erstere Zielstellung. Auch der Loschwitzer Frauenverein steht in der Tradition der karitativen Frauenvereine, die sich in den deutschen Ländern besonders in der Zeit der napoleonischen Befreiungskriege gegründet hatten. Wenngleich sich viele von ihnen nach dem Ende der Kriegsereignisse wieder auflösten, entstanden bald neue, die sich wohltätigen Zwecken zuwandten.

Dreieinhalb Jahrzehnte später war es, dass in Loschwitz »im Spätherbst 1850 ein Verein sich gestaltete«[1], der sich zum Ziel setzte, in Kindern, die außerhalb der Schulstunden sich selbst überlassen waren, »durch Anleitung zu angemessener und nützlicher Beschäftigung Lust und Liebe zur Arbeit sowie den Sinn für Sittlichkeit zu erwecken.«[1]

Nach der Formulierung des Statuts und der 1851 erfolgten Einschreibung ins Genossenschaftsregister war der Loschwitzer Frauenverein geboren. Gegründet wurde er von zwei Frauen. Die eine war Emilie Adolphine Geyer, Ehefrau des Ökonomierats Carl Friedrich Otto Geyer (1795–1872). Die andere war Emilie Mathilde Preißler, Ehefrau des Besitzers des Gutes »Zum Weißen Hirsch«. Geyer übernahm den Vorsitz im Verein und Preißler wurde Vize-Vorsitzende. Zu den ersten Mitgliedern des Vereins gehörten auch Kantor Carl Gottlob Wegerich (→ *Kirchenmusik*) als Rechnungsführer sowie dessen Ehefrau und Tochter.

Im ersten Statut des Vereins von 1851, in dem auch die damaligen Mitglieder verzeichnet sind, wird in § 3 die Aufgabe formuliert: »Der Unterricht beschränkt sich auf das Stricken, Nähen sowie auf das Wäsche-Zeichnen, und es soll dabei diejenige Fertigkeit als Zielpunkt dienen, welche in einer Haushaltung zur Aufrechterhaltung von Ordnung und Sparsamkeit erforderlich ist. Im Stricken soll daher die regelrechte Fertigung eines ordinären Strumpfes, im Nähen das geschickte und sorgfältige

Boule-Verein »Habicht«, als Ruderer für eine Faschingsveranstaltung verkleidet, vor der Amtsschänke *Foto: Artur Größel, Slg. Ute Häse*

Frauenverein Loschwitz beim Klöppeln *Foto: Archiv Kirchgemeinde Loschwitz*

Ausbessern von Wäsche und Kleidungsstücken sowie das Zuschneiden und Fertigen eines gewöhnlichen Hemdes als Endziel betrachtet werden.«[1]

Anfangs stellte in Loschwitz die Gründerin Adolphine Geyer ihre Wohnung zur Verfügung. Nach einem Jahr mussten auch die »Behausungen« der anderen Mitglieder mit genutzt werden und später konnte noch in einer Schulstube an zwei Nachmittagen in der Woche gearbeitet werden. 1865 konnte in einem von Adolphine Geyer im Jahr zuvor erworbenen Grundstück eine → *Kinderbewahranstalt* eröffnet werden, die allerdings bereits 1867 wieder aufgegeben werden musste. Der Verein konzentrierte sich nun wieder in erster Linie auf seine »Näh- und Strickschule«, kurz »Stricke« genannt.

Vorsitzende des Frauenvereins:

- Emilie Adolphine Geyer (1851–1864)
- Emilie Mathilde Preißler (1864–1866)
- Apoline Leonhardi (1867–1869 und 1875–1878)
- Marie Kretschmar, Pfarrfrau (1869–1875)
- Julie Dressler (1878–1881)
- Emma verw. Stirl (1881–1901)
- Bertha Starke (1901–1913)
- Clara Kahleyß, Arzt-Ehefrau, ab 1914 Witwe (1913–1923)
- Olga Schulz, Pfarrfrau (1924–1934)
- Elisabeth Neuer (1934)

Nach den Festlegungen des ersten Statuts des Vereins lag 1867 ein neues Statut vor, das 1868 in der »Zeitschrift für Verwaltungspraxis und Gesetzgebung« auch im Druck veröffentlicht wurde. Im Statut wird ausdrücklich festgehalten, dass dem Vereinsdirektorium jetzt drei Damen und zwei Herren angehören mussten, »denn der völlige Verzicht auf eine männliche Flankierung konnte jedoch den Amtsunwillen heraufbeschwören und Projekte zum Scheitern bringen«.[2]

Die Hauptaufgabe des Vereins wurde in § 11 formuliert und bezog sich auf »...die Haltung einer Nähschule und Ertheilung von Unterricht im Stricken, Nähen, Ausbessern und Wäschezeichnen an diejenigen schulpflichtigen Mädchen, welche zu den Gemeinden von Loschwitz und dem Weißen Hirsch gehören und das achte Lebensjahr zurückgelegt haben«.[3]

Wie aus einem neuen Statut von 1878 ersichtlich ist, erfolgte die Betreuung und Schulung von Mädchen in Handarbeiten für den Haushalt auch noch nach 1878, obwohl im Schulgesetz von 1873 bestimmt wurde, dass die Gemeinden auf ihre Kosten in den sächsischen Schulen diese Unterrichtung einzuführen hatten. In der »Generalversammlung« des Vereins wurde dann aber doch im Juni 1880 die Aufhebung der »Strickschule« für Ostern 1881 beschlossen, allerdings mit der Orientierung, diese Tätigkeit weiter in der Schule zu unterstützen. Die Finanzierung der Arbeit des Frauenvereins erfolgte anfangs nur auf Basis von

Emilie und Otto Geyer

Emilie Adolphine Geyer geb. von Geusau-Trebra (* um 1795) kaufte 1864 für 2.800 Taler das Grundstück mit Haus und Garten, die heutige Friedrich-Wieck-Straße 7 und Fidelio-F.-Finke-Straße 3. Sie war die Stieftochter des Oberberghauptmanns von Sachsen, Friedrich Wilhelm Heinrich von Trebra (1740–1819). Er war 1766 der erste Student an der 1765 gegründeten Bergakademie zu Freiberg und seit 1801 Oberberghauptmann in Sachsen, wozu auch die Leitung der ältesten Bergakademie der Welt gehörte.

Später, in Loschwitz, war Emilie Adolphine mit dem Ökonomierat, Rittergutsbesitzer und Abgeordneten des Sächsischen Landtages (1842–1851) Carl Friedrich Otto Geyer (1795–1872) verheiratet. Er war ein sächsischer Landwirt von europäischem Rang. Geyer wendete z. B. 1839 als Erster in Europa die Guano-Düngung an, sodass es dadurch möglich war, »den gesamten Bedarf Sachsens an Brodfrucht zu erzeugen [...] auch diejenigen 1.200.000 Scheffel, deren wir [...] jährlich [...] vom Auslande bedurften«.[2]

Von 1850 bis 1867 besaßen Geyers das damals schlossartige Gebäude mit Weinberg Leonhardistraße 1. In Dresden hatten sie noch eine Winterwohnung. Ab 1867 lebten Geyers auf dem Rittergut Oberzodel bei Görlitz.

Frauenverein, 1933 *Foto: Hildegard Jäckel, Slg. Ute Häse*

Mitgliedsbeiträgen und Spenden. Ab 1851 sind, damals von »Rechnungsführer« Carl Gottlob Wegerich, Einnahmen und Ausgaben auf den Pfennig genau in Büchern eingetragen.

Unter den Geldgebern fanden sich von Anfang an viele bis heute in Loschwitz bekannte Namen wie z. B. Königin Maria Anna (1805–1877), die auf → *Schloss Albrechtsberg* wohnende Rosalie Gräfin von Hohenau (1820–1879), Friedrich Ernst Demnitz (→ *Gaststätte »Demnitz«*) und viele andere. Nach dem Tod ihres Mannes schenkte Emilie Adolphine Geyer 1873 dem Frauenverein nochmals 200 Taler. Interessant ist, dass auch Einnahmen durch Losverkäufe und Konzerte erzielt wurden.

Die Einnahmen stiegen ständig, sodass ein Vermögen entstand, das zur weiteren Vermehrung zinsgünstig angelegt werden konnte. Es entwickelte sich durch Mitgliedsbeiträge – 1911 hatte der Verein 233 Mitglieder –, Grundstücksverkauf, Spenden, größere Zuwendungen wie Erbschaftsbeteiligungen, Legate und Zinserträge. In normalen Zeiten gelang es dank der guten Arbeit der Kassierer meist, die Finanzen so zu steuern, dass die Differenz zwischen Einnahmen und Ausgaben immer positiv war und das Vermögen langsam wuchs.

Einladung für ein Konzert im Unteren → Burgberg um 1890:
»Zum Besten des Frauenvereins zu Loschwitz wird unter gütiger Mitwirkung der nachgenannten Damen und Herren:
- Fräulein Marie Wieck aus Dresden,
- Fr. Catharina Lorch aus Dresden,
- Fr. Marie Krebs, Tochter des Herrn Capellmeisters Krebs in Dresden,
- Frau Risse aus Berlin,
- Herr Bost, Hofschauspieler aus Berlin,
- Herr Ferenzi, Hofopernsänger aus Berlin.
- Herr Stolzenberg, Hofopernsänger aus Carlsruh,
- Herr Alexander Dorn aus Cairo,

ein Vocal- und Instrumentalconcert unter Leitung des Herrn Capellmeister Dorn an der königlichen Oper zu Berlin im Saale des Herrn Borrmann Donnerstag, den 24ten July, abends 7 Uhr stattfinden«.[4]

Der Frauenverein entwickelte sich neben der → *Kirchgemeinde*, dem → *Armenhaus* und der → *Kinderbewahranstalt* zu einer der wichtigsten sozialen Einrichtungen in Loschwitz. Nachdem zunächst nur die acht bis zehn Jahre alten Schulmädchen die Aufmerksamkeit in Anspruch nahmen, weitete sich im Laufe der Jahre der Blick auf alle hilfsbedürftigen Personen wie Arme, Kranke, Alte, Wohnungslose. So wurden z. B. an arme Konfirmandinnen Stoff für Kleider, Schuhe und Bargeld gegeben, bei der Wohnungssuche geholfen, Rollstühle gekauft und verliehen. Der Verein veranstaltete über viele Jahre eine Christbescherung für bedürftige Kinder und Erwachsene. Kleidungsstücke, meist selbst gefertigt, verschenkte man an bedürftige Personen. In einem Dankesbrief von 1868 schreibt der Bildhauer und spätere Loschwitzer Denkmalwart Carl Reintanz (1832–1913): »Edle fromme Frauen! Sie beschenkten mich mit einem neuen Hemde, worüber ich mich hocherfreue und glücklich fühle. Schon mit Bangen blickte ich in die allernächste Zukunft, wo ich nur im Besitze eines einzigen Hemdes sein würde, und wärent dieses gewaschen, ich mich nicht mit einem andern bekleiden könnte [...]«.[5] Auch in Kriegszeiten war der Verein aktiv: Der im Deutsch-Französischen Krieg 1870/71 geleisteten »Kriegshilfe« folgte später im Ersten Weltkrieg eine »Kriegsküche«. Während des Ersten Weltkriegs gründeten die Mitglieder vom Weißen Hirsch ihren eigenen Frauenverein. Vordem hatte sich der Loschwitzer Verein zuletzt »Frauenverein zu Loschwitz-Weißer Hirsch« genannt.

Das Ende des Frauenvereins von Dresden-Loschwitz wurde, beginnend schon 1933, in dramatischer Weise am 26. April 1934 in zwei Hauptversammlungen herbeigeführt. Es begann mit der satzungsgemäßen Änderung der Statuten am 11. Mai 1933. Gleich in der ersten Hauptversammlung des Jahres – nach der im Januar erfolgten Machtergreifung der NSDAP – wurden die seit 1913 bestehenden Statuten des Vereins geändert, um der drohenden Gefahr der Einbeziehung in das NS-System zu entgehen. Aus dem Frauenverein wurde jetzt ein »kirchlicher Verein«, vertreten vom »jeweiligen Pfarramtsleiter« als Kurator. Nach einer nochmaligen Veränderung der Statuten im März 1934 fanden am 26. April 1934 zwei gut vorbereitete Versammlungen im Kirchgemeindehaus, Grundstraße 36, statt. 61 Mitglieder waren erschienen. In der Hauptversammlung abends »3/4 8 Uhr« wurden Pfarrer Arno Michael (→ *Kirchgemeinde*) und seine Frau Marianne einstimmig in das Direktorium des Vereins gewählt und dieses wurde ermächtigt, über das noch vorhandene Vermögen nach eigenem Ermessen zu verfügen. Gleich anschließend fand »1/2 9 Uhr« noch eine satzungsgemäß bekannt gemachte außerordentliche Hauptversammlung mit dem einzigen Tagesordnungspunkt, der Auflösung des Vereins und der Löschung im Genossenschaftsregister, statt. Der Antrag wurde einstimmig angenommen und das noch vorhandene Vermögen – wie im Statut seit März vorgesehen – der Kinderbewahranstalt gegeben. Die Mitglieder des Vereins hatten erkannt, dass sie in diesem verbrecherischen System mit ihrem christlich-humanistischen Vorhaben keine Chance hatten zu überleben, sodass nur die Auflösung in Frage kam. Damit war die 84-jährige segensreiche Arbeit des Frauenvereins zu Loschwitz als Vereinsarbeit beendet. Der Frauenverein lebte ohne Vereinsstatus jedoch weiter als »Frauendienst« innerhalb der → *Kirchgemeinde*.

Helmut Dorschner

Zitate:
1 *Archiv der Ev.-Luth. Kirchgemeinde Dresden-Loschwitz; Archiv I, Loc. X, 44*
2 *Schneider, Karl H. (Hrsg.); Geschlechterrollen in der Geschichte aus polnischer und deutscher Sicht, 5. Band; Münster 2004*
3 *Archiv der Ev.-Luth. Kirchgemeinde Dresden-Loschwitz; Archiv I, Loc. X, 49*
4 *Archiv der Ev.-Luth. Kirchgemeinde Dresden-Loschwitz; Archiv I, Loc. X, 45*
5 *Archiv der Ev.-Luth. Kirchgemeinde Dresden-Loschwitz; Archiv I, Loc. X, 50*
Quellen: 39, 220, 414, 420, 607, 755, 941, 1000

Haus- und Grundbesitzerverein

Der Loschwitzer Verein gründete sich am 13. August 1906 in Nachfolge ortsansässiger privater Agenturen »für Wohnungsnachweis, Geschäftsvermittlung für Grundstücks-an- und -verkäufe«. Außerdem gab es seit 1889 bereits den »Haus- und Grundbesitzerverein für Oberloschwitz und Weißer Hirsch«.

Der Vereinszweck wurde wie folgt dargestellt: »Wahrung der Interessen der Haus- und Grundbesitzer, Regelungen der Beziehungen der Mieter zu den Besitzern, um beide Teile vor Verlusten zu schützen, Versicherung der Mitglieder gegen Haftpflicht, Beratung von Gemeindeangelegenheiten, Wahlen und dergleichen, welche die Interessen der Hausbesitzer und auch der sonstigen Bewohner berühren, Förderung des Fremdenverkehrs und der Ansiedlung hierselbst, und die Mitglieder bei Vermietung von Wohnungen, Verkauf von Grundbesitz, sowie in Hypotheken-Angelegenheiten zu unterstützen.«[1]

Der erste Vorsitzende des Vereins war Karl Roll, Pillnitzer Landstraße 15. Das Vereinslokal war »abwechselnd in den hiesigen Gastwirtschaften. Geschäftsstelle Grundstraße 18. Daselbst kostenfreier Nachweis von Wohnungen und verkäuflichem Grundbesitz.«[1] Die genannte Geschäftsstelle befand sich bei dem Kaufmann Richard Rudolph (1864 – 1939, → *Handw. und Gew.*), Inhaber einer Galanterie-, Kurz-, Spielwaren- und Papierhandlung. Der Verein gab eine eigene Zeitung mit Vermietungs- und Verkaufsangeboten sowie Hypothekengesuchen heraus. 1911 war er mit einem eigenen Stand auf der ersten Internationalen Hygiene-Ausstellung in Dresden präsent. Die Mitgliederzahl hatte sich von anfangs 130 Mitgliedern bis 1915 auf 376 erhöht.

Nach der Eingemeindung von Loschwitz nach Dresden war der Verein als Ortsgruppe Loschwitz in den »Allgemeinen Hausbesitzverein zu Dresden« integriert. Als Vorstand wurde in den 1930er Jahren der Buchdruckereibesitzer Carl Eymann (1868 – 1948, → *Verlage*), Grundstraße 47, ernannt. Ihm folgte als »Bezirksleiter« → *Baumeister* Theodor Richter (1867 – ?, → *K2*), Schillerstraße 10. Dieser fungierte auch weiterhin im nunmehrigen »Reichsbund der Haus- und Grundbesitzer, Landesverband Sachsen, Stadtkreis Dresden, Bezirk Loschwitz« bis 1945. Danach folgte die Auflösung aller Vereine. **Matthias Griebel**

Vom Haus- und Grundbesitzerverein herausgegebener Ortsführer (Titelseite und Eigenwerbung, siehe unten) *Slg. Dieter Zatzkowski †*

Beteiligung des Haus- und Grundbesitzervereins an einer Heimatausstellung mit Bildern aus dem Ortsmuseum Loschwitz, 1911
Foto: Martin Herzfeld, Slg. Matthias Griebel

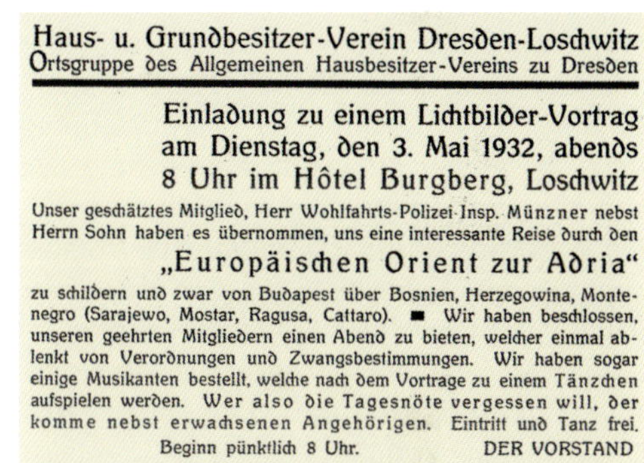

Haus- u. Grundbesitzer-Verein Dresden-Loschwitz
Ortsgruppe des Allgemeinen Hausbesitzer-Vereins zu Dresden

Einladung zu einem Lichtbilder-Vortrag am Dienstag, den 3. Mai 1932, abends 8 Uhr im Hôtel Burgberg, Loschwitz

Unser geschätztes Mitglied, Herr Wohlfahrts-Polizei-Insp. Münzner nebst Herrn Sohn haben es übernommen, uns eine interessante Reise durch den

„Europäischen Orient zur Adria“

zu schildern und zwar von Budapest über Bosnien, Herzegowina, Montenegro (Sarajewo, Mostar, Ragusa, Cattaro). ■ Wir haben beschlossen, unseren geehrten Mitgliedern einen Abend zu bieten, welcher einmal ablenkt von Verordnungen und Zwangsbestimmungen. Wir haben sogar einige Musikanten bestellt, welche nach dem Vortrage zu einem Tänzchen aufspielen werden. Wer also die Tagesnöte vergessen will, der komme nebst erwachsenen Angehörigen. Eintritt und Tanz frei.

Beginn pünktlich 8 Uhr. DER VORSTAND

Haus- u. Grundbesitzerverein Dresden-Loschwitz
Ortsgruppe des Allgem. Hausbesitzervereins zu Dresden

Mittwoch, den 30. März 1932, abends 8 Uhr im Kurhaus Blasewitz, Oehmestraße 2

gemeinsame Mitgliederversammlung

mit der Ortsgruppe Blasewitz, in welcher Herr Syndikus Dr. Lang über

Wirtschaftliche Belange des Hausbesitzes

und die

Gestaltung des neuen Mietrechts ab 1. April 1932

sprechen wird. Um zahlreichen Besuch bittet

der Vorstand der Ortsgruppe Loschwitz.

Anzeigen des Haus- und Grundbesitzervereins
Slg. Matthias Griebel, Dieter Zatzkowski †

Zitat:
1 Adreßbuch für Dresden und seine Vororte, 1911
Quellen: 18, 1000

Haus- und Grundbesitzer-Verein zu Loschwitz (eingetr. Verein)
weist unentgeltlich mietfreie Wohnungen nach, vermittelt verkäuflichen Grundbesitz, Villen, Landhäuser, Bauland — ist behilflich bei Beschaffung und Unterbringung von hypothekarischen Geldern — gibt Auskunft über alle Loschwitzer Verhältnisse, zum Beispiel Verkehrswesen, Schulen, Steuern usw. usw.
Näh. d. d. Geschäftsstelle b. Herrn Rudolph, Grundstr. 18 u. d. d. Vors. K. Roll, Pillnitzer Str. 15, I. Fernruf 42.

Ortsvereine

Ortsverein Loschwitz-Wachwitz e. V.

Ortsverein Loschwitz (1882 bis 1948)

Im September 1882 verfasste der in Blasewitz wohnende Regierungsrat Arthur Willibald Königsheim (1816 – 1888) eine »Promemoria«. In der Denkschrift regte er an, dass sich Einwohner von Loschwitz und Blasewitz in einem Verein zusammenschließen sollten, der die Aufgabe hätte, »in der in- und ausländischen Presse Reisende auf die landschaftlichen Schönheiten der beiden Elborte aufmerksam zu machen und Fremde als Sommergäste und zur ständigen Niederlassung heranzuziehen«.[1] Loschwitzer Einwohner lehnten in einer Versammlung am 9. Oktober 1882 einen Beitritt zu einem derartigen Verein im Hinblick auf die »wesentlich verschiedenen Verhältnisse« allerdings ab. Der Fabrikbesitzer Friedrich Eduard Schnorr von Carolsfeld (1838 – 1910) rief daraufhin »zur Wahrung und Förderung Loschwitzer Interessen« auf, einen Ortsverein Loschwitz zu gründen, worauf sich 21 Befürworter in eine Liste eintrugen. Die offizielle Gründung fand mit der Vorstellung der Vereinsordnung am 4. November 1882 statt. Eine erste große Aufgabe für den neuen Verein lag in der »eifrigen Werbearbeit und unermüdlichen Vorstellung bei den Behörden« für den Bau einer Loschwitz-Blasewitzer Elbbrücke. Einen am 1. Mai 1883 gehaltenen Vortrag des Gemeindevorstandes Moritz Strauß (1835 – 1904) zum Thema »Meine Vorarbeiten zum Brückenbau« ließ der Verein unter dem Titel »Die projektierte Brücke über die Elbe zwischen Loschwitz und Blasewitz« in einer Auflage von 1500 Exemplaren drucken. Vorträge wurden gehalten, um den »ungeduldigen Gerüchten und unzufriedenen Agitationen gegen den Brückenbau den Boden zu nehmen«. Mit seinem Anteil am Bau der Elbbrücke habe sich der »Verein auf seinen höchsten Gipfel« geschwungen. Einen → *Basaltblock*, der bei Brückenarbeiten gefunden wurde, erwarb der Ortsverein und stellte ihn vor dem neu errichteten Haus Körnerplatz 11 auf, in dem sich die Vereins-Geschäftsstelle in »Buhles Zigarrengeschäft« befand. Heute ist der Findling im Schulhof aufgestellt. Nachdem der Verein 1895 beantragt hatte, den Stadtweg in Schillerstraße umzubenennen, forderte er 1899, die »vielen Übelstände« im Verkehr auf der Straße durch deren Verbreiterung zu beseitigen. Nach 1900 kam es zur Umsetzung der Idee, wobei der Verein maßgeblich die Gestaltung beeinflusste. Die Gründerzeitbebauung des Körnerplatzes sahen die Vereinsmitglieder »eher lobend«, während sie sich anderen Bauvorhaben widersetzten. Durch Ersuchen des Vereins konnten der Bau einer Hochuferstraße, die Bebauung des Ziegengrundes (→ *Projekte, nicht verwirklichte*) und 1919 die Errichtung einer Fabrik in unmittelbarer Nähe des Friedhofs an der Pillnitzer Landstraße verhindert werden.

Friedrich Eduard Schnorr von Carolsfeld, um 1905. Er war Teilhaber und kaufmännischer Mitarbeiter von Eugen Dieterich (1840 – 1904), der im Helfenberger Grund eine chemische Fabrik betrieb, und wohnte in Loschwitz. Er gründete den Ortsverein und war dessen erster Vorsitzender. Foto: Slg. Matthias Griebel

Mit Gedenksteinen und -tafeln ehrte der Verein wichtige Persönlichkeiten des Dorfes. Wenige Wochen nach dem Tod von *Ludwig → Richter* (1803 – 1884, → *K1*) konnte am 28. September 1884 in unmittelbarer Nähe des → *Leonhardi-Museums* ein Gedenkstein für den Maler und Radierer mit einem Relief von Robert Henze (1827 – 1906, → *K2*) eingeweiht werden.

Ab 1906 bemühte sich der Verein um ein → *Denkmal* für die Familie Körner und ihren Loschwitzer Gast Friedrich von Schiller. Ein Entwurf des Bildhauers Oskar Rassau (1843 – 1912, → *K2*) und des Architekten *Martin → Pietzsch* (1866 – 1961, → *K1*), zu dieser Zeit Vorsitzender des Ortsvereins, konnte 1912 an der Schillerstraße gegenüber dem Schillerhäuschen enthüllt werden.

1903 erschienen im Selbstverlag des Ortsvereins ein »Planführer« und kurz darauf eine Ansichtskartenfolge. 1911 konnte der Verein eine Broschüre, »welche in künstlerischer Ausführung in Wort & Bild die Schönheiten von Loschwitz zeigt«[2], herausgeben werden. Das blaue Büchlein mit Namen »Loschwitz« wurde von der Lichtdruckanstalt Römmler & Jonas in einer Auflage von 5.000 Exemplaren hergestellt. Neben den hier bereits aufgeführten Aktivitäten listete der Jahresbericht von 1917 weitere »Vereinstätigkeitserfolge« seit der Gründung auf: »Anschaffung und Aufstellung von 64 Ruhebänken, 8 Kartenkästen, 2 Zettelkästen; Anregung zur erfolgten Stiftung des Jugendspielplatzes a. d. Brücke; Stiftungen anlässlich des Schulneubaus; Pachtbeihilfe für den Königspark, Ortsteil Schöne Aussicht; Ankauf von zahlreichen Kunstwerken in der Kunstausstellung Loschwitzer Künstler 1916; Anregung zu den Vorarbeiten zur Schaffung einer Chronik von Loschwitz; Anregung zur Volksküchenerweiterung für den Mittelstand; Zeichnung von bisher 4.000 Mark Kriegsanleihe und zahlreiche Liebesgabensendungen ins Feld.«[3]

Nach der Zwangseingemeindung 1921 hatte

Am 28. September 1884 konnte der Ortsverein ein Denkmal für den am 19. Juni des gleichen Jahres verstorbenen Maler und Zeichner Ludwig Richter neben dem Leonhardi-Museum einweihen. Foto (Ausschnitt): August Kotzsch, Stadtmuseum Dresden

Otto Kotzsch, 1960 *Foto: Volkmar Herre*

Mscr. Dresd. App. 2531, 46

Mitgliedskarte

für Herrn
Martin Raschke,
Schriftsteller

hat ——— RM Mitgliedsbeitrag
für das Jahr 1940 bezahlt.

Ortsverein Loschwitz e. V.

Otto Kotzsch

~~Kassenwart~~
Vorsteher

Mitgliedskarte für den Schriftsteller Martin Raschke, 1940 *Archiv OVLW*

Otto Kotzsch bei einer Führung an der Villa »Fallnichtein«, 1942 *Foto: Slg. Siegrun Herre*

sich das Arbeitsfeld des Vereins verkleinert, wie selbstkritisch festgestellt wurde, und er musste sich neu finden. Dazu verlor der Verein in der Inflationszeit sein Vermögen. 1928 konnte wieder eine Broschüre »Loschwitz und seine Denkwürdigkeiten« im Selbstverlag erscheinen. Autor war der → *Chronist*, Oberlehrer und in dieser Zeit Vorsitzende des Ortsvereins, Theodor Leuschner (1872–1936).

Als 1932 der → *Chronist* und Oberlehrer *Otto → Kotzsch* (1880–1967) den Vereinsvorsitz übernahm, etablierte er einen Arbeitsausschuss und gab neue Impulse für den von Martin Pietzsch geführten Museumsausschuss. Musikalisch umrahmte Vortragsabende mit ortsgeschichtlichen Themen und Führungen durch den Ort wurden sehr beliebt. Am 5. November 1932 konnte der Ortsverein sein 50-jähriges Bestehen mit einer Vortragsfolge im Luthersaal des Kirchgemeindehauses auf der Grundstraße feiern. Es erschien die von Theodor Leuschner verfasste und von der Loschwitzer Druckerei Karl Eymann hergestellte »Festschrift zum 50jährigen Bestehen des Ortsvereins Loschwitz«. Bald hatte der Verein über 300 Mitglieder.

Nach dem 1933 vom Reichstag beschlossenen Ermächtigungsgesetz wurde der Ortsverein dem »Reichsbund Volkstum und Heimat« angeschlossen. Der Ortsverein wurde mit diesem formalen Akt gleichgeschaltet. Nur zwei Mitglieder traten daraufhin aus dem Verein aus. Nicht so der Maler und Grafiker Carl Walther (1880–1956, → *K2*), ehemaliger Vereinsvorsitzender, der in einer 1934 gehaltenen Ansprache wohl die allgemeine Haltung äußerte: »Heute, unter der Schutzherrschaft des Nationalsozialismus, darf man sich ja wieder auf Blut und Boden besinnen, seinen Altvorderen wieder Achtung bezeigen. Begriffe wie Heimat, Familie, Elternhaus rücken ins Bewusstsein und lang Vernachlässigtes wird wieder gepflegt.«[4] In seinem Aufsatz »Vorsitzender des Ortsvereins« erwähnt Otto Kotzsch die »Gleichschaltung« nicht.

1934, nach über drei Jahrzehnten Vorbereitung und Sammlungstätigkeit, konnte im Erdgeschoss der Alten Schule (Pillnitzer Landstraße 8) das → *Ortsmuseum* eröffnet werden. Die Ausstellung gab einen umfassenden Einblick sowohl in die Geschichte des Ortes Loschwitz als auch in das Schaffen zahlreicher Künstler, die hier ihren Wohnsitz gefunden hatten.

Mit dem Kriegsbeginn gingen viele Ortsvereinsmitglieder an die Front und, wie schon im Ersten Weltkrieg, wurden Briefe und Päckchen gesandt. 1940 war im Jahresbericht zu lesen, dass kleinere örtliche Angelegenheiten erfolgreich behandelt wurden, »von größeren musste des Krieges wegen abgesehen werden«.[5] Zu den kleineren Angelegenheiten gehörte, dass der Museumsbestand erfolgreich erweitert und die Anbringung einer neuen Uhr über dem Geschäft des Uhrmachers Winkler am Körnerplatz 2 finanziell unterstützt werden konnte. Ab 1941 lieferte der Ortsverein »literarische Beiträge« für die von der Ortsgruppe Loschwitz der NSDAP herausgegebene Schrift »Die Heimat grüßt«. Eine Theodor-Körner-Gedenktafel konnte noch 1942 am → *Körnerhaus* angebracht werden.

Als »nationalsozialistische Organisation« wurde der Verein nach dem verlorenen Krieg enteignet und am 15. November 1948 aufgelöst. Der Museumsbestand wurde 1952 abgeholt und in der damaligen »Nordhalle« am Dr.-Kurt-Fischer-Platz (Olbrichtplatz) zwischengelagert, bis er auf das Stadtarchiv Dresden und das Stadtmuseum Dresden aufgeteilt wurde.

Zitate:

1 *Leuschner, Th[eodor]; Festschrift zum 50jährigen Bestehen des Ortsvereins Loschwitz; Dresden 1932*
2 *Jahresbericht 1911; Archiv des OVLW*
3 *Jahresbericht 1917; Archiv des OVLW*
4 *Konzept einer Ansprache...; Archiv des OVLW*
5 *Jahresbericht 1940; Archiv des OVLW*

Vereinsvorsitzende des Ortsvereins:

- 1882 bis 1888: Fabrikbesitzer Friedrich Eduard Schnorr von Carolsfeld (1838–1910)
- 1888 bis 1896: Fabrikdirektor Oswald Schluttig
- 1896 bis 1900: Gemeindevorstand a. D. Moritz Strauß (1835–1904)
- 1900 bis 1904: Kaufmann Johannes Heyn (?–1916)
- 1904 bis 1905: Baurat Christian Schramm (1857–1922)
- 1905 bis 1906: Bergingenieur a. D. Ludwig Ronnthaler (1841–1910)
- 1906 bis 1910: Dr. med. Otto Lambrecht
- 1910 bis 1920: Architekt Martin Pietzsch (1866–1961)
- 1920 bis 1925: Maler und Grafiker Carl Walther (1880–1956)
- 1925 bis 1927: Gemeindevorstand Ernst Näther (1862–1945)
- 1927 bis 1930: Oberlehrer Theodor Leuschner (1872–1936)
- 1930 bis 1932: Schuldirektor Max Grunewald
- 1932 bis 1948: Oberlehrer Otto Kotzsch (1880–1967)

Interessengemeinschaft Loschwitz

Der Kulturbund der DDR öffnete sich 1979 auch für eine Gesellschaft zur Heimatgeschichte. Daraufhin regte der Geschichtslehrer der 62. Polytechnischen Oberschule, Heinz Gräfe, 1983 an, unter dem Dach dieser »Gesellschaft für Heimatgeschichte«, die der Stadtbezirksgruppe Dresden-Ost des Kulturbundes unterstand, eine »Interessengemeinschaft Loschwitz« ins Leben zu rufen. In einer ersten Koordinierungsberatung am 28. Juni 1983 wurden Struktur und Programm besprochen und der Termin einer Gründungsveranstaltung festgesetzt. Mit einem Beitrag im »Sächsischen Tageblatt« vom 30. August »Forschungsobjekt: Loschwitz, Kulturbund gründet neue Interessengemeinschaft« wurden Interessenten gesucht. Die Gründung fand am 19. Oktober 1983 in der Aula der Schillerschule statt. Die Stühle reichten nicht, so groß war der Andrang. »Ziel der IG Loschwitz ist die Erforschung und Popularisierung der Heimatgeschichte des Stadtteils Loschwitz von den Anfängen bis zur Gegenwart«[1] war der erste Satz im Programm. Arbeitsgruppen zu den Themen Allgemeine Geschichte, Architektur, Fotografie, Literatur, bildende Kunst, Technik und Kirche (Baugeschichte) wurden gebildet. Den Vorsitz übernahm Heinz Gräfe. Der kulturelle Höhepunkt der Veranstaltung war ein Vortrag von *Ernst → Hirsch* (* 1936, → *K1*, → *Fotografen*) zum → *Fotografen August → Kotzsch* (1836– 1910, → *K1*). Die »Union« berichtete im Artikel »Aus Liebe zu Loschwitz« am 28. Oktober 1983 über die Gründung. Noch im selben Jahr trafen sich die Arbeitsgruppen und *Eberhard → Münzner* (* 1937) hielt den Vortrag »Die allgemeine Geschichte von Loschwitz«. Die Denkmalpflege sollte durch heimatgeschichtliche Forschung zu Bauwerken unterstützt und die »Übernahme praktischer Aufgaben geringeren Umfangs« bei der Erhaltung von Denkmalen übernommen werden. Intensiv bemühten sich die Mitglieder, das Joseph-Herrmann- Denkmal (→ *Denkmale*) zu erhalten. Die im Wieck-Haus wohnende und der Interessengemeinschaft angehörende Familie Bohle pflegte nach der Reparatur des Daches die Grünanlage um das Denkmal, hatte die »Schlüsselgewalt« und schloss es für Besuchergruppen auf. Keinen Erfolg hatte die IG Loschwitz mit ihren Bemühungen, das Jugendstil-Interieur der Loschwitzer Apotheke nach der Renovierung am Ort zu bewahren – es wurde aber auch nicht in den Westen verkauft. Nach Stilllegung der → *Schwebebahn* war sie bestrebt, vom VEB Verkehrsbetriebe der Stadt Dresden Informationen zum Stand der Rekonstruktion des Technischen Denkmals zu bekommen.

Signet der IG Loschwitz, gestaltet von Sophia Raschke Archiv OVLW

Eine schon lange von Eberhard Münzner vorbereitete Broschüre »Loschwitzer Geschichte und Geschichten – Ein Beitrag zur Heimatgeschichte« konnte nach dem Umbruch im März 1990 im Ormig-Verfahren gedruckt werden. Als Herausgeber der 200 Exemplare wird bereits der noch nicht existierende Ortsverein Loschwitz in der noch bestehenden Gesellschaft für Heimatgeschichte des Kulturbundes der DDR angegeben. Am 20. September des Jahres beendete der geschäftsführende Ausschuss der Gesellschaft mit einem Schreiben seine Arbeit und stellte allen Interessengemeinschaften frei, »die für ihr Anliegen geeignete Organisationsform« zu finden. Die Mitglieder der IG Loschwitz suchten anfänglich den Kontakt zum »Landesverein Sächsischer Heimatschutz e.V.«, der seit dem 7. April 1990 wieder existierte. Viele schlossen sich dann dem 1991 gegründeten Ortsverein Loschwitz-Wachwitz e.V. an.

Vorsitzende der IG Loschwitz

- 1983 bis 1986 Heinz Gräfe
- 1986 bis 1987 Ernst Hirsch (*1936, → *K1*)
- 1987 bis 1990 Eberhard Münzner (*1937)

Zitat:
1 Akte »Kulturbund IG Loschwitz«; Archiv des OVLW

Ortsverein Loschwitz-Wachwitz e. V. (seit 1991)

Ein Jahr nach der Wiedervereinigung Deutschlands regten die in der Friedlichen Revolution entstandenen Bürgerkomitees in Loschwitz und Wachwitz an, einen Ortsverein zu gründen. Die Gründungsversammlung fand am 30. September 1991 in der Aula der Schillerschule statt, zu der auch viele Mitglieder der ehemaligen IG Loschwitz kamen. Der Sprecher der Bürgerkomitees, Otto-R. Wenzel (*1938), wurde 1. Vorsitzender und der ehemalige Vorsitzende der IG Loschwitz, Eberhard Münzner, übernahm den 2. Vorsitz.

Das Hauptanliegen des Ortsvereins, in der Satzung niedergeschrieben, ist die Bewahrung und sensible Weiterentwicklung der einzigartigen Kulturlandschaft. Er erforscht die Geschichte beider Orte und verfügt heute wieder über ein umfangreiches Archiv, das ständig durch Übereignung von Sammlungen und Nachlässen erweitert wird.

Regelmäßige Veranstaltungen wie die »Elbhanggespräche«, die Benefizkonzerte, die Stammtische mit kulturellen Themen im »Bräustübel« am Körnerplatz und Ausstellungen im → *Ortsamt* Loschwitz dienen dazu, Heimatgeschichte und kulturelle Werte in das Bewusstsein der Öffentlichkeit zu bringen. Der Verein sieht seine Arbeit aber auch als Teil demokratischer Bürgermitbestimmung. Mit eingeworbenen Spenden unterstützt der Ortsverein sonst nicht finanzierbare Projekte und kann bei außergewöhnlichen Ereignissen wie den Elbefluten seine vielfältigen Vernetzungen mit anderen Vereinen, den Kirchgemeinden, dem Ortsamt und Ortsbeirat nutzen.

Die IG Loschwitz nahm sich des Joseph-Herrmann-Denkmals (»Senfbüchse«) an und setzte sich für die Sanierung ein. Uschi und Hans Bohle bei der Beräumung der Außenanlage, 1987 Foto: U. Häse

Vorstellung des Buches »Otto Kotzsch – Oh du herrliche Jugendzeit« in der Aula der Schillerschule, 2004

»Künstler am Dresdner Elbhang«, Band II, 2007

Der Elbhang-Posaunenchor zur Einweihung der Körnerplatz-Uhr 2013

Projekte

Körnerfries

Der Ortsverein Loschwitz-Wachwitz e.V. leitete mit den Vorarbeiten zur Restaurierung die Wiederaufstellung des → *Denkmals* ein. Nach langen Verhandlungen mit dem Liegenschaftsamt Dresden und der Einholung aller Genehmigungen konnten sämtliche Teile (Relieftafeln und Schrifttafeln) in der Bildhauerfirma von Julius Hempel (1971 – 2015) in Dresden-Tolkewitz (Steinbildhauer & Steinmetz GmbH) zusammengetragen werden. Die Tolkewitzer Firma erhielt daraufhin den Auftrag für die gesamten Restaurierungsarbeiten und die Aufstellung des Körnerfrieses. Anstelle des ehemaligen Schutzgebäudes entschied man sich für eine funktionale kleine Verdachung nach einem Entwurf von Sabine Kaiser-Wenzel (* 1971) und gefertigt von der »Schmiede Stolpen« (Kalauch & Weber GmbH).

Die Finanzierung erfolgte ausschließlich über Spenden, und eine am Körnerdenkmal gesondert angebrachte Bronzetafel nennt heute die Sponsoren, die die notwendigen finanziellen Mittel (fast 10.000 €) erbrachten.

Am 26. August 2005, dem 192. Todestag des Dichters Theodor Körner (1791 – 1813, → *K1*), konnte der restaurierte und wieder aufgestellte »Körnerfries« in einer musikalisch umrahmten kleinen Feier enthüllt werden.

Wandbild der Aula in der Schillerschule

Als das Werk des Loschwitzer Malers Georg Schwenk (1863 – 1936, → *K1*) »Die Erziehung der Jugend im Geiste Schillers« in der Aula der Loschwitzer → *Schillerschule* 1951/52 übermalt wurde, passte es wohl nicht in den Zeitgeist der sozialistischen Erziehung. Der Schulförderverein setzte sich Anfang der 1990er Jahre für die Wiederherstellung ein, und das Regierungspräsidium konnte für eine 50-prozentige Finanzierung gewonnen werden. Das Wandbild konnte 2005 übergeben werde. Es fehlte jedoch noch die Restaurierung der beiden Sockel unter dem Bild. Benefizkonzerte des Ortsvereins in den folgenden Jahren trugen mit zum Aufbringen der notwendigen finanziellen Mittel für die Restaurierung bei, die 2009 abgeschlossen war.

Fluthilfe

2002 wie auch 2013 waren viele Gebäude in Loschwitz und Wachwitz von der Flut der Elbe (→ *Naturkatastrophen)* betroffen. Der Ortsverein organisierte gemeinsam mit den Kirchgemeinden Loschwitz und Hosterwitz-Pillnitz sowie dem Ortsverein Pillnitz Spendenaktionen. Die beträchtlichen finanziellen Mittel kamen allen Betroffenen im Ortsamtsgebiet Loschwitz gleichermaßen zugute, wozu ehrenamtlich ein großer logistischer Aufwand betrieben werden musste.

Flutstein auf dem Loschwitzer Dorfplatz

Auf Initiative des Ortsvereins Loschwitz-Wachwitz und insbesondere von Michael Damme (* 1952) floss in die Gestaltung des Dorfplatzes Loschwitz die Skulptur »Die Welle« (→ *Denkmale)* des Wachwitzer Künstlers Klaus-Dieter Köhler (*1956, → *K1*) ein, die ausschließlich durch Spenden finanziert wurde. Sie entstand nach der großen Flut der Elbe im Jahr 2002 und ist »gewidmet denen, die mit dem Fluss leben«. Mit einem Fest auf dem Dorfplatz wurde der Flutstein 2006 eingeweiht.

Körnerplatzuhr

Die Auslegeruhr am Körnerplatz, 1939 schon mit finanzieller Hilfe des ersten Ortsvereins am Geschäft des Uhrmachers Martin Winkler (1897 – 1982), Körnerplatz 2, angebracht, war 1972 demontiert worden. 1999 fand sie der Historiker Albrecht Hoch (*1969) in einem Techniklagerraum der TU Dresden im Unterge-

Ausstellung »Aussichtstürme am Elbhang« im Ortsamtsgebäude, 2008

Benefizkonzert des Ortsvereins, 2013 *Fotos (4): Jürgen Frohse*

Otto-Rüdiger Wenzel in seinem Wachwitzer Arbeitszimmer, 2015 Foto: Siegfried Großmann

Wenzel, Otto-Rüdiger (* 1938)
20 Jahre führte er den Vorsitz des Ortsvereins Loschwitz-Wachwitz. Sein Engagement in der Kirchgemeinde, als Mitglied im Ortsbeirat Loschwitz und im Elbhangfest e.V. sind weitere Gründe, den in Wachwitz wohnenden Otto-R. Wenzel in einer Loschwitzer Chronik zu würdigen.

Otto-Rüdiger Wenzel wurde am 18. November 1938 in Dresden als Sohn von Charlotte geb. König (1900–1975) und Kurt Wenzel (1897–1979) geboren. Er besuchte ab 1944 die Grundschule in Wachwitz und ab 1945 die Schillerschule in Loschwitz. 1952 begann er eine Lehre zum Elektriker und arbeitete danach ein Jahr als Facharbeiter, bevor er von 1956 bis 1960 in Moritzburg eine Ausbildung zum Diakon absolvierte. 1961 heiratete er die aus Chemnitz stammende Gudrun Hauschild (*1938). Die beiden Kinder Volker und Götz wurden 1962 und 1963 geboren. 1962 setzte sich Pfarrer Winkelried Gähler (1922–2006) persönlich dafür ein, dass Otto-R. Wenzel Gemeindehelfer in Loschwitz werden konnte, wo er mit der Kinder- und Jugendarbeit betraut wurde. Besonders prägend in dieser Zeit waren seine Aktivitäten mit der Jungen Gemeinde. Durch interessante Themen, Rüstzeiten und gemeinsame Feste (z. B. legendäre Faschingsfeiern) gelang es ihm, die Jugendlichen zu fesseln. Gemeinsam beräumten und sicherten sie 1967/68 die Kirchruine. 1972/73 absolvierte er eine theologische Weiterbildung am Katechetischen Oberseminar Naumburg.

Otto-R. Wenzel verabschiedete sich 1975 als Gemeindehelfer in Loschwitz und wurde Bezirkskatechet für den Kirchenbezirk Dresden-Nord (bis 1988) sowie ab 1981 Dozent am Ev.-Luth. Diakonenhaus Moritzburg, der heutigen Fachhochschule für Religionspädagogik und Gemeindediakonie (bis 2002). Von 1988 bis 1991 arbeitete er auch als Dozent an der Kirchenmusikschule (heute Hochschule für Kirchenmusik) und von 1991 bis 2001 als Dozent am neugegründeten Theologisch-Pädagogischen Institut der Landeskirche Sachsen (TPI). Um als Dozent an einer Hochschule weiterarbeiten zu können, absolvierte er 1992 in Freiburg/Breisgau seine Prüfung zum Diplom-Religionspädagogen.

Sein Engagement als Kirchvorsteher, im Kirchenchor, im Posaunenchor und bei der Pflege des Kirchenarchivs der Loschwitzer Kirchgemeinde blieb ungebrochen. Im »Denkmal-aktiv«, einem Zusammenschluss ehrenamtlicher Denkmalpfleger, erfasste er die Denkmale der Gemarkung Wachwitz mit. Mit vielen anderen Wachwitzern rettete er das Brunnenhäuschen am Dorfplatz Wachwitz vor dem Verfall. Die Feier der Einweihung 1988 gilt heute als ein Vorläufer des Elbhangfestes.

1989 war Otto-R. Wenzel an der Besetzung und Auflösung der Stasi-Zentrale an der Bautzner Straße und an der Gründung eines Bürgerkomitees Loschwitz beteiligt. Er setzte sich in dieser Zeit intensiv für Bürgerrechte ein, trat der SPD bei, war Gründungsmitglied mehrerer Vereine und arbeitete intensiv im Wiederaufbauausschuss der Loschwitzer Kirche. Zum ersten Elbhangfest, in dessen Verein er ebenfalls Gründungsmitglied ist, konnte der Grundstein zum Wiederaufbau gelegt werden. 1991 wurde er in den Ortsbeirat Loschwitz berufen, dem er bis 2014 angehörte. An der Satzung Denkmalschutzgebiet Elbhänge, dem Bebauungsplan Dresdner Elbhänge, den Plänen zum Ausbau der Pillnitzer Landstraße und vielen anderen Projekten hat er konstruktiv mitgewirkt. Mit der Gründung des Ortsvereins Loschwitz-Wachwitz e.V. am 30. September 1991 übernahm er den Vorsitz. Unter den Leistungen seiner zwanzigjährigen Arbeit als Vorsitzender sind die Publikationen herauszuheben. Seine Akkuratesse und sein Anspruch der Detailgenauigkeit ermöglichten diese Qualität der Lexika und Chroniken (s. Kasten S. 911).

Am 4. September 2008 bekam Otto-R. Wenzel für sein bürgerschaftliches Engagement das Bundesverdienstkreuz verliehen. 2009, 20 Jahre nach der friedlichen Revolution, war er Schirmherr des Elbhangfestes. Freiheit und Gerechtigkeit, zentrale Themen seines Wirkens, standen im Mittelpunkt seiner Rede zur Eröffnung. **Jürgen Frohse**

Otto-Rüdiger Wenzel bei der Einweihung des Körnerfrieses, 2005 Foto: Johannes Dose

schoss der Gedenkstätte am Münchner Platz und der Ortsverein Loschwitz-Wachwitz konnte sie übernehmen.

2011 beschloss der Ortsverein, die Uhr reparieren zu lassen und vertraute sie dem Metallgestalter Uwe Hempel (* 1957, → *K1*) aus Dresden-Wachwitz an. Den elektrischen Anschluss fertigte die Firma »SPOT Volker Wenzel & Roberto Brückner GbR«. Die Einweihung der Auslegeruhr wurde am 12. April 2013 zu einem großen Fest mit vielen Gästen. In einem anschließenden Benefizkonzert im Ortsamtsgebäude waren hochwertige musikalische Darbietungen zu hören.

Der Schlauchturm der Alten Feuerwache

Das Gebäude der Alten Feuerwache (→ *Vereine)* war in mehreren Bauabschnitten Ende der 1990er Jahre bis auf den Innenraum des Schlauchturms saniert worden. Nachdem der Ortsverein Loschwitz-Wachwitz durch den Kunst- und Kulturverein Alte Feuerwache Loschwitz die Nutzung des Turms angeboten bekam, standen auch finanzielle Mittel aus der Städtebauförderung für die Sanierung in Aussicht. Bauherr war die Landeshauptstadt Dresden, die die Bauausführung dem Ortsverein Loschwitz-Wachwitz übertrug. Architekt Martin Rauchfuß (* 1976) und Bauingenieur Udo Gildemeister (* 1967) stellten sich der Bauaufgabe. 2014 konnte der Turm als Ausstellungsraum und Aussichtspunkt eröffnet werden. Ausstellungstechnik und -gestaltung waren durch Fördermittel der Landeshauptstadt Dresden und Spenden aus Veranstaltungen des Ortsvereins möglich geworden. Klassische Ausstellungsmöglichkeiten mit Rahmen und Vitrinen sind begrenzt. Über Monitore können Filme, Bilder und Informationen zu Loschwitz vermittelt werden. In einem Gemeinschaftsprojekt mit der

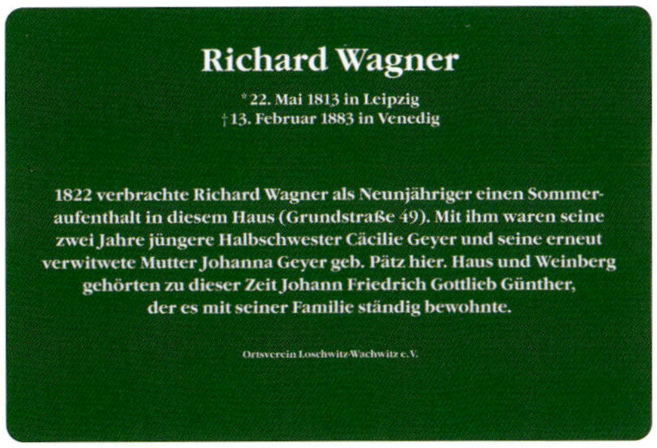

Eine von 17 bis 2015 angebrachten Gedenktafeln für bedeutende Loschwitzer und Wachwitzer Künstler

Schillerschule (Oberschule) wurde 2015 die Beobachtung der im Objekt beheimateten und brütenden Turmfalken möglich.

Ehrungen bedeutender Künstler

An Wohn- oder Arbeitsorten bedeutender Loschwitzer- und Wachwitzer Künstler ließ der Ortsverein grüne Gedenktafeln mit Lebensdaten und Texten anbringen. Er übernahm die Kosten für die Herstellung einer Grabstele für Woldemar Hottenroth (1802 – 1894, → *K1*) und für die Pflege des Grabes von Gottfried Schmiedel (1920 – 1987, → *K1*).

Loschwitz-Jubiläum

Bereits 2013 suchte der Ortsverein Kontakt zum Stadtmuseum Dresden, um eine Ausstellung zum »Ortsmuseum Loschwitz« im Jubiläumsjahr 2015 anzuregen, wozu es leider nicht kam. Ab Januar 2014 fand sich regelmäßig eine »Loschwitzrunde« aus Vertretern des Ortsamtes, des → *Elbhangfestvereins*, der → *Kirchgemeinde*, des → *Verschönerungsvereins Weißer Hirsch/Oberloschwitz* und des Ortsvereins Loschwitz-Wachwitz zusammen, um Ideen für das Jubiläum zu sammeln, zu planen und zu koordinieren. Fördermittel wurden beantragt und Genehmigungen eingeholt.

Jürgen Frohse

Quellen: 58, 622, 661, 724

Publikationen

- »Künstler am Dresdner Elbhang«, Bd. 1, Ortsverein Pillnitz, Elbhangfest e. V., Ortsverein Loschwitz-Wachwitz, Elbhang-Kurier-Verlag, Dresden 1999
- Rainer Ehlich, Claudia Müller, Otto-R. Wenzel »Wachwitz – Geschichte eines Fischer- und Weindorfes«, Ortsverein Loschwitz-Wachwitz, Elbhang-Kurier-Verlag, Dresden 2000
- Marina Lienert »Naturheilkundiges Dresden«, Verschönerungsverein Weißer Hirsch, Bilz-Bund für Naturheilkunde , Ortsverein Loschwitz-Wachwitz, Elbhang-Kurier-Verlag, Dresden 2002
- Otto Kotzsch, »Oh du herrliche Jugendzeit«, Ortsverein Loschwitz-Wachwitz, Elbhang-Kurier-Verlag, Dresden 2004
- »Künstler am Dresdner Elbhang«, Bd. 2, Ortsverein Pillnitz e.V., Elbhangfest e. V., Ortsverein Loschwitz-Wachwitz, Elbhang-Kurier-Verlag, Dresden 2007
- Andrea Büsing-Kolbe, Hermann Büsing »Harmonie von Bau und Landschaft – der Architekt Rudolf Kolbe«, Ortsverein Loschwitz-Wachwitz, Elbhang-Kurier-Verlag, Dresden 2010
- »Loschwitz – Illustrierte Ortsgeschichte«, Ortsverein Loschwitz-Wachwitz, Elbhang-Kurier-Verlag, Dresden 2015

→ *Zeitungen und Verlage*

Seit 2014 kann der Ortsverein den Schlauchturm der Alten Feuerwache für Ausstellungen nutzen und 2015 konnte er an der Fassade auf das Jubiläum aufmerksam machen. Foto: Johannes Dose

Ein Teil der Helfer beim Umzug des Ortsvereins in einen Raum des Kirchgemeindehauses, 2014 Fotomontage: Marianne Kunze, Jürgen Frohse

Verschönerungsverein Weißer Hirsch/Oberloschwitz
Ein großer Findling am Eingang zum Stechgrund verweist auf den am 29. Juni 1876 von Bürgern der Gemeinde Weißer Hirsch gegründeten Ortsverein für den Weißen Hirsch und → *Oberloschwitz*. Zweck des Vereins war, den Weißen Hirsch attraktiver zu gestalten, Bewohner zur Teilnahme an den Ortsangelegenheiten anzuregen und die Interessen der Gemeinde in jeder Weise zu fördern. Um diese zum Kurort zu entwickeln, gestaltete man 22 Hektar Wald parkartig um und erließ eine Waldparkordnung. Der Verschönerungsverein regte die Gemeindevertretung an, Straßennamen festzulegen und die Häuser mit Hausnummern zu versehen. Zum Vorstand gehörten im Jahre 1883 als Vorsitzender der Kommerzienrat und russische Staatsrat Nicolaus Stange (1819–1902), als Schriftführer Lehrer Herrmann Pöthig und als Kassierer Gemeindevorstand August Adam. 1884 änderte der Verein seinen Namen in »Verschönerungsverein vom Weißen Hirsch und Oberloschwitz«. Er verlor im Jahre 1941 seine Selbstständigkeit und wurde mit dem Verschönerungsverein von Bühlau zu einem Kurverein Dresden-Weißer Hirsch-Bühlau zusammengefasst. Diesen löschte die sowjetische Militäradministration aufgrund der Nähe zum nationalsozialistischen System im August 1946 aus dem Vereinsregister.

Zu Zeiten der DDR existierten verschiedene andere Formen lokalen Bürgerengagements, so im Rahmen von Parteien, gesellschaftlichen Organisationen (z. B. Kulturbund, Volkssolidarität) und unter dem Dach der evangelischen und katholischen Kirche. Für die Schaffung neuer gesellschaftlicher Verhältnisse engagierten sich 1989 zahlreiche Bewohner im Bürgerkomitee Weißer Hirsch. Zwei von ihnen waren Pfarrer Christoph Flämig und der spätere Ortsamtsleiter für Dresden-Loschwitz Peter Rauch.

Wiederhergestellte Pergola am Eingang des Kurparks, 2007 Fotos (3): Detlef Streitenberger

Findling mit dem Gründungsjahr 1876 des Verschönerungsvereins für Weißer Hirsch und Oberloschwitz

Die Bibliothekarin Juliane Krummsdorf, Vorsitzende des Verschönerungsvereins von 1993 bis 2003

Zum Vorstand gehörten 1993:
1. Vorsitzende:
Juliane Krummsdorf, Bibliothekarin
2. Vorsitzende: Dr. Ines Ebert, Physikerin
Schatzmeisterin: Katharina Nopper, Bäckerei-Inhaberin
Schriftführer:
Dr. Michael Böttger, Historiker
Vorstandsmitglied:
Revierförster Thomas Stelzig
Zum Vorstand gehören nach 2012:
1. Vorsitzender: Thomas Stelzig;
nach Dr. Detlef Streitenberger (2003–2012)
2. Vorsitzender: Peter Rauch
Schatzmeisterin: Ursula Strangmann
Vorstandsmitglieder: Dr. Michael Böttger, Prof. Dr. Michael Kinze, Elke Prelle, Dr. Detlef Streitenberger und Dipl.-Ing. Martin Wosnitza
Mitglieder 1993: 22; 1999: 152; 2013: 102

Logo des Verschönerungsvereins Weißer Hirsch/ Oberloschwitz, Entwurf: Dr. Dieter Möbius, Dresden, 1993

Mit dem Jahr 1992 berieten weitere Bürger des Ortes über eine neue Vertretung. Angeregt auch durch die Veröffentlichung »Zur Geschichte des Weißen Hirsch« gründeten sie am 5. Oktober 1993 den Verschönerungsverein neu.

Der Verein entwickelte mit Veranstaltungsreihen wie »Bauen auf dem Weißen Hirsch«, »Künstler für den Weißen Hirsch« oder »Heidewanderungen zum Weihnachtsfeuer« neue Traditionen bürgerschaftlichen Engagements. Aus der Veranstaltung »Auf der Spur der Kur« (Leitung: Regina Felber) im September 2011 im Lahmann-Sanatorium mit über 1.000 Besuchern und Mitwirkenden erwuchs die Tradition der jährlichen Dreikönigsfeste des Verschönerungsvereins im Parkhotel bis 2015. Es gelang durch jährliche »Hirschfeste« (seit 1996) auf dem Konzertplatz, diesen zu neuer kultureller Blüte zu erwecken. Regelmäßig gab es Seniorennachmittage. Zusammen mit der Forstverwaltung und mittels ABM initiierte er die Restaurierung des Waldspielplatzes, der Gehwege im Stechgrund und der Teich-, Schwestern- und Degelequelle sowie der »Holde-Frauen-Brücke«. Der Verschönerungsverein und das Grünflächenamt erneuerten den Rathaus-Park sowie die Pergolen am Eingang des Kurparks (2005) und am Friedensblick (2011). Die Jahresberichte der Geschichtsgruppe des Vereins dokumentieren seit 1994 das Leben auf dem Weißen Hirsch. Mit Vereinsgründung wird regelmäßig – seit 1997 auf einer eigenen Seite »Kur- und Fremdenblatt Weißer Hirsch« im Elbhang-Kurier – über die Vereinsarbeit berichtet. Im Jahre 2000 erschien »Der Weiße Hirsch – Ein Lesebuch«. Weitere Informationsmöglichkeiten schuf der Verein mittels Internet unter www.dresden-weisser-hirsch.de und in einer Vitrine auf der Plattleite. Ein Höhepunkt im Vereinsleben war im Oktober 2013 die Festveranstaltung im Chinesischen Pavillon anlässlich des 20. Jubiläums der Neugründung des Vereins. **Michael Böttger**

Quellen: 60, 139, 677

Sonstige Vereine
Elbhangfest e. V. → *Feste*
Freunde und Förderer des Leonhardi-Museums e. V. → *Leonhardi-Museum*

Förderverein Lingnerschloss
Bautzner Straße 132
Die Gründung des Fördervereins erfolgte im September 2002 auf Initiative des Unternehmens VON ARDENNE Anlagentechnik GmbH mit der Zielstellung, dem weiteren Verfall des → *Lingnerschlosses* nach bereits 9-jährigem Leerstand Einhalt zu gebieten und neuen Spekulationen über die Zukunft des unter Denkmalschutz stehenden Anwesens einen Riegel vorzuschieben. Vorausgegangen war der am 12. April 2002 bekanntgegebene Abbruch des in der Öffentlichkeit kontrovers diskutierten »BioParc-Projektes« der Heidelberger Dr.-Klaus-Tschira-Stiftung.

Gründungsmitglieder:
- Dr. oec. Peter Lenk (*1939)
- Dr.-Ing. Robert Elschner (*1968)
- Dipl.-Kfm. Dieter Sackmann (1951 – 2013)
- Dr. jur. Dieter Ehrle (*1961)
- Dr. rer. nat. Günther Beister (*1939)
- Dipl.-Phys. Christian Hecht (*1952)
- Dr. rer. nat. Johannes Strümpfel (*1948)

Haupttreppenhaus *Foto: Rolf Grosser*

Turmstube Ost *Foto: Rolf Grosser*

Der eingetragene Verein verfolgt kraft seiner Satzung ausschließlich und unmittelbar gemeinnützige Zwecke und hat sich hauptsächlich folgende Ziele gesetzt:
- Denkmalgerechte Bausanierung des Lingnerschlosses und dessen Nebengebäuden: Schweizer Haus (1862), Torhaus (1891), Bergstation Lingnerbahn (1908), Mausoleum (1921)
- Kulturelle Wiederbelebung des gesamten Areals und Nutzung im Sinne des Lingner-Vermächtnisses von 1916

Letzteres verlangt die öffentliche Zugänglichkeit der gesamten Parkanlage »zum Besten von Dresden und Umgebung« sowie die Führung einer öffentlichen Gaststätte im Schlossgebäude oder im Schweizer Haus zu erschwinglichen Preisen und »nicht als Etablissement für nur reiche Leute.«

Am 15. September 2003 wurde mit der sächsischen Landeshauptstadt Dresden als Eigentümerin ein Erbbauvertrag für die Dauer von 66 Jahren geschlossen und notariell beurkundet. Der Stadtrat hatte dazu im Juni 2003 mit einem parteiübergreifenden Mehrheitsvotum seine Zustimmung gegeben. Danach ist der Verein für die Sanierung und Erhaltung aller auf dem Areal befindlichen Baukörper verantwortlich, einschließlich der für deren Nutzung und Bewirtschaftung erforderlichen Freiflächen. Pflege und Erhaltung der Parkanlage, Begrenzungs- und Weinbergsmauern sowie Außenanlagen obliegen auch weiterhin der Stadt. Zur Bewirtschaftung und Pflege der Rebflächen bestanden zu diesem Zeitpunkt langfristige Verträge der Stadt mit einer Winzergemeinschaft, die vom Verein übernommen wurden. Grundlage des Erbpachtvertrages war ein von der Stadt Anfang 2003 in Auftrag gegebenes Verkehrswertgutachten, das für die Bausanierung des Lingnerschlosses einschließlich Nebengebäuden einen finanziellen Gesamtumfang von knapp 10 Millionen Euro veranschlagt hatte.

Im September 2014 zählte der Verein 378 Mitglieder, davon elf stimmberechtigte Ordentliche Mitglieder und 55 Institutionelle Mitglieder. Sie alle vereint das gemeinsame Ziel, das Lingnerschloss und seine Parkanlage als bedeutendes Kulturdenkmal Dresdens zu erhalten, zu pflegen und im Sinne des Lingner-Vermächtnisses von 1916 zu nutzen.

Organe des Vereins sind die Mitgliederversammlung, der Vorstand und das Kuratorium. Der Vorstand wird jeweils für vier Jahre durch die Mitgliederversammlung gewählt und besteht gegenwärtig aus folgenden Personen:

Vorstand:
- Dr. oec. Peter Lenk (*1939), Vorsitzender
- Dr.-Ing. Eberhard Reißmann (*1940), Stellvertreter
- Dr. jur. Dieter Ehrle (*1961), Schatzmeister

Dem Kuratorium gehören Persönlichkeiten aus Politik, Öffentlicher Verwaltung, Wissenschaft, Wirtschaft, Kultur und Verbänden an. Die Amtszeit der Kuratoren beträgt drei Jahre. Das Kuratorium hat die Aufgabe, den Verein bei der Erfüllung seiner Aufgaben zu beraten, zu unterstützen sowie die zweckgebundene Verwendung der verfügbaren finanziellen Mittel zu kontrollieren.

Der Verein wird von etwa 75 ehrenamtlichen Mitarbeitern unterstützt, die jährlich insgesamt etwa 13.000 Arbeitsstunden für das Lingnerschloss leisten. Es handelt sich um kulturinteressierte Dresdner überwiegend aus dem näheren Wohnumfeld, die, aus unterschiedlichen Gesellschaftsschichten kommend, in den bestehenden Arbeitsgruppen des Vereins ihre Fähigkeiten und beruflichen Erfahrungen einbringen. Einige davon begleiten den Verein bereits seit mehr als zehn Jahren. Das Spektrum der Mitwirkung reicht von der Vorbereitung, Organisation und Betreuung von Veranstaltungen, der Mitgliederbetreuung, diversen Aufgaben im Bereich Marketing, regelmäßigen Schlossführungen, Betreuung von Ausstellungen bis zum zentralen Vereinsmanagement. Die Aufgaben sind interessant und vielgestaltig und berühren die Mitwirkenden auf vielfältigen Motivationsebenen. Das Bedürfnis, auch nach Beendigung des Arbeitslebens mit Gleichgesinnten im kulturellen Bereich tätig zu sein, hat unterschiedliche Menschen unter dem Ziel »Erhaltung des Lingnerschlosses für künftige

Lingnersalon mit Ausstellung *Foto: Rolf Grosser*

Kinosaal *Foto: Rolf Grosser*

Generationen« zusammengeführt. Einige davon haben in dieser Aufgabe sogar ihren neuen Lebensmittelpunkt gefunden.

Der Verein finanziert sich durch Mitgliedsbeiträge, Spenden, öffentliche Fördermittel und Zuwendungen aller Art sowie durch Einnahmen aus der Vermögensverwaltung, aus Zweckbetrieben und wirtschaftlichen Geschäftsbetrieben. Der Verein betreibt eine Geschäftsstelle im Schweizer Haus, wo alle Aufgaben der Verwaltung, der Finanzen, Spendenbescheinigungen, Versicherungsfragen, Bauverträge u. a. bearbeitet werden.

Der erste Kontakt mit dem Verein erfolgt in der Regel über das Informationsbüro im Torhaus. Die dort tätigen Mitarbeiter sind zuständig für Veranstaltungsplanung, Raumplanung und -vermietung, allgemeine Auskünfte zum Lingnerschloss und zum Förderverein sowie für Kartenbestellungen für die Veranstaltungen, für Herstellung und Verteilung von Werbemitteln, für IT-Systembetreuung u. a.

Die Tätigkeit des Vereins vollzieht sich in folgenden Arbeitsbereichen:

- Ideeller Bereich (Innere Verwaltung, Finanzen, Marketing)
- Vermögensverwaltung (Bauplanung, Bauverträge, Projektsteuerung, QMS, Instandhaltung, Vermietung)
- Zweckbetriebe (Freitagsreihe, Clubkino, Lingner-Podium, Dachplattform, Ausstellungen, Führungen, standesamtliche Trauungen, Sonderveranstaltungen)
- Wirtschaftliche Geschäftsbetriebe (Lingner-Shop, Getränkeverkauf)

Bereits seit 2006, dem Jahr des 800-jährigen Stadtjubiläums, finden im Lingnerschloss regelmäßige Veranstaltungen statt. Unter dem Rahmentitel »Kleinkunst mit Panoramablick« wird ein breit gefächertes Programm mit Liederabenden, Kammermusik, Choraufführungen, Lesungen, populärwissenschaftlichen Vorträgen, Erinnerungen an bedeutende Persönlichkeiten aus Wissenschaft, Kunst, Wirtschaft und Politik geboten. Kinder- und Familientage, Tanzveranstaltungen, Trödelmärkte und andere Sonderveranstaltungen gehören ebenso dazu wie thematische Filmabende unter dem Rahmentitel »Clubkino im Lingnerschloss« sowie neue Formate wie das »Lingner-Podium« über aktuell interessierende Themen, Firmenveranstaltungen, Workshops, Tagungen oder private Familienfeiern. Ab 2015 zählen dazu auch standesamtliche Trauungen unter der Regie des Standesamtes Dresden. Diverse Ausstellungen und der einzigartige Panoramablick über das Dresdner Elbtal von der neuen Dachplattform des Hauptgebäudes erfreuen sich ebenfalls wachsenden Zuspruchs von Gästen aus nah und fern. **Peter Lenk**

Quellen: 20, 724

Schweizer Haus *Foto: Rolf Grosser*

Bergstation der ehemaligen Lingnerbahn
Foto: Janko Gotthardt

Kunstverein Alte Feuerwache Loschwitz e. V.

Fidelio-F.-Finke-Straße 4

Es war eine starke Anziehung, welches das traditionsreiche Kunstviertel Dresdens mit dem hier befindlichen heruntergekommenen Gebäude der Alten Feuerwache Loschwitz nach 1990 auf eine Gruppe von jungen KünstlerInnen und AbsolventInnen der HfBK Dresden ausübte. Unter der Führung von Gudrun Oltmanns (1959 – 2001, → *K1*) belegten sie Leerstände in der Fidelio-F.-Finke-Straße 4 als Wohn- und Arbeitsräume und bald auch die geräumige Doppelgarage des Hauses. Dieser kunstvollen Besetzung folgte im Frühjahr 1991 die Gründung des Kunstvereins, es war der Beginn einer erstaunlichen Belebung und kulturellen Verwandlung der einstigen Loschwitzer Feuerwache. Gerade die Doppelgarage eignete sich bestens als multimedialer Veranstaltungsplatz und wurde so zum Treffpunkt junger kreativer Geister der Umgebung.

Im regen Mitgliederzuwachs der Anfänge formierte sich der Verein zu einer festen kulturellen Einrichtung im Dresdner Osten. Bereits ab 1992 wurden regelmäßig Ausstellungen und Veranstaltungen in den Garagen durchgeführt. Von Beginn an wurde dafür ein weites thematisches und gestalterisches Spektrum zu Grunde gelegt mit dem Schwerpunkt der Förderung von jungen Künstlern sowie der Förderung kultureller Betätigung und Bildung generell.

Im Rahmen der bis heute vorzugsweise raumbezogenen Ausstellungskonstellationen wurden von Beginn an Konzerte, Lesungen, Vorträge, Theatervorführungen, Tanz und andere Genres sowie Kinderveranstaltungen in die Programme einbezogen.

Nahezu parallel zur Etablierung des kontinuierlichen Ausstellungs- und Veranstaltungsbetriebs in der Doppelgarage konnte in der dritten Garage des Hauses eine Lithografie-Werkstatt eingerichtet werden, welche aus dem Nachlass des Dresdner Künstlers Günther Torges (1935 – 1993, → *K1*) ein erhebliches Kontingent an Litho-Steinen erhielt.

Lithografie-Werkstatt, 1992

Gudrun Oltmanns und Detlef Ulbrich beim Paper-Workshop, 1993

Die neunziger Jahre waren für den jungen Verein eine bewegte, zuweilen turbulente Zeit der Suche und Findung eigener künstlerischer und kultureller Ausrichtungen.

Intensives Engagement der Mitglieder und das gestiegene Interesse des Dresdner Kunstpublikums wie der ausstellungsbedürftigen Künstler ermöglichten von 1993 bis 1996 das Bespielen eines zweiten Ausstellungsraums, des sogenannten »Kunst-KONSUM« in der nahe gelegenen Grundstraße 45.

Überhaupt dehnten sich die Aktivitäten des Vereins immer weiter aus auf eine wachsende Zahl künstlerischer Freizeit- und Weiterbildungsangebote in Form von Kursen und Lehrgängen unter der Leitung von Vereins- oder vereinsnahen Künstlern. Damit entwickelte sich die Alte Feuerwache allmählich auch zu einem soziokulturellen Zentrum und zu einem aktiven Mitglied im Verbund Sächsischer Künstlerhäuser.

In Anerkennung seines aus dem Spektrum der Stadt Dresden nun kaum mehr wegzudenkenden kulturellen Leistungsprofils erhielt der Verein ab 1998 die kontinuierliche institutionelle Förderung der Stadt Dresden, was der Vereinsarbeit enormen Schwung verlieh und eine langfristige Existenzsicherung bedeutete.

Einen traurigen Punkt der Vereinsgeschichte markierte im November 2001 der allzu frühe Tod der Vereinsgründerin und langjährigen Vorsitzenden Gudrun Oltmanns nach schwerer Krankheit. Die lebendige Erinnerung an die geachtete Künstlerin erhält der Verein zusammen mit ihrer Familie und weiteren Partnern in Loschwitz aufrecht durch die Ausstellung ihrer Werke wie etwa in der Nachlass-Retrospektive 2009 anlässlich ihres 50. Geburtstags.

Im Jahr 2002 kam es dann nach einem längeren Findungsprozess zu einer für den Verein sehr erfreulichen Entscheidung der Stadt Dresden für das Sanierungs- und künftige Nutzungskonzept des im Besitz der Stadt befindlichen historischen denkmalgeschützten Gebäudes. Dem Verein wurden nach der Komplettsanierung des Hauses von 2002 bis 2003 jetzt als Mieter des gesamten Gebäudes

Elbhangfest, 1993

Galerie, 1993 *Fotos (4): Maren Uhlherr, Slg. Alte Feuerwache Loschwitz*

auch alle weiteren Räume des Hauses zu seiner Nutzung zur Verfügung gestellt.

Bereits bei der Planung konnte der Verein seine Vorstellungen für den partiellen Um- und Ausbau der Räume entsprechend seines Nutzungskonzepts optimal einbringen.

So entstanden neben neuen Werkstatt-, Kurs-, Gäste- und Büroräumen ein neuer Veranstaltungsraum im Keller, der inzwischen legendäre Vereinstreff »Trille« sowie ein weiterer Veranstaltungsraum für Kleinkunst- und Theaterveranstaltungen im Dachgeschoss des Hauses. In Galerie und Litho-Werkstatt wurden hinter den historischen Garagentüren entlang der Straßenfront Glastüren eingebaut, welche heute insbesondere als Alleinstellungsmerkmal der Galerie in einzigartiger Weise den vollen Einblick in die Ausstellung auch im verschlossenen Zustand gestatten.

Die erweiterten räumlichen Bedingungen ermöglichten in den folgenden Jahren vor allem eine umfangreiche Erweiterung des kreativen Freizeit- und Weiterbildungsangebots für Kinder und Erwachsene auf bis heute 27 verschiedene Kurse und Arbeitsgemeinschaften unter diesem Dach.

Im gewachsenen Niveau der Vereinsarbeit streb(t)en die Aktivisten hier auch immer wieder großdimensionierte Projekte an, die künstlerisch und veranstalterisch über die Gefilde der Alten Feuerwache hinausragen und helfen, den Verein tiefer im Kulturleben von Loschwitz und der Region zu verwurzeln. Ein eindrucksvolles Beispiel dafür ist das Projekt »Burgberg I Wald I Skulptur« von 2005 bis 2009, wo es durch die Förderung u. a. der Bundeskulturstiftung gelungen war, eine bedeutende Landschaftsbrache im Herzen von Loschwitz durch gemeinschaftliches Engagement und künstlerische Interventionen für einen bestimmten Zeitraum wieder begeh- und erlebbar zu machen, was bis heute in nachhaltiger Erinnerung besonders der Loschwitzer Nachbarn geblieben ist.

Eröffnung der Gudrun-Oltmanns-Retrospektive, 2009 *Foto: Gabriele Schluttig*

Von Beginn an legt(e) der Verein viel Gewicht und Aufmerksamkeit in die Kontakte mit Kooperationspartnern und anderen Kultur- und Kunstvereinen. Schon durch die unmittelbare Nachbarschaft zum Elbhangfestverein entstand eine enge Beziehung, seitdem Mitglieder bereits beim ersten Elbhangfest mitwirkten. Intensiven Austausch gibt es mit anderen Kunstvereinen wie etwa dem Neuen Regensburger Kunstverein, wo die Künstler jeweils im Partnerverein Ausstellungen organisieren, oder spezielle thematische Projektkooperationen wie gemeinsam mit dem KulturAktiv Dresden e.V. über viele Jahre. Fester Bestandteil im jährlichen Galerieprogramm sind Ausstellungen von Gaststipendiaten der Stadt Dresden u. a. aus den USA, Schweden und aus Griechenland, welche in enger Zusammenarbeit mit der Grafikwerkstatt Dresden arrangiert werden. Über den European Voluntary Service (EVS) ist die Alte Feuerwache Loschwitz seit 2009 auch Einsatzstelle für den Europäischen Freiwilligendienst und konnte bereits einigen jugendlichen Praktikanten wertvolle Erfahrungen im Einsatz außerhalb ihrer Heimatländer bieten.

Für sein beständiges Wirken wurde der Verein Alte Feuerwache Loschwitz 2011 in der Kategorie Kultur zum »Verein des Jahres der Stadt Dresden« gewählt.

Schöne »Neue Aussichten« bietet seit 2014 der wieder begehbare Turm der Alten Feuerwache, was durch den Ortsverein Loschwitz-Wachwitz in Kooperation mit dem Verein der Feuerwache ermöglicht wurde.

Detlef Schweiger

Quelle: 21

Sportvereine → *Sport*
Volkswohl → *Gaststätten/Volksheim Heidepark*

Arbeitseinsatz am Burgberg Loschwitz, 2005 *Foto: Gabriele Schluttig*
Fotos (3): Slg. Alte Feuerwache Loschwitz

Alice Schmitz vor der Installation »Alte feuerwache schlaucht« von Detlef Schweiger zu »100 Jahre Alte Feuerwache Loschwitz«, 2008 *Foto: Lars Beetz*

Straßenbahn und Pferdebahn (am Bildrand ganz rechts) auf dem Körnerplatz, 1893 *Foto: Slg. Mario Schatz*

Verkehrsmittel

Pferde- und Dampfomnibus

Der Dresdner Omnibusverein, eine Vereinigung von Pferdeomnibus-Besitzern, richtete im Jahr 1866 eine Pferdeomnibuslinie vom Dresdner Schlossplatz über die Bautzner Straße zum Weißen Hirsch ein. Damit erhielten die Bewohner des → *Simmigschen Ortsteils*, der → *Elbschlösser* und der oberen Schillerstraße eine Verkehrsverbindung. Loschwitz selbst brachte diese Linie wenig Nutzen. Im Jahre 1872 erwarb Ludwig Küntzelmann (1826 – 1881) das Hirschgut, schuf auf dessen Gelände eine Villenkolonie und richtete einen Kurbetrieb ein. Dadurch wuchs der Verkehr auf der Pferdeomnibuslinie stetig an, sodass im Sommerhalbjahr stündlich ein Wagen fuhr.

Am 28. Juni 1881 wurde die auf Schienen verkehrende Pferdestraßenbahn zum Waldschlößchen eröffnet. Daher beschränkte sich der Pferdeomnibusverkehr auf die Strecke Waldschlößchen – Weißer Hirsch. Zum Schlossplatz wurden nur noch zu und von den Vorstellungen im Opernhaus Pferdeomnibusse eingesetzt.

Der Bankier Emil Quellmalz beabsichtigte, den Verkehr zwischen Waldschlößchen und Weißer Hirsch mit einem von der Firma Hermann Michaelis in Chemnitz erbauten Dampfomnibus durchzuführen und lud für den 5. Mai 1887 zu einer Probefahrt ein. Das mit 24 Personen besetzte Fahrzeug benötigte vom Waldschlößchen bis zur → *Mordgrundbrücke* zwölf Minuten und nach kurzem Aufenthalt zum Nachheizen für die Reststrecke weitere fünf Minuten. Nach den üblichen Reden und Hochrufen folgten öffentliche Probefahrten. Nach Erteilen der behördlichen Genehmigung begann am 25. Mai 1887 der planmäßige Verkehr mit täglich sechs Fahrten. Zu den übrigen Zeiten fuhren weiterhin die Pferdeomnibusse.

Der Dampfomnibus besaß 20 Sitzplätze, dazu vorn auf einer offenen Plattform sechs Stehplätze und den Fahrerplatz. Hinten befand sich ein Stehkessel und ein Podest für den Heizer. Zwei Zylinder trieben die Hinterräder an. Das Gesamtgewicht mit Kohle- und Wasservorräten sowie Fahrgästen betrug 11 t, sodass die damals nur wassergebundene Decke der Straße trotz der 15 cm breiten Laufflächen der Räder extrem beansprucht wurde. Dazu kam es zum Scheuen von Pferden und anderen, vom Personal verursachten, Zwischenfällen. Die Amtshauptmannschaft entzog daher am 8. Juni 1887 die Betriebsgenehmigung und verlangte eine Prüfung des Personals durch die Gewerbeaufsicht als Kesselwärter. Doch Quellmalz hatte die Unzulänglichkeiten des Dampfomnibusses erkannt und gab ihn an den Hersteller zurück.

Auf der Pferdeomnibuslinie wurden ab 1. Dezember 1894 einzelne Fahrten bis zum »Weißen Adler« (→ *Gaststätten*) geführt, ab 3. Juni 1896 sogar bis zum Gasthaus »Trompeter« in Bühlau. Mit der Eröffnung der elektrischen Straßenbahnlinie Waldschlößchen – Bühlau am 23. August 1899 endete der Pferdeomnibusverkehr.

Die Eröffnung der elektrischen Straßenbahn führte zu einem starken Verkehrsrückgang bei der Drahtseilbahn. Diese richtete daher am 8. November 1896 eine Pferdeomnibuslinie von der Bergstation über Weißer Hirsch und »Weißer Adler« bis zum »Trompeter« in Bühlau mit täglich elf Fahrten ein. Wegen geringer Benutzung wurde diese Linie bereits am 16. Dezember 1896 wieder eingestellt.

Die Amtshauptmannschaft gestattete am 2. März 1891 Anna verw. Güldenerz, Wirtin des Gasthofs »Goldener Löwe« in Pillnitz, einen Pferdeomnibusbetrieb zwischen Loschwitz und Pillnitz. Diese Linie verkehrte nur an Tagen, an denen die Dampfschiffe wegen Hoch- oder Niedrigwasser oder Eisgang nicht fahren konnten. Der Omnibus besaß zehn Sitzplätze und fuhr täglich vier Mal in jede Richtung. Im Winter wurde mit einem Schlitten gefahren. Als am 11. Dezember 1893 der Omnibusbetrieb wegen des Winterhochwassers wieder aufgenommen wurde, verbot der Loschwitzer Gemeinderat, den bisherigen Endpunkt vor dem Rathaus weiter zu benutzen. 1897 übernahm Therese Sacher den »Goldenen Löwen« und die Omnibuslinie. Mit der Eröffnung des Straßenbahnbetriebes im Sommer 1903 endete der Omnibusbetrieb.

Dampf-Omnibus auf dem Weißen Hirsch bei der Probefahrt 1887
Foto: Archiv DVB AG

Straßenbahn auf der Loschwitzer Brücke, 1893. Die Fußwege sind noch innen liegend, links das Brückenzoll-Einnehmerhäuschen Foto: Slg. M. Schatz

Straßenbahn über das Blaue Wunder und nach Pillnitz

Die erste Dresdner Pferdestraßenbahnlinie verkehrte ab 26. September 1872 zwischen Blasewitz und dem Stadtzentrum. Zusammen mit der bestehenden Fährverbindung ergab diese Linie für die Loschwitzer Einwohner eine Alternative zur Fahrt mit dem Dampfschiff.

Zwischen 1880 und 1884 erbaute die »Tramways Company of Germany« acht Pferdebahnlinien, die jedoch nicht alle Stadtteile und Vororte erschlossen. Da sich die Gesellschaft weigerte, weitere Linien zu bauen, konzessionierte die Stadt am 19. Juli 1889 ein Konkurrenzunternehmen, die »Deutsche Straßenbahn-Gesellschaft«, unter der Bedingung, dass diese in den nächsten Jahren 16 Strecken baut. Darunter fanden sich auch eine Linie vom Schlossplatz über Terrassenufer, Pfotenhauerstraße und Emser Allee (heute Goetheallee) nach Blasewitz und eine weitere Linie von der Neustadt über eine noch zu erbauende Hochuferstraße (→ *Projekte, nicht verwirklichte*) nach Loschwitz. Die Deutsche Straßenbahngesellschaft plante die Linie Schlossplatz – Blasewitz von vornherein bis nach Loschwitz und mit elektrischem Betrieb. So behandelte der Gemeinderat von Blasewitz dieses Projekt bereits am 19. Mai 1890, stimmte für sein Gebiet zu und überließ die Entscheidung zur Brückenbenutzung der Obrigkeit. Mit der Gemeinde Loschwitz waren die Verhandlungen langwieriger. Der Bau der Neustädter Linie nach Loschwitz wurde nicht weiter verfolgt, da die Stadt Dresden vom Bau der Hochuferstraße Abstand nahm.

Am 28. März 1892 begann der Gleisbau, doch der elektrische Betrieb war etwas völlig Neues, und so zogen sich die Arbeiten wesentlich länger hin als beim Bau von Pferdebahnlinien. Nach zahlreichen Probefahrten erfolgte schließlich am 5. Juli 1893 die feierliche Eröffnung der Linie Schlossplatz – Blasewitz. Als erste elektrische Bahn im Königreich Sachsen erregte diese viel Aufmerksamkeit in der Öffentlichkeit und der Fachwelt.

Am 15. Juli 1893 erfolgte gemeinsam mit den Feierlichkeiten zur Einweihung der Elbbrücke (→ *Blaues Wunder*) die Eröffnung des Straßenbahnbetriebes zum Körnerplatz. Als erste geschmückte Fahrzeuge überquerten der gelbe Pferdebahn-Decksitzwagen Nr. 135 der »Tramways Company« und die roten Triebwagen Nr. 100 und Nr. 95 die Brücke. Anschließend begann der fahrplanmäßige Verkehr. Nun fuhr jeder zweite Wagen der elektrischen Bahn Schlossplatz – Blasewitz zum Körnerplatz und ebenso jeder zweite Pferdebahnwagen der Linie Böhmischer Bahnhof – Blasewitz. Am 4. Mai 1896 wurde auch diese Linie elektrisch betrieben und bis zu Reichenbachstraße verlängert, ab 20. Juni 1900 bis Plauen.

Die beiden Gleise auf der Brücke und den Brückenrampen gehörten dem sächsischen Staat und waren an beide Gesellschaften verpachtet. Auf dem Körnerplatz war das südliche Gleis Eigentum der »Tramways Company« und das nördliche der »Deutschen Straßenbahn-Gesellschaft«. Von der Brücke kommend fuhren die Wagen jeweils in das Gleis ihrer Gesellschaft ein. Beide Gleise waren durch Weichen verbunden, sodass über das Gleis der anderen Gesellschaft das Umrangieren von Beiwagen möglich war. Zum Erleichtern dieser Rangierbewegungen legte die Deutsche Straßenbahn-Gesellschaft später noch ein Stumpfgleis an. Alle Fahrleitungen wurden vom Kraftwerk auf der Dresdner Hertelstraße gespeist.

Inzwischen plante die »Actiengesellschaft Elektricitätswerke vorm. O. L. Kummer & Co.« in Niedersedlitz ein umfangreiches Netz von Überlandstraßenbahnen im Osten und Süden Dresdens. Die sächsische Regierung erteilte Kummer am 8. Juni 1898 die Konzession für

Straßenbahn 1906 am Körnerplatz, am Mast das Straßenbahn-Haltestellenschild; links das »Clochemerle« (Pissoir) über der offenen Trille, Ansichtskarte *Slg. Götz*

die Linie Loschwitz – Pillnitz, wobei sie wegen einer späteren Einführung von Güterverkehr mit Eisenbahnwagen auf Rollböcken eine Spurweite von 1 m vorschrieb. Dagegen verweigerte die Regierung die Konzession für eine Weiterführung über Graupa nach Pirna »mangels Bedürfnis«. Am 6. Juni 1900 erhielt Kummer die Baugenehmigung und begann unverzüglich mit dem Verlegen der Gleise und dem Bau der Fahrleitungsanlage zwischen Körnerplatz und Niederpoyritz. Doch am 15. Juni 1901 musste die »Actiengesellschaft Elektricitätswerke vorm. O. L. Kummer & Co.« Konkurs anmelden, die Bauarbeiten wurden sofort eingestellt.

Im Frühjahr 1902 gründeten die Gemeinden Wachwitz, Niederpoyritz, Hosterwitz, Pillnitz, Rockau und Borsberg den »Gemeindeverband für die Straßenbahn Loschwitz – Pillnitz«. Dieser kaufte die vorhandenen Anlagen vom Konkursverwalter und ließ sie auf die in Dresden übliche Spurweite von 1450 mm umbauen. Damit wurde ein durchgehender Verkehr nach Dresden ohne Umsteigen am Körnerplatz möglich. Der Gemeindeverband verpachtete den Betrieb an die Deutsche Straßenbahn-Gesellschaft, die Fahrzeuge und Personal stellte. Die Elektroenergie lieferte das Kraftwerk Tolkewitz.

Am 17. Juni 1903 fand die feierliche Eröffnungsfahrt auf der Strecke Körnerplatz – Gustavheim statt, am Folgetag begann der fahrplanmäßige Verkehr. Die Reststrecke bis Pillnitz kam am 11. Juli 1903 in Betrieb. Die Wagen fuhren nun vom Schlossplatz abwechselnd bis Loschwitz und nach Pillnitz. Vom Körnerplatz an war die Strecke eingleisig mit Ausweichstellen, von denen sich auf Loschwitzer Flur jeweils eine an der Calberlastraße und am Künstlerhaus befanden. Auf dem Körnerplatz hatte der Gemeindeverband ein drittes Gleis legen lassen, damit die von Pillnitz kommenden Wagen nicht durch die am Körnerplatz endenden behindert wurden. Da Kummer die Fahrleitung einen halben Meter höher als in der Stadt gebaut hatte, mussten alle nach Pillnitz fahrenden Triebwagen mit einem besonderen Stromabnehmer ausgerüstet sein.

Im Laufe des Jahres 1905 kaufte die Stadt Dresden die beiden privaten Straßenbahngesellschaften und führte sie am 1. Januar 1906 zur »Städtischen Straßenbahn Dresden« zusammen. Die Stadt trat in den Pachtvertrag mit dem Gemeindeverband ein. Sie führte umgehend Liniennummern ein. Die Linie Plauen – Loschwitz erhielt die Nummer 1, die Linie Schlossplatz – Pillnitz die Nummer 18.

Der Gemeindeverband war schon 1912 in finanzielle Schwierigkeiten gekommen und

Einweihung der Straßenbahnlinie Blasewitz-Niederpoyritz/Gustavheim der »Deutschen Strassenbahn-Gesellschaft in Dresden«, 1903
Foto: Archiv Kirchgemeinde Loschwitz

Straßenbahn am Künstlerhaus vor 1905, Ansichtskarte Foto: R. Brauneis, Slg. EHK

Sächsischer König unterwirft sich der strengen Betriebsordnung

Der letzte sächsische König Friedrich August III. (1865/1904–1932) unternahm am 7. Juli 1912 mit einem seiner Hunde einen Spaziergang von der Königlichen Villa Wachwitz nach Loschwitz und wollte, da es sehr heiß war, mit der Straßenbahn zurückfahren. Der Schaffner erkannte seinen König, grüßte militärisch und sagte: »Ich darf Sie leider nicht mitnehmen, Majestät, denn Sie führen einen Hund bei sich.« Hunde wurden damals nur auf der Vorderplattform des Beiwagens befördert, doch dieser wurde planmäßig am Körnerplatz abgehängt. Der König ging daraufhin zu Fuß nach Wachwitz, der markige Spruch, den er in solchen Situationen von sich zu geben pflegte, ist nicht überliefert. Der Vorfall wäre unbemerkt geblieben, hätte nicht im Triebwagen ein Hilfsgendarm gesessen, der Meldung an seinen Gendarm machte. Die Meldung ging dann zum Obergendarm, zum Amtshauptmann, zum Kreishauptmann, zum Innenminister, zum Finanzminister und schließlich zur Aufsichtsbehörde, dem Kgl. Kommissar für elektrische Bahnen. Schließlich gab es eine Konferenz der beiden Minister, des Kgl. Kommissars und des Direktors der Straßenbahn. Dort erboten sich der Direktor und der Innenminister, die zufällig zu einer Audienz beim König eingeladen waren, dort den Vorfall diskret vorzubringen.

Die Reaktion des Königs: »Meine Herren, der Mann hat doch nur seine Pflicht getan, und auch ich muss die Gesetze (er meinte die Betriebsordnung), die ich einmal unterschrieben habe, einhalten!«[1]

hatte daher die Bahn dem Staat und der Stadt zum Verkauf angeboten. Die Verhandlungen dazu zogen sich hin und kamen mit Beginn des Ersten Weltkrieges zum Erliegen. Doch im Krieg ging der gewinnbringende Ausflugsverkehr erheblich zurück, sodass der Gemeindeverband im Jahr 1917 die Bahn stilllegen wollte. Das wurde jedoch von der Regierung untersagt.

Einberufungen von Personal zum Kriegsdienst konnten nur teilweise durch den Einsatz von Frauen als Schaffnerinnen und Fahrerinnen ausgeglichen werden, sodass es zu Ausdünnungen des Fahrplans kam. Dazu gab es erste Tariferhöhungen.

Nach dem Krieg führten Reparationsleistungen und Streiks zu empfindlichem Kohlemangel in den Kraftwerken, sodass es am 26. November 1918 zum Stillstand der Straßenbahnen kam. Weitere Energieausfälle, mal in diesem, mal in jenem Kraftwerk, führten immer wieder zu Ausfällen in einigen Teilen des Straßenbahnnetzes. Schließlich fuhren die Straßenbahnen nur noch zu den Hauptverkehrszeiten. Erst ab 20. Januar 1920 war wieder ein stabiler Betrieb möglich.

Ein weiteres Problem brachte die beginnende Inflation mit sich. Die Fahrpreise wurden in immer kürzeren Abständen erhöht, sodass die Menschen die Straßenbahn nur noch in wirklich notwendigen Situationen benutzten. Die Städtische Straßenbahn reagierte darauf mit Ausdünnungen der Fahrpläne sowie Einstellung und Umlegung von Linien. Daher fuhr die Linie 18 ab 19. April 1922 vom Sachsenplatz nicht zum Schlossplatz, sondern durch die heute nicht mehr vorhandene Marschallstraße zum Postplatz. Die später erfolgten Verlängerungen Richtung Westen sollen hier nicht weiter betrachtet werden.

Besonders schlimm traf die Inflation den Gemeindeverband. Um den Betrieb aufrecht zu erhalten, beabsichtigte das Land Sachsen, sich an der Gründung einer GmbH zu beteiligen – doch die bürokratischen Mühlen mahlten langsam. Erst am 28. September 1922 kam es zur Gründung der »Straßenbahn Loschwitz – Pillnitz GmbH«. Gesellschafter waren das Land Sachsen, die Amtshauptmannschaft, die Stadt Dresden und die Gemeinden. Trotz allem konnte ab 6. November 1922 nur noch bis Hosterwitz gefahren werden. Die Gleise wurden von Pillnitz aus abgebaut, um Material zum Flicken der schlimmsten Gleisschäden zu gewinnen. Ab 28. Januar 1923 löste am Körnerplatz der Schaffner den Fahrer ab und fuhr den Triebwagen als Einmannwagen bis Pillnitz und zurück.

Drei parallele Straßenbahngleise auf dem Körnerplatz, Ansichtskarte, um 1910 Foto: Slg. M. Schatz

Nach Beendigung der Inflation im November 1923 dauerte es längere Zeit, bis sich die Wirtschaft erholt hatte. Der schlechte Gleiszustand erzwang ab 4. Dezember 1923 die Trennung der Linie 18. Die Fahrgäste mussten am Körnerplatz umsteigen in Triebwagen, bei denen wegen des schlechten Gleiszustandes die Bahnräume höher gestellt waren und die Geschwindigkeit durch Blockieren der Parallelschaltung der Motoren herabgesetzt war. Die Fahrzeit vom Körnerplatz nach Pillnitz – vor dem Krieg 24 Minuten – betrug jetzt 40 Minuten. Doch die GmbH ließ die Gleise zügig in Ordnung bringen. Nach Beseitigung der gefährlichsten Schäden konnte die Linie 18 ab 11. April 1924 wieder durchgehend nach Pillnitz fahren, und bis 1926 wurde die gesamte Gleisanlage erneuert und die Höhe der Fahrleitung dem Stadtnetz angepasst.

Straßenbahnlinie 2 auf den Rangiergleisen Grundstraße, 1927 Foto: Slg. Ute Häse

Das Finanzierungsmodell der Straßenbahn Loschwitz-Pillnitz GmbH für die Sanierung der Gleise war so erfolgreich, dass das Land Sachsen 1926 beschloss, seinen Anteil aufzustocken und seine im Dresdner Umland vorhandenen Außenstrecken an die GmbH zu verkaufen. Diese änderte daher am 25. Januar 1927 ihren Namen in »Dresdner Überland-Verkehrs-Gesellschaft mbH (DRÜVEG)«. 1941 ging die DRÜVEG in den Besitz der »Dresdner Straßenbahn AG« über.

Die auf dem Körnerplatz rangierenden Straßenbahnen bildeten zunehmend für den aufkommenden Kraftverkehr ein Hindernis. Deshalb baute die Städtische Straßenbahn im Jahr 1925 die Gleisanlagen um. Auf dem Körnerplatz verblieben nur noch zwei Gleise mit Haltestellen-Inseln. Für die hier endenden Züge wurde am 3. Mai 1925 eine neue Rangieranlage in der Grundstraße in Betrieb genommen. Nachdem auch in Blasewitz ein größerer Umbau erfolgt war, konnte ab 5. Oktober 1926 die Linie 2, die vom Schlachthof über den Barbarossaplatz kommend, bisher in der Hüblerstraße endete, bis zum Körnerplatz geführt werden. Nun konnte man mit drei Straßenbahnlinien auf verschiedenen Wegen das Stadtzentrum erreichen. Durch den Einsatz kleiner Hechtwagen auf Linie 2 ab 29. Juli 1936 und auf Linie 1 ab 1939 wurden diese Verbindungen noch attraktiver.

Ab 18. Mai 1936 gab es in Dresden Stadtrundfahrten mit Straßenbahnen. Der Fahrtweg führte auch über das Blaue Wunder zum Körnerplatz, wo die Teilnehmer den Wagenzug verließen und eine Fahrt mit der Schwebebahn unternahmen. Unterdessen rangierte der Stadtrundfahrtszug in der Grundstraße und wartete dort auf die Rückkehr der Teilnehmer.

Der Zweite Weltkrieg brachte wieder den Ersatz des zum Kriegsdienst einberufenen Personals durch Frauen. Die wegen möglicher Luftangriffe angeordnete Verdunklung hatte zur Folge, dass die Menschen die Straßenbahn auch für kurze Strecken nutzten, um nicht beim Laufen in der Finsternis zu stürzen. Zusammen mit notwendigen Fahrplanausdünnungen führte das zu völlig überfüllten Wagen. Mit den Luftangriffen am 13. und 14. Februar 1945 kam der Straßenbahnverkehr ganz zum Erliegen.

Nach Wiederherstellung der Stromversorgung konnte der Straßenbahnverkehr zwischen Calberlastraße und Pillnitz am 21. Februar 1945 wieder aufgenommen werden, Nach Beseitigung von Fahrleitungsschäden wurde ab 6. März 1945 bis zum Körnerplatz gefahren. Etappenweise ging es weiter in Richtung Stadt,

Körnerplatz um 1935 mit Straßenbahn und Omnibus, auf der Haltestelleninsel die Wartehalle. *Foto: Archiv DVB AG*

Normalwagenzug der Straßenbahnlinie 18 auf dem Körnerplatz, 1963
Foto: Alexander Arldt, Slg. Mario Schatz

Einheitswagenzug auf der Brückenrampe, 1974
Foto: Alexander Arldt, Slg. Mario Schatz

unterbrochen durch weitere Luftangriffe, Schließen von Panzersperren und Stromausfälle. Wegen des Einmarschs der Roten Armee kam am 7. Mai 1945 17 Uhr der Befehl zum Einrücken in die Betriebshöfe. Bereits ab 18. Mai 1945 verkehrte die Linie 18 wieder zwischen Pillnitz und Sachsenplatz, ab 8. Juli 1945 bis Postplatz und ab 14. Juli 1945 bis Cotta. Die Linie 2 Schlachthof – Loschwitz nahm ihren Betrieb am 15. Dezember 1948 wieder auf, fuhr aber jetzt über den Hauptbahnhof. Dagegen kam die Linie 1 nicht wieder in Betrieb.

Bei der Verlängerung des Obusses durch die Grundstraße erwies sich der dortige Rangierendpunkt als große Gefahrenstelle. Deshalb wurde er ab 13. Oktober 1950 durch ein Gleisdreieck an der Calberlastraße ersetzt und die Linie 2 bis dorthin verlängert. Ab 18. April 1954 gab es auch wieder Stadtrundfahrten mit der Straßenbahn. Deren Teilnehmer fuhren mit der Schwebebahn und der Straßenbahnzug leer zur Calberlastraße.

Ab 27. Mai 1956 gab es im Berufsverkehr eine Verstärkungslinie 58 Cotta – Gustavheim, die aber wegen Arbeitskräftemangel am 25. Februar 1957 wieder eingestellt werden musste. Vom gleichen Tag an fuhren die Triebwagen der Linie 18 ohne Schaffner als Zeitkartenwagen, wenig später auch die der Linie 2. Ab 15. April 1960 fuhr bei Linie 18 auch der erste Beiwagen ohne Schaffner und am 27. April 1965 wurde der schaffnerlose Verkehr eingeführt. Die Linie 2 fuhr ab 15. November 1965 nur noch im Berufsverkehr nach Loschwitz, und am 1. März 1967 wurde auch auf ihr der schaffnerlose Verkehr eingeführt.

Im Zusammenhang mit der Einführung der »Tatrawagen« wurde am 4. Mai 1969 eine Linienreform durchgeführt. Nun fuhr Linie 4 von Pillnitz nach Radebeul West mit zweiachsigen Einheitswagen aus DDR-Produktion. Die am 26. Mai 1974 eingerichtete Berufsverkehrslinie E 4 Calberlastraße – Radebeul West wurde bereits am 21. September 1975 ersetzt durch die Linie 15 Loschwitz (Calberlastraße) – Wölfnitz über Hauptbahnhof.

Die Verstärkung der Energieversorgung für die Tatrawagen ließ sich nicht so schnell wie geplant realisieren, sodass es zu einem Mangel an zweiachsigen Fahrzeugen kam. Deshalb verkehrte Linie 4 ab 26. März 1977 zwischen Pillnitz und Weinböhla, wodurch auf der bis Radebeul verkürzten Linie 5 Tatrawagen eingesetzt werden konnten. Die langen eingleisigen Strecken an beiden Enden der 30 km langen Linie 4 führten zu zahlreichen Betriebsstörungen. Nach Ausbau der Energieversorgung im Raum Weinböhla konnte Linie 4 ab 27. April 1982 wieder auf die Strecke Pillnitz – Radebeul West verkürzt werden.

Erstmalig erschien ein Plan zum Verkehrsträgerwechsel auf der eingleisigen, ungünstig trassierten Straßenbahn nach Pillnitz bereits 1946 in der Ausstellung »Dresden baut auf« und tauchte später immer wieder auf. So kündigte am 20. August 1960 Stadtrat Kochan in einer Einwohnerversammlung den baldigen Ersatz durch Busse an, worauf die Bevölkerung heftig protestierte. Die Stilllegung hatte schließlich andere Gründe. Der Rat der Stadt Dresden wollte die Verkehrssituation am Schillerplatz entschärfen, indem der Straßenverkehr über das Blaue Wunder in Richtung Blasewitz zweispurig geführt werden sollte. Die Konstruktion der Brücke ließ nur drei Fahrspuren zu, nicht jedoch das Verschieben der Straßenbahngleise in die neuen Fahrspuren. Damit war das Ende besiegelt – am 9. April 1985 wurde der Straßenbahnverkehr über das Blaue Wunder und damit auch nach Pillnitz eingestellt und durch Busse ersetzt.

»Tatra-Wagen« an der Ruine der Kirche, 1985
Foto: Archiv Kirchgemeinde Loschwitz

Abschiedsfahrt zur Stilllegung der Straßenbahn nach Pillnitz

Die Arbeitsgemeinschaft »Freunde des Eisenbahnwesens« des Deutschen Modelleisenbahnverbandes wollte am letzten Betriebstag der Linie 4 eine Abschiedsfahrt mit einem Traditionswagen durchführen. Da es aber am 18. Dezember 1977 vor und während der Feier zur Umstellung der Linie 31 auf Omnibusverkehr zu »staatsfeindlichen Aktionen« gekommen war, hatten die Partei- und Staatsorgane in Dresden für alle künftigen Stilllegungen jegliche Aktionen wie Girlanden, Fähnchen oder gar Sonderfahrten grundsätzlich verboten. Schließlich wurde doch eine Fahrt für Sonntag, den 24. März, genehmigt.

Die Eisen- und Straßenbahnfreunde rüsteten den Traditionswagen Nr. 1660 als Linie 18 auf und fuhren an besagtem Tage 10 Uhr vom Postplatz nach Pillnitz. Doch kurz darauf erschien der Traditionswagen Nr. 734 mit einer von einer anderen Arbeitsgemeinschaft organisierten Sonderfahrt! Den Fotografen bot das eine doppelte Freude.

Straßenbahn mit Wagen Baujahr 1899 auf der Bautzner Straße, Am Weißen Adler, 1920 *Ansichtskarte, Slg. Mario Schatz*

Großer Hechtwagen auf dem früheren Verlauf der Bautzner Straße nahe den Torhäusern von Schloss Albrechtsberg, 1933 *Foto: Archiv DVB AG*

Straßenbahn durch die Bautzner Straße und die Bautzner Landstraße

Die Erschließung des Weißen Hirschs durch den Pferdeomnibus war mangelhaft, Bühlau und das Schönfelder Hochland besaßen überhaupt keine Verkehrsverbindung. Daher untersuchten die Kgl. Sächsischen Staatseisenbahnen im Jahr 1880 nach mehreren Petitionen den Bau einer Eisenbahn nach Schönfeld. Diese sollte in der Nähe des heutigen Industriegeländes von der Görlitzer Bahn abzweigen und durch die Heide, über den Weißen Hirsch und Bühlau geführt werden. Die hohen Baukosten hätten in keinem Verhältnis zu dem zu erwartenden Verkehr gestanden.

Am 4. Mai 1885 erhielt ein Komitee die Genehmigung zu Vorarbeiten für eine Dampfstraßenbahn vom Waldschlößchen zum Weißen Hirsch. Doch es fehlten die Geldgeber – das Komitee gab 1890 auf.

1895 gab es gleich drei Bewerber, die um Konzessionen für Straßenbahnen baten: Hofbuchhändler Heinrich Warnatz von der Bergstation der Schwebebahn über Rochwitz nach Bühlau, die Drahtseilbahn von ihrer Bergstation über den Weißen Hirsch nach Bühlau und die »Dresdner Straßenbahn-Gesellschaft« vom Waldschlößchen zum Weißen Adler. Doch auch der Staat plante eine Schmalspurbahn, die nahe der Marienbrücke beginnen, auf den Elbwiesen unter den Brücken hindurch zum Waldschlößchen und weiter durch die Heide über den Weißen Hirsch und Bühlau bis Dürrröhrsdorf führen sollte. Seitens der Stadt Dresden gab es erheblichen Widerstand gegen die Trassierung auf den Elbwiesen. Die Staatsregierung sah jedoch nach Eröffnung der Standseilbahn den dringendsten Bedarf befriedigt. Sie wollte sich daher nur noch auf eine Bahn von Dürrröhrsdorf nach Bühlau konzentrieren und überließ den schwierigeren Teil der Strecke zwischen Bühlau und Dresden privaten Interessenten. So erhielt die Dresdner Straßenbahn-Gesellschaft am 14. Januar 1896 die Genehmigung für Vorarbeiten für eine Linie Waldschlösschen – Weißer Adler, die später bis Bühlau ausgedehnt wurde.

Unfall mit PKW auf der noch sehr schmalen Bautzner Straße nahe der Mordgrundbrücke

Der Wäschewagen wartet auf der Bautzner Straße nahe der Wilhelminenstraße
Fotos (2): Slg. Mario Schatz

Wegen der Gefahren, die von den starken Steigungen ausgingen, dauerte das Genehmigungsverfahren länger als bei anderen Straßenbahnlinien. Am 19. Mai 1899 erhielt schließlich die Dresdner Straßenbahn-Gesellschaft die Konzession.

Nach mehreren Probefahrten fand am 22. August 1899 die Einweihungsfahrt der 5,72 km langen Linie Waldschlößchen – Bühlau statt; der planmäßige Verkehr begann am folgenden Tag. Diese Linie wurde als »Bergbahn« separat betrieben, am Waldschlößchen musste nach Dresden umgestiegen werden. Die Strecke war durchgehend zweigleisig ausgeführt und überwand vom Waldschlößchen bis zur höchsten Stelle in der Nähe der Straße Am Bauernbusch in Bühlau 126,63 m. Größere Steigungen befanden sich am Meisenberg (noch Dresden) mit 4 %, am Schloss Albrechtsberg mit 5 %, von der Mordgrundbrücke zum Weißen Hirsch auf 600 m mit 8 % und am Rißweg mit 5 %. Zur Energieversorgung hatte die Firma Helios aus Köln am höchsten Punkt der Strecke ein Kraftwerk errichtet. Ein Stück weiter stadtwärts wurde ein Betriebshof erbaut. Die Triebwagen dieser Strecke besaßen stärkere Motoren als die im übrigen Netz und waren neben der üblichen elektrischen und mechanischen Bremse mit einer Fallklotzbremse sowie mit einem rückwärtigen Sandstreuer ausgerüstet.

Diese neue Linie führte zwar am Ortskern von Loschwitz vorbei, bot jedoch dem Simmigschen Ortsteil, den Bewohnern der Elbschlösser, der oberen Schillerstraße und um den Weißen Adler eine gute Verbindung zur Stadt.

Am 24. April 1900 genehmigte die Aufsichtsbehörde den Betrieb mit einem Beiwagen unter der Bedingung, dass dieser mit einer Fallklotzbremse ausgerüstet war, die bei einer Zugtrennung durch eine Reißkette zwischen Trieb- und Beiwagen automatisch ausgelöst wurde.

Der am 22. März 1901 aufgenommene Güterverkehr war für die Waschfrauen aus Bühlau eine willkommene Hilfe. Sie konnten ihre Handwagen mit den Wäschekörben in den angehängten Wäschewagen laden und fuhren dann im Triebwagen mit zum Waldschlößchen und zurück. Reichte der Wäschewagen nicht aus, so wurden Handwagen oder Körbe vorn und hinten an die Plattformen gebunden. Dieser Wäschezug verkehrte an bestimmten Wochentagen mehrmals zwischen Endpunkt und Waldschlößchen.

Mit Bildung der »Städtischen Straßenbahn« am 1. Januar 1906 erhielt die Linie die Nummer 11. Außerdem wurde die Linie ab 25. Januar 1906 bis zum Neustädter Bahnhof geführt, wodurch sich das Umsteigen vom Waldschlößchen auf mehrere Knotenpunkte verteilte. Am 1. Juli 1908 wurde die Linie 11 nach Weißig bis zum Bahnhof der neuen Eisenbahn nach Dürrröhrsdorf verlängert. Je nach Zugfolge fuhr von Bühlau jeder zweite oder dritte Zug weiter bis Weißig.

Erster Weltkrieg und Inflationszeit brachten für die Linie 11 die gleichen Probleme wie schon bei Linie 18 dargestellt: Einsatz von Frauen, Fahrplanausdünnungen, Tariferhöhungen und unregelmäßiger Verkehr wegen Kohlemangels. Als Ersatz für eingestellte Linien wurde Linie 11 ab 7. Juni 1922 vom Neustädter Bahnhof über Hainstraße – Augustusbrücke – Hauptbahnhof zur Nürnberger Straße geführt, und ab 4. Juni 1923 wurde durch die Hauptstraße gefahren. Im gleichen Jahr wurde der Wäscheverkehr wegen zu geringer Benutzung eingestellt.

Ab 22. Mai 1928 erhielten die am Georgplatz endenden Zwischenwagen die Liniennummer 111.

Ab 20. Oktober 1931 kamen auf Linie 11 große »Hechttriebwagen« zum Einsatz. Deshalb war am Endpunkt Bühlau eine Gleisschleife entstanden. Von dort nach Weißig fuhr ein Pendelwagen, im Volksmund »Fitschel« genannt. Bei dem 1937/38 erfolgten Ausbau der Bautzner Straße zwischen Wilhelminenstraße und Mordgrundbrücke kam es am Schloss Albrechtsberg zu einer Begradigung von Straße und Straßenbahnlinie. Dabei konnten auch die Steigungsverhältnisse in diesem Bereich wesentlich günstiger gestaltet werden.

Im Zweiten Weltkrieg war auch Linie 11 – wie bei Linie 18 dargestellt – von Fahrplanausdünnungen, Einsatz von Frauen, Verdunklung und Überfüllung betroffen. Nach den Luftangriffen auf Dresden konnte am 14. Februar 1945 der Streckenteil Weißig – Bühlau – Plattleite sofort befahren werden. Ab 21. Februar 1945 ging es bis zur Nordstraße, danach mit wechselnden Zielen bis maximal Bahnhof Neustadt. Ab 7. Mai 1945, 17 Uhr, ruhte auch hier wegen des Einmarsches der Sowjetarmee der Verkehr, doch ab 21. Mai 1945 konnte wieder von Weißig bis zur Forststraße gefahren werden, ab 14. Juni 1945 bis Bahnhof Neustadt und ab 12. November 1946 bis zur Nürnberger Straße.

Im Winter 1946/47 entstanden zahlreiche Wagenschäden, von denen die Hechtwagen besonders betroffen waren. Deshalb musste Linie 11 vom 13. Januar bis 23. Februar 1947 bis Bahnhof Neustadt verkürzt werden, und an manchen Tagen waren nur zwei kleine Trieb- und Beiwagen im Einsatz!

Kleiner Hechtwagen auf dem Rangiergleis auf der unteren Grundstraße, um 1936. Ein weiterer Ausbau der Straßenbahnstrecke durch die Grundstraße scheiterte wiederholt an den Kosten, Foto: Slg. Mario Schatz

Ab 26. April 1947 fuhr Linie 11 von Bühlau über die Marienbrücke nach Coschütz. Damit kamen die mit drei Bremssystemen ausgerüsteten großen Hechtwagen auf den beiden steilsten Bergstrecken des Dresdner Netzes zum Einsatz. Zur Verstärkung gab es vom 4. Mai 1948 bis 30. August 1949 eine Linie 10 Bühlau – Südvorstadt. Der Pendelverkehr Bühlau – Weißig wurde am 21. Februar 1949 wegen schlechten Gleiszustandes eingestellt und vorerst durch Busse ersetzt. Ab 10. Juni 1958 fuhren auch die Triebwagen ohne Schaffner.

Am 4. Mai 1969 lösten auf Linie 11 Tatrawagen die bisher eingesetzten Hechtwagen ab. Gleichzeitig wurde die Linienführung auf Bühlau – Plauen über Postplatz verändert.

Nach dem politischen Umbruch wollte die neu gegründete »Dresdner Verkehrs-AG« (DVB AG) den Verkehr attraktiver gestalten und richtete ab 12. Dezember 1994 zusätzlich eine Eillinie 51 Bühlau – Plauen ein, die nicht an allen Haltestellen hielt. Da die Züge oft im Stau standen, funktionierte das jedoch nicht, auch nicht, als ab 19. Juni 1996 die Linie 51 nach Gorbitz geleitet wurde. Am 27. August 1997 verschwand Linie 51 wieder. Inzwischen war die Führung der Linie 11 am 29. Oktober 1995 auf die Relation Bühlau – Zschertnitz verändert worden, und so verkehrt diese Linie heute noch.

Am 11. Juli 2003 rückten abends keine Züge mehr in Bühlau ein, der Betriebshof wurde geschlossen.

Straßenbahn-Projekte durch die Grundstraße

Am 1. Oktober 1892 behandelte der Loschwitzer Gemeinderat ein Gesuch des Besitzers des → *Gasthofs* »Weißer Adler« zum Bau einer Straßenbahn vom Körnerplatz durch die Grundstraße bis zum → *Gasthof* »Zur Eule«. Von dort sollte eine Standseilbahn zum »Weißen Adler« weiterführen. Das Projekt scheiterte, weil die Grundstücksbesitzer es ablehnten, Land zum Bau der Standseilbahn zu verkaufen.

Darauf wurde dem Gemeinderat ein neues Straßenbahnprojekt vorgelegt. Die Bahn sollte vom Körnerplatz durch die Grundstraße nach Bühlau führen und einen Abzweig zum Weißen Adler erhalten. Am 21. September 1894 lehnte der Gemeinderat das Projekt empört ab, weil er das Geld für die Realisierung beschaffen sollte!

In späteren Jahren tauchte der Gedanke einer Straßenbahn durch die Grundstraße mehrmals auf, jedoch scheiterte eine Realisierung am damaligen Zustand der Grundstraße. Die hohen Kosten für die notwendige Verbreiterung mit Überdeckung der Trille machten den Bahnbau unmöglich.

Einweihung der Obus-Strecke mit einem Bus von Henschel-Schumann, 1947 *Foto: Archiv DVB AG*

Skoda-Obus mit Anhänger auf der Grundstraße an der Einmündung Tännichtstraße *Foto: Archiv DVB AG*

Omnibus- und Obuslinien zum Körnerplatz und durch die Grundstraße

Im Jahr 1925 begann die Städtische Straßenbahn ihr Liniennetz durch Omnibuslinien zu ergänzen. Sie richtete am 11. Dezember 1925 eine Omnibuslinie ein, die vom Hauptbahnhof zum Wasaplatz und weiter als Querverbindung durch Gruna, Striesen und Blasewitz bis Loschwitz führte. Die Linie endete, vom Blauen Wunder kommend, in einer Schleifenfahrt über die Dammstraße zur Friedrich-Wieck-Straße; die Rückfahrt erfolgte über den Körnerplatz. Am 5. Juli 1926 erhielt diese Linie den Buchstaben C.

Am 20. Oktober 1937 wurde Linie C nach Rochwitz verlängert. Der Fahrtweg führte durch die Grundstraße bis zum Gasthof »Zur Eule«, durch Neurochwitz und schließlich im Bereich Roseggerstraße – Krügerstraße durch den Loschwitzer → *Ortsteil Schöne Aussicht*. Vom Hauptbahnhof kommend, mussten die Fahrgäste in der Friedrich-Wieck-Straße in einen kleineren Wagen umsteigen.

Zu Beginn des Zweiten Weltkrieges wurden sofort alle Kraftstoffe rationiert; die Folge waren Einschränkungen im Omnibusverkehr. Ab 15. November 1939 kam Linie C nur noch im Berufsverkehr nach Loschwitz, der Streckenteil nach Rochwitz wurde eingestellt. Ab 6. Oktober 1941 kam Linie C vom Hauptbahnhof überhaupt nicht mehr nach Loschwitz. Dafür wurde ab 4. Dezember 1941 eine Pendellinie von der Schwebebahn nach Rochwitz eingerichtet. Diese Linie fuhr eine große Schleife über Metzschstraße (heute Sierksstraße) und Malerstraße zur Bergstation und zurück über Oeserstraße und Krügerstraße. Zunächst fuhren die Busse nur im Berufsverkehr mit Leuna-Treibgas, ab 1944 ganztägig mit Niederdruck-Stadtgas. Der Bus führte das Gas in einer großen Blase auf dem Dach mit und musste nach jeder Fahrt an einer Gastankstelle, die man an der Schwebebahn eingerichtet hatte, nachtanken. Mit den Luftangriffen am 13./14. Februar 1945 endete der Omnibusverkehr.

Nach dem Krieg wurden die wenigen erhalten gebliebenen Omnibusse als LKW zur Versorgung der Bevölkerung genutzt. Doch schon 1946 stellte Prof. *Alfred* → *Bockemühl* (1896–1992) auf der Ausstellung »Dresden baut auf« Planungen eines Obus-Netzes vor. Um die Stadt sollte – auch über die noch nicht vorhandene Waldschlößchenbrücke – ein großer Obus-Ring gelegt werden, von dem Strecken in die Vororte abzweigten. Eine solche Strecke führte von Gruna über das Blaue Wunder zum Körnerplatz und weiter nach Weißig oder Pillnitz. Auf Grund der vielfältigen Beziehungen Bockemühls gelang es dann trotz des enormen Materialmangels nach dem Krieg tatsächlich, eine erste Teilstrecke zu bauen.

Am 8. November 1947, 11 Uhr, fand auf der Friedrich-Wieck-Straße die Eröffnung der Obuslinie statt. Nach kurzen Reden des Oberbürgermeisters, des Betriebsdirektors Bockemühl und anderen setzten sich die fünf Obusse in Bewegung. Die Strecke folgte bis zum Wasaplatz der Vorkriegs-Omnibuslinie C und führte dann weiter über den Zelleschen Weg zum Münchner Platz, musste aber am 27. November 1947 zum Fritz-Förster-Platz verkürzt werden. Die Linie erhielt in Anlehnung an die frühere Buslinie den Buchstaben C. In Loschwitz wurde wieder durch eine Schleifenfahrt Dammstraße – Friedrich-Wieck-Straße – Körnerplatz gewendet. Zunächst verkehrten drei Obusse im 20-Minuten-

Schaffner an einem Obus mit Anhänger 1949 auf der Friedrich-Wieck-Straße *Foto: Slg. Mario Schatz*

Obus Richtung Weißig aus der Wendeschleife Dammstraße/F.-Wieck-Straße kommend, 1949. *Foto: Schumann, Slg. Mario Schatz*

Takt – viel zu selten, so dass die Fahrzeuge ständig hoffnungslos überfüllt waren. Da brachte die Einführung des Anhängerbetriebes am 3. Oktober 1948 etwas Erleichterung.

Am 1. Mai 1949 wurde die Linie durch die Grundstraße bis zur Steglichstraße verlängert, doch das musste schon am 25. Juli 1949 wegen Reifenmangels wieder rückgängig gemacht werden. Trotzdem wurde an der Fahrleitung in der Grundstraße weiter gebaut und diese am 1. November 1949 fertiggestellt. Aber der Betrieb konnte wegen Fahrzeug- und Reifenmangels nicht aufgenommen werden; die Grundstraße diente nur zum Aus- und Einrücken des zwischen Bühlau und Weißig eingesetzten Obusses. Erst am 16. Mai 1950 konnte der durchgehende Verkehr Fritz-Förster-Platz – Weißig aufgenommen werden. Der Obusverkehr in der Grundstraße mit der Steigung von 7 % oberhalb der Steglichstraße stellte an die Fahrzeuge höchste Anforderungen, weshalb zunächst bergwärts kaum Haltestellen eingerichtet wurden.

Am Körnerplatz mussten die Obusse Richtung Weißig durch die Schleife Dammstraße – Friedrich-Wieck-Straße fahren. Erst am 8. Mai 1951 war die Fahrleitung so verändert worden, dass die Obusse in beiden Richtungen über den Körnerplatz fahren konnten. Die Friedrich-Wieck-Straße diente nur noch als Wendeschleife für in Loschwitz endende Einsatzwagen.

Mit der Zeit stabilisierte sich der Verkehr auf der Obuslinie C durch den Einsatz zusätzlicher Fahrzeuge und technischer Verbesserungen. Ab 28. Juni 1964 kamen neue Škoda-Obusse aus der Tschechoslowakei zum Einsatz. Diese fuhren als schaffnerlose Züge auf der neuen Linie 61 Gruna – Löbtau, während die alten Fahrzeuge weiterhin mit Schaffner auf der verkürzten Linie C Weißig – Technische Hochschule eingesetzt waren. Diese Linie erhielt noch 1964 die Bezeichnung 62. Am 1. Mai 1966 wurden beide Linien wieder vereinigt zur 16,8 km langen Linie 61 Weißig – Löbtau.

Der Ausbau des Zelleschen Weges im Jahre 1971 wurde als Anlass für eine erste Verkürzung der Linie 61 genutzt. Ab 1. Juli 1975 wurde nur noch die Teilstrecke Schillerplatz – Bühlau mit Obussen befahren, der Rest der Linie 61 war auf Omnibusbetrieb umgestellt. Schließlich wurde der Obus am 28. November 1975 vollständig eingestellt und durch Busse ersetzt.

Ab 1. Dezember 1975 verkehrte die Buslinie 61 wieder Löbtau – Weißig, dazu kam die Linie 93 Löbtau – Fernsehturm. Mit der Einführung eines neuen Busliniennetzes am 28. Mai 2000 fuhr durch Loschwitz nur noch Linie 61 Löbtau – Bühlau.

Seit dem politischen Umbruch hatte die DVB AG ihre Omnibusflotte systematisch erneuert durch Busse der Hersteller Mercedes, MAN und Solaris. Der letzte Bus aus ungarischer Produktion, ein Ikarus 280.02, fuhr am 28. März 2001 auf der Linie 61. Ab 14. Oktober kam es wieder zur alten Linienführung. Die Linie 61 fuhr nun von Löbtau abwechselnd nach Weißig und zum Fernsehturm.

Bereits am 30. April 1957 fuhr wieder ein Bus von der Bergstation der Schwebebahn als Linie R nach Rochwitz. Ab 16. Januar 1961 fuhr diese Linie als erste in Dresden im Einmannbetrieb. Der Fahrer kassierte das Fahrgeld mit Hilfe einer Zahlbox. 1965 erhielt diese Linie die Nummer 84.

Umständlich und zeitraubend war das zweimalige Umsteigen bei der Benutzung der Schwebebahn. Deshalb wurde die Linie 84 ab 1. Dezember 1972 zum Schillerplatz geführt. In Richtung Rochwitz ging die Fahrt über die Grundstraße – Neurochwitz – Roseggerstraße – Schleifenfahrt über die Schwebebahn –Krügerstraße nach Altrochwitz, in der Gegenrichtung wurde direkt über Krüger- und Roseggerstraße gefahren. Erst ab 31. Mai 1992 wurde in beide Richtungen die Schleifenfahrt über die Schwebebahn ausgeführt.

Ab 28. Mai 2000 wurde die Linie 84 auf den Streckenteil Steglichstraße – Rochwitz beschränkt. Die DVB AG wollte damit die Auswirkungen des ständigen Verkehrsstaus in Blasewitz von dieser Linie fern halten, doch bei den Fahrgästen sorgte das für großes Unverständnis. Am 14. Dezember 2008 wurde die Linie 84 verlängert und fuhr wieder vom Schillerplatz über Rochwitz bis nach Bühlau, wo sie nun zusätzlich Anschluss an die Straßenbahnlinie 11 hatte. Es fuhren abwechselnd ein Bus der DVB AG als Linie 84 mit der Schleife über die Schwebebahn und ein Bus der RVD-Linie 309 Pulsnitz – Schillerplatz ohne den Umweg über die Schwebebahn.

Omnibuslinien durch die Pillnitzer Landstraße

Als Ersatz für die im Bereich Loschwitz – Pillnitz eingestellten Straßenbahnlinien 4 und 15 wurde ab 9. April 1985 die bestehende Omnibuslinie 85 Lockwitz – Schillerplatz verlängert über den Körnerplatz nach Pillnitz. Dadurch war ein Umsteigen auf die Straßenbahn nicht nur am Schillerplatz möglich, sondern auch an drei weiteren Knotenpunkten.

Ab 28. Mai 2000 wurde die Führung der Linie 85 verändert; sie fuhr nun von Röhrsdorf über Lockwitz nach Loschwitz, wo sie vom Körnerplatz aus in einer großen Schleife Pillnitzer Landstraße – Winzerstraße – Fidelio-F.-Finke-Straße (Endpunkt) – Friedrich-Wieck-Straße endete. Dafür fuhr Linie 83 vom Comeniusplatz über den Schiller- und Körnerplatz und Pillnitz bis Bonnewitz. Doch schon ab 10. Juni 2001 wurde Linie 85 auf die Relation Prohlis – Blasewitz verkürzt, kam also nicht mehr nach Loschwitz.

Am 13. Dezember 2009 führte die DVB AG ein neues Busnetz ein. Seitdem fährt die Linie 63 Löbtau – Bonnewitz über den Körnerplatz und durch die Pillnitzer Landstraße.

Omnibuslinien durch die Bautzner Straße und im Simmigschen Ortsteil

Mit den kleinen Fahrzeugen hatte die Straßenbahnlinie 11 oft Mühe, den Fahrgastansturm zu bewältigen. Deshalb richtete die Städtische Straßenbahn zur Verstärkung am 13. Juni 1925 eine Buslinie Hauptbahnhof – »Weißer Adler« ein. 1926 erhielt diese Linie den Buchstaben E. Diese Linie E wurde 1928/29 bis Kaitz und Mockritz verlängert. Der Hechtwageneinsatz auf der Straßenbahnlinie 11 führte ab 27. Okto-

Die Kreuzungen zwischen Obus- und Straßenbahnfahrleitungen waren sehr störanfällig. Drei Reparaturfahrzeuge arbeiten, um die Strecke möglichst schnell wieder befahrbar zu machen, um 1948 *Foto: Archiv DVB AG*

Büssing-Omnibus auf Linie C Hauptbahnhof-Loschwitz, 1928
Foto: Archiv DVB AG

Omnibusse mit Ehrengästen im Oktober 1937 bei der Eröffnung der Strecke nach Rochwitz auf dem unteren Teil der Tännichtstraße *Foto: Archiv DVB AG*

ber 1931 zur Verkürzung auf die Strecke Waldschlößchen – Mockritz. Nur an Sommersonntagen fuhr sie zeitweise noch bis zur »Saloppe« (Wilhelminenstraße) oder zur Mordgrundbrücke.

Ab 29. Oktober 1995 erhielt die Buslinie 91 die neue Linienführung Kaditz – Waldschlößchen. Von der Stauffenbergallee kommend, fuhr sie über Radeberger-, Heidepark-, Fischhaus- und Bautzner Straße zum Endpunkt und zurück über die Waldschlößchenstraße. Die Haltestellen an der Heidepark- und Böhmertstraße waren wider Erwarten stark frequentiert, so dass ab 29. Oktober 1997 in beide Richtungen über Heidepark-, Fischhaus-, und Bautzner Straße gefahren und auf dem Platz am Waldschlößchen gewendet wurde. Ab 1. Juni 1997 erhielt die Verbindung Kaditz – Waldschlößchen die Liniennummer 64.

Mit der Freigabe der Waldschlößchenbrücke für den öffentlichen Verkehr am 26. August 2013 wurde Linie 64 von der Stauffenbergallee über die Brücke nach Reick geführt. Gleichzeitig wurde die Buslinie 74 Marienallee – Waldschlösschen – Jägerpark eingerichtet, durch die das Wohngebiet noch besser erschlossen wird.

Omnibus-Regionalverkehr

Die sprunghafte Entwicklung der Kraftfahrzeugtechnik führte in den 1920er Jahren zum Ausbau eines Omnibusnetzes im Freistaat Sachsen. Am 15. Mai 1928 richtete die Kraftpost die Linie Dresden – Stolpen – Neustadt – Sebnitz entlang der Bautzner Straße und Bautzener Landstraße ein. Die Busse hielten aber nur am »Linckeschen Bad«, am Kurhaus Weißer Hirsch und in Bühlau, also nicht auf Loschwitzer Gebiet.

Am 15. Mai 1929 verlängerte die Staatliche Kraftwagenverwaltung (KVG) ihre Linie Bischofswerda – Radeberg über die Heidemühle und die Radeberger Straße nach Dresden. Haltestellen gab es an der Ecke Fischhaus- und Heideparkstraße sowie am Fischhaus selbst. Am gleichen Tag richtete sie eine neue Linie Dresden – Ullersdorf – Radeberg ein. Diese führte über das Blaue Wunder und durch die Grundstraße und hielt am Körnerplatz und am Gasthof »Zur Eule«. Diese Linie diente ursprünglich vor allem dem Ausflugsverkehr. Sie wurde daher ab 5. Oktober 1930 nur noch sonntags betrieben. Ab 6. Oktober 1935 wurde wieder täglich gefahren, jedoch nur noch zwei Fahrten über Loschwitz bis Hauptbahnhof geführt, alle anderen Fahrten endeten in Bühlau.

Ab 3. Oktober 1937 führte die KVG ihre Linie Dresden – Pirna – Wehlen – Bastei nicht mehr über Heidenau, sondern über Loschwitz – Pillnitz mit einer Haltestelle am Körnerplatz.

Am 15. Mai 1939 eröffnete die Kraftpost noch eine Linie Dresden – Bühlau – Dürrröhrsdorf – Hohnstein, die nur sonntags verkehrte. Mit Beginn des Zweiten Weltkrieges am 1. September 1939 wurde sie sofort eingestellt wie überhaupt jeder Ausflugsverkehr, so auch zur Bastei. Wegen Kraftstoffmangel stellte die Kraftpost 1942 ihre Linie nach Sebnitz ein, und 1944 musste die KVG auch Streckenteile Dresden – Radeberg und Dresden – Pillnitz stilllegen.

Nach Kriegsende gab es kaum einsatzbereite Omnibusse, und Ersatzteile zur Wiederherstellung beschädigter Fahrzeuge fehlten. So musste die 1947 wieder in Betrieb genommene Linie Dresden – Radeberg nach kurzer Zeit wegen Reifenmangels wieder eingestellt werden. Erst ab 1. Juli 1950 verkehrte die Linie Dresden – Radeberg – Bischofswerda wieder, ab 18. Oktober 1952 auch die Linie Dresden – Stolpen – Neustadt. Da wurden die Regionalbuslinien bereits vom VEB Kraftverkehr betrieben.

Am 27. Mai 1962 wurden zwei neue Linien eröffnet: Dresden – Bautzen – Niesky – Görlitz und Dresden – Bischofswerda – Zittau. Sie sollten den mangelhaften Eisenbahnverkehr ergänzen und hielten wie die Linie nach Sebnitz nicht auf Loschwitzer Flur.

Ab 31. Mai 1992 fuhren die Busse der Linie Dresden – Ullersdorf – Radeberg – Pulsnitz wieder vom Hauptbahnhof ab, hielten aber nur am Pirnaischen Platz und an Schillerplatz, aber nicht in Loschwitz. Die Linie Dresden – Görlitz wurde am 28. Mai 1995 eingestellt, am 29. Oktober 1995 auch die Linie Dresden – Zittau.

Große Veränderungen brachte der 24. Mai 1998 mit der Einführung des Verbundtarifs im Gebiet des Verkehrsverbunds Oberelbe (VVO). Jetzt gab es für alle Verkehrsmittel im Verbundraum einheitliche Fahrscheine. Die Regionalbusse hielten an allen Straßenbahn- und Stadtbushaltestellen; gleichzeitig beseitigte der VVO Parallelverkehre. Daher verkehrte die Linie 305 Dresden – Radeberg – Bischofswerda ab Waldschlößchen, die Linie 309 Dresden – Ullersdorf – Radeberg – Pulsnitz ab Schillerplatz; Abfahrtsstelle der Linie 261 Dresden – Sebnitz blieb unverändert der Hauptbahnhof.

Am 14. Dezember 2008 wurde der Fahrtweg der Linie 309 verändert. Von der Grundstraße führt er jetzt wie die Stadtbuslinie 84 über Rochwitz nach Bühlau. Die Busse der Linie 308 fahren jedoch nicht die Schleife über die Bergstation der Schwebebahn. **Mario Schatz**

Zitat:
1 Sächsisches Hauptstaatsarchiv Dresden, 10736 MdI 14971
Quellen: 36, 416, 884, 892, 893, 1000

Vietze, Helmut; Musiker (1925–2002) → *K2*

Villen und Weinbergshäuser

Alexa → *Architekten und Baumeister*
Würdig, Alwin

Artushof
Malerstraße 18
Die Villa »Artushof« ist eines der außergewöhnlichsten Bauwerke in der Gemeindeflur am ehemaligen Weinberg des Ratsbeamten Gottlob Reintanz (1792–1854).

Der in Leipzig geborene Bildhauer und Kunstmaler Arthur Schreyer (1866–?), der 1893 bei seinen Eltern in Wachwitz wohnte, erwarb das Areal im Jahre 1894, um ein Atelierhaus, das die Werke Beethovens verkörpern sollte, zu errichten. Dazu beauftragte er seinen Bruder, den Architekten Reinhold Schreyer (1861–nach 1943, → *K2*). Nachdem der Bauherr mehrfach die Bayreuther Festspiele besuchte, wurde er zum begeisterten Wagnerianer. So ergab sich eine Neuorientierung für seinen Bau. Als Vorbild sah er die Klingsor-Burg nach Richard Wagners Bühnenweihfestspiel »Parsifal« und hatte auch den Namen »Artushof« für sein Atelierhaus gefunden. 1894 wurde das Baugesuch für seine Wirkungsstätte, Nebengebäude und einen Brunnen vorgelegt. Bereits 1895 war der Bau vollendet. Eine Steintafel erinnert an der Toreinfahrt daran.

Artus-Kapitell im Gebäudeinneren, 2013
Foto: Peter Mallwitz

Bemerkenswert ist die Struktur und Ausstattung des burgartigen Baukörpers. Einen Rundblick weit über das Elbtal hinaus bietet ein Turmzimmer mit seinen zwölf Fenstern. Im Inneren sind an der Fensterfront die restaurierten Sternbildzeichen zu sehen. Eine ehemalige Bestuhlung ist in den Fensternischen ablesbar. Im Kellergeschoss dominiert eine Säulenhalle, die um die Säule herum eine umgebende Tafel als symbolische Übernahme der Tafelrunde von König Artus integrierte.

Das Ungewöhnliche setzt sich an der reich gegliederten Außenarchitektur fort. So wurde die Fassade aus Ziegeln, Sandsteinquadern und Feldsteinen strukturiert.

Die Außenanlage wurde erlebbar gestaltet und mit Kunstwerken des Eigentümers ausgestattet. Ein Burggraben mit einer Brücke bringt Wagners Romantik im Bereich des Hauptportales zum Ausdruck. Vor der Brücke befindet sich eine gemauerte Säule, die den heiligen Gral als Kelch in einer Nischenmalerei symbolisiert. Auf der oberen östlich gelegenen Seite des Grundstückes bildet der einzig erhaltene Eimerkettenbrunnen in Dresden einen Blickfang.

Arthur Schreyers Atelier reichte vom Erdgeschoss bis zum zweiten Obergeschoss. Leider blieb ihm wenig Zeit vergönnt, seine Wirkungsstätte erlebbar zu machen. Aus finanziellen Gründen kam es im Jahre 1902 zu einer Zwangsversteigerung und einer Übersiedlung Schreyers nach Berlin. Den Zuschlag zum Erwerb bekam der Buchdruckereibesitzer Hermann Schmidt aus Riesa. 1905 stellte er einen Antrag auf bauliche Veränderungen. Die Wertsteigerung nutzte Schmidt. Ein Jahr später verkaufte er sein Anwesen an die prominente erste Naturärztin Deutschlands und erfolgreiche Buchautorin → *Dr. med. Anna Fischer-Dückelmann* (1856–1917, → *Ärzte*).
Aus dem »Artushof« entwickelte sich eine kleine Kuranstalt. So wurde der hangseitig terrassierte Garten für alternative Naturheilmethoden, verbunden mit Liegekuren, genutzt. Im Erdgeschoss des Gebäudes befand sich im ehemaligen Atelierbereich vorwiegend für Patientinnen ein Wartezimmer und an der Gar-

Eingang zum »Artushof«, 1930
Foto: Herbert Techert, Slg. Zanderarchitekten

Der »Artushof« auf der Malerstraße 18 vom Garten aus gesehen, 1927
Foto: Hans Schreyer, Slg. Zanderarchitekten

Tor zum »Artushof« im Ortsteil Schöne Aussicht, 2014 *Foto: Siegfried Großmann*

tenseite ein Sprechzimmer. Unter ihrer Eigentümerschaft kam es 1911 zum Bau einer Einfriedung und 1913 erhielt das Grundstück einen Anschluss an das Abwassernetz. 1918 übernahm nach ihrem Ableben in Ascona eine Erbengemeinschaft zu drei Teilen den Besitz. Die weiteren Eigentümer waren ab 1921 der Landeskulturamtspräsident und Wirkliche Geheime Oberregierungsrat Konrad von Behr (1852–1929) und ab etwa 1930 der Regierungsrat Emil Stratmann. Seit 1928 gab es mehrere Um- und Neubauten im Grundstück, so einen Verandaanbau, den Einbau einer Zentralheizung und die Errichtung von Garagen im Torbereich.

Im Jahre 2007 erfolgten unter Leitung des Architekturbüros Zanderarchitekten Dresden umfangreiche denkmalpflegerische Instandsetzungsarbeiten an der Villa und dem Torhausbereich. Weiterhin ist unter anderem die Wiederherstellung der östlich gelegenen Einfriedung und die Stabilisierung des Burggrabens vorgesehen. **Peter Mallwitz**

Quellen: 665, 894, 1000, 1139

Der »Artushof« in Loschwitz, eine Künstler-Caprice

»Die am Eingang des Artushofes stehende alte Eiche hat uns folgendes zu erzählen:
Am 17. März 1854 wurde zum ehrenden Gedächtnis des zu früh verstorbenen stud. theol. Hermann Wilhelm Schwenk eine Eiche gepflanzt und zwar durch die Söhne des damaligen Besitzers des Grundstücks Reintanz, den Brüdern des Verstorbenen, dem Bildhauer Wilhelm Schwenk, Ernst Schwenk, Lithograph Zingern, Architekt Töpfer, der Braut des Verstorbenen Helene Ida Dietrich, und dem stud. jur. Geisler. Unter die Wurzeln der Eiche wurde eine gut verschlossene Flasche mit folgendem Gedicht gelegt:
»Dem Manen Hermann Wilhelm Schwenk stud. theol., geboren am 30. November 1831, gestorben den 16. Januar 1853, pflanzte diese Eiche die treue Liebe der Freundschaft auf diesem Berge, dem Lieblingsorte des Dahingeschiedenen.«

Wer Du auch seist, der jemals süßen Frieden
hier unterm Blätterdach der Eiche fand,
wer Du auch seist, dem,
von der Welt geschieden,
kein treues Herz der Liebe Kränze wand,
Du gehst nicht leer von diesem Orte wieder,
ein heil'ger Schauer
wird Dein Herz durchziehn,
Dir tönen wird's wie süße Himmelslieder,
und in Dich selbst wirst Du zurückefliehn. –

Und Du, der jemals will die Axt erheben,
wer Du auch seist, laß ab von diesem Baum,
er ward der Freundschaft Heiligtum gegeben;
für Dein Begehren ist noch weiter Raum,
dem toten Freunde, der im Lichte wandelt,
ward dies Symbol am Lieblingsplatz geweiht,
drum sei es Dir zum Tempel umgewandelt,
drin Deinem Flehn Gehör der Himmel leiht.

Loschwitz, Reintanzens Weinberg,
den 17. März 1854.«

Aus der »Ortsgeschichtlichen Sammlung Blasewitz und Umgegend« von Karl Emil Scherz

Heinrich Brockhaus
Aus meinen Tagebüchern, 1884

Villa Brockhaus 1880 *Foto: privat*

Therese Judeich: Das der Elbe zugewandte Gästehaus der Familie Brockhaus, in dem auch Richard Wagner übernachtete, Öl, 1898 *Foto: privat*

Brockhaus-Villa
Brockhausstraße 2
Das Areal des heutigen Grundstückes, einst Randgebiet des → *Fischhäuser Forstreviers*, erstreckt sich vom Ausgang des Schotengrundes bis zur Bautzner Straße und wird vom Eisenbornbach (→ *Gewässer*) durchflossen. Um 1800 bildete es den westlichen Zipfel der umfänglichen Besitzungen des Lord *James* → *Findlater* (1750 – 1811). Nach dessen Lehnsträger und Erben Johann Georg Fischer (1773 – 1860) wurde es auch als »Fischers Weinberg« bezeichnet. Von diesem gelangte das Teilstück an die Familie des Dresdner Kaufmanns und Schiffsherrn Friedrich Wilhelm Schaff (gest. 1817) und schließlich an seinen Schwiegersohn Hofrat Theodor Winkler (1775 – 1856, → *K2*), den Herausgeber der Abendzeitung (→ *Zeitungen*). Dieser erbaute sich um 1836 ein Landhaus mit zugehörigem Nebengebäude. Ein besonderes Kleinod der Anlage war ein hölzerner Gartenpavillon am Körnerweg, dessen säulengestützten Giebel ein Äskulap-Symbol zierte. Häufiger Gast im Winklerschen Besitztum war der Komponist *Richard* → *Wagner* (1813 – 1883, → *K1*), der hier auch 1844 die Inspirationen zum 2. Akt des »Tannhäuser« fand. Auch unter dem Nachbesitzer Brockhaus blieb die Verbindung bestehen, da zwei Schwestern Wagners in die Familie Brockhaus einheirateten.

Heinrich Brockhaus, geb. 4. Februar 1804 in Amsterdam, gest. 15. November 1874 in Leipzig, war der Sohn des Verlagsgründers Friedrich Arnold Brockhaus (1772 – 1823) und erwarb im Jahre 1847 den Winklerschen Besitz, der seither bis 1994 in der Familie Brockhaus verblieb. Sein Sohn, der Orientalist Dr. phil. Heinrich Eduard Brockhaus (1829 – 1914), ließ das Grundstück zur Parkanlage gestalten. Es entstand ein Wegesystem mit Plastiken, Bänken

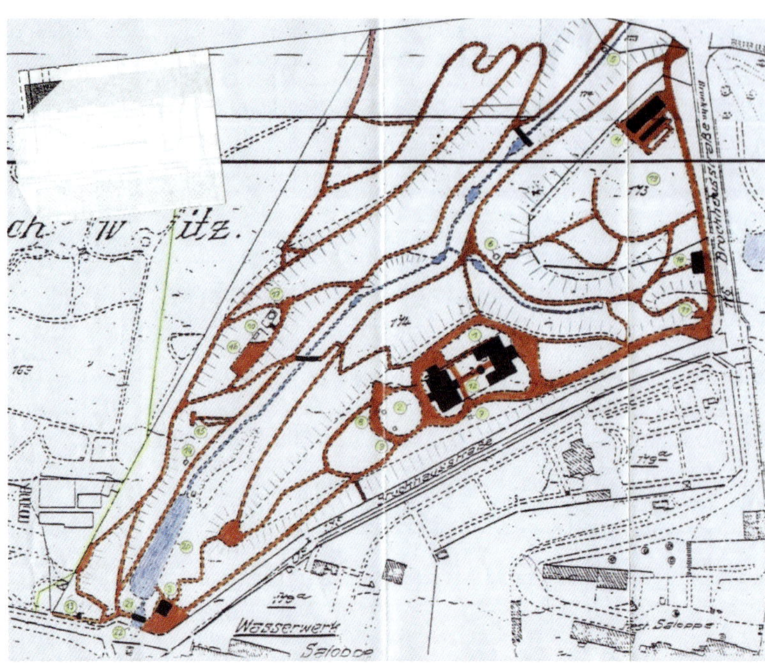

Rekonstruktion des Wegesystems im Brockhauspark
Repro: Slg. Peter Mallwitz

Gartenpavillon mit dem Äskulapsymbol im Giebelfeld an der Saloppe um 1845, Stich von J. C. A. Richter Foto: Slg. Matthias Griebel

und Brunnen. 1880 erfolgte ein Umbau des Nebengebäudes zur Sommervilla, die den zahlreichen Gästen der Familie zur Verfügung stand. 1884 wurde eine Gärtnerei eingerichtet. Als familiäre Nachbesitzer folgten 1915 die Leipziger Verlagsbuchhändler Albert Eduard Brockhaus (1855 – 1921) und 1922 → *Dr. h. c. Hans Albert Brockhaus* (1888 – 1965) sowie deren Erben. Diese bewahrten auch die von Heinrich Brockhaus übernommene Bibliothek Richard Wagners, welche die Kriegswirren in Loschwitz überstand, dann nach Leipzig und von da 1975 an die Richard-Wagner-Stiftung Bayreuth gelangte.

Die Grundstückspolitik der DDR und die Nachbarschaft des Ministeriums für → *Staatssicherheit* führten zur Zergliederung des Brockhaus-Anwesens; teils wurde es in Volkseigentum überführt, teils unter Verwaltung gestellt.

Nach 1990 ergab ein erfolgreicher Restitutionsanspruch seitens der Erbengemeinschaft die Rückübertragung des unteren Flurstückes mit den Baulichkeiten. Allerdings fehlte dem Ensemble der idyllische hölzerne Gartenpavillon, der in den 1970er Jahren dem Vandalismus zum Opfer gefallen war.

Über seine ehemalige Bestimmung gibt es verschiedene Auffassungen: Zum einen wird an dieser Stelle eine Feldwachstation preußischer Truppen im Siebenjährigen Krieg vermutet, zum anderen 1813 ein Verbandsplatz der Napoleonischen Armee, denn der Weg von Dresden nach Osten führte über die Holzhofgasse hier vorüber. Wahrscheinlich entstand der Pavillon nach 1825, also in der Zeit des Herausgebers der Abendzeitung. In deren Kopfvignette findet sich jenes Symbol als Öllampe wieder, das als Ölschale auch den Giebel des Pavillons schmückte. Das dazugehörige Äskulap-Symbol könnte auf die ehemalige Bestimmung des Platzes als Verbandsstation hindeuten. **Peter Mallwitz**

Quellen: 22, 162, 698, 726

3 Tage aus seinem Leben
Aus den Tagebüchern
von Heinrich Brockhaus

23. Aug. 1843
»Gestern hatte ich mich an dem schönen Weinberg des Bankiers Meusel erfreut, einem wirklich reizenden Grundstück mit köstlicher Aussicht und prächtigen Gartenanlagen, und heute gerieth ich in nicht geringeres Entzücken über Hofrath Winkler's Berg, der an Meusel grenzt und die Eigenthümlichkeit von schönen Bäumen, einem kleinen Grund, einem Bach hat, während die Aussicht, obwol beschränkt, und allerliebst und der Besitz hier nicht wie gewöhnlich mit einem Weinberg und dessen in der Regel negativen Resultaten verbunden ist. Kann ich doch über so etwas wie ein Kind mich freuen und wie ein Kind danach verlangen. Es versuchte mich recht, Winkler zu fragen, ob der Berg ihm feil wäre, und wenn der Preis erschwinglich, mit ihm abzuschließen. Auf eine oder die andere Weise wird es wol zu einer Ansiedelung bei Dresden kommen.«

27. März 1847
»In den letzten Tagen habe ich eine Sache zum Abschluß gebracht, mit der ich mich eigentlich schon seit Jahren herumtrage: ich habe mich in der Nähe von Dresden angekauft und die Winkler'sche Villa ist mein Eigenthum geworden. Der Wunsch, in der Nähe von Dresden irgendein ruhiges Plätzchen zu haben, ist immer von neuem erwacht, so oft ich in Dresden gewesen bin. Die Phantasie mit Fintlaters hatte ich aufgegeben, da mich die Instandsetzung und Unterhaltung des Grundstücks, zumal bei mangelnder Kenntniß dieser Dinge, eher in größere Unruhe versetzt haben würde. Am Mittwoch unterschrieb die Hofräthin Winkler – mit Thränen im Auge. Ich fand das so natürlich einem Besitz gegenüber, der an sich so reizend ist und wo man die glücklichsten Jahre seines Lebens zugebracht hat. Gott gebe mir heiteren Sinn, um das Schöne, was sich mir auch hier wieder bietet, recht zu genießen!«

26. Juni 1848
»Ich freue mich zwar jedesmal, wenn ich wieder auf meinem lieben Berge angekommen bin, aber schmerzlich vermisse ich doch oft auch hier die Ruhe und werde öfters hin- und hergetrieben durch Geschäfte und Störungen aller Art, daß ich nicht so recht zum Genuß dessen, was mir so lieb ist, gelangen kann. Indeß der Aufenthalt ist so reizend, daß jeder freie Moment eben etwas darbietet, was man ergreifen kann, und zu einer Wanderung durch den Grund zu dem jetzt allerliebst eingerichteten Bade findet sich doch täglich Veranlassung. Auch der Weg zur Stadt und zurück ist mir stets sehr erfrischend, und gewöhnlich verschwindet doch auch dann ein Theil der Sorgen, die mich quälen und drücken. Das Innere der Zimmer ist jetzt durch Kupferstiche sehr verschönert worden, und auch der Beginn einer sehr ausgewählten Berg-Bibliothek ist in Goethe, Schiller, Shakespeare, Homer u. s. w. vorhanden, denen sich andere Heroen der Literatur nach und nach einreihen sollen. Wer nur recht zum Genuß alles dessen gelangen könnte! Aber die Zeitungen und was damit zusammenhängt absorbiren so die wenige Zeit, daß man zu einer das Gemüth und inneren Menschen wirklich befriedigenden Lektüre kaum jemals gelangt. Indeß auch das wird besser werden, wenn ich mich mit Schluß dieses Landtages vom politischen Leben vorläufig lossage, was zu thun meine feste Absicht ist. Auch von städtischen Aemtern will ich mich losmachen, sollte ich anders überhaupt noch zu solchen gewählt werden, und wenn mich dann auch die neue Gestaltung unserer ganzen geschäftlichen Verhältnisse sehr in Anspruch nehmen dürfte, so hoffe ich denn doch nebenbei hinreichende Muße für manchen edlern Lebensgenuß, für die Ausbildung meiner selbst zu finden. An dem Grundsatz habe ich stets festgehalten und will es auch ferner: über dem Getreibe in der äußern Welt mich selbst nicht zu verlieren. Gott gebe sein Gedeihen zu all meinen Vorsätzen, die wenigstens als solche gut sind!
Je weniger ich unter all der Unruhe des innern und äußern Lebens jetzt zu einem ruhigen Genuss komme, um so lieber bemerke ich mir den Genuss, den mir die schöne Harmonie Goethe'scher Poesie in seiner »Iphigenie« gebracht hat, als neulich in einigen freien Stunden, mich auf meinem kleinen Teiche selbst herumrudernd, dieses kleine Meisterwerk für mich allein laut las. Welch schöne Ruhe kommt über einen, wenn man so etwas in sich aufnehmen kann. Es ist und bleibt doch das Muster der Behandlung antiken Stoffs durch einen Neuern, und die Musik der Sprache ist kaum irgendwo in einem modernern Gedichte so vorhanden wie hier. Tage, die dergleichen bieten, sind wahre Feiertage.«

Zitat: Brockhaus Heinrich Rudolf (Hrsg.); Aus den Tagebüchern von Heinrich Brockhaus, 1. Teil; Leipzig 1884

Villa »Montana«
Schillerstraße 2b

Am Beginn des 20. Jahrhunderts wechselte das damals ca. 2500 m² große Grundstück mehrfach den Besitzer, bevor es 1908 der Dresdner Malzfabrikant Paul König (1845–1910) durch Kauf erwarb. König hatte 1885 sein Unternehmen in Dresden gegründet und 1889 in die Dresdner Malzfabrik AG einfließen lassen. Durch den Erfolg der Firma war die Familie zu erheblichem Wohlstand gekommen.

Im Jahr 1909 wurde nach Plänen des Dresdner Architekten Heino Otto (1869 – nach 1929) das heute unter dem Namen Villa »Montana« bekannte Gebäude in einer späten Auslegung des Jugendstils errichtet. Einer familiären Tradition folgend nannten Königs auch diesen Neubau Villa »Luisa«. Ein Grund dafür könnte die der Überlieferung nach enge Freundschaft von Königs einziger Tochter Paula (1878–1963) mit der Frau des letzten sächsischen Königs, Luise von Toskana (1870–1947), gewesen sein.

Das neue Haus war mit insgesamt 24 Zimmern großzügig angelegt und, wie alte Fotos beweisen, deren Ausstattung sehr luxuriös. Eine weitere sehr gute Freundin von Paula König war die damals in Dresden bekannte Opernsängerin Eva von der Osten (1881–1936). Obwohl im Haus große Gesellschaftsräume vorhanden waren, ließ Paula König für ihre Freundin einen mittelgroßen Konzertsaal an die Villa anbauen und mit einem Steinway-Konzertflügel ausstatten.

Villa »Montana«, noch als Villa »Luisa«, Ansichtskarte, 1910 *Slg. Bernd Beyer*

Nach dem Tod von Paul König verkaufte seine Witwe 1911 Villa und Grundstück an Dr. phil. Paul Gruhl (1873–1945). Seine Familie war durch den Betrieb von Bergwerken an Saale und Rhein und die Herstellung von Braunkohlenbriketts sehr vermögend geworden. Durch den neuen Eigentümer erhielt das Haus nun seiner Profession entsprechend den Namen Villa »Montana«. Da der Erfolg dieser Profession anhielt, konnte Familie Gruhl über lange Jahre in der Villa ein recht sorgenfreies gutbürgerliches Leben führen. Dafür stand ihr eine fünfköpfige Stammdienerschaft, bestehend aus Köchin, Stubenmädchen, Kindermädchen und Chauffeur mit Frau, zur Verfügung. Diese wurde bei besonderen Anlässen, wie z. B. einem Richard-Wagner-Tee mit 150 Gästen am 24. Februar 1938 noch durch angemietete Kräfte erweitert.

Am 5. März 1934 kaufte Gruhl eins von insgesamt drei Teilstücken des benachbarten Geländes der Villa »Orlando«. Das hinzu gewon-

Emil Limmer (1854–1931), Blick von der Villa »Montana«, 1922, Aquarell
Privatbesitz Eckart Gruhl

Blick auf Loschwitz mit der Villa »Montana«, Ansichtskarte *Foto: R. Brauneis, Slg. Bernd Beyer*

Emil Limmer, Blick zur Villa »Montana«, 1922, Aquarell *Privatbesitz Eckart Gruhl*

nene Flurstück wurde zunächst in den Akten separat geführt und erst viel später mit dem Gelände der Villa »Montana« vereint.

Mit dem Beginn des Zweiten Weltkrieges 1939 begann sich die komfortable Situation in der Villa allmählich zu verschlechtern. Parallel zu der bis 1945 schwieriger werdenden Versorgungslage mussten im Haus immer mehr Menschen aufgenommen werden. Anfänglich waren dies nur ein paar höherrangige Wehrmachtsangehörige. Am Ende des Krieges war das ganze Haus mit Flüchtlingen, Soldaten und Ausgebombten belegt. Die Dresdner Bombenangriffe vom 13. und 14. Februar 1945 hatte die Villa mit nur leichten Beschädigungen überstanden.

Die sowjetische Besatzungsmacht zeigte nach Kriegsende schnell großes Interesse an der Übernahme des Hauses. Familie Gruhl musste noch 1945 die Verantwortung für das Haus abgeben. Am 21. Januar 1946 wurde die Union der Sozialistischen Sowjetrepubliken (UdSSR), vertreten durch das Volkskommissariat für Außenhandel, für 240.000 Reichsmark neue Eigentümerin der Villa. Ein Jahr später wurde das Haus offiziell zu Volkseigentum erklärt. 1951 kaufte die Regierung der DDR dem Ministerium für Außenhandel der UdSSR die Villa »Montana« ab und übergab sie der Vermögensverwaltung des FDGB. Bis 1962 wechselte innerhalb des FDGB noch zweimal die zuständige Abteilung. Bis 1976 wurde das Haus als Wohn- bzw. Ferienheim für die Gewerkschaftsbasis genutzt.

Ende 1976 erfolgte die Übernahme durch den FDGB-Bundesvorstand in Berlin. Das Haus wurde für seine neue Funktion als Gästehaus für höhere Gewerkschaftsfunktionäre hergerichtet. In diesem Zusammenhang entstand auch eine bis heute genutzte Zufahrtsstraße über das Grundstück der → *Villa »Orlando«*, Schillerstraße 4. Wie ähnliche Objekte der Regierung der DDR, Gewerkschaft oder Staatssicherheit wurde das Haus von einem Hausmeisterehepaar bewirtschaftet und auf potenziellen Besuch vorbereitet. Zu diesem zählte bis 1990 auch mehrfach FDGB-Chef Harry Tisch (1927 – 1995).

1990 wurde die Villa »Montana« privatisiert, um die Jahrtausendwende saniert und weiterverkauft. In diesem Zusammenhang wurde das einst für den Hausmeister erbaute Einfamilienhaus für den Bau von Garagen wieder abgerissen. Die Villa »Montana« wird heute als Wohn- und Bürohaus mit gehobenem Standard genutzt. **Georg Kleine-Natrop**

Quellen: 726, 1000

Villa »Montana«, 2014
Foto: Siegfried Großmann

Villa »Orlando«

Schillerstraße 4

Erste Erwähnung findet das Grundstück Schillerstraße 4 im Kaufbuch Loschwitz 1701. 1761 kaufte es der Loschwitzer Schulmeister Johann Gottlieb Rosenkranz (→ *Kirchenmusik*). Später erbte es seine Tochter Johanne Friederike Grützner, die es um 1820 an den Königlichen Hofküchen-Geschirrschreiber George August Scheppach verkaufte. Zu seiner Zeit hatte das Haus mehrere geräumige Zimmer. Auf dem Gelände befand sich eine Wagenremise, ein Pressgebäude und ein Stall für Großvieh. Im Garten war ein 44 m tiefer Brunnen, der 1826 gegraben und gemauert wurde und dessen oberer Brunnenring noch heute in der Nähe der großen Freitreppe vorhanden ist.

1843 kaufte Julie verw. Kammerherrin von Metzradt das Anwesen, bevor der italienische Graf Friedrich von Orlando das gesamte Grundstück für 10.500 Taler erwarb.

Villa »Orlando«, um 1880 *Foto: A. Kotzsch, LfD Sachsen, Slg. K. E. Scherz, Repro: E. Hirsch*

Die nach dem Grafen benannte Villa »Orlando« wurde zwischen 1848 und 1853 von Hugo Erhard (1810–1859) nach den Vorstellungen seines Auftraggebers entworfen, erbaut und 1856 fertiggestellt. Orlando war in dieser Zeit am sächsischen Hof anwesend. Weitere Angaben zur Person des Grafen sind leider nicht bekannt.

Der Bau der Villa im Stil der englischen Spätgotik, dem Tudorstil, entsprach dem Wunsch des Grafen. »Die Formen der Gothik sind in freier Auffassung in Anwendung gebracht, so weit es die Bestimmung des Gebäudes erlaubte; nur in der Dekoration einiger Räume hat man sich einige Abweichungen erlaubt.«[1]

Eine weitere in ähnlichem Stil, nur wenige Jahre später erbaute Villa in Loschwitz ist → *Schloss Eckberg*. Auffallend ist die Ähnlichkeit der Villa »Orlando« mit Schloss Miramare bei Triest. Dieses ließ der Bruder des österreichischen Kaisers Franz Joseph (1830–1916), Erzherzog und später Kaiser von Mexiko, Maximilian (1832–1867) für sich erbauen. Mit dem Bau begann man 1856, also im gleichen Jahr, in dem die Villa »Orlando« vollendet war.

Noch zu Lebzeiten verkaufte Graf Orlando das Grundstück 1863 an den Freiberger Kaufmann August Friedrich Braun. Es folgten weitere Besitzer, meist wohlhabende Gutsbesitzer und Fabrikanten, bevor Kommerzienrat Emil Mende das Anwesen 1888 übernahm. Er verstarb 1909 und hinterließ das Grundstück seiner Frau und seinen Kindern. Nach dem Tod seiner Witwe 1916 gehörte das Anwesen einer Erbengemeinschaft. Diese war kriegsbedingt nur eingeschränkt und zögerlich handlungs- und entscheidungsfähig. 1918 kaufte der Handschuhfabrikant Emil Zickmantel aus Chemnitz das Grundstück. Zickmantel übernahm das »Schloss-Grundstück« offensichtlich in »desolatem Zustand«. Dies beschrieb er in einem Brief vom März 1918 an die Königliche Amtshauptmannschaft Dresden-Neustadt. Daraufhin schlug die angeschriebene Behörde dem Königlich Sächsischen Kriegsministerium vor: »nur die Sicherung gegen Witterungseinflüsse zu genehmigen und den Ausbau zum Bezug zurückzustellen« – deklariert als Bauvorhaben über 15.000 RM. Dennoch wurde das gesamte Vorhaben vom Kriegsministerium genehmigt. Erst im Februar 1921 meldete Zickmantel der Amtshauptmannschaft den Abschluss des Umbaus und bat um die Bezugsgenehmigung.

Gewinner der 1932 erfolgten Versteigerung war die Berliner Sparkasse. In der Folge konnte der → *Architekt* Erwin Graebner (1895–1945) Haus und Anwesen nach zähen Verhandlungen von der Bank erwerben. Erwin Graebner, Sohn und Nachfolger im Architekturbüro Schilling & Graebner des → *Architekten* Julius Wilhelm Graebner (1858–1917), teilte das Grundstück auf und ermöglichte so den Bau von sieben Einfamilienhäusern. So entstanden die heutigen Hausnummern Schillerstraße 4d – 4k. Aus dem ehemaligen Gartengebäude der Villa wurde die Nr. 4c. Die Straße erhielt vom Volksmund die Bezeichnung »Buchstabenweg«.

Die neuen Anwohner waren Rechtsanwälte, Fabrikanten und Ärzte. Laut Zeitzeugen war die Zeit bis 1939 eine »gute und glückliche« für Villa und Straße. Dann mussten die Männer in den Krieg und weder Villa, Zufahrtsstraße oder

Der Bau der Villa »Orlando« ersetzte die alten und teilweise baufälligen Wohngebäude des Grundstückes, deren Grundmauern teilweise in den Neubau übernommen wurden. Dadurch entstand der quadratische Grundriss und die terrassenartige Anlage der Räume. Der nordwestlich gelegene Turmaufbau entstand völlig neu und verlieh dem Gebäude durch den umlaufenden Zinnenkranz einen kastellartigen Charakter. Der Turm diente im Inneren als Treppenhaus und bot einen Aufstieg zu einer Aussichtsplattform. Exemplarisch für das Stilempfinden des Bauherrn sind auch die Fensterbrüstungen im Obergeschoss. Sie bestehen aus Sandstein, der mit gotischen Formen verziert ist. Auf Pfeilern vor den Fensterschäften stehen miniaturisierte gotische Türmchen. Die Haupträume der Villa, drei große Wohnzimmer, Küche und die Badestube, lagen im Erdgeschoss; nach Osten anschließend, an der Plattleite, befand sich der große Saalanbau. Im Obergeschoss lagen die Schlaf-, Kinder- und Fremdenzimmer; über ein paar Stufen erreichte man die große Plattform über dem Saal. Im Souterrain befanden sich die Wirtschaftsräume, ein schon im alten Gebäude vorhandener Keller und ein Ausgang für das Dienstpersonal zur heutigen Plattleite. Beim Bau wurden auch zum → *Burgberg* gehörende Wallanlagen überbaut. Die Villa wurde überwiegend aus Elbsandstein erbaut und die Innenseiten der Außenwände zum Wärmeschutz mit Ziegeln verkleidet. Den Eingang zum Park an der Schillerstraße schmückte ein neugotisches Tor, das heute stark beschädigt ist. Die Gartenanlage wurde von Hofgärtner Hermann Sigismund Neumann (1829–1880) gestaltet.

die Bewohner blieben vom folgenden Zeitgeschehen verschont. Am 13. Februar 1945 wurde das Haus Nr. 4c komplett zerstört. Die Villa »Orlando« und die anderen Häuser kamen mit teilweise gravierenden Beschädigungen davon. Als Folge des Bombenkrieges gab es auch hier Einquartierungen von Soldaten und Ausgebombten. Viele ehemalige Bewohner kehrten nicht aus dem Krieg zurück oder übersiedelten danach in den Westen.

Die Villa »Orlando« wurde 1946 nach einem Wertgutachten von Baurat *Martin William → Axt* (1884 – 1965, → *K2*, → *Baumeister*) unter Zwang an die sowjetische Besatzungsmacht verkauft. Das Wohnrecht für Familie Graebner endete erst 1947 und das Architekturbüro wurde geschlossen. 1946 erhielt es noch eine Auszeichnung für hervorragende Arbeit beim Wiederaufbau von Dresden. Danach wurde die Villa von einem sowjetischen General bewohnt.

Villa »Orlando«, 2015 *Foto: Siegfried Großmann*

Der Grundstücksnachbar Horst Lehmann erinnert sich, dass der Steinmetz Hans Wendler auf Anweisung der Russen die Zinnen an den Dachaufsätzen abschlagen musste, so dass Zwiebelformen entstanden. Reste der Zinnen existieren noch.

Um 1950 wurde die Villa »Orlando« aus russischem Besitz in Volkseigentum überführt. Es folgten mehrere Rechtsträger. Ab 1952 war in der Villa das sogenannte Heimkombinat »Freies Griechenland« untergebracht. Es ging dabei um die internatsmäßige Unterbringung griechischer Kinder, die zusammen mit ihren Eltern nach der Niederlage im Bürgerkrieg gegen die »Königstreuen« aus Griechenland ausgewiesen worden waren. Die Villa wurde für diesen Zweck umgebaut und 1952 auch die im Garten stehende Baracke errichtet.

In den 1950er und 1960er Jahren wohnten in den Häusern der Straße Persönlichkeiten wie der Choreograph Tom Schilling (* 1928), der Schauspieler Fred Disko (* 1925) und die Sänger Helmut Schindler (1914 – 1993, → *K2*) und Karl Paul (1914 – 1969, → *K2*). Ihre Nachbarn waren der Physiker *Klaus → Fuchs* (1911 – 1988), der Architekturprofessor Rolf Göpfert (1903 – 1994, → *K2*, → *Baumeister*) und sein Sohn, der Maler Ulf Göpfert (* 1943, → *K1*). Bis 2010 war hier fast 30 Jahre der Komponist *Udo → Zimmermann* (* 1943, → *K1*) beheimatet.

Ab 1961 erfolgte die Umwandlung des zur Villa führenden Privatweges durch Enteignungen zur öffentlichen Straße. 1966 musste die Halle vor dem Gartensalon der Villa wegen Einsturzgefahr abgerissen werden.

Ab 1967 war der VEB Funkwerk Dresden neuer Rechtsträger und nutzte das Haus als Gästehaus. Jetzt wohnten Vietnamesen und Afrikaner, später Ungarn und Polen im Haus.

Im Jahr 1976 wurde über das Grundstück der Villa »Orlando« eine Zufahrt zur an der Schillerstraße gelegenen Villa Montana gebaut. 1977 wurde der Rat der Stadt Dresden Eigentümer der Villa »Orlando« und quartierte das Kabinett für Kulturarbeit ein.

Eingangstor zur Villa »Orlando« Ansichtskarte des »Ortsvereins zu Loschwitz« Slg. Bernd Beyer

Im Sommer 1978 verlegten politische Häftlinge der Staatssicherheit auf der Zufahrtsstraße der Villa »Orlando« eine neue Telefonleitung und bereiteten damit den Einzug des Chefs der BV Dresden der → *Staatssicherheit*, in ein Haus der Straße vor. Ein weiteres Haus wurde Gästehaus der Staatssicherheit.

Ab 1982 war die Konzert- und Gastspieldirektion Hausherr der Villa »Orlando«. Nach dem politischen Umbruch 1990 wurde die Villa Orlando Bundeseigentum und bis 1998 durch verschiedene Firmen, u. a. die Gothaer Versicherung, gewerblich als Büro genutzt.

Zwischen 1994 und 1998 waren Atelier und Wohnung des Künstlers Enrico Scotta (* 1949) im Haus. Ein weiterer Eigentumswechsel erfolgte 1998. Nach vollständiger Sanierung in den Jahren 1999 und 2000 durch die gebildete Grundstücksentwicklungsgesellschaft Villa Orlando GbR entstanden fünf Eigentumswohnungen. Durch die Veränderung von Firsthöhe und Dachneigung war die Einrichtung eines Penthouse möglich.

Die gartenarchitektonische Grundstruktur ist bis heute gewahrt. Zur Wiederherstellung in alter Schönheit existiert ein Entwurf von Dr.-Ing. Annette Haufe aus dem Jahr 1999. Dieser ist bis heute leider nur teilweise realisiert. Seit dem Jahr 2000 ist die Gemeinschaft der Bewohner neuer Eigentümer.

Rolf Friebel, Georg Kleine-Natrop

Zitat:
1 Förster, Ludwig (Hrsg.), Villa des Herrn v. Orlando in Loschwitz bei Dresden; in: Allgemeine Bauzeitung, Wien 1856
Quellen: 243, 293, 493, 494, 522, 639, 640, 725, 907, 999, 1000

Straßenansicht des langgestreckten Gebäudes am Josef-Hegenbarth-Weg, 2014
Foto: Siegfried Großmann

Rekonstruktionsversuch der frühesten Gestalt des Hauses
Zeichnung: Bernd Augsburg

Poncetsches Herrenhaus
Josef-Hegenbarth-Weg 18/20
Das langgestreckte, direkt an die Straße grenzende Haus wurde 1997 bis 2000 von den Eigentümern Ekkehard Irmler und Jochen Vierheilig instand gesetzt. Heute ist es wie in alten Zeiten wieder mit Wein bewachsen, umgeben von einem naturnah gestalteten Garten und liebevoll sanierten Nebengebäuden.

Nicht zuletzt durch die Erkenntnisse während der Instandsetzungsarbeiten ließ sich die Baugeschichte des Gebäudes recht gut verfolgen. Durch das »Entkleiden« des Hauses – das Abschlagen des Putzes, Trockenlegungs- und Schachtarbeiten – traten Details zutage, aus denen man schließen konnte, dass das Gebäude ursprünglich ganz anders ausgesehen hat. Zeichnungen und Bauunterlagen dazu existieren nicht mehr.

1626 wird das Grundstück Wachwitzer Kirchweg (jetzt Josef-Hegenbarth-Weg 18) in den Häuserblättern von Herbert Wehnert das erste Mal erwähnt. Eigentümer war Matthias Hoë von Hoënegg (1580–1645), lutherischer Theologe und sächsischer Oberhofprediger in Dresden. Dass er bereits damals auf diesem Grundstück ein Gebäude errichtet hat, ist nicht anzunehmen. Wahrscheinlich wurde es lediglich zum Weinanbau genutzt.

Nach von Hoënegg ging das Grundstück zunächst an die Oberhauptmannswitwe Catharina Margaretha von Carlowitz, dann an die Witwe Maria Sophia von Starschedel, weiter an einen Handelsmann, einen Hofschuhmacher, einen Büchsenmacher und schließlich 1755 an Charlotte Sophie von Poncet, Ehefrau von Jean François von Poncet (1714–1804). Dieser war zweifellos einer der prominentesten Eigentümer des Anwesens und baute nach heu-

Matthias Hoë von Hoënegg, erster »Oberhofprediger« in Dresden (1613–1645) war 1626 der erste nachweisbare Eigentümer des Grundstücks.

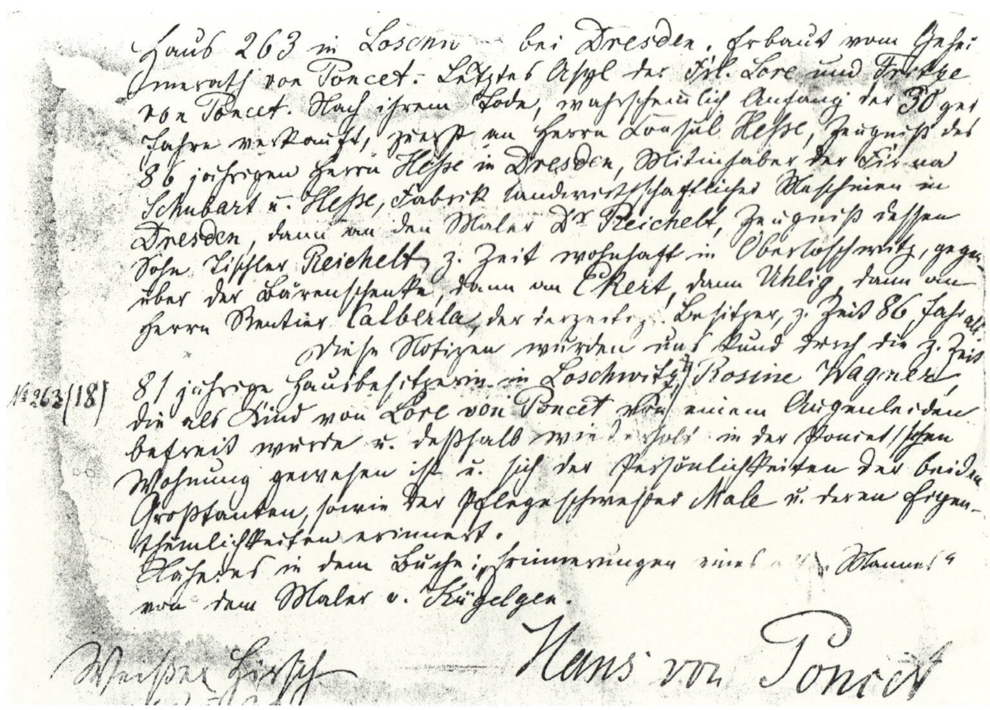

Haus 263 in Loschwitz bei Dresden, erbaut vom Geheimrath von Poncet. Letztes Asyl der Frl. Lore und Fritze von Poncet. Nach ihrem Tode, wahrscheinlich Anfang der 30er Jahre verkauft, zuerst an Herrn Consul Hesse, Zeugniß des 86 jährigen Herrn Hesse in Dresden, Mitinhaber der Firma Schubart u. Hesse, Fabrik landwirthschaftlicher Maschinen in Dresden, dann an den Maler Dr Reichelt, Zeugniß dessen Sohn Tischler Reichelt z. Zeit wohnhaft in Oberloschwitz, gegenüber der Burgruine, dann an Ekert, dann Uhlig, dann an Herrn [illegible] Calberla, der derzeitige! Besitzer, z. Zeit 86 Jahre alt.

№ 263 (18)

Diese Notizen wurden auf Grund [illegible] der z. Zeit 81 jährigen Hausbesitzerin in Loschwitz Rosine Wagner, die als Kind von Lore von Poncet von einem Augenleiden befreit wurde u. deshalb [illegible] in der Poncet'schen Wohnung gewesen ist u. sich der Persönlichkeiten der beiden Großtanten, sowie der [illegible] Male u. deren Eigenthümlichkeiten erinnert.
Erwähnt in den Jugenderinnerungen eines alten Mannes von dem Maler v. Kügelgen.

Wachwitz [illegible]
Hans von Poncet

Einziger Beleg dafür, dass Jean François von Poncet das Haus erbauen ließ, ist dieser Brief von Hans von Poncet (1899).
Slg. Ekkehard Irmler

tigem Kenntnisstand ein Haus, das dem auf S. 936 oben rechts gezeichneten ähnlich gewesen sein dürfte. Einen Beleg über den damaligen Bauherren liefert eine Notiz des Hans von Poncet (1839–1914) mit Datum Juni 1899 (siehe Abb. S. 936): »Haus 263 (Brd.-Kat.-Nr.) in Loschwitz bei Dresden, erbaut vom Geheimrath von Poncet. Letztes Asyl der Frl. Lore und Fritze von Poncet [...]«.

Damals hatte nicht nur das Gebäude ein anderes Erscheinungsbild als heute, sondern auch das Umfeld sah wesentlich anders aus. Vor der Westseite des Hauses, am jetzigen Josef-Hegenbarth-Weg, lag der Spittelteich, der bei einem Unwetter im Juni 1875 durchbrach und talwärts einen Bergrutsch verursachte. Die Straße selbst lag etwa einen Meter tiefer. Belege dafür wurden 1998 bei den Baumaßnahmen gefunden: Ein noch vorhandenes Türgewände

Poncetsches Herrenhaus, um 1940
Foto: Archiv Kirchgemeinde Loschwitz

Die Familie Poncet

In der Zeit August III.(1696–1763), Sohn August des Starken (1670–1733), bot ein junger Uhrmacher aus der Schweiz dem sächsischen Hof seine Künste an. Sein Name war Jean François Poncet (1714–1804). 1739 hat ihn der König um »seiner in dieser Kunst erlangten Geschicklichkeit willen, zu dero Hofuhrmacher allergnädigst ernennet«. Seine erste und nennenswerteste Arbeit bestand wohl 1741 im Bau der Schlaguhr für den Schlossturm. Jean François Poncets Anerkennung wuchs rasch, der König vertraute ihm die Funktion »Unseres Geheimen Kämmerers und Inspektoris bei Unserem Grünen Gewölbe zu Dresden« an, 1782 erhielt er das Adelsdiplom.

Bereits 1737 hatte Jean François von Poncet Sophie Charlotte Kauderbach (gest. 1795) geheiratet. Sie erwarb 1755 den Weinberg am ehemals Wachwitzer Kirchweg, heute Josef-Hegenbarth-Weg 18. Aus der Ehe des Hofuhrmachers gingen neun Kinder hervor. Die drei Töchter Christiane Charlotte verehel. Scholz (1737–1816), Friederike Sophie (»Fritze« 1743–1825) und Eleonora Friederike (»Lore« 1743–1829) blieben bis zu ihrem Tode in Loschwitz. Poncets Sohn Christian Samuel wurde am 20. Dezember 1739 in Dresden geboren und brachte es 1782 zum Hofjuwelier. Er heiratete 1776 die Pfarrerstochter Anne Eugenie Godeffroy. Ihre Tochter Eugenie Theresia (*1780), heiratete am 16. Mai 1803 in Loschwitz Johann Denforth van Lemmers. Diese Ehe währte nur kurze Zeit, denn die junge Frau starb im Alter von nur 25 Jahren bereits 1805 in Loschwitz und wurde auf dem Kirchhof beigesetzt.

Eine uneheliche Tochter Christian Samuel

Porträt des Jean François Poncet, Repro eines Ölgemäldes von Pesue
Fotos: Familie von Poncet

Poncets, Johanna Sophia, wurde am 27. Dezember 1774 von der bürgerlichen Eva Rosina Meister zur Welt gebracht. 1801 heiratete sie den Erbmüller Johann Christoph Schmidt aus der → *Dammmühle* in Loschwitz, die wegen ihrer wohlgeratenen Nudelprodukte im Volksmund »Nudelmühle« genannt wurde. Die durch diese Heirat zur Müllerin gewordene Johanna Sophia Schmidt, geborene von Poncet, starb am 18. September 1853. Sie wurde auf dem Loschwitzer Friedhof beigesetzt.

Aus nachbarlicher Nähe zu Poncets hat *Wilhelm von* → *Kügelgen* (1802–1867, → *K1*), von der Warte des »Begerhäuschens«, dem Sommersitz seines Vaters, über den Hang hinab auf das Poncetsche Herrenhaus mit seinem Weinberg geblickt; ja sogar »hinein geblickt«, wobei er sich vor allem über die bis ins Alter alleinstehenden beiden Töchter von Poncets, Fritze und Lore, in amüsanter Weise äußerte. Außerdem wagte er zu bemerken, dass die Poncets einem altrömischen konsularischen Geschlecht entstammen und ihren Stammbaum bis Pontius Pilatus zurück haben. Tatsächlich konnte die Stammreihe der Poncets bisher über 13 Generationen – bis ins 16. Jahrhundert in Frankreich zurück verfolgt werden. Jean François von Poncet starb am 3. Juli 1804 in Armut in Loschwitz und wurde auf ausdrückliche Genehmigung des Dresdner Superintendenten auf dem Kirchhof in Loschwitz beigesetzt. Er folgte damit seiner Ehefrau Charlotte Sophie, die 1795 verstorben war. Das Grundstück blieb bis 1831 in Familienbesitz. Poncets Uhrwerk im Schlossturm ist 1945 den Bomben zum Opfer gefallen. Signaturen auf erhaltenen Trümmerfragmenten weisen auf Einstmaliges hin: »FAIT A DRESDE L'AN 1741 PAR – JEAN FRANÇOIS PONCET.« Die Staatlichen Kunstsammlungen bewahren weitere Uhren Poncets, beispielsweise das Museum für Kunsthandwerk in Pillnitz eine Bodenstanduhr. **Hans Thieme, Holger Friebel**

Goldene Taschenuhr von J. F. Poncet, um 1770
Foto: Math.-Physikalischer Salon Dresden

Gartenansicht *Foto: Slg. Ekkehard Irmler*

zeigt, dass der frühere Zugang zum alten Presskeller von der Straße aus ebenerdig war. Im Fußboden dieses Kellers wurde ein mit Wildpflaster belegter Weg entdeckt. Das ursprüngliche Haus war demnach in seiner äußeren Erscheinung etwa zehn Meter kürzer und einen Meter höher. Es hatte einen Tiefkeller zur Weinlagerung, im Erdgeschoss den Presskeller mit Nebenräumen und im ersten Obergeschoss den Wohnbereich mit einem typisch barocken Grundriss und Stuckdecken.

Im Familienbesitz derer von Poncet blieb das Grundstück bis zum Jahr 1831. Nach weiteren Eigentumswechseln erwarben 1847 der Königlich Bayerische Konsul Gottwald Hesse, 1852 der → *Arzt* Carl August Reichel (1811–1892) und 1873 der Rentier *Gustav Moritz* → *Calberla* (1809–1906) das Grundstück. Einer dieser Eigentümer hat das Haus umgebaut. Vermutlich war der alte Presskeller zu klein und es wurde mehr Wohnraum benötigt. Man erweiterte das Gebäude in seiner Längsachse Richtung Norden. Im Erdgeschoss entstand ein großzügiger neuer Pressraum und im ersten Obergeschoss zusätzlicher Wohnraum. Damit wurde die Architektur des Gebäudes wesentlich verändert – nicht unbedingt zum Nachteil.

1919 ging das Anwesen an die Gemeinde Loschwitz und 1921 an die Stadt Dresden als Gesamtsrechtsnachfolgerin der Gemeinde Loschwitz. Von 1906 bis zu seinem Tod wohnte hier der Bildhauer Max Körbach (1864–1947, → *K2*). Zuletzt wohnte u. a. Ralf Böhme als Mieter in dem Haus. Dieser übte ein mittlerweile sehr selten ausgeübtes Handwerk aus – er war → *Bürstenmacher*.

1996 erwarben die heutigen Eigentümer Irmler und Vierheilig das von der Stadt zum Verkauf ausgeschriebene Grundstück.

Gartenansicht 2013 *Foto: Ekkehard Irmler*

Dazu gehören an der Ecke Kotzschweg/Josef-Hegenbarth-Weg zwei Nebengebäude, die den Charme des Anwesens wesentlich prägen. Das Eckgebäude wurde vermutlich in seiner Grundform schon Ende des 18. Jahrhunderts erbaut und diente der Tierhaltung. Ein daneben errichtetes Fachwerkhaus, 2009 rekonstruiert, war ursprünglich eine kleine Scheune ohne Fenster und dient jetzt, mit Verglasungen versehen, als Kreativwerkstatt.

Die farbigen Fotografien aus der Gegenwart zeigen, dass die neuen Bauherren ein geschichtsträchtiges Haus von Loschwitz liebevoll denkmalgerecht erhalten haben.

Ekkehard Irmler

Quellen: 5, 140, 357, 596, 622, 634, 660, 820, 884, 1000

Loschwitz am Wachwitzer Kirchweg *Zeichnung Martin Pietzsch, 1940, Slg. Matthias Griebel*

Blick vom Blasewitzer Ufer mit der Villa »Solitude« (links über dem Mast des großen Segelbootes) und dem Weinbergshäuschen Lithografie von Hans Williard, um 1860 (Ausschnitt), Slg. Hoch

Blick auf das Weinberghaus »Solitude«, um 1870 Foto: Slg. Hoch

Villa »Rosenhof«/»Solitude«
Schevenstraße 11
1627 beginnen die Aufzeichnungen zu diesem Grundstück mit dem Besitzer Lucas Albrecht, einem Schiffshändler aus Dresden. Schon 1638 wechselte es den Besitzer mit Jeremias Faber, Diakon an der Kreuzkirche in Dresden. 1687 ging es an George Pietsch, Müller aus Loschwitz, und dann 1706 an seine Schwester Maria Polßnitz. Ein Jahr später erwarb Christian Hüttmann, Oberpostmeister des Markgrafentums Oberlausitz, das Grundstück. Israel Töpffer kaufte es 1723; er ließ den 42 m tiefen Brunnen erbauen; Erbin wurde 1740 seine Tochter Maria Sybilla, die Ehefrau des Schanzbaumeisters Gottfried Zschaschler.

Zschaschler verkaufte 1741 das Grundstück an den Hofjuwelier Johann Christoph Geyer (um 1700 – 1753, → *K2*), dessen Schwester Johanna Christiane es nach seinem Tod erbte. Sie war mit dem Geheimen Cabinetts-Canzlisten Justus Friedrich Güntz verheiratet. Mit ihr blieb das Grundstück fast ein Jahrhundert in der Familie. Spätestens in dieser Zeit gab es hier bereits ein Weinberghaus. 1791 erbte deren Sohn Friedrich Christian Güntz (1772 – 1856), promovierter Jurist und später Domherr in Meißen, das Anwesen. In diesen Jahren – zwischen 1790 und 1820 – wurde dann das Brunnenhaus gebaut. 1838 kam es zu einer Erbengemeinschaft der drei Söhne Justus Friedrich Güntz (1801 – 1875), Schriftführer im Justizamt Dresden und Herausgeber des »Dresdner Anzeigers«, dem Rechtskandidaten Felix Ludwig Güntz und Dr. phil. Emil Christian Güntz, Verlagsbuchhändler in Leipzig. 1839 gab Letzterer seinen Anteil an seine Brüder ab, und diese erweiterten das Grundstück durch Zukauf eines kleinen Weinbergs. 1843 endete die Zeit der Familie Güntz und mit 16 Käufern in Folge erlebte das Grundstück bis 1884 einen stetigen Besitzerwechsel. 1848 wurde die Villa »Solitude« erbaut. Wer der Architekt und wer der Baumeister war, ist leider nicht bekannt. Zu diesem Zeitpunkt gab es auf dem Grundstück außer dem Wohnhaus auch Wirtschaftsgebäude, Stall, Waschhaus und das bereits erwähnte Brunnengebäude. Dieses kleine Fachwerkhaus wurde 2014 restauriert und der Brunnen kann besichtigt werden.

Im Juli 1884 erwarb Rosa Freifrau von Hausen geb. von Hartmann-Knoch (1858 – 1888) das Grundstück von Familie Donath aus Berlin. Durch den Rückgang des Weinanbaus und der Reblaus am Elbhang konnte man auf die Grundstücke ganzjahrestaugliche Häuser erbauen. Aus diesem Grund durfte das Sommerhaus »Solitude« abgerissen werden. Der Architekt Oscar Kaiser (1838 – 1914) entwarf den jetzigen »Rosenhof«, der 1886 fertiggestellt wurde. Bei der Dachsanierung 1997 fand man im Dachstuhl noch beschriftete Schalungsbretter von der »Solitude«. Das Baumaterial aus dem alten Haus wurde weiter verwendet bzw. einzelne Teile blieben stehen. So gibt es bis heute im Souterrain noch zwei Wandschränke, ein kleines Fenster innerhalb des Wohnbereiches und den Weinkeller aus der Barockzeit.

In dem Haus lebten bis zum Tod der Besitzerin 1888 der Hauptmann Clemens Freiherr von Hausen (1853 – 1907) und die beiden Töchter Rosabeth (1884 – 1904) sowie Katharina (1888 – 1946). Da Rosa bei der Geburt der zweiten Tochter starb, erbte Clemens Freiherr von Hausen den Großteil des Besitzes und kaufte das restliche Viertel hinzu, sodass er 1889 alleiniger Eigentümer des Hauses wurde. Nach dessen Tod ging das Anwesen an seine zweite Ehefrau Margarethe geb. von Goephardt (1866 – 1919). Mit ihr hatte er die beiden Kinder

Villa »Solitude« nach dem Umbau um 1877, Landhaus der Familie von Hausen und Vorgängerbau der Villa »Rosenhof« Foto (Ausschnitt): August Kotzsch, LfD Sachsen, Slg. Karl Emil Scherz

Familie von Hausen, 1906; vordere Reihe v. rechts Clemens Freiherr von Hausen, Nikolaus, Margarethe Freifrau v. H. geb. v. Goephardt, Marie-Elisabeth, Katharina Foto: James Aurig, Slg. Hoch

Clemens und Margarethe von Hausen vor dem Eingangsportal, das den Schriftzug »Friede denen, die eintreten – Heil denen, die wieder hinausgehen« trägt. Fotos (4): Slg. Hoch

Marie-Elisabeth (1896 – 1988) und den einzigen Sohn Nikolaus (1899 – 1988). Nach dem Tod der Mutter erbten die drei noch lebenden Kinder den Besitz. Da die Tochter Katharina durch die Geburt geistig nicht in der Lage war, etwas zu erben, waren ab 1920 nur noch die beiden Kinder aus der zweiten Ehe, Marie Elisabeth und Nikolaus, die Besitzer. 1926 heiratete Marie-Elisabeth den Juristen Dr. jur. Julius Hoch (1865 – 1931). Sie bekamen hier in Loschwitz zwei Söhne: Hans-Bernhard (* 1928), der später Kantor in Radebeul und Kirchenmusikdirektor war, und Dr. theol. Karl-Ludwig (* 1929), späterer Pfarrer in Dresden-Plauen. Souterrain, Erdgeschoss – die »Beletage« – und das Obergeschoss waren unterdessen vermietet worden. Die erste Etage verblieb der Familie Hoch. Mit den Einbauten zur Abtrennung zum Treppenhaus ergaben sich abgeschlossene Etagenwohnungen.

Der »Rosenhof« 1888: Links Rosabeth auf dem Weg; rechts Margarethe von Hausen oberhalb des Rosenhofes, davor das Brunnen- und Waschhaus

Karl-Ludwig Hoch mit Ehefrau Gabriele, 2001

Hans-Christian Hoch mit Ehefrau Isolde und den Kindern Undula, Georg, und Elisabeth 2014

Das sanierte Weinbergshäuschen, 2014
Fotos (3): Slg. Hoch

1935 wurde das Grundstück geteilt, um Nikolaus auszahlen zu können. Dazu wurden an der Schevenstraße drei Grundstücke abgeteilt, jetzige 11a, b und c. Die 11a war früher das Wirtschaftsgebäude, das unten neben der »Solitude« gestanden hatte und dann oben an die Straße versetzt wurde. Das Gästehaus des Rosenhofes war die 11b und wurde 1999 abgerissen. Das Grundstück 11c gehörte zum Garten. Auch am Körnerweg wurden drei Parzellen verkauft: 20a, c und d. Für den Rosenhof blieben die Zufahrt von der Schevenstraße – jetzt aber begradigt, früher ging es in einem weiten Bogen zum Haus – , das große Mittelstück mit dem Wohnhaus, das Brunnenhaus und die alte Weinbergtreppe hinab zum Körnerweg an der Elbe mit dem Weinbergshäuschen, das die Nr. 20b trägt.

Tief eingegraben hatte sich im Februar 1945 bei Karl-Ludwig Hoch der Moment, als er vom Balkon des Rosenhofs aus sah, wie in der Ferne infolge eines Fliegerangriffs die Kuppel der Frauenkirche einstürzte. Da festigte sich bei ihm und auch später bei seinem Sohn Hans-Christian der Wunsch, die Kirche wieder auferstehen zu lassen. Nach den Bombardierungen und als die Russen schon in der Stadt waren, wurden im Rosenhof vorsorglich einige Mädchen aus der Nachbarschaft und aus dem Haus oben im Turm versteckt. Im Sommer 1946 erfolgte auf Anordnung der Roten Armee die Zwangsräumung; alle Möbel wurden aufgelistet und sollten im Haus verbleiben. Karl-Ludwig gelang es, mit Freunden einige Möbel zu retten. Die Rote Armee wohnte nur in den warmen Sommermonaten im Rosenhof, sodass am Haus keine größeren Schäden entstanden. Als die Familie wieder einzog und in drei Räumen wohnen durfte, war das Haus leer und die Möbel waren alle weg.

Nach Auszug der Roten Armee wurde der Rosenhof komplett belegt, da durch die Zerstörung der Stadt Wohnraummangel herrschte und die wenigen noch bestehenden Häuser zwangsbewirtschaftet wurden. 36 Personen lebten damals im Rosenhof. Während der »Zwangsbewirtschaftung« in der DDR-Zeit lebten acht Familien im Haus.

Im Jahr 1978 blieb Marie-Elisabeth Hoch nichts anderes übrig, als den »Rosenhof« an die Stadt Dresden zu verschenken. Unter den gegebenen Bedingungen konnte sie das Haus nicht halten. Die staatlich festgelegten Mieten reichten nicht aus, um die Unkosten zu decken, geschweige denn Reparaturen durchzuführen. Sie konnte aber bis zu ihrem Lebensende in ihrem Elternhaus bleiben. Da sie im Alter nicht mehr alleine zurechtkam, zog ihr Enkel Dr. med. Hans-Christian Hoch (* 1960) in ihre Zimmer ein. Nach ihrem Tod 1988 konnte er in den Räumen seiner Großmutter bleiben.

Gäste am Rosenhof beim Elbhangfest 2015
Foto: Hans-Christian Hoch

Nach der Wiedervereinigung bemühte sich Familie Hoch, das Haus wiederzubekommen. 1995 war es soweit. Der »Rosenhof« wurde restituiert und Hans-Christian Hoch, Zahnarzt in Dresden-Plauen, wurde Eigentümer. Nachdem sich die Wohnungslage in Dresden entspannte, zogen die Mieter allmählich aus. Da am Haus jahrzehntelang nichts gemacht werden konnte, war es zu diesem Zeitpunkt in keinem guten Zustand. 1995 fing Hans-Christian Hoch sofort mit der Sanierung an, damit seine Eltern, Pfarrer Karl-Ludwig Hoch und seine Ehefrau Gabriele geb. Staude (* 1937), hier im Dezember 1995 einziehen konnten.

Hans-Christian Hoch heiratete 1996 Isolde von Kopp-Colomb (* 1975), genau 70 Jahre nach der Hochzeit der Großmutter Hoch in derselben → *Kirche* in Loschwitz, die inzwischen wieder aufgebaut worden war. Im November 1996 zogen die letzten Mieter aus und das Sanieren und Renovieren schritt weiter voran. Im Rosenhof leben heute der Eigentümer Hans-Christian Hoch mit Frau Isolde und den Kindern Georg (* 1997), Elisabeth (* 2001) und Undula (*2002) sowie seine Eltern Karl-Ludwig und Gabriele Hoch.

Auf dem Grundstück befinden sich heute das Haupthaus, das Brunnenhaus und an der Elbe das Weinberghäuschen, das auf einem alten Stich von 1789 bereits zu sehen ist. Neben dem Haus steht die Napoleon-Säule (→ *Denkmale*), wo Napoleon am 26. August 1813 gestanden und die Schlacht bei Dresden beobachtet haben soll. Familie Güntz ließ sie einst dort errichten. Auch diese Säule ist inzwischen saniert und mit einer Bronzeplatte versehen, die an das historische Ereignis erinnert. Die Besitzer fühlen sich dem Denkmalschutz und auch der kulturellen Geschichte des Hauses verpflichtet.

Isolde und Hans-Christian Hoch

Quellen: 39, 894, 899, 1000

Villa »Thode«

Leonhardistraße 3

Auf diesem Gelände befand sich ursprünglich ein Weinberg. Er gehörte seit 1802 zum Besitz des Kammerherrn und Finanzrats Detlef Graf von Einsiedel (1773 – 1861), der im Jahr zuvor auch den benachbarten Weinberg mit Haus der heutigen Leonhardistraße 1 erworben hatte. 1819 erwarb Helene Marie von Kügelgen geb. Zoege von Mantteufel (1774 – 1842), die Ehefrau des Malers Gerhard von → *Kügelgen* (1772 – 1820, → *K1*), das Grundstück und ließ das dortige Weinberghaus, in dem sie mit ihrer Familie seit 1811 schon mehrere Sommer gelebt hatte, vergrößern. Noch vor Fertigstellung fiel Gerhard von Kügelgen 1820 einem Raubmord zum Opfer. 1822 verkaufte seine Witwe das Anwesen an den königlich-sächsischen Hofpostmeister Christian Friedrich Simon. 1847 erwarb es die Ehefrau des Besitzers der Schwanenapotheke in Dresden-Neustadt, Eduard Hofmann. Er ließ das alte Weinberghaus abreißen und 1852 auf der darunterliegenden Terrasse eine Villa mit Elementen der Neorenaissance erbauen.

Was den Weinberg anlangt, so gehörte der obere Teil zu den Besitzungen des Königs Friedrich August und war ein Lieblingsplatz von ihm. In Ansehung dieses Umstandes ließ auch der Apotheker Hof[f]mann als nachfolgender Besitzer zum oberen Thore einen silbernen Schlüssel für den Gebrauch des Königs und der Königin anfertigen. [...] Auf der Höhe saßen sie da, vor dem Lusthause auf einer Bank und erlabten sich an der paradiesischen Aussicht. Zu den letzten Besuchern aus dem Königshause gehörten König Johann nebst seiner Gemahlin, der Königin, die Königin Witwe Maria und die Königin Witwe [Elisabeth] von Preußen. Letztere wurde, da sie gelähmt war, auf einer Trage von Chaisenträgern den Berg herabgetragen, während die übrigen Herrschaften mit der Prinzessin Sofia zu Fuß folgten, um durch das Haus und den Hof die am Thore harrende Equipage zu erreichen.[1]

Neuer Besitzer wurde 1860 Friedrich Edmund Thode (1820 – 1879), der seit 1844, gemeinsam mit seinem Bruder, Inhaber der von deren Vater 1838 gegründeten nunmehrigen »Thode'schen Papierfabrik zu Hainsberg« war. Er hatte 1849 Anna Louise Rautenberg (1825 – 1906, → *K2*) geheiratet, die nach dem Tod ihres Ehemannes alleinige Erbin der Loschwitzer Villa wurde. 1905 veröffentlichte sie den Gedichtband »Ein Rückblick in mein Leben«, den sie ihrer Familie und den Freunden widmete. Bis 1919 blieb der untere Teil des Grundstücks im Besitz der Erben. 1911 hatten sie den oberen Teil, heutige Zeppelinstraße 7 im → *Ortsteil Oberloschwitz*, bereits für 212.640 M verkauft. Der untere Teil mit der »Villa Thode« ging 1919 für 300.000 M an den Zeppelinstraße 7 wohnenden Fabrikbesitzer Albert Naumann.

Villa »Thode«, Leonhardistraße 3, um 1930 *Foto: Slg. Eberhard Münzner*

Villa »Thode«, 2011 Foto: Brücke-Osteuropa

Um 1928 verkaufte Naumann seinen ganzen Besitz und die Villa »Thode« ging an den bereits dort wohnenden Rechtsanwalt Karl Müller-Röhr und 1932 an den im Nachbarhaus wohnenden Kaufmann und Konsul William Klippgen. In deren Zeit erfolgten verschiedene Um- und Anbauten. Unter der neuen Besitzerin nach 1945 wurden nach Beseitigung von Bombenschäden acht Wohnungen eingebaut.

Nachdem Haus und Grundstück ihre ursprüngliche Schönheit und Attraktivität weitgehend verloren hatten, kaufte es 1995 die »GMACH GmbH Bau- und Vertriebsgesellschaft«. So begann 1996 für das Anwesen eine neue Zeit. Durch dieses Unternehmen wurde das Objekt in enger Zusammenarbeit mit der Denkmalschutzbehörde von Grund auf rekonstruiert und ihm seine alte Schönheit zurückgegeben. Das ehemalige Kutscherhaus wurde abgebrochen und nicht wiederaufgebaut. Im Jahr 2001 waren die Arbeiten abgeschlossen. Der Gewölbekeller und auch die Schmuckelemente an der Fassade sind wieder hergestellt, sie zeigen Szenen aus dem Weinbau und die vier Jahreszeiten. Als Vorlage dienten auch bei den Bauarbeiten in der Garage vorgefundene und im Erdreich eingegrabene alte Teile.

Dieter Zatzkowski †, Otto-R. Wenzel

Zitat:
1 Pohle, Friedrich Wilhelm; Chronik von Loschwitz; Dresden 1887
Quellen: 83, 85, 824, 1000, 1181

Leonhardistraße 3, 2014 Foto: S. Großmann

Villa »Thorwald«, um 1875, rechts im Grundstück der Obelisk Foto: Slg. Matthias Griebel

Villa »Thorwald«
Schillerstraße 12

Entlang des damaligen Stadtweges, auf dem Terrain der heutigen Schillerstraße 12 und Leonhardistraße 1, kaufte 1694 Lizentiat (heute Dr. der Theologie) Johann Dornfeld (1640 – 1720) einen ausgedehnten Weinberg. Diesen umgab er mit mächtigen Mauern, welche noch heute erhalten sind. Am Standort des heutigen Hauses Leonhardistraße 1 befand sich damals ein barockes Herrenhaus (→ *Auf der Platte*). An einem kleinen Aussichtspunkt an der nordwestlichen Ecke des Weinbergs ließ Dornfeld 1706 an der Mauer eine mannshohe beschriebene Tafel aus Schiefergestein anbringen (→ *Denkmale*). Im Jahr 1747 kaufte Heinrich Roos (gest. 1774) den Weinberg. Er war kurfürstlicher Kellermeister und ab 1757 Ober-Weinmeister. Da Roos nicht aus Sachsen stammte und deshalb als »Ausländer« galt, brauchte er für den Kauf einen Lehnsträger. Diese Funktion übernahm Johann Christoph Hornuff. Roos war ab 1754 auch Besitzer der Gutswirtschaft am Weißen Hirsch, deren Land an der heutigen Collenbuschstraße direkt an seinen 1747 erworbenen Weinberg grenzte. Zur Befestigung und Markierung diente die noch heute im Bereich der Collenbuschstraße 9 und 14 sichtbare alte Weinbergsmauer. Zwei Jahre später ließ Roos einen neuen Gutshof direkt an der Straße nach Bautzen bauen. Das einstöckige Gebäude wurde im Stil eines Herrenhauses gebaut und erhielt über dem Haupteingang die liegende Plastik eines weißen Hirsches. Das Gebäude ist im Kern erhalten und heute Teil des Hauses Bautzner Landstraße 6. Seine Grundstücke versorgte Roos mit einer eigens aus der Dresdner Heide herangeführten Wasserleitung, welche ca. 100 Jahre den gesamten Ort versorgte. Roos fand den Wortlaut der o. g. Tafel so bedeutend, dass er noch 1747 deren Restaurierung veranlasste (→ *Denkmale*). Ein weiteres Denkmal, das Roos in der südöstlichen Ecke des heutigen Grundstücks Schillerstraße 12 aufstellen ließ, war eine Mönchsfigur mit der Jahreszahl »1750« auf ihrem Sockel (→ *Denkmale*).

Detail der Plastik »Mönch«, 1984 Foto: U. Häse

Plastik an der Villa »Thorwald«, 1987

Durch Parzellierung und mehrfache Besitzerwechsel des einstmals von Dornfeld als Ganzes erworbenen Weinberges war eine einheitliche Entwicklung nicht mehr gegeben. Es kristallisierten sich die Grundstücke Schillerstraße 12 und Leonhardistraße 1 mit getrennter Nutzung und Entwicklung durch separate Eigentümer heraus. 1808 erfolgte die Abtrennung des Grundstücks der heutigen Schillerstraße 12 vom alten Weinberg und der Kauf durch Friedrich August und Johann Gottlieb Blaßnick. Nachdem das Grundstück 1841 Gustav Garn gekauft hatte, wurde vom Dresdner Stadtbaumeister Hermann Bothen (1814–1878) hier ein Haus gebaut. Ob Bothen ein zweistöckiges Weinberghaus baute oder auf den Resten eines solchen eine erste Villa errichtete, kann anhand der vorliegenden Akten nicht abschließend geklärt werden.

Im Juni 1851 erwarb Barbara Herrmann, Schwester des Bildhauers *Joseph → Herrmann* (1800–1869, *→ K1*), das Grundstück mit Wohn- und Wirtschaftsgebäuden sowie einem Stück Holzung. Barbara Herrmann trat dabei als Besitzer vor Amt und Gericht auf, während ihr Bruder der eigentliche Geldgeber war. Das Haus wurde 1851/52, wahrscheinlich unter Beteiligung des *→ Baumeisters Theodor → Lehnert* (1828–1910, *→ K2*), nach Plänen von Hermann Bothen (1814–1878) im klassizistischen Stil völlig umgebaut. 1852 konnte es von Joseph Herrmann, seiner Schwester Barbara und seinem Bruder Maximilian bezogen werden.

»Alexanderfries« (Ausschnitt) *Foto: Eberhard Münzner, Amt für Kultur und Denkmalschutz der Landeshauptstadt Dresden*

Im Zuge des Umbaus war auch ein prächtiges Treppenhaus entstanden, welches der Bauherr mit 21 Abgüssen von Reliefs seines römischen Lehrmeisters Bertel Thorvaldsen (1770–1844) ausschmücken ließ. Den ebenfalls neu entstandenen großen Saal des Hauses zierte einer seiner fünf »Alexanderzüge«. Zu den Schätzen der Villa gehörte auch ein sogenanntes persisches Zimmer mit sehr seltenem und wertvollem Inventar. Herrmann soll hier der Überlieferung nach einst bei einem Fest »Kölnisch Wasser« aus einem Brunnen fließen lassen haben.

Im weitläufigen Park des nun Villa »Herrmann« genannten Hauses fanden weit mehr als ein Dutzend Plastiken und Reliefs Aufstellung. Zu ihnen gehörten von Thorvaldsen »Jason mit dem goldenen Vlies« und »Priamos

Brunnenplastik »Venus mit Delphin«, 1923, um 1985 *Fotos (3): Slg. Matthias Griebel*

»Mädchen mit der Muschel« an der Villa »Thorwald«, 1987

um den Leichnam des Patroklos bittend«, ferner zwei Hunde von Ernst Hähnel (1811–1891), ein Hirsch, Abgüsse klassischer Statuen wie der »Diskuswerfer«, ein »Bacchus« und an der westlichen Mauer die »Mediceische Venus«, außerdem ein »Mädchen mit der Muschel«, oberhalb eines Grotteneingangs Genien mit Delphinen aus Marmor und ein Wasserbecken »das einen Kahn trägt und in dessen Mitte ein Wasserstrahl aus der von Herrmann selbst entworfenen Gruppe ›Knabe mit Schwan‹ emporsteigt«.[1] Zwischen alledem befanden sich kleine Bauanlagen wie ein Affenhaus, ein kleiner Tempel, Grotten, ein »Rindenhäuschen zum Kegelschieben« und ganz oben eine Pergola und ein Schießstand.

König Friedrich August II. von Sachsen (1797–1854) gefiel die Höhengegend von

Gemälde in der Villa, vor der Restaurierung *Foto: Slg. Matthias Griebel*

Flötenspieler, 1984 *Foto: Ute Häse*

Loschwitz und dem Weißen Hirsch sehr gut, sodass er oft hier weilte und auch die Bautätigkeit mit großem Interesse und Besuchen der Baustelle begleitete. Nach dem Tod des Königs widmete ihm Herrmann 1856 einen von ihm geschaffenen Obelisken (→ *Denkmale*).

In den Jahren 1868/69 schuf Joseph Herrmann zu Ehren seines Vaters Dominik Joseph Herrmann (1772–1818) ein Relief aus weißem Marmor, das 1869 im neu erbauten Joseph-Herrmann-Denkmal (→ *Denkmale*) seinen Platz fand. Im November 1869 starb Joseph Herrmann. Seine Erben ließen an der Ostseite der Villa einen Anbau im spätklassizistischen Stil errichten. Sie verkauften 1878 Haus und Grundstück an den Berliner Kaufmann Hugo König, der es um 1882 an den Konsul und Kaufmann Adolf Heymel (1822–1890) weiterverkaufte. Nach dessen Ehefrau hieß das Haus fortan »Villa Dora«. Heymel war sehr daran interessiert, die Pracht seines neuen Besitzes zu erhalten und zu mehren. Deshalb kaufte er auch viele in der Villa vorhandene, aber nicht im Kaufpreis enthaltene Kunstwerke von seinem Vorgänger. Im Sommer 1878 ließ er nordwestlich der Villa ein bestehendes Gewächshaus abtragen und durch einen Wintergarten mit Warmhaus ersetzen. Südöstlich der Villa ist noch heute ein aus dieser Zeit stammendes und als Tempel oder Lesehalle bezeichnetes Gebäude im spätklassizistischen Stil vorhanden. Die an der Decke sichtbaren Initialen AH und DH deuten auf Adolf und Dora Heymel. Heymels Adoptivsohn Alfred (eigentlich Walter Hays, 1878–1914, → *K1*), der nach dem Tod Adolf Heymels das Erbe antrat, gründete 1899 mit zwei Freunden in München die literarisch-künstlerische Zeitung »Die Insel« und 1901 in Leipzig den Insel-Verlag (→ *Verlage*).

Der zum königlich-sächsischen Hofrat ernannte → *Arzt* Dr. Newell Sill Jenkins (1840–1919) wurde 1893 Besitzer des Hauses. Aufgrund der immer noch im Haus vorhandenen Werke von Bertel Thorvaldsen gab er der Villa den bis heute gültigen Namen Villa »Thorwald«.

Im Jahr 1920 wurde Kommerzienrat Karl Goßweiler Besitzer von Haus und Park. Ihm folgte ab 1922 das »Pensionat Weißer Hirsch AG« un-

Villa »Thorwald«, um 1925 *Foto: Slg. Matthias Griebel*

Edelkastanie im Park der Villa »Thorwald«, um 1983 *Foto: Slg. Matthias Griebel*

ter der Leitung von → *Architekt* Emil Voigt (1868–1932). Die Villa wurde in der Folgezeit zur großzügigen Pension umgebaut. Um mehr Gästen Platz bieten zu können, ließ man 1923 das rechte Torhaus an der Schillerstraße (heute 12a) bauen.

Von 1929 bis 1933 wohnte der → *Architekt Wilhelm* → *Kreis* (1873–1955, → *K1*) als Mieter im Erdgeschoss der Villa »Thorwald«. Hier feierte er am 17. März 1933 seinen 60. Geburtstag. Im Jahr 1936 ging die Pensionat Weißer Hirsch AG in Insolvenz. Danach kam es zu einer beginnenden Parzellierung des Geländes der Villa »Thorwald« und es gab wohl bis 1939 sogar Pläne, das Grundstück komplett aufzuteilen. Entstanden ist in dieser Zeit das heutige Grundstück 12b, das der Fabrikbesitzer Alois Schaefer kaufte und mit einer Villa bebauen ließ, die er 1938 beziehen konnte. Ab den 1980er Jahren beherbergte es bis 2002 die Klinik für Sauerstoff-Mehrschritt-Therapie des Forschungsinstitutes *Prof. Manfred von* → *Ardenne* (1907–1997). 2005/06 erfolgte eine umfassende Sanierung zu Wohnzwecken.

Villa »Thorwald«, 2008 *Foto: Ulrich Häßler*

Die Villa »Thorwald« gehörte von 1938 bis 1940 dem Plessaer Bergwerksdirektor Friedrich von Delius (1881–1967), der jedoch hier nicht wohnte. Danach kaufte die Villa der bereits seit zwei Jahren hier wohnende Max Pfau, der einen Granitsteinbruch in Demitz-Thumitz besaß. Pfau wird als sehr volkstümlich und naturverbunden beschrieben. Er soll im Park vieles selbst gemacht, Hühner und Truthähne gehalten und viele Bäume gepflanzt haben. Neben der bereits erwähnten Lesehalle entstand eine Blockhütte. Nach dem Kriegsende 1945 wohnten für etwa zwei Jahre Offiziere der Roten Armee mit ihren Familien im Haus. Familie Pfau wurde eine Wohnung im Keller genehmigt. 1946 wurde Max Pfau als Kriegsverbrecher verurteilt und war bis 1949 im Speziallager des NKWD in Mühlberg an der Elbe. 1948 wurde Familie Pfau offiziell enteignet und die Villa »Thorwald« von der Stadt Dresden übernommen. AB 1949 nutzte sie die TH und später die TU Dresden als Wohnheim für Studenten. Im Jahr 1972 wurde die Villa »Thorwald« auf die Liste bedeutender Denkmale der DDR gesetzt. In der Mitte der 1980er Jahre wurden die von Zeit und Vandalismus gezeichneten Überreste der Orangerie aus Sicherheitsgründen entfernt. 1988 begann der Neubau einer Montagehalle für das Forschungsinstitut Manfred von Ardenne im Osten des Parks mit bergmännischer Erschließung des Baugrundes. Die anfallenden Erd- und Steinmassen wurden im Südwestteil des Grundstücks an der Schillerstraße bis zu einen Meter hoch aufgeschüttet. Nach 1989 wurden die Bauarbeiten gestoppt. Es begann der Verfall der Investruine.

Die Villa »Thorwald« wurde 1992 durch die TU Dresden geräumt und stand infolge eines Rechtsstreites zwischen dem Land Sachsen und dem Bund über die Art und Weise der zukünftigen Nutzung fortan leer. Der beginnende Verfall wurde durch ausgedehnten Vandalismus noch deutlich verstärkt. Parallel dazu wurde die Villa inklusive Park und Grundstück 12a (Torhaus) als Gesamtensemble unter Denkmalschutz gestellt. 1999 erfolgte die Sanierung der Villa durch die UNIPROF AG Stuttgart, und seit 2000 wird sie wieder als Wohnhaus genutzt.

In den folgenden Jahren wurden das alte Winzerhaus im Osten des Parks saniert und zum Wohnhaus umgebaut sowie insgesamt drei weitere exklusive Wohnhäuser im Park gebaut, eines davon 2005 am Standort der ehemaligen Orangerie. Ebenfalls 2005 erfolgte die Sanierung des wahrscheinlich schon 1852 errichteten linken Torhauses. Im Jahr 2011 wurde endlich die Investruine der Montagehalle abgetragen und mit der Renaturierung des Geländes begonnen. **Georg Kleine-Natrop**

Zitat:
1 Nestler, Moritz Julius; Das Herrmann-Denkmal zu Loschwitz und sein Stifter; handschriftlich im Nachlass, Akte 17.4/207 II, Mappe 35 im Stadtarchiv Dresden
Quellen: 725, 824, 895, 907, 1000

Thorwald-Areal, 2008, Neubau an Stelle der Herrmannschen Orangerie

Thorwald-Areal, 2008, ehemaliger Wirtschaftshof

Thorwald-Areal, 2008, Das Schaefersche Parkgebäude von 1938 nach Umbau und Modernisierung *Fotos (3): Ulrich Häßler*

Villa »Ural«
2. Steinweg 1

Die Villa »Ural« befindet sich zwischen dem 1. und 2. Steinweg am Loschwitzer Elbhang. Der am 7. Oktober 1841 in Großschirma bei Freiberg geborene Ernst Ludwig Ronnthaler (1841–1910) ließ die Villa »Ural« im Jahre 1888 erbauen.

Nach dem frühzeitigen Tod seines Vaters arbeitete Ludwig Ronnthaler ab 1855 als Grubenbursche in der »Alten Hoffnung Gottes« in Kleinvoigtsberg, heute ein Ortsteil von Großschirma. Er entwickelte sich erfolgreich zu einem Bergmann und fand 1858 Aufnahme in die Freiberger Sonntagsschule. Schon 1863 begann er sein Engagement als Bergingenieur in Russland. Dies führte in der Folge zum Erwerb und Verlust von Gold- und Platinminen. Nach dem Handel mit den Edelmetallen kam er 1882 nach Deutschland zurück und wohnte im Dresdner »Palais Gutenberg«, Waisenhausstraße 7. 1883 erwarb er in Loschwitz ein größeres Grundstück zwischen dem 1. und 2. Steinweg. 1885 lernte er in der hiesigen Schmiede seine in Birkwitz geborene spätere Ehefrau Anna Kayser (1861–1934) kennen, die er im gleichen Jahre in Loschwitz standesamtlich heiratete und mit ihr in der Dresdner Frauenkirche den Bund des Lebens schloss. Aus der Ehe gingen vier Töchter hervor: Elsa 1887, Dora 1890, Olga 1892 und Anna 1894. Die Tochter Elsa starb kurz nach ihrer Geburt. So wurde 1887 eine Familiengruft auf dem Loschwitzer Friedhof angelegt.

Neue Villa »Ural«, 1888 *Foto: Ludwig Ronnthaler, Slg. Matthias Griebel*

Die heutige Villa »Lindenhof«, auch »Lindenvilla«, 1. Steinweg 2, die er damals »Ural« nannte, war 1883 sein erstes Loschwitzer Domizil. Der Name Ural erinnerte an seine Wirkungsstätten in Russland. Einige Jahre später kam er auf den Gedanken, sein großes Grundstück zu teilen und einen Neubau in einer besseren Lage mit größerem Garten am 2. Steinweg zu errichten. Er verkaufte 1888 seine erste Villa »Ural« und erwarb dafür in Dresden das Wohnhaus Blochmannstraße 5, wo Ronnthalers während der Bauzeit der neuen Villa »Ural« wohnten. Im Herbst des gleichen Jahres war die Villa am 2. Steinweg 1 bezugsfertig. Immerhin eine große Leistung: Grundsteinlegung auf felsigem Gelände, Richtfest und Bezug in einem Jahr! Papiere und persönliche Aufzeichnungen Ronnthalers wurden bei Sanierungsarbeiten 1985 im Turmknauf gefunden und dokumentiert. Somit sind wertvolle Zeugnisse dieser Familie der Nachwelt erhalten geblieben. Vom Blasewitzer Elbufer ist die Villa »Ural« im Stil der Neorenaissance durch einen Turm, der

Familie Ronnthaler, 1902. Ludwig Ronnthaler schrieb umfangreiche Lebenserinnerungen, die unveröffentlicht sind. Foto: James Aurig, Slg. Matthias Griebel

Vermächtnis zum Bau der Villa, das von Anna und Ludwig Ronnthaler am 27. Juli 1888 verfasst wurde:
»Jetzt ist das Haus so weit gediehen, daß heute die Thurmspitze aufgestellt werden soll in welche dieses Papier bestimmt ist. Es wird ein prächtiger Bau, welcher der schönen Gegend zur Zierde gereichen wird, möchte er auch uns Segen bringen und wir noch recht viele Jahre in demselben recht glücklich wohnen u. an demselben unsere Freude haben, das wolle Gott! Wir Unterzeichneten übergeben den Bau hiermit in Gottes allmächtigen Schutz, möge Er seine starke, milde u. segensreiche Hand darüber halten u. uns und allen späteren Bewohnern stets Glück und Segen spenden, auf daß es allen darin recht wohl sei!
Gleichzeitig legen wir den einstigen Lesern dieser Zeilen ans Herz, mögen dieselben Freunde oder Verwandte sein, alle von uns gemachten Anpflanzungen der Nadel- u. anderer Gehölze, fremde u. heimische, die auf dem hiesigen Steingerölle mit so unendlicher Mühe u. Beschwerde angepflanzt worden sind, möglichst zu schonen u. zu pflegen u. sich bei der Freude an denselben freundlichst unserer erinnern zu wollen!«[1]

Erste Villa »Ural«, 1. Steinweg 2, 2015 (oben)
Foto: Siegfried Großmann

Hebefest (Richtfest) Neue Villa »Ural«, 1888
Foto: L. Ronnthaler, Slg. M. Griebel

Zweite Villa »Ural«, 2. Steinweg 1, 2015
Foto: Siegfried Großmann

durch eine achteckige Welsche Haube mit Laterne betont wird, gut sichtbar.

Nach schweren Krankheiten und erfolgten Kuren, unter anderem im Sanatorium Dr. Lahmann, übernahm Ronnthaler ehrenamtliche Funktionen. So wurde er 1905 Mitglied des Vorstandes des Loschwitzer Chorvereins und hatte 1906 den Vorsitz des → *Ortsvereins* sowie des Vereins zur Errichtung des Körner-Schiller-Denkmals (→ *Denkmale*) inne. Ludwig Ronnthaler verstarb am 31. Juli 1910. Seine Ehefrau Anna Ronnthaler wurde Erbin des Anwesens und besaß es bis zu ihrem Tode im Jahre 1934. Unter Ronnthalers Erben verwaltete zunächst der Ehemann der Konzertsängerin Dora Ronnthaler-Hagspihl (1890 – 1984, → *K2*), der Rechtsanwalt Dr. jur. Heinrich Hagspihl (1883 – 1969), das Anwesen. Auch deren Schwester, die Konzertsängerin Olga Kapitzky (1892 – 1960, → *K2*), wohnte bis zu ihrem Tode mit ihrem Ehemann Johannes Kapitzky (1889 – 1951) hier in der »Villa Ural«. Später wurde das Grundstück für die Familie Kapitzky treuhänderisch von der Kommunalwirtschaft verwaltet.

In diesem Hause hat auch der Musikkritiker und Publizist Gottfried Schmiedel (1920 – 1987, → *K1*) von 1962 bis zu seinem Tod gewohnt und gearbeitet. Am 24. August 1920 in Schmiedeberg/Erzgebirge geboren, zog seine Familie 1927 zunächst nach Pillnitz. Von 1934 bis 1937 besuchte er nach der Volksschule die »Freiherr von Fletchersche Aufbau- und Oberschule« in der Dresdner Neustadt. Dem schloss sich ein Studium an der Kapellmeisterklasse des Konservatoriums für Musik an. Nach kriegsbedingter Unterbrechung ab 1940 und Verwundung konnte er das Studium 1943 als »Schulmusiker« fortsetzen. Nach dem Krieg war er Musiklehrer an der Dresdner Kreuzschule und seiner Studienstätte, der »Akademie für Musik und Theater« – ab 1952 Hochschule für Musik »Carl Maria von Weber«. Ab 1956 freischaffend tätig, machte er sich mit seinen Musikkritiken, unter anderem im »Sächsischen Tageblatt«, überregional einen Namen. Zu seinen vielseitigen Publikationen in den 1970er Jahren gehörten Porträts über den Dresdner Kreuzchor, Peter Schreier und Benjamin Britten sowie 1985 »Die Beatles. Ihr Leben und ihre Lieder«. Martin Walser setzte ihm 1991 in seinem Roman »Die Verteidigung der Kindheit« ein Denkmal. Auf dem → *Friedhof* Dresden-Loschwitz fand der am 11. November 1987 verstorbene Gottfried Schmiedel seine letzte Ruhestätte. Eine Tafel des Ortsvereins Loschwitz-Wachwitz erinnert am Hauseingang 2. Steinweg 1 an ihn.

Nach der deutschen Wiedervereinigung wurde das Grundstück verkauft. Der neue Eigentümer nahm eine behutsame denkmalpflegerische Sanierung des Gebäudes und der Gartenanlage vor. **Peter Mallwitz**

Zitat:
1 Schrift im Turmknauf der Villa Ural vom 27.07.1880 (gefunden 1985 bei Sanierungsarbeiten, dokumentiert und rückgeführt); Sammlung Matthias Griebel
Quellen: 458, 639, 640, 725, 877, 894

Baustelle für die neue Villa »Ural«, 1888
Foto: L. Ronnthaler, Slg. Matthias Griebel

Gottfried Schmiedel bei einem Vortrag, 1963
Foto: Slg. Matthias Griebel

Das Winzerhaus steht zum Verkauf, um 1899 *Foto: August Kotzsch, Repro Ernst Hirsch*

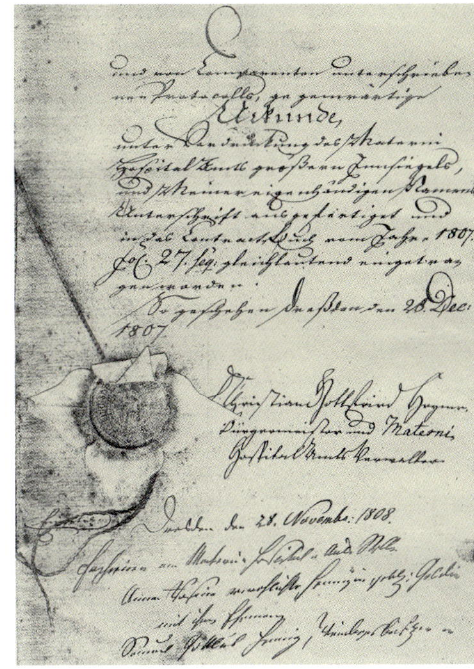

Auszug aus der Kaufurkunde des Erbkaufs 1807 zwischen Johann Gottlieb Nacke und Johann Samuel Rosig, dem Älteren
Slg. Matthias Griebel

Winzerhaus
Körnerweg 8
Das denkmalgeschützte Fachwerkhaus gehörte vor 1839 zur Ratsgemeinde Loschwitz (→ *S. 45*). Der Schlussstein über der Tür trägt die Initialen JSR für Johann Samuel Rosig, die Jahreszahl 1808, ein Weinblatt und eine Weintraube. Das Haus steht direkt am Körnerweg (vor 1895 Ledergasse).

Erstmalig um 1609 erwähnt, ist eine Besiedlung an diesem Ort schon früher denkbar. Auf einem 1789 gemalten Bild von Heinrich Friedrich Laurin (1756 – um 1830) ist bereits die heutige Bauform erkennbar: zweigeschossiges, fünfachsiges Fachwerkhaus mit Walmdach.

Von 1609 bis 1672 wurden Mitglieder einer Familie Grunewald (auch Grünwaldt oder Grünewaldt) als Besitzer genannt. Danach kaufte für sechs Jahre der Oberälteste der Barbiere (Friseure) und Viertelsmeister Johann Friedrich Müller aus Dresden das Haus. Zwischen 1678 und 1766 besaßen es die Familien Küffner und Strauch. Ein Mitbesitzer war Carl Gustav Strauch (1692 – 1760), Bürgermeister in Dresden von 1748 bis 1757. Die Bewirtschaftung des Weinberges übernahm für die Besitzer eine Winzerfamilie. Bis 1799 verblieb das Anwesen im Eigentum der Familie von Samuel Golde aus Loschwitz.

Es folgten 1799 Vater und Sohn Johann Gottlieb Nacke als Eigentümer, letzterer schloss einen Erbkaufvertrag mit Johann Samuel Rosig (1773 – 1866), genannt »der Ältere«, ab. Dieser war Besitzer des Bauernhofes Friedrich-Wieck-Straße 14 (→ *Bauerngüter*) und Gerichtsschöffe in Loschwitz. In diesem Kaufvertrag vom 28. Dezember 1807 (das folgende Jahr 1808 steht im Schlussstein), wurden die Bedingungen geregelt (siehe Abbildung).

Das Grundstück wechselte innerhalb der Familie Rosig die Besitzer, bis schließlich Friedrich August (1817 – 1897), ebenfalls »der Ältere« genannt, mit weiteren Erben das Grundstück 1844 vom Vater Johann Samuel Rosig kaufte.

Friedrich August Rosig und Ehefrau Eva Justina Rosig bewirtschafteten das Weinbergsgrundstück Körnerweg 8 von 1844 bis 1897
Foto: Slg. Ute Häse

Friedrich August war mit Eva Justina Hebig (1821 – 1894) verheiratet. Dem Ehepaar ist die schwere Arbeit im Weinberg und auf den Feldern anzusehen. Nach Friedrich Augusts Tod verkaufte die zehnköpfige Erbengemeinschaft 1900 den Weinberg mit dem Winzerhaus. Eine der Erbinnen, Friedericke Henriette Rosig verehelichte Walter (1855 – 1917), wohnte und arbeitete als Winzerin im nachbarlichen Körnergrundstück (→ *Körnerhaus*). Ein Sohn von ihr war der → *Schiffer* Helmut Walter (1927 – 2009).

Das Weinberghaus Körnerweg 8 besteht im Erdgeschossbereich aus Sandsteinquadern mit eingefügten Türen und Fenstern. Dieser Raum nimmt mit seiner Größe von etwa 100 m² die gesamte Grundfläche des Hauses ein. Hier stand eine Weinpresse, von der um 1950 noch Reste vorhanden gewesen sein sollen. Von diesem Raum führt eine Tür in das aus der Barockzeit um 1750 stammende, in den Berg hinein gebaute, 7,85 m lange und 5,65 m breite Tonnengewölbe. Hier wurde der Wein in Fässern oder Flaschen gelagert. Fast am Ende der Tonne führte eine 60 x 60 cm große Öffnung nach oben ins Freie oder in einen damals überdachten Raum, wo, wie früher üblich, auch die Weinpresse gestanden haben könnte. Vermutlich konnte die Weinlese gleich vom Berg her durch diese Gewölbeöffnung eingebracht werden.

Eine Innentreppe vom Untergeschoss in die obere Etage war nie vorhanden. Das Obergeschoss, in Fachwerkmanier errichtet, war bis 1900 mit Staken und Lehm ausgefacht. Zugänglich war es über eine Treppe seitlich am Haus und eine Rampe im Garten und den auf der ersten Terrasse an der Rückseite des Vorderhauses liegenden eingeschossigen Anbau. Im Obergeschoss befand sich der Wohnbereich, eine Stube mit drei Fenstern. Diese war mit einer bemalten Holzbalkendecke ausgestattet, die bei Sanierungsarbeiten 2002 entdeckt wurde. Das Dachgeschoss diente als Tenne.

An den Anbau fügte sich im rechten Winkel ein 1862 errichtetes Stallgebäude an. Es bot Platz für drei Kühe, Kleinvieh und einen Abtritt (Klosett).

Früher reichte der Weinberg vom Winzerhaus bis fast hinauf zur heutigen Schillerstraße. Auch Ackerland elbseits des Körnerwegs wurde bewirtschaftet. Diese Flurstücke erwarb um 1890 die Sächsisch-Böhmische Dampfschifffahrts-Gesellschaft für die Erweiterung des Hafenbeckens (→ *Hafen*). Dort steht heute noch die aus Sandsteinquadern erbaute Scheune mit den Initialen »18 FAR 50« (Friedrich August Rosig 1850).

Das Waschhaus war hinter dem Haus in die Stützmauer des Hanges eingelassen. Darin stand der runde Waschkessel mit Feuerung sowie Wannen auf Holzböcken.

Schon vor 1900 war der → *Weinanbau* zum Erliegen gekommen. Die Weinberge wurden aufgegeben und veräußert. Ein oberes Teilstück war bereits 1864 verkauft, als der → *Baumeister Richard Alwin* → *Würdig* (1853–1930) das Winzerhaus mit dem restlichen Weinberg am 29. Juli 1900 von Rosigs Erben erwarb. Er beabsichtigte, im oberen Teil eine Villa für seine Familie zu errichten.

Die Gemeinde forderte 1901 anlässlich der Beantragung der Baugenehmigung die kostenlose Abgabe des Vorgartens, um den Körnerweg zu verbreitern. Das Winzerhaus gestaltete Würdig in Anlehnung an den Jugendstil um; es diente zukünftig als reines Wohnhaus und wurde vermietet. Das Dach bekam eine neue Biberschwanzeindeckung mit Liegedachrinnen. Das Fachwerk erhielt eine Ziegelausfachung mit Putz und einen Anstrich in Altrosa. Fünf Felder an der Straßenfront und zwei an der Hofseite wurden mit → *Hausinschriften* verziert. Die Balken wurden mit Zierbrettern verkleidet. Blumenmotive schmückten die taubenblauen Fensterläden. Diese Bemalung ist heute nicht mehr vorhanden. Auch ein neues Weinspalier wurde im Erdgeschossbereich angelegt. Die beiden Haustüren aus Eiche blieben erhalten. Zur Stabilisierung der ersten Etage wurde im Untergeschoss ein Stahlträger eingezogen, der auf zwei gusseisernen Säulen ruht. Die Decke erhielt einen hellblauen Farbanstrich und die Deckenbalken eine florale Schablonenmalerei. Im Dachgeschoss zur Straßenseite ragte zukünftig ein Zwerchgiebel hervor. Vier Firstspitzen sowie eine von der Kirche aus Radeberg stammende Wetterfahne zierten das Dach. Die Treppe am Haus ließ Würdig an die Rampe im Garten verlegen. Der Stufenweg zu seiner neuen Villa (damals Körnerweg 6b) verlief künftig an der Flurgrenze zum benachbarten Körnerhaus. Das Stallgebäude wurde abgetragen. Wegen Hochwassergefahren erfolgten künftige Anschlüsse für Elektro, Wasser und Kanalisation in der ersten Etage, was sich 2002 und 2013, als wiederrum das Wasser 1,50 m bzw. 0,85 m im Haus stand, bewährt hat.

Körnerweg 8, 2004 *Foto: Ute Häse*

Nennenswerte Mieter:
- 1905 bis 1910 Prof. Josef → *Goller*, (1868–1947, → *K1*), Maler und Glasgestalter;
- 1914 bis 1920 Constantin → *Friedrich* (1880–1947), Lehrer und Kantor (→ *Kirchenmusik*);
- 1968 bis 2002 Alexander Alfs (1924–2010, → *K1*) Grafiker und Buchillustrator.

Schlussstein von 1808 mit den Initialen Johann Samuel Rosig, 2013 *Foto: Ute Häse*

Nach dem Tod Alwin Würdigs erbte seine Tochter Alexa verehelichte Schmidt die Villa und das Winzerhaus. Das Grundstück wurde 1958 in zwei Teile zergliedert, das Stammgrundstück schrumpfte auf 1.200 m². Nach einer Reise in die BRD kehrte Katharina Schmidt 1961 nicht in die DDR zurück. Das Grundstück Körnerweg 8 ging 1969 in staatliches »Volkseigentum« über.

Im Jahr 1971 bezogen Ute (* 1939) und Wolfgang Häse (* 1938) das marode Winzerhaus. Sie bemühten sich, das Gebäude in einen ansehnlichen Zustand zu versetzen. Es erfolgte ein gelber Anstrich, die überstrichenen Sprüche wurden von Ute Häse freigelegt und wieder hergestellt. Auch Dachrinnen und Fachwerkbalken mussten erneuert werden. Als Anerkennung für ihr Engagement erhielt Familie Häse 1984 vom Stadtbezirksbürgermeister eine Ehrenurkunde »für die vorbildlichen Initiativen bei der Verwirklichung des Denkmalschutzgesetzes in der DDR« und einen Tonkrug als Geschenk.

Nach dem politischen Umbruch 1990 konnten sie das Haus erwerben. Kurz darauf stellten die Erben von Alexa Schmidt Antrag auf die Rückübertragung der Grundstücke Körnerweg 6b und 8. Das Grundstück Villa »Alexa« war 1955 rechtmäßig an die Sächsisch Böhmische-Dampfschifffahrts-Gesellschaft verkauft worden. Die Rückübertragungsansprüche wurden zurückgewiesen. Anders beim Winzerhaus: Die Alteigentümer klagten neun Jahre lang durch drei Instanzen. Nach dem letzten Gerichtsurteil zu Gunsten des Ehepaars Häse konnte endlich ab 2002 eine grundlegende denkmalgerechte Sanierung beginnen. Der Dachstuhl musste bis auf wenige Balken ersetzt werden. Das Dach wurde mit neuen Biberschwänzen eingedeckt und die Firstspitzen erneuert. Der Anbau erhielt eine Schleppgaube mit einer sechs Meter langen, untergliederten Fensterfront. Im Untergeschoss wurde in Containerbauweise ein Arbeitsraum für Ute Häse geschaffen (→ *Positivretusche*). Auf eine Isolierung der Wände wurde verzichtet, um das Haus so originalgetreu wie möglich zu belassen. Die Außenfassade erhielt wieder das Aussehen von 1900 zurück. Die alte Rebsorte »Kanadische Hybride«, eigentlich eine Rebunterlage, umrankt nun wieder das ehemalige Winzerhaus.

Ute Häse

Quellen: 894, 895

Winzerhaus Pillnitzer Landstraße 41, vor 1889 *Foto: Christian Gottlieb Harzbecker, Slg. Eberhard Münzner*

Winzerhaus

Pillnitzer Landstraße 41

Das Haus wurde 1813 von Johann Gottfried Patzig (1787 – 1843) errichtet. Ursprünglich gehörte das Anwesen zu einem großen Weinberg, der sich über den gesamten Hang bis zur heutigen Kügelgenstraße erstreckte und die damaligen Häuser Kügelgenstraße 2 und 3 mit einbezog. Inschriften in den Schlusssteinen über den Türen lassen Rückschlüsse über die Geschichte des Hauses zu. Über der linken Tür befindet sich eine Weintraube als Weinbau- und Christussymbol sowie die → *Brandkatasternummer* 127. Dieser Schlussstein stammt wahrscheinlich von dem ehemaligen Haus Kügelgenstraße 3, denn jenes hatte diese Brandkatasternummer. Über der rechten Tür steht die Inschrift »Sirach 11, 13 – 19« und die Jahreszahl 1813. Das Buch Sirach ist eine alte hebräische Sammlung von Sinnsprüchen und besagt in Kapitel 11 Vers 13: »Den sieht Gott an mit Gnaden, und hilft ihm aus dem Elend, und bringt ihn zu Ehren, das sich seinetwillen viele wundern[...]«, und in Vers 19 heißt es: »[...] Nun will ich gut Leben haben, essen und trinken von meinen Gütern.«[1]

Zu den ersten Besitzern des einstigen Weinbergs gehörte die Ehefrau von Johann Valentin Merbitz (1650 – 1704), Konrektor der Dresdner Kreuzschule. Er bekam sein Grab auf dem Weinberg, wo ein Jahr später der Grundstein für die Loschwitzer → *Kirche* gelegt wurde, sodass es sich nach Fertigstellung des Kirchbaues innerhalb derselben am Südportal befand. Seine Tochter Johanna Margaretha (1686 – 1716) heiratete 1708 den ersten Loschwitzer Pfarrer, Johann Arnold (1674 – 1732, → *Chronisten*) und fand ihr Grab ebenfalls dort.

Tür des Winzerhauses mit Schlussstein
Foto: Wolfgang Nützenadel, Slg. M. Griebel

Nach dem späteren Besitzer Patzig war bis 1899 Eigentümer des Hauses Christian Gottlieb Harzbecker (1821 – 1899). Von dessen Erben kaufte es 1901 Dr. Georg Heinrich Hübler, Spezialarzt für Chirurgie (→ *Ärzte*), der es in den ersten Jahren als Sommerwohnung nutzte. Von 1913 bis zu seinem Tod wohnte hier als Mieter Alfred Schöne (1887 – 1974, → *Post*). 1919 ging das Haus an den späteren Oberpostinspektor Georg Richard Lodny (1884 – 1941), der – wie auch bereits vor ihm Dr. Hübler – im Nachbarhaus Nr. 43 wohnte. Lodnys Töchter verkauften das Haus Anfang der 1970er Jahre an die Familie Merbitz. 2014 stand das Haus erneut zum Verkauf. **Barbara Friebel**

Zitat:
1 Biblia, Das ist Die gantze Heilige Schrift... [Übersetzung Martin Luther], Sondershausen 1737
Quellen: 39, 430, 894, 1000

Loschwitz 1710, Aquarell (Ausschnitt)
Stadtmuseum Dresden

Der Veilchenweg um 1862 *Foto: August Kotzsch, Slg. Matthias Griebel*

Winzerhaus
Veilchenweg 9
Das Aquarell »Loschwitz 1710« zeigt dem Betrachter von der Elbe aus die Loschwitzer Weinberge. Inmitten dieser einzigartigen Kulturlandschaft ist der Neubau der Loschwitzer → *Kirche* und links im Anschluss das herrschaftliche Weinberganwesen zu sehen. Begrenzt wurde dieses von der heutigen Anlage der → *Schwebebahn* und dem 1. Steinweg.

Ersterwähnung fand das Grundstück unter dem Eigentümer Paul Hehl im Jahre 1602. Für das Hauptgebäude wurden bauhistorische Untersuchungen durchgeführt. So gab es Anfang des 17. Jahrhunderts eine Erstbebauung mit einem zweigeschossigen Fachwerkhaus mit nahezu quadratischem Grundriss. 1620 erwarb es der Dresdner Goldschmied Abraham Schwedler (? – 1648), der es bis zu seinem Tod besaß.

Die Inschrift »Walther« auf der im Grundstück befindlichen Winzersäule (→ *Denkmale*) bleibt weitgehend im Dunkel. Deutet sie auf den Bildhauer Christoph Abraham Walther (1625 – 1680) aus der Bildhauerfamilie, die auch den heute in der Loschwitzer Kirche stehenden Nosseni-Altar schuf? Die Winzersäule trägt die Jahreszahl 1674. Christoph Abraham Walther war 1665 endgültig von Regensburg nach Dresden zurückgekehrt und es könnte sein, dass die Winzersäule von ihm geschaffen wurde.

Die Inschrift »A. J. F. M. 1661« auf einem Türsturz des Weinbergportals, dem ehemaligen Hauptzugang unterhalb der den Veilchenweg

Manfred Wagner, Veilchenweg 9, 1972, Zeichnung *Repro: Slg. Eberhard Münzner*

»Venus«, Plastik von Wilhelm Riedisser, 1979 vom Grundstück gestohlen *Foto: E. Münzner*

überquerenden Schwebebahn und eine weitere an der Winzersäule, verweisen auf Johann Friedrich Müller. In dieser Zeit dürfte die Anlage des Haupthauses in Bauabschnitten eine Erweiterung erfahren haben. Somit entstand ein repräsentatives Gebäude mit steilem Walmdach und Schleppluken, insgesamt verputzt und durch Malerei mit Schattenlinien versehen.

Nach Johann Friedrich Müller folgten als Besitzer dessen Sohn, 1710 Marie Elisabeth Reithol geb. Gränze, 1737 der Dresdner Juwelier und »Oberälteste der Goldarbeiter« Daniel Larius und 1753 der Königliche Hofjuwelier Johann August Jordan (1706 – 1760). In der Folgezeit reduzierte sich das Grundstück durch Flurstückabtretungen, besonders im 19. Jahrhundert, auf seine heutige Größe. Der historische Bestand mit dem Wohn-, Press- und Brunnenhaus gehörte zum Kern der Gesamtanlage.

In der weiteren Besitzerfolge sind besonders erwähnenswert: ab 1773 der Kurfürstliche Sekretär und Geheime Kabinetts-Kanzlist Johann Adam Hofmann, ab 1790 der Geschäftsführer der sächsischen Porzellan-Manufaktur Ferdinand Wilhelm Gandtner, danach der Königlich-Sächsische Kammerherr auf Pfaffroda und Dörnthal Curt Adolph Dietrich von Schönberg (1749 – 1799) , gefolgt von seiner Tochter Jeanette von Carlowitz (1780 – 1826).

Nach weiterem Besitzerwechsel kaufte 1885 der Maler Ernst Sattler (1840 – 1923, → *K2*) das Grundstück. Er ließ 1893 den Mittelerker am Hauptgebäude errichten und die Veränderungen am nordwestlichen Pavillon durchführen, der einst als Presshaus, Waschhaus und nunmehr als Maler- und Bildhaueratelier diente. Sattler wohnte hier mit seiner Familie, zu der auch der spätere → *Architekt* Carl Sattler (1877 – 1966, → *K2*) gehörte, bis 1898. In dieser Zeit beherbergte das Haus viele Gäste, zu denen auch der Maler Hans Thoma (1839 – 1924, → *K1*) mit seiner Ehefrau gehörte.

Von Sattler kaufte 1898 der → *Architekt* Christian Schramm (1857 – 1922, → *K2*) das Areal und bewohnte es bis 1910. Er ließ zwei Loggien am West- und Ostgiebel anbauen und das von Oskar Rassau (1843 – 1912, → *K2*) geschaffene Ludwig-Richter-Denkmal (→ *Denkmale*) im Grundstück aufstellen. Die wahrscheinlich auch von Schramm aufgestellte Bronzeplastik »Venus mit Spiegel« des Bildhauers Wilhelm Riedisser (1870 – 1933) in einem Rondell der oberen Gartenanlage stand dort bis 1979.

Ein weiterer Abschnitt der Entwicklung begann 1910 mit dem Geheimen Studienrat und Rektor der Kreuzschule Dr. phil. Heinrich Stürenburg (1847 – 1934), der den Besitz mit Eintritt

Veilchenweg 9, 2014, mit Winzersäule und Richterstele von Oskar Rassau *Fotos: P. Mallwitz*

in seinen Ruhestand übernahm. Ab 1914 war Stürenburg Vorsitzender des Landesausschusses für Jugendpflege im Königreich Sachsen, dessen Geschäftsstelle sich hier in seinem Haus befand. Eine Straße in Dresden-Loschwitz wurde 1935 nach ihm benannt und erinnert an seine Verdienste. Gemeinsam mit seiner Frau Clara geb. Afinger (1861 – 1928) ist er auf dem Loschwitzer Friedhof begraben. Nach seinem Tod erbten ihre Tochter, die Klavierlehrerin Gertrud Günther-Stürenburg (1884 – 1946) und ihre beiden Geschwister das Loschwitzer Grundstück. Gertrud Günther-Stürenburg wohnte hier bis zu ihrem Tod.

Während des Luftangriffes auf die Stadt Dresden vom 13./14. Februar 1945 blieb auch das Winzerhaus nicht verschont. Der östliche Teil des Dachgeschosses war ausgebrannt. Die Eigentümerin Gertrud Günther-Stürenburg stand vor der Herausforderung, die entstandenen Schäden mit Hilfe des → *Architekten* Karlheinz Walther (1907 – 1989) behelfsmäßig instandsetzen zu lassen. Das Grundstück verblieb im Familienbesitz und wurde ab 1962 vom VEB Wohnungswirtschaft Dresden-Ost verwaltet.

Bereits 1964 erfolgte die Registrierung des Grundstücks als Kulturdenkmal. 1993 verkauften die Erben das Grundstück an den Präsidenten des Dresdner Arbeitsgerichts Alfred Graf von Keyserlingk (* 1943) und dessen Ehefrau Bettina Gräfin von Keyserlingk (* 1945). In Abstimmung mit den Denkmalschutzbehörden begann eine sehr aufwändige Sanierung der Gesamtanlage, bestehend aus Winzer-, Press- und Brunnenhaus. Letzteres entstand aus dem früheren östlichen Pavillon hinter dem Winzerhaus und vor dem Stützmauerwerk der im 17. Jahrhundert errichteten Weinberganlage. Reste des Ziehbrunnens sind nicht mehr vorhanden. Heute können wir die Zeitschichten der baulichen Entwicklung u. a. an seiner ursprünglichen Fachung am Obergeschoss des Hauptgebäudes ablesen. Zur Außenanlage gehören die o. g. Winzersäule, das Ludwig-Richter-Denkmal, das Weinbergportal und die im ehemaligen Weinberg stehenden historischen Zaunsäulen. Diese sind beiderseits genutet und nahmen zur Vermeidung von Hangabbrüchen Haltebretter auf. Zu den jährlich stattfindenden Elbhangfesten sind die Tore des Weinberggrundstückes zur Freude der Loschwitzer und deren Gästen weit geöffnet.

Peter Mallwitz

Quellen: 39, 133, 528, 639, 640, 724, 740, 907, 975, 1000, 1119, 1219

Gäste im Garten des Grundstücks Veilchenweg 9 während des 24. Elbhangfestes *Foto: H. Friebel*

Winzerhaus

Veilchenweg 12

Das Grundstück Veilchenweg 12 ist eines der wenigen Winzerhäuser mit Nebenerwerbslandwirtschaft in dieser Gegend, das noch weitgehend in seiner ursprünglichen Struktur erhalten ist.

Der Auszügler und Schneider Johann Christian Thieme (1776 – 1849) errichtete 1848 unter Einbeziehung einer vorhandenen Weinbergkelleranlage ein zweigeschossiges Auszüglerhaus, das elbseitig an der Oberen Berggasse (Veilchenweg) lag. Es gehörte damals zum Grundstück seines Sohnes, der Veilchenweg 8 wohnte. Dieses Haus mit dem später ausgeflurten Grundstück erwarb 1855 der Maurer und Weinbergsbesitzer Carl August Wagner (1812 – 1867). Er erweiterte das Haus auf der Westseite um einen zweigeschossigen Wirtschaftstrakt (Stall und Lagerräume). Dadurch bekam es sein charakteristisches Aussehen mit dem einhüftigen Dach. Die zum dorfnahen Anwesen gehörigen Wirtschaftsflächen lagen extern, das Feld mit Scheune auf der heutigen Krügerstraße 9. Weiterhin gab es einen Weinberg, zwei Wiesen und eine Hütung, deren Lage noch nicht lokalisiert werden konnte. Der gesamte Wasserbedarf musste aus dem Dorfbach bzw. von der Pfarrplumpe heraufgeholt werden, solange noch keine örtliche Wasserleitung bestand. Ein eigener Brunnen war nicht vorhanden und die benachbarten versiegt. Nach dem unwetterbedingten Ausbau des Dorfbaches wurde die Bachpforte der Alten Pfarre (→ *Schulen*) verändert. Die ehemals diese krönenden Sandstein-Eicheln fanden ihren neuen Platz auf den Torpfeilern des etwa um 1880 entstanden neuen Gartentores Veilchenweg 12. Nach einem Nachbarschaftsstreit wegen des Misthaufengeruchs stellte 1892 die Familie Wagner die Großviehhaltung ein.

Mit dem Bau der ersten Personenschwebebahn (→ *Bergbahnen*) der Welt veränderte sich ab 1897 die östliche Nachbarschaft des Grundstückes dauerhaft beträchtlich. Die Anrainer wurden für die zu erwartenden Belästigungen mit einer Entschädigung abgefunden. Eine hygienische Verbesserung der Wohnverhältnisse bedeutete der Anschluss an das 1904 in der Straße verlegte Schleusensystem, das aber vorerst nur das Abwasser aufnahm. Von den Erben der Familie Wagner erwarb 1921 der Oberwachtmeister der Wohlfahrtspolizei Hermann Münzner (1879 – 1947) das Grundstück. Dieser fand 1930 mit seinem Sohn im Garten einen Hirsemörser aus dem 17. Jahrhundert (siehe Kasten). Eine bedeutende Komforterhöhung ergab sich 1938 durch den Umbau der Räume des Wirtschaftstraktes für Wohnzwecke, hier vor allem die der Sanitärbedingungen durch den Einbau von Bädern und WC mit vollem Anschluss an die Schwemmkanalisation. Im Zusammenhang mit diesem Umbau wurde auch zwischen den beiden Grundstücken Veilchenweg 10 und 12 die Garage errichtet.

Winzerhaus Veilchenweg 12 *Foto: Siegfried Großmann*

Nur dem beherzten Löscheinsatz von Margarete (1901 – 1997) und Hermann Münzner ist es zu verdanken, dass die Brandbomben, die bei dem Luftangriff am 13./14. Februar 1945 das Haus trafen, keine größeren Schäden anrichten konnten.

Von der Stadtverwaltung Dresden wurde im April 1946, ohne richterliches Urteil und ohne Angabe von Gründen gegenüber dem Besitzer, das Grundstück beschlagnahmt. Dem folgte im Oktober 1949 unmittelbar nach Gründung der DDR die Enteignung ohne Information der Alteigentümer und wiederum ohne Begründung. Eine damals übliche Verfahrensweise, die auch andere Grundstücke betraf. Das nunmehr volkseigene Grundstück übernahm der VEB Kommunale Wohnungsverwaltung Dresden. Zur Verminderung ihrer Baulast beschloss die Stadt Dresden gegen Ende der DDR, Ein- und Zweifamilienhäuser an die Bewohner zu verkaufen. Renate (1947 – 2004) und Eberhard Münzner, der Enkel des ehemaligen Besitzers, entschieden sich deshalb 1989/90 zum Rückkauf des stark sanierungsbedürftigen Hauses und Grundstückes. Danach erfolgte die umfangreiche mehrjährige denkmalgerechte Sanierung. Ein Zeugnis der alten Loschwitzer Weinbaukultur blieb dadurch im Wesentlichen in seinem gesamten Erscheinungsbild erhalten.

Eberhard Münzner

Quellen: 19, 39, 824, 884, 907, 1000

Fund des Hirsemörsers

Am 26. März 1930 wollten Hermann und Gerhard Münzner (1904 – 1997) neben der westlichen Ecke der Laube eine Pflanzgrube für einen Pflaumenbaum ausheben. Bald stießen ihre Spaten dabei auf ein Hindernis. Bei dem vorsichtigen Weitergraben legten sie in der Tiefe des Erdreiches ein großes rundes konisches Gefäß von 55 cm Durchmesser und 50 cm Höhe aus Sandstein frei. Nachdem es geborgen war, hat es der damalige Direktor des heutigen Museums für Sächsische Volkskunst, Prof. Oskar Seyffert (1862 – 1940), untersucht und festgestellt, dass es ein Hirsemörser aus dem 17. Jahrhundert ist, unverkennbar an den Gebrauchsspuren am Boden des Gefäßes. Der gut erhaltene Mörser ist für die gesamte Gegend ein einmaliger und sehr seltener Fund. Es ist zu vermuten, dass er in Kriegszeiten als Versteck für kostbare Gegenstände vergraben wurde, eine nicht unübliche Verhaltensweise. Heute steht er neben der Haustür als Schmuckuntersatz eines Blumenstocks.

Vogel, Albrecht; Musiker (* 1974) → *K2*

Hermann Vogel, Zeichnung von Richard Müller
Aus: Museumsreihe Plauen, Heft 4

Hermann Vogel, Der Igel, 1907 *Repro: Slg. Matthias Griebel*

Vogel, Hermann

Maler und Grafiker (1854–1921)

Hermann Vogel (→ *K1*) wurde als zweiter Sohn des künstlerisch begabten Maurermeisters Wilhelm Traugott Vogel und seiner Ehefrau Christiane Wilhelmine am 16. Oktober, dem Tag des heiligen Gallus, 1854 in Plauen im Vogtland geboren. 1873 bezog er zum Zwecke des Studiums der Jurisprudenz die Leipziger Universität. Dass dies so gar nichts für ihn war, stellte sich bald heraus, Kunst und Kunstgeschichte interessierten ihn weitaus mehr. Doch auch das im Folgejahr mit moralischer Schützenhilfe des Schriftstellers Joseph Victor von Scheffel (1826–1886) begonnene Studium an der Königlichen Akademie der bildenden Künste in Dresden ließ er 1875 wieder sein und blieb nur über den Kompositionsverein »Mappe« im losen Kontakt mit ihr. Die Lehrmethoden hatten wohl nicht seinen Vorstellungen entsprochen, und nach als kränkend empfundener Kritik soll er nicht mehr erschienen sein. Erste Illustrationsaufträge, so zu Wilhelm Wägners (1800–1886) »Deutschen Heldensagen«, die er in seinem »Loschwitzer Dachstübchen« ausführte, bestärkten ihn und ermöglichten 1877/78 eine Italienreise, die er aber wegen einer Erkrankung des Vaters abbrach und die er selbst als wenig ergiebig ansah. Nach dem Tode des Vaters 1878 zwar in gesicherten Verhältnissen als »Geschichtsmaler« in Plauen lebend, das sich immer mehr zur schornsteinreichen Industriestadt entwickelte, in der Jagd Zerstreuung suchend, erfasste ihn zunehmend künstlerische Unzufriedenheit. Aus der Krise führte 1884 ein Besuch Julius Lohmeyers (1834–1903), des Gründers und Herausgebers der 1872–1893 erscheinenden Zeitschrift »Die Deutsche Jugend«. Die durch ihn vermittelten Beurteilungen bekannter Künstler gaben neuen Mut. Talent und diszipliniertes, intensives Naturstudium ließen ihn autodidaktisch zu einem bedeutenden spätromantischen Zeichner werden, der seine gemüt- und humorvollen Bilder gelegentlich mit selbstverfassten Dichtungen kombinierte. Um der Kunststadt Dresden nahe zu sein, auf der Suche nach Poesie und der blauen Blume der Romantik, angezogen vom Genius loci, bezog er 1887 sein mit Unterstützung seines Bruders, des Plauener Architekten Richard Vogel (1852–1933), erbautes Haus Plattleite 6. Richard Vogel hatte an der Dresdner Kunstakademie beim Sempernachfolger Hermann Nicolai (1811–1881) studiert, einem einflussreichen Vertreter der sächsischen Neorenaissancearchitektur, und unterrichtete später selber an der Königlichen Baugewerkeschule in Plauen. In einem langen, wegen seiner Aussagekraft für Person und Werk des Künstlers hier erstmals in voller Länge wiedergegebenen Abschiedsgedicht deutet Hermann Vogel heiter und wehmütig zugleich seine Beweggründe für die Übersiedlung nach Loschwitz an.

Die aus den Zeilen sprechende ausgeprägte Heimatliebe veranlasste ihn schon 1891 zur Pacht und schließlich zum Erwerb eines Grundstücks mit nachfolgendem Hausbau in Krebes im Vogtland, in der Nähe des Burgsteins. Mit den zwei mittelalterlichen, bis zur Reformation mit einer Wallfahrt verbunden gewesenen Kirchenruinen im felsigen Waldgelände hatte der ihn schon lange geradezu magisch angezogen.

Hermann Vogels Haus in Loschwitz (Mitte links), Plattleite 6, Ansichtskarte *Slg. Frank Weiß*

Offenbar war er schon vom Vater, dessen Einfluss in Sachen Kunst der Sohn ausdrücklich hervorhob, darauf aufmerksam gemacht worden. Und bald nach ihrer aus einer Faschingslaune heraus entstandenen Gründung war 1878 die von Hermann Vogel initiierte Bruderschaft »Ora pro nobis« in Mönchsverkleidung zum Burgstein gezogen. Irgendwann war Hermann Vogel freilich der Letzte der sich wieder auflösenden Gesellschaft. In dem oben zitierten Abschiedsgedicht klingt es an. In der Rolle des Einsiedlers fühlte er sich hingegen auch weiterhin, in Zeichnungen und Gedichten fand sie ihren Niederschlag.

Fortan pendelte er nun zwischen beiden Wohnsitzen. Das Vogtland trat dabei immer stärker in sein künstlerisches Bewusstsein, und 1897 bekannte er, in *Ludwig → Richters* (1803–1884, → *K1*) Studienrevier nie richtig heimisch geworden, im vogtländischen Fichtenwald aber wahrhaftig daheim zu sein. Dazu mögen

Hermann Vogel mit Haushälterin Toni Kettner und Nichte Helene (um 1916) Foto: Slg. Frank Weiß

Ein Scheidegruß an Heimath und Freunde

Nun sich's zum Scheiden hat gewandt,
Will ich in alten Treuen
Den ersten Sang auf neuem Grund
Dir alte Heimat weihen!

Zu meinen Füßen senkt ein Thal
Sich breit zur Elbe nieder,
Da blüh'n, kommt erst der Lenz ins Land
Viel Pfirsich, Kirsch und Flieder.

Dann schlingt der Elbe Silberstrom
Sich um die Rebenberge,
Die Schiffe ziehen segelschwer,
Zum Ufer strebt der Ferge;

Du neue Heimath, herrlich Thal,
Gesegnet hoch vor andern! –
Das erste Glas von Deinem Wein
Gilt dennoch einem andern;

Da stürmt ein Bach durch Fels und Stein,
Daß weiß die Wellen schäumen,
Und hoch aus Moos und Farrenpracht
Sich stolze Tannen bäumen;

Dort weiß am steilen Lorleyfels
Ich einen Platz zu finden,
Da schnitt ich einen Namen ein
In Bank und Tannenrinden! –

Und mir zu Häupten saß im Moos
Der Pöhlberggnom, der Alte,
Und lacht aus schiefem Grinsgesicht
Aus seiner Felsenspalte;

»Du bist der Erste nicht, mein Kind!
Das geht vorüber, mein Lieber!
Die Tannen rauschen's in den Wind,
Es schäumt die Trieb darüber!« [...]

Und schau' ich jetzt vom Fenster hoch
Den Burgberg mir zu Füßen,
Da mein' ich, soll mein zweites Glas
Dich fern, o Burgstein, grüßen!

Ich klemm nur leis die Augen zu,
Da bau'n sich in dem Flimmer
Empor aus stiller Tannwaldruh'
Die alten Kirchentrümmer!

Da heben sich im Moosbehang
Die spitzen Fensterbogen,
Durch die schon manch Jahrhundert lang
Der Bergwind frei gezogen;

Und aus des Pförtleins schwarzem Grund,
Bestrahlt vom Fackelbrande,
Hebt sich des Abtes Kraftgestalt
In fahlem Mönchsgewande.

Er beut den Schädelbecher dar
Dem Abschiedleidbeschwerten:
Der Regen staubt, der Fackelqualm
Kriecht bleiern aus der Erden;

Und ernst verhallt der Brüder Sang
Zum Plattenstein hinüber; -
Die Tannen rauschen regenschwer,
Das Echo hallt: »Vorüber!« [...]

Und nun, Du kleine Freundesschaar,
Die Treu mir hielt und Lieben,
Ob ich, als längst der Fasching aus,
Doch fast ein Mönch geblieben! –

Euch bring' ich froh das dritte Glas
Und die, die später folgen;
Ist's auch kein Orvietowein –
Wir bauen hier nur solchen!

Wahrt Ihr der Kunst, die ich geübt,
Das rußbedrohte Leben! –
Sie kann nicht, wie Frau Musika,
Dem Essenqualm entschweben. –

Die Einen zieh'n Talente groß
Zu Kunst- und Baugewerken,
Der Andre mag mit Natronsalz
Die Vorrufung verstärken;

Der braut im tiefen Kellerschlund
Den echten Künstewecker,
Und Jener sticht mit Eleganz
Und Kunst den linken Ecker!

Die Ihr's gewusst, Euch bring ich's dar,
Daß Der, der dies geschrieben,
So etwas wie ein Maler war,
Ade, ade, Ihr Lieben!

Und nun zu guter, bester Letzt,
Da ich des Weins schon darbe,
Bring ich das letzte volle Glas
Euch von der grünen Farbe!

Gar stolz fuhr ich mit Euch zu Holz,
Ein Gnom in Wehr und Waffen;
-S' treibt Mancher, wozu ihn Natur
Nicht eigentlich erschaffen! –

Jagt Ihr den Bock am Ruthartsberg,
Der mir vor Allem theuer,
Pürscht Ihr am Kulm den alten Hahn,
Dann, dann gedenk ich Euer!

O Herbstgejaid, o Hahnenbalz
Im fahlen Frühlichtschimmer,
Du tannendunkler Vogtlandwald,
Dein, Dein vergeß' ich nimmer!

Ob mir in Dir kein Lorbeerreis,
Nur Farrenkraut erblühte,
Fleh' ich zum Himmel hell und heiß,
Daß Dich der Herr behüte!

Loschwitz b. Dresden, 22. März 1887.
Hermann Vogel.

Hermann Vogel, Das Malhuhn, 1897

Repro: Slg. Mattthias Griebel

Hermann Vogel als Ricordo di Loschwitz. Den Gliedern der Loschwitzer Tafelrunde zu treuem Andenken an den Sommer 1878(?) zugeeignet von Hermann Vogel
Slg. Frank Weiß

Rechts:
Hermann Vogel, »Seiner lieben Mutter Unger zum 80. Geburtstag«, 1893
Slg. Ernst Hirsch

Unten:
Blick auf das Wohnhaus von Hermann Vogel von der Grundstraße aus, im Vordergrund der Rietschelweg, 2015
Foto: Holger Friebel

auch die sich vor seinen Augen vollziehenden Veränderungen im Erscheinungsbild der Wahlheimat Loschwitz beigetragen haben (u. a. Bau des Blauen Wunders 1891–1893, Errichtung von Standseilbahn 1894–1895 und Schwebeseilbahn 1898–1900 sowie allgemeine Zersiedlung der Landschaft). Die anregenden Künstlertreffen der »Loschwitzer Kunstgenossenschaft« in Mutter Ungers legendärer Weinstube in Alt-Loschwitz (→ *Gaststätten)* waren da eher nach seinem Geschmack. Hier war er Stammgast, zahlreiche seiner Bilder hingen an den Wänden. Der sich entwickelnden Massengesellschaft mit ihrer lauten Oberflächlichkeit und ihren Traditionsabbrüchen stand er kritisch gegenüber. Aus Zurückgezogenheit und Stille wirkte er in die Welt hinaus und fand reiche Resonanz. Vor allem durch die »Fliegenden Blätter« des Münchner Verlages Braun & Schneider fanden viele Arbeiten Verbreitung. Das vierbändige »Hermann-Vogel-Album« fasst in den Jahren 1884 bis 1908 dafür entstandene Arbeiten zusammen. Aus der Fülle der sonstigen seien der Bildschmuck zu Grimms Kinder- und Hausmärchen sowie zu Rudolphis Kindermärchen, die Illustrationen zu den »Münchner Bilderbogen« und die 18 Heliogravüren der Mappe »Waldbilder« erwähnt, deren Vorlagen 1889 bis 1892 gezeichnet wurden und die romantische Wald- und Naturliebe besonders gut ausdrücken. Die detailreichen Bilder zeugen von tiefer Menschlichkeit, genauer Beobachtungsgabe, sprudelnder Phantasie und feinwie hintersinnigem, mitunter aber auch galligem Humor. Sie führen in die Welt des Waldes, der Natur, der Kinder, der Historie, des Märchens und der Fabel. Oft fließen vogtländische Motive ein, sodass er auch als Künstler der Heimat verstanden werden kann, der, wenngleich ohne direkte Nachfolge, doch anregend auf viele jüngere Künstler des Vogtlands gewirkt hat. Den Schwerpunkt seines Werkes bildeten die detailreichen zeichnerischen Arbeiten; in den späten Jahren wandte er sich aber auch gelegentlich der Malerei zu. Ein Beispiel dafür ist das großformatige Bild »Dornröschen« von 1920 im Vogtlandmuseum Plauen, das er u. a. mit einem Hahn signierte, der für das lateini-

Hermann Vogel, An Eduard Leonhardi, 1898, Öl auf Pappe
Heute bewahrt in der Städtischen Galerie Dresden – Kunstsammlung, Museen der Stadt Dresden

Die »Galerie im Buch«

sche Wort »Gallus« steht, Vogels Spitznamen nach dem Tag seiner Geburt.

Bis zu seinem Tode am 22. Februar 1921 in Krebes (heute zu Weischlitz) behielt der Individualist und Junggeselle, zu dessen prägenden Jugenderlebnissen 1871 die Bismarcksche Reichsgründung gehört hatte, seine im 19. Jahrhundert, in Spätromantik und Gründerzeit verwurzelte Formensprache bei und grenzte sich mit der gleichen Vehemenz und Einseitigkeit gegen die damals modernen Strömungen der Kunst ab, die wir heute deren Vertretern zuzugestehen gewohnt sind. Sich selbst sah er als fünfzig Jahre zu spät geboren an. Wenn er gelegentlich als Richterschüler verstanden wird, so kann das nur in einem weit gefassten Sinne gelten. Er hat bei seinem stets verehrten Vorbild weder Unterricht gehabt noch den Meister persönlich kennengelernt, obschon sich die Gelegenheit dazu gewiss hätte einrichten lassen. Den Vergleich mit Richters Kunst empfand er als ehrend, wobei er sich bescheiden als Lehrbuben im Verhältnis zum Meister bezeichnete, gleichzeitig legte er aber auch Wert auf die Anerkennung seiner Eigenständigkeit.

Im umfangreichen Schaffen Hermann Vogels schlägt sich als eine Grundbefindlichkeit die Sehnsucht nach Harmonie nieder – mit der vertrauten Heimat, mit der Kunst der Vergangenheit, mit der Natur und Umwelt. Im Wald mit seinen realen wie mythologischen Bewohnern fand er dabei bevorzugt die Bilder, mit denen er diese Sehnsucht zum Ausdruck bringen konnte, hier sah er Beständigkeit und fand Geborgenheit angesichts menschlicher Wandelbarkeit und Ränkehaftigkeit.

Hermann Vogel hat blinder Technik- und Fortschrittsgläubigkeit immer misstraut und die wachsende Bedrohung für Natur und Umwelt sowie deren Folgen für den Verursacher Mensch vorausgesehen. So ist er eben nicht nur ein Schilderer romantischer Idylle, sondern zugleich ein aufmerksamer Beobachter seiner Zeit und ein früher Mahner von überraschender Aktualität. »Den Märchenwald, den kauften

Hermann Vogel, Medaillon am Grab in Plauen
Foto: K1

sich/Die Bauholzspeculanten,/Und schlugen den Tempel Meister Schwind's/Mit Ach und Krach zu Schanden!« textete er 1898 vielsagend bildhaft und gegenwartsbezogen in der »Waldaventiûre«, einer Ehrung Moritz von Schwinds (1804–1871).

Unter den vielen Ehrungen, die ihm zuteil wurden, etwa der Verleihung des Professorentitels 1909 durch die Dresdner Kunstakademie, freute ihn vor allem, dass die Straße in Loschwitz nach ihm benannt wurde, an der das Ludwig-Richter-Haus liegt. Zu einem einschneidend tragischen Erlebnis geriet für den leidenschaftlichen Patrioten hingegen am herbeigesehnten Ende des Ersten Weltkrieges der Zusammenbruch des von seinem verehrten Idol Otto von Bismarck (1815–1898) maßgeblich begründeten Kaiserreiches, den er nie ganz verwunden hat. »Wir graben mit dem alten Jahr ein Grab dem, was uns heilig war. Der Märchenwald sein Hüter sei, der macht die Herzen wundenfrei« dichtete er im gezeichneten Neujahrsgruß für 1919.

Hermann Vogels Elternhaus in Plauen existiert nicht mehr. Unweit des Schlosses an der Plauener Hammerstraße gelegen, fiel es nach langer Vernachlässigung 1988 ein Jahr vor der Friedlichen Revolution dem Abriss zum Opfer. Glücklicherweise blieb das Loschwitzer Hermann-Vogel-Haus Plattleite 6 erhalten und ist als solches auch dem Vorübergehenden erkennbar. Um 1925 war es in den alleinigen Besitz des Leipziger Verlagsbuchhändlers Arwed Strauch übergegangen. Das bis 1907 vergrößerte, mit Fachwerk und hölzernem Zierrat geschmückte Wohnhaus Vogels in Krebes, Burgsteinstraße 5, dient heute als Memorialstätte zu Leben und Werk des Meisters. Nachdem die Stadt Plauen 1944 das Anwesen von der Haushälterin und Erbin Toni Kettner (1875–1946) unter der Verpflichtung zur Einrichtung einer Gedenkstätte erworben hatte und dieser im Jahr 1952 nachgekommen war, ließen die politischen Verhältnisse eine derartige Nutzung allerdings nur noch begrenzte Zeit zu. Infolge der Abriegelung der DDR zur BRD lag der Ort im fast unzugänglichen Sperrgebiet. Nach der Schließung der Gedenkstätte 1962 diente das Gebäude bis 1993 als Wohnhaus. Durch Treuhandbescheid in jenem Jahre an die Stadt Plauen zurückgegeben, ließ deren Wohnungsbaugesellschaft Haus und Garten ab 1996 grundhaft sanieren. Im Jahr 1997 konnte das Vogtlandmuseum Plauen, das über große Teile des Vogelschen Werkes verfügt, eine Außenstelle eröffnen. Sie erfreut sich nach wie vor, wie eine gleichfalls im Hause untergebrachte Ferienwohnung, regen Zuspruchs, und das keinesfalls nur bei der älteren Generation. Hermann Vogels Ruhestätte befindet sich unweit davon auf dem Friedhof neben der alten Dorfkirche unter einem Findlingsstein mit der Aufschrift »Hier ruht einer, der hatte den Wald so lieb«, die leicht abgewandelt nach Vogels Gedicht »Königin Waldlieb« gewählt wurde, und einem von seinem Dresdner Freund Martin Engelke (1852–1932) geschaffenen Bildnismedaillon.

Frank Weiß

Quellen: 289, 639, 801, 1000, 1060

Volmer, Steffen; Maler und Grafiker (* 1955) → *K2*
Volwahsen, Herbert; Bildhauer (1906–1988) → *K1*
Vonk, Hans; Dirigent (1942–2004) → *K2*

Ein fünfteiliges Relief auf dem Grundstück Plattleite 6 erinnert an Hermann-Vogel.
Foto: Holger Friebel

W

Wagner, Alfred; Maler (1848 – 1916) → *Bauchsches Haus*

Wagner, Helmut; Bühnen- und Kostümbildner (1936 – 2009) → *K1*

Wagner, Joseph; Musiker (1891 – 1965) → *K2*

Wagner, Gemälde von Ernst August Becker (Ausschnitt), 1843 Repro: Slg. EHK

Wagner, Richard

Komponist (1813 – 1883)

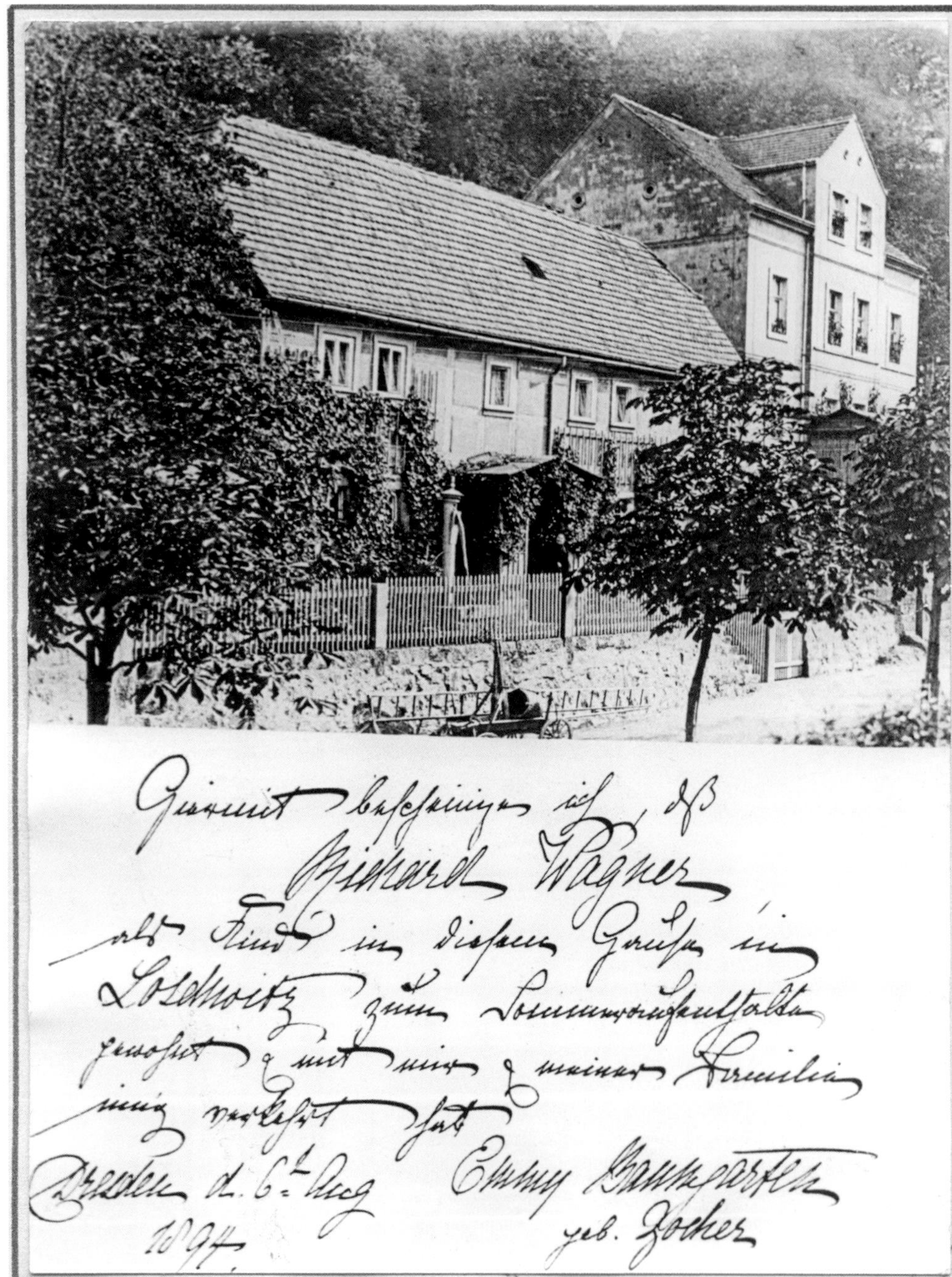

Foto von 1890 mit handschriftlicher Erklärung 6.8.1894 von Emmy Baumgarten geb. Zocher Text: Hiermit bescheinige ich, daß Richard Wagner als Kind in diesem Hause in Loschwitz zum Sommeraufenthalte gewohnt u. mit mir u. meiner Familie innig verkehrt hat. Dresden d. 6 t. Aug. 1894. Emmy Baumgarten geb. Zocher Foto: Slg. Matthias Griebel

Die Aufenthalte von Richard Wagner in Loschwitz und dessen Umgebung standen immer im Zusammenhang mit Dresden. Sie waren für ihn anregend auf Grund des hier außerhalb der Stadt noch stärker aufkommenden romantischen Naturgefühls. Das betraf einerseits aus dem Alltag herausgehobene Momente menschlicher Begegnungen, die Wahrnehmung landschaftlicher Schönheiten und Besonderheiten in Gestalt des von Höhenzügen flankierten Elbtals mit seiner ruhigen, beschaulichen Flusslandschaft, der Blick zu den Tafelbergen der Sächsischen Schweiz und den »Rundrücken« des Osterzgebirges; andererseits die immer fühlbare Nähe zu der stark kulturell-künstlerisch geprägten Residenzstadt Dresden, dazu die Allgegenwärtigkeit der Elbe. So ist auch Loschwitz für Wagner ein Ort künstlerischer Reflexion, der ihm in entspannter Zurückgezogenheit Schaffensimpulse gewährt.

Loschwitz-Aufenthalte Wagners durchziehen seine großen, zusammenhängenden Lebensabschnitte: Die Dresdner Kindheit und frühe Jugend der Jahre 1814 bis 1827 und die Dresdner Kapellmeisterzeit 1842 bis 1849. Mögliche sporadische Einzelaufenthalte könnten in den Jahren 1837, 1862, 1865, 1873 und 1881 stattgefunden haben.

Kindheitserlebnisse in Loschwitz verdankte der am 22. Mai 1813 in Leipzig geborene Wilhelm Richard seinem Stiefvater Ludwig Geyer (1779 – 1821), der sich der halbverwaisten Familie nach dem Tode von Carl Friedrich Wilhelm Wagner (1770 – 1813) annahm. Die Familie zog 1814 von Leipzig nach Dresden. Der hier angestellte Hofschauspieler, Dramendichter und Porträtmaler pflegte Freundschaften zur Dresdner Künstlerszene seiner Zeit. Familienspaziergänge und Ausflüge vor die Tore der Stadt gehörten zum Lebensalltag. Eine solche Ausflugsgesellschaft nach Loschwitz, die Richard als Kind miterlebte, muss für ihn so beeindruckend gewesen sein – Carl Maria von Weber schlüpfte dabei in die Rolle und Kleidung eines Kochs –, dass er sie später in seiner Autobiografie »Mein Leben« erwähnt. Wagners Mutter, Johanna Rosine geb. Pätz (1774 – 1848), brachte Richard und dessen Halbschwester Cäcilie Geyer im Sommer 1822, also noch vor Beginn von Richards Dresdner Kreuzschulzeit, gern bei Bekannten in Loschwitz unter. Das Haus Grundstraße 49 im damaligen »Loschwitzgrund« steht noch heute und ist seit 2013 mit einer Gedenktafel versehen. Friedrich Gottlieb Günther hatte es 1821 erworben und bewohnte es mit seiner Familie. Es ist seitdem nur geringfügig verändert worden.

Diese Loschwitzer Erlebnisse gruben sich in Wagners Erinnerungen ein. Er erzählte sie in seinem Freundeskreis um 1840 in Paris. Der Maler und Zeichner Ernst Benedikt Kietz (1815 – 1892) fertigte von genau dieser Episode eine kleine Bleistiftsskizze an. Auf einer anderen hielt er Richards vertrauliche Gespräche mit Cäcilie am Loschwitzer Elbufer im Bild fest.

1837 mietete sich Wagner im Gasthof Blasewitz ein und las dort John Bulwer-Lytons historischen Roman »Cola Rienzi«. Dieses Buch wurde für ihn spontan zur geeigneten Vorlage seiner großen tragischen Oper nach Pariser Vorbild. Eine Gedenktafel von 2007 am Gebäude des heutigen Vitana-Seniorenzentrums erinnert an diesen denkwürdigen Aufenthalt Wagners.

Wagner musizierte am 21. Februar 1844 bei einer Benefizveranstaltung zu Gunsten des »Naumann-Stifts« in Blasewitz mit Hofkapellmeister Carl Gottlieb Reißiger (1798 – 1859) und Franz Liszt (1811 – 1886; → *K2*), »der seine Don-

Von jenem Aufenthalt ist eine belustigende Anekdote überliefert:
»Die beiden Kinder, die einander sehr zugetan waren, führten innerhalb der Familie Kosenamen, Richard hieß immer nur Richel und seine Schwester Cile. Die beiden Geschwister liebten sich nicht nur sehr, sondern verübten auch gemeinsam allerlei Streiche, besonders wenn die Mutter nicht daheim war. Diese hatte oft in der Stadt zu tun, dann waren die Kinder sich selbst überlassen oder der Obhut fremder Leute anvertraut.
Eine Frau Dr. Schneider in Blasewitz hatte es übernommen, sich während der Abwesenheit der Mutter um die Kinder zu kümmern. Frau Schneider hatte einen Hund, der einen großen Teil seines Lebens in der Hundehütte verschlief. Die Kinder wollten es ihm nachtun und erbauten sich aus herumliegenden Brettern auch eine Hütte, aber sie schliefen nicht darin, sondern erzählten sich Geschichten; Richel war besonders geschickt dazu. Wenn ihnen das zu langweilig wurde, sannen sie auf andere Heldentaten.
Einmal baute Richel aus Brettern ein Fahrzeug, um Cile auf der Trille, dem Loschwitzbach, der damals reichlich Wasser führte, zur Elbe hinabzufahren. Als das missglückte, versuchten sie es mit einer requirierten Waschwanne, doch das erzeugte den Unwillen der Besitzerin.
Das schönste Erlebnis war das mit dem großen Kürbis, wenn es auch unliebsame Folgen nach sich zog. Die Kinder waren wieder einmal allein. Richel hatte einen großen Kürbis aufgetrieben. In diesem schnitt er Augen, Nase und Maul aus. Beide Kinder waren entzückt über den wohlgelungenen Kopf. Doch was nun damit anfangen? ›Cile, damit wollen wir die Leute im Dorf fürchten machen‹, schlug Richel vor. Die Schwester war gleich dabei. Bevor sie ins Dorf gingen, zogen sie noch Schlüssel und Klinke ihres Zimmers ab und legten beides in den Kürbis. Das Fürchtenmachen war gar nicht so einfach. Die meisten Leute gingen achtlos an dem Prunkstück vorüber, einige schüttelten den Kopf, manche hatten wohl ein gütiges Lächeln für die Kinder übrig. Da gingen die beiden in den nahen Ziegengrund und ließen das Ungetüm den steilen Abhang hinunterrollen. Hei, wie das in dem Hohlkopf klapperte! Klinke und Schlüssel waren also noch drin. Die Kinder kollerten dem Kürbis nach und dann ging es mit ihm wieder keuchend den Berg hinauf, und das Spiel begann von neuem. Das war eine rechte Freude nach ihrem Geschmack. ›Was fällt euch denn ein, ihr Rangen? Alles abzuziehen! Den Schlüssel her!‹ So wurden sie von der Hauswirtin empfangen. Ach Gott, den Schlüssel, ach ja, ach ja, den hatte der Kürbis aus dem Maule verloren. Für die Kinder war es ein Glück, dass die Mutter heute nicht aus der Stadt zurückkommen konnte.
Nachdem die Bauersleute ihrem Herzen genügend Luft gemacht hatten, herrschte Frau Klemm schließlich die schluchzenden Kinder an: ›Nun schlaft ihr Rangen nur hier draußen auf der Ofenbank!‹ Und als der Tränen genug geflossen waren, zogen sich Richel und Cile aus, bis aufs Hemd natürlich, wie sie es aus glücklicheren Zeiten gewöhnt waren, da sie sich in ein warmes, weiches Bett zur Ruhe legen konnten. Nun mussten sie mit der harten Ofenbank zufrieden sein. Sie schluchzten noch ein wenig, klagten bekümmert über ihr trauriges Schicksal, froren und schliefen schließlich ein.
Nacht war's, als Richards Hauslehrer, Magister Humann, aus der Stadt erschien. Zu Fuß war er in sternklarer Nacht bis Blasewitz gewandert, wohin auf sein ›Holüber‹ der Loschwitzer Fährmann mit einer Schaluppe angerudert kam und den einsamen Nachtwanderer als einzigen Fahrgast für einen Dreier über den Elbstrom nach Loschwitz übersetzte. Da die Mutter verhindert war, selbst aus der Stadt zu kommen, sollte der Magister nach den Kindern sehen. Welch ein Anblick! Die schlummernden Kinder auf der elenden Holzbank! Durch das Erscheinen des unerwarteten Lehrers erwachten die Kinder, rieben sich die Augen aus und sahen den Lehrer verwundert an. Dieser stand zunächst ernst und schweigend da. Als er aber von den Wirtsleuten den Sachverhalt erfuhr und sich nun darüber klar wurde, dass auch er den Rest der Nacht auf der Ofenbank zubringen müsse, erwachte sein Zorn. ›Richard, du verworfener Junge, dir will ich heimleuchten.‹ Und nun prasselte ein Wortschwall auf den künftigen Meister der Töne nieder, der heulend hinter dem Ofen kauerte. Aber der Lehrer kam schlecht an. ›Herr – und was unterstehen Sie sich – und das geht Sie überhaupt gar nichts an – und das habe überhaupt ich getan – und überhaupt – und ...‹ Cile sprach's, die stolz mit eingestemmten Armen im kurzen Hemdchen zwischen ihren Bruder und den Magister trat. Und wie ging's nun weiter? Ein Hausbewohner bekam den guten Einfall, man könne doch auf einer Leiter durchs offene Fenster steigen. Da nahmen Richel und Cile ihre Kleider auf die Arme; husch waren sie oben. Und gesetzt, wie sich's geziemt, stieg der Magister hinterher.
Am andern Tage werden wohl die Kinder Schlüssel und Klinke haben suchen müssen. Vielleicht hat gar der wieder ausgesöhnte Magister dabei geholfen. [...]«[1]

Richard Wagner und Cäcilie am Elbufer – gezeichnet 1844 von Ernst Kietz, einem Freund Wagners in seinen Pariser Zeiten.
Aus: Erna Hedwig Hofmann, capella sanctae crucis, Berlin 1956
Slg. Eberhard Münzner

Wie der Tannhäuser zum Sängerkrieg auf die Berliner Wartburg zieht.

Wagner auf Liszt, wohl die frühestes Karikatur auf Wagner, Kladderadatsch 1856

Juan-Phantasie und das Concertstück f-Moll von Weber spielte«.[2]

Am 12. August 1844 fuhren Wagner und die Mitwirkenden zur Aufführung seines Begrüßungschores »Gruß seiner Treuen an Friedrich August den Geliebten« in Schloss Pillnitz bei Ankunft des sächsischen Königspaares von einer Englandreise mit einem Elbdampfer auch an Loschwitz vorüber. Der Historiker Johannes Burkhardt bemerkt dazu: »Um die Inszenierung mit der Hofverwaltung abzusprechen, fuhr er [noch davor] mit dem Dampfschiff hin und zurück und schrieb unter Termindruck schon auf der Elbe an der Begrüßungsmusik [...] Aber wer hätte gedacht, dass auch Text und Musik der Hallenarie der Elisabeth [...] in etwas gröberer Form eines Männerchores ausprobiert worden sind, der fast wort- und tongleich dem Monarchen entgegensingt: ‚Sei uns gegrüßt, sei uns gegrüßt!'« Und er fügt hinzu: »Das war fürwahr emotional gereimter und intonierter Monarchismus, aber auch ein Stück sächsischer Patriotismus.«[3]

In der sogenannten Dresdner Kapellmeisterzeit gestalteten sich die Kontakte Wagners mit Loschwitz und dessen unmittelbarer Umgebung wesentlich großflächiger und differenzierter. Wichtigster Aufenthalt war sein Arbeitsurlaub auf Fischers Weinberg beim heutigen → *Schloss Albrechtsberg* von September bis 15. Oktober 1844. Hier entstand zur Oper »Tannhäuser« die Orchesterskizze des 2. Aufzuges. Es ist naheliegend, dass Wagners lebenslange Weber-Verehrung gerade hier, zwischen Hosterwitz und Dresdner Innenstadt, inspirierend auf die Instrumentation und orchestrale Ausgestaltung des Gesanges wirkte.

Die Aufenthalte Wagners auf Fischers Weinberg setzten sich offenbar fort. So hält Heinrich Brockhaus (1804 – 1874) im Juli 1845 schriftlich fest: »Richard Wagner ist mit seiner Frau angekommen und es machte mir heute Vergnügen, ihnen die Herrlichkeiten des hiesigen Aufenthaltes zu zeigen. Ich verkehre gern mit Wagner, der eine tüchtige und poetische Natur ist.«[4] Brockhaus saß dann auch in den »Tannhäuser«-Vorstellungen, vielleicht bereits zur Uraufführung des Werkes am 19. Oktober.

Ebenso müssen Wagners Tagesaufenthalte in dem beliebten Ausflugsrestaurant auf Findlaters Weinberg genannt werden. Der Loschwitz-Forscher Theodor Leuschner (1872 – 1936) erzählt: »Der Münchner Maler Friedrich Pecht (1814 – 1903) schwärmt noch in späten Tagen von einem Diner, das ihn hier mit Geibel (1815 – 1884), Richard Wagner (1813 – 1883), Gottfried Semper (1803 – 1879) und Hähnel (1811 – 1891) zusammenführte«.[5] Auch ein Ausflug zum Waldschlößchen im September 1846 mit dem Schriftstellern Karl Gutzkow (1811 – 1878) und Alfred Meißner (1822 – 1885) ist bezeugt.

Ganz sicher benutzte Wagner in der Zeit seines Graupaer Urlaubs im Frühsommer 1846 mehrfach die Fährstelle Blasewitz-Loschwitz. Da er zu dieser Zeit die Lohengrin-Musik entwarf, ist zu vermuten, dass ihm auch in der Nähe von Loschwitz der eine oder andere musikalische Gedanke zu »Lohengrin« durch den Kopf ging, den er schnell notierte.

Auch bei dem Tagesausflug mit der Familie anlässlich seines letzten Dresdner Aufenthaltes im September 1881 über Schloss Pillnitz bis nach Graupa und zur Lochmühle ist anzunehmen, dass die kleine Reisegesellschaft entweder am Nordhang der Elbe das Waldschlößchen- und Loschwitzer Gebiet passierte oder wiederum die Blasewitzer Fährstelle benutzte – etwa zehn Jahre vor Baubeginn der Elbbrücke Blaues Wunder! Es war Wagners letzter Dresden-Besuch, denn der große Komponist, Dirigent, Dichter und Regisseur starb 15 Monate später am 13. Februar 1883 in Venedig.

Christian Mühne

Zitate:

1 Kotzsch, Otto; Richard Wagner als Kind in Loschwitz; maschinenschriftlich, [Dresden] 22.05.1963
2 Zimmermann, Reiner; Verdienen wie Meyerbeer, dirigieren wie Weber; in: Dresdner Hefte, Band 112, Dresden 2012
3 Burkhardt, Johannes; Der Rhein ist die Elbe; Halle 2013
4 Fischer, Daniella; Dich, teure Halle, grüß ich wieder. Heinrich Brockhaus und Richard Wagner am Elbufer; in: Potz Blitz
5 Leuschner, Theodor; Loschwitz und seine Denkwürdigkeiten; Dresden 1928
Quellen: 177, 278, 394, 395, 396, 397, 619, 627, 659, 786, 824, 861, 1070, 1071, 1267, 1268

In Dresden uraufgeführt:
- 20. Oktober 1842 im Königlichen Hoftheater: »Rienzi«, Große tragische Oper in 5 Akten
- 2. Januar 1843 im Königlichen Hoftheater: »Der fliegende Holländer«, Romantische Oper in 3 Aufzügen
- 6. Juli 1843 in der Frauenkirche: »Das Liebesmahl der Apostel«, eine biblische Szene
- 19. Oktober 1845 im Königlichen Hoftheater: »Tannhäuser«, Große romantische Oper in 3 Akten
- 22. September 1848 im Königlichen Hoftheater: Konzertante Voraufführung des Finales 1. Akt der später in Weimar uraufgeführten Oper »Lohengrin«

Waldapfel, Ernst Otto; Musiker und Lehrer (1867 – 1909) → *K2*
Walther, Carl; Grafiker und Maler (1880 – 1956) → *K2*
Walther, Christine; Fotografin (1921 – 1955) → *Handw. u. Gew./Fotografen*
Walther, Ernst Hermann; Maler und Innenarchitekt (1858 – 1945) → *K2*
Walther, Karl August; Kunstwissenschaftler und Schriftsteller (1902 – ?) → *K2*
Walther, Karl-Heinz (1907 – 1989) → *Architekten*
Walther, Oskar; Schauspieler (1854 – 1914) → *K2*
Walther, Pan; Fotograf (1921 – 1987) → *Handw. u. Gew./Fotografen*
Walther, Ruth; Grafikerin (1885 – 1960) → *K2*
Walther, Wilhelm; Maler (1826 – 1913) *Friedhöfe*
Walther-Visino, Therese; Musikpädagogin und Malerin (1898 – 1981) → *K2*

Wanderwege

Das idyllisch am Elbhang gelegene Loschwitz bietet viele Möglichkeiten für kurze Spaziergänge oder längere Wanderungen. Etliche farbig gekennzeichnete Routen sind am besten mit der »Dresdner Elbhang: Wander-und Heimatkarte« (1:10 000 vom Verlag Sachsen Kartographie GmbH, letzte Auflage 2013) zu erkunden. Der Dichter-Musiker-Maler-Weg (DMM) beginnt am → *Blauen Wunder* in Loschwitz und führt über den Veilchenweg und 2. Steinweg zur 1. Station des Wanderweges am → *Gasthaus Schöne Aussicht*, dann weiter über die Krügertraße nach Wachwitz. Ab Oberlohmen nur noch als Malerweg gekennzeichnet, geht er bis zum Großen Winterberg oberhalb von Schmilka bzw. dem Prebischtor in der Böhmischen Schweiz.

Der → *Ortsverein Loschwitz* hat drei thematische Wanderrouten zusammengestellt:

Ludwig-Richter-Weg
(Gehzeit ca. 60 min, grüne Markierung)
Ausgehend vom Körnerplatz führt der Weg den Loschwitzgrund, die heutige Grundstraße, hinauf. Auf der linken Straßenseite sind noch einige Häuschen der ursprünglichen dörflichen Bebauung erhalten. Rechter Hand befindet sich das → *Leonhardi-Museum* (Nr. 26) und im Garten des Museums das vom Ortsverein 1884 errichtete Ludwig-Richter-Denkmal (→ *Denkmale*). Weiter bergwärts führt die Route von der Straße rechts in den romantischen Ziegengrund und heutigen Karl-Schmidt-Weg, benannt nach dem Gründer des »Landesvereins

Ludwig Richter, Ein Vogel, 1858,
Aus: Voer de Goern, Kinderreime alt und neu

Sächsischer Heimatschutz«. Zwischen dichten Bäumen öffnen sich hier immer wieder schöne Ausblicke auf den Loschwitzgrund und den gegenüberliegenden Hang mit → *Oberloschwitz*. Nach einer Rechtsbiegung des Wegs führt rechts ein schmaler, ungekennzeichneter Pfad – nicht zu verwechseln mit dem kurz vorher abzweigenden Oberen Ziegengrundweg – zur Ziegengrundquelle. Nach diesem Abstecher führt der Weg bergan zum → *Ortsteil Schöne Aussicht* und in die nach der Hofschauspielerin *Pauline* → *Ulrich* (1835–1916, → *K1*) benannte Ulrichstraße. Diese geht man nach rechts zur Krügerstraße. In diese links einbiegend gelangt man zu dem mit einem Sgraffito nach einer Ludwig-Richter-Zeichnung verzierten Haus Nr. 22 des Münzgraveurs *Reinhard* → *Krüger* (1794–1879, → *K1*). Nach rechts abbiegend, über die nach dem Komponisten und → *Zahnarzt Franz* → *Curti* (1854–1898, → *K1*) benannte Straße, führt die Route weiter zur Malerstraße, die an die Loschwitzer Malerkolonie erinnert. *Ludwig* → *Richter* (1803–1884, → *K1*) verbrachte in dieser Gegend viele Sommer (Kotzschweg 22 bei dem → *Fotografen* August Kotzsch, Hermann-Vogel-Straße 2, Malerstraße 4). Die Malerstraße mündet wieder in die Krügerstraße; hier wendet man sich bergab nach links, an der Ecke Oeserstraße lädt die Gaststätte Schöne Aussicht zum Rasten ein. Am Ende der Oeserstraße befindet sich das Wohnhaus des ehemaligen Kreuzkantors *Rudolf* → *Mauersberger* (1889–1971, → *K1*) und die Bergstation der → Schwebebahn. Das Aussichtsplateau bietet eine grandiose Aussicht über das Elbtal. Danach kann der fußmüde Wanderer mit der Bahn talwärts zur Pillnitzer Landstraße schweben. Alternativ bieten sich zum Abstieg die Steinwege (gegenüber der »Schönen Aussicht« oder direkt an der Bergstation) mit Mündung in den Veilchenweg bis zum Körnerplatz an.

Wachwitzer Königsweg
(ca. 50 min Gehzeit, rote Markierung)
Vom Körnerplatz aus führt der Veilchenweg steil bergan. Den aus einem Weinbergpfad entstandenen Weg säumen repräsentative historische und moderne Stadtvillen, aber auch noch einige alte Winzerhäuser. Das um 1750 errichtete kleine, liebevoll restaurierte Fachwerkhaus Nr. 1 war 1852 Sommerwohnsitz des Malers Ludwig Richter. Eines der ältesten erhaltenen Loschwitzer Gebäude ist das → *Winzerhaus Veilchenweg 9* (→ *Villen und Weinbergshäuser*). Im dazugehörigen Weinberg steht eine etwa sieben Meter hohe Winzersäule aus Sandstein, bekrönt von Äolus, dem Herrscher der

Wanderwegsschild *Ortsverein Loschwitz-Wachwitz*

Die obere Calberlastraße ist eine der wenigen in historischer Pflasterung erhaltenen Straßen in Loschwitz. *Foto: Holger Friebel*

Winde (→ *Denkmale*). Wo der Veilchenweg auf die Robert-Diez-Straße und die Calberlastraße trifft, steht ein weiteres altes Weinberghaus, genannt die Villa »Fallnichtein«. Das Gebäude, schon von Ludwig Richter gezeichnet, entstand um 1570 auf einem Weinberggrundstück. Die Wanderung führt ein kurzes Stück über den oberen Teil der Calberlastraße, dann nach links abbiegend auf dem Josef-Hegenbarth-Weg, dem früheren Loschwitzer Kirchweg, weiter. Am »Marienhaus« (Nr. 10) beginnt der Wachwitzer Königliche Weinberg. Ab 1824 begann der spätere König Friedrich August II. (1797/1836 – 1854) hier Weinbergland zu erwerben, auf dem auch bald Gärtnerei, Park, Wohn- und Wirtschaftsgebäude sowie der zeitweilige Sommersitz des Hauses Wettin errichtet wurden. Der nach rechts talwärts verlaufende Josef-Hegenbarth-Weg wird über eine kleine Bogenbrücke nach links verlassen. Rechts befindet sich der 1971 angelegte Rhododendrongarten (zugänglich über einen etwas weiter unterhalb gelegenen Fußweg) mit dem neuen Hofgärtnerhaus (Nr. 8). Ein paar Meter weiter steht links das alte Hofgärtnerhaus (Nr. 4) mit zwei Reliefs von Franz Pettrich (1770 – 1844, → *K1*), rechts die »Königliche Villa«, 1893 als Sommerresidenz erbaut. Über eine kleine Brücke führt der Weg, vorbei am ehemaligen Presshaus (Nr. 2) mit dem Fries von Pettrich, einige Stufen bis zum ersten Treppenabsatz, dann nach rechts einen Pfad weiter bis zu einer künstlichen Grotte. Darüber thront eine 1839 umgebaute Weinbergkapelle. Durch ein den Weinberg vor ungebetenen Wildgästen schützendes Gittertor wird der Panoramaweg erreicht. Sonnige Bänke und eine am Ende des Wegs befindliche Bastion laden zum Ausruhen und Genießen des schönen Elbtalblicks ein. Über die alte Weinbergtreppe (»Himmelsleiter«) steigt der Wanderer hinab zur Straße Am Steinberg. Das erste Haus links (Nr. 3) war das Wohnhaus von Wolf Heinrich Graf von Baudissin (1789 – 1878, → *K1*), einem bedeutenden Shakespeare-Übersetzer. Zwischen alten Weinbergmauern führt die schmale Straße an der Wollner-Villa (Nr. 14) und der Nr. 15, dem Sommersitz des Malers Woldemar Hottenroth (1802 – 1894, → *K1*), vorbei auf den Dorfplatz Altwachwitz – dem Endpunkt der Wanderung. Jetzt kann man im Restaurant Elbterrasse einkehren, oder zwischen Rückfahrt per Bus 63 und Spaziergang entlang der Elbe zurück zum Ausgangspunkt entscheiden.

Körner-Rundweg

(Gehzeit ca. 45 min, gelbe Markierung)

Wieder vom Körnerplatz ausgehend beginnt diese Wanderung entlang des Körnerwegs – der alten Verbindung zwischen dem Dorf Loschwitz und der Stadt Dresden. Die Nr. 6 auf der rechten Seite ist das → *»Körnerhaus«* – der einstige Sommerwohnsitz *Christian Gottfried* → *Körners* (1756 – 1931, → *K1*). Sowohl Körners Haus in der Stadt als auch sein Loschwitzer Landsitz waren Treffpunkte bedeutender Persönlichkeiten wie Friedrich Schiller (1759 – 1805, → *K1*) und Johann Wolfgang von Goethe (1749 – 1832, → *K2*). Ein Stück weiter befindet sich links der Loschwitzer → *Hafen*, früher als Winterhafen für die Dampfer der Weißen Flotte genutzt. Heute ankern hier liebevoll gepflegte private Boote. Die Nr. 12 ist das ehemalige Sommerhaus der Hofschauspielerin Pauline Ulrich. Danach betritt der Wanderer holperiges Sandsteinpflaster, das von dem direkt an der Elbe liegenden alten Treidelpfad erhalten blieb. An der Mündung des Stechgrundbaches erinnert ein Gedenkstein mit einer Sandsteinkugel an Oberlandbaumeister Wolf Caspar von Klengel (1630 – 1691, → *K1*), der ganz in der Nähe einen Weinberg besaß. Die Runde führt weiter durch einen Torbogen in der Hangmauer nach rechts in den Heilstättenweg. Nach steilem Anstieg auf dem nach der einstigen → *»Deutschen Heilstätte«* benannten Pfad wird die Wanderung nach rechts abbiegend auf der Schevenstraße fortgesetzt, deren Nr. 59 Landsitz und Weinberg des Hofjuweliers Augusts des Starken *Johann Melchior* → *Dinglinger* (1664 – 1731, → *K1*) war. Das linke Eckhaus am Ende der Straße (Schillerstraße 25) war eine ehemalige Weinpresse.

Nach rechts in die Schillerstraße einbiegend, wird das → *Schillerhäuschen* (Nr. 19) erreicht – ein klassizistischer Weinbergpavillon, in dem ein kleines Museum an Schillers Besuche bei Familie Körner erinnert. An der gegenüberliegenden Stützmauer befindet sich das nach Plänen von → *Architekt Martin* → *Pietzsch* (1866 – 1961, → *K1*) errichtete und 1912 eingeweihte → *Körner-Schiller-Denkmal*. Die Wanderung könnte mit einem Besuch auf der Terrasse des → *Cafés und Restaurants* »ZAZA« (→ *Gaststätten*) mit schönem Elbblick oder am Fuß der Schillerstraße im → *»Café Arabusta«* (→ *Gaststätten*) beendet werden.

Barbara Friebel

Quelle: 58

Richard Bernhardt, Körnerhaus, 1950er Jahre, Bleistift *Stadtarchiv*

Warnatz, Edmund; Maler (1887 – ?) → *K2*

Wanderwegsschild *Ortsverein Loschwitz-Wachwitz*

Wasserwerke

Wasserwerk Loschwitz

Die aufgegebenen Weinberge hatten sich um 1870 zunehmend zu Villengrundstücken entwickelt. Viele Grundstücke waren ohne eigene Trinkwasserversorgung. Für die Einwohner des Ortes wurde damit eine verbesserte Wasserversorgung immer notwendiger.

Somit war der Wunsch nach einer geregelten Wasserversorgung gestiegen. In einigen Grundstücken existierten zwar private Leitungen für eine Wasserzufuhr aus der Dresdner Heide oder Brunnen mit Pumpen. Aber die meisten Einwohner mussten sich das Trinkwasser von Quellen oder kommunalen Brunnen holen. Das Brauchwasser, unter anderem zum Wäschewaschen, wurde aus der Elbe oder aus den Bächen entnommen.

Um die Wasserversorgung im gesamten Ort zu ermöglichen, benötigte Loschwitz ein Wasserwerk. Der 47-jährige Bergdirektor Karl Friedrich Engler (1826 – ?) der das 1871 erbaute Haus Körnerweg 22 besaß, beschloss 1873, eine Wasseranlage auf seinem angrenzenden Weinberg (Körnerweg 24) zu errichten. Dieser Weinberg erstreckte sich vom Körnerweg bis hinauf zur Schevenstraße.

Das Gebäude des Wasserwerkes aus gelblichen Hartbrandziegeln entstand 1873 oberhalb der hohen Mauer am Körnerweg. Diese schützte die Anlage vor dem Elbehochwasser. Das Wasserwerk wurde mit einem Sammelbrunnen-System wie im Dresdner → *Wasserwerk »Saloppe«* ausgestattet. Bergdirektor Engler ließ auf seine Kosten und auf seinem Grundstück an der Niederen Bergstraße (heute Schevenstraße 17), 50 m über dem Elbspiegel, den oberirdischen 100 m³ fassenden Hochbehälter errichten. In diesem Neubau befand sich auch eine kleine Wohnung für den Maschinisten. Das Wasser wurde aus einem Brunnen am Fuße des Wasserwerkes mittels einer Dampfmaschine in den Hochbehälter gefördert. Von dort konnten durch Eisenrohre 40 Grundstücke mit Wasser versorgt werden. Den Dampfkessel lieferte die Görlitzer Maschinenbauanstalt AG. Der erforderliche Schornstein, ebenfalls in gelblichen Klinkern ausgeführt, ragte 20 m in die Höhe.

Da Engler an die Grenzen seiner finanziellen Möglichkeiten gestoßen war, gründete er am 21. August 1874 eine Aktiengesellschaft »Loschwitzer Wasserwerk«. Als deren Vertreter unterzeichnete Bergdirektor Karl Friedrich Engler als Vorstand und Direktor Johann Benjamin Gäbler als dessen Stellvertreter. Das Kapital der Gesellschaft betrug 150.000 Mark in 500 Aktien zu je 300 Mark. Engler brachte die Flurstücke für das Wasserwerk als Einlegewert von 120.000 Mark ein. Ihm wurden dafür 400 Aktien à 300 Mark gewährt.

Einbau eines Zweiflammen-Röhren Dampfkessels von der Firma Carl Melzer aus Halle 1895. Drei Personen mit Bebauungsplan: v. l. der Bauführer, Gemeindevorstand Oskar Albin Weigert und Baugewerke E. Heinrich Metzner Loschwitz-Blasewitz
Foto: James Aurig, LfD Sachsen, Slg. K. E. Scherz, Repro: Ernst Hirsch

Schon 1876 reichte die Leistung des Unternehmens für die Loschwitzer Wasserversorgung nicht mehr aus. Eine Generalversammlung konnte die Liquidation abwenden. Hugo Bartels (ehrenamtlicher Direktor des Wasserwerkes), Julius Freiherr von Gutschmid, Advokat (genannt 1868) und der Appellationsgerichtsassistent Carl Otto von Kyaw (1811 – 1880) richteten an die Aktionäre einen Appell, das Unternehmen zu retten. Benötigt wurden noch ein Hochbehälter und weitere Rohrleitungen um die höher- und abgelegenen Grundstücke von Loschwitz und Wachwitz zu versorgen. Dafür wurden 4.000 Thaler (12.000 Mark) veranschlagt.

Der Aufruf fand Gehör und es folgten finanzielle Unterstützungen durch die Königin Maria (1805 – 1877), vertreten durch Oberhofmarschall *Max → von Minckwitz* (1823 – 1901), Wolf Heinrich Graf von Baudissin (1789 – 1878, → *K1*), *Moritz → Calberla jun.* (1809 – 1906), Emilie Schmiedel (vermutlich eine Verwandte von Kyaw) und Konsul *Wilhelm → Knoop* (1836 – 1913). Obwohl das Werk schon einige Zeit außer Betrieb war, konnte es vor dem Bankrott gerettet werden.

Die Bauarbeiten für einen weiteren Hochbehälter auf dem ausgewähltem Standort (heute Hermann-Prell-Straße 5), etwa 100 m über dem Elbspiegel, gestalteten sich kompliziert, da der Baugrund zum Teil aus Felsen bestand und nur durch Sprengungen erschlossen werden konnte. Unter der Leitung von Hugo Bartels entstand ein neuer unterirdischer Wasserbehälter mit einem Fassungsvermögen von 200 m³ Wasser. Zeitgleich wurde das Rohrnetz erweitert.

1877 übernahm die »Wasserwerkaktiengesellschaft Loschwitz« das Unternehmen. 1884 erfolgte an dem Wasserwerkgebäude ein Erweiterungsanbau mit 4 m Länge.

Im Jahr 1893 ging das Wasserwerk in den Besitz der Gemeinde Loschwitz über. Die Aktiengesellschaft übertrug ihr die gesamte Wasserversorgungsanlage: etwa 4.000 m Rohrnetz, die beiden genannten Hochbehälter sowie einen Schöpfbrunnen und ein Pumpwerk (Körnerweg 24).

1894 begann der Einbau eines neuen 13 bar-Zweiflammrohr-Dampfkessels der Firma von Carl Melzer aus Halle an der Saale.

Das Wasserwerk in Loschwitz verlor an Bedeutung, als in Hosterwitz 1908 ein Grundwasserwerk in Betrieb genommen wurde. Dieses

Werk konnte Wasser in ausreichender Menge und dank seines Filtersystems auch in einer guten Qualität in das Netz einspeisen. Darauf folgte die Stilllegung kleinerer Anlagen, so auch die Ausrüstung des Loschwitzer Wasserwerkes. Letztere diente aber noch weiter als Pumpstation.

Der Industrielle Kommerzienrat Ferdinand Roßkothen (1845–1923), Schevenstraße 15, erwarb 1910 den oberen Teil des Wasserwerkgeländes (Schevenstraße 17) einschließlich des ausgedienten alten Hochbehälters, (auch als Wasserturm bezeichnet) für 12.000 RM. Roßkothen wurde aber verpflichtet, zugunsten des jeweiligen Eigentümers die Gemeindewasserleitung im Grundstück zu belassen. Den Hochbehälter hatte er jedoch 1910 abreißen lassen, um auf den Grundmauern ein Pförtnerwohnhaus mit Autogarage zu errichten.

Die folgende Urkunde entdeckten im Jahr 1910 Arbeiter beim Abbruch des um 1873 erbauten oberirdischen Hochbehälters, Schevenstraße 17. Bergdirektor Engler hatte dieses Dokument in den Grundstein eingelegt. Das Schreiben übereignete der neue Besitzer, Ingenieur Ferdinand Roßkothen, dem Vorsitzenden des Ortsvereins *Theodor → Leuschner*.

Aus dem Wortlaut der Urkunde

»Für die Nachwelt will ich dieses schreiben [...] Ich erbaute dieses Gebäude zu einem Wasserbehälter. 105 Ellen tiefer hatte ich einen Brunnen. Aus demselben wurde das Wasser bis hier her mit einer Dampfmaschine gehoben und versorgte auf diese Art das Dorf Loschwitz mit Wasser durch eiserne Röhrenleitung, wofür ich einen Wasserzins pro Q. Fuß 1 Pfg. bekam, wodurch mir mein aufgewendetes Kapital sehr gut verzinste oder vielmehr zu verzinse hoffte, da ich für heute den Erfolg noch nicht kenne, aber sicher erwarte, daß sich mein Kapital gut verzinsen wird, es kostete mich ca. 20.000 Thaler mit inbegriffen der Rohre welche eine Länge von rund 5.000 Ellen hat und einige 40 Besitzer im Dorf das Wasser von mir entnehmen.

Meine Dampfmaschine drückt in 24 Stunden 6–7.000 Q. Fuß Wasser in den hier zu erbauenden Wasserbehälter. Meine Anlage wird von verständigen Menschen mit der größten Anerkennung aufgenommen, da der Wassermangel groß ist. [...]

Anmerkung: die Elle lang, was ich bebaut habe, mußte ich mit 1 Thaler oder 3 Mark bezahlen. Loschwitz d. 10. Sept. 1873 mit einem herzlichen Glück-Auf

Karl Friedrich Engler, Bergdirektor«[1]

Wasserturm Schevenstraße *Foto: Slg. Matthias Griebel*

Für die Versorgung der restlichen Haushalte von Loschwitz sowie der Haushalte von Weißer Hirsch, Rochwitz und Wachwitz mit genügend Trinkwasser wurde 1914 an der Bautzner Landstraße gegenüber dem Lahmann-Sanatorium als Ersatz für den Hochbehälter an der Hermann-Prell-Straße ein neuer Hochbehälter errichtet.

In die Loschwitzer Pumpstation wurde ein neuer Dampfkessel mit 9 bar Betriebsdruck (Hersteller: vormals Firma Schmidt, Aschersleben) eingebaut. Zeitgleich entstand eine verbesserte Druckleitung aus Stahlrohr mit einem Durchmesser von 300 mm, die das Wasser in den neuerbauten Hochbehälter an der Bautzner Landstraße leitete. Die Leitung führte zu dem Hochbehälter (Heideflügel 5) am Weißen Adler, welcher 1894/95 von Ingenieur Hempel aus Berlin konstruiert und von August Hilbert aus Loschwitz gebaut worden waren. Der Behälter wurde 1904 vergrößert, um dem erhöhten Wasserbedarf gerecht zu werden. Trotzdem konnten die damaligen Ortsteile → *Schöne Aussicht* und → *Oberloschwitz* noch nicht mit dem erforderlichen Leitungsdruck versorgt werden. Die Gemeinde Loschwitz beschloss daher, am Weißen Adler einen dritten Hochbehälter mit zwei Kammern von je 150–300 m³ Fassungsvermögen und dazu ein Überpumpwerk im Rochwitzer Wald zu errichten. Bereits 1910 ließ die Gemeinde Rochwitz neben dem Hochbehälter im Rochwitzer Wald ein kleines elektrisch betriebenes automatisches Druckpumpwerk mit einer Drillingspumpe von 20 m³ Stundenleistung für ihren Ortsteil Oberrochwitz erbauen. Nun war gewährleistet, dass jeder Haushalt in Loschwitz, Weißer Hirsch, Rochwitz und Wachwitz mit genügend Trinkwasser versorgt werden konnte.

Um 1920 existierten immer noch private Wasserleitungen. Die Wasserwerkdirektion strebte

Wasserwerk Loschwitz vom anderen Elbufer aus gesehen, um 1925 *Foto: Archiv OVLW*

natürlich die Einbeziehung aller Grundstücke in das Gemeindewasser-System an, denn der Wasserzins war für die Wirtschaftlichkeit des Wasserwerkes eine wichtige Voraussetzung.

Nach der → *Eingemeindung* von Loschwitz am 1. April 1921 wurden folgende Baulichkeiten von der Stadt Dresden übernommen:

Brunnen I an der Grenze zum Körnerweg 22, Brunnen II an der nördlichen Seite des Wasserwerkgrundstückes Körnerweg 24 neben dem Maschinenhaus, Brunnen III (von 1914) auf dem benachbarten Grundstück Körnerweg 26. Jeder der Brunnen hat einen Durchmesser von 2 m. So liegt zum Beispiel bei Brunnen I der normale Elbwasserstand 105,20 m über NN. Die Sohle des Brunnens wurde auf 98,50 m über NN abgesenkt. Damit befindet sich die Sohle 6,70 m unter dem normalen Elbwasserspiegel. Die drei Brunnen waren durch 200/250 mm-Gusseisenleitungen miteinander verbunden. Jeder der drei Brunnen konnte auch einzeln betrieben werden.

1922 verkauften die Dresdner Wasserwerke das Grundstück Hermann-Prell-Straße 5 an Klara Weichardt. Sie ließ den Hochbehälter abtragen und nutzte die Fläche für einen Tennis- und Spielplatz.

In einem Zeitungsartikel von 1928 war zu lesen: »Wer auch nur das einfachste Schönheitsgefühl besitzt, den stört diese Esse empfindlich; sie muß verschwinden, wie auch die von der Saloppe einstmals niedergelegt wurde. Und sie kann es; denn keiner, auch der hartnäckigste Beobachter nicht, sieht jemals dieser Esse ein Wölkchen Rauch entsteigen. Wer danach fragt, wird erfahren, daß sie schon seit Jahren nicht mehr in Betrieb ist, daß das Loschwitzer Wasserwerk, genauso wie das andere flußabwärts liegende nur noch als Pumpstation von dem Wasserwerk Hosterwitz nach dem Reservoir am Fischhaus dient«.[2]

1929 wurde das Wasserwerk mit eigener Stromversorgung (75 PS-Benzinmotor/380 V Drehstromgenerator) auf elektrischen Betrieb umgestellt, die störende hohe Esse niedergelegt und die Mitgliedschaft im Sächsischen-Dampfkessel-Überwachungs-Verein beendet.

Im Jahr 1936 übernahm die DREWAG (Dresdner Gas-, Wasser- und Elektrizitätswerk AG) das Werk. Es erfolgte der Umbau des ehemaligen Kesselhauses zu zwei Wohnungen. Weitere zwei Wohnungen entstanden durch Baumaßnahmen im ehemaligen Kohlenschuppen. 1943 erfolgte der Einbau eines Luftschutzkellers.

Am 13. Februar 1945 bekam das östlich gelegene Haus des Wasserwerkes beim Luftangriff auf Dresden einen Volltreffer. Ein Teil des Hauses konnte für Wohnzwecke wieder aufgebaut werden. 1993 verkaufte die Stadt Dresden dieses Gebäude mit Grundstück an Dr. Frank Zabel. Das Haus mit dem Ruinenteil wurde 1995 abgebrochen. Dabei entdeckten Arbeiter unter Bauschutt einen noch funktionierenden Brunnen (Brunnen I). Dieser wird jetzt für die Bewässerung des Gartens genutzt. Von 2000 bis 2001 entstand ein Neubau aus Glas und Stahl, der von den Architekten Siegbert Langner von Hatzfeld und Heinz Schönwälder (→ *Baumeister und Architekten*) entworfen wurde.

Während des Augusthochwassers 2002 stand das Wasser kurz unter der etwa 5,50 m hohen Mauerkrone am Körnerweg, die Flut erreichte die Gebäude nicht.

Am 3. Juni 2004 erfolgte die Stilllegung des Pumpwerkes. Das dazugehörige Grundstück mit dem unbewohnten ehemaligen Maschinenhaus wurde am 12. März 2008 von der Stadt Dresden versteigert. **Ute Häse**

Zitate:
1 Weber, Rohrmeister; unveröffentlichtes Manuskript; Sammlung Matz Griebel
2 Zeitung von 1928
3 Zatzkowski, Dieter†; Dr. Hoch, Karl-Ludwig; Erlebnisberichte; zusammengestellt von Ute Häse
Quellen: 725, 894, 895, 1000, 1256

Der Hangrutsch

Das Unglück geschah am 13. Mai 1945, fünf Tage nach Beendigung des Zweiten Weltkrieges.
Else Zatzkowki wohnte vorübergehend mit ihren zwei Kindern in der Villa Schevenstraße 15. Sie waren aus dem an der Straße liegenden Nebengebäude wegen befürchteter Überfälle sowjetischer Soldaten dort hingezogen. Im Erdgeschoss wohnten die Offiziere der Roten Armee, die das Haus besetzt hielten. Es muss wohl früh am Morgen geschehen sein, als die Villa und die Nachbarvilla »Rosenhof« der Familie Hoch, Schevenstraße 11 durch zwei starke Erdstöße erschüttert wurde.
Was war geschehen? Die Druckwasserleitung mit 300 mm Durchmesser, die vom Wasserwerk Loschwitz zum Hochbehälter an die Bautzner Landstraße führte, war geborsten. Bereits am vorausgehenden späten Abend hatten die Bewohner ein Rauschen gehört, das sie aber nicht deuten konnten. Die Soldaten gerieten in Panik und brüllten »Sabotage« und dergleichen. Sie bewachten mit scharfer Munition Grundstück und Umgebung – eine gefährliche Situation.
Der Bereitschaftsdienst des Loschwitzer Wasserwerkes bemerkte den Wasserverlust an den Messgeräten und wollte Abhilfe schaffen. Zwei Mitarbeiter begaben sich mit Stalllaternen den Hang hinauf in Richtung Hochbehälter, um den Wasserschieber auf der Straße zu schließen. Die Soldaten bemerkten die Wasserwerker und nahmen sie unter Beschuss. Sie kehrten schleunigst um und somit war das Unglück nun nicht mehr abzuwenden, denn das Wasser staute sich an einer querverlaufenden Sandsteinmauer. Der Druck auf die Mauer wurde so hoch, dass diese auseinander brach. Die Wassermassen bahnten sich mit Erde, Geröll, einschließlich eines Goldfischbassins, Bäumen und Sträuchern den Weg in Richtung Elbe. Auch die Villa Schevenstraße 15 war nicht verschont geblieben. An einer Seite wurde das Fundament unterspült und hing förmlich in der Luft. Daraufhin verließen die Rotarmisten das Anwesen. Die Sicherung der Villa erfolgte kurzfristig. Zum Glück ist der Hangrutsch zwischen den Häusern am Körnerweg erfolgt. Die abgespülten Erd- und Geröllmassen gelangten bis in die Mitte der Elbe und behinderten den Schiffsverkehr, sodass dieser vorübergehend eingestellt werden musste.
Im Sommer 1946 begannen die aufwändigen Aufräumungsarbeiten, die sich über Monate hinzogen. Ein Feldbahngleis wurde am Hang installiert, auf dem mittels Seilwinde eine Lore mit dem abgeschwemmten Erdreich hochgezogen werden konnte, um den Hang wieder aufzufüllen. Auf dem Foto von Karl-Ludwig Hoch aus dem Frühjahr 1946 ist das Ausmaß der Zerstörung noch deutlich zu erkennen. Die eingestürzte Mauer ist bis heute nicht wieder errichtet worden.[3]

Hangrutsch am Elbhang. Die Aufnahme ein knappes Jahr später, während des Frühjahrshochwassers 1946, lässt das Ausmaß der Erdbewegungen erkennen, durch die anfangs sogar die Elbschifffahrt behindert wurde. *Foto: Karl-Ludwig Hoch*

Wasserwerk Saloppe

Am rechten Elbufer, im spitzen Winkel zwischen Brockhausstraße und Körnerweg, befindet sich das Wasserwerk Saloppe. Im Siebenjährigen Krieg erhielt der Fährmann Franz Köhler das Recht, am Zschorrgrund (Schotengrund), also in unmittelbarer Nähe der alten Straße nach Bautzen, in der dort errichteten preußischen Feldwachtstation einen Marketenderschank zu betreiben. Nach Abzug der Feldwache überließ man ihm die auf dem Weinberg liegende Bretterbude. 1813, während der Befreiungskriege, tranken in diesem Bretterausschank viele in Dresden stationierte Kosaken ihren Wodka. Sie nannten das Wirtshaus »wutki chalupka«, was soviel wie »Wodkabude« bedeutet. Daraus entstand wahrscheinlich der Name »Saloppe« (→ *Gaststätten*). Diese Bezeichnung ging dann später auch auf das Wasserwerk über.

Im Jahr 1476 erhielten die Mönche des Augustiner-Eremiten-Ordens die Erlaubnis, eine hölzerne »Röhrwasserleitung« vom damaligen Oberfischmannsteich im Schotengrund, in unmittelbarer Nähe des → *Fischhauses*, zu ihrem Kloster nach Alten-Dresden anzulegen. Nach der Auflösung des Klosters im Jahr 1540 wurde 1545 eine zweite »Röhrfahrt« verlegt, von der auch die Dresdner Bürger profitierten. In den folgenden Jahrhunderten wurde die Wasserzufuhr durch zwei weitere Röhren verdoppelt. Diese Röhrfahrten waren bis zu ihrer Zerstörung im Zweiten Weltkrieg noch funktionsfähig und speisten unter anderem den Pferdebrunnen an der Bautzner Straße Ecke Holzhofgasse. Im Jahr 1841 wurden die ersten Blochmann-Sandsteinrohre, benannt nach dem Ingenieur Rudolf Sigismund Blochmann (1784 – 1871), zur Trinkwasserbeförderung für die Stadt Dresden verlegt. Mit dem Beginn der industriellen Revolution stieg der Bedarf an Wasser beträchtlich. Ab 1863 holte der Rat der Stadt Dresden mehrere Fachgutachten ein, um den Wasserbedarf in Zukunft decken zu können. Nach mehrjährigen Verhandlungen wurde 1870 der Ingenieur Bernhard Salbach (1833 – 1894) vom Rat der Stadt beauftragt, Untersuchungen anzustellen, um die benötigte Qualität und Quantität des Wassers für Dresden zu finden. Pläne und Kostenanschläge wurden von ihm im August 1871 eingereicht und bereits einen Monat später vom Rat der Stadt bestätigt.

Noch im September 1871 begann der Architekt und Stadtbaurat Theodor Friedrich (1829 – 1891, → *K2*) mit dem Bau der Anlage. Am 26. November 1872 erfolgte die Grundsteinlegung für das Maschinenhaus. Die technische Ausstattung des Wasserwerkes lag in den Händen Bernhard Salbachs. Er entschied, das natürlich filtrierte Grundwasser aus dem Elbufervorland zu nutzen. Er baute eine Sickerleitung und eine Rohrbrunnengalerie mit 57 Rohrbrunnen zwischen Heilstättenweg und Waldschlößchen. Für den Bau des Wasserwerkes musste der Hang am Standort der alten Gaststätte teilweise abgetragen werden.

Zur Speicherung und Versorgungsdrucksicherung wurde 1873 am 60 Meter höher liegenden Fischhaus (→ *Gaststätten*) am Rand der Dresdner Heide ein Hochbehälter errichtet. Eine Doppelrohrleitung überbrückte die Entfernung von 1200 Metern. Am 11. März 1875 wurde das Wasserwerk in Betrieb genommen.

Die offizielle Einweihung fand am 30. März 1875 im Beisein des Königs statt. Mitte April stand das gesamte Rohrnetz unter Druck und mit der amtlichen Übernahme des Wasserwerkes durch die Stadt am 1. Mai 1876 war das Projekt abgeschlossen. Das Wasserwerk hatte die Aufgabe, pro Kopf der Bevölkerung 96 Liter Trinkwasser pro Tag in guter Qualität zur Verfügung zu stellen. Die maximale Tagesleistung 1876 lag bei fast 27.000 m³. Sechs liegende Dampfmaschinen pumpten das aufbereitete

Wasserwerk Saloppe, um 1915 *Foto: F. & O. Brockmann, Privatsammlung Kühne Dresden*

Wasser in den Hochbehälter am Fischhaus. Von dort floss das Wasser in das zentrale Verteilungsnetz der Stadt. Die Gesamtkosten des Baues betrugen reichlich 7,5 Millionen Mark.

Nach dem Bau der Saloppe erhielt Bernhard Salbach 1891 den Auftrag, für die nächsten Jahrzehnte die Bereitstellung von Trinkwasser für Dresden zu planen. Das Wasserwerk lief an der äußersten Kapazitätsgrenze und der Neubau eines weiteren Wasserwerkes war längst überfällig. Die Wasserwerke Tolkewitz, Hosterwitz, Albertstadt und viel später Coschütz folgten. Nach zehn Jahren erfolgreicher Förderung erhielt Bernhard Salbach als Ehrung eine Gedenktafel am Gebäude des Wasserwerkes Saloppe. Eine zweite erinnert an den Baubeginn.

Von 1923 bis 1925 erfolgte nach den Plänen der Stadtwerke unter der Leitung von Otto Vollmar (1873 – 1954) ein grundlegender technischer Umbau. Die Dampfmaschinen wurden durch vier elektrisch betriebene Kreiselpumpen der Firma Sulzer ersetzt und die Wasseraufbereitung nach den neuesten Erkenntnissen erweitert. Als Notstromaggregat bei eventuellen Versorgungsausfällen der Elektroenergie diente ein U-Boot-Motor, der etwa 1975 demontiert wurde. Am 1. Januar 1930 übernahm die an diesem Tag gegründete Aktiengesellschaft DREWAG neben der Elektroenergie- und Gasversorgung auch die gesamte Wasserversorgung der Stadt Dresden.

Am 13. Februar 1945 traf der Bombenhagel auch die Saloppe. Mehrere Bomben durchschlugen das Dach, zerstörten zwei der vier Türme und beschädigten die Förderanlagen. Die Sickergalerie und die Brunnengalerie wurden auf der gesamten Länge gezielt getroffen. Nach Beseitigung der Schäden erfolgte später ein Rückbau der alten Aufbereitung und des Kohlenbunkers. Erst 1949 konnte das Wasserwerk Saloppe den Betrieb wieder aufnehmen. Es lief in den folgenden Jahren konstant und förderte durchschnittlich etwa 24.000 m³ pro Tag. Erweitert wurde die Wasserfassung 1977 mit zwölf zusätzlichen Brunnen in Höhe des Rosengartens in Dresden-Neustadt. Auf Grund des hohen Wasserverbrauches in Dresden wurden 1984 nochmals zehn Brunnen am »Bogenschützen« am Neustädter Elbufer gebaut. Durch die solide Bauweise mit starkem Mauerwerk, die dem Druck der Elbe bei Hochwasser standhielten, kam es in all den Jahren zu keinen nennenswerten Schäden im Wasserwerk.

In den Jahren 1978 bis 1989 nahm die Verschmutzung der Elbe drastisch zu. Damit verschlechterte sich die Qualität des Rohwassers aus den Rohrbrunnen, sodass die Aufwendungen für die Herstellung von Trinkwasser deutlich anstiegen.

Wasserwerk Saloppe, 2013 *Foto: Siegfried Großmann*

1990 ging der Wasserverbrauch in Dresden infolge von Betriebsschließungen vieler Großabnehmer (z. B. Stahlindustrie, Landwirtschaft) stark zurück. Deshalb wurde die Heberleitung geschlossen und die Sickergalerie gekürzt. Der Wasserverbrauch war 1993 so stark gesunken, dass ein Wasserwerk genügte, die Tagesleistung für ganz Dresden zu erbringen. Deshalb wurde das Wasserwerk Saloppe 1993 vom Netz genommen. Die alte 800er Druckleitung von Hosterwitz und die beiden 600er Hauptleitungen der Saloppe wurden verlegt und im Bereich der Brockhausstraße Richtung Hochbehälter neu eingebunden. Nach zwei Jahren Umbau versorgte das Wasserwerk seit 1995 unter Nutzung der ursprünglichen Uferfiltration ohne weitere Aufbereitung den Industriestandort Königsbrücker Landstraße mit Brauchwasser. Das Wasserwerk lief voll automatisch und verbrauchsabhängig.

In der DDR war es nicht so einfach ein Wasserwerk zu besichtigen. Das traf auch auf die Saloppe zu. Die ersten offiziellen Besucher kamen 1991 aus Holland. Die Abordnung war begeistert über die Konstruktion von Dach und Wendeltreppen. Sie lobte die Ordnung und Sauberkeit im Wasserwerk.

Im Oktober 1991 fand im Wasserwerk und auf den Elbwiesen die erste Ausstellung unter dem Namen »Urstrom« statt. 2002 folgte das Kunstfestival »Ornö«, eine weitere Kunstausstellung wurde im August 2012 gezeigt. Zu diesem Zeitpunkt waren schon alle 10 Filter und die vier Kalksättiger demontiert, die Entkernung des Wasserwerkes begann. Die Brauchwasserförderung wurde eingestellt und die Immobilie zum Kauf angeboten. Im Oktober 2013 kaufte ein bayrischer Investor, die Wasserwerk Saloppe GmbH, das Objekt.

Der Generalplaner ist IPRO Consult. Im Wasserwerk sind 30 bis 36 Luxuswohnungen geplant. Die zwei fehlenden Türme sollen wieder aufgesetzt werden. Im Juni 2015 begann der Bau des Nebengebäudes, der ehemaligen Aufbereitungshalle, und der Tiefgaragen. Der Innenausbau des Wasserwerkes Saloppe soll im Oktober 2015 beginnen. **Ingolf Zahn**

Quellen: 116, 144, 447, 449, 450, 451, 487, 580, 604, 798, 824, 833, 868, 983, 1023, 1024, 1177

Watol, Carsten; Maler und Grafiker (* 1954) → *K2*

Weber, Hans-Jörn; Schauspieler (* 1941) → K2

Weber, Ralf; Architekt (* 1952) → *K2*

Weber, Carl Maria von; Kapellmeister und Komponist (1786 – 1826) → *K1* → *Fährgut*

Webersinke, Amadeus; Pianist und Organist (1920 – 2005) → *K1*

Webersinke, Brunhild; Musikerin (* 1941) → *K2*

Weber-Unger, Jochen; Schauspieler und Dramaturg (1926 – 2002) → *K2* → *Puppenspiel/Sachsenkasper*

Wedemeyer, Heinrich; Bildhauer (1867 – 1941) → *K2* → *Kügelgen*

Wegerich, Carl Gottlob; Lehrer und Organist (1795 – 1881) → *K2* → *Kirchenmusik/Kantoren*

Wegscheider, Kristian; Orgelbauer (* 1954) → *K2* → *Kirche/Orgel*

Hans Hendrik Wehding in Karlsbad, 1940er Jahre.
Foto: Slg. Ulrike Laubner geb. Wehding

Hans-Hendrik Wehding in seinem Arbeitszimmer, An der Berglehne 1
Foto: Hans-Werner Jenke

Wehding, Hans-Hendrik
Komponist und Dirigent (1915 – 1975)

Hans-Hendrik Wehding (→ *K1*) wurde am 3. Mai 1915 in Dresden geboren. Er begann mit 17 Jahren ein Studium an der Orchesterschule der Staatskapelle in Dresden.

Hier waren Hermann Kutzschbach (1875 – 1938) und Ernst Hintze (1893 – 1965) für Dirigieren, Johannes Schneider-Marfels (1910 – 1967, → *K2*) für Klavier sowie Kurt Striegler (1886 – 1958) und Joseph Lederer (1877 – 1958) für Komposition seine Lehrer.

1934 bis 1939 arbeitete er als freier Mitarbeiter am damaligen Sender Dresden – sowohl als Dirigent und Pianist als auch als Musikdramaturg. In den Jahren 1940 – 1943 dirigierte er als Opernchef in Karlsbad ca. 400 Opern- und 300 Operettenaufführungen. Nach einem kurzen Intermezzo als Opernkapellmeister in Berlin leitete er 1946 bis 1947 die damalige Volksoper Dresden. 1948 kehrte Wehding als Leiter der Musikabteilung des Landessenders Dresden und Dirigent des Großen Rundfunkorchesters zum Hörfunk zurück. Der Deutsche Fernsehfunk verpflichtete ihn 1953 bis 1955 als Musikalischen Leiter. Seit 1956 arbeitete Wehding vor allem freischaffend als Dirigent und Komponist, unterbrochen in den Jahren 1966 bis 1968 von einer Anstellung als Musikalischer Oberleiter der Staatsoperette Dresden.

Weit über 500 Rundfunkaufnahmen sowie einige Schallplatteneinspielungen belegen sein umfangreiches Schaffen insbesondere als Dirigent. Außerordentlich umfangreich ist sein kompositorisches Schaffen in allen Genres und Gattungen der Musik. Sein wohl berühmtestes Stück ist das Zwischenspiel aus dem Ballett »Der Goldene Pavillon« von 1942. Auch als Filmmusikkomponist (über 450 Musiken zu Spiel-, Dokumentar- und Trickfilmen) war Wehding hoch geschätzt und wurde dafür 1956 mit dem Heinrich-Greif-Preis 1. Klasse ausgezeichnet. Zahlreiche Kompositionen stehen in engem Bezug zu seiner Heimatstadt: Zwingerserenade, Pillnitzer Serenade, Suite Dresden (1934), Suite Neues Dresden (1959). Der Loschwitzer Musikkritiker Gottfried Schmiedel (1920 – 1987, → *K1*) schrieb im Mai 1965 im Sächsischen Tageblatt: »Hans-Hendrik Wehding komponiert mit leichter, lockerer Hand, seine Musik ist nicht am Schreibtisch ertüftelt und erklügelt, sondern wirkt natürlich im Ausdruck, echt im Empfinden und spontan in der Erfindung. Über allem steht bei Wehding die Melodie, die seiner Musik jenen Grundklang verleiht, der ihn breitesten Hörerschichten so beliebt und populär machte.«[1]

Hans-Hendrik Wehding wohnte ab 1949 An der Berglehne 1 in → *Oberloschwitz*, wo er am 8. Oktober 1975 verstarb. Sein Grab befindet sich auf dem Waldfriedhof Dresden-Weißer Hirsch.

Christian Mögel

Zitat:
1 Schmiedel, Gottfried, in: Sächsisches Tageblatt 5.1965
Quellen: 639, 726, 761

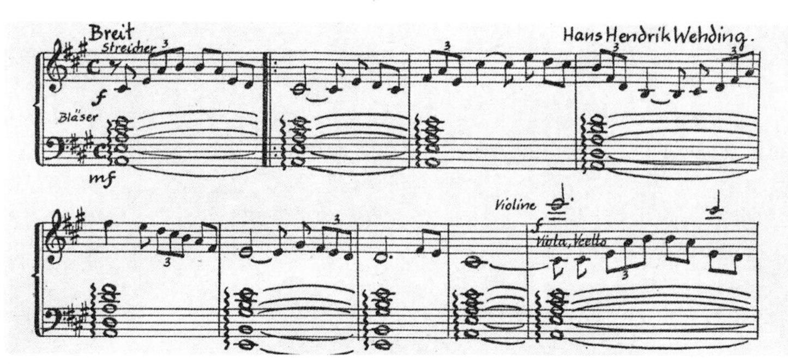

Hans-Hendrik Wehdings populärste Komposition war das Zwischenspiel aus dem Ballett »Der goldene Pavillon«.

Weichardt, Karl; Architekt und Architekturmaler (1846 – 1906) → *K2*

Weidlich, Charlotte Josefine; Sängerin und Gesangspädagogin (1880 – 1973) → *K2*

Elbhangfest-Weihnachtsmarkt 2012, rechts im Baum der von dem Wachwitzer Künstler Reinhold Herrmann gestaltete Engel. Rechts das von Holger Friebel mit einem Motiv von → Hermann Vogel gestaltete Plakat des zehnten Marktes 2006 *Foto: Johannes Dose*

Weihnachtsmarkt

Nachdem die ersten → *Elbhangfeste* ein begeistertes Echo gefunden hatten, entstand die Idee, im Dorfkern einen stimmungsvollen kleinen Weihnachtsmarkt zu veranstalten. 1996 wurde der Elbhangfest e. V. von der Advanta mit einer Prämie geehrt. Davon konnten die Verkaufsstände im Stil des historischen Marktes an der Frauenkirche nach Ludwig Richters Zeichnungen gebaut werden, gestaltet von Susanne und Volker Berthold. Die Ausführung lag in Michael Athenstaedts Händen. Volker Wenzel gab den Anstoß zur Realisierung und Vera Steinfelder übernahm bis 2013 die Aufgabe zur inhaltlichen Ausrichtung. Vom 14. bis 21. Dezember 1997 startete der 1. Weihnachtsmarkt an der Friedrich-Wieck-Straße mit 15 Ständen. Der Elbhang-Posaunenchor stimmte die Besucher ein, genauso unermüdlich wie in allen folgenden Jahren. Zu einer Tradition hat sich der große »Stollenanschnitt« durch die → *Bäckerei Wippler* zur Eröffnung des Weihnachtsmarktes entwickelt. Künstler und Handwerker vom Elbhang verkaufen ihre Produkte aus Holz, Glas, Keramik, Metall, Stoff oder Papier. 2003 konnte der erfolgreiche Weihnachtsmarkt auf 16 Tage und 28 Stände erweitert werden. Zu einem schönen Symbol wurde der schwebende Engel des Wachwitzer Künstlers Reinhold Herrmann (* 1942, → *K1*). Nach Abschluss des Marktes findet er seitdem seinen Platz in der Loschwitzer → *Kirche*. Erstmals 2005 fanden sich 17 Elbhangfreunde als »Loschwitzer Engelchor« zusammen.

2007 kam eine sinnstiftende Aktion hinzu: Der Weihnachtsmann trat in Weiß-Grün, den Farben der Sachsenfahne, auf. Ungespritzte Äpfel, Nüsse, Orangen sind stets seine Gaben.

Parallel zum Weihnachtsmarkt zeigt ein »Adventskalender von Haus zu Haus« während der gesamten Adventszeit an, dass dort, wo eine Laterne leuchtet, die Spaziergänger herzlich eingeladen sind zum Singen, Musizieren, dem Erzählen von Geschichten und dem Verzehr von Plätzchen und Bratäpfeln. Diese Idee der Loschwitzer Kirchgemeinde führte wohl auch manche Besucher des Marktes in den Häusern zusammen.

Kulturelle Rahmenprogramme im gegenüberliegenden Ortsamt, dem »KulturHaus« in der Friedrich-Wieck-Straße, der Loschwitzer Kirche und anderen Orten begleiten die Weihnachtsmärkte seit 1997. Sie wurden später ergänzt durch Ausstellungen im Ortsamt. Im Jahr 2000 gab es dort die Ausstellung »Spurensuche Elbhangtrachten«. Der 16. Weihnachtsmarkt 2012 wurde durch die Ausstellung »Weihnachten wie zur Zeit Ludwig Richters« bereichert. 2013 informierte eine Ausstellung zu den gewachsenen freundschaftlichen Beziehungen zwischen Dresden und Hamburg-Blankenese. Deshalb kamen 2013 der Weihnachtsmann und seine Engel mit einem Boot auf der Elbe ans Loschwitzer Ufer gefahren. Finanzielle Einschränkungen nach den beiden Flutkatastrophen 2002 und 2013 wurden und werden durch den Enthusiasmus der Gestalter und die unermüdliche Bereitschaft zum Mitwirken ausgeglichen. Der Elbhangfest-Weihnachtsmarkt hat sich seit 1997 nunmehr zu einer festen und bei den Besuchern aus Nah und Fern sehr beliebten Tradition entwickelt. **Hella Ulrich**

Quellen: 51, 724

Landtagspräsident Erich Iltgen und Bäckermeister Michael Wippler 2002 beim Stollenanschnitt *Foto: Jürgen Frohse*

Weinberger, Siegfried; Musiker (1921 – 1995) → *K2*

Weinhold, Wilhelm Heinrich; Bildhauer (1844 – 1932) → *K2*

Die 2014 von Klaus Wiechmann gestaltete und gestiftete Krippe *Foto: Maria Dose*

Christian Gottfried Morasch, Prospect der Loschwitzer Weinbergsfluren, um 1790, Umrissradierung, koloriert (Ausschnitt) *Städtische Galerie Dresden*

Weinbau, Weinberge und Winzer

Weinbau von den Anfängen bis zur DDR

Die Wiege des Weines liegt wahrscheinlich im Kaukasus. Funde von Tonkrügen mit Traubenreliefs aus der Zeit um 6000 v. Chr. deuten darauf hin. Auch in Mesopotamien – dem heutigen Irak –, in Ägypten und dem späteren Palästina gibt es Hinweise auf frühen Weinanbau. Ab etwa 1600 v. Chr. wurde der Weinbau in der mykenischen Kultur im heutigen Griechenland zunehmend kultiviert. Von dort verbreitete er sich im gesamten Mittelmeerraum. Aus dem griechischen Dionysos, dem Gott des Weines, der Fruchtbarkeit und des Theaters, wurde bei den Römern der Gott Bacchus. Im ersten Jahrtausend verbreitete sich der Weinbau über nahezu ganz Europa.

Der Legende nach soll Bischof Benno (um 1010 – 1106), der 1066 Bischof von Meißen geworden war, den Wein an die Elbe gebracht haben. Erstmals urkundlich erwähnt wird der Weinbau an der Elbe 1161, als Markgraf Otto der Reiche (um 1125/1156 – 1190) einen Meißner Weinberg verschenkte. Bis ins 15. Jahrhundert dehnte sich der Weinbau elbabwärts bis etwa Seußlitz und stromaufwärts bis hinter Pillnitz aus. Anbau, Verkauf und Ausschank wurden bereits im 15. Jahrhundert durch landesherrliche Ordnungen und Befehle geregelt. Kurfürst Christian I. (1560/1586 – 1591) erließ 1588 die »Churfürstliche Sächsische Weinbergsordnung«, die die Arbeit auf den Weinbergen vom »Aufziehen« bis zum »Decken« regelte. Eine spätere Polizei-Ordnung bestimmte, welcher Wein von wem getrunken werden durfte.

Im 17. und 18. Jahrhundert gab es an den Loschwitzer Hängen zahlreiche Weinberge und Winzer. Der Niedergang des Weinbaus begann auch in Loschwitz im 19. Jahrhundert. Gründe dafür waren nicht nur der unterdessen gelockerte Import von Weinen aus anderen Regionen, sondern wohl auch die harte Arbeit, die das Bestellen der Weinberge mit sich brachte. Andere Fruchtarten anzubauen war weniger mühsam und brachte vor allem mehr Profit. Hinzu kam noch, dass durch die steigende Zahl von Brauereien mehr Bier getrunken wurde. Wo einst Rebstöcke standen, wuchsen ab der Mitte des 19. Jahrhunderts Johannisbeeren und Stachelbeeren, aber auch Aprikosen, Pfirsiche, Kirschen, Äpfel und anderes. Hinzu kam eine Bebauung der Elbhänge mit Villen vorrangig Dresdner Bürger.

Polizei-Ordnung von 1661 unter Kurfürst Johann Georg II. (1616/1656–1680):
§ 2: Fremder Wein wird gemeinen Bürgern, Handwerksleuten und anderen geringen Personen bey 10. Rthl. [Reichstaler] Straffe verboten, und nur denen von Adel und anderen Personen von Conditio ib. [etwa: mit besonderen Bedingungen vor Ort] ingleichen den privilegierten Wein-Kellern in Städten gestattet, Rheinische, Moßler, Necker und Francken-Wein einzulegen.[1]

Winzer beim Weinstocksetzen am Schillerhäuschen, um 1875 *Foto: August Kotzsch, LfD Sachsen, Slg. K. E. Scherz*

Das endgültige Aus des Weinbaus in großen Teilen Europas brachte der Mehltau und ab etwa 1865 die Reblaus. In der Lößnitz (Radebeul), wo der Weinbau noch nicht wie in Loschwitz bereits aus anderen Gründen zurückgegangen war, wurde die Reblaus 1885 erstmals aufgefunden. Sie zerfrisst im Wurzelbereich die saftführenden Schichten, wodurch die Pflanzungen großflächig eingehen. Ihre Vermehrung war so gewaltig und rasch, dass trotz sofort einsetzenden Kampfes gegen sie dieser so leicht nicht zu gewinnen war. Die Weinstöcke wurden zunächst gerodet und verbrannt. Dann ließ man die Weinberge zwei Jahrzehnte brach liegen. Damit hatte die Reblaus hier zunächst gesiegt. In Radebeul begann, nach dem Tiefpunkt des sächsischen Weinbaus, 1935 die großflächige Aufrebung der Lößnitzhänge. Die Eiablagen waren nun verrottet und man verwendete ab jetzt nur noch reblausfeste Unterlagen. In Loschwitz ließ dies noch ein paar Jahrzehnte auf sich warten.

Ab etwa 1970 wurde in der DDR der Meißner Wein wieder begehrt. Die Leute wollten wieder trockene Weine trinken, so wie sie vornehmlich in der »Winzergenossenschaft Meißen« gekeltert wurden. Da der Bedarf nicht gedeckt werden konnte, wurde anfangs Traubensaft aus Bulgarien, Rumänien und Ungarn importiert. Es entstand die Idee, die seit 100 Jahren umfunktionierten Weinberge wieder aufzureben.

Meißner Wein war knapp. Man bekam ihn fast nur in den Interhotels zu trinken und im »Rebstock« in der Niederwaldstraße in Dresden-Blasewitz bei einer Vorbestellzeit von einem halben bis einem dreiviertel Jahr. Auch bei Feinkost-Fendler am Schillerplatz konnte man Meißner Wein kaufen, wenn er vorrätig war. Hatte man Meißner Wein zum Tausch, öffneten sich alle Türen, insbesondere bei den in der DDR so schwer zu bekommenden Handwerkern.

Für die Winzergenossenschaft war es deshalb nicht schwierig, engagierte Hobby-Winzer zu finden, die die Weinberge in mühevoller Arbeit von dem inzwischen mächtigen Baumbestand befreiten, die Grasnarbe beseitigten, pflügten, die Hänge wieder mit Weinreben bepflanzten und nachträglich gegen Wildfraß einzäunten. In ihrer Arbeit wurden die Winzer maßgeblich von der Winzergenossenschaft Meißen unterstützt. Sie half ihnen finanziell und lehrte sie, wie man einen Weinberg anlegt und die Reben pflegt, damit eine gute Ernte erzielt wird. **Hermann Gildemeister**

Zitat:
1 Hayme, Thomas; Digesta juris Saxonici oder Vollständiger Auszug der Sächsischen Rechte...; Leipzig 1734
Quellen: 485, 764, 824

Dinglingers Weinberg

Schevenstraße 59

Am Ostrand des → *Mordgrundes* liegt auf der ersten Geländestufe des Loschwitzhanges das ehemalige Weinberghaus des Ersten Hofjuweliers August des Starken, Johann Melchior Dinglinger (1664 – 1731, → *K1*). 1628 wird das Grundstück erstmals erwähnt. Es ist unbebaut, bewachsen mit verschiedenen Arten von Bäumen und Gesträuch. 1650 finden wir bei Matthäus Merian in seinem »Prospect deß Elbstromes umb Dreßden« aus der »Topographia Saxoniae« eine Darstellung der damaligen Situation. 1696 wird auf einer Karte das Grundstück mit dem Haus als »Der Jungfer Lucien Weinberg bey Loschwitz« bezeichnet. Der Weinanbau wurde in dieser Zeit auf dem relativ ebenen Gelände um das Haus herum bis an den damaligen Kirchweg (heutige Schevenstraße) hinauf betrieben. Jungfer Lucien war die Tochter des Oberhofpredigers Dr. Johann Andreas Lucius (1625 – 1686). 1710 sind sowohl der Hofjuwelier Gottfried Döring (? – 1718), Ehemann von Dorothea Sophia geb. Lucius und Dinglingers Schwager, als auch Anne Marie Sartorius geb. Dinglinger als Eigentümer aktenkundig. 1725 tritt erstmals Johann Melchior Dinglinger urkundlich hinsichtlich des Geländestreifens längs des Pfades im Mordgrund in Erscheinung. 1760 ist der Hofjäger Johann Georg Schulze Eigentümer des Weinberganwesens. Von 1787 bis 1862 befand sich das Anwesen im Besitz der Familie Bassenge. 1862 erwarb es John (Johann) Daniel Souchay (1798 – 1871), der Eigentümer von → *Schloss Eckberg*. Von 1878 bis 2007 befand sich das ehemalige Dinglingersche Anwesen im Eigentum der Familie Wunderlich und deren Erben. 1996 beabsichtigte der Oberbürgermeister Dresdens, das Vorkaufsrecht der Stadt im Falle eines Eigentümerwechsels wahrzunehmen, um es für die Öffentlichkeit zugängig zu machen. 1997 bildeten Dr. Christoph Hollenders, Egbert Hollenders sowie Freiherr Spieß von Büllesheim mit der bestehenden Erbengemeinschaft des Anwesens die GbR »Dinglingers Weinberg«.

Um auch den Abhang des Grundstückes bis zur Elbe für den Weinanbau nutzen zu können, ließ Dinglinger den steilen Hang durch drei Weinbergmauern terrassieren und mit je einer Weinbergtreppe am östlichen und westlichen Ende erschließen. Mittels eines Schrägaufzuges, der durch eine auf der Elbe verankerte Schiffsmühle betrieben wurde, konnte das Baumaterial auf den Hang transportiert werden. Hofmechanikus Andreas Gaertner (1654 – 1727) hatte diese Transportmöglichkeit konstruiert.

Das alte Weinbauernhaus war als Fachwerkhaus mit einem flachen Stallanbau am nördlichen Ende errichtet worden. Seine Fassade schmückte eine das farbig gefasste Fachwerk begleitende illusionistische Bemalung in Streifenform. An dieses in Nord-Süd-Richtung ausgerichtete Gebäude ließ Dinglinger 1725 einen

Loschwitz um 1880. Im Hintergrund in der Bildmitte Dinglingers Weinberg *Foto: August Kotzsch LfD Sachsen, Slg. K. E. Scherz*

Elbepavillon, 1990er Jahre *Foto: Gisela Rudat*

Dinglingers Weinberg in den 1990er Jahren *Foto: Jörg Schöner, Slg. Rudat*

im rechten Winkel dazu elbseitig gelegenen, in Sandstein aufgeführten, zweigeschossigen Gebäudeteil als Festhaus anbauen. In dessen Kellerbereich befindet sich am östlichen Ende ein Tonnengewölbe mit einer Öffnung in der Mitte der Decke zum darüber liegenden Raum, in dem früher vermutlich eine Weinpresse stand. Die Raumstruktur eines barocken Festhauses zieht sich durch beide Geschosse mit je einem großen Mittelraum, flankiert durch jeweils einen Raum im Osten und Westen.

Der im Hauptgeschoss liegende Festsaal (9 m x 7 m) zeigt den in der Barockzeit entwickelten Saaltyp in symmetrischer Gliederung mit zwei steinernen Kaminen mit Konsolen sowie darüber befindlichen Spiegeln. Drei Fenstertüren eröffnen den Blick ins weite Elbtal. Im Deckenspiegel befand sich die Anzeige der von Andreas Gaertner konstruierten Wind- und Wetteruhr, einer Kopie des Originals in Dinglingers Stadthaus in der Großen Frauengasse 9. Eine erste Kopie hatte Zar Peter der Große (1672 – 1725) 1711 für sein Sommerpalais in St. Petersburg anfertigen lassen. Zu Dinglingers Zeiten wurden die Windrichtung und Windstärke im Bezug zur Uhrzeit auf einer mit Papier umwickelten Walze auf dem Dachboden aufgezeichnet. Diese Daten waren in Verbindung mit der Temperatur und dem Luftdruck für die Planung der Winzerarbeiten im Weinberg von Bedeutung. Die ursprüngliche Wetterfahne, ein muschelblasender Triton, enthielt eine Aeolsharfe. Die Wetterfahne und die gesamte Mechanik sind im Laufe der Zeit verloren gegangen. Heute noch zu sehen ist die runde, farbig gefasste, hölzerne Windrosenscheibe an der Saaldecke. 1975 wurde zeitgleich mit dem 65. Geburtstag von *Hans → Nadler* (1910 – 2005, → *K1*) eine neue Wetterfahne auf dem Dach installiert, die die Windrichtung an der Saaldecke mittels eines neuen Zeigers anzeigte. Die Wetterfahne stellt eine Kopie der Wetterfahne vom ehemaligen Gasthaus »Der letzte Heller« an der Autobahnauffahrt Dresden-Hellerau dar, deren Original in die Erbauungszeit des Hauses fällt. In der hohen Kehle oberhalb eines Stuckprofils, umlaufend an der Saaldecke, ist in den vier Ecken jeweils ein gemalter Okulus (Himmelsauge) in einem illusionistisch gemalten Stuckrahmen zu sehen. Auf deren Bildern sind die Tageszeiten symbolisch dargestellt: im Osten für den Morgen der Auerhahn, im Süden für den Mittag ein Taubenpaar, im Westen für den Abend die Fledermaus, im Norden für die Nacht die Eule. In der Kehle, mittig zwischen den Okuli, eingebunden in ornamentale Malerei, sind in vier Medaillons die Allegorien für die Jahreszeiten zu sehen: Widder für das Frühjahr, Krebs für den Sommer, Waage für den Herbst und Steinbock kombiniert mit dem Wassermann für den Winter.

Johann Melchior Dinglinger hat die Hochzeitsnachfeier mit seiner fünften Ehefrau am 22. Juli 1728 im Saal des Hauses gefeiert. Die junge Frau verstarb infolge der Geburt ihres ersten Kindes ein Jahr später.

Korrespondierend zum Haus hat Dinglinger zwei achteckige Pavillons mit Zeltdach in gestalteten Gartenräumen errichten lassen. Öst-

Windrose an der Saaldecke des Festsaals in den 1990er Jahren *Foto: Gisela Rudat*

Dinglinger, Johann Melchior
(1664 – 1731), Goldschmied und Erster Hofjuwelier
Geboren wurde er als zweites Kind des Messerschmiedes Conrad Dinglinger (1634 – 1683) am 26. Dezember 1664 in Biberach an der Riß. Er absolvierte seine Lehre als Goldschmied in Ulm. Seine Wanderschaft führte ihn nach Augsburg, Nürnberg, Wien, Frankreich und vermutlich London. 1692 wurde er in Dresden ansässig. 1693 folgten ihm seine Brüder Georg Friedrich (1666 – 1720) und Christoph (1668 – 1728). Georg Friedrich Dinglinger war ein bedeutender Emailleur und Christoph Dinglinger Goldschmied und später Hofjuwelier. Johann Melchior fertigte 1693 sein Meisterstück in der Werkstatt des Goldschmiedemeisters Moritz Rachel (1639 – 1697), erhielt das Meisterrecht und heiratete 1696 eine Tochter seines Meisters. 1698 erfolgte seine Ernennung zum Hofjuwelier.
Dinglinger arbeitete in der Zeit August des Starken (1670/1694 – 1733) für die »höfische Schatzkunst« und »das Luxusinteresse höchster Kreise«. Im Grünen Gewölbe sind seine Hauptwerke, so das »Goldene Kaffeezeug«, der »Hofstaat zu Delhi am Geburtstag des Großmoguls Aurangzeb«, der »Obeliscus Augustalis«, der »Apis-Altar« sowie eine Reihe weiterer Werke zu sehen. Könige und Zar Peter der Große besuchten ihn in seinem weithin gerühmten Haus mit der Werkstatt, einer umfassenden Bibliothek und den mechanischen »Couriositäten« auf dem Dachbalkon in der Großen Frauengasse 9. Seine fünf Frauen starben alle im Kindbett. Von seinen 26 Kindern lebten bei seinem Tod noch elf. Sein Sohn Johann Friedrich Dinglinger (1702 – 1767) wurde ebenfalls Goldschmied und später Hofjuwelier in Dresden. Johann Melchior Dinglinger starb am 6. März 1731 in Dresden. Johann Melchior Dinglingers Nachruf rühmte ihn als »in ganz Europa berühmten Königlich Polnischen und Churfürstlich Sächsischen Hof-Joubelier« und »Pan aller Künstler Europä«. Sein Sarg wurde »durch ein Comitat von 14 Carossen auff den Böhmischen Friedhof gebracht.«[1]

Döring, Gottfried
(? – 1718), Goldschmied und Hofjuwelier
Geboren in Görlitz, absolvierte er seine Lehrzeit beim Hofgoldschmied Moritz Rachel in Dresden. Er heiratete in erster Ehe eine Tochter seines Meisters. 1686 wurde er Goldschmiedemeister. 1690 erhielt er die Bürgerwürde von Dresden. Als Hofjuwelier arbeitete er für Kurfürst Johann Georg IV. (1668/1691 – 1694) und August den Starken in Dresden. Er ist mit sieben eindrucksvollen Werken im Grünen Gewölbe vertreten, darunter seine bekannte »Venusschale«. In zweiter Ehe war er mit Dorothea Sophia Lucius, Tochter des Oberhofpredigers Johann Andreas Lucius (1625 – 1686), verheiratet. Von 1705 bis 1709 hatte er das Amt des Oberältesten der Innung inne. 1710 erwarb der den späteren Dinglingerschen Weinberg. Gottfried Döring starb am 16. Juni 1718 in Dresden und wurde im Erbbegräbnis der Familie Lucius auf dem Frauenkirchenfriedhof bestattet.

lich vom Haus befindet sich der Kegelbahnpavillon am Rande eines Barockgartens mit einem zentralen Wasserbecken in barocker Formensprache. Vom Pavillon erstreckt sich nach Norden eine durch einen Fachwerkbau mit schindelgedecktem Satteldach eingehauste rekonstruierte Kegelbahn.

Ein zweiter Pavillon befindet sich südlich des Festhauses auf einem hohen gemauerten Sockel einer Terrasse. Im Sockel befindet sich eine halbrunde Nische, in deren oberer Hälfte eine steinerne Renaissancemaske eingebunden ist. Die Aussicht vom schmalen Balkon vor dem Pavillon reicht von der Sächsischen Schweiz im Osten über das Dresdner Elbtal bis ins Erzgebirge und zu den Weinberghängen der Lößnitz im Westen. Auf dem Weg vom Haus zum Pavillon befindet sich in der Stützmauer am Rande eines Festplatzes in einer Nische auf einem Sockel das Original einer Sandsteinfigur, den Sommer symbolisierend, vom Kronentor des Dresdner Zwingers. Zwei weitere Sandsteinfiguren, ebenfalls auf Sandsteinsockeln, stehen rechts und links des Durchganges vom Festplatz zum Pavillon. Es handelt sich um Renaissancefiguren, die Krieger darstellen.

Franz Hermann Robert Rowland, Frau Wunderlichs Garten mit Pavillon um 1920 (Dinglingers Weinberg) *Städtische Galerie Dresden*

Von 1958 bis 2004 bewohnte auch Hans Nadler mit seiner Familie als Mieter das Haus. Er hat sich unermüdlich für die Erhaltung von Haus und Grundstück eingesetzt. Ihm ist es zu verdanken, dass das Anwesen in der Zeit der DDR nicht verfallen ist. Der Hauskomplex erhielt 1958/59 eine neue Dacheindeckung und -entwässerung sowie neuen Putz. Der Kegelbahnpavillon wurde 1976 mit öffentlichen Mitteln generalsaniert. Der Elbepavillon erfuhr 1979 mit öffentlichen Mitteln eine umfangreiche Generalsanierung, da er auf Grund der Bewegungen des Sandhanges auseinander zu brechen drohte.

Das Eingangstor der Zufahrt zum Haus säumen zwei Torsäulen aus Sandstein mit aufgesetzten kleinen Obelisken. Gleichzeitig mit der Generalsanierung des Hauses in den Jahren 2005/06 wurde an Stelle des Zaunes zur Schevenstrasse eine massive, 2.60 m hohe Bruchsteinmauer errichtet. Das ehemalige Stallgebäude wurde abgebrochen und auf dessen Grundmauern, dem Erscheinungsbild des übrigen Hauses angeglichen, ein neuer Gebäudeteil aufgeführt. Zwischen den Hausflügeln wurde in Richtung Mordgrund ein flacher Baukörper errichtet. An der Südseite des Hauses wurde ein durchgehender Balkon angebaut und vor dem Erdgeschoss, dessen drei Mittelfenster zu Türen geöffnet wurden, eine großzügige Terrasse angelegt. Die noch vorhandene originale Ausmalung im Saal sowie in weiteren Räumen wurde freigelegt und restauriert. Bereits 1999 hatte die Aufrebung des Weinberges begonnen. **Gisela Rudat**

Zitat:
1 Syndram, Dirk; Juwelenkunst des Barock. Johann Melchior Dinglinger im Grünen Gewölbe; München 2008
Quellen: 19, 22, 542, 725, 1000, 1022, 1036, 1171

Kegelpavillon und Barockgarten Mitte der 1980er Jahre *Foto: Gisela Rudat*

Riesling aus »Dinglingers Weinberg«, 2015

Jochen Vierheilig und Matthias Heinecke beim Keltern des Goldrieslings 2009 im Weinkeller Calberlastraße 18 *Foto: Jürgen Frohse*

Blick vom oberen Plateau des »Loschwitzer Weinberges« *Fotos (2): Eckhard Meisel*

elbhangWEINkeller
Josef-Hegenbarth-Weg 20
Jochen Vierheilig hat zusammen mit Dr. Judith Brombacher das ehemalige → *Poncetsche Weingut* am Josef-Hegenbarth-Weg in Loschwitz renoviert und darüber hinaus wieder seiner ursprünglichen Nutzung zugeführt. Baugeschichtliches Zeugnis ist der aus dem 17. Jahrhundert stammende Gewölbekeller.

Jochen Vierheilig baut hier seine Trauben der Rebsorten Goldriesling, Müller-Thurgau, Ruländer und Traminer, die er im Pillnitzer Königlichen Weinberg auf derzeit 1.000 qm in Steillage anbaut, zu Wein aus. Er orientiert sich dabei an den Richtlinien des ökologischen Weinbaus. Am Hausspalier wächst mit der Rebsorte Regent der einzige rote Wein. Die Trauben werden im Wirtschaftskeller gekeltert und nach der Gärung wird der Jungwein in den Tiefkeller zur Reifung verbracht. Einige weitere Hobbywinzer überantworten Jochen Vierheilig ihre Weintrauben zur Vinifizierung.

Ein öffentlicher Ausschank erfolgt in der Regel zu den »Tagen des offenen Weingutes in Sachsen« am letzten Augustwochenende. Begleitend gibt es dazu stets eine Ausstellung von lokalen Künstlerinnen und Künstlern. Der Wirtschaftskeller mit über 50 qm Fläche, einer Raumhöhe von ca. 4 m und einem offenen Kamin ist dafür prädestiniert.

Jochen Vierheilig

Quelle: 724

Müller-Thurgau aus dem »elbhangWEINkeller«, 2013

Loschwitzer Weinberg
Schevenstraße 45
Der »Loschwitzer Weinberg« liegt in Dresden zwischen Körnerplatz mit der historischen Brücke »Blaues Wunder« und den drei markanten »Elbschlössern«. Er ist ein zentraler Teil des ehemaligen → *Weinbergs* von *Johann Melchior* → *Dinglinger* (1664–1731, → *K1*).

Der Weinbau in dieser Steillage mit Terrassen ist bis in das 17. Jahrhundert zurückzuverfolgen und endete zunächst in der zweiten Hälfte des 19. Jahrhunderts um 1860. 2005 wurden auch auf dem späteren »Loschwitzer Weinberg« durch Dr. Eckhard Meisel (* 1955) der inzwischen entstandene Wald gerodet, die historischen Sandstein-Trockenmauern instand gesetzt, der Weinkeller im Stile des Barock errichtet und die Weinstöcke aufgerebt.

Merkmal des Loschwitzer Weinbergs ist die Steillage, die bei der Bewirtschaftung die Nutzung von Maschinentechnik ausschließt. Ein Höhenunterschied von 50 m zwischen Elbniveau und oberem Plateau ist zu bewältigen. Der Boden besteht aus feinem Sand, der bis in die Tiefe von 5 m am unteren und 55 m am oberen Teil des Weinbergs reicht. Da der Sandboden eine nur geringe Speicherkapazität für Regenwasser besitzt, wurde eine Tröpfchenbewässerungsanlage installiert. Durch die Erwärmung des Sandes, die ganzjährige thermische Luftströmung von der Elbe aus, die nach Süden ausgerichtete Lage im Scheitel eines Elbbogens und die Steillage herrschen mediterrane Verhältnisse im Weinberg. Hier werden wieder die für den Weinbau im Elbtal typischen Weißweinsorten Riesling, Traminer und Weißburgunder angebaut.

Eckhard Meisel

Quelle: 724

Cuvée Grauburgunder/ Weißburgunder vom »Loschwitzer Weinberg«, 2012

Eingangsportal des »Loschwitzer Weinbergs« am Körnerweg, 2015 *Foto: S. Großmann*

Sperling's und Reintanz's Weinberg

Ludwig-Richter-Straße 8

Aus dem umfänglichen Besitz eines Postbeamten Johann Gottlieb Sperling, dessen Weinberg sich ehemals von der heutigen Ludwig-Richter-Straße 4 bis 8 und bis hinauf zum → *»Artushof«* an der Malerstraße erstreckte, hatte 1841 und 1842 der »Ratsauktionsassistent« Gottlob Reintanz (1792 – 1854) mehrere Flurstücke erworben. Von ihm ist überliefert, dass er außer seinem Dienst bei der städtischen Finanzbehörde auch als Organist an der Johanniskirche vor dem Pirnaischen Tor fungierte.

Reintanz, als Sohn eines Schulmeisters am 6. Mai 1792 in Strauch bei Großenhain geboren, hatte 1828 die Dresdner Tischlermeisterstochter Dorothee Amalie Pecheli (1805 – 1855) geheiratet. Die Familie, drei Kinder waren in Dresden auf die Welt gekommen, übersiedelte im Frühjahr 1842 nach Loschwitz. Auf »Sperlings Weinberg« waren zu dieser Zeit nur zwei kleine Weinberghäuschen vorhanden. Das große Reintanz-Haus mit unterer und oberer Wohnetage sowie hohem Walmdach, wie es frühe Ansichten zeigen, dürfte der nunmehrige Besitzer in den 1840er Jahren erbaut haben. Der Überlieferung nach »unterhielt Gottlob Reintanz einen Kaffee- und Weinschank. Zu dieser Zeit war der Weinberg ein beliebtes Ausflugsziel der Dresdner, auch wegen der prächtigen Fernsicht. Junge Leute kamen besonders gern hierher, weil zuweilen ein Tänzchen zustande kam, zu dem Gottlob Reintanz auf seiner Violine aufspielte.«[1]

Der Maler *Ludwig → Richter* (1803 – 1884, → *K1*), der 1853 bis 1855 in »Sperlings Weinberg« (denn so wurde er noch immer genannt) seinen Sommeraufenthalt nahm, musste hier den plötzlichen Tod seiner Ehefrau Auguste am 6. August 1854 erleben. Auch Gottlob Reintanz war am 27. März des gleichen Jahres verstorben. Seine Witwe folgte ihm, nur 50-jährig, am 12. Dezember 1855.

Nachbesitzer des Anwesens wurde der Maler und Fotograf Hans Heinrich Albrecht Niemann (*August → Kotzsch*), da anscheinend keines der drei Reintanz-Kinder in das Grundstückserbe eingetreten war. Die Tochter Dorothea Eleonore, geb. am 15. März 1829, hatte am 6. August 1849 in Loschwitz den »Erbfährmeister und Weinbergsbesitzer allhier« Carl Friedrich Modes (1802 – 1864) geehelicht. Sie war als letzte Fährmeistersfrau bis 1896 auch Besitzerin des → *Fährgutes* und verstarb am 29. Juli 1911 in ihrer Alterswohnung auf der Pillnitzer Landstraße 26.

Der jüngere Reintanz-Sohn Carl Eduard (geb. um 1833) war in Dresden als Konditor, später auch als »Restaurateur« im Königlichen Hoftheater am Theaterplatz tätig, besaß dann ab 1895 eine Automatenhandlung und Verleihanstalt und wird ab 1902 nicht mehr genannt.

Gottlob Reintanz (1792 – 1854), 1853. Weinbergsbesitzer zu Loschwitz, Vater des Carl Friedrich Reintanz. Zeichnung von Prof. Carl Peschel (1798 – 1879) Foto: Slg. Herre, Repro E. Hirsch

Carl Reintanz um 1895. Foto: Adam & Kotzsch, Dresden-Blasewitz, Slg. Matthias Griebel

Sein Bruder Carl Friedrich Reintanz, geboren 25. März 1832, ist in seinen späteren Lebensjahren als eigentümlicher Zeitgenosse in Loschwitz präsent. Hier hatte er die Dorfschule besucht und zu seiner Entlassung hatte der Vater der Kirche 1846 ein Martin-Luther-Bildnis gestiftet. Nach einer kaufmännischen Lehre in Dresden bis 1849 kam Carl wieder nach Loschwitz, jedoch weist sein weiterer Werdegang einige Wirrnis und Lücken auf. Er war verheiratet mit Anna Maria Juliane geb. Rieger aus Laubegast. Ihnen wurde 1857 Georg als drittes Kind und erster Sohn geboren, der bereits nach zwölf Tagen verstarb. Das Traubuch für 1861 vermerkt sein Aufgebot als »Bildhauer und Hausbesitzer hier, verwitwet« und dass die Trauung nicht vollzogen wurde. Ein Weihnachtsbrief von 1868 erhellt seine materielle Lage, als er dem Loschwitzer → *Frauenverein* schreibt: »Sie beschenkten mich mit einem neuen Hemde [...] mit Bangen blickte ich in die allernächste Zukunft, wo ich nur im Besitz eines einzigen Hemdes sein würde«[2].

Im Jahr 1875 wanderte er nach Amerika aus und kam wahrscheinlich 1895 wieder nach Loschwitz zurück, wo er zunächst bis 1902 als Arbeiter bei Verwandten im → *OT Schöne Aussicht* wohnte. Seine ortsgeschichtlichen Ambitionen erfuhren bald öffentliche Anerkennung, denn im Frühjahr 1896 erfolgte seine Bestallung als »Denkmalwart« des Joseph-Herrmann-Denkmals (→ *Denkmale*), eine Tätigkeit, die er noch bis in sein achtzigstes Lebensjahr ausübte. Aus dieser Zeit stammen von ihm verschiedene Aufzeichnungen, wie z. B. 1897 seine handschriftlichen Ergänzungen zur → *Chronik von Loschwitz*. Selbstbewusst ließ er von sich als bärtigem Alten auch Porträtaufnahmen anfertigen, die wohl als Souvenir für die Denkmalbesucher gedacht waren. Auch hatte er ab 1902 seine Wohnung vis-a-vis seiner Wirkungsstätte in der Friedrich-Wieck-Straße 8 und ein Jahr später in der Nr. 6 genommen. Hier verfasste er auch die 1910 im → *Verlag Karl Eymann* in Loschwitz gedruckte Schrift »Was ist der Geist? Antwort auf die Frage: Gibt es eine Unsterblichkeit?«. Carl Reintanz verstarb am 12. August 1914 als »Anstaltsverpflegter« in Leuben und wurde auf dem Loschwitzer → *Friedhof* beerdigt.

20 Jahre später, der ehemalige »Sperlings Weinberg« war längst parzelliert und bebaut, kam auch für das alte Reintanz-Haus in der Ludwig-Richter-Straße 8 das Ende: Es wurde abgerissen und 1935/36 durch einen Neubau ersetzt.

Matthias Griebel

Zitate:

1 Kotzsch, Otto, Ludwig Richter in Loschwitz; in: Mitteilungen des Landesvereins Sächsischer Heimatschutz, Heft 5 bis 8, 1934, Seite 129

2 Archiv der Ev.-Luth. Kirchgemeinde Dresden-Loschwitz, Akte I/X/50

Quellen: 39, 613, 894, 1000

Lutz Müller im Weinkeller *Fotos: PR*

Straußwirtschaft Lutz Müller und Weingalerie Christian Müller

Bautzner Straße 130

Lutz Müller wurde am 14. Mai 1972 in Dresden geboren und wuchs in den Stadtteilen Pillnitz und Tolkewitz auf. Schon früh zeigte sich seine Liebe zur Natur und Elblandschaft. Nicht verwunderlich, denn die alteingesessene Familie Müller blickt auf eine lange gärtnerische und landwirtschaftliche Tradition zurück, die mehrere Generationen zurückreicht.

Ein Weinberg in Dresden-Pillnitz weckte in den 1980er Jahren die familiäre Leidenschaft für den Weinbau. So lag es nahe, seine Berufung zum Beruf zu machen und sich im ehemaligen Staatsweingut Radebeul zum Winzer ausbilden zu lassen. Nach erfolgreichem Abschluss 1990 sammelte er fernab der Heimat erste praktische Berufserfahrungen u. a. in Castell in Unterfranken, an der Mosel, in Eichstetten am Kaiserstuhl in Baden-Württemberg und im Napa Valley in Kalifornien.

Zurück in der Heimat, betrieb er 1995/96 gemeinsam mit seinem Vater Dr. Christian Müller eine Weingalerie in Dresden-Tolkewitz. 1995 erwarb er seine erste Parzelle in Dresden-Loschwitz und bewirtschaftet heute am → *Lingnerschloss* die Hälfte des Weinbergs. Den Ertrag der anderen Hälfte kauft er von den Nebenerwerbswinzern hinzu. 1998 rebte er den 1886 aufgelassenen Weinberg zu Füßen von → *Schloss Albrechtsberg* mit Riesling und Weißem Burgunder wieder auf. Im selben Jahr begann er auf einem Hektar Fläche an der Weinbergkirche in Pillnitz mit dem Anbau der Sorten Kerner, Scheurebe, Traminer und Grauer Burgunder sowie Rotwein der Rebsorte Domina. Weitere Flächen der Weinbaugemeinschaft Pillnitz und Weinsorten, darunter Spätburgunder und Müller-Thurgau, sind im Laufe der Jahre hinzugekommen.

Heute bewirtschaftet Winzer Lutz Müller 3,5 Hektar im Haupterwerb. Viele Jahre ließ er seine Weine im Weingut des Prinzen zur Lippe ausbauen. 2011 begann die Umgestaltung des »Belvedere« im Areal von Schloss Albrechtsberg. Modernste Kellertechnik wurde installiert und im Jahr darauf konnte Winzer Müller erstmalig seine Weine selber vinifizieren. Inzwischen werden jährlich etwa 12.000 Flaschen Dresdner Weine der exklusiven Lagen »Dresdner Elbhang« und »Pillnitzer Königlicher Weinberg« produziert.

Im Jahr 2000 entschloss sich Familie Müller zur Rekonstruktion des ehemaligen Gärtnerhauses von Schloss Albrechtsberg, um es nach und nach zu einem Weingut umzugestalten. Die Ursprünge dieses Hauses gehen auf die Zeit unmittelbar nach dem Ende des Dreißigjährigen Krieges zurück, als hier ein Weinberghaus errichtet und auf dem bislang ungenutzten Gelände der Dresdner Heide zwischen Schotenund Mordgrund durch Beamte des Dresdner Hofes Weinberge angelegt worden waren. Anfang des 19. Jahrhunderts lebte hier der schottische Lord *James → Findlater* (1750 – 1811). Im Herbst 1844 verweilte *Richard → Wagner* (1813 – 1883, → *K1*) in diesen Mauern und entwarf den 2. Akt seiner romantischen Oper »Der Tannhäuser«. Anfang der 1850er Jahre erfolgte eine Erweiterung der Anlagen durch Prinz Albrecht von Preußen (1809 – 1872). Dieser Wirtschaftshof umfasste neben Stallungen und Lagerräumen auch Wohnungen für Angestellte, darunter Kutscher und Gärtner. Elbseitig entstand eine Gärtnerei mit Orangerie und stadtwärtig über dem Pferdestall ein anmutiges Belvedere.

Das Kavaliershaus von heute verfügt über zwei moderne Ferienwohnungen und einen Weinkeller, der zur »Weingalerie« seines Vaters gehört. Hier können Feiern abgehalten oder verschiedenste Seminare zum Thema Wein etc. besucht werden. Heute leben und arbeiten hier drei Generationen. Lebenspartnerin Susi Stein unterstützt die praktische Arbeit in den Weinbergen und kümmert sich als gelernte Restaurantfachfrau um die kulinarischen Belange der Straußwirtschaft.

Von der Qualität seiner Weine kann man sich seit 2006 auch in seiner Straußwirtschaft am Schloss Albrechtsberg überzeugen. Mit Blick auf die Reben und einer wundervollen Aussicht auf die Stadt Dresden kann man an den Wochenenden von März bis November im »Weinberg mit dem schönsten Blick auf Dresden« zu Gast sein und »Weine mit Weitblick« und dazu Flammkuchen aus dem Holzbackofen genießen. Während der Öffnungszeiten steht auch das Tor am Elbradweg wieder offen.

Peter Weidenhagen

> Im »Gault&Millau WeinGuide Deutschland 2014« ist zu lesen:
> Nun ist es also endlich soweit: Lutz Müller konnte sich den Traum vom eigenen Weinkeller erfüllen und vinifiziert nun unmittelbar oberhalb seiner Weinberge, die sehr malerisch am Elbhang unter den romantischen Schlössern Albrechtsberg, Eckberg und Lingnerschloss liegen. Dazu kommen Parzellen in Pillnitz, welche der Winzer im Haupterwerb bewirtschaftet. Die Weine des aktuellen Jahrgangs haben sich enorm verbessert. Vor allem die Rieslinge und Bukettrebsorten sind die Stärke des Betriebes. Wer es moselanisch mag, dem sei der fruchtige Kabinett empfohlen, der nur so vor Trinkfreude strotzt. Aber auch die Burgunder erfreuen mit Würze und trockener Handschrift. Ein alter »neuer« Bekannter, von dem noch einiges zu erwarten ist![1]

»Weine mit Weitblick« und Flammkuchen in der Straußwirtschaft am Schloss Albrechtsberg

Zitat:
1 Gault&Millau WeinGuide Deutschland 2014, München 2013
Quellen: 362, 1249

Riesling Spätlese 2013 von Winzer Lutz Müller

Weinbaugemeinschaft Loschwitz/Wachwitz e.V.

Die 1987 gegründete Weinbaugemeinschaft Loschwitz/Wachwitz e.V. vereint um die 40 Hobbywinzer. Die Mitglieder besitzen Weinbergparzellen, die sich von den Hängen der Elbschlösser bis nach Wachwitz erstrecken. Vielfach betreiben die Winzer auch Weinanbau in ihren anliegenden Gärten. Der zentrale Platz der Weinbaugemeinschaft ist der ehemalige »Königliche Weinberg Wachwitz«. Er entstand ab 1824 mit dem Kauf von Weinbergen durch den späteren König Friedrich August II. (1797/1836–1854) und wurde der Sommersitz des sächsischen Königs. Die Winzer haben hier Parzellen in einer Größe von etwa 1000 m². Die Anbaufläche unterhalb der Elbschlösser beträgt ca. 2,5 ha. Sie wird teils von Hobby-Winzern bewirtschaftet und teils von hauptberuflichen Erwerbswinzern wie z. B. von → *Winzer Müller*. Die Anbaufläche im Pillnitzer Königlichen Weinberg ist mit ca. 6 ha die größte zusammenhängende Anbaufläche. Die Winzer der Weinbaugemeinschaft Loschwitz/Wachwitz und die Winzer der Weinbaugemeinschaft »Pillnitzer Königlicher Weinberg« bilden eine Kooperationsgemeinschaft. Der Wein von beiden Gemeinschaften wird unter der Lagenbezeichnung »Pillnitzer Königlicher Weinberg« von der Winzergenossenschaft Meißen gekeltert und verkauft. Der Grund für das gemeinsame Keltern ist, dass eine Lagenbezeichnung nach dem deutschen Weinbaugesetz nur dann geführt werden darf, wenn die Lage mindestens 5 ha groß ist. Einige Winzer keltern auch selbst, wie z. B. Ronny Beier, Klaus Zimmerling oder Lutz Müller.

Fassrollen zum Jubiläum 25 Jahre Weinbaugemeinschaft Loschwitz/Wachwitz e.V. 2012 mit der sächsischen Weinkönigin Franziska Spiegelberg, Udo, Max und Ramona Gildemeister – Grauer Burgunder »Pillnitzer Königlicher Weinberg«

Angebaut werden alle üblichen Sorten wie Müller-Thurgau, Weißburgunder, Grauburgunder, Riesling, Spätburgunder, Traminer und in neuer Zeit auch mehr und mehr pilzresistente Sorten, wie Johanniter, Regent u. a. Letztere werden mehr und mehr beliebt, da unsere herkömmlichen Sorten keinen Schutzmechanismus gegen die aus Amerika eingeschleppten Krankheiten, wie echter und falscher Mehltau und den gefürchteten Grauschimmel haben. Die Reben müssen in regelmäßigen Abständen dagegen gespritzt werden. Aber es gibt noch mehr Feinde im Weinberg. Das sind insbesondere Fröste unter minus 20° C im Januar, Mai-Fröste, Regen in der Blüte im Juni oder bei der Reife im September oder auch Vogelfraß, Wildschweine, Rehe u. a.

Aus genannten Gründen ist zu ersehen, dass die Winzer ihr Hobby mit viel Engagement pflegen müssen, um zu bestehen. Die Erntemenge

Feier auf der »KulturTerrasse« des musizierenden Weinbauern Reinhard Scholz Fotos (3): Slg. Weinbaugemeinschaft Loschwitz/Wachwitz e.V.

Konzert der »Grasmücken« im Wachwitzer Weinberg anlässlich des Jubiläums 25 Jahre Weinbaugemeinschaft

der Loschwitzer und Wachwitzer Winzer, die bei der Winzergenossenschaft abgeben, beträgt durchschnittlich 11.000 kg, in schlechten Jahren aber eben nur 200 bis 300 kg. Die geschätzte Gesamtmenge des in Loschwitz und Wachwitz geernteten Weines beträgt etwa das Doppelte, also ca. 22.000 kg.

Seit 2014 gibt es Ärger im ehemaligen Königlichen Weinberg Wachwitz. Den Winzern im westlichen Teil des Weinberges wurde der Pachtvertrag infolge Verkaufs gekündigt. Der östliche Teil des Weinberges wie auch die anteilig größten Flächen in Loschwitz unterhalb der Elbschlösser und der größte Anteil des Pillnitzer Weinberges sind Eigentum der Stadt Dresden. Die Stadt Dresden ist an einem Fortbestand der Pachtverträge mit den Winzern, die die Weinberge in den 1980er Jahren wieder aufgerebt haben, interessiert. Es besteht ein gutes und einvernehmliches Verhältnis.

Hermann Gildemeister

Quellen: 50, 1248

Zürner, Adam Friedrich
Kartograf und Weinbergbesitzer (1679 – 1742)
Ludwig-Richter-Straße 14

Adam Friedrich Zürner wurde am 15. August 1679 in Marieney (heute zu Mühlental) im (Vogtland) geboren. Wie sein Vater wurde er Pfarrer und wirkte ab 1705 in Skassa bei Großenhain. Daneben befasste er sich mit Mathematik und Kartografie. 1711 legte er dem sächsischen Hof die erste Landkarte vor, die für 150 Taler angekauft wurde. 1713 erhielt Zürner von August dem Starken den Auftrag, das gesamte Kurfürstentum zu vermessen und zu kartieren. Dafür ließ Zürner eine Kutsche mit einer Messeinrichtung bauen. Ende 1718 konnte er die aus 18 Blättern bestehende »Neue Chursächsische Post-Charte« vorlegen.

Zum »Land- und Grenzkommissar« ernannt, gab Zürner 1722 seine Pfarrei auf und zog nach Dresden um. Von ihm stammt auch der aus 40 General- und 40 Spezialkarten bestehende »Atlas Augusteus der Chursächsischen Lande«, der erst nach seinem Tode veröffentlicht und seitdem mehrfach neu aufgelegt worden ist.

Auf Grundlage seiner Vermessungen wurden ab 1721 auf kurfürstlichen Befehl die Poststraßen markiert. Zürner lieferte dazu die Vorgaben und überwachte die Arbeiten. An den Stadttoren bzw. in kleineren Städten auf dem Markt mussten die Städte auf ihre Kosten die »chursächsischen Postdistanzsäulen« errichten. Auf ihnen sind die Entfernungen zu den nächsten Orten der Poststraße bzw. Anschlussrouten angegeben. Diese Entfernungsangaben erfolgten in »Stunden«, wobei eine Stunde einer halben kursächsischen Postmeile entsprach und nach heutigem Maß 4,531 km lang war. Auf den Landstraßen selbst wurden Viertelmeilensteine, Halbmeilensäulen und Ganzmeilensäulen aufgestellt. Diese hatten die gleiche Bedeutung wie heute die Kilometersteine. Die Vermessungsarbeiten ermöglichten u.a. eine einheitliche Festlegung der Tarife für Postkutschenfahrten. Die Vermessung Sachsens führte Zürner bis 1732 fort. Auf Nebenstraßen verwendete er statt seiner Mess-Kutsche einen von Hand geschobenen Mess-Karren (Nachbildung im Museum Lauenstein/Erzgebirge). Auch in Loschwitz an der Bautzner Straße standen solche Postmeilensäulen, z. B. an der → *Mordgrundbrücke.*

In Loschwitz hatte der »Land- und Grenzkommissar« 1721 einen Weinberg erworben. Er lag im → *Ortsteil Schöne Aussicht*, heutige Ludwig-Richter-Straße 14. Er blieb bis 1746 im Familienbesitz. Ab 1756 gehörte er über zwei Jahrzehnte zum Besitz der Poncets (→ *Villen und Weinberghäuser*). Adam Friedrich Zürner starb am 18. Dezember 1742 in Dresden und wurde auf dem Inneren Neustädter Friedhof begraben.

Die kursächsischen Postdistanzsäulen und Meilensteine blieben bis Ende 1840 gültig und mussten dann wegen der Umstellung auf die neue Postmeile (7,5 km) entfernt und durch neue (»königlich sächsische«) Meilensteine ersetzt werden. Einige der alten Postdistanzsäulen sind wegen ihres attraktiven Äußeren in jüngster Zeit restauriert oder nachgestaltet und wieder aufgestellt worden.

Norbert Kuschinski

Quellen: 1000, 1206

Adam Friedrich Zürner, Zeichnung auf dem Titelblatt der Generalkarte von Sachsen von Anna Maria Werner

Wandbild an der ehemaligen Weinpresse Schiller-/Ecke Schevenstraße Foto: S. Großmann

Weinpressen

Man kann im Nachhinein davon ausgehen, dass es in den Loschwitzer Weinbergsgrundstücken zu unterschiedlichen Zeiten etwa 20 Standorte von Weinpressen gegeben hat. Konkrete Angaben finden sich jedoch nur in Kaufverträgen; es gibt aber auch Hinweise in der ortsgeschichtlichen Überlieferung.

Urkundlich bezeugt sind beispielsweise: 1645 im Bereich Calberlastraße (»Spitalpresse«), 1747 an der Plattleite/Weinleite (»Weinpresse«), 1747 an der Leonhardistraße/Schillerstraße (»die Presse«), 1783 im Bauerngut Friedrich-Wieck-Straße 14 (»baufällige Weinpresse«), 1785 im → *Körnerhaus* (»das Wohnhaus und die darin befindliche Presse«), 1790 im Bereich Schillerstraße/Hermann-Prell-Straße (»Weinpresse«), 1822 Schevenstraße 6 (»Haus, Hof und Weinpresse«) und 1826 beim Vorgängerbau der → *Villa Orlando* (»Pressgebäude mit Brunnenhaus«).

Eine weitere diesbezügliche Quelle könnte das im Jahre 1837 amtlich erstellte Gebäudeabschätzungsverzeichnis sein, das für jedes bebaute Grundstück in den drei Gemeinden (→ *S. 45*) die Wohn- und Wirtschaftsräume, Stallungen und »Winzerstuben« ausweist. Letztere dürften ausschließlich der Weinbereitung gedient haben, denn noch florierte zu dieser Zeit der Weinbau, und ein gewerblicher Ausschank ist für keine der Adressen bezeugt. Insofern sind an diesen Orten ehemalige oder noch existierende Weinpressen zu vermuten. Weshalb in der Aufstellung die bis 1839 im → *Fährgut* bezeugte Weinpresse oder jene an der Schillerstraße, aus der dann 1875 das → *Gasthaus »Zum Grünen Baum«* (Schillerstraße 20) hervorging, fehlen, ist nicht mehr zu klären.

Manche Weinpressen befanden sich in extra Gebäuden. Bildbelege solcher Presshäuser existieren noch von der Schillerstraße (heute Nr. 25), Robert-Diez-Straße (heute Nr. 4) und an

Ehemalige Weinpresse Plattleite 5 um 1960, vor dem Umbau *Foto: Slg. M. Griebel*

der mittleren Plattleite (dann als Garage genutzt). Die Mehrzahl der Weinpressen wird in den Winzerstuben aufgestellt gewesen sein.

Die Geschichte der Kelterei kennt vor allem stationäre Ein- und Doppelspindelpressen in unterschiedlichen Dimensionen und Presskorbinhalten von 50 bis 1.700 Kilogramm. Kleinere Weinbergswirtschaften bedienten sich auch transportabler Presseinrichtungen. Eine solche erwähnt die Loschwitzerin Clara Wilhelmine Barthel (1863 – 1941) in ihren Lebenserinnerungen und gibt auch eine anschauliche Schilderung der häuslichen Weinbereitung im Elternhause Pillnitzer Landstraße 83:

»Eines Tages hatten wir in unserem Weinberg Weinlese, und es war ein fruchtbares Jahr. Es war 1875. Der Vater presste den Wein selbst. Er hatte im Hof die Weinpresse aufgestellt. Die Mutter und ich schnitten die herrlich blauen Trauben und brachten sie in vollen Körben aus dem Weinberg zum Vater. Er schüttete sie in die Presse hinein und unten kam der süße Most heraus. Der Weinlesetag war ein schöner, sonniger Tag. Wenn wir die vollen Körbe brachten, gab Vater jedes Mal aus seiner Flinte einen Freudenschuss ab, und Vater gab uns ein Glas voll süßen Most. Der Most wurde in Fässer gefüllt und musste im Keller lange stehen, bis er ausgegoren und ganz klar war. Dann füllte der Vater ihn in Flaschen, und wenn Besuch kam, holte der Vater seinen guten, selbstgebrauten Wein aus dem Keller«.[1]

Es wird in den letzten Jahrzehnten des 19. Jahrhunderts gewesen sein, dass im Zuge des Niederganges des Weinanbaus sowie zunehmender Kommerzialisierung die oft bereits desolaten oder nicht mehr gebrauchten Weinpressen verschwanden. So berichtet der Malersohn Johann Edmund Hottenroth (1855 – 1937) in den »Jugenderinnerungen eines alten Wachwitzers«, dass zur Lesezeit die vollen Weinkörbe von der Niederlößnitzer Champagnerfabrik abgeholt wurden, die mit einer in Nähe des Loschwitzer Friedhofes vorübergehend errichteten Presse den Most kelterte. Insofern bildet es einen Glücksumstand, dass die einzige Loschwitzer Weinpresse, die noch 1890 benutzt worden sein soll, im Sockelgeschoss des Körnerhauses erhalten blieb. Dabei handelt es sich um eine hölzerne Doppelspindelpresse mit über 3 Meter Höhe und einem Gewicht von 1,8 Tonnen. Am Druckbalken befinden sich die eingeschnittene Jahreszahl 1710 sowie Notierungen aus der Zeit um 1800. Nach einer umfassenden Sanierung im Jahre 2001 erhielt diese letzte Weinpresse einen überdachten Aufstellungsort im Grundstück Körnerweg 6 als Kulturdenkmal des Loschwitzer Weinanbaus.

Ähnliche Bestrebungen verfolgte übrigens bereits 1943 der → *Ortsverein Loschwitz*, als er mit Prinz Friedrich Christian (1893 – 1968) verhandelte, die Presse aus dem Königlichen Weinberg in Wachwitz zu erwerben, um sie am Leonhardi-Museum aufzustellen. Leider verhinderten die Kriegswirren das Vorhaben. Die Weinpresse wurde nach 1945 verfeuert.

Matthias Griebel

Zitat:
1 Barthel, Clara Wilhelmine; Lebenserinnerungen
Quellen: 87, 464, 544, 788, 884, 894, 1000

Winzerstuben 1837
(heutige Adressen zur Orientierung)

- Bautzner Landstraße 130 (Albrechtsberg)
- Bautzner Landstraße 134 (Eckberg)
- Brockhausstraße 2
- Calberlastraße 1c
- Josef-Hegenbarth-Weg 18 (Weingut)
- Körnerweg 6 (Körnerhaus)
- Leonhardistraße 3
- Pillnitzer Landstraße 39 und 63
- Plattleite 18
- Robert-Diez-Straße 4
- Schevenstraße 11
- Schevenstraße 59 (Dinglinger)
- Schillerstraße 16
- Schillerstraße 39
- Schillerstraße 4 (Villa Orlando)
- Veilchenweg 19 (Viktoriahöhe)
- Veilchenweg 52
- Weinleite 2
- Wunderlichstraße 17 (Deutsche Heilstätte)

Einweihung der Weinpresse am Körnerhaus, Körnerweg 6, 21. Juni 2009. Vorn rechts Herr Krause von der ausführenden Zimmerei Krause & Co. *Foto: Ute Häse*

Aus Ihren eignen Früchten
aller Art, Erdbeeren, Johannisbeeren, Sauerkirschen, Äpfeln
können Sie sich vorteilhaft
köstlichen Süßmost
bereiten. Nähere Auskunft auf Adressenangabe.
Lohnmosterei und Weinpresse Zumpe
Loschwitz, Körnerplatz 3.

Anzeige, 1932 *Kirchgemeindeblatt*

Weise, Heinz; Schriftsteller, Journalist und Verleger (1938 – 2007) → *Zeitungen und Verlage*
Weiser, Grethe (Margarethe); Schauspielerin (1903 – 1970) → *K2*
Weiß, Hella; Sängerin (* 1939) → *K2*
Weiß, Helmut; Bildhauer (1909 – 1962) → *K2*
Wellmer, Korinna; Malerin und Keramikerin (* 1953) → *K2*
Wenck, Eduard; Schauspieler (1894 – 1954) → *K2*

Otto Westphal, Selbstporträt 1923, Kaltnadelradierung — *Städtische Galerie Dresden*

Westphal, Otto

Maler und Grafiker (1878 – 1975)

Der Maler und Grafiker Otto Westphal (→ *K1*) kam am 17. April 1878 in Leipzig als Sohn des Buchhändlers Max Westphal zur Welt. 1885 siedelte die Familie nach Schmalkalden um, wo der Vater den Buchhandel im dortigen »Lutherhaus« pachtete. Neben der väterlichen Buchhandlung befand sich eine Druckerei. Dort verbrachte der junge Westphal, der schon früh mit dem Zeichnen begann, viele Stunden, was wohl sein Interesse und seine Begeisterung für das Medium der Druckgrafik weckte. Während seiner Schulzeit im Realgymnasium von Schmalkalden entdeckte der dortige Zeichenlehrer das Talent Westphals und begann, ihm privat Zeichenunterricht zu geben. Diese Förderung weckte wohl in Westphal den Wunsch, bildender Künstler zu werden. Zwar versagte ihm sein Vater dieses Ansinnen nicht, doch verband Max Westphal seine Zustimmung zur künstlerischen Laufbahn des Sohnes damit, dass Otto sich mit der angewandten Kunst befassen solle, um sich ein ausreichendes Einkommen zu sichern.

Dem Wunsch des Vaters nachkommend, studierte Otto Westphal ab 1894 zwei Jahre an der Kunstgewerbeschule Kassel das Kunsthandwerk. 1896 wechselte er zur höheren Fachschule für Textilindustrie Krefeld mit dem Ziel, als Musterzeichner in der Textilindustrie tätig zu sein. Ab 1899 lernte Westphal während eines Berlinaufenthalts im dortigen Kunstgewerbemuseum und absolvierte ein Skulpturenstudium im Atelier von Eugen Hanetzog (1860 – ?) und Arthur Lewin-Funke (1866 – 1937). Westphals herausragende Leistungen und Erfolge ermöglichten ihm im Jahr 1900 von den Scherrebeker Webereien aus die Teilnahme an der Pariser Weltausstellung. Dort war er mit einem Entwurf für einen Wandteppich mit Jugendstilornament, dem sogenannten »Schwebenden Wandteppich«, vertreten. Der große Erfolg dieses Entwurfes zeichnete sich auch dadurch aus, dass Westphals Teppichmodell neben Werken von Otto Eckmann (1865 – 1902), Hermann Obrist (1862 – 1927) und Heinrich Vogeler (1872 – 1952) ausgestellt wurde. Allerdings verblieb Westphal nicht im Bereich des Kunsthandwerks.

Nach mehreren Studienreisen nach Danzig, der Halbinsel Hela und der Kassubei strebte er seit 1904 die Laufbahn eines freischaffenden Künstlers an. In jenem Jahr verlegte Westphal seinen ständigen Hauptsitz nach Dresden und trat in die Königliche Akademie der bildenden Künste in Dresden ein. Westphals Wahl fiel auf Dresden, weil er sich für die Werke des dortigen Akademieprofessors Carl Bantzer (1857 – 1941) begeisterte. Da die Klasse Bantzers jedoch überfüllt war, studierte Westphal zuerst Zeichnen bei *Richard → Müller* (1874 – 1954, → *K1*). Der präzise und akkurate Stil Müllers sollte sich später in Westphals minutiösen Stadtansichten wiederfinden. Nach Beendigung des Zeichenunterrichts wurde Westphal in die Klasse Bantzers aufgenommen und unternahm mit ihm mehrere Studienreisen nach Willingshausen in Hessen. Zudem gelangte er in die Kreise der »Goppelner Malerschule« und der »Dresdner Sezession«, deren realistisch und impressionistisch geprägtes, sentimentales Landschaftsverständnis seine Malweise nachhaltig beeinflusste. Seit 1905 setzte sich Westphal diesbezüglich mit Darstellungen der Dresdner Stadtansichten und besonders mit der Dresdner Frauenkirche auseinander. Dieses Motiv, mit dem er sich bis in die späten 1940er Jahre beschäftigte, findet sich in zahlreichen Radierungen, Holzschnitten, Lithografien und Ölvorlagen wieder und zeigt die verschiedenen Stadien der Frauenkirche vor und nach der Zerstörung Dresdens.

Otto Westphal, Dampferanlegestelle Pillnitz, Öl auf Leinwand — *Städtische Galerie Dresden*

Otto Westphal, An der Elbe in Wachwitz, 1947, Grafit — *Städtische Galerie Dresden*

Nach Abschluss seines Studiums 1907 arbeitete Westphal als freischaffender Künstler und unternahm weitere Studienreisen nach Hessen, Franken und in die Schweiz. 1913 beschäftigte er sich neben seinen Landschafts- und Stadtdarstellungen wieder mit der menschlichen Figur und fertigte auf einer Bildungsreise in den thüringischen Bergbau mehrere Studien von Bergarbeitern. Allerdings gehörten diese Menschen- und auch Porträtdarstellungen nicht zu den vorrangigen Themen seines Œuvres. Mit dem Ausbruch des Ersten Weltkrieges wurde Westphal eingezogen, jedoch wegen schwerer Verletzungen 1916 aus dem Kriegsdienst entlassen. In den folgenden Jahren bereiste er Thüringen, Franken, Hessen und das Neckargebiet, wobei er seine Skizzen-»Tagebücher« über die verschiedenen Regionen Deutschlands anfertigte. Seit 1924 hielt er sich mehrfach in Italien auf, studierte antike Wandmalereien und Mosaiken in Ravenna und kopierte die Fresken Pompejis für den römischen Garten auf der GRUGA in Hessen und für das archäologische Institut in Rom. Während des NS-Regimes konnte Westphal seiner Tätigkeit als freier Künstler nachgehen und erhielt von der »Reichskammer der Bildenden Künste« u.a. finanzielle Zuwendungen. Auch nach dem Ende des Zweiten Weltkrieges arbeitete er weiter als Künstler und führte in den folgenden Jahren bis zu seinem Tod seine in den 1930ern Jahren begonnenen Darstellungen vom Dresdner Elbhang und von Pillnitz fort. Ab 1943 hatte Westphal seinen Wohnsitz mit Ehefrau und Tochter sowie sein Atelier im »Kleinen Künstlerhaus« in der Pillnitzer Landstraße 57.

Zu seinen späten Arbeiten gehörten unter anderem jahreszeitliche Ansichten von Loschwitz. Sein 1970 entstandenes letztes Ölbild zeigt einen verschneiten Garten mit einer Hütte, das den Titel »Loschwitzer Hang im Winter« trägt. Eine zweijährige Wanderausstellung in Deutschland, Polen, Tschechien und Bulgarien präsentierte ab 1971 der Öffentlichkeit einen Überblick über sein Schaffen.

Am 5. September 1975 verstarb Otto Westphal in Dresden-Loschwitz und wurde danach auf dem Loschwitzer → *Friedhof* bestattet. Er hinterließ eine umfassende Reihe an Bildwerken von Dresden und seiner Umgebung.

Juliane Beier

Quellen: 115, 453, 455, 639, 884, 998

Wichmann, Johannes; Maler (1854 – ?) → *K2*

Wieber, Elsa; Sängerin (1901 – 1999) → *K2*

Wieck, Familie und Friedrich-Wieck-Haus

Familie Wieck ist eine Musikerfamilie, aus der viele Mitglieder eine enge Beziehung zu Loschwitz hatten. Diese sollen nachfolgend vorgestellt werden.

Johann Gottlob **Friedrich Wieck** (→ *K1*) wurde am 18. August 1785 in Pretzsch an der Elbe als Sohn des Kaufmanns Carl Friedrich Gotthelf Wieck und seiner Ehefrau Christiana Dorothea geb. Oschatz geboren. Bereits im Elternhaus erlernte Friedrich das Klavierspiel, aber auch Harfe und Horn. In seinem Abschlusszeugnis des Torgauer Gymnasiums, das er bis 1803 besuchte, findet sich der interessante Satz, dass sich Friedrich mit »zu viel arte musica« beschäftigt habe. Nach dem Gymnasium ging er nach Wittenberg und studierte Theologie. Sein Examen legte er 1809 in Dresden ab, wo er in der Sophienkirche seine erste und gleichzeitig auch letzte Predigt hielt. Er trat vielmehr eine Stelle als Hauslehrer bei dem Rittergutsbesitzer Christian Adolf von Seckendorff (1767 – 1833) in Zingst (heute zu Querfurt) an. Dieser Hauslehrerstelle folgten danach noch weitere. Bereits in diesen Jahren widmete sich Friedrich Wieck dem Komponieren. 1811

Friedrich Wieck, 1879
Foto: W. Hoefert, Privatsammlung

hatte er in Erfurt sein erstes größeres Konzert. Von seinen Kompositionen schickte er 1815 acht vertonte Gesänge an Carl Maria von Weber (1786 – 1826, → *K1*), für die er von diesem eine kritische Würdigung erhielt.

Wieckhaus, 1880 *Foto: August Kotzsch, Archiv Kirchgemeinde Loschwitz*

Nach fast neunjähriger Zeit als Hauslehrer kam Wieck wahrscheinlich 1817 nach Leipzig. Im gleichen Jahr heiratete er hier die Kantorentochter Marianne Tromlitz (1797 – 1872). Im folgenden Jahr gründete er eine Pianoforte-Fabrik und ein Musikalien-Leihinstitut. Der 1824 geschiedenen Ehe entstammen die fünf Kinder Adelheid (1817 – 1818), Clara (1819 – 1896; → *K1*), Alwin (1821 – 1885), Gustav (1823 –1884) und Victor (1824 – 1827). Deren Mutter heiratete 1925 in zweiter Ehe den Musiker Adolph Bargiel (1783 – 1841). Aus dieser Ehe gingen vier Kinder hervor.

Nach seiner Scheidung heiratete Friedrich Wieck 1828 die Pfarrerstochter Clementine Fechner (1804 – 1893). Ihnen wurden drei Kinder geboren: Clemens (1829 – 1833), Marie (1832 – 1916; → *K1*) und Cäcilie (1834 – 1893). Zu seinen Leipziger Schülern gehörte auch Robert Schumann (1810 – 1856), der ab 1830 für einige Zeit in Wiecks Hause wohnte. 1840 zog die Familie von Leipzig nach Dresden in die Pirnaische Vorstadt, wo sie ab etwa 1844 in der Pillnitzer Straße wohnte. Seine Schüler waren hier u. a. der spätere Organist und Komponist Gustav Merkel (1827 – 1885, → *K2*), der spätere Pianist und Dirigent Hans von Bülow (1830 – 1894), sowie die von ihm adoptierte spätere Sängerin Minna Schulz, die den Namen Schulz-Wieck tragen durfte, nach ihrer Ausbildung nach Bremen ging und den Komiker Leopold Günther (1825 – 1902) heiratete.

Von Friedrich Wiecks Schriften, die in der Dresdner Zeit erschienen, seien genannt das grundlegende Werk »Klavier und Gesang. Didaktisches und Polemisches« (Leipzig, 1853), weiterhin »Musikalische Bauernsprüche und Aphorismen ernsten und heiteren Inhalts« (Leipzig 1871) und die von Marie Wieck 1875 herausgegebenen »Pianoforte-Studien«.

Während des Sommers bevorzugte Friedrich Wieck als Aufenthaltsort Loschwitz. Wann und wo er hier das erste Mal wohnte, ist nicht überliefert. Seine erste bekannte Loschwitzer Wohnung war auf der Pillnitzer Landstraße 7, wo er über 20 Sommer verbrachte. »Hier sah man ihn täglich, meist in Begleitung seiner Schülerinnen, denen er zu jeder Zeit mit seinen Lebens- und künstlerischen Erfahrungen zur Hand war, promenieren, hier hielt er allwöchentlich in seiner jeweiligen Wohnung mit seinen Schülern und Schülerinnen die vielbesuchten Familien-Soiréen, hier gab er auch öfter, außer anderen Künstlerkräften unterstützt von der Tochter Clara [gemeint ist aber sicher Marie], seine Concerte, die der Wohltätigkeit dienten.«[1] Zu Wiecks talentvollsten Gesangsschülerinnen hier gehörten Helene Stirl (→ *Hofmann-Stirl*; → *K2*) und Marie Chmelick,

August Weger, Clara Schumann, Stahlstich, um 1870 LfD Sachsen, Slg. K. E. Scherz

später verh. Stade (1850 – 1931, → *K2*). Ein häufiger Gast Wiecks war der Komponist und Musikschriftsteller Heinrich Dorn (1804 – 1892, → *Kasten*). Um 1869 begannen die Vorbereitungen zum Neubau anstelle des alten Hauses auf der Pillnitzer Landstraße zum späteren Kurbad und Gaststätte und Bad »Elbthal«. Friedrich Wieck musste weichen und nahm nun seinen Sommersitz im Haus Friedrich-Wieck- Straße 10, dem heutigen »Friedrich-Wieck-Haus«.

1870 schrieb die »The Musical World« über sein Lebenswerk: »Clara Schumann und Marie Wieck sind wohl die zwei größten lebenden Pianistinnen. Der Vater, Friedrich Wieck, der diese ausgezeichneten Künstler gebildet hat, lebt noch hier in Dresden im hohen Alter von 84 Jahren [...]. Keine Methode [des Unterrichts] kann natürlich den Mangel an Talent ersetzen; aber die des Herrn Wieck ist wunderbar darin, daß sie die musikalische Fähigkeit entwickelt und zu dem höchstmöglichen Grade der Vervollkommnung bringt. Der erste Schritt in dem Verfahren ist die Erweckung der ächten Liebe zur Musik. Im Anfange daher vorzugsweise intellectuell, und die Ausbildung, welche darauf folgt, ein natürliches Herauswachsen und Darstellen der musikalischen Gedanken. Dies, glaube ich, ist die Idee des Herrn Wieck in seiner nach ihm benannten Methode.«[2]

Zu seinem 86. Geburtstag am 18. August 1871 erfuhr Wieck von seinen Dresdner Schülern noch eine besondere Ehrung. Sie überbrachten ihm in Dresden die Nachricht der Gründung der »Friedrich-Wieck-Stiftung« zur Unterstützung der Ausbildung von »unbemittelten, tüchtigen, musikalischen Talenten.«[3] Wiecks Lieblingsplatz war der von den Loschwitzern so genannte »Friedrich-Wieck-Platz« in der Nähe seiner letzten Sommerwohnung. Den 87. Geburtstag Wiecks feierte man im Saal der »Viktoriahöhe« (→ *Gaststätten*). »An seinem letzten Geburtstage wurde [er] von den Sängern, seinen Schülerinnen und dem Verfasser in den Morgenstunden an [...] seinen Lieblingsplatz geführt und unter Gesang ihm die daselbst aufgebaute Bank als sein Ruheplatz übergeben.«[1] Es war der Vorläufer der späteren »Friedrich-Wieck-Bank« (→ *Denkmale*) Am 6. Oktober 1873 verstarb Friedrich Wieck in seinem Loschwitzer Sommersitz und wurde zwei Tage danach auf dem Dresdner Trinitatisfriedhof bestattet. Das Grab ziert noch heute ein Relief-Porträt, geschaffen von Theodor Kietz (1829 – 1898, → *K2*), einem Verwandten der Familie. 1895 bekam der unterste Teil der Loschwitzer Grundstraße den Namen Friedrich-Wieck-Straße.

Clara Josephine **Wieck** (→ *K1*), Tochter Friedrich Wiecks aus erster Ehe, wurde am 13. September 1819 in Leipzig geboren. Vom fünften Lebensjahr an unterrichtete sie der Vater nach seinen pädagogischen Prinzipien im Klavierspiel. Thomaskantor Theodor Weinlig (1780 – 1842) und Heinrich Dorn waren ihre Lehrer in Musiktheorie und Komposition. Ihren ersten öffentlichen Auftritt hatte die Neunjährige am 20. Oktober 1828 in einem Konzert der Pianistin Karoline Perthaler (1810 – 1873) im Leipziger Gewandhaus mit einer Klavierkomposition von Friedrich Kalkbrenner (1785 – 1849). Am 8. November 1830 folgte ihr erstes eigenes Konzert an gleicher Stelle, wo sie auch eigene kleine Kompositionen zu Gehör brachte. 1831 erschienen im Druck ihre in den Jahren zuvor geschriebenen vier Polonaisen als opus 1. In diesem Jahr begannen die zahlreichen Konzertreisen mit ihrem Vater, die sie u. a. nach Dresden, Weimar – wo sie auch Johann Wolfgang von Goethe (1749 – 1832) vorspielte – und Paris führten. 1835 brachte Felix Mendelssohn-Bartholdy (1809 – 1847) ihr 1. Klavierkonzert (opus 7), das sie Robert Schumann gewidmet hatte, im Leipziger Gewandhaus zur Uraufführung. Schumann, den sie wohl schon 1828 kennengelernt hatte und der ab 1830 Schüler ihres Vaters gewesen war, machte ihr 1835 nach einem beendeten Verlöbnis mit Ernestine von Fricken (1816 – 1844), seine Liebe bekannt. 1837 schrieb Schumann einen Heiratsantrag, den Claras Vater jedoch ablehnte. Im folgenden Jahr erhielt Clara in Wien die Auszeichnung

Grab von Friedrich Wieck auf dem Dresdner Trinitatisfriedhof
Foto: Archiv Kirchgemeinde Loschwitz

als Kaiserlich-Königliche Kammervirtuosin, und ein Jahr später unternahm sie ihre erste Konzertreise ohne ihren Vater nach Paris. Trotz der Wiederstände des Vaters und nach gerichtlicher Heiratsbewilligung fand am 12. September 1840 in Schönefeld (heute zu Leipzig) die Hochzeit mit Robert Schumann statt. Beide wohnten zunächst in Leipzig, zogen 1844 nach Dresden und schließlich 1850 nach Düsseldorf. Claras Tätigkeit beschränkte sich seit ihrer Heirat im Wesentlichen auf die berufliche Unterstützung ihres Mannes. Dazu kam die Belastung durch zehn Schwangerschaften. Bis zur Einweisung ihres Mannes 1854 in die Heilanstalt in Endenich (heute zu Bonn), gab sie nur wenige Konzerte. Erst ab 1855, ein Jahr vor dem Tod ihres Mannes, unternahm sie wieder verstärkt Konzertreisen, die sie bis 1891 durch Deutschland, aber auch nach Belgien, Holland, Frankreich, England, der Schweiz und Österreich-Ungarn führten. Vorübergehend besaß sie eine Villa in Baden-Baden. 1878 wurde sie als Lehrerin für Klavierspiel an das Hoch'sche Konservatorium in Frankfurt/Main berufen, wohin sie jetzt auch ihren Wohnsitz verlegte. 1892 beendete sie ihre Lehrtätigkeit. Clara Schumann geb. Wieck starb am 19. Mai 1896 in Frankfurt/Main und wurde danach im Grab ihres Mannes auf dem Alten Friedhof in Bonn beigesetzt. In Dresden gab man einige Jahre später der Klarastraße in Dresden-Neustadt, gleich hinter der Loschwitzer Gemarkungsgrenze, ihren Namen.

Heinrich Dorn (1804 – 1892):
Heinrich Ludwig Egmont Dorn (→ *K1*) wurde am 14. November 1804 in Königsberg/Ostpreußen (Kaliningrad) geboren. Er studierte zunächst ab 1823 in Berlin Jura, wandte sich aber bald der Musik zu und erlernte in Berlin bei Ludwig Berger (1777 – 1839), Bernhard Klein (1793 – 1832) und Carl Friedrich Zelter (1758 – 1832) Klavierspiel und Komposition. Bereits 1826 erlebte seine erste Oper »Die Rolandsknappen« in Berlin die Uraufführung. Nach kurzer Tätigkeit als Musiklehrer in Frankfurt/Main begann er 1828 in Königsberg seine Laufbahn als Kapellmeister, ging ein Jahr später ans Sächsische Hoftheater nach Leipzig, 1832 nach Hamburg und schließlich nach Riga, wo er auch das Amt eines Kirchenmusikdirektors innehatte. 1843 wurde er Kapellmeister des Gürzenich-Orchesters in Köln und gründete 1845 dort die Rheinische Musikschule, aus der später das Konservatorium hervorging. 1849 wechselte er als Hofopernkapellmeister in der Nachfolge von Otto Nicolai (1810 – 1849) nach Berlin. 1869 erhielt er die Ernennung zum Professor, beendete seine Kapellmeister-Tätigkeit und betätigte sich fortan als Dozent, Privatlehrer und Musikkritiker.

August Weger, Heinrich Dorn, Stahlstich, um 1860
LfD Sachsen, Slg. K. E. Scherz

Friedrich Wieck, den er in seiner Leipziger Zeit kennengelernt hatte, besuchte er in dessen Loschwitzer Wohnung erstmalig 1857. Dorn selbst wohnte mehrmals während seiner Loschwitzer Besuche im Haus der Familie Stirl (→ *Hofmann-Stirl*).
In seinem 1875 erschienenen Buch »Ostracismus. Ein Gericht Scherben« schreibt er: »Mit großer Freude denke ich noch an die genußreichen Abende zurück, wenn uns Wieck in seiner ländlichen Wohnung zu musikalischen Untermalungen eingeladen hatte, wobei er die jugendlich frischen Talente vorführte, welche unter seiner Leitung zu den größten Erwartungen berechtigten. [...]
Die asthmatischen Beschwerden unseres Freundes wurden immer heftiger, und der achtundachtzigjährige Greis verfiel mitunter einem Zustande, daß wir jeden Augenblick das Ende befürchten mußten. Wenn aber seine mächtige Natur den Anfall überstanden hatte, so gab er sich in jeder Beziehung wieder den alten Gewohnheiten hin. Morgens neun Uhr trank er sein Frühstücksschälchen im Garten an der Elbe, wo auch die politischen Zeitungen gelesen wurden. Dann ließ er sich von seiner Pflegerin wieder nach Hause leiten und machte die Toilette zum Mittagessen, welches unser Hotelwirth präcise zwölf Uhr anrichtet. Mit dem ersten Dresdener Boot nach Tische kamen Frau oder Tochter, jedenfalls aber einige seiner Schülerinnen heraus. Dann begann das musikalische Leben im Hause und wurde ohne Unterbrechung bis fünf Uhr fortgesetzt, worauf sich die ganze Gesellschaft nach dem Gasthof begab, um hier den siebenuhrigen Dampfer abzuwarten, der die Städter nach der Residenz zurückbrachte. Und nun verfügte sich Wieck allabendlich zum Mühlengrunde nach Gerhard's Restauration. Dort im traulichen Parterrestübchen bei offener Thüre, doch vor der Nachtluft geschützt, wurde ihm sein reglementsmäßiges warmes Süppchen vorgesetzt, hierauf zur Verdauung ein Gläschen Allasch, dann ein halbes Waldschlößchen, um das Glimmstengelchen schmackhafter zu machen, und nun überließ er sich so lebhafter Unterhaltung, daß ich, der ihm fast regelmäßig Gesellschaft leistete, oft besorgt nach der Pflegerin blickte, die ihn nach Hause führen sollte. [...] Diese Gerhardabende, mit ihm zugebracht, gehören zu meinen angenehmsten Loschwitzer Erinnerungen. Ein großes Herzeleid hat der gute Pappa noch kurz vor seinem Ende erfahren: Haus und Garten, welche er auf der Pirnaer Straße [gemeint ist Pillnitzer Straße] seit länger denn fünfundzwanzig Jahren als Miether inne gehabt, wurden verkauft, und die vormals bei seinem Einzug von ihm gepflanzten, nun so stämmig herangewachsenen Bäume ließ der Besitzer sofort niederhauen. Regelmäßig an seinem Geburtstage hatte die Pietät seiner Schülerinnen dort die jungen Linden bedichtet, besungen und bekränzt; jetzt fielen sie unter den wuchtigen Axthieben roher Bauspeculation.«[4]
Heinrich Dorn starb am 10. Januar 1892 in Berlin.

Claras Bruder Friedrich **Alwin** Feodor **Wieck** wurde am 27. August 1821 in Leipzig geboren. Er erlernte zunächst den Klavierbau und danach bei Ferdinand David (1810 – 1873, → *K1*) das Violinspiel. 1849 bis 1859 war er im italienischen Opernorchester in St. Petersburg. Danach arbeitete er als Musiklehrer in Dresden. Er starb hier am 21. Oktober 1885 und fand sein Grab auf dem Trinitatisfriedhof in Dresden.

Gustav Robert Anton **Wieck**, der andere Bruder, wurde am 31. Januar 1823 ebenfalls in Leipzig geboren. Er ging 1838 als Instrumentenbauer nach Wien, später war er in Weimar und wahrscheinlich auch in St. Petersburg tätig. Er kehrte schließlich nach Wien zurück, wo er 1884 starb.

Die ältere Tochter aus Friedrich Wiecks zweiter Ehe war Johanna **Marie Wieck** (→ *K1*). Geboren wurde sie am 17. Januar 1832 in Leipzig. Ihren ersten Klavierunterricht erhielt die Fünfjährige bei dem Schüler ihres Vaters und späteren Lüneburger Organisten Louis Anger (1813 – 1870). Nach einem Jahr übernahm ihr Vater selbst die musikalische Ausbildung. Ihren ersten öffentlichen Auftritt hatte Marie am 20. November 1843 in Dresden, wo sie mit ihrer Halbschwester Clara Sätze aus einer Sonate von Ignaz Moscheles (1794 – 1879, → *K1*) vierhändig spielte. Das erste Solokonzert Maries folgte am 14. Februar 1844 in Bischofswerda. Es bildete den Auftakt zu einer nun beginnenden Konzerttätigkeit, die sich zunehmend intensivierte. Sie gastierte in den folgenden Jahren in Solokonzerten und Kammermusik-Soiréen u. a. in Leipzig, Magdeburg, Bremen, Frankfurt/Main, Baden-Baden, Düsseldorf, Teplitz (Teplice), Zürich und Wien. 1857 erhielt Marie Wieck von Fürst Konstantin von Hohenzollern-Hechingen (1801 – 1869) in Löwenberg/Schlesien (Lwówek Slaski/Polen) die Auszeichnung als Fürstlich-Hohenzollernsche Hof- und Kammervirtuosin. 1859 unternahm sie mit ihrer Halbschwester Clara, mit der sie auch in den folgenden Jahren häufig gemeinsam auftrat, ihre erste Englandreise. Marie kehrte erst 1860 von dort zurück und gab bereits auf der Rückreise in Deutschland weitere Konzerte. 1864 begab sie sich erneut nach London. Auf dem Rückweg über Paris besuchte sie dort Gioachino Rossini (1792 – 1868). Die folgenden Jahre führten Marie Wieck durch halb Europa: 1866 erste Italienreise mit Rom und Neapel, 1869 Norddeutschland mit Hamburg und Königsberg (Kaliningrad), 1870 Reise durch die Baltischen Staaten mit Riga und Reval (Tallinn) nach St. Petersburg, 1871 Schweiz, 1873 Österreich-Ungarn und Kroatien, 1878 Frankreich und Italien, wo sie in Genua mit Giuseppe Verdi (1823 – 1901) zusammentraf. 1879/80 machte sie ihre erste Skandinavien-Tournee, die sie u. a. nach Kopenhagen in Dänemark, Göteborg und Stockholm in Schweden und Christiania (heute Oslo) in Norwegen führte. In den folgenden Jahren war sie erneut mehrmals in diesen Ländern; 1889 unterrichtete sie auch in Stockholm.

Marie Wieck *Repro: Slg. OVLW*

Marie Wieck am Flügel, Reproduktion einer von Maler Robert Scholtz in Berlin aufgenommenen Photographie. *Repro: Slg. EHK*

1893 ließ sie sich aus Schweden eine »kleine Holzvilla« schicken, die sie auf der Dresdner Straße in Hosterwitz (heute zu Dresden) aufbauen ließ. Ihre Dresdner Wohnung auf der Fürstenstraße 69 (heute Fetscherstraße) behielt sie jedoch weiter. Das Hosterwitzer Haus verkaufte sie 1909. Es wurde zerlegt und in Wentow bei Gransee wieder aufgebaut. Nach ihrer letzten Skandinavien-Reise 1899 beschränkte sich ihre Konzerttätigkeit zunehmend auf Deutschland und Prag. Zu ihrem 70. Geburtstag am 17. Januar 1902 erhielt sie zahlreiche Ehrungen. Auch danach ruhte sie nicht: 1904 spielte sie in mehreren Städten Sachsens und in Prag, ebenso 1907 und 1908. Am 28. Juli 1906 gab sie in Pillnitz ein Konzert zum 50. Todestag und 1910 ein weiteres in Zwickau zum 100. Geburtstag ihres Schwagers Robert Schumann.

Wieck-Haus, Aquarell von Hans Meier, 1946 *Repro: Ernst Hirsch*

1912 erschien ihr Buch »Aus dem Kreise Wieck-Schumann«, zwei Jahre später nochmals in erweiterter zweiter Auflage. Marie Wieck starb unverheiratet am 2. November 1816 in Dresden und wurde im Familiengrab auf dem Dresdner Trinitatisfriedhof bestattet.

Maries jüngere Schwester **Cäcilie Wieck** wurde am 17. Juli 1834 in Leipzig geboren. Auch sie erhielt Klavierunterricht bei ihrem Vater. Ihren ersten musikalischen Auftritt hatte sie mit zwölf Jahren in Dresden, gemeinsam mit Minna Schulz, der Adoptivtochter ihres Vaters. 1853 spielte sie noch mit ihrer Schwester Marie vierhändig Mozart in einem Konzert, ebenfalls in Dresden. Sie litt jedoch zunehmend unter einer geistigen Erkrankung, sodass sie später in eine Pflegeanstalt kam. Sie starb am 26. April 1893 und wurde in der Grabstelle ihres Vaters auf dem Dresdner Trinitatisfriedhof bestattet.

Das eingerüstete Wieckhaus, in der Tür Hans Bohle *Foto: Slg. Bohle*

Friedrich-Wieck-Haus: Im Haus Friedrich-Wieck-Straße 10 verstarb 1873 Friedrich Wieck, nachdem er hier wahrscheinlich seit 1869 seinen Sommersitz hatte. Aus Anlass seines 100. Geburtstags brachte man 1885 über der Tür des Hauses eine Gedenktafel mit seinen Geburts- und Sterbedaten an. Das Haus wurde vermutlich Mitte des 17. Jahrhunderts erbaut, denn 1641 erwarb es Martin Hindorff als »Baustatt«. Nach mehrfachem Besitzerwechsel erwarb es 1857 Friedrich Wilhelm Bäurich, unter dem es wahrscheinlich seine heutige Fassade im Biedermeierstil bekam. 1867 kaufte es der Klempnermeister August Ihle (→ *Handw. u. Gew.*). In diese Zeit fallen also Friedrich Wiecks Sommeraufenthalte. 1905 erbte das Haus August Ihles Witwe Caroline. Sie ließ 1907 den rechts im Erdgeschoss vorhandenen Laden, in dem sich ein Klempner-Geschäft befunden hatte, zu einem Wohnraum umbauen. 1938 kaufte das Haus der Dampfschiff-Kondukteur Emil Müller von den Erben Ihles. 1979 erwarben es von dessen Erben Ursula und Hans Bohle, die es bis 2005 besaßen. Sie waren es, die das »Friedrich-Wieck-Haus« ab 1980 einer denkmalgerechten Instandsetzung unterzogen und so in den Zustand nach dem letzten Umbau 1907 versetzten. Seit 2005 wohnt hier die Familie von Dr. Markus Enderlein. **Cornelia Resik, Otto-R. Wenzel**

Geburtstagsgesellschaft vor dem Wieck-Haus, 1993 *Foto: Konrad Hirsch*

Zitate:
1 Pohle, Friedrich Wilhelm; Chronik von Loschwitz; Dresden 1887
2 Kohut, Adolph; Friedrich Wieck – Ein Lebens- und Künstlerbild; Dresden und Leipzig 1888
3 Joß, Victor; Der Musikpädagoge Friedrich Wieck und seine Familie; Dresden 1902
4 Dorn, Heinrich; Ostracismus. Ein Gericht Scherben; Berlin 1875
Quellen: 39, 131, 228, 262, 460, 558, 603, 608, 639, 640, 814, 815, 824, 872, 1000, 1009, 1115, 1236, 1237

Wiegmann, Elisabeth; Tanzpädagogin (1894 – 1981) → *K2*
Wiel, Leopold; Architekt (* 1916) → *K1*
Wiel, Stefan; Bühnen- und Kostümbildner (* 1955) → *K2*
Wiese, Carina; Schauspielerin (* 1968) → *K2*
Wilcke, Hansgeorge von; Bühnenbildner (1901 – ?) → *K2*
Wilhelm, Ernst; Musiker (1845 – 1913) → *K2*
Wimmer-Groß, Oskar; Architekt (1909 – 1993) → *K2*
Winde, Theodor Artur; Holzbildhauer (1886 – 1965) → *K2*
Winkler, Paul; Architekt und Baumeister (1864 – 1931) → *K2* → *Architekten und Baumeister*
Winnertz, Erik; Maler (1900 – 1977) → *K2*
Winter, Emil; Humorist und Sänger (1860 – 1926) → *K2* → *»Junghähnels humoristische Sänger«*
Wirrmann, Dagmar; Tänzerin (* 1943) → *K2*
Wirrmann, Jürgen; Kapellmeister (* 1936) → *K1*
Wirrmann, Rose; Musikerin (1911 – 2002) › *K2*
Wirrmann, Rosemarie; Sängerin (* 1941) → *K2*
Wirrmann, Wilhelm; Musiker (1899 – 1985) → *K2*
Witter, Horst; Architekt (* 1937) → *K1*
Witzgall, Hans-Joachim; Musiker (1927 – 2014) → *K2*
Wölk, Astrid; Architektin (* 1954) → *K2*
Woester, Heinz; Schauspieler und Regisseur (1901 – 1970) → *K2*

Loschwitz-Arkaden, Innenhof, 2015

Alte Kirschplantage, 2015

Wohnparks

Die drei Loschwitzer Wohnparks befinden sich elbseitig der Pillnitzer Landstraße.

Loschwitz-Arkaden

Sie werden begrenzt von Pillnitzer Landstraße, Amtsstraße, Fidelio-F.-Finke-Straße und Winzerstraße. Im Gegensatz zu den beiden anderen Wohnparks finden sich hier auch Geschäfte, Büros, eine → *Gaststätte* und ein → *Einkaufs- und Gewerbezentrum*. Das zuvor tiefer gelegene Gelände hatte die Stadt Dresden 1906 in großen Teilen erworben. Es war parzelliert worden und diente danach verschiedenen Pächtern als Anbaufläche für Gemüse. Die Landschaftsgärtnerei (→ *Gärtnereien*) von Otto Stein (1893 – 1979) hatte später hier ihr Gartengelände und eine Baumschule. 1993 beschloss der Dresdner Stadtrat den »Bau- und Erschließungsplan« für das Areal. Bauherr war die »Sachsenbau GmbH«. In den folgenden Jahren entstanden hier auf dem nun aufgeschütteten Gelände zehn Mehrfamilienhäuser, von denen die Amtsstraße 2 bereits erbaut worden war, mit insgesamt etwa 130 Wohnungen und an der Pillnitzer Landstraße drei kompakte Baukörper, die Wohnen und Gewerbe vereinten. Dahinter entstand, hufeisenförmig von den Wohnhäusern umgeben, der im Oktober 1996 eröffnete Einkaufsmarkt mit Tiefgarage für etwa 250 Autos und unterirdischer Warenanlieferung. Vor allem um das Aufsetzen der Statuen auf das Einkaufszentrum gab es Streit, da sie in Loschwitz als Fremdkörper empfunden wurden. 1997 wurde die Bautätigkeit unter maximaler Ausnutzung des Baulandes beendet. Durch den Wegfall vieler Einzelhandelsgeschäfte rund um den Körnerplatz nach 1989 sind die Loschwitz-Arkaden heute das größte und einzige Einkaufszentrum in Loschwitz.

Alte Kirschplantage

Schon 1995 gab es Bestrebungen, die mit Sauerkirschbäumen bewachsene Fläche zwischen Pillnitzer Landstraße 38 und 62 zu bebauen. Die Stadt Dresden verkaufte jedoch das parzellierte Areal an die »Sachsenbau GmbH«. Diese plante hier drei Mehrfamilienhäuser und 40 Einfamilienhäuser zu bauen. Im November 2000 erfolgte der erste Spatenstich. Nach dem Hochwasser von 2002 ruhte das Projekt. Da der Bebauungsplan infolge des Hochwassers 2006 ungültig wurde, musste ein deutlich reduzierter Plan entwickelt werden. Am Ende war die Bebauung auf 15 Einfamilienhäuser beschränkt. Die »Elbebau Dresden GmbH« als neuer Investor begann mit dem Bau. 2008 konnten die ersten drei Eigenheime bezogen werden, denen bis 2010 weitere 13 folgten. Von der Pillnitzer Landstraße führt die an die einstigen Kirschbäume erinnernde Straße »Alte Kirschplantage« in den Wohnpark und parallel zur Pillnitzer Landstraße entstand die Hermann-Glöckner-Straße, die an den Maler *Hermann → Glöckner* (1889 – 1987, → *K1*) erinnert. Nach Fertigstellung war eine dem Bauhaus-Stil verpflichtete, aufgelockerte Eigenheimsiedlung mit Würfelhäusern und Flachdächern unmittelbar am »Pappelwäldchen« (→ *Flächennaturdenkmale*) entstanden.

Augustuspark

Auf einem ehemaligen Feld des Bauern Eichler (→ *Bauerngüter*), wo sich später eine Quittenplantage befand, war ein weiterer Wohnpark entstanden. 1994 wurde der Bebauungsplan beschlossen und danach der erste Entwurf der Wohnanlage von Architekt Michael Kaiser vorgelegt. Nach Änderung dieses Entwurfs begann unter dem Bauherrn »D.I.G. Immobilien-Investitionsgesellschaft mbH« der Bau von 16 nahezu identischen Mehrfamilienhäusern. Dafür war entlang der Pillnitzer Landstraße das Areal teilweise aufgeschüttet worden. Der zur Elbe führende Weg erhielt nach dem Ausbau 1996 den Namen Friedrich-Press-Straße, benannt nach dem Bildhauer Friedrich → *Press* (1904 – 1990, → *K1*). Die parallel zur Pillnitzer Landstraße angelegte und durch den Wohnpark führende Anna-Angermann-Straße erhielt ihren Namen nach der Malerin Anna Elisabeth → *Angermann* (1883 – 1985, → *K1*). Der »Augustuspark« mit Tiefgaragen wurde 1997 fertiggestellt. Da beim Bau einiger zur Elbe gelegenen Häuser die Hochwassergrenzlinie nicht eingehalten wurde, waren sie von den letzten beiden Hochwassern 2002 und 2013 betroffen.

Anka Krüger

Quellen: 446, 541, 650, 775, 804, 862, 1000

Wolff, Friedrich Anton; Maler (1814 – 1876) → *K1*
Wollheim, Gert H.; Maler, Grafiker und Bildhauer (1894 – 1974) → *K2*
Wolter, Andrea; Dramaturgin, Autorin und Übersetzerin (* 1953) → *K2*
Wolters, Wilhelm: Schriftsteller, Dramaturg und Schauspieler (1852 – 1915) → *K2*
Woschni, Markus; Architekt (* 1966) → *K2*
Wosnitza, Cornelia; Sängerin (* 1956) → *K2*
Wosnitza, Franziska; Restauratorin (* 1962) → *K2*
Wotte, Herbert; Lehrer und Schriftsteller (1909 – 1989) → *K2*
Wotte, Ulrike; Bildhauerin (* 1964) → *K2*
Wotte, Wieland; Designer und Bildhauer (* 1967) → *K2*
Wulle, Otto Wilhelm; Architekt (1891 – 1963) → *K2*
Wüllner, Franz; Dirigent und Komponist (1832 – 1902) → *K2*
Wünsche, Erich; Maler und Grafiker (1893 – ?) → *K2*
Wünsche, Kurt; Maler und Grafiker (1902 – 1994) → *K2*

Augustuspark, Elbseite, 2015

Fotos: (3) Holger Friebel

Eigenthum von H. Zumbusch.

Localblatt für Loschwitz, Weißer Hirsch, Bühlau, Rochwitz, Schönfeld, Wachwitz, Pillnitz, Weißig und Umgebung.

Zeitungs-Preisliste Nr. 4264. Redaction, Expedition, Druck und Verlag von H. Zumbusch, Loschwitz, Grundstraße 124 b. Zeitungs-Preisliste Nr. 4264.

Der **Loschwitzer Anzeiger** erscheint jeden Sonnabend Mittags mit dem illustrierten Witzblatt **Zick-Zack.** — Abonnementpreis vierteljährlich **50** Pf. — Durch die Post bezogen vierteljährlich **50** Pf., für den zweiten und dritten Monat **34** Pf., für den dritten Monat **17** Pf. ohne Bestellgeld. — **Inserate** werden mit **10** Pf. für eine einspaltige Petitzeile berechnet. Bei Wiederholungen hoher Rabatt.

Nr. 13. — **Dresden-Loschwitz, Sonntag, den 21. März 1897.** — **4. Jahr.**

Rundschau.

Dem Reichstage ist die Handwerksorganisations-Vorlage zugegangen. Sie bezieht sich im wesentlichen auf die Titel VI und VII Abschnitt III der Gewerbeordnung. Wir geben hier vorläufig die wesentlichsten Bestimmungen aus dem Abschnitte Zwangsinnungen wieder:

§ 100. Zur Wahrnehmung der gemeinsamen gewerblichen Interessen der Handwerke gleicher oder verwandter Art ist durch die höhere Verwaltungsbehörde auf Antrag Betheiligter anzuordnen, daß innerhalb eines bestimmten Bezirks sämmtliche Gewerbetreibende, welche das gleiche Handwerk oder verwandte Handwerke ausüben, einer neu zu errichtenden Innung (Zwangsinnung) als Mitglieder anzugehören haben, wenn:

1) Die Mehrheit der betheiligten Gewerbetreibenden der Einführung des Beitrittszwanges zustimmt, 2) der Bezirk der Innung so abgegrenzt ist, daß kein Mitglied durch Entfernung seines Wohnorts vom Sitze der Innung behindert wird, am Genossenschaftsleben theilzunehmen und die Innungseinrichtungen zu benutzen, und 3) die Zahl der im Bezirke vorhandenen betheiligten Handwerker zur Bildung einer leistungsfähigen Innung ausreicht.

Der Antrag kann von einer für das betreffende Handwerk bestehenden Innung oder von Handwerkern gestellt werden, welche zu einer neuen Innung zusammentreten wollen. Ohne Herbeiführung einer Abstimmung kann der Antrag abgelehnt werden wenn die Antragsteller einen verhältnißmäßig nur kleinen Bruchtheil der betheiligten Handwerker bilden, oder ein gleicher Antrag bei einer innerhalb der letzten drei Jahre stattgefundenen Abstimmung von der Mehrheit der Betheiligten abgelehnt worden ist, oder durch andere Einrichtungen als diejenige einer Innung für die Wahrnehmung der gemeinsamen gewerblichen Interessen der betheiligten Handwerke ausreichende Fürsorge getroffen ist.

§ 100a. Um festzustellen, ob die Mehrheit zustimmt, hat die höhere Verwaltungsbehörde der betheiligten Gewerbe-

welche den Betrieb des Gewerbes später beginnen, mit dem Zeitpunkt der Eröffnung des Betriebes.

§ 100g. Berechtigt der für ihr Gewerbe errichteten Innung für ihre Person beizutreten sind: 1) Die im § 87 Abs. Ziffer 2 und 3 bezeichneten Personen, sowie die in landwirthschaftlichen oder gewerblichen Betrieben gegen Entgelt beschäftigten Handwerker, welche der Regel nach weder Gesellen noch Lehrlinge halten; 2) mit Zustimmung der Innungsversammlung diejenigen, welche das Gewerbe fabrikmäßig betreiben.

Diesen Personen ist der Austritt aus der Innung jederzeit gestattet, wenn das Statut eine vorherige Anzeige darüber nicht verlangt. Die Anzeige kann frühestens sechs Monate vor dem Austritte verlangt werden.

Im Reichstag kam es am Mittwoch zwischen Freunden und Gegnern der Bäckereiverordnung des Bundesrathes zu einem scharfen Kampf. Ein Antrag Kardorff-Manteuffel verlangte Abänderung dieser Verordnung, während ein Antrag des Centrumsabgeordneten Dr. Pichler Uebergang zur Tagesordnung vorschlug, weil vor einer materiellen Berathung erst das durch die Erhebungen über die Wirkung der Verordnung gewonnene Material geprüft werden müsse. Staatssekretär Dr. v. Bötticher theilte mit, daß die eingeforderten Gutachten über die Wirkung der Verordnung sämmtlich eingegangen seien, aber kein einheitliches Bild gewährten. Mit 148 gegen 104 Stimmen wurde der Antrag Pichler auf motivirte Tagesordnung angenommen.

Dem Vernehmen nach legt die Regierung Werth darauf, nicht nur daß die Beamtenbesoldungsaufbesserung im Reiche im Reichstag zur Berathung gelangt, sondern auch, daß vor allem die Unfall-, Alters- und Invaliditätsversicherungsgesetze verabschiedet werden. Die Besoldungsaufbesserung ist so formulirt, daß sie gesondert vom Etat erledigt werden kann, und nichts dem entgegensteht, auch ohne sie bis zum 1. April den Etat vorschriftsmäßig fertig zu stellen. Die Regierung hat die Absicht, den Reichstag

arden alljährlich jenem Gesammtkostenansatze hinzufügen, denn so viel beträgt annähernd die Verzinsung von etwa zwei Dritteln jener europäischen Staatsschuldenlast alljährlich. Die Gesammtkosten der europäischen Heere und Flotten belaufen sich demgemäß auf jährlich etwa zehn [illegible] Marie. Die Etatsstärke des deutschen Heeres ist für 18[illegible] festgesetzt auf 23,088 Offiziere, 78,217 Unteroffiziere, 497.229 Gemeine, 2107 Militärärzte, 1078 Zahlmeister, Militär-Inspicienten, Werkstätten-Vorsteher bei der Luftschiffer-Abtheilung, 583 Roßärzte, 1045 Büchsenmacher und Waffenmeister, 93 Sattler und 97,850 Dienstpferde. Das ist die sogenannte „Versicherungsprämie“, welche Europa für die Erhaltung des Friedens alljährlich zahlt und an welcher es schließlich verbluten muß. Viel billiger und sicherer könnte die Friedensversicherung sein, wenn die Staaten die allgemeine Abrüstung eintreten lassen wollten.

Die erste diesjährige Hamburger Gartenbau-Ausstellung entwickelt sich zu einem hervorragenden Ereigniß auf dem Gebiet des Gartenbaues. Freilich ist sie von Anfang an dadurch, das sie für die ganze Dauer dieses Sommers, vom 1. Mai bis Ende September, geplant ist, als die größte der je stattgehabten Gartenbau-Ausstellungen gekennzeichnet. Ganz Hamburg nimmt an ihr Antheil; der Staat, dessen Haupt gleichzeitig der mitarbeitende Vorsitzende des Ausführungs-Comité ist, und dessen Senat und Bürgerschaft einen herrlichen Park und große Geldmittel zur Verfügung des Comités gestellt haben, die Bevölkerung, die den Garantiefonds gezeichnet, mehr als Mk. 50,000, zu den aber Mk. 100,000 comitéseitig ausgesetzten Preisen in Ehrenpreisen gestiftet hat und nach allen Richtungen seine Begeisterung für das Unternehmen bethätigt und die Gärtnerwelt, die einmüthig ihr Bestes einsetzt, um in dem großen Wettstreit mit Ehren zu bestehen. Die Fachkreise der ganzen Welt rüsten sich zur Betheiligung. Fast in allen für den Gartenbau wichtigen außerdeutschen Ländern haben sich Sub-Comités gebildet und organisiren, theilweise mit staatlicher Unterstützung, die Beschickung. In Deutschland hat

Zacek, Rudolf; Architekt (1893 – 1966) → *K2*
Zeh, Albert; Maler und Illustrator (1834 – 1865) → *K1* → *Ludwig Richter und sein Kreis*
Zeibig, Roland; Musiker (* 1974) → *K2*
Zeibig, Werner; Musiker (* 1939) → *K2*

Zeitungen und Verlage

Zeitungen

Obgleich seit 1730 ein Dresdner Anzeiger unter dem Aspekt »in- und außerhalb der Stadt« erschien, dürften den Loschwitzern amtliche wie gemeindliche Angelegenheiten lediglich mittels öffentlichem Ausruf durch den Gemeindediener zur Kenntnis gebracht worden sein.

Von 1817 bis 1857 erschien in der Arnoldischen Buchhandlung als belletristisches Unterhaltungsblatt die »Abendzeitung«, welche über Dresden und Sachsen hinaus bekannt war. Bereits 1805 bis 1806 war die Zeitung von Arnold herausgegeben worden, hatte aber keinen Erfolg und wurde wieder eingestellt. Herausgeber waren ab 1817 Friedrich Kind (1768 – 1843) und Theodor Hell, Pseudonym für Hofrat Karl Winkler (1775 – 1856, → *K2*), der ab 1801 in Dresden als Journalist, Schriftsteller, Kritiker, Herausgeber und Dramaturg wirkte.

Erscheint jeden Wochentag nachmittags 5 Uhr für den folgenden Tag. Anzeigen-Annahme erfolgt bis mittags 1 Uhr. Inserate kost. die 6-gesp. Petitzeile 20 Pf., kleine Anzeigen 15 Pf., die Reklamezeile 50 Pf. Für die Aufnahme an bestimmter Stelle wird keine Garantie übernommen. Annahmestellen: letzte Seite.

Sächsische
Dorfzeitung und Elbgaupresse

Bezugsgebühr:	vierteljährlich	monatlich
durch die Post bezogen	M. 1.80	M. —.60
desgl. frei ins Haus geliefert	„ 2.22	„ —.74
durch Boten frei ins Haus geliefert	„ 2.—	„ —.70
bei Abholung in der Expedition	„ 1.60	„ —.55

Amtsblatt für die Kgl. Amtshauptmannschaften Dresden-Altstadt u. -Neustadt, das Kgl. Amtsgericht Dresden, für die Kgl. Superintendentur Dresden II, die Kgl. Forstrentämter Dresden, Moritzburg und für die Gemeinden: Laubegast, Tolkewitz, Dobritz, Wachwitz, Niederpoyritz, Hosterwitz, Pillnitz, Leubnitz-Neuostra und Cossebaude. Publikations-Organ und Lokal-Anzeiger für Blasewitz, Loschwitz, Rochwitz, Weisser Hirsch, Bühlau, die Lössnitzgemeinden, Dresden-Striesen und Neugruna.

Fernsprecher: Amt Dresden Nr. 809. — Beilagen: „Illustriertes Unterhaltungsblatt“ * „Nach Feierabend“ * „Haus- und Gartenwirtschaft“ * „Fremden-Liste“. Druck und Verlag: Elbgau-Buchdruckerei und Verlagsanstalt Hermann Beyer & Co., verantw. Redakteur: Dr. K. Biesendahl, Blasewitz. — Telegramm-Adresse Elbgaupresse Blasewitz.

Nr. 303 | Dienstag, den 31. Dezember 1907. | 69. Jahrg.

Redaktionsschluß: 2 Uhr Mittags.
Sprechstunde der Redaktion: 5—6 Uhr Nachmittags.
Zuschriften in redaktionellen Angelegenheiten sind nicht an den Redakteur persönlich, sondern ausschließlich an die Redaktion zu adressieren

Neueste Ereignisse.

Der Kapitän des gestern in Hamburg angekommenen Dampfers Stadt Witten berichtet, daß vor der Wesermündung ein norwegischer Dampfer mit einer Schuner unbekannter Nationalität zusammenstieß, worauf der Dampfer seinen Kurs auf die Elbe fortsetzte und den Lotsendampfer vor der Wesermündung benachrichtigte, daß der Schuner Notsignale gab. Der Schuner wurde jedoch von dem Lot-

Bedeutung und Entwicklung des marokanischen Makhzen*.

Durch die Konferenz von Algeciras und die französische Expedition nach Marokko ist der Begriff des marokkanischen „Makhzen“ durch die Zeitungen geradezu populär geworden. Gleichwohl ist es zweifelhaft, ob auch nur einer der Leser einen auch nur annähernd richtigen Begriff damit verbindet. — Derselbe geht nämlich zu einer historischen Entwickelung auf das 8. Jahrhundert zurück. Das vom Islam unterworfene Land war die Ebene, während das Berggebiet unabhängig blieb. So kam die Unterscheidung auf zwischen dem „Blad el makhzen“ und dem „Blad es siba“. Aber auch in dem eigentlichen Makhzenland ist

den dann nochmals von Mulay Abderrahman zerstreut und verteilt und nur ein Bruchteil blieb um Fez. Im Hauz hatte sich inzwischen der Stamm der Cheraga aus Udaia-Elementen bei Marakesch zu großer Macht entwickelt. Er wurde aber auch von Mulay Abderrahman gedemütigt. Aber alle diese Stämme erhoben sich wieder, so die Buakhar. Die Udaia erhielten ihre Vorrechte zurück, die Cheraga wurden für vollgültig erklärt, dazu kam noch der wieder kräftig gewordene Stamm der Chl-Sous. Dies sind nun die vier eigentlichen Makhzen-Stämme. Sie alle sind Krieger und leben abgabenfrei auf eigenen oder Erbpachtgütern. Sie haben die Aussicht, zu den höchsten Staatsstellungen aufzusteigen. Dafür bleiben sie ihr Leben lang zur Verfügung des Herrschers. — Neben ihnen gibt es noch fünf „Halb-

Sächsische Dorfzeitung und Elbgaupresse/Amtsblatt, 1907 *Repro: Slg. Matthias Griebel*

Außer der Stadtwohnung besaß die Familie in Nachbarschaft der »Saloppe« (→ *Gaststätten*) das Landhaus Brockhausstraße 2, ein Treffpunkt vieler Zeitgenossen sowie Mitglieder des »Dresdner Liederkreises«. Nachbesitzer des Anwesens war dann Heinrich Brockhaus (1804 – 1874, → *Brockhaus-Villa*).

Als erstes Publikationsorgan und Lokalanzeiger auch für unsere Elbdörfer erschien dann im Jahre 1839 die »Sächsische Dorfzeitung«, die zunächst gleichzeitig Amtsblatt für die Königlichen Amtshauptmannschaften Dresden-Altstadt, Dresden-Neustadt sowie das Königliche Amtsgericht Dresden war. Die anfangs wöchentlich und zuletzt täglich erscheinende Zeitung wurde 1905 eingestellt. Als gesondertes »Amtsblatt« gab es von 1898 bis 1905 für den Ostteil der Amtshauptmannschaft Dresden-Neustadt dann »Sachsens Elbgaupresse«. Ab dem gleichen Jahr erschien schließlich die »Sächsische Dorfzeitung und Elbgaupresse«, die 1933 ihr Erscheinen einstellte.

Bereits 1894 hatte der Buchdrucker Paul Manegold in der Grundstraße 14 den »Loschwitzer Anzeiger« begründet, der dann dreimal wöchentlich im Druck- und Verlagshaus Grund-

Abend = Zeitung.

Nummer 1.

Mittwoch, 1. Jenner 1817.

Die Abendzeitung.
Häusliches Zweigespräch.
Sie.

Wenn ich von der Arbeit müde
Abends pflege auszuruhn,
Wünscht' ich an der Dichtkunst Blüthe
Mir wohl gütlich oft zu thun.

So vergehn die Abendstunden
Bei der bösen Politik,
Uebel wird es noch empfunden,
Mach' ich manchmal einen Nick,
Oder gähne wohl zuweilen,
Wenn mir unpolit'schem Kind
Allzu eng die bösen Zeilen,
Allzu lang die Seiten sind.

Der erste Ausgabe der Abendzeitung, »1. Jenner 1817« *Slg. Matthias Griebel*

Theodor Hell *Aus: Stadtlexikon*

Loschwitzer Anzeiger

Lokalblatt für Loschwitz

Wachwitz, Weißer Hirsch, Rochwitz, Bühlau, Weißig, Schönfeld und Umgegend.

Publikationsorgan für amtliche Bekanntmachungen der Gemeindeverwaltung zu Loschwitz.

Nummer 142 — Sonnabend, den 9. Dezember 1916 — 23. Jahrgang

Der Vormarsch in Rumänien

Loschwitzer Apotheke und Medizinal-Drogenhandlung

Mineralwässer Verbandstoffe Photo-Artikel

Umgehende Zusendung aller Bestellungen.

Lokales und Sächsisches.

Loschwitzer Anzeiger, Dezember 1916 *Slg. Matthias Griebel*

Elbthalbote.

Amtsblatt der Gemeindeverwaltungen Striesen, Blasewitz und Laubegast.

Lokalblatt für Loschwitz, Weißer Hirsch, Wachwitz, Niederpoyritz, Hosterwitz, Pillnitz, Lockwitz, Kreischa, Leuben, Tolkewitz, Seidnitz, Gruna, Strehlen, Reuostra und Leubnitz.

№ 52. — Donnerstag, den 4. März 1880. — 7. Jahrg.

Elbthalbote *Repro: Slg. M. Griebel*

straße 47 (→ *Verlage*) von Heinrich Zumbusch, Albin Freitag und etwa ab 1904 von Karl Eymann (1868 – 1948) herausgegeben wurde. Die letzte Ausgabe des »Loschwitzer Anzeiger« erschien am 28. März 1922; das Blatt ging in der »Sächsischen Dorfzeitung und Elbgaupresse« auf.

Bezüglich örtlicher Mitteilungen sei auch auf das von der → *Kirchgemeinde* seit 1925 edierte »Kirchliche Gemeindeblatt für Loschwitz und Wachwitz« verwiesen, das bis 1934 erschien. Danach gab es nur noch das »Kirchliche Gemeindeblatt für Sachsen«, dem bis 1935 die »Kirchennachrichten für Loschwitz« beigelegt werden durften. Die Stadt Dresden veröffentlichte wichtige Entscheidungen und Mitteilungen bis 1945 vorwiegend im »Dresdner Anzeiger« oder gesonderten Verfügungsblättern.

Während des Zweiten Weltkrieges hatte die Ortsgruppe der NSDAP die Herausgabe eines Blattes »Die Heimat grüßt« initiiert, das für die Frontsoldaten gedacht war, in loser Folge von 1940 bis 1944 erschien und auch ortsgeschichtliche Text- und Bildbeiträge enthielt.

Für die Zeit nach 1945 erfolgten dann wichtige Informationen über »Öffentliche Bekanntmachungen« in den Tageszeitungen oder dem »Amtlichen Mitteilungsblatt der Stadt Dresden«. Seit der Friedlichen Revolution erfolgen alle öffentlichen Bekanntmachungen im »Dresdner Amtsblatt«. Im Zuge der demokratischen Neugestaltung des öffentlichen Lebens entstand dann auch die private Initiative zur Herausgabe einer regionalen Monatsschrift: → *»Der Elbhang-Kurier«*, dessen erste Ausgabe im April 1992 vorlag.

Matthias Griebel

Quellen: 39, 1001

Elbtal-Abendpost

Lokal-Anzeiger für das westliche Dresden und seine Vororte

verbunden mit Sächsische Dorfzeitung und Elbgaupresse

Tageszeitung für das östliche Dresden und seine Vororte

Sächsischer Kurier

Nr. 63 — Mittwoch, den 16. März — 1938

Drei bedeutsame Ausstellungen in Dresden

Noch einmal Gasmasken-Großwerbung

Titel-Konglomerat: »Elbthal-Abendpost, verbunden mit Sächsische Dorfzeitung und Elbgaupresse und Sächsischer Kurier«, 16. März 1938 *Repro: Slg. Matthias Griebel*

Die Heimat grüßt

Dresden-Loschwitz / Juli 1940

Blick in den oberen Grund beim Gasthof zur Eule 1860

Ihr habt gehofft, uns den Glauben an die Zukunft rauben zu können und habt doch nur den Glauben erhärtet an eine Vorsehung, die mit Deutschland ist! Ihr habt gehofft, uns die Siegeszuversicht nehmen zu können – nie war das deutsche Volk siegesgewisser denn heute!

Rudolf Heß an die Feinde Deutschlands, 11. November 1939.

Die Heimat grüßt, Juli 1940 *Slg. M. Griebel*

Ludwig Richter, Briefkopf Atelier Gaber und Richter, 1856

Verlage, Druckereien und Verleger

Schon im 19. Jahrhundert gab es zwei erwähnenswerte Verlagsgründungen: **Heinrich** → **Richter** (1830–1890, → *K2*), der wie sein Vater die Sommermonate häufig in Loschwitz verbrachte, fand 1856 mit August Gaber im Dresdner Verlag **»Gaber & Richter«** seine Lebensaufgabe in der Publizierung des Werkes seines Vaters *Ludwig* → *Richter* (1803–1884, → *K1*).

Der → *Fotograf* **Emil Römmler** (1842–1941, → *K1*), der von 1903 bis 1909 Calberlastraße 12 wohnte, gründete mit seinem Partner 1871 die **»Kunstdruck-Anstalt Römmler & Jonas«**.

Nachdem 1882 der Kaufmann und Konsul Alfred Heymel (1822–1890) die → *Villa »Thorwald«*, Schillerstraße 12, gekauft hatte, erbte sein Adoptivsohn Walter Hayes, der den Namen Alfred Walter Heymel (1878–1914, → *K1*) angenommen hatte, nach dem Tod des Vaters die Villa. Mit deren Verkauf im Jahr 1893 verließ **Alfred Walter Heymel** den Ort seiner Kindheit, ging nach Bremen und 1898 nach München.

Emil Römmler
Repro: Buch »Lebenserinnerungen eines Königlich Sächsischen Hofphotographen«

Hier gründete er 1899 mit seinem Freund Otto Julius Bierbaum (1865–1910) und seinem Cousin Rudolf Alexander Schröder (1878–1962) die literarisch-künstlerische Zeitschrift »Die Insel«, deren erste Ausgabe im Oktober erschien. Aus ihr ging 1901 in Leipzig der **»Insel Verlag«** hervor.

Der Verlagsleiter des »**Louis Ehlermann Verlages**«, Dr. phil. **Erich Ehlermann** (1857–1937), wohnte in Loschwitz. Nach einer Buchhändlerlehre in Zürich studierte er in Straßburg, Bern, Leipzig und Dresden u. a. Medizin und Philosophie. 1886 übernahm er den Dresdner Schulbuchverlag seines Vaters Louis Ehlermann (1817–1880), den er als »L. Ehlermann Verlag« weiterführte. Der Versuch, mit Hilfe der Dichter Ferdinand Avenarius (1856–1923, → *K2*) und Wolfgang Kirchbach (1857–1906) diesen um einen »schöngeistigen« Verlag zu erweitern, scheiterte. 1887 kaufte er in Loschwitz Haus und Grundstück Schillerstraße 39. Er ließ das Haus erweitern und das Gartenhaus (heute Wunderlichstraße 1c) errichten. 1890 heiratete er in erster Ehe Helene geb. Fleischer (1865–?, → *K2*) und wohnte hier bis etwa 1895 mit seiner Familie. In diesen Jahren erwarb er in der Umgebung noch über 20 weitere Grundstücke, ließ 1896 einen Bebauungsplan aufstellen und die heutige Dostojewskistraße anlegen. Der Vorschlag, diese »Ehlermannstraße« zu benennen, scheiterte jedoch. 1906 kaufte er die Wunderlichstraße 5 und wohnte hier mit Familie von 1908 bis 1913. Nachdem Ehlermann 1910 zunächst die Gründung einer »Reichsbibliothek« vorgeschlagen hatte, gehörte er dann 1912 zu den Mitbegründern der »Deutschen Bücherei« in Leipzig. Er war ferner Vorsitzender des Vereins Dresdner Buchhändler und 2. Vorsitzender des Börsenvereins in Leipzig. 1918 kaufte er den Dresdner Verlag Thienemann. Beide Verlagssitze waren in Dresden auf der Mosczinskystraße, wo Ehlermann von 1913 bis 1919 wohnte. Danach waren seine Wohnung und beide Verlagssitze auf der Leubnitzer Straße 16. Der »L. Ehlermann Verlag« publizierte noch bis 1949 in Dresden und danach bis etwa 1960 in Düsseldorf.

Kinderbuch aus dem Ehlermann Verlag, 1946 *Antiquariat »Traumfährte«*

Kein Verlag im eigentlichen Sinn war das **Druck- und Verlagshaus** in der Grundstraße 47, in dem auch der »Loschwitzer Anzeiger« (→ *Zeitungen*) erschien. 1895 kaufte die Ehefrau von **Heinrich Zumbusch** das Haus. Damit begann die Geschichte der Loschwitzer Buchdruckerei, deren erster Besitzer der Genannte war. 1902 erwarb sie Albin Freitag und im August 1904 schließlich **Karl Eymann** (1868–1948). Hier wurden auch mehrere im »Selbstverlag« herausgegebene Loschwitz-bezogene Schriften gedruckt. Dazu gehören »Loschwitz und seine Denkwürdigkeiten« (1928) und die »Festschrift zum 50jährigen Bestehen des Ortsvereins Loschwitz« (1932) des → *Chronisten* Theodor Leuschner (1872–1936), publiziert im Auftrag des → *Ortsvereins Loschwitz*.

Der Buchdruckereibesitzer und Leiter des Verlages **Wilhelm Volkmann** wohnte von 1920 bis etwa 1945 Wilhelminenstraße 3 im → *Simmigschen Ortsteil*. Der Verlag befand sich bis 1945 in der Dürerstraße in Dresden. Er konzentrierte sich auf »Sachsen-Literatur«.

Von 1922 bis etwa 1925 befand sich in der Straußstraße 6 im → *Ortsteil Oberloschwitz* der Verlag »**Buchhaus für deutsches Schaffen GmbH**«. Der Jurist, Schriftsteller und Verlagsbuchhändler **Helmuth M. Böttcher** (1895–1979) hatte 1922 in Greifswald promoviert und war mit seiner Ehefrau Maida hierher gezogen. In Heft 1 der 1922/23 erschienenen Zeitschrift »Buchweiser für deutsches Schaffen« wird das Ziel der neuen Veröffentlichung wie folgt formuliert: »So treten wir ein für deutsche Art wie für deutsche Dichtkunst, für deutsche Heimat wie für deutsches Volkstum, für deutsche Gedanken wie für ihre Finder und für starkes, bewußtes, bodenständiges deutsches Schaffen.«[1]

Hier am Verlagsort »Weißer Hirsch« erschien 1922 auch Böttchers Erzählung »Das lockende Gift«. Seine Ehefrau kaufte das Grundstück Straußstraße 6, aber das Ehepaar zog nach Eisenach, wo Böttcher bis 1938 auch Geschäftsführer der Hörselwerke war. Auch nach 1945 erschienen seine Bücher noch in der DDR, bevor er in den 1950er Jahren ganz in die Bundesrepublik übersiedelte.

Ein Verleger war der am 8. Mai 1928 in Altenburg geborene **Erhard Frommhold** (1928–2007, → *K2*). Von 1947 bis 1951 studierte er in

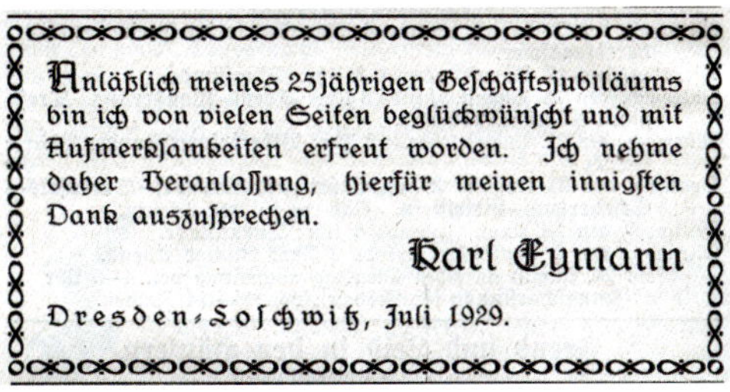
Anläßlich meines 25jährigen Geschäftsjubiläums bin ich von vielen Seiten beglückwünscht und mit Aufmerksamkeiten erfreut worden. Ich nehme daher Veranlassung, hierfür meinen innigsten Dank auszusprechen.

Karl Eymann

Dresden-Loschwitz, Juli 1929.

Jena Soziologie, Kunstgeschichte und Literaturwissenschaft und kam 1952 nach Dresden. Hier wurde er im gleichen Jahr Mitbegründer des Dresdner **»Verlag der Kunst«**, dessen Lektor und späterer Cheflektor er wurde. 1953 zog er in die Robert-Diez-Straße 10 im → *Ortsteil Schöne Aussicht*, wo er bis 1979 wohnte. Zu seinen bedeutendsten Veröffentlichungen zählt das 1968 erschienene Werk »Kunst im Widerstand. Malerei, Graphik, Plastik 1922–1945«. Im Jahr des »Prager Frühlings« erschienen, wurde es zum »Stein des Anstoßes: Große Kunst, so die These, ist immer widerständig, ein Geist der Opposition ist ihr im Grunde immanent«[2] Als Folge wurde Frommhold von seinem Amt als Cheflektor suspendiert, durfte aber weiter im Verlag arbeiten. Erhard Frommhold starb am 17. Oktober 2007 in Dresden, nachdem der »Verlag der Kunst« 2003 in die »Verlagsgruppe Husum« übernommen worden war.

Ein weiterer Verleger und Lektor war schließlich der am 4. Juni 1928 in Stuttgart geborene **Rudolf Mayer** (1928–2008, → *K2*). Seine Studienzeit begann 1947 an der Freien Kunstschule Stuttgart, 1949 fortgesetzt an der Hochschule für Baukunst und bildende Künste in Weimar und abgeschlossen 1951/52 an der Ingenieurschule für Polygraphie in Leipzig. Von 1952 bis 1992 war er als Cheflektor der Bildabteilung beim »Verlag der Kunst« in Dresden. Er war verheiratet mit der promovierten Kunsthistorikerin Annaliese Mayer-Meintschel (* 1928, → *K2*), die ebenfalls 1952 nach Dresden kam und später von 1968 bis 1991 Direktorin der Dresdner Gemäldegalerie »Alte Meister« war. Rudolf Mayer lebte in seiner Dresdner Zeit bis zu seinem Tod Robert-Diez-Straße 7. Zu seinen bedeutenden Publikationen gehören 55 Mappen der »eikon. Grafik-Presse«, erschienen von 1964 bis 1992, mit Originalgrafik und experimenteller Fotografie. »Ohne den Verlag wäre manches zeitgenössische Werk der Weltkunst hier zu Lande nicht im Original und nicht einmal in der Reproduktion zu sehen gewesen.«[3] Rudolf Mayer starb am 16. September 2008 in Dresden.

Kurz vor der Jahrtausendwende sollte Loschwitz wieder einen Verlag bekommen. Der spätere Schriftsteller und Journalist **Heinz Weise** (1938–2007, → *K2*) wurde am 23. August 1938

Druck- und Verlagshaus Karl Eymann. 1910
Foto: Slg. Matthias Griebel

Buchbeispiel aus dem Verlags- und Publizistikhaus: »Kurländer Palais – Jugenderinnerungen an eine Dresdner Sehenswürdigkeit« von Günter Klieme *Slg. Otto-R. Wenzel*

in Dresden geboren. Nach seinem Abitur war er von 1958 bis 1961 Volontär an der Dresdner Tageszeitung »Die Union«. Danach studierte er bis 1965 Journalistik an der Universität in Leipzig. Anschließend war er bis 1981 Leiter der Abteilung Wissenschaft/Wirtschaft bei der »Union«. Von 1982 bis 1990 arbeitete er als freier Schriftsteller und veröffentlichte mehrere Bücher. Nachdem er 1990 stellvertretender Chefredakteur der Wochenzeitschrift »Sachsen-Spiegel« gewesen war, gründete er 1992 in Dresden einen eigenen Verlag, das **»Verlags- und Publizistikhaus«**. 1999 verlegte er Wohnsitz und Verlag nach Loschwitz in die Calberlastraße 12. Noch in seinem Todesjahr war er Mitherausgeber des »Dresdner Musikführer«. Er starb am 7. Juli 2007 in Dresden. Seine Ehefrau Cornelia (* 1953) führte den Verlag im Ortsteil Malschendorf (Schönfelder Hochland) bis 2009 weiter und danach als »Dresdner Verlag« noch bis 2014.

Otto-R. Wenzel

Zitate:
1 *Buchweiser für deutsches Schaffen. Zeitschrift der deutschen Kunstgemeinde; Heft 1, Dresden 1922*
2 *Jansen, Elmar; Kunst ist Widerstand; in: DNN 08.05.2003*
3 *Grossmann, Karin; Mutig gestritten; in: SZ 23.04.2002*

Quellen: 39, 168, 225, 484, 553, 639, 640, 688, 689, 724, 726, 881, 1000, 1130, 1220

Elbhang-Kurier
Monatszeitschrift (seit 1992)

Der Elbhang-Kurier ist eine unabhängige und überparteiliche Monatszeitschrift im handlichen A4-Format – für und über die Menschen im Südosten Dresdens. Unterstützt von vielen ehrenamtlichen Autoren gibt das Blatt ansässigen Vereinen, Kirchen, Behörden, Künstlern und Gewerbetreibenden eine öffentliche Plattform. Der Kurier betreibt publizistische Heimatpflege und will damit sowohl chronistisch als auch identitätsstiftend und -bewahrend wirken. Er setzt sich für Umwelt-, Milieu- und Denkmalschutz ein. Zu den wertvollsten Beiträgen zählen die vielen Porträts von Anwohnern – vom Künstler bis zum Gastwirt, vom Schriftsteller bis zur Gemüsehändlerin. Diese Chronik des Lebens der Region wächst jeden Monat.

Der Elbhang-Kurier erblickte das Licht der Öffentlichkeit am 4. April 1992 mit einem Paukenschlag, der rückblickend den großen Enthusiasmus der Gründerjahre der Wendezeit spiegelt: Eine kostenlose Erstauflage von fünftausend Exemplaren wurde von einer Schar fröhlicher »Elbhang-Kuriere« verteilt – herab von einem Zug aus Pferdekutsche und dreirädrigen Moped-»Duos« an die überraschten Passanten auf Körner- und Schillerplatz. Die Gründungs-Herausgeber, die Journalistin Burgi Trommer (* 1941), der Grafiker und Verleger Holger Friebel (* 1962) und der Fotojournalist Jürgen Frohse (* 1962) wurden unterstützt von vielen Freunden, darunter Matthias »Matz« Griebel (* 1937, → *K1*)«, damals Direktor des Stadtmuseums.

Die Erstausgabe mit der Schlagzeile »Der Elbhang – ein Lebensgefühl« enthielt neben Grußworten von Ortsamtsleiter Peter Rauch (*1940),

DER ELBHANG KURIER
··· Ausgabe April 1992 ··· Nr. 001 ···
Kostenlose Erstausgabe
Die Regional-Zeitung für Einwohner und Freunde der Gegend um Loschwitz und Wachwitz
Der Elbhang – ein Lebensgefühl • Neue Zeitung in neuer Zeit • 100jährige Tradition setzt sich fort: Der Ortsverein Loschwitz-Wachwitz • Voruntersuchung für Sanierungsgebiet Loschwitz abgeschlossen • Elbhangfest 1992? Ja!!! Motto: "Von Körner zu Weber – Landschaft der Romantik"

Erstausgabe, April 1992

den Künstlern Theo Adam (*1926, → *K1*) und Gunther Emmerlich (* 1944, → *K1*) Berichte über die Neugründung des → *Ortsvereins* Loschwitz-Wachwitz e. V., die Voruntersuchung zum → *Sanierungsgebiet* Dresden-Loschwitz und den Aufruf zum 2. Elbhangfest (→ *Feste*). Matz Griebel verwies auf die Tradition früherer Heimatzeitungen. Die ersten Ausgaben hatten noch den Untertitel »Die Regional-Zeitung für Einwohner und Freunde der Gegend um Loschwitz und Wachwitz«. Bereits der dritte »Kurier« erschien als Sonderausgabe zum zweiten Elbhangfest mit dessen Gesamtprogramm und bezog damit Niederpoyritz, Hosterwitz und Pillnitz ein. Gemeinsam mit »BW Foto« am Schillerplatz und dem Elbhangfest e. V. initiierte die Redaktion einen Fotowettbewerb zum Elbhangfest, der bis 2008 jedes Jahr stattfand. Der Wiederaufbau der »Hang-Kirchen« in Loschwitz und Pillnitz wurde publizistisch begleitet.

Im August 1993 beendete Burgi Trommer ihre Tätigkeit bei der jungen Zeitschrift, zur Redaktion stieß als späterer Mitherausgeber der Pillnitzer Informatiker und Ortschronist Dieter Fischer (* 1948). Er ist langjähriges Mitglied im Ortsverein Pillnitz und in der IG Weinbergkirche und wirkte später auch bei der Redaktion der Chroniken über Söbrigen und Hosterwitz und am Buch »Als dem Löwen das Wasser bis zum Rachen stand...« mit.

Die Elbhang-Kurier-Jahrgänge 1992/93 erschienen als gebundene Ausgabe, die Zeitschrift vergrößerte ihr Einzugsgebiet weiter. Seit November 1994 erschien als neue Rubrik das »Kur- und Fremdenblatt Weißer Hirsch«. Damit verwirklichte der frühere Pädagoge und Historiker Michael Böttger (* 1950), Geschäftsführer von »igeltour«, eine eigene Idee, die auf eine gleichnamige Publikation aus der ersten Hälfte des 20. Jahrhunderts zurückgriff.

Ebenfalls seit 1994 bereichert Dietrich Buschbeck (* 1936), vorher tätig in der Öffentlichkeitsarbeit des Dresdner Umweltdezernates und ab 1998 für Blasewitz zuständiges Redaktionsmitglied, die Hefte mit kulturvollen Beiträgen, u. a. der Rubrik »Wir erinnern«.

Gestaltet wird der Elbhang-Kurier seit 1992 durch den Loschwitzer Gebrauchsgrafiker Holger Friebel, der auch die Gesamtproduktion leitet. Druckvorstufe (Satz/Layout/Bildbearbeitung) und Anzeigenverwaltung erfolgen seit 1992 in Dresden-Loschwitz bei → *FRIEBEL Werbeagentur und Verlag*, Pillnitzer Landstraße 37. Gedruckt wurden alle bisherigen Ausgaben von der Lößnitz-Druck GmbH in Radebeul.

Verteilung der kostenlosen Erstausgabe mit Burgi Trommer (Mitte) und Matz Griebel (rechts), April 1992 *Foto: Familie Bohle*

Barbara Friebel, Jürgen Frohse mit Töchtern, Uli Bohle und Holger Friebel beim Straßenverkauf der Ausgabe 2, Mai 1992 *Foto: Antje Frohse*

Die Macher der Zeitschrift 2015 (v.r.n.l.): Die Herausgeber Jürgen Frohse, Dieter Fischer und Holger Friebel mit Roland Lorenz (Red. Bühlau), Ingolf Langer (Schriftsatz/Projektmanagement), Dr. Michael Böttger (Red. Weißer Hirsch), Sonja Bernstengel (Red. Niederpoyritz), Dietrich Buschbeck (Red. Blasewitz), Gregor Fischer (Webdesign), Monika Gärtner (Buchhaltung/Abonnenten), Antje Drigert (Schriftsatz), Rolf Friebel und Johannes Dose (Anzeigen/Schriftsatz/Reprografie).

Otto-R. Wenzel, Ortsverein Loschwitz-Wachwitz zum 10-jährigen Bestehen

Der Elbhang-Kurier [...] erzählt aus unserer Vergangenheit, um Kriterien für Entscheidungen über unsere Zukunft zu finden. Er informiert über die Gegenwart, um wachzurütteln. Er bezieht eine kritische Position – parteilich und zugleich nicht einer Partei verpflichtet. Er engagiert sich für die Vereine des Elbhangs, mit denen er viele Projekte gemeinsam gemacht hat. [...] Sicher hat sich das alles für den Elbhang-Kurier-Verlag nicht immer »gerechnet«. Aber es hat sich gelohnt! [...] So wünschen wir den Elbhang-Kurier-Herausgebern [...] und dem Redaktions- und Verlags-Team, dass sie sich das Ohr für den Elbhang offen halten mögen, damit der Kurier die Stimme des Elbhangs bleibt. Eine Stimme, die mutig Missstände aufdeckt, die aber ebenso Glanzpunkte herausstreicht und Sternstunden nicht übersieht. Wir haben diese Stimme nötig, damit Elbhang und Lebensgefühl einmalig und unverwechselbar wie die erste Liebe bleiben mögen![1]

Herausgeber Jürgen Frohse, seit 1992 als freischaffender Journalist und Fotograf tätig, zeichnet besonders für die aktuelle Berichterstattung, u. a. aus den monatlichen Ortsbeiratssitzungen, den engen Kontakt zu den ansässigen Vereinen und für fotografische Arbeiten verantwortlich. Jürgen Frohse wohnte von 1962 bis 2001 fast ununterbrochen am Körnerplatz, später in der Pappritzmühle im Wachwitzgrund und seit 2012 im Pirnaer Stadtteil Oberposta. Mit der »Elbhang-Photo-Galerie« pflegt er ein wertvolles Archiv (www.elbhang-photo-galerie.de), aus dem auch der »Kurier« oft und gern schöpft. Die »Elbhang-Photo-Galerie« ist seit 1999 Herausgeber der beliebten Kalender »Photographie in Dresden« und der 2002 erschienenen Broschüre »Als dem Löwen das Wasser bis zum Rachen stand...«. Jürgen Frohse ist Redakteur der Broschüren »110 Jahre Restaurantgeschichte – Luisenhof – auf dem Balkon von Dresden« und »Loschwitz im Aufbruch – Sanierung des Stadtteilzentrums 1992–2009«. In der verbleibenden Zeit pflegt er seine Passion, die freie künstlerische Fotografie, und organisiert Ausstellungen im »presspunkt« und im »Kaffee Wippler« am Körnerplatz. Durch die Beschäftigung mit der Stadtpolitik und dem Baugeschehen am Elbhang kam er auch zum Ortsverein Loschwitz-Wachwitz, den er seit 2011 als Vorsitzender leitet.

Rolf Friebel (* 1936) baute ab 1993 die Vertriebsorganisation, Abrechnung und Abonnenten- sowie Anzeigenverwaltung auf und führte sie bis 2006. Auch seine Frau Gisela Friebel (* 1932) war zehn Jahre im Verlagsbüro für die Zeitschrift tätig. Beim Abo-Versand helfen bis heute Hildegard Frohse und Erdmuthe Fischer.

Die Auslieferung der Zeitschrift erfolgt durch die Mitglieder der Redaktion selbst und den Pressevertrieb Dresden. In den Anfangsjahren halfen Schüler wie Uli Bohle aus dem Wieck-Haus und Jacob Franke beim Zeitungsvertrieb. Wolfram Vogel beliefert den Bereich Bühlau/ Weißer Hirsch und Andreas Wündrich Blasewitzer Geschäfte.

Am 6. November 1996 eröffnete das gemeinsam mit der »Elbhang-Photo-Galerie« betriebene Redaktions-Büro »presspunkt«, Pillnitzer Landstraße 152 in Wachwitz, in dem jeden Mittwoch-Nachmittag die Redaktionssprechstunde und am ersten Mittwoch des Monats die Redaktionssitzungen stattfinden.

Der Kurier schrieb sich noch die Zuständigkeit für weitere Ortsteile auf die »Fahne«, wie das Titelblatt ankündigt: Bühlau, Rochwitz, Oberpoyritz und Söbrigen. Für die Redaktion Bühlau konnte der Heimatforscher Roland Lorenz gewonnen werden. Im Januar 2000 erhielt die Zeitung ihre seitdem gültige Logo- und Kopfgestaltung.

Zur thematischen Vielfalt des Elbhang-Kuriers zählten und zählen Rubriken wie »Elbhang-Ärgernis des Monats«, »Vom Abriss bedroht« und die Restauranttests »Über Geschmack lässt sich streiten«.

Von 1996 bis 2002 publizierte die Redaktion insgesamt 77-mal eine »kunstseite«, anfangs als exklusive Grafik für das Heft gestaltet, später auch als normale Reproduktion. Die erste gestaltete Volker Lenkeit, weitere kamen von Antoinette, Klaus Dennhardt, Klaus Drechsler, Jochen Fiedler, Reinhold Herrmann, HAP Grieshaber, Ingo Kraft, Helge Leiberg, Karola und Wolfgang Smy und vielen anderen. Seit Januar 2003 gibt es stattdessen die Rubrik »die besondere photographie«. Die Fotografie als künstlerische Ausdrucksform und Zeitdokument erzählt Geschichte und Geschichten. Die erste »besondere photographie« war von Emil Huth »Fasching auf der Bühlauer Rodelbahn«, eine Aufname von 1909. Seit 1996 erscheinen auch Elbhang-Kurier-Ansichtskarten mit ausgewählten Fotos.

Trotz der begrenzten finanziellen Möglichkeiten entstanden Sonderausgaben wie die schon seit 1992 jährlich mit gelber Farbe hervorgehobene Elbhangfest-Ausgabe. Im gleichen Jahr erschien die erste Weihnachtsausgabe im Braundruck, zu der kreativ gestaltete Beilagen entwickelt wurden. Man erinnert sich gern an »Knecht Ruprecht« (1993, nach historischer Vorlage), das »Leuchtbild« und das »Perückte Kurier-Spiel« (1994/1996, Carola Ehlich), das »Weihnachts-Theater« und »Der schwebende Engelbert« (1995/ 1997, Friederike Aust), die Weihnachtsmarkt-Bastelbögen (1998/1999, Holger Friebel und Lars Hoschkara). Eine Sonderbeilage widmete sich im Oktober 1999 unter dem Titel »Wie befreiend war die Wahrheit« dem Jubiläum »10 Jahre Herbst 1989«.

2001 wurde Sonja Bernstengel (* 1950) freie Mitarbeiterin der Redaktion, 2008 erschien das auf Basis von Notizen von Matthias Griebel durch Sonja und Dr. Olaf Bernstengel (* 1952) erarbeitete Register der bisherigen Ausgaben in gedruckter Form. Seitdem pflegt Familie Bernstengel dieses weiter.

Der Elbhang-Kurier wurde bewusst als »Kauf-Zeitung« konzipiert, zuerst zum Preis von 1 DM, ab 2002 dann von 1 Euro, seit 6/2007 von 1,50 Euro. Von Beginn an erfreute sich die Zeitung guter Resonanz bei Anzeigenkunden aus der Region, die im Verlag seit 2002 Johannes Dose (* 1964) betreut. Von 2002 bis 2015 konnten die Anzeigenpreise konstant gehalten werden. Der Anzeigenanteil jedes Heftes bleibt begrenzt auf etwa 25%. – Abhängig vom Anzeigenaufkommen wächst dadurch der Heftumfang. Von der 8-seitigen Erstauflage hat er sich 2014 auf 24 bis 36 Seiten entwickelt. Die Auflage ist seit Gründung von 2.500 auf 4.000 Exemplare gestiegen. Ausgaben aus allen alten Jahrgängen sind für Sammler im Verlag oder im Online-Shop erhältlich. Die rund 150 Verkaufsstellen der Zeitung sind auf der Internetseite www.elbhang-kurier.de nachzulesen.

Diese seit 1999 existierende Internetseite gibt Einblick in das Themenspektrum, enthält ein Gesamt-Inhaltsverzeichnis und veröffentlicht monatlich Zusatzinformationen zur gedruckten Ausgabe. Die von Ingolf Langer (* 1973) und Gregor Fischer (* 1978) betreute Seite wurde 2013 komplett überarbeitet.

Seit 2011 enthält jede Ausgabe einen von Holger Friebel gezeichneten Cartoon, der eine kleine Geschichte erzählt. Die Themen für den Zeichner sind das Alltagsgeschehen, die die Bürger bewegenden Probleme mit Stadtverwaltung und Freistaat, aber auch persönliche Gedanken und Empfindungen.

Im Jahr 2014 bezogen rund 600 Abonnenten den Elbhang-Kurier per Post, viele davon sind ehemalige Elbhang-Bewohner, die durch die Zeitschrift die Verbindung zur alten Heimat aufrechthalten – sogar bis nach Südamerika oder Australien. Seit 2006 liegt die Abonnentenbetreuung und Abrechnung in den Händen von Buchhalterin Monika Gärtner (* 1959).

Stimmungsvolle Zeitungsfeste gab es zum 5. Geburtstag im damals kurzzeitig wiedereröffneten Café Hausberg, zum zehnjährigen in der Feuerwache Loschwitz – leider überschattet vom Tod eines tschechischen Gastmusikers. Der 20. Geburtstag der Regionalzeitschrift wurde im Rohbau des Elbe-Hotels → *»Demnitz«* gefeiert.

Holger Friebel

Zitate:
1 Wenzel, Otto; Erinnerungen und Glückwünsche zum Zehnjährigen; in: EHK 5/2002
Quellen: 209, 724, 1103

Friebel Werbeagentur und Verlag

Das Unternehmen Friebel Werbeagentur und Verlag wurde 1990 gegründet und hat seinen Sitz in der Pillnitzer Landstraße 37. Schwerpunkte der Geschäftstätigkeit sind Werbe- und Grafikleistungen für Unternehmen und kulturelle Einrichtungen, die Herstellung von Zeitschriften, Büchern und Kalendern, die Gestaltung und Produktion von Ausstellungen sowie die Erstellung und Pflege von Internetseiten.

Die Firma wurde als Einzelunternehmen von Holger Friebel gegründet. Der Grafikdesigner, Ausstellungsgestalter, Zeitungsmacher und Zeichner (*1962 in Dresden-Loschwitz) verbrachte zunächst nur sein erstes Lebensjahr in Loschwitz. In der Zeit bis zum Abitur 1981 an der Kreuzschule gehörte er zu den Gästen der legendären Kellerkneipe von *Matz → Griebel (* 1937, → K1)* und zu dessen »Jugend- und Loschwitz-Fan-Club«, in dem er wie andere Gleichaltrige lernte, Heimatgeschichte mit anderen Augen zu sehen. Wegen regimekritischer Zeichnungen und Gedichte wurde Holger Friebel politisch inhaftiert und konnte kein Studium aufnehmen. Vor der Selbstständigkeit erlernte er den Beruf eines Werbemittelherstellers. Er war als stellvertretender Abteilungsleiter in der Werbeabteilung der Konsumgenossenschaft Dresden und als Grafiker in der HO-Bezirksdirektion Dresden tätig. Er ist verheiratet mit der Ärztin Dr. Barbara Friebel (*1966) und hat zwei Kinder, Elsa (*1998) und Gustav (*2000). In seiner Freizeit zeichnet Holger Friebel gern vor der Natur.

Beim Start am 2. Mai 1990 war die damals noch »Werbeidee Friebel« benannte Ein-Mann-Firma lediglich ausgerüstet mit Schere, Bleistift, Radiergummi und einem Firmen-Fahrrad. Ein erster D-Mark-Auftrag – noch war in Dresden die DDR-Mark gültig –, der über den frühesten Auftraggeber, die Städtischen Bibliotheken Dresden, zustande kam, verschaffte das erste Investitions-Budget von 1.000 DM.

Zunächst musste das frischvermählte Ehepaar Friebel sein 12-Quadratmeter-Zimmer für Werkstattzwecke mit der jungen Firma teilen. Dann kam man auf der Suche nach Arbeitsraum – die Büromieten explodierten gerade – bei Freunden in der Neustadt unter. Computer als Arbeitsmittel wurden nötig. Mangels Eigenkapital gab es keinen Kredit, dafür half die Bekanntschaft mit Kollegen. Zu dritt wurde schließlich zusammengelegt für den ersten Apple-Macintosh-Computer. Zwölftausend Mark für einen gebrauchten »Mac IIcx« hören sich heute märchenhaft an. – Drucker und Bildschirm kosteten noch extra. Ebenfalls zu dritt machten sich die Jung-Unternehmer mit einem Ein-Tages-Crash-Kurs am »Henkel-Mac« mit 9-Zoll-Bildschirm fit für den Start in die computergestützte Zukunft. Ein willkommener Beitrag zum Erfolg wurde das sinnige Apple-Betriebssystem, vermittelt von einem netten Ausbilder aus den »alten« Bundesländern, der Optimismus verbreitete. Nicht zu Unrecht war man optimistisch, ist doch mehr als ein gestandenes Werbe- und Verlagsunternehmen aus der Ein-Mac-Keimzelle gewachsen. Der »Rechner-Opa« steht noch im Büro auf der Pillnitzer Landstraße.

Zu den Kunden der ersten Stunde der Werbeagentur Friebel gehörte die Industrie- und Handelskammer Dresden – von Heft 1 an bis heute wird die Titelseite des »IHK-Wirtschaftsdienstes«, heute als Zeitschrift »ihk.wirtschaft«, gestaltet. Seit 1992 ist Holger Friebel Mitherausgeber, Gestalter und Verlagsleiter der Zeitschrift → *»Der Elbhang-Kurier«*. Zur glei-

Das Haus Pillnitzer Landstraße 37 um 1934, heute Sitz der Friebel Werbeagentur und Verlag GmbH Foto: Oskar Friebel

Holger Friebel, 2014 *Foto: Jan Gutzeit*

chen Zeit wurden die ersten Mitarbeiter der jungen Agentur eingestellt. 1993 begann Friebels Arbeit für das → *Elbhangfest*, dessen Plakat er seit 1994 mit seinem Team gestaltet und für dessen Konzeption er seit 1997 verantwortlich zeichnet. 1994 bezog die Firma eigene Büroräume im dafür errichteten Anbau am Haus Pillnitzer Landstraße 37.

Dieses Gebäude wurde 1934 vom Urgroßvater des Unternehmers, Fleischermeister Carl Hering, als eigenes Sommerquartier und als Wohnhaus für seine Tochter Elsa und deren Mann Oskar Friebel errichtet. Carl Hering war Besitzer des Gasthofes »Loschwitzer Hof« mit Saal und eigener Fleischerei in der Blumenstraße in der Johannstadt. Beim Bombenangriff 1945 auf Dresden wurde auch der »Loschwitzer Hof« zerstört. Die Familie Hering wohnte zu dieser Zeit schon mit in der Pillnitzer Landstraße 37. Hier wurde ihr Enkel Rolf, der Vater von Holger Friebel, geboren.

Rolf Friebel (*1936) gehört zu den kaum in der Öffentlichkeit stehenden Loschwitzer »Urgesteinen«, die nichtsdestotrotz immer für ihre Familie und ihren Heimatort da sind. Obwohl der gebürtige Loschwitzer schon 1962 »auswanderte« – allerdings nur bis Dresden-Tolkewitz – hat ihm das Unternehmen viel zu verdanken: Nach dem erzwungenen Vorruhestand durch das Aus für die Firma »Meßelektronik Dresden« wagte er einen beruflichen Neuanfang bei der in Gründung befindlichen Werbeagentur mit Zeitungsverlag. Statt geordneter Verhältnisse als Chef der Standardisierungs-Abteilung eines Großbetriebes kamen auf den studierten Elektroakustiker die Fülle von Herausforderungen im Büro des Sohnes zu: Die Beherrschung neuer Computertechnik, Improvisationstalent als Ausstellungsbauer, Lauffreude als Zeitungsbote und Rechenkünste eines kaufmännischen Verlagsleiters waren gefragt – in einer Person! Ein Kreis schloss sich: Es ist das Haus seiner Kindheit. Auch seine Frau Gisela Friebel (*1932) unterstützte das junge Unternehmen als Teilzeitkraft von 1993 bis 2003 bei Verlagsarbeit und Buchhaltung und war zehn Jahre ein »guter Geist« des Büros.

Bald folgten Hilferufe für ehrenamtliche Arbeit: Viele Elbhangfest-Ausstellungsprojekte wurden nur durch Rolf Friebels handwerkliche Fähigkeiten möglich. Eine große Aufgabe übernahm er für dieses Buch: Manuskripte waren zu bearbeiten, Lektoren und Autoren zu koordinieren. Rolf Friebel erklärte sich wieder bereit mitzuhelfen – in gewohnt bester Qualität: systematisch, beharrlich, freundlich, mit vielen ehrenamtlichen Arbeitsstunden. Jeden Montag und Donnerstag war er bis 2015 vormittags im Verlagsbüro auf der Pillnitzer Landstraße 37 anzutreffen.

Blick in die Arbeitsräume des Verlages *Foto: Jan Gutzeit*

Gestaltung von Büchern und Broschüren (Auswahl)

- 2000 Wachwitz – Chronik eines Fischer- und Weindorfes
- 2004 Otto Kotzsch, »Oh du herrliche Jugendzeit«
- 2008 Emil Hermann Nacke – Sachsens erster Automobilbauer Biografie und illustrierte Firmengeschichte, Verkehrsmuseum Dresden
- 2010 Katalog »Von Loschwitz nach Amerika – Fotografien von August Kotzsch«, Stadtmuseum Dresden
- 2012 »Kammergeschichten«, Festschrift der sächsischen IHK zum 150. Gründungsjubiläum
- 2014 »Deutschlands ältestes Baumeisterhaus – das Peter-Ulrich-Haus in Pirna«
- 2015 »Loschwitz – Illustrierte Ortsgeschichte 1315–2015«
- 2015 »Lahmanns Sanatorium Bad Weißer Hirsch bei Dresden – Von der Blütezeit zum Mythos – vom Verfall zu neuer Nutzung«

Ausstellungsgestaltungen (Auswahl)

- 2008 »Wäschelabyrinth« im Rahmen des 18. Elbhangfestes
- 2010 »Von Loschwitz nach Amerika – Fotografien von August Kotzsch«, Stadtmuseum Dresden
- 2011 »Zwei Räder – Vier Takte«, AWO-Motorräder, Verkehrsmuseum Dresden
- 2011 »Kripperl schau'n«, Weihnachtsausstellung, Stadtmuseum Dresden
- 2012 Mitarbeit an der Konzeption/Grafik der ständigen Ausstellung »Luftreise«, Verkehrsmuseum Dresden
- 2012 »Akt im Grünen« im Schlosspark Pillnitz im Rahmen des Elbhangfestes

Grafik-Design (Auswahl):

- 2008 Corporate Design (CD) Verkehrsmuseum Dresden
- 2008 Gestaltung der Zeitschrift »wirtschaft« der IHK Dresden
- 2009 CD Bäckerei Siemank, Dresden-Laubegast
- 2010 Festschrift zum 100. Firmenjubiläum »Wipplers Backpapier«
- 2011 CD Tom Pauls Theater Pirna

Ausstellung von Zeichnungen

- 2010 »Galerie Traumstraße«, 20. Elbhangfest
- 2012 Personalausstellung, Peter-Ulrich-Haus Pirna
- 2013 »Kraft der Farbe – Romantik der Linie«, mit Maria Mednikowa, Praxisklinik Herz und Gefäße,
- 2014 »Heckengeblätter«, Schlosspark Dresden-Pillnitz

1998 war Holger Friebel Sponsor und Gestalter der Open-Air-Ausstellung »Künstler am Dresdner Elbhang« entlang der Pillnitzer Landstraße, aus der sich 1999 die erste Buchpublikation seines Verlages, gemeinsam mit dem → *Ortsverein Loschwitz-Wachwitz*, entwickelte: »Künstler am Dresdner Elbhang«. 2007 erschien Band 2.

Das Sächsische Landesamt für Umwelt und Geologie und das Dezernat Umwelt der Stadt Dresden kamen als langjährige Kunden für Druckvorstufe und Ausstellungsgestaltung zum Unternehmen. Mit dem Aufschwung der Hochtechnologie in Dresden konnten weitere Kunden gewonnen werden. SIEMENS, der Landeswettbewerb »Jugend forscht« und das Dresdner Werk von Infineon wurden einige Jahre lang betreut – ein Höhepunkt des Jahres 2000 war die Entwicklung des Logos und der Messestand-Gestaltung in München für »Silicon Saxony« – einem Netzwerk des Technologiezentrums Dresden für Unternehmen der Elektronik- und Halbleiterbranche. Die Dresdner Niederlassung von Sanitär-Heinze war lange Kunde des Unternehmens im Bereich Print- und Außenwerbung. Symposium und Ausstellung »Dresden – Europäische Stadt« im Stadtzentrum 2002 wurden zur bis dahin größten Aufgabe der Agentur.

Seit 2008 firmiert sie als »FRIEBEL Werbeagentur und Verlag GmbH«. Inzwischen haben sich die Themenschwerpunkte auf die Bereiche Medizin- und Kulturwirtschaft sowie Immobilien verschoben. Großkunden sind das Verkehrsmuseum Dresden und das Tom-Pauls-Theater Pirna geworden. Der Hauptteil des treuen Kundenstamms kommt aus dem Großraum Dresden.

2015, im Jahr des 25-jährigen Jubiläums, kann die Firma auf die ausgezeichnete Teamarbeit von erfahrenen, langjährigen Mitarbeitern bauen: Ingolf Langer – Desktop Publishing (DTP), Webdesign, 3D-Ausstellungsplanung, Projektsteuerung – ist schon seit 1992 dabei, Antje Drigert – DTP, Layout, Grafikdesign – seit 1999. Zwei Wahlloschwitzer arbeiten im Haus: Seit 2000 gehört Johannes Dose – DTP, Layout, Grafikdesign, Anzeigenbetreuung – und seit 2008 Gregor Fischer – DTP, Grafikdesign, Webdesign, Programmierung – zur Firma. Seit 2003 unterstützt Monika Gärtner als Buchhalterin und Teamassistentin das Unternehmen und ist für den Buchvertrieb zuständig.

Holger Friebel

Quelle: 724

Heymel, Alfred Walter; Lyriker und Verleger (1878 – 1914) → *K1*

Signet des Wolfgang-Jess-Verlages

Wolfgang Jess (links) und Hans Krey Fotos: K2

Wolfgang Jess Verlag

Der Wolfgang Jess Verlag war in der Zeit zwischen beiden Weltkriegen einer der bekanntesten und bedeutendsten Kunstverlage Dresdens. Wolfgang Jess wurde am 28. August 1885 in Hannover geboren. Nach Buchhändlerlehre, Volontariat in England und Einsatz im Ersten Weltkrieg kaufte er die Dresdner Verlagsbuchhandlung Gerhard Kühtmann und eröffnete in deren Räumen auf der Pillnitzer Straße 44 in Dresden am 1. März 1920 den Wolfgang Jess Verlag.

Von Beginn an lag der Schwerpunkt auf gut gestalteten und hochwertigen Kunstbüchern. Durch die Zusammenarbeit mit dem Hellerauer Verleger und Drucker Jakob Hegner (1882 – 1962) und dem Buchbinder Peter A. Demeter (1875 – 1939) wurde eine hervorragende Qualität in der typografischen Gestaltung und Ausstattung erreicht.

1927 erweiterte sich das Verlagsprogramm durch ein »Jahrbuch zur Förderung der Kunstpflege«, in dem vornehmlich das barocke Dresden als Kunststadt vorgestellt wurde. Wirtschaftliche Schwierigkeiten zwangen allerdings den Verlagsleiter, sich auch preiswerteren Druckerzeugnissen zuzuwenden. So erschien in Zusammenarbeit mit dem Schriftsteller *Martin → Raschke* (1905 – 1943, → *K1*) von 1929 bis 1932 die Zeitschrift »Kolonne«, in der auch jüngere und noch unbekannte Autoren zu Wort kamen. Eine weitere Reihe einfach gestalteter Bücher unter dem Namen »Die Junge Reihe« kam hinzu. Daneben wurden bewährte Titel wieder aufgelegt und neue Autoren gewonnen.

Mit der Nazidiktatur begann für den Verlag eine schwere Zeit. Seinem Leiter gelang es aber, das Verlagsprogramm weitestgehend vom faschistischen Ungeist freizuhalten. 1940 wurde Wolfgang Jess, fünfundfünfzigjährig, noch zum Kriegsdienst eingezogen. In den Kämpfen um Berlin ist er wahrscheinlich umgekommen. Sein Schicksal blieb bis heute unaufgeklärt. 1944 wurde der Verlag als nicht kriegswichtig eingestuft und von den Behörden geschlossen. In der Bombennacht des 13./14. Februar 1945 ging das Verlagsgebäude mit Archiv und allen Unterlagen im Feuersturm unter.

In der Schillerstraße 11 (jetzt »Café ZAZA«), wo die Familie seit 1933 wohnte, begann seine Ehefrau Marianne Jess geb. Schurig (1898 – 1996) im Jahre 1947 mit dem Neuaufbau des

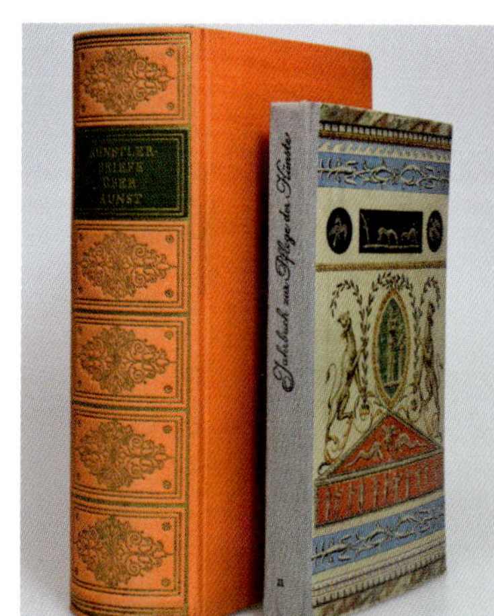

Bücher des Wolfgang-Jess-Verlages: »Jahrbuch zur Pflege der Künste«, 1954 (Slg. OVLW) und »Künstlerbriefe über Kunst«, Hrsg. Hermann Uhde-Bernays, 1957 Slg. Otto-R. Wenzel

Verlages. Im darauf folgenden Jahr trat der auf der Pillnitzer Landstraße 69 wohnende Schriftsteller und Buchhändler Hans Krey (1901 – 1960, → *K2*) als Geschäftsführer in den Verlag ein. Neue Kunsteditionen und Neuauflagen älterer Titel bildeten den Hauptteil des Verlagsprogramms, mit dem wieder der alte Ruf und Anspruch bestätigt werden konnte. 1958 verließ Hans Krey illegal die DDR – für die Kulturfunktionäre ein willkommener Anlass, Marianne Jess die Verlagslizenz zu entziehen. Sie löste das verbliebene Verlagsarchiv auf und zog 1969 nach Westdeutschland, zunächst nach Eutin in Holstein und später zu ihrer Tochter nach Köln, wo sie 1996 starb. Der im öffentlichen und privaten Besitz vorhandene Buchbestand wird diesem hervorragenden Verlag für immer einen Ehrenplatz in der Dresdner Verlagsgeschichte sichern. **Uwe Wolfram**

Quellen: 245, 640, 726, 1126

Zeller, Gernot; Musiker (* 1945) → *K2*
Zeller, Sabine; Musikerin (* 1947) → *K2*
Zenzipér, Arkadi; Pianist (* 1958) → *K2*
Zenzipér, Tatjana; Pianistin und Klavierpädagogin (* 1959) → *K2*

Zimmermann, Udo
Komponist, (* 1943)

Udo Zimmermann *Foto: Ulrich Häßler*

Am 6. Oktober 1943 als Sohn eines Bankrevisors in Dresden geboren, war Udo Zimmermann von 1954 bis 1962 Mitglied im Dresdner Kreuzchor, wo Kreuzkantor *Rudolf → Mauersberger* (1889 – 1971, → *K1*) erste Kompositionsversuche betreute und mit dem Chor zur Aufführung brachte. Dem Abitur folgte ein Studium der Fächer Komposition, Dirigieren und Gesang an der Dresdner Musikhochschule, das er mit der Kammeroper »Die Weiße Rose« auf ein Libretto seines Bruders Ingo Zimmermann (* 1940) als Diplomarbeit abschloss.

1970 wurde Udo Zimmermann Dramaturg für zeitgenössisches Musiktheater an der Dresdner Staatsoper, wo in den Folgejahren auch seine Opern »Levins Mühle« (1973) und »Der Schuhu und die fliegende Prinzessin« (1977) in legendären Inszenierungen von Harry Kupfer uraufgeführt wurden . Nach erfolgloser Bemühung um die Intendanz verließ Zimmermann 1985 die Dresdner Staatsoper und wurde Künstlerischer Leiter der Werkstatt für zeitgenössisches Musiktheater an der Oper Bonn. Parallel dazu gründete er am 1. Oktober 1986 das »Dresdner Zentrum für zeitgenössische Musik«, das sich unter seiner Leitung als Forschungsinstitut und Veranstalter der »Dresdner Tage der zeitgenössischen Musik« internationalen Ruf erwarb; 2004 wurde es in das »Europäische Zentrum der Künste Hellerau« umgewandelt, dessen Intendant Zimmermann bis 2008 war.

Neben seinem Wirken in Dresden war Zimmermann 1990 bis 2001 Intendant der Oper Leipzig und 2002 bis 2003 Generalintendant der Deutschen Oper Berlin, 1997 bis 2011 zudem Künstlerischer Leiter der renommierten Reihe zeitgenössischer Musik »musica viva« des Bayerischen Rundfunks. Daneben arbeitete er als Dirigent mit vielen bedeutenden internationalen Orchestern und lehrte als Professor für Komposition an der Dresdner Musikhochschule. 2008 bis 2011 war er Präsident der Sächsischen Akademie der Künste.

Seinen größten Erfolg als Komponist hatte Zimmermann mit der Zweitfassung der Kammeroper »Weiße Rose«, der wohl meistgespielten zeitgenössischen Oper weltweit. Auch mit seinen anderen großen Opernwerken (u. a. »Die wundersame Schustersfrau«, Uraufführung 1982, Schwetzinger Festspiele), Chorwerken (»Pax Questuosa. Der klagende Friede«, Uraufführung 1982, Berliner Philharmoniker) und seinem kammermusikalischen, orchestralen, Vokal- und Konzertschaffen (u .a. »Sinfonia come un grande lamento«, Uraufführung 1978, Dresdner Musikfestspiele und »Dans la marche«, Uraufführung 1994, Dresdner Philharmonie) gehört Udo Zimmermann zu den wichtigsten europäischen Komponisten der Gegenwart.

Drei Loschwitzer Gebäude waren und sind mit dem Leben und Wirken Udo Zimmermanns eng verbunden: Als Sitz des von ihm gegründeten »Dresdner Zentrums der zeitgenössischen Musik« war die Villa Schevenstraße 17 zwischen 1986 und 2003 vielbesuchter und beliebter Veranstaltungsort der »Dresdner Tage der zeitgenössischen Musik« und des interdisziplinären Kunstfests »Park der Sinne«. Unweit davon hatte Zimmermann im Oktober 1983 mit seiner Frau Elzbieta und den beiden Söhnen das Haus Schillerstraße 4g bezogen. Hier entstanden so wichtige Werke wie die Zweitfassung der Kammeroper »Weiße Rose« (1985), das Hornkonzert »Noveaux divertissements d'après Rameau« (1987) und, nach zwölfjähriger kompositorischer Schaffenspause, das Violoncello-Konzert »Lieder von einer Insel« (2009). Darüber hinaus war das Wohnhaus Udo Zimmermanns über mehr als 20 Jahre ein wichtiges Begegnungszentrum von Künstlern und Intellektuellen aus Ost und West; zu Gast waren hier u. a. die Komponisten Mauricio Kagel (1931 – 2008), Karlheinz Stockhausen (1928 – 2007), Hans Werner Henze (1926 – 2012), Witold Lutosławski (1913 – 1994) und Krzysztof Penderecki (* 1933), Schriftsteller wie Tadeusz Różewicz (1921 – 2014) und Max Frisch (1911 – 1991), aber auch Persönlichkeiten wie Herbert von Karajan (1908 – 1989) und Loriot (1923 – 2011).

Im November 2010 bezog Udo Zimmermann mit seiner dritten Ehefrau Saskia den nach Entwürfen des Dresdner → *Architekten* Siegbert Langner von Hatzfeldt errichteten gläsernen Neubau in der Calberlastraße 3a.

Saskia Zimmermann

Quelle: 724

Zimmermann, Georg; Schriftsteller, Dialektdichter und Schauspieler (1855–1919) → *K2*
Zimmering, Max; Dichter und Schriftsteller (1909–1973) → *K1*
Zirkel, Hermann; Maler (1900–1970) → *K2*
Zischang, Karl; Musiker (1910–1971) → *K2*
Zitzmann, Emma; Schauspielerin und Bildhauerin (1880–1957) → *K2*
Zschaber, Albert; Gebrauchsgrafiker (1912–?) → *K2*
Zschetzsching, Rudolf; Musiker (1913–2000) → *K2*
Zschoge, Martha; Sängerin (1900–?) → *K2*
Zschoge, Walter; Sänger (1900–?) → *K2*
Zschoke, Horst; Gebrauchsgrafiker (* 1924) → *K2*
Zumpe, Günter; Bauingenieur (* 1929) → *K2*
Zumpe, Sigrid; Architektin (* 1939) → *K2*

Zwanziger

Das Dorf hatte zu den kurfürstlichen Hofjagden in der Dresdner Heide zwanzig Einwohner als Jagdbedienstete zu stellen, welche die »Zwanziger«, »Loschwitzer Zwanziger« oder »Die Loschwitzer« genannt wurden. Diese Dienstpflicht ist im Zusammenhang mit der Zuordnung des → *Fischhäuser Forstreviers* zu Loschwitz entstanden. Allerdings weisen die Quellen stets nur auf neunzehn verpflichtete Einwohner; der leitende Jagdbeamte ist wohl noch hinzu zu rechnen.

Die früheste Nennung als »Loschwitzer Zwanziger« erfolgte 1692, als diese von den

Schreyer-Stein *Foto: Rainer Pfannkuchen*

Frondiensten befreit wurden. Der Hof- und Staatskalender des Jahres 1756 nennt die Zwanziger sogar namentlich.

Infolge der Verfassungsurkunde vom 4. September 1831 gehen auch die landesherrlichen Jagden an den Sächsischen Staat über, und für den 1. Januar 1833 werden schließlich »alle Fronen und Dienstbarkeiten« für ablösbar erklärt. Damit ist auch die Bestimmung der Loschwitzer Zwanziger hinfällig, und es ist stimmig, wenn der Chronist *Friedrich Wilhelm → Pohle* (1830–1892, → *K1*, → *Kirchenmusik*) 1883 schreibt: »Die letzten hier lebenden Zwanziger, die der Verfasser noch gekannt, waren Bormann und Knackfuß«.

Ausdrückliche Hinweise auf die Kurfürstlichen Jagdbediensteten finden sich auch unter dem oftmals vermerkten Stand der Loschwitzer Hausbesitzer im Historischen Häuserbuch. Dessen diesbezügliche Auswertung ergab, dass die Jagddienstpflicht nicht auf Grundstücken, sondern vielmehr an alt eingesessenen Familien zumeist aus der Ratsgemeinde (→ *S. 45*) haftete. Interessanterweise nahmen solche Namensträger bei Einheirat oder Wegzug innerhalb des Dorfes ihre Dienstpflicht als Zwanziger in die neue Adresse mit.

Ihre Obliegenheit war es, herrschaftliche Jagden mit vorzubereiten, vor allem, das Jagdterrain zu umstellen und »einzulappen«, dann auch das Jagdzeug zu verwahren und wohl auch als Treiber unter Aufsicht an den Jagden selbst teilzunehmen.

Die Jagdkleidung war der der Lohnjäger ähnlich: von grüner Farbe; jedoch trugen die Zwanziger als besondere Auszeichnung das Weidmesser.

Inwieweit sie wie die anderen Jagdhelfer eine Besoldung von zwei Groschen pro Tag erhielten, bleibt nur zu vermuten. Jedoch durften sie als Äquivalent im Bereich des Rißweges Äcker nutzen; frühe Flurpläne weisen hier viele kleinere Flurstücke aus. An jener Stelle sollen sich die Zwanziger auch zu ihrem Dienst versammelt haben. Die Namensgebung Zwanzigerstraße erinnert daran.

Auch ein Gedenkstein in der Dresdner Heide bei Langebrück – der Schreyer-Stein – mit der Aufschrift: »I. C. Schreyer a. Loschwitz d. 12. April 1833« könnte auf einen Jagdunfall eines Loschwitzer Zwanzigers an diesem Ort hindeuten. **Matthias Griebel**

Quellen: 604, 824

Zwetajewa, Marina Iwanowna; Dichterin und Schriftstellerin (1892–1941) → *K2*

»Die Zwanziger«, gestelltes Kirmes-Festbild, ohne Jahr *Foto: Slg. Matthias Griebel*

Oskar Zwintscher, Selbstbildnis, 1895, Öl auf Leinwand *Städtische Galerie Dresden*

Zwintscher, Oskar
Maler und Grafiker, (1870–1916)

Zu den interessantesten Künstlerpersönlichkeiten in Dresden um 1900 gehörte der am 2. Mai 1870 in Leipzig geborene Oskar Zwintscher (→ *K1*). Sein künstlerisches Rüstzeug erhielt dieser 1887–1892 an den Kunstakademien in Leipzig und Dresden. Nach Studienende übersiedelte er in das nahe Meißen, welches für ein Jahrzehnt zu seiner Heimstatt werden sollte. Dort entstanden die ersten großformatigen Gemälde, die den Einfluss Arnold Böcklins (1827–1901), Anselm Feuerbachs (1829–1880) und Max Klingers (1857–1920) verrieten. Doch neben diesen Vorbildern hatte Zwintscher schon als Student auch Arbeiten der großen Dresdner Realisten Leon Pohle (1841–1908), Julius Scholtz (1825–1893) oder Ferdinand von Rayski (1806–1890) verinnerlicht. Schon damals dürfte der Grundstein für den lebenslang anhaltenden Dualismus in Zwintschers Werk gelegt worden sein, welcher sich immer zwischen großer Realitätsnähe in den Porträts und einer symbolhaften Ideenmalerei bewegte.

Seit 1895 arbeitete der Künstler zum Broterwerb als Illustrator für die »Meggendorfer Blätter« in München, was ihm die Berührung mit den dortigen »Secessionisten« einbrachte. 1898 heiratete der Künstler Adele Ebelt (1872–1942), eine Meißner Böttchermeistertochter, die ihm zeitlebens zur Muse und treusorgenden Gefährtin wurde. Aus dem Jahr 1901 resultierten enge Kontakte zu den Worpsweder Künstlern. Von Heinrich Vogeler (1872–1942), Rainer Maria

Oskar Zwintscher, Der Sommertag, 1896, Öl auf Leinwand *Städtische Galerie Dresden*

Rilke (1875–1926) und Clara Westhoff (1878–1954) schuf Zwintscher beeindruckende Porträts. 1903 erreichte den Künstler die Berufung an seine einstige Studienstätte. Im folgenden Jahr erfolgte die Berufung zum Professor der Königlichen Kunstakademie Dresden. Als Leiter der Malklasse unterrichtete er unter anderen *Josef* → *Hegenbarth* (1884–1962, → *K1*), Peter August Böckstiegel (1889–1951, → *K1*) und Bernhard Kretzschmar (1889–1972). Besonders für diese Generation von Künstlern war die Kunst und Lehre Oskar Zwintschers von nicht zu unterschätzender Bedeutung. Die 2011 eröffnete Ausstellung »Neue Sachlichkeit in Dresden« hat diese These eindrucksvoll bestätigt.

Mit der Berufung zum Professor war auch die finanzielle Lage des Ehepaars Zwintscher in gesicherte Bahnen gekommen. Und so stand dem Erwerb einer kleinen Villa am Dresdner Elbhang nichts im Wege. Das Grundstück, das er 1913 für 65.000 Mark kaufte, lag repräsentativ in der Plattleite 1b. Zwintscher hat von diesem Anwesen aus mehrere Ansichten gemalt, die heute leider verschollen sind. Den gesellschaftlichen Stand seines Malerkollegen und Freundes *Hans* → *Unger* (1872–1936, → *K1*) hat er nie erreicht.

Zwintschers künstlerisch bedeutsamste Zeit ist wohl zwischen 1895 und 1910 anzusetzen. Nach dieser Zeit erlagen seine Werke einer zunehmenden Stilisierung. Vielleicht unter dem Einfluss seiner sich zusehends verschlechternden Kondition verlor sich immer mehr der Reiz der frühen Arbeiten.

Am 11. Februar 1916 verstarb Oskar Zwintscher in Loschwitz. Sein Grab befindet sich, geschmückt mit einer Plastik seines Künstlerkollegen *Sascha* → *Schneider* (1870–1927→ K1), auf dem Loschwitzer → *Friedhof*.

Zwintschers gesamtes Leben verlief unspektakulär. Von seinen Zeitgenossen wurde er als liebenswerter und feinsinniger Künstler beschrieben. Diese Herzlichkeit überliefern auch die wenigen auf uns gekommenen poetischen Versuche des Künstlers. In einem in kleiner Auflage 1917 posthum erschienen Gedichtband, illustriert von seinem ehemaligen Schüler Georg Gelbke (1882–1947), findet sich folgende Lebensregel:

»Schlag deine Augen auf im Sonnenschein,
Laß allen Glanz der Welt tief in dich ein,
Bis ganz dein Herz davon durchleuchtet ist
Und selber du ein Stücklein Sonne bist,
Das aus sich selber wärmend wiederstrahlt
Und auch noch Trübe Tage goldig malt.«

Rolf Günther

Quellen: 427, 428, 639

Oskar Zwintscher, Mädchen mit weißen Astern, 1903, Öl auf Leinwand
Städtische Galerie Dresden

Anhang

Abkürzungsverzeichnis

Abb.	Abbildung
ABF	Arbeiter- und Bauern-Fakultät
ABM	Arbeitsbeschaffungsmaßnahme
Abt.	Abteilung
ADMV	Allgemeiner Deutscher Motorsportverband
AfNS	Amt für Nationale Sicherheit
AG	Aktien-Gesellschaft
AG	Arbeitsgemeinschaft
AMD	Arbeitsstelle für Molekularelektronik Dresden
AOK	Allgemeine Orts-Krankenkasse
ARD	Arbeitsgemeinschaft der öffentlich-rechtlichen Rundfunkanstalten der Bundesrepublik Deutschland
ASSO	Assoziation Revolutionärer Bildender Künstler Deutschlands
Bd., Bde.	Band, Bände
BDA	Bund Deutscher Architekten
Bearb., bearb.	Bearbeiter, bearbeitet
BFW	Bayerische Flugzeugwerke
BGB	Bürgerliches Gesetzbuch
BKA	Bezirkskirchenamt
BRD	Bundesrepublik Deutschland
Brd.-Kat.-Nr.	Brandkatasternummer
BSG	Betriebssportgemeinschaft
bspw.	beispielsweise
BVfS	Bezirksverwaltung für Staatssicherheit
bzw.	beziehungsweise
C	Celsius
CAD	Rechnerunterstütztes Konstruieren
CDU	Christlich Demokratische Union
CIA	Central Intelligence Agency (Geheimdienst der USA)
cm	Zentimeter
CMA	Zentrale Marketing-Agentur
Co.	Compagnon (Mitinhaber)
ČSSR	Tschechoslowakische Sozialistische Republik
DAF	Deutsche Arbeitsfront
DBD	Demokratische Bauernpartei Deutschlands
DDG	Deutsche Dendrologische Gesellschaft
DDP	Deutsche Demokratische Partei
DDR	Deutsche Demokratische Republik
DEFA	Deutsche Film AG
DEWAG	Deutsche Werbe- und Anzeigen-Gesellschaft
dgl.	dergleichen
diak.	Diakonisch
Dipl.-Ing.	Diplom-Ingenieur
Dipl.-Med.	Diplom-Mediziner
Dipl.-Psych.	Diplom-Psychologe
DM	Deutsche Mark
DMM	Dichter-Musiker-Maler-Weg
DMYV	Deutscher Motoryachtverband
DNA	Desoxyribonukleinsäure
DNN	Dresdner Neueste Nachrichten
DNVP	Deutsch-Nationale Volkspartei
Dr. jur.	Doktor der Rechtswissenschaft
Dr. med.	Doktor der Medizin
Dr. med. dent.	Doktor der Zahnmedizin
Dr. med. vet.	Doktor der Tiermedizin
Dr. phil.	Doktor der Philosophie
Dr. rer. medic.	Doktor der Naturmedizin
Dr. rer. nat.	Doktor der Naturwissenschaften
DREWAG	Stadtwerke Dresden GmbH
DRK	Deutsches Rotes Kreuz
DRÜVEG	Dresdner Überland-Verkehrs-Gesellschaft
DSC	Dresdner Segelclub
DSU	Deutsche Schifffahrts- und Umschlagbetriebszentrale
DVB	Dresdner Verkehrsbetriebe
DVL	Deutsche Versuchsanstalt für Luftfahrt
DVP	Deutsche Volkspolizei
dto.	dito (ebenso, desgleichen)
EBT	Elektronische Bauelemente Treptow
EHK	Elbhang-Kurier
EKD	Evangelische Kirche in Deutschland
ESP	Einführung in die sozialistische Produktion
eG	eingetragene Genossenschaft
e. K.	eingetragener Kaufmann
e. V.	eingetragener Verein
etc.	et cetera (soviel wie: usw.)
ev.-luth.	evangelisch-lutherisch
FA	Facharzt, Fachärztin
FBI	Bundesamt für Ermittlung (Federal Bureau of Investigation)
FDGB	Freier Deutscher Gewerkschaftsbund
FDJ	Freie Deutsche Jugend
FDP	Freie Demokratische Partei
FFw	Freiwillige Feuerwehr
FND	Flächennaturdenkmal
GbR	Gesellschaft bürgerlichen Rechts
geb.	geboren
Geh.	Geheimer
gest.	gestorben
Gew.	Gewerbe
GmbH	Gesellschaft mit beschränkter Haftung
GMD	Generalmusikdirektor
GPG	Gärtnerische Produktionsgenossenschaft
GST	Gesellschaft für Sport und Technik
ha	Hektar
Handw.	Handwerk
h. c.	ehrenhalber (honoris causa)
HfBK	Hochschule für Bildende Künste
HfM	Hochschule für Musik
HJ	Hitler-Jugend
HNO	Hals-Nase-Ohren
HO	Handelsorganisation
Hrsg., hrsg.	Herausgeber, herausgegeben
HS	Hochschule
HTW	Hochschule für Technik und Wirtschaft
ICOMOS	Internationaler Rat für Denkmalpflege
IfL	Institut für Leichtbau
IG	Interessengemeinschaft
IM	Inoffizieller Mitarbeiter
IMD	Institut für Mikroelektronik Dresden
i. R.	im Ruhestand
Jh.	Jahrhundert
K1	Künstler am Dresdner Elbhang, Band 1
K2	Künstler am Dresdner Elbhang, Band 2
kath.	katholisch
Kfz	Kraftfahrzeug
kg	Kilogramm
KG	Kommanditgesellschaft
KGB	Komitee für Staatssicherheit beim Ministerrat der UdSSR
Kgl.	Königlich(e)
KH	Krankenhaus
km	Kilometer
KPD	Kommunistische Partei Deutschlands
KVP	Kasernierte Volkspolizei
kV	Kilovolt
KVG	Kraftverkehrsgesellschaft
kW	Kilowatt
kWh	Kilowattstunde
KWU	Kommunales Wirtschaftsunternehmen
KWV	Kommunale Wohnungs-Verwaltung
KZ	Konzentrationslager
LDP(D)	Liberal-Demokratische Partei (Deutschlands)
LfD	Landesamt für Denkmalpflege
LfULG	Landesamt für Umwelt, Landwirtschaft und Geologie
LKA	Landeskirchenamt
LKW	Lastkraftwagen
LPG	Landwirtschaftliche Produktionsgenossenschaft
LSH	Landesverband Sächsischer Heimatschutz
M	Mark
m	Meter
MAD	Medizinische Akademie Dresden
MASCH	Marxistische Arbeiterschule
MC	Motorboot-Club
MDN	Mark der Deutschen Notenbank
MfS	Ministerium für Staatssicherheit
Mitt.	Mitteilungen
ml	Milliliter
mm	Millimeter
MR	Medizinalrat, Medizinalrätin
NABU	Naturschutzbund Deutschland
NDB	Neue Deutsche Biographie
NKWD	Volkskommissariat für innere Angelegenheiten
NN	Normel-Null
NPD	Nationaldemokratische Partei Deutschlands
Nr.	Nummer
NS	Nationalsozialismus
NSDAP	Nationalsozialistische Deutsche Arbeiterpartei
NSV	Nationalsozialistische Volkswohlfahrt
NSW	Nichtsozialistisches Wirtschaftsgebiet
NVA	Nationale Volksarmee
OA/OÄ	Oberarzt, Oberärztin
OB	Oberbürgermeister
ÖbVI	Öffentlich bestellter Vermessungsingenieur
o. g.	oben genannt
o. J.	ohne Jahr
OMR	Obermedizinalrat, Obermedizinalrätin
OT	Ortsteil
o. V.	ohne Verfasser
OVLW	Ortsverein Loschwitz-Wachwitz
PGH	Produktionsgenossenschaft des Handwerks
PKW	Personenkraftwagen
POS	Polytechnische Oberschule
Prof.	Professor
PS	Pferdestärken
Reg.	Regierung
RGW	Rat für gegenseitige Wirtschafthilfe
RM	Reichsmark
röm.-kath.	römisch-katholisch
SA	Sturm-Abteilung
SBDA	Sächsisch-Böhmische Dampfschiffahrts-Aktiengesellschaft
SBDG	Sächsisch-Böhmische Dampfschiffahrtsgesellschaft
SED	Sozialistische Einheitspartei Deutschlands
SG	Sportgemeinschaft
SHD	Sächsisches Hauptstaatsarchiv Dresden
Slg.	Sammlung
SKH	Stadtkrankenhaus
SLUB	Sächsische Landes- und Universitätsbibliothek
SMA	Sowjetische Militär-Administration
SNN	Sächsische Neueste Nachrichten
s. o.	siehe oben
SPD	Sozialdemokratische Partei Deutschlands
SR	Sanitätsrat, Sanitätsrätin
SS	Schutz-Staffel
stellv.	stellvertretend(er)
s. u.	siehe unten
SV	Sport-Verein
SZ	Sächsische Zeitung
t	Tonnen
TCM	Traditionelle Chinesische Medizin
TH	Technische Hochschule
TSG	Turn- und Sportgemeinschaft
TSV	Turn- und Sport-Verein
TV	Turnverein
TU	Technische Universität
UA	Uraufführung
UdSSR	Union der Sozialistischen Sowjet-Republiken
u. g.	unten genannt
UHA	Untersuchungshaftanstalt
UNESCO	Organisation der Vereinten Nationen für Erziehung, Wissenschaft und Kultur
USA	Vereinigte Staaten von Amerika
USD	„Unser Schönes Dresden“
usw.	und so weiter
UTP	Unterrichtstag in der Produktion
V	Volt
VBK	Verband Bildender Künstler
v. Chr.	vor Christi Geburt
VEB	Volkseigener Betrieb
VELKD	Vereinigte Evangelisch-Lutherische Kirche Deutschlands
verh.	verheiratet
verw.	verwitwet
v.l.n.r.	von links nach rechts
v.r.n.l.	von rechts nach links
VVB	Vereinigung Volkseigener Betriebe
VVO	Verkehrsverbund Oberelbe
WDL	Wassersportclub Dresden-Loschwitz
WOBA	Wohnungsbau-Gesellschaft
WSV	Wassersportverein
z. B.	zum Beispiel
ZDF	Zweites Deutsches Fernsehen
ZfK	Zentralinstitut für Kernforschung
ZFTM	Zentrum für Forschung und Technologie Mikroelektronik
ZK	Zentralkomitee
ZMD	Zentrum Mikroelektronik Dresden
ZS	Zeitschrift

Personenregister

Legende
999: Nennung auf Seite
999: Bildwerk der Person
999: Hauptbeitrag
999: Abbildung der Person

F

G

H

L

M

N

O

P

Q

R

S

X Y Z

Holger Friebel, Alter Birnen-Mann am Loschwitzer Hang (†2015) Bleistift, 2011

Sach- und Adressregister

Legende
999: Nennung
999: Hauptbeitrag
999: Abbildung

D

E

F

G

H

I

J

K

O

P

Q

R

S

Z

Loschwitzer Elbauen, 2015 — *Foto: Siegfried Großmann*

Quellenverzeichnis

Auf eine Verzeichnung der Allgemeinen Lexika, Telefonbücher, Adressbücher, Häuserbücher (z. B. Emil Wehnert) und allgemeiner Internet-Datenbanken wird hier verzichtet.

1 100 JAHRE Gehe. Geschichte der Firma Gehe & Co., AG 1835/1935; Dresden 1935
2 20 JAHRE Demokratische Bauernpartei Deutschlands; Dresden 1968
3 300 JAHRE KIRCHGEMEINDE DRESDEN-LOSCWHITZ. Festschrift zum Jubiläum; Dresden 2004
4 96. GEBURTSTAG Emil Römmler; in: Sächsischer Kurier 03./04.03.1938
5 ABELER, Jürgen; Meister der Uhrmacherkunst; Wuppertal 1974
6 ABI; BioParc-Unterschriften an Tschira übergeben; in: DNN 05.04.2002
7 ABSCHIED von Helmut Aris; o. V.; in: Nachrichtenblatt des Verbandes der Jüdischen Gemeinden in der DDR, Dresden 1988
8 ADAM, Christoph; Nach der Flut – vor den nächsten Fluten; in: EHK 11/2002
9 ADAM, Gerlinde; Schloß Eckberg wird Vier-Sterne-Hotel; in: DNN 22.11.1996
10 ADAM, Gerlinde; Wieder Gäste auf Schloß Eckberg; in DNN 27.05.1997
11 ADAM, Theo; Seht, hier ist Tinte, Feder, Papier ... Aus der Werkstatt eines Sängers; Berlin 1980
12 ADAM, Theo; Die hundertste Rolle oder »Ich mache einen neuen Adam«; Berlin 1986
13 ADAM, Theo; Lyrik unterwegs. Musestunden eines reisenden Sängers; Frankfurt am Main 1993
14 ADAM, Theo; Ein Sängerleben in Begegnungen und Verwandlungen; Berlin 1996
15 ADAM, Theo; Sprüche in der Oper. Erlebt und gesammelt während 50 Sängerjahren in aller Welt; Berlin 1999
16 ADAM, Theo; Vom »Sachs« zum »Ochs«; Berlin 2001
17 ADOLPH, Paul; Erinnerungen an Dr. Ottomar Heinsius von Mayenburg und an sein Eckberg; in: Mitt. des LSH, Bd. 21, Heft 7 – 12; 1932
18 ADRESSBÜCHER
19 AKTEN des Amtes für Kultur und Denkmalschutz Dresden
20 AKTEN des Fördervereins Lingnerschloss
21 AKTEN des Kunstvereins Alte Feuerwache
22 AKTEN des Sächsischen Landesamtes für Denkmalpflege
23 AKTEN des Stadtmuseums Dresden
24 ALEXE, Thilo; Vier Millionen Euro für die Stadt; in: SZ 24.01.2007
25 ALEXE, Thilo; »Ihr könnt nicht regieren«; in: SZ 22.12.2009
26 ALLGEMEINES KÜNSTLERLEXIKON. Die Bildenden Künstler aller Zeiten und Völker, mehrbändig; Leipzig, München, Boston 1969 ff
27 ALLTAGSPLAUSCH; in: EHK 12/1993
28 ALTNER, Manfred; BÄCHLER, Christa u. a.; Dresden. Von der Königlichen Kunstakademie zur Hochschule für Bildende Künste; Dresden 1990
29 AMELN, Tilo von; BÜLTMANN; Mily; maschinenschriftlich, o. J.
30 ANDERSSEN-REUSTER, Ulrike; Die psychischen Wurzeln mancher Leiden; in: EHK 4/2010
31 ANDRAE, A.; Die Loschwitzer Fähre; in: Sächsische Dorfzeitung und Elbgaupresse, Nr. 292, 1907
32 ANLAUF, Karl; Der Philosoph von Wiedensahl – Der völkische Seher; Berlin 1939
33 ANZEIGE; in: Liechtensteiner Volksblatt, Beilage zu Nr. 58; Vaduz 1913
34 ANZEIGEN; in: Wöchentliche Anzeigen für das Fürstentum Ratzeburg; Schönberg 1882, 1986, 1989
35 APULISCHE Küche in den Arkaden; in: EHK 7/2004
36 ARCHIV der DVB AG
37 ARCHIV der Ev.-Luth. Diakonissenanstalt Dresden
38 ARCHIV der Ev.-Luth. Johannes-Kirchgemeinde Dresden
39 ARCHIV der Ev.-Luth. Kirchgemeinde Dresden-Loschwitz
40 ARCHIV der Ev.-Luth. Kirchgemeinde Dresden-Weißer Hirsch
41 ARCHIV der Freiwilligen Feuerwehr Dresden-Pillnitz
42 ARCHIV der Friedhöfe Eliasfriedhof, Johannisfriedhof und Trinitatisfriedhof Dresden
43 ARCHIV der Handwerkskammer Dresden
44 ARCHIV der Hochschule für Bildende Künste Dresden
45 ARCHIV der Kath. Pfarrei Sankt Hubertus Dresden-Weißer Hirsch 2014
46 ARCHIV der Landeszahnärztekammer Sachsen
47 ARCHIV der Sächsischen Ärztekammer
48 ARCHIV der Stasi-Unterlagenbehörde Dresden
49 ARCHIV der Universitätsbibliothek an der TU Berlin
50 ARCHIV der Weinbaugemeinschaft Loschwitz/Wachwitz e.V.
51 ARCHIV des Elbhangfestes
52 ARCHIV des Heidefriedhofs Dresden
53 ARCHIV des Heimatmuseums Lommatzsch
54 ARCHIV des Johannisfriedhof Dresden-Tolkewitz
55 ARCHIV des Landesamtes für Denkmalpflege: Sammlung Emil Scherz
56 ARCHIV des Landesamtes für Umwelt, Landwirtschaft und Geologie
57 ARCHIV des Münzkabinetts der Staatlichen Kunstsammlungen Dresden
58 ARCHIV des Ortsvereins Loschwitz-Wachwitz e. V
59 ARCHIV des Urnenhains Dresden-Tolkewitz
60 ARCHIV des Verschönerungsvereins Weißer Hirsch/Oberloschwitz
61 ARCHIVARIUS; Mitteilungen aus dem Unitätsarchiv; Herrnhut Nr. 26, 2011
62 ARDENNE, Manfred von; Eine glückliche Jugend im Zeichen der Technik; Berlin 1962
63 ARDENNE, Manfred von; Mein Leben für Forschung und Fortschritt; München 1984[7]
64 ARMENHÄUSER im Königreich Sachsen 1855 u. 1858; in: ZS des Ministerium des Innern, Nr. 6. und 7; 1861
65 ARNDT, Madeleine; Akademie-Areal verkauft; in: DNN 15.08.2013
66 ARNOLD, Johann; Kurtze doch gründliche Beschreibung der von grundauf Neu erbauten Kirche zu Loschwitz; Handschrift 1710; Standort: SLUB
67 ARNOLD, Klaus-Peter; Vom Sofakissen zum Städtebau; Dresden und Basel 1993
68 ÄRZTEBLATT Mecklenburg-Vorpommern
69 ÄRZTEBLATT Sachsen
70 ASTER, Georg; Villen und kleine Familienhäuser; Leipzig 1894
71 ASTER, Georg; Familienhäuser für Stadt und Land; Leipzig 1899
72 ASTER, Georg; Chronik der Familie Aster; Loschwitz 1912
73 ATELIER-NACHRICHTEN; in: Kunst und Dekoration, Bd. 1; Darmstadt 1897 – 1898
74 AUSSTELLUNG »Von Fährmann Ehrlich bis Fischer Höhle – Das Leben mit dem Elbstrom...«; in: EHK 10/1999
75 AUSSTELLUNG »Flora Illuminata« zum Elbhangfest 2001
76 AUSSTELLUNGSKATALOG: Ausgebürgert. Künstler aus der DDR und aus dem sowjetischen Sektor Berlins 1949-1989; Berlin 1990
77 AUSSTELLUNGSKATALOG: August Kotzsch 1836 – 1910. Pionier der deutschen Photographie; Stuttgart 1992
78 AUSSTELLUNGSKATALOG: Kokoschka und Dresden; Leipzig 1996
79 AUSSTELLUNGSKATALOG: Von Loschwitz nach Amerika – Fotografien von August Kotzsch; Dresden 2010
80 AUSSTELLUNGSKATALOG: BASF Schwarzheide GmbH (Hrsg.), Friedrich Press. Das Innere zum Äußeren; 2012
81 AUSSTELLUNGSKATALOG: Die Schöne und das Biest. Richard Müller & Mel Ramos & Wolfgang Joop; Bielefeld 2013
82 AXT, R.; A. D.; Ein Haus solid und bequem; in: Die Union 29.06.1989
83 BACHERT, Sabine; Loschwitzer Villa Thode neuen Glanz verliehen; in SZ 24.02.2000
84 BACHERT, Sabine; Rad- und Wanderweg auf holprigem Elbpfad; in: SZ 15.02.2001
85 BACHERT, Sabine; Eine Perle, wie es nur wenige gibt; in: SZ 08.06.2001
86 BADISCHE Volkszeitung; 1967
87 BARTHEL, Clara Wilhelmine; Lebenserinnerungen; unveröffentlicht
88 BARTSCH, Michael; Kunst ist frei – am besten in freier Trägerschaft; in: DNN 07.12.1999
89 BAUBEGINN an der Mordgrundbrücke; o. V.; in: DNN 20.07.2001
90 BECKER, Cornelia; Heubner, Johann Otto Leonhard; in: Sächsische Biografie; 2005
91 BECKER, Gerhard; Zur Geschichte der Reichsparteischule der KPD »Rosa Luxemburg«; in: ZS für Geschichtswissenschaft, Heft 1; Berlin 1979
92 BEEGER, H.-D.; QUELLMALZ, W.; Geologischer Führer durch die Umgebung von Dresden; Dresden und Leipzig 1965
93 BELL, Katharina; Ehemaliges Weinberghaus denkmalgerecht saniert; in: SZ 09.12.2003
94 BEMMANN, Katrin; Die katholische Kirchenmusik Johann Gottlieb Naumanns; in: Studien zur Musikwissenschaft, Bd. 13; Hamburg 2008
95 BEMMANN, Rudolf; Bibliographie der Sächsischen Geschichte, Band 1; Leipzig, Berlin 1918
96 BERGANDER, Falko; Getrennte Welten; Dresden 2007
97 BERGHOLD, Sabine; Bibliothek Loschwitz einst und jetzt; in: EHK 4/1997
98 BERGSCHICKER, Heinz; Deutsche Chronik 1933 – 1945; Berlin 1985[3]
99 BERICHTE des Magdalenen-Hilfsvereines zu Dresden, Jahresberichte; Dresden 1891 – 1897
100 BERLINER Architekturwelt. Baukunst, Malerei, Plastik und Kunstgewerbe der Gegenwart, 17. Jg.; Berlin 1915
101 BERNSTENGEL, Olaf; BERNSTENGEL, Sonja; Puppenspiel bringt Gunst!; in: EHK 12/2006 und 1/2007
102 BERNSTENGEL, Sonja; Die guten alten Kachelöfen und die Loschwitzer Straße der Ofenbauer; in EHK 12/2001
103 BERNSTENGEL, Sonja; Von der PGH zur GmbH – die Loschwitzer Ofenbauer und Fliesenleger; in: EHK 1/2002
104 BERNSTENGEL, Sonja; »Rad-Dynastie« Päperer; in: EHK 5/2007
105 BERNSTENGEL, Sonja; Peter Schreier – Ein Weltbürger am Elbhang, Interview; in: EHK 1/2009
106 BERNSTENGEL, Sonja; Der Pianist Peter Rösel; in: EHK 4/2009
107 BERUFSAKADEMIE Sachsen. Staatliche Studienakademie Dresden; Pressemitteilung 04.10.2012
108 BETTELHEIM, Anton (Hrsg.); Biographisches Jahrbuch und Deutscher Nekrolog; Berlin 1900
109 BEUTEL, Georg; Robert Henze in Bildnisse hervorragender Dresdner aus fünf Jahrhunderten; Dresden 1908
110 BIENERT, Gottlieb Traugott; Erinnerungen aus meinem Leben; in: Dresdner Hefte, Band 116; Dresden 2014
111 BILLIG, Gerhard; Die Burgwardorganisation im Obersächsisch-Meissnischen Raum; Berlin 1989
112 BINNINGER, Annette; Bürgerinitiative gegen BioParc; in: DNN 18.01.2002
113 BIOGRAPHIE Fedor von Brock; in: www.dhm.de/lemo/html/biografien
114 BIOGRAPHISCHE Datenbanken der Bundesstiftung Aufarbeitung; Berlin 2013
115 BISCHOFF, Ulrich; SOMMER, Dagmar (Hrsg.); Staatliche Kunstsammlungen Dresden. Illustrierter Katalog in zwei Bänden; Dresden, Köln 2010
116 BL; Erdarbeiten für die »Saloppe«; in: DNN 14.01.2008
117 BLASCHKE, Karlheinz; Geschichte Sachsens im Mittelalter; Berlin 1990

118 BLASCHKE, Karlheinz; Historisches Ortsverzeichnis von Sachsen; Leipzig 2006
119 BLASCHKE, Karlheinz; JOHN, Uwe (Hrsg.); Geschichte der Stadt Dresden, Band 1; Stuttgart 2005
120 BLEIER, Genia; Als Jüngster den Ältesten gesungen; in: DNN 01.08.1996
121 BLEIER, Genia; Klage gegen Kopf der Bürgerinitiative zurückgezogen; in: DNN 03.09.1999
122 BLEIER, Genia; Bürgerinitiative erstattete Anzeige; in: DNN 19./20.06.1999
123 BLEIER, Genia; Die Dresdner Spuren von Friedrich Paulus verblassen; in: DNN 15.01.2003
124 BLEIER, Genia; Der Ritter von Loschwitz kommt wieder; in: DNN 18.06.2004
125 BLEIER, Genia; Haus am felsigen Hang: Großzügig statt kuschelig; in: DNN 08./09.01.2005
126 BLEIER, Genia; Humaine-Klinik gehört bald zum Helios-Konzern; in: DNN 29.03.2006
127 BLEIER, Genia; Dinglingers Weinberg ist größer geworden; in: DNN 10.07.2008
128 BLEKER, Johanna; SCHLEIERMACHER, Sabine; Ärztinnen aus dem Kaiserreich. Lebensläufe einer Generation; Weinheim 2000
129 BLOSSE, Anna-Maria; Wegbereiter der modernen Fastentherapie: Siegfried Möller; in: www.naturel.biz
130 BLUME, Eugen; März, Roland (Hrsg.); Kunst in der DDR: Eine Retrospektive der Nationalgalerie, Berlin 2003
131 BLUME, Georg; Clara Schumanns Schwester; in: Die Union, o. D.
132 BLUME, Georg; Das Anwesen Pillnitzer Landstraße 63; in: EHK 1/1995
133 BLUME, Georg; Das Sattler-Stürenburgische Haus in Loschwitz, Veilchenweg Nr. 9; in: EHK 12/1995
134 BLUME, Georg; Anna Elisabeth Angermann; in: EHK 7/1997
135 B. N.; 80 Jahre nach der Zwangseingemeindung; in: EHK 12/2001
136 BOCHOW, Fedor; Mohn, Viktor Paul; in: Sächsische Biografie; 2004
137 BOCKEMÜHL, Alfred; Wie es früher war – wie es weitergeht; 2010
138 BOCKEMÜHL, Almut; Biografie Alfred Bockemühl; in: http://biographien.kulturimpuls.org
139 BOER, Elisabeth; Chronik des Kurortes Weißer Hirsch-Dresden. Von den Anfängen bis zur Eingemeindung; Arbeiten aus dem Ratsarchiv zu Dresden, Bd. 6; Dresden [1932]
140 BOETTICHER, W[alter] von; Geschichte des Oberlausitzischen Adels und seiner Güter 1635–1815, Bd. 2; Görlitz 1913
141 BÖHM, Hans; »Die Kraft, reifen zu lassen«; in: Die Union August 1974
142 BÖHM, Hans; Musik aus Bedrängnis und aus Hoffnung; in: SNN 16.10.1982
143 BÖHM, Th.; Karl Weichardt; in: Deutsche Bauzeitung, Nr. 81; Berlin 1906
144 BOTH, Sigrid; HARDTKE, Hans-Jürgen; PFANNKUCHEN, Rainer; WÄCHTER, Anne u.a.; Dresdner Heide; Dresden 2006
145 BÖTTGER, Michael; Die Villa Tiberius auf dem Weißen Hirsch; in: EHK 4/2005
146 BÖTTGER, Michael; Neues Atelier im alten Glanz; in: EHK 11/2006
147 BÖTTGER, Michael; Vom Nutzen des Pferdeschwanzes; in: EHK 12/2010
148 BÖTTGER, Michael; Eine märchenhafte Villa erhält neuen Glanz; in: EHK 9/2014
149 BÖTTGER, Michael; Fremdenheim, Haus der Lehrer und der Bauern; in: EHK 2/2015
150 BOVE, Jens; Den Kopf gerettet. Das Porträtarchiv Hildegard Jäckel...; in: Dresdner Geschichtsbuch, Bd. 15; Altenburg 2010
151 BRABANT, Artur; In und um Dresden 1813, Band 3 »Deutsche Schlachtfelder«; Dresden 1913
152 BRACKWASSER; Wassersportclub Dresden-Loschwitz; in: 4/2003
153 BRANDES, Friedrich; Franz Curti; in: Dresdner Anzeiger, 07.02.1898
154 BRAUN, Reinhold; Die Seele siegt! Betrachtungen und Skizzen zum Weltkriege; Potsdam 1916
155 BRAUN, Reinhold; Der Weg auf den Berg. Gedanken eines deutschen Lichtkämpfers; Herborn 1924
156 BRAUN, Reinhold; Das Deutsch-Mädelbuch. Dargereicht ... Die Bücher vom herzlichen Leben [8]; Berlin 1930
157 BRAUN, Reinhold; Die seltsame Welt der Annetraut Ohnzeit. Roman einer Entfaltung; Herborn 1931
158 BRAUN, Reinhold; Vom mutigen Leben. Gleichnisse der Daseinsmeisterung; Frankfurt/Main 1948
159 BRÄUNING, Klaus; Der Albertpark zu Dresden; Dresden 2001
160 BRILL, Brigitte; Vom Weinberg zum Park – vom Park zum Parkplatz; in: EHK 9/1995
161 BRIX, Heidi; FROHSE, Jürgen; Tante »i« und die Dresdner Künstler-Handspielpuppen; in: EHK 12/1998
162 BROCKHAUS, Heinrich Rudolf (Hrsg.); Aus den Tagebüchern von Heinrich Brockhaus, 1 Teil; Leipzig 1884
163 BROM; Störenfried von Wachwitz gesprengt; in: DNN 15.07.1994
164 BRÜMMER, Franz; Lexikon der deutschen Dichter und Prosaisten von den ältesten Zeiten bis zum Ende des 18. Jahrhunderts; Leipzig 1884
165 BUBIS, Ignaz; Ich bin ein deutscher Staatsbürger jüdischen Glaubens; Köln 1993
166 BUBIS, Ignaz; Damit bin ich noch längst nicht fertig; Frankfurt/Main, New York 1996
167 BUCH DER ERINNERUNG. Juden in Dresden deportiert, ermordet, verschollen. 1933–1945; Dresden 2006
168 BUCHWEISER für deutsches Schaffen. Zeitschrift der deutschen Kunstgemeinde, Heft 1; Dresden 1922
169 BÜCHI, Walter A.; Karl August Lingner – Das große Leben des Odolkönigs; Dresden 2006
170 BÜNAU, Heinrich von; Mandat ... wegen Errichtung ... Allgemeine Brand-Casse; Dresden 1729
171 BUNDESARCHIV Berlin
172 BUNZ, Rainer; Bürgertum und Frömmigkeit. Eine Familiengeschichte; Hamburg 2011
173 BÜNZ, Enno u. a.; Sächsisches Klosterbuch. Die mittelalterlichen Klöster, Stifte und Kommenden im Gebiet des Freistaates Sachsen, 2 Bde.; z. Z. im Druck
174 BÜRGERINITIATIVE Lingnerpark. Zwischenruf; in: EHK 4/2002
175 BÜRGERKOMITEE Bautzner Straße e.V. (Hrsg.); MfS-Bezirksverwaltung Dresden – eine erste Analyse; Dresden 1992
176 BÜRGERPORTRAITS, Ausgabe Region Sachsen 2009, Bd. 1; Delitzsch 2009
177 BURKHARDT, Johannes; Der Rhein ist die Elbe; Halle 2013
178 BUSCH, Wilhelm; Sämtliche Briefe, Bd. 1; Hannover 1968
179 BUSCHBECK, Dietrich; Dinglingers Weinberg – Ärgernis oder Kulturauftrag?; in: EHK 8/1999
180 BUSCHBECK, Dietrich; Grün oder Blau? Legendenbildung um eine Brückenfarbe; in EHK 5/2000
181 BUSCHBECK, Dietrich; Vor 10 Jahren starb Alfred Bockemühl; in: EHK 4/2002
182 BUSCHBECK, Dietrich; Eine Bilder(buch)geschichte; in EHK 4/2006
183 BUSCHBECK, Dietrich; Unvergessen – die »Feiereis-Kapelle«; in: EHK 3/2007
184 BUSCHBECK, Dietrich; Susanne Fendler kennt viele Geschichten; in EHK 12/2008
185 BUSCHBECK, Dietrich; Friederike Trefftz. Erinnerungen an eine außergewöhnliche Frau; in: EHK 3/2011
186 BUSCHBECK, Dietrich; Engagement für Dresden und für die Dresdner Jüdische Gemeinschaft – Die Familie Aris; in: EHK 11/2012
187 BUSCHBECK, Dietrich; »Grenzüberschreitungen« im Design-Hemd vom Weißer Hirsch?; in: EHK 4/2013
188 BÜSING-KOLBE, Andrea; BÜSING, Hermann; Harmonie von Bau und Landschaft. Der Architekt Rudolf Kolbe; Dresden 2010
189 CAFÉ-RESTAURANT Luisenhof GmbH (Hrsg.); Luisenhof. Auf dem Balkon von Dresden. 110 Jahre Restaurant-Geschichte; Dresden 2005
190 CARLO, Tatjana; persönliche Aufzeichnungen
191 C. DR.; Ein rüstiger 75jähriger; in: Sächsischer Kurier 30.08.1935
192 C. DR.; Ein verdienter Altersjubilar; in: Illustriertes Tageblatt, Ausgabe E für das obere und untere Elbtal 30.08.1940
193 CHRONIK zur 175jährigen Jubiläumsfeier des Gasthofs zu Gönnsdorf; Gönnsdorf 1904
194 CODEX DIPLOMATICUS SAXONIAE, II. Hauptteil, Band 23–26: Urkundenbuch der Stadt Dresden, bearb. von Ulrike Siewert; z. Z. im Druck
195 C. P.; Georg Curt Bauch; in: Südschweiz (heute: Tessiner Zeitung), 01.1968
196 CS.; Grundstraße nach Gewitter überschwemmt; in: DNN 27.04.2006
197 CRIEGERN, Friedrich von; Caritas; Dresden 1878
198 CURTI, Jean-Marie; DAHL, Gisela; Franz Curti; Genéve 2005
199 CURTIUS, Carl Friedrich; Handbuch des im Königreiche Sachsen geltenden Civilrechts; Leipzig 1835[3]
200 DANGER, Fred; Wasser nicht nur von oben; in: EHK 8/1995
201 DAS GEISTIGE DEUTSCHLAND am Ende des XIX. Jahrhunderts; 1. Bd.: Die Bildenden Künstler; Leipzig 1898
202 DEGENHARDT, Karl; Mein Leben. Mein Beruf. Mein Hobby; Düsseldorf 1985
203 DEHIO, Georg; Handbuch der deutschen Kunstdenkmäler, Sachsen I, Regierungsbezirk Dresden; München, Berlin 1996
204 DEITERS, Brigitte; Land will Humaine Klinik am Wachwitzer Höhenpark unterstützen; in: DNN 20.07.1994
205 DEMANKOWSKI, Philipp; Der Ausblick ist Trumpf; in: SZ 08.05.2013
206 DENHARDT, Carl; Prospekt der Carl Denhardtschen Sprachheilanstalt; Dresden 1917
207 DENHARDT, Rudolf; Das Wesen des Stotterns; in: Die Gartenlaube; Leipzig 13/1878
208 DER ARBEITENDE MENSCH im Porträtfoto; in: Neue Zeit 23.07.1953
209 DER ELBHANG-KURIER; Dresden 1992ff
210 DER NATURARZT; Zeitschrift des Deutschen Bundes der Vereine für Gesundheitspflege und arzneilose Heilweise, Berlin 1892
211 DER SIEBENJÄHRIGE KRIEG, 1. Bd.; Hrsg.: Großer Generalstab, Kriegsgeschichtliche Abteilung; Berlin 1912
212 DERSSLER, Jan; Nachruf für Herrn Prof. Dr. med. habil. Wolfgang Reimann; in: Ärzteblatt Sachsen 2/2006
213 DER ELBGAU-SÄNGER; Amtliche Monatsschrift des Elbgau-Sängerbundes und der ihm angeschlossenen Vereine, Dresden 5/1928
214 DER VATER des Hechtwagens – Prof. Alfred Bockemühl; o. V.; in: Der Hecht, Sonderausgabe Nr. 15, 1990
215 DER WEISSE HIRSCH. Ein Lesebuch; Verschönerungsverein Weißer Hirsch/Oberloschwitz (Hrsg.); Dresden 2001
216 DEUTSCHE FOTOTHEK (SLUB)
217 DEUTSCHE Straßen- und Kleinbahnzeitung; 03.09.1896
218 DEUTSCHES Ärzteblatt
219 DEUTSCHES Bühnen-Jahrbuch; 1924–1944
220 DIAMANT, Adolf; Chronik der Juden in Dresden; Darmstadt 1973
221 DIE BÜRGERINITIATIVE »Sanierungsgebiet Loschwitz« informiert; in: EHK 8/1998
222 DIE FEDER ist mächtiger als das Schwert; in: Allgemeine Illustrirte Zeitung, Nr. 5, 1884
223 DIE INVALIDENHEILSTÄTTE zu Loschwitz; in: Illustrirte Zeitung, Bd. 51; Leipzig, 27.07.1872
224 DIETRICH, Eduard; Die Fahrt durch das Sagen-Reich der Sächsischen Schweiz; Dresden 1887
225 DIETZEL, Thomas, HÜGEL, Hans-Otto; Deutsche literarische Zeitschriften 1880–1945, 1. Bd.; München 1988

226 DILGER, Michael; Faktenchronik für die Pfarrvikarie Pillnitz/Hosterwitz, maschinschriftlich, 2012
227 DONATH, Matthias; Architektur in Dresden 1933 – 1945; Dresden 2007
228 DORN, Heinrich; Ostracismus. Ein Gericht Scherben; Berlin 1875
229 DORSCHNER, Helmut; Ab 1865: Die Kinderbewahranstalt und der Frauenverein zu Loschwitz; in: EHK 8/2010
230 DRECHSLER, Volkrad; Die umfangreiche Sanierung; in: EHK 10/1997
231 DRESDEN. Eine Chronik in Daten, 5 Teile; Dresden
232 DRESDENER ORIGINAL Rehan heiratete in der Loschwitzer Kirche; o. V.; in: EHK 2/1992
233 DRESDNER Amtsblatt
234 DRESDNER Anzeiger 14.05.1942
235 DRESDNER Geschichtsblätter, 4/1909
236 DRESDNER Nachrichten; 02.08.1936 und 22.08.1936
237 DRESDNER Verkehrsbetriebe AG (Hrsg.); Von Kutschern und Kondukteuren; Dresden 1997[2]
238 DRESSLER, Hilmar; Dresslers Weinberg beispielsweise; in: EHK 6/1995
239 DRESSLER, Hilmar; Wo die Trauben und die Künste reiften – Familiengeschichten vom Elbhang; in: EHK 6/1998
240 DRESSLERS KUNSTHANDBUCH; hrsg. von Willy Oskar Dreßler, 2. Bd., Bildende Kunst, Berlin 1921 und 1930
241 DREWAG (Hrsg.); Dresden 175 Jahre öffentliche Gasversorgung; Dresden 2003
242 DUBBERS, Annette; Blasewitz. Aus der Geschichte eines Dresdner Stadtteils; Dresden 1997
243 DUBBERS, Annette; Loschwitz. Aus der Geschichte eines Dresdner Stadtteils; Dresden 2003
244 DÜLBERG, Angelica; GERLACH, Thomas; OELSNER; Norbert: Reinhard Spehr zum 65. Geburtstag: in: Mitt. des LfD 2003; Beucha 2004
245 DUNSCH, Lothar; Wolfgang Jess und sein Verlag; in: Hellerau-Almanach, Bd. 1; Dresden 1994
246 DVB AG (Hrsg.); Von Kutschern und Kondukteuren; Dresden 2012[4]
247 EFFEKTE mit geklebtem Glas; o. V.; in: Neues Deutschland 12.08.1965
248 EGIDY, Hans von; Wird eine nur leicht retuschierte Variante gebaut?; in: EHK 9/1995
249 EHLICH, Rainer; MÜLLER, Claudia; WENZEL, Otto-R.; Wachwitz. Geschichte eines Fischer- und Weindorfes; Dresden 2000
250 EHRHARDT, Hartmut; Die Fähren zwischen Söbrigen und Niederwartha; in: Dresdner Geschichtsbuch, Bd. 10; Dresden 2004
251 EICHLER, Ernst; WALTHER, Hans (Hrsg.); Historisches Ortsnamenbauch von Sachsen, 3 Bde.; Berlin 2001
252 EIN MUSIKALISCHER Sommer, o. V.; in: Blasewitzer Zeitung 2/2010
253 EIN SPIELPLATZ für Loschwitz; o. V.; in EHK 3/1993
254 EINWOHNERMELDEAMT München
255 EISENHUTH, Thomas; Zwischen Holperstrecke und Rennpiste; in: DNN 09.01.2001
256 EISERMANN, Romy; ENGLER, Torsten; Stellungnahme der Interessengemeinschaft »Historischer Körnerweg«...; in: EHK 1/2001
257 ELLRICH, Hartmut; Dresden 1933 – 1945; Berlin 2008
258 ELSCHENBROICH, Adalbert; Kügelgen, Wilhelm; in: NDB, Bd. 13; 1982
259 E. M. L.; Idealismus nach antiken Vorbildern; in: Badische Volkszeitung 07.10.1967
260 EMMERLICH, Gunther; Ich wollte mich mal ausreden lassen; Berlin 2007
261 ENDERLEIN, Gertraud; Dresdens Gärten und Parke; Dresden 1932
262 ENDERLEIN, Gertraud; Friedrich Wiecks Loschwitzer Idylle; in: Dresdner Zeitung, 06.05.1944
263 ENGEL; Saloppe und Umgebung; in: Stadtrundschau 01.1991
264 ERINNERUNGSBLATT zum 25-jährigen Geschäfts-Jubiläum der Firma Römmler & Jonas, Kunstanstalt für Lichtdruck 1871 – 1896; o. J.
265 ERPENBECK, John (Hrsg.); Hermann Glöckner. Ein Patriarch der Moderne; Berlin 1983
266 FEIST, Peter H.; Anmut und Appell: 100. Geburtstag des Bildhauers Walter Arnold; in: Neues Deutschland 27.08.2009
267 FESTSCHRIFT zur Feier des 50-jährigen Bestehens der Gewerbeschule zu Dresden; Dresden 1911
268 FESTSCHRIFT zur Jahrhundertfeier des Freiherrlich von Fletcherschen Schullehrer-seminars zu Dresden 1825-1925; Dresden, Kötzschenbroda [1925]
269 FESTSCHRIFT zur Orgelweihe; Dresden 1997
270 FESTSCHRIFT. 101 Jahre Schwebebahn; Dresden 2002
271 FESTSCHRIFT. Die erste Bergschwebebahn der Welt; Dresden 1991
272 FESTSCHRIFT. Die erste Bergschwebebahn der Welt. Andenken an die Betriebs-eröffnung am 6. Mai 1901; Dresden, 1901
273 FESTSCHRIFT. Ein gutes Stück bergauf – Ihre Bahn zum Balkon Dresdens; München. 1994
274 FESTSCHRIFT. Zwanzig Elbhangfeste!; Dresden 2010
275 FEUILLETON; in: Sächsische Lehrerzeitung 07.06.1891
276 FICHTNER, Fritz; Pläne und Kaufkontrakt des Körnerschen Weinberghauses in Loschwitz; in: Dresdner Kalender 1930
277 FINDEISEN, Kurt Arnold (Hrsg.); Alt-Dresdner Originale; in: Sächsisches Lachen; Leipzig 1926
278 FISCHER, Daniella; Dich, teure Halle, grüß ich wieder. Heinrich Brockhaus und Richard Wagner am Elbufer; in: Blasewitzer Zeitung
279 FISCHER, Daniella; Baumeister, Architekt, Ortschronist: Karl Emil Scherz; in: Blasewitzer Zeitung 11/2010
280 FISCHER, Dieter; FROHSE, Jürgen; Als dem Löwen das Wasser bis zum Rachen stand...; Dresden 2003
281 FISCHER, Dieter; Bäckerei und Conditorei Max Wippler; in: EHK 8/2000
282 FISCHER, Dieter; Lampen-Umzug am Körnerplatz; in EHK 9/2008
283 FISCHER, Dieter; Drei Jubiläen für »Meister Lampe« in Hosterwitz und am Körner-platz; in: EHK 9/2013
284 FISCHER, Holger; Hubert Rüther 1886 – 1945 (Ausstellungspublikation); Freital 1987
285 FISCHER, Holger; Hubert Rüther – ein Loschwitzer Maler; in: Sächsische Heimat (Kalender) 1995
286 FISCHER, Holger; François. Ein Denkmal auf Leinwand; in: Sächsische Heimat (Kalender) 1998
287 FISCHER, Iris; Das Künstlerhaus Dresden-Loschwitz 1898 – 1998; in: 100 Jahre Künstlerhaus Dresden-Loschwitz; Dresden 1998
288 FLACH, Helga; Das Leonhardi-Museum in Dresden-Loschwitz; Dresden 1988
289 FLIEGENDE BLÄTTER, 109. Bd., Nr. 2783; München 1898
290 FLÖRECKE, Klaus-Dieter; Dresden ohne Suchtklinik?; in: DNN 12.11.1992
291 FLÜGEL, Wolfgang; Hoë von Hoënegg, Matthias; in: Sächsische Biografie; 2011
292 FÖRSTER, Andreas u. a.; Putins Schatten an der Elbe; in: SZ 07.11.2011
293 FÖRSTER, Ludwig (Hrsg.); Villa des Herrn v. Orlando in Loschwitz bei Dresden; in: Allgemeine Bauzeitung; Wien 1856
294 FRANKE, Dietrich; Neuffer, Friedrich Wilhelm; in: NDB, Band 19; Berlin 1998
295 FRANKE, Rolf; 125 Jahre Berufsfeuerwehr Dresden; Dresden 1993
296 FRÄNKEL, Ludwig; Heydrich, Gustav Moritz; in: NDB Bd. 50; 1905
297 FRANZ CURTI; in: Dresdener Rundschau, Wochenschrift für Kritik, Chronik Satire und Humor, 14.10.1894
298 FRANZ CURTIS Bestattung; in: Dresdner Anzeiger 11.02.1898
299 FRAUENPOWER. Die »Dresdner Salon-Damen«, in: EHK 2/1999
300 FREIESLEBEN, Georg; Zur Familiengeschichte des Geschlechts Freiesleben. Der jüngere Zweig, Heft 10; Augsburg 1937
301 FREITAG, Elke; Naturheilkunde-Sanatorien in Dresden und Umgebung...; Dissertation, maschinenschriftlich; Dresden 1999
302 FRICKE, Klaus; Als ich noch ein kleiner Junge war; in: EHK 1/2002, 2/2002, 3/2002
303 FRIEBEL, Holger; Ludwig-Richter-Haus in neuem Glanz; in: EHK 9/2003
304 FRIEBEL, Holger; Dresdens »dreck´sche« Wäsche, Broschüre des Elbhangfest e.V. zum Wäsche-Labyrinth EHF 2008
305 FRIEBEL, Holger; Robert Päperer – ein Loschwitzer Jungzimmermeister; in: EHK 6/2014
306 FRIEDMANN, Ronald; Klaus Fuchs. Der Mann, der kein Spion war. Das Leben des Kommunisten und Wissenschaftlers Klaus Fuchs; Rostock 2005
307 FRIEDRICH, Karl Josef; Liebenswerte Künstlergestalten um Ludwig Richter; Leipzig und Hamburg 1940
308 FRIEDRICH, Karl Josef (Hrsg.); Dein treuer Vater. Briefe Ludwig Richters aus vier Jahr-zehnten an seinen Sohn Heinrich; Leipzig 1953
309 FRIEDRICH, Karl Josef; Ludwig Richter und sein Schülerkreis; Leipzig 1956
310 FRITSCH, K[arl] E[mil O[tto]; Der Kirchenbau des Protestantismus von der Reforma-tion bis zur Gegenwart; Berlin 1893
311 FROHSE, Hildegard; Ein kleines Dankeschön; in: EHK 11/1996
312 FROHSE, Jürgen; Das Café Winkler am Körnerplatz; in EHK 9/1996
313 FROHSE, Jürgen; Zum 70. Geburtstag von Prof. Dr. habil. Claus Oertel; in: EHK 10/1996
314 FROHSE, Jürgen; Helmut Walter, letzter Loschwitzer Elbschiffer; in: EHK 3/1997
315 FROHSE, Jürgen; Foto Schumann. Fünfzig Jahre am Körnerplatz; in: EHK 12/1997
316 FROHSE, Jürgen; Das Scheitern einer Idee – Körnergarten wieder mit altem Namen; in: EHK4/1998
317 FROHSE, Jürgen; Der »schöne Alfred« und die Geschichte der Loschwitzer Post; in: EHK 08/1998
318 FROHSE, Jürgen; Auch die Stasi liebte den Elbhang. Otto-R. Wenzel im Gespräch mit Jürgen Frohse; in: EHK Sonderheft 10/1999
319 FROHSE, Jürgen; Das Lingner-Schloss wird »Bioparc«; in: EHK 3/2001
320 FROHSE, Jürgen; »Elbe-Hotel« verkauft; in: EHK 1/2002
321 FROHSE, Jürgen; Schwester Elfriede – Die Gemeindeschwester auf der »Schwalbe«; in: EHK 3/2003
322 FROHSE, Jürgen; Die Photographen Johanna und Franz Gaudernack; in: EHK 10/2003
323 FROHSE, Jürgen; Crêpes-Galerie hat im »Bräustübel« ein neues Zuhause gefunden; in: EHK 6/2004
324 FROHSE, Jürgen; Kleine Engel vom Körnerplatz; in: EHK 6/2004
325 FROHSE, Jürgen; Von Engeln, Puppen und Muffins; in: EHK 12/2004
326 FROHSE, Jürgen; Schiff ahoi bei jedem Wasserstand – Blasewitz hat wieder eine Anlegestelle; in: EHK 3/2005
327 FROHSE, Jürgen; Die Minimalvariante einer schönen Idee; in: EHK 3/2005
328 FROHSE, Jürgen; Der Blumenladen am Körnerplatz; in: EHK 3/2005
329 FROHSE, Jürgen; Vom Fachwerkhaus unter Gerichtsbarkeit des Rittergutes Wachwitz zum »Weincafé Clara«; in: EHK 5/2005
330 FROHSE, Jürgen; »Elbe-Hotel« oder »Demnitz«; in EHK 7/2005
331 FROHSE, Jürgen; Die Beerenweinschänke; in: EHK 10/2005
332 FROHSE, Jürgen; »Welches Entzücken« – das Haus Veilchenweg 18; in: EHK 12/2005
333 FROHSE, Jürgen; »Denn was man nicht im Kopf hat, muss man im Munzinger haben«; in: EHK 2/2006
334 FROHSE, Jürgen; die besondere photographie; in: EHK 5/2006

335 FROHSE, Jürgen; Italienisches Gasthaus im Alten Fährgut Loschwitz; in: EHK 11/2006
336 FROHSE, Jürgen; Die besondere Photographie; in: EHK 4/2007
337 FROHSE, Jürgen; Die Loschwitzer Bäckerei Tanner; in: EHK 12/2007
338 FROHSE, Jürgen; Die Loschwitzer Tischlerei Süß - Lissau - Szittariu; in: EHK 1/2008
339 FROHSE, Jürgen; »Elbe-Hotel« vor Verkauf; in EHK 3/2008
340 FROHSE, Jürgen; Politik zwischen Stadtverwaltung und Bürgern (Interview); in: EHK 5/2008
341 FROHSE, Jürgen; Zurück auf Start: Projekt »Loschwitz-Höhe«; in: EHK 5/2008
342 FROHSE, Jürgen; Coiffeure von Weltruf; in: EHK 5/2008
343 FROHSE, Jürgen; Leonhardis Tinten sind die Besten; in: EHK 6/2008, 7/2008, 8/2008
344 FROHSE, Jürgen; Grundschule in Loschwitz wird eingeweiht; in: EHK 8/2010
345 FROHSE, Jürgen; Abriss ohne Diskussion – an der Schwebebahn fällt das alte Loschwitzer Haus Veilchenweg 16; in: EHK 8/2011
346 FROHSE, Jürgen; Kommentar zur besonderen Photographie; in: EHK 4/2012
347 FROHSE, Jürgen; Verbrauchergemeinschaft übernimmt Balsamico; in: EHK 11/2013
348 FROHSE, Jürgen; Fischer, Dieter; Szenen der Flut; in: EHK 9/2002
349 FROHSE, Jürgen; Fischer, Dieter; Nach der Flut...«; in: EHK 10/2002
350 FROHSE/KOHI; Maßloses Bauprojekt »Veilchenweg 50«; in: EHK 6/1995
351 FÜGNER, Dieter; Hochwasserkatastrophen in Sachsen; Taucha 2002[2]
352 FUHRMANN, Roland; FROHSE, Jürgen; die besondere photographie; in: EHK 5/2015
353 FUNKE, Ulf-Norbert; Karl August Lingner – Kurzbiographie eines aufklärerischen Unternehmers; in: In aller Munde...; Dresden 1993
354 FUNKE, Ulf-Norbert; Karl August Lingner – Leben und Werk eines gemeinnützigen Großindustriellen; Dresden 1996
355 FUNKE, Ulf-Norbert; Karl August Lingner. Leben und Werk eines sächsischen Großindustriellen; München 2007
356 GABER, Klaus; Hochwasserschutz muss grundsätzlich überdacht werden; in EHK 10/2002
357 GALIFFE; Notices Généalogiques sur les Familles Genevoises; Genève 1885
358 GÄRTNER, Georgia; SCHMIDT, Gerd u. a.; 90 Jahre Schillerschule Loschwitz; in: EHK 11/1999
359 GÄRTNER, Thomas; Früheres Hotel »Felsenburg« soll Wohnhaus werden; in: DNN 03.07.1998
360 GÄRTNER, Thomas; Künstler im eigenen Welttheater; in: DNN 25.06.2013
361 GATZEMEIER, Olav; Villen in Dresden; Dresden 2014
362 GAULT&MILLAU WeinGuide Deutschland 2014; München 2013
363 GEDBAS.genealogy.net
364 GENEALOGIE Blaskowitz; in: www.Blaskowitz-ahnen.de
365 GENEALOGISCHE DATEN; in: http://bockemuehl-mg.de/deutsch/ahnendaten/daten/web_listen/html/dat7.htm
366 GEORG BERNKOPF »Türkenkopf und Höllenhund«; o. V.; in: EHK 8/2008
367 GERECHRIGKEIT-Frieden-Bewahrung der Schöpfung; Leipzig 1990
368 GERHARDT, Karin; Die Liebe ist des Menschen größtes Licht; in: Vorschau & Rückblick, Radebeul 8/2013
369 GESCHICHTLICHE Wanderfahrten, Heft 12; Dresden 1931
370 GESELLSCHAFT für Christlich-Jüdische Zusammenarbeit Dresden e.V. (Hrsg.); Buch der Erinnerung. Juden in Dresden deportiert, ermordet, verschollen. 1933–1945; Dresden 2006
371 GESETZ- UND VERORDNUNGSBLATT für das Königreich Sachsen
372 GEYER, Michael (Hrsg.); Psychotherapie in Ostdeutschland. Geschichte und Geschichten 1945–1995; Göttingen 2011
373 GIBAS, Monika; PASTERNACK, Peer (Hrsg.); Sozialistisch behaust & bekunstet: Hochschulen und ihre Bauten in der DDR; Leipzig 1999
374 GIESEKE, Jens; Wer war wer im Ministerium für Staatssicherheit (MfS-Handbuch); Berlin 2012
375 GIESEL, Thomas; Die Familie Heuer – Renommierte deutsche Carossiers lebten in Loschwitz; in: EHK 1/2014
376 GERLACH, Isa; Gerlach, Ute; Der Alligator auf der Veranda; in: EHK 2/2011
377 GESETZ- und Verordnungsblatt für das Königreich Sachsen, Dresden 1835
378 GLÄSER, Nora; Ein Garten der 1960er Jahre in Dresden-Loschwitz; in: www.tud-architekturpreis.de
379 GLODSCHEI, Heinz; Der Einsiedler von Loschwitz; Dresden 2012
380 GOLLER, Josef; Einige Worte über Glasmalerei; in: Illustrierte kunstgewerbliche Zeitschrift für »Innen-Dekoration« 1891
381 GORGAS, Gabriele; Streitbar im politischen Spektrum von rechts bis links; in: DNN 25.04.2006
382 GORGAS, Gabriele; Universum der vergangenen Augenblicke; in: EHK 12/2008
383 GÖRTZ, Franz Josef; SARKOWICZ, Hans; Erich Kästner. Eine Biographie; München und Zürich 1998
384 GOTTFRIED REINHARDT im Gespräch mit Claudia Petzold und Paul Kaiser, Obergruna, 5.12.1996; in: boheme und diktatur in der ddr, Berlin 1997
385 GOTTSCHALK, Jürgen; Druckstellen. Die Zerstörung einer Künstler-Biographie durch die Stasi; Leipzig 2006
386 GÖTZ, Wolfgang; Erinnerungen an die Grundstraße 3 – Vom »Salz-Haus« zum Rathaus; in: EHK 1/2007
387 GRAEFE, Arthur; Grenzmark Sachsen. Ein Vorposten im deutschen Schicksalskampf; Dresden 1934
388 GRAF, Sybille; Sechzig junge Damen, ein Klang; in: DNN 14.12.1999
389 GRAMM, J.; Straßenbau Schillerstraße, maschinenschriftlich 2014
390 GRASS, Günter; Beim Häuten der Zwiebel; Göttingen 2006
391 GRÄSSE, Johann Georg Theodor; Der Sagenschatz des Königreichs Sachsen; Dresden 1854[1]
392 GRÄSSE, Johann Georg Theodor; Der Sagenschatz des Königreichs Sachsen; Dresden 1874[2]
393 GRAUL, Andreas; Victor Klemperer; in: Sächsische Biografie, 2014
394 GREGOR-DELLIN, Martin (Hrsg.); Wagner, Richard: Mein Leben; München 1983
395 GREGOR-DELLIN, Martin (Hrsg.); Sämtliche Briefe, besonders Bd. 2, hrsg. im Auftrage der Richard-Wagner-Stiftung Bayreuth, Leipzig 1979 ff
396 GREGOR-DELLIN, Martin; Wagner-Chronik. Daten zu Leben und Werk; München 1983
397 GREGOR-DELLIN, Martin; Richard Wagner. Sein Leben – Sein Werk – Sein Jahrhundert, Berlin 1984
398 GRETZSCHEL, Matthias; Der Schöpfer des Luisenhofes. Zur Erinnerung an den Dresdner Architekten Friedrich Reuter; unbekannte Zeitung 1984
399 GRIEBEL, Matthias; Loschwitz Stadtteil mit ausgeprägtem Selbstbewußtsein; in: Dresdner Geschichtsbuch, Bd. 3; Dresden 1997
400 GRIEBEL, Matthias; Hermann Klette und das Brückenmännchen in Loschwitz; in: EHK 3/1997
401 GRIEBEL, Matthias; Der »Artushof« in Loschwitz – eine Künstler-Caprice; in EHK 9/2002
402 GRIEBEL, Matthias; Ein Drei-Generationen-Bild der Familie Ludwig Richters; in: EHK 2/2003
403 GRIEBEL, Matthias; Die »Loschwitz-Klamm«. Ludwig Richters Stammtisch bei Demnitz; in: EHK 4/2003
404 GRIEBEL, Matthias; Zug der Gesangsvereine durch Loschwitz 1928; in: EHK 10/2003
405 GRIEBEL, Matthias; Zur Weihe des Flutdenkmals in Loschwitz am 10. Juni 2006; in: EHK 7/2006
406 GRIEBEL, Matthias; Eduard Cichorius im Loschwitzer Begerhäuschen?; in EHK 11/2007
407 GRIEBEL, Matthias; Die »Schweizerei« in Loschwitz; in: EHK 5/2008
408 GRIEBEL, Matthias; »Mutter Häsel« und ihre Osterlämmer; in: EHK 4/2009
409 GRIEBEL, Matthias; MÜNZNER, Eberhard; OELKER, Helga; Oh du herrliche Jugendzeit. Lebenserinnerungen des Loschwitzer Lehrers Otto Kotzsch; Dresden 2004
410 GRIEBEL, Otto; Ich war ein Mann der Straße; Halle, Leipzig 1986
411 GRIEBEL, Otto; Der Loschwitzer Cicerone; handschriftlich
412 GRIESSBACH, Gerd; Der blinde Herr Wildenhayn vom Veilchenweg; in: EHK 9/1997
413 GRIMM, Birgit; Das kleine Welttheater bleibt geschlossen; in: SZ 26.06.2013
414 GROSS, Reiner, JOHN, Uwe (Hrsg.); Geschichte der Stadt Dresden, Bd. 2; Stuttgart 2006
415 GROSSMANN, Dr.; Der Chronist von Blasewitz; in: Dresdener Anzeiger 30.08.1940
416 GROSSMANN, Hermann; Die kommunale Bedeutung des Straßenbahnwesens, beleuchtet am Werdegang der Dresdner Straßenbahnen; Dresden 1903
417 GROSSMANN, Karin; Was für ein Leben; in: SZ 01.08.2001
418 GROSSMANN, K.; Die Albrechtsschlösser bei Dresden; in: Geschichtliche Wanderfahrten Heft 6; Dresden 1930
419 GROTOWSKY, Paul; Sächsisches Dichterbuch; Leipzig 1924
420 GRUNDBUCHAMT Dresden
421 GRUNDMANN, Sarah; Langfristiger Mietvertrag für die Saloppe; in: SZ 09.07.2014
422 GRUNER, Otto; Blasewitz. Vergangenheit, Entwicklung und jetzige Einrichtungen einer Dorfgemeinde; Leipzig 1905
423 GUBIG, Thomas; KÖPCKE, Sebastian; Schloss Eckberg – Ein Traum mit Elbblick; München 2010
424 GÜLDENSTERN, Ulrike; Auf dem Körnerplatz zwischen den Linden; in: EHK 11/1996
425 GÜNTHER, Daniela; SCHNITZER, Claudia Schnitzer (Hrsg.); Eine Liebe am Elbhang – Johanna und Josef Hegenbarth; Dresden 2013
426 GÜNTHER, Rolf; Richard Müller. Leben und Werk mit dem Verzeichnis der Druckgraphik; Dresden 1995
427 GÜNTHER, Rolf; Oskar Zwintscher. 1870–1916. Leben und Werk; Dresden 1999
428 GÜNTHER, Rolf; Der Symbolismus in Sachsen. 1870–1920; Dresden 2005
429 GURLITT, Cornelius; Beschreibende Darstellung der älteren Bau- und Kunstdenkmäler des Königreichs Sachsen, Hefte 21, 23; Dresden 1903
430 GURLITT, Cornelius; Beschreibende Darstellung der älteren Bau- und Kunstdenkmäler des Königreichs Sachsen, Heft 26; Dresden 1904
431 GURLITT, Cornelius; Beschreibende Darstellung der älteren Bau- und Kunstdenkmäler des Königreichs Sachsen, Heft 34; Dresden 1910
432 GURLITT, Cornelius; Beschreibende Darstellung der älteren Bau- und Kunstdenkmäler des Königreichs Sachsen, Heft 35; Dresden 1912
433 HAEFS, Wilhelm; SCHMITZ, Walter (Hrsg.); Martin Raschke (1905–1943. Leben und Werk; Dresden 2002
434 HAENEL, Oswald; Einfache Villen und Landhäuser; Dresden 1902
435 HAHN, Alfred; NEEF, Ernst; Dresden; Werte unserer Heimat, Bd. 42; Berlin 1984
436 HAHN, Hugo; Kämpfer wider Willen; Metzingen 1969
437 HÄLBIG, Heinz; Wenn die Diagnose Krebs lautet...; in: Sächsischer Bote 21.08.2000
438 HALLER, Hans; Prof. Dr. med. habil. Stanley Ernest Strauzenberg zum 90. Geburtstag; in: Ärzteblatt Sachsen 12/2004
439 HAMMER, Manfred; Bauernhäuser, Bauernhöfe, Dörfer, Bd. 5; Dresden 2007
440 HANDBUCH der deutschen evangelischen Kirchen 1918–1949, Bd. 1; Göttingen 2010
441 HANDELSVERBAND Sachsen (Hrsg.); Dresden. Geschäfte mit Geschichte-Traditionsreiche Einzelhandelsunternehmen in Ostsachsen; Dresden 2003

Jochen Fiedler (1962), Hirschleite, 2012, Pastell* *Privatbesitz*

442 HANNUSCH, Heidrun; Zwei achtgeschossige Luxushäuser als »Klotz« am Elbhang?; in: DNN 25.04.1995
443 HANNUSCH, Heidrun; Wie wird der Elbhang geschützt?; in: DNN 09.05.1995
444 HANNUSCH, Heidrun; Bauen am Veilchenweg: Auf Bastion wird verzichtet; in: DNN 01.10.1998
445 HANNASCG, Heidrun; Albert Fromme: Der Chefarzt, der immer im Dienst war; in: DNN 18.04.2000
446 HANNUSCH, Heidrun; Häuser im Viererpack mit Kommunenhof; in: DNN 01.09.2000
447 HANNUSCH, Heidrun; Wohnungen in der Saloppe, Interessent für Kraftwerk Mitte; in: DNN 27.12.2001
448 HANNUSCH, Heidrun; Villa »Hang«: Wo Markus Wolf seine Top-Spione traf; in: DNN 26.07.2002
449 HANNUSCH, Heidrun; Stadt sagt Nein zu schicken Lofts in der Saloppe; in: DNN 31.07.2002
450 HANNUSCH, Heidrun; Die Unverkäuflichen: Dresdens Ladenhüter; in: DNN 03.06.2003
451 HANNUSCH, Heidrun; Saloppe: Lofts dürfen doch gebaut werden; in: DNN 02.11.2004
452 HARDENBERG, Kuno Graf von; Zeichnungen von Hans Unger – Dresden; in: Deutsche Kunst und Dekoration, Heft 2; 1928; Dresden 1928
453 HARTMANN, Hans-Günther; Otto Westphal (1878 – 1975). Zu einer Ausstellung des Dresdner Künstlers im Bautzener Stadtmuseum; in: Bautzener Kulturschau, Bd. 6; Bautzen 1986
454 HARTMANN, Hans-Günther; Hans Unger; Kunstheftreihe »Maler und Werk«; Dresden 1989
455 HARTMANN, Hans-Günther; Die Dresdner Frauenkirche im künstlerischen Werk Otto Westphals; in: Die Dresdner Frauenkirche. Jahrbuch zu ihrer Geschichte und ihrem archäologischen Wiederaufbau, Bd. 10; Weimar 2004
456 HÄRTWIG, Dieter; 175 Jahre Dresdner Philharmonie; Altenburg 1995
457 HÄRTWIG, Dieter; Die Dresdner Philharmonie. Eine Chronik des Orchesters 1870 bis 1970; Leipzig 1970
458 HÄRTWIG, Dieter; Schmiedel, Gottfried; in: Sächsische Biografie; 2008
459 HÄRTWIG, Dieter; Köhler, Siegfried; in: Sächsische Biografie; 2009
460 HÄRTWIG, Dieter; Geschätzter Lehrer und Vater berühmter Pianisten; in: DNN 1998
461 HÄRTWIG, Dieter; Aus dem Blickfeld der Interpreten geraten; in: DNN 24.10.2001
462 HARTWIG, Thomas; Gebühren für Gestank und Lärm; in: DNN 30.12.2009
463 HASCHE, Johann Christian; Diplomatische Geschichte Dresdens, Bd. 6; Dresden 1824
464 HÄSE, Ute; Eine Weinpresse kehrt nach Loschwitz zurück; in: EHK 5/2009
465 HÄSE, Ute; TUNGER, Wolfgang; »Ein Stern erster Größe am Himmel des königlich-sächsischen Hoftheaters«; in EHK 11/2010
466 HASENCLEVER, Walter; Briefe 1907 – 1940, 2 Bde.; Mainz 1994
467 HASSEL, Joachim; Hans F. Kammeyer (1893 – 1973) – Leben und Werk; Diplomarbeit HTW, Dresden 1998
468 HÄSSNER, Franka; Wilhelm Kreis – Architekt zwischen Kaiserreich und Demokratie; in: EHK 10/2005
469 HATIKVA e. V. (Hrsg.); Spurensuche. Juden in Dresden; Hamburg 1995
470 HAUFE, Kay; Großzügig und bunt ist das neue Haus; in: SZ 29.06.2004
471 HAUFE, Kay; Moderner Neubau am Elbhang wird von Dresdnern diskutiert; in: SZ 17.06.2008
472 HAUFE, Kay; Loschwitzer wollen »Schöne Aussicht« retten; in: SZ 15.12.2009
473 HAUFE, Kay; Oberloschwitzer gründen Verein zur Rettung der Schönen Aussicht; in: SZ 30./31.01.2010
474 HAUFE, Kay; Schöne Aussicht wird wieder Gaststätte; in: SZ 07.05.2010
475 HAUFE, Kay; Bäckerei Wippler eröffnet neue Filiale im Konsum; in: SZ 03.06.2011
476 HAUFE, Kay; Trübe Aussicht für die Schöne Aussicht; in: SZ 18.06.2011
477 HAUFE, Kay; Nach dem Abschluss führt der Weg nach Rom; in: SZ 09.09.2011
478 HAUFE, Kay; So schön wird die Schöne Aussicht; in: SZ 25.02.2012
479 HAUFE, Kay; Schöne Aussicht öffnet im Dezember; in: SZ 06.10.2012
480 HAUFE, Kay; Junge Küchenchefs für die Schöne Aussicht; in: SZ 23.11.2012
481 HAUFE, Kay; Einstige Helios-Klinik wird Wohnpark; in SZ 05.07.2013
482 HAUFE, Kay; Schumann gibt Luisenhof auf; in: SZ 26.02.2015
483 HAUFE, Kay; Zwei neue Interessenten für den Luisenhof; in: SZ 27.02.2015
484 HAY, Gerhard; Heymel, Alfred Walter; in: NDB, Bd: 9; 1972
485 HAYME, Thomas; Digesta juris Saxonici oder Vollständiger Auszug der Sächsischen Rechte…; Leipzig 1734
486 HEGENBARTH, Franz; Biografie und Erinnerungen; in: Monografie »Emanuel Hegenbarth«; Recklinghausen 1984
487 HEHA; Gemeinschaftsstiftung möchte Saloppe erwerben; in: DNN 28.08.2008
488 HEIDEL, Caris-Petra; LIENERT, Marina (Hrsg.); Die Professoren der Medizinischen Fakultät Carl Gustav Carus und ihrer Vorgängereinrichtungen. 1814 – 2002; München 2005
489 HEIKE; Heike, Sein Name war ein Begriff; in: SZ 09.05.1987
490 HEINKER, Christian; Martini, Wolf Caspar; in: Sächsische Biografie, 2014
491 HEISE, Bernd; WEISSBACH,; Manet würde sich wundern – AG Leonhardi-Museum 1963 – 1990; Katalog, Dresden 2006
492 HEISE, Ulla; Zu Gast im alten Dresden; München 1994
493 HELAS, Volker; Architektur in Dresden 1800 – 1900; Dresden 1991[3]
494 HELAS, Volker; Villenarchitektur in Dresden; Köln 1991
495 HELAS, Volker; Die Dresdner Bank in Dresden. Architektur und Lebensspuren; Dresden 1998
496 HELAS, Volker (Bearb.); Stadt Radebeul. Denkmale in Sachsen; Beucha 2007
497 HELAS, Volker; PELTZ, Gudrun; Jugendstilarchitektur in Dresden; Dresden 1999
498 HELAS, Volker; ZADNIČEK, Franz; GRIEBEL, Matthias; Das Blaue Wunder; Halle 1995
499 HELIOS Klinik Dresden-Wachwitz. Onkologische Fachklinik; Dresden [um 2007]
500 HELFRICHT, Jürgen; Wieder ein Schoppen beim Eulenwirt; in: Die Union 27.11.1987
501 HELFRICHT, Jürgen; Peter Schreier – Melodien eines Lebens; Dresden 2008
502 HELMS, Torsten; Das Körnerhaus in Loschwitz, Baugeschichtsarbeit TU Dresden, 1985
503 HENKER, Jobst; MEYER, Kathrin; Chronik der Kinderklinik Dresden-Johannstadt/Universitätskinderklinik. 1930 – 2010; Senden 2010
504 HENZE, Robert; Autobiografie, 1883; übertragene Abschrift des handschriftlichen Manuskriptes im Archiv der Städtischen Galerie Dresden
505 HERMANN, Christel; Oberbürgermeister Bernhard Blüher; in: Dresdner Geschichtsbuch, Bd. 4; Dresden 1998
506 HERMANN, Christel; Ernst Zörner, Hans Nieland und Eduard Bührer, Rudolf Kluge; in: Braune Karrieren; Dresden 2012
507 HERMLIN, Stephan; Abendlicht; Leipzig 1984
508 HERRMANN, Ellen; Humanität als Anspruch der Musik; in: DNN 24.09.2001
509 HERRMANN, Irmgard; Zur Eingemeindung von Loschwitz vor 75 Jahren; in: EHK 4/1996
510 HERRMANN, Matthias; Musik in Dresden; in: Geschichte der Stadt Dresden, Bd. 3; Stuttgart 2006
511 HERRMANN, Matthias; Unermüdlich engagiert für die Alte Musik; in: DNN 20.09.2001
512 HERRMANN, Matthias; Leidenschaft für die Musik; in: DNN 11.03.2006
513 HERRMANN, Matthias; HEISTER, Hans-Werner (Hrsg.); Dresden und die avancierte Musik im 20 Jahrhundert, Teil 2; Regensburg 2002
514 HERRMANN, Mechthild; Für »Mister Doctor« aus Amerika angereist. Zum 20 Todestag von Sanitätsrat Dr. Helmut Rothe; in: EHK 5/2013
515 HERZ-STRATMANN, Liselotte; Der »Artushof« – ein Haus mit Geschichte; in EHK 7/2002
516 HESSE, Hermann; Kindheit und Jugend vor Neunzehnhundert. Hermann Hesse in Briefen und Lebenszeugnissen 1895/97; Frankfurt/Main 1978
517 HESSISCHES Ärzteblatt
518 HEXELSCHNEIDER, Erhard; Die russische Dichterin Marina Zwtajewa im Sommer 1910 in Dresden; in: Sächsische Heimatblätter, 2001
519 HEYDEMANN, Günther;, SCHULTE, Jan Erik; WEIL, Francesca; Sachsen und der Nationalsozialismus; Göttingen 2014
520 HEYDRICH, Moritz; Tagebuch; handschriftlich 1850 – 1875 (Privatbesitz)
521 HEYNE, Robert Theodor; Commentar über das Königlich Sächsische Gesetz, die Grund- und Hypothekenbücher…; Leipzig 1845
522 HIRSCH, Ernst, GRIEBEL, Matthias, HERRE, Volker; August Kotzsch 1836 – 1910. Photograph in Loschwitz bei Dresden; Dresden 1986
523 HIRSCH, Johannes; Schifffahrt – Hafen; unveröffentlichtes Manuskript
524 HIRSCH, Konrad; »Unser Poldi«; in: EHK 2/1994
525 HIRSCH, Konrad; Helga Wachs lieferte das Frühstück zum Wachwitzer Schloß; in: EHK 6/1994
526 HIRSCH, Konrad; Zauberei mit Transistoren; in: EHK 10/1995
527 HIRSCH, Konrad; Qualität aus salzigen Gewässern. Die Fischhandlung Zschornack; in EHK 1/1996
528 H. K., Heinrich Stürenburg; in: Die Union 26.10.1984
529 HOCH, Karl-Ludwig; Mein Loschwitz lob' ich mir; in EHK 3/2005
530 HOCH, Karl-Ludwig; Denkmalpflege aus privatem Antrieb; in: EHK 9/2012
531 HOFF, Johann Friedrich; Lehrjahre bei Ludwig Richter und in München; Frankfurt/Main 1903
532 HOFF, Johann Friedrich; Amt und Muße. Ludwig Richter als Freund; Frankfurt/Main 1903
533 HOFFMANN, Dieter; Hinweis auf Martin Raschke; Heidelberg 1963
534 HOFFMANN, Dieter; Ernst Hassebrauk. Leben und Werk; Stuttgart und Zürich 1981
535 HOFMANN, Erna Hedwig; Kreuzchor anno 45; Berlin 1967
536 HOFMANN, Erna Hedwig; ZIMMERMANN, Ingo (Hrsg.); Begegnungen mit Rudolf Mauersberger; Berlin 1963
537 HOFMANN-STIRL, Helene; Erinnerungen aus meinem Leben; maschinenschriftlich (jetzt im Stadtarchiv)
538 HÖHNE, Steffen; UDOLPH, Ludger (Hrsg.); Deutsche – Tschechen – Böhmen; Köln, Weimar, Wien 2010
539 HOLFERT, Günter; Kritische Bemerkung (Leserpost); in: EKK 11/2003
540 HOLLAND, Brigitte; Applikationen mit Glas und Geduld; unbekannte Zeitung um 1988
541 HOLLAND, Brigitte; Loschwitz. Traum von bezahlbaren Häusern geplatzt; in: DNN 31.01.1996
542 HOLZHAUSEN, Walter; Dinglinger, Johann Melchior; in: NDB, Bd. 3; 1957
543 HORENI, Jennifer; Im Palast der Kinder. Erinnerungen an den Pionierpalast Dresden 1969 – 1991; Norderstedt 2011
544 HOTTENROTH, Johann Edmund; Lebenserinnerungen eines alten Wachwitzers; Wachwitz 1925
545 HÜBNER, Ulrich; GRÖTZSCH, Ulrike, KLATTE, Gernot; STERRA, Bernhard; Symbol und Wahrhaftigkeit. Reformbaukunst in Dresden; Dresden 2005
546 HUMAINE-Klinik Dresden. Onkologische Fachklinik im Tumorzentrum Dresden; Dresden [um 2000]
547 HW; Streit von Hollenders und Bürgerinitiative wieder vor Gericht; in: DNN 09./10.02.2002
548 INSTITUT und Museum für Geschichte der Stadt Dresden (Hrsg.); Dresden – Geschichte der Stadt in Wort und Bild; Berlin 1984

549 JÄCKEL, Günter; Der Parnass einer Residenz. Dresden und seine Poeten; Dresden 2009
550 JACOB, Heinz; Die ur- und frühgeschichtliche Besiedlung zwischen Dresdner Elbtalweitung und Oberen Osterzgebirge; in: Arbeits- und Forschungsberichte zur sächsischen Bodendenkmalpflege 24/25; 1982
551 JÄHNER, Brigitte; Hans Jüchser; in: Kunstheftreihe »Maler und Werk«, Dresden 1980
552 JANSA , Friedrich (Hrsg.); Deutsche bildende Künstler in Wort und Bild; Leipzig 1912
553 JANSEN, Elmar; Kunst ist Widerstand; in: DNN 08.05.2003
554 JASKULKA, Karl; Wo man gern einkehrte; Sonderdruck Die Union; Dresden 07/1987
555 JEDLITSCHKA, Karsten; Hermann Kastner; in: Sächsische Biografie; 2005
556 JELMOLI, Hans; Franz Curti; in: XCVII. Neujahrsblatt der Allgemeinen Musik-Gesellschaft in Zürich, Zürich 1909
557 JOHN, Richard; Die deutschen humoristischen Herren-Sänger-Gesellschaften in Wort und Bild; Leipzig 1940
558 JOSS, Victor; Der Musikpädagoge Friedrich Wieck und seine Familie; Dresden 1902
559 JUHR, Christa; Restauranttest; in: EHK 7/2014
560 JUSTUS, Jakob; Professor Dr. med. Paul Geipel (1868 bis 1936); in: Ärzteblatt Sachsen 10/2007
561 KAERGEL, Hans-Christoph; Reinhold Braun; in: Führer zur deutschen Seele, Heft 2; Chemnitz 1926
562 KALENDER für 2000: Photographie in Dresden – Hermann Krone; Elbhang-Photo-Galerie
563 KALENDER für 2004: Photographie in Dresden – Römmler & Jonas; Elbhang-Photo-Galerie
564 KALENDER für 2010: Photographie in Dresden – F. O. Brockmann; Elbhang-Photo-Galerie
565 KALENDER für 2011: Photographie in Dresden – August Kotzsch; Elbhang-Photo-Galerie
566 KALKSCHMIDT, Eugen; Ludwig Richter. Sein Leben und Schaffen; Berlin 1940
567 KATALOG: Hermann Naumann – Skulptur 2000, Werkverzeichnis, Plastik; Dittersbach/Stolpen 2000
568 KATALOGE der Kunstausstellungen Dresden, ab 1910
569 KATALOGE der Kunstausstellungen Dresden und München, 1912 – 1943
570 K-D.; An der Mordgrundbrücke tut sich was!; in: Dresdner Nachrichten 1937
571 KILLY, Walter (Hrsg.); Literatur-Lexikon. Autoren und Werke deutscher Sprache, 15 Bde.; Gütersloh 1988 – 1993
572 KIRCHLICHES GEMEINDEBLATT für Loschwitz und Wachwitz 1928 – 1932
573 KLATTE, Gernot; Der Dresdner Architekt Martin Pietzsch; maschinenschriftlich, Dresden 2008
574 KLEIN, Denni; Dresdens Blaues Wunder hält nur noch 15 Jahre; Wie das Blaue Wunder gerettet werden soll; in: SZ 15.08.2009
575 KLEIN, Denni; Anwohner der Grundstraße rebellieren; in: SZ 15.12.2009
576 KLEIN, Denni; Anwohner der Grundstraße weiten Protest aus; in: SZ 05.01.2010
577 KLEIN, Klein; Alexe, Thilo; Proteste der Hausbesitzer haben Erfolg; in: SZ 29.01.2010
578 KLEINE-NATROP, Heinz Egon; Das heilkundige Dresden; Dresden und Leipzig 1964
579 KLEMM, Bettina; Sonnabend können Läden bis 20 Uhr öffnen; in: DNN 01.07.1999
580 KLEMM, Bettina; Vor 125 Jahren: Saloppe eingeweiht; in: SZ 17.03.2000
581 KLEMM, Bettina; Tschira legt Schlosspläne auf Eis; in: SZ 27.02.2002
582 KLEMM, Bettina; Dresdner wollen BioParc; in: SZ 01.03.2002
583 KLEMM, Bettina; Dresdner müssen weiter zahlen; in: SZ 06.02.2007
584 KLEMM, Bettina; Bürger fordern Geld für Straßenbau zurück; in: SZ 02.10.2008
585 KLEMM, Bettina; Bürger wollen ihr Geld zurück, in: SZ 16./17. 05.2009
586 KLEMPNOW, Bernd; Meistersinger ohne Allüren; in: SZ 07.09.1999
587 KLEMPNOW, Bernd; Eine gute Zäsur, die weh tut; in: SZ 01.08.2006
588 KLEMPNOW, Bernd; Schlussapplaus für einen Meistersinger; in: SZ 02.12.2006
589 KLIEMANN, Vera; »Mischlicht« am Häuschen am Hang; in: SZ 31.12.1998
590 KLIEME, Günter; Schiller und Dresden; in EHK 4/2005
591 KLIMOV, Gregory; Tagebuch des ehemaligen sowjetischen Offiziers; in: Berliner Kreml 1952
592 KLIMPEL, Volker; Dresdner Ärzte, Dresdner Miniaturen, Bd. 5; Dresden 1998
593 KLIMPEL, Volker; Ärzte als Mitglieder des Sächsischen Landtages 1832 bis 1952; in: Ärzteblatt Sachsen 6/2008
594 KLIMPEL, Volker; Das Medizinische Dresden; Dresden 2009
595 KLINGER, Jens; MUND, Robert; SIEWERT, Ulrike; daz man die beschribe zv eime ewiclicheme gedechtnisse vnde zu einer ewigen bewisunge. Die städtische Überlieferung Dresdens; z. Z. im Druck
596 KNESCHKE, Ernst Heinrich; Neues allgemeines Deutsches Adels-Lexicon, Leipzig 1867
597 KNITTEL, Anton; SCHÖNER, Hans (Hrsg.); Wilhelm von Kügelgen. Das eigene Leben ist der beste Stoff; Berlin, München 1995
598 KNOSSALLA, Sabine; 100 Jahre Schillerschule; Dresden 2009
599 KNÜPPEL, Ernst Günter; Otto Rost. Leben und Werk; Leipzig 2006
600 KNÜPPEL, Ernst-Günter; Robert Diez. Bildhauerkunst zwischen Romantik und Jugendstil; Leipzig 2009
601 KOCH, Hans-Peter; »Germania« unterm Rhododendronbusch; in DNN 14.8.1995
602 KOCH, Hans-Peter; In drei Etagen unterm Luisenhof; in: DNN 06.11.1995
603 KÖCKRITZ, Cathleen; Marie Wieck spielte vor einem »übervollen Saale«; in: Bischofswerdaer Zeitung 12.01.1994
604 KOEPERT, Otto; PUSCH, Oskar (Hrsg.); Die Dresdner Heide und ihre Umgebung; Dresden 1932
605 KOHL, Christiane; Bilder eines Vaters; München 2008
606 KÖHLER, Brunhilde; Ein Jahrhundert; in: Bildende Kunst, Heft 8, 1983
607 KÖHNE, Rolf; Die Albrechtsschlösser zu Dresden Loschwitz; Dresden 1992
608 KOHUT, Adolph; Friedrich Wieck – Ein Lebens- und Künstlerbild; Dresden und Leipzig 1888
609 KOKOSCHKA, Oskar; Briefe; 4 Bände; Düsseldorf 1984 – 1988
610 KOMPROMISS um Böckstiegel-Zimmer; o. V.; in: EHK 11/2005
611 KOSCH, Wilhelm; RUPP, Heinz; BIGLER, Ingrid; Deutsches Literatur-Lexikon, 20 Bände; Bern 1968 – 2000[3]
612 KOSCH, Wilhelm; LANG, Carl Ludwig; Deutsches Literatur-Lexikon, das 20. Jahrhundert, mehrbändig; Zürich und München 2000 – 2007
613 KOTZSCH, Otto; Ludwig Richter in Loschwitz; in: Mitt. des LSH, Band 23, Heft 5 – 8; 1934
614 KOTZSCH, Otto; Warum Schevenstraße?; in: Die Heimat grüßt; Loschwitz 1942
615 KOTZSCH, Otto; Zwei verheerende Wolkenbrüche; maschinenschriftlich [o. J.]
616 KOTZSCH, Otto; Ortsgeschichtliche Notizen; maschinenschriftlich 1951
617 KOTZSCH, Otto; Vom Münzkrüger und seinem Häuschen; maschinenschriftlich 1965
618 KOTZSCH, Otto; Gaststätten in Loschwitz einst & jetzt; maschinenschriftlich 1956
619 KOTZSCH, Otto; Richard Wagner als Kind in Loschwitz; maschinenschriftlich, 22.05.1963
620 KOTZSCH, Otto; Das Joseph-Herrmann-Denkmal in Loschwitz (Aus den Manuskripten), in: EHK 3/2005
621 KOTZSCH, Otto (nach Egon Pohle); Richard Wagner als Kind in Loschwitz; in: EHK 6/2013
622 KOTZSCH, Otto; Oh du herrliche Jugendzeit! Erinnerungen aus einem Lehrerleben; Dresden 2004
623 KÖTZSCKE, Rudolf, KRETZSCHMAR, Hellmut; Sächsische Geschichte; Würzburg 1995
624 KRAUS, Eva; Das Deutsche Jugendherbergswerk 1909 – 1933. Programm-Personen-Gleichschaltung; Berlin 2013
625 KREGELIN, Karlheinz; Das Namensbuch der Straßen und Plätze in Dresden; unveröffentlichter Teil, maschinenschriftlich
626 KRETER, Sabine; Alles auf Hoffnung; Münster und New York 1994
627 KRÖPLIN, Karl-Heinz; Richard Wagner 1813 – 1883. Eine Chronik; Leipzig 1983
628 KRÖPPELIN, Detlef (Hrsg.); Berufsakademie Sachsen. Staatliche Studienakademie Dresden; Dresden 2009[2]
629 KRUMPMANN, Dieter; Dem Schriftsteller Martin Raschke zur 90. Wiederkehr seines Geburtstages; in: EHK 11/1995
630 KS, Ein alter, neuer »Ratskeller?«; in: SNN 16.12.1987
631 KÜBLER, Thomas; Wonnige Wogen – Die Elbebäder in Dresden; in: Dresdner Geschichtsbuch, Bd. 2; Dresden 1996
632 KÜGELGEN, Wilhelm von; Jugenderinnerungen eines alten Mannes; Leipzig [1903]
633 KÜGELGEN, Wilhelm von; Jugenderinnerungen eines alten Mannes; Leipzig 1959[6]
634 KÜGELGEN, Wilhelm von; Jugenderinnerungen eines alten Mannes; Neuausgabe, Leipzig 1992[1]
635 KÜGELGEN, Wilhelm von; Zwischen Jugend und Reife des alten Mannes; Leipzig 1925
636 KUGLER, Franz; Geschichte Friedrichs des Großen; Leipzig 1840
637 KÜHL, Lars; Körnergarten wieder offen; in: SZ 06.11.2013
638 KUNSTCHRONIK Neue Folge, Zeitschrift für Bildende Kunst
639 KÜNSTLER am Dresdner Elbhang, Bd. 1; Dresden 1999
640 KÜNSTLER am Dresdner Elbhang, Bd. 2; Dresden 2007
641 KUNST-RUNDSCHAU; in: Dresdener Kunst, Wochenschrift für Musik, Literatur und bildende Kunst, Heft 22; 1898
642 KUNZE, Peter; Vom Adelspalais zum Städtischen Klinikum. Geschichte des Krankenhauses Dresden-Friedrichstadt; Dresden 1999
643 KÜRSCHNERS Deutscher Literatur-Kalender; hrsg. von Herbert Hilger u. a.; Leipzig und München 1911 – 1960
644 KÜRSCHNERS Deutscher Literatur-Kalender; Nekrolog, 2 Bde.; München 1901 – 1998/99
645 KUTSCH, Karl-Josef; RIEMENS, Leo; Großes Sängerlexikon; Berlin 2000
646 LADEMANN, Jördis; Johannes Beutner (1890 – 1960); in: Johannes Beutner. Leben und Werk; Dresden 2009
647 LANGE, Ernst; Mutter Unger einst und jetzt; in: Die Heimat grüßt, November 1941
648 LANGER, Dr.; Altertümliche Bergbaunamen in der Landschaft Dippoldiswalde-Altenberg; in: Mitt. des LSH, Heft 1 – 2, Band 18; 1929
649 LASKE, Nadja; Schlüssel-Übergabe auf Schloss Eckberg; in: SZ 14.07.2012
650 LAU, Marita; Letzte Häuser entstehen auf der alten Kirschplantage; in: SZ 12.05.2010
651 LAUCHHAMMER Bildguss; Lauchhammer 1927 und 1929
652 LAUSTRÖER, Olaf; Mausoleum von Karl August Lingner (Faltblatt); Dresden 2013
653 LEHMANN, Hans-Ulrich; Kunst im Krieg; in: Dresdner Hefte, Bd. 119; Dresden 2014
654 LEHMANN, Matthias (Hrsg.); Die Malerfamilien Robert Kummer und August Grahl in Dresden; Konz 2010
655 LEISSE, Kerstin; Rainer Kunad in Dresden; in: SNN 02.05.1992
656 LENNHOFF, Eugen, POSNER, Oskar; Internationales Freimaurerlexikon, unveränderter Nachdruck der Ausgabe Wien 1932; Wien 1980
657 LENSSEN, Jürgen; ZAHNER, Walter (Hrsg.); Friedrich Press, Museumsschriften der Diözese Würzburg, Band 8, Bonn und Regensburg 2010
658 LEONHARDI, Eduard; Erinnerungen aus meiner Jugendzeit und späteren künstlerischen Laufbahn; Dresden 1898
659 LEUSCHNER, Th[eodor]; Loschwitz und seine Denkwürdigkeiten; Dresden 1928
660 LEUSCHNER, Th[eodor]; Loschwitz und die Familie Kügelgen; in: Mitt. des LSH, Bd. 20, Heft 3 – 4; 1931

661 LEUSCHNER, Th[eodor]; Festschrift zum 50jährigen Bestehen des Ortsvereins Loschwitz; Dresden 1932
662 LEUSCHNER, Theodor; Mordgrund oder Stechgrund?; in: Dresdner Nachrichten 22.07.1936
663 LEUSCHNER, Theodor; August Kotzsch, der Lichtbildner des alten Loschwitz, unveröffentlichter Aufsatz
664 LEXIKON sozialistischer Literatur; Stuttgart und Weimar 1994
665 LIENERT, Marina; Naturheilkundiges Dresden; Dresden 2002
666 LIENERT, Marina; Naturheilkunde und Schulmedizin. Das Dresdner Beispiel; in: Dresdner Hefte, Bd. 113; Dresden 2013
667 LINDAU, M.[artin] B.[ernhard]; Geschichte der Haupt- und Residenzstadt Dresden...; Dresden 1862/63
668 LINDSTEDT, Fritz; Die Heilstätte in Loschwitz; 1874
669 LOBECK, Gottfried; BÖTTCHER, Hermann F.; Die eigenständige Abteilung für Psychotherapie am Krankenhaus Dresden-Neustadt von 1967 bis 1989; in: Geyer, Michael (Hrsg.); Psychotherapie in Ostdeutschland. Geschichte und Geschichten 1945 – 1995; Göttingen 2011
670 LÖFFLER, Fritz; Hegenbarth, Emanuel; in: NDB, Bd. 8; 1969
671 LÖFFLER, Fritz; Josef Hegenbarth; Dresden 1980
672 LÖFFLER, Fritz; Das alte Dresden, Leipzig 1982
673 LÖHE, Wilhelm; Gesammelte Werke; Neuendettelsau 1951 – 1956
674 LOHSE, Dorle; Der Weiße Adler – früher und jetzt; in: EHK 6/1994
675 LOHSE; Dorle; Der Weiße Adler – gestern und heute; in: Der Weiße Hirsch. Ein Lesebuch; Dresden 2001
676 LOHSE, Dorle; Zur Geschichte des Teuscherschen Sanatoriums Weißer Hirsch; in: EHK 3/2000
677 LOHSE, Dorle; KREBS, Gerhard; Zur Geschichte des Weißen Hirsch; Dresden 1989
678 LOHSE, Dorothea; Zur »Villa Paulus« Weißer Hirsch (Preußstraße 10); in: EHK 9/2000
679 LOOS, Herbert; Villa Olga; maschinenschriftlich, 2009
680 LORENZ, Kurt; WUNDERLICH, Peter; Nachruf für Prof. Dr. med. habil. Hans-Joachim Dietzsch; in: Ärzteblatt Sachsen 3/
681 LORENZ, Roland; Oscar Junghähnel – ein Dresdner Unterhaltungsgenie; in: EHK 11/2011
682 LORENZ, Wolfram; Der Maler Richard Miller; in: EHK 5/1999
683 LOSCHWITZ IM AUFBRUCH – Sanierung des Stadtteilzentrums 1992 bis 2007; Stadtplanungsamt Dresden, 2009
684 LOSCHWITZER ANZEIGER, Nr. 13, 1897
685 LÜDTKE, Franz; Zum 50. Geburtstag des Heimglück-Dichters; in: Ostdeutsche Monatshefte, Heft 10; 1930
686 LUDWIG RICHTER und sein Kreis. Ausstellung zum 100. Todestag im Albertinum zu Dresden. März bis Juni 1984; Leipzig 1984
687 LUFT, Marianne; Die Gärtnerei Rosig; in: EHK 6/2007
688 LÜFTING, Hans; Ehlermann, Erich Friedrich Theodor Günter; in: NDB, Bd. 4; 1959
689 LÜHR, Hans-Peter; Der couragierte Idealist; in: DNN 19.10.2007
690 LUX, A. R.: Fakten und Mythen über die Rettung der letzten Brücke; in: DNN 08.05.2000
691 LUX, A. R.; Die vier unbekannten Wachsoldaten; in: DNN 22.05.2002
692 LUX, A. R.; Ein Kriegsplan aus dem Sanatorium; in: DNN 07.10.2002
693 LUX, A. R.; PRSKAWETZ, Dieter; Blasewitz im historischen Elbbogen; Dresden 1994
694 LV; Die falsche Luise – Zur Geschichte der Gaststätte; in: SZ 31.08.1999
695 MAGAZIN der Sächsischen Geschichte 1787; Dresden 1787
696 MAGERSTÄDT, Patricia; Kurt Magerstädt; in: www.biographien.kulturimpuls.org
697 MAGIRIUS, Heinrich; Geschichte der Denkmalpflege Sachsen; Berlin 1989
698 MALLWITZ, Peter; Bestandserfassung und denkmalpflegerische Zielstellung für das ehemalige Sommeranwesen der Familie Brockhaus in Dresden-Loschwitz; Diplomarbeit; 1993
699 MAR.KI; »Geh weiden, Schäferin...«. Eine Dresdnerin setzt sich für die Schafzucht ein; in: Dresdner Nachrichten 09.07.1939
700 MARSCHNER, Erhard; Karl Theodor Hielle; in: NDB, Bd. 9; 1972
701 MARTENS, Kurt; Schonungslose Lebenschronik, 1870 – 1900 (Erster Teil), 1901 – 1923 (Zweiter Teil); Wien, Berlin, Leipzig, München 1921 und 1924
702 MARTIN, Rudolf; Jahrbuch des Vermögens und Einkommens der Millionäre im Königreich Sachsen; Dresden 1912
703 MARXISTISCHE Arbeiterschule in Dresden; in: Arbeiterstimme, Dresden 05.12.1929
704 MATEEV, Irina; Dresdener Architektenkompendium; Dresden 1999
705 MATHES, Eva-Maria; Degenhardts Siegermodell entdeckte sich im EHK; in: EHK 2/2009
706 MAUERSBERGER, Rudolf; Reihe: Christ in der Welt, Heft 22; Dresden 1978
707 MAY, Walter; PAMPEL, Werner; KONRAD, Hans; Architekturführer DDR. Bezirk Dresden; Berlin 1978[2]
708 MAYER, Rudolf; Hermann Glöckner für Dresden; Dresden 2003
709 MAZUREK, Barbara; MAZUREK, Peter; Der Schulmeister Wegerich; in: EHK 10/2002
710 MEHRERE AUTOREN; Helmut Trauzettel. Sein Wirken als Hochschullehrer, Architekt, Künstler und Buchautor; Dresden 1992
711 MEICHE, Alfred; Sagenbuch des Königreichs Sachsen; Leipzig 1903
712 MEICHE, Alfred; Sagenbuch der Sächsischen Schweiz und ihrer Randgebiete; 'Dresden 1929[2]
713 MEISSNER, August Gottlieb; Des Sächsischen Kapellmeisters Naumann´s Leben in sprechenden Zügen dargestellt; Dresden 1841
714 MERKER, Oskar; Loschwitz, der Fährort und sein Weinbau; in: Dresdner Anzeiger 24.05.1931
715 MERTA, Sabine; Wege und Irrwege zum modernen Schlankheitskult; Stuttgart 2003
716 MESCHWITZ, Heinrich; Geschichte der Dresdner Heide und ihrer Bewohnerschaft; Dresden 1911
717 MILDE, Horst; Auf den Spuren der alten Stolpischen Straße; in: Die Union 01.1989
718 MILDE, Horst; Entdeckungen und Erinnerungen zum Thema Bad Weißer Hirsch; Dresden 1996
719 MILDE, Horst; Der Weiße Hirsch – Ungebetener Besuch 1809 – 1815; Dresden 2008
720 MILDE, Horst; Das »Blaue Wunder« und sein Brückengeld«; in EHK 6/1993
721 MINCKWITZ, A[ugust] von; Geschichte von Pillnitz vom Jahre 1403 an; Dresden 1893
722 MITGLIEDERVERZEICHNIS des Vereins bildender Künstler Dresdens; Dresden 1898
723 MITTEILUNGEN der Einwohner
724 MITTEILUNGEN der genannten Personen
725 MITTEILUNGEN von Experten oder Bekannten genannter Personen
726 MITTEILUNGEN von Familienmitgliedern, Nachkommen oder Verwandten genannter Personen
727 MÖBIUS, Dagmar; Die wechselhafte Geschichte der »Marienlust«; in: Blasewitzer Zeitung 8/2008
728 MOCH, Grit; Aus-Gemalt; in: SZ 28.02.2002
729 MÖGEL, Christian; Zwischen Trauer und Pathos – Kriegerdenkmale am Elbhang; in: EHK 8/2014
730 MÖLLER, Andreas; Aurorafalter und Spiralnebel – Naturwissenschaft und Publizistik bei Martin Raschke 1929 – 1932; Frankfurt/Main 2005
731 MÖLLER, Siegfried; Dr. Möller's Sanatorium. Loschwitz bei Dresden [Prospekt]; Dresden [um 1910]
732 MONATSBLATT des Vereins »Volkswohl« zu Dresden; Dresden 1889 ff
733 MONATSHEFT des Amtlichen Schulblattes, 01.08.193
734 MÖRTZSCH, Otto; Elbfurten und Elbfähren in Sachsen; in: Über Berg und Tal Heft 1 – 3; 1911
735 MÖRTZSCH, Otto; In: Dresdner Neueste Nachrichten 08.11.1929
736 MOSEL, Curt von der; Handbuch des Sächsischen Verwaltungsrechts; Leipzig 1926
737 MOTHES, Michael; Wir erinnern ... an Rosa Petzel; in: EHK 7/2008
738 MOULIN, Raoul-Jean; Hermann Glöckner – patriarche de l'art moderne; in: l' Humanité, Paris 21.01.1976
739 MÜLLER, Carl Wilhelm; Gebäudeabschätzungsverzeichnis von Loschwitz; handschriftlich, 1837; Standort; SHD
740 MÜLLER, G[eor]g Herm[ann]; Die Kreuzschule zu Dresden; Leipzig 1926
741 MÜLLER, Hans Peter; Theo Adam – Für Sie porträtiert; Leipzig 1986[3]
742 MÜLLER, Hans Peter (Hrsg.); Theo Adam; in: Schaut her, ich bin's ...; Berlin 1989[2]
743 MÜLLER, Lucas; Prof. Schulemann. Ein geistiger Brückenbauer; in: EHK 6/2014
744 MÜLLER, Reinhard; Brunolf Baade und die Luftfahrtindustrie der DDR – die wahre Geschichte des Strahlverkehrsflugzeuges 152; Erfurt 2010
745 MÜLLER, W.; Die Loschwitzer Berg-Schwebebahn; in: Glasers Annalen; Berlin 1906
746 MÜLLER, W.; Einige neuere elektrische Bergaufzüge; in: Glasers Annalen, Berlin 1910
747 MÜLLER-ENBERGS, Helmut u. a. (Hrsg.); Wer war in der DDR?; Berlin 1992
748 MUNZINGER, Ludwig sen.; Die Weinleite in Loschwitz. Schicksale eines Loschwitzer Weinbergsgrundstückes durch ein Viertel-Jahrtausend; maschinenschriftlich, 1936
749 MUNZINGER, Ludwig sen.; Die Weinleite in Loschwitz; in EHK 3/2006
750 MUNZINGER, Ludwig sen. und jun.; Die Weinleite in Loschwitz; maschinenschriftlich, 2002
751 MÜNZNER, Eberhard; Die Kirche zu Dresden-Loschwitz; Reihe »Kleine Kunstführer«; Regensburg 1994
752 MÜNZNER, Eberhard; Aufruf zur Erhaltung der Gedenkstätte für die Opfer des Zweiten Weltkrieges auf dem Loschwitzer Friedhof; in: EHK 10/2006
753 MÜNZNER, Eberhard; Loschwitzer Friedhof (Faltblatt); Dresden 2008
754 MÜNZNER, Eberhard; Blick in die Geschichte macht die Pläne für die neue »Loschwitz-Höhe« fragwürdig; in: EHK 6/2008
755 MÜNZNER, Eberhard; Weinberge in Loschwitz; in: EHK 2/2009
756 MÜNZNER, Eberhard; Loschwitz; in: Dresdner Rathäuser. Eine Dokumentation; Dresden 2010
757 MÜNZNER, Eberhard; Die Geschichte der Glocken der Loschwitzer Kirchgemeinde und des Wachwitzer Schlosses; Dresden 2011
758 MÜNZNER, Eberhard; Das Kirchgemeindehaus; in: www.kirche-loschwitz.de
759 NACHLASS von Rudolf Mauersberger; SLUB Dresden
760 NACHLASS von Munzinger
761 NACHLASS von Hans-Hendrik Wehding; Stadtarchiv Dresden
762 NACHRUF Bausch; in: Pharmazeutische Zeitung Nr. 6, 1947
763 NAGEL, Dr.; in: Zeitschrift Fischer & Teichwirtschaft 10/1988
764 NAUMANN, Arno; Der Untergang des Weinbaus; in: Mitt. des LSH, Bd. 13, Heft 5 – 6; Dresden 1924
765 NEIDHARDT, Hans Joachim; Romantische Maler am Elbhang; in: Dresdner Hefte, Band 14; Dresden 1993
766 NEIDHARDT, Hans Joachim; Die Malerei der Romantik in Dresden; Leipzig 1976
767 NEIDHARDT, Hans Joachim; Ludwig Richter; Dresden 1978
768 NEIDHARDT, Hans Joachim; Sicher verwahrt – schlecht aufgehoben; in: DNN 23.12.1995
769 NEIDHARDT, Hans Joachim; Oehme, Ernst Ferdinand; in: NDB, Bd. 19; 1998
770 NESTLER, Frank; Die Samenhandlung Görn am Körnerplatz; in: EHK 10/2001

Johannes Beutner, Elbblick von Oberloschwitz, 1953, Öl auf Leinwand *Privatbesitz*

771 NESTLER, M[oritz] J[ulius]; Kurort Weißer Hirsch und Umgebung; Dresden 1883
772 NESTLER, M[oritz] J[ulius]; Körnerberg und Schillerhaus in Loschwitz bei Dresden; Dresden 1891
773 NESTLER, M[oritz] J[ulius]; 25 Jahre Feuerwehr Loschwitz; in: Elbgaupresse 12.07.1898
774 NESTLER, M[oritz] J[ulius]; Der kursächsische Kapellmeister Naumann aus Blasewitz – eine Darstellung seiner Lebensschicksale; Dresden 1901
775 NETZ, Dina; Vermietung im Augustuspark beginnt morgen; in: DNN 16.05.1997
776 NEUE DEUTSCHE BIOGRAPHIE [NDB]; mehrbändig; Berlin 1953ff
777 NEUERÖFFNUNG am Dresdner Schloß Albrechtsberg; in: EHK 11/1995
778 NEUMANN, Fritz; Reinhold Braun. Leben und Werk; Radebeul 2010, unveröffentlicht
779 NEUMERKEL, Christa; Einzigartige Ingenieurschule für Holztechnik; in: DNN 24.08.2013
780 NICKL, Sabine; Städte formen Menschen und Menschen formen Städte; in: EHK 5/2006
781 NIEMTZ, Günter; WACHS, Reiner; Personenschiffahrt auf der Oberelbe; Rostock 1980
782 NITZSCHKE, Katrin; Erhart Kästner – die frühen Dresdner Jahre; in: EHK 3/2004
783 NITZSCHKE, Katrin; Der junge Theodor Körner und sein Modell, Erinnerung an Jan Pepino; in: Blasewitzer Zeitung 8.2009
784 OEHLKE, Waldemar; Deutsche Literatur der Gegenwart; Berlin 1942
785 OEHME, Sonja; Jetzt mit Strahlentherapie; in SZ 05.10.1998
786 OEHME, Ursula; KRAKOW, Thomas (Hrsg.); Richard Wagner in Mitteldeutschland; Leipzig 2013
787 OELKER, Helga; Erinnerungen an vergangene Loschwitzer Gastlichkeit; in: EHK 10/1996
788 OELKER, Helga; Vergangene Loschwitzer Gastlichkeit – Zum Grünen Baum; in: EHK 7/1997
789 OELKER, Helga; Vergangene Loschwitzer Gastlichkeit – Das Gasthaus »Zum Kamerad«; in: EHK 5/1998
790 OELKER, Helga; Die Heilstätte in Loschwitz; in: EHK 1/2000
791 OELKER, Helga; Dr. Siegfried Möllers Sanatorium; in: EHK 5/2000
792 OELKER, Helga; FROHSE, Jürgen; Das Haus Körnerplatz 2 und die Geschichte des Kaffee Winkler; in EHK 8/2000
793 OELKER, Helga; MÜNZNER, Eberhard; Die Victoria-Höhe am Loschwitzer Veilchenweg; in: EHK 9/2000
794 OELKER, Helga; Marianne Teuscher – eng verbunden mit Loschwitz, dem Weißen Hirsch und Bühlau; in: EHK 2/2003
795 OTTO, Christian Traugott; Die Schule und das Schullehrer-Seminar zu Dresden-Friedrichstadt von 1785 bis 1835; Dresden 1827
796 OTTO, Ernst Julius; Die Mordgrundbruck bei Dresden; Schleusingen 1852
797 PAGEL, J.; Biographisches Lexikon hervorragender Ärzte des neunzehnten Jahrhunderts; Berlin, Wien 1901
798 PARTON, Claudia; Carte Blanche will in die Saloppe ziehen; in: SZ 28.08.2008
799 PATAKY, Sophie (Hrsg,); Lexikon Deutscher Frauen der Feder, 2 Bde.; Berlin 1898
800 PAUL, Wolfgang; Dresden. Gegenwart und Erinnerung; Esslingen und München 1986
801 PECHT, Friedrich; Hermann Vogel – Plauen; in: Die Kunst für Alle, Heft 18, 15.07.1889; München 1889
802 PEEMÜLLER, Sepp; Gedanken zu Sepp Schintlmeister; in: Aus der sächsischen Bergsteigergeschichte, Heft 18, Dresden 2012
803 PERLE der Kulturhäuser; o. V.; in: Dresdner Stadtrundschau 13.10.1966
804 PETEREIT, Eva-Ursula; SCHRUL, Gabriele; »Die Figuren bleiben, ich habe nichts gegen Kitsch«; in: SZ 10.12.1997
805 PETSCHEL, Dorit (Bearb.); Die Professoren der TU Dresden 1828 – 2003; 3. Bd. von: 175 Jahre TU Dresden; Köln, Weimar, Wien 2003
806 PETZOLD, Thomas; (Selbst)hilfe für Dresdner Kunst; in: DNN 21.02.1996
807 PETZOLD, Thomas; Kunstvermittlung auf lustvolle Art; in: DNN 14.04.2005
808 PHILIPP, Klaus Jan; Um 1800: Architekturtheorie und Architekturkritik in Deutschland zwischen 1790 und 1810; Fellbach 1997
809 PIEPER, Christine; Wilhelm Kreis. Hitlers »Generalbaurat für die Gestaltung der deutschen Kriegerfriedhöfe«; in: Braune Karrieren; Dresden 2012
810 PIEPER, Christine; SCHMEITZNER, Mike; NASER, Gerhard (Hrsg.); Braune Karrieren; Dresden 2012
811 PIESKER, Irmgard; maschinenschriftlich, 2008
812 PIETZSCH, Martin; Mutter Unger; maschinenschriftlich, 1935
813 PIETZSCH, Martin; Tagebuch, handschriftlich; Privatbesitz
814 PIETZSCH, Sieghart; Chronik von Hosterwitz; Dresden 2006
815 PIETZSCH, Sieghart; Marie Wieck in Hosterwitz; in: Elbhang-Kurier 1/2007
816 PINTHUS, Kurt; Die Geschichte der »Menschheitsdämmerung«; in: Gedichte der »Menschheitsdämmerung«; München 1971
817 PIONIERPALAST »Walter Ulbricht« (Hrsg.); Unser Pionierpalast »Walter Ulbricht« Dresden; Dresden 1955
818 PIONIERPALAST »Walter Ulbricht« (Hrsg.); Pionierpalast Walter Ulbricht Dresden; Dresden 1986
819 PLATZBECKER, Heinrich; Franz Curti; in: Wochenschrift für Musik und bildende Kunst, Heft 20, 1898
820 PLEISSNER, Paul; Dresden – in der Geschichte der Uhrmacherei. Erinnerungsausgabe zum 50-jährigen Jubiläum der Firma Robert Pleißner; Dresden 1924
821 PLITT, Alice; Die Villa Leonhardi; in: EHK 4/1996
822 PLOTHO, Carl von; Der Krieg in Deutschland und Frankreich in den Jahren 1813 und 1814; Berlin 1817
823 PLÖTZL, Norbert F.; Der Makler der Agenten; in: Der Spiegel 34/1997
824 POHLE, Friedrich Wilhelm; Chronik von Loschwitz; Dresden 1887
825 PORSTMANN, Gisbert; KAROHL, Linda (Hrsg.); Hans Jüchser. Farbe als absolute Kraft; Dresden 2010
826 PRAEL-HIMMER, Heidi; Kellerthaler, Daniel; in: NDB, Bd. 11; Berlin 1977
827 PRESCHER, Hans; Erdgeschichtliche Streifzüge durch Dresden; in: Heimatkundliche Blätter des Bezirkes Dresden, Heft 10/11; 1956
828 PRESS-ARCHIV; im Nachlass Stiftung Kunstsammlungen der Diözese Würzburg
829 PREUSCHEN, Henriette von (Hrsg.); Friedrich Press 1904 – 1990, Kirchenräume in Brandenburg; in: Arbeitsheft des Brandenburgischen LfD, Nr. 20, Berlin 2008
830 PRILLWITZ, Ania; Die Wiedergeburt der »Schönen Aussicht«; in: EHK 12/2012
831 PRÖLSS, Robert; Geschichte des Hoftheaters zu Dresden. Von seinen Anfängen bis zum Jahre 1862; Dresden 1878
832 PRSKAWETZ, Kurt-Dieter; Karl Emil Scherz – Architekt und Ortschronist aus Blasewitz; in: Blasewitzer Zeitung 5/2002
833 PYTA, Kay; »Wortgewand« und Orient-Occident; in: DNN 06.04.2002
834 QUERNER, Curt; Tag der starken Farben. Aus den Tagebüchern 1937 bis 1976; in: Dresdner Hefte, Sonderausgabe; Dresden 1996
835 QUIETZSCH, Harald, JACOB, Heinz; Die geschützten Bodendenkmale im Bezirk Dresden; Dresden 1982
836 QUINGER, Heinz; Dresden; Leipzig 1991
837 RABE, Roman; Pepino, Jan Josef Angelo; in: Sächsische Biografie; 2009
838 RADIG, Dirk; Hausmüllbehälter und Wanderwege; in: EHK 2/1996
839 RAEHLMANN, Iren; Arbeitswissenschaft im Nationalsozialismus: Eine wissenschaftssoziologische Analyse; Wiesbaden 2005
840 RAESE, Franziska; Erste Passivhausschule eingeweiht; in: DNN 24.09.2001
841 RANFT, Albrecht; Die ev.-luth. Diakonissenanstalt zu Dresden-N.; Dresden 1927
842 RARE; Neue Berufsschule in Ex-Stasi-Gebäude; in: DNN 07.03.2003
843 RASCHKE, Siegfried; Zahnarzt und Komponist – zum 150. Geburtstag von Franz Curti; in: EHK 11/2004
844 RASCHKE, Siegfried; Franz Curti; in Sächsische Biografie, 2011
845 RAUCH, Peter; Zwischen Körnerplatz und Burgberg, Teil 2; in: EHK 3/1996
846 RAUCH, Peter; Zwischen Körnerplatz und Burgberg, Teil 3; in: EHK 4/1996
847 RAUCH, Peter; Gedanken zum 10. Jahrestag der Einweihung des Ortsamtes; in: EHK 2/2007
848 RAUMSCHÜSSEL, Martin; Lebensfülle entspannter Figuren im Spätwerk; in: EHK 8/2009
849 REDEMUND, Ralf; Investor will neue »Loschwitzhöhe« bauen; in: DNN 20.03.2008
850 REDEMUND, Ralf; Helios-Klinik geht ins Krankenhaus in Friedrichstadt; in: DNN 06.03.2009
851 REDEMUND, Ralf; Ausbaubeiträge: »Der Ehrliche ist der Dumme«; in: DNN 06./07.02.2010
852 REDLICH, Peter; Die Balkone neben dem Balkon; in: SZ 18.09.1997
853 REFARDT, Edgar; Historisch-biographisches Musikerlexikon der Schweiz; Leipzig und Zürich 1928
854 REHATZ, Sigrid; Zurück in die Renaissance; in: Dresdner Akzente 4/2010
855 REIBIG; Zum 80. Geburtstag des Bildhauers Georg Bauch; in: SZ, Ausgabe Meißen, 07.1967
856 REICHERT, Frank; Zur Geschichte der ... Kennzeichnung von Herrschaftsgrenzen; Diplomarbeit TU Dresden; 1999
857 REIN, Horst; BRENDLER, Klaus; Helfen – Heilen – Hohe Leistungen. Vom Wachsen und Werden des Krankenhauses Dresden-Neustadt; Dresden 1998
858 REINSCHKE, Kurt; LIENERT, Matthias; SCHMEITZNER, Mike; Wilhelm Jost, »Führer-Rektor« der TH Dresden; in: Braune Karrieren; Dresden 2012
859 RELLER, Horst; KIESSIG, Manfred (Hrsg.); Handbuch Religiöse Gemeinschaften; Gütersloh 1985
860 REUTER, Robert; Streit um modernen Hotelbau neben der Schwebebahn; in: SZ 15.03.2008
861 RICHARD WAGNER in Dresden; Dresdner Hefte, Band 112; Dresden 2012
862 RICHTER, Juliane; Eigenheimsiedlung bald fertig; in: SZ 25.06.2008
863 RICHTER, Katrin; Berufsschule zieht 2007 aus Stasi-Komplex aus; in: DNN 25.02.2004
864 RICHTER, Katrin; Kaiserbrötchen für die Königsfamilie; in: DNN 16.11.2012
865 RICHTER, Ludwig; Lebenserinnerungen eines deutschen Malers; herausgegeben von Heinrich Richter; Leipzig 1900
866 RICHTER, Ludwig: Lebenserinnerungen eines deutschen Malers; herausgegeben von Max Lehrs; Berlin 1922
867 RICHTER, Otto; Verfassungs- und Verwaltungsgeschichte der Stadt Dresden, 3 Bde.; Dresden 1885 – 1891
868 RICHTER, Otto; Geschichte der Stadt Dresden in den Jahren 1871 bis 1902; Dresden 1904
869 RIEDEL, Walter; Unternehmen Leben. Erinnerungen; Dresden 2001
870 RIEPRICH, Bernd; Ein Radeberger Baumeister in Loschwitz; in: EHK: 11/2013
871 RIHNER, Fred; Franz Curti; in: Neue Zürcher Zeitung 06.02.1948
872 RIEMANN, Hugo: Hugo Riemanns Musik-Lexikon, bearb. von Alfred Einstein, 2 Bde.; Berlin 1929[11]
873 RIND, Hans; TROST, Heinz; Dampfschiffahrt auf der Elbe und Oder, den Berliner- und Märkischen Wasserstraßen 1816 – 1945; Hamburg 1984
874 RÖHRBORN, Paul; Der Weiße Hirsch. Werdegangs eines Kurortes von Weltruf; Dresden 1979

875 RÖHRBORN, Paul; Legende um das Schillerhaus; in: Die Union 1982
876 RÖHRBORN, Paul; Rund um die Alte Felsenburg; maschinenschriftlich, 1985
877 RONNTHALER, Ludwig; Meine Erlebnisse; Teil I und II, handschriftlich
878 RÖSSEL, Stefan; Ergänzende Behandlung mit China-Methoden; in: SZ 09.06.2007
879 ROTH, Andreas; Der Tod aus Dübelmasse; in: Der Sonntag 19.08.2012
880 RUDOLPH, Richard; Redemanuskript zum »Stammtisch Alt-Loschwitz« im Ratskeller; 07.09.1937
881 RUF, Christian; »Preise die Glücke, gesegnetes Sachsen«; in: DNN 22.12.2008
882 RÜHL, Barbara; Zur Geschichte des Loschwitzer Friedhofes: in: 300 Jahre Kirchgemeinde Dresden-Loschwitz. Festschrift; Dresden 2004
883 SÄCHSISCHE BIOGRAFIE; online-Ausgabe www.isgv.de.saebi
884 SÄCHSISCHES HAUPTSTAATSARCHIV Dresden
885 SÄCHSISCHES Pfarrerbuch, 3 Bde.; Freiberg 1940
886 SAMMLUNG Eckhard und Gretlis Bach
887 SAMMLUNG Bernd Beyer
888 SAMMLUNG Heidi Brix
889 SAMMLUNG Helmut Dorschner
890 SAMMLUNG Hilmar Dressler
891 SAMMLUNG Rainer Ehlich
892 SAMMLUNG Reinhard Elbertzhagen
893 SAMMLUNG Manfred Fischer
894 SAMMLUNG Matthias Griebel
895 SAMMLUNG Ute Häse
896 SAMMLUNG Jürgen Helfricht
897 SAMMLUNG Ernst Hirsch
898 SAMMLUNG Johannes Hirsch
899 SAMMLUNG Familie Hoch
900 SAMMLUNG Klaus Hofmann
901 SAMMLUNG Tobias Hörig
902 SAMMLUNG Georg Kleine-Natrop
903 SAMMLUNG Hagen Kreisch
904 SAMMLUNG Brigitte Leonhardi
905 SAMMLUNG Leonhardi-Museum
906 SAMMLUNG Claudia-Maria Müller
907 SAMMLUNG Eberhard Münzner
908 SAMMLUNG Elke Nadler
909 SAMMLUNG Christoph Pistorius
910 SAMMLUNG Heinz Weser
911 SAMMLUNG Ursula Wessel
912 SARFERT, Hans-Jürgen; »Sturm und Gärung« in Dresden. Skizze des literarischen Expressionismus; in: Dresdner Hefte, Band 14; Dresden 1988
913 SARFERT, Hans-Jürgen; Dresden im Zeichen des expressionistischen Theaters; in: Die Union 19./20.03.1988
914 SATZUNGEN des Vereins Volkswohl; Dresden 1888
915 SAUR ALLGEMEINES KÜNSTLERLEXIKON, mehrbändig, München und Leipzig, ab 1982
916 SCHADEN, Adolf; Kritischer Bocksprung von Dresden nach Prag; Schneeberg 1822
917 SCHÄDLER, Sarah; »Justizkrise« und »Justizreform« im Nationalsozialismus; Tübingen 2009
918 SCHAIBLE, Friederike; Villa Kickelhayn und ihre Schwestern; in: SZ 06.05.2006
919 SCHATZ, Mario; Seilbahnen der DDR; Berlin 1987
920 SCHELLER, Benjamin;, Memoria an der Zeitwende; Berlin 2004
921 SCHICHA, Ulrich; Mauersberger, Rudolf; in NDB, Bd. 16; 1990
922 SCHIEDSKOMMISSIONSORDNUNG [DDR] vom 4. Oktober 1968
923 SCHIFFNER, Albert; Handbuch der Geographie, Statistik und Topographie des Königreiches Sachsen; Leipzig 1839
924 SCHMEITZNER, Mike; Schulen der Diktatur, Berichte und Studien Nr. 33; Dresden 2001
925 SCHMIDT, Diether; Anna Elisabeth Angermann; Dresden 1982
926 SCHMIDT, Matthias; Das Haus Pillnitzer Landstraße 8; in: EHK 10/1997
927 SCHMIDT, Rainer; Friedrich Gottlieb Klopstock. Briefe 1795 – 1798; Berlin und New York 1996
928 SCHMIDT, Roland; Geschichte des sächsischen Schulwesens von 1600 bis 1918; Dresden 2008
929 SCHMIDT, Werner; MAYR, Alois u.a.; Das östliche Vogtland; Werte unserer Heimat, Bd. 59; Berlin 1998
930 SCHMIDT, Werner; Hermann Glöckner – seine Orte zwischen Cotta und Loschwitz; in: in Ausstellungskatalog Leonhardi-Museum Dresden 2003
931 SCHMIDT, Werner (Hrsg.); Josef Hegenbarth zum 100. Geburtstag; Ausstellungskatalog; Dresden 1984
932 SCHMIEDEL, Gottfried; Aus der Liebe zum Anderen. Zum 30jährigen Wirken der Dresdner Lichtbildnerin Hildegard Jäckel. Porträt; in: Die Union 27.10.1956
933 SCHMIEDEL, Gottfried; Peter Schreier; Berlin 1987
934 SCHMIEDEL, Gottfried; Zum Tode von Hildegard Jäckel. Nachruf; in: Sächsisches Tageblatt 13.03.1974
935 SCHMIEDER, Eberhardt: Das Fährwesen in Sachsen; Leipzig 1931
936 SCHNEIDER, André; Professor Oskar Menzel – Ein Architekt und Baumeister aus Loschwitz; in: EHK 8/2003
937 SCHNEIDER, Hans-Jörg; Hoffnung zwischen Trümmern. Dresdner Theater nach 1945; Dresden 1999
938 SCHNEIDER, Hans-Jörg; Dresdner Theater 1933 – 1945; Berlin 2003
939 SCHNEIDER, Hans-Jörg; Die Zeit ist aus den Fugen. Dresdens Schauspiel in den zwanziger Jahren; Dresden 2007
940 SCHNEIDER, Hans-Jörg; Die Zeit danach. Beiträge zum Nachkriegstheater; Berlin 2008
941 SCHNEIDER, Karl H. (Hrsg.); Geschlechterrollen in der Geschichte aus polnischer und deutscher Sicht, 5. Bd.; Münster 2004
942 SCHNEIDER, Sonja; Eduard Glanze begründete die Familientradition im Alten Fährgut; in: EHK 12/2006
943 SCHOLZ, Albrecht; Ärzte und Patienten in Dresdner Naturheilsanatorien; in: medizin-bibliothek-information; Dresden 1/2004
944 SCHOLZ, Albrecht; HEIDEL, Caris-Petra; LIENERT, Marina (Hrsg.); Vom Stadtkrankenhaus zum Universitätsklinikum. 100 Jahre Krankengeschichte in Dresden; Köln, Weimar, Wien 2001
945 SCHOLZE, Manfred; Wie der Mordgrund zu seinem Namen kam; in: Kalender »Sächsische Heimat«, Dresden 1998
946 SCHÖLZEL, Christoph; Blasewitz, Loschwitz und Weißer Hirsch in alten Ansichten, 2 Bde.; Zaltbommel 1996 – 1997
947 SCHÖLZEL, Christoph; Die Felsenburg; in: EHK 1/1998
948 SCHÖLZEL, Christoph; Abschied von der Felsenburg; in: EHK 5/1999
949 SCHÖLZEL, Christoph; Die »Glücksspieler« auf dem Weißen Hirsch; in: Der Weiße Hirsch. Ein Lesebuch; Dresden 2001
950 SCHÖLZEL, Christoph; Größtes Panoramagemälde von Loschwitz droht zu verfallen!; in: EHK 11/2007
951 SCHÖNFELD, Hans-Andreas; Vom Schiedsmann zu Schiedskommission; Frankfurt/Main 2002
952 SCHÖNFELDER, Gerd; Siegfried Köhler für Sie porträtiert; Leipzig 1984
953 SCHREIER, Peter; Aus meiner Sicht. Gedanken und Erinnerungen; Berlin 1983
954 SCHREIER, Peter; Müßiggang statt Sängerstress; in: Mitteldeutsche Zeitung 23.07.2010
955 SCHROERS, Fritz; Lexikon deutschsprachiger Homöopathen; Stuttgart 2006
956 SCHULZE, Jan; HEMPEL, Gottfried; Prof. Dr. med. habil. Friedrich G. Renger zum 90. Geburtstag; in: Ärzteblatt Sachsen 7/2008
957 SCHUMANN, August; Lexikon von Sachsen, Bd. 6; Zwickau 1819
958 SCHÜRMANN, Irene; Wachwitzer Höhenpark als Teil der Therapie; in: DNN
959 SCHUSTER, Hannelore; Neustart für die »Schöne Aussicht«; in: DNN 15.01.2013
960 SCHÜTTAUF; In der Chronik der BSG geblättert; in: Der Hecht, Ausgabe 18 – 20, 1989
961 SCHWEBEL, Gerlinde; Begegnungen mit Friedrich Press; in: Museumsschriften der Diözese Würzburg, Bd. 8, Bonn und Regensburg 2010
962 SCHWEIZER Musiker-Lexikon; Zürich 1964
963 SD; »Eisgarten Loschwitz« am 20. August eröffnet; in: EHK 9/2014
964 SEEGER, Horst; Musiklexikon; Leipzig 1981
965 SEHN, Dietmar; Ein »Stern erster Güte«; in: DNN 06.12.2010
966 SEIBT, Siegfried; Die Weiße Flotte; in: Die Union 22.06.1986
967 SEIFERT, Richard; handschriftliche Aufzeichnungen
968 SEIFERT, Siegfried; ULLMANN, Klemens; Katholische Hofkirche Dresden; Leipzig 2000
969 SELUNKA, Dietmar; Grußwort; in: Kirchennachrichten der Ev.-Luth. Kirchgemeinde Dresden-Loschwitz 1990
970 SELUNKA, Dietmar; Wir wollten unsere Angst und unser Verantwortungsgefühl zum Ausdruck bringen; in: EHK 9/1999
971 SELUNKA, Dietmar; Ein Rückblick auf die Flutkatastrophe oder: Wie Menschen sich helfen; in: EHK 1/2003
972 SEYFART, Johann Friedrich; Geschichte des seit 1756 in Deutschland und dessen angrenzenden Ländern geführten Krieges; Frankfurt, Leipzig 1765
973 SH; Neues Haus für den Pniel; in: Die Union 07.07.1990
974 SH; Leckereien am Körnerplatz; in: SZ 09.09.2003
975 SIEMERING, Hertha; Fortschritte der deutschen Jugendpflege von 1913 bis 1916; in: Fortschritte des Kinderschutzes und der Jugendfürsorge; Berlin und Heidelberg 1/1916
976 SILICON Saxony e.V (Hrsg.); Silicon Saxony. Die Story; Dresden 2006
977 SIMMANG, Karl; Das ehemalige Chausseehaus in Loschwitz; in: Mitteilungen des Landesvereins Sächsischer Heimatschutz, Heft 3 – 4, 1911
978 SINGER, Hans Wolfgang; MÜLLER, Hermann Alexander; Allgemeines Künstler-Lexikon, 5. und 6. Bd.; Frankfurt/Main 1922
979 SITTE-ZÖLLNER, Michael; Bibliothek Loschwitz mit erweiterten Öffnungszeiten; in: EHK 9/1992
980 SMIKALLA, Karl; HEISSERER, Dirk; Thomas Mann und die Engel von Dresden; Berg 2005
981 SOHN-RETHEL, Else; Jugend-Erinnerungen; handschriftlich 1928
982 SORGENFREI, Paul; Von der Jahresschau Deutscher Arbeit Dresden 1926; in: Der Kunstwanderer, Heft 1/2, 1926
983 SPAHR, Christian; Grünes Licht für Saloppe-Umbau; in: SZ 05.10.2004
984 SPEHR, Reinhard; Topographie der Steinsburg bei Römhild; Dresden 1980
985 SPEHR, Reinhard; Baruth – die versunkene Burg. Stammsitz eines mächtigen Herrengeschlechts; in: Bautzener Kulturschau 34/1984
986 SPEHR, Reinhard; Die latènezeitliche Befestigung auf dem Burzelberg bei Hohburg, Kr. Wurzen; in: Archäologische Feldforschungen in Sachsen Berlin 1988
987 SPEHR, Reinhard; BOSWANK, Herbert; Dresden. Stadtgründung im Dunkel der Geschichte; Dresden 2000
988 SPEHR, Reinhard; Archäologie im Dresdner Schloss. Die Ausgrabungen 1982 bis 1990; Dresden 2006

989 SPEHR, Reinhard; Grillenburg. Ein Jagdsitz der Markgrafen von Meißen; in: Arbeitsheft 10 des LfD Sachsen; Dresden 2006
990 SPEHR, Reinhard; Rätsel um »Schloss Osterlant« – ein ärchäologisches Bilderbuch; Dresden 2012
991 SPEHR, Reinhard; Die Topographie der Burg- und Stadtgründung und die älteste Stadtbefestigung; in: Das Residenzschloss zu Dresden, Bd. 1; Petersberg 2013
992 SPEHR, Reinhard; Die archäologischen Forschungen im Burgareal; in: Das Residenzschloss zu Dresden, Bd. 1; Petersberg 2013
993 SPITZER, Gerd; Staatspolitik und bildende Kunst. Das Denkmal für König Friedrich August I. und die Situation der Bildhauerei in Dresden um die Mitte des 19. Jahrhunderts; in: Zwischen Tradition und Modernität. König Johann von Sachsen 1801 – 1873; Leipzig 2004
994 SPITZER, Gerd; Ludwig Richter in der Dresdner Galerie, Katalog, Dresden 2007
995 SPRINGER, Christoph; Bockemühl: Ein Hecht im Straßenbahn-Teich; in: DNN 22./23.04.2006
996 SPRINGER, Christoph; Stadt will Geld von Anwohnern für Bauarbeiten an 12 Straßen; in: DNN 16.12.2009
997 SPRINGER, Christoph; »Widerspruch gegen Bescheide einlegen«; in: DNN 28.12.2009
998 STAATLICHE KUNSTSAMMLUNGEN Dresden, Gemäldegalerie Neue Meister (Hrsg.); Otto Westphal. Albertinum; Dresden 1971
999 STADTARCHIV Chemnitz
1000 STADTARCHIV Dresden
1001 STADTLEXIKON Dresden; Dresden 1998
1002 STANISLAW-KEMENAH, Alexandra-Kathrin; Spitäler in Dresden; Leipzig 2008
1003 STARKE, Holger; Eingemeindungen nach Dresden – ein historischer Überblick; in: Dresdner Geschichtsbuch, Bd. 6; Dresden 2000
1004 STARKE, Holger; Vom Brauerhandwerk zur Brauindustrie: die Geschichte der Bierbrauerei in Dresden und Sachsen 1800 – 1914; Köln 2005
1005 STEGLICH, Ludwig; Die Bomätscher von Merschwitz; in: Dresdner Anzeiger, Sonntagsbeilage 15.04.1917
1006 STEINWEG, Swen; Napoleons letzte Schlachten in Sachsen; in: Dresdner Hefte, Band 114; Dresden 2013
1007 STERRA, Bernhard; HELAS, Luise; KLATTE, Gernot u. a.; Dresden und seine Architekten; Dresden 2011
1008 STEUDE, Martin; CLAUSSNITZER, Anne (Hrsg.); Einhundertzehn Jahre Künstlerhaus Dresden-Loschwitz 1898 – 2008; Güstrow 2008
1009 STEUDE, Wolfram; Stunden für Muße und sommerliche Musen; in: Die Union, 30.03.1985
1010 STEUDE, Wolfram; Loschwitz und seine Kirchenmusik; in: Festschrift zur Orgelweihe; Dresden 1997
1011 STEUDE, Wolfram; FISCHER, Iris; 100 Jahre Künstlerhaus Dresden-Loschwitz 1898 – 1998; Dresden 1998
1012 STEUDE, Wolfram; Zur Kirchenmusik in der Kirchgemeinde Loschwitz-Wachwitz; in: 300 Jahre Kirchgemeinde Dresden-Loschwitz; Dresden 2004
1013 STEUER, Egbert; Chronik von Kesselsdorf; Dresden 2000
1014 STIEBERT, Martin; Romantische Grotte für Ludwig Richter; in: Die Union 27.09.1984
1015 STOCK, Barbara; Die Historie nicht beleidigen; in: DNN 04.09.2004
1016 STOLLE, Ferdinand; Nach 40 Jahre;. in: Die Gartenlaube; Leipzig 1867
1017 STÖRZNER, Fr. Bernhard; Boomätschen, ein verschollenes Handwerk unseres Elbtals; in: Sächsische Elbzeitung,13./14.06.1942
1018 STRAUCH, Alexander;, Zur Geschichte des Porzellans als Zahnfüllung; in: www.ihre-gesundheit.tv/historie-der-medizin
1019 STRAUZENBERG, Stanley Ernest; GÜRTLER, Hans; Die Sportmedizin in der DDR; Dresden 2005
1020 STREITENBERGER, Detlef; Gerhard Guder – Architekt und Hochschullehrer; in: EHK 6/2014
1021 STREITENBERGER, Sybille; Aufstieg und Fall eines Kurortes oder: Das Besondere am Weißen Hirsch; in: Der Weiße Hirsch. Ein Lesebuch; Dresden 2001
1022 SYNDRAM, Dirk; Juwelenkunst des Barock. Johann Melchior Dinglinger im Grünen Gewölbe; München 2008
1023 SZ/hn; Vor 135 Jahren ging das Wasserwerk Saloppe in Betrieb; in: SZ 22.03.2010
1024 SZ/kle; Wasserwerk Saloppe soll wieder Türme erhalten; in: SZ 09.10.2003
1025 TAFELN der Sonderausstellung der Technischen Sammlungen Dresden: Professor Werner Hartmann – Vater der Mikroelektronik in Dresden; Dresden 1998
1026 TACKMANN, Edith; Gärtnermeister Arthur Gruhl und die Verwandtschaft; in: EHK 4/2007
1027 TAIT, A. A.; Lord Findlater, Architect; in: The Burlington Magazine, Bd. 128; London 1986
1028 TANK, Kurt Lothar; Gerhart Hauptmann; Hamburg 1993
1029 TANNERT, Christoph; Trompeten gegen Parolenblech. Über Helge Leiberg; in: Künstler in Dresden im 20. Jahrhundert; Dresden 2005
1030 TELLKAMP, Uwe; Die Schwebebahn; Berlin 2010
1031 TEMPELHOFF, G.[eorg] F.[riedrich] von; Geschichte des siebenjährigen Krieges in Deutschland..., Dritter Theil; Berlin 1787
1032 TEMPELHOFF, G.[eorg] F.[riedrich] von; Geschichte des siebenjährigen Krieges in Deutschland..., Vierter Theil; Berlin 1789
1033 THIELE, Siegfried; Der Architekt des Hygiene-Museums; in DNN 27.06.2000
1034 THIELE, Siegfried; Villa Fallnichtein; in: 99 Dresdner Villen und ihre Bewohner; Dresden 2009
1035 THIEME, André; Die Burggrafschaft Altenburg; Dissertation TU Dresden 2000
1036 THIEME, Ulrich; BECKER, Felix (Hrsg.); Allgemeines Lexikon der bildenden Künstler von der Antike bis zur Gegenwart, unveränderter Nachdruck der Originalausgabe, 37 Bde.; Leipzig 1999
1037 TIMM, Frank Berno; Christliche Gemeinschaft als wirkliche Hilfe für Behinderte; in SZ 19.06.1992
1038 TIMMROTH, Stephan; Und schließlich begannen sie sich zu wehren; in: EHK 2/2010
1039 TRAUTMANN, Katlen; Ein Haus im Takt der Musik; in: SZ 20.09.2012
1040 TRAUTMANN, Otto; Der Burgberg in Loschwitz. Ein Berg der Erinnerungen; in: Sonntagsbeilage Dresdner Anzeiger Nr. 94, 1917
1041 TREUNER, Kelf; Baugeschichte. Der Ostflügel im Wandel der Zeiten; Dresden 2010
1042 TSCHIRCH, Alexander; Erlebtes und Erstrebtes. Lebenserinnerungen; Bonn 1921
1043 TUNGER, Wolfgang; Weinpressen in der Kulturlandschaft; in: EHK 10/2008
1044 UFER, Peter; Ein Backofen reicht nur für eine Familie; in: SZ 02.10.2012
1045 U.H.; Die Saloppe eineinhalb Jahre nach der Kritik; in: SZ 18.05.1972
1046 UNIVERSITÄTSARCHIV der TU Dresden
1047 UNGER, Margitta; Der Loschwitzer Butterhändlersohn Arthur Forker...; in EHK 4/2000
1048 UNSER ANKER, Betriebszeitung der SBDG; 1935
1049 URBAN, Anita; Rechtselbige Mühlengebiete; in: www.dresden-mühlen.de
1050 URICH, Karin; Die Bürgerbewegung in Dresden 1989/90; Köln, Weimar, Wien 2001
1051 URICH, Karin; Von der Gruppe der 20 zum neuen Stadtparlament; in: Dresdner Hefte, Bd. 59; Dresden 1999
1052 VENSKE, Ruth; Dresdnerin begründete Lehre der Krankenpflege; in SZ 26.08.1999
1053 VENSKE, Ruth; »Mutter Simon« an der Front; in DNN 11.10.2004
1054 VENSKE, Ruth; Simon, Marie; in: Sächsische Biografie; 2009
1055 VENSKY, Hellmut; Der Atomphysiker, der zum Spion wurde; in: Die Zeit 29.12.2011
1056 VEREINSSTATUT; in: Feuilleton der Sächsischen Lehrerzeitung 02.07.1876
1057 VERHANDLUNGEN des Sächsischen Landtages, Bd. 1 – 5; Dresden 1921 – 1030
1058 VERKEHRSMUSEUM Dresden (Hrsg.); Vom »Rennpantoffel« zum Katamaran; Dresden 2010
1059 VERSCHÖNERUNGSVEREIN Weißer Hirsch/Oberloschwitz (Hrsg.); Der Weiße Hirsch. Ein Lesebuch; Dresden 2001
1060 VOGEL, Hermann; Ein Brief an den Herausgeber von »Unser Vogtland«; in: Unser Vogtland, Heft 1, 04.1897; Gera 1897
1061 VOGEL, Wolfgang; Verkehrsgeschichte am Elbhang. Die Schwebebahn; in: EHK 10/1997
1062 VOGEL, Wolfram; Verkehrsgeschichte am Elbhang; in: Der Leinpfad: Galerie an der Elbe; Bonn 1999
1063 VOGELSANG, Thilo; Hausen, Max Clemens Lothar Freiherr von; in NDB, Bd. 8; Berlin 1969
1064 VOIGT, Günter (Hrsg.); Emil Römmler (1842 – 1941), Lebenserinnerungen eines Königlich-Sächsischen Hofphotographen; Dresden 1996
1065 VOLLMER, Hans (Hrsg); Allgemeines Lexikon der bildenden Künstler des 20. Jahrhunderts, unveränderter Nachdruck der Originalausgabe, 6 Bde.; Leipzig 1999
1066 VOLLNHALS, Clemens (Hrsg.); Sachsen in der NS-Zeit; Leipzig 2002
1067 WAGNER, Herbert; Personalia; in: Denkmalpflege in Sachsen, Leipzig 1996
1068 WAGNER, Ivette; Bayerischer Stier im Trüffelrausch; in: SZ 12.07.2004
1069 WAGNER, Manfred; Ein Künstlerhaus auf der Saloppe; in: EHK 5/93
1070 WAGNER, Richard; Autobiografische Skizze (1843); in: Ausgewählte Schriften; Leipzig 1982
1071 WAGNER, Richard; Sämtliche Briefe; hrsg. im Auftrag der Richard-Wagner-Stiftung Bayreuth; Leipzig 1979
1072 WALTER, Jörn; Baugenehmigung Veilchenweg 50 erteilt; in: EHK 12/1996
1073 WALTER, Robert (Hrsg.); Ludwig Richters Tagebücher und Jahreshefte 1821 – 1883; Hamburg [o. J.]
1074 WALTHER, Sigrid; 100 Jahre Künstlerhaus. Die Bildhauer; Dresden 1998
1075 WALTHER, Sigrid; 100 Jahre Künstlerhaus. Die Gegenwart; Dresden 1998
1076 W., Ch.; Loschwitzer meinen: Pniel statt Dynamo; in: Die Union 27.06.1990
1077 WAWRO, Anne; Kein Mainstream, aber Kunst und Kultur für alle; in: DNN 11.02.2005
1078 WEBER, Paul-Gerhard; Kirchliches Leben in Loschwitz; in: 300 Jahre Kirchgemeinde Dresden-Loschwitz. Festschrift; Dresden 2004
1079 WEBER, Paul-Gerhard; Diakonie in Loschwitz; in: 300 Jahre Kirchgemeinde Dresden-Loschwitz; Festschrift, Dresden 2004
1080 WEBER, Paul-Gerhard; Zur Geschichte des kirchlichen Lebens; in: EHK 9/2004
1081 WECK, Anton; Der Chur-Fürstlichen Sächsischen weitberuffenen Residentz- und Haupt-Vestung Dresden Beschreib- und Vorstellung, Dresden 1680
1082 WEGNER, Tobias; Volkstumskampf ohne Ende? Sudetendeutsche Organisationen, 1945 – 1955; Frankfurt/Main 2008
1083 WEHNERT, Emil; Historisches Häuserbuch für Dresden-Loschwitz; maschinenschriftlich 1968
1084 WEICHARDT, C[arl]; Das Schloss des Tiberius und andere Römerbauten auf Capri; Leipzig 1900
1085 WEIDNER, Eugen; Sanatorium am Königspark. Wachwitz bei Dresden [Prospekt]; Dresden [um 1920]
1086 WEIGAND, Heidemarie; Das technische Wunder: Ein auf den Kopf gestellter Dreigelenkbogen; in EHK 6/1993
1087 WEINART, Benjamin Gottfried; Topographische Geschichte der Stadt Dresden; Dresden 1777
1088 WEINKE, Annette; HACKE, Hacke; U-Haft am Elbhang; Dresden 2004
1089 WEISKE, Carl August; Handbuch des allgemeinen deutschen Gewerberechts mit vorzüglicher Rücksicht auf sächsisches Recht; Leipzig 1839

Schätze aus dem ehemaligen Ortsmuseum Loschwitz

Georg Aster, Villa Fallnichtein, 1902/1913
Heute bewahrt im Archiv der Kirchgemeinde Loschwitz

O M
Lo

Die »Galerie im Buch«

1090 WEISS, Hella; WEISS, Herbert; Der Burgberg, ein Familienmärchen; maschinenschriftlich [nach 2010]
1091 WEISS, Norbert; WONNEBERGER, Jens; Dichter, Denker, Literaten aus sechs Jahrhunderten in Dresden; Dresden 1997
1092 WEISS, Norbert; WONNEBERGER, Jens; Dresdner Dichterhäuser; Berlin 2002
1093 WEISS, Norbert; Martin Raschke zum 100. Geburtstag; in: EHK 11/2005
1094 WEISS, W.; BALZK, R.; Zwangsarbeiter in Dresden, Dokumentation; Dresden 2004
1095 WEISSBACH, Angelika; Frühstück im Freien – Freiräume im offiziellen Kunstbetrieb der DDR. Die Ausstellungen und Aktionen im Leonhardi-Museum in Dresden 1963-1990, Dissertation, Berlin 2009
1096 WEISSE, Andreas; Die besondere Art, in Loschwitz zu bauen; in: EHK 7/1995
1097 WEISSFLOG, Heinz; Ein Ort zur Begegnung der Künste; in: DNN 10.03.1994
1098 WEISSFLOG, Heinz; Kunst der weiblichen Art; in: DNN 29.05.1998
1099 WEISSFLOG, Heinz; Den eigenen Weg gehen; in: DNN 21.01.1999
1100 WELICH, Dirk; Hermann Glöckner – Ein Beitrag zum Konstruktivismus in Sachsen; Dissertation; Dresden 2005
1101 WELLER, Andreas; Luisenhof wird zwangsversteigert; in: SZ 29.10.2014
1102 WELLER, Andreas; Aachener ersteigern Luisenhof; in: SZ 16.12.2014
1103 WENZEL, Otto-R.; Erinnerungen und Glückwünsche zum Zehnjährigen; in: EHK 5/2002
1104 WENZEL, Otto-R.; Die äußere Entwicklung der Kirchgemeinde; in: 300 Jahre Kirchgemeinde Dresden-Loschwitz. Festschrift; Dresden 2004
1105 WENZEL, Otto-R.; Die Loschwitzer Kirche – Bau, Zerstörung und Wiederaufbau; in: 300 Jahre Kirchgemeinde Dresden-Loschwitz. Festschrift; Dresden 2004
1106 WENZEL, Otto-R.; Von der Kirchschule über Jugendvereine zur kirchlichen Kinder- und Jugendarbeit; in: 300 Jahre Kirchgemeinde Dresden-Loschwitz. Festschrift, Dresden 2004
1107 WENZKAT, Ingrid; Welterlebnis aus vertrauter Erlebniswelt; in: Die Union 28.03.1978
1108 WER IST'S?; hrsg. von Hermann A. Degener; 1922 – 1935
1109 WER IST WER?; hrsg. von Walther Habel u. a. [Fortsetzung von Wer ist's?]; 1951 ff
1110 WERNER, Winfried; Bemerkungen zu Leben und Werk von Karl Emil Scherz; in: Festschrift »100 Jahre Heilig-Geist-Kirche«; Dresden 1993
1111 WESSEL, Ursula; Ludwig Richter und Moritz Heydrich, eine Loschwitzer Freundschaft; in: EHK 6/2003
1112 WETZEL, Christoph; Die Dresdner Frauenkirche. Jahrbuch zu ihrer Geschichte und zu ihrem archäologischen Wiederaufbau, Bd. 8; Weimar 2002
1113 WETZEL, Christoph; Die Dresdner Frauenkirche. Jahrbuch zu ihrer Geschichte und Gegenwart, Bd. 14; Regensburg 2010
1114 WIECHERS, Hans-Peter; Der Park soll offen bleiben; in: DNN 28.05.1993
1115 WIECK, Marie; Aus dem Kreise Wieck-Schumann, Dresden 1914[2]
1116 WIEDEMANN, Thea; Schloss Albrechtsberg als Lehrstück; in: DNN 26.03.2000
1117 WILDE Hilde jetzt in Loschwitz; in: EHK 3/1998
1118 WILLE, Manfred; Dresdner Gastlichkeit – von den Anfängen bis zur Gegenwart; Dresden 2008
1119 WINKELMANN, P. U.; Die Vielflächner-Sonnenuhr an der Winzersäule Veilchenweg 9; in: www.ta-dip.de
1120 WINZER, Tobias; Wo die Stasi feierte; in: SZ 08.05.2014
1121 WITTER, Horst; Architektur Bauten & Projekte; Dresden [2007]
1122 WODARZ, Corinna; Symbol und Eros. Die Bildwelten Richard Müllers (1874 – 1954); Göttingen 2002
1123 WOLFF, Helmut; Im Memoriam Medizinalrat Dr. med. Joachim Bernhard; in: Zentralblatt für Chirurgie 2013
1124 WOLFF, Julius Ferdinand; Lingner und sein Vermächtnis; Dresden 1930
1125 WONNEBERGER, Jens; Ein alter Mann auf ewig jung; in DNN 21.11.2002
1126 WONNEBERGER; Jens; Bibliomane Verliebtheit und Sinn für das Neue; in: Dresdner Hefte, Bd. 76; Dresden 2003
1127 WORMS, Harald; Der wandelnde Zeichner Richard Bernhard; in: Froschpost 2 und 3/2001
1128 WUCKE, Bernd; Gebrochen ist des Feuers Macht. Ein Abriss zur Geschichte der Feuerwehr; Erlensee 1995
1129 WUNDERLICH, Peter; Gratulation zum 80. Geburtstag von Prof. Dr. med. habil. Hans-Joachim Dietzsch; in Ärzteblatt Sachsen 1/2000
1130 WÜRFFEL, Reinhard; Lexikon deutscher Verlage von A-Z; Berlin 2000
1131 WURM, Alois; Von der naturalistischen und der reinen Plastik; in: Die Plastik, hrsg. von Alexander Heilmeyer, Illustrierte Zeitschrift für die gesamte Bildhauerei, Heft 89; München 1918
1132 WURZEL, Dirk; Volkssolidarität verlässt Helios-Klinik; in: SZ 15.03.2009
1133 WÜSTEFELD, Michael; Blaues Wunder; Berlin-Brandenburg 2002
1134 www.ag-friedensforschung.de
1135 www.annelie.wiltner.de
1136 www.antiquesandgarden.de
1137 www.archidiaconat-der-templer.org
1138 www.architektur-perspektive.de
1139 www.archthek.de
1140 www.aussendorf.de/Familie/gene.htm
1141 www.ba-dresden.de/de/berufsakademie/chronik.html
1142 www.bach-cantatas.com/Bio/Pfretzschner
1143 www.baeckerei-wippler.de
1144 www.baugesellschaft-illgen.de
1145 www.bautzner-strasse-dresden.de
1146 www.bean-and-beluga.de
1147 www.berufe-lexikon.de
1148 www.bi-loschwitzhoehe.de
1149 www.bierboerse.de
1150 www.bpb.de/geschichte/.../autonome-kunst-in-der-ddr/.../foerstereistr-2
1151 www.bstu.bund.de
1152 www.bsz-Gesundheit.de/geschichte.html
1153 www.coffeematic.de
1154 www.collegium-carolinum.de
1155 www.craiggottlieb.com/catalog/gallery
1156 www.cuvée24.de
1157 www.das-neue-dresden.de
1158 www.deco-interieur.de
1159 www.diakonie-dresden.de
1160 www.divino-catering.de
1161 www.dresden.de/kindertagesstaetten
1162 www.dresden-neustadt.de
1163 www.dresdner-kameras.de
1164 www.dscs-dresden.de
1165 www.elbpension.de
1166 www.emmerlich.de
1167 www.erbbegraebnis.de/plohn.htm
1168 www.erbbegraebnis.de/rittergut-plohn.htm
1169 www.evasion-tours.de
1170 www.fagottkontor.de
1171 www.familienverband-dinglinger.de
1172 www.feuerwache-loschwitz.de
1173 www.flugzeug-lorenz.de
1174 www.freepages.genealogy.rootsweb.ancestry.com
1175 www.freudenberg-dresden.de
1176 www.freundeskreis-elman.de
1177 www.frontinus.de
1178 www.galerie-am-plan.de
1179 www.glyptonia.com
1180 www.haenchen.net
1181 www.hainsberg-papier.de
1182 www.hampelmann-werkstatt.de
1183 www.handpuppen.grossekunst.de
1184 www.hasselwander.co.uk/helge-leiberg
1185 www.haus-loschwitz.de
1186 www.helgeleiberg.de
1187 www.hg-nachlass.de
1188 www.hoga-schulen.de
1189 www.holzmalerei-heine.de
1190 www.hotel-waldschloesschenbruecke.de
1191 www.hotel432.server4yuo.de/passagierlisten
1192 www.hsbiblio.uni-tuebingen.de
1193 www.ib-scheffler.de
1194 www.injoy-dresden-loschwitz.de
1195 www.jordan-timaeus-bach.blogspot.de
1196 www.juedische-allgemeine.de
1197 www.julimaid.de
1198 www.karl-may-wiki.de
1199 www.keramik-am-koernerplatz.de
1200 www.kleinerts-spezialitäten.de
1201 www.kleinod-dresden.blogspot.de
1202 www.knabenchor-dresden.org.
1203 www.konzertagentur-kaufmann.de
1204 www.kopp-metzler-krause.de
1205 www.kuenstlerhaus-dresden.d
1206 www.kursaechsische-postmeilensaeulen.de
1207 www.landwirtschaft.sachsen.de
1208 www.leonhardi-museum.de
1209 www.lexikon-der-wehrmacht.de
1210 www.lilienblum.de
1211 www.loar.de/ulenurg
1212 www.loop-dresden.de
1213 www.lwl.org/LWL/Kultur/Aufbau_West/Migration/biografien/arsadofsky
1214 www.mauersberg.net
1215 www.meentzen.de
1216 www.moser-bau.de
1217 www.myheritage.de
1218 www.noack-architektur.de
1219 www.oocities.org
1220 www.personen-wiki.slub-dresden.de
1221 www.peter-roesel.de
1222 www.poet-in-dresden.de

Hans Meier, Kotzschhaus, 1948, Aquarell *Repro: Ernst Hirsch*

1223 www.porzellanamblauenwunder.de
1224 www.ra-hahnewald.de
1225 www.rad.palais.de
1226 www.rd-architekten.com
1227 www.rechtsanwaeltin-zehe.de
1228 www.reichstag-abgeordnetendatenbank.de
1229 www.rheinische-geschichte.lvr.de
1230 www.roenisch-pianos.de
1231 www.saloppe.de
1232 www.sandsteinwerkstett.de
1233 www.saxonia.com
1234 www.schlosspillnitz.de
1235 www.schoene-aussicht-dresden.de
1236 www.schumann-portal.de
1237 www.sophie-drinker-institut.de
1238 www.stb-hoenicke.de
1239 www.stollensiegel.de
1240 www.timeout-dresden.de
1241 www.tom-pauls-theater-pirna.de
1242 www.turck-ahnenforschung.de
1243 www.ulrikehausmannpiano.de
1244 www.userpage.fu-berlin.de/-medberuf
1245 www.verfolgte-schueler.org/1933-45.htm
1246 www.verwaltungshandbuch.bayerische-landesbibliothek-online.de/klein-georg
1247 www.vvkzudresden.de
1248 www.winzer-meissen.de
1249 www.winzer-mueller.de
1250 www.wki.fraunhofer.de
1251 www.woernerundpartner.de
1252 www.wok.de
1253 www.zehlendorfer-verband.de
1254 ZAHNÄRZTEBLATT Sachsen
1255 ZÄNSLER, Anneliese; Lebensbild eines Dresdner Militärkapellmeisters; in: DNN 20.02.1995
1256 ZATZKOWSKI, Dieter; Der Hangrutsch; in: EHK 1/2004
1257 ZATZKOWSKI, Dieter; Erlebnisse mit der sowjetischen Besatzungsmacht in den Jahren 1946/47; in: EHK 5/2004
1258 ZEHDER, Hugo; Ernst Deutsch; Berlin 1960
1259 ZEHMISCH, Heinz; 100 Jahre Phoniatrie in Deutschland – eine Betrachtung aus sächsischer Sicht; in: Ärzteblatt Sachsen 2/2005
1260 ZEIBIG, Max; Peter Borns fröhliches Weihnachtsfest; in: Bunte Gassen, helle Straßen; Dresden 1923
1261 ZEIBIG, Max; Ufer der Jugend; in: Uebern Gartenzaun; Dresden [um 1935]
1262 ZEIDLER, Hans; ZEIDLER, Heidi; Der vergessene Prinz; Dresden und Basel 1995
1263 ZESEWITZ, Sigbert; DÜNTZSCH, Helmut; GRÖTZSCHEL, Theodor: Kettenschiffahrt; Berlin 1987
1264 ZILLER, Gunter; Avantgarde um 1947 in Dresden; in: DNN 23.09.1996
1265 ZILLER, Gunter; Loschwitz zwischen Dresden und Pillnitz; in: DNN 24.12.1997
1266 ZIMMERMANN, Reiner; Johann Gottlieb Naumann; Dresden 1991
1267 ZIMMERMANN, Reiner; Verdienen wie Meyerbeer, dirigieren wie Weber; in: Dresdner Hefte, Bd. 112; Dresden 2012
1268 ZIMMERMANN, Reiner; Tannhäusers Brautzug; Dresden 2013
1269 ZUM 125-JÄHRIGEN BESTEHEN der Pianofortefabrik Ernst Rosenkranz in Dresden; o. V.; in: Zeitschrift für Instrumentenbau, 43. Jg.; Leipzig 1922
1270 ZUR AUFKLÄRUNG an die Einwohner von Loschwitz: in: Loschwitzer Anzeiger 06.12.1918
1271 ZUR VERKEHRSERSCHLIESSUNG »Fernsehturm Dresden«; in: Der Verkehrspraktiker 6/1966
1272 ZUMPE, Manfred, Ein integrer Architekt und Hochschullehrer; in: Dresdner UniversitätsJournal 03.05.2006
1273 ZUMPE, Manfred; Erinnerungen und Würdigungen; Dresden 2007

Zahlen und Fakten

Fläche:
ca. 350 Hektar (= 3,5 km²)

Lage:

Länge:	13° 48´ 54´´
Breite:	51° 3´ 14´´
Mittlere Höhe:	117,6 Meter/NHN (Körnerplatz)
Tiefster Punkt:	Flurgrenze Angelikastraße: 106, 9 Meter/NHN
Höchster Punkt:	Malerstraße 31: 257,5 Meter/NHN

Ortsteile:
Dorfmitte
Auf der Platte
Oberloschwitz
Schöne Aussicht
Simmigscher Ortsteil

Entwicklung der Bevölkerung:

1554:	37 besessene Mann, 10 Einwohner
1787:	76 Besitzer + 14 Weinbergsbesitzer
1849:	1.800 Einw. in 488 Familien, 296 bewohnte Häuser
1880:	3.348 Einw. in 912 Fam., 441 bewohnte Häuser
1885:	3.876 Einwohner
1900:	5.829 Einwohner
1925:	7.838 Einwohner
1946:	6.444 Einwohner

Verkehrsanbindung:
Bus 61, 63, 84(309), 261
Straßenbahn 11
Bergbahnen B1 und B2

Postleitzahl:
01326

Ortsamtsbereich Loschwitz:
Der Ortsamtsbereich umfasst die Stadtteile Loschwitz/Wachwitz, Bühlau/Weißer Hirsch mit Rochwitz und Loschwitz/Nordost, Hosterwitz/Pillnitz mit Niederpoyritz, Oberpoyritz und Söbrigen und die Dresdner Heide.

Verwaltung
01326 Dresden
Grundstraße 3
Telefon: 0351 4888501
E-Mail: ortsamt-loschwitz@dresden.de
Web-Adresse: www.dresden.de

Gesamtfläche: 68,84 km²,
davon Dresdner Heide 48,36 km²,
Bühlau, Weißer Hirsch, Rochwitz, nordöstliche Teile von Loschwitz 6,79 km²,
Hosterwitz, Pillnitz, Niederpoyritz, Oberpoyritz, Söbrigen 9,08 km²,
Wachwitz 1,14 km².

Einwohneranzahl im gesamten Ortsamtsbereich:

1995:	16.780
2013:	20.064
	6.060 (nur Loschwitz, ohne Simmigscher Ortsteil)
2014:	20.173
	6.061 (nur Loschwitz, ohne Simmigscher Ortsteil)

Johann Anton Castell, o. T., um 1855 *Privatbesitz*

Ausgewählte Daten

ca. 2800 bis 2200 vor Christus
Schnurkeramiker: Gräberfund auf Griebens Weinberg, heute Teil von Schloss Albrechtsberg

ca. 1300 bis 800 vor Christus
Späte Bronzezeit: Fund Hirtenstabnadel auf dem Burgberg

ca.750 bis 500 vor Christus Billendorfer Zeit
Lesefund von Scherben Friedrich-Wieck-Straße 7 und Pillnitzer Landstraße 8; Fund eines Tränen- bzw. Zwillingsgefäßes in »Dinglingers Weinberg« Schevenstraße 59

6. Jahrhundert
Sorben nehmen die Elbtalaue in Besitz und gründen Orte, deren Ortsnamen sich oft vom siedelnden Familienoberhaupt ableiten.

11. bis 12. Jahrhundert
Wahrscheinliche Gründung des Vorwerks in Loschwitz

12. Jahrhundert
Beginn des Weinbaus in Sachsen

1315
24. Juni Erste urkundliche Nennung von Loschwitz

1329
Der Rat der Stadt Dresden wird Eigentümer des Maternihospitals

1404/08
Das Vorwerk Loschwitz wird dem Hospitalmeister als Besitz bestätigt

1420
Erste Erwähnung der Mordgrundbrücke

1429
Verwüstung der Weinberge durch die Hussiten

1539
Einführung der Reformation im Albertinischen Sachsen

1639
Im Dreißigjährigen Krieg (1618 – 1648) brennen die Schweden das Dorf nieder

1668
Erste Erwähnung eines Kirchschullehrers

1704
Kurfürst Friedrich August I. genehmigt die Auspfarrung aus der Frauenkirche; der vom Rat der Stadt Dresden berufene Pfarrer Johann Arnold wird in sein Amt eingeführt

1705, 29. Juni
Grundsteinlegung zur Loschwitzer Kirche

1706
Unterbrechung des Kirchenbaues durch den Nordischen Krieg

1708, 03. August
Weihe der Kirche durch Superintendent Dr. Christoph Schrader

1709
Kauf des Grundstücks Pillnitzer Landstraße 8 von der Kirchgemeinde für ein neues Schulhaus (»Alte Schule«), das alte wird Pfarrhaus (»Alte Pfarre«).

1765
Entlassung der 181 Loschwitzer Hausbesitzer aus dem Mahlzwang der Laubegaster Schiffsmühle gegen Zahlung eines jährlichen Metzgeldes

1785
Kauf des Weinberges Körnerweg 6 durch Gottfried Körner und erster Besuch Friedrich Schillers in Loschwitz

1813
Napoleon beobachtete die Stellung der Russen und Österreicher auf der Altstädter Seite vom Erckelschen Weinberg, heute Hermann-Prell-Straße 5, aus

1825
Bau der steinernen Mordgrundbrücke

1831
Erste Sächsische Verfassung

1836
Bau des neuen Pfarrhauses Pillnitzer Landstraße 9 und Erweiterung der Alten Schule um den Ostflügel

1837
Eröffnung der Personenschifffahrt auf der Elbe

1839
Infolge der 1838 erlassenen Landgemeindeordnung konstituiert sich der erste Loschwitzer Gemeinderat für das ganze Dorf

etwa 1845 – 1873
Friedrich-Wieck Sommergast in Loschwitz

1850 – 1854
Bau von Schloss Albrechtsberg und Villa Stockhausen, dem späteren »Lingnerschloss«

1851
Einrichtung der ersten Schiffsanlegestelle in Loschwitz

1852 – 1883
Ludwig Richter Sommergast in Loschwitz

1853
Bau der oberen Gaststätte »Burgberg«, 1945 zerstört

1852
Kauf der Vettermühle in der Grundstr. 60 von Christian August Leonhardi für seine Tintenfabrik

1857
Erste Postanstalt in Loschwitz

1859
Bau der Gaststätte »Unterer Burgberg«, ab 1883 »Ratskeller« und Gemeindeamt

1859 – 1861
Bau Schloss Eckberg

nach 1860
Beginn der umfassenden Elberegulierung mit dem Bau der Uferbefestigung

1865
Eröffnung des ersten Loschwitzer Kindergartens, Friedrich-Wieck-Str. 7

1864/65
Anlegen des Elbehafens Loschwitz als Winterhafen für die Personenschifffahrt, später erweitert

1866
Straßenbeleuchtung mit Petroleumlampen eingeführt

1869
Bau Joseph-Herrmann-Denkmal, genannt »Senfbüchse«

1872
Gründung der »Deutschen Heilstätte« durch Marie Simon, heutige Wunderlichstraße 17

1873
Gründung der Freiwilligen Feuerwehr Loschwitz/Weißer Hirsch

1873
Bau des Loschwitzer Wasserwerkes durch den Bergdirektor Engler auf seinem Weinberggrundstück Körnerweg 24.

1875
Inbetriebnahme des Wasserwerks »Saloppe« und Einrichtung des Telegrafenverkehrs in Loschwitz

1875, 17. Juni
Schwerer Wolkenbruch, Verwüstung vor allem des Loschwitzgrundes

1879
Erster Kindergarten-Neubau (»Kinderbewahranstalt«), im Garten Friedrich-Wieck-Str. 7 (heute Fidelio-F.-Finke-Str. 3)

1882
Gründung des ersten Loschwitzer Ortsvereins

1885
Eröffnung des »Landschaftsmuseums Eduard Leonhardi«, heutiges Leonhardi-Museum

1886 – 1889
Ende des gesamten Restweinbaues durch die Reblaus

1887
Einweihung des 1. Schulneubaues Pillnitzer Landstraße 16, der späteren »Körnerschule«

1891, 1. April
Grundsteinlegung zum »Blauen Wunder«

1892
Abbruch der »Alten Pfarre« und Baubeginn der neuen Häuser am heutigen Körnerplatz, Friedrich-Wieck - Str. 2 und 4 und Dammstr. 1

1893, 15. Juli
Einweihung des »Blauen Wunder« und Verlängerung der ersten elektrischen Straßenbahnlinie Schlossplatz/Blasewitz nach dem Körnerplatz

1895, 26. Oktober
Inbetriebnahme der Drahtseilbahn

1897/98
Bau des Künstlerhauses

1898
Einführung der einheitlichen Hausnummerierung nach Straßen

1901, 6. Mai
Inbetriebnahme der Schwebebahn

1901
2. Neubau einer Kinderbewahranstalt Grundstraße 36

1903
Eröffnung der Verlängerung der Straßenbahnlinie vom Körnerplatz bis zum »Gustavheim« Niederpoyritz

1909
Einweihung der Höheren Volksschule, heutige Fidelio-F.-Finke-Straße 15, später »Schillerschule«

1909/10
Bau des neuen Feuerwehrdepots heutige, Fidelio-F. Finke-Straße 4

1919
Die Bezeichnungen »Schillerschule« und »Körnerschule« eingeführt

1921, 1. April
Zwangseingemeindung von Loschwitz nach Dresden

1922
Kauf der Kinderbewahranstalt durch die Kirchgemeinde und anschließender Teilumbau zum Kirchgemeindehaus

1926/29
Ausbau der Grundstraße vom Rißweg bis zur Tännichtstraße; Fortführung der Bachüberbrückung und teilweise Bachverlegung bis etwa in Höhe Steglichstraße

1933
Machtergreifung der Nationalsozialisten und Aufbau deren Organisationen auch in Loschwitz: NSDAP-Ortsgruppe, NSV-Ortsgruppe u. a.

1934, 17. Juni
Eröffnung des Ortsmuseums Loschwitz

1938–1945
zunehmende Judenverfolgung; allein zehn Opfer aus der jüdischen Pension Bautzner Landstraße 46

ab 1942
Einrichtung von Reservelazaretten z. B. im »Burgberghotel«, »Hotel Demnitz« und Kirchgemeindehaus

1944
Bau der Luftschutzbunker Grundstraße 60/62, 84 und Mordgrundbrücke

1945, 13.–15. Februar
Schwere Luftangriffe auf Dresden; in Loschwitz sind zehn Tote zu beklagen; es gibt etwa 40 total oder erheblich zerstörte Gebäude

1945, 8. Mai
Bedingungslose Kapitulation und Aufteilung Deutschlands; Beginn des Aufbaus »Antifa-Komitee« in Loschwitz

1945/1946
Erste Kirchen-Enttrümmerung und Sicherung des Mauerkranzes

1946/47
Sehr strenger Winter mit zugefrorener Elbe und starkem Eisgang

1947, November
Eröffnung der ersten Dresdner O-Buslinie C: Fritz-Förster-Platz – Körnerplatz

1949, Mai
Verlängerung der O-Bus-Linie vom Körnerplatz bis zur Steglichstraße

1950, Mai
Durchgehender O-Busverkehr vom Fritz Förster-Platz bis Weißig

1950, Oktober
Inbetriebnahme des Gleisdreiecks Calberlastraße/Pillnitzer Landstraße als Endhaltestelle der Linie 2; die alte Endhaltestelle Grundstraße wird damit eingezogen

1954/55
Ausbau des Hauses Veilchenweg 7 im NAW (Nationales Aufbauwerk) zum Kindergarten

1955
Beginn des Aufbaues des Instituts von Manfred von Ardenne

1955, November
Die letzte Loschwitzer Elbfähre Wasserweg/Oehmestraße wird eingestellt

1956/59
Austausch des hölzernen Fahrbahnbelages des Blauen Wunders durch eine Stahlplatte mit aufgeschweißten Straßenbahnschienen und Asphaltbelag

1967
Anlässlich der Arbeiterfestspiele in Dresden Abbruch der Burgberg-Ruine

1967, 24. Juni
Johannisfeier mit erstem Gottesdienst nach der Zerstörung in der Kirchruine

1969, 2. November
Weihe des neuen Geläutes und Glockenstuhls in der Kirchruine

1975
Der elektrische Oberleitungs-Busbetrieb wird eingestellt und durch die Omnibuslinie 61 ersetzt

1979
»Elbe-Hotel« wird wegen Baufälligkeit geschlossen

1985, 9. April
Straßenbahnverkehr zwischen Schillerplatz und Pillnitz wird eingestellt

1989, 5. Dezember
Besetzung der Bezirksbehörde der Staatssicherheit Bautzner Straße durch das Bürgerkomitee

1991, 29. Juni
Eröffnung 1. Elbhangfest mit Grundsteinlegung zum Wiederaufbau der Kirche

1991, 30. September
Gründung des Ortsvereins Loschwitz-Wachwitz e. V.

1993
Ortskern von Loschwitz wird Sanierungsgebiet

1995/97
Neubau Ortsamt Loschwitz

1994, 2. Oktober
Weihe der wiederaufgebauten Kirche

2002, 17. August
Hochwasser der Elbe, Höchststand Pegel Dresden 9,40 m

2004
Eröffnung Neubau Kindergarten Fidelio-F.-Finke-Straße 11

2010
Eröffnung Neubau Kindertagesstätte Winzerstraße 2 und der neuen 62. Grundschule »Friedrich Schiller« an der Pillnitzer Landstraße 38

2013, 6. Juni
Hochwasser der Elbe, Höchststand Pegel Dresden 8,76 m

2015
Jubiläum 700 Jahre Loschwitz

heutiger Name *(s. a. S. 884)*	**vorherige Namen**		
Albertpark	König-Albert-Platz		
seit 1933 Albert-Venus-Weg			
seit 1893 Alexanderstraße			
seit 1891 Alpenstraße			
seit 2009 Alte Kirschplantage			
seit 1926 Am Heiderand (heute Weißer Hirsch)	Adlerweg (Weißer Hirsch)		
seit 1911 Amselsteg			
seit 1906 Amtsstraße			
seit 1926 Am Weißen Adler	1884 – 1926 Adlerstraße		
seit 1946 An der Berglehne	1926 – 1946 Kirchbachstraße	1893 – 1926 Ferdinandstraße	
seit 1909 Angelikastraße			
seit 1996 Anna-Angermann-Straße			
seit 1926 Bautzner Landstraße	1875 – 1926 Bautzner Straße	Budissiner Straße; Stolpischer Weg/Straße	
seit 1926 Bautzner Straße	1904 – 1926 Dresdner Straße	1886 – 1904 Bautzner Straße	Bautzner Chaussee; Budissiner Straße; StolpischerWeg/Straße
seit 1926 Bergbahnstraße	1922 – 1926 Luisa-Straße	1893 – 1922 Prinzeß-Luisa-Straße	
seit 1911 Böhmertstraße			
seit 1903 Brockhausstraße			
seit 1879 Calberlastraße	1865 – 1879 Reichelweg	Spittelgasse	
seit 1949 Chopinstraße	1926 – 1949 Roosstraße	1897 – 1926 Thielaustraße mit Kurze Str.	
seit ca. 1930 Collenbuschstraße			
seit 1897 Dammstraße	Am Damm		
seit 1897 Degelestraße			
seit 1946 Dostojewskistraße	1926 – 1946 Hausenstraße	1896 – 1926 Parkstraße	
seit 1897 Elbbrückenstraße	1893 – 1897 Brückenstraße	1891 – 1893 Brückendammstraße	
seit 1971 Fidelio-F.-Finke-Straße	1922 – 1971 Albertallee	1906 – 1922 König Albert-Allee	1895 – 1906 G-Straße
seit 1897 Fischerstraße			
seit 1904 Fischhausstraße	Radeberger Straße	Radeberger Landstraße/Chaussee	
seit 1901 Franz-Curti-Straße			
seit 1914 Franziska-Tiburtius-Straße			
seit 1996 Friedrich-Press-Straße			
seit 1895 Friedrich-Wieck-Straße	bis 1895 Teil der Grundstraße; auch: Promenadenweg, Wieckplatz, Fährgasse, An der Elbe und Rollerbahn		
seit 1886 Grundstraße	Im Grunde		
seit 1911 Heideparkstraße	Teil der Charlottenstraße		
seit 1890 Heilstättenweg	Teil des Mordgrundwegs		
seit 2009 Hermann-Glöckner-Straße			
seit 1926 Hermann-Prell-Straße	1897 – 1926 Eschebachstraße		
seit 1901 Hermann-Vogel-Straße			
seit 1904 Heymelstraße			
seit 1926 Hietzigstraße	1893 – 1926 Augustusstraße		
seit 1908 Hietzigstraße	1896 – 1908 Hietzigs Privatweg/Straße		
seit 1917 Hirschleite	1890 – 1927 Buttergasse		
seit 1896/97 Jahnstiege	Jahn`s Bergstiege		
seit 1893 Johannesweg			
seit 1971 Josef-Hegenbarth-Weg	1903 – 1971 Wachwitzer Kirchweg		
seit 1962 Josef-Herrmann-Straße	1946 – 1962 Am Wachwitzer Weinberg	1911 – 1946 Am Königsweinberg	
seit 1913 Judeichstraße	D-Straße		
seit 1933 Karl-Schmidt-Weg	seit 2000 unterer Teil des Ziegengrund- wegs zugehörig	1882 – 1933 Alpenweg	
seit 1935 Klengelstraße	Teil der Souchaystraße		
seit 1934 Knoopstraße			
seit 1895 Körnerplatz	Stadtweg (heute Schillerstraße)/ Dammstraße/Grundstraße		
seit 1892 Körnerweg	1926 – 1927 Am Körnergarten	Ledergasse	
seit 1876 Kotzschweg	1901 – 1926 Eichendorffstraße (oberer Teil)	vor 1876 Wintherleithe	

heutiger Name	vorherige Namen		
seit 1926 Krügerstraße	1922 – 1926 Friedrich-August-Straße	1904 – 1922 König-Friedrich-August-Str.; 1901 – 1904 Prinz Friedrich-August-Str.	1886 – 1901 Rochwitzer Weg/Straße; Oberrochwitzer Weg
seit 1903 Kuckucksweg			
seit 1902 Kügelgenstraße			
seit 1926 Lahmannring (heute Weißer Hirsch)	1883 – 1926 Ringstraße		
seit 1926 Lausitzer Straße	1897 – 1926 Herrmannstraße		
seit 1896 Leonhardistraße	1874 – 1896 Rakenweg		
seit 1933 Leuschkestraße			
seit 1894 Ludwig-Richter-Straße	1893 – 1894 W-Straße	1893 Gemeinderat Kurtz`sche Straße	
seit 1894 Malerstraße	Malergäßchen	1901 – 1926 Gabelsberger Straße (oberer Teil)	
seit 1906 Marie-Simon-Straße			
seit 1903 Materniweg			
seit 1967 Neugersdorfer Straße	1926 – 1967 Danziger Straße	1897 – 1926 Grenzweg	ab 1886 Bühlauer Fußweg (Bühlau)-Loschwitzer Grenzweg/ Scheechegässel/Graseweg
seit 1960 Oberer Ziegengrundweg	1897 – 1960 Ziegengrundweg	Ziegengrund/Oberer Zaunweg	
seit 1926 Oeserstraße	1898 – 1926 Bergstraße	1885 – 1898 Barthscher Privatweg/Straße	
seit 1946 Oskar-Pletsch-Straße	1926 – 1946 Niddastraße (westl Teil)	1891 – 1926 Heinrichstraße	
seit 1993 Oskar-Zwintscher-Straße	1962 – 1993 Hans-Schubert-Straße	1926 – 1962 Zwintscherstraße	1899 – 1926 Wasastraße
seit 1926 Pillnitzer Landstraße	ca. 1850 – 1926 Pillnitzer Straße	Loschwitz-Pillnitzer-Straße	
seit 1911 Plattleite	ca. 1850 – 1911 Plattleithenweg	Hohlweg	
seit 1945 Preußstraße	1933 – 1945 Scheubnerstraße	1926 – 1933 Hugo-Preuß-Straße	1915 – 1926 Hindenburgstraße 1897 – 1915 Lorenzstraße
seit 1906 Ratsstraße			
seit 1880 Rietschelweg	1775 Ruschel/Rietschelgäßchen		
seit ca. 1850 Rißweg			
seit 1903 Robert-Diez-Straße	1886 – 1903 3. Steinweg		
seit 1911 Roseggerstraße			
seit ca. 1845 Sandweg			
seit 1898 Säugrundweg	1886 – 1896 An der Eule (nur Nr. 1)	ca. 1850 – 1898 Säugrund	
seit 1903 Schädestraße			
seit 1926 Schevenstraße	1897 – 1926 Carolastraße	ca. 1880 Carolaweg	Niedere/Untere Bergstraße; Kirchgasse/Kirchweg/Oberer Kirchweg
seit 1895 Schillerstraße	1875 – 1895 Stadtweg	Loschwitz-Pillnitzer Straße	Kirchgasse/weg
seit 1947 Sierksplatz	1904 – 1947 Metzschplatz		
seit 1947 Sierksstraße	1901 – 1947 Metzschstraße	bis 1901 vorderer Teil zum 1. Steinweg	
seit 1907 Sonnenleite	bis 1926 oberer Teil Heinrichstraße		
seit 1945 Steglichstraße	1933 – 1945 Hechenbergerstraße	1926 – 1933 Steglichstraße	1917 – 1926 Lutherstraße 1896 – 1917 Weißer-Hirsch-Straße ca. 1800 – 1896 Pferdeweg
seit 1875 1. Steinweg			
seit 1875 2. Steinweg			
seit 1897 Straußstraße	ehem Teil Chopinstraße		
seit 1935 Stürenburgstraße			
seit 1926 Stufenweg			
seit 1926 Tiedgestraße	1901 – 1926 Könneritzstraße		
seit 1946 Tolstoistraße	1904 – 1946 Souchaystraße		
seit 1926 Ulrichstraße	1873 – 1926 Schweizer Straße		
seit 1926 Veilchenweg	1882 – 1926 Viktoriastraße	1880 Viktoriaweg	1870 Obere Bergstraße/Blauveilchengasse
seit 1907 Wasserweg			
seit 1935 Weinleite			
seit 1892 Wiesenweg	Oberer Elbweg		
seit 1893 Wilhelminenstraße			
seit 1906 Winzerstraße			
seit 1926 Wolfshügelstraße	1880 – 1926 Querstraße		
seit 1896 Wunderlichstraße	1890 – 1896 Heilstättenweg	Mordgrundweg	
seit 1926 Wuttkestraße	1893 – 1926 Bismarckstraße		
seit 1912 Zeppelinstraße			
seit 1890 Zwanzigerstraße	Zwanzigergäßchen		

Verzeichnis der Umschlag-/Deckblatt-Abbildungen

Verzeichnis der Kunstseiten

Alle Reproduktionen von Werken aus der Städtische Galerie Dresden – Kunstsammlung: Franz Zadniček

Georg Heinrich Crola (1804 – 1879), Blick von Blasewitz nach Loschwitz, um 1830, Ölgemälde. *Repro: Archiv Ortsverein Loschwitz-Wachwitz*

Für Ihre persönlichen Notizen

Blick vom Körnerweg nach Loschwitz, 2015 *Foto: Siegfried Großmann*

Impressum

© Herausgeber:
Ortsverein Loschwitz-Wachwitz e.V.
Grundstraße 36
01326 Dresden
E-Mail: ov-loschwitz-wachwitz@t-online.de
www.ortsverein-loschwitz-wachwitz.de

Autorenkollektiv:
siehe Seite 7

Redaktionsschluss:
28. Juli 2015

Gestaltung:
Holger Friebel

Satz und Reprografie:
FRIEBEL Werbeagentur und Verlag
(Elbhang-Kurier-Verlag)
www.werbeagentur-friebel-dresden.de

Druck:
Passavia Druckservice GmbH & Co. KG

1. Auflage, 2015
2.500 Exemplare

ISBN 978-3-936240-31-3

Trotz großer Anstrengungen war es nicht in allen Fällen möglich, die Inhaber von Urheberrechtsansprüchen ausfindig zu machen. Sollten noch Rechtsansprüche bestehen, bitten wir die Inhaber der Rechte, diese dem Verlag mitzuteilen.

Bezug:
Dieses Buch kann auch bezogen werden über:
FRIEBEL Werbeagentur und Verlag GmbH
Pillnitzer Landstraße 37
01326 Dresden
Tel.: 0351 2685268
E-Mail: post@friebelwv.de
oder online: www.loschwitzbuch.de

Für die weitere Forschung zur Ortsgeschichte benötigt der Ortsverein Loschwitz-Wachwitz auch in Zukunft Ihre Unterstützung:

Spendenkonto:
Ortsverein Loschwitz-Wachwitz e. V.
Ostsächsische Sparkasse Dresden
IBAN: DE63 8505 0300 3120 1379 27
BIC: OSDDDE81XXX

Über Ergänzungen und Berichtigungen zu diesem Buch wird die Internetseite www.loschwitzbuch.de zu gegebener Zeit infomieren.